WOORDENBOEK

**NEDERLANDS
DUITS**

WOORDENBOEK

NEDERLANDS DUITS

ISBN 978 90 003 0498 1

© 2011 Uitgeverij Unieboek | Het Spectrum bv

Gebruiksaanwijzing

In dit woordenboek vind je veel **woorden met hun vertaling**. Soms heeft een trefwoord meerdere vertalingen. Een *bank* kan bijvoorbeeld een zitmeubel zijn, maar ook een geldinstelling. *Bij* kan een zelfstandig naamwoord zijn, maar ook een voorzetsel. Daarom geven we **extra informatie** als dat nodig is, bijvoorbeeld over de betekenis of over de grammatica. Of over hoe je een woord kunt combineren met andere woorden. Hieronder beschrijven we kort wat je kunt aantreffen.

Alle **trefwoorden** drukken we vet. Varianten erop en verwijzingen ernaar ook. Alle Nederlandse tekst en alle extra informatieve tekst drukken we romein (rechtop), alle vertalingen *cursief* (schuin). Als een trefwoord meerdere **woordsoorten** heeft, geven we dat aan met romeinse cijfers. Zoek je bijvoorbeeld de vertaling van *laag* ('niet hoog'), controleer dan of je bij de goede woordsoort zit, het bijvoeglijk naamwoord (**II**), en niet bij (**I**) het zelfstandig naamwoord ('uitgespreide hoeveelheid').

Als een trefwoord meerdere **betekenissen** heeft, dan staan daar bolletjes voor: •. Zoek je dus naar de vertaling van *pak* (in de betekenis 'kostuum'), dan kun je achter elk bolletje controleren of je de juiste betekenis hebt, zodat je de juiste vertaling kiest (en niet die van 'pakket').

Bij een trefwoord vind je ook vaak **voorbeeldzinnen**. Deze laten zien hoe je het woord in een zin kunt gebruiken. Je kunt een werkwoord bijvoorbeeld combineren met een voorzetsel ('*afgaan* op'), of een zelfstandig naamwoord met een werkwoord ('het *anker* lichten').
Een apart type voorbeeldzin is het **idioom**: in deze voorbeeldzinnen heeft het trefwoord niet zijn normale betekenis, zoals het woord *aap* in 'voor aap staan'. Voorbeeldzinnen openen met een sterretje, ★, idiomen met een omgekeerd driehoekje, ▼.

Extra informatie over de betekenis van een woord geven we met **labels**: MUZ. betekent dat het woord te maken heeft met muziek, MIN. betekent dat het woord een minachtende lading heeft. Ook tussen geknikte **haakjes** vind je soms extra informatie, die je helpt de juiste vertaling te kiezen, bijvoorbeeld dat een vertaling alléén gebruikt wordt ⟨bij rugby⟩.

Op **pagina 9** kun je zien hoe dit alles er in het boek uitziet.

Extra tips

★ Als je op zoek bent naar de vertaling van een uitdrukking of idioom, kijk dan bij het **eerste zelfstandig naamwoord** dat daarin voorkomt. 'Goede raad was duur' vind je bij *raad*, niet bij *goed* of *duur*. Staan er meerdere zelfstandige naamwoorden in de zin, kijk dan eerst bij het eerste: 'race tegen de klok' vind je bij het trefwoord *race*, niet bij *klok*.
Als je de gezochte vertaling niet bij het eerste zelfstandig naamwoord vindt, kijk dan bij het tweede, enzovoort.

★ Veel **voorzetsels** (*aan*, *bij*, *met*, *tegen*, *voor*) vind je bij de (werk)woorden waar ze vaak bij voorkomen: 'deelnemen aan' vind je bij *deelnemen*, niet bij *aan*. 'Dol zijn op' vind je bij *dol*, niet bij *op*.

★ Zoek bij de **hele vorm** van het woord, niet bij de vervoeging of verbuiging: 'gediskwalificeerd' vind je dus bij *diskwalificeren*. 'alle' vind je bij *al*.
NB een aantal woorden kun je op meer plekken zoeken: *gebroken* heeft als bijvoeglijk naamwoord een aparte betekenis, die weinig meer te maken heeft met het woord waarvan het is afgeleid: *breken*. Daarom hebben we *gebroken* en andere dergelijke gevallen als apart trefwoord opgenomen.

★ Een aantal woorden kun je op meerdere manieren uitspreken. *Rap* (zeg: 'rap') betekent 'snel' en *rap* (zeg: 'rep') is een muziekstijl. Deze woorden staan in het boek als afzonderlijke trefwoorden:
    rap[1] snel [...]
    rap[2] (zeg: rep) [...]
Hetzelfde geldt voor woorden met meerdere klemtonen:
    vóórkomen [...]
    voorkómen [...]

★ Als je iets in het woordenboek niet begrijpt, zoek dan in de lijsten met **bijzondere tekens** en **afkortingen** hierna.

Beknopte grammatica en nieuwe Duitse spelling

Achter in dit woordenboek vind je een beknopte grammatica van het Duits en een omschrijving van de nieuwste Duitse spelling.

Bijzondere tekens

Voorbeelden van het gebruik van onderstaande tekens worden gegeven op pagina 9.

I, II enz.   Als een trefwoord meerdere woordsoorten heeft (bv. overgankelijk én onovergankelijk werkwoord), worden deze voorafgegaan door romeinse cijfers.

•   Als een trefwoord meerdere betekenissen heeft, worden deze voorafgegaan door een bolletje. Ook vaste combinaties van het trefwoord met een voorzetsel worden gezien als een aparte betekenis.

★   Na een ster volgt een voorbeeldzin.

▼   Na een driehoekje volgt een idiomatische uitdrukking.

[...]   Tussen rechte haken staat extra grammaticale informatie.

〈...〉   Tussen geknikte haken staat extra uitleg over de betekenis of de vertaling daarvan.

~   Een tilde vervangt vaak het trefwoord in voorbeeldzinnen en zegswijzen.

/   Een schuine streep scheidt woorden die onderling verwisselbaar zijn.

≈   Een equivalentieteken geeft aan dat de vertaling een benadering is van het vertaalde. Een exactere vertaling is in dat geval niet te geven.

→   Een pijl verwijst voor meer informatie naar het erop volgende trefwoord.

Lijst van gebruikte afkortingen

AANW VNW	aanwijzend voornaamwoord	o	onzijdig
AARDK.	aardrijkskunde	OMSCHR.	omschrijvend
ADMIN.	administratie	ONB TELW	onbepaald telwoord
AFK	afkorting	ONB VNW	onbepaald voornaamwoord
AGRAR.	agrarisch, landbouw	ONOV	onovergankelijk (zonder object)
ANAT.	menselijke anatomie	ONP	onpersoonlijk
ARCH.	architectuur	onr.	onregelmatig
A-V	audiovisueel	ONV	onvervoegbaar
BETR VNW	betrekkelijk voornaamwoord	OOST.	Oostenrijks-Duits, Oostenrijk
BEZ VNW	bezittelijk voornaamwoord	O.T.T.	onvoltooid tegenwoordige tijd
BIJW	bijwoord	OUD.	ouderwets
BIOL.	biologie, milieu	OV	overgankelijk (met object)
BN	Belgisch Nederlands	O.V.T.	onvoltooid verleden tijd
BNW	bijvoeglijk naamwoord	o&w	onderwijs en wetenschap
BOUWK.	bouwkunde	p.	persoon
CHEM.	chemie	PERS VNW	persoonlijk voornaamwoord
COMM.	communicatie, voorlichting	PLANTK.	plantkunde
COMP.	computer	PLAT	plat, ordinair
CUL.	culinaria, voeding	POL.	politiek
deelw.	deelwoord	PSYCH.	psychologie
DIAL.	dialect	REG.	regionaal
DIERK.	dierkunde	REL.	religie
DRUKK.	drukkerij en uitgeverij	samentr.	samentrekking
DU.	Duits, Duitsland	SCHEEPV.	scheepvaart
ECON.	economie	SCHEIK.	scheikunde
ELEK.	elektronica	SPORT	sport, lichamelijke oefening
etw.	etwas	st.	sterk
EUF.	eufemistisch	STERRENK.	sterrenkunde
ev	enkelvoud	TAALK.	taalkunde
FIG.	figuurlijk	TECHN.	techniek, mechanica
FILOS.	filosofie	teg.	tegenwoordig
FORM.	formeel	TELW	telwoord
GEO.	geografie	TON.	toneel, theater
GESCH.	geschiedenis	TW	tussenwerpsel
gmv	geen meervoud	TYP.	typografie
HUMOR.	humoristisch	UITR VNW	uitroepend voornaamwoord
HWW	hulpwerkwoord	v	vrouwelijk
id.	(verbuiging) identiek	VISS.	visserij
iem.	iemand	VOETB.	voetbal
ind.	indicatief	volt.	voltooid
infin.	infinitief	VOORV.	voorvoegsel
INFORM.	informeel	VR VNW	vragend voornaamwoord
IRON.	ironisch	VULG.	vulgair
JEUGDT.	jeugdtaal	VW	voegwoord
JUR.	juridisch, recht	VZ	voorzetsel
KUNST	beeldende kunst	WISK.	wiskunde
KWW	koppelwerkwoord	WKD VNW	wederkerend voornaamwoord
LANDB.	landbouw	WKD	wederkerend
LETT.	letterlijk	WKG VNW	wederkerig voornaamwoord
LIT.	literatuur, letterkunde	WW	werkwoord
LUCHTV.	luchtvaart	WWW	internet
LW	lidwoord	Z-D	Zuid-Duits, Zuid-Duitsland
m	mannelijk	ZN	zelfstandig naamwoord
MED.	medisch, geneeskunde	zw.	zwak
MEDIA	media: tv, radio, pers	ZWIT.	Zwitsers, Zwitserland
MIL.	militair		
MIN.	minachtend, afkeurend		
MUZ.	muziek		
mv	meervoud		
NATK.	natuurkunde		
N-D	Noord-Duits, Noord-Duitsland		

aan BIJW • in werking *eingeschaltet* ★ de radio
staat aan *das Radio ist an* • aan het lichaam
an ★ trek je schoenen aan! *zieh deine Schuhe
an!* • op zekere wijze ★ kalmpjes/rustig aan
immer mit der Ruhe ▼ er is niets aan *es ist ein
Kinderspiel* ▼ ervan op aan kunnen *darauf
vertrauen können* ▼ zij reed af en aan *sie fuhr
hin und her* **(II)** VZ • [meewerkend voorwerp]
an [+4] ★ iets aan iem. geven *jmdm. etw.
geben* • op een (vaste) plaats *an* [+3/4] ★ aan
het strand *am Strand* • naar iets toe *an* [+4]
★ aan land gaan *an Land gehen* • als gevolg
van *an* [+3] ★ aan kanker sterven *an Krebs
sterben* • wat betreft *an* [+3] ★ een gebrek
aan vitaminen *ein Mangel an Vitaminen*
▼ van nu af aan *von jetzt an* ▼ het is niet aan
mij om dat te zeggen *es ist nicht an mir, das
zu sagen*

aanbakken *anbrennen*

aanbinden • vastbinden *anbinden; befestigen;
〈v. schaatsen〉 anschnallen* • beginnen ★ de
strijd met iem. ~ *den Kampf gegen jmdn.
aufnehmen*

aanblazen • MUZ. *anblasen* • 〈TAALK.〉 *anhauchen*

aanblijven *bleiben* ★ iem. laten ~ *jmdn. im Amt
belassen*

aanblik • het zien *Anblick* m ★ bij de eerste ~
auf den ersten Blick • wat gezien wordt
Anblick m

aanbod *Angebot* o; 〈schriftelijk〉 *Offerte* v • een
~ aannemen *ein Angebot annehmen,
akzeptieren* • een ~ afslaan *ein Angebot
ablehnen* ★ een ~ doen *ein Angebot machen*
★ een ~ intrekken *ein Angebot zurückziehen]*
zurücknehmen

aandachtsgebied *Interessengebiet* o

aandachtspunt *Schwerpunkt* m

aandachtsveld → aandachtsgebied

aandeel • portie *Beteiligung* v; *Anteil* m ★ een
~ in een zaak hebben *an einem
Unternehmen beteiligt sein* ★ ~ in de winst
Gewinnbeteiligung v • bijdrage *Beitrag* m;
Anteil m ★ ergens een ~ in hebben *an etw.
teilnehmen/mitwirken* • ECON. *Aktie* v ★ de
koers van de aandelen stijgt/daalt *der
Aktienkurs steigt/fällt*

aanhikken 〈tegen〉 *Mühe/Schwierigkeiten haben
mit; sich scheuen vor*

aanhoren *anhören* [+4]; *zuhören* [+3] ★ dat is
niet om aan te horen ≈ *man kann sich das
nicht länger mit anhören*

aankruisen *ankreuzen*

aankunnen *gewachsen sein* [+3] 〈problemen〉
bewältigen können ★ iem./iets ~ *jmdm./einer
Sache gewachsen sein*

trefwoorden, met eventuele varianten, zijn
vet gedrukt

Romeinse cijfers gaan vooraf aan een
woordsoort

bolletjes gaan vooraf aan verschillende
betekenissen van een trefwoord

sterretjes gaan vooraf aan voorbeeldzinnen

driehoekjes gaan vooraf aan idiomatische
uitdrukkingen

tussen geknikte haken wordt extra uitleg
gegeven

labels geven extra informatie over stijl,
herkomst of vakgebied - zie p. 7

tildes (~) vervangen het trefwoord

schuine strepen staan tussen verwisselbare
varianten

pijlen verwijzen naar een ander trefwoord, bv.
een synoniem

m, v, en o geven het geslacht van de vertaling
aan: mannelijk, vrouwelijk en onzijdig; mv
duidt op meervoud

voorzetsels die de betekenis van een trefwoord
veranderen, zijn vet gedrukt

tussen rechte haken wordt extra grammaticale
informatie gegeven, bv. over de naamval

A

a • letter *A* o ★ van a tot z *von A bis Z* ★ de a van Anton *A wie Anton*; *Ä wie Ärger* • muziekknoot *a* o ▼ wie a zegt, moet ook b zeggen *wer A sagt, muss auch B sagen*
A • ampère *A* • autoweg *A*
aagje ▼ nieuwsgierig ~ *neugieriger Liese* v
aai *Streicheln* o; *Liebkosung* v
aaien *liebkosen*; *streicheln* ★ iem. over het hoofd ~ *jmdm. über den Kopf streicheln*
aak *Schleppkahn* m; *Kahn* m
aal *Aal* m ▼ zo glad als een aal *aalglatt; glatt wie ein Aal*
aalbes • vrucht *Johannisbeere* v • struik *Johannisbeerstrauch* m
aalglad *aalglatt*
aalmoes *Almosen* o
aalmoezenier *Militärgeistliche(r)* m
aalscholver *Kormoran* m
aambeeld *Amboss* m
aambeien *Hämorrhoiden* v; *Hämorride* v
aan I vz • [met meewerkend voorwerp] *an* [+4] ★ iets aan iem. geven *jmdm. etw. geben* • naar een plaats toe *an* [+4] ★ aan land gaan *an Land gehen* • bij, op, in een plaats *an* [+3] ★ aan de kade *am Kai* ★ aan de muur *an der Wand* ★ aan de piano: Jamie Lidell *am Klavier: Jamie Lidell* ★ aan het raam *am Fenster* ★ aan de Rijn *am Rhein* ★ aan het strand *am Strand* ★ aan zee wonen *am Meer wohnen* • als gevolg van, door *an* [+3] ★ aan koorts sterven *an Fieber sterben* • wat betreft *an* [+3] ★ een gebrek aan vitaminen *ein Mangel an Vitaminen* • vlak naast of bij elkaar *an* [+3] ★ twee aan twee *zwei und zwei* • bezig met ★ aan het werk zijn *arbeiten*; *an der Arbeit sein* ★ aan het eten zijn *beim Essen sein* ▼ het is niet aan mij om dat te zeggen *es ist nicht an mir, das zu sagen* ▼ ik zie het aan je gezicht *ich sehe es an deinem Gesicht* II BIJW • in werking *an*; *eingeschaltet* ★ de verwarming is aan *die Heizung ist an* ★ het vuur is aan *das Feuer ist an* • aan het lichaam *an* ★ mijn jas is al aan *ich habe meine Jacke schon an* ▼ er is niets aan 〈het is makkelijk〉 *es ist ein Kinderspiel* ▼ er is niets aan 〈het is saai〉 *es lohnt sich nicht* ▼ INFORM., BN er is niets van aan *davon ist nichts wahr*
aanbakken *anbrennen*
aanbellen *klingeln*
aanbesteden • opdragen *vergeben* • gelegenheid geven voor prijsopgave *ausschreiben*
aanbesteding • opdracht *Submission* v; *Zuschlag* m ★ bij ~ *auf dem Submissionswege* • handeling *Ausschreibung* v ★ openbare ~ *öffentliche Ausschreibung* v
aanbetalen *anzahlen*
aanbetaling *Anzahlung* v
aanbevelen *empfehlen* ★ het is aan te bevelen... *es empfiehlt sich,...* ★ ik houd me aanbevolen *ich empfehle mich*
aanbevelenswaardig *empfehlenswert*

aanbeveling *Empfehlung* v
aanbevelingsbrief *Empfehlungsschreiben* o
aanbiddelijk *anbetungswürdig*
aanbidden *anbeten*; 〈dwepen〉 *anhimmeln*
aanbidder *Anbeter* m; *Verehrer* m
aanbidding *Anbetung* v
aanbieden *anbieten* ★ zich ~ *sich (dar)bieten* ★ iets ter ondertekening ~ *etw. zur Unterzeichnung vorlegen* ★ iem. een cadeau ~ *jmdm. ein Geschenk überreichen*
aanbieder *Anbieter* m
aanbieding • aanbod *Angebot* o • koopje *Angebot* o; *Sonderangebot* o ★ een speciale ~ *ein Sonderangebot*
aanbinden *anbinden*; *befestigen*; 〈v. schaatsen〉 *anschnallen*
aanblazen ★ MUZ. *anblasen* ★ TAALK. *anhauchen*
aanblijven *bleiben* ★ iem. laten ~ *jmdn. im Amt belassen*
aanblik • het zien *Anblick* m ★ bij de eerste ~ *auf den ersten Blick* • wat gezien wordt *Anblick* m
aanbod *Angebot* o; 〈schriftelijk〉 *Offerte* v ★ een ~ aannemen *ein Angebot annehmen, akzeptieren* ★ een ~ afslaan *ein Angebot ablehnen* ★ een ~ doen *ein Angebot machen* ★ een ~ intrekken *ein Angebot zurückziehen/zurücknehmen*
aanboren *anbohren* ★ nieuwe bronnen ~ *neue Quellen erschließen*
aanbouw *Anbau* m
aanbouwen *anbauen*
aanbraden *anbraten*
aanbranden *anbrennen* ★ het eten is aangebrand *das Essen ist angebrannt*
aanbreken I ov ww beginnen te gebruiken *anbrechen*; 〈noodgedwongen〉 *angreifen* ★ het spaargeld ~ *die Ersparnisse angreifen* ★ een nieuwe fles wijn ~ *eine neue Flasche Wein anbrechen* II ON ww beginnen *anbrechen*; 〈plotseling〉 *hereinbrechen* ★ bij het ~ van de dag *bei Tagesanbruch*
aanbrengen • plaatsen *montieren*; *anbringen*; *befestigen* ▼ veranderingen ~ *Änderungen vornehmen* • meebrengen *herbeischaffen*; *heranbringen* • veroorzaken *verursachen* • verklikken *anzeigen* • werven *(an)werben*
aandacht *Aufmerksamkeit* v; *Interesse* o ★ ~ besteden aan iets *einer Sache Aufmerksamkeit widmen/schenken* ★ dat heeft mijn volle ~ *das hat meine ganze Aufmerksamkeit/mein ganzes Interesse* ★ de ~ in beslag nemen *die Aufmerksamkeit beanspruchen* ★ de ~ richten op *die Aufmerksamkeit lenken auf* ★ ~ schenken aan iem. *jmdm. Beachtung schenken* ★ de ~ trekken/opeisen *die Aufmerksamkeit auf sich ziehen*; *die Aufmerksamkeit fordern/verlangen* ★ de ~ vasthouden *die Aufmerksamkeit festhalten* ★ de ~ verslapt *die Aufmerksamkeit/das Interesse lässt nach* ★ een en al ~ zijn *voller Aufmerksamkeit sein* ★ met gespannen ~ *mit gespannter Aufmerksamkeit* ★ iets onder iemands ~ brengen *jmdn. auf etw. aufmerksam machen*
aandachtig *aufmerksam*

aandachtsgebied *Interessengebiet* o
aandachtspunt *Schwerpunkt* m
aandeel ● portie *Beteiligung* v; *Anteil* m ● een
~ in een zaak hebben *an einem Unternehmen
beteiligt sein* ★ ~ in de winst
Gewinnbeteiligung v ● bijdrage *Beitrag* m;
Anteil m ★ een ~ hebben in iets *an etw.
teilnehmen/mitwirken* ● ECON. *Aktie* v ★ ~ op
naam *Namensaktie* v
aandeelhouder *Aktionär* m; *Aktieninhaber* m
aandelenkapitaal *Aktienkapital* o; *Grundkapital*
o
aandelenkoers *Aktienkurs* m
aandelenmarkt *Aktienmarkt* m
aandelenpakket *Aktienportefeuille* o;
Aktienbestand m; *Aktienpaket* o
aandenken ● souvenir *Andenken* o
● nagedachtenis *Erinnerung* v
aandienen I OV WW de komst melden van
anmelden **II** WKD WW [zich ~] *sich vorstellen;
sich melden*
aandikken ● dikker maken *dicker machen*
● overdrijven *übertreiben* ★ iets ~ *etw.
aufbauschen*
aandoen ● aantrekken *anziehen* ● aansteken
einschalten ● bezoeken ⟨met vliegtuig⟩
anfliegen; ⟨met schip⟩ *anlaufen* ● berokkenen
zufügen; antun ● een indruk geven *anmuten*
aandoening *Erkrankung* v; *Krankheit* v; *Leiden*
o
aandoenlijk *rührend; ergreifend*
aandraaien *anziehen*
aandragen *herantragen; herbeitragen* ★ komen
~ met iets *mit etw. kommen*
aandrang ● aansporing *Drängen* o ★ met ~
nachdrücklich ★ op ~ van mijn broer *auf
Drängen meines Bruders* ● toevloed/
opdringen *Andrang* m; *Nachdruck* m
aandraven ▼ BN komen ~ met iets *mit etw.
kommen*
aandrift ● opwelling *Impuls* m ● drang *Drang*
m
aandrijfas *Antriebsachse* v
aandrijfriem *Transmissions-/Treibriemen* m
aandrijven I OV WW ● TECHN. *(an)treiben*
● aansporen *anspornen; antreiben; anstacheln*
II ON WW drijvend aankomen *anschwemmen*
aandrijving *Antrieb* m
aandringen *dringen; drängen* ★ na lang ~ *nach
langem Drängen* ★ op ~ van zijn vader *auf
das Drängen seines Vaters* ★ ~ op iets *auf etw.
drängen* [+4]
aandrukken *(an)drücken; (fest)drücken* ★ zich
tegen de muur ~ *sich an die Wand drücken*
★ tegen zich ~ *an sich drücken*
aanduiden ● aanwijzen *bezeichnen* ★ iets met
een pijl ~ *etw. mit einem Pfeil kennzeichnen*
● betekenen *bedeuten; bezeichnen* ● BN
selecteren *selektieren; auswählen*
aanduiding ● aanwijzing *Andeutung* v;
Kennzeichen o ● beschrijving *Angabe* v;
Bezeichnung v
aandurven *sich (ge)trauen; wagen;* ⟨in staat
achten⟩ *sich (zu)trauen* [+3] ★ iem. ~ *es mit
jmdm. aufnehmen* ★ het niet ~ *nicht den Mut
dazu haben; es nicht wagen*

aanduwen ● aandrukken *andrücken* ● door
duwen starten *anschieben*
aaneen ● aan elkaar vast *aneinander;
zusammen* ● ononderbroken *nacheinander;
hintereinander*
aaneengesloten *zusammengefügt;
aneinandergereiht*
aaneenschakeling *Aneinanderreihung* v;
Verkettung v; *Reihe* v; *Kette* v
aaneensluiten I ON WW strak tegen elkaar
komen *aneinanderpassen* **II** WKD WW [zich ~]
sich zusammenschließen; sich zusammentun
aanfluiting *Hohn* m; *Verhöhnung* v ★ dat was
echt een ~ *das war der reinste Hohn*
aangaan I OV WW ● betreffen *angehen;
anbelangen; betreffen* ★ wat mij aangaat *was
mich betrifft* ● beginnen *anfangen; beginnen;
eingehen* ★ de strijd weer ~ *den Kampf wieder
aufnehmen* **II** ON WW ● heengaan *(hin)gehen*
★ achter iem. ~ *hinter jmdm. hergehen*
★ achter iets ~ *hinter etw. her sein*
● beginnen *beginnen; anfangen* ★ het licht
gaat aan *das Licht geht an* ● behoren *sich
gehören; sich schicken; angehen*
aangaande *in Bezug auf* [+4] ★ ~ dat
onderwerp *was dieses Thema betrifft*
aangapen *angaffen; anglotzen*
aangebonden ▼ kort ~ zijn *kurz angebunden
sein*
aangeboren *angeboren*
aangebrand ● aangebakken *angebrannt* ● boos
beleidigt; eingeschnappt; pikiert ★ gauw ~ zijn
schnell beleidigt/eingeschnappt sein ● BN ⟨v.
grappen e.d.⟩ dubbelzinnig *anzüglich;
schlüpfrig; obszön*
aangedaan ● aangetast *angegriffen* ● ontroerd
gerührt; bewegt
aangelegd ★ kunstzinnig ~ zijn *künstlerisch
veranlagt/begabt sein*
aangelegenheid *Angelegenheit* v; *Sache* v
aangenaam *angenehm; behaglich;* ⟨v. warmte,
rust⟩ *wohltuend;* ⟨v. bericht⟩ *erfreulich*
▼ INFORM. ~! *sehr erfreut!*
aangenomen ● verworven *angenommen* ★ een
~ naam *ein angenommener Name* ★ ~ werk
angenommene Arbeit ● geadopteerd
angenommen
aangeschoten *angeheitert* ★ ~ zijn *einen
Schwips haben*
aangeslagen ● ontmoedigd *verstört; betroffen*
● met aanslag bedekt *beschlagen*
aangetekend *eingeschrieben*
aangetrouwd *angeheiratet*
aangeven ● aanreiken *(her)reichen; geben*
★ geef mij de schroevendraaier eens aan
reiche mir bitte den Schraubenzieher
● aanduiden *angeben;* ⟨niet precies⟩
andeuten; ⟨schetsen⟩ *umreißen* ★ de
thermometer geeft 10 graden aan *das
Thermometer zeigt 10 Grad* ● officieel melden
anzeigen; angeben; melden ★ heeft u iets aan
te geven? *haben Sie etw. zu verzollen?* ● bij de
politie aanbrengen ★ de dader heeft zichzelf
aangegeven *der Täter hat sich gestellt*
aangever *Angeber* m; ⟨bij politie⟩ *Denunziant* m
aangewezen ● juist *richtig* ★ de ~ persoon *die*

gegebene/richtige Person ● BN wenselijk *erwünscht* ▼ ~ zijn op iets *auf etw. angewiesen sein*

aangezicht *Gesicht* o; *Angesicht* o; *Antlitz* o
aangezichtspijn *Gesichtsschmerz* m
aangezien *da*; *weil*
aangifte ● officiële aanmelding *Meldung* v; *Angabe* v; ⟨officieel⟩ *Anzeige* v ★ ~ doen *Anzeige erstatten* ● ⟨bij douane⟩ *Zollerklärung* v ★ ⟨opschrift⟩ ~ goederen *Zollerklärung* v ● belastingaangifte *Steuererklärung* v
aangiftebiljet *Steuererklärung* v
aangrenzend *angrenzend*; *benachbart*
aangrijpen ● vastpakken *ergreifen* ● ontroeren *ergreifen*; *rühren*; *mitnehmen* ★ zijn dood heeft mij erg aangegrepen *sein Tod hat mich sehr mitgenommen* ★ de ziekte heeft hem erg aangegrepen *die Krankheit hat ihm sehr zugesetzt* ● benutten *(aus)nutzen*; *ergreifen*
aangrijpend *rührend*; *ergreifend*
aangrijpingspunt *Angriffspunkt* m
aangroei *Zuwachs* m; *Zunahme* v; *Wachstum* o; *Wachsen* o
aangroeien ● opnieuw groeien *anwachsen* ● toenemen *anwachsen*
aanhaken *anhaken*; *anhängen*; ⟨wagon⟩ *ankoppeln*
aanhalen ● vaster trekken *anziehen*; *zuziehen* ★ connecties ~ *Verbindungen vertiefen* ● liefkozen *liebkosen* ● citeren *anführen*; *zitieren*
aanhalig *anschmiegsam*; INFORM. *verschmust*
aanhaling ● het citeren *Zitieren* o; *Anführung* v ● citaat *Zitat* o
aanhalingsteken *Anführungszeichen* o; *Gänsefüßchen* o
aanhang *Anhang* m; MIN. *Sippschaft* v
aanhangen *anhängen* ★ een geloof ~ *sich zu einem Glauben bekennen*
aanhanger ● volgeling *Anhänger* m ● aanhangwagen *Anhänger* m
aanhangig *anhängig* ★ een voorstel ~ maken *einen Vorschlag einreichen*
aanhangsel ● aanhangend deel *Anhängsel* o ★ ANAT. wormvormig ~ *Blinddarm* m; *Appendix* m ● bijlage *Appendix* m; *Nachtrag* m; *Anhang* m
aanhangwagen *Anhänger* m
aanhankelijk *anhänglich*
aanhebben *anhaben* ★ wat had ze aan? *was hat sie an?*
aanhechten *anheften*
aanhechtingspunt *Verbindungsstelle* v; *Verbindungspunkt* m
aanhef *Anfang* m
aanheffen *anfangen*; FORM. *anheben*; ⟨lied, geschreeuw⟩ *anstimmen*
aanhikken tegen *Mühe/Schwierigkeiten haben mit*; *sich scheuen vor*
aanhoren *anhören* [+4]; *zuhören* [+3] ★ het is niet om aan te horen *man kann sich das nicht länger mit anhören*
aanhouden I OV WW ● arresteren *festnehmen*; *verhaften* ● tegenhouden *aufhalten* ● niet uittrekken *anlassen* ● uitstellen *aufschieben*; *verschieben*; JUR. *aussetzen* ● laten voortduren

beibehalten ★ een betrekking ~ *eine Beziehung aufrechterhalten* **II** ON WW ● volhouden *nicht lockerlassen*; ⟨aandringen⟩ *darauf drängen* ● voortduren *fortwähren*; *(an)dauern* ★ de regen houdt aan *der Regen hält an* ● gaan naar *sich halten* ★ rechts ~ *sich rechts halten*

aanhoudend *anhaltend*; *andauernd*; *unausgesetzt*; *fortwährend*
aanhouder ▼ de ~ wint *Beharrlichkeit führt zum Ziel*
aanhouding *Verhaftung* v; *Festnahme* v ★ bevel tot ~ *Haftbefehl* m
aanhoudingsmandaat BN arrestatiebevel *Haftbefehl* m
aanjagen ● aandoen *einjagen*; *einflößen* ★ iem. angst ~ *jmdm. Angst einjagen* ● TECHN. *antreiben*
aanjager ● TECHN. *Beschleuniger* m ● FIG. *Antreiber* m
aankaarten *anschneiden*; *zur Sprache bringen*
aankijken ● kijken naar *ansehen* ● overdenken *sich überlegen*
aanklacht *Anklage* v ★ een ~ tegen iem. indienen *gegen jmdm. Klage erheben*
aanklagen ● JUR. *anklagen*; *verklagen* ★ iem. ~ wegens... *jmdn. anklagen wegen...* [+2] ● BN afkeuren *missbilligen*
aanklager *Ankläger* m ★ openbare ~ *Staatsanwalt* m
aanklampen *ansprechen*
aankleden ● kleren aantrekken *ankleiden*; *anziehen* ● inrichten *ausstatten*; *einrichten*
aankleding *Ausstattung* v; ⟨versiering⟩ *Dekoration* v
aanklikken *anklicken*; *klicken auf* [+4]
aankloppen ● op deur kloppen *anklopfen* ● ~ **bij** ★ bij iem. ~ *sich an jmdn. wenden*
aanknopen *anknüpfen* ★ een gesprek ~ *ein Gespräch anknüpfen*
aanknopingspunt *Anhaltspunkt* m
aankoeken *sich festsetzen*; ⟨koken⟩ *anbacken*
aankomen ● arriveren *eintreffen*; *ankommen* ● naderen *daherkommen*; *herankommen* ● aanraken *berühren* ● doel treffen *treffen* ★ die klap kwam hard aan *das hat gesessen* ● zwaarder worden *zunehmen* ● presenteren *ankommen* ★ kom me daar niet mee aan! *bleibe mir damit vom Leibe!* ● ~ **op** ★ nu komt het erop aan *jetzt gilt's* ★ hier komt het op aan *hierauf kommt es an*; *hierum dreht es sich* ▼ iets zien ~ *etw. vorhersehen* ▼ alles op hem laten ~ *alles auf ihn ankommen lassen*
aankomend ● aanstaand *nächst*; *kommend* ● beginnend *angehend* ★ een ~ onderwijzer *ein angehender Lehrer*
aankomst *Ankunft* v
aankondigen *bekannt geben*; *ankündigen*; *ansagen*
aankondiging ● bekendmaking *Ankündigung* v; *Ansage* v; *Bekanntgabe* v; FORM. *Anzeige* v ★ tot nadere ~ *bis auf Weiteres* ● BN advertentie *Anzeige* v; *Annonce* v; *Inserat* o
aankoop *Kauf* m
aankoopsom *Kaufsumme* v
aankopen *(an)kaufen*

aankruisen *ankreuzen*
aankunnen *gewachsen sein* [+3]; ⟨problemen⟩ *bewältigen können*
aankweken *anbauen*
aanlanden • *aan land komen anlegen; landen*
• *terechtkomen ankommen*
aanlandig *auflandig*
aanleg • constructie *Konstruktion* v; *Anlage* v; *Bau* m ★ de ~ van elektriciteit *das Anlegen von Elektrizität* ★ in ~ zijn *im Bau sein*
• talent *Talent* o; *Begabung* v; *Anlage* v
• vatbaarheid *Anfälligkeit* v
aanleggen I ov ww construeren *anlegen*; ⟨v. brug, weg etc.⟩ *bauen* ▼ het met iem. ~ *sich mit jmdm. einlassen* **II** on ww aan de wal gaan liggen *anlegen*
aanlegplaats *Anlegeplatz* m
aanleiding *Veranlassung* v; *Anlass* m ★ naar ~ van uw advertentie *bezugnehmend auf Ihre Anzeige* ★ naar ~ van *bezugnehmend auf* [+4] ★ ~ geven tot *Anlass geben zu* [+3] ★ naar ~ daarvan *deswegen* ★ gerede ~ *willkommene(r) Anlass* m ★ zonder ~ *ohne Anlass* ★ ~ geven tot iets *Anlass/Veranlassung zu etw. geben* ★ bij de geringste ~ *beim geringsten Anlass* ▼ naar ~ van uw brief *bezugnehmend auf Ihren Brief; auf Ihren Brief hin*
aanlengen *verdünnen; verlängern* ★ de wijn ~ *den Wein verdünnen*
aanleren • onderwijzen *anlernen* • eigen maken *lernen*
aanleunen tegen *(an)lehnen* ▼ zich iets laten ~ *sich etw. gefallen lassen*
aanleunwoning *Altenwohnheim* o
aanlijnen *anleinen; an die Leine nehmen* ★ de hond ~ *den Hund an die Leine nehmen*
aanlokkelijk *anziehend; verlockend*
aanlokken • aantrekken *(an)locken; anziehen*
• bekoren *reizen* ★ lokt jou dat aan? *reizt dich das?*
aanloop • SPORT *Anlauf* m • bezoek *Besuch* m
• inleiding *Vorbemerkung* v
aanloophaven *Anlaufhafen* m
aanloopkosten *Anlaufkosten* mv
aanloopperiode *Anlaufzeit* v
aanlopen I ov ww een haven aandoen *anlaufen* **II** on ww • naderen *hinlaufen* ★ komen ~ *herbeigelaufen kommen* ★ de hond is komen ~ *der Hund ist zugelaufen* • even langsgaan (bij) *vorbeischauen* • tegen iets aan schuren *schleifen* • een kleur krijgen *Farbe bekommen* ★ rood ~ *rot anlaufen* ▼ achter iem. ~ *jmdm. nachlaufen*
aanmaak *Anfertigung* v; *Herstellung* v
aanmaakblokje *Zündwurfel* m
aanmaakhout *Anmachholz* o
aanmaken • aansteken *anmachen; anzünden*
• toebereiden *zubereiten* • fabriceren *herstellen; anfertigen*
aanmanen *(er)mahnen; auffordern*
aanmaning *Aufforderung* v; *Mahnung* v
aanmatigen [zich ~] *sich anmaßen* ★ zich vrijheden ~ *sich Freiheiten herausnehmen*
aanmatigend *anmaßend; überheblich; dünkelhaft* ★ een ~ optreden *ein anmaßendes Auftreten*

aanmelden • presenteren *(an)melden*; *ankündigen* • opgeven *anmelden*
aanmelding *Anmeldung* v
aanmeldingsformulier *Anmeldeformular* o
aanmeldingstermijn *Meldefrist* v
aanmeren *festmachen; anlegen*
aanmerkelijk *ansehnlich; beträchtlich; erheblich*
aanmerken • beschouwen (als) *betrachten*
• afkeurend opmerken *beanstanden* ★ overal wat op aan te merken hebben *an allem etw. auszusetzen haben*
aanmerking • beschouwing ★ in ~ komen *infrage/in Frage kommen; in Betracht kommen* ★ in ~ nemen *in Betracht ziehen; berücksichtigen* ★ de omstandigheden in ~ genomen *unter Berücksichtigung der Umstände* • kritiek *Bedenken* o; *Einwendung* v ★ ~en maken op iets *Einwendungen machen gegen etw.*
aanmeten I ov ww de maat nemen *anmessen* **II** WKD WW [zich ~] ★ zich een houding ~ *überheblich sein*
aanmodderen *pfuschen; schludern* ★ hij moddert maar wat aan met zijn werk *er pfuscht ziemlich rum bei der Arbeit*
aanmoedigen • aansporen *ermutigen; ermuntern* • bevorderen *fördern*
aanmoediging *Ermutigung* v; *Anregung* v; *Förderung* v
aanmonsteren *anmustern; anheuer*
aannaaien *annähen*
aanname *Annahme* v; *Hypothese* v
aannemelijk • redelijk *akzeptabel*
• geloofwaardig *glaubhaft; glaubwürdig*
aannemen • in ontvangst nemen *annehmen; entgegennehmen* • accepteren *annehmen*
• geloven ★ neem dat maar van me aan *das kannst du mir ruhig glauben*
• veronderstellen *annehmen; vermuten*
• eigen maken *annehmen; aneignen* • in dienst nemen *einstellen; anstellen*
• adopteren *adoptieren; annehmen* • als lid opnemen REL. *konfirmieren*; ⟨in vereniging/ partij⟩ *aufnehmen*
aannemer *Bauunternehmer* m
aanpak *Vorgehensweise* v; *Vorgehen* o ★ dit vereist een harde ~ *hier muss man mit aller Schärfe vorgehen*
aanpakken I ov ww • vastpakken *anfassen*
• hard werken *anpacken* • afstraffen ★ iem. eens goed ~ *jmdn. hart anpacken* **II** on ww ★ hij weet van ~ *er kann zupacken*
aanpalend *anliegend; angrenzend; benachbart*
aanpappen met *sich anbiedern bei* [+3]
aanpassen I ov ww • passen *anprobieren*
• geschikt maken *anpassen* **II** WKD WW [zich ~] *sich anpassen* ★ zich aan de omstandigheden ~ *sich den Verhältnissen anpassen*
aanpassing *Anpassung* v
aanpassingsvermogen *Anpassungsfähigkeit* v
aanplakbiljet *Plakat* o; *Anschlagzettel* m
aanplakken *ankleben* ★ ~ verboden! *Plakate ankleben verboten!*
aanplant • het aanplanten *Anbau* m • het aangeplante *Anpflanzung* v

aanplanten *anpflanzen*
aanporren BN *aansporen anspornen*; *anregen*
aanpoten ● flink doorwerken *sich ins Zeug legen* ● voortmaken *voranmachen*
aanpraten *aufschwatzen; aufreden*
aanprijzen *anpreisen*
aanraakscherm *Berührungsbildschirm* m
aanraden *empfehlen* [+3]; *(an)raten* [+3] ★ op ~ van *auf Anraten* [+2]
aanrader *(heißer) Tipp; (Geheim)Tipp* m
aanraken *berühren; ⟨even⟩ anrühren*
aanraking ● het aanraken *Berührung* v
● contact ★ met iem. in ~ komen *mit jmdm. in Kontakt kommen* ★ met de wet in ~ komen *mit dem Gesetz in Konflikt kommen/geraten*
aanranden ● molesteren *angreifen* ● tot seks dwingen *vergewaltigen*
aanrander *Angreifer* m
aanranding ● geweld *Angriff* m ● dwang tot seks *Vergewaltigung* v
aanrecht *Anrichte* v
aanreiken *(herüber)reichen*
aanrekenen ● verwijten *anrechnen* ● BN meerekenen, meetellen *mitrechnen; mitzählen*
aanrichten *anrichten*
aanrijden I ov ww in botsing komen met *anfahren* II ov ww rijdend naderen *heranfahren* ★ op iem. ~ *auf jmdn. zufahren*
aanrijding *Zusammenstoß* m
aanroepen *anrufen*
aanroeren ● aanraken *berühren* ● ter sprake brengen *anrühren*
aanrukken *(her)anrücken; (her)anmarschieren*
▼ een fles wijn laten ~ *eine Flasche Wein auffahren lassen*
aanschaf *Ankauf* m; *Anschaffung* v
aanschaffen *anschaffen*
aanscherpen *anspitzen; zuspitzen; verschärfen*
★ een potlood ~ *einen Bleistift anspitzen* ★ de situatie is aangescherpt *die Lage hat sich zugespitzt/verschärft*
aanschieten ● licht verwonden *anschießen*
● gauw aantrekken *fahren in; schlüpfen in*
● aanspreken *ansprechen*
aanschoppen tegen *auf den Fuß/Schlips treten*
aanschouwelijk *anschaulich* ★ iets ~ maken *etw. anschaulich machen*
aanschouwen *erblicken; ⟨aandachtig bekijken⟩ betrachten* ★ ten ~ van *angesichts* [+2] ★ het levenslicht ~ *das Licht der Welt erblicken*
aanschrijven *berechnen* ★ iem. ~ *jmdm. etw. schriftlich mitteilen; jmdn. schriftlich auffordern* ▼ bij iem. goed aangeschreven staan *bei jmdm. gut angeschrieben sein*
aanschrijving *Anordnung* v
aanschuiven I ov ww dichterbij brengen *(her)anschieben; (her)anrücken* II ON WW
● aansluiten *anschieben* ★ u kunt hier ~ *Sie können sich hier dazusetzen* ● BN in de file staan *im Stau stehen*
aanslaan I ov ww ● kort raken *anschlagen*
★ een toets ~ *eine Taste anschlagen*
● waarderen *einschätzen; veranschlagen*
★ iem. hoog ~ *jmdn. schätzen* ● belasting opleggen aan *veranlagen* II ON WW

● vasthechten *ansetzen* ● starten van motor *anspringen* ● succes hebben *einschlagen; ankommen* ● beslaan *beschlagen*
aanslag ● aanval *Attentat* o ● belastingaanslag *Steuerbescheid* m ● afzetting *Ansatz* m; *Belag* m; *Beschlag* m ● schietklare stand *Anschlag* m ● MUZ. *Anschlag* m
aanslagbiljet *Steuerbescheid* m
aanslibben *anschwemmen*
aansluiten I ov ww ● verbinden *verbinden*
● aaneen doen sluiten *anschließen* II ON WW
● verbonden zijn *anschließen; sich anschließen* ● nauw omsluiten van kleding
★ de jurk sluit nauw aan *das Kleid ist eng anliegend* III WKD WW [zich ~] ● meedoen (met) *sich anschließen* ● lid worden (van)
★ zich bij een vereniging ~ *einem Verein beitreten* ● het eens zijn (met) ★ zich bij een mening ~ *sich einer Meinung anschließen*
aansluiting ● verbinding *Verbindung* v ★ in ~ op *im Anschluss an* ● contact *Anschluss* m
aansluitingstreffer *Anschlusstreffer* m
aansluitkosten *Anschlussgebühren* v mv
aansmeren ● dichtsmeren *mörteln; mit Mörtel verputzen* ● aanpraten *aufschwatzen; aufreden*
aansnellen *anrennen* ★ hij kwam aangesneld *er kam angerannt*
aansnijden ● afsnijden *anschneiden*
● aankaarten *anreißen; ansprechen*
aanspannen ● JUR. beginnen *einleiten* ★ een rechtszaak tegen iem. ~ *gegen jmdn. ein Verfahren einleiten; gegen jmdn. klagen*
● vastmaken *anspannen* ● strak trekken *anziehen*
aanspelen *anspielen*
aanspoelen *antreiben; anspülen; anschwemmen*
aansporen *anspornen; anregen* ★ iem. ~ om te gaan werken *jmdn. zur Arbeit ansporen*
aansporing *Anregung* v; *Anreiz* m; *Ansporn* m
★ op ~ van iem. *auf jmds. Betreiben (hin)*
aanspraak ● sociaal contact *Kontakt* m ● recht *Anspruch* m ★ ~ maken op *Anspruch auf etw. erheben*
aansprakelijk *verantwortlich*; JUR. *haftbar*
★ iem. ~ stellen voor *jmdn. verantwortlich/ haftbar machen für*
aansprakelijkheid *Verantwortlichkeit* v
★ wettelijke ~ *Haftpflicht* v
aansprakelijkheidsverzekering *Haftpflichtversicherung* v
aanspreekbaar *ansprechbar*
aanspreektitel *Anrede* v
aanspreekvorm *Anredeform* v
aanspreken ● het woord richten tot *ansprechen; anreden* ★ iem. met `jij` ~ *jmdn. duzen* ★ iem. met `u` ~ *jmdn. siezen* ★ iem. ~ over iets *jmdn. wegen etw. ansprechen* ● gaan gebruiken *anbrechen; angreifen* ● in de smaak vallen bij *ansprechen; gefallen*
aanstaan ● bevallen *gefallen* ● in werking zijn *laufen* ★ de televisie staat aan *der Fernseher läuft* ★ de radio staat aan *das Radio ist an*
● op een kier staan *angelehnt sein*
aanstaande I ZN [de] verloofde *Zukünftige(r)* m
II BNW ● eerstkomend *nächst; kommend; ⟨op*

aa

handen zijnde) *bevorstehend* ★ de ~ verkiezingen *die bevorstehenden Wahlen* ★ ~ zondag *kommenden Sonntag* ● toekomstig *zukünftig* ★ de ~ moeder *die werdende Mutter* ★ mijn ~ echtgenoot *mein künftiger/ zukünftiger Ehemann*

aanstalten *Anstalten* mv ★ ~ maken om weg te gaan *Anstalten machen wegzugehen*

aanstampen *feststampfen; festtreten*

aanstaren *anstarren*

aanstekelijk I BNW ● besmettelijk *ansteckend* ● gemakkelijk op anderen overgaand *ansteckend* **II** BIJW *auf ansteckende Weise*

aansteken ● doen branden *anzünden* ● besmetten *anstecken*

aansteker *Feuerzeug* o

aanstellen I OV WW *an-/einstellen* **II** WKD WW [zich ~] *sich anstellen*; ⟨nuffig⟩ *sich zieren* ★ stel je niet (zo) aan! *stell dich nicht so an!* ★ zich belachelijk ~ *sich lächerlich aufführen*

aansteller *Wichtigtuer* m

aanstellerig *geziert; zimperlich*

aanstellerij *Gehabe* o; ⟨nuffig⟩ *Geziertheit* v

aanstelling *An-/Einstellung* v; ⟨voor een ambt⟩ *Ernennung* v ★ vaste ~ *feste Anstellung*

aansterken *sich erholen; wieder zu Kräften kommen*

aanstichten *anstiften*

aanstichter *Anstifter* m

aanstichting ★ op ~ van *auf Betreiben von* [+2]

aanstippen ● even aanraken *berühren*; *antippen*; MED. *betupfen* ● even noemen *berühren; erwähnen* ● aankruisen *markieren*

aanstoken ● aanwakkeren *schüren* ● opruien (tot) *aufwiegeln; aufstacheln*

aanstonds *(so)gleich; sofort*

aanstoot *Anstoß* m; *Ärgernis* o ★ ~ geven *Anstoß erregen* ★ ~ nemen aan iets *an etw. Anstoß nehmen* [+3]

aanstootgevend *anstößig; anstoßerregend*

aanstoten *anstoßen*

aanstrepen *anstreichen*

aanstrijken ● doen ontbranden *anzünden* ● MUZ. *anstreichen*

aansturen ● ~ op sturen naar *ansteuern auf*; *zusteuern auf* ● op een haven ~ *auf einen Hafen zusteuern* ● ~ op streven naar *abzielen auf; hinzielen auf*

aantal ⟨onbepaald⟩ *Anzahl* v; ⟨een verzameling⟩ *Menge* v; ⟨bepaald⟩ *Zahl* v ★ na een ~ jaren *nach einer Reihe von Jahren* ★ gering in ~ *wenig an der Zahl* ★ in ~ overtreffen *zahlenmäßig überlegen sein*

aantasten ● langzaam vernietigen *anfressen* ★ het metaal is door zuur aangetast *das Metall ist von Säure angefressen* ★ zijn gezondheid is aangetast *seine Gesundheit ist angegriffen* ● FIG. aanvallen *angreifen*

aantasting *Angriff* m ★ een ~ van de rechtsorde *ein Angriff auf die Rechtsordnung*

aantekenboek *Notizbuch* o

aantekenen ● opschrijven *(sich) notieren* ★ hoger beroep ~ *Berufung einlegen* v ★ een brief ~ *einen Brief einschreiben lassen* ● opmerken *bemerken*

aantekening ● notitie *Notiz* v; *Anmerkung* v;

⟨toelichting⟩ *Erläuterung* v ● commentaar *Vermerk* m ● het noteren *Aufzeichnung* v; *Notieren* o

aantijging *Beschuldigung* v

aantikken I OV WW even aanraken *antippen*; ⟨zwemsport⟩ *anschlagen* **II** ON WW oplopen INFORM. *sich zusammenläppern*

aantocht ★ in ~ zijn *im Anmarsch/Anzug sein*

aantonen ● laten zien *ausweisen; darlegen*; *aufzeigen* ● bewijzen *beweisen*; *nachweisen* ● TAALK. → **wijs**

aantoonbaar *nachweislich*

aantreden *antreten*

aantreffen ● tegenkomen *antreffen* ● vinden *vorfinden*

aantrekkelijk *anziehend; reizend; reizvoll*; ⟨v. voorstel⟩ *verlockend*

aantrekken I OV WW ● aandoen *anziehen* ★ trek je schoenen aan! *zieh deine Schuhe an!* ● vasttrekken *anziehen* ★ de broekriem ~ *den Gürtel enger schnallen* ● naar zich toe halen *anziehen* ● aanlokken *hinziehen* ★ zich tot iets aangetrokken voelen *sich zu etw. hingezogen fühlen* ● werven *werben* **II** ON WW zich herstellen *anziehen; steigen* **III** WKD WW [zich ~] ★ zich iets ~ van iets *sich etw. zu Herzen nehmen* ★ zich niets ~ van *sich nichts machen aus*

aantrekkingskracht ● NATK. *Schwerkraft* v ● aantrekkelijkheid *Anziehungskraft* v

aanvaardbaar *akzeptabel; annehmbar*

aanvaarden ● aannemen *akzeptieren*; ⟨feiten⟩ *hinnehmen* ★ zijn verlies moeten ~ *seinen Verlust hinnehmen müssen* ● in ontvangst nemen *entgegennehmen* ● op zich nemen *übernehmen*; *auf sich nehmen* ★ de verantwoordelijkheid ~ *die Verantwortung übernehmen* ● beginnen *aufnehmen*; *antreten* ★ een functie ~ *eine Stelle antreten* ● in gebruik nemen *annehmen*

aanvaarding ● acceptatie *Antritt* m; *Hinnehmen* o; *Bejahung* v; *Akzeptieren* o ★ de ~ van zijn lot *das Hinnehmen/Akzeptieren seines Schicksals* ● inbezitneming ★ de ~ van een erfenis *der Antritt einer Erbschaft* ● het op zich nemen ★ de ~ van een ambt *der Antritt eines Amtes* ▼ de ~ van het leven *die Lebensbejahung*

aanval ● offensief *Angriff* m ● uitbarsting *Anfall* m ★ een ~ van koorts *ein Fieberanfall* ● SPORT *Angriff* m

aanvallen *angreifen*; *anfallen* ▼ iem. op zijn standpunt ~ *jmdn. wegen seines Standpunkts angreifen*

aanvallend I BNW *aggressiv; offensiv* **II** BIJW *aggressiv; offensiv*

aanvaller ● persoon, groep die aanvalt *Angreifer* m ● SPORT *Angriffsspieler* m

aanvalsoorlog *Angriffskrieg* m

aanvalsspits *Angriffsspieler* m; *Spitze* v

aanvalswapen *Angriffswaffe* v

aanvang *Anfang* m; *Beginn* m

aanvangen *anfangen; beginnen*

aanvangsdatum *Beginndatum* o

aanvangssalaris *Anfangslohn* m; *Anfangsgehalt* o

aanvangstijd *Anfangszeit* v
aanvankelijk I BNW *anfänglich*; *Anfangs-* ★ de
~e snelheid *die Anfangsgeschwindigkeit* II BIJW
anfangs; *am Anfang*
aanvaring *Zusammenstoß* m ★ in ~ komen
zusammenstoßen
aanvechtbaar *anfechtbar*
aanvechten *bestreiten*; *anfechten*
aanvechting *Anfechtung* v; ⟨verleiding⟩
Versuchung v
aanvegen *ausfegen*; *auskehren*
aanverwant ● aangetrouwd *angeheiratet*;
verschwägert ● nauw betrokken bij *zugehörig*
aanvinken *anhaken*
aanvliegen I OV WW *anfahren* [+3] II ON WW
vliegend naderen *(her)anfliegen* ▼ hij kwam
meteen aangevlogen *er kam sofort angesaust*
aanvliegroute *Anflugroute* v
aanvoegend ● → **wijs**
aanvoelen I OV WW begrijpen *sich einfühlen in*;
⟨v. gevoelens⟩ *nachempfinden* ★ de stemming
~ *die Stimmung intuitiv erfassen* II ON WW
bepaald gevoel geven *sich anfühlen* ★ dat
voelt plakkerig aan *das fühlt sich klebrig an*
aanvoelingsvermogen *Einfühlungsvermögen* o
aanvoer ● het aanvoeren *Zufuhr* v; ⟨militair⟩
Nachschub m ● aanvoerleiding *Zuleitung* v
aanvoerder *Leiter* m; *Führer* m; *Anführer* m;
SPORT *Mannschaftskapitän* m
aanvoeren ● leiden *(an)führen* ● ergens heen
brengen *(her)antransportieren* ● naar voren
brengen *anführen*
aanvoering *Anführung* v ★ onder ~ van *unter
Anführung* [+2]
aanvraag ● verzoek *Anfrage* v; *Antrag* m ★ een
~ indienen *etw. beantragen* ● bestelling
Anforderung v
aanvraagformulier *Antragsformular* o
aanvragen ● bestellen *bestellen* ● verzoeken
bitten; FORM. *nachsuchen*; FORM. *beantragen*
aanvreten ● aan iets vreten *anfressen*
● aantasten *angreifen*
aanvullen ● volledig maken *ergänzen*;
vervollständigen ★ elkaar ~ *sich ergänzen*
● vol maken *auffüllen*; *(aus)füllen*
aanvulling *Ergänzung* v ★ ter ~ van *zur
Ergänzung* [+2]
aanvuren *anfeuern*
aanwaaien ● op de bonnefooi langskomen
★ ergens komen ~ INFORM. *hereingeschneit
kommen* ● als vanzelf beschikbaar worden
zufliegen; *anfliegen* ★ dat waait haar gewoon
aan *ihr fliegt das zu/an*
aanwakkeren I OV WW ● LETT. ⟨vuur⟩ *anfachen*
● FIG. *schüren* II ON WW heviger worden
zunehmen ★ de wind is aangewakkerd *der
Wind hat zugenommen*
aanwas *Anwachsen* o; *Zunahme* v; JUR.
Zuwachs m
aanwenden *anwenden*; *benutzen*; *gebrauchen*;
aufwenden ★ zijn invloed ~ *seinen Einfluss
einsetzen* ★ al zijn krachten ~ *alle Kräfte
aufwenden*
aanwennen [zich ~] *sich angewöhnen*
aanwensel *Angewohnheit* v; INFORM. *Tick* m
aanwerven *(an)werben*

aanwezig ● present *anwesend*; FORM. *zugegen*
● beschikbaar *vorhanden*
aanwezigheid *Anwesenheit* v; *Gegenwart* v;
⟨goederen⟩ *Vorhandensein* o; ⟨delfstoffen⟩
Vorkommen o
aanwijsbaar *nachweisbar*
aanwijzen ● laten zien *zeigen* ★ de barometer
wijst mooi weer aan *das Barometer zeigt
schönes Wetter an* ● bestemmen *bestimmen*
★ iem. als erfgenaam ~ *jmdn. zum Erben
bestimmen*
aanwijzing ● inlichting *Anweisung* v
● indicatie *Hinweis* m
aanwinst ● verworven bezit *Erwerb* m ★ een
nieuwe ~ *eine Neuerwerbung* ● waardevolle
toevoeging *Gewinn* m
aanwippen bij *vorbeischauen/hereinschauen bei*
[+3]
aanwonende *Anlieger* m ★ alleen voor ~n
Anlieger frei
aanwrijven I OV WW verwijten *anhängen*
★ iem. iets ~ *jmdm. etw. anhängen* II ON WW
wrijven *sich reiben* (**tegen** *an*) [+3]
aanzeggen *ansagen* ★ iem. de wacht ~ *jmdm.
zum letzten Mal warnen*
aanzet *Ansatz* m; *Anlauf* m
aanzetten I OV WW ● in werking zetten
einschalten; ⟨motoren⟩ *anlassen* ● vastmaken
★ een knoop ~ *einen Knopf annähen*
● aansporen *antreiben*; *anspornen*; *bewegen*
★ iem. tot een moord ~ *jmdn. zum Mord
anstiften* ● benadrukken *ansetzen* II ON WW
● vastkoeken *ansetzen* ● komen *erscheinen*;
auftauchen
aanzicht *Anblick* m; *Erscheinung* v
aanzien I ZN [het] ● het bekijken *Anschauen* o;
Ansehen o ● uiterlijk *Aussehen* o ● achting
Ansehen o ★ in hoog ~ staan *in hohem
Ansehen stehen* ▼ ten ~ van *in Bezug/Hinsicht
auf* [+4] II OV WW ● kijken naar *betrachten*;
ansehen ● door het uiterlijk zien *anmerken*;
ansehen ★ men kan het hem ~ *man sieht es
ihm an* ● ~ **op** ★ iem. ergens op ~ *jmdn.
wegen etw. im Verdacht haben* ● ~ **voor**
betrachten als; *halten für* ★ niet voor vol ~
nicht ernst nehmen ★ waar zie je mij voor
aan? *wofür hältst du mich?* ● waarderen om
achten; *schätzen* ▼ iets nog even ~ *noch ein
Weilchen abwarten*
aanzienlijk I BNW ● groot *beträchtlich*;
bedeutend; *ansehnlich* ● voornaam *angesehen*;
vornehm II BIJW in hoge mate *beachtlich*;
wesentlich
aanzitten *bei Tisch sitzen*
aanzoek *Antrag* m; *Heiratsantrag* m ★ iem. een
~ doen *jmdm. einen Heiratsantrag machen*
aanzuigen *ansaugen*
aanzuiveren *begleichen*
aanzwellen *anschwellen*
aanzwengelen *ankurbeln*
aap *Affe* m ▼ in de aap gelogeerd zijn *in Teufels
Küche geraten* ▼ iem. voor aap zetten *sich
über jmdn. lustig machen* ▼ BN iem. voor de
aap houden *jmdn. zum Narren halten* ▼ zich
een aap lachen *sich einen Ast lachen* ▼ daar
komt de aap uit de mouw *jetzt hast du die*

aa

Katze aus dem Sack gelassen

aar *Ähre* v

aard ● gesteldheid *Beschaffenheit* v; *Naturell* o; *Charakter* m ★ dat ligt niet in zijn aard *das liegt nicht in seiner Art* ★ vrolijk van aard zijn *ein fröhlicher Mensch sein* ● soort *Art* v; *Natur* v ★ anders van aard *andersgeartet* ★ van allerlei aard *allerhand* ★ iets van voorbijgaande aard *etw. Vorübergehendes*

aardappel *Kartoffel* v ★ gebakken ~en *Bratkartoffeln* ★ gekookte ~en *Salzkartoffeln* ▼ praten met een hete ~ in de keel *affektiert sprechen*

aardappelmeel *Kartoffelmehl* o

aardappelmesje *Kartoffelschäler* m

aardappelpuree *Kartoffelpüree* o

aardas *Erdachse* v

aardbei *Erdbeere* v

aardbeving *Erdbeben* o

aardbodem *Erdboden* m

aardbol *Erdkugel* v

aarde ● grond *Erde* v; *Boden* m ● aardbol *Erde* v ▼ ter ~ bestellen *beerdigen/bestatten* ▼ in goede ~ vallen *auf fruchtbaren Boden fallen*

aardedonker *stockfinster*; *stockdunkel*

aarden I BNW *irden*; *aus Erde* ★ ~ wal *Erdwall* m ★ een ~ pot *ein irdener Topf* **II** OV WW TECHN. *erden* **III** ON WW ● wennen *sich einleben*; *Wurzeln schlagen*; *sich (ein)gewöhnen* ★ hij kan hier niet ~ *er kann hier nicht heimisch werden* ● ~ naar *ähnlich sein* ★ hij aardt naar zijn moeder *er ist seiner Mutter ähnlich*

aardewerk *Steingut* o; *Keramik* v; *Tongeschirr* o ★ Delfts ~ *Delfter Fayencen*

aardewerken *Keramik-*

aardgas *Erdgas* o

aardig I BNW ● vriendelijk *liebenswürdig*; *nett*; *freundlich* ★ hij was erg ~ voor me *er war sehr nett zu mir* ● leuk om te zien *liebenswert*; *hübsch*; *nett*; *ganz schön* **II** BIJW behoorlijk *ganz schön*; *ziemlich*

aardigheid ● plezier *Freude* v; *Vergnügen* o ★ de ~ is eraf *es hat seinen Reiz verloren* ● grap *Spaß* m ★ iets voor de ~ doen *etw. aus Spaß tun*

aardigheidje *kleine Aufmerksamkeit* v

aarding *Erdung* v

aardkorst *Erdkruste* v

aardleiding *Erdleitung* v

aardlekschakelaar *Sicherungsschalter* m

aardnoot *Erdnuss* v

aardolie *Erdöl* o

aardrijkskunde *Geografie* v; ⟨schoolvak⟩ *Erdkunde* v

aardrijkskundig *geografisch*

aards ● van de aarde *irdisch* ● wereldlijk *irdisch* ★ ~e goederen *irdische(n) Güter*

aardschok *Erdstoß* m

aardschol *Scholle* v

aardverschuiving *Erdrutsch* m

aardwetenschappen *Geowissenschaften* mv

aardworm *Regenwurm* m

Aarlen *Arel* o; *Arlon* o

Aarlens *Areler*

aars *After* m

aartsbisdom *Erzbistum* o

aartsbisschop *Erzbischof* m

aartsengel *Erzengel* m

aartshertog *Erzherzog* m

aartsleugenaar *notorischer Lügner* m

aartslui *erzfaul*

aartsvader *Patriarch* m

aartsvijand *Erzfeind* m

aarzelen *zögern*; *zaudern*

aarzeling *Zögern* o; *Zaudern* o

aas I ZN [de] speelkaart *Ass* o **II** ZN [het] ● lokaas *Köder* m ● dood dier *Aas* o

aaseter *Aasfresser* m

aasgier OOK FIG. *Aasgeier* m; *Schmutzgeier* m

abattoir *Schlachthof* m

abc *Abc* o

abces *Abszess* m

ABC-wapens *ABC-Waffen* v mv

abdij *Abtei* v

abdis *Äbtissin* v

abdomen *Unterleib* m; ⟨insecten⟩ *Hinterleib* m

abituriënt *Abiturient* m

abject *verächtlich*; *verwerflich*

abnormaal *unnormal*; *abnormal*; *anomal*

Aboe Dhabi *Abu Dhabi* o

abominabel *scheußlich*; *abscheulich* ★ een ~ slecht boek *ein miserables Buch*

abonnee *Abonnent* m; ⟨v. telefoon⟩ *Fernsprechteilnehmer* m

abonneenummer *Telefonnummer* v

abonneetelevisie *Pay-TV* o

abonnement *Abonnement* o

abonneren [zich ~] *abonnieren* ★ zich ~ op een tijdschrift *eine Zeitschrift abonnieren*

Aboriginal *Aboriginal* m

aborteren MED. *abortieren* ★ zich laten ~ *sich abortieren lassen*

abortus ● ingreep *Schwangerschaftsabbruch* m; *Abtreibung* v ★ ~ provocatus *Abtreibung* v; *Abortion* v ● miskraam *Fehlgeburt* v

abortuskliniek *Abtreibungsklinik* v

abracadabra *Abrakadabra* o

Abraham *Abraham* ▼ ~ zien *fünfzig werden* ▼ weten waar ~ de mosterd haalt *wissen, wo Bartel den Most holt*

abri *Wartehäuschen* o

abrikoos ● vrucht *Aprikose* v ● boom *Aprikosenbaum* m

abrupt *jäh*; *abrupt*

ABS *ABS*; *Antiblockiersystem* o

abscis *Abszisse* v

abseilen *abseilen*

absent *abwesend*

absentie *Abwesenheit* v; FORM. *Absenz* v

absentielijst *Abwesenheitsliste* v

absolutie *Absolution* v; *Lossprechung* v ★ ~ verlenen *Absolution erteilen*; *lossprechen*

absoluut I BNW *absolut* **II** BIJW *unbedingt*; *durchaus*; *absolut*

absorberen *absorbieren*

absorptie *Absorption* v

abstract *abstrakt*

abstractie *Abstraktion* v ▼ BN ~ maken van iets *etw. außer Betracht lassen*

abstraheren *abstrahieren*

absurd *absurd*

abt *Abt* m

abuis I ZN [het] *Versehen* o; *Irrtum* m ★ per ~ *aus Versehen*; *versehentlich* **II** BNW *falsch* ★ ~ zijn *sich irren*
abusievelijk *aus Versehen*; *versehentlich*
acacia *Akazie* v
academicus *Akademiker* m
academie *Akademie* v ★ militaire ~ *Militärhochschule* v
academisch *akademisch*
acajou BN *mahoniehouten aus Mahagoniholz*
a capella *a cappella*
acceleratie *Beschleunigung* v; *Akzeleration* v
accelereren *akzelerieren*
accent[1] (zeg: aksent) *Akzent* m
accent[2] (zeg: aksaN) ★ ~ aigu *Akut* m; ⟨in het Frans⟩ *Accent aigu* ★ ~ circonflexe *Zirkumflex* m; ⟨in het Frans⟩ *Accent circonflexe* ★ ~ grave *Gravis* m; ⟨in het Frans⟩ *Accent grave*
accentueren *akzentuieren*; *betonen*
acceptabel *akzeptabel*
acceptant *Akzeptant* m
acceptatie *Akzeptieren* o; *Akzeptation* v; *Annehmen* o; ⟨erkenning⟩ *Akzeptierung* v
accepteren *annehmen*; *akzeptieren*; ⟨zich laten welgevallen⟩ *hinnehmen*
acceptgiro *Überweisungsformular* o
accessoire *Accessoire* o; *Zubehörteil* o
accijns *Verbrauchssteuer* v ★ vrij van ~ *steuerfrei* ★ ~ op tabak *Tabaksteuer* v
acclamatie *Akklamation* v ★ bij ~ *per Akklamation*
acclimatiseren *sich akklimatisieren*
accolade *Akkolade* v
accommodatie ● inrichting *Ausstattung* v; ⟨verblijf⟩ *Unterkunft* v ● aanpassing *Akkommodation* v; ⟨v. ideeën⟩ *Angleichung* v; ⟨v. het oog⟩ *Anpassung* v
accordeon *Akkordeon* o
account ● ECON. klant/opdracht *Account* m ● ECON. rekening *Konto* o
accountancy ⟨werk⟩ *Rechnungswesen* o; ⟨leer, wetenschap⟩ *Wirtschaftswissenschaft* v
accountant *Wirtschaftsprüfer* m; *Rechnungsprüfer* m
accountantsverklaring *Bericht* m *des Wirtschaftsprüfers*
accountmanager *Accountmanager* m
accrediteren *akkreditieren*
accu *Batterie* v; *Akku* m
accuklem *Batterieklemme* v
acculader *Batterieladegerät* o
accumulatie *Akkumulation* v; *Häufung* v
accumuleren *akkumulieren*
accuraat *akkurat*; *genau*; *sorgfältig*
accuratesse *Genauigkeit* v; *Sorgfältigkeit* v; *Akkuratesse* v
ace *Ass* o
aceton *Azeton* o
acetyleen *Acetylen* o
acetylsalicylzuur *Acetylsalicylsäure* v
ach *ach* ▼ ach en wee roepen *Ach und Weh schreien*
achilleshiel *Achillesferse* v
achillespees *Achillessehne* v
acht I TELW ● *acht* o → **vier II** ZN [de] ● getal *Acht* v ● O&W schoolcijfer ≈ *Zwei* ● aandacht

Acht v ★ in acht nemen *in Betracht ziehen* ★ zich in acht nemen *sich in Acht nehmen* ★ zich in acht nemen voor *sich hüten vor* [+3] ★ acht slaan op *achten auf* [+4] ★ geen acht slaan op *außer Acht lassen* ● roeiteam *Acht* v ▼ geef acht! *stillgestanden!*
achtbaan *Achterbahn* v; *Berg-und-Tal-Bahn* m
achtbaar *ehrenwert*; *achtbar*
achteloos ● onoplettend *nachlässig*; *unachtsam* ● onverschillig *achtlos*
achten ● beschouwen als, menen *halten für*; *ansehen als* ★ iem. tot iets in staat ~ *jmdm. etw. zutrauen* ★ ik acht het mogelijk *ich halte es für möglich* ● waarderen *schätzen*; *respektieren*; *achten*
achter I VZ ● na ⟨bij plaats⟩ *hinter* [+3/4]; *an*; *hinter dem Baum* (sein); *hinter den Baum* (gehen) ★ ~ het bureau *am Schreibtisch* ★ ~ elkaar *hintereinander* ★ ~ het stuur *am Steuer* ● na ⟨bij tijd⟩ *hinter* [+3/4] ★ ~ elkaar *hintereinander* ▼ ~ iem. om *hinter jmds. Rücken* ▼ ~ hem om *hinter seinem Rücken* **II** BIJW ● aan de achterkant *hinten* ★ hij woont ~ *er wohnt nach hinten hinaus* ★ ~ in de auto *hinten im Auto* ★ ~ in de tuin *hinten im Garten* ★ ~ in de gang *hinten im Gang* ★ ~ in het boek *hinten im Buch* ★ van ~ naar voren *von hinten nach vorne* ● in achterstand *zurück*; *im Rückstand* ★ hij is ~ bij de anderen *er steht hinter den anderen zurück* ★ ~ zijn met werk *mit seiner Arbeit im Rückstand* ★ ~ zijn met betalen *mit der Zahlung im Rückstand* ★ ~ raken *zurückbleiben* ▼ iets van ~ naar voren kennen *etw. von hinten nach vorne kennen* ▼ hij is ~ in de dertig *er ist Ende dreißig*
achteraan ● aan de achterkant *hinten* ● achterheen *hinterher* ★ daar moeten wij meteen ~ *da müssen wir sofort hinterher*
achteraanzicht *Rückansicht* v
achteraf ● naderhand *hinterher*; *nachträglich* ● afgelegen *abseits*; *abgelegen*
achterbak *Kofferraum* m
achterbaks *heimtückisch*; *hinterlistig*
achterban *Basis* v; ⟨aanhangers⟩ *Anhängerschaft* v
achterband *Hinterreifen* m
achterbank *Rücksitz* m
achterblijven *zurückbleiben*
achterblijver ● ⟨telaatkomer⟩ *Nachzügler* m ● degene die achteraan komt *Nachzügler* m; *Schlusslicht* o ● slechtste v.d. klas, laatste bij wedstrijden *Schlusslicht* o
achterbuurt *schlechte(s) Viertel* o
achterdeur *Hintertür* v
achterdocht *Argwohn* m; *Misstrauen* o ★ ~ krijgen *Argwohn schöpfen*
achterdochtig *argwöhnisch*
achtereen *hintereinander*; *nacheinander*
achtereenvolgend *aufeinanderfolgend*
achtereenvolgens *nacheinander*
achtereind ● achterste deel *Hinterstück* o ● achterwerk *Hinterteil* o ▼ zo stom als het ~ van een varken ⟨so⟩ *dumm wie Bohnenstroh*
achteren *hinten* ★ naar ~ *nach hinten* ★ van ~ *von hinten* ★ van ~ aanvallen *von hinten*

ac

angreifen; hinterrücks angreifen ★ van ~ naar voren *von hinten nach vorne*
achtergrond *Hintergrund* m ★ op de ~ raken *in den Hintergrund treten*
achtergrondinformatie *Hintergrundinformation* v
achtergrondmuziek *Hintergrundmusik* v
achterhaald *überholt*
achterhalen ● LETT. te pakken krijgen *aufspüren* ● FIG. terugvinden *herausfinden* ★ niet meer te ~ zijn *sich nicht mehr ermitteln lassen* ★ de waarheid ~ *die Wahrheit herausbekommen* ● → **achterhaald**
achterheen ▼ ergens ~ zitten *hinter etw. her sein* [+3]
achterhoede ● MIL. *Nachhut* v ● SPORT *Abwehr* v
achterhoofd *Hinterkopf* m
achterhouden ● bij zich houden *zurückbehalten*; ⟨verduisteren⟩ *unterschlagen* ● geheimhouden *verheimlichen; verschweigen*
achterhuis ▼ Het ~ - Dagboekbrieven van Anne Frank *Tagebuch* o
achterin *hinten*
achterkant *Rückseite* v
achterklap *Klatsch* m; *Tratsch* m
achterkleinkind *Urenkel* m
achterklep *Heckklappe* v
achterland *Hinterland* o
achterlangs *hinten herum* ★ ~ gaan *hinten herum gehen*
achterlaten *zurücklassen; hinterlassen* ★ de bagage in het hotel ~ *das Gepäck im Hotel zurücklassen* ★ een goede indruk ~ *einen guten Eindruck hinterlassen*
achterlicht *Rücklicht* o
achterliggen ● LETT. *zurückbleiben; zurückliegen* ● FIG. ★ ~ op schema *im Verzug sein*
achterlijf *Hinterleib* m
achterlijk *zurückgeblieben*
achterlopen ● niet de juiste tijd aangeven *nachgehen* ★ mijn horloge loopt achter *meine Uhr geht nach* ● niet bij zijn *hinter seiner Zeit zurückbleiben*
achterna *nachher; hinterher*
achternaam *Familienname* m
achternagaan ● volgen *folgen* [+3]; *hinterhergehen* [+3]; *nachgehen* [+3] ● gaan lijken op ★ zij gaat haar moeder achterna *sie tritt in die Fußstapfen ihrer Mutter*
achternalopen *nachlaufen*
achternazitten ● achtervolgen *nachsetzen* [+3] ● controleren *hinterher sein* [+3]
achterneef ● zoon van neef/nicht *Cousin* m; *Vetter* m ● zoon van oom-/tantezegger *Großneffe* m
achternicht ● dochter van neef/nicht *Cousine* v ● dochter van oom-/tantezegger *Großnichte* v
achterom *hintenherum*
achterop ● achter ★ ~ raken *ins Hintertreffen geraten* ● op de achterkant *hintendrauf*
achterophinken BN, LETT. niet meekomen *zurückbleiben*
achterover *rücklings; hintenüber-; nach hinten* ★ hij viel ~ op de grond *er fiel hintenüber zu Boden; er fiel rücklings zu Boden*

achteroverdrukken *unterschlagen*
achteroverslaan I ● OV WW snel drinken *hinunterstürzen; hinunterschütten* II ON WW vallen *nach hinten stürzen; hintenüberstürzen* ★ daar sla je steil van achterover *da fällst du echt vom Hocker*
achterplecht *Hinterdeck* o
achterpoortje BN, FIG. achterdeurtje *Hintertrchen* o
achterpoot *Hinterpfote* v; *Hinterfuß* m
achterruit *Heckscheibe* v
achterruitverwarming *Heckscheibenheizung* v
achterspeler *Verteidiger* m
achterstaan ★ het team staat achter *die Mannschaft liegt im Rückstand*
achterstallig *ausstehend; rückständig*
achterstand *Rückstand* m
achterstandswijk *Problemviertel* o; *sozialer Brennpunkt* m
achterste ● achterstuk *Hintere* o ● zitvlak *Hintern* m; *Hinterteil* o
achterstellen *zurücksetzen*
achterstelling *Zurücksetzung* v; *Benachteiligung* v
achtersteven *Achtersteven* m
achterstevoren *verkehrt herum; falsch herum*
achtertuin ● tuin achter het huis *Garten* m *hinter dem Haus* ● buitenlands gebied *politische(s) Hinterland* o
achteruit I ZN [de] *Rückwärtsgang* m II BIJW *rückwärts; nach hinten*
achteruitgaan ● naar achteren gaan *rückwärtsgehen; zurückgehen* ● verslechteren *zurückgehen; abwärtsgehen*
achteruitgang *Hinterausgang* m
achteruitgang *Rückgang* m; ⟨verval⟩ *Niedergang* m
achteruitkijkspiegel *Rückspiegel* m
achtervoegsel *Nachsilbe* v; *Suffix* o
achtervolgen *verfolgen*
achtervolger *Verfolger* m
achtervolging *Verfolgung* v
achtervolgingswaan *Verfolgungswahn* m
achterwaarts *rückwärts; zurück*
achterwege ▼ ~ blijven *unterbleiben* ▼ ~ laten *unterlassen*
achterwerk *Hintern* m; *Gesäß* o
achterwiel *Hinterrad* o
achterwielaandrijving *Hinterradantrieb* m
achterzijde *Rückseite* v
achthoekig *achteckig*
achting *Achtung* v
achtste ● *achte* ● → **vierde**
achttien ● *achtzehn* ● → **vier**
achttiende ● *achtzehnte(r)* ● → **vierde**
acne *Akne* v
acquireren erwerben; *anschaffen*
acquisiteur *Akquisiteur* m
acquisitie *Erwerb* m; *Übernahme* v; *Anschaffung* v; *Erwerbung* v
acrobaat *Akrobat* m
acrobatiek *Akrobatik* v
acrobatisch *akrobatisch*
acroniem *Akronym* o
acryl *Acryl* o
acrylverf *Acrylfarbe* v

act *Akt* m ★ een act opvoeren INFORM. *eine Schau abziehen*
acteren ● toneelspelen *spielen* ● doen alsof *schauspielern*
acteur *Schauspieler* m
actie ● handeling *Tat* v; *Handlung* v; *Aktion* v ★ in ~ komen *aktiv werden* ★ ~ en re~ *Wirkung und Gegenwirkung* ● protestactie *Aktion* v; *Kampagne* v
actiecomité *Aktionskomitee* o
actief ● bezig *aktiv* ● in dienst *tätig*
actiegroep *Bürgerinitiative* v
actieradius *Aktionsradius* m; *Reichweite* v; ⟨vliegtuig⟩ *Flugbereich* m
actievoerder *Aktivist* m
activa *Aktiva* mv ★ ~ en passiva *Aktiva und Passiva* ★ vlottende ~ *Umlaufvermögen* o
activeren *aktivieren*
activist *Aktivist* m
activiteit *Aktivität* v; *Tätigkeit* v
activiteitenbegeleider *Beschäftigungstherapeut* m [v: -*therapeutin*]
actrice *Schauspielerin* v
actualiseren *aktualisieren*
actualiteit *Aktualität* v
actualiteitenprogramma *Magazin* o
actueel *aktuell* ★ actuele vraagstukken *aktuelle Fragen*
acupunctuur *Akupunktur* v
acuut *akut*
adagio I ZN [het] *Adagio* o II BIJW *adagio*
Adam *Adam* m
adamsappel *Adamsapfel* m
adamskostuum ▼ in ~ im *Adamskostüm*
adapter *Adapter* m
addendum ★ addenda *Addenda*
adder *Natter* v ▼ een ~ aan zijn borst koesteren *eine Schlange am Busen nähren*
additief *Additiv* o
additioneel *additional*; *zusätzlich*
adel *Adel* m ★ hoge adel *Hochadel* m
adelaar *Adler* m
adelborst *Seekadett* m
adelen *adeln*
adellijk *adlig*
adelstand *Adelsstand* m ★ in de ~ verheffen *in den Adelsstand aufnehmen*
adem *Atem* m ★ buiten adem *außer Atem* ★ buiten adem raken *außer Atem kommen* ★ op adem komen *wieder zu Atem kommen* ★ zijn adem inhouden *seinen Atem anhalten* ▼ in één adem *im selben Atemzug* ▼ iemands hete adem in de nek voelen *jmdn. im Nacken haben* ▼ de laatste adem uitblazen *den letzten Atem aushauchen* ▼ een lange adem hebben *einen langen Atem haben* ▼ de langste adem hebben *den längeren Atem haben*
adembenemend *atemberaubend*
ademen *atmen*
ademhalen *atmen*
ademhaling *Atmung* v ★ kunstmatige ~ *künstliche Beatmung* v
ademhalingswegen *Atemwege* m mv
ademloos *atemlos*
ademnood *Atemnot* v
adempauze *Atempause* v

ademtest *Alkoholtest* m
ademtocht *Atemzug* m
adequaat *adäquat*; *angemessen*
ader ● bloedvat *Ader* v ● bodemlaag *Ader* v ★ goudader *Goldader* v
aderlaten ● bloed aftappen *Blut abzapfen* ● afzetten *schröpfen*; HUMOR. *zur Ader lassen*
aderlating *Aderlass* m
aderverkalking *Arterienverkalkung* v
ADHD *ADHD* o; *Attention Deficit Hyperactivity Disorder*
adhesie ● NATK. *Adhäsion* v ● instemming *Beifall* m ★ ~ betuigen met een voorstel *einem Vorschlag beistimmen*
ad hoc *ad hoc*
ad-hocbeleid *Ad-hoc-Politik* v
adieu *adieu*; *tschüs*; *tschüss*
ad interim *Interims...*; *einstweilig*; *vorläufig* ★ minister ~ *Interimsminister* m ★ regeling ~ *Interimsregelung* v; *vorläufige Regelung* v
adjectief *Adjektiv* o; *Eigenschaftswort* o
adjudant *Gehilfe* m
adjunct *Stellvertreter* m; *Mitarbeiter* m; *Amtsgehilfe* m
adjunct-directeur *Vizedirektor* m; *stellvertretende(r) Direktor*
administrateur *Finanzbuchhalter* m; ⟨algemeen⟩ *Verwalter* m
administratie ● beheer *Verwaltung* v ● BN overheidsdienst *Behörde* v
administratief *administrativ*; *Verwaltungs-* ★ ~ medewerker *Bürokraft* v
administratiekantoor *Verwaltungsbüro* o; ⟨bankiershuis⟩ *Geschäftsstelle* v
administratiekosten *Verwaltungskosten* mv; *Bearbeitungsgebühr* v
administreren *verwalten*
admiraal *Admiral* m
adolescent *Jugendliche(r)* m
adolescentie *Adoleszenz* v
adonis *Adonis* m
adopteren *adoptieren*
adoptie *Adoption* v; *Kindesannahme* v
adoptiekind *Adoptivkind* o
adoptiefouder *Adoptiveltern* mv
adoreren *anbeten*; *adorieren*
ad rem *schlagfertig*
adrenaline *Adrenalin* o
adres *Adresse* v; *Anschrift* v ● per ~ *per Adresse* ▼ je bent bij mij aan het verkeerde ~ *bei mir bist du an der falschen Adresse*
adresboek *Adressbuch* o
adresseren I OV WW van adres voorzien *adressieren* II ON WW rekest indienen *eine Eingabe machen*
adreswijziging *geänderte/neue Anschrift* v
Adriatische Zee *Adria* v
ADSL *DSL* o
adstrueren *untermauern*; *fundieren*
adv *Arbeitszeitverkürzung* v
advent *Advent* m; *Adventszeit* v
adverteerder *Inserent* m
advertentie *Anzeige* v; *Annonce* v; *Inserat* o
advertentiecampagne *Anzeigenkampagne* v
adverteren I OV WW bekendmaken *annoncieren* II ON WW advertentie plaatsen

ad

ad

werben
advies ⟨raad⟩ *Rat* m; ⟨deskundig advies⟩
Gutachten o ★ iem. van ~ dienen *jmdn.*
beraten ★ ~ geven *Rat geben*
adviesbureau *Beratungsstelle* v; *Beraterfirma* v
★ juridisch ~ *Rechtsberatung* v
adviesorgaan *Beratungsgremium* o
adviesprijs *Preisempfehlung* v; *Richtpreis* m
adviseren *empfehlen; raten*
adviseur *Berater* m
advocaat ● raadsman *Anwalt* m; *Rechtsanwalt*
m ● drank *Eierlikör* m
advocaat-generaal *stellvertretende(r)*
Generalstaatsanwalt m
advocatencollectief *Anwaltskollektiv* o
advocatenkantoor *Anwaltsbüro* o
advocatuur *Anwaltschaft* v
adware *Adware* v
aerobiccen *Aerobic* o *treiben*
aerobics *Aerobic* o
aerodynamica *Aerodynamik* v
aerodynamisch *aerodynamisch*
af I BNW voltooid *fertig* **II** BIJW ● vandaan/weg
ab; weg; entfernt ★ ver van de weg af *weitab*
vom Weg ● naar beneden *ab; hinunter* ★ hij
viel van het dak af *er fiel vom Dach herunter*
● bevrijd/verlost van *los* ★ daar ben ik van
af! *das habe ich hinter mir* ▼ hij reed af en
aan *er fuhr hin und her* ▼ van nu af aan *von
jetzt an*
afasie *Aphasie* v
afbakenen *abstecken; abgrenzen*; SCHEEPV.
abbaken
afbeelden *abbilden; darstellen*
afbeelding *Abbildung* v
afbekken *anschnauzen*
afbellen telefonisch *absagen*; INFORM.
abtelefonieren
afbestellen *abbestellen*
afbetalen ● deels betalen *abbezahlen; auf
Raten bezahlen* ● helemaal betalen *ablösen*
afbetaling *Teilzahlung* v; *Ratenzahlung* v ★ op
~ kopen *auf Teilzahlung kaufen*; INFORM.
abstottern
afbetalingstermijn *Zahlungstermin* m
afbeulen *schinden* ★ zich ~ *sich abrackern*
afbieden BN *afdingen feilschen*
afbijten ● bijtend wegnemen *abbeißen* ● verf
wegnemen *abbeizen*
afbijtmiddel *Abbeizmittel* o
afbinden ● MED. *abschnüren; abbinden*; ⟨met
een klem⟩ *abklemmen* ● losmaken *abbinden*;
losbinden
afbladderen *abblättern*
afblaffen *anschnauzen*
afblazen *abblasen*
afblijven *nicht berühren* ★ ~! *Hände weg!* ★ blijf
van me af! *rühr mich nicht an!*
afbluffen ★ iem. ~ *jmdm. über den Mund
fahren*
afboeken *abbuchen*
afborstelen ● *abbürsten* ● wegborstelen
wegbürsten ● schoonborstelen *abbürsten*
afbouwen ● afmaken *fertigstellen; fertig bauen*
● geleidelijk opheffen *abbauen*
afbraak ● LETT. sloop *Abbruch* m ● SCHEIK.

Abbau m
afbraakprijs *Schleuderpreis* m ★ tegen ~
verkopen *zu Schleuderpreisen verkaufen*;
verschleudern
afbraakproduct ⟨algemeen⟩ *Abbauprodukt* o;
SCHEIK. *Zersetzungsprodukt* o
afbraakwerken BN sloopwerken
Abbrucharbeiten mv
afbranden I OV WW ● door brand vernietigen
abbrennen; niederbrennen ● door branden
verwijderen *abbrennen* **II** ON WW door brand
vernietigd worden *niederbrennen*
afbreekbaar ★ biologisch ~ *biologisch abbaubar*
afbreken ● brekend losmaken *abreißen*;
abbrechen ● slopen *abreißen* ● demonteren
abbrechen ● afkraken *zerhacken; verreißen*
● beëindigen *abbrechen* ● SCHEIK. *abbauen*
afbreking *Abbruch* m; ⟨v. woord⟩ *Trennung* v
afbrekingsteken *Trennungsstrich* m
afbrengen *abbringen; ablenken* ▼ het er goed
van ~ *gut davonkommen; gut abschneiden*
afbreuk ▼ ~ doen aan iets *einer Sache Abbruch
tun*
afbrokkelen *abbröckeln*
afbuigen *abbiegen; abbrechen*
afdak *Schutzdach* o; *Vordach* o
afdalen ⟨hin⟩*absteigen; heruntersteigen*;
hinuntersteigen ★ in de mijn ~ *in die Grube
einfahren*
afdaling *Abstieg* m; *Heruntersteigen* o; SPORT
Abfahrtsrennen o; ⟨rijdend⟩ *Abfahrt* v
afdanken ● wegdoen *abschaffen; ausrangieren*
● wegsturen ⟨ontslaan⟩ *entlassen*; ⟨afwijzen⟩
abweisen ● BN ontslaan *entlassen; kündigen*;
INFORM. *feuern*
afdankertje *abgetragene(s)/ausrangierte(s)
Kleidungsstück* o
afdekken ● bedekken *zudecken* ● afruimen
abräumen; abdecken
afdeling *Abteilung* v; ⟨overheid⟩ *Amt* o; ⟨in
ziekenhuis⟩ *Station* v
afdelingschef *Abteilungsleiter* m; *Bereichsleiter*
m
afdichten *abdichten*
afdingen *feilschen; handeln* ★ ~ op de prijs *um
den Preis feilschen*; *den Preis herunterhandeln*
▼ daar valt niets op af te dingen *da beißt die
Maus keinen Faden ab*
afdoen ● afnemen *abnehmen*; ⟨v. prijs⟩
abschlagen ● afhandelen *erledigen*; ⟨terzijde
schuiven⟩ *abtun* ● een afgedane zaak *eine
beschlossene Sache* ★ dat is afgedaan *das
ist/wäre erledigt* ● niet meer nuttig zijn
★ afgedaan hebben *ausgedient haben; zum
alten Eisen gehören* ▼ hij heeft voor mij
afgedaan *der ist für mich erledigt* ▼ dat doet
aan de zaak niets af *das ändert nichts an der
Sache*
afdoend ● doeltreffend *wirksam* ★ een ~
middel *ein wirksames Mittel* ● beslissend
schlagend; entscheidend ★ een ~ bewijs *ein
schlagender Beweis*
afdraaien ● door draaien verwijderen
wegdrehen; abdrehen ● opdreunen ★ een
verhaal ~ *eine Geschichte herunterleiern*
afdracht *Abgabe* v

afdragen *auftragen*; *abtragen*
afdrijven I OV WW MED. *abtreiben*; *abortieren*
  II ON WW wegdrijven *abtreiben*; ⟨v. onweer⟩
  abziehen
afdrogen ● droog maken *(ab)trocknen*;
  abwischen ● een pak slaag geven
  durchprügeln
afdronk *Nachgeschmack* m
afdruipen ● druipend vallen *abtropfen*
  ● weglopen *sich trollen*
afdruiprek *Abtropfgestell* o
afdruk *Abdruck* m; ⟨foto⟩ *Abzug* m
afdrukken ⟨v. boek, krant⟩ *abdrücken*; ⟨v. foto's⟩
  abziehen
afdruksnelheid *Druckgeschwindigkeit* v
afdrukvoorbeeld *Druckansicht* v
afduwen *abstoßen*; ⟨naar beneden⟩
  herunterstoßen; ⟨verdringen⟩ *abdrängen* ★ zij
  werd van de rand afgeduwd *sie wurde vom*
  Rand gestoßen
afdwalen ● LETT. *abkommen* ★ van de weg ~
  vom Weg abkommen ● FIG. *abschweifen* ★ ~
  van het onderwerp *vom Thema abschweifen*
afdwingen ● gedaan krijgen *erzwingen*
  ● inboezemen *abzwingen* ★ respect ~
  Ehrfurcht gebieten
affabriekprijs *Fabrikpreis* m
affaire ● kwestie *Affäre* v; *Angelegenheit* v
  ● verhouding *Affäre* v
affect *Affekt* m
affectie *Zuneigung* v
affiche *Plakat* o
afficheren ● LETT. *plakatieren*; *affichieren* ● FIG.
  zur Schau stellen
affiniteit *Affinität* v
affix *Affix* o
afgaan ● naar beneden gaan *hinuntergehen*;
  hinabgehen ● het toneel verlaten *abgehen*
  ● afgeschoten worden, in werking treden
  abgehen; *losgehen* ● blunderen *sich blamieren*
  ● ~ **op** vertrouwen op *sich verlassen auf* [+4]
  ★ ~ op de eerste indruk *nach dem ersten*
  Eindruck urteilen
afgang *Blamage* v
afgedaan ● afgehandeld *gehandelt* ● → **afdoen**
afgeladen *gerammelt voll*; *proppenvoll*
afgelasten *absagen*; *absetzen* ★ de wedstrijd
  werd afgelast *das Spiel wurde*
  abgesagt/abgesetzt
afgelasting *Absage* v; *Absetzung* v
afgeleefd *altersschwach*; *abgelebt* ★ een ~e
  grijsaard *ein abgelebter Greis*
afgelegen *abgelegen*
afgelopen I BNW jongstleden *letzt*; *vergangen*;
  vorig ★ ~ jaar *vergangenes/voriges Jahr* ★ ~
  zondag *(am) letzten Sonntag* **II** TW *Schluss*
afgemat *erschöpft*; *ermattet*
afgemeten ● afgepast *abgemessen* ● kortaf
  gemessen ★ ~ spreken *gemessen sprechen*
afgepast *abgemessen* ★ het is ~ *es ist*
  abgemessen
afgepeigerd *ausgelaugt*; *ausgepumpt*; *fix und*
  fertig
afgescheiden BN met voorsprong *mit*
  Vorsprung
afgesproken ● → **afspreken**

afgestompt ● niet puntig *stumpf* ● stomp van
  geest *abgestumpft*
afgetraind *durchtrainiert*
afgetrapt *abgetreten*
afgevaardigde ● POL. *Abgeordnete(r)* m ● BN
  vertegenwoordiger *Vertreter* m
afgeven I OV WW ● overhandigen *abgeben*; ⟨v.
  bewijsstukken en documenten⟩ *ausstellen*; ⟨v.
  goederen⟩ *abliefern* ● verspreiden *verbreiten*
  ★ een sterke geur ~ *einen starken Geruch*
  verbreiten ● SPORT ★ de bal ~ *den Ball*
  abspielen **II** ON WW ● kleurstof loslaten
  abfärben ● ~ **op** kritiek geven ★ op iem. ~
  über jmdn. herziehen **III** WKD WW **[zich ~] met**
  sich einlassen mit; *sich abgeben mit*
afgezaagd *abgedroschen*
afgezant *Abgesandte(r)* m
afgezien van *abgesehen von* [+3] ★ ~ daarvan
  abgesehen davon
afgezonderd *abgesondert*; ⟨v. personen⟩
  zurückgezogen; ⟨v. plaats⟩ *abgelegen*
Afghaan ● bewoner *Afghane* m ● hond
  Afghane m
Afghaans I ZN [het] taal *Afghanisch* **II** BNW
  afghanisch
Afghaanse *Afghanin* v
Afghanistan *Afghanistan* o
afgieten *abgießen*
afgietsel *Abguss* m
afgifte *Abgabe* v; ⟨v. goederen⟩ *Auslieferung* v;
  ⟨v. bewijsstukken en documenten⟩
  Ausstellung v ★ ~ van bagage
  Gepäckabfertigung v ★ bewijs van ~
  Ablieferungsbescheinigung v
afglijden ● van iets afraken *abgleiten*;
  abrutschen ● glijdend naar beneden komen
  hinuntergleiten; *herunterrutschen* ★ de trap ~
  die Treppe herunterrutschen
afgod ● onechte god *Abgott* m ● idool *Idol* o;
  Abgott m
afgoderij *Götzendienst* m
afgooien *hinunterwerfen*; *herunterwerfen* ★ iets
  van het dak ~ *etw. vom Dach hinunterwerfen*
afgraven *abgraben*
afgrendelen *absperren*; *abriegeln*
afgrijselijk *scheußlich*; *grauenhaft*; *grässlich*
afgrijzen *Grauen* o
afgrond *Abgrund* m
afgunst *Neid* m; *Missgunst* v
afgunstig *neidisch*; *missgünstig*
afhaaldienst *Abholservice* m
afhaalrestaurant ≈ *Restaurant* o, *bei dem man*
  Essen mitnehmen kann
afhaken I OV WW losmaken *abhängen*; *abhaken*
  II ON WW niet meer meedoen *abhaken*
afhakken *abhauen*
afhalen ● meenemen *abholen* ● van iets
  ontdoen *lösen*; *abziehen* ★ het bed ~ *das Bett*
  abziehen ★ de was ~ *die Wäsche abnehmen*
  ● BN ⟨geld e.d.⟩ opnemen *abheben*;
  aufnehmen
afhameren ● snel afhandelen *schnell abhaken*;
  schnell erledigen ● doen zwijgen *abblocken*
  ★ iem. ~ *jmdm. das Wort entziehen*
afhandelen *erledigen*; ⟨v. onderwerp, thema⟩
  abhandeln

af

afhandig ▼ iem. iets ~ maken *jmdm. etw. abspenstig machen*
afhangen ● naar beneden hangen *herunterhängen* ● ~ **van** *abhängen von*
afhankelijk ● niet-zelfstandig *abhängig* ● ~ **van** ~ het is ~ van het weer *es ist vom Wetter abhängig*
afhankelijkheid *Abhängigkeit* v ★ psychische ~ *psychische Abhängigkeit* ★ economische ~ *wirtschaftliche Abhängigkeit*
afhelpen van *befreien von* ★ IRON. iem. van zijn geld ~ *jmdn. um sein Geld erleichtern*
afhouden ● inhouden *einbehalten; abziehen* ● weghouden *fernhalten; abhalten*; SPORT *sperren* ★ zij kon haar ogen er niet van ~ *ihre Augen konnten sich daran nicht sattsehen*
afhuren *mieten*
afjakkeren ● afraffelen *hinschludern* ● snel afleggen *herunterrasen*; *hinunterrasen* ★ een weg ~ *eine Straße hinunterrasen* ● uitputten *abhetzen; schinden*; ⟨persoon⟩ *verheizen*
afkalven ● kalven *kalben* ● afbrokkelen *abbröckeln*
afkammen *heruntermachen*
afkappen ● afhakken *abhauen; abschlagen* ● plotseling beëindigen *abrupt beenden*; *zunichtemachen*
afkatten *angiften*
afkeer *Abneigung* v; *Widerwille* m; ⟨hekel⟩ *Abscheu* m; ⟨walging⟩ *Ekel* m
afkeren *abwenden*; ⟨afweren⟩ *abwehren*
afkerig *abgeneigt*; FORM. *abhold* ★ zij is ~ van geweld *sie hat eine Abneigung gegen Gewalt*
afketsen I OV WW verwerpen *verwerfen* ★ een voorstel ~ *einen Vorschlag verwerfen* **II** ON WW ● terugstuiten (op) *abprallen* ● verworpen worden *scheitern*
afkeuren ● ongeschikt verklaren (voor) *ausmustern*; ⟨waren⟩ *aussortieren* ● niet goedkeuren *missbilligen*
afkeurend *missbilligend*
afkeuring ● het niet goedkeuren *Tadel* m ● het ongeschikt verklaren *Missbilligung* v
afkickcentrum *Entziehungsheim* o; *Entziehungsanstalt* v
afkicken *eine Entziehungskur machen*
afkickverschijnselen *Entziehungserscheinungen* v mv
afkijken I OV WW leren door te kijken *absehen*; INFORM. *abgucken* ★ dat heeft zij van haar zus afgekeken *das hat sie ihrer Schwester abgesehen* **II** ON WW spieken (bij) *abschreiben*
afkleden *schlank machen*
afkloppen *abklopfen* ▼ ~! *toi, toi, toi!*
afkluiven *abnagen*
afknappen ● knappend breken *zerreißen* ● mentaal instorten *zusammenbrechen*; *zusammenklappen* ● ~ **op** ★ op iem. ~ *von jmdm. enttäuscht sein*; INFORM. *von jmdm. genug haben*
afknapper *Reinfall* m
afkoelen *abkühlen*
afkoeling *Abkühlung* v
afkoelingsperiode *Verhandlungspause* v
afkomen ● voltooid worden *fertig werden* ● naar beneden komen *herunterkommen*

★ kom van het dak af! *komm vom Dach (he)runter!* ● aan iets ontsnappen *davonkommen* ★ zonder straf ervan ~ *ungestraft davonkommen* ● ~ **van** kwijtraken *loswerden* ★ we konden niet van hem ~ *wir konnten ihn nicht loswerden* ● ~ **op** *angelockt werden von*; *zukommen auf* [+4] ★ de dingen op zich af laten komen *die Dinge auf sich zukommen lassen*
afkomst *Herkunft* v; *Abkunft* v ★ van Duitse ~ zijn *deutscher Herkunft sein*
afkomstig van/uit *stammend aus*; ⟨geboortig⟩ *gebürtig aus* ★ zij is uit Australië ~ *sie ist gebürtige Australierin*
afkondigen *verkünden; ausrufen; erklären*; ⟨huwelijk⟩ *aufbieten* ★ de noodtoestand ~ *den Notzustand verhängen* ● een amnestie ~ *eine Amnestie erlassen*
afkondiging ⟨boycot⟩ *Erklärung* v; ⟨huwelijk⟩ *Aufgebot* o; JUR. *Verkündung* v
afkoopsom *Abstandssumme* v; ⟨bij schadeloosstelling⟩ *Abfindung* v
afkopen ⟨uitbetalen⟩ *auszahlen*; ⟨vrijkopen⟩ *loskaufen*; ⟨vooral bij schadeloosstelling⟩ *abfinden*
afkoppelen *abkoppeln*; ⟨v. wagon⟩ *abhängen*
afkorten *kürzen*; *abkürzen*
afkorting *Abkürzung* v
afkraken *verreißen*; INFORM. *heruntermachen*
afkrijgen *fertig bekommen*
afkunnen ★ het ~ *fertig werden*; *schaffen*
aflaat *Ablass* m
aflandig *ablandig* ★ ~e wind *ablandiger Wind*; *vom Festland kommender Wind*
aflaten I OV WW niet opdoen *unten lassen* **II** ON WW *ablassen* ★ niet ~ *nicht ablassen* ★ een niet ~de stroom woorden *ein unablässiger Strom werden* ★ niet ~de ijver *unablässiger Eifer*
afleggen ● afdoen *abwerfen* ● volbrengen, doen *machen; ablegen*; ⟨v. eed⟩ *leisten* ★ een bezoek ~ *einen Besuch machen* ★ een examen ~ *sich einer Prüfung unterziehen* ★ een bekentenis ~ *ein Geständnis ablegen* ▼ het tegen iem. ~ *den Kürzeren ziehen*
afleiden ● laten weggaan *ableiten* ● ~ **uit** concluderen *schließen aus*; *folgern aus* ● gedachten weg geleiden *ablenken* ● oorsprong aanwijzen *herleiten*; *ableiten*
afleiding ● verstrooiing *Zerstreuung* v; *Ablenkung* v ★ iem. ~ bezorgen *jmdn. ablenken/zerstreuen* ● TAALK. *Ableitung* v
afleidingsmanoeuvre *Ablenkungsmanöver* o
afleren *abgewöhnen* ★ dat zal ik je wel ~ *ich werde dir das schon austreiben*
afleveren ● komen brengen *abliefern* ● BN ⟨diploma e.d.⟩ *uitreiken überreichen*; ⟨paspoort⟩ *ausstellen*; ⟨prijs⟩ *aushändigen*; ⟨lintje⟩ *verleihen*
aflevering ● het afleveren *(Ab)Lieferung* v ● deel van een reeks ⟨v. tijdschrift⟩ *Heft* o; ⟨v. boek⟩ *Lieferung* v; ⟨v. televisieserie/tijdschrift⟩ *Folge* v
afleveringskosten *Lieferkosten* mv
afleveringstermijn *Ablieferungsfrist* v; ⟨bestellingen⟩ *Lieferfrist* v

aflezen ● uit wijzerstand, gezicht e.d.
opmaken *ablesen* ● lezen *verlesen*
aflikken *ablecken*
afloop ● eindpunt *Ende* o; ⟨termijn⟩ *Ablauf* m
★ na ~ *nach* ● van ~ *nach* ● resultaat *Ausgang* m
aflopen I OV WW helemaal langslopen
entlanggehen; entlanglaufen; ablaufen;
INFORM. *abklappern* **II** ON WW ● naar beneden
lopen *herunterlaufen; hinuntergehen* ★ de
weg loopt af *der Weg ist abschüssig*
● eindigen *ausgehen; aufhören; zu Ende*
gehen; enden; ⟨v. overeenkomst of
ambtstermijn⟩ *auslaufen* ● het contract loopt
af *der Vertrag läuft aus* ★ goed ~ *gut ausgehen*
★ de wissel loopt af *der Wechsel ist fällig*
★ dat loopt verkeerd af *das geht schief*
● hellen *bergab gehen; zu Ende gehen*
● rinkelen *ablaufen; klingeln* ● ~ **op** *zugehen*
auf; ⟨rennend⟩ *zulaufen auf*
aflossen ● afbetalen *tilgen* ● vervangen *ablösen*
aflossing ● afbetaling *Tilgung* v ★ vervroegde
~ *vorzeitige Tilgung* ● vervanging *Ablösung* v
aflossingstermijn ● looptijd *Tilgungsfrist* v
● bedrag *Tilgungsrate* v
afluisterapparatuur *Abhöranlage* v
afluisteren *abhören; belauschen; abhorchen*
afmaken I OV WW ● beëindigen *fertig machen;*
erledigen; fertigstellen; ⟨v. een studie⟩
absolvieren ● doden *umbringen; abschlachten*
● afkraken *abkanzeln; fertigmachen;*
heruntermachen; VULG. *zur Sau machen* **II** WKD
WW [zich ~] van ★ zich van iets ~ *sich etw.*
vom Hals schaffen
afmars *Abmarsch* m
afmatten *erschöpfen*
afmelden *abmelden* ★ zich ~ *sich abmelden*
afmeren *anlegen; ankern* ★ een schip ~ *ein*
Schiff vertäuen
afmeten ● meten *bemessen; abmessen;*
⟨ruimtelijk⟩ *ausmessen* ● beoordelen *abwägen*
afmeting *Maß* o; *Ausmaß* m; *Dimension* v
★ een beest van gigantische ~en *ein Tier von*
gigantischen Ausmaßen
afmonsteren I OV WW ontslaan *abmustern* **II** ON
WW ontslag nemen *abmustern*
afname ● vermindering *Abnahme* v; *Rückgang*
m; *Verringerung* v ● afzet *Abnahme* v
afneembaar *abwaschbar*
afnemen I OV WW ● afzetten *abnehmen*
● wegnemen *wegnehmen; abnehmen;* ⟨v.
kaart⟩ *abheben* ● afruimen *abräumen* ★ de
tafel ~ *den Tisch abdecken/abräumen* ● kopen
abnehmen ● laten afleggen *ablegen*
● schoonpoetsen *abwischen* ★ stof ~
abstauben **II** ON WW (ver)minderen
abnehmen; sich verringern; nachlassen ★ de
wind is afgenomen *der Wind hat*
nachgelassen
afnemer *Käufer* m; *Abnehmer* m
afnokken ● weggaan *abschwirren;*
abzwitschern ● ophouden *Feierabend/Schluss*
machen
aforisme *Aphorismus* m
afpakken *abnehmen; wegnehmen* ★ iem. iets ~
jmdm. etw. wegnehmen
afpalen *abstecken*

afpassen *abmessen;* ⟨afmeten d.m.v. passen⟩
abschreiten ★ geld ~ *abzählen*
afpeigeren *schinden*
afperken *abstecken; abgrenzen*
afpersen *abzwingen;* ⟨onder bedreiging⟩
erpressen ★ iem. geld ~ *von jmdm. Geld*
erpressen
afperser *Erpresser* m
afpersing *Erpressung* v
afpikken *klauen; stibitzen*
afplatten *abflachen*
afpoeieren *abfertigen;* INFORM. *abwimmeln*
afpraten *besprechen* ★ heel wat ~ *über*
allerhand plaudern
afprijzen *reduzieren; herabsetzen*
afraden *abraten*
afraffelen ⟨schrijven⟩ *hinschmieren;* ⟨opzeggen⟩
herunterleiern
aframmelen ● slaan *verprügeln; verhauen* ● BN
afraffelen ⟨schrijven⟩ *hinschmieren;*
⟨opzeggen⟩ *herunterleiern*
aframmeling *Abreibung* v
afranselen *verprügeln; verhauen*
afrasteren *umzäunen*
afrastering *Umzäunung* v; *Einzäunung* v;
⟨resultaat⟩ *Zaun* m
afreageren *abreagieren*
afreizen I OV WW bereizen *durchreisen; bereisen*
★ heel Duitsland ~ *ganz Deutschland*
durchreisen **II** ON WW vertrekken *abreisen;*
abfahren
afrekenen *abrechnen* ★ ober, ~! *Herr Ober,*
zahlen bitte! ▼ met hem reken ik nog wel af!
mit ihm werde ich noch abrechnen!
afrekening ● betaling *Abrechnung* v ● nota
Rechnung v
afremmen I OV WW matigen *dämpfen; bremsen*
II ON WW remmen *(ab)bremsen*
africhten *dressieren; abrichten*
afrijden I OV WW ● langsrijden *ausfahren* ★ een
weg ~ *eine Straße entlangfahren* ● BN ⟨gras⟩
maaien *schneiden* **II** ON WW ● naar beneden
rijden *hinunterfahren* ● wegrijden *abfahren;*
wegfahren; wegreiten ● rijexamen doen *den*
Führerschein machen
Afrika *Afrika* o
Afrikaan *Afrikaner* m
Afrikaans I BNW m.b.t. Afrika *afrikanisch* **II** ZN
[het] taal *Afrikaans* o
Afrikaanse *Afrikanerin* v
afrikaantje *Studentenblume* v; *Tagetes* v
afrit *Abfahrt* v; *Ausfahrt* v
afroep *Abruf* m ★ hij is op ~ beschikbaar *er hat*
Bereitschaftsdienst ★ op ~ *auf Abruf*
afroepen *ausrufen* ▼ onheil over iem. ~ *Unheil*
auf jmdn. herabrufen
afrokapsel *Afrolook* m
afrollen I OV WW ● naar beneden rollen
hinunterrollen; hinabrollen ● uitrollen
abrollen **II** ON WW ● zich ontrollen *abrollen*
● aftuimelen ★ de trap ~ *die Treppe*
herunterfallen
afromen *abrahmen*
afronden *abrunden;* ⟨naar boven⟩ *aufrunden*
afrossen ● afranselen *verprügeln; verdreschen*
● roskammen *striegeln*

afruimen *abräumen*

afrukken ● met ruk aftrekken *abreißen*
● masturberen ★ zich ~ *sich einen
runterholen*

afschaffen ● opheffen *abschaffen* ● wegdoen
entlassen

afschampen *abprallen (op an)* ★ de kogel
schampt op de muur af *die Kugel prallt an der
Mauer ab*

afscheid *Abschied* m ★ ~ nemen *Abschied
nehmen*

afscheiden ● LETT. scheiding aanbrengen
absondern ● FIG. losmaken (van) *absondern*;
trennen ★ zich van een kerk ~ *aus der Kirche
austreten* ● BIOL. uitscheiden *ausscheiden*;
absondern ● SCHEIK. uitscheiden *abscheiden*

afscheiding ● afzondering *Trennung* v ★ de ~
tussen de twee kamers *die Trennwand
zwischen den beiden Zimmern* ● substantie
Absonderung v; *Ausscheidung* v

afscheidingsbeweging *Separatistenbewegung* v

afscheidsfeest *Abschiedsfeier* v

afscheidsgroet *Abschiedsgruß* m

afscheidspremie BN ontslagpremie
Kündigungsentschädigung v

afschepen *abwimmeln*; *abspeisen* ★ iem. met
iets ~ *jmdn. mit etw. abspeisen*

afschermen *abschirmen*

afscheuren *abreißen*; ⟨v. boven naar beneden⟩
herunterreißen

afschieten I OV WW ● doodschieten *abschießen*
● ruimte afscheiden *abschotten*; *abteilen* II ON
WW ~ **op** ★ op iem. ~ *auf jmdn. zuschießen*;
auf jmdn. losgehen

afschilderen ● beschrijven *schildern*; *darstellen*;
beschreiben ★ iets rooskleurig ~ *etw.
schönfärben* ● afmaken ★ een huis ~ *ein Haus
fertig streichen*

afschilferen *abschuppen*; ⟨verf⟩ *abblättern*

afschminken *abschminken*

afschrift *Abschrift* v; *Duplikat* o

afschrijven *abbuchen*

afschrijving *Abschreibung* v ★ automatische ~
Dauerauftrag m

afschrikken *abschrecken*

afschrikking *Abschreckung* v

afschrikwekkend *abschreckend*

afschroeven *abschrauben*; *losschrauben*

afschudden *abschütteln*

afschuimen ● schuim afscheppen *abschöpfen*
● afzoeken *durchstreifen*

afschuiven ● wegschuiven *fortschieben*;
wegschieben ● afwentelen *abwälzen* ★ iets op
een ander ~ *etw. auf einen anderen abwälzen*

afschuw *Abscheu* m; *Ekel* m ★ ~ hebben van
iemand/iets *sich vor jmdn./etw. ekeln*;
jmdn./etw. verabscheuen

afschuwelijk ● heel slecht/lelijk *scheußlich*
● afschuwwekkend *abscheulich*; *entsetzlich*

afserveren ★ iem. ~ *jmdn. abservieren*

afslaan I OV WW ● wegslaan *wegschlagen*;
verjagen ★ van zich ~ *sich wehren*
● tegenhouden *zurückschlagen*; *abwehren*;
abschlagen ★ een aanval ~ *einen Angriff
abschlagen/abwehren* ● in prijs verlagen
herabsetzen; *senken* ● weigeren *ablehnen*;

ausschlagen II ON WW ● van richting
veranderen *abbiegen* ● niet meer werken
aussetzen ★ de motor slaat af *der Motor
versagt*

afslachten ● in groten getale doden
niedermetzeln ● slachten *abschlachten*

afslag ● afrit *Ausfahrt* v ● veiling *Abschlag* m
● prijsvermindering *Preissenkung* v;
Preisermäßigung v

afslanken I OV WW slank maken *schlanker
machen* II ON WW ● slanker worden
abnehmen; *abmagern*; *schlanker werden*
● kleiner worden *abbauen*

afslankingsoperatie *Gesundschrumpfen* o

afsluiten ● ontoegankelijk maken *(ab)sperren*
★ een weg ~ *eine Straße sperren* ● op slot
doen *abschließen*; *verschließen* ● een eind
maken aan *abschließen* ★ ~d examen
Abschlussprüfung v ● overeenkomst sluiten
abschließen ★ een contract ~ *einen Vertrag
abschließen*

afsluiting ● het ontoegankelijk maken
Abschluss m; ⟨deur/kamer e.d.⟩ *Abschließen* o;
⟨water/gas e.d.⟩ *Absperrung* v ● iets dat afsluit
Verschluss m; ⟨versperring⟩ *Sperre* v

afsluitprovisie *Abschlussprovision* v

afsmeken *erflehen* ★ iem. iets ~ *von jmdm. etw.
erflehen*

afsnauwen *anfahren*; INFORM. *anschnauzen*

afsnijden *abschneiden*

afsnoepen *wegschnappen* ★ iem. iets ~ *jmdm.
etw. wegschnappen*

afspeelapparatuur *Wiedergabeanlage* v

afspelen I OV WW afdraaien *abspielen* II WKD
WW [zich ~] *sich abspielen*

afspiegelen ● weerspiegelen *abspiegeln*;
widerspiegeln ● afschilderen *darstellen* ★ iem.
als een schurk ~ *jmdn. als einen Schurken
darstellen*

afspiegeling *Spiegelung* v; *Spiegelbild* o

afsplitsen *abspalten*

afsplitsing ● het afsplitsen *Abspaltung* v; ⟨v.
wegen⟩ *Abzweigung* v ● afgescheiden groep
Absplitterung v

afspoelen *abspülen*

afspraak ● overeenkomst *Vereinbarung* v;
Abmachung v ★ tegen de ~ *gegen die
Abmachung* ★ volgens (de) ~ *laut
Vereinbarung*; *wie verabredet* ● ontmoeting
Verabredung v

afspreken *(sich) verabreden*; *abmachen*;
absprechen ★ afgesproken! *abgemacht!*
▼ afgesproken werk *ausgemachte Sache* v;
abgekartete(s) Spiel o

afspringen ● naar beneden springen
(her)abspringen; *hinunterspringen*;
herunterspringen ● FIG. afketsen *abspringen*
● ~ **op** naderen *zuspringen auf [+4]*

afstaan *abtreten*; *verzichten auf [+4]*

afstammeling *Nachkomme* m

afstammen *Abstand* m; *Entfernung* v; *Distanz* v;
⟨traject⟩ *Strecke* v ★ een grote afstand
afleggen *eine große Strecke zurücklegen* v
★ op grote afstand *in großer Entfernung* ● het
afstaan *Verzicht* m; *Überlassen* o; ⟨v. hoge
functie⟩ *Abtreten* o; ⟨v. hoge functie⟩

Abdanken o ★ afstand doen van zijn rechten *auf seine Rechte verzichten*

afstandelijk *zurückhaltend*

afstandsbediening *Fernbedienung* v

afstandsonderwijs *Fernunterricht* m

afstandsrit *Fernfahrt* v; ⟨te paard⟩ *Dauerritt* m

afstapje *Stufe* v ★ denk om het ~! *Vorsicht, Stufe!*

afstappen ● naar beneden stappen *hinuntersteigen*; *(her)abstappen*; *heruntersteigen* ● ~ **op** *zugehen auf* [+4] ● ~ **van** FIG. *absteigen von* ★ van een onderwerp ~ *ein Thema fallen lassen*

afsteken I OV WW ● aansteken *anzünden*; *entzünden* ● uitspreken ★ een toespraak ~ *eine Rede halten* ● wegsteken *abstecken* II ON WW ~ **bij, tegen** duidelijk uitkomen *sich abheben gegen/von*; *abstechen gegen/von*

afstel *Aufgabe* v; *Einstellung* v ★ uitstel is geen ~ *aufgeschoben ist nicht aufgehoben*

afstellen *einstellen*

afstemmen ● instellen *abstimmen*; ⟨radio⟩ *einstellen* ● verwerpen *verwerfen*; *niederstimmen*

afstemming ● verwerping na stemmen *Niederstimmung* v ● communicatie *Abstimmung* v

afstempelen *abstempeln*

afsterven *absterben*

afstevenen op *lossteuern auf* [+4]; *zusteuern auf* [+4]

afstijgen *hinuntersteigen*; *heruntersteigen*; ⟨v. rijdier⟩ *absteigen*

afstoffen *abstauben*

afstompen *abstumpfen*

afstoppen *stoppen*

afstotelijk *abstoßend*; *widerlich*

afstoten I OV WW wegstoten *abstoßen*; SCHEIK. *ausscheiden* ★ van zich ~ *zurückstoßen*; *von sich abweisen* II ON WW afkeer inboezemen *abstoßen*

afstotend ● NATK. niet opnemend *abstoßend* ● afstotelijk *widerlich*

afstoting *Abstoßung* v ★ ~ van een dochtermaatschappij *der Verkauf eines Tochterunternehmens* ★ ~ van arbeidsplaatsen *der Abbau von Arbeitsplätzen*

afstraffen *bestrafen*; ⟨verbaal⟩ *abkanzeln*

afstraffing ● bestraffing *Abkanzlung* v; *Bestrafung* v ● SPORT ★ het elftal kreeg een ~ *die Mannschaft wurde abserviert*

afstralen *abstrahlen*

afstrepen *abhaken*; *wegstreichen*

afstrijken ● aansteken *anzünden*; *anstreichen* ● door strijken verwijderen *abstreichen*; *entfernen* ★ een afgestreken eetlepel zout *ein gestrichener Esslöffel Salz*

afstropen ● *abziehen* ● plunderen *plündern*

afstudeerproject *Diplomarbeit* v

afstudeerscriptie *Diplomarbeit* v

afstuderen *das Studium beenden*

afstuiten ● afketsen *abprallen* ● ~ **op** ★ ergens op ~ *scheitern an etw.* [+3]

aft *Entzündung* v *an der Mundschleimhaut*; *Geschwür* o *an der Mundschleimhaut*

aftaaien *abhauen*; *verduften*

aftakelen *abtakeln*; *herunterkommen*; *verfallen*

aftakeling *Verfall* m

aftakking *Abzweigung* v

aftands *verschlissen* ★ een ~e auto *ein klappriger Wagen*

aftapkraan *Auslaufhahn* m; *Entleerungshahn* m

aftappen ● laten uitstromen *anzapfen* ● MED. ⟨v. bloed⟩ *abnehmen*

aftasten *abtasten*

aftekenen I OV WW voor gezien tekenen *paraphieren*; *abzeichnen* II WKD WW [**zich** ~] *sich abzeichnen* ★ zich ~ tegen *sich abheben von*

aftellen *abzählen*

afterparty *Afterparty* v

aftershave *Rasierwasser* o; *Aftershave* o

aftersun *Aftersun-Creme* v

aftiteling *Nachspann* m

aftocht *Abzug* m; *Rückzug* m ▼ de ~ blazen *klein beigeben*

aftoppen ● PLANTK. top afhalen van *stutzen*; *kappen* ● FIG. verminderen *kürzen*

aftrainen *das Training abbauen*

aftrap *Anstoß* m

aftrappen *anstoßen*

aftreden I ZN [het] ★ het ~ van de minister *der Rücktritt des Ministers* II ON WW *abtreten*; *zurücktreten* ★ de burgemeester treedt af *der Bürgermeister legt sein Amt nieder*

aftrek ● vraag *Absatz* m ★ gretig ~ vinden *reißenden Absatz finden* ● korting *Abzug* m; *Preisnachlass* m ★ de prijs na ~ van korting *der Preis abzüglich Rabatt* ★ 10 jaar (gevangenisstraf) met ~ van voorarrest *10 Jahre (Haft) unter Anrechnung der Untersuchungshaft*

aftrekbaar *absetzbar*; ECON. *abzugsfähig*

aftrekken I OV WW ● in mindering brengen (van) *abziehen*; ⟨verrekenen⟩ *verrechnen*; ⟨fiscaal⟩ *absetzen*; ⟨wiskunde⟩ *subtrahieren* ● wegtrekken *herunterziehen* ● seksueel bevredigen *wichsen* II ON WW weggaan *weggehen*; *sich verziehen*

aftrekker BN vloerwisser *Wischer* m

aftrekpost *Abzugsposten* m

aftreksel *Aufguss* m; *Extrakt* m ▼ de film is een slap ~ van het boek *der Film ist der reinste Abklatsch des Buchs*

aftreksom *Subtraktion* v

aftroeven *abtrumpfen*

aftroggelen *abluchsen*; ⟨bedrieglijk⟩ *abschwindeln*

aftuigen ● afranselen *verprügeln*; *verhauen* ● het tuig afhalen SCHEEPV. *abtakeln*; ⟨paard⟩ *abschirren*

afvaardigen *delegieren*; *abordnen* ★ een delegatie naar Duitsland ~ *eine Delegation nach Deutschland entsenden*

afvaardiging *Abordnung* v; *Delegation* v

afvaart *Abfahrt* v

afval *Abfall* m ★ radioactief ~ *radioaktive Abfälle*; *Atommüll* m

afvalemmer *Abfalleimer* m

afvallen I ON WW ● vermageren *abnehmen*; *abmagern* ● naar beneden vallen *herunterfallen*; *herabfallen* II OV WW ontrouw

worden aan *abfallen*
afvallig *abtrünnig*
afvallige *Abtrünnige(r)* m
afvalproduct *Abfallprodukt* o
afvalstof *Abfallstoff* m ★ radioactieve ~fen *radioaktive(r) Müll* m
afvalverwerking *Müllentsorgung* v; *Abfallwirtschaft* v
afvalwater *Abwasser* o
afvalwedstrijd *Ausscheidungskampf* m
afvegen *abwischen*
afvijlen *abfeilen*
afvinken *abhaken*
afvloeien I ov ww droogmaken *(ab)löschen* II ON ww • wegstromen *abfließen* • ontslagen worden ★ personeel laten ~ *Personal abbauen*
afvloeiingsregeling ≈ *Regelung* v in Bezug auf den *Personalabbau*
afvoer • het afvoeren *Abtransport* m; ⟨naar elders vervoeren⟩ *Transport* m • afvoerleiding *Ablauf* m; *Abfluss* m
afvoeren • wegvoeren *transportieren*; ⟨v. gevangenen⟩ *abführen* • schrappen *streichen*
afvoerkanaal *Abflussrohr* m; *Abwasserkanal* m
afvoerpijp *Abflussrohr* o
afvragen [zich ~] *sich fragen*
afvuren *abfeuern*
afwachten *abwarten* ★ ik kan het nauwelijks ~ *ich kann es kaum abwarten*
afwachting *Erwartung* v ★ in ~ van uw antwoord *Ihrer Antwort entgegensehend*
afwas *Abwasch* m
afwasbaar *abwaschbar*
afwasborstel *Spülbürste* v
afwasmachine *Geschirrspülmaschine* v
afwasmiddel *Spülmittel* o
afwassen • afwas doen *spülen* • schoonwassen *abwaschen*
afwateren *entwässern*
afwatering *Entwässerung* v
afweer *Abwehr* v
afweergeschut *Flugabwehrkanone* v; *Flak* v; *Flugabwehrgeschütz* o
afweermechanisme ⟨psychologie⟩ *Abwehrmechanismus* m; ⟨infectiewerend⟩ *Abwehrkräfte* mv
afweerstof *Antikörper* m; *Abwehrstoff* m
afweersysteem *Immunsystem* o
afwegen • wegen *abwiegen* • overdenken *abwägen*
afwenden *abwenden*
afwennen *abgewöhnen*
afwentelen • wegrollen *(herunter)wälzen* • afschuiven *abwälzen*
afweren *abwehren*
afwerken • voltooien ⟨perfectioneren⟩ *die letzte Hand an etwas legen*; *fertigstellen* • afhandelen *erledigen*
afwerking • het afwerken *Erledigung* v • wijze van afwerken *Verarbeitung* v; *Ausführung* v
afwerpen *herunterwerfen*; *hinunterwerfen*; *abwerfen*
afweten ★ het laten ~ *absagen*; *versagen*
afwezig • LETT. absent *abwesend* • FIG. verstrooid *zerstreut*

afwezigheid • absentie *Abwesenheit* v • verstrooidheid *Zerstreutheit* v ▼ schitteren door ~ *durch Abwesenheit glänzen*
afwezigheidslijst BN presentielijst *Anwesenheitsliste* v; *Präsenzliste* v
afwijken *abweichen*
afwijking • verschil *Abweichung* v • andere richting *Abweichung* v
afwijzen • niet toelaten *ablehnen* ★ ergens ~d tegenover staan *einer Sache abgeneigt sein* • niet laten slagen *abweisen* • afslaan *abschlagen*; *zurückweisen* ★ mijn aanvraag werd afgewezen *mein Gesuch wurde abschlägig beschieden*
afwijzing *Abweisung* v; *Ablehnung* v
afwikkelen • afwinden *abwickeln* • afhandelen *erledigen*; *abwickeln*
afwikkeling • van garen *Abwicklung* v • van zaak *Abwicklung* v
afwimpelen *ablehnen*; INFORM. *abwimmeln*
afwinden *abrollen*
afwisselen I ov ww beurtelings vervangen *ablösen* ★ elkaar ~ *sich abwechseln* ★ zon en regen wisselen elkaar vandaag af *Sonne und Regen wechseln sich heute ab* II ON ww telkens anders worden *abwechseln*
afwisselend I BNW gevarieerd *abwechslungsreich*; *bunt* II BIJW beurtelings *abwechselnd*; *wechselweise*
afwisseling *Abwechslung* v; *Wechsel* m ★ voor de ~ *zur Abwechslung*
afzagen *absägen*
afzakken • naar beneden zakken *heruntersteigen*; *hinuntersteigen* • stroomafwaarts/zuidwaarts gaan ★ de rivier ~ *flussabwärts treiben* • minder worden *abrutschen*; *absinken*; *nachlassen*
afzakkertje ▼ een ~ nemen *noch einen zum Abgewöhnen trinken*
afzeggen *absagen*
afzegging • mededeling van niet komen *Absage* v • annulering ⟨bestelling⟩ *Rückgängigmachen* o; ⟨abonnement⟩ *Abbestellung* v
afzender *Absender* m
afzet *Absatz* m
afzetgebied *Absatzgebiet* o
afzetmarkt *Absatzmarkt* m
afzetten • buiten werking stellen *markieren*; *ausschalten* • amputeren *absetzen*; *amputieren* • verkopen *absetzen* • oplichten *schröpfen*; *prellen*; *betrügen* • laten uitstappen *absetzen* • ontslaan *absetzen* • afsluiten *absetzen*; ⟨bouwgrond⟩ *abstecken*; *abstellen* • doen bezinken *sich ablagern*; *sich absetzen*; ⟨v. slib⟩ *ablagern* • afduwen *wegsetzen*; *wegstoßen* ▼ iets niet van zich kunnen ~ *etw. nicht loswerden können*
afzetter *Betrüger* m; INFORM. *Halsabschneider* m
afzetterij *Betrug* m; *Schwindel* m; *Prellerei* v
afzetting • ontslag *Absetzung* v ★ ~ uit een ambt *Amtsenthebung* v • amputatie *Amputation* v; *Abnahme* v • vorming van neerslag *Ablagerung* v
afzichtelijk *grässlich*; *scheußlich*; *widerwärtig*
afzien I ov ww overzien *überschauen*;

überblicken; *übersehen* **II** ON WW ● lijden *sich abmühen* ● ~ **van** *absehen von* [+3]; *verzichten auf* [+4] ★ van een voornemen ~ *einen Plan aufgeben*
afzienbaar ● → tijd
afzijdig *abseitig* ★ zich ~ houden van *sich fernhalten/abseits halten von*
afzoeken *absuchen*; *afstreifen*
afzonderen **I** OV WW afzonderlijk plaatsen *absondern* **II** WKD WW [zich ~] *sich absondern*
afzondering ● het afzonderen *Absonderung* v ● eenzaamheid *Zurückgezogenheit* v
afzonderlijk **I** BNW *einzeln* ★ ~ geval *Einzelfall* m **II** BIJW *für sich*; *einzeln*
afzuigen ● door zuigen verwijderen *absaugen* ● seksueel bevredigen *lutschen*
afzuigkap *(Dunst)Abzugshaube* v; *Abzug* m
afzwaaien ⟨militair⟩ *die Militärzeit beenden*
afzwakken **I** OV WW zwakker maken *abschwächen* **II** ON WW zwakker worden *nachlassen*; *schwächer werden*
afzwemmen ≈ *den Freischwimmer machen*
afzweren *abschwören* ★ de drank ~ *dem Alkohol abschwören*
agaat *Achat* m
agenda ● boekje *Terminkalender* m; ⟨voor school⟩ ≈ *Hausaufgabenheft* o ● bezigheden *Tagesordnung* v ★ van de ~ afvoeren *von der Tagesordnung streichen*
agenderen *auf die Tagesordnung setzen*
agens *Agens* o
agent ● politieagent *Polizist* m ● vertegenwoordiger *Vertreter* m
agentschap ● vertegenwoordiging *Agentur* v; *Vertretung* v; *Filiale* v ● BN makelaardij *Maklergeschäft* o
ageren *agieren*
agglomeratie *Agglomeration* v
aggregaat *Aggregat* o
aggregatie BN, O&W lerarenopleiding *Lehrerausbildung* v
agio *Agio* o
agitatie *Agitation* v
agiteren *agitieren*
agnost *Agnostiker* m
agrariër *Landwirt* m
agrarisch *landwirtschaftlich*; *agrarisch*
agressie *Aggression* v
agressief *aggressiv*
agressiviteit *Aggressivität* v
agressor *Aggressor* m
agrobiologie *Agrobiologie* v
agronomie *Agronomie* v; *Landwirtschaftswissenschaft* v; *Landwirtschaftskunde* v
agronoom *Agronom* m
aha-erlebnis *Aha-Erlebnis* o
ahorn *Ahorn* m
aids *AIDS* o
aidspatiënt *Aidspatient* m [v: *Aidspatientin*]
aidsremmer *Aidshemmstoff* m
aidstest *Aidstest* m
aio *Promotionsstudent* m [v: *Promotionsstudentin*]
air *Haltung* v ★ zij meet zich een air aan alsof ze alles weet *sie gebärdet sich, als wüsste sie*

alles
airbag *Airbag* m
airbrush *Airbrush* v
airco *Klimaanlage* v
airconditioning ● regeling van temperatuur *Airconditioning* o ★ van ~ voorzien *klimatisiert* ● apparaat *Klimaanlage* v
airhostess BN *stewardess Stewardess* v
airmile *Bonusmeilen* mv
ajuin *Zwiebel* v
A-kant *A-Seite* v
akela *Wölflingsgruppenleiter* m
akelig ● naar *ekelhaft*; *unangenehm*; *widerlich*; *eklig* ★ ~ weer *unangenehmes Wetter* ★ ~e jongen *ekliger/widerlicher Kerl* ● onwel *schlecht*; *übel* ★ daar word ik ~ van *davon wird mir schlecht*
Aken *Aachen* o
akkefietje ● kleinigheid *Kleinigkeit* v ● karweitje *Kleinigkeit* v; *Kleinkram* m; ⟨vervelend⟩ *Dreckarbeit* v ★ ~s opknappen *Kleinkram erledigen*
akker *Acker* m
akkerbouw *Ackerbau* m
akkerland *Ackerland* o
akkoord **I** ZN [het] ● overeenkomst *Abkommen* o; JUR. *Vergleich* m; ⟨afspraak⟩ *Vereinbarung* v; ⟨verdrag⟩ *Vertrag* m ★ BN interprofessioneel ~ *Tarifvertrag* m ★ tot een ~ komen *zu einer Einigung kommen* ★ voor ~ ondertekenen ★ het op een ~ gooien (met) *sich einigen* ● MUZ. *Akkord* m **II** BNW *in Ordnung*; INFORM. *okay* ★ ~ gaan met einverstanden sein **III** TW *einverstanden*; *okay*
akoestiek *Akustik* v
akoestisch *akustisch* ★ ~ signaal *Schallsignal* o
akte ● officieel document *Urkunde* v ★ akte van beschuldiging *Anklageschrift* v ★ akte van geboorte *Geburtsurkunde* v ★ akte van overdracht *Übertragungsurkunde* v; *Abtretungsurkunde* v ★ akte van overlijden *Sterbeurkunde* v ● getuigschrift *Zeugnis* o; *Diplom* o; *Schein* m; *Lizenz* v ● deel van toneelstuk *Aufzug* m; *Akt* m ▼ akte nemen van iets *etw. zur Kenntnis nehmen*
aktetas *Aktenmappe* v; *Aktentasche* v
al I ONB VNW *all*; *jede(r)*; ⟨geheel⟩ *ganz* ★ al zijn vermogen *sein ganzes Vermögen* ★ al dat/het mooie *alles Schöne* ★ al het werk *die ganze Arbeit* ★ alle plezier was er af *der ganze Spaß war weg* ★ niets van dat al *nichts von alledem* ▼ al met al *alles in allem* **II** BIJW ● reeds *schon*; *bereits* ● steeds *stets*; *immer* ★ hij leest al maar door *er liest in einem fort* ★ al kleiner en kleiner *immer kleiner* ★ hij sprak al werkend en redete, *während er arbeitete* ● wel ★ wie komen er zo al? *wer kommt denn alles?*
à la carte *à la carte* v ★ ~ eten *à la carte essen*
à la minute *auf der Stelle*; *sofort*
alarm *Alarm* m ★ loos ~ *blinde(r) Alarm* m ★ ~ slaan *Alarm schlagen*
alarmcentrale *Notruf* m
alarmeren *alarmieren*
alarminstallatie *Alarmanlage* v
alarmklok *Alarmglocke* v ★ de ~ luiden *Alarm schlagen* (**over** *wegen + 2*)

al

al

alarmnummer *Notrufnummer* v; *Notruf* m
alarmtoestand *Alarmbereitschaft* v; *Alarmzustand* m
Albanees I BNW m.b.t. Albanië *albanisch* **II** ZN [de] bewoner *Albaner* m **III** ZN [het] taal *Albanisch(e)* o
Albanese *Albanerin* v
Albanië *Albanien* o
albast *Alabaster* m
albatros *Albatros* m
albino *Albino* m
album *Album* o
alchemie *Alchimie* v; *Alchemie* v
alchemist *Alchemist* m
alcohol *Alkohol* m
alcoholcontrole *Alkoholkontrolle* v
alcoholgehalte *Alkoholgehalt* m
alcoholica I ZN [de] drinkster *Alkoholikerin* v **II** DE MV drank *Alkoholika* v mv
alcoholisch, alcoholhoudend *alkoholisch*; *alkoholhaltig*
alcoholisme *Alkoholismus* m
alcoholist, alcoholicus *Alkoholiker* m [v: *Alkoholikerin*]
alcoholpromillage *(Alkohol)Promille* o
alcoholvergiftiging *Alkoholvergiftung* v
alcoholvrij *alkoholfrei*
aldaar *ebenda*; *da*; *dort* ★ de burgemeester ~ *der dortige Bürgermeister*
aldoor *immerfort*; *fortwährend*
aldus *also*; *so* ★ het verhaal ging ~ *die Sache hat sich folgendermaßen/wie folgt zugetragen*
alert *alert* ★ ~ op iets zijn *auf etw. bedacht sein/achten* ★ ~ reageren *reaktionsschnell sein* ★ ~ zijn INFORM. *auf Draht/Zack sein*
Alexandrië *Alexandrien* o
alfa *Alpha* o
alfabet *Alphabet* o
alfabetisch *alphabetisch*
alfabetiseren *alphabetisieren*
alfahulp *Pflegerin* v
alfanumeriek *alphanumerisch*
alfastraling *Alphastrahlung* v
alfawetenschap *Geisteswissenschaft* v
alg *Alge* o
algebra *Algebra* v
algeheel *völlig*; *gänzlich* ★ algehele ontevredenheid *allgemeine Unzufriedenheit*
algemeen I BNW ● van/voor iedereen of alles *allgemein* ★ algemene vergadering *Generalversammlung* v; *Hauptversammlung* v ● niet specifiek *allgemein* **II** BIJW *gemeinhin*; *allgemein* **III** ZN [het] ★ in het ~ *im Allgemeinen*
algemeenheid ● het algemeen zijn *Allgemeinheit* v ★ BN met ~ van stemmen *einstimmig*; *einhellig* ● gemeenplaats *Gemeinplatz* m
Algerije *Algerien* o
Algerijn *Algerier* m
Algerijns *algerisch*
Algerijnse *Algerierin* v
Algiers *Algier* o
algoritme *Algorithmus* m
alhier *hier* ★ de school ~ *die hiesige Schule*
alhoewel *obgleich*; *obschon*

alias I ZN [de] *Spitzname* m **II** BIJW *alias*
alibi *Alibi* o
alikruik *Strandschnecke* v
alimentatie *Alimentation* v; *Unterhaltsbeitrag* m; ⟨voor kind⟩ *Alimente* mv
alinea *Absatz* m
alk *Tordalk* m
alkali *Alkali* o
alkalisch *alkalisch*
alkaloïde *Alkaloid* o
alkoof *Alkoven* m
Allah *Allah* m
allang *längst*; *schon lange*
alle ● → al
allebei *(alle)* beide
alledaags ● van elke dag *alltäglich* ★ ~e sleur *Alltagstrott* m ● heel gewoon *alltäglich*; *gewöhnlich* ★ een ~ gezicht *ein Durchschnittsgesicht* o
alledag *täglich* ★ het leven van ~ *das alltägliche Leben*
allee I ZN [de] *Allee* v **II** TW BN *allez*; *los, komm*
alleen I BNW zonder andere(n) *allein* **II** BIJW enkel *allein*; ⟨slechts⟩ *nur*; ⟨slechts⟩ *bloß* ★ niet ~... maar ook... *nicht nur..., sondern auch...* ★ de herinnering ~ al *die bloße Erinnerung*
alleenheerschappij *Alleinherrschaft* v
alleenheerser *Alleinherrscher* m
alleenrecht *Alleinrecht* o; *Monopol* o
alleenstaand ● zonder levenspartner *alleinstehend* ● losstaand *vereinzelt* ★ een ~ geval *Einzelfall* m
alleenverdiener *Alleinverdiener* m
allegaartje *Sammelsurium* o; *Durcheinander* o; *Mischmasch* m
allegorie *Allegorie* v
allegorisch *allegorisch*
allegro *Allegro* o
alleluja ● → halleluja
allemaal ● alle(n) *alle* ● INFORM. klinkklaar ★ ~ onzin *alles Unsinn/Quatsch*
allemachtig I BIJW *riesig* **II** TW *ach du lieber Himmel!* ▼ wel ~! *du meine Güte!*
allemansvriend *Jedermannsfreund* m
allen *alle* ★ ~ die *alle, die* ★ met zijn ~ *alle zusammen* ★ wij ~ weten... *wir alle wissen...*
allengs *allmählich*; *nach und nach*
aller- *aller-*; *Aller-*
allerbest ▼ het ~e! *alles Gute!*
allereerst I BNW *allererst* **II** BIJW *zunächst*
allergeen *Allergen* o
allergie *Allergie* v
allergietest *Allergietest* m
allergisch *allergisch*
allerhande *allerhand*; *allerlei*
Allerheiligen *Allerheiligen* o ★ met ~ *an/zu Allerheiligen*
allerijl ▼ in ~ *in aller Eile*
allerlaatst *allerletzt*
allerlei I BNW *allerlei* **II** ZN [het] *Allerlei* o
allermeest I BNW *allermeist* ★ op zijn ~ *am allermeisten* **II** BIJW *meist*
allerminst I BNW minst *allerwenigste*; *allermindeste* ★ op zijn ~ *zumindest*; *mindestens*; *wenigstens* **II** BIJW helemaal niet

keineswegs; *alles andere als*; *nicht im Geringsten* ★ daar zal zij ~ blij mee zijn *darüber wird sie sich durchaus nicht freuen*
Allerzielen *Allerseelen* o
alles *all*; *alles* ★ ~ bij elkaar *alles in allem* ★ er was van ~ en nog wat *es gab alles Mögliche* ★ muziek is ~ voor haar *sie lebt für die Musik* ★ jij bent mijn ~ *du bist mein Ein und Alles* ★ het heeft er ~ van *es sieht sehr danach aus* ▼ ~ op ~ zetten *alles daransetzen*
allesbehalve *keineswegs*; *alles andere als*
allesbrander *Allesbrenner* m
alleseter *Allesfresser* m
allesomvattend *allumfassend*
allesoverheersend *vorherrschend*
allesreiniger *Allesreiniger* m; *Allzweckreiniger* m
alleszins ● in elk opzicht *in jeder Hinsicht*; *durchaus* ● BN in elk geval *auf jeden Fall*; *auf alle Fälle*
alliantie *Allianz* v
allicht *natürlich*; *selbstverständlich*
alligator *Alligator* m
all-in *alles inklusive*; *alles (e)inbegriffen*; *pauschal*
all-inprijs *Pauschalpreis* m
alliteratie *Alliteration* v
allochtoon *Mitbürger* m *ausländischen Ursprungs*
allooi *Gehalt* m
allopaat *Allopath* m
allopathie *Allopathie* v
allrisk *vollkasko*
allriskverzekering *Vollkaskoversicherung* v; *Vollkasko* v
allround *vielseitig*; *Allround-*
allrounder *Alleskönner* m
allterrainbike *Tourenfahrrad* o; *Allzweckrad* o
allure *Format* o; (v. personen) *Allüre* v ★ ~s van een ster hebben *Starallüren haben* ★ een vrouw/man met ~ *eine Frau/ein Mann von Format*
allusie BN zinspeling *Anspielung* v
almaar ● → alsmaar
almacht *Allmacht* v
almachtig *allmächtig*
almanak *Almanach* m
aloë *Aloe* v
alom *überall* ★ alom bekend *weit und breit bekannt*
alomtegenwoordig *allgegenwärtig*
alomvattend *allumfassend*; *alles umfassend*
aloud *uralt*; *alt*; *althergebracht*
alp *Alp* v; *Alm* v
alpaca ● dier *Alpaka* o ● wol *Alpaka* m
Alpen *Alpen* mv
alpenweide *Alm* v
alpien *alpin*
alpineskiën *alpinschi-/skifahren* o
alpinisme *Alpinismus* m
alpinist *Alpinist* m
alpino *Baskenmütze* v
als ● zoals, gelijk *wie* ★ rood als bloed *rot wie Blut* ★ even groot als ik *genauso groß wie ich* ★ hij stierf als een misdadiger *er starb wie ein Verbrecher* ● indien *wenn* ★ als het mooi weer is, ga ik uit *wenn es schönes Wetter ist, gehe ich aus* ● (telkens) wanneer *wenn* ★ als

ik vakantie heb, ga ik naar mijn oom *wenn ich Ferien habe, fahre ich zu meinem Onkel* ★ ik ga naar bed als het licht wordt *ich gehe ins Bett, wenn es hell wird* ● in de hoedanigheid van *als* ★ Napoleon stierf als banneling *Napoleon starb als Verbannter* ▼ als het ware *gleichsam*; *sozusagen*
alsdan *(so)dann*; *danach*; *darauf*
alsjeblieft I TW bij verzoek *bitte* **II** BIJW graag *gefälligst*
alsmaar *ständig*; *dauernd*; *fortwährend*
alsmede *sowie*; *wie auch*
alsnog *hinterher*; *nachträglich* ★ je kunt het ~ doen *du kannst es immer noch machen* ★ zij mocht ~ meedoen *sie durfte doch mitmachen*
alsof *als ob*
alsook *sowie*; *wie auch*
alstublieft I TW ● bij overhandigen *bitte (schön)* ● bij verzoek *bitte* **II** BIJW bij verzoek *gefälligst*
alt ● stem *Alt* m; *Altstimme* v ● zanger *Alt* m; *Altistin* v
altaar *Altar* m
altaarstuk *Altarstück* o
alter ego *Alter Ego* o
alternatief I ZN [het] *Alternative* v **II** BNW de keus latend *alternativ*
alterneren *abwechseln*; *alternieren*; *(periodisch) verändern*
althans *jedenfalls*; *wenigstens*
altijd *immer*; *stets* ★ voor ~ *für immer*
altijddurend *immerwährend*
altruïsme *Altruismus* m
altruïst *Altruist* m
altruïstisch *altruistisch*
altsaxofoon *Altsaxofon* o
altviool *Bratsche* v
aluminium I ZN [het] *Aluminium* o **II** BNW *aluminium-*; *Aluminium-*
aluminiumfolie *Aluminiumfolie* v
alvast ● nu al *schon* ● voorlopig *vorläufig*; *einstweilen*
alvleesklier *Bauchspeicheldrüse* v
alvorens I BIJW *vorher* **II** VW *bevor*; *ehe* ★ ~ te vertrekken *bevor sie abfuhren*
alweer *schon wieder*
alwetend *allwissend*
alzheimer *Alzheimerkrankheit* v
a.m. *a.m.*; *morgens*; *vormittags*; *am Vormittag*
amai BN och *ach nein!*
amalgaam *Amalgam* o
amandel ● vrucht *Mandel* v ● boom *Mandelbaum* m ● klier ★ ~en *Mandeln*
amandelontsteking *Mandelentzündung* v; *Angina* v
amandelspijs *Mandelmasse* v
amanuensis ≈ *Gehilfe* m
amarant *Amarant* m
amaril *Amaryl* m
amaryllis *Amaryllis* v
amateur ● niet-professional *Amateur* m ● MIN. sukkel *Stümper* m
amateurisme *Amateurismus* m
amateuristisch *Amateur-*; *amateurhaft*; *stümperhaft*; *dilettantisch*
amateurvoetbal *Amateurfußball* m
Amazone *Amazonas* m

amazone *Amazone* v
amazonezit *Damensitz* m
ambacht *Handwerk* o; *Gewerbe* o ▼ twaalf ~en,
dertien ongelukken ≈ *vielerlei Gewerbe,
keinerlei Erwerbe*
ambachtelijk *handwerklich*
ambachtsman *Handwerker* m
ambassade *Botschaft* v
ambassadeur *Botschafter* m
ambassadrice *Botschafterin* v
amber *Amber* m; *Bernstein* m
ambetant BN vervelend *ärgerlich*; *unangenehm*
ambiance *Ambiente* o
ambiëren *anstreben*; *nach etwas streben*
ambigu *zwei-/doppeldeutig*; *mehrdeutig*
ambitie ● eerzucht *Ehrgeiz* m; *Ambition* v
  ● ijver *Eifer* m
ambitieus ● eerzuchtig *ehrgeizig*; *ambitiös*
  ● ijverig *eifrig*; *strebsam*
ambivalent *ambivalent*
Ambon *Ambon* o
ambt *Amt* o ★ het ambt van rechter *das
Richteramt*
ambtelijk *amtlich*; *Amts-*
ambteloos *ohne Amt*
ambtenaar *Beamte(r)* m
ambtenarenapparaat *Beamtenapparat* m
ambtenarij ● bureaucratie *Bürokratie* v;
Bürokratismus m ● de ambtenaren
Beamtentum o
ambtgenoot *Amtskollege* m
ambtsaanvaarding *Amtsantritt* m
ambtsdrager *Amtsträger* m
ambtseed *Amtseid* m
ambtsgebied *Amtsbereich* m
ambtsgeheim *Amtsgeheimnis* o
ambtshalve *von Amts wegen*; *amtshalber*
ambtsketen *Amtskette* v
ambtskledij *Amtskleidung* v
ambtstermijn *Amtsperiode* v; *Amtszeit* v
ambtswege ▼ van ~ *von Amts wegen*; *amtlich*
ambtswoning *Amtswohnung* v
ambulance *Krankenwagen* m
ambulancier BN verpleger op ambulance
Sanitäter m
ambulant *ambulant*
amechtig *keuchend*; *außer Atem*
amen *amen*
amendement *Amendement* m;
Abänderungsantrag m; *Zusatzantrag* m ★ een
~ indienen *einen Abänderungsantrag
einbringen*; *amendieren*
amenderen *amendieren*
Amerika *Amerika* o
Amerikaan *Amerikaner* m
amerikaan INFORM. *Amischlitten* o
Amerikaans *amerikanisch*
Amerikaanse *Amerikanerin* v
amerikaniseren I OV WW *amerikanisieren* **II** ON
WW *sich amerikanisieren*
amethist *Amethyst* m
ameublement *Wohnungseinrichtung* v;
Einrichtung v
amfetamine *Amphetamin* o
amfibie *Amphibie* v
amfibievoertuig *Amphibienfahrzeug* o

amfitheater *Amphitheater* o
amfoor *Amphore* v
amicaal *freundschaftlich*
aminozuur *Aminosäure* v
ammonia *Ammoniaklösung* v
ammoniak *Ammoniak* o
ammunitie *Munition* v
amnesie *Amnesie* v; *Gedächtnisschwund* m
amnestie *Amnestie* v
amoebe *Amöbe* v
amok ▼ amok maken *Amok laufen*
amoreel *unmoralisch*
amorf *amorph*
amoureus *amourös*
ampel *weitschweifig*
amper *kaum*
ampère *Ampere* o
ampersand *Et-Zeichen* o
amplitude *Amplitude* v
ampul *Ampulle* v
amputatie *Amputation* v
amputeren *amputieren*
Amsterdam *Amsterdam* o
Amsterdammer *Amsterdamer* m
amsterdammertje ● paaltje *Poller* m ● type
bierglas (0,3 l) *Bierglas* o ● biertje (0,3 l) *Bier*
o
Amsterdams *Amsterdamer*
Amsterdamse *Amsterdamerin* v
amulet *Amulett* o
amusant *unterhaltsam*; *amüsant*
amusement *Amüsement* o; *Vergnügen* o
amuseren I OV WW *unterhalten*; *vergnügen*;
amüsieren **II** WKD WW [zich ~] *sich amüsieren*;
sich unterhalten; *sich vergnügen* ★ we hebben
ons kostelijk geamuseerd *wir haben uns
prächtig/königlich amüsiert*
anaal *anal*
anabool *anabol* ★ anabole steroïden *anabole
Steroide*
anachronisme *Anachronismus* m
anachronistisch *anachronistisch*
anagram *Anagramm* o
analfabeet *Analphabet* m
analfabetisme *Analphabetismus* m
analist *Laborant* m; COMP. *Systemanalytiker* m;
SCHEIK. *Chemielaborant* m
analogie *Analogie* v
analoog ● overeenkomstig *entsprechend*
  ● niet-digitaal *analog*
analyse *Analyse* v
analyseren *analysieren*
analytisch *analytisch*
ananas *Ananas* v
anarchie *Anarchie* v
anarchisme *Anarchismus* m
anarchist *Anarchist* m
anarchistisch *anarchistisch*
anatomie *Anatomie* v
anatomisch *anatomisch*
anciënniteit *Dienstalter* o; *Anciennitätsprinzip* o
andante *Andante* o
ander ● verschillend *ander* ★ als geen ~ *wie
kein anderer* ● meer ★ onder ~e(n) *unter
anderem*; *unter anderen* ● volgend *der/die/das
Nächste*; *der/die/das Zweite* ★ om de ~e dag

jeder zweite Tag

anderendaags, 's anderendaags BN de volgende dag *am nächsten Tag*

anderhalf *Anderthalb*

andermaal *noch einmal*

andermans ★ ~ kinderen *anderer Leute Kinder*

anders ● op andere wijze (dan) *anders* ● gewoonlijk ★ zij is later dan ~ *sie kommt später als sonst* ● meer ★ ~ nog iets? *haben Sie sonst noch einen Wunsch?* ● zo niet, dan *sonst* ★ ~ ga ik alleen *sonst gehe ich allein(e)*

andersdenkend *andersdenkend*

andersom *andersherum; umgekehrt* ★ ga ~ staan *stell dich andersherum hin*

andersoortig *andersartig*

anderstalig *anderssprachig*

anderszins *irgendwie anders; sonst wie*

anderzijds *andererseits*

Andes *Anden* mv

andijvie *Endivie* v

Andorra *Andorra* o

androgyn *androgyn*

anekdote *Anekdote* v

anekdotisch *anekdotisch*

anemie *Anämie* v; *Blutarmut* v

anemoon *Anemone* v

anesthesie *Anästhesie* v

anesthesist *Anästhesist* m

angel ● BIOL. *Stachel* m ● vishaak *Angel* v; *Angelhaken* m

Angelsaksisch *angelsächsisch*

angina *Angina* v; *Mandelentzündung* v ★ ~ pectoris *Angina* v *pectoris*; *Herzenge* v; *Herzkrampf* m

angiografie *Angiografie* v

angiogram *Angiogramm* o

anglicaans *anglikanisch*

anglicisme *Anglizismus* m

anglist *Anglist* m

anglofiel I ZN [de] *ein anglophiler Mensch* m **II** BNW *anglophil*

Angola *Angola* o

Angolees *angolesisch*

angora *Angora* o

angst *Furcht* v; *Angst* v

angstaanjagend *furchterregend; beängstigend*

angstgegner *Angstgegner* m

angsthaas *Angsthase* m

angstig ● bang *angstvoll; ängstlich* ● angstaanjagend *beängstigend*

angstvallig ● bang *ängstlich* ● zorgvuldig *peinlich genau*

angstwekkend *beängstigend*

angstzweet *Angstschweiß* m

anijs *Anis* m

anijslikeur *Anisschnaps* m

animaal *animalisch*

animatie *Animation* v

animatiefilm *Zeichentrickfilm* m

animeren *animieren; anregen*

animo ● zin om iets te doen *Lust* v ★ met ~ aanpakken *energisch in Angriff nehmen* ★ iets met veel ~ doen *etw. mit Lust und Liebe tun* ● levendige stemming *Schwung* m

animositeit *Animosität* v

anjer *Nelke* v

Ankara *Ankara* o

anker *Anker* m ★ het ~ lichten *den Anker lichten*

ankeren *ankern*

ankerplaats *Ankerplatz* m

annalen *Annalen* mv

annex *mit* [+3]

annexatie *Annektierung* v; *Annexion* v

annexeren *annektieren; sich einverleiben*

anno *anno*

annotatie *Anmerkung* v

annoteren *kommentieren*

annuïteit *Annuität* v

annuleren *absagen; annullieren*

annulering *Annullierung* v

annuleringsverzekering *Rücktrittskostenversicherung* v

Annunciatie *Annunziation*

anode *Anode* v

anomalie *Anomalie* v

anoniem *anonym*

anonimiteit *Anonymität* v

anorak *Anorak* m

anorectisch *anorektisch*

anorexia nervosa, anorexie *Anorexie* v; *Magersucht* v

anorganisch *anorganisch*

ansichtkaart *Ansichtskarte* v

ansjovis *Sardelle* v

antagonist *Antagonist* m

Antarctica *Antarktis* v

Antarctisch *antarktisch*

antecedent ● voorafgaand feit *Antezedens* o [mv: *Antezedenzien*] ★ iemands ~en nagaan *Erkundigungen über jmds. Vorleben einziehen* ● TAALK. *Bezugswort*

antedateren *vordatieren*

antenne ● TECHN. *Antenne* v ● BIOL. *Fühler* m; *Antenne* v

antiaanbaklaag *Antihaftbeschichtung* v

antibacterieel *antibakteriell*

antibioticum *Antibiotikum* o

antiblokkeersysteem *Antiblockiersystem* o

anticipatie *Antizipation* v

anticiperen *antizipieren*

anticlimax *Antiklimax* v

anticonceptie *Empfängnisverhütung* v

anticonceptiepil *Antibabypille* v; *Antikonzeptivum* o

antidateren ● → **antedateren**

antidepressivum *Antidepressivum* o

antidrugseenheid *Drogenpolizei* v

antiek I ZN [het] *Antiquitäten* mv ★ handelaar in ~ *Antiquitätenhändler* m **II** BNW ● oud *altertümlich* ● uit de oudheid *antik* ★ de ~e beschaving *die antike Kultur*

antiekbeurs *Antiquitätenmesse* m

antiekwinkel *Antiquitätenladen* m; *Antiquitätengeschäft* o

antigeen I ZN [het] *Antigen* o **II** BNW *antigen*

antiglobalisme *Antiglobalismus* m

antiglobalist *Globalisierungsgegner* m [v: *Globalisierungsgegnerin*] ★ de ~en *die Globalisierungsgegner*

antiheld *Antiheld* m

antihistamine *Antihistamin* o

anti-insectenspray *Insektenspray* o
antilichaam *Antikörper* m; *Immunkörper* m
Antillen *Antillen* mv
Antilliaan *Antillianer* m
Antilliaans *antillianisch*
Antilliaanse *Antillianerin* v
antilope *Antilope* v
antimaterie *Antimaterie* v
antioxidant *Antioxidans* o [mv: *Antioxidantien*]
antipathie *Antipathie* v
antipode ● tegenvoeter *Antipode* m ● FIG. *Antipode* m
antiquaar *Antiquar* m
antiquair *Antiquitätenhändler* m; ⟨in oude boeken⟩ *Antiquar* m
antiquariaat *Antiquariat* o
antiquarisch *antiquarisch*
antiquiteit *Antiquität* v
antireclame *schlechte Reklame* v
antirookcampagne *Antiraucherkampagne* v
antisemiet *Antisemit* m
antisemitisch *antisemitisch*
antisemitisme *Antisemitismus* m
antiseptisch *antiseptisch*
antislip *Gleitschutz* m
antistatisch *antistatisch*
antistof *Antikörper* m; *Immunkörper* m
antiterreureenheid *Antiterrorgruppe* v; *Antiterrorkommando* o
antithese *Antithese* v
antivirusprogramma *Antivirusprogramm* o
antivries *Frostschutzmittel* o
antoniem *Antonym* o
antraciet *Anthrazit* m
antropologie *Anthropologie* v
antropologisch *anthropologisch*
antropoloog *Anthropologe* m
antroposofie *Anthroposophie* v
Antwerpen *Antwerpen* o
Antwerpenaar *Antwerpener* m
Antwerps *Antwerpener*
Antwerpse *Antwerpenerin* v
antwoord *Antwort* v; *Erwiderung* v ★ in ~ op uw schrijven *in Beantwortung Ihres Schreibens* ★ altijd met een ~ klaarstaan *auf alles eine Antwort wissen* ★ ~ geven *beantworten*
antwoordapparaat *Anrufbeantworter* m
antwoorden I ov ww *antworten* II on ww als antwoord geven *beantworten*; *erwidern*; ⟨ertegen inbrengen⟩ *entgegnen* ★ op een vraag ~ *eine Frage beantworten*
antwoordenvelop *Rückumschlag* m
antwoordformulier *Antwortformular* o
antwoordnummer ≈ *portofreie Antwort* v
anus *After* m; MED. *Anus* m
aorta *Aorta* v
AOW ● wet ≈ *gesetzliche Altersrentenversicherung* v ● uitkering ≈ *gesetzliche Altersrente* v ● premie ≈ *Sozialabgaben für die gesetzliche Altersrentenversicherung* mv
AOW'er *Rentner* m
Apache *Apache* m
apart ● afzonderlijk *einzeln*; *gesondert*; *separat* ★ een ~e ingang *ein separater Eingang* ★ iets ~ leggen *etw. beiseitelegen* ● bijzonder

seltsam; *eigenartig*; ⟨exclusief⟩ *apart*
apartheid *Apartheid* v; *Rassentrennung* v
apartheidswet *Rassengesetz* o
apathie *Apathie* v
apathisch *apathisch*
apegapen ▼ op ~ liggen *auf dem letzten Loch pfeifen*
apennootje *Erdnuss* v
apenstaartje *Klammeraffe* m; *At-Zeichen* o
aperitief *Aperitif* m
apert *offenkundig*; *offensichtlich*
apetrots *stolz wie Oskar*
apezuur ▼ zich het ~ werken *sich abrackern* ▼ zich het ~ lopen *sich abhetzen*
apk, apk-keuring *TÜV* m; *Technische(r) Überwachungs-Verein* m ★ de auto is apk gekeurd *das Auto ist vom TÜV abgenommen*
aplomb *Aplomb* m
apneu *Apnoe* v; *Atemstillstand* m
apocalyps *Apokalypse* v
apocalyptisch *apokalyptisch*
apocrief *apokryph* ★ de ~e boeken *die Apokryphen*
apologie *Apologie* v
apostel *Apostel* m
a posteriori *a posteriori*
apostolisch *apostolisch*
apostrof *Apostroph* m
apotheek *Apotheke* v
apotheker *Apotheker* m
apotheose *Apotheose* v
apparaat *Apparat* m
apparatuur *Apparatur* v
appartement *Appartement* o
appartementsgebouw BN *Hochhaus* o; *Etagenhaus* o; *Apartmenthaus* o
appel *Apfel* m ▼ door de zure ~ heen bijten *in den sauren Apfel beißen* ▼ voor een ~ en een ei *für einen Apfel und ein Ei* ▼ de ~ valt niet ver van de boom *der Apfel fällt nicht weit vom Stamm* ▼ een ~tje voor de dorst *ein Notgroschen* ▼ een ~tje met iem. te schillen hebben *ein Hühnchen mit jmdm. zu rupfen haben*
appel ● verzameling van alle aanwezigen *Appell* m ● JUR. beroep *Appell* m
appelboom *Apfelbaum* m
appelboor *Apfelentkerner* m
appelflap *Apfeltasche* v
appelflauwte *Ohnmacht* v ★ een ~ krijgen *in Ohnmacht fallen*
appelleren ● JUR. *Berufung einlegen* ● ~ aan *appellieren an*
appelmoes *Apfelmus* o
appelsap *Apfelsaft* m
appelsien BN sinaasappel *Apfelsine* v; *Orange* v
appelstroop *Apfelkraut* o
appeltaart *Apfelkuchen* m
appendix *Anhang* m
appetijt BN eetlust *Esslust* v; *Appetit* m
appetijtelijk *appetitlich*
applaudisseren *Beifall klatschen*; *applaudieren*
applaus *Applaus* m; *Beifall* m
applicatie ● het toepassen *Applikation* v ● COMP. programma *Anwendungssoftware* v
applicatiecursus *Fortbildungskurs* m

appliqueren *applizieren*
apporteren *apportieren*
appreciëren *würdigen*; *schätzen* ★ iets weten te ~ *etw. zu schätzen wissen*
après-ski *Après-Ski* o
april *April* m ▼ ~ doet wat hij wil *der April macht, was er will* ▼ 1 ~! *April, April!*
aprilgrap *Aprilscherz* m
aprils ● → **gril**
a priori *a priori*
à propos *apropos*; *übrigens*
aquaduct *Aquädukt* m/o
aquajoggen *Wassergymnastik* v
aqualong *Aqualunge* v
aquaplaning *aquaplaning* o
aquarel *Aquarell* o
aquarelleren *mit Wasserfarben malen*; *aquarellieren*
aquarium *Aquarium* o
ar *Pferdeschlitten* m
ara *Ara* m
Arabië *Arabien* o ★ in ~ *in Arabien*
Arabier *Araber* m
arabier *Araber* m
Arabisch I BNW m.b.t. Arabië *arabisch* **II** ZN [het] taal *Arabisch(e)* o
Arabische *Araberin* v
arachideolie *Erdnussöl* o
arak *Arrak* m
arbeid *Arbeit* v ★ ongeschoolde ~ *ungelernte Arbeit*
arbeiden *arbeiten*
arbeider *Arbeiter* m
arbeidersbeweging *Arbeiterbewegung* v
arbeidersbuurt *Arbeiterviertel* o
arbeidsaanbod *Arbeitsangebot* o
arbeidsbemiddeling *Arbeitsvermittlung* v
arbeidsbesparend *arbeitsersparend*
arbeidsbureau *Arbeitsamt* o
arbeidsconflict *Arbeitskonflikt* m
arbeidscontract *Arbeitsvertrag* m; *Dienstvertrag* m
arbeidsduurverkorting *Arbeitszeitverkürzung* v
arbeidsgeneesheer BN bedrijfsarts *Werkarzt* m; *Betriebsarzt* m
arbeidsinspectie ● toezicht *Gewerbeaufsicht* v ● overheidsinstelling *Gewerbeaufsichtsamt* o
arbeidsintensief *arbeitsintensiv*; *arbeitsaufwändig*
arbeidskracht *Arbeitskraft* v
arbeidsloon *Arbeitslohn* m
arbeidsmarkt *Arbeitsmarkt* m
arbeidsomstandigheden *Arbeitsbedingungen* v mv
arbeidsongeschikt *arbeits-/berufsunfähig*; *erwerbsunfähig*
arbeidsongeschiktheid *Arbeitsunfähigkeit* v
arbeidsongeschiktheidsuitkering *Erwerbsunfähigkeitsrente* v
arbeidsovereenkomst *Arbeitsvertrag* m; *Dienstvertrag* m ★ de collectieve ~ *der Tarifvertrag*
arbeidsplaats *Arbeitsplatz* m
arbeidsproces *Arbeitsprozess* m
arbeidsrecht *Arbeitsrecht* o
arbeidsreserve *Arbeitsreserve* v

arbeidstherapie *Arbeitstherapie* v
arbeidstijdverkorting *Arbeitszeitverkürzung* v
arbeidsverleden *berufliche(r) Werdegang* m
arbeidsvermogen ● mate waarin arbeid verricht kan worden *Leistungsvermögen* o ● NATK. *Leistung* v
arbeidsvoorwaarden *Arbeitsbedingungen* v mv
arbeidzaam *arbeitsam*; *fleißig*
arbiter *Schiedsrichter* m
arbitrage ● SPORT *Schiedsspruch* m ● ECON., JUR. *Arbitrage* v
arbitragecommissie *Schiedsgericht* o
arbitrair ● willekeurig *willkürlich*; FORM. *arbiträr* ● scheidsrechterlijk *schiedsgerichtlich*
arbodienst *Arbeitsschutz* m
Arbowet *Arbeitsschutzgesetz* o
arcade *Arkade* v
arceren *schraffieren*
archaïsch *archaisch*; *altertümlich*; *frühzeitlich*
archaïsme *Archaismus* m
archeologie *Archäologie* v
archeologisch *archäologisch*
archeoloog *Archäologe* m
archetype *Archetyp(us)* m
archief *Archiv* o
archipel *Archipel* m
architect *Architekt* m
architectonisch *architektonisch*
architectuur *Architektur* v
architraaf *Architrav* m; *Epistyl* o
archivaris *Archivar* m
archiveren *archivieren*
arctisch *arktisch*
Ardennen *Ardennen* mv
Ardenner, Ardeens, Ardens *Ardenner*
are *Ar* m/o
areaal *Areal* o
arena *Arena* v
arend *Adler* m
arendsblik *Adleraugen* o mv
argeloos *arglos*
Argentijn *Argentinier* m
Argentijns *argentinisch*
Argentijnse *Argentinierin* v
Argentinië *Argentinien* o
arglistig ● boosaardig *bösartig*; *niederträchtig*; *boshaft* ● gemeen *hinterlistig*; *heimtückisch*; *arglistig*
argument *Argument* o
argumentatie *Argumentation* v
argumenteren ● betogen *argumentieren*; *Argumente vorbringen* ● met argumenten aantonen *begründen*
argusogen ▼ iets met ~ bekijken *etw. mit Argusaugen betrachten*
argwaan *Argwohn* m; *Verdacht* m; *Misstrauen* o ★ iemands ~ wekken *jmds. Argwohn erregen* ★ ~ koesteren tegen iemand/iets *Argwohn gegen jmdn./etw. hegen* ★ zij kreeg ~ *sie schöpfte Verdacht*
argwanend *misstrauisch*; *argwöhnisch*
aria *Arie* v
ariër *Arier* m
arisch *arisch*
aristocraat *Aristokrat* m
aristocratie *Aristokratie* v

aristocratisch *aristokratisch*

aritmetica *Arithmetik* v

aritmie *Arrhythmie* v; *(Herz)Rhythmusstörung* v

ark *Hausboot* o; *Wohnschiff* o ★ de ark van Noach *die Arche Noah*

arm I zn [de] lichaamsdeel *Arm* m ★ met de armen over elkaar *mit verschränkten Armen* ▼ de sterke arm *der starke Arm des Gesetzes*; *Obrigkeit* v; *(Staats)Gewalt* v ▼ iem. in de arm nemen, BN iem. onder de arm nemen *jmdn. zurate/zu Rate ziehen* II BNW ● meelijwekkend *bedauernswert*; *beklagenswert*; *arm* ● niet vruchtbaar ★ arm aan *arm an*

armatuur *Armatur* v; *Armaturenbrett* o

armband *Armband* o; *(v. stof) Armbinde* v

arme ▼ de armen van geest *die geistig Armen*

Armeens *armenisch*

armelijk *armselig*; *ärmlich*

Armenië *Armenien* o

armetierig *armselig*; *dürftig*; *jämmerlich*

armlastig *Not leidend*; *bedürftig*

armlengte *Armlänge* v

armleuning *Armlehne* v

armoede, armoe *Armut* v; *Not* v; *Elend* o ★ bittere ~ *bittere Armut* ★ in ~ vervallen *in Armut geraten* ▼ het is er armoe troef *dort herrscht Armut*

armoedegrens *Armutsgrenze* v

armoedig ● van armoede blijk gevend *dürftig*; *mager* ● haveloos *ärmlich*; *schäbig*

armoedzaaier *Hungerleider* m; *Habenichts* m

armsgat *Ärmelloch* o

armslag *Spielraum* m; *Bewegungsfreiheit* v

armzalig ● armoedig *elend*; *ärmlich*; *armselig* ● onbeduidend *erbärmlich*; *armselig*; *unbedeutend*

Arnhem *Arnheim* o

aroma *Aroma* o

aromatisch *aromatisch*

aromatiseren *aromatisieren*

aronskelk *Aronsstabgewächs* o

arrangement *Arrangement* o

arrangeren *arrangieren*

arrangeur *Arrangeur* m [v: *Arrangeurin*]

arrenslee *Pferdeschlitten* m

arrest ● hechtenis *Freiheitsentzug* m; *Haft(strafe)* v ● beslaglegging *Sicherstellung* v; *Beschlagnahmung* v ● gerechtelijke uitspraak *Urteilsverkündung* v; *Urteil* o

arrestant ● gearresteerde *Gefangene(r)* m; *Häftling* m ● beslaglegger *Vollstreckungsbeamte(r)* m

arrestatie *Festnahme* v; *Verhaftung* v

arrestatiebevel *Haftbefehl* m

arrestatieteam *Einsatzgruppe* v

arresteren ● in hechtenis nemen *verhaften*; *festnehmen* ● beslag leggen *beschlagnahmen*; *sicherstellen*

arriveren *ankommen*; *eintreffen*

arrogant *arrogant*; *überheblich*; *anmaßend*

arrogantie *Arroganz* v; *Überheblichkeit* v

arrondissement *Verwaltungsbezirk* m; *Arrondissement* o

arrondissementsrechtbank *Landgericht* o

arsenaal *Arsenal* o

arsenicum *Arsen* o

art deco ≈ *Jugendstil* m

artdirector *Art-Director* m

arteriosclerose *Arteriosklerose* v; *Arterienverkalkung* v

articulatie *Artikulation* v

articuleren *artikulieren*

artiest *Künstler* m; 〈variété en circus〉 *Artist* m

artikel ● voorwerp *Ware* v; *Artikel* m ★ huishoudelijke ~en *Haushaltswaren* v ● geschreven stuk *Artikel* m; *Aufsatz* m ● wetsbepaling *Paragraf* m; *Artikel* m ★ volgens ~ 26 van de Grondwet *nach/laut Artikel 26 des Grundgesetzes*

artillerie *Artillerie* v

artisanaal BN handwerk *handwerklich*

artisjok *Artischocke* v

artistiek *künstlerisch*

artritis *Arthritis* v

artrose *Arthrose* v

arts *Arzt* m [v: *Ärztin*]

arts-assistent *Assistenzarzt* m

artsenbezoeker *Ärztevertreter* m

artsenij *Arznei* v

artwork *Werbegrafik* v

Aruba *Aruba* o

Arubaan *Arubaner* m

Arubaans *arubanisch*

Arubaanse *Arubanerin* v

as ● verbrandingsresten *Asche* v ● spil *Achse* v ● MUZ. *As* o ▼ in de as leggen *in Schutt und Asche legen*

ASA *ASA*

asbak *Aschenbecher* m

asbest I zn [het] *Asbest* m II BNW *Asbest-*; *aus Asbest*

asblond *aschblond*

asceet *Asket* m

ascendant ● dierenriemteken *Aszendent* m ● overwicht *Einfluss* m; *Autorität* v

ascese *Askese* v

ascetisch *asketisch*

ascorbinezuur *Ascorbinsäure* v

aselect *willkürlich*; *beliebig*

aseptisch *aseptisch*

asfalt *Asphalt* m

asfalteren *asphaltieren*

asgrauw *aschgrau*

asiel ● toevluchtsoord *Asyl* o ★ iem. politiek ~ verlenen *jmdm. politisches Asyl gewähren* ● dierenverblijf *Tierheim* o

asielprocedure *Asylverfahren* o

asielzoeker *Asylant* m

asielzoekerscentrum *Asylbewerberheim* o

asjeblieft ● → alsjeblieft

asjemenou *Manometer*; *ach, du grüne Neune*; *potz Blitz*

aso I zn [de] *Aso* m II AFK BN, O&W algemeen secundair onderwijs *Sekundarstufe* v

asociaal *asozial*

aspartaam *Aspartam* o

aspect ● opzicht *Gesichtspunkt* m; *Aspekt* m ● vooruitzicht *Perspektive* v; *Aussicht* v

asperge *Spargel* m ★ ~s steken *Spargel stechen*

aspirant ● kandidaat *Anwärter* m ● iem. in opleiding *Aspirant* m

aspiratie ● aanblazing *Aspiration* v ● eerzucht

Bestrebung v; *Ambition* v
aspirientje *Aspirin* o
aspirine *Aspirin* o
assemblage *Montage* v; ⟨resultaat⟩ *Montageprodukt* o
assemblee *Versammlung* v; *Assemblee* v
assembleren *zusammenbauen*; *montieren*
assenkruis *Achsenkreuz* o
Assepoester *Aschenbrödel* o; *Aschenputtel* o
assertief *selbstsicher*
assertiviteit *Bestimmtheit* v
assessment *Assessment* o
assimilatie *Assimilation* v; *Gleichstellung* v
assimileren *assimilieren*; *angleichen*
assisenhof BN, JUR. *Schwurgericht* o
assistent *Assistent* m; *Gehilfe* m ★ BN maatschappelijk ~ *Sozialarbeiter* m
assistentie *Assistenz* v; *Unterstützung* v ★ iem. ~ verlenen *jmdm. Assistenz leisten*
assisteren *assistieren*; *Assistenz leisten*
associatie *Assoziation* v; ECON. *Arbeitsgemeinschaft* v
associatief *assoziativ*
associëren *assoziieren* ★ zich ~ *sich assoziieren*; *sich vereinigen*; *sich zusammenschließen*
assortiment *Sortiment* o; *Warenangebot* o
assuradeur *Versicherer* m
assurantie *Versicherung* v
aster *Aster* v
asterisk *Asteriskus* m
astma *Asthma* o
astmaticus *Asthmatiker* m
astmatisch *asthmatisch*
astraal *astral*
astrologie *Astrologie* v
astrologisch *astrologisch*
astroloog *Astrologe* m; *Sterndeuter* m
astronaut *Astronaut* m
astronomie *Astronomie* v
astronomisch *astronomisch*
astronoom *Astronom* m
Aswoensdag *Aschermittwoch* m
asymmetrisch *asymmetrisch*
asymptoot *Asymptote* v
asynchroon *asynchron*
ATB ● allterrainbike *ATB* o; *All-Terrain-Bike* o ● automatische treinbeïnvloeding *AGC*; *Automatic Gain Control* = *Automatische Zugbeeinflussung* v
atelier ⟨v. kunstenaar⟩ *Atelier* o; ⟨v. fotograaf⟩ *Studio* o; ⟨ambachtelijk⟩ *Werkstatt* v
Atheens *Athener*
atheïsme *Atheismus* m
atheïst *Atheist* m
Athene *Athen* o
atheneum ≈ *Gymnasium* o
atjar ≈ *Essiggemüse* o
Atlantisch *atlantisch*
Atlantische Oceaan *Atlantik* m; *Atlantische(r) Ozean* m
atlas ● boek met kaarten *Atlas* m [mv: *Atlanten*] ● halswervel *Atlas* m
atleet *Athlet* m
atletiek *Leichtathletik* v
atletisch *athletisch*
atmosfeer *Atmosphäre* v

atmosferisch *atmosphärisch*
atol *Atoll* o
atomair *atomar*
atoom *Atom* o
atoombom *Atombombe* v
atoomgeleerde *Atomphysiker* m
atoomgewicht *Atomgewicht* o
atoomtijdperk *Atomzeitalter* o
atoomwapen *Kernwaffe* v; *Atomwaffe* v
atrofie *Atrophie* v; *Gewebsschwund* m
attaché *Attaché* m ★ de cultureel ~ *der Kulturattaché*
attachékoffer *Aktenkoffer* m; *Diplomatenkoffer* m
attachment *Attachment* o; *Anlage* v
attaque *Attacke* v; *Anfall* m
at-teken *At-Zeichen* o; *Klammeraffe* m
attenderen op *hinweisen auf* [+4]; *aufmerksam machen auf* [+4]
attent ● opmerkzaam *aufmerksam*; *wachsam* ● vriendelijk *aufmerksam*; *zuvorkommend*
attentie ● aandacht *Aufmerksamkeit* v ★ ter ~ van X *zu Händen X* [+2] ★ ~! *Achtung!* ● blijk van vriendelijkheid *Aufmerksamkeit* v
attest *Zeugnis* o; *Attest* o
attitude *Haltung* v
attractie ● aantrekking *Attraktion* v; *Anziehung* v ● iets aantrekkelijks *Attraktion* v
attractief *attraktiv*
attractiepark *Vergnügungspark* m; *Freizeitpark* m
attributief *attributiv* ★ attributieve zin *Attributsatz* m
attribuut *Attribut* o
atv *Arbeitszeitverkürzung* v
atv-dag ★ een ~ hebben ≈ *Überstunden abfeiern*
au *aua*; *au*
a.u.b. *bitte*
aubade *Ständchen* o; *Morgenständchen* o
au bain-marie *im Wasserbad*
aubergine *Aubergine* v
audiëntie *Audienz* v
audioapparatuur *Audioapparatur* v
audiorack *Stereoturm* m
audiovisueel *audiovisuell*
auditeur-militair *Wehrdisziplinaranwalt* m
auditie ⟨spreken⟩ *Vorsprechen* o; ⟨zingen⟩ *Vorsingen* o; ⟨spelen⟩ *Vorspielen* o
auditorium *Auditorium* o
auerhoen *Auerhuhn* o
augurk *saure Gurke* v; *Essiggurke* v
augustus *August* m
aula *Aula* v
au pair I ZN [de] *Au-Pair-Mädchen* o **II** BIJW *au pair*
aura *Aura* v
aureool ● stralenkrans *Heiligenschein* m ● FIG. goede reputatie *Aureole* v
auspiciën *Auspizien* mv
ausputzer *Libero* m; *Ausputzer* m
Australië *Australien* o
Australiër *Australier* m
Australisch *australisch*
Australische *Australierin* v
autarkie *Autarkie* v

auteur Verfasser m; Autor m; ⟨v. literaire teksten⟩ Schriftsteller m
auteursrecht Urheberrecht o ★ bescherming van het ~ Urheberschutz m
authenticiteit Authentizität v
authentiek authentisch ★ ~ afschrift beglaubigte Abschrift v
autisme Autismus m
autistisch autistisch
auto Auto o; Wagen m ★ met de auto (gaan) mit dem Auto (fahren) ★ tweedehands auto Gebrauchtwagen m
autobiografie Autobiografie v
autobiografisch autobiografisch
autobom Autobombe v
autobus, BN **autocar** Bus m; Omnibus m
autochtoon Einheimische(r) m
autocoureur Rennfahrer m
autodidact Autodidakt m
autogas LPG o
autogordel Sicherheitsgurt m ★ zijn ~ omdoen sich anschnallen
auto-immuunziekte Autoimmunkrankheit v
auto-industrie Autoindustrie v
autokerkhof Autofriedhof m
autokostenvergoeding Autokostenerstattung v
autokraker Autoknacker m
autoluw autofrei
automaat Automat m
automatiek Automatenstraße v; Automatenrestaurant o
automatisch automatisch ★ ~e sluiter Selbstauslöser m ★ ~e piloot Autopilot m
automatiseren automatisieren
automatisering Automatisierung v
automatiseringsdeskundige EDV-Experte m
automatisme Automatismus m
automobilist Autofahrer m
automonteur Kraftfahrzeugmechaniker m
autonomie Autonomie v
autonoom autonom
auto-ongeluk Autounfall m
autopapieren Kraftfahrzeugpapiere o mv
autopark Fuhrpark m; Wagenpark m
autopech (Auto)Panne v
autoped Roller m
autopsie Autopsie v
autoradio Autoradio o
autorijden Auto fahren
autorijschool Fahrschule v
autorisatie Genehmigung v; Vollmacht v
autoriseren autorisieren
autoritair autoritär
autoriteit Autorität v ★ de ~en die Behörden v
autoslaaptrein Autoreisezug m mit Schlafwagen
autosleutel Autoschlüssel m
autosloperij Schrottplatz m
autosnelweg Autobahn v
autosport Motorsport m; Autosport m
autostoel Autositz m
autostop ▼ BN ~ doen per Anhalter reisen; per Autostopp fahren; Autostopp machen; trampen
autostopper BN lifter Anhalter m; Tramper m
autostrade BN snelweg Autobahn v
autoverhuur Autoverleih m
autoverzekering Kraftfahrzeugversicherung v;

Kfz-Versicherung v
autovrij autofrei
autoweg Autostraße v
autozetel BN, TRANSP. Autositz m
avance Avance v
avant-garde Avantgarde v
avant-gardistisch avantgardistisch
avatar Avatar m
avenue Avenue v
averechts I BNW ● andersom ingestoken links ★ ~e steek linke Masche v ● verkeerd falsch; verkehrt **II** BIJW ● andersom ingestoken ★ twee rechts twee ~ zwei rechts, zwei links ● verkeerd verkehrt ★ ~ uitwerken sich gegenteilig auswirken
averij Schaden m; SCHEEPV. Havarie v ★ ~ oplopen Havarie erleiden
A-verpleging Krankenpflege v
aversie Widerwille m; Aversion v
A-viertje A4-Blatt o
avocado Avocado v; Avocato v
avond Abend m ★ 's ~s abends; am Abend ★ op een ~ eines Abends ★ tegen de ~ gegen Abend
avondeten Abendessen o; Abendbrot o
avondjurk, BN **avondkleed** Abendkleid o
avondkleding ⟨voor dames⟩ Abendkleid o; ⟨voor dames⟩ Abendtoilette v; ⟨voor heren⟩ Abendanzug m
avondklok Polizeistunde v; Sperrstunde v
avondkrant Abendzeitung v; Abendblatt o
Avondland Abendland o
avondmaal ● avondeten Abendbrot o ● REL. Abendmahl o ★ viering van het Avondmaal Abendmahlsfeier v
avondmens Nachtmensch m
avonddrood Abendrot o
avondschool Abendschule v
avondspits abendliche(r) Stoßverkehr m; Feierabendverkehr m
Avondster Abendstern m
avondverkoop Verkauf m nach Ladenschluss
avondvullend abendfüllend
avondwinkel Geschäft o, das abends geöffnet ist
avonturenroman Abenteuerroman m
avonturier Abenteurer m
avontuur ● Abenteuer o; ⟨riskante onderneming⟩ Wagnis o ● → **avontuurtje**
avontuurlijk abenteuerlich
avontuurtje Liebelei v; Flirt m
axioma Axiom o
ayatollah Ajatollah m
azalea Azalee v
azen lauern auf [+4] ★ hij aast op die functie er ist auf diesen Posten aus
Azerbeidzjaans aserbaidschanisch
Azerbeidzjan Aserbaidschan o
Aziaat Asiat m
Aziatisch asiatisch
Aziatische Asiatin v
Azië Asien o
azijn Essig m
azijnzuur Essigsäure v
Azoren Azoren mv
Azteeks aztekisch
Azteken Azteken m mv
azuren azurn; azurfarben; azurblau;

azuur *Azur* m

B

b • letter *B* o ★ de b van Bernard *B wie Berta* • muzieknoot *h* o
B2B *B2B*
BA *BA*
baai *Bai* v
baak • SCHEEPV. *Bake* v • paaltje *Bake* v
baal *Ballen* m ▼ ergens de balen van hebben *von etw. die Nase voll haben*
baaldag *schlechte(r) Tag* m; INFORM. *Scheißtag* m
baan • betrekking *Stelle* v • strook stof, behang *Bahn* v; *Breite* v • rijstrook *Bahn* v; *Straße* v • SPORT ★ baantjes trekken *(seine)Bahnen schwimmen/ziehen* ★ wedloop op de korte baan *Kurzstreckenlauf* m ▼ ruim baan maken *Platz machen* ▼ dat is van de baan *das hat sich erledigt*
baanbrekend *bahnbrechend*
baanrecord *Streckenrekord* m
baansport *Bahnrennen* o
baantjesjager *Postenjäger* m
baanvak • traject *Bahnstrecke* v • BN rijstrook *Fahrstreifen* m; *Fahrspur* v
baanwachter *Bahnwärter* m
baar I ZN [de] • staaf edelmetaal *Barren* m; *Stange* v ★ een baar goud *ein Goldbarren* • draagbaar *(Trag)Bahre* v • golf *Woge* v; *Welle* v ★ de woeste baren *die wilden Wogen* **II** BNW contant *bar*
baard *Bart* m ▼ de ~ in de keel krijgen *im Stimmbruch sein*
baardgroei *Bartwuchs* m ★ zware ~ *starke(r) Bartwuchs* m
baardig *bärtig*
baarmoeder *Gebärmutter* v
baarmoederhalskanker *Gebärmutterhalskrebs* m
baarmoederslijmvlies *Gebärmutterschleimhaut* v
baars *Barsch* m
baas *Chef* m; *Boss* m ★ zijn eigen baas zijn *sein eigener Herr sein* ★ zij is de baas *sie führt das Regiment* ▼ iem. de baas zijn *jmdm. überlegen sein* ▼ de baas spelen *den Meister machen* ▼ over iem. de baas spelen *jmdn. schulmeistern* ▼ je hebt altijd baas boven baas *jeder findet seinen Meister*
baat • voordeel *Vorteil* m; ‹winst› *Gewinn* m ★ baat vinden bij iets *von etw. Nutzen haben* ★ de gelegenheid te baat nemen *die Gelegenheit nutzen* ★ ten bate van *zugunsten; zu Gunsten* [+2] • opbrengst *Nutzen* m
babbel *Schwätzerei* v ★ een ~tje maken *einen Schwätzchen haben* ▼ hij heeft heel wat ~s *der hat 'ne ganz schön große Klappe* ▼ een vlotte ~ hebben *ein flinkes Mundwerk haben*
babbelaar • kletskous *Schwätzer* m; *Plappermaul* o • snoep ≈ *Karamellbonbon* m/o
babbelbox *Chatbox* v
babbelen *schwätzen; plaudern; plappern*
babbelkous *Plappermaul* o; *Schwätzer* m
babe *Babe* o

babi pangang *Babi Pangang* o
baby *Baby* o
babyboom *Babyboom* m
babyboomer *Babyboomer* m
babyfoon *Babyfon* o
babykleding *Babykleidung* v
babyshampoo *Babyshampoo* o
babyshower *Babyshower* v
babysitten *babysitten*
babysitter *Babysitter* m
babyuitzet *Babyausstattung* v
babyvoeding *Babynahrung* v
babyzalf *Babycreme* v
baccalaureaat *Bakkalcureat* o
bachelor *Bachelor* m
bacil *Bazillus* m; *Bazille* v
back *Verteidiger* m
backhand *Rückhand* v; *Rückhandschlag* m
backslash *Backslash* m
backspace *Rücktaste* v
backspacetoets *Rücktaste* v
back-up *Sicherungskopie* v
back-upbestand *Sicherungsdatei* v
baco *Rum-Cola* v
bacon *Bacon* m
bacterie *Bakterie* v
bacteriedodend *bakterizid*
bacterieel *bakteriell*
bacteriologisch *bakteriologisch*
bad *Bad* o
badcel *Badezimmer* o; *Nasszelle* v
badderen *planschen*
baden I ov ww in bad doen *baden* II on ww
  ● een bad nemen *baden* ● ~ in *schwelgen in*
  ★ in weelde ~ *im Luxus schwelgen* ★ in licht ~
  in Licht getaucht sein ★ in zweet ~ *in Schweiß*
  gebadet sein
badgast *Badegast* m; *Kurgast* m
badge *Button* m
badgoed *Badekleidung* v; *Schwimmkleidung* v
badhanddoek *Badehandtuch* o
badhuis *Badehaus* o
badineren *scherzen*; *spaßen*
badjas *Bademantel* m
badkamer *Badezimmer* o
badkuip *Badewanne* v
badlaken *Badetuch* o
badmeester *Bademeister* m
badminton *Federball* m; *Badminton* o
badmintonnen *Badminton spielen*
badmuts *Badekappe* v; *Bademütze* v
badpak *Badeanzug* m
badplaats ● plaats aan zee *Badeort* m
  ● kuuroord *Bad* o
badschuim *Schaumbad* o
badstof *Frottee* m/o
badwater *Badewasser* o
badzout *Badesalz* o
bagage *Gepäck* o
bagagedepot *Gepäckaufbewahrung* v
bagagedrager ● fietsonderdeel *Gepäckträger* m
  ● BN imperiaal *Dachgepäckträger* m
bagagekluis *Gepäckschließfach* o
bagagerek *Gepäckablage* v
bagageruimte *Gepäckraum* m; ⟨personenauto⟩
  Kofferraum m

bagatel *Bagatelle* v; *Kleinigkeit* v
bagatelliseren *bagatellisieren*; *verharmlosen*
Bagdad *Bagdad* o
bagel *Bagel* m; *Brötchen* o
bagger *Schlamm* m
baggeren I ov ww uit het water halen *baggern*
  II on ww waden *waten*
baggermachine *Bagger* m
baggermolen *Schwimmbagger* v
bah *bah!*; *bäh!*; *pfui!*
Bahama's *Bahamas* mv
Bahamees *Einwohner* m der *Bahamas*
bahco verstellbare(r) *Schraubenzieher* m
Bahrein *Bahrein* o ★ in ~ *in Bahrein*
Bahreins *bahreinisch*
baisse v ECON. speculeren à la ~ *auf Baisse*
  spekulieren
bajes *Knast* m; *Kittchen* o
bajesklant *Knastbruder* m
bajonet *Bajonett* o
bajonetsluiting *Bajonettverschluss* m
bak ● omhulsel *Behälter* m; *Gefäß* o;
  ⟨emmervormig⟩ *Kübel* m; ⟨schaal⟩ *Schüssel* v;
  ⟨kommetje⟩ *Napf* m; ⟨vierkant⟩ *Kasten* m
  ● bajes *Loch* o; *Kittchen* o ★ de bak indraaien
  im Kittchen landen ● mop *Witz* m ● BN krat
  Kiste o ▼ een bakje troost *ein Kaffee* v hij zal
  niet aan de bak komen *er wird keine*
  Gelegenheit/Chance bekommen; *er wird nicht*
  an die Reihe/nicht drankommen
bakbeest *Ungeheuer* o; *Koloss* m
bakboord *Backbord* o
bakboter *Bratfett* o
bakelite® *Bakelit®* o
baken *Bake* v ▼ de ~s zijn verzet *das Blatt hat*
  sich gewendet
bakermat *Heimat* v; *Wiege* v
bakerpraatje *Ammenmärchen* o
bakfiets *Lieferfahrrad* o
bakkebaarden *Backenbart* m ★ met ~ *mit*
  Koteletten
bakkeleien ● ruziën *sich streiten* ● vechten *sich*
  raufen
bakken I ov ww ⟨brood e.d.⟩ *backen*; ⟨groente,*
  *vis e.d.⟩ *braten*; ⟨aardewerk⟩ *brennen* II on
  ww ● zonnebaden ★ in de zon liggen ~
  INFORM. *in der Sonne schmoren* ● BN, O&W
  zakken voor examen *durchfallen*
bakkenist *Beiwagenfahrer* m
bakker *Bäcker* m
bakkerij *Bäckerei* v; *Backstube* v
bakkes *Fratze* v ▼ hou je ~! *halt die*
  Klappe/Fresse!
bakkie ● zendapparatuur *CB-Funkgerät* o
  ● kopje ⟨koffie/thee⟩ ★ slap ~ *Blümchenkaffee*
  m ★ ~ leut FORM. *Tasse* v *Kaffee*
bakmeel *Mehl* o mit *Backpulverzusatz*
bakpoeder *Backpulver* o
bakschieten BN sjoelen *mit dem "Sjoelbak"*
  spielen
baksteen *Backstein* m; *Ziegel(stein)* m ▼ zakken
  als een ~ *mit Pauken und Trompeten*
  durchfallen ▼ zinken als een ~ *sinken wie ein*
  Stein
bakvet *Bratfett* o
bakvis *Backfisch* m

bakvorm *Backform* v
bakzeil ▼ ~ halen *klein beigeben*
bal I ZN [de] ● bolvormig voorwerp *Ball* m;
  Kugel v ● testikel *Hoden* m ● deel van voet
  Ballen m ▼ wie kaatst, moet de bal
  verwachten *wer austeilt, muss auch einstecken*
  können ▼ er geen bal van afweten *keine*
  blasse Ahnung haben ▼ geen bal ervan
  snappen *nicht die Bohne/nur Bahnhof*
  verstehen II ZN [het] dansfeest *Ball* m
  ★ gemaskerd bal *Maskenball*
balanceren *balancieren*
balans ● ECON. *Bilanz* v ★ de ~ opmaken *die*
  Bilanz aufstellen; *die Bilanz ziehen*
  ● weegschaal *Waage* v
balansopruiming *Inventurausverkauf* m
balanswaarde *Bilanzwert* m
baldadig *mutwillig*; *übermütig*
baldadigheid *Ausgelassenheit* v; *Mutwille* m;
  Übermut m
Balearen *Balearen* mv
balein I ZN [de] stok, staafje *Fischbeinstab* m
  II ZN [het] materiaal *Fischbein* o
balen ★ ~ van iets *etw. satthaben*; *die Nase von*
  etw. voll haben
balie ● toonbank *Schalter* m ● leuning *Geländer*
  o; *Balustrade* v ● advocaten *Anwaltschaft* v
  ● rechtbank *Gericht* o
baljurk *Ballkleid* o
balk ● stuk hout/metaal *Balken* m ● notenbalk
  Notenlinien mv
Balkan *Balkan* m
Balkanstaten *Balkanstaaten* mv
balken *iahen*
balkon ● uitbouw *Balkon* m ● ruimte in trein
  Plattform v ● rang *Balkon* m
ballade *Ballade* v
ballast *Ballast* m
ballen I OV WW samenknijpen *ballen*;
  zusammenballen II ON WW spelen met bal *Ball*
  spielen
ballenjongen *Balljunge* m
ballerina *Ballerina* v
ballet *Ballett* o
balletdanser *Balletttänzer* m
balletgezelschap *Balletttruppe* v
balletschoen *Ballettschuh* m
balling *Verbannte(r)* m
ballingschap *Verbannung* v; *Exil* o
ballistisch *ballistisch*
ballon ● luchtballon *Luftballon* m ● tekstballon
  Sprechblase v ▼ een ~netje oplaten *bei jmdm.*
  auf den Busch klopfen
ballonvaarder *Ballonfahrer* m
ballonvaart ● het ballonvaren *Ballonfahren* o
  ● trip *Ballonfahrt* v
ballonvaren *im Ballon fahren/fliegen*
ballotage *Ballotage* v
ballpoint *Kugelschreiber* m; *Kuli* m
ballroomdansen *Ballroomtanzen* m
bal masqué *Maskenball* m
balorig ● slecht gehumeurd *widerspenstig*
  ● onwillig *unwillig*
balpen *Kugelschreiber* m; *Kuli* m
balsahout *Balsa* o; *Balsaholz* o
balsamicoazijn *Balsamico* m; *Balsamessig* m

balsem *Balsam* m
balsemen *balsamieren*
balspel *Ballspiel* o
balsport *Ballsport* m
balsturig *widerspenstig*; *trotzig*
Baltisch *baltisch*
Baltische Zee *Ostsee* v
balts *Balz* v
balustrade *Balustrade* v
balzaal *Ballsaal* m
balzak ● scrotum *Hodensack* m ● biljartzak
  Ballfänger m
bamastelsel *Bachelor-Master-Struktur* v
bamboe I ZN [de/het] rietsoort *Bambus* m II ZN
  [de] stengel *Bambusrohr* o
bami ★ bami goreng *Bamigoreng* o
ban *Bann* m ★ iem. in de ban doen *den Bann*
  über jmdn. verhängen
banaal *banal*
banaan ● vrucht ★ een tros bananen *ein*
  Kamm Bananen m ● boom *Banane* v
banaliteit *Banalität* v
bananenrepubliek *Bananenrepublik* v
bancair *Bank-*
band¹ ● luchtband *Reifen* m ● transportband
  Fließband o ★ werk aan de lopende band
  Fließbandarbeit v ● boekomslag *Einband* m
  ● boekdeel *Band* m ● verbondenheid
  Beziehung v; *Verbindung* v ★ banden
  aanknopen *Bande/Verbindungen (an)knüpfen/*
  eingehen/aufnehmen ★ banden (van
  vriendschap) aanhalen *Verbindungen/Bande*
  (der Freundschaft) fester/enger knüpfen
  ★ banden onderhouden *Bande/Verbindungen*
  pflegen ★ de banden verbreken *Bande/*
  Verbindungen abbrechen/lösen ● → **bandje**
  ▼ FIG. aan de lopende band *am laufenden*
  Band ▼ aan banden leggen *bändigen* ▼ uit de
  band springen *über die Stränge schlagen*
band² (zeg: bend) *Band* v
bandage *Bandage* v
bandbreedte *Bandbreite* v
bandeloos *zügellos*
bandenlichter ≈ *Hilfe* m *zum Herausnehmen*
  des Fahrradreifens
bandenpech *Reifenpanne* v
bandenspanning *Reifendruck* m
banderol ● beschreven band *Banderole* v
  ● vaan *Banderole* v ● sigarenbandje *Banderole*
  v
bandiet *Bandit* m
bandje ● cassettebandje *Kassette* v; *Band* o
  ● schouderbandje *Träger* m
bandopname *Bandaufnahme* v
bandplooibroek *Bundfaltenhose* v
bandrecorder *Kassettenrekorder* m
bandstoten *Einbandspiel* o; *brikolieren*
banen ★ zich een weg ~ *sich einen Weg bahnen*
banenplan ≈ *Arbeitsbeschaffungsmaßnahme* v
  (ABM)
bang ● angstig ★ ik ben bang voor
  iets/iemand *ich fürchte mich vor etw./jmdm.*
  ★ bang zijn *Angst haben*; *(sich) fürchten*
  ● snel angstig *bang*; *ängstlich*
bangelijk I BNW angstig *ängstlich*; *furchtsam*
  II BIJW INFORM., BN zeer *sehr*

ba

ba

bangerd, bangerik *Angsthase* m
Bangkok *Bangkok* o
Bangladesh *Bangladesch* o
bangmakerij *Einschüchterung* v
banier *Banner* o
banjeren *herumtigern*; *herumstreifen*
banjo *Banjo* o
bank • zitmeubel ⟨onbekleed⟩ *Bank* v;
  ⟨bekleed⟩ *Sofa* o • geldinstelling *Bank* v
  ★ bank van lening *Leihhaus* o
bankafschrift *Kontoauszug* m
bankbiljet *Banknote* v; *Geldschein* m ★ ~ van 20
  euro *Zwanzigeuroschein*
bankbreuk *Bankrott* m ★ bedrieglijke ~
  betrügerische(r) Bankrott m ★ eenvoudige ~
  einfache(r) Bankrott m
bankcheque *Bankscheck* m
bankdirecteur *Bankdirektor* m
banket • feestmaal *Bankett* o; *Festessen* o
  • gebak ≈ *Blätterteiggebäck* o *mit*
  Marzipanfüllung
banketbakker *Konditor* m
banketbakkerij *Konditorei* v
banketletter ≈ *Mandelgebäck* o *in*
  Buchstabenform
bankgarantie *Bankgarantie* v; *Bankbürgschaft* v
bankgeheim *Bankgeheimnis* o
bankier *Bankier* m
bankieren *Bankgeschäfte tätigen*
bankkaart BN bankpas *Geldkarte* v
bankoverval *Banküberfall* m
bankpas *Scheckkarte* v
bankrekening *Bankkonto* o; *Konto* o
bankrekeningnummer *Bankkontonummer* v
bankroet I ZN [het] *Bankrott* m; *Konkurs* m
  II BNW *bankrott*
bankroof *Bankraub* m; *Banküberfall* m
banksaldo *Bankguthaben* o
bankschroef *Schraubstock* m
bankstel *Couchgarnitur* v
bankwerker *Schlosser* m
bankwezen *Bankwesen* o
banneling *Verbannte(r)* m
bannen *(ver)bannen*
banner *Banner* o
Bantoe I ZN M persoon *Bantu* m **II** ZN o taal
  Bantu o **III** BNW *Bantu*
banvloek *Bannfluch* m
bapao *Bapao* o; *Bapao-Brötchen* o
baptist *Baptist* m
bar¹ I ZN [de] café *Bar* v **II** BNW • vreselijk *arg*
  • koud *rau* **III** BIJW *furchtbar*; *schrecklich*
  ★ het al te bar maken *es zu bunt treiben*
  ★ het wordt mij te bar *mir geht der Hut hoch*
bar² (zeg: baar) *Bar* o
barak *Baracke* v
barbaar *Barbar* m
barbaars *barbarisch*
Barbados *Barbados* o
barbarisme *Barbarismus* m
barbecue • maaltijd *Barbecue* o; *Grillparty* v
  • toestel *Grill* m
barbecueën *grillen*
barbeel *(Fluss)Barbe* v
Barbertje ▼ ~ moet hangen *einen Schuldigen*
  findet man immer

barbiepop *Barbie* v; *Barbie-Puppe* v
Barcelona *Barcelona* o
barcode *Strichkode* m
bard *Barde* m
barema BN loonschaal *Gehaltsstufe* v
baren • ter wereld brengen *zur Welt bringen*;
  gebären • veroorzaken *erregen* ★ opzien ~
  Aufsehen erregen
barenswee *Geburtswehe* v; *Wehe* v
Barentszzee *Barentssee* v
baret *Barett* o
Bargoens I ZN [het] *Rotwelsch* o; ⟨moeilijk
  verstaanbaar⟩ *Kauderwelsch* o **II** BNW *in*
  Kauderwelsch
bariton *Bariton* m
bark *Bark* v
barkeeper *Barkeeper* m; *Barmann* m
barkruk *Barhocker* m
barmhartig *barmherzig*
barmhartigheid *Barmherzigkeit* v
barnsteen *Bernstein* m
barok I ZN [de] *Barock* m/o **II** BNW als/van de
  barok *barock*
barometer *Barometer* o
barometerstand *Barometerstand* m
baron *Baron* m; ⟨Duitse⟩ *Freiherr* m
barones *Baronin* v; ⟨Duitse⟩ *Freifrau* v
baroscoop *Baroskop* o
barrel¹ ▼ aan ~s in *Scherben*
barrel² (zeg: berrul) *Barrel* o
barrevoets I BNW *barfüßig*; *bloßfüßig* **II** BIJW
  barfuß
barricade *Barrikade* v
barricaderen *(ver)barrikadieren*
barrière *Barriere* v
bars *barsch*; *grob*; *schroff*
barst *Riss* m; ⟨in glas⟩ *Sprung* m ▼ ik snap er
  geen ~ van *das kapiere ich absolut nicht*
barsten • barsten krijgen *bersten*; ⟨aardewerk⟩
  springen ★ tot ~s toe vol *(bis) zum Bersten voll*
  • uit elkaar springen *(zer)platzen* ▼ iem. laten
  ~ *jmdn. sitzen lassen*
barstensvol *brechend voll*; *gedrängt voll*;
  gerammelt voll; *proppenvoll*
bas *Bass* m
basaal *basal*
basalt *Basalt* m
base *Base* v
baseball *Baseball* m
Basel *Basel* o
baseline *Grundlinie* v
Basels *Baseler*
baseren op *basieren auf* [+3]; *gründen auf* [+4]
  ★ gebaseerd zijn op *beruhen auf* [+3]
basgitaar *Bassgitarre* v
basilicum *Basilikum* o
basiliek *Basilika* v
basilisk *Basilisk* m
basis • grondslag, fundament *Basis* v;
  Grundlage v • WISK. *Basis* v • MIL. *Stützpunkt*
  m
basisbeurs *staatliche Studienbeihilfe* v
basisch *basisch*
basiscursus *Grundkurs* m
basisinkomen • minimuminkomen
  Mindestlohn m • inkomen zonder toeslag

Grundgehalt o
basisloon *Grundlohn* m
basisonderwijs *Grundschulunterricht* m
basisopstelling *Spielaufstellung* v
basisschool *Grundschule* v ★ op de ~ zitten *in die Grundschule gehen*
basisspeler *Stammspieler* m
basisvak *Basisfach* o
basisvorming *Grundbildung* v
Bask *Baske* m
Baskenland *Baskenland* o
basketbal I ZN [de] bal *Basketball* m **II** ZN [het] spel *Basketball* m
basketballen *Basketball spielen*
Baskisch I BNW m.b.t. Baskenland *baskisch* **II** ZN [het] taal *Baskisch(e)* o
Baskische *Baskin* v
bas-reliëf *Basrelief* o; *Flachrelief* o
bassin • bekken *Becken* o • zwembad *Bassin* o
bassist *Bassist* m
bassleutel *Bassschlüssel* m
bast • boomschors *Rinde* v • lijf *Leib* m
basta *basta!; Schluss jetzt!*
bastaard *Bastard* m
Bastenaken *Bastogne* v
basterdsuiker *Farinzucker* m
bastion *Bastion* v
bat *Schläger* m; *Schlagholz* o
bataljon *Bataillon* o
Batavier *Bataver* m
batch *batch* o; *Stapel* m
bate • → baat
baten *nutzen*; *nützen*
batig ★ ~ saldo *Überschuss* m; ECON. *Aktivsaldo* m
batikken *batiken*
batist *Batist* m
batterij • kleine energiebron *Batterie* v • accu ⟨motor, auto⟩ *Batterie* v; *Akku* m
bauxiet *Bauxit* m
bavarois *Cremespeise* v; OMSCHR. *kalt gerührte Creme* v
baviaan *Pavian* m
baxter BN, MED. infuus *Infusion* v; *Tropf* m
bazaar *Basar* m
bazelen *faseln*
bazig *herrisch; herrschsüchtig*
bazin *Chefin* v
bazooka *Bazooka* v
bazuin *Posaune* v
BBQ *Barbecue* o; *Grillparty* v
beachvolleybal *Beachvolleyball* m
beademen *beatmen*
beademing *Beatmung* v ★ mond-op-mond~ *Mund-zu-Mund-Beatmung*
beagle *Beagle* m
beambte *Beamte(r)* m [v: *Beamtin*]
beamen • het eens zijn met *einverstanden sein mit* • bevestigen *bejahen; bestätigen*
beamer *Beamer* m
beangstigen *beängstigen*
beantwoorden I OV WW • antwoord geven op *beantworten* ★ s.v.p. ~ *um Antwort wird gebeten* • reageren op *erwidern* **II** ON WW ~ **aan** *entsprechen* [+3] ★ aan de verwachting ~ *der Erwartung entsprechen*

bearnaisesaus *Béarnaisesauce* v; *Béarnaisesoße* v
beat *Beat* m
beatbox *Beatboxer* m
beatboxen *beatboxen*
beaujolais *Beaujolais* m
beautycase *Kosmetikkoffer* m
beautyfarm *Schönheitsfarm* v
bebloed *blutig*
beboeten ★ iem. ~ *jmdm. eine Geldstrafe auferlegen*
bebop *Bebop* m
bebossen *bewalden;* ⟨opnieuw⟩ *aufforsten*
bebouwen *bebauen*
bebouwing *Bebauung* v
bechamelsaus *Béchamelsoße* v; *Béchamelsauce* v
becijferen *beziffern*
becommentariëren *kommentieren*
beconcurreren *Konkurrenz machen* [+3] ★ iem. ~ *mit jmdm. konkurrieren*
bed • slaapplaats *Bett* o ★ naar bed brengen *ins Bett bringen* ★ naar bed gaan *ins Bett gehen* • bloembed *Beet* o ▼ met iem. naar bed gaan ⟨seks hebben⟩ *mit jmdm. schlafen* ▼ iem. van zijn bed lichten *jmdn. aus dem Bett heraus verhaften* ▼ zijn bedje is gespreid *er setzt sich ins gemachte Nest*
bedaagd *betagt*
bedaard *ruhig; gelassen*
bedacht • voorbereid ★ daar was ik niet op ~ *darauf war ich nicht gefasst* • strevend naar ★ op zijn voordeel ~ zijn *auf seinen Vorteil bedacht sein*
bedachtzaam *bedächtig; bedachtsam*
bedankbrief *Dankschreiben* o
bedanken I OV WW dank betuigen *danken* ★ iem. voor iets ~ *sich bei jmdm. für etw. bedanken; jmdm. für etw. danken* **II** ON WW afslaan *(dankend) ablehnen* ▼ daar bedank ik (feestelijk) voor *dafür bedanke ich mich bestens*
bedankje • dankwoord *Danksagung* v; *Dankeschön* o • opzegging *Absage* v
bedankt *danke*
bedaren I OV WW tot rust brengen *beruhigen; besänftigen* **II** ON WW tot rust komen *sich beruhigen; sich fassen*
bedbank *Bettcouch* v
beddengoed *Bettzeug* o
beddenlaken *Betttuch* o; *Bettlaken* o
bedding • onderlaag *Schicht* v • geul *Bett* o
bede *Bitte* v
bedeesd *schüchtern; scheu*
bedekken *bedecken*
bedekking *Bedeckung* v
bedekt • afgedekt *bedeckt* ★ ~e lucht *bewölkte(r)/umwölkte(r) Himmel* m • niet openlijk *bedeckt; verblümt* ★ in ~e termen *mit verhüllenden Worten*
bedelaar *Bettler* m
bedelares, bedelaarster *Bettlerin* v
bedelarij *Bettelei* v
bedelarmband *Armband* o *mit Anhängern*
bedelen *betteln*
bedelen *bedenken* ★ rijkelijk bedeeld *reich bedacht* ★ iem. ruim ~ *jmdn. großzügig bedenken* ★ de minst bedeelden *die*

Benachteiligten
bedeling *Armenfürsorge* v
bedelstaf ★ tot de ~ brengen *an den Bettelstab bringen*
bedeltje *Anhänger* m
bedelven *begraben* ★ onder het puin bedolven worden *unter den Trümmern verschüttet/begraben werden*
bedenkelijk *bedenklich*
bedenken I OV WW ● overwegen *bedenken*; *erwägen* ● verzinnen *ersinnen*; *erdenken* ● een schenking doen *bedenken* II WKD WW [**zich ~**] *es sich [+3] anders überlegen* ★ ik heb me bedacht *ich habe es mir anders überlegt*
bedenking ● overweging *Erwägung* v ● bezwaar *Bedenken* o; *Einwand* m ★ ~en opperen *Einwände erheben*
bedenktijd *Bedenkzeit* v
bederf *Verderben* o; *Fäulnis* v; *Fäule* v
bederfelijk *verderblich*
bederven I OV WW ● slechter maken *verderben*; *verpfuschen* ● verwennen *verziehen*; *verwöhnen* II ON WW slecht, zuur of rot worden *verderben*; *verfaulen*
bedevaart *Wallfahrt* v; *Pilgerfahrt* v ★ op/ter ~ gaan *wallfahren*
bedevaartganger *Wallfahrer* m; *Pilger* m
bedevaartplaats *Wallfahrtsort* m
bediende ● dienaar *Diener* m; ⟨in winkel⟩ *Gehilfe* m ● BN werknemer op kantoor *Angestellte(r)* m
bedienen I OV WW ● helpen *bedienen* ● REL. ★ een stervende ~ *einem Sterbenden die Sterbesakramente erteilen* II WKD WW [**zich ~**] ★ zich van iets ~ *sich einer Sache bedienen*
bediening ● het helpen *Bedienung* v ● REL. *Spendung/Erteilung* v *der Sterbesakramente*
bedieningspaneel *Schalttafel* v; *Schaltbrett* o
bedillen *bemängeln*
beding *Bedingung* v
bedingen *bedingen* ★ een hoge prijs ~ *einen hohen Preis erzielen*
bedisselen *in Ordnung bringen*; *organisieren*
bedlegerig *bettlägerig*
bedoeïen *Beduine* m
bedoelen ● aanduiden *meinen* ● beogen ★ de bedoelde persoon *die betreffende Person* ★ als bedoeld in artikel 10 *nach Artikel 10*
bedoeling *Absicht* v; *Zweck* m ★ met goede ~en *in besten Absichten* ★ het ligt in mijn ~ *es ist meine Absicht*
bedoening *Betrieb* m; *Getue* o
bedompt *dumpf(ig)*; *stickig*
bedonderd ● gek *bescheuert*; *bekloppt* ★ ben je helemaal ~? *bist du völlig übergeschnappt?* ● beroerd *beschissen*; *erbärmlich* ★ er ~ uitzien *mitgenommen/schlecht aussehen*
bedonderen *beschummeln*; *beschwindeln*; *bemogeln*
bedorven ● slecht, zuur of rot *verdorben*; ⟨v. eieren/groenten e.d.⟩ *faul* ● verwend *verzogen*
bedotten *beschwindeln*; *bemogeln*; *betrügen*
bedpan BN ondersteek *Bettschüssel* v; *Bettpfanne* v
bedplassen *Bettnässen* o

bedraden *verdrahten*
bedrading *Verdrahtung* v; *Verkabelung* v
bedrag *Betrag* m; *Summe* v ★ ten ~e van *über einen Betrag von*
bedragen *betragen*; *sich belaufen auf* [+4]
bedreigen *drohen*; *bedrohen*
bedreiging *Bedrohung* v; *Drohung* v
bedremmeld *bestürzt*; *betreten*
bedreven *erfahren*; *gewandt*; *geschickt* ★ ~ zijn in iets *in einer Sache bewandert sein*
bedriegen *betrügen*; *beschwindeln*; *hintergehen*
bedrieger *Betrüger* m; *Schwindler* m
bedrieglijk *betrügerisch*; *schwindlerisch*; ⟨misleidend⟩ *trügerisch*
bedrijf ● onderneming *Betrieb* m; *Geschäft* o ★ gemengd ~ *Mischwirtschaft* v ● beroepstak *Gewerbe* o ● deel van toneelstuk *Aufzug* m; *Akt* m ● werking *Betrieb* m ★ buiten ~ stellen *außer Betrieb setzen* ★ in ~ stellen *in Betrieb setzen* ★ tussen de bedrijven door *unterdessen*; *nebenbei*
bedrijfsadministratie *Rechnungswesen* o
bedrijfsarts *Werkarzt* m; *Betriebsarzt* m
bedrijfsauto *Firmenwagen* m
bedrijfschap *Unternehmerverband* m ★ ~ voor de landbouw *Bauernschaft* v
bedrijfseconomie *Betriebswirtschaft* v
bedrijfseconoom *Betriebsökonom* m [v: *Betriebsökonomin*]
bedrijfsgeheim *Betriebs-/Firmengeheimnis* o
bedrijfshulpverlening *Betriebssanitäter* m
bedrijfskapitaal *Betriebskapital* o
bedrijfsklaar *betriebsbereit*; *betriebsfähig*
bedrijfskunde *Betriebswissenschaft* v
bedrijfsleider *Geschäftsführer* m; *Betriebsleiter* m
bedrijfsleiding *Betriebsleitung* v; *Werksleitung* v; *Betriebsführung* v
bedrijfsleven *Geschäftsleben* o
bedrijfsongeval *Betriebsunfall* m
bedrijfspand *Firmengebäude* o
bedrijfsrevisor BN registeraccountant *Wirtschaftsprüfer* m
bedrijfsspionage *Betriebsspionage* v
bedrijfstak *Branche* v
bedrijfsvereniging *Berufsgruppenverein* m
bedrijfsvoering *Betriebsführung* v; *Management* o
bedrijfszeker *betriebssicher*
bedrijven *treiben*; ⟨misdaad⟩ *verüben*; ⟨zonde⟩ *begehen* ★ TAALK. ~de vorm *Aktiv* o
bedrijvenpark *Industriepark* m
bedrijvig ● levendig *lebhaft* ● ijverig *tätig*; *geschäftig*; *rührig*
bedrijvigheid ● levendigheid *Lebhaftigkeit* v ● ijver *Tätigkeit* v; *Geschäftigkeit* v ★ in deze industrie heerst grote ~ *in dieser Industrie herrscht Hochbetrieb*
bedrinken [**zich ~**] *sich betrinken*
bedroefd *betrübt*; *traurig*
bedroeven *betrüben*
bedroevend ● treurig *traurig* ● armzalig *erbärmlich* ★ ~ weinig *herzlich wenig*
bedrog *Betrug* m; *Schwindel* m
bedruipen [**zich ~**] *sein Auskommen haben*
bedrukken *bedrucken*

bedrukt *niedergeschlagen*; *deprimiert*
bedtijd ★ het is ~! *es ist Schlafenszeit!*
beducht *besorgt*; *beängstigt*
beduiden ● *betekenen bedeuten* ● *aanduiden*
  zu verstehen geben
beduidend *bedeutend*
beduimelen *abgreifen*; *anschmuddeln*
beduusd *verdutzt*; *bestürzt*; *betreten*
beduvelen *bemogeln*; *verschaukeln*;
  beschummeln ★ ben je beduveld?! *bist du
  verrückt/übergeschnappt?*
bedwang ★ iem. in ~ houden *jmdn. in Schach
  halten*
bedwelmen ● *bewusteloos maken betäuben*
  ● *in roes brengen berauschen* ★ ~de
  middelen *Rauschmittel* o
bedwingen *bezwingen*
beëdigen ● *eed laten afleggen vereidigen*;
  unter Eid nehmen ● *bekrachtigen beeidigen*
beëindigen *beenden*
beëindiging *Beendigung* v; *Einstellung* v
beek *Bach* m
beeld ● *afbeelding, voorstelling Bild* o ★ in ~
  brengen *bildlich darstellen* ● *beeldhouwwerk
  Standbild* o; *Statue* v; ⟨in gips, hout e.d.⟩
  Plastik v; ⟨in gips, hout e.d.⟩ *Figur* v ★ wassen
  ~ *Wachsfigur* v ● indruk, idee *Bild* o ★ een ~
  geven van *ein Bild vermitteln von*
beeldbuis ● TECHN. *Bildröhre* v ● televisie
  Mattscheibe v
beelddrager *Bildträger* m
beeldend *plastisch*; *bildhaft* ★ ~e kunsten
  bildende(n) Künste ★ ~ kunstenaar *bildende(r)
  Künstler*
Beeldenstorm *Bildersturm* m
beeldenstorm *Bildersturm* m
beeldhouwen *bildhauern*; ⟨hout⟩ *schnitzen*;
  ⟨steen⟩ *meißeln*
beeldhouwer *Plastiker* m; *Bildhauer* m
beeldhouwkunst *Skulptur* v; *Bildhauerkunst* v
beeldhouwwerk *Bildhauerwerk* o
beeldig *reizend*; *bildschön*
beeldmerk *Waren-/Markenzeichen* o
beeldplaat *Bildplatte* v
beeldpunt *Bildpunkt* m; *Rasterpunkt* m
beeldscherm *Bildschirm* m
beeldschoon *bildhübsch/-schön*
beeldspraak ⟨concreet⟩ *Sinnbild* o; ⟨abstract⟩
  Bildersprache v
beeldverbinding *Bildverbindung* v
beeltenis *Bildnis* o; *Porträt* o
been I ZN [het] ● ledemaat *Bein* o ★ de benen
  strekken *sich die Beine vertreten* ★ niet meer
  op zijn benen kunnen staan *sich nicht mehr
  auf den Beinen halten können* ★ slecht ter
  been zijn *schlecht zu Fuß sein* ● bot *Knochen*
  m; *Bein* o ● WISK. *Schenkel* m ▼ zich de benen
  uit zijn lijf lopen om *sich die Beine ablaufen
  nach* ▼ de benen nemen *ausreißen* ▼ ergens
  geen been in zien *sich kein Gewissen aus etw.
  machen* ▼ met het verkeerde been uit bed
  stappen *mit dem linken Fuß zuerst aufstehen*
  ▼ met beide benen op de grond staan *mit
  beiden Füßen auf der Erde stehen* ▼ op zijn
  laatste benen lopen *auf dem letzten Loch
  pfeifen* ▼ op zijn achterste benen gaan staan

  sich auf die Hinterbeine stellen ▼ iem. tegen
  het zere been schoppen *jmdn. vor den Kopf
  stoßen* **II** ZN [de] ▼ op de been brengen *auf die
  Beine stellen* ▼ iem. op de been helpen *jmdm.
  auf die Beine helfen* ▼ op de been zijn *auf den
  Beinen sein*
beenbreuk *Knochen-/Beinbruch* m
beendergestel *Knochengerüst* o
beenham *Knochenschinken* m
beenhouwer *Metzger* m; *Fleischer* m
beenhouwerij *Metzgerei* v; *Fleischerei* v
beenmerg *Knochenmark* o
beenmergtransplantatie
  Knochenmarktransplantation v
beenruimte *Beinfreiheit* v
beenvlies *Knochenhaut* v
beenwarmer *Stutzen* m
beer ● roofdier *Bär* m ● varken *Eber* m ● drek
  Jauche v; *Fäkalien* mv ▼ een ongelikte beer
  ein ungehobelter Klotz
beerput *Senkgrube* v
beest I ZN [het] ● dier *Tier* o; ⟨wild⟩ *Bestie* v
  ● ruw mens *Bestie* v; *Biest* o ▼ het is bij de
  ~en af *es ist tierisch* ▼ zich gedragen als een ~
  sich schändlich/unmöglich benehmen ▼ BN het
  is een mager ~je *es hat nicht viel auf sich* **II** ZN
  [de] ▼ de ~ uithangen *die Sau herauslassen*
beestachtig I BNW wreed *bestialisch*; *viehisch*
  II BIJW ● ruw *bestialisch* ● in hoge mate
  furchtbar; *bestialisch* ★ het is ~ koud *es ist
  saukalt*
beestenboel *Schweinestall* m; *Sauwirtschaft* v
beestenweer *Hundewetter* o; *Sauwetter* o
beet ● het bijten *Biss* m ● wond *Biss* m;
  Bisswunde v ● hap *Bissen* m
beetgaar *halb gar*; *bissfest*
beethebben ● vast hebben *haben*; *im Griff
  haben* ★ ik heb beet *ça mord!* ● bedotten
  hereinlegen
beetje *Bisschen* o; *Wenig* ★ alle ~s helpen
  Kleinvieh macht auch Mist
beetnemen ● beetpakken *ergreifen* ● bedotten
  anführen; *hereinlegen*; ⟨bedriegen⟩
  beschwindeln
beetpakken *greifen*; *(an)fassen*; *packen*
beetwortel *Zuckerrübe* v
bef *Beffchen* o
befaamd *bekannt*; *berühmt*
beffen *lecken*
begaafd *begabt*; *talentiert*
begaafdheid *Talent* o; *Begabung* v
begaan I BNW ★ ik ben met je ~ *du dauerst
  mich* **II** OV WW ● uitvoeren *begehen*; *verüben*
  ● betreden *betreten* **III** ON WW zijn gang gaan
  ★ laat mij maar ~ *lass mich nur machen*
begaanbaar *gangbar*; *begehbar*
begeerlijk *begehrenswert*
begeerte *Begierde* v; ⟨hevig⟩ *Gier* v
begeesteren *begeistern*
begeleiden *begleiten*; *betreuen*
begeleider ● adviseur *Betreuer* m; *Begleiter* m
  ● MUZ. *Begleiter* m
begeleiding ● het vergezellen *Betreuung* v
  ● het ondersteunen *Betreuung* v ● MUZ.
  Begleitung v
begenadigd *begnadet*

be

begenadigen *begnadigen*
begeren *begehren*
begerenswaardig *begehrenswert*
begerig *begierig; gierig;* ⟨zinnelijk⟩ *lüstern*
begeven I ov ww ● in de steek laten *im Stich lassen* ● het begeven *versagen* **II** WKD WW [**zich ~**] *sich begeben (naar nach)* ★ zich op weg ~ *sich auf den Weg machen*
begieten *begießen*
begiftigen *bedenken; beschenken*
begijn *Begine* v
begijnhof *Beginenhof* m
begin *Anfang* m; *Beginn* m ★ ~ april *Anfang April* ★ aan het ~ van het nieuwe jaar *zum Beginn des neuen Jahres* ★ nog aan het ~ staan *noch in den Anfängen stecken* ★ in het ~ *am Anfang* ★ van het ~ af aan *von Anfang an* ★ alle ~ is moeilijk *aller Anfang ist schwer* ▼ een goed ~ is het halve werk *frisch gewagt ist halb gewonnen*
beginfase *Anfangsphase* v
beginkapitaal *Start-/Anfangskapital* o
beginneling, beginner *Anfänger* m
beginnen I ov ww gaan doen *beginnen* **II** ON ww ● aanvangen ★ om te ~ *zunächst* ● ~ over ★ hij begint er altijd weer over *er fängt immer wieder davon an*
beginnerscursus *Anfängerkurs* m
beginnersfout *typische(r) Fehler m eines Anfängers*
beginrijm *Stabreim* m; *Alliteration* v
beginsel ● elementaire eigenschap *Prinzip* o ★ de (eerste) ~en *die ersten Anfänge* ★ in ~ aanwezig zijn *im Ansatz vorhanden sein* ● overtuiging *Grundsatz* m ▼ in ~ *prinzipiell; grundsätzlich*
beginselverklaring *Grundsatzerklärung* v
beglazing *Verglasung* v ★ dubbele ~ *Doppelfenster* o
begluren *belauern*
begoed BN gegoed *bemittelt; vermögend* ★ ~e burgerij *Großbürgertum* o
begonia *Begonie* v
begoochelen *betören; blenden*
begraafplaats *Friedhof* m
begrafenis *Beerdigung* v; *Begräbnis* o
begrafenisonderneming *Beerdigungsunternehmen/-institut* o
begrafenisstoet *Leichenzug* m
begraven ⟨dode⟩ *begraben;* ⟨dode⟩ *beerdigen;* ⟨dode⟩ *bestatten;* ⟨schat⟩ *vergraben*
begrenzen ● de grens vaststellen van *begrenzen* ● de grens zijn van ★ begrensd *begrenzt* ● FIG. afbakenen, beperken ★ begrensd *beschränkt*
begrenzing *Begrenzung* v
begrijpelijk *begreiflich; verständlich; fasslich*
begrijpen ● verstandelijk bevatten *begreifen; verstehen* ★ begrepen? *verstanden?;* INFORM. *kapiert?* ★ iem. verkeerd ~ *jmdn. missverstehen* ● omvatten *enthalten; einschließen* ★ eronder begrepen *mit einbegriffen* ▼ het op iem. begrepen hebben *es auf jmdn. abgesehen haben* ▼ ik heb het niet op haar begrepen *sie ist mir nicht geheuer*

begrip ● het begrijpen *Fassungskraft* v; ⟨inzicht⟩ *Verständnis* o; ⟨inzicht⟩ *Einsicht* v ★ langzaam van ~ *schwer von Begriff* ★ zij is vlug van ~ *sie begreift schnell* ★ geen ~ voor *kein Verständnis für* ● denkbeeld *Begriff* m; *Vorstellung* v
begripsbepaling *Begriffsbestimmung* v
begripsverwarring *Begriffsverwirrung* v
begroeien *bewachsen*
begroeiing *Begrünung* v; *Bewuchs* m
begroeten *begrüßen*
begroeting *Begrüßung* v
begrotelijk *teuer; kostspielig*
begroten *schätzen* ★ de kosten ~ op *die Kosten veranschlagen auf* [+4]
begroting ● raming *Kostenvoranschlag* m; *Budget* o; *Etat* m ★ een gat in/een tekort op de ~ *Etatdefizit* o ★ een ~ (op)maken *ein Kostenvoranschlag machen* ★ een ~ overschrijden *einen Etat überschreiten* ★ een ~ sluitend maken *einen Etat ausgleichen* ● het stuk *Haushalt* m; *Etat* m ★ een ~ indienen *einen Etat einreichen*
begrotingsjaar *Haushaltsjahr* o; *Etat(s)jahr* o; *Rechnungsjahr* o; *Finanzjahr* o
begrotingstekort *Budgetdefizit* o
begunstigde *Begünstigte(r)* m
begunstigen ● bevoordelen *begünstigen* ● bevoorrechten *bevorzugen*
begunstiger *Gönner* m; *Förderer* m
beha BH m; *Büstenhalter* m
behaaglijk *behaglich*
behaagziek *kokett; gefallsüchtig*
behaard *behaart; haarig*
behagen I ZN [het] *Behagen* o ★ ~ scheppen in *Gefallen finden an* [+3] **II** ON WW *behagen; gefallen*
behalen ⟨goede cijfers⟩ *bekommen;* ⟨overwinning⟩ *davontragen;* ⟨prijs/voordeel⟩ *gewinnen;* ⟨succes/winst⟩ *erzielen;* ⟨roem⟩ *erwerben*
behalve *außer; ausgenommen*
behandelen ● omgaan met *behandeln* ★ iem. streng ~ *streng mit jmdm. verfahren* ● bespreken *besprechen; behandeln; erörtern* ★ wat wordt in dit boek behandeld? *worüber handelt dieses Buch?*
behandeling ● het omgaan met iets *Behandlung* v ● MED. verzorging ★ zich onder ~ stellen *sich ärztlich behandeln lassen*
behandelkamer *Sprechzimmer* o; *Behandlungszimmer* o
behandelmethode *Behandlungsmethode* v
behang *Tapete* v
behangen ● behang aanbrengen *tapezieren* ● hangen aan *behängen*
behanger *Tapezierer* m
behappen ★ iets kunnen ~ *mit etw. zurande/zu Rande kommen*
beharing *Behaarung* v
behartigen *vertreten; wahren*
behaviorisme *Behaviorismus* m
beheer ● beherende instantie *Leitung* v ● het beheren *Verwaltung* v ★ in eigen ~ *in Selbstverwaltung; in eigener Verwaltung* ★ iets onder ~ hebben *etw. verwalten* ★ onder ~

staan van *unter Verwaltung stehen von*
beheerder *Verwalter* m
beheersen I ov ww kennis hebben van
beherrschen **II** WKD WW [**zich ~**] *sich
beherrschen*
beheersing *Beherrschung* v
beheerst *beherrscht; gefaßt*
beheksen *behexen; verhexen*
behelpen [**zich ~**] *sich behelfen*
behelzen *beinhalten; enthalten*
behendig *gewandt; geschickt; behände*
behendigheid *Behändigkeit* v
behendigheidsspel *Geschicklichkeitsspiel* o
behept met *behaftet mit* [+3]
beheren ● *besturen verwalten* ★ de erfenis ~
den Nachlass verwalten ● *exploiteren
bewirtschaften*
behoeden *behüten; schützen vor* ★ iem. voor
een fout ~ *jmdn. vor einem Fehler bewahren*
behoedzaam *bedächtig; behutsam*
behoefte *Bedarf* m ★ ~ hebben aan iets *etw.
brauchen/bedürfen* ★ in een ~ voorzien *ein
Bedürfnis befriedigen* ★ naar ~ *je nach Bedarf*
▼ zijn ~ doen *seine Notdurft verrichten*
behoeftig *Not leidend; bedürftig*
behoeve *zwecks* [+2] ★ ten ~ van haar
ihretwillen
behoeven *brauchen; bedürfen* ★ dit behoeft
geen uitleg *dies bedarf keiner Erklärung*
behoorlijk ● *zoals het hoort gebührend;
gehörig; anständig* ● *vrij groot beträchtlich;
ordentlich* ★ een ~ bedrag *eine beträchtliche
Summe*
behoren *gehören* ★ naar ~ *wie es sich gehört*
★ zoals het behoort *wie es sich gebührt/ziemt*
behoud ● *het in stand houden Erhaltung* v
★ met ~ van salaris *unter Beibehaltung des
Gehaltes* v ● *redding Rettung* v; *Bewahrung* v;
Erhaltung v
behouden I BNW *unversehrt; unverletzt;
wohlbehalten* ★ in ~ haven zijn *im sicheren
Hafen sein* **II** OV WW ● *blijven houden
behalten* ● *niet kwijtraken erhalten; bewahren*
★ het natuurgebied ~ *das Naturgebiet
erhalten*
behoudend *konservativ*
behoudens ● *behalve, op... na abgesehen von*
[+3]; *außer* [+3] ★ ~ enkele wijzigingen
abgesehen von einigen Änderungen ● *onder
voorbehoud van vorbehaltlich* [+2] ★ ~
goedkeuring van de leiding *vorbehaltlich der
Zustimmung der Leitung*
behoudsgezind BN conservatief *konservativ*
behoudzucht *Konservativismus* m
behuisd *behaust* ★ goed ~ zijn *eine gute
Wohnung haben*
behuizing ● *woning Wohnung* v ● *huisvesting
Unterkunft* v; *(negatief) Behausung* v
behulp *Hilfe* v ★ met ~ van een touw *mit/unter
Zuhilfenahme eines Seils*
behulpzaam *dienstfertig; gefällig; behilflich*
★ iem. ~ zijn *jmdm. behilflich sein*
beiaard *Glockenspiel* o
beiaardier *Glöckner* m; *Glockenspieler* m
beide ● [bijvoeglijk] *beide* ● [zelfstandig] *beide*
beiderlei *beiderlei* ★ van ~ kunne *beiderlei*

Geschlechts o
Beieren *Bayern* o
beieren ⟨luiden⟩ *läuten*; ⟨carillon⟩ *(das
Glockenspiel) anschlagen*
Beiers *bayerisch*
beige *beige*
beignet *Krapfen* m
Beijing ● → **Peking**
beijveren [**zich ~**] *sich bemühen; bestrebt sein*
beïnvloeden *beeinflussen*
beïnvloeding *Beeinflussung* v
Beiroet *Beirut* o
beitel *Meißel* m
beitelen *meißeln* ▼ dat zit gebeiteld *das kann
nicht mehr schiefgehen*
beits *Beize* v
beitsen *beizen*
bejaard *alt; betagt; bejahrt*
bejaarde *Alte(r)* m; EUF. *Senior* m
bejaardentehuis *Altersheim* o
bejaardenverzorgster *Altenpflegerin* v
bejaardenwoning *Altenwohnung* v
bejaardenzorg *Altenpflege* v
bejegenen *begegnen; behandeln* ★ iem. onheus
~ *jmdn. unhöflich begegnen*
bejubelen *bejubeln; zujubeln*
bek ● *mond van dier Schnauze* v; *Maul* o
● *snavel Schnabel* m ● *mond Schnauze* v;
Maul o; *Fresse* v ▼ een grote bek hebben *eine
große Schnauze/Klappe haben* ▼ houd je bek!
halt das Maul/die Fresse!
bekaaid ▼ er ~ afkomen *übel davonkommen*
bekabelen *verkabeln*
bekaf *hundemüde; todmüde*
bekakt *affektiert; gemacht*
bekeerling *Bekehrte* m; *Konvertit* m
bekend ● *gekend bekannt* ★ ~ staan om iets *für
etw. bekannt sein* ★ zoals ~ *bekanntlich*
● *befaamd bekannt* ★ een ~e schilder *ein
namhafter Maler* ● *ervan wetend bekannt;
geläufig*
bekende *Bekannte(r)* m ★ een oude ~ *ein alter
Bekannter*
bekendheid ● *het bekend zijn (met) Wissen* o;
Kenntnis v ★ er werd ~ aan gegeven *es wurde
publik gemacht* ● *faam Bekanntheit* v
bekendmaken ● *gekend maken bekannt geben;
bekannt machen* ● *aankondigen bekannt
machen*
bekendmaking *Bekanntmachung* v
bekendstaan *bekannt sein (om wegen); gelten
(als als)*
bekennen I ON WW JUR. *zich schuldig verklaren
gestehen; eingestehen* ★ de dader heeft
bekend *der Täter hat gestanden* **II** OV WW
● *toegeven zugeben; bekennen; gestehen;
eingestehen* ★ zijn ongelijk ~ *sein Unrecht
(ein)gestehen* ● *bemerken sehen; erkennen*
★ er is geen mens te ~ *es ist kein Mensch zu
sehen*
bekentenis *Bekenntnis* o; *Eingeständnis* o; JUR.
Geständnis o ★ een grote ~ *ein umfangreiches
Geständnis/Bekenntnis*
beker ● *mok Becher* m ● *trofee Pokal* m
bekeren *bekehren*
bekerfinale *Pokalendspiel* o

be

bekering *Bekehrung* v
bekerwedstrijd *Pokalspiel* o
bekeuren *ein Strafmandat erteilen* ★ bekeurd
worden *einen Strafzettel bekommen*
bekeuring *Bußgeld* o; *Strafzettel* m
bekijken ● kijken naar *betrachten; ansehen;
besichtigen* ● overdenken *besehen; erwägen*
▼ BN het voor bekeken houden *genug davon
haben*
bekijks ▼ veel ~ hebben *großes Aufsehen erregen*
bekisting *(Ver)Schalung* v
bekken *Becken* o
beklaagde *Angeklagte(r)* m
beklaagdenbank *Anklagebank* v
bekladden ● besmeuren *beschmieren;
beklecksen* ● belasteren *verleumden; beflecken*
beklag *Beschwerde* v ★ zijn ~ doen over *sich
beschweren über*
beklagen I ov ww ● medelijden tonen
bedauern; bemitleiden ● betreuren *beklagen*
II WKD WW [zich ~] *sich beschweren; sich
beklagen*
beklagenswaardig *beklagenswert; bedauerlich;
bedauernswert*
bekleden ● bedekken *polstern* ● vervullen
bekleiden
bekleding *Bezug* m; *Polsterung* v; *Verkleidung* v;
Vertäfelung v
beklemmen ● vastknellen *einklemmen*
● benauwen *beengen; bedrücken*
beklemtonen *betonen*
beklijven *haften*
beklimmen *besteigen*
beklinken *abmachen; vereinbaren*
beknellen *einklemmen* ★ bekneld raken
eingeklemmt werden
beknibbelen ★ ~ op *sparen an* ★ op deze
uitgaven kunnen we niet ~ *an diesen
Ausgaben können wir nicht sparen*
beknopt *kurz* ★ ~e versie *Kurzfassung* v
beknotten *beschränken;* ⟨personen⟩
einschränken
bekocht *hereingelegt; betrogen*
bekoelen *abkühlen*
bekogelen *bewerfen*
bekokstoven *abkarten; aushecken*
bekomen *bekommen* ★ het eten bekomt hem
slecht *das Essen bekommt ihm schlecht* ★ wel
bekome het u! *wohl bekomms*
bekommerd *besorgt*
bekommeren [zich ~] om/over *sich kümmern
um*
bekomst ★ zij kreeg haar ~ *sie hat ihren Teil
abbekommen*
bekonkelen *abkarten*
bekoorlijk *anmutig; reizend*
bekopen *bezahlen* ★ het met de dood ~ *es mit
dem Leben bezahlen*
bekoren *verrukken reizen; entzücken;
bezaubern* ● verleiden *verführen*
bekoring ● aantrekkingskracht *Reiz* m
● verleiding *Versuchung* v; *Verführung* v
bekorten *abkürzen; verkürzen; kürzen*
bekostigen *bezahlen; finanzieren* ★ zijn
levensonderhoud ~ *den Lebensunterhalt
bestreiten*

bekrachtigen ● bevestigen *bekräftigen*
● ratificeren *ratifizieren*
bekrachtiging *Bekräftigung* v; *Bestätigung* v;
JUR. *Ratifizierung* v
bekritiseren *kritisieren*
bekrompen *borniert; engstirnig; beschränkt*
bekronen ★ een bekroond boek *ein
preisgekröntes Buch* ● bedekken *(be)krönen*
bekroning *Krönung* v
bekruipen *beschleichen*
bekvechten *sich streiten; sich zanken*
bekwaam ● kundig *geschickt* ● in staat tot
fähig
bekwaamheid *Fähigkeit* v; *Befähigung* v; JUR.
Befugnis v
bekwamen *ausbilden*
bel ● kleine klok *Glocke* v; *Klingel* v ● deurbel
Klingel v ★ de bel laten gaan *es klingeln
lassen* ● luchtbel *Blase* v ★ bellen blazen
Seifenblasen machen ▼ aan de bel trekken
Lärm schlagen
belabberd *miserabel; elend*
belachelijk *lächerlich*
beladen *beladen*
belagen *bedrängen*
belager *Bedränger* m
belanden *landen* ★ op iemands bureau ~
jmdm. auf den Tisch flattern
belang ● betekenis *Bedeutung* v ★ ~ hechten
aan *Wert legen auf* [+4] ● voordeel *Interesse* o
★ algemeen ~ *Gemeinwohl* o ● aandeel
★ ~en in een bedrijf hebben *an einer Firma
beteiligt sein* ▼ drukte van ~ *viel Betrieb*
belangeloos ● onbaatzuchtig *uneigennützig*
● gratis *gratis; unentgeltlich*
belangenorganisatie *Interessenverband* m;
Interessengruppe v
belanghebbend *interessiert* ★ de ~e partijen *die
beteiligten Parteien*
belangrijk *wesentlich; erheblich; bedeutend;
wichtig*
belangstellen in *Interesse zeigen/haben an* [+3];
sich interessieren an [+3]; *sich interessieren für*
[+4]
belangstellend *interessiert*
belangstelling *Anteilnahme* v; *Teilnahme* v;
Interesse o
belangwekkend *interessant*
belast *beladen*
belastbaar *steuerpflichtig*
belasten ● last leggen op *belasten* ● belasting
heffen op *mit Steuern belegen* ● ~ met
beauftragen mit [+3] ★ belast met *zuständig
für*
belasteren *verleumden; diffamieren*
belasting ● last, druk *Druck* m; *Belastung* v
★ maximale ~ *Höchstbelastung* ● verplichte
bijdrage *Steuer* v ★ ~ heffen *Steuern erheben*
★ ~ ontduiken *Steuern hinterziehen*
belastingaangifte *Steuererklärung* v
belastingaanslag ● bedrag *Steuerveranlagung* v
● kennisgeving *Steuerbescheid* m
belastingadviseur *Steuerberater* m
belastingaftrek *Steuerabzug* m
belastingbetaler *Steuerzahler* m
belastingbiljet *Steuerbescheid* m

belastingconsulent *Steuerberater* m
belastingdienst *Finanzamt* o
belastingdruk *Steuerlast* v
belastingfraude *Steuerbetrug* m;
  Steuerhinterziehung v
belastingheffing *Steuererhebung* v
belastingjaar *Steuerjahr* o
belastingontduiking *Steuerhinterziehung* v
belastingontvanger *Finanzbeamte* m-v
belastingparadijs *Steuerparadies* o
belastingplichtig *steuerpflichtig*
belastingplichtige *Steuerpflichtige* m/v
belastingschuld *Steuerschuld* v
belastingteruggave *Steuerrückerstattung* v
belastingverhoging *Steuererhöhung* v
belastingverlaging *Steuersenkung* v
belastingvoordeel *Steuervorteil* m
belastingvrij *steuerfrei*
belastingvrijheid *Steuerfreiheit* v
belazerd ● gek *bekloppt*; *bescheuert* ● beroerd
  beschissen; *traurig*; *mies* ★ dat is ~ *das ist*
  unter aller Sau
belazeren *hereinlegen*; INFORM. *bescheißen* ★ ik
  voel me belazerd *ich fühle mich beschissen*
belcanto *Belcanto* m
beledigen *beleidigen*; *kränken*
belediging *Beleidigung* v; *Kränkung* v
beleefd *höflich*
beleefdheid *Höflichkeit* v
beleg ● CUL. broodbeleg *Belag* m ● belegering
  Belagerung v ★ de staat van ~ afkondigen *den*
  Ausnahmezustand verhängen
belegen *abgelagert* ★ ~ kaas *ältere(r) Käse* m
belegeren *belagern*
belegering *Belagerung* v
beleggen ● bedekken *belegen* ● investeren
  anlegen
belegger *Anleger* m
belegging *Kapitalanlage* v
beleggingsfonds ● instelling
  Kapitalanlagefonds m ● effecten
  Anlagepapiere mv; *festverzinsliche(n) Papiere*
  mv
beleggingsmarkt *Kapitalmarkt* m
beleggingsobject *Investitionsgut* o
beleid ● gedragslijn *Politik* v ● tact *Umsicht* v
  ★ met ~ te werk gaan *umsichtig vorgehen*
beleidslijn *Kurs* m
beleidsmaker *Manager* m
beleidsmedewerker *Referent* m [v: *Referentin*];
  Sachbearbeiter m [v: *Sachbearbeiterin*]
beleidsnota ≈ *Konzept* o; ≈ *Programm* o
belemmeren *hemmen*; *behindern*
belemmering *Hindernis* o; *Behinderung* v;
  Hemmung v
belendend *benachbart*; *angrenzend*
belenen *verpfänden*; *beleihen*
belerend *belehrend*
beletsel *Hindernis* o
beletteken *drei Pünktchen* mv
beletten *hindern*; *verwehren* ★ iem. de toegang
  ~ *jmdm. den Zutritt verwehren* ★ iem. ~ te
  werken *jmdn. von der Arbeit abhalten*
beleven ● meemaken *erleben* ● doormaken
  durchmachen
belevenis *Erlebnis* o

beleving *Empfinden* o
belevingswereld *Erlebniswelt* v
belezen *belesen*
Belg *Belgier* m
belgicisme *Belgizismus* m
België *Belgien* o
Belgisch *belgisch*
Belgische *Belgierin* v
Belgrado *Belgrad* o
belhamel *Balg* m
belichamen *verkörpern*
belichaming *Verkörperung* v
belichten ● licht laten schijnen op *beleuchten*
  ● A-V *belichten*
belichting ● het belichten *Beleuchtung* v ● A-V
  Belichtung v
belichtingstijd *Belichtungszeit* v
believen I ZN [het] *Belieben* o II OV WW
  ● behagen (aan) *mögen*; *belieben* ● wensen
  wünschen
belijden ● bekennen *bekennen* ● aanhangen
  sich bekennen ★ het katholieke geloof ~ *sich*
  zum Katholizismus bekennen ▼ iets alleen met
  de mond ~ *nur ein Lippenbekenntnis ablegen*
belijdenis *Bekenntnis* o ★ ~ doen *ein*
  Glaubensbekenntnis ablegen
Belize *Belize* o
bellen I OV WW telefoneren *telefonieren*;
  anrufen ★ bel je me? *rufst du mich an?* ★ zij
  is net aan het ~ *sie telefoniert gerade* II ON WW
  ● aanbellen *klingeln*; *läuten* ● signaal geven
  läuten
belminuut *Telefonminute* v
belofte *Versprechen* o ★ valse ~n *falsche(n)*
  Versprechungen ★ een ~ doen *ein Versprechen*
  geben ★ een ~ gestand doen *ein Versprechen*
  halten/einlösen ★ een ~ houden *ein*
  Versprechen einhalten ★ een ~ breken *ein*
  Versprechen brechen
beloken ● → Pasen
belonen ● betalen *belohnen* ● voldoening
  geven *belohnen*
beloning *Belohnung* v
beloop *Verlauf* m ★ de zaak op zijn ~ laten *der*
  Sache ihren Lauf lassen
belopen *sich belaufen auf* [+4]; *betragen*
beloven *versprechen*
belspel *Telefonshow* v
beltegoed *Guthaben* o; *Startguthaben* o
beltoon *Rufton* m; *Klingelton* m
beluisteren (zich) *anhören*
belust op *begierig auf*; MIN. *geil auf* ★ ~ zijn op
  erpicht/versessen sein auf [+4]
belwinkel *Telefonladen* m
bemachtigen ● te pakken krijgen *erstehen*;
  〈met geld〉 *sich beschaffen* ● buitmaken *sich*
  bemächtigen
bemalen *entwässern*
bemannen *besetzen*
bemanning *Bemannung* v; *Besatzung* v
bemanningslid *Mitglied* o *der Besatzung*
bemerken *bemerken*
bemesten *düngen*
bemesting *Düngung* v
bemeten ★ ruim ~ zijn *reichlich bemessen sein*
bemeubelen BN *möblieren*

be

bemiddelaar ● tussenpersoon *Mittelsperson* v; *Vermittler* m ● intercedent *Arbeitsvermittler* m
bemiddeld *begütert; bemittelt*; INFORM. *betucht*
bemiddelen *schlichten*
bemiddeling *Vermittlung* v
bemind *beliebt*
beminnelijk *liebenswert/-würdig*
beminnen *lieb haben; lieben*
bemoederen *bemuttern*
bemoedigen *Mut machen; ermutigen*
bemoeial ★ hij is een ~ *er steckt seine Nase in alles*
bemoeien [zich ~] ● ~ **met** *zich bezighouden met; eingreifen in; sich einmischen in* ★ *bemoei je er niet mee! misch dich nicht ein!* ● ~ **met** *zich bekommeren om sich kümmern um*
bemoeienis ● *Zuständigkeit* v ● inmenging *Einmischung* v
bemoeilijken *erschweren*
bemoeiziek ★ ~ iem. *Person, die sich in alles einmischt* v
bemoeizucht *Neigung* v, *sich in alles einzumischen*
benadelen *schaden; benachteiligen*
benaderen ● dichter komen tot *sich nähern* ● aanpakken *herangehen an* [+4] ● polsen *sich wenden an* [+4]
benadering ● het naderbij komen *Annäherung* v ● aanpak *Vorgehensweise* v ▼ bij ~ *annähernd*
benadrukken *betonen*
benaming ● naam *Bezeichnung* v ● naamgeving *Benennung* v
benard *bedrängt; misslich*
benauwd I BNW ● moeilijk ademend *beklemmt; beklommen* ★ zij heeft het ~ *sie bekommt keine Luft* ● drukkend *drückend; schwül* ● angstig *ängstlich* II BIJW angstig *ängstlich*
benauwen ● beklemmen *bedrücken; beklemmen* ● beangstigen *beängstigen*
bende ● groep *Bande* v ● (hele)boel *Haufen* m; *Masse* v ● wanorde *Durcheinander* o; *Chaos* o
bendeleider *Bandenführer* m
bendeoorlog *Bandenkrieg* m
beneden I VZ ● onder *unter* [+3] ★ de kelder ~ het huis *der Keller unter dem Haus* ● minder dan *unterhalb* ★ ~ de tien jaar *unter zehn Jahren* II BIJW onder, omlaag *unten* ★ ~ aan/in *unten an/in* [+3] ★ naar ~ brengen *nach unten bringen; hinunterbringen* ★ naar ~ gaan *hinuntergehen; nach unten gehen* ★ ze woont ~ *sie wohnt unten* ★ naar ~ komen *herunterkommen*
benedenbuur *Nachbar* m *unten*
benedenhuis *Parterrewohnung* v
benedenloop *Unterlauf* m
benedenverdieping *untere(s) Stockwerk* o; *Parterre* o; *Erdgeschoss* o
Benedenwindse Eilanden *Inseln* mv *unter dem Wind*
benedenwoning *Parterrewohnung* v
benefietconcert *Benefizkonzert* o
benefietvoorstelling *Benefizvorstellung* v; *Benefizgala* v

benefietwedstrijd *Benefizspiel* o
Benelux *Benelux* v
benemen *nehmen* ★ het uitzicht ~ *die Aussicht versperren* ★ de adem ~ *den Atem rauben*
benen I BNW *beinern; knöchern* II ON WW *stiefeln* ★ erop af ~ *drauf zustiefeln*
benenwagen ▼ met de ~ gaan *auf Schusters Rappen gehen*
benepen ● benauwd *beklemmt; bedrückt* ● bekrompen *kleinlich; engstirnig*
beneveld *getrübt* ★ licht ~ *angeheitert; (leicht) angetrunken; beschwipst*
benevens *samt* [+3]; *mit* [+3]
Bengaals, Bengalees *bengalisch*
bengel *Bengel* m; *Schlingel* m
bengelen *baumeln*
benieuwd *neugierig; gespannt* ★ ~ naar *neugierig nach* [+3]; *gespannt auf* [+4]
benieuwen *neugierig/gespannt sein* ★ het zal mij ~ *da bin ich mal gespannt*
benig *knochig*
benijden *beneiden; neidisch sein auf* [+4] ▼ beter benijd dan beklaagd *besser Neider als Mitleider*
benijdenswaardig *beneidenswert*
Benin *Benin* o
benjamin *Nesthäkchen* o; *Benjamin* m
benodigd *erforderlich; benötigt; nötig*
benodigdheden *Benötigte(s)* o; *Erforderliche(s)* o ★ alle ~ *alles Erforderliche*
benoemen ● naam geven *benennen* ● aanstellen (als) *ernennen*
benoeming *Ernennung* v
benul *Ahnung* v; INFORM. *Schimmer* m ★ geen flauw ~ van iets hebben *keine blasse Ahnung von etw. haben*; INFORM. *keinen blassen Schimmer von etw. haben*
benutten *wahrnehmen; (be)nutzen* ★ de gelegenheid ~ *die Gelegenheit wahrnehmen/nutzen*
benzedrine *Benzedrin* o
benzeen *Benzen* o
benzine *Benzin* o; INFORM. *Sprit* m
benzinemotor *Benzinmotor* m
benzinepomp ● toestel *Zapfsäule* v; *Tanksäule* v ● station *Tankstelle* v
benzinestation *Tankstelle* v
benzinetank *Benzintank* m
benzineverbruik *Benzinverbrauch* m
beo *Beo* m
beoefenaar ⟨v. muziek⟩ *Musiker* m; ⟨v. sport⟩ *Sportler* m; ⟨v. de wetenschap⟩ *Wissenschaftler* m
beoefenen *ausüben*; ⟨sport⟩ *treiben*
beogen *vorhaben; beabsichtigen; bezwecken*
beoordelen *beurteilen*
beoordeling *Bewertung* v; *Beurteilung* v
bepaald I BNW vastgesteld *bestimmt; festgelegt; festgesetzt* II BIJW zeker *durchaus; bestimmt; entschieden* ★ zij werd ~ onvriendelijk *sie wurde entschieden unfreundlich*
bepakking *Gepäck* o
bepakt ▼ ~ en gezakt *mit Sack und Pack*
bepalen *festlegen; festsetzen; bestimmen*
bepaling ● vaststelling *Bestimmung* v ● omschrijving *Beschreibung* v; *Definition* v

• voorschrift *Anordnung* v • beding *Bedingung* v; *Voraussetzung* v; ⟨in een contract⟩ *Klausel* v • TAALK. *Bestimmung* v ★ bijwoordelijke ~ *Adverbialbestimmung* v

beperken I OV WW • begrenzen *einschränken*; *beschränken* ★ de oplage is beperkt tot vijftig exemplaren *es gibt eine begrenzte Auflage von fünfzig Exemplaren* • inkrimpen *einschränken* ★ snelheid ~ *Geschwindigkeit drosseln* **II** WKD ww [zich ~] ★ zich ~ tot *sich beschränken auf* [+4]

beperking • grens *Grenze* v; *Schranke* v • inkrimping *Beschränkung* v

beperkt *beschränkt*; *begrenzt*

beplanten *bepflanzen*

beplanting *Bepflanzung* v

bepleiten *plädieren für*; *eintreten für*; *befürworten*

bepraten • bespreken *besprechen*; *bereden*; *durchsprechen* • overhalen *überreden*; *bereden*; INFORM. *beschwatzen*

beproefd *erprobt*; *bewährt*

beproeven • proberen *versuchen* • op de proef stellen *erproben*; *testen*; *prüfen*

beproeving • tegenspoed *Schicksalsschlag* m • proef *Heimsuchung* v

beraad *Erwägung* v; *Überlegung* v ★ iets in ~ nemen *etw. in Erwägung ziehen* ★ na rijp ~ *nach reiflicher Überlegung*

beraadslagen *beraten*; *beratschlagen* ★ met iem. ~ over iets *sich mit jmdm. über etw. beraten*

beraadslaging *Beratung* v; *Beratschlagung* v

beraden [zich ~] *sich überlegen*; *sich besinnen*

beramen • ontwerpen *planen*; *entwerfen*; MIN. *anzetteln* • begroten *veranschlagen*

Berber *Berber* m

berber *Berber* m

berde v iets te ~ brengen *etw. zur Sprache bringen*

bere- *super-*

berechten *verurteilen*

beredderen *erledigen*; *in Ordnung bringen*

bereden *beritten*

beredeneren • logisch verklaren *begründen*; *erörtern*; *erläutern* • uiteenzetten *darlegen*; *auseinandersetzen*

beregelen *regeln*

beregoed *riesig*

bereid *bereit* ★ iem. tot iets ~ vinden *jmdn. bereitfinden zu etw.*

bereiden *bereiten*; ⟨eten⟩ *zubereiten*

bereidheid *Bereitschaft* v

bereiding *Bereiten* o; ⟨eten⟩ *Zubereitung* v; ⟨productie⟩ *Erzeugung* v; ⟨productie⟩ *Herstellung* v

bereidwillig *bereitwillig*; *hilfsbereit*

bereik *Reichweite* v; *Bereich* m ★ binnen mijn ~ *in meinem Bereich* • buiten ~ *außer Reichweite* ★ dat ligt buiten mijn ~ *das ist außerhalb meiner Reichweite*; *das geht über meinen Horizont*

bereikbaar *erreichbar*

bereiken *erreichen*

bereisd *weit gereist*

berekend op *geeignet für* ★ ~ zijn op *etw. [4]*

gewachsen sein ★ deze ruimte is er niet op ~ *dieser Raum ist dazu nicht geeignet*

berekenen • uitrekenen *aus-/errechnen* • voor- en nadeel afwegen *abwägen*; *be-/ausrechnen* • in rekening brengen *an-/berechnen*

berekenend *berechnend*; *eigennützig*

berekening *Berechnung* v ★ uitkomst van de ~ *Ergebnis* o ★ naar menselijke ~ *nach menschlichem Ermessen*

berenklauw *Bärenklau* m

berenmuts *Bärenfellmütze* v

beresterk *bärenstark*

berg • grote heuvel *Berg* m • hoop *Berg* m; *Haufen* m ▼ ergens als een berg tegenop zien *einer Sache mit Furcht entgegensehen*

bergachtig *bergig*; ⟨hoge bergen⟩ *gebirgig*

bergafwaarts *bergab*

bergbeklimmen *bergsteigen*

bergbeklimmer *Bergsteiger* m

bergbewoner *Bergbewohner* m

Bergen • plaats in België *Mons* o • plaats in Noorwegen *Bergen* o

bergen • opbergen *aufbewahren*; ⟨vlag, zeil⟩ *einholen* • ruimte bieden aan *unterbringen* • in veiligheid brengen *bergen*; *retten*

Bergenaar • inwoner van België *Einwohner* m *von Mons* • inwoner van Noorwegen *Bergener* m

Bergens • van/uit plaats in België *von Mons* • van/uit plaats in Noorwegen *Bergener*

Bergense • inwoonster van België *Einwohnerin* v *von Mons* • inwoonster van Noorwegen *Bergenerin* v

bergetappe *Bergetappe* v

berggeit *Bergziege* v

berghelling *Berghang* m ★ tegen de ~ *am Berghang*

berghok • ruimte *Abstellraum* m; *Abstellkammer* v • schuur *Schuppen* m

berghut *Berghütte* v

berging • het bergen *Bergen* o; *Bergung* v • berghok *Abstellraum* m; *Abstellkammer* v; ⟨schuur⟩ *Schuppen* m

bergingsoperatie *Bergungsarbeiten* v mv

bergkam *Gebirgskamm* m

bergkast *Abstellschrank* m; ⟨hok⟩ *Abstellkammer* v

bergketen *Gebirgskette* v

bergkristal *Bergkristall* m

bergloon *Bergungskosten* mv

bergmassief *Gebirgsmassiv* o

bergmeubel *Mehrzweckschrank* m

bergopwaarts *bergauf*

bergpas *Gebirgspass* m

bergplaats • plaats om iets te bewaren *Aufbewahrungsort* m; ⟨in huis⟩ *Abstellraum* m; ⟨voor fietsen⟩ *Unterstellraum* m • opslagplaats *Lagerraum* m; *Lager* o

Bergrede *Bergpredigt* v

bergrug *Gebirgsrücken* m

bergruimte • *Stauraum* m • hok *Abstellraum* m; MIN. *Rumpelkammer* v • capaciteit *Stauraum* m

bergschoen *Bergschuh* m

bergsport *Bergsport* m

bergtop *Gipfel* m; ⟨rond⟩ *Bergkuppe* v

bergweide *Alm* v
beriberi *Beriberi* v
bericht *Bericht* m; *Nachricht* v; *Meldung* v; ⟨advertentie⟩ *Anzeige* v ★ een kort ~ *eine Kurzmeldung*
berichten *berichten; melden; mitteilen*
berichtgeving *Berichterstattung* v
berijden *reiten*
berin *Bärin* v
Beringstraat *Beringstraße* v
berispen *zurechtweisen; tadeln; rügen* ★ zijn baas heeft hem berispt *sein Chef hat ihm einen Verweis/eine Rüge erteilt*
berisping *Zurechtweisung* v; *Tadel* m; *Rüge* v; *Verweis* m
berk *Birke* v
Berlijn *Berlin* o
Berlijner *Berliner* m
Berlijns *berlinisch*
Berlijnse *Berlinerin* v
berlinerbol *Berliner* m
berm *Böschung* v
bermtoerisme ≈ *Erholung* v *am Straßenrand*
bermuda *Bermudashorts* mv; *Bermudas* mv
Bermuda-eilanden *Bermudas* mv
Bern *Bern* o
Berner *Berner*
beroemd *berühmt*
beroemdheid ● het beroemd zijn *Berühmtheit* v; *Ruhm* m; *Berühmtsein* o ● beroemd persoon *Berühmtheit* v
beroemen [zich ~] op *sich rühmen auf* [+2]; MIN. *sich brüsten mit*
beroep ● vak *Beruf* m; ⟨ambacht⟩ *Handwerk* o; ⟨ambacht⟩ *Gewerbe* o ★ een ~ uitoefenen *einen Beruf ausüben* ● oproep *Appell* m ★ een ~ doen op iemands gezond verstand *einen Appell an die Vernunft richten* ★ een ~ doen op iemands eergevoel *an jmds. Ehrgefühl appellieren* ● JUR. *Berufung* v ★ tegen een vonnis in hoger ~ gaan *gegen ein Urteil Berufung einlegen* ★ tegen een beslissing in ~ gaan *gegen eine Entscheidung Einspruch erheben* ★ in hoger ~ veroordeeld worden *in zweiter/letzter Instanz verurteilt werden*
beroepen [zich ~] op *sich berufen auf*; JUR. *sich beziehen auf* ★ zich op iem. ~ *sich auf jmdn. berufen*
beroeps *Profi* m
beroepsbevolking *Erwerbstätigen* m mv; *Berufstätigen* m mv
beroepsdeformatie *Berufsdeformation* v; *Fachsimpelei* v
beroepsethiek *Berufsethos* o
beroepsgeheim *Berufsgeheimnis* o
beroepsgroep *Berufsklasse* v
beroepshalve *berufsbedingt*
beroepsinstantie *Berufungsinstanz* v
beroepskeuze *Berufswahl* v ★ adviesbureau voor ~ *Berufsberatungsstelle* v
beroepskeuzeadviseur *Berufsberater* m
beroepskeuzevoorlichting *Berufsberatung* v
beroepsleger *Berufsheer* o
beroepsmatig *berufsmäßig*
beroepsmilitair *Berufssoldat* m
beroepsonderwijs ⟨op school⟩

Berufsschulunterricht; ⟨in bedrijf⟩ *Berufsausbildung* ★ middelbaar ~ ≈ *Fach-/Berufsoberschule*
beroepsopleiding *Berufsausbildung* v
beroepsschool *Berufsschule* v
beroepssporter *Berufssportler* m; *Profi* m
beroepsverbod *Berufsverbot* o
beroepsvoetbal *Profifußball* m
beroepsziekte *Berufskrankheit* v
beroerd *miserabel; elend; erbärmlich*; INFORM. *mies*; INFORM. *lausig* ★ zij is niet te ~ om zoiets te doen *sie ist durchaus zu so etw. bereit*
beroeren ● even aanraken *an-/berühren; streifen; anfassen* ● verontrusten *auf-/erregen*
beroering ● het aanraken *Berührung* v ● onrust *Erregung* v; *Aufruhr* m ★ in ~ brengen *in Aufruhr versetzen*
beroerte *Schlaganfall* m
berokkenen *zufügen; bereiten* ★ iem. schade ~ *jmdm. Schaden zufügen* ★ iem. leed ~ *jmdm. Kummer bereiten*
berooid *mittellos*
berouw *Reue* v ★ ~ over iets hebben *etw. bereuen*
berouwen *bereuen*
berouwvol *reuevoll*
beroven ● bestelen *berauben* ● ~ van ontdoen *berauben von* ★ zich van het leven ~ *sich umbringen; sich das Leben nehmen* ★ iem. van 't leven ~ *jmdn. umbringen*
beroving *Raub* m; *Diebstahl* m; ⟨overval⟩ *Überfall* m
berucht *berüchtigt; verrufen*
berusten ● ~ in zich schikken *sich fügen in* [+4]; *sich ergeben in* [+4]; *sich abfinden mit* ★ in zijn lot ~ *sich mit seinem Schicksal abfinden* ● ~ bij *verwahrt werden bei* ● ~ op *sich gründen auf* [+4]; *beruhen auf* [+3]
berusting *Ergebenheit* v
bes ● vrucht *Beere* v ● MUZ. muzieknoot *b* o ● oude vrouw *Mütterchen* o
beschaafd ● niet barbaars *zivilisiert; kultiviert* ● goed opgevoed *gebildet; dezent; gepflegt*
beschaamd ● zich schamend *beschämt* ★ iem. ~ maken *jmdn. beschämen* ● verlegen *verlegen; verschämt; schüchtern*
beschadigen *beschädigen*; INFORM. *ramponieren*
beschadiging *Schaden* m; *Beschädigung* v
beschamen ● beschaamd maken *beschämen* ● teleurstellen *enttäuschen*
beschamend *beschämend*
beschaving *Zivilisation* v; *Kultur* v
beschavingsziekte *Zivilisationskrankheit* v
bescheiden I BNW ● niet opdringerig *anspruchslos; bescheiden* ● matig *bescheiden; einfach* **II** DE MV *Dokumenten* o mv
bescheidenheid ● het bescheiden zijn *Bescheidenheit* v; *Anspruchslosigkeit* v ● geringheid *Einfachheit* v; *Schlichtheit* v
beschermeling *Schützling* m; *Protegé* m; MIN. *Günstling* m
beschermen ● behoeden *(be)schützen* ● begunstigen *fördern*
beschermengel *Schutzengel* m
beschermer *Beschützer* m
beschermheer *Förderer* m; *Schirmherr* m;

Gönner m
beschermheilige *Schutzheilige(r)* m
bescherming *Schutz* m ★ iem. in ~ nemen
jmdn. in Schutz nehmen ★ onder ~ van
im/unter dem Schutz [+2]
beschermingsfactor *Schutzfaktor* m
beschermvrouwe *Schirmherrin* v; *Förderin* v;
Gönnerin v
bescheuren [zich ~] *sich tot-/kranklachen* ★ om
je te ~! *zum Totlachen!*
beschieten • *schieten op unter Beschuss*
nehmen • *betimmeren vertäfeln*
beschieting *Beschuss* m; *Beschießung* v
beschijnen *bescheinen*; *beleuchten*
beschikbaar *verfügbar*; *zur Verfügung stehend*
★ ~ zijn/hebben *zur Verfügung stehen/haben*
beschikbaarheid *Verfügbarkeit* v
beschikken I ov ww *beslissen entscheiden*
★ *afwijzend over iets ~ etw. ablehnen* **II** ON
ww ~ **over** *verfügen über*
beschikking • *zeggenschap* ★ ter ~ stellen *zur*
Verfügung stellen • *besluit Verfügung* v
beschilderen ⟨verven⟩ *anstreichen*; *bemalen*;
INFORM. *anmalen*
beschimmelen ★ *beschimmeld schimmelig*;
verschimmelt
beschimpen *beschimpfen*; *verhöhnen*
beschoeiing *Uferbefestigung* v
beschonken *betrunken* • in ~ toestand INFORM.
im Suff m
beschoren *beschert*
beschot • *bekleding Vertäfelung* v;
Holzverkleidung v • *afscheiding Bretterwand*
v; *bretterne Trennwand* v
beschouwen • *bezien besehen* ★ alles wel
beschouwd *alles in allem* ★ op zichzelf
beschouwd *an und für sich* • ~ **als** *betrachten*
als
beschouwend *beschaulich*
beschouwing • *overdenking Betrachtung* v
★ buiten ~ laten *außer Betracht lassen*
• *bespreking Betrachtungsweise* v ★ buiten ~
laten *außer Acht lassen*; *außer Betracht lassen*
beschrijven *beschreiben* ★ met geen pen te ~
unbeschreiblich
beschrijving *Beschreibung* v; *Darstellung* v;
Schilderung v ★ dat tart elke ~ *das spottet*
jeder Beschreibung
beschroomd *verlegen*; *verschüchtert*;
schüchtern; *zaghaft*
beschuit ≈ *Zwieback* m
beschuitje *Zwieback* m
beschuldigde *Beschuldigte(r)* m; JUR.
Angeklagte(r) m
beschuldigen *beschuldigen* ★ iem. van diefstal
~ *jmdn. des Diebstahls beschuldigen*
beschuldiging *Beschuldigung* v; ⟨aanklacht⟩
Anklage v ★ iem. in staat van ~ stellen *jmdn.*
unter Anklage stellen
beschut *windgeschützt*
beschutten *(be)schützen*
beschutting *Schutz* m
besef • *bewustzijn Bewusstsein* o • *begrip*
Erkenntnis v ★ niet het minste ~ hebben
nicht die geringste Ahnung haben ★ hij kwam
tot het ~ dat... *er kam zu der Erkenntnis, dass...*

beseffen *einsehen*; *begreifen*; *sich einer Sache*
bewusst sein
besje • → **bes**
beslaan I ov ww • *innemen (aus)füllen*
• *bekleden met metaal bekleiden* • *van*
hoefijzers voorzien beschlagen **II** ON WW
vochtig worden beschlagen ★ de ruiten zijn
beslagen *die Fenster sind beschlagen*
beslag • *deeg Teig* m • *metalen bekleedsel*
Beschlag m • *hoefijzers Hufbeschlag* m • het
in bezit nemen *Beschlag* m; JUR. *Arrest* m; JUR.
Pfändung v; JUR. *Beschlagnahme* v ★ ~ leggen
op iemands tijd *jmds. Zeit beanspruchen*;
jmds. Zeit in Anspruch nehmen
beslagen • → **beslaan** • BN *onderlegd*
bewandert ★ goed ~ zijn in iets *gut in etw.*
beschlagen sein ▾ ~ ten ijs komen *gut*
beschlagen/bewandert/gerüstet sein
beslaglegging *Beschlagnahmung* v
beslapen *schlafen*
beslechten *schlichten*; *bereinigen*; *beilegen*
besliskunde *Entscheidungslehre* v
beslissen • *besluiten beschließen*; FORM.
verfügen ★ je moet nu ~ *du musst dich jetzt*
entscheiden • *uitkomst bepalen entscheiden*
★ zij wist de wedstrijd in haar voordeel te ~
sie konnte den Wettkampf für sich entscheiden
beslissend *entscheidend*; *ausschlaggebend*;
bestimmend
beslisser *Entscheider* m
beslissing • *besluit Entscheidung* v; *Entschluss*
m; POL. *Beschluss* m ★ een ~ nemen *einen*
Entschlus fassen; *eine Entscheidung treffen*
• *uitslag Ausschlag* m
beslissingsbevoegd *entscheidungsbefugt*
beslissingswedstrijd *Entscheidungsspiel* o
beslist I BNW • *zeker entschieden*; *ausgemacht*
• *vastberaden energisch*; *entschlossen* **II** BIJW
• *zeker bestimmt*; *gewiss*; *sicher*
• *vastberaden entschieden*
beslommering *Beschäftigung* v; ⟨zorg⟩ *Sorge* v
★ de dagelijkse ~en *die täglichen Mühen*
besloten • *niet openbaar geschlossen* • *vast*
van plan entschlossen
besluipen *beschleichen*
besluit • *beslissing Entschluss* m ★ een ~
nemen *einen Entschluss fassen* ★ niet in staat
zijn een ~ te nemen *sich nicht entschließen*
können • *einde Schluss* m
besluiteloos *unschlüssig*; *unentschlossen*
besluiten • *het besluit nemen te beschließen*;
entscheiden ★ *doen* ~ *veranlassen*
• *concluderen folgern*; *schließen* • ~ **met**
beëindigen beschließen mit
besluitvaardig *entschlossen*; *resolut*
besluitvorming *Entscheidung* v; ADMIN.
Beschlussfassung v
besmeren *bestreichen*; *beschmieren*; ⟨bevuilen⟩
beschmutzen
besmettelijk • *op anderen overgaand*
ansteckend • *gauw vuil wordend*
schmutzempfindlich
besmetten • *aansteken anstecken*; *infizieren*
• *vervuilen verseuchen* • *bevlekken beflecken*;
beschmutzen
besmettingsgevaar *Ansteckungsgefahr* v

be

be

besmettingshaard *Ansteckungs-/Infektionsherd* m

besmeuren *beschmutzen*; *verschmutzen*; *besudeln* ★ met bloed besmeurd *blutverschmiert*

besmuikt I BNW *anrüchig* **II** BIJW *verschmitzt*

besneeuwd *verschneit*

besnijden • snijden in *beschneiden* • besnijdenis toepassen *beschneiden*

besnijdenis *Beschneidung* v

besnoeien *beschneiden*; *kürzen*

besodemieterd *bescheuert*; *bekloppt* ★ ben je ~? *spinnst du?*

besodemieteren *verarschen*

besogne *Angelegenheit* v; *Geschäft* o ★ veel ~s hebben *viel am/auf dem Hals haben*

bespannen • trekdieren spannen voor *bespannen* • iets spannen op *bespannen*; 〈met snaren〉 *besaiten*; 〈met doek〉 *beziehen*

besparen *(ein)sparen*; *(er)sparen* ★ bespaar me die onzin! *(er)spar mir den Unsinn!*

besparing • het sparen *Einsparung* v • het gespaarde *Ersparnis* v

bespelen • muziek maken op *spielen* ★ het orgel ~ *(auf der) Orgel spielen* v • beïnvloeden *beeinflussen*

bespeuren *(ver)spüren*; *wittern*

bespieden *bespitzeln*; *belauern*; *nachspionieren*

bespiegelen *reflektieren*; *beschaulich nachdenken* ★ ~d *beschaulich*; *besinnlich*

bespiegeling *Betrachtung* v; *Überlegung* v ★ ~en houden *Betrachtungen anstellen*

bespioneren *nachspionieren*

bespoedigen *beschleunigen*; *vorantreiben*

bespottelijk *lächerlich*

bespotten *verspotten*

bespraakt *redegewandt*; *beredt*

bespreekbaar *diskutabel*; *erwägenswert* ★ dit thema is niet voor iedereen ~ *dieses Thema ist für viele tabu* ★ dat is hier wel ~ *darüber kann man hier offen reden*

bespreekbureau *Vorverkaufskasse* v; *Vorverkaufsstelle* v

bespreken • spreken over *besprechen* • reserveren *reservieren* • recenseren *besprechen*

bespreking • gesprek *Besprechung* v ★ onderwerp van ~ *Gesprächsthema* o • onderhandeling *Verhandlung* v • recensie *Besprechung* v; *Rezension* v

besprenkelen *besprengen*; *anfeuchten*

bespringen • springen op *sich stürzen auf* [+4]; *anspringen* • aanvallen *angreifen* • dekken *decken*

besproeien *besprengen*; *bewässern*; *besprühen*

bespuiten *bespritzen*

bessensap *Johannisbeersaft* m

bessenstruik *Beerenstrauch* m; 〈aalbessen〉 *Johannisbeere* v

best I BNW • overtreffende trap van goed *best*; *sehr gut* ★ het beste van iets maken *das Beste aus etw. machen* ★ de op een na beste *der Zweitbeste* • 〈als aanspreekvorm〉 *lieb* ★ beste Bart *lieber Bart* • goed ★ dat is best, maar... *alles schön und gut, aber...* ▼ het beste! *alles Gute!* **II** BIJW • overtreffende trap van goed

am besten ★ dat weet jij het best *das weißt du am besten* • uitstekend *ausgezeichnet* • tamelijk *ziemlich* ★ hij is best aardig *er ist ziemlich nett* • vast *bestimmt* ★ het is best mogelijk *es ist durchaus möglich* ★ het zal best lukken *es wird bestimmt klappen* ★ ik kan me dat best indenken *ich kann mir das gut vorstellen* **III** TW ★ mij best, hoor *von mir aus* **IV** ZN [het] ★ zijn best doen *sein Bestes tun* ★ op zijn best *bestenfalls* ▼ iets ten beste geven *etw. zum Besten geben*

bestaan I ON WW • zijn *existieren*; *bestehen* ★ spoken ~ niet *es gibt keine Gespenster* • mogelijk zijn *möglich sein* ★ dat bestaat toch niet! *das gibt es doch nicht!* ★ hoe bestaat het! *wie ist es möglich!* • ~ **uit** *bestehen in*; *umfassen* • ~ **van** *leben von* **II** ZN [het] • er zijn *Bestehen* o • overleven FIG. *Existenz* v; *Auskommen* o ★ de strijd om het ~ *der Kampf ums Dasein* ★ middelen van ~ *Existenzgrundlage* v ★ zijn ~ vinden in *sein Brot verdienen mit*

bestaansminimum *Existenzminimum* o

bestaansrecht *Existenz-/Daseinsberechtigung* v

bestaansreden *Daseinsberechtigung* v

bestaanszekerheid *Existenzsicherheit* v

bestand I ZN [het] • COMP. *Bestand* m; *Datei* v • wapenstilstand *Waffenstillstand* m **II** BNW *beständig*; *gewachsen* ★ ~ zijn tegen iem. *jmdm. gewachsen sein* ★ ~ tegen hitte *hitzebeständig* ★ tegen de verleiding ~ zijn *der Verführung widerstehen können*

bestanddeel *Bestandteil* m

bestandsbeheer *Hauptgruppe* v; *Hauptgruppenfenster* o

bestandsnaam *Dateiname* m

besteden • uitgeven *verwenden* (aan für/zu) • gebruiken, aanwenden *anwenden*; *verwenden* ★ ik wil daar geen tijd aan ~ *ich möchte keine Zeit darauf verwenden* ★ aandacht ~ aan iemand/iets *jmdm./einer Sache Aufmerksamkeit schenken* ★ zorg ~ aan *Sorgfalt verwenden auf* [+4] ▼ het is aan haar niet besteed *sie ist es nicht wert*

besteding *Aufwand* m

bestedingsbeperking *Sparen* o

bestedingspatroon *Konsumverhalten* o; 〈overheid〉 *Ausgabenpolitik* v

besteedbaar *verfügbar*

bestek • eetgerei *Besteck* o • bouwplan *Bauplan* m ★ volgens ~ *gebouwd nach Plan gebaut* • BN prijsopgave *Kostenvoranschlag* m

bestekbak *Besteckfach* o

bestel 〈ordening〉 *Ordnung* v; 〈systeem〉 *System* o ★ maatschappelijk ~ *Gesellschaftssystem/-ordnung*

bestelauto *Lieferwagen* m

bestelbon *Bestellschein* m

bestelen *bestehlen*; INFORM. *beklauen*

bestelformulier *Bestellformular* o

bestellen • iets laten komen *bestellen*; *anfordern* • thuis bezorgen *liefern*; 〈post〉 *zustellen*; 〈post〉 *austragen*

besteller • bezorger *Lieferant* m; 〈postbode〉 *Zusteller* m; 〈postbode〉 *Briefträger* m • opdrachtgever *Besteller* m; *Auftraggeber* m

bestelling • order *Bestellung* v ★ een ~ doen *eine Bestellung aufgeben* • bezorging *Lieferung* v; *Zustellung* v
bestelnummer *Bestellnummer* v
bestelwagen *Lieferwagen* m
bestemmeling BN geadresseerde *Empfänger* m
bestemmen *bestimmen; vorsehen* ★ te bestemder plaatse *an Ort und Stelle*
bestemming *Bestimmung* v; *Ziel* o ★ plaats van ~ *Bestimmungsort* m
bestemmingsplan *Flächennutzungsplan* m
bestemmingsverkeer *Anliegerverkehr* m
bestempelen • een stempel drukken op *stempeln* • aanduiden als *bezeichnen*; MIN. *abstempeln*
bestendig • niet veranderlijk *beständig; dauerhaft* • duurzaam *dauernd; ständig*
bestendigen *aufrechterhalten; beibehalten*
besterven I OV WW ★ het ~ van het lachen *sterben vor Lachen* ★ hij bestierf het van de schrik *er erblasste vor Schrecken* II ON WW licht rotten van vlees *abhängen*
bestijgen *er-/besteigen*
bestoken • aanvallen *beschießen; belegen* • FIG. lastigvallen *belästigen; zusetzen*
bestormen *bestürmen*
bestorming *(An)Sturm* m
bestraffen • straffen *(be)strafen* • berispen *rügen; tadeln*
bestraffing *Bestrafung* v
bestralen *bestrahlen*
bestraling *Bestrahlung* v
bestralingstherapie *Strahlentherapie* v; *Röntgentherapie* v
bestraten *pflastern*
bestrating • het bestraten *Pflasterung* v • wegdek *Pflaster* o
bestrijden • vechten tegen *bekämpfen* • aanvechten *bestreiten; abstreiten*
bestrijding *Bekämpfung* ★ ter ~ van de criminaliteit *zur Bekämpfung der Kriminalität*
bestrijdingsmiddel *Bekämpfungsmittel* o
bestrijken • besmeren *bestreichen* • kunnen bereiken *erreichen*
bestrooien *bestreuen*
bestseller *Bestseller* m; *Verkaufsschlager* m
bestuderen • studie maken van *studieren* • onderzoeken *untersuchen; erforschen*
bestuiven *bestäuben*
besturen • sturen, bedienen *steuern; lenken*; ⟨schip⟩ *steuern*; ⟨werktuigen⟩ *bedienen* • leiding geven aan *leiten; führen* • regeren *regieren*
besturing • het besturen *Steuerung* v; *Lenkung* v • stuurinrichting *Steuer* o
besturingssysteem, besturingsprogramma *Steuerungssystem* o; *Steuerungsprogramm* o
bestuur • het leiding geven *Führung* v; *Leitung* v; *Verwaltung* v • groep bestuurders ⟨vereniging, groot bedrijf⟩ *Vorstand* m; ⟨universiteit⟩ *Universitätsrat* m; ⟨overheid, kerk⟩ *Behörde* v; ⟨gemeente⟩ *Stadtrat* m ★ het dagelijks ~ *geschäftsführende Instanz* v
bestuurder • leidinggevende *Leiter* m • voertuigbestuurder *Fahrer* m; ⟨v. trein⟩ *Lokführer* m

bestuurlijk *behördlich; administrativ*
bestuursapparaat *Verwaltungsapparat* m
bestuurscollege *Vorstand* m; *Direktion* v
bestuurskunde *Verwaltungswissenschaft* v
bestuurslid *Vorstandsmitglied* o
bestuursrecht *Verwaltungsrecht* o
bestuurssecretaris BN hoofdambtenaar bij een overheidsdienst *höhere(r) Beamte(r)*
bestwil ▼ het is voor je eigen ~ *es ist zu deinem Besten*
bèta *Beta* o
betaalautomaat *Zahlautomat* m
betaalbaar *bezahlbar; erschwinglich* ★ betaalbare prijzen *erschwingliche Preise*
betaald • beroeps *Berufs-*; *Profi-* ★ ~ voetbal *Profifußball* m • gehuurd *bezahlt* ★ ~e liefde *käufliche Liebe* v ▼ iem. iets ~ zetten *jmdm. etw. heimzahlen*
betaalmiddel *Zahlungsmittel* o
betaalpas, BN **betaalkaart** *Scheckkarte* v
betaalrekening *Kontoauszug* m
betaaltelevisie *Pay-TV* o
betaal-tv *Pay-TV* v; *Bezahlfernsehen* o; *Gebührenfernsehen* o
bètablokker *Betablocker* m
betalen • de kosten voldoen *(be)zahlen* ★ in klinkende munt ~ *in/mit klingender Münze bezahlen* • vergelden *bezahlen*
betaler *Zahler* m
betaling *Zahlung* v ★ ~ in termijnen *Ratenzahlung* v ★ achterstallige ~ *Zahlungsverzug* m ★ zijn ~en staken *seine Zahlungen einstellen*
betalingsachterstand *Zahlungsrückstand* m
betalingsbalans *Zahlungsbilanz* v
betalingsopdracht *Zahlungsanweisung* v
betalingstermijn ⟨bedrag⟩ *Rate* v; ⟨tijdsbestek⟩ *Zahlungsfrist* v; ⟨datum⟩ *Zahlungstermin* m
betalingsverkeer *Zahlungsverkehr* m
betalingsvoorwaarden *Zahlungsbedingungen* v mv
betamelijk *schicklich*
betamen *sich schicken; sich gebühren*
betasten *berühren; betasten*; MIN. *befummeln*
bètastraling *Betastrahlung* v
bètawetenschap *Naturwissenschaft* v
betekenen • beduiden *bedeuten* • waarde hebben ★ iets voor iem. ~ *jmdm. etw. bedeuten* ▼ wat moet dat ~? *was soll das heißen?*
betekenis • inhoud, bedoeling *Bedeutung* v; *Sinn* m; *Inhalt* m ★ de diepere ~ *der tiefere Sinn* ★ in de letterlijke ~ van het woord *im wahrsten Sinne des Wortes* • belang, strekking *Bedeutung* v ★ een zaak van ~ *eine wichtige Angelegenheit* ★ dat is van geen ~ *das ist bedeutungslos* ★ ~ toekennen aan iets *einer Sache Bedeutung beimessen*
betekenisleer *Bedeutungslehre* v
beter I BNW • vergrotende trap van goed *besser* ★ tegen ~ weten in *wider besseres Wissen* • gezond *gesund* ★ het gaat al ~ met haar *es geht ihr schon besser* • van bepaald niveau *gut; anspruchsvoll* ★ ergens ~ van worden *von etw. profitieren* II BIJW *besser* ★ het gaat weer ~ *es geht wieder aufwärts*

be

be

beteren I ov ww beter maken *bessern*; *sich bessern* **II** ON ww beter worden *sich bessern*
beterschap ● *Besserung* v ● lichamelijk herstel *Besserung* v ★ ~ gewenst! *gute Besserung!*
beteugelen *zügeln*; *bändigen*
beteuterd *betreten*; *verdutzt*
betichten *bezichtigen*; *beschuldigen* ★ iem. van iets ~ *jmdn. einer Sache bezichtigen/beschuldigen*
betijen *gewähren*; *sich legen* ★ iem. laten ~ *jmdn. gewähren lassen*
betimmeren *mit Holz verkleiden*; *vertäfeln*
betitelen *betiteln*
betoeterd *behämmert*; *beknackt* ★ ben je ~? *hast du einen Knall?*
betogen I ov ww beredeneren *argumentieren*; *darlegen* **II** ON ww demonstreren *demonstrieren*
betoger *Demonstrant* m
betoging *Kundgebung* v; *Demonstration* v
beton *Beton* m ★ gewapend ~ *Eisenbeton* m; *Stahlbeton* m ★ ~ storten *Beton gießen*
betonen [zich ~] *sich erweisen*
betonijzer *Betoneisen* o
betonmolen *Mischmaschine* v
betonrot *Betonrost* m
betonvlechter *Betonbauer* m
betoog *Argumentation* v; *Erörterung* v; *Darlegung* v
betoogtrant *Argumentationsweise* v
betoveren ● beheksen *verzaubern* ● bekoren *bezaubern*; *betören* ★ een ~d schepsel *ein zauberhaftes Geschöpf*
betovergrootmoeder *Ururgroßmutter* v
betovergrootvader *Ururgroßvater* m
betovering ● beheksing *Verzauberung* v; *Zauber* m ★ onder ~ zijn *im Bann sein* ● bekoring *Zauber* m
betrachten ⟨v. plicht⟩ *erfüllen*; ⟨v. geheimhouding⟩ *bewahren*; ⟨v. deugd⟩ *üben*; ⟨v. plicht⟩ *nachkommen* ★ geduld ~ *Geduld üben/bewahren*
betrappen *ertappen*; INFORM. *erwischen*
betreden ● stappen op *bewandeln* ● binnengaan *betreten*
betreffen ● betrekking hebben op *sich handeln um* ● aangaan *betreffen*; *anbelangen* ★ wat mij betreft *was mich betrifft/anbelangt*
betreffend *betreffend* ★ de ~e personen *die betreffenden Personen*
betreffende in Bezug auf [+4]; bezüglich [+2]; hinsichtlich [+2] ★ ~ dat onderwerp *bezüglich dieses Themas*
betrekkelijk I BNW relatief *relativ* ★ ~e bijzin *Relativsatz* m ★ ~ voornaamwoord *Relativpronomen* o **II** BIJW tamelijk *ziemlich*
betrekken I ov ww ● laten meedoen (met) *einbeziehen*; *hinzuziehen* ● gaan bewonen *beziehen* ● koopwaar afnemen *beziehen* **II** ON ww ● somber worden *sich verfinstern* ● bewolkt worden *sich bewölken* ★ de lucht betrekt *der Himmel bezieht sich*
betrekking ● band, verband *Beziehung* v; *Bezug* m ★ met ~ tot *bezüglich* [+2]; *in Bezug auf* [+4] ★ goede ~en hebben *gute Beziehungen haben* ● baan *Stelle* v; INFORM.

Job m ★ naar een ~ solliciteren *sich um eine Stelle bewerben*
betreuren *bedauern*; ⟨verlies⟩ *beklagen*
betreurenswaardig *bedauerlich*; *beklagenswert*; *bedauernswert*
betrokken ● bij iets gemoeid *beteiligt*; *betreffend* ● bewolkt *bedeckt*; *bewölkt* ● somber *betrübt*
betrokkenheid *Engagement* o; *Verbundenheit* v
betrouwbaar ● zuverlässig; *verlässlich*; *bewährt*; erprobt ● geloofwaardig ★ uit betrouwbare bron *aus zuverlässiger Quelle* ● eerlijk ★ hij is ~ *auf ihn ist Verlass* ★ een ~ medewerker *ein zuverlässiger/bewährter Mitarbeiter* ● deugdelijk ★ een ~ middel *ein erprobtes Mittel*
betrouwbaarheid *Zuverlässigkeit* v
betten *betupfen*
betuigen ● uitspreken *bekunden*; *äußern*; ⟨liefde⟩ *erklären*; ⟨dank⟩ *aussprechen* ● te kennen geven *bezeugen* ★ zijn onschuld ~ *seine Unschuld beteuern*
betuiging *Bezeugung* v
betuttelen *bekritteln*; *schulmeistern*
betweter *Besserwisser* m; INFORM. *Klugscheißer* m; *Klugschwätzer* m
betwijfelen *bezweifeln*
betwistbaar ● aan te vechten *anfechtbar* ● betwijfelbaar *fragwürdig*
betwisten ● aanvechten *bestreiten*; JUR. *anfechten* ● ontzeggen ⟨een recht⟩ *absprechen*; ⟨toegang⟩ *verwehren* ● strijden om bezit *streitig machen* ★ een betwist gebied *ein umstrittenes Gebiet*
beu v iemand/iets beu worden *jmdn./etw. leid sein*; *jmdn./etw. satt sein*; *jmdn./etw. satthaben* v iets beu zijn *etw. satthaben*; *etw. leid sein*
beugel *Spange* v
beugel-bh *Bügel-BH* m
beuk ● boom *Buche* v ● ARCH. *Schiff* o ▼ de beuk er in zetten *loslegen* ▼ de beuk erin! *los geht's!*; *nichts wie ran!*
beuken I BNW *Buchen-*; *aus Buche* **II** ov ww hard slaan *donnern*
beukenhout *Buchenholz* o
beukennootje *Buchecker* v; *Ecker* v
beul ● uitvoerder van lijfstraf *Henker* m; *Scharfrichter* m ● FIG. wreedaard *Rohling* m ▼ zo brutaal als de beul *frech wie Dreck*
beunhaas ● prutser *Pfuscher* m ● zwartwerker *Schwarzarbeiter* m
beuren ● tillen *heben* ● verdienen *verdienen*
beurs I ZN [de] ● portemonnee *Beutel* m ● toelage *Stipendium* o ★ van een ~ studeren *mit einem Stipendium studieren* ● ECON. *Börse* v ★ naar de ~ gaan *auf die Börse gehen* **II** BNW te zacht *überreif*
beursbericht *Börsenbericht* m
beursgang *Börsengang* m
beursgenoteerd *börsennotiert*
beursindex *Aktienindex* m
beurskoers *Börsenkurs* m
beurskrach *Börsenkrach* m
beursmakelaar *Börsenmakler* m
beursnotering *Börsennotierung* v
beursstudent *Stipendiat* m; ⟨in Duitsland⟩

be

Bafögstudent m

beurswaarde *Börsenpreis* m; *Börsenwert* m

beurt • gelegenheid dat iets gebeurt *Reihe* v ★ aan de ~ zijn *an der Reihe sein*; INFORM. *dran sein* ★ wie is aan de ~? *wer ist dran?* ★ om ~en *reihum* ★ om de ~ *abwechselnd*; *der Reihe nach* ★ ieder op zijn ~ *alle der Reihe nach* ★ zijn ~ afwachten *warten, bis man an die Reihe kommt* • VULG. vrijpartij ★ iem. een ~ geven *jmdn. bumsen/ficken* ▼ te ~ vallen *zuteilwerden*

beurtelings *abwechselnd*

beurtrol ▼ BN volgens ~ *abwechselnd*; *der Reihe nach*

beuzelarij • wissewasje *Lappalie* v • kletspraat *Geschwätz* o

bevaarbaar *befahrbar*

bevallen • in de smaak vallen (bij) *gefallen*; *zusagen* ★ het is me goed ~ *es hat mir zugesagt* ★ bevalt het huis je? *gefällt dir das Haus?* • baren *gebären*; *entbinden* ★ ~ van een kind *ein Kind gebären/zur Welt bringen*

bevallig *anmutig*

bevalling *Entbindung* v; *Geburt* v

bevallingsverlof BN *Schwangerschaftsurlaub* m

bevangen *überkommen*; *befallen* ★ ik werd door vrees/slaap ~ *Furcht/Schlaf befiel mich*

bevaren *fahren auf* [+3]; *befahren*

bevattelijk • duidelijk *fasslich*; *(allgemein)verständlich* • vlug van begrip *intelligent*; *klug*

bevatten • in zich houden *enthalten* • begrijpen *begreifen*; *erfassen*

bevattingsvermogen *Auffassungsgabe* v

bevechten • vechten tegen *bekämpfen* • vechtend verkrijgen *erkämpfen*

beveiligen • veilig maken *sichern* • beschermen *schützen vor* [+3]

beveiliging • het beveiligen *Sicherung* v • middel *Schutzmittel* o

beveiligingsbeambte *Sicherheitsbeamte* m [v: -beamtin]

beveiligingsdienst *Bewachungsdienst* m; *Wach- und Schließgesellschaft* v

beveiligingssysteem *Alarmanlage* v; *Alarmsystem* o

bevel *Befehl* m ★ ~en geven *Befehle erteilen*

bevelen *befehlen*

bevelhebber *Kommandant* m; *Befehlshaber* m

bevelschrift *Befehl* m

bevelvoering *Kommando* o; *Befehlsgewalt* v

beven *beben*; *zittern*

bever I ZN [de] dier *Biber* m II ZN [het] bont *Biber* o

beverig *zittrig*; ⟨v. koorts⟩ *fiebrig*; ⟨door ouderdom⟩ INFORM. *tattrig*

bevestigen • vastmaken *befestigen* • bekrachtigen *bekräftigen* • beamen *bejahen*; *bestätigen* • konfirmieren

bevestigend *bestätigend*

bevestiging • het vastmaken *Befestigung* v • bekrachtiging *Bestätigung* • erkenning *Bestätigung* v

bevinden I OV WW vaststellen *befinden*; *erachten*; *halten für* II WKD WW [zich ~] *sich befinden*

bevinding *Schluss* m

beving *Beben* o

bevlekken FIG. *beflecken*; *fleckig machen*

bevlieging *Anwandlung* v

bevloeien ⟨stuk land⟩ *bewässern*; ⟨planten⟩ *berieseln*

bevlogen *begeistert*; *leidenschaftlich*

bevochtigen *befeuchten*; *anfeuchten*

bevoegd • gerechtigd *befugt*; *berechtigt*; ⟨gemachtigd⟩ *zuständig* ★ de ~e autoriteiten *die zuständigen Behörden* ★ hij is niet ~ daarover te beslissen *er hat keine Entscheidungsbefugnis* • competent *kompetent*

bevoegdheid *Befugnis* v; *Zuständigkeit* v ★ iem. ruimere bevoegdheden geven *jmds. Zuständigkeitsbereich erweitern*

bevoelen *befühlen*; *betasten*

bevolken *bevölkern*

bevolking *Bevölkerung* v ★ BN actieve ~ *Erwerbstätigen* m mv; *Berufstätigen* m mv

bevolkingscijfer *Bevölkerungszahl* v

bevolkingsdichtheid *Bevölkerungsdichte* v

bevolkingsexplosie *Bevölkerungsexplosion* v

bevolkingsgroei *Bevölkerungszunahme* v; *Bevölkerungszuwachs* m

bevolkingsgroep *Bevölkerungsgruppe* v

bevolkingsonderzoek MED. *Reihenuntersuchung* v

bevolkingsoverschot *Bevölkerungsexplosion* v

bevolkingsregister *Einwohnermeldeamt* o

bevoogden *bevormunden*

bevoordelen *begünstigen*; ⟨voortrekken⟩ *vorziehen* ★ iem. ~ boven *jmdn. bevorzugen vor* [+3]

bevooroordeeld *voreingenommen*

bevoorraden *bevorraten*

bevoorrecht *bevorrechtigt*

bevoorrechten *bevorzugen*; *privilegieren* ★ een bevoorrechte positie *eine privilegierte Stellung*

bevorderen • begunstigen *fördern*; *anregen* • promoveren *befördern*; ⟨scholieren⟩ *versetzen*

bevordering • begunstiging *Förderung* v ★ ~ van de kunst *die Förderung der Kunst* • promotie *Beförderung* v ★ de ~ tot commissaris *die Beförderung zum Kommissar*

bevorderlijk *förderlich* ★ ~ voor de gezondheid *der Gesundheit zuträglich/förderlich*

bevrachten *befrachten*

bevragen [zich ~] BN, INFORM. zich informeren *Erkundigungen einziehen*

bevredigen *befriedigen*; *zufriedenstellen*

bevrediging *Befriedigung* v

bevreemden *befremden*

bevreemding *Befremden* o

bevreesd *ängstlich* ★ ~ zijn dat... *fürchten, dass...*

bevriend *befreundet*

bevriezen I OV WW zeer koud maken *einfrieren* ★ bevroren vlees *Gefrierfleisch* o • FIG. blokkeren *sperren* II ON WW zeer koud worden *gefrieren*; ⟨dichtvriezen⟩ *zufrieren*; ⟨doodvriezen⟩ *erfrieren*

bevrijden *befreien*; *erlösen*

bevrijding *Befreiung* v

Bevrijdingsdag ≈ *Befreiungstag* m

be

bevroeden *erfassen*; ⟨vermoeden⟩ *ahnen*
bevruchten *befruchten*
bevruchting *Befruchtung* v
bevuilen *beschmutzen*
bewaarder ● bewaker *Wärter* m ● iem. die bewaart *Hüter* m
bewaarheiden *sich bewahrheiten*; *sich bestätigen* ★ mijn vermoedens zijn bewaarheid *meine Vermutungen haben sich bewahrheitet/bestätigt*
bewaarmiddel BN *Konservierungsmittel* o
bewaken ● waken over *bewachen* ● controleren *überwachen* ★ de begroting ~ *die Einhaltung des Haushalts überwachen*
bewaker *Wärter* m; ⟨waker⟩ *Wächter* m
bewaking *Bewachung* v
bewakingsdienst *Überwachungsdienst* m
bewandelen *gehen*; *beschreiten* ★ de gerechtelijke weg ~ *den Rechtsweg beschreiten*
bewapenen *bewaffnen*; ⟨oorlogsvoorbereiding⟩ *(auf)rüsten*
bewapening *Bewaffnung* v; ⟨v. staten⟩ *Rüstung* v
bewapeningswedloop *Wettrüsten* o
bewaren ● in stand houden *erhalten* ★ een geheim ~ *ein Geheimnis aufbewahren* ★ deze handschriften zijn goed bewaard gebleven *diese Handschriften sind gut erhalten* ● behoeden *bewahren*; *schützen*; *behüten* ● opbergen *aufbewahren*; ⟨veilig⟩ *verwahren*
bewaring ● het bewaren *Aufbewahrung* v ★ in ~ geven *in Verwahrung geben* ● opsluiting *Gewahrsam* m
beweegbaar *beweglich*
beweeglijk *lebhaft*; *beweglich*; ⟨onrustig⟩ *unruhig*
beweegreden *Beweggrund* m
bewegen I ON WW in beweging komen *bewegen* **II** OV WW ● in beweging brengen *bewegen* ● overhalen (tot) *veranlassen*; *bewegen* **III** WKD WW [zich ~] *verkehren*
beweging ● verandering van plaats *Bewegung* v ● groep mensen met streven *Bewegung* v ▼ uit eigen ~ *aus eigenem Antrieb*
bewegingloos *bewegungslos*; *regungslos*
bewegingsmelder *Bewegungsmelder* m
bewegingsruimte *Bewegungsfreiheit* v
bewegingstherapie *Bewegungstherapie* v
bewegingsvrijheid *Bewegungsfreiheit* v
bewegwijzering *Beschilderung* v
beweren *behaupten* ★ naar men beweert *wie man behauptet*
bewering *Behauptung* v
bewerkelijk *viel Arbeit machend*; ⟨onpraktisch⟩ *unpraktisch*
bewerken ● behandeling laten ondergaan *bearbeiten* ● teweegbrengen *veranlassen*; *bewirken*
bewerking ● het bewerken *Bearbeitung* v ● het beïnvloeden *Beeinflussung* v ● WISK. *Bearbeitung* v ★ een nieuwe ~ *eine Überarbeitung* ★ een ~ voor film *eine Filmbearbeitung*
bewerkstelligen *bewerkstelligen*; *bewirken*; ⟨bereiken⟩ *erreichen*
bewijs ● iets wat overtuigt *Beweis* m

● document *Zeugnis* o; ⟨v. betaling⟩ *Beleg* m ★ ~ van betaling *Zahlungsbeleg* m ★ ~ van goed gedrag *polizeiliche(s) Führungszeugnis*; *Unbescholtenheitszeugnis* o ★ ~ van inklaring *Einklarierungsschein* m; *Zollabfertigungsschein* m ● blijk *Beweis* m; *Nachweis* m
bewijsgrond *Beweisgrund* m
bewijskracht *Beweiskraft* v ★ ~ ontlenen aan *Beweiskraft beziehen aus* [+3]
bewijslast *Beweislast* v
bewijsmateriaal *Beweismaterial* o
bewijsstuk *Beweis* m
bewijsvoering *Beweisführung* v
bewijzen ● aantonen *beweisen*; *nachweisen*; ⟨met bewijs staven⟩ *belegen* ● betuigen ★ iem. een dienst ~ *jmdm. einen Dienst erweisen*
bewind ● regering *Regierung* v ★ aan het ~ komen *die Regierung übernehmen* ★ het ~ voeren *regieren* ● bestuur, beheer *Verwaltung* v
bewindsman ● minister *Minister* m [v: *Ministerin*] ● staatssecretaris *Staatssekretär* m [v: *Staatssekretärin*]
bewindspersoon *Minister* m; *Ministerin* v; *Regierungsangehörige(r)* m/v
bewindvoerder *Leiter* m; *Minister* m; JUR. *Konkursverwalter* m
bewogen *bewegt*; *gerührt*
bewolking *Bewölkung* v
bewolkt *bewölkt* ★ wisselend ~ *wechselnd bewölkt*
bewonderaar *Bewunderer* m
bewonderen *bewundern*
bewonderenswaardig *bewundernswert*
bewondering *Bewunderung* v
bewonen *bewohnen*
bewoner *Bewohner* m
bewoning *Bewohnung* v
bewoordingen ★ in duidelijke ~ te verstaan geven *klar und deutlich zu verstehen geben*
bewust ● wetend *bewusst* ★ ik ben het mij niet ~ *ich bin mir dessen nicht bewusst* ● betreffende *bewusst* ★ de ~e persoon *die betreffende/fragliche Person* ● doelbewust *absichtlich*
bewusteloos *bewusstlos*; *ohnmächtig*
bewusteloosheid *Bewusstlosigkeit* v; *Ohnmacht* v
bewustmaking *Bewusstmachung* v
bewustwording *Bewusstwerdung* v
bewustzijn *Bewusstsein* o ★ weer tot ~ komen *wieder zu sich kommen*
bewustzijnsvernauwing *Bewusstseinsverengung* v
bewustzijnsverruimend *bewusstseinserweiternd*
bezaaien *besäen*
bezadigd *ruhig*; *besonnen*
bezatten [zich ~] *sich volllaufen lassen*; *sich besaufen*
bezegelen *besiegeln*
bezeilen ● zeilen over *besegeln* ● door zeilen bereiken *segeln nach/zu* [+3] ▼ er valt geen land mee te ~ *damit kann man nichts anfangen*
bezem *Besen* m

bezemsteel *Besenstiel* m
bezemwagen ≈ *Besenwagen* m
bezeren *verletzen*; *verwunden*
bezet ● *gevuld met mensen besetzt* ● *gevuld met activiteiten besetzt*
bezeten *besessen*; *toll*
bezetten *besetzen* ★ ~de macht *Besatzungsmacht* v
bezetter *Besatzungsmacht* v
bezetting *Besetzung* v
bezettingsgraad *Besetzungsgrad* m
bezettoon *Besetztzeichen* o; *Belegtton* m
bezichtigen *besichtigen*
bezichtiging *Besichtigung* v
bezield *beseelt*; *begeistert*
bezielen ● *leven geven aan beseelen* ● *inspireren begeistern* ★ *wat bezielt je? was ist denn in dich gefahren?*
bezieling ● *inspiratie Begeisterung* v ● *het een ziel geven aan Beseelung* v
bezien ● *bekijken betrachten*; *besehen* ● *denken over sich durch den Kopf gehen lassen*; *erwägen* ★ *dat staat nog te ~ das ist noch fraglich*
bezienswaardig *sehenswert*
bezienswaardigheid *Sehenswürdigkeit* v
bezig *beschäftigt* ★ *aan iets ~ zijn mit etw. beschäftigt sein* ● *ijverig ~ zijn fleißig bei der Arbeit sein* ★ *juist met iets ~ zijn gerade dabei sein*
bezigen *anwenden*; *gebrauchen*
bezigheid *Beschäftigung* v
bezigheidstherapie *Beschäftigungstherapie* v
bezighouden ● *aandacht eisen beschäftigen* ● *amuseren unterhalten*
bezingen *besingen*
bezinken ● *naar bodem zakken sich (ab)setzen* ● *tot rust komen verarbeiten*
bezinking ⟨bloed⟩ *Senkung* v; *Sedimentation* v
bezinksel ● SCHEIK. *Niederschlag* m; *Ablagerung* v ● AARDK. *Sediment* o; *Bodensatz* m
bezinnen [zich ~] *sich besinnen*
bezinning *Besinnung* v ★ *tot ~ komen zur Besinnung kommen*
bezit ● *het bezitten Besitz* m ★ *~ nemen van iets Besitz von etw. ergreifen* ● *bezitting Besitz* m
bezitloos *besitzlos*
bezittelijk ★ *~ voornaamwoord Possessivpronomen* o
bezitten *besitzen*
bezitter *Besitzer* m; ⟨eigenaar⟩ *Eigentümer* m; ⟨houder⟩ *Inhaber* m
bezitterig *Besitz ergreifend*
bezitting *Besitz* m
bezoedelen *besudeln*
bezoek *Besuch* m; ⟨v. een arts⟩ *Visite* v ★ *een ~ afleggen einen Besuch machen/abstatten* ★ *bij iem. op ~ gaan jmdn. besuchen*
bezoeken ● *gaan naar besuchen* ● *beproeven heimsuchen*
bezoeker *Besucher* m; *Gast* m
bezoeking *Prüfung* v; *Heimsuchung* v
bezoekrecht *Besuchsrecht* o
bezoekregeling *Besuchsregelung* v; *Umgangsregelung* v

bezoektijd *Besuchszeit* v
bezoekuur *Besuchszeit* v
bezoldigen *besolden*
bezoldiging *Besoldung* v
bezondigen [zich ~] *aan sich versündigen an*
bezonken *abgeklärt*
bezonnen *besonnen*
bezonnenheid *Besonnenheit* v; v
bezopen ● *dronken besoffen* ● *idioot verrückt*; *behämmert*
bezorgd ● *ongerust besorgt* ★ *~ zijn om iem. sich Sorgen um jmdn. machen* ● *zorgzaam sorgsam*
bezorgdheid ● *ongerustheid Besorgnis* v ● *zorgzaamheid Sorge* v
bezorgdienst *Hausdienst* m
bezorgen ● *afleveren liefern*; ⟨per post⟩ *zustellen* ★ *kranten/post ~ Zeitungen/Post austragen* ★ *de goederen worden gratis bezorgd die Güter werden frei Haus geliefert* ● *verschaffen besorgen*; *verschaffen*
bezorger *Austräger* m
bezorging *Besorgung* v; *Beschaffung* v; ⟨post⟩ *Zustellung* v
bezorgkosten *Lieferkosten* mv
bezuinigen *(ein)sparen* ★ *op de uitgaven ~ an den Ausgaben sparen*
bezuiniging *Einsparung* v
bezuinigingsmaatregel ⟨personeel⟩ *Einsparungsmaßnahme* v; ⟨geld⟩ *Sparmaßnahme* v
bezuren ★ *dat zal je ~ das wird dich teuer zu stehen kommen*
bezwaar ● *beletsel Schwierigkeit* v ● *bedenking Beanstandung* v; *Bedenken* o ★ *als niemand er ~ tegen heeft wenn niemand etw. dagegen hat* ★ *~ aantekenen seine Bedenken äußern* ★ *~ maken Einspruch erheben*
bezwaard *beschwert*; *bekümmert* ★ *zich ~ voelen over iets Gewissensbisse wegen etw. haben*
bezwaarlijk I BNW *schwierig*; *schwerlich* II BIJW *beschwerlich*
bezwaarschrift *schriftliche Beschwerde* v; *Beschwerdeschrift* v
bezwaren *belasten*
bezweet *verschwitzt*; *schweißbedeckt*
bezweren ● *plechtig/onder ede verklaren beschwören* ● *smeken beschwören* ● *in zijn macht brengen beschwören*
bezwering ● JUR. *het onder eed verklaren Beschwörung* v ● *het verdrijven van geesten Beschwörung* v ● *magische formule Beschwörung* v
bezwijken ● *het begeven (onder) erliegen*; *unterliegen*; *zusammenbrechen* ★ *de dijk is bezweken der Deich ist gebrochen* ● *onder een last ~ einer Last erliegen*; *unter einer Last zusammenbrechen* ★ *~ voor (voor) ~ voor een verleiding ~ einer Versuchung* ● *sterven* ★ *aan een ziekte ~ einer Krankheit erliegen*
bezwijmen *ohnmächtig werden*
B-film *B-Film* m
b.g.g. *falls niemand da ist*; *falls niemand antwortet*

bh 60

bh *BH* m; *Büstenhalter* m
Bhoetan *Bhutan* o
bi *bisexuell*
biaisband *Schrägband* o
biatleet *Biathlet* m [v: *Biathletin*]
biatlon *Biathlon* o
bib BN bibliotheek *Bibliothek* v
bibberen *zittern*; *beben* ★ ~ van de kou *zittern vor Kälte*
bibbergeld *Gefahrenzuschlag* m
bibliografie *Bibliografie* v
bibliografisch *bibliografisch*
bibliothecaris *Bibliothekar* m [v: *Bibliothekarin*]
bibliotheek *Bibliothek* v; *Bücherei* v
bic BN, INFORM. balpen *Kugelschreiber* m; *Kuli* m
bicarbonaat *Bikarbonat* o
biceps *Bizeps* m
bidden ● gebed doen *beten* ● smeken *anflehen*
bidet *Bidet* o
bidon *Trinkflasche* v
bidprentje ● prentje ter nagedachtenis *Sterbebildchen* o ● heiligenprentje *Heiligenbildchen* o
bidsprinkhaan *Gottesanbeterin* v
bieb *Bibliothek* v
biecht *Beichte* v ▼ BN uit de ~ klappen *aus der Schule plaudern*
biechten *beichten*
biechtgeheim *Beichtgeheimnis* o
biechtstoel *Beichtstuhl* m
bieden ● aanbieden, geven *bieten* ● een bod doen ★ hoger ~ dan een ander *jmdn. überbieten*
bieder *Bietende* m/v ★ de hoogste ~ *der/die Meistbietende*
biedkoers *Verkaufskurs* m
biedprijs *Verkaufspreis* m
biefstuk *Beefsteak* o ★ ~ tartaar *Tatarbeefsteak* o
biels *Bahnschwelle* v
bier ● CUL. *Bier* o ● → **biertje**
bierblikje *Bierdose* v
bierbrouwerij *Bierbrauerei* v
bierbuik *Bierbauch* m
bierglas *Bierglas* o
bierkaai ▼ vechten tegen de ~ *gegen Windmühlen kämpfen*
biertje *Bier* o
bierviltje *Bierdeckel* m
bies ● oeverplant *Binse* v ● boordsel *Borte* v; ⟨op uniform⟩ *Tresse* v; ⟨versieringslijn⟩ *Zierstreifen* m ▼ zijn biezen pakken *die Kurve kratzen*
bieslook *Schnittlauch* m
biest *Biest* m
biet *Rübe* v ★ rode bieten *rote Bete* v ▼ ik begrijp daar geen biet van *ich verstehe nicht die Bohne davon*
bietsen *stibitzen*; *schnorren*
biezen I BNW ★ ~ mat *Binsenmatte* II OV WW *mit Borten besetzen*
bifocaal *Bifokal-*
big *Ferkel* o
bigamie *Bigamie* v
bigband *Big Band* v
big bang *Urknall* m
biggelen *kullern*

biggen *ferkeln*
bij I VZ ● in de omgeving van *bei* [+3]; *in der Nähe von* [+3]; *in der Nähe* [+2] ★ bij het station *beim Bahnhof; in der Nähe des Bahnhofs* ★ bij de muur *bei der Wand* ● in/op de plaats zelf *bei* [+3] ★ logeren bij familie *bei Verwandten übernachten* ★ ik was bij de vergadering *ich war bei der Versammlung* ● samen met *zu* [+3] ★ een koekje bij de thee *ein Keks zum Tee* ● aan, op *bei* [+3]; *an* [+3] ★ zij nam hem bij de hand *sie nahm ihn an der Hand* ★ iem. bij de schouders pakken *jmdn. an den Schultern packen* ★ iets bij zich hebben *etw. bei sich haben* ★ heb je het bij je? *hast du es dabei?* ● gelijktijdig met *bei* [+3] ★ bij een glaasje wijn *bei einem Glas Wein* ★ bij het ontbijt *beim Frühstück* ★ bij aankomst *bei Ankunft* ● omstreeks *gegen* [+4] ★ het is bij zessen *es ist gegen sechs* ● in het geval van *bei* [+3] ★ bij brand *bei Feuer* ● maal *mal* ★ zes bij zes meter *sechs mal sechs Meter* ● met ⟨een hoeveelheid⟩ *zu* [+3] ★ bij honderden *zu Hunderten* ● vergeleken met *im Vergleich zu* [+3]; *verglichen mit* [+3] ★ bij Boogerd valt hij in het niet *verglichen mit Boogerd verblasst er* II BIJW ● schrander *aufgeweckt* ★ hij is goed bij *er ist auf Zack/Draht* ● bij bewustzijn *bei Bewusstsein* ★ hij is nog niet bij *er ist noch nicht bei Bewusstsein* ● zonder achterstand *auf dem aktuellen Stand* ★ ik ben bij *ich bin auf dem aktuellen Stand* ★ dat boek is niet bij *das Buch ist nicht aktuell* ★ ik ben nog niet bij *ich bin noch nicht auf dem aktuellen Stand* ● op de hoogte *auf dem Laufenden*; *auf der Höhe* ▼ bij het belachelijke af *zijn fast lächerlich sein* ▼ dat is bij het belachelijke af *das ist geradezu lächerlich* ▼ ik was er ⟨geestelijk⟩ niet bij *ich war geistig abwesend* III ZN [de] insect *Biene* v
bijbaan *Nebenbeschäftigung* v; *Job* m ★ een ~tje hebben *jobben*
bijbal *Nebenhoden* m
bijbedoeling *Nebenabsicht* v
bijbehorend *zugehörig*
Bijbel *Bibel* v
bijbel *Bibel* v
Bijbelkring *Bibelkreis* m
Bijbels *biblisch*
Bijbeltekst *Bibeltext* m
Bijbelvast *bibelfest*
Bijbelvertaling *Bibelübersetzung* v
bijbenen *Schritt halten*; *mithalten*; *mitkommen*
bijbetalen *zuzahlen*; *nachzahlen*; ⟨trein, bus⟩ *nachlösen*
bijbetekenis *Nebenbedeutung* v
bijbeunen *dazuverdienen*
bijblijven ● niet achter raken *Schritt halten*; *mitkommen* ● in herinnering blijven *im Gedächtnis bleiben* ★ dat is me altijd bijgebleven *das habe ich nie vergessen* ★ dat zal mij altijd ~ *das wird mir immer in Erinnerung bleiben*
bijbrengen ● leren *beibringen* ● tot bewustzijn brengen *zu Bewusstsein bringen*
bijdehand ● pienter *gewandt* ● vrijpostig *vorlaut*; *dreist*

bijdehandje *Fixe* m/v; *Naseweis* m
bijdetijds *zeitgemäß*
bijdraaien ● toegeven *zurückstecken*; *einlenken*
  ● SCHEEPV. *beidrehen*
bijdrage *Beitrag* m ★ eigen ~ *Eigenleistung* v
bijdragen *beitragen*; *beisteuern*
bijeen *beisammen*; *zusammen*
bijeenblijven *zusammenbleiben*;
  beisammenbleiben
bijeenbrengen *zusammenbringen*
bijeenkomen *sich versammeln*;
  zusammenkommen
bijeenkomst *Zusammenkunft* v; ⟨ontmoeting⟩
  Treffen o
bijeenrapen *zusammenraffen* ★ bijeengeraapte
  rommel *zusammengewürfelte(s) Zeug* o
bijeenroepen *zusammenrufen*; ⟨een
  vergadering⟩ *einberufen*
bijeenzijn I ON WW *zusammen sein*; *beisammen
  sein* II ZN [het] *Zusammensein* o;
  Beisammensein o
bijeenzoeken *zusammensuchen*
bijenhouder *Imker* m
bijenkast *Bienenkasten* m
bijenkoningin *Bienenkönigin* v
bijenkorf *Bienenkorb* m
bijensteek *Bienenstich* m
bijenteelt *Bienenzucht* v
bijfiguur *Nebenfigur* v
bijgaand *anbei*; *beigeschlossen*; *beiliegend*
bijgebouw *Nebengebäude* o
bijgedachte *Nebengedanke* m
bijgeloof *Aberglaube* m
bijgelovig *abergläubisch*
bijgenaamd *mit dem Beinamen*; INFORM. *mit
  dem Spitznamen*
bijgerecht *Beilage* v
bijgeval I BIJW *zufällig(erweise)* II VW ● *omdat
  da*; *weil* ● indien *falls*
bijgevolg *folglich*; *demzufolge*; *infolgedessen*
bijholte *Nebenhöhle* v
bijholteontsteking *Nebenhöhlenentzündung* v;
  Sinusitis v
bijhouden ● bijbenen *Schritt halten*; *mithalten*
  ● blijven werken aan *auf dem Laufenden
  bleiben*
bijkans *fast*; *beinahe*
bijkantoor *Zweigstelle* v; *Nebenstelle* v;
  Außenstelle v
bijkeuken ≈ *Nebenraum* m *der Küche*
bijklussen *etwas dazuverdienen*
bijkomen ● bij bewustzijn komen *wieder zu
  sich kommen* ★ zij kwam weer bij *sie kam
  wieder zu sich* ● weer beter worden *sich
  erholen*; *zu Atem kommen*; *verschnaufen*
  ● komen bij *hinzukommen*; *dazukommen*
  ★ er komt nog bij dat... *es kommt noch hinzu,
  dass...* ▼ dat moest er nog ~! *das fehlte gerade
  noch!*
bijkomend ● *hinzukommend* ★ ~e onkosten
  Nebenkosten ★ ~e bepalingen
  Zusatzbestimmungen ● BN extra *extra*; *Extra-*;
  zusätzlich; *Zusatz-*; *Sonder-*; *besonders*; *mehr-*
bijkomstig *nebensächlich*
bijkomstigheid *Nebensächlichkeit* v
bijl *Beil* o; ⟨met lange steel⟩ *Axt* v ▼ het bijltje

erbij neerleggen *die Flinte ins Korn werfen*
  ▼ vaker met dat bijltje gehakt hebben
  Erfahrung mit der Sache haben ▼ de botte bijl
  hanteren *mit der Holzhammermethode
  arbeiten*
bijlage *Anlage* v
bijleggen ● bijbetalen *draufzahlen*; *zuzahlen*;
  (hin)zulegen ★ ergens geld moeten ~
  irgendwo Geld drauflegen müssen ★ ik moet
  erop ~ *dabei zahle ich drauf* ● beslechten
  beilegen; *schlichten* ★ een ruzie ~ *einen Streit
  beilegen* ★ het ~ *das Schlichten*
bijles *Nachhilfe* v; *Nachhilfeunterricht* m
bijlichten *leuchten* ★ iem. ~ *jmdm. leuchten*
bijltjesdag *Tag* m *der Abrechnung/Rache*
bijna *fast*; *beinahe*
bijnaam *Bei-/Spitzname* m
bijna-doodervaring *Beinahe-Tot-Erfahrung* v
bijna-ongeluk *Beinahe-Unfall* m
bijnier *Nebenniere* v
bijnierschors *Nebennierenrinde* v
bijou *Kleinod* v; *Schmuckstück* o
bijouterie *Modeschmuckgeschäft* o
bijpassen *hinzuzahlen*; *zulegen*
bijpassend *(dazu)passend*; *dazugehörig*
bijpraten *sich ausplaudern*; INFORM. *sich
  ausquatschen*; INFORM. *klönen*
bijproduct *Nebenprodukt* o
bijrijder *Beifahrer* m
bijrol *Nebenrolle* v
bijschaven ● glad maken *glatt hobeln*;
  zurechthobeln ● beter maken *perfektionieren*;
  ausfeilen
bijscholen *weiterbilden*; *fortbilden*
bijscholing *Fortbildung* v
bijschrift *Randbemerkung* v
bijschrijven *gutschreiben*
bijslaap *Beischlaf* m
bijsluiter *Beipackzettel* m; *Anwendungsvorschrift*
  v
bijsmaak *Beigeschmack* m
bijspijkeren ● bijwerken *auf-/nachholen* ★ zijn
  kennis ~ *seine Kenntnisse auffrischen*
  ● bijspringen *zuschustern/-schießen*
bijspringen *aushelfen*; ⟨financieel⟩ *beispringen*
bijstaan I OV WW helpen *beistehen*; *helfen* II ON
  WW herinneren *sich entsinnen*
bijstand ● hulp *Unterstützung* v ● uitkering
  Bei-/Sozialhilfe v ● instantie *Sozialamt* o;
  Fürsorge v
bijstandsmoeder ≈ *von der Sozialhilfe lebende
  Mutter* v
bijstandsuitkering *Sozialhilfe* v; *Unterstützung* v
bijstandtrekker *Sozialrentner* m
bijstellen ● in juiste stand brengen *einstellen*;
  TECHN. *justieren* ● aanpassen *anpassen*
bijstelling ● het bijstellen *Einstellen* o;
  Einrichten o; TECHN. *Justierung* v ● *Apposition*
  v
bijster I BNW ★ het spoor ~ zijn *die Spur
  verloren haben* II BIJW *sonderlich*; *besonders*
bijsturen *korrigieren*
bijt *Wune* v
bijtanken ● brandstof bijvullen *auftanken*
  ● energie opdoen *auftanken*
bijtekenen *sich weiterhin verpflichten*

bi

bijten I OV WW tanden zetten in *beißen* ▼ van zich af ~ *sich seiner Haut wehren* **II** ON WW inbijten (in) *ätzen*
bijtend ● vinnig *beißend* ● corroderend *ätzend*
bijtgaar *halb gar*; *bissfest*
bijtijds ● op tijd *(recht)zeitig* ● vroeg *frühzeitig*
bijtreden BN steunen *zustimmen*; *beistimmen*
bijtrekken *aufheitern* ★ de kleuren zullen ~ *die Farben gleichen sich mit der Zeit an*
bijtring *Beißring* m
bijvak *Nebenfach* o
bijval ● instemming *Zustimmung* v ★ onder luide ~ *unter lautem Beifall* ★ ~ oogsten/ vinden bij *Beifall ernten bei* ● applaus *Applaus* m; *Beifall* m
bijvallen *zustimmen*; *beistimmen*
bijverdienen ★ wat ~ *etw. dazuverdienen*
bijverdienste *Nebenverdienst* m; *Nebeneinkünfte* mv
bijverschijnsel *Begleit-/Nebenerscheinung* v
bijverzekeren *zusätzlich versichern*
bijvoeding *Beikost* v
bijvoegen *(hin)zufügen*
bijvoeglijk *adjektivisch*; *attributiv*; *beifügend* ★ ~ naamwoord *Adjektiv* o ★ ~e bijzin *Adjektiv-/Attributivsatz* m ★ ~e bepaling *Attribut* o
bijvoegsel *Anhang* m; (v. krant) *Beilage* v
bijvoorbeeld *zum Beispiel*
bijvullen *nachfüllen*; *nachschütten*
bijwerken ● in orde maken *ver-/nachbessern* ★ de boeken ~ *die Bücher aktualisieren/ überarbeiten* ● bijverdienen *(hin)zuverdienen* ★ een leerling ~ *einem Schüler Nachhilfe geben*
bijwerking *Nebenwirkung* v
bijwonen *miterleben*; *anwesend sein bei*
bijwoord *Adverb* o ★ ~ van modaliteit *Modaladverb* o ★ ~ van tijd *Temporaladverb* o
bijwoordelijk *adverbial*
bijzaak *Nebensache* v ★ dat is ~ *das ist nebensächlich*
bijzettafel *Beistelltisch* m
bijzetten ● erbij zetten *hinzustellen*; *dazustellen* ● begraven *begraben*; *beisetzen*
bijziend *kurzsichtig*
bijziendheid *Kurzsichtigkeit* v
bijzijn *Beisein* o; *Anwesenheit* v ★ in het ~ van mijn vriend *in Gegenwart meines Freundes*
bijzin *Nebensatz* m ★ voorwaardelijke ~ *Bedingungssatz* m; *Konditionalsatz* m
bijzonder I BNW ongewoon *eigenartig*; *besonder* ★ hij vertelt niet veel ~s *er erzählt nichts von Bedeutung* **II** BIJW ● zeer *sehr* ● vooral *besonders* **III** ZN [het] ▼ in het ~ *besonders*
bijzonderheid ● detail *Einzelheit* v ★ alle verdere bijzonderheden *alles Weitere* ● iets bijzonders *Sehenswürdigkeit* v
bikini *Bikini* m
bikinilijn *Bikinizone* v
bikkel ▼ zo hard als een ~ *pickelhart*
bikkelhard ● (v. materie) erg hard *stein-/knochenhart* ● onvermurwbaar *unbarmherzig*; *schonungslos*; *knallhart*
bikken ● afhakken *(ab)hacken*; *(ab)klopfen* ● eten *futtern*; *essen*

bil *Hintern* m ▼ hij moet met de billen bloot *er muss die Hosen runterlassen*
bilateraal *bilateral*
biljard *Billiarde* v
biljart *Billard* o
biljartbal *Billardkugel* v
biljarten *Billard spielen*
biljet ● kaartje *Eintrittskarte* v; *Fahrschein* m ● bankbiljet *Geldschein* m
biljoen *Billion* v
billboard *Reklametafel* v
billenkoek *Tracht* v *Prügel*
billijk ● redelijk *vernünftig*; *gerecht* ● rechtmatig *berechtigt*; *rechtmäßig*
billijken *zustimmen*; *billigen*
bilspleet, bilnaad *Damm* m; *Pospalte* v
bimetaal *Bimetall* o
binair *binär*
binden ● LETT. vastmaken *(fest)binden* ● CUL. dik maken *andicken* ● → **gebonden**
bindend *verbindlich*; *bindend* ★ niet ~ *unverbindlich*
binding *Bindung* v
bindmiddel *Bindemittel* o
bindvlies *Bindehaut* v
bindvliesontsteking *Bindehautentzündung* v; *Konjunktivitis* v
bindweefsel *Bind(e)gewebe* o
bingo *Bingo* o
bink *stramme(r) Junge* m; *fesche(r) Typ* m ★ stoere bink *tolle(r) Hecht* m ▼ de bink uithangen *auf die Pauke/den Putz hauen*
binnen I VZ ● in *in* [+3]; *innerhalb* [+2] ★ ~ de muren van het kasteel *innerhalb der Schlossmauern* ★ ~ de grenzen van de stad *innerhalb der Stadtgrenzen* ● in minder dan *innerhalb* [+2]; *innerhalb von* [+3]; *binnen* [+2] ★ ~ een week *innerhalb einer Woche*; *innerhalb von einer Woche* **II** BIJW *drinnen* ★ ~ in de cirkel *drinnen im Kreis* ★ hij loopt naar ~ *er läuft hinein* ★ hij liep naar ~ *er lief hinein* ★ van ~ naar buiten *von innen nach außen* ★ de deur van ~ sluiten *die Tür von innen abschließen* ★ is nummer 8 al ~? *ist Nummer 8 schon reingekommen?* ★ ze is nog ~ *sie ist noch drinnen* ▼ ~! *herein!* ▼ ~ zonder kloppen *eintreten ohne anzuklopfen* ▼ FIG. hij is ~ (gefortuneerd) *er hat es zu etw. gebracht* ▼ ~ is ~! *was man hat, das hat man*
binnenbaan ● binnenste baan *Innenbahn* v ● SPORT overdekte baan *Hallenbahn* v
binnenbad *Hallenbad* o
binnenband *Schlauch* m
binnenblijven *zu Hause bleiben*
binnenbocht *Innenkurve* v
binnenbrand *Kleinfeuer* o
binnenbrengen *hereinbringen*; *hineinbringen* ▼ de oogst ~ *die Ernte einbringen/einfahren*
binnendoor ▼ ~ gaan *eine Abkürzung nehmen*
binnendringen *eindringen*
binnendruppelen *hereintröpfeln*
binnengaan *hineingehen* ★ de kamer ~ *das Zimmer betreten*
binnenhalen *hereinholen*
binnenhaven *Binnenhafen* m

binnenhuisarchitect *Raumgestalter* m
binnenin *im Innern*
binnenkant *Innenseite* v
binnenkomen *hineinkommen; eintreten; hereinkommen;* ⟨schepen⟩ *einlaufen*
binnenkomer *Einleitung* v
binnenkomst *Ankunft* v
binnenkort *bald; demnächst*
binnenkrijgen ● *ontvangen hereinbekommen; empfangen* ● *inslikken reinbekommen* ★ *hij heeft veel water naar binnen gekregen er hat viel Wasser geschluckt*
binnenland ● AARDK. *Landesinnere* o ★ *de ~en van Frankrijk das Binnenland Frankreichs* ● *het eigen land Inland* o
binnenlands *inländisch;* ⟨v. producten⟩ *einheimisch* ★ *~e handel Innenhandel* m ★ *~e markt Binnenmarkt* m ★ *~e politiek Innenpolitik* v
binnenlaten *hereinlassen; hineinlassen*
binnenloodsen *einschleusen* ★ *schepen ~ Schiffe in den Hafen lotsen*
binnenlopen ● *lopend binnengaan herein-/hineinlaufen* ● *binnenkomen herein-/hineingehen* ★ *een haven ~ in einen Hafen einlaufen*
binnenplaats *Innenhof* m
binnenpretje *heimliche(s) Schmunzeln* o ★ *~s hebben in sich hineinlachen*
binnenrijm *Binnenreim* m
binnenroepen *hereinrufen*
binnenscheepvaart *Binnenschifffahrt* v
binnenschipper *Binnenschiffer* m
binnenshuis *innerhalb des Hauses; im Haus*
binnenskamers *innerhalb des Zimmers; im Zimmer*
binnensmonds *im Mund* ★ *~ praten nuscheln*
binnenspiegel *Innenspiegel* m
binnensport *Hallensport* m
binnenstad *Innenstadt* v
binnenste *Innere(s)* o
binnenstebuiten *verkehrt herum* ★ *~ keren umkrempeln*
binnenvaart *Binnenschifffahrt* v; *Flussschifffahrt* v
binnenvallen ● *binnenkomen hereinplatzen* ● *binnendringen eindringen*
binnenvetter *verschlossene Person* v; *Grübler* m ★ *hij is een ~ er frisst alles in sich hinein*
binnenwaarts *einwärts*
binnenwater *Binnenwasser* o ★ *~en Binnengewässer* o
binnenweg *Landstraße* v
binnenwerk ● *inwendige delen innere(r) Mechanismus* m; ⟨v. klok⟩ *Uhrwerk* o ● *werk binnenshuis Hausarbeit* v
binnenwippen *auf einen Sprung vorbeikommen*
binnenzak *Innentasche* v
binnenzee *Binnenmeer* o
bint *Balken* m
bintje *Bintje* o
bioafval *Bio-Abfälle* m mv
biobak *Biotonne* v
biochemie *Biochemie* v
biodynamisch *biologisch-dynamisch*
bio-energie *Bioenergie* v

biofysica *Biophysik* v
biogas *Biogas* o
biograaf *Biograf* m
biografie *Biografie* v
biografisch *biografisch*
bio-industrie *Intensivhaltung* v; *Bio-Industrie* v; *Massentierhaltung* v
bio-ingenieur BN *ingenieur in de biowetenschappen Bioingenieur* m [v: *Bioingenieurin*]
biologeren ★ *als gebiologeerd wie gebannt*
biologie *Biologie* v
biologisch *biologisch*
biologisch-dynamisch *biologisch-dynamisch*
bioloog *Biologe* m
biomassa *Biomasse* v
biopsie *Biopsie* v
bioritme *Biorhythmus* m
bios *Kino* o
bioscoop *Kino* o ★ *naar de ~ gaan ins Kino gehen*
biosfeer *Biosphäre* v
biotechnologie *Biotechnologie* v
biotoop *Biotop* m/o
biowetenschappen *Biowissenschaften* mv
bips *Popo* m
Birma *Birma* o
Birmees *Birmaner* m
bis I BIJW *toegevoegd* ★ *nummer 5 en nummer 5 bis Nummer 5 und Nummer 5a* II TW *Zugabe!*
bisamrat *Bisamratte* v
biscuit *Biskuit* o
biscuitje *Keks* m
bisdom *Bistum* o
biseksualiteit *Bisexualität* v
biseksueel *bisexuell*
bisschop *Bischof* m
bisschoppelijk *bischöflich*
bissectrice *Winkelhalbierende* v
bissen BN, O&W *wiederholen;* INFORM. *sitzen bleiben*
bisser BN, O&W *Sitzenbleiber* m
bistro *Bistro* o
bit I ZN [de] COMP. *Bit* o II ZN [het] *mondstuk Kandare* v
bits *bissig*
bitter I BNW ● *scherp van smaak herb; bitter* ● *smartelijk schwer; bitter* ● *verbitterd verbittert* II BIJW *in hoge mate furchtbar; bitter*
bitterbal *kleine, kugelförmige Krokette* v
bittergarnituur *Cocktailhäppchen* mv
bitterkoekje *Makrone* v
bitterzoet *bittersüß*
bitumen *Bitumen* o
bivak *Feldlager* o
bivakkeren ● *biwakieren* ● *tijdelijk wonen sich aufhalten; wohnen*
bivakmuts *Biwakmütze* v
bizar *absonderlich; bizarr*
bizon *Bison* m
B-kant *B-Seite* v
blaadje ● → **blad**
blaag *Balg* m
blaam *Tadel* m
blaar ● *zwelling Blase* v ● *bles Blesse* v

blaarkop *Blesse* v
blaas *Blase* v
blaasaandoening *Blasenleiden* o
blaasbalg *Blasebalg* m
blaasinstrument *Blasinstrument* o
blaaskaak *Großmaul* o
blaaskapel *Blaskapelle* v
blaasmuziek *Blasmusik* v
blaasontsteking *Blasenentzündung* v; *Zystitis* v
blaaspijpje *(Atem)Röhrchen* o ★ in het ~ blazen *ins Röhrchen pusten*
blabla *Blabla* o
black-out *Blackout* o
blad ● deel van plant/boom *Blatt* o ● vel papier *Bogen* m; *Blatt* o ● tijdschrift *Heft* o; *Magazin* o ● dienblad *Tablett* o ● plat en breed voorwerp *Platte* v; ⟨v. anker⟩ *Flunke* v; ⟨v. werktuigen⟩ *Blatt* o ▼ hij is omgedraaid als een blad aan de boom *er ist wie ausgewechselt* ▼ in een goed blaadje staan bij iemand, BN op een goed blaadje staan bij iem. *gut angeschrieben sein bei jmdm.* ▼ een onbeschreven blad zijn *ein unbeschriebenes Blatt sein*
bladderen ● van verf *abblättern* ● blaasjes vormen *Blasen bilden*
bladerdeeg *Blätterteig* m
bladeren *blättern*
bladgoud *Blattgold* o
bladgroen *Blattgrün* o
bladgroente *Blattgemüse* o
bladluis *Blattlaus* v
bladmuziek *Noten* v mv
bladspiegel *Schriftspiegel* m
bladstil *völlig windstill*
bladverliezend *laubabwerfend*
bladvulling *Lückenbüßer* m
bladwijzer ● boekenlegger *Lesezeichen* o ● inhoudsopgave *Inhaltsverzeichnis* o
bladzijde *Seite* v
blaf *Bellen* o
blaffen *bellen*
blaken ● branden *glühen*; *brennen* ● vol zijn van ★ ~d van gezondheid *strotzend vor Gesundheit*
blaker *Leuchter* m
blakeren *sengen*
blamage *Blamage* v
blameren *blamieren*
blancheren *blanchieren*
blanco *blanko*; *unbeschrieben*; ⟨formulier⟩ *unausgefüllt* ★ ~ stem *Stimmenthaltung* v
blancokrediet *Blankokredit* m
blancovolmacht *Blankovollmacht* v
blank ● licht van kleur *weiß* ● onbeschilderd ★ ~ hout *naturbelassene(s) Holz* o ● onder water *überschwemmt*
blanke *Weiße(r)* m
blasé *blasiert*
blasfemie *Blasphemie* v
blaten ⟨schaap⟩ *blöken*; ⟨geit⟩ *meckern*
blauw I BNW *blau* **II** ZN [het] *Blau* o
blauwbekken *erbärmlich frieren*
blauwblauw ▼ iets ~ laten *etw. auf sich beruhen lassen*
blauwboek *Blaubuch* o

blauwdruk ● afdruk van ontwerp *Blaupause* v ● schets *Konzept* o
blauweregen *Glyzinie* v
blauwgrijs *blaugrau*
blauwgroen *blaugrün*
blauwhelm *Blauhelm* m
blauwrood *blaurot*
blauwtje ▼ een ~ lopen *einen Korb bekommen*
blauwzuur *Blausäure* v
blauwzwart *blauschwarz*
blazen I ON WW ● met kracht uitademen *pusten* ● ⟨v. kat⟩ sissen *fauchen* **II** OV WW bespelen *blasen*
blazer¹ *Bläser* m
blazer² (zeg: blezer) *Blazer* m
blazoen *Wappenschild* o
bleek I ZN [de] het bleken *Bleichen* o **II** BNW *blass*; *bleich*; ⟨v. kleuren⟩ *fahl* ★ ~ wegtrekken *verbleichen*
bleekgezicht *Bleichgesicht* o
bleekjes *blass*
bleekmiddel *Bleichmittel* o
bleekneus *Bleichgesicht* o
bleekselderij *Stangensellerie* m
bleekwater *Bleichwasser* o
bleekzucht *Bleichsucht* v; *Chlorose* v
bleken *bleichen*
blèren *plärren*
bles *Blesse* v
blesseren *verletzen*
blessure *Verletzung* v
blessuretijd *Nachspielzeit* v
bleu ● blauw *bleu*; *blassblau* ● bedeesd *schüchtern*
bliep *piep*
blieven *mögen* ★ wat blieft? *bitte?*
blij *froh*; *fröhlich*; *freudig* ★ blij zijn over iets *sich über etw. freuen* ★ ik ben blij je te zien *ich freue mich, dich zu sehen* ★ iem. ergens blij mee maken *jmdn. mit etw. erfreuen*
blijdschap *Freude* v ★ van ~ *vor Freude*
blijf ▼ BN geen ~ weten met iets *sich mit einer Sache keinen Rat wissen*
blijf-van-mijn-lijfhuis *Frauenhaus* o
blijheid *Freude* v; *Heiterkeit* v
blijk *Beweis* m; *Zeichen* o ★ ~ geven van iets *etw. zeigen* ★ als ~ van dankbaarheid *als Zeichen der Dankbarkeit*
blijkbaar *offenbar*; *offensichtlich*
blijken *sich zeigen*; *sich ergeben*; *sich herausstellen* ★ achteraf bleek *hinterher stellte sich heraus* ★ doen ~ van *bekunden* ★ daaruit blijkt *daraus wird ersichtlich*; *daraus geht hervor* ★ iets niet laten ~ *sich etw. nicht anmerken lassen* ★ dit middel is gebleken goed te zijn *das Mittel hat sich bewährt*
blijkens *laut* [+3]
blijmoedig *frohgemut*; *heiter* ★ hij is altijd ~ *er ist immer frohen Mutes*
blijspel *Lustspiel* o
blijven I ON WW ● voortduren *bestehen*; *bleiben* ★ iem. ~ aankijken *jmdn. unverwandt anblicken* ★ ~ leven *am Leben bleiben* **II** KWW *bleiben*
blijvend *bleibend* ★ van ~e invloed zijn *eine nachhaltige Wirkung haben*

bl

blik I ZN [de] ● oogopslag *Blick* m ● manier van kijken *Blick* m ● kijk op iets *Blick* m ★ een ruime blik hebben *ein weites Blickfeld haben* ★ zijn blik verruimen *seinen Gesichtskreis erweitern* **II** ZN [het] ● metaal *Blech* o ● bus *Büchse* v; ⟨conservenblik⟩ *Konserve* v ● stofblik *Kehrschaufel* v
blikgroente *Büchsengemüse* o
blikje ● → blik
blikken I BNW *blechern* **II** ON WW *blicken* ▼ zonder ~ of blozen *ohne mit der Wimper zu zucken*
blikkeren *glitzern; funkeln*
blikopener *Dosenöffner* m
blikschade *Blechschaden* m
bliksem ● *Blitz* m ● persoon ★ arme ~ *arme(r) Schlucker* ★ luie ~ *ein stinkfauler Kerl* ▼ als door de ~ getroffen zijn *wie vom Blitz gerührt sein* ▼ loop naar de ~! *scher dich zum Teufel!* ▼ naar de ~ zijn *im Eimer sein* ▼ dat gaat jou geen ~ aan *das geht dich einen Dreck an*
bliksemactie *Blitzaktion* v
bliksemafleider *Blitzableiter* m
bliksemcarrière *Blitzkarriere* v ★ een ~ maken *eine Blitzkarriere machen*
bliksemen *blitzen*
bliksemflits *Blitz(strahl)* m
blikseminslag *Blitzschlag* m
bliksemoorlog *Blitzkrieg* m
bliksems *unheimlich; verdammt*
bliksemschicht *Blitzstrahl* m
bliksemsnel *blitzschnell*
bliksemstart *Blitzstart* m
bliksemstraal *Blitz* m
blikvanger *Blickfang* m
blikveld *Blickfeld* o
blikvoer ⟨mensen⟩ *Dosennahrung* v; ⟨dieren⟩ *Dosenfutter* o
blind *blind*
blind date *Verabredung* v *mit einem/einer Unbekannten; Blind Date* o
blinddoek *Augenbinde* v
blinddoeken *die Augen verbinden*
blinde *Blinde(r)* m ▼ hij oordeelt als een ~ over de kleuren *er redet, wie der Blinde von der Farbe*
blindedarm *Blinddarm* m
blindedarmontsteking *Blinddarmentzündung* v
blindelings ● zonder te zien *blindlings* ● zonder nadenken ★ dat kan ik ~ *das kann ich im Schlaf*
blindemannetje ★ ~ spelen *Blindekuh spielen*
blindengeleidehond *Blindenhund* m
blindenschrift *Blindenschrift* v; *Brailleschrift* v
blinderen ● afdekken *verblenden* ● pantseren *panzern*
blindganger *Blindgänger* m
blindheid *Blindheit* v
blindstaren [zich ~] op *fixiert sein auf* [+4]
blindvaren op *völlig vertrauen auf*
bling, blingbling *Bling-Bling* o
blinken *blinken; glänzen; leuchten*
blisterverpakking *Klarsichtverpackung* v
blits I ZN [de] ▼ de ~ maken *mit etw. eine große Schau abziehen* **II** BNW *scharf; geil*
blocnote *Schreibblock* m

bloed ● *Blut* o ★ ~ geven *Blut spenden* ★ met ~ bevlekt *blutbefleckt* ★ FIG. de organisatie moet nieuw ~ hebben *dem Unternehmen muss neues/frisches Blut zugeführt werden* ● →
bloedje ▼ blauw ~ hebben *blaues Blut in den Adern haben* ▼ iemands ~ wel kunnen drinken *jmdn. auf den Tod nicht ausstehen können* ▼ ik kan zijn ~ wel drinken *ich hasse ihn bis aufs Blut* ▼ iem. het ~ onder de nagels vandaan halen *jmdn. bis aufs Blut reizen* ▼ zijn ~ kookt van woede *ihm kocht das Blut in den Adern* ▼ het ~ kruipt waar het niet gaan kan ≈ *man kann seine Herkunft nicht verleugnen* ▼ kwaad ~ zetten bij *böses Blut schaffen* ▼ dat zet kwaad ~ *das schafft böses Blut* ▼ in koelen ~e *kaltblütig* ▼ van koninklijken ~e *von königlichem Blut*
bloedalcoholgehalte *Blutalkoholspiegel* m; *Blutalkoholgehalt* m
bloedarmoede *Blutarmut* v
bloedbaan *Blutbahn* v
bloedbad *Blutbad* o
bloedbank *Blutbank* v
bloedbezinking *Blutsenkung* v
bloedblaar *Blutblase* v
bloedcel *Blutzelle* v
bloeddonor *Blutspender* m
bloeddoorlopen *blutunterlaufen*
bloeddoping *Blutdoping* o
bloeddorstig *blutdürstig; blutrünstig*
bloeddruk *Blutdruck* m ★ hoge ~ *Bluthochdruck* m
bloeddrukmeter *Blutdruckmessgerät* o
bloeddrukverlagend *blutdrucksenkend*
bloedeigen *leiblich*
bloedeloos *blutleer*
bloeden ● bloed verliezen *bluten* ★ ~ als een rund *bluten wie ein Schwein* ★ tot ~s toe *bis aufs Blut* ● boeten voor ★ daar heeft hij voor moeten ~ *dafür hat er schwer bluten müssen*
bloederig *blutig* ★ ~e film *blutrünstige(r) Film* m
bloederziekte *Bluterkrankheit* v
bloedgang *Höllentempo* o ★ met een ~ *im Affentempo; mit 'nem Affenzahn*
bloedgeld ● loon voor misdaad *Wergeld* o ● hongerloon *Hungerlohn* m
bloedgroep *Blutgruppe* v
bloedheet ● zeer heet *bullenheiß; brühheiß* ● hitsig *scharf; geil*
bloedhekel ★ een ~ hebben aan *jmdn. auf den Tod nicht leiden können*
bloedhond *Bluthund* m
bloedig I BNW *bloederig blutig* **II** BIJW in hoge mate ★ ~ zijn best doen *sich enorm viel Mühe geben*
bloeding *Blutung* v
bloedje ▼ zeven ~s van kinderen ≈ *sieben beklagenswerte Kinder*
bloedkanker *Blutkrebs* m; *Leukämie* v
bloedkleurstof *Blutfarbstoff* m
bloedkoraal *Edelkoralle* v
bloedlichaampje *Blutkörperchen* o
bloedlink ● riskant *äußerst/verdammt riskant* ● boos *fuchsteufelswild*
bloedmooi *traumhaft schön*

bloedneus *Nasenbluten* o ★ iem. een ~ slaan *jmdm. die Nase blutig schlagen*
bloedonderzoek *Blutuntersuchung* v
bloedplaatje *Blutplättchen* o
bloedplasma *Blutplasma* o
bloedproef *Blutprobe* v
bloedprop *Blutgerinnsel* o
bloedschande *Blutschande* v; *Inzest* m
bloedserieus *todernst*
bloedserum *Blutserum* o
bloedsinaasappel *Blutorange* v
bloedsomloop *Kreislauf* m; *Blutkreislauf* m
bloedspiegel *Blutspiegel* m
bloedstollend ● bloed stollend *blutstillend* ● spannend *schauderhaft; grausig*
bloedstolling *Blutgerinnung* v
bloedstolsel *Blutgerinnsel* o
bloedstroom *Blutstrom* m
bloedsuiker *Blutzucker* m
bloedsuikerspiegel *Blutzuckerspiegel* m
bloedtransfusie *Bluttransfusion* v
bloeduitstorting *Bluterguss* m
bloedvat *Blutgefäß* o
bloedverdunnend *blutverdünnend*
bloedvergieten *Blutvergießen* o
bloedvergiftiging *Blutvergiftung* v
bloedverlies *Blutverlust* m
bloedverwant *Blutsverwandte(r)* m
bloedverwantschap *Blutsverwandtschaft* v
bloedvlek *Blutfleck* m
bloedworst *Blutwurst* v
bloedwraak *Blutrache* v
bloedzuiger ● dier *Blutsauger* m; *Blutegel* m ● uitbuiter *Halsabschneider* m; *Wucherer* m; *Blutsauger* m
bloedzuiverend *blutreinigend*
bloei ● PLANTK. *Blühen* o ★ in ~ *in Blüte* ★ in ~ staan *blühen* ● FIG. ontplooiing *Blüte* v ★ in de ~ van zijn jaren *in der Blüte seiner Jahre* ★ de grote economische ~ *die wirtschaftliche Hochblüte* ★ tot ~ komen *aufblühen*
bloeien *blühen* ★ een ~de zaak *ein florierendes Geschäft* ★ de handel bloeit *der Handel blüht/gedeiht*
bloeiperiode *Blütezeit* v
bloeiwijze *Blütenstand* m
bloem ● PLANTK. *Blume* v ● meel *Mehl* o ● → **bloemetje** ▼ de ~ der natie *die Spitzen der Nation* ▼ de ~etjes buiten zetten *einen draufmachen; auf den Putz hauen*
bloembak *Pflanzenkübel* m
bloembed *Blumenbeet* o
bloembol *Blumenzwiebel* v
bloembollenteelt *Blumenzwiebelzucht* v
bloemencorso *Blumenkorso* m
bloementeelt *Blumenzucht* v
bloemenvaas *Blumenvase* v
bloemenwinkel *Blumengeschäft* o; *Florist* m
bloemetje ● bos bloemen *Blumenstrauß* m ● → **bloem**
bloemig *blumig* ★ ~e aardappels *mehlige(n) Kartoffeln*
bloemist ● kweker *Florist* m ● verkoper *Blumenhändler* m
bloemisterij *Blumengeschäft* o
bloemknop *Knospe* v

bloemkool *Blumenkohl* m
bloemlezing *Anthologie* v; *Blütenlese* v
bloemperk *Blumenrabatte* v; *Blumenbeet* o
bloempot *Blumentopf* m
bloemrijk *blumig; blumenreich*
bloemschikken *Blumenbinden*
bloemstuk *Gesteck* o
bloemsuiker BN poedersuiker *Puderzucker* m
bloes *Bluse* v
bloesem *Blüte* v
blog *Blog* m/o; *Internet-Tagebuch* o
blogger *Blogger* m
blok ● recht stuk *Block* m; *Klotz* m ★ met blokken spelen *mit Klötzen spielen* ● huizenblok *Häuserblock* m ★ een blokje om lopen *einen (kleinen) Spaziergang machen* ▼ slapen als een blok *schlafen wie ein Murmeltier/Klotz* ▼ iem. voor het blok zetten *jmdm. die Pistole auf die Brust setzen* ▼ een blok aan het been zijn *ein Klotz am Bein sein*
blokfluit *Blockflöte* v
blokhut *Blockhütte* v
blokkade *Blockade* v; *Sperre* v ★ de ~ van een land afkondigen *die Blockade über ein Land verhängen*
blokken *pauken; büffeln*
blokkendoos *Baukasten* m
blokkeren ● toegang afsluiten *(ver)sperren* ● onttrekken aan het geldverkeer *blockieren* ★ geblokkeerde gelden *Sperrgelder* o ★ geblokkeerde rekening *Sperrkonto* o ★ geblokkeerd tegoed *Sperrguthaben* o
blokletter *Druck-/Blockbuchstabe* m
blokletteren BN in grote krantenkoppen schrijven *in Blockbuchstaben titeln*
blokpolis BN pakketpolis *Paketpolice* v
blokuur *Doppel-/Blockstunde* v
blond *blond* ★ met ~e krullen *blond gelockt*
blonderen *aufhellen; blondieren*
blondine *Blondine* v
blondje *Blondine* v ★ dom ~ *Blondine* v
bloody mary *Bloody Mary* v
blooper *Schnitzer* m
bloot ● onbedekt *nackt; bloß* ★ op de blote huid dragen *auf der blanken Haut tragen* ● zonder hulpmiddel ★ uit het blote hoofd *auswendig* ★ met blote handen *mit bloßen Händen*
blootblad *Nacktmagazin* o
blootgeven [zich ~] *sich eine Blöße geben; sich bloßstellen*
blootje ▼ in je ~ ⟨v. man⟩ *im Adamskostüm*; ⟨v. vrouw⟩ *im Evaskostüm*
blootleggen ● van bedekking ontdoen *entblößen; bloß legen* ● onthullen *aufdecken*
blootshoofds *barhäuptig*
blootstaan aan ★ aan vele gevaren ~ *vielen Gefahren ausgesetzt sein*
blootstellen aan *aussetzen* ★ aan de wind blootgesteld *dem Winde ausgesetzt*
blootvoets *barfuß*
blos *Röte* v ● blos van schaamte *Schamröte* v
blotebillengezicht *Arschgesicht* o
blowen *kiffen*
blowtje *Joint* m ★ een ~ draaien *einen Joint drehen*

blozen *erröten* ★ iem. doen ~ *jmdn. zum Erröten bringen* ★ er ~d uitzien *blühend aussehen*
blubber *Schlamm* m; *Matsch* m ▼ zich de ~ werken *sich abschuften*
blues *Blues* m
bluf *Bluff* m
bluffen *bluffen*
blufpoker *Angeberei* v
blunder *Schnitzer* m; *Fauxpas* m
blunderen *einen Bock schießen*; *einen Schnitzer machen*; *stümpern*
blusapparaat *Feuerlöschgerät* o; *Löschgerät* o
blusboot *Löschboot* o
blussen *löschen*
blusvliegtuig *Löschflugzeug* o
blut *pleite*; *ausgebeutelt*
bluts ▼ BN de ~ met de buil nemen ≈ *keine Rose ohne Dornen*
blutsen *einbeulen*; *verbeulen*
B-merk *B-Marke* v
BMI *BMI* m
bmr-prik *Impfung* v *gegen Masern, Mumps, Röteln*
BN'er *niederländischer Promi* m ★ de ~s die *niederländischen Promis*
bnp *BSP* o *(Bruttosozialprodukt)*
boa ● slang *Boa* v ● halskraag *Boa* v
board *Holzfaserplatte* v
bobbel ● bultje *Buckel* m; *Hubbel* m ★ straat met ~s *holprige Straße* v ● blaasje *Blase* v
bobbelen ● hard koken *sprudeln*; *brodeln* ● bobbels hebben of krijgen *sich wellen*
bobijn BN spoel *Spule* v
bobo *Bonze* m
bobslee *Bob* m
bobsleeën *mit einem Bob fahren*
bochel ● hoge rug *Buckel* m ● gebochelde *Bucklige(r)* m
bocht I ZN [de] buiging *Biegung* v; *Kurve* v ★ uit de ~ vliegen *aus der Kurve getragen werden* ▼ zich in (allerlei) ~en wringen *sich drehen und winden*; *versuchen sich herauszuwinden* **II** ZN [het] troep *Gesöff* o
bochtig *kurvig*; *kurvenreich*; *gewunden*
bockbier *Bockbier* o
bod ● ECON. prijsvoorstel *Anbieten* o; *Angebot* o ★ een hoger bod doen *überbieten* ★ een lager bod doen *unterbieten* ★ het hoogste bod doen *der Meistbietende sein* ● beurt ★ wie is er aan bod? *wer reizt?*; *wer ist an der Reihe?*
bode *Bote* m
bodega *Bodega* v
bodem ● grondvlak ★ leeg tot op de ~ *vollkommen/völlig leer* ★ tot de ~ toe ledigen *bis auf die/bis zur Neige leeren* ● grond *Boden* m ● restje ★ een ~pje in het glas laten *einen kleinen Rest im Glas lassen* ▼ dubbele ~ *doppelte(r) Boden* m; *Doppelbödigkeit* v ▼ iets tot de ~ uitzoeken *einer Sache auf den Grund gehen*
bodembescherming *Bodenschutz* m
bodemgesteldheid *Bodenbeschaffenheit* v
bodemkunde *Bodenkunde* v
bodemloos *bodenlos* ▼ een ~ vat *ein Fass ohne Boden*

bodemmonster *Bodenprobe* v
bodemonderzoek *Bodenanalyse* v; ⟨werk⟩ *Bodenuntersuchung* v; ⟨wetenschap⟩ *Bodenforschung* v
bodemprijs *Mindestpreis* m
bodemprocedure *Hauptverfahren* o
bodemsanering *Bodensanierung* v
bodemschatten *Bodenschätze* mv
bodemverontreiniging *Bodenverschmutzung* v
Bodenmeer *Bodensee* m
body ● bodystocking *Body* m ● ⟨v. camera⟩ *Gehäuse* o
bodybuilden *Bodybuilding* o
bodybuilder *Bodybuilder* m
bodybuilding *Bodybuilding* o
bodyguard *Bodyguard* m
bodylotion *Körperlotion* m
body mass index *Body Mass Index* m
bodypaint *Bodypainting* o
bodystocking *Bodystocking* m
bodysuit *Body* m
bodywarmer *Skiweste* v; *Steppweste* v
boe ▼ boe noch ba zeggen *keinen Laut von sich geben*
Boedapest *Budapest* o
Boedapests *Budapester*
Boeddha *Buddha* m
boeddha *Buddha* m
boeddhisme *Buddhismus* m
boeddhist *Buddhist* m
boeddhistisch *buddhistisch*
boedel ● bezit *Inventar* o; *Hausrat* m ★ desolate/insolvente ~ *überschuldete Konkursmasse* v ★ failliete ~ *Konkursmasse* v ● nalatenschap *Erbe* o; *Erbschaft* v; *Nachlass* m ★ gladde ~ *beglichene Erbmasse* v ★ een ~ aanvaarden *eine Erbschaft antreten*
boedelscheiding *Auseinandersetzung* v; ⟨v. erfenis⟩ *Erbteilung* v
boef *Spitzbube* m; *Schurke* m
boeg *Bug* m ▼ het over een andere boeg gooien *einen anderen Kurs einschlagen* ▼ wij hebben nog veel voor de boeg *wir müssen noch einiges tun*
boegbeeld *Galionsfigur* v
boegeroep *Buhrufen* o; *Jaulen* o
boegspriet *Bugspriet* m/o
boei ● kluister *Fessel* v ★ iem. in de boeien slaan *jmdm. die Fesseln anlegen* ● baken *Boje* v ● reddingsgordel *Rettungsring* m ▼ een kleur als een boei krijgen *rot wie eine Tomate werden*
boeien ● in de boeien slaan *fesseln* ● fascineren *faszinieren*
boeiend *fesselnd*; *packend*
boek ● bundel bijeengebonden bedrukt papier *Buch* o ● notatieregister ★ te boek stellen *in die Bücher eintragen* ★ BN de boeken neerleggen *den Konkurs anmelden/beantragen* ★ de boeken bijhouden *die Bücher führen* ★ te boek staande vordering *Außenstände* ▼ een open boek zijn *ein offenes Buch sein* ▼ dat is een gesloten boek voor mij *das ist für mich ein Buch mit sieben Siegeln* ▼ goed te boek staan *einen guten Ruf genießen* ▼ slecht te boek staan *einen schlechten Ruf haben*

bo

Boekarest *Bukarest* o
Boekarests *Bukarester*
boekbespreking *Buchbesprechung* v
boekbinden *Buchbinden* o; *Buchbinderei* v
boekbinder *Buchbinder* m
boekdeel *Band* m
boekdrukkunst *Buchdruckerkunst* v
boeken ● in-/opschrijven *buchen* ★ een post als
verlies ~ *einen Posten als Verlust verbuchen*
● behalen ★ winst ~ *Gewinne erzielen*
boekenbeurs *Buchmesse* v
boekenbon *Büchergutschein* m
boekenclub *Buchgemeinschaft* v
boekenkast *Bücherschrank* m; *Bücherregal* o
boekenlegger *Lesezeichen* o
boekenlijst *Literaturliste* v
boekenplank *Bücherbrett* v
boekenrek *Bücherregal* o
boekensteun *Buchstütze* v
Boekenweek ≈ *Buchwerbungswoche* v *in den
Niederlanden*
boekenwijsheid *Buchwissen* o
boekenwurm *Leseratte* v; *Bücherwurm* m
boeket *Blumenstrauß* m
boekhandel ● winkel *Buchladen* m;
Buchhandlung v ● bedrijfstak *Buchgewerbe* o;
Buchhandel m
boekhandelaar *Buchhändler* m [v:
Buchhändlerin]
boekhouden *die Buchführung machen*; *die
Bücher führen*
boekhouder *Buchhalter* m
boekhouding ● het boekhouden *Buchführung*
v; *Buchhaltung* v ★ dubbele ~ *doppelte
Buchführung* ● afdeling *Buchhaltung* v
boekhoudkundig *buchhalterisch*
boeking ● ADMIN. ★ ~ als verlies *Verbuchung* v
● bespreking *Buchung* v
boekjaar *Geschäftsjahr* o; *Wirtschaftsjahr* v;
⟨m.n. overheid⟩ *Rechnungsjahr* o
boekomslag *Buchumschlag* m
boekstaven ● opschrijven *aufzeichnen*;
aufschreiben ● bewijzen *belegen*
boekwaarde *Buchwert* m
boekweit *Buchweizen* m
boekwerk *Buch* o; *Werk* o; HUMOR. *Schinken* m
boekwinkel *Buchhandlung* v
boekwinst *Buchgewinn* m
boel *Menge* v ★ een dooie boel *eine Flaute* v
★ de boel de boel laten *alles stehen und liegen
lassen* ★ IRON. dat is ook een mooie boel! *das
ist ja eine schöne Geschichte/Bescherung* ▼ de
boel op stelten zetten *alles auf den Kopf
stellen*; *großen Rabatz machen* ▼ zijn boeltje
pakken *abhauen*
boem *bum!*
boeman *Butzemann* m
boemel ▼ aan de ~ zijn *schlendern*; *bummeln*;
schwiemeln
boemelen ● treinreis maken *den Bummelzug
nehmen* ● pret maken *sumpfen*; *zechen*
boemeltje *Bummelzug* m; *Bimmelbahn* v
boemerang *Bumerang* m
boender *Schrubber* m; ⟨met was⟩ *Bohner* m
boenen ● schoonmaken *schrubben* ● met
boenwas inwrijven *bohnern*

boenwas *Bohnerwachs* o
boer ● agrariër *Bauer* m; *Landwirt* m
● speelkaart *Bauer* m; *Bube* m; *Unter* m
● oprisping *Rülpser* m ★ een boer(tje) laten
rülpsen; *ein Bäuerchen machen* ● lomperik
Bauer m; *Grobian* m ▼ lachen als een boer die
kiespijn heeft *gequält/gezwungen lachen*
▼ wat de boer niet kent, dat eet hij niet *was
der Bauer nicht kennt, frisst er nicht* ▼ met iets
de boer opgaan ≈ *etw. an den Mann bringen*
boerderij ● woning *Bauernhof* m; *Hof* m
● boerenbedrijf *Landwirtschaft* v
boeren ● boer zijn *Landwirtschaft betreiben*;
Ackerbau treiben ● een boer laten *rülpsen*
▼ goed ~ *gut wirtschaften*
boerenbedrijf *Bauern-/Landwirtschaft* v
boerenbedrog *Bauernfängerei* v; *Schwindel* m
★ ~ plegen *auf Bauernfang ausgehen*
boerenbont ● stof *Baumwollstoff* m *mit
kariertem Muster* ● aardewerk *Tischgeschirr* o
mit stilisiertem Blumenmotiv
boerenbruiloft *Bauernhochzeit* v
boerenbuiten ▼ BN op de ~ *auf dem Land*
boerenjongens *Rosinenbranntwein* m
boerenkaas ≈ *Käse vom Bauern*
boerenkinkel *Bauerntölpel* m
boerenkool *Grünkohl* m
boerenslimheid *Bauernschläue* v
boerenverstand *Bauernverstand* m ★ daar kan
ik met mijn ~ niet bij *das ist zu hoch für mich*
boerin *Bäuerin* v
boerka *Burka* v
Boerkina Faso *Burkina Faso* o
boerkini *Burkini* m
Boeroendi *Burundi* o
boers ● plattelands *bäuerlich* ● lomp *bäurisch*
boete ● straf REL. *Buße* v ★ ~ doen *büßen*
● geldstraf *Buße* v; *Geldstrafe* v ★ ~ betalen
Buße/Strafe zahlen
boetebeding *Konventionalstrafe* v
boetedoening *Bußübung* v; *Buße* v
boetekleed *Büßergewand* o; *Büßerhemd* o
boeten *büßen* ★ daar zul je voor moeten ~ *das
sollst du mir büßen*
boetiek *Boutique* v
boetseerklei *Ton* m
boetseren *modellieren*; *bossieren*
boetvaardig *reumütig*; *bußfertig*
boevenbende *Gaunerbande* v; *(Lumpen)Pack* o
boezem ● borst(en) *Busen* m; *Brust* v
● hartholte *Vorkammer* v; *Vorhof* m
● gemoed *Brust* v ★ zijn ~ luchten *seinem
Herzen Luft machen*
boezemfibrilleren *Herzflimmern* o; *Herzflattern*
o
boezemvriend *Busenfreund* m
bof ● ziekte *Mumps* m; *Ziegenpeter* m ● gelukje
Glück o
boffen *Schwein/Dusel haben* ★ reusachtig ~
mächtigen Dusel/großes Schwein haben
bofkont *Glückspilz* m
bogen op *sich rühmen auf* ★ op zijn succes ~
sich mit seinen Erfolgen brüsten ★ ~ op iets
sich einer Sache rühmen ★ kunnen ~ op iets
etw. aufzuweisen haben
Boheems *böhmisch*

Bohemen *Böhmen* o
bohemien *Bohemien* m
boiler *Boiler* m; *Heißwasserspeicher* m
bok ● mannetjesdier *Bock* m; ⟨geit⟩ *Ziegenbock* m ● hijstoestel *Kran* m ★ drijvende bok *Schwimmkran* m ● zitplaats van koetsier *Bock* m; *Kutschbock* m ▼ een bok schieten *einen Bock schießen*
bokaal ● beker *Pokal* m ● glazen kom *Glasschale* v ● BN glazen pot of fles *Glas* o
bokjespringen *Bock springen*
bokken *bocken*
bokkenpoot ● koekje *weiches Gebäck mit Schokolade* ● teerkwast *Bocksfuß* m
bokkenpruik ▼ zij heeft de ~ op *ihr ist eine Laus über die Leber gelaufen*
bokkensprong *Bocksprung* m ▼ geen ~en kunnen maken *keine großen Sprünge machen können*
bokkig *bockbeinig*; *unwirsch*; *trotzig*
bokking *Bückling* m
boks BN vuistslag *Faustschlag* m
boksbal *Boxball* m
boksbeugel *Schlagring* m
boksen *boxen* ▼ iets voor elkaar ~ *etw. hinkriegen*
bokser *Boxer* m
bokshandschoen *Boxhandschuh* m
bokspartij *Boxkampf* m
bokspringen ● → **bokjespringen**
bokswedstrijd *Boxkampf* m
bol I ZN [de] ● bolvormig voorwerp *Kugel* v ★ bol garen/wol *Knäuel Garn/Wolle* m ● broodje *Semmel* v; *Brötchen* o ★ berlinerbol *Berliner* m ● hoofd *Kopf* m ● bloembol *Zwiebel* v; *Blumenzwiebel* v ★ de bollen staan in bloei *die Zwiebelpflanzen/Tulpen blühen* ▼ FIG. iem. een aai over zijn bol geven *jmdm. ein Gutes tun* ▼ het hoog in de bol hebben *die Nase hoch tragen* ▼ het is haar in haar bol geslagen *sie ist nicht bei Trost* **II** BNW ● bolvormig *rund* ★ bol staan *sich wölben* ★ bolle en holle lenzen *konvexe und konkave Linsen* ★ bolle wangen *Pausbacken* ● opgezwollen *prall* ★ bol staan van de fouten *vor Fehlern strotzen*
bolbliksem *Kugelblitz* m
bolderkar *Handwagen* m
boleet *Röhrling* m
bolero ● dans *Bolero* m ● jasje *Bolero* m
bolgewas *Zwiebelpflanze* v; *Zwiebelgewächs* o
bolhoed *Bowler* m; HUMOR. *Melone* v
bolide *Bolid* m; *Flitzer* m
Bolivia *Bolivien* o
Boliviaan *Bolivier* m; *Bolivianer* m
Boliviaans *bolivianisch*
Boliviaanse *Bolivierin* v
bolleboos *Ass* o ★ zij is een echte ~ HUMOR. *sie ist ein Ass auf der Bassgeige*
bollen *sich wölben*
bollenveld *Blumenzwiebelfeld* o
bolletje ● → **bol**
bolletjesslikker *Drogenschlucker* m
bolletjestrui *Bergtrikot* o
bolrond *kugelrund*; *kugelförmig* ★ een ~ gezicht HUMOR. *ein Mondgesicht*

bolsjewiek *Bolschewik* m
bolsjewisme *Bolschewismus* m
bolster ● schil van noten etc. *Schale* v; *Hülse* v ★ ~ van een eikel *Becher der Eichel* m ● kaf *Spelze* v; *Spreu* v ▼ ruwe ~, blanke pit *in einer rauen Schale steckt oft ein guter Kern*
bolvormig *kugelförmig* ★ ~e spiegel *gewölbte(r) Spiegel* m
bolwassing BN *Rüffel* m; *Verweis* m ★ iem. een ~ geven *jmdm. einen Verweis/Rüffel erteilen*; INFORM. *jmdm. eine Standpauke halten*
bolwerk ● MIL. *Bollwerk* o ● FIG. *Hochburg* v
bolwerken *schaffen*; *bewältigen*
bom ● explosief *Bombe* v ● grote hoeveelheid *Haufen* m; *Menge* v ★ dat kost een bom geld *das kostet einen (schönen) Batzen* ● → **bommetje** ▼ als een bom inslaan *einschlagen wie ein Blitz* ▼ de bom is gebarsten *die Bombe ist geplatzt* ▼ zure bommen *saure Gurken* ▼ duizend bommen en granaten! *Donnerwetter!*
bomaanslag *Bombenattentat* o; *Bombenanschlag* m
bomalarm *Bombenalarm* m
bombardement *Bombardement* o; *Bombardierung* v
bombarderen *bombardieren*; *beschießen*
bombarie *Tamtam* o; *Spektakel* m ★ ~ schoppen *großes Tamtam machen*
bombast *Bombast* m; *Schwulst* m
bombastisch *pompös*; *bombastisch*; *schwülstig*
Bombay ● → **Mumbai**
bomberjack *Bomberjacke* v
bombrief *Briefbombe* v
bomen I OV WW SCHEEPV. *staken* **II** ON WW praten *diskutieren*; *plaudern*
bomexplosie *Bombenexplosion* v
bomma *Großmutter* v; *Oma* v
bommelding *Bombendrohung* v
bommen ▼ het kan me niet ~ *das ist mir scheißegal*
bommentapijt *Bombenteppich* m
bommenwerper *Bombenwerfer* m; *Bomber* m
bommetje *Arschbombe* v ★ een ~ maken *eine Arschbombe machen*
bommoeder ≈ *bewusst alleinerziehende Mutter* v
bompa *Opa* m
bomtrechter *Bombentrichter* m
bomvol *proppenvoll*; *brechend/gerammelt voll*
bon ● betalingsbewijs *Kassenzettel* m ● waardebon *Gutschein* m; *Bon* m ● bekeuring *Strafmandat* o; *Strafzettel* m ★ op de bon gaan *einen Strafzettel bekommen*
bonafide *zuverlässig*; *seriös*
Bonaire *Bonaire* o
bonbon *Praline* v
bond ● vereniging *Bund* m ● verbond ★ bond van ondernemers *Unternehmerverband* m ★ lid zijn van de bond van onderwijzers *dem Lehrerbund angeschlossen sein* ★ lid van de Bond *Gewerkschaftsmitglied* o
bondgenoot *Verbündete(r)* m; *Bundesgenosse* m
bondgenootschap ● verbond *Bündnis* o; *Allianz* v ★ een ~ aangaan/sluiten *ein Bündnis eingehen/schließen* ● statenbond

Bund m; *Staatenbund* m
bondig *bündig*
bondscoach *Bundestrainer* m
bondsdag *Bundestag* m
bondskanselier *Bundeskanzler* m
bondsrepubliek *Bundesrepublik* v
bondsstaat *Bundesstaat* m
bonenkruid *Bohnenkraut* m
bonenstaak • stok *Bohnenstange* v • mager mens *Bohnenstange* v; *Hopfenstange* v
bongo *Bongo* v/o
boni BN, ECON. positief saldo *Aktivsaldo* m
bonje *Knies* m; *Stunk* m; *Zoff* m
bonk • brok *Brocken* m; *Klumpen* m • lomperik *Brocken* m ★ ruwe bonk *raue(r) Geselle* m ▼ één bonk zenuwen *ein Nervenbündel*
bonken *ballern*
Bonn *Bonn* o
bonnefooi ▼ op de ~ *aufs Geratewohl*
bons • klap *Schlag* m; *Stoß* m • baas *Bonze* m ▼ iem. de bons geven *jmdm. den Laufpass geben* ▼ de bons krijgen *den Laufpass bekommen*; *einen Korb bekommen*
bonsai 〈boompje〉 *Bonsai* m; 〈het kweken〉 *Bonsai* o
bont I ZN [het] • pels *Pelz* m; *Fell* o • boerenbont *bunte(r) Baumwollstoff* m • kleurschakering *Buntheit* v; *Farbigkeit* v **II** BNW • veelkleurig *bunt* ★ bont gekleurd *vielfarbig* • afwisselend ★ bont gezelschap *gemischte Gesellschaft* v ▼ iem. bont en blauw slaan *jmdn. grün und blau schlagen* ▼ het te bont maken *es zu bunt treiben*
bontjas *Pelzmantel* m
bontwerker *Kürschner* m
bonus *Prämie* v; *Gratifikation* v; *Bonus* m
bonusaandeel *Bonusaktie* v
bonus-malusregeling *Schadenfreiheitsrabatt* m
bonze *Bonze* m
bonzen *ballern*; *hämmern*; *prallen* ★ mijn hoofd bonst van de koppijn *ich habe rasende Kopfschmerzen*
boobytrap *Sprengkörper* m
boodschap • bericht *Nachricht* v; *Botschaft* v ★ een ~ krijgen *eine Nachricht erhalten* • het inkopen *Einkauf* m ★ ~pen doen *einkaufen* ★ een ~ doen *eine Besorgung machen* ★ iem. om een ~ sturen *jmdn. beauftragen, etw. zu erledigen* • stoelgang ★ een grote/kleine ~ doen *ein großes/kleines Geschäft erledigen* ▼ daar heb ik geen ~ aan *das bringt mir nichts*
boodschappendienst *Besorgungsdienst* m; *Hausdienst* m
boodschappenkarretje *Einkaufswagen* m
boodschappenlijstje *Einkaufsliste* v
boodschappenmandje *Einkaufskorb* m
boodschappentas *Einkaufstasche* v; 〈v. plastic of papier〉 *Einkaufstüte* v
boodschapper *Bote* m
boog *Bogen* m ▼ de boog kan niet altijd gespannen zijn *allzu straff gespannt, zerspringt der Bogen* ▼ met een boog om iets heen lopen *einen großen Bogen um etw. machen*
boogbrug *Bogenbrücke* v

boogiewoogie *Boogie-Woogie* m
booglamp *Bogenlampe* v
boogschieten *Bogenschießen* o
Boogschutter *Schütze* v
boogschutter *Bogenschütze* m; *Schütze* m
bookmaker *Buchmacher* m
bookmark *Bookmark* m
bookmarken *bookmarken*
boom¹ • gewas *Baum* m ★ in de boom klimmen *auf den Baum klettern* ★ hij zit in de boom *er sitzt auf dem Baum* • balk *Sperrbaum* m; *Schranke* v ▼ hoge bomen vangen veel wind *je höher der Baum, desto näher der Blitz* ▼ je kunt me de boom in! *vergis es!* ▼ een boom van een kerel *ein baumlange(r) Kerl* m ▼ door de bomen het bos niet meer zien *den Wald vor lauter Bäumen nicht sehen*
boom² 〈zeg: boem〉 *Boom* m
boomdiagram *Baumdiagramm* o
boomgaard *Obstgarten* m
boomgrens *Baumgrenze* v
boomklever *Kleiber* m
boomkruiper *Gartenbaumläufer* m
boomkweker *Baumzüchter* m
boomkwekerij *Baumschule* v
boomschors • schors van bomen *Rinde* v • chocola *Borkenschokolade* v
boomstam *Baumstamm* m
boomstronk *Baumstumpf* m
boon *Bohne* v ▼ ik ben een boon als... *ich fresse einen Besen, wenn...*
boontje *Böhnchen* o ▼ een heilig ~ *ein Musterknabe* ▼ ~ komt om zijn loontje *das ist der Fluch der bösen Tat* ▼ zijn eigen ~s doppen *alles selbst machen* ▼ zij moet haar eigen ~s doppen *sie soll selbst schauen, wie sie zurechtkommt*
boor *Bohrer* m ★ elektrische boor *Elektrobohrer* m
boord I ZN [de] • rand *Rand* m • oever *Ufer* o ★ ~en van de rivier *Flussufer* o **II** ZN [het] • halskraag *Borte* v • stijve ~ *steife(r) Kragen* m • liggende ~ *Umlegekragen* m • SCHEEPV. *Bord* m ★ aan ~ gaan *an Bord gehen* ★ binnen ~ houden *anziehen* ★ van ~ gaan *von Bord gehen*
boordcomputer *Bordcomputer* m
boordevol *randvoll*; *bis zum Rand voll*
boordwerktuigkundige *Flugzeugmechaniker* m
booreiland *Bohrinsel* v
boorkop *Bohrerkopf* m; *Bohrerspitze* v
boormachine *Bohrmaschine* v
boorplatform *Bohrinsel* v
boortoren *Bohrturm* m
boos • kwaad *böse*; *sauer* ★ boos kijken *garstig dreinschauen* ★ iem. boos maken *jmdn. ärgern* ★ boos zijn over iets *über etw. böse sein* ★ daar kan ik echt boos om worden *das kann mich richtig ärgern* ★ boos weglopen *zornig davonlaufen* • kwaadaardig, slecht *böse*; *schlecht* ★ boze gevolgen *verheerende(n) Folgen* ▼ met boze opzet *aus böser Absicht*
boosaardig • gemeen *bösartig*; *boshaft* ★ ~ lachje *hämische(s) Lächeln* o ★ ~e blik *tückische(r) Blick* m • gevaarlijk *bösartig* ★ een ~e ziekte *eine bösartige Krankheit*

boosdoener *Übeltäter* m; HUMOR. *Bösewicht* m
boosheid ● toorn *Zorn* m; *Wut* v ● slechtheid *Bosheit* v; *Boshaftigkeit* v
boot ⟨roeiboot⟩ *Kahn* m; *Boot* o; ⟨stoomboot⟩ *Dampfer* m; ⟨roeiboot⟩ *Nachen* m ▼ de boot missen *den Anschluss verpassen* ▼ de boot afhouden *sich drücken* ▼ iem. in de boot nemen *jmdn. auf die Schippe nehmen* ▼ nu is de boot aan *jetzt ist der Teufel los*
booten *laden*; *hochfahren*; *starten*
boothals *Bateau-Ausschnitt* m ★ een trui met ~ *ein Pullover mit Bateau-Ausschnitt*
boothuis *Bootshaus* o
bootsman *Bootsmann* m
boottocht *Dampferfahrt* v; *Schiffsfahrt* v
boottrein ≈ *Zug* m *mit Anschluss an eine Fähre*
bootvluchteling *Bootsflüchtling* m
bootwerker *Hafenarbeiter* m ▼ eten als een ~ *essen wie ein Scheunendrescher*
bop *Bop* m
bord ● etensbord *Teller* v ● speelbord *Brett* o ● schoolbord *Tafel* v ★ op het bord schrijven *an die Tafel schreiben* ★ voor het bord moeten komen *an die Tafel kommen müssen* ● uithangbord *Schild* o ● naambord *Schild* o ● mededelingenbord *Brett* o ▼ een bord voor zijn kop hebben *ein Brett vorm Kopf haben* ▼ alles komt altijd op haar bord terecht *alles landet immer bei ihr* ▼ de bordjes zijn verhangen *das Blatt hat sich gewendet*
bordeaux *Bordeaux(wein)* m
bordeel *Bordell* o
bordenwasser *Tellerwäscher* m
border *Border* m
borderline ★ ~ persoonlijkheid *Borderline-Persönlichkeit* v
bordes ● hoge stoep *Podest* o; *Freitreppe* v ● trapportaal *Treppenabsatz* m
bordspel *Brettspiel* o
borduren *sticken*
borduursel *Stickerei* v
boren I OV WW met boor maken *bohren* II ON WW ● met boor werken ★ het ~ naar aardolie *die Erdölförderung* ★ het ~ op zee *die Offshorebohrung* ● gaan door *bohren*
borg ● onderpand *Kaution* v; *Bürgschaft* v ● persoon *Bürge* m; *Garantie* v; *Gewähr* v ★ borg staan *Bürgschaft leisten* ★ ergens borg voor staan *sich verbürgen für* ★ die naam staat borg voor kwaliteit *der Name ist eine Garantie für Qualität*
borgpen *Splint* m; *Sicherungsstift* m
borgsom *Kaution* v; *Bürgschaft* v
borgstelling ⟨geld⟩ *Bürgschaft* v; ⟨geld⟩ *Kaution* v; ⟨handeling⟩ *Bürgschaftsleistung* v
borgtocht ● waarborgsom *Kaution* v; *Bürgschaft* v ● overeenkomst *Bürgschaft* v
boring *Bohrung* v
borium *Bor* o
borrel ● drankje *Schnaps* m ★ een ~ te veel ophebben *einen über den Durst trinken* ● het samen drinken ★ iem. op de ~ vragen *jmdn. zum Umtrunk einladen*
borrelen ● bubbelen *sprudeln*; ⟨kokend water⟩ *wallen* ● borrels drinken *Schnaps trinken*; *zechen*

borrelgarnituur *Kanapees* o mv; *Appetithäppchen* o
borrelhapje ≈ *herzhafte(s) Kleingebäck* o; *Appetithappen* m
borrelpraat *Stammtischgerede* o
borst ● lichaamsdeel *Brust* v ★ een zwakke ~ hebben *schwach auf der Brust sein* ● vrouwenborst *Brust* v ★ zware ~en *üppige(r) Busen* m ★ hangende ~en *Hängebusen* m ▼ uit volle ~ *aus voller Kehle* ▼ zich op de ~ kloppen *sich in die Brust werfen* ▼ dat stuit mij tegen de ~ *das geht mir gegen den Strich* ▼ maak je ~ maar nat! *mach dich auf etw. gefasst!* ▼ een hoge ~ opzetten *sich in die Brust werfen*
borstamputatie *Brustamputation* v
borstbeeld ● beeldhouwwerk *Büste* v ● afbeelding *Brustbild* o
borstbeen *Brustbein* o
borstcrawl *Brustkraul* o; *Freistil* m
borstel ● werktuig *Bürste* v ● stekels van dier *Borste* v ● BN verfkwast *Pinsel* m ● BN bezem *Besen* m
borstelen *bürsten* ★ zijn haar ~ *sich das Haar bürsten*
borstelig *borstig*; *struppig* ★ ~e wenkbrauwen *buschige(n) Augenbrauen*
borsthölte *Brusthöhle* v
borstkanker *Brustkrebs* m
borstkas *Brustkorb* m
borstkolf *Milchpumpe* v
borstomvang *Brustumfang* m; *Oberweite* v
borstplaat ● ≈ *Zuckerplätzchen* o ● snoepgoed *Fondant* m
borstpomp *Milchpumpe* v
borstprothese *Brustprothese* v
borstslag *Brustschwimmen* o
borststem *Bruststimme* v; *Falsettstimme* v
borststuk ● deel van harnas *Brustbedeckung* v ● CUL. vlees *Bruststück* o
borstvlies *Brustfell* o
borstvliesontsteking *Brustfellentzündung* v
borstvoeding *Brustnahrung* v
borstwering ● verdedigingsmuur *Brustwehr* v ● balustrade *Brüstung* v
borstzak *Brusttasche* v
bos I ZN [de] bundel *Büschel* o; *Bündel* o ★ bos ⟨bloemen⟩ *Blumenstrauß* m ★ bos (haar) *Büschel Haare* o ★ bos ⟨sleutels⟩ *Schlüsselbund* m ★ bos ⟨wortelen⟩ *Bund Möhren* o II ZN [het] *Wald* m ▼ iem. het bos in sturen *jmdn. in die Irre führen*
bosachtig *waldig*
bosbeheer *Forstverwaltung* v
bosbes *Waldbeere* v ★ blauwe ~ *Heidelbeere* v ★ rode ~ *Preiselbeere* v
bosbouw ● praktijk *Forstwirtschaft* v ● leer *Waldbau* m; *Forstwissenschaft* v
bosbrand *Waldbrand* m
bosje ● bundeltje *Bündel* o; *Büschel* o ★ in ~s binden *bündeln* ★ ~ peterselie *Bund Petersilien* o ● struiken *Busch* m ★ in de ~s im *Gebüsch* o ▼ bij ~s sterven *scharenweise sterben*
Bosjesman *Buschmann* m
bosklas BN, O&W *Waldklasse* v

bo

bosneger *Buschneger* m
Bosnië *Bosnien* o
Bosnië-Herzegovina *Bosnien-Herzegowina* o
Bosniër *Bosnier* m
Bosnisch *bosnisch*
Bosnische *Bosnierin* v
bospad *Waldweg* m
bosrand *Waldrand* m
bosrijk *waldreich*
bossanova *Bossanova* m
bosschage *Gebüsch* o
bosuil *Waldkauz* m
bosviooltje *Waldveilchen* o
bosvruchten *Waldfrüchte* mv
boswachter *Förster* m
bot I BNW ● stomp *stumpf* ● lomp *schroff*;
brüsk; plump ★ bot gedrag *ungeschliffene(s)
Benehmen* o **II** ZN [het] been *Knochen* m ★ hij
heeft het in zijn botten *er ist an der Gicht
erkrankt* ▼ tot op het bot *bis auf die Knochen*
III ZN [de] ● vis *Flunder* m ● PLANTK. *Knospe* v
★ in bot staan *knospen*
botanicus *Botaniker* m
botanie *Botanik* v
botanisch *botanisch*
botbreuk *Knochenbruch* m; *Fraktur* v
boter *Butter* v ★ ~ op een ~ham smeren *ein
Butterbrot schmieren* ▼ het is met hem ~ aan
de galg gesmeerd *bei ihm ist Hopfen und
Malz verloren* ▼ ~ bij de vis ≈ *Ware gleich
bezahlen* ▼ ~ op het hoofd hebben *Dreck am
Stecken haben* ▼ zo geil als ~ *affengeil*
boterbloem *Butter-/Dotterblume* v
boterbriefje *Trauschein* m ▼ samenwonen
zonder ~ *in wilder Ehe leben*
boteren ★ het botert niet tussen hen *sie
kommen nicht miteinander zurecht*
boterham ● CUL. snee brood *Brot* o; ⟨met
boter⟩ *Butterbrot* o ● levensonderhoud *Brot* o
★ daar zit een dik belegde ~ in *da gibt es viel
zu verdienen* ★ zijn ~ verdienen *sich sein Brot
verdienen* ● een afgelikte ~ *ein Flittchen*
boterkoek ● CUL. *holländische(r) Butterkuchen*
m ● BN zacht koffiebroodje, vaak met
rozijnen ≈ *Rosinenschnecke* v
boterletter ≈ *Blätterteiggebäck* o *in
Buchstabenform*
botervloot *Butterdose* v
boterzacht *butterweich*
botheid ● het stomp zijn ⟨mes⟩ *Stumpfheit* v
● domheid *Dummheit* v; *Beschränktheit* v
● lompheid *Schroffheit* v; *Grobheit* v
botkanker *Knochenkrebs* m
Botnische Golf *Bottnische(r) Meerbusen* m
botontkalking *Osteoporose* v
botox *Botox* o
botsautootje *Skooter* m
botsen ● hard raken *prallen*; ⟨tegen elkaar⟩
zusammenstoßen ★ tegen iets ~ *gegen/auf
etw. prallen* [+4] ★ tegen iem. ~ *gegen/an
jmdn. prallen* ● in strijd komen ★ de
meningen botsten stevig *die Meinungen
stießen heftig aufeinander*
botsing ● het botsen *Zusammenstoß* m ● strijd
Kollision v ▼ met iets in ~ komen *mit etw. in
Konflikt geraten* ▼ belangen komen in ~

Interessen kollidieren miteinander
Botswaans *botswanisch*
Botswana *Botswana* o
bottelen *auf Flaschen ziehen*; *in Flaschen
abfüllen*
bottenkraker *Chiropraktiker* m
botter ≈ *kleine(s) Fischerboot* o
botterik *Schafskopf* m
bottleneck *Engpass* m
bottom-up *bottom-up*
botulisme *Botulismus* m
botvieren *frönen* ★ zijn woede op iem. ~ *seine
Wut an jmdm. abreagieren* ★ zijn lusten ~ *sich
ausleben*
botweg *glattweg; rundweg; rundheraus*
boud *kühn;* MIN. *dreist*
bougie *Zündkerze* v ★ een stel ~s *ein Satz
Zündkerzen*
bougiekabel *Zündkabel* o
bougiesleutel *Kerzenschlüssel* m
bouillabaisse *Bouillabaisse* v
bouillon *Fleischbrühe* v
bouillonblokje *Brühwürfel* m
boulevard *Boulevard* m; ⟨langs de zee⟩
Strandpromenade v
boulevardblad *Boulevardzeitung* v;
Boulevardblatt o
boulevardpers *Boulevardpresse* v
boulimia, boulimie *Bulimie* v
bourgeois I ZN [de] *Spießbürger* m; MIN. *Spießer*
m; MIN. *Bourgeois* m **II** BNW *bürgerlich;* MIN.
spießbürgerlich; MIN. *spießig*
bourgeoisie *Bourgeoisie* v; *Großbürgertum* o
bourgogne *Burgunder(wein)* m
Bourgondië *Burgund* o
Bourgondisch *burgundisch; genießerisch;
großzügig*
bourgondisch *feudal* ★ ~ tafelen *feudal speisen*
bout ● staaf, pin *Bolzen* m ● CUL. stuk vlees
Keule v; ⟨eend⟩ *Ente* v ● soldeerbout *Lötkolben*
m
bouvier *Bouvier* m
bouw ● het bouwen *Bau* m ★ in de bouw
werken *auf dem Bau arbeiten* ● opbouw
Aufbau m ● lichaamsbouw *Körperbau* m
● bouwbedrijf *Bau* m
bouwbedrijf ● bouwvak *Bauwesen* o;
Baugewerbe o ● onderneming *Baufirma* v;
Bauunternehmen o
bouwdoos ● blokkendoos *Baukasten* m
● bouwpakket *Bausatz* m
bouwen ● construeren *bauen* ★ zij bouwt een
huis *sie baut sich ein Haus* ● ~ op vertrouwen
★ op iem. ~ *bauen auf jmdn.* ▼ tenger
gebouwd *von zartem Bau*
bouwer *Bauunternehmen* o
bouwfonds *Bausparkasse* v
bouwgrond ● bouwterrein *Bauland* o;
⟨bouwplaats⟩ *Baustelle* v ● akkerland
Ackerland o; *Ackerboden* m
bouwheer BN *Bauherr* m
bouwjaar *Baujahr* o
bouwkeet *Bauhütte* v
bouwkunde *Architektur* v
bouwkundig *Bau-; bau-* ★ ~ ingenieur
Bauingenieur m ★ ~ opzichter *Bauaufseher* m

bouwkundige *Architekt* m
bouwkunst *Architektur* v; *Baukunst* v
bouwland *Ackerland* o
bouwmateriaal [vaak mv] *Baumaterial* o
bouwnijverheid *Baugewerbe* o; *Bauindustrie* v
bouwpakket *Bausatz* m
bouwplaat ● uitknipwerk *Modellierbogen* m ● bouwmateriaal *Bauplatte* v
bouwplaats *Baugebiet* o; *Baustelle* v
bouwplan *Bauplan* m; *Bebauungsplan* m
bouwpromotor BN *Projektentwicklungsgesellschaft* v
bouwput *Baugrube* v
bouwrijp *baureif*
bouwsector *Baufach* o; *Baugewerbe* o
bouwsel *Konstrukt* m
bouwsteen ● steen *Baustein* m ● FIG. *Baustein* m
bouwstijl *Baustil* m
bouwstof *Baumaterial* o; *Baustoff* m; *Materialien* mv
bouwtekening *Bauentwurf* v; *Bauzeichnung* m
bouwterrein *Baugebiet* o; *Baustelle* v
bouwvak I ZN [de] ≈ *Ferien des Baugewerbes* mv **II** ZN [het] *Baufach* o ★ werklieden uit het ~ *Bauarbeiter*
bouwvakker *Bauarbeiter* m; *Bauhandwerker* m
bouwval *Ruine* v; *Wrack* o
bouwvallig *baufällig*; *altersschwach*
bouwvergunning *Baugenehmigung* v; *Baubewilligung* v
bouwwerf BN bouwplaats *Baustelle* v
bouwwerk *Gebäude* o; *Bau* m
boven I VZ ● hoger dan *über* [+3]; *überhalb von* [+3] ★ ~ het huis *über dem Haus* ● meer dan *über* [+3] ★ kinderen ~ de twaalf jaar *Kinder über zwölf Jahren* ★ toegang ~ de twaalf jaar *Zutritt ab zwölf Jahren* ★ een prijs ~ de 100 euro *ein Preis von über hundert Euro* ● ten noorden van *oberhalb von* [+3] ★ net ~ Utrecht *direkt oberhalb von Utrecht* ● hoger in rang ★ ~ iem. staan *über jmdm. stehen* **II** BIJW hoger, hoogst *oben* ★ naar ~ *nach oben*; *hinauf* ★ naar ~ brengen ‹vanaf lager punt› *nach oben bringen*; ‹vanaf lager punt› *hinaufbringen*; ‹herinneringen› *hochkommen lassen* ★ naar ~ gaan *hinaufgehen*; *nach oben gehen* ★ van ~ von oben ★ van ~ naar beneden *von oben nach unten* ★ van ~ tot onder *von oben bis unten* ★ hij woont ~ *er wohnt oben* ★ zie ~ *siehe oben* ▼ dat gaat mijn krachten te ~ *das geht über meine Kräfte* ▼ te ~ gaan *in den Schatten stellen* ▼ iets te ~ komen *etw. überwinden* ▼ we zijn de crisis te ~ gekomen *wir haben die Krise überwunden*
bovenaan *obenan* ★ ~ de lijst *oben auf der Liste*
bovenaanzicht *Draufsicht* v; *Aufsicht* v
bovenaards ● bovengronds *oberirdisch* ● hemels *überirdisch*
bovenal *vor allem*
bovenarm *Oberarm* m
bovenarms ▼ BN het zit er ~ op *da herrscht dicke Luft*
bovenbeen *Oberschenkel* m
bovenbouw ● hogere klassen op school *Oberstufe* v ● ARCH. *Oberbau* m

bovenbuur ≈ *Nachbar* m
bovendien *außerdem*; *überdies*
bovendrijven ● aan oppervlakte drijven *auf der Oberfläche schwimmen* ● overhand hebben/krijgen FIG. *die Oberhand gewinnen* ★ de ~de partij *die herrschende/führende Partei*
bovengenoemd *oben erwähnt*; *oben genannt*
bovengrens *Obergrenze* v
bovengronds ● boven de grond *oberirdisch* ★ ~e bouw *Hochbau* m ★ ~ werken *über Tage arbeiten* ● openlijk *offen*
bovenhand ▼ de ~ krijgen *die Oberhand gewinnen/bekommen/erhalten*
bovenhands *über den/dem Kopf* ★ SPORT ~e bal *Überkopfball* m
bovenhuis ≈ *Oberstock* m; ≈ *Obergeschoss* o
bovenin *oben*
bovenkaak *Oberkiefer* m
bovenkamer *Zimmer* o *im oberen Stock* ▼ het mankeert hem in zijn ~ *er ist nicht richtig im Oberstübchen*
bovenkant *Oberseite* v
bovenkleding *Oberbekleidung* v
bovenkomen ● naar hogere verdieping komen *heraufkommen*; *nach oben kommen* ● aan oppervlakte komen *auftauchen* ● opwellen ★ het oude gevoel kwam weer boven *das vertraute Gefühl kam wieder hoch*
bovenlaag ● bovenste laag *obere Schicht* v ● sociale klasse *Oberschicht* v
bovenlader *Toplader* m
bovenlangs *oben an…. vorbei* [+3]; *oben entlang*
bovenleiding *Oberleitung* v
bovenlichaam *Oberkörper* m
bovenlicht *Oberlicht* o
bovenlijf *Oberkörper* m
bovenlip *Oberlippe* v
bovenloop *Oberlauf* m ★ ~ van de Donau *obere Donau* v ★ ~ van de Rijn *Oberrhein* m
bovenmate *übermäßig*; *überaus*
bovenmatig *übermäßig*; *ungemein*
bovenmenselijk *übermenschlich*
bovennatuurlijk ● boven de natuur uitgaand *übernatürlich* ★ ~e kracht *übersinnliche Kraft* v ● REL. *göttlich*
bovenop ● op de bovenkant *obenauf* ● hersteld ★ iem. er (weer) ~ helpen *jmdm. aufhelfen* ★ hij is er weer ~ *er ist wieder ganz obenauf* ▼ het ligt er dik ~ *es ist überdeutlich* ▼ ergens ~ zitten *sich in etw. einmischen*
bovenst *höchst*; *oberst*
bovenstaand *oben erwähnt*; *oben stehend*
boventallig *überzählig*
boventoon *höchste(r) Ton* m; NATK. *Oberton* m ▼ de ~ voeren *das Feld beherrschen*; *vorherrschen*; ≈ *die erste Geige spielen*
bovenuit ★ zij komt er net ~ *sie ragt gerade darüber hinaus* ★ haar stem klonk overal ~ *ihre Stimme drang überall durch*
bovenverdieping *Oberstock* m; *Obergeschoss* o
bovenvermeld *oben genannt*
bovenwinds ★ de Bovenwindse Eilanden *die Inseln über dem Wind*
Bovenwindse Eilanden *Inseln* mv *über dem Wind*

bo

bovenwoning ≈ *Etagenwohnung* v
bovenzijde *Oberseite* v
bovenzinnelijk *übersinnlich*
bowl *Bowle* v ★ bowl maken *eine Bowle ansetzen*
bowlen *bowlen*
bowling *Bowling* o
box ● kinderbox *Laufgitter* o ● luidspreker *Box* v; *Lautsprecherbox* v ● afgescheiden ruimte *Box* v
boxer *Boxer* m
boxershort *Boxershorts* mv
boycot *Boykott* m ★ een ~ tegen iem. afkondigen *den Boykott über jmdn. verhängen*
boycotten *boykottieren*
boze v dat is uit den boze *das ist vom Übel*
braadpan *Bratpfanne* v
braadslee *Bratpfanne* v
braadspit *Bratspieß* m
braadworst *Bratwurst* v
braaf ● deugdzaam *brav*; bieder ★ brave Hendrik ≈ *brave(r) Heini* m ★ van brave ouders *von tüchtigen Eltern* ● gehoorzaam *brav*; artig ★ ~ gehoorzamen *brav und bieder gehorchen*
braak I ZN [de] *Einbruch* m ★ diefstal met ~ *Einbruchdiebstahl* m **II** BNW ● onbebouwd *brach* ★ ~ liggen *brachliegen* ★ ~ laten liggen *brachlegen* ● onbewerkt m.b.t. kennis *unbestellt*
braakbal *Gewölle* o
braakmiddel *Brechmittel* o
braaksel *Erbrochene(s)* o; VULG. *Kotze* v
braam ● vrucht *Brombeere* v ● ruwe rand *Grat* m
Brabançonne *Brabançonne* v
Brabander *Brabanter* m
Brabant *Brabant* o
Brabants *Brabanter*
Brabantse *Brabanterin* v
brabbelen *murmeln*; ⟨v. kinderen⟩ ≈ *plappern*
brabbeltaal (koeterwaals) *Kauderwelsch* o
braden I OV WW bakken ★ ge~ vlees *Braten* m ★ ge~ kalfsvlees *Kalbsbraten* m **II** ON WW zonnebaden *braten*; *sich braten lassen*
braderie *Straßenfest* o
brahmaan *Brahmane* m
braille *Braille-/Blindenschrift* v
braindrain *Braindrain* m
brainstormen *ein Brainstorming machen*
brainwave *Geistesblitz* m
brak I BNW halfzout *brackig* ★ brak water *Brackwasser* o **II** ZN [de] hond *Bracke* m
braken *sich erbrechen*; *sich übergeben* ★ bloed ~ *Blut spucken*
brallen *sich brüsten*; *prahlen*
brancard *Bahre* v; *Tragbahre* v
branche *Branche* v
brancheorganisatie *Branchenorganisation* v
branchevreemd *branchenfremd*
brand *Brand* m; *Feuer* o ● uitslaande ~ *Großbrand* m ★ ~ blussen *Feuer löschen* ★ in ~ staan *in Flammen stehen* ★ in ~ steken *in Brand setzen/stecken* ★ in ~ vliegen *Feuer fangen* ★ door ~ beschadigd *feuergeschädigt* ★ ~! *es brennt!*; *Feuer!* ▼ mijn keel staat in ~

ich habe einen tüchtigen Brand ▼ iem. uit de ~ helpen *jmdm. aus der Klemme helfen* ▼ BN uit de ~ slepen *ergattern*; *einheimsen*
brandalarm *Feueralarm* m
brandbaar *brennbar* ★ licht ~ *feuergefährlich*
brandbeveiligingssysteem *Feurschutz* m
brandblaar *Brandblase* v
brandblusser *Feuerlöscher* m; *Löscher* m
brandbom *Brandbombe* v
brandbrief *Brandbrief* m
branden I ON WW ● gloeien *brennen* ● licht/warmte uitstralen *brennen* ★ de kachel brandt *der Ofen ist an* ★ ~d heet *glühend heiß* ● brandend gevoel geven *brennen* ★ mijn ogen ~ van vermoeidheid *mir brennen die Augen vor Müdigkeit* ▼ ~ van ongeduld *brennen vor Ungeduld* ▼ ~d verlangen *heiße(s) Verlangen* o ▼ ~de kwestie *brennende Frage* v ▼ de vraag brandt mij op de lippen *mir brennt die Frage auf der Zunge* **II** OV WW ● met vuur bewerken ★ gebrande nootjes *gebrannte(n) Nüsse* ★ koffie ~ *Kaffee rösten* ★ het brood is zwart gebrand *das Brot ist verbrannt* ● verwonden *brennen* ★ zijn tong/vingers ~ *sich die Zunge/Finger verbrennen* ▼ zij is (er) niet weg te ~ *man wird sie dort nicht los*
brander *Brenner* m
branderig *brandig*; *brenzlig*
brandewijn *Branntwein* m
brandgang *Brandgasse* v
brandgevaar *Feuergefahr* v
brandglas *Brennglas* o
brandhaard *Brandherd* m
brandhout *Brennholz* o
branding *Brandung* v
brandkast *Panzerschrank* m; *Tresor* m
brandkraan *Hydrant* m
brandladder *Feuertreppe* v
brandlucht *Brandgeruch* m
brandmeester *Brandmeister* m
brandmelder *Feuermelder* m
brandmerk *Brandmal* o
brandmerken *brandmarken*
brandnetel *Brennnessel* v
brandpreventie *Brandschutz* m
brandpunt *Brennpunkt* m
brandschade *Feuerschaden* m; *Brandschaden* m
brandschatten *brandschatzen*
brandschilderen *auf Glas/Holz malen*; *in Glas/Holz brennen* ★ gebrandschilderd raam *Glasgemälde* o ★ het ~ *Brandmalerei* v; *Holzbrandmalerei* v; *Glasmalerei* v
brandschoon *blitzsauber*; *blitzblank*
brandsingel *Feuerschneise* v
brandslang *Feuerwehrschlauch* m
brandspuit *Feuerspritze* v ★ drijvende ~ *Feuerlöschboot* o
brandstapel *Scheiterhaufen* m
brandstichten *Brand stiften*
brandstichter *Brandstifter* m
brandstichting *Brandstiftung* v
brandstof *Brennstoff* m; ⟨voor motorvoertuigen⟩ *Treibstoff* m ★ ~fen *Brennmaterialien*
brandtrap *Feuerleiter* v

brandveilig *feuersicher*
brandverzekering *Feuerversicherung* v
brandvrij *feuersicher*
brandweer *Feuerwehr* v
brandweerkorps *Feuerwehr* v
brandweerman *Feuerwehrmann* m
brandweerwagen *Feuerwehrauto* o
brandwerend *feuerbeständig; feuerfest*
brandwond *Brandwunde* v
brandwondencentrum *Brandwundenzentrum* o
brandy *Brandy* m
brandzalf *Brandsalbe* v
branie • *lef Schneid* m; *Waghalsigkeit* v; MIN. *Großtuerei* v ★ *wat een ~l so eine Aufschneiderei!* ★ *~ schoppen Theater machen* • *branieschopper schneidige(r) Typ* m; *Wagehals* m; MIN. *Großtuer* m; MIN. *Protz* m
branieschopper *Angeber* m; *Protz* m
brasem *Brachse* v; *Brachsen* m
brassen *schlemmen*; *prassen*
Bratislava *Bratislava* o; OUD. *Pressburg* o
bravo I ZN [het] *Bravo* o; *Bravoruf* m ★ TW *bravo*
bravoure *Bravour* v
Braziliaan *Brasilianer* m
Braziliaans *brasilianisch*
Braziliaanse *Brasilianerin* v
Brazilië *Brasilien* o
break *Pause* v; *Unterbrechung* v
break-evenpunt *Rentabilitätsschwelle* v; *Ertragsschwelle* v
breakpoint *Breakball* m
breed I BNW • *breit* • *brede schouders hebben breitschultrig sein* • *ruim* ★ *~ van opzet großzügig* • *uitgebreid weit* ★ *in de meest brede betekenis im weitesten Sinne* ★ *in brede kringen in weiten Kreisen* ▼ *het niet ~ hebben es nicht so dick haben* ▼ *wie het ~ heeft, laat het ~ hangen wer's lang hat, läßt's lang hängen* II BIJW *breit* ★ *zij was al lang en ~ thuis sie war schon längst zu Hause* ★ *iets ~ uitmeten viel Aufhebens von etw. machen*
breedband *Breitband* o
breedbandverbinding *Breitbandverbindung* v
breedbeeldscherm *Breitbildschirm* m
breedbeeldtelevisie *Breitbildfernseher* m
breedsprakig *weitläufig*; MIN. *weitschweifig*
breedte *Breite* v ★ *de totale ~ Gesamtbreite* v
breedtecirkel *Breitenkreis* m
breedtegraad *Breitengrad* m
breeduit *breit*
breedvoerig *ausführlich*; *weitläufig*
breekbaar *zerbrechlich*
breekijzer *Brecheisen* o; *Brechstange* v
breekpunt • *breuk Bruchstelle* v • *kritisch punt kritische(r)/strittige(r) Punkt* m
breien *stricken* ★ *gebreid vest Strickjacke* v
brein • *Gehirn* o ★ *elektronisch ~ Elektronenhirn* o • *verstand Kopf* m; MIN. *Hirn* o ★ *helder ~ klare(r) Kopf* ★ *het ~ achter de organisatie der führende Kopf des Unternehmens*
breinaald *Stricknadel* v
breipen *Stricknadel* v
breiwerk *Strickarbeit* v; *Strickzeug* o
breken I OV WW • *stuk maken brechen*;

zerbrechen ★ *doormidden ~ entzweibrechen* ★ *in stukken ~ in Stücke brechen* ★ *zij heeft haar been gebroken sie hat sich das Bein gebrochen* • *opvangen* ★ *een val ~ einen Sturz abfangen* • NATK. ★ *~d vlak lichtbrechende Oberfläche* v II ON WW • *stuk gaan (zer)brechen* • *~ met* ★ *~ met iem. mit jmdm. brechen*
breker *Brecher* m
breking • NATK. *Brechung* v • *het breken Brechen* o
brekingsindex *Brechungsindex* m
brem *Ginster* m
Bremen *Bremen* o
brengen • *vervoeren bringen*; ⟨dragen⟩ *tragen* ★ *ik breng je naar het station ich fahre dich zum Bahnhof* ★ *de bagage naar boven/beneden ~ das Gepäck hoch-/heruntertragen* • *doen geraken* ★ *wat heeft je ertoe gebracht? was hat dich dazu veranlasst?* ★ *iem. ertoe ~ iets te doen jmdn. dazu bringen, etw. zu tun* ★ *dat bracht hen weer tot elkaar das führte sie wieder zusammen* ★ *iem. aan het twijfelen ~ jmdn. zum Zweifeln bringen*
bres *Bresche* v ▼ *voor iem. in de bres springen für jmdn. in die Bresche springen* ▼ *voor iem. op de bres staan sich für jmdn. starkmachen*
Bretagne *Bretagne* v ★ *in ~ in der Bretagne*
bretel *Hosenträger* m
Bretons I BNW *m.b.t. Bretagne bretonisch* II ZN [het] *taal Bretonisch* o
breuk • *scheur Bruch* m/o • FIG. *verwijdering* ★ *het is tussen hen tot een ~ gekomen zwischen ihnen ist es zum Bruch gekommen* • WISK. ★ *tiendelige ~ Dezimalbruch* m ★ *het rekenen met ~en die Bruchrechnung* v ▼ *zich een ~ tillen aan iets sich an einer Sache einen Bruch heben; ≈ sich mit einer Sache abmühen*
breukvlak *Bruchstelle* v
brevet *Diplom* o; ⟨v. piloot⟩ *Flugschein* m ▼ *~ van onvermogen* IRON. *Armutszeugnis* o
brevier *Brevier* o
bridge *Bridge* o
bridgen *Bridge spielen*
brie *Brie* m
brief • *Brief* m ★ *aangetekende ~ Einschreibebrief* ★ *begeleidende ~ Begleitschreiben* o ★ *ingezonden ~ Leserbrief* ★ *een ~ bezorgen einen Brief zustellen* ★ *per ~ brieflich* • → **briefje**
briefen *instruieren*
briefgeheim *Briefgeheimnis* o
briefhoofd *Briefkopf* m
briefing *Briefing* o
briefje • *berichtje Zettel* m ★ *~ van de dokter ärztliche(s) Attest* o • *bankbiljet Schein* m ★ *een ~ van honderd ein Hunderter* m ▼ *dat geef ik je op een ~ das kann ich dir schriftlich geben*
briefkaart *Postkarte* v
briefopener *Brieföffner* m
briefpapier *Briefpapier* o ★ *vel ~ Briefbogen* m
briefwisseling *Briefwechsel* m; *Korrespondenz* v
bries *Brise* v
briesen *schnauben* ★ *~d van woede*

wutschnaubend
brievenbus *Briefkasten* m
brievenbusfirma *Briefkastenfirma* v
brigade *Brigade* v
brigadier *Wachtmeister* m
brij *Brei* m
brik I ZN [de] • rijtuig *Break* m/o • schip *Brigg* v **II** ZN [de/het] baksteen *Ziegel* m; *Backstein* m
briket *Brikett* o
bril *Brille* v; *Gläser* mv ★ bril voor ver-/bijzienden *Fern-/Nahbrille* v iets door een roze bril zien *etw. durch eine gefärbte Brille betrachten*
brildrager *Brillenträger* m
briljant I ZN [de] diamant *Brillant* m **II** BNW brillant; glänzend
brillenkoker *Brillenetui* o
brilmontuur *Brillengestell* o
brilslang *Brillenschlange* v
brink • dorpsplein *Dorfplatz* m • met gras begroeid erf *Hof* m
Brit *Brite* m
britpop *Britpop* m
Brits I BNW m.b.t. Groot-Brittannië *britisch* **II** ZN [het] taal *Britisch(e)* o
brits *Pritsche* v
Brits-Columbia *Britisch-Columbia* o
Britse *Britin* v
broccoli *Brokkoli* mv
broche *Brosche* v
brochure *Broschüre* v
broddelwerk *Pfuscharbeit* v; *schlampige Arbeit* v; *Schluderarbeit* v
brodeloos *brotlos*
broeden • ei doen uitkomen *brüten* • ~ op FIG. ★ op iets zitten te ~ *brüten über einer Sache*
broeder • broer *Bruder* m • verpleger *Pfleger* m
broederlijk *brüderlich*
broedermoord *Brudermord* m
broederschap • het broer-zijn *Brüderlichkeit* v ★ vrijheid, gelijkheid, ~ *Freiheit, Gleichheit, Brüderlichkeit* • vereniging *Bruderschaft* v; ⟨v. beroepsgenoten⟩ *Kammer* v
broedgebied *Brutrevier* o
broedmachine *Brutapparat* m
broedplaats • DIERK. *Brutplatz* m • FIG. *Brutstätte* v
broeds *brütig*
broedsel *Brut* v
broei *Schwüle* v ▼ in de ~ zitten *in der Patsche stecken*
broeien • drukkend warm zijn *brüten*; *schwül sein* • heet worden *gären* • dreigen ★ er broeit wat *da braut sich etw. zusammen*
broeierig *schwül*
broeikas *Treibhaus* o
broeikaseffect *Treibhauseffekt* m
broeikasgas *Treibhausgas* o
broeinest *Brutstätte* v
broek *Hose* v ▼ iem. achter de ~ zitten *hinter jmdm. her sein* ▼ een pak voor zijn ~ krijgen *die Hosen vollkriegen* ▼ iem. (een pak) voor zijn ~ geven *jmdm. den Hintern versohlen*
broekje • ondergoed *Unterhose* v; ⟨slipje⟩ *Schlüpfer* m • onervaren persoon

Grünschnabel m
broekpak *Hosenanzug* m
broekriem *Gürtel* m ▼ de ~ aanhalen *den Gürtel enger schnallen*
broekrok *Hosenrock* m
broekzak *Hosentasche* v ▼ hij kent Utrecht als zijn ~ *er kennt Utrecht wie seine Westentasche*
broer *Bruder* m ★ ~tje *Brüderchen* o; *kleine(r) Bruder* m ▼ een ~tje dood hebben aan iets *etw. auf den Tod nicht ausstehen können*
brok • brokstuk *Brocken* m; ⟨hap⟩ *Bissen* m ★ brokken maken *Bruch machen* • hoeveelheid *Stück* o; *Brocken* m ▼ hij kreeg een brok in de keel *er hatte einen Kloß im Hals*
brokaat *Brokat* m
brokkelen I OV WW breken *bröckeln* **II** ON WW uiteenvallen *(zer)bröckeln*
brokkelig *bröcklig*
brokkenmaker *Tölpel* m; *Tollpatsch* m
brokkenpiloot *Bruchpilot* m
brokstuk *Bruchstück* o
brombeer *Brummbär* m
bromelia *Bromelie* v
bromfiets *Mofa* o; *Moped* o
bromfietsen *Mofa fahren*
bromfietser *Mofafahrer* m; *Mopedfahrer* m
bromium *Brom* o
brommen • geluid maken *brummen* • mopperen *knurren* ★ ~ op iem. *schimpfen mit jmdm.* • gevangen zitten *brummen* • bromfietsen *Moped fahren* ▼ wat ik je brom *das kann ich dir flüstern*
brommer *Moped* o; *Mofa* o
bromtol *Brummkreisel* m
bromvlieg *Schmeißfliege* v
bron • opwellend water *Quelle* v ★ geneeskrachtige bron *Heilquelle* v; *Heilbrunnen* m • FIG. oorsprong *Quelle* v ★ bron van inkomsten *Erwerbsquelle* v
bronbelasting *Quellensteuer* v
bronchiën *Bronchien* mv
bronchitis *Bronchitis* v
bronchoscopie *Bronchoskopie* v
broncode *Quellencode* m
brons *Bronze* v
bronst *Brunst* v
bronstig *brünstig*
bronstijd *Bronzezeit* v
bronsttijd *Brunstzeit* v; *Brunftzeit* v
brontaal *Quellsprache* v; *Ursprungssprache* v
brontosaurus *Brontosaurus* m
bronvermelding *Quellenangabe* v
bronwater ⟨m.b.t. bron⟩ *Quellwasser* o; ⟨als product⟩ *Mineralwasser* o
bronzen I BNW • van brons *Bronze-*; *bronzen* • bronskleurig *bronzefarbig* **II** OV WW *bronzieren*
brood • CUL. gebakken deegwaar *Brot* o • levensonderhoud ★ daar is geen droog ~ mee te verdienen *das bringt nichts ein* • →
broodje ▼ ik krijg het op mijn ~ *es wird mir aufs Butterbrot geschmiert*
broodbeleg *Brotbelag* m; ⟨om te smeren⟩ *Brotaufstrich* m; ⟨plakken worst, kaas⟩ *Aufschnitt* m

broodheer *Brotgeber* m; HUMOR. *Brötchengeber* m

broodje *Brötchen* o ★ ~ kaas *Käsebrötchen* ★ ~ ham *Schinkenbrötchen* o ▼ zoete ~s bakken *kleine Brötchen backen* ▼ als warme ~s verkocht worden *weggehen wie warme Semmeln* ▼ BN je ~ is gebakken *du hast es zu etw. gebracht*

broodjeszaak *Imbissstube* v
broodkorst *Brotkruste* v
broodkruim *Semmelbrösel* mv
broodmaaltijd ⟨'s avonds⟩ *Abendbrot* o; ⟨'s middags⟩ *Mittagbrot* o
broodmager *spindeldürr*
broodmes *Brotmesser* o
broodnijd *Brotneid* m
broodnodig *unentbehrlich*
broodnuchter *völlig nüchtern*
broodplank *Brotschneidebrett* o
broodroof ▼ ~ aan iem. plegen *jmdn. um Lohn und Brot bringen*
broodrooster *Toaster* m; *Röster* m
broodschrijver ≈ *Schriftsteller* m, *der nur des Geldes wegen schreibt*
broodtrommel ● *lunchtrommel Butterbrotdose* v ● *bewaartrommel Brotkasten* m
broodwinning *Broterwerb* m
broom *Brom* o
broos *brüchig; spröde; zerbrechlich; mürbe*
bros *brüchig;* ⟨brokkelig⟩ *mürbe;* ⟨glas, metaal⟩ *spröde;* ⟨knapperig⟩ *knusp(e)rig*
brosser *Schwänzer* m
brouilleren *sich überwerfen mit; sich entzweien mit* ★ *gebrouilleerd zijn met iem. sich mit jmdm. entzweit haben*
brousse *Dschungel* m
brouwen ● *bereiden brauen* ● *veroorzaken planen; stiften*
brouwer *Brauer* m
brouwerij *Brauerei* v ▼ dat brengt leven in de ~ *das bringt Leben in die Bude*
brouwsel *Gebräu* o
brownie *Brownie* m
browsen *browsen* ★ het ~ *Browsing* m
browser *Browser* m
brr *Brr!*
brug ● *verbinding Brücke* v ● *gymnastiektoestel Barren* m ▼ kom eens over de brug! *rück mal mit dem Geld heraus!*
Brugge *Brügge* o
Bruggeling *Brügger*
Bruggelinge *Brüggerin* v
bruggenhoofd ● *steun waar brug op rust Brückenpfeilerkopf* m ● MIL. *Brückenkopf* m
brugklas *Orientierungsstufe* v
brugleuning *Brückengeländer* o
brugpensioen BN *vervroegd pensioen Frührente* v
brugpieper OMSCHR. *Schüler* m *in der ersten Klasse des weiterführenden Unterrichts*
Brugs *von Brügge; aus Brügge*
brugwachter *Brückenwärter* m
brui ▼ de brui geven aan iets *etw. satthaben*
bruid *Braut* v
bruidegom *Bräutigam* m
bruidsboeket *Brautstrauß* m

bruidsdagen *Verlobungszeit* v
bruidsjapon *Brautkleid* o
bruidsjonker *Brautführer* m
bruidsmeisje *Brautjungfer* v
bruidspaar *Brautpaar* o
bruidsschat *Mitgift* v
bruidssluier ● *sluier Brautschleier* m ● *plant Knöterich* m
bruidssuiker ≈ *Pralinen, die die Braut zur Hochzeit verteilt* mv
bruikbaar *brauchbar; verwendbar; geeignet*
bruikbaarheid *Brauchbarkeit* v
bruikleen *Gebrauchsleihe* v ★ in ~ *leihweise; als Leihgabe* ★ iets in ~ geven *etw. leihweise überlassen*
bruiloft *Hochzeit* v
bruin *braun* ▼ hij bakt ze weer ~ *er treibt es mal wieder zu bunt*
bruinachtig *bräunlich*
bruinbrood *Weizenvollkornbrot* o
bruinen I OV WW *bruin maken bräunen* II ON WW *bruin worden bräunen*
bruingoed *braune Ware* v; *Unterhaltungselektronik* v
bruinkool *Braunkohle* v
bruinvis *Braunfisch* m
bruisen *brausen*
bruistablet *Brausetablette* v
brulaap *Brüllaffe* m
brulboei ● *zeeboei Heulboje* v ● *persoon Brüllaffe* m
brullen *brüllen* ★ ~ van woede *vor Wut brüllen*
brunch *Brunch* m
Brunei *Brunei* o
brunette *Brünette* v
Brussel *Brüssel* o
Brusselaar *Brüsseler* m
Brussels *Brüsseler*
Brusselse *Brüsselerin* v
brutaal *frech*
brutaaltje *Frechdachs* m
brutaliteit *Frechheit* v; *Unverschämtheit* v
bruto I BNW ★ ~ opbrengst *Rohertrag* m II BIJW *Brutto-; brutto*
brutogewicht *Brutto-/Rohgewicht* o
brutoloon *Bruttolohn* m
bruusk *brüsk; schroff*
bruut I ZN [de] *Rohling* m; *Gewaltmensch* m II BNW *gewalttätig; brutal*
BSE *BSE* v; INFORM. *Rinderwahnsinn* m
BSN ≈ *Steuernummer* v
bso BN, O&W *beroepssecundair onderwijs berufsbildende Schule* v
btw *MwSt.* v; *Mehrwertsteuer* v ★ inclusief btw *inklusive MwSt*
bubbelbad *Whirlpool* m
bubbelen *sprudeln;* ⟨v. hete massa⟩ *brodeln*
buddy *Sterbebegleiter* m *für Aidskranken*
budget *Budget* o; *Haushaltsplan* m; *Etat* m ★ binnen het ~ *im Rahmen des Etats*
budgetbewaking *Haushaltskontrolle* v
budgetoverschrijding *Haushaltsüberschreitung* v
budgettair *budgetär; haushalts-/etatmäßig*
budgetteren *budgetieren; einen Etat aufstellen*
buffel *Büffel* m

buffer *Puffer* m
buffergeheugen *Bufferspeicher* m
bufferstaat *Pufferstaat* m
buffervoorraad *Rücklage* v; *Reserve* v
bufferzone *Pufferzone* v
buffet • meubel *Büfett* o • maaltijd ★ koud ~ *kalte(s) Buffet* o
bug *Wanze* v
buggy *Buggy* m
bühne *Bühne* v
bui • regenbui *Schauer* m; *Regenguss* m • humeur *Laune* v ★ een goede/kwade bui hebben *guter/schlechter Laune sein* ★ hij heeft zo z'n buien *er ist ein launenhafter Mensch* ▼ bij buien *ab und zu*
buidel *Beutel* m
buideldier *Beuteltier* o
buigbaar *biegbar; beugbar*
buigen I ov ww krom maken *biegen*; *beugen* ★ met gebogen hoofd *mit gesenktem Kopf* ▼ zich over een probleem ~ *sich der Lösung eines Problems widmen* **II** on ww • afbuigen *biegen* ★ de weg buigt naar rechts *der Weg biegt nach rechts ab* • buiging maken *sich verbeugen* ★ ~ als een knipmes *einen Bückling machen* • ~ **voor** ★ ~ voor iem. *sich vor jmdm. verbeugen* ▼ ~ of barsten *auf Biegen und Brechen*
buiging *Krümmung* v; *Biegung* v
buigingsuitgang *Flexionsendung* v
buigzaam • buigbaar *biegsam*; *flexibel* • meegaand *flexibel*; *anpassungsfähig*
buigzaamheid *Biegsamkeit* v
buiig • regenachtig *wechselhaft*; *unbeständig* • humeurig *launisch*
buik • lichaamsdeel *Bauch* m ★ zijn buikje rond eten *sich den Bauch vollschlagen* • → **buikje** ▼ schrijf dat maar op je buik *das kannst du vergessen* ▼ er de buik vol van hebben *die Nase gestrichen voll davon haben*
buikdans *Bauchtanz* m
buikdansen *bauchtanzen*
buikdanseres *Bauchtänzerin* v
buikgriep *Darminfektion* v
buikholte *Bauchhöhle* v
buikje *Bauch* m; *Bäuchlein* o ★ een ~ krijgen *einen Bauch ansetzen*; *sich einen Bauch anessen*; *sich ein Bäuchlein zulegen*
buiklanding *Bauchlandung* v
buikloop *Durchfall* m
buikpijn *Bauchschmerzen* mv; INFORM. *Bauchweh* o
buikriem *Gürtel* m ▼ de ~ aanhalen *den Riemen enger schnallen*
buikspieroefening *Bauchmuskelübung* v
buikspreken *bauchreden*
buikspreker *Bauchredner* m
buikvlies *Bauchfell* o
buikvliesontsteking *Bauchfellentzündung* v; *Peritonitis* v
buikwand *Bauchdecke* v
buil • bult *Beule* v ▼ zakje *Tüte* v ▼ daar kun je geen buil aan vallen *das kann nicht schiefgehen*
building BN flatgebouw *Hochhaus* o; *Etagenhaus* o; *Apartmenthaus* o

buis • pijp *Röhre* v; *Rohr* o ★ buis van Eustachius *eustachische Röhre* • televisie *Röhre* v
buiswater *Spritzwasser* o
buit *Beute* v ★ een vette buit *eine fette Beute* ★ iets buit maken *etw. erbeuten*
buitelen *purzeln*
buiteling *Purzelbaum* m
buiten I vz • niet binnen 〈een plaats〉 *außerhalb von* [+3]; *außerhalb* [+2] ★ ~ Europa *außerhalb von Europa* ★ ~ de stad *außerhalb der Stadt* • niet betrokken bij *außerhalb von* [+3]; *außerhalb* [+2] ★ laat mij daar ~ *lass mich da raus* ★ er ~ staan *Außenstehender sein* • zonder *ohne* [+4] ★ ik kan niet ~ mijn fiets *ohne mein Fahrrad geht bei mir nichts* • behalve *außer* [+3] ★ ~ haar vriendin wist niemand ervan *außer ihrer Freundin wusste keiner davon* ▼ ~ zichzelf zijn *außer sich sein* **II** BIJW niet binnen *draußen* ★ ~ op straat *draußen auf der Straße* ★ naar ~ *nach draußen* ★ naar ~ gaan *rausgehen*; *nach draußen gehen* ★ van ~ 〈gezien〉 *von außen* ★ van ~ komen *von draußen kommen* ★ van ~ naar binnen *von außen nach innen* ▼ iets te ~ gaan *bei etw. zu weit gehen* ▼ zich te ~ gaan aan iets *in etw. schwelgen* ▼ iets van ~ leren *etw. auswendig lernen* ▼ iets van ~ kennen *etw. in- und auswendig kennen* **III** ZN [het] landgoed *Landhaus* o **IV** ZN [de] BN platteland *Land* o; *Provinz* v
buitenaards *außerirdisch*
buitenaf ▼ van ~ 〈lokaal〉 *von draußen*; *von außen*
buitenbaan • buitenste baan *Außenbahn* v • SPORT onoverdekte baan *Freiluftbahn* v
buitenbaarmoederlijk ★ ~e zwangerschap *Bauchhöhlenschwangerschaft* v; *Extrauterinschwangerschaft* v
buitenbad *Freibad* o
buitenband *Mantel* m
buitenbeentje *Außenseiter* m; *Eigenbrötler* m ★ een ~ zijn *aus der Art geschlagen sein*
buitenbocht *Außenkurve* v
buitenboordmotor *Außenbordmotor* m
buitendeur *Außentür* v; 〈sluis〉 *Außentor* o
buitendienst *Außendienst* m
buitenechtelijk *außerehelich*
buitengaats *auf offener See*; *außerhalb des Hafens* ★ ~ gaan *in See stechen*
buitengewoon I BNW ongewoon *außergewöhnlich*; *ungewöhnlich* ★ ~ hoogleraar *außerordentliche(r) Professor* m **II** BIJW zeer ★ niet ~ schrander zijn *nicht besonders klug sein*
buitenhuis *Sommerhaus* o; 〈groot〉 *Landhaus* o
buitenissig *exzentrisch*; *extravagant*; *ausgefallen*
buitenkans *Chance* v; *außerordentliche Chance* v; *Glücksfall* m
buitenkant *Außenseite* v
buitenkerkelijk ADMIN. *nichtkirchlich*; REL. *nicht praktizierend*; REL. *nicht religiös*
buitenlamp *Außenlaterne* v
buitenland *Ausland* o
buitenlander *Ausländer* m
buitenlands *ausländisch*; *Auslands-* ★ ~e

politiek *Außenpolitik* v ★ ~e handel
Außenhandel m
buitenleven *Landleben* o
buitenlucht *Landluft* v
buitenmens *Naturmensch* m; *Naturfreund* m
buitenmodel *extra*; *abweichend*; *Sonder-*
buitenom *außen herum*
buitenparlementair I BNW
außerparlamentarisch **II** BIJW
außerparlamentarisch
buitenplaats • buitenhuis *Landgut* o; *Landsitz*
m • uithoek *entlegene(r) Ort* m
buitenschools *außerschulisch*
buitenshuis ★ de nacht ~ doorbrengen *die*
Nacht außer Hause verbringen ★ we eten
vandaag ~ *wir essen heute auswärts*
buitensluiten • niet binnenlaten *ausschließen*
★ hij heeft zichzelf buitengesloten *er hat sich*
selbst ausgeschlossen • FIG. niet toelaten
ausschließen
buitenspel *abseits*
buitenspeler *Außenspieler* m
buitenspiegel *Außenspiegel* m
buitensporig *übermäßig*
buitensport *Sport* m *im Freien*
buitenstaander *Außenstehende(r)* m;
〈ondeskundige〉 *Nichtfachmann* m
buitenverblijf *Sommerhaus* o; *Wochenendhaus*
o; 〈groter〉 *Landsitz* m
buitenwaarts *auswärts*; *nach außen*
buitenwacht *Außenstehende(n)* mv
buitenwereld • de mensen om ons heen
Öffentlichkeit v • wereld om ons heen
Außenwelt v; *Umwelt* v
buitenwijk *Außenbezirk* m; *Außenviertel* o
buitenwipper BN uitsmijter *Rausschmeißer* m
buitenzijde *Außenseite* v
buitmaken *erbeuten*
buizen BN, O&W zakken *durchfallen*
buizerd *(Mäuse)bussard* m
bukken • buigen *sich bücken* • FIG. zwichten
sich (einer Sache) beugen ▼ gebukt gaan onder
een last *eine schwere Bürde zu tragen haben*
buks *Büchse* v
bul • stier *Bulle* m • oorkonde *Diplom* o
• pauselijke brief *päpstliche Bulle* v
bulderen • dreunen *dröhnen*; 〈storm〉 *toben*;
〈kanon〉 *donnern* • brullen *brüllen* ★ ~ tegen
iem. *jmdn. anbrüllen*
buldog *Bulldogge* v
Bulgaar *Bulgare* m
Bulgaars I BNW m.b.t. Bulgarije *bulgarisch* **II** ZN
[het] taal *Bulgarisch(e)* o
Bulgaarse *Bulgarin* v
Bulgarije *Bulgarien* o
bulk *Schiffsladung* v ★ graan in bulk
Bulkladung Getreide v
bulken • loeien *muhen* • brullen *brüllen*
• ~ van ★ ~ van het geld *im Geld schwimmen*
bulkgoederen *Stürz-/Schütt-/Bulkgut* o
bulldozer *Bulldozer* m; *Planierraupe* v
bullebak *Buhmann* m; *Bärbeißer* m
bulletin *Bulletin* o
bult • buil *Beule* v • oneffenheid *Unebenheit* v;
INFORM. *Buckel* m • bochel *Buckel* m;
〈kameel〉 *Höcker* m ▼ zich een bult lachen

sich schieflachen
bultenaar *Bucklige(r)* m
bumper *Stoßstange* v
bumperkleven *drängeln*
bumperklever *Drängler* m
bundel • pak *Bündel* o • boekje *Band* m ★ een
~ verzen *ein Gedichtband*
bundelen *bündeln*; 〈v. gedichten〉 *sammeln*
★ de krachten ~ *die Kräfte vereinen*
bungalow *Bungalow* m
bungalowpark *Bungalowpark* m
bungalowtent *Bungalowzelt* o
bungeejumpen *Bungeejumping* o
bungelen *baumeln*
bunker *Bunker* m
bunkeren • brandstof innemen *bunkern* • veel
eten *reinhauen*; *spachteln*
bunsenbrander *Bunsenbrenner* m
bunzing *Iltis* m
bups *Trupp* m; *Kram* m
burcht *Burg* v; *Festung* v
bureau • schrijftafel *Schreibtisch* m • afdeling
Abteilung v; *Büro* o • politiebureau *Wache* v
bureaublad *Desktop* m ★ extern ~ *externer*
Desktop
bureaucratie *Bürokratie* v
bureaucratisch *bürokratisch*
bureaulamp *Schreibtischlampe* v
bureaustoel 〈op kantoor〉 *Bürostuhl* m; 〈thuis〉
Schreibtischstuhl m
buren • → buur
burengerucht *Ruhestörung* v *durch Nachbarn*
burgemeester *Bürgermeister* m ★ 〈college van〉
~ en wethouders *Magistrat* m; *Stadtrat* m
burger *Bürger* m ▼ in ~ *in Zivil* ▼ dat geeft de ~
moed *das freut den Menschen*
burgerbevolking *Zivilbevölkerung* v
burgerij • bevolking *Bürgerschaft* v • stand
Bürgertum o; 〈niet-militairen〉 *Zivilisten* mv
burgerkleding *Zivilkleidung* v; *Zivil* o
burgerlijk • van de burgerstand *bürgerlich*;
zivil • kleinburgerlijk *spießbürgerlich*
burgerluchtvaart *Zivilluftfahrt* v
burgerman *Bürger* m; MIN. *Spießbürger* m
burgeroorlog *Bürgerkrieg* m
burgerplicht *Bürgerpflicht* v
burgerrecht *Bürgerrecht* o
burgerservicenummer
Steueridentifikationsnummer v
burgerslachtoffer *Zivilopfer* o ★ ~s EUF.
Kollateralschaden m
burgervader *Bürgermeister* m
burgerwacht *Bürgerwehr* v
burgerzin *Bürgersinn* m
burn-out ★ een ~ hebben *abgebrannt sein*
burn-outsyndroom *Burnoutsyndrom* o
bus • trommel *Dose* v; *Büchse* v • autobus *Bus*
m • brievenbus *Briefkasten* m ★ een brief op
de bus doen *einen Brief einwerfen* ▼ dat
klopt/sluit als een bus! *das stimmt haargenau*
busbaan ★ vrije ~ *freie Fahrspur für Busse* v
buschauffeur *Busfahrer* m
busdienst *Busverkehr* m
bush *Busch* m
bushalte *Bushaltestelle* v
bushokje *Wartehäuschen* o

businessclass *Businessclass* v
buskaart *Busfahrkarte* v
buskruit *Schießpulver* o ▼ hij heeft het ~ niet uitgevonden *er hat das Pulver nicht erfunden*
buslichting *Leerung* v *des Briefkastens*
busstation *Busbahnhof* m
buste *Büste* v
bustehouder *Büstenhalter* m
butagas *Butangas* o
butler *Butler* m
buts *Delle* v
button *Button* m
buur *Nachbar* m
buurjongen *Nachbarsjunge* m
buurland *Nachbar-/Anrainerland* o; *Nachbar-/Anrainerstaat* m
buurman *Nachbar* m
buurmeisje *Nachbarstochter* v; *Nachbarsmädchen* o
buurt ● omgeving *Gegend* v; *Umgebung* v; *Nähe* v ★ ver uit de ~ *weit weg* ● wijk *Stadtteil* m ● bewoners *Nachbarschaft* v
buurtbewoner *Bewohner* m *des Wohnviertels*
buurtcafé ≈ *Stammkneipe* v; ≈ *Stammlokal* o
buurten *einen Besuch beim Nachbarn machen*
buurthuis *Nachbarschaftshaus* o
buurtpreventie *Bürgerwache* v
buurtwerk *Sozialarbeit* v *im Stadtviertel*
buurtwinkel ● buurthuis *Nachbarschaftshaus* o ● kleine winkel *Tante-Emma-Laden* m
buurvrouw *Nachbarin* v
buxus *Buchsbaum* m
buzzer *Summer* m
BV BN Bekende Vlaming *flämischer Promi* ★ de BV's *flämische Promis*
bv *GmbH* v
bv. *zum Beispiel*
bvba BN besloten vennootschap met beperkte aansprakelijkheid *GmbH* v; *Gesellschaft* v *mit beschränkter Haftung*
B-verpleging *psychiatrische Krankenpflege* v
B-weg *Straße* v *zweiter Ordnung; sekundäre Straße* v
bypass *Bypass* m
bypassoperatie *Bypassoperation* v
byte *Byte* o
Byzantijns *byzantinisch*
Byzantium *Byzanz* o

C

c ● letter *C* o ★ de c van Cornelis *C wie Caesar* ● muzieknoot *c* o
C *C*
cabaret *Kabarett* o
cabaretier *Kabarettist* m
cabine *Kabine* v
cabriolet *Cabriolet* o
cacao *Kakao* m
cacaoboter *Kakaobutter* v
cachegeheugen *Cache-Speicher* m
cachet *Charakter* m ★ dat geeft de zaak extra ~ *das gibt der Sache eine besondere Note*
cachot *Verlies* o
cactus *Kaktus* m [mv: *Kakteen*]; *Kaktee* v
CAD *Beratungsstelle* v *für Drogen- und Alkoholabhängige*
cadans *Kadenz* v
caddie *Caddie* m
cadeau *Geschenk* o ★ ~ doen *ein Geschenk machen* ★ iem. iets ~ geven *jmdm. etw. schenken* [+3] ★ iets ~ krijgen *etw. geschenkt bekommen*
cadeaubon *Geschenkgutschein* m
cadet *Kadett* m
cadmium *Kadmium* o
café *Lokal* o; *Wirtschaft* v; *Kneipe* v
caféhouder *Wirt* m
cafeïne *Koffein* o
cafeïnevrij *koffeinfrei*
café-restaurant *Gaststätte* v
cafetaria *Cafeteria* v; *Imbissstube* v; *Schnellbüfett* o
cahier *Heft* o
Caïro *Kairo* o
caissière *Kassiererin* v
caisson *Caisson* m
caissonziekte *Caissonkrankheit* v
cake *Rührkuchen* m
calamiteit *Kalamität* v; *missliche Lage* v
calcium *Kalzium* o
calculatie *Kalkulation* v
calculator ● rekenmachine *Rechenmaschine* v; *Taschenrechner* m ● beroep *Kalkulator* m
calculeren *kalkulieren*
caleçon BN legging *Leggings* mv
caleidoscoop *Kaleidoskop* o
Californië *Kalifornien* v
Californisch *kalifornisch*
callcenter *Callcenter* o
callgirl *Callgirl* o
calloptie *Vorprämiengeschäft* o
calorie *Kalorie* v
caloriearm *kalorienarm*
calorierijk *kalorienreich*
calvarietocht BN, LIT. *Kreuzweg* m
calvinisme *Kalvinismus* m
calvinist *Kalvinist* m
calvinistisch *kalvinistisch*
calypso *Calypso* m
cambio BN wisselkantoor *Wechselstube* v; *Wechselstelle* v
Cambodja *Kambodscha* o

bu

Cambodjaan *Kambodschaner* m
Cambodjaans *kambodschanisch*
Cambodjaanse *Kambodschanerin* v
camcorder *Camcorder* m
camee *Kamee* v
camembert *Camembert* m
camera *Kamera* v
cameraman *Kameramann* m
cameraploeg *Kamerateam* o
camion BN *vrachtwagen Lastwagen* m
camioneur BN *Fernfahrer* m
camouflage *Tarnung* v
camoufleren *tarnen*; ⟨v. handelingen⟩ *verschleiern*
campagne *Kampagne* v
camper *Wohnmobil* o
camping *Campingplatz* m
campingvlucht *Campingflug* m
campingwinkel *Campingladen* m
campus *Campus* m
Canada *Kanada* o
Canadees I BNW m.b.t. Canada *kanadisch* II ZN [de] bewoner *Kanadier* m
Canadese *Kanadierin* v
canapé *Sofa* o
Canarische Eilanden *Kanarische(n) Inseln* mv
cancelen *stornieren*
canon *Kanon* m
canoniek *kanonisch*
cantate *Kantate* v
cantharel *Pfifferling* m
cantorij *Kantorei* v
canvas *Kanevas* m
canyoning *Canyoning* o
cao *Tarifvertrag* m
capabel *befähigt*; *fähig*; *tüchtig*
capaciteit ● vermogen *Kapazität* v ● bekwaamheid *Fähigkeit* v
cape *Cape* o; *Umhang* m
capitulatie *Kapitulation* v
capituleren *kapitulieren*
cappuccino *cappuccino* m
capriool *Kapriole* v
capsule *Kapsel* v
captain *Kapitän* m
capuchon *Kapuze* v
cara *chronische(s) aspezifische(s) respiratorische(s) Leiden* o
caracole BN *Weinbergschnecke* v
Caraïben, Caraïbische Eilanden *karibische Inseln* v mv
Caraïbisch *karibisch*
carambole *Karambolage* v; *Karambole* v
caravan *Caravan* m; *Wohnwagen* m
carbolineum *Karbolineum* o
carbonaat *Karbonat* o
carbonpapier *Kohlepapier* o
carburateur, carburator *Vergaser* m
carcinogeen *karzinogen*; *krebserregend*; *krebszeugend*
carcinoom *Karzinom* o
cardanas *Kardanachse* v
cardiogram *Kardiogramm* o
cardiologie *Kardiologie* v
cardioloog *Kardiologe* m
cargadoor *Schiffsmakler* m

cargo *Kargo* m; *Schiffsfracht* v
Caribisch ● → *Caraïbisch*
cariës *Karies* v
carillon *Glockenspiel* o
carkit *Carkit* o
carnaval *Karneval* m
carnavalsoptocht *Karnevalsumzug* m; *Faschingsumzug* m; *Fastnachtsumzug* m
carnavalswagen *Prunkwagen* m
carnet *Carnet* o
carnivoor *Karnivore* m/v
carpoolen *sich zu einer Fahrgemeinschaft zusammenschließen*
carport *überdachte(r) Parkplatz* m
carré *Karree* o; *Viereck* o
carrière *Karriere* v ★ ~ maken *Karriere machen*
carrièrejager *Karrierist* m
carrièreplanning *Karriereplanung* v
carrosserie *Karosserie* v
carte blanche *Carte* v *blanche*
carter *Kurbelgehäuse* o
cartografie *Kartografie* v
cartoon *Cartoon* m/o
cartridge *Cartridge* v; *Tintenpatrone* v; *Druckerpatrone* v
casanova *Casanova* m
casco *Kasko* m
cascoverzekering *Kaskoversicherung* v
cash I ZN [de] *Bargeld* o II BIJW *bar*; *cash*
cashewnoot *Cashewnuss* v
cashflow *Cashflow* m
casino *Kasino* o; *Spielbank* v
cassatie *Kassation* v
casselerrib *Kasseler* o
cassette *Kassette* v
cassettebandje *Kassette* v
cassettedeck *Kassettendeck* o
cassetterecorder *Kassettenrekorder* m
cassis *Erfrischungsgetränk* o *aus schwarzen Johannisbeeren*
cast *Rollenverteilung* v; *Besetzung* v; *Ensemble* o
castagnetten *Kastagnetten* mv
castratie *Kastration* v
castreren *kastrieren*
catacombe *Katakombe* v
catalogiseren *katalogisieren*
catalogus *Katalog* m
catamaran *Katamaran* m/o
cataract *Katarakt* v; *graue(r) Star* m
catastrofaal *katastrophal*
catastrofe *Katastrophe* v
catechese *Katechese* v
catechisatie *Katechisation* v
catechiseren *katechisieren*
catechismus *Katechismus* m
categorie *Kategorie* v
categorisch, BN categoriek I BNW *kategorisch* II BIJW *kategorisch*
categoriseren *kategorisieren*
cateren *catern*
catering *Verproviantierung* v
catharsis *Katharsis* v
catwalk *Catwalk* m
causaal *kausal*; *Kausal-*
cavalerie *Kavallerie* v
cavalier *Kavalier* m

cavia *Meerschweinchen* o
cayennepeper *Cayennepfeffer* m
CBS *Statistisches Bundesamt* o
cc • copie conform ★ cc origineel *beglaubigte Kopie* v • inhoudsmaat *ccm*; *Kubikzentimeter* m
c-cedille *C-Cedille* o
cc'en *CC schicken*
cd *CD* v
cd-bon *CD-Gutschein* m
cd-brander *CD-Brenner* m
cd-r *CD-R* v
cd-rom *CD-ROM* o
cd-romspeler *CD-ROM-Spieler* m
cd-speler *CD-Spieler* m
cd-winkel *CD-Laden* m
ceder *Zeder* v
cederhout *Zedernholz* o
cedille *Cedille* v
ceel *Lagerschein* m
ceintuur *Gürtel* m
cel • hokje *Zelle* v • ANAT. onderdeel van organisme *Zelle* v • groep samenwerkende mensen *Zelle* v • BN, JUR. speciaal politieteam *Sondereinheit* v
celdeling *Zellteilung* v
celgenoot *Zellengenosse* m
celibaat *Zölibat* o
celibatair I BNW *zölibatär* II BW *zölibatär*
cellist *Cellist* m
cello *Cello* o
cellofaan *Zellophan* o
cellulitis *Zellulitis* v
celluloid *Zelluloid* o
cellulose *Zellulose* v; *Zellstoff* m
Celsius *Celsius*
celstof *Zellstoff* m
celtherapie *Zellulartherapie* v
cement *Zement* m
cementmolen *Mischmaschine* v
censureren *zensieren*
censuur *Zensur* v
cent *Cent* m ▼ geen cent waard zijn *keinen Pfennig wert sein* ▼ geen rooie cent hebben/geen cent te makken hebben *keinen roten/lumpigen Heller haben* ▼ tot de laatste cent *auf Heller und Pfennig* ▼ zonder een centje pijn *mühelos* ▼ iedere cent omkeren *jeden Pfennig dreimal umdrehen* ▼ een aardige cent verdienen *ein hübsches Sümmchen verdienen*
centaur *Kentaur* m; *Zentaur* m
centenbak • geldbakje *Sammelbüchse* v • vooruitstekende onderkaak *Progenie* v
centercourt *Centercourt* m
centiliter *Zentiliter* m
centimeter • maat *Zentimeter* m/o • meetlint *Messband* o; *Metermaß* o
centraal *zentral*
Centraal-Afrikaans *zentralafrikanisch*
Centraal-Afrikaanse Republiek *Zentralafrikanische Republik* v
centrale *Zentrale* v ★ elektrische ~ *Elektrizitätswerk* o; *Kraftwerk* o
centralisatie *Zentralisierung* v
centraliseren *zentralisieren*

centralistisch *zentralistisch*
centreren *zentrieren*
centrifugaal *zentrifugal*
centrifuge *Zentrifuge* v; ⟨voor wasgoed⟩ *Wäscheschleuder* v
centrifugeren *zentrifugieren*; ⟨wasgoed⟩ *schleudern*
centripetaal *zentripetal*; *Zentripetal-*
centrum • middelpunt *Zentrum* o ★ ~ van de stad *Stadtzentrum* o; *Stadtmitte* v • instelling *Zentrum* o
ceramiek *Keramik* v
ceremonie *Zeremonie* v
ceremonieel I ZN [het] *Zeremoniell* o II BNW *zeremoniell*
ceremoniemeester *Festordner* m; ⟨aan het hof⟩ *Zeremonienmeister* m
certificaat • getuigschrift *Zeugnis* o • waardepapier *Zertifikat* o
cervelaatworst *Zervelatwurst* v
cessie *Zession* v
cesuur *Zäsur* v
cfk *FCKW* m
chachacha *Cha-Cha-Cha* m
chador *Tschador* m
chagrijn • persoon *Griesgram* m • humeurigheid *Verdrießlichkeit* v; *Missmut* m
chagrijnig *missmutig*; *verdrießlich*
chalet *Chalet* o
champagne *Champagner* m; *Sekt* m
champignon *Champignon* m
Chanoeka *Chanukkafest* o
chanson *Chanson* o
chantage *Erpressung* v
chanteren *erpressen*
chaoot *Chaot* m
chaos *Chaos* o
chaotisch *chaotisch*
charcuterie BN, CUL. *Aufschnitt* m
charge I ZN [de] aanval *Attacke* v II BIJW • → getuige
chargeren *chargieren*; *überzeichnen*
charisma *Charisma* o
charismatisch *charismatisch*
charitatief *karitativ* ★ geld inzamelen voor charitatieve doeleinden *Geld für karitative Zwecke sammeln*
charlatan *Scharlatan* m
charmant *charmant*; *reizend*
charme *Reiz* m; *Charme* m
charmeren *entzücken*; *bezaubern* ★ gecharmeerd zijn van *bezaubert/entzückt sein von*
charmeur *Charmeur* m
chartaal ★ ~ geld *Bargeld* o
charter *Charterflug* m
charteren *chartern*
chartermaatschappij *Chartergesellschaft* v
chartervliegtuig *Charterflugzeug* o
chartervlucht *Charterflug* m
chassis *Fahrgestell* o; *Chassis* o
chat *Chat* m
chatbox *Chatbox* v
chatten *chatten*
chauffage BN centrale verwarming *Heizung* v

chaufferen *fahren*
chauffeur *Fahrer* m; *Chauffeur* m
chauvinisme *Chauvinismus* m
chauvinist *Chauvinist* m
chauvinistisch *chauvinistisch*
check *Check* m
checken *checken*; *kontrollieren*; *nachprüfen*
checklist *Kontrolliste* v; *Checkliste* v
check-up *Check-up* m; *Durchchecken* o
cheddar *Cheddarkäse* m
cheeta *Gepard* m
chef *Chef* m; ⟨superieur⟩ *Vorgesetzte(r)* m; ⟨hoofd⟩ *Vorsteher* m; ⟨hoofd⟩ *Leiter* m
chef-kok *Chefkoch* m; *Küchenchef* m
chef-staf *Stabschef* m
chemicaliën *Chemikalien* mv
chemicus *Chemiker* m
chemie *Chemie* v
chemisch *chemisch*
chemokar ≈ *Müllwagen* m, *bei dem man Sondermüll abgeben kann*
chemotherapie *Chemotherapie* v
cheque *Scheck* m ★ ~ aan toonder *Inhaberscheck* ★ ~ op naam *Namensscheck*
cherubijn *Cherub* m [mv: *Cherubim*]
chic I BNW elegant *chic* **II** ZN [de] mensen *Schickeria* v
chihuahua *Chihuahua* m
Chileen *Chilene* m
Chileens *chilenisch*
Chileense *Chilenin* v
Chili *Chile* o
chili ★ ~ con carne *Chili* v/o *con carne*
chillen *chillen*
chimpansee *Schimpanse* m
China *China* o
Chinees I BNW m.b.t. China *chinesisch* **II** ZN [de] bewoner *Chinese* m **III** ZN [het] TAALK. taal *Chinesisch(e)* o
chinees INFORM. *Chinese* m; *chinesisches Restaurant* o
Chinese *Chinesin* v
Chinese Zee *Chinesisches Meer* o
chinezen ● *Chinese maaltijd gebruiken chinesisch essen* ● *heroïne snuiven Heroin schnupfen*
chip ● COMP. *Chip* m ● → **chips**
chipkaart *Chipkarte* v
chipknip *Chipkarte* v
chipolatapudding *Pudding* m *mit kandierten Früchten und Biskuits*
chippen *mit der Chipkarte zahlen*
chips *Chips* mv
chiropracticus *Chiropraktiker* m
chirurg *Chirurg* m
chirurgie *Chirurgie* v
chirurgisch *chirurgisch*
chlamydia *Chlamydia* v
chloor *Chlor* o
chloorwaterstof *Chlorwasserstoff* m
chloride *Chlorid* o
chloroform *Chloroform* o
chlorofyl *Chlorophyll* o
chocolaatje *Schokoladenplätzchen* o
chocolade, chocola *Schokolade* v ★ pure ~ *Zartbitterschokolade* v

chocoladeletter *Buchstabe* m *aus Schokolade*
chocolademelk *Schokolade* v; *Kakao* m ★ een beker ~ *ein Becher Kakao*
chocoladereep *Schokoriegel* m
chocolaterie *Süßwarengeschäft* o
chocomel® *Kakao* m
chocopasta *Schokoladencreme* v
choke *Choke* m
cholera *Cholera* v
cholesterol *Cholesterin* o
cholesterolgehalte *Cholesterinspiegel* m
choqueren *schockieren*
choreograaf *Choreograf* m
choreografie *Choreografie* v
chorizo *Chorizo* m
chowchow *Chow-Chow* m
christelijk *christlich*
christen *Christ* m
christendemocraat *Christdemokrat* m
christendemocratisch *christdemokratisch*
christendom *Christentum* o
Christus *Christus* m ★ na ~ *nach Christus* ★ voor ~ *vor Christus*
Christusbeeld *Christusfigur* v
chromosoom *Chromosom* o
chronisch *chronisch*
chronologie *Chronologie* v
chronologisch *chronologisch*
chronometer *Chronometer* o
chroom *Chrom* o
chrysant *Chrysantheme* v
ciabatta *Ciabatta* o
cicade *Zikade* v
cichorei *Zichorie* v
cider *Zider* m; *Cidre* m
cijfer ● teken *Ziffer* v ● beoordeling *Note* v; *Zensur* v ▼ in de rode ~s staan *rote Zahlen schreiben*; *in den roten Zahlen stehen*
cijfercode *Zifferncode* m; *Nummerncode* m
cijferen *rechnen*
cijferlijst *Zeugnis* o
cijfermateriaal *Zahlenmaterial* o
cijferslot *Zahlenschloss* o
cilinder *Zylinder* m
cilinderblok *Zylinderblock* m
cilinderinhoud *Hubraum* m
cilinderkop *Zylinderkopf* m
cilinderslot *Zylinderschloss* o
cilindrisch *zylindrisch*
cineast *Filmemacher* m; *Cineast* m
cinefiel I ZN [de] *Filmfan* m; *Cineast* m **II** BNW *filmbegeistert*
cinema *Kino* o
cipier *Gefängniswärter* m
cipres *Zypresse* v
circa *circa*; *ungefähr*; *etwa*
circuit ● renbaan *Parcours* m ● wereldje *Szene* v
circulaire *Rundschreiben* o; *Zirkular* o
circulatie *Zirkulation* v; *Umlauf* m; ⟨v. bloed⟩ *Kreislauf* m ★ in ~ brengen *in Umlauf bringen*
circuleren *kursieren*; *zirkulieren*; *umlaufen*
circus *Zirkus* m
circusnummer *Zirkusnummer* v
circustent *Zirkuszelt* o
cirkel *Kreis* m ★ halve ~ *Halbkreis* m ▼ vicieuze ~ *Teufelskreis* m

ci

ci

cirkelen *kreisen*
cirkelredenering *Zirkelschluss* m; *Kreisschluss* m
cirkelzaag *Kreissäge* v
cirrose *Zirrhose* v
cis *cis* o
citaat *Zitat* o
citadel *Zitadelle* v
citer *Zither* v
citeren *zitieren*
citroen *Zitrone* v
citroengeel *zitronengelb*
citroenmelisse *Melisse* v; *Zitronenmelisse* v
citroensap *Zitronensaft* m
citroenvlinder *Zitronenfalter* m
citroenzuur *Zitronensäure* v
citruspers *Zitruspresse* v
citrusvrucht *Zitrusfrucht* v
civiel *zivil; bürgerlich* ★ ~e vordering *Privatklage* v
civielrechtelijk *zivilrechtlich*
civilisatie *Zivilisation* v
civiliseren *zivilisieren*
cl *cl*
claim ● aanspraak *Forderung* v; *Claim* o; *Anspruch* m ● voorkeursrecht *Bezugsrecht* o
claimen *fordern; beanspruchen; Anspruch erheben auf* [+4]
clan ● stam *Clan* m; *Sippe* v ● hechte groep *Clique* v
clandestien *heimlich; illegal* ★ ~e handel *Schwarzhandel* m
classicisme *Klassizismus* m
classicistisch *klassizistisch*
classicus *Altphilologe* m
classificatie *Klassifikation* v
classificeren *klassifizieren*
claustrofobie *Klaustrophobie* v
clausule *Klausel* v
claxon *Hupe* v
claxonneren *hupen*
clean ● zuiver *sauber* ● zakelijk *nüchtern; sachlich* ● afgekickt *clean*
clematis *Klematis* v
clementie *Milde* v
clerus *Klerus* m
cliché *Klischee* o
clichématig *klischeehaft; klischiert*
client *Client* m
cliënt ● klant *Kunde* m ● JUR. *Mandant* m
clientèle, BN cliënteel *Kundschaft* v; *Klientel* v
cliffhanger *Cliffhanger* m; *das jeweils spannende Ende* o *einer Seriensendung*
climax *Klimax* v; *Höhepunkt* m
clinch ▼ in de ~ gaan/raken met iem. *mit jmdm. in den Clinch gehen* ▼ in de ~ liggen met iem. *mit jmdm. im Clinch liegen*
cliniclown *Klinikclown* m
clip ● paperclip *Heftklammer* v ● videoclip *Clip* m
clitoris *Klitoris* v
close ★ ze zijn heel ~ *sie haben ein sehr enges Verhältnis zueinander*
closet *Klosett* o
closetpapier *Toilettenpapier* o
closetrol *Klosettrolle* v
close-up *Nahaufnahme* v

clou *Clou* m
clown *Clown* m
clownesk *clownesk*
club *Klub* m
clubhuis *Klub* m; *Klubhaus* o
cluster *Cluster* m
clusterbom *Clusterbombe* v
clusteren *Gruppen bilden*
co- *Co-; co-*
coach *Coach* m
coachen *coachen*
coalitie *Koalition* v
coalitiepartner *Koalitionspartner* m
coassistent ≈ MED. *Famulus* m
coaster *Küstenfahrzeug* o
coaten *beschichten; überziehen*
coating *Beschichtung* v; *Schicht* v
coauteur *Mitautor* m; *Koautor* m; *Mitverfasser* m
coaxkabel *Koaxialkabel* o
cobra *Kobra* v
cocaïne *Kokain* o
cockpit *Cockpit* o
cocktail *Cocktail* m
cocktailbar *Cocktailbar* v
cocktailjurk *Cocktailkleid* o
cocktailparty *Cocktailparty* v
cocktailprikker *Spießchen* o
cocon *Kokon* m
cocoonen *sich einspinnen*
code ● tekensysteem *Code* m ● geheimschrift ★ een code breken *einen Code knacken*
codeïne *Kodein* o
codenaam *Tarnname* m
coderen *verschlüsseln; codieren*
codex *Kodex* m
codicil *Kodizill* o
codificeren *kodifizieren*
coëfficiënt *Koeffizient* m
co-existentie *Koexistenz* v
co-existeren *koexistieren*
coffeeshop *Café* o
coffeïne *Kaffein* o
cognac *Kognak* m; *Weinbrand* m
cognitief *kognitiv*
coherent *kohärent*
coherentie *Kohärenz* v
cohesie *Kohäsion* v
coiffure *Frisur* v
coïtus *Koitus* m
coke ● cocaïne *Koks* m ● cola *Cola* v/o
cokes *Koks* m
col ● rolkraag *Rollkragen* m ● bergpas *Bergpass* m
cola *Cola* v/o
cola-tic *Cola* v/o *mit Schuss*
colbert *Jackett* o
collaborateur *Kollaborateur* m
collaboratie *Kollaboration* v
collaboreren *kollaborieren*
collage *Collage* v
collectant *Sammler* m
collect call *R-Gespräch* o
collecte *Sammlung* v; (in kerk) *Kollekte* v
collectebus *Sammelbüchse* v
collecteren *einsammeln; sammeln*

collectie *Sammlung* v; ⟨v. artikelen⟩ *Kollektion* v
collectief I ZN [het] ● groep *Kollektiv* o
  ● verzamelnaam *Kollektivum* o **II** BNW
  kollektiv; *Kollektiv-* ★ ~ ontslag aanvragen ≈
  Entlassungen für mehrere Mitarbeiter
  gleichzeitig beantragen ★ de collectieve sector
  der Sozialversicherungsbereich
collectivisme *Kollektivismus* m
collector's item *Sammlerstück* o
collega *Kollege* m
college ● les *Vorlesung* v; *Seminar* o ★ ~ geven
  eine Vorlesung halten ★ ~ lopen/volgen *ein*
  Seminar/eine Vorlesung besuchen
  ● bestuurslichaam *Kollegium* o ★ ~ van
  burgemeester en wethouders *Magistrat* m;
  Stadtrat m ● school *Kolleg* o
collegedictaat *Nachschrift* v *einer Vorlesung*;
  Skript o
collegegeld *Studiengebühren* mv
collegekaart *Studentenausweis* m
collegezaal *Hörsaal* m
collegiaal *kollegial*
collegialiteit *Kollegialität* v
collier *Collier* o; *Halskette* v
colloïde *Kolloid* o
colofon *Impressum* o; *Kolophon* m
Colombia *Kolumbien* o
Colombiaan *Kolumbianer* m
Colombiaans *kolumbianisch*
Colombiaanse *Kolumbianerin* v
colonne *Kolonne* v
coloradokever *Koloradokäfer* m; *Kartoffelkäfer*
  m
colportage *Kolportage* v
colporteren *kolportieren*
colporteur *Kolporteur* m
coltrui *Rollkragenpullover* m
column *Kolumne* v
columnist *Kolumnist* m
coma *Koma* o
comapatiënt *Komapatient* m
comateus *komatös*
combi *Kombi(wagen)* m
combimagnetron *Kombimikrowelle* v
combinatie *Kombination* v
combinatieslot *Kombinationsschloss* o
combinatietang *Kombizange* v
combine² (zeg: kombaajn) *Kombine* v;
  Mähdrescher m
combineren *kombinieren*
combo *Combo* v
comeback *Comeback* o
comedy *Comedyserie* v
comfort *Komfort* m
comfortabel *komfortabel*; *bequem*
coming-out *Coming-out* o
comité *Ausschuß* m; *Komitee* o
commandant *Kommandant* m
commanderen *kommandieren*
commando ● bevel *Kommando* o
  ● bevelvoering *Kommando* o
commandotroepen *Kommandotruppen* mv
commentaar *Kommentar* m
commentaarstem *Voice-Over* v
commentariëren *kommentieren*
commentator *Kommentator* m

commercial *Werbespot* m
commercialiseren *kommerzialisieren*
commercialisering *Kommerzialisierung* v
commercie *Kommerz* m
commercieel *kommerziell*
commies *Beamte* m/v
commissariaat *Kommissariat* o
commissaris ● gemachtigde *Kommissar* m ● lid
  raad v. commissarissen *Aufsichtsratsmitglied*
  o; *Aufsichtsrat* m
commissie ● *Kommission* v; *Ausschuss* m ★ ~
  van advies *Beratungsausschuss* ★ ~ van
  beroep *Berufungsausschuss* ★ ~ van
  deskundigen *Fachausschuss* ★ ~ van
  onderzoek *Untersuchungsausschuss*
  ● opdracht ★ in ~ geven *in Kommission geben*
commissionair *Kommissionär* m
commode *Kommode* v
commotie *Aufregung* v; *Erregung* v ★ die
  benoeming gaf veel ~ *die Ernennung*
  verursachte viel Wirbel ★ ~ maken *Aufregung*
  verursachen
communautair *gemeinschaftlich*
commune *Kommune* v
communicant *Kommunikant* m
communicatie ● contact *Kommunikation* v
  ● verbinding *Verbindung* v
communicatief *kommunikativ*
communicatiemiddel *Kommunikationsmittel* o
communicatiesatelliet *Nachrichtensatellit* m;
  Kommunikationssatellit m
communicatiestoornis *Kommunikationsstörung*
  v
communicatiewetenschap
  Kommunikationswissenschaft v
communiceren *kommunizieren*
communie *Kommunion* v ★ zijn eerste ~ doen
  zur Erstkommunion gehen
communiqué *Kommuniqué* o
communisme *Kommunismus* m
communist *Kommunist* m
communistisch *kommunistisch*
Comorees *komorisch*
Comoren *Komoren* mv
compact *kompakt*
compact disc *CD* v; *CD-Platte* v
compagnie *Kompanie* v
compagnon ● vennoot *Kompagnon* m;
  Teilhaber m ● makker *Kumpan* m
compartiment *Abteil* o
compatibel *kompatibel*
compatibiliteit *Kompatibilität* v
compendium *Kompendium* o [mv:
  Kompendien]; *Abriss* m
compensatie *Kompensation* v; *Ausgleich* m
  ★ ter/als ~ van *zum/als Ausgleich für*
compenseren *kompensieren*; *ausgleichen*
competent ● bekwaam *kompetent* ● bevoegd
  zuständig; *befugt*; *kompetent*
competentie ● bekwaamheid *Kompetenz* v
  ● bevoegdheid *Kompetenz* v; *Zuständigkeit* v
competitie ● wedijver *Wettbewerb* m ● SPORT
  Spielsaison v
competitief *konkurrierend*; *Wettbewerbs...* ★ ~
  ingesteld zijn *wettbewerbsfähig sein*
compilatie *Kompilation* v

co

co

compiler *Compiler* m; *Übersetzer* m
compileren *kompilieren*
compleet *vollständig; komplett*
complement *Komplement* o
complementair *komplementär; Komplementär-*
completeren *komplettieren; vervollständigen*
complex I ZN [het] geheel *Komplex* o **II** BNW
  ingewikkeld *komplex*
complicatie *Komplikation* v; *Verwicklung* v
compliceren *komplizieren*
compliment *Kompliment* o ★ iem. een ~
  maken *jmdm. ein Kompliment machen*
complimenteren *gratulieren; beglückwünschen*
complimenteus *sehr höflich*
complot *Komplott* o
complottheorie *Verschwörungstheorie* v
component *Komponente* v
componentenlijm *Zweikomponentenkleber* m
componeren *komponieren*
componist *Komponist* m
composiet ● SCHEIK. *Komposite* v ● PLANTK.
  Korbblütler m
compositie *Komposition* v
compositiefoto *Phantombild* o
compost *Kompost* m
compote *Kompott* o
compressie *Kompression* v; *Verdichtung* v
compressor *Kompressor* m; *Verdichter* m
comprimeren *komprimieren; verdichten*
compromis *Kompromiss* m
compromitteren *kompromittieren*
compromitterend *kompromittierend*
computer *Rechner* m; *Computer* m
computeranimatie *Computeranimation* v
computerbestand *Computerdatei* v
computeren *am/vorm Computer sitzen*
computerfraude *Computerbetrug* m
computergestuurd *computergesteuert*
computerisering *Computerisierung* v
computerkraak *Eindringen* o *in*
  Computersysteme; Hacken o *eines Computers*
computerkraker *Hacker* m
computernetwerk *Computernetzwerk* o
computerondersteund *computerunterstützt*
computerprogramma *Computerprogramm* o
computerspel *Computerspiel* o
computerstoring *Computerstörung* v
computertaal *Programmiersprache* v
computervirus *Computervirus* o
concaaf *konkav*
concentraat *Konzentrat* o
concentratie *Konzentration* v
concentratiekamp *Konzentrationslager* o
concentratieschool BN, O&W ≈ *school met veel*
  allochtone leerlingen Schule v *mit vielen*
  ausländischen Kinder
concentreren I OV WW *konzentrieren* **II** WKD WW
  [zich ~] *sich konzentrieren*
concentrisch *konzentrisch*
concept ● ontwerp *Entwurf* m ★ in ~ *im*
  Konzept ● begrip *Konzept* o
conceptie ● bevruchting *Empfängnis* v; MED.
  Konzeption v ● denkbeeld *Konzeption* v;
  Leitidee v
conceptovereenkomst *Konzeptvertrag* m
conceptueel *konzeptuell*

concern *Konzern* m
concert *Konzert* o ★ naar een ~ gaan *ins*
  Konzert gehen
concerteren *konzertieren*
concertganger *Konzertbesucher* m
concertgebouw *Konzerthalle* v; *Philharmonie* v
concertmeester *Konzertmeister* m
concessie ● het toegeven ★ ~s doen aan
  Zugeständnisse/Konzessionen machen an [+4)
  ● vergunning *Konzession* v
conciërge *Hausmeister* m
concilie *Konzil* o
concipiëren *konzipieren; entwerfen*
conclaaf *Konklave* o
concluderen *folgern; schließen* ★ uit haar
  woorden concludeerde men *aus ihren*
  Worten folgerte man
conclusie *Schlussfolgerung* v; *Folgerung* v
concours *Wettbewerb* m ★ ~ hippique
  Reitturnier o
concreet *konkret*
concretiseren *konkretisieren*
concubine *Konkubine* v
concurrent *Konkurrent* m
concurrentie *Konkurrenz* v; *Wettbewerb* m ★ ~
  met iem. aangaan *jmdm. Konkurrenz machen*
  ★ oneerlijke ~ *unlautere(r) Wettbewerb*
concurrentiebeding *Konkurrenzklausel* v;
  Wettbewerbsklausel v
concurrentieslag *Konkurrenzkampf* m
concurreren *konkurrieren*
concurrerend *konkurrierend*
condens *Kondenswasser* o
condensatie *Kondensation* v
condensator *Kondensator* m
condenseren *kondensieren*
conditie ● toestand *Kondition* v; *Zustand* m
  ● BIOL. fitheid *Konstitution* v ★ een goede ~
  hebben *in Form sein* ● voorwaarde *Bedingung*
  v
conditietraining *Konditionstraining* o
conditioner *Conditioner* m
conditioneren *konditionieren*
condoleance *Kondolenz* v; *Beileidsbezeigung* v
condoleanceregister *Kondolenzliste* v
condoleren *kondolieren; sein Beileid*
  aussprechen/bekunden
condoom *Kondom* o
condor *Kondor* m
conducteur *Schaffner* m
conductrice *Schaffnerin* v
confectie *Konfektion* v
confederatie *Staatenbund* m; *Konföderation* v
conference ● lezing *Konferenz* v ● voordracht
  Conférence v
conferencier *Conférencier* m
conferentie *Konferenz* v
confereren *konferieren*
confessioneel *konfessionell*
confetti *Konfetti* o
confidentieel *vertraulich*
configuratie *Konfiguration* v
confisqueren *konfiszieren*
confituur *Marmelade* v; *Konfitüre* v
conflict *Konflikt* m
conflictstof *Konfliktstoff* m

conflictueus *konfliktreich*
conform I vz *gemäß* [+3] ★ ~ de eis *gemäß der Forderung* II BNW *konform; übereinstimmend* ★ een ~e beslissing *eine konforme Entscheidung*
conformeren *fügen; anpassen* ★ zich ~ aan iemand/iets *sich jmdm./etw. angleichen/anpassen*
conformisme *Konformismus* m
conformistisch *konformistisch*
confrontatie *Konfrontation* v
confronteren *konfrontieren*
confuus *konfus; verwirrt*
conga *Conga* v
congé *Abschied* m ★ iem. zijn ~ geven *jmdm. den Laufpass geben* m
conglomeraat *Konglomerat* o
Congo *Kongo* m
Congolees *Kongolese* m
congregatie *Kongregation* v
congres *Kongress* m ★ lid van het ~ *Kongressmitglied* o
congresgebouw *Kongressgebäude* o
congruent *kongruent*
congruentie *Kongruenz* v
congrueren met *kongruieren mit*
conifeer *Konifere* v
conjunctie *Konjunktion* v
conjunctief *Konjunktiv* m
conjunctureel *konjunkturell*
conjunctuur *Konjunktur* v
connaisseur *Connaisseur* m; *Feinschmecker* m
connectie ● verband, aansluiting *Verbindung* v ● verbonden persoon *Beziehung* v
connotatie *Konnotation* v
conrector *Konrektor* m
consciëntieus *gewissenhaft*
consecratie *Konsekration* v
consensus *Konsens(us)* m
consequent *konsequent*
consequentie *Konsequenz* v
conservatief *konservativ*
conservator *Konservator* m
conservatorium *Konservatorium* o
conserveermiddel *Konservierungsmittel* o
conserven *Konserven* mv
conservenblik *Konservendose* v
conserveren *konservieren* ★ groente ~ *Gemüse einlegen* ★ geconserveerde groenten *Dosengemüse* ★ ze is (nog) goed geconserveerd *sie hat sich gut gehalten*
conserveringsmiddel, conserveermiddel *Konservierungsmittel* o; *Konservierungsstoff* m
consideratie ● overweging *Erwägung* v ● toegeeflijkheid *Nachsicht* v; *Rücksicht* v ★ ~ tonen *Nachsicht zeigen*
considereren ● in overweging nemen *erwägen; berücksichtigen* ● hoogachten *(hoch) achten*
consignatie *Konsignation* v
consistent *konsistent*
consistentie *Konsistenz* v
console ● bord *Konsole* v ● COMP. bedieningspaneel *Konsole* v
consolidatie *Konsolidierung* v
consolideren *konsolidieren*

consonant *Konsonant* m; *Mitlaut* m
consorten MIN. *Konsorten* mv
consortium *Konsortium* o
constant *konstant*
constante *Konstante* v
constateren *feststellen; konstatieren*
constatering *Konstatierung* v
constellatie *Konstellation* v
consternatie *Bestürzung* v
constipatie *Verstopfung* v
constituent *Konstituente* v
constitutie ● grondwet *Konstitution* v; *Verfassung* v; *Grundgesetz* o ● gestel *Konstitution* v
constitutioneel *konstitutionell*
constructeur *Konstrukteur* m
constructie ● het construeren *Konstruktion* v ● het geconstrueerde *Konstruktion* v; *Bau* m
constructief *konstruktiv*
constructiefout *Konstruktionsfehler* m
construeren *konstruieren*
consul *Konsul* m
consulaat *Konsulat* o
consulair *konsularisch*
consulent *Berater* m
consult *Konsultation* v; *Beratung* v
consultancy *Consulting-Unternehmen* o
consultatie *Konsultation* v
consultatiebureau *Beratungsstelle* v
consulteren *konsultieren*
consument *Konsument* m; *Verbraucher* m
consumentenbond *Verbraucherverband* m
consumentenelektronica *Verbraucherelektronik* v
consumeren *konsumieren*
consumptie ● verbruik *Konsum* m; *Verbrauch* m ● eten/drinken *Verzehr* m ★ ~ verplicht *Verzehrzwang* m
consumptiebon *Verzehrbon* m
consumptiegoederen *Bedarfsgüter* o mv
consumptie-ijs *Speiseeis* o
consumptiemaatschappij *Konsumgesellschaft* v
contact *Kontakt* m
contactadres *Kontaktadresse* v
contactadvertentie *Kontaktanzeige* v
contactdoos *Steckdose* v
contacteren BN contact opnemen met *kontaktieren; Kontakt aufnehmen mit*
contactgestoord *kontaktgestört*
contactlens *Kontaktlinse* v; *Haftschale* v
contactlensvloeistof *Kontaktlinsenflüssigkeit* v
contactlijm *Kontaktkleber* m; *Kontaktleim* m
contactpersoon *Kontaktperson* v; *Bezugsperson* v
contactsleutel *Zündschlüssel* m
contactueel *kontakt-* ★ met goede contactuele eigenschappen *kontaktfähig* ★ ~ gestoord *kontaktgestört sein*
container *Container* m
containerpark BN afvalscheidingsstation *Recyclinghof* m
containerschip *Behälterschiff* o
contaminatie *Kontamination* v
contant *bar* ★ à ~ *gegen bar/Kasse* ★ koop à ~ *Barkauf* m ★ tegen ~e betaling *gegen Barzahlung*

contanten *Bargeld* o ★ in ~ *in bar*
contemplatie *Kontemplation* v
content *zufrieden*
context *Kontext* m; *Zusammenhang* m
continent *Kontinent* m
continentaal *kontinental* ★ ~ stelsel *Kontinentalsperre* v
contingent *Kontingent* o
continu *kontinuierlich*
continubedrijf *Dauerbetrieb* m
continudienst *Dauerbetrieb* m
continueren *weiterführen; fortsetzen*
continuïteit *Kontinuität* v
continuüm *Kontinuum* o
conto *Konto* o [mv: *Konten*] ★ à ~ *a conto*
contour *Kontur* v; *Umriss* m
contra I vz *kontra* [+4] II zn [het] ● → **pro**
contra-alt *Kontra-Alt* m
contrabande *Konterbande* v
contrabas *Kontrabass* m
contrabeweging *Gegenbewegung* v
contraceptie *Empfängnisverhütung* v; MED. *Kontrazeption* v
contract *Kontrakt* m; *Vertrag* m ★ bij ~ vastleggen *vertraglich festlegen* ★ volgens ~ *vertragsgemäß/-konform*
contractbreuk *Vertragsbruch* m
contracteren *kontrahieren; übereinkommen*
contractueel *vertraglich*
contradictie *Widerspruch* m; *Kontradiktion* v
contradictio in terminis *Widerspruch* m *in sich*
contra-expertise *Gegenexpertise* v
contra-indicatie *Gegenindikation* v
contramine *Gegenmaßnahme* v ▼ in de ~ zijn *ein Quertreiber sein*
contraproductief *kontraproduktiv*
contrapunt *Kontrapunkt* m
contrareformatie *Gegenreformation* v
contraspionage *Gegenspionage* v
contrast *Kontrast* m
contrastekker *Kupplungsstecker* m
contrasteren *kontrastieren*
contrastvloeistof *Kontrastmittel* o
contrastwerking *Kontrastwirkung* v
contreien *Umgebung* v; *Gegend* v
contribueren aan *beitragen zu* [+3]
contributie *Beitrag* m
controle *Kontrolle* v; *Prüfung* v
controleerbaar *kontrollierbar; überprüfbar; nachprüfbar*
controlekamer *Kontrollraum* m
controleren *kontrollieren* ★ ~d geneesheer *Vertrauensarzt* m
controlestrookje *Kontrollabschnitt* m
controleur *Kontrolleur* m
controverse *Kontroverse* v
controversieel *kontrovers; widersprüchlich*
conveniëren *annehmbar sein; passen; gelegen sein*
conventie *Konvention* v
conventioneel *konventionell; herkömmlich*
convergent *konvergent*
convergeren *konvergieren*
conversatie *Konversation* v; *Unterhaltung* v
converseren *konversieren; sich unterhalten*
conversie *Konversion* v

converteren *konvertieren*
convex *konvex* ★ ~e lens *Konvexlinse* v
cookie *Cookie* o
cool *geil*
coolingdown *Cooling-down* m
coöperant BN *ontwikkelingswerker Entwicklungshelfer* m
coöperatie ● *samenwerking Kooperation* v; *Zusammenarbeit* v ● *vereniging Genossenschaft* v
coöperatief ● *bereid samen te werken kooperativ* ● *samenwerkend genossenschaftlich* ★ coöperatieve vereniging *eingetragene Genossenschaft* v ★ coöperatieve winkelvereniging *Konsumgenossenschaft* v
coöptatie *Ergänzungswahl* v; *Kooptation* v
coöpteren *kooptieren; hinzuwählen*
coördinaat *Koordinate* v ▼ BN coördinaten ⟨persoonlijke gegevens⟩ *Personalien*
coördinatenstelsel *Koordinatensystem* o
coördinatie *Koordination* v
coördinator *Koordinator* m
coördineren *koordinieren*
co-ouder *Elter* m *mit gleichem Sorgerecht*
co-ouderschap *gemeinsame(s) Sorgerecht* o
COPD *COPD* v
copieus *reichlich*
copiloot *Kopilot* m
coproductie *Koproduktion* v
copuleren *kopulieren*
copyright *Copyright* o; *Urheberrecht* o
copywriter *(Werbe)Texter* m
cordon bleu *Cordon* o *bleu*
cordon sanitaire *Sperrgürtel* m
corduroy I zn [het] *Cord* m; *Cordsamt* m II BNW *Cord-; cordsamten* ★ een ~ broek *eine Cordhose*
cornedbeef *Corned Beef* o
corner *Eckstoß* m; *Eckball* m
cornflakes *Cornflakes* mv
corporatie *Körperschaft* v; *Korporation* v
corps *Korps* o ★ ~ diplomatique *diplomatisches Korps*
corpsbal ≈ *Mitglied* o *einer Burschenschaft*
corpulent *korpulent; beleibt*
corpulentie *Korpulenz* v
corpus *Korpus* o [mv: *Korpora*]
correct *korrekt*
correctie *Korrektur* v
correctielak *Korrekturlack* m
corrector *Korrektor* m
correlaat *Korrelat* o
correlatie *Korrelation* v
correleren *korrelieren*
correspondent *Korrespondent* m
correspondentie *Korrespondenz* v; *Briefwechsel* m
correspondentieadres *Korrespondenzadresse* v; *Briefanschrift* v
corresponderen *korrespondieren*
corrigeren *korrigieren* ★ gecorrigeerd voor seizoensinvloeden *saisonal bereinigt*
corroderen *korrodieren*
corrosie *Korrosion* v
corrumperen *korrumpieren*
corrupt *korrupt*

corruptie *Korruption* v
corsage *Ansteckblume* v
Corsica *Korsika* o
Corsicaans *korsisch*
corso *Korso* m
corvee *Dienst* m
coryfee *Koryphäe* v
coschap *Famulatur* v ★ ~pen lopen *famulieren*
cosinus *Kosinus* m
cosmetica *Kosmetik* mv
cosmetisch *kosmetisch*
Costa Rica *Costa Rica* o
Costa Ricaan *Costa Ricaner* m
Costa Ricaans *von Costa Rica*
Costa Ricaanse *Costa Ricanerin* v
Côte d'Azur *Côte d'Azur* v
couchette *Schlafwagen* m
coulant *kulant*
coulisse *Kulisse* v
counter *Konter* m
counteren *kontern*
country *Country-Music* v
country-and-western
   Country-and-western-Musik v
coup *Staatsstreich* m ★ een coup plegen *einen Putsch verüben*
coupe ● haardracht *Schnitt* m; *Fasson* v ● beker *Schale* v
coupé *Abteil* o
couperen ● 〈oren, staart〉 af-, bijsnijden *kupieren* ● 〈een dier〉 snijdend bewerken *abheben*
couperose *Kupferrose* v
couplet *Strophe* v
coupon *Coupon* m; *Kupon* m ★ ~s knippen *Coupons abtrennen*
coupure ● deelwaarde *Stückelung* v ● weglating in film *Kürzung* v; *Schnitt* m
courant *gängig*
coureur *Rennfahrer* m
courgette *Zucchini* v
courtage *Provision* v
couscous *Couscous* m/o
couturier *Couturier* m
couvert ● eetgerei *Besteck* o ● envelop *Briefumschlag* m ★ onder ~ *im Umschlag*
couveuse *Brutkasten* m; *Inkubator* m
couveusekind *Brutkastenkind* o
cover ● MUZ. *Cover* o ● omslag *Umschlag* m
coverartikel *Titelgeschichte* v
coverband *Coverband* v
coveren *eine Neufassung herausbringen*
cowboy *Cowboy* m
cowboyfilm *Western* m
crack *Crack* m
cracker *Knäckebrot* o
cranberry *Preiselbeere* v
crank *Tretkurbel* v; *Kurbel* v
crash *Crash* m; *Zusammenstoß* m; 〈vliegtuig〉 *Absturz* m
crashen ● van voertuigen 〈auto〉 *zusammenstoßen*; 〈auto〉 *verunglücken*; 〈vliegtuig〉 *abstürzen* ● COMP. *abstürzen*
crawl *Kraul* o
crawlen *kraulen*; *Freistil schwimmen*
crayon *Kreide* v; *Stück* o *Kreide*

creatie *Kreation* v
creatief *kreativ*
creativiteit *Kreativität* v
creatuur *Kreatur* v
crèche *Kinderkrippe* v; *Kindertagesstätte* v; *Kita* v
credit *Kredit* m
creditcard *Kreditkarte* v
crediteren ● bijschrijven *gutschreiben* ● als schuld boeken *kreditieren*
crediteur *Kreditor* m; *Gläubiger* m
creditnota *Gutschrift* v
creditrente *Kreditzins* m
credo *Kredo* o
creëren *kreieren*
crematie *Feuerbestattung* v; *Einäscherung* v
crematorium *Krematorium* o
crème *Creme* v; *Salbe* v
cremeren *einäschern*
creool *Kreole* m
creools I ZN [het] *Kreolisch* o II BNW *kreolisch*
crêpe ● materiaal *Krepp* m; 〈nakeursspelling〉 *Crêpe* m ● flensje *Crêpe* v; 〈nakeursspelling〉 *Krepp* v
crêpepapier *Kreppapier* o
creperen *krepieren*
crescendo *crescendo*
cricket *Kricket* o
cricketen *Cricket spielen*
crime ≈ *Zumutung* v; ≈ *Plage* v ★ het is een ~! *es ist furchtbar/schrecklich!*
criminaliseren *kriminalisieren*
criminaliteit *Kriminalität* v
crimineel I BNW ● misdadig *kriminell* ● strafrechtelijk *Kriminal-*; *Straf-* II BIJW in hoge mate *schrecklich*
criminologie *Kriminologie* v
crisis *Krise* v
crisiscentrum *Krisenzentrum* o; *Auffangzentrum* o
crisisteam *Krisenstab* m
criterium *Kriterium* o
criticus *Kritiker* m
croissant *Croissant* o
croque-monsieur ≈ *strammer Max* m
cross *Cross* m
crossen *an einem Crosscountry teilnehmen*
crossfiets *BMX-Rad* o
croupier *Croupier* m
crouton *Croûton* m
crowdsurfen *Crowdsurfen* o
cru *roh*; *grob*; *derb*
cruciaal *entscheidend*
crucifix *Kruzifix* o
cruise *Kreuzfahrt* v
cruisecontrol *Cruise Control* v
cruisen *eine Kreuzfahrt machen*
crux *Crux* v
crypte *Krypta* v
cryptisch *kryptisch*
cryptogram *Kryptogramm* o
c-sleutel *C-Schlüssel* m
CT-scan *Computertomografie* v
Cuba *Kuba* o
Cubaan *Kubaner* m
Cubaans *kubanisch*
Cubaanse *Kubanerin* v

cu

culinair *kulinarisch*
culmineren *kulminieren*; *gipfeln*
culpabiliseren BN *beschuldigen beschuldigen*
cult- *Kult-*
cultfilm *Kultfilm* m
cultiveren *kultivieren*
cultureel *kulturell* ★ ~ akkoord *Kulturabkommen* o
cultus *Kult* m
cultuur • beschaving *Kultur* v • bebouwing met gewas ★ grond in ~ brengen *Land urbar machen*
cultuurbarbaar *Kulturbanause* m
cultuurdrager *Kulturträger* m
cultuurgeschiedenis *Kulturgeschichte* v
cultuurgewas *Kulturpflanze* v
cultuurpessimist *Kulturpessimist* m
cultuurschok *Kulturschock* m
cultuurvolk *Kulturvolk* o
cum laude *cum laude*; *mit Lob*
cumulatie *Kumulation* v
cumulatief *kumulativ* ★ ~ preferente aandelen *kumulative Vorzugsaktien*
cumuleren BN, POL. ⟨meerdere ambten⟩ uitoefenen *kumulieren*
cup *Cup* m
cupwedstrijd *Pokalspiel* o
Curaçao *Curaçao* o
Curaçaoër *Bewohner* m *von Curaçao*
Curaçaos *von Curaçao*
Curaçaose *Einwohnerin* v *von Curaçao*
curatele *Vormundschaft* v ★ onder ~ stellen *entmündigen*; *unter Vormundschaft stellen*
curator • toezichthouder *Vormund* m; *Pfleger* m ★ ~ in een faillissement *Konkursverwalter* m • lid van raad van toezicht *Kurator* m
curettage *Kürettage* v; *Ausschabung* v
curetteren *ausschaben*; *kürettieren*
curieus *merkwürdig*; *kurios*
curiositeit *Kuriosität* v; *Kuriosum* o
curiositeitenkabinet *Kuriositätenkabinett* o
curriculum vitae *Lebenslauf* m
curry • gerecht *Curry* o • saus *Currysoße* v
cursief *kursiv* ★ cursieve druk *Kursivdruck* m
cursiefje *Glosse* v; *Kolumne* v
cursist *Kursteilnehmer* m
cursiveren *kursiv setzen*
cursor *Cursor* m; *Positionsanzeiger* m
cursus *Kurs* m; *Lehrgang* m ★ schriftelijke ~ *Fernkurs*
cursusgeld *Kursgebühren* mv
curve *Kurve* v
custard *Custardpulver* o
cutter *Cutter* m
CV *KG*
cv I AFK [de] *Zentralheizung* v II AFK [het] *Lebenslauf* m
cv-ketel *Heizkessel* m
CVS *chronische(s) Ermüdungssyndrom* o
cyaankali *Zyankali* o
cyanide *Zyanid* o
cybercafé *Cybercafé* o
cyberspace *Cyberspace* m
cyclaam *Alpenveilchen* o; *Zyklamen* o
cyclisch *zyklisch*
cycloon *Zyklon* m

cycloop *Zyklop* m
cyclus *Zyklus* m
cynicus *Zyniker* m
cynisch *zynisch*
cynisme *Zynismus* m
Cyprioot *Zypriot* m
Cypriotisch *zyprisch*
Cypriotische *Zypriotin* v
Cyprus *Zypern* o
cyste *Zyste* v

D

d • letter *D* o ★ de d van Dirk *D wie Dietrich*
• muzieknoot *d* o
daad *Tat* v ▼ de daad bij het woord voegen
etw. in die Tat umsetzen
daadkracht *Tatkraft* v
daadwerkelijk *tatsächlich; wirklich*
daags • per dag *täglich; jeden Tag* ★ driemaal
~ in te nemen *dreimal täglich einzunehmen*
• op de dag *am Tag* ★ ~ tevoren *am Tag
zuvor*
daar I BIJW ⟨plaats⟩ *da;* ⟨plaats⟩ *dort;* ⟨richting⟩
dorthin; ⟨richting⟩ *dahin* **II** VW *weil; da*
daaraan *daran* ★ hoe kom je ~? *wie kommst du
dazu?; woher hast du das?*
daarachter *dahinter*
daarbij • bij dat *dabei; dazu* ★ het blijft ~ *es
bleibt dabei* • tevens *außerdem* ★ ~ is zij ook
nog heel aardig *außerdem ist sie auch noch
sehr nett*
daarbinnen *(da)drinnen*
daarbuiten *(da)draußen* ★ blijf ~! INF. *misch
dich nicht ein!;* INF. *halt dich da raus!* ★ laat
mij ~ *lass mich aus dem Spiel*
daardoor • daar doorheen *dadurch; da
hindurch* • door die oorzaak *daher; dadurch;
deswegen*
daardoorheen *hindurch*
daarenboven *darüber hinaus*
daarentegen *da(hin)gegen; hingegen*
daarginds *dort; drüben*
daarheen *dahin; dorthin*
daarin ⟨plaats⟩ *darin;* ⟨richting⟩ *dahinein* ★ doe
dat maar ~ *tu das dahinein*
daarlangs *da/dort vorbei; vorüber; da/dort
entlang* ★ de gracht loopt ~ *der Kanal führt
dort entlang*
daarlaten *nicht in Betracht ziehen; auf sich
beruhen lassen* ★ dat daargelaten *davon
abgesehen*
daarmee *damit*
daarna *danach*
daarnaast • naast iets *daneben; nebenan*
• daarenboven *außerdem* ★ ~ is hij nog
koppig ook *außerdem ist er auch noch
starrköpfig*
daarnet *vorhin; soeben*
daarom *darum; deshalb*
daaromheen *darum (herum);* INFORM. *drum
herum*
daaromtrent • betreffende iets *darüber;
diesbezüglich* • ongeveer *ungefähr* • in die
omgeving *in der Umgebung*
daaronder *darunter*
daarop *darauf*
daaropvolgend *darauf folgend*
daarover *darüber*
daaroverheen *darüber hinweg*
daarstraks *gleich*
daartegen *dagegen*
daartegenover • tegenover iets *da/dort
gegenüber* • daarentegen *demgegenüber;
dagegen* ★ ~ staat dat hij heel netjes is

demgegenüber ist er sehr ordentlich
daartoe *dazu*
daartussen *dazwischen*
daaruit *daraus* ★ ~ kun je concluderen dat
daraus lässt sich schließen, dass
daarvan *daraus; davon* ★ ~ wordt
schuimrubber gemaakt *daraus/davon wird
Schaumgummi gemacht* ★ wat zeg je ~? *was
sagst du dazu?* ★ wat moet ~ terechtkomen?
was soll daraus werden?
daarvandaan *dorther* ★ ik kom net ~ *ich
komme gerade dorther* ★ honderd meter ~
hundert Meter davon entfernt
daarvoor • geplaatst vóór dat *davor*
• vanwege dat *dafür; deswegen* • voor die
zaak ★ ~ hoef ik niet te komen *dafür brauche
ich nicht zu kommen*
daarzo *ebenda; genau*
daas I ZN [de] steekvlieg *Bremse* v **II** BNW
verward *verwirrt;* INFORM. *verdattert*
dadel *Dattel* v
dadelijk I BNW onmiddellijk *unmittelbar; direkt*
II BIJW • meteen *(so)gleich; sofort* • straks
gleich ★ kom je ~ even langs? *kommst du
gleich kurz vorbei?*
dadelpalm *Dattelpalme* v
dadendrang *Tatendrang* m
dader *Täter* m
dag I ZN [de] *Tag* m ★ dag des oordeels
jüngste(r) Tag m ★ Dag van de Arbeid *Tag der
Arbeit* ★ open dag *Tag* m *der offenen Tür* ★ bij
dag *am Tage* ★ op een (zekere/goede) dag
eines Tages ★ op klaarlichte dag *am
helllichten Tage* ★ elk uur van de dag *zu jeder
Tageszeit* ▼ aan de dag komen *ans Tageslicht
kommen* ▼ aan de dag leggen *an den Tag
legen* ▼ als de dag van gisteren *als wäre es
gestern gewesen* ▼ met de dag *von Tag zu Tag*
▼ op zijn oude dag *auf seine alten Tage* ▼ op
een goede dag *eines (schönen) Tages* ▼ voor
dag en dauw *in aller Frühe; vor Tau und Tag*
▼ zo kan je toch niet voor de dag komen!
damit kannst du dich doch nicht sehen lassen!
▼ voor de dag ermee! *heraus damit!*
▼ vandaag de dag, BN de dag van vandaag
heute; heutzutage ▼ het is kort dag *es ist
höchste Zeit* ▼ dag in, dag uit *tagaus, tagein*
II TW • hallo *(guten) Tag* • tot ziens *auf
Wiedersehen*
dagafschrift *Tagesauszug* m
dagbehandeling *ambulante Behandlung* v
dagblad *Tageszeitung* v
dagboek *Tagebuch* o
dagdeel *Tageshälfte* v; *halbe(r) Tag* m
dagdienst • een dag durende dienst
Tagesdienst m • dienst bij dag *Tagschicht* v
dagdromen *Tagträumen nachhängen*
dagdroom *Tagtraum* m
dagelijks I BNW • daags *täglich* ★ ~e behoefte
Tagesbedarf m • gewoon *alltäglich* ★ ~ leven
Alltagsleben o **II** BIJW *täglich* ★ iets ~ doen
etw. täglich tun
dagen I OV WW dagvaarden *vorladen* ★ iem.
voor de rechtbank ~ *jmdn. vor Gericht laden*
II ONP WW dag worden *dämmern; tagen* ▼ het
begint me te ~ *jetzt dämmert es mir*

da

dagenlang *tagelang*

dageraad *Tagesanbruch* m; *Morgendämmerung* v

dagindeling *Tageseinteilung* v

dagjesmensen *Ausflügler* mv

daglicht *Tageslicht* o ▼ in een kwaad ~ staan *in üblem Ruf stehen* ▼ iemand/iets in een kwaad ~ stellen *jmdn./etw. in ein schlechtes Licht rücken/stellen* ▼ dat kan het ~ niet verdragen *das scheut das Tageslicht*

dagloner *Tagelöhner* m

dagloon *Tagelohn* m

dagmars *Tagesmarsch* m

dagmenu *Tagesmenü* o

dagpauwoog *Tagpfauenauge* o

dagretour *Tagesrückfahrkarte* v

dagschotel *Tagesgericht* o

dagtaak *Tagespensum* o

dagtarief *Tagestarif* m

dagtekening ● datum *Datum* o ● het dagtekenen *Datierung* v

dagtocht *Tagestour* v; *Tagesausflug* m

dagvaarden *vorladen*

dagvaarding *Vorladung* v

dagverblijf ● personenverblijfplaats *Tagesheim* o; *Tagesstätte* v; (in klinieken) *Tagesraum* m ● dierenverblijfplaats *Freigehege* o

dagwaarde *Tageswert* m

dagwerk *Tagesarbeit* v

dahlia *Dahlie* v

daim BN *Velours* o; *Wildleder* o

dak *Dach* o ▼ onder dak zijn *unter Dach und Fach sein*; *untergebracht sein* ▼ hij heeft op zijn dak gekregen *er hat eins aufs Dach bekommen* ▼ iem. iets op zijn dak schuiven *jmdm. etw. auf den Hals laden* ▼ iem. iem. op zijn dak sturen *jmdm. jmdn. auf den Hals schicken/hetzen* ▼ dat viel me koud/rauw op mijn dak *das versetzte mir einen Schlag* ▼ uit zijn dak gaan *aus dem Häuschen geraten* ▼ geen dak boven zijn hoofd hebben *kein Dach über dem Kopf haben*

dakgoot *Dachrinne* v

dakje *Zirkumflex* m

dakkapel (senkrecht stehendes) *Dachfenster* o; *Dachgaupe* v

dakloos *obdachlos*

dakloze *Obdachlose(r)* m

daklozenkrant *Obdachlosenzeitung* v

dakpan *Dachpfanne* v; *Dachziegel* m; *Ziegel* m

dakpansgewijs *dachziegelartig*

dakraam *Dachfenster* o

dakterras *Dachterrasse* v

daktuin *Dachgarten* m

dal *Tal* o

dalai lama *Dalai-Lama* m

dalen ● omlaag gaan *sinken*; (ab)*fallen* ★ de grond daalt hier *der Boden fällt hier ab* ● verminderen *sinken*; *abnehmen*; *fallen*; *nachlassen*; *zurückgehen* ★ de koersen ~ *die Kurse fallen* ★ de temperatuur daalt *die Temperatur sinkt* ★ de winst daalt *der Gewinn geht zurück*

daling *Abnahme* v; *Verringerung* v; *Rückgang* m ★ ~ van het geboortecijfer *Rückgang der Geburtenrate* ★ de ~ van de prijs *der*

Preisrückgang

dalmatiër *Dalmatiner* m

daltononderwijs *Unterricht* m *nach Daltonplan*; *Daltonplan* m

daluren ≈ *Zeiten von geringem Verkehrsaufkommen* mv

dam ● waterkering *Damm* m ● dubbele damschijf *Dame* v ▼ een dam opwerpen tegen iets *einen Damm gegen etw. errichten*

damast *Damast* m

dambord *Damebrett* o

dame *Dame* v ★ dames en heren! *meine Damen und Herren!*

damesachtig I BNW *damenhaft* II BIJW *damenhaft*

damesblad *Frauenzeitschrift* v

damesfiets *Damen(fahr)rad* o

dameskapper *Damenfriseur* m [v: *Damenfriseuse*]

dameskleding *Damenkleidung* v

damesmode *Damenmode* v

damestoilet *Damentoilette* v

damesverband *Damenbinde* v

damhert *Damhirsch* m

dammen *Dame spielen*

damp ● wasem *Dampf* m ● rook *Rauch* m; *Qualm* m

dampen ● damp afgeven *dampfen* ● roken *qualmen*

dampkap BN *(Dunst)Abzugshaube* v; *Abzug* m

dampkring *Atmosphäre* v

damschijf *Damestein* m

damspel *Damespiel* o

dan I BIJW ● op die tijd *dann*; *danach* ★ we gaan dan pas *wir gehen dann erst* ★ tot dan moeten we wachten *bis dahin müssen wir warten* ★ morgen hebben we vrij, dan gaan we zwemmen *morgen haben wir frei, dann gehen wir schwimmen* ★ tot dan! *bis dann/nachher!* ★ en dan? *und dann?* ● in dat geval *dann*; *so* ★ en wat gebeurt er dan? *und was passiert weiter?* ★ en wat dan nog? *na, wenn schon?*; *na und?* ● toch *denn* ★ waarom dan? *wieso denn?* ★ dan niet! *dann eben nicht!* ★ en je zus dan? *und was ist mit deiner Schwester?* ★ wees dan toch eindelijk stil! *nun sei doch endlich still!* ★ ik heb het dan ook heel vaak geprobeerd *ich habe es denn auch sehr oft versucht* II VW ● (bij vergelijking) *als* ★ mooier/later dan ooit *schöner/später denn je* ★ beter iets dan niets *besser etw. als gar nichts* ★ zij heeft meer geluk dan ik *sie hat mehr Glück als ich* ★ heel anders dan bij ons *ganz anders als bei uns* ★ liever vandaag dan morgen *eher heute als morgen* ● of *oder* ● (na ontkenning) *als* ★ ik weet niet beter dan dat ze al weg is *soviel ich weiß, ist sie schon weg* ▼ al dan niet met partner *mit oder ohne Partner*

dancing *Tanzlokal* o

dandy *Dandy* m

danig *ganz schön*; *ordentlich*; *gewaltig*

Danish Blue *Danish Blue* m; *dänischer Blauschimmelkäse* m

dank *Dank* m ★ in dank ontvangen *dankend erhalten* ★ met dank aan X *mit Dank an X* ▼ geen dank! *nichts zu danken!*

dankbaar *dankbar*
dankbaarheid *Dankbarkeit* v
dankbetuiging *Dankesbezeigung* v; ⟨reactie op condoléances⟩ *Danksagung* v; ⟨mondeling⟩ *Dankeswort* o; ⟨schriftelijk⟩ *Dankschreiben* o
danken ● bedanken *danken* [+3]; *sich bedanken* ★ dank je/u wel *danke schön* ★ dank je/u zeer *danke sehr* ★ nee, dank je/u *nein, danke* ★ niets te ~ *gern geschehen* ● verschuldigd zijn *verdanken* ★ iem. iets te ~ hebben *jmdm. etw. zu verdanken haben* ▼ dank je feestelijk! *besten Dank!*
dankjewel, FORM. **dankuwel** ● *Danksagung* v; *Dankeschön* o ● → **danken**
dankwoord *Dankeswort* o
dankzeggen *sich bedanken*; *Dank sagen*; *danksagen* [+3]
dankzegging ★ onder ~ voor bewezen diensten *mit Dank für erwiesene Dienste*
dankzij *dank* [+3/2] ★ ~ zijn ijver *dank seinem Eifer*; *dank seines Eifers* ▼ IRON. ~ jou moeten we gaan lopen *das haben wir dir zu verdanken, dass wir laufen müssen*
dans *Tanz* m ★ iem. ten dans vragen *jmdn. zum Tanz auffordern* ▼ de dans ontspringen *glimpflich davonkommen*
dansen *tanzen*
danser *Tänzer* m
danseres *Tänzerin* v
dansles *Tanzstunde* v
dansorkest *Tanzorchester* o
dansschool *Tanzschule* v
dansvloer *Tanzfläche* v
danszaal *Tanzsaal* m
dapper *tapfer*
dapperheid *Tapferkeit* v
dar *Drohne* v
darkroom *Darkroom* m
darm *Darm* m ★ dikke darm *Dickdarm* m ★ dunne darm *Dünndarm* m
darmflora *Darmflora* v
darmkanaal *Darmkanal* m
darmklachten *Darmbeschwerden* v
darmontsteking *Darmentzündung* v
dartel *übermütig*; *ausgelassen*
dartelen *sich tummeln*; *herumtollen*
darts *Darts* o
darwinisme *Darwinismus* m
darwinist *Darwinist* m
darwinistisch *darwinistisch*
das ● dier *Dachs* m ● stropdas *Krawatte* v; *Schlips* m; ⟨strikje⟩ *Fliege* v ● sjaal *Schal* m ▼ dat deed hem de das om *das gab mir den Rest*
dashboard *Armaturenbrett* o
dashboardkastje *Handschuhfach* o
dashond *Dackel* m
dasspeld *Krawattennadel* v
dat I AANW VNW *der (da)* [v: *die (da)*] [o: *das (da)*] ★ dat wil zeggen *das heißt* ★ daar heb je dat en dat voor nodig *dazu brauchst du dieses und jenes* **II** BETR VNW *der* [v: *die*] [o: *das*] *dass* ★ sinds dat *seitdem*
data ★ data invoeren *Daten eingeben* ★ data opslaan *Daten speichern* ★ data oproepen/ opvragen *Daten abfragen*

databank *Datenbank* v
datacommunicatie *Datenübertragung* v
datatransmissie *Datenübertragung* v
datatypist *Datentypist* m
date *Date* o
daten *daten* [+4]
dateren I OV WW van datum voorzien *datieren* **II** ON WW ~ **van** stammen *datieren aus*
datgene *dasjenige* ★ ~ wat je zei, was duidelijk *das(jenige), was du sagtest, war deutlich*
datief I ZN [de] *Dativ* m **II** BNW JUR. *übertragen* ★ datieve voogdij *übertragene Vormundschaft* v
dato ▼ de dato *vom*; *de dato* ▼ na dato *danach*; *nach dem betreffenden Datum* ▼ twee weken na dato *zwei Wochen danach*; FORM. *zwei Wochen nach dato*
datum *Datum* o ★ ~ postmerk *Datum des Poststempels*
datumgrens *Datumsgrenze* v
datumstempel *Datumsstempel* m
datzelfde *dasselbe*; *das Gleiche*
dauw *Tau* m
dauwtrappen *bei Sonnenaufgang einen Spaziergang machen*
daver ▼ BN iem. de ~ op het lijf jagen *jmdm. einen Schrecken einjagen*
daveren *dröhnen* ★ de zware vrachtwagen daverde over de brug *der schwere Lastwagen donnerte über die Brücke*
daverend *dröhnend*; *donnernd* ★ ~ applaus *brausender Beifall* m
davidster *Davidstern* m; *Davidsstern* m
DDR *DDR* v ★ in de DDR *in der DDR*
de *der* m [v: *die*] [o: *das*]
deactiveren *deaktivieren*
deadline *Deadline* v
deal *Deal* m; *Geschäft* o
dealen *dealen*
dealer ● vertegenwoordiger *Händler* m; *Vertragshändler* m ● handelaar in drugs *Dealer* m
debacle *Debakel* o
debat *Debatte* v
debatteren *debattieren*
debet *Debet* o; *Soll* o ★ ~ en credit *Debet und Kredit*; *Soll und Haben* ★ ~ staan *rote Zahlen schreiben*
debetnota *Lastschrift* v
debetrente *Sollzinsen* mv
debetzijde *Debetseite* v; *Soll* o
debiel I ZN [de] *Schwachsinnige(r)* m **II** BNW *debil*
debiteren ● vertellen *auftischen* ● ECON. als debet boeken *debitieren*; *belasten*
debiteur *Schuldner* m; *Debitor* m
deblokkeren *deblockieren*
debriefen *debriefen*
debutant *Debütant* m
debuteren *debütieren*
debuut *Debüt* o
debuutroman *Erstlingsroman* m; *Debütroman* m
deca- *deka-*; *Deka-*
decaan ● faculteitsvoorzitter *Dekan* m ● studieadviseur *Studienberater* m
decadent *dekadent*

de

decadentie *Dekadenz* v
decafé *entkoffeiniert*
decatlon *Zehnkampf* m
december *Dezember* m
decennium *Dezennium* o; *Jahrzehnt* o
decent *dezent*
decentraliseren *dezentralisieren*
deceptie *Enttäuschung* v
decharge • → **getuige**
decibel *Dezibel* o
deciliter *Deziliter* m/o
decimaal I ZN [de] *Dezimale* v II BNW *dezimal*; *Dezimal-* ★ ~ stelsel *Dezimalsystem* o
decimeren *dezimieren*
decimeter *Dezimeter* m/o
declamatie *Deklamation* v
declameren *deklamieren*
declarant *Deklarant* m
declaratie • onkostennota *Spesenrechnung* v • aangifte *Deklaration* v
declareren • in rekening brengen (nota) *in Rechnung stellen*; (onkosten) *Spesen geltend machen* • aangifte doen *deklarieren*
declasseren • in lagere klasse zetten *deklassieren*; *sozial zurücksetzen* • overklassen *deklassieren*
declinatie *Deklination* v
declineren *deklinieren*
decoder *dekodieren*
decoderen *entschlüsseln*; *dekodieren*
decolleté *Dekolleté* o; *Dekolletee*
decompressie *Dekompression* v; *Druckabfall* m
deconfiture • mislukking *Untergang* m; *Misserfolg* m; *Niederlage* v • bankroet *Konkurs* m
decor • TON. bouwsel op toneel *Bühnenbild* o; *Dekor* m/o • omgeving *Kulisse* v; *Hintergrund* m
decoratie • versiering *Dekor* m/o • onderscheiding *Dekoration* v
decoratief *dekorativ*
decoreren *dekorieren*
decorstukken *Requisiten* o; *Kulissen* v
decorum *Anstand* m; FORM. *Dekorum* o
decoupeerzaag *Dekupiersäge* v
decreet *Dekret* o
decrescendo *Dekreszenz* v; *Decrescendo* o
dedain *Geringschätzung* v
deduceren *deduzieren*
deductie *Deduktion* v
deeg *Teig* m
deegroller *Nudelholz* o
deegwaren *Teigwaren* v
deejay *Discjockey* m
deel I ZN [het] • gedeelte *Teil* m/o; *Anteil* m ★ deeltje *Teilchen* o ★ voor het grootste deel *zum größten Teil* ★ ten dele *zum Teil*; *teils* • boekdeel *Band* m II ZN [de] dorsvloer *Tenne* v
deelachtig *teilhaftig*
deelbaar *teilbar*
deelcertificaat *Teilqualifikation* v
deelgebied *Teilgebiet* o
deelgemeente *Teilgemeinde* v
deelgenoot • iem. die iets met een ander deelt *Schicksalsgefährte* m; (geheim) *Mitwisser*

m ★ iem. ~ maken van zijn vreugde *jmdn. an seiner Freude teilhaben lassen* • compagnon *Kompagnon* m; *Teilhaber* m
deelhebben aan *beteiligt sein an* [+3]
deellijn *Bisektrix* v
deelname • het meedoen *Anteilnahme* v; *Teilnahme* v; *Beteiligung* v • BN aandeel *Beteiligung* v; *Anteil* m
deelnemen • meedoen *sich beteiligen* (aan à) [+3]; *teilnehmen* (aan à) [+3] ★ ~ in een onderneming *an einem Unternehmen beteiligt sein* • ~ in meevoelen *Anteil nehmen an* [+3]
deelnemer *Teilnehmer* m
deelneming • het meedoen *Teilnahme* v; *Beteiligung* v • medeleven *Anteilnahme* v ★ zijn ~ betuigen *seine Anteilnahme aussprechen*
deelraad ≈ *Bezirksrat* m
deelregering BN, POL. *Teilregierung* v
deels *zum Teil*; *teils*
deelstaat *Gliedstaat* m; DU. *Bundesland* o
deelstreep *Bruchstrich* m
deeltal *Dividend* m; *Zähler* m
deelteken *Teilpunkte* mv
deeltijd *Teilzeit* v ★ in ~ werken *eine Teilzeitbeschäftigung/-arbeit haben*
deeltijdarbeid *Teilzeitarbeit* v
deeltijdbaan *Teilzeitbeschäftigung* v
deeltijder, deeltijdwerker *Teilzeitkraft* v; *Teilzeitbeschäftige(r)* m
deeltijds *in Teilzeit*
deeltjesversneller *Teilchenbeschleuniger* m
deelverzameling *Teilmenge* v
deelwoord *Partizip* o; *Mittelwort* o ★ onvoltooid ~ *erste(s) Partizip* o ★ tegenwoordig ~ *erste(s) Partizip*; *Partizip Präsens* ★ voltooid ~ *zweite(s) Partizip*; *Partizip Perfekt*
deemoed *Demut* v
deemoedig *demütig*
Deen *Däne* m
Deens I ZN [het] taal *Dänisch(e)* o II BNW m.b.t. Denemarken *dänisch*
Deense *Dänin* v
deerlijk I BNW • jammerlijk *jämmerlich*; *kläglich* • zeer groot *schrecklich* II BIJW in hoge mate ★ zich ~ vergissen *sich gewaltig irren*
deernis *Erbarmen* o; *Mitleid* o
deerniswekkend *mitleiderregend*; *erbarmungswürdig*
defaitisme *Defätismus* m
defect I ZN [het] *Defekt* m; *Schaden* m II BNW *defekt*; *schadhaft*
defensie *Verteidigung* v ★ minister van ~ *Verteidigungsminister* m
defensief I ZN [het] *Defensive* v ★ tot het ~ overgaan *in die Defensive übergehen* II BNW *Defensiv-*; *defensiv* ★ ~ verbond *Defensivbündnis* o
defibrilleren *defibrillieren*; *entflimmern*
deficiëntie *Defizit* o; *Unzulänglichkeit* v
defilé *Defilee* o
defileren *defilieren*
definiëren *definieren*
definitie *Definition* v

definitief *definitiv; endgültig*
deflatie *Deflation* v
deformatie *Deformation* v
deformeren *deformieren; verunstalten*
deftig *vornehm*
degaussen *degaussen*
degelijk I BNW ● stevig *solide* ● betrouwbaar *zuverlässig; gründlich* **II** BIJW *gediegen; solide* ▼ wel ~ *ganz bestimmt*
degen *Degen* m
degene *der(jenige)* [v: *die(jenige)*]
degeneratie *Degeneration* v
dégénéré *Degenerierte(r)* m
degenereren *degenerieren*
degradatie *Degradierung* v; SPORT *Abstieg* m
degradatiewedstrijd *Abstiegsspiel* o
degraderen I OV WW in rang verlagen *degradieren* **II** ON WW ● rang verliezen *degradiert werden* ● SPORT *absteigen* ★ de club is gedegradeerd *der Verein ist abgestiegen*
degusteren BN proeven *kosten; versuchen*
dehydratie *Dehydratation* v
deinen *(sich) wiegen;* ⟨water⟩ *wogen;* ⟨vaartuigen⟩ *schaukeln* ● een ~de gang *ein wiegender Gang*
deining ● golfbeweging *Seegang* m; *Wellengang* m ● opschudding *Aufregung* v
déjà vu *Déjà-vu* o
dek ● bedekking *Decke* v ● scheepsvloer *Deck* o ★ aan dek *an Deck*
dekbed *Deckbett* o; *Federbett* o
dekbedovertrek *Bettbezug* m
deken ● textielen bedekking *Decke* v ● overste *Vorsitzende(r)* m; ⟨v. ambassade⟩ *Doyen* m; ⟨v. kapittel⟩ *Dekan* m; ⟨v. kapittel⟩ *Propst* m; ⟨v. faculteit⟩ *Dekan* m
dekhengst *Deckhengst* m
dekken ● bedekken *decken* ● vergoeden *decken; erstatten* ● paren met *decken*
dekking ● beschutting *Deckung* v ● bevruchting *Deckung* v ● (geld)middelen *Deckung* v ● SPORT *Deckung* v
deklaag *Deckanstrich* m; ⟨metaal, lak⟩ *Überzug* m
dekmantel *Deckmantel* m
dekolonisatie *Dekolonisierung* v
deksel *Deckel* m
dekstoel *Deckstuhl* m
dekzeil *Plane* v
del *Flittchen* o
delegatie *Delegation* v
delegeren *delegieren; abordnen*
delen I OV WW ● splitsen *teilen;* WISK. *dividieren* ● samen hebben ★ een mening ~ *eine Meinung teilen* **II** ON WW ~ **in** *beteiligt sein an* [+3] ★ ~ in de winst *am Gewinn beteiligt sein* m
deler *Teiler* m; *Divisor* m ★ de gemene ~ *der gemeinsame Teiler*
deleteknop *Löschtaste* v
deleten *löschen*
delfstof *Mineral* o
delgen *tilgen*
delibereren *beraten; beratschlagen; überlegen*
delicaat ● teer *zart; zierlich* ● netelig *delikat*
delicatesse *Delikatesse* v

delicatessenwinkel *Delikatessengeschäft* o
delict *Delikt* o; *Straftat* v
deling ● het (ver)delen *Teilen* o; *Teilung* v ● WISK. *Division* v; *Teilung* v
delinquent *Delinquent* m; *Straftäter* m
delirium *Delirium* o
delta *Delta* o
deltavliegen *mit einem Drachen fliegen*
Deltawerken *Deltawerke* o mv
delven ● graven *graben* ● opgraven *ausgraben;* ⟨v. delfstoffen⟩ *fördern*
demagogie *Demagogie* v
demagogisch *demagogisch*
demagoog *Demagoge* m
demarcatielijn *Demarkationslinie* v
demarche *Demarche* v
demarrage *Ausreißversuch* m
demarreren *ausreißen*
dement *senil*
dementeren I OV WW *logenstraffen dementieren* **II** ON WW dement worden *senil werden*
dementie *Demenz* v; MED. *Dementia* v
demilitariseren *entmilitarisieren*
demissionair *demissioniert; zurückgetreten*
demo *Demo* v
demobiliseren ● de mobilisatie opheffen *demobilisieren* ● ontslaan uit de krijgsdienst *entlassen*
democraat *Demokrat* m
democratie *Demokratie* v
democratisch *demokratisch*
democratiseren *demokratisieren*
demografie *Demografie* v
demografisch *demografisch*
demon ● bovennatuurlijk wezen *Dämon* m ● slechterik *Teufel* m
demonisch *dämonisch*
demoniseren *dämonisieren*
demonstrant *Demonstrant* m
demonstratie *Demonstration* v
demonstratief *demonstrativ*
demonstreren I OV WW aantonen *demonstrieren* **II** ON WW betoging houden *demonstrieren*
demontabel *zerlegbar; demontierbar*
demontage *Demontage* v; *Abmontieren* o
demonteren *demontieren; abbauen*
demoraliseren *demoralisieren*
demotie *Zurückstufung* v; *Entmutigung* v
demotiveren *demotivieren*
dempen ● dichtgooien *zuschütten; zuwerfen* ★ een gracht ~ *eine Gracht zuschütten* ● onderdrukken *unterdrücken; dämpfen* ★ het geluid ~ *den Schall dämpfen*
demper ● schokdemper *Dämpfer* m ● MUZ. *Dämpfer* m
den *Kiefer* v; ⟨regionaal⟩ *Föhre* v ★ zo slank als een den *so schlank wie eine Tanne*
denappel *Tannenzapfen* m
Den Bosch *Den Bosch* o
denderen *dröhnen*
denderend *großartig; einzigartig; enorm* ★ een ~ applaus *ein brausender Beifall* m
Denemarken *Dänemark* o
Den Haag *Den Haag* o

de

denier *Denier* o
denigrerend *abschätzig; geringschätzig*
denim *Denim* m/o
denkbaar *denkbar; erdenklich*
denkbeeld ● gedachte *Gedanke* m; *Idee* v
  ● plan *Idee* v ● mening *Meinung* v; *Gedanken*
  mv
denkbeeldig *imaginär; fiktiv; eingebildet* ★ het
  ~e gevaar *die scheinbare Gefahr*
denkelijk I BNW *denkbar* II BIJW *denkbar*
denken I ON WW ● nadenken *denken; meinen*
  ★ hardop ~ *laut denken* ★ eerst ~, dan doen
  erst denken, dann handeln ★ ~ aan
  iemand/iets *an jmdn./etw. denken* ★ zij doet
  me ~ aan die actrice *sie erinnert mich an diese
  Schauspielerin* ★ iem. aan het ~ zetten *jmdn.
  nachdenklich stimmen* ● van mening zijn
  ★ hoe denkt u erover? *was meinen Sie?* ★ ik
  denk er precies zo over *ganz meine Meinung*
  ● van plan zijn *beabsichtigen* ★ erover ~ iets
  te doen *beabsichtigen, etw. zu tun* ● niet
  vergeten ★ denk erom! *pass auf!* ▼ ik denk er
  niet aan! *ich denke nicht im Traum daran!*
  II OV WW ● van mening zijn *denken; meinen;
  glauben* ★ ik dacht bij mezelf *ich dachte mir*
  ★ zonder er iets bij te ~ *ohne nachzudenken*
  ★ ieder denkt er het zijne van *jeder denkt sich
  dazu seinen Teil* ● vermoeden ★ je zou ~ dat...
  man könnte meinen, dass... ★ ik denk dat ze
  blijft *ich glaube, sie wird bleiben* ★ wat denk je
  hoeveel dat kost? *was meinst du, wie viel das
  kostet?* ● van plan zijn ★ ik denk erover weg
  te gaan *ich denke daran wegzugehen* ▼ wie
  denk je wel dat je bent? *für wen hältst du
  dich eigentlich?* ▼ dat had je gedacht! INFORM.
  denkste!
denker *Denker* m
denkfout *Denkfehler* m
denkpatroon *Denkmuster* o
denksport *Denksport* m
denktank *Denkfabrik* v
denkvermogen *Denkvermögen* o
denkwereld *Ideenwelt* v
denkwijze *Denkart* v
dennenappel *Kiefernzapfen* m
dennenboom *Kiefer* v; ⟨regionaal⟩ *Föhre* v;
  ⟨kerstboom⟩ *Tannenbaum* m
dennennaald *Kiefernnadel* v
denotatie *Denotation* v
dentaal *dental*
deo *Deo* o
deodorant *Deodorant* o
deontologie BN *Berufsethos* o
depanneren ● BN repareren *reparieren;
  ausbessern* ● BN uit de nood helpen ★ iem. ~
  jmdm. aus der Klemme helfen
departement *Ministerium* o
dependance ● bijgebouw *Nebengebäude* o;
  ⟨hotel⟩ *Dependance* v ● filiaal *Dependance* v;
  Niederlassung v; *Zweigstelle* v
depersonalisatie *Depersonalisation* v;
  Entpersönlichung v
depolitiseren *entpolitisieren*
deponeren ● neerleggen *deponieren* ● in
  bewaring geven *zur Aufbewahrung geben;
  deponieren; hinterlegen* ● indienen

deponieren; ⟨bij de overheid⟩ *vorlegen*
deportatie *Deportation* v; *Zwangsverschickung* v
deporteren *deportieren*
deposito *Depositenkonto* v; ⟨geld⟩ *Einlage* v
  ★ geld in ~ geven *Geld hinterlegen/in
  Verwahrung geben*
depositorekening *Depositenkonto* o
depot ● bewaarplaats *Magazin* o; *Lager* o;
  Depot o ● wat bewaard wordt *Depositum* o;
  ⟨geld⟩ *Depot* o
deppen *(ab)tupfen*
depressie *Depression* v
depressief *depressiv*
depri *deprimiert; down*
deprimeren *deprimieren; bedrücken*
deputatie *Deputation* v; *Abordnung* v
der I LIDW van de *der* II BIJW daar → **her**
derailleren *entgleisen*
derailleur *Gangschaltung* v
derby *Lokalderby* o; *Derbyrennen* o
derde ● *dritte(r)* [v: *dritte*] [o: *dritte(s)*] ★ een ~
  (deel) *ein Drittel* ★ ten ~ *drittens* ● → **vierde**
derdegraads *dritten Grades* ★ ~ brandwonden
  Brandwunden dritten Grades
derdegraadsverbranding *Verbrennung* v
  dritten Grades
derderangs *drittklassig*
derdewereldland *Dritte-Welt-Land* o
dereguleren *deregulieren*
deregulering *Deregulierung* v
deren ● schaden *schaden* [+3] ● verdriet doen
  anhaben können
dergelijk *derartig; solch* ★ en ~e *und dergleichen*
  ★ of iets ~s *oder so etw.*; INFORM. *oder so was*
derhalve *deshalb; demnach; folglich*
derivaat *Derivat* o
dermate *dermaßen; derart*
dermatologie *Dermatologie* v
dermatoloog *Dermatologe* m
derrie ● viezigheid *Matsch* m; *Schlamm* m
  ● laagveen *Darg* m; *Dark* m
derrière *Hinterteil* o; *Allerwerteste(r)* m
dertien ● *dreizehn* ● → **vier**
dertiende ● *dreizehnte(r)* ● → **vierde**
dertig ● *dreißig* ● → **vier, veertig**
dertiger *Dreißiger* m
dertigste ● *dreißigste(r)* ● → **vierde, veertigste**
derven *entgehen*
derving *Verlust* m; *Ausfall* m
des I ZN [de] MUZ. *des* o II BIJW ★ des te beter
  umso besser; desto besser ★ des te erger *umso
  schlimmer* ★ des te minder *umso weniger*
  III LIDW → **de**
desalniettemin *dennoch; trotzdem*
desastreus *katastrophal; verheerend*
desbetreffend *diesbezüglich*; ⟨voor een bepaald
  vakgebied/materie⟩ *einschlägig*
descendant *Deszendent* m
descriptief *deskriptiv; beschreibend*
desem *Sauerteig* m
deserteren *fahnenflüchtig werden; desertieren*
deserteur *Deserteur* m
desertie *Desertieren* o; *Fahnenflucht* v
desgevallend BN *nötigenfalls*
desgevraagd ⟨vorderen⟩ *auf Verlangen*;
  ⟨vragen⟩ *auf Anfrage* ★ ~ geven we nadere

inlichtingen *auf Anfrage geben wir nähere Auskünfte*
desgewenst *auf Wunsch*
design I ZN [de/het] • het ontwerpen *Formgebung* v; *Design* o • object *Design* o **II** BNW *Designer-* ★ ~ meubels *Designermöbel*
designer *Designer* m
desillusie *Enttäuschung* v; *Desillusion* v
desinfectans *Desinfektionsmittel* o
desinfecteermiddel *Desinfektionsmittel* o
desinfecteren *desinfizieren*
desinformatie *Desinformation* v
desintegratie *(völlige) Zerstörung* v; *Auflösung* v
desintegreren *sich auflösen*; *verfallen*; *zerfallen*
desinteresse *Desinteresse* o; ⟨onverschilligheid⟩ *Gleichgültigkeit* v
desinvestering *Desinvestition* v
desktop, desktopcomputer *Desktop* m
desktoppublishing *Desktop-Publishing* o
deskundig ⟨bevoegd tot beoordeling⟩ *sachverständig*; ⟨vakbekwaam⟩ *sachkundig* ★ ~e leiding *sachkundige Leitung*
deskundige *Sachkenner* m; *Experte* m; *Fachmann* m; JUR. *Sachverständige(r)* m
deskundigheid *Fachkundigkeit* v
desnoods *zur Not*; *nötigenfalls*
desolaat *desolat*; *trostlos*
desondanks *trotzdem*; *dennoch*
desoriëntatie *Desorientierung* v
despoot *Despot* m; *Tyrann* m ★ verlicht ~ *aufgeklärte(r) Despot*
despotisch *despotisch*
dessert *Dessert* o; *Nachtisch* m
dessertwijn *Dessertwein* m
dessin *Dessin* o; *Muster* o; ⟨tekening⟩ *Zeichnung* v
destabiliseren *destabilisieren*; *entstabilisieren*
destijds *damals*; *seinerzeit*
destilleren • → *distilleren*
destructie *Destruktion* v; *Zerstörung* v
destructief *destruktiv*; ⟨afbrekend⟩ *zersetzend*
detachement *Truppenabteilung* v
detacheren *an anderer Stelle arbeiten lassen*; MIL. *abkommandieren*
detacheringsbureau *(Personal)Verleihfirma* v
detail *Detail* o; *Einzelheit* v ★ in ~s treden *ins Detail gehen*
detailhandel *Einzelhandel* m
detailleren *detaillieren*
detaillist *Einzelhändler* m
detailopname *Detailaufnahme* v
detecteren *detektieren*
detectie *Auffindung* v; *Aufspürung* v; *Untersuchung* v
detectiepoortje ⟨op luchthaven⟩ *Sicherheitsschleuse* v; ⟨in winkels etc.⟩ *Sicherheitsschranke* v
detective • persoon *Detektiv* m • roman *Kriminalroman* m; *Detektivroman* m
detector *Detektor* m
detentie *Haft* v; JUR. *Detention* v ★ huis van ~ *Haft(vollzugs)anstalt* m
determinant *Determinante* v
determineren *determinieren*; BIOL. *bestimmen*
determinisme *Determinismus* m
detineren *in Haft halten* ★ *gedetineerd zijn*

sich in Haft befinden
detoneren • vals klinken *detonieren* • ontploffen *detonieren* • uit de toon vallen *fehl am Platz sein*; ⟨v. zaken⟩ *unangebracht sein*
deuce *Deuce* o; *Einstand* m
deugd *Tugend* v ▼ BN ~ beleven aan *Spaß haben an*
deugdelijk • degelijk *solide*; *ordentlich*; *gediegen* ★ ~ blijken te zijn *sich bewähren*; *tauglich sein* • gegrond *solide*; *fundiert*
deugdzaam *tugendhaft*
deugen *taugen*
deugniet *Taugenichts* m
deuk • buts *Beule* v; *Delle* v • knauw *Sprung* m; *Riss* m; INFORM. *Knacks* m
deuken I OV WW *deuken maken* *verbeulen* **II** ON WW *deuken krijgen* *Beulen bekommen*
deun *Melodie* v; *Lied* o ▼ een deuntje zitten huilen *vor sich hin weinen*
deur *Tür* v ★ buiten de deur *außer Hause* ★ de deur uitkomen *zur Tür heraus-/hinauskommen* ▼ BN iem. aan de deur zetten *jmdn. ausbooten* ▼ met de deur in huis vallen *mit der Tür ins Haus fallen* ▼ het voorjaar staat voor de deur *das Frühjahr steht vor der Tür* ▼ open deuren intrappen *offene Türen einrennen* ▼ iem. de deur uitzetten *jmdn. rausschmeißen* ▼ dat doet de deur dicht *damit ist das Maß voll*
deurbel *Türklingel* v
deurdranger *Türschließer* m
deurknop *Türgriff* m
deurmat *Fußabstreifer* m; *Fußmatte* v
deuropening *Türöffnung* v
deurpost *Türpfosten* m
deurwaarder *Gerichtsvollzieher* m
deuvel *Zapfen* m
deux-chevaux *Ente* v
deux-pièces *Kostüm* o
devaluatie *Abwertung* v
devalueren I OV WW *minder waard maken* *abwerten*; ECON. *devalvieren* **II** ON WW *minder waard worden* *an Wert verlieren*; ⟨geld⟩ *abgewertet/devalviert werden*
deviatie *Deviation* v; *Abweichung* v; PSYCH./SOC. *Devianz* v
devies • stelregel *Devise* v; *Wahlspruch* m • betaalmiddel ★ deviezen *Devisen*
deviezenhandel *Devisenhandel* m
deviezenreserve *Devisenreserve* v
devoot • vroom *demütig*; *fromm* • toegewijd *ergeben*; MIN. *devot*
devotie *Devotion* v
dextrose *Dextrose* v
deze *dieser* m [v: *diese*] [o: *dies(es)*] ▼ bij dezen *hiermit* ▼ deze of gene ⟨persoon⟩ *irgendeiner* ▼ deze of gene ⟨zaak⟩ *irgendeiner*
dezelfde *derselbe* [v: *dieselbe*] [o: *dasselbe*] ★ van ~ leeftijd *gleichaltrig*
dia *Dia* o
diabetes *Diabetes* m *(mellitus)*
diabeticus *Diabetiker* m
diabolo *Diabolo* o
diacones *Diakonissin* v
diadeem *Diadem* o

di

diafilm *Diafilm* m
diafragma ● lensopening *Blende* v ● middenrif *Diaphragma* o; *Zwerchfell* o
diagnose *Diagnose* v
diagnosticeren *diagnostizieren*
diagnostisch *diagnostisch*
diagonaal I BNW *diagonal* II ZN [de] *Diagonale* v
diagram *Diagramm* o
diaken *Diakon* m
diakritisch *diakritisch*
dialect *Dialekt* m; *Mundart* v
dialoog *Dialog* m
dialyse *Dialyse* v
diamant I ZN [de] *Diamant* m II ZN [het] *Diamant* m
diamantair *Diamanthändler* m
diamanten *diamanten*
diameter *Diameter* m; *Durchmesser* m
diametraal *diametral*
diapositief *Dia(positiv)* o
diaprojector *Diaprojektor* m
diaraampje *Diarahmen* o
diarree *Durchfall* m; MED. *Diarrhö(e)* v
dicht I BNW ● gesloten *zu* ● opeen *dicht* ★ ~e mist *dichte(r) Nebel* m II BIJW ● dichtbij *dicht*; *nahe* ★ ~ bij het raam *nahe am Fenster* ★ ~ bij elkaar *dicht an/bei dicht*; *dicht beieinander* ● gesloten *zu* ★ het wil niet ~ *es geht nicht zu*
dichtbegroeid *dicht bewachsen*
dichtbevolkt *dicht bevölkert*; *dicht besiedelt* ★ een ~ gebied *ein Ballungsgebiet*
dichtbij *nahe* ★ van ~ *von Nahem*
dichtbinden *zubinden*
dichtbundel *Gedichtsammlung* v
dichtdoen *zumachen*
dichtdraaien *zudrehen*
dichten ● in dichtvorm schrijven *dichten* ● dichtmaken *stopfen*; *(ab)dichten* ★ een gat ~ *ein Loch stopfen*
dichter *Dichter* m; *Poet* m
dichterbij *näher*
dichteres *Dichterin* v
dichterlijk *dichterisch*; *poetisch*
dichtgaan *(sich) schließen*; ⟨winkel⟩ *zumachen*
dichtgooien ● met klap dichtdoen *zuschlagen* ★ de deur ~ *die Tür zuschlagen* ● dichtmaken *zuschütten* ★ een sloot ~ *einen Graben zuschütten*
dichtheid *Dichte* v
dichtklappen I OV WW hard dichtdoen *zuschlagen*; *zuklappen*; *zuknallen* II ON WW ● hard dichtgaan *zufallen*; *zuschnappen*; *zuklappen* ● zich niet uiten *sprachlos sein* ★ hij klapte tijdens zijn examen helemaal dicht *er brachte während seines Examens kein Wort heraus*
dichtknijpen *zudrücken*; *zukneifen* ▼ een oogje ~ *ein Auge zudrücken*
dichtkunst *Dichtkunst* v
dichtmaken *zumachen*
dichtnaaien *zunähen*
dichtplakken *zukleben*
dichtregel *Verszeile* v
dichtslaan I OV WW krachtig dichtdoen *zuschlagen* II ON WW ● PSYCH. *kein Wort herausbringen* ● hard dichtgaan *zuschlagen*

dichtslibben *verschlammen*
dichtspijkeren *zunageln*
dichtstbijzijnd *nächstgelegen*
dichtstoppen *zustopfen*
dichttimmeren *zunageln*; *vernageln*
dichttrekken I OV WW dichtdoen *zuziehen* II ON WW bewolkt worden *sich zusammenziehen*
dichtvriezen *zufrieren*
dichtwerk *Lyrik* v; *Dichtung* v
dichtzitten ● afgesloten zijn *zu sein*; ⟨buizen⟩ verstopft sein ● niet zichtbaar zijn door mist *zu sein*
dictaat *Diktat* o
dictafoon *Diktiergerät* o; *Diktafon* o
dictator *Diktator* m
dictatoriaal *diktatorisch*
dictatuur *Diktatur* v
dictee *Diktat* o
dicteerapparaat *Diktiergerät* o
dicteren *diktieren*
dictie *Diktion* v
didactiek *Didaktik* v
didactisch *didaktisch*
didgeridoo *Didgeridoo* o
die I AANW VNW *der* [v: *die*] [o: *das*] *dieser* [v: *diese*] [o: *dieses*] *jener* [v: *jene*] [o: *jenes*] ★ die tijd hebben we gehad *diese Zeit haben wir hinter uns* ★ niet die, maar die *nicht diese(r), sondern jene(r)* ★ met alle gevolgen van dien *mit allen entsprechenden Folgen* ★ hoe vind je die? *wie findest du den?* ★ die vrouw/man daar *die Frau/der Mann dort* ▼ mijnheer Die-en-Die *Herr Soundso* II BETR VNW *der* [v: *die*] [o: *das*] *welcher* [v: *welche*] [o: *welches*]
dieet *Diät* v ★ op ~ zijn *Diät halten*
dieetmaaltijd *Diätmahlzeit* v
dief *Dieb* m ★ houdt de dief! *haltet den Dieb!*
diefstal *Diebstahl* m ★ ~ met braak *Einbruch(s)diebstahl* m
diegene *derjenige* [v: *diejenige*]
diehard *Unbesiegbare* m
dienaangaande *diesbezüglich*
dienaar *Diener* m
dienblad *Tablett* o
dienen I OV WW werken voor *dienen* II ON WW ● ~ te ⟨absoluut nodig zijn⟩ *müssen*; ⟨eigenlijk nodig zijn⟩ *sollen* ★ dat dien je te weten *das solltest du wissen* ★ dit dient gezegd te worden *das muss gesagt werden* ● ~ als *dienen als* ● ~ om ★ die gaten ~ om lucht door te laten *die Löcher sind dazu da, Luft durchzulassen* ● ~ toe/tot *zu nütze sein* ★ dat dient nergens toe *das ist zu nichts nütze* ★ tot voorbeeld ~ *als Beispiel dienen* ● ~ voor *dienen zu*; *zu nütze sein* ● JUR. behandeld worden *verhandelt werden*
dienovereenkomstig *(dem)entsprechend*
diens *dessen*
dienst ● het werken voor *Dienst* m ★ ten ~e van *im Dienste von* ★ tot uw ~ *zu Ihren Diensten* ★ iem. van ~ zijn *jmdm. helfen* ★ wat is er van uw ~? *womit kann ich dienen?*; *Sie wünschen?* ● behulpzame daad ★ iem. een ~ bewijzen *jmdm. einen Dienst erweisen* ● instelling *Dienst* m; *Amt* o; *Behörde* v ★ sociale ~ *Sozialamt* o ★ geheime

~ *Geheimdienst* m ★ BN ~ na verkoop
Kundendienst m ● betrekking *Stellung* v ★ in
~ hebben *beschäftigen* ★ in ~ nemen
einstellen ★ in vaste ~ zijn *fest angestellt sein*
● godsdienstoefening *Gottesdienst* m ● het
soldaat zijn *Militärdienst* m; INFORM. *Bund* m
★ in ~ moeten *zum Militär/Bund müssen* ▼ de
~ uitmaken *das Sagen haben*
dienstauto *Dienstwagen* m
dienstbaar ● dienend *dienend* ● bevorderlijk
dienstbar; förderlich; dienlich
dienstbetrekking ● het in dienst zijn
Arbeitsverhältnis o; ⟨overheid⟩ *Dienstverhältnis*
o ● functie *Stellung* v; ⟨overheid⟩ *Amt* o
dienstbevel *dienstliche(r) Befehl* m
dienstbode *Hausangestellte* v; OUD.
Dienstmädchen o
dienstdoen als *nützlich sein als*; *dienen als*;
fungieren als
dienstdoend *Dienst habend* ★ ~ arts
Bereitschaftsarzt m
dienstencentrum *Dienstleistungszentrum* o
dienstensector *Dienstleistungssektor* m
dienster *Serviererin* v; *Kellnerin* v
dienstgeheim *Dienstgeheimnis* o
dienstig *förderlich* [+3]; *zweckdienlich*; *nützlich*
[+3]
dienstjaar *Dienstjahr* o
dienstklopper ⟨leger⟩ *Kommisskopf* m
dienstmededeling *dienstliche Mitteilung* v
dienstmeisje *Hausangestellte* v; OUD.
Dienstmädchen o
dienstplicht *Wehrpflicht* v ★ vervangende ~
Ersatz-/Zivildienst m ★ zijn ~ vervullen *seine
Wehrpflicht (ab)leisten*
dienstplichtig *wehrpflichtig*
dienstplichtige *Wehrpflichtige(r)* m
dienstregeling *Fahrplan* m; ⟨v. luchtvaart⟩
Flugplan m; ⟨boekje van spoorwegen⟩
Kursbuch o; ⟨v. werkzaamheden⟩ *Dienstplan*
m
dienstreis *Dienstreise* v
diensttijd ● MIL. *Dienstzeit* v ● arbeidsjaren
voor pensioen *Dienstjahre* mv
dienstvaardig I BNW *hilfsbereit* II BIJW
hilfsbereit; IRON. *dienstbeflissen*
dienstverband *Arbeitsverhältnis* o; ⟨overheid⟩
Dienstverhältnis o
dienstverlenend *Dienstleistungs-*
dienstverlener *Dienstleister* m
dienstverlening *Dienstleistung* v
dienstweigeraar *Wehrdienstverweigerer* m
dienstweigeren ● niet functioneren ★ mijn
benen weigerden dienst *meine Beine
verweigerten ihren Dienst* ● MIL. den
Wehrdienst verweigern
dienstweigering *Gehorsamsverweigerung* v; ⟨v.
dienstplicht⟩ *Wehrdienstverweigerung* v
dienstwoning *Dienst-/Amtswohnung* v
dientengevolge *infolgedessen*; *dadurch*
diep I BNW ● ⟨v. plaats⟩ laag, achter *tief* ● FIG.
tief ★ uit het diepst van mijn ziel *aus tiefster
Seele* II BIJW ● ⟨v. plaats⟩ laag, achter *tief*
● FIG. *tief* ★ tot diep in de nacht *bis tief in die
Nacht*
diep- *tief-* ★ diepblauw *tiefblau* ★ dieptreurig

tieftraurig
diepdruk *Tiefdruck* m
dieperik ▼ BN de ~ ingaan *vor die Hunde gehen*
diepgaand *gründlich*; *tief gehend* ★ ~
onderzoek *eingehende Untersuchung*
diepgang ● LETT. *Tiefgang* m ● FIG. *Tiefgang* m
★ de roman heeft geen ~ *der Roman hat
keinen geistigen Tiefgang*
diepgeworteld *tief eingewurzelt*; *eingefleischt*
dieplader *Tieflader* m
diepliggend *tief liegend*
diepte *Tiefe* v
diepte-interview *Tiefeninterview* o
diepte-investering *Tiefeninvestition* v
dieptepsychologie *Tiefenpsychologie* v
dieptepunt ● laagste punt *Tiefpunkt* m
● slechtste toestand *Tiefpunkt* m ★ een
economisch ~ bereiken *einen wirtschaftlichen
Tiefpunkt erreichen*
diepvries ● het diepvriezen *Tiefkühlen* o;
Tiefgefrieren o ● vriezer ⟨kist⟩ *Tiefkühl-/
Gefriertruhe* v; ⟨kast⟩ *Tiefkühl-/Gefrierschrank*
m
diepvriesmaaltijd *(tief gekühlte(s) Fertiggericht* o
diepvriezen *einfrieren*; *tiefgefrieren*
diepvriezer *Gefriertruhe* v; *Gefrierschrank* m
diepzee *Tiefsee* v
diepzeeduiken *Tiefseetauchen* m; *in der Tiefsee
tauchen*
diepzinnig *tiefsinnig*
dier *Tier* o
dierbaar *teuer*; *lieb*; *wert*
dierenarts *Tierarzt* m [v: *Tierärztin*]
dierenasiel *Tierheim* o; *Tierasyl* o
Dierenbescherming ≈ *Tierschutzverein* m
dierenbeul *Tierquäler* m
dierendag *Tag m des Tieres*
dierenriem *Tierkreis* m ★ teken van de ~
Tierkreiszeichen o
dierenrijk *Tierreich* o
dierentemmer *Dompteur* m
dierentuin *Tiergarten* m; *Zoo* m
dierenvriend *Tierfreund* m
dierenwelzijn *Tierwohl* o
dierenwinkel *Tier-/Zoohandlung* v
diergeneeskunde *Tiermedizin* v
dierkunde *Zoologie* v; *Tierkunde* v
dierlijk *tierisch*
dierproef *Tierversuch* m
diersoort *Tierart* v
dies¹ ▼ en wat dies meer zij *und so weiter*
dies² ⟨zeg: diejes⟩ *Dies* m
diesel *Diesel* m ★ op ~ rijden *Diesel fahren*
dieselmotor *Dieselmotor* m
dieselolie *Diesel(kraftstoff)* m; *Dieselöl* o
diëtetiek *Diätetik* v
diëtist *Diätist* m
diets ▼ BN iem. iets ~ maken *jmdm. etw.
klarmachen*
dievegge *Diebin* v
dievenklauw ≈ *Sicherheitsschloss* o
dievenpoortje *Schleuse* v
diezelfde *derselbe* [v: *dieselbe*] [mv: *dieselben*]
differentiaal *Differenzial* o
differentiaalrekening *Differenzialrechnung* v
differentiatie *Differenzierung* v

differentieel *Differenzial* o
differentiëren ● onderscheid aanbrengen *differenzieren* ● in delen splitsen *sich differenzieren* ● WISK. *differenzieren*
diffuus *diffus*
difterie *Diphtherie* v
digestief I ZN [het] drankje *Digestivum* o **II** BNW *digestiv*
diggelen ★ aan ~ vallen *in Scherben gehen*
digibeet *Computerlaie* m
digitaal *digital* ★ het digitale horloge *die Digitaluhr*
digitaliseren *digitalisieren*
dij *Oberschenkel* m
dijbeen *Oberschenkelknochen* m
dijenkletser *Bombenwitz* m
dijk *Deich* m ★ de dijk breekt door *der Deich bricht* ▼ iem. aan de dijk zetten *jmdn. ausbooten* ▼ een dijk van een salaris *ein Bombengehalt*
dijkdoorbraak *Deichbruch* m
dijkgraaf *Deichgraf* m
dik I BNW ● omvangrijk *dick* ★ dik worden *dick werden* ● gezet *dick* ★ dik worden *zunehmen* ● dikvloeibaar *zähflüssig*; *zäh* ★ dikke brij *Pampe* v ● ruim *voll*; *gut* ★ een dikke duizend euro *ein guter tausend Euro* ★ een dik uur *eine gute Stunde* ● innig *dick*; *fest*; intim ★ dikke vrienden *dicke Freunde* ● dicht op elkaar *dicht*; *dick* ★ dikke mist *dichte(r) Nebel* m **II** BIJW zeer ★ dik tevreden *sehr zufrieden* ★ het is dik aan tussen hen *sie sind dick befreundet* ★ het zit er dik in dat dat gebeurt *das wird höchstwahrscheinlich passieren* ▼ dik doen *sich dick machen* **III** ZN [het] bezinksel *Satz* m ▼ door dik en dun *durch dick und dünn*
dikdoenerij *Wichtigtuerei* v
dikhuidig *dickhäutig*
dikkerd *Dicke(r)* m
dikkop ● DIERK. kikkervisje *Kaulquappe* v ● stijfkop *Dickkopf* m
diksap *Dicksaft* m
dikte ● het dik zijn *Korpulenz* v; *Dicke* v ● afmeting *Dicke* v; *Stärke* v ● dichtheid *Dichtheit* v
dikwijls *öfters*; *häufig*; *oft*
dikzak *Dickerchen* o; 〈regionaal〉 *Dicksack* m
dildo *Godemiché* m; *Dildo* m
dilemma *Dilemma* o
dilettant *Dilettant* m
dille *Dill* m
dimensie *Dimension* v
dimlicht *Abblendlicht* o
dimmen *abblenden*
dimmer *Dimmer* m; *Dimmschalter* m
diner ● maaltijd *Abendessen* o ● feestmaal *Diner* o
dineren *dinieren*
ding ● zaak/voorwerp *Sache* v; *Ding* o ● feit *Ding* o; *Sache* v ● jong meisje *Ding* o ▼ de dingen bij hun naam noemen *die Dinge beim rechten Namen nennen*
dingen naar *sich bewerben um*
dinges *Dings(bums)* m/v ★ mijnheer/mevrouw Dinges *Herr/Frau Sowieso*; *Herr/Frau Dings(bums)*
dinosaurus *Dinosaurier* m
dinsdag *Dienstag* m
dinsdagavond *Dienstagabend* m
dinsdagmiddag *Dienstagnachmittag* m
dinsdagmorgen, dinsdagochtend *Dienstagvormittag* m; *Dienstagmorgen* m
dinsdagnacht *Dienstagnacht* m
dinsdags I BNW *dienstäglich* **II** BIJW *dienstags*
diocees *Diözese* v
diode *Diode* v
dioxine *Dioxin* o
dip ★ in een dip zitten *down sein*
diploma ● onderscheiding *Diplom* o ● getuigschrift *Zeugnis* o; 〈universiteit, hogeschool, ambacht〉 *Diplom* o
diplomaat *Diplomat* m
diplomatenkoffertje *Diplomatenkoffer* m
diplomatie *Diplomatie* v
diplomatiek *diplomatisch*
diplomeren *die Abschlusszeugnis ausstellen*; 〈universiteit, hogeschool, ambacht〉 *diplomieren* ★ een gediplomeerde verpleegster *diplomierte Krankenschwester* v
dippen *eintauchen*
dipsaus *Dip* m
direct I BNW *direkt*; *unmittelbar* ★ ~e levering *sofortige Lieferung* v ★ ~e verbinding *direkte Verbindung* v; *Direktflug* m ★ in haar ~e omgeving *in ihrer unmittelbaren Nähe* **II** BIJW *direkt*; *unverzüglich*; *gleich*; *sofort* ★ dat niet ~! *das ja eigentlich nicht!* ★ zo ~ *sofort* ★ ~ bij aankomst *gleich bei der Ankunft* ★ ~ daarna *unmittelbar/gleich darauf*
directeur *Direktor* m
directeur-generaal *Generaldirektor* m
directie ● het leiden *Direktion* v; *Leiten* o ● leiding *Geschäftsführung* v; *Leitung* v; *Direktion* v
directielid *Mitglied* o *der Direktion*
directiesecretaresse *Chefsekretärin* v ★ de directiesecretaris *der Chefsekretär*
direct mail *Direct Mailing* o; *Postversandwerbung* v
direct marketing *Direct-Marketing* o
directory *Directory* o
dirigeerstok *Taktstock* m
dirigent *Dirigent* m
dirigeren *dirigieren*
dis¹ ● (tafel met) eten *Tafel* v ● maaltijd *Mahlzeit* v
dis² (zeg: dies) *Dis* o
discipel *Schüler* m; REL. *Jünger* m
disciplinair *disziplinarisch* ★ ~e straf *Disziplinarstrafe* v
discipline *Disziplin* v
disclaimer *Disclaimer* m
discman *Discman* m
disco ● discotheek *Disco* v ● muziek *Discomusik* v
discografie *Diskografie* v
disconteren *diskontieren*
disconto *Diskont* m
discotheek ● dansgelegenheid *Diskothek* v ● platenverzameling *Schallplattensammlung* v; 〈archief〉 *Schallplattenarchiv* o; 〈uitleen〉

Phonothek v
discount *Preisnachlass* m; *Rabatt* m
discountzaak *Discount(laden)* m
discreet *diskret*
discrepantie *Diskrepanz* v
discretie ● geheimhouding *Diskretion* v ★ ~
verzekerd *Diskretion wird zugesichert*
● kiesheid *Diskretion* v ● goeddunken
Ermessen o
discriminatie *Diskriminierung* v
discrimineren *diskriminieren*
discus *Diskus* m
discussie *Diskussion* v ★ voor ~ vatbaar
diskutabel
discussieleider *Diskussionsleiter* m
discussiepunt *Diskussionspunkt* m
discussiëren *diskutieren*
discussiestuk *Diskussionspapier* o
discuswerpen *Diskuswerfen* o
discutabel ● voor discussie vatbaar *diskutabel*
● aanvechtbaar *strittig*
discuteren *diskutieren*
disgenoot *Tischgenosse* m
disharmonie *Disharmonie* v; *Uneinigkeit* v
disk *Diskette* v; *Floppy Disk* v
diskdrive *Diskettenlaufwerk* o
diskette *Diskette* v
diskjockey *Discjockey* m
diskrediet *Misskredit* m; *Diskredit* m
diskwalificatie *Disqualifikation* v
diskwalificeren *disqualifizieren*
dispensatie *Dispensation* v ★ ~ aanvragen
Dispensierung erbitten
dispenser *Spender* m
dispersie *Dispersion* v
display *Display* o
disputeren *disputieren*
dispuut ● discussie *Disput* m ● studentenclub
≈ *(studentische) Verbindung* v
diss *Diss* m
dissel *Deichsel* v
dissen *dissen*
dissertatie ● proefschrift *Dissertation* v;
Doktorarbeit v ● verhandeling
wissenschaftliche Abhandlung v
dissident I ZN [de] *Dissident* m **II** BNW
andersdenkend
dissociatie *Dissoziation* v; *Zerfall* m
dissonant I ZN [de] *Dissonanz* v **II** BNW *dissonant*
distantie *Distanz* v
distantiëren [zich ~] van *sich distanzieren von*
★ zich van iets/iemand ~ *sich von etw./jmdm.*
distanzieren
distel *Distel* v
distillaat *Destillat* o
distillatie *Destillation* v
distilleerderij *Destillation* v;
Branntweinbrennerei v; *Brennerei* v
distilleren *destillieren*
distinctie *Distinktion* v
distribueren *verteilen*; *austeilen*; *distribuieren*
distributie ● verdeling *Vertrieb* m; *Verteilung* v;
Distribution v ● rantsoenering *Rationierung* v
distributiekanaal *Vertriebsweg* m; *Absatzweg* m
district *Bezirk* m; *Kreis* m; 〈bos-/jacht-/
mijndistrict〉 *Revier* o; 〈kiesdistrict〉 *Wahlkreis*

m
dit *dies(es)* ★ dit en dat *dieses und jenes*
ditmaal *diesmal*; *dieses Mal*
dito *ebenfalls*; *gleichfalls*; *dito*
diva *Diva* v
divan *Diwan* m
divergent *divergent*
divergentie *Divergenz* v
divergeren *divergieren*
divers *divers*
diversen *Diversa* mv; *Allerlei* o; *Vermischte(s)* o
diversificatie *Diversifikation* v; *Abwechslung* v
diversifiëren *diversifizieren*; *abwechseln*
diversiteit *Vielfalt* v; *Verschiedenheit* v;
Diversität v
dividend *Dividende* v
dividenduitkering *Dividendenauszahlung* v
divisie ● afdeling *Division* v; *Sektor* m;
Produktionsbereich m ● SPORT *Liga* v ★ eerste
~ *Zweite Bundesliga* v ● MIL. *Division* v;
Flottenverband m ● WISK. *Division* v
dixieland *Dixieland(jazz)* m
dizzy *schwindlig*
dj *DJ* m
djellaba *Dschellaba* v
djembé *Djembé* v
Djibouti *Dschibuti* o
Djiboutiaans *von Dschibuti*
dl *dl*
dm *dm*
DNA *DNS* v; *DNA* v
DNA-profiel *DNA-Profil* o
do *Do* o
dobbelbeker *Würfelbecher* m
dobbelen *würfeln*
dobbelsteen *Würfel* m ★ de dobbelstenen
gooien *würfeln*
dobber *Schwimmer* m ▼ een harde ~ hebben
aan *einen schweren Stand haben*
dobberen *schaukeln*
dobermann, dobermann pincher *Dobermann*
m
docent *Lehrer* m; 〈hogeschool, universiteit〉
Dozent m
docentenkamer *Lehrerzimmer* o;
Dozentenzimmer o
doceren *unterrichten*; *lehren*; 〈universiteit〉
dozieren
doch *jedoch*
dochter *Tochter* v
dochteronderneming *Tochterunternehmen* o
dociel *fügsam*; *gelehrig*
doctor *Doktor* m ★ ~ honoris causa
Ehrendoktor; *Doktor honoris causa (Dr. h.c.)*
★ ~ in de godgeleerdheid *Doktor der*
Theologie (Dr. theol.)
doctoraal I ZN [het] *Diplomprüfung* v; 〈in de
geesteswetenschappen〉 *Magisterprüfung* v
★ ~ doen *sein Hochschul-/*
Universitätsstudium abschließen **II** BNW ★ ~
examen *Hochschulabschluss* m ★ het ~
diploma *Diplom* o; *Magister* m
doctoraalstudent *Kandidat* m; *Student* m nach
bestandener Zwischenprüfung
doctoraat *Doktorgrad* m; *Doktorwürde* v
doctorandus *Akademiker* m; 〈aan proefschrift

do

werkend⟩ *Doktorand* m
doctoreren BN, O&W promoveren *promovieren*;
die Doktorwürde erlangen; INFORM. *seinen
Doktor machen*
doctrinair *doktrinär*
doctrine *Doktrin* v
docudrama *Dokumentarspiel* o
document *Dokument* o
documentaire *Dokumentarbericht* m;
Dokumentarfilm m
documentatie *Dokumentation* v
documenteren *dokumentieren*
dode *Tote(r)* m
dodehoekspiegel *Toter-Winkel-Spiegel* m
dodelijk *tödlich*
doden *töten*
dodencel *Todeszelle* v
dodendans *Totentanz* m
dodenherdenking *Totenfeier* v; *Totenehrung* v
dodenlijst *Liste* v *der Todesopfer*; *Liste* v *der
Gefallenen*
dodenmasker *Totenmaske* v
dodenmis *Totenmesse* v
dodenrijk *Totenreich* o
dodenrit *Todesfahrt* v
dodensprong *Todessprung* m
dodenstad *Totenstadt* v
dodental *Zahl* v *der Toten*
dodenwake *Totenwache* v
Dode Zee *Totes Meer* o
Doebai *Dubai* o
Doebais *von Dubai*
doedelzak *Dudelsack* m
doe-het-zelfzaak *Heimwerkergeschäft* o
doe-het-zelven *heimwerken*; *basteln*
doe-het-zelver *Heimwerker* m
doei *tschüs*
doek I ZN [de] lap stof *Tuch* o ▼ zo wit als een
doek *kreideweiß* ▼ BN iem. in de doeken doen
jmdn. zum Besten halten; *jmdn. auf den Arm
nehmen* ▼ een doekje voor het bloeden *ein
schwacher Trost* ▼ er geen doekjes om
winden *kein Blatt vor den Mund nehmen* II ZN
[het] ● stof *Tuch* o ● schilderslinnen
Leinwand v ● schilderij *Gemälde* o
● projectiescherm *Leinwand* v ★ het witte
doek *die weiße Wand* ● toneelgordijn
Vorhang m
doekoe *Kohle* v; *Knete* v; *Zaster* m
doel ● doelwit *Ziel* o ● bedoeling *Ziel* o; *Zweck*
m; *Absicht* v ★ zich iets ten doel stellen *sich
etw. zum Ziel setzen* ● SPORT goal *Tor* o ▼ het
doel heiligt de middelen *der Zweck heiligt die
Mittel*
doelbewust *zielstrebig*; *zielbewusst*
doeleinde ● oogmerk *Ziel* o; *Zweck* m
● bestemming *Zweck* m; *Ziel* o
doelen op *zielen auf*
doelgebied *Torraum* m
doelgemiddelde *Torverhältnis* o
doelgericht *zielstrebig*; *gezielt*
doelgroep *Zielgruppe* v
doellijn *Torlinie* v
doelloos ● zonder doel *ziellos* ● nutteloos
zwecklos
doelman *Torwart* m

doelmatig *zweckmäßig*; ECON. *effizient*
doelpunt *Tor* o ★ eigen ~ *Eigentor* o
doelsaldo *Tordifferenz* v
doelstelling *Zielsetzung* v
doeltaal *Zielsprache* v
doeltrap, doelschop *Abstoß* m
doeltreffend *wirksam*; ECON. *effektiv*
doelwit *Zielscheibe* v; *Ziel* o
Doema *Duma* v
doemdenken *schwarzsehen*
doemdenker *Schwarzseher* m
doemen *verurteilen* ★ tot mislukken gedoemd
zum Scheitern verurteilt
doen I OV WW ● verrichten *tun*; *machen* ★ wat
ga jij morgen doen? *was machst du morgen?*;
was hast du morgen vor? ★ iets aan het doen
zijn *dabei sein, etw. zu tun* ★ met iets doende
zijn *mit einer Sache beschäftigt/zugange sein*
★ iets gedaan weten te krijgen *etw. erreichen*
★ iets te doen hebben *einiges zu tun haben*
★ niet weten wat te doen *nicht wissen, was
man tun soll* ● functioneren *funktionieren*;
⟨effect hebben⟩ *wirken* ★ de wasmachine
doet het *die Waschmaschine funktioniert*
● schoonmaken ★ de was doen *die Wäsche
waschen* ★ de vaat doen *abwaschen* ★ de
kamer doen *das Zimmer (sauber) machen*
● berokkenen *bereiten*; ⟨negatief⟩ *zufügen*
★ iem. verdriet doen *jmdm. Kummer bereiten*
★ dat doet me niets *das lässt mich kalt*
● ertoe brengen *machen* ★ iem. doen lachen
jmdn. zum Lachen bringen ★ zich doen
gelden *sich bemerkbar machen*; *sich geltend
machen* ▼ er niets aan kunnen doen *nichts
dafürkönnen* ▼ ik heb met haar te doen *sie tut
mir leid* ▼ zich ergens te goed aan doen *sich
an etw. gütlich tun* ▼ al doende leert men
Übung macht den Meister ▼ BN zich niet laten
doen *nicht mit sich spielen/spaßen lassen* II ON
WW ● zich gedragen *tun*; *sich benehmen*
★ doen alsof *tun, als ob* ★ je doet maar! *nur
zu!* ★ raar doen *sich merkwürdig benehmen*
● ~ **aan** *treiben* ★ ergens iets aan doen *gegen
eine Sache etw. tun* ★ aan sport doen *Sport
treiben* ● ~ **over** *brauchen* ★ ze doet er wel
lang over *sie braucht dazu aber lange* III ZN
[het] *Tun* o ★ iemands doen en laten *jmd.(e)s
Tun und Treiben* ★ het doen en laten *das Tun
und Lassen* ▼ dat is geen doen *das hat keinen
Zweck* ▼ in goeden doen zijn *gut betucht sein*
▼ iem. uit zijn (gewone) doen brengen *jmdn.
aus dem Häuschen bringen* ▼ uit zijn (gewone)
doen zijn *aus dem Häuschen sein* ▼ voor zijn
doen niet slecht *nicht schlecht in Anbetracht
seiner Möglichkeiten*
doenbaar BN *möglich*
doener *Mann* m *der Tat*
doenlijk *möglich*
doetje ⟨vrouw⟩ *Gans* v; ⟨man⟩ *Trottel* m
doezelen *duseln*; *dösen*
doezelig ● slaperig *duselig*; *benommen* ● vaag
verschwommen
dof ● niet helder *dumpf*; *vage*; *schwach*
● gedempt *gedämpft*; *dumpf* ★ een doffe
knal *ein dumpfer Knall*
doffer *Täuber(ich)* m

dog *Dogge* v
dogma *Dogma* o [mv: *Dogmen*]
dogmatisch *dogmatisch*
dogmatiseren *dogmatisieren*
dok *Dock* o ★ drijvend dok *Schwimmdock* o
doka *Dunkelkammer* v
dokken ● betalen *blechen* ● in dok brengen *docken*
dokter *Arzt* m [v: *Ärztin*]
dokteren ● als dokter optreden *praktizieren* ● rommelen *herumdoktern* (aan *an*) [+3]
doktersadvies *ärztliche(r) Rat* m
doktersassistente *Arzthelferin* v
doktersroman *Arztroman* m
doktersverklaring *ärztliche(s) Attest* o
dokwerker *Dockarbeiter* m
dol I BNW ● gek *toll; verrückt; irre* ● ~ **op** verzot *versessen auf* ★ dol zijn op iets *auf etw. versessen sein* ★ dol zijn op iem. *in jmdn. vernarrt sein* ● van slag ★ de schroef is dol *die Schraube ist überdreht* ▼ door het dolle heen zijn *außer Rand und Band sein* **II** ZN [de] roeipen *Dübel* m; (bij roeiriemen) *Dolle* v
dol- ★ dolverliefd *über und über verliebt*
dolblij *unsagbar/unbeschreiblich/überaus froh*; INFORM. *ungeheuer/wahnsinnig/unheimlich froh*
doldraaien ● controle verliezen *durchdrehen* ● niet pakken van schroeven *durchdrehen*; *überdrehen*
doldriest *tollkühn*
dolen ● dwalen *umherirren* ● FIG. zwerven *umherschweifen*
dolfijn *Delfin* m
dolfinarium *Delfinarium* o
dolgelukkig *überglücklich*
dolgraag *liebend gern*; INFORM. *rasend gern* ★ iets ~ doen *etw. für sein Leben gern tun*
dolk *Dolch* m
dolkstoot *Dolchstoß* m
dollar *Dollar* m
dollarcent *Dollarcent* m
dollekoeienziekte BN *Rinderwahnsinn* m
dolleman *Tobsüchtige(r)* m; *Durchgedrehte(r)* m
dollemansrit *Wahnsinnsfahrt* v
dollen *herumtollen* ★ met iem. ~ *sich mit jmdm. balgen*
Dolomieten *Dolomiten* mv
dom I BNW niet slim *dumm* ▼ zich van de domme houden *sich dumm stellen* **II** ZN [de] kerk *Dom* m
domein *Domäne* v
domeinnaam *Domänenname* m
domesticeren ● veredelen *veredeln* ● tot huisdier maken *domestizieren*
domheid *Dummheit* v
domicilie *Domizil* o
dominant I BNW *dominant* **II** ZN [de] *Dominante* v
dominee *Pastor* m; *Pfarrer* m ▼ daar gaat de ~ voorbij *ein Engel geht durchs Zimmer*
domineren *dominieren*
Dominica *Dominica* o
dominicaan *Dominikaner* m
Dominicaanse Republiek *Dominikanische Republik* v

domino *Domino* o
dominosteen *Dominostein* m
dominostekker BN, ELEK. *Mehrfachsteckdose* v
dommekracht ● werktuig *Hebebaum* m; *Hebestange* v ● persoon *Kraftheini* m
dommelen *dösen*
domoor, domkop, dommerik *Blödian* m; *Dummkopf* m; *Schafskopf* m
dompelaar ● verwarmingsstaaf *Tauchsieder* m ● zuiger *Tauchkolben* m ● vogel *Seetaucher* m
dompelen ● onder laten gaan (ein)tauchen ● doen verzinken *stürzen*
domper ● LETT. kapje *Löschhütchen* o ● FIG. iets dat de stemming bederft ★ een ~ zetten op de feestvreugde *der Sache einen Dämpfer aufsetzen*
dompteur *Dompteur* m [v: *Dompteuse*]
domweg *einfach* ★ iets ~ weigeren *etw. kurzerhand ablehnen* ★ iets ~ vergeten *etw. glatt vergessen*
donateur *Spender* m
donatie *Schenkung* v; JUR. *Donation* v
Donau *Donau* v
donder ● gerommel bij onweer *Donner* m ● persoon ~ arme ~ *arme(r) Teufel* ★ luie ~ *Faulpelz* m ▼ iem. op zijn ~ geven *jmdn. anmotzen* ▼ daar kun je ~ op zeggen *darauf kannst du Gift nehmen* ▼ om de ~ niet! *Pustekuchen!* ▼ hij geeft er geen ~ om *es ist ihm völlig Wurs(ch)t*
donderbui ● onweer *Gewitter* o ● tirade *Donnerwetter* o
donderdag *Donnerstag* m ★ 's ~s *am Donnerstag*; *donnerstags* ★ Witte Donderdag *Gründonnerstag*
donderdagavond *Donnerstagabend* m
donderdagmiddag *Donnerstagnachmittag* m
donderdagmorgen, donderdagochtend *Donnerstagvormittag* m; *Donnerstagmorgen* m
donderdagnacht *Donnerstagnacht* m
donderdags I BNW *donnerstäglich* **II** BIJW *am Donnerstag*; *donnerstags*
donderen I OV WW gooien *schmeißen* ★ naar beneden ~ *herunterknallen* **II** ON WW ● vallen *donnern* ★ de trap af ~ *die Treppe hinunterdonnern* ● tekeergaan *wettern*; *toben* ▼ BN te dom zijn te helpen ~ *dümmer sein als die Polizei erlaubt* **III** ONP WW onweren *donnern*
donderjagen *toben*
donderpreek *Strafpredigt* v
donders I BNW *verflucht* ★ die ~e kerel *der verflixte Kerl* **II** BIJW *verdammt* ★ dat weet hij ~ goed *das weiß er verdammt genau* **III** TW *Donnerwetter*
donderslag *Donnerschlag* m ▼ als een ~ bij heldere hemel *wie ein Blitz aus heiterm Himmel*
dondersteen *Rotzlöffel* m
donderwolk *Gewitterwolke* v
donjuan *Don Juan* m
donker I BNW ● duister *dunkel* ★ ~ haar *dunkles Haar* ● triest *düster* ▼ ik zie het ~ voor ons in *da sehe ich schwarz* **II** ZN [het] *Dunkelheit* v; *Dunkel* o
donker- ★ donkerrood *dunkelrot*

do

do

donkerblond *dunkelblond*
donor *Spender* m
donorcodicil *Spenderausweis* m
donquichot *Don Quichotte* m
dons • fijne veertjes *Daunen* mv; *Flaumfedern* mv • fijne haartjes *Flaum* m; *Flaumhaar* o
donut *Donut* m
donzen *Daunen-* ★ ~ dekbed *Daunendecke* v
donzig *flaumig*
dood I ZN [de] *Tod* m ★ ter dood brengen *hinrichten* ★ iem. ter dood veroordelen *jmdn. zum Tode verurteilen* ▼ de zwarte dood *der schwarze Tod* ▼ als de dood voor iets zijn *eine Höllenangst vor etw. haben* ▼ iem. uit de dood opwekken *jmdn. vom Tode auferwecken* ▼ duizend doden sterven *tausend Tode sterben* **II** BNW niet levend *tot* ▼ BN dood van de honger *ausgehungert* ▼ BN dood van de dorst *sehr durstig*
dood- ⟨bij werkwoord⟩ *tot-*; ⟨bij bijvoeglijk naamwoord⟩ *tod-*
doodbloeden • sterven *verbluten* • aflopen *(sich) totlaufen*
dooddoener *Binsenweisheit* v; *Redensart* v; *Gemeinplatz* m
doodeenvoudig *kinderleicht*; *ganz einfach*
doodeng *beängstigend*; *schauderhaft*; *unheimlich*
doodergeren [zich ~] *sich zu Tode ärgern (aan an)*; *sich totärgern (aan an)*
doodgaan *sterben*; ⟨v. planten en dieren⟩ *eingehen*
doodgeboren *tot geboren* ★ ~ kind *eine Totgeburt*; *ein tot geborenes Kind*
doodgewoon I BNW *ganz gewöhnlich/normal* **II** BIJW *ganz einfach* ★ dat is ~ bedrog *das ist schlichtweg Betrug*
doodgooien • doden *steinigen* • overstelpen *überhäufen*
doodgraver *Totengräber* m
doodhouden [zich ~] *sich tot stellen*
doodkalm *seelenruhig*
doodkist *Sarg* m
doodlachen [zich ~] *sich totlachen*
doodleuk *in aller Seelen-/Gemütsruhe*
doodlopen *auf nichts hinauslaufen*; *zu nichts führen*; ⟨v. straat⟩ *eine Sackgasse sein* ▼ de onderzoekingen zijn doodgelopen *die Untersuchungen haben zu nichts geführt*
doodmaken *töten*; INFORM. *totmachen*
doodmoe *todmüde*
doodop *völlig erschöpft*; *todmüde*; INFORM. *geschafft*
doodrijden I OV WW *totfahren* **II** WKD WW [zich ~] *sich zu Tode fahren*; *totfahren*
doods • niet levendig *öde*; *verlassen* • akelig *unheimlich* ★ ~e stilte *Totenstille* v
doodsangst *Todesangst* v
doodsbang *sterbensbang* ★ ~ zijn voor iets *eine Heidenangst vor etw. haben*
doodsbed *Totenbett* o
doodsbenauwd *sterbensbang*; *todbang*; *in Todesangst* ★ ~ voor iemand/iets zijn *vor jmdm./etw. eine Heidenangst haben*
doodsbleek *totenblass*
doodschamen *sich zu Tode schämen*

doodschieten *erschießen*; INFORM. *totschießen*
doodschrikken [zich ~] *sich zu Tode erschrecken*
doodseskader *Todesschwadron* v
doodsgevaar *Todesgefahr* v
doodshoofd *Totenkopf* m
doodskist *Sarg* m
doodslaan *totschlagen*; *erschlagen*
doodslag *Totschlag* m
doodsnood • stervensnood *Todesnot* v • hevige nood *schwere Not* v
doodsschrik *Todesschreck* m
doodsstrijd *Todeskampf* m; *Agonie* v
doodsteek *Todesstoß* m
doodsteken *erstechen*; INFORM. *totstechen*
doodstil *totenstill*; *mäuschenstill*
doodstraf *Todesstrafe* v
doodsverachting *Todesverachtung* v
doodsvijand *Todfeind* m
doodtij *Nipptide* v; *Nippflut* v
doodvallen *zu Tode stürzen* ▼ val dood! *der Schlag soll dich treffen!*
doodverklaren *für tot erklären*
doodvervelen [zich ~] *sich zu Tode langeweilen*
doodvonnis *Todesurteil* o
doodwerken [zich ~] *sich zu Tode arbeiten*
doodziek *todkrank*
doodzonde I ZN [de] zonde *Todsünde* v **II** BNW *jammerschade*
doodzwijgen *totschweigen*
doof *taub* ★ doof aan één oor *auf einem Ohr taub* ▼ doof zijn voor *taub sein für/gegen*
doofheid *Taubheit* v
doofpot *Asch(en)eimer* m ▼ iets in de ~ stoppen *etw. vertuschen*
doofstom *taubstumm*
dooi *Tauwetter* o ★ de dooi valt in *Tauwetter setzt ein*; *es beginnt zu tauen*
dooien *tauen*
dooier *Dotter* m; *Eigelb* o
dool ▼ BN op de dool zijn *umherstreifen*; *umherschweifen*
doolhof *Labyrinth* o; *Irrgarten* m
doop • REL. *Taufe* v • inwijding *Taufe* v • BN ontgroening ≈ *Inkorporation* v; INFORM. *Fuchstaufe* v
doopceel *Taufschein* m ▼ iemands ~ lichten *jmds. Sündenregister aufschlagen*
doopjurk *Taufkleid* o
doopnaam *Taufname* m
doopsel *Taufe* v
doopsgezind *mennonitisch*
doopsuiker BN OMSCHR. *kleine Aufmerksamkeit für Gratulanten anlässlich der Geburt eines Kindes*
doopvont *Taufbecken* o; *Taufstein* m ▼ BN iets boven de ~ houden *etw. aus der Taufe heben*
door I VZ • van a naar b *durch* [+4]; *hindurch* ★ door de kamer *durchs Zimmer* ★ de straat door *durch die Straße* ★ de kamer door lopen *durchs Zimmer laufen* • door... heen *durch* [+4]; *durch... hindurch* ★ door het raam *durch das Fenster* ★ ergens niet door kunnen *irgendwo nicht durchkönnen* • gedurende ★ door de week *unter der Woche*; *in der Woche* ★ door de jaren heen *im Laufe der Jahre* ★ het hele jaar door *das ganze Jahr*

hindurch; *das ganze Jahr über* ★ de hele dag door *den ganzen Tag über* ● ⟨gevolgd door de maker/doener⟩ *von* [+3] ★ dit is gemaakt door Jan *das hat Jan gemacht* ● dankzij *durch* [+4] ★ door jouw hulp *durch deine Hilfe* ● vanwege *wegen* [+2] ★ door een lekke band kwam ik te laat *wegen einer Reifenpanne kam ich zu spät* ● door middel van *durch* [+4] ★ door harde arbeid *durch harte Arbeit* ★ door te trainen word je sterk *durch Training wirst du stark* ● in *in* [+3/4] ★ wat doe jij door de sla? *was tust du in den Salat?* ▼ dat kan ermee door *das geht gerade so* **II** BIJW versleten *ver-/zerschlissen* ★ die broek is door *die Hose ist durchgescheuert* ▼ door en door *durch und durch* ▼ door en door koud *durch und durch kalt* ▼ door en door eerlijk *durch und durch ehrlich* ▼ iem. door en door kennen *jmdn. durch und durch kennen*

dooraderd *geadert; geädert*

doorbakken ⟨in de pan⟩ *durchgebraten*; ⟨in de oven⟩ *durchgebacken*

doorbellen *(telefonisch) durchgeben* ★ de correspondent belde een bericht door *der Korrespondent gab einen Bericht durch*

doorberekenen *aufschlagen* ★ de kosten in de prijs ~ *die Kosten auf den Preis aufschlagen*

doorbetalen *weiterzahlen*

doorbijten **I** OV WW door iets heen bijten *durchbeißen* **II** ON WW doorzetten *sich durchbeißen*

doorbladeren *durchblättern*

doorbloed *durchblutet*

doorborduren *weiterspinnen*

doorboren *weiter bohren*

doorboren *durchbohren*

doorbraak *Durchbruch* m

doorbranden *durchbrennen* ★ de gloeilamp is doorgebrand *die Glühbirne ist durchgebrannt*

doorbreken **I** OV WW stukbreken *durchbrechen* **II** ON WW erdoor komen *durchstoßen*

doorbreken *durchbrechen* ★ een taboe ~ *ein Tabu brechen* ★ de geluidsbarrière ~ *die Schallmauer durchbrechen*

doorbrengen ⟨v. tijd⟩ *verbringen*

doordacht *durchdacht*

doordat *dadurch, dass*

doordenken *sich genauer überlegen; weiterdenken; durchdenken*

doordenkertje *Rätsel* o

doordeweeks ★ op een ~e dag *an einem ganz normalen Tag*

doordouwen **I** OV WW doordrukken *durchdrücken; durchsetzen* **II** ON WW doorzetten *seinen Willen durchdrücken/ durchsetzen; sich durchsetzen*

doordraaien **I** OV WW ● ECON. uit de verkoop halen *durchdrehen; durch den Fleischwolf drehen* ● verkwisten *durchbringen* **II** ON WW ● verder draaien *weiterdrehen* ● doldraaien *überdrehen* ● PSYCH. overspannen raken *durchdrehen*

doordrammen *durchsetzen; durchdrücken* ★ hij weet altijd zijn zin door te drammen *er schafft es immer, seinen Willen durchzusetzen*

doordraven *drauflosreden; sich hineinsteigern in*

[+4]

doordrenken *durchtränken*

doordrijven ● dwingend opleggen *durchsetzen* ★ zijn zin/wil ~ *seinen Willen durchsetzen* ● doorzeuren *quengeln*

doordringen *durchdringen*

doordringen *durchdringen von* ★ doordrongen van *durchdrungen von*

doordringend *durchdringend*

doordrukken **I** OV WW dwingend opleggen *durchsetzen*; INFORM. *durchdrücken* **II** ON WW een doordruk maken *durchdrucken*

doordrukstrip *Durchdrückverpackung* v

dooreen *durcheinander*

dooreten *weiteressen* ★ eet eens door *iss mal weiter!*

doorgaan ● blijven gaan *weitergehen* ● blijven doen *weiter...*; *fortfahren; weitermachen* ★ ~ met lezen *weiterlesen* ★ met zijn verhaal ~ *mit seiner Erzählung fortfahren* ● voortduren *andauern; weitermachen* ● doorgang vinden *stattfinden* ★ het feest gaat niet door *das Fest fällt aus; daraus wird nichts* ● gaan door iets *(hin)durchgehen; gehen durch* ● ~ **voor** beschouwd worden als *gelten für/als* ★ voor een genie ~ *als Genie gelten*

doorgaand *durchgehend* ★ ~ verkeer *Durchgangsverkehr* m

doorgaans *gewöhnlich*

doorgang ● weg *door Durchgang* m ● het plaatsvinden ★ ~ vinden *stattfinden* ★ geen ~ vinden *ausfallen*

doorgangshuis *Heim* o

doorgangskamp *Durchgangslager* o

doorgedreven BN intensief *intensiv*

doorgeefluik *Durchreiche* v

doorgeven ● verder geven *weitergeben; herüberreichen* ● overbrengen *melden*

doorgewinterd *gestanden*

doorgroeien *weiterwachsen*

doorgronden *ergründen*

doorhalen ● erdoor trekken *durchziehen* ● schrappen *(durch)streichen*

doorhaling ● het doorhalen *Durchstreichen* o; *Streichen* o ● geschrapte tekst *Streichung* v

doorhebben ⟨begrijpen⟩ *kapieren*; ⟨doorzien⟩ *durchschauen* ★ ik heb hem door! *den kenn ich schon länger!*

doorheen *hindurch* ▼ zich er ~ slaan *sich durchschlagen*

doorkiesnummer *Durchwahl(nummer)* v

doorkijk *Durchblick* m

doorkijkbloes *durchsichtige Bluse* v

doorkijken **I** OV WW vluchtig inzien *durchsehen* **II** ON WW door iets kijken *(hin)durchsehen*

doorklieven *durchschneiden*

doorkneed versiert; bewandert; gewiegd ★ ~ zijn in zijn vak *bewandert sein in* [+3]

doorknippen *durchschneiden*

doorkomen ● door iets heen komen ★ er is geen ~ aan *ein Durchkommen ist nicht möglich* ● erdoor komen *durchkommen* ● waarneembaar worden *durchkommen*; ⟨v. zon, tanden⟩ *durchbrechen* ★ die zender komt goed door *dieser Sender ist gut zu empfangen*

do

doorkrassen *durchstreichen*
doorkruisen *durchkreuzen*
doorkruisen ● rondtrekken *durchkreuzen*
● dwarsbomen *durchkreuzen*
doorlaatpost *Durchlass* m; ⟨grenskantoor⟩ *Grenzstelle* v
doorlaten *durchlassen*
doorleefd *gezeichnet*
doorlekken *durchlecken*; *durchsickern*
doorleren *sich weiterbilden*; *sich fortbilden*
doorleven *weiter leben*
doorleven *durchleben*
doorlezen I ov ww doornemen *durchlesen* II ON ww verder lezen *weiterlesen*
doorlichten *röntgen*; *durchleuchten*
doorliggen *sich wund liegen*; *sich durchliegen*
doorlopen I ov ww ● stuklopen ⟨schoenen⟩ *durchlaufen*; ⟨v. voeten⟩ *wund laufen*
● doorkijken *durchfliegen* ★ een boek ~ *ein Buch durchfliegen* II ON ww ● verder lopen *weitergehen*; *weiterlaufen* ● niet onderbroken worden *durchgehen*; *durchlaufen* ★ de nummering loopt door *die Numerierung lauft fort* ● overvloeien *auslaufen*
doorlopen ● lopend gaan door *durchgehen*; *durchlaufen* ● afleggen *durchlaufen*; *durchgehen*
doorlopend *durchgehend*; FORM. *fortwährend*; ⟨voortdurend⟩ *ständig* ★ ~e voorstelling *durchgehende Vorstellung* ★ ~ abonnement *Dauerkarte* v
doorloper ● puzzel *Schwedenrätsel* o ● schaats *friesische(r) Holzschlittschuh* m
doormaken *durchmachen*
doormidden *entzwei*; *mittendurch*
doormodderen *weiterwursteln*
doorn *Dorn* m ▼ iem. een ~ in het oog zijn *jmdm. ein Dorn im Auge sein*
doornat *durchnässt*; *durch und durch/triefend nass*; INFORM. *pudel-/patschnass*
doornemen ● doorkijken *durchgehen* ● bespreken *durchsprechen*
doornig *dornig*
Doornroosje *Dornröschen* o
doornummeren *durchnumerieren*
doorploeteren *schuften*
doorpraten I ov ww bespreken *durchsprechen* II ON ww verder praten *weitersprechen*
doorprikken ● openen door te prikken *aufstechen* ★ een blaar ~ *eine Blase aufstechen* ● ontzenuwen *entkräften*; *durchschauen* ★ een verhaal ~ *eine Geschichte entkräften/widerlegen*
doorregen *durchwachsen*
doorreis *Durchreise* v ★ op ~ zijn *auf Durchreise sein*
doorrijden ● verder rijden *durch-/weiterfahren* ● sneller rijden *schneller fahren*; INFORM. *zufahren*
doorrijhoogte *Durchfahrtshöhe* v
doorrookt *durchräuchert*
doorschakelen *weiterverbinden*
doorschemeren ▼ iem. iets laten ~ *jmdm. etw. durchblicken lassen*
doorschieten ● te ver doorgaan ⟨bal⟩ *am Ziel vorbeifliegen*; ⟨touw⟩ *ablaufen lassen* ● te ver

doorgroeien *ins Kraut schießen* ★ doorgeschoten sla *geschossene(r) Salat* m
doorschieten *durchschießen*
doorschijnen *durchscheinen*
doorschijnen *durchleuchten*
doorschijnend *durchscheinend*; *durchsichtig*
doorschuiven I ov ww ● verder schuiven *weiterschieben*; *durchschieben* ● doorgeven *weitergeben* II ON ww schuivend verder gaan *aufrücken*
doorseinen *durchgeben*
doorslaan I ov ww stukslaan *entzweischlagen*; *aufschlagen*; *durchbrechen* II ON ww ● verder slaan *weiterschlagen* ● overhellen *ausschlagen* ★ de balans slaat door *der Zeiger der Waage schlägt aus* ● kortsluiten *durchschlagen* ● zwammen *faseln* ● bekennen *gestehen* ★ zij is doorgeslagen *sie hat gequatscht*
doorslaand ★ ~ bewijs *schlagender Beweis*
doorslag *Durchschlag* m; *Durchschrift* v ▼ de ~ geven *ausschlaggebend sein*
doorslaggevend *ausschlaggebend*
doorslikken *hinunterschlucken*
doorsmeren *abschmieren*; ⟨een onderhoudsbeurt geven⟩ *warten*
doorsnede ● diameter *Durchmesser* m; *Diameter* m ● vlak *Schnitt* m; *Schnittfläche* v ● tekening *Durchschnitt* m
doorsnee *Durchschnitt* m
doorsnijden *durchschneiden*
doorsnijden *durchschneiden*
doorspekken *spicken*
doorspelen *zuspielen*; *weiterleiten* ★ de vraag aan een ander ~ *die Frage an jmdn. anderen weiterleiten*
doorspoelen ● reinigen *durchspülen* ● doordraaien *durchspulen*
doorspreken I ov ww grondig bespreken *durchsprechen*; *erörtern* II ON ww verder spreken *weitersprechen*
doorstaan *ertragen*; *erdulden*; ⟨te boven komen⟩ *überstehen*; ⟨examen, proef⟩ *bestehen*
doorstart ● TECHN. nieuwe start *Durchstart* m ● FIG. nieuw begin *Durchstart* m
doorsteken I ov ww erdoor steken *durchstecken* II ON ww kortere weg nemen *abschneiden*
doorsteken *durchstechen*
doorstoten *durchstoßen*
doorstoten *durchstoßen*
doorstrepen *durchstreichen*
doorstromen ★ ~ naar hoger onderwijs *überwechseln auf hoherer Unterricht*
doorstromen *durchfließen*
doorstuderen *weiterstudieren*
doorsturen *weiterschicken*
doortastend *durchgreifend*; *energisch*
doortimmerd *gut aufgebaut/fundiert*
doortocht ● het doortrekken *Durchreise* v; ⟨militair⟩ *Durchmarsch/-zug* m ● doorgang *Durchfahrt* v; *Passage* v
doortrapt *abgefeimt*; *durchtrieben* ★ erg ~ zijn *hundsgemein sein*
doortrekken I ov ww ● wc doorspoelen *spülen* ● verlengen *weiterführen*; *verlängern* II ON ww ● gaan door *durchziehen* ● verder

trekken *weiterziehen*
doortrekken *durchziehen* ★ ~ met *durchziehen mit*
doortrokken (met vocht) *durchtränkt*; ⟨v. haat⟩ *durchdrungen*; ⟨v. haat⟩ *erfüllt*
doorvaart *Durchfahrt* v
doorverbinden *verbinden*
doorverkopen *weiterverkaufen*
doorvertellen *weitererzählen*
doorverwijzen *überweisen* ★ ~ naar *überwiesen zu* (+3)/*an* (+4)
doorvoed *wohlgenährt*
doorvoer ● het doorvoeren *Transit* m; *Durchfuhr* v ● doorgevoerde waren *Transitgut* o
doorvoeren ● ten uitvoer brengen *durchführen* ★ een beleid ~ *einen politischen Beschluss durchführen* ● transporteren *ein Transitgut befördern*
doorvoerhaven *Transithafen* m
doorvoerrecht *Durchfuhrzoll* m
doorvorsen *durchforschen*
doorvragen *weiterfragen*
doorwaadbaar *seicht*
doorwaakt *durchwacht*
doorweekt *durchweicht*
doorwegen BN de doorslag geven *ausschlaggebend sein*
doorwerken I OV WW geheel bestuderen *durcharbeiten* **II** ON WW ● verder werken *weiterarbeiten* ● invloed hebben *fortwirken*; *sich übertragen* ★ ~ op *sich übertragen auf*
doorworstelen *sich durcharbeiten* ★ hij worstelde het boek door *er kämpfte sich durch das Buch*
doorwrocht ⟨v. plan/opstel⟩ *ausgereift*; ⟨v. bouwwerk/constructie⟩ *gediegen*
doorzagen I OV WW ● in tweeën zagen *durchsägen*; *zersägen* ● ondervragen *durchlöchern* **II** ON WW doorzeuren *herumnerven*
doorzakken ● verzakken *durchbiegen*; ⟨muur⟩ *versacken* ● lang/veel drinken *versacken* ★ we zijn gisteravond flink doorgezakt *wir sind gestern Abend ganz schön versackt*
doorzetten I OV WW laten doorgaan *durchsetzen* **II** ON WW ● volhouden *durchhalten* ● krachtiger worden *zunehmen*
doorzetter *Kämpfernatur* v
doorzettingsvermogen *Durchhaltevermögen* o
doorzeven *durchsieben*
doorzichtig ● doorschijnend *durchsichtig* ● FIG. te doorgronden *durchschaubar*
doorzien *durchsehen*; *durchschauen* ★ de stukken ~ *die Akten durchsehen*
doorzien *durchschauen* ★ iem. ~ *jmdn. durchschauen*
doorzoeken *durchsuchen*
doorzonwoning ≈ *Wohnung* v *mit großen Fenstern an der Vorder- und Hinterseite des Hauses*
doos ⟨v. papier, zeer dun hout⟩ *Schachtel* v; ⟨plat, vooral rond⟩ *Dose* v; ⟨groot en stevig⟩ *Kasten* m ★ een doosje lucifers *eine Schachtel Streichhölzer* ▼ uit de oude doos *aus der Mottenkiste*

dop ● dekseltje ⟨v. tube⟩ *Deckel* m; ⟨v. pen⟩ *Kappe* v ● omhulsel ⟨v. ei, noot⟩ *Schale* v; ⟨v. peulvruchten⟩ *Hülse* v ★ kijk eens uit je doppen! *mach die Augen mal auf!*
▼ kunstenaar in de dop *ein Künstler in spe*
dope *Rauschgift* o
dopen ● de doop toedienen *taufen* ● indompelen *(ein)tauchen*; ⟨soppen⟩ *(ein)tunken*
Doper ▼ Johannes de ~ *Johannes der Täufer*
doperwt *grüne Erbse* v
dopheide *Glockenheide* v
doping *Doping* o
dopingcontrole *Dopingkontrolle* v
doppen *enthülsen*
dopplereffect *Dopplereffekt* m
dopsleutel *Steckschlüssel* m
dor ● verdroogd *dürr*; *trocken* ● saai *langweilig*; *öde*
dorp *Dorf* o
dorpel *Schwelle* v
dorpeling *Dorfbewohner* m; *Dörfler* m
dorps *ländlich*; *dörflich*; *bäurisch*
dorpsbewoner *Dorfbewohner* m
dorpsgek *Dorftrottel* m
dorpsgenoot ≈ *Mitbürger* m
dorpshuis *Gemeindeamt* o; ⟨groter⟩ *Rathaus* o; ⟨cultureel centrum⟩ *Gemeindezentrum* o
dorsen *dreschen*
dorsmachine *Dreschmaschine* v
dorst ● behoefte aan drinken *Durst* m ● FIG. sterk verlangen *Gier* v ★ de ~ naar macht *die Machtgier*
dorsten naar *dürsten nach*
dorstig *durstig*
dorsvlegel *Dreschflegel* m
dorsvloer *Tenne* v
doseren *dosieren*
dosering *Dosierung* v
dosis *Dosis* v
dossier *Dossier* o; *Akte* v
dot ● plukje *Knäuel* m/o ★ een dot haar *ein Büschel Haar* o ★ dot watten *Wattebausch* m ● iets kleins, schattigs ★ een dot van een kind *ein goldiges Kind* o ★ een dot van een hoed *ein reizender Hut*
dotatie BN overheidssubsidie *staatliche Subvention* v
dotcom *Dotcom* o
dotterbehandeling *Dotter-Behandlung* v
dotterbloem *Sumpfdotterblume* v
dotteren *dilatieren* v
douane ● grenspost *Zoll* m; ⟨kantoor⟩ *Zollamt* o ● beambte *Zollbeambte(r)* m
douanebeambte *Zollbeambte(r)* m
douanier *Zollbeambte(r)* m
doublé I ZN [het] *Dublee* o **II** BNW *aus/in Dublee*
doubleren ● verdubbelen *verdoppeln*; FORM. *duplieren* ● blijven zitten *wiederholen*; INFORM. *sitzen bleiben*
douceurtje *Geldgeschenk* o; *Trinkgeld* o
douche ● stortbad *Dusche* v ★ een ~ nemen *sich duschen* ● douchecel *Duschkabine* v ▼ een koude ~ *eine kalte Dusche*
douchecel *Dusche* v; *Nasszelle* v
douchegordijn *Duschvorhang* m

do

douchekop *Duschkopf* m; *Brausekopf* m
douchen *(sich) duschen*
douchestang *Duschstange* v
douw ● → **duw**
douwen ● → **duwen**
dove *Taube(r)* m
dovemansoren ▼ voor ~ spreken *gegen eine Wand reden* ▼ dat is niet aan ~ gezegd *das werde ich mir hinter die Ohren schreiben*
doven ● uitdoen *(aus)löschen* ● minder maken *dämpfen*
dovenetel *Taubnessel* v
doventolk *Gebärdensprachdolmetscher* m [v: *Gebärdensprachdolmetscherin*]
down *down; bedrückt; niedergeschlagen*
downgraden *downgraden*
download *Download* m
downloaden *herunterladen; downloaden*
Downsyndroom *Downsyndrom* o
downsyndroom *Down-Syndrom* o
dozijn *Dutzend* o ● per ~ *im Dutzend* ▼ zo gaan er dertien in een ~ *davon gehen zwölf auf ein Dutzend*
draad ● dunne, gesponnen vezel van textiel *Faden* m ● dunne, getrokken vezel van metaal *Draht* m ● vezel *Faser* v; *Fiber* v ● schroefdraad *Gewinde* o ● samenhang *Faden* m ★ de ~ kwijtraken *den Faden verlieren* ▼ aan een zijden ~je hangen *an einem seidenen/dünnen Faden hängen* ▼ zij is altijd tegen de ~ in *sie ist ein Querkopf* ▼ tot op de ~ versleten *fadenscheinig* ▼ voor de ~ komen met iets *mit etw. herausrücken*
draadloos *drahtlos*
draadnagel *Drahtnagel,-stift* m
draadtang *Drahtzange* v
draagbaar I zn [de] *Tragbahre* v **II** bnw *tragbar*
draagberrie bn *brancard Trage* v
draagkarton *Tragepackung* v
draagkracht techn. *Tragkraft* v; ⟨v. bedrijf/land⟩ *Finanzkraft* v; ⟨v. individu⟩ *Vermögenslage* v ★ naar ~ betalen *nach Vermögenslage bezahlen*
draagkrachtig *einkommensstark; leistungsfähig* ★ minder ~ *einkommensschwach*
draaglijk *erträglich*
draagmoeder *Leihmutter* v
draagraket *Trägerrakete* v
draagstoel *Tragsessel* m; *Sänfte* v
draagtas *Plastiktüte* v; *Tüte* v
draagtijd *Tragezeit* v
draagvermogen *Tragkraft* v
draagvlak *Tragfläche* v
draagwijdte *Tragweite* v
draai ● draaiing *Drehung* v; *Wendung* v ● klap *Ohrfeige* v ★ iem. een ~ om de oren geven *jmdm. eine Ohrfeige geben* ▼ zijn ~ niet kunnen vinden *nicht in Gang kommen können*
draaibaar *drehbar* ★ ~ toneel *Drehbühne* v
draaibank *Drehbank* v
draaiboek *Drehbuch* o
draaicirkel *Wendekreis* m
draaideur *Drehtür* v
draaideurcrimineel *Wiederholungstäter* m; *Gewohnheitsverbrecher* m

draaien I ov ww ● in het rond doen gaan *drehen* ● keren/wenden *drehen* ● draaiend vervaardigen *drehen*; ⟨hout⟩ *drechseln* ★ een telefoonnummer ~ *eine Nummer wählen* ● afspelen *laufen lassen*; *(ab)spielen* ★ een plaatje ~ *eine Platte spielen* **II** on ww ● in het rond gaan *sich drehen* ● wenden *sich drehen* ● functioneren *laufen* ★ de zaak heeft dit jaar goed gedraaid *das Geschäft lief dieses Jahr gut* ● vertoond worden *laufen* ★ welke film draait er deze week? *welcher Film läuft diese Woche?* ● uitvluchten zoeken *sich winden* ★ eromheen ~ *um den heißen Brei herumreden* ▼ het draait me (voor de ogen) *mir dreht sich alles*
draaierig *schwindlig*
draaiing *Drehung* v; ⟨bocht⟩ *Biegung* v; ⟨bocht in weg⟩ *Kurve* v; ⟨v. een bal⟩ *Drall* m
draaikolk *Strudel* m
draaikont *Heuchler* m; *Wendehals* m
draaimolen *Karussell* o
draaiorgel *Drehorgel* v
draaipunt fig. *Angelpunkt* m; *Drehpunkt* m
draaischijf ● kiesschijf *Wählscheibe* v ● draaitafel *Plattenteller* m ● pottenbakkersschijf *Drehscheibe* v
draaitafel *Plattenspieler* m
draaitol ● tol *Kreisel* m ● persoon *Zappelphilipp* m; *Quirl* m
draak ● beest *Drache* m ● akelig mens *Drachen* m ● melodrama ⟨toneelstuk⟩ *Rührstück* o; ⟨roman⟩ *Kitsch-/Schundroman* m ▼ de ~ steken met iem. *seinen Spott mit jmdm. treiben*
drab ● derrie *Brei* m; *Trübe* v ● bezinksel *Bodensatz* m
dracht ● drachtig zijn *Trächtigkeit* v ● kleding *Tracht* v
drachtig *trächtig*
draconisch *drakonisch*
draf *Trab* m ★ het op een draf zetten *sich in Trab setzen* ★ op een drafje *schnell*
drafsport *Trabsport* m
dragee *Dragee* o
dragen I ov ww ● opgetild houden *tragen* ● ⟨kleding enz.⟩ aan-/omhebben *tragen* ★ kleding ~ *Kleidung tragen* ● ondersteunen *ruhen* o fig. . op zich nemen *tragen* ★ de kosten ~ *die Kosten tragen* **II** on ww klinken *tragen*
drager ● iem. die iets draagt *Träger* m ● voorwerp *Träger* m
dragon *Estragon* m; *Dragon* m/o
dragonder *Dragoner* m
drain *Drän* m; *Drain* m
draineren *dränieren; drainieren*
dralen *zaudern; zögern*
drama *Drama* o [mv: *Dramen*]
dramatiek *Dramatik* v
dramatisch *dramatisch* ★ doe niet zo ~! *mach kein Theater!*
dramatiseren *dramatisieren*
dramaturg *Dramaturg* m
drammen *drängeln; quengeln*
drammerig *hartnäckig*
drang ● druk *Druck* m ● aandrang *Drang* m;

Trieb m ★ de ~ tot stelen *der Hang zum Stehlen*
dranger *Türschließer* m
dranghek *Sperrgitter* o
drank • vocht *Getränk* o; FORM. *Trank* m
• alcoholische drank *Alkohol* m ▼ aan de ~ zijn *dem Alkohol verfallen sein*; *alkoholsüchtig sein*
drankenautomaat *Getränkeautomat* m
drankje • glaasje drank *Getränk* o; *Drink* m
• geneesmiddel *Sirup* m; *Saft* m
drankmisbruik *Alkoholmissbrauch* m
drankorgel *Trunkenbold* m; *Säufer* m
drankvergunning *Schankerlaubnis* v; *Schankkonzession* v
draperen *drapieren*
drassig *sumpfig*; *schlammig*
drastisch *drastisch*
draven *eilen*; *rennen*; ⟨v. dieren⟩ *traben*; ⟨v. mensen⟩ *auf Trab sein* ★ ze loopt de hele dag al te ~ *sie ist schon den ganzen Tag auf Trab*
draver *Traber* m
draverij *Trabrennen* o
dreadlocks *Rastalocken* mv
dreef *Allee* v ▼ op ~ zijn *gut im Zuge sein*; *in Schwung sein* ▼ op ~ komen *in Gang kommen*
dreg *Dregge* v; *Draggen* m; ⟨vishaak⟩ *Drilling* m
dreggen *mit einem Draggen nach einer Sache/jemandem fischen*
dreigbrief *Drohbrief* m
dreigement *Drohung* v
dreigen I OV WW *bedreigen* *drohen* ★ hij dreigde haar het kind mee te nemen *er drohte ihr, das Kind mitzunehmen* **II** ON WW *bedreigend* er zijn *drohen* ★ er dreigt gevaar *es droht Gefahr*
dreigend *drohend*; *bedrohlich*
dreiging *Drohung* v
dreinen *quengeln*
drek *Dreck* m; *Kot* m
drempel • verhoging *Schwelle* v; *Türschwelle* v • barrière *Schwelle* v
drempelvrees *Schwellenangst* v
drempelwaarde *Schwellenwert* m
drenkeling ⟨verdrinkend⟩ *Ertrinkende(r)* m; ⟨verdronken⟩ *Ertrunkene(r)* m
drenken *tränken*
drentelen *schlendern*
Drenthe *Drenthe* o
Drents *drentisch*; *von Drente*
drenzen *quengeln*
dresseren *dressieren*; *abrichten*
dressing *Dressing* o
dressoir *Büfett* o; *Anrichte* v
dressuur *Dressur* v; *Abrichtung* v
dreumes *Knirps* m
dreun • het dreunen *Dröhnen* o • eentonig geluid *Geleier* o • klap *Schlag* m; *Hieb* m
dreunen *dröhnen*
drevel *Durchschlag* m
dribbel *Dribbling* o
dribbelen • lopen *trippeln* • SPORT *dribbeln*
drie I TELW • *drei* o → **vier II** ZN [de] • getal *Drei* v • O&W schoolcijfer ≈ *Sechs* v
driebaansweg *dreispurige Straße* v
driedaags *dreitägig*

driedelig *dreiteilig* ★ ~ pak *dreiteiliger Anzug*
driedimensionaal *dreidimensional*
driedubbel *dreifach*
drie-eenheid *Dreieinigkeit* v ★ de Heilige Drie-eenheid *die Trinität*
driehoek *Dreieck* o
driehoekig *dreieckig*
driehoeksruil *Dreickstausch* m
driehoeksverhouding *Dreiecksverhältnis* o
driekamerflat *Dreizimmerwohnung* v
drieklank *Dreiklang* m
driekleur *dreifarbige Fahne* v ★ de Nederlandse ~ *die rotweißblaue Fahne* v ★ de Franse ~ *Trikolore* v
Driekoningen *Dreikönigsfest* o; *Dreikönige*
driekwart *drei viertel*
driekwartsmaat *Dreivierteltakt* m
drieledig *dreigliedrig*
drieletterwoord *Dreibuchstabenwort* o
drieling • één kind *Drilling* m • drie kinderen *Drillinge* mv
drieluik *Triptychon* o
driemaal *dreimal*
driemaandelijks I BNW *dreimonatlich* **II** BIJW *dreimonatlich*; *alle drei Monate*
driemanschap *Triumvirat* o
driemaster *Dreimaster* m
driepoot • stoeltje *Dreifuß* m; *Dreibein* o • statief *Rohrstativ* o; *Dreibein* o • letter m *m* o
driespan *Dreigespann* o; *Triga* v
driesprong *dreiarmige Weggabelung* v
driestemmig *dreistimmig*
driesterrenhotel *Dreisternehotel* o
drietal *Dreiheit* v ★ een ~ boeken *drei Bücher*
drietalig *dreisprachig*
drietand *Dreizack* m
drietonner *Dreitonner* m
drietrapsraket *Dreistufenrakete* v
drievoud *Dreifache(s)* o ★ in ~ *in dreifacher Ausfertigung*
drievoudig *dreifach*
Drievuldigheid REL. *Dreifaltigkeit* v
driewegstekker *Dreifachstecker* m
driewieler *Dreirad* o
driezitsbank *dreisitzige(s) Sofa* o
drift • woede *Wut* v; *Zorn* m ★ ~ welde in haar op *Wut stieg in ihr auf* • aandrang *Trieb* m; ⟨psychologisch⟩ *Drang* m; ⟨hartstocht⟩ *Leidenschaft* v ★ zijn ~en beteugelen *seine Triebe zügeln/bezähmen* • het afdrijven *Treiben* o; *Drift* v ★ op ~ raken *ins Treiben kommen* • weg *Trift* v
driftbui *Wutanfall* m; *Zornausbruch* m
driftig I BNW • opvliegend *hitzig*; *aufbrausend*; *jähzornig* ★ ~ karakter *cholerische(s)/aufbrausende(s) Wesen* o • kwaad *wütend*; *zornig* ★ hij werd zeer ~ *er wurde sehr wütend* **II** BIJW *heftig* *heftig* ★ ze stond ~ te gebaren *sie gestikulierte erregt*
driftkop *Hitzkopf* m
drijfgas *Treibgas* o
drijfhout *Treibholz* o
drijfijs *Treibeis* o
drijfjacht *Treibjagd* v
drijfkracht *Triebkraft* v

drijfnat *triefnass*; *triefend nass*; *durchnässt*; INFORM. *klitsch-/klatsch-/patschnass*
drijfnet *Treibnetz* o
drijfveer *Triebfeder* v
drijfzand *Mahl-/Treibsand* m
drijven I OV WW ● voortdrijven *treiben*; *jagen* ★ paarden naar de markt ~ *Pferde zum Markt treiben* ● aandrijven *treiben* ★ iets tot het uiterste ~ *etw. zum Äußersten treiben* ★ door ambitie gedreven *aus Ehrgeiz* ● uitoefenen *treiben* ★ handel ~ *Handel treiben* ▼ iem. in het nauw ~ *jmdn. in die Enge treiben* **II** ON WW ● niet zinken *treiben*; *schwimmen*; ⟨aandrijven⟩ *angeschwemmt werden* ★ het ijs drijft op de rivier *das Eis treibt auf dem Fluss* ● stromen *treiben*; *ziehen* ★ de wolken ~ door de lucht *die Wolken ziehen am Himmel* ● kletsnat zijn *durchnässt sein*; ⟨overstroomd zijn⟩ *unter Wasser stehen* ★ de tafel dreef van de melk *die Milch schwamm auf dem Tisch* ▼ de organisatie drijft op haar *sie ist die treibende Kraft bei der Organisation*
drijver ● opjager *Treiber* m ● voorwerp dat drijft *Schwimmer* m
drilboor *Drillbohrer* m
drillen ● africhten *drillen* ● boren *drillen*
dringen I ON WW krachtig voortgaan *drängen* ★ dring niet zo! *dräng nicht so!* ★ er werd vreselijk gedrongen *es war ein fürchterliches Gedränge* ★ door de menigte ~ *sich durch die Menge drängen* **II** OV WW duwen *drängen*; INFORM. *drängeln*
dringend I BNW ● met aandrang *dringend*; *inständig* ★ een ~ verzoek *eine dringende Bitte* ● urgent *dringend* ★ een ~ probleem *ein brennendes Problem* **II** BIJW met aandrang *dringlich*
drinkbaar *trinkbar*
drinken *trinken*; INFORM. *saufen*
drinkgelag *Trinkgelage* o
drinkgeld *Trinkgeld* o
drinklied *Trinklied* o
drinkwater *Trinkwasser* o
drinkyoghurt *Trinkjoghurt* m
drive *Drive* m
drive-inwoning *Drive-in-Wohnung* v
droef *traurig*; *betrübt*
droefenis *Betrübtsein* o; *Trauer* v; *Betrübnis* v
droefgeestig *trübsinnig*; *schwermütig*; *melancholisch*
droesem *Hefe* v; *Bodensatz* m
droevig ● verdrietig *betrübt*; *traurig* ● bedroevend *misslich*; *traurig*; *betrüblich*
drogbeeld *Trugbild* o
drogen I OV WW droog maken *trocknen* **II** ON WW droog worden *trocknen*
droger *Trockner* m
drogeren *dopen*
drogist *Drogist* m
drogisterij *Drogerie* v
drogreden *Scheinbeweis* m; *Trugschluss* m
drol ● keutel *Haufen* m; *Wurst* v; ⟨v. paard⟩ *Pferdeapfel* m ● liefkozende benaming *drollige(s) Kind* o; *Knirps* m
drom *Haufen* m; *Schar* v ★ in dichte drommen *in hellen Haufen*; *in großer Zahl*

dromedaris *Dromedar* o
dromen *träumen* ★ dat had ik nooit durven ~ *das hätte ich mir nicht träumen lassen* ★ ik kan dat boek wel ~ *ich kenne das Buch in- und auswendig* ▼ dat had je gedroomd! *das hast du dir gedacht!*
dromenland *Land* o *der Träume*
dromer *Träumer* m
dromerig ● mijmerend *träumerisch*; *sinnend* ● onwerkelijk *traumhaft*; *surreal*
drommel ▼ arme ~ *armer Schlucker/Teufel* m ▼ om de ~ niet *beileibe nicht*
drommels I BNW *verdammt*; *verteufelt*; *verflixt* ★ die ~e jongen *dieser verflixte Kerl* **II** BIJW ★ dat weet je ~ goed *das weißt du verdammt genau* **III** TW *verflixt!*; *verdammt!*
drommen *in Scharen kommen/gehen*
dronk ▼ een kwade/vrolijke/sombere ~ hebben *im Suff bösartig/fröhlich/trübsinnig werden*
dronkaard, dronkenman *Trinker* m; *Trunkenbold* m
dronken ● bedwelmd *betrunken* ★ iem. ~ voeren *jmdn. betrunken machen* ● ~ **van** *erfreut über* ★ ~ van vreugde *freudetrunken*
dronkenman, dronkenlap *Trunkenbold* m; *Säufer* m
dronkenschap *Betrunkenheit* v
droog ● niet nat *trocken* ★ ~ houden! *vor Nässe schützen!* ★ ~ weer *trockene(s) Wetter* o ● niet zoet *trocken* ★ droge wijn *trockener Wein* ● saai *trocken*
droogbloem *Trockenblume* v
droogdoek *Abtrockentuch* o; *Geschirrtuch* o
droogdok *Trockendock* o
droogje ▼ op een ~ zitten *auf dem Trockenen sitzen*
droogkap *Trockenhaube* v
droogkloot *Trauerkloß* m; *Muffel* m; *Langweiler* m
droogkomiek ★ hij is een ~ *er hat einen trockenen Humor*
droogkuis *(chemische) Reinigung* v
droogkuisen *chemisch reinigen*
droogleggen ● droogmaken *trockenlegen* ● alcoholverkoop verbieden *trockenlegen*
drooglijn *Wäscheleine* v
droogmaken ● afdrogen *trocknen* ● droogleggen *trockenlegen*
droogmolen *Trocken-/Wäschespinne* v
droogpruim *Langweiler* m
droogrek *Trockengestell* o; *Wäscheständer* m
droogstaan ● zonder water zijn *trocken/vertrocknet sein* ● geen alcohol meer drinken *trocken sein*; HUMOR. *auf dem Trocknen sitzen*
droogstoppel *Trantüte-/funzel* v; *Langweiler* m
droogte ● het droog zijn *Trockenheit* v ● periode *Trockenheit* v
droogtrommel *Wäschetrockner* m
droogvallen *auflaufen*
droogzwemmen ● LETT. leren zwemmen *trockenschwimmen* ● FIG. oefenen *Trockenübungen machen*
droogzwierder *Wascheschleuder* v
droom *Traum* m ▼ iem. uit de ~ helpen *jmdn. aufklären* ▼ dromen zijn bedrog *Träume sind Schäume*

droombeeld *Traumbild* o
droomreis *Traumreise* v
droomwereld *Welt* v *der Träume*
drop *Lakritze* v
dropje *Lakritz* o
dropkick *Dropkick* m
drop-out *Drop-out* m; *Versager* m; *Aussteiger* m
droppen ● neerlaten *abwerfen* ● afzetten *absetzen*
dropping ● het uit een vliegtuig werpen *Abwurf* m ● spel ≈ *Orientierungsspiel* o
drubbelen ● DRUKK. nog net op tijd ontvluchten *grade noch entkommen* ● CUL. wijn drinken *Weijn trinken*
drug *Droge* v; *Rauschgift* o ★ drugs gebruiken *Rauschgift/Drogen nehmen/konsumieren*
druggebruiker *Drogenabhängige* m/v
drugsbaron *Drogenbaron* m
drugsbeleid *Drogenpolitik* v
drugsbestrijding *Drogenbekämpfung* v
drugshandel *Drogenhandel* m
drugshandelaar *Dealer* m
drugsmaffia *Drogenmafia* v
drugsscene *Drogenszene* v
drugsverslaafde *Drogenabhängige(r)* m
drugsverslaving *Drogensucht* v
druïde *Druide* m
druif ● vrucht *Traube* v ● persoon 〈vrouw〉 komische Nudel v; 〈man〉 komische(r) Kauz m
druilen I ON WW zeuren *lustlos sein*; *vor sich hin dösen* II ONP WW motregenen *trübe sein*
druilerig ● regenachtig *regnerisch* ● lusteloos *lustlos*
druiloor *Dussel* m
druipen ● druppelen *triefen*; *tropfen* ★ het zweet druipt langs mijn rug *mir trieft der Schweiß vom Rücken* ● nat zijn *triefen*; *tropfen*
druiper *Tripper* m
druipnat *triefnass*
druipneus *laufende Nase* v
druipsteen *Tropfstein* m
druivensap *Traubensaft* m
druivensuiker *Traubenzucker* m
druiventros *(Wein)Traube* v
druk I ZN [de] ● het duwen ★ een lichte druk op de knop *ein leichter Knopfdruck* ● NATK. drukkracht ★ lage druk *Niederdruck* m ★ onder druk zetten/staan *unter Druck setzen/stehen* ● PSYCH. *Druck* m ★ onder hoge druk werken *unter Hochdruck arbeiten* ★ zij stond erg onder druk *sie stand schwer unter Druck* ★ onder de druk van de algemene opinie zwichten *unter dem Druck der öffentlichen Meinung nachgeben* ★ druk uitoefenen op iem. *Druck ausüben auf jmdn.* ● het boekdrukken *Druck* m ★ in druk verschijnen *im Druck erscheinen* ● oplage *Auflage* v ★ eerste druk *Erstauflage* v; *Neuauflage* v II BNW ● actief 〈v. bezigheden〉 *anstrengend*; 〈v. personen〉 *beschäftigt* ★ een druk programma *ein volles Programm* ★ een drukke dag *ein schwerer/anstrengender Tag* ● vol met mensen (straat) *belebt* ★ drukke straat *belebte Straße* v ★ een drukke winkel *ein stark besuchter Laden* ★ het was druk op straat *es herrschte starker Verkehr* ★ het was

me te druk op dat feestje *es war mir zu voll auf dem Fest* ★ op de najaarsbeurs was het erg druk *auf der Herbstmesse herrschte viel Betrieb* ● opgewonden *lebhaft* ★ de kinderen zijn veel te druk *die Kinder sind viel zu laut* ● bedrijvig 〈v. handel〉 *geschäftig* ▼ zich druk 〈bezorgd〉 maken over *sich aufregen über* [+4] ▼ maak je niet druk! 〈bezorgd〉 *reg dich ab!* III BIJW ● intensief 〈levendig〉 *rege*; 〈vaak〉 *stark* ★ druk gebruik maken van iets *starken Gebrauch machen von etw.* ★ druk aan het schrijven/leren zijn *eifrig am Schreiben/Lernen sein* ★ er wordt druk over gesproken *man redet viel davon* ● een druk bezocht café *eine stark besuchte Kneipe* ● luidruchtig ★ druk door elkaar praten *lebhaft/aufgeregt durcheinanderreden* ▼ het druk hebben *viel zu tun haben*
drukdoenerij *Wichtigtuerei* v
drukfout *Druckfehler* m
drukinkt *Druckerschwärze* v
drukken I OV WW ● duwen *drücken* ★ iem. iets in de hand ~ *jmdm. etw. in die Hand drücken* ● afdrukken *drucken* II ON WW ● kracht uitoefenen *drücken* ★ op een knop ~ *auf einen Knopf drücken* ● FIG. als iets zwaars liggen *lasten* 〈op auf〉 ★ er drukt een zware last op haar *eine ernste Sorge (be)drückt sie; eine ernste Sorge lastet auf ihr* ● poepen *groß machen*; 〈kindertaal〉 *Aa machen* III WKD WW [zich ~] *sich drücken*
drukkend ● bezwarend *drückend* ● drukkend warm *drückend*; *schwül*
drukker ● boekdrukker *Drucker* m ● drukknop *Druckknopf* m
drukkerij *Druckerei* v
drukkingsgroep BN *Interessengruppe* v; *Pressuregroup* v; *Lobby* v
drukknoop *Druckknopf* m
drukkunst *Buchdruckerkunst* v
drukletter *Druckbuchstabe* m
drukmiddel *Druckmittel* o
drukpers *Druckpresse* v ▼ vrijheid van ~ *Pressefreiheit* v
drukproef *Fahne* v; *Druck-/Korrekturfahne* v
drukte ● veel werk *Aufwand* m ● leven, bedrijvigheid *Betrieb* m; INFORM. *Rummel* m ★ de verhuizing brengt veel ~ met zich mee *der Umzug bringt viel Rummel mit sich* ● ophef *Umstände* mv ● veel ~ om iets maken *viel Aufhebens von etw. machen* ★ u hoeft voor ons geen ~ te maken *machen Sie sich wegen uns keine Umstände* ★ ~ maken om niets *viel Lärm machen um nichts* ▼ kouwe ~ *Windmacherei* v; *Schaumschlägerei* v ▼ wat een kouwe ~! *so 'n Theater!*
druktechniek *Drucktechnik* v; *Druckverfahren* o
druktemaker *Wichtigtuer* m; *Aufschneider* m; *Schwätzer* m
druktoets *Drucktaste* v
drukverband *Druckverband* m
drukwerk ● het drukken *Druck* m ★ ~ opgeven *etw. in Druck geben* ● gedrukt stuk *Druckwerk* o ● poststuk *Drucksache* v ★ als ~ verzenden *als Drucksache versenden*
drum ● instrument *Trommel* v; *Drum* v ● vat

dr

dr

Fass o
drumband *Schlagzeugband* v
drummen • drums bespelen *Schlagzeug spielen*
• BN dringen *drängen*
drummer *Schlagzeuger* m
drums *Drums* mv
drumstel *Schlagzeug* o
drumstick *Hühnerschlegel* m; *Hühnerschenkel* m
drup *Tropfen* m
druppel *Tropfen* m ▼ dat is een ~ op een
gloeiende plaat *das ist ein Tropfen auf den
heißen Stein* ▼ dat is de ~ die de emmer doet
overlopen *das bringt das Fass zum Überlaufen;
das schlägt dem Fass den Boden aus* ▼ als twee
~s water op elkaar lijken *sich gleichen wie ein
Ei dem anderen*
druppelen I OV WW in druppels laten vallen
tröpfeln; träufeln ★ iets in het oor ~ *etw. ins
Ohr träufeln* **II** ON WW druipen *tropfen*
druppelflesje *Pipettenflasche* v
druppelsgewijs • druppel voor druppel
tropfenweise • beetje voor beetje *nach und
nach* ★ ~ binnenkomen *nach und nach
hereinkommen*
druppen *tropfen*
dtp *DTP* o; *Desktop-Publishing* o
dtp'er *DTP-Spezialist* m; *DTP-Anwender* m
D-trein *D-Zug* m; *Schnellzug* m
duaal *dual*
dualistisch *dualistisch*
dubbel I BNW tweevoudig *doppelt; Doppel-;
doppel-* ★ het ~e van de prijs betalen *den
doppelten Preis zahlen* **II** BIJW *doppelt; zweimal*
★ ~ zien *doppelt sehen* ★ ~ zo erg *doppelt so
schlimm* ▼ ~ en dwars, BN ~ en dik *doppelt
und dreifach* **III** ZN [het] • SPORT *Doppel* o
★ gemengd ~ *gemischte(s) Doppel* ★ een ~
spelen *ein Doppel austragen* • → **dubbeltje**
dubbelalbum *Doppelalbum* o
dubbel-cd *Doppel-CD* v
dubbeldekker *Doppeldecker* m
dubbeldeks *zweistöckig*
dubbelen BN, O&W doubleren *wiederholen*;
INFORM. *sitzen bleiben*
dubbelganger *Doppelgänger* m
dubbelhartig *doppelzüngig*
dubbelklik *Doppelklick* m
dubbelklikken *doppelklicken*
dubbelleven *Doppelleben* o
dubbelop *zweifach*; HUMOR. *doppelt gemoppelt*
dubbelparkeren *in der zweiten Reihe parken*; *in
zweiter Reihe parken*
dubbelrol *Doppelrolle* v
dubbelspel *Doppel(spiel)* o
dubbelspion *Doppelagent* m
dubbelspoor ⟨bij rails⟩ *Doppelgleis* o; ⟨bij
geluidsinstallaties⟩ *Doppelspur* v
dubbelster *Doppelstern* m
dubbeltje *Zehncentstück* o ▼ zo plat als een ~
platt wie eine Flunder ▼ je weet nooit hoe een
~ rollen kan *man weiß nie, wie der Hase läuft*
▼ het is een ~ op zijn kant *es steht auf des
Messers Schneide* ▼ elk ~ omdraaien *jeden
Pfennig umdrehen*
dubbelvouwen *zusammenfalten;
zusammenklappen*

dubbelzijdig *zweiseitig; doppelseitig; beidseitig*
dubbelzinnig *doppeldeutig/-sinnig; zweideutig*
dubbelzout *Doppelsalz* o
dubben *schwanken*
dubieus *dubios; dubiös; zweifelhaft*
dubio ▼ in ~ staan *im Zweifel sein*
Dublin *Dublin* o
Dublins *Dubliner*
duchten *(be)fürchten* ★ geen gevaar te ~
hebben *keine Gefahr zu befürchten haben*
duchtig *tüchtig; gehörig*
duel *Duell* o; *Zweikampf* m
duelleren *sich duellieren* ★ ~ op de degen *ein
Duell auf Degen*
duet *Duett* o
duf • muf *muffig* • saai *fade*; ⟨bekrompen⟩
bieder
dug-out *Trainerbank* v; *Ersatzbank* v
duidelijk *deutlich; verständlich*; ⟨helder⟩ *klar*
duidelijkheid *Deutlichkeit* v; *Klarheit* v
duiden I OV WW verklaren *deuten; erklären*
II ON WW ~ **op** een aanwijzing zijn voor
deuten auf; weisen auf ★ op iets ~ *auf etw.
deuten* ★ dat duidt duidelijk op iets anders
das weist deutlich auf etwas anderes hin
duif *Taube* v ▼ onder iemands duiven schieten
*jmdm. ins Handwerk pfuschen; jmdm. ins
Gehege kommen*
duig *Daube* v ▼ in duigen vallen *in die Brüche
gehen*
duik • het duiken *Tauchen* o; ⟨sprong⟩
Kopfsprung m ★ een duik nemen *(ein)tauchen*
• duikvlucht *Sturzflug* m
duikboot *Unterseeboot* o; *U-Boot* o
duikbril *Taucherbrille* v
duikelaar *Stehauf* m; *Stehaufmännchen* o ▼ hij
is een slome ~ *er ist eine trübe Tasse*
duikelen *purzeln*
duiken • duik maken *tauchen* • duiksport
beoefenen *tauchen* • zich verdiepen (in) *sich
vergraben* ★ in een onderwerp ~ *sich in ein
Thema vergraben*
duiker • persoon *Taucher* m • watergang
Düker m
duikerklok *Taucherglocke* v
duikerpak *Tauchanzug* m
duikersziekte *Taucherkrankheit* v
duikplank *Sprungbrett* o ★ ~ van één/drie
meter *Ein-/Dreimeterbrett* o
duiksport *Tauchsport* m
duikuitrusting *Taucherausrüstung* v
duikvlucht *Sturzflug* v
duim *Daumen* m ▼ Klein Duimpje *Däumling* m
▼ iem. onder de duim houden *jmdn. unter
seiner Fuchtel halten* ▼ iets uit zijn duim
zuigen *sich etw. aus den Fingern saugen* ▼ BN
de duimen leggen voor iem. *den Kürzeren
ziehen*
duimbreed ▼ geen ~ wijken *keinen
Finger-/Zollbreit weichen*
duimen ★ voor iem. ~ *jmdm. die Daumen
halten/drücken*
duimendik ▼ het ligt er ~ bovenop *das ist
sonnenklar; das ist ganz offensichtlich*
duimendraaien *Daumen/Däumchen drehen*
duimgreep *Daumenregister* o

duimschroef *Daumenschraube* v
duimstok *Zollstock* m; *Metermaß* o
duimzuigen • *zuigen am Daumen lutschen*
  • fantaseren *aus dem Daumen saugen*
duin I zn [de] *Düne* v **II** zn [het] *Dünen* mv
duindoorn *Sanddorn* m
Duinkerke *Dünkirchen* o
duinlandschap *Dünenlandschaft* v
duinpan *Dünenkessel* m
duister I zn [het] *Dunkel* o ★ in het ~ zitten *im Dunkeln sitzen* ▼ een sprong in het ~ *ein Sprung ins Ungewisse* ▼ in het ~ tasten *im Dunkeln tappen* **II** bnw • donker *dunkel*; finster ★ ~ als de nacht *finster wie die Nacht* • onduidelijk *unklar* ★ het is me volkomen ~ *es ist mir schleierhaft* ★ de toekomst is ~ *die Zukunft ist ungewiss* • onguur *dunkel*; *obskur* ★ een ~ vermoeden *eine dunkle/dumpfe Ahnung* v ★ ~e praktijken *obskure Praktiken*
duisternis *Dunkelheit* v; *Finsternis* v
duit *Moneten* mv; INFORM. *Kies* m; INFORM. *Kohle* v ★ dat kost een aardige duit *das kostet ein kleines Vermögen* ▼ een duit in het zakje doen *seinen Senf dazugeben*
Duits I bnw m.b.t. Duitsland *deutsch* **II** zn [het] taal *Deutsch(e)* o
Duitse *Deutsche* v
Duitser *Deutscher* m
Duitsland *Deutschland* o
Duitstalig *in/auf Deutsch*; *deutschsprachig*
duivel *Teufel* m ▼ als een ~tje uit een doosje *wie ein Blitz aus heiterem Himmel* ▼ het is alsof de ~ ermee speelt *es ist doch wie verhext* ▼ des ~s zijn *fuchsteufelswild sein* ▼ loop naar de ~! *scher dich zum Teufel!* ▼ als je van de ~ spreekt, trap je hem op zijn staart *wenn man vom Teufel spricht, ist er nicht weit* ▼ te dom zijn om voor de ~ te dansen *dümmer sein als die Polizei erlaubt* ▼ BN iem. de ~ aandoen *jmdn. bis aufs Blut reizen* ▼ de ~ hale je! *hol dich der Teufel!*
duivel-doet-al BN manusje-van-alles *Faktotum* o; ⟨vrouw⟩ *Mädchen* o *für alles*
duivelin *Teufelin* v
duivels • van een/de duivel *teuflisch* • boosaardig *teuflisch* ★ een ~ plan *ein teuflischer Plan* • woedend *wütend*
duivelskunstenaar • tovenaar *Teufelskünstler* m; *schwarze(r) Magier* m • alleskunner *Tausendsassa* m
duivenmelker • houder *Taubenzüchter* m • handelaar *Taubenhändler* m
duiventil *Taubenschlag* m
duizelen *schwindeln* ★ mijn hoofd duizelt *mein Kopf schwindelt*; *der Kopf schwindelt mir*
duizelig *schwindlig*
duizeling *Schwindelgefühl* o
duizelingwekkend *schwindelerregend* ★ ~e hoogte *schwindelnde Höhe* v
duizend • *tausend* ▼ ~en mensen *tausend und aber tausend Menschen*; *Tausende/tausende Menschen* • → **vier**
Duizend-en-een-nacht *Tausendundeine Nacht*
duizendkunstenaar *Alleskönner* m
duizendmaal *tausendmal*
duizendpoot • dier *Tausendfüßler* m

• alleskunner *Tausendsassa* m
duizendschoon *Tausendschön* o
duizendste • *tausendst* ★ een ~ (deel) *ein Tausendstel* o • → **vierde**
duizendtal *Tausend* o
dulden • verdragen *ertragen*; *dulden* • toelaten *dulden*
dummy *Dummy* m; *Attrappe* v
dump • handel *Verkauf* m *aus Heeresbeständen* • opslagplaats *Heerlager* o
dumpen • verkopen *zu Schleuderpreisen verkaufen* • storten *abladen* • zich ontdoen van *sitzen lassen*
dumpprijs *Schleuderpreis* m
dun • niet dik *dünn* • niet dicht opeen *dünn* ★ dun gezaaid zijn *dünn gesät sein*
dunbevolkt *dünn besiedelt/bevölkert*
dundruk *Dünndruck* m
dungezaaid *dünn gesät*
dunk • mening *Meinung* v ★ een hoge dunk van zichzelf hebben *dünkelhaft sein* ★ een lage/geringe dunk hebben van *nicht viel halten von*; *sich nicht viel versprechen von* • SPORT *Dunking* o
dunken *meinen* ★ mij dunkt dat... *mich dünkt/mir scheint, dass...* ★ me dunkt! *das ist gar nicht ohne!*
dunnetjes *dünn*
dunschiller *Kartoffelschäler* m
duo *Duo* o
duobaan ≈ *Arbeitsstelle* v *für zwei Teilzeitbeschäftigte*
duopassagier *Sozius(fahrer)* m
dupe ▼ de dupe zijn *die Dumme/Gelackmeierte sein*
duperen *schädigen*; *täuschen*; FORM. *düpieren*
duplexwoning, duplex BN appartement met twee verdiepingen *Maisonettewohnung* v
duplicaat *Duplikat* o
dupliceren *duplizieren*; *verdoppeln*
duplo ▼ in ~ *in zweifacher/doppelter Ausfertigung*
duren *dauern* ★ de onderhandelingen ~ lang *die Verhandlungen dauern lange*
durf *Mut* m; *Courage* v; *Wagemut* m; *Kühnheit* v
durfal *(wage)mutige(r)/couragierte(r) Mensch* m
durven *wagen*; *sich trauen*; ⟨het lef hebben⟩ *sich erdreisten* ★ ik durf niet in het water te springen *ich traue mich nicht, ins Wasser zu springen* ★ je durft zeker niet *du traust dich wohl nicht*
dus I BIJW so; *auf diese Weise*; *solchermaßen* ★ dus sprak zij *so sprach sie* **II** vw *also*; *folglich* ★ ik kan het hem dus vertellen? *ich kann es ihm also erzählen?*
dusdanig I BIJW so; *derart*; *dermaßen* **II** AANW vnw *derartig*
duster *Morgenrock/-mantel* m
dusver ▼ tot ~ *bisher*; *bis jetzt*
dutje ★ een ~ doen *ein Schläfchen, Nickerchen machen*
dutten *dösen*; *ein Nickerchen machen*
duur I zn [de] tijdsruimte *Dauer* v ★ op den duur *auf die Dauer* ★ van korte duur *von kurzer Dauer* ★ voor de duur van twee jaar *für die Dauer von zwei Jahren* **II** bnw • niet

goedkoop *teuer*; *kostspielig* ● gewichtig *fein*; *vornehm* ★ duur doen *auf vornehm machen* ★ dure mensen *feine Leute* **III** BIJW ▼ het kwam haar duur te staan *es kam sie teuer zu stehen*

duurloop *Dauerlauf* m

duursport *Dauerleistungssport* m

duurte *Teuerung* v; *hohe(r) Preis* m; *Kostspieligkeit* v

duurzaam ● lang goed blijvend *dauerhaft* ● lang durend *(an)dauernd* ▼ ~ gescheiden *dauernd getrennt*

duvel ● → **duivel** ▼ op zijn ~ krijgen *eins auf den Deckel bekommen*

duw *Stoß* m; ⟨minder hard⟩ *Schubs* m

duwen *stoßen*; *drücken*; *drängen*; ⟨minder hard⟩ *schubsen* ★ iem. opzij ~ *jmdn. zur Seite drängen*

duwvaart *Schubschifffahrt* v

dvd *DVD* v

dvd-recorder *DVD-Rekorder* m

dvd-speler *DVD-Spieler* m

dwaalleer *Irrlehre* v; *Irrglaube* m

dwaallicht ● persoon *falsche(r) Prophet* m ● vlam *Irrlicht* o

dwaalspoor *Irrweg* m ▼ iem. op een ~ brengen *jmdn. irreführen/in die Irre führen* ▼ op een ~ zitten *auf dem Holzweg sein*

dwaas **I** ZN [de] *Tölpel* m; *Narr* m; *Tor* m **II** BNW *töricht*; *närrisch*

dwaasheid *Dummheit* v; *Torheit* v; ⟨onzin⟩ *Unsinn* m ● dwaasheden vertellen *Unsinn reden* ★ dwaasheden begaan *Dummheiten machen*

dwalen ● dolen *irren* ● zich vergissen *sich irren*

dwaling *Irrtum* m ▼ rechterlijke ~ *Justizirrtum*

dwang *Zwang* m

dwangarbeid *Zwangsarbeit* v

dwangarbeider *Zwangsarbeiter* m

dwangbevel *Zwangsvollstreckung* v

dwangbuis *Zwangsjacke* v

dwangmaatregel *Zwangsmaßnahme* v

dwangmatig *zwanghaft*

dwangneurose *Zwangsneurose* v

dwangsom *Zwangsgeld* o

dwangvoorstelling *Zwangsvorstellung* v

dwarrelen *wirbeln*

dwars **I** BNW ● haaks erop *quer*; ⟨scheef⟩ *schräg* ★ met ~e strepen *mit Querstreifen*; *quer gestreift* ● onwillig *störrisch*; *querköpfig* **II** BIJW scheef ★ ~ tegen iets ingaan *querschießen* ★ ~ door een gebied trekken *ein Gebiet durchqueren* ★ ~ door het bos *quer durch den Wald* ★ ~ door de velden *querfeldein*

dwarsbalk *Querbalken* m

dwarsbomen *entgegenarbeiten* ★ iem. ~ *jmdm. entgegenarbeiten* ★ iem. in iets ~ *jmdn. an einer Sache hindern* ★ iemands plannen ~ *jmd.(e)s Pläne durchkreuzen*

dwarsdoorsnede *Querschnitt* m

dwarsen BN kruisen *kreuzen*

dwarsfluit *Querflöte* v

dwarskijker *Spitzel* m

dwarskop *Querkopf* m

dwarslaesie *Querschnittlähmung* v ★ hij heeft een ~ *er ist querschnitt(s)gelähmt*

dwarsliggen *sich querlegen*

dwarsligger ● biels *Schwelle* v; *Bahnschwelle* v ● dwarsdrijver *Querkopf* m; *Querulant* m

dwarsligging *Querlage* v

dwarsstraat *Querstraße* v ▼ ik noem maar een ~ *nur als beliebiges Beispiel*; *nur als willkürliches Beispiel*

dwarsverband *Querverbindung* v

dwarszitten *behindern*; *stören* ★ het zit me dwars *es wurmt mich* ★ iem. ~ *einem Hindernisse in den Weg legen*

dweepziek *schwärmerisch*; ⟨fanatiek⟩ *fanatisch*

dweil ● lap *Putzlappen* m; *Scheuerlappen* m ● slons ⟨vrouw⟩ *Schlampe* v; ⟨man⟩ *Liederjan* m

dweilen *(auf)wischen* ▼ dat is ~ met de kraan open *das ist vergebliche Liebesmüh*

dwepen met *schwärmen für*

dweper *Fanatiker* m

dwerg ● klein mens *Zwerg* m ● sprookjesfiguur *Zwerg* m

dwergachtig *zwergenhaft*; *zwergartig*

dwingeland *Tyrann* m

dwingelandij *Tyrannei* v

dwingen *zwingen* **(tot** *zu [+3]*); *nötigen* **(tot** *zu)* ★ gedwongen huwelijk *Mussehe* v ★ hij was ertoe gedwongen *er war dazu genötigt* ★ zij dwong hem te blijven *sie zwang ihn zu bleiben* ★ de omstandigheden hebben haar gedwongen *die Umstände nötigten sie* ★ gedwongen lening *Zwangsanleihe* v ★ gedwongen verkoop *Zwangsversteigerung* v ★ met ~de stem verlangen *mit gebieterischer Stimme fordern* ● gedwongen lachen *zwanghaft/gekünstelt lachen* ★ gedwongen vriendelijk *gekünstelt freundlich*

dynamica *Dynamik* v

dynamiek *Dynamik* v

dynamiet *Dynamit* o

dynamisch *dynamisch*

dynamo *Dynamo* m; *Dynamomaschine* v

dynastie *Dynastie* v

dysenterie *Ruhr* v

dyslectisch *dyslektisch*

dyslexie *Legasthenie* v

dystrofie MED. *Dystrophie* v

E

e • letter *E* o ★ de e van Eduard *E wie Emil*
  • muzieknoot *e* o
e.a. • en andere *u.a.* • en anderen *u.a.*
eau de cologne *Kölnischwasser* o; *kölnisch(es)*
  Wasser o; *Eau de Cologne* o
eb *Ebbe* v
ebben *ebenholzfarben*
ebbenhout *Ebenholz* o
ebbenhouten *ebenhölzern*
ebola *Ebola* v
e-business *E-Business* o
ECB *EZB* v; *Europäische Zentralbank*
ecg *EKG* o
echec *Misserfolg* m; *Fehlschlag* m; *Schlappe* v
  ★ een ~ lijden *eine Schlappe erleiden*
echelon *Staffelung* v; *Rang* m; *Rangstufe* v ★ het
  hoogste ~ *die höheren Ränge*
echo *Widerhall* m; *Echo* o
echoën *echoen*; *widerhallen*
echografie *Echografie* v
echolood *Echolot* o
echoput *Echobrunnen* m
echoscopie *Ultraschall* m
echt I BNW • onvervalst *echt*; *richtig* ★ echte
  parels *echte Perlen* ★ echt van kleur *farbecht*
  ★ een echte Hollander *ein richtiger/typischer*
  Holländer • wettig *gesetzmäßig*; *legitim*
  ★ echte en onechte kinderen *eheliche und*
  uneheliche Kinder **II** BIJW *wirklich*; *echt* ★ iets
  echt doms *etw. wirklich Dummes* ★ ik ben
  echt geschrokken *ich bin richtig/echt*
  erschrocken **III** ZN [de] *Ehebund* m; *Ehe* v
echtbreuk *Ehebruch* m ★ ~ plegen *Ehebruch*
  begehen
echtelijk *Ehe...*; *ehelich*
echter *aber*; *allerdings*; *jedoch*
echtgenoot *Ehemann* m; *Gatte* m
echtgenote *Ehefrau* v; *Gattin* v
echtheid *Echtheit* v
echtpaar *Ehepaar* o
echtscheiden *sich scheiden lassen*
echtscheiding *Ehescheidung* v
eclatant *eklatant*
eclectisch *eklektisch*
eclips *Eklipse* v
ecologie *Ökologie* v
ecologisch *ökologisch* ★ ~ evenwicht
  ökologisches Gleichgewicht
e-commerce *E-Commerce* m
econometrie *Ökonometrie* v
economie • economisch stelsel *Wirtschaft* v
  ★ geleide ~ *Planwirtschaft* v • schoolvak
  Wirtschaftslehre v; *Wirtschaftswissenschaft* v
economisch • met betrekking tot economie
  wirtschaftlich; *ökonomisch* ★ ~e politiek
  Wirtschaftspolitik v ★ ~e situatie
  Wirtschaftslage v • zuinig *sparsam*
economyclass *Economyclass* v
econoom *Wirtschaftswissenschaftler* m
ecosysteem *Ökosystem* o
ecotaks *Ökosteuer* v
ecotoerisme *Ökotourismus* m

ecru *ekrü*; *naturfarben*
ecstasy *Ecstasy* o
Ecuador *Ecuador* o
eczeem *Ekzem* o
e.d. *u.ä.*; *und ähnliche*
Edam *Edam* m
Edammer *Edamer Käse* m
ede • → **eed**
edel • adellijk *adlig* • zeer goed *edel*
edelachtbaar *hochwohlgeboren*
  ★ edelachtbare! *Herr*
edele *Adlige(r)* m
edelgas *Edelgas* o
edelhert *Rothirsch* m
edelman *Edelmann* m
edelmetaal *Edelmetall* o
edelmoedig *edelmütig*
edelmoedigheid *Edelmut* m
edelsmid *Goldschmied* m
edelsteen *Edelstein* m
edelweiss *Edelweiß* o
edict *Edikt* o
editen • COMP. *bearbeiten*; *editieren* • redigeren
  redigieren
editie *Ausgabe* v
editor *Redakteur* m; COMP. *Editor* m
educatie *Erziehung* v; *Bildung* v
educatief *erzieherisch*
eed *Eid* m ★ eed van trouw *Treueid* ★ iets
  onder ede bevestigen *etw. unter Eid bezeugen*
  ★ een eed afleggen *einen Eid ablegen/*
  schwören ★ een eed doen *einen Eid leisten*
  ★ een dure/heilige eed zweren *einen heiligen*
  Schwur leisten; *schwören bei allem, was einem*
  heilig ist ▼ ik durf er een eed op te doen *ich*
  nehme es auf meinen Eid
EEG *EWG* v; *Europäische*
  Wirtschaftsgemeinschaft v
eeg *EEG* o
eega *Gatte* m; *Gemahl* m
eekhoorn *Eichhörnchen* o
eekhoorntjesbrood *Steinpilz* m
eelt *Schwielen* mv ▼ eelt op je ziel hebben
  unbeugsam sein; *abgehärtet sein*
een¹ (zeg: één) **I** TELW: één) ein ★ het is een uur *es ist*
  eins ★ niet een *kein Einziger* ★ er nog eentje
  nemen *noch einen heben* ★ een voor een *eins*
  nach dem anderen ★ een op de vier *jeder*
  Vierte ▼ een of ander(e)... *irgendei...*;
  irgendwelch... ▼ een en al... *reiner...* ▼ zo een,
  twee, drie *im Handumdrehen* ★ → **vier, ene**
  II ZN [de] • getal *Eins* v • O&W schoolcijfer ≈
  Sechs v • entiteit ★ de een of ander
  irgendeiner; *der eine oder der andere* ★ de een
  na de ander *einer nach dem anderen* ★ een
  voor een *einer nach dem andern* **III** ZN [het]
  ▼ het een en ander *dieses und jenes*
een² (zeg: un) **I** ONB VNW *ein* **II** LW *ein* ★ een
  man of twintig *etwa zwanzig Leute* mv
eenakter *Einakter* m
eencellig *einzellig*
eend *Ente* v ★ wilde eend *Stockente* v
eendagsvlieg *Eintagsfliege* v
eendelig *einteilig*; (boek) *einbändig*
eendenkooi *Entenfang* m; *Entenkoje* v
eendenkroos *Entengrün* o

eender gleich ★ het is mij ~ es ist mir gleichgültig/egal

eendracht Einigkeit v; Eintracht v

eendrachtig einträchtig

eenduidig eindeutig

eeneiig eineiig

eenennegentig ● einundneunzig ● → vier

eenennegentigste ● einundneunzigste ● → vierde

eenentachtig ● einundachtzig ● → vier

eenentachtigste ● einundachtzigste ● → vierde

eenentwintig ● einundzwanzig ● → vier

eenentwintigen Siebzehnundvier spielen

eenentwintigste ● einundzwanzigste(r) ● → vierde

eenenzeventig ● einundsiebzig ● → vier

eenenzeventigste ● einundsiebzigste ● → vierde

eengezinswoning Einfamilienhaus o

eenhedenstelsel Einheitensystem o

eenheid Einheit v

eenheidsprijs Einheitspreis m

eenheidsworst ≈ Einerlei o

eenhoorn Einhorn o

eenieder (ein) jeder; ein jeglicher; jedermann

eenjarig ● een jaar oud einjährig ● een jaar durend einjährig

eenkennig scheu; ängstlich

eenling ● eenzelvig persoon Einzelgänger m ● enkeling Einzelne(r) m

eenmaal einmal ★ ~, andermaal, voor de derde maal zum Ersten, zum Zweiten, zum Dritten

eenmalig einmalig

eenmanszaak Einzelunternehmung v

eenoog ● → land

eenoudergezin Einelternfamilie v

eenpansmaaltijd Eintopf m

eenparig ● gelijkmatig gleichförmig ● BN eenstemmig einstimmig

eenpersoons- Einpersonen- ★ eenpersoonsbed Einzelbett o ● eenpersoonskamer Einzelzimmer o

eenrichtingsverkeer Einbahnverkehr m ★ straat met ~ Einbahnstraße v

eens I BNW akkoord einig; einverstanden ★ het eens worden einig werden ★ het eens zijn einig sein ★ het eens zijn met iem. mit jmdm. einverstanden sein II BIJW ● als versterking einmal ★ hij kan niet eens lezen sie kann nicht einmal lesen ★ luister eens hör mal ● een keer ein Mal ★ voor eens en voor altijd ein für alle Mal ● ooit einst ★ er was eens... es war einmal

eensgezind einig; einträchtig; einmütig; einhellig

eensgezindheid Einigkeit v

eensklaps plötzlich; auf einmal

eenslachtig eingeschlechtig

eensluidend gleichlautend; übereinstimmend

eenstemmig einstimmig

eentalig einsprachig

eentje eine(r/s) v in zijn ~ ganz allein ▼ hij is me er ~ er ist mir auch einer

eentonig eintönig

eentonigheid Eintönigkeit v

een-tweetje ● SPORT Doppelpass m ● onderonsje Gespräch o unter vier Augen

eenverdiener Alleinverdiener m

eenvormig einförmig

eenvoud Einfachheit v

eenvoudig I BNW ● ongecompliceerd schlicht; einfach ● bescheiden anspruchslos; bescheiden II BIJW einfach; geradezu

eenvoudigweg einfach; geradezu

eenwieler Einrad o

eenwording Einigung v ★ politieke ~ politische(r) Zusammenschluss

eenzaam ● alleen einsam ● afgezonderd öde

eenzaamheid Einsamkeit v

eenzaat BN eenzelvig persoon Einzelgänger m

eenzelfde gleich; ähnlich

eenzelvig zurückgezogen

eenzijdig einseitig

eer I ZN [de] Ehre v ★ iem. in zijn eer aantasten jmds. Ehre antasten ★ iets in ere houden etw. in Ehren halten ★ iem. in zijn eer herstellen jmdn. wieder zu Ehren bringen ★ ter ere van... ... zu Ehren [+2] ▼ iem. de laatste eer bewijzen jmdm. die letzte Ehre erweisen ▼ ere wie ere toekomt Ehre wem Ehre gebührt ▼ dat is mijn eer te na das verbietet mir meine Ehre II VW ehe; bevor

eerbaar ehrbar; ehrenhaft

eerbetoon Huldigung v; Ehrerbietung v

eerbewijs Ehrung v; Ehrerweisung v

eerbied ● achting Ehrfurcht v; Achtung v ★ ~ voor de wet Achtung vor dem Gesetz ● eerbewijs Ehrerbietung v

eerbiedig ehrfurchtsvoll; ehrerbietig ★ op ~e afstand in respektvoller Entfernung

eerbiedigen respektieren; achten

eerbiedwaardig ehrwürdig

eerdaags demnächst; bald

eerder I BNW eher; früher II BIJW ● vroeger eher; früher ● liever lieber; eher ● waarschijnlijker eher; vielmehr

eergevoel Ehrgefühl o ★ op iemands ~ werken jmdn. bei seiner Ehre packen

eergisteren vorgestern

eerherstel ● rehabilitatie Rehabilitierung v; Ehrenrettung v ● boete Sühne v

eerlijk I BNW oprecht ehrlich; offen; ⟨fatsoenlijk⟩ anständig ▼ ~ duurt het langst ehrlich währt am längsten II BIJW ehrlich ★ ~ waar wirklich wahr ★ ~ zijn mening zeggen offen seine Meinung sagen

eerlijkheid Ehrlichkeit v

eerlijkheidshalve ehrlichkeitshalber

eerloos ehrlos

eerroof BN, JUR. smaad Schmach m; Schmähung v

eerst I BIJW ● eerder dan wie of wat ook erst; zuerst ★ ~ ben jij aan de beurt, dan zij erst kommst du an die Reihe, dann sie ● in het begin erst; zuerst; anfangs; zunächst ★ ~ ging alles goed erst/zuerst/anfangs ging alles gut ★ ~ leek het niet zo erg zunächst sah es nicht so schlimm aus II ZN [het] ▼ het ~ zuerst ▼ wie het ~ komt, het ~ maalt wer zuerst kommt, mahlt zuerst

eerstdaags demnächst

eerste *erste(r/s)* ★ de ~ van de maand *der Monatserste* m ★ ten ~ *erstens* ★ voor de ~ keer *zum ersten Mal* ▼ de ~ de beste *der/die/das Erstbeste* ● → **vierde**
eerstegraads *des ersten Grades* ★ ~ verbranding *Verbrennung ersten Grades* v ★ ~ lesbevoegdheid ≈ *Lehrbefähigung für die Oberstufe* v
eerstehulppost *Sanitätswache* v
eerstejaars I ZN [de] O&W *Erstsemester* o II BNW O&W *im ersten Semester*
eersteklas *erstklassig* ★ ~ hotel *erstklassiges Hotel*
eerstelijns *primär*
eersterangs *erstklassig*
eerstkomend *nächst* ★ de ~e dagen *die nächsten Tage*
eerstvolgend *nächst*
eervol *ehrenvoll*
eerwaard *ehrwürdig*; (v. katholiek priester) *hochwürdig* ★ de ~e vader *der ehrwürdige Vater* ★ ~e moeder *ehrwürdige Mutter*
eerwraak *Ehrenmord* m
eerzaam *ehrbar* ★ eerzame lieden *biedere Leute*
eerzucht *Ehrgeiz* m
eerzuchtig *ehrgeizig*
eetappel BN *Tafelapfel* m
eetbaar *essbar*; *genießbar*
eetcafé *Gaststätte* v; *Lokal* o
eetgelegenheid *Gaststätte* v; *Lokal* o
eetgerei *Essbesteck* o
eethoek ● plaats *Essecke* v; *Essplatz* m ● meubels *Esszimmer* o
eethuis *Gaststätte* v; *Lokal* o
eetkamer *Esszimmer* o; *Speisezimmer* o
eetlepel *Esslöffel* m
eetlust *Esslust* v; *Appetit* m ★ de ~ opwekken *den Appetit anregen*
eetstokje *Stäbchen* o
eetstoornis *Essstörung* v
eettent *Lokal* o; *Gaststätte* v
eetwaar *Esswaren* mv
eetzaal *Speisesaal* m
eeuw ● periode van 100 jaar *Jahrhundert* o ● tijdperk *Zeitalter* o ★ de Gouden Eeuw *das Goldene Zeitalter* ● lange tijd ★ ik wacht al eeuwen op je *ich warte schon eine halbe Ewigkeit auf dich*
eeuwenlang *jahrhundertelang*
eeuwenoud *jahrhundertealt*; *uralt*
eeuwfeest *Hundertjahrfeier* v
eeuwig *ewig* ★ voor ~ *auf ewig* ★ ~ en altijd *immer und ewig*
eeuwigdurend *ewig während*
eeuwigheid *Ewigkeit* v ★ de ~ ingaan *in die Ewigkeit eingehen* ▼ ik heb je in geen ~ gezien *ich habe dich eine Ewigkeit nicht gesehen*
eeuwigheidswaarde *Ewigkeitswert* m
eeuwwisseling *Jahrhundertwende* v
effect ● uitwerking *Effekt* m ★ ~ hebben *Effekt/Wirkung haben* ● ECON. *Wertpapier* o; *Effekten* mv ● SPORT *Effet* o
effectbal *angeschnittene(r) Ball* m
effectenbeurs *Effektenbörse* v
effectenmakelaar *Effektenmakler* m

effectenmarkt *Effektenmarkt* m; *Wertpapiermarkt* m
effectief ● doeltreffend *effektiv*; *wirksam* ★ ~ middel *wirksames Mittel* ● daadwerkelijk *effektiv*; *tatsächlich*
effen ● vlak *eben*; *flach* ★ ~ vlak *ebene Fläche* ● eenkleurig *einfarbig* ★ ~ blauw *einfarbig blau* ● zonder uitdrukking *unbewegt* ★ met een ~ gezicht *mit unbeweglicher Miene*
effenen *ebnen* ▼ de weg ~ voor iem. *den Weg für jmdn. ebnen*
efficiënt *effizient*
efficiëntie *Effizienz* v
EG (Europäische Gemeinschaft) *EG* v
eg *Egge* v
egaal ● vlak *egal*; *gleich* ● eenkleurig *egal*
egaliseren *ebnen*; *egalisieren*
egard *Rücksicht(nahme)* v ★ iem. met ~s behandelen *jmdn. rücksichtsvoll behandeln*
Egeïsche Zee *Ägäis* v
egel *Igel* m
eggen *eggen*
ego *Ego* o; *Ich* o
egocentrisch *egozentrisch*
egoïsme *Selbstsucht* v; *Egoismus* m
egoïst *Egoist* m
egoïstisch *selbstsüchtig*; *egoistisch*
egotrip *Egotrip* m
egotrippen *auf dem Egotrip sein*
egotripper *Egotripper* m
Egypte *Ägypten* o
Egyptenaar *Ägypter* m
Egyptisch *ägyptisch*
Egyptische *Ägypterin* v
EHBO *Erste Hilfe* v
EHBO-doos *Verbandkasten* m
EHBO'er *Sanitäter* m
ei I ZN [het] ● BIOL. *Ei* o ★ gebakken ei *Spiegelei* o ● doetje *Pflaume* v ● → **eitje** ▼ het ei van Columbus *das Ei des Kolumbus* ▼ eieren voor zijn geld kiezen *auf Nummer sicher gehen* ▼ beter een half ei dan een lege dop *besser einen Spatz in der Hand als eine Taube auf dem Dach* ▼ BN een eitje te pellen hebben met *mit jmdm. ein Hühnchen zu rupfen haben* II BIJW ▼ BN ei zo na *fast*; *beinahe*
eicel *Eizelle* v
eidereend *Eiderente* v
eierdooier *Eidotter* m; *Eigelb* o
eierdoos *Eierkarton* m
eierdop ● schaal *Eierschale* v ● napje *Eierbecher* m
eierkoek ≈ *Amerikaner* m
eierschaal *Eierschale* v
eierstok *Eierstock* m
eierwekker *Eieruhr* v
Eiffeltoren *Eiffelturm* m
eigeel *Eigelb* o
eigen ● van iem. of iets *eigen* ★ ~ weg *Privatweg* m ★ voor ~ gebruik *für den Eigenbedarf* ★ uit ~ beweging *aus eigenem Antrieb* ● vertrouwd *vertraut* ★ zich iets ~ maken *sich etw. aneignen*
eigenaar *Besitzer* m; *Inhaber* m; *Eigentümer* m
eigenaardig ● kenmerkend *eigentümlich*; *eigenartig* ● zonderling *sonderbar*;

ei

befremdlich

eigenaardigheid ● vreemde eigenschap *Eigentümlichkeit* v ● eigenheid *Eigenart* v; *Sonderbarkeit* v

eigenbaat *Selbstsucht* v; *Ichsucht* v

eigenbelang *Eigeninteresse* o; *Eigennutz* m
★ handelen uit ~ *eigennützig handeln*

eigendom *Eigentum* o; *Besitz* m

eigendunk *Eigendünkel* m

eigengebakken *selbst gebacken*

eigengemaakt *selbst gemacht*

eigengereid *eigensinnig*; *eigenbrötlerisch*

eigenhandig *eigenhändig* ★ ~ geschreven brief *handgeschriebener Brief*

eigenheimer ● persoon *Eigenbrötler* m
● aardappel OMSCHR. *Kartoffelsorte* v

eigenliefde *Eigenliebe* v

eigenlijk *eigentlich*

eigenmachtig *eigenmächtig*

eigennaam *Eigenname* m

eigenschap *Eigenschaft* v

eigentijds *kontemporär*; *zeitgenössisch*

eigenwaan *Hochmut* m; *übersteigertes Selbstbewusstsein* o

eigenwaarde *Eigenwert* m ★ gevoel van ~ *Selbstwertgefühl* o

eigenwijs *naseweis*

eigenwoningforfait ≈ *Mietwert* m *des eigenen Hauses, den der Eigentümer versteuern muss*

eigenzinnig *eigensinnig*; *eigenwillig*

eik *Eiche* v

eikel *Eichel* v

eiken *eichen*

eikenhout *Eichenholz* o

eiland *Insel* v

eilandengroep *Inselgruppe* v

eilander *Insulaner* m; *Inselbewohner* m

eileider *Eileiter* m

eind ● ⟨in tijd⟩ laatste deel *Schluss* m; *Ende* m ★ tegen het eind van de maand *gegen Ende des Monats* ★ ten einde brengen *zu Ende bringen* ★ ten einde lopen *zu Ende gehen* ★ tot een goed einde brengen *zu einem guten Ende führen* ★ een eind maken aan iets *einer Sache ein Ende machen* ★ een eind aan zijn leven maken *sich das Leben nehmen* ★ er komt geen einde aan *es nimmt kein Ende* ● ⟨in plaats⟩ korte afstand ★ eindje *Katzensprung* m ★ een heel eind *eine ganze Strecke* ★ een eindje met iem. oplopen *jmdn. ein Stück begleiten* ● stuk van beperkte lengte *Strecke* v; *Stück* o; *Stückchen* o ▼ het bij het rechte eind hebben *recht haben* ▼ het bij het verkeerde eind hebben *unrecht haben* ▼ aan het kortste eind trekken *den Kürzeren ziehen* ▼ aan het langste eind trekken *am längeren Hebel sitzen* ▼ tot het bittere eind *bis zum bitteren Ende* ▼ eind goed, al goed *Ende gut, alles gut* ▼ daar is het eind van zoek *da ist kein Ende abzusehen* ▼ ten einde raad zijn *völlig ratlos sein*; *sich keinen Rat mehr wissen* ▼ de eindjes nauwelijks aan elkaar kunnen knopen *mit seinem Geld kaum auskommen*

eindbedrag *Endbetrag* m; *Endsumme* v

eindbestemming ● LETT. *Ziel* o; *Endstation* v

● FIG. *Ziel* o

eindcijfer *Gesamtnote* v

einddiploma *Abschlusszeugnis* o; ⟨v. vwo⟩ *Reifezeugnis* o; ⟨v. vwo⟩ *Abiturzeugnis* o

einddoel *Endziel* o

einde ● → **eind**

eindejaarsuitkering, BN **eindejaarspremie** *Weihnachtsgeld* o

eindelijk *endlich*; *schließlich*

eindeloos *endlos*

einder *Horizont* m

eindexamen *Abschlussprüfung* v; ⟨v. vwo⟩ *Reifeprüfung* v; ⟨v. vwo⟩ *Abitur* o ★ ~ doen *Abitur machen*

eindexamenklas ⟨vwo⟩ *Abiturklasse* v; *Abschlussklasse* v; *letzte Klasse* v

eindfase *Schlussphase* v

eindig ● beperkt *endlich*; *vergänglich* ● WISK. *endlich*

eindigen I OV WW een eind maken aan *beend(ig)en* II ON WW ophouden *enden*; *aufhören*; FORM. *(ab)schließen*; ⟨v. contract⟩ *erlöschen* ★ de brief eindigt met de woorden *der Brief schließt mit den Worten*

eindje ● → **eind**

eindklassement *Gesamtwertung* v

eindproduct *Enderzeugnis* o; *Endprodukt* o

eindpunt *Endpunkt* m; *Schlusspunkt* m ★ ~ van de tram *Endhaltestelle* v

eindrapport ● eindbericht *Abschlussbericht* m ● O&W schoolrapport *Abschlusszeugnis* o; *Versetzungszeugnis* o

eindredactie *Schlussredaktion* v

eindrijm *Endreim* m

eindsprint *Endspurt* m

eindstadium *Endstadium* o; *Endphase* v

eindstand *Endstand* m; *Endergebnis* o; ⟨bij schaken⟩ *Schlussstellung* v

eindstation *Endstation* v

eindstreep *Ziel* o; *Ziellinie* v ▼ de ~ halen *das Ziel erreichen*

eindstrijd *Endkampf* m; *Endspiel* o

eindwerk BN afstudeerscriptie *Diplomarbeit* v

eis ● het dwingend verlangde *Forderung* v; *Anforderung* v ★ hoge eisen stellen aan *hohe Ansprüche/große Anforderungen stellen an* [+4] ● vordering ⟨bij civiel proces⟩ *Klage* v; ⟨bij strafproces⟩ *Strafantrag* m ★ eis tot schadevergoeding *Schadenersatzforderung*; *Klage auf Schadenersatz*

eisen ● dwingend verlangen *fordern*; *verlangen* ● vergen *erfordern* ● JUR. *beantragen* ★ een straf ~ *eine Strafe beantragen* ★ ~de partij *Kläger* m

eisenpakket *Gesamtforderungen* v mv; *Forderungskatalog* m

eiser JUR. *Kläger* m

eisprong *Eisprung* m

eitje ● → **ei**

eivol *gedrängt voll*

eiwit ● wit van ei *Eiweiß* o ● proteïne ★ ~ten *Eiweißstoffe*

eiwitrijk *eiweißreich*

ejaculatie *Ejakulation* v; *Samenerguss* m

ejaculeren *ejakulieren*

EK *EM* v; *Europameisterschaft* v

EKO-keurmerk *Ökosiegel* o
ekster *Elster* v
eksteroog *Hühnerauge* o
el *Elle* v
elan *Elan* m; *Schwung* m
eland *Elch* m
elasticiteit *Elastizität* v
elastiek *Gummiband* o; *Gummizug* m
elastisch *elastisch*
elders *anderswo*; *sonstwo*
eldorado *Eldorado* o
electoraal *Wahl...*; *Wähler...*
electoraat *Wähler* mv
elegant *elegant*
elegantie *Eleganz* v
elektra ● stroom *elektrische(r) Strom* m
  ● apparaten *Elektroartikel* mv
elektricien *Elektrotechniker* m; *Elektriker* m
elektriciteit *Elektrizität* v
elektriciteitsbedrijf *Elektrizitätswerk* o
elektriciteitscentrale *Elektrizitätswerk* o;
  Kraftwerk o
elektriciteitsmast *Elektrizitätsmast* m; *E-Mast* m
elektriciteitsnet *Elektrizitätsnetz* o
elektrisch *elektrisch*
elektrocardiogram *Elektrokardiogramm* o
elektrocuteren *durch den elektrischen Stuhl*
  hinrichten
elektrocutie *Elektrokution* v
elektrode *Elektrode* v
elektro-encefalogram *Elektroenzephalogramm*
  o; *EEG* o
elektrolyse *Elektrolyse* v
elektromagneet *Elektromagnet* m
elektromagnetisch *elektromagnetisch*
elektromonteur *Elektromonteur* m
elektromotor *Elektromotor* m
elektron *Elektron* o
elektronica *Elektronik* v
elektronisch *Elektronen-*; *elektronisch*
elektroshock *Elektroschock* m
elektrotechniek *Elektrotechnik* v
element ● SCHEIK. hoofdstof *Element* o
  ● bestanddeel *Element* o ▼ in zijn ~ zijn *in*
  seinem Element sein
elementair *elementar* ★ ~ onderwijs
  Elementarunterricht m
elf I TELW ● *elf* ● → **vier** II ZN [de]
  sprookjesfiguur *Elfe* v; *Elf* m
elfde ● *elfte* ● → **vierde**
elfendertigst ▼ op zijn ~ *im Schneckentempo*;
  langsam und umständlich
elftal *Elf* v; *Fußballelf* v ★ nationaal ~
  Nationalmannschaft v
eliminatie *Ausschaltung* v; *Beseitigung* v;
  Eliminierung v
elimineren *eliminieren*
elitair *elitär*
elite *Elite* v
elixer *Elixier* o
elk *jede(r)* [v: *jede*] [o: *jede(s)*]
elkaar *sich*; *uns*; FORM. *einander*; INFORM. *euch*
  ★ we schrijven ~ *wir schreiben einander/uns*
  ★ door ~ *durcheinander* ★ onder ~ *unter sich*
  ★ uit ~ gaan *auseinandergehen* ★ ze houden
  van ~ *sie lieben sich* ▼ het is voor ~ *es ist*
  geschafft

elleboog *Ellbogen* m ▼ het achter de ellebogen
  hebben *es faustdick hinter den Ohren haben*
ellende *Elend* o; *Jammer* m ★ een diepe bron
  van ~ *eine tiefe Quelle des Elends*
ellendeling *Lump* m; *elende(r) Kerl* m
ellendig *elend*; *jämmerlich* ★ dat ~e geld *das*
  leidige Geld
ellenlang *ellenlang*
ellepijp *Elle* v
ellips *Ellipse* v
elliptisch *elliptisch*
elpee *Langspielplatte* v
els *Erle* v
El Salvador *El Salvador* o
Elzas *Elsass* o
email *Email* o; *Emaille* v; *Schmelz* m
e-mail *E-Mail* v
e-mailadres *Mailbox* v
e-mailbericht *E-mailbericht* m
e-mailen *mailen*
emailleren *emaillieren*
emancipatie *Emanzipation* v
emancipatorisch *emanzipatorisch*
emanciperen *emanzipieren*
emballage *Verpackung* v
embargo *Embargo* o
embleem *Emblem* o
embolie *Embolie* v
embouchure *Mundstück* o
embryo *Embryo* m
embryonaal *embryonal*; FIG. *embryonisch*; FIG.
  (noch) unentwickelt ★ in embryonale
  toestand *im Werden*; *im Anfangsstadium*
emeritaat *Emeritierung* v
emeritus *emeritiert* ★ ~ hoogleraar *emeritierter*
  Hochschulprofessor m
emfyseem *Emphysem* o
emigrant *Emigrant* m; *Auswanderer* m
emigratie *Emigration* v; *Auswanderung* v
emigreren *emigrieren*; *auswandern*
eminent *eminent*; *hervorragend*
eminentie ● titel *Eminenz* v
  ● voortreffelijkheid *Vorzüglichkeit* v
emir *Emir* m
emiraat *Emirat* o ★ Verenigde Arabische
  Emiraten *Vereinigte(n) Arabische(n) Emirate*
  mv
emissie *Emission* v
emissiekoers *Emissionskurs* m
emitteren *ausgeben*; ‹econ.› *emittieren*
emmentaler *Emmentaler* m; *Schweizer Käse* m
emmer *Eimer* m
emmeren *quengeln*; *nörgeln*
emoe *Emu* m
emolumenten *Nebeneinnahmen* mv
emoticon *Emoticon* o
emotie ★ ~s oproepen/losmaken *Emotionen*
  wachrufen/auslösen ● bewogenheid *Emotion*
  v ● ontroering *Rührung* v
emotionaliteit *Emotionalität* v
emotioneel *emotional*; *emotionell*
empathie *Einfühlung(s)vermögen* o; *Empathie* v
empathisch *empathisch*
empirisch *empirisch*
emplacement *Gelände* o

em

em

emplooi ● *Beschäftigung* v ★ zonder ~ *ohne Beschäftigung; beschäftigungslos* ★ ~ vinden *eine Anstellung finden* ● gebruik *Gebrauch* m
employé *Angestellte(r)* m
EMU *EWU* v; *Europäische Währungsunion*
emulgator *Emulgator* m
en *und* ★ hij spreekt én Engels én Duits *er spricht sowohl Englisch als (auch)/wie Deutsch* ★ groter en groter *immer größer*
en bloc *en bloc*
encefalogram *Enzephalogramm* o
enclave *Enklave* v
encycliek *Enzyklika* v
encyclopedie *Enzyklopädie* v
encyclopedisch *enzyklopädisch*
end ● → **eind**
endeldarm *Mastdarm* m
endemisch *endemisch*
endocrinologie *Endokrinologie* v
endorfine *Endorphine* mv
ene *ein* [v: *eine*]; *ein gewisser* [v: *eine gewisse*] ★ ene meneer Jansen *ein gewisser Jansen*
enenmale ▾ ten ~ *völlig; ganz und gar*
energetica *Energetik* v
energetisch *Energie-; energetisch*
energie *Energie* v
energiebedrijf *Elektrizitätsgesellschaft* v
energiebesparend *energiesparend*
energiebesparing *Energieeinsparung* v
energiebron *Energiequelle* v
energiek *energisch; tatkräftig*
energieverbruik *Energieverbrauch* m
enerverend *nervenzerrüttend; nervenzerreibend*
enerzijds *einerseits*
enfin *kurz; kurzum; kurz und gut*
eng ● nauw *eng* ● griezelig *unheimlich*
engagement *Engagement* o
engageren I OV WW *engagieren* **II** WKD WW [zich ~] BN zich verplichten ★ zich ~ om *sich verpflichten (um)*
engel *Engel* m ★ ~ van een kind *Goldkind* o
engelachtig FORM. *engelsgleich; engelhaft*
Engeland *England* o
engelbewaarder *Schutzengel* m
engelengeduld *Engelsgeduld* v
engelenhaar *Engelshaar* o
Engels I BNW m.b.t. Engeland *englisch* **II** ZN [het] taal *Englisch(e)* o
Engelse *Engländerin* v
Engelsman *Engländer* m
Engelstalig *englischsprachig; in/auf Englisch*
engerd *Ekel* o; *Scheusal* o
engineering *Engineering* o; *Maschinen- und Gerätebau* m
en gros *en gros; im großen; in großen Mengen*
engte *Enge* v; (v. berg) *Engpass* m
engtevrees *Klaustrophobie* v
enig I BNW ● enkel *einzig; einzigartig* ★ ons enig kind *unser einziges Kind* o ★ enig erfgenaam *Universalerbe* m; *alleiniger Erbe* m ● leuk *schön; herrlich* ★ die jurk staat je enig *das Kleid steht dir ausgezeichnet* **II** ONB VNW *einig* ★ over enige tijd *über kurz oder lang* ★ zonder enig gevaar *ohne die geringste Gefahr; ohne jede Gefahr* ★ zonder enige twijfel *ohne jeden Zweifel*

enigerlei *irgendwelch; irgendein*
enigermate *einigermaßen*
enigma *Rätsel* o
enigszins *einigermaßen* ★ als het ~ mogelijk is *wenn es irgendwie möglich ist*
enkel I ZN [de] *Knöchel* m **II** BIJW ★ ~ en alleen *einzig und allein; lediglich*
enkeling *Einzelne(r)* m
enkelspel *Einzelspiel* o
enkelspoor *eingleisige Strecke* v
enkeltje *einfache Fahrkarte* v
enkelvoud *Einzahl* v
enkelvoudig *einfach*
en masse *en masse*
enorm *enorm*
enormiteit *Enormität* v
en passant *en passant*
en plein public *vor allen Leuten; öffentlich*
en profil *en profil; im Profil*
enquête *Meinungsumfrage* v; *Umfrage* v; ⟨politiek⟩ *Erhebung* v; ⟨politiek⟩ *Enquete* v; ⟨politiek⟩ *Untersuchung* v ★ een ~ houden *eine Umfrage veranstalten* ★ de parlementaire ~ *die parlamentarische Untersuchung*
enquêteren ● enquête houden *eine Umfrage machen/veranstalten* ● ondervragen *interviewen*
enquêteur *Interviewer* m
ensceneren *in Szene setzen; inszenieren*
enscenering *Inszenierung* v; *Inszenesetzung* v
ensemble *Ensemble* o
ent *Pfröpfling* m; *Pfropfreis* o
enten *pfropfen*
enteren *entern*
entertainen *unterhalten*
entertainment *Unterhaltung* v; *Entertainment* o
entertoets *Eingabetaste* v; *Enter-Taste* v
enthousiasme *Begeisterung* v; *Enthusiasmus* m
enthousiasmeren *begeistern*
enthousiast I BNW *begeistert; hingerissen;* ⟨hartstochtelijk⟩ *leidenschaftlich* ★ een ~e menigte *eine begeisterte Menschenmenge* **II** BIJW *begeistert* ★ ~ op iets reageren *mit Begeisterung auf etw. reagieren*
enthousiasteling OMSCHR. *übertrieben enthusiastischer Mensch*
entiteit *Entität* v
entomologie *Entomologie* v; *Insektenkunde* v
entourage *Umgebung* v; *Entourage* v
entr'acte *Zwischenakt* m; *Entreakt* m; *Zwischenspiel* o
entrecote *Entrecote* o
entree ● het binnentreden *Eintritt* m ● ingang *Eingang* m ● toegangsprijs *Eintrittspreis* m; *Eintrittsgeld* o; *Eintritt* m ★ vrij ~ *freier Zutritt*
entreegeld *Eintrittspreis* m; *Eintrittsgeld* o; *Eintritt* m
entreeprijs *Eintrittspreis* m; *Eintrittsgeld* o; *Eintritt* m
entrepot *Lagerhaus* o ★ goederen in ~ opslaan *Güter unter Zollverschluss einlagern* ★ goederen in ~ *unverzollte Güter* ★ fictief/particulier ~ *Privatzolllager* o
entstof *Impfstoff* m
E-nummer *E-Nummer* v
envelop, enveloppe ● briefomslag

Briefumschlag m; *Kuvert* o; *Umschlag* m ● BN budget *Budget* o; *Haushaltsplan* m; *Etat* m
enz. *usw.*; *und so weiter*
enzovoort, enzovoorts *und so weiter*
enzym *Enzym* o
epaulet *Epaulette* v
epicentrum *Epizentrum* o
epidemie *Epidemie* v
epidemisch *epidemisch*
epiek *Epik* v
epigoon *Epigone* m
epigram *Epigramm* o
epilepsie *Epilepsie* v
epilepticus *Epileptiker* m
epileptisch *epileptisch*
epileren *epilieren*
epiloog *Epilog* m
episch *episch* ★ ~ dichter *Epiker* m ★ ~e poëzie *Epik* v
episcopaat *Episkopat* o
episode *Episode* v
epistel *Epistel* v
epitaaf *Epitaph* o; *Epitaphium* o
epitheel *Epithel(ium)* o
epo *EPO* o
epos *Epos* o
epoxyhars *Epoxy* o
equator *Äquator* m
equatoriaal *äquatorial*
Equatoriaal Guinee *Äquatorialguinea* o
equipe *Equipe* v
equiperen *ausrüsten*; *ausstatten*
equivalent *Äquivalent* o
er ● daar *da*; *es* ★ ik ben er ook geweest *ich bin auch da/dort gewesen* ★ hij woonde er niet meer *er wohnte nicht mehr da/dort* ● ⟨zonder betekenis⟩ ★ er is... *es gibt...* ★ er zijn... *es gibt...* ★ er is één mens *es gibt einen Mensch* ★ er zijn veel mensen *es gibt manche Leute* ★ wie komt er vanavond? *wer kommt heute Abend?* ★ hij ziet er moe uit *er sieht müde aus* ★ er komt regen *es gibt Regen* ★ wat is er? *was gibts?*; *was ist los?*; *was ist denn?* ★ wat is er gebeurd? *was ist geschehen?* ★ er wordt gebeld *es klingelt* ★ ik fange damit an ★ ik houd er van *ich liebe es* ★ er was eens... *es war einmal* ★ ik heb er nog twee *ich habe davon noch zwei* ★ wat zal er van hem worden? *was wird aus ihm werden?*
eraan *daran*
erachter *dahinter* ▼ ~ zijn *dahinter gekommen sein*; *etw. geschnallt haben*
eraf *ab*; *los* [+4]; *befreit von* [+3] ★ nu is het nieuwe eraf *jetzt hat es den Reiz der Neuheit verloren* ★ de knoop is eraf *der Knopf ist ab* ★ de aardigheid is eraf *es hat seinen Reiz verloren*
erbarmelijk *erbärmlich*
erbarmen I ZN [het] *Erbarmen* o II WKD WW [zich ~] over *sich erbarmen über* [+4]
erbij *dabei* ▼ dat hoort er nu eenmaal bij *das gehört eben hinzu* ▼ hoe kom je ~! *wie kommst du darauf!* ▼ ~ lopen als een zwerver *herumlaufen wie ein Streuner* ▼ nu ben je er bij! ⟨betrapt⟩ *du bist dran!*
erboven *darüber* ★ ~ staan *darüber stehen*

erdoor *durch* ★ zij is ~ *sie ist durchgekommen*; *sie hat es geschafft*
ere ● → **eer**
erebaan *Ehrenposten* m
ereburger *Ehrenbürger* m
erectie *Erektion* v
eredienst *Gottesdienst* m
eredivisie *Bundesliga* v
eredoctoraat *Ehrendoktorwürde* v
erekwestie *Ehrensache* v
erelid *Ehrenmitglied* o
ereloon BN *Honorar* o
eremetaal *Plakette* v; *Abzeichen* o
eren *ehren* ★ de doden eren *die Toten in Ehren halten*
ereplaats *Ehrenplatz* m
erepodium *Siegerpodest* o
ereprijs ● prijs *Ehrenpreis* m/o ● plant *Ehrenpreis* m/o
ereschuld *Ehrenschuld* v
eretitel *Ehrentitel* m
eretribune *Ehrentribüne* v
erewacht *Ehrenwacht* v
erewoord *Ehrenwort* o
erf *Hof* m
erfdeel *Erbteil* o; FORM. *Erbe* o ★ wettelijk ~ *Pflichtteil* m
erfelijk *erblich*
erfelijkheid *Erblichkeit* v; *Vererbung* v
erfelijkheidsleer *Vererbungslehre* v
erfenis *Erbschaft* v
erfgenaam *Erbe* m ★ tot ~ benoemen *zum Erben einsetzen*
erfgoed *Erbgut* o
erflater *Erblasser* m
erfopvolger *Erbfolger* m
erfopvolging *Erbfolge* v
erfpacht *Erbpacht* v
erfrecht *Erbrecht* o
erfstuk *Erbstück* o
erfvijand *Erbfeind* m
erfzonde *Erbsünde* v
erg I BNW ● zeer vervelend *arg*; *schlimm* ★ het is niet (zo) erg *es ist nicht so schlimm* ★ het ergste vrezen *das Schlimmste befürchten* ● schandelijk *böse* ● intens *schlimm* ★ een erge vergissing *ein böser Irrtum* II BIJW *sehr* ★ erg duur *sehr teuer* III ZN [het] ▼ zonder ~ *unabsichtlich*; *ohne Arg/Absicht* ▼ ergens erg in hebben *etw. bemerken/vermuten* ▼ ergens geen erg in hebben *ahnungslos/arglos sein*
ergens ● op een plaats *irgendwo* ★ ~ heen *irgendwohin* ★ ~ vandaan *irgendwoher* ★ ~ anders *anderswo*; *sonst wo* ★ ~ anders heen *anderswohin*; *sonst wohin* ★ ~ anders vandaan *sonst woher*; *anderswoher* ● in enig opzicht *irgendwie*; *in gewisser Hinsicht* ● iets *etwas* ★ ~ naar zoeken *etw. suchen* ★ zij stond ~ naar te kijken *sie sah sich etw. an*
ergeren I OV WW *ärgern* II WKD WW [zich ~] *sich ärgern (aan an)*; *Anstoß nehmen (aan an)* [+3] ★ zich ~ over *sich ärgern über*
ergerlijk *ärgerlich*
ergernis *Ärger* m
ergonomie *Ergonomie* v
ergonomisch *ergonomisch*

ergonoom *Ergonom* m
ergotherapie *Ergotherapie* v
erheen *dahin*
erin *darin* ▼ dat zit er niet in *das ist nicht drin*
Eritrea *Eritrea* o
Eritrees *eritreisch*
erkend *anerkannt* ★ een ~ beroep *ein staatlich anerkannter Beruf*
erkennen ● inzien, toegeven *erkennen*; *(ein)gestehen*; *zugeben* ★ zijn fout ~ *seinen Fehler erkennen* ● als wettig aanvaarden *anerkennen* ★ erkend diploma/middel *anerkannte(s) Diplom/Mittel* o
erkenning ● inzicht *Erkenntnis* v ★ tot de ~ komen dat *zu der Erkenntnis kommen, dass* ● bekentenis *Eingeständnis* o ● wettige aanvaarding *Anerkennung* v
erkentelijk *erkenntlich*; *dankbar*
erkentelijkheid *Erkenntlichkeit* v
erker *Erker* m
erlangs *(daran) vorbei*
ermee *damit* ▼ het kan ~ door *es geht gerade so* ▼ je hebt alleen jezelf ~ *du stehst bloß dir selbst im Licht*
erna *danach*; *darauf*
ernaar *danach* ▼ ze hebben het ~ gemaakt *sie haben Anlass dazu gegeben*
ernaast *daneben* ▼ ~ zitten *sich irren*
ernst ● serieusheid *Ernst* m ★ in volle ~ *in allem/vollem Ernst* ● zwaarte *Schwere* v ★ de ~ van een misdrijf *die Schwere eines Verbrechens*
ernstig I BNW ● gemeend *ernsthaft*; *ernst*; *ernstlich* ★ met een ~ gezicht *mit ernsthafter Miene* ★ ~e man *ernsthafte(r) Mann* ★ ~ woord *ernste(s) Wort* ● akelig *schwer* ★ ~e zaak *ernste Sache* ★ ~ ongeluk *schwere(s) Unglück* ★ ~e verliezen *schwere Verluste* ★ de toestand is ~ *die Lage ist ernst* **II** BIJW zeer ★ ~ ziek *ernstlich/schwer krank*
eroderen *erodieren*
erogeen *erogen*
eromheen *darum(herum)*; INFORM. *drumrum* ★ ~ draaien *nicht mit der Wahrheit herausrücken*
eronder *darunter* ★ ze heeft hem ~ *sie hat ihn unter dem Daumen* ★ zich niet ~ laten krijgen *sich nicht unterkriegen lassen*
erop *darauf* ▼ met alles erop en eraan *mit allem Drum und Dran* ▼ ik sta erop *ich bestehe darauf*
eropaan ▼ nu komt het ~ *jetzt gilt es* ▼ het ~ laten komen *es darauf ankommen lassen*
eropaf *d(a)rauflos* ★ ~ gaan *d(a)rauf losgehen*
eropna ▼ LETT. ~ houden *haben*; *(huisdier) sich halten* ▼ FIG. ~ houden (ideeën enz.) *haben*
eropuit ▼ ~ zijn *es darauf anlegen*; *es darauf angelegt haben*
erosie *Erosion* v
erotiek *Erotik* v
erotisch *erotisch*
erover *darüber* ★ zand ~ *Schwamm drüber* ★ ~ gaan *zuständig sein*
eroverheen *darüber hinweg*
erratum *Erratum* o; *Versehen* o; *Druckfehler* m
ertegen *dagegen* ★ ik kan er niet meer tegen *ich kann es nicht länger ertragen*

ertegenin *dagegen* ★ ~ gaan *widersprechen*
ertegenop *daran herauf*; *daran hinauf* ★ ~ zien *Angst haben vor*; *sich scheuen vor* ★ niet ~ kunnen *nicht gewachsen sein*; *nicht dagegen ankommen können*
ertegenover 〈overkant〉 *gegenüber*; 〈tegenstelling〉 *demgegenüber* ★ hoe staat hij ~? *was hält er davon?*; *was ist seine Meinung dazu?*
ertoe *dazu* ★ wat doet het ~ *was solls*
erts *Erz* o
ertussen *dazwischen*
ertussendoor *zwischendurch* ★ iets tussendoor doen *etw. schnell zwischendurch machen*
ertussenin *dazwischen*
ertussenuit *heraus-*; *hervor-* ★ ~ gaan *sich davonschleichen*; *sich dünnmachen*
erudiet *(hoch)gebildet*
eruit *heraus* ★ ~! *raus!*; *hinaus!*
eruitzien *aussehen*
eruptie *Eruption* v
ervan *davon*
ervandaan *davon*; *dorther*; *von dort*; 〈weg〉 *weg*; 〈herkomst〉 *daher*
ervandoor *weg* ★ ~ gaan *abhauen*; *ausreißen*; *durchbrennen*
ervaren I BNW *erfahren*; *bewandert* ★ ~ in zaken *geschäftskundig* **II** OV WW *ondervinden erfahren*
ervaring *Erfahrung* v
ervaringsdeskundige *Erfahrungsexperte* m
ervaringsspectrum *Erfahrungsspektrum* o
erven I OV WW door erfenis verkrijgen *erben* **II** ZN [de] *Erben* mv
ervoor *davor*; *vorher*; *dafür* ★ op de dag ~ *am Tag vorher* ★ alleen ~ staan *allein davorstehen* ★ ~ en erna *vorher und nachher* ★ ~ opdraaien *dafür aufkommen* ★ ik vrees ~, dat... *ich befürchte, dass...*
erwt *Erbse* v ★ grauwe erwt *Ackererbse* ★ groene erwt *grüne Erbse*
erwtensoep *Erbsensuppe* v
es ● boom *Esche* v ● muzieknoot *es* o
escalatie *Eskalation* v
escaleren *eskalieren*
escapade *Eskapade* v; *Seitensprung* m
escapetoets *Escape-Taste* v
escort ● dienst *Begleitservice* m ● vrouw *Callgirl* o
escortbureau *Eskortservice* m
escorte *Eskorte* v; *Geleit* o
escorteren *eskortieren*; *begleiten*
esculaap *Äskulapschlange* v; *Äskulapstab* m
esdoorn *Ahorn* m
eskader *Geschwader* o ★ ~ bommenwerpers *Bombengeschwader*
eskadron *Schwadron* v
Eskimo *Eskimo* m
esoterie *Esoterik* v
esoterisch *esoterisch*
esp *Zitterpappel* v; *Espe* v
espadrille *Leinenschuh* m
Esperanto *Esperanto* o
esplanade *Esplanade* v
espresso *Espresso* m
espressoapparaat *Espressomaschine* v

essay *Essay* m/o
essayist *Essayist* m
essence *Essenz* v; *Extrakt* m
essenhout *Eschenholz* v
essentie *Wesen* o; *Essenz* v
essentieel *essenziell; wesentlich*
Est ● → **Estlander**
establishment *Establishment* o
estafette *Staffellauf* m; *Staffel* v
estafetteloper *Staffelläufer* m
estafetteploeg *Staffelmannschaft* v; ⟨v. vrouwen⟩ *Damenstaffel* v
ester *Ester* m
estheet *Ästhet* m
esthetica *Ästhetik* v
esthetiek *Ästhetik* v
esthetisch *ästhetisch*
Estland *Estland* o
Estlander *Este* m
Estlands, Ests *estnisch*
Estlandse, Estse *Estin* v
ETA *ETA* v
etablissement *Etablissement* o
etage *Stock* m; *Stockwerk* o ★ op de tweede ~ *im zweiten Stock*
etagère *Etagere* v
etalage *Schaufenster* o
etalagepop *Schaufensterpuppe* v
etaleren *auslegen/-stellen*
etaleur *Schaufensterdekorateur* m
etappe *Etappe* v ★ in ~n *etappenweise*
etappezege *Etappensieg* m
etc. *etc.; usw.*
et cetera *et cetera*
eten I ov ww voedsel nuttigen *essen* **II** on ww de maaltijd gebruiken *essen* ★ uit eten gaan *essen gehen* **III** zn [het] ● voedsel *Essen* o ● maaltijd *Essen* o ★ te eten vragen *zum Essen einladen*
etensresten *(Essens)Reste* m mv
etenstijd *Essenszeit* v
etenswaar *Esswaren* mv
etentje *Essen* o
eter *Esser* m ★ een grote eter *ein starker Esser* ★ een flinke eter zijn *avoir un joli coup de fourchette*
ethaan *Äthan* o
ethanol *Äthanol* o
ether *Äther* m
etherpiraat *Doppelpunkt* m
etherreclame *Rundfunk- und Fernsehreklame* v
ethiek *Ethik* v
Ethiopië *Äthiopien* o
Ethiopiër *Äthiopier* m
Ethiopisch *äthiopisch*
Ethiopische *Äthiopierin* v
ethisch *ethisch*
ethologie *Ethologie* v
ethyl *Äthyl* o
etiket *Etikett* o
etiketteren *etikettieren; mit einem Etikett versehen*
etiquette *Etikette* v ★ de ~ in acht nemen *die Etikette wahren/einhalten*
etmaal *24 Stunden* mv ★ het duurt een ~ *es dauert 24 Stunden*

etniciteit *Ethnizität* v
etnisch *ethnisch*
ets *Radierung* v
etsen *radieren*
et-teken *Et-Zeichen* o
ettelijke *etliche*
etter ● pus *Eiter* m ● naarling *Ekel* o
etterbuil ● gezwel *Eiterbeule* v ● rotzak *Ekelpaket* o
etteren ● etter afscheiden *eitern* ● klieren *quengeln*
etude *Etüde* v
etui *Etui* o; *Behälter* m; *Futteral* o
etymologie *Etymologie* v
etymologisch *etymologisch*
EU *EU* v; *Europäische Union* v
eucalyptus *Eukalyptus* m
eucharistie *Eucharistie* v
eucharistieviering *Eucharistiefeier* v
eufemisme *Euphemismus* m
eufemistisch *euphemistisch; beschönigend*
euforie *Euphorie* v
euforisch *begeistert*
Eufraat *Euphrat* m
eugenetica, eugenese *Eugenik* v
EU-ingezetene *EU-Bürger* m [v: *EU-Bürgerin*]
eunuch *Eunuch* m; *Eunuche* m
Euratom *Euratom* v; *Europäische Atomgemeinschaft* v
Eurazië *Eurasien* o
euro *Euro* m [mv: *Euro's*]
eurocent *Cent* m
eurocheque *Euroscheck* m; *Eurocheque* m
euroland *Euroland* o
euromarkt *Euromarkt* m
euromunt *Euro* m
Europa *Europa* o
europarlement *Europaparlament* o
Europarlementariër *Europarlamentarier* m
Europeaan *Europäer* m
Europees *europäisch*
Europese *Europäerin* v
eurovignet *Eurovignette* v
eustachiusbuis *Ohrtrompete* v; *Eustachi-Röhre* v
euthanaseren ★ iem. ~ *bei jmdm. Euthanasie anwenden*
euthanasie *Euthanasie* v
euvel I zn [het] *Übel* m ● v aan hetzelfde ~ mank gaan *an demselben Übel leiden* **II** bnw *übel* ★ de ~e moed hebben *die Unverschämtheit haben; sich erdreisten*
Eva *Eva* v
evacuatie ⟨v. personen⟩ *Evakuierung* v; ⟨v. gebied⟩ *Räumung* v
evacué *Evakuierte(r)* m
evacueren *evakuieren; räumen*
evaluatie *Evaluierung* v; *Evaluation* v
evalueren *evaluieren; bewerten*
evangelie *Evangelium* o ● het ~ van Johannes *das Evangelium nach Johannes*
evangelisatie *Evangelisierung* v
evangelisch *evangelisch*
evangelist *Evangelist* m
even I bnw deelbaar door twee *gerade* ★ even getal *gerade Zahl* ▼ het is mij om het even *es ist mir egal* **II** bijw ● net zo *gleich; ebenso*

ev

★ wij zijn even oud *wir sind gleich alt* ● een
korte tijd *mal*; *eben*; *kaum* ★ hoor eens even!
hör mal! ★ wil je dit even voor me doen?
würdest du das (schnell) mal für mich tun?
● versterkend *mal*

evenaar *Äquator* m
evenals *ebenso wie*; *gleichwie*
evenaren *gleichkommen*; *gleichtun* ★ iem. in
iets ~ *es jmdm. an/in etw. gleichtun* [+3]
evenbeeld *Ebenbild* o
eveneens *ebenfalls*
evenement *Ereignis* o
evengoed ● *evenzeer* *genauso* ● toch *trotzdem*
evenknie ★ iemands ~ zijn *jmdm. ebenbürtig
sein*
evenmin *ebenso wenig*
evenredig *verhältnismäßig*; *entsprechend*; WISK.
proportional ★ recht ~ zijn aan *im direkten
Verhältnis stehen zu* ★ omgekeerd ~
umgekehrt proportional ★ de ~e
vertegenwoordiging *Verhältniswahlsystem* o
evenredigheid *Verhältnis* o; WISK. *Proportion* v
★ in ~ met *im gleichen Verhältnis zu* [+3]
★ naar ~ van *je nach Verhältnis*
eventjes *einen Augenblick*; *kurz* ★ kom ~ hier
komm mal her
eventualiteit *Eventualität* v; *Möglichkeit* v
eventueel *eventuell*; *etwaig*
evenveel *gleich viel*; *ebenso viel* ★ ~ als *ebenso
viel wie*
evenwel *aber*; *jedoch*; *dennoch*; *gleichwohl*
evenwicht *Gleichgewicht* o ★ het ~ bewaren
sich im Gleichgewicht halten
evenwichtig *ausgeglichen* ★ een ~ karakter *ein
ausgeglichener Charakter*
evenwichtsbalk *Schwebebalken* m
evenwichtsleer *Statik* v
evenwichtsorgaan *Gleichgewichtsorgan* o
evenwichtsstoornis *Gleichgewichtsstörung* v
evenwijdig *parallel* ★ een ~e lijn *eine Parallele*
evenzeer *ebenso wohl*; *in gleichem Maße*
evenzo *ebenso*
evergreen *Evergreen* m, o
everzwijn *Wildschwein* o
evident *augenscheinlich*; *evident*
evolueren *evolvieren*
evolutie *Evolution* v
evolutieleer *Evolutionslehre* v
ex *Ehemalige(r)* m
ex- *ehemalig*; *früher*; *Ex-*
exact *exakt*; *genau* ★ ~e wetenschappen *die
exakten Wissenschaften*
examen *Examen* o; *Prüfung* v ★ een ~
afleggen/doen *ein Examen machen* ★ voor
een ~ zakken *in einer Prüfung/einem Examen
durchfallen*
examenperiode *Examenzeit* v
examenvrees *Prüfungsangst* v
examinator *Examinator* m; *Prüfer* m
examineren *examinieren*; *prüfen*
excellent *exzellent*
excellentie *Exzellenz* v ★ Zijne Excellentie *Seine
Exzellenz*
excentriek *exzentrisch* ★ zij gedraagt zich ~ *sie
benimmt sich exzentrisch*
excentrisch *exzentrisch*; *abgelegen*

exceptie *Ausnahme* v
exceptioneel *exzeptionell* ★ ~ geval
Ausnahmefall m
exces *Exzess* m
excessief I BNW *exzessiv* II BIJW *exzessiv*
exclusief I BNW niet inbegrepen *exklusiv* II BIJW
niet inbegrepen *exklusive*; *ausschließlich* ★ ~
de bediening *ohne Bedienung*; *Bedienung
nicht einbegriffen*
exclusiviteit *Exklusivität* v
excommunicatie *Exkommunikation* v
excommuniceren *exkommunizieren*
excursie *Exkursion* v; *Ausflug* m
excuseren *entschuldigen*; *verzeihen* ★ BN
excuseer Verzeihung
excuus *Entschuldigung* v; *Verzeihung* v ★ zijn
excuses maken *sich entschuldigen* ★ om ~
vragen *um Entschuldigung bitten*
executeren ● *terechtstellen exekutieren*;
hinrichten ● JUR. *vollstrecken*
executeur *Exekutor* m; *Vollstrecker* m
executeur-testamentair *Testamentsvollstrecker*
m
executie ● *terechtstelling Hinrichtung* v ● JUR.
Vollstreckung v; *Exekution* v ★ bij ~ verkopen
zwangsweise verkaufen
executieve BN uitvoerend bewind *Exekutive* v
executiewaarde *Verkaufswert* m *bei
Zwangsversteigerung*
exegese *Exegese* v
exemplaar *Exemplar* o
exemplarisch *exemplarisch*
exerceren *exerzieren*
exercitie *Exerzieren* o; ⟨geestelijk⟩ *Exerzitium* o
exhaleren *verströmen*; *ausströmen*; ⟨geur⟩
ausdünsten
exhibitionisme *Exhibitionismus* m
exhibitionist *Exhibitionist* m
existentialisme *Existenzialismus* m
existentie *Existenz* v
existentieel *existenziell*
exit *Ausgang* m
exodus *Exodus* m; *Auszug* m;
Massenauswanderung v; *Massenflucht* v
exorbitant *exorbitant*; *enorm*
exorcisme *Exorzismus* m
exorcist *Exorzist* m
exotisch *exotisch*
expansie *Expansion* v
expansiedrang *Expansionsdrang* m
expansievat *Ausdehnungsgefäß* o
expat *Ausgebürgerte(r)* m, v
expatriëren *ausbürgern*
expediteur *Spediteur* m
expeditie ● *tocht Expedition* v ● *verzending
Spedition* v
experiment *Experiment* o; *Versuch* m
experimenteel *experimentell*; *Experimental-*;
Experimentier- ★ ~ stadium
Experimentierstadium o
experimenteren *experimentieren*
expert *Experte* m; *Sachverständige(r)* m
expertise *Expertise* v; *Fach-/Sachkenntnis* v
explicatie *Explikation* v; *Erklärung* v
expliciet I BNW *explizit* II BIJW *explizit*;
ausdrücklich

expliciteren *expliciteren*; *erklären*
exploderen *explodieren*; *platzen*
exploitabel *gewinnbringend*; *ausbeutungsfähig*; *bebauungsfähig*
exploitant *Unternehmer* m
exploitatie ● het winstgevend maken *Betrieb* m; ⟨v. mijn⟩ *Ausbeutung* v ● uitbuiting *Ausbeutung* v; *Exploitation* v
exploitatiekosten *Betriebskosten* mv
exploiteren ● gebruik maken van *in Betrieb setzen/haben*; ⟨v. mijn⟩ *ausbeuten* ● uitbuiten *ausbeuten*
exploot *Zustellungsurkunde* v
exploratie *Erforschung* v; *Exploration* v
exploreren *erforschen*; *explorieren*
explosie *Explosion* v
explosief I ZN [het] *Sprengsatz* m **II** BNW ontplofbaar *explosiv*; *Spreng-* ★ explosieve stof *Sprengstoff*; *Explosivstoff* m
exponent *Exponent* m
exponentieel *exponentiell*
export *Export* m; *Ausfuhr* v
exportdocumenten *Exportpapiere* mv
exporteren *exportieren*; *ausführen*
exporteur *Exporteur* m
exportland *Exportland* o
exportvolume *Umfang* m *des Exports*
exposant *Aussteller* m; *Messeteilnehmer* m
exposé *Exposé* o; *Auseinandersetzung* v
exposeren *ausstellen*
expositie ● tentoonstelling *Ausstellung* v ● uiteenzetting *Darstellung* v
expres I BIJW ● met opzet *absichtlich* ● speciaal *eigens* **II** ZN [de] *Fernschnellzug* m; *D-Zug* m
expresbrief *Eilbrief* m
expresse *Eilsendung* v; *Eilzustellung* v ★ iets per ~ verzenden *etw. per Eilpost verschicken* ★ per ~ *durch Eilboten*
expressie *Ausdruck* m
expressief *ausdrucksvoll*; *expressiv*
expressionisme *Expressionismus* m
exprestrein *Fernschnellzug* m; *D-Zug* m
exquis *ausgesucht*; *erlesen*; *exquisit*
extase *Ekstase* v; *Verzückung* v ★ in ~ *in Ekstase*
extatisch *ekstatisch*; *verzückt*
extensie *Umfang* m; *Ausdehnung* v; *Ausweitung* v; ⟨computer⟩ *Dateikennung* v
extensief *extensiv*; *umfassend* ★ extensieve landbouw *extensive Landwirtschaft* v
exterieur I ZN [het] *Exterieur* o; *Äußere* o **II** BNW *äußere*; *Außen...*
extern *extern*
extra I BNW *extra*; *Extra-*; *zusätzlich*; *Zusatz-*; *Sonder-*; *besonders*; *mehr-* ★ ~ aanbieding *Sonderangebot* o ★ ~ kwaliteit *extrafeine/ erstklassige Qualität* v **II** BIJW *extra*; *zusätzlich*; *besonders*
extraatje *Extra* o; *Zugabe* v; *Sonderleistung* v
extract ● aftreksel *Extrakt* m ● uittreksel *Extrakt* m; *Auszug* m
extramuraal *extramural* ★ extramurale gezondheidszorg *extramurale Gesundheitsfürsorge* v
extranet *Extranet* o
extraneus *Gasthörer* m
extrapoleren *extrapolieren*

extravagant *extravagant*; *übertrieben*
extravert I ZN [de] *Extravertierte(r)* m **II** BNW *extravertiert*; *extrovertiert*
extreem *extrem*
extreemlinks *linksextrem*; *ultralinks*
extreemrechts *rechtsextrem*; *ultrarechts*
extremisme *Extremismus* m
extremist *Extremist* m
extremiteit ● uiterste *Extremität* v ● ledematen *Extremität* v ★ de ~en *die Extremitäten*
extrovert ● → **extravert**
eyecatcher *Blickfänger* m
eyeliner *Eyeliner* m
eyeopener *Eye-opener* m; *Offenbarung* v ★ dat was een ~ voor mij *das hat mir die Augen geöffnet*
ezel ● dier *Esel* m ● domoor *Esel* m ● schildersezel *Staffelei* v ▼ een ezel stoot zich geen tweemaal aan dezelfde steen *ein gebranntes Kind scheut das Feuer*
ezelsbruggetje *Eselsbrücke* v
ezelsoor *Eselsohr* o
e-zine *elektronische Zeitschrift* v

ez

F

f • letter *F* o ★ de f van Ferdinand *F wie
Friedrich* • muzieknoot f o
F *F*
fa *Fa* o
fa. *Fa.*
faalangst *Angst* v *zu versagen*
faam • goede naam *Ruf* m • vermaardheid
Ruhm m; *Bekanntheit* v
fabel *Fabel* v
fabelachtig *fabelhaft; sagenhaft*
fabricaat • makelij *Industrieerzeugnis* o
• product *Fabrikat* o
fabricage *Herstellung* v
fabriceren *herstellen; erzeugen; fabrizieren*
fabriek *Fabrik* v ★ *prijzen af* ~ *Preise ab Werk*
fabrieksfout *Fabrikationsfehler* m
fabrieksgeheim *Fabrikationsgeheimnis* o
fabrieksmatig *fabrikmäßig*
fabrieksprijs *Fabrikpreis* m
fabrikant • fabriekseigenaar *Fabrikant* m
• producent *Hersteller* m
fabuleus • buitengewoon *fabelhaft; sagenhaft*
• fabelachtig *fabulös; unwahrscheinlich*
façade *Fassade* v
facelift *Facelift* m
facet • geslepen vlak *Facette* v • aspect *Aspekt*
m ★ *alle ~ten van een zaak belichten alle
Facetten einer Sache beleuchten* ★ *alle ~ten
van iets bekijken etw. von allen Facetten
betrachten*
facetoog *Facettenauge* o
facilitair *Hilfs-* ★ ~ *bedrijf technischer
Hilfsapparat*
faciliteit • voorziening *Anlage* v • ECON.
tegemoetkoming *Erleichterung* v;
Vergünstigung v
faciliteren *ermöglichen; unterstützen*
facsimile *Faksimile* o
factie *Faktion* v
factor *Faktor* m
factoranalyse *Faktorenanalyse* v
factureren *in Rechnung stellen;* FORM.
fakturieren
factuur *Rechnung* v
facultair *fakultär*
facultatief *wahlfrei; fakultativ* ★ ~ *vak
Wahlfach* o
faculteit *Fakultät* v ★ ~ *der geneeskunde
medizinische Fakultät*
fade-out *Ausblende* o; *Ausblenden* o
Faeröer *Färöer* m
fagot *Fagott* o
Fahrenheit *Fahrenheit* ★ *20 graden* ~ *20 Grad
Fahrenheit*
failliet *bankrott; zahlungsunfähig* ★ ~e *boedel
Konkursmasse* v ★ ~ *gaan in Konkurs geraten*
★ *zich* ~ *verklaren den Konkurs anmelden*
faillissement *Konkurs* m; *Bankrott* m ★ ~
aanvragen den Konkurs anmelden/beantragen
★ *in staat van* ~ *verkeren zahlungsunfähig
sein*
faillissementsaanvraag *Konkursantrag* m;

Konkursanmeldung v
fair *fair; ehrlich; anständig*
faken *vortäuschen; simulieren*
fakir *Fakir* m
fakkel *Fackel* v
falafel *Falafel* m
falen *misslingen; scheitern; versagen*
falie ▼ *iem. op zijn* ~ *geven jmdm. die Jacke
vollhauen* ▼ *op zijn* ~ *krijgen eins auf den
Deckel bekommen*
faliekant *völlig; total* ★ *het is* ~ *misgegaan es
ist völlig schiefgegangen; es hat ein verkehrtes
Ende genommen*
Falklandeilanden *Falklandinseln* mv
fallisch *phallisch*
fall-out *radioaktive(r) Niederschlag* m
fallus *Phallus* m
falset • stemregister *Falsett* o; *Kopfstimme* v
• zanger *Falsettist* m
falsificatie *Fälschung* v
falsificeren • vervalsen *(ver)fälschen;
falsifizieren* • weerleggen *falsifizieren*
fameus • befaamd *namhaft* • verbazend *famos*
familiaal *familiär*
familiair • ongedwongen *familiär* ★ ~ *met
iem. zijn vertraulich mit jmdm. sein*
• vrijpostig ★ *niet zo* ~*! nicht so aufdringlich!*
familie • gezin *Familie* v • alle verwanten
Verwandte(n) mv; *Verwandtschaft* v ★ *hij is
van goede* ~ *sie ist aus guter Familie* ★ *zij is* ~
*van me sie ist mit mir verwandt; sie ist eine
Verwandte von mir*
familiebedrijf *Familienbetrieb* m
familieberichten *Familienanzeigen* mv
familiegraf *Familiengrab* m
familiehotel *Familienhotel* o
familiekring *Familienkreis* m
familielid *Familienmitglied* o; *Verwandte(r)* m
familienaam *Familienname* m; *Zuname* m
familieomstandigheden ▼ *wegens* ~ *aus
familiären Gründen*
familiestuk *Familienstück* o
familieziek ★ ~ *zijn einen Familienfimmel
haben*
fan *Fan* m
fanaat *Fanatiker* m
fanaticus *Fanatiker* m
fanatiek *fanatisch*
fanatiekeling *blinde(r) Fanatiker* m
fanatisme *Fanatismus* m
fanclub *Fanklub* m
fancy fair *Wohltätigkeitsbasar* m
fanfare *Fanfarenzug* m
fanmail *Fanpost* v
fantaseren *fantasieren; phantasieren*
fantasie • verbeeldingskracht *Fantasie* v;
⟨nakeursspelling⟩ *Phantasie* v • MUZ. *Fantasie*
v
fantasieloos *fantasielos*
fantasievol *fantasievoll*
fantast *Fantast* m; *Phantast*
fantastisch *fantastisch; phantastisch*
fantoom *Phantom* o
fantoompijn *Phantomschmerz* m
FAQ *häufige Fragen* mv
farao *Pharao* m

farce *Farce* v
farceren *farcieren*
farizeeër *Pharisäer* m
farmaceutica *Arzneimittel* mv
farmaceutisch *pharmazeutisch*
farmacie *Pharmazie* v
farmacologie *Pharmakologie* v
fascinatie *Faszination* v
fascineren *faszinieren*
fascinerend *faszinierend*
fascisme *Faschismus* m
fascist *Faschist* m
fascistisch *faschistisch*
fase *Phase* v
faseren *in Abschnitte einteilen*
fastfood *Fast Food* o
fastfoodrestaurant *Fast-Food-Restaurant* o
fataal *fatal*; *verhängnisvoll*
fatalisme *Fatalismus* m
fatalistisch *fatalistisch*
fata morgana *Fata* v *Morgana*
fatsoen ● goede manieren *Anstand* m ★ zijn ~ houden *den Anstand wahren* ★ met goed ~ *anstandshalber* ● vorm *Form* v
fatsoeneren *in Ordnung bringen*
fatsoenlijk *anständig*
fatsoensrakker *Moralist* m
fatwa *Fatwa* v
fauna *Fauna* v
fauteuil *Sessel* m
favoriet I ZN [de] *Favorit* m **II** BNW *Lieblings-* ★ ~e bezigheid *Lieblingsbeschäftigung*
fax *Fax* o
faxen *faxen*
faxnummer *Faxnummer* v
fazant *Fasan* m
februari *Februar* m; OOST. *Feber* m
fecaliën *Fäkalien* mv
federaal *föderativ*
federalisme *Föderalismus* m
federatie *Föderation* v
fee *Fee* v
feedback *Feedback* o
feeëriek *feenhaft*
feeks *Hexe* v
feeling *Feeling* o
feest ● viering *Feier* v ★ BN *Feest van de Arbeid Tag der Arbeit* ● partij *Fest* o; *Fete* v ★ een ~ geven *eine Fete schmeißen*
feestartikelen *Scherzartikel* mv
feestavond *festlicher Abend* m
feestdag *Feiertag* m ★ christelijke ~ *christliche(r) Feiertag* ★ officiële ~ *Nationalfeiertag* ★ BN wettelijke ~ *Nationalfeiertag*
feestelijk *festlich* ▼ ik bedank er ~ voor *na ich danke bestens*
feesten *ein Fest feiern*
feestganger *Festteilnehmer* m
feestmaal *Festessen* o
feestneus ● masker *Pappnase* v ● persoon ★ hij is een echte ~ *er feiert die Feste, wie sie fallen*
feestnummer ● gangmaker *Stimmungskanone* v ● hoofdpersoon van een feest ⟨bij jubileum⟩ *Jubilar* m; ⟨bij verjaardag⟩ *Geburtstagskind* o ● blad *Jubiläumsausgabe* v

feestvarken ⟨bij verjaardag⟩ *Geburtstagskind* o; ⟨bij jubileum⟩ *Jubilar* m
feestvieren *ein Fest feiern*
feestvreugde *Festfreude* v ★ de ~ verstoren *die Festfreude stören*
feilbaar *fehlbar*
feilen *versagen*
feilloos *fehlerlos*
feit *Tatsache* v ★ de feiten *der Tatbestand* [ev] ★ strafbaar feit *Straftat* ★ voldongen feit *vollendete Tatsache* v ▼ in feite *tatsächlich*
feitelijk I BNW *tatsächlich*; *eigentlich* **II** BIJW *eigentlich*; *tatsächlich*
fel ● sterk van licht of kleur ★ felle kleur *grelle Farbe* ★ fel licht *grelle(s) Licht* ★ in de felle zon *in der brennenden/prallen Sonne* ★ felle bliksemschicht *grelle(r)/zuckende(r) Blitz* ● onaangenaam aanvoelend *scharf* ● intens *scharf* ★ fel protest *scharfe(r) Protest*
felbegeerd *heiß begehrt*
felicitatie *Gratulation* v; *Glückwunsch* m
feliciteren ● *gratulieren* (met *zu*) ★ iem. met iets ~ *jmdm. zu etw. gratulieren* ● → **gefeliciteerd**
felrood *knallrot*
feminien *feminin*
feminisme *Feminismus* m
feministe *Feministin* v
feministisch *feministisch*
feniks *Phönix* m
fenomeen *Phänomen* o
fenomenaal *phänomenal*
feodaal *feudal* ★ ~ stelsel *Feudalsystem* o
feodalisme *Feudalismus* m
ferm ● flink *tüchtig*; *energisch* ● zeer groot *kräftig*
fermenteren *fermentieren*; *gären*
fervent *leidenschaftlich*
festijn ● feest *Fest* o ● feestmaal *Festessen* o
festival *Festival* o; *Festspiele* mv
festiviteit *Festlichkeit* v
feston *Feston* o
feta *Feta* m
fêteren *feiern*
fetisj *Fetisch* m
fetisjisme *Fetischismus* m
fetisjist *Fetischist* m
feuilleton *Feuilleton* o
feut *Mulus* m
fez *Fes* m
fiasco *Fiasko* o; *Misserfolg* m
fiat *Genehmigung* v; *Zustimmung* v ★ ergens zijn fiat aan geven *etw. genehmigen*
fiatteren *genehmigen*
fiber *Fiber* v
fiberglas *Fiberglas* o
fiche ● speelpenning *Spielmarke* v; *Fiche* v ● systeemkaart *Zettel* m
fictie ● verzinsel *Fiktion* v ● soort literatuur *Dichtung* v
fictief *fiktiv* ★ fictieve winst *imaginärer Gewinn*
fictioneel *fiktional*
ficus *Ficus* m
fideel *fidel*
fiducie *Vertrauen* o
fielt *Halunke* m; *Schurke* m; *Schuft* m

fi

fier *stolz*
fiets *Fahrrad* o; INFORM. *Rad* o
fietsen *Rad fahren*; *radeln*
fietsenmaker *Fahrradmechaniker* m; *Fahrradschlosser* m
fietsenrek *Fahrradständer* m
fietsenstalling *(überdeckte(r) Fahrradstand* m
fietser *Radfahrer* m
fietspad *Rad(fahr)weg* m
fietspomp *Fahrradpumpe* v
fietsslot *Fahrradschloss* o
fietstas *Fahrradtasche* v
fietstaxi *Fahrradtaxi* o
fietstocht *Radtour* v
fietsvakantie *Radtour* v
fiftyfifty *halbe-halbe*; *fifty-fifty* ★ ~ delen met iem. *mit jmdm. halbpart machen*
figurant *Komparse* m; *Statist* m
figuratief • beeldend *figurativ* ★ figuratieve kunst *gegenständliche Kunst* • versierend *dekorativ*
figureren • optreden als *figurieren*; *auftreten* • figurant zijn *figurieren*; *Statist sein*
figuur *Figur* v ★ een goed/slecht ~ slaan *eine gute/schlechte Figur machen*
figuurlijk *übertragen*; *bildlich*
figuurzaag *Laubsäge* v
figuurzagen *mit einer Laubsäge sägen*
Fiji-eilanden *Fidschiinseln* mv
fijn • prettig *nett*; *in Ordnung*; *o.k.* ★ fijne vent *prima Kerl* • in kleine deeltjes *fein* ★ fijn wrijven *fein reiben*; *zerreiben* • niet grof *zart*; *fein* ★ fijn goud *Feingold* • zeer goed, precies *fein* ★ fijn gehoor *feine(s) Gehör* • zuiver *fein*; *rein* ▼ het fijne van de zaak *die Einzelheiten der Sache*
fijnbesnaard *zartbesaitet*; *zart besaitet*
fijngebouwd *zierlich*; *feingliedrig*
fijngevoelig *feinsinnig*; *feinfühlend*; *zartfühlend*; *feinfühlig*
fijnhakken *klein hacken*; *zerkleinern*
fijnkauwen *zerkauen*
fijnknijpen *zerquetschen*; *zerdrücken*
fijnmaken *klein machen*; *feinreiben*; *zerreiben*
fijnmalen *feinmalen*; FIG. *zermalmen*
fijnproever *Feinschmecker* m
fijnschrijver *dünne(r) Schreibstift* m
fijnstof *Feinstaub* m
fijntjes • op fijne wijze *fein* • op slimme wijze *schlau*; *listig* ★ ~ glimlachen *verschmitzt lächeln* ★ iets ~ zeggen *etw. verblümt sagen* ★ ~ aanvoelen *ein feines Gespür haben*
fijnwasmiddel *Feinwaschmittel* o
fijnzinnig *feinsinnig*
fijt *Wurm* m
fik • brand *Feuer* o ★ het staat in de fik *es brennt* • hond *Spitz* m
fikken I ZN [de] vingers *Finger* mv ★ blijf er met je ~ van af *bleibe mit deinen Pfoten weg davon* II ON WW *brennen*; *lodern*
fiks *tüchtig*; *kräftig*
fiksen *hinkriegen*; *deichseln*
filantroop *Philanthrop* m
filantropisch *philanthropisch*
filatelie *Philatelie* v
filatelist *Philatelist* m

file¹ (zeg: fiele) *Stau* m ★ in de file staan *im Stau stehen*
file² (zeg: fajl) *Datei* v
filenieuws *Staunachrichten* mv
fileparkeren *einparken zwischen*
fileren *filetieren*
filerijden *Kolonnenfahren* o
filet *Filet* o
filet americain *Filet-Américain* o
filevorming *Staubildung* v
filevrij *staufrei*
filharmonisch *philharmonisch*
filiaal *Filiale* v; *Zweigstelle* v; ⟨bijkantoor⟩ *Nebenstelle* v
filiaalhouder *Filialleiter* m
filigraan *Filigran* o
Filippijn *Filipino* m
Filippijnen *Philippinen* mv
Filippijns *philippinisch*
Filippijnse *Filipina* v
filistijnen ▼ naar de ~ gaan *vor die Hunde gehen*
film *Film* m ★ naar de film gaan *ins Kino gehen*
filmacademie ≈ *Filmhochschule* v
filmcamera *Filmkamera* v
filmen *filmen* ★ iets ~ *etw. (ver)filmen*
filmer *Filmemacher* m
filmhuis *kommunale(s) Kino* o
filmkeuring *Filmzensur* v
filmkritiek • *Filmkritik* v
filmmaker *Filmemacher* m
filmmuziek *Filmmusik* v
filmopname *Filmaufnahme* v
filmploeg *Filmcrew* v
filmregisseur *Filmregisseur* m
filmrol • band *Rollfilm* m • rol in een film *Filmrolle* v
filmster *Filmstar* m
filmstudio *Filmstudio* o
filosoferen *philosophieren*
filosofie *Philosophie* v
filosofisch *philosophisch*
filosoof *Philosoph* m
filter *Filter* m/o ★ ⟨v. sigaretten⟩ met ~ *mit Filter*
filteren *filtern*
filterhouder *Filtertütenhalter* m
filterkoffie *Filterkaffee* m
filtersigaret *Filterzigarette* v
filterzakje *Filtertüte* v
filtraat *Filtrat* o
filtratie *Filtrierung* v; *Filterung* v; *Filtration* v
filtreren *filtrieren*; *filtern*
Fin *Finne* m
finaal I BNW • uiteindelijk *final* • algeheel *total* II BIJW • volkomen *völlig*; *gänzlich* • BN uiteindelijk *letztendlich*
finale *Finale* o; *Schlussrunde* v
finaleplaats *der Einzug ins Endspiel/ins Finale*
finalist *Finalist* m
financieel *finanziell* ★ financiële politiek *Finanzpolitik* v
financiën *Finanzen* mv
financier • geldbeheerder *Treuhänder* m; ⟨v. een stichting⟩ *Kurator* m • geldschieter *Finanzier* m; *Geldgeber* m
financieren *finanzieren*

financiering *Finanzierung* v
financieringsplan *Finanzierungsplan* m
financieringstekort *Finanzierungslücke* v
fineer *Furnier* o
fineliner *Fineliner* m
fineren *furnieren*
finesse *Finesse* v
fingeren *erdichten*; *fingieren* ★ gefingeerde
koop *Scheinkauf* m
fingerspitzengefühl *Fingerspitzengefühl* o
finish ● eindstreep *Ziel* o ★ door de ~ gaan
durchs Ziel gehen ● eindstrijd *Endkampf* m;
Finish o
finishen *durchs Ziel gehen*; ⟨paardensport⟩
finishen
finishing touch *letzte(r) Schliff* m; *Tüpfelchen* o
auf dem i
Finland *Finnland* o
Fins I ZN [het] taal *Finnisch(e)* o **II** BNW m.b.t.
Finland *finnisch*
Finse *Finnin* v
Finse Golf *Finnischer Golf* m
FIOD ● belasting *Steuerfahndung* v ● douane
Zollfahndung v
firewall *Firewall* v
firewire *Firewire* o
firma *Firma* v
firmament *Firmament* o
firmant *Teilhaber* m; *Gesellschafter* m
firmawagen BN, TRANSP. *Firmenwagen* m
fis *Fis* o
fiscaal *steuerlich*
fiscalisering *Besteuerung* v
fiscus *Fiskus* m
fistel *Fistel* v
fit *fit*; *in bester Form* ★ zich niet al te fit voelen
sich nicht ganz wohl fühlen
fitness *Fitness* m
fitnesscentrum *Fitnesscenter* o
fitnessen *Fitness machen*
fitting ● deel van gloeilamp *Fassung* v
● lamphouder *Fassung* v ● verbindingsstuk
Fitting o
fixatie *Fixierung* v
fixeerbad *Fixierbad* o
fixeren ● vastmaken/-stellen *fixieren* ● strak
aankijken *fixieren* ● A-V *fixieren*
fjord *Fjord* m
flacon *Flakon* m
fladderen *flattern*
flageolet *Flageolett* o; *weißgrüne Bohne* v
flagrant *flagrant*
flair *Flair* o
flakkeren *flackern*
flamberen *flambieren*
flamboyant *flamboyant*
flamenco *Flamenco* m
flamingant *flämischer Nationalist* m
flamingo *(Rosa)flamingo* m
flanel *Flanell* m
flaneren *flanieren*
flank *Flanke* v
flankeren *flankieren*
flansen *hinpfuschen* ★ in elkaar ~
zusammenschmieren
flap *Umschlagklappe* v

flapdrol *Niete* v; *Flasche* v
flapoor I ZN [de] *Person* v *mit Segelohren* **II** ZN
[het] *Segelohren* mv
flap-over *Flipchart* o
flappen ▼ alles eruit ~ *alles herausplappern*
flappentap JEUGDT. *Scheinwerfer* m; JEUGDT.
Cash-Maschine v
flaptekst *Klappentext* m
flapuit *Schwätzer* m; *Klatschmaul* o
flard *Fetzen* m ★ aan ~en scheuren *zerfetzen*
flashback *Rückblende* v
flat *Etagenwohnung* v
flater *Schnitzer* m
flatgebouw *Hochhaus* o; *Etagenhaus* o;
Apartmenthaus o
flatteren *schmeicheln*
flatteus *schmeichelhaft*
flauw ● met weinig smaak *fade*; *schal*
● kinderachtig *kindisch*; *albern* ● niet geestig
abgedroschen; *abgeschmackt* ● zwak *flau*;
matt; *schwach* ● licht gebogen *schwach*
★ een ~e bocht *eine schwache Kurve* ● ECON.
flau
flauwekul *Quatsch* m
flauwerd *Kindskopf* m
flauwiteit *Kinderei* v
flauwte *Ohnmacht* v
flauwtjes *schwach*; *matt*
flauwvallen *in Ohnmacht fallen*; *ohnmächtig
werden*
fleece *Fleece* o
flegma *Phlegma* o
flegmatiek *phlegmatisch*
flemen *schmeicheln* [+3]
flensje *Pfannkuchen* m
fles *Flasche* v ★ BN op flessen trekken *auf
Flaschen ziehen*; *in Flaschen abfüllen* ▼ op de
fles gaan *Pleite machen* ▼ BN iem. op flessen
trekken *jmdn. betrügen*
flesopener *Flaschenöffner* m
flessen *verschaukeln*
flessenrek *Flaschenregal* o
flessentrekker *Schwindler* m
flessentrekkerij *Schwindel* m
flesvoeding *Flaschennahrung* v
flets ● dof *fahl*; *matt* ● BN flauw ⟨v. smaak enz.⟩
fade; *schal* ● ongezond *abgespannt*
fleur *Frische* v ★ de ~ is eraf *es hat seine Frische
verloren* ▼ de fine ~ *die Blüte*; *die Besten*; *die
Elite*
fleurig ● bloeiend *blühend*; *frisch*; *farbenfroh*
● fris/vrolijk *munter*; *heiter* ★ ~e kamer
heitere(s) Zimmer
Flevoland *Flevoland* o
Flevolands *flevoländisch*
flexibel ● buigbaar *flexibel*; *biegsam* ● PSYCH.
meegaand *flexibel*; *anpassungsfähig*
● variabel *variabel* ★ ~e werktijden *gleitende
Arbeitszeiten*
flexibiliteit *Flexibilität* v
flexie *Flexion* v
flexplek *flexibler Arbeitsplatz* m
flexwerk *Flexi-Arbeit* v
flexwerker *flexible(r) Arbeitnehmer* m;
Flexi-worker
flierefluiten *in den Tag hinein leben*

fl

flierefluiter *Nichtsnutz* m; *wie ein Luftikus/ Leichtfuß leben*; *auf die leichte Schulter nehmen*

flik • chocolaatje *Schokobohne* v • BN agent *Bulle* m

flikflooien *lobhudeln*; *schäkern*

flikken • klaarspelen *fertigbringen*; *deichseln* • streek leveren ★ wie heeft haar dat geflikt? *wer hat ihr diesen Dienst erwiesen?*

flikker *Schwule(r)* m ▼ iem. op zijn ~ geven *jmdm. die Jacke vollhauen* ▼ er geen ~ vanaf weten *keine blasse Ahnung davon haben*

flikkeren I OV WW smijten *pfeffern*; kippen II ON WW schitteren *glitzern*; *flimmern*

flikkering *Schimmer* m; *Flimmern* o

flikkerlicht *Blinklicht* o

flink I BNW • stevig *forsch*; *kräftig*; *stramm* • behoorlijk *hübsch*; *ordentlich*; *tüchtig* ★ een ~ eind *eine hübsche Strecke* ★ ~e som *bedeutende/erhebliche Summe* ★ een ~e aanloop nemen *einen langen Anlauf nehmen* • moedig *tapfer*; *beherzt*; *herzhaft* ★ ~e officier *schneidige(r) Offizier* ★ ~e vent *tüchtige(r) Kerl* II BIJW *gehörig*; *ordentlich*; *tüchtig* ★ iem. ~ de waarheid zeggen *jmdm. gehörig die Wahrheit sagen* ★ het regent ~ *es regnet gehörig/ordentlich* ★ het is ~ koud *es ist empfindlich kalt* ★ ~ zijn best doen *tüchtig arbeiten* ★ ik heb het ~ warm gekregen *mir ist ordentlich warm geworden*

flinter *hauchdünne Scheibe* v

flinterdun *hauchdünn*

flip-over *Flip-Chart* v

flippen • afknappen *satthaben*; *frustriert sein* • onwel worden door drugs *ausflippen*

flipperen *flippern*

flipperkast *Flipper* m

flirt • het flirten *Flirt* m; *Liebelei* v • persoon *Schäker* m ★ zij/hij is een ~ *sie/er flirtet gern*

flirten *flirten*

flits *Blitz* m

flitsen I OV WW fotografisch bekeuren *blitzen* II ON WW • oplichten *aufleuchten*; *zucken* • A-V flitser gebruiken *blitzen*

flitsend *blitzend*; *strahlend*

flitser *Blitzgerät* o

flitslamp *Blitzlampe* v

flitslicht *Blitzlicht* o

flitspaal *Radarfalle* v

flodder ▼ losse ~ (munitie) *Platzpatrone* v

flodderen *schlottern*

flodderig *schlottrig*

floep *schwupp!* ▼ ~ uit! *schon fertig!*

floepen *flutschen*

floers • waas *Schleier* m • stof *Flor* m; *Krepp* m

flonkeren *funkeln*

flonkering *Funkeln* o

flop *Reinfall* m; *Flop* m; (persoon) *Niete* v

floppen *misslingen*; *fehlschlagen*

floppydisk, floppy *Floppy Disk* v; *Floppy* v

floppydrive *Diskettenlaufwerk* o

flora *Flora* v

Florence *Florenz* o

floreren *florieren*; *blühen*

florissant *blühend*

flossdraad *Zahnseide* v

flossen die Zähne mit Zahnseide reinigen

flowerpower *Flower-Power* v

fluctueren *schwanken*; *fluktuieren*

fluim *Schleim* m

fluimen *spucken*

fluistercampagne *Flüsterkampagne* v

fluisteren • zacht zeggen *flüstern*; *raunen*; (boosaardig) *zischeln*; (geheimzinnig) *tuscheln* • gerucht verspreiden *flüstern*; *tuscheln*

fluistertoon *Flüsterton* m

fluit *Flöte* v

fluitconcert • concert *Flötenkonzert* o • afkeurend gefluit *Pfeifkonzert* o

fluiten I OV WW • roepen *pfeifen* ★ de hond ~ *dem Hund pfeifen* • SPORT *pfeifen* II ON WW • fluitgeluid maken *pfeifen* • op fluit spelen *flöten* ▼ daar kun je naar ~ *du hast das Nachsehen*; *das ist flöten gegangen*

fluitenkruid *Wiesenkerbel* m

fluitist *Flötenspieler* m; (beroeps) *Flötist* m

fluitje • signaal *Pfiff* m • → **fluit** ▼ dat is een ~ van een cent *das ist ein Kinderspiel*

fluitketel *Pfeifkessel* m

fluor *Fluor* o

fluoresceren *fluoreszieren*

fluorescerend *fluoreszierend*; *aufleuchtend*

fluoride *Fluorid* o

flut- ★ flutboek *Scharteke* v ★ een flutkrantje *ein Käseblatt* ★ een flutroman *ein billiger Schinken*

fluweel *Samt* m ▼ hij zit op ~ *er ist auf Rosen gebettet*

fluweelzacht *samtweich*

fluwelen *samten*; *Samt-*

fluwelig *samtig*

flyer *Flyer* m; *Handzettel* m

FM *Frequenzmodulation* v

fnuikend *fatal*

fobie *Phobie* v

focaal *fokal*; *Brenn...*

focus *Fokus* m

focussen *fokussieren*

foedraal *Futteral* o

foefelen BN rommelen *schlampen*

foefje *Trick* m; *Kniff* m

foei *pfui*

foeilelijk *abscheulich*; *potthässlich*

foerageren *Furage beschaffen*

foeteren *wettern*; *nörgeln*; *meckern*; *schimpfen*

foetsie *futsch*

foetus *Fetus* m; *Fötus* m

foeyonghai *Fu Yong Hai* m

föhn • haardroger *Fön* m • wind *Föhn* m

föhnen *föhnen*

fok *Fock* v

fokdier *Zuchttier* o

fokken *züchten*

fokkenmast *Fockmast* m

fokker *Züchter* m

fokkerij • het fokken *Zucht* v • fokbedrijf *Züchterei* v

fokstier *Zuchtbulle* m

folder *Faltblatt* o; *Prospekt* m

folie *Folie* v

foliumzuur *Foliumsäure* v

folk *Folk* m
folklore *Folklore* v
folkloristisch *folkloristisch*
follikel *Follikel* m
follow-up *Fortsetzung* v; MED. *Nachbehandlung* v
folteraar *Folterer* m
folteren *foltern*; *martern*
foltering *Folterung* v
folterwerktuig *Folterinstrument* o
fond *Fond* m; *Hintergrund* m
fondant ● suikergoed *Fondant* m ● BN pure chocolade *Zartbitterschokolade* v
fonds ● kapitaal *Fonds* m ● waardepapier *Wertpapier* o; *Fonds* m; *Effekten* mv ● stichting *Fonds* m; ⟨v. ziekenfonds⟩ *Kasse* v ★ het Internationaal Monetair Fonds *der Internationale Währungsfonds* ● boeken bij uitgever *Verlag* m
fondsenwerving *Kapitalbeschaffung* v
fondslijst *Verlagskatalog* m
fondue *Fondue* v
fonduen *Fondue essen*
fonduestel *Fondueset* o
fonetiek *Phonetik* v
fonetisch *phonetisch*; *lautlich*
fonkelen *funkeln*
fonkelnieuw *funkelnagelneu*
font *Schriftträger* m
fontanel *Fontanelle* v
fontein *Springbrunnen* m
fonteintje *Waschbecken* o
foodprocessor *Küchenmaschine* v
fooi *Trinkgeld* o
fooienpot *Trinkgeldkasse* v
foor BN *Jahrmarkt* m; *Kirmes* v
fopartikel *Scherzartikel* m
foppen *foppen*
fopspeen *Schnuller* m
forceren I OV WW ● doordrijven *forcieren*; *erzwingen* ★ geforceerde mars *Gewaltmarsch* m ● door geweld openen *aufbrechen*; *sprengen* II WKD WW [zich ~] *sich überanstrengen*
forel *Forelle* v
forens *Pendler* m
forensisch *gerichtlich*
forenzen *pendeln*
forfait *Pauschale* v; *Pausch(al)betrag* m ▼ BN, SPORT ~ geven *nicht erscheinen*
forfaitair BN vast, overeengekomen *pauschal*
formaat *Format* o
formaliseren *formalisieren*; *eine feste Form geben* [+3]
formalisme *Formalismus* m
formaliteit ● uiterlijke vorm *Formalität* v ● voorgeschreven gewoonte *Formsache* v; *Formalität* v
formateur *mit der Regierungsbildung Beauftragte(r)* m
formatie *Formation* v
formatieplaats *Planstelle* v
formatteren *formatieren*
formeel ● de vorm betreffend *formal* ● officieel *formell*; *förmlich*
formeren ● vormen *formen* ● opstellen *formieren*; *bilden*

formica *Kunststoffplatte* v; *Kunststoff* m
formidabel *fabelhaft*; *formidabel*; *außergewöhnlich*
formule ● OOK FIG. recept *Formel* v ● klasse in racerij ★ Formule 1 *Formel-1*
formuleren *formulieren*
formulering *Formulierung* v
formulier *Formular* o; *Formblatt* o ★ een ~ invullen *ein Formular ausfüllen*
fornuis *Herd* m ★ elektrisch ~ *Elektroherd* m
fors *kräftig*; *stark*
forsgebouwd *kräftig (gebaut)*
forsythia *Forsythie* v
fort¹ *Fort* o
fort² ⟨zeg: fòòr⟩ ★ dat is niet mijn fort *das ist nicht meine Stärke*
forte *forte*
fortificatie ● het fortificeren *Befestigung* v ● vestingwerk *Befestigungswerk* o
fortuin ● geluk *Glück* o ● vermogen *Vermögen* o
fortuinlijk *glücklich* ★ ~ zijn *Glück haben*
fortuinzoeker *Glückssucher* m
forum ● plaats/plein *Forum* m ● discussiebijeenkomst *Forum* o
forumdiscussie *Podiumsdiskussion* v
forwarden *forwarden*; *weiterleiten*
fosfaat *Phosphat* o
fosfaatvrij *phosphatfrei*
fosfor *Phosphor* m
fosforesceren *phosphoreszieren*
fosforescerend *phosphoreszierend*
fosforhoudend *phosphorhaltig*
fossiel I ZN [het] *Fossil* o II BNW *fossil*
foto *Foto* o ★ een foto nemen *ein Foto machen*
fotoalbum *Fotoalbum* o
fotoautomaat *Fotoautomat* m
foto-elektrisch *fotoelektrisch*
fotofinish *Fotofinish* o
fotogeniek *fotogen*
fotograaf *Fotograf* m
fotograferen *fotografieren*
fotografie *Fotografie* v
fotografisch *fotografisch*
fotohandelaar *Fotohändler* m
fotojournalist *Fotoreporter* m
fotokopie *Fotokopie* v
fotokopieerapparaat *Kopierer* m; *Fotokopierer* m; *Kopiergerät* o
fotokopiëren *fotokopieren*
fotomodel *Fotomodell* o
fotomontage *Fotomontage* v
foton *Photon* o
fotoreportage *Bildbericht* m; *Bildberichterstattung* v
fotorolletje *Film* m
fotosafari *Fotosafari* v
fotosynthese *Fotosynthese* v
fototoestel *Fotoapparat* m; *Kamera* v
fotozaak *Fotogeschäft* o
fouilleren *durchsuchen* ★ iem. op wapens ~ *jmdn. nach Waffen durchsuchen*
foulard ● kleed over bank of stoel *Foulard* m ● halsdoekje *Halstuch* o; *Kopftuch* o
foundation *Grundierung* v

fourneren ● verschaffen *verschaffen* ● geld storten *einzahlen*
fournituren *Zutaten* mv; ‹kleding› *Kurzwaren* mv
fout I ZN [de] ● onjuistheid *Fehler* m ● misslag *Verstoß* m **II** BNW *falsch*; *verkehrt*
foutief *fehlerhaft*; *falsch*
foutloos *fehlerlos*; *fehlerfrei*
foutmelding *Falschmeldung* v; *Fehlermeldung* v
foutparkeren *falsch parken*
foxterriër *Foxterrier* m
foxtrot *Foxtrott* m
foyer *Foyer* o; *Wandelhalle* v
fraai *schön*; *hübsch*; *nett* ★ dat is een ~e boel *das ist ein schöner Schlamassel*
fractie ● POL. *Fraktion* v ● onderdeel *Bruchteil* m ★ de koersen waren een ~ hoger *die Kurse waren um einen Bruchteil höher*
fractieleider *Fraktionsvorsitzende(r)* m; *Fraktionsführer* m
fractievoorzitter *Fraktionsvorsitzende(r)* m
fractuur *Fraktur* v
fragiel *zerbrechlich*; *fragil*
fragment *Fragment* o
fragmentarisch *fragmentarisch*
fragmenteren *fragmentieren*
framboos ● vrucht *Himbeere* v ● struik *Himbeerstrauch* m
frame *Rahmen* m; *Gestell* o
Française *Französin* v
franchise *Franchise* v
franchisegever *Franchisegeber* m
franchisenemer *Franchiser* m; *Franchisenehmer* m
franciscaan *Franziskaner* m
franciscaner I BNW *franziskanisch* **II** ZNW *Franziskaner* m
franco *frei*; *franko* ★ ~ vracht en rechten *fracht- und zollfrei*
francofiel *frankreichfreundlich*; *franzosenfreundlich*; *frankophil*
francofoob *frankophob*
francofoon *frankophon*
franje ● versiering *Fransen* mv ● bijzaken *Geschnörkel* o; ‹gezeur› *leere(s) Gerede* o
frank I ZN [de] munt ‹Frans, Belgisch› *Franc* m; ‹Zwitsers› *Franken* m **II** BNW **▼** ~ en vrij *frank und frei*
frankeermachine *Frankiermaschine* v; *Stempelmaschine* v
frankeren *frankieren*; *freimachen*
frankering *Frankierung* v
Frankisch *fränkisch*
Frankrijk *Frankreich* o
Frans I BNW m.b.t. Frankrijk *französisch* **II** ZN [het] taal *Französisch(e)* o
frans ▼ vrolijke ~ *Bruder* m *Lustig*
Frans-Guyana *Französisch-Guyana* o
Fransman *Franzose* m
Frans-Polynesië *Französisch-Polynesien* o
Franstalig *französischsprachig*; *in/auf Französisch*
frappant *frappant*
frapperen *frappieren*
frase *Phrase* v **▼** holle ~n *leere Phrasen*
fraseren *phrasieren*; *ausdrücken*

frater *Frater* m
frats ★ en nu is het afgelopen met die ~en! *jetzt ist aber Schluss mit dem Unsinn!* ★ ~en uithalen *labern*
fraude *Betrug* m
fraudebestendig *fälschungssicher*; *betrugssicher*
frauderen *betrügen*
fraudeteam *Betrugsdezernat* o
fraudeur *Betrüger* m
frauduleus *betrügerisch*
freak *Freak* m
freelance *freiberuflich* ★ ~ medewerker *freie(r) Mitarbeiter* m
freelancen *freiberuflich arbeiten*
freelancer *Freiberufler* m
frees *Fräse* v
freewheelen ● het kalm aan doen *faulenzen*; *bummeln* ● in vrijloop fietsen *im Freilauf fahren*
fregat *Fregatte* v
frêle *zart*; *zerbrechlich*; *fragil*
frequent *frequent*; *häufig*
frequenteren *frequentieren*
frequentie *Frequenz* v
fresco *Fresko* o; *Freske* v
fresia *Freesie* v
fret I ZN [de] boor *Nagelbohrer* m **II** ZN [het] dier *Frettchen* o; *Frettwiesel* o
freudiaans *freudianisch* ★ ~e verspreking *freudsche Fehlleistung* v
freule *Freifräulein* o; *Freiin* v
frezen *fräsen*
fricandeau CUL. *Fricandeau* o; CUL. *Nuss* v
fricassee BN, CUL. ≈ ragout ≈ *Ragout* o
frictie *Friktion* v; *Reibung* v
friemelen *fummeln*
Fries I BNW m.b.t. Friesland *friesisch* **II** ZN [de] bewoner *Friese* m **III** ZN [het] taal *Friesisch(e)* o
fries *Fries* o
Friesland *Friesland* o
friet *Pommes frites* mv; INFORM. *Pommes* mv; INFORM. *Fritten* mv
frietketel BN *friteuse Fritteuse* v
frietkot BN → **frietkraam**
frietkraam, friettent *Pommesbude* v; *Frittenbude* v
frietsaus *Mayonnaise* v
Friezin *Friesin* v
frigide *frigid(e)*
frigo BN koelkast *Kühlschrank* m
frigobox BN koelbox *Kühlbox* v
frik *Schulmeister* m; *Pauker* m
frikadel *Frikadelle* v
fris ● koel *kühl* ● zuiver en schoon *frisch* **▼** ik voel me zo fris als een hoentje *ich fühl mich munter wie ein Fisch im Wasser*
frisbee *Frisbee* o
frisbeeën *Frisbee* o *spielen*
frisco BN *chocolade-ijsje Eis* o
frisdrank *Erfrischungsgetränk* o
frisheid *Frische* v; *Kühle* v
frisjes *ziemlich kühl*
frites ● → **friet**
friteuse *Fritteuse* v
frituren *frittieren*
friturist BN *frietkraamhouder*

Pommesbudenbesitzer m
frituur • BN gefrituurd voedsel *Frittierte* o • BN
patatkraam *Frittenbude* v; *Imbiss* m
frituurpan *Fritteuse* v
frituurvet *Frittierfett* o
frivoliteit *Leichtsinnigkeit* v; *Frivolität* v;
Leichtfertigkeit v
frivool *frivol*
fröbelen *herumbasteln*; *herumkramen*
frommelen I ov ww verkreukelen *(zer)knittern*;
(zer)knüllen **II** ON ww friemelen *fummeln*
frons *Falte* v
fronsen *runzeln*
front *Front* v
frontaal *frontal*
frontlijn *Frontlinie* v
frontlinie *Frontlinie* v
frontsoldaat *Frontsoldat* m
fructose *Fruchtzucker* m
fruit *Obst* o
fruitautomaat *Spielautomat* m
fruitboom *Obstbaum* m
fruiten *bräunen*
fruithapje *Obstgläschen* o
fruitig *fruchtig*
fruitmes *Obstmesser* o
fruitsalade *Obstsalat* m
fruitsap BN, CUL. vruchtensap *Obst-/Fruchtsaft* m
fruitschaal *Obstschale* v
frunniken *herumfummeln* **(aan** an) [+3]
frustratie *Frustration* v
frustreren *frustrieren*
frutselen *herumfingern*
f-sleutel *F-Schlüssel* m
FTP *FTP* o
FTP-server *FTP-Server* m
fuchsia *Fuchsie* v
fuck *scheiße* ▼ geen fuck *kein Furz*
fuga *Fuge* v
fuif *Fete* v; *Party* v ★ een fuif geven *eine*
Party/Fete steigen lassen
fuifnummer *Bummler* m
fuik *Reuse* v
fuiven • feesten *feiern*; ⟨met veel drank⟩
zechen; ⟨met veel eten⟩ *schmausen*
• trakteren *spendieren*
full colour *vielfarbig*
full speed *mit Höchstgeschwindigkeit* v; *Vollgas*
o
fulltime *ganztägig* ★ ~ baan
Ganztagsbeschäftigung v ★ ~ onderwijs
Ganztagsunterricht m ★ een ~ job *ein*
Fulltime-Job
fulmineren *wettern*; *toben*
functie • werking *Funktion* v • betrekking *Amt*
o; *Stellung* v; *Stelle* v ▼ BN in ~ van *angesichts*
[+2]; *in Anbetracht* [+2]
functieomschrijving *Beschreibung* v *des*
Tätigkeitsfeldes
functietoets *Funktionstaste* v
functionaris *Amtsträger* m; *Amtsinhaber* m;
Funktionär m
functioneel *funktionell*
functioneren *funktionieren*
functioneringsgesprek *Beurteilungsgespräch* o
fundament *Fundament* o

fundamentalisme *Fundamentalismus* m
fundamentalist *Fundamentalist* m
fundamentalistisch *fundamentalistisch*
fundamenteel *fundamental*; *grundlegend*
funderen • fundering aanbrengen *fundieren*
• baseren *begründen*
fundering • het funderen *Fundieren* o
• fundament *Fundierung* v • grondslag
Grund m
fundraising *Kapitalbeschaffung* v
funest *fatal*; *verhängnisvoll*
fungeren *fungieren* ★ ~d burgemeester
amtierende(r) Bürgermeister m
funk *Funk* m
furie *Furie* v
furieus *wütend*; *tobend*
furore ★ ~ maken *Furore machen*
fuseren, BN **fusioneren** *fusionieren*
fusie *Fusion* v ★ een ~ aangaan met *fusionieren*
mit
fusilleren *füsilieren*; *standrechtlich erschießen*
fust • verpakking *Verpackung* v ★ met leeg fust
mit Leerpackung • vat *Fass* o • wijn op fust
Wein in Fässern
fut *Energie* v; *Kraft* v; *Tatkraft* v ★ er zit geen
fut in die vent *er hat keinen Mumm in den*
Knochen
futiel *unbedeutend*; *nichtig*
futiliteit *Bagatelle* v; *Lappalie* v; *Nichtigkeit* v
futloos *energielos*; *kraftlos*; *ohne Saft und Kraft*
futurisme *Futurismus* m
futuristisch *futuristisch*
fuut *Haubentaucher* m; *Lappenfuß* m
fysica *Physik* v
fysicus *Physiker* m
fysiek I BNW lichamelijk *physisch* **II** ZN [het]
Physis v
fysiologie *Physiologie* v
fysiologisch *physiologisch*
fysiotherapeut • iemand die fysiotherapie
toepast *Physiotherapeut* m; *Krankengymnast*
m • BN revalidatiearts *Rehabilitationsarzt* m
fysiotherapie *Physiotherapie* v;
Krankengymnastik v
fysisch *physikalisch*

fy

G

g • letter *G* o ★ de g van Gerard *G wie Gustav*
• muzieknoot *g* o
gaaf I BNW • ongeschonden *rein; vollständig; ganz; makellos* • prachtig *toll; irre; stark; klasse* **II** BIJW *voll und ganz*
gaai ★ Vlaamse gaai *Eichelhäher* m
gaan I ON WW • in beweging zijn *gehen;* ⟨met voertuig⟩ *fahren;* ⟨met vliegtuig⟩ *fliegen* ★ we hebben nog twee dagen te gaan *wir haben noch zwei Tage vor uns* ★ we gaan morgen op vakantie *wir fahren morgen in Urlaub* ★ het was een komen en gaan *es war ein Kommen und Gehen* • weggaan ★ dat traject gaat door de bergen *die Strecke führt durch die Berge* • beginnen met *anfangen* ★ we gaan werken *wir gehen an die Arbeit* ★ dadelijk gaat hij huilen *gleich fängt er an zu weinen* ★ ik ga zitten *ich setze mich* ★ ik ga me gauw omkleden *ich ziehe mich schnell um* ★ groter gaan wonen *eine größere Wohnung beziehen* ★ ga hem zeggen *sage ihm* ★ zij is hem gaan afhalen *sie holt ihn gerade ab* • functioneren *gehen; laufen* ★ de bel gaat *es klingelt* ★ de telefoon gaat *das Telefon läutet* • passen ★ er gaan zes appels in een kilo *sechs Äpfeln geben ein Kilo* • ~ **naar** consulteren ★ naar de dokter gaan *zum Arzt gehen* • ~ **over** als onderwerp hebben *handeln von* ★ over wie gaat het? *von wem handelt es?* ★ het boek gaat over Napoleon *das Buch handelt von Napoleon* ▼ naar de haaien/knoppen gaan *vor die Hunde gehen* **II** ONP WW • gesteld zijn ★ het ga je goed! *machs gut!* ★ hoe gaat het met je? *wie gehts dir?* ★ hoe gaat het op de zaak? *was macht das Geschäft?* ★ het gaat naar wens *es geht wunschgemäß/nach Wunsch* • ~ **om** ★ daar gaat het (niet) om *darum geht es (nicht)*
gaande • in beweging *in Bewegung; in Gang* ★ een gesprek ~ houden *ein Gespräch in Gang halten* • aan de gang *los* ★ wat is er ~? *was ist los?*
gaandeweg *nach und nach; allmählich*
gaap *Gähnen* o
gaar • voldoende toebereid *gar* ★ te gaar *zu gar* • duf *fertig; müde*
gaarkeuken *Garküche* v
gaarne *gerne*
gaas • weefsel *Gaze* v • vlechtwerk van metaal *Drahtgeflecht* o
gaasje *Kompresse* v; *Gazebinde* v
gaatje • gat in tand *Loch* o • → **gat**
gabber *Kumpel* m
Gabon *Gabun* o
Gabonees *gabonisch*
gade *Gatte* m
gadeslaan *beobachten*
gadget *Gadget* o; *Nippsache* v
gading *Geschmack* m ★ er is niets van mijn ~ bij *es ist nichts nach meinem Geschmack dabei; es ist nichts dabei, was mir gefällt*
gadsie *igitt!*

gadver *Mist!*
gadverdamme *Mist!*
Gaelic *Gälisch* o
gaffel • gereedschap *Heugabel* v • SCHEEPV. *Gaffel* v
gage ⟨v. scheepsvolk⟩ *Heuer* v; ⟨v. kunstenaars⟩ *Gage* v
gaine BN *Hüfthalter* m
gajes *Gesindel* o; *Pack* o
gal *Galle* v ▼ zijn gal spuwen *Gift und Galle speien*
gala • feest *prunkvolle(s) Fest* o; ⟨hoffeest⟩ *Fest* o *am Hofe* • kleding *Gala* v; ⟨voor vrouwen⟩ *Galakleid* o; ⟨voor mannen⟩ *Galaanzug* m
galabal *Galaball* m
galactisch *galaktisch*
galakostuum *Galaanzug* m
galant *galant; höflich*
galapremière *Galapremiere* v; *Galaerstaufführung* v
galavoorstelling *Galaaufführung* v; *Galavorstellung* v
galblaas *Gallenblase* v
galei *Galeere* v
galerie *Galerie* v
galeriehouder, BN **galerijhouder** *Galerist* o
galerij • overdekte gang *Galerie* v • BN, KUNST galerie *Galerie* v
galerijflat *Laubenganghaus* o
galg *Galgen* m ▼ hij groeit op voor galg en rad *er wird noch mal am Galgen enden*
galgenhumor *Galgenhumor* m
galgenmaal *Henkersmahlzeit* v
galgje • spelletje *Galgen* m; *Galgenspiel* o • → **galg**
galjoen *Galeone* v
gallicisme *Gallizismus* m
Gallië *Gallien* o
Galliër *Gallier* m
Gallisch *gallisch*
gallisch ▼ daar word ik ~ van *das stößt mir sauer auf*
galm • klank *Klang* m; *Schall* m • echo *Widerhall* m; *Hall* m
galmen I OV WW zingen *erschallen lassen* ★ een lied ~ *ein Lied schmettern* **II** ON WW • luid klinken *hallen;* ⟨er⟩*schallen* • weerkaatsen *(wider)hallen*
galon *Galon* m; *Tresse* v
galop *Galopp* m ★ in ~ *im Galopp*
galopperen *galoppieren*
galsteen *Gallenstein* m
galvanisch *galvanisch*
galvaniseren *galvanisieren;* ⟨met zink⟩ *verzinken*
galzuur *Gallensäure* v
gamba *Shrimp* m
Gambia *Gambia* o
Gambiaans *von Gambia*
game *Spiel* o; ⟨tennis⟩ *Satz* m
gamen *gamen*
gamer *Gamer* m
gamma I ZN [de] letter *Gamma* o **II** ZN [het] • reeks *Skala* v • BN assortiment *Sortiment* o; *Warenangebot* o
gammaglobuline *Gammaglobulin* o

gammastraling *Gammastrahlung* v
gammawetenschap *Gesellschaftswissenschaft* v
gammel ● niet stevig *klapp(e)rig*; *hinfällig*; *gebrechlich*; *wack(e)lig*; ⟨v. gebouwen⟩ *baufällig* ● slap, lusteloos *ermattet*
gang ● doorloop *Gang* m; *Flur* m; *Korridor* m ● manier van gaan *Gang* m ● verloop ★ de normale gang van zaken *die übliche Prozedur* ● deel van menu *Gang* m ● beweging ★ aan de gang blijven *kein Ende nehmen wollen* ★ aan de gang gaan met iets *mit etw. anfangen* ★ iets is aan de gang *etw. ist im Gange* ★ hier is iets aan de gang *hier ist etw.* *los* ★ in volle gang *in vollem Gang* ● snelheid *Tempo* o ★ er gang achter zetten *einen Gang zulegen* ● m.b.t. gedrag, handelen ★ ga je gang *bitte sehr!* ★ ga uw gang *bitte sehr!* ★ zijn gang gaan *seinen Weg gehen* ★ zijn eigen gang gaan *seine eigenen Wege gehen* ★ iem. zijn gang laten gaan *jmdn. gewähren lassen* ★ alles gaat gewoon zijn gang *alles läuft wie üblich* ★ iemands gangen nagaan *jmds. Tun und Treiben verfolgen* ● → **gangetje**
gangbaar ● gebruikelijk *gängig* ★ de gangbare aanpak *die gängige/übliche Handlungsweise* ★ de gangbare opvatting *die herrschende/gängige Meinung* ● ECON. in omloop *gängig* ★ een gangbare munt *eine gängige Münze* ● ECON. veel gekocht *gängig* ★ gangbare koopwaar *(markt)gängige Ware*
gangboord *Laufgang* m
gangenstelsel *Komplex* m *von Gängen*
gangetje ● snelheid *Tempo* o ★ het gaat met een aardig ~ *es geht in flottem Tempo* ● voortgang *Gang* m ★ alles gaat z'n ~ *die Sache geht ihren Gang*
gangkast *Flurschrank* m
gangmaker ● SPORT *Schrittmacher* m; ⟨paardensport⟩ *Pacemacher* m ● ijveraar *Schrittmacher* m ★ hij was de ~ van het feest *er war die Stimmungskanone der Party*
gangpad *Durchgang* m
gangreen *Gangrän* v
gangstarap *Gangstarap* m
gangster *Gangster* m
gangsterfilm *Gangsterfilm* m
gans I ZN [de] ● vogel *Gans* v ★ wilde gans *Wildgans* v ★ grauwe gans *Graugans* v ● persoon *dumme Gans* v **II** BNW BN *ganz*
ganzenbord *Gänsespiel* o
ganzenlever *Gänseleber* v
ganzenpas *Gänseschritt* m
ganzerik ● PLANTK. *Gänsefingerkraut* o ● mannetjesgans *Gänserich* m
gapen ● geeuwen *gähnen* ● dom toekijken *gaffen* ● dreigend geopend zijn *klaffen* ★ ~de afgrond *gähnende(r) Abgrund* m ★ een ~de wond *eine klaffende Wunde*
gappen *klauen*
garage ● autostalling *Garage* v ● werkplaats *Werkstatt* v; *Autowerkstatt* v
garagehouder, BN **garagist** *Inhaber* m *einer Autowerkstatt*
garanderen *garantieren*; *gewährleisten*; *verbürgen*
garant *Bürge* m; *Garant* m ★ zich voor

iemand/iets ~ stellen *sich für jmdn./etw. verbürgen* ★ voor iemand/iets ~ staan *für jmdn./etw. bürgen*
garantie *Garantie* v; *Gewähr* v ★ ~ geven *Garantie geben*
garantiebewijs *Garantieschein* m
garantiefonds *Garantiefonds* m
garde *Garde* v ★ hij is nog van de oude ~ *er ist noch einer von der alten Garde*
garderobe ● klerenbewaarplaats *Garderobe* v ● kleren *Garderobe* v
gareel *Kummet* o ▼ iem. in het ~ brengen *jmdn. zur Ordnung rufen*
garen I ZN [het] *Garn* o; ⟨getwijnd⟩ *Zwirn* m **II** BNW *zwirnen*
garnaal *Garnele*; *Krabbe* v
garnalencocktail *Krabbencocktail* m
garneren *garnieren*; *verzieren*; *(aus)schmücken*; ⟨met bont⟩ *verbrämen*
garnering *Besatz* m; ⟨kleding⟩ *Garnierung* v; ⟨bont⟩ *Verbrämung* v
garnituur ● garneersel *Verzierung* v; *Garnitur* v; ⟨v. eten⟩ *Garnierung* v ● set voorwerpen *Garnitur* v; *Satz* m
garnizoen ● legerafdeling *Garnison* v ● standplaats *Quartier* o; *Garnison* v; *Standort* m
gas *Gas* o ▼ vol gas *Vollgas* o ▼ gas geven *Gas geben* ▼ gas terugnemen/minderen *Gas zurücknehmen*
gasaansteker *Gasanzünder* m
gasbedrijf *Gaswerk* o; *Gasanstalt* v
gasbel *Gasblase* v
gasbrander *Gasbrenner* m
gasexplosie *Gasexplosion* v
gasfabriek *Gaswerk* o
gasfitter *Gasinstallateur* m
gasfles *Gasflasche* v
gasfornuis *Gasherd* m
gaskachel *Gasofen* m
gaskamer *Gaskammer* v
gaskraan *Gashahn* m
gasleiding *Gasleitung* v
gaslek *Leck* o *in der Gasleitung*
gasmasker *Gasmaske* v
gasmeter *Gaszähler* m
gasolie *Gasöl* o
gasoven *Gasofen* m
gaspedaal *Gaspedal* o
gaspit ● vlam *Gasflamme* v ● brander *Gasbrenner* m ★ fornuis met twee ~ten *zweiflammige(r) Gasherd* m
gasslang *Gasschlauch* m
gasstel *Gaskocher* m
gast ● bezoeker *Gast* m ★ ongenode gasten *ungebetene(n) Gäste* ★ als gast optreden in de schouwburg *im Theater gastieren* ★ te gast zijn *zu Gast sein* ● gozer *Bursche* m ★ ruwe gast *rohe(r) Bursche* m ● vrolijke gast *lustige(r) Geselle* m ▼ BN volle gast *Gehilfe* m; *Geselle* m
gastarbeider *Gastarbeiter* m
gastcollege *Gastvorlesung* v
gastdocent *Gastdozent* m
gastenboek *Gästebuch* o
gastenverblijf *Gästehaus* o
gastgezin *Gastfamilie* v

gastheer *Gastgeber* m
gasthuis *Krankenhaus* o
gastland *Gastland* o
gastmaal *Gastmahl* o
gastoevoer ⟨door gasbuis⟩ *Gaszufuhr* v; ⟨het zorgen voor gas⟩ *Gasversorgung* v
gastoptreden *Gastspiel* o
gastouder *Pflegeeltern* mv
gastritis *Gastritis* v
gastrol *Gastrolle* v
gastronomie *Gastronomie* v
gastronomisch *gastronomisch*
gastspreker *Gastredner* m
gastvrij *gastfreundlich; gastfrei*
gastvrijheid ● gastvrij gedrag *Gastlichkeit* v; *Gastfreundlichkeit* v ● herberging *Gastfreundschaft* v; *Gastfreiheit* v
gastvrouw *Gastgeberin* v
gasvlam *Gasflamme* v
gasvormig *gasförmig*
gasvuur BN *gasfornuis Gasherd* m
gat ● opening *Loch* o ● gehucht *Kuhdorf* o; *Kaff* o ● achterwerk *Hintern* m; VULG. *Arsch* m ● → **gaatje** ▼ iem. in de gaten hebben *jmdn. durchschauen* ▼ zij had het direct in de gaten *sie hat es sofort durchschaut* ▼ iem. in de gaten houden *jmdn. im Auge behalten* ▼ zij kreeg iets in de gaten *ihr gingen die Augen auf* ▼ in de gaten lopen *auffallen; ins Auge springen* ▼ BN met zijn gat in de boter vallen *Schwein/Glück haben* ▼ die zaak ligt op zijn gat *die Sache ist im Arsch/Eimer* ▼ niet voor één gat te vangen zijn *von allen Hunden gehetzt sein* ▼ het ene gat met het andere dichten *das eine Loch zu- und ein anderes aufmachen* ▼ een gat in de lucht springen *einen Luftsprung machen; vor Freude an die Decke springen* ▼ een gat in de dag slapen *bis in die Puppen schlafen* ▼ ik zie er geen gat in *ich bin mit meiner Kunst am Ende* ▼ hij heeft een gat in zijn hand *das Geld rinnt ihm durch die Finger; er wirft das Geld zum Fenster hinaus*
gatenkaas *Käse* m *mit Löchern*
gatenplant *Monstera* v
gauw I BNW *schnell* II BIJW ● snel *rasch; schnell* ★ te gauw oordelen *voreilig urteilen* ● binnenkort *bald*
gauwdief *Gauner* m; HUMOR. *Spitzbube* m
gauwigheid ★ in de ~ *in der Eile*
gave ● talent *Gabe* v ★ de gave van het woord *die Eloquenz* v ● geschenk *Geschenk* o; *Gabe* v
gay I ZN *Gay* m; *Schwule(r)* m II BNW *gay; schwul*
gaybar *Schwulenbar* v
Gaza *Gaza* o
Gazastrook *Gazastreifen* m
gazelle *Gazelle* v
gazon *Rasen* m
GB *GB*
ge ● → **gij**
geaard ● met aardleiding *geerdet* ● van aard *veranlagt*
geaardheid *Natur* v ★ seksuele ~ *sexuelle Veranlagung*
geacht *angesehen; geachtet; verehrt* ★ ~e heer *sehr geehrter Herr* ★ ~e vergadering! *sehr*

verehrte Anwesende!
geadresseerde *Empfänger* m
geaffecteerd *affektiert*
geagiteerd *aufgeregt; erregt*
geallieerden *Alliierten* mv
geamuseerd *amüsiert*
geanimeerd *lebhaft; angeregt* ★ een ~ gesprek *eine angeregte/lebhafte Unterhaltung*
gearmd *Arm in Arm; eingehakt*
geavanceerd *fortschrittlich*
gebaar ● beweging *Gebärde* v ● uitdrukking *Geste* v ★ met een breed ~ *mit großer Geste*
gebak *Kuchen* m; *Gebäck* o
gebakje *Gebäck* o
gebakstel ≈ *ein Satz Kuchenteller*
gebaren *gestikulieren*
gebarentaal *Gebärdensprache* v
gebed *Gebet* o ▼ het is een ~ zonder einde *es nimmt kein Ende*
gebedsgenezer *Gesundbeter* m
gebeente *Knochengerüst* o; *Gebeine* mv ▼ wee je ~! *wehe dir!*
gebeiteld ▼ ik zit ~ *ich sitze fest im Sattel*
gebekt ▼ goed ~ zijn *nicht auf den Mund gefallen sein*
gebelgd *verstimmt; verärgert*
gebenedijd ● → **woord**
gebergte *Gebirge* o
gebeten ● → **bijten** ▼ ~ zijn op iem. *einen Groll gegen jmdn. hegen*
gebeuren I ON WW ● plaatsvinden *geschehen; zutragen; sich ereignen; passieren* ★ wat gebeurd is, is gebeurd *vorbei ist vorbei* ★ dat mag nooit meer ~ *das darf nie wieder geschehen* ★ wat gebeurt hier nou? *was geht hier vor?* ● overkómen *widerfahren; zustoßen; passieren; geschehen* ★ het zal je maar ~ ≈ *das ist kein Vergnügen* ★ wat is er met haar gebeurd? *was ist ihr denn passiert?* ★ dat zal me niet weer ~ *das wird mir nicht noch einmal passieren* ● gedaan worden *geschehen; getan werden* ★ het is gebeurd *es ist erledigt* II ZN [het] *Vorfall* m; *Geschehen* o; *Ereignis* o
gebeurtenis *Vorfall* m; *Ereignis* o ★ dagelijkse ~sen *alltägliche Geschichten* ★ het concert was een ~ *das Konzert war ein Ereignis* ★ een vreemde ~ *eine seltsame/merkwürdige Geschichte* ★ blijde ~ *freudige(s) Ereignis* o
gebied ● streek *Gebiet* o ★ beschermd ~ *Schutzgebiet* o ● grondgebied *Territorium* o; ⟨v. een land⟩ *Hoheitsgebiet* o; ⟨v. een land⟩ *Staatsgebiet* o ● kennisterrein *Gebiet* o; *Bereich* m; *Branche* v; ⟨vakgebied⟩ *Disziplin* v; ⟨vakgebied⟩ *Fachgebiet* o ★ dat ligt niet op mijn ~ *das fällt nicht in meinen Bereich*
gebieden I OV WW ● gelasten te *gebieten; befehlen* ★ voorzichtigheid is geboden *es ist Vorsicht geboten* ★ kiesheid gebiedt haar te zwijgen *Takt gebietet ihr zu schweigen* ● TAALK. → **wijs** II ON WW heersen *gebieten; herrschen; walten* ★ hij beschikt en gebiedt over alles *er schaltet und waltet über alles*
gebit *Gebiss*
gebitsverzorging *Zahnpflege* v
geblaat *Geblöke* o
gebladerte *Laub* o; *Blätter* mv

geblèr • ⟨v. mens⟩ *Geblärre* o • ⟨v. schaap⟩ *Geblöke* o
geblesseerd *verletzt*
gebloemd *geblümt*
geblokt *kariert; gewürfelt*
gebocheld *bucklig*
gebod *Gebot* o ★ de tien ~en *die Zehn Gebote; der Dekalog*
gebodsbord *Gebotsschild* o
gebogen I BNW • krom *gebeugt* ★ met ~ hoofd *mit gebeugtem Kopf* • WISK. *gebogen* **II** BIJW ★ ~ lopen *krumm laufen*
gebonden • gehouden *gebunden* • ingebonden *gebunden* • niet dun *sämig*
geboomte *Bäume* mv
geboorte • het geboren worden *Geburt* v ★ sinds zijn ~ blind *von Geburt an blind* • afkomst ★ hij is Berlijner van ~ *er ist gebürtiger Berliner*
geboorteakte *Geburtsurkunde* v
geboortebeperking *Geburtenbeschränkung* v
geboortebewijs *Geburtsurkunde* v
geboortecijfer *Geburtenziffer* v ★ daling van het ~ *Geburtenrückgang* m
geboortedag *Geburtstag* m
geboortedaling *Geburtenrückgang* m
geboortedatum *Geburtsdatum* m
geboortegolf *Babyboom* m
geboortehuis *Geburtshaus* o
geboortejaar *Geburtsjahr* o
geboortekaartje *Geburtsanzeige* v
geboorteoverschot *Geburtenüberschuss* m
geboorteplaats *Geburtsort* m
geboorterecht *Geburtsrecht* o
geboorteregeling *Geburtenregelung* v
geboorteregister *Geburtenregister* o
geboren • ter wereld gebracht ★ ~ en getogen zijn in Utrecht *geboren und aufgewachsen sein in Utrecht* ★ een ~ Fransman *ein gebürtiger Franzose* ★ Mevrouw L., ~ K. *Frau L., geborene K.* • van nature ★ een ~ dichter *ein geborener Dichter*
geborgen *geborgen*
geborgenheid *Geborgenheit* v
geborneerd *borniert; engstirnig*
gebouw *Gebäude* o
gebraad *Braten* m
gebrand ▼ ~ zijn op *erpicht/begierig sein auf* [+4]
gebrek • gemis *Mangel* m ★ bij ~ aan *in Ermangelung* [+2]; *mangels* [+2] ★ bij ~ aan beter *in Ermangelung eines Besseren* ★ hij heeft ~ aan geld *es mangelt ihm an Geld* ★ bij ~ aan geld *aus Geldmangel* • mankement *Mangel* m ★ een apparaat zonder ~en *ein einwandfreier Apparat* ★ een (technisch) ~ verhelpen *(technische) Mängel beheben* ★ (technische) ~en vertonen *(technische) Mängel aufweisen* ▼ in ~e blijven *in Verzug bleiben*
gebrekkig • onvolkomen *mangelhaft* ★ ~e kennis *unzulängliche(n) Kenntnisse* • invalide *gebrechlich*
gebroeders *Brüder* mv; ECON. *Gebrüder* mv ★ de ~ Grimm *die Brüder Grimm*
gebroken • kapot *gebrochen* • uitgeput *gerädert* ★ ik ben ~ *ich fühle mich gerädert*

gebruik • het benutten *Gebrauch* m ★ het ~ van de bibliotheek *die Benutzung der Bibliothek* ★ het ~ van een bepaalde methode *die Anwendung einer bestimmten Methode* ★ buiten ~ *außer Betrieb* ★ in ~ geven *zum Gebrauch überlassen* ★ voor eigen ~ *für den persönlichen Bedarf* ★ ~ maken van *Gebrauch machen von*; *gebrauchen* ★ ~ maken van iemands aanbod *jmd.(e)s Angebot in Anspruch nehmen* • het consumeren ★ ~ van alcohol *Genuss von Alkohol* • gewoonte *Brauch* m; *Sitte* v ★ volgens oud ~ *nach altem Brauch* ★ een ~ afschaffen *mit einer Sitte brechen*
gebruikelijk *gebräuchlich; üblich* ★ dat is algemeen ~ *das ist allgemein üblich*; *das ist gang und gäbe* ★ dat is bij ons ~ *das ist bei uns üblich*
gebruiken • benutten *gebrauchen*; *benutzen* ★ iets weten te ~ *etw. zu nutzen wissen* ★ daar laat ik mij niet voor ~ *dazu gebe ich mich nicht her* ★ dat kan ik niet ~ *dafür habe ich keine Verwendung* ★ ik voel me gebruikt *ich komme mir ausgenutzt vor* ★ een tactiek ~ *eine Taktik anwenden* ★ iemands hulp ~ *jmds. Hilfe in Anspruch nehmen* • consumeren *zu sich nehmen*
gebruiker • benutter *Benutzer* m • consument *Verbraucher* m
gebruikersnaam *Benutzername* m
gebruikersvriendelijk *benutzerfreundlich*
gebruikmaking ▼ met ~ van *unter Anwendung* [+2]
gebruiksaanwijzing *Gebrauchsanweisung* v
gebruiksklaar *gebrauchsfertig*
gebruiksvoorwerp *Gebrauchsgegenstand* m
gebruiksvriendelijk *benutzerfreundlich; bedienungsfreundlich*
gebruind *gebräunt*
gecertificeerd *zertifiziert*
gecharmeerd van *angetan von* [+3]
geciviliseerd *zivilisiert*
gecommitteerde *Bevollmächtigte(r)* m
gecompliceerd *kompliziert*
geconcentreerd • sterk *konzentriert* ★ ~ appelsap *konzentrierte(r) Apfelsaft* m • aandachtig *konzentriert* ★ ~ werken *konzentriert arbeiten*
geconditioneerd *konditioniert*
gedaagde *Beklagte(r)* m
gedaan • klaar *fertig*; ECON. *bezahlt* ★ iets ~ krijgen *etw. schaffen* ★ BN ~ zijn *fertig sein* • beëindigd *vorüber*; *beendet* ▼ het is met hem ~ *es ist um ihn geschehen* ▼ dat is niets ~ *das ist/wird nichts* ▼ iets van iem. ~ krijgen *jmdn. zu etw. bringen*; *etw. bei jmdm. erreichen*
gedaante *Gestalt* v ★ van ~ veranderen *eine andere Gestalt annehmen* ★ in de ~ van *in Gestalt* [+2]
gedaanteverandering *Metamorphose* v; *Verwandlung* v
gedachte • het denken *Gedanke* m ★ iets in ~n houden *etw. berücksichtigen*; *sich etw. merken*; *an etw. denken* ★ ik zal er mijn ~n over laten gaan *ich werde es mir durch den*

Kopf gehen lassen • wat gedacht wordt *Gedanke* m; *Idee* v ★ aan de ~ wennen *sich mit dem Gedanken anfreunden* ★ iem. tot andere ~n brengen *jmdn. auf andere Gedanken bringen* ★ van ~n veranderen *es sich anders überlegen* ★ een ~ koesteren *einen Gedanken hegen*
gedachtegang *Gedankengang* m
gedachtegoed *Gedankengut* o
gedachtekronkel *Gedankensprung* m
gedachteloos *gedankenlos*
gedachtenis • aandenken *Andenken* o • nagedachtenis *Erinnerung* v ★ ter ~ van zum *Andenken an*
gedachtepuntje *drei Pünktchen* mv
gedachtesprong *Gedankensprung* m
gedachtestreep *Gedankenstrich* m
gedachtewereld *Gedankenwelt* v
gedachtewisseling *Meinungsaustausch* m; *Gedankenaustausch* m
gedachtig *eingedenk* [+2]
gedag *guten Tag* ★ iem. ~ zeggen *jmdm. guten Tag sagen*
gedateerd *unzeitgemäß*; *veraltet*
gedecideerd *entschlossen*; *entschieden*; *bestimmt*
gedeelte *Teil* m/o ★ voor een ~ *zum Teil* ★ voor het grootste ~ *größtenteils* ★ in ~n afbetalen *in Raten (abbe)zahlen*
gedeeltelijk I BNW *teil-*; *Teil-* ★ ~e betaling *Teilzahlung* v ★ ~e vergoeding *Teilschädigung* v ★ ~e maansverduistering *partielle Mondfinsternis* v **II** BIJW *zum Teil*; *teilweise*; *teils*
gedegen *gründlich*; *gediegen*
gedeisd ▼ zich ~ houden INFORM. *auf Tauchstation gehen*; *leisetreten*
gedekt • niet fel *gedeckt*; *matt* • gevrijwaard tegen risico *gedeckt*; *gesichert*
gedelegeerde • afgevaardigde *Delegierte(r)* m; *Abgeordnete(r)* m • diegene die een opdracht krijgt *Beauftragte(r)* m
gedenkboek *Festschrift* v
gedenkdag *Gedenktag* m
gedenken • herdenken ★ de doden ~ *der Toten gedenken* • niet vergeten ★ iem. in zijn testament ~ *jmdn. in seinem Testament bedenken*
gedenksteen *Gedenkstein* m
gedenkteken *Denkmal* o
gedenkwaardig *denkwürdig*
gedeprimeerd *niedergeschlagen*; *deprimiert*
gedeputeerde *Abgeordnete(r)* m
gedesillusioneerd *desillusioniert*; *enttäuscht*
gedesoriënteerd *desorientiert*
gedetailleerd *detailliert* ★ iets ~ vertellen *etw. bis ins kleinste Detail erzählen*
gedetineerde *Häftling* m
gedicht *Gedicht* o
gedichtenbundel *Gedichtband* v; *Gedichtsammlung* v
gedienstig *gefällig*; *hilfsbereit*; *dienstwillig* ★ ~e geest *dienstbare(r) Geist* m
gedierte • dieren *Tiere* mv • een beest *Tier* o
gedijen *gedeihen*
geding *Prozess* m; *Verfahren* o ★ een kort ~ aanspannen *eine einstweilige Verfügung*

beantragen ★ kort ~ *Eilverfahren* o ▼ in het ~ zijn *zur Diskussion stehen*
gediplomeerd *diplomiert*; *geprüft*
gedisciplineerd *diszipliniert*
gedistilleerd I ZN [het] *Spirituosen* mv ★ handel in wijnen en ~ *Spirituosen- und Weinhandlung* v **II** BNW *destilliert* ★ ~e drank *Spirituose* v
gedistingeerd *distinguiert*; *vornehm*
gedoe *Getue* o; *Gehabe* o ★ wat een overdreven ~ *welch ein Theater* ★ geheimzinnig ~ *Geheimnistuerei* v
gedoemd → **doemen**
gedogen *tolerieren*; *dulden*; *zulassen*
gedomicilieerd BNW *wohnhaft*
gedonder • geluid *Donnern* o; *Gedonner* o • gedoe *Ärger* m; *Schererei* v ★ daar heb je het ~ *da haben wir die Bescherung* ★ daar komt ~ van *damit bekommst du viel Ärger*
gedoodverfd *favorit* ★ de ~e winnaar *der absolute Favorit* m
gedoogbeleid *Duldungspolitik* v
gedrag *Benehmen* o; *Verhalten* o ★ van onbesproken ~ *unbescholten* ★ het ~ van virussen onderzoeken *das Verhalten von Viren untersuchen* ★ algemeen menselijk ~ *allgemein menschliches Verhalten* ★ wegens goed ~ *wegen guter Führung*
gedragen I BNW *plechtstatig getragen* ★ met ~ stem *mit getragener Stimme* **II** WKD WW [zich ~] *sich benehmen*; *sich verhalten*
gedragsgestoord *verhaltensgestört*
gedragslijn *Verhaltensweise* v; *Verhalten* o ★ een ~ voorschrijven *Verhaltensregeln bestimmen*
gedragspatroon *Verhaltensmuster* o
gedrang *Gedränge* o
gedreven *leidenschaftlich*
gedrocht *Monstrum* o [mv: *Monstren*]; *Ungetüm* o
gedrongen • kort en breed *untersetzt*; *gedrungen* • summier *gedrängt*
geducht • gevreesd *gefürchtet*; *furchterregend* ★ een ~e tegenstander *ein gefürchteter Gegner* • flink *gehörig*; *tüchtig* ★ een ~ pak slaag *eine gehörige Tracht Prügel*
geduld *Geduld* v; *Ausdauer* v ★ mijn ~ is op *meine Geduld ist am Ende*
geduldig *geduldig*
gedurende *während* [+2] ★ ~ zes dagen *sechs Tage lang*
gedurfd *gewagt*; MIN. *frech*
gedurig *fortwährend*; *(an)dauernd*; *beständig* ★ in ~e vijandschap leven *in ständiger Feindschaft leben*
geduvel *Theater* o ★ daar begint het ~ weer! *da beginnt das Theater wieder!*
gedwee *folgsam*; *gefügig*; *fügsam* ★ ~ als een lam *lammfromm* ★ zich ~ aan iets onderwerpen *sich einer Sache willig fügen*
gedwongen *gezwungen*; *geziert*; *gekünstelt*
geef ▼ dat is te geef *das ist fast umsonst*
geëigend *geeignet*
geel I BNW *gelb* ★ gele koorts *Gelbfieber* o ▼ geel van nijd worden *gelb vor Neid werden* **II** ZN [het] • kleur *Gelb* o • eigeel *Eigelb* o
geelkoper *Messing* o

geeltje *Haftnotiz* v
geelzucht *Gelbsucht* v
geëmancipeerd *emanzipiert*
geëmotioneerd *emotional*
geen *kein* ★ dat heb ik in geen jaren meer gedaan *das habe ich seit Jahren nicht mehr gemacht*
geëngageerd *engagiert*
geenszins *keinesfalls; keineswegs* ★ ik ben ~ tevreden *ich bin durchaus nicht zufrieden*
geest ● onstoffelijk wezen *Geist* m; *Gespenst* o ★ kwade ~ *böse(r) Geist* ★ hij zag eruit als een ~ *er sah aus wie ein Gespenst* ● ziel *Geist* m ★ een kinderlijke ~ *ein kindliches Gemüt* ● denkwijze, sfeer ★ handelen in de ~ van *handeln im Sinne von* ★ niet volgens de letter, maar naar de ~ *nicht wörtlich, sondern sinngemäß* ▼ de ~ geven *den Geist aufgeben* ▼ voor de ~ roepen *sich vergegenwärtigen* ▼ de ~ is gewillig, maar het vlees is zwak *der Geist ist willig, aber das Fleisch ist schwach* ▼ het staat me voor de ~ *es schwebt mir vor Augen* ▼ de ~ krijgen *in Begeisterung geraten*
geestdodend *geisttötend*
geestdrift *Begeisterung* v
geestdriftig *begeistert; leidenschaftlich*
geestelijk I BNW ● mentaal *geistig; seelisch* ● kerkelijk *geistlich* ● godsdienstig *religiös* **II** BIJW mentaal ★ ~ gehandicapt *geistig behindert* ★ ~ gestoord *geisteskrank; geistesgestört*
geestelijke *Geistliche(r)* m
geestelijkheid *Klerus* m; *Geistlichkeit* v
geestesgesteldheid ● stemming *seelische Verfassung* v; *Geistesverfassung* v ● wijze van denken *Geisteshaltung* v; *Einstellung* v
geesteskind *geistige(s) Eigentum* o
geestesoog *geistige(s) Auge* o ★ iets aan zijn ~ zien voorbijtrekken *etw. an seinem geistigen Auge vorüberziehen sehen*
geestesproduct *geistige(s) Produkt* o
geesteswetenschappen *Geisteswissenschaft* v
geestesziek *geisteskrank; geistesgestört*
geestesziekte *Geisteskrankheit* v
geestgrond *Geest* v; *Geestland* o
geestig *geistreich* ★ ~e woordspeling *Wortwitz* m ★ IRON. erg ~! *sehr witzig!*
geestigheid ● het geestig zijn *Esprit* m; *Geist* m ● geestige opmerking *Witz* m
geestkracht *Geisteskraft* v
geestrijk ● geestig *geistreich* ● alcoholrijk *hochprozentig* ★ ~ vocht *hochprozentige Getränke*
geestverruimend *bewusstseinserweiternd*
geestverschijning *Geistererscheinung* v
geestverwant I ZN [de] *Wahlverwandte(r)* m; *Geistesverwandte(r)* m; POL. *Gesinnungsgenosse* m **II** BNW *gleich gesinnt; wahlverwandt; geistesverwandt*
geestverwantschap *Geistesverwandtschaft* v
geeuw *Gähnen* o
geeuwen *gähnen*
geeuwhonger *Heißhunger* m
gefeliciteerd *gratuliere!; Glückwunsch!* ★ hartelijk ~ *herzlichen Glückwunsch* ★ ~ met je verjaardag *herzlichen Glückwunsch zum Geburtstag*
gefingeerd *fingiert*
gefixeerd ★ ~ zijn op *fixiert sein an/auf* [+3]
geflatteerd *schmeichelhaft; beschönigt*
geflikflooi ● het vleien *Speichelleckerei* v ● het vrijen *Geschmuse* o
geforceerd *erzwungen; gezwungen; forciert*
gefortuneerd *wohlhabend; vermögend*
gefrustreerd *frustriert*
gefundeerd *fundiert;* ⟨doordacht⟩ *(wohl)begründet*
gegadigde *Interessent* m; ⟨voor baan⟩ *Bewerber* m; ⟨voor baan⟩ *Kandidat* m
gegarandeerd *garantiert*
gegeerd *gesucht; beliebt*
gegeven I ZN [het] ● feit, geval *Information* v; *Angabe* v ★ ~s *Daten* ● persoonlijke ~s *Personalien* ★ opslag van ~s *Datenspeicherung* v ★ verwerking van ~s *Datenverarbeitung* v ★ relevante ~s verstrekken *zweckdienliche Angaben machen* ● WISK. ★ vast ~ *gegebene Größe* v **II** BNW bepaald *gegeben* ★ ~ de omstandigheden *unter den gegebenen Umständen* ★ op een ~ ogenblik *zu einem bestimmten Zeitpunkt*
gegevensbank *Datenbank* v
gegevensinvoer *Dateneingabe* v
gegijzelde *Geisel* v
gegoed *bemittelt; vermögend* ★ ~e burgerij *Großbürgertum* o
gegroefd *zerfurcht*
gegrond *begründet; berechtigt* ★ om ~e redenen *aus triftigen Gründen* ★ is ~ op *gründet (sich) auf* [+4]; *beruht auf* [+3]
gehaaid *gerissen*
gehaast *hastig; eilig;* INFORM. *gehetzt* ★ altijd ~ zijn *es immer eilig haben*
gehaat *verhasst*
gehakt *Hackfleisch* o; *Gehackte(s)* o
gehaktbal *Frikadelle* v; *Bulette* v
gehaktmolen *Fleischwolf* m
gehalte *Gehalt* m
gehandicapt *behindert; gehandicapt* ★ lichamelijk ~ *körperbehindert*
gehandicapte *Behinderte(r)* m
gehandicaptenzorg *Behindertenfürsorge* v
gehannes ● geknoei *Stümperei* v ● gezeur *Nerverei* v
gehard ⟨v. personen⟩ *abgehärtet;* ⟨v. staal⟩ *gehärtet*
geharrewar *Gezänk* o
gehavend *arg/übel zugerichtet* ★ ~e kleding *zerfetzte/zerrissene Kleider*
gehecht ● ~ aan ★ ~ zijn aan *hängen an* [+3] ★ aan iem. ~ zijn *an jmdm. hängen*
geheel I ZN [het] *Ganze(s)* o ★ in het ~ *im Ganzen; insgesamt* ★ in zijn ~ *als Ganzes* ★ over het ~ genomen *im Großen und Ganzen* ★ in 't ~ niet *überhaupt nicht* **II** BNW *ganz; gänzlich* ★ het gehele jaar door *das ganze Jahr über* **III** BIJW *ganz; völlig* ★ ~ en al *ganz und gar*
geheelonthouder *Abstinenzler* m
geheelonthouding *Abstinenz* v
geheid I BNW *bombensicher; ganz bestimmt* **II** BIJW *zweifelsohne; zweifellos*

geheim I ZN [het] *Geheimnis* ○ ★ in het ~ *insgeheim*; *heimlich* ★ er geen ~ van maken *keinen Hehl daraus machen* ★ publiek ~ *offenes Geheimnis* **II** BNW verborgen *geheim*; *heimlich* ★ ~ genootschap *Geheimbund* m ★ ~e la *Geheimfach* ○

geheimhouden *geheim halten*; *verheimlichen*

geheimhouding *Geheimhaltung* v ★ plicht tot ~ *Schweigepflicht* v ★ onder de meest strikte ~ *unter der strengsten Verschwiegenheit*

geheimhoudingsplicht *Geheimhaltungspflicht* v

geheimschrift *Geheimschrift* v

geheimtaal *Geheimsprache* v

geheimzinnig *mysteriös*; *geheimnisvoll* ★ een ~ huis *ein geheimnisumwittertes Haus*

geheimzinnigheid • raadselachtigheid *Rätselhaftigkeit* v; *Geheimnisvolle(s)* ○ • stiekem gedrag *Heimlichkeit* v

gehemelte *Gaumen* m

geheugen • PSYCH. *Gedächtnis* ○; *Erinnerung* v ★ nog vers in het ~ liggen *noch haargenau wissen* • COMP. *Speicher* m; *Datenspeicher* m ★ gegevens opslaan in het ~ *Daten speichern*

geheugenkaart *Speicherkarte* v

geheugensteuntje *Gedächtnisstütze* v

geheugenverlies *Gedächtnisschwund* m

gehoor • het horen *Gehör* ○ ★ ten gehore brengen *zu Gehör bringen* ★ ~ krijgen *Gehör finden* ★ een lied dat goed in het ~ ligt *ein eingängiges Lied* ★ aan iets ~ geven *einer Sache Folge leisten* ★ zij belde op, maar kreeg geen ~ *sie rief an, aber es meldete sich niemand* • geluid ★ dat is geen ~ *das kann man sich nicht mit anhören* • zintuig ★ absoluut ~ *absolute(s) Gehör* • toehoorders *Zuhörerschaft* v; *Zuhörer* mv

gehoorapparaat *Hörgerät* ○

gehoorbeentje *Gehörknöchelchen* mv

gehoorbeschadiging *Hörschaden* m

gehoorgang *Gehörgang* m

gehoorgestoord *schwerhörig*

gehoororgaan *Gehörorgan* ○

gehoorsafstand *Hörweite* v ★ binnen ~ *in Hörweite*

gehoorzaal MUZ. *Konzertsaal* m; ⟨v. universiteit⟩ *Hörsaal* m

gehoorzaam *folgsam*; *gehorsam* ★ aan iem. ~ zijn *jmdm. gehorchen*

gehoorzaamheid *Gehorsam* m ★ ~ aan iem. *Gehorsam gegenüber jmdm.*

gehoorzamen *gehorsam sein* [+3]; *gehorchen* [+3]

gehorig *hellhörig* ★ het is hier erg ~ *man hört hier alles*

gehouden *gebunden*; *verpflichtet* ★ tot iets ~ zijn *zu einer Sache verpflichtet sein*

gehucht *Weiler* m

gehumeurd *gelaunt* ★ goed ~ zijn *gut gelaunt sein*

gehuwd *verheiratet* ★ ~e staat *Ehestand* m ★ ~en *Verheiratete(n)*

geigerteller *Geigerzähler* m

geijkt • voorzien van ijkmerk *geeicht* • gebruikelijk *gängig*; *üblich*; *gebräuchlich* ★ ~e term *feststehende(r) Ausdruck* m

geil *geil*; *lüstern*

geilen op *aufgeilen*

geïllustreerd *illustriert*

gein *Jux* m; *Spaß* m ★ voor de gein *zum Scherz*

geinig *witzig*

geinponem *Witzbold* m; *Spaßvogel* m

geïnteresseerd *interessiert* ★ de ~en *die Interessenten* ★ ergens in ~ zijn *an einer Sache interessiert sein*

geintje *Spaß* m; *Scherz* m ★ geen ~s *mach keine Mätzchen*; *Spaß beiseite!* ★ kun je niet tegen een ~? *verstehst du keinen Spaß?*

geiser • warme bron *Geysir* m; *Geiser* m • toestel *Durchlauferhitzer* m

geisha *Geisha* v

geit *Ziege* v

geiten *kichern*

geitenbok *Ziegenbock* m

geitenkaas *Ziegenkäse* m

geitenmelk *Ziegenmilch* v

gejaagd *gejagt*; *gehetzt* ★ ~ leven *hektische(s) Leben* ○

gejammer *Gejammer* ○; *Jammern* ○

gejuich *Jubel* m; *Jauchzen* ○

gek I ZN [de] • verstandelijk gehandicapte *Verrückte(r)* m; *Irre(r)* m; *Idiot* m • dwaas *Narr* m ▼ de gek steken met iem. *sich über jmdn. lustig machen* ▼ iem. voor de gek houden *jmdn. zum Narren halten* **II** BNW • verstandelijk gehandicapt *verrückt*; *geistesgestört* ★ gek zijn/worden *verrückt sein/werden* ★ het is om gek van te worden *es ist zum Verrücktwerden* ★ hij is lang niet gek *er ist gar nicht dumm* ★ ik ben me daar gek! *ich bin doch nicht bekloppt* • dwaas *toll*; *albern*; *merkwürdig* ★ dat is lang niet gek *das ist gar nicht übel* ★ dat wordt me te gek *das geht mir zu weit* ★ het al te gek maken *es gar zu toll treiben* • ~ op *verzot vernarrt in* [+4]; *verrückt nach* [+3] ★ hij is gek op haar *er ist verrückt nach ihr* ★ zij is gek op chocola *sie ist ganz verrückt auf Schokolade*

gekant ▼ ~ zijn tegen etw. *gegen etw. sein*

gekend BN *bekend, vertrouwd* *bekannt*

gekheid *Spaß* m; *Scherz* m ▼ alle ~ op een stokje *Scherz/Spaß beiseite* ▼ zonder ~ *im Ernst*

gekkekoeienziekte *Rinderwahnsinn* m

gekkenhuis *Irrenanstalt* v

gekkenwerk *Wahnsinn* m; *Irrsinn* m ★ dat is ~! *das ist (heller) Wahnsinn!*

gekleed • met kleren aan *angezogen* ★ zij is altijd netjes ~ *sie ist immer gut gekleidet* • keurig ★ dat staat ~ *das sieht vornehm aus*

geklets *Geschwätz* ○ ★ dom ~ *dummes Geschwätz* ▼ ~ in de ruimte *leere(s) Gerede* ○

gekleurd • met bepaalde kleur *farbig* • niet neutraal *farbig*; *bunt*; *getönt* ▼ alles door een ~e bril zien *alles durch eine gefärbte Brille sehen*

geknipt ▼ ~ zijn voor... *wie geschaffen sein für...* ▼ zij zijn ~ voor elkaar *die passen zueinander wie die Faust aufs Auge*

geknoei • gepruts *Pfuscherei* v • bedrog *Schwindel* m • het gemors *Kleckerei* v

gekonkel *Mauschelei* v; *Intrigen* mv

gekostumeerd *kostümiert* ★ ~ bal *Kostümball* m

gekrakeel ● luide ruzie *Streiterei* v ● huiselijke onenigheid *Streit* m; INFORM. *Zoff* m
gekruid ● pikant *pikant*; *frivol* ★ ~ verhaal *Pikanterie* v ● met kruiden *pikant*; *gewürzt*; *würzig*
gekscheren *spotten*; *scherzen*; *spaßen*
gekte *Wahnsinn* m; *Verrücktheit* v
gekunsteld *affektiert*; *gekünstelt*
gekwalificeerd ● gerechtigd *befugt* ● bekwaam *qualifiziert*
gel *Gel* o
gelaagd *geschichtet* ★ ~ glas *Verbundglas* o
gelaarsd ● *gestiefelt* ● → kat
gelaat *Angesicht* o; *Antlitz* o
gelaatskleur *Gesichtsfarbe* v
gelaatstrekken *Gesichtszüge* mv
gelaatsuitdrukking *Gesichtsausdruck* m; *Miene* v
gelach *Lachen* o; *Gelächter* o
geladen *geladen*
gelag ▼ het is een hard ~ *es ist ein schweres Los* ▼ het ~ betalen *die Zeche zahlen*
gelagkamer *Gastzimmer* o; *Wirtstube* v
gelang ▼ naar ~ *entsprechend* [+3]; *je nach* [+3] ▼ al naar ~ *je nachdem*
gelasten *anordnen*; *befehlen*
gelaten *ergeben*
gelatenheid *Ergebenheit* v
gelatine *Gelatine* v
gelazer *Ärger* m; *Scherereien* mv; ⟨gedoe⟩ *Theater* o
geld *Geld* o ★ buitenlands geld *ausländische Währung* v ★ contant geld *Bargeld* ★ te gelde maken *zu Geld machen* ▼ hij zwemt in het geld *er schwimmt im Geld* ▼ geld over de balk gooien *Geld zum Fenster hinauswerfen* ▼ voor geen geld (ter wereld) *um keinen Preis* ▼ geld laten rollen *den Rubel rollen lassen* ▼ geld als water verdienen, BN geld als slijk verdienen *Geld wie Heu verdienen*
geldautomaat *Geldautomat* m
geldbelegging *Geldanlage* v
geldboete *Geldstrafe* v; *Geldbuße* v
geldcirculatie *Geldzirkulation* v
geldelijk *finanziell* ★ ~ voordeel *finanzielle(r) Vorteil* m
gelden ● van kracht/geldig zijn *gelten* ★ de meeste stemmen ~ *die Mehrheit entscheidet* ★ zich doen ~ *sich geltend machen* ★ dat geldt niet *das gilt nicht* ★ het besluit geldt voor iedereen *die Entscheidung trifft für alle zu* ● aangaan ★ het verwijt geldt jou *der Vorwurf gilt dir* ● ~ als beschouwd worden *gelten als*
Gelderland *Gelderland* o; *Geldern* o
geldgebrek *Geldmangel* m
geldig *gültig* ★ ~e redenen *triftige(n) Gründe*
geldigheid *Gültigkeit* v
geldigheidsduur *Gültigkeitsdauer* v
geldingsdrang *Geltungsdrang* m; *Geltungsbedürfnis* o
geldkoers ● rentestand *Geldkurs* m ● wisselkoers *Devisenkurs* m
geldkraan *Geldhahn* m ▼ de ~ dichtdraaien *den Geldhahn ab-/zudrehen*
geldmarkt *Geldmarkt* m

geldmiddelen ● financiële situatie *Finanzen* mv ● inkomsten *Geldmittel* mv
geldnood *Geldnot* v ★ in ~ zitten *in Geldnot sein*
geldomloop *Geldumlauf* m
geldontwaarding *Geldentwertung* v
geldschieter *Geldgeber* m
geldsom *Geldsumme* v
geldsoort *Währung* v
geldstroom *Geldstrom* m
geldstuk *Münze* v; *Geldstück* o
geldtransport *Geldtransport* m
geldverkeer *Geldverkehr* m
geldverspilling *Geldverschwendung* v
geldwezen *Finanzwesen* o
geldwisselautomaat *Geldwechselmaschine* v
geldwolf ★ hij was een ~ *für ihn zählte nur Geld*
geldzorgen *Geldsorgen* mv
geldzucht *Geldgier* v
geleden I BNW *vor* ★ enige weken ~ *vor einigen Wochen* ★ het is lang ~ *es ist lange her* ★ een maand ~ *vor einem Monat* ★ enige tijd ~ *vor einiger Zeit* ★ niet lang ~ *vor nicht zu langer Zeit* ★ lang ~ *vor langer Zeit* ★ een jaar ~ *vor einem Jahr* ★ hoe lang ~? *wie lange ist das her?* ★ kort ~ *vor kurzer Zeit* ★ heel kort ~ *kürzlich* ★ twee jaar ~ *vor zwei Jahren* II BIJW ★ pas ~ *unlängst*; *neulich* ★ een maand/een tijdje ~ *vor einem Monat/einiger Zeit* ★ het is al lang ~ *es ist schon lange her* ★ kort ~ *vor kurzem*
gelederen ● → gelid
geleding ● deel *Gliederung* v; *Kategorie* v ★ maatschappelijke ~en *gesellschaftliche(n) Schichten* ● gewricht *Glied* o ★ de ~ van het menselijk lichaam *der Gliederbau des menschlichen Körpers* ● verbindingsplaats PLANTK. *Gelenk* o
geleed *gegliedert*
geleedpotig *gliedfüßig* ★ ~ dieren/~en *Arthropoden*; *Gliederfüßer*
geleerd *gelehrt* ★ dat is mij te ~ *das ist mir zu hoch*
geleerde *Gelehrte(r)* m
geleerdheid *Gelehrtheit* v
gelegen ● liggend *liegend* ★ Keulen is aan de Rijn ~ *Köln liegt am Rhein* ● geschikt *gelegen* ★ het komt me niet ~ *es ist mir nicht gelegen* ▼ er is mij veel/weinig aan ~ *es liegt mir viel/wenig daran*
gelegenheid ● gebeurtenis *Gelegenheit* v ★ ter ~ van *anlässlich* [+2] ● gunstige toestand *Gelegenheit* v ★ niet in de ~ zijn iets te doen *nicht in der Lage sein, etw. zu tun* ★ de ~ aangrijpen *die Gelegenheit nutzen* ● eet-/slaapgelegenheid *Gelegenheit* v ★ ~ om te overnachten *Übernachtungsmöglichkeit* v ▼ op eigen ~ ≈ *auf eigene Faust* ▼ de ~ maakt de dief *Gelegenheit macht Diebe*
gelegenheidsdrinker *Gelegenheitstrinker* m
gelegenheidskleding *Gesellschaftskleidung* v
gelei ● dril *Sülze* v ● van vruchten *Gelee* o
geleide ● het vergezellen *Geleit* o ★ iem. ~ doen *jmdm. das Geleit geben* ● personen *Begleitung* v ★ onder ~ van iem. *in jmds. Begleitung* ★ onder militair ~ *unter Eskorte*

▼ ten ~ *zum Geleit*
geleidehond *Blindenhund* m
geleidelijk *allmählich* ★ ~e toenadering *schrittweise Annäherung* v ★ ~ aan *nach und nach*
geleidelijkheid *allmähliche(r) Übergang* m
geleiden ● begeleiden *begleiten; führen*; *geleiten* ★ iem. naar zijn plaats ~ *jmdn. an seinen Platz führen* ● NATK. *leiten*
geleider ● begeleider *Begleiter* m ● NATK. *Leiter* m
geleiding *Leitung* v
Gele Rivier *Gelbe(r) Fluss* m
geletterd *gebildet; studiert; gelehrt*
geleuter *Gelaber* o
Gele Zee *Gelbe(s) Meer* o
gelid ● gewricht *Glied* o ● rij *Glied* o; *Reihe* v ★ in het ~ staan *in Reih und Glied stehen* ★ uit het ~ lopen *aus der Reihe tanzen* ★ gesloten gelederen *geschlossene(n) Reihen*
geliefd *geliebt; beliebt*
geliefde ● beminde *Liebste(r)* m; ⟨bloedverwanten⟩ *die Lieben* mv ● minnaar *Geliebte(r)* m
geliefkoosd *beliebt; Lieblings-*
gelieven IRON. *belieben* ★ u gelieve ons te berichten *teilen Sie uns bitte mit*
gelig *gelblich*
gelijk I ZN [het] *Recht* o ★ iem. ~ geven *jmdm. recht geben* ★ ~ hebben *recht haben* ★ groot ~ hebben *vollkommen recht haben* ★ daar heeft ze ~ in *damit hat sie recht* ★ geen ~ hebben *unrecht haben* ★ altijd ~ willen hebben *rechthaberisch sein* ★ ~ krijgen *recht bekommen/behalten* ★ iem. in het ~ stellen *jmdm. recht geben* **II** BNW hetzelfde *gleich* **III** BIJW ★ hetzelfde *gleich* ★ met iem. ~ op gaan *mit jmdm. Schritt halten* ★ meteen *gleich* ★ ik kom ~ *ich komme sofort/gleich* ● tegelijkertijd *gleichzeitig*
gelijkaardig BN *derartig; ähnlich*
gelijkbenig *gleichschenklig*
gelijkberechtiging *Gleichberechtigung* v
gelijke *Gleiche(r)* m [v: *Gleiche*] ★ haars/zijns/mijns ~ *ihres-/seines-/meinesgleichen*
gelijkelijk *gleich; gleichermaßen*
gelijken *gleichen; ähnlich sehen; ähneln*
gelijkenis ● overeenkomst *Ähnlichkeit* v ● parabel *Parabel* v; *Gleichnis* o
gelijkgerechtigd *gleichberechtigt*
gelijkgericht *übereinstimmend*
gelijkgestemd *gleich gesinnt*
gelijkgezind *gleich gesinnt*
gelijkheid *Gleichheit* v
gelijklopen ● de juiste tijd aanwijzen ★ loopt jouw klokje gelijk? *geht deine Uhr richtig?* ● evenwijdig zijn ★ ~de lijnen *parallele Linien* ★ het spoor loopt gelijk met de weg *die Gleise laufen parallel zur Straße*
gelijkluidend *gleichlautend*
gelijkmaken *angleichen; gleichmachen*
gelijkmaker *Ausgleichstor* o; *Ausgleichstreffer* m ★ de ~ scoren *den Ausgleich erzielen*
gelijkmatig *gleichmäßig* ★ ~ karakter *ausgeglichene(r) Charakter* m
gelijkmoedig *gleichmütig*

gelijknamig *gleichnamig* ★ ~e breuken *Brüche mit gleichem Nenner*
gelijkschakelen *gleichschalten*
gelijksoortig *gleichartig*
gelijkspel *Unentschieden* o; *Gleichstand* m ★ de wedstrijd eindigde in een ~ *das Spiel endete unentschieden*
gelijkspelen *unentschieden spielen* ★ zij speelden gelijk *sie trennten sich unentschieden*
gelijkstaan ● overeenkomen met *gleichkommen* ● evenveel punten hebben *gleichstehen*
gelijkstellen *gleichsetzen; gleichstellen* ★ iem. met een ander ~ *jmdn. einem andern gleichstellen*
gelijkstroom *Gleichstrom* m
gelijktijdig *gleichzeitig*
gelijktrekken *angleichen*
gelijkvloers I BNW op dezelfde verdieping ⟨begane grond⟩ *ebenerdig* **II** ZN [het] BN benedenverdieping *untere(s) Stockwerk* o; *Parterre* o; *Erdgeschoss* o
gelijkvormig *einheitlich*; WISK. *ähnlich*
gelijkwaardig *gleichrangig; gleichwertig* ★ ~ tegenstander *ebenbürtige(r) Gegner* m
gelijkzetten ⟨uurwerk⟩ *richtig stellen* ★ zijn horloge ~ *seine Uhr stellen*
gelijkzijdig *gleichseitig*
gelikt *geschleckt*
gelinieerd *liniert; liniiert*
geloei ● geluid van runderen ★ het ~ van de koeien *das Muhen der Kühe* ● gierend, huilend geluid *Gebrüll* o; *Geheul* o
gelofte *Gelübde* o ★ een ~ afleggen *ein Gelübde ablegen*
geloof ● overtuiging *Glaube* m ★ ~ aan iets hechten *einer Sache Glauben schenken* ● vertrouwen *Glaube* m ● REL. *Glaube* m ★ van zijn ~ afvallen *vom Glauben abfallen* ★ zijn ~ belijden *seinen Glauben bekennen*
geloofsartikel *Glaubenssatz* m
geloofsbelijdenis *Glaubensbekenntnis* o
geloofsbrief *Beglaubigungsschreiben* o ★ zijn geloofsbrieven aanbieden *sein Beglaubigungsschreiben überreichen*
geloofsleer *Glaubenslehre* v
geloofsovertuiging *religiöse Überzeugung* v
geloofsvrijheid *Glaubensfreiheit* v; *Religionsfreiheit* v
geloofwaardig *glaubhaft*; ⟨v. personen⟩ *glaubwürdig*
geloofwaardigheid *Glaubwürdigkeit* v
geloven I OV WW ● vertrouwen *glauben* ★ niet te ~ *nicht/kaum zu glauben* ★ zijn ogen niet kunnen ~ *seinen Augen nicht trauen* ● menen, aannemen *glauben* ★ ik geloof van wel *ich glaube schon* ★ hij wil mij doen ~ *er will mich glauben machen* ★ dat geloof ik graag *das glaube ich gern* **II** ON WW ● gelovig zijn *glauben* ★ ~ in *glauben an* [+4] ▼ hij moest eraan ~ *er hat dran glauben müssen*
gelovig *gläubig*
geluid ● *Geräusch* o; *Laut* m; NATK. *Schall* m ● lawaai ★ snelheid van het ~ *Schallgeschwindigkeit* v ● vreemde ~en *merkwürdige Geräusche*; *keinen Laut von sich*

geben
geluiddemper *Schalldämpfer* m
geluiddicht *schalldicht*
geluidloos *geräuschlos; lautlos*
geluidsband *Tonband* o
geluidsbarrière *Schallgrenze* v; *Schallmauer* v
geluidseffect *Klangeffekt* m
geluidsfilm *Tonfilm* m
geluidsgolf *Klangwelle* v
geluidshinder *Lärmbelästigung* v
geluidsinstallatie *Stereoanlage* v
geluidsisolatie *Lärmdämmung* v
geluidskaart *Soundkarte* v
geluidsmuur BN *Schallgrenze* v; *Schallmauer* v
geluidsoverlast *Lärmbelästigung* v
geluidssnelheid *Schallgeschwindigkeit* v
geluidstechnicus *Tontechniker* m
geluidswagen • wagen met geluidsinstallatie
Lautsprecherwagen m • omroepwagen
Lautsprecherwagen m
geluidswal *Lärmschutzwall* m
geluidwerend *lärmschützend*
geluimd *gelaunt* ★ goed ~ zijn *gut gelaunt sein*
geluk • gunstig toeval, omstandigheid *Glück* o
★ zijn ~ beproeven *sein Glück versuchen*
• blijheid ★ ~ ermee *viel Glück* ▼ een ~ bij
een on~ *Glück im Unglück* ▼ meer ~ dan
wijsheid *mehr Glück als Verstand* ▼ op goed ~
aufs Geratewohl ▼ van ~ mogen spreken *von
Glück sagen können*
gelukkig I BNW • intens tevreden *glücklich*
★ volmaakt ~ *wunschlos glücklich*
• fortuinlijk *glücklich* ★ zich ~ prijzen *sich
glücklich schätzen* • voorspoedig *glücklich*
II BIJW *zum Glück; glücklicherweise* ★ ~ wist je
het *ein Glück, dass du es wusstest*
geluksdag *Glückstag* m
geluksgetal *Glückszahl* v
geluksgevoel *Glücksgefühl* o
gelukstelegram *Glückwunschtelegramm* o
gelukstreffer *Glückstreffer* m
geluksvogel *Glückskind* o; *Glückspilz* m
gelukwens *Glückwunsch* m
gelukwensen *beglückwünschen* [+4]; *gratulieren*
[+3]
gelukzalig *glückselig*
gelukzoeker *Glücksritter* m
gelul *Gequassel* o; *Gequatsche* o ▼ ~ in de
ruimte *leere(s) Gerede* o
gemaakt • gekunsteld *gekünstelt; geziert*
• geveinsd *gespielt*
gemaal I ZN [de] echtgenoot *Gemahl* m **II** ZN
[het] pomp *Pumpanlage* v
gemachtigde *Bevollmächtigte(r)* m
gemak • moeiteloosheid *Leichtigkeit* v ★ met ~
ohne Mühe ★ het ~ waarmee hij spreekt *die
Gewandtheit, mit der er spricht* • kalmte
★ iem. op zijn ~ stellen *jmdn. beruhigen*
★ zich op zijn ~ voelen *sich wohl in seiner
Haut fühlen* • gerief *Bequemlichkeit* v ★ voor
het ~ *bequemlichkeitshalber* ★ van ~ houden
die Bequemlichkeit lieben ★ van alle ~ken
voorzien *mit allen Bequemlichkeiten
ausgestattet* ▼ houd je ~ *sei ruhig* ▼ er zijn ~
van nemen *es sich bequem machen* ▼ op zijn
(dooie) ~ *ganz gemächlich; in aller Ruhe*

gemakkelijk I BNW • niet moeilijk *leicht*;
⟨persoon⟩ *fügsam* ★ hij is niet ~ in de
omgang *er ist ein schwieriger Mensch* ★ zo ~
als wat *kinderleicht* • onbezorgd *leicht* ★ het
leven ~ opnemen *das Leben leichtnehmen*
• geriefelijk *bequem* ★ een ~ leventje leiden
ein bequemes Leben führen **II** BIJW niet
moeilijk ★ je kunt je ~ vergissen *man kann
sich leicht irren* ★ jij hebt ~ praten *du hast gut
reden* ★ er ~ van afkomen *billig
davonkommen*
gemakshalve *bequemlichkeitshalber; der
Einfachheit halber*
gemakzucht *Bequemlichkeit* v
gemakzuchtig *bequem*
gemalin *Gemahlin* v
gemanierd • zich correct gedragend
manierlich • geaffecteerd *manieriert*
gemankeerd *gescheitert*
gemaskerd *maskiert* ★ ~ bal *Maskenball* m
gematigd *gemäßigt*; ⟨bezadigd⟩ *maßvoll*
gember *Ingwer* m
gemberkoek *Ingwerkuchen* m
gemeen I BNW • slecht *gemein* • laag, vals
gemein; *niederträchtig* • gemeenschappelijk
gemeinsam; *gemeinschaftlich* **II** BIJW zeer
★ het is ~ koud *es ist höllisch kalt*
gemeend *aufrichtig*
gemeengoed *Gemeingut* o
gemeenplaats *Gemeinplatz* m; *Klischee* o
gemeenschap • omgang *Verkehr* m • het
gemeenschappelijk hebben *Gemeinschaft* v
★ buiten ~ van goederen *in Gütertrennung*
gemeenschappelijk *gemeinschaftlich*
gemeenschapszin *Gemein(schafts)sinn* m
gemeente • bestuurlijke eenheid ⟨met
stadsrecht⟩ *Stadt* v; ⟨zonder stadsrecht⟩
Gemeinde v • gelovigen *Gemeinde* v
gemeenteambtenaar *Kommunalbeamte(r)* m
gemeentearchief *Stadtarchiv* o;
Gemeindearchiv o
gemeentebedrijf *Stadtwerke* mv
gemeentebestuur *Gemeinderat* m; *Stadtrat* m
gemeentehuis *Rathaus* o
gemeentelijk *kommunal; Stadt-; Gemeinde-;
Kommunal-; städtisch* ★ het ~
huisvestingsbureau *das städtische
Wohnungsamt*
gemeentepils *Gänsewein* m
gemeenteraad *Stadtrat* m; *Gemeinderat* m
gemeentereiniging *Stadtreinigung* v
gemeentesecretaris *Stadt-/Gemeindedirektor* m
gemeenteverkiezingen *Kommunalwahlen* mv
gemeenteverordening *Gemeindeverordnung* v;
Stadtverordnung v
gemeentewerken *städtisches Bauamt* o
gemêleerd • gemengd *gemischt* • meerkleurig
meliert ★ ~ haar *grau melierte(n) Haare*
gemelijk *griesgrämig; verdrießlich*
gemenebest *Staatengemeinschaft* v
gemenerik *Fiesling* m; *Schuft* m
gemengd *vermischt; gemischt*
gemiddeld *mittler; durchschnittlich;
Durchschnitts-* ★ ~e snelheid
Durchschnittsgeschwindigkeit v
gemiddelde *Durchschnitt* m ★ boven het ~

ge

überdurchschnittlich ★ onder het ~ *unterdurchschnittlich* ★ de ~ waarde *Durchschnittswert* m

gemier *Gequassel* o; *Gequatsche* o

gemis *Entbehren* o; *Mangel* m ★ bij ~ aan een opvolger *mangels eines Nachfolgers*

gemoed *Gemüt* o ★ met bezwaard ~ *mit schwerem Herzen*

gemoedelijk *gemütlich*

gemoederen ● → **gemoed**

gemoedsaandoening *Gemütsregung* v

gemoedsrust *Gemütsruhe* v

gemoedstoestand *Gemütszustand* m; *Gemütsverfassung* v; *Gemütslage* v

gemoeid ★ je leven is ermee ~ *es geht um dein Leben* ★ er is veel geld mee ~ *es geht um viel Geld* ★ er is een hele dag mee ~ *ein ganzer Tag geht dabei drauf*

gemotoriseerd *motorisiert*

gems *Gämse* v

gemunt ▼ het op iem. ~ hebben *es auf jmdn. abgesehen haben* ▼ waarom heb je het altijd op mij ~? *warum hast du es immer auf mich abgesehen?*

gemutst *gelaunt*

gen *Gen* o

genaamd *genannt* ★ een man, N. ~ *ein Mann namens N.*

genade *Gnade* v; *Erbarmen* o ★ door Gods ~ *von Gottes Gnaden* ★ ~ voor recht laten gelden *Gnade vor/für Recht ergehen lassen* ★ ~ vinden in iemands ogen *vor jmdm. Gnade finden*

genadebrood *Gnadenbrot* o

genadeloos *gnadenlos*

genadeslag *Gnadenstoß* m

genadig *gnädig* ▼ er ~ afkomen *glimpflich davonkommen*

gênant *genant*; *peinlich*; *unangenehm*

gendarme *Gendarm* m

gender *Gender* o

gene *jener* [v: *jene*] [o: *jenes*] ★ aan gene zijde van *jenseits* [+2]

gêne *Gene* v; *Zwang* m; *Verlegenheit* v

genealogie *Genealogie* v

geneesheer *Arzt* m

geneesheer-directeur *leitende(r) Arzt* m

geneeskrachtig *heilkräftig* ★ ~e kruiden *Heilkräuter*

geneeskunde *Heilkunde* v; *Medizin* v

geneeskundig ⟨door een arts⟩ *ärztlich*; MED. *medizinisch* ★ ~e dienst *Gesundheitsamt* o ★ de ~e verklaring *die ärztliche Bescheinigung*

geneesmiddel *Arznei* v; *Heilmittel* o

geneesmiddelenindustrie *Pharmaindustrie* v

geneeswijze *Heilmethode* v; *Heilverfahren* o

genegen ● geneigd *geneigt* ● goedgezind *wohlgesinnt*

genegenheid *Zuneigung* v ★ ~ voor iem. opvatten *Zuneigung zu jmdm. fassen*

geneigd *geneigt* ★ men is ~ te veronderstellen *man neigt zu der Annahme*

geneigdheid *Neigung* v

generaal I ZN [de] *General* m II BNW *General-*; *allgemein*

generalisatie *Verallgemeinerung* v;

Generalisierung v

generaliseren *generalisieren*; *verallgemeinern*

generatie *Generation* v

generatiekloof *Generationsunterschied* m

generator *Generator* m; ⟨elektrisch⟩ *Dynamomaschine* v

generen [zich ~] *sich genieren*

genereren *generieren*

genereus *generös*; *großzügig*

generiek I ZN [de] BN, MEDIA aftiteling *Nachspann* m II BNW *generisch*

generlei *keinerlei*

genetica *Genetik* v

genetisch *genetisch* ★ ~e manipulatie *Genmanipulation* v

geneugte *Vergnügen* o; *Genuss* m; *Freude* v

Genève *Genf* o

genezen I OV WW beter maken *heilen*; *genesen* II ON WW beter worden *heilen*; *kurieren* ▼ hij is er voor altijd van ~ *er ist kuriert*

genezing *Heilung* v; *Genesung* v

geniaal *genial*

genialiteit *Genialität* v

genie I ZN [het] persoon *Genie* o II ZN [de] MIL. *Pionierkorps* o; *Pioniere* mv

geniep ▼ in het ~ *heimlich*; *hinterrücks*

geniepig *hinterhältig*; *(heim)tückisch*

genieten I OV WW ● ontvangen *genießen* ★ een goede reputatie ~ *sich eines guten Rufes erfreuen* ★ een goed salaris ~ *ein gutes Gehalt beziehen* ● plezierig in de omgang zijn ★ niet te ~ zijn *nicht zu genießen sein* II ON WW vreugde beleven *genießen* ★ ~ van iets *etw. genießen* ★ van de natuur ~ *die Natur genießen*

genitaliën *Genitalien* mv

genocide *Genozid* m/o; *Völkermord* m

genodigde *Eingeladene(r)* m ★ een uitvoering voor ~n *eine Aufführung für geladene Gäste*

genoeg I ONB VNW *genug* ▼ ~ van iemand/iets krijgen *von jmdm./etw. genug bekommen* ▼ meer dan ~ van iets krijgen *etw. sattbekommen* II BIJW *genug* ★ oud ~ zijn *alt genug sein*

genoegdoening *Genugtuung* v

genoegen ● plezier *Vergnügen* o; *Freude* v; *Gefallen* m ★ iem. een ~ doen *jmdm. einen Gefallen tun* ★ iem. het ~ doen *jmdm. den Gefallen tun* ★ ik heb het ~ u mede te delen *ich habe das Vergnügen, Ihnen mitzuteilen* ● voldoening *Gefallen* o ★ het doet mij ~ *es freut mich* ★ tot ~ van *zur Zufriedenheit* [+2] ★ met wie heb ik het ~? *mit wem habe ich die Ehre?* ★ ~ scheppen in *Gefallen finden an* [+3] ● tevredenheid *Zufriedenheit* v ★ ~ met iets nemen *sich mit etw. begnügen*

genoeglijk *vergnüglich*

genoegzaam *genügend*

genootschap *Gesellschaft* v

genot ● het genieten *Genuss* m ● genoegen *Genuss* m ★ onder het ~ van... *beim Genuss* [+2]... ★ onder het ~ van een glas wijn *bei einem Glas Wein* ★ het is een ~ om naar te kijken *es ist eine Augenweide* ● vruchtgebruik ★ het ~ van een weiland *der Nießbrauch einer Wiese* ★ ~ van de opbrengst *Nutznießung* v

genotmiddel *Genussmittel* o
genotzucht *Genusssucht* v
genotzuchtig *genusssüchtig*
genre *Genre* o; *Gattung* v
genrestuk *Genrestück/-bild* o
Gent *Gent* o
gentechnologie *Gentechnologie* v
Gentenaar *Einwohner* m *von Gent*
gentherapie *Gentherapie* v
gentiaan *Enzian* m; *Gentiane* v
gentleman *Gentleman* m
gentlemen's agreement *Gentlemen's Agreement* o; *Vereinbarung* v *auf Treu und Glauben*
Gents *Genter*
Gentse *Einwohnerin* v *von Gent*
Genua *Genua* o
genuanceerd *nuanciert*
genus *Genus* o
geodriehoek *Geodreieck* o
geoefend *geübt; geschult*
geograaf *Geograf* m
geografie *Geografie* v
geografisch *geografisch*
geologie *Geologie* v
geologisch *geologisch*
geoloog *Geologe* m
geometrie *Geometrie* v
geoorloofd *erlaubt*
Georgië *Georgien* o
Georgisch *georgisch*
geouwehoer *Gelabere* o; *Geschwätz* o
geowetenschappen *Geowissenschaften* mv
gepaard *gepaart; paarweise* ★ ~ *gaan met verbunden sein mit*
gepakt ▼ ~ *en gezakt mit Sack und Pack*
gepassioneerd *passioniert; leidenschaftlich*
gepast ● *afgepast passend* ★ ~ *betalen a.u.b. es wird gebeten, mit abgezähltem Geld zu zahlen* ★ ~ *geld abgezählte(s) Geld* ● *fatsoenlijk angemessen; schicklich* ★ *de* ~*e beloning die angemessene Belohnung* ★ *een* ~ *woord ein passendes Wort* ★ *dat lijkt me nu niet zo* ~ *das scheint mir jetzt nicht angebracht*
gepeins *Nachsinnen* o; *Nachdenken* o; (gepieker) *Grübeln* o
gepensioneerd *pensioniert*
gepensioneerde *Pensionierte(r)* m; *Rentner* m
gepeperd ● CUL. *pikant* ● FIG. *duur gepfeffert* ★ *een* ~*e rekening eine gepfefferte/saftige Rechnung*
gepeupel *Pöbel* m; *Mob* m
gepikeerd *pikiert; verärgert*
geplaatst ▼ BN *goed* ~ *zijn om... die richtige Person sein, um...*
geploeter *Schinderei* v
geplogenheid BN *gewoonte Gewohnheit* v
gepokt ▼ ~ *en gemazeld mit allen Wassern gewaschen*
geprikkeld *gereizt*
geprononceerd *prononciert* ★ ~*e gelaatstrekken ausgeprägte Gesichtszüge*
geproportioneerd *proportioniert* ★ *goed* ~ *proportioniert; wohlgestaltet*
geraakt ● *ontroerd gerührt* ● *gepikeerd gekränkt; verletzt* ★ *gauw* ~ *zijn sehr empfindlich sein*
geraamte ● *skelet Gerippe* o; *Skelett* o ● *constructie Gerüst* o
geraas *Getöse* o; (lawaai) *Lärm* m
geradbraakt *gerädert* ★ *zich* ~ *voelen sich wie gerädert fühlen*
geraden *geraten; ratsam* ★ *het is je* ~ *das möchte ich dir raten*
geraffineerd *raffiniert*
geraken *geraten; zu etwas gelangen*
geranium *Geranie* v
gerant ● *beheerder van restaurant Geschäftsführer* m ● BN *filiaalhouder Filialleiter* m
gerbera *Gerbera* v
gerecht I ZN [het] ● CUL. *eten Gericht* o; *Speise* v ● JUR. *rechtbank Gericht* o ★ *voor het* ~ *verschijnen vor Gericht erscheinen* II BNW *gerecht*
gerechtelijk *gerichtlich* ★ *langs* ~*e weg auf dem Rechtsweg*
gerechtigd *berechtigt*
gerechtigheid *Gerechtigkeit* v
gerechtsgebouw *Gerichtsgebäude* o
gerechtshof *Oberlandesgericht* o
gerechtvaardigd *gerecht; berechtigt* ★ ~*e twijfel berechtigte(r) Zweifel* m
gereed ● *klaar (met iets) fertig* ● *klaar (voor iets) bereit* ★ ~ *voor verzending versandfertig* ★ ~ *voor het gebruik gebrauchsfertig*
gereedheid *Bereitschaft* v
gereedkomen *fertig werden* ★ ~ *met iets mit etw. fertig werden*
gereedmaken *fertig machen*
gereedschap *Gerät* o; *Werkzeug* o
gereedschapskist *Werkzeugkasten* m
gereedstaan *bereitstehen*
gereformeerd *reformiert; kalvinistisch*
gereformeerde *Reformierte* m/v
geregeld *regelmatig regelmäßig* ● *ordelijk ordentlich*
gerei *Gerät* o; *Zeug* o
geremd *befangen; gehemmt*
gerenommeerd *renommiert; angesehen*
gereserveerd ● *besproken reserviert* ● *terughoudend* ★ ~ *zijn reserviert/zurückhaltend sein*
geriatrie *Geriatrie* v
geriatrisch *geriatrisch*
gericht *gerichtet (op auf)* [+4]; *gezielt (op auf)* [+4]
gerief ● *genot Bequemlichkeit* v ● BN *gerei, spullen Gerät* o; *Zeug* o
gerieflijk *bequem; komfortabel; behaglich*
gerieven *dienen; Hilfe leisten*
gering ● *klein gering* ★ *bij het minste of* ~*ste gevaar bei der geringsten Gefahr* ● *onbeduidend geringfügig*
geringschatten *gering schätzen*
geringschattend *geringschätzig*
Germaan *Germane* m
Germaans I ZN [het] *taal Germanisch(e)* o II BNW *m.b.t. de Germanen germanisch* ★ ~*e talen germanische(n) Sprachen*
germanisme *Germanismus* m
geroezemoes *Geschwirr* o

ge

gerommel *Gepolter* o; ⟨v. motor⟩ *Rattern* o; ⟨v. buik⟩ *Knurren* o

geronnen *geronnen* ▼ ~ bloed *geronnenes Blut* ▼ zo gewonnen, zo ~ *wie gewonnen, so zerronnen*

geroutineerd *erfahren*; *bewandert*; *routiniert*

gerst *Gerste* v

gerstenat *Gerstensaft* m

gerucht ● praatje *Gerücht* o ★ het ~ gaat dat... *es geht das Gerücht, dass...* ● geluid *Lärm* m ▼ in een kwaad ~ staan *in üblem Ruf stehen*

geruchtmakend *aufsehenerregend*

geruim ● → **tijd**

geruis *Geräusch* o; ⟨ruis⟩ *Rauschen* o

geruisloos *geräuschlos*

geruit *gewürfelt*; *kariert*

gerust I BNW *ruhig* ★ ik ben er ~ op dat..., BN ik ben er ~ in dat... *ich kann mich darauf verlassen dass...* ★ ik ben er nog niet ~ op dat..., BN ik ben er nog niet ~ in dat... *ich bin noch nicht ganz sicher, dass...* **II** BIJW zonder vrees ★ dat mag ik ~ *das darf ich wohl*

geruststellen *beruhigen*

geruststelling *Beruhigung* v

geschenk *Geschenk* o ★ ten ~e geven *schenken*; *zum Geschenk machen*

geschenkverpakking *Geschenkverpackung* v

geschieden *geschehen*

geschiedenis ● historie *Geschichte* v ● voorval *Geschichte* v ★ dat is een vreemde ~ *das ist eine merkwürdige Geschichte*

geschiedkundig *geschichtlich*

geschiedschrijver *Geschichtsschreiber* m

geschiedvervalsing *Geschichtsfälschung* v

geschift ● bedorven *geronnen* ● getikt *verrückt*; *bekloppt*

geschikt ● bruikbaar ⟨personen⟩ *geeignet*; ⟨passend, gepast⟩ *passend*; ⟨in staat⟩ *fähig* ★ de ~e man daarvoor *der geeignete Mann dafür* ● aardig *nett*

geschil *Streit* m; *Streitigkeit* v

geschillencommissie *Konfliktkommission* v

geschilpunt *Streitpunkt* m

geschoold *geschult*; ⟨met vakopleiding⟩ *gelernt*

geschreeuw *Geschrei* o; *Schreien* o ▼ veel ~ en weinig wol *viel Geschrei und wenig Wolle*

geschrift *Schrift* v

geschubd *schuppig*

geschut *Geschütz* o ▼ FIG. met grof ~ schieten *schweres Geschütz auffahren*

gesel *Geißel* v

geselen *peitschen*

geseling *Geißelung* v

gesetteld *etabliert*

gesitueerd *situiert* ★ goed ~ *in guten Verhältnissen*

geslaagd *erfolgreich* ★ ~ zijn voor een examen *eine Prüfung bestanden haben*

geslaagde *Absolvent* m [v: *Absolventin*]

geslacht ● soort *Gattung* v ● familie *Geschlecht* o

geslachtelijk *geschlechtlich*

geslachtloos *geschlechtslos*

geslachtsdaad *Geschlechtsakt* m

geslachtsdeel *Geschlechtsteil* m

geslachtsdrift *Geschlechtstrieb* m

geslachtsgemeenschap *Geschlechtsverkehr* m

geslachtshormoon *Geschlechtshormon* o

geslachtsorgaan *Geschlechtsorgan* o

geslachtsrijp *geschlechtsreif*

geslachtsverkeer *Geschlechtsverkehr* m

geslachtsziekte *Geschlechtskrankheit* v

geslepen *verschlagen*; *durchtrieben*

gesloten ● dicht *geschlossen*; ⟨op slot⟩ *verschlossen* ★ dat is een ~ boek *das ist ein Buch mit sieben Siegeln* ★ achter ~ deuren *hinter verschlossenen Türen* ● in zichzelf gekeerd ★ zo ~ als het graf *verschwiegen wie ein Grab* ★ ~ zijn *verschlossen/zugeknöpft sein* ● dicht opeen ★ in ~ rijen *in geschlossenen Reihen*

gesluierd *verschleiert*

gesmaakt BN *gewaardeerd geschätzt*

gesmeerd ● probleemloos *problemlos*; ⟨zonder hapering⟩ *reibungslos* ● geolied *geschmiert*

gesnurk *Geschnarche* o

gesodemieter *Theater* o; *Ärger* m

gesofisticeerd BN *geavanceerd fortschrittlich*

gesorteerd ● ruim voorzien *assortiert* ★ goed ~ *gut assortiert* ● in diverse soorten *sortiert*; *geordnet*

gesp *Schnalle* v; ⟨spang⟩ *Spange* v

gespannen *gespannt*

gespeend van *entwöhnt* ★ zij was ~ van talent *sie war ohne jegliches Talent*

gespen *zuschnallen*; *festschnallen*; *schnallen*

gespierd *muskulös*

gespikkeld *gesprenkelt*

gespitst op *begierig auf*

gespleten *gespalten*

gesprek *Gespräch* o; ⟨zakelijk overleg⟩ *Besprechung* v ★ ~ van de dag *Tagesgespräch* o ★ in ~ zijn met iem. *mit jmdm. ein Gespräch führen* ★ ⟨telefonisch⟩ in ~ *besetzt* ★ een ~ voeren *ein Gespräch führen*

gespreksgroep *Gesprächsgruppe* v

gesprekskosten *Gesprächskosten* mv

gespreksonderwerp *Gesprächsthema* o

gesprekspartner *Gesprächspartner* m

gespreksstof *Gesprächsstoff* m

gespuis *Gesindel* o; *Gelichter* o

gestaag I BNW *beständig*; *anhaltend* ★ gestage regen *anhaltende(r) Regen* **II** BIJW *ständig*; *(an)dauernd*

gestalte ● gedaante *Gestalt* v ● lichaamsbouw *Figur* v

gestand ● → **belofte, woord**

Gestapo *Gestapo* v

geste *Gebärde* v; *Geste* v

gesteente *Gestein* o

gestel ● samengesteld geheel *Konstitution* v ● lichaamsgesteldheid *Gesundheit* v

gesteld I BNW ● toestand *bestellt* ★ hoe is het met de zieke ~? *wie ist es um den Kranken bestellt?* ★ het is met de zaak zo ~ *die Sache verhält sich folgendermaßen* ● ~ **op** ★ erg op iem. ~ zijn *große Stücke auf jmdn. halten* ★ op zoiets ben ik helemaal niet ~ *so etw. verbitte ich mir* ★ op zo'n gezelschap ben ik niet ~ *auf eine solche Gesellschaft lege ich keinen Wert* **II** BIJW ★ ~ het geval *gesetzt den Fall*

gesteldheid *Beschaffenheit* v; *Zustand* m; ⟨v.

gemoed) *Verfassung* v ★ de bepaling van ~ *das prädikative Attribut*

gestemd *gelaunt* ★ goed ~ *bei Laune*

gesternte *Gestirn* o ▼ onder een gelukkig ~ geboren zijn *unter einem Glücksstern geboren sein*

gesticht *Anstalt* v

gesticuleren *gestikulieren*

gestoord ● met een storing *gestört* ● PSYCH. ★ geestelijk ~ *geistesgestört*

gestreept ● MUZ. *gestrichen* ● met strepen *gestreift*; ⟨gearceerd⟩ *gestrichelt*

gestress *Stresserei* v

gestrest *stressgeplagt; gestresst*

gestroomlijnd *stromlinienförmig*

getaand *gegerbt*

getailleerd *tailliert*

getal *Zahl* v ★ een ~ van twee cijfers *eine zweistellige Zahl* ★ vijftien in ~ *fünfzehn an der Zahl*

getalenteerd *begabt; talentiert*

getalsterkte *numerische Stärke* v

getand ● met tanden *gezahnt* ● met insnijdingen *zackig*; ⟨v. postzegels⟩ *gezähnt*

getapt *beliebt; gern gesehen*

geteisem *Gesindel* o; *Pack* o

getekend *gezeichnet*

getijde, getij ⟨vloed⟩ *Flut* v ★ ~n *Gezeiten* mv

getijdenenergie *Gezeitenenergie* v

getikt ● gek *bekloppt; verrückt* ★ hij is een beetje ~ *bei ihm tickt es nicht ganz richtig* ● getypt *getippt*

getimmerte ● stellage *Holzgerüst* o ● timmerwerk *Holzbau* m

getint *getönt*

getiteld *tituliert* ★ een boek ~ *ein Buch mit dem Titel*

getogen ● → **geboren**

getourmenteerd *gequält*

getouw ▼ BN iets op het ~ zetten *etw. inszenieren; etw. organisieren*

getralied *vergittert*

getrapt ● met trappen *gestuft* ● indirect *gestaffelt*

getroosten [zich ~] *erdulden; hinnehmen* ★ zich veel moeite ~ *sich viel Mühe geben*

getrouw *treu; getreu* ★ een oude ~e *ein alter treuer Diener*

getrouwd *verheiratet* ▼ zo zijn we niet ~ *so haben wir nicht gewettet*

getto *Ghetto* o

gettoblaster *Ghettoblaster* m

gettovorming *Ghettobildung* v

getuige I ZN [de] ● aanwezige *Zeuge* m ● JUR. *Zeuge* m ★ ~ à charge *Belastungszeuge* m ★ ~ à decharge *Entlastungszeuge* m **II** VZ *in Anbetracht* [+2] ★ ~ je diploma kun je best goed leren *in Anbetracht deines Zeugnisses bist du ein guter Schüler*

getuigen I OV WW verklaren *bezeugen; aussagen* ★ iets ~ *etw. bezeugen* **II** ON WW ● blijk geven *zeugen* ★ dat getuigt van weinig smaak *das zeugt von wenig Geschmack* ● getuigenis afleggen *zeugen*

getuigenis ● bewijs *Zeugnis* o ● getuigenverklaring *Zeugnis* o; JUR. *Aussage* v

getuigenverhoor *Zeugenvernehmung* v; *Zeugenverhör* o

getuigenverklaring *Zeugenaussage* v

getuigschrift *Zeugnis* o

getver ● → **gadver**

getverderrie *igitt; igittigitt*

geul ● gleuf *Rille* v ● vaargeul *Rinne* v; ⟨in wadden⟩ *Priel* m

geur *Geruch* m; ⟨aangenaam⟩ *Duft* m; ⟨v. wijn⟩ *Bukett* o ★ de geur van iets der *Geruch von/nach etw.* ▼ iets in geuren en kleuren vertellen *etw. in allen Einzelheiten schildern*

geuren *duften*

geurig *duftig*

geurstof *Duftstoff* m

geurtje ● reukwater *Parfüm* o ● → **geur**

geurvreter *Geruchsfresser* m

geus *Geuse* m

gevaar *Gefahr* v ★ op het ~ af... *auf die Gefahr hin...* ★ ~ lopen *Gefahr laufen* ★ zijn positie loopt ~ *seine Position ist gefährdet* ★ daar is geen ~ bij *das ist nicht gefährlich*

gevaarlijk *gefährlich*

gevaarte *Ungetüm* o; *Koloss* m

geval ● toestand *Fall* m ★ in het andere ~ *andernfalls* ★ in geen ~ *auf keinen Fall*; *keinesfalls* ★ in ~ van nood *im Notfall* ★ in ~ van twijfel *im Zweifelsfall* ★ in elk ~ *auf jeden Fall; auf alle Fälle* ★ in het ergste ~ *schlimmstenfalls* ★ voor het ~ dat... *falls...; im Falle...* [+2] ● voorval *Vorfall* m ● toeval *Zufall* m

gevangen *gefangen*

gevangenbewaarder *Gefängniswärter* m

gevangene ● gevangen genomen persoon *Gefangene(r)* m ● gedetineerde *Häftling* m

gevangenhouden *gefangen halten*

gevangenis *Gefängnis* o

gevangenisstraf *Freiheitsstrafe* v

gevangeniswezen *Gefängniswesen* o

gevangennemen *verhaften; in Haft nehmen*

gevangenschap *Gefangenschaft* v

gevangenzitten *in Haft sitzen; im Gefängnis sitzen*

gevarendriehoek *Warndreieck* o

gevarenzone *Gefahrenzone* v

gevarieerd *variiert; abwechslungsreich*

gevat *gewandt; schlagfertig*

gevecht *Gefecht* o; ⟨vechtpartij⟩ *Schlägerei* v; ⟨met woorden⟩ *Streit* m; ⟨strijd⟩ *Kampf* m ★ iem. buiten ~ stellen *jmdn. außer Gefecht setzen*

gevechtsklaar *gefechtsbereit; kampfbereit*

gevechtspak *Kampfanzug* m

gevechtsvliegtuig *Kampfflugzeug* o

gevechtszone *Kampfzone* v; *Kampfgebiet* o

gevederd *gefiedert*

geveinsd ● niet gemeend *vorgetäuscht; geheuchelt* ● huichelachtig *heuchlerisch*

gevel *Fassade* v; *Front* v; ⟨topgevel⟩ *Giebel* m

gevelsteen ≈ *Giebelstein* m

geveltoerist *Fassadenkletterer* m

geven I OV WW ● bieden *geben* ● aanreiken *geben*; ⟨inlichtingen⟩ *erteilen* ● toekennen *geben*; ⟨krediet⟩ *gewähren* **II** ON WW

ge

● hinderen ★ het geeft niets *das macht nichts*
● ~ om *mögen*; *machen aus*; *geben auf* [+4]
★ ik geef er niets om *ich mache mir nichts daraus*; *es ist mir einerlei* ★ hij geeft niets om hem *er macht sich nichts aus ihm*

gever *Spender* m; JUR. *Schenker* m

gevestigd ● vaststaand *fest* ★ zij heeft een ~e reputatie *sie hat sich einen Namen gemacht* ● geruime tijd bestaand *etabliert*

gevierd *gefeiert*

gevlamd *geflammt*; ⟨hout⟩ *gemasert*; ⟨hout⟩ *maserig*

gevlekt *gefleckt*; ⟨v. dieren⟩ *gescheckt*; ⟨v. dieren⟩ *scheckig*

gevleugeld *geflügelt*

gevlij *Schmeichelei* v ▼ bij iem. in het ~ zien te komen *sich bei jmdm. einschmeicheln*

gevoeglijk I BNW *passend* II BIJW *passend* ★ deze pagina kun je ~ overslaan *dieser Seite kann man getrost weglassen* ★ dat zouden we ~ kunnen doen *das könnten wir mit Fug und Recht tun*

gevoel ● gewaarwording *Gefühl* o ● indruk *Empfindung* v ● emotie *Gefühl* o ★ iemands ~ens beantwoorden *jmds. Gefühle erwidern* ● zintuig *Gefühl* o ★ op het ~ *dem Gefühl nach* ● begrip ★ ~ voor humor *Sinn für Humor*

gevoelen I ZN [het] ● emotie *Gefühl* o ● mening *Meinung* v; *Ansicht* v ★ naar mijn ~ *meiner Meinung nach* II OV WW *fühlen*; *verspüren*; ⟨gemoedsgewaarwordingen⟩ *empfinden* ★ behoefte aan rust ~ *Bedürfnis nach Ruhe haben*

gevoelig I BNW ● ontvankelijk *empfänglich* (voor *für*) ★ ~ voor storingen *störanfällig* ● PSYCH. lichtgeraakt *empfindlich*; *empfindsam* II BIJW ● met veel gevoel *gefühlvoll* ● heftig *empfindlich*; *erheblich*

gevoeligheid *Empfindlichkeit* v

gevoelloos ● fysiek ongevoelig *gefühllos*; *fühllos* ● hardvochtig *gefühllos*

gevoelloosheid *Gefühllosigkeit* v; *Gefühlskälte* v

gevoelsarm *gefühlsarm*

gevoelsleven *Gefühlsleben* o

gevoelsmatig *gefühlsmäßig*

gevoelsmens *Gefühlsmensch* m; *Gemütsmensch* m

gevoelswaarde ● affectieve waarde *Gefühlswert* m ● connotatie *Konnotation* v; *Nebenbedeutung* v

gevogelte *Geflügel* o

gevolg ● resultaat *Folge* v; *Konsequenz* v ★ tot ~ hebben *zur Folge haben* ★ ten ~e van *infolge* [+2] ★ ten ~e van het slechte weer *infolge des schlechten Wetters* ★ met goed ~ *mit gutem Erfolg* ● geven aan een uitnodiging *einer Einladung Folge leisten* ● personen *Gefolge* o

gevolgtrekking *Folgerung* v; *Schluss* m ★ ~en maken *Schlüsse ziehen*; *folgern*

gevolmachtigd *bevollmächtigt*

gevorderd *fortgeschritten*

gevreesd *gefürchtet*

gevuld ● met vulling *gefüllt* ● dik, mollig *voll*; *rundlich*

gewaad *Gewand* o

gewaagd *gewagt*; *kühn* ▼ zij zijn aan elkaar ~ *sie sind einander gewachsen*

gewaarworden ● zich bewust worden van *merken* ● (op)merken *gewahr werden*; *bemerken*

gewaarwording *Empfindung* v

gewag *Erwähnung* v ★ ~ maken van iets *etw. zur Sprache bringen* ★ geen ~ maken van iets *etw. nicht erwähnen*

gewapend ● bewapend *bewaffnet* ● versterkt *gerüstet*; *armiert*; *bewehrt*

gewas *Gewächs* o

gewatteerd *wattiert* ★ ~e deken *Steppdecke* v

geweer *Gewehr* o; ⟨jachtgeweer⟩ *Flinte* v ▼ in het ~ komen *auf die Barrikaden steigen*

geweerschot *Gewehrschuss* m

geweervuur *Gewehrfeuer* o

gewei *Geweih* o

geweld *Gewalt* v ★ zinloos ~ *sinnlose Gewalt* ★ met ~ *mit Gewalt* ★ ~ plegen *Gewalt anwenden* ▼ met alle ~ *partout*; *um jeden Preis*

gewelddaad *Gewalttat* v

gewelddadig *gewalttätig*

geweldenaar ● sterk persoon *Mordskerl* m ● dwingeland *Tyrann* m; *Gewaltherrscher* m

geweldig ● hevig *gewaltig* ● goed *großartig*; *grandios* ★ dat is ~! *das ist ja großartig!* ● groot *großartig*; *fabelhaft*

geweldloos *gewaltlos*

geweldpleging *Gewaltanwendung* v; *Gewalttätigkeit* v

geweldsspiraal *Gewaltspirale* v

gewelf *Gewölbe* o

gewelfd *gewölbt*

gewend *gewohnt/gewöhnt* (aan *an*) [+4] ★ iets ~ zijn *etw. gewohnt sein*; *an etw. gewöhnt sein* ★ aan iets ~ raken *sich an etw. gewöhnen*

gewennen I OV WW gewoon maken *gewöhnen* (aan *an*) [+4] II ON WW gewoon worden *sich gewöhnen*

gewenning *Gewöhnung* v

gewenst *wünschenswert*; *erwünscht*

gewerveld *Wirbel-* ★ ~e dieren *Wirbeltiere*

gewest *Landschaft* v; *Gegend* v

gewestelijk ● ≈ regionaal *regional*; *landschaftlich* ● ≈ provinciaal *Provinzial-*

geweten *Gewissen* o ★ een slecht ~ hebben *ein schlechtes Gewissen haben*

gewetenloos *gewissenlos*

gewetensbezwaar *Skrupel* m

gewetensbezwaarde *Gewissensgründe* mv

gewetensnood *Gewissensnot* v

gewetensvol *gewissenhaft*

gewetensvraag *Gewissensfrage* v

gewetenswroeging *Gewissensbisse* mv

gewetenszaak *Gewissensfrage* v ★ geen ~ van iets maken *sich kein Gewissen aus etw. machen*

gewettigd *berechtigt*

gewezen *ehemalig*; *Alt-*

gewicht ● zwaarte *Gewicht* o ● belang *Wichtigkeit* v; *Bedeutung* v ▼ ~ in de schaal leggen *ins Gewicht fallen*; *gewichtig sein* ▼ zijn ~ in goud waard zijn *nicht mit Gold zu bezahlen sein*

gewichtheffen *Gewichtheben* o

gewichtheffer *Gewichtheber* m
gewichtig I BNW *wichtig* **II** BIJW ★ ~ doen *sich aufspielen*; *sich aufplustern wie ein Gockel*
gewichtigdoenerij *Wichtigtuerei* v
gewichtloos *schwerelos*
gewichtsklasse *Gewichtsklasse* v
gewichtsverlies *Gewichtsabnahme* v; *Gewichtsverlust* m
gewiekst *gerissen*; *schlau*; *gewieft*
gewijd *geweiht*; *geheiligt* ★ ~ water *geweihte(s) Wasser* o; *Weihwasser* o
gewild ● in trek *gesucht*; *beliebt* ● gekunsteld *gekünstelt*
gewillig I BNW *willig*; *folgsam* **II** BIJW *willig*
gewin *Gewinn* m
gewis *gewiss*
gewoel ● het woelen *Gewühl* o ● drukte *Gewühl* o
gewond *verwundet*; *verletzt*
gewonde *Verwundete* m/v
gewoon I BNW ● gebruikelijk *üblich*; *gebräuchlich* ★ op de gewone tijd *zu gewohnter Zeit* ● gewend *gewohnt*; *gewöhnlich* ★ iets ~ zijn *an etw. gewöhnt sein* [+4] **II** BIJW *gewoonweg einfach* ★ dat is ~ onzin *das ist reiner Unsinn*
gewoonlijk *gewöhnlich* ★ zoals ~ *wie gewöhnlich*
gewoonte ● wat men gewend is *Gewohnheit* v ★ een ~ van iets maken *eine Gewohnheit aus etw. machen* ★ dat is een ~ van hem geworden *das ist ihm zur Gewohnheit geworden* ● (traditioneel) gebruik *Gebrauch* m; *Brauch* m; *Sitte* v ★ het is de ~ om... *es ist hier Brauch (um)...*
gewoontedier *Gewohnheitstier* o
gewoontedrinker *Gewohnheitstrinker* m
gewoontegetrouw *gewohnheitsgemäß*
gewoonterecht *Gewohnheitsrecht* o
gewoontjes *ganz gewöhnlich*; *alltäglich*
gewoonweg ● eenvoudigweg *einfach* ● ronduit *geradezu*
geworteld ● met wortels *eingewurzelt* ● FIG. *verwurzelt* ★ diep ~ wantrouwen *tief verwurzeltes Misstrauen*
gewraakt *verpönt* ★ de ~e uitspraak *die verpönte Aussage* ★ het ~e artikel *der verpönte Artikel*
gewricht *Gelenk* o
gewrongen ● verdraaid *verdreht*; ⟨stijl⟩ *verschroben* ● onnatuurlijk *gekünstelt*
gezag ● macht *Gewalt* v; *Macht* v ★ op eigen ~ *eigenmächtig* ★ ~ hebben *maßgebend sein* ★ het ~ voeren over *den Befehl führen über* ● autoriteit *Autorität* v ★ een man van ~ *eine Autorität*
gezaghebbend *maßgebend*
gezaghebber, gezagsdrager *Machthaber* m; *Leiter* m; *Befehlshaber* m
gezagsgetrouw *regierungstreu*
gezagsverhoudingen *Machtverhältnisse* mv
gezagvoerder ● SCHEEPV. *Schiffskapitän* m ● LUCHTV. *Flugkapitän* m
gezamenlijk I BNW ● van/met alle(n) samen *gesamt*; *Gesamt-* ● verenigd *verein(ig)t* ● gemeenschappelijk *gemeinsam*;

gemeinschaftlich ● compleet *sämtlich* **II** BIJW *zusammen*
gezang *Gesang* m
gezanik *Gemecker* o; *Mosern* o; *Gerede* o ★ dat eeuwige ~ *das ewige Gemecker/Gerede* ★ een hoop ~ *eine Menge Scherereien/Ärger*
gezant *Gesandte(r)* m
gezantschap *Gesandtschaft* v
gezapig *behäbig*
gezegde ● zegswijze *Redensart* v ● TAALK. *Prädikat* o
gezegend I BNW *gesegnet* **II** BIJW *glücklich*; *gut*
gezeglijk *fügsam*; *folgsam*
gezel ● makker *Kamerad* m; *Gefährte* m ● leerling-vakman *Gehilfe* m; *Geselle* m
gezellig ● sociaal ⟨v. persoon⟩ *gemütlich* ● aangenaam ⟨v. sfeer enz.⟩ *gemütlich*; *gesellig* ★ ~ avondje *gemütliche(r) Abend* m ★ ~ samenzijn *gesellige(s) Beisammensein* o
gezelligheid *Gemütlichkeit* v; ⟨in gezelschap zijn⟩ *Geselligkeit* v ★ hij houdt van ~ *er ist eine gesellige Natur*
gezelligheidsdier *Stimmungskanone* v
gezelligheidsvereniging *Geselligkeitsverein* m
gezellin *Gefährtin* v
gezelschap ● samenzijn ★ iem. ~ houden *jmdm. Gesellschaft leisten* ● groep *Gesellschaft* v
gezelschapsreis *Gesellschaftsreise* v
gezelschapsspel *Gesellschaftsspiel* o
gezet ● geregeld *regelmäßig* ★ vastgesteld *bestimmt* ● dik *wohlbeleibt*; *korpulent*
gezeten ● met vaste woonplaats *sesshaft* ● welgesteld *begütert*
gezeur *Geleier* o
gezicht ● gelaat *Gesicht* o ★ een zuur ~ trekken *eine saure Miene machen* ★ ⟨rare⟩ ~en trekken *Grimassen schneiden/ziehen* ★ iem. iets in zijn ~ zeggen *jmdm. etw. ins Gesicht sagen* ★ ik ken hem van ~ *ich kenne ihn vom Sehen* ● zintuig ★ scherp van ~ zijn *scharfe Augen haben* ● aanblik *Aussicht* v; *Anblick* m ★ op het eerste ~ *auf den ersten Blick* ▼ het is geen ~ *das sieht nicht aus*
gezichtsafstand ● reikwijdte *Sichtweite* v ● oogafstand *Sehweite* v
gezichtsbedrog *Augentäuschung* v; *optische Täuschung*
gezichtsbruiner *Gesichtsbräuner* m
gezichtshoek ● LETT. *Gesichtswinkel* m ● FIG. *Gesichtswinkel* m
gezichtspunt *Gesichtspunkt* m
gezichtsuitdrukking *Gesichtsausdruck* m; *Miene* v
gezichtsveld *Gesichtsfeld* o; *Blickfeld* o
gezichtsverlies ● verlies van gezichtsvermogen *Verlust* m des *Sehvermögens* ● verlies van prestige *Gesichtsverlust* m
gezichtsvermogen *Sehkraft* v; *Sehvermögen* o
gezien I BNW *angesehen*; *geachtet* **II** VZ *angesichts* [+2]; in *Anbetracht* [+2] ★ ~ zijn staat van dienst *in Anbetracht seiner Dienstzeit*
gezin *Familie* v
gezind *gesinnt*; *geneigt*
gezindheid ● houding *Gesinnung* v

• overtuiging *Überzeugung* v
gezindte *Glaube* m; *Konfession* v
gezinsauto *Familienwagen* m
gezinsfles *Familienflasche* v
gezinshereniging *Familienzusammenführung* v
gezinshoofd *Familienhaupt* o; JUR.
   Familienvorstand m
gezinshulp • hulpverlening *Familienfürsorge* v;
   Familienhilfe v • hulpverlener *Familienpfleger*
   m
gezinsleven *Familienleben* o
gezinsplanning *Familienplanung* v
gezinsuitbreiding *Familienzuwachs* m
gezinsverpakking *Familienpackung* v
gezinsverzorgster *Familienpflegerin* v;
   Familienfürsorgerin v
gezinszorg *Familienfürsorge* v
gezocht *gesucht*
gezond *gesund* ★ ~ en wel *gesund und munter*
   ★ zich ~ voelen *sich wohlfühlen* ★ hij is ~ en
   wel *er ist wohlauf*
gezondheid *Gesundheit* v ★ op iemands ~
   drinken *auf jmds. Wohl trinken*
gezondheidscentrum *Gesundheitszentrum* o
gezondheidsredenen *gesundheitliche Gründe*
   ★ om ~ *gesundheitshalber*; *aus*
   gesundheitlichen Gründen
gezondheidszorg *Gesundheitsfürsorge* v;
   Gesundheitspflege v
gezusters *Schwestern* mv
gezwel *Geschwulst* v; *Wucherung* v
gezwollen *schwülstig*; *hochtrabend*
gezworen *geschworen* ★ ~ vijanden *Erzfeinde*
gezworene *Schöffe* m [v: *Schöffin*]
gft-afval *Biomüll* m
gft-bak *Biotonne* v
Ghana *Ghana* o
Ghanees *ghanaisch*
ghb *GHB* o
ghostwriter *Ghostwriter* m
Gibraltar *Gibraltar* o
gids • persoon *Führer* m • object ★ BN de
   Witte Gids® *Telefonbuch* o • de Gouden
   Gids® *das Branchenverzeichnis*
gidsen *führen*
giebelen *kichern*
giechelen *kichern*
giek • roeiboot *Gig* o • dwarsmast *Giekbaum* m
gier I ZN [de] [mv: +en] *Geier* m ★ vale gier
   Gänsegeier m **II** ZN [de] [gmv] *Jauche* v
gieren • geluid maken *kreischen*; ⟨wind⟩
   heulen; ⟨granaten⟩ *pfeifen* ★ de wind giert
   om het huis *der Wind pfeift/heult um das*
   Haus • lachen *wiehern* ★ dat is om te ~ *das ist*
   zum Schießen • bemesten *jauchen*
gierig *geizig*
gierigaard *Geizhals* m; *Knauser* m
gierigheid *Geiz* m
gierst *Hirse* v
gierzwaluw *Mauersegler* m; *Mauerschwalbe* v
gietbui *Regenguss* m
gieten I OV WW • schenken *gießen*
   • vormgeven *gießen* ★ het ~ *der Guss* ▼ het zit
   je als gegoten *es passt dir wie angegossen*
   II ONP WW *gießen*
gieter *Gießkanne* v

gieterij *Gießerei* v
gietijzer *Gusseisen* o
gif *Gift* o
gifbeker *Schierlingsbecher* m; *Giftbecher* m
gifbelt *Sondermülldeponie* v; *Giftmülldeponie* v
gifgas *Giftgas* o
gifgroen *giftgrün*
gifgrond *durch Giftmüll verseuchte(r) Boden* m
gifkikker *Giftnudel* v
gifklier *Giftdrüse* v
gifslang *Giftschlange* v
gifstof *Giftstoff* m
gift *Gabe* v; *Spende* v
giftig *giftig*
gifwolk *Giftwolke* v
gigabyte *Gigabyte* o
gigant *Gigant* m
gigantisch *gigantisch*; *riesig*
gigolo *Gigolo* m
gij • BN jij *du* • FORM. u *Sie*
gijzelaar *Geisel* v ★ politiek ~ *Geiselhäftling* m
gijzelen ⟨gevangenzetten⟩ *einsperren*; ⟨als
   onderpand voor schulden⟩ *in Schuldhaft*
   nehmen; ⟨als politiek gijzelaar⟩ *in Geiselhaft*
   nehmen
gijzeling *Geiselnahme* v; ⟨als politiek gijzelaar⟩
   Geiselhaft v
gijzelnemer *Geiselnehmer* m
gil *Schrei* m ★ een gil geven *aufschreien*
gilde *Zunft* v; *Gilde* v
gilet *Gilet* o
gillen I OV WW *schreeuwen schreien*; *brüllen*
   II ON WW ▼ het is om te ~ *es ist zum Schießen*
giller ★ wat een ~! *das ist zum Schreien!*
gimmick *Gimmick* o
gin *Gin* m
ginder *da*; *dort*
ginderachter *irgendwo dahinten*
ginds *dort*; *drüben* ★ tot ~ *bis dorthin*
ginnegappen *kichern*; *grinsen*
gips *Gips* m ★ mijn been zit in het gips *ich*
   habe das Bein im Gips
gipsen ★ een ~ model *ein Gipsmodell*
gipskruid *Schleierkraut* o
gipsplaat *Gipsplatte* v
gipsverband *Gipsverband* m
gipsvlucht *Ambulanzflug* m
giraal *bargeldlos*
giraffe, giraf *Giraffe* v
gireren *überweisen*
giro • girorekening *Postscheckkonto* o;
   Girokonto o • overschrijving *Überweisung* v
   (auf ein Postgirokonto); *Giro* o;
   Giroüberweisung v
girocheque *Postscheck* v
girokantoor *Postbankfiliale* v
giromaat ≈ *Geldautomat* m
giromaatpas *Geldautomatkarte* v *der Postbank*
gironummer *Postscheckkontonummer* v
giropas *Postscheckkarte* v
girorekening *Postscheckkonto* o; *Girokonto* o
gis¹ I ZN [de] *giswerk Vermutung* v ★ op de gis
   nach Schätzung; HUMOR. *Pi mal Daumen*
   II BNW *slim schlau*
gis² (zeg: gies) *Gis* o
gissen *schätzen*

gissing *Vermutung* v ★ naar ~ *voraussichtlich*; *vermutlich*
gist *Hefe* v
gisten *gären* ★ gegiste melk *geronnene Milch* ★ het gistte onder het volk *die Volksseele gärte*
gisteravond *gestern Abend*
gisteren *gestern* ▼ hij is niet van ~ *er ist nicht von gestern*
gistermiddag *gestern Nachmittag*
gistermorgen *gestern Morgen*
gisternacht *gestern Nacht*
gisting *Gärung* v
git *Gagat* m ★ zwart als git *pechschwarz*
gitaar *Gitarre* v
gitarist *Gitarrist* m
gitzwart *pechschwarz*
G-krachten *G-Kräfte* mv
glaceren *glasieren*
glad I BNW ● effen *glatt* ● glibberig *glitschig*; *rutschig*; *glatt* ● sluw *durchtrieben* **II** BIJW totaal *glatt*; *völlig* ★ iets glad vergeten zijn *etw. glatt/völlig vergessen haben*
gladgeschoren *glattrasiert*
gladharig *glatthaarig*
gladheid *Glätte* v
gladiator *Gladiator* m
gladiool *Gladiole* v
gladjanus *Schlawiner* m
gladjes *glatt*; *glitschig*
gladstrijken ● LETT. *glätten*; *ausbügeln* ● FIG. *ausbügeln*; *bereinigen*
gladweg *schlicht(weg)*; *glatt(weg)*
glamour *Glamour* m
glans ● (weer)schijn *Glanz* m ● luister ★ met ~ slagen *glänzend bestehen*
glansmiddel *Glanzmittel* o
glanspapier *Glanzpapier* o
glansrijk *glanzreich*
glansrol *Glanzrolle* v
glansverf *glänzende Farbe* v
glanzen *glänzen*; *schimmern* ★ ~de ogen *glänzende(n)/leuchtende(n) Augen*
glas I ZN [het] [gmv] *Glas* o ★ kogelvrij glas *Panzerglas* o; *kugelsichere(s) Glas* ★ gewapend glas *Drahtglas* o ★ glas in lood *Bleiverglasung* v **II** ZN [het] [mv: glazen] ● drinkglas *Glas* o [mv: *Gläser*] ★ twee glazen bier *zwei Glas Bier* ● ruit *Fenster* o ▼ zijn eigen glazen ingooien *sich ins eigene Fleisch schneiden* ▼ een glaasje te veel ophebben *ein Glas zu viel getrunken haben*
glasbak *Glascontainer* m
glasblazen *Glasblasen* o
glasblazer *Glasbläser* m
glasfiber *Glasfiber* v
glashard I BNW *glashart* **II** BIJW *knallhart*
glashelder ● doorzichtig *glasklar* ● duidelijk *sonnenklar* ★ dat is ~ *das ist sonnenklar*
glas-in-loodraam, BN **glasraam** *Bleiglasfenster* o
glasplaat *Glasplatte* v
glasschade *Schaden* m *durch Glasbruch*
glastuinbouw *Gewächshauskultur* v; ⟨verwarmd⟩ *Treibhauskultur* v
glasverzekering *Glasversicherung* v

glasvezel *Glasfaser* v
glaswerk ● glazen *Glasware* v; KUNST *Glasarbeit* v ● ruiten *Verglasung* v
glaswol *Glaswolle* v
glazen *gläsern*
glazenwasser *Fensterputzer* m
glazig *glasig*; *glasartig* ★ ~e ogen *glasige Augen*
glazuren *glasieren*
glazuur ● glasachtige laag *Glasur* v ● tandglazuur *Zahnschmelz* m
gletsjer *Gletscher* m
gletsjerdal *Gletschertal* o
gleuf ● spleet *Spalt* m; *Spalte* v ● groef *Furche* v ● vagina *Schlitz* m; *Spalte* v
glibberen *glitschen*; *rutschen*
glibberig *glitschig*; *schlüpfrig*
glijbaan ● speeltuig *Rutsche* v ● baan van ijs *Schlitterbahn* v
glijden *gleiten*; *rutschen*; ⟨op ijs⟩ *schlittern*
glijmiddel *Gleitmittel* o
glijvlucht *Gleitflug* m
glimlach *Lächeln* o
glimlachen *lächeln*
glimmen ● glanzen *schimmern* ● schitteren *glänzen* ● glunderen *strahlen*
glimp ● schijn *Schein* m ● klein beetje *Abglanz* m; *Anflug* m; *Schimmer* m ★ een ~ van spot *ein Anflug von Spott* ★ een ~ van hoop *ein Hoffnungsschimmer*
glimworm *Glühwürmchen* o
glinsteren *flimmern*; *glitzern*; ⟨v. sterren/edelstenen⟩ *funkeln* ★ een traan glinstert in zijn oog *eine Träne schimmert in seinem Auge*
glinstering *Glitzern* o; *Schimmern* o; *Funkeln* o
glippen ● glijdend gaan *schlüpfen* ★ door het hek ~ *durch den Zaum schlüpfen* ★ naar binnen ~ *hineinschlüpfen* ● uitglijden *(aus)rutschen* ● ontschieten *entwischen*
glitter ● iets dat glinstert *Flitter* m ● schone schijn *Glanz* m ★ ~ en glamour *Glanz und Glamour*
globaal I BNW ● ruw *ungefähr* ● BN totaal *total*; *vollständig* **II** BIJW ★ ~ genomen *im Großen und Ganzen* ★ iets ~ weergeven *etw. in groben Zügen wiedergeben*
globaliseren *globalisieren*
globalisering *Globalisierung* v
globe *Globus* m
globetrotter *Globetrotter* m; *Weltenbummler* m
gloed ● schijnsel *Röte* v ● bezieling *Glut* v ★ iets met ~ verdedigen *etw. mit Leidenschaft vertreten*
gloednieuw *brandneu*; *nagelneu*
gloedvol *glutvoll*; *feurig*; *leidenschaftlich*
gloeien ● branden zonder vlam *glühen* ● stralen van hitte *glühen*
gloeiend I BNW ● heet *glühend* ● hartstochtelijk *glühend* ★ een ~e hekel aan iem. hebben *jmdn. auf den Tod nicht ausstehen können* **II** BIJW ● heet *glühend* ● in hoge mate *höchst*; *glühend* ▼ er ~ bij zijn *dran sein*; *dran glauben mussen*
gloeilamp *Glühbirne* v
glooien *leicht/schräg abfallen* ★ een ~d landschap *eine leicht hügelige Landschaft*
glooiing *Neigung* v; ⟨v. heuvel⟩ *Abhang* m

gloren *dämmern* ★ de ochtend begint te ~ *der Morgen graut*
glorie *Ruhm* m; *Glanz* m
glorietijd *Glanzzeit* v
glorieus *ruhmreich; ruhmvoll*
glossarium *Glossar* o
glossy *glossy* ★ ~ tijdschrift *Hochglanzmagazin* o
glucose *Glukose* v
glühwein *Glühwein* m
gluiperd *Schleicher* m
gluiperig *hinterhältig; (heim)tückisch*
glunderen *schmunzeln*
gluren (stiekem kijken) *schielen* (**naar** *nach*) [+3]
gluten *Gluten* o
gluurder *Voyeur* m
glycerine *Glyzerin* o
gniffelen *schmunzeln*
gnoe *Gnu* o
gnoom *Gnom* m
gnuiven *schmunzeln*
goal *Tor* o
gobelin *Gobelin* m
gocart BN skelter *Go-Kart* o
God *Gott* m ★ in Gods naam *in Gottes Namen* ★ door God gezonden *gottgesandt* ★ God zij met ons! *Gott mit uns!* ▼ van God los zijn *von allen guten Geistern verlassen sein*
god *Gott* m
goddank *Gott sei Dank; gottlob*
goddelijk ● van een god *göttlich* ● verrukkelijk *himmlisch*
goddeloos ● atheïstisch *gottlos* ● zondig *gottlos*
goddomme *verdammt*
godendom *Göttertum* o
godgans *ganz* ★ de ~e dag *den lieben langen Tag*
godgeklaagd *himmelschreiend* ★ het is ~ *Gott sei's geklagt; es ist unerhört*
godgeleerdheid *Theologie* v
godheid *Gottheit* v
godin *Göttin* v
godsdienst *Religion* v ★ een andere ~ aannemen *konvertieren*
godsdienstig ● religieus *religiös* ● vroom *gottesfürchtig; fromm*
godsdienstoefening *Gottesdienst* m; ⟨kort⟩ *Andacht* v
godsdienstoorlog *Religionskrieg* m
godsdienstvrijheid *Religionsfreiheit* v
godsdienstwaanzin *religiöser Wahnsinn* m; *religiöser Fanatismus* m ★ hij lijdt aan ~ *er ist ein Religionsfanatiker*
godsgeschenk *Gottesgabe* v; *Gottesgeschenk* o
godsgruwelijk I BN *gottserbärmlich*; entsetzlich II BIJW *gottserbärmlich*; entsetzlich
godshuis *Gotteshaus* o
godslasteraar *Gotteslästerer* m
godslastering *Gotteslästerung* v
godslasterlijk *gotteslästerlich*
godsnaam ▼ in ~ *in Gottes Namen* ▼ doe in ~ niet zo moeilijk *stell dich in Gottes Namen nicht so an!* ▼ hoe kon je dat in ~ doen? *wie konntest du das um Gottes willen tun?*
godswonder *Wunder* o
godverdomme *verdammt noch mal*

godvergeten *verdammt; entsetzlich* ★ ik ben ~ slecht behandeld *ich bin verdammt schlecht behandelt worden* ★ hij is ~ dom *er ist entsetzlich dumm*
godvruchtig *gottesfürchtig*
godzijdank *Gott sei Dank*
goed I BNW ● kwalitatief hoog *gut* ★ daar ben ik niet (zo) goed in *das liegt mir nicht besonders* ● correct *richtig* ★ als ik het goed heb *wenn ich mich nicht täusche* ● gunstig ★ dat is goed om te weten *das ist gut zu wissen* ★ waar is dat goed voor? *wozu soll das gut sein?* ● gezond ★ zich niet goed voelen *sich nicht wohl fühlen* ● waard zijnde ★ goed voor één rit *gültig für eine Fahrt* ▼ wie goed doet, goed ontmoet *wer Gutes tut, dem Gutes geschieht* ▼ dat is allemaal goed en wel *das ist alles schön und gut* II ZN [het] ● wat goed is *Gute(s)* o ● bezit *Gut* o ★ onroerend goed *Immobilien; unbewegliche Güter* ● spullen *Sachen* mv; *Ware* v ★ gestolen goed *Diebesgut* ● kleren *Wäsche* v
goedaardig ● goedig *gutmütig* ● MED. *gutartig*
goeddeels *großenteils; größtenteils*
goeddoen *gut* ★ die vakantie zal haar ~ *der Urlaub wird ihr guttun* ★ die brief heeft hem goedgedaan *der Brief hat ihm gutgetan* ★ dat doet me goed *das tut mir gut*
goeddunken I ZN [het] ● toestemming *Gutdünken* o ● believen *Ermessen* o ★ naar/volgens eigen ~ handelen *aus/nach eigenem Ermessen handeln* II ON WW ● goed toeschijnen *für gut halten* ● behagen *gut dünken*
goedemiddag *guten Tag*
goedemorgen *guten Morgen*
goedenacht *gute Nacht*
goedenavond *guten Abend*
goedendag ● hallo *guten Tag* ● tot ziens *auf Wiedersehen* ▼ ~ zeg! *Mensch Meier!*
goederen *Güter* mv ★ roerende en onroerende ~ *Mobilien und Immobilien*
goederenlift *Lastenaufzug* m
goederentrein *Güterzug* m
goederenverkeer *Güterverkehr* m
goederenwagen *Güterwagen* m
goederenwagon *Güterwaggon* m
goedgebekt *zungenfertig; beredt*
goedgeefs *freigebig*
goedgehumeurd *gut gelaunt*
goedgelovig ● lichtgelovig *gutgläubig* ● alles gelovend *leichtgläubig*
goedgemutst *gut gelaunt*
goedgezind ● welwillend *gut gesinnt* [+3]; *wohlgesinnt* [+3] ● BN goed gehumeurd *gut gelaunt*
goedgunstig I BNW *wohlwollend* ★ ~ beschikken op een verzoek FORM. *einen Antrag positiv bescheiden* II BIJW *wohlwollend*
goedhartig *herzensgut*
goedheid *Güte* v ★ hij is de ~ zelve *er ist die Güte in Person* ▼ grote ~! *ach du meine Güte!*
goedig *gutherzig; gutmütig*
goedje *Zeug* o; ⟨spullen van mensen⟩ *Siebensachen* mv
goedkeuren ● in orde bevinden *zulassen* ★ het

ontwerp werd algemeen goedgekeurd *der Entwurf wurde allgemein für gut befunden* ★ iem. ~ *jmdn. für gesund erklären; jmdn. diensttauglich erklären* ★ de auto is goedgekeurd *das Auto ist vom TÜV abgenommen* ● instemmen met *billigen* ● bekrachtigen *genehmigen;* ⟨v. wetten en regeringsbesluiten⟩ *verabschieden* ★ het verbouwingsplan is goedgekeurd *der Umbau ist genehmigt* ★ de notulen ~ *das Protokoll genehmigen*

goedkeuring ● instemming *Zustimmung* v [+3]; *Billigung* v; *Einverständnis* o; *Genehmigung* v ● waardering *Anerkennung* v; *Beifall* m ★ ik heb de ~ van anderen niet nodig *ich brauche die Anerkennung der anderen nicht*

goedkoop ● niet duur *preisgünstig; preiswert* ● flauw, gemakkelijk *billig* ★ goedkope grappen *billige(n) Witze*

goedlachs ★ ~ zijn *zum Lachen aufgelegt sein*

goedmaken ● ongedaan maken *gutmachen* ★ hij wil het weer ~ met haar *er will sich wieder mit ihr versöhnen* ● kosten dekken *decken; ersetzen* ★ de schade ~ *den Schaden ersetzen*

goedmakertje *Wiedergutmachung* v

goedmoedig *gutmütig; gutherzig*

goedpraten ● rechtvaardigen *rechtfertigen* ● verbloemen *beschönigen*

goedschiks *gutwillig* ★ ~ of kwaadschiks *wohl oder übel*

goedvinden I OV WW ● goedkeuren *billigen;* (officieel) *genehmigen;* ⟨toestaan⟩ *erlauben* ● nuttig vinden *gut finden; für richtig halten* ★ ik vind alles goed *mir ist alles recht* **II** ZN [het] ● goedkeuring *Einverständnis* o ● goeddunken ★ met onderling ~ *in gegenseitigem Einvernehmen*

goedzak *herzensgute(r) Kerl* m; MIN. *Trottel* m

goegemeente *Allgemeinheit* v

goeierd *ein gutmütiger Mensch; ein herzensguter Mensch; eine Seele von Mensch*

goeroe *Guru* m

goesting BN zin, trek *Geschmack* m; *Appetit* m; *Lust* v

gok ● het gokken *Wette* v ★ wil je een gokje wagen? *wollen wir wetten?* ● risico *Wagnis* o; *Risiko* o ★ die gok durf ik niet aan *das riskiere ich nicht* ● schatting *Schätzung* v ★ het is maar een gok *ich schätz doch nur* ★ doe een gok *rate mal* ▼ op de gok *aufs Geratewohl*

gokautomaat *Spielautomat* m

gokken ● speculeren *spekulieren* ★ daar gok ik op *darauf spekuliere ich; darauf lasse ich es ankommen* ● gissen ★ ik gok erop dat we om 9 uur aankomen *ich schätze, wir kommen um 9 Uhr an* ● een kans wagen *riskieren* ● om geld spelen *spielen; setzen auf* [+4]; ⟨bij lotto en toto⟩ *tippen* ★ ik gok op rood *ich setze auf Rot*

goklust *Spielleidenschaft* v

goktent *Spielhalle* v; *Spielhölle* v

gokverslaafde *Spielsüchtige(r)* m

gokverslaving *Spielsucht* v

golden delicious *Golden Delicious* m

golden retriever *Golden Retriever* m

golf[1] ● waterbeweging *Welle* v ★ NATK. *Welle* v ★ lange golf *Langwelle* ★ korte golf *Kurzwelle* ● wat op een golf lijkt *Welle* v ★ een golf van verontwaardiging *eine Welle der Empörung* ★ groene golf *grüne Welle* ● baai *Golf* m

golf[2] ⟨zeg: `golf` met de g van `goal`⟩ *Golf(spiel)* o

golfbaan *Golfbahn* v

golfbeweging ECON. *Fluktuation* v; ⟨op het water⟩ *Wellenbewegung* v

golfbreker *Wellenbrecher* m

golfclub ● golfstok *Club* m; *Klub* m; *Golfschläger* m ● vereniging *Golfklub* m

golfen *Golf spielen*

golfer *Golfer* m [v: *Golferin*]

golfkarton *Wellpappe* v

golflengte *Wellenlänge* v

golflijn *Wellenlinie* v; *Schlangenlinie* v

golfplaat *Wellblech* o

golfslag ● het slaan van golven *Wellenschlag* m ● deining *Wellengang* m

golfslagbad *Wellenbad* o

golfspeler *Golfspieler* m

golfstaat *Golfstaat* m

Golf van Biskaje *Golf von Biskaya* m

golven ● in golven stromen *quellen; strömen* ★ het bloed golfde uit de wond *das Blut quoll aus der Wunde* ● golvend over en neer gaan *wogen;* ⟨v. haar, kleren⟩ *wallen* ★ ~d haar *wallendes Haar*

gom ● lijmstof *Gummi* m/o ● vlakgom *Radiergummi* m

gommen *(aus)radieren*

gondel *Gondel* v

gondelier *Gondelführer* m; *Gondoliere* m [mv: *Gondolieri*]

gong *Gong* m

gongslag *Gongschlag* m

goniometrie *Goniometrie* v

gonorroe *Gonorrhö* v

gonzen *surren; brausen; summen*

goochelaar *Zauberkünstler* m; *Zauberer* m

goochelen *zaubern*

goocheltruc *Zaubertrick* m

goochem *gewieft; gerissen*

goodwill *Firmenwert* m; *Geschäftswert* m; *Goodwill* m

googelen *googeln*

gooi *Wurf* m ▼ ergens een gooi naar doen *sein Glück versuchen*

gooien *werfen* ★ met de deur ~ *mit der Tür schlagen* ▼ met de pet naar iets ~ *schlampen*

gooi-en-smijtwerk *Klamauk* m

goor ● onsmakelijk *eklig* ● vuil *verdreckt; schmutzig*

goot ● straatgoot *Gosse* v ● dakgoot *Rinne* v ▼ iem. uit de goot halen *jmdn. aus der Gosse ziehen*

gootsteen *Spülbecken* v

gordel ● riem *Gürtel* m; *Gurt* ★ ~s zijn verplicht *man muss sich anschnallen* ● kring *Kranz* m ▼ een stoot onder de ~ *ein Schlag unter der Gürtellinie*

gordeldier *Gürteltier* o

gordelroos *Gürtelrose* v

gordijn *Vorhang* m; *Gardine* v ▼ het ijzeren ~

der Eiserne Vorhang
gordijnrail *Schiene* v
gordijnroe *Gardinenstange* v
gorgelen *gurgeln*
gorgonzola *Gorgonzola* m
gorilla *Gorilla* m
gors I ZN [de] vogel *Ammer* v **II** ZN [de/het]
  kwelder *Groden* m
gort • gortepap *Grütze* v • gepelde gerst
  Graupen mv
gortdroog • droog *knochentrocken* • saai
  phantasielos; fantasielos; langweilig
gortig ▼ het al te ~ maken *es zu weit/bunt
  treiben*
GOS *GUS* v
gospel *Gospel* o
gospelmuziek *Gospelmusik* v
Göteborg *Göteborg* o
Göteborgs *Göteborger*
gothic *Gothic* o
gotiek *Gotik* v ★ de late ~ *die Spätgotik*
gotisch *gotisch* ★ ~ schrift *Fraktur(schrift)* v
gotspe *Unverfrorenheit* v
gouache *Gouache* v
goud *Gold* o ★ goud op snee *Goldschnitt* m
  ▼ het is niet alles goud wat er blinkt *es ist
  nicht alles Gold, was glänzt* ▼ zo eerlijk als
  goud *grundehrlich* ▼ voor geen goud *um
  nichts in der Welt*
goudader *Goldader* v
goudblond *goldblond*
goudbruin *goldbraun*
goudeerlijk *grundehrlich*
gouden • van goud *golden* • goudkleurig
  goldfarbig; golden; ⟨verguld⟩ *vergoldet*
goudenregen *Goldregen* m
goudhaantje • vogel *(Winter)goldhähnchen* o
  • kever *Blattkäfer* m
goudkleurig *goldfarben*
goudkoorts *Goldfieber* o; *Goldrausch* m; ⟨zucht
  om snel rijk te worden⟩ *Geldgier* v
goudkust *Millionenviertel* o
goudmijn • mijn *Goldmine* v • onuitputtelijke
  bron *Fundgrube* v
goudprijs *Goldpreis* m
goudrenet *Boskop* m
Gouds *aus Gouda*
goudsbloem *Ringelblume* v
goudschaaltje • → **woord**
goudsmid *Goldschmied* m
goudstuk *Goldstück* o; *Goldmünze* v
goudvink *Gimpel* m
goudvis *Goldfisch* m
goudzoeker • goudgraver *Goldgräber* m
  • gelukzoeker *Glücksjäger* m
goulash *Gulasch* m/o
gourmetstel *Raclettegerät* o
gourmetten OMSCHR. *grillen auf einem
  Raclettegerät*
gouvernement *Provinzverwaltung* v;
  Verwaltung v; *Gouvernement* o
gouverneur *Statthalter* m
gozer *Typ* m
gps *GPS* o
graad • meeteenheid *Grad* m • mate ★ de ~
  van ontwikkeling *Entwicklungsstufe* v

go

graadmeter *Gradmesser* m
graadverdeling *Gradeinteilung* v
graaf *Graf* m
graafmachine *Bagger* m
graafschap *Grafschaft* v
graag • met plezier *gern(e)* • ⟨bij verzoek⟩
  gerne ★ heel ~ *sehr gern*
graagte *Vergnügen* o ★ met ~ iets aannemen
  etw. mit Vergnügen annehmen
graaien *grabbeln; grapschen*
graal *Gral* m
graan • gewas *Getreide* o • koren ★ granen/
  ~soorten *Getreidearten* ▼ een ~tje meepikken
  mit von der Partei sein
graanoogst • het oogsten *Getreideernte* v
  • opbrengst *Getreideernte* v
graanschuur *Getreidesilo* m/o; *Getreidespeicher*
  m
graansilo *Getreidesilo* m/o; *Getreidespeicher* m
graat *Gräte* v ▼ van je ~ vallen *vor Hunger
  umfallen* ▼ BN ergens geen graten in zien *sich
  kein Gewissen aus etw. machen*
grabbel ▼ iets te ~ gooien *etw. wegwerfen*
grabbelen *grabbeln; wühlen*
grabbelton *Grabbeltonne* v
gracht *Gracht* v; ⟨om vesting⟩ *Graben* m
  ★ stads~ *Stadtgraben* m
grachtenpand *Grachtenhaus* o
gracieus *graziös; anmutig*
gradatie *Abstufung* v
gradenboog *Winkelmesser* m
gradueel *graduell*
graf *Grab* o; ⟨gemetseld⟩ *Gruft* v ▼ zich in zijn
  graf omkeren *sich im Grabe umdrehen*
  ▼ zwijgen als het graf *schweigen wie ein Grab*
graffiti *Graffiti* mv
graffitispuiter *Graffitisprayer* m; *Graffitisprüher*
  m
graficus *Grafiker* m
grafiek • KUNST *Grafik* v; *grafische Darstellung* v
  • grafische voorstelling *Grafik* v
grafiet *Grafit* m
grafisch *grafisch*
grafkelder *Gruft* v
grafkist *Sarg* m
grafologie *Grafologie* v
grafoloog *Grafologe* m
grafrede *Grabrede* v
grafschennis *Grabschändung* v
grafschrift *Grabinschrift* v
grafsteen *Grabstein* m
grafstem *Grabesstimme* v
graftombe *Sarkophag* m
grafzerk *Grabplatte* v
gram *Gramm* o
grammatica *Grammatik* v
grammaticaal *grammatisch*
granaat *Granate* v
granaatappel *Granatapfel* m
grand café *Bistro* o
grandioos *großartig; grandios*
graniet *Granit* m
granieten *aus Granit*
granny smith *Granny Smith* m
grap • geestig verhaal *Witz* m ★ (maak) geen
  grapjes! *mach keine Witze!* • geintje *Spaß* m;

Scherz m ★ voor de grap *zum Spaß* ★ een grap met iem. uithalen *einen Spaß mit jmdm. treiben*
grapefruit *Grapefruit* v; *Pampelmuse* v
grapjas *Witzbold* m; *Spaßmacher* m
grappenmaker *Spaßvogel* m; *Witzbold* m
grappig *ulkig*; *spaßhaft*; *spaßig*; *witzig*
gras *Gras* o ▼ ergens geen gras over laten groeien *kein Gras über etw. wachsen lassen* ▼ hij is nog zo groen als gras *er ist ein Grünschnabel* m
grasduinen ⟨in boeken⟩ *schmökern*
grasland *Grasland* o; ⟨bodemgesteldheid⟩ *Grasboden* m; ⟨voor dieren⟩ *Weideland* v
grasmaaien *Gras mähen*; ⟨gazon⟩ *Rasen mähen*
grasmaaier *Rasenmäher* m
grasmat ● grasbegroeiing *Grasnarbe* v ● met gras begroeid land *Grasfläche* v
grasperk *Rasen* m
graspol *Gräserpolle* v
graspriet *Grashalm* m
grasveld ● gazon *Rasen* m ● met gras begroeid land *Grasfläche* v
grasvlakte *Grasebene* v
graszode *Sode* v
gratie ● gunst *Gunst* v ★ bij de ~ Gods *von Gottes Gnaden* ★ in de ~ zijn bij iem. *bei jmdm. in Gunst stehen* ★ uit de ~ *nicht in jmds. Gunst* ● JUR. genade *Gnade* v ● sierlijkheid *Grazie* v; *Anmut* v; *Reiz* m
gratieverzoek *Gnadengesuch* o
gratificatie *Gratifikation* v
gratineren *überbacken*; *gratinieren*
gratis *kostenlos*; *umsonst*; *unentgeltlich*; *gratis* ★ entree ~ *Eintritt frei*
gratuit *grundlos*; *unmotiviert*
grauw *grau*
graveerkunst *Kunst* v *des Gravierens*
gravel *Schotter* m *aus rotem Ziegel*
graven *graben*; ⟨grondwerken⟩ *ausheben*; ⟨met een schep⟩ *schaufeln*
graveren *gravieren*; *stechen*
graveur *Graveur* m
gravin *Gräfin* v; ⟨ongehuwd⟩ *Komtess* v
gravure *Gravur* v; KUNST *Stich* m; KUNST *Gravüre* v
grazen *grasen* ★ het vee laten ~ *das Vieh grasen/weiden lassen* ▼ iem. te ~ nemen *jmdn. reinlegen*
grazig *voll Gras*
greep ● graai *Griff* m ● houvast *Griff* m ★ ~ hebben op iets *etw. im Griff haben* ● handvat *Griff* m ● MUZ. *Griff* m ● keus *Griff* m
gregoriaans *gregorianisch*
grein ★ geen ~tje verstand van iets hebben *keinen Schimmer von etw. haben* ★ geen ~tje respect hebben *keinen Funken Respekt haben*
Grenada *Grenada* o
grenadier *Infanterist* m
grenadine *Grenadine* v
grendel *Riegel* m; *Schloss* o ★ de ~ op de deur doen *den Riegel vor die Tür schieben*; *eine Tür verriegeln*
grendelen *abriegeln*; *verriegeln*
grenen *aus Kiefernholz*; *kiefern*
grens ● AARDK. scheidingslijn *Grenze* v ★ iem.

over de ~ zetten *jmdn. ausweisen* ● FIG. limiet *Grenze* v ★ er zijn grenzen *alles hat seine Grenzen*
grensbewoner *Grenzbewohner* m
grensconflict *Grenzkonflikt* m
grensdocument *Grenzdokument* o
grensgebied *Grenzgebiet* o; *Grenzbereich* m
grensgeval *Grenzfall* m
grenskantoor *Zollamt* o
grenslijn *Grenze* v
grensovergang *Grenzübergang* m
grenspost *Grenzposten* m; ⟨doorlaatpost⟩ *Grenzübergang* m
grensrechter SPORT *Linienrichter* m
grensstreek *Grenzgebiet* o; *Grenzzone* v
grensverleggend *bahnbrechend*
grenswisselkantoor *Grenzwechselstube* v
grenzeloos *grenzenlos*
grenzen *grenzen* ★ ~ aan *grenzen an* [+4] ★ Italië grenst aan Zwitserland *Italien grenzt an die Schweiz*
greppel *Graben* m
gretig *gierig*; *begierig* ★ zij taste ~ toe *sie langte gierig zu* ★ een gelegenheid ~ aangrijpen *eine Chance mit beiden Händen ergreifen*
gribus ● buurt *Elendsviertel* o ● woning *Loch* o; *Bruchbude* v
grief ● ongenoegen *Unmut* m ● bezwaar *Beschwerde* v ● ergernis *Ärgernis* o ● belediging *Kränkung* v
Griek *Grieche* m
Griekenland *Griechenland* o
Grieks I BNW m.b.t. Griekenland *griechisch* **II** ZN [het] taal *Griechisch(e)* o
Griekse *Griechin* v
Grieks-orthodox *griechisch-orthodox*
griend ● rijshout *Weidenholz* o ● bos van rijshout *Weidengebüsch* o ● griendwaard *Weidenbruch* m
grienen *greinen*; *flennen*; ⟨bij kinderen⟩ *quengeln*
griep *Grippe* v
grieperig *grippekrank*
griepprik *Grippeimpfung* v
griesmeel *Grießmehl* o
griet ● meid *Biene* v ● vis *Glattbutt* m ● vogel *Uferschnepfe* v
grieven ● kwetsen *kränken* ● kwellen *schmerzen*
griezel ● engerd *ekelhafte(r)/widerliche(r) Kerl* m ● afkeer *Ekel* m; *Abscheu* m
griezelen *schaudern* ★ ik griezel daarvan *davor gruselt (es) mich*
griezelfilm *Gruselfilm* m
griezelig *schauderhaft*; *schaudererregend*; *gruselig*; *unheimlich*
griezelverhaal *Gruselgeschichte* v; *Schauergeschichte* v
grif *flott*; *rasch*
griffen *einritzen*; ⟨in geheugen⟩ *einprägen*
griffie *Gerichtskanzlei* v ★ ter ~ deponeren *zur Einsicht vorlegen*
griffier ● secretaris *Protokollführer* m; *Schriftführer* m; ⟨bij rechtbank⟩ *Gerichtsschreiber* m ● chef van de griffie *Kanzleivorsteher* m

grijns *Grinsen* o
grijnzen *grinsen*
grijpen *ergreifen*; *greifen* ★ voor het ~ liggen *zum Greifen nahe sein*; *reichlich zur Hand sein* ★ om zich heen ~ *um sich greifen*
grijper *Greifer* m
grijpstuiver *wenig Geld* o
grijs I BNW *kleur grau* II ZN [het] *Grau* o
grijsaard *Greis* m
grijsblauw *graublau*
grijsrijden *graufahren*
grijzen *ergrauen*
gril *Grille* v; *Laune* v
grill *Grill* m
grillbakoven *Grillofen* m
grillen I OV WW *grilleren grillen* II ON WW *huiveren schaudern*
grillig ● onregelmatig *bizarr* ● wispelturig *launenhaft*; *grillig*
grilligheid ● wispelturigheid *Launenhaftigkeit* v ● onregelmatigheid *Bizarrerie* v
grimas *Grimasse* v; *Fratze* v
grime *Maske* v
grimeren *schminken*
grimeur *Maskenbildner* m
grimmig *grimmig*
grind *Kies* m
grinniken *kichern*; ⟨met leedvermaak⟩ *feixen*
grip ● greep *Griff* m ● houvast ★ geen grip op iemand/iets kunnen krijgen *jmdn./etw. nicht zu fassen bekommen*
grissen *grapschen*
groef ● gleuf *Rille* v; *Furche* v; ⟨in zijkant van plank⟩ *Nut* v ● rimpel *Furche* v ● greppel *Graben* m
groei ● het groeien *Wachstum* o; *Wachsen* o ★ in de ~ zijn *im Wachsen sein* ★ de ~ bevorderen *das Wachstum fördern* ● FIG. toename *Zunahme* v ★ de ~ van de economie *das Wirtschaftswachstum*
groeien *wachsen* ★ hier groeit die plant niet goed *die Pflanze gedeiht hier nicht*
groeihormoon *Wachstumshormon* o
groeikern ● kern van groei *Keimzelle* v ● groeiende stad ≈ *Siedlungsgebiet* o
groeimarkt *wachsende(r) Absatzmarkt* m
groeistuip ● moeilijkheden ten gevolge van snelle groei *Wachstumsprobleme* mv ● stuip ten gevolge van groei *Wachstumskrampf* m
groeizaam ● goed groeiend *fruchtbar* ● goed voor de groei *wachstumsfördernd*
groen I BNW ● kleur *grün* ● onervaren *grün* ▼ het wordt hem ~ en geel voor de ogen *es wird ihm grün und gelb vor Augen* II ZN [het] ● kleur *Grün* o ● gebladerte *Grün* o
groenblijvend *immergrün*
groene *Grüne(r)* v ★ de Groenen *die Grünen*
Groenland *Grönland* o
Groenlands *grönländisch*
groenstrook *Grünstreifen* m
groente *Gemüse* o ★ ~ in blik *Gemüsekonserve* v
groenteboer ● persoon *Gemüsehändler* m ● winkel *Gemüsehandlung* v
groentesoep *Gemüsesuppe* v
groentetuin *Gemüsegarten* m
groentijd ⟨signaal⟩ *Grünphase* v

groentje *Grünschnabel* m; *Neuling*
groenvoer *Grünfutter* o
groenvoorziening *Grünanlage* v
groep *Gruppe* v
groeperen *gruppieren*
groepering *Gruppierung* v
groepsfoto *Gruppenbild* v
groepsgeest *Gemeinschaftssinn* m
groepsgesprek *Gruppengespräch* o; *Gruppendiskussion* v
groepspraktijk *Gruppenpraxis* v; *Gemeinschaftspraxis* v
groepsreis *Gruppenreise* v
groepstaal *Gruppensprache* v
groepstherapie *Gruppentherapie* v
groepsverband *Gruppe* v
groet *Gruß* m ★ iem. de ~en doen *jmdn. grüßen* ★ u moet de ~en hebben van mijn broer *ich soll Sie von meinem Bruder grüßen*
groeten *grüßen*
groetjes ● *tschüs*; *tschau* v ● → **groet**
groeve ● grafkuil *Grube* v ● afgraving *Grube* v
groeven *eingravieren*; ⟨met beitel⟩ *kehlen*
groezelig *schmuddelig*
grof ● niet fijn *grob* ● een grove tegenstelling *ein krasser Gegensatz* ● ernstig *grob*; *krass* ★ door grove nalatigheid *durch grobe Fahrlässigkeit* ● ongemanierd *grob*; *derb* ▼ grof geld verdienen *fette Gewinne machen* ▼ om grof geld spelen *hoch spielen*
grofgebouwd *grobschlächtig*
grofheid ● het grof zijn *Grobheit* v ● lompheid *Schroffheit* v; ⟨plat⟩ *Derbheit* v
grofvuil *Sperrmüll* m
grofweg *grob*
grog *Grog* m
grol *Witz* m ★ grappen en grollen *Witze und Späße*
grommen *brummen*; *murren*; *knurren*
grond ● aardbodem *Boden* m; *Grund* m ★ begane ~ *Erdgeschoss* o ★ boven de ~ *über Tage* ★ onder de ~ *unter Tage* ★ op de ~ liggen *auf dem Boden liegen* ● stof, materie van het aardoppervlak *Erde* v ★ de ~ bewerken *den Boden bearbeiten/bestellen* ● grondslag *Grund* m ★ aan iets ten ~e liggen *einer Sache zugrunde/zu Grunde liegen* ★ op ~ van *wegen* [+2]; *aufgrund*; *auf Grund* [+2] ▼ van schaamte door de ~ zinken *vor Scham versinken* ▼ LETT. de ~ in boren *versenken* ▼ FIG. de ~ in boren *zur Sau machen* ▼ iem. de ~ in boren *jmdn. fertigmachen*; *über jmdn. den Stab brechen* ▼ met de ~ gelijkmaken *dem Erdboden gleichmachen* ▼ vaste ~ onder de voeten hebben *festen Boden unter den Füßen haben* ▼ te ~e richten *zugrunde/zu Grunde richten* ▼ uit de ~ van mijn hart *aus Herzensgrund* ▼ uit de ~ stampen *aus dem Boden stampfen*
grondbedrijf *Grundstücksgesellschaft* v
grondbeginsel *Grundlagen* mv; *Prinzip* o; *Grundsatz* m
grondbegrip *Grundbegriff* m
grondbelasting *Grundsteuer* v
grondbetekenis ● oorspronkelijke betekenis *ursprüngliche Bedeutung* v ● hoofdbetekenis

Grundbedeutung v
grondbezit *Grundbesitz* m
grondeigenaar *Grundbesitzer* m
gronden ● baseren op *beruhen* ● grondverven
  grundieren
grondgebied *Territorium* o; ⟨v. een staat⟩
  Hoheitsgebiet o
grondgedachte *Grundgedanke* m
grondig ● degelijk *gründlich; wohlbegründet*
  ● diepgaand *eingehend*; ⟨ingrijpend⟩
  durchgreifend; ⟨ingrijpend⟩ *einschneidend*
grondlaag ● onderste laag *Bodenschicht* v
  ● eerste verflaag *Grundschicht* v;
  Grundanstrich m
grondlegger *Gründer* m
grondlegging *Gründung* v
grondoffensief *Bodenoffensive* v
grondoorzaak *Hauptursache* v
grondpersoneel *Bodenpersonal* o
grondrecht *Grundrecht* v
grondregel *Grundregel* v
grondslag ● fundament *Fundament* o ● JUR.
  beginsel *Grundlage* v; *Basis* v ★ aan iets ten ~
  liggen *einer Sache zugrunde/zu Grunde liegen*
grondstewardess *Groundhostess* v
grondstof ● hoofdbestanddeel *Grundstoff* m
  ● materiaal *Rohstoff* m; ⟨uitgangsstof⟩
  Grundstoff m
grondtal *Kardinalzahl* v; *Grundzahl* v
grondtoon *Grundton* m
grondverf *Grundfarbe* v; *Grundanstrich* m
grondvesten I DE MV ▼ iets op zijn ~ doen
  schudden/daveren *in seinen Grundfesten*
  erschüttern **II** OV WW *gründen*
grondvlak *Grundfläche* v
grondvorm *Grundform* v
grondwater *Grundwasser* o
grondwet *Konstitution* v; *Grundgesetz* o
grondwettelijk *verfassungsmäßig*
grondwoord *Stammwort* o
grondzeil *Bodendecke* v
Groningen *Groningen* o
Groninger *Groninger* m
Gronings *Groninger*
Groningse *Groningerin* v
groot ● van zekere omvang *groß* ★ in het ~ *im*
  Großen ● belangrijk ★ grote mogendheid
  Großmacht
grootbeeld *Großbildfernseher* m
grootboek *Schuldbuch* o; ADMIN. *Hauptbuch* o
grootbrengen *aufziehen*; ⟨geestelijk⟩ *erziehen*
Groot-Brittannië *Großbritannien* o
grootdoenerij *Großtuerei* v; *Dicktuerei* v;
  ⟨opscheppen⟩ *Angeberei* v
grootgrondbezit *Großgrundbesitz* m
grootgrondbezitter *Großgrundbesitzer* m
groothandel ● bedrijf *Großhandlung* v;
  Großmarkt m ● handelsvorm *Großhandel* m
groothandelaar *Großhändler* m
groothandelsprijs *Großhandelspreis* m
grootheid *Größe* v ★ ~ in de sportwereld
  Sportgröße v
grootheidswaan *Größenwahn* m
groothertog *Großherzog* m
groothertogdom *Großherzogtum* o
groothoeklens *Weitwinkelobjektiv* o

groothouden [zich ~] *sich nichts anmerken*
  lassen
grootindustrieel *Großindustrielle(r)* m-v
grootje *Oma* v ▼ iets naar zijn ~ helpen *etw.*
  kaputt machen ▼ maak dat je ~ wijs *das*
  kannst du deiner Großmutter erzählen
grootkapitaal *Großkapital* o
grootmeester *Großmeister* m
grootmoeder *Großmutter* v
grootmoedig *großmütig*
grootouder ★ ~s *Großeltern* mv
groots *großartig*; ⟨v. opzet⟩ *großzügig*
grootschalig *groß*; *groß angelegt*
grootscheeps *groß angelegt; aufwendig;*
  aufwändig ★ een ~e actie *eine groß angelegte*
  Aktion
grootspraak *Angeberei* v; *Großsprecherei* v;
  Prahlerei v
grootsteeds I BNW *großstädtisch* **II** BIJW
  großstädtisch
grootte *Größe* v ★ de ware ~ *die natürliche*
  Größe ★ ter ~ van *so groß wie*
grootvader *Großvater* m
grootverbruiker *Großverbraucher* m
grootwarenhuis BN *Warenhaus* o; *Kaufhaus* o
grootwinkelbedrijf *Warenhauskette* v
grootzeil *Großsegel* o
gros ● 12 dozijn *Gros* o ● merendeel *Mehrheit*
  v; *Mehrzahl* v
grossier *Großhändler* m
grossieren *handeln*
grot *Höhle* v
grotendeels *großenteils*; *größtenteils*
Grote Oceaan *Pazifik* m
groterdanteken *Größeralszeichen* o
grotesk *grotesk*
grotschildering *Höhlenmalerei* v
groupie *Groupie* o
gruis *Staub* m; ⟨stukgebrokkeld gesteente⟩ *Grus*
  m ★ ~ van steenkolen *Kohlengrus* m
grut *kleine(s) Gemüse* m
grutto *Uferschnepfe* v
gruwel ● gruwelijke daad *Gräuel* m ● afkeer
  Abscheu m/v
gruweldaad *Gräueltat* v
gruwelen *grau(s)en* ★ iem. gruwelt van iets
  jmdm. graut vor etw.
gruwelijk *grässlich; schrecklich; scheußlich*
gruwen *sich grauen* ★ ik gruw ervan *mir graut*
  davor
gruzelementen *Scherben* mv ★ in/aan ~ *in*
  Scherben ★ aan ~ slaan *kurz und klein*
  schlagen
g-sleutel *G-Schlüssel* m
gsm® *Handy* o
gsm-toestel *Mobiltelefon* o
Guatemala *Guatemala* o
guerrilla *Guerilla* v
guerrillabeweging *Guerillabewegung* v
guerrillaoorlog *Guerilla* v; *Guerillakrieg* m
guerrillastrijder *Guerillero* m
guillotine *Guillotine* v
Guinee *Guinea* o
Guinee-Bissau *Guinea-Bissau* o
Guinees *von Guinea*
guirlande *Girlande* v

gu

gul • vrijgevig *freigebig* ★ gul zijn *großzügig sein* • hartelijk *herzlich*
gulden I ZN [de] *Gulden* m II BNW *golden*
gulheid • vrijgevigheid *Freigebigkeit* v • hartelijkheid *Großzügigkeit* v
gulp • sluiting *Schlitz* m; ⟨rits⟩ *Reißverschluss* m • straal *Schwall* m
gulpen *strömen*
gulzig *gierig*; *gefräßig*
gulzigaard *Vielfraß* m
gum *Radiergummi* m
gummen *radieren*
gummi *Gummi* m/o
gummiknuppel *Gummiknüppel* m
gunnen • verlenen *gönnen* • toewensen *gönnen* ★ het is je gegund *es sei dir gegönnt*
gunst • goede gezindheid *Wohlwollen* o; *Gunst* v ★ bij iem. in de ~ komen *jmds. Gunst erlangen* • weldaad *Gunst* v ★ ten ~e van *zugunsten* [+2]; zu *Gunsten* [+2]
gunsteling *Günstling* m
gunstig • goedgezind *wohlwollend* • voordelig *günstig* ★ een ~ besluit *ein vorteilhafter Beschluss*
guppy *Guppy* m
guts • beitel *Hohlmeißel* m • plens *Guss* m; *Schwapp* m
gutsen *strömen*; *triefen*
guur *rau*; *unfreundlich* ★ guur weer *unfreundliches Wetter*
Guyana *Guyana* o
Guyanees *von Guyana*
gym I ZN [de] gymnastiek *Sport* m II ZN [het] gymnasium *Gymnasium* o
gymles *Sportunterricht* m
gymmen *turnen*
gymnasiast *Gymnasiast* m
gymnasium *altsprachliche(s) humanistische(s) Gymnasium* o ★ leraar aan een ~ *Gymnasiallehrer* m
gymnastiek *Turnen* o; ⟨(ritmische) oefeningen⟩ *Gymnastik* v; ⟨schoolvak⟩ *Sport* m
gympie *Turnschuh* m
gymschoen *Turnschuh* m
gymzaal *Turnhalle* v
gynaecologie *Gynäkologie* v
gynaecoloog *Gynäkologe* m; *Frauenarzt* m
gyros *Gyros* o

h *H* o ★ de h van Hendrik *H wie Heinrich*
haag *Hag* m
Haags *Haager*
Haagse *Den Haagerin* v
haai • vis *Hai(fisch)* m • persoon *Drachen* m; *Beißzange* v ▼ naar de haaien gaan *vor die Hunde gehen* ▼ het geld is naar de haaien *das Geld ist flöten gegangen*
haaibaai *Drachen* m
haaienvinnensoep *Haifischflossensuppe* v
haak • gebogen voorwerp *Haken* m • telefoonhaak *Gabel* v • leesteken *Klammer* v • winkelhaak *Winkel* m ▼ er zitten haken en ogen aan *es gibt einen Haken dabei* ▼ iem. aan de haak slaan *sich jmdn. angeln* ▼ dat is niet in de haak *das geht nicht mit rechten Dingen zu* ▼ met haken en ogen *mit Haken und Ösen*
haaknaald *Häkelnadel* v
haakneus *Hakennase* v
haaks I BNW WISK. *rechtwinklig* II BIJW • WISK. ★ een balk ~ afwerken *einen Balken abvieren* ★ iets ~ ombuigen *etw. (ver)kröpfen* ★ niet ~ staan *nicht im rechten Winkel stehen* • FIG. tegengesteld ★ die stelling staat ~ op de theorie *die These steht mit der Theorie in krassem Widerspruch* ▼ hou je ~! *halt die Ohren steif!*
haakwerk *Häkelarbeit* v
haal • het halen/trekken *Zug* m ★ met een flinke haal het touw binnenhalen *das Seil mit einem kräftigen Zug einholen* ★ zij nam een haal aan de sigaret *sie nahm einen Zug von der Zigarette* ★ met één haal het glas leeg drinken *das Glas in einem Zug leeren* • streep *Strich* m; *Zug* m; ⟨manier van schrijven⟩ *Schriftzug* m ★ een haal door het opstel *ein Strich durch den Aufsatz* ★ met dikke halen schrijven *in dicken Zügen schreiben* ▼ aan de haal gaan *sich aus dem Staub machen*
haalbaar *realisierbar*; *erreichbar*; *machbar* ★ dat is ~ *das lässt sich machen*
haalbaarheid *Machbarkeit* v; *Realisierbarkeit* v
haan • dier *Hahn* m • weerhaan *Wetterhahn* m; ⟨in toren⟩ *Turmhahn* m • pal in wapen *Hahn* m ★ de haan spannen *den Hahn spannen* ▼ daar kraait geen haan naar *danach kräht kein Hahn* ▼ de gebraden haan uithangen *den feinen Herrn spielen*
haantje-de-voorste ▼ ~ zijn *Hansdampf m in allen Gassen sein*; *immer als Erste(r) dabei sein*
haar I ZN [de] *Haar* o ▼ elkaar in de haren vliegen *sich in die Haare geraten*; *sich in den Haaren liegen* ▼ iets met de haren erbij slepen *etw. an den Haaren herbeiziehen* ▼ op een haar na *um ein Haar* ▼ geen haar beter zijn *(um) kein Haar besser sein* ▼ het scheelde geen haar (of)... *um ein Haar...* ▼ geen haar op mijn hoofd die eraan denkt *das fällt mir im Traum nicht ein* ▼ iem. geen haar krenken *jmdm. kein Haar krümmen* ▼ grijze haren van iets krijgen *sich wegen etw. graue Haare*

gu

wachsen lassen ▼ gekrulde haren, gekrulde zinnen *krauses Haar, krauser Sinn* ▼ zijn wilde haren kwijtraken *sich die Hörner abstoßen* ▼ de haren rijzen mij te berge *die Haare stehen mir zu Berge* II ZN [het] *Haar* o ★ zijn haar kammen *sich die Haare kämmen* ▼ BN iets bij het haar trekken *etw. an den Haaren herbeiziehen* ▼ haar op de tanden hebben *Haare auf den Zähnen haben* III PERS VNW *ihr* [3]; *sie* [4] ★ ik heb haar gezien *ich habe sie gesehen* ★ ik heb het haar gegeven *ich habe es ihr gegeben* IV BEZ VNW *ihr* ★ zij en de haren *sie und die Ihren/ihren* ★ zij doet het hare *sie tut das Ihre/ihre, das Ihrige/ihrige* ★ dat is niet mijn boek maar het hare *das ist nicht mein Buch, sondern das ihre*

haarband *Haarband* o

haarbreed ▼ geen ~ wijken *keinen Handbreit weichen*

haard • stookplaats *Ofen* m ★ open ~ *Kamin* m ★ gezellig om de ~ zitten *gemütlich am Kamin sitzen* • middelpunt *Herd* m; *Brutstätte* v ★ ~ van besmetting *Infektionsherd* m ▼ huis en ~ *Haus und Herd*

haardos *Schopf* m; *Haarschopf* m ★ een volle ~ *volles Haar* o

haardracht *Frisur* v

haardroger *Haartrockner* m; *Föhn* m

haardvuur *Herdfeuer* o; ⟨v. open haard⟩ *Kaminfeuer* o

haarfijn I BNW LETT. zeer fijn *haarfein* II BIJW FIG. tot in detail *haarklein*; *haargenau* ★ iets ~ uitleggen *etw. haargenau darlegen*

haargroei *Haarwuchs* m ★ mannelijke ~ *männliche Behaarung* v

haarkloverij *Haarspalterei* v; *Wortklauberei* v

haarlak *Haarlack* m

haarlok *Locke* v

haarnetje *Haarnetz* o

haarscherp *haarscharf*; *haargenau*

haarscheurtje *Haarriss* m

haarspeld *Haarnadel* v; ⟨ter versiering⟩ *Zierspange* v ★ ~je *Spange* v; *Haarklammer* v

haarspeldbocht *Serpentine* v

haarspray *Haarspray* m; *Haarlack* m

haarstukje *Haarersatz* m; *Toupet* o

haaruitval *Haarausfall* m

haarvat *Haargefäß* o; *Kapillargefäß* o; *Kapillare* v

haarversteviger *Haarfestiger* m

haarverzorging *Haarpflege* v

haarwortel *Haarwurzel* v

haarzakje *Haarbalg* m

haarzelf • [meewerkend] *ihr selbst* • [lijdend] *sie selbst*

haas • dier *Hase* m ★ vanavond eten we haas *es gibt heute Hasen* ★ gebraden haas *Hasenbraten* m • bangerik *Angsthase* m; *Hasenfuß* m • lendenvlees *Filet* o ★ SPORT *Schrittmacher* m ▼ dan is ze het haasje *dann ist sie die Dumme* ▼ er als een haas vandoor gaan *das Hasenpanier ergreifen*

haasje-over *Bockspringen* o

haaskarbonade *Schweinekotelett* o *von der Rippe*

haast I ZN [de] • drang tot spoed *Eile* v ★ ik heb ~ *ich hab es eilig* ★ er is ~ bij *die Sache ist eilig* • snelheid *Hast* v; *Eile* v; *Hetze* v ★ ~ maken *sich beeilen* ▼ BN ~ en spoed is zelden goed *zu große Hast hats oft verpasst* II BIJW bijna *fast*; *beinahe* ★ ze was ~ gevallen *sie wäre beinahe hingefallen* ★ zij zijn ~ even oud *sie sind fast gleichaltrig*

haasten I WKD WW [zich ~] *eilen*; *sich beeilen* ★ haast je maar niet *immer mit der Ruhe* ★ ik haast me om eraan toe te voegen... *ich möchte gleich hinzufügen...* ★ je moet je ~ *du mußt dich beeilen* ▼ haast je langzaam *eile mit Weile* II OV WW *drängen*; *hetzen* ★ haast me niet zo *dräng mich nicht so*

haastig I BNW gehaast *eilig*; *hastig* ★ met ~e schreden *mit eiligen Schritten* II BIJW ★ niet zo ~ *immer mit der Ruhe*

haastje-repje *dalli, dalli!* ★ het ging ~ *es ging ruck, zuck*

haastklus *eilige Arbeit* v

haastwerk • urgent werk *eilige Arbeit* v • haastig gedaan werk *Haspelei* v

haat *Hass* m ★ haat en nijd *Zank und Streit*

haatdragend *hasserfüllt*; ⟨onverzoenlijk⟩ *nachtragend*

haat-liefdeverhouding *Hassliebeverhältnis* o; *Hassliebe* v

habbekrats *Kleinigkeit* v ★ voor een ~ *für einen Apfel und ein Ei*

habijt *Habit* m; *Kutte* v

hachee *Haschee* o

hachelijk *heikel*; ⟨slecht⟩ *misslich* ★ ~e toestand *heikle Situation*

hachje FORM. *Leben* o ★ zijn ~ wagen *Kopf und Kragen riskieren* ★ het ~ erbij inschieten *Kopf und Kragen verlieren* ★ bang voor zijn ~ FORM. *Angst haben um die eigene Haut*

hacken *hacken*

hacker *Hacker* m

hagedis *Eidechse* v

hagel • neerslag *Hagel* m ★ schade door ~ *Schaden durch Hagelschlag* m • jachthagel *Schrot* m; ⟨grof⟩ *Hagel* m ★ schot ~ *Schrotschuss* m

hagelbui *Hagelschauer* m

hagelen *hageln* ★ het hagelt *es hagelt* ★ het hagelde verwijten *es hagelte Vorwürfe* ★ het hagelt heel fijntjes *es graupelt*

hagelslag ≈ *Schokoladenstreusel* mv

hagelsteen *Hagelkorn* o

hagelstorm *Hagelschauer* m; *Hagelwetter* o

hagelwit *schneeweiß*; *strahlend weiß* ★ ~te tanden *blendende weiße Zähne*

Hagenaar *Den Haager* m

haiku *Haiku* m

Haïti *Haiti* o

Haïtiaans *haitianisch*

hak • hiel *Ferse* v • deel van schoen *Absatz* m ★ die hakken zijn versleten *die Absätze sind abgelaufen* ★ schoenen met hoge hakken *hochhackige(n) Schuhe* • gereedschap *Hacke* v ▼ iem. aan de hak zetten *jmdm. ein Bein stellen* ▼ met de hakken over de sloot *mit Hängen und Würgen* ▼ iem. op de hak nemen *jmdn. an der Nase herumführen* ▼ van de hak op de tak springen *vom Hundertsten ins Tausendste* *kommen*

hakbijl *Hackbeil* o

hakblok *Hackblock* m; *Hackklotz* m

haken I ON WW vastzitten *festhängen*; *hängen bleiben* ★ zij bleef met haar trui aan de deurknop ~ *sie blieb mit ihrem Pullover am Türgriff hängen* II OV WW ● vastmaken *(fest)haken* ★ SPORT een aanvaller ~ *einen Stürmer haken* ● handwerken *häkeln*

hakenkruis *Hakenkreuz* o

hakhout *Niederwald* m; *Unterholz* o

hakje *Absatzkick* m

hakkelen holpern ★ ~ bij het lezen *holpern beim Lesen*

hakken I OV WW ● stuk/los hakken *hacken*; *hauen* ★ hout ~ *Holz hacken* ★ een beeld uit steen ~ *eine Figur aus Stein hauen* ● *mit der Hacke spielen* II ON WW ● houwen *hacken*; *hauen* ● vitten *herumhacken* ★ op iem. ~ *auf jmdm. herumhacken* ▼ dat hakt erin *das läuft ins Geld*

hakkenbar *Schuhschnellreparatur* v

hakmes *Hackmesser* o; ⟨v. slager⟩ *Hackbeil* o

hal ● vestibule *Diele* v; *Flur* m ★ hal van een hotel *Empfangshalle* v ● zaal *Saal* m; ⟨gebouw⟩ *Halle* v ★ hal van het station *Bahnhofshalle* v

halal I BNW REL. *halal* II BIJW REL. *halal*

halen ● op-/afhalen *holen*; *(herbei)rufen* ★ de dokter laten ~ *nach dem Arzt schicken* ★ waar haal je het geld vandaan? *wo hast du das Geld her?* ★ bij hem valt niets te ~ *bei ihm ist nichts zu holen* ● naar zich toetrekken ★ een boek uit de kast ~ *ein Buch aus dem Regal nehmen* ● bereiken *erreichen*; *schaffen* ★ de trein ~ *den Zug erreichen* ● behalen *erzielen*; *bekommen* ★ een goed cijfer ~ *eine gute Note bekommen* ▼ alles door elkaar ~ *alles durcheinanderwerfen* ▼ eruit ~ wat erin zit *das Letzte herausholen* ▼ het is ~ en brengen *es geht auf und ab*

half I BNW ● de helft vormend *halb* ★ halve dagen werken *halbtags arbeiten* ★ twee halven maken een heel *zwei Halbe ergeben ein Ganzes* ● halverwege ★ half een *halb eins* ★ half mei *Mitte Mai* ● gedeeltelijk *halb*; *unvollständig* ★ geen half werk doen *keine halben Sachen machen* II BIJW zur Hälfte; *halb* ★ het is half klaar *es ist zur Hälfte fertig* ★ half lachend, half huilend *halb lachend, halb weinend* ▼ half en half *mehr oder weniger*

halfbakken *halbwertig*; *unzulänglich* ● ~ geleerde *Pseudowissenschaftler* m ★ ~ wijsheid *Halbwissen* o

halfbloed ● mens *Mischling* m; *Halbblütige(r)* m ● paard *Halbblut* o

halfbroer *Halbbruder* m ★ ~s en -zusters *Halbgeschwister*

halfdonker I ZN [het] *Halbdunkel* o II BNW *halbdunkel*

halfdood *halb tot* ★ ~ van vermoeidheid *halb tot vor Erschöpfung*

halfedelsteen *Schmuckstein* m

halffabricaat *Halbfabrikat* o; *Halbfertigware* v

halfgaar ● niet helemaal gaar *halb gar* ● niet goed wijs *nicht (ganz/recht) bei Trost*

halfgeleider *Halbleiter* m

halfgod *Halbgott* m [v: *Halbgöttin*]

halfhartig *halbherzig*

halfjaar *Halbjahr* o

halfjaarlijks ● elk half jaar *halbjährlich* ● een halfjaar durend *halbjährig*

halfje *halbes Brot* o ★ een ~ wit *ein halbes Weißbrot*

halfleeg *halb leer*

halfpension *Halbpension* v

halfpipe *Halfpipe* v

halfrond I ZN [het] AARDK. *Halbkugel* v II BNW *halbrund*

halfslachtig ⟨v. persoon⟩ *unschlüssig*; ⟨v. persoon⟩ *schwankend*; ⟨v. zaken⟩ *halb*; ⟨v. zaken⟩ *unklar*; ⟨v. zaken⟩ *unbestimmt* ★ ~ antwoord *halbe Antwort*

halfstok *halbmast* ★ de vlag hangt ~ *die Fahne hängt auf halbmast*

halftijds *Halbzeit-*

halftime *Halbzeit-*

halfuur *halbe Stunde* v ★ ieder ~ *alle/jede halbe Stunde* ★ om het ~ *halbstündlich*

halfvol ● half gevuld *halb voll* ● half vet *halbfett* ★ ~le melk *fettarme/teilentrahmte Milch* v

halfweg *auf halbem Wege*

halfzacht ● tussen hard en zacht *mittelweich* ● dwaas *nicht (ganz/recht) bei Trost*

halfzuster, INFORM. **halfzus** *Halbschwester* v

halleluja *halleluja*

hallo *hallo*

hallucinant BN *unvorstellbar*

hallucinatie *Halluzination* v

hallucineren *halluzinieren*

halm *Halm* m

halo *Halo* m

halogeen *Halogen* o

halogeenlamp *Halogenlampe* v

hals ● lichaamsdeel *Hals* m ★ tot aan de hals *bis zum Halse* ★ ze stonden met uitgerekte hals te kijken *(naar) sie verrenkten sich den Hals (nach)* [+3] ★ zijn hals breken *sich das Genick brechen* ● halsopening *Ausschnitt* m ★ het hemd met een wijde/nauwe hals *das Hemd mit großer/kleiner Kragenweite* ★ laag uitgesneden hals *tiefe(r) Ausschnitt* ● dun gedeelte *Hals* m ● sukkel *Tölpel* m ★ onnozele hals *Einfaltspinsel* m ▼ zijn hals wagen *Kopf und Kragen riskieren* ▼ dat kost je de hals *das kostet dir den Kopf* ▼ hals over kop *Hals über Kopf* ▼ iem. om de hals vliegen *jmdm. um den Hals fallen* ▼ iem. iets op de hals schuiven *jmdm. etw. auf den Hals schicken* ▼ zich iets op de hals halen *sich etw. auf den Hals laden* ▼ iemand/iets op de hals krijgen *jmdn./etw. auf dem Hals haben* ▼ zich iets van de hals houden *sich etw. vom Leibe halten*

halsband *Halsband* o

halsbrekend *halsbrecherisch*

halsdoek *Halstuch* o

halsketting *Halskette* v

halsmisdaad *Kapitalverbrechen* o

halsoverkop *Hals über Kopf*; *überstürzt*

halsreikend *ungeduldig*; *erwartungsvoll*

ha

★ ergens ~ naar uitzien *etw. ungeduldig erwarten*
halsslagader *Halsschlagader* v
halssnoer *Halskette* v
halsstarrig *halsstarrig; starrköpfig; eigensinnig*
halster *Halfter* m/o
halswervel *Halswirbel* m
halszaak *Kapitalverbrechen* o ▼ ergens geen ~ van maken *etw. nicht allzu schwer nehmen*
halt I zn [het] *Halt* m ★ iemand/iets een halt toeroepen *jmdm./etw. Einhalt gebieten* **II** tw *halt*
halte *Haltestelle* v; *Station* v ★ de laatste ~ *Endstation* v ★ het zijn nog drie ~s tot Utrecht *bis Utrecht sind es noch drei Stationen*
halter *Hantel* v
haltertop *Spaghetti(träger)-Top* o
halvarine *Diätmargarine* v; *halbfette Margarine* v
halvegare *Spinner* m; *Halbtrottel* m
halvelings bn *mehr oder weniger*
halvemaan *Halbmond* m
halveren ● in tweeën delen *halbieren* ● tot de helft verminderen *halbieren* ★ de economische groei is gehalveerd *das Wirtschaftswachstum ist um die Hälfte zurückgegangen*
halveringstijd *Halbwertszeit* v
halverwege I vz op de helft van *mitten auf/in* [+3] ★ ~ de trap *mitten auf der Treppe* ★ ~ het boek *mitten im Buch* ★ ~ zijn werk *mitten in seiner Arbeit* **II** bijw ● op de helft van de weg *auf halbem Weg* ★ iem. ~ ontmoeten *jmdm. auf halbem Weg begegnen* ● midden in een bezigheid *mitten in* [+3] ★ ~ ophouden *mitten in einer Sache aufhören*
ham *Schinken* m
Hamburg *Hamburg* o
hamburger *Hamburger* m
Hamburgs *Hamburger*
hamer *Hammer* m ▼ onder de ~ komen *unter den Hammer kommen*
hameren I ov ww met hamer slaan *hämmern; mit dem Hammer bearbeiten* ▼ iets erin ~ bij iem. *jmdm. etw. einbläuen* **II** on ww ~ **op** drängen *auf* [+4] ★ steeds maar op hetzelfde blijven ~ *immerzu auf dasselbe zurückkommen*
hamerstuk ≈ *Tagesordnungspunkt* m, *der ohne namentliche Abstimmung abgehandelt wird*
hamerteen *Hammerzehe* v
hamlap *Schinkenstück* o
hamster *Hamster* m
hamsteren *hamstern*
hamstring *Kniesehne* v
hamvraag *springende(r) Punkt* m; *wesentliche Frage* v; *Kernfrage* v; *Hauptfrage* v
hand ● lichaamsdeel *Hand* v ★ handen thuis! *Hände weg!* ★ holle hand *hohle Hand* v ★ met de hand gemaakt *handgearbeitet; handgemacht* ● met de hand geschreven *mit der Hand geschrieben* ★ op handen en voeten *auf Händen und Füßen; auf allen vieren* ★ iem. de hand lezen *jmdm. aus der Hand lesen* ★ iem. de hand toesteken *jmdm. die Hand entgegenstrecken/reichen* ● handschrift *Handschrift* v ★ een moeilijk leesbare hand

eine unleserliche Handschrift ● macht ★ de hand op iets leggen *etw. beschlagnahmen* ★ iets in de hand hebben *etw. im Griff haben* ★ zijn toekomst ligt in mijn handen *seine Zukunft liegt in meiner Hand* ★ in handen vallen van iem. *jmdm. in die Hände fallen* ★ iem. naar je hand zetten *dich jmdn. gefügig machen* ★ iets uit handen geven *etw. aus der Hand geben* ★ het gezag uit handen geven *die Macht aus der Hand geben* ★ uit de hand lopen *außer Kontrolle geraten* ▼ fig., bn een onschuldige hand ⟨het onpartijdige lot⟩ *Schicksal* o ▼ aan de hand van *anhand* [+2] ▼ wat is er aan de hand? *was ist los?* ▼ aan de beterende hand zijn *auf dem Weg der Besserung sein* ▼ aan de winnende hand zijn *am Gewinnen sein* ▼ hij is aan handen en voeten gebonden *ihm sind Hände und Füße gebunden* ▼ iets achter de hand hebben *etw. hinter der Hand haben* ▼ in de handen knijpen *von Glück sagen können* ▼ iets in de hand werken *einer Sache in die Hände arbeiten* ▼ met lege handen *mit leeren Händen* ▼ met kwistige hand *mit milder Hand* ▼ met de handen in het haar zitten *weder ein noch aus wissen* ▼ iets met beide handen aangrijpen *etw. mit beiden Händen greifen* ▼ met hand en tand verdedigen *mit allen Mitteln verteidigen* ▼ met de hand op het hart *Hand aufs Herz* ▼ (met) de hand over het hart strijken *Nachsicht haben* ▼ niets om handen hebben *nichts zu tun haben* ▼ om de hand van iem. vragen *um jmds. Hand anhalten* ▼ om de hand van iem. vragen *um jmds. Hand anhalten* ▼ iem. onder handen nemen *jmdn. ins Gebet nehmen* ▼ iem. op handen dragen *jmdn. auf Händen tragen* ▼ hand over hand toenemen *überhandnehmen* ▼ ik heb die gegevens uit de eerste hand *ich habe diese Information aus erster Hand* ▼ iem. werk uit handen nemen *jmdm. die Arbeit abnehmen* ▼ iets van de hand doen *etw. verkaufen* ▼ deze artikelen gaan vlot van de hand *diese Artikel finden reißenden Absatz* ▼ bn van de hand Gods geslagen zijn *wie vom Blitz gerührt sein* ▼ van de hand wijzen *ablehnen* ▼ van de hand in de tand leven *von der Hand in den Mund leben* ▼ voor de hand liggen *auf der Hand liegen* ▼ een voor de hand liggende gedachte *ein naheliegender Gedanke* ▼ de laatste hand leggen aan iets *(die) letzte Hand an etw. legen* ▼ de hand aan zichzelf slaan *Hand an sich legen* ▼ iem. de hand boven het hoofd houden *jmdn. in Schutz nehmen* ▼ de hand in eigen boezem steken *sich an die eigene Nase fassen* ▼ zijn handen in onschuld wassen *seine Hände in Unschuld waschen* ▼ de handen ineenslaan *die Hände zusammenschlagen* ▼ de hand met iets lichten *bei etw. ein Auge zudrücken* ▼ zijn handen zitten los *er hat eine lose/lockere Hand* ▼ je hand overspelen *zu hoch pokern* ▼ geen hand uitsteken *keinen Finger krumm machen; keinen Finger rühren* ▼ twee handen op één buik zijn *zusammenhalten wie Pech und Schwefel; unter eine Decke stecken* ▼ de

ha

handen uit de mouwen steken *die Ärmel hochkrempeln* ▼ geen hand voor ogen kunnen zien *die Hand nicht vor den Augen sehen können* ▼ zijn handen vol hebben aan iets *alle Hände voll zu tun haben* ▼ mijn handen jeuken *mir/mich juckt es in den Fingern* ▼ iem. de vrije hand laten *jmdm. freie Hand lassen* ▼ handen te kort komen *nur zwei Hände haben* ▼ de hand ophouden *die Hand aufhalten*
handalfabet *Handalphabet* o
handappel *Tafelapfel* m
handarbeider *Handarbeiter* m
handbagage *Handgepäck* o
handbal I ZN [de] bal *Handball* m **II** ZN [het] balspel *Handball* o; *Handballspiel* o ★ ik zit op ~ *ich spiele Handball*
handballen *Handball spielen*
handballer *Handballspieler* m [v: *Handballspielerin*]
handbediening *Handbedienung* v; *Handbetrieb* m
handbereik ▼ binnen/onder ~ *in Reichweite* v ▼ buiten ~ *außer Reichweite* v
handboei *Handschelle* v ★ iem. ~en omdoen *jmdm. Handschellen anlegen*
handboek ● leidraad *Handbuch* o ● naslagwerk *Handbuch* o; *Lexikon* o [mv: *Lexika*]
handborstel BN stoffer *Handfeger* m
handbreed *Handbreit* v
handcrème *Handcreme* v
handdoek *Handtuch* o ▼ de ~ in de ring werpen *das Handtuch werfen/schmeißen*
handdruk *Händedruck* m ★ iem. met een ~ begroeten *jmdm. mit Händedruck begrüßen* ▼ gouden ~ *Abfindung* v
handel ● in- en verkoop *Handel* m; *Geschäft* o ★ binnenlandse ~ *Binnenhandel* m ★ buitenlandse ~ *Außenhandel* m ★ vrije ~ *freier Handel* m ★ ~ in tabak *Tabakhandel* m ★ in de ~ zijn *im Handel sein* ★ ~ drijven *Handel treiben* ● zaak *Geschäft* o; *Handelsunternehmen* o ● handelswaar *Handelsware* v; *Handelsartikel* m ▼ iemands ~ en wandel *jmds. Tun und Lassen*
handelaar *Händler* m; *Kaufmann* m [mv: *Kaufleute*] [v: *Kauffrau*] ★ ~ in groente *Gemüsehändler* m
handelbaar ● handzaam *handlich*; *leicht zu handhaben* ● meegaand *fügsam*; *gefügig*
handelen ● handel drijven *handeln*; *Handel (be)treiben* ★ in tabak ~ *mit Tabak handeln* ● te werk gaan *handeln*; *vorgehen*; *verfahren* ★ de ~de personen *die Handlungsträger* ★ er moet gehandeld worden *es muss etw. geschehen* ● ~d optreden *eingreifen*; *einschreiten* ● ~ over *handeln von* [+3]; *behandeln* ★ het boek handelt over Amerika *das Buch handelt von Amerika*
handeling ● daad *Handlung* v; *Verrichtung* v ★ de Handelingen der Apostelen *die Apostelgeschichte* ★ zijn dagelijkse ~en verrichten *seinen täglichen Verrichtungen nachgehen* ★ ontuchtige ~en *unsittliche(n) Handlungen* ● verslag *Sitzungsprotokoll* o; *Sitzungsbericht* m

handelingsbekwaam *handlungsfähig*; *dispositionsfähig*; *geschäftsfähig*
handelsakkoord *Handelsabkommen* o
handelsbalans ● balans van koopman *Handelsbilanz* v ● waardeverhouding *Handelsbilanz* v; ⟨t.o.v. andere landen⟩ *Zahlungsbilanz* v ★ actieve ~ *aktive Handelsbilanz*
handelsbetrekkingen *Handelsbeziehungen* mv
handelsboycot *Handelsboykott* m
handelscentrum *Handelszentrum* o
handelscorrespondentie *Geschäftskorrespondenz* v; *Handelskorrespondenz* v
handelsembargo *Handelsembargo* o
handelsgeest *Geschäftssinn* m
handelshuis BN winkelpand *Geschäftshaus* o
handelsingenieur BN bedrijfseconoom *Betriebsökonom* m
handelskennis *kaufmännische(n) Kenntnisse* mv
handelsmaatschappij *Handelsgesellschaft* v
handelsmerk ⟨gedeponeerd handelsmerk⟩ *Warenzeichen* o; ⟨merk waaronder gehandeld wordt⟩ *Handelsmarke* v ★ wettig gedeponeerd ~ *eingetragene(s) Warenzeichen*
handelsmissie *Handelsmission* v
handelsonderneming *Handelsunternehmen* o
handelsoorlog *Handelskrieg* m
handelsregister *Handelsregister* o
handelsreiziger *Handelsvertreter* m; *Vertreter* m
handelsverdrag *Handelsvertrag* m; *Handelsabkommen* o
handelsverkeer *Geschäftsverkehr* m
handelsvloot *Handelsflotte* v
handelswaar *Handelsware* v
handelswetenschappen BN *Betriebswirtschaft* v
handelszaak BN *Unternehmen* o
handeltje ● handel op kleine schaal *kleine(r) Handel* m ● spullen *Kram* m
handelwijze ● gedrag *Benehmen* o; *Verhalten* o ● wijze van handelen *Handlungsweise* v; *Vorgehen* o
handenarbeid ● werk met de handen *Handarbeit* v; *handwerkliche Arbeit* v ● schoolvak *Werken* o; *Werkunterricht* m
hand-en-spandiensten *Hand- und Spanndienste* m mv
handenwringend *händeringend*
handgebaar *Wink* m; *Handbewegung* v; *Geste* v
handgeklap *Händeklatschen* o
handgeld *Handgeld* o
handgemaakt *handgemacht*
handgemeen *Handgemenge* o
handgeschreven *handgeschrieben*
handgranaat *Handgranate* v
handgreep ● handvat *Griff* m; *Handgriff* m ● handigheid *Trick* m; *Kunstgriff* m
handhaven I OV WW *aufrechterhalten*; *wahren*; *behaupten* ★ de orde ~ *die Ordnung wahren* ★ het contact met iem. ~ *den Kontakt mit jmdm. aufrechterhalten* ★ zijn positie ~ *seine Position behaupten* **II** WKD WW [**zich** ~] *sich behaupten*; *sich durchsetzen*
handicap *Behinderung* v; *Handicap* o
handig ● vaardig *gewandt*; *geschickt*; *behände*

★ ~ met iets omgaan *geschickt mit etw. umgehen* ★ iets ~ doen *sich geschickt mit etw. anstellen* ★ IRON. ~ hoor! *das ist ja oberschlau!*; *sehr clever!* ● gemakkelijk te hanteren *handlich*; *praktisch* ★ ~e oplossing *praktische Lösung* ★ ~e uitvinding *praktische Erfindung* v ★ ~ formaat *handliche(s) Format* o

handigheid ● het handig zijn *Behändigkeit* v; *Gewandtheit* v ● foefje *Kunstgriff* m

handigheidje *Trick* m

handjeklap ▼ ~ spelen *unter einer Decke stecken*

handjevol *Handvoll* v

handkar *Handwagen* m

handkus *Handkuss* m

handlanger ● medeplichtige *Komplize* m; *Helfershelfer* m; *Handlanger* m; INFORM. *Spießgeselle* m ● ondergeschikte helper *Handlanger* m; *Hilfsarbeiter* m

handleiding ● gebruiksaanwijzing *Gebrauchsanweisung* v; *Anleitung* v ● leerboek *Handbuch* o; *Leitfaden* m

handlezen *aus der Hand lesen*

handmatig I BNW *per Hand* **II** BIJW *per Hand*

handomdraai ▼ in een ~ *im Handumdrehen*

handoplegging *Handauflegung* v

handopsteken *das Handzeichen geben* ★ met/bij ~ stemmen *durch Handzeichen abstimmen*

handpalm *Handfläche* v; *Handteller* m

handreiking *Handreichung* v; *Hilfeleistung* v

handrem *Handbremse* v

hands *Hand* v; *Handspiel* o ★ ~! *Hand!*

handschoen *Handschuh* m ▼ met de ~ trouwen *ferntrauen*

handschrift ● manier van schrijven *Handschrift* v; *Schrift* v ★ onleesbaar ~ *unleserliche Handschrift* ● tekst *Handschrift* v

handsfree ★ ~ bellen *handsfree telefonieren*

handsfreeset *Freisprechanlage* v

handsinaasappel *Orange* v; *Apfelsine* v

handstand *Handstand* m

handtas *Handtasche* v

handtastelijk ● opdringerig *zudringlich* ★ ~ worden *zudringlich werden* ● slaags *handgreiflich* ★ ~ worden *handgreiflich werden*

handtastelijkheid *Handgreiflichkeit* v

handtekening *Unterschrift* v ★ zijn ~ zetten *unterschreiben*

handvaardigheid ● bedrevenheid *Handfertigkeit* v ● schoolvak *Werken* o; *Werkunterricht* m

handvat *Griff* m; *Handgriff* m

handvest *Satzung* v

handvol *Handvoll* v ★ een ~ kersen *eine Handvoll Kirschen*

handwas *Handwäsche* v

handwerk ● wat met de hand gemaakt is *Handarbeit* v ★ deze sigaren zijn ~ *diese Zigarren sind in Handarbeit hergestellt* ● ambacht *Handwerk* o ★ een ~ uitoefenen *ein Handwerk ausüben* ★ een ~ leren *ein Handwerk (er)lernen* ● naaldwerk *Handarbeit* v

handwerken *handarbeiten* ★ hij zit graag te ~ *er handarbeitet gerne*

handwoordenboek *Handwörterbuch* o

handzaam ● handelbaar *handsam*; *handlich* ● praktisch *handlich*

hanenbalk *Hahnenbalken* m ★ zij woont onder de ~en *sie wohnt unter dem Dach*

hanenkam ● kam van haan *Hahnenkamm* m ● kapsel *Hahnenkamm* m

hanenpoot *Klaue* v; *Gekritzel* o ★ zij schrijft hanenpoten! *sie hat vielleicht eine Pfote!*

hang *Hang* m; *Neigung* v ★ een hang hebben tot iets *eine Neigung zu etw. haben*

hangar ● vliegtuigonderkomen *Hangar* m ● BN loods *Schuppen* m; ⟨grote hangars e.d.⟩ *Halle* v

hangborst *Hängebusen* m

hangbrug *Hängebrücke* v

hangbuik *Hängebauch* m

hangbuikzwijn *Hängebauchschwein* o

hangen I OV WW ● bevestigen *hängen* ★ een schilderij aan de muur ~ *ein Bild an die Wand hängen* ★ zij heeft haar jas aan de kapstok ge~ *sie hat ihren Mantel an den Kleiderständer gehängt* ● doden door ophanging *hängen* **II** ON WW ● af-/neerhangen *hängen*; ⟨doorzakken⟩ *durchhängen* ★ de was hing te drogen *die Wäsche hing zum Trocknen* ★ haar haren hingen haar voor de ogen *die Haare hingen ihr ins Gesicht* ★ ~de bloemen *Blumen mit hängenden Köpfen* ★ ~de lamp *Hängelampe* v ★ het koord hangt slap *das Seil hängt durch* ★ het kind hangt vandaag zo *das Kind ist heute so quengelig* ● als straf opgehangen zijn *hängen* ● vastzitten *hängen*; ⟨afhankelijk zijn⟩ *abhängen* ★ aan iets blijven ~ *an etw. hängen bleiben* [+3] ● niet afgedaan zijn *schweben*; *hängen* ★ tussen vrees en hoop ~ *zwischen Furcht und Hoffnung schweben* ★ het proces is nog ~de *der Prozess hängt/schwebt noch* ★ de onderhandelingen zijn nog ~de *die Verhandlungen sind noch im Gange* ● rondhangen ★ uren aan de telefoon ~ *stundenlang am Telefon hängen* ● blijven zweven *hängen*; *schweben* ★ de rook hangt in de kamer *der Rauch hängt im Zimmer* ● ~ naar *verlangen nach* [+3] ▼ met ~ en wurgen *mit Hängen und Würgen* ▼ aan iemands lippen ~ *an jmds. Lippen hängen* ▼ aan iemands gat ~ *an jmdm. kleben* ▼ van leugens aan elkaar ~ *eine einzige Lüge sein* ▼ met ~de pootjes bij iem. komen *demütig angekrochen kommen*

hangende *während* [+2] ★ ~ het onderzoek *während der Untersuchung*

hang-en-sluitwerk *Beschläge* mv

hanger ● sieraad *Anhänger* m ● kleerhaak *Kleiderbügel* m

hangerig *lustlos*; ⟨futloos⟩ *schlapp*

hangglider *Drachenflieger* m

hangijzer *Haken* m ▼ dat is een heet ~ *das ist ein heißes Eisen*

hangjongere *herumhängende/herumlungernde Jugendliche* m/v

hangkast *Kleiderschrank* m

hangklok *Wanduhr* v

hanglamp *Hängelampe* v

hangmap *Hängemappe* v

ha

hangmat *Hängematte* v
hangplant *Hängepflanze* v
hangplek OMSCHR. *Treffpunkt* m, *von Jugendlichen zum 'Rumhängen'*
hangslot *Hängeschloss* o; *Vorhängeschloss* o
hangsnor ≈ *herabhängende(r) Schnurrbart* m; *Schnauzbart* m
hangtiet *Hängebusen* m
hangwang *Hängewange* v
hanig ● *agressief zänkisch; streitsüchtig* ● *wellustig lüstern*
hannes *Tropf* m; *Trottel* m
hannesen *stümpern; pfuschen*
Hannover *Hannover* o
Hannovers *Hannoveraner*
hansop *eenteiliger Schlafanzug* m
hansworst *Hanswurst* m
hanteerbaar *handlich* ★ *makkelijk ~ leicht zu handhaben*
hanteren ● *met de handen gebruiken hantieren; handhaben* ● *omgaan met hantieren; handhaben*
hap ● *beet Biss* m ★ *een hap in een appel doen in einen Apfel (hinein)beißen* ● *afgehapt stuk Bissen* m; *Happen* m ★ *een grote hap nemen kräftig zubeißen* ★ *geen hap door je keel krijgen keinen Bissen herunterbekommen* ● FIG. *gedeelte Stück* o ● *boel mensen/dingen* ★ *de hele hap der ganze Kram* ● → **hapje**
haperen ● *blijven steken stottern; stocken* ★ *zonder ~ voorlezen ohne zu stocken vorlesen* ● *mankeren hapern; fehlen* ★ *wat hapert eraan? woran hapert es denn?* ★ *de motor hapert der Motor stottert*
hapje *Bissen* m; *Häppchen* o; 〈koud〉 *Imbiss* m ★ *lekker ~ Leckerbissen* m ★ *een ~ eten einen Bissen zu sich nehmen*
hapjespan ≈ *Stielpfanne* v *(zum Bereiten oder Aufwärmen von Speisen)*
hapklaar *mundgerecht*
happen ● *bijten schnappen; beißen* ★ *plotseling hapte de hond plötzlich schnappte/biss der Hund (zu)* ★ *in iets ~ in etw. (hinein)beißen* [+4] ● *nuttigen beißen* ● *reageren anbeißen* ★ *zij hapte meteen sie biss gleich an*
happening *Happening* o
happig op *erpicht auf* [+4]; *gierig nach* ★ *ik ben er niet ~ op ich reiße mich nicht drum*
happy *happy; hocherfreut* ★ *ergens niet ~ mee zijn nicht glücklich sein über etw.*
happy end *Happy End* o
happy few *glückliche Minderheit* v; *Happy few* mv
happy hour *Happy Hour* v
hapsnap *ad hoc* ★ *~ beleid Ad-hoc-Politik* v
haptonomie *Haptonomie* v
haptonoom *Haptonom* m
harakiri *Harakiri* o ★ *~ plegen Harakiri machen*
haram *haram; verboten*
hard I BNW ● *niet week hart* ★ *harde grond harte(r) Boden* m ● *luid laut* ★ *harde muziek laute Musik* v ● *hevig hart; stark* ★ *harde wind starke(r) Wind* m ● *streng, ruw hart* II BIJW ● *hevig stark* ★ *hard studeren fleißig studieren* ★ *het regent hard es regnet stark* ★ *hard nodig dringend nötig* ● *snel schnell*

★ *hij reed te hard er fuhr zu schnell* ● *luid laut* ★ *hard gillen laut schreien* ● *niet zachtmoedig hart* ▼ *om het hardst um die Wette*
hard- *grell-*
hardboard *Hartfaserplatte* v
harddisk *Harddisk* v; *Festplatte* v
harddrug *Hard Drug* v; *harte Droge* v
harden ● *hard maken härten* ● *iem. sterk maken abhärten* ★ *zich tegen iets ~ sich gegen etw. abhärten* ● *uithouden aushalten* ★ *dit is niet te ~ es ist nicht zum Aushalten*
harder *Härter* m
hardgekookt *hart gekocht; hart gesotten*
hardhandig *roh;* 〈sterker〉 *brutal* ★ *~e manier van doen brutale Handlungsweise* v
hardheid ● *het niet week zijn Härte* v ● *kalkgehalte* ★ *de ~ van het water der Härtegrad des Wassers*
hardhorend *schwerhörig*
hardhout *Hartholz* o
hardleers ● *eigenwijs unbelehrbar* ● *moeilijk lerend ungelehrig*
hardlopen *um die Wette laufen; wettlaufen*
hardloper *Läufer* m; 〈in wedstrijd〉 *Wettläufer* m ★ *~ op de middenafstand Mittelstreckenläufer* m
hardmaken *beweisen; belegen*
hardnekkig *hartnäckig*
hardop *laut* ★ *~ denken laut denken* ★ *~ dromen im Traum reden*
hardrijden 〈met paarden, fietsen, auto's〉 *rennen* ★ *het ~ op de schaats das Eisschnelllaufen*
hardrijder 〈in auto's, op fietsen〉 *Rennfahrer* m; 〈in schaatssport〉 *Eisschnellläufer* m
hardrock *Hardrock* m
hardvochtig *hartherzig; unbarmherzig; herzlos*
hardware *Hardware* v
harem *Harem* m
harig *(stark/dicht) behaart; haarig*
haring ● *vis Hering* m ★ *BN droge ~ Bückling* m ★ *nieuwe ~ Matjeshering* m ★ *~ kaken Heringe ausnehmen* ● *pin van tent Hering* m ▼ *als ~en in een ton wie die Heringe*
hark ● *gereedschap Harke* v; *Rechen* m ● *stijf persoon* ★ *stijve hark Stockfisch* m
harken *harken* ★ *bladeren bij elkaar ~ Laub zusammenharken*
harkerig *hölzern; linkisch; steif und ungeschickt* ★ *~e jongen hölzerne(r) Bursche* m ★ *~ lopen stelzen*
harlekijn *Harlekin* m
harmonica *Harmonika* v
harmonicadeur *Falttür* v
harmonie ● MUZ. *Harmonie* v ● FIG. *eendracht Harmonie* v ★ *zij leven in volledige ~ sie leben in völliger Harmonie* ★ *met iemand/iets in ~ zijn mit jmdm./etw. im Einklang sein* ● *orkest Musikkapelle* v
harmoniemodel ≈ *Konsens* m
harmonieorkest *Harmonieorchester* o
harmoniëren *harmonieren; im Einklang sein*
harmonieus *harmonisch*
harmonisatie *Harmonisierung* v
harmonisch *harmonisch*

ha

harmoniseren *harmonisieren*
harmonium *Harmonium* o [mv: *Harmonien*]
harnas *Harnisch* m; *Rüstung* v ▼ in het ~
sterven *in den Sielen sterben* ▼ het ~
aangespen *den Harnisch anlegen* ▼ iem. in het
~ jagen *jmdn. in Harnisch bringen*
harp ● MUZ. *Harfe* v ● SCHEEPV. *Schäkel* m
harpist *Harfenist* m
harpoen *Harpune* v
harpoeneren *harpunieren*
harpoengeweer *Harpunengewehr* o
hars *Harz* o; *resin* ★ hars afscheiden *harzen*
harsen *entharzen*
hart ● orgaan *Herz* o ★ kamers van het hart
Herzkammern ● gemoed *Herz* o; *Seele* v ★ tot
het hart spreken *an das Herz rühren* ★ dit
breekt haar hart *dies bricht ihr das Herz*
★ mijn hart breekt *mir bricht das Herz* ★ zijn
hart luchten/uitstorten *seinem Herzen Luft
machen* ★ iemands hart in vlam zetten *jmdn.
entflammen* ★ hij heeft zijn hart aan de
natuur verpand *sein Herz gehört der Natur*
★ waar het hart van vol is, loopt de mond
van over *wes das Herz voll ist, des geht der
Mund über* ★ toewijding ★ met hart en ziel
met iets bezig zijn *einer Sache mit Leib und
Seele verschrieben sein* ● kern *Herz* o; *Kern* m
★ het hart van de zaak *die Seele der
Organisation* ★ in het hartje van de zomer *im
Hochsommer* ★ hartje winter *im tiefsten
Winter* ▼ zijn hart aan iets ophalen *seine helle
Freude an etw. haben* ▼ zij heeft alles wat haar
hartje begeert *sie hat alles, was das Herz
begehrt* ▼ iem. een hart onder de riem steken
jmdm. Mut machen ▼ zijn hart vasthouden
das Schlimmste befürchten ▼ BN iets niet aan
zijn hart laten komen *sich nicht aufregen über
etw.* [+4] ▼ het ligt me na aan het hart *es liegt
mir am Herzen* ▼ zich door zijn hart laten
leiden *seinem Gefühl folgen* ▼ met bloedend
hart *blutenden Herzens* ▼ de schrik sloeg haar
om het hart *ihr stockte das Herz vor Schreck*
▼ iem. op het hart trappen *jmdn. ins Herz
treffen* ▼ iem. iets op het hart drukken *jmdm.
etw. ans Herz legen* ▼ iets niet over het hart
kunnen verkrijgen *etw. nicht übers Herz
bringen* ▼ iets ter harte nemen *sich etw. zu
Herzen nehmen* ▼ het is me uit het hart
gegrepen *es ist mir aus dem Herzen
gesprochen* ▼ van harte *aus tiefstem Herzen*
▼ van ganser harte *herzlich; von ganzem
Herzen* ▼ niet van harte *mit halbem Herzen*
▼ van zijn hart geen moordkuil maken *aus
seinem Herzen keine Mördergrube machen* ▼ BN
van zijn hart geen steen maken *aus seinem
Herzen keine Mördergrube machen* ▼ het hart
op de tong hebben *das Herz auf der Zunge
haben* ▼ mijn hart kromp ineen *das Herz
krampfte sich mir zusammen*
hartaandoening *Herzleiden* o
hartaanval *Herzanfall* m ★ aan een ~
overlijden *einem Herzanfall erliegen* ★ een ~
krijgen *einen Herzanfall bekommen*
hartbewaking ● controle *Überwachung* v *der
Herztätigkeit* ● afdeling *Intensivstation* v
hartboezem *Vorkammer* v; *Vorhof* m

hartbrekend *herzbewegend*; *herzergreifend*;
⟨sterker⟩ *herzzerreißend*
hartchirurg *Herzchirurg* m
hartelijk *herzlich* ★ ~e groeten *herzliche(n)
Grüße* ★ een ~ mens *eine warmherzige Person*
★ ~ dank *vielen/herzlichen Dank*
harteloos *hartherzig*; *herzlos* ★ harteloze daad
Herzlosigkeit v
harten *Herz* o ★ ~ is troef *Herz ist Trumpf* ★ een
~kaart in de hand hebben *ein Herz auf der
Hand haben*
hartenaas *Herzass* o
hartenboer *Herzbube* m
hartenbreker *Herzensbrecher* m
hartendief *Herz* o; ⟨vooral van kind⟩ *Herzblatt*
o; ⟨kind⟩ *Herzenskind* o
hartenheer *Herzkönig* m
hartenjagen *Herzjagd* v
hartenkreet *Äußerung* v *der Besorgnis*
hartenlust ▼ naar ~ *nach Herzenslust* v
hart- en vaatziekten
Herz-Kreislauf-Erkrankungen v mv
hartenvrouw *Herzdame* v
hartenwens *Herzenswunsch* m
hartgrondig *tief*; ⟨alleen bijwoord⟩ *zutiefst*;
⟨alleen bijwoord⟩ *aus/in tiefster Seele* ★ iem. ~
bedanken *jmdn. aus tiefster Seele danken* ★ ik
heb daar een ~e hekel aan *das ist mir zutiefst
zuwider* ★ iem. ~ haten *jmdn. zutiefst hassen*
hartig ● zout *herzhaft*; *würzig* ★ ~e soep
würzige Suppe v ★ een ~e maaltijd *ein
herzhaftes Essen* ★ zij houdt van ~ *sie isst gern
Herzhaftes* ● krachtig ★ een ~ woordje met
iem. spreken *ernsthaft mit jmdm. über etw.
sprechen*
hartinfarct *Herzinfarkt* m
hartkamer *Herzkammer* v
hartklachten *Herzbeschwerden* mv
hartklep *Herzklappe* v
hartklopping *Herzklopfen* o ★ ~en krijgen
Herzklopfen bekommen
hartkwaal *Herzleiden* o; *Herzkrankheit* v ★ aan
een ~ lijden *herzkrank sein*
hart-longmachine *Herz-Lungen-Maschine* v
hartmassage *Herzmassage* v
hartoperatie *Herzoperation* v
hartpatiënt *Herzpatient* m
hartritmestoornis *Herzrhythmusstörung* v
hartroerend *herzbewegend*; *herzerweichend*;
herzergreifend
hartruis *Herzgeräusch* o
hartsgeheim ≈ *tiefste(s) Geheimnis* o; ≈ *sorgsam
gehütete(s) Geheimnis* o; ≈ *innerste(s)
Geheimnis* o *des Herzens* ★ iem. ~en
toevertrouwen *jmdm. seine tiefsten
Geheimnisse anvertrauen*
hartslag *Herzschlag* m ★ de ~ van de
wereldstad *der pulsierende Herzschlag der
Metropole*
hartspier *Herzmuskel* m
hartstikke *sehr*; *wahnsinnig*; *unheimlich* ★ ~
bedankt *tausend Dank* ★ ~ dood *stockfinster*
★ ~ dood *mausetot* ★ ~ doof *stocktaub* ★ ~
boos *stocksauer* ★ het is ~ te gek *es ist einsame
Spitze*
hartstilstand *Herzstillstand* m

ha

hartstocht *Leidenschaft* v ★ zijn ~en bedwingen *seine Triebe zügeln/bezähmen/beherrschen* ★ een ~ voor toneel *eine Leidenschaft für das Theater* ★ zij laat zich door haar ~en meeslepen *die Leidenschaft reißt sie fort* ★ iets met ~ doen *etw. mit Leidenschaft betreiben*

hartstochtelijk *leidenschaftlich*; *passioniert* ★ iem. ~ liefhebben *jmdn. leidenschaftlich/heiß und innig lieben* ★ zij is een ~ bergbeklimster *sie ist ein passionierter Bergsteiger* ★ ~ mens *leidenschaftliche(r) Mensch* m

hartstoornis *Herzfehler* m

hartstreek *Herzgegend* v

hartsvriend *Busenfreund* m; *Herzensbruder* m

hartsvriendin *Busenfreundin* v

harttransplantatie *Herztransplantation* v

hartvergroting *Herzvergrößerung* v

hartverlamming *Herzschlag* m; *Herzlähmung* v ★ aan ~ sterven *einem Herzschlag erliegen*

hartveroverend *unwiderstehlich*

hartverscheurend *herzzerreißend*

hartversterking *Schnaps* m

hartverwarmend *herzerwärmend*

hartzeer *Herzeleid* o; *Herzweh* o

hasj *Haschisch* o

hasjhond *Haschischhund* m

haspel ⟨voor een slang⟩ *Schlauchrolle* v; ⟨voor een kabel⟩ *Kabelrolle* v; ⟨voor garen en draad⟩ *Haspel* v

haspelen I ov ww • met haspel winden *aufwickeln*; ⟨draad, garen⟩ *haspeln* • verwarren *durcheinanderbringen*; *verheddern* ★ alles door elkaar ~ *alles verheddern* **II** ON ww stuntelen *stümpern*; *pfuschen*; ⟨slordig werken⟩ *hudeln* ★ wat zit je nou te ~? *was stümperst du denn da herum?*

Hasselt *Hasselt* o

Hasselts *Hasselter*

hatchback *Fließheck* o

hateenheid ≈ *Zweizimmerwohnung* v

hatelijk *boshaft*; *gehässig*

hatelijkheid • het hatelijk zijn *Gehässigkeit* v; *Anzüglichkeit* v • opmerking *Anzüglichkeit* v; *Gehässigkeit* v

haten *hassen* ★ zich gehaat maken *sich verhasst machen* ★ iemand/iets hartgrondig ~ *jmdn./etw. zutiefst hassen*

hatsjie, hatsjoe *hatschi*

hattrick *Hattrick* m

hausse *Hausse* v

hautain *überheblich*; *anmaßend*

haute couture *Haute Couture* v

have *Habe* v; *Gut* o ★ levende have *Viehbestand* m ★ have en goed verliezen *Hab und Gut verlieren*

haveloos • sjofel *schäbig*; ⟨bij kleding⟩ *zerlumpt* • vervallen *verfallen*; *heruntergekommen* • berooid *abgerissen*; *heruntergekommen*; ⟨zonder geld⟩ *mittellos*

haven *Hafen* m ★ de ~ uit zeilen *aus dem Hafen auslaufen* ★ een ~ binnenvallen *einen Hafen anlaufen*; *in einen Hafen einlaufen* ▼ in veilige ~ zijn *einen sicheren Hafen gefunden haben*

havenarbeider *Hafenarbeiter* m

havenbelasting *Hafensteuer* v

havengeld *Hafengebühr* v

havenhoofd *Hafenmole* v

havenkantoor *Hafenamt*

havenmeester, BN **havenkapitein** *Hafenmeister* m

havenstad *Hafenstadt* v

havenstaking *Streik* m *der Hafenarbeiter*

havenwijk *Hafenviertel* o

haver *Hafer* m ▼ iem. van ~ tot gort kennen *jmdn. durch und durch kennen*

haverklap ▼ om de ~ *alle naselang*

havermout • haver *Haferflocken* mv • pap *Haferbrei* m; *Hafergrütze* v; *Haferschleim* m

havik • vogel *Habicht* m • oorlogshitser *Falke* m

haviksneus *Habichtsnase* v

haviksogen *Habichtsaugen* o mv; *Falkenaugen* o mv; *Adleraugen* o mv

havo ≈ *Realschule* v

Hawaï *Hawaii* o

Hawaïaans *von Hawaii*

hazelaar *Hasel* v; *Haselbusch* m

hazelnoot *Haselnuss* v

hazelip *Hasenscharte* v

hazenpad ▼ het ~ kiezen *das Hasenpanier ergreifen*

hazenpeper *Hasenpfeffer* m

hazenrug *Hasenrücken* m

hazenslaapje *Nickerchen* o

hazewindhond, hazewind *Windhund* m

hbo ⟨instituut⟩ ≈ *Fachhochschule* v; ⟨onderwijs⟩ ≈ *Fachhochschulunterricht* m

hé *he*; *heda*

hè *was*; *wie*

headbangen *Headbanging* o

headhunter *Headhunter* m

heao ≈ *Handelsschule* v

heavy metal *Heavy Metal* v

hebbedingetje *Nippes* mv; *Dingelchen* o

hebbelijkheid *Angewohnheit* v; ⟨negatief⟩ *Unart* v; ⟨negatief⟩ *Untugend* v

hebben • bezitten *haben* • ondervinden ★ vader wil het niet ~ *Vater erlaubt es nicht* ★ nu zul je het ~! *da haben wir die Bescherung!* ★ ik heb het warm *mir ist warm* • praten ★ waar heb je het over? *wovon sprichst du?* • verdragen ★ hij kan niet veel ~ *er kann nicht viel vertragen* • aantreffen ★ zoiets heb je hier niet *so etw. gibt es hier nicht* ★ daar heb je hem *da ist er ja* • ~ **aan** ★ wat heb je daaraan? *was hast du davon?* ★ men weet nooit wat men aan hem heeft *man weiß nie, was man an ihm hat* ★ aan hem heb je niets *ihn kann man zu nichts gebrauchen* • ~ **van** lijken op ★ hij heeft veel van zijn broer *weg er ist seinem Bruder sehr ähnlich* ▼ wel heb ik ooit! *das ist ja wohl das Letzte!* ▼ hij wist niet hoe hij het had *er wusste nicht, wie ihm war* ▼ ik moet niets van hem ~ *ich kann ihn nicht riechen* ▼ daar moet ik niets van ~ *ich will davon nichts wissen* ▼ het van de zomer moeten ~ *auf die Sommermonate angewiesen sein*

hebberd *habsüchtige(r) Mensch* m

hebberig *habgierig*; *habsüchtig*

hebbes *erwischt!*; *ich hab's!*
Hebreeuws I ZN [het] *Hebräisch(e)* o **II** BNW m.b.t. de Hebreeërs *hebräisch*
Hebriden *Hebriden* mv
hebzucht *Habsucht* v; *Habgier* v
hebzuchtig *habsüchtig*; *raffsüchtig*; *habgierig*
hecht ● solide, vast *fest*; *solide*; *stabil* ● FIG. onverbrekelijk *fest*; *eng* ★ een ~e vriendschap *eine feste Freundschaft* ★ een ~e samenwerking *eine enge Zusammenarbeit*
hechtdraad *Faden* m; *Katgut* o
hechten I OV WW ● vastmaken *(an)heften*; MED. *nähen* ★ een papiertje aan het dossier ~ *einen Zettel an das Dossier heften* ★ een wond ~ *eine Wunde nähen* ● toekennen *beimessen* ★ ergens te veel belang aan ~ *einer Sache zu viel Gewicht beilegen* ★ (geen) waarde aan iets ~ *(keinen) Wert auf eine Sache legen* ★ betekenis aan iets ~ *einer Sache Bedeutung beimessen* ★ zijn goedkeuring aan iets ~ *etw. gutheißen* **II** ON WW ● vastkleven *haften* ● ~ aan gesteld zijn op *liegen* [+3]; *Wert legen auf* [+4] ★ daar hecht ik erg aan *daran liegt mir viel* ★ aan goede manieren ~ *Wert legen auf gutes Benehmen* **III** WKD WW [zich ~] **aan** sein Herz hängen an [+4]
hechtenis *Haft* v; (als straf) *Haft(strafe)* v ★ voorlopige ~ *Untersuchungshaft* v ★ iem. in ~ nemen *jmdn. verhaften*
hechting ≈ *Narbe* v ★ de ~en verwijderen *die Fäden ziehen*
hechtpleister *Heftpflaster* o
hectare *Hektar* m
hectiek *Hektik* v
hectisch *hektisch*; (druk) *fieberhaft*
hectogram *Hektogramm* o
hectoliter *Hektoliter* m
hectometer *Hektometer* m
heden I ZN [het] *Heute* o; *Gegenwart* v **II** BIJW *heute* ★ ~ ten dage *heutzutage* ★ tot op ~ *bis heute* ★ vanaf ~ *von heute an*
hedendaags *heutig*; *gegenwärtig* ★ ~e literatuur *Gegenwartsliteratur* v; *die Literatur der Gegenwart*
hee *grüß dich*
heel I BNW ● geheel *ganz* ★ heel Frankrijk *ganz Frankreich* ★ zijn hele leven *sein ganzes Leben* ● niet kapot *heil*; INFORM. *ganz* ● veel, groot *ziemlich*; *beträchtlich* ★ dat is een hele som geld *das ist eine beträchtliche Summe* **II** BIJW ● zeer, erg *ganz*; *sehr* ★ heel groot *sehr groß* ★ zij was heel enthousiast *sie war ganz begeistert* ● geheel en al *ganz*; *völlig* ★ dat is heel iets anders *das ist etw. ganz anderes* ★ heel in de verte *in weiter Ferne* ★ de situatie is nu heel anders *die Situation ist jetzt völlig anders*
heelal *Weltall* o; *All* o
heelhuids *unversehrt*; *ungeschoren* ▼ er ~ afkomen *ungeschoren davonkommen*
heelkunde *Chirurgie* v
heelmeester *Wundarzt* m ▼ zachte ~s maken stinkende wonden *der milde Arzt schlägt grobe Wunden*
heemraadschap *Deichverband* m
heen *hin* ★ waar ga je heen? *wohin gehst du?*

★ nergens heen *nirgendwohin* ★ heen en weer *hin und her* ▼ waar moet dat heen? *worauf soll das hinauslaufen?* ▼ ver heen zijn *ziemlich verrückt sein*; *stockbesoffen sein*; *tief gesunken/gefallen sein* ▼ waar wil zij heen? *worauf will sie hinaus?*
heen-en-weer *Hin und Her* o ▼ het ~ krijgen *rappelig werden*
heengaan ● weggaan *fortgehen*; *weggehen* ● sterven *(da)hinscheiden*
heenkomen ▼ een goed ~ zoeken *sich aus dem Staube machen*
heenreis *Hinreise* v; *Hinfahrt* v
heenronde BN, SPORT eerste helft van de competitie *Hinrunde* v
heenweg *Hinweg* m
Heer *Herr* m
heer ● FORM. man *Herr* m ★ Geachte heer *Sehr geehrter Herr X* ● meester *Herr* m ★ de heer des huizes *der Herr des Hauses* ★ zijn eigen heer en meester zijn *sein eigener Herr sein* ● figuur in kaartspel *König* m
heerlijk ● lekker *köstlich*; *herrlich* ● prachtig, aangenaam *herrlich*; *prächtig*
heerlijkheid ● iets heerlijks *Köstlichkeit* v ● gelukzaligheid *Seligkeit* v
heerschap *Mensch* m; INFORM. *Kerl* m; INFORM. *Typ* m ★ lastig ~ *schwierige(r) Mensch* ★ raar ~ *wunderliche(r) Kauz* m ★ vrolijk ~ *lustige(r) Kerl* m ★ dat is een fraai ~! *das ist ein sauberer Bursche!*
heerschappij *Herrschaft* v; *Gewalt* v
heersen ● regeren *herrschen* ● aanwezig zijn *herrschen*; *bestehen* ★ onder de ~de omstandigheden *unter den herrschenden Umständen*
heerser *Herrscher* m
heerszuchtig *herrisch*; *herrschsüchtig*
hees *heiser*; (v. het roken) *rauchig*
heester *Staude* v; *Strauch* m
heet ● warm *heiß* ● scherp *scharf* ● heftig *heiß*
heetgebakerd *hitzig*; *hitzköpfig*
heethoofd *Heißsporn* m; *Hitzkopf* m
hefboom *Hebel* m; (slagboom) *Schlagbaum* m
hefbrug ● brug bij scheepvaart *Hubbrücke* v ● platform in garage *Hebebühne* v
heffen ● tillen *heben*; (hoch)stemmen ● opleggen *erheben* ★ ~ belastingen ~ *Steuern erheben*
heffing *Erhebung* v; *Einziehen* o
heft *Griff* m ▼ het heft uit handen geven *die Zügel aus der Hand geben*
heftig ● onstuimig *ungestüm* ● hevig *heftig*
heftruck *Gabelstapler* m
hefvermogen *Tragfähigkeit* v; *Tragkraft* v
heg *Hecke* v ▼ heg noch steg weten *sich überhaupt nicht auskennen*; *sich nicht auskennen*
hegemonie *Hegemonie* v; *Vorherrschaft* v
heggenschaar *Heckenschere* v
hei ● vlakte *Heide* v ● plant *Heide* v; *Heidekraut* o ● toestel *Ramme* v
heibel ● ruzie *Krach* m ● lawaai *Radau* m
heiblok *Rammblock* m
heide ● plant *Heide* v; *Heidekraut* o ● gebied *Heide* v

heidebloem *Heideblume* v
heiden *Heide* m
heidens ● niet-christelijk *heidnisch*
  ● ontzettend *heidenmäßig* ★ ~ kabaal
  Heidenlärm m
heien *(ein)rammen*; TECHN. *pfählen*
heiig *diesig; dunstig*
heikel *heikel*
heikneuter ● pummel *Hinterwäldler* m ● vogel
  Hänfling m
heil *Heil* o
Heiland *Heiland* m
heilbot *Heilbutt* m
heildronk *Trinkspruch* m
heilig I BNW ● zonder zonde *heilig* ★ iem. ~
  verklaren *jmdn. heiligsprechen* ● gewijd *heilig*
  II BIJW ▼ ~ beloven *hoch und heilig*
  versprechen
heiligbeen *Kreuzbein* o
heiligdom *Heiligtum* o
heilige *Heilige(r)* m ★ hij is ook geen ~ IRON. *er
  ist nicht gerade ein Heiliger*
heiligen ● wijden *heiligen* ● eerbiedigen
  heiligen
heiligenleven *Legende* v
heiligschennis *Entheiligung* v; (tegen een
  religie) *Sakrileg* o; (v. een plaats) *Entweihung*
  v
heiligverklaring *Heiligsprechung* v
heilloos *verrucht; schnöde*
heilsoldaat *Angehörige(r)* m *der Heilsarmee*
heilstaat *vollkommene(r) Staat* m
heilzaam *heilkräftig*
heimelijk *heimlich; geheim; verhohlen* ★ een ~e
  glimlach *ein verstohlenes Lächeln*
heimlichmanoeuvre *Heimlichmanöver* o
heimwee *Heimweh* o; (algemeen) *Sehnsucht* v
  ★ ziek van ~ *krank vor Heimweh* ★ ~ naar
  betere tijden *Sehnsucht nach besseren Zeiten*
  ★ ze kreeg ~ *sie bekam Heimweh; Heimweh
  befiel ihr*
Hein ▼ magere Hein *Freund Hein*
heinde ▼ van ~ en verre *von überall her*
heipaal *Rammpfahl* m
heisa *große(s) Trara* o; *Affentheater* o
hek ● omheining *Zaun* m; *Gitter* o; *Gatter* o; (v.
  gevlochten draad) *Drahtzaun* m; (v. hout)
  Lattenzaun m ● deur *Tor* o; *Gartentür* v →
  hekje ▼ het hek is van de dam *da gibt's kein
  Halten mehr* ▼ het hek sluiten *der Letzte sein*
hekel *Widerwille* m ★ een ~ hebben aan iem.
  jmdn. nicht ausstehen können ▼ iem. over de ~
  halen *über jmdn. herziehen*
hekeldicht *Satire* v; *Spottgedicht* o
hekelen *anprangern*
hekje *Raute* v
hekkensluiter *Schlusslicht* o
heks ● tovenares *Hexe* v ● lelijk wijf *Hexe* v;
  Schrulle v
heksen *hexen*
heksenjacht *Hexenjagd* v
heksenketel *Hexenkessel* m
heksenkring *Hexenring* m
heksentoer *Hexenkunst* v; *Hexerei* v
hekserij *Hexerei* v
hekwerk *Gitterwerk* o

hel I ZN [de] *Hölle* v ▼ loop naar de hel! *fahr zur
  Hölle!* ▼ de hel brak los *die Hölle war los*
  II BNW *hell*
hela *hallo*
helaas I BIJW *leider* **II** TW *schade*
helblauw *hellblau*
held ● dapper man *Held* m ● hoofdpersoon (in
  drama of verhaal) *Protagonist* m ★ zij is de
  held van de dag *sie ist der Held des Tages*
  ▼ held op sokken *Waschlappen* m ▼ geen
  held in iets zijn *kein Held in etw. sein*
heldendaad *Heldentat* v; IRON. *Heldenstück* o
heldendicht *Heldendichtung* v; (epos)
  Heldenepos o [mv: *Heldenepen*]
heldenmoed *Heldenmut* m ★ met ~
  heldenmütig
heldenrol *Heldenrolle* v
helder ● duidelijk *klar; deutlich* ★ een ~e zaak
  eine klare Sache ★ ~ licht *hell; licht* ★ ~ blauw
  lichtblau ● zuiver *klar;* (proper) *sauber;*
  (proper) *rein* ★ het water is zo ~ als kristal
  das Wasser ist kristallklar ● met volle klank
  hell; klar ● onbewolkt *heiter*
helderheid ● duidelijkheid *Klarheit* v
  ● lichtheid van kleur *Helle* v; *Helligkeit* v
  ● zuiverheid van geluid *helle(r) Klang* m
helderziend *hellseherisch*
helderziende *Hellseher* m
heldhaftig *heroisch; unerschrocken; heldenhaft;
  heldenmütig*
heldin *Heldin* v
heleboel ★ een ~... *eine ganze Menge...* ★ er zijn
  er een ~ *davon gibt's eine ganze Menge*
helemaal *gänzlich; völlig; ganz und gar* ★ ~ niet
  überhaupt nicht ★ niet ~ *nicht ganz* ★ ik heb
  ~ geen zin *ich habe überhaupt keine Lust*
  ★ dat laat mij ~ koud *das lässt mich völlig kalt*
  ▼ ben je nou ~! *spinnst du!*
helen I OV WW gestolen goederen kopen
  hehlen **II** ON WW genezen *heilen*
heler *Hehler* m
helft *Hälfte* v ★ de ~ groter *um die Hälfte größer*
  ▼ mijn betere ~ *meine bessere Hälfte*
helikopter, heli *Hubschrauber* m; *Helikopter* m
heling ● genezing *Heilung* v ● kopen van
  gestolen goed *Hehlerei* v; *Hehlen* o
helium *Helium* o
hellen ● schuin aflopen *abfallen; abschüssig
  sein* ★ een ~d vlak *eine schiefe Ebene*
  ● overhangen *sich neigen;* (aflopen naar
  beneden) *sich senken* ▼ zich op een ~d vlak
  bevinden *auf die schiefe Bahn geraten sein*
helling ● het hellen *Neigung* v ● glooiing *Hang*
  m; *Gefälle* o; (v. een berg) *Abhang* m ★ een ~
  van 10% *ein Gefälle von 10%* ● BN talud
  Böschung v ▼ iets op de ~ zetten *etw.
  infrage/in Frage stellen*
hellingproef (autorijden) *Anfahren* o *am Berg*
hellingsgraad *Neigungsgrad* m
hellingspercentage *Gefälle* o
helm ● hoofddeksel *Helm* m ● duingras
  Dünengras o; *Helmgras* o ▼ BN met de helm
  geboren zijn (een geluksvogel zijn) *ein
  Glückskind o sein; ein Glückspilz* m *sein*
helmgras *Dünengras* o
helmstok *Pinne* v

help *Hilfe!* ▼ lieve help! *ach, du meine Güte!*
helpdesk *Helpdesk* m
helpen ● bijstaan *helfen* ★ iem. iets ~
onthouden *jmdm. an etw. erinnern* ★ iem. ~
uitstappen *jmdm. beim Aussteigen helfen*
★ iem. erdoorheen ~ *jmdm. über etw.
hinweghelfen* ★ iem. in zijn jas ~ *jmdm. in
den Mantel helfen* ● bedienen *bedienen* ★ ik
word al geholpen *ich werde schon bedient*
● baten *helfen*; *nützen* ★ deze tabletten ~
tegen pijn *diese Tabletten helfen gegen
Schmerzen* ▼ ik help het je hopen *ich hoffe
mit dir* ▼ ik kan het ook niet ~ *ich kann auch
nichts dafür*
helper *Helfer* m [v: *Helferin*]
helpscherm *Hilfsbildschirm* m
helpster ▼ BN familiale ~ *Familienpflegerin* v;
Familienfürsorgerin v
helrood *hellrot*
hels ● van, uit de hel *höllisch*; *teuflisch*
● afschuwelijk ★ een hels kabaal *ein
Höllen-/Heidenlärm* ● woedend ★ hels zijn
stinksauer sein ★ hels worden *fuchsteufelswild
werden*
Helsinki *Helsinki* o
hem *ihm* [+3]; *ihn* [+4] ★ dat is van hem *das
gehört ihm*
hemd ● onderhemd *Hemd* o; *Unterhemd* o
★ nat tot op het hemd *nass bis aufs Hemd*
● overhemd *Oberhemd* o ▼ het hemd is nader
dan de rok *das Hemd ist näher als der Rock*
▼ in zijn hemd staan *sich bis auf die Knochen
blamiert haben* ▼ iem. in zijn hemd zetten
jmdn. in aller Öffentlichkeit bloßstellen ▼ iem.
het hemd van het lijf vragen *jmdm. ein Loch
in den Bauch fragen* ▼ FIG. iem. tot op het
hemd ⟨financieel⟩ uitkleden *jmdn. bis aufs
Hemd ausziehen*
hemdsmouw *Hemdsärmel* m
hemel *Himmel* m ★ onder de blote ~ *unter
freiem Himmel*; *im Freien* ▼ lieve ~! *ach du
lieber Himmel!* ▼ ~ en aarde bewegen *Himmel
und Hölle in Bewegung setzen*
hemelbed *Himmelbett* o
hemelbestormer *Himmelsstürmer* m
hemelhoog *himmelhoch*
hemellichaam *Himmelskörper* m
hemelpoort *Himmelspforte* v; *Himmelstor* o
hemels ● van de hemel *himmlisch* ● goddelijk
★ het smaakt ~ *es schmeckt köstlich*
hemelsblauw *Himmelblau* o
hemelsbreed I BNW zeer groot *himmelweit*
II BIJW enorm ★ ~ verschillen *himmelweit
verschieden sein*
hemelsnaam ▼ in 's ~! *um Himmels willen*; *um
Gottes willen*
hemeltergend *himmelschreiend*
Hemelvaartsdag, Hemelvaart *Himmelfahrt* v;
Himmelfahrtstag m ★ op ~ *an Himmelfahrt*
hemisfeer *Hemisphäre* v
hemofilie *Hämophilie* v; *Bluterkrankheit* v
hemzelf ● [meewerkend] *ihm selbst* ● [lijdend]
ihn selbst
hen I ZN [de] *Henne* v **II** PERS VNW
● meewerkend voorwerp *ihnen* ● lijdend
voorwerp *sie*

hendel *Hebel* m
Hendrik *Heinrich*
hendrik ▼ een brave ~ *ein Tugendbold* m; *ein
Musterknabe* m
Henegouwen *Hennegau* m
Henegouws *vom Hennegau*; *aus dem Hennegau*
hengel *Angel* v
hengelaar *Angler* m
hengelen ● vissen *angeln* ★ zij zit op snoek te
~ *sie angelt auf Hechte* ● ~ naar bohren
★ naar de waarheid ~ *bohren, bis man die
Wahrheit weiß*
hengelsport *Angelsport* m
hengsel ● beugel *Henkel* m ● scharnier *Angel* v
★ ~ van een deur *Türangel* v
hengst ● paard *Hengst* m ● harde klap *Hieb* m;
brutale(r) Stoß m ★ iem. een ~ verkopen
jmdm. eine reinhauen
hengsten ● hard slaan *hämmern* ● hard leren
büffeln
henna *Henna* v/o
hennep *Hanf* m ★ van ~ *hanfen*
hens ▼ alle hens aan dek! *alle Mann an Deck!*
▼ in de hens vliegen *Feuer fangen*
henzelf *sie selbst*
hepatitis *Hepatitis* v
her ● geleden *seit* ★ een gewoonte van eeuwen
her *ein uralter Brauch* ● hier ★ her en der
hier und da; *allerorten*; *da und dort*
herademen *aufatmen*
heraldiek *Heraldik* v
heraldisch *heraldisch*
herbarium *Herbarium* o [mv: *Herbarien*]
herbebossen *wiederaufforsten*
herbenoemen *wieder ernennen*
herberg *Gasthaus* o
herbergen *einquartieren*; *unterbringen*
herbergier *Gastwirt* m; *Wirt* m
herbewapenen *wieder aufrüsten*
herbivoor *Pflanzenfresser* m
herboren *neugeboren*; REL. *wiedergeboren* ★ ik
voelde me ~ *ich fühlte mich wie neugeboren*
herdenken ● de herinnering vieren *gedenken*;
feiern ★ een held ~ *eines Helden gedenken*
● terugdenken aan *zurückdenken*; *erinnern
an* [+4]
herdenking *Gedenkfeier* v ★ ~ van de doden
Totenehrung v
herdenkingsdag *Gedenktag* m
herdenkingsdienst *Gedächtnisgottesdienst* m
herder ● dierenhoeder *Hirt* m ● hond
Schäferhund m
herderlijk ● pastoraal *pastoral*; *seelsorgerisch*
★ de ~e brief *der Hirtenbrief* ● betrekking
hebbend op een herder *Hirten-*; *Schäfer-*
herdershond *Schäferhund* m
herderstasje *Hirtentäschel* o; *Täschelkraut* o
herdruk ● opnieuw drukken *Nachdruck* m;
Neudruck m ● nieuwe oplage *Neuauflage* v
★ het boek is in ~ *das Buch wird neu aufgelegt*
herdrukken ● opnieuw drukken *nachdrucken*;
neu drucken ● opnieuw uitgeven *neu
auflegen*
heremiet *Eremit* m; *Einsiedler* m
heremietkreeft *Einsiedlerkrebs* m
herenakkoord *Gentlemen's Agreement* o

he

he

herenboer *Großbauer* m
herenfiets *Herrenrad* o
herenhuis *Herrenhaus* o
herenigen • opnieuw bijeenbrengen *zusammenführen*; *wiedervereinigen* • verzoenen *versöhnen*
hereniging • samenvoeging *Wiedervereinigung* v • verzoening *Versöhnung* v
herenkapper *Herrenfriseur* m
herenkleding *Herrenbekleidung* v; ⟨mode⟩ *Herrenmode* v
herenmode *Herrenmode* v
herentoilet *Herrentoilette* v
herexamen *Wiederholungsprüfung* v
herfst *Herbst* m
herfstblad *Herbstblatt* o
herfstdag *Herbsttag* m
herfstkleur *Herbstfarben* mv
herfstmaand *Herbstmonat* m
herfststorm *Herbststurm* m
herfsttint *Herbstfarbe* v
herfstvakantie *Herbstferien* mv
hergebruik • recycling *Recycling* o • het opnieuw gebruiken *Wiederverwertung* v
hergebruiken *wiederverwenden*; *wiederverwerten*
hergroeperen *neu einteilen*; *neu gliedern*
herhaald *mehrmals*; *wiederholt*
herhaaldelijk *wiederholt*
herhaaltoets *Wiederholungstest* m
herhalen I ov ww opnieuw doen *wiederholen* II wkd ww [zich ~] *sich wiederholen*
herhaling *Wiederholung* v ★ bij ~ *im Wiederholungsfall* ★ in ~en vervallen *sich wiederholen*
herhalingsoefening *Wiederholungsübung* v; ⟨militair⟩ *Reservistenübung* v
herhalingsrecept *Wiederholungsrezept* o
herindelen *neu einteilen*; *umgruppieren*; *neugliedern*
herindeling *Neueinteilung* v
herinneren I ov ww *erinnern an* [+4] II wkd ww [zich ~] *sich erinnern* ★ voor zover ik me herinner *soweit ich mich erinnere*
herinnering • het herinneren *Erinnerung* v • souvenir *Andenken* o • geheugen *Gedächtnis* o
herintreden *wieder einsteigen*
herintreder *Wiedereinsteiger* m
herkansing *neue Chance* v; sport *Hoffnungslauf* m; ⟨examen⟩ *Wiederholungsprüfung* v
herkauwen *wiederkäuen*
herkauwer *Wiederkäuer* m
herkenbaar *erkennbar*
herkennen *wiedererkennen*
herkenning *Erkennen* o; *Erkennung* v; ⟨terugkennen⟩ *Wiedererkennung* v
herkenningsmelodie *Erkennungsmelodie* v
herkeuring *neue Untersuchung* v; MIL. *Nachmusterung* v
herkiesbaar *wieder wählbar* ★ zich ~ stellen *sich zur Wiederwahl stellen*
herkiezen *wiederwählen*
herkomst • oorsprong *Ursprung* m ★ land van ~ *Ursprungsland* • afkomst *Herkunft* v;

herleidbaar *zurückführbar*; FORM. *reduzibel*
herleiden • terugvoeren *herleiten*; *ableiten*; FORM. *reduzieren*; ⟨vereenvoudigen⟩ *zurückführen* • BN *verminderen herabsetzen*; ⟨prijzen⟩ *ermäßigen*
herleven *aufleben*
herleving *Wiederbelebung* v
hermelijn *Hermelin* o
hermetisch *hermetisch*
hernemen • terugnemen *wieder einnehmen* • hervatten *wieder anfangen*; *fortfahren*
hernia • breuk *Hernie* v • rugaandoening *Entzündung v der Bandscheibe*; *Bandscheibenvorfall* m
hernieuwen *erneuern* ★ met hernieuwde kracht *mit erneuter Kraft*
heroïek *Heroik* v
heroïne *Heroin* o ★ hij is aan ~ verslaafd *er ist heroinsüchtig*
heroïnehoer *drogenabhängige Hure* v
heroïsch *heroisch*
herontdekken *wiederentdecken*
heropenen *wieder eröffnen*
heropvoeden *umerziehen*
heropvoeding *Umerziehung* v
heroriëntatie *Neuorientierung* v
heroriënteren *neu orientieren*
heroveren *wiedererobern*; *zurückerobern*
herovering *Wiedereroberung* v
heroverwegen *erneut erwägen*
herpes *Herpes* m
herrie • lawaai *Lärm* m; *Krach* m ★ ~ maken/schoppen *lärmen* • ruzie *Krach* m ★ ~ maken/schoppen *Krawall machen*; *Krach schlagen*
herrieschopper *Krachmacher* m
herrijzen *auferstehen* ★ uit de dood ~ *vom Tode auferstehen*
herrijzenis *Auferstehung* v
herroepen *widerrufen*; *zurücknehmen*
herscheppen *umgestalten*; *neu gestalten*
herschikken *umordnen*; *neuordnen*
herscholen *umschulen*
herscholing *Umschulung* v
herschrijven *umschreiben*
hersenbeschadiging *Gehirnschädigung* v
hersenbloeding *Gehirnblutung* v
hersenbreker *Denkaufgabe* v
hersendood *Hirntod* m
hersenen • orgaan *Gehirn* o; *Hirn* o ★ kleine ~ *Kleinhirn* o • hersenpan *Hirnschale* v ★ iem. de ~ inslaan *jmdm. den Schädel einschlagen* • verstand *Gehirn* o; *Hirn* o ★ zijn ~ breken over iets *sich den Kopf zerbrechen über etw.* ▼ zijn hersens pijnigen *sich das Hirn zermartern*
hersengymnastiek *Hirngymnastik* v; ⟨denksport⟩ *Denkübung* v
hersenhelft *Gehirnhälfte* v
hersenkronkel ≈ *eigenartige(r) Gedanke* m; ≈ *sonderbare(r) Gedankengang* m
hersenkwab *Hemisphäre* v
hersenletsel *Hirnverletzung* v
hersenloos *hirnlos*; *hirnrissig*
hersenpan *Hirnschale* v

hersens ● → hersenen
hersenschim *Hirngespinst* o
hersenschudding *Gehirnerschütterung* v
hersenspinsel *Hirngespinst* o
hersenspoelen *einer Gehirnwäsche unterziehen*
hersenspoeling *Gehirnwäsche* v
hersentumor *Hirntumor* m
hersenverweking *Gehirnerweichung* v
hersenvlies *Gehirnhaut* v; *Hirnhaut* v
hersenvliesontsteking *Hirnhautentzündung* v
herstel ● beterschap *Erholung* v; *Besserung* v
★ economisch ~ *wirtschaftliche Erholung* ★ ~ van de markt *Wiederbelebung des Marktes* v ● reparatie *Reparatur* v ● het weer instellen *Wiederherstellung* v
herstelbetaling *Entschädigung* v; *Wiedergutmachung* v; ⟨na oorlog⟩ *Reparationszahlung* v
herstellen I OV WW ● repareren *ausbessern*; *reparieren* ● goedmaken ⟨met geld⟩ *vergüten*; ⟨v. een fout⟩ *korrigieren* ● in de oude staat brengen *wiederherstellen*; ⟨gebouwen⟩ *wieder aufbauen* ★ iem. in zijn eer ~ *jmdn. rehabilitieren* II ON WW genezen *genesen*; *sich erholen* ★ van een ziekte ~ *sich von einer Krankheit erholen* III WKD WW [zich ~] ⟨v. personen⟩ *sich fassen*; ⟨v. zaken⟩ *sich wiederherstellen*
herstellingsoord *Genesungsheim* o; *Erholungsheim* o; *Sanatorium* o
herstelwerkzaamheden *Reparaturarbeiten* mv; *Instandsetzungsarbeiten* mv
herstructureren *neu strukturieren*
herstructurering *Umstrukturierung* v
hert *Hirsch* m ▼ vliegend hert *Hirschkäfer* m
hertenkamp *Hirschpark* m
hertenleer *Hirschleder* o
hertog *Herzog* m
hertogdom *Herzogtum* o
hertogin *Herzogin* v
hertrouwen *sich wieder verheiraten*
hertz *Hertz* o
heruitgave *Neuausgabe* v
hervatten ● voortzetten *fortfahren*; *fortsetzen* ★ de lessen worden hervat *der Unterricht fängt wieder an* ● opnieuw beginnen *wieder aufnehmen*; *wieder anfangen* ● herhalen *wiederholen*
herverdelen *neu verteilen*; ECON. *umverteilen*
herverkaveling *Flurbereinigung* v; JUR. *Bodenreform* v
herverkiezing *Wiederwahl* v
herverzekeren *rückversichern*
hervormd *reformiert* ★ de ~e kerk *die reformierte Kirche*
hervormen *erneuern*; *reformieren*; *umbilden*; *umgestalten*
hervorming ● het hervormen *Erneuerung* v; *Umgestaltung* v; *Neuerung* v; *Reform* v ★ ~ van het onderwijs *Schulreform* v ● REL. *Reformation* v
herwaarderen *neu bewerten*
herwinnen I OV WW ● heroveren *wiedererlangen* ● uit recycling verkrijgen *zurückgewinnen*; *wiedergewinnen* II WKD WW [zich ~] *sich zusammennehmen*; *sich fassen*

herzien *korrigieren*; *revidieren*; ⟨veranderen⟩ *(ab)ändern*; ⟨bewerken⟩ *überarbeiten*; ⟨juist maken⟩ *berichtigen* ★ de derde ~e druk *die dritte, überarbeitete Auflage*
herziening *Revision* v; *Überprüfung* v ★ ~ van de grondwet *Verfassungsreform* v
hes *Kittel* m
hesp BN ham *Schinken* m
Hessen *Hessen* o
Hessisch *hessisch*
het I PERS VNW *es* II ONB VNW ★ zij was er het eerst *sie war als Erste da* ★ wie is het grootst *wer ist am größten* III LIDW *das*
heteluchtballon *Heißluftballon* m
heteluchtkachel *Heißluftofen* m
heteluchtoven *Heißluftofen* m
heten I OV WW noemen *heißen*; *nennen* II ON WW ● een naam dragen *heißen* ★ hoe heet je van achteren? *wie heißt du mit Nachnamen?* ● beweerd worden ★ naar het heet *wie man sagt*
heterdaad ▼ iem. op ~ betrappen *jmdn. auf frischer Tat ertappen*
hetero I ZN [de] *Heterosexuelle(r)* m II BNW *heterosexuell*
heterofiel I ZN [de] *Heterosexuelle(r)* m II BNW *heterosexuell*
heterogeen *heterogen*
heteroseksueel *heterosexuell*
hetgeen I AANW VNW *das, was* ★ ~ je zegt is waar *das, was er sagt, stimmt* II BETR VNW *was* ★ het waait, ~ jammer is *es ist windig, was schade ist* ★ ~ ik niet verwachtte *was ich nicht erwartete* ★ ~ ik nodig had *was ich brauchte*
hetze *Hetze* v
hetzelfde ⟨identiek⟩ *dasselbe*; ⟨gelijkend⟩ *das Gleiche*
hetzij *sei es* ★ ~ dit ~ dat *entweder dies oder jenes*
heug ▼ tegen heug en meug *mit Widerwillen*; *widerwillig*
heugen *im Gedächtnis bleiben/sein* ★ dat zal je ~ *das wirst du bereuen*
heuglijk ● verheugend *erfreulich* ● gedenkwaardig *denkwürdig*
heulen met *gemeinsame Sache machen mit* [+3]
heup *Hüfte* v ▼ het op de heupen hebben *schlecht gelaunt sein*
heupbroek *Hüfthose* v
heupdysplasie *Hüftdysplasie* v
heupfles *Flachmann* m
heuptasje *Hüfttasche* v
heupwiegen *sich beim Gehen in den Hüften wiegen*
heupwijdte *Hüftweite* v
heupzwaai *Hüftschwung* m
heus *echt*; *wirklich*; *tatsächlich*
heuvel *Hügel* m
heuvelachtig *hügelig*
heuvelland *Hügelland* o
hevel *Saugheber* m; SCHEIK. *Heber* m
hevig ● intens *gewaltig* ● heftig *heftig*; *stark* ★ een ~e storm *ein verheerender Sturm*
hiaat *Lücke* v
hiel ● lichaamsdeel *Hacke* v; *Ferse* v ● deel van kous *Ferse* v ▼ de hielen lichten *sich aus dem*

hi

Staub machen; *Fersengeld geben*; *sich aus dem Staub machen* ▼ iem. op de hielen zitten *jmdm. auf den Fersen bleiben* ▼ ik zie liever zijn hielen dan zijn tenen *ich sehe ihn am liebsten von hinten*
hielenlikker *Speichellecker* m; VULG. *Arschkriecher* m
hielprik *Guthrie-Test* m
hier *hier*; ⟨hierheen⟩ *hierher* ★ hier te lande *hierzulande*; *hier zu Lande* ★ kom eens hier *komm mal her* ★ ga hier staan *stell dich hierher* ★ hier ter plaatse *hiesig*
hieraan *hieran*; *daran* ● ~ heeft hij zijn bevordering te danken *diesem Umstande hat er seine Beförderung zu verdanken*
hierachter *hierhinter*; *hinten* ★ vlak ~ *gleich hier hinten*
hiërarchie *Hierarchie* v; *Rangordnung* v
hiërarchisch *hierarchisch*
hierbij *hierbei* ★ ~ komt nog *dazu kommt noch* ★ ~ zend ik u *anbei sende ich Ihnen* ★ ~ deel ik u mede *hiermit teile ich Ihnen mit*
hierbinnen *(hier)drinnen*
hierboven *hier oben*; *hierüber* ★ zie ~! *siehe oben!*
hierbuiten *(hier)draußen*
hierdoor ● om deze reden *hierdurch* ● hier doorheen *hierdurch*; *hierhindurch*
hierheen *hierher*; *hierhin*
hierin *hierin*
hierlangs ⟨hier voorbij⟩ *(hier) vorbei*; ⟨hieraan evenwijdig⟩ *(hier) entlang*
hiermee *hiermit*
hierna *hiernach*
hiernaar *hiernach*
hiernaast *hierneben* ★ de buurman ~ *der Nachbar hier nebenan*
hiernamaals *Jenseits* o
hiëroglief *Hieroglyphe* v ★ in ~en *hieroglyphisch*
hierom ● om deze reden *deswegen*; *darum*; *aus diesem Grund* ● hier omheen *hierherum*
hieromheen *hierum*
hieromtrent ● hier in de buurt *irgendwo hier*; *hier in der Nähe* ● hierover *hierüber*
hieronder *hierhinunter*; ⟨verder beneden⟩ *weiter unten* ★ zie ~ *siehe unten*
hierop ● bovenop dit *hierauf*; *darauf* ● hierna *daraufhin*
hierover ● hier overheen *hierüber* ● omtrent *hiervon*
hiertegen *dagegen*
hiertegenover ● tegenover deze plaats *hier gegenüber* ● tegenover deze zaak *dem gegenüber*
hiertoe ● tot dit doel *hierzu*; *dazu* ★ ~ heb ik het lef niet *dazu fehlt mir der Schneid* ● tot hier toe *bis hier* ★ tot ~ en niet verder *bis hierher und nicht weiter*
hiertussen *dazwischen*; *hierzwischen*
hieruit ● uit deze plaats *hieraus* ● uit het genoemde *daraus*
hiervan *hiervon*; *davon*
hiervandaan *von hier*
hiervoor ● vóór het genoemde *hiervor*; *davor* ★ hij is niet de man ~ *er ist nicht die richtige Person dafür* ★ ~ woonde hij in Parijs *vor*

dieser Zeit wohnte er in Paris ● hiertoe *davor*; *dafür*
hifi *Hi-Fi*
hifi-installatie *Hi-Fi-Anlage* v
hifitoren *Hi-Fi-Turm* m
high *high*
high society *High Society* v
hightech *Hightech* o
hij *er*
hijgen *keuchen*; *schnaufen*; *pusten*
hijger OMSCHR. *anonyme(r) Anrufer* m; OMSCHR. *Anrufer* m, *der obszön daherredet*
hijs *Hochziehen* o; *Zug* m ▼ dat was een hele hijs *das war eine mühsame Arbeit*
hijsblok *Flaschenzug* m
hijsen ● omhoog trekken *hissen*; *hochziehen*; *heben* ● stevig drinken *zechen*
hijskraan *Kran* m
hijzelf *er selbst*
hik *Schluckauf* m ★ ik heb de hik *ich habe Schluckauf*
hikken *schlucksen* ▼ ergens tegenaan ~ *mit etw. nicht fertig werden*
hilarisch *belustigend*; *hilarisch*; *zum Lachen*
hilariteit *Heiterkeit* v
Himalaja *Himalaja* m
hinde *Hirschkuh* v ▼ vlug/slank als een ~ *flink/schlank wie eine Gazelle*
hinder *Belästigung* v; *Behinderung* v ★ ~ van iets hebben/ondervinden *etw. als lästig empfinden*
hinderen ● belemmeren *hindern*; *beeinträchtigen* ★ dat hindert niet *das macht nichts* ● ergeren *belästigen*; *stören*
hinderlaag *Hinterhalt* m ★ iem. in een ~ lokken *im Hinterhalt auf jmdn. lauern* ★ zich in ~ leggen *im Hinterhalt liegen* ★ in een ~ vallen *in einen Hinterhalt geraten*
hinderlijk ● belemmerend *hemmend* ● storend *lästig*; *störend*
hindernis ● LETT. *Hemmnis* o; *Hindernis* o; *Hürde* v ● FIG. ★ ~sen uit de weg ruimen *Steine aus dem Weg räumen*
hindernisbaan *Hindernisbahn* v
hindernisloop *Hindernislauf* m
hinderpaal *Hindernis* o; *Hemmnis* o ▼ iem. een ~ in de weg stellen *jmdm. Hindernisse in den Weg legen*
Hinderwet *Immissionsschutz* m
hindoe *Hindu* m
hindoeïsme *Hinduismus* m
hindoeïst *Hindu* m/v
hinkelen *auf einem Bein hüpfen*
hinken ● mank gaan *hinken* ● hinkelen *auf einem Bein hüpfen* ▼ op twee gedachten ~ *unschlüssig sein* ▼ het ~de paard komt achteraan *die Sache hat einen Pferdefuß*
hinkepoot *Hinkebein* o
hink-stap-sprong *Dreisprung* m
hinniken *wiehern*
hint *Tipp* m; *Fingerzeig* m; *Wink* m
hip *poppig*; *kess*
hiphop *Hipphopp* o
hippen *hüpfen*; *hopsen*
hippie *Hippie* m
historicus *Historiker* m

historie *Geschichte* v ★ dat behoort tot de ~ *das gehört der Vergangenheit an*
historieschilder *Historienmaler* m
historiestuk *Historienstück* o
historisch *historisch*; *geschichtlich*
hit *Hit* m
Hitlergroet *Hitlergruß* m
hitlijst *Hitparade* v
hitparade *Hitparade* v; *Hitliste* v
hitsig ● driftig *hitzig*; *leidenschaftlich* ● geil *brünstig*; *geil* ★ ~ op iemand/iets zijn *geil auf jmdn./etw. sein*
hitte *Hitze* v ★ gevoelig voor ~ *hitzeempfindlich* ▼ in de ~ van de strijd *in der Hitze des Gefechts*
hitteberoerte *Hitzschlag* m
hittebestendig *hitzebeständig*
hittegolf *Hitzewelle* v
hitteschild *Hitzeschild* o
hiv *HIV-Virus* v
ho *stopp!; halt!*
hoax *Hoax* o
hobbel *Hubbel* m
hobbelen *hoppeln*; *holpern*
hobbelig *holprig*; *holperig*
hobbelpaard *Schaukelpferd* o
hobbezak ● kledingstuk *unförmige(s) Kleidungsstück* o ● persoon *ungeschlachte(r) Mensch* m
hobby *Liebhaberei* v; *Hobby* o
hobo *Oboe* v
hoboïst *Oboist* m
hockey *Hockey* o
hockeyen *Hockey spielen*
hockeyer *Hockeyspieler* m
hockeystick *Hockeyschläger* m
hocus pocus I ZN [de] *Hokuspokus* m; *Spuk* m **II** TW *Hokuspokus*
hoe ● op welke wijze *wie* ★ hoe kan dat nou? *wie ist das denn möglich?* ★ hoe dan ook *wie auch immer* ★ niet meer weten hoe of wat *nicht mehr ein noch aus wissen* ★ hoe het ook zij *wie dem auch sei* ● op welke grond *wie* ● in welke mate *wie* ● met voegwoordelijke functie *wie* ▼ hoe eerder hoe beter *je eher, desto besser* ▼ het gaat hoe langer hoe beter *es geht immer besser*
hoed *Hut* m ★ hoge hoed *Zylinder* m
hoedanigheid ● aard *Qualität* v; *Beschaffenheit* v ● functie *Eigenschaft* v ★ ik kom hier in de ~ van... *ich komme hierher als...*
hoede *Schutz* m; *Obhut* v ★ iets onder zijn ~ nemen *etw. in seine Obhut nehmen* ▼ op zijn ~ zijn *auf der Hut sein*
hoeden I OV WW *hüten* **II** WKD WW [zich ~] *sich hüten (voor vor)* [+3]
hoedenplank *Hutablage* v
hoef *Huf* m ★ dier met ongespleten hoeven *Einhufer* m ★ dier met gespleten hoeven *Paarhufer* m
hoefdier *Huftier* o
hoefgetrappel *Hufschläge* mv
hoefijzer *Hufeisen* o ★ in de vorm van een ~ *hufeisenförmig*
hoefsmid *Hufschmied* m
hoegenaamd ● volstrekt *durchaus*; *überhaupt* ● nauwelijks *kaum*

hoek ● ruimte *Ecke* v ★ in de hoek moeten staan *in der Ecke stehen müssen* ● kant *Ecke* v ★ op de hoek van de straat *an der Straßenecke* ● WISK. *Winkel* m ★ dode hoek *tote(r) Winkel* ● hoekstoot *Haken* m ▼ in alle hoeken en gaten *in allen Ecken und Winkeln* ▼ grappig uit de hoek komen *witzig sein* ▼ weten uit welke hoek de wind komt *wissen, woher der Wind weht* ▼ iem. alle hoeken van de kamer laten zien *jmdn. durchprügeln*
hoekhuis *Eckhaus* o
hoekig *kantig*; *eckig*; *winklig*
hoekkast *Eckschrank* m
hoekpunt *Scheitelpunkt* m
hoekschop *Eckball* m; *Eckstoß* m
hoeksteen ● steen op de hoek *Eckstein* m ● FIG. fundament *Stützpfeiler* m
hoektand *Eckzahn* m
hoekwoning *Eckwohnung* v; *Eckhaus* o
hoelang *wie lange* ★ tot ~? *bis wann?*
hoen *Huhn* o ▼ zo fris als een hoentje *frisch und munter*
hoenderhok *Hühnerstall* m ▼ een knuppel in het ~ gooien *Entsetzen auslösen*
hoepel *Reifen* m
hoepelen *mit dem Reifen spielen*
hoepelrok *Reifrock* m
hoepla *hoppla!*
hoer *Hure* v; VULG. *Hure* v
hoera *hurra*
hoerenbuurt *Hurenviertel* o
hoerenjong ● scheldwoord *Hurensohn* m ● onwettig kind *uneheliche(s) Kind* o ● onvolledige regel *Hurenkind* o
hoerenloper *Hurenbock* m
hoerenmadam *Puffmutter* v
hoerig I BNW *nuttig* ★ ~e laarzen *nuttige Stiefel* **II** BIJW *wie eine Hure*
hoes *Überzug* m; *Hülle* v; (ter bescherming van zitmeubels) *Schonbezug* m
hoeslaken *Spannlaken* o
hoest *Husten* m
hoestbui *Hustenanfall* m
hoestdrank *Hustensaft* m
hoesten *husten*
hoestpastille *Hustenbonbon* o
hoeve *Hof* m
hoeveel *wie viel* ★ met hoevelen waren jullie? *zu wievielt wart ihr?*
hoeveelheid *Menge* v; (vast bepaalde hoeveelheid) *Anzahl* v
hoeveelste ● rangorde *wievielte* ● welk deel *wievielte*
hoeven I OV WW moeten *brauchen*; *müssen* **II** ON WW nodig zijn *brauchen*; *nötig sein* ★ dat hoeft niet *das ist nicht nötig*
hoeverre ▼ in ~ *inwieweit*; *inwiefern*
hoewel *obwohl*; *obgleich*
hoezeer *obwohl*; *obgleich*; *sosehr* ★ ~ het mij ook spijt *so leid es mir tut*
hoezo *wieso*; *na was denn*
hof I ZN [het] ● verblijf van vorst *Hof* m ● JUR. gerechtshof *Gericht* o ★ BN hof van appel/beroep *Appellationsgericht* o ★ BN hof van cassatie *Berufungsgericht* o ★ hof van justitie *Gerichtshof* m ▼ iem. het hof maken

ho

jmdm. den Hof machen II ZN [de] tuin *Garten* m

hofdame *Hofdame* v
hoffelijk *höflich*
hoffelijkheid *Höflichkeit* v
hofhouding *Hofhaltung* v
hofje *kleine(r) Wohnhof* m
hofleverancier ≈ *Hoflieferant* m
hofmeester *Steward* m
hofnar *Hofnarr* m
hoge ● duikplank *hohe(s) Sprungbrett* o
● persoon *hohe(s) Tier* o
hogedrukgebied *Hochdruckzone* v; *Hoch* o
hogedrukpan *Schnellkochtopf* m
hogedrukreiniger *Hochdruckreiniger* m
hogedrukspuit *Hochdruckspritzpistole* v
hogepriester *Hohepriester* m
hoger *höher*
hogerhand ▼ van ~ *von höherer Stelle; auf höheren Befehl*
Hogerhuis *hohe Haus* o
hogerop ● hoger *höher* ★ ~ willen *hoch hinauswollen* ● bij een hogere instantie ★ het ~ zoeken *in die Berufung gehen* ★ ~ gaan *Berufung einlegen gegen*
hogeschool ⟨hbo⟩ *Fachhochschule* v; ⟨universiteit⟩ *Hochschule* v ★ studie aan een ~ *Hochschulstudium* o ★ technische ~ *technische Hochschule*
hogesnelheidslijn *Hochgeschwindigkeitslinie* v
hogesnelheidstrein *Hochgeschwindigkeitszug* m
hoi *grüß dich; na; hallo*
hok ● bergplaats *Schuppen* m; ⟨v. houten planken⟩ *Verschlag* m ● kot *Loch* o ● dierenhok *Stall* m; ⟨voor honden⟩ *Hundehütte* v
hokje ● vakje *Fach* o; ⟨op formulier⟩ *Kästchen* o ● klein hok *Kabine* v
hokjesgeest *kleinkarierte(s) Denken* o
hokken ● samenwonen *in wilder Ehe leben; zusammenleben* ● op één plek blijven *hocken*
hol I BNW ● leeg *hohl*; *Hohl-* ● niet bol *hohl* ★ holle ruimte *Hohlraum* m ▼ in het holst van de nacht *mitten in der Nacht* ▼ holle woorden *hohle(n) Worte* II ZN [het] grot *Höhle* v ▼ zich in het hol van de leeuw wagen *sich in die Höhle des Löwen begeben/wagen; in die Höhle des Löwen gehen* III ZNW ▼ het paard slaat op hol *das Pferd geht durch* ▼ zij sloeg helemaal op hol *sie drehte völlig durch*
holbewoner *Höhlenbewohner* m
holding *Holding* v; *Holdinggesellschaft* v
hold-up BN *Überfall* m
holebi BN homoseksueel, lesbisch of biseksueel *holebi*
Holland ● de provincies *Holland* o ● Nederland *Holland* o; *Niederlande* mv ★ in ~ *in Holland*; *in den Niederlanden* ▼ ~ op z'n smalst ≈ *holländische Spießbürgerlichkeit*
Hollander *Holländer* m
Hollands *holländisch*
Hollandse *Holländerin* v
hollen *rennen*; ⟨v. paarden⟩ *durchgehen* ★ binnen komen ~ *hereinstürmen* ▼ het is met hem ~ of stilstaan *er fällt von einem Extrem ins andre*

holletje ● → hol ▼ op een ~ *im Trab; im Laufschritt*
holocaust *Holocaust* m
hologram *Hologramm* o
holrond *konkav*
holster *Halfter* m/o
holte ● holle ruimte *Höhlung* v ● uitholling *Vertiefung* v
hom *Fischmilch* v ▼ met hom en kuit *mit Milch und Rogen; mit Haut und Haar*
home BN tehuis *Heim* o
homeopaat *Homöopath* m
homeopathie *Homöopathie* v
homeopathisch *homöopathisch*
homepage *Homepage* v
homerun *Homerun* m
hometrainer *Hometrainer* m; *Heimtrainer* m
hommage *Hommage* v
hommel *Hummel* v ▼ zij heeft de ~ in het hoofd INFORM. *sie hat eine Macke*
hommeles ▼ het is (er) ~ *da gibt's Krach* m
homo *Homosexuelle(r)* m; ⟨vrouw⟩ *Lesbe* v; ⟨man⟩ *Schwule(r)* m
homobar *Schwulenlokal* o; INFORM. *Schwulentreff* m
homobeweging *Schwulenbewegung* v
homo-erotisch *homoerotisch*
homofiel I ZN [de] *Homosexuelle(r)* m [v: *Homosexuelle*]; ⟨man⟩ *Schwule(r)* m; ⟨vrouw⟩ *Lesbe* v II BNW *schwul*; *lesbisch*
homofilie *Homophilie* v
homofoob *homofeindlich*
homogeen *homogen*
homohaat *Schwulenhass* m
homohuwelijk *Homo-Ehe* v
homoniem *homonym*
homoscene *Homo-Szene* v; *Schwulenszene* v
homoseksualiteit *Homosexualität* v
homoseksueel I ZN [de] *Schwule(r)* m; *Homosexuelle(r)* m II BNW *schwul*; *homosexuell*
homp *große(s) Stück* o ★ homp brood *Brocken Brot* m
hond *Hund* m ★ pas op voor de hond *Vorsicht, bissiger Hund* ▼ blaffende honden bijten niet *bellende Hunde beißen nicht* ▼ hij staat bekend als de bonte hond *er ist bekannt wie ein bunter Hund* ▼ de gebeten hond zijn *der Prügelknabe/Sündenbock sein* ▼ je moet geen slapende honden wakker maken *man sollte den Teufel nicht an die Wand malen* ▼ de hond in de pot vinden *leere Schüsseln vorfinden* ▼ hij is zo ziek als een hond *er fühlt sich hundeelend*
hondenasiel *Hundeheim* o; *Hundeasyl* o
hondenbaan *ungefällige(r) Job* m; *Hundearbeit* v
hondenbelasting *Hundesteuer* v
hondenbrokken *Hundefutter* o
hondenhok *Hundehütte* v
hondenleven *Hundeleben* o
hondenpenning *Hundemarke* v
hondenpoep *Hundedreck* m; *Hundekot* m
hondentrimmer *Hundefriseur* m
hondenweer *Hundewetter* o; MIN. *Sauwetter* o
honderd I TELW ● hundert ★ ik heb het je al ~ keer verteld *das hab ich dir schon hundertmal gesagt* ★ ~en jaren *Hunderte/hunderte von*

Jahren ★ BN vijf ten ~ ⟨5 procent⟩ *fünf Prozent*
● → **vier II** ZN [het] ▼ alles loopt in het ~ *alles geht schief*
honderdduizend *hunderttausend*
honderdduizendste ● *hunderttausendste* ● → **vierde**
honderdeneen ● *hunderteins; hundertundeins*
● → **vier**
honderdje *Hunderteuroschein* m
honderdste ● *hundertst* ★ een ~ (deel) *ein Hundertstel* o ● → **vierde**
honderduit ▼ ~ praten *jmdm. ein Loch in den Bauch reden* ▼ ~ vragen *jmdm. ein Loch in den Bauch fragen*
hondje ● → **hond**
honds *grob; hündisch*; *hunds-; Hunds-* ★ ~gemeen *hundsgemein*
hondsberoerd *hundeelend*
hondsbrutaal *rotzfrech*
hondsdagen *Hundstage* mv
hondsdolheid *Tollwut* v
hondsdraf *Gundelrebe* v
hondsmoe *hundemüde*
Honduras *Honduras* o
Hondurees *Honduraner* m
honen *verhöhnen*; FORM. *schmähen*
honend *höhnisch* ★ ~ lachen *hohnlachen*; *Hohn lachen* ★ ~ gelach *Hohngelächter* o
Hongaar *Ungar* m
Hongaars I BNW m.b.t. Hongarije *ungarisch* **II** ZN [het] taal *Ungarisch(e)* o
Hongaarse *Ungarin* v
Hongarije *Ungarn* o
honger *Hunger* m ★ ~ hebben als een paard *einen Bärenhunger haben* ★ scheel zien van de ~ *einen Mordshunger haben* ▼ ~ maakt rauwe bonen zoet *in der Not frisst der Teufel Fliegen*
hongerdood *Hungertod* m
hongeren ● honger lijden *hungern*
● verlangen ★ naar roem en macht ~ *nach Ruhm und Macht hungern*
hongerig *hungrig*
hongerklop *Hungerast* m
hongerlijder ● armoedzaaier *arme(r) Schlucker* m; *Hungerleider* m ● iem. die honger lijdt *Hungernde(r)* m
hongerloon *Hungerlohn* m
hongeroedeem *Hungerödem* o
hongersnood *Hungersnot* v
hongerstaking *Hungerstreik* m ★ in ~ gaan *in den Hungerstreik treten*
hongerwinter ≈ *Hungerwinter* m
Hongkong *Hongkong* o
Hongkongs *Hongkonger*
honing ● nectar *Nektar* m ● bijenproduct *Honig* m
honingraat *Honigwabe* v
honingzoet *honigsüß*
honk ● thuis *Heim* o ★ bij honk blijven *daheimbleiben* ★ van honk zijn *nicht zu Hause sein* ● SPORT *Mal* o
honkbal *Baseball* m
honkbalknuppel *Baseballschläger* m
honkballen *Baseball spielen*
honkvast *sesshaft* ★ ~ zijn *ein Stubenhocker*

sein; an der Scholle kleben
honnepon *Schätzchen* o
honneurs *Honneurs* mv ★ de ~ waarnemen *die Honneurs machen*
honorair *Ehren-* ★ ~ lid *Ehrenmitglied* o ★ ~ ambt *Ehrenamt* o
honorarium *Honorar* o
honoreren *honorieren*
hoofd ● lichaamsdeel *Kopf* m; *Haupt* o
● verstand ★ ben je wel goed bij je ~? *bist du nicht recht bei Trost?* ★ hoe haal je het in je ~?! *was fällt dir ein?!* ★ uit het ~ *auswendig* ★ iets uit het ~ leren *etw. auswendig lernen* ★ iem. iets uit het ~ praten *jmdm. etw. ausreden* ★ dat moet je uit je ~ zetten *das musst du dir aus dem Kopf schlagen* ★ dat kun je uit je ~ zetten *das kannst du dir aus dem Kopf schlagen* ★ zich het ~ breken over iets *sich den Kopf über etw. zerbrechen*
● bestuur(der) *Haupt* o ★ ~ van een school *Schulleiter* m ★ ~ van de kerk *Oberhaupt* o der Kirche ★ ~ van de afdeling *Abteilungsleiter* m
● persoon ★ per ~ *pro Kopf*; *pro/je Person*
● voorste/bovenste gedeelte ★ aan het ~ van de tafel zitten *am Kopf der Tafel sitzen* ▼ ik weet niet wat me boven het ~ hangt *ich weiß nicht, was mir bevorsteht* ▼ over het ~ zien *etw. übersehen* ▼ uit ~e van *kraft* [+2] ▼ iem. voor het ~ stoten *jmdn. vor den Kopf stoßen* ▼ iem. het ~ op hol brengen *jmdm. den Kopf verdrehen* ▼ het ~ laten hangen *den Kopf hängen lassen* ▼ het ~ verliezen *den Kopf verlieren* ▼ het ~ bieden aan *einer Sache die Stirn bieten* ▼ ik heb er een hard ~ in *ich glaube kaum, dass das klappen wird* ▼ mijn ~ loopt om *ich weiß nicht mehr, wo mir der Kopf steht* ▼ het ~ boven water houden *sich über Wasser halten* ▼ ik loop met mijn ~ in de wolken *mich hängt der Himmel voller Geigen*
hoofdagent *Hauptwachtmeister* m
hoofdartikel ● redactioneel stuk *Leitartikel* m
● voornaamste handelsartikel *Hauptartikel* m
hoofdberoep *Hauptberuf* m
hoofdbestuur *Präsidium* o; *Hauptverwaltung* v; *Zentralverwaltung* v
hoofdbewoner *Hauptmieter* m
hoofdbrekens ▼ het kost me veel ~ *es bereitet mir viel Kopfzerbrechen*
hoofdbureau *Zentrale* v; *Zentralstelle* v; ⟨v. publieke dienst⟩ *Hauptamt* o; ⟨v. politie in grotere plaats⟩ *Präsidium* o; ⟨v. politie in kleinere plaats⟩ *Hauptwache* v
hoofdcommissaris *Polizeipräsident* m
hoofdconducteur *Zugführer* m
hoofddeksel *Kopfbedeckung* v
hoofddocent *Hauptdozent* m
hoofddoek *Kopftuch* o
hoofdeinde *Kopfende* o
hoofdelijk *pro Kopf* ★ bij ~e stemming *durch namentliche Abstimmung* v ★ ~ aansprakelijk *persönlich haftbar*
hoofdfilm *Hauptfilm* m
hoofdgebouw *Hauptgebäude* o
hoofdgerecht *Hauptgericht* o; *Hauptgang* m
hoofdhaar *Kopfhaar* o
hoofdhuid *Kopfhaut* v

ho

hoofdingang *Haupteingang* m
hoofdinspecteur ⟨v. politie⟩ *Kommissar* m
hoofdkantoor *Zentrale* v; *Hauptsitz* m ★ ~ van de douane *Hauptzollamt* o ★ ~ van de posterijen *Hauptpostamt* o
hoofdkraan *Haupthahn* m
hoofdkussen *Kopfkissen* o
hoofdkwartier • verblijf van de legerleiding *Hauptquartier* o • belangrijkste vestiging *Zentralstelle* v
hoofdleiding *Hauptleitung* v
hoofdletter *Majuskel* v; *Großbuchstabe* m ★ met ~ H *mit großem H* ★ schrijf je dat met ~? *schreibt man das groß?*
hoofdlijn • voornaamste spoor-, tram-, luchtverbinding *Hauptstrecke* v; *Hauptverbindung* v • voornaamste lijn *Grundlinie* v; *Grundzug* m ★ in ~en *in großen Zügen*
hoofdmacht ⟨militair⟩ *Kerntruppe* v
hoofdmoot *Hauptteil* m
hoofdofficier *Stabsoffizier* m
hoofdpersoon *Hauptperson* v; ⟨in drama of roman⟩ *Protagonist* m
hoofdpijn *Kopfschmerzen* mv ★ barstende ~ *heftige(n) Kopfschmerzen* ★ schele ~ *Migräne* v; *stechende(n) Kopfschmerzen*
hoofdprijs *Hauptgewinn* m ★ de ~ winnen *das große Los ziehen*
hoofdredacteur *Chefredakteur* m
hoofdrekenen *Kopfrechnen* o
hoofdrol *Hauptrolle* v ▼ de ~ spelen *die Hauptrolle spielen*
hoofdrolspeler *Hauptdarsteller* m; *Protagonist* m
hoofdschotel • CUL. voornaamste gerecht *Hauptgericht* o • het belangrijkste ★ de film was de ~ van de dag *der Film war der Höhepunkt des Tages*
hoofdschudden *mit dem Kopf schütteln*
hoofdschuddend *kopfschüttelnd*
hoofdstad *Hauptstadt* v
hoofdstedelijk *hauptstädtisch*
hoofdstel *Zaumzeug* o
hoofdsteun *Kopfstütze* v
hoofdstraat *Hauptstraße* v
hoofdstuk *Kapitel* o ▼ dat is een ~ apart *das ist ein Kapitel für sich*
hoofdtelefoon *Kopfhörer* m
hoofdtelwoord *Grundzahl* v
hoofdvak *Hauptfach* o
hoofdwond *Kopfwunde* v
hoofdzaak *Hauptsache* v; *Wesentliche(s)* o ★ zich tot de ~ beperken *sich auf das Wesentliche beschränken* ★ hoofd- en bijzaken *Haupt- und Nebensachen*
hoofdzakelijk *hauptsächlich*; *vor allem*; *in der Hauptsache*
hoofdzin *Hauptsatz* m
hoofs *höfisch*
hoog I BNW • in getal *hoch* ★ hoger *höher* • van plaats *hoch* ▼ bij hoog en laag beweren *steif und fest behaupten* **II** BIJW ▼ hoog en droog zitten *geborgen sein wie in Abrahams Schoß*
hoogachten *hoch achten*; *hoch schätzen*

hoogachtend *hochachtungsvoll*
hoogachting *Hochachtung* v ★ met de meeste ~ *mit vorzüglicher Hochachtung*
hoogbegaafd *hochbegabt*
hoogbejaard *hochbetagt*
hoogblond *hellblond*
hoogbouw *Hochbau* m
hoogconjunctuur *Hochkonjunktur* v
hoogdravend *schwülstig*; *hochgestochen*; *hochtrabend*
hoogdringend BN *dringend*; *dringlich*
hooggeacht *hoch geachtet* ★ ~e heer *sehr geehrter Herr*
hooggebergte *Hochgebirge* o
hooggeëerd *hochverehrt*; *sehr verehrt* ★ ~ publiek! *sehr verehrtes Publikum!*
hooggeleerd *hochgelehrt*; *hochgebildet* ★ Aan de ~e heer prof. dr. N.N. *Herrn Professor Dr. N.N.*
hooggeplaatst *hoch gestellt*; *hoch* ★ ~e personen *hoch gestellte(n) Persönlichkeiten* ★ ~e ambtenaar *hohe(r) Beamte(r)* m
hooggerechtshof *Oberste(r) Gerichtshof* m
hooggespannen *hochgespannt*
hooggewaardeerd *hochgeschätzt*
hoogglanslak *Hochglanzlack* m
hooghartig *hochmütig*; *eingebildet*
hoogheemraadschap ≈ *öffentlich-rechtliche(r) Wasser- und Bodenverband* m
hoogheid *Hoheit* v ★ Zijne/Hare Koninklijke Hoogheid *Seine/Ihre Königliche Hoheit*
hooghouden *wahren*
hoogland *Hochland* o ★ de Schotse Hooglanden *das Schottische Hochland*
hoogleraar *Professor* m ★ buitengewoon ~ *außerordentlicher Professor* ★ gewoon ~ *ordentlicher Professor* ★ bijzonder ~ *außerordentlicher Professor* ★ emeritus ~ *emeritierter Professor* ★ ~ in de filosofie *Professor der Philosophie*
Hooglied *Hohelied* o
hooglijk *äußerst*; *außerordentlich*
hooglopend *heftig* ★ ~e ruzie *heftige(r) Streit* m
hoogmis *Hochamt* o
hoogmoed *Hochmut* m ▼ ~ komt voor de val *Hochmut kommt vor dem Fall*
hoogmoedig *hochmütig*; *hochnäsig*
hoogmoedswaanzin *Größenwahn* m
hoognodig *dringend nötig*; *dringend notwendig* ★ het ~e doen *das Notwendigste tun*
hoogoplopend *sich zuspitzend*; *eskalierend*
hoogovens *Hochofen* m ★ de ~s bij IJmuiden *das Hüttenwerk bei IJmuiden*
hoogrendementsketel *Hochleistungskessel* m
hoogschatten *hoch schätzen*
hoogseizoen *Hauptsaison* v
hoogslaper *Hochbett* o
hoogspanning *Hochspannung* v ▼ onder ~ werken *unter Hochdruck arbeiten*
hoogspanningskabel *Hochspannungskabel* o
hoogspanningsmast *Hochspannungsmast* m
hoogspringen *Hochspringen*
hoogst I BIJW in hoge mate *höchst*; *äußerst*; *überaus* **II** ZN [het] *Höchste(s)* o ★ ten ~e *höchstens*
hoogstaand ⟨v. voornaam karakter⟩

hochgesinnt; ⟨geestelijk⟩ *geistig hoch stehend*;
⟨ethisch⟩ *sittlich hoch stehend*; ⟨ontwikkeld⟩
kulturell hoch stehend

hoogstandje *Glanzleistung* v; *Glanzstück* o
hoogsteigen *höchstpersönlich*
hoogstens *höchstens*
hoogstpersoonlijk *höchstpersönlich*
hoogstwaarschijnlijk *höchstwahrscheinlich*;
aller Wahrscheinlichkeit nach
hoogte ● peil, niveau *Höhe* v ★ op een ~ van
300 meter *in einer Höhe von 300 Metern*
★ een bedrag ter ~ van *ein Betrag in Höhe
von* ● klank *Höhe* v ★ ter ~
van Utrecht *auf der Höhe von Utrecht*
● verheffing *Höhe* v ▼ iem. op de ~ brengen
van iets *jmdn. von etw. in Kenntnis setzen*
▼ zich op de ~ stellen van iets *sich nach etw.
erkundigen* ▼ op de ~ zijn *auf dem Laufenden
sein* ▼ daarvan ben ik niet op de ~ *darüber
bin ich nicht unterrichtet* ▼ tot op zekere ~ *in
gewissem Maße; bis zu einem gewissen Grade*
▼ iem. uit de ~ behandelen *jmdn. von oben
herab behandeln* ▼ zij kan er geen ~ van
krijgen *sie kann nicht klug daraus werden*
hoogtelijn ● WISK. *Höhe* v ● AARDK. *Höhenlinie*
v
hoogtepunt ● WISK. *Höhenschnittpunkt* m
● climax *Höhepunkt* m; ⟨ook seksueel⟩ *Klimax*
v
hoogteverschil *Höhenunterschied* m
hoogtevrees *Höhenangst* v ★ geen ~ hebben
schwindelfrei sein
hoogtezon *Höhensonne* v
hoogtij *Blütezeit* v ▼ ~ vieren *eine Blüte erleben*;
MIN. *überhandnehmen*
hooguit *höchstens; maximal*
hoogverraad *Hochverrat* m ★ wegens ~
aangeklaagd *des Hochverrats angeklagt*
hoogvlakte *Hochebene* v
hoogvlieger *Koryphäe* v ★ hij is geen ~ *er ist
keine Leuchte*
hoogwaardig ● van hoge waarde *hochwertig*
● zeer verheven *hochwürdig* ★ ~e Excellentie
Eure Exzellenz
hoogwaardigheidsbekleder *Würdenträger* m
hoogwater *Hochwasser* o
hoogwerker *Teleskopkran* m
hoogzwanger *hochschwanger*
hooi *Heu* o ▼ te veel hooi op zijn vork nemen
sich übernehmen ▼ te hooi en te gras *von Zeit
zu Zeit*
hooiberg *Heuhaufen* m; *Heustock* m
hooien *heuen*
hooikoorts *Heuschnupfen* m; *Heufieber* o
hooimijt *Heuschober* m
hooivork *Heugabel* v
hooiwagen ● kar *Heuwagen* m ● spinachtig
dier *Weberknecht* m
hooizolder *Heuboden* m
hooligan *Hooligan* m
hoon *Hohn* m
hoongelach *Hohngelächter* o
hoop ● verwachting *Hoffnung* v ★ in de hoop
dat... *hoffend, dass...; in der Hoffnung, dass...*
★ alle hoop laten varen *die Hoffnung
begraben* ★ tussen hoop en vrees leven

zwischen Hoffen und Bangen schweben ★ iem.
hoop geven *jmdm. Hoffnung machen* ★ de
hoop hebben dat... *hoffen, dass...* ★ de hoop
uitspreken dat... *der Hoffnung Ausdruck
geben, dass...* ★ in de hoop dat... *hoffend,
dass...; in der Hoffnung, dass...* ● stapel *Haufen*
m ★ bij hopen *haufenweise* ● grote
hoeveelheid ★ dat is een hoop geld *das ist
ein Haufen Geld*; *das ist eine Menge Geld* ★ een
hoop weten *eine Menge wissen* ▼ BN hoop en
al *höchstens* ▼ hoop doet leven *man hofft,
solange man lebt* ▼ op hoop van zegen *auf gut
Glück* ▼ iemands hoop de bodem inslaan
jmds. Hoffnungen zerstören
hoopgevend *viel versprechend; hoffnungsvoll*
hoopvol ● vol hoop *hoffnungsvoll;
zuversichtlich* ★ ~le stemming *zuversichtliche
Stimmung* v ● vol belofte *hoffnungsvoll; viel
versprechend*
hoor ★ niet doen hoor! *tu das bloß nicht!* ★ nou
hoor *na ja* ★ goed hoor! *ja gut!*
hoorapparaat *Hörgerät* o
hoorbaar *hörbar; vernehmbar* ★ een nauwelijks
~ geluid *ein kaum vernehmbarer Laut* ★ ~
door de neus ademen *hörbar durch die Nase
atmen*
hoorcollege *Vorlesung* v
hoorn ● uitsteeksel aan kop *Horn* o
● telefoonhoorn *Hörer* m
hoorndol *toll; rasend; rasend; verrückt*
hoornen *hörnern; aus Horn* ★ een ~ montuur
eine Hornbrille
hoornlaag *Hornhaut* v
hoornvlies *Hornhaut* v
hoornvliesontsteking *Hornhautentzündung* v
hoorspel *Hörspiel* o
hoorzitting *Anhörung* v; ⟨horen van een
expert⟩ *Hearing* o
hoos *Wirbelwind* m; ⟨boven land⟩ *Windhose* v;
⟨boven watervlakte⟩ *Wasserhose* v
hoosbui *Platzregen* m
hop I ZN [de] ● vogel *Wiedehopf* m ● plant
Hopfen m **II** TW *hopp; hops*
hopelijk *hoffentlich*
hopeloos I BNW *uitzichtloos hoffnungslos;
aussichtslos* **II** BIJW ★ ~ verliefd *wahnsinnig
verliebt*
hopen *hoffen* ★ naar ik hoop *hoffentlich* ★ het
is te ~ *das will ich hoffen* ★ ik hoop van niet
ich will es nicht hoffen
hopman *Führer* m
hor *Fliegenfenster* o
horde ● bende *Meute* v; *Horde* v ★ een ~
mensen *eine Horde von Menschen* ● SPORT
Hürde v
hordeloop *Hürdenlauf* m
hordelopen *Hürdenlauf* m
horeca *Gaststättengewerbe* o
horen I OV WW ● met gehoor waarnemen
hören ★ moet je ~ wie het zegt *was sie nicht
sagt* ★ hoor eens! *hör mal!* ● verhoren
verhören; vernehmen ★ JUR. getuigen ~
Zeugen vernehmen ● vernemen *hören;
vernehmen* ★ van ~ zeggen *vom Hörensagen*
▼ zo mag ik het ~ *das höre ich gern* **II** ON WW
● betamen *sich gehören* ● zijn plaats hebben

gehören ▼ wie niet ~ wil, moet maar voelen
wer wen nicht hören will, muss fühlen ▼ ~ en zien
vergaat je *da vergeht einem Hören und Sehen*
horizon ● AARDK. *Horizont* m ● FIG. *Gesichtskreis*
o
horizontaal *horizontal; waagerecht*
hork *rüde(r) Klotz* m; *Grobian* m
horkerig *ungehobelt; grob; unhöflich*
horloge *Uhr* v
horlogebandje *Uhrarmband* o; *Uhrband* o
hormonaal *hormonal; hormonell*
hormoon *Hormon* o
hormoonpreparaat *Hormonpräparat* o
horoscoop *Horoskop* o ★ iemands ~ trekken
jmdm. das Horoskop stellen
horrelvoet *Klumpfuß* m
horror *Horror* m
horrorfilm *Horrorfilm* m
hors-d'oeuvre *Horsd'oeuvre* o
hort *Ruck* m; *Stoß* m ▼ met horten en stoten
ruckartig ▼ de hort opgaan *weggehen;
abhauen*
horten *holpern; stocken* ★ ~d en stotend
mühsam
hortensia *Hortensie* v
hortus botanicus *botanische(r) Garten* m
horzel *Hornisse* v
hospes *Zimmerwirt* m; *Zimmervermieter* m
hospita *Zimmerwirtin* v
hospitaal *Lazarett* o
hospitant *Hospitant* m; *Gasthörer* m
hospiteren *hospitieren*
hossen ≈ *eingehakt springen und tanzen*
host *Host* m
hosten *hosten*
hostess *Hostess* v
hostie *Hostie* v
hot I BNW *heiß; brandaktuell; hochaktuell* ★ hot
issue/item *heiße(s) Thema* II BIJW ▼ iem. van
hot naar haar sturen *jmdn. von Pontius zu
Pilatus schicken*
hotdog *Hotdog* m
hotel *Hotel* o; *Gasthof* m ★ in een ~ logeren *in
einem Hotel wohnen*
hotelaccommodatie *Hotels* mv
hoteldebotel *durchgedreht; verrückt*
hotelgast *Hotelgast* m
hotelhouder *Hotelbesitzer* m; *Hotelier* m
hôtelier ● → hotelhouder
hotelkamer *Hotelzimmer* o
hotelketen *Hotelkette* v
hotel-restaurant *Hotel-Restaurant* o
hotelschakelaar *Wechselschalter* m
hotelschool *Hotelfachschule* v
hotemetoot *Bonze* m
hotline *Hotline* v
hotpants *Hotpants* mv; *Hot Pants*
houdbaar *haltbar*
houdbaarheidsdatum *Haltbarkeitsdatum* o
houden I OV WW ● vast-, tegenhouden *halten*
★ een boek in handen ~ *ein Buch in Händen
halten* ● behouden *behalten* ★ een geheim
voor zich ~ *ein Geheimnis für sich behalten*
● doen plaatsvinden *(ab)halten; veranstalten*
★ wanneer ~ jullie het feest? *wann ist die
Fete?* ● ~ **op** ★ ik houd het erop dat... *ich*

gehe vorläufig davon aus, dass... ● ~ **voor**
halten für ▼ er was geen ~ meer aan *es gab
kein Halten mehr* II ON WW ● ~ **van**
liefhebben *lieben* ★ veel van iem. ~ *jmdn.
sehr lieben* ● ~ **van** graag willen hebben
mögen ★ ik houd niet van wijn *ich mag
keinen Wein* ★ veel van voetballen ~ *ein
Fußballfan sein* III WKD WW [zich ~] ● blijven
sich halten ★ zich kalm ~ *sich ruhig verhalten*
● schijn aannemen *sich stellen* ★ zich doof ~
sich taub stellen
houder ● voorwerp om iets in te bewaren
Behälter m ● klem *Halter* m ● beheerder
Inhaber m; *Besitzer* m; ⟨v. titel, prijs⟩ *Träger*
m; ⟨v. dieren, auto⟩ *Halter* m; ⟨v. zaak⟩
Geschäftsführer m; ⟨exploitant⟩ *Betreiber* m
houdgreep *Haltegriff* m ▼ iem. in de ~ hebben
jmdn. im Schwitzkasten haben
houding ● lichaamshouding *Pose* v; *Haltung* v
● gedragslijn *Fassung* v; *Verhalten* o; *Attitüde*
v ★ zich een ~ geven *eine Haltung annehmen*
★ met zijn ~ geen raad weten *nicht wissen,
wie man sich verhalten soll* ★ zich geen ~
weten te geven *unbeholfen sein*
houdoe *tschüss*
house *House* o; *Housemusik* v
houseparty *Houseparty* v
housewarming *Hauseinweihung* v
hout ● materiaal *Holz* o ● houtgewas *Holz* o
▼ hij is uit het goede hout gesneden *er ist aus
gutem Holz geschnitzt* ▼ BN niet meer weten
van welk hout pijlen te maken *völlig ratlos
sein; sich keinen Rat mehr wissen* ▼ dat snijdt
geen hout *das ist nicht stichhaltig*
houtblazer *Holzbläser* m ★ de ~s *die Holzbläser*
houtduif *Ringeltaube* v; *Holztaube* v; *Wildtaube*
v
houten *hölzern; Holz-*
houterig *steif*
houtgravure *Holzstich* m
houthakken *Holz fällen*
houthakker *Holzfäller* m
houthandel ● winkel *Holzhandlung* v
● bedrijfstak *Holzhandel* v
houthoudend *holzhaltig*
houtje *Hölzchen* o ▼ op eigen ~ *auf eigene Faust*
houtje-touwtjejas *Dufflecoat* m
houtkap ★ illegale ~ *illegales Abholzen*
houtlijm *Holzleim* m
houtskool *Holzkohle* v
houtskooltekening *Kohlezeichnung* v
houtsnijwerk *Holzschnitzerei* v
houtsnip *Waldschnepfe* v
houtvester *Forstmeister* m
houtvesterij ● toezicht *Forstamt* o ● woning
Forsthaus o
houtvrij *holzfrei*
houtwal *Knick* m
houtwerk ● houten delen *Holzbauteil* o
● constructie *Holzkonstruktion* v; ⟨voorwerp⟩
Schreinerarbeit v
houtwol *Holzwolle* v
houtworm *Holzwurm* m
houtzagerij *Sägewerk* o
houvast *Halt* m
houw ● slag *Hieb* m ● snee *Hieb* m; *Hiebwunde*

v
houwdegen • wapen *Haudegen* m • vechtjas *Haudegen* m
houweel *Spitzhacke* v; *Pickel* m
houwen *abhauen*
houwitser *Haubitze* v
hoveling *Höfling* m
hovenier *Gärtner* m
hovercraft *Hovercraft* o; *Luftkissenfahrzeug* o
hozen I ov ww *schöpfen* II onp ww *in Strömen regnen*
hr-ketel *Hochleistungskessel* m
HTML *HTML* o
hufter *Rindvieh* o; vulg. *Arschloch* o
huichelaar *Heuchler* m
huichelachtig *heuchlerisch*
huichelarij *Heuchelei* v
huichelen *heucheln*
huid • vel *Haut* v • pels *Fell* o ★ de huid afstropen *das Fell abziehen* ▼ met huid en haar *mit Haut und Haar* ▼ een dikke huid hebben *ein dickes Fell haben* ▼ iem. de huid over de oren halen *jmdm. das Fell über die Ohren ziehen* ▼ iem. op de huid zitten *jmdm. auf der Pelle sitzen*
huidaandoening *Hautkrankheit* v
huidarts *Hautarzt* m
huidcrème *Hautcreme* v
huidig *heutig*; ⟨v. deze tijd⟩ *gegenwärtig*; ⟨v. deze tijd⟩ *jetzig* ★ de ~e situatie *die gegenwärtige Situation* v
huidkanker *Hautkrebs* m
huidmondje *Spaltöffnung* v
huidskleur, huidkleur *Hautfarbe* v
huidtransplantatie *Hauttransplantation* v
huiduitslag *Hautausschlag* m
huidverzorging *Hautpflege* v
huidziekte *Hautkrankheit* v
huif *Plane* v
huifkar *Planwagen* m
huig *Zäpfchen* o
huilbui *Weinkrampf* m
huilebalk *Plärrer* m; *Heulpeter* m; *Heulsuse* v
huilen • wenen *weinen* ★ het ~ stond me nader dan het lachen *ich war dem Weinen näher als dem Lachen* • janken *heulen* ▼ ~ met de wolven in het bos *mit den Wölfen heulen*
huilerig *weinerlich*
huis • woning *Haus* o ★ huisje *Häuschen* o ★ naar huis brengen *nach Hause bringen* ★ naar huis gaan *nach Hause gehen* • gebouw ★ huis van bewaring *Untersuchungsanstalt* v; *Zuchthaus* o • geslacht ★ het Koninklijk huis *das Königshaus*; *die königliche Familie* ▼ Huis van Afgevaardigden *Abgeordnetenhaus* o ▼ heilig huisje *heilige Kuh* v ▼ open huis *Tag der offenen Tür* ▼ huisje, boompje, beestje *Spießertraum* m ▼ heel wat in huis hebben *sehr sachkundig sein*; inform. *eine Menge auf dem Kasten haben* ▼ daar komt niets van in huis *daraus wird nichts* ▼ van goeden huize *aus bestem Hause* ▼ nog verder van huis zijn *noch weiter vom Ziel abgekommen sein*; *vom Regen in die Traufe kommen* ▼ van huis uit *von Haus aus*

huis-aan-huisblad *Anzeigenblatt* o
huisadres *Privatadresse* v
huisapotheek *Hausapotheke* v
huisarrest *Hausarrest* m ★ ~ hebben *unter Hausarrest stehen*
huisarts *Hausarzt* m
huisbaas *Hauswirt* m; *Hausbesitzer* m
huisbezoek *Hausbesuch* m
huisdeur *Haustür* v
huisdier *Haustier* o
huiseigenaar *Hausbesitzer* m
huiselijk • het huis betreffend *häuslich* ★ het ~ geluk *das Familienglück* ★ in de ~e kring *im Kreis der Familie* • graag thuis zijnd *häuslich* • gezellig *gemütlich*
huisgenoot *Mitbewohner* m; *Hausgenosse* m
huisgezin *Familie* v
huishoudbeurs *Haushaltsmesse* v
huishoudboekje *Haushaltsbuch* o
huishoudelijk • het huishouden betreffend *hauswirtschaftlich*; *Haushalts-* ★ zaak in ~e artikelen *Haushaltswarengeschäft* o ★ ~e uitgaven *Haushaltsausgaben* • dagelijkse zaken betreffend *geschäftlich* ★ ~ reglement *Satzung* v ★ ~e vergadering *Mitgliederversammlung* v ★ ~e zaken *geschäftliche(n) Angelegenheiten*
huishouden I zn [het] • huishouding *Wirtschaft* v; *Haushaltung* v ★ het ~ doen *den Haushalt besorgen* ★ voor iem. het ~ doen *jmdm. den Haushalt führen* ▼ gezin *Haushalt* m ▼ dat is me daar een mooi ~! *das ist dort eine saubere Wirtschaft!* II onp ww • de huishouding doen *den Haushalt führen*; *wirtschaften* • tekeergaan *hausen* ★ daar heeft een orkaan huisgehouden *dort hat ein Orkan gewütet*
huishoudgeld *Haushaltsgeld* o; *Haushaltskasse* v
huishouding *Haushalt* m; *Haushaltung* v ★ hulp in de ~ *Haushaltshilfe* v
huishoudkunde *Hauswirtschaft* v
huishoudschool *Hauswirtschaftsschule* v
huishoudster *Haushälterin* v
huisjesmelker *Miethai* m; *Mietwucherer* m
huiskamer *Wohnzimmer* o
huisknecht *Hausdiener* m
huisman *Hausmann* m
huismeester *Hausmeister* m
huismerk *Hausmarke* v
huismiddel *Hausmittel* o
huismijt *Hausmilbe* v
huismoeder *Hausfrau* v
huismus • vogel *Spatz* m; *Haussperling* m • persoon *Stubenhocker* m
huisnummer *Hausnummer* v
huisraad *Hausrat* m
huisregel *Hausregel* v ★ de ~s *Hausordnung* v
huisschilder *Anstreicher* m; *Maler* m
huissleutel *Hausschlüssel* m
huisstijl *Hausstil* m; *hauseigene(r) Stil* m
huistelefoon *Haustelefon* o
huis-tuin-en-keukenonderwerp *Wald- und Wiesenthema* o
huisvader *Hausvater* m
huisvesten ⟨tijdelijk⟩ *unterbringen*; ⟨voor altijd⟩ *ansiedeln* ★ gehuisvest zijn *wohnen*

hu

huisvesting ● het huisvesten *Unterbringung* v; *Beherbergung* v ● verblijf *Unterkunft* v
huisvlijt *Heimarbeit* v
huisvredebreuk *Hausfriedensbruch* m
huisvriend *Hausfreund* m
huisvrouw *Hausfrau* v
huisvuil *Hausmüll* m ★ ophaling van ~ *Müllabfuhr* v
huiswaarts *nach Hause; heimwärts*
huiswerk ● schoolwerk *Schularbeiten* mv; *Hausaufgaben* mv ● huishoudelijk werk *Hausarbeit* v
huiswijn *Hauswein* m
huiszoeking *Hausdurchsuchung* v ★ een ~ doen *eine Hausdurchsuchung vornehmen*
huiszwaluw *Mehlschwalbe* v
huiveren ● rillen *schaudern; frösteln* ● terugschrikken *schaudern; zurückscheuen*
huiverig ● rillerig *fröstelig* ● angstig *zögernd*
huivering ● rilling *Schauder* m; *Frösteln* o ● aarzeling *Scheu* v
huiveringwekkend *schaudererregend; schauerlich*
huizen *wohnen;* MIN. *hausen*
huizenblok *Häuserblock* m
huizenhoog *haushoch* ★ huizenhoge golven *haushohe Wellen* ★ ~ tegen iets opzien *vor etw. zurückschrecken*
huizenmarkt *Häusermarkt* m; *Wohnungsmarkt* m
hulde *Huldigung* v; *Ehrung* v ★ iem. ~ brengen *jmdm. huldigen*
huldebetoon *Ehrbezeugung* v; *Ehrung* v
huldeblijk *Huldigung* v; ⟨geschenk⟩ *Ehrengabe* v ★ ~en ontvangen *Huldigungen entgegennehmen*
huldigen *huldigen* [+3]
hullen in *hüllen in* [+4] ★ zich in stilzwijgen ~ *sich in Schweigen hüllen*
hulp ● het helpen *Hilfe* v; *Beistand* m; ⟨medewerking⟩ *Mithilfe* v ★ eerste hulp *Erste Hilfe* v ● persoon *Hilfskraft* v; *Gehilfe* m ★ tijdelijke hulp *Aushilfskraft* v
hulpbehoevend *hilfsbedürftig*
hulpbron *Hilfsquelle* v
hulpdienst *Hilfsdienst* m ★ telefonische ~ *Telefonseelsorge* v
hulpeloos *hilflos*
hulpmiddel *Hilfsmittel* o
hulporganisatie *Hilfsorganisation* v
hulppost *Außenstelle* v
hulpstuk *Zubehör* o
hulptransport *Hilfstransport* m
hulpvaardig *hilfsbereit; dienstfertig*
hulpverlener *Sozialarbeiter* m
hulpverlening ● het verlenen van hulp ⟨hulp verlenen⟩ *Hilfeleistung* v ● zorgsector *Sozialarbeit* v; *Fürsorge* v
hulpwerkwoord *Hilfsverb* o; *Hilfszeitwort* o
huls *Hülse* v
hulst *Stechpalme* v
hum *Laune* v ★ zij is uit haar hum *sie hat schlechte Laune*
humaan *human*
humaniora BN, O&W *Sekundarschule* v; *weiterführende Schule* v

humanisme *Humanismus* m
humanist *Humanist* m
humanistisch *humanistisch*
humanitair *humanitär*
humbug *Humbug* m ★ dat is toch allemaal ~! *das ist doch alles Humbug!*
humeur *Laune* v; *Stimmung* v ★ in een goed/slecht ~ zijn *gute/schlechte Laune haben* ★ hij is uit zijn ~ *ihm ist eine Laus über die Leber gelaufen*
humeurig *launisch; launenhaft*
hummel *Wurm* m; *Knirps* m
humor *Humor* m ★ zwarte ~ *schwarze(r) Humor*
humorist *Humorist* m
humoristisch *humoristisch; humorvoll; humorig*
humus *Humus* m
humuslaag *Humusschicht* v
Hun *Hunne* m
hun I PERS VNW *ihnen* ★ ik heb het hun gegeven *ich habe es ihnen gegeben* II BEZ VNW *ihr* ★ hier staan hun fietsen *hier stehen ihre Fahrräder*
hunebed *Hünengrab* o
hunkeren *sich sehnen nach* [+3]
hunzelf *ihnen selbst*
hup *hopp*
huppeldepup *Dings* m/v/o; *Dingsbums; Dingsda* m/v/o
huppelen *hüpfen; springen*
huren *mieten;* ⟨personen⟩ *in Dienst nehmen*
hurken I ON WW *hocken* II ZN [de] ★ op zijn ~ gaan zitten *in die Hocke gehen; sich hinhocken*
hurkzit *Hocke* v
husselen *mischen*
hut ● huisje *Hütte* v ● cabine op schip *Kabine* v; *Kajüte* v
hutkoffer *Schrankkoffer* m; *Kabinenkoffer* m
hutspot ● stamppot ≈ *Eintopfgericht* o *aus Möhren, Zwiebeln und Kartoffeln* ● mengelmoes *Mischmasch* m
huur ● het huren *Miete* v ★ te huur *zu vermieten* ★ iem. de huur opzeggen *jmdm. die Wohnung kündigen* ★ de huur gaat per 1 januari in *das Mietverhältnis beginnt am 1. Januar* ★ kamers te huur! *Zimmer zu vermieten!* ● huursom *Miete* v ★ kale huur *Kaltmiete* v ★ huur betalen *Miete zahlen*
huurachterstand *Mietrückstand* m
huurauto *Mietauto* o; *Mietwagen* m; *Leihwagen* m
huurbelasting *Mietsteuer* v
huurbescherming *Mieterschutz* m; ⟨wet⟩ *Mieterschutzgesetz* o
huurcommissie *Mietkommission* v
huurcontract *Mietvertrag* m
huurder *Mieter* m
huurhuis *Mietwohnung* v ★ in een ~ wonen *zur Miete wohnen*
huurkamer ≈ *gemietete(s) Zimmer* o
huurkoop *Mietkauf* o
huurleger *Söldnerheer* o
huurling *Söldner* m
huurmoordenaar *Berufskiller* m
huurovereenkomst *Mietvertrag* m
huurprijs *Miete* v; *Mietpreis* m
huurschuld *Mietrückstand* m; *Mietschulden* mv

huursubsidie *Wohngeld* o
huurverhoging *Mieterhöhung* v
huurwoning *Mietwohnung* v
huwbaar *heiratsfähig* ★ de huwbare leeftijd
  hebben *im heiratsfähigen Alter sein*
huwelijk • verbintenis *Ehe* v ★ burgerlijk ~
  standesamtliche Trauung v ★ kerkelijk ~
  kirchliche Trauung v ★ gemengd ~ *Mischehe* v
  ★ ~ om het geld *Geldheirat* v ★ een ~
  beneden zijn stand *eine nicht standesgemäße*
  Ehe ★ iem. ten ~ vragen *jmdm. einen*
  Heiratsantrag machen • huwelijksvoltrekking
  Vermählung v; *Trauung* v; ⟨feest⟩ *Hochzeit* v;
  ⟨huwelijkssluiting⟩ *Heirat* v ★ het ~
  aankondigen *die Vermählung bekannt geben*
huwelijks • → **staat, voorwaarde**
huwelijksaankondiging *Heiratsanzeige* v
huwelijksaanzoek *Heiratsantrag* m ★ iem. een
  ~ doen *jmdm. einen Heiratsantrag machen*
huwelijksadvertentie *Heiratsanzeige* v
huwelijksbootje ▼ in het ~ stappen *in den*
  Hafen der Ehe einlaufen
huwelijksbureau *Heiratsvermittlung* v
huwelijksfeest *Hochzeitsfest* o
huwelijksgeschenk *Hochzeitsgeschenk* o
huwelijksnacht *Hochzeitsnacht* v
huwelijksreis *Hochzeitsreise* v
huwelijksvoltrekking *Trauung* v; *Eheschließung*
  v
huwen *heiraten*; *ehelichen*
huzaar *Husar* m
huzarensalade ≈ *Fleischsalat* m
huzarenstukje *Husarenstückchen* o;
  Bravourstück o
hyacint • bolgewas *Hyazinthe* v
  • halfedelgesteente *Hyazinth* m
hybride I ZN [de] *Hybride* v **II** BNW *hybrid*;
  zwitterhaft
hydrateren *hydratisieren*
hydraulisch *hydraulisch*
hydrocultuur *Hydrokultur* v
hyena *Hyäne* v
hygiëne *Hygiene* v; ⟨zindelijkheid⟩ *Sauberkeit* v
hygiënisch *hygienisch*
hymne *Hymne* v
hype *Hype* m
hypen *hypen*
hyperactief *hyperaktiv*
hyperbool • WISK. *Hyperbel* v • TAALK. *Hyperbel*
  v
hypercorrectie *Hyperkorrektheit* v
hyperlink *Hyperlink* m
hypermarkt *Hypermarkt* m
hypermodern *hypermodern*; *hochmodern*
hypertext *Hypertext* m
hyperventilatie *Hyperventilation* v
hyperventileren *an Hyperventilation leiden*;
  ⟨aanval⟩ *einen Anfall von Hyperventilation*
  haben
hypnose *Hypnose* v ★ iem. onder ~ brengen
  jmdn. in Hypnose versetzen
hypnotiseren *hypnotisieren*
hypnotiseur *Hypnotiseur* m
hypochonder *Hypochonder* m
hypocriet I ZN [de] *Heuchler* m **II** BNW
  heuchlerisch

hypocrisie *Hypokrisie* v
hypotenusa *Hypotenuse* v
hypothecair *hypothekarisch* ★ ~e schuld
  Hypothekenschuld v
hypotheek *Hypothek* v ★ vrij van ~ *unbelastet*
  ★ geld op ~ geven *einen Hypothekarkredit*
  gewähren
hypotheekbank *Hypothekenbank* v
hypotheekrente *Hypothekenzinsen* mv
hypothese *Unterstellung* v; *Hypothese* v
hypothetisch *hypothetisch*
hystericus *Hysteriker* m
hysterie *Hysterie* v
hysterisch *hysterisch*

hy

I

i *I* o ★ de i van Izaak *I wie Ida*
ia ⟨v. ezel⟩ *i-a*
Iberië *Iberien* o
Iberisch *iberisch*
Iberisch Schiereiland *iberische Halbinsel* v
ibis *Ibis* m
Ibiza *Ibiza* o
icoon *Ikone* v
ICT *Informations- und Kommunikationstechnologie* v
ICT'er *IT-Fachmann* m; *IT-Experte* m; *EDV-Fachmann* m
ideaal I ZN [het] *Ideal* o **II** BNW *ideal*
ideaalbeeld *Idealvorstellung* v
idealiseren *idealisieren*
idealisme *Idealismus* m
idealist *Idealist* m
idealistisch *idealistisch*
idealiter *im Idealfall*
idee ● inval, plan *Idee* v ● voorstelling, inschatting *Idee* v ★ ik heb het idee dat... *ich habe den Eindruck, dass...* ★ geen flauw idee van iets hebben *keine blasse Ahnung von etw. haben* ★ je hebt er geen flauw idee van *du hast keine blasse Ahnung davon* ★ het idee alleen al *der bloße Gedanke* ● mening ★ naar mijn idee *meiner Meinung nach*
ideeël *ideell*
ideeënbus ≈ *Briefkasten* m *für Verbesserungsvorschläge*
idee-fixe *fixe Idee* v; FORM. *Idée* v *fixe*
idem *idem; ebenso* ★ idem dito *dito*
identiek *identisch*
identificatie *Identifikation* v; *Identifizierung* v
identificatieplicht *Ausweispflicht* v; *Identifikationspflicht* v
identificeren ● identiteit vaststellen *identifizieren* ★ zich ~ *sich ausweisen* ● vereenzelvigen ★ zich ~ met iemand/iets *sich mit jmdm./etw. identifizieren*
identiteit *Identität* v
identiteitsbewijs *Personalausweis* m
identiteitscrisis *Identitätskrise* v
identiteitskaart *Personalausweis* m
identiteitsplaatje *Erkennungsmarke* v
ideologie *Ideologie* v
ideologisch *ideologisch*
idiomatisch *idiomatisch*
idioom *Idiom* o
idioot I ZN [de] *Idiot* m; *Schwachsinnige(r)* m **II** BNW ● zwakzinnig *idiotisch* ● onzinnig *idiotisch; wahnsinnig; schwachsinnig; blödsinnig*
idioterie *Idiotie* v
ID-kaart *Personalausweis* m
idolaat *abgöttisch* ★ ~ zijn van iem. *in jmdn. vernarrt sein*
idool ● afgod *Idol* o; *Abgott* m ● aanbeden figuur *Idol* o
idylle *Idylle* v; *Idyll* o
idyllisch *idyllisch*
ieder *jede(r)*

iedereen *jeder(mann); alle*
iel ● mager *mager; hager* ● ijl *dünn; schwach*
iemand *jemand; eine(r)*; ⟨onbepaald⟩ *irgendjemand*; ⟨onbepaald⟩ *irgendwer* ★ ~ anders *jemand anders* ★ een zeker ~ *eine gewisse Person*
iep *Ulme* v
Ieper *Ypern* o
Iepers *von Ypern*
Ier *Ire* m
Ierland *Irland* o
Iers *irisch*
Ierse *Irin* v
Ierse Zee *Irische See* v
iet ▼ BN *iet of wat einigermaßen*
iets I BIJW *etwas; ein wenig; ein bißchen* ★ iets meer *ein wenig mehr* II ONB VNW *etwas* ★ iets anders *etw. anderes*
ietsje *ein wenig; ein bisschen*
ietwat *etwas; ein wenig*
iglo *Iglu* m/o
i-grec *Ypsilon* o
ijdel ● pronkzuchtig *eitel; selbstgefällig* ● vergeefs *eitel; vergeblich* ★ ~e hoop *eitle Hoffnung* v
ijdelheid *Eitelkeit* v
ijdeltuit ● ijdel persoon *eitle(r) Mensch* m; ⟨man⟩ *Geck* m; ⟨vrouw⟩ *Modepuppe* v ● zelfingenomen persoon *Angeber* m
ijken *eichen*
ijkpunt *Maßstab* m; *Kriterium* o; *Prüfstein* m
ijkwezen *Eichwesen* o
ijl I BNW *dun dünn* ★ ijle lucht *dünne Luft* v **II** ZN [de] ▼ in aller ijl *in aller Eile*
ijlbode *Eilbote* m
ijlen ● onzin uitkramen *fantasieren; phantasieren; irrereden* ● haasten *eilen; hasten*
ijlings *eiligst; schleunigst; eilends*
ijltempo *Eiltempo* o
ijs ● bevroren water *Eis* o ● lekkernij *Eis* o; *Eiscreme* v ▼ zich op glad ijs wagen *sich aufs Glatteis begeben* ▼ beslagen ten ijs komen *gut beschlagen/bewandert/gerüstet sein* ▼ het ijs breken *das Eis brechen*
ijsafzetting *Eisbildung* v
ijsbaan *Eisbahn* v
ijsbeer *Eisbär* m
ijsberen *auf und ab gehen*
ijsberg *Eisberg* m
ijsbergsla *Eisbergsalat* m
ijsbloemen *Eisblumen* mv
ijsblokje *Eiswürfel* m
ijsbreker *Eisbrecher* m
ijsco *Eis* o
ijscoman *Eismann* m; *Eisverkäufer* m
ijscoupe *Eisbecher* m
ijselijk *scheußlich*
ijsgang *Eisgang* m
ijsheiligen *Eisheiligen* mv
ijshockey *Eishockey* o
ijshockeyen *Eishockey spielen*
ijshockeyer *Eishockeyspieler* m [v: *Eishockeyspielerin*]
ijsje *Eis* o
ijskap *Eiskappe* v
ijskar *Eiswagen* m

ijskast *Kühlschrank* m
ijsklomp *Eisklumpen* m
ijsklontje *Eiswürfel* m
ijskoud ● zeer koud *eiskalt; eisig* ● emotieloos *eiskalt; eisig;* ⟨brutaal⟩ *unverfroren*
ijskristal *Eiskristall* o
IJsland *Island* o
IJslander *Isländer* m
IJslands I ZN [het] taal *Isländisch(e)* o **II** BNW m.b.t. IJsland *isländisch*
IJslandse *Isländerin* v
ijslolly *Eis* o *am Stiel*
ijspegel *Eiszapfen* m
ijssalon *Eiscafé* o; *Eissalon* m; *Eisdiele* v
ijsschots *Eisscholle* v
IJssel *IJssel* v; *Issel* v
IJsselmeer *Ijsselmeer* o
ijstaart *Eistorte* v
ijsthee *Eistee* m
ijstijd *Eiszeit* v
ijsvogel *Eisvogel* m
ijsvrij *eisfrei*
ijswater *Eiswasser* o
ijszee *Eismeer* o
ijszeilen *Eissegeln*
ijver ● vlijt *Fleiß* m ● geestdrift *Eifer* m
ijveraar *Eiferer* m
ijveren *eifern*
ijverig *fleißig; emsig*
ijzel ● *Glatteis* o ● op bomen en planten *Rauhreif* m ● regen *Eisregen* m ● op de grond *Glatteis* o
ijzelen ★ het ijzelt *es gibt Glatteis*
ijzen *schaudern;* grauen ★ ik ijs ervan *mir graut davor*
IJzer *Yser* v; *IJzer* v
ijzer *Eisen* o ▼ men kan geen ~ met handen breken *Unmögliches lässt sich nicht erzwingen* ▼ men moet het ~ smeden als het heet is *man muss das Eisen schmieden, solange es heiß ist* ▼ meer ~s in het vuur hebben *mehrere Eisen im Feuer haben*
ijzerdraad *Eisendraht* m
ijzeren ● van ijzer *eisern; Eisen-* ★ ~ balk *Eisenbalken* m ★ ~ gereedschap *Eisengerät* o ● erg sterk *eisern* ★ een ~ wil *ein eiserner Wille* ★ een ~ maag hebben *einen eisernen Magen haben* ▼ een ~ Hein *ein Mann von Stahl*
ijzererts *Eisenerz* o
ijzerhandel ● winkel *Eisen(waren)handlung* v ● bedrijfstak *Eisenhandel* m
ijzerhoudend *eisenhaltig*
ijzersterk *eisenstark; eisern*
ijzertijd *Eisenzeit* v
ijzervijlsel *Eisenspan* m
ijzervreter *Eisenfresser* m
ijzerwaren *Eisenwaren* mv
ijzerzaag *Eisensäge* v
ijzig *eisig*
ijzingwekkend *schauderhaft; grauenerregend*
ik I PERS VNW *ich* **II** ZN [het] *Ich* o
ik-figuur *Icherzähler* m
ikzelf *ich selbst; selber*
illegaal *illegal*
illegaliteit *Illegalität* v
illusie *Illusion* v

illusionist *Illusionist* m
illusoir *illusorisch*
illuster *illuster; erlaucht; berühmt* ★ ~e gasten *illustre Gäste*
illustratie *Illustration* v
illustratief *illustrativ*
illustrator *Illustrator* m
illustreren *illustrieren*
image *Image* o
imagebuilding *Imagepflege* v
imaginair *imaginär*
imago *Imago* v
imam *Imam* m
imbeciel ● zwakzinnig *schwachsinnig; imbezil(l)* ● dom *schwachsinnig; bescheuert; verrückt*
IMF *IWF* m; *Internationale(r) Währungsfonds* m
imitatie *Imitation* v; *Nachahmung* v
imitatieleer *Kunstleder* o
imitator *Imitator* m [v: *Imitatorin*]
imiteren *imitieren; nachahmen*
imker *Imker* m; *Bienenzüchter* m
immanent *immanent*
immaterieel *immateriell; ätherisch; vergeistert*
immens *immens; unermesslich*
immer *immer*
immers *ja; doch* ★ hij is ~ geen kind meer *er ist doch kein Kind mehr*
immigrant *Immigrant* m; *Einwanderer* m
immigratie *Immigration* v; *Einwanderung* v
immigratiebeleid *Einwanderungspolitik* v
immigreren *immigrieren; einwandern*
immobiliënkantoor BN *Maklergeschäft* o
immoreel *unmoralisch; unsittlich*
immuniseren *immunisieren*
immuniteit *Immunität* v
immuun *immun* ★ ~ maken *immunisieren*
immuunsysteem *Immunsystem* o
impact *Wirkung* v; *Folgen* v mv
impasse *Ausweglosigkeit* v; *Sackgasse* v
imperatief I ZN [de] *Imperativ* m **II** BNW *imperativ;* TAALK. *imperativisch*
imperfectum *Imperfekt* o; *Präteritum* o
imperiaal *Dachgepäckträger* m
imperialisme *Imperialismus* m
imperialist *Imperialist* m
imperialistisch *imperialistisch*
imperium *Imperium* o
impertinent *impertinent; unverschämt*
implantaat *Implantat* o
implanteren *implantieren; einpflanzen*
implementatie *Implementierung* v
implementeren *implementieren*
implicatie *Implikation* v
impliceren *implizieren*
impliciet *implizit*
imploderen *implodieren*
implosie *Implosion* v
imponeren *imponieren* [+3]
impopulair *unpopulär;* ⟨v. persoon⟩ *unbeliebt*
import *Import* m; *Einfuhr* v
importantie *Wichtigkeit* v; *Bedeutung* v
importeren *importieren; einführen*
importeur *Importeur* m
imposant *eindrucksvoll; beeindruckend; imposant*
impotent *impotent*

im

impotentie *Impotenz* v
impregneren *imprägnieren*
impresariaat *Agentur* v
impresario *Impresario* m
impressie *Eindruck* m; *Impression* v
impressionisme *Impressionismus* m
impressionist *Impressionist* m
impressionistisch *impressionistisch*
improductief *unproduktiv*
improvisatie *Improvisation* v
improviseren *improvisieren*
impuls *Impuls* m
impulsaankoop *impulsive(r) Einkauf* m
impulsief *impulsiv*
impulsiviteit *Impulsivität* v
in I vz ● op een bepaalde plaats *in* [+3] ★ in de stad *in der Stadt* ★ in bed *im Bett* ★ in huis *im Haus*; drinnen ★ in een kist *in einer Kiste* ★ in Utrecht *in Utrecht* ★ in Nederland *in den Niederlanden* ★ ik woon in de Dorpsstraat *ich wohne in der Dorpsstraat* ● in de richting van *in* [+4] ★ zij loopt het huis in *sie geht ins Haus* ● op/binnen een bepaalde tijd *in* [+3]; *innerhalb* [+2]; *an* [+3] ★ in de zomer *im Sommer* ★ in de zomer van 2050 *im Sommer 2050* ★ in 2050 *(im Jahre) 2050* ★ in het begin *am Anfang* ★ in een week of twee *innerhalb von zwei Wochen* ● (gelijk aan of) meer dan ★ in de veertig *Mitte vierzig* ★ in de veertig (jaar) zijn *in den Vierzigern sein* ★ er zijn er in de twintig *es gibt ein paar zwanzig* ▼ dag in, dag uit *tagaus, tagein* II BIJW ● binnen *drin*; *her-/hinein* ★ er zit niets in *es ist nichts drin* ● populair in ★ die kleur is in *die Farbe ist in* ▼ in zijn voor iets *sehr für etw. sein*
in- ● uitermate *tief-*; *besonders* ★ indom *strunzdumm* ★ ingelukkig *überglücklich* ★ intriest *tieftraurig* ● on *in-*; *un-* ★ inactief *inaktiv*
inachtneming *Beachtung*; ⟨v. regels of wetten⟩ *Einhaltung* v; ⟨v. omstandigheden⟩ *Berücksichtigung* v
inactief *inaktiv*
inademen *einatmen*
inadequaat *unangemessen*; *unzulänglich*; *inadäquat*; *ungenügend*
inauguratie *Inauguration* v
inaugureel ★ inaugurele rede *Rede anlässlich der Inauguration* v
inaugureren *einweihen*; *(feierlich) eröffnen*
inbaar *eintreibbar*
inbedden *einbetten*
inbeelden [zich ~] *sich einbilden*
inbeelding *Einbildung* v
inbegrepen *einschließlich* [+2]; *inklusive* [+2]; *(mit) eingriffen*; *inbegriffen* ★ alle onkosten ~ *einschließlich aller Unkosten*
inbegrip ▼ met ~ van *samt* [+3]; *einschließlich* [+2]
inbeslagneming *Beschlagnahmung* v; *Beschlagnahme* v
inbewaringstelling *Sicherungsverwahrung* v
inbinden I ov ww in band binden *einbinden* ★ ingebonden boek *gebundene(s) Buch* o II ON ww zich matigen *zurückstecken*; *klein*

beigeben; *einlenken*
inblazen *einblasen*
inblikken *in Dosen füllen*
inboedel *Hausrat* m
inboedelverzekering *Hausratversicherung* v
inboeten aan *einbüßen an* ★ aan kracht ~ *an Kraft einbüßen*
inboezemen *einflößen*
inboorling *Eingeborene(r)* m
inborst *Naturell* o; *Charakter* m; *Gemüt* o; ⟨gezindheid⟩ *Gesinnung* v
inbouwapparatuur *Einbauapparatur* v
inbouwen ● in iets anders bouwen *einbauen* ● met gebouwen omgeven *zubauen* ● FIG. erbij opnemen *einbauen*
inbouwkeuken *Einbauküche* v
inbraak *Einbruch* m
inbraakpreventie *Diebstahlsicherung* v
inbranden *einbrennen*
inbreken bij/in *einbrechen in*
inbreker *Einbrecher* m
inbreng ● bijdrage *Anteil* m ● inleg *Beitrag* m; ⟨in bank, spel, zaak⟩ *Einlage* v
inbrengen ● naar binnen brengen *einführen*; ⟨oogst⟩ *einbringen*; ⟨in een huwelijk⟩ *einbringen* ● bijdragen *einlegen* ● argumenteren *vorbringen*; *einwenden* ★ wat heb je hiertegen in te brengen? *was hast du dagegen einzuwenden?* ★ niets in te brengen hebben *nichts zu sagen haben*
inbreuk op *Eingriff* m in; *Verletzung* v von [+2] ★ een ~ op de wet *ein Verstoß gegen das Gesetz* ★ een ~ op de privacy *ein Eingriff in jmds. Privatsphäre*
inburgeren ● vertrouwd raken ⟨personen⟩ *sich einleben*; ⟨zaken⟩ *sich einbürgern* ● naturaliseren *einbürgern*
inburgering *Einbürgerung* v; *Integration* v
inburgeringscursus *Einbürgerungskurs* m
inburgeringsexamen, inburgeringstoets *Einbürgerungstest* m
Inca *Inka* m
incalculeren ● in de berekening opnemen *einplanen* ● in overweging opnemen *einkalkulieren*
incapabel *unfähig*
incasseren ● geld innen *(ein)kassieren*; *einnehmen*; ⟨invorderen⟩ *eintreiben* ● moeten verduren *einstecken*
incasseringsvermogen *Fähigkeit* v etwas *einstecken zu können* ★ een klein ~ hebben *nicht viel einstecken können*
incasso *Inkasso* o; *Einziehung* v
incassobureau *Inkassobüro* o
incassokosten *Inkassospesen* mv
incest *Inzest* m
incestueus *inzestuös*
inch *Inch* m
incheckbalie *Abfertigungsschalter* m
inchecken *einchecken*
incident *Vorfall* m; *Zwischenfall* m
incidenteel ● nu en dan *gelegentlich*; *ab und zu* ● terloops *nebensächlich*; *inzidentell*; *Zwischen-*
inciviek BN zonder burgerzin *unsozial*
incluis *inklusive* [+2]; *einschließlich* [+2] ★ de

kinderen ~ *einschließlich der Kinder*
inclusief *einschließlich* [+2]; ECON. *inklusive* [+2]
incognito I BIJW *inkognito* **II** ZN [het] *Inkognito* o
incoherent *inkohärent*
incompatibel *inkompatibel*
incompatibiliteit *Inkompatibilität* v
incompetent *inkompetent*
incompleet *unvollständig*
in concreto *in Wirklichkeit; tatsächlich*
incongruent *inkongruent*
inconsequent *inkonsequent*
inconsistent *inkonsistent*
incontinent *an Inkontinenz leidend*
incontinentie *Inkontinenz* v
incorporeren *einverleiben; (in etwas) einfügen*;
   eingliedern ★ hij had de veroverde gebieden
   bij zijn rijk ingelijfd/geïncorporeerd *er hatte*
   die eroberten Gebiete seinem Reich einverleibt
incorrect *inkorrekt*
incourant *nicht börsenfähig*; ⟨v. artikelen⟩ *nicht*
   marktfähig
incrowd *Clique* v
incubatietijd *Inkubationszeit* v
indachtig *eingedenk* [+2] ★ iets ~ zijn *einer*
   Sache eingedenk sein
indammen ● met dam insluiten *eindämmen;*
   eindeichen ● inperken *eindämmen*
indekken [zich ~] *sich absichern*
indelen ● onderbrengen *einteilen*
   ● rangschikken *gliedern*
indeling *Einteilung* v
indenken [zich ~] *sich hineindenken; sich*
   vorstellen; sich versetzen ★ denk je dat eens
   even in *versetz dich einmal in diese Situation*
   hinein
inderdaad *tatsächlich; in der Tat; wirklich;*
   allerdings
inderhaast *in aller Eile*
indertijd *seinerzeit; damals*
indeuken I OV WW een deuk maken *einbeulen;*
   eindellen **II** ON WW een deuk krijgen *sich*
   einbeulen
index *Index* m
indexcijfer *Index* m; *Indexziffer* v; *Indexzahl* v
indexeren *indexieren*
India *Indien* o
indiaan *Indianer* m
Indiaas *indische*
indianenverhaal *Indianergeschichte* v
Indiase *Inderin* v
indicatie *Hinweis* m; FORM. *Indiz* o ★ medische/
   sociale ~ *medizinische/soziale Indikation*
indicatief *Indikativ* m
indicator *Indikator* m
indien *falls; wenn*
indienen *einreichen;* ⟨v. wetsontwerp⟩ *vorlegen*
indiensttreding *Dienstantritt* m; ⟨bij hogere
   overheidsfuncties⟩ *Amtsantritt* m
Indiër *Ostinder* m
indigestie MED. *Indigestion* v;
   Magenverstimmung v; *Verdauungsstörung* v
indigo *Indigoblau* o
indijken *eindeichen*
indikken *eindicken*
indirect *indirekt*
Indisch *ostindisch*

Indische *Ostinderin* v
Indische Oceaan *Indische(r) Ozean* m
indiscreet *indiskret*
indiscretie *Indiskretion* v
individu *Individuum* o
individualiseren *individualisieren*
individualisme *Individualismus* m
individualist *Individualist* m
individualistisch *individualistisch*
individueel *individuell*
indoctrinatie *Indoktrination* v; *Indoktrinierung*
   v
indoctrineren *indoktrinieren*
indommelen ● in slaap vallen *einnicken*
   ● minder waakzaam worden *unaufmerksam*
   werden
Indonesië *Indonesien* o
Indonesiër, INFORM. **Indo** *Indonesier* m
Indonesisch, INFORM. **Indo** *indonesisch*
Indonesische *Indonesierin* v
indoor- SPORT *Hallen-*
indraaien I OV WW in iets draaien
   (hin)eindrehen; ⟨v. schroeven⟩
   (hin)einschrauben **II** ON WW ingaan *einbiegen*
   ▼ de bak ~ *in den Knast wandern*
indringen I OV WW erin duwen *aufdrängen*
   II ON WW binnendringen *eindringen* ★ de
   kamer ~ *in das Zimmer eindringen* **III** WKD
   WW [zich ~] *(hinein)drängen* ★ zich bij iem. ~
   sich jmdm. aufdrängen
indringend ● opdringerig *aufdringlich;*
   zudringlich ● diepgaand *eindringlich*
indringer *Eindringling* m
indrinken *vorglühen*
indruisen *widerstreben* [+3] ★ tegen de goede
   zeden ~ *gegen die guten Sitten verstoßen* ★ dat
   druist in tegen mijn gevoel *das widerstrebt*
   meinem Gefühl
indruk *Eindruck* m ★ een ~ krijgen van *einen*
   Eindruck gewinnen von ★ een blijvende ~
   maken *einen bleibenden Eindruck hinterlassen*
   ★ onder de ~ komen *beeindruckt werden*
indrukken *eindrücken*
indrukwekkend *eindrucksvoll; imponierend;*
   ⟨aantal, gebouw, persoon⟩ *stattlich;* ⟨gebouw,
   persoonlijkheid⟩ *imposant*
induceren *induzieren*
inductie *Induktion* v
inductiemotor *Induktionsmotor* m
inductiestroom *Induktionsstrom* m
industrialisatie *Industrialisierung* v
industrialiseren *industrialisieren*
industrie *Industrie* v
industrieel I ZN [de] *Industrielle(r)* m **II** BNW
   industriell; gewerblich ★ industriële revolutie
   industrielle Revolution v
industriegebied *Industriegebiet* o
industrieland *Industrieland* o
industrieterrein *Gewerbegebiet* o;
   Industriegebiet o
indutten *einnicken;* ⟨indommelen⟩
   einschlummern
ineen ● in elkaar *ineinander* ● dichter naar
   elkaar toe *zusammen*
ineenduiken *sich bücken/ducken*
ineengedoken *zusammengekauert*

in

ineenkrimpen ⟨v. pijn⟩ *sich krümmen*; ⟨v. de schrik⟩ *zusammenfahren*

ineens ● opeens *auf einmal*; *plötzlich* ★ hij begon ~ te huilen *er fing auf einmal zu weinen an* ● in één keer *mit einem Male* ★ zij heeft alles ~ betaald *sie hat alles auf einmal bezahlt*

ineenschrompelen *zusammenschrumpfen*

ineenschuiven *ineinanderschieben*

ineenstorten *einstürzen*; *zusammenstürzen*; *zusammenbrechen*

ineenstorting *Zusammensturz* m

ineenzakken *zusammenbrechen*

ineffectief *ineffektiv*

inefficiënt *ineffizient*

inenten *impfen*; ⟨de stof in het bloed brengen⟩ *einimpfen* ★ tegen mazelen ~ *gegen Masern impfen*

inenting *Impfung* v

inentingsbewijs *Impfpass* m

inert *träge*; *untätig*; ⟨onverschillig⟩ *unbeteiligt*

in extremis BN op het nippertje *grade noch*; *im letzten Augenblick*

infaam *infam*

infaden *einblenden*

infanterie *Infanterie* v

infanterist *Infanterist* m

infantiel *infantil*

infantiliseren I ov ww *infantilisieren* II on ww *infantil werden*; *kindisch werden*

infarct *Infarkt* m

infecteren *infizieren*; *anstecken*

infectie *Infektion* v; *Ansteckung* v

infectiehaard *Infektionsherd* m

infectieus *Infektions-*; *ansteckend*; *infektiös*

infectieziekte *Infektionskrankheit* v

inferieur ● minderwaardig *minderwertig* ● ondergeschikt *untergeordnet*; *inferior*

infernaal *höllisch*; *infernal*

inferno *Inferno* o

infiltrant *Infiltrant* m

infiltratie *Infiltration* v; ⟨v. een organisatie⟩ *Unterwanderung* v

infiltreren *infiltrieren*

infinitesimaalrekening *Infinitesimalrechnung* v

infinitief *Infinitiv* m

inflatie *Inflation* v

inflatiecorrectie *Inflationsausgleich* m

inflatoir *inflationär*

inflexibel *unbiegsam*; *inflexibel*; *unveränderlich*; *unnachgiebig*; *unerbittlich*

influenza *Grippe* v; OUD. *Influenza* v

influisteren *einflüstern*

info *Info* v

infomercial *Infomercial* m/o

informant *Informant* m

informateur *Verhandlungsführer* m *bei der Koalitionsbildung*

informatica *Informatik* v

informaticus *Informatiker* m

informatie *Information* v; *Auskunft* v ★ ~ inwinnen over *Erkundigungen einziehen über* [+4] ★ ~ geven *Auskünfte erteilen*

informatiebalie *Informationsschalter* m; *Auskunftsschalter* m

informatiedrager *Informationsträger* m;

Datenträger m

informatief *informativ*

informatiestroom *Informationsfluss* m

informatietechnologie *Informationstechnologie* v

informatieverwerking *Informationsverarbeitung* v

informatisering *Computerisierung* v

informeel *informell*

informeren I ov ww inlichten *informieren*; unterrichten II on ww inlichtingen inwinnen *sich erkundigen* ★ ~ naar iets *sich erkundigen nach etw.*

infotainment *Infotainment* o

infrarood *infrarot*

infrastructuur *Infrastruktur* v

infuus *Infusion* v; *Tropf* m ★ aan een ~ liggen *am Tropf hängen*

ingaan ● binnengaan *hineingehen* ★ de bergen ~ *in die Berge gehen* ★ een bocht ~ *in die Kurve gehen* ★ de geschiedenis ~ *in die Geschichte eingehen* ● beginnen *beginnen*; *starten*; ⟨v. kracht worden⟩ *gelten* ★ de huur gaat de eerste januari in *die Miete wird ab ersten Januar bezahlt* ● ~ **op** reageren *eingehen auf* [+4] ★ dieper ~ op een probleem *auf ein Problem näher eingehen* ★ hij ging er niet op in *er ging nicht darauf ein* ★ ik zal er verder niet op ~ *ich werde nicht weiter darauf eingehen* ● toestemmen *eingehen auf* [+4] ★ ~ op een voorstel *auf einen Vorschlag eingehen* ● ~ **tegen** *Einspruch erheben gegen* [+4]; *widersprechen* [+3] ★ er dwars tegen ~ *einer Sache heftig widersprechen* ★ tegen zijn principes ~ *gegen seine Prinzipien gehen* ★ daar moet je tegen ~ *dagegen musst du dich wehren* ▼ dat gaat erin als gesneden koek *das geht runter wie Öl* ▼ dat gaat er wel in! *das passt schon rein!*

ingang ● toegang *Eingang* m ● begin ★ met ~ van 1 april *ab dem 1. April*; *vom 1. April an* ★ met onmiddellijke ~ *ab/per sofort* ● trefwoord *Stichwort* o; ⟨lemma⟩ *Lemma* o ▼ ~ vinden *Anklang finden*

ingangsexamen BN, O&W *Zulassungsprüfung* v; *Aufnahmeprüfung* v

ingebakken *angeboren*; *vorprogrammiert*

ingebeeld ● denkbeeldig *imaginär*; *eingebildet*; *nur in der Vorstellung vorhanden* ● verwaand *eingebildet*; *hochnäsig*; *dünkelhaft*

ingebrekestelling *Inverzugsetzung* v

ingebruikneming *Inbetriebnahme* v

ingeburgerd *eingebürgert*

ingenieur *Ingenieur* m; ⟨v. technische hogeschool⟩ *Diplomingenieur* m

ingenieus *ingeniös*

ingenomen *eingenommen* ★ met zichzelf ~ zijn *von sich selbst eingenommen sein* ★ hij heeft iedereen tegen zich ~ *er hat alle gegen sich eingenommen* ★ met iem. ~ zijn *von jmdm. eingenommen sein* ★ zij is zeer ~ met haar nieuwe baan *sie ist von ihrer neuen Stelle sehr angetan*

ingesleten *festverwurzelt* ▼ ~ gewoonte *festverwurzelte Gewohnheit* v

ingespannen *angestrengt*; *angespannt*

ingesprektoon *Besetztton* m; *Besetztzeichen* o
ingesteldheid BN *mentaliteit Mentalität* v
ingetogen *maßvoll; zurückhaltend;* ⟨zedig⟩
sittsam ★ een ~ leven leiden *ein maßvolles
Leben führen*
ingeval *falls*
ingeven *eingeben*
ingeving *Eingebung* v; *Erleuchtung* v; *Einfall* m
ingevoerd ▼ goed ~ zijn *sich gut auskennen*
▼ goed ~ zijn in *sich gut auskennen in/bei* [+3]
ingewanden *Eingeweide* mv
ingewijde *Eingeweihte(r)* m; *Vertraute(r)* m
ingewikkeld *kompliziert; verwickelt*
ingeworteld *eingefleischt; eingewurzelt* ★ een ~
vooroordeel *ein eingefleischtes Vorurteil* ★ ~
kwaad *ein Übel, das sich eingewurzelt hat*
ingezetene *Eingesessene(r)* m; ⟨algemeen⟩
Einwohner m
ingooi *Einwurf* m
ingooien ● erin gooien *hineinwerfen;* ⟨sport⟩
einwerfen ● kapotgooien *einwerfen*
ingraven *eingraben; vergraben*
ingrediënt *Zutat* v; *Ingredienz* v [mv:
Ingredienzen]
ingreep *Eingriff* m
ingrijpen *eingreifen;* ⟨v. politie e.d.⟩ *einschreiten*
ingrijpend *einschneidend; eingreifend; tief
greifend* ★ dit is van ~ belang *dies ist von
entscheidender Bedeutung* ★ dit is een ~
wetsvoorstel *dies ist eine weit reichende
Gesetzesvorlage*
ingroeien *einwachsen*
inhaalmanoeuvre *Überholmanöver* o
inhaalrace *Aufholjagd* v
inhaalstrook *Überholspur* v
inhaalverbod *Überholverbot* o
inhaken ● een arm geven *sich einhaken* ● BN
telefoongesprek beëindigen *auflegen* ● ~ op
reageren op ★ op een opmerking ~ *eine
Bemerkung aufgreifen;* INFORM. *bei einer
Bemerkung einhaken*
inhakken I OV WW hakkend inslaan *einhauen*
II ON WW hakkend inslaan ★ hij begon op
mij in te hakken *er fing an, auf mich
einzuhacken* ▼ dat hakt er aardig in *das läuft
ins Geld*
inhalen ● naar binnen halen *einholen;* ⟨v.
oogst⟩ *einbringen* ● de zeilen ~ *die Segel
einholen* ● verwelkomen *einholen* ● gelijk
komen met *aufholen* ★ de achterstand ~ *den
Rückstand aufholen* ● voorbijgaan *einholen*
● goedmaken *einholen; nachholen; aufholen*
★ de schade ~ *das Versäumte nachholen*
inhaleren *inhalieren*
inhalig *habgierig; habsüchtig*
inham *Bucht* v; *Bai* v; *Meeresbusen* m
inhechtenisneming *Inhaftierung* v
inheems *einheimisch*
inherent *inhärent*
inhoud *Inhalt* m
inhoudelijk *inhaltlich*
inhouden I OV WW ● betekenen *beinhalten*
★ wat houdt die waarschuwing in? *was
beinhaltet diese Warnung?* ● bedwingen
anhalten; unterdrücken ★ de adem ~ *den
Atem anhalten* ★ ingehouden woede

verhaltene(r) Zorn m ● niet betalen
einbehalten II WKD WW [zich ~] *sich
bezwingen; sich zurückhalten; an sich halten*
inhouding ● handeling *Einbehaltung* v
● bedrag *Abzug* m
inhoudsmaat *Hohlmaß* o
inhoudsopgave *Inhaltsangabe* v;
Inhaltsverzeichnis o
inhuldigen ● de ambtsaanvaarding vieren van
★ een vorst ~ *einem Fürsten huldigen* ● BN
feestelijk in gebruik nemen *einweihen*
inhuldiging *Amtseinführung* v; GESCH.
Huldigung v
inhuren *einstellen; engagieren;* SCHEEPV.
anheuern
initiaal *Initiale* v; *Anfangsbuchstabe* m
initialiseren *initialisieren*
initiatie *Initiation* v
initiatief *Initiative* v; *Anregung* v ★ op ~ van *auf
Anregung* [+2] ★ het ~ nemen *die Initiative
ergreifen*
initiatiefnemer *Initiativnehmer* m; *Initiator* m
initiatierite *Initiationsritus* m
initieel *initial* ★ initiële kosten *Anlaufkosten* v
initiëren *initiieren*
injecteren *injizieren*
injectie ● *Injektion* v; *Spritze* v ● materiële hulp
★ een financiële ~ *eine Finanzspritze* ★ de
economie een ~ geven *die Wirtschaft
ankurbeln*
injectiemotor *Einspritzmotor* m
injectienaald *Kanüle* v; *Injektionsnadel* v
injectiespuit *Injektionsspritze* v
inkapselen *einkapseln; verkapseln* ★ zich ~ *sich
einkapseln*
inkeer *Einkehr* v ★ tot ~ komen *sich seiner selbst
besinnen*
inkeping *Einkerbung* v; ⟨keep⟩ *Kerbe* v
inkijk *Einblick* m; *Einsicht* v ★ een jurk met ~
ein tief ausgeschnittenes Kleid
inkijken *durchblättern*
inkjetprinter *Tintenstrahldrucker* m
inklappen I OV WW naar binnen vouwen
einklappen II ON WW in(een)storten
zusammenbrechen
inklaren SCHEEPV. *einklarieren;* ⟨goederen⟩
verzollen
inklaring *Zollabfertigung* v; SCHEEPV.
Einklarierung v
inkleden *einkleiden*
inkleuren *ausmalen*
inkoken *eindicken*
inkom BN toegang(sprijs) *Eintritt* m
inkomen I ZN [het] *Einkommen* o ★ BN
kadastraal ~ ≈ *Mietwert* m *des eigenen Hauses,
den der Eigentümer versteuern muss* II ON WW
hinein-/hereinkommen; ⟨schip⟩ *einlaufen;* ⟨v.
gelden, stukken⟩ *eingehen* ★ ingekomen
brieven *eingegangene(n) Briefe* ▼ ergens in
kunnen komen *sich etw. vorstellen können*
▼ daar kan ik ~ *das leuchtet mir ein* ▼ daar
komt niets van in *das kommt nicht infrage/in
Frage*
inkomensafhankelijk *abhängig vom
Einkommen*
inkomensgrens *Einkommensgrenze* v

in

inkomensgroep *Einkommensgruppe* v
inkomsten *Einkünfte* mv ▼ ~ en uitgaven *Einnahmen und Ausgaben*
inkomstenbelasting *Einkommenssteuer* v
inkomstenbron *Einnahmequelle* v; *Erwerbsquelle* v
inkomstenderving *Einkommensverlust* m
inkoop *Einkauf* m ★ inkopen doen *Einkäufe machen*
inkoopcombinatie *Einkaufsgenossenschaft* v
inkoopprijs *Einkaufspreis* m
inkopen *einkaufen*
inkoper *Einkäufer* m
inkorten *kürzen*; ⟨v. tijd⟩ *verkürzen*; ⟨verminderen⟩ *einschränken* ★ een verhaal ~ *eine Geschichte kürzen*
inkrimpen I ov ww geringer maken *verringern*; *einschränken*; *kürzen*; *einsparen*; ⟨personeel⟩ *abbauen* **II** on ww geringer worden ⟨zusammen⟩*schrumpfen*; ⟨stof bij wassen⟩ *einlaufen*
inkrimping *Schrumpfung* v
inkt *Tinte* v
inktcartridge *Tintenpatrone* v
inktpatroon *Patrone* v
inktpot *Tintenfass* o
inktvis *Tintenfisch* m
inktvlek *Tintenfleck* m; *Tintenklecks* m
inktzwart *pechschwarz*
inkuilen *einmieten* ★ groenvoer ~ *Grünfutter im Silo einlagern*
inkwartieren ● logies verschaffen *einquartieren*; *unterbringen* ★ mensen bij iem. ~ *Leute bei jmdm. unterbringen* ● bij militairen *einquartieren*
inkwartiering *Einquartierung* v
inladen *einladen*; *verladen* ★ de auto ~ *das Auto beladen*
inlander *Inländer* m
inlands *inländisch*; *einheimisch*
inlassen ● invoegen *einschalten*; *einfügen*; *einschieben* ★ een pauze ~ *eine Pause einlegen* ● met een las invoegen *einschweißen*
inlaten I ov ww binnenlaten *einlassen* **II** wkd ww [zich ~] met *sich einlassen auf*; ⟨m.b.t. kwestie⟩ *sich beschäftigen mit*
inleg ● ingelegd geld *Einlage* v; ⟨bij spel⟩ *Einsatz* m ● zoom *Einschlag* m
inleggen ● invoegen *einschieben*; *einlegen* ● geld inbrengen *einlegen*; *einzahlen*
inlegkruisje *Slipeinlage* v
inlegvel *lose(s) Blatt* o; ⟨krant, tijdschrift⟩ *Beilage* v
inlegzool *Einlegesohle* v
inleiden *einführen*; *vorstellen*; *introduzieren*
inleiding *Einleitung* v
inleven [zich ~] *sich einleben in* [+4]
inleveren ● afgeven *einliefern*; *abliefern* ● minder verdienen ≈ *kürzer treten*; ≈ *zurückstecken müssen*
inlevering *Abgabe* v ★ tegen ~ van *bei Abgabe* [+2]; *bei Abgabe von* [+3]
inlevingsvermogen *Einfühlungsvermögen* o
inlezen I ov ww *einlesen* **II** wkd ww [zich ~] *sich einlesen*
inlichten *informieren* ★ verkeerd ingelicht zijn

falsch unterrichtet sein
inlichting *Auskunft* v ★ iem. ~en verstrekken over iets *jmdm. Auskunft erteilen über etw.* ★ ~en inwinnen *Erkundigungen einziehen*
inlichtingendienst *Nachrichtendienst* m
inlijsten *einrahmen*
inlijven *eingliedern*; *einverleiben*; ⟨personen⟩ *einreihen* ★ bij een regiment ~ *in ein Regiment einteilen*
inlikken [zich ~] *sich einschmeicheln*
inloggen *einloggen*
inloopspreekuur *offene Sprechstunde* v
inlopen I ov ww ● inhalen *aufholen*; *einholen* ● beter doen passen *einlaufen* ● binnenlopen *(hin)eingehen* **II** on ww ~ **op** inhalen ★ op iem. ~ *jmdn. einholen* ▼ iem. erin laten lopen *jmdn. hereinlegen*
inlossen ● aflossen *einlösen* ● nakomen ★ zijn belofte ~ *sein Versprechen einlösen*
inloten ★ ingeloot zijn voor een studie *für ein Studium zugelassen sein*
inluiden *einläuten* ★ een nieuw tijdperk ~ *ein neues Zeitalter einläuten*
inmaken ● inleggen *einmachen* ● SPORT *abfertigen*
in memoriam I ZNW *Nachruf* m **II** BIJW *in memoriam*; *zum Gedenken* o; *zur Erinnerung* v
inmengen [zich ~] *sich einmischen in* [+4]
inmenging *Einmischung* v
inmiddels *inzwischen*; *unterdessen*
innaaien *heften*
innemen ▼ iem. voor zich ~ *jmdn. für sich einnehmen*
innemend *einnehmend*; *gewinnend*
innen *einziehen*; *einkassieren*; *eintreiben*
innerlijk I BNW van binnen *innerlich*; *inner* ★ ~e waarde *innere(r) Wert* m ★ ~ leven *Innenleben* o **II** ZN [het] *Innere* o
innig *innig*; *innerst* ★ ~e deelneming! *innige Anteilnahme!* ★ iemands ~e overtuiging *jmds. innerste Überzeugung*
inning ● het innen *Eintreibung* v; *Einziehung*; ⟨v. cheques⟩ *Einlösung* ● SPORT *Durchgang* m
innovatie *Innovation* v
innovatief *innovierend*; *innovationsfreudig*
innoveren *eine Innovation vornehmen*; ⟨vaktaal⟩ *innovieren*
in optima forma *in Bestform*
inox BN roestvrij staal *Edelstahl* m
inpakken ● verpakken *einpacken* ● warm kleden *einhüllen* ● inpalmen *einwickeln* ▼ ~ en wegwezen *seine Siebensachen packen*
inpakpapier *Einwickelpapier* o
inpalmen ● zich toe-eigenen *sich aneignen*; JUR. *sich zueignen*; ⟨agressief⟩ *an sich reißen* ● voor zich winnen *betören*; *bestricken*; *bezirzen*
inpandig *im Haus*
inparkeren *einparken*
inpassen ● in een geheel voegen *einfügen*; *einbauen* ● inschalen *einstufen* ● passend maken *einpassen*
inpeperen ● kruiden *pfeffern* ● goed duidelijk maken *einschärfen* ● betaald zetten *heimzahlen* ★ iem. iets ~ *jmdm. etw. heimzahlen*
inperken ● terugdringen *eindämmen* ★ de

kosten ~ *die Kosten eindämmen* ● beperken *einschränken* ★ de persvrijheid ~ *die Pressefreiheit einschränken*
in petto ▼ iets ~ hebben *etw. in petto/auf Lager haben*
inpikken ● MIN. stiekem pakken *einstecken* ● ~ **op** BN inhaken op ≈ *entsprechen*
inplakken *einkleben*
inplannen *einplanen*
inplanten ● planten *eingraben; einpflanzen* ● MED. aanbrengen *einpflanzen; implantieren*
inpolderen *eindeichen;* ⟨zeepolder⟩ *einpoldern*
inpoldering *Einpolderung* v; *Eindeichung* v
inpompen *eintrichtern; einpauken*
inpraten op *einreden auf* [+4]
inprenten *einprägen; einschärfen*
inproppen *hineinstopfen; hineinpfropfen*
input *Eingabe* v; *Input* m
inquisitie *Inquisition* v
inregenen ★ het regent hier in *es regnet herein*
inrekenen *festnehmen; verhaften*
inrichten *einrichten*
inrichting ● aankleding *Einrichtung* v ● instelling *Anstalt* v
inrijden ● naar binnen rijden *fahren in* ● geschikt maken ⟨auto⟩ *einfahren;* ⟨paard⟩ *einreiten*
inrit *Einfahrt* v; *Auffahrt* v
inroepen *anrufen* ★ iemands hulp ~ *jmdn. um Hilfe bitten*
inroesten *einrosten* ▼ ingeroeste gewoonten *eingeschliffene Gewohnheiten*
inroosteren *einplanen*
inruil *Eintausch* m; *(Aus)Tausch* m; *Umtausch* m; *Zurücknahme* v
inruilen *eintauschen;* ⟨na miskoop⟩ *umtauschen;* ⟨oud product⟩ *in Zahlung geben*
inruilwaarde *Wiederverkaufswert* m
inruimen *einräumen;* ⟨vrij maken⟩ *räumen*
inrukken *einrücken; einmarschieren*
inschakelen *einschalten*
inschalen *einstufen*
inschatten *einschätzen*
inschatting *(Ab)Schätzung* v; *Beurteilung* v; *Einschätzung* v; *Bewertung* v
inschattingsfout *Fehleinschätzung* v
inschenken *einschenken*
inschepen *einschiffen*
inscheuren *einreißen*
inschieten ● schietend kapotmaken *einschießen* ★ een ruit ~ *eine Fensterscheibe einschießen* ● SPORT *einschießen* ● verliezen *entgehen* ★ zijn leven erbij ~ *das Leben bei etw. einbüßen* ★ mijn vakantie is erbij ingeschoten *auf den Urlaub musste ich verzichten* ● met vaart binnengaan *hineinschießen* ★ de auto schoot de straat in *das Auto schoss in die Straße hinein*
inschikkelijk *nachgiebig; kompromissbereit*
inschikkelijkheid *Nachgiebigkeit* v; *Kompromissbereitschaft* v
inschikken ● inschuiven *zusammenrücken* ● toegeven *nachgeben*
inschoppen ● stuk schoppen *eintreten* ★ de deur ~ *die Tür eintreten* ● schoppen in iets *treten in* [+4]

inschrijfformulier *Anmeldeformular* o; ⟨voor het aanvragen⟩ *Antragsformular* o
inschrijfgeld *Aufnahmegebühr* v; ⟨universiteit⟩ *Immatrikulationsgebühr* v
inschrijven I OV WW aanmelden *anmelden; einschreiben;* ⟨universiteit⟩ *immatrikulieren;* ⟨registreren⟩ *eintragen* ★ zich ~ bij de Kamer van Koophandel *sich in das Handelsregister eintragen lassen* II ON WW ● intekenen op iets *vorbestellen;* ⟨v. boeken⟩ *subskribieren* ● prijsopgave doen *ein Angebot einreichen; eine Offerte machen*
inschrijving ● intekening *Angebot* o; *Zeichnung* v; ⟨boeken, beurs⟩ *Subskription* v; ⟨bij aanbesteding e.d.⟩ *Submission* v ★ bij ~ *durch Submission* ● registratie *Eintragung* v; *Anmeldung* v; ⟨aan universiteit⟩ *Immatrikulation* v ★ de ~ in een register *die Eintragung in ein Register*
inschrijvingsbewijs BN kentekenbewijs ⟨bewijs van toelating⟩ *Kraftfahrzeugschein* m; ⟨bewijs van eigendom⟩ *Kraftfahrzeugbrief* m
inschuiven ● naar binnen schuiven *sich hineinschieben* ● inschikken *zusammenrücken*
inscriptie *Inschrift* v
insect *Insekt* o
insectenbeet *Insektenstich* m
insectendodend *insektenvertilgend*
insecticide *Insektenbekämpfungsmittel* o; *Insektizid* o
inseinen *unverbindlich informieren*
inseminatie *Befruchtung* v; MED. *Insemination* v ★ kunstmatige ~ *künstliche Befruchtung/Besamung*
insemineren *befruchten; (künstlich) besamen*
ins en outs *Einzelheiten* v mv
insgelijks *gleichfalls; ebenfalls*
insider *Insider* m
insigne *Abzeichen* o
insinuatie *Unterstellung* v
insinueren *insinuieren; unterstellen*
inslaan I OV WW ● erin slaan *einschlagen* ★ een spijker in de muur slaan *einen Nagel in die Wand einschlagen* ● stukslaan *einschlagen* ★ een ruit ~ *eine Fensterscheibe einschlagen* ● in voorraad nemen *einlagern;* ⟨in de kelder⟩ *einkellern* ● ingaan *einschlagen* ★ een zijstraat ~ *eine Seitenstraße einschlagen* II ON WW ● met kracht doordringen *einschlagen* ★ de bliksem is ingeslagen *der Blitz hat eingeschlagen* ● indruk maken *ankommen* ★ ~ als een bom *einschlagen wie ein Blitz*
inslag ● het inslaan *Einschlagen* o ● karakter(trek) *Einschlag* m ● dwarsdraad *Einschuss* m ● zoom *Einschlag* m
inslapen ● in slaap vallen *einschlafen* ● sterven *entschlafen* ★ een dier laten ~ *ein Tier einschläfern lassen*
inslikken ● doorslikken *hinunterschlucken; verschlucken* ● slecht uitspreken *verschlucken*
insluimeren *einschlummern; einnicken*
insluipen ● LETT. *sich einschleichen* ★ het huis ~ *sich ins Haus schleichen* ● FIG. *sich einschleichen* ★ er is een fout ingeslopen *es hat sich ein Fehler eingeschlichen*
insluiper *Dieb* m, *der einsteigt*

in

insluiten • opsluiten *einschließen*; *einsperren* • omgeven *umschließen* ★ SPORT een tegenstander ~ *einen Gegner einkreisen* • bijsluiten *einschließen*; *beilegen* ★ bij een brief ~ *einem Brief beilegen*

insmeren *einschmieren*

insneeuwen I ON WW *einschneien* ★ het huis was helemaal ingesneeuwd *das Haus war völlig eingeschneit* **II** ONP WW (naar de spreker toe) *hereinschneien*; ⟨v. de spreker weg⟩ *hineinschneien*

insnijden • een snee maken in *einschneiden* • door snijden aanbrengen in *einschneiden* ★ een naam in het hout ~ *einen Namen in das Holz einschneiden* • besnoeien *beschneiden*

insnoeren *einschnüren*

insolvent *insolvent*

inspannen I OV WW • vastmaken (voertuig) *anspannen*; ⟨trekdier⟩ *einspannen* • moeite geven *anstrengen* • BN, JUR. beginnen *einleiten* ★ een rechtszaak tegen iem. ~ *gegen jmdn. ein Verfahren einleiten*; *gegen jmdn. klagen* **II** WKD WW [**zich ~**] ★ zich tot het uiterste ~ *sich sehr anstrengen*

inspannend *anstrengend*

inspanning • het voor de wagen spannen *Einspannen* o; *Anspannen* o • het gebruik van kracht *Anstrengung* v ★ met ~ van alle krachten *unter Aufbietung aller Kräfte* v ★ al te grote ~ *Überanstrengung* v

inspecteren *inspizieren*; ⟨v. troepen⟩ *mustern*

inspecteur *Inspektor* m ★ ~ van belastingen *Steuerinspektor* m ★ ~ van politie *Kommissar* m

inspecteur-generaal *Generalinspektor* m

inspectie • het inspecteren *Inspektion* v; ⟨bij militairen⟩ *Musterung* v ★ ~ houden *eine Inspektion vornehmen* • de dienst *Inspektion* v • ambtsgebied van een inspecteur *Aufsichtsbezirk* m

inspelen I OV WW *einspielen* **II** ON WW • vooraf oefenen *einspielen* • ~ **op** reageren ≈ *entsprechen* ★ ~ op een behoefte *einem Bedürfnis entsprechen*

inspiratie *Inspiration* v

inspirator *Inspirator* m; *Anreger* m

inspireren *inspirieren*; *anregen*

inspraak *Mitsprache* v; *Mitbestimmung* v ★ recht van ~ *Mitbestimmungsrecht* o

inspraakprocedure *Mitbestimmungsregelung* v

inspreken • tekst inspreken *einsprechen* ★ een band ~ *einen Text auf ein Tonband einsprechen* • inboezemen *zusprechen* ★ iem. moed ~ *jmdm. Mut zusprechen*

inspringen • erin springen *hinein-/ hereinspringen* ★ het kanaal ~ *in den Kanal springen* • invallen *einspringen* ★ voor iem. ~ *für jmdn. einspringen* • terugwijken *einrücken* ★ deze regel moet meer ~ *diese Zeile muss mehr eingerückt werden*

inspuiten I OV WW inbrengen *einspritzen* ★ een vloeistof ~ *eine Flüssigkeit einspritzen* **II** ON WW naar binnen komen *spritzen* in [+4]

instaan voor *einstehen für* [+4] ★ de directie staat niet voor eventuele schade in *die*

Direktion haftet nicht bei eventuellem Schaden

instabiel *instabil*

instabiliteit *Unbeständigkeit* v; TECHN. *Instabilität* v

installateur *Installateur* m

installatie • het beëindigen *Einsetzung* v • apparatuur *Installation* v; *Anlage* v • stereo-installatie *Anlage* v

installatiekosten *Installierungskosten* mv; *Installationskosten* mv

installeren • inrichten *installieren* • monteren *installieren* • vestigen *installieren* • in een ambt bevestigen *einführen*; *einweisen*

instampen • erin stampen *stampfen* in • kapotmaken *zerstampfen* • inprenten *einpauken* ▼ iem. de grond ~ *jmdn. fertigmachen*

instandhouding ⟨onderhoud⟩ *Instandhaltung* v; ⟨behoud⟩ *Erhaltung* v; ⟨v. orde, wet⟩ *Aufrechterhaltung* v

instantie *Instanz* v ▼ in eerste ~ *in erster Linie*

instantkoffie *Fertig-Kaffee* m

instapkaart *Bordkarte* v

instappen ⟨binnenstappen⟩ *betreten*; ⟨binnenstappen⟩ *eintreten*; ⟨m.b.t. voertuig⟩ *einsteigen*; ⟨onderweg erbij komen in trein e.d.⟩ *zusteigen*

insteek *Sichtweise* v

insteekkaart *Einsteckkarte* v

insteken *einstecken*; ⟨prikken⟩ *einstechen*; ⟨plant⟩ *pflanzen*; ⟨draad⟩ *einfädeln* ▼ zijn neus overal ~ *in alles seine Nase stecken*

instellen • beginnen *einleiten* ★ een onderzoek ~ *eine Untersuchung einleiten* • afstellen *einstellen* ★ zich op iets ~ *sich auf etw. einstellen* • oprichten *gründen*; ⟨v. kloosterorde, prijs⟩ *stiften*

instelling • het scherp stellen *Einstellung* v • mentaliteit *Einstellung* v; *Mentalität* v • instituut *Einrichtung* v; *Institut* o ★ openbare ~en *öffentliche(n) Einrichtungen* ★ ~ voor hoger onderwijs *höhere Bildungsanstalt* v

instemmen *zustimmen*; *beipflichten* ★ ik stem in met het voorstel *ich stimme dem Vorschlag zu*

instemmend *zustimmend*; *billigend*

instemming *Einverständnis* o; *Zustimmung* v ★ ~ vinden *Beifall finden*

instigatie ⟨aanwijzing⟩ *Veranlassung* v; ⟨druk⟩ *Betreiben* o; ⟨initiatief⟩ *Anregung* v ★ op haar ~ *auf ihre Anregung hin*

instinct *Instinkt* m

instinctief *instinktiv*

instinken ★ iem. erin laten stinken *jmdn. hereinlegen* ▼ ik ben er ingestonken *ich bin drauf reingefallen*

instinker *Fangfrage* v

institutionaliseren *institutionalisieren*

institutioneel *institutionell*

instituut • genootschap *Institut* o • instelling ★ ~ voor Neerlandistiek *Seminar/Institut für Niederländische Philologie* o ★ ~ voor blinden *Blindenanstalt* v

instoppen • indoen *(hin)einstecken* • toedekken *zudecken* ★ een baby ~ *ein Baby*

zudecken
instorten ● in elkaar vallen *zusammenstürzen*
  ● MED. terugvallen *einen Rückfall erleiden*;
  zusammenbrechen
instorting *Einsturz* m; *Zusammenbruch*
instromen *zuströmen*
instroom *Zustrom* m; ECON. *Zufluss* m
instructeur *Lehrer* m
instructie ● aanwijzing *Instruktion* v;
  Verhaltensmaßregel v ★ ~s naleven *Weisungen*
  befolgen ● onderricht *Unterricht* m;
  Unterweisung v ● JUR. *Ermittlungsverfahren* o
  ★ rechter van ~ *Untersuchungsrichter* m
instructiebad *Lehrschwimmbecken* o
instructief *instruktiv*
instrueren ● instructies geven *instruieren* [+4];
  Anweisungen geben [+3] ● onderrichten
  unterweisen; *instruieren*; ⟨inwerken⟩ *einweisen*
instrument *Instrument* o
instrumentaal *Instrumental-*; *instrumental*
instrumentalist *Instrumentalist* m
instrumentarium *Instrumentarium* o
instrumentenpaneel *Instrumententafel* v
instrumentmaker *Feinmechaniker* m
instuderen *einstudieren*; *einüben*
instuif *Fete* v
insturen *einsenden*
insubordinatie *Insubordination* v; *Ungehorsam*
  m
insuline *Insulin* o
intact *intakt*
intakegesprek *Aufnahmegespräch* o
intapen *bandagieren*
inteelt *Inzucht* v
integendeel *im Gegenteil*
integer *integer*; *unbestechlich*; *unbescholten*
integraal *integral*
integraalhelm *Integralhelm* m
integraalrekening *Integralrechnung* v
integratie *Integration* v; *Eingliederung* v
integreren I ON WW in geheel opgaan *sich*
  integrieren; *sich eingliedern* II OV WW in
  geheel onderbrengen *integrieren* III WKD WW
  [**zich ~**] BN in geheel opgaan *sich integrieren*;
  sich eingliedern
integriteit *Integrität* v
intekenen I OV WW inschrijven *einschreiben*;
  eintragen II ON WW zich verplichten
  subskribieren; *zeichnen* ★ ~ op een boek *(auf)*
  ein Buch subskribieren
intekenlijst ⟨voor boeken, platen e.d.⟩
  Subskriptionsliste v; ⟨voor collectes e.d.⟩
  Sammelliste v
intekenprijs *Subskriptionspreis* m
intellect ● verstand *Intellekt* m ● intellectuelen
  Intelligenz v
intellectueel I ZN [de] *Intellektuelle(r)* m II BNW
  intellektuell
intelligent *intelligent*
intelligentie *Intelligenz* v
intelligentiequotiënt *Intelligenzquotient* m
intelligentietest *Intelligenztest* m
intelligentsia *Intelligenz* v
intendant *Intendant* m
intens *intensiv* ★ ~ verlangen *Sehnsucht* v ★ ~
  gemeen *äußerst gemein*

intensief *intensiv*
intensiteit *Intensität* v
intensive care ● MED. intensieve bewaking
  Intensivpflege v ● MED. afdeling *Intensivstation*
  v
intensiveren *intensivieren*
intentie *Intention* v; *Absicht* v
intentieverklaring *Absichtserklärung* v
intentioneel *absichtlich*; *mit Absicht*;
  zielgerichtet
interactie *Interaktion* v
interactief *interaktiv*
interbancair *zwischen Banken*
interbellum *Periode* v *zwischen zwei Kriegen*
intercedent *Vermittler* m
intercity *Intercity(zug)* m
intercom *Gegensprechanlage* v
intercommunaal BN tussen gemeenten
  interkommunal
intercontinentaal *interkontinental*
  ★ intercontinentale vlucht
  Interkontinentalflug m
intercultureel *interkulturell*
interdependentie *gegenseitige Abhängigkeit* v
interdisciplinair *interdisziplinär*
interen *verbrauchen* ★ zij teert in op haar
  vermogen *sie zehrt von ihrem Vermögen*
interessant *interessant*
interesse *Interesse* o; ⟨belang⟩ *Belang* m ★ ~ in
  Interesse an [+3]
interesseren *interessieren* ★ geïnteresseerd zijn
  in *interessiert sein an* [+3]
interest *Zins* m
interface *Interface* o
interfaculteit *interdisziplinäre Fakultät* v
interferentie ● gelijktijdige werking van
  krachten *Interferenz* v ● tussenkomst
  Vermittlung v; *Intervention* v
interfereren ● tussenbeide komen
  intervenieren ● op elkaar inwerken
  interferieren
interieur *Innenausstattung* v; *Einrichtung* v;
  FORM. *Interieur* o
interieurverzorgster *Raumpflegerin* v
interim ● tijdelijke werkkracht *Interim* o ● BN
  tijdelijke baan *vorübergehende Arbeitsstelle*
  ● → **ad interim**
interim- ★ ~manager *Interimsmanager* m;
  stellungsvertretende(r) Manager m
interimkantoor BN uitzendbureau
  Zeitarbeitsbüro o; *Arbeitsvermittlungsagentur* v
interkerkelijk *interkonfessionell*
interland *Länderspiel* o
interlinie *Durchschuss* m
interlokaal *Fern-* ★ een ~ telefoongesprek *ein*
  Ferngespräch
intermediair I ZN [de] bemiddelaar *Vermittler* m
  II BNW bemiddelend *intermediär*; *Zwischen-*
intermenselijk *zwischenmenschlich*
intermezzo *Intermezzo* o
intern ● inwendig *innerlich*; *inwendig* ★ ~e
  geneeskunde *innere Medizin* v ● binnen
  organisatie *innerstaatlich*; *intern* ★ ~e
  aangelegenheden *interne(n) Angelegenheiten*
  ● inwonend *intern* ★ ~e leerling *interne(r)*
  Schüler m

in

internaat *Internat* o
internationaal *international* ★ ~
telefoongesprek *Auslandsgespräch* o ★ SPORT
internationale wedstrijd *Länderspiel* o
international *Nationalspieler* m
interneren *internieren*
interneringskamp *Internierungslager* o
internet *Internet* o
internetaansluiting *Internetanschluss* m
internetcafé *Internetcafé* o
internetprovider *Internet Provider* m;
Online-Dienst m
internetten *surfen*
internetter *Internetbenutzer* m
internist *Internist* m
interpellatie *Interpellation* v ★ het recht van ~
Interpellationsrecht o
interpelleren *nachfragen bei* [+3]; *interpellieren*
★ de regering ~ *die Regierung interpellieren*
interpretatie ● uitleg *Deutung* v; *Auslegung* v;
Interpretation v ● vertolking *künstlerische
Wiedergabe* v
interpreteren *interpretieren*
interpunctie ● plaatsing van leestekens
Interpunktion v; *Zeichensetzung* v ● leestekens
Satz-/Interpunktionszeichen o
interrumperen *unterbrechen; dazwischenreden*
interruptie ● onderbreking *Unterbrechung* v
● onderbrekende opmerking *Zwischenruf* m
interval *Intervall* o
intervaltraining *Intervalltraining* o
interveniëren *intervenieren*
interventie *Intervention* v
interventiemacht *Interventionsmacht* v
interventietroepen *Interventionstruppen* v mv
interview *Interview* o
interviewen *interviewen*
interviewer *Interviewer* m
intiem I BNW *intim* II BIJW *intim*
intifada *Intifada* v
intimidatie *Einschüchterung* v ★ seksuele ~
Zudringlichkeit v
intimideren *einschüchtern*
intimiteit *Intimität* v ▼ BN in alle ~ *in
geschlossener Gesellschaft; im engsten Kreise*
intocht *Einzug* m
intoetsen *drücken*; ⟨v. code, telefoonnummer⟩
wählen ★ een telefoonnummer ~ *eine
Telefonnummer wählen*
intolerant *intolerant*
intolerantie *Intoleranz* v
intomen *zügeln; im Zaum halten*
intonatie *Intonation* v
intranet *Intranet* o
intransitief *intransitiv*
intrappen ● duwen op ★ de rem ~ *auf die
Bremse treten* ● kapottrappen *eintreten* ★ de
deur ~ *die Tür eintreten* ▼ ergens ~ *auf etw.
hereinfallen* ▼ daar trapt niemand in *darauf
fällt niemand herein*
intraveneus *intravenös*
intrede ● ambtsaanvaarding *Antritt* m ● begin
Anfang m; *Beginn* m ★ bij de ~ van *zu Beginn*
[+2] ● binnenkomst *Einzug* m
intreden *eintreten*
intrek *Einzug* m ★ zijn ~ nemen in een hotel *in*

einem Hotel absteigen
intrekken I OV WW ● naar binnen trekken
einziehen; zurücknehmen ★ de benen ~ *die
Beine einziehen* ● terugnemen *widerrufen*;
aufheben; ⟨officieel besluit⟩ *annullieren* ★ het
rijbewijs ~ *den Führerschein entziehen* ★ een
belofte ~ *ein Versprechen zurücknehmen* II ON
WW ● binnentrekken *einziehen* ★ het leger
trekt de stad in *die Armee zieht in die Stadt ein*
● gaan inwonen *ziehen zu* ★ bij vrienden ~
zu Freunden ziehen ● opgezogen worden
einziehen
intrigant *Intrigant* m
intrige ● slinks plan *Intrige* v ● plot *Plot* m;
Handlung v
intrigeren *fesseln*
intro *Intro* o
introducé *Gast* m
introduceren *einführen; introduzieren*
introductie *Einführung* v; *Introduktion* v
introductiedag *Einführungstag* m
introductieprijs *Einführungspreis* m
introductieweek *Einführungswoche* v
introeven *stechen*
introspectie *Introspektion* v
introvert *introvertiert*
intubatie *Intubierung* v
intuïnen *hereinfallen* ★ ik ben er ingetuind *ich
bin drauf reingefallen*
intuïtie *Intuition* v
intuïtief *intuitiv*
intussen *inzwischen*
intypen *eintippen*
Inuit *Inuit* m
inval ● het binnenvallen *Einfall* m; ⟨politie⟩
Razzia v; [mv: *Razzien*]; ⟨militair⟩ *Invasion* v
● idee *Einfall* m ▼ het is daar de zoete ~ *da
findet man stets eine gastfreundliche Aufnahme*
invalide I ZN [de] *Invalide(r)* m II BNW *invalid(e)*
invalidenwagen *Rollstuhl* m
invaliditeit ● invalide zijn *Invalidität* v
● arbeidsongeschikt zijn *Erwerbsunfähigkeit*
v; *Arbeitsunfähigkeit* v ● ongeldig zijn
Ungültigkeit v
invalkracht *Aushilfskraft* v
invallen ● binnenvallen *einfallen in* [+4]
● instorten *einfallen; einstürzen;
zusammenstürzen* ● in gedachte komen
einfallen ● beginnen *einbrechen*; ⟨plotseling⟩
hereinbrechen ★ de ~de stilte *die eintretende
Stille* ★ bij het ~ van de duisternis *der
Einbruch der Dunkelheit* ● MUZ. *einsetzen*
● vervangen *vertreten*; ⟨als extra kracht
helpen⟩ *aushelfen* ★ voor iem. ~ *für jmdn.
einspringen*
invaller ● plaatsvervanger *Ersatzmann* m; ⟨voor
collega⟩ *Vertreter* m ● invalkracht
Aushilfskraft v
invalshoek ● gezichtshoek *Gesichtswinkel* m
● NATK. *Einfallswinkel* m
invalsweg *Einfallsstraße* v
invasie *Invasion* v
inventaris *Inventar* o; *Bestand* m ★ de ~
opmaken *ein Inventar aufstellen*
inventarisatie *Bestandsaufnahme* v; ⟨voor
jaarbalans⟩ *Inventur* v

in

inventariseren *den Bestand aufnehmen*; ⟨inventaris opmaken⟩ *inventarisieren*
inventief *erfinderisch*
invers *invers*
inversie *Inversion* v
investeerder *Investor* m; *(Kapital)Anleger* m
investeren *investieren* ★ *geld in iets ~ Geld in etw. investieren*
investering ⟨wat geïnvesteerd is⟩ *Investition* v; ⟨handeling van het investeren⟩ *Investierung* v
investeringsbank *Investitionsbank* v
invetten *einfetten*
invitatie *Einladung* v
inviteren *einladen*
in-vitrofertilisatie *In-vitro-Fertilisation* v; *Reagenzglasbefruchtung* v
invliegen ▼ BN *er eens ~ sich (tüchtig) ins Zeug legen*
invloed *Einfluss* m ★ ~ *uitoefenen op Einfluss ausüben auf* ▼ *onder ~ zijn unter Alkoholeinfluss stehen*
invloedrijk *einflussreich*
invloedssfeer *Einflusszone* v
invoegen I OV WW *inlassen einschalten*; *einfügen*; *einschieben* ★ *een extra les ~ eine extra Stunde einlegen* II ON WW *tussenvoegen bij verkeer sich einfädeln*; ⟨na het inhalen⟩ *einscheren*
invoegstrook *Beschleunigungsspur* v
invoer • *import Einfuhr* v • COMP. *input Input* m
invoerbelasting *Einfuhrzoll* m
invoerdocumenten *Einfuhrpapiere* mv
invoeren • *introduceren einführen* • *importeren importieren* • → **ingevoerd**
invoerrecht *Einfuhrzoll* m ★ *kantoor van ~en en accijnzen Zollstelle* v ★ *die waar is vrij van ~ diese Ware ist zollfrei*
invoerverbod *Einfuhrverbot* o
invorderbaar *einziehbar*
invorderen *eintreiben*; *einziehen*; *einfordern*
invreten *angreifen*; ⟨oplossen⟩ *zersetzen*
invriezen *einfrieren*
invrijheidstelling *Entlassung* v ★ *voorwaardelijke ~ bedingter Straferlass*
invullen *ausfüllen*; *ergänzen* ★ *een formulier ~ ein Formular ausfüllen* ★ *iets op een lijst ~ etw. in eine Liste eintragen*
invulling *Ausfüllung* v
invuloefening *Lückentest* m
inwaarts *nach innen* ★ *de ~e beweging die Einwärtsbewegung*
inweken *einweichen*
inwendig I BNW *innerlich*; *inner*; *inwendig* ★ *voor ~ gebruik zur innerlichen Anwendung* II BIJW *innerlich*
inwerken I OV WW • *aanbrengen in einarbeiten*; ⟨in stof⟩ *einwirken* • *vertrouwd maken einarbeiten* ★ *zich in iets ~ sich in etw. einarbeiten* [+4] II ON WW *invloed hebben (ein)wirken*; ⟨aantasten⟩ *angreifen* ★ ~ *op einwirken auf* [+4]
inwerking *Einarbeitung* v
inwerkingtreding *Inkrafttreten* o; *Wirksamwerden* o
inwerktijd *Einarbeitungszeit* v

inwerpen • *naar binnen werpen hineinwerfen*; ⟨v. munt⟩ *einwerfen* • SPORT *einwerfen*
inwijden ⟨een gebouw e.d.⟩ *in gebruik nemen einweihen*
inwijding *Einweihung* v
inwijkeling BN *Immigrant* m; *Einwanderer* m
inwijken BN *immigrieren*; *einwandern*
inwilligen *bewilligen*; *einwilligen* ★ *een verzoek ~ einem Antrag stattgeben*
inwilliging *Einwilligung* v; *Zustimmung* v; *Bewilligung* v; *Genehmigung* v
inwinnen *einholen* ★ *informatie over iem. ~ Erkundigungen über jmdn. einziehen*
inwisselbaar *austauschbar*; *Tausch-*; ⟨geld geld⟩ *konvertierbar*
inwisselen *einwechseln*; ⟨v. coupon⟩ *einlösen*
inwonen *wohnen* ★ *bij iem. ~ bei jmdm. zur Untermiete wohnen* ★ *bij iem. gaan ~ bei jmdm. einziehen*
inwonend *zur Untermiete*
inwoner *Einwohner* m
inwonertal *Einwohnerzahl* v
inwoning • → **kost**
inworp *Einwurf* m
inwrijven *einreiben*
inzaaien *einsäen*; *aussäen*
inzage *Einsicht* v ★ *ter ~ liggen zur Einsicht vorliegen/ausliegen* ★ *ter ~ sturen zur Kenntnisnahme schicken* ★ ~ *van de stukken eisen Einsicht in die Akten fordern*
inzake *in Bezug auf* [+4]; *hinsichtlich* [+2]
inzakken • *in elkaar zakken einstürzen*; ⟨personen⟩ *zusammenbrechen* • *lager worden einsinken*
inzamelen *einsammeln*; *sammeln*
inzameling *Kollekte* v; *Einsammlung* v; *Sammlung* v
inzamelingsactie *Spendenaktion* v
inzegenen *einsegnen*
inzegening ⟨huwelijk⟩ *Einsegnung* v; ⟨inwijding⟩ *Weihe* v
inzenden • *insturen einschicken* • *indienen einsenden*
inzending *Einsendung* v
inzepen *einseifen*
inzet *Einsatz* m
inzetbaar *einsatzfähig*
inzetten I OV WW *erin zetten hineinsetzen* II WKD WW [zich ~] *sich einsetzen*; *sich bemühen*
inzicht • *begrip Verständnis* o; *Einsicht* v; ⟨kennis⟩ *Erkenntnis* v ★ *tot ~ komen zur Einsicht gelangen* • *mening Ansicht* v ★ *politiek ~ politischen Anschauungen* v mv
inzichtelijk *einsichtig*; *nachvollziehbar*
inzien I ZN [het] ▼ *bij nader ~ bei näherer Betrachtung* ▼ *mijns ~s meines Erachtens* II OV WW • *inkijken einsehen*; ⟨doorkijken⟩ *durchsehen* • *beseffen verstehen*; *einsehen* ★ *zijn fouten niet willen ~ seine Fehler nicht wahrhaben wollen* • *beoordelen für etwas halten* ★ *het somber ~ schwarzsehen* ★ *de toekomst donker ~ der Zukunft mit Besorgnis entgegensehen*
inzinken • *lager komen te liggen einsinken* • *minder worden stürzen* • *geestelijk*

in

instorten *zusammenbrechen*
inzinking ● het dieper komen te liggen
Rückgang m ● terugval *Vertiefung* v; *Senke* v;
⟨economisch⟩ *Flaute* v ● lichamelijke
instorting *Schwächeanfall* m ● geestelijke
instorting *Zusammenbruch* m
inzitten over *sich Sorgen machen*
inzittende *Insasse* m
inzoomen *zoomen*
inzwachtelen *bandagieren*; *verbinden*;
umwickeln
ion *Ion* o
Ionische Zee *Ionische(s) Meer* o
ioniseren *ionisieren*
IQ *IQ* m
IRA *IRA* v
Iraaks *irakisch*
Iraans *iranisch*
Iraanse *Iranerin* v
Irak *Irak* m
Irakees I ZN [de] *Iraker* m **II** BNW *irakisch*
Irakese *Irakerin* v
Iran *Iran* m
Iraniër *Iraner* m
iris ● bloem *Iris* v ● deel van oog *Iris* v
iriscopie *Iriskopie* v
irisscan *Irisscan* m
ironie *Ironie* v
ironisch *ironisch*
irrationeel *irrational*
irreëel *irreal*
irrelevant *irrelevant*
irrigatie *Bewässerung* v; *Berieselung* v; *Irrigation*
v
irrigator *Irrigator* m
irrigeren *bewässern*; *berieseln*
irritant *irritierend*
irritatie *Gereiztheit* v
irriteren *irritieren*; *reizen*
ischias *Ischias* m/o
ISDN *ISDN* o
isgelijkteken *Gleichheitszeichen* o
islam *Islam* m
islamiet *Islamit* m; *Moslem* m
islamisering *Islamisierung* v
islamist *Islamist* m [v: *Islamistin*]
islamitisch *islamitisch*
ISO *ISO* v
isobaar *Isobare* v
isolatie *Isolation* v; *Isolierung* v
isolatieband *Isolierband* o
isolatielaag *Isolierschicht* v
isolatiemateriaal *Isoliermaterial* o; *Dämmstoff*
m
isolator *Isolator* m
isoleercel *Isolierzelle* v
isoleerkan *Isolierkanne* v
isolement *Isolation* v; *Isoliertheit* v
isoleren *isolieren*
isotoon *isoton*
isotoop *Isotop* o
Israël *Israel* o
Israëli *Israeli* m
Israëliër *Israeli* m
Israëliet *Israelit* m
israëliet *Israelit* m

Israëlisch *israelisch*
Israëlische *Israelin* v
Israëlitisch *israelitisch*
israëlitisch *israelitisch*
issue *Thema* o
Istanboel *Istanbul* o
IT *Informationstechnologie* v
Italiaan *Italiener* m
Italiaans I BNW m.b.t. Italië *italienisch* **II** ZN [het]
taal *Italienisch(e)* o
Italiaanse *Italienerin* v
Italië *Italien* o
item *Thema* o; *Item* o ▼ een hot item *eine*
hochaktuelles Thema
IT'er *Informatiker* m
ivf *IVF* v; *In-vitro-Fertilisation* v
ivoor *Elfenbein* o
ivoren *aus Elfenbein*; *elfenbeinern* ▼ in een ~
toren leven *in einem Elfenbeinturm leben*
Ivoriaans *von der Elfenbeinküste*
Ivriet *Iwrith* o

J

j *J* o ★ de j van *Johan J wie Julius*
ja I TW *ja* ▼ op alles ja en amen zeggen *zu allem ja und amen sagen; zu allem Ja und Amen sagen* **II** ZN [het] *Ja* o
jaap *Schnittwunde* v
jaar *Jahr* o ★ jaar in, jaar uit *jahraus, jahrein* ★ in het vorig jaar *im Vorjahr* ★ in het jaar 2050 *im Jahre 2050* ★ met de jaren *im Laufe der Jahre* ★ op zijn twintigste jaar *mit 20 Jahren* ★ per jaar *jährlich* ★ de oogst van dit jaar *die diesjährige Ernte* ▼ de jaren des onderscheids, BN de jaren van verstand *die Jahre der Vernunft* ▼ BN in het jaar één, als de uilen preken *am Sankt-Nimmerleins-Tag* ▼ op jaren komen *in die Jahre kommen* ▼ uit het jaar nul *von anno dazumal*
jaarbeurs • tentoonstelling *Messe* v • gebouw *Messehalle* v
jaarboek • kroniek *Jahreschronik* v • annalen *Jahrbuch* o
jaarcijfers *Jahreszahlen* mv
jaarclub *Jahrgangsclub* m
jaarcontract *Jahresvertrag* m
jaargang *Jahrgang* m
jaargenoot • studiegenoot *Kommilitone* m; *Studienkollege* m • leeftijdsgenoot *Altersgenosse* m
jaargetijde *Jahreszeit* v
jaarkaart *Jahreskarte* v
jaarlijks *Jahres-*; *jährlich* v ★ ~e bijdrage *Jahresbeitrag* m ★ ~e termijn *Jahresrate* v
jaarmarkt *Jahrmarkt* m
jaaropgaaf *Einkommensbescheinigung* v
jaarring *Jahresring* m
jaarsalaris *Jahresgehalt* o
jaartal *Jahreszahl* v
jaartelling *Zeitrechnung* v
jaarvergadering *Jahresversammlung* v; (v. aandeelhouders) *Jahreshauptversammlung* v
jaarverslag *Jahresbericht* m; *Geschäftsbericht* m
jaarwisseling *Jahreswechsel* m
jacht I ZN [de] • het jagen *Jagd* v ★ op ~ gaan *auf die Jagd gehen* • het najagen *Jagd* v • jachtpartij *Jagd* v • jachtterrein *Jagdrevier* o • jachttijd *Jagdzeit* v **II** ZN [het] *Jacht* v; *Yacht* v
jachten *sich abhetzen*; *hetzen*; *jagen*
jachtgebied *Jagdrevier* o
jachtgeweer *Jagdgewehr* o
jachthaven *Jachthafen* m
jachthond *Jagdhund* m
jachtig *gejagt*; *gehetzt*
jachtluipaard *Gepard* m
jachtopziener *Jagdaufseher* m; *Wildhüter* m
jachtschotel *Jagdschüssel* v
jachtseizoen *Jagdzeit* v
jachtvliegtuig *Jagdflieger* m
jack *kurze Jacke* v
jacket *Jacketkrone* v
jackpot *Jackpot* m
jackrussellterriër *Jack Russell Terrier* m
jacquet *Jackett* o

jacuzzi *Whirlpool* m
jade I ZN [het] *Jade* m/v **II** BNW *aus Jade*
jagen I OV WW • jacht maken op *jagen* • voortdrijven *jagen*; (an)treiben ▼ zijn geld erdoor ~ *Geld zum Schornstein hinausjagen* ▼ een wet erdoor ~ *ein Gesetz durchpeitschen* **II** ON WW • ~ **op** streven naar *jagen* ★ op een baantje ~ *hinter einem Job her sein* • snel bewegen *jagen*; *hasten* ★ de wolken ~ langs de hemel *die Wolken jagen am Himmel*
jager *Jäger* m
jaguar *Jaguar* m
jak *Jacke* v
Jakarta *Djarkarta* o
jakhals *Schakal* m
jakkeren *jagen*; *rasen*
jakkes *igitt!*; *pfui!*
jaknikker • jabroer *Jasager* m • pomp *Pumpenantriebsbock* m
jakobsschelp *Jakobsmuschel* v
jaloers (door liefde) *eifersüchtig*; (door afgunst) *neidisch*
jaloezie • jaloersheid *Eifersucht* v; *Neid* m • zonwering *Jalousie* v
jam *Marmelade* v
Jamaica *Jamaika* o
jambe *Jambus* m
jamboree *Pfadfindertreffen* o
jammen *eine Jamsession abhalten*
jammer *schade* ★ wat ~! *wie schade!* ★ 't is ~ van 't geld *es ist schade um das Geld* ★ ~ genoeg is het waar *es ist leider wahr*
jammeren *jammern*
jammerklacht *Klage* v
jammerlijk *jämmerlich*; *kläglich*
jampot *Marmeladenglas* o
jamsessie *Jamsession* v
Jan *Jan* ▼ Jan Modaal *Otto Normalverbraucher* ▼ Jan en alleman *Gott und die Welt* ▼ boven Jan zijn *wieder auf dem Damm sein*
jan ▼ BN de grote jan uithangen *sich aufspielen*; *sich aufplustern wie ein Gockel*
janboel *Schlamperei* v; *Lotterwirtschaft* v
janboerenfluitjes ▼ op z'n ~ *Pi mal Daumen*
janet BN, HUMOR. mannelijke homo *Schwule(r)* m; MIN. *Tunte* v
janken (v. dieren) *jaulen*; (v. mensen) *heulen*; (v. kinderen) *plärren*
jantje-van-leiden ▼ zich er met een ~ van afmaken *sich etw. mit faulen Ausreden vom Halse schaffen*
januari *Januar* m
januskop • kop *Januskopf* m • dubbelhartig mens *doppelzüngige Person* v
jan-van-gent *Baßtölpel* m
Japan *Japan* o
Japanner *Japaner* m
Japans I BNW m.b.t. Japan *japanisch* **II** ZN [het] taal *Japanisch(e)* o
Japanse *Japanerin* v
Japanse Zee *Japanisches Meer* o; *Japanische See* v
japon *Kleid* o
jappenkamp *japanische(s) Kriegsgefangenenlager* o
jarenlang *jahrelang* ★ ~e afwezigheid

langjährige Abwesenheit v
jargon *Jargon* m
jarig ★ ~ zijn *Geburtstag haben*
jarige *Geburtstagskind* o
jarretelle *Strumpfhalter* m; *Straps* m
jas ● kledingstuk ⟨kort⟩ *Jacke* v; ⟨lang⟩ *Mantel* m
● colbert *Jackett* o
jasbeschermer *Kleiderschutz* m
jasmijn *Jasmin* m
jaspis *Jaspis* m
jassen *schälen*
jasses *igitt; pfui Teufel*
jaszak *Manteltasche* v
jatten *stibitzen; mausen; klauen*
Java *Java* o
Javaans *javanisch*
Javazee *Java-See* v
jawel *doch; sicher* ★ en ~! *na bitte!*
jawoord *Jawort* o
jazz *Jazz* m
jazzballet *Jazzballett* o
jazzband *Jazzband* v; *Jazzkapelle* v
jazzclub *Jazzklub* m
jazzfestival *Jazzfestival* o
je I PERS VNW jij *du* II ONB VNW men *man*
jeans *Jeans* v
jeansvest BN spijkerjack *Jeansjacke* v
jee *oje!*
jeep *Jeep* m
jegens *gegenüber* [+3]
Jemen *Jemen* m
Jemenitisch *jemenitisch*
jenever *Genever* m; *Wacholder* m
jeneverbes ● bes *Wacholderbeere* v ● struik
Wacholder m
jengelen ● zeurderig huilen *quengeln; greinen*
● zeurderig klinken *dudeln*
jennen *triezen; piesacken; frotzeln*
jeremiëren *lamentieren*
jerrycan *Kanister* m
jersey *Jersey* m
Jeruzalem *Jerusalem* o
jet I ZN [de] [mv: jets] *Jet* m II ZN [de] [mv: *jetten*]
★ de jarige jet *das Geburtstagskind* ▼ geef
hem van jetje! *gib ihm Saures!*
jetlag *Jetlag* m
jetset *Jetset* m
jetski *Jetski* m
jeu *Reiz* m ★ de jeu is eraf *der Lack ist ab*
jeu de boules *Jeu de Boules* o
jeugd ● jonge leeftijd *Jugend* v ● jonge mensen
★ de ~ van tegenwoordig *die Jugend von
heute*
jeugdcriminaliteit *Jugendkriminalität* v
jeugdherberg *Jugendherberge* v
jeugdherinnering *Jugenderinnerung* v
jeugdig *jugendlich* ★ dat staat ~ *das macht jung*
jeugdliefde *Jugendliebe* v
jeugdpuistje *Jugendpustel* v; *Pubertätspickel* m;
Jugendpickel m
jeugdrechter BN, JUR. *Jugendrichter* m
jeugdsentiment nostalgische *Jugenderinnerung*
v
jeugdwerkloosheid *Jugendarbeitslosigkeit* v
jeugdzonde *Jugendsünde* v
jeuk *Jucken* o

jeuken *jucken* ★ mijn vingers ~ *die Finger
jucken mir; es kribbelt mir in den Fingern*
jewelcase *Jewelcase* v
jezelf ● [meewerkend] *dir selbst* ● [lijdend] *dich
selbst* ★ daar heb je alleen ~ mee *damit
schneidest du dir nur ins eigene Fleisch*
jezuïet *Jesuit* m
Jezus *Jesus* m ★ het kindje ~ *das Jesuskind*
jezus ★ ~, alweer een onvoldoende! *oh je,
schon wieder eine Fünf!*
jicht *Gicht* v
Jiddisch I ZN [het] *Jiddisch(e)* o II BNW *jiddisch*
jihad *Dschihad* m
jij *du* ▼ iem. met jij aanspreken *jmdn. duzen*
jijen *duzen* ★ ~ en jouen *sich/einander duzen*
jijzelf *du selbst*
jingle *Erkennungsmelodie* v; *Werbemelodie* v
jive *Jive* m
Job *Hiob* m ▼ zo arm als Job *so arm wie Hiob*
job ⟨zeg: djob, dzjob⟩ *Job* m
jobhoppen *Jobhopping* o
jobhopper *Job-Hopper* m
jobstijding *Hiobsbotschaft* v
jobstudent BN werkstudent ≈ *Student* m, *der
nebenher arbeitet*
joch, jochie *Bube* m
jockey *Jockey* m
jodelen *jodeln*
Jodendom *Judentum* o
jodendom *Judentum* o
Jodenster *Judenstern* m
Jodenvervolging *Judenverfolgung* v
Jodin *Jüdin* v
jodin *Jüdin* v
jodium *Jod* o
jodiumtinctuur *Jodtinktur* v
Joegoslavië *Jugoslawien* o
joekel *Riesending* o
joelen *toben; johlen*
jofel I BNW *toll; dufte* II BIJW *toll; dufte*
joggen *joggen*
jogger *Jogger* m
joggingpak *Jogginganzug* m
joint *Joint* m ★ een ~ draaien *einen Joint drehen*
joint venture *Joint Venture* o
jojo *Jo-Jo* o
jojoën *Jo-Jo spielen*
joker ● speelkaart *Joker* m ● nar *Joker* m
jokkebrok *Lügenbold* m; *Lügenmaul* o
jokken *flunkern; schwindeln*
jol *Jolle* v
jolig *lustig; fröhlich; vergnügt*
Jom Kipoer *Jom Kippur* m
jonassen ≈ *hin- und herschwingen*
jong I ZN [het] ⟨dier⟩ *Junge(s)* o; ⟨kind⟩ *Kleine(r)*
m [v: *Kleine*] II BNW ● niet oud *jung* ★ jong en
oud *Jung und Alt* ★ een vrij jonge man *ein
jüngerer Mann* ● recent ★ de jongste
berichten *die neuesten Berichte* ▼ van jongs af
aan *von klein auf*
jonge I ZN [de] jenever *Klare(r)* m II TW
verbaasde uitroep *jonge, Junge*
jongedame *junge Frau* v; *Fräulein* o
jongeheer ● jongeman *junger Herr* m ● penis
kleiner Mann m
jongelui *junge Leute* mv; ⟨jongeren⟩

Jugendliche(n) mv
jongeman *junge(r) Mann* m
jongen I ZN [de] ● kind *Junge* m ● jongeman *Bursche* m ● man ★ onze ~s doen het goed *unsere Jungs halten gut mit* ★ ouwe ~! *alter Knabe!* **II** ON WW *Junge werfen; jungen*
jongensachtig *jungenhaft; knabenhaft*
jongensboek *Buch* o *für Jungen*
jongensgek *mannstoll*
jongere *Jugendliche(r)* m ★ werkende ~n *jugendliche Arbeitnehmer*
jongerejaars *Student* m *jüngeren Semesters*
jongerencentrum *Jugendzentrum* o; *Juze* o
jongerentaal *Jugendsprache* v
jongerenwerk *Jugendarbeit* v
jonggehuwd *jung verheiratet*
jonggestorven *jung gestorben;* FORM. *früh verstorben*
jongleren *jonglieren*
jongleur *Jongleur* m
jongstleden *letzt; vorig* ★ uw brief van 21 april ~ *Ihr Schreiben vom 21. April dieses Jahres* ★ zondag ~ *(am) vorigen Sonntag*
jonker *Junker* m
jonkheer ≈ *Adlige(r)* m
jonkie ● mens *Kleine(s)* o ● dier *Junge(s)* o
jonkvrouw ≈ *Adelige* v
Jood *Jude* m
jood I ZN [de] gelovige *Jude* m **II** ZN [het] SCHEIK. *Jod*
Joods *jüdisch*
joods *jüdisch*
Joost ▼ ~ mag het weten *das weiß der Teufel*
Jordaan *Jordan* m
Jordaans *jordanisch*
Jordaanse *Jordanierin* v
Jordanië *Jordanien* o
Jordaniër *Jordanier* m
jota *Jota* o ▼ er geen jota van snappen *nicht die Bohne begreifen*
jou *dir* [+3]; *dich* [+4]
joule *Joule* o
journaal ● nieuws *Nachrichten* mv ● dagboek *Tagebuch* o
journalist *Journalist* m; *Reporter* m
journalistiek I ZN [de] *Journalismus* m; ⟨studievak⟩ *Journalistik* v **II** BNW *journalistisch*
jouw *dein*
jouwen *johlen; buhen*
jouzelf ● → **jezelf**
joviaal *offenherzig; herzlich;* ⟨tegenover ondergeschikten⟩ *jovial*
jovialiteit *Herzlichkeit* v; *Jovialität* v
joyriden *Spritztour* v; INFORM. *Joyriding* o
joystick *Joystick* m
jubelen *jubeln*
jubelstemming *Jubelstimmung* v; *unbändige Freude* v
jubeltenen *Himmelfahrtszehen* mv
jubilaris *Jubilar* m
jubileren *ein Jubiläum feiern*
jubileum *Jubiläum* o ★ honderdjarig ~ *Hundertjahrfeier*
juchtleer *Juchtenleder* o
judas *Judas* m
judaskus *Judaskuss* m

judaspenning *Silbertaler* m
judassen *quälen; piesacken*
judasstreek *Judasstreich* m
judo *Judo* o
judoën *Judo betreiben*
judoka *Judoka* m
juf *Lehrerin* v
juffrouw ● ongetrouwde vrouw *Fräulein* o ● onderwijzeres *Lehrerin* v
jugendstil *Jugendstil* m
juichen *jauchzen; jubeln*
juist I BNW ● correct *trefflich; richtig* ● waar *trefflich; treffend* ★ een ~e opmerking *eine treffende Bemerkung* ● geschikt *richtig* ★ hij is de ~e man daarvoor *er ist der rechte Mann dafür* ● billijk *gerecht* **II** BIJW ● precies *gerade; genau; gerade* ★ integendeel, nu ~ wel *im Gegenteil, nun erst recht* ★ dat is het nu ~ waar het op aankomt *darauf kommt es gerade an* ● zojuist *gerade; eben* ★ het is ~ 1 uur *es ist gerade 1 Uhr*
juistheid ● het juist zijn *Richtigkeit* v ● precisie *Genauigkeit* v
juk *Joch* o
jukbeen *Backenknochen* m
jukebox *Jukebox* v
juli *Juli* m
jullie I PERS VNW ⟨1e naamval⟩ *ihr; euch* [+3/4] **II** BEZ VNW *euer*
julliezelf ● [onderwerp] *ihr selbst* ● [meewerkend] *euch selbst* ● [lijdend] *euch selbst*
jumbojet *Jumbojet* m
jungle *Dschungel* m
juni *Juni* m
junior I ZN [de] *Junior* m ★ wielerwedstrijd voor ~en *Juniorenrennen* o **II** BNW *junior*
junk, junkie *Junkie* m
junkbond *Junk Bond* m
junkfood *Junkfood* o
junkmail *Spam* m
junta *Junta* v
Jura *Jura* m
jureren *jurieren*
juridisch *Rechts-; juristisch* ★ ~e faculteit *Rechtsfakultät* v ★ ~ adviesbureau *Rechtsberatungsstelle* v
jurisdictie *Jurisdiktion* v; *Gerichtsbarkeit* v
jurisprudentie *Rechtsprechung* v
jurist *Jurist* m
jurk *Kleid* o
jury ● beoordelingscommissie *Jury* v; SPORT *Kampfgericht* o ● JUR. *Jury* v
jurylid ● rechtbank *Geschworene(r)* m ● wedstrijd *Juror* m; SPORT *Kampfrichter* m
juryrapport *Jurybericht* m
juryrechtbank *Schwurgerichtshof* m
jus ● vleessaus *Soße* v; *Bratensaft* m ● vruchtensap *Saft* m
jus d'orange *Orangensaft* m
juskom *Sauciere* v
justitie ● rechtswezen *Justiz* v ● rechterlijke macht *Justiz* v
justitieel *gerichtlich; Justiz-*
justitiepaleis BN, JUR. *Justizpalast* m
Jut ▼ Jut en Jul ≈ *Dick und Doof*

ju

jute *Jute* v
jutezak *Jutesack* m
jutten *Strandgut sammeln*; MIN. *Strandgut rauben*
jutter *Strandräuber* m
juweel *Juwel* o
juwelenkistje *Schmuckkästchen* o
juwelier ● persoon *Juwelier* m ● winkel *Juwelier* m

K

k *K* o ★ de k van Karel *K wie Kaufmann*
kaaiman *Kaiman* m; *Alligator* m
kaak ● kaakbeen *Kiefer* m ● wang *Backe* v; *Wange* v ▼ iets aan de kaak stellen *etw. anprangern* ▼ zijn kaken roeren *essen wie ein Scheunendrescher*; *ein flottes Mundwerk haben* ▼ zijn kaken op elkaar houden *schweigen*
kaakbeen *Kieferknochen* m
kaakchirurg *Kieferchirurg* m
kaakchirurgie *Kieferchirurgie* v
kaakholte *Kieferhöhle* v
kaakje *Keks* m
kaakslag *Ohrfeige* v
kaakstoot *Kinnhaken* m
kaal ● onbedekt *kahl*; *nackt* ● zonder hoofdhaar *kahl* ★ een kale man *ein kahl-/glatzköpfiger Mann* ● afgesleten *verschlissen*; *schäbig*; ⟨kleding⟩ *fadenscheinig*; ⟨kleding⟩ *abgewetzt* ● armoedig *armselig*; *dürftig* ★ een kale boel *eine armselige Wirtschaft*
kaalheid ● kaalhoofdigheid *Kahlköpfigkeit* v ● bladloosheid *Kahlheit* v ● onbedekt zijn *Kahlheit* v; *Nacktheit* v
kaalknippen *kahl scheren*
kaalkop *Kahlkopf* m
kaalplukken *rupfen*
kaalscheren *kahl scheren*
kaalslag ● woningafbraak *Abbruch* m; *Abriss* m ● het vellen van bomen *Kahlschlag* m; ⟨bedrijfsvorm⟩ *Abholzung* v
kaalvreten *kahl fressen*
kaap ● AARDK. landpunt *Kap* o ● BN, FIG. mijlpaal *Meilenstein* m
Kaap de Goede Hoop *Kap der Guten Hoffnung* o
Kaap Hoorn *Kap Hoorn* o
Kaapstad *Kapstadt* o
Kaapstads *Kapstädter*
Kaapverdië ● → Kaapverdische eilanden
Kaapverdisch *kapverdisch*
Kaapverdische eilanden *Kapverdische(n) Inseln* mv
kaars *Kerze* v
kaarslicht *Kerzenlicht* o
kaarsrecht *kerzengerade*
kaarsvet *Kerzenwachs* o
kaart ● stuk karton *Karte* v ● toegangsbewijs *Karte* v ● speelkaart *Karte* v ● landkaart *Karte* v ★ een gebied in ~ brengen *ein Gebiet kartieren* ★ FIG. gegevens in ~ brengen *eine Kartei anlegen* ● COMP. module ★ grafische ~ *Grafikkarte* v ▼ open ~ spelen *mit offenen Karten spielen* ▼ het is doorgestoken ~ *es ist abgekartetes Spiel* o ▼ zich niet in de ~ laten kijken *sich nicht in die Karten sehen lassen* ▼ iem. in de ~ spelen *jmdm. die Bälle zuspielen* ▼ zijn ~en op tafel leggen *seine Karten offen auf den Tisch legen* ▼ BN de ~ van X trekken *auf X setzen*
kaarten *Karten spielen*
kaartenbak *Karteikasten* m; *Zettelkasten* m

kaartenhuis *Kartenhaus* o
kaartje ● plaatsbewijs *Fahrkarte* v; *Fahrschein*
  m ★ een ~ kopen *eine Fahrkarte lösen*
  ● toegangsbewijs *Eintrittskarte* v
  ● visitekaartje *Visitenkarte* v
kaartlezen I ZN [het] *Kartenlesen* o **II** ON WW *die*
  Karte lesen
kaartspel *Kartenspiel* o
kaartsysteem *Kartei* v; *Kartothek* v
kaartverkoop *Kartenverkauf* m
kaas *Käse* m ★ Goudse kaas *Gouda* m ★ BN
  platte kaas *Quark* m ▼ zich de kaas niet van
  het brood laten eten *sich die Butter nicht vom*
  Brot nehmen lassen ▼ daar heb ik geen kaas
  van gegeten *davon hab ich keine Ahnung*
kaasboer *Käsehändler* m
kaasbroodje *Käsebrötchen* o
kaasburger *Cheeseburger* m
kaasfondue *Käsefondue* o
kaasfonduen *Käsefondue essen*
kaaskop *Käsekopf* m
kaasschaaf *Käsehobel* m
kaassoufflé *Käsesoufflé* o; *Käseauflauf* m
kaasstolp *Käseglocke* v
kaatsen ● SPORT *Fangball spielen* ● terugstuiten
  zurückprallen; *springen* ★ deze bal kaatst
  goed *dieser Ball springt gut*
kabaal *Radau* m; *Lärm* m
kabbelen *plätschern*; *rieseln*
kabel *Kabel* o
kabelaansluiting *Kabelanschluss* m
kabelbaan *Drahtseilbahn* v; *Gondelbahn* v
kabelexploitant *Kabelnetzbetreiber* m
kabeljauw *Kabeljau* m
kabelkrant *Nachrichten* v *im Kabelfernsehen*
kabelnet *Kabelnetz* o
kabelslot *Kabelschloss* o
kabeltelevisie *Kabelfernsehen* o
kabeltouw *Kabeltau* o
kabinet ● regering *Kabinett* o ● meubel
  Kabinettschrank m
kabinetsberaad *Ministerrat* m; *Kabinettssitzung*
  v
kabinetsbesluit *Kabinettsbeschluss* m
kabinetscrisis *Kabinettskrise* v
kabinetsformateur *Beauftragte(r)* m *zur*
  Regierungsbildung
kabinetsformatie *Regierungsbildung* v;
  Kabinettsbildung v
kabinetszitting *Kabinettssitzung* v
Kaboel *Kabul*
kabouter *Heinzelmännchen* o; ⟨dwerg⟩ *Zwerg* m
kachel I ZN [de] *Ofen* m **II** BNW INFORM. *voll*; *blau*
kadaster ● register *Kataster* m/o; *Grund-/*
  Flurbuch o ● kantoor *Katasteramt* o; *Kataster*
  m/o ★ ambtenaar van het ~ *Katasterbeamte(r)*
  m
kadastraal *vermessungsamtlich* ★ kadastrale
  kaart *Kataster-/Flurkarte* v
kadastreren *katastrieren*; *ins Kataster,*
  Grundbuch eintragen
kadaver *Kadaver* m
kade *Kai* m
kader ● LETT. lijst, raamwerk *Rahmen* m ● FIG.
  verband *Rahmen* m ★ buiten het ~ vallen *aus*
  dem Rahmen fallen ★ in het ~ van deze

bijeenkomst *im Rahmen dieser Veranstaltung*
  ● stafpersoneel *Kader* m ★ vast ~
  permanente(r) *Kader* ● BN omgeving *Umkreis*
  m; *Umgebung* v
kaderen *passen zu* [+3]
kadetje *Brötchen* o
kadreren *(ein)rahmen*
kaduuk ● bouwvallig *verfallen* ● zwak,
  gebrekkig *hinfällig*; *gebrechlich*
kaf *Spreu* v
kaffer *Kaffer* m
kafkaiaans, kafkaësk *kafkaesk*
kaft *Umschlag* m; ⟨beschermend papier⟩
  Schutzumschlag m
kaftan *Kaftan* m
kaften *einschlagen*
kaftpapier *Einschlagpapier* o; *Umschlagpapier* o
kajak *Kajak* m
kajakken *Kajak fahren*
kajuit *Kajüte* v
kak ● poep *Kacke* v ● kapsones *Wichtigtuerei* v;
  Bluff m; *Prahlerei* v ★ kouwe kak
  Hochnäsigkeit v
kakelbont *kunterbunt*; *bunt schillernd*
kakelen ● geluid (als) van kip maken *gackern*
  ● kwebbelen *plappern*; *schwatzen*
kakelvers *ganz frisch* ▼ ~e eieren *frische Eier*
kaken *ausnehmen*
kaketoe *Kakadu* m
kaki ● kleur *Khaki* m ● stof *Khaki* o
kakken *kacken*
kakkerlak *Kakerlak* m
kakofonie *Kakofonie* v
kalend *kahl werdend*
kalender *Kalender* m
kalenderjaar *Kalenderjahr* o
kalf *Kalb* o ▼ als het kalf verdronken is, dempt
  men de put *den Brunnen erst zudecken, wenn*
  das Kind hineingefallen ist ▼ als de kalveren
  op het ijs dansen *wenn Weihnachten und*
  Ostern zusammenfallen ▼ het gouden kalf
  aanbidden *das Goldene Kalb anbeten*
kalfshaas *Kalbsfilet* o
kalfslapje *Kalbsschnitzel* o
kalfsleer *Kalbsleder* o
kalfsmedaillon *Kalbsmedaillon* o
kalfsoester *Kalbsmedaillon* o
kalfsvlees *Kalbfleisch* o
kaliber ● diameter ★ van groot/klein ~
  groß-/kleinkalibrig ● formaat, aard *Kaliber* o
  ▼ zij is van hetzelfde ~ *sie ist vom gleichen*
  Schlag
kalief *Kalif* m
kalium *Kali* o
kalk ● steensoort *Kalk* m ● bouwmateriaal
  Mörtel m
kalkaanslag *Kalkablagerung* v
kalkafzetting *Kalkablagerung* v
kalken ● pleisteren *kalken*; *tünchen* ● schrijven
  hinschmieren ★ teksten op gevels ~ *Fassaden*
  mit Texten beschmieren
kalkhoudend *kalkhaltig*; *kalkig* ★ ~e grond
  Kalkboden m
kalkoen *Puter* m [v: *Pute*]; *Truthahn* m ● CUL.
  ★ gebraden ~ *Putenbraten* m
kalkrijk *kalkreich*

ka

kalksteen *Kalkstein* m
kalligrafie *Kalligrafie* v
kalm I BNW *ruhig* ★ blijf kalm! *ruhig Blut!*
  ★ houd je kalm! *sei ruhig!; gib Ruhe!* **II** BIJW
  ★ kalmpjes aan ⟨geleidelijk⟩ *ruhig* ★ kalm
  aan! ⟨doe rustig!⟩ *immer mit der Ruhe!*
kalmeren I OV WW kalm maken *beruhigen;*
  besänftigen ★ ~d middel *Beruhigungsmittel* o
  II ON WW kalm worden *sich besänftigen; sich*
  beruhigen
kalmeringsmiddel *Beruhigungsmittel* o
kalmpjes ● onbewogen *ruhig; gemächlich*
  ● rustig *ruhig*
kalmte *Ruhe* v; ⟨windstilte⟩ *Kalme* v ★ zijn ~
  verliezen *die Fassung verlieren*
kalven *kalben*
kalverliefde *erste/junge Liebe* v
kam ● haarkam *Kamm* m ● MUZ. brug *Steg* m
  ● bergkam *Kamm* m ★ alles over één kam
  scheren *alles über einen Kamm scheren*
kameel *Kamel* o
kameeldrijver *Kameltreiber* m
kameleon *Chamäleon* o
kameleontisch *chamäleonartig* ★ ~e politiek
  Zickzackpolitik v
Kamer *Kammer* v ★ Tweede ~ *Zweite Kammer*
  v; *Abgeordnetenhaus* o ★ BN ~ van
  Volksvertegenwoordigers *Zweite Kammer* v;
  Abgeordnetenhaus o ▼ ~ van Koophandel
  Industrie- und Handelskammer v
kamer *Zimmer* o; ⟨klein⟩ *Stube* v ★ donkere ~
  Dunkelkammer v ★ op ~s wonen *möbliert*
  wohnen
kameraad ● vriend, makker *Kamerad* m [v:
  Kameradin] ● POL. partijgenoot *Genosse* m [v:
  Genossin]
kameraadschappelijk *kameradschaftlich*
kamerbewoner ≈ *Untermieter* m
kamerbreed *von Wand zu Wand* ★ ~ tapijt
  Teppich von Wand zu Wand
Kamerdebat *Parlamentsdebatte* v;
  Kammerdebatte v
Kamerfractie *Parlamentsfraktion* v
kamergeleerde *Stubengelehrte(r)* m
kamergenoot *Zimmergenosse* m
kamerheer *Kammerherr* m
kamerjas *Morgenmantel* m; *Hausmantel* m
kamerkoor *Kammerchor* m
Kamerlid *Abgeordnete(r)* m
Kamermeerderheid *Parlamentsmehrheit* v;
  Bundestagsmehrheit v
kamermeisje *Zofe* v; ⟨in hotel⟩ *Zimmermädchen*
  o
kamermuziek *Kammermusik* v
Kameroen *Kamerun* o
Kameroens *kamerunisch*
kamerorkest *Kammerorchester* o
kamerplant *Zimmerpflanze* v
Kamerreces *Parlamentsferien* mv
kamerscherm *spanische Wand* v; *Wandschirm*
  m
kamertemperatuur *Zimmertemperatur* v ★ op
  ~ *zimmerwarm*
kamerverhuur *Zimmervermietung* v
Kamerverkiezing *Parlamentswahl* v
Kamerzetel *Parlamentssitz* m

Kamerzitting *Parlamentssitzung* v
kamfer *Kampfer* m
kamgaren I ZN [het] stof *Kammgarn* o **II** BNW
  Kammgarn
kamikaze *Kamikaze* m
kamikazeactie *Kamikazeunternehmen* o
kamille *Kamille* v
kamillethee *Kamillentee* m
kammen *kämmen*
kamp *Lager* o ★ de scholieren gaan op kamp
  die Schüler fahren ins Ferienlager
kampbeul *KZ-Schinder* m
kampeerartikelen *Campingartikel* m
kampeerauto *Wohnmobil* o
kampeerboerderij *Bauernhof* m *mit*
  Campingplatz
kampeerbus *Wohnmobil* o
kampeerder *Camper* m
kampeerterrein *Campingplatz* m; *Zeltplatz* m
kampement *Lagerplatz* m
kampen *kämpfen*
kamperen *zelten; campen*
kamperfoelie *Geißblatt* o
kampioen *Meister* m ★ de zwem~e van
  Frankrijk *die französische Meisterin im*
  Schwimmen
kampioenschap *Meisterschaft* v
kampleiding *Lagerleitung* v
kampvuur *Lagerfeuer* o
kampwinkel *Campingladen* m
kan *Kanne* v ▼ de zaak is in kannen en kruiken
  die Sache ist unter Dach und Fach ▼ het
  onderste uit de kan willen *alles haben wollen*
Kanaal *Kanal* m
kanaal ● gegraven water *Kanal* m
  ● frequentieband *Kanal* m ★ dit wordt op ~ 1
  uitgezonden *dies bekommt man auf Kanal 1*
Kanaaleilanden *Kanalinseln* mv
Kanaaltunnel *Kanaltunnel* m
kanaliseren *kanalisieren*
kanarie, kanariepiet *Kanarienvogel* m;
  Kanarengirlitz m
kanariegeel *kanariengelb*
kandelaar *Kerzenständer* m
kandidaat *Bewerber* m; *Kandidat* m; *Anwärter*
  m ★ iem. ~ stellen *jmdn. als Kandidaten*
  aufstellen ★ zich ~ stellen voor *kandidieren*
  für
kandidaats *Zwischenprüfung* v ★ hij is geslaagd
  voor z'n ~ *er hat die Zwischenprüfung*
  bestanden
kandidatenlijst *Kandidatenliste* v
kandidatuur *Kandidatur* v
kandij *Kandis* m
kandijkoek *Honigkuchen mit Kandiszucker*
kaneel *Zimt* m
kaneelpijp *Zimtstange* v
kangoeroe *Känguru* o
kanis *Kopf* m; *Birne* v ▼ houd je ~! *Schnauze!*
kanjer ● groot exemplaar *Riesen-* ● uitblinker
  Ass o; *Kanone* v ★ een ~ in sport *eine*
  Sportskanone ★ zij is een ~ in wiskunde *sie ist*
  ein Ass in Mathematik
kanker ● ziekte *Krebs* m ● FIG. woekerend
  kwaad *Krebsgeschwür* o
kankeraar *Nörgler* m; *Motzer* m; *Meckerliese* v;

Meckerfritze m
kankerbestrijding *Krebsbekämpfung* v
kankeren *nörgeln*; *motzen*; *meckern* ★ ~ op
   meckern über
kankergezwel *Krebsgeschwulst* v; MED.
   Karzinom o
kankerlijer *Scheißkerl* m
kankerpatiënt *Krebskranke(r)* m
kankerverwekkend *krebserregend*;
   krebserzeugend; MED. *karzinogen*
kannibaal *Kannibale* m
kannibalisme *Kannibalismus* m
kano *Kanu* o
kanoën *Kanu fahren*
kanon *Kanone* v; *Geschütz* o ▼ zo dronken als
   een ~ *sternhagelvoll*
kanonnade *Kanonade* v
kanonnenvlees *Kanonenfutter* o
kanonschot *Kanonenschuss* m
kanonskogel *Kanonenkugel* v
kanovaarder *Kanute* m
kanovaren *Kanu fahren*
kans ● waarschijnlijkheid *Chance* v; *Möglichkeit*
   v ★ geen kans van slagen hebben *aussichtslos*
   sein ★ de kansen zijn gekeerd *das Blatt hat*
   sich gewendet ★ er bestaat/is veel kans dat...
   es ist sehr wahrscheinlich, dass... ★ dat is mijn
   kans *das ist meine Chance* ★ gelijke kansen
   voor iedereen *Chancengleichheit für jeden*
   ● risico, gok *Gefahr* v ★ de kans om te
   verdrinken is groot *die Gefahr zu ertrinken ist*
   groß ★ een kansje wagen *sein Glück*
   versuchen ● gelegenheid *Chance* v;
   Gelegenheit v ★ hij heeft kans gezien te
   ontsnappen *es ist ihm gelungen zu*
   entkommen ★ zijn kans grijpen *die*
   Gelegenheit nutzen ★ ik zie er geen kans toe
   ich schaffe es nicht ★ iem. de kans geven
   jmdm. eine Chance geben
kansarm *unterprivilegiert*; *(sozial) benachteiligt*
kansel *Kanzel* v
kanselarij *Kanzlei* v
kanselier *Kanzler* m
kanshebber *Favorit* m [v: *Favoritin*]
kansloos *aussichtslos*
kansrekening *Wahrscheinlichkeitsrechnung* v
kansrijk 〈met kans op succes〉 *aussichtsreich*;
   〈met kans op succes〉 *viel versprechend*;
   erfolgversprechend; 〈klasse〉 *(social) privilegiert*
kansspel *Glücksspiel* o
kant I ZN [de] ● zijde *Seite* v ★ op zijn kant
   zetten *kanten*; *hochkant stellen* ● rand *Seite* v;
   Kante v ★ aan de kant! *beiseite!* ● richting
   Seite v ★ ik moet die kant op *ich muss in die*
   Richtung ● aspect *Seite* v ★ aan de ene kant...,
   aan de andere (kant)... *einerseits...,*
   andererseits... ★ een nieuwe kant aan de zaak
   zien *der Sache eine neue Seite abgewinnen*
   ● groep, partij ★ van moeders kant
   mütterlicherseits ★ ik van mijn kant
   meinerseits ▼ kantje boord *mit knapper Not*
   ▼ de kamer aan kant maken *das Zimmer*
   aufräumen ▼ het was op het kantje af *es hätte*
   wenig gefehlt ▼ iets over zijn kant laten gaan
   etw. hinnehmen ▼ zich van kant maken
   Schluss machen ▼ iem. van kant maken *jmdn.*

beiseiteschaffen ▼ dat raakt kant noch wal *das*
   ist weder gehauen noch gestochen ▼ de kantjes
   eraf lopen *sich kein Bein ausreißen* II ZN [het]
   weefsel Spitze
kanteel *Zinne* v
kantelen I OV WW omdraaien *kanten* II ON WW
   omvallen *(um)kippen*
kantelraam *Kippfenster* o
kanten I BNW *Spitzen-* II WKD WW [zich ~] tegen
   ★ zich tegen iets/iemand ~ *sich gegen*
   etw./jmdn. wehren; *sich etw./jmdn.*
   widersetzen
kant-en-klaar *instant*; *fix und fertig*
kant-en-klaarmaaltijd *Fertiggericht* o;
   Fertigmenü o
kantine *Kantine* v
kantlijn *Rand* m; *Randlinie* v
kanton *Kreis* m; *Bezirk* m; 〈in Frankrijk en
   Zwitserland〉 *Kanton* m
kantongerecht *Amtsgericht* o
kantonrechter *Amtsrichter* m
kantoor *Büro* o; 〈overheid〉 *Amt* o; 〈overheid〉
   Dienststelle v; 〈v. een instelling〉 *Geschäftsstelle*
   v; 〈v. advocaat, notaris〉 *Kanzlei* v ★ naar ~
   gaan *ins Büro gehen*
kantoorbaan ≈ *Bürojob* m
kantoorbehoeften *Bürobedarf* m
kantoorboekhandel *Schreibwarengeschäft* o
kantoorgebouw *Bürogebäude* o; *Bürohaus* o
kantoorpand *Bürogebäude* o
kantoortijd *Bürostunden* mv ★ na ~ *nach*
   Büroschluss
kantoortuin ≈ *Großraumbüro* o *unterteilt durch*
   Pflanzen
kanttekening ● opmerking *Randbemerkung* v
   ★ daarbij heb ik de volgende ~ *dazu möchte*
   ich Folgendes anmerken ● aantekening
   Randbemerkung v; *Randnotiz* v
kantwerk *Spitzenarbeit* v
kanunnik *Kanoniker* m
kap ● het kappen *Schlag* m ● bedekking,
   bovenstuk 〈v. huis〉 *Dachstuhl* m; 〈motorkap〉
   Haube v; 〈lampenkap〉 *Schirm* m ★ twee
   onder één kap *halb freistehend*
   ● hoofdbedekking *Kappe* v
kapel ● gebedshuis *Kapelle* v ● muziekkorps
   Kapelle v ● vlinder *Schmetterling* m
kapelaan *Kaplan* m
kapelmeester *Kapellmeister* m
kapen *entführen*
kaper ● zeerover *Seeräuber* m ● ontvoerder
   Entführer m ▼ er zijn ~s op de kust *es sind*
   noch andere Bewerber im Rennen
kaping *Entführung* v
kapitaal I ZN [de] hoofdletter *Majuskel* v;
   Großbuchstabe m II ZN [het] ECON. *Kapital* o
   III BNW zeer groot *großartig*; *famos*
   ★ kapitale fout *Kapitalfehler* m
kapitaalgoederen *Kapitalgüter* mv
kapitaalkrachtig *kapitalkräftig*
kapitaalmarkt *Kapitalmarkt* m
kapitaalvlucht *Kapitalflucht* v
kapitalisme *Kapitalismus* m
kapitalist *Kapitalist* m
kapitalistisch *kapitalistisch*
kapiteel *Kapitell* o

ka

kapitein ● SCHEEPV. gezagvoerder *Kapitän* m ● MIL. officier *Hauptmann* m
kapitein-ter-zee *Kapitän-zur-See* m
kapittel *Kapitel* o
kapittelen *abkanzeln* ★ iem. ~ *jmdm. die Leviten lesen*
kapje ● hoofddeksel *Käppchen* o ● uiteinde van brood *Knust* m; *Brotkanten* m
kaplaars *Gummistiefel* m
kapmeeuw *Lachmöwe* v
kapmes *Buschmesser* o; ⟨hakmes⟩ *Hackmesser* o
kapoen BN deugniet *Taugenichts* m
kapok *Kapok* m
kapot ● stuk *kaputt* ★ een ~te jurk *ein kaputtes/zerrissenes Kleid* ★ een ~te ruit *eine kaputte/zerbrochene Fensterscheibe* ● doodmoe *fix und fertig; erschöpft* ● ontzet *bestürzt; fassungslos; niedergeschmettert* ★ zij is ~ van die gebeurtenis *die Sache hat sie sehr mitgenommen*
kapotgaan *kaputtgehen*
kapotgooien *zerschmeißen; zerschlagen*
kapotje *Pariser* m
kapotlachen [zich ~] *sich kaputtlachen*
kapotmaken *kaputt machen; zerstören; ruinieren*
kapotslaan *kaputtschlagen; zerschlagen*
kapottrekken *zerreißen*
kapotvallen *in Stücke fallen*
kapotwerken [zich ~] *sich zu Tode arbeiten*
kappen I OV WW ● hakken *hauen* ⟨vellen⟩ *fällen*; ⟨bos, hout⟩ *schlagen*; ⟨bomen⟩ *kappen* ● haar opmaken *frisieren* II ON WW ~ **met** ophouden *aufhören mit* ★ wij ~ ermee *Schluss für heute*
kapper *Friseur* m [v: *Friseuse*]
kappertje *Kaper* v
kapsalon *Frisiersalon* m
kapseizen *kentern*
kapsel *Frisur* v
kapsones ★ ~ hebben *(sich) wichtigtun* ★ hij heeft veel ~ *er ist sehr eingebildet*
kapstok *Garderobe* v; ⟨staand⟩ *Kleiderständer* m
kapucijner ● monnik *Kapuziner* m ● erwt *graue Erbse* v
kar *Karren* m; *Karre* v
karaat *Karat* o ★ 18 ~s goud *18-karätiges Gold*
karabijn *Karabiner* m
Karachi *Karachi* o
karaf *Karaffe* v
karakter ● aard *Charakter* m ● letterteken *Schriftzeichen* o
karakteriseren *charakterisieren*
karakteristiek I ZN [de] WISK. *Charakteristik* v II BNW *charakteristisch*
karakterloos *charakterlos*
karakterrol *Charakterrolle* v
karaktertrek *Charakterzug* m
karaktervast *charakterfest*
karamel ● gebrande suiker *Karamell* m ● snoepje *Karamellbonbon* m/o; *Karamelle* v
karameliseren *karamellisieren*
karaoke *Karaoke* o
karate *Karate* o
karateka *Karateka* m
karavaan *Karawane* v

karbonade *Kotelett* o ★ BN Vlaamse ~ ≈ *Stück* o *Schmorfleisch*
kardinaal I ZN [de] *Kardinal* m II BNW *Kardinal-*
karig *karg* ★ een ~ maal *ein karges Mahl*
karikaturaal *karikaturistisch*
karikaturiseren *karikieren; zur Karikatur machen*
karikatuur *Karikatur* v
Karinthië *Kärnten* o
Karinthisch *Kärntner*
karkas ● ANAT. geraamte *Skelett* o ● FIG. gestel *Gerippe* o
karma *Karma(n)* o
karmijn *Karmin* o
karnemelk *Buttermilch* v
karnen *buttern*
karos *Karosse* v
Karpaten *Karpaten* mv
karper *Karpfen* m
karpet *Teppich* m
karren ● rijden *karren* ● fietsen *fahren*
karrenvracht *Fuhre* v
kart *Kart* o
kartel *Kerbe* v
kartel *Kartell* o
kartelen I OV WW kartels maken *kerben*; TECHN. *rändeln* ★ gekartelde rand *gezackte(r) Rand* m II ON WW kartels hebben/krijgen *einreißen*
kartelrand *gezackte(r) Rand* m
kartelvorming *Kartellbildung* v; *Kartellierung* v
karten *Kart fahren*
karton *Pappe* v; *Karton* m
kartonnen *Papp-* ★ ~ doos *(Papp)karton* m
karwats *Karbatsche* v
karwei *Arbeit* v ★ dat is een heel ~ *das ist eine ziemliche Schufterei* ★ een lastig ~ *keine einfache Arbeit*
karwij *Kümmel* m
kas ● broeikas *Gewächshaus* o; *Treibhaus* o ★ groente uit de kas *Treibhausgemüse* o ● holte *Gehäuse* o; ⟨ogen, tanden⟩ *Höhle* v ● geld(bergplaats) *Kasse* v ★ de kas opmaken *die Kasse machen* ▼ goed bij kas zijn *bei Kasse sein* ▼ krap bij kas zitten *knapp bei Kasse sein*
kasboek *Kassenbuch* o
kasbon BN *Sparbrief* m
kasgeld *Kassenbestand* m
kashba *Kashba* v
kasjmier *Kaschmir* o
kaskraker *Kassenerfolg* m; *Kassenreißer* m; *Kassenschlager* m; *(Kassen)Hit* m; *Kassenrenner* m
Kaspische Zee *Kaspische(s) Meer* o
kasplant *Treibhauspflanze* v
kassa *Kasse* v
kassabon *Kassenbon* m
kassaldo *Kassenbestand* m
kassei *Kopfstein* m
kassier *Kassierer* m
kassierster BN *Kassiererin* v
kasstroom *Cash-flow* m
kassucces *Kassenerfolg* m; *Kassenschlager* m
kast ● meubel *Schrank* m ● omgebouwd omhulsel *Gehäuse* o ● groot bouwsel *Kasten* m ★ een kast van een huis *ein riesiger Kasten* ● → kastje

kastanje *Kastanie* v ★ tamme ~ *Edelkastanie* v
kastanjebruin *kastanienbraun*
kaste *Kaste* v
kasteel *Burg* v
kastekort *Kassendefizit* o; *-fehlbetrag* m; *-minus* o
kastelein *Wirt* m
kasticket BN kassabon *Kassenbon* m
kastijden ⟨zichzelf⟩ *sich kasteien*; ⟨anderen⟩ *züchtigen*
kastje ● kleine kast *Schränkchen* o ● televisie *Flimmerkiste* v ▼ iem. van het ~ naar de muur sturen *jmdn. von Pontius zu Pilatus schicken*
kat ● huisdier *Katze* v [m: *Kater*] ★ cyperse kat *getigerte Katze* v ★ perzische kat *Perserkatze* ● snibbige vrouw *Katze* v ● bitse opmerking *Anpfiff* m ● → **katje** ▼ de gelaarsde kat *der gestiefelte Kater* ▼ als kat en hond leven *wie Hund und Katze leben* ▼ als een kat in een vreemd pakhuis *wie der Ochs vorm Berg* ▼ als een kat om de hete brij heendraaien *um den heißen Brei herumreden* ▼ als de kat van huis is, dansen de muizen op tafel *wenn die Katze aus dem Haus ist, tanzen die Mäuse* ▼ de kat in het donker knijpen *es in aller Stille treiben* ▼ een kat in de zak kopen, BN een kat in een zak kopen *die Katze im Sack kaufen* ▼ de kat op het spek binden *den Bock zum Gärtner machen* ▼ de kat uit de boom kijken *sehen, wie der Hase läuft* ▼ de kat de bel aanbinden *der Katze die Schelle umhängen* ▼ maak dat de kat wijs! *das kannst du deiner Großmutter erzählen* ▼ kat en muis spelen *Katz und Maus spielen* ▼ BN een kat een kat noemen *die Dinge beim Namen nennen* ▼ BN andere katten te geselen hebben *andere Sorgen haben* ▼ BN nu komt de kat op de koord *da haben wir die Bescherung* ▼ BN er was geen kat *kein Schwein war da*
katachtig *katzenhaft*; ⟨snibbig⟩ *katzig*
katalysator *Katalysator* m
katapult *Katapult* o
kat-en-muisspel *Katz-und-Mausspiel* o
katenspek *Speck* m
kater *Kater* m
katern *Heft* o; ⟨krant⟩ *Beilage* v
katheder *Rednerpult* o; *Katheder* m
kathedraal I ZN [de] *Kathedrale* v II BNW *kathedralisch*
katheter *Katheter* m
kathode *Kathode* v
katholicisme *Katholizismus* m; ⟨religie⟩ *katholische Religion* v
katholiek I ZN [de] REL. *Katholik* m II BNW ● REL. *katholisch* ● BN, FIG. rechtschapen *rechtschaffen*; *redlich*
katje *Kätzchen* o
katoen *Baumwolle* v ▼ iem. van ~ geven *jmdm. Zunder geben*
katoenen *baumwollen*; *Baumwoll-* ★ een ~ hemd *ein Baumwollhemd*
katrol *Rolle* v
kattebelletje *kurze Notiz* v
katten *sich garstig verhalten*; *bissige Bemerkungen machen*
kattenbak ● bak voor de kat *Katzenklo* o

● ruimte in auto *Kofferraum* m
kattenbakstrooisel *Katzenstreu* v
kattenbrokken *Katzenfutter* o
kattenkop *Kratzbürste* v; *Katze* v
kattenkwaad *Dummejungenstreich* m ★ ~ uithalen *Unfug treiben*
kattenluikje *Katzentürchen* o
kattenoog *Katzenauge* o
kattenpis ▼ dat is geen ~ *das ist nicht ohne*
katterig ● een kater hebbend *verkatert* ● beroerd *leicht angeschlagen*
kattig *schnippisch*; *bissig*
katzwijm *leichte Ohnmacht* v ★ in ~ vallen *ohnmächtig werden*
Kaukasus *Kaukasus* m
kauw *Dohle* v
kauwen op *kauen*
kauwgom *Kaugummi* m/o
kauwgombal *Kugelkaugummi* o
kavel ● stuk land *Parzelle* v ● partij goederen *Partie* v; *Posten* m
kavelen *parzellieren*; *in Parzellen zerlegen*
kaviaar *Kaviar* m
Kazachstaans *kasachisch*
Kazachstan *Kasachstan* o
kazerne *Kaserne* v
kazuifel *Kasel* v
kebab *Kebab* m
keel *Kehle* v ★ iem. bij de keel grijpen *jmdm. an die Gurgel springen* ▼ het hangt me de keel uit *es hängt mir zum Hals raus* ▼ een keel opzetten *lauthals schreien*
keel-, neus- en oorarts *Hals-Nasen-Ohren-Arzt* m; *HNO-Arzt* m
keelgat *Kehle* v; *Schlund* m; *Gurgel* v ▼ het schoot hem in het verkeerde ~ *er hat es in den falschen Hals bekommen*
keelholte *Rachenhöhle* v
keelklank *Kehllaut* m; TAALK. *Kehlkopflaut* m
keelontsteking *Halsentzündung* v
keelpastille *Halspastille* v
keelpijn *Halsweh* o; *Halsschmerzen* mv
keep ● inkeping *Kerbe* v; *Einkerbung* v ● vogel *Bergfink* m
keepen *das Tor hüten*; *im Tor stehen*
keeper *Torwart* m; *Torhüter* m
keer ● maal *Mal* o ★ dit/deze keer *diesmal* ★ een enkele keer *ab und zu* ★ één enkele keer *nur ein Mal* ★ in één keer *mit einem Mal* ★ keer op keer *immer wieder* ★ voor één keer *ein einziges Mal* ★ voor de eerste keer *zum ersten Mal* ● wending *Wendung* v
keerkring *Wendekreis* m
keerpunt ● wendingspunt *Wendepunkt* m ● beslissend ogenblik *Wende* v
keerzijde ● LETT. achterkant *Kehrseite* v; *Rückseite* v ● FIG. onaangename zijde *Kehrseite* v; *Schattenseite* v
keeshond *Spitz* m
keet ● schuurtje *Bude* v; ⟨barak⟩ *Baracke* v ● chaos *Unordnung* v; *Chaos* o; ⟨lawaai⟩ *Krach* m; ⟨lawaai⟩ *Radau* m; ⟨lol⟩ *Jux* m
keffen *kläffen*
keffertje *Kläffer* m
kegel ● voorwerp *Kegel* m ● WISK. *Kegel* m ● figuur in kegelspel *Kegel* m ● slechte adem

Fahne v
kegelbaan *Kegelbahn* v
kegelen I ON WW SPORT *kegeln* **II** OV WW smijten *rausschmeißen*
kei • steen *Kieselstein* m; ⟨straatkei⟩ *Kopfstein* m • uitblinker *Ass* o; ⟨in sport⟩ *Kanone* v ▼ iem. op de keien zetten *jmdn. auf die Straße setzen*
keihard • hard *steinhart* • luid ★ ~ schreeuwen *lauthals schreien* ★ ~e muziek *ohrenbetäubende Musik*
keikop BN koppig persoon *Dickschädel* m; *Starrkopf* m
keilbout *Keilbolzen* m
keilen • gooien met steentjes ★ steentjes over 't water ~ *Steinchen übers Wasser hüpfen lassen* • smijten *werfen; schmeißen*
keizer *Kaiser* m
keizerin *Kaiserin* v
keizerlijk *kaiserlich; Kaiser-*
keizerrijk *Kaiserreich* o
keizersnede *Kaiserschnitt* m
kelder *Keller* m ▼ naar de ~ gaan *zugrunde gehen; untergehen*
kelderen I ON WW • vergaan *untergehen* • in waarde dalen *stürzen* **II** OV WW • doen zinken *versenken* • BN doen mislukken *zur Sau machen*
keldertrap *Kellertreppe* v
kelen *die Kehle durchschneiden;* ⟨v. dieren⟩ *abstechen;* ⟨v. vis⟩ *kehlen*
kelk • beker *Kelch* m • PLANTK. *Kelch* m
kelner *Kellner* m ★ ~! *Herr Ober!*
Kelt *Kelte* m
Keltisch I ZN [het] taal *Keltisch(e)* o **II** BNW m.b.t. de Kelten *keltisch*
kelvin *Kelvin* o
kemphaan • vogel *Kampfläufer* m • ruziezoeker *Raufbold* m; *Kampfhahn* m
kenau *Mannweib* o
kenbaar • te herkennen *kenntlich* • bekend ★ zijn mening ~ maken *sich zu etw. äußern*
kendo *Kendo* o
kengetal • kenmerkend getal *Kennzahl* v; *Kennziffer* v • netnummer *Vorwahl* v
Kenia *Kenia* o
Keniaan *Kenianer* m
Keniaans *kenianisch*
Keniaanse *Kenianerin* v
kenmerk *Kennzeichen* o; *Merkmal* o
kenmerken *kennzeichnen*
kenmerkend *kennzeichnend; bezeichnend*
kennel • hondenfokkerij *Zwinger* m • hondenloophok *Hundezwinger* m
kennelijk I BNW *offensichtlich; offenbar; augenscheinlich* ★ met de ~e bedoeling *in der unverkennbaren Absicht* ▼ in ~e staat *betrunken* **II** BIJW *offensichtlich*
kennen • vertrouwd zijn met *kennen;* ⟨diepgaand⟩ *sich auskennen* • weten, beheersen *kennen;* verstehen ★ zijn vak ~ *sein Fach verstehen* • herkennen *erkennen* ★ iem. aan zijn stem ~ *jmdn. an seiner Stimme erkennen* • in zich hebben *kennen* • ~ in *jmdn. in Kenntnis setzen über* ★ iem. in iets ~ *jmdn. über etw. informieren/in Kenntnis setzen* ★ zonder mij erin te ~ *ohne mich zu*

unterrichten ▼ te ~ geven *zu verstehen geben* ▼ zich niet laten ~ *sich nicht lumpen lassen*
kenner *Kenner* m; ⟨voor expertise⟩ *Sachverständige(r)* m
kennersblik *Kennerblick* m
kennis • bewustzijn *Bewusstsein* o ★ bij ~ *bei Bewusstsein* ★ bij ~ komen *zu sich kommen* ★ buiten ~ *in Ohnmacht* • het weten *Wissen* o; *Kenntnis* v ★ ~ van zaken *Sachkenntnis* v ★ dat gaat mijn ~ te boven *das geht über meinen Verstand* ★ ~ van het Duits *Deutschkenntnisse* • bekendheid met *Kenntnis* v; ⟨met personen⟩ *Bekanntschaft* v ★ iem. ~ geven van iets *jmdm. etw. mitteilen* ★ iem. van iets in ~ stellen *jmdn. von etw. in Kenntnis setzen* ★ ~ hebben van iets *mit etw. bekannt sein* ★ ~ nemen van iets *etw. zur Kenntnis nehmen* ★ iets ter ~ brengen *etw. zur Kenntnis bringen* ★ buiten mijn ~ *ohne mein Wissen* ★ ~ maken met iem. *jmds. Bekanntschaft machen* • bekende *Bekannte(r)* m ▼ ~ is macht *Wissen ist Macht*
kenniseconomie *Wissenswirtschaft* v
kennisgeven *bekannt geben; bekannt machen; ankündigen;* ⟨d.m.v. advertentie⟩ *anzeigen*
kennisgeving *Bekanntgabe/-machung* v; ⟨algemeen⟩ *Mitteilung* v; ⟨in geschrift⟩ *Anzeige* v ★ enige en algemene ~ *statt besonderer Anzeige* ▼ voor ~ aannemen *zur Kenntnis nehmen*
kennismaken *kennenlernen* ★ hebt u al met hem kennisgemaakt? *haben Sie schon seine Bekanntschaft gemacht?* ★ aangenaam kennis te maken *es freut mich, Sie kennenzulernen*
kennismaking *Kontakt* m; ⟨met iem.⟩ *Bekanntschaft* v ★ de eerste ~ *die erste Begegnung*
kennisneming *Kenntnisnahme* v ★ ter ~ *zur Kenntnisnahme*
kennisoverdracht *Kenntnisvermittlung* v
kennissenkring *Bekanntenkreis* m
kenschetsen *charakterisieren; kennzeichnen*
kenteken *Kennzeichen* o; *Merkmal* o
kentekenbewijs ⟨bewijs van toelating⟩ *Kraftfahrzeugschein* m; ⟨bewijs van eigendom⟩ *Kraftfahrzeugbrief* m
kentekenplaat *Nummernschild* o
kenteren *kentern*
kentering • FIG. verandering *Umbruch* m; *Umschwung* m; *Wende* v • GEO. draaiing ★ ~ van getijden *Gezeitenwechsel* m
keper *Köper* m ▼ op de ~ beschouwd *bei Licht besehen; genau betrachten*
kepie • MIL. *Käppi* o • BN uniformpet *Käppi* o
keppeltje *Kappe* v
keramiek *Keramik* v
keramisch *keramisch*
keramist *Keramiker* m [v: *Keramikerin*]
kerel *Kerl* m ★ een vrolijke ~ *ein lustiger Geselle*
keren I OV WW • omdraaien *(um)wenden;* *(um)drehen* ★ ten goede ~ *zum Besten kehren* • tegenhouden *abwenden; verhüten* **II** ON WW • omslaan, veranderen *umdrehen* ★ de wind is gekeerd *der Wind hat sich gedreht* • omkeren *umkehren* ▼ in zichzelf gekeerd *in sich gekehrt* ▼ BN het ~ van de jaren ⟨de

menopauze⟩ *Menopause* v **III** wkd ww [**zich ~**] **tegen** *sich (um)drehen gegen* ▼ zich ten goede ~ *sich zum Guten wenden*

kerf *Einschnitt* m; *Kerbe* v

kerfstok *Kerbholz* o ▼ iets op zijn ~ hebben *etw. auf dem Kerbholz haben*

kerk ● instituut *Kirche* v ● eredienst ★ naar de kerk gaan *zur/in die Kirche gehen* ▼ ben je in de kerk geboren? *habt ihr zu Hause Säcke vor den Türen?*

kerkboek ● kerkregister *Kirchenregister* o ● gebedsboek *Gebetbuch* o

kerkdienst *Gottesdienst* m

kerkelijk *kirchlich*; *Kirchen-*

kerkenraad *Kirchenrat* m

kerker *Kerker* m

kerkfabriek BN, REL. *Kirchenverwaltung* v

kerkganger *Kirchgänger* m

kerkgenootschap *Glaubensgemeinschaft* v

kerkhof *Friedhof* m

kerkklok ● uurwerk *Kirchturmuhr* v ● luiklok *Kirchenglocke* v

kerkkoor *Kantorei* v

kerkmuziek *Kirchenmusik* v

kerkorgel *Kirchenorgel* v

kerkprovincie *Kirchenprovinz* v

kerkrat ▼ zo arm zijn als een ~ *so arm wie eine Kirchenmaus sein*

kerkrecht *Kirchenrecht* o

kerks *kirchlich*

kerktoren *Kirchturm* m

kerkuil *Schleiereule* v

kerkvader *Kirchenvater* m

kermen *wimmern*; *winseln*

kermis *Jahrmarkt* m; *Kirmes* v ▼ van een koude ~ thuiskomen *einen Reinfall erleben*

kermisattractie *Jahrmarktsattraktion* v

kermisvolk *fahrende(s) Volk* o

kern ● binnenste *Kern* m ● essentie ★ tot de kern van de zaak doordringen *auf den Grund der Sache gehen* ★ de kern van de zaak *der Kern der Sache*

kernachtig *kernig*

kernafval *Atommüll* m; *radioaktive(r) Abfall* m

kernbewapening *Atomrüstung* v; *atomare Rüstung* v ★ tegenstander van ~ *Kernwaffengegner* m

kernbom *Atombombe* v

kerncentrale *Atomkraftwerk* o; *Kernkraftwerk* o

kerndeling *Kernteilung* v

kernenergie *Kernenergie* v; *Atomenergie* v

kernfusie *Kernfusion* v

kernfysica *Kernphysik* v

kernfysicus *Kernphysiker* m; *Atomphysiker* m

kerngezond *kerngesund*

kernkop *Atomsprengkopf* m

kernmacht *Atommacht* v

kernoorlog *Atomkrieg* m

kernploeg *Kernmannschaft* v

kernproef *Atomversuch/-test* m; ⟨v. kernwapens⟩ *Kernwaffenversuch* m

kernpunt *Kernpunkt* m

kernraket *Atomrakete* v

kernreactor *Kernreaktor* m

kernwapen *Atom-/Kernwaffe* v ★ verdrag tegen de verspreiding van ~s

Atomwaffensperrvertrag m

kerosine *Kerosin* o

kerrie *Curry* o

kerriepoeder *Curry(pulver)* o

kers ● vrucht *Kirsche* v ● boom *Kirsche* v ★ Oost-Indische kers *Kapuzinerkresse* v

kerselaar BN kersenboom *Kirschbaum* m

kersenbonbon *Weinbrandkirsche* v

kersenboom, BN **kerselaar** *Kirschbaum* m

kersenhout *Kirsch(baum)holz* o

kersenjam *Kirschmarmelade* v

kerst *Weihnachten* o ★ met de ~ *zu Weihnachten*

kerstavond *Heiligabend* m

kerstboom *Tannenbaum* m; *Weihnachtsbaum* m

kerstdag *Weihnachtstag* m ★ prettige ~en *fröhliche Weihnachten*; *frohe Weihnachten*

kerstdiner *Weihnachtsessen* o

kerstenen *christianisieren*

kerstfeest *Weihnachten* o; *Weihnachtsfest* o ★ vrolijk ~! *frohe Weihnachten!*

kerstgratificatie *Weihnachtsgeld* o; *Weihnachtsgratifikation* v

kerstkaart *Weihnachtskarte* v

Kerstkind *Christkind* o

kerstkind *Christkind* o

kerstkransje *Schokoladenkringel* m

kerstlied *Weihnachtslied* o

Kerstman *Weihnachtsmann* m

kerstmarkt *Weihnachtsmarkt* m

Kerstmis *Weihnachten* o ★ met ~ *zu/an Weihnachten*

kerstnacht *Christnacht* v; *Heilige Nacht* v

kerstpakket *Weihnachtspaket* o

kerststal *Weihnachtskrippe* v

kerstster ● kerstversiering *Weihnachtsstern* m ● plant *Weihnachtsstern* m

kerststol *Stolle* v

kerststronk BN, CUL. kerstgebak *Baumkuchen* m

kerststukje *Weihnachtsgesteck* o

kerstvakantie *Weihnachtsferien* mv

kersvers ● zeer vers *ganz frisch*; *taufrisch* ● pas aan-/uitgekomen *gerade eben* ★ ~ nieuws *eine brühwarme Neuigkeit*

kervel *Kerbel* m

kerven *(ein)ritzen*; *(ein)kerben*; *(ein)schneiden*

ketchup *Ketchup* m/o

ketel *Kessel* m

ketelsteen *Kesselstein* m

keten I ZN [de] ● zware ketting *Kette* v ★ een gouden ~ *eine goldene Kette* ● reeks *Reihe* v; *Kette* v; ⟨onafgebroken⟩ *Serie* v ▼ de ~s afwerpen *die Ketten abwerfen* **II** ON WW *Radau machen*

ketenen ● met ketens vastmaken *(an)ketten* ● aan banden leggen *fesseln*; *in Ketten legen*

ketjap *Sojasoße* v

ketsen ● afschampen *prallen gegen* ● niet afgaan *versagen*

ketter *Ketzer* m

ketteren *toben*

ketterij *Ketzerei* v

ketters *ketzerisch*

ketting *Kette* v ▼ een ~ is zo sterk als zijn zwakste schakel *eine Kette ist immer so stark*

wie ihr schwächstes Glied
kettingbotsing *Massenkarambolage* v
kettingbrief *Kettenbrief* m
kettingkast *Kettenschutz* m
kettingpapier *Endlospapier* o
kettingreactie *Kettenreaktion* v
kettingroker *Kettenraucher* m
kettingslot *Kettenschloss* o
kettingsteek *Kettenstich* m
kettingzaag *Kettensäge* v
keu *Queue* m/o; *Billardstock* m
keuken ● plaats *Küche* v ★ centrale ~
Gemeinschaftsküche v ★ met gebruik van ~
mit Küchenbenutzung ● kookstijl *Küche* v
★ de koude ~ *die kalte Küche*; ≈ *Privatsache* v;
≈ *Privatangelegenheit* v
keukenblok *Küchenzeile* m
keukengerei *Küchengeräte* o
keukenhanddoek BN *Geschirrtuch* o;
Küchentuch o
keukenkastje *Küchenschrank* m
keukenmachine *Küchenmaschine* v
keukenmeid *Küchenhilfe* v
keukenmeidenroman *Schundroman* m;
Groschenroman m
keukenpapier *Küchenpapier* o
keukenprinses *Küchenfee* v
keukenrol *Küchenrolle* v
keukentrap *Küchenleiter* v; *Tritt* m
keukenzout *Kochsalz* o
Keulen *Köln* o ▼ staan te kijken, of men het in
~ hoort donderen *wie vom Donner gerührt*
sein
Keuls *Kölner*
keur ● keuze *Auswahl* v; *Auslese* v ● waarmerk
Gütesiegel o
keuren ● proeven *kosten*; *probieren* ● kwaliteit
controleren *prüfen*; *untersuchen*; ⟨vlees⟩
beschauen; ⟨goud⟩ *proben* ● medisch
onderzoeken *ärztlich untersuchen* ★ ~ voor
de militaire dienst *mustern* ★ zich voor een
verzekering laten ~ *ein Attest für die*
Versicherung einholen
keurig I BNW ● zorgvuldig *tadellos*; *genau*
● correct *ordentlich*; ⟨fatsoenlijk⟩ *anständig*
II BIJW *ausgezeichnet*; *fein* ★ zij schrijft ~
netjes *sie schreibt wie gestochen* ★ zij is altijd ~
op tijd *sie ist immer pünktlich*
keuring *Prüfung* v; *Untersuchung* v; ⟨v. vlees⟩
Beschau v
keuringsarts *Musterungsarzt* m
keuringsdienst *Überwachungsdienst* m ★ ~ van
waren *Amt für Warenprüfung*
keurkorps *Elitetruppe* v
keurmeester *Warenprüfer* m; ⟨vlees⟩ *Beschauer*
m
keurmerk *Qualitätserzeugnis* o; ⟨stempel⟩
Gütezeichen o
keurslijf *Zwangsjacke* v
keurstempel *Stempel* m *für das Gütezeichen*
keurtroepen *Elitetruppen* mv
keus ● het kiezen *Wahl* v ★ een keus doen *eine*
Wahl treffen ● sortering *Auswahl* v ● wat
gekozen is *Auswahl* v ★ keuze uit de werken
van Schiller *eine Auswahl aus Schillers Werken*
keutel ● drolletje *Kötel* m ● dreumes *Stöpsel* m;

Steppke m
keuterboer *Kleinbauer* m
keuvelen *plaudern*
keuze ● → **keus**
keuzemenu *Wahlmenü* o; *Menü* o *nach Wahl*
keuzemogelijkheid *Wahlmöglichkeit* v
keuzepakket *Zusammenstellung* v *von*
Wahlfächern
keuzevak *Wahlfach* o
kever *Käfer* m
keyboard *Keyboard* o
kg *kg (Kilogramm)* o
kibbelen *sich zanken*
kibbeling *panierte und frittierte Fischstückchen* o
mv
kibboets *Kibbuz* m [mv: *Kibbuzim*]
kick *Kick* m ★ ergens een kick van krijgen
einen Kick von etw. bekommen
kickboksen *Kickboxen* o
kickeren BN tafelvoetbal spelen *Tischfußball* m
spielen
kidnappen *kidnappen*; *entführen*
kidnapper *Entführer* m; *Kidnapper* m
kidnapping *Kidnapping* o; *Entführung* v
kids *Kids* mv
kiekeboe *kuckuck*
kiekendief *Weihe* v
kiekje *Foto* o; *Bild* o
kiel ● SCHEEPV. *Kiel* m ● kledingstuk *Kittel* m
kielekiele ▼ het was ~ *das ging gerade noch gut*
kielhalen *kielholen*
kielzog *Kielwasser* o
kiem *Keim* m
kiemen *keimen*
kien ● pienter *gewitzt* ● ~ op *scharf auf* [+4]
kiepauto *Kipplader* m
kiepen I OV WW neergooien *(aus)schütten*;
kippen ★ iets op de grond ~ *etw. auf den*
Boden kippen II ON WW vallen *herunterfallen*;
kippen ★ van tafel ~ *vom Tisch kippen*
kieperen I OV WW smijten *schmeißen* II ON WW
tuimelen *purzeln*
kier *Fuge* v; *Spalt* m; *Ritze* v; ⟨deur, raam⟩ *Spalte*
v ★ de deur staat op een kier *die Tür ist einen*
Spaltbreit offen ★ de deur op een kier zetten
die Tür anlehnen
kierewiet *übergeschnappt*; *verrückt*
kies I ZN [de] *Backenzahn* m ★ holle kies *hohle(r)*
Zahn m ▼ de kiezen op elkaar zetten *sich*
zusammenreißen II BNW fijngevoelig
feinfühlig; *zartfühlend*; *zartfühlend* III BIJW
rücksichtsvoll; *diskret*
kiesdeler *Wahlquotient* m
kiesdistrict *Wahlbezirk* m
kiesdrempel *Sperrklausel* v; ⟨gesteld op ten
minste vijf procent⟩ *Fünfprozentklausel* v
kiesgerechtigd *wahlberechtigt*
kieskauwen *lange Zähne machen*
kieskeurig *wählerisch*
kieskring *Wahlkreis* m
kiespijn *Zahnschmerzen* mv; *Zahnweh* o ▼ ik
kan je missen als ~ *du kannst mir gestohlen*
bleiben
kiesrecht *Wahlrecht* o ★ actief ~ *aktives*
Wahlrecht
kiesschijf *Wählscheibe* v

kiestoon *Summton* m
kietelen *kitzeln*
kieuw *Kieme* v
Kiev *Kiew* o
kieviet *Kiebitz* m
Kievs *Kiewer*
kiezel I ZN [de] steen *Kiesel* m **II** ZN [het] grind *Kies* m
kiezelpad *Kiesweg* m; *Kiespfad* m
kiezelsteen *Kieselstein* m
kiezelstrand *Kiesstrand* o
kiezen ● keus doen *wählen* ● door keuze benoemen *wählen*
kiezer *Wähler* m [v: *Wählerin*]
kift *Neid* m; (ivm aandacht/liefde) *Eifersucht* v ★ het is allemaal de kift! *das ist purer Neid!*
kiften *sich zanken*
kijf ▼ dat staat buiten kijf *das steht außer Frage*
kijk ● het kijken *Blick* m; *Einblick* m ● inzicht *Meinung* v; *Ansicht* v; *Einsicht* v in ★ zij heeft daar geen kijk op *sie hat keinen Blick dafür* ★ een andere kijk op iets hebben *etw. anders sehen* ★ een eigen kijk op de wereld hebben *eine eigene Sicht der Dinge haben* ▼ te kijk lopen met iets *etw. zur Schau tragen* ▼ te kijk staan *zur Schau stehen* ▼ iem. te kijk zetten *jmdn. bloßstellen* ▼ tot kijk! *bis dann!*
kijkcijfers *Einschaltquote* v
kijkdag (tijden van tentoonstelling) *Besichtigungszeit* v; (open dag) *Tag* m *der offenen Tür*
kijkdichtheid *Einschaltquote* v
kijkdoos *Guckkasten* m
kijken I OV WW bekijken *anschauen*; *ansehen*; *betrachten* ★ winkels ~ *einen Einkaufsbummel machen* **II** ON WW ● de ogen gebruiken *sehen*; *schauen*; *blicken*; *gucken*; *(sich) ansehen*; *betrachten* ★ kijk eens! *sieh mal!* ★ naar de kinderen ~ *nach den Kindern sehen* ★ naar binnen ~ *hineinsehen/-schauen* ▼ ik zal eens ~ *ich will mal nachsehen* ● eruitzien *dreinblicken/-schauen*; *aussehen* ★ somber ~ *finster dreinblicken* ▼ ergens van staan te ~ *über etw. staunen*
kijker ● verrekijker *Fernrohr* o; *Fernglas* o ● persoon *Zuschauer* m; (tv) *Fernsehzuschauer* m ▼ iem. in de ~ hebben *jmdn. auf dem Kieker haben* ▼ in de ~ lopen *alle Blicke auf sich ziehen*
kijkgeld *Fernsehgebühr* v
kijkje *Blick* m ★ een ~ achter de schermen *ein Blick hinter die Kulissen* ★ even een ~ nemen *kurz vorbeischauen*
kijkoperatie *Sondierung* v
kijkwoning BN modelwoning *Musterwohnung* v; *Musterhaus* o
kijven *keifen*; *zetern*
kik *Mucks* m; *Laut* m ★ geen kik geven *keinen Mucks von sich geben*
kikken *mucksen* ★ niet ~ *keinen Laut von sich geben*
kikker *Frosch* m
kikkerbad *Planschbecken* o
kikkerbilletjes *Froschschenkel* mv
kikkerdril *Froschlaich* m
kikkeren *Froschhüpfen* o

kikkererwt *Kichererbse* v
kikkervisje *Kaulquappe* v
kikvorsman *Froschmann* m
kil ● fris *kalt*; (weer) *nasskalt* ● onhartelijk *frostig*; *kühl*
killer *Killer* m
killersinstinct *Killerinstinkt* m
kilo *Kilo* o
kilobyte *Kilobyte* o
kilocalorie *Kilokalorie* v
kilogram *Kilogramm* o
kilohertz *Kilohertz* o
kilojoule *Kilojoule* o
kilometer *Kilometer* m ★ 50 ~ per uur *fünfzig Stundenkilometer*; *fünfzig Kilometer in der Stunde*
kilometerpaal *Kilometerstein* m
kilometerteller *Kilometerzähler* m
kilometervergoeding *Kilometergeld* o
kilometervreter *Kilometerfresser* m
kilowatt *Kilowatt* o
kilowattuur *Kilowattstunde* v; *kWh* v
kilt *Kilt* m
kilte *feuchte Kälte* v
kim *Horizont* m; SCHEEPV. *Kimm* v
kimono *Kimono* m
kin *Kinn* o ★ dubbele kin *Doppelkinn*
kind ● jeugdig persoon *Kind* o ★ van kind af aan *von Kind auf* ● nakomeling *Kind* o ▼ het kind van de rekening zijn *die Sache ausbaden müssen* ▼ het kind met het badwater weggooien *das Kind mit dem Bade ausschütten* ▼ kind noch kraai hebben *weder Kind noch Kegel haben* ▼ een kind kan de was doen *das ist kinderleicht* ▼ kinderen en dwazen vertellen de waarheid *Kinder und Narren sagen die Wahrheit*
kinderachtig ● als kind *kindisch* ● flauw *albern* ● weinig *kleinlich* ★ dat is niet ~ *das ist nicht gering*
kinderarbeid *Kinderarbeit* v
kinderarts *Kinderarzt* m [v: *Kinderärztin*]
kinderbescherming *Jugendschutz* m ★ raad voor de ~ *Jugendamt* o
kinderbijbel *Kinderbibel* v
kinderbijslag *Kindergeld* o
kinderboek *Kinderbuch* o
kinderboerderij *kleine(r) Bauernhof* m *für Kinder*
kinderdagverblijf *Kindertagesstätte* v; *Kinderhort* m
kindergeld BN kinderbijslag *Kindergeld* o
kinderhand v ▼ een ~ is gauw gevuld *Kindeshand ist bald gefüllt*
kinderhoofdje *Kopfstein* m
kinderjaren *Kinderjahre* mv; *Kindheit* v
kinderkaartje *Kinderkarte* v
kinderkamer *Kinderzimmer* o
kinderkleding *Kinderkleidung* v
kinderkoor *Kinderchor* m
kinderlijk *kindlich*
kinderlokker *Kinderverführer* m
kinderloos *kinderlos*
kindermeisje *Kindermädchen* o
kindermenu *Kindermenü* o; *Kinderteller* m
kindermoord *Kindermord* m

ki

kinderoppas *Kinderbetreuung* v
kinderopvang *Kinderkrippe* v; *Kindertagesstätte* v
kinderporno *Kinderporno* m
kinderpostzegel *Sonderbriefmarke* v *für das Kinderhilfswerk*
kinderpsychiater *Kinderpsychiater* m
kinderrechter *Jugendrichter* m
kinderrijk *kinderreich*
kinderschoen *Kinderschuh* m ▼ nog in de ~en staan *noch in den Kinderschuhen stecken* ▼ de ~en ontgroeid zijn *den Kinderschuhen entwachsen sein*
kinderslot *Kindersicherung* v
kinderspel *Kinderspiel* o
kindersterfte *Kindersterblichkeit* v
kinderstoel *Kinderstuhl* m
kindertehuis *Kinderheim* o
kindertelefoon *Kindersorgentelefon* o
kindertijd *Kinderzeit* v
kindertuin BN crèche *Kinderkrippe* v; *Kindertagesstätte* v; *Kita* v
kinderverlamming *Kinderlähmung* v
kindervoeding *Kinderernährung* v
kindervriend *Kinderfreund* m
kinderwagen *Kinderwagen* m
kinderwens ● wens kinderen te krijgen *Kinderwunsch* m ● wens van een kind *Kinderwunsch* m
kinderwerk ● werk van kinderen *Kinderarbeit* v ● onbeduidend werk *Kinderspiel* o
kinderziekenhuis *Kinderkrankenhaus* o; *Kinderklinik* v
kinderziekte ● LETT. ziekte *Kinderkrankheit* v ● FIG. beginproblemen *Kinderkrankheit* v
kinderzitje *Kindersitz* m
kinds *kindisch*
kindsbeen ▼ van ~ af *von Kindesbeinen an*
kindsdeel *Erbteil* m *des Kindes*
kindsheid *Senilität* v
kindsoldaat *Kindersoldat* m
kindveilig *kindersicher* ★ ~e sluiting *kindersicherer Verschluss* m
kindveiligheid *Kindersicherheit* v
kindvriendelijk *kinderfreundlich*
kindvrouwtje *Kindfrau* v
kinesist BN fysiotherapeut *Physiotherapeut* m; *Krankengymnast* m
kinesitherapie, INFORM. **kine** BN fysiotherapie *Physiotherapie* v; *Krankengymnastik* v
kinetisch *kinetisch*
kingsize *kingsize*; *riesengroß*; *riesenhaft*; *großformatig*
kinine *Chinin* o
kink SCHEEPV. *Kink* v ▼ er is een kink in de kabel gekomen *es ist Sand ins Getriebe gekommen* ▼ een kink in de kabel *ein unvorhergesehenes Problem*
kinkel *Lümmel* m
kinkhoest *Keuchhusten* m
kinky *abartig*; *pervers*
kinnebak *Unterkiefer* m; *Kinnlade* v
kiosk *Kiosk* m
kip ● dier *Huhn* o; *Henne* v ● CUL. *Hähnchen* o; *Huhn* o ★ gebraden kip *ein Brathähnchen* o ▼ er is geen kip te zien *weit und breit ist*

niemand zu sehen ▼ praten als een kip zonder kop *dummes Zeug reden* ▼ rondlopen als een kip zonder kop *umherlaufen wie ein kopfloses Huhn* ▼ met de kippen op stok gaan *mit den Hühnern zu Bett gehen*
kipfilet *Hühnerbrustfilet* o
kiplekker *pudelwohl*; INFORM. *sauwohl*
kippenbil BN, CUL. kippenbout *Hühnerschlegel* m
kippenborst *Hühnerbrust* v
kippenbout *Hühnerschlegel* m
kippeneindje *Katzensprung* m
kippenfokkerij ● het fokken *Hühnerzucht* v ● fokbedrijf *Hühnerfarm* v
kippengaas *feinmaschige(r) Draht* m
kippenhok *Hühnerstall* m
kippenlever *Hühnerleber* v
kippenren *Hühnerauslauf* m
kippensoep *Hühnersuppe* v
kippenvel *Gänsehaut* v
kippenvlees *Hühnerfleisch* o
kippig *kurzsichtig*
Kirgizië *Kirgisien* o
Kirgizisch *kirgisisch*
kirren *Kiste* v ● doodkist *Sarg* m
kisten *einsargen* ▼ zich niet laten ~ *sich nicht unterkriegen lassen*
kistje *Kästchen* o; ⟨voor sigaren⟩ *Kiste* v
kistkalf ≈ *Mastkalb* o
kit *Kitt* m
kitchenette *Kochnische* v
kitesurfen *kitesurfen*
kits ▼ alles kits! *alles paletti*
kitsch *Kitsch* m
kitscherig *kitschig*
kittelaar *Kitzler* m
kitten *kitten*
kittig *rassig*; *flott*; ⟨opgewekt⟩ *munter*
kiwi *Kiwi* v
klaaglijk I BNW *kläglich* II BIJW *kläglich*
Klaagmuur *Klagemauer* v
klaagzang *Elegie* v
klaar ● paraat *bereit*; *parat* ★ hij heeft altijd een antwoord ~ *er hat immer eine Antwort parat* ★ het schip is ~ om te vertrekken *das Schiff ist klar zum Auslaufen* ★ de trein staat ~ *der Zug steht bereit* ● afgewerkt *fertig* ● helder *klar*; *hell* ● duidelijk *klar* ● zuiver *rein* ▼ ~ is Kees *fertig ist die Laube*
klaarblijkelijk I BNW *offenkundig*; *augenscheinlich* II BIJW *offenbar*; *offensichlich*
klaarheid ● helderheid *Klarheit* v ● FIG. duidelijkheid *Klarheit* v ★ tot ~ brengen *Klarheit schaffen*
klaarkomen ● gereedkomen *fertig werden*; *zurechtkommen* ★ ik kom er vandaag niet mee klaar *heute werde ich damit nicht mehr fertig* ● orgasme krijgen *kommen*
klaarleggen *zurechtlegen*; *bereitlegen*
klaarlicht ● → **dag**
klaarliggen *bereitliegen* ★ ik heb het boek voor je ~ *ich habe dir das Buch zur Seite gelegt* ★ het schip ligt klaar *das Schiff ist klar zum Auslaufen*
klaarmaken *in Ordnung bringen*; *vorbereiten*; *herrichten*; *zurechtmachen*; *fertig machen*; ⟨v.

eten⟩ *kochen*; ⟨v. eten⟩ *(zu)bereiten* ★ zich ~ *sich fertig machen* ★ zich ~ voor een reis *sich auf eine Reise vorbereiten*
klaar-over *Schülerlotse* m
klaarspelen *zustande bringen*; *zu Stande bringen*; *fertigbringen*
klaarstaan *bereitstehen*; *zur Verfügung stehen* ★ ik stond klaar om uit te gaan *ich war im Begriff zu gehen* ★ altijd voor anderen ~ *immer hilfsbereit sein*; *jederzeit zu Diensten stehen*
klaarstomen *auf Vordermann bringen*; ⟨stevig leren⟩ *einpauken* ★ zij stoomde hem klaar voor het examen *sie paukte mit ihm fürs Examen*
klaarwakker *hellwach*
klaarzetten *zurechtstellen*; *bereitstellen*
klaas ▼ een houten ~ *ein steifer Klotz*
Klaas Vaak *das Sandmännchen*
klacht ● uiting van misnoegen *Beschwerde* v ● aanklacht *Klage* v ★ een ~ indienen tegen iem. *sich über jmdn. beschweren*; *Anzeige gegen jmdn. erstatten*; *Klage gegen jmdn. erheben* ● ongemak, pijn *Beschwerde* v ★ wat zijn uw ~en? *welche Beschwerden haben Sie?*; *wo fehlt es denn?*
klachtenboek *Beschwerdebuch* o
klachtenlijn *Beschwerdetelefon* o
klad I ZN [het] ● Entwurf m; *Konzept* o; *Kladde* v ● → **kladje II** ZN [de] ★ ergens de klad in brengen *das Geschäft verderben*; *etw. in Misskredit bringen* ▼ iem. bij de kladden pakken *jmdn. am Schlafittchen kriegen*
kladblaadje *Zettel* m; INFORM. *Schmierzettel* m
kladblok *Notizblock* m
kladden I OV WW slordig doen *klecksen*; ⟨hin⟩*schmieren* **II** ON WW *kliederen klecksen*; *schmieren*
kladderen *klecksen*
kladje *Notizzettel* m
kladpapier *Notizblock* m
kladschrijver *Schmierfink* m
klagen I OV WW als klacht uiten *klagen* ★ iem. zijn nood ~ *jmdm. seine Not klagen* ★ over rugpijn ~ *über Rückenschmerzen klagen* **II** ON WW ● een klacht uiten *sich beschweren*; *sich beklagen* ★ niet over iem. te ~ hebben *sich über jmdn. nicht beklagen können* ★ geen reden tot ~ hebben *keinen Grund zur Klage haben* ● JUR. *klagen*; *Klage erheben*
klager ● iem. die klaagt *Nörgler* m; *Stänkerer* m ● JUR. *Kläger* m; *Beschwerdeführer* m
klagerig *klagend*
klak BN pet *Schirmmütze* v; *Mütze* v
klakkeloos I BNW *kritiklos*; *unbesehen* **II** BIJW zonder nadenken *plötzlich*; *unversehens*
klakken *schnalzen*
klam *feucht*; *klamm* ★ het klamme zweet *der kalte Schweiß*
klamboe *Moskitonetz* o
klamp *Klampe* v
klandizie *Kundschaft* v
klank ● geluid *Klang* m; *Laut* m ● wijze van klinken *Klang* m
klankbodem *Resonanzboden* m ▼ een goede ~ vinden *Resonanz finden*

klankbord *Schalldeckel* m
klankkast *Resonanzkörper* m
klankkleur *Klangfarbe* v
klant ● koper *Kunde* m ★ vaste ~ *Stammkunde* m; *Stammkunde* m ● kerel *Kerl* m ★ een vrolijke ~ *ein lustiger Bursche*
klantenbinding ≈ *Kundendienst* m
klantenkaart *Kundenkarte* v
klantenkring *Kundenkreis* m
klantenservice *Kundendienst* m
klantenwerving *Kundenwerbung* v
klantgericht *kundenorientiert*; *kundenfreundlich*
klantvriendelijk *kundenfreundlich*
klap ● slag *Schlag* m ★ klappen krijgen *Prügel bekommen* ★ een klap uitdelen *jmdm. einen Schlag versetzen* ● tegenslag ★ de klap te boven komen *sich von dem Rückschlag erholen* ● fel geluid *Knall* m ▼ de klap op de vuurpijl *Glanzstück* o ▼ in één klap *mit einem Schlag*
klapband *geplatzte(r) Reifen* m ★ de bus kreeg een ~ *dem Bus platzte der Reifen*
klapdeur *Schwingtür* v
klaphekje *Fallgitter* o
klaplong *Lungenkollaps* m; *Pneu(mothorax)* m
klaplopen *schmarotzen*
klaploper *Schmarotzer* m
klappen ● uiteenspringen *platzen* ● geluid maken ⟨handen⟩ *klatschen*; ⟨zweep, deur⟩ *knallen*
klapper ● opbergmap *Ringbuch* o ● vuurwerk *Knallkörper* m ● uitschieter *Schlager* m; ⟨commercieel succes⟩ *Verkaufsschlager*
klapperen *klappern*; ⟨v. zeilen⟩ *schlagen*
klapperpistool *Knallpistole* v
klappertanden *mit den Zähnen klappern* ★ het ~ *Zähneklappern* o
klappertje *Zündblättchen* o
klaproos *Klatschmohn* m
klapschaats *Klappschlittschuh* m
klapstoel *Klappstuhl* m
klapstuk ● vlees *Hochrippe* v ● FIG. hoogtepunt *Schlager* m; *Reißer* m
klaptafel *Klapptisch* m
klapwieken *die Flügel schlagen*
klapzoen *Schmatz* m
klare *Korn* m; *Klare(r)* m
klaren ● helder maken *filtern*; *klären* ● in orde krijgen *fertigbringen*; *schaffen* ★ zij klaart het wel *sie bringt es schon fertig*
klarinet *Klarinette* v
klarinettist *Klarinettist* m
klas ● O&W groep leerlingen *Klasse* v ● O&W lokaal *Klasse* v ● O&W leerjaar *Klasse* v ● rang, kwaliteit *Klasse* v
klasgenoot *Klassenkamerad* m; *Mitschüler* m
klaslokaal *Klassenraum* o; *-zimmer*
klasse I ZN [de] ● maatschappelijke laag *Klasse* v ● kwaliteit *Klasse* v; *Bundesliga* v ▼ BN, SPORT tweede ~ ⟨op één na hoogste klasse voetbal⟩ *Zweite Bundesliga* v **II** TW *Klasse*
klasse- *Klasse-* ★ ~auto *Klasseauto* o
klasseloos *klassenlos* ★ een klasseloze samenleving *eine klassenlose Gesellschaft* v
klassement *Wertung* v ★ algemeen ~ *Gesamtwertung* ★ individueel ~ *Einzelwertung*

kl

v
klassenavond *Klassenfest* o
klassenjustitie *Klassenjustiz* v
klassenleraar *Klassenlehrer* m
klassenstrijd *Klassenkampf* m
klassenvertegenwoordiger *Klassensprecher* m
klasseren *klassifizieren* ★ zich ~ voor *sich für etw. qualifizieren*
klassering *Klassifikation* v; SPORT *Qualifikation* v
klassiek • traditioneel *klassisch* • van duurzame waarde ★ een ~ voorbeeld *ein Musterbeispiel* o • de klassieke oudheid betreffend *klassisch* ★ ~e taal en letteren *klassische Philologie* v
klassieken *Klassiker* mv
klassieker • bekend werk ⟨boek, film⟩ *Klassiker* 'm; ⟨lied⟩ *Evergreen* m • SPORT wedstrijd *Klassiker* m
klassikaal *in der Klasse; klassenweise* ★ ~ onderwijs *Klassenunterricht* m
klateren *prasseln*; ⟨water⟩ *plätschern*
klatergoud *Flittergold* o
klauteren *klettern*
klauw • poot van roofdier *Tatze* v; ⟨nagels⟩ *Kralle* v; *Klaue* v; ⟨roofvogels⟩ *Fänge* mv • hand *Klaue* v; *Pranke* v; *Kralle* v
klauwhamer *Schreinerhammer* m
klavecimbel *Cembalo* o; *Klavizimbel* o
klaver • plant *Klee* m • figuur in kaartspel *Kreuz* o
klaveraas *Kreuz-Ass* v
klaverblad • blad van klaver *Kleeblatt* o • wegkruising *Autobahnkreuz* o; *Kleeblatt* o
klaverboer *Kreuz-Bube* m
klaverheer *Kreuz-König* m
klaverjassen *jassen*
klavertjevier *Glücksklee* m; *vierblättriges Kleeblatt* o
klavervrouw *Kreuz-Dame* v
klavier • toetsenbord *Klaviatur* v • instrument *Klavier* o
klavierinstrument *Tasteninstrument* o
kledder *Klecks* m
kledderen *kleckern*; *schmieren*
kleddernat *klatschnass*
kleden *kleiden* ★ deze broek kleedt je uitstekend *diese Hose steht dir ausgezeichnet* ★ zich ouderwets ~ *sich altmodisch kleiden*
klederdracht *Tracht* v ★ nationale ~ *Nationaltracht* v
kledij *Kleidung* v
kleding *Kleidung* v
kledingstuk *Kleidungsstück* o
kledingzaak *Modefachgeschäft* o
kleed • bedekking ⟨op tafel, bank⟩ *Decke* v; ⟨op vloer⟩ *Teppich* m • BN jurk *Gewand* o
kleedgeld *Kleidergeld* o
kleedhokje *Umkleidekabine* v
kleedkamer *Umkleideraum* m
kleedster *Garderobenfrau* v
kleefpasta *Klebepaste* v
kleerborstel *Kleiderbürste* v
kleerhanger *Kleiderbügel* m
kleerkast • kast voor kleren *Kleiderschrank* m • grote gespierde man *Muskelpaket* o
kleermaker *Schneider* m

kleermakerszit *Schneidersitz* m
kleerscheuren ▼ er zonder ~ afkomen *mit heiler Haut davonkommen*
klef *klebrig*
klei • grond ⟨om te boetseren⟩ *Ton* m; *Klei* m ★ zware klei *fette(r) Klei* • bodemsoort *Lehmboden* m • boetseerklei *Ton* m
kleiachtig *lehmartig; lehmig; kleiig; lehmhaltig*
kleiduif *Tontaube* v
kleiduivenschieten *Tontaubenschiessen* o
kleien *kneten*; ⟨in Ton⟩ *modellieren*
kleigrond *Lehmboden* m; *Kleiboden* v
klein • niet groot *klein* ★ tot in het ~ste detail *bis ins Kleinste* • niet geheel ★ een ~ uur *fast eine Stunde*
Klein-Azië *Kleinasien* o
kleinbedrijf *Kleinbetrieb* m
kleinbehuisd *beengt wohnend*
kleinburgerlijk *kleinbürgerlich*
kleindochter *Enkeltochter* v
kleinduimpje *der kleine Däumling* m
kleinduimpje *Dreikäsehoch* m
kleinerdanteken *Kleineralszeichen* o
kleineren *abwerten*
kleingeestig *engstirnig*
kleingeld *Kleingeld* o
kleinhandel *Einzelhandel* m
kleinigheid *Kleinigkeit* v
kleinkind *Enkelkind* o
kleinkrijgen *kleinbekommen; kleinkriegen*
kleinkunst *Kleinkunst* v
kleinmaken • iets klein maken *kleinmachen* • geld wisselen *wechseln* • vernederen *unterkriegen; kleinmachen*
kleinood *Kleinod* o
kleinschalig *in kleinem Maßstab*
kleinsteeds *kleinstädtisch*
kleintje *Kleine(s)* o ▼ op de ~s letten/passen *mit dem Pfennig rechnen* ▼ voor geen ~ vervaard zijn *sich nicht leicht einschüchtern lassen*
kleintjes • petieterig *winzig* • klein en zwak *zu klein*
kleinvee *Kleinfieh* o
kleinzerig • bang voor pijn *wehleidig; weichlich* • lichtgeraakt *empfindlich*
kleinzielig *kleinlich*
kleinzoon *Enkel* m
klem I ZN [de] • klemmend voorwerp *Fangeisen* o • benarde situatie *Klemme* v • nadruk *Nachdruck* m II BNW *festgeklemmt* ★ klem zitten *in der Klemme stecken* ★ hij werd klem gereden *sein Wagen wurde eingekeilt*
klembord • ADMIN. *Klemmbrett* o • COMP. *Zwischenablage* v
klemmen I OV WW drukken *pressen*; *klemmen* ★ iem. tegen zich aan ~ *jmdn. an sich pressen* II ON WW • knellen *klemmen* • benauwen *bedrücken* • dwingen ★ ~de redenen *überzeugende(n) Gründe*
klemtoon *Betonung* v; *Akzent* m; ⟨nadruk leggen⟩ *Nachdruck* m ★ de ~ op iets leggen *etw. betonen*
klemvast • SPORT *ganz sicher* • zeer vast *sehr fest*
klep • sluitstuk *Klappe* v; ⟨deksel⟩ *Deckel* m; ⟨v. een motor⟩ *Ventil* o • deel van pet *Schirm* m

kl

klepel *Schwengel* m
kleppen ● klepperen *klappern*; ⟨eenmalig⟩ *schnappen* ● kletsen *plappern*; *schwatzen*
klepper *Klapper* v
klepperen *klappern*
kleptomaan *Kleptomane* m
klere ▼ PLAT krijg de ~! *du kannst mir den Buckel runterrutschen!*; *fahr' zur Hölle!*
klere- *Sau-*; *Mist-* ★ klereweer *Sauwetter* o; *Mistwetter* o
klerelijer *Scheißkerl* m
kleren *Kleider* mv; INFORM. *Klamotten* mv; ⟨kleding⟩ *Kleidung* v ★ mooie ~ dragen *schöne Kleider tragen* ★ geen ~ aan hebben *nichts anhaben* ▼ dat gaat je niet in de koude ~ zitten *das geht jmdm. ziemlich unter die Haut*
klerenhanger *Kleiderbügel* m
klerenkast ● kast voor kleren *Kleiderschrank* m ● grote gespierde man *Muskelpaket* o
klerikaal *geistlich*; *klerikal*
klerk *Schreibkraft* v; *Schreiber* m; ⟨kantoorbediende⟩ *kleine(r) Angestellte(r)* m
klets ● geklets *Geschwätz* o; ⟨onzin⟩ *Quatsch* m ● klap *Klatsch* m; ⟨kwak⟩ *Klecks* m
kletsen *schwatzen*; *plappern*; *quatschen*; *schwafeln*; *klönen*
kletskoek *Quatsch* m; *Humbug* m
kletskous *Plappermaul* o
kletsnat *klitschnass*; *klatschnass*
kletspraat *Geschwätz* o; *Klatsch* m
kletspraatje ● *Plauderei* v ● babbel *Plauderei* v; N-D *Klönschnack*; *Schwatz* m ● roddel *Klatsch* m
kletteren *prasseln*
kleumen *frieren*
kleur ● wat het oog ziet *Farbe* v ● gelaatskleur *Gesichtsfarbe* v ★ zij kreeg een ~ *sie errötete* ▼ ~ bekennen *Farbe bekennen*
kleurboek *Malbuch* o
kleurdoos *Buntstiftkasten* m
kleurecht *farbecht*
kleuren I OV WW ● kleur geven aan *färben*; *einfärben* ● overdrijven *färben* II ON WW ● kleur krijgen *sich färben* ● blozen *erröten* ● ~ bij *harmonieren mit*
kleurenblind *farbenblind*
kleurendruk *Farbdruck* m
kleurenfilm *Farbfilm* m
kleurenfoto *Farbfoto* o
kleurenprinter *Farbdrucker* m
kleurenscala *Farbskala* v
kleurentelevisie *Farbfernseher* m
kleurig *farbenfroh*; *farbig*
kleurkrijt *bunte Kreide* v
kleurling *Mischling* m
kleurloos *farblos*
kleurplaat *Bild* o *zum Ausmalen*
kleurpotlood *Buntstift* m
kleurrijk *farbenreich*; *farbenfroh*; *farbenprächtig*
kleurschakering *Farbton* m; *Farbabstufung* v
kleurshampoo *Tönungsshampoo* o
kleurspoeling *Haartönungsmittel* o
kleurstof *Farbstoff* m
kleurtje ● potlood *Farbstift* m ● blos *Röte* v
kleurversteviger *Farbfestiger* m

kleuter *Kind* o *im Vorschulalter*; *Knirps* m
kleuterdagverblijf *Kindertagesstätte* v
kleuterklas *Kindergartengruppe* v
kleuterleidster *Kindergärtnerin* v
kleuterschool *Kindergarten* m; *Vorschule* v
kleutertijd *Vorschulalter* o
kleven I OV WW plakken op *kleben* II ON WW blijven plakken *haften*
kleverig *klebrig*
kliederboel *Schmiererei* v
kliederen *schmieren*
kliek ● etensrestjes *Essensrest* m ● groep *Clique* v ★ de hele ~ *die ganze Sippschaft*
klier ● orgaan *Drüse* v ● akelig persoon *Ekel* o
klieren *nerven*
klieven *spalten*; *durchschneiden*
klif *Kliff* o; *Klippe* v
klik *Klicken* o; *Klick* m
klikken I ON WW ● geluid maken *klicken*; ⟨v. een slot⟩ *einschnappen* ● verklappen *petzen* II ONP WW goed contact hebben *sich verstehen*; *funken* ★ het klikte meteen tussen hen *sie verstanden sich sofort*
klikspaan *Petzer* m
klim *Aufstieg* m
klimaat *Klima* o
klimaatneutraal *klimaneutral*
klimaatregeling *Klimaanlage* v
klimaatverandering *Klimaveränderung* v; *Klimawechsel* m
klimatiseren *klimatisieren*
klimatologie *Klimatologie* v
klimatologisch *klimatologisch*
klimatoloog *Klimatologe* m
klimhal *Kletterhalle* v
klimmen ● klauteren *klettern* ● toenemen *steigen*
klimmer *Kletterer* m
klimop *Efeu* m
klimpartij *Kletterei* v; ⟨bergtocht⟩ *Kletterpartie* v
klimplant *Kletterpflanze* v
klimrek *Klettergerüst* o; ⟨wandrek⟩ *Kletterwand* v
klimwand *Kletterwand* v
kling *Klinge* v ▼ iem. over de ~ jagen *jmdn. über die Klinge springen lassen*
klingelen *klingeln*
kliniek *Klinik* v
klinisch *klinisch*
klink *Türklinke* v; *Klinke* v
klinken I OV WW vastmaken *(ver)nieten* II ON WW ● geluid maken *sich anhören*; *klingen*; ⟨schallen, galmen⟩ *schallen*; ⟨weerklinken⟩ *erschallen* ★ goed ~ *sich gut anhören* ● toosten *anstoßen*
klinker ● TAALK. *Vokal* m; *Selbstlaut* m ● baksteen *Klinker* m
klinkklaar *rein* ★ dat is klinkklare onzin *das ist blanker Unsinn*
klinknagel *Niete* v
klinkplaat *Blech* o
klip *Klippe* v ▼ hij liegt tegen de klippen op *er lügt das Blaue vom Himmel runter*
klipper *Klipper* m
klis ● klit *Klette* v ● plant *Klette* v
klit *Klette* v
klitten ● in de war zitten *sich verhaken*;

kl

verheddert sein ● erg veel samen zijn zusammenkleben ★ die twee ~ erg aan elkaar *die beiden kleben ständig zusammen*

klittenband *Klettband* o ★ sluiting met ~ *Klettverschluss* m

klodder ⟨klont⟩ *Klumpen* m; ⟨vlek of kleine hoeveelheid⟩ *Klecks* m

klodderen ● knoeien *kleckern* ● slecht schilderen *klecksen*

kloek I ZN [de] DIERK. *Glucke* v **II** BNW ● kordaat *wacker* ● fors, flink *kühn*; *beherzt*; *mutig*; *kräftig* ★ een ~ besluit *ein beherzter Entschluss*

kloffie *Klamotten* mv; *Kluft* v

klojo *Tölpel* m; INFORM. *Armleuchter* m

klok ● uurwerk *Uhr* v ★ staande klok *Standuhr* ● bel *Glocke* v ▼ iets aan de grote klok hangen *etw. an die große Glocke hängen* ▼ dat klinkt als een klok *das hat Hand und Fuß*

klokgelui *Glockenläuten* o; *Glockengeläut* o

klokhuis *Gehäuse* o

klokje ● PLANTK. *Glockenblume* v ● → klok

klokken ● geluid maken *glucken* ● tijd vastleggen *die Zeit stoppen/nehmen*

klokkenluider ● LETT. iem. die klokken luidt *Glöckner* m ● FIG. iem. die misstanden aan kaak stelt *Zuträger* m

klokkenspel *Glockenspiel* o

klokkentoren *Glockenturm* m

klokkijken *auf die Uhr gucken/schauen*

klokradio *Radiowecker* m

klokslag *Glockenschlag* m ★ ⟨om⟩ ~ vier uur *Punkt vier Uhr*

klokzeel ▼ BN iets aan het ~ hangen *etw. an die große Glocke hängen*

klomp ● houten schoen *Holzschuh* m ● brok *Klumpen* m ★ ~ goud *Goldklumpen* ▼ nu breekt mij de ~ *nun schlägt's aber dreizehn*

klompvoet *Klumpfuß* m

klonen *klonen*; *klonieren*

klont *Klumpen* m

klonter *Pfropf* m

klonteren *Klumpen bilden*; *klumpig werden*

klonterig *klumpig*

klontje ● suikerklontje *Zuckerwürfel* m ● kleine klont *Klümpchen* o ▼ zo klaar als een ~ *sonnenklar*

kloof ● spleet *Spalt* m; *Riss* m; ⟨ravijn⟩ *Klamm* v ● verwijdering *Kluft* v ★ de ~ tussen arm en rijk *die Kluft zwischen Arm und Reich*

klooien ● stuntelen *pfuschen*; *stümpern* ● luieren *sich herumtreiben* ● donderjagen *nörgeln*; *meckern*

kloon *Klon* m

klooster *Kloster* o

kloosterling ● monnik *Mönch* m ● non *Nonne* v ● bewoner *Klosterbruder* m

kloostermop *große(r) Backstein* m

kloosterorde *Klosterorden* m

kloot *Hoden* m ★ zijn kloten *seine Eier* ▼ naar de kloten zijn *im Arsch sein*

klootjesvolk *Pöbel* m; *breite Masse* v

klootzak *Arschloch* o

klop *Klopfen* o ▼ klop krijgen *Prügel/Wichse kriegen*

klopboor *Schlagbohrer* m

klopgeest *Poltergeist* m

klopjacht *Treibjagd* v; *Hetzjagd* v

kloppartij *Prügelei* v

kloppen I OV WW ● slaan *schlagen* ★ slagroom ~ *Schlagsahne schlagen* ● verslaan *schlagen* ▼ iem. geld uit de zak ~ *jmdm. das Geld aus der Tasche ziehen* **II** ON WW ● een klop geven *pochen*; *klopfen* ● slaan van hart *pulsieren* ● overeenstemmen *stimmen*

klopper *Klopfer* m

klos ● stukje hout *Klotz* m ● spoel *Spule* v ★ een klosje garen *eine Rolle Zwirn* ▼ de klos zijn *der Dumme sein*

klossen I OV WW op klos winden *aufwinden*; *spulen* **II** ON WW plomp lopen *latschen*

klote *mies*; *beschissen*

klote- *Scheiß-*; *Mist-* ★ kloteweer *Mistwetter* o

klotsen *schwappen*; *klatschen*

kloven *spalten* ★ hout ~ *Holz hacken*

klucht ● blijspel *Posse* v; *Schwank* m ● FIG. schertsvertoning *Farce* v; *Witz* m

kluchtig *komisch*; *possenhaft*

kluif ● bot met vlees *Bissen* m; ⟨voor dieren⟩ *Knochen* m ● FIG. karwei *schwere(r) Brocken* m ★ daar zal hij een hele ~ aan hebben *das wird ihm ganz schön zu schaffen machen* ★ het is een hele ~ *es ist ein harter Bissen*

kluis ⟨voor bagage⟩ *Schließfach* o; *Panzerschrank* m; *Tresor* m

kluisteren *fesseln*

kluit ● klont *Brocken* m; *Klumpen* m ● groepje *Haufen* m ▼ flink uit de ~en gewassen *lang aufgeschossen*

kluiven *nagen*

kluizenaar *Einsiedler* m

klungel *Stümper* m; *Tropf* m

klungelen *stümpern*; *pfuschen*

klungelig *stümperhaft*

kluns *Stümper* m

klunzen *pfuschen*; *stümpern*

klunzig *pfuscherhaft*; *stümperhaft*

klus *Brocken* m; *Aufgabe* v ★ een hele klus *ein harter Knochen*

klusjesman *Faktotum* o

klussen ● repareren *reparieren* ● zwart bijverdienen *schwarzarbeiten*

kluts ▼ de ~ kwijtraken *durcheinanderkommen* ▼ de ~ kwijt zijn *nicht mehr wissen, wo hinten und vorn ist*

klutsen *schlagen*

kluwen *Knäuel* m/o

klysma *Klistier* o; *Einlauf* m

km *km* m; *Kilometer*

kmo BN, ECON. kleine of middelgrote onderneming *mittelständische Firma* v

km/u *km/h*

knaagdier *Nagetier* o

knaap *Junge* m; *Bube* m; *Bursche* m

knaapje *Kleiderbügel* m

knabbelen *knabbern*

knäckebröd *Knäckebrot* o

knagen ● bijten *nagen* ● kwellen *nagen* ★ ~de pijn *nagende(r) Schmerz* m

knak *Knack(s)* m

knakken I OV WW breken *brechen*; *zerknicken*; *(um)knicken* **II** ON WW een knak krijgen *(ein)knicken*; *knacken*

knakworst *Knackwurst* v
knal ● slag *Schlag* m ● geluid *Knall* m
knal- *knall-*; *Knall-* ★ knalgeel *knallgelb*
knallen ● een knal geven *knallen* ● botsen *knallen*
knaller *Knüller* m; *Knaller* m
knalpot *Auspufftopf* m
knap I BNW ● goed uitziend *hübsch*
● intelligent *klug*; *gescheit* ● vakbekwaam *fähig*; 〈bedreven〉 *gewandt* II BIJW nogal *ganz schön*; *ziemlich*
knappen ● breken *(zer)reißen*; 〈v. glas〉 *(zer)springen* ★ de kabel knapt *das Kabel reißt* ● geluid geven *knacken*
knapperd *kluger/heller Kopf* m
knapperen *knistern*
knapperig *knusprig*
knapzak *Knappsack* m
knarsen 〈v. zand, sneeuw, tanden〉 *knirschen*; 〈deur, wielen van wagen〉 *knarren*
knarsetanden *mit den Zähnen knirschen* ★ ~d *zähneknirschend*
knauw ● harde beet *Biss* m ● knak *Knacks* m ★ mijn vertrouwen kreeg een gevoelige ~ *mein Vertrauen ist erheblich angeknackst*
knauwen ● stevig kauwen *beißen*; *kauen* ● woorden afbijten *knautschig sprechen*
knecht *Knecht* m
knechten *knechten*
kneden *kneten*
kneedbaar *knetbar*
kneedbom *Plastikbombe* v
kneep ● het knijpen *Kniff* m ● handigheidje *Trick* m; *Kniff* m; *Pfiff* m ★ daar zit hem de ~ *das ist der Kniff an der ganzen Sache*; *da liegt der Hund begraben* ★ de fijne ~jes kennen *alle Kniffe kennen*
knel ▼ FIG. in de knel zitten *in der Klemme/Patsche sitzen*
knellen I OV WW stevig drukken *klemmen* II ON WW klemmen *drücken*; 〈v. kleding〉 *spannen* ★ mijn schoen knelt *mich drückt der Schuh*
knelpunt *Engpass* m
knerpen *knirschen*
knersen *knarren*
knetteren *knattern*; 〈v. vuur〉 *knistern*
knettergek *plemplem*; *total behämmert/bekloppt*
kneus ● gekneusde plek *Prellung* v; *geprellte Stelle* v ● mislukkeling *Schwächling* m; *Niete* v
kneuterig ● knus *gemütlich* ● kleinburgerlijk *kleinbürgerlich*
kneuzen *prellen*
kneuzing *Prellung* v
knevel *Schnurrbart* m
knevelen *knebeln*
knibbelen *knausern*
knie ● gewricht *Knie* o ★ tot aan de knieën *kniehoch* ● kromming *Beuge* v ▼ iets onder de knie hebben *etw. im Griff haben*; *etw. meistern* ▼ iem. op de knieën dwingen *jmdn. in die Knie zwingen* ▼ iem. over de knie leggen *jmdn. übers Knie legen*
knieband *Kreuzband* o
kniebeschermer *Knieschützer* m; *Knieschoner* m; *Knieschutz* m
knieblessure *Knieverletzung* v

kniebroek *Kniebundhose* v
kniebuiging *Kniefall* m
knieholte *Kniekehle* v
kniekous *Kniestrumpf* m
knielen *knien*
kniereflex *Kniesehnenreflex* m; *Patellareflex* m
knieschijf *Kniescheibe* v
kniesoor *Griesgram* m
kniestuk *Knieschutz* m; *Knieschützer* m; *Knieschoner* m; 〈buisverbinding〉 *Knie* o
knietje ● geblesseerde knie *Knieverletzung* v ● stoot met knie *Kniestoß* m
knieval *Kniefall* m
kniezen ● chagrijnig zijn *missmutig sein* ● piekeren *grübeln*; *sich sorgen*
knijpen *zwicken*; *kneifen* ▼ 'm ~ *Angst haben* ▼ er tussenuit ~ *vor einer Sache kneifen*; *sich drücken*; *sich wegschleichen*; *abkratzen*
knijper *Kneifer* m
knijpkat *handbetriebene(r) Generator* m
knijptang *Kneifzange* v
knik ● breuk *Knick* m ● kromming *Knickung* v ● hoofdbuiging *Kopfnicken* o; *Nicken* o
knikkebollen *einnicken*
knikken I OV WW knakken *knicken* II ON WW hoofdbeweging maken *nicken*
knikker ● stuiter *Murmel* v ● hoofd *Birne* v ★ kale ~ *Glatzkopf* m
knikkeren I OV WW gooien *rausschmeißen* II ON WW spelen *mit Murmeln spielen*
knip ● knippend geluid *Knips* m ● geknipte opening *Schnitt* m ★ een knip met de schaar *ein Scherenschnitt* ● grendeltje *Riegel* m ● sluiting *Schnappverschluss* m ● portemonnee *Beutel* m
knipkaart *Mehrfahrtenkarte* v
knipmes *Klappmesser* o
knipogen *blinzeln*; *zwinkern* ★ naar iem. ~ *jmdm. zuzwinkern/zublinzeln*
knipoog *Augenzwinkern* o ★ iem. een ~ geven *jmdm. zuzwinkern*
knippen I OV WW in in-/afknippen *lochen*; *schneiden*; 〈kleding〉 *zuschneiden*; 〈kleding〉 *zurechtschneiden* II ON WW ● snijden *schneiden* ● geluid maken *schnippen*; *schnipsen* ▼ voor iets geknipt zijn *für etw. wie geschaffen sein*
knipperen ● aan- en uitgaan van licht *blinken* ● knippen met ogen *blinzeln*
knipperlicht *Blinklicht* o
knipsel ● wat uitgeknipt is *ausgeschnittene(s) Stück* o ● uitgeknipt bericht *Ausschnitt* m; 〈krantenknipsel〉 *Zeitungsausschnitt* m
knipseldienst *Zeitungsausschnittdienst* m
knipselkrant *thematische Zusammenstellung* v *von Zeitungsausschnitten*
kniptang *Kneifzange* v
knisperen *knistern*
kno-arts *HNO-Arzt* m; *Hals-Nasen-Ohren-Arzt* m
knobbel ● verdikking *Höcker* m; 〈ziekteknobbel〉 *Knoten* m ● natuurlijke aanleg *Begabung* v
knobbelig *knotig*; *höckerig*
knock-out I ZN [de] *K.o.* m; *Knock-out* m; *Knockout* II BNW *k.o.*; *knock-out*; *knockout*
knoedel *Knäuel* m/o

kn

knoei ▼ in de ~ zitten *in der Tinte stecken*
knoeiboel ● smeerboel *Schweinerei* v;
  Schmiererei v ● bedrog *Schwindel* m
knoeien ● morsen *kleckern; schmieren* ● slordig
  bezig zijn *schludern; pfuschen* ● bedrog
  plegen *schummeln; schwindeln*
knoeier ● morsend persoon *Schmierfink/
  Schmutzfink* m; *Schludrian* m ● bedrieger
  Schwindler m
knoeipot *Schmutzfink* m
knoeiwerk *Pfuscherei* v
knoert *Riesenexemplar* o; *Brocken* m
knoest *Knorren* m
knoet ● gesel *Knute* v ● haarknot *Dutt* m
knoflook *Knoblauch* m
knoflookpers *Knoblauchpresse* v
knoflooksaus *Knoblauchsoße* v
knokig *knochig*
knokkel *Knöchel* m [mv: *Knöchel*]
knokken *sich prügeln*
knokpartij *Schlägerei* v
knokploeg *Schlägerbande* v; *Schlägertrupp* m
knol ● worteldeel *Knolle* v ● raap *Rübe* v
  ● paard *Gaul* m
knolgewas *Knollengewächs* o
knolraap *Steckrübe* v
knolselderie *Knollensellerie* m
knoop ● dichtgetrokken strik *Knoten* m ● een
  ~ leggen/losmaken *einen Knoten machen*
  ● sluiting *Knopf* m ★ een ~ aanzetten *einen
  Knopf annähen* ● moeilijkheid ★ in de ~
  raken *sich verheddern* ● SCHEEPV. afstand
  Knoten m
knoopbatterij *Knopfbatterie* v
knooppunt *Knotenpunkt* m
knoopsgat *Knopfloch* o
knop ● schakelaar *Knopf* m; *Schalter* m
  ● uitsteeksel *Knopf* m; ⟨handvat⟩ *Griff* m
  ● PLANTK. *Knospe* v
knopen ● een knoop leggen *binden; knoten*
  ★ twee touwen aan elkaar ~ *zwei Stricke
  aneinanderbinden* ● dichtknopen *knöpfen*;
  verknoten; verknüpfen ▼ er geen touw aan
  vast kunnen ~ *aus etw. nicht klug werden*
knorren ● geluid maken *knurren*; ⟨v. varkens⟩
  grunzen ● mopperen *muffeln; brummen*
knorrepot *Brummbär* m; *Griesgram* m
knorrig *mürrisch; knurrig; nörgelig*
knot ● kluwen *Knäuel* m/o ● haarknot
  Haarknoten m
knots I ZN [de] knuppel *Keule* v II BNW *verrückt;
  bekloppt*
knotten ● van top ontdoen ★ struiken ~
  Sträucher beschneiden ● inperken *stutzen*
knotwilg *Kopfweide* v
knowhow *Know-how* o
knudde ★ dat is ~ *das ist unter aller Kritik; das
  ist Mist*
knuffel ● liefkozing FORM. *Liebkosung* v ★ iem.
  een ~ geven *jmdn. drücken* ● speelgoedbeest
  Kuscheltier o
knuffelbeest, knuffeldier *Kuscheltier* o;
  Plüschtier o
knuffelen *liebkosen* ★ hij knuffelt het kind *er
  hätschelt/drückt das Kind*
knuist *Faust* v

knul *Kerl* m; *Bursche* m
knullig *unbeholfen; tölpelhaft*
knuppel *Knüppel* m
knuppelen *knüppeln*
knus *gemütlich*
knutselaar *Tüftler* m; *Bastler* m
knutselen *tüfteln; basteln*
knutselwerk *Bastelei* v; *Tüftelei* v
k.o. *k.o.*; *knock-out*; *knockout*
koala *Koalabär* m
kobalt *Kobalt* o
koddig *drollig*
koe *Kuh* v ▼ oude koeien uit de sloot halen *den
  Kohl wieder aufwärmen* ▼ de koe bij de
  hoorns vatten *den Stier bei den Hörnern
  fassen/packen* ▼ je weet nooit hoe een koe
  een haas vangt ≈ *man weiß nie, wie der Hase
  läuft* ▼ iem. koeien met gouden horens
  beloven *jmdm. goldene Berge versprechen*
koehandel *Kuhhandel* m
koeienletter *Riesenbuchstabe* m
koeienmelk *Kuhmilch* v
koeienvlaai *Kuhfladen* m
koeioneren *schikanieren*
koek ● CUL. gebak *Kuchen* m ● → **koekje** ▼ iets
  voor zoete koek slikken *sich etw. gefallen
  lassen*; *etw. kritiklos/ohne Kritik hinnehmen*
  ▼ het is koek en ei tussen hen *sie sind ein
  Herz und eine Seele*
koekeloeren *glotzen*
koekenbakker *Pfuscher* m
koekenpan *Pfanne* v; *Bratpfanne* v
koekhappen OMSCHR. *nach einem Stück Kuchen
  schnappen, das über einem hängt*
koekje *Keks* m; *Plätzschen* o; *Küchelchen* o
koekjestrommel, koektrommel *Keksdose* v;
  Gebäckdose v
koekoek *Kuckuck* m
koekoeksklok *Kuckucksuhr* v
koel ● fris *kühl*; ⟨weer⟩ *frisch* ● bedaard
  nüchtern; *kühl* ● niet hartelijk *unterkühlt*;
  distanziert; *kühl* ▼ het hoofd koel houden
  nüchtern bleiben
koelbloedig *kaltblütig*
koelbox *Kühlbox* v
koelcel *Kühlzelle* v; *Kühlraum* m
koelelement *Kühlelement* o
koelen I OV WW ● koel maken *(ab)kühlen*
  ★ gekoeld drankje *gekühlte(s) Getränk* o
  ● afreageren ★ zijn woede ~ op *seinen Zorn
  kühlen auf* II ON WW ▼ BN het zal wel ~
  zonder blazen das wird schon werden
koeler *Kühler* m
koelhuis *Kühlhaus* o
koelie *Kuli* m
koeling *Kühlung* v
koelkast *Kühlschrank* m
koelmiddel *Kühlmittel* o
koelruimte *Kühlraum* m
koeltas *Kühltasche* v
koelte *Kühle* v
koeltjes I BNW koud *kühl* II BIJW onhartelijk
  unterkühlt; *distanziert*
koelvitrine *Kühlvitrine* v
koelvloeistof *Kühlflüssigkeit* v
koelwagen *Kühlwagen* m

koelwater *Kühlwasser* o
koemest *Kuhmist* m
koepel *Kuppel* v
koepelkerk *Kuppelkirche* v
koepelorganisatie *Dachverband* m
koepeltent *Kuppelzelt* o
koer *Innenhof* m; ⟨school⟩ *Schulhof* m
Koerd *Kurde* m
Koerdisch *kurdisch*
Koerdische *Kurdin* v
Koerdistan *Kurdistan* o
koeren *gurren*; *girren*
koerier *Kurier* m; *Eilbote* m
koeriersdienst *Kurierdienst* m
koers ● richting *Fahrtrichtung* v; *Kurs* m ★ het
  schip zet ∼ naar New York *das Schiff steuert
  New York an* ★ de ∼ bepalen *den Kurs
  abstecken* ★ een verkeerde ∼ nemen *einen
  falschen Kurs einschlagen* ● wisselwaarde *Kurs*
  m ★ tegen een ∼ van *zum Kurse von* ▼ een
  harde ∼ volgen *einen harten Kurs fahren*
koerscorrectie *Kurskorrektur* v
koersdaling *Kursrückgang* m
koersen *steuern*; *Kurs setzen auf* [+4]
koersfiets BN *racefiets Rennrad* o
koersindex *Kursindex* m
koersnotering *Kursnotierung* v
koersschommeling ⟨aandelen⟩
  Kursschwankung v; ⟨geld⟩ *Valutaschwankung*
  v
koersstijging *Kurssteigerung* v; *Kursanstieg* m
koersval *Kurssturz* m; *Kursfall* m; *Kurseinbruch*
  m
koeskoes *Couscous* o
koest I BNW ★ zich ∼ houden *sich kuschen* II TW
  still!
koesteren ● behoeden ★ zijn vrijheid ∼ *an
  seiner Freiheit hängen* ● in zich hebben
  ★ hoop ∼ *Hoffnung haben* ★ het voornemen
  ∼ *sich mit der Absicht tragen*
koeterwaals *Kauderwelsch* o
koets *Kutsche* v
koetshuis *Kutschenhaus* o
koetsier *Kutscher* m
koevoet *Brecheisen* o
Koeweit *Kuwait* o
Koeweiti *Kuwaiti* m
Koeweits *kuwaitisch*
Koeweitse *Kuwaiterin* v
koffer *Koffer* m ▼ met iem. de ∼ induiken *mit
  jmdm. ins Bett steigen*
kofferbak *Kofferraum* m
kofferruimte *Kofferraum* m
koffie ● drank *Kaffee* m ★ zwarte ∼ *schwarze(r)
  Kaffee* ★ ∼ verkeerd *Kaffee* m *verkehrt*
  ● koffiebonen *Kaffee* m ★ het koffiedrinken
  ★ op de ∼ komen *zum Kaffee kommen* ▼ dat is
  geen zuivere ∼ *da ist was faul*
koffieautomaat *Kaffeeautomat* m
koffieboon *Kaffeebohne* v
koffiebroodje ≈ *Rosinenschnecke* v
koffieconcert *Matinee* v
koffiedik *Kaffeesatz* m ▼ ∼ kijken *die Zukunft
  nicht vorhersagen können*
koffiedikkijker *Kaffeesatzleser* m
koffiefilter *Kaffeefilter* m

koffiehuis *Kaffeehaus* o
koffiejuffrouw *Kantinenangestellte* v
koffiekamer ⟨foyer⟩ *Foyer* o
koffiekan *Kaffeekanne* v
koffieleut *Kaffeetante* v
koffiemelk *Kondensmilch* v; *Dosenmilch* v
koffiemolen *Kaffeemühle* v
koffiepad ⟨zeg: -ped⟩ *Kaffeepad* o
koffiepauze *Kaffeepause* v
koffiepot *Kaffeekanne* v
koffieshop *kleine(s) Café* o *und Imbiss*
koffietafel *Kaffeetisch* m; ⟨feestelijk⟩ *Kaffeetafel*
  v
koffiezetapparaat *Kaffeemaschine* v
kogel ● metalen bol *Kugel* v ● projectiel *Kugel*
  v ▼ de ∼ is door de kerk *die Würfel sind
  gefallen* ▼ de ∼ krijgen *standrechtlich
  erschossen werden*
kogellager *Kugellager* o
kogelrond *kugelrund*
kogelstoten *Kugelstoßen* o
kogelvrij *kugelfest* ★ ∼ glas *Panzerglas* o
kok *Koch* m
koken I OV WW tot kookpunt verwarmen
  kochen II ON WW ● op kookpunt zijn *kochen*;
  sieden ● CUL. voedsel bereiden *kochen*
  ● woest zijn ★ ∼ van woede *kochen vor Wut*
kokendheet *kochend heiß*
koker *Behälter* m; ⟨voor tabletten⟩ *Röhre* v;
  ⟨voor pijlen, verrekijker⟩ *Köcher* m; ⟨v.
  metaal, porselein⟩ *Büchse* v; ⟨voor inkt⟩
  Tintenfass o ▼ dat komt niet uit zijn ∼ *das war
  nicht seine Idee*
koket *kokett*
koketteren *kokettieren*
kokhalzen ● bijna gaan braken *würgen*
  ● walgen *anekeln*; *anwidern*; INFORM.
  ankotzen ★ ik moet ∼ van dat beleid *diese
  Politik kotzt mich an*
kokkerellen *gerne und gut kochen* ★ hij
  kokkerelt graag *in der Küche ist er in seinem
  Element*
kokkin *Köchin* v
kokmeeuw *Lachmöwe* v
kokos ● vruchtvlees ⟨geraspt⟩ *Kokosraspel* mv
  ● vezel *Kokosfaser* v
kokosbrood *gepresste Kokosflocken* mv
kokosmakroon *Kokosmakrone* v
kokosmat *Kokosmatte* v
kokosmelk *Kokosmilch* v
kokosnoot *Kokosnuss* v
kokospalm *Kokospalme* v
koksmaat *Küchenjunge* m
koksmuts *Kochmütze* v
koksschool ≈ *Berufsschule* v *für Köche*
kolder *Blödsinn* m ▼ de ∼ in de kop hebben
  ausgeflippt sein
kolendamp *Kohlenmonoxyd* o
kolenmijn ● mijn *Kohlengrube* v ● bedrijf *Zeche*
  v
kolere ● → klere
kolf ● fles *Kolben* m ● handvat van vuurwapen
  Kolben m ● PLANTK. *Kolben* m
kolibrie *Kolibri* m
koliek *Kolik* v
kolk ● draaikolk *Strudel* m ● sluisruimte

ko

Kammer v
kolken *strudeln*; *wirbeln*
kolom ● pilaar *Säule* v ● vak met tekst/cijfers *Spalte* v ★ van/in twee ~men *zweispaltig*
kolonel *Oberst* m
koloniaal I BNW *kolonial*; *Kolonial-* ★ koloniale politiek *Kolonialpolitik* v ★ het koloniale leger *die Kolonialtruppe* v **II** ZN [de] *Kolonialsoldat* m
kolonialisme *Kolonialismus* m
kolonialistisch *kolonialistisch*
kolonie *Kolonie* v
kolonisatie *Kolonisation* v
koloniseren *kolonisieren*
kolonist *Kolonist* m
kolos *Koloss* m
kolossaal *kolossal*
kolven *abpumpen*
kom ● bak, schaal *Schüssel* v; *Schale* v; 〈kopje〉 *Tasse* v ● deel van gemeente ● bebouwde kom *geschlossene Ortschaft* v ● gewrichtsholte *Gelenkpfanne* v
komaan *mach voran*; *komm schon*
komaf *Herkunft* v ★ van goede ~ *aus gutem Hause* ★ mensen van lage ~ *Menschen niederer Herkunft*
kombuis *Kombüse* v
komediant *Komödiant* m
komedie ● blijspel *Komödie* v; *Lustspiel* o ● schijnvertoning *Komödie* v; *Theater* o ★ zij speelt weer eens ~ *sie macht mal wieder Theater*
komeet *Komet* m
komen ● zich begeven *kommen* ★ zij kwam bij ons zitten/staan *sie setzte/stellte sich zu uns* ★ zij kwam naar ons toe *sie kam zu uns* ★ ~ aansnellen/aanrijden *herbeigeeilt/angefahren kommen* ● in genoemde toestand raken ★ dat komt wel goed *das wird schon wieder (werden)* ● gebeuren, beginnen ★ er komt sneeuw *es wird Schnee geben* ● veroorzaakt zijn ★ waardoor komt dat? *wie kommt das?* ● ~ **aan** verkrijgen ★ hoe kom je aan dit boek? *woher hast du dieses Buch?* ● ~ **achter** ★ achter de waarheid ~ *die Wahrheit herausbekommen* ● ~ **bij** ★ daar komt nog bij dat *hinzu kommt noch, dass* ★ hoe kom je erbij? *wie kommst du dazu?* ● ~ **te** [+ infin.] ★ ~ te overlijden *sterben* ● ~ **van** als uitkomst hebben ★ daar ~ ongelukken van *das geht nicht gut aus* ★ komt er nog wat van? *wird's bald?* ▼ kom nou toch! *ach komm!* ▼ hij komt er wel *er wird's schon schaffen* ▼ zo kom je er nooit *so kommst du nie zum Ziel* ▼ kom daar nog eens om! *wo gibt es so was denn heutzutage noch*
komend *nächst*
komfoor *Stövchen* o; 〈kooktoestel〉 *Gaskocher* m; 〈warmhoudplaatje〉 *Rechaud* m/o; 〈theelichtje〉 *Teelicht* o
komiek I ZN [de] *Komiker* m; 〈grappenmaker〉 *Witzbold* m **II** BNW *komisch*; *drollig*
komijn *Kümmel* m
komijnekaas *Kümmelkäse* m
komijnzaad *Kümmel* m
komisch *komisch*; *drollig*

komkommer *Gurke* v
komkommersalade *Gurkensalat* m
komkommertijd *Sauregurkenzeit* v
komma *Komma* o
kommer *Kummer* m
kompas *Kompass* m
kompasnaald *Kompassnadel* v
kompres *Kompresse* v; *Umschlag* m
komst ● aankomst *Ankunft* v; *Eintreffen* o ● het naderen *Herankommen* o ★ er is storm op ~ *ein Sturm ist im Anzug*
komvormig *schalenförmig*; 〈schaal〉 *schüsselförmig*; 〈bodem〉 *beckenförmig*
konfijten *kandieren* ★ gekonfijte vruchten *kandierte Früchte*
konijn *Kaninchen* o
konijnenhok *Kaninchenstall* m
konijnenhol *Kaninchenbau* m
koning *König* m
koningin ● vorstin *Königin* v ● schaakstuk *Dame* v
koningin-moeder *Königinmutter* v
Koninginnedag *Geburtstag* m *der Königin*
koninginnenpage *Edelfalter* m
koningsarend *Königsadler* m
koningschap *Königswürde* v
koningsgezind *königstreu*
koningshuis *Königshaus* o
koninklijk ● van een vorstelijk persoon *königlich* ● FIG. *königlich* ★ een ~ maal *ein königliches Mahl*
koninkrijk *Königreich* o
konkelaar *Ränkeschmied* m; *Intrigant* m
konkelen *intrigieren*; *Ränke schmieden*
konkelfoezen ● smoezen *tuscheln* ● samenzweren *Intrigen spinnen*
kont *Hintern* m; *Po* m ▼ iem. een kontje geven *jmdm. einen Schubs geben*
kontlikker *Arschkriecher* m
kontzak *Gesäßtasche* v
konvooi *Konvoi* m
kooi ● dierenhok *Käfig* m; 〈voor vogels〉 *Bauer* m/o; 〈voor honden〉 *Zwinger* m ● slaapplaats *Koje* v ★ naar kooi gaan *in die Koje gehen* ● lift *Fahrkorb* m; *Förderkorb* m
kooien *in einen Käfig einsperren*; *einpferchen*
kook *Kochen* o ★ aan de kook brengen *zum Kochen bringen* ▼ het water is aan de kook *das Wasser kocht* ▼ van de kook zijn *außer Fassung sein*
kookboek *Kochbuch* o
kookcursus *Kochkurs* m
kookeiland *Kochinsel* v
kookkunst *Kochkunst* v
kooknat *Kochwasser* o
kookplaat *Kochplatte* v
kookpot *Kochtopf* m
kookpunt *Kochpunkt* m; NATK. *Siedepunkt* m
kookwekker *Küchenwecker* m
kool ● groente *Kohl* m; 〈één exemplaar〉 *Kohlkopf* m ★ witte kool *Weißkohl* ★ rode kool *Rotkohl* ● steenkool *Kohle* v ★ met kool stoken *mit Kohle(n) heizen* ▼ iem. een kool stoven *jmdm. einen Schabernack spielen* ▼ groeien als kool *in die Höhe schießen* ▼ op hete kolen zitten *auf heißen/glühenden*

ko

Kohlen sitzen
kooldioxide *Kohlendioxid* o
koolhydraat *Kohlenhydrat* o
koolmees *Kohlmeise* v
koolmonoxide *Kohlenmonoxid* o
koolmonoxidevergiftiging
   Kohlenmonoxidvergiftung v
koolraap *Kohlrübe* v; *Steckrübe* v; ⟨koolrabi⟩
   Kohlrabi m
koolrabi *Kohlrabi* v
koolstof *Kohlenstoff* m
koolstofverbinding *Kohlenstoffverbindung* v
koolvis *Seelachs* m
koolwaterstof *Kohlenwasserstoff* m
koolwitje *Kohlweißling* m
koolzaad *Raps* m
koolzuur *Kohlensäure* v
koolzuurhoudend *kohlensäurehaltig*
koon *Backe* v; *Wange* v
koop *Kauf* m ★ te koop aanbieden/zetten *zum*
   Verkauf anbieten ★ te koop staan/zijn *zum*
   Verkauf angeboten werden ★ te koop
   gevraagd *zu kaufen gesucht* ★ een koop
   sluiten *einen Kauf abschließen/tätigen* ▼ te
   koop lopen met iets *etw. zur Schau tragen*
   ▼ op de koop toe *obendrein*
koopakte *Kaufvertrag* m
koopavond *verkaufsoffene(r) Abend* m
koopcontract *Kaufvertrag* m
koophandel *Handel* m
koophuis *Eigentumswohnung* v
koopje *Gelegenheitskauf* m ★ daar heb ik een ~
   aan gehad *das habe ich zu einem Spottpreis*
   gekauft
koopkracht *Kaufkraft* v
koopkrachtig *kaufkräftig*
kooplustig *kauflustig*
koopman *Kaufmann* m
koopmanschap *Handel* m
koopmansgeest *Geschäftssinn* m
koopovereenkomst *Kaufvertrag* m
koopsom *Kaufsumme* v
koopsompolis *Police* v *einer Kapitalversicherung*
koopvaardij *Handelsschifffahrt* v
koopvaardijschip *Handelsschiff* o
koopwaar *Handelsware* v
koopwoning ⟨flat⟩ *Eigentumswohnung* v;
   Eigenheim o
koopziek *kaufsüchtig*
koopzondag *Kaufsonntag* m
koor *Chor* m ★ in koor *im Chor*
koord *Schnur* v; ⟨langer en dikker⟩ *Leine* v;
   ⟨dun touwtje⟩ *Bindfaden* m; ⟨steviger⟩ *Strick*
   m; ⟨v. koorddanser⟩ *Seil* o
koorddansen *seiltanzen*
koorddanser *Seiltänzer* m
koorde *Sehne* v
koorknaap *Chorknabe* m
koormuziek *Chormusik* v; *Choralmusik* v
koorts *Fieber* o ★ hoge ~ *hohes Fieber* ★ lichte ~
   erhöhte Temperatur
koortsachtig *fieberhaft*
koortsig *fiebrig*
koortsthermometer *Fieberthermometer* o
koortsuitslag *Ausschlag* m *wegen Fieber*; ⟨aan
   mond⟩ *Griebe* v

koortsvrij *fieberfrei*
koorzang *Chorgesang* m
koosjer ● REL. *koscher* ● FIG. in orde *koscher*
koosnaam *Kosename* m
kootje ⟨v. vinger⟩ *Fingerglied* o; ⟨v. teen⟩
   Zehenglied o
kop ● bovenste deel *Kopf* m ★ de kop van een
   lucifer *Streichholzkopf* ★ de kop van het
   Noord-Holland *der nördliche Teil der Provinz*
   Nordholland ● voorste deel *Spitze* v ★ op kop
   liggen *an der Spitze liegen* ● hoofd *Kopf* m
   ● kom *Tasse* v ★ een kopje thee *eine Tasse Tee*
   ● opschrift *Schlagzeile* v ● zijde van munt
   ★ kop of munt *Kopf oder Zahl* ▼ kop op! *Kopf*
   hoch! ▼ op de kop af *aufs Haar genau* ▼ iem.
   op zijn kop geven *jmdm. eins auf den Hut*
   geben ▼ iets op de kop tikken *etw.*
   auftreiben/ergattern ▼ zich niet op zijn kop
   laten zitten *sich nicht auf den Kopf spucken*
   lassen ▼ over de kop gaan *pleitegehen* ▼ BN
   van kop tot teen *von Kopf bis Fuß* ▼ de
   koppen bij elkaar steken *die Köpfe*
   zusammenstecken ▼ houd je kop! *halt's Maul!*
   ▼ de kop opsteken *wieder aufleben* ▼ iem. een
   kopje kleiner maken *jmdn. einen Kopf kürzer*
   machen ▼ iets de kop indrukken *etw. zum*
   Schweigen bringen ▼ dat kost iem. z'n kop
   etw. kostet jmdm. den Kopf ▼ zijn kop in het
   zand steken *seinen Kopf in den Sand stecken*
kopbal *Kopfball* m
kopduel *Kopfballduell* o
kopen *kaufen*; *erwerben* ▼ wat koop ik
   daarvoor? *dafür kann ich mir nichts kaufen!*
Kopenhaags *Kopenhagener*
Kopenhagen *Kopenhagen* o
koper I ZN [de] *Käufer* m II ZN [het] metaal
   Kupfer o
koperblazer *Blechbläser* m
koperdraad *Kupferdraht* m
koperen *kupfern*; *Kupfer-* ▼ ~ bruiloft
   Nickelhochzeit v
kopergravure *Kupferstich* m
kopermijn *Kupferbergwerk* o
koperpoets *Kupferputzmittel* o
koperslager *Kupferschmied* m
koperwerk *Kupfer* o
kopgroep *Spitzengruppe* v
kopie ● duplicaat *Kopie* v; ⟨afschrift⟩ *Abschrift* v
   ● fotokopie *Fotokopie* v
kopieerapparaat *Kopiergerät* o
kopieermachine *Kopiermaschine* v;
   (Foto)Kopiergerät o
kopieerpapier *Kopierpapier* o
kopiëren *kopieren*
kopij *Manuskript* o
kopjeduikelen ● → **koppeltjeduikelen**
kopje-onder *untergetaucht*
koplamp *Scheinwerfer* m
koploper *Spitzenreiter* m; SPORT *Erstplatzierte(r)*
   m [v: *Erstplatzierte*]
koppel I ZN [de] riem *Koppel* o II ZN [het] ● paar
   Pärchen o ● groep *Flug* m; *Volk* o; *Gespann* o;
   ⟨patrijzen⟩ *Kette* v ● NATK. *Drehmoment* o
koppelaar *Kuppler* m
koppelbaas *Leiharbeitervermittler* m
koppelen ● vastmaken *koppeln*; ⟨v. treinen,

ko

voertuigen〉 *kuppeln* ● samenbrengen *verkuppeln*

koppeling ● het verbinden *Kopplung* v; 〈v. wagons〉 *Kupplung* v ● auto-onderdeel *Kupplung* v

koppelingsplaat *Kupplungsscheibe* v

koppelteken 〈afbrekingsteken〉 *Trennungsstrich* m; 〈verbinding van woorden/woorddelen〉 *Bindestrich* m

koppeltjeduikelen *einen Purzelbaum schlagen*; *sich überschlagen*

koppelverkoop *Warenkopplung* v; *Kopplungsgeschäft* o

koppelwerkwoord *Kopula* v

koppen *köpfen*

koppensnellen ● onthoofden *köpfen*; *Kopfjagd betreiben* ● verantwoordelijken zoeken *Köpfe rollen lassen* ● krantenkoppen lezen *Schlagzeilen lesen*

koppensneller ● moordenaar *Kopfjäger* m ● krantenlezer *Schlagzeilenleser* m

koppiekoppie v ~ hebben *Köpfchen haben*

koppig ● halsstarrig *trotzig*; *dickköpfig*; *starrköpfig*; *störrisch* ● sterk *schwer*; 〈vooral van wijn〉 *feurig*

koppigaard BN *Dickschädel* m; *Starrkopf* m

koppigheid *Sturheit* v

koppijn *Kopfschmerzen* o; *Kopfweh* o

koppoter *Kopffüßler* m

kopregel *Überschrift* v; 〈krant, tijdschrift〉 *Schlagzeile* v

koprol *Purzelbaum* m; *Rolle* v *vorwärts*

kops *im Querschnitt*

kopschuw *kopfscheu*

kopspijker *Nagel* m

kop-staartbotsing *Auffahrunfall* m

kopstation *Kopfbahnhof* m

kopstem *Kopfstimme* v

kopstoot *Kopfstoß* m; 〈voetbal〉 *Kopfball* m

kopstuk *Führer* m; *Prominente(r)* m ★ de ~ken van de partij *die Parteifunktionäre*; MIN. *die Parteibonzen*

kopt *Kopte* m

koptelefoon *Kopfhörer* m

Koptisch *koptische Sprache* v

koptisch *koptisch*

kop-van-jut ● kermisattractie *Hau-den-Lukas* m ● FIG. zondebok *Prügelknabe* m ★ als ~ dienen *der Prügelknabe sein*

kopzorg *(ernste) Sorge* v; *Kopfzerbrechen* o

koraal ● MUZ. *Choral* m ● BIOL. *Koralle* v

koraalrif *Korallenriff* o

koralen ● van koraal vervaardigd *korallen*; *Korallen-* ● kleur *korallenrot*

Koran *Koran* m

koran *Koran* m

kordaat *resolut*; *beherzt*

kordon *Kordon* m

Korea *Korea* o

Koreaans *koreanisch*

koren *Getreide* o; *Korn* o v dat is ~ op zijn molen *das ist Wasser auf seine Mühlen*

korenaar *Kornähre* v

korenblauw *kornblumenblau*

korenbloem *Kornblume* v

korenschuur *Getreidespeicher* m; *Kornspeicher*

m

korenwolf *Feldhamster* m

korf *Korb* m

korfbal *Korbball* m

korfballen *Korbball spielen*

Korfoe *Korfu* o

korhoen *Birkhuhn* o

koriander *Koriander* m

kornet ● MUZ. *Kornett* o ● MIL. *Fähnrich* m

kornuit *Kumpan* m; *Kamerad* m; MIN. *Spießgeselle* m

korporaal *Korporal* m; *Obergefreite(r)* m

korps *Korps* o

korpsbeheerder *Hauptkommissar* m

korpscommandant MIL. *Truppenführer* m

korrel *Korn* o v iem. op de ~ nemen *jmdn. aufs Korn nehmen* v iets met een ~tje zout nemen *etw. mit Vorsicht genießen*

korrelig *körnig*

korset *Korsett* o; *Mieder* o

korst *Kruste* v; 〈v. brood en kaas〉 *Rinde* v; 〈v. wond〉 *Grind* m

korstmos *Flechte* v

kort ● niet uitgestrekt van afmeting *kurz* ● niet lang durend *kurz* ★ sinds kort *seit kurzem* ★ tot voor kort *bis vor kurzem* ● beknopt *kurz* ★ kort en bondig *kurz und bündig* ★ om kort te gaan *kurz* ★ het kort maken *es kurz machen* v kort en klein slaan *kurz und klein schlagen* v iem. kort houden *jmdn. knapphalten*

kortaangebonden *kurz angebunden*

kortademig *kurzatmig*

kortaf *kurz angebunden*; 〈sterker〉 *schroff*

kortebaanwedstrijd *Kurzstreckenlauf* m

kortegolfontvanger *Kurzwellenempfänger* m

korten ● korter maken *kürzen*; 〈staart, baard〉 *stutzen* ● FIG. verminderen *kürzen* ★ met 20 procent ~ *um 20 Prozent kürzen*

kortetermijngeheugen *Kurzzeitgedächtnis* o

kortetermijnplanning *kurzfristige Planung* v

kortetermijnpolitiek *kurzfristige Politik* v

kortharig *kurzhaarig*

korting ● inhouding *Kürzung* v; *Beschneidung* v; 〈handel, in procenten〉 *Rabatt* m; 〈handel〉 *Ermäßigung* v ● bedrag *Ermäßigung* v; *Preisnachlass* m; 〈in procenten〉 *Rabatt* m ★ ~ krijgen *Ermäßigung erhalten*

kortingkaart *Ermäßigungskarte* v

kortingsbon *Rabattgutschein* m

kortlopend *kurzfristig*

kortom *kurz*

Kortrijk *Kortrijk* o

Kortrijks *Kortrijker*

kortsluiten *kurzschließen*

kortsluiting *Kurzschluss* m

kortstondig *kurz*; *von kurzer Dauer*

kortweg ● kort gezegd *kurzweg* ● eenvoudigweg *kurzerhand*

kortwieken ● vleugel knippen *die Flügel stutzen* ● beknotten *stutzen* v iem. ~ *jmdm. die Flügel stutzen*

kortzichtig *kurzsichtig*

korvet *Korvette* v

korzelig 〈prikkelbaar〉 *gereizt*; 〈ontstemd〉 *mürrisch*

kosmisch *kosmisch*
kosmologie *Kosmologie* v
kosmonaut *Kosmonaut* m
kosmopoliet *Kosmopolit* m
kosmopolitisch *kosmopolitisch*
kosmos *Kosmos* m
Kosovaar *Kosovare* m
Kosovaars *kosovarisch*
Kosovaarse *Kosovarin* v
Kosovo *Kosovo* o
kost ● voedsel *Kost* v ● dagelijkse voeding *Kost*
v ★ kost en inwoning/BN inwoon *Kost und
Logis* ★ bij iem. in de kost gaan *zu jmdm. in
Kost gehen* ● levensonderhoud
Lebensunterhalt m ★ de kost verdienen *den
Lebensunterhalt verdienen* ★ wat doet hij voor
de kost? *womit verdient er sein Brot?*
● uitgaven [meestal mv] *Kosten* mv; *Ausgaben*
mv; ⟨onkosten⟩ *Unkosten* mv ★ vaste kosten
Fixkosten v ★ de kosten van het
levensonderhoud *die Lebenshaltungskosten*
★ bijkomende kosten *Nebenkosten* ★ op
kosten van de staat *auf Staatskosten* ★ op
kosten van de zaak *auf Kosten der Firma*
★ iem. op kosten jagen *jmdn. in Unkosten
stürzen* ★ ten koste van *auf Kosten* [+2]
kostbaar ● duur *kostspielig; teuer* ● veel waard
kostbar
kostbaarheden *Kostbarkeiten* mv
kostelijk *köstlich* ★ zich ~ amuseren *sich
köstlich amüsieren*
kosteloos *kostenlos; gratis; unentgeltlich*
kosten I ON WW *kosten; erfordern* ▼ koste wat
het kost *koste es, was es wolle* ▼ het zal je de
kop niet ~ *das wird dich nicht den Kopf kosten*
II DE MV ● → **kost**
kostenbesparing *Kosteneinsparung* v
kostendaling *Kostensenkung* v
kostendekkend *kostendeckend*
kostenstijging *Kostensteigerung* v;
Kostenerhöhung v
koster *Küster* m; *Mesner* m
kostganger *Kostgänger* m
kostgeld *Kostgeld* o
kosthuis ≈ *Pension* v
kostprijs *Selbstkostenpreis* m
kostschool *Internat* o; ⟨voor meisjes⟩ *Pensionat*
o
kostuum *Anzug* m; ⟨mantelpak,
toneelkostuum⟩ *Kostüm* o
kostuumfilm *Kostümfilm* m
kostwinner *Ernährer* m
kostwinning *Erwerb* m *des Lebensunterhalts*;
⟨baan⟩ *Erwerbsquelle* v; ⟨baan⟩ *Broterwerb* m;
⟨bestaan⟩ *Existenz* v
kot ● dierenhok *Stall* m ● krot *Hütte* v
kotbaas BN *hospes Zimmerwirt* m;
Zimmervermieter m
kotelet *Kotelett* o
koter *Knirps* m
kotmadam BN *hospita Zimmerwirtin* v
kots *Kotze* v
kotsen *kotzen*
kotsmisselijk *kotzübel*
kotter *Kutter* m
kou ● koude *Kälte* v ★ een ijzige kou *eine*

Eiseskälte ● verkoudheid *Erkältung* v ★ een
kou oplopen *sich eine Erkältung holen* ▼ iem.
in de kou laten staan *jmdn. fallen lassen*
koud ● niet warm *kalt* ★ ik heb het koud *mir
ist kalt* ● zonder gevoel *kalt* ★ dat laat me
koud *das lässt mich kalt*
koudbloedig *kaltblütig*
koude ● → **kou**
koudegolf *Kältewelle* v
koudgeperst *kaltgepresst* ★ ~e olijfolie
kaltgepresste(s) Olivenöl o
koudvuur *Brand* m
koudwatervrees *Furcht* v *vor kaltem Wasser*
koudweg ● zomaar *gut und gern* ● bruut
eiskalt
koufront *Kaltfront* v
koukleum *Fröstler* m
kous *Strumpf* m ▼ de kous op de kop krijgen
einen Korb bekommen ▼ daarmee is de kous
af *damit ist die Sache erledigt*
kousenband *Strumpfband* o; *Straps* m
kousenvoet ▼ FIG. op ~en lopen *auf
Zehenspitzen gehen*
koutje *Verkühlung* v [reg.]; *Erkältung* v ★ een ~
vatten *sich erkälten; sich eine Erkältung
zuziehen*
kouvatten *sich erkälten*
kouwelijk ⟨gevoelig voor de kou⟩ *verfroren*;
⟨het koud hebbend⟩ *fröstelnd*
Kozak *Kosak* m
kozijn *Rahmen* m
kraag *Kragen* m
kraai *Krähe* v ★ bonte ~ *Nebelkrähe* v ★ zwarte
~ *Rabenkrähe* v
kraaien *krähen*
kraaiennest ● nest van kraai *Krähennest* o
● SCHEEPV. uitkijkpost *Krähennest* o
kraaienpootjes *Krähenfüßchen* o mv
kraak *Bruch* m/o; *Einbruch* m ★ een ~ zetten
ein Ding drehen ▼ daar zit ~ noch smaak aan
das ist ohne Saft und Kraft
kraakactie *Hausbesetzung* v
kraakbeen *Knorpel* m
kraakbeweging *Hausbesetzerbewegung* v
kraakhelder *blitzsauber; blitz(e)blank*
kraakpand *besetzte(s) Haus* o
kraal *Perle* v
kraam *Bude* v ▼ dat komt in zijn ~ te pas *das
passt ihm in den Kram*
kraamafdeling *Entbindungsstation* v
kraambed *Wochenbett* o
kraambezoek *Wochenbettbesuch* m
kraamhulp *Wochenpflegerin* v
kraamkamer *Kreißsaal* m
kraamkliniek *Entbindungsklinik* v
kraamverpleegster *Wochenpflegerin* v; ⟨voor
het kind⟩ *Säuglingsschwester* v
kraamverzorgster *Wochenpflegerin* v
kraamvisite *Babybesuch* m ★ op ~ komen *einen
Babybesuch machen*
kraamvrouw *Wöchnerin* v
kraamzorg *Wochenbettpflege* v
kraan ● tap *Wasserhahn* m ● hijskraan *Kran* m
★ drijvende ~ *Schwimmkran* m ● uitblinker
Könner m; INFORM. *Hecht* m; ⟨in sport⟩ *Kanone*
v

kr

kraandrijver *Kranführer* m
kraanleertje *Dichtungsring* m
kraanmachinist *Kranführer* m
kraanvogel *Kranich* m
kraanwagen *Kranwagen* m; ⟨om auto's weg te slepen⟩ *Abschleppwagen* m
kraanwater, BN **kraantjeswater** *Leitungswasser* o
krab *Krabbe* v
krabbel ● onduidelijk schrijfsel *Gekritzel* o ● schram *Kratzer* m
krabbelen I OV WW slordig schrijven *kritzeln* II ON WW ● krabben *kratzen* ● onbeholpen bewegen ~ overeind ~ *sich aufrappeln*
krabben *kratzen*
krabber *Kratzer* m; *Kratzeisen* o
krabpaal *Kratzbaum* m
krach *Krach* m
kracht ● fysiek vermogen *Kraft* v ★ in de ~ van mijn leven *in den besten Jahren* ★ met vereende ~en *mit vereinten Kräften* ★ op eigen ~ *aus eigener Kraft* ★ ~ putten uit *Kraft schöpfen aus* ● geldigheid *Kraft* v ★ van ~ worden *in Kraft treten* ★ niet meer van ~ zijn *außer Kraft sein* ● medewerker *Arbeitskraft* v
krachtbron *Kraftquelle* v
krachtcentrale *Elektrizitätswerk* o
krachtdadig *tatkräftig; energisch*
krachteloos *kraftlos*
krachtens *kraft* [+2] ★ ~ de wet *kraft des Gesetzes; gesetzmäßig*
krachtig ● kracht hebbend *kräftig; kraftvoll;* ⟨geestelijk⟩ *energisch* ● werking hebbend *wirksam*
krachtmeting *Kraftprobe* v; *Kraftmessung* v
krachtpatser *Kraftbold* m
krachtproef *Kraftprobe* v
krachtsinspanning *Kraftanstrengung* v
krachtsport *Schwerathletik* v
krachtstroom *Kraftstrom* m
krachtterm *Kraftausdruck* m
krachttoer *Kraftstück* o
krachttraining *Krafttraining* o
krachtveld *Kraftfeld* o
krachtvoer *Kraftfutter* o
krak *Knacks* m
Krakau *Krakau* o
Krakaus *Krakauer*
krakelen *krakeelen*
krakeling *Brezel* v
kraken I OV WW ● openbreken *knacken; krachen* ● inbreken *knacken* ● huis bezetten *besetzen* II ON WW geluid maken *knacken; knarren;* ⟨v. sneeuw, grind, ijs⟩ *knirschen* ★ de deur kraakt *die Tür knarrt* ★ met ~de stem *mit knarrender Stimme*
kraker ● huisbezetter *Hausbesetzer* m ● chiropracticus *Chiropraktiker* m ● inbreker *Einbrecher* m ● succes *Schlager* m
krakkemikkig *klapprig; wacklig*
kralengordijn *Perlenvorhang* m
kralensnoer *Perlenkette* v
kram *Krampe* v; *Klammer* v; MED. *Verbandsklammer* v
kramiek BN, CUL. *Rosinenbrot* o
kramp *Krampf* m

krampachtig *krampfartig; krampfhaft*
kranig *tüchtig;* ⟨v. gedrag⟩ *beherzt*
krankjorum *verrückt*
krankzinnig *geisteskrank; geistesgestört; wahnsinnig; irrsinnig*
krankzinnigengesticht *Nervenheilanstalt* v; *Irrenanstalt* v
krans ● gevlochten ring *Kranz* m ● vriendenkring *Kreis* m
kranslegging *Kranzniederlegung* v
kransslagader *Kranzarterie* v
krant *Zeitung* v
krantenartikel *Zeitungsartikel* m
krantenbericht *Zeitungsbericht* m
krantenjongen *Zeitungsjunge* m
krantenknipsel *Zeitungsausschnitt* m
krantenkop *Schlagzeile* v
krantenwijk *Bezirk* m *eines Zeitungsausträgers* ★ een ~ hebben *Zeitungen austragen*
krap ● nauw *eng; knapp* ● karig *knapp*
kras I ZN [de] haal *Kratzspur* v; *Kratzer* m; ⟨schram⟩ *Schramme* v II BNW ● vitaal *rüstig* ★ een kras oud dametje *eine rüstige alte Dame* ● drastisch *krass* ★ krasse maatregelen nemen *krasse Maßnahmen treffen* ● opmerkelijk ★ dat is kras! *das ist stark!*
kraslot *Rubbellos* o
krassen I OV WW *kratzen* II ON WW geluid maken *krächzen*
krat *Kiste* v; ⟨v. hout⟩ *Lattenkiste* v; ⟨voor flessen⟩ *Kasten* m
krater *Krater* m
krats ★ dat kan je voor een ~ krijgen *das kann man für einen Spottpreis bekommen*
krediet ● *Kredit* m ★ levering op ~ *Lieferung auf Ziel/Kredit* ★ iem. een ~ verlenen *jmdm. Kredit gewähren* ★ een ~ aflossen *einen Kredit tilgen* ★ doorlopend ~ *Kontokorrentkredit* ● uitstel van betaling/kapitaalverschaffing ★ ~ op zakelijk onderpand *Sachkredit* m
kredietbank *Kreditbank* v
kredietcrisis *Finanzkrise* v
kredietwaardig *kreditfähig; kreditwürdig*
Kreeft *Krebs* m
kreeft *Krebs* m; ⟨grote zeekreeft⟩ *Hummer* m ▼ zo rood als een ~ *krebsrot*
kreeftengang *Krebsgang* m
Kreeftskeerkring *Wendekreis* m *des Krebses*
kreek *kleine(r) Flusslauf* m; *Rinne* v
kreet ● gil *Schrei* m; *Ausruf* m ★ ~ van vreugde *Freudenschrei* m ★ ~ van verbazing *Ausruf des Staunens* m ● loze uitspraak *Phrase* v; ⟨leus⟩ *Schlagwort* o ★ loze kreten slaken *leere Phrasen dreschen*
krekel *Grille* v
kreng ● rotmens *Biest* o; *Luder* o ★ gemeen ~! *gemeines Luder!* ● rotding *Scheißding* ● kadaver *Aas* o; *Kadaver* m
krengerig *gemein*
krenken *kränken;* ⟨kwetsen⟩ *verletzen*
krenking *Kränkung* v; *Verletzung* v
krent ● druif *Korinthe* v ● zitvlak *Hintern* m ★ op zijn luie ~ zitten *auf der faulen Haut liegen* ● gierigaard *Geizkragen* m; *Knauser* m ▼ de ~en uit de pap halen *sich die Rosinen aus dem Kuchen picken*

kr

krentenbol *Rosinenbrötchen* o
krentenbrood *Rosinenbrot* o
krentenkakker *Korinthenkacker* m
krenterig ● gierig *geizig; knauserig*
 ● kleingeestig *kleinlich*
Kreta *Kreta* o
Kretenzisch *kretisch*
kretologie *Phrasendrescherei* v
kreukel *Knick* m; *Knautschfalte* v; *Knitterfalte* v
 ▼ in de ~s *im Eimer*
kreukelen I OV WW kreukels maken
 (zer)knittern; (zer)knüllen; (zer)knautschen
 II ON WW kreukels krijgen *knittern;*
 knautschen ★ deze stof kreukelt makkelijk
 dieser Stoff knittert leicht
kreukelig *zerknautscht; verknittert;* (papier)
 zerknüllt
kreukelzone *Knautschzone* v
kreuken I OV WW kreukels maken *zerknüllen;*
 zerknittern **II** ON WW kreukels krijgen
 knittern; knautschen
kreukherstellend *bügelfrei*
kreukvrij *knitterfrei; knitterfest*
kreunen *stöhnen; ächzen*
kreupel *lahm* ★ ~ lopen *hinken; humpeln* ★ het
 paard loopt ~ *das Pferd lahmt*
kreupelhout *Unterholz* o; *Gestrüpp* o; *Dickicht*
 o
krib ● voederbak *Futterkrippe* v ● bedje van
 Jezus *Krippe* v
kribbe *Krippe* v
kribbig *kratzbürstig; kribbelig*
kriebel *Kribbeln* o; *Jucken* o ▼ daar krijg ik de
 ~s van *das bringt mich auf die Palme*
kriebelen ● kietelen *kitzeln;* (zachtjes) *kraulen*
 ● klein schrijven *kritzeln*
kriebelhoest *Reizhusten* m
kriebelig ● kriebelend *kitzlig; kribbelnd* ● klein
 geschreven *kritzlig* ● kregel *gereizt; kribbelig*
kriegel *kribbelig*
kriek *Herzkirsche* v ▼ ik lach me een ~ *ich lache*
 mir einen Ast
krieken *anbrechen; dämmern* ★ bij het ~ van de
 dag *im Morgengrauen; bei Tagesanbruch*
kriel *Knirps* m; halbe *Portion* v
krielaardappel *Kartöffelchen* o; *Minikartoffel* v
krielkip *Zwerghuhn* o
krieltje *Kartöffelchen* o; *Minikartoffel* v
krijgen ● bekommen; kriegen ★ iem. aan het
 lachen ~ *jmdn. zum Lachen bringen* ★ ik zal
 hem ~ *ihm werd ich's aber zeigen* ★ kinderen/
 jongen ~ *Kinder/Junge kriegen/bekommen* ★ ik
 krijg het warm *mir wird warm* ★ het eten
 niet weg kunnen ~ *das Essen nicht*
 hinunterbringen können ● ondervinden
 ★ daar zul je het ~ *da haben wir die*
 Bescherung ● in toestand brengen ★ de verf
 er niet af kunnen ~ *die Farbe nicht*
 abbekommen können ★ niets van de prijs af ~
 keinen Preisnachlaß bekommen
krijger *Krieger* m
krijgertje *Fangen* o ★ ~ spelen *Fangen spielen*
krijgsdienst *Militärdienst* m
krijgsgevangene *Kriegsgefangene(r)* m
krijgsgevangenschap *Kriegsgefangenschaft* v
krijgshaftig *tapfer; kämpferisch*

krijgsheer *Kriegsherr* m
krijgslist *Kriegslist* v
krijgsmacht *Militär* o; *Armee* v; (totale land-,
 zee-, luchtmacht) *Streitkräfte* mv
krijgsraad ● militaire rechtbank *Kriegsgericht*
 o; *Militärgericht* o ● vergadering *Kriegsrat* m
krijgszuchtig *kampflustig; kriegerisch*
krijsen *kreischen*
krijt ● kalksteen *Kreide* v ● periode *Kreidezeit* v
 ▼ bij iem. in het ~ staan *bei jmdm. in der*
 Kreide stehen
krijtje *Stück* o *Kreide*
krijtwit *kreidebleich*
krik *Wagenheber* m
krill *Krill* m
krimi *Krimi* m
krimp *Schrumpfung* v; (textiel) *Einlaufen* o
 ▼ geen ~ geven *nicht nachgeben*
krimpen ● kleiner worden *schrumpfen;* (textiel)
 einlaufen ● samentrekken *(sich) krümmen* ★ ~
 van de pijn *sich krümmen/winden vor*
 Schmerz ● draaien *rückdrehen* ★ ~de
 westenwind *rückdrehender Westwind*
krimpfolie *Klarsichtfolie* v; (voor voedsel)
 Frischhaltefolie v ★ in ~ verpakken
 einschweißen
kring ● cirkel *Kreis* m; *Ring* m ★ in een ~ staan
 im Kreis stehen ● sociale groep *Kreis* m;
 (milieu) *Milieu* o ★ in besloten ~ *in*
 geschlossener Gesellschaft; im engsten Kreise
 ★ volgens welingelichte ~en *wie aus gut*
 unterrichteten Kreisen verlautet
kringelen *sich winden; sich schlängeln; sich*
 kringeln
kringgesprek *runde(r) Tisch* m
kringloop ● het rondgaan *Kreisen* o; *Kreisbahn*
 v ● cyclus *Kreislauf* m
kringlooppapier *Recyclingpapier* o;
 Umweltschutzpapier o
kringloopwinkel *Secondhandshop* m
kringspier *Ringmuskel* m
krioelen ● door elkaar bewegen *wimmeln*
 ● ~ van *wimmeln vor*
kris *Kris* m
kriskras *kreuz und quer*
kristal *Kristall* o
kristalhelder *kristallklar*
kristallen *Kristall-; kristallen*
kristalliseren *(sich) kristallisieren*
kristalsuiker *Kristallzucker* m
kritiek I ZN [de] ● oordeel *Kritik* v ★ ~
 uitoefenen *Kritik üben* (**op** an) ● oordelend
 verslag *Kritik* v ● lovende ~en *gute Kritiken*
 II BNW ● beslissend *durchschlaggebend*
 ● hachelijk *kritisch; heikel* ★ de toestand is ~
 der Zustand ist kritisch
kritiekloos *kritiklos*
kritisch *kritisch*
kritiseren *kritisieren*
Kroaat *Kroate* m
Kroatië *Kroatien* o
Kroatisch I BNW *kroatisch* **II** ZN [het] *Kroatisch* o
Kroatische *Kroatin* v
krocht *Höhle* v
kroeg *Kneipe* v; *Wirtschaft* v
kroegbaas *Wirt* m; *Kneipenwirt* m

kr

kroegentocht Zechtour v ★ op ~ gaan eine
Kneipentour machen
kroegloper Zechbruder m
kroelen schmusen
kroep Krupp m
kroepoek indonesische(s) Garnelengebäck o
kroes I ZN [de] • mok Becher m; Krug m
• smeltkroes Schmelztiegel m **II** BNW kraus
kroeshaar krause(s) Haar o
kroeskop Krauskopf m
kroezen I OV WW kräuseln; krausen **II** ON WW
sich kräuseln
krokant knusprig
kroket Krokette v
krokodil Krokodil o
krokodillentranen Krokodilstränen mv
krokus Krokus m
krokusvakantie Frühlingsferien v
krols heiß
krom • gebogen krumm • gebrekkig schief
▼ zich krom lachen sich krumm- und
schieflachen
kromliggen krummliegen; sich krummlegen
kromming Krümmung v
krommen (sich) krümmen
kromming Krümmung v ★ bij de ~ van de weg
bei der Krümmung des Weges
kromtrekken sich verziehen
kronen krönen
kroniek • jaarboek Chronik v • rubriek Rubrik
v
kroning Krönung v
kronkel Schleife v; (in touw) Schlinge v; (in weg
of rivier) Krümmung v ▼ een ~ hebben nicht
ganz richtig im Kopf sein
kronkelen sich winden; sich krümmen
kronkelig Schlängel-
kronkeling Windung v; (rivier/weg) Schleife v
kronkelpad Schlängelweg m
kroon Krone v ▼ de ~ spannen alle(s) übertreffen
▼ iem. naar de ~ steken mit jmdm. wetteifern
▼ de ~ op het werk zetten dem Werk die
Krone aufsetzen
kroonblad Kronblatt o
kroondomein Krondomäne v
kroongetuige Kronzeuge m
kroonjaar Jubeljahr o
kroonjuweel Kronjuwel o
kroonkolonie Kronkolonie v
kroonkurk Kronenkorken m; Kronenverschluss
m
kroonlijst Sims m/o
kroonluchter Kronleuchter m
kroonprins Kronprinz m
kroonsteentje Lüsterklemme v
kroos Entengrütze v; Entengrün o
kroost Sprösslinge mv; Kinder mv
kroot rote Beete v; rote Rübe v ▼ zo rood als een
~ rot wie eine Tomate
krop • stronk groente Kopf m ★ krop sla Kopf
Salat • ziekte Kropf m
kropsla Kopfsalat m; Blattsalat m
krot Hütte v; Loch o; Bruchbude v
krottenwijk Elendsviertel o
kruid • plant Kraut o • specerij Gewürz o;
Gewürzpflanze v ▼ daar is geen ~ tegen

gewassen dagegen ist kein Kraut gewachsen
kruiden würzen
kruidenazijn Kräuteressig m
kruidenbitter Kräuterbitter m
kruidenboter Kräuterbutter v
kruidendokter Kräuterdoktor m
kruidenier • winkelier Lebensmittelhändler m
• gierig, benepen mens Krämer m;
Krämerseele v
kruidenierswaren Lebensmittel mv
kruidenierswinkel Lebensmittelgeschäft o;
-laden m; Kolonialwarengeschäft o
kruidenthee Kräutertee m
kruidentherapie Kräutertherapie v
kruidentuin Kräutergarten m
kruidig würzig; aromatisch
kruidje-roer-mij-niet Mimose v
kruidkoek Gewürzkuchen m
kruidnagel Nelke v
kruien I OV WW vervoeren schieben; karren
II ON WW breken van ijs Eisgang haben ★ het
ijs kruit das Eis staut sich
kruier Gepäckträger m
kruik • kan Krug m • warmwaterzak
Wärmflasche v ▼ de ~ gaat zo lang te water
tot ze breekt der Krug geht so lange zum
Brunnen, bis er bricht
kruim Krume v ▼ BN het ~ van... das Beste von...
kruimel Krümel m; (brood) Brosame v
kruimeldeeg Krümelteig m; Mürbeteig m
kruimeldief • persoon kleine(r) Dieb m
• handstofzuiger Handstaubsauger m
kruimelen I OV WW tot kruimels maken
krümeln; bröckeln **II** ON WW tot kruimels
worden krümeln
kruimelvlaai ≈ Streuselkuchen m
kruimelwerk Kinkerlitzchen mv
kruimig mehlig
kruin • bovendeel hoofd Haarwirbel m; Wirbel
m; Scheitel m • bovendeel van boom Wipfel
m; Krone v • bovendeel anders (v. berg)
Gipfel m
kruipen kriechen
kruiper Kriecher m
kruiperig kriecherisch
kruipruimte Zwischenraum m
kruis • teken/bouwsel Kreuz o • MUZ.
verhogingsteken Kreuz o • deel van broek
Schritt m • zijde van munt ★ ~ of munt Kopf
oder Zahl ▼ het Rode Kruis das Rote Kreuz
▼ zich in het ~ getast voelen sich auf den
Schlips getreten fühlen ▼ BN een ~ maken over
iets etw. aufgeben; etw. fallen lassen
kruisband Kreuzband o; Streifband o
kruisbeeld Kruzifix o
kruisbes Stachelbeere v
kruisbestuiving Fremdbestäubung v
kruisboog • schietboog Armbrust v • ARCH.
Kreuzrippengewölbe o
kruiselings kreuzweise
kruisen I OV WW • dwars voorbijgaan kreuzen
★ elkaar ~ sich kreuzen ★ met gekruiste
armen mit verschränkten Armen • BIOL.
kreuzen **II** ON WW laveren kreuzen
kruiser • jacht Kreuzer m • oorlogsschip
Kreuzer m

kruisigen *kreuzigen*
kruising *Kreuzung* v
kruiskerk *Kreuzkirche* v
kruiskopschroevendraaier *Kreuzschlitzschraubenzieher* m
kruispunt *Kreuzung* m; *Kreuzungspunkt* m
kruisraket *Marschflugkörper* m
kruisridder *Kreuzritter* m
kruissleutel *Kreuzschlüssel* m
kruissnelheid *Dauergeschwindigkeit* v
kruisspin *Kreuzspinne* v
kruissteek *Kreuzstich* m
kruisteken *Kreuzzeichen* o
kruistocht *Kreuzzug* m; *Kreuzfahrt* v
kruisvaarder *Kreuzfahrer* m
kruisvereniging *Organisation* v *für häusliche Alten- und Krankenpflege*
kruisverhoor *Kreuzverhör* o
kruisweg *Kreuzweg* m
kruiswoordpuzzel *Kreuzworträtsel* o
kruit *Schießpulver* o; *Pulver* v
kruitdamp *Pulverdampf* m
kruiwagen • kar *Schubkarre* v • nuttige relatie ★ een goede ~ hebben *über gute Beziehungen verfügen*
kruk • stoeltje *Schemel* m; *Hocker* m • klink *Griff* m • steunstok *Krücke* v ★ op krukken lopen *an Krücken gehen* • sukkel *Stümper* m
krukas *Kurbelwelle* v
krukkig • stumperig *stümperhaft* • sukkelend *kränklich*
krul • versiering *Schnörkel* m ★ met veel krullen versierd *verschnörkelt* • haarlok *Locke* v • houtsnipper *Hobelspan* m
krulandijvie *krause Endivie* v
krulhaar *lockige(s) Haar* o
krullen I ov ww krullen vormen *locken* **II** on ww krullen hebben/krijgen *sich locken*
krullenbol *Krauskopf* m; *Lockenkopf* m; *Wuschelkopf* m
krulspeld *Lockenwickler* m; *Lockenwickel* m
krultang *Lockenzange* v
kso BN, O&W kunst secundair onderwijs ≈*musische(s) Gymnasium* o
kst *pst!*
kubiek *Kubik-* ★ ~e meter *Kubikmeter* m/o
kubisme *Kubismus* m
kubistisch *kubistisch*
kubus *Kubus* m; *Würfel* m
kuch *Räuspern* o; *Hüsteln* o
kuchen *hüsteln; sich räuspern*
kudde *Herde* v
kuddedier • dier *Herdentier* o • persoon *Herdentier* o; *Herdenmensch* m
kuddegeest *Herdentrieb* m
kuieren *schlendern; bummeln*
kuif *Haarschopf* m; *Schopf* m; *Borste* v; ⟨v. vogel⟩ *Haube* v
kuiken • kip *Küken* o • persoon *Schafskopf* m; *Dussel* m
kuil ⟨klein⟩ *Mulde* v; ⟨groot⟩ *Grube* v ▼ wie een kuil graaft voor een ander, valt er zelf in *wer andern eine Grube gräbt, fällt selbst hinein*
kuiltje *Grübchen* o
kuip *Bottich* m; *Kübel* m; *Wanne* v
kuiperij • het kuipen *Fassbinderei* v • intrige

Intrige v; *Ränke* mv; *Machenschaften* mv
kuipje *Becher* m
kuipstoel *Schalensitz* m
kuis I BNW zedelijk rein *keusch* **II** ZN [de] BN schoonmaak *Saubermachen* o; ⟨in huis⟩ *Hausputz* m
kuisen • censureren *zensurieren* • BN schoonmaken *reinigen; säubern*
kuisheid *Keuschheit* v
kuisheidsgordel *Keuschheitsgürtel* m
kuisvrouw BN *Putzhilfe* v
kuit • deel van onderbeen *Wade* v • klomp viseitjes *Laich* m; *Rogen* m ★ kuit schieten *laichen*
kuitbeen *Wadenbein* o
kuitschieten *laichen*
kuitspier *Wadenmuskel* m
kukeleku *kikeriki*
kukelen *purzeln*
kul *Blödsinn* m; *Unsinn* m; *Quatsch* m
kumquat *Kumquat* v
kunde *Können* o; *Kenntnisse* mv
kundig *kundig*; ⟨bekwaam⟩ *fähig*; ⟨bekwaam⟩ *tüchtig* ★ ter zake ~ *sachverständig; sachkundig*
kundigheid *Tüchtigkeit* v; *Fähigkeit*
kunne *Geschlecht* o ★ van beiderlei ~ *beiderlei Geschlechts*
kunnen I HWW mogelijk/wenselijk zijn *können* ★ het kan enkele jaren geleden geweest zijn *es mag einige Jahre her gewesen sein* ★ zij kan nog zo goed zijn *sie mag noch so gut sein* ★ hem kunt u gerust vertrouwen *ihm dürfen Sie trauen* **II** OV WW [ook absoluut] *können* **III** ON WW mogelijk zijn *können* ★ op iets van aan ~ *vertrauen können auf etw.* ★ u kunt ervan op aan *Sie können sich darauf verlassen* ★ dat kan niet *das geht nicht* ▼ je kan me wat *du kannst mich mal*
kunst *Kunst* v
kunstacademie *Kunstakademie* v; *Kunsthochschule* v
kunstbeleid *Kulturpolitik* v
kunstbezit *Kunstbesitz* m ★ openbaar ~ *staatlicher Kunstbesitz*
kunstboek *Kunstbuch* o
kunstbont *Kunstpelz* m
kunstcollectie *Kunstsammlung* v
kunstenaar *Künstler* m
kunst- en vliegwerk ★ met ~ *mit Ach und Krach; mit Mühe und Not*
kunstgebit *Zahnprothese* v; INFORM. *dritte(n) Zähne* mv
kunstgeschiedenis *Kunstgeschichte* v
kunstgreep • list *Kniff* m; *Trick* m • handigheid *Kunstgriff* m
kunsthandel • winkel *Kunsthandlung* v • bedrijfstak *Kunsthandel* m
kunsthars *Kunstharz* o
kunsthistoricus *Kunsthistoriker* m
kunsthistorisch *kunsthistorisch*
kunstig *kunstreich; kunstvoll*
kunstijsbaan *Kunsteisbahn* v
kunstje • handigheidje *Kniff* m; *Trick* m • truc *Trick* m; *Kunststück* o; *Kniff* m; ⟨streek⟩ *Streich* m ▼ een koud ~ *keine Kunst* ▼ dat is een koud

ku

~! *das ist kein Kunststück!*
kunstkenner *Kunstkenner* m
kunstleer *Kunstleder* o
kunstlicht *künstliche(s) Licht* o; *Kunstlicht* o
kunstlievend *Kunst liebend*
kunstmaan *Satellit* m
kunstmarkt *Kunstmarkt* m
kunstmatig *künstlich*
kunstmest *Kunstdünger* m
kunstnijverheid *Kunsthandwerk* o; *Kunstgewerbe* o
kunstpatrimonium BN *openbaar kunstbezit staatliche(r) Kulturbesitz* m
kunstrijden ⟨op de schaats⟩ *Eiskunstlauf* m; ⟨op paard⟩ *Kunstreiten* o
kunstschaats *Kunstlaufschlittschuh* m
kunstschaatsen I ZN [het] *Kunsteislauf* m II ON WW *Kunsteislauf machen*
kunstschilder *Kunstmaler* m; *Maler* m
kunstsneeuw *künstliche(r) Schnee* m
kunststof I ZN [de] *Kunststoff* m II BNW *aus Kunststoff*
kunststuk *Kunststück* o
kunstuitleen *Artothek* v
kunstverlichting *Kunstlicht* o
kunstverzameling *Kunstsammlung* v
kunstvezel *Kunstfaser* v
kunstwerk *Kunstwerk* o
kunstzijde *Kunstseide* v
kunstzinnig *künstlerisch*
kunstzwemmen *Kunstschwimmen* o
kür *Kür* v
kuren *eine Kur machen*
kurk I ZN [de] *stop Korken* m; *Pfropfen* m; *Stöpsel* m II ZN [het] *materie Kork* m
kurkdroog *knochentrocken*
kurken I BNW *korken*; *Kork-* II OV WW *verkorken*
kurkentrekker *Korkenzieher* m
kurkuma *Kurkuma* v
kus *Kuss* m
kushand *Kusshand* v ★ ~jes geven *Kusshände (zu)werfen*
kussen I ZN [het] *Kissen* o; ⟨hoofdkussen⟩ *Kopfkissen* o ★ op het ~ zitten *die Macht in Händen haben* II OV WW *küssen*
kussengevecht *Kissenschlacht* v
kussensloop *Kissenbezug* m; *Kissenüberzug* m
kust ● *Küste* v ★ onder de kust *in der Nähe der Küste* ▼ te kust en te keur *in Hülle und Fülle*; *in reich(st)er Auswahl* ▼ de kust is veilig *die Luft ist rein*
kustgebied *Küstenraum* m
kustlijn *Küstenlinie* v
kustprovincie *Küstenprovinz* v
kuststreek *Küstenregion* v
kustvaarder *Küstenschiff* o; *Küstendampfer* m
kustvaart *Küstenschifffahrt* v
kustwacht *Küstenwache* v
kustwateren *Küstengewässer* o
kut I ZN [de] *Muschi* v; *Möse* v; *Fotze* v II BNW *Scheiße* ▼ kut met peren *schöne Scheiße* III TW *Scheiße*
kut- *Scheiß-*; *Mist-* ★ kutweer *Mistwetter* o
kuub *Kubikmeter* m
kuur ● *geneeswijze Kur* v ● *gril Grille* v; *Laune* v

kuuroord *Kurort* m
kwaad I BNW ● *boos böse* ● *slecht schlecht* ★ zij is zo ~ nog niet *sie ist schon in Ordnung* ★ niet ~! *gar nicht übel!* II BIJW ● *slecht schlimm*; *schlecht* ● *boos böse* ★ ~ op iem. zijn *jmdm. böse sein* ★ zich ~ maken *wütend werden* III ZN [het] *Böse(s)* o; *Übel* o; ⟨zonde⟩ *Sünde* v; ⟨nadeel⟩ *Schaden* m ★ een noodzakelijk ~ *ein notwendiges Übel* ★ van geen ~ weten *arglos sein*; *ohne Arg sein* ★ hij vervalt van ~ tot erger *es wird immer schlimmer mit ihm* ▼ dat doet meer ~ dan goed *das schadet mehr, als es nützt* ★ van haar vriendin wil zij geen ~ horen *auf ihre Freundin lässt sie nichts kommen* ★ dat kan geen ~ *das kann nicht schaden* ▼ van twee kwaden het minste kiezen *das kleinere Übel wählen*
kwaadaardig I BNW ● *boosaardig boshaft* ● MED. *bösartig* II BIJW *grimmig* ★ op ~e toon spreken *in einem grimmigen Ton sprechen*
kwaadheid *Zorn* m
kwaadschiks *im Bösen*
kwaadspreken *verleumden*; ⟨roddelen⟩ *klatschen* ★ van iem. ~ *jmdm. Übles nachsagen*
kwaadwillig *boshaft*; *böswillig*
kwaal ● *ziekte Leiden* o; *Übel* o ● *gebrek Fehler* m; *Laster* o
kwab *Wulst* m
kwadraat ● *tweede macht Quadrat* o ● *vierkant Quadrat* o
kwadrant *Quadrant* m
kwajongen *Lümmel* m; *Lausebengel* m; *Rotznase* v
kwajongensstreek *Lausbubenstreich* m; *Schelmenstreich* m
kwak ● *klodder Klecks* m; *Klacks* m ● *geluid Klacks* m ● *hoeveelheid Haufen* m ● *vogel Nachtreiher* m
kwaken *quaken*
kwakkel BN *vals bericht Ente* v
kwakkelen *kränkeln*
kwakkelweer *wechselhafte(s) Wetter* o
kwakkelwinter ≈ *kein richtiger Winter* m
kwakken I OV WW *smijten schmettern*; *schleudern*; *schmeißen* II ON WW *vallen klatschen*; *plumpsen* ★ de zak kwakte tegen de grond *der Sack plumpste auf den Boden*
kwakzalver *Quacksalber* m
kwakzalverij *Quacksalberei* v
kwal ● *dier Qualle* v ● *engerd Ekel* o
kwalificatie *Qualifikation* v; *Qualifizierung* v
kwalificatietoernooi *Qualifikationswettkampf* m
kwalificatiewedstrijd *Qualifikationsspiel* o
kwalificeren *qualifizieren* ★ het elftal heeft zich gekwalificeerd *die Mannschaft hat sich qualifiziert*
kwalijk I BNW *übel*; *schlimm* ★ iem. iets ~ nemen *jmdm. etw. übel nehmen/verübeln* ★ neem me niet ~ *Verzeihung* ★ neemt u mij niet ~ *entschuldigen Sie bitte* II BIJW ● *slecht übel* ● *bezwaarlijk kaum*
kwalitatief *qualitativ*
kwaliteit ● *eigenschap Qualität* v; *Eigenschaft* v ★ zij heeft vele goede ~en *sie hat*

Qualitäten/viele gute Eigenschaften ★ deze wijn is van goede ~ *dieser Wein hat Qualität* ★ eerste ~ vlees *Fleisch erster Qualität/Güte* • hoedanigheid *Funktion* v; *Position* v ★ in mijn ~ van voorzitter *in meiner Eigenschaft als Vorsitzender*

kwaliteitsbewaking *Qualitätsüberwachung* v

kwaliteitscontrole *Qualitätskontrolle* v

kwaliteitsproduct *Qualitätsprodukt* o

kwallenbeet *Quallenstich* m

kwantificeren *quantifizieren*

kwantitatief *quantitativ*; *mengenmäßig*

kwantiteit *Quantität* v; *Menge* v

kwantum • hoeveelheid *Quantum* o [mv: *Quanten*] • NATK. *Quantum* o [mv: *Quanta*]

kwantumfysica *Quantenphysik* v

kwantumkorting *Mengenrabatt* m

kwantummechanica *Quantenmechanik* v

kwantumtheorie *Quantentheorie* v

kwark *Quark* m

kwarktaart *Käsekuchen* m

kwart I ZN [het] • vierde deel *Viertel* o ★ een ~ liter *ein viertel Liter* • kwartier *Viertel* o ★ het is ~ voor/over tien *es ist (ein) Viertel vor/nach zehn* **II** ZN [de] kwartnoot *Viertelnote* v

kwartaal • kwart jaar *Quartal* o; *Vierteljahr* o ★ per ~ *vierteljährlich* • bedrag *Vierteljahresrate* v

kwartaalcijfers *Quartalszahlen* mv

kwartel *Wachtel* v ▼ zo doof als een ~ *stocktaub*

kwartet *Quartett* o

kwartetspel *Quartett* o

kwartetten *Quartett spielen*

kwartfinale *Viertelfinale* o

kwartier • kwart uur *Viertelstunde* v • maanfase *Viertel* o • wijk *Viertel* o • huisvesting van militairen *Unterkunft* v; *Quartier* o ★ ~ maken *Quartier machen*

kwartje *Fünfundzwanzigcentstück* o

kwartnoot *Viertelnote* v

kwarts *Quarz* m

kwartsiet *Quarzit* m

kwartslag *Vierteldrehung* v

kwast • verfkwast *Pinsel* m • franje *Quaste* v • aansteller *Pinsel* m ★ rare ~ *komische(r) Kauz* m ★ verwaande ~ *eingebildete(r) Pinsel* m

kwatong BN lasteraar *Verleumder* m; *Lästerer* m

kwebbel • kletskous *Plappermaul* o; *Quasselstrippe* v • mond *Klappe* v ▼ houd je ~! *halt die Klappe!*

kwebbelen *quatschen*; *quasseln*; *schwatzen*

kweek ⟨dieren, planten⟩ *Zucht* v; ⟨aanplant⟩ *Anbau* m; ⟨dieren, planten⟩ *Züchtung* v

kweekbak *Frühbeet* o

kweekreactor *Brutreaktor* m ★ snelle ~ *schnelle(r) Brüter* m

kweekschool *pädagogische Hochschule* v

kweekvijver • LETT. *Zuchtteich* m • FIG. *Nährboden* m

kweepeer *Quitte* v

kwekeling • scholier, student *Schüler* m; *Student* m • pedagoog *angehende(r) Lehrer* m

kweken • doen groeien *züchten* • doen ontstaan *ziehen*; ⟨overschot, rente⟩ *erzielen*

kweker *Züchter* m

kwekerij • het kweken ⟨aanplant⟩ *Anbau* m; ⟨dieren, planten⟩ *Züchtung* v • plaats, bedrijf ⟨dieren⟩ *Zuchtstätte* v; ⟨planten⟩ *Gärtnerei* v; ⟨bomen⟩ *Baumschule* v

kwekken • kwebbelen *quatschen*; *schnattern*; *plappern* • kwaken *quaken*; ⟨ganzen⟩ *schnattern*

kwelder *Groden* m

kwelen ⟨v. mensen⟩ *schluchzen*; ⟨v. vogels⟩ *trällern*

kwelgeest *Quälgeist* m

kwellen *quälen*

kwelling *Qual* v; *Quälerei* v; *Tortur* v

kwestie • vraagstuk *Frage* v; *Problem* o ★ een juridische ~ *eine Rechtsfrage* • aangelegenheid *Sache* v; *Frage* v ★ het is een ~ van tijd *es ist eine Frage der Zeit* ★ een ~ van smaak *eine Geschmackssache* ★ een ~ van oefenen *reine Übungssache* ★ de persoon in ~ *die fragliche Person*

kwetsbaar *verwundbar*; *verletzbar*; ⟨bridge⟩ *in der Gefahrenzone* ★ zich ~ opstellen *sich eine Blöße geben*

kwetsen • verwonden *verwunden*; *verletzen* • grieven *verletzen*; *kränken*

kwetsuur *Verletzung* v; *Verwundung* v

kwetteren • kwebbelen *plappern* • geluid maken *schnattern*; ⟨v. vogels⟩ *zwitschern*

kwibus *Narr* m; *Kauz* m ★ een rare ~ *ein komischer Kauz*

kwiek I BNW flink; rege; fesch; *lebhaft* **II** BIJW *flott*

kwijl *Geifer* m; INFORM. *Sabber* m

kwijlen *geifern*; *sabbern*

kwijnen • verzwakken *daniederliegen*; ⟨v. dieren en planten⟩ *verkümmern* • achteruitgaan *abflauen*

kwijt • verloren *weg*; *verloren* ★ iets ~ zijn *etw. verloren haben* ★ ik was mijn vrije middag ~ *mein freier Nachmittag war dahin* • verlost van *los* ★ dat wou ik even ~ *das wollte ich kurz loswerden*

kwijten [zich ~] van *sich entledigen* ★ zich van een opdracht ~ *sich eines Auftrags entledigen*

kwijtraken, BN **kwijtspelen** • verliezen *verlieren* • bevrijd worden van *loswerden* ★ zij kon hem maar niet ~ *sie konnte ihn nicht loswerden* • verkopen *loswerden* ★ ik ben het kwijtgeraakt *es ist mir abhandengekommen*

kwijtschelden *lossprechen*; *erlassen*

kwijtschelding *Erlass* m

kwik *Quecksilber* o

kwikstaart *(Bach)stelze* v ★ grote gele ~ *Gebirgsstelze* v

kwikthermometer *Quecksilberthermometer* o

kwikzilver *Quecksilber* o

kwint *Quinte* v

kwintet *Quintett* o

kwispelen *wedeln*

kwispelstaarten *mit dem Schwanz wedeln*

kwistig ⟨vrijgevig⟩ *freigebig*; ⟨verkwistend⟩ *verschwenderisch*; ⟨overvloedig⟩ *reichlich*

kwitantie *Quittung* v ★ een ~ uitschrijven *eine Quittung ausstellen*

kynologie *Kynologie* v

ky

kynologisch *kynologisch*
kynoloog *Kynologe* m

L

I *L* o ★ de l van Lodewijk *L wie Ludwig*
la ● lade *Schublade* v ● muzieknoot *La* o
laadbak *Container* m; ⟨laadruimte⟩ *Ladefläche* v
laadbrief ⟨binnenscheepvaart⟩ *Ladeschein* m;
⟨zeescheepvaart⟩ *Seefrachtbrief* m
laadbrug *Ladebrücke* v
laadklep *Ladeklappe* v
laadruim *Laderaum* m
laadvermogen *Ladefähigkeit* v; *Ladevermögen*
laag I ZN [de] ● uitgespreide hoeveelheid
Schicht v ★ een laag olie *ein Ölfilm* m ★ het
heeft meerdere lagen *es ist mehrschichtig*
● sociale klasse *Gesellschaftsschicht* v; *Schicht*
v ★ de bovenste laag van de bevolking *die
Oberschicht* ▼ iem. de volle laag geven *jmdn.
herunterputzen* ▼ de volle laag krijgen *die
volle Ladung abbekommen* **II** BNW ● niet hoog
niedrig; *tief* ★ een lage stoel *ein niedriger
Stuhl* ★ de wolken hangen laag *die Wolken
hängen tief* ★ zij heeft een lage stem *sie hat
eine tiefe Stimme* ★ lage temperaturen
niedrige(n) Temperaturen ● gering *niedrig*;
gering ● gemeen *gemein*; *niederträchtig* ★ een
lage streek *eine Gemeinheit* ▼ de lagere
standen *die unteren Klassen*
laag-bij-de-gronds *banal*; *trivial*; *platt*
laagbouw *Flachbau* m
laaggeschoold *bildungsfern*
laaghartig *niederträchtig*
laagland *Flachland* o; *Niederung* v
laagseizoen ⟨voorseizoen⟩ *Vorsaison* v;
⟨naseizoen⟩ *Nachsaison* v
laagspanning ⟨lager dan normaal⟩
Niederspannung v; ⟨minder dan 42 V⟩
Schwachstrom m
laagte ● het laag zijn *Niedrigkeit* v ● laag
terrein *Tiefe* v; ⟨dal⟩ *Tal* o
laagvlakte *Tiefebene* v
laagwater ● eb *Ebbe* v ● lage waterstand in
rivier enz. *Niedrigwasser* o
laaien *lodern*
laaiend I BNW ● woedend *rasend* ★ zijn moeder
was ~ *seine Mutter war außer sich* ● hevig
heftig **II** BIJW hevig ★ ~ enthousiast zijn *hell
begeistert sein*
laakbaar *tadelnswürdig*; *tadelnswert*
laan *Allee* v ▼ iem. de laan uitsturen *jmdm. den
Laufpass geben*
laars *Stiefel* m ▼ dat kan haar geen ~ schelen *sie
schert sich den Teufel darum*
laat I BNW niet vroeg *spät* ★ hoe laat is het?
wieviel Uhr ist es?; *wie spät ist es?*; *wie viel Uhr
ist es?* ★ op de late avond *am späten Abend*
★ ik ben wat laat *ich habe mich etw. verspätet*
▼ weten hoe laat het is *wissen, was die Glocke
geschlagen hat* **II** BIJW niet vroeg ★ laat
opblijven *lange aufbleiben* ★ hoe laat? *wie
spät?* ▼ beter laat dan nooit *besser spät als gar
nicht*
laatbloeier ● plant *spät blühende Pflanze* v
● persoon *Spätentwickler* m; INFORM.
Spätzünder m

laatdunkend *eingebildet; überheblich*
laatkomer *Nachzügler* m
laatst I BNW • achterste in tijd *letzt* ★ op het ~e ogenblik *im letzten Moment*; INFORM. *auf den letzten Drücker* • achterste in reeks *letzt* ★ een ~e opmerking *eine Schlussbemerkung* • recent *letzt; neuest; jüngst* **II** BIJW • onlangs *neulich*; *vor kurzem* ★ ik heb haar ~ nog gezien *ich habe sie vor kurzem noch gesehen* • meest laat *zuletzt* ★ hij kwam het ~ *er kam als letzter* ★ op zijn ~, BN ten ~e ⟨uiterlijk⟩ *spätestens*
laatstejaars *Schüler* m *der letzten Klasse* [v: *Schülerin*]
laatstgenoemde *Letztgenannte(r)* m; ⟨v. twee⟩ *Letztere(r)* m
laattijdig BN → **laat**
lab *Labor* o
label • kaartje *Schild* o; ⟨bagagelabel⟩ *Anhängeschild* o • serienaam *Label* o; *Beschriftung* v
labelen *beschriften*
labeur BN *Arbeit* v
labiel *labil*
laborant *Laborant* m [v: *Laborantin*]
laboratorium, INFORM., BN **labo** *Laboratorium* o
labrador-retriever *Labrador-Retriever* m
labyrint *Labyrinth* o
lach *Lachen* o; ⟨glimlachen⟩ *Lächeln* o ★ stikken van de lach *platzen vor Lachen* ★ een harde lach *ein lautes Lachen* ★ de slappe lach hebben *einen Lachkrampf haben*
lachbui *Lachkrampf* m; *Lachanfall* m
lachebek *Kichererbse* v
lacheding ▼ BN dat is geen ~ *darüber lacht man nicht*; *das ist nicht zum Lachen*
lachen *lachen*; ⟨glimlachen⟩ *lächeln* ★ iem. aan het ~ maken *jmdn. zum Lachen bringen* ★ om iets ~ *über etw. lachen* ★ het is om te ~ *es ist zum Lachen* ▼ BN groen ~ *gequält/gezwungen lachen* ▼ zich dood (krom, slap, ziek, e.d.) ~ *sich einen Ast lachen*; *sich schieflachen* ▼ wie het laatst lacht, lacht het best *wer zuletzt lacht, lacht am besten* ▼ laat me niet ~! *dass ich nicht lache!*
lacher *Lacher* m
lacherig *lachlustig*
lachertje *Witz* m
lachfilm *komische(r) Film* m
lachgas *Lachgas* o
lachsalvo *Lachsalve* v
lachspiegel *Zerrspiegel* m
lachspier ▼ op de ~en werken *die Lachmuskeln beanspruchen*
lachspieren *Lachmuskeln* mv ★ dat werkt op de ~ *das reizt die Lachmuskeln*
lachstuip *Lachsalve* v
lachwekkend *komisch*; ⟨belachelijk⟩ *lächerlich*
laconiek *lakonisch*
lactose *Laktose* v; *Milchzucker* m
lactovegetariër *Laktovegetarier* m
lacune *Lücke* v ★ ~s aanvullen *Lücken schließen*
ladder • klimtoestel *Leiter* v • haal in kous *Laufmasche* v ★ er zit een ~ in je kous *dein Strumpf hat eine Laufmasche*
ladderen *Laufmaschen bekommen* ★ deze

kousen ~ niet *diese Strümpfe bekommen keine Laufmaschen*
ladderwagen *Drehleiterfahrzeug* o; *Kraftdrehleiter* v
ladderzat *sternhagelvoll; stockbesoffen*
lade *Schublade* v
ladekast *Kommode* v
laden *laden* ★ iets op zich ~ *etw. auf sich nehmen* ★ ~ en lossen *ein- und ausladen*
lading • last *Ladung* v • elektrische lading *Ladung* v • munitie, explosief *Ladung* v
ladykiller *Ladykiller* m; *Herzensbrecher* m
ladyshave *Ladyshave* m; *Damenrasierer* m
laf • niet moedig *feige* • zonder zout *fade*
lafaard *Feigling* m; INFORM. *Angsthase* m
lafhartig *feige*
lafheid *Feigheit* v
lagedrukgebied *Tiefdruckgebiet* o; *Tief* o
lagelonenland *Niedriglohnland* o
lager I ZN [de] TECHN. *Lager* o **II** ZN [het] bier *Lagerbier* o
Lagerhuis *englische(s) Unterhaus* o; *House of Commons* o
lagerwal *Legerwall* m ▼ aan ~ raken *herunterkommen; auf den Hund kommen*
lagune *Lagune* v
lak • mengsel van hars *Lack* m • verf *Lack* m; ⟨laag lakverf⟩ *Lackierung* v ▼ ik heb er lak aan *da pfeife ich drauf*
lakei *Lakai* m
laken I ZN [het] [mv: +s] *Laken* o; *Betttuch* o ★ tussen de ~s kruipen *ins Bett kriechen* ▼ de ~s uitdelen *das Sagen haben* ▼ BN het ~ naar zich toe trekken *die Oberhand gewinnen* **II** ZN [het] [gmv] *Tuch* o ▼ dat is van hetzelfde ~ een pak *das ist Jacke wie Hose* **III** OV WW • berispen *tadeln; rügen* • afkeuren *missbilligen; bemängeln*
iakken *lackieren*
lakmoes *Lackmus* m/o
lakmoesproef *Lackmustest* m
laks • lui *träge; schlapp* • te toegeeflijk *lasch*
lakschoen *Lackschuh* m
laksheid *Laschheit* v; *Laxheit* v
lakverf *Lackfarbe* v
lallen *lallen*
lam I ZN [het] *Lamm* o ★ lammetje *Lämmchen* o ▼ zo mak als een lammetje *lammfromm* ▼ onschuldig als een pasgeboren lammetje *unschuldig wie ein neugeborenes Kind* **II** BNW • verlamd *gelähmt* • stukgedraaid *ausgeleiert* • stomdronken *voll; blau* • vervelend *ärgerlich* ▼ zich lam werken *sich zu Tode schuften* ▼ zich lam schrikken *sich zu Tode erschrecken*
lama • dier *Lama* o • priester *Lama* m
lambrisering *Täfelung* v; *Tafelwerk* o
lamel *Lamelle* v
lamenteren *lamentieren*
lamheid • futloosheid *Lahmheit* v • het lam zijn *Gelähmtheit* v
laminaat *Laminat* o
laminaatparket *Laminatparkett* o
lamineren • met plasticfolie overtrekken *laminieren* • gelaagd maken *laminieren*
lamleggen *lahmlegen*

la

lamlendig ● lusteloos *schlapp;* ⟨laks⟩ *lahm* ★ een ~ stel bij elkaar *ein lahmer Haufen* ★ hij is te ~ om dat te doen *er bringt das noch nicht mal fertig* ● beroerd *ärgerlich* ★ dat is nu echt ~ *das ist nun wirklich ärgerlich*

lamme *Lahme(r)* m ▼ de ~ leidt de blinde *der Lahme führt den Blinden*

lammeling *elende(r) Kerl* m; *Ekel* o

lamp ● verlichtingstoestel *Lampe* v ★ staande lamp *Stehlampe* ● gloeilamp *Birne* v; ⟨v. beeldbuis of radio⟩ *Röhre* v; *ampoule* v ▼ tegen de lamp lopen, BN tegen de lamp vliegen *erwischt werden* ▼ er gaat bij hem een lampje branden *ihm geht ein Licht auf*

lampenkap *Lampenschirm* m

lampetkan *Wasserkanne* v

lampion *Papierlaterne* v; *Lampion* m

lamsbout *Lammkeule* v; *Lammshaxe* v

lamsvlees *Lammfleisch* o; *Hammelfleisch* o

lamswol *Lammwolle* v

lanceerbasis *Abschussbasis* v

lanceren ● afvuren *abschießen* ★ een raket ~ *eine Rakete starten* ● de wereld insturen *einführen; lancieren* ★ een bericht ~ *einen Bericht lancieren*

lancet *Lanzette* v

land ● staat *Land* o ★ land van herkomst *Herkunftsland* o ● vaste grond *Land* o ★ te land, ter zee en in de lucht *zu Land, zu Wasser und in der Luft* ★ land in zicht! *Land in Sicht!* ● grond *Land* o ● akkerland *Land* o ● platteland *Land* o ★ op het land *auf dem Lande* ▼ het land hebben aan iem. *jmdn. nicht leiden können* ▼ er is geen land met hem te bezeilen *mit ihm kann man nichts anfangen* ▼ in het land der blinden is eenoog koning *unter Blinden ist der Einäugige König* ▼ 's lands wijs, 's lands eer *andere Länder, andere Sitten* ▼ een land van melk en honing *ein Land, wo Milch und Honig fließt*

landaanwinning ● land *Neuland* o ● het aanwinnen *Landgewinnung* v

landaard *Nationalcharakter* m

landbouw ● ECON. *Landwirtschaft* v ● akkerbouw *Landbau* m; *Ackerbau* m

landbouwbedrijf ● boerderij *landwirtschaftliche(r) Betrieb* m ● de landbouw *Landwirtschaft* v

landbouwbeleid *Landwirtschaftspolitik* v; *Agrarpolitik* v

landbouwer *Landwirt* m

landbouwkunde *Agrarwissenschaft* v

landbouwschool *Landwirtschaftsschule* v

landbouwuniversiteit *landwirtschaftliche Hochschule* v

landbouwwerktuig *landwirtschaftliche(s) Gerät* o

landdag *Landtagskonferenz* v; ⟨jaarvergadering⟩ *Jahreshauptversammlung* v

landdier *Landtier* v

landelijk ● nationaal *landesweit; national* ★ een ~e krant *eine überregionale Zeitung* ★ deze actie wordt ~ gehouden *diese Aktion wird landesweit durchgeführt* ● plattelands *ländlich* ★ de ~e omgeving *die ländliche Umgebung*

landen *landen*

landengte *Landenge* v

land- en volkenkunde *Länder- und Völkerkunde* v

landenwedstrijd *Länderspiel* o

landerig *verdrossen; lustlos*

landerijen *Ländereien* mv

landgenoot *Landsmann* m [v: *Landsmännin*] ★ landgenoten *Landsleute*

landgoed *Landgut* o

landhuis *Landhaus* o

landijs *Inlandeis* o

landing ● het landen ⟨v. vliegtuig⟩ *Landung* v ● ontscheping *Landung* v

landingsbaan *Landebahn* v

landingsgestel *Fahrgestell* o

landingsstrip *Landebahn* v

landingstroepen *Landungstruppen* mv

landingsvaartuig *Landungsfahrzeug* o

landinwaarts *landeinwärts*

landkaart *Landkarte* v

landklimaat *Landklima* o

landloper *Landstreicher* m

landloperij *Landstreicherei* v

landmacht *Landstreitkräfte* mv; *Heer* o

landmeten *Land (ver)messen*

landmeter *Landvermesser* m; ⟨wetenschappelijk⟩ *Geometer* m

landmijn *Landmine* v

landnummer *internationale Vorwahlnummer* v

landrot *Landratte* v

landsbelang *Staatsinteresse* o

landschap *Landschaft* v

landschildpad *Landschildkröte* v

landsgrens *Landesgrenze* v; *Staatsgrenze* v

landskampioen *Landesmeister* m

landstreek *Landstrich* m; *Gegend* v

landtong *Landzunge* v

landverhuizer *Auswanderer* m

landverhuizing *Auswanderung* v

landverraad *Landesverrat* m

landverrader *Landesverräter* m

landweg ⟨niet geasfalteerd⟩ *Feldweg* m; ⟨geasfalteerd⟩ *Landstraße* v

landwijn *Landwein* m

landwind *Landwind* m

landwinning *Landgewinnung* v

lang I BNW ● van bepaalde/grote lengte *lang* ★ hij zag een lange man *er sah einen großen Mann* ● van bepaalde tijd *lang* ★ dat had je al lang moeten zeggen *das hättest du schon längst sagen sollen* ★ sinds lang *seit langem* ▼ bij lange na niet *bei Weitem nicht* ▼ het is zo lang als het breed is *das ist gehüpft wie gesprungen* ▼ een lang gezicht zetten *ein langes Gesicht machen* **II** BIJW *lange* ★ het niet lang meer maken *es nicht mehr lange machen* ★ hoe langer hoe erger *immer schlimmer* ★ dat is lang geleden *das ist lange her* ▼ dat ziet er lang niet slecht uit *das sieht gar nicht übel aus*

langdradig *weitschweifig; langatmig* ★ een ~ toneelstuk *ein langatmiges Theaterstück*

langdurig *länger* ★ een ~e kwestie *eine langwierige Angelegenheit* ★ een ~e vriendschap *eine langjährige Freundschaft* ★ een ~e afwezigheid *eine längere*

la

Abwesenheit
langeafstandsraket *Langstreckenrakete* v;
Fernrakete v
langeafstandsvlucht *Fernflug* m
langetermijngeheugen *Langzeitgedächtnis* o
langetermijnplanning *Langzeitplanung* v
langgerekt ● lang en smal *lang gestreckt* ● lang
aangehouden *lang gezogen*
langharig *langhaarig*
langlaufen *langlaufen*
langlopend *langfristig* ★ een ~e voorstelling
eine Vorstellung, die lange Zeit gespielt wird
langoustine *Langustine* v
langparkeerder *Dauerparker* m; *Langzeitparker*
m
langs I vz ● in de lengte naast *entlang* [+3];
an... entlang [+3] ★ ~ het huis *am Haus
entlang* ★ ~ de kust varen *an der Küste
entlang fahren* ★ vlak ~ de grond *direkt am
Boden* ★ ~ de weg *am Straßenrand* ★ de weg
~ *die Straße entlang* ★ (ga) de kerk ~ en dan
rechts *an der Kirche vorbei und dann nach
rechts* ★ liggen/staan ~ *an... liegen/stehen* [+3]
● via, door *entlang* [+4]; *durch* [+4]; *über* [+4]
★ ~ de weg *über den Weg* ★ ~ het balkon
über den Balkon ★ ~ de regenpijp omhoog *an
der Regenrinne hoch* ★ ~ een andere weg *über
einen anderen Weg* ▼ ze praten ~ elkaar heen
sie reden aneinander vorbei ▼ het is ~ me heen
gegaan *es ist an mir abgeglitten* II BIJW
● voorbij *vorbei* ● in de lengte naast *entlang*
★ de weg loopt er ~ *die Straße läuft da
entlang* ▼ iem. ervan ~ geven *es jmdn. geben*
▼ ervan ~ krijgen *eins auf den Deckel
bekommen*
langsgaan *vorbeigehen*; *vorbeischauen*; (rijden)
vorbeifahren
langskomen ● voorbij bewegen *vorbeikommen*
● bezoeken ★ kom jij langs de supermarkt?
kommst du daran vorbei?
langslaper *Langschläfer* m
langspeelplaat *Langspielplatte* v
langsrijden *vorbeifahren*
langst *längst* ★ het kan op zijn ~ een uur
duren *es wird höchstens eine Stunde dauern*
langszij *längsseits*
languit *ausgestreckt*; *der Länge nach* ★ ~ liggen
ausgestreckt liegen
langverwacht *heiß/lang ersehnt/erwartet*
langwerpig *länglich*
langzaam *langsam*
langzaamaan *gemächlich* ★ ~! *immer mit der
Ruhe!*
langzaamaanactie *Bummelstreik* m
langzamerhand *langsam*; *allmählich*; *nach und
nach*
lankmoedig *langmütig*
lans *Lanze* v ▼ een lans breken voor iem. *eine
Lanze brechen für jmdn.*
lantaarn *Laterne* v; (straatlantaarn)
Straßenlaterne v ▼ die moet je met een ~tje
zoeken *die musst du mit der Lupe suchen*
lantaarnpaal *Laternenpfahl* m
lanterfanten *bummeln*; *herumlungern*;
(rondhangen) *sich herumtreiben*
Laos *Laos* o

Laotiaans, Laotisch *laotisch*
Lap *Lappe* m
lap ● stuk stof *Lappen* m; (voor kleding) *Stück* o
Stoff; (verstelstuk) *Flicken* m ● plat stuk *Stück*
o; (vlees) *Scheibe* v ★ een lap grond *ein
Grundstück* ▼ iem. voor het lapje houden
jmdn. zum Besten halten; *jmdn. auf den Arm
nehmen*
lapjeskat *mehrfarbige Katze* v
Lapland *Lappland* o
Laplands ● → **Laps**
lapmiddel *Notbehelf* m ★ dat zijn toch alleen
maar ~en *das ist doch alles nur Flickwerk*
lappen ● klaarspelen *hinkriegen*
● schoonmaken *(ab)ledern* ★ de ramen ~ *die
Fenster putzen* ● INFORM. betalen ≈ *Geld
zusammenlegen*
lappendeken ● deken *Flickendecke* v ● FIG.
onsamenhangend geheel *Flickwerk* o
lappenmand *Flickkorb* m ▼ in de ~ zijn
kränkeln
Laps *lappisch*
Lapse *Lappin* v
laptop *Laptop* m; *Notebook* m
lapwerk ● verstelwerk *Flickarbeit* v
● knoeiwerk *Flickwerk* o
lapzwans *Schlappschwanz* m
larderen *spicken*
larie *Blech* o; *Quatsch* m; *Blödsinn* m
lariks *Lärche* v
larve *Larve* v
laryngitis *Laryngitis* v; *Kehlkopfentzündung* v
las ● ingezet stuk *Lasche* v ★ iets door een las
verbinden *etw. verlaschen* ● plaats waar
gelast is *Schweißstelle* v; *Schweißnaht* v;
(verbinding door samensmelting)
Schweißung v ● verbinding van hout en rails
Stoß m
lasagne *Lasagne* mv
lasapparaat *Schweißgerät* o
lasbril *Schweißbrille* v
laser *Laser* m
laserprinter *Laserdrucker* m
laserstraal *Laserstrahl* m
lassen *verbinden*; *zusammensetzen*; (metaal)
schweißen; (kunststof) *verschweißen*
lasser *Schweißer* m
lasso *Lasso* m/o
last ● vracht *Fracht* v ● scheepslading *Ladung* v
● hinder *Ärger* m; (ongemakken)
Beschwerden mv; (ongerief)
Unannehmlichkeiten mv ★ last hebben van
iem. *Ärger mit jmdm. haben* ★ ik heb last van
het licht *das Licht stört mich* ★ iem. tot last
zijn, iem. last bezorgen, BN iem. last
verkopen *jmdm. Unannehmlichkeiten
bereiten/machen*; *jmdm. zur Last fallen*
● verplichting *Last* v; (kosten) *Kosten* mv
★ sociale lasten *Sozialabgaben* ★ ten laste van
de koper *zulasten/zu Lasten des Käufers*
● beschuldiging *Last* v ★ iem. iets ten laste
leggen *jmdm. etw. zur Last legen* ● bevel
Auftrag m ★ op last van de burgemeester *im
Auftrag des Bürgermeisters*
lastdier *Lasttier* o
lastendruk *Belastung* v

la

lastenverlichting *Abnahme* v *der Belastung*
laster *Verleumdung* v; JUR. *üble Nachrede* v; ⟨aantasting van iemands goede naam⟩ *Rufmord* m
lasteraar *Verleumder* m; *Lästerer* m
lastercampagne *Verleumdungskampagne* v; *Hetzkampagne* v; *Hetze* v
lasteren ● kwaadspreken over *schlechtmachen*; *verleumden* ● beledigen *beschimpfen*; *verhöhnen* ★ God ~ *Gott lästern*
lasterlijk *verleumderisch*; ⟨t.o.v. God⟩ *lästerlich*
lasterpraat *böse/üble Nachrede* v; *Klatsch* m
lastgever *Auftraggeber* m; JUR. *Mandant* m
lastig ● moeilijk *schwierig*; *schwer*; ⟨netelig⟩ *heikel* ★ een ~e zaak *eine heikle Angelegenheit* ★ een ~ parket *eine missliche Lage* ● hinderlijk *unbequem*; *lästig* ★ iem. ~ vallen *jmdn. belästigen* ★ een ~ kind *ein lästiges Kind*
last minute ★ lastminutevlucht *Last-Minute-Flug* m
lastpost *lästige(r) Mensch* m
lat ● stuk hout *Latte* v ● SPORT doel *Latte* v ● mager persoon *Latte* v ▼ zo mager als een lat *dünn wie eine Bohnenstange*; *klapperdürr*
laten I OV WW ● toestaan *lassen* ● ertoe brengen *lassen* ★ ~ zien *zeigen* ● opdragen *lassen* ● nalaten *lassen* ● in toestand laten *lassen* ★ laat het maar rusten *lass es gut sein* ● niet inhouden ★ tranen ~ *Tränen vergießen* ▼ het laat me koud *es berührt mich nicht* ▼ laat maar *lass nur* ▼ het oog over iets ~ gaan *etw. ins Auge fassen* II HWW ⟨v. wenselijkheid⟩ *lassen*; ⟨v. mogelijkheid⟩ *mögen*
latent *latent*
later *später* ★ weken ~ *Wochen danach* ★ tot ~! *bis nachher!* ★ ~ heb je er spijt van *nachher/hinterher tut es dir leid* ▼ zij komt ~ *sie kommt später*
latertje ▼ dat wordt een ~ *es wird spät werden*
latex *Latex* o
latexverf *Latexfarbe* v
Latijn *Latein* o; *Lateinische* o ★ in het ~ *auf Lateinisch* ▼ zij is aan het einde van haar ~ *sie ist mit ihrem Latein am Ende* ▼ BN zijn ~ steken in iets *sich verlegen auf etw.* [+4]
Latijns ⟨Romaans⟩ *romanisch*; ⟨Romeins⟩ *lateinisch* ★ ~e letters *lateinische(n) Buchstaben*
Latijns-Amerika *Lateinamerika* o
Latijns-Amerikaans *lateinamerikanisch*
latino *Latino* m; *Lateinamerikaner* m
latrelatie ≈ *Beziehung* v, *in der die Partner getrennt leben*
latrine *Latrine* v
latwerk ● hekwerk *Lattenzaun* m ● raamwerk *Lattengerüst* o; *Lattengestell* o; *Lattenrost* m
laureaat BN, O&W geslaagde *Absolvent* m
laurier *Lorbeer* m
laurierblad *Lorbeerblatt* o
laurierboom *Lorbeerbaum* m
laurierdrop OMSCHR. *Lakritz* o
lauw ● halfwarm *lau* ● FIG. mat *lau*
lauweren *Lorbeeren* mv ▼ op zijn ~ rusten *sich auf seinen Lorbeeren ausruhen* ▼ ~ oogsten

Lorbeeren ernten
lauwerkrans *Lorbeerkranz* m
lava *Lava* v ★ lavastroom *Lavastrom* m
lavabo BN wastafel *Waschbecken* o
lavastroom *Lavastrom* m
laveloos *sternhagelvoll*
laven *laben*; *erquicken*
lavendel *Lavendel* m
laveren ● SCHEEPV. *kreuzen* ● FIG. wankelend lopen *taumeln*; *torkeln* ● FIG. schipperen *lavieren*
lawaai *Lärm* m; *Krach* m; ⟨v. mensen⟩ *Spektakel* o ★ hels ~ *Höllenlärm*
lawaaierig *lärmend* ★ het is hier erg ~ *es ist hier ziemlich laut*
lawaaischopper *Radaumacher* m; *Krachmacher* m
lawine *Lawine* v
lawinegevaar *Lawinengefahr* v
laxeermiddel *Abführmittel* o
laxeren *laxieren*; *abführen*
lay-out *Layout* o
lay-outen *das Lay-out/Layout machen*
lazaret *Lazarett* o
lazarus *stockbesoffen*; *sternhagelvoll*
lazer ▼ iem. op zijn ~ geven *jmdm. eine Tracht Prügel geben* ▼ op zijn ~ krijgen *zusammengestaucht werden*
lazeren I OV WW smijten *feuern*; *schmeißen* ★ alles door elkaar ~ *alles durcheinanderschmeißen* II ON WW vallen *fliegen*
lbo ≈ *Sonderschule* v
lcd-scherm *LCD-Bildschirm* m
leadzanger *Leadsänger* m
leaseauto, INFORM. **leasebak** *Leasingauto* o
leasen *leasen*
lebberen *schlürfen*
lector *Lektor* m
lectuur *Lektüre* v
ledematen ● → **lidmaat**
ledenadministratie *Mitgliederkartei* v
ledenbestand *Mitgliederverzeichnis* o; ⟨aantal⟩ *Mitgliederzahl* v
ledenpas *Mitgliedsausweis* m; *Mitgliedskarte* v
ledenstop *Aufnahmestopp* m *(für Mitglieder)*
ledental *Mitgliederzahl* v
ledenwerving *Mitgliedswerbung* v
leder ● → **leer**
lederen ● → **leren**
lederwaren *Lederwaren* mv
ledigen *(ent)leeren*
ledigheid *Müßiggang* m ▼ ~ is des duivels oorkussen *Müßiggang ist aller Laster Anfang*
ledikant *Bettgestell* o
leed I ZN [het] *Leid* o; *Schmerz* m; *Kummer* m ★ leed veroorzaken *Kummer machen/bereiten* ▼ het leed is weer geleden *die Sache ist ausgestanden* II BNW → **oog**
leedvermaak *Schadenfreude* v ★ vol ~ *schadenfroh*
leedwezen *Bedauern* o; ⟨condoléance⟩ *Beileid* o ★ tot mijn ~ *zu meinem Bedauern*
leefbaar *erträglich* ★ de situatie is ~ *die Situation ist erträglich* ★ een huis ~ maken *ein Haus wohnlich machen*

leefbaarheid ≈ *Lebensqualität* v
leefgemeenschap *Lebensgemeinschaft* v
leefklimaat *Lebensbedingungen* mv
leefloon BN ≈ *Sozialhilfe* v; ≈ *Unterstützung* v
leefmilieu *Milieu* o
leefomstandigheden *Lebensbedingungen* v mv; *Lebensumstände* m mv
leefregel *Lebensregel* v
leefruimte *Lebensraum* m
leeftijd *Alter* o; *Lebensalter* o ★ op dertigjarige ~ is hij getrouwd *er hat mit dreißig geheiratet* ★ van middelbare ~ *mittleren Alters* ★ hij is van mijn ~ *er ist in meinem Alter* ★ MEDIA voor alle ~en *jugendfrei* ▼ op ~ komen *in die Jahre kommen; älter werden*
leeftijdgenoot ★ wij zijn leeftijdgenoten *wir sind Altersgenossen*
leeftijdsdiscriminatie *Altersdiskriminierung* v
leeftijdsgrens *Altersgrenze* v
leeftijdsklasse *Altersklasse* v
leeftocht *Wegzehrung* v; *Proviant* m
leefwijze *Lebensweise* v
leeg ● zonder inhoud *leer* ★ een leeg bord *ein leerer Teller* ● vrij van bezigheden *frei* ▼ met lege handen staan *mit leeren Händen dastehen*
leegdrinken *austrinken; leer trinken*
leeggieten *ausgießen; ausleeren; ausschütten*
leeggoed BN lege flessen, kratten enz. *Leergut* o
leeggooien *ausschütten; ausleeren; auskippen*
leeghalen *leeren; ausräumen*
leeghoofd *Hohlkopf* m; *Schwachkopf* m
leegloop ⟨v. de stad⟩ *Stadtflucht* v; ⟨v. het platteland⟩ *Landflucht* v
leeglopen ● leegstromen *leerlaufen; auslaufen;* ⟨ruimte⟩ *sich leeren* ● nietsdoen *müßiggehen; faulenzen*
leegloper *Nichtstuer* m; *Faulenzer* m; *Müßiggänger* m
leegmaken *leeren*
leegstaan *leer stehen*
leegstand *Leerstehen* o
leegstromen *leerlaufen*
leegte ● leegheid *Leere* v ● FIG. leemte *Lücke* v
leek ● niet-vakman *Laie* m ● niet-geestelijke *Laie* m ★ (als) van een leek *laienhaft*
leem *Lehm* m
leemgroeve *Lehmgrube* v
leemte *Lücke* v ★ ~ in de wet *Gesetzeslücke* ★ een ~ opvullen *eine Lücke füllen*
leen ★ iem. iets te leen geven *jmdm. etw. (aus)leihen* ★ te leen hebben *geliehen haben* ★ te leen krijgen *geliehen bekommen*
leenauto *Leihwagen* m
leenwoord *Lehnwort* o
leep *schlau; gerissen*
leer I ZN [het] leder *Leder* o ★ taai als leer *zäh wie Leder* ▼ van leer trekken tegen *vom Leder ziehen gegen* **II** ZN [de] ● les *Lehre* v ★ bij iem. in de leer gaan *bei jmdm. in die Lehre gehen* ● doctrine *Lehre* v ★ vast/zuiver/recht in de leer *rechtgläubig*
leerboek *Lehrbuch* o
leergang ● cursus *Kurs* m; *Lehrgang* m ● methode *Lehrbuch* o

leergeld *Lehrgeld* o
leergierig *lernbegierig*
leerjaar *Schuljahr* o; *Unterrichtsjahr* o; ⟨praktijkgerichte opleiding⟩ *Lehrjahr* o
leerkracht *Lehrer* m; *Lehrkraft* v ★ de ~en van een school *der Lehrkörper*
leerling ● scholier *Schüler* m ● volgeling *Jünger* m
leerlingenraad *Schülermitverwaltung (SMV)* v; *Schülermitverantwortung* v
leerling-verpleegster *Lernschwester* v
leerlingwezen *Lehre* v; *betriebliche Ausbildung* v
leerlooien *gerben*
leerlooier *Gerber* m
leermeester *Lehrer* m
leermiddelen *Lehrmittel* o mv
leermoment *Lehre* v
leernicht *Ledertunte* v
leerplan *Lehrplan* m
leerplicht *Schulpflicht* v
leerplichtig *schulpflichtig*
leerplichtwet ⟨in Duitsland⟩ ≈ *Schulpflichtgesetz* o
leerrijk *lehrreich*
leerschool *Lehre* v; *Schule* v ★ een harde ~ moeten doorlopen *eine harte Schule durchmachen müssen*
leerstelling *Lehrsatz* m; *Satz* m
leerstoel *Professur* v; *Lehrstuhl* m
leerstof *Stoff* m; *Lehrstoff* m; ⟨voor tentamen⟩ *Prüfungsstoff* m
leertje *Lederstück* o
leervak *Lehrfach* o
leerweg *Zweig* m
leerzaam *aufschlussreich; lehrreich*
leesbaar ★ wat te lezen is *lesbar; leserlich* ● aangenaam om te lezen *lesbar*
leesblind *leseblind*
leesboek ● boek om te lezen *Buch* o ● boek om te leren lezen *Lesebuch* o
leesbril *Lesebrille* v
leeslamp *Leselampe* v
leeslint *Lesezeichen* o
leesmap *Lesemappe* v
leesonderwijs *Leseunterricht* m
leespen *Barcode-Lesegerät* o
leesportefeuille *Lesemappe* v
leest *Leisten* m
leesteken *Satzzeichen* o
leesvaardigheid *Lesefertigkeit* v
leesvoer *Lesefutter* o
leeszaal *Lesesaal* m
Leeuw *Löwe* m
leeuw *Löwe* m ▼ iem. voor de ~en gooien *jmdn. den Löwen vorwerfen*
Leeuwarden *Leeuwarden* o
Leeuwardens *Leeuwarder*
leeuwenbek *Löwenmaul* o
leeuwendeel *Löwenanteil* m
leeuwentemmer *Löwenbändiger* m
leeuwerik *Lerche* v
leeuwin *Löwin* v
lef *Mumm* m; *Traute* v ★ een meid met lef *eine schneidige Frau* ★ het lef hebben *den Mumm haben* ★ hij heeft het lef niet *er traut sich nicht*

le

lefgozer *Wichtigtuer* m; *Angeber* m
leg *Legen* o; *Eiablage* v ★ de kippen zijn van de leg *die Hühner legen nicht mehr*
legaal *legal; gesetzlich*
legaat I ZN [de] pauselijke bode *Legat* m **II** ZN [het] erflating *Legat* o; *Vermächtnis* o
legaliseren *legalisieren; beglaubigen*
legbatterij *Legebatterie* v
legen *(aus)leeren*
legenda *Legende* v
legendarisch *legendarisch; legendär*
legende ● overlevering *Legende* v ● randschrift op munten *Randinschrift* v
leger ● MIL. *Heer* o; *Armee* v ★ het ~ paraat houden *das Heer in Bereitschaft halten* ● grote menigte *Heer* o ★ een ~ sprinkhanen *ein Heer von Heuschrecken* ● rustplaats van dier *Lager* o ▼ Leger des Heils *Heilsarmee* v
legerbasis *Militärbasis* v; *Militärstützpunkt* m
legercommandant *Heerführer* m; *Heereskommandeur* m
legeren einquartieren ★ zich ~ *sich lagern*
legeren ● samensmelten *legieren* ● legateren *als Legat vermachen*
legergroen *feldgrau*
legering *Unterbringung*
legering ● samensmelting *Legierung* v ● een legaat opstellen *Legatierung* v
legerkamp *Truppenlager* o; *Feldlager* o
legerleider *Heereskommandant* m; *Befehlshaber* m
legerleiding *Armeeführung* v
legerplaats *Lager* o
leges *Gebühren* mv ★ vrij van ~ *gebührenfrei*
leggen ● plaatsen *legen* ● eieren leggen *legen*; ⟨v. vissen en kikkers⟩ *laichen* ▼ iem. iets ten laste ~ *jmdm. etw. zur Last legen*
legging *Leggings* v
legio ★ er zijn ~ bezoekers *es sind Unmengen von Besuchern da*
legioen *Legion* v
legionair *Legionär* m
legionella *Legionella* v
legislatuur ● wetgevende macht *Legislative* v; *Legislatur* v ● BN, POL. regeerperiode *Regierungszeit* v
legitiem *legitim*; ⟨wettelijk⟩ *legal* ★ het ~e aandeel *der Pflichtteil* ★ dat is een ~e vraag *das ist eine berechtigte Frage*
legitimatie ● het (zich) legitimeren *Legitimation* v ● bewijs *Ausweis* m
legitimatiebewijs *Ausweis* m
legitimatiepapieren *Ausweis* m
legitimatieplicht *Legitimationspflicht* v; *Ausweispflicht* v
legitimeren I OV WW wettig verklaren *legitimieren* **II** WKD WW [zich ~] *sich legitimieren; sich ausweisen*
legkast *Schrank* m ★ hang- en ~ *Kleider- und Wäscheschrank*
lego® *Lego* o
legpuzzel *Puzzle* o
leguaan *Leguan* m
lei I ZN [de] schrijfbordje ⟨om op te schrijven⟩ *Schiefertafel* v; ⟨op dak⟩ *Schieferplatte* v ▼ met een schone lei beginnen *einen neuen Anfang*

machen **II** ZN [het] leisteen *Schiefer* m
leiband BN lijn *Gängelband* o ▼ aan de ~ lopen *am Gängelband gehen*
Leiden *Leiden* o ▼ dan is ~ in last *dann ist Holland in Not*
leiden I OV WW ● doen gaan *leiten; führen* ★ iets in de juiste baan ~ *etw. in die richtige Bahn lenken* ● een gesprek ~ *ein Gespräch leiten* ● aan het hoofd staan van *(an)führen* ● doorbrengen *leiten* ★ een losbandig leven ~ *ein ausschweifendes Leben führen* ● voorstaan ★ de ~de partij *die führende Partei* **II** ON WW in een bepaalde richting gaan *führen* ★ dat leidt tot niets *das führt zu nichts* ★ waar leidt dat heen? *wo führt das hin?*
leider ● leidinggevende *Leiter* m; *Führer* m ● koploper *Spitzenreiter* m ★ de ~ in het klassement *der Tabellenführer*
leiderschap ● het leider zijn *Führerschaft* v ● het leiden *Leitung* v; *Führung* v ● gezag *Autorität* v
leiderstrui *Trikot* o des Spitzenreiters; *Spitzentrikot* o
leiding ● het leiden/besturen ★ ~ geven aan iets *etw. leiten/führen* ★ onder ~ staan van... *von... geleitet/geführt werden* ● bestuur *Leitung* v; *Führung* v ★ de ~ hebben in *Führung liegen* ● buis, kabel *Leitung* v
leidinggevend *leitend; führend* ★ ~e positie/functie *leitende Funktion* v; *Führungsposition* v
leidingwater *Leitungswasser* o
leidraad ● richtsnoer *Richtschnur* v ● handleiding *Anleitung* v
Leids *Leidener*
leien *schiefern; Schiefer-* ▼ dat gaat van een ~ dakje *das geht wie geschmiert*
leisteen *Schiefer* m
leitmotiv *Leitmotiv* o
Lek *Lek* m
lek I ZN [het] ~ gat *Leck* o; *Loch* o ★ een lek dichten *ein Leck abdichten* ● verklikker ★ een lek in de organisatie *eine undichte Stelle in der Organisation* **II** BNW *undicht*; ⟨alleen bij vloeistoffen⟩ *leck* ★ een lekke band krijgen *einen Platten bekommen* ★ lek zijn *undicht sein*
lekenbroeder *Laienbruder* m
lekkage *Leckage* v
lekken ● lek zijn *undicht sein; lecken* ★ het dak lekt *das Dach ist undicht* ● druipen *rinnen*; *(durch)sickern* ★ het lekt door het plafond *es sickert durch die Decke*
lekker I BNW ● smakelijk *schmackhaft; lecker*; *(ganz) schön* ● aangenaam *herrlich; schön*; *angenehm* ★ ~ weer *schöne(s) Wetter* o ★ een ~e stoel *ein bequemer Stuhl* ● lichamelijk gezond *wohl* ▼ iem. ~ maken *jmdm. den Mund wässrig machen* **II** BIJW ● smakelijk ★ dat ziet er ~ uit *das sieht appetitlich aus* ● aangenaam ★ wat ruikt het hier ~ *was duftet es hier herrlich/gut* ★ ~ tegen iem. aanliggen *sich an jmdn. kuscheln*
lekkerbek *Feinschmecker* m; *Schleckermaul* o
lekkerbekje *Fisch* m *im Schlafrock*

lekkernij *Leckerbissen* m; *Köstlichkeit* v; 〈snoepgoed〉 *Süßigkeit* v
lekkers *Leckerei* v; 〈snoepgoed〉 *Süßigkeiten* mv
lel ● mep *Schlag* m; 〈in het gezicht〉 *Maulschelle* v ★ een lel krijgen *eine geknallt kriegen* ★ iem. een lel geven *jmdm. eine knallen* ● vel *Lappen* m; *Läppchen* o; 〈vogels〉 *Kehllappen* m
lelie *Lilie* v
lelieblank *lilienweiß*
lelietje-van-dalen *Maiglöckchen* o
lelijk I BNW ● niet aangenaam voor de zintuigen *hässlich; unschön* ● slecht *schlimm* ● gemeen *hässlich*; 〈boos〉 *schäbig* ★ een ~ gezicht zetten *eine saure Miene machen* ★ doe niet zo ~ tegen haar *sei nicht so hässlich zu ihr* **II** BIJW ● slecht ★ het ziet er ~ uit *es sieht schlimm aus* ★ er ~ aan toe zijn *übel/schlimm dran sein* ● gemeen ★ ~ kijken *böse/finster dreinschauen* ● danig *gewaltig*; *arg* ★ zich ~ vergissen *sich gewaltig irren*
lelijkerd ● lelijk persoon *Vogelscheuche* v; *hässliche(r) Kerl/Frau* m/v ● gemeen persoon *Ekel* o; *Scheusal* o
lellebel *Schlampe* v
lemen *lehmig*; *Lehm-*; *aus Lehm*
lemma *Lemma* o
lemmet *Schneide* v; 〈mes en zwaard〉 *Klinge* v
lemming *Lemming* m
lende *Lende* v ★ pijn in de ~n *Kreuzschmerzen*
lendenbiefstuk *Steak* o
lendendoek *Lendenschurz* m
lenen I OV WW uitlenen *(aus)leihen* ★ geld ~ *Geld leihen* **II** WKD WW [zich ~] voor *sich eignen* ★ daar leen ik mij niet voor *dafür gebe ich mich nicht her* ★ deze kamer leent zich daar niet voor *dieses Zimmer eignet sich dafür nicht*
lengen *länger werden* ★ de dagen ~ *die Tage werden länger*
lengte ● afmeting *Länge* v ● langste kant *Länge* v ★ in de ~ doorsnijden *der Länge nach durchschneiden* ● AARDK. *Länge* v ▼ tot in ~ van dagen *noch lange Zeit*
lengteas *Längsachse* v
lengtecirkel *Längenkreis* m
lengtegraad *Längengrad* m
lengtemaat *Längenmaß* o
lengterichting *Längsrichtung* v
lenig *gelenkig*; 〈soepel〉 *geschmeidig*; 〈buigzaam〉 *biegsam* ★ een ~ lichaam *ein geschmeidiger Körper*
lenigen *lindern*; *mildern* ★ pijn ~ *Schmerz lindern*
lening *Anleihe* v; *Kredit* m ★ een ~ aflossen *einen Kredit tilgen* ★ een ~ afsluiten *einen Kredit aufnehmen* ★ een ~ verstrekken *einen Kredit gewähren*
lens I ZN [de] ● voorwerp *Linse* v ● contactlens *Kontaktlinse* v ● ooglens *Linse* v **II** BNW lam *schlaff*; INFORM. *schlapp*
lente *Frühling* m; 〈poëtisch〉 *Lenz* m ▼ de ~ in het hoofd hebben *Frühlingsgefühle haben*
lentedag *Frühlingstag* m
lentemaand *Frühlingsmonat* m
lente-uitje *Frühlingszwiebel* v
lentezon *Frühlingssonne* v

lenzenvloeistof *Kontaktlinsenflüssigkeit* v
lepel *Löffel* m ★ ~ voor ~ *löffelweise*
lepelaar *Löffelreiher* m
lepelen ● eten, opscheppen *löffeln* ★ een bord leeg ~ *einen Teller leer löffeln* ● SPORT *schaufeln*
leperd *Schlaumeier* m; *Schlauberger* m; *Pfiffikus* m
lepra *Lepra* v; *Aussatz* m
lepralijder *Leprakranke(r)* m; *Aussätzige(r)* m
leraar *Lehrer* m ★ ~ aan het vwo *Gymnasiallehrer* ★ ~ wiskunde *Mathematiklehrer*
lerarenopleiding *Lehrerausbildung* v
lerares *Lehrerin* v
leren I BNW *leder-; ledern*; *Leder-* ★ een ~ tas *eine Ledertasche* **II** OV WW ● kennis verwerven *lernen* ★ iets uit het hoofd ~ *etw. auswendig lernen* ★ ~ omgaan met iets *lernen mit etw. umzugehen* ★ iem. ~ kennen *jmdn. kennenlernen* ● onderrichten *unterrichten*; *beibringen*; *lehren* ★ iem. iets ~ *jmdm. etw. lehren*; *jmdm. etw. beibringen* ★ de praktijk leert ons *die Erfahrung lehrt uns* **III** ON WW studeren *studieren* ★ voor arts ~ *Medizin studieren*
lering ● onderricht *Katechese* v ● wijsheid *Lehre* v ★ ~ uit iets trekken *aus etw. eine Lehre ziehen*
les ● leerstof *Lektion* v ● onderricht *Unterricht* m ● lesuur *Stunde* v ★ Franse les *Französischstunde* v ★ onder/tijdens de les *im Unterricht* ● FIG. verhelderende tegenslag *Lehre* v ★ laat dit een les voor haar zijn *das soll ihr eine Lehre sein* ▼ iem. de les lezen, BN iem. de les spellen *jmdm. einen Denkzettel verpassen*; *jmdm. die Leviten lesen*
lesauto *Fahrschulwagen* m
lesbevoegdheid *Lehrbefähigung* v; *Lehrbefugnis* v
lesbienne *Lesbe* v; *Lesbierin* v
lesbisch *lesbisch*
lesgeld *Kursgebühr* v
lesgeven *unterrichten* ★ les geven in Frans *Französisch unterrichten* ★ goed les geven *einen guten Unterricht machen*
lesmateriaal *Unterrichtsmaterial* o
Lesotho *Lesotho* o
lesrooster *Stundenplan* m
lessen *stillen*; *löschen* ★ dorst ~ *Durst löschen*
lessenaar *Pult* o ★ hoge ~ *Stehpult*
lest ▼ ten langen leste *letzten Endes*; *zu guter Letzt*
lesuur *Unterrichtsstunde* v
lesvliegtuig *Instruktionsflugzeug* o
leswagen *Fahrschulwagen* m
Let *Lette* m
lethargie *Lethargie* v
Letland *Lettland* o
Letlands ● → **Lets**
Lets I BNW *lettisch* **II** ZN [het] *Lettisch* o
Letse *Lettin* v
letsel *Schaden* m; 〈verwonding〉 *Verletzung* v ★ ~ oplopen *zu Schaden kommen* ★ zonder ~ *unverletzt* ★ zonder persoonlijk ~ *ohne Personenschaden*

le

letselschade *Personenschaden* m
letten I OV WW *beletten abhalten von* ★ wat let je? *was hält dich davon ab?* ★ wie let jou? *wer verbietet dir etw.?* **II** ON WW ~ **op** *aufpassen auf* [+4]; *achtgeben auf* [+4]; *achten auf* [+4] ★ op de voorschriften ~ *die Vorschriften beachten* ★ let op je woorden *pass auf, was du sagst*
letter • teken *Buchstabe* m; ⟨drukletter⟩ *Druckbuchstabe* m ★ met een kleine ~ schrijven *kleinschreiben* • letterlijke inhoud *Wort* o; *Wortlaut* m ★ iets naar de ~ opvatten *etw. wörtlich nehmen*
letteren *Philologie* v; ⟨literatuur⟩ *Literatur* v; ⟨taal- en letterkunde⟩ *Sprach- und Literaturwissenschaft* v ★ doctor in de ~ *Doktor der Philologie* m
lettergreep *Silbe* v
letterkunde • wetenschap *Literaturwissenschaft* v • literatuur *Literatur* v; *Dichtung* v ★ de Duitse ~ *die deutsche Literatur*
letterkundig ⟨wetenschappelijk⟩ *literaturwissenschaftlich*; ⟨literair⟩ *literarisch*
letterkundige *Literaturwissenschaftler* m; *Philologe* m
letterlijk I BNW *(woord)wörtlich*; ⟨in vergelijking met originele tekst⟩ *wortgetreu* ★ ~ en figuurlijk *im wörtlichen und übertragenen Sinne* **II** BIJW • in woordelijke zin *buchstäblich* ★ iets ~ vertalen *etw. wörtlich/wortgetreu übersetzen* • volkomen *buchstäblich*; *regelrecht* ★ zij is ~ alles kwijt *sie hat buchstäblich alles verloren*
lettertang *Prägegerät* o
letterteken *Buchstabe* m; *Schriftzeichen* o
letterwoord *Kurzwort* o
Letzeburgs *Letzeburgisch* o
leugen *Lüge* v • een ~tje om bestwil *eine Notlüge* ★ ~s verkopen *Lügen verbreiten* ★ ~s en bedrog *Lug und Trug* ▼ al is de ~ nog zo snel, de waarheid achterhaalt haar wel *Lügen haben kurze Beine*
leugenaar *Lügner* m
leugenachtig • vaak liegend *verlogen* • onwaar *lügenhaft*; *lügnerisch*
leugendetector *Lügendetektor* m
leuk • grappig *lustig*; *witzig* ★ IRON. dat kan nog leuk worden *das kann noch lustig werden* • aardig *nett*; *reizend*; *schön* ★ het was daar erg leuk *es war dort sehr nett/schön* ★ dat is erg leuk van je *das ist sehr nett von dir* • aantrekkelijk *nett* ★ een leuk meisje *ein nettes/reizendes Mädchen*
leukemie *Leukämie* v
leukerd *Spaßvogel* m
leukoplast *Leukoplast* o
leukweg *unverfroren*
leunen *(sich) lehnen*; *sich stützen* ★ op iem. ~ *sich auf jmdn. stützen* ★ naar buiten ~ *sich hinauslehnen* ★ tegen de muur ~ *sich an die Wand lehnen*; *an der Wand lehnen*
leuning ⟨brug, trap e.d.⟩ *Geländer* o; ⟨meubels⟩ *Lehne* v; ⟨balustrade⟩ *Brüstung* v
leunstoel *Armsessel* m; *Lehnstuhl* m
leurderskaart BN vergunning voor straathandel *Genehmigung* v für den

Straßenhandel
leuren *hausieren*
leurhandel BN straathandel *Straßenhandel* m
leus *Devise* v; *Parole* v; *Wahlspruch* m
leut • pret *Spaß* m • koffie *Kaffee* m
leuteren *faseln*; *schwafeln*
leuterkous *Schwätzer* m
Leuven *Löwen [o]*
Leuvenaar *Löwener* m
Leuvens *Löwener*
Leuvense *Löwenerin* v
leven I ZN [het] • bestaan *Leben* o ★ iem. om het ~ brengen *jmdn. umbringen* ★ om het ~ komen *ums Leben kommen* ★ zich van het ~ beroven *sich das Leben nehmen* ★ een mooi ~ leiden *ein schönes Leben führen* • werkelijkheid ★ zo gaat het in het ~! *das ist der Lauf der Welt!* • levensduur *Leben* o ★ voor het ~ benoemen *auf Lebenszeit ernennen* ★ zij vreesde voor haar ~ *sie fürchtete um ihr Leben* ★ tijdens mijn ~ *zeit meines Lebens* ★ manier van leven ★ een lui ~tje leiden *ein faules Leben führen* ★ geen ~ hebben *seines Lebens nicht froh werden* • lawaai *Betrieb* m; *Lärm* m ▼ iem. naar het ~ staan *jmdm. nach dem Leben trachten* ▼ ~ in de brouwerij brengen *Leben in die Bude bringen* ▼ iets nieuw ~ inblazen *etw. neu beleben* ▼ iem. het ~ zuur maken *jmdm. das Leben schwer machen* **II** ON WW • in leven zijn *leben* ★ het is hier goed ~ *hier lässt es sich gut leben* • ~ **met** ★ met haar valt niet te ~ *mit ihr ist nicht auszukommen* ▼ erop los ~ *in den Tag hinein leben* ▼ leve de koningin! *lang lebe die Königin!* ▼ te weinig om te ~ en te veel om te sterven *zum Leben zu wenig und zum Sterben zu viel*
levend I BNW *lebendig* ★ de ~en *die Lebenden* ★ een herinnering ~ houden *eine Erinnerung wach halten* ★ meer dood dan ~ *mehr tot als lebendig* **II** BIJW ★ ~ begraven *lebendig begraben*
levendig I BNW • vol leven *rege*; *lebhaft*; ⟨levend⟩ *lebendig* ★ ~e geest *rege(r) Geist* ★ ~ verkeer *lebhafte(r)/rege(r) Verkehr* ★ ~ meisje *ein lebhaftes Mädchen* ★ een ~e discussie *eine angeregte Diskussion* ★ ~e fantasie *lebhafte Phantasie* • duidelijk *lebendig*; *lebhaft* **II** BIJW ★ dat kan ik me ~ voorstellen *das kann ich mir gut vorstellen*
levenloos *leblos*
levensbedreigend *lebensbedrohlich*
levensbehoefte *Lebensnotwendigkeit* v ★ ~n *Lebensbedarf* m; *Lebensbedürfnisse*
levensbelang *lebenswichtige(s) Interesse* o ★ van ~ *lebenswichtig* ★ een kwestie van ~ *eine Existenzfrage* v
levensbeschouwing *Lebenseinstellung* v; ⟨ideologie⟩ *Weltanschauung* v
levensbeschrijving *Lebensbeschreibung* v
levensboom *Lebensbaum* m
levensduur *Lebensdauer* v
levensecht *lebensecht*
levenseinde *Lebensende* o
levenservaring *Lebenserfahrung* v
levensfase *Lebensphase* v; *Lebensabschnitt* m

levensgenieter *Genießer* m; *Genussmensch* m
levensgevaar *Lebensgefahr* v
levensgevaarlijk *lebensgefährlich*
levensgezel *Lebensgefährte* m
levensgroot *lebensgroß* ★ een ~ probleem *ein riesengroßes Problem*
levenshouding *Einstellung* v
levenskunst *Lebenskunst* v
levenskunstenaar *Lebenskünstler* m
levenslang *ein Leben lang* ★ ~ krijgen *lebenslänglich bekommen* ★ dat zal zij zich ~ heugen *das wird sie ihr Leben lang nicht vergessen*
levenslicht *Lebenslicht* o ★ het ~ aanschouwen *das Licht der Welt erblicken*
levenslied *Chanson* o; 〈smartlap〉 *Schnulze* v
levensloop *Lebensgeschichte* v; 〈curriculum vitae〉 *Lebenslauf* m
levenslust *Lebensfreude* v; *Lebenslust* v
levenslustig *lebenslustig; lebensfroh*
levensmiddelen *Lebensmittel* mv
levensmiddelenindustrie *Lebensmittelindustrie* v
levensmoe *lebensmüde*
levensomstandigheden *Lebensumstände* m mv; *Lebensverhältnisse* o mv; *Lebensbedingungen* v mv
levensonderhoud *Lebensunterhalt* m ★ in zijn ~ voorzien *seinen Lebensunterhalt bestreiten*
levenspad *Lebensweg* m
levensstandaard *Lebensstandard* m
levensteken *Lebenszeichen* o
levensvatbaar *lebensfähig*
levensverhaal *Lebensgeschichte* v
levensverwachting *Lebenserwartung* v
levensverzekering *Lebensversicherung* v
levensvreugde *Lebensfreude* v
levenswandel *Lebenswandel* m ★ onbesproken ~ *einwandfreie(r) Lebenswandel*
levenswerk *Lebenswerk* o
lever *Leber* v ▼ iets op zijn ~ hebben *etw. auf dem Herzen haben*
leverancier *Lieferant* m
leverantie *Lieferung* v
leverbaar *lieferbar*
levercirrose *Leberzirrhose* v
leveren ● bezorgen *liefern* ★ een bijdrage ~ *einen Beitrag leisten*; *einen Beitrag liefern* ★ aan huis ~ *ins Haus liefern* ★ gespreksstof ~ *Gesprächsstoff verschaffen* ● klaarspelen *leisten* ★ goed werk ~ *gute Arbeit leisten* ● aandoen *einbrocken* ★ wie heeft me dat geleverd? *wer hat mir das eingebrockt?* ▼ kritiek op iem. ~ *Kritik an jmdm. üben*
levering *Lieferung* v ★ bewijs van ~ *Lieferschein* m ★ plaats van ~ *Lieferungsort* m ★ ~ direct van de fabriek *Direktbezug* v
leveringstermijn *Lieferfrist* v; *Lieferzeit* v
leveringsvoorwaarde *Lieferbedingung* v
leverontsteking *Leberentzündung* v; *Hepatitis* v
leverpastei *Leberpastete* v
levertijd *Lieferfrist* v; *Lieferzeit* v
levertraan *Lebertran* m
leverworst *Leberwurst* v
lexicograaf *Lexikograf* m
lexicografie *Lexikografie* v

lexicon *Lexikon* o
lezen ● tekst doornemen *lesen* ★ over iets heen ~ *über etw. hinweg lesen* ★ heb je iets om te ~? *hast du etw. zum Lesen?* ★ jouw handschrift is niet te ~ *deine Handschrift ist unleserlich* ● interpreteren *lesen* ★ iem. iets van zijn gezicht ~ *jmdm. etw. vom Gesicht ablesen*
lezer *Leser* m
lezing ● het lezen *Lesen* o ● interpretatie *Auffassung* v; *Lesart* v; 〈versie〉 *Fassung* v ● verhandeling *Vortrag* m; 〈voorlezing〉 *Lesung* v ★ een ~ over milieuproblemen *ein Vortrag über Umweltprobleme* ★ de ~ van een wetsontwerp *die Lesung eines Gesetzentwurfs*
liaan *Liane* v
Libanees *Libanese* m
Libanon *Libanon* m
libel, libelle *Libelle* v
liberaal I ZN [de] *Liberale(r)* m **II** BNW *liberal*
liberaliseren *liberalisieren*
liberalisering *Liberalisierung* v
liberalisme *Liberalismus* m
Liberia *Liberia* o
Liberiaans *liberisch*
libero *Libero* m
libido *Libido* v; *Geschlechtstrieb* m
Libië *Libyen* o
Libisch *libysch*
libretto *Libretto* o
licentiaat I ZN [de] BN, O&W persoon *Magister* m; *Diplom-* **II** ZN [het] BN, O&W graad *Magister* m; *Diplom* o
licentie *Lizenz* v
licentiehouder *Lizenzinhaber* m
lichaam ● lijf *Körper* m ★ gezond naar ~ en geest *an Leib und Seele gesund* ● voorwerp *Körper* m ★ meetkundige lichamen *geometrische(n) Figuren* ● vereniging *Körperschaft* v
lichaamsbeweging *Körperbewegung* v
lichaamsbouw *Körperbau* m
lichaamsdeel *Körperteil* m
lichaamsholte *Leibeshöhle* v
lichaamskracht *Körperkraft* v
lichaamstaal *Körpersprache* v
lichaamsverzorging *Körperpflege* v
lichamelijk *körperlich* ★ ~e opvoeding *Leibeserziehung* v ★ ~ letsel *Körperverletzung* v ★ ~e arbeid *körperliche Arbeit* v ★ ~ gehandicapt *körperbehindert*
licht I ZN [het] ● schijnsel *Licht* o ★ tegen het ~ houden *durchleuchten* ★ tussen ~ en donker *zwischen Licht und Dunkel* ★ intelligent mens ★ hij is geen ~ *er ist kein großes Licht* ● openbaarheid ★ aan het ~ komen *ans Licht kommen* ● opheldering, inzicht ★ nu gaat me een ~je op! *jetzt geht mir ein Licht auf!* ★ nieuw ~ werpen op *neues Licht werfen auf* ★ dat werpt een ander ~ op de zaak *das lässt die Sache in einem anderen Licht erscheinen* ▼ het ~ zien *das Lebenslicht erblicken* ▼ groen ~ geven *grünes Licht geben* ▼ iem. het ~ in de ogen niet gunnen *jmdm. das Schwarze unter dem Nagel nicht gönnen* **II** BNW ● niet donker *hell* ● weinig wegend *leicht* ● makkelijk

leichtlebig ▼ iem. 1000 euro ~er maken *jmdn. um 1000 Euro erleichtern* ▼ ik voel me ~ in het hoofd *mir ist schwindlig* III BIJW ● gemakkelijk ★ iets ~ opnemen *etw.*

leichtnehmen ● enigszins ★ ~ verteerbaar *leicht verdaulich*

lichtbak ⟨bak met doorschijnende plaat⟩ *Leuchtplatte* v; ⟨lantaarn⟩ *Blendlaterne* v; ⟨hanglamp⟩ *Leuchte* v

lichtblauw *hellblau*

lichtblond *hellblond*

lichtboei *Leuchtboje* v

lichtbron *Lichtquelle* v

lichtbruin *hellbraun*

lichtbundel *Lichtbündel* o

lichtdruk *Lichtdruck* m

lichtelijk *leicht*

lichten I OV WW ● optillen *heben* ★ een stuk uit een dossier ~ *einen Teil eines Dossiers herausnehmen* ● ledigen *leeren* II ON WW licht geven *leuchten*

lichterlaaie *lichterloh*

lichtflits *Lichtblitz* m

lichtgelovig *leichtgläubig*

lichtgeraakt *empfindlich; reizbar*

lichtgevend *leuchtend; Leucht-* ★ ~e verf *Leuchtfarbe* v ★ ~e buis *Leuchtröhre* v

lichtgevoelig *lichtempfindlich*

lichtgevoeligheid *Lichtempfindlichkeit* v

lichtgewicht I ZN [de] ● SPORT bokser *Leichtgewichtler* m ● incapabel persoon INFORM. *taube Nusse* v II ZN [het] SPORT klasse *Leichtgewicht* o III BNW *Leichtgewichts-; leichtgewichtig*

lichtgewond *leicht verletzt*

lichting ● postlichting *Leerung* v ● rekrutering *Rekrutierung* v ● opgeroepen soldaten *Rekrutenjahrgang* m ★ de nieuwe ~ *der neue Rekrutenjahrgang* ★ ~ 1935 *Jahrgang 1935*

lichtinstallatie *Lichtanlage* v; *Beleuchtungsanlage* v

lichtjaar *Lichtjahr* o

lichtjes *leicht*

lichtknop *Lichtschalter* m

lichtkogel *Leuchtkugel* v

lichtkrant *Lichtzeitung* v

lichtmast *Lichtmast* m

lichtmatroos *Leichtmatrose* m

lichtnet *Stromnetz* o

lichtpen *Lichtstift* m

lichtpunt ● lichtend punt *Lichtpunkt* m ● FIG. iets hoopgevends *Lichtblick* m

lichtreclame *Leuchtreklame* v

lichtschip *Leuchtschiff* o; *Feuerschiff* o

lichtshow *Lightshow* v

lichtsignaal *Lichtsignal* o; *Leuchtsignal* o; *Lichtzeichen* v

lichtstad *Lichterstadt* v

lichtsterkte *Lichtstärke* v

lichtstraal *Lichtstrahl* m

lichtvaardig *leichtsinnig; leichtfertig; unbesonnen*

lichtval *Lichtstrahl* m

lichtvoetig *leichtfüßig*

lichtzinnig ● los van zeden *locker; leichtsinnig* ● zonder ernst *leichtfertig; unbesonnen;*

leichtsinnig

lid ● persoon *Mitglied* o ★ bedanken als lid *seinen Austritt erklären* ● deel *Teil* m/o ● lichaamsdeel ⟨v. mens/insect⟩ *Glied* o; ⟨v. insect⟩ *Segment* o ★ het mannelijk lid *das männliche Glied* ★ een ziekte onder de leden hebben *eine Krankheit in den Knochen haben* ★ zij heeft iets onder de leden *ihr steckt eine Krankheit in den Knochen* ★ over al zijn leden beven *am ganzen Leibe zittern* ● gewricht *Gelenk* o ● paragraaf *Absatz* m

lidgeld BN contributie *Beitrag* m

lidkaart BN ledenpas *Mitgliedsausweis* m; *Mitgliedskarte* v

lidmaat ● ANAT. ★ ledematen *Glieder* mv; *Gliedmaßen* mv ● medelid *Mitglied* o ● lid van kerkgenootschap *Gemeindeglied* o

lidmaatschap *Mitgliedschaft* v ★ bewijs van ~ *Mitgliedsausweis* m; *Mitgliedskarte* v ★ het ~ opzeggen *austreten*

lidstaat *Mitgliedsstaat* m

lidwoord *Artikel* m; *Geschlechtswort* o ★ bepaald en onbepaald ~ *bestimmte(r) und unbestimmte(r) Artikel*

Liechtenstein *Liechtenstein* o

Liechtensteiner *Liechtensteiner* m

Liechtensteins *Liechtensteiner*

Liechtensteinse *Liechtensteinerin* v

lied *Lied* o ★ een lied aanheffen *ein Lied anstimmen* ▼ het hoogste lied zingen *andere übertönen*

lieden *Leute*

liederenbundel *Liedersammlung* v

liederlijk I BNW losbandig *ausschweifend; liederlich* II BIJW *furchtbar*

liedje *Lied* o; *Liedchen* o ▼ het is weer het oude ~ *es ist immer wieder das alte Lied* ▼ iem. een ander ~ laten zingen ≈ *jmdn. den Kopf waschen* ▼ het ~ is uit *jetzt ist Schluss* ▼ het eind van het ~ was dat... *das Ende vom Lied war, dass...*

lief I BNW ● aardig *liebenswürdig; freundlich; lieb* ★ dat is lief van je *das ist nett von dir* ★ ze zijn erg lief tegen elkaar *sie sind sehr lieb zueinander* ★ dit zijn erg lieve mensen *dies sind sehr liebenswürdige Menschen* ● dierbaar *lieb* ★ deze klok is me erg lief *diese Uhr ist mir sehr teuer* ★ als je leven je lief is *wenn dir dein Leben lieb ist* ● gewenst, graag ★ iets voor lief nemen *mit einer Sache vorliebnehmen* ● schattig *reizend; entzückend* II BIJW ● aardig *lieb; nett* ★ lief tegen iem. doen *jmdm. schöne Augen machen* ● graag *gern* ★ ik laat het net zo lief *ich lasse es genauso gern sein* III ZN [het] geliefd persoon *Geliebte(r)* m; *Liebchen* o ▼ lief en leed delen *Freude und Leid teilen*

liefdadig *wohltätig; karitativ* ★ een ~ doel *ein wohltätiger Zweck* ★ een ~e instelling *eine karitative Einrichtung*

liefdadigheid *Wohltätigkeit* v

liefdadigheidsinstelling *karitative Einrichtung/ Organisation* v; *Wohltätigkeitsverein* m

liefde ● genegenheid *Liebe* v ★ met ~ ⟨liefdevol⟩ *liebevoll* ★ met ~ ⟨met plezier⟩ *mit Vergnügen; von Herzen gern; liebend gern*

★ uit ~ voor de ouders *den Eltern zuliebe* ★ ~ voor het vaderland *Vaterlandsliebe* ● het beminnen ★ ~ op het eerste gezicht *Liebe auf den ersten Blick* ★ ~ opvatten voor iem. *jmdn. lieb gewinnen* ★ iem. zijn ~ bekennen *jmdm. seine Liebe gestehen* ★ de ~ bedrijven *sich lieben* ▼ oude ~ roest niet *alte Liebe rostet nicht*

liefdeleven *Liebesleben* o
liefdeloos *herzlos; lieblos*
liefdesaffaire *Liebesaffäre* v; *Liebesabenteuer* o; *Liebschaft* v
liefdesbrief *Liebesbrief* m
liefdesgeschiedenis ● relatie *Liebschaft* v ● roman *Liebesgeschichte* v
liefdeslied *Liebeslied* o
liefdesscène *Liebesszene* v
liefdesverdriet *Liebeskummer* m
liefdevol *liebevoll*
liefdewerk *Liebeswerk* o
liefelijk *lieblich; anmutig*
liefhebben *lieben; lieb haben*
liefhebber ● enthousiasteling *Liebhaber* m ● gegadigde *Liebhaber* m
liefhebberij *Hobby* o; 〈artistiek/wetenschappelijk〉 *Liebhaberei* v ★ uit ~ *zum Vergnügen*
liefje ● geliefde *Geliebte(r)* m ● aanspreekvorm *Schatz* m; *Liebste(r)* m
liefjes *artig;* 〈poeslief〉 *zuckersüß*
liefkozen *schmusen; liebkosen* ★ elkaar ~ *miteinander schmusen; einander liebkosen*
liefkozing *Liebkosung* v; *Zärtlichkeit* v
lieflijk *lieblich; anmutig*
liefs ▼ veel ~ *alles Liebe*
liefst *vorzugsweise; am liebsten* ★ dit eet ik het ~ *das esse ich am liebsten* ★ ~ later *vorzugsweise später* ▼ hij kwam maar ~ een uur te laat *er kam wohlgemerkt eine Stunde zu spät*
liefste ● geliefde *Liebste(r)* m; *Geliebte(r)* m ● aanspreekvorm *Liebste(r)* m; *Liebling* m
lieftallig *anmutig; niedlich* ★ ~e kinderen *niedliche(n) Kinder* ★ een ~ meisje *ein anmutiges Mädchen*
liegbeest *Lügenbold* m; *Lügenmaul* o
liegen *lügen*
lier ● hijswerktuig *Winde* v ● muziekinstrument *Leier* v ▼ zijn lier aan de wilgen hangen *die Sache an den Nagel hängen; das Dichten aufgeben* ▼ het gaat als een lier *es läuft wie geschmiert*
lies ● lichaamsdeel *Leiste* v ● plant *Liesche* v
liesbreuk *Leistenbruch* m
liesje ▼ PLANTK. vlijtig ~ *(fleißiges) Lieschen*
lieslaars *Gummistiefel* m *bis zur Leiste*
lieveheersbeestje *Marienkäfer* m
lieveling *Liebling* m
lievelingseten *Lieblingsessen* o; *Leibgericht* o
lievelingskleur *Lieblingsfarbe* v
liever *lieber; eher* ★ of ~ gezegd *oder vielmehr* ★ ik ga nog ~ dood *eher sterbe ich* ★ laat mij het maar ~ doen *das überlass lieber mir* ★ laat ik ~ zeggen *besser gesagt*
lieverd *Liebling* m
lieverdje *Schätzchen* o ★ IRON. ze is me een ~

sie ist mir ja ein sauberes Früchtchen
lieverlede, lieverlee ▼ van ~ *allmählich*
lievig *liebedienerisch*
liflafje *Leckerei* v
lift ● hijstoestel *Aufzug* m; *Fahrstuhl* m; *Lift* m ● het meerijden *Mitfahrgelegenheit* v ★ een lift krijgen *mitgenommen werden*
liften *per Anhalter reisen; per Autostopp fahren; Autostopp machen; trampen*
lifter *Anhalter* m; *Tramper* m
liftkoker *Fahrstuhlschacht* m
liga *Liga* v
ligbad *Badewanne* v
ligbank *Liegebank* v
ligfiets *Liege(fahr)rad* o
liggeld *Liegegeld* o
liggen ● zich bevinden *liegen* ★ iets laten ~ *etw. liegen lassen* ● uitgestrekt rusten *liegen* ★ gaan ~ *sich legen* ★ hij lag in het hooi te slapen *er lag im Heu und schlief* ★ het kind ligt heerlijk te slapen *das Kind schläft herrlich* ★ ga ~! *Platz!* ● bedaren *sich legen; nachlassen* ★ de wind gaat ~ *der Wind legt sich* ● ~ **aan** *liegen an* [+3] ★ aan mij zal het niet ~ *an mir soll es nicht liegen* ★ waar zou dat aan ~? *woran mag das liegen?* ● zijn ★ dat ligt niet zo eenvoudig *das ist nicht so einfach* ● passen ★ zij ~ elkaar niet *sie verstehen sich nicht* ▼ zich nergens iets aan gelegen laten ~ *sich um nichts kümmern* ▼ dubbel ~ van het lachen *sich vor Lachen biegen; einen Lachkrampf haben* ▼ een kans laten ~ *eine Chance verpassen*
ligging *Lage* v
light *light* ★ ~product *Diätprodukt* o
lightrail *Lightrail* m; *S-Bahn* v
ligplaats *Liegeplatz* m
ligstoel *Liegestuhl* m
Ligurische Zee *Ligurische(s) Meer* o
liguster *Liguster* m; *Rainweide* v
ligweide *Liegewiese* v
lij *Lee* v; *Leeseite* v ★ aan (in) lij *an Lee*
lijdelijk *passiv; untätig*
lijden I ZN [het] *Leiden* o ★ het ~ van Christus *das Leiden Christi* ★ eindelijk was hij uit zijn ~ verlost *endlich war er von seinem Leiden erlöst* **II** OV WW ● ondervinden *erleiden* ★ honger ~ *hungern* ● verdragen *erdulden; ertragen* ★ dat kan mijn beurs niet ~ *das erlaubt meine Börse nicht* ▼ ik mag ~ dat het hem niet lukt *hoffentlich gelingt es ihm nicht* **III** ON WW ● last hebben *leiden* ● ~ **aan** *leiden an*
lijdend ● last hebbend *leidend* ● TAALK. ★ ~ voorwerp *Akkusativobjekt* o ★ ~e vorm *Passiv* o ★ ~e zin *Passivsatz* m
lijdensweg *Leidensweg* m
lijder *Patient* m
lijdzaam I BNW ● passief *tatenlos* ● gelaten *gelassen* **II** BIJW passief ★ ~ toezien *tatenlos zusehen*
lijdzaamheid *Ergebung* v; *Gelassenheit* v; *Geduld* v
lijf *Leib* m; *Körper* m ★ in levenden lijve *leibhaftig* ★ het vege lijf redden *seine Haut retten* ▼ blijf van mijn lijf! *rühre mich nicht an!* ▼ dat heeft weinig om het lijf *das hat*

li

wenig zu bedeuten ▼ zich iem. van zijn lijf houden *sich jmdn. vom Leibe halten* ▼ dat is hem op het lijf geschreven *das ist ihm wie auf den Leib geschrieben* ▼ iem. tegen 't lijf lopen *jmdn. in die Arme laufen* ▼ iets aan den lijve ondervinden *etw. am eignen Leibe erfahren*
lijfarts *Leibarzt* m
lijfblad *Leibblatt* o
lijfeigene *Leibeigene(r)* m
lijfelijk *leiblich*
lijfrente *Leibrente* v
lijfsbehoud *Lebensrettung* v; *Selbsterhaltung* v ★ om ~ smeken *um sein Leben bitten*
lijfspreuk *Wahlspruch* m
lijfstraf *Körperstrafe* v; *Leibesstrafe* v
lijfwacht *Leibwache* v
lijk *Leiche* v; *Leichnam* m; ⟨v. dieren⟩ *Kadaver* m ▼ een levend lijk *ein lebendiger Leichnam* ▼ over lijken gaan *über Leichen gehen* ▼ over mijn lijk! *nur über meine Leiche!*
lijkauto *Leichenwagen* m
lijkbleek *leichenblass; totenblass*
lijken ● overeenkomen *gleichen* [+3]; *ähnlich sein* [+3]; *ähneln* [+3] ★ dat huis lijkt wel een kasteel *dieses Haus sieht fast aus wie ein Schloss* ★ je lijkt je broer wel *du bist genau wie dein Bruder* ● schijnbaar zijn *scheinen* ★ 't lijkt alsof *es sieht aus, als ob* ★ dat lijkt maar zo *das sieht nur so aus* ● dunken *scheinen* ★ hij lijkt me kerngezond *er scheint mir kerngesund zu sein* ★ dat lijkt me niet de moeite waard *das scheint mir nicht der Mühe wert* ▼ ze ~ op elkaar als twee druppels water *sie gleichen sich wie ein Ei dem anderen* ▼ dat lijkt nergens naar *das sieht nach nichts aus*
lijkenhuis ⟨plaats van opbaring⟩ *Leichenhalle* v; ⟨ter identificatie van lijken⟩ *Leichenhaus* o
lijkkist *Sarg* m
lijkrede *Leichenrede* v
lijkschennis *Leichenschändung* v
lijkschouwer *Leichenbeschauer* m
lijkschouwing *Leichenschau* v; ⟨resultaat⟩ *Leichenbefund* m
lijkwade *Leichentuch* o
lijkwagen *Leichenwagen* m
lijkzak *Leichensack* m
lijm *Leim* m
lijmen ● LETT. plakken *leimen* ● overhalen *leimen* ★ iem. ~ *jmdn. breitschlagen*
lijmsnuiver *Sniffer* m
lijmtang *Leimzwinge* v; ⟨groot⟩ *Leimknecht* m
lijn ● touw *Leine* v; *Seil* o ★ de hond aan de lijn houden *den Hund an der Leine halten* ★ de was aan de lijn hangen *die Wäsche auf die Leine hängen* ● streep *Linie* v ● linie *Linie* v ★ op één lijn stellen *auf gleiche Linie stellen; auf eine Stufe stellen* ● COMM. verbinding *Linie* v ★ wilt u aan de lijn blijven? *bleiben Sie bitte am Apparat* ● beleidslijn *Linie* v ★ dat ligt niet in mijn lijn *das liegt mir nicht* ★ één lijn trekken *an einem Strang ziehen* ● FIG. richting *Linie* v ★ in grote lijnen *in großen Zügen; in groben Umrissen* ★ dat ligt in de lijn (der verwachting) *das entspricht den Erwartungen* ▼ aan de (slanke) lijn doen *auf die schlanke*

Linie achten ▼ iem. aan het lijntje houden *jmdn. hinhalten*
lijndienst *Liniendienst* m
lijnen *auf die schlanke Linie achten*
lijnolie *Leinöl* o
lijnrecht I BNW precies recht *schnurgerade* II BIJW volkomen ★ beide opvattingen staan ~ tegenover elkaar *beide Auffassungen widersprechen sich völlig* ★ zijn mening stond er ~ tegenover *er war genau/völlig entgegengesetzter Meinung* ★ ~ met iets in strijd zijn *in geradem Widerspruch mit etw. stehen*
lijnrechter *Linienrichter* m
lijntoestel *Linienmaschine* v
lijntrekken *trödeln*
lijnverbinding *Linienverbindung* v; *Linienverkehr* m
lijnvlucht *Linienflug* m
lijnzaad *Leinsamen* m; ⟨uitgezaaid⟩ *Leinsaat* v
lijs ● slome *Nölpeter* m; *Nölsuse* v ● slungel ★ lange lijs *lange(s) Register* o
lijst ● opsomming *Liste* v; ⟨alfabetisch⟩ *Register* o ★ op de zwarte ~ staan *auf der schwarzen Liste stehen* ★ namen op een ~ zetten *Namen in eine Liste eintragen* ★ zwarte ~ *schwarze Liste* v ● rand *Rahmen* m ★ een foto in een ~ zetten *ein Foto einrahmen*
lijstaanvoerder ● lijsttrekker *Spitzenkandidat* m; *Listenführer* m ● SPORT *Spitzenreiter* m
lijstduwer *Kandidat* m *am unteren Ende der Wahlliste*
lijstenmaker *Einrahmer* m; *Rahmenmacher* m
lijster *Drossel* v ★ grote ~ *Misteldrossel* v
lijsterbes ● vrucht *Vogelbeere* v; *Drosselbeere* v; *Ebereschenbeere* v ● boom *Eberesche* v; *Vogelbeerbaum* m
lijsttrekker *Spitzenkandidat* m
lijvig *voluminös*; ⟨v. persoon⟩ *dickleibig*; ⟨v. persoon⟩ *dick*; ⟨v. persoon⟩ *beleibt*; ⟨v. persoon⟩ *korpulent*
lijzig *schleppend* ★ ~ praten *in schleppendem Tone sprechen; gedehnt sprechen*
lijzijde *Lee* v
lik ● het likken *Lecken* o ● nor *Kittchen* o ▼ iem. lik op stuk geven *jmdm. Kontra geben* ▼ een lik uit de pan geven *einen Anpfiff geben*
likdoorn *Hühnerauge* o
likdoornpleister *Hühneraugenpflaster* o
likeur *Likör* m
likkebaarden *sich die Lippen lecken*
likken *lecken; schlecken*
likmevestje ▼ een kwaliteit van ~ *miese Qualität*
lik-op-stukbeleid *Schnellverfahren* o
lila I BNW *lila(farbig)* II ZN [het] *Lila* o
lillen *schwabbeln*
lilliputter *Liliputaner* m
Limburg *Limburg* o
Limburger *Limburger* m
Limburgs *Limburger*
Limburgse *Limburgerin* v
limerick *Limerick* m
limiet ECON. *Limit* o; WISK. *Limes* m; ⟨prijsgrens⟩ *Preisgrenze* v
limiteren *limitieren*

limoen *Limone* v
limonade *Limonade* v
limonadesiroop *Sirup* m
limousine *Limousine* v
linde *Linde* v
lindebloesem *Lindenblüte* v
lineair *linear*
linea recta *schnurstracks*
lingerie *Damen(unter)wäsche* v; ⟨erotiek⟩ *Reizwäsche* v
lingeriewinkel *Wäschegeschäft* o
liniaal *Lineal* o
linie ● MIL. *Linie* v ● verwantschap *Linie* v ▼ over de hele ~ *auf der ganzen Linie*
liniëren *linieren*; ⟨nakeursspelling⟩ *liniieren*
link I ZN [de] verband *Bezug* m; *Beziehung* v **II** BNW ● riskant *riskant*; *heikel* ● slim *schlau*; *pfiffig*
linker *link* ★ niet de rechterhand, maar de ~ *nicht die Rechte, sondern die Linke*
linkerhand *linke Hand* v; *Linke* v ★ aan de ~ *zur Linken; zur linken Hand* ▼ twee ~en hebben *zwei linke Hände haben*
linkerkant *linke Seite* v ★ aan de ~ *linksseitig*
linkerrijstrook *linke Fahrspur* v; *Überholspur* v
linkervleugel *linke(r) Flügel* m
links I BNW ● aan de linkerkant *links* ★ ~ van de straat *links von der Straße* ★ ~ aanhouden *sich links halten* ★ verkeer van ~ *Verkehr von links* m ● linkshandig *linkshändig*; *links* ★ ben jij ~ of rechts? *bist du links- oder rechtshändig?* ● POL. *links* ★ ~e partij *Linkspartei* v ★ ~ zijn *links sein/stehen*; *er steht links* **II** BIJW ● linkshandig *links* ★ ~ schrijven *links schreiben* ● POL. ★ ~ stemmen *links wählen* ▼ iem. ~ laten liggen *jmdn. links liegen lassen* **III** ZN [het] POL. ★ ~ stemde tegen *die Linke stimmte dagegen*
linksaf *(nach) links*
linksback *linke(r) Verteidiger* m
linksbuiten *Linksaußen* m
linksdraaiend *linksdrehend*
links-extremistisch *linksextremistisch*
linkshandig *linkshändig*
linksom *linksum*
linnen I ZN [het] stof *Leinwand* v; *Leinen* o **II** BNW *leinen*; *Leinen-* ★ ~ jurk *Leinenkleid* o
linnengoed *Leinenzeug* o; ⟨witgoed⟩ *Weißzeug* o; ⟨ondergoed⟩ *Wäsche* v
linnenkast *Leinenschrank* m; *Wäscheschrank* m
linoleum *Linoleum* o
linoleumsnede *Linolschnitt* m
linolzuur *Linolsäure* v
lint *Band* o ▼ door het lint gaan *auf die Palme gehen*
lintje ● ridderorde *Orden* m ★ een ~ krijgen *einen Orden bekommen* ● → lint
lintjesregen ≈ *groß angelegte Ordensverleihung* v
lintmeter BN *Bandmaß* o; *Messband* o
lintworm *Bandwurm* m
linze *Linse* v
lip *Lippe* v ▼ iem. op de lip zitten *dicht neben jmdm. sitzen* ▼ iets niet over de lippen krijgen *etw. nicht über die Lippen bringen können* ▼ tussen neus en lippen (door) *zwischen Tür*

und Angel
lipide *Lipid* o
liplezen *Lippenlesen* o
liposuctie *Fettabsaugung* v
lippenbalsem *Lippenbalsam* m
lippencrème *Lippencreme* v
lippendienst *Lippenbekenntnis* o
lippenpotlood *Lippenstift* m
lippenstift *Lippenstift* m
liquidatie ● ECON. *Liquidation* v ★ tot ~ overgaan *in Liquidation treten*; *sich auflösen* ★ belast zijn met de ~ van de zaken *mit der Abwicklung der Geschäfte beauftragt sein* ● moord *Liquidation* v
liquide ● liquid; *flüssig* ● vloeibaar *flüssig*
liquideren ● opheffen *liquidieren*; *abwickeln*; *auflösen* ● vermoorden *liquidieren*
liquiditeit *Liquidität* v
lire *Lira* v; *Lire* mv
lis *Schwertlilie* v; *Schwertblume* v
lispelen *lispeln*
Lissabon *Lissabon* o
Lissabons *Lissaboner*
list *List* v
listig *listig*
litanie *Litanei* v
liter *Liter* m/o
literair *literarisch*
literatuur *Literatur* v
literatuurgeschiedenis *Literaturgeschichte* v
literatuurlijst *Literaturliste* v
literatuuronderzoek *Literaturforschung* v
literatuurwetenschap *Literaturwissenschaft* v
literfles *Literflasche* v
literprijs *Literpreis* m
lithium *Lithium* o
litho *Litho* o
lithografie *Steindruck* m; *Lithografie* v
Litouwen *Litauen* o
Litouwer *Litauer* m
Litouws I BNW *litauisch* **II** ZN [het] *Litauisch* o
Litouwse *Litauerin* v
lits-jumeaux *Doppelbett* o
litteken *Narbe* v; ⟨op gezicht⟩ *Schmiß* m; ⟨v. houw, vooral op gezicht⟩ *Schmarre* v
littekenweefsel *Narbengewebe* o
liturgie *Liturgie* v
liturgisch *liturgisch*
live *live*
live- ● gelijktijdig *Live-* v; *Direkt-* v ★ ~uitzending *Livesendung* v; *Direktsendung* v ● met publiek *Live-*
living BN woonkamer *Wohnzimmer* o; *Wohnstube* v
Ljubljana *Ljubljana* o; OUD. *Laibach* o
lob ● BIOL. *Lappen* m ● SPORT *Heber* m
lobbes ● hond *Riesenvieh* o ● persoon *Tropf* m; *Gimpel* m
lobby *Lobby* v
lobbyen ★ het ~ *Lobbying* o; *Lobbyismus* m
lobelia *Lobelie* v
locatie ● plaats *Ort* m ● plaatsbepaling *Ortsbestimmung* v ★ op ~ filmen *am Drehort filmen*
locoburgemeester *stellvertretende(r) Bürgermeister* m; *Bürgermeister* m *in*

lo

Vertretung
locomotief *Lokomotive* v
lodderig *schläfrig; dösig*
lodderoog *schläfriges Auge* o
loden *bleiern; Blei-* ★ ~ *buis Bleirohr* o
loeder *Luder* o; *Aas* o
loef *Luv* v ▼ iem. de loef afsteken *jmdm. den Rang ablaufen*
loeien ● koeiengeluid maken *brüllen; muhen* ● huilen ⟨v. storm⟩ *heulen*; ⟨v. storm⟩ *tosen*; ⟨wind, sirene⟩ *heulen*
loeihard *ohrenbetäubend; wahnsinnig laut*
loempia *Frühlingsrolle* v
loens ● oneerlijk *falsch* ● ietwat scheel *schielend*
loensen *schielen*
loep *Lupe* v ▼ iets onder de loep nemen *etw. unter die Lupe nehmen*
loepzuiver *lupenrein*
loer *Lauer* v ★ op de loer staan *auf der Lauer sein* ▼ iem. een loer draaien *jmdm. einen fiesen Streich spielen*
loeren ● scherp uitkijken *lauern*; ⟨spieden⟩ *spähen* ★ door het sleutelgat ~ *durch das Schlüsselloch gucken* ● ~ **op** *lauern auf* [+4]
lof **I** zn [de] lofbetuiging *Lob* o ★ alle lof! *alle Achtung!* ★ dat strekt u tot lof *das gereicht Ihnen zur Ehre* ▼ vol lof zijn *des Lobes voll sein* **II** zn [het] witlof *Chicorée* m/v; *Schikoree*
loffelijk *löblich; lobenswert* ★ een ~ streven *ein löbliches Bestreben*
loflied *Loblied* o
lofrede *Lobrede* v
loftrompet ▼ de ~ over iem. steken *ein Loblied auf jmdn. singen*
loftuiting *Lobeserhebung* v; *Lobspruch* m
lofzang *Lobgesang* m
log **I** bnw *plump; schwerfällig* **II** zn [de] *Log* o
logaritme *Logarithmus* m
logboek *Logbuch* o
loge *Loge* v
logé *Gast* m ★ logés hebben *Gäste haben*
logeerbed *Gästebett* o
logeerkamer *Gästezimmer* o
logement *Gastwirtschaft* v; *Gasthof* m
logen *laugen*
logeren ⟨in hotel⟩ *wohnen*; ⟨in hotel⟩ *logieren*; ⟨bij kennissen e.d.⟩ *wohnen*; ⟨bij kennissen e.d.⟩ *zu Besuch sein*; ⟨bij kennissen e.d.⟩ *auf Logierbesuch sein*
logger *Logger* m
logheid *Plumpheit* v; *Schwerfälligkeit* v
logica *Logik* v
logies *Unterkunft* v; ⟨op schip⟩ *Logis* o ★ ~ met ontbijt *Unterkunft mit Frühstück*
logisch *logisch*
logischerwijs *logischerweise*
logistiek **I** zn [de] bevoorrading *Logistik* v **II** bnw *logistisch*
logo *Logo* o; *Logogramm* o
logopedie *Logopädie* v
logopedist *Logopäde* m; *Sprachlehrer* m
loipe *Loipe* v
lok *Locke* v
lokaal **I** zn [het] vertrek *Raum* m; *Lokal* o **II** bnw *örtlich; lokal* ★ ~ gesprek *Ortsgespräch*

o ★ ~ dagblad *Lokalanzeiger* m ★ ~ nieuws *Lokalnachrichten* ★ ~ verkeer *Ortsverkehr* m; *Stadtverkehr* m
lokaas ● aas *Lockspeise* v; ⟨voor vissen⟩ *Köder* m ● FIG. lokmiddel *Lockmittel* o
lokaliseren *lokalisieren*
lokaliteit *Räumlichkeit* v; *Lokalität* v
loket *Schalter* m
lokettist *Schalterbeamte(r)* m
lokken ● aanlokken *locken* ● bekoren *reizen*; *locken* ▼ in de val ~ *in die Falle locken*
lokkertje *Lockmittel* o
lokroep *Lockruf* m
lokvogel *Lockvogel* m
lol *Jux* m; *Spaß* m ★ voor de lol *zum Spaß* ★ dat doe ik niet voor de lol *das mache ich nicht zum Vergnügen*
lolbroek *Spaßmacher* m
lolletje *Scherz* m; *Spaß* m ▼ dat is geen ~ *das ist kein Spaß*
lollig *fidel; lustig* ★ ~e vent *fideler Bursche* m
lolly *Lutscher* m
lombok *spanische(r) Pfeffer* m
lommerd *Pfandhaus* o; *Leihhaus* o ★ naar de ~ brengen *ins Leihhaus bringen; versetzen*
lommerrijk ● schaduwrijk *schattenspendend*; *schattenreich; schattig* ● bladerrijk *belaubt*
lomp **I** bnw ● plomp *plump*; ⟨ruw, grof⟩ *grob*; ⟨ruw, grof⟩ *derb* ● onhandig *plump*; *ungeschickt; täppisch* ● onbehouwen *plump*; *ungeschliffen; brutal* **II** zn [de] *Lumpen* m ★ in lompen gehuld *zerlumpt*
lomperd ● onhandig persoon *Tölpel* m ● onbeleefd persoon *Grobian* m; *ungeschliffene(r) Kerl* m; *Flegel* m
lomschool ≈ *Schule* v *für Kinder mit Lernschwierigkeiten und schwer erziehbare Kinder*
Londen *London* o
Londens *Londoner*
lonen *lohnen* ★ 't loont de moeite *es lohnt die Mühe*
long *Lunge* v ★ over de longen roken *auf Lunge rauchen*
longarts *Lungenarzt* m
longdrink *Longdrink* m
longemfyseem *Lungenemphysem* o
longkanker *Lungenkrebs* m
longontsteking *Lungenentzündung* v ★ dubbele ~ *beiderseitige Lungenentzündung* v
lonken *(lieb)äugeln*
lont *Lunte* v ▼ lont ruiken *Lunte riechen* ▼ de lont in het kruit werpen *die Lunte ans Pulverfass legen*
loochenen *leugnen; verneinen; in Abrede stellen* ★ dat valt niet te ~ *das lässt sich nicht leugnen*
lood ● metaal *Blei* o ● ARCH. schietlood *Senklot* o; *Lot* o ▼ het is lood om oud ijzer *das ist Jacke wie Hose; das ist gehüpft wie gesprungen* ▼ met lood in de schoenen *mit Blei an den Sohlen; mit bleiernen Füßen* ▼ uit het lood geslagen zijn *fassungslos sein*
loodgieter *Klempner* m
loodgietersbedrijf *Klempnerbetrieb* m; *Installationsbetrieb* m
loodgrijs *bleigrau*

loodje • stukje lood *Bleistückchen* o • ter verzegeling *Plombe* v ▼ het ~ leggen *sterben*; den Löffel ablegen ▼ de laatste ~s wegen het zwaarst *das Ende trägt die Last*

loodlijn *Senkrechte* v ★ een ~ neerlaten *ein Lot fällen*; *eine Senkrechte fällen*

loodrecht *senkrecht*

loods • persoon *Lotse* m • keet *Schuppen* m; ⟨grote hangars e.d.⟩ *Halle* v

loodsboot *Lotsenboot* o; *Lotsendampfer* m

loodsen *lotsen*

loodsmannetje *Lotsenfisch* m; *Pilot(fisch)* m

loodswezen *Lotsenwesen* o

loodvergiftiging *Bleivergiftung* v

loodvrij *bleifrei* ★ ~e benzine *bleifreie(s) Benzin* o

loodzwaar *bleischwer*

loof *Laub* o; *Blätter* mv

loofboom *Laubbaum* m

loofbos *Laubwald* m

loofhout *Laubholz* o

Loofhuttenfeest *Laubhüttenfest* o

loog *Lauge* v

looien *gerben*; *lohen*

looier *Gerber* m

looizuur *Gerbsäure* v

look¹ • plantengeslacht *Lauch* m • BN knoflook *Knoblauch* m

look² ⟨zeg: loek⟩ *Look* m ★ een nieuwe look hebben *einen neuen Look haben*

lookalike *Doppelgänger* m

loom *matt*; *müde*; ⟨traag⟩ *träge*; ⟨v. weer⟩ *schwül* ★ ik ben zo loom in mijn benen *meine Beine sind so schwer*

loon • beloning *Lohn* m • salaris *Lohn* m ★ hoe hoog is je loon? *wie viel Lohn beziehst du?* ▼ dat is zijn verdiende loon! *das ist sein gerechter Lohn!*

loonadministratie *Lohnbuchhaltung* v

loonbelasting *Lohnsteuer* v

loonbriefje BN *Lohnstreifen* m; *Lohnzettel* m

loonconflict *Lohnkampf* m; *Tarifkonflikt/-streit* m

loondienst *Lohndienst* m

looneis *Lohnforderung* v

loongrens *Einkommensgrenze* v

loonheffing *Lohnabgabe* v

loonkosten *Lohnkosten* mv

loonlijst *Lohnliste* v

loonronde *Lohnrunde* v

loonschaal *Lohnskala* v; *Lohnstaffel* v

loonspecificatie *Lohnstreifen* m; *Lohnzettel* m

loonstop *Lohnstopp* m

loonstrookje *Lohnstreifen* m; *Lohnzettel* m

loonsverhoging *Lohnerhöhung* v; *Lohnaufbesserung* v

loonsverlaging *Lohnsenkung* v; ⟨algemeen en geleidelijk⟩ *Lohnabbau* m

loontrekker *Lohnempfänger* m; *Lohnarbeiter* m

loop¹ • het lopen *Lauf* m • voortgang *Lauf* m; *Gang* m; *Verlauf* m ★ in de loop van de dag *im Laufe des Tages* ★ in de loop der tijden *im Laufe der Zeit* ★ de loop der gebeurtenissen *der Verlauf der Ereignisse*; *der Gang der Ereignisse* • deel van wapen *Lauf* m; *Rohr* o ▼ op de loop gaan *Reißaus nehmen* ▼ met het

geld op de loop gaan *mit dem Geld durchbrennen*

loop² ⟨zeg: loep⟩ *Looping* m

loopafstand *Entfernung* v *zu Fuß* ★ op ~ *zu Fuß zu erreichen*

loopbaan *Laufbahn* v

loopbaanadviseur *Laufbahnberater* m

loopbaanplanning *Laufbahn-/Karriereplanung* v

loopbrug • brug *Fußgängerbrücke* v • loopplank *Rollsteg* m; *Rollbrücke* v

loopgips *Gehgips* m

loopgraaf *Schützengraben* m

loopgravenoorlog *Grabenkrieg* m

loopje *Lauf* m ▼ een ~ met iem. nemen *jmdn. hänseln*

loopjongen *Laufjunge* m

looplamp *Handlampe* v

loopneus *Triefnase* v

looppas *Laufschritt* m

loopplank *Laufbrett* o; *Laufsteg* m; ⟨naar schip toe, ook⟩ *Laufplanke* v; ⟨breed⟩ *Laufbrücke* v

looprek *Gehgestell* o

loops *läufig*; *brünstig*

looptijd *Laufzeit* v

loopvlak ⟨v. band⟩ *Lauffläche* v

loopvogel *Laufvogel* m

loos *taub*; *leer*

loot • PLANTK. scheut *Schoss* m; *Spross* m; *Trieb* m • FIG. telg *Spross* m; *Sprössling* m

lopen • te voet gaan *gehen*; ⟨snel⟩ *laufen* ★ door een bos ~ *durch ein Wald laufen* ★ ik heb er nog geen half uur over ge~ *ich habe noch keine halbe Stunde dazu gebraucht* ★ komen ~ *zu Fuß kommen* • zich voortbewegen *laufen* • BN rennen *rennen*; schnell laufen • stromen *fließen* ★ het water liep het putje in *das Wasser lief in den Abguß* • zich uitstrekken *laufen* ★ die weg loopt niet verder *dieser Weg führt nicht weiter* ★ er loopt een gracht om het kasteel *ein Graben zieht sich um das Schloss* • verlopen *laufen* ★ het liep anders es kam anders • het loopt verkeerd *es geht schief* • functioneren *laufen* • goede resultaten geven ★ deze winkel loopt goed *dieses Geschäft hat großen Zulauf* ▼ het loopt tegen twaalven *es geht auf zwölf zu* ▼ tegen de zestig ~ *bald sechzig werden*

lopend • voortbewegend *laufend* ★ ~e patiënt *ambulante(r) patient* m • actueel *laufend* ★ ~e zaken *laufenden Geschäfte* o mv

loper • boodschapper *Läufer* m; *Geher* m • sleutel *Dietrich* m • tapijt *Läufer* m; ⟨op piano⟩ *Tastenschoner* m • schaakstuk *Läufer* m

lor *Lumpen* m; *Lappen* m ▼ 't kan me geen lor schelen *ich pfeife drauf* ▼ geen lor *keinen Deut*

lord *Lord* m

lorrie *Draisine* v

los • niet vast *locker*; *lose* ★ een losse schroef *eine lockere Schraube* ★ een losse tand *ein lockerer Zahn* ★ honden los laten lopen *Hunde frei herumlaufen lassen* • niet strak *locker* • apart *einzeln* ★ losse vellen (papier) *lose(n) Blätter* ★ los verkrijgbaar *einzeln erhältlich* • ongedwongen *locker*;

lo

ungezwungen ★ een losse levenswandel *ein lockerer Lebenswandel* ▼ alles wat los en vast zit *alles und jedes*

losbandig *zügellos*; *ungebunden*

losbarsten *aufbersten*; *aufbrechen*; *losplatzen*

losbladig *Loseblatt-* ★ als ~ systeem verschijnen in *Loseblattform erscheinen* ★ ~e uitgave *Loseblattausgabe* v

losbol *lockere(r) Vogel* m

losbranden *losbrechen*; *loslegen* ★ brandt u maar los! *legen Sie mal los!*

losbreken ● uitbarsten *losbrechen* ● vrijkomen *losbrechen*; ⟨uit de gevangenis⟩ *ausbrechen*

los- en laadbedrijf *Lade- und Löschbetrieb* m

loser *Loser* m

losgaan *sich lockern*; *sich lösen*

losgeld *Lösegeld* o; ⟨v. ladingen⟩ *Löschgeld* o

losgeslagen *zügellos*; *ausschweifend*

losgooien *loswerfen*

losjes ● niet vast *lose*; *locker* ● luchthartig *locker* ★ iets ~ opnemen *etw. leichtnehmen*

loskomen ● losraken *sich lösen* ● vrijkomen *freikommen* ★ wanneer komt hij los? *wann kommt er frei?* ● zich uiten *herausbrechen* ★ eindelijk kwam ze los *endlich ging sie aus sich heraus*

loskopen *freikaufen*; *loskaufen*

loskoppelen *loskoppeln*; ⟨v. honden⟩ *loskoppeln*

loskrijgen ● in bezit krijgen *losbekommen* ● los/vrij weten te krijgen *loskriegen*; ⟨v. knoop⟩ *lösen*

loslaten I OV WW ● vrijlaten *loslassen*; *freilassen* ● met rust laten *loslassen* ★ de gedachte laat me niet los *die Gedanke lässt mich nicht mehr los* ● mededelen *herauslassen* **II** ON WW *losgaan* *losgehen*

loslippig *geschwätzig*

loslopen *frei herumlaufen*; *umhergehen* ▼ dat is te gek om los te lopen *das ist doch Wahnsinn* ▼ het zal wel ~ *das wird schon werden*

losmaken ● maken dat iets/iemand los wordt *losmachen*; *lösen*; *auflösen*; ⟨minder vast⟩ *lockern* ★ een knoop ~ *einen Knoten lösen* ● oproepen *auslösen* ★ het programma maakte veel emoties los *das Programm löste viele Emotionen aus*

losprijs *Lösegeld* o

losraken *sich lösen*; *sich lockern*; *loskommen*

losrukken *losreißen*

löss *Löss* m

losscheuren I OV WW *losmaken* *losreißen*; *aufreißen* **II** ON WW *losgaan* *losreißen*

losschieten *aufspringen*

losschroeven *losschrauben*; *abschrauben*

lossen ● uitladen *abladen*; *ausladen* ★ laden en ~ *ein- und ausladen* ● afschieten *lösen*; *abfeuern* ★ een schot ~ *einen Schuss abfeuern*

loslaan I ON WW *losraken* *sich loslösen* **II** OV WW *losmaken* *sich losmachen*

losstaand *nicht im Zusammenhang stehend*

los-vast ● LETT. *halbfest* ● FIG. ★ een ~e relatie *eine lose Beziehung*

losweg *leichthin*

losweken *loslösen*; *abweichen*

loswerken *herausarbeiten*

loszitten *locker sitzen*

lot ● lotsbestemming *Schicksal* o; *Geschick* o; ⟨ongunstig⟩ *Verhängnis* o ★ iem. aan zijn lot overlaten *jmdn. seinem Schicksal überlassen* ● loterijbriefje *Los* o ★ BN het groot lot *das große Los* ▼ FIG. dat is een lot uit de loterij *das ist ein seltener Glücksfall*

loten *losen* ★ om iets ~ *um etw. losen*

loterij *Lotterie* v

lotgenoot *Schicksalsgenosse* m

lotgeval *Schicksal* o ★ de ~len van de wereldreiziger *die Abenteuer des Weltreisenden*

Lotharingen *Lothringen* o

loting *Losen* o ★ bij ~ bepalen *durchs Los bestimmen*

lotion *Lotion* v

lotje ▼ van ~ getikt zijn *nicht alle Tassen im Schrank haben*

lotsbestemming *Schicksal* o; *Los* o

lotto *Lotto* o

lottoformulier *Lottoschein* m

lotus *Lotus* m

louche *zwielichtig*

lounge *Lounge* v; ⟨in hotel⟩ *Hotelhalle* v

louter I BNW enkel *lauter*; *bloß* ★ dat zijn ~ leugens *das sind reine Lügen* ★ hij doet het uit ~ medelijden *er macht es aus bloßem Mitleid* **II** BIJW *lediglich*; *nur*; *rein* ★ ~ voor de lol *nur zum Spaß*

louteren *läutern*

loutering *Läuterung* v

lovegame *Zu-Null-Spiel* v

loven I OV WW prijzen *preisen*; *lobpreisen*; ⟨God⟩ *loben* ★ God zij geloofd *Gott sei gelobt* **II** ON WW prijs vragen ★ ~ en bieden *feilschen*

lovenswaardig *lobenswert*; *löblich*

lover *Laub* o

loverboy *Loverboy* m

low budget *Low-Budget* o

lowbudgetfilm *Low-Budget-Film* m

loyaal *loyal*

loyaliteit, BN *loyauteit* *Loyalität* v

lozen ● ontdoen van *loswerden* ★ zij probeerde hem te ~ *sie versuchte ihn loszuwerden* ● afwateren *abführen*

lozing ⟨v. water⟩ *Entwässerung* v; ⟨m.b.t. het lichaam⟩ *Ausscheidung* v; ⟨v. water⟩ *Abführung* v

lp *LP* v *(Langspielplatte)*

lpg *Autogas* o

lsd *LSD* o

lubberen *ausleiern*

lucht ● atmosferisch gas *Luft* v ● adem *Atem* m; *Luft* v ★ naar ~ happen *nach Luft schnappen* ● geur *Geruch* m; ⟨aangenaam⟩ *Duft* m ● hemel *Himmel* m ★ in de open ~ *im Freien* ▼ er hangt onweer in de ~ *es ist ein Gewitter im Anzug* ▼ in de ~ laten vliegen *sprengen* ▼ het is helemaal uit de ~ gegrepen *das ist aus der Luft gegriffen* ▼ uit de ~ komen vallen *wie aus heiterem Himmel erscheinen* ▼ het gelach was niet van de ~ *das Gelächter nahm kein Ende* ▼ ~ geven aan *offen aussprechen* ▼ ~ krijgen van iets *Wind bekommen von etw.*

luchtaanval *Luftangriff* m

luchtafweer *Luftabwehr* v
luchtalarm *Luftalarm* m; *Fliegeralarm* m
luchtballon *Luftballon* m
luchtband *Reifen* m; ⟨binnenband⟩ *Schlauch* m; ⟨buitenband⟩ *Mantel* m
luchtbed *Luftmatratze* v
luchtbehandeling *Luftbehandlung* v
luchtbel *Luftblase* v
luchtbrug *Luftbrücke* v
luchtcirculatie *Luftzirkulation* v
luchtdicht *luftdicht*
luchtdoelgeschut *Flugabwehrgeschütz* o; *Flak* (= *Flugzeugabwehrkanone*) v
luchtdoelraket *Flugabwehrrakete* v; *Flugabwehrflugkörper* m
luchtdruk *Luftdruck* m
luchten ● ventileren *lüften* ● uiten *Luft machen* ▼ iem. niet kunnen ~ of zien *jmdn. nicht riechen können*
luchter ● kroonluchter *Kronleuchter* m ● kandelaar *Leuchter* m
luchtfilter *Luftfilter* m
luchtfoto *Luftaufnahme* v
luchtgekoeld *luftgekühlt*
luchtgevecht *Luftkampf* m
luchthartig *sorglos*; *leichtherzig*
luchthaven *Flughafen* m
luchthavenbelasting *Flughafensteuer* v
luchthaventerminal *Flughafenterminal* m/o
luchtig I BNW ● met veel lucht *luftig* ● licht *locker* ● luchthartig *locker*; *leicht* II BIJW licht ★ ~ gekleed *luftig gekleidet*
luchtje ● parfum *Parfüm* o ● → **lucht**
luchtkasteel *Luftschloss* o ★ luchtkastelen bouwen *Luftschlösser bauen*
luchtkoeling *Luftkühlung* v
luchtkoker *Luftschacht* m
luchtkussen *Luftkissen* o
luchtlaag *Luftschicht* v
luchtledig *luftleer*
luchtledige ▼ in het ~ praten *ins Blaue hinein reden*
luchtmacht *Luftwaffe* v
luchtmachtbasis *Luftwaffenbasis* v; *Luftwaffenstützpunkt* m
luchtmatras BN luchtbed *Luftmatratze* v
luchtmobiel ● → **brigade**
luchtoffensief *Luftoffensive* v
luchtpijp *Luftröhre* v
luchtpost *Luftpost* v ★ per ~ *als Luftpost*
luchtreclame *Luftwerbung* v
luchtreis *Flugreise* v
luchtruim *Luftraum* m
luchtschip *Zeppelin* m; *Luftschiff* o
luchtslag *Luftschlacht* v
luchtspiegeling *Luftspiegelung* v
luchtsprong *Luftsprung* m
luchtstreek *Klima* o; *Zone* v; FORM. *Himmelstrich* m
luchtstroom *Luftstrom* m
luchttoevoer *Luftzufuhr* v
luchttransport *Lufttransport* m
luchtvaart *Luftfahrt* v
luchtvaartindustrie *Luftfahrtindustrie* v
luchtvaartmaatschappij *Luftfahrtgesellschaft* v
luchtverdediging *Luftabwehr* v

luchtverfrisser *Raumspray* o; ⟨in wc⟩ *Duftspender* m
luchtverkeer *Flugverkehr* m
luchtverkeersleiding *Flugdienstleitung* v
luchtverontreiniging *Luftverschmutzung* v
luchtverversing *Lüftung* v
luchtvochtigheid *Luftfeuchtigkeit* v
luchtvracht *Luftfracht* v
luchtweerstand *Luftwiderstand* m
luchtwegen *Atemwege* mv
luchtwortel *Luftwurzel* v
luchtzak *Luftsack* m
luchtziek *luftkrank*
lucifer *Streichholz* o; *Zündholz* o
luciferdoosje *Streichholzschachtel* v
lucratief *lukrativ*; *einträglich*
ludiek *spielerisch*
luguber *unheimlich*
lui I ZN [de] mensen *Leute* II BNW *faul*; *träge*; ECON. *flau* ▼ hij is liever lui dan moe *er reißt sich kein Bein aus*
luiaard ● persoon *Faulenzer* m; *Faulpelz* m ● dier *Faultier* o
luid *laut*
luiden I OV WW doen klinken *läuten* ★ de klok ~ *die Glocke läuten* II ON WW ● klinken *klingen*; ⟨v. klok, bel⟩ *läuten* ● behelzen ★ de brief luidde als volgt *der Brief lautete folgendermaßen*
luidkeels *aus vollem Halse*; *aus voller Kehle*; *lauthals*
luidruchtig *geräuschvoll*; *laut(stark)*; *lärmend* ★ ~e kinderen *lärmende(n) Kinder*
luidspreker *Lautsprecher* m
luier *Windel* v
luieren *faulenzen*
luieruitslag *Windeldermatitis* v
luifel *Sonnenschirm* m
luiheid *Faulheit* v
Luik *Lüttich* o
luik ● opening ⟨voor het raam⟩ *Fensterladen* m; ⟨in schip, vloer⟩ *Luke* v ● BN onderdeel van formulier *Fach* o
Luikenaar *Lütticher* m
Luiks *Lütticher*
Luikse *Lütticherin* v; *(woman/female) inhabitant of Liège*
luilak *Faulpelz* m
Luilekkerland *Schlaraffenland* o
luim *Laune* v
luipaard *Leopard* m
luis *Laus* v
luister *Glanz* m; *Pracht* v; ⟨roem, eer⟩ *Ruhm* m
luisteraar *Zuhörer* m
luisterboek *Hörbuch* o
luisterdichtheid *Hörbeteiligung* v
luisteren ● toehoren *(zu)hören*; ⟨oplettend⟩ *horchen* ★ luister eens! *hör mal!* ★ naar de radio ~ *Radio hören* ★ naar een spreekster ~ *einer Rednerin zuhören* ● gehoorzamen *hören auf*; *gehorchen* ★ naar iem. ~ *auf jmdn. hören* ▼ dat luistert nauw *das erfordert große Genauigkeit*
luistergeld *Rundfunkgebühr* v
luisterlied ≈ *Chanson* o
luisterrijk *glanzvoll*; *prachtvoll*

luistertoets *Hörverständnistest* m
luistervaardigheid *Hörverständnis* o
luistervink *Lauscher* m; *Horcher* m
luit *Laute* v
luitenant *Leutnant* m
luitenant-generaal *Generalleutnant* m
luitenant-kolonel *Oberstleutnant* m
luitenant-ter-zee *Korvettenkapitän* m; *Marineleutnant* m
luiwammes *Faulpelz* m
luizen *lausen* ▼ iem. erin ~ *jmdn. hereinlegen* ▼ hij is erin geluisd *er ist drauf reingefallen*
luizenbaan *ruhige(r) Posten* m
luizenkam *Läusekamm* m
luizenleven ★ een ~tje leiden *leben wie die Made im Speck*; *leben wie Gott in Frankreich*
lukken *glücken; gelingen* ★ zonder Lucie zou het niet gelukt zijn *ohne Lucie wäre es nicht gelungen*
lukraak *aufs Geratewohl*; *auf gut Glück*
lul ● penis *Schwanz* m; *Pimmel* m ● persoon *Trottel* m; *Dussel* m ▼ waarom ben ik altijd de lul? *warum muss ich immer dran glauben?* ▼ iem. voor lul zetten *jmdn. verarschen*
lulkoek *Quatsch* m
lullen *schwatzen; schwafeln*
lullig ● klungelig *dusselig* ● onaangenaam *doof; blöd* ● kinderachtig *albern; simpel*
lumineus *glänzend; vortrefflich*
lummel *Lümmel* m
lummelen *herumlungern; herumlümmeln*
lummelig *lümmelhaft*
lumpsum *Pauschalsumme* v
lunch *Lunch* m
lunchconcert *Mittagskonzert* o
lunchen *lunchen*
lunchpakket *Lunchpaket* o
lunchpauze *Mittagspause* v
lunchroom *Café* o
luren ▼ iem. in de ~ leggen *jmdn. hereinlegen*
lurken *lutschen*; ⟨drinken⟩ *schlürfen*
lurven ▼ iem. bij de ~ pakken *jmdn. beim/am Wickel packen*
lus *Schlinge* v; ⟨v. kledingstuk, handdoek⟩ *Aufhänger* m; ⟨handgreep⟩ *Schlaufe* v; ⟨vorm van lus⟩ *Schleife* v
lust ● zin *Lust* v ★ de lust verging haar *ihr verging die Lust* ★ iem. de lust tot iets benemen *jmdm. etw. verleiden* ● verlangen *Lust* v ★ zijn lusten botvieren *seine Lust befriedigen* ● plezier *Lust* v; *Vergnügen* o; *Freude* v ★ een lust voor het oog *eine Augenweide*
lusteloos *lustlos*
lusten *mögen* ★ lust je nog wat? *möchtest du noch etw.?* ★ ik lust geen wijn *ich mag keinen Wein* ▼ ik lust hem rauw! *er soll nur kommen!* ▼ hij zal ervan ~ *er bekommt sein Fett*
lusthof *Lustgarten* m
lustig ● monter *lustig; heiter; fröhlich* ● flink *tüchtig*
lustmoord *Lustmord* m
lustmoordenaar *Lustmörder* m
lustobject *Lustobjekt* o
lustrum ● vijfjarig bestaan *Jahrfünft* o; GESCH. *Lustrum* o ● viering *Fünfjahresfeier* v

lutheraan *Lutheraner* m
luthers, lutheraans *lutherisch*
luttel *klein*; *gering(fügig)*
luw ● uit de wind *windstill* ● vrij warm *lau*; *mild*
luwen *sich legen; nachlassen*; ⟨v. wind⟩ *abflauen*
luwte *Windschatten* m
luxaflex *Jalousie* v
luxe *Luxus* m
luxeartikel *Luxusartikel* m; *Luxusgegenstand* m
Luxemburg *Luxemburg* o
Luxemburger *Luxemburger* m
Luxemburgs *luxemburgisch*
Luxemburgse *Luxemburgerin* v ★ zij is een ~ *sie ist Luxemburgerin*
luxueus *luxuriös*
Luzern *Luzern* o
L-vormig *L-förmig*
lyceïst BN, O&W *Gymnasiast* m
lyceum BN, O&W ⟨atheneum⟩ ≈ *neusprachliche(s) Gymnasium* o; ⟨gymnasium⟩ *altsprachliche(s) Gymnasium* o
lychee *Litschi* v
lycra *Lycra* o
lymfe *Lymphe* v
lymfklier *Lymphdrüse* v
lynchen *lynchen*
lynchpartij *Lynchjustiz* v
lynx *Luchs* m
Lyon *Lyon* o
lyriek *Lyrik* v
lyrisch *lyrisch* ★ ~ dichter *Lyriker* m

lu

M

m *M* o ★ de m van Marie *M* wie Martha
MA *MA*
ma *Mama* v
maag *Magen* m ▼ iem. iets in de maag splitsen *jmdm. etw. aufschwatzen* ▼ in de maag zitten met iets *auf etw. sitzen bleiben* ▼ zwaar op de maag liggen *schwer im Magen liegen*
maagaandoening *Magenleiden* o
maagbloeding *Magenblutung* v
Maagd *Jungfrau* v
maagd *Jungfrau* v
maag-darmkanaal *Magen-Darm-Trakt* m
maagdelijk ● van een maagd *jungfräulich* ● FIG. ongerept ★ ~ woud *Urwald* m
maagdelijkheid *Jungfräulichkeit* v
Maagdenburg *Magdeburg* o
Maagdeneilanden *Jungferninseln* mv
maagdenvlies *Jungfernhäutchen* o
maagklachten *Magenbeschwerden* mv
maagkramp *Magenkrampf* m
maagkwaal *Magenleiden* o
maagpatiënt *Magenkranke(r)* m
maagpijn *Magenschmerzen* mv
maagsap *Magensaft* m
maagwand *Magenwand* v
maagzuur ● sap in de maag *Magensäure* v ● branderig gevoel in de maag *Sodbrennen* o
maagzweer *Magengeschwür* o
maaien *mähen*; ⟨v. gras⟩ *schneiden*
maaier *Mäher* m
maaimachine *Mähmaschine* v
maaiveld ▼ boven het ~ uitsteken *über das Mittelmaß hinausragen*
maak ● het produceren *Arbeit* v; *Bearbeitung* v ★ de wet is in de maak *das Gesetz ist in Vorbereitung* ★ in de maak zijn *angefertigt werden* ● het herstellen *Reparatur* v ★ mijn fiets is in de maak *mein Fahrrad ist in Reparatur*
maakbaar *machbar*
maakloon *Arbeitskosten* v
maaksel ● product *Produkt* o; *Erzeugnis* o; MIN. *Machwerk* o ● manier waarop iets gemaakt is *Konstruktion* v
maakwerk *Maßarbeit* v
maal I ZN [de] keer *Mal* o ★ voor de eerste maal *zum ersten Mal* II ZN [het] maaltijd *Mahl* o
maalstroom *Mahlstrom* m; *Wirbel* m; *Strudel* m
maalteken *Malzeichen* o
maaltijd *Mahlzeit* v
maan *Mond* m ★ volle maan *Vollmond* ★ nieuwe maan *Neumond* ★ halve maan *Halbmond* m ★ bij heldere maan *bei hellem Mondschein* ▼ loop naar de maan! *scher dich zum Teufel!* ▼ zijn hele vermogen is naar de maan *sein ganzes Vermögen ist zum Kuckuck* ▼ je kunt naar de maan lopen *du kannst mir den Buckel runterrutschen*
maand *Monat* m ★ per ~ *monatlich*; *pro Monat* ★ per twee ~en *zweimonatlich* ★ een verblijf van twee ~en *ein zweimonatiger Aufenthalt* ★ een betalingstermijn van drie ~en *eine*

Zahlungsfrist von drei Monaten
maandabonnement ⟨v. tijdschrift of krant⟩ *Monatsabonnement* o; ⟨voor entree of reizen⟩ *Monatskarte* v
maandag *Montag* m ★ 's ~s *montäglich* ▼ een blauwe ~ *für kurze Zeit*
maandagavond *Montagabend* m
maandagmiddag *Montagnachmittag* m
maandagmorgen, maandagochtend *Montagvormittag* m; *Montagmorgen* m
maandagnacht *Montagnacht* m
maandags I BNW *montags* II BIJW *montäglich*
maandblad *Monatsheft* o; *Monatsschrift* v
maandelijks *monatlich*; *Monats-*
maandenlang *monatelang*
maandgeld ● loon *Monatslohn* m; *Monatsgehalt* o ● inkomsten *Monatsverdienst* m
maandkaart *Monatskarte* v
maandloon *Monatsgehalt* o
maandsalaris *Monatsgehalt* o
maandverband *Damenbinde* v; *Monatsbinde* v
maanlander *Mondlander* m
maanlanding *Mondlandung* v
maanlicht *Mondlicht* o
maansikkel *Mondsichel* v
maansverduistering *Mondfinsternis* v
maanvis *Mondfisch* m
maanzaad *Mohn* m
maanzaadbrood *Mohnbrot* o; *Mohnbrötchen* o
maar I VW echter, daarentegen *aber*; ⟨na een ontkenning⟩ *sondern* ★ zijn vader is dood, maar zijn moeder leeft nog *sein Vater ist tot, aber seine Mutter lebt noch* ★ niet rijk maar arm *nicht reich, sondern arm* ★ niet alleen..., maar ook... *nicht nur..., sondern auch* II BIJW ● slechts, enkel *nur* ★ dat zijn alleen maar woorden *das sind alles bloß Worte* ● ⟨zonder duidelijke betekenis⟩ ★ het wil maar niet lukken *es will einfach nicht gelingen* III ZN [het] *Aber* o ★ er is één maar bij *die Sache hat einen Haken* ★ geen maren! *nur kein Aber!*
maarschalk *Marschall* m
maart *März* m
maarts *März-*; *märzlich* ★ ~e bui *Märzschauer* m
Maas *Maas* v
maas ● opening in net *Masche* v ● FIG. opening *Lücke* v ★ een maas in de wet vinden *durch die Maschen des Gesetzes schlüpfen*
Maastricht *Maastricht* o
Maastrichtenaar *Maastrichter* m
Maastrichts *Maastrichts*
Maastrichtse *Maastrichterin* v
maat ● meeteenheid *Maß* o ● afmeting *Maß* o; ⟨kleding⟩ *Größe* v ★ op maat *nach Maß* ● hoeveelheid ★ in meerdere of mindere mate *mehr oder weniger* ★ in zekere mate *gewissermaßen* ★ in welke mate *inwiefern* ● iets waarmee men meet *Hohlmaß* o; *Maß* o ● gematigdheid *Maß* o ● MUZ. teleenheid *Takt* m ★ de maat slaan/aangeven *den Takt klopfen* ★ op de maat *im Takt* ● makker *Kamerad* m; INFORM. *Kumpel* m ● kaartpartner *Kumpel* m ▼ met twee maten (BN en gewichten) meten *mit zweierlei Maß messen* ▼ de maat is vol *das Maß ist voll* ▼ BN een maat voor niets *einen Schlag ins Wasser*

maatbeker *Messbecher* m
maatgevend *maßgebend*
maatgevoel *Taktgefühl* o
maatglas *Messglas* o
maathouden ● MUZ. *den Takt halten* ● zich niet te buiten gaan *Maß halten*
maatje ● maatjesharing *Matjes* m ● → **maat**
maatjesharing *Matjes(hering)* m
maatkleding *Maßkonfektion* v
maatkostuum *Maßanzug* m
maatregel *Maßnahme* v; ⟨corrigerend ingrijpen⟩ *Maßregel* v ★ halve ~en *unzureichende(n) Maßnahmen* ★ ~en nemen/treffen *Maßnahmen ergreifen/treffen*
maatschap *Gesellschaft* v
maatschappelijk ● sociaal *gesellschaftlich*; *sozial* ● behorend tot een maatschap *Gesellschafts-* ★ ~ kapitaal *Grundkapital* o
maatschappij *Gesellschaft* v
maatschappijkritisch *gesellschaftskritisch*
maatschappijleer *Sozialkunde* v; *Gemeinschaftskunde* v
maatstaf *Maßstab* m ★ dit kan niet tot ~ dienen *dies kann nicht maßgebend sein*
maatstreep ● MUZ. *Taktstrich* m ● verdelingsstreep *Maßeinteilung* v
maatwerk *Maßarbeit* v
macaber *makaber*
macadam *Makadam* m/o
macaroni *Makkaroni* mv
Macedonië *Mazedonien* o; *Makedonien* o
Macedonisch I BNW m.b.t. Macedonië *mazedonisch*; *makedonisch* **II** ZN [het] taal *Mazedonisch(e)* o; *Makedonisch(e)* o
mach *Mach* o
machiavellisme *Machiavellismus* m
machinaal I BNW ● met machines *maschinell*; *mechanisch*; *Maschinen-* ● werktuiglijk *mechanisch*; *maschinenmäßig*; *maschinell* **II** BIJW met machines ★ ~ vervaardigen *maschinell herstellen*
machinatie *Machenschaft* v
machine *Maschine* v
machinebankwerker *Maschinenschlosser* m
machinegeweer *Maschinengewehr* o
machinekamer *Maschinenraum* m; *Maschinenhaus* o
machinepark *Maschinenpark* m
machinepistool *Maschinenpistole* v
machinerie *Maschinerie* v
machinetaal *Maschinensprache* v
machinist *Maschinenmeister* m; TECHN. *Maschinist* m; ⟨spoorwegen⟩ *Lokomotivführer* m; ⟨spoorwegen⟩ *Lokführer* m
macho I ZN [de] *Macho* m **II** BNW *macho* ★ ~ gedrag *Machoverhalten* o
macht ● capaciteit, vermogen *Macht* v; *Stärke* v; *Kraft* v ★ bij ~e zijn *imstande/im Stand(e) sein* ★ dat gaat boven mijn ~ *das übersteigt meine Kräfte* ★ ik heb het in mijn ~ *es steht in meiner Macht* ★ uit alle ~ *aus Leibeskräften* ● heerschappij, controle ● ouderlijke ~ *elterliche Gewalt* ★ aan de ~ komen *an die Macht gelangen* ● iem. in zijn ~ krijgen *jmdn. in seine Gewalt bekommen* ● gezaghebbende instantie *Macht* v; *Gewalt* v

★ oorlogvoerende ~en *Krieg führende(n) Mächte* ● troepen *Macht* v ● WISK. *Potenz* v ▼ FIG. boven zijn ~ werken ⟨te veel⟩ *sich übernehmen*
machteloos ● zonder capaciteit, vermogen *machtlos* ● zonder heerschappij, controle *kraftlos* ★ machteloze woede *ohnmächtige Wut* v
machthebber *Gewalthaber* m; *Machthaber* m
machtig I BNW ● veel macht hebbend *mächtig*; *einflussreich* ● beheersend *mächtig* ★ een taal ~ zijn *einer Sprache mächtig sein*; *eine Sprache beherrschen* ● indrukwekkend *gewaltig* ★ een ~ verschil *ein gewaltiger Unterschied* ● moeilijk te verteren *schwer (verdaulich/bekömmlich)* **II** BIJW *außerordentlich*; *riesig*; *mächtig*
machtigen *ermächtigen*; *bevollmächtigen*
machtiging *Ermächtigung* v; *Vollmacht* v ★ iem. ~ verlenen *jmdn. ermächtigen/bevollmächtigen*; *jmdm. eine Vollmacht erteilen*
machtsevenwicht *Gleichgewicht* o *der Mächte*
machtsgreep *Machtergreifung* v
machtsmiddel *Machtmittel* o
machtsmisbruik *Machtmissbrauch* m
machtsovername *Machtübernahme* v
machtspositie *Machtposition* v
machtsstrijd *Machtkampf* m
machtsverheffen *potenzieren*
machtsverheffing *Potenzierung* v
machtsverhouding *Machtverhältnis* o ★ gewijzigde ~en *veränderte Machtverhältnisse*
machtsvertoon *Machtdemonstration* v ★ met veel ~ *mit einem großen Aufgebot an Kräften*
machtswellust *Machtgier* v; *Machtbegierde* v
macramé *Makramee* v
macro *Macro* v
macro- *makro...*; *Makro...*
macrobiotiek *Makrobiotik* v
macrobiotisch *makrobiotisch*
macro-economie *Makroökonomie* v
macrokosmos *Makrokosmos* m
Madagaskar *Madagaskar* o
Madagaskisch, Madagassisch *madegassisch*
madam ● vrouw *Madam* v ★ de ~ uithangen *die Madam spielen* ● bordeelhoudster *Puffmutter* v
made *Made* v
Madeira *Madeira* o ★ op ~ *auf Madeira*
madeliefje *Gänseblümchen* o
madera *Madeira* m
madonna *Madonna* v
Madrid *Madrid* o
madrigaal *Madrigal* o
Madrileens *madrilenisch*
maf *blöde*; *idiotisch*
maffen INFORM. *pennen*
maffia *Maf(f)ia* v
maffioso *Mafioso* m [mv: *Mafiosi*]
mafkees *Vollidiot* m
magazijn ● opslagplaats *Lager* o; *Lagerhaus* o; *Lagerraum* m ● winkel *Warenhaus* o; *Kaufhaus* o ● patroonruimte van geweer *Magazin* o

ma

magazijnbediende, BN **magazijnier**
Lagerarbeiter m
magazijnmeester, BN **magazijnier**
Lagerverwalter m
magazine *Magazin* o; *Illustrierte* v
mager ● dun *mager*; *dünn*; ⟨heel erg mager⟩
dürr ★ lang en ~ *hager* ● niet vet *mager*;
fettarm ● pover *dürftig*; *schwach*; *kärglich*
magertjes ● LETT. *mager* ● FIG. ⟨karig⟩ *kärglich*;
⟨armoedig⟩ *dürftig*; ⟨armoedig⟩ *ärmlich*
maggiblokje *Brühwürfel* m
magie *Magie* v
magiër *Magier* m
magisch *magisch*
magistraal *meisterhaft*
magistraat *Magistrat* m
magistratuur *Richterschaft* v
magma *Magma* o
magnaat *Magnat* m
magneet *Magnet* m
magneetkaart *Magnetkarte* v
magneetnaald *Magnetnadel* v
magneetschijf *Magnetplatte* v
magneetstrip *Magnetstreifen* m
magnesium *Magnesium* o
magnesiumcarbonaat *Magnesiumkarbonat* o
magnetisch *magnetisch* ★ ~ veld *Magnetfeld* o
magnetiseren *magnetisieren*
magnetiseur *Magnetiseur* m
magnetisme *Magnetismus* m
magnetron *Mikrowellenherd* m
magnetronfolie *Folie* v *für den Mikrowellenherd*
magnifiek *wunderbar*; *großartig*; *prachtvoll*;
prächtig; *herrlich*
magnolia *Magnolie* v
mahonie I ZN [het] *Mahagoni* o II BNW *aus*
Mahagoniholz
mahoniehouten *aus Mahagoniholz*
mail [mv: +s] *Mail* v
mailbox *Mailbox* v
mailen I OV WW *mailen* II ON WW *mailen*
mailing *Direktwerbung* v
maillot *Strumpfhose* v
mailtje *(E-)Mail* v
mainframe *Mainframe* m
mainstream *Mainstream* m
maïs *Mais* m
maïskolf *Maiskolben* m
maïskorrel *Maiskorn* o
maisonnette *Maisonette* v; ⟨nakeursspelling⟩
Maisonnette v
maïsveld *Maisfeld* o
maîtresse *Geliebte* v; FORM. *Mätresse* v
maïzena *Maisstärkepuder* m; *Maizena* o
majesteit *Majestät* v ★ Uwe/Hare/Zijne
Majesteit *Eure/Ihre/Seine Majestät*
majesteitsschennis *Majestätsbeleidigung* v
majestueus *majestätisch*
majeur *Dur* o ★ in A ~ *in A-Dur*
majoor *Major* m
major *Major* m
majoraan *Majoran* m
majorette *Funkenmariechen* o
mak ● tam *zahm* ● meegaand *gefügig*; *zahm*
makelaar *Makler* m; ⟨huizen⟩
Immobilienhändler m ★ ~ in effecten

Börsenmakler m
makelaardij ● bedrijf *Maklergeschäft* o
● branche *Maklergewerbe* o
makelaarskantoor *Immobiliengesellschaft* v;
Maklergesellschaft v; *Maklerfirma* v
makelaarsloon *Courtage* v; *Maklergebühr* v;
Maklerprovision v
makelij *Bauart* v; ⟨bij kleding⟩ *Schnitt* m; ⟨bij
kleding⟩ *Machart* v
maken ● doen ontstaan, tot stand brengen
machen ● in toestand brengen *machen*
★ iem. aan het lachen ~ *jmdn. zum Lachen*
bringen ● herstellen *machen*; *wiederherstellen*
▼ hoe maakt u het? *wie geht es Ihnen?* ▼ hij
kan me niets ~ *er kann mich nichts anhaben*
▼ daar heb je niks mee te ~ *das geht dich*
nichts an ▼ ik wil niets meer met hem te ~
hebben *ich will mit ihm nichts mehr zu*
schaffen haben
maker *Hersteller* m
make-up *Make-up* o ★ ~ verwijderen *(sich)*
abschminken
makkelijk ● → **gemakkelijk**
makken ▼ niets/geen cent te ~ hebben *nichts*
zu verbraten haben
makker *Gefährte* m; *Kamerad* m
makkie *Kinderspiel* o ★ vandaag heb ik een ~
heute habe ich was Kinderleichtes ★ dat is een
~ *das ist ein Kinderspiel*
makreel *Makrele* v
mal I ZN [de] model *Schablone* v; *Modell* o;
⟨tekengereedschap⟩ *Schablone* v ▼ iem. voor
de mal houden *jmdn. zum Narren halten*
II BNW dwaas *verrückt* ★ ben je mal? *du bist*
wohl verrückt?
malafide *mala fide*
malaise ● gedrukte stemming *Malaise* v;
⟨nakeursspelling⟩ *Maläse* v ● economische
neergang *Rezession* v; *Depression* v; *Flaute* v
malaria *Malaria* v
malariamug *Malariamücke* v
Malawi *Malawi* o
Malediven *Malediven* mv
Maledivisch *maledivisch*
Maleis I BNW *malaiisch* II ZN [het] *malaiische*
Sprache v
Maleisië *Malaysia* o
malen I OV WW fijnmaken *mahlen* II ON WW
● constant in de gedachten zijn *mahlen*
★ dat maalt maar door mijn hoofd *ich*
grübele darüber ● raaskallen *irrereden*; *faseln*
● ~ om ★ ik maal er niet om *es ist mir egal*
Mali *Mali* o
mali BN negatief saldo *Fehlbetrag* m
maliënkolder *Ringpanzer* m; *Kettenpanzer* m;
Panzerhemd o
Malinees *Malinese* m
maling ▼ iem. in de ~ nemen *jmdn. durch den*
Kakao ziehen ▼ ~ hebben aan *pfeifen auf*
mallemoer ▼ die fiets is naar zijn ~ *das Fahrrad*
ist hinüber ▼ het interesseert me geen ~ *das*
interessiert mich keinen Dreck
malligheid *Unsinn* m; *Quatsch* m; dumme(s)
Zeug o
malloot *Witzbold* m
Mallorca *Mallorca* o; *Mallorka* o

ma

Mallorcaans *mallorquinisch*
mals • zacht *zart*; *sanft* • zachtzinnig *sanft*
★ niet mals *heftig*
malt • bier *alkoholfreie(s) Bier* o • whisky *Malt Whisky* m
Malta *Malta* o
maltbier *alkoholfreie(s) Bier* o
Maltees I BNW *maltesisch* **II** ZN [de] *Malteser* m
Maltese *Malteserin* v
maltraiteren *malträtieren*
malversatie *Veruntreuung* v; *Unterschlagung* v
mama, mamma *Mama* v
mamba *Mamba* v
mambo *Mambo* m
mammoet *Mammut* o
mammoettanker *Mammuttanker* m; *Supertanker* m
mammografie *Mammografie* v
Man *Isle of Man* v
man • mannelijk persoon *Mann* m ★ een man van de wereld *ein Mann von Welt* • echtgenoot ★ aan de man komen *unter die Haube kommen* • mens ★ ... per man ... *jeder* • → **mannetje** ▼ de gewone man *der Mann auf der Straße* ▼ een man een man, een woord een woord *ein Mann, ein Wort* ▼ iem. iets recht op de man af zeggen *jmdm. etw. auf den Kopf zusagen*
management o • leidinggevend personeel *Management* o • het besturen *Management* o
manager • leidinggevende *Manager* m • ⟨in horeca⟩ bedrijfsleider *Manager* m
manche ⟨bridge⟩ *Partie* v; ⟨onderdeel van een wedstrijd⟩ *Durchgang* m; ⟨wielrennen⟩ *Lauf* m
manchet *Manschette* v
manchetknoop *Manschettenknopf* m
manco *Manko* o; ⟨bedrag⟩ *Fehlbetrag* m; ⟨hoeveelheid⟩ *Fehlmenge* v; ⟨gewicht⟩ *Fehlgewicht* o
mand *Korb* m ▼ door de mand vallen *sich verraten*
mandaat • volmacht *Vollmacht* v; *Bevollmächtigung* v • opdracht *Mandat* o ★ BN ~ tot aanhouding *Haftbefehl* m ★ ~ tot betaling *Zahlungsbefehl* m; *Mahnbescheid* m • BN, ECON. postwissel *Postanweisung* v
mandaatgebied *Mandatsgebiet* o
Mandarijn *Mandarin* o
mandarijn • vrucht *Mandarine* v • Chinese ambtenaar *Mandarin* m
mandataris BN bestuursfunctionaris *Amtsträger* m; *Amtsinhaber* m; *Funktionär* m
mandekker *Manndecker* m
mandekking *Manndeckung* v
mandoline *Mandoline* v
manege *Reitschule* v; *Manege* v
manen I DE MV *Mähne* v ★ een leeuw heeft ~ *Löwen haben eine Mähne* **II** OV WW herinneren *mahnen*
maneschijn *Mondschein* m
maneuver BN → **manoeuvre**
manga *Manga* m/o
mangaan *Mangan* o
mangat *Mannloch* o
mangel *Wäschemangel* v; *Mangel* v ▼ door de ~

gehaald worden *in die Mangel genommen werden*
mangelen *mangeln*
mango *Mango* v
mangrove *Mangrove* v
manhaftig *mannhaft; unerschrocken*
maniak *Monomane* m; *Fanatiker* m
maniakaal *manisch*
manicure • handverzorging *Maniküre* v; *Handpflege* v • handverzorger *Maniküre* v
manicuren *maniküren*
manie *Manie* v
manier • wijze ⟨gewoonte⟩ *Art* v; *Art* v; *Weise* v; ⟨gewoonte⟩ *Gewohnheit* v ★ op deze ~ *auf diese/in dieser Weise* ★ de ~ waarop... *die Art und Weise, wie...* ★ ~ van handelen *Handlungsweise* ★ dat is zo zijn ~ van doen *das ist so seine Art* • omgangsvormen *Umgangsformen* mv; *Manieren* mv ★ losse ~en hebben *sich ungezwungen bewegen*
maniërisme *Manierismus* m
maniertje • foefje *Trick* m; *Kniff* m; *Kunstgriff* m • gekunsteldheid ★ ~s hebben *affektiert sein*
manifest I ZN [het] *Manifest* o **II** BNW *manifest; deutlich; handfest; eindeutig*
manifestatie • verschijning *Manifestation* v • vertoning *Zurschaustellung* v; *Darbietung* v • betoging *Kundgebung* v
manifesteren I OV WW kenbaar maken *bekunden; zum Ausdruck bringen* **II** ON WW betoging houden *demonstrieren*
Manilla *Manila* v
manipulatie *Manipulation* v
manipulator *Manipulator* m
manipuleren *manipulieren*
manisch *manisch*
manisch-depressief *manisch-depressiv*
manjaar ≈ *Jahresarbeitspensum* o *pro Person*
mank *lahm* ★ mank lopen *lahm gehen; lahmen*
mankement *Defekt* m; ⟨gebrek⟩ *Mangel* m; ⟨fout⟩ *Fehler* m; ⟨schade⟩ *Schaden* m; ⟨lichaamsgebrek⟩ *Gebrechen* o
manken BN mank lopen *hinken*
mankeren *fehlen*
mankracht • menselijke kracht *menschliche Arbeitskraft* v • arbeidskrachten *Arbeitskräfte* mv; ⟨leger⟩ *Truppenstärke* v
manmoedig *beherzt; mannhaft*
manna *Manna* o
mannelijk *männlich*
mannengek *mannstolle Frau* v
mannenkoor *Männerchor* m
mannentaal *energische Sprache* v ★ dat is ~! *das ist Klartext!*
mannequin • persoon *Mannequin* o • etalagepop *Schaufensterpuppe* v
mannetje • kleine man *Männlein* o; *Männchen* o • persoon ★ een ~ sturen *jmdn. schicken* • mannelijk dier *Männchen* o ▼ zijn ~ staan *seinen Mann stehen*
mannetjesputter *Kraftmensch* m
manoeuvre *Manöver* o ★ op ~ gaan *ins Manöver ziehen* ★ tijdens de ~s *im Manöver*
manoeuvreerbaarheid *Manövrierfähigkeit* v
manoeuvreren I OV WW *manövrieren*; ⟨leger⟩

ma

ein Manöver abhalten **II** ON WW *ein Manöver abhalten; manövrieren*
manometer *Manometer* o
mans ★ mans genoeg zijn om *Manns genug sein um* ★ zij is heel wat mans *sie geht ran wie Blücher*
manschappen *Mannschaften* mv
manshoog *mannshoch*
mantel *Mantel* m ▼ iem. de ~ uitvegen *jmdm. den Kopf waschen*; *jmdm. die Leviten lesen*; *jmdn. abkanzeln*
mantelpak *Kostüm* o
mantelzorg ≈ *pflegende Familienangehörige* mv
mantra *Mantra* o
manueel *manuell*
manufacturen *Manufakturwaren* mv; *Tuchwaren* mv
manufactuur *Manufaktur* v
manuscript *Manuskript* o; 〈handschrift〉 *Handschrift* v
manusje-van-alles *Faktotum* o; 〈vrouw〉 *Mädchen* o *für alles*
manuur ≈ *Arbeitspensum* o *einer Person in einer Stunde*
manwijf *Mannweib* o
manziek *mannstoll*
maoïsme *Maoismus* m
maoïst *Maoist* m [v: *Maoistin*]
maoïstisch *maoistisch*
map *Mappe* v
maquette *Maquette* v
maraboe *Marabu* m
marathon *Marathon* m
marathonloper *Marathonläufer* m
marathonzitting *Marathonsitzung* v
marchanderen *feilschen*
marcheren *marschieren*
marconist *Funker* m
marechaussee *Militärpolizei* v; 〈aan grens〉 *Grenzschutz* m
maren ★ altijd iets te ~ hebben *immer etw. einzuwenden haben*
maretak *Mistel* v
margarine *Margarine* v
marge ● kantlijn *Rand* m ★ aantekening in de ~ *Randbemerkung* v ● speelruimte *Spielraum* m; *Marge* v
marginaal *marginal*; *Grenz-* ★ marginale opbrengst *Grenzertrag* m ★ marginale groep *Randgruppe* v
margriet *Margerite* v
Maria *Marie*
Mariabeeld *Marienbild* o
Maria-Boodschap *Annunziation*
Maria-Hemelvaart *Mariä Himmelfahrt* v
Mariaverering *Marienverehrung* v
marihuana *Marihuana* o ★ ~ roken INFORM. *kiffen*
marinade *Marinade* v
marine *Marine* v
marinebasis 〈binnenland〉 *Marinestation* v; 〈buitenland〉 *Flottenstützpunkt* m
marineblauw *marineblau*
marineren *marinieren*
marinier *Marinesoldat* m
marionet *Marionette* v

marionettenspel *Marionettenspiel* o
maritiem *maritim*
marjolein *Majoran* m
mark *Mark* v
markant *markant*
markeerstift, marker *Markierstift* m; *Marker* m
markeren *markieren* ▼ de pas ~ *auf der Stelle treten*
marketing *Marketing* o
markies ● edelman *Marquis* m ● zonnescherm *Markise* v
markiezin *Marquise* v; *Markgräfin* v
markt ● verkoopplaats *Markt* m ● handel *Markt* m ★ zwarte ~ *Schwarzmarkt* m ★ iets op de ~ brengen *etw. vermarkten* ● vraag *Markt* m ▼ van alle ~en thuis zijn *mit allen Wassern gewaschen sein*
marktaandeel *Marktanteil* m
marktanalyse *Marktanalyse* v; *Marktforschung* v
markteconomie *Marktwirtschaft* v ★ vrije ~ *freie/offene Marktwirtschaft*
marktkoopman *Markthändler* m
marktkraam *Marktbude* v; *Marktstand* m
marktleider *Marktführer* m
marktonderzoek *Marktforschung* v
marktplein *Marktplatz* m
marktprijs *Marktpreis* m
marktstrategie *Marktstrategie* v; *Marketingstrategie* v
marktverkenning *Marktanalyse* v
marktwaar *Marktware* v mv
marktwaarde *Marktwert* m
marktwerking *freie Marktwirtschaft* v
marmelade *Marmelade* v
marmer *Marmor* m
marmeren **I** BNW *Marmor-*; *marmorn* ★ ~ plaat *Marmorplatte* v **II** OV WW *marmorieren*
marmot *Murmeltier* o ▼ slapen als een ~ *er schläft wie ein Murmeltier*
Marokkaan *Marokkaner* m
Marokkaans *marokkanisch*
Marokkaanse *Marokkanerin* v
Marokko *Marokko* o
Mars *Mars* m
mars **I** ZN [de] ● voettocht *Marsch* m ● MUZ. *Marsch* m ▼ veel in zijn mars hebben *ganz schön was auf dem Kasten haben* **II** TW *marsch!*
marsepein *Marzipan* o
Marshalleilanden *Marshallinsel* mv
marskramer *Hausierer* m
marsmannetje *Marsmännchen* o
marsmuziek *Marschmusik* v
marsorder *Marschbefehl* m
martelaar *Märtyrer* m
martelaarschap *Martyrium* o; *Märtyrertum* o
marteldood *Martertod* m; *Märtyrertod* o
martelen *martern*; *foltern*
martelgang *Martyrium* o
marteling *Marterung* v; 〈kwelling〉 *Qual* v; 〈foltering〉 *Folter* v
marteltuig *Folterwerkzeuge* mv; *Marterinstrumente* mv
marter **I** ZN [de] dier *Marder* m **II** ZN [het] bont *Marderpelz* m
martiaal *martialisch*
martini *Wermut* m

Martinique *Martinique* o
marxisme *Marxismus* m
marxist *Marxist* m
marxistisch *marxistisch*
mascara *Mascara* o; *Wimperntusche* v
mascarpone *Mascarpone* m
mascotte *Maskottchen* o
masculien *maskulin*
masker *Maske* v
maskerade *Maskenzug* m; *Maskerade* v
maskeren *maskieren*
masochisme *Masochismus* m
masochist *Masochist* m
masochistisch *masochistisch*
massa *Masse* v ★ de grote ~ *die breite Masse*
massaal ● een groot geheel vormend *massiv*;
massig ● in massa *massenhaft*; *massiv* ★ ~
verzet bieden *massiven Widerstand leisten*
★ een massale betoging *eine*
Massenkundgebung ★ ~ optreden *massenhaft*
auftreten
massacommunicatie *Massenkommunikation* v
massacultuur *Massenkultur* v
massage *Massage* v
massageolie *Massageöl* o
massagraf *Massengrab* o
massamedium *Massenmedium* o
massamoord *Massenmord* m
massaontslag *Massenentlassung* v
massaproductie *Massenproduktion* v;
Massenerzeugung v
massaregie *Lenkung* v der *Masse*
massatoerisme *Massentourismus* m
massavernietigingswapen
Massenvernichtungswaffe v
masseren *einen Kopfstoß geben*
masseur *Masseur* m
massief I zn [het] *Massiv* o **II** BNW niet hol
massiv
mast *Mast* m
master *Master* m
masterclass *Masterclass* v
masterdiploma *Masterabschluss* m
masturbatie *Masturbation* v
masturberen *masturbieren*; *onanieren*
mat I zn [de] ● kleed (scherm) *Matte* v; (kleed)
Matte v; (zitting) *Strohsitz* m ● → **matje** v de
groene mat *der grüne Rasen* **II** BNW ● dof
matt ● moe *matt* ● schaakmat *schachmatt*
matador *Matador* m
match *Match* o; *Spiel* o; *Kampf* m
matchen I ON WW bij elkaar passen
zusammenpassen **II** OV WW bij elkaar zoeken
matchen
matchpoint *Matchball* m ★ op ~ staan
Matchball haben
mate ● → **maat**
mateloos *maßlos*; *grenzenlos*
materiaal *Material* o
materialisme *Materialismus* m
materialist *Materialist* m
materialistisch *materialistisch*
materie *Materie* v
materieel I zn [het] *Gerät* o; *Material* o
★ rollend ~ *Fuhr-/Wagenpark* m **II** BNW
materiell

matglas *Mattglas* o; *mattierte(s) Glas* o
matheid ● dofheid *Trübheit* v ● vermoeidheid
Apathie v
mathematicus *Mathematiker* m
mathematisch *mathematisch*
matig *mäßig*
matigen I OV WW intomen *mäßigen* **II** WKD WW
[zich ~] *sich mäßigen*
matiging *Mäßigung* v
matinee *Matinee* v; *Vormittagsvorstellung* v
matineus *morgendlich* ★ ~ zijn *ein*
Frühaufsteher sein
matje ● → **mat** v iem. op het ~ roepen *jmdn.*
(herbei)zitieren
matrak BN wapenstok *Gummiknüppel* m
matras *Matratze* v
matriarchaal *matriarchalisch*
matriarchaat *Matriarchat* o
matrijs *Matrize* v; (snij-ijzer) *Gesenk* o
matrix *Matrix* v
matrone ● deftige oudere dame *Matrone* v
● bazige vrouw *Xanthippe* v
matroos *Matrose* m
matrozenpak *Matrosenanzug* m
matse *Matze* v
matsen *deichseln*
matten I OV WW met matten beleggen *mit*
Binsen belegen ★ stoelen ~ *Sitze flechten* **II** ON
WW vechten *sich balgen*
mattenklopper *Teppichklopfer* m
Mauretanië *Mauretanien* o
Mauretanisch *mauretanisch*
Mauritius *Mauritius* o
mausoleum *Mausoleum* o
mauwen *miauen*
mavo ≈ *Mittelschule* v
m.a.w. *m.a.W.*
maxicosi® *Maxicosi* m/o
maximaal I BNW *Höchst-* ★ de maximale
belasting *die Höchstbelastung* **II** BIJW
höchstens; *maximal* ★ ~ toelaatbaar
höchstzulässig
maximaliseren, maximeren *maximalisieren*
maximum *Maximum* o; *Höchstmaß* o
maximumsnelheid *Höchstgeschwindigkeit* v
maximumtemperatuur *Höchsttemperatur* v
Maya *Maya* m/v
mayonaise *Mayonnaise* v; (nakeursspelling)
Majonäse v
mazelen *Masern* mv
mazen (v. breiwerk) *stopfen*; (v. een net) *flicken*
mazout *Heizöl* o
mazzel *Dusel* m; *Massel* m
mazzelaar *Glückspilz* m
mazzelen *Glück haben*; INFORM. *Schwein haben*
MBA *MBA* m
mbo ≈ *berufsbildende(r) Sekundarunterricht* m
der Oberstufe
MC *Zeremonienmeister* m
ME ● Mobiele Eenheid *SEK* o
(Sondereinsatzkommando der Polizei)
● middeleeuwen *Mittelalter* o ● MED.
myalgische encefalomyelitis *chronische(s)*
Ermüdungssyndrom o
me *mir* [+3]; *mich* [+4]
meander *Mäander* m

ma

meanderen *sich schlängeln*
meao ≈ *Fachoberschule v für Wirtschaft*
mecanicien BN *Mechaniker* m [v: *Mechanikerin*]; ⟨luchtvaart⟩ *Bordmechaniker* m
mecenaat *Mäzenat* o
mecenas *Mäzen* m [v: *Mäzenatin*]
mechanica *Mechanik* v
mechaniek *Mechanik* v; *Mechanismus* m
mechanisch *mechanisch*
mechaniseren *mechanisieren*
mechanisme *Mechanismus* m
Mechelen *Mecheln* o
Mechels *Mecheler*
Mecklenburg-Voor-Pommeren *Mecklenburg-Vorpommern* o
medaille *Medaille* v
medaillon *Medaillon* o
mede *mit*; *auch*
mede- *mit-*; *Mit-*
medeaansprakelijk *mithaftbar*
medebeslissingsrecht *Mitbestimmungsrecht* o
medeburger *Mitbürger* m
mededeelzaam *mitteilsam*; *gesprächig*
mededelen ● → **meedelen**
mededeling *Mitteilung* v
mededelingenbord *Schwarze(s) Brett* o
mededinger *Mitbewerber* m; *Konkurrent* m; MIN. *Nebenbuhler* m
mededinging *Wettbewerb* m; *Konkurrenz* v ★ buiten ~ *außer Konkurrenz*
mededogen *Mitleid* o; *Erbarmen* o
medeklinker *Mitlaut* m; *Konsonant* m
medeleven *Anteilnahme* v; *Mitgefühl* o
medelijden *Mitleid* o
medelijdend *mitfühlend*; *mitleidig*
medemens *Mitmensch* m
medemenselijkheid *Mitmenschlichkeit* v
medeplichtig *mitschuldig*
medeplichtige *Mitschuldige(r)* m; *Mittäter* m
medestander *Anhänger* m; *Mitstreiter* m
medewerker *Mitarbeiter* m
medewerking *Mitwirkung* v; *Mitarbeit* v ★ met ~ van *unter Mitwirkung von*
medeweten *Mitwissen* o ★ buiten mijn ~ *ohne mein Wissen*
medezeggenschap *Mitbestimmungsrecht* o; *Mitbestimmung* v
media *Medien* mv
mediatheek *Mediathek* v
mediator *Mediator* m
medicament *Medikament* o
medicatie *Medikation* v
medicijn ● geneesmiddel *Medikament* o; *Medizin* v; *Arznei* v ● geneeskunde *Medizin* v ★ ~en studeren *Medizin studieren*
medicijnflesje *Medizinflasche* v
medicijnkastje *Arzneikasten* m; *Medizinschränkchen* o
medicijnman *Medizinmann* m
medicinaal *heilkräftig*; *medizinisch*; *medizinal* ★ voor ~ gebruik *zur medizinischen Verwendung* ★ medicinale kruiden *Heilkräuter*
medicus *Mediziner* m; *Arzt* m; ⟨student⟩ *Medizinstudent* m
mediëvistiek *Mediävistik* v

medio *Mitte*; ECON. *medio*
medisch ⟨m.b.t. geneeskunde⟩ *medizinisch*; ⟨m.b.t. arts⟩ *ärztlich* ★ ~e behandeling *ärztliche Behandlung*
meditatie *Meditation* v
mediteren *meditieren*
mediterraan *Mittelmeer-*; *mediterran*
medium I ZN [het] communicatiemiddel *Medium* o II BNW ⟨v. kleding/vlees⟩ *medium*; ⟨v. drank⟩ *halbsüß*
mee ● (samen) met *mit* ● ten gunste *mit*
meebrengen ● meenemen *mitbringen* ● inherent zijn aan *mit sich bringen*
meedelen I OV WW laten weten *mitteilen* II ON WW deel hebben *Anteil haben an* [+3]
meedenken *mitdenken*
meedingen *sich mitbewerben*
meedoen *mitmachen*; *mittun*; *sich beteiligen*
meedogend *mitleidig*
meedogenloos *unbarmherzig*; *erbarmungslos*; *rücksichtslos*
meedraaien ● samen draaien *(sich) mitdrehen* ● meedoen *mitmachen*; *dabei sein* ★ hij draait al een tijd mee *er ist schon eine ganze Zeit mit dabei*
meedragen *mit sich herumtragen*
mee-eter *Mitesser* m
meegaan ● vergezellen *mitgehen* ● instemmen (met) *beipflichten*; INFORM. *mithalten* ● bruikbaar blijven *halten*
meegaand ● inschikkelijk *fügsam*; *gefügig* ● toegevend *nachgiebig*
meegeven I OV WW geven *mitgeben* II ON WW geen weerstand bieden *nachgeben*
meehelpen *mithelfen*
meekomen *mitkommen*
meekrijgen *mitbekommen*
meel *Mehl* o
meeldauw *Mehltau* m
meeldraad *Staubgefäß* o; *Staubblatt* o
meeleven *mitfühlen*
meelijwekkend *mitleiderregend*; *bedauernswert*
meelokken *mit sich locken* ★ ~ naar een afgelegen plekje *an eine entlegene Stelle locken*
meelopen ● meegaan *mitlaufen*; *mitgehen* ● FIG. meedoen *mitmachen* ● gunstig verlopen *gut gehen* ★ als het meeloopt *wenn es gut geht*; *wenn wir Glück haben*
meeloper *Mitläufer* m
meemaken *erleben*
meenemen *mitnehmen*
meepikken ● stelen *mitgehen lassen* ● iets extra doen ★ dat cursusje pik ik ook nog wel even mee *den Kurs nehm ich noch mit*
meepraten ● samen praten *mitreden*; *mitsprechen* ● napraten *nachplappern* ▼ daar kan hij van ~ *davon kann er ein Lied singen*
ME'er *Bereitschaftspolizist* m [v: *Bereitschaftspolizistin*]
meer I ZN [het] *See* m II ONB VNW in grotere hoeveelheid *mehr* ★ meer dan 100.000 inwoners *über 100.000 Einwohner* ★ al meer en meer *immer mehr* ★ meer niet *weiter nichts* ★ onder meer *unter anderem* ▼ zonder meer *ohne Weiteres* III BIJW ● in hogere mate

me

mehr ★ meer dan duidelijk *überdeutlich* ● veeleer *öfter* ● verder *weiter*

meerdaags *mehrtägig*

meerdelig *mehrteilig*

meerdere I ZN [de] ⟨baas⟩ *Vorgesetzte(r)* m; ⟨superieur in eigenschappen⟩ *Überlegene(r)* m ★ hij is mijn ~ in kracht *er ist mir an Kraft überlegen* **II** ONB VNW *mehrere*

meerderen I OV WW *vermeerderen vermehren*; *vergrößern*; ⟨breien⟩ *zunehmen* **II** ON WW *toenemen zunehmen*

meerderheid *Mehrheit* v ★ bij ~ van stemmen *mit Stimmenmehrheit* ★ de ~ van het dorp *die meisten Leute im Dorf*

meerderheidsbelang *Mehrheitsbeteiligung* v

meerderjarig *volljährig*; *mündig* ★ iem. ~ verklaren *jmdn. für mündig erklären*

meerderjarige *Volljährige* m/v

meerderjarigheid *Volljährigkeit* v

meerduidig *mehrdeutig*

meerijden *mitfahren*

meerjarenplan *mehrjährige(r) Plan* m

meerjarig *mehrjährig*

meerkeuzetoets *Multiple-Choice-Test* m

meerkeuzevraag *Multiple-Choice-Frage* v

meerkoet *Blässhuhn* o

meerling *Mehrling* m

meermaals *mehrmals*; *mehrfach*; *öfter*

meeroken *mitrauchen*

meeropbrengst *Mehrerlös* m

meerpaal *Duckdalbe* v

meerpartijensysteem POL. *Mehrparteiensystem* o

meerstemmig *mehrstimmig*

meertalig *mehrsprachig*

meerval *Wels* m

Meer van Genève *Genfer See* m

meervoud *Mehrzahl* v

meervoudig *mehrfach*; TAALK. *pluralisch*

meerwaarde *Mehrwert* m

mees *Meise* v ★ zwarte mees *Tannenmeise* v

meesjouwen *mitschleppen*; *bei sich tragen*

meeslepen ● meenemen *mitschleifen*; *mitschleppen* ● in vervoering brengen *hinreißen*; *mitreißen*

meeslepend *hinreißend*; *berauschend*

meesmuilen *schmunzeln*

meespelen *mitspielen*

meespreken ● meedoen aan gesprek *mitsprechen* ● meebeslissen *mitsprechen*; INFORM. *mitreden* ● meetellen *mitsprechen*; INFORM. *mitreden*

meest I ONB VNW de grootste hoeveelheid *meist*; *größt-* **II** BIJW in hoogste mate *meist* ★ dat wens ik het ~ *das wünsche ich am meisten*

meestal *meistens*; *meistenteils*

meestbiedende *Meistbietende(r)* m

meester ● baas *Meister* m; *Herr* m ★ een taal ~ zijn *eine Sprache beherrschen* ★ iets ~ worden *über etw. Herr werden* ★ de toestand ~ zijn *Herr der Lage sein* ★ zich ~ van iets maken *sich einer Sache bemächtigen* ● onderwijzer *Lehrer* m ● kundig persoon *Meister* m; *Könner* m ★ een ~ in zijn vak *ein Meister seines Fachs* ● afgestudeerd jurist ≈ *Jurist* m ● gildelid

Meister m ★ ~-timmerman *Tischlermeister*

meesterbrein *Superhirn* o

meesteres ● bazin *Herrin* v; *Gebieterin* v ● zeer kundige vrouw *Meisterin* v

meesterhand *Meisterhand* v

meester-kok *Chefkoch* m

meesterlijk *Meister-*; *meisterhaft* ★ ~ schot *Meisterschuss* m

meesterproef *Meisterprüfung* v

meesterschap *Meisterschaft* v; ⟨kunnen⟩ *Beherrschung* v

meesterstuk *Meisterstück* o

meesterwerk *Meisterwerk* o

meet BN, SPORT eindpunt *Ziellinie* v; *Finish* o ▼ van meet af aan *von Anfang an*

meetapparatuur *Messapparatur* v

meetbaar *messbar*

meetellen I OV WW erbij rekenen *mitrechnen*; *mitzählen* **II** ON WW van belang zijn *(mit)zählen*; *(mit) eine Rolle spielen* ★ niet ~ *ohne Bedeutung sein*; *keine Rolle spielen*

meeting *Treffen* o; *Meeting* o

meetkunde *Geometrie* v ★ beschrijvende ~ *darstellende Geometrie*

meetkundig *geometrisch*

meetlat *Messlatte* v

meetlint *Bandmaß* o; *Messband* o

meetronen *mitlotsen*

meeuw *Möwe* v

meevallen ● niet zo erg zijn *nicht halb so schlimm sein* ★ hij valt best mee *er ist gar nicht so übel* ★ het zal wel ~ *es wird schon nicht so schlimm werden* ● beter zijn dan verwacht *die Erwartungen übertreffen*; *besser ausfallen als gedacht* ★ de prijs viel me mee *der Preis war niedriger, als ich dachte*

meevaller *Glücksfall* m; *unerwartete(r) Gewinn* m; *Glückstreffer* m

meevoelen *mitempfinden*; *mitfühlen*

meewarig *mitleidig*; *teilnahmsvoll*

meewerken ● samenwerken *mitarbeiten*; *mitmachen* ● bijdragen *sich beteiligen*; *mithelfen*

meezinger *Schlager* m; *Gassenhauer* m

meezitten *günstig/wunschgemäß verlaufen*; *gut gehen*; *klappen* ★ het zat hem niet mee *er hatte kein Glück*

megabioscoop *Multiplexkino* o

megabyte *Megabyte* o

megafoon *Megafon* o

megahertz *Megahertz* o

megalomaan *megaloman*; *megalomanisch*; *größenwahnsinnig*

megapixel *Megapixel* o

megaster *Megastar* m

mei *Mai* m ★ de eerste mei *der Erste Mai* ★ op 1 mei *am 1. Mai*

meid ● meisje *Mädchen* o ● dienstbode *Dienstmädchen* o

meidengroep *Mädchengruppe* v

meidoorn *Weißdorn* m; *Hagedorn* m; ⟨rode meidoorn⟩ *Rotdorn* m

meikever *Maikäfer* m

meineed *Meineid* m ★ een ~ doen *einen Meineid schwören*

meisje ● jonge vrouw *Mädchen* o ● verloofde

Freundin v; INFORM. *Braut* v
meisjesachtig *mädchenhaft*
meisjesboek *Mädchenbuch* o
meisjesnaam ● voornaam *Mädchenname* m
  ● familienaam *Mädchenname* m
mejuffrouw *Fräulein* o
mekaar ● → elkaar
Mekka *Mekka* o
mekkeren *meckern*
melaats *aussätzig*
melaatsheid *Lepra* v; *Aussatz* m
melancholie *Melancholie* v
melancholiek *melancholisch*
melange *Mischung* v; *Melange* v
melanoom *Melanom* o
melasse *Melasse* v
melden I OV WW iets laten weten *melden*;
  berichten; *mitteilen*; ⟨aankondigen⟩ *bekannt
  geben* II WKD WW [zich ~] *sich anmelden; sich
  melden*
melding *Mitteilung* v; *Bericht* m; *Meldung* v; ⟨op
  de radio⟩ *Durchsage* v ★ ~ maken van
  melden; *erwähnen*
meldingsplicht *Meldungspflicht* v
meldkamer *Zentrale* v
meldpunt *Anlaufstelle* v; *Meldeamt* o; *Meldebüro*
  o; *Meldestelle* v
melig ● meelachtig *mehlig* ● flauw *albern*
melisse *Melisse* v
melk *Milch* v ★ halfvolle melk *fettarme Milch*
  ★ magere melk *Magermilch* ★ volle melk
  Vollmilch ▼ niets in de melk te brokkelen
  hebben *nicht viel in die Milch zu brocken
  haben*
melkachtig *milchig; milchartig*
melkboer *Milchmann* m
melkbrood *Milchbrot* o
melkchocolade, melkchocola
  Vollmilchschokolade v
melken ● van melk ontdoen *melken* ● fokken
  züchten
melkfabriek, BN **melkerij** *Molkerei* v
melkfles *Milchflasche* v
melkgebit *Milchgebiss* o
melkglas *Milchglas* o
melkklier *Milchdrüse* v
melkkoe *Milchkuh* v
melkmachine *Melkmaschine* v
melkmuil *Grünschnabel* m; *Milchbart* m
melkpoeder *Milchpulver* o; *Trockenmilch* v
melkproduct *Milchprodukt* o
melksuiker *Milchzucker* m
melktand *Milchzahn* m
melkvee *Milchvieh* o
melkweg *Milchstraße* v
melkzuur *Milchsäure* v
melodie *Melodie* v
melodieus *melodiös; melodisch*
melodisch *melodisch*
melodrama *Melodram(a)* o
melodramatisch *melodramatisch*
meloen *Melone* v
membraan *Membran* v
memo ● notitieblaadje *Notizzettel* m ● korte
  nota *Notiz* v; *Memo* o
memoires *Memoiren* mv

memorandum ● nota *Denkschrift* v;
  Memorandum o ● notitieboek *Notizbuch* o
memoreren *erinnern an* [+4]
memorie ● geheugen *Erinnerung* v ★ pro ~ *pro
  memoria* ● geschrift *Memorandum* o;
  Denkschrift v ★ ~ van toelichting
  Begleitschreiben o; POL. *Erläuterungen zu
  einem Gesetzentwurf* v mv ★ ~ van antwoord
  Antwortnote v; POL. *ministerielle
  Stellungnahme zu einem Gesetzentwurf* v
memoriseren *memorieren; auswendig lernen*
men *man*
menagerie *Menagerie* v
meneer *Herr* m
menen ● denken *meinen* ★ dat zou ik ~ *das will
  ich meinen* ★ hij meende hem te kennen *er
  glaubte, ihn zu kennen* ● bedoelen *meinen*
  ★ ik meen het *es ist mein Ernst*
menens ▼ het wordt ~ *es wird Ernst*
mengeling *Mischung* v; *Gemisch* o; *Gemenge* o
mengelmoes *Gemisch* o; *Sammelsurium* o;
  Mischmasch m
mengen I OV WW door elkaar doen *mischen*;
  mengen ★ gemengd voer *Misch-/Mengfutter* o
  II WKD WW [zich ~] *sich einmischen in* ★ zich
  in de discussie ~ *sich in die Diskussion
  einschalten/einmischen*
mengkleur *Mischfarbe* v
mengkraan *Mischhahn* m; *Mischbatterie* v
mengpaneel *Mischpult* o
mengsel *Gemisch* o; *Mischung* v
mengsmering *Gemisch* o
menhir *Menhir* m
menie *Mennige* v
meniën *mennigen*
menig *manch*
menigeen *manch einer; mancher*
menigmaal *häufig*
menigte *Menge* v
mening *Meinung* v; *Ansicht* v; *Auffassung* v
  ★ bij zijn ~ blijven *auf seiner Meinung
  beharren* ★ naar mijn ~ *meiner Meinung nach*;
  meines Erachtens ★ ik verschil met hem van ~
  *wir sind verschiedener/unterschiedlicher
  Meinung* ★ van ~ zijn dat *der Meinung/Ansicht
  sein dass*
meningitis *Meningitis* v; *Hirnhautentzündung* v
meningsuiting *Meinungsäußerung* v ★ vrijheid
  van ~ *freie Meinungsäußerung*
meningsverschil *Meinungsverschiedenheit* v
meniscus *Meniskus* m
mennen *lenken*
menopauze *Menopause* v
menora *Menora* v
Menorca *Menorca* v
Menorcaans *von/aus Menorca*
mens I ZN [de] *Mensch* m ★ de mensen *die
  Menschen*; *die Leute* ★ onze mensen *unsere
  Leute* ★ geen mens *kein Mensch* ★ plaats voor
  10 mensen *Platz für 10 Personen* ★ de grote
  mensen *die Erwachsenen* ▼ onder de mensen
  komen *unter die Leute kommen* ▼ ik voel me
  een ander mens *ich fühle mich wie
  verwandelt* ▼ de mens wikt, God beschikt *der
  Mensch denkt, Gott lenkt* ▼ de inwendige
  mens versterken *etw. für den inneren*

me

Menschen tun **II** ZN [het] vrouw *Frau* v; *Person*
v ★ het arme mens *die arme Frau*
mensa *Mensa* v
mensaap *Menschenaffe* m
mensdom *Menschheit* v
menselijk *menschlich*; *Menschen-* ★ de ~e
waardigheid *die Menschenwürde* v
menselijkerwijs *nach menschlichem Ermessen*
menselijkheid *Menschlichkeit* v
menseneter *Menschenfresser* m
mensengedaante *Menschengestalt* v
mensenhater *Menschenfeind* m
mensenheugenis *Menschengedenken* o
mensenkennis *Menschenkenntnis* v
mensenleven *Menschenleben* o
mensenmassa *Menschenmasse* v;
Menschenmenge v
mensenrechten *Menschenrechte* mv
mensenrechtenactivist *Menschenrechtsaktivist*
m
mensenschuw *menschenscheu*
mensensmokkel *Menschenschmuggel/-handel* m
mensenwerk *Menschenwerk* o
mens-erger-je-niet *Mensch-ärger-dich-nicht* o
mens-erger-je-nieten *Mensch-ärger-dich-nicht*
spielen
mensheid *Menschheit* v
mensjaar ≈ *Arbeitsleistung* v pro *Person* pro *Jahr*
menskunde *Anthropologie* v
menslievend *menschenfreundlich*
mensonterend *menschenunwürdig*
mensonwaardig *menschenunwürdig*
menstruatie *Menstruation* v
menstruatiecyclus *Zyklus* m
menstruatiepijn *Menstruationsschmerzen* mv;
Regelschmerzen mv
menstrueren *menstruieren*
menswaardig *menschenwürdig*; *human*
menswetenschappen *Humanwissenschaften*
mv
mentaal *seelisch*; *geistig*
mentaliteit *Mentalität* v
menthol *Menthol* o
mentor *Mentor* m
menu ● maaltijd *Menü* o [mv: *Menüs*];
Speisenfolge v ● menukaart *Speisekarte* v
menuet *Menuett* o
menukaart *Speisekarte* v
mep *Schlag* m; *Klaps* m; *Ohrfeige* v
meppen *schlagen*; *hauen*
merchandising *Merchandising* o
Mercurius *Merkur* m
merel *Amsel* v
meren *festmachen*; *vertäuen*
merendeel *Mehrzahl* v; *Mehrheit* v ★ het ~ van
de toeschouwers *die meisten Zuschauer*
★ voor 't ~ *größtenteils*
merendeels *größtenteils*
merengue ● dans *Merengue* m ● gebak *Baiser* o
merg *Mark* o ▼ door merg en been *durch und*
durch; *durch Mark und Bein* ▼ in merg en
been *mit Leib und Seele*; *bis auf die Knochen*
mergel *Mergel* m
mergpijp ● mergbeen *Markknochen* m
● gebakje ≈ *Biskuitröllchen* o *mit*
Marzipanmantel

meridiaan *Meridian* m
meringue *Meringe* v
merk ● herkenningsteken *Marke* v
● handelsmerk *Schutzmarke* v; *Warenzeichen*
o
merkartikel *Markenartikel* m
merkbaar *merkbar*; *merklich*; ⟨voelbaar⟩
spürbar; ⟨zichtbaar⟩ *sichtlich*
merken ● bemerken *merken*; *bemerken* ● van
merk voorzien *markieren*; *kennzeichnen*
merkkleding *Markenkleidung* v
merknaam *Markenname* m
merkteken *Merkzeichen* o; *Kennzeichen* o;
Merkmal o
merkwaardig ● opmerkelijk *bemerkenswert*
● eigenaardig *seltsam*; *merkwürdig*; *komisch*
merkwaardigerwijs
merkwürdiger-/komischerweise
merkwaardigheid *Seltsamkeit* v;
Merkwürdigkeit v; *Kuriosität* v
merrie *Stute* v
mes *Messer* o ▼ iem. het mes op de keel zetten
jmdm. das Messer an die Kehle setzen
mesjogge *bescheuert*; *meschugge*
mespunt ★ een ~je zout *eine Messerspitze Salz*
mess *Kantine* v; ⟨marine⟩ *Messe* v; ⟨voor
officieren⟩ *Offizierskasino* o
messcherp *messerscharf*
messentrekker *Messerstecher* m; *Messerheld* m
Messias *Messias* m
messing **I** ZN [de] *Feder* v ★ ~ en groef *Nut und*
Feder **II** ZN [het] *Messing* o
messteek *Messerstich* m
mest ● van uitwerpselen *Mist* m ● uit andere
stoffen *Dünger* m
mesten ● bemesten *düngen* ● vetmesten
mästen
mesthoop *Misthaufen* m
mestkever *Mistkäfer* m
mestvaalt *Misthaufen* m
mestvee *Mastvieh* o
mestvork *Mistgabel* v
met ● voorzien van *mit* [+3] ★ een huis met
een tuin *ein Haus mit einem Garten* ★ koffie
met melk *Kaffee mit Milch* ★ een meid met
lef *ein mutiges Mädchen* ● in gezelschap van
mit [+3] ★ ik ga met hem op vakantie *ich*
verreise mit ihm ● door middel van *mit* [+3]
★ schrijven met een pen *mit einem Stift*
schreiben ★ met de hand geschreven
handgeschrieben ★ met de fiets gaan *mit dem*
Rad fahren ★ met de trein gaan *mit dem Zug*
fahren ● voor wat betreft *mit* [+3] ★ stoppen
met roken *das Rauchen aufgeben* ★ het gaat
goed met het werk *mit der Arbeit geht es gut*
● ⟨tijdstip⟩ *zu* [+3]; *an* [+3]; *in* [+3] ★ met kerst
zu Weihnachten; *an Weihnachten* ● ⟨getal⟩
★ met z'n vieren zijn *zu viert sein* ★ winnen
met 3-0 *(mit) drei zu null gewinnen*
● ⟨omstandigheid⟩ ★ met blijdschap *mit*
Freude
metaal **I** ZN [het] stof *Metall* o ★ zware metalen
Schwermetall o **II** ZN [de] bedrijfstak
Metallindustrie v
metaalachtig *metallisch*; *metallartig*
metaalarbeider *Metallarbeiter* m

metaaldetector *Metalldetektor* m
metaaldraad I ZN [de] *Metalldraht* m; ⟨v. lamp⟩ *Metallfaden* m II ZN [het] *Metalldraht* m
metaalindustrie, metaalnijverheid *Metallindustrie* v
metaalmoeheid *Materialermüdung* v; *Metallermüdung* v
metafoor *Metapher* v
metaforisch *metaphorisch*; *bildlich*; *übertragen*
metafysica *Metaphysik* v
metafysisch *metaphysisch*
metalen ● gemaakt van metaal *metallen*; *Metall-* ● als van metaal *metallisch*
metallic *metallic*
metamorfose *Metamorphose* v
meteen ● tegelijk *gleichzeitig*; *zugleich*; *zu gleicher Zeit* ● direct erna *gleich*; *sofort* ★ zo ~ *gleich*; *sofort*
meten *messen*
meteoor *Meteor* o
meteoriet *Meteorit* m
meteorietinslag *Meteoriteneinschlag* m
meteorologie *Meteorologie* v
meteorologisch *meteorologisch*; *Wetter-* ★ ~e satelliet *Wettersatellit* m
meteoroloog *Meteorologe* m [v: *Meteorologin*]
meter ● lengtemaat *Meter* m/o ★ kubieke ~ *Kubikmeter* m/o ★ per strekkende/BN lopende ~ *das laufende Meter* ● meettoestel *Messgerät* o; *Messer* m; ⟨klok⟩ *Zähler* m; ⟨klok⟩ *Uhr* v ● iem. die meet *Messer* m ● peettante *Patin* v
meterkast *Zählerkasten* m
meteropnemer *Zählerableser* m
meterstand *Zählerstand* m
metgezel *Gefährte* m
methaan *Methan* o
methadon *Methadon* o
methanol *Methanol* o
methode *Methode* v
methodiek *Methodik* v
methodisch ● systematisch; *planmäßig* ● volgens een methode *methodisch*
methodologie *Methodologie* v
methodologisch *methodologisch*
Methusalem *Methusalem* m ★ zo oud als ~ *so alt wie Methusalem*
methyl *Methyl* o
meting *Messung* v
metonymie *Metonymie* v
metriek *metrisch* ★ het ~ stelsel *das metrische System*
metrisch *metrisch*
metro *U-Bahn* v
metronoom *Metronom* o; *Taktmesser* m
metropool *Metropole* v
metroseksueel *Metrosexual* m
metrostation *U-Bahnhof* m
metrum *Metrum* o
metselaar *Maurer* m
metselen, BN metsen *mauern*
metselwerk ● werk van metselaar *Maurerarbeit* v ● gemetseld werk *Mauerwerk* o ★ met ~ bekleden *ausmauern*
metten ▾ korte ~ maken met iem. *nicht viel Federlesens mit jmdm. machen*; *mit jmdm. kurzen Prozess machen*

metterdaad *wirklich*; *tatsächlich*; *in der Tat*
mettertijd *im Laufe der Zeit*; *mit der Zeit*
metworst *Mettwurst* v
meubel *Möbel* o
meubelboulevard *Einkaufsboulevard* m
meubelmaker *Tischler* m
meubelplaat *Tischlerplatte* v
meubilair *Mobiliar* o; *Hausrat* m; *Möbel* mv
meubileren *möblieren*
meug ★ ieder zijn meug *jeder nach seinem Geschmack*
meute *Meute* v
mevrouw ● dame *Dame* v ● aanspreektitel *Frau* v; FORM. *gnädige Frau* v ★ geachte ~! *gnädige Frau!* ★ Geachte ~ M. *Sehr geehrte Frau M.*
Mexicaan *Mexikaner* m
Mexicaans *mexikanisch*
Mexicaanse *Mexikanerin* v
Mexico *Mexiko* o
Mexico-Stad *Mexiko-Stadt* o
mezelf ● → mijzelf
mi ● Chinese vermicelli *chinesische(n) Bandnudeln* mv ● MUZ. *Mi* o
miauw *miau*
miauwen *miauen*
mica *Glimmer* m
micro BN → microfoon
microbe *Mikrobe* v
micro-economie *Mikroökonomie* v
microfilm *Mikrofilm* m
microfoon *Mikrofon* o
microgolfoven BN magnetron *Mikrowellenherd* m
microkosmos *Mikrokosmos* m
microkrediet *Mikrokredit* m
micro-organisme *Mikroorganismus* m
microprocessor *Mikroprozessor* m
microscoop *Mikroskop* o
microscopisch *mikroskopisch*
middag ● namiddag *Nachmittag* m ★ 's ~s *nachmittags*; *mittags* ★ om 4 uur 's ~s *um 4 Uhr nachmittags* ★ tegen de ~ *gegen Mittag* ● midden van de dag *Mittag* m ★ tussen de ~, BN op de ~ *in der Mittagszeit*
middagdutje *Mittagsschlaf* m; *Mittagsschläfchen* o
middageten *Mittagessen* o
middagpauze *Mittagspause* v
middaguur ● 12 uur 's middags *Mittag* m ● de eerste uren na 12 uur 's middags ★ tijdens de middaguren gesloten *über Mittag geschlossen*
middel ● taille *Taille* v ● hulpmiddel *Mittel* o ★ door ~ van *durch* [+4]; *mittels* [+2] ★ ~en van vervoer *Transportmittel* v ● SCHEIK. stof *Mittel* o; *Medikament* o ● ECON. geldmiddelen [in het mv] *Mittel* mv ★ ~en van bestaan *Erwerbsmittel* ★ openbare ~en *öffentliche(n) Mittel* ★ zonder ~en *mittellos*
middelbaar *mittler*
middeleeuwen *Mittelalter* o ★ de vroege ~ *das frühe Mittelalter* ★ de late ~ *das Spätmittelalter* ★ de donkere ~ *das finstere Mittelalter*
middeleeuws *mittelalterlich*
middelen I OV WW ● gemiddelde berekenen

den Durchschnitt berechnen • spreiden
verteilen **II** ON WW bemiddelen vermitteln
III DE MV • → middel
middelgroot mittelgroß
Middellandse Zee Mittelmeer o
middellang • lengte von mittlerer Länge • duur
mittler; ⟨termijn⟩ mittelfristig
middellijn Durchmesser m
middelmaat Durchschnitt m; Mittelmaß o
★ boven de ~ uitsteken über das Mittelmaß
hinausragen
middelmatig • gemiddeld durchschnittlich
• niet bijzonder mittelmäßig; mäßig
middelmatigheid Mittelmäßigkeit v
Middelnederlands I ZN [het]
Mittelniederländisch(e) o **II** BNW
mittelniederländisch
middelpunt Mittelpunkt m
middelpuntvliedend zentrifugal ★ ~e kracht
Zentrifugal-/Fliehkraft v
middelst Mittel-; Mittler-
middelvinger Mittelfinger m
midden I ZN [het] • middelpunt, middelste deel
Mitte v ★ te ~ van inmitten [+2] ★ iem. uit
hun ~ jmd. aus ihrer Mitte • BN kring, milieu
[vaak mv] Milieu o ▼ iets in het ~ brengen
etw. zur Sprache bringen ▼ iets in het ~ laten
etw. dahingestellt sein lassen **II** BIJW mitten
Midden-Amerika Mittelamerika o
Midden-Amerikaans mittelamerikanisch
middenberm Mittelstreifen m
middendoor mittendurch; entzwei
midden- en kleinbedrijf mittlere und kleine
Betriebe mv
middengewicht Mittelgewicht o
middengolf Mittelwelle v
middenhandsbeentje Mittelhandknochen m
middenin mittendrin; in der Mitte
middenkader mittlere(r) Dienst m; mittlere(r)
Kader m
middenklasse Mittelklasse v ★ ~n Mittelstufe v
★ auto uit de ~ Mittelklassewagen m
middenklasser ⟨auto⟩ voiture v ⟨de⟩ milieu de
gamme; Mittelklassewagen m
middenmoot Mittelstück o
middenoor Mittelohr o
middenoorontsteking Mittelohrentzündung v
Midden-Oosten Mittlere(r) Osten m ★ in het ~
im Mittleren Osten
middenpad Mittelgang m
middenrif Zwerchfell o
middenschip Mittelschiff o
middenschool ≈ Gesamtschule v
middenstand Mittelstand m
middenstander ⟨detailhandel⟩
mittelständische(r) Einzelhändler m; ⟨ambacht⟩
mittelständische(r) Gewerbetreibende(r) m ★ de
kleine ~ der kleine Unternehmer
middenstandsdiploma ≈ Kleingewerbediplom o
middenstip Abstoßpunkt m
middenstreep Mittellinie v
middenveld • deel van sportveld Mittelfeld o
• spelers Mittelfeldspieler mv
middenvelder Mittelfeldspieler m
middenweg ▼ de gulden ~ die goldene Mitte
middernacht Mitternacht v ★ om ~ um

Mitternacht; gegen Mitternacht
middernachtelijk mitternächtlich
midgetgolf Minigolf o
midgetgolfbaan Minigolfplatz m
midgetgolfen Minigolf spielen
midi I ZN [het] halflange mode Midi- **II** AFK
musical instrument digital interface MIDI o
midlifecrisis Midlife-Crisis v
midscheeps mittschiffs; Mittschiffs-
midvoor Mittelstürmer m
midweek ★ zij gingen een ~ op vakantie sie
fuhren von Montag bis Freitag in Urlaub
midweekarrangement
Wochentagsarrangement o
midwinter Mittwinter m
midzomer Mittsommer m
mier Ameise v; ⟨termiet⟩ Termite v
mieren • peuteren herumfummeln • zeuren
quengeln
miereneter Ameisenbär m
mierenhoop Ameisenhaufen m
mierenneuker Korinthenkacker m
mierikswortel Meerrettich m; Kren m
mierzoet widerlich süß
mieter ▼ iem. op zijn ~ geven jmdn. verprügeln
▼ op zijn ~ krijgen Prügel bekommen ▼ geen ~
keinen Dreck
mieteren schmeißen
mietje Homo m; Schwule(r) m; Tunte v
miezeren nieseln
miezerig • druilerig regnerisch; trübe • nietig
mickrig
migraine Migräne v
migrant Migrant m
migrantenbeleid Migrantenpolitik v
migratie Migration v
migreren ⟨emigreren⟩ auswandern;
⟨immigreren⟩ einwandern
mihoen chinesische Glasnudeln mv
mij ⟨3e naamval⟩ mir; ⟨4e naamval⟩ mich
mijden meiden
mijl Meile v
mijlenver meilenweit
mijlpaal Meilenstein m
mijmeren sinnieren; sinnen; grübeln
mijmering Träumerei v; ⟨gepieker⟩ Grübelei v
mijn I ZN [de] • winplaats Bergwerk o; Mine v
★ in de mijn afdalen in die Grube einfahren
• bom Mine v ★ drijvende mijn Treibmine
II BEZ VNW mein ★ de mijnen die Meinen ★ ik
heb het mijne gedaan ich habe das Meine
getan
mijnbouw Bergbau m; ⟨bovenaards⟩ Tagebau m
mijnbouwkunde Bergbauwissenschaft/-kunde v
mijnbouwkundig Bergbau-; bergbau-
mijnenlegger Minenleger m
mijnenveger Minensuchboot o; Minensucher m;
⟨klein⟩ Minenräumboot o
mijnenveld Minenfeld o
mijnerzijds meinerseits
mijnheer • titel Herr m ★ ~ de burgemeester
Herr Bürgermeister ★ Geachte Mijnheer Sehr
geehrter Herr • heer des huizes Hausherr m
• belangrijk man Herr m
mijnschacht Schacht m
mijnstreek Bergbaurevier o; ⟨kolenmijnen⟩

Kohlenrevier o
mijnwerker *Bergarbeiter* m; *Bergmann* m
mijt ● insect *Milbe* v ● stapel *Miete* v; 〈hout〉
　Stoß m
mijter *Mitra* v; *Inful* v
mijzelf ● [meewerkend] *mir selbst; selber* ★ ik
　dacht bij ~ *ich dachte mir* ● [lijdend] *mich*
　selbst; selber
mik *Brot* o
mikado *Mikado* o
mikken I ov ww gooien *schmeißen* II on ww
　● richten *anlegen; zielen* ● streven naar ★ ~
　op *zielen auf; anstreben*
mikmak *Kram* m ★ de hele ~ *der ganze Kram*
mikpunt *Zielscheibe* v
Milaan *Mailand* o
mild ● zacht *mild* ● gul *großzügig*
milderen bn afzwakken *abschwächen*
mildheid ● welwillendheid *Milde* v ● gulheid
　Großzügigkeit v; *Freigebigkeit* v
milieu ● leefklimaat *Umwelt* v ● sociale kring
　Milieu o
milieuactivist *Umweltaktivist* m;
　Umweltschützer m
milieubeheer *Umweltschutz* m
milieubelasting 〈milieuheffing〉 *Umweltsteuer*
　v; 〈milieuheffing〉 *Ökosteuer* v; 〈belasting v.h.
　milieu〉 *Umweltbelastung* v
milieubescherming *Umweltschutz* m
milieubewust *umweltbewusst*
milieugroep *Umweltgruppe* v
milieuheffing ≈ *Umweltgebühr* v; *Ökosteuer* v;
　Umweltsteuer v
milieuhygiëne ● milieuzorg *Umweltschutz* m
　● toestand van het milieu *Umwelthygiene* v
milieumaatregel *Umweltmaßnahme* v
milieupark *Recyclinghof* m
milieuramp *Umweltkatastrophe* v
milieustraat *Recyclinghof* m
milieuverontreiniging, milieuvervuiling
　Umweltverschmutzung v
milieuvriendelijk *umweltfreundlich*
militair I zn [de] *Soldat* m ★ de ~en *das Militär*
　II bnw *militär-; militärisch; Militär-* ★ ~e
　dienst *Militär/Wehrdienst* m ★ ~e academie
　Militärakademie v
militant I bnw *militant* II zn [de] bn actief lid
　Aktive m-v
militarisme *Militarismus* m
militaristisch *militaristisch*
militie *Miliz* v
miljard I telw *milliarde* II zn [het] *Milliarde* v
miljardair *Milliardär* m
miljardste ● → **vierde**
miljoen I telw *million* II zn [het] *Million* v
miljoenennota *Haushaltsentwurf/-plan/-etat* m
miljoenenschade *Millionenschaden* m
miljoenenstad *Millionenstadt* v
miljoenste ● → **vierde**
miljonair *Millionär* m
milkshake *Milkshake* m
mille inform. *Mille* o ★ per/pro ~ *pro mille*
millennium *Millennium* o
millibar *Millibar* o
milligram *Milligramm* o
milliliter *Milliliter* m

millimeter *Millimeter* o
millimeteren *Stoppelhaar schneiden*
milt *Milz* v
miltvuur *Milzbrand* m
mime *Mimik* v
mimen *mimen*
mimespeler *Mime* m
mimiek *Mimik* v
mimosa *Mimose* v
min I bnw ● onbeduidend *klein; schlecht*
　● gemeen *niederträchtig; schäbig* ▼ zo min
　mogelijk *möglichst wenig* II bijw ▼ min of
　meer *mehr oder weniger* ▼ net zo min als
　genauso wenig wie
minachten *verachten; gering schätzen*
minachtend *geringschätzig; verächtlich*
minachting *Geringschätzung* v ★ met ~
　behandelen *geringschätzig behandeln*
minaret *Minarett* o
minarine bn, cul. *Diätmargarine* v; *halbfette*
　Margarine v
minder I bnw ● geringer in aantal *weniger*;
　geringer ★ ~ worden *weniger werden*;
　abnehmen ★ van ~ betekenis *weniger wichtig*;
　von geringerer Bedeutung ● slechter *inferior*
　★ dat is ~ *das ist weniger gut* II bijw in
　geringere mate *weniger* III onb vnw een
　kleinere hoeveelheid *weniger* ★ in ~ dan
　geen tijd *im Nu* ★ niemand ~ dan de
　burgemeester *kein Geringerer als der*
　Bürgermeister
mindere 〈in rang〉 *Untergebene(r)* m; 〈in
　bekwaamheid〉 *Unterlegene(r)* m ★ de ~ zijn
　van zijn tegenstander *seinem Gegner*
　unterlegen sein
minderen I ov ww verminderen *verringern*;
　vermindern; 〈breien〉 *abnehmen* ★ zeil ~ *Segel*
　einholen II on ww minder worden
　abnehmen; *nachlassen*
minderhedenbeleid *Minderheitenpolitik* v
minderhedendebat *Minderheitendebatte* v
minderheid *Minderheit* v; *Minorität* v ★ in de ~
　zijn *in der Minderzahl sein*
minderheidsgroep *Minderheit* v
minderheidskabinet *Minderheitskabinett* o
minderheidsstandpunt *Meinung* v der
　Minderheit
mindering *Minderung* v; *Verminderung* v; 〈bij
　breien〉 *Abnehmen* o ★ betaling in ~ (van een
　rekening) *Abschlagszahlung* v ★ in ~
　ontvangen *als Abschlagszahlung erhalten*
minderjarig *minderjährig*
minderjarige *Jugendliche* m/v; *Minderjährige*
　m/v
minderjarigheid *Minderjährigkeit* v
mindervalide *Leichtbehinderte* m/v
minderwaardig *minderwertig*
minderwaardigheid *Minderwertigkeit* v
minderwaardigheidscomplex
　Minderwertigkeitskomplex m
minderwaardigheidsgevoel
　Minderwertigkeitsgefühl o
mineraal I zn [het] 〈voedingsstof〉 *Mineralstoff*
　m; 〈delfstof〉 *Mineral* o II bnw *Mineral-*;
　mineralisch
mineraalwater *Mineralwasser* o

mi

mineur ● MUZ. *Moll* o ★ concert in a ~ *Konzert in a-Moll* o ● stemming *Deprimiertheit* v; *Niedergeschlagenheit* v ★ een redevoering in ~ *eine pessimistische Rede*
mini *Mini* o
miniatuur *Miniatur* v
miniatuurformaat *Miniatur* v
miniatuurtrein *Miniatureisenbahn* v
miniem I BNW *minimal; geringfügig; sehr gering* II ZN [de] BN, SPORT *Junior* m
minigolf *Minigolf* o
minima *einkommensschwache Gruppen* mv
minimaal *minimal; Minimal-*
minimaliseren *minimalisieren*
minimum *Minimum; Mindestmaß* ★ ~temperatuur *Tiefsttemperatur* v
minimumeis *Mindestforderung* v
minimuminkomen *Leichtlohngruppe* v
minimumjeugdloon *Mindesteinkommen* o *für Jugendliche*
minimumleeftijd *Mindestalter* o
minimumlijder *Arbeitnehmer* m *mit Mindestlohn*
minimumloon *Mindesteinkommen* o; *Mindestgehalt* o
minirok *Minirock* m; *Mini* o
miniseren *minimieren*
minister *Minister* m ★ eerste ~ *Premierminister* m ★ ~ van binnenlandse zaken *Innenminister* ★ ~ van buitenlandse zaken *Außenminister* ★ ~ van defensie *Verteidigungsminister* ★ ~ van economische zaken *Wirtschaftsminister* ★ ~ van landbouw en visserij *Landwirtschaftsminister* ★ ~ van sociale zaken *Minister für Arbeit und Soziales* ★ ~ van onderwijs *Kultusminister* ★ ~ zonder portefeuille *Minister ohne Geschäftsbereich* ★ ~ van staat *Staatsminister*
ministerie *Ministerium* o ★ ~ van binnenlandse zaken *Innenministerium* o ★ ~ van buitenlandse zaken *Außenministerium* o ★ ~ van justitie *Justizministerium* o ★ ~ van sociale zaken en werkgelegenheid *Ministerium* o *für Arbeit und Sozialordnung* ★ ~ van verkeer en waterstaat *Verkehrsministerium* ★ ~ van volkshuisvesting, ruimtelijke ordening en milieubeheer *Ministerium für Wohnungsbau und Raumordnung* o ▼ JUR. openbaar ~ *Staatsanwaltschaft* v
ministerieel *ministeriell* ★ ~ besluit *Ministerialerlass* m ★ ministeriële verantwoordelijkheid *Verantwortlichkeit des Ministers* v
minister-president *Ministerpräsident* m; *Premier* m; ⟨in Duitsland⟩ *Bundeskanzler* m
ministerraad *Ministerrat* m
ministerspost *Ministerposten* m
mink *Mink* m
minkukel *geistig Minderbemittelte(r)* m/v
minnaar *Geliebte(r)* m; *Liebhaber* m
minnares *Geliebte* v
minne ▼ iets in der ~ schikken *etw. gütlich beilegen*
minnekozen INFORM. *schmusen*
minnen *lieben*

minnetjes ● nogal zwak *schwächlich; schwach* ● verachtelijk *schäbig; verächtlich*
minor *Minor* m
minpool *Minuspol* m
minpunt *Minuspunkt* m; *Minus* o
minst I ONB VNW ● de kleinste hoeveelheid *geringst; wenigst; mindest* ● het kleinste aantal ★ ten ~e 100 euro *wenigstens hundert Euro* II BIJW in de kleinste mate *am wenigsten/geringsten* ★ niet in het ~ *nicht im Geringsten* ★ op zijn ~ *wenigstens; mindestens*
minstens *mindestens; wenigstens*
minstreel *Spielmann* m; *Minstrel* m; *Minnesänger* m
minteken *Minuszeichen* o
mintgroen *mintgrün*
minus *minus; weniger*
minuscuul *äußerst klein; winzig*
minuterie BN tijdschakelaar *Zeitschalter* m
minutieus *minutiös;* ⟨nakeursspelling⟩ *minuziös; peinlich genau*
minuut *Minute* v ★ op de ~ af *auf die Minute*
minzaam ● vriendelijk *wohlwollend; freundlich* ● neerbuigend *herablassend; gönnerhaft*
miraculeus *erstaunlich; wunderbar*
mirakel *Wunder* o
mirre *Myrrhe* v
mirte *Myrrhe* v
mis I BNW ● niet raak *daneben* ★ het schot was mis *der Schuss ging daneben* ● onjuist *verkehrt; falsch* ★ het mis hebben *sich irren* ● gering ★ dat examen was niet mis *die Prüfung hatte sich gewaschen* II ZN [de] *Messe* v ★ de mis opdragen/vieren *die Messe halten/zelebrieren; die Messe lesen lassen*
misantroop *Menschenfeind* m; *Misanthrop* m
misbaar *Aufheben* o; *Lärm* m; *Geschrei* o
misbaksel ● wanproduct *Missgeburt* v ● naarling *Scheusal* o; MIN. *Missgeburt* v
misbruik *Missbrauch* m
misbruiken *missbrauchen*
miscommunicatie *Missverständnis* o; *Misskommunikation* v
misdaad *Verbrechen* o
misdaadbestrijding *Verbrechensbekämpfung* v
misdaadroman *Krimi(nalroman)* m
misdadig I BNW crimineel *verbrecherisch; kriminell* II BIJW *unverschämt*
misdadiger *Verbrecher* m ★ een zware ~ *ein Schwerverbrecher*
misdeeld *bedürftig; arm* ★ de armen en ~en *die Armen und Bedürftigen*
misdienaar *Messdiener* m
misdoen ● zondigen *verbrechen; falsch tun* ● onrecht aandoen *antun; tun*
misdragen [zich ~] *sich danebenbenehmen; sich schlecht benehmen*
misdrijf *Verbrechen* o
misdrijven *eine Straftat begehen/verüben*
misdruk *Fehldruck* m
mise-en-scène *Inszenierung* v
miserabel *miserabel*
misère *Misere* v; *Elend* o
miserie BN ellende *Elend* o; *Jammer* m
misgaan *fehlschlagen; misslingen; danebengehen* ★ de zaak gaat mis *die Sache geht schief*

misgreep *Fehlgriff* m; *Missgriff* m
misgrijpen *fehlgreifen*
misgunnen *missgönnen*
mishagen *missfallen*
mishandelen *misshandeln*; ⟨kwellen⟩ *quälen*
mishandeling *Misshandlung* v; *Quälerei* v
miskennen • niet erkennen *verleugnen*; *leugnen*; *verkennen* • onderwaarderen *verkennen* ★ een miskend genie *ein verkanntes Genie*
miskenning • onderwaardering *Fehleinschätzung* v; *Verkennung* v • verloochening *Verleugnung* v; *Leugnung* v
miskleun *dicke(r) Hund* m; *Schnitzer* m
miskleunen *danebenhauen*; *einen Schnitzer machen*
miskoop *Fehlkauf* m
miskraam *Fehlgeburt* v
misleiden *irreführen*; *täuschen*
misleidend *irreführend* ★ ~e reclame *irreführende Werbung*
misleiding *Irreführung* v; *Täuschung* v
mislopen I ov ww • niet krijgen *verpassen*; *entgehen* ★ zijn straf ~ *der Strafe entgehen* • niet treffen *verfehlen* ★ zijn roeping ~ *seinen Beruf verfehlen* **II** on ww mislukken *misslingen*; *fehlschlagen*
mislukkeling *gescheiterte Existenz* v; *Versager* m
mislukken • niet lukken *missglücken*; *misslingen*; *fehlschlagen* ★ de onderhandelingen zijn mislukt *die Verhandlungen sind gescheitert* • verkeerd uitvallen *misraten*; *misslingen*
mislukking • het mislukken *Scheitern* o; *Fehlschlagen* o; *Misslingen* o • wat mislukt is *Misserfolg* m; *Fehlschlag* m
mismaakt *missgestaltet*; *missgebildet*; ⟨ontsierd⟩ *entstellt*; ⟨verminkt⟩ *verkrüppelt*
mismanagement *Missmanagement* o
mismoedig *niedergeschlagen*; *entmutigt*
misnoegd *missmutig*; *verstimmt*
misnoegen *Missfallen* o; *Unmut* m
misoogst *Missernte* v
mispel *Mispel* v
misplaatst *unpassend*; *unangebracht* ★ ~ gedrag *unpassende(s) Benehmen* o
misprijzen I zn [het] *Missbilligung* v **II** ov ww *missbilligen*
mispunt *Ekel* o; *Fiesling* m
misrekenen [zich ~] • verkeerd rekenen *sich verrechnen* • verkeerd inschatten *sich verrechnen*; *sich täuschen*; *sich irren*
misrekening • fout *fehlerhafte Berechnung* v; *Fehlrechnung* v • teleurstelling *Fehlkalkulation* v
miss *Miss* v
misschien *vielleicht*; ⟨soms⟩ *etwa*
misselijk • onpasselijk *übel*; *schlecht* ★ ik ben ~ *mir ist übel/schlecht* • walgelijk *widerlich*; *ekelhaft*; *eklig*
misselijkheid • onpasselijkheid *Übelkeit* v; *Unpässlichkeit* v • walging *Widerlichkeit* v; *Widerwärtigkeit* v
missen I ov ww • niet treffen *verfehlen*; ⟨mislopen⟩ *verpassen*; ⟨mislopen⟩ *versäumen* ★ de aansluiting ~ *den Anschluss verpassen*

• ontberen *vermissen*; *entbehren* ★ ik mis een boek *mir fehlt ein Buch* ★ hij kan niet gemist worden *er ist unentbehrlich* • gemis voelen *vermissen*; *entbehren* **II** on ww • ontbreken *fehlen* • mislukken *fehlgehen*
misser • mislukte poging *Fehler* m; *Fehl-/Missgriff* m; *Fehlschlag* m; *Misserfolg* m • sport ⟨schot⟩ *Fehlschuss* m
missie • doelstelling *Mission* v • rel. predikende organisatie *Mission* v
missionaris *Missionar* m
misslaan *danebenhauen*
misslag • niet-rake slag *Fehlschlag* m • vergissing *Fehlgriff* m; *Fehler* m
misstaan • niet goed staan *nicht stehen* • niet betamen *schlecht anstehen*
misstand *Missstand* m
misstap *Fehltritt* m
misstappen *fehltreten*
misverkiezing *Misswahl* v
mist *Nebel* m ★ zware/dichte mist *dichte(r) Nebel* ▼ iets gaat de mist in *etw. geht schief* ▼ iem. gaat de mist in *jmd. macht einen Schnitzer*
mistbank *Nebelbank* v
misten *nebeln*; *neblig sein*
misthoorn *Nebelhorn* o
mistig • *neblig* • vaag *nebulös*
mistlamp *Nebelscheinwerfer* m; *Nebellampe* v
mistletoe *Mistel* v
mistlicht *Nebelscheinwerfer* m
mistral *Mistral* m
mistroostig *niedergeschlagen*; *missmutig*; *trübselig*
misvatting *Irrtum* m; *Missverständnis* o
misverstaan *missverstehen*
misverstand *Missverständnis* o
misvormd *missgestaltet*; *entstellt*
misvormen *verunstalten*; *entstellen*
misvorming • *Verunstaltung* v; *Entstellung* v • wat niet goed gegroeid is *Fehlbildung* v
miszeggen ★ iets ~ *etw. Falsches sagen*
mitella *Armschlinge* v; *Mitella* v
mitrailleur *Maschinengewehr* o
mits *vorausgesetzt, dass...*; *unter der Voraussetzung/Bedingung, dass...*
mix *Gemisch* o; *Mischung* v
mixen *mixen*
mixer *Mixer* m
mkb *Mittel- und Kleinbetrieb* m
MKZ *MKS* v; *Maul- und Klauenseuche* v
mmm • lekker *mmh!* • ongeïnteresseerd *hm* • ja *hm*
mms *MMS* m
mms'en *MMSen*; *simsen*
mobiel I zn [de] telefoon *Mobiltelefon* o; *Handy* o **II** bnw *mobil* **III** bijw ★ ~ bellen *mobiltelefonieren*
mobile *Mobile* o
mobilhome bn camper *Wohnmobil* o
mobilisatie • het mobiliseren *Mobilmachung* v; *Mobilisierung* v ★ gedeeltelijke ~ *Teilmobilmachung* • periode *Mobilisierung* v
mobiliseren • mobiel maken *mobilisieren* • ⟨militair⟩ gevechtsklaar maken *mobil machen*

mobiliteit *Mobilität* v
mobilofoon *Funksprechgerät* o; *Sprechfunkanlage* v
modaal *durchschnittlich*; *Durchschnitts-*; ⟨middelmatig⟩ *mittelmäßig* ★ modale werknemer *Durchschnittsverdiener* m
modaliteit ● TAALK. *Modalität* v ● BN voorwaarde *Bedingung* v
modder *Schlamm* m; *Dreck* m ▼ zo vet als ~ zijn *so fett wie ein Schwein sein*
modderen ● baggeren *baggern* ● knoeien *stümpern*; *herummurksen*
modderfiguur ▼ een ~ slaan *eine jämmerliche Figur abgeben*
modderig *schlammig*; ⟨met modder bevuild⟩ *dreckig*
modderpoel *Schlammpfütze* v; *Pfuhl* m
modderstroom *Schlammlawine* v
moddervet *feist*; *dick und fett*
mode *Mode* v ★ in de mode komen *Mode werden* ★ uit de mode raken *aus der Mode kommen* ★ met de mode meedoen *mit der Mode gehen*
modeartikel *Modeartikel* m; *Modeware* v
modebewust *modebewusst*
modeblad *Modezeitschrift* v; *Modejournal* o
modegril *Modelaune* v
modehuis *Modehaus* o
modekleur *Modefarbe* v
model ● type product *Modell* o; *Typ* m ● voorbeeld *Vorbild* o; *Modell* o ● persoon *Modell* o; *Model* o ● ontwerp *Modell* o ★ er zit geen ~ meer in die hoed *der Hut hat keine Fasson mehr*
modelbouw *Modellbau* m
modelleren *modellieren*
modelvliegtuig *Modellflugzeug* o
modelwoning *Wohnung* v, *die Modell steht*
modem *Modem* o
modeontwerper *Modeschöpfer* m
moderator BN gespreksleider *Diskussionsleiter* m
modern ● hedendaags *heutig* ● tot de nieuwere tijd behorend *modern*; *neuzeitlich*; ⟨overeenkomstig de tijd⟩ *zeitgemäß* ★ de ~e talen *die neueren Sprachen*
moderniseren *modernisieren*
modernisme *Modernismus* m
modeshow *Modenschau* v
modeverschijnsel *Modeerscheinung* v
modewoord *Modewort* o
modezaak *Modegeschäft* o
modieus *modisch*
modificatie *Modifizierung* v
modificeren *modifizieren*
modulair *modular*
module ⟨maat⟩ *Modul* m; ⟨gietvorm⟩ *Model* o
moduleren *modulieren*
modus *Modus* m
moe I BNW vermoeid *müde* ▼ iets moe zijn *etw. satthaben* II ZN [de] INFORM. moeder *Mutti* v
moed *Mut* m ★ moed geven *Mut machen* ★ moed houden *den Mut nicht verlieren* ★ de moed erin houden *den Kopf oben behalten* ★ moed scheppen *Mut fassen* ★ de moed verliezen *den Mut sinken lassen* ▼ met de

moed der wanhoop *mit dem Mut der Verzweiflung* ▼ de moed zonk me in de schoenen *das Herz rutschte mir in die Hose*
moedeloos *mutlos*; *niedergeschlagen*
moeder *Mutter* v ★ een aanstaande ~ *eine werdende Mutter*
moederbedrijf *Mutterunternehmen* o
Moederdag *Muttertag* m
moederen ★ over iem. ~ *jmdn. bemuttern*
moederhuis BN, MED. kraaminrichting *Entbindungsstation* v
moederinstinct *Mutterinstinkt* m
moederkoek *Mutterkuchen* m; *Plazenta* v
moederland *Mutterland* o
moederlijk *mütterlich*
moedermelk *Muttermilch* v
moeder-overste *Oberin* v
moederschap *Mutterschaft* v
moederschip *Mutterschiff* o
moederskant ▼ van ~ *mütterlicherseits*
moederskind ● lievelingskind van moeder *Mamas Liebling* m ● kind dat veel aan moeder hangt *Hätschelkind* o; ⟨jongen⟩ *Muttersöhnchen* o
moedertaal *Muttersprache* v
moedervlek *Muttermal* o
moederziel ▼ ~ alleen *mutterseelenallein*
moedig *mutig*; ⟨dapper⟩ *tapfer*
moedwil *Mutwille* m; ⟨opzet⟩ *Absicht* v
moedwillig *mutwillig*; *absichtlich*; *vorsätzlich*
moeheid ● het moe zijn *Müdigkeit* v ● materiaalmoeheid ⟨v. grond⟩ *Müdigkeit* v; ⟨v. metaal⟩ *Ermüdung* v
moeien *bemühen* ★ daar is veel geld mee gemoeid *da geht es um viel Geld* ★ hij was niet met de zaak gemoeid *er war an der Sache nicht beteiligt*
moeilijk I BNW *schwer*; *schwierig* ★ ~ te begrijpen *schwer verständlich* II BIJW *lästig* ★ het iem. ~ maken *es jmdm. schwer machen* ★ doe nou niet zo ~ *sei doch nicht so umständlich*; *mach jetzt keine Schwierigkeiten*
moeilijkheid *Schwierigkeit* v
moeite *Mühe* v ★ dat gaat in één ~ door *das geht in einem Aufwasch* ★ ~ doen *sich bemühen* ★ de ~ nemen *sich die Mühe machen* ★ dat is de ~ niet waard *es ist nicht der Mühe wert* ★ alle ~ was vergeefs *alle Bemühungen waren umsonst*
moeiteloos *mühelos*
moeizaam *mühsam*; *mühselig*
moer *Mutter* v ▼ dat kan me geen moer schelen *das ist mir vollkommen egal*
moeras *Sumpf* m; *Morast* m
moerasgebied *Sumpfgebiet* o
moerasschildpad *Sumpfschildkröte* v
moerassig *sumpfig*; *morastig* ★ ~ land *Sumpfland* o
moerbei ● moerbes *Maulbeere* v ● boom *Maulbeerbaum* m
moeren *kaputt machen*; *vermurksen*
moersleutel *Schrauben-/Mutterschlüssel* m
moerstaal *Muttersprache* v
moes *Mus* o; *Brei* m ▼ iem. tot moes slaan *jmdn. zu Brei schlagen*
moesappel *Kochapfel* m; ≈ *Fallobst* o

moesson *Monsun* m
moestuin *Gemüsegarten* m; ⟨klein⟩ *Küchengarten* m
moeten I OV WW ● mogen, aardig vinden *mögen* ★ ik moet hem niet *ich mag ihn nicht* ● willen *wollen* ★ moet je nog koffie? *willst du noch Kaffee?* ● BN verschuldigd zijn ★ hoeveel moet ik u? *was schulde ich Ihnen?* **II** ON WW BN hoeven *brauchen; nötig sein* **III** HWW ● noodzakelijk zijn *müssen* ★ dat zal wel zo ~ *das musss wohl so sein* ● verplicht zijn *müssen* ● behoren *sollen* ★ je moest je schamen *du solltest dich schämen* ● aannemelijk zijn *müssen; sollen* ● willen *wollen*
moetje *Mussehe* v
Moezel *Mosel* v
moezelwijn *Mosel(wein)* m
mof ● bonten huls *Muff* m ● losse wollen mouw *Pulswärmer* m ● verbindingsstuk *Flansch* m; ⟨ring⟩ *Muffe* v ● MIN. Duitser ≈ *Teutone* m
mogelijk I BNW ● te verwezenlijken *möglich* ★ alle ~e middelen *alle erdenklichen Mittel* ★ het grootst ~e voordeel *der größtmögliche Vorteil* ★ in de kortst ~e tijd *innerhalb kürzester Zeit* ● denkbaar *etwaig; eventuell*; ⟨denkbaar⟩ *möglich* **II** BIJW *möglicherweise*; ⟨denkbaar⟩ *möglich* ★ zo goed/spoedig ~ *möglichst gut/bald*
mogelijkerwijs *möglicherweise*
mogelijkheid *Möglichkeit* v ★ met geen ~ *beim besten Willen nicht*
mogen I OV WW waarderen *mögen; leiden können* **II** HWW ● toestemming hebben *dürfen; erlaubt/gestattet sein* ★ dat mag niet *das ist nicht erlaubt* ★ mag je hier roken? *darf man hier rauchen?* ● wenselijk zijn *mögen* ★ je mag blij zijn *du solltest froh sein* ● kunnen *können* ★ het heeft niet ~ zijn *es hat nicht sein sollen* ● veronderstellen *sollen* ★ mocht hij om 10 uur nog niet hier zijn *sollte er um 10 noch nicht hier sein* ★ je mocht je eens vergissen *du könntest dich irren*
mogendheid *Macht* v ★ grote ~ *Großmacht* v
mohair *Mohär* m; *Mohair*
Mohammed *Mohammed*
mohammedaan *Mohammedaner* m; *Moslem* m [v: *Moslime*]
mohammedaans *mohammedanisch*; *moslemisch*; *islamitisch*
Mohikaan v de laatste der Mohikanen *der letzte Mohikaner; der Letzte der Mohikaner*
mok *Becher* m
moker *Fausthammer* m; ⟨met lange steel⟩ *Vorschlaghammer* m
mokerslag ● LETT. *Hammerschlag* m ● FIG. *Hammerschlag* m
mokka *Mokka* m
mokkel *Mieze* v
mokken *schmollen*; ⟨zeuren⟩ *maulen*
mol ● dier *Maulwurf* m ● MUZ. verlagingsteken B
Moldavië *Moldawien* o
Moldavisch *moldawisch*
moleculair *Molekular-; molekular*

molecule *Molekül* o
molen *Mühle* v; ⟨aan een hengel⟩ *Rolle* v ▼ een klap van de ~ hebben gehad *einen Dachschaden haben*
molenaar *Müller* m
molensteen *Mühlstein* m
molenwiek *Mühlenflügel* m
molesteren *belästigen*
molestverzekering ≈ *Versicherung* v gegen *Schäden durch Kriegseinwirkung*
molière *Halbschuh* m
mollen ● kapot maken *vermurksen; kaputt machen* ● doden *abmurksen*
mollig *mollig; pummelig*
molm ⟨v. hout⟩ *Mulm* m; ⟨v. turf⟩ *Torfmull* m
molotovcocktail *Molotowcocktail* m
molshoop *Maulwurfshügel* m
molton *Molton* v
Molukken *Molukken* mv
Molukker *Molukke* m
Moluks *molukkisch*
Molukse *Molukkin* v
mom ★ onder het mom van ≈ *unter der Maske von*
mombakkes *Maske* v
moment *Moment* m; *Augenblick* m ★ op dit ~ *im Augenblick* m
momenteel *momentan; gegenwärtig; zurzeit*
momentopname *Momentaufnahme* v
moment suprême *Höhepunkt* m
mompelen *murmeln*; ⟨brommen⟩ *brummen*
Monaco *Monaco* o
monarch *Monarch* m
monarchie *Monarchie* v
monarchist *Monarchist* m
mond ● orgaan *Mund* m ● riviermonding *Mündung* v ● opening *Öffnung* v; ⟨v. vuurwapen⟩ *Mündung* v ▼ een grote mond hebben *ein großes Mundwerk haben* ▼ een grote mond opzetten *ein großes Maul haben* ▼ zij weet haar mondje te roeren *sie ist nicht auf den Mund gefallen* ▼ ieder heeft er de mond vol van *es ist in aller Munde* ▼ zijn mond voorbijpraten *sich verplappern* ▼ bij monde van *durch* ▼ iem. iets in de mond leggen *jmdm. etw. in den Mund legen* ▼ met de mond vol tanden staan *eine Antwort schuldig bleiben* ▼ iets uit zijn mond sparen *sich etw. vom Munde absparen* ▼ een aardig mondje Engels spreken *ziemlich gut Englisch sprechen* ▼ niet op zijn mondje gevallen zijn *nicht auf den Mund gefallen sein*
mondain *mondän*
monddood *mundtot*
mondeling *mündlich*
mond-en-klauwzeer *Maul- und Klauenseuche* v
mondharmonica *Mundharmonika* v
mondhoek *Mundwinkel* m
mondholte *Mundhöhle* v
mondhygiënist *Mundhygieniker* m
mondiaal *global; weltweit*
mondig *mündig* ★ iem. ~ verklaren *jmdn. mündig sprechen; jmdn. für mündig erklären*
mondigheid *Mündigkeit* v
monding *Mündung* v
mondjesmaat ▼ BN met ~ *spärlich*;

häppchenweise
mond-op-mondbeademing
Mund-zu-Mund-Beatmung v
mondstuk *Mundstück* o
mond-tot-mondreclame *Mundpropaganda* v
mondverzorging *Mundpflege* v
mondvol *Mundvoll*
mondvoorraad *Mundvorrat* m
Monegask *Monegasse* m
Monegaskisch *monegassisch*
Monegaskische *Monegassin* v
monetair *monetär*; *Währungs-* ★ het Europese
    Monetaire Stelsel *das Europäische*
    Währungssystem
Mongolië *Mongolei* v
mongolisme *Mongolismus* m
mongoloïde *mongoloid*
mongool *mongoloide Person* v
Mongools *mongolisch*
monitor *Monitor* m
monitoraat BN, O&W ⟨advies⟩ *Studienberatung*
    v; ⟨tijdens studie⟩ *Studienbetreuung* v
monitoren *überwachen*
monkelen BN gnuiven *schmunzeln*
monnik *Mönch* m ▼ gelijke ~en, gelijke kappen
    gleiche Brüder, gleiche Kappen
monnikenwerk *mühsame Kleinarbeit* v;
    Geduldsarbeit v ▼ ~ verrichten *Wasser mit*
    einem Sieb schöpfen
monnikskap *Mönchskappe* v
mono *mono*
monochroom *monochrom*
monocle *Monokel* o
monofoon *monofon*
monogaam *monogam*
monogamie *Monogamie* v
monogram *Monogramm* o
monokini *Monokini* m
monolithisch *monolithisch*
monoloog *Monolog* m
monomaan *monomane* m
monomanie *Monomanie* v
monopolie *Monopol* o
monopoliepositie *Monopolstellung* v
monopoly *Monopoly* o
monorail *Einschienenbahn* v
monoski *Mono-Ski* m
monotheïsme *Monotheismus* m
monotoon *monoton*; *eintönig*
monovolume BN, TRANSP. *Multivan* m
monster ● gedrocht *Ungeheuer* o; *Ungetüm* o;
    Monster o ● proefstuk *Muster* o; *Probe* v ★ ~s
    trekken *Proben nehmen* ★ ~ zonder waarde
    unverkäufliche(s) Muster m
monster- *monster-*; *Monster-*; *riesen-*; *Riesen-*
    ★ monstervergadering *Riesenversammlung*
    ★ monsterproces *Riesenprozess*
    ★ monsterzege *enorme(r) Sieg*
monsterachtig *scheußlich*; *abscheulich*; ⟨enorm⟩
    ungeheuer
monsteren ● SCHEEPV. *anheuern*; *anmustern*
    ● keuren *prüfen*; *begutachten*; MIL. *mustern*;
    ⟨inspecteren⟩ *inspizieren*
monsterlijk *abscheulich*; *scheußlich*
monstrans *Monstranz* v
monstrueus *ungeheuerlich*; *monströs*;

scheußlich
monstruositeit *Monstrosität* v
montage *Montage* v; ⟨v. film⟩ *Schnitt* m
montagebouw *Fertigbauweise* v
montagefoto *Phantombild* o
Montenegrijn *Montenegriner* m
Montenegrijns *montenegrinisch*
Montenegrijnse *Montenegrinerin* v
Montenegro *Montenegro* o
monter *munter*; *lebhaft*; *heiter*
monteren *montieren*; ⟨bevestigen⟩
    festmontieren
montessorischool *Montessorischule* v
monteur *Monteur* m
montuur ⟨v. bril⟩ *Gestell* o; ⟨v. edelstenen⟩
    Fassung v
monument *Monument* o; ⟨gedenkteken⟩
    Denkmal o
monumentaal *monumental*; *Monumental-*
monumentenwet *Denkmalschutzgesetz* o
monumentenzorg *Denkmalschutz* m;
    Denkmalpflege v
mooi I BNW ● aangenaam voor de zintuigen
    hübsch; *schön* ● IRON. *schön* ★ wel nu nog
    mooier! *das wäre ja noch schöner!* ★ dat is me
    een mooie! *das ist mir aber eine/einer!* ▼ te
    mooi om waar te zijn *zu schön, um wahr zu*
    sein II BIJW ● aangenaam voor de zintuigen
    gut; *schön* ● goed ★ mooi zo! *gut so!* ● flink
    schön ★ iem. mooi beetnemen *jmdn. ganz*
    schön auf den Arm nehmen
mooipraten *schönfärben*; ⟨prijzend⟩
    beschönigen
mooiprater *Schönredner* m
moonboot *Moonboots* mv
Moor *Maure* m
moord *Mord* m ★ een ~ plegen *einen Mord*
    begehen ★ de ~ op de koning *die Ermordung*
    des Königs ★ ~ en brand schreeuwen *Zeter*
    und Mordio schreien
moordaanslag *Mordanschlag* m; POL. *Attentat* o
moorddadig *mörderisch*; *Mords-*
moorden *morden*
moordenaar *Mörder* m
moordend ● moorddadig *mörderisch* ● slopend
    ★ ~e concurrentie *mörderische Konkurrenz* v
    ★ ~ werk *aufreibende Arbeit* v
moordkuil ● → hart
moordpartij *Massaker* o; *Gemetzel* o; *Blutbad* o
moordwapen *Mordwaffe* v
moorkop *Mohrenkopf* m
moot *Stück* o; *Scheibe* v
mop *Witz* m ★ een schuine mop *eine Zote*
    ★ moppen tappen *Witze reißen*
moppentapper *Witzeerzähler* m; ⟨v. schuine
    moppen⟩ *Zotenreißer* m
mopperaar *Nörgler* m; INFORM. *Meckerfritze* m
mopperen *meckern*; *nörgeln*; *murren*
mopperkont *Nörgler* m; *Meckerer* m
mopperpot *Nörgler* m
mopsneus *Stumpfnase* v
moraal ● zedenleer *Moral* v ★ dubbele ~
    doppelte Moral v ● wijze les *Moral* v
moraalridder *Moralapostel* m
moraliseren *moralisieren*
moralisme *Moralismus* m

moralist *Moralist* m
moratorium *Moratorium* o; *Zahlungsaufschub* m
morbide *morbid*
moreel I ZN [het] *Moral* v II BNW *moralisch*
morel ● kers *Schattenmorelle* v ● boom *Schattenmorelle* v
mores ▼ iem. ~ leren *jmdn. Mores lehren*
morfine *Morphium* o; *Morphin* o
morfologie *Morphologie* v
morgen I ZN [de] *Morgen* m ★ 's ~s morgens ★ 's ~s vroeg *frühmorgens; am frühen Morgen* II BIJW *morgen* ★ ~ vroeg *morgen früh*
morgenavond *morgen Abend*
morgenland *Morgenland* o
morgenmiddag *morgen Mittag*
morgenochtend *morgen früh*
morgenrood *Morgenrot* o; *Morgenröte* v
Morgenster *Morgenstern* o
morgenster *Bocksbart* m
morgenstond *Morgenstunde* v ▼ de ~ heeft goud in de mond *Morgenstund hat Gold im Mund*
mormel *Scheusal* o; ⟨hond⟩ *Köter* m
mormoon *Mormone* m
mormoons *mormonisch*
morning-afterpil *Pille v danach*
morrelen *herummachen; herummurksen*
morren *murren*
morsdood *mausetot*
morse *Morsezeichen* o
morsen *kleckern*
morseteken *Morsezeichen* o
morsig *schmutzig; schmierig;* ⟨slonzig⟩ *schlampig*
mortel *Mörtel* m
mortier *Mörser* m
mortuarium ● rouwcentrum *Mortuarium* o ● bewaarplaats voor lijken *Leichenkammer* v; *Leichenhaus* o; *Leichenhalle* v
mos *Moos* o
mosgroen *moosgrün*
moskee *Moschee* v
Moskou *Moskau* o
Moskous *Moskauer*
Moskouse *Moskauerin* v
Moskoviet *Moskovit* m; *Moskauer* m
moslim *Moslem* m
moslima *Muslima* v; *Muslimin* v
moslimextremisme *Moslemextremismus* m
mossel *Muschel* v ▼ ~ noch vis zijn *weder Fisch noch Fleisch sein*
mosselbank *Muschelbank* v
most *Most* m
mosterd *Senf* m
mosterdgas *Senfgas* o
mosterdzaad *Senfkorn* o
mot I ZN [de] [mv: +ten] *Motte* v II ZN [de] [gmv] *Krach* m; *Streit* m; *Zank* m
motel *Motel* o
motie *Antrag* m ★ ~ van wantrouwen *Misstrauensvotum* o ★ een ~ indienen *einen Antrag einbringen*
motief ● beweegreden *Beweggrund* m; *Motiv* o ● patroon *Motiv* o
motivatie *Motivation* v

motiveren ● beredeneren *begründen*; *motivieren* ● stimuleren *motivieren*
motivering *Begründung* v; *Motivierung* v
motor ● machine *Motor* m; ⟨bij vliegtuigen⟩ *Triebwerk* o ● motorfiets *Motorrad* o
motoragent *Motorradpolizist* m
motorblok *Motorblock* m
motorboot *Motorboot* o
motorcross *Motocross* o
motorfiets *Motorrad* o
motoriek *Motorik* v
motorisch *motorisch*
motoriseren *motorisieren*
motorkap *Motorhaube* v
motorpech *Motorpanne* v
motorrijden *Motorrad fahren*
motorrijder *Motorradfahrer* m
motorrijtuig *Kraftfahrzeug* o
motorrijtuigenbelasting *Kraftfahrzeugsteuer* v
motorsport *Motorsport* m
motorvoertuig *Kraftfahrzeug* o
motregen *Nieselregen* m
motregenen *nieseln*
mottenbal *Mottenkugel* v ▼ iets uit de ~len halen *etw. aus der Mottenkiste holen*
mottig ● door mot beschadigd *mottenzerfressen* ● miezerig *trübe; neblig*
motto *Motto* o; *Leitspruch* m
mountainbike *Mountainbike* o
mountainbiken *mountainbike fahren*
moussaka *Moussaka* o
mousse *Mousse* v
mousseren *perlen*
mousserend *schäumend* ★ ~e wijn *Schaumwein* m
mout *Malz* o
mouw *Ärmel* m ▼ iem. iets op de mouw spelden *jmdm. einen Bären aufbinden* ▼ iets uit de mouw schudden *etw. aus dem Ärmel schütteln*
mouwlengte *Ärmellänge*
mouwveger BN vleier *Schmeichler* m
moven *weggehen; verschwinden*
mozaïek *Mosaik* o
Mozambikaans *mosambikanisch*
Mozambique *Mosambik* o
mozzarella *Mozzarella* m
mp3 *MP3*
mp3-bestand *MP3-Datei* v
mp3-speler *MP3-Spieler* m
mpeg *Mpeg* v
MRI-scan *MRI-Scan* m
msn *MSN* v
msn'en *über MSN chatten*
mud *Hektoliter* m
mudvol *brechend/gerammelt voll*
muesli *Müsli* o
muf *moderig; muffig; dumpf*
mug I ZN [de] *Mücke* v II AFK ▼ van een mug een olifant maken *aus einer Mücke einen Elefanten machen*
muggenbeet *Mückenstich* m
muggenbult *Mückenstich* m
muggenolie *Mückenöl* o
muggenziften *Haarspalterei treiben*
muggenzifter *Haarspalter* m

mu

muil ● bek *Maul* o; *Rachen* m ● schoen
Pantoffel m
muildier *Maultier* o
muilezel *Maulesel* m
muilkorf *Maulkorb* m
muilkorven ● muilkorf aandoen *einen*
Maulkorb umbinden ● monddood maken
einen Maulkorb anlegen
muilpeer *Backpfeife* v; *Ohrfeige* v
muiltje ● → muil
muis ● dier *Maus* v ● COMP. *Maus* v ● deel van
hand *Handballen* m ● → **muisjes** ▼ dat muisje
zal nog wel een staartje hebben *die Sache*
wird noch Folgen haben
muisarm *Mausarm* m
muisgrijs *mausgrau*
muisjes *verzuckerte Anissamen*
muismat *Mausmatte* v
muisstil *mucksmäuschenstill*
muiten *meutern* ★ aan het ~ slaan *zu meutern*
beginnen
muiter *Meuterer* m
muiterij *Meuterei* v
muizen *mit der Maus arbeiten* ▼ BN ervanonder
~ *vor einer Sache kneifen; sich drücken; sich*
wegschleichen; abkratzen
muizenis *Grille* v ★ zich ~sen in het hoofd
halen *sich Flausen in den Kopf setzen*
muizenval *Mausefalle* v
mul I BNW *locker*; (zanderig) *sandig* II ZN [de]
zeevis *Meerbarbe* v
mulat *Mulatte* m
multicultureel *multikulturell*
multidisciplinair *multidisziplinär*
multifunctioneel *multifunktional; Mehrzweck-*
multi-instrumentalist *Multi-Instrumentalist* m
multimediaal *multimedial*
multimediacomputer *Multimedia-Computer* m
multimiljonair *Multimillionär* m
multinational I ZN [de] *multinationale(s)*
Unternehmen o; *Multi* m II BNW *multinational*
multipel *multipel*
multiple choice *Multiple Choice* v
multiplechoicetest *Multiple-Choice-Test* m
multiplechoicevraag *Multiple-Choice-Frage* v
multiple sclerose *Multiple Sklerose* v; *MS* v
multiplex *Sperr-/Schichtholz* o
multitasken *multitasken*
multomap *Ringbuch* o; *Ringheft* o
mum ▼ in een mum van tijd *im Nu; im*
Handumdrehen
Mumbai *Mumbai* o
mummelen *murmeln*
mummie *Mumie* v
mummificeren *mumifizieren*
München *München* o
Münchens *Münchener*
municipaal *munizipal; städtisch*
munitie *Munition* v
munitiedepot *Munitionsdepot* o
munt ● geldstuk *Münze* v ★ munten slaan
Münzen prägen ● penning *Marke* v; *Münze* v
● munteenheid *Währung* v ● waardestempel
Münzprägung v ● muntgebouw *Münze* v;
Münzanstalt v ● CUL. plant *Minze* v ● →
muntje ▼ in klinkende munt *mit klingender*

Münze ▼ iem. met gelijke munt terugbetalen
jmdm. etw. mit gleicher Münze heimzahlen
▼ munt slaan uit *Kapital schlagen aus*
munteenheid *Währungseinheit* v
munten *münzen; prägen*
muntje BN pepermuntje *Pfefferminzbonbon* m/o
muntstuk *Geldstück* o; *Münze* v
murmelen ● prevelen *murmeln* ● ruisen
plätschern; rieseln; murmeln
murw ● zacht, slap *mürbe* ● FIG. krachteloos
★ iem. murw maken *jmdn. zermürben* ★ iem.
murw slaan *jmdn. windelweich prügeln*
mus *Spatz* m; *Sperling* m
musculatuur *Muskulatur* v
museum *Museum* o [mv: *Museen*]
museumstuk *Museumsstück* o ★ HUMOR. die
jurk is een echt ~! *das Kleid hat ja nur noch*
Altertumswert!
musical *Musical* o
musiceren *musizieren*
musicoloog *Musikologe* m
musicus *Musiker* m
muskaat ● noot *Muskat* m; *Muskatnuss* v ● wijn
Muskateller m
muskaatdruif *Muskattraube* v
muskaatnoot BN, CUL. nootmuskaat *Muskatnuss*
v
musket *Muskete* v
musketier *Musketier* m
muskiet *Moskito* m
muskietennet *Moskitonetz* o
muskietenplaag *Moskitoplage* v
muskus *Moschus* m
muskushert *Moschushirsch* m
muskusrat *Bisamratte* v
must *Muss* o ★ een echte must *ein absolutes*
Muss
mutatie ● verandering *Änderung* v; *Wandlung*
v; (wisseling) *Wechsel* m ● BIOL. *Mutation* v
muts *Mütze* v
mutualiteit BN ziekenfonds *Krankenkasse* v
muur (buitenmuur) *Mauer* v; (binnenmuur)
Wand v ▼ tussen vier muren zitten *hinter*
schwedischen Gardinen sitzen ▼ de muren
hebben oren *die Wände haben Ohren*
muurbloempje *Mauerblümchen* o
muurkrant *Wandzeitung* v
muurschildering *Wandgemälde* o
muurvast *völlig festgefahren; unerschütterlich*
muurverf *Wandanstrich* m
muzak *Hintergrundmusik* v
muze *Muse* v
muziek ● toonkunst *Musik* v ★ iets op ~ zetten
etw. vertonen ● blad *Noten* mv
muziekbibliotheek *Musikbibliothek* v
muziekblad *Notenblatt* o; *Musikzeitschrift* v
muziekcassette *Musikkassette* v
muziekdoos *Spieldose* v
muziekfestival *Musikfestspiel* o; *Musikfestival* o
muziekgezelschap *Musikensemble* o;
Musikkapelle v
muziekinstrument *Musikinstrument* o
muziekkapel *Musikkapelle* v
muziekkorps *Blaskapelle* v
muziekminnend *musikliebend*
muzieknoot *Note* v

muziekpapier *Notenpapier* o
muziekschool *Musikschule* v
muziekstandaard *Notenständer* m
muziekstuk *Musikstück* o
muziektent *Konzertpavillon* m
muziektheater *Musiktheater* o
muziektherapie *Musiktherapie* v
muziekwetenschap *Musikwissenschaft* v;
  Musikologie v
muzikaal *musikalisch*
muzikant *Musikant* m; *Musiker* m
Myanmar *Myanmar* o
mysterie *Mysterium* o [mv: *Mysterien*]
mysterieus *mysteriös*; *geheimnisvoll*
mystiek I zn [de] *Mystik* v II bnw *mystisch*
mythe *Mythos* m [mv: *Mythen*]
mythisch *mythisch*; *legendär*
mythologie *Mythologie* v
mythologisch *mythologisch*
mytylschool ≈ *Schule* v *für körperbehinderte*
  Kinder

N

n *N* o ★ de n van Nico *N wie Nordpol*
na I vz ● achter ⟨v. plaats⟩ *nach* [+3] ★ (ga) na
  de kerk rechtsaf *(fahren Sie) nach der Kirche*
  rechts; *after the church, turn right* ★ na u!
  nach Ihnen! ● aansluitend op ⟨v. tijd⟩ *nach*
  [+3] ★ na het feest *nach dem Fest* ★ na een
  jaar *nach einem Jahr* ▼ jaar na jaar *Jahr um*
  Jahr; *nahtlos* ● FIG. *nahtlos*
naaf *Nabe* v
naaidoos *Nähkasten* m
naaien ● met draad vastmaken *(ver)nähen*
  ● VULG. neuken *ficken* ● PLAT belazeren
  anschmieren
naaigaren *Nähgarn* o
naaigarnituur *Nähetui* o
naaimachine *Nähmaschine* v
naaister ● iem. die naaiwerk doet *Näherin* v
  ● het beroep *Schneiderin* v
naaiwerk *Näharbeit* v
naakt I bnw ongekleed *nackt* II zn [het] *Akt* m;
  ⟨model⟩ *Aktmodell* o
naaktfoto *Nackt-/Aktfoto* o; *Nacktaufnahme* v
naaktloper *Nudist* m
naaktmodel *Nacktmodell* o
naaktslak *Nacktschnecke* f
naaktstrand *FKK-Strand* m; *Nacktbadestrand* m
naald ● gereedschap *Nadel* v ● wijzer *Nadel* v;
  Zeiger m ● van platenspeler *Nadel* v ▼ heet
  van de ~ *brühwarm*
naaldboom *Nadelbaum* m
naaldbos *Nadelwald* m
naaldenkussen *Nadelkissen* o
naaldenprik *Nadelstich* m
naaldhak *Pfennigabsatz* m
naaldhout *Nadelholz* o
naaldkunst *Kunst* v *des Stickens/Nähens*
naam ● benaming *Name* m ★ luisteren naar de
  naam X *auf den Namen X hören* ★ het huis
  staat op naam van mijn broer *das Haus ist*
  Eigentum meines Bruders ★ de pas staat op
  naam van X *der Pass lautet auf den Namen X*
  ★ van naam kennen *dem Namen nach*
  kennen ★ zonder naam *namenlos* ● reputatie
  Ruf m; *Name* m ★ iemands goede naam
  aantasten *jmds. guten Ruf erschüttern* ★ een
  man van naam *ein namhafter Mann* ★ naam
  maken *sich einen Namen machen* ▼ dat mag
  geen naam hebben *das ist nicht der Rede wert*
  ▼ mijn naam is haas *mein Name ist Hase*
  ▼ zijn naam eer aandoen *seinem Namen Ehre*
  machen ▼ iets bij de naam noemen *etw. beim*
  Namen nennen ▼ uit naam van *im Namen* [+2]
naambord *Namensschild* o
naamdag *Namenstag* m
naamgenoot *Namensbruder* m [v:
  Namensschwester]; *Namensvetter* m
naamkaartje ⟨visitekaartje⟩ *Visitenkarte* v; *Karte*
  v; ⟨aan tafel⟩ *Tischkarte* v
naamloos *anonym*; ⟨onbekend⟩ *namenlos*
Naams *Namener*
naamsverandering *Namensänderung* v
naamval *Fall* m; *Kasus* m

na

naamwoord *Nennwort* o; *Nomen* o
★ bijvoeglijk ~ *Adjektiv* o ★ zelfstandig ~
Substantiv o
naamwoordelijk *nominal* ★ het ~ deel van het
gezegde *das Subjekt; die Ergänzung im
Nominativ*
na-apen *nachäffen* [+4]
naar I BNW ● onsympathiek *widerlich;
widerwärtig; eklig* ★ wat een nare jongen *was
für ein unangenehmer Typ!* ★ een nare kerel
ein widerlicher Kerl ● onwel *übel; schlecht* ★ ik
word er naar van *davon wird mir schlecht*
★ ik werd er naar van *davon wurde mir
schlecht* ★ ik voelt zich naar *ihm ist übel* ● er
naar aan toe zijn *schlimm dran sein* ● akelig
scheußlich II vz in de richting van *zu* [+3]; *in*
[+4]; *nach* [+3] ★ naar het huis *zum Haus*
★ naar huis lopen *nach Hause laufen* ★ de
trein naar Utrecht *der Zug nach Utrecht*
★ naar Utrecht gaan *nach Utrecht gehen*
★ naar Frankrijk vertrekken *nach Frankreich
abfahren* ★ naar Nederland reizen *in die
Niederlande reisen* ★ naar het station gaan
zum Bahnhof gehen ★ naar zee gaan *ans Meer
fahren* ★ naar iem. toe gaan *zu jmdm. gehen*
★ naar boven ⟨enz.⟩ ● → **boven** ⟨enz.⟩ ▼ hij is
er niet de man naar om... *er ist nicht der Typ
zum...*
naargeestig *trübsinnig; trübe; düster* ★ ~ weer
trübe(s) Wetter o
naargelang *je nachdem* ★ ~ je het vaker doet *je
öfter du es machst*
naarling *Widerling* m
naarmate *in dem Maße, wie*
naarstig *eifrig; emsig; fleißig*
naast I vz ● terzijde van *neben* [+3/4] ★ ~ het
huis *heben dem Haus* ★ het huis ~ het park
das Haus beim Park ★ ~ elkaar *nebeneinander*
● in aanvulling op *neben* [+3]; *außer* [+3] ★ ~
frisdrank hebben we ook thee *außer
Limonade haben wir auch Tee* II BNW ● dichtst
bij *nächst* ★ de ~e buren *die nächsten
Nachbarn; die direkten Nachbarn* ● intiemst
nächst ★ de ~e familieleden *die nächsten
Angehörigen* ▼ ten ~e bij *annähernd* III BIJW
mis *daneben* ★ ~ schieten *danebenschießen*
naaste *Nächste(r)* m; *Mitmensch* m ▼ heb uw ~
lief als uzelf *liebe deinen Nächsten wie dich
selbst*
naastenliefde *Nächstenliebe* v
naastgelegen *angrenzend; nächstliegend*
nababbelen *nachplaudern*
nabehandelen *nachbehandeln*
nabehandeling *Nachbehandlung* v
nabeschouwen *rückblicken auf* [+4];
nachbesprechen
nabeschouwing *nachträgliche Betrachtung* v;
Rückblick m
nabespreken *nachbesprechen*
nabespreking *Nachbesprechung* v
nabestaande *Hinterbliebene(r)* m
nabestellen *nachbestellen*
nabestelling *Nachbestellung* v
nabezorging *Nachlieferung* v
nabij I vz *nahe* [+3]; *in der Nähe* [+2] ★ ~ het
huis *in der Nähe des Hauses* II BNW *nah* ★ de

~e toekomst *die nahe Zukunft* ★ de meest ~e
stad *die nächste Stadt* ★ iem. van ~ kennen
jmdn. näher kennen ★ iets van ~ meemaken
etw. aus der Nähe erleben
nabijgelegen *nahe (gelegen)*
nabijheid *Nähe* v
nablijven ● achterblijven *zurückbleiben* ● op
school blijven *nachsitzen*
nablussen *nachlöschen*
nabootsen *imitieren; nachahmen*
nabootsing ● het nabootsen *Nachahmung* v;
Imitation v; *Nachbildung* v ● wat nagebootst
is *Imitation* v; *Kopie* v
naburig *benachbart; Nachbar-; nachbar-*
nacho *Nacho* o
nacht *Nacht* v ★ 's ~s *nachts* ★ tot diep in de ~
bis in die frühen Morgenstunden ▼ zo lelijk als
de ~ *hässlich wie die Nacht* ▼ niet over één ~
ijs gaan *sich nicht auf dünnes Eis begeben* ▼ bij
~ en ontij *bei Nacht und Nebel*
nachtblind *nachtblind*
nachtbraken ● 's nachts feesten *sich die Nacht
um die Ohren schlagen* ● 's nachts werken *bei
Nacht arbeiten*
nachtbraker *Nachtschwärmer* m; INFORM.
Nachteule v
nachtbus *Nachtbus* m
nachtclub *Nachtklub* m
nachtcrème *Nachtcreme* v
nachtdienst *Nachtdienst* m
nachtdier *Nachttier* o
nachtegaal *Nachtigall* v
nachtelijk *nächtlich; nacht-; Nacht-*
nachtfilm *Nachtfilm* m
nachthemd *Nachthemd* o
nachtkaars ▼ uitgaan als een ~ *ausgehen wie
das Hornberger Schießen*
nachtkastje *Nachttisch* m
nachtkijker *Nachtsichtgerät* o
nachtkleding *Nachtzeug* o
nachtlampje *Nachttischlampe* v
nachtleven *Nachtleben* o
nachtmens *Nachtmensch* m
nachtmerrie *Albtraum* m; *Alptraum*
nachtmis *Mitternachtsmesse* v
nachtploeg *Nachtschicht* v
nachtpon *Nachthemd* o
nachtportier *Nachtportier* m
nachtrust *Nachtruhe* v
nachtschade *Nachtschatten* m
nachtslot *Nachtschloss* o ★ ⟨de deur⟩ op het ~
doen *das Nachtschloss vorlegen*
nachtstroom *Nachtstrom* m
nachttarief *Nachttarif* m
nachttrein *Nachtzug* m
nachtuil BN nachtbraker *Nachtschwärmer* m;
INFORM. *Nachteule* v
nachtverblijf *Nachtquartier* o;
Übernachtungsmöglichkeit v
nachtvlinder ● dier *Nachtfalter* m ● FIG. mens
Nachtschwärmer m
nachtvlucht *Nachtflug*
nachtvorst *Nachtfrost* m
Nachtwacht *Nachtwache* v
nachtwaker *Nachtwächter* m
nachtzoen *Gutenachtkuss* m

nachtzuster *Nachtschwester* v

nacompetitie *Relegationsspiele* mv; ⟨met uitzicht op promotie⟩ *Aufstiegsrunde* v; ⟨met uitzicht op degradatie⟩ *Abstiegsrunde* v

nadagen *Spätphase* v; ⟨achteruitgang⟩ *Niedergang* m ★ in zijn ~ zijn *ausklingen*

nadat *nachdem*

nadeel *Nachteil* m; ⟨schade⟩ *Schaden* m ★ ten nadele van *zuungunsten/zu Ungunsten von* ★ in zijn ~ veranderen *zu seinem Nachteil verändern* ★ hij heeft er geen ~ bij *er wird dadurch nicht geschädigt*

nadelig *nachteilig* ★ ~ voor de gezondheid *gesundheitsschädlich*

nadenken *nachdenken über* [+4]; *(sich) überlegen* ★ ik zal er nog eens goed over ~ *ich will es mir noch einmal genau überlegen*

nadenkend *nachdenklich*

nader ● dichterbij *näher* ● preciezer *näher* ★ tot ~ order *bis auf Weiteres* ★ bij ~ inzien *bei näherer Betrachtung* ★ tot ~ bericht *bis auf Weiteres*

naderbij *heran*; *näher*

naderen *sich nähern* ★ hij nadert de veertig *er geht auf die vierzig zu*

naderhand *nachträglich*; *nachher*; *hinterher*

nadien *danach*; *hinterher*

nadoen *nachmachen*; *imitieren*; *nachahmen*

nadorst *Nachdurst* m

nadruk ● klemtoon *Betonung* v ★ de ~ leggen op iets *etw. betonen* ★ de ~ ligt op de tweede lettergreep *die Betonung liegt auf der zweiten Silbe* ● FIG. krachtige bevestiging ★ met ~ *nachdrücklich* ● herdruk *Nachdruck* m

nadrukkelijk I BNW *nachdrücklich* **II** BIJW *mit Nachdruck*

nagaan ● controleren *untersuchen*; *(über)prüfen* ★ iemands gangen ~ *jmds. Tun und Lassen überwachen* ★ de rekeningen ~ *die Rechnungen prüfen* ★ voor zover ik heb kunnen ~ *soweit ich habe feststellen können* ● overwegen *sich vorstellen*; *sich denken* ★ als ik dat alles naga *wenn ich alles recht bedenke* ★ ga maar bij jezelf na *denke dir doch nur selbst*

nagalm *Nachhall* m

nageboorte *Nachgeburt* v

nagedachtenis *Gedächtnis* o; *Andenken* o; *Gedenken* o ★ ter ~ van *zum Gedenken an* ★ iemands ~ in ere houden *jmdm. ein ehrendes Andenken bewahren*

nagel ● verhoornde huid *Nagel* m ★ op zijn ~s bijten *an den Fingernägeln kauen* ● spijker *Nagel* m ▼ dat is een ~ aan mijn doodkist *das ist ein Nagel zu meinem Sarg*

nagelbijten *Nägel kauen*

nagelen *nageln* ▼ als aan de grond genageld *wie angewurzelt*

nagelkaas ≈ *Gewürznelkenkäse* m

nagellak *Nagellack* m

nagelriem *Nagelhaut* v

nagelschaar *Nagelschere* v

nageltang *Nagelzange* v

nagelvijl *Nagelfeile* v

nagenieten *nachträglich genießen*

nagenoeg *nahezu*; *fast*

nagerecht *Nachspeise* v; *Nachtisch* m

nageslacht ● nakomelingen *Nachkommenschaft* v ● latere geslachten *Nachwelt* v

nageven *nachgeben* ★ dat moet ik hem ~ *das muss ich ihm lassen*

nagloeien *nachglühen*

naheffing *Nachforderung* v

naheffingsaanslag *Steuernachforderung* v

naïef *naiv*

naïeveling *naive(r) Mensch* m; *Naivling* m

na-ijver *Neid* m

na-ijverig *neidisch*; *eifersüchtig*

naïviteit *Naivität* v

najaar *Herbst* m ★ het late ~ *der Spätherbst*

najaarscollectie *Herbstkollektion* v

najaarsklassieker *Herbstklassiker* m

najaarsmode *Herbstmode* v

najaarsstorm *Herbststurm* m

najaarszon *Herbstsonne* v

najagen ● vervolgen *nachjagen* ● nastreven ★ een doel ~ *ein Ziel verfolgen*

nakaarten ● nog eens doorspreken *etwas nachträglich noch mal besprechen* ● terugkomen op *zurückkommen auf* [+4] ● nababbelen *im Nachhinein noch ein wenig plaudern*

nakend BN *nabij nah*

nakie *nackte(r) Körper* m ★ in zijn ~ *nackend*

nakijken ● kijken naar *nachsehen* ● controlerend nagaan ★ bij het ~ van de boeken *bei Durchsicht der Bücher* ★ iets in een boek ~ *etw. in einem Buch nachschlagen* ★ drukproeven ~ *Korrekturen lesen* ▼ het ~ hebben *das Nachsehen haben*

naklinken *nachhallen*

nakomeling *Nachkomme* m

nakomen I OV WW naleven *nachkommen* [+3] ★ een afspraak ~ *eine Verabredung einhalten* ★ zijn plicht ~ *seiner Pflicht nachkommen* **II** ON WW later komen *nachkommen*; *später kommen*

nakomertje *Nachkömmling* m

nalaten ● achterlaten *hinterlassen* ★ nagelaten romans *nachgelassene(n) Romane* ★ niets ~ *nichts hinterlassen* ● niet doen *unterlassen*; *ungetan lassen*; ⟨verzuimen⟩ *versäumen* ★ ik kan niet ~ op te merken dat... *ich kann nicht umhin zu bemerken, dass...*

nalatenschap *Hinterlassenschaft* v; *Nachlass* m ★ een ~ aanvaarden *ein Erbe antreten*

nalatig *nachlässig*; ⟨bij betalingen⟩ *säumig*; ⟨onachtzaam⟩ *fahrlässig*

nalatigheid *Nachlässigkeit* v; *Fahrlässigkeit* v; ⟨bij betalingen⟩ *Saumseligkeit* v

naleven *beachten*; *nachkommen* [+3] ★ de wetten ~ *die Gesetze einhalten* ★ een contract ~ *einen Vertrag erfüllen* ★ een voorschrift ~ *eine Vorschrift beachten*

naleving *Einhaltung* v; *Befolgung* v; ⟨contract⟩ *Erfüllung* v

nalezen *nachlesen*

nalopen ● achternalopen *nachlaufen* ● controleren *durchgehen*; *nachsehen*

namaak *Nachbildung* v; *Nachahmung* v; *Imitation* v

na

namaken ● maken volgens model *nacharbeiten*; *nachbilden* ● bedrieglijk nabootsen *nachahmen*; INFORM. *nachmachen*

name ● → **naam**

namelijk *nämlich*

nameloos *namenlos*

Namen *Namen* o; *Namur* o

namens *im Namen* [+2] ★ ~ alle aanwezigen *im Namen aller Anwesenden*

nameten *nachmessen*

Namibië *Namibia* o

Namibisch *namibisch*

namiddag *Nachmittag* m ★ vroeg in de ~ *am frühen Nachmittag* ★ in de ~ *nachmittags*

naoorlogs *Nachkriegs-*

NAP *normale(r) Grundwasserstand Amsterdams* m

nap *Napf* m

napalm *Napalm* o

Napels *Neapel* o

napluizen *haarklein untersuchen* [+3] ★ iets ~ *einer Sache auf den Grund gehen*

Napolitaans *napolitanisch*

nappa I ZN [het] *Nappa(leder)* o II BNW *Nappaleder-*; *aus Nappa*

napraten I OV WW praten in navolging van *nachbeten*; *nachplappern* II ON WW na afloop blijven praten *hinterher/nachher plaudern* ★ nog wat blijven ~ *im Nachhinein noch ein wenig plaudern*

napret *nachträgliche(r) Spaß* m

nar *Narr* m

narcis *Narzisse* v

narcisme *Narzissmus* m

narcist *Narzisst* m

narcistisch *narzisstisch*

narcolepsie *Narkolepsie* v

narcose *Narkose* v

narcoticabrigade *Rauschgiftdezernat* o

narcoticum *Narkotikum* o; ⟨drug⟩ *Rauschgift* o

narcotiseur *Narkosearzt* m [v: *Narkoseärztin*]; *Anästhesist* m

narekenen *nachrechnen*; *nachprüfen*

narigheid *Ärger* m; *Verdruss* m; *Unannehmlichkeiten* mv ★ daar komt ~ van! *das gibt Ärger!* ★ iem. ~ bezorgen *jmdm. Kummer bereiten*

naroepen *nachrufen*

narratief *narrativ*; *erzählend*

narrig *mürrisch*; *brummig*

nasaal *nasal*

nascholing *Fortbildung* v

naschools *nachschulisch*

naschrift *Nachschrift* v; ⟨bij instanties⟩ *Nachtrag* m

naseizoen *Nachsaison* v

nasi ≈ *gekochte(r) Reis* m

nasibal ≈ *Frikadelle* v *aus Nasigoreng*

naslaan *nachschlagen*

naslagwerk *Nachschlagewerk* o

nasleep *Folgeerscheinungen* mv; *Nachspiel* o

nasmaak *Nachgeschmack* m ★ een bittere ~ hebben *einen bitteren Nachgeschmack haben*

naspel *Nachspiel* o

naspelen *nachspielen*

naspeuren *nachspüren* [+3]; *nachforschen* [+3]

nasporen ● het spoor volgen van *nachforschen* ● nasnuffelen *nachspüren*

nastaren *hinterherstarren*

nastreven ● streven naar *nachstreben* [+3] ★ een doel ~ *ein Ziel verfolgen* ● evenaren *nacheifern* [+3]

nasukkelen ⟨ziekte⟩ *kränkeln*; ⟨achteraankomen⟩ *nachzotteln*

nasynchroniseren *synchronisieren*

nat I BNW niet droog *nass* ★ nat tot op het hemd *nass bis auf die Haut* II ZN [het] *Nass* o; ⟨nattigheid⟩ *Nässe* v ▼ het is allemaal één pot nat *einer ist wie der andere*; *es kommt alles auf eins heraus*

natafelen ≈ *es sich nach dem Essen noch am Tisch gemütlich machen*

natekenen *nachzeichnen*; *abzeichnen*; ⟨lijnen⟩ *nachziehen*

natellen *nachzählen*

natheid *Nässe* v

natie ● POL. staat *Nation* v ● BN opslagbedrijf ≈ *Lagergesellschaft* v

nationaal *National-*; *national*; ⟨volks-⟩ *Landes-*; ⟨staats-⟩ *Staats-*

nationaalsocialisme *Nationalsozialismus* m

nationaalsocialist *Nationalsozialist* m

nationaalsocialistisch *nationalsozialistisch*

nationalisatie *Verstaatlichung* v; *Nationalisierung* v

nationaliseren *verstaatlichen*; *nationalisieren*

nationalisme *Nationalismus* m

nationalist *Nationalist* m

nationalistisch *nationalistisch*

nationaliteit ● staatsburgerschap *Staatsangehörigkeit* v; *Staatsbürgerschaft* v ● volksgroep *Nationalität* v

nationaliteitsbeginsel *Nationalitätsprinzip* o

natje ▼ zijn ~ en zijn droogje op tijd krijgen *rechtzeitig zu essen und zu trinken bekommen*

natmaken *befeuchten*; *nass machen*

natrappen *noch einen Tritt geben*

natregenen *nassregnen*; *einregnen*

natrekken ● nagaan *überprüfen*; *nachgehen* ● overtrekken *nachziehen*

natrium *Natrium* o

natriumcarbonaat *Natriumkarbonat* o

nattevingerwerk ★ het is ~ *das ist über den Daumen gepeilt*

nattig *feucht*

nattigheid ● vocht *Nässe* v ● vochtigheid *Feuchtigkeit* v ▼ ~ voelen *den Braten riechen* ▼ ik voel ~ *ich habe einen Verdacht*

natura ▼ in ~ *in natura* ▼ betaling in ~ *Naturallohn* m; *Sachleistung* v

naturalisatie *Naturalisation* v; *Einbürgerung* v

naturaliseren *naturalisieren*; *einbürgern*

naturalisme *Naturalismus* m

naturalistisch *naturalistisch*

naturel *naturell*; ⟨kleur⟩ *naturfarben*

naturisme ⟨beweging⟩ *Freikörperkultur* v; ⟨levensopvatting⟩ *Naturalismus* m

naturist *FKK-Anhänger* m [v: *FKK-Anhängerin*]

naturistenstrand *FKK-Strand* v

naturistenvereniging *FKK-Verband* m

natuur ● natuurlijke omgeving *Natur* v ● aard *Art* v; *Natur* v ★ van nature *von Natur aus*

na

▼ een tweede ~ geworden *zur zweiten Natur geworden*
natuurbad *Naturbad* o
natuurbehoud *Naturschutz* m
natuurbescherming *Naturschutz* m
natuurfilm *Naturfilm* m
natuurgebied *Naturgebiet* o
natuurgeneeskunde *Naturheilkunde* v
natuurgeneeswijze *Naturheilverfahren* o
natuurgenezer *Naturheilkundige(r)* m
natuurgetrouw *wirklichkeits-/naturgetreu*
natuurhistorisch *naturhistorisch; naturgeschichtlich*
natuurkunde *Physik* v
natuurkundig *physikalisch*
natuurkundige *Physiker* m
natuurlijk I BNW ● vanzelfsprekend *natürlich* ● van/volgens de natuur *natürlich* ★ een ~e dood sterven *eines natürlichen Todes sterben* ★ de ~e vader *der leibliche Vater* **II** BIJW ● vanzelfsprekend *selbstverständlich* ● van/volgens zijn natuur *natürlich*
natuurlijkerwijs *natürlicherweise*
natuurmens ● mens in natuurstaat *Naturmensch* m ● natuurvriend *Naturmensch* m
natuurmonument *Naturdenkmal* o
natuurpark *Naturpark* m
natuurproduct *Naturprodukt* o
natuurramp *Naturkatastrophe* v
natuurreservaat *Naturschutzgebiet* o
natuurschoon *Naturschönheit* v
natuursteen *Bruchstein* m; *Naturstein* m
natuurtalent *Naturtalent* o
natuurverschijnsel *Naturerscheinung* v; ⟨gebeurtenis⟩ *Naturereignis* o
natuurwetenschap *Naturwissenschaft* v
nautisch *nautisch*
nauw I BNW ● krap *eng* ● innig *eng* ● precies *genau* **II** BIJW precies ★ iets niet zo nauw nemen *etw. nicht so eng sehen* ★ het niet erg nauw nemen *es nicht so genau nehmen* ★ dat steekt niet zo nauw *es kommt nicht so genau darauf an* **III** ZN [het] ▼ in het nauw drijven *in die Enge treiben*
nauwelijks ● bijna niet/geen *kaum* ● net wel *kaum*
nauwgezet *genau*; ⟨consciëntieus⟩ *gewissenhaft*
nauwkeurig *genau*; ⟨precies⟩ *präzise*
nauwlettend *sorgfältig; genau*
nauwsluitend ● precies passend *eng anliegend* ● in elkaar passend *genau ineinander/ aufeinander passend*
Nauw van Calais *Ärmelkanal* m
navel *Nabel* m
navelsinaasappel *Navelorange* v
navelstaren *Nabelschau halten* ★ het ~ *Nabelschauen* o ★ politiek van ~ *Nabelschaupolitik* v
navelstreng *Nabelschnur* v
naveltruitje *nabelfreie(s) T-Shirt* o
navenant *dementsprechend*
navertellen *nacherzählen*
navigatie *Navigation* v
navigatiesysteem *Navigationssystem* o
navigator *Navigator* m

navigeren *navigieren*
NAVO *NATO* v
navolgen ● volgen als aanhanger *(nach)folgen* ★ een voorbeeld ~ *einem Beispiel folgen* ● nadoen *nachahmen*
navolging *Nachahmung* v ★ dat verdient ~ *das ist nachahmenswert* ★ in ~ van iem. *nach jmd.(e)s Vorbild*
navordering *Nachforderung* v
navraag *Erkundigung* v; *Anfrage* v ★ ~ naar iets doen *sich nach etw. erkundigen*
navragen *nachfragen; sich erkundigen*
navrant *ergreifend; erschütternd*
navullen *nachfüllen*
navulverpakking *Nachfüllpackung* v
nawee ★ ~ën *Nachwehen* mv
nawerken *nachwirken*
nawerking *Nachwirkung* v
nawijzen *zeigen auf* [+4]
nawoord *Nachwort* o
nazaat *Nachfahre* m; *Nachkomme* m
nazeggen *nachsprechen; nachsagen*
nazenden *nachsenden; nachschicken*
nazi *Nazi* m
nazicht BN controle *Kontrolle* v; *Prüfung* v
nazi-Duitsland *Nazideutschland* o
nazien ● volgen met de blik *nachsehen; nachschauen* ● controlerend nagaan *nachgehen* ★ de bagage wordt nagezien *das Gepäck wird kontrolliert*
nazisme *Nazismus* m
nazistisch *nazistisch*
nazitten *hinterher sein; nachsetzen*
nazoeken ● opzoeken *nachschlagen; sich informieren* ★ iets in een boek ~ *etw. in einem Buch nachschlagen* ● onderzoeken *durchsehen; nachsehen*
nazomer *Spätsommer* m; *Nachsommer* m
nazorg ● begeleiding van personen *Nachsorge* v ● onderhoud van voorwerpen *Wartung* v
NB *NB*
neanderthaler *Neandertaler* m
necrologie *Nekrolog* m
necropolis *Nekropolis* v
nectar *Nektar* m
nectarine *Nektarine* v
nederig *bescheiden; demütig*; ⟨eenvoudig⟩ *einfach*
nederigheid *Bescheidenheit* v; *Demut* v
nederlaag *Niederlage* v
Nederland *Niederlande* mv ★ in ~ *in den Niederlanden*
Nederlander *Niederländer* m
Nederlands I BNW m.b.t. Nederland *niederländisch* **II** ZN [het] taal *Niederländisch(e)* o
Nederlandse *Niederländerin* v
Nederlandse Antillen *Niederländische(n) Antillen* mv
Nederlandstalig *niederländisch*
Nedersaksen *Niedersachsen* o
nederwiet *niederländische(r) Waid* m
nederzetting *Niederlassung* v; *Siedlung* v
nee I ZN [het] *Nein* o **II** TW *nein*
neef ● zoon van oom of tante *Cousin* m; *Vetter* m ★ volle neef *richtige(r) Vetter* ● zoon van

ne

broer of zus *Neffe* m
neer *hinunter*; *herunter*; *nieder* ★ op en neer
auf und ab
neerbuigend *herablassend*
neerdalen *hinabsteigen*; *heruntersinken*;
herabsinken; *herabsteigen*; 〈vliegtuig〉
niedergehen; 〈regen〉 *herunterfallen*
neergaan *hinuntergehen*; *heruntergehen* ★ in
~de lijn *in absteigender Linie*
neergang *Abstieg* m; *Niedergang* m
neergooien ● naar beneden gooien
hinunterwerfen; *herunterwerfen*; 〈op de
grond〉 *hinwerfen* ● ophouden met
hinwerfen; 〈tijdens staking〉 *niederlegen*
neerhalen ● naar beneden halen *einholen*;
niederholen ● slopen *niederreißen*; *abreißen*
● afkammen *heruntermachen* ● neerschieten
abschießen
neerkijken ● naar beneden kijken
hinuntersehen; *heruntersehen*; *hinunterblicken*
● ~ op *herabblicken*; *herabsehen*
neerkomen ● dalend terechtkomen
aufschlagen; 〈landen〉 *niedergehen*; 〈landen〉
landen ● ~ op tot last komen van *treffen*
★ alles komt natuurlijk weer op mij neer
alles wird natürlich wieder mir aufgeladen
● ~ op betekenen *hinauslaufen* ★ het komt
op hetzelfde neer *es läuft auf dasselbe hinaus*
neerlandicus *Niederlandist* m
neerlandistiek *Niederlandistik* v
neerlaten *herunterlassen*; *senken*
neerleggen I OV WW ● op iets leggen *hinlegen*
● afstand doen van *niederlegen* ● vastleggen
schriftlich festlegen; FORM. *niederlegen*; JUR.
hinterlegen ● neerschieten *umlegen*;
abknallen ▼ iets naast zich ~ *etw. nicht
beachten* **II** WKD WW [zich ~] bij ★ zich bij iets
~ *sich in etw. fügen*
neerploffen *hinschmeißen*; *hinpfeffern* ★ in een
stoel ~ *sich in einen Sessel fallen lassen*
neerschieten I OV WW schietend neerhalen
erschießen; *abschießen*; *niederschießen*; 〈jacht〉
erlegen **II** ON WW omlaag storten
hinuntersausen; *herunterschießen*
neerslaan I OV WW ● tegen de grond slaan
niederschlagen ● omlaag doen
herunterklappen; 〈ogen〉 *niederschlagen*;
〈kraag〉 *herunterschlagen* ● afzetten *ablagern*
▼ een opstand ~ *einen Aufstand
niederschlagen* **II** ON WW ● SCHEIK. *sich
niederschlagen* ● naar beneden vallen
herunterfallen; 〈bezinken〉 *sich ablagern*
neerslachtig *niedergeschlagen*
neerslag ● regen *Niederschlag* m ● resultaat
Niederschlag m ● bezinksel *Ablagerung* v
neerslaggebied *Niederschlagsgebiet* o
neerslagmeter *Niederschlagsmesser* m
neersteken *niederstechen*
neerstorten *abstürzen*; *niederstürzen*
neerstrijken ● neerdalen *niedergehen* ● zich
vestigen *sich niederlassen*
neertellen *hinlegen*; 〈papiergeld〉 INFORM.
hinblättern
neervallen *hinfallen*; *niederfallen*; 〈v. boven
naar beneden〉 *herabfallen*; 〈regen/hagel〉
herunterkommen; 〈door zwakte〉 *umfallen*; 〈v.

boven naar beneden〉 *herunterfallen*
neervlijen *betten*
neerwaarts *abwärts* ★ een ~e beweging *eine
Abwärtsbewegung*
neerwerpen ● omverwerpen *umwerfen* ● op
de grond werpen *hinwerfen*; INFORM.
hinschmeißen
neerzetten ● plaatsen *hinstellen*; *niedersetzen*;
hinsetzen ★ zet de stoelen hier neer *stell die
Stühle hierhin* ● uitbeelden *darstellen*
neerzien ● naar beneden zien
hinunterblicken; *hinabsehen*; *herunterblicken*
● ~ op *herabblicken auf* [+4]
neet *Nisse* v ▼ kale neet *Glatzkopf* m; *Habenichts*
m
nefast BN funest *fatal*; *verhängnisvoll*
negatie *Verneinung* v; *Negation* v
negatief I BNW *negativ* **II** ZN [het] A-V *Negativ* o
negen I TELW ● *neun* ● → **vier II** ZN [de] ● getal
Neun v ● O&W schoolcijfer ≈ *Eins* v
negende ● *neunt* ● → **vierde**
negentien ● *neunzehn* ● → **vier**
negentiende ● *neunzehnte(r)* ● → **vierde**
negentig ● *neunzig* ● → **vier, veertig**
negentigste ● *neunzigste(r)* ● → **vierde,
veertigste**
neger *Neger* m; *Schwarze(r)* m
negeren *quälen*; *schikanieren*
negeren *negieren*; *ignorieren*
negerzoen *Negerkuss* m
negligé *Negligé* o; 〈nakeursspelling〉 *Negligee* o
negroïde *negroid*
neigen ● hellen *sich neigen* ● tenderen *neigen*
★ hij neigt ertoe *er ist dazu geneigt*
neiging *Neigung* v; ECON. *Tendenz* v; 〈sterker〉
Hang m
nek *Nacken* m; 〈in uitdrukkingen〉 *Genick* o
★ iem. de nek omdraaien *jmdm. den Hals
umdrehen* ▼ nek aan nek *Kopf an Kopf* ▼ iem.
met de nek aankijken *jmdn. keines Blickes
würdigen* ▼ iem. op zijn nek zitten *jmdm. auf
der Pelle sitzen* ▼ uit zijn nek kletsen
Schwachsinn reden ▼ zijn nek uitsteken *Kopf
und Kragen riskieren* ▼ over zijn nek gaan
kotzen ▼ BN een dikke nek hebben *die Nase
hoch tragen*
nek-aan-nekrace *Kopf-an-Kopf-Rennen* o
nekken ● doden *den Hals umdrehen*; *das Genick
brechen* ● FIG. kapotmaken *vermasseln*
nekkramp *Genickstarre* v
nekslag ● dodelijke slag *Genickschlag* m
● genadeslag *Gnadenstoß* m
nekvel *Nackenfell* o ▼ iem. bij zijn ~ pakken
jmdn. beim Wickel nehmen
nekwervel *Halswirbel* m
nemen ● pakken *fassen*; *nehmen* ● zich
aan-/verschaffen *nehmen* ● aanvaarden
★ iets op zich ~ *etw. auf sich nehmen*
● beetnemen ★ iem. ertussen ~ *jmdn. an der
Nase herumführen*; *jmdn. auf den Arm
nehmen* ▼ het er (goed) van ~ *es sich gut
gehen lassen*
neoklassiek *neoklassisch*
neologisme *Neologismus* m
neon *Neon* o
neonazi *Neonazi* m

neonbuis *Neonröhre* v
neonlicht *Neonlicht* o
neonreclame *Neonreklame* v; *Neonleuchtschild* o
nep *Schwindel* m
Nepal *Nepal* o
Nepalees *nepalesisch*
nepotisme *Vetternwirtschaft* v; *Nepotismus* m
neppen *übers Ohr hauen; neppen*
Neptunus *Neptun* m
nerd *Nerd* m
nerf ● PLANTK. *Nerv* m ● houtvezel *Faser* v
nergens ● op geen enkele plaats *nirgends; nirgendwo* ● niets *nichts* ★ dat dient ~ toe *das hat keinen Zweck*
nering ● handel *Gewerbe* o; ⟨zaak⟩ *Geschäft* o ● klandizie *Kundschaft* v
nerts *Nerz* m
nerveus *nervös*
nervositeit *Nervosität* v
nest ● DIERK. broedplaats *Nest* o ● bed *Nest* o ● worp *Wurf* m ● familie ★ uit een goed nest komen *aus einem guten Stall kommen* ● nuffig meisje *Ding* o; MIN. *Göre* v; ⟨kreng⟩ *Luder* o ● schuilhol *Nest* o; ⟨afgelegen⟩ *Kaff* o ▼ zich in de nesten werken *sich in Schwierigkeiten bringen* ● in de nesten zitten *in der Klemme/Patsche sitzen*
nestblijver *Nesthocker* m
nestelen I ON WW *nisten* **II** WKD WW [zich ~] ● zich vestigen *sich einnisten;* ⟨persoon⟩ *sich niederlassen* ● veilig wegkruipen *sich schmiegen; sich kuscheln*
nesthaar *Lanugo* v
nestkastje *Nistkasten* m
nestkuiken *Nesthäkchen* o
nestor *Nestor* m
nestplaats *Nistplatz* m; FIG. *Niststätte* v
nestvlieder *Nestflüchter* m
nestwarmte *Nestwärme* v
net I ZN [het] ● weefsel met mazen *Netz* o ● netwerk *Netz* o ● internet *Netz* o ● televisiezender *Netz* o ★ op het eerste net *im ersten Programm* ▼ achter het net vissen *das Nachsehen haben* ▼ iem. in zijn netten verstrikken *jmdn. in seinem Netz fangen* **II** BNW ● proper *ordentlich; sauber;* ⟨verzorgd⟩ *gepflegt* ★ in het net schrijven *ins Reine schreiben* ● keurig ⟨kleding⟩ *gut;* ⟨schrift⟩ *sauber* ● fatsoenlijk *anständig* **III** BIJW ● precies *genau* ★ dat is net wat voor mij *das ist genau mein Fall* ★ net goed! *geschieht ihr/ihm gerade recht!* ● zojuist *gerade* ★ net op tijd *gerade rechtzeitig*
netel *Brennnessel* v; *Nessel* v
netelig *heikel;* ⟨delicaat⟩ *knifflig;* ⟨onverkwikkelijk⟩ *misslich*
netelroos *Nesselausschlag* m; *Nesselsucht* v
netheid ● ordelijkheid *Sauberkeit* v; *Ordnung* v; ⟨verzorgdheid⟩ *Gepflegtheit* v ● fatsoenlijkheid *Anständigkeit* v
netjes ● ordelijk *ordentlich; sauber;* ⟨keurig⟩ *fein* ● fatsoenlijk *anständig*
netkous *Netzstrumpf* m
netnummer *Vorwahl* v
netspanning *Netzspannung* v

netto *netto; Netto-*
nettoloon *Nettolohn* m
netto-omzet *Nettoumsatz* m
nettowinst *Nettogewinn* m
netvlies *Netzhaut* v
netvliesontsteking *Netzhautentzündung* v
netvoeding *Netzspeisung* v
netwerk *Netz* o
netwerken *netzwerken; sein Netzwerk unterhalten*
neuken *ficken; vögeln; bumsen*
Neurenberg *Nürnberg* o
Neurenbergs *Nürnberger*
neuriën *summen*
neurochirurg *Neurochirurg* m
neurochirurgie *Neurochirurgie* v
neurologie *Neurologie* v
neuroloog *Neurologe* m
neuroot *Neurotiker* m
neuropsychologie *Neuropsychologie* v
neurose *Neurose* v
neurotisch *neurotisch*
neus ● reukorgaan *Nase* v ● reukzin *Nase* v; *Geruch* m ● punt *Spitze* v; ⟨schoen⟩ *Kappe* v; ⟨schip/vliegtuig⟩ *Bug* m ▼ een wassen neus *zum Schein* ▼ het neusje van de zalm *das Feinste vom Feinen* ▼ iem. iets aan de neus hangen *jmdm. etw. auf die Nase binden* ▼ iem. iets door de neus boren *jmdm. etw. vorenthalten* ▼ met zijn neus in de boter vallen *Schwein/Glück haben* ▼ iem. iets onder de neus wrijven *jmdm. etw. unter die Nase reiben* ▼ tussen neus en lippen door *nebenbei* ▼ een frisse neus halen *frische Luft schnappen* ▼ zijn neus voor iets ophalen/optrekken *die Nase über etw. rümpfen* ▼ overal zijn neus in steken *in alles seine Nase stecken* ▼ zijn neus stoten *den Kopf stoßen* ▼ hij kijkt niet verder dan zijn neus lang is *er sieht nicht weiter, als seine Nasenspitze reicht*
neusademhaling *Nasenatmung* v
neusamandel *(Rachen)Mandel* v
neusbeen *Nasenbein* o
neusbloeding *Nasenbluten* o
neusdruppels *Nasentropfen* mv
neusgat *Nasenloch* o; ⟨bij grote dieren⟩ *Nüster* v
neusholte *Nasenhöhle* v
neushoorn *Nashorn* o
neus-keelholte *Nasen-Rachen-Raum* m
neus-keelholteontsteking *Nasenrachenentzündung* v
neusklank *Nasal* m; *Nasallaut* m
neuslengte *Nasenlänge* v ★ met een ~ voorsprong voor iem. winnen *jmdn. um eine Nasenlänge schlagen*
neuspeuteren *in der Nase bohren*
neusspray *Nasenspray* m/o
neustussenschot *Nasenscheidewand* v
neusverkouden *verschnupft*
neusverkoudheid *Schnupfen* m
neusvleugel *Nasenflügel* m
neuswiel *Buglaufrad* o
neut *Schnaps* m; *Gläschen* o
neutraal *neutral*
neutraliseren *neutralisieren*

ne

neutraliteit *Neutralität* v
neutron *Neutron* o
neutronenbom *Neutronenbombe* v
neutrum *Neutrum* o
neuzelen *näseln*
neuzen *herumschnüffeln*
nevel *Nebel* m
nevelig • met nevel *neblig* • onduidelijk
  nebelhaft
nevelvorming *Nebelbildung* v
nevenactiviteit *Nebentätigkeit* v
nevendienst *Kindergottesdienst* m
neveneffect *Nebeneffekt* m; *Nebenwirkung* v
nevenfunctie *Nebenberuf* m; *Nebentätigkeit* v
nevengeschikt *nebengeordnet; beigeordnet*
neveninkomsten *Nebeneinkünfte* mv
nevens *neben*
nevenschikkend *nebenordnend; beiordnend*
nevenschikking *Beiordnung* v
nevenwerkzaamheden *Nebentätigkeiten* v mv
new age *New Age* o
newfoundlander *Neufundländer* m
new wave *Neue Welle* v; *New Wave* m
New York *New York* o
New Yorker *New Yorker* m
New Yorks *New Yorker*
New Yorkse *New Yorkerin* v
Niagarawatervallen *Niagarafälle* mv
Nicaragua *Nicaragua* o
Nicaraguaan *Nicaraguaner* m
Nicaraguaans *nicaraguanisch*
Nicaraguaanse *Nicaraguanerin* v
niche *Nische* v
nicht • dochter van oom/tante *Cousine* v;
  Kusine • dochter van broer/zus *Nichte* v
  • mannelijke homo *Schwule(r)* m; MIN. *Tunte*
  v
nichterig *tuntig*
Nicosia *Nicosia* v
nicotine *Nikotin* o
nicotinevergiftiging *Nikotinvergiftung* v
nicotinevrij *nikotinfrei*
niemand *niemand; kein* ★ ~ minder dan hij
  kein Geringerer als er
niemandsland *Niemandsland* o
niemendal *gar nichts; überhaupt nichts*
niemendalletje *Lappalie* v
nier *Niere* v
nierbekken *Nierenbecken* o
nierbekkenontsteking
  Nierenbeckenentzündung v; *Pyelitis* v
nierdialyse *Hämodialyse* v
niergruis *Nierengrieß* m
nierpatiënt *Nierenkranke(r)* m
niersteen *Nierenstein* m
niertransplantatie *Nierentransplantation* v
nierziekte *Nierenkrankheit* v
niesbui *Niesanfall* m
niesen *niesen*
niespoeder *Niespulver* o
niesziekte *Katzenschnupfen* m
niet I BIJW *nicht* **II** ONB VNW *nicht* **III** ZN [de] lot
  Niete v
niet-aanvalsverdrag *Nichtangriffspakt* m
nieten *(zusammen)heften*
nietes *nicht wahr!; nein!*

niet-EU-land *Nicht-EU-Land* o
niet-gebonden *blockfrei*
nietig • onbeduidend *nichtig; unscheinbar;*
  ⟨heel klein⟩ *winzig* • niet van kracht *nichtig;*
  ungültig
nietigverklaring *Ungültigkeitserklärung* v; JUR.
  Nichtigkeitserklärung v
niet-ingezetene *nich am Ort/im Lande*
  Ansässige(r) m
nietje *Heftklammer* v
niet-lid *Nichtmitglied* o
nietmachine *Hefter* m; *Heftmaschine* v
niet-ontvankelijkverklaring
  Unzulässigkeitserklärung v
nietpistool *Tacker* m
niet-roken- *nichtraucher-* ★ niet-rokencoupé
  Nichtraucherabteil o
niet-roker *Nichtraucher* m
niets I ONB VNW *nichts* ★ dat geeft ~ *das macht*
  nichts ★ het is ~ gedaan *es ist zwecklos* ★ een
  vent van ~ *eine Niete* **II** BIJW überhaupt nicht;
  gar nicht **III** ZN [het] *Nichts* o
nietsbetekenend *nichts bedeutend*
nietsdoen *Nichtstun* o
nietsnut *Nichtsnutz* m; *Taugenichts* m
nietsontziend *rücksichtslos; schonungslos*
nietsvermoedend *nichts ahnend; ahnungslos*
nietszeggend *nichtssagend*
niettegenstaande *trotz* [+2] ★ ~ het verlies
  trotz des Verlustes
niettemin *trotzdem; dennoch*
nietwaar *nicht; oder; nicht wahr*
nieuw I ZN [het] **v** zich in het ~ steken *sich neu*
  einkleiden **II** BNW • pas ontstaan *neu*
  • volgend op iets/iemand *neu* ★ de ~e
  geschiedenis *die neuere Geschichte*
nieuwbakken *frischgebacken*
nieuwbouw • het bouwen *Neubau* m
  • nieuwe gebouwen *Neubau* m
nieuwbouwwijk *Neubauviertel* o
nieuwbouwwoning *Neubauwohnung* v
Nieuw-Caledonië *Neukaledonien* o
nieuweling *Neuling* m
nieuwerwets *neumodisch*
Nieuwgrieks I ZN [het] *Neugriechisch* o **II** BNW
  neugriechisch
Nieuw-Guinea *Neuguinea* o
nieuwigheid • het nieuwe *Neuerung* v • iets
  nieuws *Neuheit* v
Nieuwjaar *Neujahr* o ★ gelukkig ~ *prosit*
  Neujahr; ein glückliches neues Jahr
nieuwjaarsdag *Neujahr* o; *Neujahrstag* m
nieuwjaarskaart *Neujahrskarte* v
nieuwjaarsreceptie *Neujahrsempfang* m
nieuwjaarswens *Neujahrswunsch* m
nieuwkomer *Newcomer* m; ⟨nieuweling⟩
  Neuling m
nieuwlichter *Neuerer* m
nieuwprijs *Neupreis* m
nieuws • berichten *Nachrichten* mv;
  ⟨nieuwtjes⟩ *Neuigkeiten* mv; ⟨via de media⟩
  Meldungen mv ★ het laatste ~ *die letzten*
  Nachrichten • nieuwsuitzending *Nachrichten*
  mv **v** geen ~, goed ~ *keine Nachricht, gute*
  Nachricht
nieuwsagentschap *Presseagentur* v; *Pressebüro*

ne

o; *Nachrichtenagentur* v
nieuwsbericht *Nachricht* v
nieuwsblad *Zeitung* v; *Tageszeitung* v
nieuwsbrief *Rundschreiben* o
nieuwsdienst *Pressedienst* m; *Nachrichtenstudio* o
nieuwsfeit *Nachricht* v
nieuwsgierig *neugierig* ★ ~ *naar neugierig auf* [+4]
nieuwsgierigheid *Neugier* v
nieuwsgroep *Mailing Group* v
nieuwslezer *Nachrichtensprecher* m
nieuwsmedium *Nachrichtenmedium* o
nieuwsoverzicht *Nachrichtenübersicht* v
nieuwsrubriek *Magazin* o; *Rundfunkmagazin* o; *Fernsehmagazin* o
nieuwsuitzending *Nachrichtensendung* v; *Tagesschau* v
nieuwtje ● *nieuwigheid Neuheit* v ● *actueel bericht Neuigkeit* v
nieuwwaarde *Neuwert* m
Nieuw-Zeeland *Neuseeland* o
Nieuw-Zeelands *neuseeländisch*
niezen ● → **niesen**
Niger I ZN [het] *land Niger* m **II** ZN [de] *rivier Niger* m
Nigeria *Nigeria* o
Nigeriaan *Nigerianer* m
Nigeriaanse *Nigerianerin* v
nihil *nihil; gleich null*
nihilisme *Nihilismus* m
nihilist *Nihilist* m [v: *Nihilistin*]
nihilistisch *nihilistisch*
nijd ● *afgunst Neid* m; *Missgunst* v ● *woede Bissigkeit* v
nijdas *Griesgram* m; *Brummbär* m; 〈hatelijk iem.〉 *Giftnudel* v
nijdig ● *boos wütend; fuchsteufelswild* ● *venijnig grimmig; giftig*
nijgen *sich verbeugen*
nijging *Verbeugung* v; FORM. *Verneigung* v
Nijl *Nil* m
nijlpaard *Nilpferd* o
Nijmeegs *Nimwegener*
Nijmegen *Nimwegen* o
nijnagel *Niednagel* m; *Neidnagel* m
nijpend *bitter*
nijptang *Kneifzange* v
nijver *fleißig*; 〈rusteloos bezig〉 *emsig*
nijverheid *Industrie* v; 〈ambacht〉 *Gewerbe* o
nikab *Niqab* m
nikkel *Nickel* o
niks I BIJW *gar nichts; überhaupt nichts* **II** ONB VNW *nichts*
niksen *nichts tun; faulenzen; herumhocken/-stehen*
niksnut *Nichtsnutz* m
nimf *Nymphe* v
nimmer *nie(mals)* ★ *nooit ofte ~ nie und nimmer*
nippel *Nippel* m
nippen *nippen*
nippertje ▼ *op het ~ grade noch; im letzten Augenblick*
nipt *knapp*
nirwana *Nirwana* o

nis *Nische* v
nitraat *Nitrat* o
nitriet *Nitrit* o
nitwit *Dummkopf* m
niveau *Niveau* o; *Ebene* v
niveauverschil *Niveauunterschied* m
nivelleren *nivellieren*
nobel *nobel; edel*
Nobelprijs *Nobelpreis* m
noch *weder...noch* ★ 〈noch〉 *dit, noch dat weder dies noch das*
nochtans 〈en toch〉 *dennoch*; 〈echter〉 *allerdings*; 〈echter〉 *jedoch*
no-claim *Schadenfreiheit* v
no-claimkorting *Schadenfreiheitsrabatt* m
nodeloos *unnötig*
noden ● *uitnodigen einladen; zureden* ● *tot iets uitlokken auslösen; herbeiführen*
nodig I BNW *noodzakelijk nötig*; 〈sterker〉 *notwendig* ★ *iets ~ hebben etw. brauchen* ★ *dringend ~ zijn dringend nötig sein* **II** BIJW *dringend* ★ *moet dat nou zo ~? muss das unbedingt sein?*
nodigen *bitten; einladen; nötigen; auffordern*
noedels *Nudeln* mv
noemen ● *een naam geven nennen*; 〈iets naar iem.〉 *benennen* ● *met name vermelden bezeichnen*
noemenswaardig *nennenswert*
noemer *Nenner* m ▼ *onder één ~ brengen auf einen gemeinsamen Nenner bringen*
noest I ZN [de] *Knorren* m **II** BNW *unermüdlich*
nog ● *tot nu noch* ★ *tot nog toe bis jetzt; bisher* ★ *nog maar weinig nur noch wenig* ★ *nog maar nauwelijks kaum noch* ★ *zelfs nu nog sogar jetzt noch* ● *vanaf nu noch* ● *bovendien, meer ~ anders nog iets? sonst noch was?* ▼ *en wat dan nog? na und?*
noga *Nugat* m; 〈nakeurspelling〉 *Nougat* m
nogal *ziemlich* ★ *gaat het ~? geht es einigermaßen?* ★ *~ eens öfter*
nogmaals *nochmals*
no-iron *bügelfrei*
nok ● *deel van dak First* m ● SCHEEPV. *Nock* v/o ▼ *tot de nok toe gevuld voll bis obenhin*
nokken *Schluss machen*
nokkenas *Nockenwelle* v
nomade *Nomade* m
nomadisch *nomadisch*
nominaal *Nominal-; nominal; nominal-*; 〈de naam betreffend〉 *nominell* ★ *nominale waarde Nominal-/Nennwert* m
nominatie ● *benoeming Ernennung* v ● *kandidatenlijst Kandidatenliste* v; *Vorschlagsliste* v ★ *op de ~ staan auf der Vorschlagsliste stehen*
nominatief *Namens...* ★ *nominatieve aandelen Namensaktien* v
nomineren *nominieren (voor für)* [+4]
non *Nonne* v
non-actief ≈ *unbeteiligt*; ≈ *unbeschäftigt* ★ *op ~ stellen jmdn. suspendieren* ★ *op ~ staan zeitweilig ausgeschieden sein*
non-agressiepact *Nichtangriffspakt* m
non-alcoholisch *nicht alkoholisch; alkoholfrei*
nonchalance *Fahrlässigkeit* v; *Unachtsamkeit* v;

no

Nachlässigkeit v
nonchalant *fahrlässig; unachtsam; nachlässig*
non-conformist *Nonkonformist* m [v:
  Nonkonformistin]
non-conformistisch *nonkonformistisch*
non-fictie *Sachliteratur* v; *Sachbücher* o mv
non-food *Non-Food* c
nonkel BN oom *Onkel* m
nonnenklooster *Nonnenkloster* o
nonnenschool *Nonnenschule* v
no-nonsense *No-Nonsense-* ★ ~ politiek ≈
  Realpolitik v
non-profit *nicht kommerziell*
non-proliferatieverdrag
  Nonproliferationsvertrag m;
  Nonproliferationsabkommen o
nonsens *Nonsens* m
non-stop *nonstop*
non-stopvlucht *Nonstop-Flug* m
non-verbaal *nonverbal*
nood ● behoefte/noodzakelijkheid *Not* v ★ BN
  nood hebben aan iets *etw. brauchen/bedürfen*
  ● gevaar *Not* v ● BN tekort *Defizit* o;
  〈goederen/personen〉 *Mangel* m; 〈geld〉
  Fehlbetrag m ▼ geen nood! *keine Sorge!* ▼ van
  de nood een deugd maken *aus der Not eine
  Tugend machen* ▼ nood breekt wet *Not kennt
  kein Gebot* ▼ als de nood aan de man komt
  wenn Not am Mann ist ▼ als de nood het
  hoogst is, is de redding nabij *wenn die Not
  am größten ist, ist Gottes Hilfe am nächsten*
noodaggregaat *Notaggregat* o
noodbrug *Notbrücke* v; *Behelfsbrücke* v
noodgebied ● rampgebied *Notstandsgebiet* o
  ● noodlijdend gebied *Notstandsgebiet* o
noodgedwongen *gezwungenermaßen;
  notgedrungen*
noodgeval *Notfall* m
noodhulp *Notfallhilfe* v
noodkerk *Behelfskirche* v
noodklok *Sturmglocke* v; *Alarmglocke* v
noodkreet *Hilfeschrei* m; *Notschrei* m
noodlanding *Notlandung* v ★ een ~ maken
  notlanden
noodlijdend *Not leidend* ★ ~ gebied
  Notstandsgebiet o
noodlot *Schicksal* o; 〈onontkoombaar〉
  Verhängnis o
noodlottig *verhängnisvoll* ★ dat werd haar ~
  das wurde ihr zum Verhängnis
noodmaatregel *Behelfsmaßnahme* v
noodplan *Notstandsplan* m
noodrantsoen *Notration* v; *eiserne Ration* v
noodrem *Notbremse* v ★ aan de ~ trekken *die
  Notbremse ziehen*
noodsignaal *Notsignal* v
noodsprong *verzweifelte(r) Versuch* m
noodstop *Anhalten* o *im Notfall*; 〈stop door
  remmen〉 *Notbremsung* v
noodtoestand *Notlage* v; *Notstand* m; 〈door de
  regering afgekondigd〉 *Ausnahmezustand* m
  ★ de ~ afkondigen *den Ausnahmezustand
  verkünden*
nooduitgang *Notausgang* m
noodvaart *Höllentempo* o; *Affentempo* o
noodverband *Notverband* m

noodverlichting *Notbeleuchtung* v
noodvulling *Provisorium* o; *provisorische
  Zahnfüllung* v
noodweer I ZN [de] zelfverdediging *Notwehr* v
  II ZN [het] onstuimig weer *Unwetter* o
noodzaak *Notwendigkeit* v
noodzakelijk *notwendig*
noodzakelijkerwijs *notwendigerweise*
noodzaken *zwingen; nötigen*
nooit *nie(mals)* ★ dat gebeurt ~ *das passiert nie
  im Leben*
Noor *Norweger* m
noor *Rennschlittschuh* m
noord *nordlich* ★ de wind is ~ *der Wind kommt
  von Norden*
Noord-Amerika *Nordamerika* o
Noord-Amerikaan *Nordamerikaner* m
Noord-Amerikaans *nordamerikanisch*
Noord-Amerikaanse *Nordamerikanerin* v
Noord-Brabant *Nordbrabant* o
Noord-Brabants *brabantisch*
noordelijk *nord-; Nord-; nördlich*
Noordelijke IJszee *Nördliche(s) Eismeer* o
noorden ● windstreek *Norden* m ★ ten ~ van
  nördlich [+2] ● gebied *Norden* m ▼ BN er het ~
  bij verliezen *durcheinanderkommen*
noordenwind *Nordwind* m
noorderbreedte *nördliche Breite* v
noorderbuur *nördliche(r) Nachbar* m
noorderkeerkring *nördliche(r) Wendekreis* m;
  Wendekreis m *des Krebses*
noorderlicht *Nordlicht* o; *Polarlicht* o
noorderling *jemand aus dem Norden;
  〈Scandinaviër〉 Nordländer* m
noorderzon ▼ met de ~ vertrekken *bei Nacht
  und Nebel verschwinden*
Noord-Europa *Nordeuropa* o
Noord-Europees *nordeuropäisch*
Noord-Holland *Nordholland* o
Noord-Hollands *nordholländisch*
Noord-Ierland *Nordirland* o
Noord-Iers *nordirisch*
Noordkaap *Nordkap* o
Noord-Korea *Nordkorea* o
Noord-Koreaans *nordkoreanisch*
noordkust *Nordküste* v
noordoost *nordostlich*
noordoosten *Nordost(en)* m
Noordpool *Nordpol* m
noordpool ● pluspool van magneet *Nordpol* m
  ● noordelijke streken van gebied *Nordpol* m
noordpoolcirkel *nördliche(r) Polarkreis* m
Noordpoolexpeditie *Nordpolexpedition* v
noordpoolgebied *Nordpolargebiet* o; *Arktis* v
Noorddrijn-Westfalen *Nordrhein-Westfalen* o
noords *nordisch*
noordwaarts I BNW *nördlich* II BIJW *nordwärts*
noordwest *nordwestlich*
noordwesten *Nordwest(en)* m
Noordzee *Nordsee* v
Noorman *Normanne* m
Noors I BNW m.b.t. Noorwegen *norwegisch* II ZN
  [het] taal *Norwegisch(e)* o
Noorse *Norwegerin* v
Noorse Zee *Norwegische(s) Becken* o
Noorwegen *Norwegen* o

noot ● nootvrucht *Nuss* v ● muzieknoot *Note* v ★ halve noot *halbe Note* v ★ achtste noot *Achtelnote* v ● aantekening *Anmerkung* v; ⟨voetnoot⟩ *Fußnote* v ▼ veel noten op zijn zang hebben *sehr anspruchsvoll sein*

nootmuskaat *Muskatnuss* v

nop *Noppe* v; ⟨onder sportschoenen⟩ *Stollen* m

nopen *zwingen*; *nötigen*; *veranlassen*

nopjes ▼ in zijn ~ zijn met iets *sich über etw. freuen* ▼ in zijn ~ zijn *guter Dinge sein*

noppes *nix* ★ voor ~ *umsonst*

nor *Knast* m; *Kittchen* o

nordic walking *Nordic Walking* o

norm ● algemeen *Norm* v ● ethisch *Richtlinie* v; *Richtschnur* v; *Norm* v ★ aan de norm voldoen *der Norm entsprechen*

normaal I BNW *normal* ★ ~ gesproken *normalerweise* **II** ZN [de] ● loodlijn *Normale* v ● normale waarde *Gewöhnliche(s)* o; *Normale(s)* o

normaalschool BN, O&W ≈ *pabo* ≈ *Pädagogische Hochschule* v

normalisatie ● het normaliseren *Normalisierung* v ● standaardisatie *Normierung* v; *Standardisierung* v ● regelmatige loop geven aan rivier *Regulierung* v

normaliseren ● regelmatig maken *normalisieren* ● standaardiseren *standardisieren*; *normieren*

normaliter *gewöhnlich*; *normalerweise*

Normandië *Normandie* v ★ in ~ *in der Normandie*

Normandisch *normannisch*

normatief *normativ*

normbesef *Sittlichkeit* v; *Moral* v

normstelling *Normsetzung* v; TECHN. *Norm(ier)ung* v

normvervaging *Normverwässerung* v

nors *unwirsch*; *barsch*

nostalgie *Nostalgie* v

nostalgisch *nostalgisch*

nota ● geschrift *Schriftstück* o; POL. *Note* v ● rekening *Rechnung* v ▼ nota nemen van iets *Notiz nehmen von etw.*

nota bene ● let wel *wohlgemerkt* ● warempel *sogar*; *wahrhaftig*

notariaat *Notariat* o

notarieel *notariell*

notaris *Notar* m

notariskantoor *Notariat* o; *Notarbüro* o

notatie *Notierung* v; MUZ. *Notation* v

notebook *Notebook* o

noten ● van notenhout *aus Nussholz* ● nootkleurig *nussfarben*

notenbalk *Notenlinien* mv

notenboom *Nussbaum* m

notenbrood *Nussbrot* o

notendop *Nussschale* v ▼ het hele verhaal in een ~ *die ganze Geschichte in einer Nussschale*

notenhout *Nussholz* o

notenhouten *aus Nussholz*

notenkraker ● knijptang *Nussknacker* m ● vogel *Tannenhäher* m

notenleer BN, O&W *Musikunterricht* m

notenschrift *Notenschrift* v

noteren ● aantekenen *notieren* ● opgeven/vaststellen ★ iets als order ~ *etw. als Auftrag verbuchen*

notering ● het noteren *Notierung* v ● koers *Festlegung* v ★ in de officiële ~ opnemen *zur Notiz zulassen*

notie ● begrip, denkbeeld *Ahnung* v; *Vorstellung* v; *Idee* v ★ geen ~ van iets hebben *keine blasse Ahnung von etw. haben* ● BN kennis *Wissen* o; *Kenntnis* v

notificatie *Notifikation* v

notitie *Notiz* v; *Aufzeichnung* v; *Vermerk* m ★ ~ van iets nemen *Notiz/Kenntnis von etw. nehmen*

notitieboekje *Notizbuch* o

notoir ● berucht *notorisch* ● algemeen bekend *allbekannt*

notulen *Protokoll* o ★ iets in de ~ laten opnemen *etw. zu Protokoll geben* ★ de ~ opmaken *das Protokoll führen*

notuleren I OV WW in notulen opnemen *zu Protokoll nehmen*; protokollieren **II** ON WW notulen maken *das Protokoll führen*

notulist *Schrift-/Protokollführer* m

nou I BIJW *jetzt* **II** TW ★ nou, en toen *ja, und dann* ★ schiet nou eens op! *mach mal!* ★ waar was je nou? *wo warst du denn?* ★ nou, dat was het dan *also, das war's* ▼ nou en? *na und?* ▼ nou moe! *Mensch Meier!*; *also bitte!* ▼ nou en of! *(na,) und ob!*

nouveau riche *Neureiche(r)* m/v

nouvelle cuisine *Nouvelle Cuisine* v

novelle *Novelle* v

november *November* m

novice *Novize* m

noviciaat *Noviziat* o

noviteit *Neuheit* v; *Novität* v

novum *Novum* o

nozem *Halbstarke(r)* m

NT2 *Niederländisch als Fremdsprache*

nu I BIJW op het ogenblik *jetzt* ★ nu of nooit *jetzt oder nie* ★ tot nu toe *bis jetzt* ★ van nu af (aan) *ab jetzt* ▼ nu en dan *dann und wann* **II** VW ★ nu ik dit weet... *jetzt, wo ich das weiß...* **III** TW ▼ het moet nu eenmaal *es muss nun einmal sein*

nuance *Nuance* v

nuanceren *nuancieren*; *differenzieren*; ⟨kleuren⟩ *schattieren*; ⟨kleuren⟩ *abstufen*

nuchter ● nog niet gegeten hebbend *nüchtern* ★ op de ~e maag *auf nüchternen Magen* ● niet dronken *nüchtern* ● realistisch *nüchtern* ★ een ~e opmerking *eine sachliche Bemerkung*

nucleair *nuklear* ★ ~e wapens *Nuklearwaffen*

nudisme *Nudismus* m; *Freikörperkultur* v; *FKK* v

nudist *Nudist* m

nuf *Zierpuppe* v

nuffig *geziert*; *zimperlich*

nuk *Laune* v; *Grille* v

nukkig *launisch*; *launenhaft*

nul I TELW ● *null* ● → *vier* **II** ZN [de] cijfer *Null* v

nulmeridiaan *Nullmeridian* m

nulnummer *Nullnummer* v

nulpunt *Nullpunkt* m; *Null* v

numeriek *numerisch*

nu

numero *Nummer* v
numerologie *Numerologie* v
numerus fixus *Numerus* m *clausus*
nummer • getal *Nummer* v ★ brieven onder ~ *Briefe unter Kennziffer* • telefoonnummer *Nummer* v ★ mobiel ~ *Mobilnummer* ★ een ~ draaien *eine Nummer wählen* • persoon *Typ* m • programmaonderdeel *Nummer* v • aflevering *Nummer* v ★ losse ~s *Einzelnummern* • liedje *Track* m; *Nummer* v • → **nummertje** ▼ iem. op zijn ~ zetten *jmdm. eine Abfuhr erteilen*
nummerbord *Kennzeichen* o; *Nummernschild* o
nummeren *nummerieren*
nummerherhaling *Rufnummerwiederholung* v
nummering *Nummerierung* v
nummertje • volgnummer *Nummer* v • geslachtsdaad *Nummer* v ★ een ~ maken *eine Nummer schieben* • staaltje *Nummer* v ★ een ~ weggeven *eine Show abziehen*
nummerweergave *Rufnummernanzeige* v
nuntius *Nuntius* m
nurks I ZN [de] *Nörgler* m; *Griesgram* m II BNW *nörglerisch; griesgrämig; miesepetrig*
nut *Nutzen* m ★ zich iets ten nutte maken *sich etw. zunutze/zu Nutze machen* ★ tot algemeen nut *gemeinnützig* ★ van geen nut *nutzlos* ★ het heeft geen nut *es hat keinen Zweck*
nutsbedrijf ★ openbare nutsbedrijven ≈ *Stadtwerke*
nutsvoorzieningen *öffentliche Versorgungsbetriebe* m [mv]
nutteloos • onbruikbaar *nutzlos* • vergeefs *unnütz* ★ nutteloze moeite *vergebliche Liebesmühe* v
nuttig *nützlich* ★ het ~e met het aangename verenigen *das Angenehme mit dem Nützlichen verbinden*
nuttigen *zu sich nehmen; verzehren*
nv *AG* v
nylon *Nylon* o
nylonkous *Nylonstrumpf* m
nymfomaan *nymphoman*
nymfomane *Nymphomanin* v

O

o *O* o ★ de o van Otto *O wie Otto*; *Ö wie Ökonom*
o.a. *u.a.*
oase *Oase* v
obductie *Sektion* v; *Obduktion* v
obelisk *Obelisk* m
O-benen *O-Beine* mv
ober *Ober* m; *Kellner* m ★ ober! *Herr Ober!*
obesitas *Fettleibigkeit* v; *Dickleibigkeit* v
object *Objekt* o
objectief I ZN [het] • oogmerk *Ziel* o • lenzenstelsel *Objektiv* o • BN doelstelling *Zielsetzung* v II BNW *objektiv*
objectiveren *objektivieren*
objectiviteit *Objektivität* v
obligaat *obligatorisch*
obligatie *Obligation* v ★ ~ op naam *Inhaberschuldverschreibung* v ★ converteerbare ~s *Wandelobligationen*
obligatiedividend *Obligationenrendite* v
obligatiehouder *Anleihegläubiger* m
obligatiekoers *Obligationenkurs* m
obligatielening *Anleihe* v
obligatoir *obligatorisch; vorgeschrieben; verbindlich*
oblong *in/im Querformat*
obsceen *obszön*
obsceniteit *Obszönität* v
obscuur *obskur*
obsederen *nicht loslassen; besessen sein* ★ die gedachte obsedeerde hem *dieser Gedanke ließ ihn nicht los*
observatie *Beobachtung* v ★ in ~ *unter Beobachtung* ★ ter ~ *zur Beobachtung*
observatiepost *Beobachtungsposten* m
observatorium • sterrenwacht *Sternwarte* v • waarnemingsinstituut *Observatorium* o
observeren *beobachten; observieren*
obsessie *Obsession* v; *Zwangsvorstellung* v
obsessief *obsessiv*
obstakel *Hindernis* o
obstinaat *obstinat; eigensinnig; starrköpfig*
obstipatie *Obstipation* v; *Verstopfung* v
obstructie *Obstruktion; Hemmung* v
occasion, BN **occasie** *Gebrauchtwagen* m
occidentaal *okzidental(isch); westlich; abendländisch*
occult *okkult*
oceaan *Ozean* m
Oceanië *Ozeanien* o
oceanologie *Ozeanologie* v
och *ach!* ★ och kom! *ach was!*
ochtend *Morgen* m ★ 's ~s *morgens* ★ later op de ~ *am späten Vormittag*
ochtendblad *Morgenblatt* o
ochtendeditie *Morgenausgabe* v
ochtendgloren *Morgenrot* o
ochtendgymnastiek *Morgengymnastik* v
ochtendhumeur ★ een ~ hebben *ein Morgenmuffel sein* m
ochtendjas *Morgenrock* m; *Morgenmantel* m
ochtendjournaal ⟨tv⟩ *Morgennachrichten* v mv

ochtendkrant *Morgenzeitung* v
ochtendlicht *Morgenlicht* o
ochtendmens *Morgenmensch* m
ochtendploeg *Frühschicht* v
ochtendrood *Morgenrot* o
ochtendspits *morgendliche(r) Berufsverkehr* m
octaaf *Oktave* v
octaan *Oktan* o
octaangehalte *Oktangehalt* m
octet *Oktett* o
octopus *Krake* m/v
octrooi *Patent* o ★ ~ op iets aanvragen *etw. zum Patent anmelden* ★ ~ verlenen *ein Patent erteilen*
octrooigemachtigde *Patentanwalt* m
octrooihouder *Patentinhaber* m
oculair *okular*
ode *Ode* v ★ een ode aan *ein Ode auf*
odyssee *Odyssee* v
oecumene *Ökumene* v
oecumenisch *ökumenisch*
oedeem *Ödem* o
oedipaal *ödipal*
oedipuscomplex *Ödipuskomplex* m
oef *uff!*
oefenen ● vaardig maken *sich üben in* [+3] ● in praktijk brengen *üben*; SPORT *trainieren*
oefengranaat *Übungsgranate* v
oefening ● 〈lichamelijk〉 *Übung* v ● 〈geestelijk〉 *Aufgabe* v ▼ ~ baart kunst *Übung macht den Meister*
oefenmateriaal *Übungsmaterial* o
oefenmeester *Trainer* m
oefenterrein *Sperrgebiet* o
oefenwedstrijd *Trainingsspiel* o
Oeganda *Uganda* o
Oegandees *ugandisch*
oehoe *Uhu* m
oei 〈verrassing〉 *ui*; 〈pijn〉 *aua*
Oekraïens *ukrainisch*
Oekraïne *Ukraine* v
oelewapper *Flasche* v
oen *Knallkopf* m; *Dussel* m; *Trottel* m
oer- ● oorspronkelijk *ur-*; *Ur-* ★ oerbos *Urwald* m ★ oertaal *Ursprache* v ● zeer ★ oersaai *todlangweilig* ★ oer-Hollands *urholländisch*
Oeral *Ural* m
oerknal *Urknall* m
oermens *Urmensch* m
oeroud *uralt*
oertijd *Urzeit* v; *Vorzeit* v
oerwoud *Urwald* m; OOK FIG. *Dschungel* m
OESO *OECD* v
oester *Auster* v
oesterbank *Austernbank* v
oesterkweker *Austernzüchter* m
oesterkwekerij *Muschelfischerei* v
oesterzwam *Austernseitling* m
oestrogeen *Östrogen* o
oeuvre *Oeuvre* o; *Gesamtwerk* o
oever *Ufer* o ★ buiten zijn ~s treden *über die Ufer treten*
oeverloos *uferlos* ★ een oeverloze discussie *eine uferlose Diskussion*
oeverplant *Uferpflanze* v
oeververbinding *Uferverbindung* v

Oezbeeks *usbekisch*
Oezbekistan *Usbekistan* o
of ● bij tegenstelling *oder* ★ of... of *entweder... oder* ★ niet meer of minder dan *nicht mehr und nicht weniger als* ★ min of meer *mehr oder weniger* ● ofwel *es sei denn, dass...* ★ ik ga mee of het moet regenen *ich komme mit, es sei denn, es regnet* ● ongeacht *wenn... auch*; *ob* ★ hij moet betalen of hij wil of niet *er muss zahlen, ob er will oder nicht* ● bij twijfel *ob* ★ of hij nog komt? *ob er noch kommt?* ★ een dag of acht *etwa acht Tage* ● alsof *als ob* ★ doe of je thuis bent *fühl dich wie zu Hause* ★ hij doet of hij alles weet *er tut, als wüsste er alles* ● bevestigend *ob* ★ nou en of! *na und ob!* ★ of ik dat lust! *und ob ich das gerne mag!* ● na ontkenning ★ nauwelijks waren we thuis of het begon te regenen *kaum waren wir zu Hause, da fing es an zu regnen* ★ het scheelde niet veel of hij was gevallen *fast wäre er gefallen* ★ hij weet niet beter of het hoort zo *er kennt es nicht anders* ★ ik weet niet beter of hij leeft nog *soviel ich weiß, lebt er noch*
offday *Unglückstag* m
offensief I ZN [het] *Offensive* v ★ het ~ openen *zur Offensive übergehen* II BNW *offensiv*
offer ● gave *Opfer* o ● FIG. opoffering *Opfer* o
offerande ● het offeren *Opferung* v ● offer *Opfergabe* v ● dankgebed *Offertorium* o
offeren ● als offer aanbieden *opfern* ● FIG. opofferen *opfern*
offergave *Opfergabe* v
offerte *Offerte* v; *Angebot* o ★ een ~ doen *ein Angebot machen*
official *Funktionär* m
officieel *offiziell*
officier *Offizier* m; 〈bij de marine〉 *Marineoffizier* m ★ ~ van justitie *Staatsanwalt* m
officieus *inoffiziell*
offline *offline*
offreren *anbieten*
offset *Offsetdruck* m
offshore I BNW *Offshore-* II BIJW *offshore*
offside *abseits*
ofschoon *obwohl*; *obgleich*; *obschon*
oftewel *oder*
ofwel *oder*
ogen *aussehen*
ogenblik ● korte tijd *Augenblick* m ★ een ~je alstublieft *einen Augenblick/Moment bitte!* ● tijdstip *Moment* m ★ ieder ~ *jeden Moment*
ogenblikkelijk *augenblicklich*; *unmittelbar*; *unverzüglich* ★ hij eist haar ~e ontslag *er fordert ihre sofortige Kündigung* ★ ~ na zijn komst *unmittelbar nach seiner Ankunft*
ogenschijnlijk *anscheinend*; *scheinbar*; *dem Anschein nach*
ogenschouw ▼ iets in ~ nemen *etw. in Augenschein nehmen*
ohm *Ohm* o
oio ≈ *wissenschaftliche(r) Assistent* m [v: *wissenschaftliche Assistentin*]
oké *okay*
oker *Ocker* m/o

ok

oksel *Achsel* v
okselhaar *Achselhaar* o
oktober *Oktober* m ★ in ~ *im Oktober*
Oktoberrevolutie *Oktoberrevolution* v
oldtimer *Oldtimer* m
oleander *Oleander* m
olie *Öl* o ★ afgewerkte olie *Altöl* o ★ ruwe olie
  Rohöl ★ olie verversen *einen Ölwechsel*
  machen ▼ olie op het vuur gooien *Öl ins Feuer*
  gießen
oliebol *Krapfen* m
oliebollenkraam ≈ *Bude* v, *an der Krapfen*
  verkauft werden
oliebron *Ölquelle* v
olieconcern *Ölkonzern* m
oliecrisis *Ölkrise* v
oliedom *strohdumm*; INFORM. *strohdoof*
olie-embargo *Erdölembargo* o
olie-en-azijnstel *Menage* v
oliefilter *Ölfilter* m
oliejas (lang) *Ölmantel* m; (kort) *Öljacke* v
oliekachel *Ölofen* m
oliën *schmieren; ölen* ★ de motor ~ *den Motor*
  schmieren/ölen
olieprijs *Ölpreis* m
olieraffinaderij *Erdölraffinerie* v
oliesel *Ölung* v
olietanker *Öltanker* m
olieveld *Ölfeld* o
olieverf *Ölfarbe* v ★ portret in ~ *Ölgemälde* o
olievervuiling *Erdölverschmutzung* v
olievlek *Ölfleck* m ▼ zich als een ~ uitbreiden
  sich allmählich verbreiten
oliewinning *Ölgewinnung* v
olifant *Elefant* m ▼ als een ~ in de
  porseleinkast *wie ein Elefant im*
  Porzellanladen
olifantshuid *Elefantenhaut* v
oligarchie *Oligarchie* v
olijf ● vrucht *Olive* v ● boom *Olivenbaum* m
olijfboom *Olive* v; *Olivenbaum* m
olijfgroen *olivgrün*
olijfolie *Olivenöl* o
olijftak *Ölzweig* v
olijk I BNW *pfiffig* II BIJW *pfiffig*
olm *Ulme* v
olympiade *Olympiade* v
olympisch *olympisch* ★ de Olympische Spelen
  die Olympischen Spiele; die Olympischen Spiele
om I vz ● rond(om) *um* [+4] ★ om de tafel *um*
  den Tisch ★ om het huis heen *um das Haus*
  herum ● een reis om de wereld *eine Reise um*
  die Welt ★ de hoek om *um die Ecke* ● ~ te [+
  infin.] *um* ★ dat doet hij om op te vallen *das*
  tut er um aufzufallen ★ ik heb geen tijd om je
  te helpen *ich habe keine Zeit, um dir zu helfen*
  ● vanwege *wegen* [+2] ★ om die reden *aus*
  dem Grund ● ⟨v. tijd⟩ *um* [+4] ★ om vier uur
  um vier Uhr ● afwisselend ★ om de (andere)
  dag *jeden zweiten Tag; alle zwei Tage* ▼ om en
  nabij *um... herum* ▼ hij is om en nabij de
  veertig *er ist um die vierzig herum* II BIJW
  ● voorbij zijn; vorbei ★ de tijd is om *die Zeit*
  ist um ★ nog voor de week om is *vor Ende der*
  Woche ● eromheen ★ een sjaal om hebben
  einen Schal anhaben ● van mening veranderd

★ hij is om *er hat sich überzeugen lassen*
● langer ★ dat is zeker een uur om *das ist ein*
  Umweg von einer Stunde ▼ 'm om hebben
  ⟨dronken zijn⟩ *einen sitzen haben* ▼ om en
  om *abwechselnd* ★ om en om iets doen
  abwechselnd etw. tun
oma *Großmutter* v; *Oma* v
Oman *Oman* o
omarmen ● de armen slaan om *umarmen*
● graag aannemen *begrüßen*
omblazen *umblasen*
ombouw *Umbau* m
ombouwen *umbauen*
ombrengen *umbringen*; INFORM. *umlegen*;
  INFORM. *kaltmachen*
ombudsman *Ombudsmann* m
ombuigen I OV WW ● verbuigen *umbiegen*;
  krümmen ● veranderen *den Kurs*
  ändern/wechseln II ON WW buigen *sich biegen*;
  sich krümmen
ombuiging ● het ombuigen *Umbiegen* o;
  Umbiegung v ● beleidswijziging *Kurswechsel*
  m; *Kursänderung* v
omcirkelen ● van een kring voorzien *einkreisen*
● insluiten *umstellen*; *umzingeln*
omdat *weil*; FORM. *da*
omdoen *umbinden*; ⟨boord, halsketting⟩
  umlegen
omdopen *umtaufen*
omdraaien I OV WW van stand doen
  veranderen *umdrehen*; *verdrehen* ★ de rollen
  ~ *die Rollen tauschen* ★ zich ~ *sich umdrehen*
  ▼ zich in zijn graf ~ *sich im Grabe umdrehen*
  ▼ iem. zijn nek ~ *jmdm. den Hals umdrehen*
  II ON WW ● omwentelen *herumdrehen*
● omkeren *umkehren*
omduwen *umstoßen*
omega *Omega* o
omelet *Omelett* o; *Omelette* v ▼ BN je kunt geen
  ~ bakken zonder eieren te breken *wo*
  gehobelt wird, fallen Späne
omfloerst *verschleiert*; *umflort*
omgaan met *verkehren mit*; *umgehen mit*
omgaand *postwendend* ★ per ~e *umgehend*
omgang *Umgang* m; *Verkehr* m ★ ~ hebben
  met *verkehren mit*
omgangsrecht *Besuchsrecht* o
omgangsregeling *Besuchsregelung* v
omgangstaal *Umgangssprache* v
omgangsvormen *Umgangsformen* mv;
  Manieren mv
omgekeerd ● omgedraaid *umgekehrt*
● tegenovergesteld *entgegengesetzt* ★ in ~e
  richting *in entgegengesetzter Richtung* ▼ de ~e
  wereld *die verkehrte Welt*
omgeven *umgeben*; *umringen* ★ zich ~ met *sich*
  umgeben mit
omgeving ● omstreken *Umkreis* m; *Umgebung*
  v ★ in de naaste ~ *in der nächsten Umgebung*
● kring van mensen *Milieu* o
omgooien *umwerfen*
omhaal ● wijdlopigheid *Umschweife* mv
★ zonder ~ (van woorden) *ohne Umschweife*
● nodeloze drukte *Gehabe* o; *Getue* o
★ zonder veel ~ *ohne viel Aufhebens* ● SPORT
  Rückzieher m

ok

omhakken *umhauen*
omhalen ● SPORT *einen Rückzieher machen*
● omvertrekken *umreißen; niederreißen*
● omwoelen *umgraben* ● andersom trekken *wenden; herumwenden*
omhangen *umhängen*
omhangen ★ ~ met *umhängen mit*
omheen *herum; umhin* ★ er niet ~ draaien *zur Sache kommen* ★ daar kun je niet ~ *da kommst du nicht drum herum* ▼ er met een grote boog ~ lopen *einen großen Bogen um etw. machen*
omheinen *mit einer Hecke umgeben*
omheining *Zaun* m
omhelzen ● omarmen *umarmen* ● aannemen *annehmen*
omhelzing *Umarmung* v
omhoog ● naar boven *hoch-; auf-; nach oben* ★ ~ trekken *hochziehen; in die Höhe ziehen* ★ ~ kijken *nach oben schauen* ● in de hoogte *in die Höhe* ★ handen ~! *Hände hoch!*
omhoogschieten ● snel omhooggaan *hochschießen* ★ de raket schoot omhoog *die Rakete schoss nach oben* ● snel groeien ★ de planten schieten omhoog *die Pflanzen schießen hoch*
omhoogzitten ● in Nöten sein; INFORM. *in der Klemme sitzen*
omhullen *einhüllen; umhüllen*
omhulsel *Hülle* v; *Umhüllung* v ★ het stoffelijk ~ *die leibliche Hülle; die sterbliche Hülle*
omissie ● weglating *Auslassung* v ● verzuim *Unterlassung* v
omkadering BN personele bezetting *Personal* o; *Angestellte(n)* mv
omkeerbaar *umkehrbar*
omkeren I OV WW omdraaien *umdrehen; umkehren* II ON WW keren *umwenden* ★ zich naar iem. ~ *sich nach jmdm. umdrehen* ★ laat ons ~ *lass uns umkehren* ▼ elk dubbeltje ~ *jeden Pfennig umdrehen*
omkijken ● achter zich kijken *sich umsehen; sich umblicken* ● ~ naar zoeken *sich umsehen* ★ naar een baan ~ *sich um eine Stelle bemühen* ● ~ naar zich bekommeren om *sich kümmern um; sich bemühen um* ★ zij kijkt nooit naar me om *sie kümmert sich nie um mich*
omklappen I ON WW *umklappen* II OV WW *umklappen*
omkleden *umkleiden*
omkleden ● FIG. *umkleiden* ● inkleden *ausstatten* ★ met redenen ~ *Gründe anführen*
omklemmen *umklammern*
omkomen ● ergens omheen komen *herumkommen* ★ de hoek ~ *um die Ecke kommen* ● sterven *umkommen; ums Leben kommen* ● traag verstrijken *vergehen; vorbeigehen; vorübergehen*
omkoopbaar *bestechlich; käuflich; korrupt*
omkopen *bestechen; INFORM. schmieren*
omkoperij *Bestechung* v; *Korruption* v ★ poging tot ~ *Bestechungsversuch* m
omkoping *Bestechung* v
omlaag ⟨v. iem. af⟩ *hinab*; ⟨v. iem. af⟩ *hinunter*; ⟨naar iem. toe⟩ *herab*; ⟨naar iem. toe⟩

herunter ★ de kosten moeten ~ *die Kosten müssen gesenkt werden*
omlaaghalen ● neerhalen *herunterholen* ● in aanzien doen dalen *herabwürdigen; herabsetzen* ★ iem. omlaag halen *über jmdn. lästern*
omleggen ● anders leggen *umdrehen*; ⟨v. route⟩ *umleiten* ● om iets leggen *umlegen*
omlegging *Umlegung* v; ⟨verkeer⟩ *Umleitung* v
omleiden *leiten um; umleiten* ★ het verkeer ~ *den Verkehr umleiten*
omleiding *Umleitung* v
omliggend *umliegend*; im *Umkreis liegend*; *Nachbar-; benachbart*
omlijnen *umreißen; abgrenzen*; ⟨met lijn⟩ *umranden* ★ scherp omlijnd *klar umrissen* ★ een omlijnd gebied *ein abgegrenztes Gebiet*
omlijsten *einrahmen; umrahmen*
omlijsting ● het omlijsten *Einrahmung* v ● kader *Rahmen* m; *Einrahmung* v
omloop ● circulatie *Umlauf* m ★ er zijn geruchten in ~ *es sind Gerüchte im Umlauf* ● omwenteling *Umlauf* m; *Rotation* v ● BN, SPORT wielerkoers *Radrennen* o
omloopsnelheid *Umlaufgeschwindigkeit* v
omlopen I OV WW omverlopen *umlaufen; umrennen; über den Haufen rennen* II ON WW ● omweg maken *einen Umweg machen* ● rondlopen *spazieren gehen; umhergehen* ★ we lopen nog een straatje om *wir machen noch einen kleinen Spaziergang*
ommekeer *Wende* v; *Umschwung* m
ommeslag *Kehrtwende* v
ommetje *kurze(r) Spaziergang* m
ommezien *Augenblick* m ★ in een ~ *sekundenschnell*
ommezijde *Rückseite* v ★ zie ~ *bitte wenden* ★ aan ~ *auf der Rückseite*
ommezwaai *Wende* v; *Umschwung* m
ommuren *ummauern*
omnibus *Sammelband* m
omniumverzekering BN *Vollkaskoversicherung* v; *Vollkasko* v
omnivoor *Omnivore* m; *Allesfresser* m
omploegen *umpflügen*
ompraten *umstimmen*; INFORM. *herumkriegen*
omrastering ● het omrasteren *Umgittern* o ● heining van rasterwerk *Gitterzaun* m; *Umgitterung* v
omrekenen *umrechnen*
omrekening *Umrechnung* v
omrekeningskoers *Umrechnungskurs* m
omrijden I OV WW omverrijden *umfahren* II ON WW ● rondrijden *spazieren fahren; umherfahren* ● omweg maken *einen Umweg machen*
omringen *umgeben*; ⟨door mensen⟩ *umringen* ★ met zorg ~ *umsorgen*
omroep ● omroepvereniging *Rundfunkanstalt* v; ⟨alleen televisie⟩ *Fernsehanstalt* v ● het uitzenden *Rundfunk* m
omroepbestel ≈ *Organisationsstruktur* v *der Rundfunkanstalten*
omroepen *durchsagen*
omroeper *Ansager* m; *Sprecher* m
omroepgids *Programmzeitschrift* v

om

omroeporganisatie *Rundfunkanstalt* v
omroepster *Ansagerin* v
omroepvereniging *Rundfunkanstalt* v
omroeren *umrühren*
omruilen *umtauschen*
omschakelen I OV WW ● TECHN. *umschalten*
 ● aanpassen *umstellen* **II** ON WW aanpassen
 sich umstellen
omschakeling ● TECHN. *Umschaltung* v
 ● aanpassing *Umstellung* v
omscholen *umschulen*
omscholing *Umschulung* v
omschrijven ● beschrijven *beschreiben*
 ● bepalen *umschreiben*; *bestimmen*
omschrijving ● beschrijving *Um-/Beschreibung*
 v ● definitie *Definition* v
omsingelen *umstellen*; *umzingeln*; *einkreisen*;
 einschließen ★ het huis is omsingeld *das Haus
 ist umstellt*
omslaan I OV WW ● omverslaan *umschlagen*
 ● omdraaien *(um)wenden*; ⟨pagina⟩
 umblättern ● omdoen van kleren *umlegen*;
 überwerfen ● verdelen *umlegen*; *aufteilen*
 II ON WW ● om iets heen gaan *biegen um*
 ● kantelen *umschlagen*; *umkippen* ★ de boot
 is omgeslagen *das Boot ist gekentert*
 ● veranderen *umschlagen*; *umkrempeln* ★ het
 weer is omgeslagen *das Wetter ist
 umgeschlagen*
omslachtig *umständlich*
omslag I ZN [de] ● verandering *Umschlag* m
 ● gedoe *Umschweife* mv; *Umstände* mv
 ● verdeling van kosten *Umlegung* v;
 ⟨belasting⟩ *Umlage* v **II** ZN [de/het]
 ● omgeslagen rand *Umschlag* m ● kaft
 Umschlag m
omslagartikel *Titelgeschichte* v
omslagboor *Umschlagbohrer* m
omslagdoek *Umschlagtuch* o
omslagontwerp *Umschlaggestaltung* v
omslagpunt *Umschlagpunkt* m
omsluiten ● omvatten *umfassen* ● geheel
 insluiten *einschließen*; *umschließen*
omsmelten *umschmelzen*
omspannen *umschließen*; *umspannen*
omspitten *umgraben*
omspoelen ● schoonspoelen *ausspülen* ● op
 andere spoel zetten *umspulen*
omspoelen *umspülen* ★ het water omspoelt
 het huis *das Wasser umspült das Haus*
omspringen met *umgehen mit* ★ raar met iem.
 ~ *eigenartig mit jmdm. umgehen*
omstander *Umstehende(r)* m
omstandig *umständlich*; *eingehend*; *ausführlich*
omstandigheid ● toestand *Umstand* m
 ★ verzachtende omstandigheden
 mildernde(n) Umstände ★ naar
 omstandigheden *den Umständen
 entsprechend* ★ wegens omstandigheden
 umstandshalber; *umständehalber*
 ● breedvoerigheid *Umständlichkeit* v;
 Ausführlichkeit v
omstoten *umstoßen*; INFORM. *umschmeißen*
omstreden *umstritten*; *strittig*
omstreeks I VZ ongeveer op de tijd/plaats van
 um... herum [+4] ★ ~ kerst *um Weihnachten*

 herum **II** BIJW ongeveer *ungefähr*; *etwa* ★ een
 kind van ~ tien jaar *ein Kind von etwa zehn
 Jahren*
omstreken *Umkreis* m; *Umgebung* v ★ Utrecht
 en ~ *Utrecht und Umgebung*
omstrengelen ● omhelzen *umschlingen*;
 umfassen ● omvatten *umschlingen*;
 umranken; *umwinden*
omtoveren *umwandeln* ★ de zolder in een
 studeerkamer ~ *den Speicher in ein
 Arbeitszimmer umwandeln*; *aus dem Speicher
 ein Arbeitszimmer zaubern*
omtrek ● contour *Umriss* m ● afmeting
 Ausdehnung v; *Umfang* m ● omgeving
 Umkreis m; *Umgebung* v ★ in een ~ van twee
 kilometer *in einem Umkreis von zwei
 Kilometern*
omtrekken ● omvertrekken *umreißen*;
 niederreißen ● natekenen *umreißen*
omtrekkend ● → **beweging**
omtrent ● omstreeks *um... herum* [+4] ★ ~
 Pasen *um die Osterzeit* ● betreffende *über*
 [+4]; *in Bezug auf* [+4]; *hinsichtlich* [+2] ★ een
 verklaring ~ het onderzoek *eine Erklärung
 hinsichtlich der Untersuchung*
omturnen *umdrehen*; *ummodeln*; INFORM.
 herumkriegen
omvallen *umfallen*; INFORM. *umkippen*
omvang ● omtrek *Umfang* m ● grootte *Größe*
 v; *Umfang* m; *Ausmaß* o
omvangrijk *umfangreich*; *ausgedehnt*
omvatten ● inhouden *umfassen*; *enthalten*
 ● omsluiten *umfassen*
omver *nieder-*; *um-*
omverwerpen ● omgooien *umwerfen* ● een
 einde maken aan *stürzen* ★ een regering ~
 eine Regierung stürzen
omvliegen ● om iets heen vliegen *sausen um*
 [+4]; *brausen um* [+4] ★ de hoek ~ *um die Ecke
 sausen* ● snel verstrijken *dahinfliegen* ★ de
 tijd vliegt om *die Zeit fliegt dahin*
omvormen *umformen*; *umbilden*; *umwandeln*
omvouwen *umfalten*; *umknicken*
omweg ● langere weg *Umweg* m
 ● omslachtiger manier *Umschweife* mv
 ★ zonder ~en vertellen *ohne Umschweife
 erzählen*
omwentelen I OV WW ● ronddraaien *(sich)
 (herum)wälzen* ● omkeren *umdrehen* **II** ON
 WW om as draaien *rotieren*; *sich drehen*
omwenteling ● ommekeer *Revolution* v;
 Umsturz m; *Umwälzung* v ● draaiing
 Umdrehung v; *Rotation* v ★ het aantal ~en *die
 Drehzahl* v
omwentelingstijd *Umlaufzeit* v
omwerken ● herzien *umarbeiten*; *umschreiben*
 ● omploegen *umgraben*; *umpflügen*
omwerpen ● verwoesten *zerstören* ● omgooien
 umwerfen
omwikkelen *umwickeln*
omwille ▼ ~ van... *um... willen*; *...halber*
omwisselen *umwechseln*; *umtauschen*
omwonend *umwohnend* ★ de ~en *die
 Anwohner*
omzeggens BN nagenoeg *nahezu*; *fast*
omzeilen *ausweichen* [+3]; *umgehen* [+3] ★ dat

kunnen we niet ~ *da kommen wir nicht drum herum*
omzendbrief BN *Rundschreiben* o; *Zirkular* o
omzet *Umsatz* m
omzetbelasting *Umsatzsteuer* v
omzetsnelheid *Umsatzgeschwindigkeit* v
omzetten I OV WW ● veranderen *umsetzen*; *umwandeln* ● anders zetten *umsetzen*; *umstellen* ● in andere stand zetten *umschalten* ● verhandelen *umsetzen* **II** ON WW snel om iets gaan/lopen *rennen um* [+4]
omzichtig *umsichtig*; *behutsam*; *schonend*
omzien ● omkijken *sich umsehen* ● uitkijken naar *Ausschau halten*; *ausschauen*; *sich umsehen*; *sich umtun* ★ naar een baan ~ *sich nach einem Job umsehen* ● zorgen voor *sich kümmern um*; *sehen nach* [+3]
omzomen *umsäumen*
omzomen *umsäumen*
omzwaaien ● van standpunt veranderen *(herum)schwenken* ● van studie veranderen *das Studienfach wechseln*
omzwerving *Wanderung* v; *Streifzug* m
onaandoenlijk I BNW *unempfindlich* **II** BIJW *unempfindlich*
onaangedaan *ungerührt*; *unberührt*
onaangediend *unangekündigt*
onaangekondigd *nicht angekündigt*
onaangenaam *unangenehm*
onaangepast *unangepasst*
onaangeroerd *unberührt*; ⟨niet genoemd⟩ *unerwähnt*
onaangetast *unangetastet*; *verschont*
onaanvaardbaar *unannehmbar*
onaanzienlijk ● zonder aanzien *ohne Ansehen* ● gering *unbeträchtlich*; ⟨persoon⟩ *unscheinbar*
onaardig *unfreundlich* ▼ niet ~ *nicht schlecht*
onachtzaam *nachlässig*; *unachtsam*
onaf *unfertig*
onafgebroken *ununterbrochen* ★ hij praat ~ *er redet immerzu*
onafhankelijk *unabhängig*
onafhankelijkheid *Unabhängigkeit* v
onafhankelijkheidsoorlog *Unabhängigkeitskrieg* m
onafhankelijkheidsverklaring *Unabhängigkeitserklärung* v
onafscheidelijk *untrennbar*; ⟨personen⟩ *unzertrennlich*
onafwendbaar *unabwendbar*; *unvermeidlich*
onafzienbaar *unübersehbar*; *unüberschaubar*
onaneren *onanieren*
onanie *Onanie* v
onbaatzuchtig *selbstlos*; *uneigennützig*
onbarmhartig *unbarmherzig*; *erbarmungslos*
onbeantwoord *unbeantwortet* ★ ~e liefde *nicht erwiderte Liebe*
onbedaarlijk *unbändig*
onbedachtzaam *unbedacht(sam)*; *unüberlegt* ★ een onbedachtzame opmerking *eine gedankenlose Bemerkung*
onbedekt ● niet bedekt *unbedeckt* ● openlijk *unumwunden*; *unverhüllt*
onbedoeld *ungewollt*
onbedorven *unverdorben*

onbeduidend ● onbelangrijk *unbedeutend*; *unwichtig*; *unscheinbar* ● gering *unbedeutend*; *unerheblich*
onbegaanbaar *unpassierbar*; *unwegsam*
onbegonnen *unausführbar*; *undurchführbar* ★ dat is ~ werk *das ist ein unausführbares Unternehmen*
onbegrensd *unbegrenzt*; *grenzenlos*; ⟨zonder beperkingen⟩ *unbeschränkt* ★ ~e mogelijkheden *unbegrenzte(n) Möglichkeiten*
onbegrijpelijk ● niet te begrijpen *unbegreiflich*; *unverständlich* ★ dat is voor mij ~ *das ist mir rätselhaft/schleierhaft* ● onvoorstelbaar *unbegreiflich*; *unfassbar*
onbegrip ⟨m.b.t. personen⟩ *Unverständnis* o; ⟨m.b.t. zaken⟩ *Unverständlichkeit* v
onbehaaglijk ● onaangenaam *unangenehm* ★ een ~e positie *eine missliche Lage* ● niet op zijn gemak *unbequem*; *unbehaglich*
onbehagen *Unbehagen* o ★ ~ over iets *Unbehagen an etw.*
onbeheerd *unbeaufsichtigt*; ⟨v. bezit of eigendom⟩ *herrenlos*
onbeheerst *unbeherrscht*; *unkontrollierbar*
onbeholpen *unbeholfen*; *ungeschickt* ★ zij is ~ *sie ist ungeschickt*
onbehoorlijk *unpassend*; *ungehörig*
onbehouwen *ungehobelt*; *rüpelhaft* ★ ~ gedrag *ungehobelte(s) Benehmen* o
onbekend *unbekannt* ★ ik ben hier ~ *ich kenne mich hier nicht aus* ▼ ~ maakt onbemind *unbekannt, unverlangt*
onbekende *Unbekannte(r)* m/v; WISK. *Unbekannte* v ★ je moet nooit met een ~ meegaan *du sollst nie mit einem Unbekannten mitgehen*
onbekendheid *Unbekanntheit* v; ⟨onwetendheid⟩ *Unwissenheit* v; ⟨onkunde⟩ *Unkenntnis* v
onbekommerd *sorglos*; *unbeschwert*; *unbekümmert*; *unbesorgt* ★ ~ leven *unbekümmert leben* ★ een ~ mens *ein sorgloser Mensch*
onbekookt *unüberlegt*
onbekwaam *unfähig*; *untüchtig*
onbelangrijk *unwichtig*; *unbedeutend*; *bedeutungslos*
onbelast ● vrij van lasten *unbelastet* ● vrij van gewicht *leer*
onbeleefd *unhöflich*
onbeleefdheid *Unhöflichkeit* v
onbelemmerd *ungehindert*; *unbehindert*
onbemand *unbemannt*
onbemiddeld *mittellos*; *unvermögend*
onbemind *unbeliebt*
onbenul *Trottel* m
onbenullig ● dom *geistlos*; *einfältig* ● onbeduidend *unbedeutend*
onbepaald ● onbegrensd *uneingeschränkt*; *unbeschränkt*; *unbegrenzt* ● vaag *unbestimmt*
onbeperkt ● onbegrensd *uneingeschränkt*; *unbegrenzt*; *unbeschränkt* ● onbelemmerd *unbeschränkt*; *ungehindert*
onbeproefd *unversucht*
onberaden *unüberlegt*; *unbesonnen*
onbereikbaar *unerreichbar*

onberekenbaar *unberechenbar*
onberispelijk *tadellos*; *einwandfrei*
onberoerd ● onaangedaan *unbewegt* ● niet aangeraakt *unberührt*
onbeschaafd ● zonder beschaving *unkultiviert* ● onbeleefd *ungehobelt*; *roh*
onbeschaamd *unverschämt*; ⟨brutaal⟩ *frech*
onbescheiden *unbescheiden*
onbeschoft *unverschämt*; *impertinent*; *ausfallend* ★ ~ zijn tegen iem. *unverschämt zu jmdm. sein*
onbeschreven *unbeschrieben*
onbeschrijfelijk *unbeschreiblich*
onbeslist *unentschieden*
onbespoten *ungespritzt*
onbesproken ● niet gereserveerd *unbesprochen* ● onberispelijk *unbescholten*
onbestelbaar *unzustellbar*
onbestemd *unbestimmt*
onbestendig ● wispelturig *unbeständig*; *launisch*; *unberechenbar*; *wetterwendisch* ● veranderlijk *unbeständig*; *veränderlich*; *wechselhaft*
onbesuisd *unbesonnen*; *kopflos*
onbetaalbaar ● niet te betalen *unbezahlbar*; *unerschwinglich* ● kostelijk *köstlich*
onbetamelijk *ungebührlich*; *unschicklich*
onbetekenend *bedeutungslos*; *unbedeutend*
onbetrouwbaar *unzuverlässig*
onbetuigd ▼ zich niet ~ laten *sich nach Kräften beteiligen*
onbetwist *unumstritten*; *unbestritten*
onbetwistbaar *unanfechtbar*
onbevangen *unbefangen*
onbevlekt *unbefleckt*
onbevoegd *unbefugt* ★ verboden voor ~en *Zutritt für Unbefugte verboten!* ★ ~ betreden *unbefugte(s) Betreten* o
onbevooroordeeld *unvoreingenommen*; *vorurteilslos*
onbevredigd *unbefriedigt*
onbevredigend *unbefriedigend*
onbewaakt ● *unbewacht* ★ een ~e overweg *ein unbeschrankter Bahnübergang*
onbeweeglijk ● roerloos *unbeweglich*; *regungslos* ● onwrikbaar *unerschütterlich*
onbewogen ● onbeweeglijk *unbewegt* ● onaangedaan *teilnahmslos*; *unbeteiligt*; *ungerührt* ★ met ~ gezicht *mit ungerührter Miene*
onbewolkt *wolkenlos*
onbewoonbaar *unbewohnbar*
onbewoond *unbewohnt* ★ ~ eiland *unbewohnte Insel*; *einsame Insel*
onbewust ● niet bewust *unwissentlich* ● onwillekeurig *unbewusst*
onbezoldigd ● geen bezoldiging opleverend *unbesoldet* ● geen bezoldiging ontvangend *ehrenamtlich*
onbezonnen *unüberlegt*; *unbesonnen*
onbezorgd ● zonder zorgen *sorglos*; *unbeschwert*; *unbekümmert* ★ een ~ leven *ein sorgloses Leben* ● niet besteld *unbesorgt*
onbillijk *unredlich*; *ungerecht*
onbreekbaar *unzerbrechlich*
onbruik ▼ in ~ geraakt zijn *nicht mehr gebräuchlich/ungebräuchlich sein*
onbruikbaar *unbrauchbar*
onbuigzaam ● niet te buigen *unelastisch*; *nicht biegsam* ● koppig *unnachgiebig*; *unbeugsam*
onchristelijk ● niet christelijk *unchristlich* ● ergerlijk *unmöglich*; *unzumutbar* ★ op een ~ vroeg tijdstip *in aller Herrgottsfrühe*
oncologie *Onkologie* v
ondank *Undank* m ▼ ~ is 's werelds loon *Undank ist der Welt Lohn*
ondankbaar *undankbar*
ondanks *trotz* [+2]; *ungeachtet* [+2] ★ ~ alles *trotz allem*
ondeelbaar ● niet deelbaar *unteilbar* ● zeer klein *winzig*
ondefinieerbaar *undefinierbar*
ondenkbaar *undenkbar* ★ ondenkbare hoeveelheden *unvorstellbare(n) Mengen*
onder I vz ● lager dan *unter* [+3/4] ★ ~ het huis *unter dem Haus* ★ ~ de brug door *unter der Brücke hindurch* ● minder dan *unter* [+3] ★ kinderen ~ de twaalf *Kinder unter zwölf Jahren* ● ten zuiden van *unterhalb von* [+3] ★ net ~ Utrecht *gleich unterhalb von Utrecht* ● lager in rang ★ hij staat ~ mij *er ist mir untergeordnet* ● te midden van *unter* [+3/4] ★ ~ de aanwezigen *unter den Anwesenden* ● tijdens *während* [+2] ★ ~ het praten *während des Redens* ★ ~ de les *während des Unterrichts* ● samen met *bei* [+3] ★ ~ een kopje koffie *bei einer Tasse Kaffee* II BIJW *unten* ★ naar ~ *nach unten* ★ naar ~ gaan *nach unten gehen*; *hinuntergehen* ★ van ~ naar boven *von unten nach oben* ★ van ~ *von unten* ★ zij woont ~ *sie wohnt unten* ★ de zon is ~ *die Sonne ist untergegangen* ★ zie ~ *siehe unten* ▼ ten ~ gaan *zugrunde/zu Grunde gehen*; *untergehen* ▼ ~ aan de bladzij *unten auf der Seite* ▼ ~ in mijn zak *unten in meiner Hosentasche* ▼ helemaal ~ zitten met... ⟨bedekt⟩ *voller... sein*
onderaan *unten* ★ ~ de lijst staan *am Ende der Liste stehen*
onderaannemer *Subunternehmer* m
onderaanzicht *Ansicht* v *von unten*
onderaards *unterirdisch*
onderaf *unten*
onderarm *Unterarm* m
onderbeen *Unterschenkel* m
onderbelichten ● A-V *unterbelichten* ● FIG. *zu wenig beachten*
onderbesteding *Minderverbrauch* m; ⟨te weinig besteed⟩ *zu geringe Mittelverwendung* v
onderbetalen *unterbezahlen*
onderbewust *unterbewusst*
onderbewustzijn *Unterbewusstsein* o
onderbezet *unterbesetzt*; ⟨ziekenhuis, hotel⟩ *unterbelegt*
onderbezetting *Unterbesetzung* v
onderbinden *unterbinden*; *anschnallen*; ⟨met een gesp⟩ *umbinden*
onderbouw ● lagere klassen op school *Unterstufe* v ● BOUWK. basis bouwwerk *Unterbau* m
onderbouwen *unterbauen*
onderbreken *unterbrechen*

onderbreking *Unterbrechung* v
onderbrengen ● onderdak verlenen
   unterbringen ● indelen *einteilen*; *einordnen*
onderbroek *Unterhose* v; ⟨slipje⟩ *Schlüpfer* m
onderbroekenlol *schlüpfrige Witze* mv
onderbuik *Unterbauch* m
onderdaan *Untertan* m
onderdak *Bleibe* v; *Unterkunft* v ★ iem. ~
   verlenen *jmdn. bei sich aufnehmen*
onderdanig *untergeben*
onderdeel ● deel van geheel *Teil* m/o;
   Bestandteil m ● afdeling *Einheit* v ● TECHN.
   Ersatzteil o
onderdeurtje *Knirps* m; *Wicht* m
onderdirecteur *zweite(r)/stellvertretende(r)*
   Direktor m [v: *zweite/stellvertretende*
   Direktorin]; ⟨v. en school⟩ *Konrektor* m
onderdoen I OV WW aantrekken *unterbinden*
   ★ ski's ~ *Skier anschnallen* **II** ON WW de
   mindere zijn *unterlegen sein* ★ hij doet niet
   voor haar onder *er steht auf gleicher Stufe mit*
   ihr
onderdompelen *untertauchen* ★ iets in water ~
   etw. in Wasser tauchen
onderdoor *untendurch*; *unter...hindurch* [+3]
   ▼ er ~ gaan *daran zugrunde/zu Grunde gehen*
onderdoorgang *Unterführung* v
onderdrukken *unterdrücken*
onderdrukker *Unterdrücker* m
onderdrukking *Unterdrückung* v; POL.
   Repression v
onderduiken *untertauchen*
onderduiker *Untergetauchte(r)* m
onderen *unten* ★ van ~ dichtboven *von unten*
   schließen ★ naar ~ *nach unten* ★ van ~ *von*
   unten ▼ van ~! *weg da!*
ondergaan ● zinken *untergehen* ● dalen (van
   zon) ★ de zon gaat onder *die Sonne geht*
   unter ● tenietgaan *zugrunde/zu Grunde gehen*
ondergaan *erleiden* ★ een straf ~ *eine Strafe*
   verbüßen ★ een operatie ~ *sich einer*
   Operation unterziehen
ondergang *Untergang* m; ⟨verderf⟩ *Verderben* o
ondergeschikt ● onderworpen aan
   untergeordnet ● van minder belang
   nebensächlich ★ dat is van ~ belang *das ist*
   Nebensache ★ hij is ~ aan de directeur *er ist*
   dem Direktor unterstellt
ondergeschikte *Untergebene(r)* m ★ de ~n *das*
   Personal
ondergeschoven *untergeschoben*
ondergetekende *Unterzeichner* m
ondergoed *Unterwäsche* v
ondergraven *untergraben*
ondergrens *Untergrenze* v
ondergrond ● onderliggende laag *Untergrund*
   m ● grondslag *Unterlage* v; *Grundlage* v
ondergronds ● onder de grond *unterirdisch*
   ● clandestien *im Untergrund*
ondergrondse ● metro *Untergrundbahn* v;
   U-Bahn v ● verzetsbeweging
   Widerstandsbewegung v
onderhand *inzwischen*
onderhandelaar *Unterhändler* m
onderhandelen *verhandeln*; POL. *unterhandeln*
   ★ ~ over de prijs *um den Preis verhandeln*

onderhandeling *Verhandlung* v; POL.
   Unterhandlung v
onderhandelingspositie *Verhandlungsposition*
   v
onderhands I BNW ● zonder tussenpersoon
   unter der Hand ★ iets ~ van iem. kopen *von*
   Privat kaufen ● geheim *insgeheim*; *heimlich*
   II BIJW SPORT *von unten her*
onderhavig *vorliegend*; *betreffend* ★ in het ~e
   geval *im vorliegenden Fall* ★ in de ~e kwestie
   in der betreffenden Sache
onderhemd *Unterhemd* o
onderhevig *unterworfen* [+3]; *unterliegend* [+3]
   ★ aan bederf ~ zijn *leicht verderblich sein*
   ★ aan gevaren ~ zijn *Gefahren ausgesetzt sein*
   ★ aan geen twijfel ~ zijn *keinem Zweifel*
   unterliegen
onderhorig ● ondergeschikt *untergeordnet*;
   untergeben ● afhankelijk *hörig*
onderhoud ● verzorging *Unterhalt* m;
   Versorgung v; ⟨v. tuin, bloemen e.d.⟩ *Pflege* v;
   TECHN. *Wartung* v; TECHN. *Instandhaltung* v
   ★ achterstallig ~ *überfällige*
   Instandhaltungsarbeiten ★ in goede staat van
   ~ *gut erhalten/in gutem Zustand* ★ in slechte
   staat van ~ *in schlechtem Zustand*
   ● levensonderhoud *Lebensunterhalt* m
   ● gesprek *Gespräch* o ● een ~ hebben met
   iem. *eine Unterredung mit jmdm. haben*
onderhouden I OV WW ● in stand houden
   unterhalten; TECHN. *warten* ● contacten ~
   Kontakte unterhalten ● verzorgen *versorgen*
   ★ een gezin ~ *eine Familie ernähren* ● in
   goede staat houden *instandhalten* ★ zijn huis
   in goede staat houden *sein Haus gut*
   instandhalten ● naleven *einhalten*; *beachten*
   ★ de tien geboden ~ *sich an die zehn Gebote*
   halten ● aangenaam bezighouden
   unterhalten ● ernstig toespreken *zur Rede*
   stellen ★ iem. over iets ~ *jmdn. wegen einer*
   Sache zur Rede stellen ● aanspreken **II** WKD
   WW [zich ~] *sich unterhalten (met mit)*
onderhoudend *unterhaltsam*
onderhoudsbeurt *routinemäßige Wartung* v;
   Inspektion v
onderhoudscontract *Wartungsvertrag* m
onderhoudsmonteur *Wartungsmechaniker* m
onderhoudswerkzaamheden
   Instandhaltungsarbeiten mv; *Wartungsarbeiten*
   mv; ⟨huis, woning⟩ *Renovierungsarbeiten* mv
onderhuids ● MED. *subkutan* ● FIG. verborgen
   unterschwellig
onderhuren *zur Untermiete wohnen*
onderhuur *Untermiete* v ★ iets in ~ hebben *etw.*
   untervermieten
onderhuurder *Untermieter* m
onderin *unten*; *unten in* [+3]
onderjurk *Unterkleid* o
onderkaak *Unterkiefer* m
onderkant *Unterseite* v; *untere Seite* v
onderkennen ● beseffen *unterscheiden*
   ● herkennen *erkennen*
onderkin *Doppelkinn* o
onderklasse ● BIOL. *Unterklasse* v ● SOC.
   Unterschicht v
onderkoeld *unterkühlt*

on

on

onderkoeling *Unterkühlung* v
onderkomen *Unterkommen* o; *Unterkunft* v
onderkoning *Vizekönig* m
onderlaag ● onderste laag *Unterschicht* v
● steunlaag *untere Schicht* v
onderlangs *unten herum*; *unten vorbei*; *unten entlang*
onderlegd *bewandert* ★ goed ~ zijn in iets *gut in etw. beschlagen sein*
onderlegger *Unterlage* v
onderliggen ● de mindere zijn *unterliegen*
● liggen *unten liegen* ★ het boek ligt onder das Buch liegt ganz unten ★ ~d *darunterliegend*
onderlijf *Unterleib* m; *Unterkörper* m
onderling *gegenseitig* ★ ~e hulp *gegenseitige Hilfe*
onderlip *Unterlippe* v
onderlopen *überschwemmt werden* ★ iets laten ~ *etw. überschwemmen*
ondermaats ● te klein *under dem Mindestmaß*
● van mindere kwaliteit *minderwertig*
ondermijnen ● MIL. mijn leggen onder *unterminieren* ● FIG. verzwakken *unterminieren*
ondernemen *unternehmen* ★ een poging ~ *einen Versuch machen*
ondernemend *tatkräftig*; *unternehmend*; *unternehmungslustig*
ondernemer *Unternehmer* m
ondernemerschap *Unternehmertum* o
onderneming ● bedrijf *Unternehmen* o
● karwei *Unternehmen* o; *Unternehmung* v
ondernemingsklimaat *Betriebsklima* o
ondernemingsraad *Betriebsrat* m
ondernemingsrecht *Wirtschaftsrecht* o; *Unternehmensrecht* o
onderofficier *Unteroffizier* m
onderonsje ● gesprek *vertrauliche(s) Gespräch* o; *Gespräch* o *unter vier Augen* ● kleine kring *Clique* v
onderontwikkeld *unterentwickelt*
onderop *unten*
onderpand ⟨bij schuld; als waarborg⟩ *Pfand* o; ⟨bij schuld⟩ *Sicherheit* v; ⟨als waarborg⟩ *Unterpfand* o
onderpastoor BN, REL. *Kaplan* m
onderricht *Unterricht* m
onderrichten *unterrichten*
onderschatten *unterschätzen*
onderscheiden I BNW verschillend *verschieden*; *unterschiedlich* II OV WW ● waarnemen *unterscheiden* ● als ongelijksoortig bezien *unterscheiden* ● een onderscheiding verlenen *auszeichnen* III WKD WW [zich ~] *sich unterscheiden*; ⟨uitblinken⟩ *sich auszeichnen*
onderscheiding ● het onderscheiden *Unterscheidung* v ● ereteken *Auszeichnung* v
onderscheidingsteken ● ereteken *Auszeichnung* v; *Orden* m ● herkenningsteken *Unterscheidungsmerkmal* o
onderscheidingsvermogen *Unterscheidungsvermögen* o

onderscheppen ● onderweg in handen krijgen *abfangen* ● BN (heimelijk) vernemen *aufschnappen*
onderschikkend *unterordnend*; *subordinierend*
onderschikking *Unterordnung* v
onderschrift *Bildunterschrift* v
onderschrijven *unterschreiben*
ondershands ● niet openbaar *unterderhand*
● in het geheim *unterderhand*
ondersneeuwen ● door sneeuw bedekt worden *zuschneien*; *verschneien* ● uit de belangstelling geraken *unter den Tisch fallen*
onderspit v het ~ delven *den Kürzeren ziehen*; *unterliegen*
onderstaan *überschwemmt sein*
onderstaand *nachfolgend*
ondersteboven ● overhoop *durcheinander* ★ ~ gooien *durcheinanderwerfen* ★ elkaar ~ lopen *einander vor die Füße laufen* ★ ~ halen *auf den Kopf stellen* ● op zijn kop *auf dem Kopf* ★ iets ~ houden *etw. verkehrt herum halten* ● overstuur *durcheinander* ★ hij was er helemaal van ~ *er war dadurch völlig durcheinander*
ondersteek *Bettschüssel* v; *Bettpfanne* v
onderstel ● waarop het bovendeel rust *Untergestell* o ● onderlijf *Fahrgestell* o
ondersteunen ● steun geven *stützen* ● helpen *unterstützen*
ondersteuning ● het steun geven *Unterstützung* v ● hulp *Subvention* v
onderstrepen *unterstreichen*
onderstroom *Unterströmung* v
onderstuk *Unterteil* o
ondertekenaar *Unterzeichner* m
ondertekenen *unterschreiben*; FORM. *unterzeichnen*
ondertekening ● het ondertekenen *Unterzeichnung* v; *Unterschreiben* o
● handtekening *Unterschrift* v
ondertitel *Untertitel* m
ondertitelen *untertiteln*
ondertiteling ● het ondertitelen *Untertitelung* v ● ondertitels *Untertitel* mv
ondertoezichtstelling *Erziehungsbeistandschaft* v
ondertoon *Unterton* m
ondertrouw *Aufgebot* o ★ in ~ gaan *das Aufgebot bestellen*
ondertussen ● intussen *inzwischen*; *mittlerweile*; *währenddessen*; *dabei* ● toch *allerdings* ★ zij heeft ~ wel gelijk *sie hat allerdings recht* ★ ~ krijg ik de schuld *dabei bekomme ich die Schuld*
onderuit *mit ausgestreckten Beinen* ▼ ergens niet ~ kunnen *nicht darum herumkommen*
onderuitgaan ● vallen *fallen*; *ausrutschen*
● falen *auf den Bauch fallen*
onderuithalen ● verbaal verslaan *auseinandernehmen* ★ iem. ~ *jmdn. auseinandernehmen* ● *legen*
ondervangen *ausräumen*; *beseitigen* ★ bezwaren ~ *Bedenken beseitigen*
onderverdelen *unterteilen*
onderverdeling *Untergliederung* v;

Unterverteilung v
onderverhuren *untervermieten*
ondervertegenwoordigd *unterrepräsentiert*
ondervinden *erfahren*; *erleben*; *spüren* ★ *iets aan den lijve ~ etw. am eigenen Leib erfahren* ★ *de gevolgen ~ die Folgen spüren*
ondervinding *Erfahrung* v
ondervoed *unterernährt*
ondervoeding *Unterernährung* v
ondervragen ● *verhoren vernehmen*; *verhören* ● BN, O&W *(über)prüfen*; ⟨mondeling⟩ *abfragen*
ondervraging ● *verhoor Vernehmung* v; *Verhör* o ● *interview Befragung* v
onderwaarderen *unterbewerten*
onderwatersport *Unterwassersport* m; *Tauchsport* m
onderweg *unterwegs*
onderwereld *Unterwelt* v
onderwerp ● *wat behandeld wordt Gegenstand* m; *Thema* o ★ *het ~ van gesprek das Gesprächsthema* ★ ~ *van studie Studienobjekt* o ★ *iets tot ~ hebben etw. zum Thema/zum Gegenstand haben* ● TAALK. *Subjekt* o
onderwerpen ● *onder gezag brengen unterwerfen* ● ~ *aan blootstellen aan aussetzen*; *unterziehen*; *unterwerfen* ★ *iem. aan een test ~ jmdn. einem Versuch unterziehen* ● ~ *aan voorleggen aan unterbreiten*; *vorlegen*
onderwijl *inzwischen*
onderwijs *Unterricht* m ★ *bijzonder/BN vrij ~ Sonderschulunterricht* ★ *hoger ~ Hochschulwesen* o; *Hochschulunterricht* ★ *lager ~ Grundschulunterricht* ★ *middelbaar/voortgezet ~ Fortbildung* v; *weiterführende(r) Unterricht* m
onderwijsbevoegdheid *Lehrbefähigung* v; *Lehrberechtigung* v
onderwijsinspectie *Schulamtsinspektion* v
onderwijskunde *Schulpädagogik* v
onderwijsmethode *Unterrichtsmethode* v
onderwijsraad *Bildungsrat* m
onderwijsvernieuwing *Unterrichtsreform* v
onderwijzen *unterrichten*; *lehren* ★ *het ~d personeel die Lehrerschaft*
onderwijzer *Lehrer* m
onderworpen ● *ondergeschikt unterworfen* ● *onderdanig unterwürfig*; *fügsam* ● ~ *aan onderhevig ausgesetzt [+3]*; *subject to*
onderzeeboot *U-Boot* o
onderzeeër *U-Boot* o
onderzetter *Untersetzer* m
onderzoek ● *het onderzoeken Untersuchung* v; JUR. *Ermittlung* v; ⟨research⟩ *Forschung* v ★ JUR. *een ~ instellen Ermittlungen einleiten* ★ *een ~ verrichten naar etw. erforschen/ untersuchen* ★ *in ~ zijn untersucht werden* ★ *op ~ uitgaan etw. auskundschaften* ● MED. *Untersuchung* v ★ *geneeskundig ~ ärztliche Untersuchung*
onderzoeken ● *nagaan untersuchen*; ⟨wetenschappelijk⟩ *erforschen*; ⟨toetsen⟩ *prüfen* ● MED. *untersuchen*
onderzoeker *Forscher* m
onderzoeksbureau *Forschungsbüro* o

onderzoeksresultaat *Untersuchungsergebnis* o; ⟨wetenschap⟩ *Forschungsergebnis* o
ondeugd ● *slechte eigenschap Laster* o ● *ondeugendheid Schelmerei* v ● *deugniet Frechdachs* m; *Schelm* m
ondeugdelijk ● *van slechte kwaliteit untauglich* ● *gebrekkig ungeeignet*
ondeugend ● *stout frech*; *ungezogen* ★ *een ~ kereltje ein freches Kerlchen* ● *schalks spitzbübisch*; *schelmisch* ★ ~ *kijken schelmisch gucken*
ondiep I ZN [het] *Untiefe* v; *flache/seichte Stelle* v **II** BNW *flach*; *nicht tief* ★ *het ~e Nichtschwimmerbecken*
ondiepte *seichte Stelle* v
ondier *Untier* o; *Ungeheuer* o
onding *Unding* o
ondoelmatig *unzweckmäßig*
ondoenlijk *unausführbar*; *unmöglich*
ondoordacht *unüberlegt*
ondoordringbaar *undurchdringbar*
ondoorgrondelijk *unergründlich*; ⟨gelaatsuitdrukking⟩ *undurchdringlich*
ondraaglijk *unerträglich*
ondubbelzinnig *unmissverständlich*; *eindeutig*
onduidelijk *undeutlich*; ⟨wazig⟩ *verschwommen*; ⟨begrip, inzicht⟩ *unklar*; ⟨niet concreet⟩ *vage* ★ ~ *schrijven unleserlich schreiben*
onecht ● *niet echt falsch*; *unecht*; *gekünstelt* ● *onwettig unehelich* ★ *een ~ kind ein uneheliches Kind*
oneens *uneinig* ★ *zij zijn het ~ sie sind verschiedener Meinung*
oneerbaar *unsittlich*
oneerbiedig *respektlos*
oneerlijk *unehrlich* ★ ~*e concurrentie unlautere(r) Wettbewerb*
oneffen *uneben*; ⟨ruw⟩ *rau*
oneffenheid *Unebenheit* v
oneigenlijk ● *onecht uneigentlich* ● *figuurlijk übertragen*
oneindig ● *zonder einde unendlich* ● *buitengewoon endlos*
oneindigheid *Unendlichkeit* v
oneliner *Einzeiler* m
onemanshow *Ein-Mann-Show* v
onenigheid ● *meningsverschil Uneinigkeit* v; *Differenz* v ● *ruzie Streit* m ★ *in ~ leven in Unfrieden leben* ★ ~ *zaaien Unfrieden stiften*
onervaren *unerfahren*
onervarenheid *Unerfahrenheit* v
onesthetisch *unästhetisch*
oneven *ungerade*
onevenredig *unverhältnismäßig*
onevenwichtig *unausgeglichen*; *labil*
onfatsoenlijk *unanständig*
onfeilbaar *unfehlbar*
onfortuinlijk *glücklos*
onfris *unsauber*
ongaarne *ungern*
ongans *unpässlich*; *unwohl* ★ *zich ~ eten sich überessen*
ongeacht *trotz [+2]*; *ungeachtet [+2]* ★ ~ *de kosten ungeachtet der Kosten*
ongebonden ● *vrij ungebunden* ★ *zij is ~ sie ist ledig* ● *losbandig zügellos* ★ *een ~ leven ein*

on

freies/ungebundenes Leben
ongeboren ungeboren
ongebreideld zügellos; hemmungslos
ongebruikelijk ungebräuchlich; unüblich
ongecompliceerd unkompliziert
ongedaan ★ iets ~ maken etw. rückgängig
machen ★ niets ~ laten nichts unversucht
lassen ★ ik zou dit het liefst ~ maken ich
würde es am liebsten rückgängig/ungeschehen
machen ★ dat is niet meer ~ te maken das
kann man nicht mehr ungeschehen machen
ongedeerd unversehrt; unverletzt
ongedierte Ungeziefer o
ongedisciplineerd undiszipliniert
ongeduld Ungeduld v ★ trappelen van ~
zappeln vor Ungeduld
ongeduldig ungeduldig
ongedurig unruhig
ongedwongen ● vrijwillig freiwillig ● losjes
ungezwungen; locker ★ een ~ sfeer eine
lockere Atmosphäre
ongeëvenaard unerreicht; beispiellos
ongegeneerd ungeniert; unverfroren;
⟨schaamteloos⟩ schamlos
ongegrond unbegründet; grundlos;
⟨ongefundeerd⟩ haltlos ★ iem. ~
beschuldigen jmdn. grundlos beschuldigen
ongehinderd ungehindert
ongehoord ● niet gehoord ungehört ● vreemd
unerhört ● buitensporig unerhört
ongehoorzaam ungehorsam
ongehoorzaamheid Ungehorsam m
ongehuwd I BNW ledig ★ ~e staat Familienstand
ledig **II** BIJW ★ ~ samenwonen ohne
Trauschein zusammenleben
ongein dumme(r) Spaß m
ongekend I BNW unbekannt ★ ~e
mogelijkheden ungeahnte(n) Möglichkeiten
II BIJW beispiellos
ongekunsteld ungekünstelt
ongeldig ungültig; JUR. nichtig
ongelegen ungelegen
ongeletterd ungebildet
ongelijk I ZN [het] Unrecht o ★ ~ hebben
unrecht haben; im Unrecht sein **II** BNW
● verschillend ungleich ● onregelmatig
ungleichmäßig
ongelijkbenig ungleichschenklig ★ ~e driehoek
ungleichschenkliges Dreieck
ongelijkheid ● het ongelijk zijn Ungleichheit v
● oneffenheid Ungleichmäßigkeit v
ongelijkmatig ungleichmäßig
ongelijkvloers niveaufrei ★ een ~e kruising
eine niveaufreie Kreuzung
ongelikt ● → beer
ongelimiteerd unlimitiert; unbegrenzt;
unbeschränkt
ongelofelijk, ongelooflijk ● ongeloofwaardig
unglaubhaft; unglaublich ● buitengewoon
unglaublich; wahnsinnig; unheimlich
ongelood bleifrei; unverbleit
ongeloof Unglaube m
ongeloofwaardig unglaubwürdig
ongelovig ungläubig ★ de ~en die Ungläubigen
ongeluk I ZN [het] [gmv] Unglück o;
Missgeschick o; Pech o ★ zijn ~ tegemoet

gaan in sein Unglück rennen ▼ per ~ aus
Versehen; versehentlich; unabsichtlich **II** ZN
[het] [mv: +len] ● ongeval Unglück o; Unfall
m ● → **ongelukje** ▼ een ~ begaan sich
vergreifen an jmdn. ▼ zich een ~ zoeken
verzweifelt suchen ▼ zich een ~ werken sich zu
Tode schuften ▼ een ~ komt zelden alleen ein
Unglück kommt selten allein ▼ een ~ zit in een
klein hoekje ein Unglück ist schnell geschehen
▼ daar komen ~ken van das wird schiefehen
ongelukje kleine(r) Unfall m ★ het was een ~ es
war ein Versehen
ongelukkig ● niet gelukkig unglücklich;
glücklos; niedergeschlagen; traurig
● jammerlijk unglücklich; ungünstig;
ungeschickt ★ iets ~ doen eine unglückliche
Hand bei einer Sache haben ★ dat komt ~ uit
das trifft sich gar nicht ★ ~e loop van
omstandigheden unglückliche(s)
Zusammentreffen verschiedener Ereignisse o
★ zich ~ uitdrukken ungeschickt formulieren
● met lichaamsgebrek behindert ▼ ~ in het
spel, gelukkig in de liefde Pech im Spiel,
Glück in der Liebe
ongelukkigerwijs unglücklicherweise
ongeluksgetal Unglückszahl v
ongeluksvogel Unglückswurm m;
Unglücksvogel m
ongemak ● hinder Beschwerlichkeiten mv;
Unbequemlichkeit v; Ärger m ● lichamelijke
kwaal Gebrechen o; Beschwerde v
ongemakkelijk ● ongerieflijk unbequem ★ ~e
houding unbequeme Lage v ● lastig lästig;
unbequem ★ ~ heerschap schwierige(r) Mensch
m
ongemanierd unmanierlich; ungesittet;
ungehobelt
ongemeen ● ongewoon außerordentlich;
ungemein ● buitengewoon außergewöhnlich
ongemerkt ● niet bemerkt unmerklich
● zonder merk ohne Marke/Zeichen
ongemoeid unbehelligt; ungestört ★ iem. ~
laten jmdn. in Ruhe lassen
ongenaakbaar unzugänglich; unerreichbar;
unnahbar
ongenade Ungnade v ★ in ~ vallen in Ungnade
fallen
ongenadig ● duchtig gehörig; tüchtig
● onbarmhartig ungnädig; gnadenlos;
mitleidlos; unbarmherzig; erbarmungslos
★ iem. een ~ pak slaag geven erbarmungslos
auf jmdn. einschlagen
ongeneeslijk unheilbar
ongenietbaar ungenießbar
ongenoegen ● misnoegen Unwille m;
Missfallen o ★ zijn ~ uiten seinem Unwillen
Luft machen ● onenigheid Zwist m;
Uneinigkeit v
ongeoorloofd FORM. unstatthaft; unzulässig;
unerlaubt
ongepast ● misplaatst unangemessen;
unangebracht ● onbehoorlijk ungehörig;
unpassend ★ ~ gedrag unpassende(s)/
ungehörige(s) Benehmen o
ongepastheid ● het misplaatst zijn
Unschicklichkeit v; Unangemessenheit v

● onbehoorlijkheid *Ungehörigkeit* v
ongerechtigheid ● JUR. onrechtvaardigheid *Ungerechtigkeit* v; ⟨handeling⟩ *ungerechte Tat* v ● onvolkomenheid *Mangel* m; *Unvollkommenheit* v
ongerede ▼ in het ~ raken *kaputtgehen*; *break down*
ongeregeld ● niet geregeld *unordentlich*; *ungeregelt*; *regellos* ★ een ~ leven leiden *ein ungeregeltes Leben führen* ● niet gesorteerd ★ ~e goederen *Ramschware* v mv ● wanordelijk *ungeregelt*; *unregelmäßig*
ongeregeldheden ● wanordelijkheden *Unregelmäßigkeiten* mv ● oproer *Unruhen* mv; *Krawalle* mv
ongeremd *ungehemmt*
ongerept ● onaangeraakt *unangetastet*; ⟨v. reputatie⟩ *unbescholten* ● onbedorven *unberührt*; *urwüchsig* ★ ~e natuur *unberührte Natur* v
ongerief *Unbequemlichkeit* v; *Ungelegenheiten* mv; *Unannehmlichkeiten* mv; ⟨last⟩ *Mühe* v
ongerijmd *widersinnig*; *ungereimt*; *unsinnig* ★ WISK. bewijs uit het ~e *indirekte(r) Beweis* m
ongerust *beunruhigt*; *besorgt* ★ wees niet ~ *mach dir keine Sorgen*; *sei unbesorgt* ★ ~ zijn over iem. *sich Sorgen um jmdn. machen*; *beunruhigt sein wegen jmds./jmdm.*
ongerustheid *Beunruhigung* v; *Besorgnis* v
ongeschikt ● niet geschikt *ungeeignet*; *untauglich*; ⟨v. tijdstip⟩ *ungelegen* ★ lichamelijk ~ *körperlich untauglich* ★ voor iets ~ zijn *zu etw. ungeeignet/untauglich sein* [+3] ● onaardig *ungefällig*; *unangenehm*; *nicht nett* ★ zij is niet ~ *sie ist recht nett/ganz fidel*
ongeschonden *unverletzt*; *unversehrt*; ⟨onbeschadigd⟩ *unbeschädigt*
ongeschoold *ungeschult*; *ungelernt*; *unausgebildet* ★ ~e arbeider *ungelernte(r) Arbeiter* m ★ ~e arbeid *ungeschulte Arbeit* v
ongeslagen *unbesiegt*; SPORT *ungeschlagen*
ongesteld *menstruierend* ★ zij is ~ *sie hat ihre Tage/Regel*
ongesteldheid *Monatsblutung* v; *Periode* v; *Regel* v; *Menstruation* v
ongestoord ⟨zonder storing⟩ *ungestört*; ⟨zonder hinder⟩ *unbehindert*
ongestraft *straffrei*; *ungestraft*
ongetrouwd *ledig* ★ ~ samenwonen *ohne Trauschein zusammenleben*
ongetwijfeld *zweifellos*; *zweifelsohne*
ongeval *Unfall* m
ongevallenverzekering *Unfallversicherung* v
ongeveer *ungefähr*; *etwa*
ongeveinsd *unverstellt*; *ungeheuchelt*
ongevoelig ● onaangedaan *gefühllos*; *herzlos* ★ ~ voor vleierij *unempfänglich für Schmeicheleien* ★ voor alles ~ blijven *von allem unberührt bleiben* ● verdoofd *unempfindlich gegen*; *immun gegen*
ongevraagd *unaufgefordert*
ongewapend *unbewaffnet*
ongewenst *unerwünscht*; *ungewollt* ★ een ~ kind *ein ungewolltes Kind* o
ongewild *ungewollt*

ongewisse ★ in het ~ verkeren *im Ungewissen sein* ★ iem. in het ~ laten *jmdn. im Ungewissen lassen*
ongewoon ● zeldzaam *ungewöhnlich*; *selten* ● niet gewoon *ungewohnt* ★ ~ schouwspel *ungewohnte(r) Anblick* m
ongezeglijk *ungehorsam*; *unfolgsam*
ongezellig ● onvriendelijk *ungesellig* ● onprettig *ungemütlich*; *unbehaglich*
ongezien I BNW niet gezien *ungesehen* **II** BIJW ongemerkt *unbesehen*
ongezond *ungesund*
ongezouten ● zonder zout *ungesalzen* ● onverbloemd *unverblümt*; *ungeschminkt* ★ iem. ~ de waarheid zeggen *jmdm. die ungeschminkte Wahrheit sagen*
ongrijpbaar *ungreifbar*
ongrondwettig I BNW *grundgesetzwidrig*; *verfassungswidrig* **II** BIJW *verfassungswidrig*
ongunstig ● ongeschikt *ungünstig* ★ het had ~e gevolgen voor haar *es hatte nachteilige Folgen für sie* ● slechte indruk gevend *nachteilig*; *ungünstig* ★ zich ~ over iem. uitlaten *sich abfällig über jmdn. äußern* ★ ~ bekendstaan *einen schlechten Ruf haben* ★ in een ~e positie zijn *sich in einer ungünstigen Lage befinden* ★ ~e omstandigheden *widrige(n) Umstände* ● onrendabel *ungünstig* ★ een ~e wisselkoers *ein ungünstiger Wechselkurs*
onguur ● ruw *garstig*; ⟨v. het weer⟩ *rau* ● ongunstig uitziend *schäbig*; *zwielichtig*
onhandelbaar ● moeilijk te hanteren *nicht handhabbar*; *unhandlich* ● eigenzinnig *ungefügig*; *widerspenstig*
onhandig ● stuntelig *ungeschickt*; *unbeholfen* ● niet handzaam *unhandlich*
onhandigheid *Ungeschicktheit* v
onhebbelijk *unangenehm* ★ zich ~ gedragen *sich garstig benehmen*
onhebbelijkheid *Unfreundlichkeit* v
onheil *Unheil* o ★ ~ stichten *Unheil stiften*
onheilspellend *ominös*; *Unheil verkündend*; ⟨beangstigend⟩ *unheimlich* ★ ~e stilte *ominöse(s) Schweigen* o
onheilsprofeet *Unglücksprophet* m
onherbergzaam *unwirtlich*
onherkenbaar *nicht zu erkennen*; *unerkennbar*
onherroepelijk *unwiderruflich*; ⟨definitief⟩ *endgültig* ★ ~ afscheid *endgültige(r) Abschied* m
onherstelbaar *unersetzlich* ★ ~ onrecht *nicht wieder gutzumachendes Unrecht* o
onheuglijk *urewig*; *sehr lange zurückliegend*
onheus *ungerecht*; *unhöflich* ★ iem. ~ bejegenen *jmdn. ungerecht behandeln*
onhoudbaar ● niet te verdedigen *unhaltbar* ● niet te harden *unhaltbar*; *unerträglich* ★ de toestand was ~ *die Lage war unhaltbar*
onjuist *unrichtig*; *inkorrekt*; *falsch*; *unzutreffend* ★ haar handelwijze was ~ *ihr Verhalten war inkorrekt* ★ ~ bericht *Falschmeldung* v
onjuistheid ● fout *Fehler* m ● het onjuist zijn *Unrichtigkeit* v; *Unstimmigkeit* v
onkies *taktlos*; *indelikat*
onklaar *defekt* ★ iets ~ maken *etw. außer*

on

Funktion setzen

onkosten *Unkosten* mv; ECON. *Kostenaufwand* m; ⟨bedrijfskosten⟩ *Spesen* mv ★ ~ declareren *Unkosten in Rechnung stellen* ★ iem. op ~ jagen *jmdn. in Unkosten stürzen*

onkostendeclaratie *Spesenrechnung* v

onkostenvergoeding *Unkostenvergütung* v; *Unkostenerstattung* v

onkreukbaar ● niet kreukend *knitterfrei* ● integer *unbestechlich*; *integer*

onkruid *Unkraut* o ★ ~ wieden *Unkraut jäten* ▼ ~ vergaat niet *Unkraut vergeht nicht*

onkuis *unkeusch*; *unanständig*; ⟨onzedig⟩ *unsittlich*

onkunde ● onwetendheid *Unkenntnis* v; *Unwissenheit* v ● onbekwaamheid *Unfähigkeit* v

onkundig *unwissend* ★ iem. van iets ~ laten *jmdn. über etw. in Unkenntnis lassen*

onlangs *neulich*; *kürzlich*; *vor kurzem*

onledig *beschäftigt* ★ zich ~ houden met *sich mit etw. beschäftigen*

onleesbaar *unleserlich*; *unlesbar*

online *online*

onlogisch *unlogisch*

onloochenbaar *unleugbar*; *unverkennbar*

onlosmakelijk *unlöslich*; *unlösbar*

onlusten *Krawalle* mv; *Tumulte* mv; *Unruhen* mv

onmacht ● machteloosheid *Ohnmacht* v; *Unvermögen* o; *Machtlosigkeit* v; *Unfähigkeit* v ● flauwte *Ohnmacht* v

onmachtig *ohnmächtig*; *machtlos*

onmatig *maßlos*; *unmäßig*

onmens *Unmensch* m

onmenselijk *unmenschlich*; *inhuman*; *barbarisch* ★ iem. ~ behandelen *jmdn. unmenschlich/inhuman behandeln*

onmetelijk ● niet te meten *unermesslich*; *immens* ● FIG. oneindig groot/veel *unermesslich*

onmiddellijk I BIJW meteen *sofort*; *auf der Stelle* ★ ik kom ~ *ich komme sofort* II BNW ● meteen *unverzüglich*; *sofortig*; *sofort*; *auf der Stelle* ● met ~e ingang *mit sofortiger Wirkung*; *ab sofort* ★ ~ ontslag *fristlose Kündigung* v ● direct, rechtstreeks *unmittelbar*; *direkt* ● zonder tussenruimte *unmittelbar*; *direkt* ★ ~e omgeving *nächste Umgebung* v ★ in de ~e nabijheid *in unmittelbarer/nächster Nähe*

onmin *Uneinigkeit* v; *Zwist* m; *Streit* m ★ met iem. in ~ leven *mit jmdm. in Zwist leben*; *mit jmdm. in Hader/im Streit liegen*

onmisbaar *unentbehrlich*; ⟨v. personen⟩ *unabkömmlich*

onmiskenbaar *unverkennbar*

onmogelijk ● niet mogelijk *unmöglich*; *ausgeschlossen* ★ het ~e eisen *das Unmögliche verlangen* ● onverdraaglijk *unmöglich*; *unausstehlich* ★ zich ~ maken *sich unmöglich machen* ● potsierlijk *lächerlich*; *unmöglich*

onmogelijkheid *Unmöglichkeit* v

onmondig ● niet mondig *unmündig* ● minderjarig *minderjährig*

onnadenkend *unbedacht*; *unüberlegt*

onnatuurlijk ● niet natuurlijk *unnatürlich*; *naturwidrig* ● gekunsteld *unnatürlich*; *gekünstelt*; *affektiert*

onnauwkeurig I BNW *unsorgfältig*; *ungenau* II BIJW *ungenau*

onnavolgbaar *unnachahmlich*

onneembaar *uneinnehmbar*

onnodig I BNW *unnötig*; *unnütz*; *überflüssig* II BIJW *unnötig*; *unnötigerweise* ★ ~ veel *unnötig viel*

onnoemelijk *unsagbar*; *unsäglich*; *unbeschreiblich*

onnozel ● argeloos *unschuldig*; *harmlos* ● dom *einfältig*; *naiv*; *dumm* ★ ~e hals *einfältige(r) Tropf* m; *Einfaltspinsel* m ★ kijk niet zo ~ *guck nicht so dumm* ● onbeduidend *lächerlich*; *lausig*; *lumpig* ★ een paar ~e centen *ein paar lausige Pfennige*

onofficieel *inoffiziell*

onomkeerbaar *unumkehrbar*

onomstotelijk *unumstößlich*; *unwiderlegbar*

onomwonden *unumwunden*

onontbeerlijk *unentbehrlich*

onontkoombaar *unvermeidlich*; *unentrinnbar*; *unumgänglich*

onontwarbaar *unentwirrbar*

onooglijk *unansehnlich*; *hässlich*; ⟨onbeduidend⟩ *unscheinbar*

onoordeelkundig *nicht urteilsfähig*

onopgemerkt *unbemerkt*; *unbeachtet*

onopgesmukt *schmucklos*

onophoudelijk *ständig*; *pausenlos*; *unaufhörlich*; *unablässig*

onoplettend *unaufmerksam*

onoplettendheid *Unaufmerksamkeit* v

onoplosbaar *unlösbar*

onoprecht *unaufrichtig*

onopvallend *unauffällig*

onopzettelijk *unabsichtlich*; *unbeabsichtigt*

onovergankelijk *intransitiv*

onoverkomelijk *unüberwindlich*

onovertroffen *unübertroffen*

onoverwinnelijk *unbesiegbar*

onoverzichtelijk *unübersichtlich*; *unüberschaubar*

onpaar BN *oneven ungerade*

onpartijdig *unparteiisch*; *unparteilich*

onpas ● → *pas*

onpasselijk *unpässlich*; *übel* ★ ik word er ~ van *mir wird davon ganz übel*

onpeilbaar ● niet te doorgronden *unergründbar*; *unergründlich* ● niet te peilen *unermesslich* ★ onpeilbare diepte *bodenlose Tiefe* v

onpersoonlijk *unpersönlich*

onplezierig *unerfreulich*; *unangenehm*

onpraktisch *unpraktisch*

onraad *Gefahr* v ★ ~ bespeuren *Unrat wittern* m; *Schlimmes befürchten/ahnen* o

onrecht *Unrecht* o ★ ten ~e *zu Unrecht* ★ niet ten ~e *aus gutem Grund* ★ iem. ~ doen *jmdm. ein Unrecht antun*

onrechtmatig *unrechtmäßig*; ⟨onwettig⟩ *widerrechtlich*

onrechtstreeks BN *indirect indirekt*

onrechtvaardig *ungerecht*

onredelijk ● irrationeel *unredlich* ● onbillijk

unbillig ★ *~e eisen unzumutbare(n) Forderungen*
onregelmatig *unregelmäßig*
onregelmatigheid *Unregelmäßigkeit* v
onregelmatigheidstoeslag *Zuschlag* m *für Arbeit zu unregelmäßigen Zeiten*
onreglementair *unvorschriftsmäßig; ungesetzmäßig; irregulär*
onrein *unrein*
onrendabel *unrentabel*
onrijp *unreif*
onroerend *unbeweglich*
onroerendezaakbelasting *Immobiliensteuer* v
onrust *Unruhe* v ★ *~* stoken *Unruhe stiften*
onrustbarend *beunruhigend*
onrustig *unruhig*
onruststoker *Aufwiegler* m; *Unruhestifter* m
onrustzaaier *Unruhestifter* m
ons I ZN [het] *hundert Gramm* v ▼ *je kan wachten tot je een ons weegt du kannst warten, bis du schwarz wirst* **II** PERS VNW *uns* [+3/4] ★ *het is aan ons es hängt von uns ab* ★ *onder ons unter uns* ★ *het is van ons es gehört uns* ▼ *ons kent ons* ≈ *man kennt sich* **III** BEZ VNW *unser* ★ *we waren met ons drieën wir waren zu dritt* ★ *wij hebben het onze gedaan wir haben das Unsrige/unsrige getan* ★ *hun huis en het onze ihr Haus und das unsre/unsere*
onsamenhangend *unzusammenhängend*
onschadelijk *unschädlich* ★ *iem. ~ maken jmdn. unschädlich machen; jmdn. stumm machen*
onschatbaar *unschätzbar*
onscheidbaar *untrennbar*
onschendbaar ● *niet te schenden unantastbar; unverletzlich* ● *immuun voor rechtsvervolging immun* ★ *~ zijn Immunität genießen*
onschuld ● *het niet schuldig zijn Unschuld* v ★ *zijn ~ betuigen seine Unschuld beteuern* ● *argeloosheid Unschuld* v; *Ahnungslosigkeit* v; *Arglosigkeit* v
onschuldig ● *niet schuldig unschuldig* ● *argeloos arglos* ● *onschadelijk harmlos*
onsmakelijk ● *niet smakelijk unappetitlich* ★ *~ voedsel unappetitliche(s) Essen* o ● *stuitend* ★ *~ verhaal widerliche Geschichte* v
onsportief ● *geen sport beoefenend unsportlich* ● *oneerlijk unfair*
onstandvastig *unbeständig*
onsterfelijk ● *niet sterfelijk unsterblich* ● FIG. *eeuwigdurend unsterblich*
onsterfelijkheid *Unsterblichkeit* v
onstilbaar *unstillbar*
onstuimig ● *woest heftig; wild; unbändig* ★ *~ weer stürmische(s) Wetter* o ● *hartstochtelijk* ★ *~e liefde stürmische/leidenschaftliche Liebe* v
onstuitbaar *unaufhaltsam*
onsympathiek *unsympathisch*
onszelf ● [meewerkend] *uns selber; uns* ● [lijdend] *uns selber; uns*
ontaard I BNW *entartet* ★ *~e ouders Rabeneltern* **II** BIJW *wahnsinnig; fürchterlich; unheimlich*
ontaarden ● *degenereren entarten* ● *ten kwade veranderen ausarten*

ontberen *entbehren*
ontbering ● *gebrek Entbehren* o ● *ellende Entbehrung* v
ontbieden *bestellen; kommen lassen*; FORM. *bescheiden* ★ *iem. op het stadhuis ~ jmdn. aufs Rathaus zitieren*
ontbijt *Frühstück* o ★ *aan het ~ zitten beim Frühstück sitzen*
ontbijtbuffet *Frühstücksbüfett* o
ontbijten *frühstücken* ★ *~ met koffie Kaffee zum Frühstück trinken*
ontbijtkoek *Honigkuchen* m
ontbijtshow *Frühprogramm* o; *Morgenprogramm* o
ontbijtspek *Bacon* m; *durchwachsene(r) Speck* m
ontbijt-tv *Frühstücksfernsehen* o
ontbinden ● *ontleden zerlegen* ★ *in factoren ~ in Faktoren zerlegen* ● *opheffen auflösen;* ⟨nietig verklaren⟩ *annullieren* ★ *het parlement ~ das Parlament auflösen* ★ *een verdrag ~ einen Vertrag (auf)lösen* ★ *het huwelijk werd ontbonden die Ehe wurde aufgelöst/geschieden*
ontbinding ● *het opheffen Auflösung* v; *Lösung* v ● *ontleding Zerlegung* v ● *bederf Verwesung* v; *Auflösung* v; SCHEIK. *Zersetzung* v; ⟨verrotting⟩ *Fäulnis* v ★ *tot ~ overgaan sich zersetzen; in Verwesung/Fäulnis übergehen* ★ *in verregaande staat van ~ in stark verwestem Zustand*
ontbladeringsmiddel *Entlaubungsmittel* o
ontbloot ● *naakt entblößt* ● *~ van* ★ *niet van gevaar ~ nicht ungefährlich* ★ *van belang ~ unwichtig*
ontbloten *entblößen*
ontboezeming *Bekenntnis* o; FORM. *Herzensergießung* v
ontbossen *entwalden; abholzen*
ontbossing *Entwaldung* v; *Abholzung* v
ontbranden ● *beginnen te branden sich entzünden; Feuer fangen; in Brand geraten* ● *ontsteken entbrennen* ★ *doen ~ entzünden*
ontbreken *fehlen;* ⟨v. zaken⟩ *mangeln* ★ *er ~ twee es fehlen zwei* ★ *wie ontbreekt? wer fehlt?* ▼ *dat ontbrak er nog maar aan! das hat gerade noch gefehlt!*
ontcijferen *entziffern*
ontdaan *bestürzt; entsetzt*
ontdekken *entdecken;* ⟨te weten komen⟩ *ausfindig machen*
ontdekker *Entdecker* m
ontdekking *Entdeckung* v ★ *op ~ uitgaan auf Entdeckungsreise gehen* ★ *tot de ~ komen dat... entdecken, dass...*
ontdekkingsreis *Entdeckungsreise* v; *Entdeckungsfahrt* v
ontdekkingsreiziger *Entdeckungsreisende(r)* m/v
ontdoen van *entledigen* [+2] ★ *zich van iem. ~ sich jmdn. vom Halse schaffen* ★ *zich van iets ~ sich von einer Sache befreien* ★ *zich ~ van sich entäußern* [+2]; *sich entledigen* [+2]
ontdooien I OV WW *ijsvrij maken abtauen; entfrosten* ★ *de ijskast ~ den Kühlschrank abtauen* **II** ON WW ● *smelten abtauen* ● *minder stijf worden auftauen*
ontduiken ● *zich onttrekken aan umgehen*

★ de belasting ~ *Steuern hinterziehen*
● bukkend ontgaan *ausweichen*
ontegenzeglijk *unbestreitbar*; *unstreitig*
onteigenen *enteignen*
onteigening *Enteignung* v
ontelbaar *unzählbar*; ⟨talloos⟩ *unzählig*;
⟨talloos⟩ *zahllos* ★ ontelbare keren *unzählige Male*
ontembaar *unzähmbar* ★ ontembare drift
unbezähmbare(r) Trieb m
onterecht I BNW *unberechtigt* II BIJW
unberechtigterweise
onteren ● van eer beroven *entehren*
● verkrachten *schänden*
onterven *enterben*
ontevreden *unzufrieden* (**met**, **over** mit)
ontevredenheid *Unzufriedenheit* v
ontfermen [zich ~] ● ~ **over** medelijden tonen
met *sich erbarmen über* [+4] ● ~ **over** HUMOR.
voor zijn rekening nemen *sich erbarmen über*
★ zich over het restje ~ *sich über den Rest erbarmen*
ontfutselen *abluchsen*; *ablisten* ★ iem. een
geheim ~ *jmdm. ein Geheimnis abluchsen*
ontgaan *entgehen* [+3] ★ dat is mij ~ *das ist mir entgangen* ★ het voordeel ontging hem *der Vorteil entging ihm* ★ zich iets niet laten ~
sich etw. nicht entgehen lassen ★ het begin/de
kans ontging mij *ich habe den Anfang/die Chance verpasst* ★ 't verschil ontgaat me *der Unterschied entgeht mir*
ontgelden ★ het moeten ~ *es entgelten müssen*;
INFORM. *den Kopf hinhalten müssen*
ontginnen ● AGRAR. *kultivieren*; ⟨v. grond⟩
urbar machen ● ⟨v. mijn⟩ *abbauen*
ontginning *Abbau* m; ⟨v. grond⟩ *Kultivierung* v;
⟨v. grond⟩ *Urbarmachung* v
ontglippen ● glijden uit *entschlüpfen* ● FIG.
ongewild ontsnappen *entwischen* ★ die
opmerking ontglipte me *die Bemerkung entschlüpfte/entfuhr mich* ★ aan de aandacht
~ *der Aufmerksamkeit entgehen*
ontgoocheld *desillusioniert*
ontgoochelen *enttäuschen*; *desillusionieren*
ontgoocheling *Ernüchterung* v; *Enttäuschung* v;
INFORM. *kalte Dusche* v
ontgrendelen *entriegeln*
ontgroeien *herauswachsen*
ontgroenen ≈ *inkorporieren* ★ zij is niet
ontgroend *sie ist ein Fuchs* ★ iem. ~ INFORM.
jmdm. die Fuchstaufe erteilen
ontgroening ≈ *Inkorporation* v; INFORM.
Fuchstaufe v
onthaal ● ontvangst *Empfang* m ● BN plaats
van ontvangst *Rezeption* v; *Empfang* m
onthaalmoeder BN *Tagesmutter* v
onthaasten *entschleunigen*
onthalen ● ontvangen *empfangen* ★ iem.
vorstelijk ~ *jmdn. königlich empfangen* ● ~ **op**
bewirten met; *traktieren mit*
onthand *beeinträchtigt*; *behindert*; *eingeschränkt*
ontharder *Enthärtungsmittel* o
ontharen *enthaaren*
ontharingscrème *Enthaarungscreme* v
ontheemd *heimatlos*
ontheffen ● vrijstellen *entbinden* [+2] ★ zij

werd uit haar functie ontheven *sie wurdes ihres Amtes enthoben*; *sie wurde abgesetzt/ suspendiert* ★ iem. uit de ouderlijke macht ~
jmdm. die elterliche Gewalt absprechen ★ iem.
van zijn plicht ~ *jmdm. seiner Pflicht entheben*
● ontslaan *entheben* [+2]
ontheffing ● vrijstelling *Entbindung* v;
Befreiung v ★ ~ krijgen *entbunden/enthoben werden* ★ ~ van belasting *Steuererlass* m
● ontslag *Suspension* v
ontheiligen *entheiligen*; *entweihen*
on the rocks *on the rocks*
onthoofden *köpfen*; *enthaupten*
onthoofding *Enthauptung* v
onthouden I OV WW ● niet vergeten *behalten*
● achterhouden *vorenthalten* II WKD WW [zich
~] **van** *verzichten auf*
onthouding ● het zich onthouden *Enthaltung*
v; *Enthaltsamkeit* v; *Verzicht* m; ⟨v. alcohol⟩
Abstinenz v ★ seksuele ~ *sexuelle Enthaltsamkeit* ● POL. blanco stem *Enthaltung*
v; *Stimmenthaltung* v
onthoudingsverschijnselen
Entzugserscheinungen v MV
onthullen *enthüllen* ★ een monument ~ *ein Monument enthüllen*
onthulling *Enthüllung* v
onthutst *betroffen*; *entgeistert*; *bestürzt*; INFORM.
verdattert
ontiegelijk *unheimlich*
ontij ● → nacht
ontijdig *zur Unzeit*; ⟨ongelegen⟩ *ungelegen*; ⟨te
vroeg⟩ *vorzeitig* ★ ~e bezoeker *ungelegene(r)
Gast* m
ontkennen *verneinen*; *abstreiten*; *bestreiten*;
⟨loochenen⟩ *leugnen* ★ iedere betrokkenheid
bij iets ~ *jede Beteiligung an etw. abstreiten*
★ het valt niet te ~ dat... *es lässt sich nicht bestreiten, dass...*
ontkennend *verneinend*; TAALK. *negierend*
★ een vraag ~ beantwoorden *eine Frage verneinen*
ontkenning ● het ontkennen *Verneinung* v;
Leugnung v ● TAALK. *Negation* v
ontketenen ● doen losbreken *entfesseln*;
auslösen ★ een oorlog ~ *einen Krieg entfachen*
● van ketens ontdoen *die Fesseln lösen/abnehmen*
ontkiemen *keimen*; *auskeimen* ★ het graan is
ontkiemd *der Weizen ist ausgekeimt* ★ het
zaad begint te ~ *die Saat beginnt zu keimen*
ontkleden *entkleiden* ★ zich ~ *sich entkleiden*
ontknoping *Lösung* v; ⟨afloop⟩ *Ende* o
ontkomen ● ontsnappen aan *entkommen*;
entrinnen; *entwischen* ★ aan een gevaar ~
einer Gefahr entrinnen/entgehen ★ er was
geen ~ aan *es gab kein Entkommen/Entrinnen*
★ zij wisten te ~ *es gelang ihnen, zu
entkommen/entwischen* ● zich onttrekken aan
herumkommen um; *sich entziehen* [+3] ★ ik
ontkom niet aan de indruk dat... FORM. *ich
kann mich des Eindrucks nicht erwehren, dass...*
★ daaraan valt niet te ~ *das ist
unvermeidlich/unumgänglich*
ontkoppelen ● loskoppelen *abkoppeln*;
entkoppeln ● debrayeren *auskuppeln* ● FIG.

scheiden *trennen*
ontkoppeling ● het loskoppelen *Abkopp(e)lung*
 v ● het debrayeren *Entkopp(e)lung* v ● FIG.
 scheiding *Trennung* v
ontkrachten *entkräften*
ontkroezen *entkrausen*
ontkurken *entkorken*
ontladen I OV WW ● van lading ontdoen
 ausladen; abladen; SCHEEPV. *löschen* ● NATK.
 entladen **II** WKD WW [zich ~] *sich entladen*
 ★ haar woede ontlaadde zich in tranen *ihre
 Wut entlud sich in Tränen*
ontlading *Entladung* v
ontlasten I OV WW ● ontdoen van last *befreien*
 ● verlichten *entlasten; erleichtern* ● ontheffen
 entheben ★ het verkeer ~ *den Verkehr
 entlasten* **II** WKD WW [zich ~] *sich entleeren*;
 INFORM. *sich erleichtern*
ontlasting *Stuhl* m
ontleden ● SCHEIK. *analysieren; zersetzen*
 ● ANAT. *zergliedern; anatomisch zerlegen*; ⟨een
 lijk⟩ *sezieren* ● TAALK. *analysieren; zerlegen*;
 zergliedern ★ zinnen ~ *Sätze zergliedern/
 grammatisch zerlegen*
ontleding ● ANAT. *Sektion* v ● SCHEIK. *Analyse* v;
 Zersetzung v ● TAALK. *Analyse* v; *Zergliederung*
 v
ontlenen ● ~ aan te danken hebben aan
 herleiten von; ableiten von ★ rechten aan zijn
 positie ~ *Rechte aus seiner Stellung
 herleiten/ableiten* ● ~ aan overnemen uit
 entnehmen [+3]; *entlehnen aus* ★ gegevens
 aan de statistieken ~ *Daten den Statistiken
 entnehmen*
ontlokken *entlocken; herauslocken; abgewinnen*
ontlopen ● mijden *ausweichen; aus dem Weg
 gehen; meiden* ★ iem. ~ *jmdn. meiden; jmdm.
 ausweichen; jmdm. aus dem Weg gehen*
 ● verschillen *sich unterscheiden* ★ zij ~ elkaar
 niet veel *zwischen ihnen ist kein großer
 Unterschied*
ontluchten *entlüften*
ontluiken ● uit de knop komen *sich öffnen*;
 aufblühen ● ontstaan *sich entfalten*
ontluisteren *den Glanz nehmen* ★ iets ~ *einer
 Sache ihren Glanz nehmen*
ontmaagden *deflorieren; entjungfern*
ontmannen *kastrieren; entmannen*
ontmantelen ⟨v. machines⟩ *demontieren*
 ★ kernwapens ~ *Atomwaffen demontieren*
ontmaskeren *demaskieren*
ontmijnen BN, FIG. conflictstof wegnemen van
 entschärfen
ontmoedigen *entmutigen*
ontmoedigingsbeleid *Entmutigungspolitik* v
ontmoeten ● tegenkomen *begegnen; treffen*;
 stoßen auf [+4] ★ ik ontmoette haar toevallig
 *sie ist mir über den Weg gelaufen; sie ist mir
 zufällig begegnet* ★ ik ontmoet haar
 regelmatig *ich treffe mich regelmäßig mit ihr*
 ★ zij ontmoette in de bioscoop oude
 kennissen *sie traf im Kino alte Bekannte*
 ● ondervinden *stoßen auf* [+4]; *treffen auf* [+4]
 ★ tegenstand ~ *auf Widerstand stoßen/treffen*
ontmoeting *Begegnung* v; *Zusammenkunft* v;
 INFORM. *Treff* m; ⟨ook sport⟩ *Treffen* o

★ vluchtige ~ *flüchtige Begegnung*
★ toevallige ~ *zufällige Begegnung*
★ vriendschappelijke ~ *freundschaftliche(s)
 Treffen*; SPORT *Freundschaftsspiel* o
ontmoetingsplaats *Treffpunkt* m
ontnemen ⟨stelen⟩ *wegnehmen; nehmen*;
 ⟨afpakken⟩ *abnehmen* ★ iem. alle illusies ~
 jmdm. alle Illusionen nehmen ★ iem. het
 woord ~ *jmdm. das Wort entziehen*
ontnuchteren ● nuchter maken *ernüchtern*
 ● ontgoochelen *ernüchtern* ★ de begroeting
 ontnuchterde haar *die Begrüßung nahm ihr
 alle Illusionen*
ontnuchtering *Ernüchterung* v
ontoegankelijk *unzugänglich*; ⟨v. personen⟩
 verschlossen ★ ~ terrein *unwegsame(s) Gelände*
 o ★ zij is zeer ~ *sie ist ein verschlossener
 Mensch*
ontoelaatbaar *unzulässig* ★ ontoelaatbare
 handeling *Unzulässigkeit* v
ontoereikend *unzureichend; unzulänglich*
ontoerekeningsvatbaar *unzurechnungsfähig*;
 JUR. *schuldunfähig*
ontplofbaar *explosiv*
ontploffen *explodieren; zerbersten; zerplatzen*;
 INFORM. *hochgehen* ★ van woede ~ *vor Wut
 explodieren*
ontploffing *Explosion* v
ontploffingsgevaar *Explosionsgefahr* v
ontplooien *entfalten*
ontplooiing ● het ontvouwen *Entfaltung* v
 ● ontwikkeling *Entfaltung* v ★ tot ~ komen
 zur Entfaltung kommen/gelangen
ontpoppen [zich ~] *sich entpuppen* ★ zij
 ontpopte zich als een bedriegster *sie
 entpuppte sich als Betrügerin*
ontraadselen ● *enträtseln* ● oplossen
 enträtseln; ⟨geheim⟩ *lüften* ● te weten komen
 erfahren
ontraden *abraten*
ontrafelen *entwirren*
ontredderd *aufgelöst* ★ zij was helemaal ~ *sie
 war ganz aufgelöst/aus der Fassung*
ontreddering *Erschütterung* v; *Auflösung* v ★ er
 heerste complete ~ *alles war völlig aufgelöst*
ontregelen *durcheinanderbringen*
ontrieven *Ungelegenheiten machen/bereiten*
ontroerd *ergriffen; gerührt*
ontroeren *rühren; bewegen*; ⟨hevig⟩ *ergreifen*
ontroerend *rührend*; ⟨sterker⟩ *ergreifend*
ontroering *Rührung* v; *Bewegung* v; ⟨hevig⟩
 Ergriffenheit v ★ zijn ~ niet kunnen
 verbergen *seine Rührung nicht verbergen
 können*
ontrollen ● zich tonen *sich entfalten* ★ een
 weids panorama ontrolde zich *eine weites
 Panorama entfaltete sich* ● open rollen
 ausrollen ● stelen *entwenden*
ontroostbaar *untröstlich*
ontrouw I ZN [de] *Untreue* v; *Abtrünnigkeit* v;
 ⟨overspel⟩ *Ehebruch* m **II** BNW ● niet trouw
 untreu; abtrünnig; treulos ★ iem. ~ worden
 jmdm. untreu/abtrünnig werden ● overspelig
 untreu
ontroven *berauben*
ontruimen ● verlaten *räumen* ★ een woning ~

on

eine Wohnung räumen ● doen verlaten *räumen* ★ de politie ontruimde de gekraakte panden *die Polizei räumte die besetzten Häuser*
ontruiming *Räumung* v
ontrukken *entreißen* ★ iets aan de vergetelheid ~ FORM. *etw. der Vergessenheit entreißen*; *etw. aktualisieren*
ontschepen I OV WW uit schip laten *ausschiffen*; *an Land bringen* II ON WW uit schip gaan *sich ausschiffen*; *an Land gehen*
ontschieten ● ontglippen *entfallen*; *entschlüpfen* ● FIG. ongewild ontsnappen *entfallen* ★ het is mij ontschoten *es ist mir entfallen* ★ die opmerking ontschoot me *jene Bemerkung ist mir herausgerutscht*
ontsieren *verunzieren*; *verunstalten*; INFORM. *verschandeln*
ontslaan ● ontslag geven *kündigen* [+3]; *entlassen* [+4]; INFORM. *feuern* ★ iem. ~ *jmdn. kündigen*; *jmdn. entlassen* ★ zij is ontslagen *ihr ist gekündigt worden*; *sie ist entlassen* ● ontheffen *entbinden von*; *entheben* [+2]; *entlassen aus* ★ iem. van een verplichting ~ *jmdn. von einer Verpflichtung entbinden* ★ iem. van rechtsvervolging ~ *jmdn. von der Anklage freisprechen* ● laten gaan *entlassen*; ⟨uit gevangenis⟩ *freilassen* ★ iem. uit het ziekenhuis ~ *jmdn. aus dem Krankenhaus entlassen*
ontslag ● het ontslaan *Kündigung* v; *Entlassung* v ★ eervol ~ *ehrenvolle Entlassung* ★ iem. ~ geven *jmdn. entlassen*; *jmdn. kündigen* ★ zijn ~ indienen *seine Entlassung/Kündigung einreichen*; *seinen Rücktritt einreichen*; *kündigen* ● het vrijlaten *Entlassung* v ★ ~ uit de gevangenis *Haftentlassung* ● ontheffing ★ ~ uit militaire dienst *Entlassung vom Militär*
ontslagaanvraag *Kündigung* v
ontslagbrief *Kündigungsschreiben* o
ontslagprocedure *Entlassungsverfahren* o; *Kündigungsverfahren* o
ontslagvergoeding *Kündigungsentschädigung* v
ontslapen *entschlafen*; *entschlummern*
ontsluieren *entschleiern*; *enthüllen*
ontsluiten ● openen *aufschließen*; *öffnen* ● FIG. toegankelijk maken *erschließen*
ontsluiting ● het toegankelijk maken *Erschließung* v; *Aufschließen* o; *Öffnung* v ● MED. bij bevalling *Eröffnungsperiode* v
ontsluitingswee *Eröffnungswehen* mv
ontsmetten *desinfizieren*
ontsmetting *Desinfektion* v; *Desinfizierung* v
ontsmettingsmiddel *Desinfektionsmittel* o
ontsnappen ● wegkomen *entkommen*; *entgehen*; *entwischen*; ⟨uit gevangenschap⟩ *ausbrechen* ★ aan een gevaar ~ *einer Gefahr entrinnen/entgehen* ● FIG. ontglippen *entgehen*; *entweichen* ★ het is aan mijn aandacht ontsnapt *es ist meiner Aufmerksamkeit entgangen* ● weglekken ★ er is gas ontsnapt *Gas ist ausgetreten/entwichen*
ontsnapping *Entweichen* o; *Entwischen* o; *Ausbruch* m; *Flucht* v; ⟨v. gas, lucht⟩ *Austreten* o ★ poging tot ~ *Fluchtversuch* m
ontsnappingsclausule *Vorbehaltsklausel* v;

Ausweichklausel v
ontsnappingsmogelijkheid *Ausweichmöglichkeit* v
ontspannen I BNW *entspannt*; *gelöst*; *gelockert* ★ ~ spieren *lockere(n) Muskeln* II OV WW ● minder strak maken *entspannen* ● tot rust laten komen *sich entspannen*; *sich lösen*; *sich lockern* III WKD WW [**zich** ~] *sich entspannen*; *ausspannen*
ontspanning ● het ontspannen *Entspannung* v ● POL. *Entspannung* v; *Détente* v ● verpozing *Erholung* v; *Ruhe* v
ontspiegeld *entspiegelt*
ontspiegelen *entspiegeln* ★ ontspiegeld glas *entspiegeltes/blendfreies Glas*
ontspinnen [**zich** ~] *entspinnen*; *sich anspinnen* ★ er ontspon zich een discussie *eine Diskussion spann sich an*; *es spann sich eine Diskussion*
ontsporen *entgleisen*
ontsporing *Entgleisung* v
ontspringen ● oorsprong hebben *entspringen*; *entstehen* ● ontkomen *entkommen*
ontspruiten ● uitspruiten *sprießen*; *entsprießen*; *keimen*; *austreiben* ● afkomstig zijn (uit) *hervorgehen aus*; *entsprießen*
ontstaan I ZN [het] *Entstehen* o; *Entstehung* v II ON WW ● beginnen te bestaan *anfangen*; *entstehen* ★ de brand ontstond in de kelder *das Feuer brach im Keller aus*; *das Feuer entstand im Keller* ★ de blues ontstond in Amerika *der Blues findet seinen Ursprung/entstand in Amerika* ● voortkomen *entstehen*; *sich entwickeln*
ontstaansgeschiedenis *Entstehungsgeschichte* v
ontstaanswijze *Entstehungsweise* v
ontsteken I OV WW doen ontbranden *anzünden* II ON WW ● ontbranden *entbrennen*; *erfasst werden*; *ergriffen werden* ★ zij ontstak in woede *Zorn ergriff/erfasste sie* ● MED. *sich entzünden* ★ haar keel is ontstoken *ihr Hals hat sich entzündet*
ontsteking ● TECHN. *Zünder* m; *Zündung* v ● MED. *Entzündung* v
ontstekingsmechanisme *Zündungsmechanismus* m
ontsteld *entsetzt*; *verstört*; *fassungslos*; *bestürzt*
ontstellend I BNW ● schokkend *entsetzlich*; *bestürzend* ● zeer erg *schrecklich* II BIJW *entsetzlich*; *schrecklich*
ontsteltenis ● verwarring *Bestürzung* v; *Entsetzen* o; *Fassungslosigkeit* v; ⟨heviger⟩ *Erschütterung* v ● schrik *Schrecken* m; *Schreck* m
ontstemd ● MUZ. *verstimmt* ● misnoegd *verärgert*; *verstimmt*; *pikiert*; INFORM. *eingeschnappt*
ontstemmen ● MUZ. *verstimmen* ★ de piano is ontstemd *das Klavier ist verstimmt* ● ergeren *verdrießen*; *verärgern*; *verstimmen*
ontstemming *Verstimmung* v; *Verstimmtheit* v; *Verdrießlichkeit* v
ontstijgen *übersteigen*
ontstoken *entzündet*
onttrekken I OV WW ● ontnemen *entziehen* ★ aan het oog/gezicht ~ *etw. jmds. Blicken*

on

entziehen • SCHEIK. *abtrennen* **II** WKD WW [zich ~] *sich entziehen*; *nicht nachkommen* ★ zich ~ aan zijn verantwoordelijkheid *sich der Verantwortung entziehen*

onttronen *entthronen*

ontucht *Unzucht* v; *unzüchtige/unsittliche Handlungen* mv ★ ~ plegen *Unzucht treiben*

ontuchtig *unzüchtig*

ontvallen • verloren gaan *verlieren* ★ vorig jaar ontviel hem zijn vrouw *er hat voriges Jahr seine Frau verloren* • ongewild gezegd worden *entfahren* ★ dat is mij in drift ~ *das ist mir im Zorn herausgerutscht*

ontvangen • krijgen *empfangen*; *erhalten*; *bekommen* ★ gelukwensen ~ *Glückwünsche entgegennehmen* • onthalen *empfangen*; *aufnehmen*; *begrüßen* ★ iem. met open armen ~ *jmdn. mit offenen Armen aufnehmen/empfangen* ★ zij werd enthousiast ~ *sie wurde begeistert empfangen/begrüßt*; FORM. *ihr wurde ein begeisterter Empfang zuteil*

Ontvangenis v de Onbevlekte ~ *die Unbefleckte Empfängnis* v

ontvanger • iem. die ontvangt *Empfänger* m • belastingontvanger *Kassierer* m; *Einzieher* m ★ ~ der belastingen *Steuereinnehmer* m • ontvangtoestel *Empfänger* m; *Empfangsgerät* o

ontvangruimte *Empfangsraum* m

ontvangst • het ontvangen *Empfang* m ★ iets in ~ nemen *etw. in Empfang nehmen*; *etw. entgegennehmen* ★ bevestiging van ~ *Empfangsbescheinigung* v; *Empfangsbestätigung* v • onthaal *Empfang* m; *Aufnahme* v • inkomsten *Einnahmen* mv • COMM. *Empfang* m ★ een goede ~ op de radio/televisie *ein guter Empfang von Radio/Fernsehen*

ontvangstbewijs *Empfangsbestätigung* v

ontvankelijk • openstaand *empfänglich*; *aufgeschlossen* ★ altijd voor nieuwe ideeën ~ zijn *für neue Ideen immer aufgeschlossen sein* ★ voor schoonheid ~ zijn *für das Schöne empfänglich sein* • JUR. *zulässig* ★ een vordering ~ verklaren *einer Forderung stattgeben*; *eine Forderung für zulässig erklären* ★ niet ~ verklaren *als unzulässig abweisen*

ontvellen *häuten*

ontvetten *abbauen*

ontvlambaar • brandbaar *entflammbar*; *entzündlich* • FIG. temperamentvol *heißblütig*; *(leicht) erregbar*; ⟨snel verliefd⟩ *(leicht) entflammbar*

ontvlammen *entflammen*; *sich entzünden*; *Feuer fangen*

ontvluchten *flüchten*; *entfliehen* ★ iem. ~ *jmdm. entfliehen*

ontvoerder *Entführer* m; *Kidnapper* m

ontvoeren *entführen*; *kidnappen*

ontvoering *Entführung* v; *Kidnapping* o

ontvolken *entvölkern*

ontvolking *Entvölkerung* v

ontvouwen • uitvouwen *entfalten*; *auseinanderfalten*; *ausbreiten* • uiteenzetten *entfalten*; *darlegen*

ontvreemden *entwenden*

ontwaken • wakker worden *aufwachen*; *erwachen* ★ uit de narcose ~ *aus der Narkose auf-/erwachen* • tot besef komen *erwachen*

ontwapenen • van wapens ontdoen *abrüsten* • FIG. vertederen *entwaffnen* ★ ~de charme *entwaffnende(r) Charme* m

ontwapening *Entwaffnung* v; *Abrüstung* v

ontwaren *gewahren*; *gewahr werden*

ontwarren • uit de war halen *entwirren* • ophelderen *entwirren* ★ een raadsel ~ *ein Rätsel entwirren/(auf)lösen*

ontwennen *abgewöhnen*; *entwöhnen* ★ zij was het ontwennd vroeg op te staan *sie war es nicht mehr gewohnt, früh aufzustehen*

ontwenning *Abgewöhnung* v; ⟨v. drank, verdovende middelen⟩ *Entziehung* v

ontwenningskliniek *Entzugsklinik* v

ontwenningskuur *Entziehungskur* v

ontwenningsverschijnsel *Entzugserscheinung* v

ontwerp • plan *Plan* m; *Vorhaben* o • schets *Entwurf* m; *Skizze* v; *Plan* m ★ een ~ maken *einen Entwurf/eine Skizze anfertigen*; *einen Plan entwerfen*

ontwerpbouwtekening *Bauentwurf* m

ontwerpen • schetsen *entwerfen*; *skizzieren* ★ patronen ~ *Muster entwerfen* • opstellen *entwerfen*; *aufstellen*

ontwerper *Designer* m; *Entwerfer* m; ⟨vormgever⟩ *Gestalter* m ★ industrieel ~ *Industrial Designer* m

ontwerpnota *Konzept* o

ontwijken • opzij gaan *ausweichen* ★ op het nippertje iem. ~ *jmdm. in letzter Sekunde ausweichen* • uit de weg gaan *ausweichen*; *umgehen*; *meiden* ★ ~d antwoord *ausweichende Antwort* v ★ zij ~ elkaar *sie gehen einander aus dem Weg* ★ zij ontweek dat onderwerp heel handig *sie umging das Thema geschickt* ★ een vraag ~ *einer Frage ausweichen/aus dem Weg gehen* ★ iemands blik ~ *jmds. Blick ausweichen* • trachten te ontlopen *ausweichen*; *zu entgehen versuchen* ★ een klap ~ *einem Schlag ausweichen/zu entgehen versuchen*

ontwikkelaar *Entwickler* m

ontwikkeld • geestelijk gevormd *gebildet* • economisch op niveau *entwickelt*; *ausgewachsen*

ontwikkelen • geleidelijk vormen *entwickeln* • voortbrengen *entwickeln*; *erzeugen* • uitwerken *entwickeln*; *darlegen*; *auseinandersetzen* • kennis bijbrengen *bilden*; *ausbilden* • A-V *entwickeln*

ontwikkeling • groei *Entwicklung* v; *Wachstum* m ★ tot ~ komen *sich entwickeln* • het ontwikkeld zijn *Bildung* v ★ algemene ~ *Allgemeinbildung* v

ontwikkelingsgebied ⟨gebied⟩ *unterentwickelte(s) Gebiet* o; ⟨land⟩ *Entwicklungsland* o

ontwikkelingshulp *Entwicklungshilfe* v

ontwikkelingskosten *Entwicklungskosten* mv

ontwikkelingsland *Entwicklungsland* o

ontwikkelingspsychologie *Entwicklungspsychologie* v

ontwikkelingssamenwerking *Zusammenarbeit*

on

v *bei der Entwicklungshilfe*
ontwikkelingswerk *Entwicklungsarbeit* v
ontwikkelingswerker *Entwicklungshelfer* m
ontworstelen *entringen; entreißen* ★ *zich aan een omarming* ~ *sich aus einer Umarmung befreien*
ontwortelen ● *met wortel uitrukken entwurzeln* ● FIG. *ontheemd maken entwurzeln*
ontwrichten ● MED. *ausrenken; verrenken* ★ *zij heeft haar arm ontwricht sie hat sich den Arm ausgerenkt/verrenkt* ● *ontregelen zerrütten* ★ *geestelijk ontwricht seelisch zerrüttet*
ontwrichting ● MED. *Verrenkung* v ● FIG. *Zerrüttung* v
ontzag *Achtung* v; *Respekt* m; *Ehrfurcht* v ★ ~ *voor iemand/iets hebben Achtung/Ehrfurcht/ Respekt vor jmdm./etw. haben* ★ *vol* ~ *ehrfürchtig* ★ iem. ~ *inboezemen jmdm. Respekt einflößen*
ontzaglijk I BNW *zeer groot riesig; phänomenal; kolossal* ★ *zij hadden een* ~ *pret sie hatten einen Heidenspaß* II BIJW *ungeheuerlich; wahnsinnig* ★ *het is* ~ *duur es ist sündhaft teuer*
ontzagwekkend *Achtung gebietend; Ehrfurcht gebietend; imponierend*
ontzeggen I OV WW ● *niet toekennen abstreiten; streitig machen; absprechen* ★ *ze heeft aanleg, dat kan niemand haar* ~ *sie hat Talent, das kann ihr keiner absprechen* ● *weigeren verweigern; verwehren; untersagen;* JUR. *absprechen* ★ iem. de *toegang* ~ *jmdm. den Zutritt untersagen/ verweigern/verwehren* ★ iem. zijn rechten ~ *jmdm. seine Rechte absprechen/aberkennen* II WKD WW [zich ~] *verzichten auf [+4]; sich versagen* ★ *zich alles* ~ *auf alles verzichten; sich alles versagen*
ontzenuwen *entkräften; widerlegen*
ontzet I ZN [het] *Befreiung* v; *Entsatz* m II BNW ● *ontsteld entsetzt; entgeistert* ● *ontwricht nicht in Ordnung; nicht im Lot*
ontzetten ● *ontheffen entheben; absetzen; entziehen* ★ *de vader uit de ouderlijke macht* ~ *dem Vater die elterliche Gewalt entziehen* ★ *zij werd uit haar ambt ontzet sie wurde ihres Amtes enthoben; sie wurde abgesetzt* ● *bevrijden befreien*
ontzettend I BNW ● *vreselijk entsetzlich; furchtbar; schrecklich* ● *geweldig riesig; enorm; kolossal* ★ ~e *hitte enorme Hitze* v; *Wahnsinnshitze* v II BIJW *entsetzlich; schrecklich; furchtbar* ★ ~ *veel geluk hebben kolossales Glück haben* ★ ~ *schrikken einen Riesenschreck(en) bekommen; einen furchtbaren Schreck(en) bekommen*
ontzetting ● *ontheffing Absetzung* v ● *bevrijding Befreiung* v ● *verbijstering Entsetzen* o ● *ontwrichting Zerrüttung* v; ⟨v. gewricht⟩ *Ausrenkung* v; ⟨v. gewricht⟩ *Verrenkung* v
ontzien *schonen* ★ *zich* ~ *sich schonen* ★ *niets* ~d *schonungslos* ★ *geen moeite* ~ *keine Mühen scheuen* ★ *zich niet* ~ *sich nicht schonen*

ontzuiling *Entsäulung* v
onuitputtelijk *unerschöpflich*
onuitroeibaar *unausrottbar*
onuitspreekbaar *unaussprechlich*
onuitsprekelijk *unbeschreiblich; unaussprechlich; unsagbar*
onuitstaanbaar *unausstehlich; unleidlich*
onuitwisbaar *unauslöschlich*
onvast ● *niet vast instabil; wackelig; nicht fest* ★ ~e *koers schwankende(r) Kurs* m ★ ~e *slaap leichte(r)/nicht feste(r) Schlaf* m ● *wankel unbeständig; unstet; unsicher*
onveilig *unsicher* ★ *de reactor is* ~ *der Reaktor ist nicht sicher*
onveiligheid *Unsicherheit* v
onveranderlijk I BNW *unveränderlich; gleichbleibend* ★ ~e *grootheid unveränderliche Größe* v; *Konstante* v II BIJW *unaufhörlich; ständig; fortwährend*
onverantwoord *unverantwortlich; verantwortungslos*
onverantwoordelijk *unverantwortlich; unverzeihlich*
onverbeterlijk I BNW ● *niet te verbeteren unverbesserlich;* INFORM. *eingefleischt* ● *verstokt eingefleischt; überzeugt* ★ ~e *optimist unverbesserliche(r) Optimist* m II BIJW *einzigartig; beispiellos*
onverbiddelijk ● *onvermurwbaar unerbittlich* ★ *de docent was* ~ *der Lehrer war unerbittlich; der Lehrer war nicht umzustimmen* ● *onvermijdelijk unweigerlich; unvermeidlich*
onverbloemd *aufrichtig; geradlinig; unverblümt; ungeschminkt; unumwunden* ★ iem. ~ *de waarheid zeggen jmdm. unverblümt/gehörig die Wahrheit sagen*
onverbrekelijk *unlösbar; untrennbar* ★ ~ *verbonden unlöslich verbunden*
onverdeeld ● *niet verdeeld ungeteilt* ● *volledig ungeteilt; völlig; vollkommen* ★ ~e *aandacht ungeteilte Aufmerksamkeit* v ★ *het is geen* ~ *genoegen es ist kein reines Vergnügen*
onverdienstelijk I BNW ▼ *niet* ~ *nicht schlecht; recht gut* II BIJW ▼ *niet* ~ *nicht schlecht; recht gut*
onverdraaglijk *unerträglich;* ⟨onuitstaanbaar⟩ *unausstehlich*
onverdraagzaam *unverträglich; unduldsam; intolerant*
onverdund *unverdünnt*
onverenigbaar *unvereinbar*
onvergankelijk *unvergänglich*
onvergeeflijk *unverzeihlich; unverzeihbar*
onvergelijkbaar *unvergleichbar*
onvergelijkelijk *unvergleichlich*
onvergetelijk *unvergesslich*
onverhoeds *unerwartet*
onverholen *unverhohlen; unverhüllt* ★ *met* ~ *leedvermaak mit unverhohlener Schadenfreude*
onverhoopt *unverhofft* ★ ~ *weerzien unverhoffte(s)/überraschende(s) Wiedersehen* o
onverklaarbaar *unerklärlich; unerklärbar*
onverkort ● *niet ingekort ungekürzt* ★ ~e *versie ungekürzte Fassung* v ● *integraal uneingeschränkt*

onverkwikkelijk *unerfreulich*; FORM. *unerquicklich*

onvermijdelijk I BNW *unvermeidlich; unvermeidbar; unumgänglich* II BIJW *sicherlich; zwangsläufig; unweigerlich*

onverminderd *unvermindert; ungemindert* ★ deze bepaling blijft ~ van kracht *diese Bestimmung bleibt unberührt*

onvermoeibaar *unermüdlich*

onvermogen ● onmacht *Unvermögen* o; *Unfähigkeit* v ● insolventie *Zahlungsunfähigkeit* v; *Insolvenz* v; ⟨tijdelijk⟩ *Illiquidität* v

onvermurwbaar *unerbittlich*

onverricht ● → **zaak**

onversaagd *unverzagt*

onverschillig I BNW ● geen verschil uitmakend *gleich; einerlei* ★ het is mij ~ *es ist mir gleich/einerlei*; INFORM. *es ist mir egal/schnuppe* ● ongeïnteresseerd *gleichgültig; desinteressiert* ★ ~ kijken *ein gleichgültiges/desinteressiertes Gesicht machen* II BIJW *egal; gleichviel*

onverschilligheid *Gleichgültigkeit* v

onverschrokken *unerschrocken; furchtlos* ★ ~ het gevaar onder ogen zien *unerschrocken der Gefahr ins Auge sehen*

onverslijtbaar *unverwüstlich*

onversneden *unverschnitten; rein* ★ de ~ waarheid *die reine Wahrheit*

onverstaanbaar *unverständlich*

onverstandig *unvernünftig*; MIN. *töricht*; ⟨dom⟩ *unklug* ★ dat was ~ van je *das war dumm von dir*

onverstoorbaar *unerschütterlich; unbeirrbar*

onverteerbaar *unverdaulich*

onvertogen *ungebührlich; ungehörig* ★ geen ~ woord ≈ *kein böses Wort*

onvervaard *unerschrocken; unverzagt; furchtlos*

onvervalst *unverfälscht* ▼ zij spreekt ~ *Hessisch sie spricht ein waschechtes Hessisch*

onvervreemdbaar *unveräußerlich* ★ onvervreemdbare rechten *unveräußerliche Rechte* v

onverwacht *unerwartet; unvermutet; unvorhergesehen* ★ ~ genoegen *eine unerwartete Freude* ★ er gebeurde iets heel ~s *es geschah etw. völlig Unerwartetes*

onverwachts *unerwartet; unversehens*

onverwoestbaar *unverwüstlich*

onverzadigbaar *nicht zu stillen/sättigen*

onverzadigd *ungesättigt* ★ ~ vetzuur *ungesättigte Fettsäure* v

onverzettelijk *unbeugsam; unerschütterlich*

onverzoenlijk *unversöhnlich; unversöhnbar*

onverzorgd ● zonder verzorging *unversorgt* ● slordig *ungepflegt; vernachlässigt*

onvindbaar *unauffindbar*

onvoldaan ● onbevredigd *unzufrieden; unbefriedigt* ● niet betaald *unbezahlt; unbeglichen*

onvoldoende I BNW *ungenügend; unzureichend* II ZN [de] *ungenügende Note* v ★ een ~ ≈ *eine Fünf/Sechs*

onvolkomen *unvollkommen; unvollständig*

onvolkomenheid ● gebrek *Unvollkommenheit* v; *Mangel* m ● tekortkoming *Unzulänglichkeit*

v; *Mangel* m

onvolledig *unvollständig* ★ ~e baan *Teilzeitbeschäftigung* v ★ ~e kennis *lückenhafte(n) Kenntnisse*

onvolprezen *mehr als lobenswert*

onvoltooid *unvollendet*

onvolwaardig *nicht vollwertig*

onvolwassen *unreif*

onvoorspelbaar *nicht vorzusehen*

onvoorstelbaar *unvorstellbar*

onvoorwaardelijk *unbedingt; bedingungslos* ★ ~e trouw *bedingungslose/unbedingte Treue* v ★ tot ~e gevangenisstraf veroordeeld worden *zu einer Gefängnisstrafe ohne Bewährung verurteilt werden* ★ iem. ~ vertrouwen *jmdm. unbedingt vertrauen*

onvoorzichtig *unvorsichtig*

onvoorzichtigheid *Unvorsichtigkeit* v

onvoorzien *unvorhergesehen; unvermutet; unerwartet* ★ behoudens ~e omstandigheden *Unvorhergesehenes vorbehalten* ★ ~e uitgaven *unvorhergesehene(n) Ausgaben*

onvrede ● onbehagen *Unzufriedenheit* v ★ een gevoel van ~ hebben *ein unzufriedenes Gefühl haben* ● ruzie *Unfriede* m ★ in ~ leven *in Unfrieden leben*

onvriendelijk *unfreundlich*

onvrijwillig *unfreiwillig*

onvruchtbaar *unfruchtbar*

onvruchtbaarheid *Unfruchtbarkeit* v

onwaar *unwahr* ★ ~ verhaal *unwahre Geschichte* v

onwaarachtig ● niet echt *unwahrhaftig* ● onoprecht *unaufrichtig*; MIN. *verlogen*

onwaardig ● iets niet waard zijnd *unwert; unwürdig* ★ iemands vriendschap ~ zijn *jmds. Freundschaft unwürdig/unwert sein* ● verachtelijk *würdelos; unwürdig*

onwaarheid *Unwahrheit* v

onwaarschijnlijk ● te betwijfelen *unwahrscheinlich* ● ongeloofwaardig *unglaubhaft* ★ haar verhaal klinkt erg ~ *ihre Geschichte klingt äußerst unwahrscheinlich/unglaubhaft*

onwankelbaar *unerschütterlich*

onweer *Gewitter* o ★ er is een ~ op til *ein Gewitter braut sich zusammen* ★ er is ~ in de lucht *gleich gibt's ein Gewitter* ▼ haar gezicht staat op ~ *die Wut steht ihr im Gesicht geschrieben*

onweerlegbaar *unwiderlegbar; unwiderleglich*

onweersbui *Gewitter* o; *Gewitterschauer* m; *Gewittersturm* m

onweerstaanbaar *unaufhaltsam; unwiderstehlich*

onweersvliegje *Gewitterfliege* v

onweerswolk *Gewitterwolke* v

onwel *unwohl; unpässlich* ★ ik word ~ *mir wird schlecht*

onwelkom ★ ~ zijn *unwillkommen sein*

onwelwillend *ungefällig; unfreundlich*

onwennig *nicht heimisch; ungewohnt* ★ zij voelde zich wat ~ *ihr war ein wenig unbehaglich zumute/zu Mute; sie fühlte sich ein wenig unbehaglich*

onweren *gewittern* ★ het onweert al een hele

tijd *es gewittert schon lange*
onwerkelijk *unwirklich*
onwetend *unwissend*
onwetendheid *Unwissenheit* v; *Unkenntnis* v
onwettig *widerrechtlich*; *ungesetzlich*;
gesetzwidrig; *rechtswidrig*; *illegal* ★ *iets ~*
verklaren *etw. für gesetzeswidrig erklären*
onwezenlijk *unwahrscheinlich*; *unwirklich*
onwijs I BNW *dwaas albern*; *töricht*; MIN.
blödsinnig ★ *doe niet zo ~ sei nicht so albern*
II BIJW *in hoge mate wahnsinnig*; *irrsinnig*
★ *~ gaaf einsame Spitze*; *wahnsinnig toll*
onwil *Widerwilligkeit* v; *Widerspenstigkeit* v;
böse(r) Willen m ★ *het is geen ~ ≈ es fehlt
nicht an gutem Willen*
onwillekeurig *unwillkürlich*
onwillig *unwillig*; *widerwillig*
onwrikbaar *unumstößlich*
onyx *Onyx* m
onzacht *unsanft*
onzalig *unselig*; *unglückselig* ★ *~e gedachte
unselige(r) Gedanke* m
onzedelijk ● *immoreel unmoralisch* ● *onzedig
unsittlich*
onzedig *ungeziemend*; *ungehörig*; *unanständig*
onzeker ● *niet zeker unsicher*; *ungewiß* ★ *het is
~ hoe dat zal lopen das ist eine Fahrt ins
Ungewisse* ★ *het is nog ~ of... es ist noch
unsicher/ungewiss, ob...* ★ *in het ~e verkeren
im Ungewissen sein* ★ *iem. in het ~e laten
jmdn. im Ungewissen lassen* ★ *de toekomst is
~ die Zukunft ist ungewiss* ● *onvast unsicher*
● *niet zelfverzekerd unsicher*
onzekerheid ● *twijfel Unsicherheit* v;
Ungewissheit v ● *onzekere zaak Unsicherheit*
v; *Ungewissheit* v ● *onvastheid Unsicherheit* v;
Ungewissheit v
onzelfzuchtig *selbstlos*
Onze-Lieve-Heer *der liebe Gott*; *der liebe
Herrgott*
Onze-Lieve-Heer-Hemelvaart BN *Himmelfahrt*
v; *Himmelfahrtstag* m
Onze-Lieve-Vrouw *Unsere Liebe Frau* v
onzerzijds *unsererseits*
Onzevader *Vaterunser* o
onzichtbaar *unsichtbar*
onzijdig *sächlich*
onzin ● *dwaasheid Unfug* m ● *dwaze taal
Unsinn* m; INFORM. *Quatsch* m ★ *klinkklare ~
blanke(r) Unsinn* ★ *~ verkopen Unsinn/
Quatsch/dummes Zeug reden*
onzindelijk ● *vies unsauber*; *schmutzig* ● *niet
zindelijk* 〈v. kinderen〉 *nicht sauber*; 〈v.
huisdieren〉 *nicht stubenrein*
onzinnig ● *unsinnig*; *töricht*; *sinnlos*
● *buitensporig wahnsinnig*; *irrsinnig*
onzorgvuldig *unsorgfältig*
onzuiver ● *gemengd unrein*; *unsauber*
● *onoprecht irrig*; *unlauter* ★ *~e bedoelingen
unlautere(n) Absichten* ● MUZ. *vals* ★ *~e toon
unreine(r) Ton* m ● *onnauwkeurig ungenau*;
unrein ★ *~e metingen ungenaue(n) Messungen*
● *vervuild* ★ *~e huid unreine Haut* ★ *bruto
brutto* ★ *~ inkomen Bruttoeinkommen* o
oog ● *gezichtsorgaan Auge* o ★ *met het blote
oog mit bloßem Auge* ● *blik Auge* o; *Blick* m
★ *iemand/iets in het oog hebben jmdn./etw.
im Auge haben* ★ *uit het oog verliezen aus
den Augen verlieren* ● *gat Auge* o ★ *oog van
een naald Öhr* o; *Nadelöhr* o ▼ *door het oog
van de naald kruipen mit knapper Not
davonkommen* ▼ *oog in oog met iem. staan
jmdm. Auge in Auge gegenüberstehen* ▼ *iets in
het oog houden etw. im Auge behalten* ▼ *in
het oog krijgen bemerken* ▼ *in het oog
springen/vallen ins Auge fallen/springen* ▼ *iets
met een half oog zien etw. nur flüchtig sehen*
▼ *met het blote oog mit bloßem Auge* ▼ *iets
met leede ogen aanzien voll Bedauern bei etw.
zusehen* ▼ *iem. met schele ogen aankijken
jmdn. scheel/schief ansehen* ▼ *met het oog op
angesichts* [+2]; *in Anbetracht* [+2] ▼ *oog om
oog, tand om tand Auge um Auge, Zahn um
Zahn* ▼ *onder vier ogen unter vier Augen*
▼ *iem. niet onder de ogen durven komen
jmdm. nicht mehr unter die Augen treten
können* ▼ *uit het oog, uit het hart aus den
Augen, aus dem Sinn* ▼ *uit zijn ogen kijken die
Augen offen halten* ▼ *iets uit het oog verliezen
etw. aus den Augen verlieren* ▼ *iets voor ogen
houden etw. vor Augen halten* ▼ *zijn ogen de
kost geven seine Augen aufmachen* ▼ *de ogen
sluiten voor die Augen verschließen vor* [+3]
▼ *iem. de ogen uitsteken jmdm. die Augen
ausstechen* ▼ *zijn ogen uitkijken sich die
Augen aus dem Kopf sehen*; *sich nicht sattsehen
können* ▼ *hoge ogen gooien gute Chancen
haben* ▼ *geen oog dichtdoen kein Auge zutun*
▼ *zijn ogen zijn groter dan zijn maag die
Augen sind größer als der Magen* ▼ *zij heeft
ogen in haar rug sie hat ihre Augen überall*
▼ *heb je geen ogen in je hoofd? hast du denn
keine Augen im Kopf?* ▼ *de ogen voor iets
sluiten die Augen vor etw. verschließen* ▼ *zijn
ogen goed de kost geven die Augen offen
halten* ▼ *zijn ogen in zijn zak hebben blind
für etw. sein* ▼ *schele ogen geven scheele
Augen machen* ▼ *oog op iets hebben ein Auge
für etw. haben* ▼ *op iemand/iets zijn oog
laten vallen ein Auge auf jmdn./etw. werfen*
▼ *ogen en oren tekortkomen überwältigt sein
vom Geschehen* ▼ *een oogje dichtdoen ein
Auge zudrücken* ▼ *een oogje op iem. hebben
ein Auge auf jmdn. haben* ▼ *een oogje in het
zeil houden nach dem Rechten sehen* ▼ *met de
ogen staan te knipperen sehr verwundert sein*
oogappel ● *deel van oog Iris* v ● *lieveling
Augapfel* m
oogarts *Augenarzt* m
oogbal *Augapfel* m
oogcontact *Blickkontakt* m
oogdruppels *Augentropfen* mv
ooggetuige *Augenzeuge* m
ooggetuigenverslag *Augenzeugenbericht* m
oogheelkunde *Augenheilkunde* v
oogheelkundig *augenärztlich*
ooghoek *Augenwinkel* m
oogholte *Augenhöhle* v
ooghoogte *Augenhöhe* v ★ *op ~ in Augenhöhe*
oogje e → **oog**
oogkas *Augenhöhle* v
oogklep *Scheuklappe* v

ooglens *Augenlinse* v
ooglid *Lid* o; *Augenlid* o
ooglijderskliniek *Augenklinik* v
oogluikend ▼ iets ~ toelaten *bei etw. ein Auge zudrücken*
oogmerk *Absicht* v; *Bestreben* o ★ met het ~ *mit/in der Absicht*
oogmeting *Sehprüfung* v
oogontsteking *Augenentzündung* v
oogopslag *Augenaufschlag* m; *Blick* m ★ bij de eerste ~ *auf den ersten Blick*
oogpotlood *Kajalstift* m
oogpunt *Gesichtspunkt* m; *Blickpunkt* m; *Sicht* v
oogschaduw *Lidschatten* m
oogst ● opbrengst *Ertrag* m ● het geoogste *Ernte* v
oogsten *ernten*
oogstmaand *Erntemonat* m
oogstmachine *Erntemaschine* v
oogstrelend ★ ~ zijn *eine Augenweide sein*
oogverblindend *glänzend*
oogwenk *Augenblick* m ★ in een ~ *im Nu*
oogwit ★ het ~ *das Weiße im Auge*
oogzenuw *Sehnerv* m
ooi *Mutterschaf* o
ooievaar *(Weiß)storch* m
ooievaarsnest *Storch(en)nest* o
ooit *jemals*; *je*; *irgendwann* ▼ wel heb je ooit! *nanu!*
ook ● eveneens *auch* ▼ zij is ook van de partij *sie ist mit dabei* ● zelfs *auch* ● misschien *auch* ● ⟨als versterking⟩ *auch* ★ hoe dan ook *wie dem auch sei* ★ ik ga hoe dan ook *ich gehe auf jeden Fall/auf alle Fälle* ★ wanneer/waar dan ook *wann/wo auch immer* ★ hoe het ook zij *wie dem auch sei* ★ dat is ook toevallig! *so ein Zufall!* ● immers *auch* ● ⟨zonder betekenis⟩ ★ hoe heet je ook al weer? *wie heißt du denn gleich?* ★ dat getut ook altijd *immer diese Zimperlichkeit* ★ dat is waar ook *das stimmt ja* ▼ ook goed! *schon gut!*
oom *Onkel* m ▼ een hoge ome *ein hohes Tier*
oor ● gehoororgaan *Ohr* o ● oorschelp *Ohr* o ● handvat *Henkel* m ▼ nog niet droog achter de oren zijn *noch feucht/nicht trocken hinter den Ohren sein* ▼ zich iets goed in zijn oren knopen *sich etw. hinter die Ohren schreiben* ▼ met de oren staan te klapperen *mit den Ohren wackeln* ▼ met een half oor luisteren *mit halbem Ohr zuhören* ▼ op één oor gaan liggen *sich aufs Ohr legen* ▼ ter ore komen *zu Ohren kommen* ▼ iem. een oor aannaaien *jmdm. einen Bären aufbinden* ▼ zijn oren niet (kunnen) geloven *seinen Ohren nicht trauen* ▼ oren hebben naar iets *Lust zu etw. haben* ▼ dat gaat het ene oor in en het andere oor uit *das geht zum einen Ohr herein, zum anderen wieder hinaus* ▼ de oren spitsen *die Ohren spitzen* ▼ een en al oor zijn *ganz Ohr sein* ▼ zijn oor te luisteren leggen *herumhorchen* ▼ iem. het oor lenen *jmdm. Gehör schenken*
oorarts *Ohrenarzt* m
oorbel *Ohrring* m; ⟨groter en hangend⟩ *Ohrgehänge* o; ⟨in het oor⟩ *Ohrstecker* m
oord *Ort* m; *Gegend* v

oordeel ● mening *Meinung* v; *Ansicht* v ★ op iemands ~ afgaan *sich auf jmds. Urteil verlassen* ★ zijn ~ opschorten *nicht vorschnell urteilen*; *mit seinem Urteil zurückhalten* ★ van ~ zijn *der Meinung/Ansicht sein* ● beoordelingsvermogen *Urteilsvermögen* o; *Verstand* m ★ helder ~ *klare(r) Verstand* ★ gezond ~ *gesunde(r) Menschenverstand* ● vonnis *Urteil* o ★ een ~ vellen *ein Urteil fällen* ★ een ~ opschorten *mit dem Urteil zurückhalten* ★ REL. het laatste Oordeel *das Jüngste/Letzte Gericht*
oordelen *urteilen*; *beurteilen*
oordopje *Ohrpfropf* m
oordruppels *Ohrentropfen* mv
oorhanger *Ohrring* m
oorheelkunde *Ohrenheilkunde* v
oorkonde *Urkunde* v
oorlel *Ohrläppchen* o
oorlog *Krieg* m ★ ~ voeren *Krieg führen* ▼ de koude ~ *der kalte Krieg*
oorlogsbodem *Kriegsschiff* o
oorlogscorrespondent *Kriegsberichterstatter* m
oorlogseconomie *Kriegswirtschaft* v
oorlogsfilm *Kriegsfilm* m
oorlogsheld *Kriegsheld* m
oorlogsindustrie *Kriegsindustrie* v
oorlogsinvalide *Kriegsbeschädigte(r)* m; *Kriegsversehrte(r)* m
oorlogsmisdadiger *Kriegsverbrecher* m
oorlogsmonument *Kriegerdenkmal* o
oorlogspad ▼ op het ~ zijn *auf dem Kriegspfad sein*
oorlogsschip *Kriegsschiff* o
oorlogsslachtoffer *Kriegsopfer* o
oorlogsverklaring *Kriegserklärung* v
oorlogszuchtig *kriegerisch*
oorlogvoering *Kriegsführung* v
oormerk *Ohrmarke* v
oorontsteking *Ohrenentzündung* v; *Otitis* v
oorpijn *Ohrenschmerzen* mv
oorschelp *Ohrmuschel* v
oorsmeer *Ohrenschmalz* o
oorsprong ● begin *Ursprung* m ● afkomst *Herkunft* v
oorspronkelijk ● aanvankelijk *anfänglich*; *ursprünglich* ★ zoals we ~ van plan waren *wie ursprünglich beabsichtigt* ● origineel; *ursprünglich*; *original*; *unverfälscht* ★ een ~e compositie *eine originale Komposition* v
oorstrelend ★ ~ zijn *ein Ohrenschmaus sein*
oortelefoon *Kopfhörer* m
oorverdovend *ohrenbetäubend*
oorvijg *Ohrfeige* v ★ iem. een ~ geven *jmdn. ohrfeigen*; *jmdm. eine Ohrfeige verpassen*
oorwurm *Ohrwurm* m ▼ een gezicht als een oorworm *ein Gesicht wie sieben Tage Regenwetter*
oorzaak *Ursache* v ★ de wet van ~ en gevolg *das Gesetz von Ursache und Wirkung*
oorzakelijk *ursächlich*; *kausal* ★ ~ verband *ursächliche(r) Zusammenhang* m; *Kausalzusammenhang* m ★ TAALK. ~ voorwerp *Prädikativ* o
Oost *Osten* m; ⟨Nederlands-Indië⟩ *Niederländisch-Indien* o

OO

oost I BNW *östlich* ★ de wind is oost *der Wind kommt von Osten* **II** ZN [de] *Osten* m; ⟨Nederlands-Indië⟩ *Niederländisch-Indien* o ▼ oost west, thuis best *daheim ist daheim*
Oostblok *Ostblock* m
Oost-Duits *ostdeutsch*
Oost-Duitse *Ostdeutsche* v
Oost-Duitser *Ostdeutsche(r)* m
Oost-Duitsland *Ostdeutschland* o
oostelijk *östlich* ★ naar het oosten *östlich*
oosten ★ windstreek *Osten* m ★ ten ~ van *östlich* [+2] ● gebied *Osten* m ★ het Nabije Oosten *der Nahe Osten*
Oostende *Ostende* o
Oostenrijk *Österreich* o
Oostenrijker *Österreicher* m
Oostenrijks *österreichisch*
Oostenrijkse *Österreicherin* v
oostenwind *Ostwind* m
oosterbuur *östliche(r) Nachbar* m
oosterlengte *östliche Länge* v
oosterling *Asiat* m; ⟨uit het Nabije Oosten⟩ *Orientale* m
oosters *östlich*; *orientalisch* ★ de ~e kerk *die griechisch-orthodoxe Kirche*
Oost-Europa *Osteuropa* o
Oost-Europeaan *Osteuropäer* m
Oost-Europees *osteuropäisch*
Oost-Europese *Osteuropäerin* v
Oost-Indisch ▼ ~ doof zijn *sich taub stellen*
oostkust *Ostküste* v
Oost-Vlaams *ostflämisch*
Oost-Vlaamse *Ostflämin* v
Oost-Vlaanderen *Ostflandern* o
Oost-Vlaming *Ostflame* m
oostwaarts *ostwärts*
Oostzee *Ostsee* v
ootje ▼ iem. in het ~ nemen *jmdn. verulken/veräppeln*
ootmoedig *demütig*; *demutsvoll*
op I VZ ● boven(op) zijnd *auf* [+3] ★ op het dak zitten *auf dem Dach sitzen* ● op de fiets *auf dem Fahrrad* ★ op zee *auf dem Meer; auf der See* ● in *auf* [+3/4]; *in* [+3/4] ★ op straat *auf der Straße* ● op zijn kamer *in/auf seinem Zimmer* ● bovenop komend ★ op het dak klimmen *auf das Dach steigen* ● tegen ★ op het raam tikken *ans Fenster klopfen* ● verwijderd van *in* [+3] ★ op drie kilometer afstand *in einer Entfernung von drei Kilometern* ● tijdens *auf* [+3]; *an* [+3] ★ op dat moment *in dem Moment* ★ op dit moment *in dem Moment* ★ op maandag *am Montag* ★ op zekere dag *eines Tages* ★ op 1 augustus *am ersten August* ● later op de dag *später am Tag* ● volgens een bepaalde manier ★ op z'n Frans *auf Französisch* ● uitgezonderd *bis auf* ★ op één euro na *bis auf einen Euro* ★ de laatste op een na *der letzte bis auf einen* ★ allen op één na *alle bis auf einen* ★ op twee na de grootste *der Drittgrößte* ● met *mit* [+3] ★ op gas koken *mit Gas kochen* ● op waterstof lopen *mit Wasserstoff laufen* ● gericht naar *nach* [+3] ★ op het noorden *nach Norden* ▼ één op de tien *einer von zehn* ▼ op z'n laatst *spätestens* ▼ op de minuut af

auf die Minute genau ▼ Maria is op de buurjongen ⟨verliefd⟩ *Maria steht auf den Nachbarsjungen* **II** BIJW ● omhoog *auf*; *hoch* ★ op en neer *auf und ab/nieder* ★ op en neer gaan *auf- und abgehen* ● verbruikt *alle* ★ op kunnen *aufessen können* ★ het water is op *das Wasser ist alle* ★ mijn geduld is op *meine Geduld ist zu Ende* ★ op is op *weg ist weg* ★ FIG. het kan niet op! *es ist Wahnsinn!* ● uitgeput *fertig*; INFORM. *alle* ★ hij was helemaal op *er war völlig fertig* ● uit bed *aufgestanden*; *auf* ★ ben je al op? *bist du schon auf?* ▼ tegen iem. op kunnen *mit jmdm. fertig werden*
opa *Opa* m
opaal *Opal* m
opart *Op-Art* v
opbakken *aufbraten*
opbaren *aufbahren*
opbellen *anrufen*
opbergen *auf-/wegräumen*; *einräumen*; ECON. *speichern*; ⟨in een bergruimte zetten⟩ *abstellen*; ⟨archiveren⟩ *ablegen*
opbergsysteem *Ablagesystem* o
opbeuren ● optillen *hochheben* ● opvrolijken *aufmuntern*; *aufheitern*
opbiechten *beichten*; *gestehen* ★ eerlijk ~ *mit der Wahrheit herausrücken* ● biecht maar eens op! *heraus mit der Sprache!*
opbieden *mehr bieten*; ⟨kaartspel⟩ *reizen*
opbinden *aufbinden*; *hochbinden*; *festbinden* ★ de roos ~ *den Rosenstock auf-/hochbinden*
opblaasbaar *aufblasbar*
opblaaspop *aufblasbare Puppe* v
opblazen ● doen zwellen *aufblasen*; *aufblähen* ● doen ontploffen *sprengen* ● aandikken *aufbauschen*
opblijven *aufbleiben*
opbloei *Aufschwung* m
opbloeien *aufblühen*
opbod ★ bij ~ verkopen *meistbietend versteigern*; *gegen höchstes Gebot versteigern*
opboksen *ankämpfen gegen*
opborrelen *aufbrodeln*; *aufsprudeln*
opbouw ● het opbouwen *Aufbau* m ★ in ~ *im Aufbau befindlich* ● samenstelling *Aufbau* m ● bouw erbovenop *Aufbau* m
opbouwen *aufbauen*
opbouwend *konstruktiv*; *aufbauend* ★ ~e kritiek *konstruktive Kritik*
opbouwwerk *Sozialarbeit* v *innerhalb der Stadtteile und Gemeinden*
opbranden I OV WW branden *verbrennen* **II** ON WW verbranden *abbrennen*
opbreken I OV WW ● openbreken *aufbrechen* ★ een straat ~ *eine Straße aufbrechen* ● demonteren *abbrechen* ★ de tent ~ *das Zelt abbrechen* **II** ON WW ● vertrekken *aufbrechen* ● oprispen *aufstoßen*
opbrengen ● opleveren *einbringen*; *eintragen* ★ kapitaal brengt rente op *Kapital trägt/bringt Zinsen* ★ dat brengt een hoge prijs op *das erzielt einen hohen Preis* ● betalen *aufbringen* ★ de kosten niet kunnen ~ *die Kosten nicht aufbringen können* ● hebben *aufbringen* ★ het geduld/de moed niet ~ *die*

Geduld/den Mut nicht aufbringen können
• aanbrengen *auftragen* ★ een dikke laag
verf ~ *eine dicke Farbschicht auftragen* • als
overtreder meevoeren ≈ *festnehmen*
opbrengst • rendement ⟨geldbedrag uit
verkoop⟩ *Erlös* m; ⟨winst⟩ *Ertrag* m • oogst
Ertrag m
opdagen *erscheinen*
opdat *damit*
opdienen *auftragen*
opdiepen • opsporen *ausgraben; auskramen*
• omhoog halen *hervorholen; hervorkramen*
opdirken *auftakeln; aufdonnern* ★ zich ~ *sich
auftakeln; sich aufdonnern*
opdissen ★ een verhaal ~ *eine Geschichte
auftischen*
opdoeken *aufheben*
opdoemen *auftauchen*
opdoen • aanbrengen *auftragen* ★ parfum ~
Mascara auftragen • opzetten *aufsetzen*
• verkrijgen *sammeln* ★ kennis ~ *sich
Kenntnisse erwerben* ★ nieuwe krachten ~
neue Kräfte sammeln ★ slechte ervaringen ~
schlechte Erfahrungen machen • oplopen *sich
zuziehen* ★ waar heeft hij die ziekte
opgedaan? *wo hat er sich diese Krankheit
zugezogen?*
opdoffen *aufputzen* ★ zich ~ *sich
zurechtmachen; sich fein machen* ★ zij had
zich geweldig opgedoft *sie war mächtig
aufgetakelt/aufgedonnert*
opdoffer *Schlag* m
opdonder • stomp *Schlag* m; *Hieb* m
• tegenslag *Schlag* m
opdonderen ★ donder op! *scher dich zum
Teufel!*
opdondertje *Knirps* m; *Dreikäsehoch* m
opdraaien I OV WW opwinden *aufziehen/
-winden* II ON WW ~ **voor** ★ zij moet ervoor ~
man schiebt ihr die Schuld in die Schuhe
★ voor de kosten moeten ~ *für die Kosten
aufkommen müssen*
opdracht • taak *Auftrag* m ★ in ~ van *im
Auftrag* [+2] ★ een ~ geven/krijgen/uitvoeren
einen Auftrag erteilen/bekommen/ausführen
• opdracht in boek *Widmung* v
opdrachtgever *Auftraggeber* m
opdragen • opdracht geven tot *auftragen*
★ iem. ~ iets te doen *jmdn. mit etw.
beauftragen* • ~ **aan** aanbieden aan *widmen*
★ een boek ~ aan iem. *jmdm. ein Buch
widmen*
opdraven • dravend gaan ⟨v. de spreker weg⟩
hinauftraben; ⟨naar de spreker toe⟩
herauftraben • op bevel komen *antraben*
★ iem. laten ~ *jmdn. kommen lassen*
opdreunen *herunterleiern*
opdrijven • voortdrijven *treiben* • doen stijgen
hochtreiben ★ de prijzen ~ *die Preise in die
Höhe treiben*
opdringen I OV WW ~ **aan** opleggen aan
aufdrängen ★ iem. iets ~ *jmdm. etw.
aufdrängen/aufnötigen* II WKD WW **[zich ~]**
• iem. lastigvallen *sich aufdringen*
• onontkoombaar worden ★ de gedachte
dringt zich bij mij op *ich kann mich des*

*Gedankens nicht erwehren; der Gedanke drängt
sich mir auf* • BN dringend nodig zijn
dringend nötig sein III ON WW naar voren
dringen *herandrängen; vordrängen*
opdringerig *aufdringlich*
opdrinken *auftrinken; austrinken*
opdrogen I OV WW droogmaken *trocknen* II ON
WW droog worden *auftrocknen; austrocknen*;
⟨v. bronnen, beken e.d.⟩ *versiegen*
opdruk *Aufdruck* m
opdrukken I OV WW erop drukken *aufdrucken*;
⟨met stempel⟩ *aufprägen* II WKD WW **[zich ~]**
Liegestütze machen
opduikelen *aufgabeln; auffischen*
opduiken I OV WW • naar boven halen *an die
Oberfläche bringen* • vinden *auftreiben*
★ waar heb jij dat boek opgedoken? *wo hast
du das Buch aufgetrieben?* II ON WW • boven
water komen *auftauchen* • tevoorschijn
komen *auftauchen* ★ zij kwam opeens weer ~
sie tauchte auf einmal wieder auf
opduvel *Stoß* m; *Schubs* m ★ hij heeft een ~
gekregen *er hat einen draufgekriegt*
opduvelen *abhauen*
OPEC *OPEC* v
opeen • op elkaar *aufeinander* • tegen elkaar
aneinander; zusammen
opeenhoping *Anhäufung* v; *Häufung* v
opeens *auf einmal; mit einem Mal*
opeenstapeling *Aufstap(e)lung* v; ⟨ook fig.⟩
Häufung v
opeenvolgend *aufeinanderfolgend*
opeenvolging *Aufeinanderfolge* v ★ een ~ van
ongelukken *ein Unglück nach dem anderen*
opeisen *fordern* ★ een aanslag ~ *sich zu einem
Anschlag bekennen* ★ iets voor zich ~ *etw. für
sich beanspruchen*
open • niet afgesloten *offen* ★ een open wond
eine offene Wunde • toegankelijk ★ open tot
vijf uur *bis 5 Uhr geöffnet* • niet bedekt ★ in
het open veld *im freien Feld* ★ een open plek
in een bos *eine Lichtung* ★ in de open lucht
im Freien ▼ open en bloot *unverhüllt*
openbaar • voor ieder toegankelijk *öffentlich*
★ het ~ vervoer *die öffentlichen Verkehrsmittel*
★ openbare school *öffentliche Schule* v ★ in
het ~ *öffentlich* ★ zich in het ~ vertonen *sich
der Öffentlichkeit zeigen* • voor ieder geldend
öffentlich • voor ieder bekend ★ ~ maken
veröffentlichen ★ ~ worden *an die
Öffentlichkeit gelangen*
openbaarheid *Öffentlichkeit* v
openbaren I OV WW ruchtbaar maken
offenbaren II WKD WW **[zich ~]** *sich offenbaren*
openbaring *Offenbarung* v
openblijven *offen/geöffnet bleiben/haben*
openbreken • openen *aufbrechen* • wijzigen
★ een cao ~ *einen Tarifvertrag kündigen*
opendeurdag BN *Tag* m *der offenen Tür*
opendoen *öffnen; aufmachen; auftun*
openen • openmaken *öffnen* • FIG. beginnen
eröffnen ★ een rekening ~ *ein Konto eröffnen*
opener *Öffner* m
opengaan *aufgehen*; *sich öffnen* ★ de deur ging
open *die Tür öffnete sich*
openhartig *offenherzig*

op

op

openhartoperatie *offene Herzoperation* v
openheid *Offenheit* v
openhouden *offen halten*
opening ● het openen *Öffnung* v; *Öffnen* o
● gat *Öffnung* v ● begin *Eröffnung* v
openingsbod *Eröffnungsgebot* o
openingskoers *Eröffnungskurs* m
openingsplechtigheid *Eröffnungsfeier* v
openingstijd *Geschäftszeit* v
openingstijden *Öffnungszeiten* v mv ★ wat zijn de ∼ van de supermarkt? *wann ist der Supermarkt geöffnet?*
openingswedstrijd *Eröffnungsspiel* o
openingszet *Eröffnungszug* m
openlaten ● geopend laten *offen lassen* ● FIG. niet af-/uitsluiten *offenlassen*
openleggen ● open neerleggen *geöffnet hinlegen* ● toegankelijk maken *erschließen* ● uiteenzetten *enthüllen; aufdecken*
openlijk *öffentlich; offen*
openluchtbad *Freibad* o
openluchtconcert *Freilichtkonzert* o; *Freiluftkonzert* v
openluchtmuseum *Freilichtmuseum* o
openmaken *aufmachen; öffnen*
op-en-neer *auf und ab*
openslaan *aufschlagen; aufklappen* ★ de krant ∼ *die Zeitung aufschlagen*
openslaand ★ ∼e deuren *Flügeltüre* v mv
opensperren *aufsperren*
openspringen *aufspringen*; ⟨slot⟩ *aufschnappen*
openstaan ● geopend zijn *offen stehen* ● nog te betalen *offenstehen* ★ ∼de rekening *offenstehende Rechnung* v; *offene Rechnung* ● vacant zijn *offenstehen* ● ∼ **voor** welwillend zijn jegens *offenstehen* ★ ∼ voor kritiek *dankbar sein für Kritik*
openstellen *(er)öffnen; freigeben* ★ opengesteld zijn *offenstehen* ★ voor het verkeer ∼ *dem Verkehr übergeben*
op-en-top *ganz und gar; durch und durch* ★ hij is ∼ een heer *er ist ganz ein Herr*
openvallen ● opengaan *aufgehen* ● vacant raken *frei werden*
openzetten *öffnen*
opera *Oper* v
operabel *operabel*
operateur *Operator* m
operatie ● MED. *Operation* v ★ een ∼ ondergaan *sich operieren lassen; sich einer Operation unterziehen* ● ECON. *Transaktion* v; *Handlung* v ● MIL. *Operation* v
operatief *operativ*
operatiekamer *Operationssaal* m
operatietafel *Operationstisch* m
operatiezuster *OP-Schwester* v
operationaliseren *operationalisieren*
operationeel ● *einsatzfähig; einsatzbereit* ● militair *zur Durchführung von Operationen*
operator ● persoon *Operateur* m ● WISK. *Operator* m
operazangeres *Opernsängerin* v
opereren *operieren*
operette *Operette* v
opeten *aufessen* ▼ ik eet je niet op, hoor! *ich werde dich schon nicht fressen!*

opfleuren I OV WW vrolijker maken *auffrischen; aufmuntern* II ON WW vrolijker worden *aufblühen; aufleben*; ⟨v. gezicht e.d.⟩ *sich aufhellen*; ⟨v. ziekte⟩ *sich erholen*
opflikkeren ● helderder flikkeren *aufflackern* ● opduvelen *abhauen* ★ flikker op! *verschwinde!; scher dich zum Teufel!*
opfokken ● grootbrengen *aufzüchten; aufziehen* ● boos maken *aufstacheln* ★ hij voelde zich nogal opgefokt *er fühlte sich ziemlich angespannt/aufgestachelt*
opfrissen I OV WW ● LETT. fris maken *erfrischen* ★ zich ∼ *sich ein wenig frisch machen* ● FIG. activeren *erfrischen* II ON WW fris worden *frisch werden*
opgaan ● omhooggaan ⟨v. ballon⟩ *aufsteigen; hinaufgehen* ● gaan naar *gehen auf* ★ de straat ∼ *auf die Straße gehen* ● geheel op raken *alle werden* ★ het eten is opgegaan *das Essen ist alle* ● juist zijn *stimmen* ★ dat gaat niet op *das stimmt nicht* ● examen doen *machen* ★ voor een examen ∼ *ein Examen machen/ablegen* ● ∼ **in** *aufgehen in* ★ in de muziek ∼ *aufgehen in Musik*
opgang ● het opgaan *Aufgang* m ● trap *Aufgang* m ▼ ∼ maken *Beifall/Anklang finden; im Kommen sein*
opgave, opgaaf ● vraagstuk *Aufgabe* v; *Angabe* v ● taak *Aufgabe* v; *Angabe* v ● vermelding *Aufgabe* v; *Angabe* v ★ ∼ van de bronnen *Quellenangabe* v
opgeblazen ● gezwollen *aufgedunsen* ● verwaand *aufgeblasen*
opgefokt *gereizt*
opgeilen *aufgeilen*
opgelaten FORM. *verunsichert* ★ ik voelde me erg ∼ *ich war verunsichert*
opgeld ● agio *Aufgeld* o ● bijbetaling op koopprijs (bij veiling) *Zuschlag* m ▼ ∼ doen *Beifall finden*
opgelucht *erleichtert* ★ ∼ ademhalen *erleichtert aufatmen*
opgeruimd ● netjes *aufgeräumt* ● vrolijk *gut gelaunt; aufgeräumt; heiter*
opgeschoten *aufgeschossen* ★ hoog ∼ *lang aufgeschossen* ★ ∼ kwajongen *halbwüchsige(r) Bengel*
opgeschroefd *hochgeschraubt* ★ ∼e verwachtingen *hochgeschraubte Erwartungen*
opgesmukt ● versierd *gekünstelt; geziert* ● gekunsteld *affektiert; schwülstig*
opgetogen *entzückt; begeistert*
opgeven I OV WW ● prijsgeven *aufgeben* ★ de moed ∼ *den Mut verlieren* ● melden *angeben* ★ een reden ∼ *einen Grund angeben* ★ de prijs van iets ∼ *den Preis von etw. nennen* ● aanmelden *anmelden* ★ zich ∼ voor... *sich anmelden für...* ● opdragen *aufgeben* ★ een moeilijke som ∼ *eine schwierige Rechenaufgabe aufgeben* ● braken *aushusten* II ON WW ▼ hoog ∼ van iets/iemand *jmdn./etw. in den höchsten Tönen loben*
opgewassen ▼ ∼ zijn tegen iem. *jmdm. gewachsen sein*; FORM. *jmdm. ebenbürtig sein* ▼ niet ∼ zijn tegen de moeilijkheden *den Schwierigkeiten nicht gewachsen sein*

opgewekt *munter; heiter*
opgewonden *aufgeregt; erregt;* ⟨v. uurwerken⟩ *aufgezogen*
opgooien ● gooien *hoch-/aufwerfen; in die Höhe werfen* ▼ tossen *werfen* ▼ een balletje over iets ~ *eine Anspielung machen*
opgraven *ausgraben*
opgraving *Ausgrabung* v
opgroeien *heranwachsen; aufwachsen* ★ zij is in Brabant opgegroeid *sie ist in Brabant aufgewachsen* ★ de kinderen groeien op *die Kinder wachsen heran*
ophaalbrug *Zugbrücke* v
ophalen ● omhooghalen *hochziehen;* ⟨zeil, vlag⟩ *aufziehen* ● inzamelen *einsammeln* ★ geld ~ *Geld einsammeln* ● afhalen *abholen* ★ haal je me vanavond op? *holst du mich heute Abend ab?* ● verbeteren ★ zijn Duits ~ *sein Deutsch auffrischen*
ophanden ★ ~ zijn *bevorstehen*
ophangen I OV WW ● erop/eraan hangen *aufhängen* ● aan de galg hangen *(auf)hängen* ★ zich ~ *sich erhängen* ● opdissen *zum Besten geben* ★ een verhaal ~ *eine Geschichte zum Besten geben* **II** ON WW telefoongesprek beëindigen *auflegen/-hängen* ★ waarom hang je op? *weshalb legst du auf?*
ophanging ● straf *Erhängung* v ● TECHN. *Aufhängung* v
ophebben ● dragen *aufhaben* ● genuttigd hebben *aufgegessen/ausgetrunken haben* ● hij heeft iets te veel op *er hat einen über den Durst getrunken* ● ~ **met** *schätzen; mögen* ★ veel ~ met iem. *jmdn. besonders schätzen; große Stücke auf jmdn. halten* ★ weinig ~ met iem. *jmdn. nicht mögen*
ophef *Aufheben* o ● veel ~ over iets maken *viel Aufhebens von etw. machen* ★ met veel ~ *mit viel Trara*
opheffen ● optillen *(er)heben* ★ het hoofd ~ *den Kopf (er)heben* ● beëindigen *aufheben; beseitigen; auflösen* ● een zaak ~ *ein Geschäft auflösen* ● tenietdoen *(sich) aufheben; (sich) ausgleichen* ● de verschillen ~ *die Unterschiede ausgleichen* ★ dat hebt elkaar op *das hebt sich gegenseitig auf; das gleicht sich aus*
opheffing ● sluiting *Auflösung* v; *Aufgabe* v ★ wegens ~ van de zaak *wegen Geschäftsaufgabe* ● afschaffing *Aufhebung* v; *Abschaffung* v
opheffingsuitverkoop *Räumungsausverkauf* m
ophefmakend BN *geruchtmakend aufsehenerregend*
ophelderen I OV WW toelichten *aufklären; erläutern; erklären* **II** ON WW weer helder worden *sich aufhellen; sich aufklären*
opheldering ● opklaring *Aufklärung* v ● uitleg *Erläuterung* v; *Aufschluss* m ★ iem. ~ over iets verschaffen *jmdm. Aufschluss über etw. geben*
ophemelen *herausstreichen*
ophijsen *hochziehen* ★ zijn broek ~ *seine Hosen hochziehen/raufziehen*
ophitsen *aufhetzen; aufwiegeln*
ophoepelen *sich wegscheren* ★ hoepel op! *scher dich weg!; hau ab!*

ophoesten ● spuwen *(aus)husten* ● tevoorschijn toveren *ausspucken*
ophogen *erhöhen; aufschütten; anschütten*
ophokken *im Stall halten*
ophopen *aufhäufen; anhäufen*
ophouden I OV WW ● omhoog houden *hochhalten* ★ de hand ~ *die Hand hochhalten* ● hooghouden *wahren* ★ de schijn ~ *den Schein wahren* ● op het lichaam houden *aufbehalten* ★ zijn hoed ~ *den Hut aufbehalten* ● tegenhouden *aufhalten* **II** ON WW stoppen *aufhören;* ⟨eventjes⟩ *innehalten* ★ zonder ~ *unaufhörlich; ununterbrochen* **III** WKD WW [zich ~] ● zijn *sich aufhalten* ★ zich ergens ~ *sich irgendwo aufhalten* ● ~ **met** zich bezighouden met *sich aufhalten mit; sich abgeben mit*
opiaat *Opiat* o
opinie *Meinung* v ● publieke ~ *öffentliche Meinung* v
opinieblad *meinungsbildende Wochenzeitschrift* v
opinieonderzoek *Meinungsforschung* v; *Meinungsumfrage* v
opium *Opium* o ● ~ schuiven *Opium rauchen*
opjagen ● opdrijven *aufhetzen* ● tot haast aanzetten *hetzen* ● iem. ~ *jmdn. hetzen* ▼ prijzen ~ *Preise in die Höhe treiben*
opjutten *aufstacheln; reizen; aufhetzen*
opkalefateren *ausbessern*
opkijken ● omhoogkijken *aufblicken; aufschauen; aufsehen* ● verbaasd zijn *sich wundern* ★ vreemd ~ *erstaunt sein* ★ zij keek er (vreemd) van op *sie machte große Augen* ★ daar zal zij van ~ *sie wird Augen machen* ● ~ **tegen** ● tegen iets ~ *sich vor etw. scheuen* ★ tegen iem. ~ *zu jmdm. aufsehen*
opkikkeren I OV WW doen opfleuren *aufmuntern* **II** ON WW opfleuren *aufmuntern;* ⟨na ziekte⟩ *sich erholen*
opkikkertje ● iets dat opkikkert *(kleine) Stärkung* v ● borrel *Schnäpschen* o
opklapbaar *aufklappbar* ★ opklapbare zitting *Klappsitz* m
opklapbed *Klappbett* o
opklappen *aufklappen*
opklaren I OV WW helderder maken *klären* **II** ON WW helderder worden *sich aufklären; sich aufhellen;* ⟨sich⟩ *aufheitern* ★ de lucht klaart op *der Himmel klärt sich auf*
opklaring ● *Aufklärung* v ● het wegtrekken van bewolking *Bewölkungsauflockerung* v
opklimmen ● omhoog klimmen *hinaufsteigen; hinaufklettern* ★ tegen een helling ~ *einen Hang hinaufklettern* ● in rang stijgen *aufsteigen* ★ tot afdelingschef ~ *zum Abteilungsleiter aufsteigen*
opkloppen ● doen rijzen *schlagen* ● overdrijven *übertreiben*
opknapbeurt *Ausbesserung* v; TECHN. *Überholung* v
opknappen I OV WW ● netjes maken *herrichten; renovieren* ★ zich ~ *sich frisch machen; sich zurechtmachen* ● verrichten *deichseln* ★ dat zal zij wel ~ *sie wird die Sache schon deichseln* **II** ON WW beter worden ⟨na

op

een ziekte⟩ *sich erholen*; ⟨v. het weer⟩ *sich bessern* ★ van een glas wijn zul je ~ *ein Glas Wein wird dich erfrischen*

opknopen • omhoog knopen *aufbinden* • ophangen *aufknüpfen; henken* ★ zich ~ *sich erhängen*

opkomen • ontstaan *aufkommen*; ⟨v. mist, wolken, tranen⟩ *aufsteigen*; ⟨v. onweer⟩ *heraufziehen* • omhoogkomen *aufsteigen; aufgehen; heraufkommen* ★ hij kwam de trap op *er kam die Treppe herauf* ★ de vloed komt op *die Flut kommt* ★ het water komt op *das Wasser steigt* • verschijnen *kommen; erscheinen; sich einfinden* ★ er zijn veel kiezers opgekomen *eine große Anzahl Wahlberechtigter ist zur Wahl erschienen* • in gedachten komen *aufsteigen/-kommen* ★ dat is nooit bij me opgekomen *ich bin nie auf den Gedanken gekommen* ★ ik kan er maar niet ~ *es will mir nicht einfallen* ★ op toneel komen *auftreten; auf die Bühne kommen* • populair worden *aufkommen* ★ een ~de trend *ein aufkommender Trend* • MIL. *einrücken* • ~ **tegen** protestieren gegen • ~ **voor** *eintreten für* ★ voor iemand/iets ~ *für jmdn./etw. eintreten* ★ voor iemands belangen ~ *jmds. Interessen vertreten*

opkomst • beweging omhoog *Aufgehen* o; ⟨v. zon, maan⟩ *Aufgang* m • ontwikkeling *Aufstieg* m; ECON. *Aufschwung* m ★ in ~ *im Kommen* • TON. entree *Auftritt* m • komst na oproep *Teilnahme* v; ⟨bij verkiezingen⟩ *Wahlbeteiligung* v ★ hoge ~ *hohe Teilnehmerzahl* v • MIL. *Einberufung* v

opkomstplicht *Wahlpflicht* v

opkopen *aufkaufen*

opkoper *Trödler* m; *Aufkäufer* m

opkrabbelen *mühsam hochkommen; mühsam hochklettern*

opkrassen *verschwinden*

opkrikken • krikken *anheben* • FIG. opvijzelen *aufmöbeln*

opkroppen *in sich hineinfressen; hinunterschlucken* ★ opgekropte woede *angestaute Wut* v

oplaadbaar *aufladbar*

oplaaien *auflodern*

opladen *aufladen* ▼ zich ~ *auftanken*

oplader *Aufladegerät* o

oplage *Auflage* v

oplappen • verstellen *flicken* • herstellen *ausbessern*

oplaten *auflassen; steigen lassen* ★ een vlieger ~ *einen Drachen steigen lassen*

oplawaai *Schlag* m; *Hieb* m ★ iem. een ~ geven *jmdm. eine wischen*

oplazeren *abhauen*

opleggen • op iets leggen *auflegen; legen auf* [+4] • belasten met *auferlegen* ★ iem. zijn wil ~ *jmdm. seinen Willen aufzwingen* ★ iem. een straf/het zwijgen ~ *jmdm. eine Strafe/das Schweigen auferlegen* ▼ het er te dik ~ *zu dick auftragen*

oplegger *einachsige(r) Anhänger* m; ⟨met trekker samen⟩ *Sattelschlepper* m

opleiden *ausbilden*

opleiding *Ausbildung* v; ⟨met een bepaald doel⟩ *Heranbildung* v; ⟨voor examen⟩ *Vorbereitung* v ★ ~ tot verpleegster *Ausbildung zur Krankenschwester*

opleidingscentrum *Ausbildungsstätte* v

opleidingsinstituut *Ausbildungsstätte* v; *Ausbildungsinstitut* o; *Ausbildungsanstalt* v

oplepelen • opeten *auflöffeln* • vlot opzeggen *herunterbeten/-leiern*

opletten *aufpassen; achtgeben* ★ ~!/opgelet! *Vorsicht!/Achtung!*

oplettend *aufmerksam*

opleuken *(auf)frisieren; verschönern*

opleven *aufleben*

opleveren • opbrengen *einbringen*; ⟨teweegbrengen⟩ *verursachen*; ⟨teweegbrengen⟩ *(er)geben* ★ winst ~ *Gewinn einbringen/abwerfen* ★ gevaar ~ *Gefahr verursachen* • afleveren *übergeben; übereignen*

oplevering *Lieferung* v; ⟨huis⟩ *Bauabnahme* v

opleving *Aufleben* o; *Belebung* v

oplichten I ov ww • optillen *aufheben* • bedriegen *prellen um; betrügen* II on ww helder worden *sich aufhellen*

oplichter *Betrüger* m; *Preller* m

oplichterij *Betrug* m; *Schwindel* m

oplichting *Schwindel* m; *Betrug* m

oploop *Auflauf* m

oplopen I ov ww ongewild krijgen *bekommen* ★ een verkoudheid ~ *sich eine Erkältung holen/zuziehen* II on ww • naar boven lopen gehen ★ de trap ~ *die Treppe hinaufgehen* ★ de straat ~ *auf die Straße gehen* • naar boven gaan *ansteigen* ★ die weg loopt op *dieser Weg steigt an* • gaan *mitgehen* ★ met iem. ~ *ein Stück mit jmdm. mitgehen* • toenemen *ansteigen; anlaufen* ★ het bedrag is aardig opgelopen *die Summe ist höher als erwartet* ★ de ruzie loopt hoog op *der Streit wird hitzig* ▼ BN hoog ~ met iem. *jmdn. besonders schätzen; große Stücke auf jmdn. halten*

oplosbaar *löslich; lösbar*

oploskoffie *Instantkaffee* m; *Pulverkaffee* m

oplosmiddel *Lösungsmittel* o

oplossen I ov ww • SCHEIK. *auflösen* ★ suiker lost in water op *Zucker löst sich in Wasser* • de uitkomst vinden *(auf)lösen* II on ww SCHEIK. *sich auflösen*

oplossing • uitkomst *(Auf)Lösung* v; ⟨beëindiging⟩ *Lösung* v; ⟨beëindiging⟩ *Klärung* v • SCHEIK. *Lösung* v

opluchten *erleichtern*

opluchting *Erleichterung* v

opluisteren *Glanz verleihen*

opmaak • lay-out *Aufmachung* v; ⟨vaktaal⟩ *Umbruch* m • cosmetica *Schminke* v; *Make-up* o

opmaat *Auftakt* m

opmaken • verbruiken ⟨drank⟩ *auftrinken*; ⟨eten⟩ *aufessen* ★ alles ~ *nichts übrig lassen* • in orde maken *machen* • concluderen *schließen; folgern* ★ daaruit valt op te maken dat... *daraus lässt sich schließen, dass...* • cosmetica opdoen *schminken*

- typografisch indelen *aufmachen*
- opstellen *aufsetzen*; *aufstellen* ★ een balans
~ *eine Bilanz aufstellen* ★ een contract ~ *einen
Vertrag aufsetzen* ★ de kas ~ *Kasse machen*

opmars ● het opmarcheren *Anmarsch* m
- vooruitgang *Aufmarsch* m

opmerkelijk *bemerkenswert*; *auffällig*

opmerken ● waarnemen *beobachten*
- aandacht vestigen op *bemerken*

opmerking *Bemerkung* v

opmerkingsgave *Beobachtungsgabe* v

opmerkzaam *aufmerksam*

opmeten *aufmessen*; ⟨landmeter⟩ *vermessen*

opmonteren *aufmuntern*; *aufheitern*

opnaaien ● vastnaaien *aufnähen* ● opjutten
aufstacheln; *aufziehen* ★ laat je niet ~ *lass
dich nicht triezen*

opname *Aufnahme* v

opnemen ● LETT. oppakken *aufnehmen*;
hochheben ● FIG. opvatten *aufnehmen* ★ de
conversatie weer ~ *die Konversation wieder
aufnehmen* ● telefoon beantwoorden *sich
melden* ● van tegoed halen *abheben*;
aufnehmen; *nehmen* ● aanvaarden *auffassen*;
nehmen; *mustern* ★ iets hoog ~ *etw. wichtig
nehmen* ★ iets verkeerd ~ *etw. falsch
auffassen* ● een plaats geven *aufnehmen* ★ in
een kring worden opgenomen *in einen Kreis
aufgenommen werden* ● tot zich nemen
aufnehmen ● absorberen *aufnehmen*
- bekijken *betrachten* ★ iem. ~ *jmdn.
beobachten* ★ iem. scherp ~ *jmdn. von Kopf
bis Fuß mustern* ● A-V vastleggen *aufnehmen*
- noteren *aufnehmen* ★ bestellingen ~
Bestellungen aufnehmen ● meten *messen*
- schoonvegen *aufwischen* ▼ het voor iem. ~
für jmdn. eintreten

opnieuw ● nog eens *noch einmal* ● van voren
af aan *wiederum*; *aufs Neue*; *erneut*; *von
Neuem*

opnoemen *nennen*; *aufzählen*

opoe *Omi* v

opofferen *aufopfern*

opoffering *Aufopferung* v; *Opfer* o

opofferingsgezind *aufopfernd*;
aufopferungsbereit

oponthoud ● vertraging *Verspätung* v
- verblijf *Aufenthalt* m

oppakken ● optillen *aufheben*; *aufnehmen*
- arresteren *festnehmen*; *verhaften*

oppas *Pfleger* m; ⟨v. kinderen⟩ *Babysitter* m

oppassen ● opletten *aufpassen* ● zorgen voor
aufpassen ● zich gedragen *aufpassen*

oppasser ● toezichthouder *Aufseher* m; ⟨park⟩
Parkwächter m ● verzorger *Wärter* m;
⟨dieren⟩ *Tierpfleger* m

oppeppen *aufputschen*

oppepper *Kick* m

opperbest *ausgezeichnet*; *vorzüglich*

opperbevel *Oberbefehl* m; *Oberkommando* o

opperbevelhebber *Oberbefehlshaber* m

opperdoes *Kartoffelsorte* v

opperen ⟨bezwaren e.d.⟩ *äußern*; ⟨plan⟩
vorschlagen

oppergezag *Oberherrschaft* v

opperhoofd *Oberhaupt* o; ⟨v. rovers⟩

Hauptmann m; ⟨v. indianen⟩ *Häuptling* m

opperhuid *Oberhaut* v

oppermachtig *souverän*

opperrabbijn *Oberrabbiner* m

opperst ● hoogst, grootst, meest *oberst*; *höchst*
- machtigst *oberst*; *höchst*

oppervlak *Oberfläche* v

oppervlakkig *oberflächlich*

oppervlakte ● bovenkant *Oberfläche* v
★ bebouwde ~ *Anbaufläche* v ★ ~ van de zee
Meeresspiegel m ● uitgestrektheid *Fläche* v

oppervlaktemaat *Flächenmaß* o

oppervlaktewater *Oberflächenwasser* o

Opperwezen *Allmächtige(r)* m

oppeuzelen *verschmausen*

oppiepen *aufrufen*

oppikken ● met snavel pakken *aufpicken*
- meenemen *mitnehmen*; *aufgabeln*; *auflesen*
★ iem. in de kroeg ~ *jmdn. in der Kneipe
aufgabeln* ● leren *aufschnappen*

oppleuren *abhauen*; *sich wegscheren*

oppoetsen *aufpolieren*

oppompen ● omhoog pompen *hochpumpen*
- vol lucht pompen *aufpumpen*

opponent *Opponent* m; *Gegner* m

opponeren *opponieren*

opporren ● oprakelen *schüren* ● aansporen
anfeuern; *anspornen*

opportunisme *Opportunismus* m

opportunist *Opportunist* m

opportunistisch *opportunistisch*

opportuun *opportun*

oppositie *Opposition* v ★ ~ voeren *in der
Opposition sein*

oppositieleider *Oppositionsführer* m

oppositiepartij *Oppositionspartei* v

oppotten *horten*

oprakelen *anschüren*

opraken *zu Ende gehen*; *alle werden*

oprapen *aufheben*; *aufnehmen* ▼ zij heeft het
daar voor het ~ *sie hat dort alles in Hülle und
Fülle*

oprecht *aufrecht*; *rechtschaffen*

oprechtheid *Rechtschaffenheit* v

oprichten ● overeind zetten *aufrichten* ★ zich ~
sich aufrichten; *sich erheben* ● bouwen
errichten; *aufbauen* ● stichten *gründen*

oprichter *Gründer* m

oprichting *Gründung* v; *Stiftung* v ★ in ~ *im
Aufbau* m

oprijden ● rijdend opgaan ⟨v. de spreker weg⟩
hinauffahren; ⟨naar de spreker toe⟩
herauffahren ● ~ **tegen** *fahren gegen*; *fahren
auf* [+4] ★ tegen een boom ~ *gegen einen
Baum fahren*

oprijlaan *Einfahrt* v; *Auffahrt* v; *Zufahrt* v

oprijzen ● omhoogkomen *aufragen*; *hochragen*
- opstaan *sich erheben* ● zich voordoen *sich
ergeben*

oprisping *Aufstoßen* o; INFORM. *Rülpsen* o

oprit *Einfahrt* v; *Zufahrt* v; ⟨v. snelweg⟩ *Auffahrt*
v

oproep *Aufruf* m; *Appell* m; *Aufforderung* v ★ ~
voor militaire dienst *Einberufungsbefehl* m

oproepen ● tevoorschijn roepen *wachrufen*;
wecken ★ herinneringen ~ *Erinnerungen*

op

wachrufen/wecken ● ontbieden *aufrufen*;
⟨onder de wapenen⟩ *einberufen*; ⟨v. getuigen⟩
vorladen ● opwekken tot *auffordern* ★ het
personeel tot actie ~ *das Personal zum
Handeln auffordern*
oproepkracht *Abrufkraft* v
oproer ● opstand *Aufstand* m; *Erhebung* v
● heftige beroering *Aufruhr* m
oproerkraaier *Aufwiegler* m; *Unruhestifter* m
oproerpolitie *Bereitschaftspolizei* v
oprollen ● in elkaar rollen *aufrollen*; *einrollen*
● onschadelijk maken *verhaften* ★ een bende
~ *eine Bande auffliegen lassen/hochnehmen*
oprotpremie ⟨bij remigratie⟩ *Rückkehrprämie*
v; ⟨bij ontslag⟩ *Abfindung* v
oprotten *sich fortscheren*; *abhauen*
opruien *aufhetzen*; *aufwiegeln* ★ ~de taal
hetzerische/aufwieglerische Reden
opruimen ● netjes maken *aufräumen*
● uitverkopen *ausverkaufen* ▼ opgeruimd
staat netjes *Ordnung muss sein*
opruiming ● het opruimen *Aufräumung* m
● uitverkoop *Schlussverkauf* m; *Ausverkauf*;
⟨wegens sluiting, verbouwing⟩
Räumungsverkauf m ★ zomer~
Sommerschlussverkauf m
opruimingsuitverkoop *Ausverkauf* m;
Resteverkauf m; *Sommerschlussverkauf* m;
Winterschlussverkauf m
oprukken *vorrücken* ★ tegen de vijand ~ *gegen
den Feind vorrücken*
opscharrelen *auftreiben*; *aufstöbern*; *aufgabeln*
opschepen met *aufhalsen* ★ iem. met iets ~
jmdm. etw. aufhalsen
opscheplepel *Schöpflöffel* m
opscheppen I ov ww ● scheppend opdoen
auffüllen ● van de grond nemen *aufschaufeln*
II on ww pochen *aufschneiden*; *angeben*;
prahlen
opschepper *Angeber* m; *Aufschneider* m
opschepperig *angeberisch*; *aufschneiderisch*
opschepperij *Angeberei* v; *Aufschneiderei* v
opschieten ● zich haasten *sich beeilen* ★ schiet
op! *beeil dich!*; *mach zu/voran!*; *hau ab!*
● groeien *aufschießen* ● vorderen
vorankommen; *Fortschritte machen* ★ wat
schiet ik daar mee op? *was habe ich davon?*;
was bringt mir das? ★ zij schiet totaal niet op
sie macht überhaupt keine Fortschritte ● ~ met
omgaan met *auskommen mit* ★ goed met
elkaar kunnen ~ *gut miteinander auskommen*
opschik *Putz* m
opschikken I ov ww ● in orde brengen *ordnen*;
in Ordnung bringen ● versieren *aufmachen*;
herausputzen ★ zich ~ *sich schminken* II on
ww opschuiven *zusammenrücken*; *aufrücken*
opschonen *bereinigen*; *säubern*
opschorten *verschieben*; *hinaus-/aufschieben*;
aussetzen
opschrift ● tekst ergens op *Anschrift* v; *Adresse*
v ● titel *Aufschrift* v; *Inschrift* v
opschrijven *aufschreiben*; ⟨noteren⟩ *notieren*
opschrikken I ov ww doen schrikken
aufschrecken; *aufscheuchen* II on ww van
schrik opspringen *aufschrecken*;
auf-/hochfahren

opschroeven ● iets ergens op schroeven
aufschrauben ● FIG. verhogen *hoch schrauben*
opschrokken *verschlingen*
opschudden *aufschütteln*
opschudding *Aufregung* v; *Erregung* v
opschuiven I ov ww ● opzij schuiven *zur Seite
schieben* ● uitstellen *vertagen*; *verlegen*;
verschieben II on ww opschikken *aufrücken*;
zusammenrücken ★ schuif eens wat op! *rück
mal ein bisschen auf!*
opslaan I ov ww ● omhoog slaan *aufschlagen*
● openslaan *aufschlagen* ● verhogen *erhöhen*
● bergen *(ein)lagern* ★ zijn winterprovisie ~
Wintervorräte anlegen ● opzetten *aufblicken*
● SPORT *servieren* ● COMP. *speichern* II ON ww
duurder worden *aufschlagen*
opslag ● loonsverhoging *Erhöhung* v; ⟨v. prijs⟩
Aufschlag m ★ iem. ~ geven *jmds.
Lohn/Gehalt erhöhen/aufbessern* ● berging
Speicher m; *Lager* o ● SPORT *Aufschlag* m
opslagcapaciteit *Lager(ungs)kapazität* v
opslagmedium *Speichermedium* o
opslagplaats *Lager* o; *Speicher* m; ⟨hal⟩
Lagerhalle v; ⟨ruimte⟩ *Lagerraum* m
opslagruimte *Lager(raum)* m; *Lagerfläche* v
opslagtank *Lagerungsbehälter* m
opslobberen *aufschlürfen*
opslokken *verschlingen*
opslorpen ● in beslag nemen *in Beschlag
nehmen* ★ door je bezigheden opgeslorpt
worden *von seinen Beschäftigungen völlig in
Anspruch genommen werden* ● slurpend
opdrinken *aufschlürfen*
opsluiten *einschließen*; *einsperren*
opsluiting *Haft* v ★ eenzame ~ *Einzelhaft*
opsmuk *Schmuck* m; *Zierrat* m
opsmukken *herausputzen*
opsnijden *prahlen*; *angeben*; *aufschneiden*
opsnorren *auffischen*
opsnuiven *durch die Nase hochziehen*; ⟨geur⟩
einatmen
opsodemieteren *abhauen*
opsommen *aufzählen*
opsomming *Aufzählung* v
opsparen *sparen*; *zusammensparen*
opspelden *feststecken*; *festpinnen*
opspelen *wüten*; *toben*; *sich aufregen*
opsporen *fahnden (nach)*; *ermitteln*
opsporing *Nachforschung* v; *Ausfindigmachen*
o; *Ermittlung* v; ⟨door politie⟩ *Fahndung* v
opsporingsambtenaar *Ermittlungsbeamte(r)* m;
Kriminalbeamte(r) m
opsporingsbericht *Fahndungsbericht* m;
Suchmeldung v
opsporingsbevel *Fahndung* v
opsporingsbevoegdheid *Ermittlungsbefugnis* v
opsporingsdienst *Fahndungsdienst* m; ⟨politie⟩
Fahndung v
opspraak *Gerede* o ★ in ~ brengen/komen *ins
Gerede bringen/kommen*
opspringen *aufspringen*; ⟨v. verrassing, schrik
e.d.⟩ *auffahren*
opspuiten ● LETT. opwerpen *aufgeworfen
werden* ● FIG. met botox bewerken ⟨lippen⟩
spritzen
opstaan ● gaan staan *aufstehen*; *sich erheben*

op

• uit bed komen *aufstehen* • verrijzen *(auf)erstehen* • in opstand komen *rebellieren*; *sich erheben/auflehnen* ★ tegen iem. ~ *gegen jmdn. rebellieren*; *sich gegen jmdn. erheben/auflehnen*

opstal *Bebauung* v

opstalverzekering *Gebäudeversicherung* v

opstand *Aufstand* m ★ in ~ komen tegen *sich erheben gegen* [+4] ★ in ~ zijn *sich im Aufstand befinden* ★ een ~ neerslaan *einen Aufstand niederschlagen*

opstandeling *Aufständische(r)* m; *Rebell* m

opstandig • in opstand *aufständisch*; *rebellisch*; *aufsässig* • weerspannig *aufsässig*; *widerspenstig*; *aufmüpfig*

opstanding *Auferstehung* v

opstapelen *aufstapeln*; *aufschichten*; *aufhäufen* ★ de problemen stapelden zich op *die Probleme häuften sich*

opstapje • trede *Stufe* v; *Tritt* m ★ denk om het ~! *Vorsicht, Stufe!* • FIG. middel om hogerop te komen *Trittbrett* o

opstappen • weggaan *weggehen*; *fortgehen* • ontslag nemen *zurücktreten* • op iets stappen ⟨fiets⟩ *aufsteigen*; ⟨v. de spreker weg⟩ *hinaufsteigen*; ⟨naar de spreker toe⟩ *heraufsteigen*; ⟨bus, tram⟩ *einsteigen* • BN meelopen in een betoging *demonstrieren*

opstapplaats *Zusteigeort* m

opstarten *startfertig machen*

opsteken I ov ww • omhoogsteken *aufstecken* • aansteken *anzünden*; *anbrennen* II ON ww gaan waaien *sich erheben*

opsteker *Glückstreffer* m

opstel *Aufsatz* m

opstellen I ov ww • plaatsen *aufstellen* • ontwerpen *aufsetzen*; *abfassen* II WKD ww [zich ~] *sich aufstellen* ★ zich negatief ~ *eine negative Haltung einnehmen*

opstelling • plaatsing *Aufstellung* v; SPORT *Formation* v • houding *Standpunkt* m; *Einstellung* v; *Haltung* v

opstijgen *aufsteigen*

opstijven ⟨met stijfsel⟩ *stärken*; ⟨b.v. in koelkast⟩ *steif werden lassen*

opstoken • harder stoken *schüren* • verbranden *verbrennen* • ophitsen *aufwiegeln*; *aufhetzen*

opstootje *Tumult* m; *Aufruhr* m

opstopping *Stauung* v; *Verstopfung* v; *Stau* m; ⟨verkeer⟩ *Verkehrsstau* m

opstrijken • innen *einstreichen* • gladstrijken *aufbügeln*

opstropen *hochkrempeln* ★ zijn mouwen ~ *die Ärmel hochkrempeln*

opsturen *zusenden*; *(zu)schicken* ★ ik zal de stukken ~ *ich werde Ihnen die Unterlagen zugehen lassen*

optakelen *hochziehen*

optater *Schlag* m; *Stoß* m

optekenen *notieren*; *aufschreiben*

optellen *zusammenzählen*; *addieren* ★ iets bij iets anders ~ *etw. zu etw. anderem hinzuzählen*

optelling • het optellen *Zusammenzählen* o; *Addieren* o • optelsom *Addition* v

optelsom *Addition* v

opteren voor *optieren für*

opticien • persoon *Optiker* m • winkel *Optiker* m

optie • keuzemogelijkheid *Wahl* v; *Möglichkeit* v; JUR. *Option* v • ECON. *Option* v • BN, O&W vakkenpakket *Prüfungsfächer* mv

optiebeurs *Wertpapierbörse* v

optiek *Sicht* v; *Optik* v; *Perspektive* v

optillen *aufheben*; *hochheben*

optimaal *optimal*

optimaliseren *optimieren*

optimisme *Optimismus* m

optimist *Optimist* m

optimistisch *optimistisch*; *zuversichtlich*

optioneel *Options-*; *Vorkaufs-*

optisch *optisch*

optocht *Umzug* m; *Zug* m; *Aufzug* m ★ een feestelijke ~ *ein festlicher Umzug*

optometrie *Optometrie* v

optornen tegen *ankämpfen gegen*

optreden I ZN [het] • handelwijze *Auftreten* o; *Vorgehen* o • opvoering *Auftritt* m; *Auftreten* o II ON WW • handelen *auftreten*; *vorgehen*; *handeln* ★ met geweld ~ *mit Gewalt/gewaltsam vorgehen* ★ zo moet je tegen hem ~ *so musst du gegen ihn verfahren*; *so musst du mit ihm verfahren* • zich voordoen *auftreten*; *eintreten* • een rol spelen *auftreten*

optrekje *kleine Wohnung* v

optrekken I ov ww • omhoogtrekken *aufziehen*; *hinaufziehen*; *hochziehen* • opbouwen *aufbauen*; *errichten* ▼ de neus voor iets ~ *die Nase über etw. rümpfen* ▼ zich aan iem. ~ *sich an jmdm. aufrichten* II ON WW • opstijgen *aufsteigen* • oprukken *vorrücken* • accelereren *beschleunigen* • omgaan met *umgehen* ★ zij trekt veel met hem op *sie verbringt viel Zeit mit ihm*

optrommelen *zusammentrommeln*

optuigen • van tuig voorzien ⟨paard⟩ *schirren*; ⟨schip⟩ *auftakeln* • versieren *auftakeln* ★ de kerstboom ~ *den Weihnachtsbaum schmücken*

optutten *zurechtmachen* ★ zich ~ *sich zurechtmachen*; MIN. *sich aufdonnern*

opus *Opus* o

opvallen *auffallen*

opvallend *auffallend*; *auffällig*

opvang *Aufnahme* v; ⟨begeleiding⟩ *Betreuung* v; ⟨v. kinderen⟩ *Betreuung* v ★ naschoolse ~ *Hort* m; *nachschulische Betreuung* v

opvangcentrum, opvanghuis *Auffangstelle* v; *Auffangzentrum* o

opvangen • vangen *(auf)fangen* • waarnemen *aufschnappen* • ondervangen *abfangen* • helpen *sich kümmern um*; *auffangen*

opvangkamp *Auffanglager* o

opvarende ⟨lid van de bemanning⟩ *Mitglied* o *der Schiffsbesatzung*; ⟨passagier⟩ *Passagier* m

opvatten • opnemen *fassen* ★ een plan ~ *einen Plan fassen* • gaan koesteren *empfinden* ★ liefde voor iem. ~ *jmdn. lieb gewinnen* • beschouwen *betrachten*; *auffassen* ★ iets letterlijk ~ *etw. wörtlich nehmen*

opvatting *Ansicht* v; *Auffassung* v ★ achterhaalde ~en *überholte(n) Ansichten*

op

★ breed van ~ zijn *grootzügig denken*
opvijzelen ● opkrikken *hochwinden; aufwinden*
● verbeteren *verbessern; aufmöbeln* ★ het
moreel ~ *die Moral heben/verbessern*
opvissen *herausfischen; auffischen*
opvlammen *aufflammen*
opvliegen ● omhoogvliegen *auffliegen;
hochfliegen;* ⟨plotseling⟩ *auffahren;*
⟨plotseling⟩ *aufspringen;* ⟨trap⟩ *hinaufstürzen*
● driftig worden *auffahren; aufbrausen*
opvliegend *aufbrausend; hitzköpfig;* ⟨driftig⟩
jähzornig
opvlieger MED. *Hitzewallung* v
opvoeden ● grootbrengen *aufziehen* ★ vrij ~
frei erziehen ● vormen *erziehen*
opvoeder ● iem. die een kind onderhoudt
Erziehungsberechtigte m-v ● BN begeleider in
kindertehuis of internaat *Erzieher* m [v:
Erzieherin]
opvoeding ● het grootbrengen *Erziehung* v
● vorming *Erziehung* ★ lichamelijke ~
Leibeserziehung v ★ een autoritaire ~ *eine
autoritäre Erziehung* ★ een ~ krijgen *eine
Erziehung erhalten*
opvoedingsgesticht *Erziehungsheim* o;
Erziehungsanstalt v; ⟨v. de overheid⟩
Fürsorgeheim o
opvoedkunde *Pädagogik* v;
Erziehungswissenschaft v
opvoedkundig *pädagogisch; erzieherisch*
opvoeren ● vertonen *aufführen* ● groter/
krachtiger maken *steigern; erhöhen;* ⟨motor⟩
frisieren
opvoering ● vertoning *Vorstellung* v;
Aufführung v ● vermeerdering *Steigerung* v;
Erhöhung v
opvolgen I OV WW gevolg geven aan *befolgen*
★ een raad/bevel ~ *einen Rat/Befehl befolgen*
II ON WW volgen op *folgen* [+3] ★ iem. ~
jmdm. nachfolgen ★ elkaar in tijd ~ *zeitlich
aufeinanderfolgen*
opvolger *Nachfolger* m
opvolging *Nachfolge* v
opvouwbaar *zusammenklappbar;
zusammenfaltbar; zusammenlegbar*
★ opvouwbare boot *Faltboot* o
opvouwen *(zusammen)falten; zusammenlegen*
opvragen *anfordern;* ⟨terugvragen⟩
zurückfordern
opvreten I OV WW opeten *auffressen* II WKD WW
[**zich** ~] *vergehen* ★ zich van nijd ~ *von Neid
zerfressen werden*
opvrijen ● vleien *liebedienern; sich bei
jemandem einschmeicheln* ● seksueel
prikkelen *anmachen;* VULG. *aufgeilen*
opvrolijken *aufmuntern; aufheitern*
opvullen *ausfüllen; füllen*
opwaaien I OV WW omhoog brengen
aufwehen; aufwirbeln II ON WW omhoog gaan
aufwehen; aufwirbeln ▼ dat heeft veel stof
doen ~ *das hat viel Staub aufgewirbelt*
opwaarderen *aufwerten*
opwaarts *aufwärts; hinauf; Aufwärts-* ★ ~e
druk *Auftrieb* m ★ ~e beweging
Aufwärtsbewegung v ★ in ~e lijn *in
aufsteigender Linie* ★ ~e tendens

Aufwärtstrend m; *steigende Tendenz* v
opwachten *warten; erwarten;* ⟨met kwade
bedoeling⟩ *auflauern* [+3] ★ iem. ~ *jmdn.
erwarten; auf jmdn. warten*
opwachting *Höflichkeitsbesuch* m ★ zijn ~ bij
iem. maken *jmdm. seine Aufwartung machen*
opwarmen I OV WW (opnieuw) verwarmen
aufwärmen II ON WW warm worden *warm
werden*
opwegen tegen *aufwiegen* ★ tegen elkaar ~
einander ausgleichen; ⟨sich⟩ *die Waage halten*
opwekken ● doen ontstaan *erregen; erwecken;*
⟨herinneringen⟩ *wachrufen;* ⟨electriciteit⟩
erzeugen ● aansporen *anregen; ermuntern*
● doen herleven *erwecken; aufwecken*
opwekkend *aufmunternd; belebend; anregend*
★ een ~ middel *ein anregendes Mittel*
opwellen *aufquellen; (auf)wallen;* ⟨v. gevoelens⟩
hochsteigen ★ tranen welden in haar ogen op
ihre Augen füllten sich mit Tränen
opwelling *Anwandlung* v; *Antrieb* m ★ in een ~
van woede *in einer Anwandlung von Zorn*
★ in een ~ handelen *spontan handeln* ★ in
een eerste ~ wilde ik hem helpen *mein erster
Impuls war, ihm zu helfen*
opwerken I OV WW ● bijwerken *aufarbeiten;
auffrischen* ● naar boven brengen
hinaufbringen; heraufholen ★ een zware kist
de trap ~ *eine schwere Kiste die Treppe
hinaufschaffen* II WKD WW [**zich** ~] *sich
hinaufarbeiten; sich heraufarbeiten; sich
hocharbeiten*
opwerkingsfabriek *Wiederaufbereitungsanlage*
v
opwerpen I OV WW ● omhoog werpen
aufwerfen; hochwerfen ● aanleggen
aufwerfen; errichten ★ een dam ~ *einen
Damm aufschütten; einen Damm errichten*
● opperen *erheben; nennen* ★ bezwaren ~
Einwände erheben II WKD WW [**zich** ~] *sich
aufwerfen*
opwinden I OV WW ● oprollen *aufwinden;*
⟨kluwen⟩ *aufwickeln* ● draaiend spannen
aufziehen ● heftige gevoelens veroorzaken
mitreißen; ⟨sich⟩ *aufregen;* ⟨seksueel⟩ *erregen* II WKD
WW [**zich** ~] *sich aufregen* ★ wind je niet op!
reg dich ab
opwindend *erregend; aufregend*
opwinding *Aufregung* v; *Erregung* v ★ in ~
raken *in Erregung geraten*
opzadelen ● zadel opdoen *(auf)satteln*
● opschepen *aufhalsen* ★ iem. met iets ~
jmdm. etw. aufhalsen
opzeg ▼ BN zijn ~ krijgen *gekündigt werden;
entlassen werden*
opzeggen ● voordragen *aufsagen*
● beëindigen *kündigen* ▼ zeg op! *nun sag
schon!*
opzegtermijn *Kündigungsfrist* v
opzet ▼ ZN [de] plan *Planung* v; *Entwurf* m II ZN
[het] bedoeling *Absicht* v ★ met ~ *absichtlich;
vorsätzlich* ★ dat is niet met ~ gebeurd *da
steckte keine Absicht dahinter*
opzettelijk *absichtlich;* ⟨met voorbedachten
rade⟩ *vorsätzlich*
opzetten I OV WW ● overeind zetten *aufsetzen;*

⟨mast⟩ *aufrichten*; ⟨tent⟩ *aufschlagen*
● beginnen *gründen*; *anlegen* ★ iets groots ~
etw. groß aufziehen ● prepareren *ausstopfen*
● opstoken *aufhetzen* ★ mensen tegen elkaar
~ *Menschen gegeneinander aufhetzen* II ON WW
● opkomen *aufkommen* ★ er komt onweer ~
es zieht ein Gewitter auf ★ er komt mist ~ *es
kommt Nebel auf* ● zwellen *schwellen*;
anschwellen ★ een opgezet gezicht *ein
geschwollenes Gesicht*
opzicht ● toezicht *Aufsicht* v ● aspect *Hinsicht*
v; *Beziehung* v ★ in alle ~en *in jeder Hinsicht*
★ ten ~e van *in Bezug auf*; *bezüglich* [+2];
hinsichtlich [+2]
opzichter *Aufseher* m
opzichtig *auffällig*; *auffallend* ★ ~e kleuren
grelle Farben ★ ~ gekleed gaan *sich
auffällig/auffallend kleiden*
opzichzelfstaand *vereinzelt*; *einzeln* ★ een ~
geval *ein vereinzelter Fall*; *ein Einzelfall*
opzien I ON WW ● omhoog kijken *aufsehen*;
aufblicken; *aufschauen* ● ~ tegen vrezen *sich
scheuen vor* ★ tegen de kosten ~ *die Kosten
scheuen* ★ tegen een taak ~ *vor einer Aufgabe
zurückschrecken* ● ~ tegen bewonderen
(hin)aufblicken zu; *(hin)aufsehen zu* II ZN [het]
▼ ~ baren *Aufsehen erregen*
opzienbarend *aufsehenerregend*; *sensationell*
opziener *Aufseher* m
opzij *beiseite*; *an der Seite* ★ ~! *Platz!* ★ iets ~
leggen *etw. zur Seite legen* ★ zorgen ~ zetten
Sorgen abschütteln
opzijleggen ★ geld ~ *Geld zur Seite legen*
opzitten ● overeind zitten *Männchen machen*
● opblijven *aufsitzen* ▼ er zit niets anders op
es bleibt uns nichts anderes übrig; *es geht nun
mal nicht anders* ▼ dat zit er weer op *das
hätten wir geschafft*
opzoeken ● zoeken *aufsuchen*; ⟨in boek⟩
nachschlagen ● bezoeken *besuchen*
opzouten *einsalzen*; *einpökeln*
opzuigen *aufsaugen*
opzwellen *schwellen*; *anschwellen*
opzwepen ● aanvuren *aufpeitschen*
● voortdrijven *aufpeitschen*; *antreiben*
OR *Betriebsrat* m
oraal *oral*; *mündlich* ★ orale geschiedenis
mündlich überlieferte Geschichte v
orakel *Orakel* o [mv: *Orakel*]
orang-oetang *Orang-Utan* m
Oranje I ZN [de] lid van het Oranjehuis *Oranier*
m II ZN [het] ● vorstenhuis *Haus* o *Oranien*
● nationale sportploeg *niederländische
Nationalmannschaft* v
oranje I BNW *orange* ▼ het stoplicht staat op ~
die Ampel ist gelb II ZN [het] kleur *Orange* o
oranjebitter *Orangenlikör* m
Oranjehuis *Haus* o *Oranien*
Oranjeteam *niederländische
Nationalmannschaft* v
oratie *Rede* v
oratorium *Oratorium* o
orchidee *Orchidee* v
orde ● geregelde toestand *Ordnung* v ★ komt
in orde! *geht in Ordnung!*; *wird gemacht!*
★ iets in orde maken *etw. in Ordnung*

bringen; *etw. erledigen* ★ in orde zijn *in
Ordnung sein* ★ orde houden *Ordnung halten*;
die Disziplin wahren ★ orde op zaken stellen
klar Schiff machen ● klasse *Ordnung* v
● genootschap *Orden* m ★ orde van
advocaten *Anwaltskammer* v ● BIOL. *Ordnung*
v ● volgorde *Ordnung* v ▼ een kwestie aan de
orde stellen *eine Angelegenheit zur Diskussion
stellen* ▼ zo, ben je weer in orde? ⟨gezond⟩
na, wieder auf dem Posten?
ordedienst *Ordnungsdienst* m
ordelievend *ordnungsliebend*
ordelijk *ordentlich*; *geordnet*
ordeloos *unordentlich*; *ungeordnet*
ordenen *ordnen*
ordening ● het rangschikken *Ordnung* v
★ ruimtelijke ~ *Raumordnung* ● het regelen
Regelung v
ordentelijk ● fatsoenlijk *ordentlich*; *anständig*
● billijk *angemessen*
order ● bevel *Anordnung* v; *Befehl* m; MIL. *Order*
v ★ tot nader ~ *bis auf Weiteres* ● bestelling
Bestellung v; *Auftrag* m ★ een ~ plaatsen *eine
Bestellung aufgeben*; *einen Auftrag vergeben*
orderportefeuille *Auftragsbestand* m; ⟨v.
vertegenwoordiger⟩ *Orderbuch* o
ordeverstoorder *Ruhestörer* m
ordinair ● gewoon *gewöhnlich*; *ordinär*
● onbeschaafd *ordinär*
ordner *Ordner* m
oregano *Oregano* m
oreren ● redevoering houden *eine Rede halten*
● hoogdravend praten *schwadronieren*
orgaan ● lichaamsdeel *Organ* o ● afdeling,
instelling *Organ* o ● tijdschrift *Sprachrohr* o;
Organ o
orgaandonatie *Organspende* v
orgaanhandel *Organhandel* m
organisatie ● het organiseren *Organisation* v
● georganiseerd verband *Organisation* v
organisatieadviseur *Organisationsberater* m
organisatiedeskundige *Organisationsfachmann*
m
organisator *Veranstalter* m; *Organisator* m
organisatorisch *organisatorisch*
organisch *organisch*
organiseren *organisieren*
organisme *Organismus* m
organist *Orgelspieler* m; ⟨professioneel⟩ *Organist*
m
organizer *Organizer* m
organogram *Organogramm* o
orgasme *Orgasmus* m
orgel ● toetsinstrument *Orgel* v ● draaiorgel
Drehorgel v; *Leierkasten* m
orgelbouwer *Orgelbauer* m
orgelconcert *Orgelkonzert* o
orgelman *Leierkastenmann* m
orgelpijp *Orgelpfeife* v
orgelpunt BN, FIG. hoogtepunt *Klimax* v;
Höhepunkt m
orgie *Orgie* v
Oriënt *Orient* m
oriëntaals *orientalisch*
oriëntalist *Orientalist* m
oriëntatie *Orientierung* v

or

oriëntatievermogen *Orientierungssinn* m
oriënteren I ov ww positie bepalen *richten*
  II WKD WW [zich ~] *sich orientieren*
oriënteringsvermogen *Ortssinn* m;
  Orientierungssinn m; *Orientierungsvermögen* o
origami *Origami* o
originaliteit *Originalität* v
origine *Herkunft* v; *Abstammung* v ★ zij is van
  Spaanse ~ *sie ist spanischer Herkunft*
origineel I BNW ● oorspronkelijk *Original-;*
  original ● de originele uitgave *die*
  Originalausgabe v ● apart *original; originell;*
  seltsam ★ een zeer ~ type *ein richtiges*
  Original II ZN [het] *Original* o; 〈tekst〉 *Urschrift*
  v
orka *Orka* m
orkaan *Orkan* m
orkaankracht *Orkanstärke* v
Orkaden ● → **Orkneyeilanden**
orkest *Orchester* o; 〈klein〉 *Kapelle* v
orkestbak *Orchestergraben* m
orkestraal *orchestral*
orkestratie *Orchestrierung* v
Orkneyeilanden *Orkney-Inseln* mv
ornaat *Ornat* o; *Amtstracht* v ★ in vol ~ *in*
  vollem Ornat
ornament *Ornament* o; *Verzierung* v
ornithologie *Ornithologie* v; *Vogelkunde* v
ornitholoog *Ornithologe* m; *Vogelkundler* m
orthodontie *Kieferorthopädie* v
orthodontist *Kieferorthopäde* m
orthodox *orthodox; strenggläubig; rechtgläubig*
orthopedagogiek *Heilpädagogik* v;
  Sonderpädagogik v
orthopedie *Orthopädie* v
orthopedisch *orthopädisch*
orthopedist *Orthopäde* m
OS *OS* o
os *Ochse* m ▾ slapen als een os *schlafen wie ein*
  Murmeltier/Bär ▾ BN van de os op de ezel
  springen *vom Hundertsten ins Tausendste*
  kommen
Oslo *Oslo* o
Osloos *Osloer*
osmose *Osmose* v
ossenhaas *Rinderfilet* o
ossenstaartsoep *Ochsenschwanzsuppe* v
osteoporose *Osteoporose* v
otter *Otter* m ▾ zweten als een ~ *schwitzen wie*
  ein Affe
oubollig *drollig;* 〈flauw〉 *geistlos*
oud ● van zekere leeftijd *alt* ★ een kind van
  drie jaar oud *ein dreijähriges Kind* ● allang
  bestaand *alt* ★ het oude centrum *die Altstadt*
  ▾ oud en nieuw vieren *Silvester feiern* ▾ hoe
  ouder, hoe gekker *Alter schützt vor Torheit*
  nicht
oud- *alt-*
oudbakken *altbacken*
oudedagsvoorziening *Altersversorgung* v
oudejaarsavond *Silvesterabend* m
oudejaarsnacht *Silvesternacht* v
ouder *Elternteil* m ★ de ~s *die Eltern* ★ van ~ tot
  ~ *von Geschlecht zu Geschlecht* ★ een van zijn
  ~s verliezen *einen Elternteil verlieren*
ouderavond, BN **oudercontact** *Elternabend* m

oudercommissie *Elternbeirat* m;
  Elternvertretung v; *Elternausschuss* m
oudercontact BN, O&W ouderavond
ouderdom *Alter* o
ouderdomsdeken BN nestor *Nestor* m
ouderdomskwaal *Altersbeschwerden* v mv
ouderdomspensioen *Rente* v; 〈v. ambtenaren〉
  Pension v
ouderdomsverschijnsel *Alterserscheinung* v
oudere *Alte* m; *Ältere* m
ouderejaars ≈ *Student* m *in höheren Semestern*
ouderlijk *Eltern-; elterlich* ★ ~ huis *Elternhaus* o
ouderling *Presbyter* m; *Kirchenälteste(r)* m
ouderraad *Elternbeirat* m
ouderschap *Elternschaft* v
ouderschapsverlof *Erziehungsurlaub* m
ouderwets *altmodisch*
oudgediende ● ex-militair *Veteran* m ● oude
  rot *alte(r) Hase* m
Oudgrieks I ZN [het] taal *Altgriechisch(e)* o
  II BNW m.b.t. taal *altgriechisch*
oudheid *Altertum* o
oudheidkunde *Archäologie* v;
  Altertumsforschung v
oudheidkundig *archäologisch*
oudheidkundige *Altertumsforscher* m
oud-Hollands *altholländisch*
oudjaar *Silvester* m/o
oudje *Alte(r)* m
oudoom *Großonkel* m
oudroze I ZNW *Altrosa* o II BNW *altrosa*
oudsher ▾ van ~ *von jeher; von alters her; seit eh*
  und je
oudste *Älteste(r)* m ★ de ~ van de twee *der*
  Ältere von beiden
oudtante *Großtante* v
oudtestamentisch *alttestamentlich*
outcast *Outcast* m
outfit *Outfit* o
outlet *Outlet* m
outplacement *Outplacement* o
output *Output* m
outsider *Outsider* m; *Außenseiter* m
ouverture ● MUZ. eerste deel *Ouvertüre* v ● FIG.
  begin *Ouvertüre* v; *Auftakt* m
ouvreuse *Platzanweiserin* v
ouwehoer *Quatschkopf* m; *Schwätzer* m
ouwehoeren *quatschen; labern*
ouwel *Oblate* v
ouwelijk *ältlich*
ouwelui ▾ INFORM. mijn ~ FORM. *meine Eltern*
ovaal I ZN [het] *Oval* o II BNW *oval*
ovatie *Ovation* v
oven *Ofen* m
ovenschaal *Auflaufform* v
ovenschotel *Auflauf* m; *überbackene(s) Gericht*
  o
ovenstand *Backofentemperatur* v
ovenvast *feuerfest*
ovenwant *Topfhandschuh* m
over I VZ ● bovenlangs *über* [+4] ★ over de
  muur *über die Mauer* ● op en erlangs *über*
  [+4] ★ over de brug rijden *über die Brücke*
  fahren ★ over de brug *über die Brücke* ★ zij
  liep de gang over *sie lief über den Gang*

★ dwars over *quer über* ★ een jas over iets heen aantrekken *eine Jacke über etw. anziehen* ● aan de andere kant van *über* [+3/4] ★ over de zee *über dem Meer* ★ over de grens *über der Grenze* ● via *über* [+4] ★ ik rijd over Utrecht *ich fahre über Utrecht* ★ over land en zee *über Land und See* ● na *in* [+3] ★ over een week *in einer Woche* ★ over enige tijd *nach einiger Zeit* ★ het is vijf over tien *es ist fünf nach zehn* ★ het is over tienen *es ist nach zehn* ★ meer/langer dan *über* [+4] ★ het is over de 40 graden *es hat über 40 Grad* ★ hij is over de dertig *er ist über dreißig* ● betreffende *über* [+4]; *von* [+3] ★ een film over Elvis *ein Film über Elvis* ▼ iets vreemds over zich hebben *Komisches an sich haben* ▼ iets over zich hebben *etw. an sich haben* ▼ zij heeft iets over zich *sie hat etw. an sich* II BIJW ● aan de overkant ★ we zijn over *wir sind drüben* ● bevordend *versetzt* ★ ik ben over naar de volgende klas *ich bin in die nächste Klasse versetzt worden* ● voorbij, afgelopen *vorbei* ★ de voorstelling is over *die Vorstellung ist vorbei* ★ en nu is het over! *und jetzt ist Schluss!* ★ resterend *übrig* ★ hoeveel is er nog over? *wie viel ist noch übrig?* ● SPORT boven het doel *drüber* ▼ over en weer *hin und her* ▼ beschuldigingen over en weer *sich gegenseitig beschuldigen* ▼ bewijzen te over *genug Beweise*

overal *überall*

overall *Overall* m

overbekend *allbekannt; weit bekannt*

overbelasten *überlasten*

overbelasting *Überbelastung* v

overbelichten ● A-V *überbelichten* ● te sterk benadrukken *überbetonen*

overbemesting *Überdüngung* v

overbesteding *höhere Ausgaben als veranschlagt* mv

overbevissing *Überfischung* v

overbevolking *Über(be)völkerung* v

overbevolkt *übervölkert*

overbezet *übervoll; überbesetzt*

overblijflokaal *Pausenraum* m; *Pausenzimmer* o; *Pausenhalle* v

overblijfmoeder *Pausenmutter* v

overblijfsel *Rest* m; *Überrest* m

overblijven ● resteren *übrig bleiben* ● op school blijven *in der Mittagspause dableiben*

overbluffen ● overdonderen *überrumpeln; verblüffen* ● verwarren *verdutzen*

overbodig *überflüssig; unnötig*

o͟verboeken ● op andere lijst plaatsen *umbuchen* ● op andere rekening zetten *überweisen*

overb͟oeken ⟨hotels e.d.⟩ *überbelegen*; ⟨vliegtuigen e.d.⟩ *überbuchen*

o͟verboeking *Überweisung* v

overboord *über Bord* ★ ~ slaan *über Bord gehen* ★ man ~! *Mann über Bord!* ▼ er is nog geen man ~ *das ist noch keine Tragödie; das ist doch kein Beinbruch*

overbrengen ● verplaatsen *überbringen*; *hinüberbringen; transportieren* ★ iem. de rivier ~ *jmdn. über den Fluss setzen/bringen*

● overboeken *umbuchen; übertragen*

● overdragen *übertragen* ● een ziekte ~ *eine Krankheit übertragen* ● doorgeven *ausrichten*; *übermitteln* ★ alles aan iem. ~ *jmdm. alles zutragen* ★ groeten/gelukwensen ~ *Grüße/Glückwünsche ausrichten/übermitteln* ● vertalen *übertragen*

overbrenging ● het overbrengen *Überbringung* v; *Übermittlung* v; ⟨het overdragen⟩ *Übertragung* v ● TECHN. *Transmission* v

overbrieven *hinterbringen; zutragen*

overbruggen ● met brug overspannen *überbrücken* ● FIG. ondervangen ★ tegenstellingen ~ *Gegensätze überbrücken*

overbrugging *Überbrückung* v

overbruggingsregeling *Überbrückungsregelung* v

overbuur *Nachbar* m *gegenüber*; *Gegenüber* o

overcapaciteit *Überkapazität* v

overcompleet *überzählig*

overdaad *Übermaß* o; *Überfluss* m ★ ~ schaadt *allzu viel ist ungesund*

overdadig *üppig; verschwenderisch; unmäßig*

overdag *am Tag; tagsüber*

overdekken ● iets geheel bedekken *abdecken*; *zudecken* ● overkappen *überdachen*

overdekt *überdacht* ★ ~ zwembad *Hallenbad* o

overdenken ⟨sich⟩ *überlegen; überdenken*

overdenking *Überlegung* v; *Nachdenken* o

overdoen ● opnieuw doen *noch einmal tun; wiederholen* ● verkopen *verkaufen; abgeben* ★ zijn zaak ~ *sein Geschäft verkaufen* ● overgieten *übergießen; überschütten*

overdonderen *verblüffen* ★ ik laat me door hem niet ~ *ich lass mich von ihm nicht überrumpeln* ★ haar antwoord overdonderde ons *ihre Antwort verblüffte uns*

overdosis *Überdosis* v

overdraagbaar ● over te dragen *übertragbar* ● MED. *ansteckend*

overdraagbaarheid *Übertragbarkeit* v

overdracht ⟨ook m.b.t. een waardigheid⟩ *Übergabe* v; ⟨ook m.b.t. taalgebruik⟩ *Übertragung* v; ⟨eigendom⟩ *Übereignung* v

overdrachtelijk overgedragen; bildlich; figürlich ★ in ~e zin *im übertragenen Sinn*

overdrachtsbelasting ⟨v. onroerend goed⟩ *Veräußerungssteuer (auf Grundstücke)*

overdrachtskosten *Übernahmekosten* mv

overdragen ● overbrengen *übertragen* ● ~ **aan** overgeven aan *übertragen; abtreten* ● overboeken *überweisen*

overdreven *übertrieben*

overdrijven *übertreiben*

overdrijven *übertreiben*

overdrijving *Übertreibung* v

overdrive *Overdrive* m

overdruk ● extra afdruk *Sonder(ab)druck* m ● overgedrukte tekst *Aufdruck* m; *Überdruck* m ● NATK. *Überdruck* m

overdrukken ● opnieuw drukken *nachdrucken* ● ergens overheen drukken *aufdrucken*; *überdrucken*

overduidelijk *überdeutlich*

overdwars I BNW *quer; Quer-* ★ ~e doorsnee *Querschnitt* m II BIJW ★ ~ snijden *quer/der*

ov

Quere nach schneiden

overeenkomen I OV WW afspreken *übereinkommen; vereinbaren* ★ op de overeengekomen voorwaarden *zu den vereinbarten Bedingungen* **II** ON WW ● bij elkaar passen *übereinstimmen* ★ niet met de waarheid ~ *der Wahrheit nicht entsprechen* ● ~ **met** BN het goed kunnen vinden met *sich (gut) verstehen mit*

overeenkomst ● gelijkheid *Übereinstimmung* v ● gelijkenis *Ähnlichkeit* v ● afspraak *Übereinkommen* o; *Vereinbarung* v; JUR. *Vertrag* m; ⟨contract⟩ *Abkommen* o ★ volgens ~ *laut Vereinbarung* ★ een geheime ~ *ein geheimes Abkommen*

overeenkomstig I BNW gelijk *übereinstimmend; ähnlich; entsprechend* ★ in een ~ geval *in einem ähnlichen Fall* **II** VZ in overeenstemming met *entsprechend* [+3]; *gemäß* [+3]; *nach* [+3] ★ ~ de feiten *entsprechend den Tatsachen* ★ ~ zijn wens *seinem Wunsch gemäß* ★ ~ onze afspraak *gemäß unserer Vereinbarung*

overeenstemmen ● gelijkenis vertonen *entsprechen* ★ dat stemt niet met de feiten overeen *das entspricht nicht den Fakten* ● hetzelfde menen *übereinstimmen* ★ zij stemmen in dat opzicht overeen *in dieser Hinsicht stimmen sie überein*

overeenstemming ● gelijkenis *Übereinstimmung* v ★ in ~ brengen met *in Übereinstimmung bringen mit; in Einklang bringen mit* ★ niet in ~ met de feiten zijn *den Tatsachen nicht entsprechen* ● eensgezindheid, harmonie *Übereinstimmung* v

overeind *gerade; aufrecht* ★ ~ zetten *aufrichten* ★ ~ staan *gerade stehen; aufrecht stehen* ★ ~ gaan zitten *sich aufrichten* ▼ dat houdt haar ~ *das hält sie aufrecht*

overerven I OV WW meekrijgen *erben* **II** ON WW overgaan op *sich weitervererben;* ⟨eigenschap, ziekte⟩ *sich vererben*

overgaan ● oversteken *gehen über* ★ de grens ~ *über die Grenze gehen* ★ zich voegen bij *übertreten;* ⟨naar de tegenpartij⟩ *überlaufen* ★ naar een andere partij ~ *zu einer anderen Partei übertreten* ● bevorderd worden *versetzt werden* ● van bezitter veranderen *übergehen (auf)* [+4] ● voorbijgaan *sich legen; vorübergehen* ● veranderen *übergehen* ★ tot bederf ~ *in Fäulnis übergehen* ● beginnen *übergehen* ★ ~ tot de orde van de dag *zur Tagesordnung übergehen* ● rinkelen *läuten* ★ de telefoon gaat over *das Telefon läutet* ● ~ **op** ★ deze eigenschap is van vader op zoon overgegaan *diese Eigenschaft hat sich von Vater auf Sohn vererbt*

overgang ● het overgaan *Übergang* m; ⟨op school⟩ *Versetzung* v ● tussenfase *Übergang* m ● menopauze *Wechseljahre* mv ● oversteekplaats *Übergang*

overgangsbepaling *Übergangsbestimmung* v
overgangsfase *Übergangsphase* v
overgangsmaatregel *Übergangsregelung* v
overgangsperiode *Übergangsperiode* v;

Übergangszeit v

overgankelijk TAALK. *transitiv* ★ ~ werkwoord *transitives Verb*

overgave ● capitulatie *Übergabe* v ● toewijding *Hingabe* v

overgeven I OV WW overhandigen *übergeben; überreichen* **II** ON WW braken *sich erbrechen; sich übergeben* **III** WKD WW [**zich** ~] ● capituleren *sich ergeben* ★ zich aan de vijand ~ *sich dem Feind ergeben* ● ~ **aan** onbeheerst omgaan met ★ zich aan zijn hartstocht ~ *sich seiner Leidenschaft hingeben*

overgevoelig ● allergisch *überempfindlich* ● zeer gevoelig *sentimental*

overgewicht *Übergewicht* o

overgieten ● in iets anders gieten *umgießen; umfüllen* ● opnieuw gieten *umgießen*

overgieten *übergießen* ★ overgoten met water *mit Wasser übergossen*

overgooier *Trägerkleid* o
overgordijn *Übergardine* v
overgrootmoeder *Urgroßmutter* v
overgrootvader *Urgroßvater* m

overhaast *überstürzt; vorschnell; voreilig; übereilt*

overhaasten *überstürzen; übereilen*

overhalen ● naar de andere kant halen *herüberholen;* ⟨boot⟩ *überholen* ● trekken aan *umstellen; umlegen* ★ de trekker ~ *abdrücken* ● overreden *überreden*

overhand ▼ de ~ krijgen *die Oberhand gewinnen* ▼ de ~ hebben *die Oberhand haben*

overhandigen *übergeben; aushändigen;* ⟨uitreiken⟩ *überreichen*

overhangen *überhängen*

overheadkosten *allgemeine Unkosten* mv

overheadprojector *Overheadprojektor* m

overhebben ● overhouden *übrig haben; übrig behalten* ● willen missen *opfern; bereit sein aufzugeben; bereit sein zu tun; hergeben* ★ alles voor iem. ~ *viel für jmdn. übrighaben; alles für jmdn. zu opfern bereit sein* ★ wat heb je ervoor over? *was ist es dir wert?* ★ daar heb ik niets voor over *dafür gebe ich mein Geld nicht her; dafür gebe ich mir keine Mühe*

overheen *über* ★ leg er een doek ~ *leg ein Tuch darüber*

overheersen ● heersen over *herrschen über* ● domineren *beherrschen*

overheersing ● heerschappij *Gewaltherrschaft* v; *Beherrschung* v ★ vreemde ~ *Fremdherrschaft* v ● dominantie *Vorherrschaft* v

overheid ⟨rijk, staat⟩ *Staat* m; ⟨autoriteit, gezags-/overheidsorgaan⟩ *Behörde* v ★ burgerlijke ~ *Zivilbehörden* mv

overheidsbedrijf *öffentliches Unternehmen* o; ⟨nationaal⟩ *Staatsbetrieb* m

overheidsdienst *Behörde* v ★ in ~ zijn *im öffentlichen Dienst sein*

overheidssubsidie *staatliche Subvention* v

overhellen ● hellen *überhängen; sich neigen* ● neigen *neigen; zuneigen* [+3] ★ tot een opvatting ~ *zu einer Ansicht neigen*

overhemd *Oberhemd* o; *Hemd* o

overhevelen ● met hevel *umfüllen*

• overbrengen *überführen* ★ het geld werd naar een ander rekeningnummer overgeheveld *das Geld wurde auf ein anderes Konto geleitet*

overhoop *durcheinander*

overhoopgooien *über den Haufen werfen*

overhoophalen *durcheinanderbringen; durcheinanderwerfen* ★ de hele kamer lag overhoop *im Zimmer herrschte ein großes Durcheinander; das ganze Zimmer war in Unordnung*

overhoopliggen • in de war liggen *durcheinander sein; durcheinanderliegen* • onenigheid hebben *zerstritten sein; verfeindet sein* ★ ~ met iem. *sich mit jmdm. zerstritten haben; sich mit jmdm. überworfen haben* ★ voortdurend met iem. overhoop liggen *sich dauernd mit jmdm. in den Haaren liegen*

overhoopschieten *über den Haufen schießen;* INFORM. *niederknallen*

overhoopsteken *niederstecken*

overhoren *(über)prüfen;* ⟨mondeling⟩ *abfragen* ★ iem. mondeling ~ *jmdm. mündlich prüfen* ★ Franse woordjes ~ *französische Vokabeln abfragen*

overhoring *Prüfung* v ★ schriftelijke ~ *schriftliche Prüfung* ★ mondelinge ~ *mündliche Prüfung*

overhouden I OV WW • als overschot hebben *übrig behalten* • in leven houden *zurückbehalten* II ON WW ▼ het houdt niet over *es könnte besser sein*

overig • overblijvend *übrig* ★ al het ~e *alles Übrige* • ander ★ voor het ~e *im Übrigen; übrigens*

overigens • voor het overige *ansonsten* • trouwens *übrigens*

overijld *übereilt; überstürzt; voreilig; vorschnell*

Overijssel *Overijssel* o

Overijssels *von/aus Overijssel*

overijverig ★ ~ zijn *übereifrig sein*

overjaars BN verouderd *veraltet*

overjarig • meer dan één jaar oud *über ein Jahr alt* • achterstallig *ausstehend* • winterhard *winterhart; ausdauernd*

overjas *Mantel* m

overkant *andere/gegenüberliegende Seite* v ★ hij woont aan de ~ *er wohnt gegenüber* ★ aan de ~ van het water *am anderen Ufer*

overkapping *Überdachung* v

overkill *Overkill* m

overkoepelen • FIG. *zusammenfassen* ★ ~de organisatie *Dachverband* m; *Dachorganisation* v ★ ARCH. *mit einer Kuppel überdecken*

overkoken *überkochen* ★ de melk is overgekookt *die Milch ist übergekocht* ▼ ~ van woede *vor Zorn überkochen*

overkomelijk *überwindbar*

overkomen • bovenlangs komen *herüberkommen; hinüberkommen* • van elders komen *herüberkommen* • begrepen worden *ankommen* • indruk wekken *wirken* ★ onzeker ~ *unsicher wirken*

overkomen *passieren; geschehen* ★ dat kan iedereen ~ *das kann jedem passieren*

overladen *umladen; umschlagen*

overladen I BNW te zwaar beladen *überladen* II OV WW • te vol laden *überladen* • overstelpen *überhäufen*

overlangs *der Länge nach*

overlappen *überlappen; sich überschneiden* ★ deze programma's ~ elkaar gedeeltelijk *diese Sendungen überschneiden sich teilweise*

overlast *Belästigung* v; ⟨extra moeite⟩ *Umstände* v

overlaten • doen overblijven *übrig lassen* ★ dat laat veel te wensen over *das lässt viel zu wünschen übrig* • toevertrouwen *überlassen; anheimstellen* • erover laten gaan *herüberlassen; hinüberlassen*

overleden *gestorben;* FORM. *verstorben* ★ zijn ~ vader *sein verstorbener Vater*

overledene *Verstorbene(r)* m

overleg • beraadslaging *Beratung* v; *Rücksprache* v ★ in onderling ~ *nach gemeinsamer Beratung* ★ ~ plegen met iem. *sich mit jmdm. beraten; Rücksprache mit jmdm. halten* • bedachtzaamheid *Überlegung* v ★ met ~ te werk gaan *bedachtsam vorgehen* ★ iets met ~ doen *etw. mit Überlegung/ Bedacht tun*

overleggen *vorweisen; vorlegen*

overleggen *überlegen*

overlegorgaan *Beratungsgremium* o

overleven *überleben*

overlevende *Überlebende(r)* m

overleveren • doorgeven *überliefern* • FIG. overdragen *übergeben; ausliefern* ★ aan de vijand ~ *dem Feind ausliefern* ★ helemaal aan iem. overgeleverd zijn *jmdm. ganz und gar ausgeliefert sein*

overlevering • het overdragen *Übergabe* v • FIG. het doorgeven *Überlieferung* v

overlevingskans *Überlebenschance* v

overlevingstocht *Survivaltour* v

overlezen • opnieuw lezen *noch einmal lesen* ★ lees die zin nog eens over *lies den Satz noch einmal* • doorlezen *durchlesen*

overlijden I ON WW *sterben* II ZN [het] *Tod* m ★ bij ~ *im Todesfall*

overlijdensadvertentie *Todesanzeige* v

overlijdensakte *Sterbeurkunde* v

overlijdensbericht *Todesnachricht* v; ⟨in krant⟩ *Todesanzeige* v

overlijdensverzekering *Versicherung* v für den *Todesfall*

overloop • het overstromen *Überlauf* m • bovenportaal *Flur* m • overloopbuis *Überlaufrohr* o

overlopen • overstromen *überströmen; überlaufen* ★ het bad loopt over *die Wanne läuft über* • lopen over *gehen über* • naar andere partij gaan *überwechseln; überlaufen* • BN vluchtig bekijken *durchsehen* ★ van FIG. (te) veel hebben van *überströmen von/vor* ★ ~ van ijver *sich vor Eifer überschlagen*

overloper *Überläufer* m

overmaat *Übermaß* o ▼ tot ~ van ramp *zu allem Unglück*

overmacht • grotere macht *höhere Gewalt* v • JUR. *Übermacht* v

overmaken ● opnieuw maken *noch einmal machen; aufs Neue machen* ● overschrijven *überweisen*
overmannen *übermannen; überwältigen*
overmatig *übermäßig*
overmeesteren *bezwingen; überwältigen*
overmoed *Übermut* m
overmoedig *übermütig*
overmorgen *übermorgen*
overnaads *klinkerartig;* ⟨bij muur⟩ *im Mauerverband*
overnachten *übernachten*
overnachting *Übernachtung* v
overname *Übernahme* v
overnamekosten *Übernahmepreis* m
overnemen ● LETT. in handen nemen *übernehmen* ● FIG. ontnemen *übernehmen; entnehmen* [+3] ★ de leiding ~ *die Führung übernehmen* ● kopen *übernehmen* ★ een zaak ~ *ein Geschäft übernehmen* ★ door de staat overgenomen worden *verstaatlicht werden* ● navolgen *übernehmen* ● kopiëren ★ alle kranten hebben dit bericht overgenomen *alle Zeitungen haben diese Meldung übernommen*
overnieuw *von Neuem*
overpad ● → *recht*
overpeinzen *überdenken; nachsinnen über*
overpeinzing *Nachdenken* o; *Betrachtung* v
overplaatsen *versetzen*
overplaatsing *Versetzung* v
overproductie *Überproduktion* v
overreden *überreden; bereden*
overredingskracht *Überredungskraft* v
overrijden ● overheen rijden *überqueren; überfahren* ● naar andere kant rijden *hinüberfahren*
overrijden *überfahren*
overrompelen *überrumpeln*
overrulen *übergehen*
overschaduwen ● LETT. schaduw werpen op *überschatten* ● FIG. overtreffen *in den Schatten stellen*
overschakelen ● TECHN. andere verbinding maken *schalten* ● FIG. veranderen *umschalten* (op *nach*)
overschatten *überschätzen*
overschieten ● resteren *übrig bleiben* ★ het ~de bedrag *der Restbetrag* ● snel gaan over *hinüberschießen* ★ de vos schoot de weg over *der Fuchs schoss über den Weg*
overschoen *Überschuh* m
overschot ● teveel *Überschuss* m ● restant *Rest* m; *Überrest* m ★ het stoffelijk ~ *die sterblichen Überreste*
overschreeuwen *überschreien* ★ zich ~ *sich überschreien*
overschrijden ● stappen over *überschreiten* ● te buiten gaan *überschreiten;* ⟨geld/tijd⟩ *überziehen* ★ de snelheidslimiet ~ *die Höchstgeschwindigkeit überschreiten*
overschrijven ● naschrijven *abschreiben* ● op andere naam zetten *umschreiben; überschreiben* ● overboeken *überweisen* ★ op zijn postrekening ~ *auf sein Postgirokonto überweisen*

overschrijven *überschreiben*
overschrijving ● het opnieuw schrijven *Überschreibung* v ● het op andere naam zetten *Umschreibung* v ● overgeboekt bedrag *Überweisung* v
oversized *oversized*
overslaan I OV WW ● laten voorbijgaan *überschlagen; überspringen; übergehen; auslassen* ★ een klas ~ *ein Schuljahr überspringen* ★ een bladzijde ~ *eine Seite überschlagen* ★ je hebt iets overgeslagen *du hast etw. ausgelassen* ★ iem. bij een bevordering ~ *jmdn. bei einer Beförderung übergehen* ● overladen *umschlagen; umladen* **II** ON WW ● op iets anders overgaan *überschlagen; übergreifen* ★ de vlammen sloegen op het andere huis over *die Flammen schlugen auf das andere Haus über* ● snel veranderen *überschlagen* ● uitschieten *sich überschlagen; umschlagen* ★ de stem slaat over *die Stimme überschlägt sich*
overslag ● omgeslagen rand *Umschlag* m ● het overslaan van goederen *Umschlag* m
overslagbedrijf *Spedition* v
overslaghaven *Umschlaghafen* m
overspannen I BNW ● te gespannen *überspannt* ● overwerkt *überreizt* **II** OV WW ● te sterk spannen *überanstrengen* ★ zich ~ *sich überanstrengen; sich überarbeiten* ● overdekken *überspannen*
overspannenheid *Überreiztheit* v
overspanning ● spanning *Überspannung* v ● stress *Überanstrengung* v; *Überreiztheit* v; ⟨m.b.t. werk⟩ *Überarbeitung* v
overspel *Ehebruch* m ★ ~ plegen *Ehebruch begehen*
overspelen ● opnieuw spelen *noch einmal spielen* ● SPORT afspelen *abspielen*
overspelen ● overtreffen *schlagen* ● in kaartspel *sich überreizen*
overspelig *ehebrecherisch* ★ de ~e man *der Ehebrecher*
overspoelen *überfluten; überschwemmen* ▼ met vragen overspoeld worden *mit Fragen überhäuft werden*
overspringen ● over iets heen springen *hinüberspringen; herüberspringen; springen über* [+4] ● vooruitsteken *hervorspringen*
overstaan ▼ ten ~ van *in Gegenwart* [+2] ▼ ten ~ van een notaris *durch einen Notar; in Gegenwart eines Notars; im Beisein eines Notars*
overstag ★ LETT. ~ gaan *über Stag gehen* ★ FIG. ~ gaan FIG. *seine Meinung ändern*
overstappen ● van vervoermiddel wisselen *umsteigen;* FIG. wisselen *hinüberwechseln* ★ op een andere baan ~ *die Stelle wechseln*
overste ● MIL. *Oberstleutnant* m ● REL. *Obere(r)* m [v: *Oberin*]
oversteek ⟨varen⟩ *Überfahrt* v; ⟨vliegen⟩ *Überflug* m ▼ de grote ~ maken *über den großen Teich fahren*
oversteekplaats ⟨Übergangsstelle v; ⟨voor voetgangers⟩ *Fußgängerübergang* m
oversteken I OV WW ruilen *tauschen* **II** ON WW naar overkant gaan *überqueren;* ⟨lopen⟩ *hinübergehen;* ⟨varen⟩ *hinüberfahren* ★ de

straat ~ *die Straße überqueren* ★ ~d wild!
Wildwechsel! ★ naar de andere oever ~ *auf
das andere Ufer übersetzen* ★ ~de fietsers!
Radweg kreuzt!
overstelpen ● bedelven *überschwemmen*; ⟨met
werk⟩ *überhäufen*; ⟨met werk⟩ *überladen*
● overweldigen ★ door gevoelens overstelpt
worden *von Gefühlen überwältigt/übermannt
werden*
overstemmen *noch einmal wählen*
overstemmen ● meer geluid maken *übertönen*
● door meer stemmen verslaan *überstimmen*
overstromen *überlaufen*
overstromen ● onder water zetten
überströmen; überfließen ● overstelpen
überfließen
overstroming *Überflutung* v; *Überschwemmung*
v
overstuur *Übersteuerung* v
overstuur *verstört* ★ mijn maag is ~ *mein
Magen ist durcheinander* ★ hij raakte
helemaal ~ *er verlor völlig die Fassung*
overtekenen ● natekenen *nachzeichnen*;
abzeichnen ● opnieuw tekenen *aufs Neue
zeichnen; noch einmal zeichnen*
overtekenen *überzeichnen*
overtocht *Übergang* m; *Passage* v; ⟨over water⟩
Überfahrt v
overtollig *überflüssig*
overtreden *verstoßen gegen; übertreten*;
⟨schenden⟩ *verletzen* ★ een voorschrift ~ *eine
Vorschrift übertreten; gegen eine Vorschrift
verstoßen*
overtreder *Gesetzesbrecher* m; ⟨v.
verkeersvoorschriften⟩ *Verkehrssünder* m
overtreding *Übertretung* v; *Verstoß* m
overtreffen *übertreffen*; ⟨te boven gaan⟩
übersteigen ★ iem. in kennis ~ *jmdn. an
Kenntnissen überragen; jmdm. an Kenntnissen
überlegen sein*
overtrek *Bezug* m
overtrekken I ov ww ● overtekenen
durchzeichnen; durchpausen ● oversteken
überziehen **II** on ww voorbijgaan *sich
verziehen*
overtrekken ● bekleden/bedekken *beziehen*;
überziehen ● overdrijven *überspitzen*;
überziehen
overtrekpapier *Pauspapier* o
overtroeven *übertrumpfen*
overtroeven *übertrumpfen*
overtrokken ⟨v. reactie⟩ *überzogen*
overtuigen *überzeugen* **(van** *von)* ★ zich ~ van...
sich überzeugen von...; sich vergewissern von...
★ van iets overtuigd zijn *von etw. überzeugt
sein* ★ ~d bewijs *überzeugende(r) Beweis;
einwandfreie(r) Beweis* m
overtuigend *überzeugend*
overtuiging *Überzeugung* v ★ zij is de ~
toegedaan dat... *sie ist der Überzeugung, dass...*
overtuigingskracht *Überzeugungskraft* v
overtypen *abtippen*
overuur *Überstunde* v ★ overuren maken
Überstunden machen
overvaart *Überfahrt* v
overval *Überfall* m

overvalcommando *Überfallkommando* o
overvallen *überfallen* ▼ door angst ~ worden
Angst bekommen
overvaller ≈ *Räuber* m; ⟨bank⟩ *Bankräuber* m
overvalwagen *Fluchtauto* o
overvaren *überfahren*
overvaren *fahren über* [+4]
ververhit ● te veel verhit *überhitzt* ● te fel,
gespannen *überhitzt*
ververmoeid *übermüdet*
ververtegenwoordigd *überrepräsentiert*
overvleugelen *überflügeln*
overvliegen *fliegen über; überfliegen*;
hinüberfliegen; herüberfliegen
overvloed *Überfluss* m ★ boeken in ~ *jede
Menge Bücher; Bücher in Hülle und Fülle* ▼ ten
~e obendrein; zu allem Überfluss*
overvloedig I BNW *reich; üppig* ★ ~e oogst
reiche Ernte v **II** BIJW *im Überfluss; reichlich;
ausgiebig*
overvloeien ● overstromen *überströmen*;
überfließen ● in elkaar overlopen
ineinanderfließen
overvoeren ● te veel voeren *überfüttern*
● overstelpen *überschwemmen; überladen*
overvol *überfüllt; übervoll*
overwaaien ● overtrekken *hinüberwehen;
herüberwehen* ★ het onweer zal wel ~ *das
Gewitter wird schon vorüberziehen* ● FIG.
voorbijgaan *vergehen; vorübergehen*
overwaarderen *überbewerten*
overweg *Bahnübergang* m; *Übergang* m
★ onbewaakte ~ *unbeschrankte(r)
Bahnübergang*
overweg ▼ goed ~ kunnen met iem. *mit jmdm.
gut auskommen* ▼ niet ~ kunnen met iem. *mit
jmdm. nicht auskommen* ▼ niet ~ kunnen met
iets *mit etw. nicht zurechtkommen*
overwegbeveiliging *Sicherung* v der
Bahnübergänge
overwegen I ov ww nadenken *erwägen*;
bedenken **II** on ww het belangrijkst zijn
überwiegen
overwegend I BNW doorslaggevend
ausschlaggebend **II** BIJW *überwiegend;
vorwiegend*
overweging ● overdenking *Erwägung* v;
Betrachtung v ★ in ~ nemen *in Erwägung
ziehen* ● beweegreden *Erwägung* v;
Überlegung v
overweldigen *überwältigen*
overweldigend *überwältigend*
overwerk *Überstunden* mv
overwerken *länger arbeiten; Überstunden
machen*
overwerken [zich ~] *sich überanstrengen; sich
überarbeiten*
overwerkt *überarbeitet* ★ ~ raken *sich
überarbeiten*
overwicht ● overgewicht *Übergewicht* o;
Mehrgewicht o ● macht *Übergewicht* o;
Überlegenheit v
overwinnaar *Sieger* m
overwinnen I ov ww ● verslaan *besiegen*;
überwinden ● te boven komen *überwinden*
II on ww *siegen*

overwinning *Sieg* m; *Besiegung* v ● de ~ van de
Fransen *der Sieg der Franzosen*; *die Besiegung
der Franzosen*; *der Sieg über die Franzosen*
overwinningsroes *Siegestaumel* m
overwinteren *überwintern*
overwintering *Überwinterung* v
overwoekeren *überwuchern*
overzees *Übersee-*; *überseeisch*
overzetten ● naar overkant brengen
hinüberbringen ● vertalen *übersetzen*;
übertragen
overzicht ● het overzien *Übersicht* v; *Überblick*
m; *Durchblick* m ● samenvatting *Übersicht* v;
Abriss m
overzichtelijk *übersichtlich*
overzichtstentoonstelling *Retrospective* v
overzien *durchsehen*
overzien ● in zijn geheel zien *übersehen*
● voorstellen ★ de gevolgen zijn niet te ~ *die
Folgen sind nicht abzusehen*; *die Folgen sind
unabsehbar*
overzijde *gegenüberliegende Seite* v
ov-jaarkaart *Jahreskarte* v *für den öffentlichen
Verkehr*
OVSE *OSZE*; *Organisation* v *für Sicherheit und
Zusammenarbeit in Europa*
ovulatie *Eisprung* m; *Ovulation* v
ovuleren *ovulieren*
oxidatie *Oxidation* v
oxide *Oxid* o; *Oxyd*
oxideren *oxydieren*; *oxidieren*
ozon *Ozon* o
ozonlaag *Ozonschicht* v

P

p *P* o ★ de p van Pieter *P wie Paula*
P2P *P2P*
pa *Vater* m; *Papa* m
paaien I ov ww voor zich winnen *hinhalten*;
bezirzen; *ködern* ★ iem. met mooie beloften ~
jmdn. mit leeren Versprechungen hinhalten
II ON WW paren *laichen*
paaitijd *Laichzeit* v; *Laichperiode* v
paal ● lang voorwerp *Pfahl* m ● SPORT doelpaal
Pfosten m; *Torpfosten* m ● stijve penis *Latte* v;
Ständer m ▼ paal en perk stellen aan iets
einer Sache Grenzen setzen ▼ dat staat als een
paal boven water *darauf kannst du Gift
nehmen* ▼ voor paal staan *zum Gespött
werden* ▼ iem. voor paal zetten *jmdn. durch
den Kakao ziehen*
paalsteek *Palstek* m
paar I ZN [het] ● koppel zaken *Paar* o ● koppel
mensen *Paar* o ★ zij dansten in paren *sie
tanzten paarweise* ● klein aantal *paar* v BN dat
is een ander paar mouwen *das sind zwei Paar
Stiefel* II BNW BN even *gerade*
paard ● dier *Pferd* o; *Gaul* m ★ te ~ stijgen *aufs
Pferd steigen* ● schaakstuk *Springer* m; *Pferd* o
● turntoestel *Pferd* o ● schraag *Bock* m ▼ het
~ achter de wagen spannen *das Pferd/den
Gaul beim Schwanz aufzäumen* ▼ op het
verkeerde ~ wedden *auf das falsche Pferd
setzen* ▼ over het ~ getild zijn *auf dem hohen
Ross sitzen* ▼ een gegeven ~ moet men niet in
de bek kijken *einem geschenkten Gaul schaut
man nicht ins Maul*
paardenbloem *Löwenzahn* m
paardendressuur *Pferdedressur* v
paardenkracht *Pferdestärke* v
paardenliefhebber *Pferdeliebhaber* m
paardenmiddel ★ een ~ gebruiken *ein
radikales Mittel anwenden* ★ een ~ nemen
eine Rosskur/Gewaltkur machen
paardenmolen BN draaimolen met paarden ≈
Karussell o
paardenrennen *Pferderennen* o
paardensport *Pferdesport* m
paardenstaart *Pferdeschwanz* m
paardenstal *Pferdestall* m
paardenvijg *Pferdeapfel* m
paardenvlees *Pferdefleisch* o
paardjerijden *Hoppe-hoppe-Reiter spielen*
paardrijden *reiten*
paardrijkunst *Reitkunst* v
paarlemoer ● → parelmoer
paars I BNW *lila* II ZN [het] *Lila* o
paarsblauw *dunkelviolett*; *pensee*; *penseefarbig*
paarsgewijs *paarweise*
paarsrood *purpurrot*; *purpurfarbig*;
purpurfarben; *purpurn*
paartijd *Paarungszeit* v
paasbest ▼ op zijn ~ *ganz herausgeputzt*
paasbrood *Matzen* m; ⟨krentenbrood⟩ *Osterbrot*
o; ⟨matse⟩ *Matze* v
paasdag *Osterfeiertag* m ★ eerste ~ *Ostersonntag*
m ★ tweede ~ *Ostermontag* m ★ met de ~en

   an Ostern
paasei *Osterei* o
Paaseiland *Osterinseln* mv
paasfeest *Osterfest* o; *Ostern* o
paashaas *Osterhase* m
paasmaandag *Ostermontag* m
paasvakantie *Osterferien* v
paaswake *Osternachtsfeier* v
paaszaterdag *Karsamstag* m
paaszondag *Ostersonntag* m
pabo ≈ *Pädagogische Hochschule* v
pacemaker *Herzschrittmacher* m
pacht *Pacht* v
pachten *pachten*
pachter *Pächter* m
pachtgrond *Pachtland* o
pachtovereenkomst *Pachtvertrag* m
pacificatie *Pazifikation* v
pacifisme *Pazifismus* m
pacifist *Pazifist* m
pacifistisch *pazifistisch*
pact *Pakt* m; ⟨verdrag⟩ *Bündnis* o ★ een pact
  met de duivel hebben *mit dem Teufel im*
  Bunde sein
pad[1] I ZN [de] dier *Kröte* v ▼ BN een pad in
  iemands korf zetten *jmdm. in die Speichen*
  greifen II ZN [het] weg *Pfad* m; *Weg* m ● op
  pad gaan *sich auf den Weg machen* ★ op pad
  zijn *unterwegs sein* ▼ het pad der deugd
  bewandelen *auf dem Pfad der Tugend*
  wandeln ▼ van het rechte pad afdwalen *vom*
  Pfad der Tugend abweichen
pad[2] (zeg: ped) *Kaffeepad* o
paddenstoel *Pilz* m ★ eetbare ~ *essbare(r) Pilz*;
  Speisepilz
paddentrek *Krötenwanderzeit* v
paddo *Paddo* m
padvinder *Pfadfinder* m
padvinderij *Pfadfinder* mv
paella *Paella* v
paf ★ ik sta paf! *ich bin baff!*
paffen ● roken *paffen*; *qualmen* ● schieten
  knallen
pafferig *aufgedunsen*; *aufgeschwemmt*;
  schwammig
pagaai *Pagaie* v; *Stechpaddel* o
page *Page* m
pagekop *Pagenschnitt* m
pagina *Seite* v
paginagroot *ganzseitig*
pagineren *paginieren*; *mit Seitenzahlen versehen*
paginering *Paginierung* v
pagode *Pagode* v
pais ▼ in pais en vree leven *in Frieden und*
  Eintracht leben ▼ in pais en vree uit elkaar
  gaan *sich schiedlich-friedlich trennen*
pak ● pakket *Paket* o; *Packung* v ★ een pak
  waspoeder *eine Packung Waschpulver*
  ● vracht *Packen* m; *Bündel* o; ⟨stapel⟩ *Stapel*
  m; ⟨stapel⟩ *Stoß* m ★ een pak sneeuw *eine*
  Schneedecke ● kostuum *Anzug* m ● → **pakje**
  ▼ een pak rammel/ransel/slaag *eine Tracht*
  Prügel ▼ bij de pakken neerzitten *resignieren*;
  aufgeben ▼ BN met pak en zak *mit Sack und*
  Pack ▼ dat is een pak van mijn hart *mir fällt*
  ein Stein vom Herzen

pakbon *Packzettel* m
pakezel *Lastesel* m
pakhuis *Lager* o; *Lagerhaus* o; ⟨magazijn⟩
  Warenlager o
pakijs *Packeis* o
Pakistaan *Pakistani* m
Pakistaans *pakistanisch*
Pakistaanse *Pakistanerin* v
Pakistan *Pakistan* o
pakje ● verpakking *Päckchen* o ★ ~ sigaretten
  Schachtel v *Zigaretten* ● pakket *Packung* v;
  Päckchen o ● cadeau *Päckchen* o
  ● mantelpakje *Kostüm* o
pakjesavond *Bescherung* v *am Nikolausabend*
pakkans *Wahrscheinlichkeit* v, *erwischt zu*
  werden
pakken I OV WW ● beetpakken *packen*; *fassen*
  ★ pak me dan! *krieg mich doch!*
  ● tevoorschijn halen *holen*; *nehmen* ★ nog
  een borreltje ~ *noch einen heben* ★ een film ~
  ins Kino gehen ● betrappen *erwischen*;
  ertappen; INFORM. *schnappen* ★ iem. ergens
  op ~ *jmdn. wegen einer Sache beschuldigen*
  ● inpakken *packen*; *einpacken* ★ op elkaar
  gepakt staan *dicht gedrängt stehen* ★ ze kan
  haar boeltje wel ~ *sie kann die Koffer packen*
  ● boeien *packen*; *fesseln* ▼ ze heeft het lelijk
  te ~ *es hat sie schwer erwischt* II ON WW
  houvast vinden *greifen*; *haften* ★ de schroef
  pakt niet *die Schraube greift nicht* ★ de
  sneeuw pakt goed *der Schnee klebt gut*
pakkend *packend*; *fesselnd*
pakkerd *Schmatz* m; *Kuss* m
pakket *Paket* o
pakketpost ● pakket *Postpaket* o
  ● postafdeling *Paketpost* v
pakking *Dichtungsmaterial* o;
  Abdichtungsmaterial o
pakmateriaal *Verpackungsmaterial* o
pakpapier *Packpapier* o
paksoi *Paksoi* m
pakweg *ungefähr*; *circa*; *zirka*
pal I ZN [de] *Sperrklinke* v II BIJW ● precies
  direkt; *unmittelbar* ★ de wind waait pal uit
  het zuidoosten *der Wind kommt geradewegs*
  aus Südost ● onwrikbaar ★ pal staan
  standhaft bleiben; *standhalten* ★ pal staan
  voor iets *etw. bis zum letzten Atemzug*
  verteidigen
paleis *Palast* m; *Schloss* o
paleisrevolutie *Palastrevolution* v
paleoceen *Paläozän* o
paleografie *Paläografie* v
paleontologie *Paläontologie* v
Palestijn *Palästinenser* m
Palestijns *palästinensisch*
Palestijnse *Palästinenserin* v
Palestina *Palästina* o
palet ● KUNST mengbord *Palette* v ● BN, SPORT
  bat *Schläger* m; *Schlagholz* o
palindroom *Palindrom* o
paling *Aal* m ★ gerookte ~ *Räucheraal*
palissade *Palisade* v
palissander *Palisander* m
pallet *Palette* v
palm ● handpalm *Handfläche* v ● boom *Palme*

v

palmboom • palmachtige boom *Palme* v
• buksboom *Buchsbaum* m; *Buchs* m
palmenstrand *Palmenstrand* m
palmolie *Palmöl* o
Palmpasen *Palmsonntag* m
palmtak *Palmzweig* m
palmtop *Palmtop* m
palmzondag *Palmsonntag* m
Palts *Pfalz* v
pamflet • schotschrift *Pamphlet* o • brochure
Broschüre v; ⟨vlugschrift⟩ *Flugblatt* o
pampa *Pampa* v
pampus ▼ voor ~ liggen *völlig k.o. sein*
pan • kookpan *Topf* m; ⟨koekenpan⟩ *Pfanne* v
• dakpan *Pfanne* v; *Dachpfanne* v ▼ in de pan
hakken *in die Pfanne hauen* ▼ onder de
pannen zijn *gut untergebracht sein* ▼ BN de
pannen van het dak spelen *die Sterne vom
Himmel spielen*
panacee *Panazee* v
Panama *Panama* o
Panamakanaal *Panamakanal* m
Panamees I BNW *panamaisch* **II** ZN [de]
Panamaer m
pan-Amerikaans *panamerikanisch*
Panamese *Panamaerin* v
pancreas *Pankreas* o; *Bauchspeicheldrüse* v
pand • gebouw *Haus* o • onderpand *Pfand* o
★ een pand aflossen *ein Pfand einlösen* • slip
van jas *Schoß* m • onderdeel van kleding *Teil*
m/o
panda *Panda* m
pandbrief *Pfandbrief* m
pandemonium *Pandämonium* o
pandjesjas *Frack* m
pandverbeuren *Pfänderspiel* o
paneel • omlijst vak *Paneel* o; ⟨deurvak⟩
Füllung v • mengpaneel *Schalttafel* v;
Schaltpult o • schilderstuk *Tafelbild* o
paneermeel *Paniermehl* o
panel *Forum* o
paneldiscussie *Podiumsdiskussion* v;
Forumsdiskussion v
panellid *Forumsteilnehmer* m; *Forumsmitglied* o
paneren *panieren*
panfluit *Panflöte* v
paniek *Panik* v
paniekerig *panikartig*
paniekreactie *Panikreaktion* v
paniekvoetbal • voetbal *kopflose(s) Spielen* o
• gedrag *kopflose(s) Handeln* o
paniekzaaier *Panikmacher* m
panikeren BN in paniek raken *panisch werden*
panisch *panisch*
panklaar *kochfertig* ★ panklare maaltijd
Fertiggericht o
panne *Panne* v
pannendak *Ziegeldach* o
pannenkoek *Pfannkuchen* m
pannenkoekmix *Pfannkuchenmix* m
pannenlap *Topflappen* m
pannenlikker *Teigschaber* m
pannenset *Topfset* m
pannenspons *Scheuerschwamm* m
panorama *Panorama* o

pantalon *Hose* v; *Hosen* v mv
panter *Panther* m
pantheïsme *Pantheismus* m
pantoffel *Pantoffel* m; *Hausschuh* m ▼ onder de
~ zitten *unter dem Pantoffel stehen*
pantoffeldiertje *Pantoffeltierchen* o
pantoffelheld • angsthaas *Angsthase* m • man
onder de plak *Pantoffelheld* m
pantomime *Pantomime* v
pantser *Panzer* m
pantseren *panzern*
pantserglas *Panzerglas* o
pantsertroepen *Panzertruppen* mv
pantservoertuig *Panzerfahrzeug* o;
Panzerwagen m; *Panzer* m
pantserwagen *Panzer* m; *Panzerwagen* m
panty *Nylonstrumpfhose* v
pap • voedsel *Brei* m • mengsel *Kleister* m
• papa *Vati* m; *Papa* m ▼ BN iets zo beu zijn
als koude pap *etw. satthaben; etw. leid sein*
▼ BN niets in de pap te brokken hebben *nicht
viel in die Milch zu brocken haben* ▼ ik lust er
wel pap van *davon kann ich nicht genug
bekommen*
papa *Papa* m; *Vati* m
papadum *Papadum* o
papaja *Papaya* v
paparazzo *Paparazzo* m [mv: *Paparazzi*]
papaver *Mohn* m; ⟨klaproos⟩ *Klatschmohn* m
papegaai *Papagei* m
paper *Referat* o
paperassen *Papiere* mv; MIN. *Papierkram* m
paperback *Taschenbuch* o; *Paperback* o
paperclip *Büroklammer* v
papeterie • waren *Papierwaren* mv • winkel
Schreibwarenladen m
Papiamento *Papiamento* o
papier I ZN [het] [gmv] *Papier* o ★ geschept ~
handgeschöpfte(s) Papier; *Büttenpapier* o
★ gerecycled ~ *Altpapier* o ★ houthoudend ~
holzhaltiges Papier ★ milieuvriendelijk ~
Umweltschutzpapier ★ iets op ~ zetten *etw. zu
Papier bringen* ★ een vel ~ *ein Papierbogen* m
II ZN [het] [mv: +en] *Papiere* mv; *Unterlagen*
mv; ⟨ambtelijk⟩ *Schriftstück* o ▼ dat loopt in
de ~en *das geht ganz schön ins Geld* ▼ BN in
slechte ~en zitten *im Schlamassel sitzen*
▼ goede ~en hebben *gute Zeugnisse haben*
▼ het ~ is geduldig *Papier ist geduldig*
papieren • van papier *papieren*; *Papier-* ★ ~
servet *Papierserviette* v • in theorie *(nur) auf
Papier*
papierformaat *Papierformat* o
papiergeld *Papiergeld* o; *Banknoten* mv
papier-maché I ZN [het] *Papiermaché* o **II** BNW
aus Papiermaché
papierversnipperaar *Reißwolf* m
papierwinkel • winkel *Schreibwarengeschäft* o
• FORM. bureaucratische rompslomp
Papierkram m
papil *Papille* v
papillot *Lockenwickel* m
papkind *Hätschelkind* o
paplepel ▼ dat is haar met de ~ ingegoten *das
hat sie mit der Muttermilch eingesogen*
Papoea-Nieuw-Guinea *Papua-Neuguinea* o

pappa *Papa* m
pappen ⟨textiel⟩ *appretieren*; ⟨kettingdraden⟩ *schlichten*; ⟨een zweer⟩ *Breiumschläge auflegen*
pappenheimer ▼ ik ken mijn ~s *ich kenne meine Pappenheimer*
papperig • kleverig ⟨bodem⟩ *matschig* • week als pap ⟨brood⟩ *pappig* • dik ⟨gezicht⟩ *aufgeschwemmt*
paprika *Paprika* m
paprikapoeder *gemahlene(r) Paprika* m; *Paprikapulver* o
papyrus *Papyrus* m
papyrusrol *Papyrus* m; *Papyrusrolle* v
papzak HUMOR. *Fettmops* m; MIN. *Fettkloß/ -wanst* m
para *Fallschirmjäger* m
paraaf *Namenszug* m; FORM. *Paraphe* v
paraat *bereit*; *parat* ★ parate troepen *stehende(s) Heer* o [ev]
parabel *Parabel* v; *Gleichnis* o
parabool *Parabel* v
paracetamol *Paracetamol* o
parachute *Fallschirm* m
parachuteren • aan parachute neerlaten *mit dem Fallschirm absetzen* • buitenstaander aanstellen *katapultieren*
parachutespringen *Fallschirmspringen* o
parachutist *Fallschirmspringer* m; ⟨militair⟩ *Fallschirmjäger* m
parade *Umzug* m; *Parade* v
paradepaard *beste(s) Pferd im Stall* o
paraderen • parade houden *paradieren* • pronken *prahlen*; *prunken*; *paradieren*
paradijs *Paradies* o
paradijselijk *paradiesisch*
paradijsvogel *Paradiesvogel* m
paradox *Paradox* o
paradoxaal *paradox*
paraferen *abzeichnen*; *paraphieren*
parafernalia *Drumherum* o
paraffine *Paraffin* o
paraffineolie *Paraffinöl* o
parafrase *Paraphrase* v
parafraseren *paraphrasieren*
paragnost *Paragnost* m
paragraaf *Abschnitt* m; *Paragraf* m; *Paragraph* m
paragraafteken *Paragrafenzeichen* o; *Paragraphenzeichen*; *Paragraf* m; *Paragraph*
Paraguay *Paraguay* o
parallel **I** ZN [de] • WISK. *Parallele* v • AARDK. *Parallel-/Breitenkreis* m • FIG. vergelijking *Parallele* v **II** BNW evenwijdig *parallel*; *Parallel-* ★ de weg loopt ~ aan het spoor *die Straße läuft parallel zur Bahnlinie*
parallellie *Parallelität* v
parallellogram WISK. *Parallelogramm* o
parallelweg *Parallelstraße* v
Paralympics *Behindertenolympiade* v; *Paralympics* mv
paramedisch *der Medizin anverwandt* ★ ~e beroepen *die medizinischen Hilfsberufe*
parameter *Parameter* m
paramilitair *paramilitärisch*
paranimf ≈ *Freund* m *und Helfer* m *eines Promovierenden bei der offiziellen Verleihung seiner Doktorwürde*
paranoia *Paranoia* v
paranoïde *paranoid*
paranoot *Paranuss* v
paranormaal *paranormal*
parapenten *Paragliding machen*
paraplu *Regenschirm* m; *Schirm* m ★ opvouwbare ~ *Knirps* m
paraplubak *Schirmständer* m
parapsychologie *Parapsychologie* v
parasiet • BIOL. *Parasit* m • FIG. nietsnut *Schmarotzer* m
parasiteren BIOL. *parasitieren*; ⟨ook van personen⟩ *schmarotzen*
parasol *Sonnenschirm* m
parastatale BN semi-overheidsinstelling *halbstaatliche Einrichtung* v
paratroepen *Fallschirmjäger* mv
paratyfus *Paratyphus* m
parcours *Strecke* v; ⟨bij paardensport⟩ *Parcours* m
pardon **I** ZN [het] vergeving *Pardon* m/o; *Begnadigung* v ★ zonder ~ *schonungslos* ★ generaal ~ *Generalamnestie* v **II** TW *Entschuldigung*; *Verzeihung*; *verzeihen/ entschuldigen Sie*
parel • kraal *Perle* v • kostbaar iets, iem. *Perle* v ★ die vrouw is een ~ *die Frau ist ein Juwel* ▼ ~s voor de zwijnen werpen *Perlen vor die Säue werfen*
parelduiker • persoon *Perlentaucher* m • vogel *Prachttaucher* m
parelen **I** BNW van parels *aus Perlen* ★ ~ halssnoer *Perlenschnur* v **II** ON WW druppels vormen *perlen* ★ zweetdruppels parelden op haar voorhoofd *Schweißtropfen perlten ihr auf der Stirn*
parelhoen *Perlhuhn* o
parelmoer *Perlmutter* v; *Perlmutt*; *Perlmutterglanz* m
parelmoeren *perlmuttern*; *Perlmutter-*
pareloester *Perlmuschel* v
parelsnoer *Perlenschnur* v
parelwit *perlweiß*
paren **I** OV WW koppelen *paaren* ★ gepaard gaan met *verbunden sein mit* [+3] **II** ON WW copuleren *sich paaren*
pareren *parieren*
parfum *Parfüm* o
parfumeren *parfümieren* ★ zich ~ *sich parfümieren*
parfumerie • reukwerk *Parfüms* mv • winkel *Parfümerie* v
pari **I** ZN [het] ECON. *Pariwert* m ★ boven/onder pari kopen *über/unter pari kaufen*; *über/unter dem Pariwert kaufen* ★ op pari staan *zu pari stehen* **II** BIJW ECON. *pari* ★ a pari *zu pari*
paria *Paria* m
parig *paarig* ★ organen die in paren voorkomen *paarige Organe*
Parijs *Paris* o
paring *Paarung* v
paringsdrift *Paarungstrieb* m
pariteit *Parität* v
park *Park* m; *Grünanlage* v
parka *Parka* m

pa

parkeerautomaat Parkscheinautomat m
parkeerbon Strafzettel m
parkeergarage Parkhaus o; ⟨ondergronds⟩
Tiefgarage v
parkeergelegenheid ● parkeerplaats Parkraum
m ● parkeerterrein Parkplatz m
parkeerhaven Haltebucht v; Parkbucht v
parkeerklem Parkkralle v
parkeerlicht Parkleuchte v; Standlicht o
parkeermeter Parkuhr v
parkeerontheffing Sonderparkerlaubnis v
parkeerplaats ● vak voor één voertuig
Parklücke v ● terrein voor meer voertuigen
Parkplatz m
parkeerpolitie Politesse v
parkeerschijf Parkscheibe v
parkeerstrook Parkstreifen m
parkeerterrein Parkplatz m
parkeervak Parkfläche v
parkeerverbod Halte-/Parkverbot o
parkeervergunning Parkerlaubnis v;
Parkgenehmigung v
parkeerwachter Parkwächter m
parkeerzone Haltezone v
parkeren parken
parket ● houten vloer Parkett o ● JUR.
Openbaar Ministerie Staatsanwaltschaft v
● rang in theater Parkett o ▼ in een
moeilijk/lastig ~ zitten sich in einer misslichen
Lage befinden; in der Klemme sitzen/stecken
parketvloer Parkettboden m; Parkett o
parketwacht Justizwachtmeister mv
parkiet Sittich m; ⟨geelgroen van kleur⟩
Wellensittich m
parkietenzaad Futter o für Wellensittiche
parking Parkplatz m
parkinson Parkinson m; Parkinsonkrankheit v
parkoers Parcours m; Rennstrecke v
parkwachter Parkwächter m
parlement Parlament o
parlementair parlamentarisch
parlementariër Parlamentarier m
parlementsgebouw ● Parlamentsgebäude o;
Parlament o ● in Duitsland Reichstagsgebäude
o; Reichstag m
parlementslid (Bundestags)Abgeordnete(r);
Parlamentsmitglied o
parlementsverkiezingen ● Parlamentswahlen v
mv ● in Duitsland Bundestagswahlen v mv
parmantig keck; ⟨brutaal⟩ frech; ⟨direct⟩
kurzerhand
Parmezaans ★ ~e kaas Parmesan m
parochiaal parochial
parochiaan Gemeindemitglied o
parochie Parochie v; Gemeinde v
parodie Parodie v
parodiëren parodieren
parool ● wachtwoord Parole v; Losung v;
Kennwort o ● leus Parole v; Leitspruch m;
Motto o
pars pro toto Pars pro toto o
part Teil m/o; Stück o ▼ ergens part noch deel
aan hebben an einer Sache ganz unbeteiligt
sein ▼ voor mijn part von mir aus;
meinetwegen ▼ haar geheugen speelt haar
parten ihr Gedächtnis lässt sie im Stich ▼ iem.

parten spelen jmdm. einen Streich spielen
parterre ● begane grond Parterre o;
Erdgeschoss o ● rang in schouwburg Parterre
o
participant Teilhaber m; Teilnehmer m
participatie Beteiligung v; Teilnahme v
participeren teilhaben (in an) [+3]; partizipieren
(in an) [+3]
particulier I ZN [de] Privatperson v; Privatmann
m [mv: Privatleute] II BNW privat; privat-;
Privat- ★ ~ bezit Privatbesitz m ★ ~ verzekerd
privat versichert ★ een ~e onderneming ein
privates Unternehmen
partieel partiell; teil-; Teil-
partij ● groep Partei v ★ iemands ~ kiezen
jmds. Partei ergreifen ★ ~ kiezen Stellung
nehmen ● JUR. procesvoerder Partei v
★ aangeklaagde ~ Beklagte(r) m ★ klagende ~
Kläger m ★ zich (BN burgerlijk) ~ stellen einen
Zivilprozess beginnen ● huwelijkspartner
Partie v ● hoeveelheid Haufen m; ECON. Partie
v; ECON. Posten m ★ ~ goederen Partie Güter
● afgeronde actie Partie v; Runde v ● feest
Party v; Fest o ★ naar een ~ gaan auf eine
Party/zu einem Fest gehen ★ een ~tje geven
eine Party/ein Fest geben ● MUZ. Part m;
Stimme v ▼ ~ trekken van seinen Vorteil ziehen
aus ▼ iem. ~ geven jmdm. Kontra geben ▼ zijn
~ meeblazen sich treu beteiligen ▼ geen ~ zijn
voor iem. jmdm. nicht gewachsen sein ▼ van
de ~ zijn mit von der Partie sein
partijbestuur Parteivorstand m
partijbijeenkomst Parteiversammlung v
partijbons Parteibonze m
partijdig parteiisch
partijganger Parteianhänger m; MIN.
Parteigänger m
partijgenoot Anhänger m derselben Partei
partijkader Parteikader m
partijleider Parteivorsitzende(r) m; Parteiführer
m
partijlid Parteimitglied o
partijpolitiek I ZN [de] Parteipolitik v II BNW
parteipolitisch
partijraad Parteirat m
partijtop Parteiführung v
partikel Partikel v/o; Teilchen o; TAALK. Partikel
v
partituur Partitur v
partizaan Partisan m
partner Partner m
partnerregistratie eingetragene Partnerschaft v
partnerschap ● samenlevingsvorm
Partnerschaft v ● ECON. Personengesellschaft v;
Personalgesellschaft v
parttime halbtags; nicht ganztags; Teilzeit- ★ ~
werken eine Teilzeitbeschäftigung haben
parttimebaan Teilzeitbeschäftigung v; Teilzeitjob
m
parttimer Teilzeitbeschäftigte(r) m; Teilzeitkraft v
partydrug Partydroge v
partytent Partyzelt o
pas I ZN [de] ● stap Tritt m; Schritt m ★ er flink
de pas in zetten forsch ausschreiten ★ in de
pas blijven Gleichschritt halten ★ uit de pas
lopen nicht im Gleichschritt bleiben ★ in de

pas lopen met iemand/iets *übereinstimmen mit jmdm./etw.* ★ twee passen hier vandaan *nur ein paar Schritte von hier* ● paspoort *Pass* m; *Reisepass* m ● ander legitimatiebewijs *Ausweis* m ★ pas 65 *Seniorenpass* m ● weg door gebergte *Pass* m ▼ pas op de plaats maken *auf der Stelle treten* II ZN [het] ▼ goed van pas komen *sich als nützlich erweisen*; *gelegen kommen* ▼ dat geeft geen pas *das ziemt/gehört sich nicht* ▼ ergens aan te pas moeten komen *herbeigeholt werden müssen* ▼ te pas en te onpas *zu jeder Unzeit*; *ob es passt oder nicht* III BNW ● passend *passend* ● waterpas *waagerecht* IV BIJW ● nog maar net *gerade*; *(so)eben* ★ pas geverfd *frisch gestrichen* ★ ik begin pas *ich fange eben erst an* ★ zo pas *soeben* ● niet meer/eerder/verder dan *erst* ★ nu pas *jetzt erst* ★ pas acht zijn *erst acht Jahre alt sein* ★ dan pas *dann erst* ● in hoge mate *erst* ★ dat is pas leuk *das macht erst richtig Spaß*

pascal *Pascal* o

Pascha *Pascha* m

pascontrole *Passkontrolle* v

Pasen *Ostern* o ★ met ~ *an Ostern* ★ Beloken ~ *Weißer Sonntag* ★ we hebben dit jaar een late ~ *Ostern ist in diesem Jahr spät* ▼ als ~ en Pinksteren op één dag vallen *wenn Weihnachten und Ostern zusammenfallen*

pasfoto *Passbild* o

pasgeboren *neugeboren* ★ een ~ kind *ein Neugeborenes* o

pasgetrouwd *frisch verheiratet*

pasje ● → pas

pasjessysteem *Ausweissystem* o

paskamer *Umkleidekabine* v

pasklaar *passend*; *maßgeschneidert*; *angemessen*; *maßgerecht* ★ pasklare oplossing *wirksame Lösung* v ★ ~ antwoord *triftige Antwort* v

pasmunt *Hartgeld* o; (officieel) *Scheidemünze* v

paspoort *Pass* m; *Reisepass* m

paspoortcontrole *Passkontrolle* v

paspoortnummer *Passnummer* v

paspop *Schneiderpuppe* v

pass *Pass* m ★ mislukte pass *Fehlpass* m

passaat *Passat* m

passaatwind *Passatwind* m; *Passat* m

passage ● doorgang *Passage* v ● overtocht *Passage* v ● winkelgalerij *Passage* v ● deel van tekst *Passage* v

passagier *Passagier* m; (in motorvoertuig) *Fahrgast* m; (in vliegtuig) *Fluggast* m ★ een blinde ~ *ein blinder Passagier*

passagieren *einen Landausflug machen*

passagierslijst *Passagierliste* v

passagiersschip *Passagierschiff* o

passagiersvliegtuig *Passagierflugzeug* o; *Verkehrsflugzeug* o

passant *Durchreisende(r)* m; *Passant* m

passé *vorbei*; *passé*; (nakeursspelling) *passee*

passen[1] I OV WW ● juist plaatsen *fügen*; *passen* ★ in elkaar ~ *ineinanderfügen/-passen* ● juiste maat proberen *anprobieren* ● afpassen *abmessen*; *zirkeln* ★ ~ en meten *genau abmessen* ● exact betalen *passend bezahlen* ▼ FIG. na veel ~ en meten *nach vielem Hin*

und Her II ON WW ● op maat zijn *passen*; *gehören* ● gelegen komen *gelegen kommen*; *passen* ● fatsoenlijk zijn *sich gehören*; *sich schicken* ★ het past je niet zo te praten *es gehört/schickt sich nicht, dass du so sprichst* ● beurt overslaan *passen* ● ~ **op** *aufpassen auf* [+4] ★ op zijn woorden ~ *seine Zunge hüten* ★ op het huis ~ *das Haus hüten*

passend ● gepast *passend* ★ ~ werk *passende/angemessene Arbeit* v ● erbij passend angebracht; *geeignet* ★ ~ bij *passend zu*

passe-partout ● toegangskaart *Dauerkarte* v ● omlijsting *Passepartout* o

passer *Zirkel* m ★ been van een ~ *Schenkel eines Zirkels* m

passerdoos *Reißzeug* o

passeren ● gaan langs *passieren*; *hindurchgehen*; (rijden) *vorbeifahren*; (rijden) *hindurchfahren* ★ mag ik even ~? *darf ich mal vorbei?* ● inhalen *überholen* ● gaan door/over ★ hij is de 60 gepasseerd *er hat die sechzig bereits überschritten* ● overslaan *übergehen* ★ zich gepasseerd voelen *sich übergangen fühlen* ★ iem. ~ *jmdn. übergehen* ● JUR. bekrachtigen *billigen*

passie ● hartstocht *Passion* v; *Leidenschaft* v ● het lijden van Christus *Passion* v

passiebloem *Passionsblume* v

passief I BNW ● niet actief *passiv*; *untätig*; *teilnahmslos* ● TAALK. *passivisch* ★ passieve zin *Passivsatz* m ● ECON. *passiv* II ZN [het] ★ TAALK. *Passiv* o; *Leideform* v ● ECON. *Passiva* mv; *Passiven* mv

passievrucht *Passionsfrucht* v

passiva *Passiva* mv ★ vlottende ~ *kurzfristige Verbindlichkeiten*

passiviteit *Passivität* v

passpiegel *Ankleidespiegel* m

password *Passwort* o; *Kennwort* o

pasta I ZN [de] [mv: +'s] *Paste* v ★ zaaddodende ~ *Samen tötende Creme* II ZN [de] [mv: paste] *Pasta* v; *Teigwaren* mv

pastei *Pastete* v

pastel ● kleurstof *Pastell* o; *Pastellfarbe* v ★ stoffen in ~ *pastellfarbene(n) Stoffe* ● pasteltekening *Pastell* o

pasteltint *Pastellton* m

pasteuriseren *pasteurisieren*

pastiche *Pasticcio* o

pastille *Pastille* v

pastinaak *Pastinake* v

pastoor *Pfarrer* m; *Pastor* m

pastor *Pastor* m; *Pfarrer* m

pastoraal ● REL. *pastoral* ★ pastorale brief *Pastoralbrief* m ● herderlijk *pastoral*; *ländlich* ★ pastorale gedichten *Hirtendichtung*

pastoraat ● pastoorschap *Pfarramt* o ● zielzorg *pastorale Arbeit* v

pastorale *Pastorale* v; (dicht- of prozastuk) *Schäferspiel* o

pastorie *Pfarrhaus* o; *Pfarramt* o; *Pfarrei* v

pasvorm *Passform* v

paswoord BN wachtwoord *Kennwort* o; *Losung* v; *Parole* v

pat I ZN [de] strookje stof *Patte* v; *Spiegel* m II BNW (schaakterm) *patt*

pa

Patagonië *Patagonien* o
patat • soortnaam *Pommes frites* mv • portie
Portion v *Pommes frites* ★ ~ met (mayonaise)
Fritten/Pommes mit Mayo(nnaise) ★ ~je oorlog
Fritten/Pommes mit Mayo und Erdnusssoße
patatkraam *Pommesbude* v; *Frittenbude* v
patchwork *Patchwork* o
paté *Pastete* v
patent I ZN [het] *Patent* o ★ door ~ beschermd
patentamtlich geschützt ★ ~ voor iets
aanvragen *etw. zum Patent anmelden* **II** BNW
patent; vorzüglich; ausgezeichnet
patentbloem *Auszugsmehl* o
patenteren • patent nemen *patentieren lassen*
• patent verlenen *patentieren; Patent erteilen*
pater *Pater* m
paternalisme *Paternalismus* m; *Bevormundung*
v
paternalistisch *bevormundend*
paternoster I ZN [de] rozenkrans *Rosenkranz* m
II ZN [het] gebed *Paternoster* o; *Vaterunser* o
pathetisch *pathetisch*
pathologie *Pathologie* v
pathologisch *pathologisch*
patholoog-anatoom *Pathologe* m
pathos *Pathos* o
patience *Patiencespiel* o; *Patience* v
patiënt *Patient* m
patiëntenorganisatie *Patientenorganisation* v
patiëntenplatform *Patientenplattform* v
patio *Patio* m
patisserie *Feinbäckerei* v
patjepeeër *Prolet* m; *Parvenü* m; *Wichtigtuer* m
patriarch *Patriarch* m; *Erzvater* m
patriarchaal *patriarchalisch*
patriarchaat *Patriarchat* o
patriciër *Patrizier* m
patrijs *Rebhuhn* o
patrijspoort *Bullauge* o
patriot *Patriot* m
patriottisch *patriotisch; vaterlandsliebend;
vaterländisch*
patriottisme *Patriotismus* m
patronaal BN van de werkgevers *Arbeitgeber-*
patronaat *Schirmherrschaft* v; *Patronat* o
patroon I ZN [de] • beschermheer *Beschützer*
m; *Schirmherr* m • beschermheilige
Schutzheilige(r) m • BN baas *Chef* m • huls
met lading *Patrone* v **II** ZN [het] • model
Muster o; *Vorlage* v; ⟨knippatroon⟩
Schnittmuster o • dessin *Muster* o
patroonheilige *Patron* m [v: *Patronin*];
Schutzheilige(r) m/v
patroonhuls *Patronenhülse* v
patrouille • troepenafdeling *Patrouille* v;
Spähtrupp m • verkenning *Patrouille* v; *Streife*
v; *Streifgang* m
patrouilleauto *(Funk)Streifenwagen* m
patrouilleboot *Patrouillenboot* o;
Patrouillenschiff o
patrouilledienst *Patrouillendienst* m
patrouilleren *patrouillieren*
pats *patsch; klatsch*
patser *Protz* m
patstelling *Patt* o
pauk *Pauke* v

paukenist *Paukist* m; *Pauker* m
paus *Papst* m ▼ roomser dan de paus zijn
päpstlicher als der Papst sein
pauselijk *päpstlich*
pausmobiel *Papstmobil* o
pauw *Pfau* m
pauwenoog • oog v.e. pauw *Pfauenauge* o
• vlek op pauwenstaart *Fleck* m *auf den
Pfauenfedern* • vlinder *Pfauenauge* o
pauze *Pause* v ★ ~ houden *Pause machen*
pauzefilm *Pausenfilm* m
pauzeren *pausieren*
pauzetoets *Pausetaste* v
paviljoen *Pavillon* m
pavlovreactie *klassische Konditionierung* v
pc *PC* m
PCB *PCB* o
pda *PDA* o
pecannoot *Pekannuss* v
pech • tegenspoed *Pech* o ★ aan één stuk door
pech hebben *vom Pech verfolgt sein* • panne
Panne v
pechlamp ≈ *Laterne* v *zum Leuchten im Falle
einer Panne*
pechvogel *Pechvogel* m; *Unglücksrabe* m
pectine *Pektin* o
pedaal *Pedal* o ▼ BN de pedalen verliezen
keinen Plan mehr haben
pedaalemmer *Treteimer* m
pedagogie *Pädagogie* v
pedagogiek *Pädagogik* v
pedagogisch *pädagogisch*; ⟨opvoedend⟩
erzieherisch
pedagoog *Pädagoge* m
pedant *pedantisch*
pedanterie *Pedanterie* v
peddel *Paddel* o
peddelen • roeien *paddeln* • fietsen *strampeln*
pedel *Pedell* m
pediatrie *Pädiatrie* v
pedicure • persoon *Pediküre* v; *Fußpfleger* m [v:
Fußpflegerin] • behandeling *Pediküre* v;
Fußpflege v
pedofiel I ZN [de] *Pädophile(r)* m **II** BNW
pädophil
pedofilie *Pädophilie* v
pedologie *Pädologie* v
pee ▼ de pee aan iem. hebben *jmdn. nicht
riechen können* ▼ (er) de pee in hebben
stinksauer sein
peeling *Peeling* o
peen *Möhre* v; *Karotte* v
peepshow *Peepshow* v
peer • vrucht *Birne* v • lamp *Birne* v • vent *Kerl*
m; *Fritze* m ★ geschikte peer *patente(r) Kerl* m
▼ daar zitten we met de gebakken peren *da
haben wir die Bescherung*
peervormig *birnenförmig*
pees *Sehne* v ★ gescheurde pees *Sehnenriss* m
★ verrekte pees *Sehnenzerrung* v
peeskamertje *Zimmer* o *in Stundenhotel*
peesontsteking *Sehnenentzündung* v; *Tendinitis*
v
peetmoeder *Patentante* v; *Patin* v
peetoom *Patenonkel* m; *Pate* m
peettante *Patentante* v; *Patin* v

peetvader ● peter *Pate* m; *Patenonkel* m
  ● geestelijke vader *(geistige(r) Vater)* m
pegel *Eiszapfen* m
peignoir *Morgenrock* m
peil ● LETT. gemeten stand ‹v. water› *Pegelstand*
  m ★ beneden peil *unter dem Niveau*;
  niedrige(r) Pegelstand m ★ boven peil *hohe(r)*
  Pegelstand m ● FIG. geestelijk, moreel niveau
  Niveau o; *Stand* m; *Stufe* v ★ dat is beneden
  alle peil *das ist unter aller Würde* ▼ er is geen
  peil op te trekken *es entzieht sich aller*
  Berechnung
peildatum *Stichtag* m
peilen ● bepalen *anpeilen*; *orten*; ‹v. diepte›
  (aus)loten; ‹v. diepte› *peilen*; ‹v. gehalte›
  prüfen ● FIG. doorgronden *ergründen*;
  erforschen; ‹onderzoeken› *erkunden*
peilglas *Anzeiger* m; ‹v. waterstand›
  Wasserstandsanzeiger m
peiling *Peilung* v; ‹v. plaats› *Anpeilen* o; ‹v.
  plaats› *Ortung* v
peillood *Senkblei* o; *Lot* o
peilloos *unergründlich*; *unermesslich*
peilstok *Peilstock* m
peinzen *nachdenken* **(over** *über)* [+4];
  nachsinnen **(over** *über)* [+4] ★ zich suf ~ over
  iets *sich den Kopf zerbrechen über etw.* ▼ ik
  peins er niet over! *ich denke nicht im Traum*
  daran!
pejoratief *pejorativ*
pek *Pech* o ▼ wie met pek omgaat, wordt
  ermee besmet *wer Pech anfasst, besudelt sich*
pekel ● oplossing *Salzlake* v ● strooizout
  Streusalz o
pekelen ● in pekel inleggen *einsalzen*;
  einpökeln ● bestrooien *streuen*
pekelvlees *Pökelfleisch* o
Pekinees I ZN [de] bewoner *Pekinger* m **II** BNW
  Pekinger
pekinees *Pekinese* m
Pekinese *Pekingerin* v
Peking *Peking* o
pekingeend *Pekingente* v
Pekings ● → **Pekinees**
pelgrim *Pilger* m; *Wallfahrer* m
pelgrimage *Wallfahrt* v; *Pilgerfahrt* v
pelgrimsoord *Wallfahrtsort* m
pelikaan *Pelikan* m
pellen *schälen*; *pellen*
peloton ● MIL. *Peloton* o ● SPORT *Peloton* o
pels *Pelz* m
pelsdier *Pelztier* o
pelsjager *Pelztierjäger* m
pen ● pin *Nadel* v; *Stift* m; *Bolzen* m
  ● schrijfpen *Feder* v; *Stift* m; ‹balpen›
  Kugelschreiber m ● breipen *Stricknadel* v
  ● vogelveer *Feder* v ▼ in de pen klimmen *zur*
  Feder greifen ▼ het zit in de pen *es ist in der*
  Mache ▼ dat is met geen pen te beschrijven
  das ist unbeschreiblich
penalty *Strafstoß* m; ‹vooral ijshockey› *Penalty*
  m; ‹voetbal› *Elfmeter* m
penaltystip *Elfmeterpunkt* m
penarie ▼ in de ~ zitten *im Schlamassel sitzen*
pendant *Pendant* o; *Gegenstück* o
pendel ● hanglamp *Hängelampe* v ● het

pendelen *Pendeln* o ● wichelslinger *Pendel* o
pendelaar *Pendler* m
pendelbus *Pendelbus* m
pendeldienst *Pendelverkehr* m
pendelen *pendeln*
pendule *Penduluhr* v
penetrant *penetrant*; *durchdringend*; ‹v.
  personen› *aufdringlich*
penetratie *Penetration* v; *Eindringen* o
penetreren *penetrieren*; *durchdringen*
penibel *peinlich*
penicilline *Penizillin* o
penis *Penis* m; *Glied* o
peniskoker *Penisfutteral* o
penisnijd *Penisneid* m
penitentiair *straf-*; *Straf-* ★ ~e inrichting
  Strafanstalt v
penitentie *Bußübung* v
pennen *schreiben*
pennenbak *Federbehälter* m; *Federschale* v
pennenlikker ‹kantoorbediende› *Schreiberseele*
  v; ‹auteur› *Federfuchser* m
pennenstreek *Federstrich* m ★ met één ~ *mit*
  einem Federstrich
pennenstrijd *Polemik* v
pennenvrucht ≈ *schriftstellerische Leistung* v; ≈
  INFORM. *Schreibe* v
pennenzak BN *etui Etui* o; *Behälter* m; *Futteral*
  o
penning ● geld *Münze* v; *Pfennig* m ★ op de ~
  zijn *auf den Pfennig sehen*; *ein Pfennigfuchser*
  sein ★ tot de laatste ~ *auf Heller und Pfennig*;
  bis auf den letzten Pfennig ● muntstuk *Marke*
  v; ‹gedenkpenning› *Gedenkmünze* v
penningmeester *Kassenwart* m; ‹officieel›
  Schatzmeister m
penopauze *Penopause* v
penoze *Unterwelt* v
pens ● buik *Wampe* v; *Wanst* m ● voormaag
  Pansen m ● BN, CUL. bloedworst *Blutwurst* v
penseel *Pinsel* m
penseelstreek *Pinselstrich* m
pensioen *Rente* v; ‹v. ambtenaren› *Pension* v
  ★ met ~ gaan *in Rente gehen*
pensioenbreuk *Rentenbruch* m
pensioenfonds *Rentenversicherungsanstalt* v;
  ‹ter aanvulling wettelijke regeling›
  Pensionskasse v
pensioengat *Rentenloch* o
pensioengerechtigd *pensionsberechtigt* ★ ~e
  leeftijd *Pensionsalter* o; *Rentenalter* o
pensioenopbouw *Rentenaufbau* m
pensioenpremie *Rentenversicherungsbeitrag* m
pension ● kosthuis *Pension* v ● verzorging *Kost*
  und Logis
pensionaat *Internat* o
pensioneren *in den Ruhestand versetzen*;
  ‹ambtenaren› *pensionieren*; ‹overige
  werknemers› *auf Rente setzen*
pensionering *Pensionierung* v
pensionhouder *Pensionswirt* m
pentagram *Pentagramm* o; *Pentalpha* o
pentatleet *Fünfkämpfer* m
pentatlon *Fünfkampf* m
penthouse *Penthouse* o; *Penthaus* o
penvriend *Brieffreund* m

pe

pep ● fut *Schneid* m ● pepmiddel *Pep* m
peper *Pfeffer* m
peperbus ● bus met peper *Pfefferstreuer* m
● reclamezuil *Litfaßsäule* v
peperduur *sündhaft teuer*
peperen *pfeffern* ★ sterk gepeperd *stark
gepfeffert*; *pfeffrig* ▼ gepeperde anekdotes
vertellen *würzige Anekdoten erzählen*
▼ gepeperde rekening *gepfefferte Rechnung*
peper-en-zoutkleurig *Pfeffer und Salz* ★ een ~
kostuum *ein Anzug* m *in Pfeffer und Salz*
peper-en-zoutstel *Pfeffer und Salz* o
peperkoek BN, CUL. ontbijtkoek ≈ *Honigkuchen*
m
peperkorrel *Pfefferkorn* o
pepermolen *Pfeffermühle* v
pepermunt ● plant *Pfefferminze* v ● CUL.
snoepgoed *Pfefferminz* o ● → **pepermuntje**
pepermuntje *Pfefferminzbonbon* m/o
pepernoot ≈ *Pfeffernuss* v
pepmiddel *Aufputschmittel* o; *Pepmittel* o
pepperspray *Pfefferspray* o
peppil *Peppille* v
peptalk *aufpeppende(n) Worte* mv
per ● vanaf *ab* [+3] ★ per 1 augustus *ab 1.
[ersten] August* ● per maandag aanstaande *ab
nächstem Montag* ● door middel van *per* [+4]
★ per fiets/boot/trein/vliegtuig *per
Fahrrad/Schiff/Zug/Flugzeug; mit dem
Fahrrad/mit dem Schiff/mit dem Zug/mit dem
Flugzeug* ★ iets per vliegtuig versturen *etw.
per Luftpost verschicken* ● bij een hoeveelheid
van *pro* [+4] ★ honderd kilometer per uur
hundert Kilometer pro Stunde ★ per vierkante
meter *pro Quadratmeter* ★ per stuk *pro/je
Stück* ★ per dag *pro/am Tag*
perceel ● stuk land *Grundstück* o; *Parzelle* v
★ in percelen verdelen *parzellieren* ● pand
Haus o; *Gebäude* o
percent ● → **procent**
percentage *Prozentsatz* m
percentsgewijs *prozentual*
perceptie *Perzeption* v; *Wahrnehmung* v
perceptief *perzeptiv; wahrnehmend;
scharfsinnig*
percolator *Perkolator* m
percussie *Schlagzeug* o
percussionist *Schlagzeuger* m
perenboom *Birnbaum* m
perensap *Birnensaft* m
perfect *perfekt*
perfectie *Perfektion* v ★ tot in de ~ *perfekt*
perfectioneren *perfektionieren;
vervollkommnen*
perfectionist *Perfektionist* m
perforatie *Perforation* v
perforator *Locher* m
perforeren *lochen; perforieren*
pergola *Pergola* v; *Laubengang* m
perifeer *peripher* ★ het perifere zenuwstelsel
das periphere Nervensystem
periferie ● cirkelomtrek *Peripherie* v
● buitenkant *Peripherie* v; *Randgebiet* o; *Rand*
m
perikel ● gevaar *Gefahr* v ● lastig voorval
Abenteuer o

periode *Periode* v ★ in die gruwelijke ~ *in dieser
schrecklichen Zeit* ★ voor een vrij lange ~ *über
einen längeren Zeitraum*
periodiek I ZN [de/het] ● tijdschrift *Zeitschrift* v
● salarisverhoging *regelmäßige
Gehaltserhöhung* v II BNW *periodisch* ★ ~
systeem *Periodensystem* o
periodiseren *periodisieren*
periscoop *Periskop* o
peristaltisch *peristaltisch*
perk ● bloembed *Beet* o ● FIG. begrenzing
Grenze v ★ binnen de perken blijven *sich in
Grenzen halten* ★ de perken te buiten gaan
die Grenze des Erlaubten überschreiten
perkament *Pergament(papier)* o
perm *Perm* o
permafrost *Dauerfrostboden* m
permanent I ZN [het] *Dauerwelle* v II BNW
permanent; ständig; (voortdurend) dauernd
permanenten *eine Dauerwelle machen* ★ zij
heeft gepermanent haar *sie hat eine
Dauerwelle*
permeabel *permeabel; durchdringbar;
durchlässig*
permissie *Erlaubnis* v ★ met ~ *mit Verlaub* ★ ~
vragen *um Erlaubnis bitten*
permissief *permissiv*
permitteren *erlauben* ★ ik kan het mij ~ *ich
kann es mir leisten* ★ dat is niet
gepermitteerd *das ist nicht erlaubt*
peroxide *Peroxid* o
perpetuum mobile *Perpetuum* o *mobile*
perplex *perplex; verblüfft; verdutzt* ★ ik sta er ~
van! *da bin ich ja platt!*
perron *Bahnsteig* m
Pers *Perser* m
pers ● toestel om te persen *Presse* v ● drukpers
Druckpresse v ★ ter perse zijn *in Druck sein*
★ vers van de pers *brühwarm*
● nieuwsbladen en journalisten *Presse* v ★ de
pers halen *in die Zeitung kommen* ● tapijt
Perserteppich m
persagentschap *Presseagentur* v
persbericht ● bericht aan de pers
Presseerklärung v ● bericht in de pers
Pressebericht m; *Pressemeldung* v
persbureau *Pressebüro* o; *Presseagentur* v;
Nachrichtenagentur v
perschef *Pressesprecher* m
persconferentie *Pressekonferenz* v
per se *unbedingt* ★ iets ~ willen doen *etw.
unbedingt tun wollen* ★ hij wilde ~ mee *er
wollte unbedingt mit* ★ dat hoeft niet ~ waar
te zijn *das muss nicht unbedingt wahr sein*
persen I OV WW ● krachtig drukken *pressen*
★ zich in een broek ~ *sich in eine Hose
zwängen/quetschen* ● uitpersen *pressen*
● gladstrijken *pressen* ★ een pak ~ *einen
Anzug dämpfen* II ON WW drukken *pressen*
persfotograaf *Pressefotograf* m
persiflage *Persiflage* v
persifleren *persiflieren*
perskaart *Pressekarte* v; *Presseausweis* m
persklaar *druckfertig*
persmuskiet *Paparazzo* m
personage ● rol, figuur *Figur* v ● persoon

Person v; INFORM. *Typ* m
personal computer *Personal Computer* m
personalia ● persoonlijke gegevens *Personalien*
  mv ● mededelingenrubriek in kranten e.d.
  Persönliche(s) o
personaliteit BN vip *V.I.P.* v
persona non grata *Persona ingrata* v; *Persona*
  non grata v
personeel I ZN [het] *Personal* o; *Angestellte(n)*
  mv ★ gebrek aan ~ *Personalmangel* m ★ ~
  gevraagd *Stellenangebote* ★ ~ aangeboden
  Stellengesuche II BNW persoonlijk *persönlich*
personeelsadvertentie *Stellenanzeige* v
personeelsafdeling *Personalabteilung* v
personeelsbeleid *Personalpolitik* v
personeelschef *Personalchef* m
personeelsstop *Einstellungsstopp* m
personeelstekort *Personalmangel* m
personeelszaken ● aangelegenheden
  Personalangelegenheiten mv ● afdeling
  Personalabteilung v; *Personalverwaltung* v
personenauto *Personenwagen* m
personenlift *Personenaufzug* m
personenregister *Personenverzeichnis* o;
  Personenregister o
personentrein *Personenzug* m
personenvervoer ● *Personenverkehr* m
  ● vervoeren van personen
  Personenbeförderung v
personificatie *Personifikation* v; *Personifizierung*
  v; ⟨belichaming⟩ *Verkörperung* v
personifiëren *personifizieren*; *verkörpern*
persoon ● individu *Person* v; *Figur* v ★ zij is
  daarvoor de aangewezen ~ *sie ist dafür wie*
  geschaffen ★ mijn ~tje *meine Wenigkeit* ★ in
  eigen ~ *in (höchst)eigener Person* ★ de
  gierigheid in ~ *der Geiz in Person* ● TAALK.
  Person v
persoonlijk ● m.b.t. individu *privat*; *persönlich*
  ★ om ~e redenen *aus persönlichen Gründen*
  ★ ~ tintje *persönliche Note* v ★ ~e
  aangelegenheid *Privatangelegenheit* v
  ● TAALK. ★ ~ voornaamwoord
  Personalpronomen o
persoonlijkheid *Persönlichkeit* v
persoonsbewijs *Personalausweis* m
persoonsgebonden *personengebunden*
persoonsregister *Personenstandsregister* o
persoonsregistratie *Personenregistrierung* v
persoonsverheerlijking *Personenkult* m
persoonsvorm *Personalform* v; *finite Form* v
perspectief I ZN [het] ● gezichtspunt *Perspektive*
  v; *Aussicht* v; *Weitblick* m ● vooruitzicht
  Perspektive v; *Aussicht* v ● context ★ vanuit
  historisch ~ *aus historischer Sicht* v II ZN [de]
  uitbeelding in plat vlak *Perspektive* v
perspectivisch I BNW *perspektivisch* II BIJW
  perspektivisch
perspex I ZN [het] *Plexiglas* o II BNW *aus*
  Plexiglas
perssinaasappel *Apfelsine* v *zum Auspressen*
perstribune *Pressetribüne* v
persvoorlichter *Pressesprecher* m
persvrijheid *Pressefreiheit* v
perswee *Presswehe* v

pertinent ● beslist *entschieden*; *bestimmt* ● ter
  zake dienend *sachdienlich*
Peru *Peru* o
Peruaan *Peruaner* m
Peruaans *peruanisch*
Peruaanse *Peruanerin* v
pervers *pervers*; *abartig*
perversie *Perversion* v
Perzië *Persien* o
perzik *Pfirsich* m
perzikhuid *Pfirsichhaut* v
Perzisch *persisch*
Perzische *Perserin* v
Perzische Golf *Persischer Golf* m
Pesach *Pessach* o
pessarium *Pessar* o
pessimisme *Pessimismus* m
pessimist *Pessimist* m
pessimistisch *pessimistisch*
pest ● ziekte *Pest* v ● iets schadelijks *Pest* v ▼ de
  pest hebben aan iem. *jmdn. hassen wie die*
  Pest ▼ de pest hebben aan iets *etw. hassen wie*
  die Pest ▼ ik heb er de pest in *das kotzt mich*
  an ▼ dat is juist de pest *da liegt/sitzt der Haken*
pest- *Mist-*; *Scheiß-*
pestbui *Stinklaune* v; *Scheißlaune* v
pesten *schikanieren*; *piesacken*
pestepidemie *Pestepidemie* v; *Pestseuche* v
pesterij ● getreiter *Piesackerei* v ● peststreek
  Schikane v
pesthekel *Mordshass* m ★ een ~ hebben/
  krijgen aan *jmdn./etw. hassen wie die Pest*
pesthumeur *Stinklaune* v
pesticide *Pestizid* o
pestkop *Quälgeist* m
pesto *Pesto* o
pet I ZN [de] *Schirmmütze* v; *Mütze* v ▼ dat gaat
  boven mijn pet *das ist mir zu hoch* ▼ ik kan er
  met mijn pet niet bij *das geht über meinen*
  Verstand ▼ er met de pet naar gooien *es nicht*
  so genau nehmen ▼ dat is huilen met de pet
  op *das ist zum Heulen* II BNW ★ dat is pet *das*
  ist ganz schön blöd
petekind *Patenkind* o
petemoei *Patin* v; *Patentante* v
peter *Pate* m; *Patenonkel* m
peterschap BN financiële ondersteuning
  Sponsoring o; *Sponsorschaft* v; *Patenschaft* v
peterselie *Petersilie* v
petfles *Petflasche* v
petieterig *winzig*; *klitzeklein*; ⟨jammerlijk⟩
  mickerig
petitfour *Petits Fours* mv
petitie *Petition* v
petrochemie *Petrochemie* v
petrochemisch *petrochemisch*
petroleum *Petroleum* o
petroleumlamp *Petroleumlampe* v
petroleumtanker *Öltanker* m
pets *Schlag* m; ⟨licht⟩ *Klaps* m
petticoat *Petticoat* m
petunia *Petunie* v
peuk *Kippe* v
peul ● peulvrucht *Hülsenfrucht* v ● soort erwt
  Zuckererbse v ▼ lust je nog peultjes? *da*
  staunst du, wie?

pe

peulenschil • schil van peul *Schote* v; *Hülse* v
• kleinigheid *Pappenstiel* m; *Kinderspiel* o
★ dat is geen ~ *das ist nicht ohne*
peulvrucht • erwt, boon *Hülsenfrucht* v • plant *Hülsenfrucht* v
peut • petroleum *Petroleum* o • terpentine *Terpentin* o
peuter *Kleinkind* o; *Knirps* m
peuteren • pulken *(herum)stochern* ★ in je neus ~ *in der Nase bohren* • friemelen *fröbeln*; *tüfteln*
peuterig • pietepeuterig *kritzlig* • prutserig *tüftelig*
peuterleidster *Erzieherin* v
peuterspeelzaal, BN **peutertuin** ≈ *Kindergarten* m
peuzelen *futtern*; *schnabulieren*; *schmausen*
pezen • hard werken *schuften* • neuken *bumsen*; *ficken*
pezig *sehnig*
pfeiffer *Pfeiffersche(s) Drüsenfieber* o
pH *pH-Wert* m
photoshoppen *photoshoppen*
pH-waarde *pH-Wert* o
pi *Pi* o
pianissimo MUZ. *pianissimo*
pianist *Klavierspieler* m; ⟨beroeps⟩ *Pianist* m
piano I ZN [de] *Klavier* o **II** BIJW *piano*
pianoconcert *Klavierkonzert* o
pianoles *Klavierstunde* v
pianostemmer *Klavierstimmer* m
pias *Hanswurst* m
piccalilly *Mixed Pickles* mv
piccolo • fluit *Pikkoloflöte* v • bediende *Pikkolo* m • BN, CUL. hard puntbroodje *längliche(s) Brötchen* o
picknick *Picknick* o
picknicken *picknicken*
picknickmand *Picknickkorb* m
pick-up • kleine open vrachtauto *Pritschenwagen* m; *Kleinkraftwagen* m; *Pick-up* m • platenspeler *Plattenspieler* m; *Pick-up* m
pico bello *picobello*; *tipptopp*
pictogram *Piktogramm* o
picture ▼ in de ~ komen *im Mittelpunkt des Interesses kommen*
pied-à-terre *Wochenendhaus* o
piëdestal *Sockel* m; *Piedestal* o
pief *Knilch* m; *Typ* m ★ een hoge pief *ein hohes Tier*
piek • spits *Spitze* v • hoogtepunt *Spitze* v • haarlok *Strähne* v • kerstversiering *Weihnachtsbaumspitze* v
pieken • goed presteren *in Höchstform/ Bestform sein* • van haar *struppig sein*
piekeraar *Grübler* m
piekeren *grübeln*
piekfijn • erg goed *hervorragend*; *ausgezeichnet* ★ dat is ~ voor elkaar *das ist prima geregelt* • keurig *piekfein* ★ ~ gekleed *picobello angezogen*; INFORM. *wie aus dem Ei gepellt*
piekhaar *strähnige(s) Haar* o; ⟨verward⟩ *Zottelhaar* o
piekuur *Stoßzeit* v; ⟨verkeer⟩ *Rushhour* v; ⟨verkeer⟩ *Hauptverkehrszeit* v
pielen *herumwursteln*

piemel *Schwanz* m; *Pimmel* m
pienter *pfiffig*; *gescheit*; *schlau*; ⟨bijdehand⟩ *gewitzt*; ⟨gewiekst⟩ *gewiegt*
piep I BNW *blutjung* ★ zij is ook niet meer piep *sie ist auch nicht mehr die Jüngste* **II** TW *piep(s)*
piepen I OV WW ▼ 'm ~ *türmen* ▼ dat is zo gepiept *das schaffen wir im Nu* **II** ON WW geluid maken ⟨v. vogeltjes⟩ *piepen*; ⟨piepend spreken⟩ *piepsen*; ⟨v. deur/schoenen/ remmen⟩ *quietschen*; *schielen* **(naar** *nach)* [+3]; *gleich wirst du schon ganz anders reden*
pieper • aardappel FORM. *Kartoffel* v • apparaatje *Piepser* m
piepjong *blutjung*
piepklein *klitzeklein*
piepkuiken *Küken* o
piepschuim *Styropor* o
pieptoon *Pfeifton* m
piepzak ▼ in de ~ zitten *Schiss haben*
pier • worm *Regenwurm* m; ⟨om mee te vissen⟩ *Köderwurm* m • wandeldam *Mole* v; *Pier* m • loopbrug *Flugsteig* v ▼ zo dood als een pier *mausetot*
piercing *Piercing* o
pierenbad *Nichtschwimmerbecken* o
pierewaaien *bummeln*; *sich herumtreiben*
pies *Pisse* v
piesen *pinkeln*; ⟨vulgair⟩ *pissen*
Piet *Peter* m ▼ voor Piet Snot staan *als Jammergestalt dastehen* ▼ Zwarte Piet *Knecht* m *Ruprecht*
piet • vent ⟨expert⟩ *Ass* o ★ een hoge piet *ein hohes Tier* ★ de hoge pieten *die Bonzen* ★ een saaie piet *ein langweiliger Kerl* m; *ein öder Typ* m ★ zich een hele piet voelen *ein ganzer Kerl sein* • vogel *Kanarienvogel* m
piëteit *Pietät* v ★ iets alleen al uit ~ doen/laten *etw. machen/unterlassen, weil es die Pietät gebietet*
pietepeuterig • klein *winzig*; *klitzeklein* • pietluttig *pingelig*; *peinlich genau*
piëtisme *Pietismus* m
pietje-precies *Haarspalter* m ★ hij is een ~ *er ist sehr pedantisch*
pietlut *Kleinigkeitskrämer* m; *Pedant* m
pietluttig *kleinlich*; *pedantisch*
pigment *Pigment* o
pigmentvlek *Pigmentfleck* m
pij *Kutte* v
pijl *Pfeil* m ★ als een pijl uit de boog *wie der Blitz*; *schnell wie ein Pfeil* ▼ meer pijlen op zijn boog hebben *mehrere Eisen im Feuer haben*
pijler *Pfeiler* m ▼ de ~s van de samenleving *die Stützen der Gesellschaft*
pijlinktvis *Kalmar* m
pijlkruid *Pfeilkraut* o
pijlsnel *pfeilschnell*
pijltjestoets *Pfeiltaste* v
pijlvormig *pfeilförmig*
pijn • lichamelijk lijden *Schmerzen* mv; *Schmerz* m • een zeurende pijn *ein bohrender Schmerz* ★ met pijn en moeite *mit Mühe und Not* • verdriet *Pein* v ★ dat deed haar pijn *das tat ihr weh*; *das bereitete ihr Schmerzen* ★ pijn hebben/lijden *Schmerzen haben* ★ doffe pijn

dumpfe(r) Schmerz m
pijnappel *Kiefernzapfen* m
pijnappelklier *Zirbeldrüse* v; *Epiphyse* v
pijnbank *Folterbank* v; *Folter* v
pijnbestrijding *Schmerzbekämpfung* v
pijnboom *Kiefer* v
pijnboompit *Pinienkern* m
pijndrempel *Schmerzschwelle* v
pijngrens *Schmerzgrenze* v
pijnigen *peinigen; martern; quälen*
pijnlijk ● pijn doend *schmerzend; schmerzhaft*
★ een ~e arm *ein schmerzender Arm* ★ ik heb
~e handen *mir schmerzen die Hände* ★ een ~
verlies *ein schmerzlicher/empfindlicher Verlust*
● onaangenaam *peinlich* ★ een ~ voorval *ein
peinlicher Vorfall* ▼ ~ glimlachen *gequält
lächeln*
pijnloos *schmerzlos*
pijnprikkel *Schmerzauslöser* m
pijnpunt ● pijnlijke plek *schmerzhafte Stelle* v
● FIG. discussiepunt *wunde(r) Punkt* m
pijnscheut *stechende(r) Schmerz* m; *Stich* m
pijnstillend *schmerzstillend*; ⟨pijn verzachtend⟩
schmerzlindernd
pijnstiller *Schmerzmittel* o
pijp ● buis *Röhre* v; *Rohr* o ● schoorsteenpijp
Rohr o ● broekspijp *Hosenbein* o ● rookgerei
Pfeife v ● staafje *Stange* v ★ pijpje krijt *Kreide*
v; *Kreidestift* m ● → **pijpje** ▼ een zware pijp
roken *es schwer haben* ▼ de pijp uitgaan *den
Löffel abgeben* ▼ de pijp aan Maarten geven
den Löffel abgeben
pijpen *flöten; blasen* ▼ naar iemands ~ dansen
nach jmds. Pfeife tanzen
pijpenkrul *Korkenzieherlocke* v
pijpenla *Schlauch* m
pijpenrager *Pfeifenreiniger* m
pijpensteel *Pfeifenrohr* o ▼ het regent
pijpenstelen *es gießt in Strömen; es regnet
Bindfäden*
pijpfitter *Rohrinstallateur* m
pijpfitting *Fitting* o
pijpje *Flasche* v
pijpleiding *Rohrleitung* v
pijpsleutel *Steckschlüssel* m
pik ● penis *Schwanz* m ● houweel *Spitzhacke* v;
Pickel m; ⟨kleine zeis⟩ *Sichel* v ▼ de pik op
iem. hebben *jmdn. auf dem Kieker haben* ▼ op
zijn pik getrapt zijn *sich auf den Schwanz
getreten fühlen*
pikant ● scherp *scharf* ● gewaagd *pikant*
pikdonker I ZN [het] *Zappenduster* o II BNW
stockdunkel; stockfinster
pikeren *kränken; pikieren* ★ gepikeerd zijn
pikiert/gekränkt sein
piket *Bereitschaft* v
pikeur *Bereiter* m
pikhouweel *Pickel* m; *Spitzhacke* v
pikkedonker I ZN [het] *Zappenduster* o II BNW
stockdunkel
pikken ● stelen *klauen* ● pakken *sich schnappen*
● prikken, steken *piken; stechen* ● dulden
schlucken
pikorde *Hackordnung* v
pikzwart *rabenschwarz; pechschwarz*
pil ● geneesmiddel *Pille* v ● anticonceptiepil

Pille v ● iets diks ⟨boek⟩ *Wälzer* m; ⟨boek⟩
Schinken m; ⟨boterham⟩ *Stulle* v
pilaar *Pfeiler* m; *Säule* v
pilav *Pilau* m; *Pilaw* m
pillendoos *Pillendöschen* o
piloot *Pilot* m; *Flieger* m ▼ automatische ~
Autopilot m
pilotstudie *Pilotstudie* v
pils *Pils* o; *Pilsener* o
pimpelaar *Pichler* m; *Säufer* m; *Zechbruder* m
pimpelen *picheln; bechern*
pimpelmees *Blaumeise* v
pimpelpaars *violett; blaurot*
pimpen *pimpen*
pin ● staafje *Bolzen* m; *Stift* m ● pinnig mens
Geizkragen m ▼ BN met iets voor de pinnen
komen *etw. zur Sprache bringen*
pinapparaat *Bezahlterminal* o; *Kassenterminal*
o
pinautomaat *Geldautomat* m
pincet *Pinzette* v
pincode *persönlicher geheimer Ziffernkode* m
pinda *Erdnuss* v
pindakaas *Erdnussbutter* v
pindasaus *Erdnusssoße* v
pineut ▼ de ~ zijn *der Dumme sein*
pingelaar *Feilscher* m
pingelen ● afdingen *feilschen* ● SPORT
herumfuchteln ● tikken van motor *klingeln*
pingpongbal *Tischtennisball* m
pingpongen *Tischtennis spielen*
pingpongtafel *Tischtennistisch* m
pinguïn *Pinguin* m
pink ● vinger *kleine(r) Finger* m ● kalf *Jungtier* o
▼ bij de pinken zijn *Köpfchen haben*
pinken BN knipogen *blinzeln; zwinkern*
pinksterbeweging *Pfingstbewegung* v
pinksterbloem *Wiesenschaumkraut* o
Pinksteren *Pfingsten* mv ★ met ~ *an Pfingsten*;
zu Pfingsten
pinkstermaandag *Pfingstmontag* m
pinkstervakantie *Pfingstferien* v
pinnen ● betalen *mit der Geldkarte bezahlen*
● geld opnemen *Geld aus dem Geldautomaten
abheben*
pinnig ● vinnig *bissig*; ⟨bazig⟩ *herrisch* ● gierig
geizig; knauserig
pinpas *Geldkarte* v
pint BN *Halbe* v ★ een pint bier *ein Krug/Glas
Bier*
pin-up *Pin-up-Girl* o
pioen *Pfingstrose* v ▼ een hoofd als een ~
hebben *einen feuerroten Kopf haben*
pioenroos *Pfingstrose* v
pion ⟨schaken⟩ *Bauer* m; *Stein* m
pionier *Pionier* m
pionieren ● pionier zijn *ein Wegbereiter* m *sein*
● pionierswerk doen *Pionierarbeit* v *leisten*
pioniersgeest *Pioniergeist* m
pionierswerk *Pionierarbeit* v
pipet *Pipette* v
pips *blass*; *matt* ★ er pips uitzien *blass/matt/
kränklich aussehen*
piraat ● zeerover *Pirat* m ● zender
Piratensender m
piramide *Pyramide* v

piramidevormig *pyramidenförmig*
piranha *Piranha* m
pirateneditie *Raubdruck* m
piratenschip ● zeeroversschip *Piratenschiff* o ● illegaal radioschip *Piratensender* m
piratenzender *Piratensender* m
piraterij *Piraterie* v
pirouette *Pirouette* v
pis *Pisse* v
pisang *Banane* v; *Pisang* m; ⟨boom⟩ *Bananenstaude* v ▼ de ~ zijn *der Dumme sein*
pisbak *Pinkelbecken* o
pisnijdig *stocksauer*; *stinkwütend*
pispaal *Prügelknabe* m
pispot *Pisspott* m
pissebed *Mauerassel* v
pissen *pinkeln*; *pissen*; FORM. *urinieren*
pissig *giftig*
pistache *Pistazie* v; *Pistaziennuss* v
pistachenoot *Pistaziennuss* v
piste *Piste* v
pistolet *Brötchen* o
piston ● muziekinstrument *Kornett* o ● TECHN. zuiger *Kolben* m
pistool *Pistole* v ▼ iem. het ~ op de borst zetten *jmdm. die Pistole auf die Brust setzen*
pistoolschot *Pistolenschuss* m
pit ● kern van vrucht *Kern* m; *Stein* m ● elan *Schwung* m; *Mumm* m ★ er zit geen pit in *das hat keinen Pep* ● brander *Flamme* v; *Brenner* m ★ gasstel met 3 pitten *Gaskocher mit drei Flammen* ● lont *Docht* m ▼ iets op een laag pitje zetten *etw. auf Sparflamme setzen*
pitabroodje *Pita* v
pitbull *Pittbull* m
pitcher *Pitcher* m
pitje ● → pit
pitloos ● kernloos; *ohne Kern* ● FIG. *schwunglos*; *temperamentlos*; *matt*
pitriet *Peddigrohr* o
pits *Box* v
pitsstop *Boxenstopp* m
pitten I OV WW van pit ontdoen *entkernen* **II** ON WW slapen *pennen*
pittig ● energiek *beschwingt*; *schneidig*; *temperamentvoll* ★ een ~ meisje *ein flottes Mädchen* ● pikant *würzig*
pittoresk *pittoresk*; *malerisch*
pixel *Pixel* m
pizza *Pizza* v
pizzakoerier *Pizza(aus)fahrer* m; ⟨persoon⟩ *Pizzabote* m; ⟨bedrijf⟩ *Pizza-Bring-Dienst* m
pizzeria *Pizzeria* v
plaag ● bezoeking *Plage* v ● ziekte *Seuche* v
plaaggeest *Quälgeist* m
plaagstoot *herausfordernde Handlung* v
plaagziek ● treiterend *quälerisch* ● speels *neckisch*
plaaster BN gips *Gips* m
plaat ● plat, hard stuk *Platte* v; *Blech* o; *Schild* o ★ ijzeren ~ *Eisenplatte* v; *Eisenblech* o ● prent *Bild* o; *Stich* m ● grammofoonplaat *Schallplatte* v ● zandbank *Sandbank* v; *Platte* v ● → plaatje ▼ de ~ poetsen *sich aus dem Staub machen*
plaatijzer *Eisenblech* o ★ gegolfd ~ *Wellblech* o

plaatje ● afbeelding *Bild* o ★ een ~ schieten *knipsen* ● iets moois *Gedicht* o ★ het is een ~ *es ist bildschön*
plaatopname *(Schall)Plattenaufnahme* v
plaats ● ruimte waar iemand/iets zich bevindt *Stelle* v ★ de ~ van de misdaad *Tatort* m ★ de ~ van handeling *der Schauplatz* ★ ~ des onheils *Unglücksstätte* v ★ ter ~e an *Ort und Stelle* ★ van ~ wisselen *den Platz wechseln* ● ruimte die iemand/iets inneemt *Ort* m; *Platz* m ★ veel ~ innemen *viel Platz einnehmen* ● woonplaats *Ort* m; *Ortschaft* v ● functie *Stelle* v ● positie *Rang* m; *Stelle* v ★ in jouw ~ zou ik *an deiner Stelle würde ich* ★ de ~ van iem. innemen *jmds. Stelle einnehmen* ★ in de eerste ~ *an erster Stelle*; *in erster Linie* ▼ in ~ van *(an)statt* [+2] ▼ in ~ daarvan *stattdessen* ▼ in ~ van dat hij zelf komt *(an)statt selbst zu kommen* ▼ op zijn ~ zijn *fehl am Platze sein* ▼ BN ter ~e trappelen *auf der Stelle treten*
plaatsbepaling *Ortsbestimmung* v
plaatsbespreking *Platzreservierung* v
plaatsbewijs ⟨bus, trein⟩ *Fahrkarte* v; ⟨toegangskaartje⟩ *Eintrittskarte* v; ⟨genummerd of gereserveerd⟩ *Platzkarte* v
plaatselijk I BNW ter plaatse *örtlich*; *lokal*; *Orts-*; *Lokal-* ★ ~ nieuws *regionale Nachrichten* ★ ~ nieuwsblad *Lokalzeitung* v; *Lokalanzeiger* m **II** BIJW ● ter plaatse *örtlich* ● hier en daar *stellenweise* ★ ~ zon *stellenweise sonnig*
plaatsen I OV WW ● een plaats geven *setzen*; *stellen*; *aufstellen*; ⟨tent/kraam⟩ *aufschlagen* ★ een artikel ~ *einen Artikel unterbringen* ★ iets niet kunnen ~ *etw. nicht unterbringen können* ● beleggen *anlegen* ● in dienst nemen *einstellen* ● afnemer vinden *anbringen*; *absetzen* ★ orders ~ *Aufträge vergeben* **II** WKD WW [**zich** ~] *platzieren*
plaatsgebrek *Platzmangel* m
plaatshebben *stattfinden*
plaatsing ● het plaatsen *Aufstellung* v; ⟨krant⟩ *Aufnahme* v ● klassering *Platzierung* v
plaatsmaken ★ ~ voor iem. *jmdm. Platz machen*
plaatsnaam *Ortsname* m
plaatsnemen *Platz nehmen*
plaatsruimte *Platz* m; *Raum* m
plaatsvervangend *stellvertretend* ★ ~e schaamte voelen *sich für jmdn. schämen*
plaatsvervanger *Stellvertreter* m
plaatsvinden *stattfinden*
plaatwerk ● boek *Bilderbuch* o; *Bildband* m ● plaatmetaal *Metallblech* o; *Blechwaren* mv
placebo *Placebo* o
placebo-effect *Placeboeffekt* m
placemat *Tischset* o
placenta *Plazenta* v
pladijs BN schol *Scholle* v
plafond ● kamerplafond *Decke* v ● FIG. bovengrens *Höchstgrenze* v
plafonneren BN aan een maximum koppelen *limitieren*
plafonnière *Deckenleuchte* v
plag *Sode* v; *Plagge* v
plagen ● pesten *necken* ★ ik zei het maar om

te ~ *ich wollte dich nur aufziehen* • hinderen *plagen*; *quälen*

plagerig *neckisch*; *spöttisch*

plagerij *Neckerei* v; *Frotzelei* v; *Spöttelei* v

plaggenhut *Plaggenhütte* v

plagiaat *Plagiat* o ★ ~ plegen *ein Plagiat begehen*

plagiëren *plagiieren*

plaid *Plaid* m; *Reisedecke* v

plak • schijf *Scheibe* v; *Schnitte* v; ⟨chocolade⟩ *Tafel* v • tandaanslag *Zahnbelag* m ▾ onder de plak zitten *unter dem Pantoffel stehen*

plakband *Klebeband* o; *Klebestreifen* m

plakboek *Buch* o *zum Einkleben*

plakkaat • aanplakbiljet *Plakat* o; *Anschlag* m • vlek, klodder *Klecks* m

plakkaatverf *Plakatfarbe* v

plakken I ov ww lijmen *kleben*; ⟨behang⟩ *kleistern*; ⟨band⟩ *flicken* **II** on ww ★ kleven *kleben* • lang blijven *lange sitzen bleiben*; *hängen bleiben*

plakker • sticker *Aufkleber* m; *Sticker* m • aanplakker *Plakatkleber* m

plakkerig *klebrig*; ⟨aan elkaar geplakt⟩ *verklebt*

plakletter *Klebebuchstabe* m

plakplaatje *Klebebild* o

plakplastic *Plastikklebefolie* v

plaksel *Kleber* m

plakstift *Klebestift* m

plamuren *spachteln*

plamuur *Spachtelkitt* m; *Spachtelmasse* v

plamuurmes *Spachtel* m

plamuursel *Spachtel* m

plan • voornemen, bedoeling *Vorhaben* o; *Vornehmen* o ★ van plan zijn om... *die Absicht haben...*; ... *beabsichtigen* • ontwerp, uitgewerkt idee *Plan* m; *Entwurf* m ★ volgens plan *planmäßig* • plattegrond *Plan* m • niveau ★ op een hoger plan staan *Priorität haben*

planbureau *Planungsbehörde* v; *Planungsbüro* o

plan de campagne *Kampagneplan* m

planeconomie *Planwirtschaft* v

planeet *Planet* m

planeetbaan *Planetenbahn* v

planetarium *Planetarium* o

planetenstelsel *Planetensystem* o

planetoïde *Planetoid* m; *Asteroid* m

plank *Brett* o ★ schutting van ~en *Bretterzaun* m ▾ zo stijf zijn als een ~ *steif wie ein Brett sein* ▾ op de ~en staan *auf der Bühne stehen* ▾ dat is van de bovenste ~ *das ist Spitzenklasse* ▾ hij heeft een ~ voor zijn kop *er hat ein Brett vor dem Kopf* ▾ bn de ~ maken *auf dem Rücken treiben* ▾ de ~ misslaan *sich auf dem Holzweg befinden*

plankenkast *Regal* o

plankenkoorts *Lampenfieber* o

plankgas *mit Vollgas*

plankier • vlonder *Steiger* m • houten vloer *Bretterboden* m; *Holzfußboden* m

plankton *Plankton* o

plankzeilen *windsurfen*

planmatig *planmäßig*

plannen *planen*

planning *Planung* v

planologie *Raumordnung* v

planologisch *Raumordnungs-*

planoloog *Planer* m

plant *Pflanze* v

plantaardig *pflanzlich*; *Pflanzen-* ★ ~e olie *Pflanzenöl* v

plantage *Plantage* v

planten • in de grond zetten *pflanzen* • stevig neerzetten *setzen*; *aufstellen*

plantenbak *Pflanzenbehälter* m

planteneter *Pflanzenfresser* m

plantengroei • aanwezigheid van planten *Vegetation* v • groei van planten *Pflanzenwuchs* m

plantenrijk *Flora* v; *Pflanzenreich* o

planter • iem. die plant *Pflanzer* m • eigenaar van plantage *Plantagenbesitzer* m

plantkunde *Pflanzenkunde* v; *Botanik* v

plantkundig *botanisch*

plantsoen *Park* m; *(Grün)anlage* v

plantsoenendienst *Gartenamt* o

plaque • ⟨onderscheiding⟩ *Ordensstern* m; ⟨plaquette⟩ *Plakette* v • tandplaque *Plaque* v; *Zahnbelag* m

plaquette *Plakette* v

plas • plens ★ de plas bloed *die Blutlache* • regenplas *Pfütze* v; *Lache* v • watervlakte *Pfuhl* m; ⟨meer⟩ *See* m; ⟨poel⟩ *Tümpel* m • urine *Urin* m; JEUGDT. *Pipi* v

plasma *Plasma* o

plasmacel *Plasmazelle* v

plasmascherm *Plasmaschirm* m

plaspauze *Pinkelpause* v

plaspil *harntreibende(s) Mittel* o

plassen • spatten *plätschern*; *planschen* • urineren *pinkeln*; JEUGDT. *Pipi machen*

plassengebied *Seengebiet* o; *Seenplatte* v

plasser *Pimmel* m; *Schwanz* m

plastic I zn [het] *Plastik* o **II** bnw *Kunststoff-*; *Plastik-*

plastiek I zn [de] • kunst *Plastik* v • voorwerp *Plastik* v **II** zn [het] bn plastic *Plastik* o

plastieken bn *Plastik-*

plastificeren *mit Kunststoff beschichten*

plastisch *plastisch*

plat I bnw • vlak, ondiep *platt*; *flach* ★ plat op de grond vallen *der Länge nach hinfallen* ★ plat bord *flache(r) Teller* m ★ een plat vlak *eine ebene Fläche* • platvloers *vulgär*; *gemein*; *niedrig* • dialectisch *platt* ▾ het spoorwegverkeer ligt plat *der Eisenbahnverkehr liegt still* ▾ een zaal plat krijgen *das Publikum begeistern* **II** zn [het] • plat vlak *Schelf* m/o • plat dak *Flachdach* o • dialect *Mundart* v; *Platt* o

plataan *Platane* v

platbodem *Plattbodenboot* o

platbranden *niederbrennen*

platdrukken *quetschen*; *zerdrücken*; *plätten*

plateau • hoogvlakte *Hochebene* v • presenteerblad *Plateau* o

plateauzool *Plateausohle* v

platenbon *Schallplattengutschein* m

platencontract *Schallplattenvertrag* m

platenhoes *Plattenhülle* v

platenlabel *Plattenlabel* o

pl

platenmaatschappij *Plattenfirma* v
platenspeler *Plattenspieler* m
platenzaak *Schallplattenladen* m
plateservice *Tellergericht* o
platform *Plattform* v; *Podest* o; *Podium* o
platgaan • onder de indruk raken *sich hinreißen lassen* • gaan slapen *sich hinhauen*; *sich aufs Ohr hauen* • seks hebben *ins Bett steigen*
platheid • het vlak zijn *Plattheit* v; *Flachheit* v • platvloersheid *Flachheit* v; *Plattheit* v; *Trivialität* v
platina I ZN [het] *Platin* o **II** BNW *aus Platin*; *Platin-*
platinablond *platinblond*
platje *Schamlaus* v
platleggen • plat neerleggen *flachlegen* • stilleggen *stilllegen*; *lahmlegen* ★ de spoorwegen ~ *die Bahn bestreiken*
platliggen • uitgestrekt liggen *(flach)liegen* • ziek op bed liggen *flachliegen* • stilleggen door staking *stilllegen*; *bestreikt werden*
platonisch *platonisch*
platslaan *plätten*
platspuiten *ruhigstellen*
plattegrond *Plan* m; ⟨gebouw⟩ *Grundriss* m; ⟨stad⟩ *Stadtplan* m
plattekaas BN, CUL. kwark *Quark* m
platteland *Land* o; *Provinz* v ★ op het ~ wonen *auf dem Land wohnen*
plattelander *Landbewohner* m; MIN. *Provinzler* m
plattelandsbevolking *Landbevölkerung* v
plattelandsgemeente *Landgemeinde* v
platvis *Plattfisch* m
platvloers *platt*; *trivial*; *banal*
platvoet *Plattfuß* m
platwalsen • pletten *platt walzen* • overbluffen *überfahren*
platweg *rundweg*; *unumwunden*; *geradeheraus*
platzak ★ hij is ~ *er ist abgebrannt*; *er ist pleite*; *bei ihm herrscht Ebbe*
plausibel *plausibel*
plaveien *(be)pflastern*
plaveisel *Pflaster* o
plavuis *Fliese* v; ⟨groter⟩ *Steinplatte* v
playback *Play-back* o
playbacken *zum Play-back/Playback singen*
playbackshow *Play-back-Show* v
playboy *Playboy* m
plecht *Back* v; *Quarterdeck* o
plechtig *feierlich*
plechtigheid • ceremonie *Feier* v; *Zeremoniell* o • stemmigheid *Feierlichkeit* v
plechtstatig *feierlich*; *majestätisch*
plectrum *Plektron* o
plee *Lokus* m; *Klo* o
pleeggezin *Pflegefamilie* v
pleegkind *Pflegekind* o
pleegmoeder *Pflegemutter* v
pleegouders *Pflegeeltern* mv
pleegvader *Pflegevater* m
pleepapier *Klopapier* o
plegen I OV WW uitvoeren *begehen*; *verüben* **II** ON WW ~ te *pflegen zu* ★ zij pleegt dat zo te doen *sie pflegt es so zu machen*

pleidooi *Plädoyer* o ★ een vurig ~ houden *ein leidenschaftliches Plädoyer halten*
plein • wijde geplaveide ruimte *Platz* m • binnenplaats *Innenhof* m
pleinvrees *Platzangst* v
pleister I ZN [de] verband *Pflaster* o ▼ BN dat is een ~ op een houten been *das ist verlorene Liebesmüh'* **II** ZN [het] kalkmengsel *Putz* m; *Stuck* m
pleisteren *übergipsen*; ⟨muren⟩ *verputzen*
pleisterplaats *Raststätte* v; *Rastplatz* v
pleisterwerk • versiering *Stuck* m • bepleistering *Putz* m
pleistoceen *Pleistozän* o
pleit • geschil *Streit* m; JUR. *Prozess* m; JUR. *Rechtsstreit* m ★ het ~ winnen *den Prozess gewinnen* ★ het ~ is beslecht *der Streit ist beigelegt* • pleidooi *Plädoyer* o
pleitbezorger *Fürsprecher* m; JUR. *Rechtsanwalt* m
pleiten I OV WW bepleiten *plädieren* **II** ON WW • LETT. een pleidooi houden *plädieren*; *verteidigen*; ⟨tot voorspraak zijn⟩ *befürworten* ★ voor iem. ~ *für jmdn. plädieren* ★ ~ voor iets *für etw. plädieren* • FIG. positief getuigen ★ dat pleit voor hem *das spricht für ihn*
pleiter *Anwalt* m [v: *Anwältin*]; *Verteidiger* m; ⟨algemeen⟩ *Fürsprecher* m
plek • plaats *Ort* m; *Stelle* v; *Platz* m ★ ter plekke *auf der Stelle*; *zur Stelle* • vlek *Fleck* m
plenair *Plenar-* ★ ~e zitting *Plenarsitzung* v; *Vollversammlung* v
plens *Platscher* m
plensbui *Platzregen* m
plensregen *Sturzregen* m; *Platzregen* m
plenzen *in Strömen gießen*; *schütten*
pleonasme *Pleonasmus* m
pletten *zerquetschen*; *zerdrücken*
pletter ▼ zich te ~ vervelen *sich tödlich langweilen* ▼ te ~ slaan *zerschmettern* ▼ te ~ vallen *zerschellen*; *zu Tode fallen*
pleuren *pfeffern*; *schmeißen*
pleuris *Pleuritis* v ▼ zich de ~ schrikken *sich zu Tode erschrecken* ▼ krijg de ~! *scher dich zum Teufel!*
plexiglas *Plexiglas* o
plezant BN *plezierig*, aangenaam *angenehm*
plezier *Spaß* m; *Vergnügen* o; *Freude* v ★ ~ hebben/maken *Spaß haben* ★ dat doet me ~ *das freut mich* ★ ~ met (alle) ~ *mit (dem größten) Vergnügen* ★ iem. een ~ doen *jmdm. eine Freude machen* ★ ~ beleven van/aan iets *Spaß an etw. haben* ★ voor het ~ *zum Spaß/Vergnügen* ★ veel ~! *viel Spaß/Vergnügen!*
plezieren *erfreuen* ★ iem. met iets ~ *jmdn. mit etw. erfreuen* ★ iem. ~ *jmdm. eine Freude machen*
plezierig *angenehm*; *erfreulich*
plezierjacht *Vergnügungsjacht* v
plezierreis *Vergnügungsreise* v
pleziervaartuig • plezierjacht *Vergnügungsjacht* v • rondvaartboot LETT. *Rundfahrtboot* o; ≈ *Ausflugsdampfer* m
plicht *Pflicht* v ★ zijn ~ kennen *pflichtbewusst sein* ▼ de ~ roept *die Pflicht ruft*

plichtmatig *pflichtgemäß* ★ ~ bezoek *Pflichtbesuch* m
plichtpleging *Förmlichkeit* v; *Formalität* v ★ zonder ~en *ohne Umstände*
plichtsbesef *Pflichtgefühl* o; *Pflichtbewusssein* o
plichtsbetrachting *Pflichteifer* m
plichtsgetrouw, BN **plichtsbewust** *pflichtgetreu*
plichtsverzuim *Pflichtvergessenheit* v; *Pflichtverletzung* v
plint • sierlat *Fußleiste* v; (v. zuil) *Plinthe* v • BN, SPORT gymnastiektoestel *Bock*
plissé *Plissee* o
plisseren *plissieren*
PLO *PLO* v
ploeg • landbouwwerktuig *Pflug* m • groep *Team* o; (werklieden) *Schicht* v • SPORT team *Mannschaft* v
ploegbaas *Kolonnenführer* m; (voorman) *Vorarbeiter* m; (voorman) *Werkmeister* m
ploegen I OV WW met ploeg omwerken *pflügen* II ON WW voortzwoegen *ackern*
ploegendienst *Schichtdienst* m
ploegenstelsel *Schichtarbeit* v
ploegentijdrit SPORT *Mannschaftszeitfahren* o
ploeggenoot *Mannschaftskamerad* m
ploert *Lump* m; *Schweinehund* m; *Schuft* m ▼ de koperen ~ *die glühende Sonne*
ploertendoder *Totschläger* m
ploertenstreek *Gemeinheit* v
ploeteraar *Arbeitstier* o
ploeteren *sich abmühen*; *sich abrackern*
plof *Puff* m; *Plumps* m
ploffen I OV WW doen vallen *knallen*; *feuern*; *donnern* II ON WW • vallen *plumpsen* • geluid geven *puffen* • ontploffen *platzen*
plomberen *plombieren*; *füllen*
plomp I ZN [de] • water *Wasser* o • waterplant *Wasserrose* v; *Seerose* v II BNW *plump*
plompverloren *mir nichts, dir nichts*; *einfach so*
plons • geluid *Plumps* m • plens *Schwapp* m
plonzen *plumpsen*
plooi *Falte* v ▼ zijn gezicht in de ~ trekken *eine ernsthafte Miene aufsetzen* ▼ de ~en gladstrijken *die letzten Mängel beseitigen*
plooibaar • soepel *flexibel* • FIG. meegaand *nachgiebig*; *anpassungsfähig*
plooien • plooien maken *falten*; *in Falten legen*; (voorhoofd) *runzeln* • BN vouwen *falten*; *falzen* • FIG. schikken ★ het zo weten te ~ dat... *es so einzurichten/einzufädeln wissen, dass...*
plooirok *Faltenrock* m
plot *Plot* m
plots *plötzlich*; *schlagartig*
plotseling *plötzlich*
plotsklaps *plötzlich*
plotter *Plotter* m
plu *Schirm* m; *Regenschirm* m
pluche *Plüsch* m
plug • stop *Stöpsel* m • stekkertje *Stecker* m; *Stöpsel* m • schroefbout *Vierkantschraube* v • schroefhulsje *Dübel* m
pluggen *dübeln*
plugger *(Song)Plugger* m
plug-in *Plug-in* o

pluim • vogelveer *Feder* v • pluimbos *Federbusch* m; *Quaste* v ▼ BN (van zijn) ~en laten *Haare lassen müssen* ▼ iem. een ~ geven *jmdn. loben*
pluimage • → vogel
pluimen *berauben*
pluimgewicht BN, SPORT bokser *Federgewicht* o
pluimvee *Geflügel* o
pluimveehouderij • het fokken *Geflügelhaltung* v • bedrijf *Geflügelhof* m
pluis I ZN [de] *Fussel* m; *Flöckchen* o; *Fäserchen* o II BNW *in Ordnung*; *richtig* ★ het is hier niet ~ *es ist hier nicht geheuer*; *es geht hier nicht mit rechten Dingen zu*
pluishaar *Flaumhaar* o; *Flaum* m
pluizen I OV WW uitrafelen *zerfasern* II ON WW gaan rafelen *fusseln*; *flusen*
pluizig *fusselig*; *bauschig*
pluk • oogst *Pflücken* o; *Ernte* v; *Lese* v; (wijndruiven) *Weinlese* v • bosje *Büschel* o; *Bausch* m
plukken • oogsten *pflücken*; (wijndruiven) *lesen* • grijpen *pflücken*; *greifen* • van veren ontdoen *rupfen* • bezit afpakken *rupfen*; *ausnehmen*
plumeau *Federwedel* m; *Federbüschel* o
plumpudding *Plumpudding* m
plunderaar *Plünderer* m
plunderen *plündern*
plundering *Plünderung* v
plunje *Kleider* mv; INFORM. *Klamotten* mv ★ in zijn beste ~ *im Sonntagsstaat*
plunjezak *Kleidersack* m; (zeeman) *Seesack* m
pluralis *Plural* m ★ ~ majestatis *Pluralis majestatis* m
pluralisme *Pluralismus* m
pluriform *pluriform*; *vielgestaltig*
plus I ZN [de/het] • plusteken *Pluszeichen* o • waardering *Plus* o II BIJW • boven nul *plus* • met minimaal het genoemde getal *mindestens* III VW *plus [+2]*; *zuzüglich [+2]*
plusminus *circa*; *etwa*; *ungefähr*
pluspool *Pluspol* m
pluspunt *Pluspunkt* m
plusteken *Pluszeichen* o
Pluto *Pluto* m
plutonium *Plutonium* o
PMS *PMS* v
pneumatisch *Druckluft-*; *pneumatisch* ★ een ~e pomp *eine Druckluftpumpe*
pneumonitis *Pneumonitis* v; *Pneumonie* v; *Lungenentzündung* v
po *Nachttopf* m; (kinderen) *Töpfchen* o
pochen *prahlen*; *angeben*; *aufschneiden* ★ ~ op sich *brüsten mit*
pocheren *pochieren* ★ gepocheerde eieren *pochierte/verlorene Eier*
pochet *Einstecktuch* o
pocket *Taschenbuch* o
pocketboek *Taschenbuch* o
pocketcamera *Pocketkamera* v
podcast *Podcast* m
podcasten *podcasten*
podium *Podium* o
podoloog *Podologe* m
poedel *Pudel* m

poedelen *planschen*
poedelnaakt *pudelnackt*
poedelprijs *Trostpreis* m
poeder I ZN [de/het] stof, gruis *Pulver* o **II** ZN [de] MED. *Puder* m
poederblusser *Löschpulvergerät* o
poederdoos ● doos voor toiletpoeder *Puderdose* v ● doos voor geneespoeder *Schachtel* v für *Pulver*
poederen *pudern*
poederkoffie *Pulverkaffee* m
poedermelk *Milchpulver* o
poedersneeuw *Pulverschnee* m
poedersuiker *Puderzucker* m
poef *Puff* m
poeha *Tamtam* o; *Wirbel* m
poel ● plas *Pfuhl* m; *Tümpel* m ● broeiplaats ★ een poel van verderf *ein Sündenpfuhl*; *ein Sumpf des Lasters*
poelet *Suppenfleisch* o
poelier *Geflügelhändler* m
poema *Puma* m
poen *Kohle* v; *Knete* v; *Zaster* m
poenig *protzig*
poep *Scheiße* v ▼ iem. een poepje laten ruiken *jmdm. zeigen, was Sache ist*
poepen *scheißen*; (kind) *einen Haufen machen*
poeperd *Hintern* m; *Po* m; JEUGDT. *Popo* m
poepluier *volle Windel* v
Poerim *Purim* o
poes ● kat *Katze* v; *Mieze* v ● vagina *Muschi* v ▼ mis poes! *falsch!* ▼ dat is niet voor de poes *das ist kein Pappenstiel*
poesiealbum *Poesiealbum* o
poeslief *übertrieben freundlich/lieb*
poespas *Schnickschnack* m; *Firlefanz* m
poesta *Puszta* v
poet *Beute* v ▼ de poet is binnen *die Beute ist sicher*
poëtisch *dichterisch*; *poetisch*
poets *Neckerei* v; *Streich* m ★ iem. een ~ bakken *jmdm. einen Streich spielen* ★ BN ~ wederom ~ ≈ *wer austeilt, muss auch einstecken können*
poetsdoek *Putztuch* o; *Putzlappen* m
poetsen *putzen* ★ iets glimmend ~ *etw. auf Hochglanz bringen*
poetskatoen *Putzwolle* v
poetsvrouw BN *Putzfrau* v
poezenluik *Katzentür* v; *Katzentürchen* o
poëzie *Poesie* v; *Dichtkunst* v
poëziealbum *Poesiealbum* o
poëziebundel *Gedichtsammlung* v; *Gedichtband* m
pof *Puff* m; *Bausch* m ▼ op de pof kopen *auf Pump kaufen*
pofbroek *Pumphose* v; *Pluderhose* v
poffen ● in schil gaar stoven *rösten* ● op de pof kopen *auf Pump kaufen*; *pumpen* ● op de pof verkopen *auf Pump verkaufen*
poffertje ≈ *Kräpfchen* mv; *sehr kleine Pfannkuchen* mv
poffertjeskraam ≈ *Krapfenbude* v
poffertjespan ≈ *Krapfenpfanne* v
pofmouw *Puffärmel* m
pogen *suchen*; *versuchen*; *trachten*

poging *Versuch* m ★ ~ tot moord *Mordversuch* m ★ een ~ wagen *einen Versuch wagen* ★ een ~ doen *einen Versuch machen*
pogoën *den Pogo tanzen*
pogrom *Pogrom* o
pointe *Pointe* v
pointer *Pointer* m
pok *Pocke* v
pokdalig *vernarbt*; *pockennarbig*
poken *schüren*; *stochern* in [+3] ★ in het vuur ~ *im Feuer stochern*; *das Feuer schüren*
poker *Poker* o
pokeren *pokern*
pokerface *Pokerface* o
pokken *Pocken* v mv; *Blattern* v mv
pokken- *Mist-*; *Schweine-*; *Sau-* ★ pokkenweer *Sauwetter* o; *Mistwetter* o
pokkenprik *Pocken(schutz)impfung* v
pokkenweer *Mistwetter* o; *Sauwetter* o
pol *Büschel* o
polair *polar*
polarisatie *Polarisation* v; *Polarisierung* v
polariseren *polarisieren*
polariteit ● tegengesteldheid *Gegensätzlichkeit* v ● het polair zijn *Polarität* v
polder *Polder* m; (streek) *Marsch* v
polderlandschap *Polderlandschaft* v
poldermodel *Poldermodell* o
polemiek *Polemik* v
polemisch *polemisch*
polemiseren *polemisieren*
polemologie *Polemologie* v
Polen *Polen* o
polenta *Polenta* v
poliep ● dier *Polyp* m ● MED. *Polyp* m
polijsten ● glad maken *polieren*; *glatt schleifen* ● verfijnen *glätten*; *polieren*
polijstwerk *Politur* v
polikliniek *Poliklinik* v; *Ambulanz* v
poliklinisch *ambulant*; *poliklinisch*
polio *Polio* v
poliovaccin *Poliovakzine* v; *Polioimpfstoff* m
polis *Police* v ★ een ~ sluiten *eine Versicherung abschließen*
polisvoorwaarden *Versicherungsbedingungen* v mv
politbureau *Politbüro* o
politicologie *Politologie* v
politicoloog *Politologe* m [v: *Politologin*]
politicus *Politiker* m
politie *Polizei* v ★ geheime ~ *Geheimpolizei* v ★ door de ~ verboden *polizeilich verboten*
politieagent *Polizist* m
politieauto *Polizeiauto* o
politiebericht *Suchmeldung* v
politiebureau *Polizeiwache* v
politiek I ZN [de] ● officieel beleid *Politik* v ★ in de ~ gaan *in die Politik gehen* ● tactiek *Taktik* v **II** BNW ● met betrekking tot overheidsbeleid *polit-*; *Polit-*; *politisch* ● tactisch *politisch*; *taktisch*
politiemacht *Polizei* v; *Polizeikräfte* mv
politieman *Polizist* m
politieoptreden *Polizeivorgehen* o
politiepenning *Dienstmarke* v; *Polizeimarke* v
politierechter ≈ *Einzelrichter* m für einfache

Strafsachen am niederländischen Landgericht
politiestaat *Polizeistaat* m
politieverordening *polizeiliche Anordnung* v;
Polizeiverordnung v
politiseren *politisieren*
polka *Polka* v
pollen *Pollen* m
pollepel *Kochlöffel* m
polo *Polo* o
polohemd *Polohemd* o
polonaise *Polonaise* v; *Polonäse*
poloshirt *Polohemd* o; *Poloshirt* o
pols ● polsgewricht *Handgelenk* o ● polsslag
Puls m ★ iem. de pols voelen *jmdm. den Puls
führen* ▼ uit de losse pols *aus dem Handgelenk*
▼ iets uit de losse pols doen etw. *aus dem
Handgelenk schütteln*
polsen ★ iem. ~ *bei jmdm. vorsichtig vorfühlen*
polsgewricht *Handgelenk* o
polshorloge *Armbanduhr* v
polsslag *Puls* m; *Pulsschlag* m
polsstok *Sprungstab* m
polsstokhoogspringen *stabhochspringen*
polsstokhoogspringer *Stabhochspringer* m
polyamide *Polyamid* o
polyester *Polyester* m
polyetheen *Polyethylen* o
polyether *Polyäther* m
polyfoon *polyfon*
polygaam *polygam*
polygamie *Polygamie* v
polygoon *Polygon* o
polymeer I zn [het] *Polymer* o II bnw *polymer*
Polynesië *Polynesien* o
Polynesisch *polynesisch*
polytheïsme *Polytheismus* m
Pommeren *Pommern* o
pomp ● werktuig *Pumpe* v ● tankstation
Tankstelle v ▼ loop naar de pomp! *geh zum
Henker!*
pompaf bn bekaf *hundemüde*; *todmüde*
pompbediende *Tankwart* m
pompelmoes *Pampelmuse* v; *Grapefruit* v
pompen *pumpen* ▼ ergens geld in ~ *Geld in
etw. pumpen* ▼ ~ of verzuipen *friss, Vogel, oder
stirb*
pompeus *pompös*
pomphouder *Tankwart* m
pompoen *Kürbis* m
pompstation ● tankstation *Tankstelle* v
● gebouw voor oppompen van water
Pumpstation v; *Pumpwerk* o ● bn gemaal
Pumpanlage v
poncho *Poncho* m
pond ● munteenheid *Pfund* o ★ pond sterling
Pfund Sterling o ● gewichtseenheid *Pfund* o
★ per pond *pfundweise* ▼ het volle pond
geven *sich voll einsetzen*
ponem *Visage* v
poneren *vorbringen*; *annehmen* ★ een stelling
~ *eine These aufstellen*
ponsen *lochen*; ⟨metaal⟩ *stanzen*; ⟨metaal⟩
punzen
ponskaart *Lochkarte* v
pont *Fähre* v; *Fährboot* o
pontificaal ● pauselijk *pontifikal* ● fig.

pompeus *mit viel Aufwand*; ≈ *feierlich*
ponton *Ponton* m
pony ● dier *Pony* o ● haardracht *Pony* m
pooier *Zuhälter* m
pook ● vuurpook *Schürhaken* m
● versnellingshendel *Schaltknüppel* m
Pool *Pole* m
pool[1] *Pol* m
pool[2] ⟨zeg: poel⟩ *Pool* m; *Gemeinschaft* v
poolbeer *Polarbär* m; *Eisbär* m
poolcirkel *Polarkreis* m
poolen I ov ww ● sport biljarten *Poolbillard
spielen* ● in één pot doen *zusammenlegen*;
poolen; in einen Pool tun II on ww carpoolen
eine Fahrgemeinschaft bilden
poolexpeditie *Polarexpedition* v
poolgebied *Polargebiet* o; *Polarzone* v
poolhond *Polarhund* m
poolkap *Polarkappe* v
poolklimaat *Polarklima* o
poolreiziger *Polarforscher* m
Pools I bnw m.b.t. Polen *polnisch* II zn [het] taal
Polnisch(e) o
Poolse *Polin* v
poolshoogte ▼ ~ nemen *sich erkundigen*
Poolster *Polarstern* m
poolstreek *Polargebiet* o; *Polarzone* v
poolzee *Polarmeer* o; *Eismeer* o
poon *Knurrhahn* m; *Seehahn* m
poort ● ingang *Tor* o ★ de ~ van de hel die
Pforte der Hölle ● doorgang *Tor* o; *Pforte* v
poortwachter *Torwächter* m
poos *Weile* v; *Zeit* v lang ★ een hele poos
geraume Zeit v; *eine ganze Weile*
poot ● ledemaat van dier *Pfote* v ● inform.
been *Bein* o ● inform. hand *Pfote* ● steunsel
Bein o; *Fuß* m ● plat homo *Schwule(r)* m ▼ op
zijn pootjes terechtkomen *sich finden/geben*;
immer wieder auf die Füße fallen; *ins Lot
kommen* ▼ iets op poten zetten *etw.
organisieren* ▼ zijn poot stijf houden *nicht
nachgeben* ▼ iem. een poot uitdraaien *jmdn.
übers Ohr hauen*
pootaardappel *Pflanzkartoffel* v; *Saatkartoffel*
v; *Setzkartoffel* v
pootgoed *Pflanzgut* v; ⟨jonge zaadplanten⟩
Setzlinge mv; ⟨v. vis⟩ *Fischbrut* v
pootjebaden *Wasser treten*
pootjehaken *ein Bein stellen* [+3]
pootmachine *Pflanzmaschine* v
pop I zn [de] [mv: +pen] ● speelgoed *Puppe* v
● larve *Puppe* v ▼ daar heb je de poppen aan
het dansen *da haben wir den Schlamassel* II zn
[de] [gmv] *Popmusik* v
popart *Pop-Art* v
popartiest *Popmusiker* m; *Popsänger* m
popblad *Popzeitschrift* v; *Popmagazin* o
popconcert *Popkonzert* o
popcorn *Popcorn* o
popcultuur *Popkultur* v
popelen *klopfen*; *zittern*; *brennen* ★ hij popelt
om weg te mogen *er brennt darauf, weggehen
zu dürfen*
popfestival *Pop-Festival* o
popgroep *Popgruppe* v
popidool *Popidol* o; *Popstar* m

po

popmuziek *Popmusik* v
poppenhuis *Puppenhaus* o
poppenkast ● poppenspel *Kasperletheater* o;
Puppentheater o ● overdreven gedoe *Theater*
o; *Komödie* v
poppenkleren *Puppenkleider* o mv
poppenspel *Puppenspiel* o; *Puppentheater* o
poppenspeler *Puppenspieler* m
poppentheater *Puppentheater* o
poppenwagen *Puppenwagen* m
popperig ● als van een pop *winzig*; *puppig*
● stijf *steif*
popprogramma *Popsendung* v
popsong *Popsong* m
popster *Popstar* m
populair ● geliefd *populär*; *beliebt*
● begrijpelijk *gemeinverständlich*; *populär*
populairwetenschappelijk
populärwissenschaftlich
populariseren *popularisieren*; *anschaulich*
machen
populariteit *Beliebtheit* v; *Popularität* v
populariteitspoll *Popularitätsumfrage* v
populatie *Population* v
populier *Pappel* v
populist *Populist* m
populistisch *populistisch*
pop-upvenster *Pop-up-Fenster* o
popzender *Popsender* m
por *Stoß* m; *Puff* m ★ por in de zij *Rippenstoß* m
poreus *porös*; *durchlässig*
porie *Pore* v
porno *Porno* m
pornoblad *Porno* m; *Pornoheft* o
pornofilm *Pornofilm* m
pornografie *Pornografie* v
pornografisch *pornografisch*
porren I OV WW ● duwen *stoßen* ● aanzetten
antreiben; *aufrütteln* ▼ wel voor iets te ~ zijn
für etw. zu haben sein **II** ON WW poken
stochern
porselein *Porzellan* o
porseleinen *aus Porzellan*; *Porzellan-*;
porzellanen
porseleinkast *Porzellanschrank* m
port *Portwein* m
portaal ● hal *Torbogen* m; *Portal* o; *Vorhalle* v;
⟨theater⟩ *Vestibül* o ● overloop *Treppenabsatz*
m; *Flur* m
portable *tragbar*
portal *Portal* o
portee *Tragweite* v; *Reichweite* v
portefeuille ● portemonnee *Portemonnaie* o;
Portmonee ● opbergmap *Mappe* v ● taak
Ressort o ★ minister zonder ~ *Minister ohne
Geschäftsbereich* m ▼ aandelen in ~ hebben
Aktien noch nicht ausgegeben haben
portemonnee *Portemonnaie* o;
⟨nakeursspelling⟩ *Portmonee* o; *Börse* v
portfolio *Portfolio* o; *Portefeuille* o
portie *Portion* v; *Anteil* m; *Teil* m/o ★ een ~ ijs
eine Portion Eis ▼ geef mijn ~ maar aan Fikkie
nein danke, mir ist schon schlecht! ▼ iem. zijn
~ geven *jmdn. verprügeln*
portiek *Türnische* v
portier I ZN [de] persoon *Pförtner* m; ⟨hotel⟩

Portier m **II** ZN [het] deur *Wagentür* v
portiersloge *Pförtnerloge* v; *Portiersloge* v
porto ● frankeerbedrag *Porto* o ● BN, CUL.
portwijn *Portwein* m
portofoon *tragbare(s) Funksprechgerät* o
Porto Ricaan *Puerto-Ricaner* m
Porto Ricaans *puertoricanisch*
Porto Ricaanse *Puerto-Ricanerin* v
Porto Rico *Puerto Rico* o
portret ● afbeelding *Porträt* o ● raar mens
Geschöpf o; *Wesen* o ★ een raar ~ *ein
wunderlicher Kauz*
portretfotografie *Porträtfotografie* v
portretschilder *Porträtmaler* m
portrettengalerij *Ahnengalerie* v;
Porträtsammlung v
portretteren *porträtieren*
Portugal *Portugal* o
Portugees I BNW m.b.t. Portugal *portugiesisch*
II ZN [de] bewoner *Portugiese* m **III** ZN [het]
taal *Portugiesisch(e)* o
Portugese *Portugiesin* v
portvrij *portofrei*; *gebührenfrei*
pose *Pose* v; *Haltung* v; ⟨gekunsteld gedrag⟩
Gehabe o
poseren *posieren* ★ voor een schilder ~ *einem
Maler Modell sitzen*
positie ● houding *Stellung* v ● toestand *Lage* v
★ in een moeilijke ~ zitten *sich in einer
schwierigen Lage befinden* ● maatschappelijke
stand *Stellung* v ★ maatschappelijke ~
gesellschaftliche/soziale Stellung ● betrekking
Stellung v; *Stelle* v
positief I BNW ● niet negatief *positiv* ★ ergens
~ tegenover staan *etw. bejahen* ● bevestigend
bejahend ● opbouwend *positiv* **II** ZN [het]
fotoafdruk *Positiv* o
positiejurk *Umstandskleid* o
positiekleding *Umstandskleidung* v
positiespel ⟨balsporten⟩ *Stellungsspiel* o;
⟨schaken⟩ *Positionsspiel* o
positieven ▼ weer bij zijn ~ komen *zu sich
kommen* ▼ niet bij zijn ~ zijn *außer Fassung
sein*; *das Bewusstsein verloren haben*
positioneren *positionieren*
positionering *Positionierung* v
positivist *Positivist* m
positivo *Positivist* m
post I ZN [de] [gmv] ● poststukken *Post* v
★ ingekomen post *Posteingang* m
★ uitgaande post *Postausgang* m ● postdienst
Post v ★ op de post doen *in den Briefkasten
werfen* ▼ per kerende post *postwendend*;
umgehend **II** ZN [de] [mv: +en] ● deur-/
raamstijl *Türpfosten* m; *Pfosten* m
● standplaats *Posten* m ★ op zijn post zijn *auf
dem Posten sein* ● bedrag *Posten* m; *Position* v
● betrekking *Posten* m; *Stelle* v; *Stellung* v;
Amt o
postacademisch *postakademisch*
postadres *Postadresse* v
postagentschap *Poststelle* v
postbeambte *Postbeamte* m [v: *Postbeamtin*]
postbedrijf ≈ *Post-,Telegrafen- und Telefonamt*
o; ⟨in Duitsland⟩ *Deutsche Bundespost* v
postbestelling *Postzustellung* v

postbode *Postbote* m; *Briefträger* m
postbus *Postfach* o
postbusnummer *Postfach* o; *Postfachnummer* v
postcode *Postleitzahl (PLZ)* v
postdoc *Postdoc* m
postdoctoraal ★ een postdoctorale opleiding *Aufbaustudium* o
postduif *Brieftaube* v
postelein *Portulak* m
posten I ov ww op de post doen *aufgeben; zur Post bringen;* 〈in de brievenbus gooien〉 *einwerfen* **II** on ww op wacht staan *die Wache halten; Posten stehen*
poster¹ *Streikposten* m
poster² (zeg: pooster) *Poster* m
posteren *postieren*
poste restante *poste restante; postlagernd*
posterformaat *Posterformat* o
posterijen *Postwesen* o; *Post* v
postgiro *Postgiroamt* o
postindustrieel *postindustriell*
postkaart BN *ansichtkaart Ansichtskarte* v
postkamer *Poststelle* v
postkantoor *Post* v; *Postamt* o
postkoloniaal *postkolonial(istisch)*
postmerk *Poststempel* m
postmodern *postmodern*
postmodernisme *Postmoderne* v
postnummer BN *postcode Postleitzahl* v
postorderbedrijf *Versandhaus* o
postpakket *Postpaket* o
postpapier *Briefpapier* o
postrekening BN *girorekening Postscheckkonto* o; *Girokonto* o
postscriptum *Postskriptum* o; *Nachschrift* v
poststempel *Poststempel* m
poststuk *Postsache* v
posttraumatisch *posttraumatisch*
posttrein *Postzug* m
postuum *postum*
postuur *Gestalt* v; *Figur* v ★ flink van ~ *von kräftiger Statur* v
postvak *Postfach* o
postvatten *sich festsetzen*
postvliegtuig *Postflugzeug* o
postwissel *Postanweisung* v
postzegel *Briefmarke* v ★ een speciale ~ *eine Sondermarke* ★ een vel ~s *ein Briefmarkenbogen*
postzegelautomaat *Briefmarkenautomat* m
postzegelverzamelaar *Briefmarkensammler* m; *Philatelist* m
pot ● bak, kan *Topf* m; *Krug* m ★ een pot bier drinken *einen Krug Bier trinken* ● kookpot *Topf* m ● maaltijd ★ de gewone pot *die Alltagskost* ★ zijn eigen potje koken *sein eigenes Essen kochen* ● spelinzet *Pot* m; *Einsatz* m ● lesbienne *Lesbe* v ● → **potje** ▼ het is één pot nat *das ist gehupft wie gesprungen* ▼ BN met de gebroken potten zitten *die Sache ausbaden müssen* ▼ naast de pot piesen *über die Stränge schlagen;* einen Seitensprung machen ▼ BN rond de pot draaien *um den heißen Brei herumreden* ▼ eten wat de pot schaft *essen, was auf den Tisch kommt* ▼ je kan de pot op *du kannst mich mal kreuzweise*

potaarde *Blumenerde* v
potdicht *fest verschlossen* ★ het raam zit ~ *das Fenster ist fest verschlossen*
poten ● planten *pflanzen;* 〈aardappelen/bonen〉 *setzen* ● neerzetten *verfrachten*
potenrammen *Schwule zusammenschlagen*
potenrammer ≈ *Person* v, *die Homosexuelle zusammenschlägt*
potent *potent*
potentaat *Potentat* m
potentie *Potenz* v
potentieel I ZN [het] *Potenzial* o; *Potential* **II** BNW *potenziell; potentiell*
potgrond *Blumenerde* v
potig *handfest; stämmig; robust*
potje *Partie* v ▼ kleine ~s hebben grote oren ≈ *Kinder machen lange Ohren* ▼ er een ~ van maken *schlampen* ▼ bij iem. een ~ kunnen breken *bei jmdm. einen Stein im Brett haben* ▼ op ieder ~ past wel een deksel *jeder Topf findet seinen Deckel* ▼ BN het ~ gedekt houden *über etw. Schweigen bewahren*
potjeslatijn *Küchenlatein* o
potkachel *Kanonenofen* m
potlood *Bleistift* m ★ rood ~ *Rotstift* m
potloodventer *Exhibitionist* m
potplant *Topfpflanze* v
potpourri *Potpourri* o
potsierlijk *possierlich; drollig*
potten ● sparen *sparen; Geld zurücklegen; auf die hohe Kante legen* ● in potten doen *eintopfen*
pottenbakker *Töpfer* m
pottenbakkerij *Töpferei* v
pottenbakkersschijf *Töpferscheibe* v
pottenkijker *Topfgucker* m
potverteren *seine Ersparnisse verschwenden* ★ het ~ *das Verschwenden*
potvis *Pottwal* m
poule *Gruppe* v
pousseren ● vooruithelpen *fördern* ● onder de aandacht brengen *ins rechte Licht rücken* ★ zichzelf ~ *sich selbst ins rechte Licht rücken*
pover *ärmlich; dürftig*
povertjes *ärmlich*
poweryoga *Poweryoga* m/o
p.p.p.d. *pro Person pro Tag*
p.p.p.n. *pro Person und Nacht*
pr *PR* v
Praag *Prag* o
Praags *Prager*
praal *Pracht* v; *Pomp* m; *Gepränge* o; *Prunk* m
praalwagen *Prunkwagen* m
praam *Prahm* m
praat ● wat gezegd wordt *Rede* v ★ malle ~ verkopen *albernes/dummes Zeug reden* ● het spreken *Gerede* o; *Geschwätz* o; *Geplauder* o ★ iem. aan de ~ houden *jmdn. von der Arbeit abhalten; jmdn. plaudernd abhalten* ★ aan de ~ raken *ins Gespräch kommen* ● → **praatje** ▼ altijd ~s hebben *immer das große Wort führen; immer schwatzen* ▼ veel ~s hebben *ein großes Maul haben; den Mund voll nehmen* ▼ nu heeft hij niet zoveel ~s meer *nun ist er kleinlaut geworden*
praatbarak BN, HUMOR. *theekransje*

pr

Kaffeekränzchen o
praatgraag *geschwätzig*; *redselig*
praatgroep *Gesprächsgruppe* v
praatje ● gesprekje *Schwatz* m; *Schwätzchen* o; *Plauderei* v ★ een ~ met iem. maken, BN een ~ met iem. slaan *einen Schwatz mit jmdm. halten* ● gerucht *Klatsch* m; *Gerede* o; *Gerücht* o ★ er doen ~s de ronde *es geht das Gerücht*; *es wird gemunkelt* ▼ ~s verkopen *große Töne spucken*
praatjesmaker *Schwätzer* m; *Großmaul* o
praatpaal ● telefoon *Notrufsäule* v ● persoon *Vertraute(r)* m
praatprogramma *Talkshow* v
praatstoel ▼ op zijn ~ zitten *in einem fort plaudern/schwatzen*
praatziek *geschwätzig*; *schwatzhaft*
pracht ● schoonheid *Pracht* v ● prachtig exemplaar *Pracht-* ★ een ~ van een auto *ein Prachtauto* o
prachtexemplaar *Prachtexemplar* o; *Prachtstück* o
prachtig *prachtvoll*; *wunderschön*; *fabelhaft*; *prächtig*
practical joke *Schabernack* m
practicum *Praktikum* o
pragmaticus *Prakmatiker* m; *Pragmatist* m
pragmatisch *pragmatisch*
prairie *Prärie* v
prairiehond *Präriehund* m
prak *Happen* m ▼ in de prak rijden *zu Bruch fahren*
prakken *quetschen*; *zermanschen*
prakkiseren ● denken *(nach)denken* ● piekeren *grübeln* ▼ ik prakkiseer er niet over *das kommt nicht in Frage*
praktijk ● toepassing *Praxis* v ★ iets in ~ brengen *etw. praktisch anwenden*; *etw. in Anwendung bringen* ★ de ~ wijst uit *die Praxis erweist* ● beroepswerkzaamheid *Praxis* v [mv: *Praxen*] ● manier van doen *Praktiken* mv ★ kwade ~en *böse(n) Praktiken*
praktijkervaring *Praxis* v; *praktische Erfahrung* v
praktijkgericht *praxisnah*; *berufsbezogen*; *praxisbezogen*
praktijkjaar *praktische(s) Jahr* o
praktijkvoorbeeld *Praxisbeispiel* o
praktisch ● (als) in de praktijk *praktisch* ● doelmatig *praktisch*
praktiseren *praktizieren*
pralen *prahlen*; *prunken*
praline *Praline* v
pramen BN aansporen *anspornen*; *anregen* ▼ BN zich niet laten ~ *sich nicht bitten lassen*
prat ▼ prat gaan op iets *stolz sein auf etw.* [+4]; MIN. *sich brüsten mit* [+3]
praten *reden*; *sprechen* ★ in zichzelf ~ *vor sich hin reden* ★ met hem valt niet te ~ *mit ihm lässt sich nicht reden* ★ zich eruit ~ *sich herausreden* ▼ langs elkaar heen ~ *aneinander vorbeireden* ▼ ~ als Brugman *reden wie ein Buch* ▼ jij hebt mooi/makkelijk ~ *du hast gut reden*
prater *Plauderer* m [v: *Plauderin*]
pr-bureau *PR-Agentur* v

pre *Plus* o; *Vorteil* m
precair *prekär*; *heikel*
precedent *Präzedenzfall* m; *Präzedenz* v
precederen *den Vorrang/Vortritt haben*
precies ● juist *genau* ● nauwgezet *akkurat*; *exakt* ★ ~ zoals hij zei *genau wie er sagte* ★ hij is ~ zijn broer *er ist ganz der Bruder* ★ ~ om 12 uur *Punkt 12 Uhr*
preciseren *präzisieren*
precisie *Präzision* v; *Genauigkeit* v
precisiebom *Präzisionsbombe* v
precisie-instrument *Präzisionsinstrument* o
predestinatie *Prädestination* v; *Vorherbestimmung* v
predicaat ● TAALK. *Prädikat* o; *Satzaussage* v ● benaming *Prädikat* o
predicatief *prädikativ*
predikant ● kanselredenaar *Prediger* m ● dominee *Pastor* m; ⟨rooms-katholiek⟩ *Pfarrer* m
prediken *predigen*
Prediker *Prediger* m
prediker *Prediger* m
prednison *Prednison* v
preek *Predigt* v
preekstoel *Kanzel* v
prefab *vorgefertigt*; *vorfabriziert*
prefect BN, O&W rector *Direktor* m
preferent *privilegiert* ★ ~e aandelen *privilegierte Aktien*
preferentie *Präferenz* v; *Priorität* v; *Vorrang* m; *Vorzug* m ★ bij ~ *vorzugsweise*
prefereren *bevorzugen*; *vorziehen* ★ dit boek ~ boven dat andere *dieses Buch jenem anderen vorziehen*; *diesem Buch den Vorzug geben vor jenem*
pregnant *prägnant*
prehistorie *Prähistorie* v; *Vorgeschichte* v
prehistorisch ● uit de prehistorie *prähistorisch*; *vorgeschichtlich* ● ouderwets HUMOR. *vorsintflutlich*
prei *Porree* m; *Lauch* m
preken *predigen*
prelaat *Prälat* m
prelude *Präludium* o
prematuur *verfrüht*; *vorzeitig*
premetro BN, TRANSP. soort metro ≈ *U-Bahn* v
premie ● beloning *Prämie* v ● verzekeringspremie *Prämie* v
premiejager *Kopfgeldjäger* m
premiekoopwoning *staatlich subventionierte(s) Eigenheim* o
premier *Premierminister* m; *Premier* m; *Ministerpräsident* m
première *Premiere* v; *Uraufführung* v; *Erstaufführung* v
premierschap *Amt* o *des Premierministers/Ministerpräsidenten*
premiestelsel *Prämiensystem* o
premiewoning (huis) *bezuschusste(s) Haus* o; ⟨flat⟩ *bezuschusste Wohnung* v
prenataal *pränatal*
prent ● afbeelding *Bild* o; *Stich* m; ⟨kinderprent⟩ *Bilderbogen* m; ⟨gravure⟩ *Kupferstich* m ● pootafdruk *Insiegel* o
prentbriefkaart *Ansichtskarte* v

prenten ★ zich iets in het geheugen ~ *sich etw. einprägen*
prentenboek *Bilderbuch* o
preoccupatie *vorrangige Beschäftigung* v; *Absicht* v
prepaid I BNW COMM. *prepaid* **II** ZN [de] *Prepay* v
preparaat *Präparat* o
preparatie *Präparation* v; *Vorbereitung* v
prepareren ● voorbereiden *zubereiten* ● dieren opzetten *präparieren*
prepay ● → **prepaid**
prepensioen ≈ *Vorruhestand* m
prepositie *Präposition* v; *Verhältniswort* o
prepuberteit *Präadoleszenz* v
prescriptie *Präskription* v; *Vorschrift* v; *Verordnung* v
present I ZN [het] *Geschenk* o; FORM. *Präsent* o **II** BNW *anwesend* ★ ~! *hier!*
presentabel *vorzeigbar*
presentatie *Präsentation* v
presentator *Präsentator* m; ⟨radio/tv⟩ *Moderator* m
presenteerblad *Tablett* o; OUD. *Präsentierteller* m ▼ iets op een presenteerblaadje krijgen *etw. in den Schoß geworfen bekommen*
presenteren ● voorstellen *vorstellen* ★ zich aan iem. ~ *sich jmdm. vorstellen* ● aanbieden *präsentieren; anbieten* ● als presentator begeleiden *moderieren*
presentexemplaar *Freiexemplar* o
presentie *Präsenz* v; *Anwesenheit* v
presentielijst *Anwesenheitsliste* v; *Präsenzliste* v
preses *Präsident* m; *Vorsitzende(r)* m
president ● staatshoofd *Präsident* m ● voorzitter *Präsident* m; *Vorsitzende(r)* m
president-commissaris *Aufsichtsratsvorsitzende(r)* m
president-directeur *Generaldirektor* m
presidentieel *präsidial*
presidentschap *Präsidentschaft* v
presidentskandidaat *Präsidentschaftskandidat* m
presidentsverkiezing *Präsidentschaftswahl* v; *Präsidentenwahl* v
presideren *präsidieren*
presidium *Präsidium* o; *Vorsitz* m; ⟨college⟩ *Präsidium* o ★ onder ~ van *unter dem Vorsitz von*
pressen *pressen*
presse-papier *Briefbeschwerer* m
pressie *Druck* m; FORM. *Pression* v
pressiegroep *Interessengruppe* v; *Pressuregroup* v; *Lobby* v
pressiemiddel *Druckmittel* o
prestatie *Leistung* v ★ een geweldige ~ *eine Glanzleistung*
prestatiedwang *Leistungsdruck* m
prestatiegericht *leistungsorientiert*
prestatievermogen *Leistungsfähigkeit* v
presteren *leisten* ★ zij heeft het gepresteerd om... *sie hat es fertiggebracht,...*
prestige *Prestige* o; *Ansehen* o; *Geltung* v
prestigekwestie *Prestigefrage* v; *Prestigesache* v
prestigeobject *Prestigeobjekt* o
prestigieus *prestigiös*; *Prestige-*
pret ● *Spaß* m; *Freude* v; *Vergnügen* o ★ pret

maken *sich amüsieren* ★ het is uit met de pret! *jetzt ist Schluss mit dem Spaß!* ● → **pretje**
prêt-à-porter *Prêt-à-porter* o
pretendent *Prätendent* m
pretenderen ● voorgeven *behaupten* ● aanspraak maken op *prätendieren auf*; *Anspruch erheben auf*
pretentie *Anspruch* m; *Anmaßung* v ★ veel ~s hebben *anspruchsvoll sein*
pretentieloos *anspruchslos; bedürfnislos; genügsam; unprätentiös*
pretentieus *prätentiös; anspruchsvoll*; *anmaßend*
pretje *Spaß* m; *Vergnügen* o ▼ dat is (bepaald) geen ~ *das ist wahrlich kein Vergnügen*
pretogen *schalkhafte(n) Augen* mv
pretpakket ≈ *Kombination* v von einfachen Fächern
pretpark *Vergnügungspark* m
prettig *nett*; ⟨aangenaam⟩ *angenehm*; ⟨lief⟩ *lieb*; ⟨vermakelijk⟩ *amüsant*; ⟨mooi⟩ *schön*; ⟨plezierig⟩ *vergnüglich*; ⟨gezellig⟩ *gemütlich*; ⟨comfortabel⟩ *bequem* ★ een ~e reis *eine angenehme Reise* ★ ~e kerstdagen! *frohe Weihnachten!* ★ zich niet ~ voelen *sich nicht wohlfühlen* ★ het was een ~e avond *es war ein gemütlicher/netter Abend*
preuts *prüde; spröde*
prevaleren *prävalieren; vorherrschen*; *überwiegen*
prevelen *murmeln*
preventie *Prävention* v; *Vorbeugung* v
preventief *präventiv*; *Präventiv-* ★ preventieve hechtenis *Vorbeugehaft* v
preview *Vorschau* v
prieel *Laube* v
priegelen ⟨schrijven⟩ *winzig schreiben*; ⟨naaien⟩ *sticheln*
priegelwerk *Pfriemelarbeit* v
priem *Pfriem* m
priemen *stechen* ▼ ~de blik *stechender Blick* m
priemgetal *Primzahl* v
priester *Priester* m; MIN. *Pfaffe* m
priesterschap *Priestertum* o
priesterwijding *Priesterweihe* v
prietpraat *Geschwätz* o
prijken *prangen*
prijs ● koopsom *Preis* m ★ vaste ~ *Festpreis* m ★ ~ per stuk *Stückpreis* m ★ onder de ~ *unter Preis* ★ onder de ~ verkopen *unterm Preis verkaufen* ★ tot elke ~ *um jeden Preis* ● beloning *Preis* m; *Belohnung* v ★ men heeft een ~ gezet op het hoofd van de moordenaar *man hat einen Preis auf den Kopf des Mörders ausgesetzt* ★ zij is in de prijzen gevallen *sie hat gewonnen* ▼ iets op ~ stellen *auf etw. Wert legen* ▼ iets op ~ weten te stellen *etw. zu schätzen wissen*
prijsbewust *preisbewusst*
prijscompensatie *Lohn-Preis-Ausgleich* m
prijsgeven *preisgeben* [+3] ★ zijn leven ~ *sein Leben hingeben*
prijskaartje *Preisschild* o; *Etikett* o
prijsklasse *Preisklasse* v
prijslijst *Preisliste* v; *Preisverzeichnis* o
prijsmaatregel *Preisverordnung* v

pr

prijsopdrijving *Preistreiberei* v
prijsopgave *Kostenvoranschlag* m
prijspeil *Preisniveau* o
prijsstijging *Preissteigerung* v
prijsstop *Preisstopp* m
prijsuitreiking *Preisverteilung* v
prijsvechter *Preiskämpfer* m
prijsvraag *Preisfrage* v
prijzen I OV WW [o.v.t.: prees, volt. deelw.: geprezen] *preisen*; [cben; *rühmen* ★ prijst de Heer *preiset den Herrn* **II** OV WW [o.v.t.: prijsde; volt. deelw.: geprijsd] *auszeichnen*
prijzengeld *Preisgeld* o
prijzenoorlog *Preiskrieg* m
prijzenslag *Preisschleuderei* v
prijzenswaardig *lobenswert*
prijzig *kostspielig; teuer*
prik ● steek *Stich* m ● injectie *Spritze* v ● limonade *Brause(limonade)* v; *Sprudel* m
prikactie *Schwerpunktaktion* v; ⟨staking⟩ *Schwerpunktstreik* m
prikbord *Pinnwand* v; ⟨voor aankondigingen⟩ *Schwarze(s) Brett* o
prikje ● → **prik** ▼ iets voor een ~ kopen *etw. für einen Spottpreis kaufen*
prikkel ● stekel *Stachel* m ● aansporing *Anreiz* m; *Ansporn* m ● prikkeling *Prickeln* o; BIOL. *Reiz* m
prikkelbaar *reizbar; erregbar*
prikkeldraad *Stacheldraht* m
prikkelen ● prikkelend gevoel geven *prickeln*; INFORM. *piken* ● stimuleren *reizen; anregen; prickeln* ★ iemands nieuwsgierigheid ~ *jmds. Neugier erregen* ★ de zintuigen ~ *die Sinne reizen* ● ergeren *reizen; aufregen; irritieren* ★ die valse toon prikkelt haar *dieser schiefe Ton reizt sie*
prikkeling ● stimulans *Stimulierung* v ● irritatie *Prickeln* o; *Reizen* o
prikken I OV WW ● steken *stechen; piken* ★ gaatjes in het oor laten ~ *Löcher ins Ohrläppchen stechen lassen* ★ prik je de notitie met een punaise aan de muur? *heftest du die Notiz mit einer Reißzwecke an die Wand?* ● injectie geven *spritzen* ● vaststellen ★ een datum ~ *einen Termin ausmachen/ vereinbaren* **II** ON WW prikkelen *prickeln*; *reizen* ★ de rook prikt in mijn ogen *der Rauch beißt in meinen Augen*
prikkertje *Spießchen* o
prikklok *Stechuhr* v
prikpil *3-Monatsspritze* v
pril *zart; früh*
prima I BNW uitstekend *prima; ausgezeichnet; hervorragend* ★ een ~ idee *eine prima Idee* **II** TW *prima; ausgezeichnet*
primaat I ZN [de] ● geestelijke ⟨paus⟩ *Primas* m *von Rom*; ⟨aartsbisschop⟩ *Primas* m ● zoogdier *Primat* m **II** ZN [het] oppergezag *Primat* m
prima ballerina *Primaballerina* v
prima donna *Primadonna* v
primair ● eerst *primär* ★ ~ reageren *unmittelbar reagieren* ● voornaamst *Primär-*; *primär* ★ ~e weg *Straße erster Ordnung* v ● niet herleidbaar *primär* ★ ~e kleur

Grundfarbe v ★ ~ getal *Primzahl* v
prime ● grondtoon *Prime* o ● interval *Prime* v
primetime *Hauptsendezeit* v
primeur ⟨eersteling⟩ *Erstling* m; ⟨eerste berichtgeving⟩ *Scoop* m; ⟨eerste berichtgeving⟩ *sensationelle(r) Exklusivbericht* m; ⟨muziek-/theateropvoering⟩ *Uraufführung* v
primitief *primitiv*
primordiaal BN *doorslaggevend ausschlaggebend*
primula *Primel* v
primus *Petroleumkocher* m ▼ ~ inter pares *primus inter pares*
principe *Prinzip* o ★ uit ~ *aus Prinzip* ★ in ~ *im Prinzip*
principeakkoord *Grundsatzvereinbarung* v
principebesluit *Grundsatzentscheidung* v
principieel *prinzipiell*; *grundsätzlich* ★ een principiële kwestie *eine Prinzipienfrage* v
prins ⟨regerend⟩ *Fürst* m; ⟨niet regerend⟩ *Prinz* m ▼ van de ~ geen kwaad weten *völlig ahnungslos sein*
prinselijk *fürstlich*; *prinzlich* ★ het ~ paar *das Fürstenpaar*
prinses ⟨lid van koninklijke familie⟩ *Prinzessin* v; ⟨vrouw van een regerend prins⟩ *Fürstin* v
prinsessenboon *Prinzessbohne* v
prins-gemaal *Prinzgemahl* m
prinsheerlijk *fürstlich*; *wie ein Fürst*
Prinsjesdag *feierliche Eröffnung des parlamentarischen Jahres*
print *Ausdruck* m
printen *ausdrucken*
printer *Drucker* m
prior *Prior* m
prioriteit *Priorität* v
prisma *Prisma* o
privaat *privat*; *Privat-*
privaatrecht *Privatrecht* o
privacy *Intimsphäre* v; *Privatbereich* m
privatiseren *privatisieren*
privé *privat*; *Privat-*
privéaangelegenheid *Privatsache* v; *Privatangelegenheit* v
privéadres *Privatadresse* v
privérekening *Privatkonto* o
privésfeer *Privatsphäre* v
privéstrand *Privatstrand* m
privilege *Privileg* o
prk BN postrekening *Postscheckkonto* o; *Girokonto* o
pro *Pro* o ★ het pro en contra *das Pro und Kontra*
pro- *pro(-)* ★ pro-Amerikaans *proamerikanisch*
proactief *proaktiv*
probaat *probat*; *erprobt*; *bewährt*
probatie BN, JUR. proeftijd *Bewährungsfrist* v
probeersel *Versuch* m; *Experiment* o
proberen ● een poging doen *versuchen*; *probieren* ● uitproberen *versuchen*; *probieren* ★ u moet die wijn eens ~ *diesen Wein müssen sie unbedingt probieren/kosten*
probleem ● moeilijkheid *Problem* o; *Schwierigkeit* v ● gesteld vraagstuk *Problem* o; *Frage* v ★ een natuurkundig ~ *ein*

physikalisches Problem
probleemgeval *Problemfall* m
probleemgezin *sozial schwache Familie* v;
asoziale Familie v
probleemkind *Problemkind* o
probleemloos *problemlos; ohne Probleme*
probleemstelling *Problemstellung* v
probleemwijk *Problemviertel* o
problematiek *Problematik* v
problematisch *problematisch;* ⟨onzeker⟩ *fraglich*
procedé *Verfahren* o; *Methode* v
procederen *prozessieren; einen Prozess führen*
procedure • *werkwijze Verfahren* o • JUR.
proces Prozedur v; *Verfahrensweise* v;
Verfahren o; *Gerichtsverfahren* o
procedureel *verfahrensmäßig*
procedurefout *Verfahrensfehler* m
procent *Prozent* o ★ *vijf ~ fünf Prozent*
procentueel *prozentual*
proces • *wijze waarop iets verloopt Prozess* m;
Verlauf m • *rechtszaak Prozess* m;
Gerichtsverfahren o ★ *een ~ aanspannen
tegen iem. gegen jmdn. einen Prozess
anstrengen* ★ *een ~ voeren einen Prozess
führen; prozessieren*
procesgang *Produktionsablauf* m
procesoperator *Prozessmanager* m
processie *Prozession* v
processor *Prozessor* m
proces-verbaal • *bekeuring Anzeige* v ★ ~
*opmaken tegen iem. jmdm. ein Strafmandat
geben* • *verslag Protokoll* o
procesvoering *Prozessführung* v
proclamatie • *bekendmaking Proklamation* v
• BN, SPORT *bekendmaking van de uitslag
Ergebnisverkündung* v
proclameren *proklamieren*
procuratiehouder *Prokurist* m
procureur *Prozessbevollmächtigte(r)* m;
⟨advocaat en procureur⟩ *Anwalt* m ★ BN
Procureur des Konings Staatsanwalt m
procureur-generaal ⟨bij een gerechtshof⟩ ≈
Generalstaatsanwalt m; ⟨bij de Hoge Raad⟩ ≈
Generalbundesanwalt m
pro Deo *umsonst; gratis*
pro-Deoadvocaat *Armenanwalt* m;
Pflichtverteidiger m
producent *Produzent* m; *Erzeuger* m; *Hersteller*
m
producer *Produzent* m
produceren *produzieren; erzeugen; herstellen;*
JUR. *vorlegen*
product • *voortbrengsel Produkt* o; *Erzeugnis* o
★ *bruto nationaal ~ Bruttosozialprodukt* o
• WISK. *Produkt* o
productaansprakelijkheid *Produkthaftung* v
productie *Produktion* v; *Erzeugung* v;
Herstellung v; JUR. *Vorlage* v ★ *iets in ~
nemen die Produktion von etw. aufnehmen*
productiecapaciteit *Produktionskapazität* v
productief *produktiv* ★ *iets ~ maken etw.
nutzbar machen/nutzen*
productiekosten *Herstellungskosten* mv;
Produktionskosten mv
productielijn *Fertigungsstraße* v
productiemiddel *Produktionsmittel* o

productieproces *Produktionsprozess* m
productiviteit *Produktivität* v;
⟨winstgevendheid⟩ *Leistungsfähigkeit* v;
⟨vruchtbaarheid⟩ *Ertragfähigkeit* v
productmanager *Produktmanager* m
productschap *Verbundwirtschaft* v
proef • *onderzoek Probe* v; *Test* m ★ *op de ~
stellen auf die Probe stellen* ★ *de ~ doorstaan
die Probe bestehen* ★ *iem. op ~ nemen jmdn.
auf Probe anstellen* • *experiment Probe* v;
Versuch m; *Experiment* o • *probeersel Probe*
v; *Muster* o • *bewijs Probe* v ★ *proeve van
bekwaamheid Eignungsprüfung* v ▼ *de ~ op
de som nemen die Probe aufs Exempel
machen*
proefabonnement *Probe-Abo* o
proefballon *Versuchsballon* m
proefboring *Probebohrung* v
proefdier *Versuchstier* o
proefdraaien *Probe laufen;* A-V *einen Film
probeweise vorführen*
proefdruk *Probedruck* m; *Andruck* m
proefkonijn *Versuchskaninchen* o
proefneming *Versuch* m; *Experiment* o
proefnummer • *proefaflevering Probenummer*
v • *nulnummer Nullnummer* v
proefondervindelijk • *empirisch
erfahrungsmäßig* • *experimenteel
experimentell*
proefperiode *Probezeit* v
proefpersoon *Versuchsperson* v
proefrit *Probefahrt* v
proefschrift *Doktorarbeit* v; *Dissertation* v
proefstuk ▼ BN *niet aan zijn ~ toe zijn mit allen
Wassern gewaschen sein*
proefterrein *Versuchsgelände* o
proeftijd • *uitprobeertijd Probezeit* v • JUR.
Bewährungsfrist v
proefverlof *Hafturlaub* m
proefvertaling ⟨op school⟩ *Probeübersetzung* v;
⟨op school⟩ *Übersetzung(sarbeit)* v
proefvlucht *Probeflug* m
proefwerk *Klassenarbeit* v; *Arbeit* v; *Klausur* v
★ *een ~ maken eine Klassenarbeit schreiben*
proesten • *niezen niesen* • *snuiven prusten*
• *lachen prusten*
proeve • → **proef**
proeven *kosten; versuchen*
prof • *hoogleraar Prof* m • *professional Profi* m
★ *hij is nu prof er ist jetzt ein Profi*
profaan *profan*
profclub *Profiklub* m
profeet *Prophet* m
professie *Beruf* m; OUD. *Profession* v
professional *Profi* m
professionalisering *Professionalisierung* v
professioneel *professionell; fachmännisch*
professor *Professor* m ★ ~ *in de geneeskunde
Professor der Medizin*
profeteren *prophezeien*
profetie *Prophezeiung* v; *Weissagung* v
profetisch *prophetisch*
proficiat *herzlichen Glückwunsch!*
profiel • *zijaanzicht Profil* o • • *typering Profil* o
• *diepteverschil* ⟨op band, zool⟩ *Profil* o
profielband *Profilreifen* m

profielschets *Profil* o; *Persönlichkeitsbild* o
profieltekening *Profilzeichnung* v
profielzool *Profilsohle* v
profijt • nut *Nutzen* m • voordeel *Gewinn* m;
Vorteil m • opbrengst *Profit* m
profijtbeginsel *Kostendeckungsprinzip* o
profijtelijk *profitabel*; *vorteilhaft*; *Gewinn*
bringend
profileren • karakteriseren *profilieren* ★ zich ~
sich profilieren • profiel aanbrengen
profilieren
profiteren *profitieren*; *(aus)nutzen* ★ van
iets/iemand ~ *von etw./jmdm. profitieren*
★ van de gelegenheid ~ *die Gelegenheit*
nutzen
profiteur *Profiteur* m; INFORM. *Trittbrettfahrer* m
profspeler *Profi(spieler)* m
profvoetballer *Profifussballer* m
prognose *Prognose* v
program *Programm* o
programma • geheel van activiteiten
Programm o ★ een druk ~ hebben *ein volles*
Programm haben • COMP. *Computerprogramm*
o • POL. *Programm* o • uitzending *Programm*
o; *Sendung* v
programmablad *Rundfunk- und*
Fernsehzeitschrift v
programmaboekje *Programmheft* o
programmakiezer *Programmauswahl* v
programmamaker *Programmgestalter* m
programmatuur *Software* v
programmeertaal *Programmiersprache* v
programmeren *programmieren*
programmering ‹computers› *Programmierung*
v; ‹radio en tv› *Programmgestaltung* v
programmeur *Programmierer* m
progressie • vooruitgang *Fortschreiten* o;
Progression v • toename *Progression* v;
Staffelung v
progressief • voortgaand *progressiv*
• vooruitstrevend *progressiv*; *fortschrittlich*
• trapsgewijs opklimmend *progressiv*;
gestaffelt
prohibitie *(Alkohol)Verbot* o; *Prohibition* v
project *Projekt* o
projectbureau *Baugesellschaft* v; *Projektbüro* o
projecteren *projizieren*; ‹ontwerpen›
projektieren ★ hij projecteert zijn angsten op
zijn kind *er projiziert seine Ängste auf sein*
Kind
projectie *Projektion* v; ‹ontwerp› *Entwurf* m
projectiel *Projektil* o; *Geschoss* o; ‹toegeworpen
voorwerp› *Wurfgeschoss* o
projectiescherm *Projektionsfläche* v
projectleider *Projektleiter* m
projectmanager *Projektmanager* m
projectmatig *projektmäßig*
projectonderwijs *Projektunterricht* m
projectontwikkelaar *Baugesellschaft* v
projector *Projektor* m; *Projektionsapparat* m;
WISK. *Projektionsstrahl* m
proleet *Prolet* m
proletariaat *Proletariat* o
proletariër *Proletarier* m
proletarisch *proletarisch*
prolifebeweging *Pro-Life-Bewegung* v

proliferatie *Proliferation* v
prolongatie *Verlängerung* v
prolongeren *verlängern*; ECON. *prolongieren*
proloog *Prolog* m
promenade *Promenade* v
promenadedek *Promenadendeck* o
promesse *Promesse* v
promillage *Promille* o
promille *Promille* o
prominent *prominent*
promiscue *promiscue*
promiscuïteit *Promiskuität* v
promoten *Werbung machen*; *werben* ★ een
product ~ *für ein Produkt werben*
promotie • bevordering *Aufstieg* m;
Beförderung v ★ ~ maken *befördert werden*;
aufsteigen • BN verkoopbevordering
Promotion v • behalen van doctorsgraad
Promotion v • SPORT *Aufstieg* m ▼ BN sociale ~
≈ *Fortbildung* v
promotiekans *Aufstiegsmöglichkeit* v
promotiewedstrijd *Aufstiegsspiel* o
promotor • belangenbehartiger *Förderer* m;
‹organisator› *Promoter* m; ‹organisator›
Veranstalter m • hoogleraar *Doktorvater* m
promovendus *Doktorand* m
promoveren I ON WW • SPORT *aufsteigen* • O&W
doctorstitel verwerven *promovieren*; *die*
Doktorwürde erlangen; INFORM. *seinen Doktor*
machen ★ zij is gepromoveerd *sie hat*
promoviert **II** OV WW doctorstitel verlenen
promovieren
prompt • vlot *prompt* • stipt *pünktlich*
pronken *prunken*
pronkjuweel *Juwel* o; FIG. *Prachtstück* o
pronkstuk *Prunkstück* o; *Glanzstück* o
prooi *Beute* v ▼ aan iets ten ~ vallen *etw. zum*
Opfer fallen
proost *prost*; *prosit*
proosten *anstoßen auf*
prop • samengedrukte bol *Pfropf* m; *Kugel* v
★ prop papier *Papierkugel* v; *Wisch* m
• persoon [vooral verkleinwoord] *Mops* m
▼ een prop in de keel hebben *einen Kloß im*
Hals haben ▼ op de proppen komen *auf der*
Bildfläche erscheinen ▼ met iets op de
proppen komen *etw. zur Sprache bringen*
propaan *Propan* o
propaangas *Propangas* o
propaganda *Propaganda* v
propagandafilm *Propagandafilm* m
propagandamateriaal *Propagandamaterial* o
propagandistisch *propagandistisch*
propageren *propagieren*
propedeuse ≈ *Grundstudium* o; ‹inleidend
college› *Propädeutik* v
propeller *Propeller* m
propellervliegtuig *Propellerflugzeug* o;
Propellermaschine v
proper *proper*; *sauber*; *reinlich*; *ordentlich*
proportie • evenredigheid *Proportion* v
• afmeting *Umfang* m; *Ausmaß* o ★ enorme
~s aannemen *ungeheure Ausmaße annehmen*
proportioneel *proportional*; *verhältnismäßig*
propositie • voorstel *Vorschlag* m; *Angebot* o
• stelling *Proposition* v

pr

proppen • schrokken *sich vollfropfen/-stopfen*
★ zit niet zo te ~! *schling nicht so!* • dicht
opeen duwen *pfropfen*; *stopfen*
propvol *prallvoll*; *gedrängt voll*; INFORM.
proppenvoll
prosecutie *Prosekution* v; *Strafverfolgung* v
prosodie *Prosodie* v
prospectie BN, ECON. marktonderzoek
Marktforschung v
prospectus *Prospekt* m
prostaat *Prostata* v
prostituee *Prostituierte* v
prostitueren *prostituieren* ★ zich ~ *sich
prostituieren*
prostitutie *Prostitution* v
protagonist *Protagonist* m; *Hauptperson* v
protectie *Protektion* v; *Schutz* m
protectiegeld *Schutzgeld* o
protectionisme *Protektionismus* m
protectoraat *Protektorat* o; *Schutzherrschaft* v
protegé *Protegé* m; *Schützling* m
proteïne *Protein* o
protest • uiting van bezwaar *Protest* m ★ ~
aantekenen tegen *Protest gegen etw.
erheben/einlegen* ★ onder luid ~ verliet zij de
zaal *unter lautem Protest verließ sie den Saal*
• ambtelijke verklaring *Protest* m; *Einspruch*
m
protestactie *Protestaktion* v
protestant I ZN [de] *Protestant* m II BNW
protestantisch; *evangelisch*
protestantisme *Protestantismus* m
protestants *protestantisch*; *evangelisch*
protestbeweging *Protestbewegung* v
protesteren *protestieren* ★ ik protesteer! *ich
protestiere!*
protestmars *Protestmarsch* m; *Protestzug* m
protestsong *Protestsong* m
proteststaking *Proteststreik* m
protestzanger *Protestsänger* m
prothese *Prothese* v
protocol • etiquette *Protokoll* o • verslag
Protokoll o • verzameling van akten/notulen
Protokollbuch o
protocollair *protokollarisch*
proton I ZN [het] NATK. *Proton* o II ZN [de] BN,
ECON. elektronische portemonnee *Chipkarte* v
protonkaart BN, ECON. elektronische
portemonnee *Chipkarte* v
protoplasma *Protoplasma* o
prototype • oorspronkelijk model *Prototyp* m;
Ur-/Grundform v • voorafbeelding
Präfiguration v • typisch voorbeeld *Prototyp*
m; *Inbegriff* m
protserig *protzig*; *protzenhaft*
Provençaals *provenzalisch*
Provence *Provence* v
proviand *Proviant* m
provider *(Internet)Provider* m
provinciaal I BNW • van de provincie
Provinzial- • kleinsteeds *provinziell*; INFORM.
provinzlerisch II ZN [de] bewoner *Provinzial* m;
MIN. *Provinzler* m
provincialisme *Provinzialismus* m
provincie • gewest *Provinz* v; ⟨overheid⟩
Provinzverwaltung • platteland *Provinz* v

provinciebestuur *Provinzverwaltung* v;
Bezirksverwaltung v
provinciehuis *Gebäude* o der *Provinzverwaltung*
provincieraad BN, POL. provinciaal bestuur
Provinzverwaltung v; *Bezirksverwaltung* v
provisie • commissieloon *Provision* v
• voorraad *Vorrat* m
provisiekast *Speise-/Vorratsschrank* m
provisorisch *provisorisch*
provitamine *Provitamin* o
provo *Provo* m
provocateur *Provokateur* m
provocatie *Provokation* v
provoceren *provozieren*
provoost • persoon *Profos* m
• soldatengevangenis *Bau* m
prowesters *prowestlich*
proza *Prosa* v
prozac *Prozac* o
prozaïsch *prosaisch*
pruik • haardos *strubbelige(s) Haar* o • vals
haar *Perücke* v
pruikentijd *Zopfzeit* v
pruilen *schmollen*; *maulen*
pruillip *Flunsch* m
pruim *Pflaume* v ★ gedroogde ~en
getrocknete(n) Pflaumen; *Back-/Dörrpflaumen*
pruimen I OV WW verdragen *leiden*; *ertragen*
★ iem. niet kunnen ~ *jmdn. nicht
ausstehen/riechen können* ★ die soep is niet te
~ *diese Suppe ist ungenießbar* II ON WW tabak
kauwen *priemen*
pruimenboom, BN **pruimelaar** *Pflaumenbaum*
m; *Zwetschgenbaum* m
pruimenmond *spitze(s) Mäulchen* o ★ een ~je
trekken *zimperlich sein*; *sich zieren*
pruimenpit *Pflaumenkern* m
pruimtabak *Kau-/Priemtabak* m
Pruisen *Preußen*
Pruisisch *preußisch*
prul • ding *wertlose(s) Zeug* o; *Schund* m ★ prul
van een roman *Kitsch-/Schundroman* m
• mens *Niete* v; *Flasche*; *Nichtsnutz* m
prulding *(wertloser) Kram* m; *Nippsache* v;
Klimbim m
prullaria *Krimskrams* m; *Kram* m; *Krempel* m;
Plunder m
prullenbak *Papierkorb* m
prullenmand *Papierkorb* m
prulschrijver *Schreiberling* m; *Skribent* m;
Schundautor m
prut I ZN [de] drab *Brei* m II BNW slecht
miserabel
prutje ⟨saus⟩ *Soße* v; ⟨eenpansgerecht⟩ *Eintopf*
m
prutsding *wertlose(s) Ding* o
prutsen I OV WW *basteln* ★ iets in elkaar ~ *etw.
zusammenbasteln* II ON WW • knutselen
basteln ★ aan iets ~ *an etw. basteln*
• klungelen *pfuschen*; *stümpern*
prutser *Pfuscher* m; *Stümper* m
prutswerk • knoeiwerk *Pfuscherei* v; *Stümperei*
v • peuterwerk *Bastelarbeit* v
pruttelen • koken *brodeln*; *sieden*; ⟨in vet⟩
brutzeln • mopperen *brummen*; *maulen*;
murren

PS *PS*
psalm *Psalm* m
psalmboek *Psalter* m
psalmbundel *Psalter* m; *Buch* o *der Psalmen*
pseudo- *Pseudo-*; *pseudo-*
 ★ pseudowetenschappelijk
 pseudowissenschaftlich
pseudoniem *Pseudonym* o
psoriasis *Psoriasis* v; *Schuppenflechte* v
pst *psst!*
p.st. *pro Stück*
psyche *Psyche* v
psychedelisch *psychedelisch*
psychiater *Psychiater* m
psychiatrie *Psychiatrie* v
psychiatrisch *psychiatrisch*
psychisch *psychisch*; *seelisch*
psychoanalyse *Psychoanalyse* v
psycholinguïstiek *Psycholinguistik* v
psychologie *Psychologie* v
psychologisch *psychologisch*
psycholoog *Psychologe* m
psychoot *Psychotiker* m
psychopaat *Psychopath* m
psychose *Psychose* v
psychosomatisch *psychosomatisch*
psychotherapie *Psychotherapie* v
psychotisch *psychotisch*
PTT ● → *postbedrijf*
pub *Pub* o
puber *Halbwüchsige* m; *Pubertierende(r)* m
puberaal *pubertär*
puberen *pubertieren*; *in der Pubertät sein*
puberteit *Pubertät* v
publicatie ● openbaarmaking
 Bekanntmachung v; *Veröffentlichung* v; ⟨v.
 jaarrekening⟩ *Publikation* v ● uitgegeven
 werk *Publikation* v; *Veröffentlichung* v
publicatieverbod *Publikationsverbot* o
publiceren *bekannt machen*; *publizieren*;
 veröffentlichen
publicist *Publizist* m
publicitair *publizistisch*
publiciteit ● openbare kennis *Publizität* v ● BN
 reclame *Reklame* v; *Werbung* v
publiciteitscampagne *Werbekampagne* v
publiciteitsgeil *publizitätssüchtig*
publiciteitsstunt *Werbegag* m
public relations *Public Relations* mv ★ afdeling
 ~ *Public-Relations-Abteilung* v
publiek *Publikum* o ★ gemengd ~ *gemischte
 Gesellschaft* v ★ toegankelijk voor het ~
 allgemein zugänglich
publiekelijk *öffentlich*
publieksfilm *Publikumsfilm* m
publieksgericht *publikumsorientiert*;
 publikumsbezogen
publiekstrekker *Publikumsmagnet* m
puck *Puck* m
pudding *Pudding* m
puddingbroodje *süßes Brötchen* o *mit
 Puddingcreme*
puddingvorm *Puddingform* v
Puerto Ricaan *Puerto-Ricaner* m ● → *Porto
 Ricaan*
Puerto Ricaans ● → *Porto Ricaans*

Puerto Ricaanse ● → *Porto Ricaanse*
Puerto Rico ● → *Porto Rico*
puf *Puste* v; *Energie* v; ⟨zin/trek⟩ *Lust* v; ⟨durf⟩
 Mumm m ★ geen puf meer hebben *keine
 Lust mehr haben*; *keine Puste mehr haben*
puffen *dampfen*; *qualmen*; *schnaufen*
pui *Fassade* v; *Front* v
puik I BNW *ausgezeichnet*; *vorzüglich*; *prima*
 II BIJW ★ met mij gaat het puik *mir geht es
 prima*
puikje *Allerbeste* o ★ het ~ van... *das Feinste vom
 Feinen von...*
puilen *quellen* ★ de ogen puilden uit haar
 hoofd *die Augen quollen ihr aus dem Kopf*
puin *Schutt* m; *Trümmer* mv; *Schotter* m;
 Trümmerhaufen m ★ het puin ruimen *aufräumen*
 ★ onder het puin bedolven *verschüttet*; *unter
 den Trümmern begraben* ★ verboden puin te
 storten! *Schutt abladen verboten!* ▼ hij heeft
 zijn auto in puin gereden *er hat seinen
 Wagen zu Schrott gefahren*
puinhoop ● hoop puin *Trümmerhaufen* m
 ● warboel *Durcheinander* o; *Chaos* o ★ je
 kamer is een grote ~! *dein Zimmer ist ein
 einziges Durcheinander!*
puist *Pickel* m
puistenkop *Pickelgesicht* o
puk ● kind *Knirps* m; *Krümel* m ● klein persoon
 Zwerg m
pukkel ● puist *Pickel* m; MED. *Pustel* v ● tas
 Tornister m
pul *Krug* m
pulken *zupfen*; INFORM. *fummeln* ★ zij zat in
 haar neus te ~ *sie bohrte/popelte in der Nase*
pulli *Pulli* m
pullover *Pullover* m; INFORM. *Pulli* m
pulp ● brij *Brei* m; ⟨fruit⟩ *Pulp* m ● slecht
 product *Schund* m
pulseren *pulsieren*
pulver *Pulver* o
pummel *Lümmel* m
pump *Pumps* m mv
punaise *Heft-/Reißzwecke* v; *Reißbrettstift* m
punch *Punsch* m
punctie *Punktion* v
punctueel *pünktlich*
punk *Punk* m
punker *Punker* m
punkkapsel *Punkfrisur* v
punniken ● frunniken *fummeln* ● breien *met
 der Strickmaus stricken*
punt I ZN [de] ● uiteinde ⟨v. iets plats⟩ *Ecke* v;
 Spitze v ★ tegen de punt van de tafel stoten
 sich an der Tischecke stoßen ★ de punt van
 een potlood *die Bleistiftspitze* ● stip *Punkt* m
 ★ dubbele punt *Doppelpunkt* m ● → *puntje*
 ▼ BN iets op punt stellen *etw. auf den Punkt
 bringen* ▼ BN op punt staan *in Ordnung sein*
 ▼ een punt achter iets zetten *einen
 Schlussstrich ziehen* **II** ZN [het] ● plaats *Punkt*
 m ● onderdeel, kwestie *Punkt* m ★ een punt
 van nahen van iets *etw. zum Problem machen*
 ● moment *Zeitpunkt* m ★ het dode punt *das
 toter Punkt* ★ op het punt staan om iets te
 doen *im Begriff sein/stehen, etw. zu tun*; *drauf
 und dran sein, etw. zu tun*

ps

• waarderingseenheid *Punkt* m
puntbaard *Spitzbart* m
puntbroodje *längliche(s) Brötchen* o
puntdak *Spitzdach* o
puntdicht *Epigramm* o; *Spott-/Sinngedicht* o
punten • een punt maken aan *spitzen*
  • bijpunten *stutzen* ★ het haar laten ~ *die Haarspitzen abschneiden lassen*
puntenrijbewijs *Punkteführerschein* m
puntenslijper *Anspitzer* m
punter • boot *Kahn* m • SPORT *Spitzenstoß* m
puntgaaf *einwandfrei; tadellos*
punthoofd ▼ ik krijg er een ~ van *das macht mich wahnsinnig; du nervst*
puntig • spits *spitz* • kernachtig *treffend; pointiert* ★ een ~e opmerking *eine pointierte/gezielte Bemerkung*
puntje (broodje) *weiche(s) Brötchen* o ▼ als ~ bij paaltje komt *wenn es darauf ankommt* ▼ de ~s op de i zetten *das Tüpfelchen auf das i setzen* ▼ iets tot in de ~s kennen *etw. im Schlaf kennen* ▼ tot in de ~s verzorgd *wie aus dem Ei gepellt* ▼ daar kun je een ~ aan zuigen *davon kannst du dir eine Scheibe abschneiden* ▼ het ligt op het ~ van mijn tong *es liegt mir auf der Zunge*
puntkomma *Strichpunkt* m; *Semikolon* o
puntmuts *Zipfelmütze* v
puntschoen *spitze(r) Schuh* m
puntsgewijs I BNW *punktuell* **II** BIJW *Punkt für Punkt*
puntzak *Tüte* v
pupil • oogpupil *Pupille* v • leerling *Schüler* m • kind *Pflegekind* o
puppy *Welpe* m
puree *Püree* o; *Brei* m ▼ in de ~ zitten *in der Patsche sitzen*
pureren *pürieren*
purgeermiddel *Abführmittel* o; MED. *Purgiermittel* o
purgeren *abführen*
purisme *Purismus* m
purist *Purist* m
puritein *Puritaner* m
puriteins *puritanisch*
purper *purpurn; purpurfarben/-rot*
purperrood *purpurrot*
purschuim *Purschaum* m
purser *Purser* m
pus *Eiter* m
pushen • aanzetten *anspornen; antreiben* • promoten ⟨v. een zaak⟩ *vorantreiben*; ⟨v. een persoon⟩ *protegieren*
push-up *Liegestütze* v
push-up-bh *Push-up-BH* m
put ⟨waterput⟩ *Brunnen* m; ⟨afvoerput⟩ *Abwasserkanal* m; ⟨afvoerput⟩ *Gully* m ★ BN septische put *septische(r) Tank* m ▼ in de put zitten *ein moralisches Tief haben* ▼ een bodemloze put *ein Fass ohne Boden* ▼ BN in het putje van de winter *im tiefsten Winter*
putsch *Putsch* m
putten *schöpfen*
puur • zuiver *rein*; ⟨ook van alcoholische dranken⟩ *pur* • louter *pur; rein; bloß* ★ dat is puur bedrog *das ist glatter Betrug* m ★ puur

toeval *pure(r) Zufall* m ★ pure onzin *reine(r)/bare(r) Unsinn* m
puzzel • legpuzzel *Puzzle(spiel)* o • probleem *Rätsel* o; *Problem* o
puzzelaar ⟨legpuzzels⟩ *Puzzler* m; ⟨denkpuzzels⟩ *Rätselfreund* m
puzzelen • puzzels oplossen ⟨v. legpuzzel⟩ *puzzeln*; ⟨m.b.t. raadsels⟩ *Rätsel lösen* • diep nadenken *knobeln*; *rätseln*
puzzelrit *Rallye* o
puzzelwoordenboek *Kreuzworträtselheft* o
pvc *PVC* o
pygmee *Pygmäe* m
pyjama *Pyjama* m; *Schlafanzug* m
pyjamabroek *Pyjamahose* v
pyjamajas *Schlafanzugoberteil* o
pylon *Leitkegel* m; *Pylon* m; *Pylone* v
Pyreneeën *(die) Pyrenäen* v mv
pyromaan *Pyromane* m
pyrrusoverwinning *Pyrrhussieg* m
python *Python* m; *Pythonschlange* v

py

Q

q *Q* o ★ de q van Québec *Q wie Quelle*
Qatar *Katar* o
qua *was... betrifft* ★ qua grootte valt het mee *was die Größe betrifft, geht es*
quad *Quad* o
quarantaine *Quarantäne* v ★ iem. in ~ plaatsen *über jmdn. Quarantäne verhängen*; jmdn. *unter Quarantäne stellen* ★ hij staat onder ~ *er steht unter Quarantäne*
quartair *quartär* ★ ~ gesteente *quartäre(s) Gestein* o ★ de ~e sector *der quartäre Sektor*
quasi I BIJW schijnbaar *quasi* **II** BIJW BN bijna, vrijwel *nahezu*; ungefähr; fast
quasi- *quasi-* ★ quasiwetenschappelijk *quasiwissenschaftlich*
quatre-mains I ZN [het] *Klavierstück* o *für vier Hände* **II** BNW ★ (à) ~ *vierhändig*
querulant *Querulant* m
questionnaire *Fragebogen* m
quiche *Quiche* v
quickscan *Quickscan* m
quickstep *Quickstep* m
quitte ★ ~ staan *quitt sein*
qui-vive v op zijn ~ zijn *auf dem Quivive sein*
quiz *Quiz* o
quizmaster *Quizmaster* m
quota *Quote* v
quote *Quote* v
quoteren ● limiteren *mit einer Quote belegen* ● BN, O&W beoordelen *beurteilen*
quotering BN, O&W beoordeling *Note* v; *Zensur* v
quotiënt *Quotient* m
quotum *Quote* v

R

r *R* o ★ de r van Rudolf *R wie Richard*
ra *Rah* v
raad ● advies *Rat* m ● uitweg *Rat* m
● adviserend college *Rat* m ★ de Hoge Raad *der Oberste Gerichtshof*; ⟨in Duitsland⟩ *der Bundesgerichtshof* ★ raad van bestuur *Verwaltungsrat* m ★ Raad van Europa *Europarat* m ★ Raad van Elf *Elferrat* m ★ raad voor de scheepvaart ≈ *Seeamt* o ▼ bij iem. te rade gaan *jmdn. zu Rate/zurate ziehen* ▼ met voorbedachten rade *vorsätzlich* ▼ hij weet met zijn geld geen raad *er weiß mit seinem Geld nichts anzufangen*
raadgever *Ratgeber* m; *Berater* m
raadgeving ● het geven van raad *Beraten* o
● advies *Rat* m; *Ratschlag* m
raadhuis *Rathaus* o
raadplegen *zu Rate/zurate ziehen* ★ een advocaat ~ *einen Anwalt konsultieren* ★ een boek ~ *in einem Buch nachschlagen*
raadsbesluit *Ratsbeschluss* m
raadscommissie *Gemeinderatsausschuss* m
raadsel *Rätsel* o
raadselachtig *rätselhaft*
raadsheer ⟨v. gerechtshof⟩ *Gerichtsrat* m; ⟨v. Hoge Raad⟩ *Mitglied* o *des Obersten Gerichtshofes*
raadslid *Gemeinde-/Stadtratsmitglied* o; *Stadtverordnete(r)* m
raadsman ● raadgever *Berater* m; *Ratgeber* m
● advocaat *Rechtsanwalt* m [v: *Rechtsanwältin*]
raadszitting *Ratssitzung* v; *Gemeinderatssitzung* v
raadzaal *Sitzungszimmer* o; ⟨grote zaal⟩ *Sitzungssaal* m
raadzaam *ratsam*; empfehlenswert; geraten ★ het is ~ *es ist zu empfehlen/angebracht*
raaf *Rabe* m; *Kolkrabe* m
raak I BNW ● doel treffend *getroffen* ★ het schot is raak *das ist ein Treffer* ● FIG. gevat *treffend* ★ die was raak *das hat gesessen* **II** BIJW ▼ maar wat raak praten *ins Blaue hinein reden*
raaklijn *Tangente* v
raakpunt WISK. *Tangentialpunkt* m
raakvlak ● WISK. *Tangentialebene* v
● gemeenschappelijk gebied *Berührungspunkt* m
raam *Fenster* o ★ dubbel raam *Doppelfenster* o ★ uit het raam kijken *zum Fenster hinausblicken*
raamadvertentie *Fensterwerbung* v
raamkozijn *Fensterrahmen* m
raamprostitutie *Fensterprostitution* v
raamsponning *Fensterfalz* m
raamvertelling *Rahmenerzählung* v
raamwerk ● houtwerk *Rahmen* m ● FIG. globale opzet *Rahmen* m
raamwet *Rahmengesetz* o
raap *Rübe* v
raapstelen *Stielmus* o
raar *sonderbar*; komisch; merkwürdig ★ het

q

loopt soms raar in het leven *im Leben geht es manchmal sonderbar zu*
raaskallen *quasseln; faseln*
raat *Bienenwabe* v; *Wabe* v
rabarber *Rhabarber* m
Rabat *Rabat* o
rabat *Rabatt* m
rabbijn *Rabbiner* m
rabiës *Tollwut* v
race *Rennen* o; ⟨lopen⟩ *Wettlauf* m
racebaan *Rennbahn* v
racefiets *Rennrad* o
racen ● aan een race deelnemen *rennen*; ⟨met fiets, auto, motor⟩ *ein Rennen fahren* ● FIG. zeer snel gaan *rennen*
racewagen *Rennwagen* m; *Rennauto* o
raciaal *rassisch; Rassen-; rassen-*
racisme *Rassismus* m
racist *Rassist* m
racistisch *rassistisch*
racket *Schläger* m; *Racket* o
raclette ⟨kaasgerecht⟩ *Raclette* v/o
rad *Rad* ★ rad van avontuur *Glücksrad* ▼ iem. een rad voor ogen draaien *jmdm. blauen Dunst vormachen*; *jmdm. etw. vormachen*
radar *Radar* m/o
radarantenne *Radarantenne* v
radarinstallatie *Radaranlage* v
radarscherm *Radarschirm* m
radarsignaal *Radarsignal* o
radarvliegtuig *Radarflugzeug* o
radbraken ● martelen *rädern* ● verhaspelen *radebrechen* ▼ ik ben geradbraakt *ich bin wie gerädert*
raddraaier *Rädelsführer* m
radeermesje *Radiermesser* o
radeloos *ratlos; verzweifelt*
radeloosheid *Ratlosigkeit* v; *Verzweiflung* v
raden ● gissen *raten* ★ BN het ~ hebben naar iets *etw. nur raten können* ● raad geven ★ dat is je ge~ ook! *das möchte ich dir geraten haben!*
raderboot *Raddampfer* m
raderen *ausradeln; ausrädeln*
raderen ● graveren *radieren*; *ätzen* ● afkrabben *radieren*; *ausradieren*
radertje *Räd(er)chen* o
raderwerk *Räderwerk* o; *Getriebe* o
radiaal I ZN M *Radiant* II BNW *radial*
radiaalband *Gürtelreifen* m; *Radialreifen* m
radiateur ⟨v. motor⟩ *Kühler* m
radiator *Radiator* m
radicaal I ZN [de] *Radikale(r)* m; ⟨politiek⟩ *Extremist* m II BNW *radikal* III BIJW *radikal*
radicalisme *Radikalismus* m; *Extremismus* m
radicchio ⟨rode sla⟩ *Radicchio* m
radijs *Radieschen* o
radio ● toestel *Radio* o; *Rundfunkgerät* o ● uitzending *Radio* o; *Rundfunk* m ★ op de ~ *im Radio*
radioactief *radioaktiv*
radioactiviteit *Radioaktivität* v
radiobesturing *Fernsteuerung* v
radiocassetterecorder *Radiorekorder* m
radiografie *Radiografie* v
radiografisch *funktelegrafisch* ★ ~ bestuurd

ferngesteuert; ferngelenkt
radiojournaal *Radionachrichten* mv
radiologie *Radiologie* v; *Röntgenologie* v
radioloog *Radiologe* m
radionieuwsdienst *Nachrichtendienst* m
radio-omroep *Rundfunk* m
radioprogramma *Hörfunkprogramm* o; *Radioprogramm* o
radioscopie *Röntgenoskopie* v
radiostation *Rundfunkstation* v; *Sender* m
radiotherapie *Radiotherapie* v
radiotoespraak *Rundfunkrede* v; *Rundfunkansprache* v
radiotoestel *Radioapparat* m; *Rundfunkgerät* o; *Radio* o ★ draagbaar ~ *Kofferradio* o
radio-uitzending *Rundfunksendung* v; *Radiosendung* v; *Hörfunksendung* v
radioverslaggever *Rundfunkreporter* m; *Rundfunkberichterstatter* m
radiowekker *Radiowecker* m
radiozender *Sender* m; *Radiosender* m
radium *Radium* o
radius *Radius* m ★ het vliegtuig heeft een ~ van 2000 km *das Flugzeug hat eine Reichweite von 2000 km*
radslag *Rad* o
rafel *Franse* v
rafelen *zerfransen*
rafelig *fransig*
raffia *Raphia* v; *Raphiabast* m
raffinaderij *Raffinerie* v
raffinement ⟨geraffineerdheid⟩ *Raffinesse* v; ⟨verfijndheid⟩ *Raffinement* o
raffineren *raffinieren*
raften *Rafting* o; *Wildwasserfahren* o
rag *Spinnengewebe* o
rage ⟨große⟩ *Mode* v; *Manie* v
ragebol ● borstel *Staubwedel* m ● haardos *Wuschelkopf* m
ragfijn *hauchdünn; hauchfein; haarfein*
raggen *herumtollen; (herum)toben*
ragout *Ragout* o
ragtime MUZ. *Ragtime* m
rail ● roede *Schiene* v ● spoorstaaf *Gleis* o
railvervoer *Bahntransport* m
rakelings *haarscharf; ganz nahe* ★ ~ langs iets gaan *haarscharf vorbeigehen an*
raken I OV WW ● aanraken *berühren* ● treffen *treffen* ★ zij raakte een gevoelige snaar bij hem *sie traf seinen wunden Punkt* ● ontroeren *berühren* ● betreffen *(be)treffen* II ON WW geraken *geraten; kommen; werden* ★ aan de drank ~ *trunksüchtig werden*; INFORM. *sich dem Suff ergeben* ★ uit de mode ~ *aus der Mode kommen* ★ verliefd ~ op iem. *sich in jmdn. verlieben* ★ zij raakten aan de praat *sie kamen/gerieten ins Plaudern* ★ van de weg ~ *vom Weg abkommen* ★ verloren ~ *verloren gehen*
raket *Rakete* v
raketaanval *Raketenangriff* m
raketbasis *Raketen(abschuss)basis* v; *Raketenstützpunkt* m
raketbeschieting *Raketenbeschuss* m
raketinstallatie *Raketenstartrampe* v; *Raketenabschussrampe* v

ra

raketsla *Rucola* m/v
raketwerper *Raketenwerfer* m
rakker *Schlingel* m; *Bengel* m; *Lausbub* m;
  Racker m ★ hij is een rode ~ *er ist ein Roter*
rally *Rallye* v; *Sternfahrt* v
RAM *RAM* o
Ram *Widder* m
ram ● mannetjesschaap *Widder* m ● stormram
  Mauerbrecher m
ramadan *Ramadan* m
rambam ▼ krijg de ~! *du kannst mich mal!*
  ▼ zich het ~ werken *sich dumm und dämlich*
  arbeiten
ramen ⟨begroten⟩ *veranschlagen*; ⟨schatten⟩
  schätzen
raming ⟨begroting⟩ *Veranschlagung* v;
  ⟨schatting⟩ *Schätzung* v; ⟨voorlopige*
  schatting⟩ *Voranschlag* m ★ ~ van de kosten
  Kostenvoranschlag m
ramkraak *Einbruch* m *mit Einrammen des*
  Schaufensters
rammel ● → **pak**
rammelaar ● speelgoed *Rassel* v
  ● mannetjeskonijn *Rammler* m
rammelen I ov ww door elkaar schudden
  rütteln; *schütteln* II ON ww ● geluid maken
  klappern; *rasseln* ● gebrekkig in elkaar zitten
  nicht taugen; *nicht stimmen* ▼ ik rammel van
  de honger *mein Magen knurrt*
rammeling BN pak rammel *Tracht* v *Prügel* mv
rammelkast *Klapperkiste* v
rammen *rammen*
rammenas *Rettich* m
ramp *Katastrophe* v
rampbestrijding *Katastrophenschutz* m
rampenplan *Notstandsplan* m;
  Katastrophenplan m
rampgebied *Katastrophengebiet* o
rampjaar *Notjahr* o
rampspoed *Missgeschick* o; *Unglück* o;
  Katastrophe v
ramptoerisme *Katastrophentourismus* m
ramptoerist *Katastrophentourist* m
rampzalig *katastrophal*; *unheilvoll*;
  unglückselig ★ een ~e beslissing *ein*
  verhängnisvoller Entschluss ★ in een ~e
  toestand *in einer elenden Lage*
ramsj ● handel *Ramschhandel* m ★ een boek in
  de ~ gooien *ein Buch verramschen* ★ in de ~
  zijn *verramscht werden* ● restanten
  Restauflagen mv
ranch *Ranch* v
rancune *Groll* m
rancuneus *nachtragend*; *rachsüchtig*
rand ● grensvlak *Rand* m ● LETT. grenslijn *Rand*
  m
randaarde *Erdung* v
randapparatuur *Zusatzgeräte* mv
randfiguur *Randfigur* v
randgebied ● AARDK. *Randgebiet* o; *Grenzgebiet*
  o ● FIG. *Grenzgebiet* o
randgemeente *Vorstadt* v
randgroep *Randgruppe* v
randgroepjongere *Jugendliche(r)* m *aus einer*
  Randgruppe
randschrift *Umschrift* v

Randstad *Randstad* v; *das Ballungsgebiet im*
  Westen der Niederlande
randstad *Ballungsgebiet* o
randstedelijk *im Ballungsraum*; *des*
  Ballungsraums
randverschijnsel *Randerscheinung* v
randvoorwaarde *Rahmenbedingung* v
rang ● plaats in hiërarchie *Rang* m ★ de rang
  van kapitein hebben *im Rang eines*
  Hauptmanns stehen ● maatschappelijke stand
  Rang m ● plaats in schouwburg *Rang* m
rangeerder *Rangierer* m
rangeerterrein *Rangierbahnhof* m
rangeren *rangieren*
ranglijst *Rangliste* v
rangnummer *Rangnummer* v
rangorde *Reihenfolge* v; *Rangordnung* v
rangschikken ● ordenen *einordnen* ● indelen
  einstufen; *(ein)gliedern* ★ ~ onder
  rechnen/zählen zu
rangschikking ● ordening *Einordnung* v
  ● indeling *Anordnung* v
rangtelwoord *Ordinalzahl* v
rank I ZN [de] *Ranke* v; ⟨scheut⟩ *Spross* m;
  ⟨scheut⟩ *Trieb* m II BNW *rank*; *schlank*
ranken I ov ww *zurückschneiden* II WKD WW
  [zich ~] *(sich) ranken*
ranking *Rangliste* v
ranonkel *Ranunkel* v
ransel *Ranzen* m
ranselen *prügeln*
ransuil *Waldohreule* v
rantsoen *Ration* v
rantsoeneren *rationieren*
ranzig *ranzig*
rap[1] *gewandt*; *behände*; *rasch*; *flink*
rap[2] ⟨zeg: rep⟩ *Rap* m
rapen *aufheben*; *aufsammeln*
rapgroep *Rapgruppe* v
rapmuziek *Rapmusik* v
rappen *rappen*
rapper *Rapper* m
rapport ● verslag *Bericht* m; *Rapport* m;
  Gutachten o ★ ~ uitbrengen *Bericht erstatten*
  ● cijferlijst *Zeugnis* o
rapportage *Berichterstattung* v
rapportcijfer *Note* v; *Zensur* v
rapporteren ● melden *berichten*; *melden*
  ● verslag uitbrengen *Bericht erstatten*
rapsodie *Rhapsodie* v
rariteit *Rarität* v
rariteitenkabinet *Kuriositätensammlung* v
ras I ZN [het] *Rasse* v ★ iem. van gemengd ras
  Mischling m II BNW snel *rasch*; *schnell*
rasartiest *eingefleischte(r) Künstler* m;
  geborene(r) Künstler m
rasecht ● raszuiver *reinrassig* ● echt *waschecht*
rasegoïst *Erzegoist* m
rashond *Rassehund* m
rasp *Reibe* v
raspen *raspeln*; ⟨bij noten, kaas en
  aardappelen⟩ *reiben*
rassendiscriminatie *Rassendiskriminierung* v
rassenhaat *Rassenhass* m
rassenintegratie *Rassenintegration* v
rassenkwestie *Rassenfrage* v

rassenonlusten *Rassenunruhen* v mv; *Rassenkrawalle* m mv
rassenscheiding *Rassentrennung* v; *(Rassen)Segregation* v
rassenvraagstuk *Rassenfrage* v
rasta *Rastamann* m
rastafari ⟨persoon⟩ *Rasta(fari)* m; ⟨beweging⟩ *Rasta(fari)* v
rastakapsel *Rastafrisur* v
raster I ZN [het] ● netwerk *Raster* o ● DRUKK. *Raster* o **II** ZN [de] hekwerk *Gitter* o
rasteren *rastern*
rasterwerk ● omheining *Gitterzaun* m ● rooster *Gitterrost* m
raszuiver *rasserein*; *reinrassig*
rat *Ratte* v
rataplan ▾ de hele ~ *der ganze Kram*
ratatouille *Ratatouille* v
ratel ● instrument *Rassel* v ● mond *Plappertasche* v; *Plappermaul* o
ratelaar ● boom *Zitterpappel* v; *Espe* v ● plant *Klappertopf* m ● nachtzwaluw *Ziegenmelker* m ● babbelaar *Plappermaul* o; *Plappertasche* v
ratelen ● geluid maken *rasseln* ● druk praten *plappern*
ratelslang *Klapperschlange* v
ratificatie *Ratifikation* v; *Ratifizierung* v
ratificeren *ratifizieren*
ratio *Vernunft* v; *Ratio* v
rationaliseren *rationalisieren*
rationalisme *Rationalismus* m
rationalistisch *rationalistisch*; *rational*
rationeel ● doordacht *rational* ● efficiënt *rationell*
ratjetoe *Mischmasch* m
rato ▾ naar rato, BN a rato *verhältnismäßig* ▾ naar rato van, BN a rato van *in Höhe von*
rats ▾ in de rats zitten *in der Patsche stecken*
rattengif *Rattengift* o
rauw ● CUL. ongekookt *roh* ● schor *rau* ● ontveld *wund* ★ rauwe wond *offene Wunde* v
rauwkost *Rohkost* v
rauwmelks *Rohmilch-*
ravage *Trümmerhaufen* m; *Trümmer* mv
ravenzwart *rabenschwarz*
ravigotesaus *Ravigotesoße* v
ravijn *Schlucht* v
ravioli *Ravioli* mv
ravotten *tollen*; *sich balgen*
rayon *Gebiet* o; *Bezirk* m
rayonchef *Abteilungsleiter* m; *Regionalleiter* m; *Rayonchef* m
razen *rasen*; *toben*; *wüten*
razend ● woedend, boos *wütend*; *rasend* ● hevig *heftig*; *maßlos*
razendsnel *pfeilschnell*; *rasend schnell*
razernij *Raserei* v; *Wut* v ★ iem. tot ~ brengen *jmdn. in Rage bringen*
razzia *Razzia* v
re *Re* o
reactie ● tegenactie *Reaktion* v ● SCHEIK. *Reaktion* v
reactiesnelheid *Reaktionsgeschwindigkeit* v
reactievermogen *Reaktionsfähigkeit* v; *Reaktionsvermögen* o

reactionair I ZN [de] *Reaktionär* m **II** BNW *reaktionär*
reactor *Reaktor* m
reactorcentrale *Kernkraftwerk* o; *Atomkraftwerk* o
reactorvat *Reaktorbehälter* m; ⟨kern⟩ *Core* o
reader *Reader* m
reageerbuis *Reagenzglas* o
reageerbuisbaby *Retortenbaby* o
reageerbuisbevruchting *künstliche Befruchtung* v
reageren *reagieren*
realisatie *Realisierung* v; *Realisation* v
realiseerbaar *realisierbar*; *durchführbar*
realiseren I OV WW *realisieren*; *verwirklichen* **II** WKD WW [zich ~] *sich realisieren*
realisering *Verwirklichung* v
realisme *Realismus* m
realist *Realist* m
realistisch *realistisch*
realiteit *Realität* v; *Wirklichkeit* v
realiteitszin *Realitätssinn* m
reality-tv *Reality-TV* o
reanimatie *Wiederbelebung* v
reanimeren *wiederbeleben*; MED. *reanimieren*
rebel *Rebell* m
rebellenleger *Rebellenheer* o
rebellenleider *Rebellenführer* m
rebelleren *rebellieren*; *sich widersetzen*
rebellie ● opstand *Rebellion* v; *Aufruhr* m ● opstandigheid *Aufbegehren* o
rebels *rebellisch*; *aufrührerisch*
rebound *Abpraller* m; ⟨basketbal, ijshockey⟩ *Rebound* m
rebus *Rebus* m; *Bilderrätsel* o
recalcitrant *widerspenstig*; *aufsässig*
recapituleren *rekapitulieren*
recensent *Rezensent* m; *Kritiker* m
recenseren *rezensieren*; *besprechen*
recensie *Rezension* v; *Kritik* v
recensie-exemplaar *Rezensionsexemplar* o
recent *kürzlich geschehen*; *rezent* ★ dit boek is ~ verschenen *dieses Buch ist eben erschienen* ★ van ~e datum *jüngeren Datums*
recentelijk *kürzlich*; *neulich*
recept ● keukenrecept *Rezept* o ● doktersrecept *Rezept* o ★ alleen op ~ verkrijgbaar *rezeptpflichtig*
receptie ● ontvangst *Empfang* m ★ staande ~ *Stehempfang* m ★ een ~ houden *einen Empfang geben* ● plaats van ontvangst *Rezeption* v; *Empfang* m
receptief *rezeptiv*; *empfänglich*
receptionist *Empfangschef* m [v: *Empfangschefin*]
reces *Ferien* mv
recessie *Rezession* v; *Konjunkturrückgang* m
recette *Einnahmen* mv
rechaud *Rechaud* o; *Warmhalteplatte* v
recherche *Kriminalpolizei* v; *Kripo* v ★ fiscale ~ *Steuerfahndung* v
recherchebijstandsteam *Sonderkommission* v *der Kriminalpolizei*
rechercheur *Kriminalbeamte(r)* m [v: *Kriminalbeamtin*]
recht I ZN [het] ● JUR. *overheidsvoorschriften*

Recht o ★ civiel ~ *Zivilrecht* o ★ soeverein ~ *Hoheitsrecht* o ★ zakelijk ~ *dingliche(s) Recht* o ● JUR. rechtsgeleerdheid *Rechtswissenschaft* v; *Jura* ● JUR. rechtspleging *Recht* o; *Rechtsprechung* v ● JUR. gerechtigheid *Gerechtigkeit* v; *Recht* o ★ in zijn ~ zijn *im Recht sein* ★ met het volste ~ *mit vollem Recht* ★ het ~ op zijn beloop laten *der Gerechtigkeit ihren Lauf lassen* ● JUR. bevoegdheid, aanspraak *Recht* o ★ ~en van de mens *Menschenrechte* ★ ~ van petitie *Petitionsrecht* o ★ ~ van verhaal *Rückgriffsanspruch* m; *Rückgriffsrecht* o ★ ik behoud mij het ~ voor *ich behalte mir das Recht vor* ● belasting *Steuer* v; *Gebühr* v; ⟨invoerrechten⟩ *Zoll* m ★ ingaande ~ *Einfuhrzölle* ★ uitgaande ~en *Ausfuhrzölle* m ★ ~en op uitgave *Rechte* **II** BNW ● niet gebogen *gerade* ★ een ~e lijn *eine gerade Linie*; WISK. *eine Gerade* ● loodrecht ★ een ~e hoek *ein rechter Winkel* ▼ zij heeft het altijd bij het ~e eind *sie hat immer recht* **III** BIJW ● rechtop, loodrecht *gerade*; *aufrecht* ● geheel *direkt*; *genau* ★ ~ tegenover *direkt gegenüber*
rechtbank ● JUR. college van rechters *Gericht* o ★ BN correctionele ~ *Strafgerichtshof* m ★ BN ~ van eerste aanleg *Landgericht* o ● JUR. gerechtsgebouw *Gericht* o
rechtbreien *ins Lot bringen*
rechtdoor *geradeaus*
rechtdoorzee *offen (und ehrlich)*; *direkt*; *aufrichtig*
rechteloos *rechtlos*; ⟨vogelvrij⟩ *geächtet*
rechten *gerade biegen*
rechtens *von Rechts wegen*; *rechtlich*
rechtenstudie *Jurastudium* o
rechter I ZN [de] JUR. *Richter* m **II** BNW *recht(e)*
rechter-commissaris *Untersuchungsrichter* m; ⟨bij faillissement⟩ *Konkursrichter* m
rechterhand *rechte Hand* v; *Rechte* v ★ aan uw ~ *zu Ihrer Rechten*
rechterkant *rechte Seite* v
rechterlijk *richterlich*; *gerichtlich*; ⟨alleen als bnw⟩ *Gerichts-*
rechtervleugel *rechte(r) Flügel* m
rechtgeaard *echt*; *rechtschaffen*
rechthebbende *Berechtigter* m [v: *Berechtigte*]
rechthoek *Rechteck* o
rechthoekig *rechteckig*
rechtlijnig ● WISK. *linear* ● consequent *geradlinig*
rechtmatig *rechtmäßig*
rechtop *aufrecht*; *gerade*
rechtopstaand *aufrecht stehend*
rechts ● aan de rechterkant *rechts* ● POL. *rechts*
rechtsaf *(nach) rechts*
rechtsback *rechte(r) Verteidiger* m
rechtsbeginsel *Rechtsgrundsatz* m
rechtsbekwaam *rechtsfähig*
rechtsbevoegdheid *Rechtsbefugnis* v
rechtsbijstand *Rechtshilfe* v ★ verzekering voor ~ *Rechtsschutzversicherung* v
rechtsbuiten *Rechtsaußen* m
rechtschapen *rechtschaffen*; *redlich*
rechtsdraaiend *rechtsdrehend*
rechtsgang *Rechtsgang* m

rechtsgebied ● JUR. rechterlijke macht *Jurisdiktion* v; *Gerichtsbarkeit* v ● JUR. arrondissement *Gerichtsbezirk* m
rechtsgeding *Rechtsstreit* m; *Prozess* m
rechtsgeldig *rechtsgültig*; *rechtskräftig*
rechtsgeleerde *Jurist* m
rechtsgeleerdheid *Rechtswissenschaft* v; *Jurisprudenz* v
rechtsgelijkheid *Gleichheit* v *aller vor dem Gesetz*
rechtsgevoel *Rechtsgefühl* o
rechtsgrond *Rechtsgrund* m
rechtshandeling *Rechtsgeschäft* o
rechtshandig *rechtshändig*
rechtshulp *Rechtsberatung* v
rechtskracht *Rechtskraft* v
rechtskundig *rechtskundig*
rechtsom *rechtsherum*
rechtsomkeert ▼ ~ maken *kehrtmachen*; *auf dem Absatz kehrtmachen* ▼ ~! *rechtsum kehrt!*
rechtsorde *Rechtsordnung* v
rechtspersoon *Rechtsperson* v; *juristische Person* v ★ privaat- en publiekrechtelijke rechtspersonen *privatrechtliche und öffentlich-rechtliche Rechtspersonen* ★ als ~ erkennen *Rechtsfähigkeit verleihen*
rechtspleging *Rechtspflege* v; *Gerichtsbarkeit* v
rechtspositie *Rechtslage* v
rechtspraak *Rechtsprechung* v
rechtspreken ● JUR. rechtspraak uitoefenen *Recht sprechen* ● JUR. een uitspraak doen *richten*
rechts-radicaal *rechtsradikal*
rechtsstaat *Rechtsstaat* m
rechtsstelsel *Rechtsordnung* v
rechtstaan *aufstehen*
rechtstandig *senkrecht*
rechtstreeks I BNW ● zonder omwegen *unmittelbar* ● live *direkt* ★ ~e uitzending *Direktübertragung* v; *Livesendung* v **II** BIJW *geradewegs*
rechtsvervolging *Gerichtsverfahren* o; *gerichtliche Verfolgung* v
rechtsvordering ● JUR. vordering *Klage* v ● JUR. procesrecht *Prozessrecht* o
rechtswetenschap *Rechtswissenschaft* v; ⟨studievak⟩ *Jura*
rechtswinkel *Rechtsberatungsstelle* v
rechtszaak *Streitsache* v; *Rechtssache* v; *Rechtsfall* m
rechtszaal *Gerichtssaal* m [mv: *Gerichtssäle*]
rechtszekerheid *Rechtssicherheit* v
rechtszitting *Gerichtsverhandlung* v; *Gerichtstermin* m
rechttoe ▼ ~, rechtaan *geradeheraus*
rechtuit ● rechtdoor *geradeaus* ● ronduit *geradeheraus*; *unumwunden*
rechtvaardig I BNW JUR. *gerecht* **II** BIJW JUR. ★ ~ zijn *Gerechtigkeit üben*
rechtvaardigen *rechtfertigen*
rechtvaardigheid *Gerechtigkeit* v
rechtzetten ● overeind zetten *richtigstellen* ● corrigeren *berichtigen*
rechtzinnig *rechtgläubig*; *strenggläubig*
recidive ● ⟨bij misdaad⟩ *Rückfall* m ● ⟨bij ziekte⟩ *Rückfall* m; *Rezidiv* o

recidivist *Rückfällige(r)* m
recipiëren *einen Empfang geben*
recital *Recital* o
reciteren *rezitieren; vortragen*
reclamant *Reklamant* m; *Beschwerdeführer* m
reclame • publiciteit *Reklame* v; *Werbung* v
• middel, voorwerp *Reklame* v
reclameblok *Werbeblock* m
reclameboodschap *Werbesendung* v
reclamebord *Werbeschild* o
reclamebureau *Reklamebüro* o
reclamecampagne *Werbefeldzug* m;
Reklamefeldzug m
reclame-inkomsten *Werbeeinkünfte* mv
reclameren *reklamieren; sich beschweren*
reclamespot *Werbespot* m
reclamestunt *Werbeschlager* m
reclamevliegtuig *Werbeflugzeug* o
reclamezendtijd *Werbesendezeit* v
reclamezuil *Plakatsäule* v; *Litfaßsäule* v
reclasseren *resozialisieren;* ⟨bij een voorwaardelijke straf⟩ *bewähren*
reclassering *Resozialisierung* v; ⟨instelling⟩ *Gefangenenfürsorge* v
reclasseringsambtenaar *Bewährungshelfer* m
reconstructie *Rekonstruktion* v
reconstrueren • herstellen *rekonstruieren*
• opnieuw voorstellen *rekonstruieren*
reconversie BN *herstructurering Umstrukturierung* v
record[1] (zeg: rekòr) *Rekord* m ★ een ~ breken *einen Rekord brechen*
record[2] (zeg: rèkord) *Record* o
recordaantal *Rekordzahl* v
recordbedrag *Rekordbetrag* m; *Rekordsumme* v
recorder *Rekorder* m
recordhouder *Rekordhalter* m
recordpoging *Rekordversuch* m
recordtijd *Rekordzeit* v
recordvangst ⟨opbrengst⟩ *Rekord-Fangergebnis* o; ⟨beslaglegging⟩ *Rekordbeschlagnahme* v
recreant *Erholungsuchende(r)* m
recreatie *Erholung* v; ⟨vrijetijdsbesteding⟩ *Freizeitgestaltung* v
recreatief *erholsam*
recreatiegebied *Erholungsgebiet* o
recreatiepark *Erholungspark* m
recreatiesport *Freizeitsport* m
recreatiezaal *Aufenthaltsraum* m
recreëren *sich erholen; sich rekreieren*
rectificatie *Berichtigung* v; *Richtigstellung* v
rectificeren *berichtigen; richtigstellen*
rector • O&W voorzitter van universiteit *Rektor* m • O&W hoofd van school *Direktor* m
rectrix *Rektorin* v
rectum *Rektum* o
reçu *Empfangsbescheinigung* v; ⟨betaalbewijs⟩ *Quittung* v
recuperatie • herstel *Rekonvaleszenz* v • BN *recycling Recycling* o
recupereren BN *recyclen wieder verwenden; wieder verwerten*
recyclebaar *recycelbar; recycelfähig*
recyclen, BN **recycleren** *wieder verwenden; wieder verwerten*
recycling *Recycling* o

redacteur *Redakteur* m [v: *Redakteurin*]; *Herausgeber* m [v: *Herausgeberin*]; *Redaktionsmitglied* o
redactie • het redigeren *Redaktion* v • de redacteuren *Redaktionsbüro* o; *Redaktion* v
redactiebureau *Redaktionsbüro* o
redactielid *Redaktionsmitglied* o
redactioneel *redaktionell*
reddeloos *rettungslos*
redden I OV WW • in veiligheid brengen *retten* ★ hij kan zich goed ~ *er weiß sich gut zu helfen* ★ zich eruit ~ *sich aus der Affäre ziehen* • voor elkaar krijgen *schaffen* ★ ik zal het wel ~ *ich werde es schon schaffen* **II** WKD WW [**zich** ~] *sich (be)helfen*
redder • iem. die redt *Retter* m • REL. verlosser *Retter* m
redderen *in Ordnung bringen*
redding *Rettung* v
reddingsactie *Rettungsaktion* v
reddingsboei *Rettungsboje* v
reddingsboot *Rettungsboot* o
reddingsbrigade *Rettungsmannschaft* v
reddingsoperatie *Rettungsoperation* v; *Rettungsaktion* v
reddingsvest *Rettungsweste* v; *Schwimmweste* v
reddingswerk *Rettungsarbeit* v
reddingswerker *Rettungsmann* m
reddingswerkzaamheden *Rettungsarbeiten* v mv
reddingswezen *Rettungswesen* o
rede • het spreken *Rede* v; *Reden* o ★ iem. in de rede vallen *jmdm. ins Wort/in die Rede fallen* • toespraak *Rede* v • verstand *Vernunft* m; *Vernunft* v • redelijkheid *Vernunft* v ★ hij is niet voor rede vatbaar *er ist nicht zur Vernunft zu bringen* • ankerplaats *Reede* v
redekundig ★ ~e ontleding *Satzanalyse* v
redelijk I BNW • met verstand *vernünftig* • billijk *billig; angemessen* • vrij goed *anständig; ziemlich; einigermaßen* ★ een ~e beloning *eine entsprechende Belohnung* **II** BIJW tamelijk *ziemlich* ★ het is ~ goed weer *es ist ziemlich gutes Wetter*
redelijkerwijs • logisch beschouwd *vernünftigerweise* • volgens billijkheid *berechtigterweise; billigerweise*
redelijkheid • verstandigheid *Vernünftigkeit* v • billijkheid *Angemessenheit* v
redeloos • zonder verstand *unvernünftig; vernunftlos* • dwaas *töricht*
reden • beweegreden *Grund* m; *Begründung* v ★ met ~en omkleed *begründen* ★ ~ te meer *ein Grund mehr* ★ ~ tot opzegging *Kündigungsgrund* m • aanleiding *Anlass* m; *Grund* m
redenaar *Redner* m
redenatie *Argumentation* v; *Beweisführung* v
redeneren *argumentieren*
redenering • gedachtegang *Gedankengang* m • betoog *Beweisführung* v; *Argumentation* v
reder *Reeder* m
rederij *Reederei* v
redetwist *Streitgespräch* o
redetwisten ⟨mit Worten⟩ *streiten; disputieren*
redevoering *Rede* v; *Vortrag* m

re

redigeren *redigieren*
redmiddel *Hilfsmittel* o; *Rettungsmittel* o
reduceren *herabsetzen*; ⟨prijzen⟩ *ermäßigen*
reductie *Reduzierung* v; *Reduktion* v ★ ~ van prijs *Preisnachlass* m; *Preisermäßigung* v
reductieprijs *reduzierte(r)/herabgesetzte(r) Preis* m
redundant *redundant*
redzaam *gewandt*; *sich zu helfen wissen*; *imstande sich selbst zu helfen*
ree *Reh* o
reebruin *rehbraun*
reeds *schon*; *bereits*
reëel ● werkelijk *wirklich* ★ reële waarde *Realwert* m ● realistisch *reell* ★ een reële kijk op iets hebben *etw. realistisch einschätzen*
reehert *Rehwild* o
reeks ● serie *Serie* v ● WISK. *Serie* v
reep ● strook *Streifen* m ● lekkernij *Riegel* m ★ een reep chocolade *eine Tafel/ein Riegel Schokolade*
reet ● spleet *Ritze* v; *Spalte* v ● achterwerk *Arsch* m ▼ lik mijn reet! *leck mich am Arsch!*
referaat ● voordracht *Referat* o ● verslag *Referat* o
referendaris ⟨hoofd op departement⟩ *Ministerialrat* m; ⟨afdelingschef⟩ *Dezernent* m
referendum *Plebiszit* o; *Volksentscheid* m; ⟨in Zwitserland⟩ *Referendum* o
referent ● verslaggever *Reporter* m ● spreker *Referent* m
referentie ● verwijzing *Verweisung* v; *Verweis* m ● opgave van personen *Referenz* v ★ goede ~s hebben *gute Referenzen/Zeugnisse haben*
referentiekader *Bezugsrahmen* m
referentiepunt *Bezugspunkt* m
refereren ● ~ **aan** verwijzen naar *verweisen auf* [+4]; *sich berufen auf* ● verslag uitbrengen *referieren*
referte *Referenz* v ★ onder ~ aan *unter Bezug auf* [+4]
reflectant *Bewerber* m [v: *Bewerberin*]
reflecteren I ov ww weerkaatsen *reflektieren* **II** ON ww ~ **op** reageren *reflektieren*
reflectie *Reflexion* v
reflector ● weerspiegelend voorwerp of vlak *Reflektor* m ● in het verkeer *Katzenauge* o; *Rückstrahler* m
reflex *Reflex* m
reflexbeweging *Reflexbewegung* v
reflexief ● TAALK. *rückbezüglich*; *reflexiv* ★ ~ voornaamwoord *Reflexivpronomen* o ● bespiegelend *reflexiv*; *beschaulich*
reformatie ● hervorming *Reformation* v ● REL. hervorming *Reformation* v
reformatorisch *reformistisch*
reformeren *reformieren*
reformisme *Reformismus* m
reformvoeding *Reformkost* v
reformwinkel *Reformhaus* o; *Bioladen* m
refrein *Refrain* m; *Kehrreim* m
refter BN eetzaal *Speisesaal* m
regatta *Regatta* v
regeerakkoord ≈ *Koalitionsvereinbarung* v
regeerperiode *Regierungszeit* v

regel ● tekstregel *Zeile* v ● voorschrift *Regel* v; *Vorschrift* v ★ in strijd met de ~s *regelwidrig* ● gewoonte *Regel* v; *Brauch* m; *Gewohnheit* v ★ in de ~ *gewöhnlich*; *in der Regel* ▼ volgens de ~en der kunst *nach allen Regeln der Kunst* ▼ tussen de ~s door lezen *zwischen den Zeilen lesen*
regelaar ● organisator *Organisator* m ● deel van werktuig *Regler* m
regelafstand *Zeilenabstand* m
regelbaar *regulierbar*; *regelbar*
regelen ● in orde brengen *regeln*; *ordnen* ● bepalen *anordnen*; *an-/verordnen*; *festlegen*
regelgeving *Regelung* v; *Anordnung* v
regeling ● het regelen *Regelung* v ● geheel van regels *Regelung* v ● schikking *Regelung* v
regelkamer *Schaltzentrale* v
regelmaat *Regelmäßigkeit* v
regelmatig *regelmäßig*
regelneef ≈ *Person* v, *die ständig organisiert*
regelrecht I BNW rechtstreeks *geradewegs* **II** BIJW *geradewegs*
regen *Regen* m ★ zure ~ *saurer Regen* ▼ van de ~ in de drup komen *vom Regen in die Traufe kommen* ▼ na ~ komt zonneschijn *auf Regen folgt Sonnenschein*
regenachtig *regnerisch*
regenboog *Regenbogen* m
regenboogtrui *Regenbogentrikot* o
regenboogvlies *Regenbogenhaut* v; *Iris* v
regenbroek *Regenhose* v
regenbui *Regenschauer* m
regendans *Regentanz* m
regendruppel *Regentropfen* m
regenen *regnen* ★ het regent dat het giet *es gießt in Strömen* ★ het regent *es regnet*
regeneratie *Regeneration* v
regenereren ⟨sich⟩ *regenerieren*
regenfront *Regenwand* v
regenjas *Regenmantel* m; *Regenjacke* v
regenkleding *Regenbekleidung* v
regenmeter *Regenmesser* m
regenpak *Regenanzug* m
regenpijp *Regenrohr* o
regenseizoen *Regenzeit* v; *Regensaison* v
regent ● bestuurder *Regent* m ● waarnemend vorst *Regent* m
regentijd *Regenzeit* v
regenton *Regentonne* v
regenval *Regenfall* m
regenverzekering *Regenversicherung* v
regenvlaag *Regenschauer* m
regenwater *Regenwasser* o
regenworm *Regenwurm* m
regenwoud *Regenwald* m
regenzone *Regenzone* v
regeren ● besturen *regieren* ● beheersen *regieren* ● TAALK. *regieren*
regering ● het regeren *Regierung* v ● landsbestuur *Regierung* v ★ ~ in ballingschap *Exilregierung* v
regeringsbesluit *Regierungsbeschluss* m
regeringscoalitie *Regierungskoalition* v
regeringsdelegatie *Regierungsabordnung* v; *Regierungsdelegation* v
regeringsfunctionaris *Regierungsbeamte(r)* m

regeringskringen *Regierungskreise* mv
regeringsleger *Regierungstruppen* v mv
regeringsleider *Regierungsleiter* m
regeringspartij *Regierungspartei* v
regeringstroepen *Regierungstruppen* v mv
regeringsverklaring *Regierungserklärung* v
regeringsvorm *Regierungsform* v
reggae *Reggae* m
regie *Regie* v
regieassistent *Regieassistent* m
regiekamer *Regieraum* m
regime ● staatsbestel *Regime* o ● leefregels *Regime* o
regiment *Regiment* o
regio *Region* v
regiogebonden *regional begrenzt; gebietsspezifisch; gebietstypisch; regionalbedingt*
regiokorps *Regionalpolizei* v
regionaal *regional* ★ regionale krant *Regionalzeitung* v
regisseren *Regie führen;* ⟨theater of opera⟩ *inszenieren*
regisseur *Regisseur* m [v: *Regisseurin*]
register ● lijst *Verzeichnis* o; *Register* o ● inhoudsopgave *Inhaltsverzeichnis* o ● orgelpijpen *Register* o
registeraccountant *Wirtschaftsprüfer* m
registratie *Registratur* v; *Registrierung* v; ⟨door overheidsinstantie⟩ *Erfassung* v
registratiebewijs *Registrierungskarte* v
registratienummer *Registernummer* v
registratieplicht *Registrierungspflicht* v
registratierecht *Eintragungsgebühr* v
registratiewet *Registrierungsgesetz* o
registreren ● vastleggen *registrieren* ● inschrijven *eintragen*
reglement *Reglement* o; *Dienstordnung* v; *Satzung* v ★ huishoudelijk ~ *Hausordnung*
reglementair *ordnungsgemäß; vorschriftsmäßig*
reglementeren *reglementieren*
regressie *Regression* v
regressief *regressiv*
reguleren *regulieren; regeln*
regulering *Regulierung* v; MED. *Regulation* v
regulier *regulär*
rehabilitatie *Rehabilitation* v; *Rehabilitierung* v
rehabiliteren *rehabilitieren*
rei *Reigen* m
reiger *Reiher* m ★ blauwe ~ *Graureiher* m ★ purper~ *Purpurreiher* m
reiken *langen*
reikhalzen *sich sehnen*
reikwijdte *Reichweite* v
reilen ▼ zoals het reilt en zeilt *so wie die Dinge liegen; die Welt, wie sie steht und liegt*
rein ● schoon *rein* ● zuiver *rein* ▼ met zichzelf in het reine komen *mit sich (selbst) ins Reine kommen*
reïncarnatie *Reinkarnation* v
reïncarneren *reinkarnieren*
reinigen *reinigen*
reiniging *Reinigung* v
reinigingscrème *Reinigungscreme* v
reinigingsdienst *Stadtreinigung* v; ⟨vuilophaaldienst⟩ *Müllabfuhr* v

reinigingsheffing *Reinigungsgebühren* v mv
reinigingsrecht *Müllabfuhrgebühr* v
re-integratie *Reintegration* v; *Wiedereingliederung* v
re-interpreteren *uminterpretieren; neu interpretieren*
reis *Reise* v ★ op reis gaan *verreisen* ▼ enkele reis *einfache Fahrt* ▼ BN van een kale reis thuiskomen *einen Reinfall erleben*
reisapotheek *Reiseapotheke* v
reisbeschrijving *Reisebeschreibung* v; ⟨reisverslag⟩ *Reisebericht* m
reisbijstandsverzekering BN *Reiseversicherung* v
reisbureau *Reisebüro* o
reischeque *Reisescheck* m
reisdocument *Reisepapier* o; *Reisedokument* o
reis- en kredietbrief *Reisekreditbrief* m
reisgenoot *Reisegefährte* m [v: *Reisegefährtin*]
reisgezelschap *Reisegesellschaft* v
reisgids ● boek *Reiseführer* m ● persoon *Reiseführer* m
reiskosten *Reisespesen* mv
reiskostenvergoeding *Rückerstattung* v der *Reisekosten*
reisleider *Reiseleiter* m
reislustig *reiselustig*
reisorganisatie *Reiseunternehmen* o; *Reiseorganisation* v
reistijd *Reisezeit* v; *Fahr(t)zeit* v
reisvaardig *reisefertig*
reisverslag *Reisebericht* m
reisverzekering *Reiseversicherung* v
reiswekker *Reisewecker* m
reiswieg *Babytragetasche* v
reisziekte *Reisekrankheit* v
reizen *reisen*
reiziger *Reisende(r)* m; ⟨in vliegtuig⟩ *Fluggast* m
rek I ZN [de] elasticiteit *Elastizität* v; *Dehnung* v; *Dehnbarkeit* v ★ er zit nog rek in die handschoenen *diese Handschuhe dehnen/ weiten sich noch* **II** ZN [het] ● opbergrek *Gestell* o; ⟨fietsen⟩ *Ständer* m; ⟨kippen⟩ *Stange* v ● gymrek *Reck* o
rekbaar *elastisch; dehnbar* ★ ~ wetsartikel *Gummiparagraf* m
rekbaarheid *Dehnung* v; *Dehnbarkeit* v; *Elastizität* v
rekel ● deugniet *Flegel* m ★ brutale ~ *Frechdachs* m ● mannetjesdier *Rüde* m
rekenaar *Rechner* m
rekenen I OV WW ● tellen *rechnen; zählen* ● als betaling vragen *berechnen* ● in aanmerking nemen *rechnen; berücksichtigen* ● achten *halten für* ● ~ onder meetellen met *rechnen unter* **II** ON WW ● cijferen *rechnen* ★ uit het hoofd ~ *kopfrechnen* ★ te ~ vanaf 1 januari *vom 1. Januar an gerechnet* ● ~ op *rechnen auf/mit; sich verlassen auf* ★ op haar kan je ~ *auf sie kann man rechnen/sich verlassen*
rekenfout *Rechenfehler* m
Rekenhof BN *Rechnungsamt* o; *Rechnungshof* m
rekening ● ECON. nota *Rechnung* v ★ in ~ brengen *berechnen* ★ iets in ~ brengen *jmdm. etw. in Rechnung stellen* ★ om de ~ vragen *um die Rechnung bitten* ★ voor ~ van

re

auf Kosten von ★ openstaande ~ *offene Rechnung* ★ ober, de ~ klopt niet! *Herr Ober, die Rechnung stimmt nicht!* ★ dat is voor mijn ~ *das geht auf meine Kosten* ★ dat is op ~ van mijn baas *das geht auf Geschäftskosten* ★ ~en maken *Rechnungen ausstellen* ★ ~en schrijven *Rechnungen schreiben* ★ betaling op ~ *Anzahlung* v ● bankrekening *Konto* o ★ lopende ~ *laufende(s) Konto* ★ op ~ kopen *auf Rechnung kaufen* ★ op mijn ~ *auf meinem Konto* ★ een ~ hebben/openen bij een bank *ein Konto bei einer Bank haben/eröffnen* ★ een bedrag op iemands ~ schrijven *einen Betrag auf jmds. Konto gutschreiben* ● FIG. verantwoording ★ dat neem ik voor mijn ~ *das kommt auf meine Rechnung; das geht auf mein Konto* ▼ ~ houden met iemand/iets *auf jmdn./etw. Rücksicht nehmen*
rekeningafschrift *Kontoauszug* m
rekening-courant *Kontokorrent* o; *laufende(s) Konto* o; *Girokonto* o
rekeninghouder *Kontoinhaber* m [v: *Kontoinhaberin*]
rekeningnummer *Kontonummer* v
rekeningrijden ≈ *Autobahnmaut* v
rekeninguittreksel BN *Kontoauszug* m
Rekenkamer ≈ *Rechnungsamt* o; ≈ *Rechnungshof* m
rekenkunde *Arithmetik* v
rekenkundig *arithmetisch* ★ iets ~ bepalen *rechnerisch etw. feststellen*
rekenles *Rechenstunde* v
rekenliniaal *Rechenschieber* m
rekenmachine *Rechner* m; *Rechenmaschine* v
rekenschap *Rechenschaft* v
rekensom *Rechenaufgabe* v
rekest *Gesuch* o; *Bittschrift* v ▼ nul op het ~ krijgen *abgewiesen werden*
rekken I ov ww ● langer maken *dehnen*; *recken* ● lang aanhouden *in die Länge ziehen* II ON ww langer worden *sich dehnen*
rekruteren *rekrutieren*; (voor militaire dienst) *einziehen*
rekruut *Rekrut* m
rekstok *Reck* o; *Reckstange* v
rekverband *Streckverband* m
rekwireren *anfordern*
rekwisiet *Requisit* o
rel *Krach* m; *Krawall* m ★ die zaak is een rel geworden *die Sache hat viel Staub aufgewirbelt* ★ relletjes *Unruhen* mv
relaas *Bericht* m
relais *Relais* o
relateren *verbinden mit* [+3]; *in Beziehung setzen/bringen zu* [+3]
relatie ● onderlinge betrekking *Verbindung* v; *Beziehung* v; *Verhältnis* o ● liefdesverhouding *Beziehung* v ● bekend persoon *Beziehung* v
relatief *relativ*; *verhältnismäßig*
relatiegeschenk *Werbegeschenk* o
relatietherapie *Partnerschaftstherapie* v
relationeel *beziehungsmäßig*; *beziehungs-*
relativeren *relativieren*
relativeringsvermogen *Fähigkeit* v *zu relativieren*
relativiteit *Relativität* v

relativiteitstheorie *Relativitätstheorie* v
relaxed *relaxed*
relaxen *relaxen*; *ausspannen*
relevant *relevant*
relevantie *Relevanz* v
reliëf *Relief* o ★ ~ aan iets geven *etw. hervortreten lassen*
reliek *Reliquie* v
religie *Religion* v
religieus *religiös*
relikwie *Reliquie* v
reling *Geländer* o; ⟨op een schip⟩ *Reling* v
relschopper *Randalierer* m
rem ● LETT. toestel om te remmen *Bremse* v ★ BN de remmen dichtgooien *eine Vollbremsung machen* ● rapid eye movement *REM* ▼ alle remmen losgooien *alle Hemmungen fahren lassen*
remafstand *Bremsabstand* m
rembekrachtiging *Servobremse* v
remblok *Bremsklotz* m
rembours *Nachnahme* v ★ onder ~ *per Nachnahme*
remedial teacher *Förderlehrer* m
remedie *Rezept* o; ⟨methode⟩ *Methode* v
remgeld BN eigen risico *Selbstbeteiligung* v
remigrant *Remigrant* m [v: *Remigrantin*]
remigratie *Remigration* v
remigreren *aus der Emigration zurückkehren*
remilitariseren *remilitarisieren*
remise ● loods ⟨bus, tram⟩ *Depot* o; ⟨trein⟩ *Abstellbahnhof* m ● onbesliste partij *Remis* o
remissie *Preisnachlass* m
remix *Remix* m
remixen *remixen*
remkabel *Bremsseil* o
remleiding *Bremsleitung* v
remlicht *Bremsleuchte* v; *Bremslicht* o
remmen I ov ww belemmeren *hemmen* II ON ww afremmen *abbremsen*
remmer *Bremser* m
remming *Hemmung* v
remonstrants *remonstrantisch*
remouladesaus *Remoulade(nsoße)* v
rempedaal *Bremspedal* o
remproef *Bremstest* m
remschijf *Bremsscheibe* v
remslaap *REM-Schlaf* m
remspoor *Bremsspur* v
remvloeistof *Bremsflüssigkeit* v
remvoering *Bremsbelag* m
remweg *Bremsweg* m
ren ● wedren *Rennen* o ● kippenren *Auslauf* m
renaissance *Renaissance* v
renbaan *Rennstrecke* v; *Rennbahn* v
rendabel *rentabel*; *einträglich* ★ het is ~ *es rentiert sich*
rendement ● nuttig effect *Wirkungsgrad* m; ⟨machine⟩ *Nutzleistung* v ● opbrengst *Ertrag* m; ECON. *Rendite* v ★ effecten met een hoog ~ *hochverzinsliche(n) Effekten*
renderen *sich rentieren*; *sich bezahlt machen*
rendez-vous *Rendezvous* o
rendier *Ren(tier)* o
rennen *rennen*; *schnell laufen*
renner *Rennfahrer* m

rennersveld *Teilnehmerfeld* o
renovatie *Renovierung* v
renoveren *renovieren*
renpaard *Rennpferd* o
rensport *Pferderennen* o
renstal *Rennstall* m
rentabiliteit *Rentabilität* v
rente ⟨als inkomsten⟩ *Rente* v; ⟨als vergoeding⟩
  Zins m ★ lopende ~ *laufende(n) Zinsen*
  ★ kapitaal op ~ zetten *Kapital verzinslich*
  anlegen ★ tegen 8% ~ *zu 8% Zinsen*
renteaftrek ⟨von der Steuer⟩ *absetzbare Zinsen* m
  mv
rentedaling *Zinssenkung* v
rentedragend *verzinslich*; *verzinsbar*
rentegevend *verzinslich*
renteloos ● rentevrij *unverzinslich* ★ ~
  voorschot *zinsfreie(s)/unverzinsliche(s)*
  Darlehen ● geen rente opleverend *zinslos*
rentenier *Rentner* m
rentenieren *von seinem Vermögen leben*;
  privatisieren
rentepercentage *Zinssatz* m; *Zinsfuß* m
rentestijging *Zinssteigung* v
renteverhoging *Zinserhöhung* v
renteverlaging *Zinssenkung* v; *Zinsabbau* m
rentevoet *Zinsfuß* m
rentmeester *Verwalter* m; *Vermögensverwalter*
  m
rentree *Comeback* o
renvooieren ● doorzenden *zurückverweisen*
  ● JUR. *verweisen an*
reorganisatie *Reorganisation* v; *Umgestaltung* v;
  Neugestaltung v; ⟨financieel⟩ *Sanierung* v
reorganiseren *reorganisieren*; *umgestalten*; *neu*
  gestalten; *neu ordnen*; ⟨financieel⟩ *sanieren*
rep ▼ in rep en roer zijn *in Aufregung sein*
reparateur *Mechaniker* m; ⟨binnenshuis⟩
  Handwerker m
reparatie *Instandsetzung* v; *Reparatur* v;
  Ausbesserung v ★ in ~ zijn *repariert werden*
reparatiekosten *Reparaturkosten* mv
repareren *reparieren*; *ausbessern*
repatriant *Rücksiedler* m; *Remigrant* m;
  Rückwanderer m
repatriëren *repatriieren*; *in die Heimat*
  zurückkehren
repatriëring ● terugkeer *Rückwandern* o
  ● terugvoering *Repatriierung* v
repercussie *Gegenmaßnahme* v; *Rückwirkung* v
repertoire *Repertoire* v; ⟨geplande te spelen*
  stukken⟩ *Spielplan* m
repeteergeweer *Repetiergewehr* o
repeteerwekker *Repetierwecker* m
repeteren I OV WW instuderen *einstudieren*;
  einüben; *proben* II ON WW zich herhalen
  ★ een ~de breuk *ein periodische Bruch*
repetitie ● herhaling *Probe* v; *Wiederholung* v
  ● proefwerk *Klassenarbeit* v; ⟨op gymnasium
  en universiteit⟩ *Klausur* v ● proefuitvoering
  ★ generale ~ *Generalprobe* v
repetitor *Repetitor* m
replay *Wiederholungsspiel* o;
  ⟨herhalingsuitzending⟩ *Replay* o
replica *Replik* v
repliceren *replizieren*

repliek ● weerwoord *Entgegnung* v; *Gegenrede*
  v ★ iem. van ~ dienen *jmdn. kontern* ● JUR.
  Replik v
reply *Reply* o
replyen *beantworten*
reportage *Bericht* m; *Reportage* v;
  ⟨verslaggeving⟩ *Berichterstattung* v
reportagewagen *Übertragungswagen* m
reporter *Reporter* m [v: *Reporterin*];
  Berichterstatter m [v: *Berichterstatterin*]
reppen I ON WW spreken *erwähnen* ★ van iets ~
  etw. erwähnen; *von etw. sprechen* II WKD WW
  [zich ~] *sich beeilen*
represaille *Repressalie* v;
  Vergeltung(smaßnahme) v
represaillemaatregel *Repressalie* v;
  Vergeltungsmaßnahme v
representant *Vertreter* m; *Repräsentant* m
representatie *Repräsentation* v;
  ⟨belangenbehartiging⟩ *Vertretung* v
representatief *repräsentativ*
representatiekosten *Repräsentationskosten* mv
representeren *repräsentieren*; *vertreten*
repressie *Repression* v
repressief *unterdrückend*; *repressiv*
repressiepolitiek *Repressionspolitik* v
reprise *Reprise* v; ⟨op een schilderij⟩
  Übermalung v
repro *Repro* v/o
reproduceren *reproduzieren*
reproductie *Reproduktion* v
reproductievermogen *Reproduktionsfähigkeit* v
reptiel *Reptil* o
republiek *Republik* v
republikein *Republikaner* m
republikeins *republikanisch*
reputatie *Reputation* v; ⟨guter⟩ *Ruf* m; *Leumund*
  m
requiem *Requiem* o
requisitoir ● vordering *Anspruch* v; *Forderung* v
  ● betoog *Plädoyer* o; *Anklage* v
research ⟨wissenschaftliche⟩ *Forschung* v
researchafdeling *Forschungsabteilung* v;
  Researchabteilung v
resem BN serie *Serie* v
reservaat *Reservat* o; ⟨natuurreservaat⟩
  Naturschutzgebiet o
reserve ● voorbehoud *Vorbehalt* m ★ zonder
  enige ~ *ohne Vorbehalt*; *rückhaltlos*
  ● noodvoorraad *Reserve* v; ECON. *Rücklage* v
  ★ een ~ aanleggen *Reserven anlegen*
  ● plaatsvervanger *Reserve* v
reserve- *Reserve-* ★ reservebestand *Reservedatei*
reserveband *Ersatzreifen* m; *Reservereifen* m
reservebank *Reservebank* v; *Ersatzbank* v
reservekopie *Sicherungskopie* v
reserveonderdeel *Ersatzteil* o
reserveren ● bespreken *bestellen*; *reservieren*
  lassen ● in reserve houden *reservieren*
reservering *Reservation* v; *Reservierung* v; ⟨v.
  kapitaal⟩ *Rückstellung* v
reservespeler *Reservespieler* m; *Ersatzspieler* m;
  (Ein-/Aus-)Wechselspieler m
reservewiel *Reserverad* o; ⟨reserveband in de
  auto⟩ *Ersatzreifen* m
reservist ● militair *Reservist* m ● invaller

re

Aushilfe v
reservoir *Reservoir* o; *Behälter* m;
⟨waterreservoir⟩ *Speicherbecken* o
reset *Reset* o; *Zurücksetzen* o
resetten I WW OV *resetten* **II** WW ONOV *resetten*
resident *Resident* m
residentie *Residenz* v
residentieel ● LETT. *Residenz-* ● FIG., BN exclusief
exklusiv
resideren *residieren*; ⟨woonplaats⟩ *seinen
Wohnsitz haben*; ⟨zetelen van functionaris⟩
seinen Amtssitz haben
residu *Rest* m; *Rückstand* m
resigneren *ein Amt niederlegen*; ⟨minister⟩
zurücktreten
resistent *resistent*
resistentie *Resistenz* v
resolutie ● besluit *Resolution* v ● TECHN.
Auflösung v
resoluut *entschlossen*; *resolut*
resonantie *Resonanz* v
resoneren *resonieren*
resorptie *Resorption* v
resort *Resort* o
respect *Respekt* m; *Achtung* v ★ met alle ~ *mit
Ihrer Erlaubnis*
respectabel ● eerbiedwaardig *respektabel*
● aanmerkelijk *respektabel*
respecteren ● achten *respektieren* ★ iem. als
collega ~ *jmdn. als Kollegen schätzen*
● naleven *respektieren*
respectievelijk I BIJW ⟨elk voor zich⟩ *jeweils*;
⟨achtereenvolgens⟩ *beziehungsweise* **II** VW
beziehungsweise
respectvol *respektvoll*; *achtungsvoll*
respijt *Aufschub* m; *Frist* v ★ zonder ~
ununterbrochen
respiratoir *respiratorisch*; *Atem-*
respondent *Befragte(r)* m
respons *Respons* m
responsie ● *Respons* m ● NATK. *Reaktion* v
ressentiment *Ressentiment* o
ressort *Ressort* o
ressorteren onder *ressortieren* ★ onder iem. ~
jmdn. unterliegen [+3]; in jmds.
Kompetenzbereich gehören
rest ● *Rest* m ★ voor de rest *ansonsten*; im
Übrigen ● → **restje**
restafval *Restabfall* m [mv: *Restabfälle*]
restant *Rest* m; ECON. *Restant* m; ⟨partij
goederen⟩ *Restposten* m
restaurant *Restaurant* o
restaurateur ● hersteller *Restaurator* m
● restauranthouder *Gastwirt* m
restauratie *Restauration* v; *Wiederherstellung* v;
Restaurierung v
restauratiekosten *Restaurierungskosten* mv;
Restaurationskosten mv
restauratiewagen *Speisewagen* m
restaureren *restaurieren*
resten *restieren*; *übrig bleiben*
resteren ● overblijven *übrig bleiben*; *bleiben*
● nog onbetaald zijn *noch ausstehen* ★ het ~d
bedrag *der Restbetrag*
restitueren ⟨rück⟩*erstatten*; JUR. *restituieren*
restitutie *Rückerstattung* v

restje *Rest* m
restrictie *Einschränkung* v; FORM. *Restriktion* v;
⟨voorbehoud⟩ *Vorbehalt* m ★ zonder ~ *ohne
Vorbehalt*
restrictief *einschränkend*; *restriktiv*
restwaarde *Restwert* m
restylen *restylen*
restzetel *frei gebliebene(r) Sitz* m
resultaat *Resultat* o; *Folge* v ★ als/tot ~ hebben
zur Folge haben ● ~ opleveren *zu einem
Resultat führen* ★ zijn pogingen bleven
zonder ~ *seine Versuche waren erfolglos*
resultante *Resultante* v
resulteren ● ~ uit *hervorgehen aus*; *resultieren
aus* ● ~ in *zur Folge haben*; *resultieren in* [+3]
resumé *Resümee* o; *Zusammenfassung* v
resumeren *resümieren* ★ ~d *abschließend*;
zusammenfassend
resusaap *Rhesusaffe* m
resusfactor *Rhesusfaktor* m
resusnegatief *Rhesusfaktor negativ*
resuspositief *Rhesusfaktor positiv*
retina *Retina* v
retorica *Rhetorik* v
retoriek *Rhetorik* v
retorisch *rhetorisch*
Reto-Romaans *rätoromanisch*
retort *Retorte* v
retoucheren ● bijwerken *retuschieren* ● BN
⟨kleding⟩ verstellen *ändern*; *flicken*
retour I BIJW *zurück* **II** ZN [de/het] kaartje
Rückfahrkarte v
retourbiljet *Rückfahrkarte* v
retourenvelop *Rückumschlag* m
retourneren *zurücksenden/-schicken*; ECON.
retournieren
retourticket *Rückfahrkarte* v; *Rückflugticket* o
retourtje ● → **retour**
retourvlucht ● vlucht heen en weer *Hin- und
Rückflug* m ● terugreis *Rückflug* m
retourvracht *Rückfracht* v
retraite *Exerzitien* mv ★ in ~ zijn *im Ruhestand
sein*
retributie *Rückerstattung* v; *Wiedererstattung* v;
Gebühr v
retriever *Retriever* m
retro *retro*
retrospectie *Rückblick* m; *Rückschau* v;
Retrospektive v; *Retrospektion* v
retrospectief I ZN [het] *Retrospektive* v **II** BNW
retrospektiv; *rückblickend*
retrostijl *Retrostil* m
return ● SPORT tennisslag *Return* m ● wedstrijd
Rückspiel o ● COMP. *Eingabe* v; *Eingabetaste* v
returnwedstrijd *Rückspiel* o
reu *Rüde* m
reuk ● geur *Duft* m ● zintuig *Geruch* m
reukloos *geruchlos*
reukorgaan *Geruchsorgan* o; ⟨zintuig⟩
Geruchssinn m
reukwater *Riechwasser* o
reukzin *Geruchssinn* m
reukzintuig *Geruchsorgan* o
reuma *Rheuma* o
reumatiek *Rheumatismus* m
reumatisch *rheumatisch*

reumatologie *Rheumatologie* v
reumatoloog *Rheumatologe* m
reünie *Treffen* o; ⟨v. familie⟩ *Familientreffen* o
reünist *Teilnehmer* m *am Ehemaligentreffen*
reus *Riese* m
reusachtig *riesig; riesenhaft* ★ ~ *succes Riesen-/Bombenerfolg* m
reut *Kram* m; *Gerümpel* o
reutelen *röcheln*
reuze *fabelhaft; vollgeil*
reuze- [als deel van bijw] *gewaltig; enorm; riesig*
reuzel *Schmalz* o
reuzen- ● van reuzen *Riesen-* ● zeer groot *Riesen-* ★ reuzenhonger *Riesenhunger* m
reuzenrad *Riesenrad* o
reuzenschildpad *Riesenschildkröte* v
revalidatie *Rehabilitation* v
revalidatiearts *Rehabilitationsarzt* m
revalidatiecentrum *Rehabilitationszentrum* o
revalideren I OV WW weer valide maken *rehabilitieren* **II** ON WW weer valide worden *rekonvaleszieren*
revaluatie *Aufwertung* v
revalueren *wieder wertschätzen*
revanche *Revanche* v ★ ~ nemen *sich revanchieren*
revancheren [zich ~] *sich revanchieren*
revanchewedstrijd *Revanchespiel* o
reveil *Wiederaufleben* o
reveille *Erweckung* v
reven *reffen*
revers *Revers* o
reviseren *überholen* ★ de auto is geheel gereviseerd *das Auto ist generalüberholt*
revisie ● herziening *Revision* v; *Revidieren* o ● controlebeurt *Überholung* v
revisor BN bedrijfsrevisor *Wirtschaftsprüfer* m
revitalisatie *Kräftigung* v; *Revitalisierung* v
revival *Wiederbelebung* v; *Revival* o
revolte *Revolte* v
revolutie *Revolution* v
revolutionair *Revolutionär* m
revolver *Revolver* m
revolverheld *Revolverheld* m
revolvertang *Lochzange* v
revue *Revue* v ▼ de ~ laten passeren *Revue passieren lassen*
revueartiest *Revuekünstler* m
Reykjavik *Reykjavik* o
Reykjaviks *Rejkjaviker*
Riagg ≈ *regionale Einrichtung* v *für ambulante psychiatrische und psychosoziale Fürsorge*
riant ● prachtig *üppig; großzügig; reizend*; ⟨v. ruimte⟩ *geräumig* ● aanzienlijk groot *beträchtlich; üppig; großzügig* ★ een ~ salaris *ein üppiges Einkommen* o
rib ● bot *Rippe* v ● balk *Rippe* v ● WISK. *Kante* v ▼ dat is een rib uit mijn lijf *das kann ich mir nicht aus den Rippen schlagen* ▼ je kunt haar ribben tellen *sie hat nichts auf den Rippen*
ribbel *Riffel* v
ribbenkast *Brustkorb* m
ribbroek *Cordhose* v
ribes *Blutjohannisbeere* v
ribfluweel *Kord(samt)* m; *Rippensamt* m
ribkarbonade *Kotelett* o

riblap *Rippenstück* o
ribstof *Cord* m
richel *Leiste* v
richten I OV WW ● in richting doen gaan *richten* ★ zich op iets ~ *auf etw. hinstreben*; *auf etw. zusteuern/ansteuern* ● sturen *richten* ● instellen op een doel *zielen* **II** WKD WW [zich ~] ● ~ tot *sich wenden tot sich wenden an* ● ~ naar afstemmen op *sich richten nach* ★ zich naar de omstandigheden ~ *sich den Umständen fügen*
richtgetal *Richtzahl* v
richting ● bepaalde kant ★ BN enkele ~ *Einbahnverkehr* m ● gezindheid *Richtung* v
richtingaanwijzer *Blinker* m
richtingbord *Wegweiser* m
richtinggevoel *Orientierung* v
richtlijn ● voorschrift *Richtlinie* v ● WISK. *Leitlinie* v
richtprijs *Richtpreis* m; ⟨geadviseerde prijs⟩ *(unverbindliche) Preisempfehlung* v
richtpunt *Richtpunkt* m; *Zielpunkt* m
richtsnoer *Richtlinie* v
ridder *Ritter* m ★ tot ~ slaan *zum Ritter schlagen* ▼ een dolende ~ *ein fahrender Ritter*
ridderen ● tot ridder slaan *in den Ritterstand erheben; zum Ritter schlagen* ● decoreren *einen Ritterorden verleihen*
ridderepos *Ritterepos* o
ridderlijk I BNW *ritterlich* **II** BIJW ▼ ergens ~ voor uitkomen *sich offen zu etw. bekennen*
ridderorde ● onderscheiding *Ritterorden* m ● groep ridders *Ritterorden* m
ridderslag *Ritterschlag* m
ridderspoor *Rittersporn* m
ridderstand *Ritterstand* m
riddertijd *Ritterzeit* v
ridderzaal *Rittersaal* m
ridicuul *lächerlich*
riedel *(feste) Tonfolge* v
riek *Heu-/Mistgabel* v
rieken ● geur afgeven *riechen* ● ~ naar ★ dat riekt naar verraad *das riecht nach Verrat*
riem ● band *Riemen* m; *Gürtel* m ● veiligheidsgordel *Gurt* m ● roeispaan *Ruder* o
riet ● grassoort *Schilf* o; *Ried* o ● stengel *Schilfrohr* o ● MUZ. *Rohrblatt* o
rietdekker *Schilfdachdecker* m
rieten *Rohr-* ★ ~ stoel *Korbstuhl* m ★ ~ dak *Rieddach* v
rietgors *Rohrammer* v
rietje *Strohhalm* m
rietkraag *Schilfgürtel* m
rietstengel *Rohr* o
rietsuiker *Rohrzucker* m
rif *Riff* o
Riga *Riga* o
Rigaas *Rigaer*
rigide *rigid(e)*
rigoureus *rigoros*
rij ● reeks *Reihe* v; *Serie* v ★ in rijen van drie *in Dreierreihen* ● volgorde *Reihe* v ★ op de rij af *der Reihe nach* ● reeks in rechte lijn *Reihe* v ★ in de rij staan *Schlange stehen*
rijbaan *Fahrbahn* v ★ autoweg met dubbele ~

ri

Straße mit zwei Fahrspuren
rijbevoegdheid *Fahrerlaubnis* v
rijbewijs *Führerschein* m
rijbroek *Reithose* v
rijden ● zich voortbewegen *fahren* ★ te dicht
  op elkaar ~ *zu dicht auffahren* ● schaatsen
  Schlittschuh laufen ● op en neer bewegen
  reiten
rijdier *Reittier* o
rijervaring *Fahrpraxis* v
rijexamen *Fahrprüfung* v
rijgedrag *Fahrverhalten* o
rijgen ● aan een snoer doen *anreihen;*
  aufreihen ★ kralen aan een koord ~
  Glasperlen auf eine Schnur ziehen ● naaien
  heften
rijglaars *Schnürstiefel* m
rijgnaald *Sticknadel* v
rijgsnoer *Schnürsenkel* m; ⟨v. leer⟩ *Schnürriemen*
  m
rijinstructeur *Fahrlehrer* m
rijk I ZN [het] staat *Reich* o; ⟨souverein⟩ *Staat* m
  II BNW ● financieel vermogend *reich*
  ● overvloedig *reich*
rijkaard *Reiche(r)* m; HUMOR. *Krösus* m
rijkdom I ZN [de] [gmv] ● het rijk zijn *Reichtum*
  m ● overvloed *Reichtum* m **II** ZN [de] [mv:
  +men] *Reichtum* m
rijke *Reiche(r)* m/v ★ de ~n *die Reichen*
rijkelijk I BNW ● overvloedig *reichlich* ● kwistig
  reichlich **II** BIJW ● overvloedig *reichlich* ● in
  ruime mate *reichlich*
rijkelui *reiche(n) Leute* mv; *Reiche(n)*
rijkeluiskind *Kind* o *aus reichem Haus; reicher*
  Leute Kind o
rijksacademie *staatliche Akademie* v
rijksambtenaar *Staatsbeamte(r)* m; DU.
  Bundesbeamte(r) m
rijksarchief *Staatsarchiv* o; ⟨in Dld.⟩
  Bundesarchiv o
rijksbegroting *Staatshaushaltsplan* m; DU.
  Bundeshaushaltsplan m
rijksbijdrage *staatliche(r) Zuschuss* m; DU.
  Bundeszuschuss m
rijksdeel *Reichsteil* m
rijksdienst ● dienst bij het Rijk *Staatsdienst* m
  ● door het rijk verzorgde dienst *staatliche*
  Behörde v
rijksgenoot *Landsmann* m
rijksinstituut *Reichsinstitut* o
rijksluchtvaartdienst *staatliche(s) Luftfahrtamt*
  o; ⟨in Duitsland⟩ *Bundesluftfahrtamt* o
rijksmunt *staatliche Münzstätte* v
rijksmuseum *staatliche(s) Museum* o [mv:
  staatliche(n) Museen]; *Reichsmuseum* o
rijksoverheid *Staat* m; ⟨een dienst of
  departement⟩ *staatliche Behörde* v
rijkspolitie *staatliche Polizei* v
rijksuniversiteit *staatliche Universität* v
rijksvoorlichtingsdienst *Regierungspresseamt* o;
  ⟨in Duitsland⟩ *Bundespresseamt* o
rijkswacht BN ≈ *Polizei* v
rijkswachter BN *Bundespolizist* m
Rijkswaterstaat *Ministerium* o *für Verkehr und*
  Wasserwesen
rijksweg *Bundesstraße* v; ⟨snelweg⟩ *Autobahn* v

rijkunst ⟨auto⟩ *Fahrkunst* v; ⟨paard⟩ *Reitkunst* v
rijlaars *Reitstiefel* m
rijles ● autoles *Fahrstunde* v ● paardrijles
  Reitstunde v
rijm *Reim* m
rijmelaar *Versemacher* m
rijmelarij *Reimerei* v
rijmen I OV WW in overeenstemming brengen
  übereinstimmen ★ hoe is dat te ~? *wie passt*
  das zusammen? **II** ON WW ● rijmen maken
  reimen ● rijm hebben ★ dat rijmt niet *das*
  reimt (sich) nicht
rijmpje *Reim* m
rijmschema *Reimschema* o
rijmwoordenboek *Reimwörterbuch* o
Rijn *Rhein* m
rijnaak *Rheinkahn* m
Rijnland *Rheinland* o
Rijnland-Palts *Rheinland-Pfalz* o
Rijnlands *rheinländisch*
rijnwijn *Rheinwein* m
rijopleiding *Fahrausbildung* v
rijp I BNW ● volwassen *reif* ● eetbaar *reif*
  ● goed overdacht *reif* ★ na rijp beraad *nach*
  reiflicher Erwägung **II** ZN [de] *Reif* m; *Raureif*
  m
rijpaard *Reitpferd* o
rijpen *(heran)reifen*; ⟨v. wijn⟩ *ablagern*
rijpheid *Reife* v
rijping *Reifwerden* o; *Reifen* o; *Reifung* v
rijpingsproces *Reifeprozess* m
rijproef *Probefahrt* v
rijrichting *Fahrtrichtung* v
rijs ● rijshout *Reisig* o ● twijg *Reis* o
rijschool ● autorijschool *Fahrschule* v
  ● manege *Reitschule* v
rijschoolhouder *Fahrschulinhaber* m;
  Fahrschulbetreiber m
Rijsel *Lille* o
Rijsels *aus/von Lille*
rijshout *Reisig* o
rijst *Reis* m ★ gebroken ~ *Bruchreis* m
rijstbouw *Reisbau* m
rijstebrij *Milchreis* m; *Reisbrei* m
rijstepap *Milchreis* m
rijstevlaai ≈ *Kuchen* m *aus Hefeteig mit Reisbrei*
rijstevloei *Reispapier* o
rijstijl *Fahrstil* m
rijstpapier *Reispapier* o
rijstrook *Fahrstreifen* m; *Fahrspur* v
rijsttafel *Reistafel* v
rijstveld *Reisfeld* o
rijten *reißen*
rijtijd *Fahrzeit* v; *Fahrtdauer* v
rijtijdenbesluit *Fahrzeitenregelung* v
rijtjeshuis *Reihenhaus* o
rijtoer *Spazierfahrt* v; ⟨te paard⟩ *Ausritt* m
rijtuig ● koets *Kutsche* v ● treinstel *Waggon* m
rijvaardigheid *Fahrtüchtigkeit* v
rijvak BN, TRANSP. rijstrook *Fahrstreifen* m;
  Fahrspur v
rijverbod *Fahrverbot* o
rijvlak *Lauffläche* v
rijweg *Fahrbahn* v
rijwiel *Zweirad* o
rijwielhandel *Fahrradgeschäft* o

rijwielpad *Radfahrweg* m
rijwielstalling *bewachte(r) Fahrradstand* m
rijzen ● omhoogkomen *steigen; aufgehen;*
⟨gisten⟩ *aufgehen* ★ het land van de ~de zon
das Land der aufgehenden Sonne ★ ~ en dalen
sich heben und senken ● ontstaan *aufkommen;*
sich erheben; entstehen ★ de vraag rijst of... *es
erhebt sich die Frage, ob...*
rijzig *hoch gewachsen*
rijzweep *Reitpeitsche* v
riksja *Rikscha* v
rillen *zittern;* ⟨v. angst⟩ *schaudern;* ⟨v. kou⟩
frösteln ★ ik ril van de kou *mich fröstelt* ★ ~
van de koorts *vom Fieber geschüttelt werden*
rillerig *fröstelnd*
rilling *Schauder* m; *Zittern* o ★ koude ~en
hebben *Schüttelfrost haben*
rimboe ● wildernis *Dschungel* m ● afgelegen
gebied *Busch* m ★ in de ~ in *der Pampa/
Walachei; am Ende der Welt*
rimpel ● plooi *Falte* v; *Runzel* v ● golving op
water *Kräuselung* v
rimpelen ● rimpels krijgen *sich falten; Falten
bekommen* ● licht golven *kräuseln* ● plooien
sich falten
rimpelig *schrumpelig; faltig; runzelig; gerunzelt;*
⟨water⟩ *gekräuselt*
rimpeling *Falte* v; *Runzeligwerden* o; *Runzeln* o;
⟨water⟩ *Kräuselung* v
rimpelloos *faltenlos*
ring ● cirkelvorm *Ring* m ● voorwerp *Ring* m
● sieraad *Ring* m ● ringweg *Umgehungsstraße*
v; *Ring* m; *Ringstraße* v ● boksring *Ring* m
ringbaard *Kranzbart* m
ringband *Ringbuch* o
ringdijk *Ringdeich* m
ringeloren *an der Kandare haben/halten*
ringen ⟨dieren⟩ *einen Ring durch die Nase
ziehen;* ⟨vogels⟩ *beringen*
ringlijn *Ringlinie* v
ringslang *Ringelnatter* v
ringsleutel *Ringschlüssel* m
ringsteken *ringstechen*
ringtoon *Rufton* m; *Klingelton* m
ringvaart *Ringkanal* m
ringvinger *Ringfinger* m
ringweg *Umgehungsstraße* v; *Ring* m;
Ringstraße v
ringwerpen *Ringewerfen* o
ringworm *Ringelwurm* m
rinkelen *klirren*
rins *säuerlich; herb*
Rio de Janeiro *Rio* o *de Janeiro*
riolering *Kanalisation* v
rioleringssysteem *Kanalisationssystem* o
riool *Kloake* v; *Abwasserkanal* m; *Kanalisation* v
rioolbelasting *Kanalgebühren* v mv
riooljournalistiek *Gossenjournalismus* m
rippen *rippen*
ris ● hoeveelheid *Menge* v ● aaneengeregen
voorwerpen *Reihe* v
risee *Gespött* o
risico *Risiko* o [mv: *Risiken*] ★ op eigen ~ *auf
eigene Gefahr* ★ ~ lopen *Gefahr laufen* ★ ~'s
nemen *Risiken eingehen*
risicoclub *Risiko(fußball)verein* m

risicodekking *Risikodeckung* v
risicodragend *risikotragend* ★ ~ kapitaal
risikotragendes Kapital
risicofactor *Risikofaktor* m
risicogroep *Risikogruppe* v
risicowedstrijd *Risiko(fußball)spiel* o
riskant *riskant*
riskeren *riskieren* ▼ BN ~ te *riskieren* [+4]
risotto *Risotto* m
rit ● tocht *Fahrt* v; *Tour* v; ⟨op rijdier⟩ *Ritt* m
● SPORT etappe *Etappe* v
rite *Ritus* [m mv: *Riten*]; *Ritual* o
ritme *Rhythmus* m
ritmebox *Rhythmusbox* v
ritmeester *Hauptmann* m *der Kavallerie*
ritmesectie *Rhythmusgruppe* v
ritmisch *rhythmisch*
rits I ZN [de] ● ritssluiting *Reißverschluss* m
● reeks *Reihe* v II TW *ratsch; ritsch*
ritselaar ★ hij is een echte ~ *er deichselt alles*
ritselen I OV WW regelen *regeln; organisieren*
II ON WW geluid maken *rascheln;* ⟨wind⟩
säuseln; ⟨v. papier of vuur⟩ *knistern*
ritsen *rutschen*
ritssluiting *Reißverschluss* m
ritueel I ZN [het] *Ritual* o II BNW *rituell*
ritus *Ritus* m [mv: *Riten*]; *Ritual* o
ritzege *Etappensieg* m
rivaal *Rivale* m; *Mitbewerber* m; ⟨in de liefde⟩
Nebenbuhler m
rivaliseren *rivalisieren; wetteifern*
rivaliteit *Rivalität* v
rivier *Fluss* m; *Strom* m ★ de ~ af en op
flussabwärts und flussaufwärts
Rivièra ⟨in Frankrijk⟩ *Côte d'Azur* v; *Riviera* v
rivierafzetting *Flussablagerung* v
rivierbedding *Flussbett* o
rivierdelta *Flussdelta* o
rivierklei *Flusston* m
rivierkreeft *Flusskrebs* m
rivierlandschap *Flusslandschaft* v
riviermond *Flussmündung* v
rivierpolitie *Wasserschutzpolizei* v
rivierslib *Flussschlamm* m
riviertak *Flussarm* m
roadie *Roadie* m
roadmovie *Roadmovie* m
rob *Robbe* v
robbedoes *Wildfang* m
robijn *Rubin* m
robot *Roboter* m
robotfoto BN, JUR. montagefoto *Phantombild* o
robotica *Robotertechnik* v
robuust *stabil; robust; kräftig*
ROC ≈ *berufsbildende Schule* ~
rochel ● fluim *Auswurf* m ● reutel *Geröchel* o
rochelen ● fluim opgeven *Schleim auswerfen*
● reutelen *röcheln*
rock *Rock* m
rockabilly *Rockabilly* m
rockband *Rockband* v
rockgroep *Rockgruppe* v
rockmuziek *Rockmusik* v
rock-'n-roll *Rock 'n' Roll* m
rockopera *Rockoper* v
rococo *Rokoko* o

rococostijl *Rokokostil* m; *Rokoko* o
roddel *Klatsch* m
roddelaar *Klatschbase* v; *Klatschmaul* o
roddelblad *Skandalblatt* o; *Klatschblatt* o
roddelcircuit *Klatschszene* v; *Tratschszene* v
roddelen *klatschen*; ⟨hatelijk⟩ *tratschen*
roddelpers *Sensationspresse* v
roddelpraat *Klatsch* m
roddelrubriek *Klatschspalte* v; *Klatschseite* v; *Tratschseite* v
rodehond *Röteln* mv
rodelbaan *Rodelbahn* v
rodelen *rodeln*
rodeo *Rodeo* m/o
Rode Zee *Rote(s) Meer* o
rododendron *Rhododendron* o
roebel *Rubel* m
roede *Rute* v; ⟨bij paardrijden⟩ *Gerte* v
roedel *Rudel* o
roeiboot *Ruderboot* o
roeien *rudern*
roeier *Ruderer* m
roeiriem *Ruder* o; *Riemen* m
roeispaan *Riemen* m; *Ruder* o
roeivereniging *Ruderverein* m
roeiwedstrijd *Ruderwettkampf* m; *Ruderregatta* v
roek *Saatkrähe* v
roekeloos *leichtsinnig*; *tollkühn*; *wagehalsig*
roekoeën *gurren*
roem • eer *Ruhm* m • kaartencombinatie *Sequenz* v
Roemeen *Rumäne* m
Roemeens I BNW m.b.t. Roemenië *rumänisch* II ZN [het] taal *Rumänisch(e)* o
Roemeense *Rumänin* v
roemen I OV WW prijzen *rühmen*; *preisen*; *loben* II ON WW ~ **op** *sich rühmen* [+2] ★ op iets ~ *sich einer Sache rühmen*
Roemenië *Rumänien* o
roemer *Römer* m
roemloos *ruhmlos*
roemrijk *ruhmreich*; *ruhmvoll*; *glorreich*
roemrucht *weltberühmt*
roep • het roepen *Ruf* m • dringend verzoek *Ruf* m
roepen I OV WW • ⟨iets⟩ schreeuwen *rufen* • ⟨iemand⟩ ontbieden *rufen* ★ als ge~ komen *wie gerufen kommen* II ON WW ~ **om** ★ het kind roept om zijn vader *das Kind ruft nach seinem Vater*
roepia *Rupie* v
roeping *Berufung* v
roepnaam *Rufname* m
roer *Ruder* o; *Steuerruder* o ▼ het roer omgooien *das Ruder herumwerfen*
roerbakken *unter Rühren braten*
roerdomp *Rohrdommel* v
roerei *Rührei* o
roeren I ON WW draaiend bewegen *rühren* II WKD WW [zich ~] *sich rühren*
roerend • niet vast ★ ~e goederen *Mobilien* • ontroerend *rührend*; *ergreifend*
Roergebied *Ruhrgebiet* o
roerig • beweeglijk *rührig*; *beweglich* • oproerig *unruhig*

roerloos *unbeweglich*; *bewegungslos*; *regungslos*
roersel • drijfveer *Triebfeder* v; *Beweggrund* m • emotie *Regung* v
roerstaafje *Quirl* m
roes • bedwelming *Rausch* m • opgewondenheid *Rausch* m
roest • gevolg van oxidatie *Rost* m ★ bestand tegen ~ *rostbeständig* • plantenziekte *Rost* m
roestbestendig *rostbeständig*; *rostfrei*
roestbruin *rostbraun*
roesten *(ver)rosten*
roestig *rostig*
roestkleurig *rostfarbig*; *rostfarben*
roestvrij *rostfrei*
roestwerend *gegen Rost schützend* ★ ~ middel *Rostschutzmittel* o
roet *Ruß* m ▼ roet in het eten gooien *die Suppe versalzen* ▼ zo zwart als roet *kohlrabenschwarz*
roetaanslag *Rußansatz* m
roetfilter *Rußfilter* m/o
roetsjen *hinunterrutschen*; *abrutschen*
roetzwart *kohlraben-/pechschwarz*
roezemoezen *rumpeln*
roffel *Trommelwirbel* m
roffelen *trommeln*; *prasseln*; *einen Wirbel schlagen*
rog *Rochen* m
rogge *Roggen* m
roggebrood *Roggenbrot* o; ⟨zwart, vochtig brood⟩ *Schwarzbrot* o
rok • dameskleding *Rock* m ★ aan moeders rokken hangen *der Mutter am Rockzipfel hängen* • herenkostuum *Frack* m ★ in rok *im Frack* • PLANTK. schil van ui *Haut* v ★ de rokken van een ui *die Häute einer Zwiebel*
rokade *Rochade* v ★ lange ~ *große Rochade* ★ korte ~ *kleine Rochade*
roken I OV + ON WW tabak gebruiken *rauchen* II OV WW CUL. in de rook hangen *räuchern* ★ gerookte ham *geräucherter Schinken*
roker *Raucher* m
rokeren *rochieren*
rokerig • met rook *verräuchert*; *rauchig* • naar rook smakend *rauchig*
rokershoest *Raucherhusten* m
rokkenjager *Schürzenjäger* m
rokkostuum *Frack* m
rol • opgerold iets *Rolle* v • cilindervormig voorwerp *Walze* v; *Rolle* v • rolletje *Röllchen* o • register *Liste* v; *Verzeichnis* o ★ JUR. een zaak op de rol plaatsen *eine Verhandlung anberaumen* • toneelrol *Rolle* v • FIG. eigen aandeel *Rolle* v ★ een rol vervullen *eine Rolle spielen* ▼ aan de rol zijn *einen Zug durch die Gemeinde machen* ▼ op rolletjes lopen *wie geschmiert laufen*; *wie am Schnürchen laufen*
rolberoerte *Kollaps* m ★ we lachten ons een ~ *wir platzten fast vor Lachen*
rolbevestigend *rollenbestätigend*
rolbezetting *Rollenbesetzung/-verteilung* v
rolconflict *Rollenkonflikt* m
roldoorbrekend *nicht rollengemäß*
rolgordijn *Rollo* o; *Rouleau* o
rolkussen *Kissenrolle* v
rollade *Rollbraten* m

rollator *Rollator* m; *Gehhilfe* v
rollebollen ● ⟨spelen⟩ *sich kugeln* ● seks hebben *bumsen*; VULG. *ficken*
rollen I OV WW ● voortbewegen *rollen* ● met een rol pletten *rollen*; *walzen* ★ deeg ~ *Teig ausrollen* ● oprollen *(auf)rollen* ★ een sjekkie ~ *sich eine Zigarette drehen/rollen* ● bestelen *klauen* II ON WW ● zich voortbewegen *rollen* ● vallen *rollen*; *purzeln* ● roffelend geluid maken *rollen*; *rumpeln* ▼ ergens goed doorheen ~ *sich schon durchschlagen*
rollenspel *Rollenspiel* o
roller *rollende(s) Geräusch* o; ⟨v. vogel⟩ *Roller* m
rolluik *Rollladen* m [mv: *Rollläden*]
rolmaat *Rollmaß* o
rolmops *Rollmops* m
rolpatroon *Rollenverhalten* o
rolprent *Streifen* m
rolschaats *Rollschuh* m
rolschaatsen *Rollschuh laufen*
rolstoel *Rollstuhl* m
rolstoelsport *Rollstuhlsport* m
roltrap *Rolltreppe* v
rolverdeling ● rolbezetting *Rollenbesetzung/-verteilung* v ● rollenpatroon *Rollenverteilung* v
rolwisseling *Rollentausch* m
ROM *ROM* o
Romaans I ZN [het] TAALK. *romanische Sprache* v II BNW TAALK. *romanisch*
romaans *romanisch*
roman *Roman* m
romance *Romanze* v
romanist *Romanist* m
romanpersonage *Romanfigur* v; *Romangestalt* v
romanticus *Romantiker* m
romantiek *Romantik* v
romantisch ● m.b.t. stroming *romantisch* ● m.b.t. gevoel *romantisch*
romantiseren *verklären*; *romantisieren*
Rome *Rom* o
Romein *Römer* m
Romeins *römisch*
Romeinse ● bewoner van stad *Römerin* v ● GESCH. *Römerin* v
römertopf *Römertopf* m
romig *sahnig*
rommel ● wanorde *Chaos* o; *Durcheinander* o ● waardeloze prullen *Plunder* m; *Kram* m; *Krempel* m; *Ramsch* m
rommelen ● dof rollend klinken *rummeln*; *grollen*; ⟨maag⟩ *knurren* ● ordeloos zoeken *stöbern*; *(herum)kramen* ● sjacheren *deichseln* ● prutsen *stümpern*; *pfuschen*
rommelig *unordentlich*; INFORM. *schlud(e)rig*
rommelkamer *Rumpelkammer* v; *Abstellraum* m
rommelmarkt *Flohmarkt* m
rommelzolder *Rumpelboden* m
romp ● lijf *Rumpf* m ● casco *Rumpf* m
rompkabinet *Rumpfkabinett* o
rompslomp *Schererei* v; *Unannehmlichkeit* v ★ papieren ~ *Papierkram* m ★ administratieve ~ *Verwaltungskram* m
rond I BNW ● bol-/cirkelvormig *rund* ★ ronde vormen *runde Formen* ★ rond maken *runden*

● voltooid ★ de zaak is rond *die Sache ist geregelt* II VZ ● om(heen) *(rund) um* [+4] ★ rond het huis *um das Haus* ★ de wereld rond *rund um die Welt* ● ongeveer op de tijd/plaats van *um...* *herum* [+4] ★ rond zes uur *ungefähr um sechs* ★ rond het jaar 2000 *um das Jahr 2000* ★ rond Utrecht *in der Gegend von Utrecht* III BIJW ongeveer *ungefähr*; *etwa* ★ rond de twintig mensen *um die zwanzig Leute herum* ★ rond de 3 weken *ungefähr drei Wochen* ★ hij is rond de veertig *er ist um die vierzig herum* ▼ hij kwam er rond voor uit *er gab es offen zu* IV ZN [het] ● *Kreis* m ★ in het rond draaien *im Kreis drehen* ★ in het rond kijken *umherschauen* ● → **rondje**
rondbazuinen *ausposaunen*; *herumposaunen*
rondborstig *freimütig*; *offen(herzig)*; *geradeheraus*
rondbrengen ⟨lopend⟩ *austragen*; ⟨met een voertuig⟩ *ausfahren*
rondcirkelen *kreisen*
ronddelen *herumgeben*; *herumreichen*; *austeilen*
ronddolen *umherirren*; *herumirren*
ronddraaien I OV WW draaien *drehen* II ON WW draaiend rondgaan *sich (herum)drehen*
ronddwalen *umherschweifen* ★ met zijn gedachten ~ *seine Gedanken schweifen lassen*
ronde *Runde* v ★ de ~ van Frankrijk *die Tour de France*
rondedans *Rundtanz* m
ronden ● rond maken *runden* ● omvaren *umrunden*
rondetafelconferentie *Konferenz* v *am runden Tisch*
rondgaan *herumgehen*
rondgang *Rundgang* m; *Runde* v
rondhangen *herumlungern/-hängen*; ⟨zitten/staan/liggen⟩ *herumsitzen/-stehen/-liegen*
rondhout *Rundholz* o
ronding *Rundung* v
rondje ● rondgang *(kleine) Runde* v ● drankje *Runde* v; *Lage* v ● keer dat men iets doet *Runde* v; *Partie* v
rondkijken ● overal kijken *umherblicken* ● zoeken *sich umsehen*
rondkomen *auskommen*
rondleiden *(herum)führen*
rondleiding *Führung* v
rondlopen ● LETT. lopen *herumgehen*; INFORM. *herumlaufen* ● ~ **met** FIG. bezig zijn met ★ met een plan ~ *sich mit einem Plan tragen*
rondneuzen *herumstöbern*; MIN. *herumschnüffeln*
rondo *Rondo* o
rondom I VZ ● om... heen *(rund) um* [+4] ● in de buurt van *um* [+4] II BIJW eromheen *ringsherum*; *rundherum*
rondpunt BN rotonde *Kreisel* m; *Kreisverkehr* m
rondreis *Rundreise* v
rondreizen *umherreisen* ★ ~d circus *Wanderzirkus* m
rondrijden I OV WW *herumfahren* II ON WW toeren *umherfahren*
rondrit *Rundfahrt* v

ro

rondscharrelen ● rondlopen *(herum)bummeln; sich herumtreiben* ● rondneuzen *herumstöbern; herumschnüffeln* ● rommelen *sich zu schaffen machen*
rondschrijven *Rundbrief* m; *Rundschreiben* o
rondslingeren *herumfliegen; herumliegen*
rondsnuffelen ● doorzoeken *herumstöbern* ● speurend rondlopen *schnüffeln; herumschnüffeln*
rondstrooien ● om zich heen strooien *verstreuen* ● verspreiden *verbreiten*
rondte ● rondheid *Rundheit* v ● kring *Runde* v; *Kreis* m ★ in de ~ *im Kreis*
rondtrekken *umherziehen;* INFORM. *herumziehen* ★ ~de muzikanten *fahrende Musikanten* ★ ~de troep *Wandertruppe* v
ronduit *rund-/frei-/geradeheraus; schlichtweg*
rondvaart *Rundfahrt* v
rondvaartboot *Rundfahrtboot* o
rondvertellen *herumerzählen; weitererzählen*
rondvliegen ● in kring vliegen *kreisen* ● alle kanten opvliegen *herumfliegen; umherfliegen*
rondvlucht *Rundflug* m
rondvraag *Umfrage* v
rondwandelen *herumspazieren; umherspazieren*
rondweg *Umgehungsstraße* v; *Ring* m; *Ringstraße* v
rondzingen *rückkoppeln*
rondzwerven ● zwerven *umherstreifen; umherschweifen* ★ ~de troep *Wandertruppe* v
ronken ● ronkend geluid maken *brüllen* ● snurken *schnarchen; sägen;* ⟨slapen⟩ *pennen;* ⟨slapen⟩ *ratzen*
ronselaar *Werber* m
ronselen *(an)werben*
röntgenfoto *Röntgenaufnahme* v; *Röntgenbild* o
röntgenstralen *Röntgenstrahlen* mv
rood I BNW ● kleur *rot* ★ zo rood als een kreeft *so rot wie eine Tomate* ★ rood worden *rot werden; erröten* ★ rood van woede *rot vor Zorn* ● POL. *rot* v rood staan *in den roten Zahlen sein* II ZN [het] *Rot* o
roodbaars *Rotbarsch* m
roodbont ≈ *scheckig braun*
roodborstje *Rotkehlchen* o
roodbruin *rotbraun*
roodgloeiend *rot glühend* v de telefoon staat ~ *das Telefon klingelt ununterbrochen*
roodharig *rothaarig*
roodhuid *Rothaut* v
Roodkapje *Rotkäppchen* o
roodvonk *Scharlach* m
roof [gmv] *Raub* m
roofbouw *Raubbau* m
roofdier *Raubtier* o
roofmoord *Raubmord* m
roofoverval *Raubüberfall* m
rooftocht *Raubzug* m
roofvis *Raubfisch* m
roofvogel *Raubvogel* m
roofzucht *Raubgier* v; *Raublust* v
rooibos *Rotbusch* m
rooien ● uitgraven *roden* ● klaarspelen *schaffen* ★ het wel ~ *es schon schaffen* ★ het niet met elkaar kunnen ~ *miteinander nicht auskommen können*

rook *Rauch* m v in rook opgaan *sich in Luft auflösen* v onder de rook van een stad wonen *vor den Toren der Stadt wohnen*
rookbom *Rauchbombe* v
rookcoupé *Raucherabteil* o
rookdetector *Brandmelder* m
rookglas *Rauchglas* o
rookgordijn *Rauchvorhang* m v een ~ optrekken *sich einnebeln*
rookhol *Raucherhöhle* v
rookmelder *Rauchmelder* m
rookpluim *Rauchfahne* v
rookschade *Rauchschaden* m
rooksignaal *Rauchsignal* o
rookverbod *Rauchverbot* o
rookverslaving *Rauchsucht* v
rookvlees *Rauchfleisch* o
rookvrij ● vrij van tabaksrook *Nichtraucher-; rauchfrei* ● geen rook producerend *rauchlos*
rookwolk *Rauchwolke* v
rookworst *geräucherte Wurst* v
rookzone *Raucherbereich* m
room *Sahne* v; *Rahm* m
roomboter *Butter* v
roomijs *Sahneeis* o
roomkaas *Rahmkäse* m
roomkleurig *cremefarben; cremefarbig*
roomklopper *Schneebesen* m
roomkwark *Sahnequark* m
rooms *römisch-katholisch*
roomservice *Zimmerservice* m; *Roomservice* m
rooms-katholiek I ZN [de] gelovige *Katholik* m II BNW m.b.t. het geloof *römisch-katholisch*
roomsoes *Windbeutel* m
roomstel ≈ *Set* o *mit Sahnekännchen und Zuckerdose*
roomwit *perlweiß*
roos I ZN [de] [mv: rozen] ● bloem *Rose* v ● SPORT middelpunt van schietschijf *Schwarze* o ★ in de roos schieten *ins Schwarze treffen* ● deel van kompas *Windrose* v v slapen als een roos, BN op rozen slapen *schlafen wie ein Murmeltier* v op rozen zitten *auf Rosen gebettet sein* II ZN [de] [gmv] *Schuppen* mv
rooskleurig *rosig* v iets ~ zien *etw. durch eine rosarote Brille sehen* ★ iets ~ voorstellen *etw. in rosigem Licht erscheinen lassen*
rooster ● raster *Rost* m; *Gitter* o ● schema *Plan* m; ⟨lesrooster⟩ *Stundenplan* m ★ een ~ opstellen *einen Plan machen* v BN iem. op de ~ leggen *jmdm. auf den Zahn fühlen*
roosteren *rösten;* ⟨brood⟩ *toasten*
roosvenster *Fensterrose* v; *Rosette* v
roots *Wurzeln* v mv
roquefort *Roquefort* m
ros I ZN [het] *Ross* o II BNW *rötlich; rot* ★ een rosse gloed *eine rote Glut* v de rosse buurt *das Amüsier-/Vergnügungsviertel; der Strich*
rosarium *Rosarium* o [mv: Rosarien]
rosbief *Roastbeef* o
rosé *Rosé* m
roskammen *striegeln*
rossen I OV WW roskammen *striegeln* II ON WW wild rijden *rasen; fegen*
rossig *rötlich* ★ ~ haar *rotblondes Haar*
rösti *Rösti* v

rot I BNW • aangetast *faul*; ⟨hout⟩ *morsch* • ellendig *lausig*; *elend* ★ zich rot voelen *sich beschissen fühlen* **II** BIJW ★ zich rot schrikken *sich zu Tode erschrecken* **III** ZN [de] ★ een oude rot *ein alter Hase* **IV** ZN [het] troep *Rotte* v
rot- *Scheiß-*; *Mist-*
rotan I ZN [de] plant *Rotang* m **II** BNW *Rattan-*; *Rotang-*
Rotary *Rotaryclub* m
rotatie *Rotation* v
rotatiepers *Rotationspresse* v
rotding *blöde(s) Ding* o; *Scheißding* o
roteren *rotieren*
rotgang *Affentempo* o
rotgans *Ringelgans* v
rothumeur *Stinklaune* v
roti *Roti* o
rotisserie *Rotisserie* v
rotje *Knallfrosch* m
rotjoch *Rotzjunge* m; *Lausejunge* m; *Rotzbengel* m; *Lausebengel* m
rotonde *Kreisel* m
rotor *Rotor* m
rots *Felsen* m; *Fels* m
rotsachtig *felsig*
rotsblok *Felsblock* m
rotspartij *Felsgruppe* v
rotstreek *Hundsgemeinheit* v
rotstuin *Steingarten* m
Rots van Gibraltar *Gibraltarfelsen* m
rotsvast • onbeweeglijk *bombenfest* • FIG. onwankelbaar *felsenfest*
rotswand *Felswand* v
rotswol BN steenwol *Steinwolle* v
rotten • *(ver)faulen*; *(ver)modern* • *(uit)slapen* ★ in zijn nest liggen ~ *in den Federn liegen*
Rotterdam *Rotterdam* o
Rotterdammer *Rotterdamer* m
Rotterdams *Rotterdamer*
Rotterdamse *Rotterdamerin* v
rottig • ietwat rot *faul* • ellendig *mies*
rottigheid *Ärger* m; *Unannehmlichkeit* v; ⟨gedrag⟩ *Gemeinheit* v
rotting • bederf *Verfaulung* v; *Fäulnis* v • stok *spanische(s) Rohr* o
rottweiler *Rottweiler* m
rotweer *Scheißwetter* o; *Sauwetter* o
rotzooi • waardeloze rommel *Mist* m; *Dreckzeug* o • wanorde *Schweinerei* v; *Unordnung* v
rotzooien • knoeien *ferkeln*; *schludern* • scharrelen *herummachen*
rouge *Rouge* o
roulatie *Umlauf* m ★ uit de ~ nemen *aus dem Verkehr ziehen*
roulatiesysteem *roulierende(s) System* o
rouleren • in omloop zijn *im Umlauf sein*; *umlaufen* • afwisselen *turnusmäßig wechseln*
roulette *Roulett* o
route *Strecke* v; *Route* v
routebeschrijving *Wegbeschreibung* v
routekaart *Streckenkarte* v; *Routenkarte* v
routeplanner *Routenplaner* m
router *Router* m
routine • geoefendheid *Routine* v • sleur *Routine* v

routineklus *Routinesache* v
routinematig *routinemäßig*
routineonderzoek *Routineuntersuchung* v
routineus *routiniert*; *routinemäßig*
routinier • ervaren persoon *Routinier* m • gewoontemens *Routinier* m
rouw *Trauer* v ★ zware rouw *tiefe Trauer* ★ in de rouw zijn *in Trauer sein*; *trauern*
rouwadvertentie *Traueranzeige* v; *Todesanzeige* v
rouwband *Trauerflor* m
rouwbeklag *Beileid* o
rouwbrief *Trauerbrief* m
rouwcentrum *Trauerhalle* v
rouwdienst *Trauergottesdienst* m; *Toten-/Trauerfeier* v
rouwen *trauern (um)* [+4]
rouwig *betrübt* ★ ik ben er niet ~ om *ich bedauere es nicht*
rouwkaart *Trauerkarte* v
rouwkamer *Leichenhalle* v
rouwmis *Totenmesse* v
rouwproces *Trauerzeit* v
rouwrand *Trauerrand* m
rouwstoet *Trauerzug* m
rouwverwerking *Trauerarbeit* v
roux *Mehlschwitze* v
roven *rauben*
rover *Räuber* m
roversbende *Räuberbande* v
rovershol *Räuberhöhle* v
royaal I BNW gul *großzügig* ★ een royale bui hebben *die Spendierhosen anhaben* **II** BIJW ruim ★ ~ gebruik van iets maken *ausgiebig Gebrauch von etw. machen*
royalist *Royalist* m
royalty [mv: +'s] *Tantieme* v
royeren *ausschließen*
roze *rosa*
rozemarijn *Rosmarin* m
rozenbed *Rosenbeet* o
rozenblad *Rosenblatt* o
rozenbottel *Hagebutte* v
rozengeur *Rosenduft* m ▼ het is niet altijd ~ en maneschijn *der Himmel hängt nicht immer voller Geigen*
rozenkrans *Rosenkranz* m
rozenstruik *Rosenstrauch* m
rozet *Rosette* v
rozig *wohlig*
rozijn *Rosine* v
RSI *RSI*
rubber I BNW *Gummi-*; *aus Gummi* **II** ZN [de/het] [gmv] *Kautschuk* m **III** ZN [de/het] [mv: +s] *Kondom* o
rubberboom *Kautschukbaum* m; *Gummibaum* m
rubberboot *Schlauch-/Gummiboot* o
rubberlaars *Gummistiefel* m
rubberplantage *Kautschukplantage* v; *Gummiplantage* v
rubberzool *Gummisohle* v
rubriceren *rubrizieren*
rubriek *Rubrik* v
ruche *Rüsche* v
ruchtbaar *bekannt* ★ ~ worden *ruchbar werden*

ru

ruchtbaarheid *Bekanntheit* v ★ ~ aan iets
geven *etw. ruchbar machen*
rücksichtslos *rücksichtslos*
rucola *Rucola* m/v
rudiment *Rudiment* o
rudimentair *rudimentär*
rug ● lichaamsdeel *Rücken* m ● rugstuk bij
kleding *Rücken* m ● achterzijde *Rücken* m
▼ dat heb ik achter de rug *das habe ich hinter
mir* ▼ dat hebben we eindelijk achter de rug
das haben wir endlich überstanden ★ achter
onze rug om *hinter unserem Rücken* ▼ VULG.
je kunt mijn rug op! *rutsch mir den Buckel
runter!* ▼ de vijand de rug toekeren *vor dem
Feind fliehen* ▼ het geluk heeft hem de rug
toegekeerd *das Glück hat ihn im Stich gelassen*
rugby *Rugby* o
rugbyen *Rugby spielen*
rugcrawl *Rückenkraul* o
rugdekking *Rückendeckung* v
ruggelings ● achterwaarts *rückwärtsgewandt*;
rücklings ● rug aan rug *Rücken an Rücken*
ruggengraat *Rückgrat* o
ruggenmerg *Rückenmark* o
ruggenprik *Rückenmark(s)punktion* v
ruggensteun ● steun in de rug *Rückenstütze* v
● hulp *Rückhalt* m
ruggenwervel *Rückenwirbel* m
ruggespraak *Rücksprache* v ★ ~ houden met
iem. *Rücksprache mit jmdm. halten*
rugklachten *Rückenschmerzen* m mv
rugletsel *Rückenverletzung* v
rugleuning *Rückenlehne* v
rugnummer *Rückennummer* v
rugpijn *Rückenschmerzen* m mv
rugslag *Rückenschwimmen* o
rugsluiting *Rückenverschluss* m ★ met ~ *mit
Rückenverschluss*
rugtitel *Titel* m *auf Buchrücken*
rugvin *Rückenflosse* v
rugzak *Rucksack* m
rugzijde *Rückseite* v
rui ● het ruien ⟨vogels⟩ *Mauser* v; ⟨zoogdieren⟩
Haarwechsel m ★ in de rui zijn *in der Mauser
sein* ● de ruitijd ⟨vogels⟩ *Mauser* v;
⟨zoogdieren⟩ *Zeit* v *des Haarwechsels*
ruien *(sich) mausern*; ⟨verharen⟩ *haaren*
ruif *Raufe* v
ruig *derb*; *rau*; ⟨onstuimig⟩ *wild* ★ ruige taal
derbe Sprache v ★ ruige kerel *rohe(r) Bursche*
m
ruigharig *drahthaarig*; *rauhaarig*
ruiken I OV WW ● met reukzin waarnemen
riechen ● bespeuren *wittern* ★ een kans ~
eine Gelegenheit wittern **II** ON WW geuren
riechen (naar nach) ★ de bloemen ~ lekker
die Blumen duften/riechen angenehm
ruiker *Strauß* m
ruil *Tausch* m ★ een goede ruil doen *einen
guten Tausch machen* ★ in ruil voor *im Tausch
für*; *im Austausch gegen*
ruilbeurs *Tauschmarkt* m
ruilen *tauschen*; ⟨omruilen⟩ *umtauschen* ★ ~
tegen *tauschen gegen* [+4]
ruilhandel *Tauschhandel* m
ruilhart *Spenderherz* o

ruilmiddel *Tauschmittel* o
ruilverkaveling *Flurbereinigung* v
ruilvoet ● basis waarop geruild wordt
Austauschverhältnis o ● wisselkoers
Wechselkurs m
ruilwaarde *Tauschwert* m
ruim I BNW ● wijd *weit* ● veel ruimte biedend
geräumig; *groß*; *großzügig* ★ een ruim huis
ein geräumiges/großzügiges Haus o
● veelomvattend *weit* ★ een ruime keuze
eine breite Auswahl v ★ op ruime schaal *in
großem Umfang* ★ in de ruimste zin *im
weitesten Sinne* ★ een ruime voorraad *ein
großer Vorrat* m ● rijkelijk *reichlich*; *großzügig*
★ een ruim inkomen *ein ansehnliches
Einkommen* o ▼ het niet ruim hebben *es nicht
üppig haben* **II** BIJW ● op ruime wijze *reichlich*
● meer dan *gut* ★ ruim 10 jaar *mehr als zehn
Jahre* ★ ruim een uur *eine gute Stunde* **III** ZN
[het] SCHEEPV. *Schiffsbauch* m
ruimdenkend *großzügig*
ruimen *weg-/forträumen* ★ puin ~ *Schutt
wegräumen*
ruimhartig *großherzig*; *edelmütig*
ruiming *Räumung* v
ruimschoots *reichlich*; *mehr als* ★ ~ genoeg
mehr als genug ★ ~ de tijd hebben *reichlich
Zeit haben*
ruimte ● plaats *Raum* m; *Platz* m ★ ~ maken
Platz machen ★ gebrek aan ~ *Platzmangel* m
★ ~ innemen *Raum einnehmen* ★ je hebt hier
een leuke ~ *du hast hier ein schönes Zimmer*
★ een ~ opvullen *einen Raum ausfüllen*
● heelal *Weltraum* m
ruimtecapsule *Raumkapsel* v
ruimtegebrek *Raummangel* m; *Platzmangel* m;
Raumnot v
ruimtelaboratorium *Raumlabor* o
ruimtelijk *räumlich*; *Raum-* ★ ~e ordening
Raumordnung v
ruimtereis *Raumfahrt* v; *Astronautik* v
ruimteschip *Raumschiff* o
ruimtestation *(Welt)Raumstation* v;
Orbitalstation v
ruimtevaarder *Raumfahrer* m [v: *Raumfahrerin*]
ruimtevaart *Raumfahrt* v
ruimtevaarttechniek *Raumfahrttechnik* v
ruimtevaartuig *Raumschiff* o; *Raumfahrzeug* v
ruimteveer *Raumfähre* v
ruimtevlucht *Raumflug* m
ruimtevrees *Platzangst* v
ruimtewagen *Großraumwagen* m
ruin *Wallach* m
ruïne *Ruine* v
ruïneren *ruinieren*; *zugrunde/zu Grunde richten*
ruis ● storing *Rauschen* o ● MED. *Geräusch* o
ruisen *rauschen*; ⟨zachte wind⟩ *säuseln*; ⟨sterke
wind⟩ *sausen*; ⟨water⟩ *rieseln*
ruisonderdrukking *Rauschunterdrückung* v
ruit ● vensterglas *Scheibe* v ● motief *Karree* o
★ Schotse ruit *Schottenkaro* o ● WISK. *Quadrat*
o
ruiten I ZN [de] *Karo* o **II** BNW *kariert* ★ ~ stof
karierte(r) Stoff m
ruitenaas *Karoass* o; *Schellenass* o
ruitenboer *Karobube* o

ruitenheer *Karokönig* m
ruitensproeier *Scheibenwaschanlage* v
ruitenvrouw *Karodame* v
ruitenwisser *Scheibenwischer* m
ruiter *Reiter* m; ⟨leger⟩ *Kavallerist* m
ruiterij *Reiterei* v; ⟨leger⟩ *Kavallerie* v
ruiterlijk *offen; rundheraus; unumwunden*
ruiterpad *Reitweg* m
ruitijd *Mauser* v
ruitjespapier *karierte(s) Papier* o; *Karopapier* o
ruitjesstof *Karostoff* m
ruk ● beweging *Ruck* m; ⟨windvlaag⟩ *Windstoß* m ★ in één ruk speelde zij het klaar *sie hatte es im Handumdrehen erledigt* ★ met een ruk kwam zij overeind *mit einem Ruck kam sie hoch* ● lange tijd ★ het is een hele ruk naar Utrecht *es ist ein ganzes Stück bis nach Utrecht* ★ het is een hele ruk tot de vakantie *es dauert eine ganze Weile bis zu den Ferien* ▼ het kan me geen ruk schelen *es ist mir völlig egal; es ist mir piepegal/scheißegal*
rukken I ov ww met een ruk trekken *zerren* ▼ woorden uit hun verband ~ *Worte aus dem Zusammenhang reißen* **II** on ww ● hard trekken *zerren* ● masturberen *wichsen*
rukwind *Bö(e)* v; *Windstoß* m
rul *locker*
rum *Rum* m
rumba *Rumba* m/v
rumboon ≈ *Weinbrandbohne* v
rum-cola *Cuba Libre*
rummikub *Rummikub* m
rumoer ● lawaai *Krach* m; *Lärm* m ● ophef *Lärm* m; *Aufregung* v
rumoerig ● lawaaiig *lärmend; geräuschvoll* ● onstuimig *aufgeregt*
run *Ansturm* m; *Sturm* m; SPORT *Lauf* m; ⟨stormloop⟩ *Run* m
rund ● dier *Rind* o ● stommeling *Rindvieh* o; *Hornochse* m
rundergehakt *Rinderhackfleisch* o
runderlapje *Scheibe* v *Rindfleisch*
rundvee *Rindvieh* o
rundvet *Rindsfett* o
rundvlees *Rindfleisch* o
rune *Rune* v
runenteken *Rune* v
runnen *leiten*
rups *Raupe* v
rupsband *Raupe* v; *Raupenkette* v
rupsvoertuig *Raupen-/Kettenfahrzeug* o
Rus *Russe* m
rush ● stormloop *Ansturm* m ● film *Rush* m
Rusland *Russland* o
Russin *Russin* v
Russisch I BNW *russisch* **II** ZN [het] *Russisch(e)* o
rust ● ontspanning *Ruhe* v ★ rust nodig hebben *Ruhe brauchen* ● kalmte *Ruhe* v; *Gelassenheit* v; *Stille* v ★ iem. met rust laten *jmdn. in Ruhe lassen* ● nachtrust *Ruhe* v ● MUZ. *Pause* v; *Zäsur* v ● SPORT *Halbzeit* v
rustdag *Ruhetag* m; ⟨feestdag⟩ *Feiertag* m
rusteloos ● ongedurig *rastlos; unruhig; unstet* ★ ~ van aard zijn *ein unstetes Wesen haben* ● steeds bezig *rastlos; ruhelos* ★ een ~ leven leiden *ein unstetes Leben führen*

rusten ● uitrusten *ruhen* ★ zij kon niet ~ voor het af was *sie konnte nicht ruhen, bis es fertig war* ● begraven liggen *ruhen* ★ rust zacht *ruhe sanft* ● ongemoeid blijven *ruhen* ★ iets laten ~ *etw. auf sich beruhen lassen; etw. ruhen lassen* ● steunen *ruhen (auf)* [+3] ● FIG. tot last zijn ★ op hem rust een zware verdenking *auf ihm lastet ein schwerwiegender Verdacht* ● gericht zijn *ruhen (auf)* [+3]
rustgevend *beruhigend*
rusthuis *Erholungsheim* o; ⟨bejaarden⟩ *Altersheim* o
rustiek *rustikal*
rustig I BNW ● bedaard *ruhig* ● zonder beweging *ruhig* ● ongestoord *ruhig* **II** BIJW ★ ~ aan (geleidelijk) *ruhig* ★ ~ aan! ⟨doe kalm!⟩ *immer mit der Ruhe!*
rustoord ● instelling *Erholungsheim* o; *Genesungsheim* o ● plaats of streek *Erholungsort* m
rustpensioen BN *Rente* v; ⟨v. ambtenaren⟩ *Pension* v
rustplaats ● pleisterplaats *Rastplatz* m ● graf *Schlafstätte* v; *Ruhestätte* v
rustpunt ● moment van rust *Ruhepunkt* m ● steunpunt *Stützpunkt* m
rustsignaal SPORT *Halbzeitpfiff* m
ruststand ● SPORT *Pausenstand* m; *Halbzeitergebnis* o ● rustpositie *Ruhestellung* v; *Ruhelage* v
rustverstoorder *Ruhestörer* m; *Störenfried* m
ruw ● oneffen *rau* ★ ruwe handen *raue(n) Hände* ● grof *roh* ● onbewerkt *Roh-; roh* ★ ruwe suiker *Rohzucker* m ● onbeschaafd *derb; roh; grob* ★ ruw geweld *rohe Gewalt* v ★ ruwe taal *derbe Sprache* v ★ ruwe kerels *raue(n) Kerle* ● wild *rau; wild* ★ een ruw klimaat *ein raues Klima* o ★ een ruwe zee *eine raue See* v ● globaal *grob; ungefähr* ★ ruwe schatting *grobe Schätzung* v
ruwharig *rauhaarig; drahthaarig*
ruwweg *grob; ungefähr*
ruzie *Streit* m ★ ~ hebben *sich streiten*
ruzieachtig *zänkisch; streitsüchtig*
ruziemaken *einen Streit anfangen*
ruziemaker *Zänker* m; *Kampfhahn* m; *Randalierer* vm
ruziën *streiten*
ruziezoeken, ruzieschoppen *Streit suchen* ★ met iem. ~ *den Streit mit jmdm. suchen*
ruziezoeker, ruzieschopper *Zänker* m; *Kampfhahn* m; *Randalierer* vm
RVD *staatliches Presse- und Informationsamt* o
rvs ● roestvrij staal [als zn] *Edelstahl* m; *rostfreie(r) Stahl* m ● roestvrij stalen [als bnw] *Edelstahl-*
Rwanda *Ruanda* o
Rwandees *Ruander* m
RWW *Reichsgruppenregelung* v *für arbeitslose Arbeitnehmer*

rw

S

s *S* o ★ de s van Simon *S wie Siegfried*
saai *langweilig; öde*
saaiheid *Langweiligkeit* v
saamhorigheid *Zusammengehörigkeit* v
saampjes *zusammen; gemeinsam*
Saba *Saba* o
Sabaans *aus/von Saba*
sabbat *Sabbat* m
sabbatsjaar ● REL. zevende (rust)jaar *Sabbatjahr* o; *Sabbatical* o ● verlofperiode *Sabbatjahr* o
sabbelen *lutschen*; INFORM. *nuckeln*
sabel I ZN [de] slagwapen *Säbel* m II ZN [het] bont *Zobel* m
sabelbont *Zobel* m
sabotage *Sabotage* v
saboteren *sabotieren; Sabotage treiben*
saboteur *Saboteur* m
sacharine *Saccharin* o
sachertaart, sachertorte *Sachertorte* v
sacraal *sakral*
sacrament *Sakrament* o ★ de laatste ~en *die Sterbesakramente*
sacristie *Sakristei* v
sadisme *Sadismus* m
sadist *Sadist* m
sadistisch *sadistisch*
sadomasochisme *Sadomasochismus* m
sadomasochist *Sadomasochist* m
sadomasochistisch *sadomasochistisch*
safari *Safari* v
safaripark *Safaripark* m
safe I ZN [de] *Panzerschrank* m; *Tresor* m II BNW *sicher*
safe sex *geschützte(r) Verkehr; Safe(r) Sex* m
saffier *Saphir* m
saffierblauw *saphirblau*
saffraan *Safran* m
saffraangeel *safrangelb*
sage *Sage* v
sago *Sago* m
Sahara *Sahara* v
Sahel *Sahelzone* v
saillant *hervorragend; auffallend*
sake *Sake* m
sakkeren BN mopperen *meckern; nörgeln; murren*
Saksen *Sachsen* o
Saksisch *sächsisch*
salade *Salat* m
salamander *Salamander* m; *Molch* m
salami *Salami* v
salamitactiek *Salamitaktik* v
salariëren *bezahlen*
salariëring *Bezahlung* v; ⟨v. ambtenaar⟩ *Besoldung* v
salaris *Gehalt* o; ⟨v. ambtenaar⟩ *Besoldung* v
salarisadministratie *Gehaltsabteilung* v; *Gehaltsadministration* v; *Lohnadministration* v
salarisschaal *Gehaltsstufe* v
saldo *Saldo* m ★ batig ~ *Aktivsaldo* m ★ nadelig ~ *Verlustsaldo* m ▼ FIG. per ~ *per saldo; unter dem Strich*

saldotekort *Verlustsaldo* m; *Minus* o
sale *Ausverkauf* m
salesmanager *Salesmanager* m; *Verkaufsleiter* m
salespromotion *Salespromotion* v; *Verkaufsförderung* v
salie *Salbei* m
salmiak *Salmiak* m/o
salmiakdrop *Salmiakpastille* v
salmonella *Salmonelle* v
Salomonseilanden *Salomoninseln* mv
salomonsoordeel *salomonische(s) Urteil* o
salon ● kamer *Salon* m ● BN woonkamer *Wohnzimmer* o; *Wohnstube* v
salonboot *Luxusdampfer* m
salonfähig *salonfähig* ★ niet ~ *nicht salonfähig*
salonsocialist *Salonsozialist* m
salontafel *Couchtisch* m
saloondeuren *Schwingtüren* mv
salpeter *Salpeter* m
salpeterzuur *Salpetersäure* v
salsa *Salsa* v
salto *Salto* m ★ ~ mortale *Salto mortale* m ★ dubbele ~ *zweifache Salto* m
salueren *salutieren; grüßen*
saluut *Salut* m
saluutschot *Salutschuss* m ★ ~en afvuren *Salutschüsse abfeuern*
salvo *Salve* v
Samaritaan *Samariter* m ★ de barmhartige ~ *der barmherzige Samariter*
samba *Samba* v
sambabal *Rumbakugel* v
sambal *Sambal* m
samen ● met elkaar *miteinander* ★ we zijn het ~ eens *wir sind uns einig* ● bijeen *zusammen; beisammen* ● bij elkaar gerekend *zusammen* ▼ ~ uit, ~ thuis ≈ *was man gemeinsam angefangen hat, sollte man auch gemeinsam beenden*
samendrukken *zusammendrücken*
samengaan ● gepaard gaan *zusammengehen; verbunden sein* ● bij elkaar passen *zusammengehen; sich vereinigen lassen; sich vertragen* ★ dat gaat niet samen *das verträgt sich nicht; das lässt sich schlecht verbinden*
samengesteld *zusammengesetzt*
samenhang *Zusammenhang* m ★ zonder ~ *ohne Zusammenhang; zusammenhanglos*
samenhangen *zusammenhängen* ★ nauw ~ *eng zusammenhängen; in engem Zusammenhang stehen*
samenkomen *zusammenkommen*
samenkomst *Zusammenkunft* v; *Versammlung* v; *Treffen* o
samenleven *zusammenleben* ★ ~ met iem. *mit jmdm. zusammenleben*
samenleving ● maatschappij *Gesellschaft* v ● het samenleven *Zusammenleben* o
samenlevingscontract *Partnerschaftsvertrag* m
samenloop ● plaats van vereniging *Zusammenlauf* m; ⟨v. rivieren⟩ *Zusammenfluss* m ● gelijktijdigheid *Zusammentreffen* o ★ ~ van omstandigheden *Zusammentreffen von Umständen*
samenpakken [zich ~] *zusammenziehen; zusammenballen*

samenraapsel *Zusammengeraffte(s)* o;
   Sammelsurium o
samenscholen *sich ansammeln*; *sich*
   zusammenschließen; *sich zusammenrotten*
samenscholing ● *het samenscholen*
   Ansammlung v ● *oploop Zusammenrottung* v
samensmelten I ON WW ● *versmelten*
   zusammenschmelzen; *miteinander*
   verschmelzen ● *fuseren verschmelzen* **II** OV WW
   doen samengaan zusammenschmelzen;
   verschmelzen
samenspannen *sich verschwören* ★ *zij spanden*
   samen sie verschworen sich; *sie machten*
   gemeinsame Sache ★ *alles schijnt tegen ons*
   samen te spannen alles scheint sich gegen uns
   verschworen zu haben
samenspel *Zusammenspiel* o
samenspraak *Dialog* m; *Zwiegespräch* o;
   Unterredung v
samenstel ● *geheel Gefüge* o ● *bouw Komplex*
   m
samenstellen *zusammensetzen*
samensteller ● *maker Hersteller* m ● *redacteur*
   Verfasser m
samenstelling ● *het samenstellen*
   Zusammensetzung v ● *manier van*
   samenstellen Herstellung v ● TAALK.
   meerledig woord Zusammensetzung v;
   Kompositum o
samenstromen ● *samenkomen*
   zusammenströmen ● *samenvloeien*
   ineinanderströmen
samentrekken ● *samenvoegen*
   zusammenziehen ● TAALK. *zusammenziehen*
samentrekking ● *het samenvoegen*
   Zusammenziehung v ● *het ineenkrimpen*
   Kontraktion v ● TAALK. *Zusammenziehung* v
samenvallen ● *tegelijk gebeuren*
   zusammenfallen ● *één worden*
   zusammenfallen
samenvatten *zusammenfassen*
samenvatting *Zusammenfassung* v
samenvloeien *zusammenfließen*
samenvoegen *zusammenfügen*; ⟨grond/
   gemeenten⟩ *zusammenlegen*
samenwerken *zusammenarbeiten*; *sich*
   zusammentun
samenwerking *Zusammenarbeit* v;
   Zusammenwirken o ★ *in ~ met in*
   Zusammenarbeit mit
samenwerkingsverband ≈ *Arbeitsgemeinschaft*
   v; ⟨afspraak over samenwerking⟩
   Vereinbarung v *über Zusammenarbeit*
samenwerkingsverdrag *Kooperationsvertrag*
   m; *Kooperationsabkommen* o
samenwonen *zusammenleben*; *in einem*
   eheähnlichen Verhältnis leben ★ *gaan ~*
   zusammenziehen
samenzang *Gemeindegesang* m
samenzijn *Zusammensein* o; *Beisammensein* o
   ★ *een gezellig ~ gesellliges Beisammensein*
samenzweerder *Verschwörer* m;
   Verschworene(r) m
samenzweren *sich verschwören*
samenzwering *Verschwörung* v
samenzweringstheorie *Verschwörungstheorie* v

Samoa *Samoa* o
samoerai *Samurai* m
sample *Sample* o; *Muster* o; *Probe* v
samplen *samplen*
sampler *Sampler* m
samsam ▼ *~ doen halbe-halbe machen*
sanatorium *Sanatorium* o; *Heilanstalt* v
sanctie *Sanktion* v
sanctioneren *sanktionieren*; *genehmigen*
sandaal *Sandale* v
sandelhout *Sandelholz* o
sandwich ● CUL. *dubbele, belegde boterham*
   Sandwich o ● BN, CUL. *zoet, zacht broodje*
   süße(s) Brötchen o
saneren ● *herstellen sanieren* ● ECON. *sanieren*
   ★ *een bedrijf ~ eine Firma sanieren* ● TRANSP.
   ★ *een terrein ~ ein Gebiet sanieren*
sanering *Sanierung* v
San Francisco *San Francisco* o
sanitair I ZN [het] *Sanitäranlagen* mv;
   Sanitäreinrichtungen mv **II** BNW *Sanitär-*;
   sanitär ★ *~e artikelen sanitäre(n) Artikel*
sanitatie *Sanitäranlagen* mv; ⟨proces⟩ *Einbau* m
   von Sanitäranlagen
San Marinees I BNW *san-marinesisch* **II** ZN [de]
   San-Marinese m
San Marinese *San-Marinesin* v
San Marino *San Marino* o
sanseveria *Sansevieria* v
Sanskriet *Sanskrit* o
sant ▼ BN *niemand is sant in eigen land der*
   Prophet gilt nichts in seinem Vaterland
santé *prost!*; *zum Wohl!*
santenkraam ▼ *de hele ~ der ganze Kram*
Saoedi-Arabië *Saudi-Arabien* o
Saoedisch *saudisch*
sap *Saft* m
sapcentrifuge *Entsafter* m
sapje *Saft* m
sappelen *schuften*; *hart arbeiten*; *sich abrackern*
sappig ● *vol sap saftig* ● FIG. *smeuïg* ≈
   unterhaltsam
Saraceen *Sarazene* m
Sarajevo *Sarajevo*
sarcasme *Sarkasmus* m
sarcast *sarkastische(r) Mensch* m
sarcastisch *sarkastisch*
sarcofaag *Sarkophag* m
Sardijns *sardisch*
sardine *Sardine* v
Sardinië *Sardinien* o
sardonisch I BNW *sardonisch* ★ *een ~ lachje ein*
   sardonisches Lachen **II** BIJW *sardonisch*
sarong *Sarong* m
sarren *quälen*; *reizen*
SARS *SARS*
sas ▼ *in zijn sas zijn guter Dinge sein*; *gut*
   aufgelegt sein
Satan *Satan* m; *Teufel* m
satanisch *satanisch*; *teuflisch*
saté *Saté* o
satelliet ● *hemellichaam Satellit* m;
   Nebenplanet m ● *kunstmaan Satellit* m
satellietfoto *Satellitenfoto* o; *Satellitenbild* o
satellietstaat *Satellitenstaat* m
satellietverbinding *Satellitenverbindung* v

sa

sater *Satyr* m
satéstokje *Satéspießchen* o
satijn *Satin* m
satire *Satire* v
satirisch *satirisch*
Saturnus *Saturn(us)* m
saucijs *Wurst* v; *Würstchen* o
saucijzenbroodje *Wurstbrötchen* o
sauna *Sauna* v
saus *Soße* v; *Sauce* v
sausen I ov ww verven *tünchen* II onp ww
    hard regenen *gießen*
sauteren *sautieren*
savanne *Savanne* v
saven *speichern*
savooiekool *Wirsing* m
saxofonist *Saxofonist* m
saxofoon, inform. sax *Saxofon* o
S-bocht *S-Kurve* v
scala *Skala* v
scalp *Skalp* m
scalpel *Skalpell* o
scalperen *skalpieren*
scampi *Scampi* mv
scan *Scan* m
scanderen *skandieren*
Scandinavië *Skandinavien* o
Scandinaviër *Skandinavier* m
Scandinavisch *skandinavisch*
Scandinavische *Skandinavierin* v
scannen *abtasten*; ⟨met röntgenstraling⟩ *mit
    einem Röntgenscanner untersuchen*; ⟨met
    geluidsgolven⟩ *eine Ultraschallaufnahme
    machen*
scanner *Scanner* m; ⟨radarantenne⟩
    Abtastvorrichtung v
scarabee *Skarabäus* m
scartaansluiting *Scart-Anschluss* m
scenario • a-v, media draaiboek *Szenario* o;
    Szenarium o • plan *Szenario* o; *Szenarium* o
scenarioschrijver *Drehbuchautor* m
scene *Szene* v
scène *Szene* v
scepsis *Skepsis* v
scepter *Zepter* o ▾ de ~ zwaaien *das Zepter
    schwingen*
scepticisme *Skeptizismus* m
scepticus *Skeptiker* m
sceptisch *skeptisch*
schaaf *Hobel* m; *Hobel* m
schaafsel *Schabsel* o
schaafwond *Hautabschürfung* v; *Schürfwunde* v
schaak I zn [het] *Schach* o II bijw *im Schach* ★ ~
    zetten *Schach bieten* III tw *Schach!*
schaakbord *Schachbrett* o
schaakcomputer *Schachcomputer* m
schaakklok *Schachuhr* v
schaakmat *schachmatt*
schaakspel • spel *Schachspiel* o • bord met
    stukken *Schachspiel* o
schaakstuk *Schachfigur* v
schaaktoernooi *Schachturnier* o
schaal • schotel *Schale* v; *Schüssel* v • omhulsel
    Schale v; ⟨v. peulvrucht⟩ *Hülse* v; ⟨v.
    peulvrucht⟩ *Schote* v • weegschaal *Waage* v
    • grootteverhouding *Maßstab* m ★ op een ~

van 1 op 100 *im Maßstab 1:100* ★ op grote ~
    in großem Umfang ★ op ~ tekenen
    maßstabsgetreu zeichnen • oplopende
    getallenreeks *Tabelle* v • schaalverdeling
    Skala v • toonladder *Skala* v
schaaldier *Schalentier* o
schaalmodel *maßstabsgerechte(s) Modell* o
schaalverdeling *Skala* v; ⟨met betrekking tot
    graden⟩ *Gradeinteilung* v
schaalvergroting • groei *Größenwachstum* o
    • vergroting op schaal *maßstab(s)gerechte
    Vergrößerung* v
schaalverkleining • verkleining op schaal
    maßstab(s)getreue Verkleinerung v
    • kleinschaliger worden *Verkleinerung* v *der
    Ausmaße*
schaambeen *Schambein* o
schaamdeel *Geschlechtsteil* m
schaamhaar *Schamhaar* o
schaamlip *Schamlippe* v
schaamluis *Filzlaus* v
schaamrood *Schamröte* v
schaamstreek *Schamgegend* v
schaamte *Scham* v
schaamtegevoel *Schamgefühl* o
schaamteloos *schamlos*
schaap • dier *Schaf* o • fig. persoon ★ mak ~
    fromme(s) Schaf ★ onnozel ~ *Einfaltspinsel* m
schaapachtig I bnw *dämlich*; *blöde* II bijw ★ ~
    lachen *blöd lachen*
schaapherder *Schäfer* m
schaapskooi *Schafstall* m
schaar • knipwerktuig *Schere* v ★ de ~ in iets
    zetten *in etw. hineinschneiden* • ploegschaar
    Schar v • grijporgaan schaaldier *Schere* v
schaarbeweging • beweging als van schaar
    scherenartige Bewegung v; techn.
    Kulissensteuerung v • sport schijnbeweging
    ⟨hoogspringen⟩ *Scherensprung* m; ⟨voetbal⟩
    Scherenschlag m
schaars I bnw *karg*; *spärlich*; *knapp* ★ zijn ~e
    vrije tijd *seine knapp bemessene Freizeit* II bijw
    spärlich
schaarste *Knappheit* v; *Spärlichkeit* v
schaats *Schlittschuh* m
schaatsbaan *Schlittschuhbahn* v; *Eislaufbahn* v
schaatsen *Schlittschuh laufen*; *eislaufen*
schaatser *Schlittschuhläufer* m
schaatswedstrijd *Schlittschuhrennen* o
schacht • steel *Schaft* m; ⟨veer, pen⟩ *Kiel* m
    • koker *Schacht* m • beenstuk van laars
    Schaft m • bn, o&w eerstejaars *Erstsemester* o
schade • beschadiging *Schaden* m ★ materiële
    ~, bn stoffelijke ~ *Sachschaden* m ★ de ~
    beperken *den Schaden begrenzen* ★ de ~
    opnemen *den Schaden abschätzen*; *den
    Schaden aufnehmen* ★ iem. de ~ vergoeden
    jmdn. (für etw.) entschädigen • nadeel *Schaden*
    m ★ ~ berokkenen/toebrengen aan *schaden*
    [+3]; *Versäumtes nachholen*
schadeclaim *Schadenersatzforderung* v ★ een ~
    indienen *Schadenersatz fordern*
schade-expert *Schadensachverständige(r)* m/v
schadeformulier *Schadenersatzformular* o
schadelijk *schädlich*; *nachteilig* ★ ~ voor de
    gezondheid *gesundheitsschädlich* ★ ~

dier/plant *Schädling* m
schadeloos *unbeschädigt; unversehrt*
schadeloosstellen *entschädigen*
schadeloosstelling *Entschädigung* v; *Schadenersatz* m
schaden *schaden* [+3]; *schädigen* [+4] ★ iem. in zijn belangen ~ *jmds. Interessen schädigen*
schadeplichtig *schadenersatzpflichtig*
schadepost *Verlustposten* m
schaderapport *Schadensbericht* m
schadevergoeding *Entschädigung* v; *Schadenersatz* m ★ een eis tot ~ indienen *auf Schadenersatz klagen*
schadeverzekering *Schadenversicherung* v
schadevrij *unfallfrei* ★ ~ autorijden *unfallfrei fahren*
schaduw *Schatten* m ▼ niet in de ~ kunnen staan van iem. *jmdm. nicht das Wasser reichen können*
schaduwbeeld ● silhouet *Schattenbild* o ● schaduw *Schatten* m
schaduwen ● volgen *beschatten* ● schaduw aanbrengen *schattieren*
schaduwrijk *schattig; schattenreich*
schaduwspel *Schattenspiel* o
schaduwzijde *Schattenseite* v
schaft *Arbeitspause* v
schaften ● pauzeren *Pause machen* ● eten *essen*; SCHEEPV. *schaffen* ★ wat is er te ~? INFORM. *was gibt's zu mampfen?*
schafttijd *Arbeitspause* v; *Mittagspause* v
schakel ● LETT. *Glied* o ● FIG. verbindend onderdeel *Bindeglied* o
schakelaar *Schalter* m
schakelarmband *Gliederarmband* o
schakelbord *Schalttafel* v; *Schaltbrett* o
schakelen I OV WW tot keten maken *verknüpfen; verbinden*; ⟨elektriciteit⟩ *schalten* **II** ON WW in versnelling zetten *schalten*
schakeling *Schaltung* v
schakelkast *Schaltschrank* m
schakelklas *Orientierungsstufe* v
schakelklok *Schaltuhr* v
schakelwoning ≈ *Wohnung* v, *die teilweise an andere Wohnungen angebaut ist*
schaken I ON WW schaak spelen *Schach spielen* **II** OV WW ontvoeren *entführen*
schaker ● schaakspeler *Schachspieler* m ● ontvoerder *Entführer* m
schakeren ● kleuren schikken *tönen; schattieren* ● afwisselen *abwechseln*
schakering ● kleurnuance *Schattierung* v; *Farbton* m ● verscheidenheid *Schattierung* v
schaking *Entführung* v
schalks *schelmisch*
schallen *schallen*
schamel *kärglich; dürftig; ärmlich*
schamen [zich ~] *sich schämen* ★ zich voor iem. ~ *sich vor/für jmdn. schämen* ★ zich over iets ~ *sich einer Sache schämen*
schampen *streifen*
schamper *verächtlich; abfällig; geringschätzig*
schamperen *spotten*; ⟨sterker⟩ *höhnen*
schampschot *Streifschuss* m
schandaal *Skandal* m
schandaalblad *Skandalblatt* o

schandaalpers *Skandalpresse* v; *Sensationspresse* v
schandalig *unerhört; skandalös*
schanddaad *Schandtat* v
schande *Schande* v ★ iem. te ~ maken *jmdm. Schande bringen* ★ ~ van iets spreken *über etw. empört sein* ★ iets te ~ maken *etw. zuschanden/zu Schanden machen*
schandelijk I BNW *schändlich* **II** BIJW zeer erg *entsetzlich; fürchterlich* ★ ~ duur *sündhaft teuer*
schandknaap *Stricher* m
schandpaal ▼ iem. aan de ~ nagelen *jmdn. an den Pranger stellen*
schandvlek *Schandfleck* m
schans ● MIL. bolwerk *Schanze* v ● SPORT skischans *Schanze* v
schansspringen *Skispringen*
schap *Schrankfach* o; *Schrankbrett* o
schapenbout *Hammelkeule* v
schapendoes *niederländische(r) Schäferhund* m
schapenfokkerij ● het fokken *Schafzucht* v ● bedrijf *Schäferei* v
schapenkaas *Schafskäse* m
schapenscheerder *Schafscherer* m
schapenvacht ● afgeschoren wol *Schurwolle* v ● schapenvel *Schaffell* o
schapenvlees *Schaffleisch* o; ⟨v. hamel⟩ *Hammelfleisch* o
schapenwolken *Schäfchenwolken* mv
schappelijk ● billijk *fair* ★ een ~e vergoeding *eine angemessene Vergütung* ★ een ~e prijs *ein fairer Preis* ● prettig in de omgang *umgänglich*
schar *Flunder* v
schare *Schar* v
scharen I OV WW groeperen *(ver)sammeln*; *scharen* ★ zich aan iemands zijde ~ *sich auf jmds. Seite stellen* ★ zich in rijen ~ *sich in Reihen aufstellen* ★ zich om iets ~ *sich um etw. scharen* **II** ON WW bewegen als een schaar *scheren*
scharminkel *wandelnde(s) Skelett* o; ⟨lelijk persoon⟩ *Scheusal* o
scharnier *Scharnier* o
scharnieren *sich um ein Scharnier drehen*
scharniergewricht *Scharniergelenk* o
scharrel ● het scharrelen *Flirt* m; *Liebschaft* v; *Techtelmechtel* o ● persoon *Schätzchen* o; MIN. *Flittchen* o
scharrelaar ● iem. zonder vast beroep *Bastler* m ● sjacheraar *Trödler* m ● versierder *Schürzenjäger* m
scharreldier *Freilandtier* o
scharrelei *Ei* o *aus Bodenhaltung*
scharrelen I OV WW bijeenbrengen ★ geld bij elkaar ~ *geld zusammenkratzen* ★ ~ om aan de kost te komen *sich gerade so durchschlagen* **II** ON WW ● ongeregeld werkjes doen *herummachen; herumwerkeln* ● rommelen *herumkramen; herumhantieren* ● flirten *ein Techtelmechtel haben*
scharrelkip *Freilandhuhn* o
scharrelvarken *Freilandschwein* o; *Schwein* o *aus artgerechter Tierhaltung*
scharrelvlees *Freilandfleisch* o

SC

schat • kostbaar bezit *Schatz* m • lief persoon *Schatz* m • overvloed *Schatz* m
schatbewaarder BN penningmeester *Kassenwart* m; ⟨officieel⟩ *Schatzmeister* m
schateren *schallend lachen*
schaterlach *schallende(s) Gelächter* o
schaterlachen *aus vollem Halse lachen*
schatgraven *nach einem Schatz graben*
schatgraver *Schatzgräber* m; *Schatzsucher* m
schatkamer *Schatzkammer* v
schatkist • staatskas *Staatskasse* v • geldkist *Schatzkiste* v
schatplichtig *steuerpflichtig*
schatrijk *steinreich*
schattebout *Schätzchen* o; *Liebling* m
schatten • taxeren *bewerten*; *(ab)schätzen* ★ geschatte waarde *Schätzungswert* m ★ iets te hoog ~ *etw. überbewerten*; *etw. zu hoch einschätzen* • achten *schätzen*
schattig *niedlich*; *süß*
schatting • taxatie *Schätzung* v; ⟨v. waarde⟩ *Wertschätzung* v ★ naar ~ *schätzungsweise* • mening *Einschätzung* v • belasting *Tribut* m
schaven • glad maken *hobeln* • verfijnen *feilen* ★ aan hem valt nog wel wat te ~ *er ist noch ziemlich ungehobelt* • verwonden *(auf)schürfen*
schavot *Schafott* o
schavuit *Schurke* m; *Schuft* m; *Halunke* m
schede • omhulsel *Scheide* v • vagina *Scheide* v
schedel • hersenpan *Schädel* m • doodshoofd *Schädel* m
schedelbasisfractuur *Schädelbasisbruch* m
schedelbeen *Schädelknochen* m
scheef • niet recht *schief* • verkeerd *schief*
scheefgroeien *schief wachsen*
scheefhangen *schief hängen*
scheeflopen *schiefgehen*; *schieflaufen*
scheefslaan BN stelen *stehlen*
scheefstaan *schief stehen* ★ de tafel staat scheef *der Tisch steht schief*
scheeftrekken *schief ziehen*; *verzerren*
scheefzitten *schief sitzen*
scheel *schielend* ★ een ~ oog *ein schielendes Auge*
scheelzien *schielen* v ~ van de honger *fast umfallen vor Hunger*
scheen *Schienbein* o
scheenbeen *Schienbein* o
scheenbeschermer *Schienbeinschützer* m
scheep v LETT. ~ gaan *sich einschiffen*; *an Bord gehen* v FIG., BN ~ gaan met iem. *sich mit jmdm. einlassen*
scheepsarts *Schiffsarzt* m
scheepsbeschuit *Schiffszwieback* m
scheepsbouw *Schiffbau* m
scheepsbouwindustrie *Schifffahrtsindustrie* v
scheepshelling *Helling* v
scheepshuid *Schiffshaut* v
scheepshut *Kabine* v
scheepsjongen *Schiffsjunge* m
scheepsjournaal *Schiffstagebuch* o
scheepslading *Schiffsladung* v
scheepsramp *Schiffskatastrophe* v
scheepsrecht v driemaal is ~ *aller guten Dinge sind drei*
scheepsruim *Schiffsraum* m
scheepswerf *Schiffswerft* v; *Werft* v
scheepvaart *Schifffahrt* v
scheepvaartbericht *Schiffsmeldung* v; *Schiffsnachricht* v
scheepvaartroute *Schifffahrtsstraße* v; *Schifffahrtsweg* m; *Schifffahrtsroute* v
scheepvaartverkeer *Schiffsverkehr* m
scheerapparaat *Rasierapparat* m; ⟨elektrisch⟩ *Elektrorasierer* m
scheercrème *Rasierschaum* m
scheerkop *Scherkopf* m
scheerkwast *Rasierpinsel* m
scheerlijn • spanlijn *Spannschnur* v; ⟨tent⟩ *Zeltleine* v • lijn tussen schip en wal *Trosse* v
scheermes *Rasiermesser* o
scheermesje *Rasierklinge* v
scheerschuim *Rasierschaum* m
scheerspiegel *Rasierspiegel* m
scheerwol *Schurwolle* v
scheerzeep *Rasierseife* v
scheet *Furz* m
scheidbaar I BNW *trennbar* II BIJW *trennbar*
scheiden I OV WW eenheid verbreken *scheiden*; *trennen* ★ man en vrouw zijn door de rechtbank ge~ *Mann und Frau sind rechtskräftig geschieden* II ON WW • uiteengaan *sich trennen* ★ hier ~ onze wegen *hier trennen sich/scheiden sich unsere Wege* • huwelijk ontbinden *sich scheiden* ★ hij wil ~ *er will sich scheiden lassen*
scheiding • splitsing *Trennung* v • grens *Grenze* v • lijn in haar *Scheitel* m • echtscheiding *Scheidung* v
scheidslijn *Trennlinie* v
scheidsmuur • LETT. *Trennwand* v • FIG. *Barriere* v
scheidsrechter *Schiedsrichter* m
scheikunde *Chemie* v
scheikundeles *Chemiestunde* v
scheikundig *chemisch* ★ ~ ingenieur *Chemieingenieur* m
schel I ZN [de] v de ~len vielen hem van de ogen *es fiel ihm wie Schuppen von den Augen* II BNW • scherp *schrill*; *grell* • helder *grell*
Schelde *Schelde* v
schelden *schimpfen*; *schelten* ★ op iem. ~ *auf jmdn. schimpfen*
scheldkanonnade *Schimpfkanonade* v
scheldnaam *Schimpfname* m
scheldpartij *Schimpferei* v
scheldwoord *Schimpfwort* o
schelen • onderling verschillen *sich unterscheiden*; *verschieden sein* ★ in leeftijd niet veel ~ *fast gleich alt sein* ★ ze ~ drie jaar *sie sind drei Jahre auseinander* • uitmaken *kümmern* ★ wat kan mij dat ~? *was kümmert mich das?* ★ dat kan me geen zier ~ *das ist mir völlig egal/schnuppe* • ontbreken *fehlen* ★ het scheelde niet veel of hij was verdronken *es fehlte nicht viel, und er wäre ertrunken* • mankeren *fehlen* ★ wat scheelt eraan? *was ist los?*
schelm • deugniet *Schlingel* m; *Schelm* m • schurk *Schuft* m; *Halunke* m

sc

schelp *Muschel* v ▼ BN in zijn ~ kruipen *sich in sein Schneckenhaus zurückziehen* ▼ BN uit zijn ~ komen *aus dem Schneckenhaus herauskommen*
schelpdier *Schalentier* o
schelvis *Schellfisch* m
schema • tijdsplanning *Plan* m • tekening *Schema* o
schematisch *schematisch*
schemer ⟨overgang tussen licht en donker⟩ *Dämmerung* v; ⟨halfduister⟩ *Halbdunkel* o
schemerdonker I ZN [het] *Halbdunkel* o; *Dämmerlicht* o **II** BNW *dämmrig*
schemerduister *Zwielicht* o; *Dämmerung* v; *Halbdunkel* o
schemeren • in de schemer zitten *dämmern* • vaag te zien zijn ★ het schemert me voor de ogen *es flimmert mir vor den Augen*
schemerig • halfduister *dämmrig* • vaag *undeutlich*; *verschwommen*
schemering *Dämmerung* v; *Zwielicht* o
schemerlamp *Schirmlampe* v
schemertoestand *Dämmerzustand* m
schenden • beschadigen *beschädigen* ★ een geschonden exemplaar *ein beschädigtes Exemplar* • onteren *schänden* • overtreden *verletzen*; *brechen*
schending *Schändung* v; *Verletzung* v; *Bruch* m/o ★ ~ van de wapenstilstand *Waffenstillstandsverletzung* ★ ~ van vertrouwen *Vertrauensbruch*
schenkel • been van dier *Schenkel* m • been van mens *Schenkel* m
schenken • verlenen *schenken* • kwijtschelden *schenken* • gieten *(ein)gießen*; *einschenken* • serveren *ausschenken*
schenking *Schenkung* v; ⟨liefdadigheid⟩ *Spende* v; ⟨geschenk⟩ *Geschenk* o ★ BN ~ onder levenden *Schenkung zu Lebzeiten*
schenkingsakte *Schenkungsurkunde* v
schenkingsrecht *Schenkungssteuer* v
schennis *Schändung* v ★ ~ plegen *schänden*
schep • gereedschap *Schaufel* v • een schep vol *Löffel* m ★ een ~ zout *ein Löffel Salz* • grote hoeveelheid *Haufen* m; *Menge* v ▼ er nog een ~je bovenop doen *ein Schippchen drauflegen*; *einen Zahn zulegen*
schepen BN wethouder ≈ *Stadtrat* m; ≈ *Beigeordnete(r)* m
schepencollege BN *Magistrat* m; *Stadtrat* m
scheper BN *Schäferhund* m
schepijs ≈ *Speiseeis* o
schepnet *Käscher* m
scheppen • putten *schöpfen* ★ moed ~ *Mut schöpfen* • omverrijden ★ door een auto geschept worden *von einem Auto umgefahren werden* • creëren *(er)schaffen* ★ ~d *schöpferisch* ★ als geschapen zijn voor *wie geschaffen sein für*
schepper *Schöpfer* m
schepping *Schöpfung* v
scheppingsverhaal *Schöpfungsgeschichte* v
scheprad *Schaufelrad* o
schepsel *Geschöpf* o
scheren I OV WW kort afsnijden *rasieren*; *scheren* ★ zich ~ *sich rasieren* **II** ON WW

• rakelings gaan langs *streifen* • snel bewegen ★ door de lucht ~ *durch die Luft schießen*
scherf • brokstukje *Scherbe* v • brokstuk van bom *Splitter* m
schering *Kette* v; *Aufschlag* m ▼ dat is ~ en inslag *das ist gang und gäbe*
scherm • afscheiding *Schirm* m • toneelgordijn *Vorhang* m • beeldscherm *Bildschirm* m; ⟨projectiescherm⟩ *Leinwand* v ▼ een kijkje achter de ~en nemen *einen Blick hinter die Kulissen werfen* ▼ achter de ~en blijven *im Hintergrund bleiben*
schermen • SPORT *fechten* ★ het ~ op de sabel *das Säbelfechten* • druk zwaaien *(herum)fuchteln* • ophef maken *schwadronieren*
schermkunst *Fechtkunst* v
schermles *Fechtstunde* v
schermutseling *Scharmützel* o
scherp I BNW • puntig *scharf* • hoekig *scharf* ★ ~e hoek WISK. *spitze(r) Winkel* m • vinnig *scharf* • scherpzinnig *scharf* • streng *scharf* • duidelijk uitkomend *scharf* • pijnlijk *scharf* ★ ~e wind *schneidende(r) Wind* m • heet *scharf* • weinig marge latend *scharf* **II** ZN [het] • scherpe kant *Schneide* v • munitie *scharfe Munition* v ★ met ~ schieten *scharf schießen* ▼ op het ~ van de snede *hart auf hart*
scherpen *schärfen*; *(an)spitzen*
scherpomlijnd *scharf umrissen*
scherprechter *Scharfrichter* m
scherpschutter *Scharfschütze* m
scherpslijper *Haarspalter* m
scherpte • puntigheid *Schärfe* v • duidelijkheid *Schärfe* v • fijn onderscheidingsvermogen *Schärfe* v • bitsheid *Schärfe* v • strengheid *Schärfe* v
scherptediepte *Tiefenschärfe* v
scherpzinnig *scharfsinnig*
scherts *Scherz* m; *Spaß* m
schertsen *scherzen*; *spaßen*
schertsend *scherzhaft*; *scherzend*
schertsfiguur *Witzfigur* v
schertsvertoning *Theater* o
schets • tekening *Skizze* v • kort verhaal *Abriss* m
schetsblok *Notizblock* m
schetsboek *Skizzenbuch* o
schetsen • tekenen *skizzieren*; *umreißen* • beschrijven *beschreiben*
schetsmatig *skizzenhaft* ★ iets ~ uitbeelden *etw. in groben Zügen darstellen*
schetteren *schmettern*; *plärren*; *schrill tönen* ★ de radio schettert *das Radio plärrt*
scheur • spleet *Sprung* m; *Riss* m • mond *Klappe* v
scheurbuik *Skorbut* m
scheuren I OV WW scheuren maken *reißen*; ⟨v. papier⟩ *zerreißen* ★ iets in stukken ~ *etw. in Stücke reißen* **II** ON WW • een scheur krijgen *reißen* ★ de muur begint te ~ *die Mauer bekommt Risse* • hard rijden *rasen*
scheuring *Spaltung* v; ⟨schisma⟩ *Schisma* o
scheurkalender *Abreißkalender* m

SC

scheut • hoeveelheid vloeistof *Schuss* m • steek *Stich* m • loot *Schössling* m; *Trieb* m; *Spross* m ▼ ~ krijgen *in die Höhe schießen*

scheutig *freigebig*; *großzügig* ▼ BN niet ~ zijn op *nicht scharf sein auf* [+4]

schicht *Blitzstrahl* m; *Blitz* m

schichtig *scheu*; *schreckhaft*

schielijk • snel *hastig* ★ ~ eten *hastig essen* • plotseling *plötzlich*; *jäh*

schiereiland *Halbinsel* v

schietbaan *Schießstand* m; *Schießplatz* m

schieten I OV WW • ⟨een projectiel⟩ afvuren *schießen* • treffen *schießen* ★ iem. overhoop ~ *jmdn. über den Haufen schießen* ▼ zijn ogen schoten vuur *seine Augen funkelten vor Wut* ▼ iem. wel kunnen ~ *jmdn. auf den Mond schießen können* II ON WW • vuren *schießen* • snel bewegen *schießen* ★ in de kleren ~ *in die Kleider fahren* ★ het mes schiet me uit de hand *das Messer fällt mir aus der Hand* • snel groeien *schießen* ▼ te binnen ~ *einfallen* ▼ het schiet me weer te binnen *es fällt mir wieder ein* ▼ iets laten ~ *etw. fahren lassen*

schietgat *Schießscharte* v

schietgebed *Stoßgebet* o

schietgraag *schießfreudig*

schietlood *Lot* o; *Senkblei* o

schietpartij *Schießerei* v

schietschijf *Schießscheibe* v

schietstoel *Schleudersitz* m

schiettent *Schießbude* v

schiften I OV WW • afzonderen *trennen* • sorteren *sortieren* ★ de papieren ~ *die Papiere sichten/ordnen* II ON WW klonteren ⟨melk⟩ *gerinnen*; ⟨verf⟩ *klumpen*

schifting • selectie *Sortierung* v; *Auslese* v • het klonteren *Gerinnung* v; ⟨verf⟩ *Flockung* v

schijf • platrond voorwerp *Scheibe* v • plak *Scheibe* v • schietschijf *Zielscheibe* v • damschijf *Damestein* m • belastingschijf *Progressionsstufe* v • COMP. ★ harde ~ *Festplatte* v

schijfrem *Scheibenbremse* v

schijn • ⟨valse⟩ indruk *Schein* m ★ de ~ aannemen *sich den Schein geben* ★ voor de ~ *zum Schein* ★ in ~ *scheinbar* ★ ~ bedriegt *der Schein trügt* • waarschijnlijkheid ★ naar alle ~ *allem Anschein nach* • schijnsel *Schein* m

schijnaanval *Scheinangriff* m

schijnbaar I BNW niet werkelijk *scheinbar* II BIJW blijkbaar *anscheinend*

schijnbeweging *Täuschungsmanöver* o; MIL. *Scheinmanöver* o

schijndood I ZN [de] *Scheintod* II BNW *scheintot*

schijnen • stralen *strahlen* • lijken *scheinen* ★ naar het schijnt *anscheinend* ★ hij schijnt een goede arts te zijn *er scheint ein guter Arzt zu sein*

schijngestalte *Mondphase* v; *Phase* v

schijnheilig *scheinheilig*

schijnhuwelijk *Scheinehe* v

schijnproces *Scheinprozess* m

schijnsel *Lichtschein* m; *Schein* m

schijntje *Kleinigkeit* v; *Wenigkeit* v ★ voor een ~ *spottbillig* ★ geen ~ eergevoel *kein Schimmer von Ehrgefühl*

schijnvertoning *Ablenkungsversuch* m ★ het is maar een ~ *es ist nur Theater*

schijnwerper *Scheinwerfer* m

schijnzwanger *scheinschwanger*

schijt *Scheiße* v ★ aan de ~ zijn *Dünnschiss haben* ▼ INFORM. ik heb er ~ aan *das ist mir scheißegal*

schijten *scheißen*

schijterig FORM. *ängstlich* ★ ~ zijn *Schiss haben*

schijthuis • toiletgebouw *Scheißhaus* o • lafaard *Hosenscheißer* m

schijtlijster *Hosenscheißer* m; FORM. *Angsthase* m

schijtluis *Hosenscheißer* m

schik • tevredenheid *Vergnügen* o ★ in zijn ~ zijn *guter Dinge sein*; *gut gelaunt sein* • plezier *Spaß* m ★ ~ hebben in *seine Freude haben an* [+3]

schikgodin *Schicksalsgöttin* v

schikken I OV WW • goed plaatsen *ordnen* • regelen *einrichten*; *regeln* ★ God schikt alles ten beste *Gott fügt alles zum Besten* • bijleggen *schlichten*; *beilegen* II ON WW gelegen komen *gelegen kommen*; passen ★ dat zal wel ~ *das wird schon gehen* III WKD WW [zich ~] • berusten *sich in zijn lot ~ sich in sein Schicksal ergeben* • voegen naar *sich fügen* ★ ~ naar iem. *sich nach jmdm. richten*

schikking • ordening *Ordnung* v; *Anordnung* v • overeenkomst *Einigung* v; *Abkommen* o; *Vergleich* m ★ in een ~ treden *einen Vergleich eingehen*

schil *Schale* v; ⟨takken⟩ *Rinde* v; ⟨korst van een grondsoort⟩ *Lage* v; ⟨erwten, bonen⟩ *Hülse* v ★ in de ~ gekookte aardappels *Pellkartoffeln*

schild • MIL. beschermingsplaat *Schild* m • DIERK. dekschild *Panzer* m ▼ iets in zijn ~ voeren *etw. im Schilde führen*

schilder • huisschilder *Anstreicher* m; *Maler* m • kunstschilder *Maler* m

schilderachtig • pittoresk *malerisch* • beeldend *bildhaft*; *anschaulich*

schilderen • verven *(an)streichen* • afbeelden *malen* • beschrijven *schildern*

schilderij *Bild* o; *Gemälde* o

schildering • schilderij *Gemälde* o; *Malerei* v • beschrijving *Schilderung* v; *Darstellung* v

schilderkunst *Malerei* v

schildersbedrijf • vak *Malerhandwerk* o • bedrijf *Malerbetrieb* m

schildersezel *Staffelei* v

schildertechniek *Maltechnik* v

schilderwerk • het geschilderde *Malerei* v • te schilderen werk *Malerarbeit* v • de aangebrachte verf *Anstrich* m

schildklier *Schilddrüse* v

schildknaap *Schildknappe* m

schildpad *Schildkröte* v

schildwacht *Schildwache* v; *Posten* m

schilfer *Splitter* m; ⟨huid⟩ *Schuppe* v; ⟨kalk⟩ *Abschilferung* v

schilferen ⟨huid⟩ *(sich) schuppen*; ⟨muur⟩ *abblättern*; ⟨gesteente⟩ *sich schiefern*

schilferig *schilfernd*; ⟨huid⟩ *schuppig*

schillen *schälen*

schilmesje *Schälmesser* o
schim ● schaduwbeeld *Schattenbild* o ● vage
  gedaante *Schatten* m ● geest *Geist* m
schimmel ● paard *Schimmel* m ● zwam
  Schimmel m ● uitslag *Schimmel* m
schimmelen *(ver)schimmeln*; schimmelig werden
schimmelig ● beschimmeld *schimm(e)lig*
  ● schimmelachtig *schimm(e)lig*
schimmelinfectie *Pilzinfektion* v
schimmelkaas *Schimmelkäse* m
schimmelvorming *Schimmelbildung* v;
  Pilzbildung v
schimmenrijk *Schattenreich* o
schimmenspel *Schattenspiel* o
schimmig *schemenhaft*
schimp *Schimpf* m; *Schmach* v
schimpen *schimpfen*; *schmähen*
schimpscheut *Stichelei* v; *Seitenhieb* m
schip ● vaartuig *Schiff* o ● beuk van kerk *Schiff*
  o ▼ zijn schepen achter zich verbranden *alle*
  Brücken hinter sich abbrechen ▼ schoon ~
  maken *reinen Tisch machen*
schipbreuk *Schiffbruch* m ★ ~ lijden *Schiffbruch*
  erleiden; *scheitern an* [+3]
schipbreukeling *Schiffbrüchige(r)* m
schipper *Schiffer* m
schipperen *taktieren*; *lavieren* ★ altijd willen ~
  immer Kompromisse suchen; *sich immer*
  durchlavieren
schipperstrui *Troyer* m; *Seemannspullover* m
schisma *Schisma* o
schitteren ● fel schijnen *aufleuchten*; *glänzen*;
  strahlen; *leuchten* ★ de sneeuw schittert in de
  zon *der Schnee glitzert in der Sonne*
  ● uitblinken *glänzen*
schitterend ● glinsterend *glänzend* ● prachtig
  prächtig ★ een ~e dag *ein herrlicher Tag*
  ★ een ~ idee *eine blendende Idee*
schittering ● het schitteren *Glänzen* o; *Glitzern*
  o ● pracht *Glanz* m
schizofreen I ZN [de] *Schizophrene(r)* m **II** BNW
  schizophren
schizofrenie *Schizophrenie* v
schlager *Schlager* m
schlemiel *Schlemihl* m
schmink *Schminke* v
schminken *schminken*
schnabbel *Nebenverdienst* m
schnabbelen *nebenher arbeiten*
schnitzel *Schnitzel* o
schoeien ● van schoeisel voorzien *beschuhen*
  ● beschoeien *bekleiden*; *befestigen*
schoeiing *(Ufer)Befestigung* v
schoeisel *Schuhwerk* o
schoen *Schuh* m ★ lage ~ *Halbschuh* ▼ ik zou
  niet graag in zijn ~en staan *ich möchte nicht*
  in seiner Haut stecken ▼ BN recht in zijn ~en
  staan *standhaft bleiben*; *standhalten* ▼ stevig
  in zijn ~en staan *sich seiner Sache gewiss sein*
  ▼ BN in nauwe ~tjes zitten *im Schlamassel*
  sitzen ▼ naast zijn ~en lopen *sehr eingebildet*
  sein ▼ de stoute ~en aantrekken *sich ein Herz*
  fassen ▼ daar wringt de ~ *da drückt der Schuh*
  ▼ weten waar hem de ~ wringt *wissen, wo der*
  Schuh drückt ▼ wie de ~ past, trekke hem aan
  wen's juckt, der kratze sich

schoenborstel *Schuhbürste* v
schoencrème *Schuhcreme* v
schoenendoos *Schuhkarton* m
schoenenwinkel *Schuhladen* m
schoener *Schoner* m
schoenlepel *Schuhanzieher* m
schoenmaat *Schuhgröße* v
schoenmaker *Schuster* m; *Schuhmacher* m ▼ ~,
  blijf bij je leest *Schuster, bleib bei deinem*
  Leisten
schoenpoetser *Schuhputzer* m
schoensmeer *Schuhcreme* v
schoenveter *Schnürsenkel* m
schoenzool *Schuhsohle* v
schoep *Schaufel* v
schoffel *Gartenhacke* v
schoffelen ● bewerken met schoffel *hacken*;
  mit der Gartenhacke (be)arbeiten ● SPORT
  holzen
schofferen *grob behandeln*
schoffie *Rüpel* m; *Rabauke* m
schoft ● schurk *Schuft* m ● schouder van dier
  Widerrist m
schoftenstreek *Schurkerei* v
schofterig *gemein*; *schuftig*
schofthoogte *(Wider)Risthöhe* v
schok ● stoot *Stoß* m ● stroomstoot *Schlag* m
  ● emotionele gebeurtenis *Schock* m;
  Erschütterung v ★ het was een enorme ~ voor
  haar *es war ein schwerer Schlag für sie*
schokabsorberend *stoßdämpfend*
schokbestendig *stoßfest*; *stoßsicher*
schokbeton *Rüttelbeton* m
schokbreker *Stoßdämpfer* m
schokdemper *Stoßdämpfer* m
schokeffect *Schockwirkung* v
schokgolf *Schockwelle* v
schokken I OV WW ● heftig beroeren
  erschüttern ● betalen *blechen* **II** ON WW
  schudden *schütteln*; *stoßen*
schokkend *erschütternd*; *schockierend*
schokschouderen *mit den Achseln zucken* ★ ~d
  achselzuckend
schoksgewijs *ruckartig*; *stoßweise*
schol ● vis *Scholle* v ● ijsschots *Scholle* v ● GEOL.
  Scholle v
scholekster *Austernfischer* m
scholen I OV WW opleiden *ausbilden*; *schulen*
  II ON WW samenscholen *einen Schwarm*
  bilden
scholengemeenschap ≈ *Gesamtschule* v
scholier *Schüler* m
scholing *Schulung* v; *Ausbildung* v
schommel ● speeltuig *Schaukel* v ● dik mens
  Dicke(r) m
schommelen ● heen en weer bewegen
  schaukeln ★ de boot schommelt *das Boot*
  schlingert ● waggelen *watscheln*; *wackeln*
  ● fluctueren *schwanken*
schommeling *Schwankung* v
schommelstoel *Schaukelstuhl* m
schonkig *grobknochig*
schoof *Garbe* v ★ in schoven binden *zu Garben*
  binden
schooien *schnorren*; ⟨dringend vragen⟩ *betteln*
schooier ● zwerver *Penner* m; *Landstreicher* m;

Bettler m ★ arme ~ *arme(r) Schlucker* m ● schoft *Lump* m; *Schuft* m

school ● O&W *onderwijsinstelling Schule* v ★ bijzondere ~ *Privatschule*; *konfessionelle Schule* ★ middelbare ~ *höhere Schule* v ★ openbare ~ *öffentliche Schule* ★ BN sociale ~ ≈ *Fachakademie für Sozialpädagogik* ★ naar ~ gaan *in die Schule gehen*; *zur Schule gehen* ● O&W lessen ★ op ~ *in/auf der Schule* ★ op ~ zitten *in der Schule sein*; *zur Schule gehen* ● KUNST richting *Schule* v ● groep vissen *Schwarm* m; *Zug* m ★ een ~ haringen *ein Zug Heringe*; *ein Heringsschwarm* ▼ uit de ~ klappen *aus der Schule plaudern*

schoolagenda *Aufgabenheft* o
schoolarts *Schularzt* m
schoolbank *Schulbank* v
schoolbezoek *Schulbesuch* m; ⟨door inspecteur⟩ *Schulinspektion* v
schoolblijven *nachsitzen*
schoolboek *Schulbuch* o
schoolbord *Tafel* v
schoolbus *Schulbus* m
schooldag *Schultag* m
schooldecaan *mit Berufs- und Studienberatung beauftragte(r) Lehrer* m; *Studienberater* m
schoolengels *Schulenglisch* o
schoolfeest *Schulfeier* v; *Schulfest* o
schoolgaand *Schul-* ★ zij heeft ~e kinderen *ihre Kinder gehen zur Schule* ★ de ~e jeugd *die Schuljugend*
schoolgeld *Schulgeld* o
schoolhoofd *Schulleiter* m; *Schuldirektor* m
schooljaar *Schuljahr* o
schooljeugd *Schuljugend* v
schooljuffrouw *Lehrerin* v; ⟨v. de lagere school⟩ *Grundschullehrerin* v
schoolkeuze *Schulwahl* v
schoolklas *Schulklasse* v
schoolkrant *Schulzeitung* v
schoolkrijt *Schulkreide* v
schoollokaal *Schulzimmer* o; *Klassenraum* m
schoolmeester ● leerkracht *Grundschullehrer* m; *Lehrer* m ● schoolmeesterachtig type *Schulmeister* m ★ de ~ uithangen *den Schulmeister spielen*; *schulmeistern*
schoolonderzoek ≈ *schuleigene Prüfung* v *als Teil des Schulabschlusses*
schoolplein *Schulhof* m
schoolpsycholoog *Schulpsychologe* m
schoolreis *Klassenfahrt* v
schools ● zoals op school *schulisch*; *schulgerecht* ● FIG. niet zelfstandig *pedantisch*; *schulmeisterlich*
schoolslag *Brustschwimmen* o
schooltas *Schultasche* v; ⟨op rug gedragen⟩ *Schulranzen* m
schooltelevisie *Schulfernsehen* o
schooltijd ● lestijd *Schule* v ★ onder ~ *während der Schule* ● schooljaren *Schulzeit* v
schooluitval *Schulausfall* m
schoolvakantie *Schulferien* mv
schoolvereniging ● scholierenvereniging *Schülermitverwaltung* v ● vereniging die school opricht ≈ *Verein* m, *der eine Schule gründet/unterhält*

schoolverlater *Schulabgänger* m
schoolverzuim *Schulversäumnis* o
schoolvoorbeeld *Paradebeispiel* o; *Musterbeispiel* o
schoolziek *schulkrank*
schoolzwemmen *Schulschwimmen* o
schoon I BNW ● niet vuil *rein*; *sauber* ★ schone kleren aantrekken *saubere Kleider anziehen*; *frische Kleider anziehen* ● BN mooi *schön* ● netto *netto* II BIJW helemaal ★ alles ~ opeten *alles fein aufessen* III ZN [het] *Schöne* o; *Schönheit* v
schoonbroer BN *Schwager* m
schoondochter *Schwiegertochter* v
schoonfamilie *Schwiegerfamilie* v
schoonheid *Schönheit* v ▼ BN in ~ eindigen *in Würde enden*
schoonheidsfout *Schönheitsfehler* m
schoonheidsideaal *Schönheitsideal* o
schoonheidskoningin *Schönheitskönigin* v
schoonheidssalon *Kosmetiksalon* m
schoonheidsslaapje *Nickerchen* o; *Schlaf* m *vor Mitternacht*
schoonheidsspecialiste *Schönheitsspezialistin* v
schoonheidsvlekje *Schönheitsfleck* m
schoonheidswedstrijd *Schönheitswettbewerb* m
schoonhouden *sauber halten*
schoonmaak *Saubermachen* o; ⟨in huis⟩ *Hausputz* m
schoonmaakbedrijf *Gebäudereinigung* v
schoonmaakbeurt *Saubermachen* o; *Reinemachen* o
schoonmaakdoek *Putztuch* o; *Putzlappen* m
schoonmaakster *Reinemachefrau* v; *Putzfrau* v
schoonmaakwoede *Putzwut* v
schoonmaken ● reinigen *reinigen*; *putzen*; *sauber machen* ● CUL. het niet-eetbare wegnemen ⟨groente⟩ *putzen*; ⟨vis⟩ *ausnehmen*
schoonmaker *Reiniger* m
schoonmoeder *Schwiegermutter* v
schoonouders *Schwiegereltern* mv
schoonrijden *Eiskunstlauf* m; *Eiskunstlaufen* o
schoonschrift *Schönschrift* v
schoonschrijven *schönschreiben*
schoonspringen *Kunstspringen* o
schoonvader *Schwiegervater* m
schoonzoon *Schwiegersohn* m
schoonzuster, INFORM. **schoonzus** *Schwägerin* v
schoorsteen *Schornstein* m; ⟨v. fabriek/boot⟩ *Schlot* m
schoorsteenmantel *Schornsteinmantel* m; ⟨bovenblad⟩ *Kaminsims* m; *Kamin* m
schoorsteenveger *Schornsteinfeger* m
schoorvoetend *ungern*; *widerwillig*; ⟨aarzelend⟩ *zögernd*
schoot ● bovendijen *Schoß* m ● deel kledingstuk *Schoß* m ● SCHEEPV. *Schot* v ● FIG. binnenste *Schoß* m; *Innere(s)* o ▼ het hoofd in de ~ leggen *sich unterwerfen* ▼ met de handen in de ~ zitten *müßig dasitzen*
schoothondje *Schoßhündchen* o
schootsafstand *Schussentfernung* v; *Schussweite* v
schootsveld *Schussfeld* o
schop ● trap *Tritt* m; ⟨voetbal⟩ *Schuss* m ★ SPORT vrije ~ *Freistoß* m ● spade *Schaufel* v;

sc

Spaten m
schoppen I OV WW schop geven *treten* ★ iem. ~ jmdm. *einen Fußtritt geben* **II** ON WW treten ★ tegen een bal ~ *einen Ball treten* **III** ZN [de] *Pik* o
schoppenaas *Pikass* o
schoppenboer *Pik-Bube* m
schoppenheer *Pik-König* m
schoppenvrouw *Pik-Dame* v
schopstoel v op de ~ zitten *auf der Kippe stehen; auf dem Schleudersitz sitzen*
schor *heiser; rau* ★ ~re stem *heisere Stimme* v
schorem *Gesindel* o
schoren *(ab)stützen*
Schorpioen *Skorpion* m
schorpioen *Skorpion* m
schors *Rinde* v
schorsen • buiten dienst stellen *aussetzen*; SPORT *sperren* ★ iem. in zijn ambt ~ jmdn. *suspendieren* • tijdelijk opheffen *unterbrechen*
schorseneer *Schwarzwurzel* v
schorsing • tijdelijke uitsluiting *Suspendierung* v; SPORT *Sperrung* v; JUR. *Aussetzung* v; (werknemer) *Suspension* v • uitstel *Aufschub* m
schort • kledingstuk *Schürze* v • lendendoek *Schurz* m
schorten I OV WW opschorten *einstellen* ★ betalingen ~ *Zahlungen einstellen* **II** ON WW haperen *fehlen; mangeln; hapern* ★ wat schort eraan? *was fehlt dir?*
Schot *Schotte* m
schot • het schieten *Schuss* m ★ een ~ lossen *einen Schuss abfeuern* • SPORT *Schuss* m • vaart *Schwung* m; *Fortschritt* m ★ er komt ~ in *es kommt in Gang; es beginnt zu laufen* • tussenschot *Scheidewand* v; *Trennwand* v ▼ buiten ~ blijven *außer Schussweite bleiben*
schotel • schaal *Schüssel* v; (bij kopje) *Untertasse* v • CUL. gerecht *Platte* v ▼ vliegende ~ *fliegende Untertasse*
schotelantenne *Parabolantenne* v
schoteldoek BN vaatdoek *Spüllappen* m; *Spültuch* o
schotelvod BN vaatdoek *Spüllappen* m; *Spültuch* o
schotenwisseling *Schusswechsel* m
Schotland *Schottland* o
Schots *schottisch*
schots I ZN [de] *Scholle* v **II** BIJW ▼ ~ en scheef *schief und krumm*
schotschrift *Schmähschrift* v
Schotse *Schottin* v
schotwond *Schusswunde/-verletzung* v
schouder *Schulter* v ★ de ~s ophalen *die Achseln zucken* ★ brede ~s hebben *breitschultrig sein; einen breiten Rücken haben*
schouderband • band aan kledingstuk *Träger* m • draagband *Schulterriemen* m • ANAT. gewrichtsband *Schulterband* o
schouderblad *Schulterblatt* o
schoudergewricht *Schultergelenk* o
schouderhoogte *Schulterhöhe* v
schouderkarbonade *Schulterstück* o
schouderklopje *Kompliment* o ★ iem. een ~ geven *jmdm. auf die Schulter klopfen*

schouderophalen *Achselzucken* o
schoudertas *Schultertasche* v
schoudervulling *Schulterpolster* o
schout GESCH. *Schultheiß* m; (dijkgraaf) *Deichhauptmann* m
schout-bij-nacht *Konteradmiral* m
schouw • stookplaats *Kamin* m • BN schoorsteen *Schornstein*; (v. fabriek/boot) *Schlot* m
schouwburg *Theater* o; *Schauspielhaus* o ★ een volle ~ *ein volles Haus* ★ naar de ~ gaan *ins Theater gehen*
schouwen • inspecteren *besichtigen; inspizieren* • beschouwen *erblicken*
schouwspel *Schauspiel* o; *Anblick* m
schraag *Stützbock* m; *Bock* m
schraal • mager *mager*; (iel) *hager*; (iel) *dürr* • karig *spärlich; karg; kärglich; knapp* ★ een schrale troost *ein leidige(r)/leere(r) Trost* m • armoedig *dürftig; ärmlich* • onvruchtbaar ★ schrale grond *magere(r)/dürre(r)/unfruchtbare(r) Boden* m • guur *rau*
schraalhans *Geizhals* m ▼ daar is ~ keukenmeester *da ist Schmalhans Küchenmeister*
schraapzucht *Raffgier* v; *Raffsucht* v
schragen *(unter)stützen; ermutigen; bestärken*
schram *Schramme* v; *Kratzer* m
schrammen *schrammen; ritzen*
schrander *gescheit; klug* ★ ~e kop *helle(r) Kopf* m
schranderheid *Klugheit* v
schransen INFORM. *futtern*; (haastig) *schlingen*; (genietend) *schmausen*
schranspartij *Schlemmerei* v; INFORM. *Fressgelage* o
schrap I ZN [de] • kras *Kratzer* m • doorhaling *Strich* m **II** BIJW *(an)gespannt* ★ zich ~ zetten *sich anspannen; sich auf etw. gefasst machen*
schrapen I OV WW • afkrabben *abkratzen*; *(ab)schaben* ★ zijn keel ~ *sich räuspern* • verzamelen *zusammenkratzen*; *zusammenraffen* **II** ON WW schurend geluid maken *schaben; kratzen*
schraper • schraapijzer *Kratzer* m; *Schaber* m • persoon *Raffer* m
schrappen • schrapen *(ab)schaben*; *abkratzen* • doorhalen *kratzen* ★ BN ~ wat niet past *Nichtzutreffendes streichen*
schrede *Schritt* m
schreef *Linie* v; *Strich* m ▼ over de ~ gaan *zu weit gehen*
schreeuw *Schrei* m ★ een ~ geven *aufschreien*
schreeuwen I OV WW iets hard roepen *schreien* ★ uit alle macht ~ *aus vollem Halse schreien* **II** ON WW ~ om *schreien um* ★ ~ om iets *nach etw. schreien*
schreeuwend I BNW *schreiend* ★ ~e kleuren *grelle(n)/knallige(n) Farben* **II** BIJW *schrecklich* ★ ~ hoge prijzen *exorbitante(n) Preise*
schreeuwerig • schreeuwend *schreiend* • onaangenaam klinkend *grell; schrill* • opzichtig *reißerisch; prahlerisch*
schreeuwlelijk *Schreihals* m
schreien *weinen*
schriel • mager *kümmerlich; mager* • gierig

SC

geizig; knauserig
schrielhannes Bohnenstange v
Schrift ▼ de Heilige ~ die Heilige Schrift
schrift • cahier Heft o • het schrijven ★ iets op
~ stellen etw. zu Papier bringen; etw.
aufzeichnen • handschrift Schrift v
schriftelijk schriftlich ★ ~e cursus Fernkurs m;
Fernlehrgang m ★ iets ~ vastleggen etw.
schriftlich festhalten
Schriftgeleerde Schriftgelehrte(r) m
schrijden schreiten
schrijfbehoeften Schreibbedarf m
schrijfbenodigdheden Schreibwaren v mv
schrijfblok Schreibblock m
schrijffout Schreibfehler m
schrijfkop Schreibkopf m
schrijfmachine Schreibmaschine v
schrijfmap Schreibmappe v
schrijfpapier Schreibpapier o
schrijfster Schriftstellerin v
schrijfstijl Schreibstil m
schrijftaal Schriftsprache v
schrijfvaardigheid Schreibgewandtheit v;
⟨vreemde taal⟩ Schreibfertigkeit v
schrijfwerk Schreibarbeit v
schrijfwijze • spelling Schreibweise v
• handschrift Schrift v
schrijlings rittlings
schrijnen brennen; ⟨pijn door schuren⟩ reiben
schrijnend bitter ★ ~e tegenstellingen krasse
Gegensätze
schrijnwerker • meubelmaker Schreiner m
• BN timmerman Zimmermann m
schrijven I OV WW • tekst noteren schreiben
• spellen schreiben II ON WW • tekst noteren
verfassen; schreiben • letters aanbrengen
schreiben III ZN [het] brief Schreiben o;
Zuschrift v; Brief m ★ begeleidend ~
Begleitbrief m; Begleitschreiben o
schrijver • iem. die schrijft Schriftsteller m
• auteur Autor m; Verfasser m
schrijverschap schriftstellerische Tätigkeit v
schrik • plotseling angstgevoel Schrecken m;
Schreck m ★ iem. ~ aanjagen jmdm. einen
Schrecken einjagen; jmdn. in Schrecken
versetzen • angstaanjagend iets/iemand
Schrecken m; Schreck m
schrikaanjagend furchterregend
schrikachtig • gauw schrikkend schreckhaft
• schichtig scheu
schrikbarend schreckenerregend; haarsträubend
schrikbeeld Schreckgespenst o
schrikbewind Schreckensherrschaft v;
Terrorregime o
schrikdraad Elektrozaun m
schrikkeldag Schalttag m
schrikkeljaar Schaltjahr o
schrikkelmaand Februar m im Schaltjahr
schrikken erschrecken ★ om van te ~
erschreckend; schrecklich ★ zij heeft mij laten
~ sie hat mich erschreckt
schrikreactie Schreckensreaktion v
schril • schel grell; schrill • scherp afstekend
schroff; krass
schrobben schrubben; scheuern
schrobber Schrubber m

schrobbering Ausputzer m
schroef • pin met schroefdraad Schraube v
• propeller Schraube v; Propeller m
• bankschroef Schraubstock m
• spiraalvormige beweging Schraube v;
Spirale v ▼ op losse schroeven staan ungewiß
sein
schroefas Schraubenwelle v
schroefdeksel Schraubdeckel m
schroefdop Schraubdeckel m
schroefdraad Schraubengewinde o; Gewinde o
▼ rechtse ~ Rechtsgewinde o
schroeien I OV WW oppervlak verbranden
versengen; ansengen II ON WW aan
oppervlakte branden sengen
schroeiplek versengte Stelle v
schroeven schrauben
schroevendraaier Schraubenzieher m
schrokken schlingen ★ naar binnen ~
herunterschlingen
schrokop Vielfraß m
schromelijk fürchterlich; gewaltig
schromen • aarzelen zögern; scheuen
• duchten scheuen; zurückschrecken ★ geen
gevaar ~ keiner Gefahr aus dem Weg(e) gehen;
keine Gefahr scheuen
schrompelen schrumpfen
schroom • verlegenheid Scheu v;
Schüchternheit v; Zaghaftigkeit v • vrees Scheu
v; Ängstlichkeit v
schroot • metaalafval Schrott m ★ oud ijzer tot
~ maken verschrotten • schietlading Schrot m
schroothandel Schrotthandlung v;
Schrottunternehmen v
schroothoop Schrotthaufen m
schub Schuppe v
schubachtig schuppenartig; schuppig
schubdier Schuppentier o
schuchter schüchtern
schuddebuiken sich vor Lachen schütteln
schudden I OV WW bewegen schütteln ★ de
kaarten ~ die Karten mischen • iem. wakker
~ jmdn. aus dem Schlaf rütteln; jmdn. aus
seinen Träumen aufrütteln ▼ dat kun je wel ~!
das kannst du vergessen! II ON WW bewogen
worden schütteln ★ de explosie deed de
huizen ~ die Explosion erschütterte die Häuser
schuier Bürste v
schuif • grendel Riegel m; Schieber m • klep
Schütz o ▼ BN in de bovenste ~ liggen bij iem.
gut bei jmdm. angeschrieben sein
schuifdak Schiebedach o
schuifdeur Schiebetür v
schuifelen • voortbewegen schlürfen; latschen
• dansen innig tanzen
schuifladder ausziehbare Leiter v; Schiebeleiter v
schuifmaat Messschieber m
schuifpui verglaste Schiebewand v
schuifraam Schiebefenster o
schuiftrombone Zugposaune v; Trombone v
schuiftrompet Zugtrompete v
schuifwand Schiebewand v
schuiladres Deckadresse v; ⟨plek om te
schuilen⟩ Unterschlupf m
schuilen • beschutting zoeken unterstehen; sich
unterstellen; Schutz suchen • zich verbergen

sich verstecken ● te vinden zijn *liegen*; *stecken*
★ daar schuilt wat achter *es steckt etw.*
dahinter
schuilgaan *sich verbergen*; *sich verstecken*
schuilhok BN bus-/tramhokje *Wartehäuschen* o
schuilhouden [zich ~] *sich verborgen halten*;
sich versteckt halten
schuilhut *Schutzhütte* v
schuilkelder *Luftschutzkeller* m
schuilnaam *Deckname* m; *Pseudonym* o
schuilplaats ● verborgen plek *Versteck* o;
Unterschlupf m ● veilige plek *Unterschlupf* m
schuim ● blaasjes *Schaum* m ● gespuis
Abschaum m ● gebak *Eischnee* m
schuimbad *Schaumbad* o
schuimbekken *Schaum vor dem Mund haben*
★ ~d van woede *wutschäumend*
schuimblusser *Schaumlöscher* m
schuimen I OV WW afschuimen *abschäumen*
II ON WW schuim vormen *schäumen*
schuimgebakje *Schaumgebäck* o; *Baiser* o;
Meringue v
schuimig *schaumig*
schuimkop *Schaumkrone* v
schuimkraag *Schaumkrone* v
schuimlaag *Schaumschicht* v
schuimpje *Baiser* o; *Meringe* v; *Schaumgebäck* o
schuimplastic I ZN [het] *Schaumstoff* m **II** BNW
Schaumstoff-; *aus Schaumstoff*
schuimrubber *Schaumgummi* m
schuimspaan *Schaumlöffel* m; *Schaumkelle* v
schuin ● scheef *schräg*; *schief* ★ het ~e vlak *die*
schiefe Ebene ★ hij woont hier ~ tegenover *er*
wohnt hier schräg gegenüber ● dubbelzinnig
anzüglich; *schlüpfrig*; *obszön*
schuins I BNW ● schuin *schräg* ★ een ~e
blik werpen *schräg anschauen* **II** BIJW
● schuin ★ ~ toelopen *spitz zulaufen* ● FIG.
★ iem. ~ aankijken *jmdn. von der Seite*
ansehen
schuinschrift *Schrägschrift* v
schuinsmarcheerder *Schürzenjäger* m
schuinte ● schuine richting *Abschüssigkeit* v;
Neigung v ● helling *Abhang* m; (stijgend)
Steigung v
schuit *Schiff* o; *Kahn* m; *Boot* o; (dekschuit,
trekschuit) *Schutte* v
schuitje kleine(s) *Boot* o; *Nachen* m; *Kahn* m;
Schiffchen o ▼ in hetzelfde ~ zitten *im selben*
Boot sitzen
schuiven I OV WW duwen *schieben*; (v.
schaakstukken) *ziehen* **II** ON WW ● schuivend
bewegen *schieben*; *rutschen*; *gleiten* ★ bij
elkaar ~ *näher zusammenrücken* ● dokken
blechen
schuiver *Rutscher* m ★ een ~ maken
ausrutschen
schuld ● fout *Schuld* v ★ lichamelijk letsel door
~ *fahrlässige Körperverletzung* v
● verantwoordelijkheid *Schuld* v ★ ~ aan iets
hebben *an etw. Schuld haben* [+3] ★ de ~ van
iets dragen *die Schuld an etw. tragen* [+3]
● verplichting *Schuld* v ★ diep in de ~en
zitten *tief in Schulden stecken*; *stark*
verschuldet sein
schuldbekentenis ● bekennen van schuld

Geständnis o ● promesse *Schuldschein* m
schuldbesef *Schuldbewusstsein* o
schuldbewust *schuldbewusst*
schuldcomplex *Schuldkomplex* m
schulddelging *Schuldentilgung* v
schuldeiser *Gläubiger* m
schuldeloos *schuldlos*
schuldenaar *Schuldner* m
schuldenlast *Schuldenlast* v
schuldgevoel *Schuldgefühl* o
schuldig ● schuld hebbend ★ aan iets ~ zijn *an*
etw. schuldig sein [+3] ● verschuldigd *schuldig*
★ hoeveel ben ik u ~? *was schulde ich Ihnen?*
schuldige *Schuldige(r)* m
schuldvereffening *Schuldentilgung* v
schuldvraag *Schuldfrage* v
schulp ▼ in zijn ~ kruipen *sich einigeln*; *in sein*
Schneckenhaus kriechen ▼ uit zijn ~ kruipen
aus seinem Schneckenhaus kommen
schunnig ● armzalig *ärmlich*; *schäbig*
● obscee *schweinisch*; *obszön*
schuren I OV WW ● glad maken *reiben*; (met
schuurpapier) *schmirgeln* ● BN schrobben
schrubben; *scheuern* **II** ON WW schuiven
scheuern; *reiben*
schurft (bij mensen) *Krätze* v; (bij dieren)
Räude v ▼ de ~ aan iets hebben *etw. nicht*
ausstehen können
schurftig (bij mensen) *krätzig*; (bij dieren)
räudig
schurk *Schurke* m
schurkachtig *niederträchtig*
schurkenstaat *Schurkenstaat* m
schurkenstreek *Schurkenstreich* m; *üble(r)*
Streich m
schut ● waterkering *Schütz* o ● bescherming
Schutz m ▼ voor ~ staan *sich blamieren*
schutblad *Vorsatz(blatt)* o; *Deckblatt* o
schutkleur *Tarnfarbe* v; *Tarnfärbung* v
schutsluis *Kammerschleuse* v
schutspatroon *Schutzheilige(r)* m; *Schutzpatron*
m
schutten ● tegenhouden *stauen*; *dämmen*
● sluizen *schleusen*
schutter *Schütze* m
schutteren ● verlegen te werk gaan *sich*
ungeschickt benehmen; (spreken)
herumdrucksen ● onhandig te werk gaan
stümpern
schutterig ● verlegen *schüchtern* ● onhandig
stümperhaft
schutterij *Schützenverein* m
schuttersput *Schießscharte* v
schutting *Zaun* m
schuttingtaal ≈ *vulgäre Sprache* v
schuttingwoord ≈ *vulgäre(s)/unanständige(s)*
Wort o
schuur *Scheune* v; (berghok) *Schuppen* m
schuurmachine *Schleifmaschine* v
schuurmiddel *Scheuermittel* v
schuurpapier *Schmirgelpapier* o; *Schleifpapier* o
schuurpoeder *Scheuerpulver* v
schuurspons *Scheuerschwamm* m
schuw *scheu*
schuwen ● bang zijn voor *scheuen* ● ontwijken
meiden

SC

schuwheid *Scheu* v; ⟨verlegenheid⟩ *Schüchternheit* v
schwalbe *Schwalbe* v
schwung *Schwung* m
sciencefiction *Science-Fiction* v
scientology *Scientology* v
sclerose *Sklerose* v
scoliose *Skoliose* v
scoop *Erstveröffentlichung* v
scooter *Motorroller* m
scootmobiel *Elektroscooter* m
score *Spielergebnis* o; *Punktzahl* v; *Score* m; *Ergebnis* o; *Spielstand* m
scorebord *Anzeigetafel* v
scoren I OV WW ● SPORT doelpunt maken *Punkte erzielen*; OOK FIG. *punkten*; ⟨voetbal, handbal⟩ *ein Tor machen/machen* ● bemachtigen *einheimsen* II ON WW ● als score hebben ★ hoog ~ *eine hohe Punktzahl erzielen* ● een overwinning behalen *siegen*
scoreverloop *jeweilige(r) Punkte-/Spielstand* m; *jeweilige(s) Torverhältnis* o
scout ● padvinder *Pfadfinder* m ● talentenjager *Talent-Scout* m
scouting ● padvinderij *Pfadfinder* mv ● zoeken naar talenten *Talentsuche* v
scrabbelen *Scrabble spielen*
scrabble *Scrabble* o
scratchen MUZ. *scratchen*
screenen *überprüfen*; ⟨doorlichten⟩ *durchleuchten* ★ iem. op longkanker ~ *jmdn. auf Lungenkrebs untersuchen*
screening *Screening* o
screensaver *Bildschirmschoner* m; *Screensaver* m
screentest *Probeaufnahme* v
script *Skript* o; ⟨v. film⟩ *Drehbuch* o
scriptie *Aufsatz* m; *schriftliche Arbeit* v; ⟨voor universitair examen⟩ ≈ *Magisterarbeit* v
scriptiebegeleider *Betreuer* m *bei der Diplomarbeit*
scrollbar *Scrollbar* v
scrollen *scrollen*; COMP. *blättern*
scrotum *Skrotum* o
scrupule *Skrupel* m ★ zonder ~s *skrupellos*
scrupuleus *gewissenhaft*
sculptuur *Skulptur* v
seance *Sitzung* v; ⟨spiritisme⟩ *Séance* v
sec I BNW *trocken*; ⟨v. wijn⟩ *herb* II BIJW *genau* ★ sec bekeken *genau betrachtet*
secondair ● → *secundair*
secondant *Sekundant* m
seconde *Sekunde* v
secondelijm *Sekundenkleber* m
seconderen *sekundieren*
secondewijzer *Sekundenzeiger* m
secreet *Hexe* v
secretaire *Sekretär* m
secretaresse *Sekretärin* v
secretariaat ● ambt *Sekretariat* o ● bureau *Sekretariat* o; ⟨v. vereniging⟩ *Geschäftsstelle* v
secretarie *Gemeindeverwaltung* o
secretaris *Sekretär* m ★ particulier ~ *Privatsekretär* m
secretaris-generaal *Generalsekretär* m
sectair BN *sektarisch* *sektiererisch*
sectie ● afdeling *Abteilung* v; *Sektion* v

● autopsie *Sektion* v
sector *Bereich* m; *Sektor* m ★ agrarische ~ *Land- und Forstwirtschaft* v ★ tertiaire ~ *Dienstleistungsbereich* m ★ vrije ~ *freie(r) Markt* m ★ iets opdelen in ~en *etw. in Abschnitte aufteilen*
secularisatie *Säkularisation* v
seculier *säkular*
secundair *sekundär*; *Sekundär-* ★ dat is van ~ belang *das ist von untergeordneter Bedeutung* ★ dat zijn ~e oorzaken *das sind Nebenursachen* ★ ~e wegen *Bundesstraßen*
secuur ● zorgvuldig *präzise*; *genau*; *gewissenhaft*; *pünktlich* ● veilig *sicher*
sedert *seit* [+3] ★ ~ een week *seit einer Woche*
sedertdien *seitdem*; *seither*
sediment *Sediment* o
sedimentatie *Sedimentation* v; *Ablagerung* v
seffens BN *dadelijk* *gleich*; *nachher*
segment *Segment* o
segmentatie *Segmentierung* v; *Segmentation* v
segregatie ● afzondering *Segregation* v ● rassenscheiding *Segregation* v; *Absonderung* v
sein ● teken *Signal* o; *Zeichen* o ● voorwerp waarmee men seint *Signal* o ★ het sein staat op veilig *das Signal steht auf `Fahrt'*
seinen I OV WW bekend maken *signalisieren* II ON WW een sein geven *ein Signal geben*; *Signale geben*; ⟨met zendinstallatie⟩ *funken*
seinhuis *Stellwerk* o
seinpaal *Signalmast* m
seinsleutel *Morsetaste* v
seismisch *seismisch*
seismograaf *Seismograf* m
seismografisch *seismografisch*
seismologisch *seismologisch*
seismoloog *Seismologe* m
seizoen ● jaargetijde *Saison* v; *Jahreszeit* v ● deel van het jaar *Saison* v
seizoenarbeid *Saisonarbeit* v
seizoenarbeider *Saisonarbeiter* m [v: *Saisonarbeiterin*]
seizoenopruiming *Saisonschlussverkauf* m; ⟨na winter⟩ *Winterschlussverkauf* m; ⟨na zomer⟩ *Sommerschlussverkauf* m
seizoenscorrectie *Saisonkorrektur* v
seizoenskaart *Saisonkarte* v
seizoenswerk *Saisonarbeit* v
seizoenwerkloosheid *saisonbedingte Arbeitslosigkeit* v
seks *Sex* m
seksbioscoop *Sexkino* o; *Pornokino* o
seksbom *Sexbombe* v
sekse *Geschlecht* o
seksen I OV WW geslacht bepalen van *das Geschlecht bestimmen* [+2] ★ kuikens ~ *das Geschlecht der Küken bestimmen* II ON WW seks hebben INFORM. *Sex haben*
seksisme *Sexismus* m
seksist *Sexist* m
seksistisch *sexistisch*
seksleven *Sexualleben* o
sekslijn ≈ *Telefonnummer* v *für Telefonsex*
seksmaniak *Sexprotz* m
seksshop *Sexshop* m

sekssymbool *Sexsymbol* o
seksualiteit *Sexualität* v
seksueel *sexuell; Sexual-* ★ seksuele
  voorlichting *Sexualaufklärung* v
seksuologie *Sexuologie* v
seksuoloog *Sexologe* m
sektarisch *sektiererisch*
sekte *Sekte* v
sekteleider *Sektenführer* m
sektelid *Sektenmitglied* o
selderij, selderie, BN **selder** *Sellerie* m
select *erlesen; auserlesen*
selecteren *selektieren; auswählen*
selectie *Auswahl* v; *Auslese* v ★ een ~ maken
  eine Auswahl treffen ★ een strenge ~ *nach*
  strengen Kriterien auswählen
selectiecriterium *Auswahlkriterium* o;
  Selektionskriterium o
selectief *selektiv*
selectiewedstrijd *Qualifikationsspiel* o
semafoon ≈ *drahtloses Gerät* o *für das*
  Aussenden von Suchmeldungen
semantiek *Semantik* v
semester *Semester* o
semi- *semi-; Semi-; halb-; Halb-*
semiautomatisch *halb automatisch*
Semiet *Semit* m
seminaar *Seminar* o
seminar *Seminar* o
seminarie ● REL. *Seminar* o ● BN *seminar*
  Seminar o
seminarium *Seminar* o
semioverheidsbedrijf *halbstaatliche(s)*
  Unternehmen o
semipermeabel *semipermeabel*
semiprof *Halbprofi* m; *Semiprofi* m
Semitisch ● m.b.t. volk *semitisch* ● TAALK.
  semitisch
senaat *Senat* m
senator *Senator* m
Senegal *Senegal* m
Senegalees *Senegalese* m
seniel *senil*
senior I ZN [de] *Senior* m **II** BNW *senior; der*
  Ältere (d.Ä.)
seniorenelftal ‹i.t.t. junioren›
  Herrenmannschaft v
seniorenflat *Seniorenresidenz* v
seniorenkaart *Seniorenkarte* v; ‹stamkaart›
  Seniorenpass m
seniorenpas *Seniorenpass* m
sensatie ● opschudding *Sensation* v ★ op ~
  belust *sensationslüstern* ★ ~ veroorzaken
  Aufsehen erregen ● gewaarwording
  Empfindung v
sensatieblad *Sensationsblatt* o
sensatiepers *Regenbogenpresse* v;
  Sensationspresse v
sensatiezucht *Sensationssucht* v
sensationeel *sensationell*
sensibel ● betrekking hebbend op gevoel
  Empfindungs-; empfindungs- ● vatbaar voor
  indrukken *sensibel; sensitiv*
sensibiliseren BN *aufmerksam machen* [auf+4]
sensitief *sensibel; sensitiv*
sensitiviteit *Sensitivität* v

sensor *Sensor* m
sensualiteit *Sensualität* v
sensueel *sinnlich; Sinnen-*
sentiment *Sentiment* o
sentimentaliteit *Sentimentalität* v
sentimenteel *sentimental* ★ ~ liedje *Schnulze* v
separaat *einzeln; getrennt; separat*
separatisme *Separatismus* m
separatist *Separatist* m; *Separatistin* v
separatistisch *separatistisch*
sepia *Sepia* v
seponeren *einstellen; zu den Akten legen* ★ een
  zaak ~ *ein Verfahren einstellen*
september *September* m
septet *Septett* o
septic tank *septische(r) Tank* m
septisch *septisch*
sequentie *Sequenz* v
SER OMSCHR. *Wirtschaftsrat* m, *zusammengestellt*
  aus Arbeitnehmern, Arbeitgebern und
  unabhängigen Mitgliedern
sereen *erhaben*
serenade *Serenade* v; *Ständchen* o
sergeant *Sergeant* m; *Unteroffizier* m
sergeant-majoor *Feldwebel* m
serie ● reeks *Serie* v; *Folge* v; *Reihe* v;
  ‹postzegels› *Satz* m ★ in ~ *serienweise;*
  serienmäßig ● groot aantal *Serie* v; *Reihe* v
  ● SPORT *Qualifikationslauf* m
serieel *seriell*
seriemoordenaar *Serienmörder* m
serienummer *Seriennummer* v
serieproductie *Serienproduktion* v;
  Serienfertigung v
serieus *seriös; ernsthaft*
sering *Flieder* m
seropositief *seropositiv*
serotonine *Serotonin* o
serpent ● MIN. persoon *Schlange* v; *Giftkröte* v
  ● slang *Schlange* v
serpentine *Luftschlange* v
serre ● broeikas *Treibhaus* o ● glazen veranda
  Veranda v; *Gartenzimmer* o; *Wintergarten* m
serum *Serum* o
SERV BN Sociaal-Ecomische Raad voor
  Vlaanderen *Sozialökonomischer Rat* m *für*
  Flandern
serveerster *Kellnerin* v; *Serviererin* v
server *Server* m
serveren ● opdienen *servieren; auftragen;*
  bedienen ● SPORT *servieren; aufschlagen*
servet *Serviette* v
servetring *Serviettenring* m
service *Service* m ★ ~ verlenen *Kundendienst*
  leisten
servicebeurt *Inspektion* v ★ een auto een ~
  geven *ein Auto zur Inspektion bringen*
servicedienst *Kundendienst* m
serviceflat *Seniorenwohnung* v
servicekosten *Unterhaltskosten* mv
servicestation *Tankstelle* v (mit Werkstatt)
Servië *Serbien* o
serviel *unterwürfig*
Serviër *Serbe* m
servies *Service* o; *Tafelgeschirr* o
serviesgoed *Tafelgeschirr* o

se

servieskast *Geschirrschrank* m
Servisch *serbisch*
Servische *Serbin* v
Servo-Kroatisch *serbokroatisch*
sesam *Sesam* m
sesamzaad *Sesam* m
sessie • zitting *Session* v; *Sitzung* v • jamsession *Session* v
sessiemuzikant *Sessionsmusiker* m
set • stel *Set* m/o • SPORT *Satz* m • filmdecor *Drehort* m
setpoint *Satzball* m
settelen [zich ~] *sich niederlassen*
setter *Setter* m
setting *Setting* o; *Umgebung* v; *Schauplatz* m
set-up • *Aufbau* m • COMP. *Setup* o • SPORT ⟨volleybal⟩ *Vorlage* v
Sevilla *Sevilla* o
sexappeal *Sex-Appeal* m
sextant *Sextant* m
sextet *Sextett* o
sexy *sexy*
Seychellen *Seychellen* mv
SF *Science-Fiction* v
sfeer • stemming *Atmosphäre* v; *Stimmung* v ★ op het werk heerst een gespannen ~ *auf der Arbeit ist die Stimmung angespannt* ★ deze stad heeft geen ~ *diese Stadt hat kein Flair* • domein *Sphäre* v ★ inbreuk maken op de persoonlijke ~ *die Integrität der persönlichen Sphäre verletzen*
sfeerverlichting *Stimmungsbeleuchtung* v
sfeervol *stimmungsvoll*
sfinx *Sphinx* v
's-Gravenhage • → **Den Haag**
shag *Tabak* m
shampoo *Shampoo* o
shampooën *schamponieren*
Shanghai • → **Sjanghai**
shareware *Shareware* v
shawl • → **sjaal**
sheet *Sheet* o; *Papier* o
sheriff *Sheriff* m
sherpa *Sherpa* v
sherry *Sherry* m
's-Hertogenbosch • → **Den Bosch**
Shetlandeilanden *Shetlandinseln* mv
shifttoets *Umschalttaste* v
shiitake *Schiitake(pilz)* m
shirt *Shirt* o; SPORT *Trikot* o; ⟨bloes⟩ *Freizeithemd* o
shirtreclame *Trikotwerbung* v
shirtsponsoring *Shirtsponsoring* o
shish kebab *Sis Kebab* v
shit *Scheiße*
shoarma *Shoarma* o ★ een broodje ~ *ein Brötchen mit geröstetem Schaffleisch*
shock *Schock* m
shockproof *stoßfest; stoßsicher*
shocktherapie *Schocktherapie* v
shocktoestand *Schock* m; *Schockzustand* m
shoppen *einkaufen gehen; shoppen*
shortcut *Shortcut* m
shorts *Shorts* mv
shorttrack *Shorttrack* m
shorttrackschaatsen, shorttracken *Shorttrack machen*
shot • filmopname *Aufnahme* v • injectie *Schuss* m
shotten BN voetballen *Fußball spielen*
shovel *Löffelbagger* m
show • voorstelling *Show* v; *Schau* v • vertoning *Vorführung* v
showbink *Aufschneider* m; *Prahlhans* m
showbusiness *Showbusiness* o
showen *vorführen; ausstellen*; ⟨zich voordoen⟩ *eine Schau/Show abziehen*
showroom *Ausstellungsraum* m
shuttle • SPORT *Federball* m • ruimteveer *Spaceshuttle* m
si *Si* o
siamees *Siamese* m
Siberië *Siberien* o
Siberisch *sibirisch*
siberisch ▾ het laat me ~ *es lässt mich kalt*
sic *sic!*
Siciliaans *sizilianisch*
Sicilië *Sizilien* o
sickbuildingsyndroom *Sick-Building-Syndrom* o
sidderaal *Zitteraal* m
sidderen *zittern*
siddering *Zittern* o
sidderrog *Zitterrochen* m
SI-eenheid *SI-Einheit* v
sier *Zierde* v; *Verzierung* v
sieraad • juweel *Schmuckstück* o; *Schmuck* m • opschik *Zierde* v
sieren • tooien *schmücken* • tot eer strekken *zieren* ★ het siert hem, dat... *es gereicht ihm zur Ehre, dass...*
siergewas *Zierpflanze* v
sierheester *Zierstrauch* m
sierlijk *zierlich*; ⟨gracieus⟩ *anmutig*; ⟨elegant⟩ *elegant*
sierplant *Zierpflanze* v; *Zimmerpflanze* v
Sierra Leone *Sierra Leone* o
Sierra Leoons *sierra-leonisch*
sierspeld *Anstecknadel* v
sierstrip *Zierleiste* v
siervuurwerk *Brillantfeuerwerk* o
siësta *Siesta* v
sifon • spuitfles *Siphonflasche* v • afvoerbuis *Siphon* m; *Geruchsverschluss* m; *Traps* m
sigaar *Zigarre* v ▾ de ~ zijn *der Dumme sein*
sigarendoos *Zigarrenkiste* v
sigarenroker *Zigarrenraucher* m
sigarenwinkel *Tabakladen* m
sigaret *Zigarette* v
sigarettenautomaat *Zigarettenautomat* m
sigarettenpijpje *Zigarettenspitze* v
sightseeën *ein Sightseeing machen*
signaal *Signal* o
signalement *Personenbeschreibung* v; ⟨hoedanigheden⟩ *Charakteristik* v
signaleren • attenderen op *hinweisen auf* [+4] • opmerken *bemerken; wahrnehmen*
signalisatie BN bewegwijzering *Beschilderung* v
signatuur • handtekening *Signatur* v • kenmerk *Prägung* v
signeren *signieren*
significant *signifikant*
sijpelen *sickern*

sijs *Zeisig* m
sik ● baard *Spitzbart* m ● geit *Ziege* v
sikh *Sikh* m
sikkel *Sichel* v
sikkelvormig *sichelförmig*
sikkeneurig *miesepeterig*; *mürrisch*; *nörglerisch*
silhouet *Silhouette* v
silicon *Silikon* o
siliconenkit *Silikonkitt* m
silo *Silo* o
sim *SIM* o
simkaart *SIM-Karte* v
simlock *Simlock* m
simpel ● eenvoudig *simpel*; *einfach* ● onnozel
 einfältig; *simpel*
simpelweg *schlichtweg*
simplificeren *simplifizieren*; *vereinfachen*
simplistisch *einfältig*; *simpel*
simsalabim *Simsalabim*
simulant *Simulant* m
simulatie *Simulation* v
simulator *Simulator* m
simuleren *simulieren*
simultaan *simultan*
simultaanpartij *Simultanpartie* v
sinaasappel *Orange* v; *Apfelsine* v
sinaasappelhuid *Orangenhaut* v
sinaasappelkistje *Apfelsinenkiste* v;
 Orangenkiste v
sinaasappelsap *Orangensaft* m; *Apfelsinensaft*
 m
sinaasappelschil *Apfelsinenschale* v;
 Orangenschale v
Sinaï ⟨schiereiland, woestijn⟩ ⟨berg⟩ *Sinai* m;
 ⟨schiereiland⟩ *Sinai-Halbinsel* v
sinas *Orangeade* v
sinds I vz *seit* [+3] ★ ~ een week *seit einer
 Woche* II vw *seit(dem)* ★ ~ zij weg is... *seit sie
 weg ist...*
sindsdien *seitdem*
sinecure ▼ dat is geen ~ *das ist keine leichte
 Aufgabe*
Singapore *Singapur* o
singel ● stadsgracht *Ringgraben* m ● weg *Ring*
 m
single ● MUZ. geluidsdrager met korte speeltijd
 Single(platte) v ● SPORT enkelspel *Einzel(spiel)*
 o; *Single* o
singlet *ärmellose(s) Unterhemd* o
sinister *sinister*
sinoloog *Sinologe* m
sint *Heilige(r)* m ★ Sint-Nicolaas *Sankt* m
 Nikolaus
sint-bernardshond, sint-bernard *Bernhardiner*
 m
sintel *Zinder* m; *Schlacke* v
sintelbaan *Aschenbahn* v
sint-elmsvuur *St.-Elms-Feuer* o
Sinterklaas *Sankt* m *Nikolaus*
sinterklaas *Nikolaus* m
sinterklaasavond *Nikolausabend* m
sinterklaasfeest *St. Nikolausfest* o
sinterklaasgedicht *Nikolausgedicht* o
Sint-Eustatius *St-Eustatius* o; OUD. *St. Eustaz* o
sint-janskruid *Tüpfel-Johanniskraut* o
sint-juttemis ▼ met ~ *am Sankt-Nimmerleins-Tag*

Sint-Maarten *Martinstag*
Sint-Nicolaas *Sankt Nikolaus* m
Sint-Petersburg *Sankt Petersburg*
Sint-Petersburgs *Sankt Petersburger*
sinus *Sinus* m
sinusitis *Sinusitis* v; *Nebenhöhlenentzündung* v
sinusoïde *Sinuskurve* v; *Sinuslinie* v
sip *betreten*; *niedergedrückt*
sire *Sire* m
sirene *Sirene* v; ⟨v. politie, brandweer en
 ziekenwagen⟩ *Martinshorn* o
sirocco *Schirokko* m
siroop *Sirup* m
sirtaki *Sirtaki* m
sisal *Sisal* m
sissen *zischen*
sisser *Knallfrosch* m ▼ met een ~ aflopen
 glimpflich ausgehen
sitar *Sitar* m
sitcom *Sitcom* v
site *Site* v
sit-in *Sit-in* o; *Sitzstreik* m
situatie *Lage* v; *Situation* v
situatieschets *Lageskizze* v
situatietekening *Lageplan* m
situeren *situieren* ★ in welke eeuw zou je dat
 vooral ~? *in welchem Jahrhundert würdest du
 das Ereignis ansiedeln?*
sit-up *Sit-up* m
sixtijns *sixtinisch* ★ Sixtijnse Kapel *Sixtinische
 Kapelle* v
sjaal *Schal* m
sjabloon *Schablone* v ★ volgens ~
 schablonenhaft; *schablonenmäßig*
sjacheraar *Schacherer* m
sjacheren *schachern*
sjah *Schah* m
sjalom *schalom*
sjalot *Schalotte* v
sjamaan *Schamane* m
Sjanghai *Shanghai* o
sjans ▼ ~ hebben *gut ankommen*
sjansen *schäkern*
sjasliek *Schaschlik* o
sjees *Chaise* v
sjeik *Scheich* m
sjeikdom *Scheichtum* o
sjekkie *selbst gedrehte Zigarette* v
sjerp *Schärpe* v
sjezen ● hard gaan *wetzen*; *hetzen*; ⟨rijdend⟩
 rasen ● niet slagen *durchfallen* ★ een
 gesjeesd persoon *eine gescheiterte Person*
sjiiet *Schiit* m
sjiitisch *schiitisch*
sjilpen *zwitschern*; *schilpen*
sjirpen *zirpen*
sjoege ▼ ergens geen ~ van hebben *keine
 Ahnung von etw. haben* ▼ geen ~ geven *keine
 Reaktion zeigen*
sjoelbak ≈ *holländische(s) Spielgerät* o *mit
 Scheibchen, die in Öffnungen gezielt werden
 müssen*
sjoelen *mit dem 'Sjoelbak' spielen*
sjoemelen *schummeln*
sjofel *schäbig*
sjokken *trotten*; *zockeln*

sj

sjorren ● vastbinden *zurren* ● trekken *zerren*
sjotten BN, INFORM. voetballen *Fußball spielen*
sjouw *Plackerei* v; *Schufterei* v ▼ op ~ zijn *unterwegs sein*
sjouwen I OV WW dragen *schleppen* II ON WW ● zwoegen *sich abrackern*; *schuften* ● rondlopen *rennen* ● nachtbraken INFORM. *sumpfen*; *bummeln*
ska *Ska* m
Skagerrak *Skagerrak* o
skai I ZN [het] *Skai* o II BNW *Skai-*; *aus Skai*
skateboard *Skateboard* o
skateboarden *Skateboard fahren*; *skateboarden*
skaten *Rollschuh laufen*; *(roller)skaten*
skater *Rollschuhläufer* m; *(Roller)Skater* m
skeeler *Inliner* m; *Inlineskates* mv
skeeleren *skaten*
skelet *Skelett* o
skeletbouw *Skelettbau* m
skelter *Gokart* m
sketch *Sketch* m
ski ● sneeuwschaats *Ski* m ● landingsgestel *Kufe* v
skibox *Skibox* v
skibril *Skibrille* v
skibroek *Skihose* v
skiën *Ski laufen*; *Ski fahren*
skiër *Skiläufer* m; *Skifahrer* m
skiff *Einer* m; *Skiff* o
ski-jack *Skijacke* v
skileraar *Skilehrer* m
skiles *Schiunterricht* m
skilift *Skilift* m
skin *Skin* m
skinhead *Skinhead* m
skipak *Skianzug* m
skipas *Skipass* m
skipiste *Skipiste* v
skippybal *Sprungball* m
skischans *Sprungschanze* v
skischoen *Skischuh* m; *Schischuh* m
skispringen *Skispringen machen*
skistok *Skistock* m; *Schistock* m
skivakantie *Skiurlaub* m
Skopje *Skopje* o
skybox *VIP-Loge* v
skyline *Skyline* v
skypen *skypen*
sla *Salat* m
slaaf *Sklave* m
slaafs *sklavisch*
slaag ▼ iem. ~ geven *jmdn. schlagen* ▼ ~ krijgen *Haue kriegen*
slaags ▼ ~ raken *handgemein werden*; *aneinandergeraten*
slaan I OV WW ● slagen geven *schlagen* ● in een toestand of positie brengen ★ de armen over elkaar ~ *die Arme vor der Brust verschränken* ● verslaan *schlagen* ● vervaardigen ★ munten ~ *Münzen prägen* ▼ naar binnen ~ *reinhauen* ▼ er voordeel uit ~ *einen Vorteil herausschlagen* II ON WW ● een slaande beweging maken *schlagen* ● in een toestand komen *schlagen* ★ het paard is op hol geslagen *das Pferd ist durchgegangen* ★ hij sloeg tegen de grond *er fiel auf den Boden*

● ~ **op** *sich beziehen auf* [+4] ★ dat slaat op mij *das bezieht sich auf mich* ▼ aan het rekenen ~ *anfangen zu rechnen*
slaand ★ ~e klok *Uhr mit Schlagwerk* v ★ ~e ruzie krijgen met iem. *hart mit jmdm. aneinandergeraten*
slaap ● rust *Schlaf* m ★ in ~ sukkelen *eindösen* ★ iem. in ~ sussen *jmdn. einschläfern/einlullen* ★ in ~ vallen *einschlafen* ★ de ~ niet kunnen vatten *nicht einschlafen können* ● neiging tot slapen *Schläfrigkeit* v ★ ~ krijgen *schläfrig werden* ● zijkant van hoofd *Schläfe* v
slaapbank *Schlafcouch* v
slaapcoupé *Schlafwagenabteil* o
slaapdrank *Schlaftrank* m; *Schlaftrunk* m
slaapdronken *schlaftrunken*
slaapgebrek *Schlaf* m *haben*; *zu wenig Schlaf haben* m
slaapgelegenheid *Schlafgelegenheit* v
slaapkamer *Schlafzimmer* o
slaapkamergeheimen *Schlafzimmergeheimnisse* mv
slaapkleed BN, INFORM. nachthemd *Nachthemd* o
slaapkop *Schlafmütze* v
slaapliedje *Schlaflied* o; *Gutenachtlied* o
slaapmatje *Schlafmatte* v
slaapmiddel *Schlafmittel* o
slaapmutsje *Schlaftrunk* m
slaapogen ⟨v.d. slaap⟩ *schläfrige Augen* o mv; ⟨poppenogen/autolampen⟩ *Schlafaugen* o mv
slaappil *Schlaftablette* v
slaapplaats *Schlafplatz* m
slaapstad *Schlafstadt* v
slaapster ▼ de schone ~ *Dornröschen* o
slaapstoornis *Schlafstörung* v
slaaptrein *Zug* m *mit Schlaf- und Liegewagen*
slaapverwekkend ● slaperig makend *einschläfernd* ● saai *einschläfernd*
slaapwandelaar *Schlafwandler* m
slaapwandelen I ZN [het] *Schlafwandeln* o II ON WW *schlafwandeln*
slaapzaal *Schlafsaal* m
slaapzak *Schlafsack* m
slaatje *Salat* m ▼ ergens een ~ uit slaan *seinen Teil bei etw. herausholen*
slabbetje *Lätzchen* o
slablad *Salatblatt* o
slaboon *Brechbohne* v
slacht *Schlachten* o
slachtbank *Schlachtbank* v
slachten *schlachten*
slachter *Schlachter* m
slachthuis *Schlachthof* m
slachting ● het slachten *Schlachtung* v ● bloedbad *Gemetzel* o; *Blutbad* o
slachtoffer *Opfer* o
slachtofferhulp *Opferhilfe* v
slachtpartij *Gemetzel* o; ⟨bloedbad⟩ *Blutbad* o
slachtvee *Schlachtvieh* o
slag I ZN [de] ● klap *Schlag* m; *Hieb* m; *Streich* m ★ zonder slag of stoot *mit einem Schlag*; *auf einen Streich* ● geluid *Schlag* m ● keer dat iets slaat *Tour* v; *Umdrehung* v ★ op slag van twaalven *Schlag zwölf* ● tegenslag *Schlag* m ● veldslag *Schlacht* v ● handigheid *Handgriff*

m; *Dreh* ★ de slag van iets te pakken hebben *etw. im Griff haben* ● ronde van kaartspel *Stich* m ★ alle slagen halen *alle Stiche machen* ● haal, streek *Schlag* m; ⟨schaatsen⟩ *Strich* m ★ vrije slag *Freistil* m ▼ aan de slag gaan *sich an die Arbeit machen* ▼ op slag dood zijn *auf der Stelle sterben* ▼ BN zich goed uit de slag trekken *sich zu helfen wissen* ▼ van slag zijn *verwirrt/durcheinander sein* ▼ een slag om de arm houden *sich nicht ganz festlegen* ▼ BN zijn slag thuishalen *siegen; gewinnen* ▼ een slag in de lucht/BN een slag in het water *einen Schlag ins Wasser* II ZN [het] soort *Schlag* m; *Art* v

slagader *Schlagader* v
slagbal *Schlagball* m
slagboom *Schranke* v; ⟨aan grens⟩ *Schlagbaum* m

slagen ● succes hebben *Erfolg haben*; *gelingen* ★ zijn pogingen zijn niet geslaagd *seine Bemühungen sind erfolglos geblieben* ★ hij kon er niet in ~ *es wollte ihm nicht gelingen* ★ hij is met zijn project geslaagd *sein Unternehmen war erfolgreich* ● goede uitslag behalen *bestehen* ★ voor het examen ~ *die Prüfung bestehen*
slagenwisseling *Schlagabtausch* m; *Ballwechsel* m
slager *Metzger* m; *Fleischer* m
slagerij *Metzgerei* v; *Fleischerei* v
slaggitaar *Schlaggitarre* v
slaghoedje *Zündkapsel* v
slaghout *Schlagholz* o
slaginstrument *Schlaginstrument* o
slagkracht *Schlagkraft* v
slaglinie *Schlachtlinie* v
slagorde *Schlachtordnung* v
slagpen *Schwungfeder* v
slagpin *Zündstift* m
slagregen *Platzregen* m
slagroom *Schlagsahne* v
slagroompunt *Stück* o *Sahnetorte*
slagroomtaart *Sahnetorte* v
slagschip *Schlachtschiff* o
slagtand *Stoßzahn* m; ⟨bij wild zwijn, walrus⟩ *Hauer* m
slagvaardig ● strijdvaardig *kampfbereit* ● doortastend *tatkräftig* ● gevat *schlagfertig*
slagveld *Schlachtfeld* o
slagwerk ● MUZ. *Schlagzeug* o ● deel uurwerk *Schlagwerk* o
slagwerker *Schlagzeuger* m
slagzij *Schlagseite* v
slagzin *Schlagwort* o
slak ● weekdier *Schnecke* v ● sintel *Schlacke* v
slaken *ausstoßen* ★ een kreet/gil ~ *einen Schrei ausstoßen*
slakkengang *Schneckentempo* o
slakkenhuis ● huis van slak *Schneckenhaus* o; *Schneckengehäuse* o ● gehoorgang *Schnecke* v
slalom *Slalom* m
slampamper *Müßiggänger* m
slang¹ ● dier *Schlange* v ● buis *Schlauch* m
slang² (zeg: sleng) *Slang* m
slangenbeet *Schlangenbiss* m
slangenbezweerder *Schlangenbeschwörer* m

slangengif *Schlangengift* o
slangenleer *Schlangenleder* o
slangenmens *Schlangenmensch* m
slank *schlank*
slaolie *Salatöl* o; *Speiseöl* o
slap I BNW ● niet stijf *weich* ★ de slappe hoed *der Schlapphut* ● niet strak *schlaff*; *schlapp* ● zwak, niet sterk *kraftlos*; *schwach* ★ een slappe kerel *ein Schwächling* m ● niet pittig *dünn* ● inhoudsloos *schlapp*; *seicht*; *hohl* ★ slap gekletst *dumme(s)/blöde(s) Gerede* ● niet druk *matt*; *flau*; *still* II BIJW ▼ zich slap lachen *sich schieflachen*; *sich biegen vor Lachen*
slapeloos *schlaflos*
slapeloosheid *Schlaflosigkeit* v
slapen ● in slaap zijn *schlafen* ★ gaan ~ *schlafen gehen* ● FIG. suffen *schlafen* ● tintelen ⟨v. ledematen⟩ *schlafen* ● ~ met vrijen *met schlafen mit*
slaper ● iem. die slaapt *Schlafende(r)* m ● gast *Schlafgast* m
slaperig ● slaap hebbend *schläfrig* ● suf *träge*; *verschlafen*
slapie *Stubenkamerad* m
slapjanus *Schlappschwanz* m
slapjes *schlapp*; *flau*
slappeling *Schlappschwanz* m
slapstick *Slapstick* m
slapte *Schlappheit* v; ECON. *Lustlosigkeit* v; ⟨het niet doortastend zijn⟩ *Laschheit* v
slasaus *Salatsoße* v
slash *Schrägstrich* m
slavenarbeid *Sklavenarbeit* v
slavenarmband *Armreif* m
slavendrijver *Sklaventreiber* m
slavenhandel *Sklavenhandel* m
slavenhandelaar *Sklavenhändler* m
slavernij *Sklaverei* v
slavin *Sklavin* v
slavink *in Speck gewickelte(s) Fleischröllchen* o
Slavisch *slawisch*
slavist *Slawist* m
slavistiek *Slawistik* v
slecht I BNW ● van geringe kwaliteit *schlecht* ● ongunstig *schlecht* ● moreel slecht *schlecht* ★ door en door ~ *grundschlecht* ▼ niet ~! *nicht übel!* II BIJW ongunstig ★ er ~ aan toe zijn *übel dran sein*
slechten ● slopen *abreißen*; *niederreißen* ★ een muur ~ *eine Mauer abtragen* ● effen maken *ebnen*; *planieren*
slechterik *Lump* m; *Bösewicht* m
slechtgezind BN *missmutig*; *verdrießlich*
slechtheid *Schlechtigkeit* v
slechthorend *schwerhörig*
slechtnieuwsgesprek ⟨algemeen⟩ *Gespräch* o *mit schlechten Nachrichten*; ⟨i.v.m. ontslag⟩ *Kündigungsgespräch* o
slechts *nur*; *bloß*; *lediglich*
slechtvalk *Wanderfalke* m
slechtziend *sehbehindert*
slede ● → slee
sledehond *Schlittenhund* m
slee ● glijdend voertuig *Schlitten* m ● onderstel *Schlitten* m ● grote auto *Schlitten* m ★ als je in zo'n slee rijdt *wenn man in so einem*

sl

Schlitten fährt ★ slee van een wagen *Straßenkreuzer* m

sleedoorn *Schlehdorn* m

sleeën *Schlitten fahren*

sleehak *Keilabsatz* m

sleep ● deel van gewaad *Schleppe* v ● gevolg *Geleit* o; *Gefolge* o ● vaar-/voertuig ⟨auto⟩ *geschleppte(r) Wagen* m; ⟨schepen⟩ *Schleppzug* m

sleepboot *Schlepper* m

sleepdienst *Schleppdienst* m

sleep-in *Sleep-in* o

sleepkabel *Schleppseil* o; ⟨auto⟩ *Abschleppseil* o

sleepketting *Abschleppseil* o; *Abschleppkette* v

sleeplift *Schlepplift* m

sleepnet *Schleppnetz* o

sleeptouw *Schlepptau* o ▼ iem. op ~ nemen *jmdn. ins Schlepptau nehmen*

sleepvaart *Schleppschifffahrt* v

sleepwagen *Abschleppwagen* m

Sleeswijk-Holstein *Schleswig-Holstein* o

sleets ● versleten *verschlissen* ★ ~e schoenen *verschlissene Schuhe* ● slordig *schlampig*

slempen *schlemmen*; *prassen*

slemppartij *Gelage* o

slenk ● geologisch *Graben* m ● geul *Priel* m

slenteren *schlendern*

slentergang *Schlendergang* m

slepen ● over de grond gaan *bis auf den Boden hängen* ● traag verlopen *schleppen* ★ een ~de ziekte *eine schleichende Krankheit* ★ iets laten ~ *etw. in die Länge ziehen*

sleper *Schlepper* m; ⟨visser⟩ *Trawler* m

slet *Schlampe* v; ⟨hoer⟩ *Nutte* v

sleuf ● groef *Rille* v ● opening *Schlitz* m; *Spalt* m

sleur *Trott* m; *Schlendrian* m ★ dagelijkse ~ *Alltagstrott* m

sleuren I OV WW voortslepen *schleifen*; *zerren* **II** ON WW traag voortgaan *sich hinziehen*; *sich in die Länge ziehen*

sleutel ● werktuig dat slot opent *Schlüssel* m ★ valse ~ *Dietrich* m ● gereedschap *Schlüssel* m ★ Engelse ~ *Rollgabelschlüssel* m ● FIG. middel tot oplossing *Schlüssel* m ● MUZ. *Schlüssel* m

sleutelbeen *Schlüsselbein* o

sleutelbloem *Schlüsselblume* v

sleutelbos *Schlüsselbund* o

sleutelen ● LETT. repareren *herumdoktern* ● FIG. klooien *herumhantieren*; *basteln*

sleutelfiguur *Schlüsselfigur* v

sleutelfunctie *Schlüsselfunktion* v

sleutelgat *Schlüsselloch* o

sleutelgeld *Baukostenzuschuss* m

sleutelhanger *Schlüsselanhänger* m

sleutelkind *Schlüsselkind* o

sleutelpositie *Schlüsselposition* v

sleutelring *Schlüsselring* m

sleutelrol *Schlüsselrolle* v

sleutelwoord *Schlüsselwort* o

slib ● bezinksel *Niederschlag* m; ⟨bij ertsen⟩ *Schlamm* m ● slijk *Schlick* m

slibberig *rutschig*; *glitschig*

sliding ● glijbeweging *Slidingtackling* o ● roeibankje *Rollsitz* m

sliert ● lange rij *Kette* v; *Reihe* v; ⟨voertuigen⟩ *Kolonne* v ● neerhangend iets ⟨damp, rook, mist⟩ *Schwaden* m; ⟨haar⟩ *Strähne* v ● lange slungel *Bohnenstange* v

slijk *Schlamm* m ▼ iem. door het ~ halen *jmdn. in den Dreck ziehen* ▼ het ~ der aarde *das schnöde Geld*

slijm *Schleim* m

slijmafscheiding *Schleimabsonderung* v

slijmbal *Schleimscheißer* m; *Schleimer* m

slijmbeurs *Schleimbeutel* m

slijmen *schleimen*

slijmerd *Schleimer* m; INFORM. *Schleimscheißer* m

slijmerig *schleimig*

slijmjurk *Schleimscheißer* m

slijmlaag *Schleimschicht* v

slijmvlies *Schleimhaut* v

slijmvliesontsteking *Schleimhautentzündung* v

slijpen ● scherp maken *schleifen*; *schärfen*; ⟨v. potlood⟩ *anspitzen* ● polijsten *polieren*

slijper ● persoon *Schleifer* m ● toestel *Schleifgerät* o

slijpsteen *Schleifstein* m; *Wetzstein* m

slijtage *Verschleiß* m; *Abnutzung* v

slijtageslag *Abnutzungsschlacht* v

slijten I OV WW ● verslijten *abnutzen*; *verschleißen*; *verbrauchen*; *(durch)schleißen* ● tijd doorbrengen *verbringen*; *zubringen* ● verkopen *verkaufen* **II** ON WW ● achteruitgaan *sich abnutzen*; *verschleißen*; *verbraucht werden* ● overgaan ★ dat zal wel ~ *das wird schon vorübergehen*

slijter *Wein- und Spirituosenhändler* m

slijterij *Wein- und Spirituosenhandlung* v

slijtplek *verschlissene Stelle* v

slijtvast *verschleißfest*

slik ● slijk *Schlamm* m; *Schlick* m ● aangeslibde grond *Schlickboden* m

slikken ● doorslikken *(hinunter)schlucken* ● aanvaarden *schlucken* ★ veel moeten ~ *viel schlucken/einstecken müssen*

slikreflex *Schluckreflex* m

slim *klug*

slimheid *Klugheit* v; ⟨listigheid⟩ *Schlauheit* v

slimmerd *Schlaumeier* m; *Schlauberger* m

slimmerik *Schlaumeier* m; *Schlaufuchs* m; *Schlauberger* m; *Schlaukopf* m

slimmigheid *Schlauheit* v

slinger ● het slingeren *Schleuderbewegung* v; *Schlenker* m ● zwengel *Schwengel* m; *Kurbel* v ● deel van klok *Pendel* o ● versiering *Girlande* v ● werptuig *Schleuder* v

slingeraap *Klammeraffe* m

slingeren I OV WW ● werpen *schleudern*; *schwingen* ● winden om *winden*; *schlingen* **II** ON WW ● zwaaien *schwingen*; *pendeln*; *baumeln*; *schlenkern* ● waggelen *schwanken*; *taumeln* ● kronkelen *sich schlängeln*; *sich winden* ● SCHEEPV. *schwanken*; *schlingern* ● ordeloos liggen *herumliegen*

slingerplant *Schlingpflanze* v

slingerweg *Schlängelweg* m

slinken *abnehmen*; *schwinden*; ⟨krimpen⟩ *schrumpfen* ★ de groente slinkt bij het koken *das Gemüse kocht ein*

slinks *krumm; tückisch*
slip • afhangend deel *Zipfel* m • onderbroek *Slip* m • glijpartij *Schleudern* o; *Rutschen* o
slipcursus *Schleuderkurs* m
slipgevaar *Schleudergefahr* v; *Rutschgefahr* v
slip-over *Pullunder* m
slippen • doorschieten *schlüpfen* • uitglijden *schlittern*; *rutschen*; 〈auto〉 *schleudern*
slipper *Slipper* m
slippertje ★ een ~ maken *einen Seitensprung machen*
slipstream *Windschatten* m; *Sog* m
slissen *lispeln*
slobberen I OV WW slurpen *schlürfen* **II** ON WW floddderig zitten *schlenkern*; *schlottern*
slobbertrui *Schlapperpulli* m
sloddervos 〈man〉 *Schluderjan* m; 〈vrouw〉 *Schlampe* v
sloeber *Schlucker* m
sloef ▼ onder de ~ liggen *unter dem Pantoffel stehen*
sloep • kleine boot *Schlup* v • reddingsboot *Rettungsboot* o; *Schaluppe* v
sloerie *Schlampe* v
slof • pantoffel *Schlappen* m; *Pantoffel* m • pak sigaretten *Stange* v ▼ op zijn sloffen *in aller Gemütlichkeit*; *ganz gemächlich*
sloffen *schlurfen*
slogan *Schlagwort* o; *Slogan* m
slok • het slikken ★ een flinke slok *ein herzhafter/großer Schluck* • borreltje *Schluck* m ▼ dat scheelt een slok op een borrel *das macht kaum was aus*
slokdarm *Speiseröhre* v
slokken *schlingen*
slokop *Nimmersatt* m; *Vielfraß* m
slome *trübe Tasse* v; *Döskopp* m; *Schlappschwanz* m
slons *Schlendrian* m
slonzig *schlampig*
sloof *Arbeitstier* o
sloom *träge*
sloop I ZN [de] • het slopen *Abbruch* m; 〈auto〉 *Verschrottung* v • sloperij *Abbruchunternehmen* o **II** ZN [het] *Überzug* m; *Kissenbezug* m
sloopauto *Autowrack* o
sloopkogel *Abrissbirne* v
slooppand *abbruchreife(s) Gebäude* o
sloopwerken *Abrissarbeiten* mv
sloot *Graben* m
slootjespringen *über Gräben springen*
slootwater • water in sloot *Grabenwasser* o • slap drankje *Spülwasser* o
slop • impasse ★ in het slop raken *in eine Sackgasse geraten* • steegje *Gasse* v • vaargeul *Fahrrinne* v
slopen • afbreken *abbrechen*; *abreißen* • uit elkaar nemen *verschrotten*; *zerlegen*; *abbauen* • uitputten *abzehren*; 〈ziekte〉 *verzehren*; 〈stress〉 *aufreiben*
sloper *Abbruchunternehmer* m
sloperij 〈auto's〉 *Autoverwertung* v; 〈gebouwen〉 *Abbruchunternehmen* o
slopersbedrijf *Abbruchunternehmen* o
sloppenwijk *Armenviertel* o; *Slum* m

slordig • onverzorgd *ungepflegt*; *nachlässig*; *unordentlich* • onnauwkeurig *circa*; *etwa* • iets slordigs *Nachlässigkeit* v
slordigheid • het slordig-zijn *Unordentlichkeit* v • iets slordigs *Nachlässigkeit* v
slot • sluiting *Schloss* o; *Verschluss* m ★ op slot doen *verschließen*; *abschließen*; *schließen* • einde *Schluss* m; *Ende* o ★ ten slotte *zuletzt*; *schließlich* • kasteel *Schloss* o ▼ per slot van rekening *schließlich*
slotakkoord *Schlussakkord* o
slotakte • TON. laatste akte *Schlussakt* m • resultaat van conferentie *Schlussakte* v
slotbijeenkomst *Schlusstreffen* o
slotenmaker *Schlosser* m
slotfase *Schlussphase* v
slotgracht *Burggraben* m
slotkoers *Schlusskurs* m
slotopmerking *Schlussbemerkung* v
slotsom *Schluss* m; *Schlussfolgerung* v
slotverklaring *(Ab)Schlusserklärung* v; *(Ab)Schlussdeklaration* v
slotwoord *Schlusswort* o
slotzin *Schlusssatz* m
Sloveen *Slowene* m
Sloveens I BNW m.b.t. Slovenië *slowenisch* **II** ZN [het] taal *Slowenisch*
Sloveense *Slowenin* v
sloven *sich abrackern*; *sich abplagen*
Slovenië *Slowenien* o
Slowaak *Slowake* m
Slowaaks I BNW m.b.t. Slowakije *slowakisch* **II** ZN [het] taal *Slowakisch(e)* o
Slowaakse *Slowakin* v
Slowakije *Slowakei* v
slow motion *Zeitlupe* v
sluier *Schleier* m ▼ een tipje van de ~ oplichten *den Schleier lüften*
sluierbewolking *Schleierwolken* v mv; *dünne Wolkenschleier* m mv
sluieren *verschleiern*
sluik *glatt herabhängend*; 〈v. haar〉 *glatt*
sluikhandel *Schwarzhandel* m
sluikreclame *Schleichwerbung* v
sluikstorten BN clandestien afval lozen *illegal Müll abladen*
sluimer *Schlummer* m
sluimeren • licht slapen *schlummern* • FIG. (nog) niet actief zijn *schlummern*
sluimering *Schlummer* m
sluipen • stil lopen *schleichen* • FIG. ongemerkt opkomen *schleichen*
sluipmoord *Meuchelmord* m
sluipmoordenaar *Meuchelmörder* m
sluiproute *Schleichweg* m
sluipschutter *Heckenschütze* m
sluipverkeer *Verkehr* m *über Schleichwege*
sluipweg *Schleichweg* m
sluis *Schleuse* v
sluisdeur *Schleusentor* o
sluisgeld *Schleusengeld* o
sluiswachter *Schleusenwärter* m
sluiten I OV WW • dichtdoen *schließen*; *verschließen*; *abschließen*; *zuschließen*; *sperren* • beëindigen *(ab)schließen*; *beenden* • opmaken ★ de boeken ~ *die Bücher abschließen* • aangaan *schließen*; *abschließen*

sl

★ het ~ van het contract *der Vertragsabschluss*
II ON WW *dichtgaan schließen* ★ de deur
sluit automatisch *die Tür schließt von selbst*
★ bij het ~ van de beurs *bei Börsenschluss*
● ten einde lopen *enden*; *(ab)schließen*
● kloppen *schlüssig sein*; *stimmen*
sluiter *Verschluss* m
sluitertijd *Belichtungszeit* v
sluiting ● het dichtdoen *Schließung* v; *Schluss*
m ● het beëindigen ★ ~ van de inschrijving
Anmeldeschluss ● iets dat afsluit *Schließe* v;
Verschluss m
sluitingsdatum *Schlussdatum* o
sluitingstijd (winkel) *Ladenschluss* m; (café)
Sperrstunde v; (kantoor) *Büroschluss* m
sluitpost *Ausgleich* m
sluitspier *Schließmuskel* m
sluitstuk ● voorwerp *Verschluss* m ● slotstuk
Abschluss m; *Schlussteil* m
sluizen *schleusen*
slungel *Schlaks* m ★ lange ~ *lange(r) Lulatsch* m
slungelig *schlaksig*
slurf ● lange snuit *Rüssel* m ● flexibele buis
Schlauch m; (aviobrug) *Fluggastbrücke* v
slurpen *schlürfen*
sluw *gerissen*; *schlau*; *listig*
sluwheid ● hoedanigheid *Schläue* v; *Schlauheit*
v; *Listigkeit* v ● handeling *List* v
SM *SM* m; *Sadomasochismus* m
smaad *Schmach* m; *Schmähung* v
smaak ● wat men proeft ★ iets op ~ brengen
etw. abschmecken ★ met ~ eten *mit Appetit
essen* ● zintuig *Geschmack* m
● schoonheidszin *Geschmack* m ★ zonder ~
geschmacklos ★ met ~ *geschmackvoll*
● voorkeur *Geschmack* m ★ in de ~ vallen
Beifall/Anklang finden ★ dat is een kwestie
van ~ *das ist Geschmacksache* ● graagte,
genoegen ★ hij heeft er de ~ al lang van te
pakken *er ist schon lange auf den Geschmack
gekommen*
smaakje ● bijsmaak *Beigeschmack* m
● smaakstof *Aroma* o
smaakmaker ● smaakstof *Geschmacksverstärker*
m; *Würze* v; *Aroma* o ● trendsetter
Trendsetter m
smaakpapil *Geschmackspapille* v
smaakstof *Geschmacksstoff* m
smaakvol *geschmackvoll*
smaakzin *Geschmackssinn* m
smachten ● verlangen *lechzen (nach)*;
schmachten (nach) ★ ~d verlangen
sehnsüchtige(s) Verlangen o ● kwijnen
verschmachten
smachtend *schmachtend*; *rührselig*
smadelijk *schmachvoll*; *schmählich*
smak ● klap *Schlag* m; *Knall* m ● val *Fall* m
★ een harde smak maken *einen schweren Fall
tun* ● smakkend geluid *Schmatz* m ● grote
hoeveelheid *Haufen* m
smakelijk I BNW ● lekker *lecker*; *appetitlich*;
schmackhaft ● met graagte *genüsslich* **II** BIJW
● lekker ★ ~ eten! *guten Appetit!* ● met
graagte ★ ~ lachen *herzhaft lachen*
smakeloos *geschmacklos*
smaken I OV WW genieten *genießen* **II** ON WW

smaak hebben *schmecken* ★ smaakt het u?
schmeckt es Ihnen? ★ het begint hem weer te
~ *er bekommt wieder Appetit*
smakken I OV WW smijten *schmettern*;
schmeißen **II** ON WW ● vallen *hart fallen*
● hoorbaar eten *schmatzen*
smal *schmal*
smaldeel *Geschwader* o
smalen *höhnen* ★ op iem. ~ *jmdn. schmähen*
smalend *hämisch*; *höhnisch* ★ ~ grijnzen
dreckig grinsen
smaragd *Smaragd* m
smart ● leed *Schmerz* m ● verlangen *Sehnsucht*
v; *Verlangen* o ▼ gedeelde ~ is halve ~
geteilter Schmerz ist halber Schmerz; *geteiltes
Leid ist halbes Leid*
smartcard *Smartcard* v
smartdrug *Smart Drug* v; *Smartdroge* v
smartelijk *schmerzlich*
smartengeld *Schmerzensgeld* o
smartlap *Schnulze* v; *Schmachtlappen* m
smash *Schmetterball* m
smashen *schmettern*
smeden ● bewerken *schmieden* ● uitdenken
★ een samenzwering ~ *eine Verschwörung
anzetteln*
smederij *Schmiede* v
smeedijzer *Schmiedeeisen* o
smeedwerk *Schmiedearbeit* v
smeekbede *Flehen* o; *flehentliche Bitte* v
smeer ● smeersel *Schmiere* v ● vuil *Schmiere* v
smeerbaar *streichfähig*
smeerboel *Schweinerei* v; (schrijfwerk) ~
Schmiererei v
smeergeld *Schmiergelder* mv
smeerkaas *Schmelzkäse* m
smeerlap ● viezerik *Schmierfink* m;
Schmutzfink m ● gemeen persoon *Schuft* m;
Dreckskerl m
smeerlapperij ● viezigheid *Schweinerei* v
● gemeenheid *Sauerei* v
smeerolie *Schmieröl* o
smeerpijp *Schweinigel* m; *Dreckfink* m
smeerpoets *Schweinigel* m; *Schmutzfink* m
smeersel *Schmiere* v
smeken *flehen*
smeltbaar *schmelzbar*
smelten I OV WW vloeibaar maken *schmelzen*
★ gesmolten boter *zerlassene Butter* v **II** ON
WW ● vloeibaar worden *schmelzen*
● weemoedig worden *schmelzen*
smeltkroes ● kroes *Schmelztiegel* m ● FIG.
divers geheel *Sammelbecken* o
smeltpunt *Schmelzpunkt* m
smeltsneeuw *Schneematsch* m
smeltwater *Schmelzwasser* o
smeren ● uitstrijken *schmieren* ● invetten
schmieren ▼ 'm ~ *abhauen*; *verduften* ▼ het
gaat/loopt gesmeerd *es läuft wie geschmiert*
smerig ● vuil *schmutzig* ● gemeen *dreckig*
smeris *Bulle* m
smet ● vlek *Fleck* m ● schandvlek *Makel* m
★ dit werpt een smet op zijn naam *das
befleckt seinen Ruf*
smetteloos ● LETT. *fleckenlos* ● FIG. *makellos*
smetvrees *krankhafte Furcht* v *vor Ansteckung*

oder Beschmutzung

smeuïg ● zacht *sämig* ● smakelijk *köstlich* ● vermakelijk *amüsant*

smeulen ● gloeien *schwelen* ● FIG. broeien *schwelen*

smid *Schmied* m

smidse *Schmiede* v

smiecht ● gemeenlijk *Lump* m; *Schuft* m ● slimmerik *Schlauberger* m

smiezen ▾ iem. in de ~ hebben *jmdm. auf die Schliche kommen* ▾ iets in de ~ hebben *einer Sache auf die Spur kommen*

smijten *schmeißen* ▾ met geld ~ *mit Geld um sich werfen*

smikkelen *schmausen*

smiley *Smiley* o

smoel ● gezicht *Fratze* v; *Fresse* v ★ leuk ~tje *süße Schnute* v ● mond *Maul* o; *Schnauze* v

smoes *Ausrede* v; *Ausflucht* v ★ allemaal ~jes *dumme Ausreden* ★ iem. ~jes verkopen *jmdm. mit faulen Ausreden kommen*

smoezelig *schmuddelig; angeschmuddelt*

smoezen ● vertrouwelijk praten *tuscheln* ● praatjes verkopen *sich herausreden*

smog *Smog* m

smogalarm *Smogalarm* m

smoking *Smoking* m

smokkel *Schmuggel* m

smokkelaar *Schmuggler* m

smokkelarij *Schmuggel* m; *Schmuggelei* v

smokkelen ● heimelijk vervoeren *schmuggeln* ● regels ontduiken *mogeln*

smokkelhandel *Schwarzhandel* m; *Schleichhandel* m

smokkelroute *Schmuggelweg* m

smokkelwaar *Schmuggelware* v

smoor ▾ hij heeft er de ~ in *es hängt ihm zum Hals raus*

smoorheet *erstickend heiß*

smoorverliefd *verknallt*

smoothie *Smoothie* m

smoren I ov ww ● verstikken *ersticken* ★ zij smoorde een zucht *sie unterdrückte einen Seufzer* ● gaar laten worden *schmoren* II ON ww stikken *ersticken*

smoushond *Pinscher* o

smoutbol BN oliebol *Krapfen* m

sms-bericht *SMS-Nachricht* v

sms'en *SMS-Nachrichten senden*

sms'je *SMS-Nachricht* v

smullen ● heerlijk eten *schmausen; schlemmen* ● FIG. genieten *auskosten* ★ van iets ~ *an etw. seine Freude haben*

smulpaap *Leckermaul* o; *Prasser* m; *Schlemmer* m

smulpartij *Schmaus* m; *Schlemmerei* v

smurf *Schlumpf* m

smurrie *Matsch* m

snaaien *stibitzen*

snaar *Saite* v

snaarinstrument *Saiteninstrument* o

snack *Snack* m; *Imbiss* m

snackbar *Imbiss* m; *Snackbar* v

snacken *snacken*

snakken naar *sich sehnen nach; schmachten nach*

snappen ● begrijpen *kapieren* ● betrappen *erwischen; ertappen*

snars ▾ geen ~ *kein bißchen*; *nicht die Bohne* ▾ er klopt geen ~ van *das stimmt hinten und vorne nicht*

snater *Schnauze* v; *Schnabel* m

snateren ● kwaken *schnattern* ● kwebbelen *schnattern*

snauw *Anschnauzer* m ★ iem. een ~ geven *jmdn. anschnauzen*

snauwen *schnauzen* ★ tegen iem. ~ *jmdn. anschnauzen; jmdn. anfahren*

snauwerig *schnauzig*

snavel *Schnabel* m

snede ● → snee

snee ● het snijden *Schnitt* m ★ ter snede *schlagfertig* ● insnijding *Einschnitt* m; *Zäsur* v ● snijwond *Schnittwunde* v ● plak *Scheibe* v ★ een sneetje brood *eine Brotscheibe* ● scherpe kant *Schneide* v ● snijvlak *Schnittfläche* v ★ goud op snee *mit Goldschnitt*

sneer *höhnische Bemerkung* v

sneeren *verspotten*

sneeuw *Schnee* m ★ opgewaaide ~ *Schneewehe* v ★ verse ~ *Neuschnee* m ★ ~ met ijskorst *Harsch* m ▾ BN zwarte ~ zien *das Leben in all seinen Facetten kennen*

sneeuwbal *Schneeball* m

sneeuwbaleffect *Kettenreaktion* v

sneeuwballengevecht *Schneeballschlacht* v

sneeuwblind *schneeblind*

sneeuwbril *Schneebrille* v

sneeuwbui *Schneeschauer* m

sneeuwen *schneien*

sneeuwgrens *Schneegrenze* v

sneeuwjacht *Schneegestöber* o; *Schneetreiben* o

sneeuwkanon *Schneekanone* v

sneeuwketting *Schneekette* v

sneeuwklas BN, O&W *Schneeklasse* v

sneeuwklokje *Schneeglöckchen* o

sneeuwlandschap *Schneelandschaft* v

sneeuwman (sneeuwpop) *Schneemann* m; (monster) *Schneemensch* m ★ de verschrikkelijke ~ *der abscheuliche Schneemensch*

sneeuwploeg ● sneeuwruimers *Schneeräumkommando* o ● machine *Schneepflug* m

sneeuwpop *Schneemann* m

sneeuwruimen *Schnee räumen*

sneeuwschuiver ● schop *Schneeschaufel* v ● auto *Schneeschieber* m

sneeuwstorm *Schneesturm* m

sneeuwuil *Schneeeule* v

sneeuwvakantie *Schneeurlaub* m

sneeuwval *Schneefälle* mv ★ zware ~ *heftige(n) Schneefälle*

sneeuwvlok *Schneeflocke* v

sneeuwvrij *schneefrei*

sneeuwwit *schneeweiß*

Sneeuwwitje *Schneewittchen* o

sneeuwzeker *schneesicher*

snel I BNW ● vlug *schnell* ● modern *flott; scharf* II BIJW spoedig *bald*

snelbinder *Gepäckträgerspannband* o

sn

snelbuffet *Schnellbüfett* o; *Schnellimbiss* m
snelbus *Schnellbus* m
snelfiltermaling ★ koffie in ~ *filterfertig gemahlene(r) Kaffee* m
snelheid *Geschwindigkeit* v ★ door zijn ~ kon hij ontsnappen *durch seine Schnelligkeit konnte er entkommen*
snelheidsbegrenzer *Geschwindigkeitsbegrenzer* m
snelheidsbeperking *Geschwindigkeitsbeschränkung* v
snelheidscontrole *Geschwindigkeitskontrolle* v
snelheidsduivel *Raser* m
snelheidslimiet *Geschwindigkeitsbegrenzung* v
snelheidsovertreding *Geschwindigkeitsüberschreitung* v
snelkoker *Schnellkocher* m
snelkookpan *Schnellkochtopf* m
snelkookrijst *Schnellkochreis* m
snelkoppeling *Schnellkupplung* v
snellekweekreactor *schnelle(r) Brüter* m; *schnelle(r) Brutreaktor* m
snellen *eilen*
snelrecht *Schnellverfahren* o
snelschaken *Blitzschach spielen*
sneltoets *Schnelltaste* v
sneltram *Schnellbahn* v
sneltrein *Schnellzug* m; *D-Zug* m
sneltreinvaart *Eil(zug)tempo* o
snelverband *Schnellverband* m
snelverkeer *Schnellverkehr* m
snelvuur *Schnellfeuer* o
snelvuurwapen *Schnellfeuerwaffe* v
snelwandelen *gehen* o
snelweg *Schnellstraße* v; ⟨autosnelweg⟩ *Autobahn* v
snerpen ● schril klinken: *gellen* ● striemen *schneiden*
snert ● erwtensoep *Erbsensuppe* v ● troep *Mist* m
snert- ★ snertweer *Sauwetter* o; *Mistwetter* o
sneu *schade*
sneuvelen ● omkomen *umkommen*; ⟨oorlog⟩ *fallen* ● stukgaan *kaputtgehen*; *draufgehen*
snibbig *schnippisch*
sniffen ● snuiven *schniefen*; *schnaufen*; ⟨v. lijm⟩ *sniffen* ● zacht huilen *wimmern*
snijbloem *Schnittblume* v
snijboon ● groente *Schnittbohne* v ● INFORM. persoon *Kauz* m
snijbrander *Schneidbrenner* m
snijdbaar *schnittfest*
snijden *schneiden* ★ in hout ~ *Holz schnitzen*
snijdend *schneidend*
snijmachine *Schneidemaschine* v
snijplank *Schneidebrett* o
snijpunt *Schnittpunkt* m
snijroos *Schnittrose* v
snijtafel MED. *Seziertisch* m; ⟨kleermakerij⟩ *Zuschneidetisch* m
snijtand *Schneidezahn* m
snijvlak ● snijdend deel *Schnittfläche* v ● doorsnede *Schnittfläche* v
snijwerk ● versiering *Schnitzarbeit* v ● kunstwerk *Schnitzerei* v
snijwond *Schnittwunde* v

snik I ZN [de] *Schluchzer* m; *Seufzer* m ★ in snikken uitbarsten *laut aufschluchzen* II BNW ▼ niet goed snik zijn *nicht alle Tassen im Schrank haben*
snikheet *brühheiß*; *erstickend heiß*
snikken *schluchzen*
snip ● vogel *Schnepfe* v ● briefje van honderd *Hunderter* m
snipper *Schnipsel* o ★ geen ~tje *nichts*; *kein bisschen*
snipperdag ≈ *(einzelne(r) Urlaubstag* m
snipperen I OV WW *(zer)schnippeln*; *schnipseln* II ON WW *einen freien Tag nehmen*
snipverkouden ★ ~ zijn *eine schlimme Erkältung haben*
snit *Schnitt* m; *Fasson* v
snob *Snob* m
snobisme *Snobismus* m
snobistisch *snobistisch*
snoeien ● afknippen *beschneiden*; *stutzen* ● inkorten *kürzen*; *beschneiden*
snoeimes *Hippe* v; *Gartenmesser* o
snoeischaar *Baumschere* v; *Heckenschere* v
snoek *Hecht* m
snoekbaars *Zander* m
snoekduik *Hechtsprung* m
snoep ● *Süßigkeit* v; *Süßigkeiten* mv ● → snoepje
snoepautomaat *Süßwarenautomat* m
snoepen *naschen*
snoeper ● iem. die snoept *Nascher* m ● flirt *Lüstling* m ★ ouwe ~ *Lustgreis* m
snoepgoed *Süßigkeiten* mv
snoepje *Süßigkeit* v
snoeplust *Naschhaftigkeit* v
snoepreisje *Vergnügungsreise* v
snoer ● koord *Schnur* v ● streng *Schnur* v
snoeren *schnüren*
snoerloos *schnurlos*
snoes *Fratz* m; *Herzchen* o ★ ~ van een kind *ein allerliebstes Kind* ★ een ~ van een jurk *ein reizendes Kleid*
snoeshaan *Kauz* m ★ vreemde ~ *seltsame(r) Vogel* m ★ rare ~ *wunderliche(r) Kauz* m
snoet *Schnauze* v; *Fratze* v
snoeven *prahlen*; *aufschneiden*
snoever *Prahler* m; *Prahlhans* m
snoezig *niedlich*; *süß*; *goldig*
snol *Nutte* v; *Flittchen* o
snood *niederträchtig*; *schnöde*
snoodaard *Bösewicht* m; *Schurke* m
snooker *Snooker* m
snookeren ● spel *Snooker spielen* ● een snooker leggen *einen Snooker legen*
snor *Schnurrbart* m; ⟨v. dier⟩ *Schnurrhaare* v ▼ dat zit wel snor *das geht in Ordnung*
snorder *nicht befugte(r) Taxifahrer* m
snorfiets *Mofa* o
snorhaar ● haar van snor *Schnurrbarthaar* o ● tasthaar bij zoogdieren *Schnurrhaare* o mv
snorkel *Schnorchel* m
snorkelen *schnorcheln*
snorren *schnurren*; *surren*
snot ● neusslijm *Rotz* m ● ziekte *Pips* m
snotaap *Rotznase* v; *Rotzlöffel* m
snotneus ● loopneus *Rotznase* v ● snotaap

sn

Rotzbengel m
snottebel *Rotz* m
snotteren • snot lozen *rotzen* • neus ophalen
  rotzen; schnüffeln • huilen *greinen; flennen*
snotverkouden *stark erkältet*
snowboard *Snowboard* o
snowboarden *snowboarden; Snowboard fahren*
snuffelaar *Schnüffler* m
snuffelen • ruiken *schnüffeln* • speuren
  stöbern; *kramen* ★ in boeken zitten te *~ in*
  Büchern herumstöbern
snuffelpaal *Sensor* m
snuffen *schnüffeln*
snufferd • neus *Riechkolben* m • gezicht
  Schnauze v
snufje • klein beetje *Prise* v • nieuwigheidje
  Neuheit v ★ het nieuwste *~ die letzte Neuheit;*
  der letzte Schrei
snugger *gescheit; klug*
snuifje *Prise* v
snuisteren BN nieuwsgierig doorkijken
  durchsehen
snuisterij *Nippsachen* mv; *Nippes* mv; *Firlefanz*
  m
snuit *Schnauze* v
snuiten *die Nase putzen; sich schnäuzen* ★ zijn
  neus *~ sich die Nase putzen*
snuiter *Kauz* m ★ rare *~ sonderbare(r) Kauz;*
  seltsame(r) Vogel m
snuiven I OV WW tabak/cocaïne gebruiken
  schnupfen; ⟨bedwelmende dampen⟩
  schnüffeln **II** ON WW • ademen *schnauben;*
  schnaufen • de neus ophalen *schnupfen*
  • snuffelen *schnüffeln; schnuppern*
snurken • knorrend ademhalen *schnarchen*
  • slapen *pennen*
so • → **sol**
s.o. *Ex* v; *Extemporale* v
soa *sexuell übertragbare Krankheit* v
soap *Seifenoper* v; *Soap* v
soapserie *Soap-Serie* v
sober • eenvoudig *genügsam; einfach; schlicht*
  • armoedig *karg; dürftig; ärmlich*
sociaal • in groepsverband levend *sozial;*
  Sozial- • maatschappelijk *sozial; Sozial-*
  ★ sociale verzorging *Wohlfahrtspflege* v
  • welwillend *sozial; Sozial-*
sociaalcultureel *soziokulturell*
sociaaldemocraat *Sozialdemokrat* m
sociaaldemocratisch *sozialdemokratisch*
sociaaleconomisch *sozialökonomisch*
socialezekerheidsstelsel
  Sozialversicherungssystem o
socialisatie *Sozialisierung* v
socialiseren *sozialisieren;* ⟨nationaliseren⟩ ECON.
  verstaatlichen
socialisme *Sozialismus* m
socialist *Sozialist* m
socialistisch *sozialistisch*
sociëteit • genootschap *Gesellschaft* v
  • vereniging *Klub* m; *Studentenverbindung* v;
  Verbindung v ★ naar de *~ gaan in den Klub*
  gehen
society *Gesellschaft* v; *vornehme Welt* v
sociolinguïstiek *Soziolinguistik* v
sociologie *Soziologie* v

sociologisch *soziologisch*
socioloog *Soziologe* m
soda • natriumcarbonaat *Soda* v/o • sodawater
  Soda v/o
sodawater *Sodawasser* o
sodemieter ▼ als de *~ aber dalli!* ▼ geen *~ ganz*
  und gar nicht ▼ ergens geen *~ van begrijpen*
  nur Bahnhof verstehen ▼ dat gaat jou geen *~*
  aan *das geht dir einen Dreck an* ▼ iem. op zijn
  ~ geven jmdm. eins auf den Deckel geben
sodemieteren I OV WW gooien *schmeißen* **II** ON
  WW • vallen *donnern; krachen* ★ van de trap
  ~ von der Treppe donnern • donderjagen
  donnern
sodomie *Sodomie* v; *Analverkehr* m
soebatten *flehen; betteln*
Soedan *Sudan* m
Soedanees *Sudaner; Sudanesisch*
soelaas *Trost* m ★ *~ bieden Trost bieten*
soenniet *Sunnit* m
soep *Suppe* v ▼ in de soep zitten *in der Patsche*
  sein ▼ BN tussen de soep en de patatten
  zwischen Tür und Angel ▼ dat is linke soep *das*
  ist eine linke Sache ▼ het is niet veel soeps *es*
  hat nicht viel auf sich ▼ de soep wordt niet zo*
  heet gegeten als ze wordt opgediend *nichts*
  wird so heiß gegessen, wie es gekocht wird
soepballetje *Suppenklößchen* o
soepbord *Suppenteller* m
soepel • buigzaam *geschmeidig* • niet stroef
  bewegend *reibungslos; glatt* • FIG. niet koppig
  flexibel; anpassungsfähig
soepgroente *Suppengrün* o
soepjurk *Sackkleid* o; *Hängekleid* o
soepkip *Suppenhuhn* o
soepkom *Suppenschüssel* v
soeplepel • opscheplepel *Suppenkelle* v • BN
  eetlepel *Esslöffel* m; *Suppenlöffel* m
soeps • → **soep**
soepstengel *Grissini* mv
soes *Windbeutel* m
soesa *Umstände* mv; ⟨narigheid⟩ *Scherereien* mv
soeverein I ZN [de] *Souverän* m; *Landesherr* m
  II BNW *souverän* ★ *~ gebied Hoheitsgebiet* o
soevereiniteit *Souveränität* v
soevereiniteitsoverdracht
  Souveränitätsübertragung v
soezen *duseln; vor sich hin dösen*
soezerig *schläfrig; dösig*
sof *Pleite* v; *Fiasko* o; *Reinfall* m
sofa *Sofa* o
Sofia *Sofia* o
sofinummer *kombinierte Sozialversicherungs-*
  und Steuernummer v
soft *soft; weich;* ⟨mannen⟩ *weichlich*
softbal *Softball* m
softballen *Softball spielen*
softdrug *Soft Drug* v; *weiche Droge* v
softijs *Softeis* o
software *Software* v
softwareontwikkelaar *Softwarentwickler* m
softwarepakket *Softwarepaket* o
softwareprogramma *Softwareprogramm* o
soja *Soja* v
sojaboon *Sojabohne* v
sojamelk *Sojamilch* v

SO

sojaplant *Sojapflanze* v
sojasaus *Sojasoße* v
sok • kous *Socke* v • BIOL. *andersfarbige Pfote* v
　• onderdeel van een buis *Muffe* v
sokkel *Sockel* m; (lamp-, buisvoet) *Fuß* m
sol *Sol* o
solair *solar*
solarium *Solarium* o
soldaat *Soldat* m
soldatenuniform *Soldatenuniform* v
soldeer *Lot* o; *Lötmetall* o ★ zacht ~ *Weichlot* o
　★ hard ~ *Schlaglot* o
soldeerbout *Lötkolben* m
soldeerdraad *Lötdraht* m
soldeersel *Lot* o; *Lötmetall* o
solden BN uitverkoop *Ausverkauf* m
solderen *(ver)löten*
soldij *Sold* m; *Löhnung* v
soleren *als Solist auftreten*
solidair *solidarisch*
solidariteit *Solidarität* v
solidariteitsbeginsel *Solidaritätsprinzip* o
solidariteitsgevoel *Solidaritätsgefühl* o
solide • vast *solide* • FIG. betrouwbaar *solide*
soliditeit *Solidität* v
solist • MUZ. *Solist* m • FIG. individualist
　Einzelgänger m
solitair I ZN [de] persoon *Einzelgänger* m II BNW
　einzeln lebend; solitär
sollen met ≈ *spielen mit* ★ (niet) met zich laten
　~ *(nicht) mit sich spielen/spaßen lassen*
sollicitant *Bewerber* m
sollicitatie *Bewerbung* v ★ open ~
　Blindbewerbung
sollicitatiebrief *Bewerbungsschreiben* o;
　Bewerbung v
sollicitatiecommissie *Bewerbungskommission* v
sollicitatiegesprek *Bewerbungsgespräch* o
sollicitatieplicht *Bewerbungspflicht* v
sollicitatieprocedure *Bewerbungsverfahren* o;
　Bewerbungsprozedur v
sollicitatietraining *Bewerbungstraining* o
solliciteren • naar baan dingen *sich bewerben*
　• ~ naar FIG. vragen om *sich einhandeln*
solo I ZN [de] *Solo* o II BIJW *solo*
solocarrière *Solokarriere* v
Solomoneilanden *Salomoninseln* mv
solopartij *Solopartie* v
soloplaat *Soloplatte* v
solotoer ▼ op de ~ gaan *solo/allein*
　weitermachen
solovlucht *Alleinflug* m
solozanger *Solosänger* m
solutie • contactlijm *Gummilösung* v • SCHEIK.
　oplossing *Solution* v
solvabel *solvent*
solvabiliteit *Solvenz* v
som • uitkomst *Summe* v • bedrag *Summe* v;
　Betrag m • WISK. *Rechenaufgabe* v
Somalië *Somalia* v
Somalisch *somalisch*
somatisch *somatisch*
somber • donker *düster* • bedrukt *trübe; düster*
somma *Summe* v
sommeren • bevelen *auffordern; mahnen*
　• WISK. *summieren; addieren*

sommige *manche*; ⟨enkele⟩ *einige*
soms • nu en dan *manchmal* • misschien
　vielleicht; etwa
sonar *Sonar* o
sonarapparatuur *Sonarapparatur* v;
　Sonaranlage v; *Sonargerät* o
sonate *Sonate* v
sonde • peilstift *Sonde* v • meettoestel *Sonde* v
　• katheter *Sonde* v
sondevoeding *künstliche Ernährung* v
song *Song* m
songfestival *Songfestival* o
songtekst *Songtext* m
sonisch *den Schall betreffend; Schall-*
sonnet *Sonett* o
sonoor *sonor*
soort • groep *Art* v ★ enig in zijn ~ *einzig in*
　seiner Art ★ een raar ~ mensen *ein*
　sonderbarer Menschenschlag m • BIOL. *Sorte* v
　▼ ~ zoekt ~ *Gleich und Gleich gesellt sich gern*
soortelijk *spezifisch*
soortement *Art* v
soortgelijk *derartig; ähnlich*
soortgenoot *Artgenosse* m
soortnaam BIOL. *Gattungsbezeichnung* v; TAALK.
　Gattungsname m
soos ≈ *Klub* m
sop *Seifenwasser* o; *Lauge* v ▼ het ruime sop
　kiezen *das Weite suchen* ▼ het sop is de kool
　niet waard *das lohnt nicht die Mühe*
soppen • reinigen *feucht reinigen*; ⟨muren⟩
　abwaschen • indopen *(ein)tauchen; eintunken*
sopraan • stem *Sopran* v • zangeres *Sopranistin*
　v
sorbet *Sorbett* m/o
sorbitol *Sorbit* m
sores ⟨ellende⟩ *Schlamassel* m ★ ik heb al
　genoeg ~ aan mijn hoofd *ich habe schon*
　genug Schwierigkeiten
sorry *Entschuldigung*
sorteermachine *Sortiermaschine* v; *Sortierer* m
sorteren *sortieren* ▼ effect ~ *Effekt erzielen*
sortering • het sorteren *Sortierung* v
　• verscheidenheid *Sortiment* o
SOS *SOS* o ★ een SOS uitzenden *ein SOS funken*
soufflé *Soufflé* o; ⟨nakeursspelling⟩ *Soufflee* o
souffleren *soufflieren*
souffleur *Souffleur* m [v: *Souffleuse*]
soul *Soul* m
soundtrack *Soundtrack* m; *Filmmusik* v
souper *Souper* o
souperen *soupieren*
souplesse *Geschicklichkeit* v; *Gelenkigkeit* v
sousafoon *Sousafon* o
souschef *stellvertretende(r) Chef* m
souteneur *Zuhälter* m
souterrain *Souterrain* o
souvenir *Andenken* o; *Souvenir* o
souvenirwinkel *Souvenirladen* m;
　Souvenirgeschäft o
sovjet *Sowjet* m
Sovjetrepubliek *Sowjetrepublik* v
Sovjet-Unie *Sowjetunion* v
sowieso *sowieso*
spa • ® mineraalwater *Mineralwasser* o • spade
　Spaten m

SO

spaak I ZN [de] *Speiche* v ▼ iem. een ~ in het
wiel steken *jmdm. in die Speichen greifen*
II BIJW ▼ ~ lopen *schiefgehen*
spaakbeen *Speiche* v
spaan ● spaander *Span* m ● schuimspaan
Schaumlöffel m ▼ geen ~ ervan heel laten *an
jmdm./etw. kein gutes Haar lassen*
spaander *Span* m ▼ waar gehakt wordt, vallen
~s *wo gehobelt wird, fallen Späne*
spaanplaat *Spanplatte* v
Spaans I BNW m.b.t. Spanje *spanisch* **II** ZN [het]
taal *Spanisch(e)* o
Spaanse *Spanierin* v
Spaanstalig *spanischsprachig*
spaaractie *Sparaktion* v
spaarbank *Sparkasse* v
spaarbankboekje *Spar(kassen)buch* o
spaarbekken *Speicherbecken* o
spaarbrander *Sparbrenner* m; *Sparflamme* o
spaarbrief *Sparbrief* v
spaarcenten *Sparpfennige* m mv; OOST.
Spargroschen m mv
spaardeposito *Spareinlage* v
spaarder *Sparer* m
spaarfonds *Sparfonds* m
spaargeld *Ersparnisse* v mv; *Spargroschen* m mv
spaarlamp *Sparlampe* v
spaarpot ● busje *Sparbüchse* v ● spaargeld
Spargroschen mv ★ een ~je aanleggen *Geld
auf die hohe Kante legen*
spaarrekening *Sparkonto* o
spaarvarken *Sparschwein* o
spaarzaam *sparsam* ▼ ~ met woorden *wortkarg*
spaarzegel *Rabattmarke* v
spacecake *Spacecake* m
spaceshuttle *Spaceshuttle* m; *Raumfähre* v
spade *Spaten* m
spagaat *Spagat* m/o
spaghetti *Spaghetti* mv
spaghettiwestern *Italowestern* m
spalk *Bruchschiene* v; *Schiene* v
spalken ● verbinden *(ein)schienen* ● splijten
aufsperren
spam *Spam* m
span ● trekdieren *Gespann* o ● FIG. stel *Gespann*
o
spanband *Spannband* o
spandoek *Spruchband* o; *Transparent* o
spandraad *Spanndraht* m
spaniël *Spaniel* m
Spanjaard *Spanier* m
Spanje *Spanien* o
spankracht ● veerkracht *Spannkraft* v;
Dehnfähigkeit v ● kracht *Spannkraft* v
spannen I OV WW ● strak trekken *spannen*
● aanspannen *spannen* ● uitrekken *spannen*
II ONP WW kritiek zijn ★ het zal erom ~ *es ist
noch die Frage*
spannend ● *spannend* ● BN strak, nauw *eng*
spanning ● het strak getrokken zijn *Spannung*
v ● druk *Spannung* v ● ELEK.
potentiaalverschil *Spannung* v ● PSYCH.
onrust *Spannung* v
spanningsboog *Spannungskurve*;
Spannungsbogen m
spanningscoëfficiënt *Spannungskoeffizient* m

spanningshaard *Spannungsherd* m
spanningsveld *Spannungsfeld* o
spanningzoeker *Spannungsprüfer* m
spant *Sparren* m; ⟨v. schip/vliegtuig⟩ *Spant* o
spanwijdte ● afstand tussen twee steunpunten
Spannweite v ● vleugelbreedte *Spannweite* v
spar *Tanne* v; *Fichte* v
sparappel *Tannenzapfen* m
sparen ● besparen *sparen* ★ spaar me die
verhalen maar *verschon mich mit diesen
Geschichten* ● verzamelen *sammeln* ● ontzien
schonen
sparren *sparren*
sparringpartner *Sparringspartner* m
Spartaans *spartanisch*
spartelen *zappeln*
sparteling *Zappeln* o
spasme *Krampf* m; *Spasmus* m
spastisch ● verkrampt *spastisch* ● FIG. moeilijk
doend *spastisch*
spat *Spritzer* m ▼ geen spat *gar nichts* ▼ spatjes
hebben *Sperenzchen machen*
spatader *Krampfader* v
spatbord ⟨fiets⟩ *Schutzblech* o; ⟨auto⟩ *Kotflügel*
m
spatel *Spatel* m
spatie *Zwischenraum* m; ⟨tussenruimte tussen
letters⟩ *Spatium* o
spatiebalk *Leertaste* v
spatiëren *sperren*
spatiëring *Sperrung* v; *Spationierung* v;
Sperrdruck m
spatietoets *Leertaste* v
spatlap *Schmutzfänger* m
spatten I OV WW bespatten *spritzen* **II** ON WW
spetteren *spritzen*; *sprühen* ★ uit elkaar ~
zerplatzen
spawater® *Mineralwasser* o; *Sprudelwasser* o;
Sprudel m
speaker *Lautsprecher* m
specerij *Gewürz* o
specht *Specht* m ★ groene ~ *Grünspecht* m
★ bonte ~ *Buntspecht* m
speciaal I BNW *speziell*; *besonders*; *Spezial-*;
Sonder-; *Einzel-* ★ ~ geval *Sonderfall* m;
Einzelfall m ★ speciale prijs *Vorzugspreis* m
★ speciale commissie *Sonderausschuss* m
II BIJW *speziell*; *besonders*
speciaalzaak *Fachgeschäft* o
special ⟨radio, tv⟩ *Sondersendung* v; ⟨tijdschrift⟩
Sondernummer v; ⟨krant⟩ *Sonderausgabe* v
specialisatie *Spezialisierung* v
specialisatiejaar BN, O&W ≈ *praktische(s) Jahr* o
specialiseren [zich ~] sich *spezialisieren*
specialisme *Spezialgebiet* o
specialist ● deskundige *Spezialist* m ● MED. arts
Spezialist m; *Facharzt* m [v: *Fachärztin*]
specialistisch *Spezialisten-*
specialiteit *Spezialität* v
specie *Mörtel* m
specificatie *Spezifikation* v
specificeren *spezifizieren*
specifiek I BNW typisch *spezifisch*; *eigentümlich*
II BIJW kenmerkend *spezifisch*; *typisch*
specimen *Muster* o; *Probe* v
spectaculair *spektakulär*; *aufsehenerregend*

sp

spectraal *spektral*
spectrum ● NATK. *Spektrum* o ● gevarieerde reeks *Spektrum* o
speculaas *Spekulatius* m
speculaasje *Spekulatius* m
speculaaspop *Figur* v *aus Spekulatius*
speculant *Spekulant* m
speculatie *Spekulation* v ★ ~ à la baisse *Baissespekulation* ★ koop op ~ *Spekulationsgeschäft*
speculatief *spekulativ*
speculeren ● gissingen doen *Spekulationen anstellen* ● ECON. *spekulieren*
speech *Ansprache* v
speechen *eine Rede halten*
speed *Speed* o; *Aufputschmittel* o
speedboot *Rennboot* o
speeddaten *speeddaten*
speeksel *Speichel* m
speekselklier *Speicheldrüse* v
speelautomaat *Spielautomat* m
speelbal *Spielball* m
speelbank *Spielkasino* o; *Spielbank* v
speelbord *Spielbrett* o
speeldoos *Spieldose* v
speelduur *Spielfeldhälfte* v ● helft speelduur *Halbzeit* v
speelhol *Spielhölle* v
speelkaart *Spielkarte* v
speelkameraad *Spielkamerad* m
speelkwartier *Pause* v
speelplaats *Spielplatz* m; (schoolplein) *Schulhof* m
speelplein BN speelplaats *Spielplatz* m
speelruimte *Spielraum* m
speels I BNW ● dartel *spielerisch*; *verspielt* ● luchtig *spielerisch*; *locker* II BIJW als spel *spielerisch*
speelschuld *Spielschuld* v
speeltafel *Spieltisch* m
speelterrein *Spielfeld* o
speeltijd BN speelkwartier *Pause* v
speeltje *Spielzeug* o
speeltoestel, BN speeltuig *Klettergerüst* o
speeltuin *Spielplatz* m
speelvogel BN speels kind *Spielkind* o
speelzaal ● speelvertrek voor kinderen *Spielraum* m ● zaal voor kansspelen *Spielsaal* m
speen I ZN [de] ● fopspeen *Schnuller* m; (op zuigfles) *Sauger* m ● tepel *Zitze* v II ZN [het] BN aambeien *Hämorrhoiden* v; *Hämorride* v
speenkruid *Feigwurz* v
speenvarken *Spanferkel* o
speer *Speer*
speerpunt ● punt van speer *Speerspitze* v ● belangrijke zaak *Schwerpunkt* m
speerwerpen *Speerwerfen* o
speerwerper *Speerwerfer* m
spek *Speck* m ▼ er voor spek en bonen bijzitten *dabeisitzen wie das fünfte Rad am Wagen* ▼ voor spek en bonen meedoen *zum Schein mitmachen* ▼ BN het spek aan zijn benen hebben *die Dumme/Gelackmeierte sein* ▼ dat is geen spekje voor jouw bekje *das ist nichts für dich*

spekglad *spiegelglatt*
spekken *spicken*
spekkie ≈ *Marshmallow*
speklap *Bauchspeck* m
spektakel ● schouwspel *Spektakel* o; *Schauspiel* o ● drukte *Theater* o; *Spektakel* m ● lawaai *Lärm* m; *Spektakel* m
spektakelstuk *Spektakelstück* o
spekvet I ZN [het] *Speckfett* o II BNW *feist*
spekzool *Kreppsohle* v
spel ● bezigheid ter ontspanning *Spiel* o ● → spelletje ▼ zijn leven op het spel zetten *sein Leben aufs Spiel setzen* ▼ hoog spel spelen *ein hohes Spiel spielen* ▼ vrij spel *freie Hand*
spelbederf *Spielzerstörung* v
spelbepaler *Spielmacher* m
spelbreker *Spielverderber* m
spelcomputer *Spielcomputer* m
speld ● naaigerei *Stecknadel* v ● haarspeld *Spange* v ● broche *Ansteckadel* v ● → speldje ▼ je kon een ~ horen vallen *es war mucksmäuschenstill* ▼ er is geen ~ tussen te krijgen *das stimmt haargenau* ▼ een ~ in een hooiberg zoeken *eine Nadel im Heuhafen suchen*
spelden *heften*; (afmeten) *abstecken*
speldenknop *Stecknadelkopf* m
speldenkussen *Stecknadelkissen* o
speldenprik ● prik met speld *Nadelstich* m ● hatelijkheid *Stichelei* v; *Seitenhieb* m
speldje *Abzeichen* o
spelelement *spielerische(s) Element* o
spelen I OV WW ● zich vermaken (met) *spielen* ★ buiten ~ *draußen spielen* ● MUZ. *spielen* ● TON. als acteur uitvoeren *spielen* ● TON. opvoeren *spielen* ● aanpakken *anpacken*; *anfassen* ★ het slim ~ *es geschickt anpacken* II ON WW ● zich afspelen *spielen*; *sich abspielen* ● aan de orde zijn *mitspielen*; *eine Rolle spielen* ● ~ met luchtig behandelen *(herum)spielen mit* ● ~ op *spekulieren* ● ~ voor zich voordoen als *spielen* ★ voor komiek ~ *den Clown spielen*
spelenderwijs *spielend*; *spielerisch*
speleoloog *Höhlenkundler* m; *Speläologe* m
speler *Spieler* m; (acteur) *Schauspieler* m; (muzikant) *Musikant* m
spelersbank *Ersatzbank* v; *Spielerbank* v; *Auswechselbank* v
spelersgroep *Spielergruppe* v
spelevaren *eine Kahnfahrt machen*
spelfout *Rechtschreibfehler* m
speling ● tussenruimte *Spielraum* m ● gril *Spiel* o ★ een ~ van het lot *eine Schicksalsfügung*
spelleider *Spielleiter* m
spellen ● correct schrijven *buchstabieren* ● aandachtig lezen *studieren*; *aufmerksam lesen*
spelletje *Spiel* o; *Spielchen* o
spelling ● het spellen *Buchstabieren* o ● schrijfwijze *Schreibung* v; *Rechtschreibung* v
spellingchecker *Korrekturhilfeprogramm* o; *Rechtschreibkorrektur* v; *Rechtschreibprogramm* o
spellinggids *Rechtschreibanleitung* v; *Rechtschreibführer* m

spellingshervorming *Rechtschreibreform* v
spelmaker *Spielmacher* m
spelonderbreking *Spielunterbrechung* v
spelonk *Höhle* v
spelregel • regel van een spel *Spielregel* v
• spellingregel *Rechtschreibregel* v
spelverdeler *Spielmacher* m
spencer *Pullunder* m
spenderen *ausgeben*; *verwenden*; INFORM.
hineinstecken
spenen *abstillen*; *entwöhnen* ▼ van iets
gespeend zijn etw. *absolut nicht haben*
sperma *Sperma* o
spermabank *Samenbank* v
spermadonor *Samenspender* m
spermatozoïde *Spermatozoid* m
spertijd *Sperrstunde* v
spervuur *Sperrfeuer* o
sperwer *Sperber* m
sperzieboon *Brechbohne* v ★ sperziebonen
grüne Bohnen
spetter • spat *Spritzer* m • INF. mooi persoon
⟨vrouw⟩ *Prachtweib* o; ⟨man⟩ *tolle(r) Typ* m
spetteren • spatten *spritzen*; *perlen*
• tegensputteren *murren*; *aufmucken*
speurder *Detektiv* m
speuren I OV WW *bespeuren wittern*; *spüren*
II ON WW • opsporen *fahnden* • onderzoeken
spähen
speurhond *Spürhund* m
speurneus • fijne neus *Spürnase* v • persoon
Spürnase v
speurtocht *Erkundungsfahrt* v; ⟨spel⟩
Schnitzeljagd v
speurwerk *Nachforschungen* mv; *Ermittlungen*
mv
speurzin *Spürsinn* m
spichtig • mager *spindeldürr*; *schmächtig*
• toelopend, spits *spitz (zulaufend)*
spie • wig *kleine(r) Keil* m • pen *Pinne* v; *Splint*
m
spieden *spähen*
spiegel • spiegelend voorwerp *Spiegel* m
• niveau *Spiegel* m • MED. *Spiegel* m
spiegelbeeld *Spiegelbild* m
spiegelei *Spiegelei* o
spiegelen I ON WW weerkaatsen *spiegeln*;
reflektieren II WKD WW [zich ~] • weerkaatst
worden *sich spiegeln* • ~ **aan** *sich zum Vorbild
nehmen*
spiegelglad *spiegelglatt*
spiegeling • het spiegelen *Spiegelung* v
• spiegelbeeld *Spiegelung* v
spiegelreflexcamera *Spiegelreflexkamera* v
spiegelruit *Spiegelscheibe* v
spiegelschrift *Spiegelschrift* v
spiekbriefje *Spickzettel* m; *Spicker* m
spieken *abgucken*; *spicken*
spielmacher *Spielmacher* m
spier *Muskel* m ★ geen ~ vertrekken *keine
Miene verziehen*
spieractiviteit *Muskelaktivität* v
spieratrofie *Muskelatrophie* v; *Muskelschwund*
m
spierbal *Muskelbündel* o ★ zijn ~len laten zien
seine Muskeln spielen lassen

spierbundel *Muskelprotz* m; ⟨ook fig.⟩
Muskelpaket o
spiercontractie *Muskelkontraktion* v
spierdystrofie *Muskeldystrophie* v
spiering *Stint* m ▼ een ~ uitgooien om een
kabeljauw te vangen *mit der Wurst nach der
Speckseite werfen* ▼ een magere ~
Klappergestell o
spierkracht *Muskelkraft* v
spiernaakt *splitternackt*
spierpijn *Muskelschmerz* m; *Muskelkater* m
spierverrekking *Muskelzerrung* v
spierverslappend *muskelentspannend*
spierweefsel *Muskelgewebe* o
spierwit *kalkweiß*; *schneeweiß*; ⟨doodsbleek⟩
totenblaß
spies • speer *Spieß* m • grillpen *Spieß* m
spietsen *(auf)spießen*
spijbelaar *Schwänzer* m
spijbelen *schwänzen*
spijker *Nagel* m ▼ ~s met koppen slaan *Nägel
mit Köpfen machen* ▼ ~s op laag water
zoeken *herummäkeln*
spijkerbroek *Jeans* mv
spijkeren *nageln*
spijkerhard • LETT. *steinhart* • FIG.
⟨meedogenloos⟩ *eiskalt*; INFORM. *knallhart*
spijkerjasje, spijkerjack *Jeansjacke* v
spijkerschrift *Keilschrift* v
spijkerstof *Jeansstoff* m
spijl *Gitterstab* m
spijs • gerecht *Speise* v • vulling *Masse* v; *Brei*
m • mortel *Mörtel* m
spijskaart *Speisekarte* v
spijsvertering *Verdauung* v ★ wandeling voor
de ~ *Verdauungsspaziergang* m
spijsverteringskanaal *Verdauungskanal* m
spijsverteringsorganen *Verdauungsorgane* o
mv
spijsverteringssysteem *Verdauungsapparat* m
spijswet *Speisegesetz* o
spijt *Bedauern* o ★ ~ hebben van iets etw.
bedauern ★ tot mijn ~ *zu meinem Bedauern*
▼ BN tot ~ van wie het benijdt *zum Leidwesen
des Verlierers*
spijtbetuiging *Ausdruck* m *des Bedauerns*;
Bekundung v *des Bedauerns*
spijten *leidtun* ★ het spijt me *es tut mir leid*
★ het spijt ons dat... *wir bedauern, dass...*
★ het zal u ~ *das werden Sie bereuen*
spijtig *bedauerlich*
spijtoptant *jemand, der eine Entscheidung
bereut*
spijts BN ondanks *trotz* [+2]; *ungeachtet* [+2]
spijzen BN, FIG. spekken *spicken*
spikes *Spikes* m mv; *Rennschuhe* m mv
spikkel *Tupfen* m; *Sprenkel* m
spiksplinternieuw *funkelnagelneu*
spil • TECHN. as *Achse* v; *Spindel* v • middelpunt
Mittelpunkt m; *Seele* v; SPORT *Spielmacher* m
★ hij is de spil waar alles om draait *er ist die
Seele der ganzen Sache*
spilkoers *Mittelkurs* m
spillebeen I ZN [de] persoon *storchbeinige
Person* v II ZN [het] been *Spinnenbein* o
spilziek *verschwenderisch*

sp

spin ● dier *Spinne* v ● snelbinder *Gepäckspinne*
v ● SPORT *Effekt* m; *Spin* m
spinazie *Spinat* m ★ ~ à la crème *Rahmspinat*
spindle *Spindel* v
spindoctor *Spin-Doctor* m
spinet *Spinett* o
spinnaker *Spinnaker* m
spinnen ● tot garen maken *spinnen* ● snorren
schnurren
spinnenweb *Spinnennetz* o
spinnerij *Spinnerei* v
spinnewiel *Spinnrad* o
spinnijdig *giftig*; *bitterböse*
spin-off ● ECON. *Spinn-off* m; *Nebenprodukt* m;
Abfallprodukt m ● FIG. *(positiver) Nebeneffekt*
m
spinrag *Spinnennetz* o
spint I ZN [de] mijt *Spinnmilbe* v **II** ZN [het]
● spinsel *Gespinst* o ● hout *Splint* m
spion *Spion* m
spionage *Spionage* v
spionagesatelliet *Spionagesatellit* m
spioneren *spionieren*
spionkop BN, SPORT fanatieke supporter
Hooligan m
spiraal ● schroeflijn *Spirale* v ● voorwerp
Spirale v
spiraalmatras *Federkernmatratze* v
spiraaltje *Spirale* v
spiraalvormig *spiral(förm)ig*
spirit *Schwung* m; INFORM. *Mumm* m
spiritisme *Spiritismus* m
spiritualiën *Spirituosen* mv
spiritueel *spirituell*
spiritus *Spiritus* m
spiritusbrander *Spiritusbrenner* m
spiritusstel *Spirituskocher* m
spit ● braadpen *Spieß* m ● MED. *Hexenschuss* m
spits I ZN [de] ● top *Spitze* v ● SPORT *Spitze* v;
Stürmer m ● voorhoede *Spitze* v ● verkeer
Hauptverkehrszeit v; *Stoßzeit* v **II** ZN [het] ▼ het
~ afbijten *die Spitze abbrechen* **III** BNW
● puntig *spitz* ● slim *scharfsinnig*
Spitsbergen *Spitzbergen* o
spitsen *anspitzen*; *zuspitzen*; *spitzen*; *schärfen*
spitsheffing *Stoßzeitgebühren* v mv
spitsheid *Schärfe* v; *Scharfsinnigkeit* v
spitskool *Spitzkohl* m
spitsmuis *Spitzmaus* v
spitsstrook *Sonderfahrspur* v
spitsuur *Stoßzeit* v; *Spitzenzeit* v; ⟨verkeer⟩
Hauptverkehrszeit v
spitsvignet *Stoßzeitvignette* v
spitsvondig *spitzfindig*
spitten *umgraben*
spitzen *Spitzenschuhe* mv
spleet *Spalte* v; *Ritze* v; ⟨gleuf⟩ *Schlitz* m
spleetoog *Schlitzauge* v
splijten I OV WW klieven *spalten* **II** ON WW een
scheur krijgen *sich spalten*
splijting *Spaltung* v
splijtstof *Spaltmaterial* o
splijtzwam ● bacterie *Spaltpilz* m ● oorzaak
van verdeeldheid *Stänkerer* m
splinter *Splitter* m
splinteren *(zer)splittern*

splintergroep *Splittergruppe* v
splinternieuw *nagelneu*
splinterpartij *Splitterpartei* v
split *Schlitz* m
spliterwt *Schälerbse* v
splitpen *Splint* m
splitrok *geschlitzte(r) Rock* m
splitsen *teilen*; *spalten* ★ zich ~ *sich teilen*
splitsing ● scheuring *Spaltung* v ● plaats van
splitsing *Gabelung* v; *Abzweigung* v
spoed *Eile* v ★ met ~ *unverzüglich* ★ er ~ achter
zetten *etw. vorantreiben* ▼ haastige ~ is
zelden goed *zu große Hast hats oft verpasst*
spoedbehandeling *Sofortbehandlung* v; JUR.
Schnellverfahren o
spoedbestelling *Eilbestellung* v
spoedcursus *Schnellkurs* m
spoedeisend *dringend*; *dringlich*
spoeden [zich ~] *eilen*; *sich beeilen*
spoedgeval ● spoedeisende kwestie
dringende(r) Fall m ● MED. *Notfall* m ★ BN
(dienst) ~len *Notfalldienst* m
spoedig I BNW *schnell*; *rasch*; *baldig* **II** BIJW *bald*
★ zo ~ mogelijk *baldigst*; *so rasch wie möglich*
spoedoperatie *Notoperation* v
spoedopname *Notaufnahme* v
spoedoverleg *Dringlichkeitsgespräch* o;
Dringlichkeitskonferenz v
spoel *Spule* v
spoelbak *Spülbecken* o
spoelen I OV WW ● reinigen *spülen* ● opwinden
spulen **II** ON WW ● stromen *spülen*
● meegevoerd worden *gespült werden*
spoeling ● het spoelen *Spülung* v
● kleurspoeling *Tönung* v
spoelkeuken *Spülküche* v
spoelwater *Spülwasser* o
spoelworm *Spulwurm* m
spoiler *Spoiler* m
spoken *spuken*
sponde *Lagerstätte* v
sponning *Falz* m; *Nut* v
spons *Schwamm* m ▼ BN de ~ halen over iets
Schwamm drüber!
sponsen *mit einem Schwamm (ab)waschen*
sponsor *Sponsor* m
sponsorcontract *Sponsorvertrag* m
sponsoren *sponsern*
sponsoring *Sponsoring* o; *Sponsorschaft* v
sponsorloop *Sponsorlauf* m
sponszwam *Krause Glucke* v
spontaan *spontan*
spontaniteit *Spontaneität* v
sponzenduiker *Schwammtaucher* m
sponzig *schwammig*
spook ● geest *Gespenst* o ● FIG. schrikbeeld
Schreckgespenst o
spookachtig *gespenstisch*; *unheimlich*;
geisterhaft
spookbeeld *Gespenst* o; *Spuk* m
spookhuis ● huis *Spukhaus* o ● kermisattractie
Spukhaus o
spookrijder *Geisterfahrer* m; *Falschfahrer* m
spookschip *Gespensterschiff* o
spookstad *Geisterstadt* m
spookverhaal *Geistergeschichte* v;

Gespenstergeschichte v; *Spukgeschichte* v
spookwoord *Deskriptor* m
spoor I ZN [het] ● zintuiglijk waarneembaar overblijfsel *Spur* v; *Fährte* v ★ het ~ bijster raken *von der Fährte abkommen*; *die Spur verlieren* ● overblijfsel *Spur* v ● spoorweg *Gleis* o ★ uit het ~ raken *entgleisen* ● spoorbedrijf *Eisenbahn* v; *Bahn* v ★ per ~ *mit der Bahn* ● geluidsstrook *Spur* v v op een dood ~ zitten *auf dem Abstellgleis sein* **II** ZN [de] ● uitsteeksel rijlaars *Sporn* m ● PLANTK. *Sporn* m ● hoornige uitwas *Sporn* m
spoorbaan *Gleis* o
spoorbiels *Eisenbahnschwelle* v
spoorboekje *Kursbuch* o
spoorboom *Bahnschranke* v; *Schranke* v
spoorbrug *Eisenbahnbrücke* v
spoorlijn *Eisenbahnlinie* v
spoorloos *spurlos*
spoorslags *geradewegs*; *spornstreichs*
spoortrein *Zug* m; *Eisenbahnzug* m
spoorweg *Eisenbahn* v; *Bahn* v
spoorwegmaatschappij *Eisenbahngesellschaft* v
spoorwegnet *Eisenbahnnetz* o
spoorwegovergang *Bahnübergang* m ★ bewaakte ~ *Bahnübergang mit Schranke* m
spoorwegpersoneel *(Eisen)Bahnpersonal* o; *Eisenbahner* m mv
spoorwegpolitie *Bahnpolizei* v
spoorwegstaking *Eisenbahnerstreik* m
spoorwegverbinding *(Eisen)Bahnverbindung* v
spoorzoeken *Spuren suchen*
spoorzoekertje *Schnitzeljagd* v
sporadisch *sporadisch*
spore *Spore* v
sporen ● met de trein reizen *mit der Bahn fahren* ● overeenkomen *spuren*; *entsprechen*
sporenelement *Spurenelement* o
sporenplant *Sporenpflanze* v
sport ● lichaamsoefening *Sport* m; *Sportart* v ★ aan ~ doen *Sport treiben* ● trede *Sprosse* v ● stoelspaak *Steg* m
sportacademie *Sportakademie* v
sportaccommodatie *Sportanlage* v
sportauto *Sportwagen* m
sportblessure *Sportverletzung* v
sportbond *Sportverband* m; *Sportbund* m
sportbril *Sportbrille* v
sportclub *Sportklub* m; *Sportverein* m
sportdag *Sportfest* o
sportduiken *Sporttauchen* o
sportduiker *Sporttaucher* m
sporten *Sport treiben*; *Sport machen*
sporter *Sportler* m [v: *Sportlerin*]
sportevenement *Sportveranstaltung* v
sportfiets *Sportrad* o
sportfondsenbad *Stadtbad* o
sporthal *Sporthalle* v
sportief ● SPORT sport betreffend *sportlich* ● eerlijk *fair*
sportieveling *sportliche(r) Mensch* m
sportiviteit ● SPORT *Sportlichkeit* v ● eerlijkheid *Fairness* v
sportjournalist *Sportjournalist* m [v: *Sportjournalistin*]
sportkeuring *Eignungsuntersuchung* v

sportkleding *Sportkleidung* v
sportman *Sportler* m
sportnieuws *Sportnachrichten* mv
sportpagina *Sportseite* v
sportpark *Sportanlage* v
sportschool *Schule* v *für Kampfsportarten*; *(Kampf)Sportschule* v
sportuitzending *Sportsendung* v
sportveld *Sportplatz* m
sportvissen *den Angelsport betreiben*
sportvisser *Sportfischer* m
sportvisserij *Sportfischerei* v
sportvliegen *das Sportfliegen betreiben*
sportvlieger *Sportflieger* m
sportvliegtuig *Sportflugzeug* o
sportvrouw *Sportlerin* v
sportwagen *Sportwagen* m
sportwedstrijd *Sportwettkampf* m
sportzaak *Sportgeschäft* o
sportzaal *Sporthalle* v
spot ● het spotten *Spott* m; *Spöttelei* v ★ de spot drijven met *seinen Spott treiben mit*; *verspotten* ● voorwerp van bespotting *Gespött* o ★ iem. tot mikpunt van spot maken *jmdn. zum Gespött machen* ● reclame *Spot* m ● lamp *Spot* m; *Scheinwerfer* m
spotgoedkoop *spottbillig*
spotlight *Spotlight* o; *Scheinwerfer* m; *Scheinwerferlicht* o
spotnaam *Spottname* m
spotprent ≈ *Karikatur* v
spotprijs *Spottpreis* m
spotten ● schertsen *spaßen* ● ~ met belachelijk maken *verspotten* ★ hij laat niet met zich ~ *er lässt nicht mit sich spaßen*
spottenderwijs *spottend*; *spöttisch*
spotter *Spötter* m
spotvogel ● vogel *Gelbspötter* m ● persoon *Spötter* m; *Spottvogel* m
spouw *Hohlraum* m
spouwmuur *Hohlmauer* v
spraak ● vermogen om te spreken *Sprache* v ● manier van spreken ★ ter sprake brengen *zur Sprache bringen* ★ ter sprake komen *zur Sprache kommen* ★ er is sprake van *es ist die Rede von* ★ hier is sprake van diefstal *hier handelt es sich um Diebstahl* ★ daar kan geen sprake van zijn *das kommt nicht infrage/in Frage*
spraakcentrum *Sprachzentrum* o
spraakgebrek *Sprachfehler* m
spraakgebruik *Sprachgebrauch* m
spraakherkenning *Spracherkennung* v
spraakkunst *Sprachlehre* v; *Grammatik* v
spraakles *Sprechunterricht* m
spraakmakend *aufsehenerregend* ★ een ~ interview *ein aufsehenerregendes Interview* ★ een ~ programma *ein Programm, das von sich reden macht*
spraakstoornis *Sprachstörung* v
spraakvermogen ⟨vermogen om te spreken⟩ *Sprachvermögen* o; ⟨vermogen tot communicatie⟩ *Sprachfähigkeit* v
spraakverwarring *Sprachverwirrung* v ▼ een Babylonische ~ *eine babylonische Sprachverwirrung*

sp

spraakwaterval INFORM. *Quasselstrippe* v
spraakzaam *gesprächig*
sprake ● → **spraak**
sprakeloos *sprachlos*
sprankelen *sprühen*; *sprudeln*; ⟨fonkelen⟩ *funkeln*
sprankje ● vonkje *Funke* m ● greintje *Schimmer* m; *Funke* m ● een ~ licht *ein Lichtschimmer*
spray *Spray* o
sprayen I WW OV *sprayen* **II** WW ONOV *sprayen*
spreadsheet *Bildschirmtabelle* v; *elektronische(s) Arbeitsblatt* o; *Spreadsheet* o; COMP. *Tabellenkalkulation* v
spreekbeurt *Vortrag* m ★ een ~ vervullen *einen Vortrag halten*
spreekbuis *Sprachrohr* o
spreekgestoelte *Rednerpult* o
spreekkamer *Sprechzimmer* o
spreekkoor *Sprechchor* m
spreekstalmeester *Sprechstallmeister* m
spreektaal *Umgangssprache* v
spreektijd *Redezeit* v
spreekuur *Sprechstunde* v
spreekvaardigheid *Sprechfertigkeit* v
spreekverbod *Redeverbot* o; *Sprechverbot* o
spreekwoord *Sprichwort* o
spreekwoordelijk *sprichwörtlich*
spreeuw *Star* m
sprei *Überdecke* v; ⟨op bed⟩ *Tagesdecke* v
spreiden ● uitspreiden *ausbreiten* ● verdelen over *verteilen*; *streuen*
spreiding ● het spreiden *Spreizung* v ● verdeling *Verteilung* v; *Streuung* v ★ ~ van de vakantie *Staffelung der Ferien* v
spreidlicht *Flutlicht* o
spreidsprong *Grätsche* v
spreidstand *Grätschstellung* v; *Grätsche* v
spreidzit *Spagat* m
spreken I OV WW ● zeggen *sprechen* ● gesprek hebben met *sprechen* **II** ON WW ● praten *sprechen*; *reden* ★ ~ met iem. *mit jmdm. sprechen* ● over iem. ~ *von jmdm. sprechen/reden*; *über jmdn. sprechen/reden* ★ om maar niet te ~ van... *geschweige (denn)...*; *gar nicht zu reden von...* ● duidelijk worden *zeugen* ★ daaruit spreekt grote moed *das zeugt von großem Mut* ★ dat spreekt vanzelf, dat spreekt voor zich *das versteht sich* ▼ de goeden niet te na gesproken *in allen Ehren* ▼ van zich doen ~ *von sich reden machen*
sprekend I BNW ● met spraak *sprechend* ★ ~e film *Tonfilm* m ● veelzeggend *sprechend*; *ausdrucksvoll* ● treffend *treffend*; *deutlich ausgeprägt*; *schlagend* ★ een ~ bewijs *ein schlagender Beweis* m ★ gezicht met ~e trekken *ausgeprägte(r) Charakterkopf* m **II** BIJW ★ ~ op iem. lijken *jmdm. zum Verwechseln ähnlich sehen*
spreker ● woordvoerder *Sprecher* m ● redenaar *Redner* m ★ de vorige ~ *der Vorredner*
sprenkelen *(be)sprengen*; *sprenkeln*
spreuk *Spruch* m
spriet ● halm *Halm* m ● voelhoorn *Fühler* m ● dun meisje *Bohnenstange* v
sprietig ⟨mager⟩ *dürr*; ⟨haar⟩ *widerspenstig*

springbak *Sprunggrube* v
springbok *Springbock* m
springbox *Sprungfederrahmen* m
springconcours *Springturnier* o
springen ● zich in de lucht verheffen *springen* ★ het paard springt over de sloot *das Pferd setzt über den Graben* ● zich plotseling bewegen *springen*; *barsten aufspringen*; *reißen* ● ontploffen *(zer)springen* ● bankroet gaan *zusammenbrechen* ★ de bank staat op ~ *die Bank steht vor dem Zusammenbruch*
springerig *sprunghaft*; ⟨bij personen⟩ *quecksilbrig* ★ ~ haar *widerspenstiges Haar*
spring-in-'t-veld *Springinsfeld* m
springkast *Bock*
springlading *Sprengladung* v
springlevend *quicklebendig*
springmatras *Sprungfedermatratze* v
springnet *Sprungtuch* o
springpaard ● dier *Springpferd* o ● turntoestel *Pferd* o
springplank *Sprungbrett* o
springschans *Sprungschanze* v
springstof *Sprengstoff* m
springstok *Sprungstab* m
springtij *Springflut* v
springtouw *Springseil* o
springuur BN, O&W *Freistunde* v; *Zwischenstunde* v
springveer *Sprungfeder* v ★ springveren matras *Sprungfedermatratze*
springvloed *Springflut* v
sprinkhaan *Heuschrecke* v
sprinkhanenplaag *Heuschreckenplage* v
sprinkler *Sprinkler* m
sprinklerinstallatie *Sprinkleranlage* v; *Berieselungsanlage* v; *Sprinklersystem* o
sprinklersysteem *Sprinkleranlage* v
sprint *Sprint* m; ⟨hardlopen⟩ *Kurzstreckenlauf* m; ⟨eindspurt⟩ *Spurt* m
sprinten *sprinten*
sprinter ● persoon *Sprinter* m ● trein *Schnellbahn* v
sproeiapparaat *Spritzgerät* o; *Sprühgerät* o; *Spritzapparat* m
sproeien *sprengen*
sproeier ● sproeitoestel *Sprenger* m; *Sprühgerät* o ● TECHN. *Düse* v; *Brause* v
sproei-installatie *Berieselungsanlage* v
sproeikop ⟨klein⟩ *Düse* v; ⟨groot⟩ *Brause* v
sproeimiddel *Spritzmittel* o; *Sprühmittel* o
sproeivliegtuig *Sprühflugzeug* o; *Agrarflugzeug* v
sproet *Sommersprosse* v
sprokkelen ● hout verzamelen *Holz/Reisig sammeln* ● FIG. *zusammentragen*
sprokkelhout *Reisig* o; *Fallholz* o
sprong *Sprung* m ▼ met ~en *sprunghaft* ▼ een ~ in het diepe *ein Sprung ins kalte Wasser*
sprongsgewijs *sprunghaft*
sprookje *Märchen* o
sprookjesachtig *märchenhaft*
sprookjesboek *Märchenbuch* o
sprookjesfiguur *Märchenfigur* v
sprookjesprins *Märchenprinz* m
sprookjesprinses *Märchenprinzessin* v

sprookjeswereld *Märchenwelt* v
sprot *Sprotte* v
spruit ● groente *Rosenkohl* m ● uitloper *Spross* m; *Schössling* m ● kind *Sprössling* m
spruiten ● ontspruiten *sich ergeben*; *entstehen* ● loten krijgen *ausschlagen*; *sprießen*
spruitstuk *Zweigrohr* o
spruw *Soor* m; INFORM. *Schwämmchen* mv
spugen ● speeksel uitspugen *spucken* ● braken *brechen*; *sich erbrechen*
spuien ● lozen *ablassen* ● uiten *loslassen*; *von sich geben*
spuigat *Speigatt* o ▼ dat loopt de ~en uit *das geht auf keine Kuhhaut*
spuit ● werktuig *Spritze* v ● injectiespuit *Spritze* v ● injectie *Spritze* v
spuitbus *Sprühdose* v; *Spraydose* v
spuiten I ov ww ● naar buiten persen *spritzen* ● bespuiten *spritzen* ● injecteren *spritzen* ★ hij spuit drugs *er fixt* II on ww tevoorschijn komen *spritzen*
spuiter ● spuitende opening of bron *Springer* m ● druggebruiker *Fixer* m
spuitfles *Spritzflasche* v; *Siphon* m
spuitgast *Spritzenmann* m
spul ● goedje *Zeug* o ● benodigdheden *Siebensachen* mv; *Kram* m
spurt *Spurt* m
spurten *spurten*
sputteren ● pruttelen, spetteren *knattern*; *spucken* ● morren *murren* ● BN, ECON. stagneren *stocken*
sputum *Sputum* o
spuug *Spucke* v; *Speichel* m
spuuglelijk *potthässlich*
spuugzat ▼ iets ~ zijn *die Nase gestrichen voll von etw. haben*
spuwen ● spugen *spucken* ● uitbraken *brechen*; *sich erbrechen*
spyware *Spyware* v
squadron *Geschwader* o; 〈formatie〉 *Staffel* v
squash *Squash* o
squashbaan *Squash-Halle* v
squashen *Squash spielen*
squasher *Squashspieler* m; *Squashspielerin* v
Sri Lanka *Sri Lanka* o
Sri Lankaans *sri-lankisch*
sst *psst!*
staaf *Stab* m; 〈eetbaar〉 *Stange* v; 〈edelmetaal〉 *Barren* m; 〈spoorstaaf〉 *Schiene* v
staafbatterij *Stabbatterie* v
staafdiagram *Histogramm* o
staaflantaarn *Stablampe* v
staafmixer *Stabmixer* m
staak ● stok *Stange* v ● persoon *Stelze* v
staakt-het-vuren *Waffenstillstand* m
staal I zn [het] [gmv] *Stahl* m II zn [het] [mv: stalen] *Muster* o; *Probe* v
staalarbeider *Stahlarbeiter* m
staalblauw *stahlblau*
staalborstel *Drahtbürste* v
staalconstructie *Stahlkonstruktion* v
staaldraad *Stahldraht* m
staalindustrie *Stahlindustrie* v
staalkaart ● kaart met stalen *Musterkarte* v ● FIG. divers geheel *bunte Sammlung* v

staalkabel *Stahlkabel* o
staalpil *Eisentablette* v
staalwol *Stahlwolle* v
staan ● rechtop staan *stehen* ● stilstaan *stehen* ★ tot ~ brengen *zum Stillstand bringen* ● opgetekend zijn *stehen* ★ de pas staat op naam van A. *der Pass ist auf A.'s Namen ausgestellt* ● passen *zu Gesicht stehen*; *stehen* ★ die jurk staat je goed *das Kleid steht dir gut* ● zijn *stehen* ★ hoe ~ de zaken? *wie steht's?* ● ~ tot *sich verhalten zu* ★ 2 staat tot 4 als 5 tot 10 *2 verhält sich zu 4 wie 5 zu 10* ● bezig zijn ★ daar stond hij van te kijken *da hat er aber gestaunt* ★ hij stond te wachten *er stand da und wartete* ● op het punt staan om *im Begriff sein* ● ~ op eisen *großen Wert legen auf*; *bestehen auf* ★ hij staat erop *er besteht darauf* ★ vader staat op orde *Vater hält auf Ordnung* ● ~ voor geconfronteerd worden met *vor etwas stehen*; *etwas gegenüberstehen* ▼ er goed vóór ~ *gute Aussichten haben*
staand ▼ een bewering ~e houden *eine Behauptung aufrechterhalten*
staander *Stützbalken* m; *Stützpfosten* m
staanplaats ● plaats waar men moet staan *Stehplatz* m ● standplaats *Standort* m
staar *Star* m
staart ● BIOL. *Schwanz* m ● haarstreng *Pferdeschwanz* m ● uiteinde *Anhang* m; *Schwanz* m; 〈v. auto, schip, vliegtuig〉 *Heck* o; 〈v. komeet〉 *Schweif* m ● nasleep *Nachspiel* o ● restantje *Rest* m
staartbeen ● stuitbeen *Steißbein* o ● beentje van de staart *Schwanzwirbel* m
staartdeling ≈ *Division* v
staartklok ≈ *Penduluhr* v *mit geschlossenem Gehäuse* ★ een Friese ~ *eine friesische Wanduhr* v
staartstuk ● stuk van de staart *Schwanzstück* o ● achterstuk *Endstück* o
staartvin *Schwanzflosse* v; 〈vliegtuig〉 *Flosse* v
staat ● toestand *Zustand* m; *Stand* m ★ burgerlijke ~ *Familienstand* m ★ echtelijke/ huwelijkse ~ *Ehestand* m ★ in goede ~ zijn *in gutem Zustand sein* ★ rijk *Staat* m ★ Kerkelijke Staat *Kirchenstaat* m ★ de Verenigde Staten van Amerika *die Vereinigte(n) Staaten von Amerika* mv ● stand *Stand* m; *Pracht* v; *Aufwand* m ★ de priesterlijke ~ *der Priesterstand* ● gelegenheid ★ tot alles in ~ zijn *zu allem fähig sein* ● lijst *Verzeichnis* o; *Liste* v
staathuishoudkunde *Volkswirtschaftslehre* v
staatkunde *Staatswissenschaft* v; *Staatskunde* v
staatkundig ● politiek *politisch* ● volgens de regels van de staatkunde *staatsmännisch* ● de staat betreffend *staatlich*
staatsaandeel 〈aandeel in bezit v.d. staat〉 *Staatsanteil* m; 〈aandeel in staatsonderneming〉 *Staatsaktie* v
staatsaanklager *Staatsanwalt* m
staatsbedrijf *staatliche(r) Betrieb* m; *Staatsunternehmen* o
staatsbelang *Staatsinteresse* o
staatsbestel ● bestuur *Staatsverwaltung* v ● inrichting *Staatssystem* o

staatsbezoek *Staatsbesuch* m
Staatsblad ≈ *Bundesanzeiger* m; ≈ *Gesetzblatt* o
Staatsbosbeheer *staatliche Forstverwaltung* v
staatsburger *Staatsangehörige(r)* m;
  Staatsbürger m
staatsburgerschap *Staatsbürgerschaft* v
Staatscourant ≈ *Bundesanzeiger* m; ≈
  Gesetzblatt o
staatsdienst *Staatsdienst* m ★ in ~ zijn *im*
  Staatsdienst sein
staatsdomein *Staatsgut* o; *(Staats)Domäne* v mv
staatsdrukkerij *Staatsdruckerei* v; ⟨in Dld.⟩
  Bundesdruckerei v
staatseigendom *Staatseigentum* o;
  Gemeineigentum o; *öffentliche(s) Eigentum* o
staatsexamen *staatliche Abschlussprüfung* v
staatsgeheim *Staatsgeheimnis* o
staatsgreep *Staatsstreich* m; *Putsch* m
staatshoofd *Staatsoberhaupt* o
staatsie *Pomp* m; *Pracht* v; *Prunk* m
staatsieportret *prunkvolle(s) Porträt* o
staatsinrichting • *staatsbestuur staatliche*
  Ordnung v • *leervak Gemeinschaftskunde* v
staatskas *Staatskasse* v
staatslening *Staatsanleihe* v
staatsloterij *Staatslotterie* v
staatsman *Staatsmann* m
staatsorgaan *Staatsorgan* o
staatspapier *Staatspapier* o
staatsprijs *nationale(r) Literaturpreis* m
staatsrecht *Staatsrecht* o
staatsrechtelijk *staatsrechtlich*
staatsschuld *Staatsschuld* v
staatssecretaris *Staatssekretär* m
staatsvorm *Staatsform* v
stabiel *stabil*
stabilisatie *Stabilisierung* v
stabilisator *Stabilisator* m
stabiliseren *stabilisieren*
stabiliteit *Stabilität* v
stacaravan *Stehwohnwagen* m
stad *Stadt* v ★ de stad in gaan *in die Stadt gehen*
stadgenoot ≈ *Mitbürger* m
stadhouder *Statthalter* m
stadhuis *Rathaus* o
stadion *Stadion* o
stadium *Stadium* o
stads *städtisch*
stadsbeeld *Stadtbild* o
stadsbestuur *Stadtverwaltung* v
stadsbus *(Stadt)Omnibus* m
stadsgezicht *Stadtansicht* v
stadskern *Innenstadt* v; *Stadtkern* m
stadskind *Stadtkind* o
stadslicht *Stadtlicht* o
stadsmens *Stadtmensch* m
stadsmuur *Stadtmauer* v
stadsplattegrond *Stadtplan* m
stadsrecht *Stadtrecht* o
stadsreiniging *Stadtreinigung* v
stadsschouwburg *Stadttheater* o; *städtische*
  Bühne v
stadsvernieuwing *Stadtsanierung* v
stadsvervoer ≈ *öffentliche Verkehrsmittel* mv
stadsverwarming *Fernheizung* v
stadswacht *Stadtwache* v

staf • stok *Spazierstock* m; *Stock* m; ⟨toverstaf⟩
  Zauberstab m • leiding *Führungsstab* m; MIL.
  Stab m
stafchef *Stabschef* m
staffunctie *Funktion* v *im (Führungs)stab*;
  Manager m
stafkaart *Generalstabskarte* v
staflid *Mitglied* o *des (Führungs)Stabes*
stafylokok *Staphylokokkus* m
stag *Stag* o
stage *Praktikum* o ★ ~ lopen *ein Praktikum*
  machen
stagebegeleider *Praktikumsbegleiter* m
stagediven *stagediven*
stageld *Platzmiete* v; ⟨op markt⟩ *Standmiete* v
stageplaats *Praktikantenstelle* v
stagiair *Praktikant* m
stagnatie *Stockung* v; *Stocken* o; ⟨vooral*
  economie⟩ *Stagnation* v ★ ~ van het verkeer
  Verkehrsstockung
stagneren *stocken*
stahoogte *Mannshöhe* v
sta-in-de-weg *Hindernis* o
staken I ov ww ophouden met *einstellen* ★ het
  vuren ~ *das Feuer einstellen* **II** ON WW • werk
  neerleggen *streiken*; *in den Ausstand treten*
  • gelijkstaan *Stimmengleichheit ergeben*
staker *Streikende(r)* m
staking • het ophouden met iets *Einstellung* v
  ★ ~ van betaling *Zahlungseinstellung*
  • werkstaking *Streik* m ★ in ~ gaan *streiken*;
  in den Ausstand treten; *die Arbeit niederlegen*
  ★ algemene ~ *Generalstreik*
stakingsbreker *Streikbrecher* m
stakingsgolf *Streikwelle* v
stakingsleider *Streikführer* m; *Streikleiter* m
stakingsrecht *Streikrecht* o
stakingsverbod *Streikverbot* o
stakker ⟨mens⟩ *arme(r) Teufel* m; ⟨dier⟩ *arme(s)*
  Tier v
stal • hok voor vee *Stall* m • → **stalletje**
stalactiet *Stalaktit* m
stalagmiet *Stalagmit* m
stalen • van staal *Stahl-*; *stählern* ★ ~ band
  Stahlband o • zeer sterk ★ met een ~ gezicht
  liegen *unverfroren lügen*
stalinisme *Stalinismus* m
stalinist *Stalinist* m
stalinistisch *stalinistisch*
staljongen *Stallbursche* m
stalken *stalken*
stalker *Stalker* m
stalknecht *Stallbursche* m
stallen ⟨dier⟩ *in den Stall bringen*; ⟨voertuig⟩
  abstellen
stalles *Sperrsitz* m
stalletje *Stand* m
stalling • het stallen ⟨dier⟩ *Unterbringung* v *im*
  Stall; ⟨auto, fiets⟩ *Unterstellen* o
  • bewaarplaats ⟨auto⟩ *Garage* v; ⟨fiets⟩
  Fahrradstand m
stam • boomstam *Stamm* m • geslacht *Stamm*
  m • volksstam *Stamm* m
stamboek • register voor dieren *Zuchtbuch* o
  • voor personen *Familien(stamm)buch* o;
  ⟨vereniging⟩ *Mitgliederverzeichnis* o;

⟨burgerlijke stand⟩ *Personenstandsregister* o
stamboekvee *Zuchtbuchvieh* o
stamboom *Stammbaum* m
stamboomonderzoek *Stammbaumforschung* v
stamcafé *Stammkneipe* v
stamcel *Stammzelle* v
stamelen *stammeln*
stamgast *Stammgast* m
stamhoofd *Stammesführer* m
stamhouder *Stammhalter* m
stamkaart *Stammkarte* v
stamkroeg *Stammkneipe* v
stammen *(ab)stammen von*
stammenoorlog *Stammeskrieg* m;
    Stammesfehde v
stampei, stampij *Tamtam* o; *Aufheben* o ★ ~
    over iets maken *viel Aufheben(s) um etw.*
    machen
stampen I ov ww fijnmaken *zerstampfen*
    ▼ iem. iets in zijn kop ~ *jmdm. etw.*
    einhämmern **II** ON ww ● dreunend stoten
    stampfen ● stampvoeten *stampfen*
stamper ● TECHN. werktuig *Stampfer* m; ⟨vijzel⟩
    Stößel m ● BIOL. *Stempel* m
stamppot *Eintopf* m
stampvoeten *mit den Füßen stampfen*;
    aufstampfen
stampvol *gerammelt voll*
stamroos *Hochstammrose* v
stamtafel *Stammtisch* m
stamvader *Stammvater* m
stamverwant I zn [de] *Stammverwandte(r)* m
    II BNW *stammverwandt*
stand¹ ● houding *Stand* m; *Stellung* v ★ de ~en
    van de maan *die Phasen des Mondes*
    ● maatschappelijke rang *Stand* m ★ op ~
    wonen *in bester Lage wohnen* ★ volgens zijn ~
    standesgemäß ● bestaan ★ in ~ blijven *sich*
    halten; dauern ★ iets in ~ houden *etw.*
    aufrechterhalten ★ tot ~ brengen *zustande/zu*
    Stande bringen ★ tot ~ komen *zustande/zu*
    Stande kommen ● toestand *Stand* m; *Lage* v
    ★ ~ van zaken *Sachlage* v; *Sachverhalt* m;
    ECON. *Geschäftslage* v ● uitkomst *Spielstand* m;
    Stand m ● → **standje** ▼ burgerlijke ~
    Standesamt o
stand² (zeg: stend) *Stand* m
standaard I zn [de] ● houder *Ständer* m
    ● vaandel *Standarte* v ● maatstaf *Maßstab* m;
    Norm v; *Standard* m ● vastgestelde eenheid
    Normal o ● muntstandaard *Währung* v ★ de
    gouden ~ *die Goldwährung* **II** BNW *Standard-*;
    regulär
standaardafwijking *Standardabweichung* v
standaardformaat *Standardformat* o;
    Normalformat o
standaardisatie *Standardisierung* v
standaardiseren *standardisieren*
standaarduitrusting *Standardausstattung* v;
    Standardausrüstung v
standaardwerk *Standardwerk* o
standalone *Stand-Alone* o
standbeeld *Statue* v; *Standbild* o
stand-by *Stand-by-;* *abrufbereit*; *alarmbereit*;
    Bereitschafts-
standhouden ● niet wijken *sich behaupten*;

bestehen ● blijven bestaan *standhalten*; *sich*
    halten
stand-in *Stand-in* m; *Ersatzmann* m; ⟨film, tv⟩
    Double o
standing *Stand* m; *Ansehen* o; *Rang* m ★ een
    zaak van ~ *ein angesehenes Geschäft* o
standje ● berisping *Tadel* m; INFORM. *Rüffel* m
    ★ iem. een ~ geven *jmdn. tadeln*; INFORM.
    jmdm. den Kopf waschen ● houding *Stellung* v
    ▼ een opgewonden ~ *Hitzkopf* m
standlicht BN stadslicht *Standlicht* o
standplaats ● vaste plaats *Standplatz* m ★ ~
    voor taxi's *Taxistand* m ● vestigingsplaats
    Standort m
standpunt *Standpunkt* m ★ op het ~ staan
    dat... *auf dem Standpunkt stehen, dass...*
standrecht *Standrecht* o
stand-upcomedian *Stand-up Komiker* m;
    Bühnenkomiker
stand-upcomedy *Stand-up-Comedy* v
standvastig ● onveranderlijk *(be)ständig*
    ● volhardend *standhaft*; *beharrlich*
standwerker *Markthändler* m; MIN.
    Marktschreier m
stang *Stange* v ▼ iem. op ~ jagen *jmdn.*
    aufbringen
stangen *frotzeln*; *auf die Palme bringen*
stank *Gestank* m
stankoverlast *Geruchsbelästigung* v
stanleymes *Stanleymesser* o
stansen *stanzen*
stap *Schritt* m ★ bij iedere stap *auf Schritt und*
    Tritt ★ stap voor stap *schrittweise* ★ een stap
    naar achteren doen *einen Schritt nach hinten*
    machen ▼ BN op zijn stappen terugkeren *den*
    gleichen Weg noch einmal zurückgehen
stapel I zn [de] ● hoop *Stapel* m ★ een ~
    boeken *ein Stoß Bücher* m ● SCHEEPV. stellage
    Stapel m ★ een schip van ~ doen lopen *ein*
    Schiff vom Stapel lassen ▼ te hard van ~ lopen
    voreilig sein; *etw. übers Knie brechen* **II** BNW
    total verrückt
stapelbed *Etagenbett* o
stapelen ● *stapeln*; *schichten*; SCHEEPV. *stauen*
    ● FIG. *häufen*
stapelgek ● krankzinnig *total verrückt* ● ~ op
    verzot op ★ ~ op iem. zijn *ganz vernarrt in*
    jmdn. sein
stapelwolk *Quellwolke* v
stappen ● lopen *gehen*; ⟨enige stappen doen⟩
    treten; ⟨paard⟩ *im Schritt gehen* ● uitgaan
    bummeln
stappenteller *Pedometer* o
stapsgewijs *schrittweise*
stapvoets *im Schritt* ★ ~ rijden *im Schritt reiten*;
    Schritt fahren
star ● stijf *starr* ● FIG. rigide *starr*
staren *starren*
start *Start* m ★ valse ~ *Fehlstart*
startbaan *Startbahn* v
startbewijs *Starterlaubnis* v
startblok *Startblock* m
starten I ov ww in gang zetten *starten* **II** ON
    ww vertrekken *starten*
starter *Starter* m; ⟨v. motor⟩ *Anlasser* m
startgeld *Startgeld* o

st

startkabel *Starthilfekabel* o
startkapitaal *Startkapital* o
startklaar *startklar*; *startbereit*
startmotor *Startmotor* m
startnummer *Startnummer* v
startonderbreker *Startunterbrecher* m
startpagina *Startseite* v
startschot *Startschuss* m
startsein *Startsignal* o; *Startzeichen* o
startverbod *Startverbot* o
Statenbijbel ≈ *Bibelübersetzung* v *der frühen niederländischen Republik*
statenbond *Staatenbund* m
Staten-Generaal ≈ *erste und zweite Kammer* v *des niederländischen Parlamentes*
statie *Station* v
statief *Stativ* o
statiegeld *Pfand* o; ⟨v. fles⟩ *Flaschenpfand* o ★ fles met ~ *Pfandflasche* v
statig • waardig *würdevoll*; *würdig* • plechtig *feierlich*
station • spoorweghalte *Bahnhof* m ★ centraal ~ *Hauptbahnhof* m • zender *Radiostation* v; *Radiostation* m ★ ~ voor draadloze telegrafie *Funkstation* v
stationair ⟨auto⟩ *im Leerlauf*; ⟨machine⟩ *fest*
stationcar *Kombi(wagen)* m
stationeren I ov ww plaatsen *stationieren* ★ gestationeerd zijn *einen Standort haben*; *stationiert sein* **II** on ww bn kort parkeren *kurz parken*
stationschef *Bahnhofsvorsteher* m
stationshal *Bahnhofshalle* v
stationsplein *Bahnhofsplatz* m
stationsrestauratie *Bahnhofsrestaurant* o
statisch *statisch*
statisticus *Statistiker* m
statistiek • wetenschap *Statistik* v ★ Centraal Bureau voor de Statistiek ≈ *Statistische(s) Bundesamt* o • tabel *Statistik* v
statistisch *statistisch*
status • MED. ~ van een patiënt *das Krankenblatt* • sociale positie *Status* m
status aparte *Sonderstatus* m
statusbalk *Statusbalken* m
status-quo *Status quo* m
statussymbool *Statussymbol* o
statutair *satzungsgemäß*; *statutengemäß*
statutenwijziging *Statutenänderung* v; *Satzungsänderung* v
statuut *Statut* o; *Satzung* v ★ volgens de statuten *satzungsgemäß*; *verfassungsgemäß* ★ statuten van de vennootschap *Gesellschaftsvertrag* m ★ statuten *Statuten* mv
stavast ▾ een man van ~ *ein Mann von Charakter*; *ein tüchtiger Kerl*
staven • bewijzen *beweisen* ★ met argumenten ~ *begründen* • bekrachtigen *bestätigen*; *erhärten*; *bekräftigen*
staving *Bekräftigung* v ★ ter ~ aanhalen *als Beweis anführen*
stayer ⟨atleet⟩ *Langstreckenläufer* m; ⟨wielrenner⟩ *Steher* m
steak *Steak* o
stedelijk • van de stad *städtisch* ★ ~ bestuur *Stadtverwaltung* v • stads *Stadt-*

stedeling *Städter* m; *Stadtbewohner* m
stedenbouw *Städtebau* m
stedenbouwkunde *Stadtplanung* v; *Städtebau* m
steeds I BIJW • telkens *immer* • altijd *immer* • bij voortduring *immer* **II** BNW van de stad *städtisch*
steeg *Gasse* v
steek • stoot met iets scherps *Stich* m • hatelijkheid *Stich* m; *Hieb* m • pijnscheut *Stich* m; *Stechen* o ★ steken in de zij hebben *Seitenstiche haben* • lus, maas *Masche* v • hoed *Zweispitz* m; ⟨driekantig⟩ *Dreispitz* m • platte po *Bettpfanne* v • spitdiepte *Schaufel* v ▾ ~ onder water *Seitenhieb* m ▾ het kan me geen ~ schelen *das ist mir völlig gleichgültig* ▾ aan hem is een ~je los *er hat nicht alle Tassen im Schrank*
steekhoudend *stichhaltig*
steekpartij *Messerstecherei* v
steekpenningen *Schmiergeld* o; *Bestechungsgeld* o ★ ~ aannemen *Schmiergelder annehmen*
steekproef *Stichprobe* v
steeksleutel *Gabelschlüssel* m
steekspel • riddertoernooi *Turnier* o • FIG. strijd *Wortgefecht* o; *Streitgespräch* o
steekvlam *Stichflamme* v
steekwagen *Sackkarre* v
steekwapen *Stichwaffe* v
steekwond *Stichverletzung* v
steekwoord *Stichwort* o; *Lemma* o
steekzak *Schubtasche* v
steel • stengel *Stängel* m • handvat *Stiel* m
steelband ⟨zeg⟩ *stielbend* *Steelband* v
steeldrum *Steeldrum* v
steelguitar *Steelgitarre* v
steelpan *Kasserolle* v; *Stielpfanne* v
steels *heimlich*; ⟨blik⟩ *verstohlen*
steen I ZN [de] • stuk steen *Stein* m • bouwsteen *Ziegel* m ★ de eerste ~ leggen *den Grundstein legen* ★ hard als ~ *steinhart* ▾ de ~ des aanstoots *der Stein des Anstoßes* ▾ al zou de onderste ~ boven komen *wenn auch alles drunter und drüber geht* ▾ BN het vriest stenen uit de grond *es friert Stein und Bein* **II** ZN [het] gesteente *Stein* m
steenarend *Steinadler* m
Steenbok *Steinbock* m
steenbok *Steinbock* m
Steenbokskeerkring *Wendekreis* m *des Steinbocks*
steenboor • boor voor gaten in steen *Steinbohrer* m • boor voor bodemonderzoek *Gesteinsbohrer* m
steendruk *Lithografie* v
steengoed I ZN [het] *Steingut* o **II** BNW *saugut*; *stark*
steengrillen *grillen auf dem Steingrill* m
steengroeve *Steinbruch* m
steenhard • niet week *steinhart* • ongevoelig *hartherzig*
steenhouwer • bewerker *Steinmetz* m • arbeider *Steinbrucharbeiter* m
steenkool *Steinkohle* v
steenkoolengels *Kauderwelsch* o
steenkoolindustrie *Steinkohlenindustrie* v

steenkoolmijn *Kohlenbergwerk* o; *Kohlenzeche* v
steenkoolproductie *Steinkohlenförderung* v
steenkoud *eiskalt*
steenmarter *Steinmarder* m
steenoven *Ziegelofen* m; *Ziegelei* v; *Ziegelbrennerei* v
steenpuist *Furunkel* m; *Eitergeschwür* o
steenrijk *steinreich*
steenslag ● *wegmateriaal Rollsplitt* m; *Schotter* m ● *vallend gesteente Steinschlag* m
steentijd *Steinzeit* v
steenuil *Steinkauz* m; *Steineule* v
steenweg *Landstraße* v
steenwol *Steinwolle* v
steenworp ▼ op een ~ afstand van *einen Katzensprung entfernt von*
steeplechase *Hindernisrennen* o; ⟨atletiek⟩ *Steeplechase* v; ⟨paardensport⟩ *Jagdrennen* o; ⟨atletiek⟩ *Hindernislauf* m
steevast *ständig*
steg ● → **heg**
steiger ● *werkstellage Gerüst* o ● *aanlegplaats Landungsbrücke* v; ⟨kleiner⟩ *Landungssteg* m
steigeren ● op achterste benen gaan staan *sich (auf)bäumen* ● FIG. protesteren *sich sträuben*
steil ● sterk hellend *steil* ● sluik *glatt* ● star *engstirnig*; *starr*; *stark*
steilschrift *Steilschrift* v
steilte ● het steil zijn *Steilheit* v ● helling *Steilhang* m
stek ● *plantendeel Steckling* m; *Ableger* m ● vaste plek *Lieblingsplatz* m; *Stammplatz* m
stekeblind *stockblind*
stekel *Stachel* m ▼ FIG. zijn ~s opzetten *seine Borsten aufstellen*
stekelbaars *Stichling* m
stekelhaar *struppige(s) Haar* o; ⟨kapsel⟩ *Bürste* v
stekelig ● met stekels *stachlig*; ⟨haar⟩ *struppig* ● bits *beißend*; *spitz*
stekelvarken *Stachelschwein* o
steken I OV WW ● treffen *stechen* ● grieven *schmerzen*; *verletzen* ● in bepaalde plaats/toestand brengen *stecken* ★ in brand ~ *in Brand stecken* ● uitspitten *stechen* ★ in de trompet ~ *in die Trompete stoßen* II ON WW ● iets scherps stoten, plaatsen *stecken*; ⟨verwonden⟩ *stechen* ● vastzitten *stecken* ▼ daar steekt iets achter *da steckt etw. dahinter*
stekken ⟨aus Stecklingen⟩ *ziehen*
stekker *Stecker* m
stekkerdoos *Mehrfachsteckdose* v
stel I ZN [het] ● aantal *Haufen* m ★ een stel boeken *einige Bücher* ● set *Garnitur* v; *Satz* m ★ een stel ondergoed *eine Garnitur Unterwäsche* ● paar geliefden *Paar* o II ZN [de] ▼ op stel en sprong *auf der Stelle*
stelen *stehlen*
stellage ● steiger *Podest* o; *Gerüst* o ● opbergruimte *Gestell* o; *Stellage* v
stellen ● zetten, plaatsen *stellen*; *setzen* ● in toestand/positie brengen *setzen*; *stellen* ★ iem. in de gelegenheid ~ *jmdm. die Gelegenheit bieten* ★ buiten bedrijf ~ *außer Betrieb setzen* ★ iem. in vrijheid ~ *jmdn. in*

Freiheit setzen ● doen *auskommen*; *zurechtkommen* ★ het zonder iem. niet kunnen ~ *ohne jmdn. nicht auskommen können* ● veronderstellen *annehmen*; *behaupten* ★ stel dat... *gesetzt den Fall, dass...* ● formuleren *schreiben*; *abfassen*; ⟨beweren⟩ *behaupten* ● vaststellen *setzen*; *stellen* ★ een prijs te hoog ~ *einen Preis zu hoch ansetzen*
stellig I BNW *entschieden*; ⟨beslist⟩ *bestimmt* II BIJW *zeker* ★ ten ~ste *mit aller Entschiedenheit*
stelligheid *Entschiedenheit* v; *Bestimmtheit* v
stelling ● positie *Stellung* v; *Position* v ● steiger *Gerüst* o ● stellage *Regal* o; *Gestell* o ● bewering *Behauptung* v; *These* v; *Satz* m; WISK. *Lehrsatz* m
stellingname *Stellungnahme* v
stelpen *stillen*
stelplaats BN *Depot* o
stelpost *Einzelposten* m
stelregel *Grundsatz* m; *Prinzip* o
stelschroef *Stellschraube* v
stelsel *System* o
stelselmatig *methodisch*; *systematisch*; *planmäßig*
stelt ● lang nepbeen *Stelze* v ● lang echt been *Stelze* v
steltlopen *auf Stelzen laufen*
steltloper *Watvogel* m
stem *Stimme* v ▼ een stem in het kapittel hebben *ein Wörtchen mitzureden haben*
stemadvies *Wahlvorschlag* m; *Wahlempfehlung* v
stemband *Stimmband* o
stembiljet *Wahlzettel* m; *Stimmzettel* m
stembuiging *Tongebung* v; ⟨intonatie⟩ *Tonfall* m
stembureau *Wahllokal* o
stembus *Wahlurne* v
stemgedrag *Wahlverhalten* o
stemgeluid *Stimme* v; *Klang* m *der Stimme*
stemgerechtigd *stimmberechtigt*; ⟨bij verkiezingen⟩ *wahlberechtigt*
stemhebbend *stimmhaft*
stemhokje *Wahlkabine* v
stemlokaal *Wahllokal* o
stemloos *stimmlos*
stemmen I OV WW ● in zekere stemming brengen *stimmen* ★ dat stemt tot nadenken *das stimmt nachdenklich* ● MUZ. *stimmen* II ON WW stem uitbrengen *wählen*; *abstimmen*
stemmenwinst *Stimmengewinn* m
stemmer ● kiezer *Wähler* m ● MUZ. *Stimmer* m
stemmig *schlicht*; *unaufdringlich*; *dezent*
stemming ● het stemmen *Stimmabgabe* v ★ bij de eerste ~ *im ersten Wahlgang* ★ iets in ~ brengen *etw. zur Abstimmung bringen* ● gemoedstoestand *Stimmung* v
stemmingmakerij *Stimmungsmache* v
stempel ● werktuig om afdruk te maken *Stempel* m ● afdruk *Stempel* m ● FIG. invloed ★ ergens zijn ~ op drukken *einer Sache seinen Stempel aufdrücken* ▼ van de oude ~ *von altem Schrot und Korn*
stempelautomaat *Entwerter* m
stempeldoos ⟨set⟩ *Stempelkissen* o; ⟨set⟩

Stempelset m
stempelen ● een stempel drukken *stempeln*
● kenmerken *abstempeln* ★ iem. tot
misdadiger ~ *jmdn. als Verbrecher abstempeln*
stempelkussen *Stempelkissen* o
stemplicht *Wahlpflicht* v
stemrecht *Stimmrecht* o; (kiesrecht) *Wahlrecht*
o
stemvee *Stimmvieh* o
stemverheffing *Sprechen* v *mit erhobener*
Stimme
stemvork *Stimmgabel* v
stencil *Abzug* m
stencilen *abziehen*; *vervielfältigen*
stencilmachine *Verfielfältigungsapparat* m
stenen *steinern*; *Stein-* ★ ~ trap *Steintreppe* v
▼ het ~ tijdperk *die Steinzeit*
stengel ● PLANTK. *Stängel* m ● koekje ★ zoute ~
Salzstange
stengun *leichte(s) Maschinengewehr* o
stenigen *steinigen*
stennis (drukte) *Wirbel* m; (ophef) *Tamtam* o;
(kabaal) *Radau* m ▼ ~ schoppen *Radau*
machen
steno *Steno* v
stenograferen *stenografieren*
stenografie *Stenografie* v
stenografisch *stenografisch*
step ● autoped *Roller* m ● voetsteun *Fußstütze*
v ● danspas *Stepp* m ● stepdans *Stepptanz* m
step-in *Hüfthalter* m
steppe *Steppe* v
steppehond *Präriehund* m
steppen *rollern*
STER ≈ *Stiftung* v *für Rundfunk- und*
Fernsehreklame
ster ● hemellichaam *Stern* m ★ vallende ster
Sternschnuppe v ● figuur *Stern* m
● beroemdheid *Star* m ● → **sterretje** ▼ BN
tegen de sterren op *ohne Maß und Ziel*
sterallures *Starallüren* v mv
stereo I ZN [de] ● geluidsinstallatie *Stereoanlage*
v ● ruimtelijke weergave *Stereo* o II BNW
stereo; *Stereo-*
stereoapparatuur *Stereogeräte* mv
stereofonisch *stereofonisch*
stereo-installatie *Stereoanlage* v
stereometrie *Stereometrie* v
stereotiep *stereotyp*
stereotoren *Stereoturm* m
stereotype ● vastgeroeste opvatting *Stereotyp*
o; *Klischee* o ● afdruk *Stereotypdruck* m
sterfbed *Sterbebett* o
sterfdag *Sterbetag* m; (gedenkdag) *Todestag* m
sterfelijk *sterblich*
sterfgeval *Todesfall* m
sterfhuis ≈ *Sterbeort* m
sterfhuisconstructie ≈ *juristische Konstruktion*
v, *mit der Verlust bringende Unternehmensteile*
abgestoßen werden können
sterfte *Sterblichkeit* v
sterftecijfer *Sterblichkeit* v
sterfteoverschot *Sterbeüberschuss* m
steriel ● BIOL. onvruchtbaar *steril* ● MED. vrij
van ziektekiemen *steril* ● FIG. doods *steril*
sterilisatie *Sterilisation* v

steriliseren ● van ziektekiemen ontdoen
sterilisieren ● MED. onvruchtbaar maken
sterilisieren ● BN conserveren *einmachen*;
einwecken
sterk I BNW ● krachtig *stark*; *kräftig* ● hevig
sehr; *stark* ● bekwaam ★ daar is hij niet ~ in
das ist nicht seine starke Seite ● moeilijk te
geloven *stark* ★ dat lijkt me ~ *das glaube ich*
nicht ★ dat is een ~ staaltje *das ist ein starkes*
Stück; *das ist stark* II BIJW *stark* ★ iets ~
overdrijven *etw. dick auftragen*
sterkedrank *starkalkoholische Getränke* o mv;
Spirituosen v mv
sterken ● LETT. sterker maken *stärken*; *kräftigen*
● FIG. bevestigen *bestärken* ★ iem. in zijn
mening ~ *jmdn. in seiner Meinung bestärken*
sterkers *Gartenkresse* v
sterkte ● kracht *Stärke* v ● geestkracht *Kraft* v
stern *Seeschwalbe* v
steroïden *Steroide* mv ★ anabole ~ *anabole*
Steroide
sterrenbeeld ● groep sterren *Sternbild* o
● astrologisch teken *Sternbild* o;
Tierkreiszeichen o
sterrenhemel *Sternhimmel* m
sterrenkijker *astronomische(s) Fernrohr* o
sterrenkunde *Astronomie* v; *Sternkunde* v
sterrenregen *Sternschnuppenschwarm* m
sterrenstelsel *Sternsystem* o; *Galaxie* v
sterrenwacht *Sternwarte* v
sterrenwichelaar *Sterndeuter* m
sterrenwichelarij *Astrologie* v; *Sterndeuterei* v
sterretje ● klein hemellichaam *Sternchen* o
● teken * *Sternchen* o ● vuurwerk
Wunderkerze v ▼ ~s zien *Sterne sehen*
sterveling *Sterbliche(r)* m ★ geen ~ *keine*
Menschenseele
sterven I ON WW ● doodgaan *sterben* ★ op ~
liggen *im Sterben liegen* ● creperen ★ ik sterf
van de honger *ich sterbe vor Hunger* ▼ op ~
na dood *todsterbenskrank* ▼ ik mag ~ als ik
het niet gezien heb *ich will tot umfallen,*
wenn ich es nicht gesehen habe II ONP WW
wemelen *wimmeln*
stervensbegeleiding *Sterbebetreuung* v
stervenskoud *lausekalt*; *hundekalt*
stethoscoop *Stethoskop* o
steun ● stut *Stütze* v ● hulp *Unterstützung* v;
Hilfe v ★ aan hem hebben wij een ~ *an ihm*
haben wir einen Rückhalt ● uitkering
(bijstand) *Sozialhilfe* v; (WW) *Arbeitslosengeld*
o ★ ~ trekken *Arbeitslosengeld/Sozialhilfe*
erhalten
steunbalk *Stützbalken* m; *Tragbalken* m; *Träger*
m
steunbeer *Mauerstrebe* v; *Strebepfeiler* m
steunbetuiging *Beifallsbezeigung* v
steunen I OV WW ● ondersteunen *(ab)stützen*;
unterstützen ● helpen *unterstützen* ★ iem. ~
jmdm. beistehen II ON WW ● leunen *sich*
stützen ★ op zijn ellebogen ~ *sich auf die*
Ellbogen stützen [+4] ● kreunen *stöhnen*
steunfonds *Hilfsfonds* m; *Unterstützungfonds* m
steunfraude ≈ *Betrug* v *bei der*
Inanspruchnahme von Sozialhilfe
steunkous *Stützstrumpf* m

steunmuur *Stützmauer* v
steunpilaar • pilaar *Stützpfeiler* m; *Grundpfeiler* m • persoon *Stütze* v; ⟨vaak ironisch⟩ *Säule* v
steunpunt • punt waarop iets steunt *Stützpunkt* m • plaats waar men hulp verleent *Stützpunkt* m
steuntrekker *Sozialhilfeempfänger* m
steunzender *Hilfssender* m
steunzool *Einlage* v
steur *Stör* m
steven *Steven* m
stevenen • koers zetten *steuern*; *Kurs nehmen (auf)* [+4] • stappen naar *steuern* ★ hij stevende op mij af *er steuerte auf mich zu*
stevig • solide *solide* • krachtig *kräftig; stark; stämmig; tüchtig* ★ ~e kost *kräftige Kost* v ★ een ~e meid *ein strammes/handfestes Mädchen* o ★ een ~e bries *eine steife Brise* v
steward *Steward* m
stewardess *Stewardess* v
stichtelijk • verheffend *erbaulich* • vroom *fromm* ▼ ik dank je ~! *ich danke ergebenst!*
stichten • oprichten *gründen* • verheffen *erbauen* • aanrichten *stiften; auslösen*
stichter *Begründer* m; *Gründer* m
stichting • het stichten *Gründung* v • organisatie *Stiftung* v
stichtingsbestuur *Stiftungsvorstand* m
stick • staaf *Stift* m • hockeystick *Hockeyschläger* m
sticker *Sticker* m; *Aufkleber* m
stickie *Joint* m
stiefbroer *Stiefbruder* m
stiefdochter *Stieftochter* v
stiefkind *Stiefkind* o
stiefmoeder *Stiefmutter* v
stiefmoederlijk ▼ ~ behandeld *stiefmütterlich behandelt* ▼ ~ bedeeld *stiefmütterlich bedacht*
stiefouder ★ ~s *Stiefeltern* mv
stiefvader *Stiefvater* m
stiefzoon *Stiefsohn* m
stiefzuster, INFORM. **stiefzus** *Stiefschwester* v
stiekem • heimelijk *heimlich* • achterbaks *hinterhältig; hinterlistig; heimtückisch*
stiekemerd *hinterhältige(r) Mensch* m
stiel BN beroep *Beruf* m; ⟨ambacht⟩ *Handwerk* o; ⟨ambacht⟩ *Gewerbe* o ▼ BN twaalf ~en, dertien ongelukken ≈ *vielerlei Gewerbe, keinerlei Erwerbe*
Stier *Stier* m
stier *Stier* m
stierengevecht *Stierkampf* m
stierenrek • nek van stier *Stiernacken* m • (persoon met) dikke nek *Stiernacken* m
stierenvechten *Stierkampf* m
stierenvechter *Stierkämpfer* m
stierlijk *furchtbar; tödlich*
Stiermarken *Steiermark* v
stift • staafje *Stift* m • viltstift *Stift* m
stiften *heben*
stifttand *Stiftzahn* m
stigma *Stigma* o
stigmatiseren *stigmatisieren*
stijf • niet soepel *steif* ★ mijn ledematen zijn ~ geworden van het zitten *vom Sitzen sind mir die Glieder steif geworden* • niet spontaan

starr • houterig *hölzern* • koppig ★ ~ en strak staande houden *steif und fest behaupten* ▼ ~ staan van de leugens *vor Schmutz starren*
stijfjes *steif*
stijfkop *Dickschädel* m; *Starrkopf* m
stijfkoppig *dickköpfig*
stijfsel *Stärke* v; ⟨plakmiddel⟩ *Kleister* m
stijgbeugel *Steigbügel* m
stijgen • omhooggaan *steigen* • toenemen *steigen* ★ doen ~ *steigern*
stijging • het omhooggaan *Anstieg* m; *Steigung* v • toename *Steigerung* v
stijl • vormgeving *Stil* m • schrijfstijl *Stil* m • handelwijze *Stil* m ★ in ~ *stilvoll* • deur-/raampost *Pfosten* m
stijlbreuk *Stilbruch* m
stijldansen *Standardtanz* m
stijlfiguur *Stilfigur* v
stijlkamer *Stilzimmer* o
stijlloos • zonder (goede) stijl *stillos* • ongepast *stillos*
stijlperiode *Zeitraum* m *eines Stil(e)s*
stijlvol *stilvoll*
stijven • sterken *bestärken* • met stijfsel behandelen *stärken*
stikdonker I ZN [het] ★ in het ~ *im Stockfinsteren* II BNW *stockdunkel; stockfinster*
stikheet *glühheiß*
stikken I OV WW naaien *steppen* ★ gestikte deken *Steppdecke* v II ON WW • het benauwd krijgen *ersticken* ★ ~ van het lachen *beinah ersticken vor Lachen* • sterven *ersticken* • FIG. doodvallen ★ iem. laten ~ *jmdn. sitzen lassen* III ONP WW wemelen ★ het stikt hier van de muggen *es wimmelt hier von Mücken*
stiksel *Stickerei* v
stikstof *Stickstoff* m
stikstofdioxide *Stickstoffdioxid* o
stil • zonder geluid *still* • zonder beweging *still* • rustig ★ stil leven *ein stilles Leben führen* • verborgen *still* ★ stille armoede *verborgene Armut* v
stilaan *allmählich*
stileren *stilisieren*
stiletto *Stilett* o
stilhouden I OV WW • verzwijgen *geheim halten* • rustig houden *stillhalten* II ON WW stoppen *(an)halten*
stilist *Stilist* m
stilistisch *stilistisch*
stille • zwijgzaam persoon *Schweiger* m • rechercheur *Polizeispitzel* m
stilleggen *stilllegen* ★ het verkeer ~ *den Verkehr lahmlegen*
stillen *befriedigen; stillen* ★ dorst ~ *Durst löschen*
Stille Oceaan, Stille Zuidzee *Pazifik* m
stilletjes • zachtjes *leise* • ongestoord *ruhig* • heimelijk *heimlich*
stilleven *Stillleben* o
stilliggen • niet bewegen *still liegen; stillliegen* • buiten werking zijn *stillgelegt sein*
stilstaan • niet bewegen *still stehen* ★ ~d water *stehende(s) Wasser* o • stagneren *stehen bleiben* • ~ bij *verweilen bei* ★ ik heb er niet bij stilgestaan *daran habe ich nicht gedacht* ★ lang bij een onderwerp ~ *längere Zeit bei*

st

einem Thema verweilen

stilstand *Stillstand* m; *Stockung* v

stilte ● geluidloosheid *Stille* v ★ ~! *Ruhe!*
★ ademloze/doodse/diepe ~ *Totenstille* ● rust
Ruhe v ★ in alle ~ *in aller Stille*

stilton *Stiltonkäse* m

stilvallen *zum Erliegen kommen*; *zum Stillstand kommen*

stilzetten *anhalten*; ⟨apparaat⟩ *abstellen*;
⟨bedrijf, verkeer⟩ *stilllegen*

stilzitten ● rustig zitten *still sitzen* ● niet
bedrijvig zijn *untätig sein*; *still sitzen*

stilzwijgen I ZN [het] *Stillschweigen* o;
Schweigen o ★ met ~ aan iets voorbijgaan
stillschweigend über etw. hinweggehen **II** ON
ww *schweigen*

stilzwijgend ● zwijgend *stillschweigend* ● FIG.
impliciet *stillschweigend*

stimulans *Stimulans* o

stimuleren *stimulieren*; *anregen*

stimuleringsmaatregel *Förderungsmaßnahme* v

stimulus *Stimulus* m; *Reiz* m; *Anreiz* m

stinkbom *Stinkbombe* v

stinkdier *Stinktier* o

stinken *stinken* ▼ erin ~ *hereinfallen*

stinkvoeten *Stinkfüße* mv

stip ● punt *Punkt* m ● vlekje *Tupfen* m

stipendium *Stipendium* o

stippel *Punkt* m; ⟨vlekje⟩ *Tupfen* m

stippelen ⟨lijn, vlak⟩ *punktieren*; ⟨stof⟩ *tüpfeln*

stippellijn *punktierte Linie* v

stipt *pünktlich*

stiptheidsactie *Dienst* m *nach Vorschrift*

stipuleren *stipulieren*

stock BN voorraad *Vorrat* m; ECON. *Bestand* m

stockcar *Stockcar* o

stockcarrace *Stockcarrennen* o

stockeren BN in voorraad hebben *(ein)lagern*

Stockholm *Stockholm* o

Stockholms *Stockholmer*

stoefen BN prahlen; *angeben*; *aufschneiden*

stoeien ● ravotten *(herum)tollen*; *sich balgen*
● speels omgaan *herumspielen*

stoeipartij *Balgerei* v

stoeipoes *Schmusekatze* v

stoel *Stuhl* m ★ luie ~ *bequemer Sessel* m ▼ de
Heilige Stoel *der Heilige Stuhl* ▼ iets niet
onder ~en of banken steken *kein Hehl aus
etw. machen* ▼ voor ~en en banken praten
vor leeren Bänken sprechen; *gegen eine Mauer
reden*

stoelen op *beruhen auf* [+3]; *fußen auf* [+3]

stoelendans *Reise* v *nach Jerusalem*

stoelgang *Stuhlgang* m

stoelleuning *Stuhllehne* v

stoelpoot *Stuhlbein* o

stoeltjeslift *Sessellift* m

stoemp BN, CUL. *Eintopf* m

stoep ● trottoir *Gehsteig* m; *Bürgersteig* m
● stenen opstapje ★ hij stond plotseling op
de ~ *er stand plötzlich vor der Tür*

stoeprand *Bordstein* m

stoepranden *Ballspiel auf der Straße*

stoeptegel *Gehwegplatte* v; *Pflasterstein* m

stoer ● flink *hart*; *stark* ★ ~ doen *sich aufspielen*
● fors *kräftig*; *stämmig*; *robust*

stoet *Zug* m; REL. *Prozession* v; ⟨gevolg⟩ *Tross* m

stoeterij ● plaats *Gestüt* o ● bezigheid
Pferdezucht v

stoethaspel *Tollpatsch* m; *Tölpel* m

stof I ZN [de] ● materie *Stoff* m ● weefsel *Stoff*
m ● onderwerp *Stoff* m ▼ lang van stof zijn
weitschweifig erzählen ▼ kort van stof *kurz
angebunden* ▼ lang van stof *langatmig*;
weitschweifig **II** ZN [het] *Staub* m ★ helemaal
onder het stof *völlig verstaubt*

stofbril *Staubbrille* v

stofdoek *Staubtuch* o

stoffeerder ● iem. die meubels met stof
bekleed *Polsterer* m ● iem. die vertrekken
van meubels e.d. voorziet *Raumausstatter* m

stoffelijk *gegenständlich*; *materiell*; *stofflich*;
Stoff- ★ de ~e overschotten *die sterblichen
Überreste*

stoffen I BNW *Stoff-*; *aus Stoff* **II** OV ww stof
afnemen *Staub wischen*

stoffer *Handfeger* m ★ ~ en blik *Handfeger und
Schaufel*

stofferen ● bekleden *polstern* ● inrichten
ausstatten

stoffering ● meubelbekleding *Polsterung* v
● tapijt, gordijnen *Ausstattung* v

stoffig ● vol stof *staubig* ● saai *langweilig*; *öde*

stofjas *Kittel* m

stoflong *Staublunge* v

stofmasker *Staubmaske* v

stofnaam *Stoffbezeichnung* v

stofnest *Schmutzfänger* m

stofregen *Staubregen* m

stofvrij *staubfrei*

stofwisseling *Stoffwechsel* m

stofwisselingsziekte *Stoffwechselkrankheit* v

stofwolk *Staubwolke* v

stofzuigen *staubsaugen*; *Staub saugen* ★ het
tapijt ~ *den Teppich saugen*

stofzuiger *Staubsauger* m

stoïcijns *stoisch*

stok *Stock* m; *Stange* v ▼ een stok achter de
deur *ein Druckmittel* ▼ BN stokken in de
wielen steken *Steine in den Weg legen*

stokbrood *Baguette* v/o

stokdoof *stocktaub*

stoken I OV ww ● doen branden *feuern*;
(be)heizen; *anzünden* ★ kolen ~ *mit Kohlen
heizen* ● distilleren *brennen* **II** ON ww opruien
hetzen ★ ruzie ~ *Streit schüren*

stoker ● machinestoker *Heizer* m
● distilleerder *Brenner* m ● opruier
Unruhestifter m; *Aufwiegler* m

stokerij *Brennerei* v

stokken *stocken*; *stecken bleiben*

stokoud *uralt*

stokpaard *Steckenpferd* o

stokroos ● *Stockrose* v ● plant *Stockrose* v;
rote(r) Eibisch m ● stamroos *Rosenstock* m

stokstijf ● roerloos *stocksteif* ● halsstarrig *steif
und fest*

stokvis *Stockfisch* m

stol *Stollen* m

stola *Stola* v

stollen *gerinnen*; *erstarren*

stollingsgesteente *Ergussgestein* o

stollingspunt *Gerinnungspunkt* m
stollingstijd *Gerinnungszeit* v
stolp *Glasglocke* v; *Glocke* v
stolpboerderij *Hauberg* m; *Haubarg* m; *Barghaus* o
stolsel *Gerinnsel* o
stom ● zonder spraakvermogen *stumm* ★ stom van verbazing *stumm/sprachlos vor Staunen* ★ een stom verwijt *ein stummer Vorwurf* ● zonder geluid *stumm* ★ een stomme film *ein Stummfilm* m ● dom *dumm*; *blöd* ★ een stomme trut *eine blöde Kuh* ● vervelend *stumpfsinnig*; *blöd* ● toevallig ★ stom geluk *reine(s) Glück* o ▼ geen stom woord zeggen *kein Sterbenswörtchen sagen*
stoma *Stoma* o
stomdronken *stockbetrunken*
stomen I ov ww ● gaar maken *dämpfen* ● reinigen *(chemisch) reinigen* **II** on ww ● dampen *qualmen*; *dampfen* ● varen *dampfen*
stomerij *Reinigung* v
stomheid ● het niet kunnen spreken *Stummheit* v ● stommiteit *Dummheit* v ▼ met ~ geslagen *völlig sprachlos*
stomkop *Dummkopf* m; *Dussel* m
stommelen *poltern*
stommeling *Dummkopf* m
stommetje ▼ ~ spelen *sich stumm stellen*
stommiteit ● het stom-zijn *Stupidität* v; *Dummheit* v ● stomme daad *Dummheit* v
stomp I zn [de] ● vuistslag *Stoß* m ★ een ~ in de zij *ein Rippenstoß* ● overblijfsel *Stumpf* m; *Stummel* m ★ een ~ van een been *ein Beinstumpf* ★ een ~je potlood *ein Bleistiftstummel* **II** bnw niet scherp *stumpf*
stompen *stoßen*
stompzinnig *stumpfsinnig*
stomverbaasd *völlig verwundert*; *ganz erstaunt*
stomvervelend *todlangweilig*
stomweg *einfach*
stoned *stoned*; *high*
stoof *Fußwärmer* m
stoofappel *Kochapfel* m
stoofkarbonade BN, CUL. gestoofd rundvleesgerecht ≈ *Eintopfgericht* o; ≈ *Eintopf* m
stoofpeer *Kochbirne* v
stoofpot *Schmortopf* m; 〈gerecht〉 *geschmorte(s) Eintopfgericht* o
stoofschotel *Eintopfgericht* o; *Eintopf* m
stookolie *Heizöl* o
stoom *Dampf* m ★ ~ afblazen *Dampf ablassen* ★ door ~ gedreven *mit Dampfantrieb* ★ verwarming door middel van ~ *Dampfheizung* v
stoombad *Dampfbad* o
stoomboot *Dampfschiff* o; *Dampfer* m
stoomcursus *Intensivkurs* m
stoomketel *Dampfkessel* m
stoomlocomotief *Dampflokomotive* v; *Dampflok* v
stoommachine *Dampfmaschine* v
stoompan *Dampf(koch)topf* m
stoomschip *Dampfer* m; *Dampfschiff* o
stoomstrijkijzer *Dampfbügeleisen* o

stoornis ● verstoring *Störung* v ● MED. gebrek *Störung* v
stoorzender *Störsender* m
stoot ● plotse beweging *Stoß* m ● duw *Stoß* m ● knappe meid ★ wat een ~! *ist das 'ne geile Frau!* ▼ de ~ tot iets geven *den Anstoß zu etw. geben*
stootblok *Prellbock* m
stootkussen ● buffer *Stoßpolster* o; 〈trein〉 *Puffer* m ● SCHEEPV. *Fender* m
stoottroepen *Stoßtrupp?* v mv
stootvast *stoßfest*
stop I zn [de] ● oponthoud *Halt* m; *Pause* v ★ sanitaire stop *Pinkelpause* v ● stopzetting *Stopp* m ● iets dat afsluit *Pfropfen* m; *Stöpsel* m ● zekering *Sicherung* m ★ de stoppen slaan door *die Sicherung schlägt/brennt durch* ● verstelde plek *gestopfte Stelle* v **II** TW sta stil *halt*
stopbord *Stoppschild* o
stopcontact *Steckdose* v
stopfles *Einweckglas* v
stoplap ● lap *Stopflappen* m ● loos woord *Füllwort* o
stoplicht ● verkeerslicht *Ampel* v ★ door het (rode) ~ rijden *durch Rot fahren*; *die rote Ampel überfahren* ● remlicht *Bremslicht* o
stopnaald *Stopfnadel* v
stoppel ● baardhaar *Bartstoppel* v ● halm *Stoppel* v
stoppelbaard *Stoppelbart* m
stoppelhaar *Stoppelhaar* o
stoppen I ov ww ● tot stilstand brengen *stoppen*; *anhalten* ● dichtmaken *stopfen*; *dichten* ★ de onzichtbaar gestopte jurk *das kunstgestopfte Kleid* ★ kousen ~ *Strümpfe stopfen* ● induwen *stecken* ★ iem. in bed ~ *jmdn. ins Bett stecken* ★ onder de grond ~ *eingraben*; *verscharren* **II** on ww ● ophouden *aufhören* ★ stop eens even! *hör mal auf!* ● halt houden *stoppen*; *(an)halten*
stopplaats *Haltestelle* v
stopstreep *Haltelinie* v
stopteken *Stoppschild* o; 〈trein〉 *Haltesignal* o
stoptrein *Nahverkehrszug* m
stopverbod *Halteverbot* o
stopverf *Fensterkitt* m; *Kitt* m
stopwatch *Stoppuhr* v
stopwoord *Füllwort* o
stopzetten *anhalten*; 〈fabriek〉 *stilllegen*; 〈werk, bezigheid〉 *einstellen*
storen I ov ww hinderen *stören* **II** WKD ww [zich ~] *sich stören (an)* [+3]
storend *störend*
storing *Störung* v
storingsdienst *Stördienst* m; *Störungsstelle* v
storm ● harde wind *Sturm* m ● FIG. opwinding *Sturm* m
stormachtig ● met storm *stürmisch* ● FIG. onstuimig *stürmisch*
stormbaan *Hindernisbahn* v
stormbal *Sturmball* m
stormdepressie *Sturmtief* o
stormen *stürmen*
stormenderhand *im Sturm*
stormlamp *Sturmlaterne* v

st

stormloop • aanval *Sturmlauf* m • FIG. run *Ansturm* m

stormlopen I ON WW aanval doen *(be)stürmen; anstürmen (gegen)* [+4] ★ ~ op een vesting *eine Festung bestürmen* **II** ONP WW toestromen ★ het liep er storm *es herrschte großer Andrang*

stormram *Rammbock* m

stormschade *Sturmschaden* m

stormvloed *Sturmflut* v

stormvloedkering *Flutbrecher* m

stormvogel *Sturmvogel* m; *Sturmschwalbe* v ★ Noordse ~ *Eissturmvogel* m

stortbad BN *Dusche* v

stortbak *Spülkasten* m

stortbeton *Gussbeton* m; *Schüttbeton* m

stortbui *Platzregen* m; *Regenguss* m

storten I OV WW • doen vallen *schütten* ★ tranen ~ *Tränen vergießen* ★ beton ~ *Beton gießen* • geld overmaken *überweisen; einzahlen* **II** ON WW vallen *stürzen*

storting • het doen vallen *Schütten* o • het overmaken *Einzahlung* v

stortingsbewijs *Einzahlungsbeleg* m

stortkoker *Schütte* v; *Rutsche* v

stortplaats *Müllkippe* v; *Schuttabladeplatz* m

stortregen *Platzregen* m

stortregenen *gießen; in Strömen regnen*

stortvloed • vloedstroom *Sturzflut* v; *Flut* v • FIG. overstelpend aantal ★ een ~ van woorden *ein Wortschwall* v ★ een ~ van tranen *ein Strom von Tränen*

stortzee *Brecher* m; *Sturzwelle* v

stoten I OV WW krachtig duwen *stoßen* ★ zijn hoofd ~ *sich den Kopf stoßen* **II** ON WW botsen *treffen*

stotteraar *Stotterer* m [v: *Stotterin*]

stotteren *stottern*

stottertherapie *Stottertherapie* v

stout I BNW • ondeugend *ungezogen; unartig* • stoutmoedig *kühn; verwegen* **II** ZN [de/het] bier *Stout* m

stouterd *Frechdachs* m; 〈jongen〉 *Lausebengel* m

stoutmoedig *furchtlos; kühn*

stouwen • bergen *verstauen*; SCHEEPV. *stauen* • verorberen *reinhauen*

stoven • *schmoren* • zonnebaden *sich braten lassen*

stoverij BN, CUL. gestoofd rundvleesgerecht ≈ *Eintopfgericht* o; ≈ *Eintopf* m

straal I ZN [de] • lichtbundel *Strahl* m • WISK. *Radius* m **II** BIJW volkomen *total* ★ hij heeft het ~ vergeten *er hat es glatt vergessen*

straalaandrijving *Düsenantrieb* m; *Strahlantrieb* m

straalbezopen *stinkbesoffen*

straaljager *Düsenjäger* m

straalkachel *Heizstrahler* m

straalmotor *Düsenmotor* m

straalverbinding *Richtfunk* m

straalvliegtuig *Düsenflugzeug* o

straat • weg *Straße* v ★ ~je *Gasse* v ★ doodlopende ~ *Sackgasse* v • zee-engte ★ de Straat van Gibraltar *Straße* v *von Gibraltar* ▼ BN zo oud zijn als de ~ *steinalt sein* ▼ dat past (precies) [+4] in mijn ~je *das passt mir*

hervorragend ▼ BN het is een ~je zonder eind *es nimmt kein Ende*

straatarm *bettelarm*

straatartiest *Straßenkünstler* m

straatbeeld *Straßenbild* o

straatgevecht *Straßenkampf* m

straatgeweld *Straßengewalt* v

straathandel *Straßenhandel* m

straathond • zwerfhond *Straßenköter* m • niet-rashond *Promenadenmischung* v

straatjongen *Gassenjunge* m

straatlantaarn *Straßenlaterne* v

straatmeubilair *Straßenmöbel* o

straatmuzikant *Straßenmusikant* m

straatnaam *Straßenname* m

straatprostitutie *Straßenprostitution* v

straatroof *Straßenraub* m

Straatsburg *Straßburg* o

Straatsburgs *Straßburger*

straatsteen *Pflasterstein* m ▼ iets aan de straatstenen niet kwijt kunnen *auf einer Sache sitzen bleiben*

straattoneel *Straßentheater* o

Straat van Dover *Meerenge* v *von Dover*

Straat van Gibraltar *Meerenge* v *von Gibraltar*

straatveger *Straßenfeger* m

straatventer *Straßenhändler* m

straatverbod *Straßenverbot* o

straatverlichting *Straßenbeleuchtung* v

straatvoetbal *Straßenfußball* m

straatvrees *Agoraphobie* v; *Platzangst* v

straatvuil *Straßenschmutz* m

straatwaarde *Straßen(verkaufs)wert* m

straatweg *Chaussee* v; *Landstraße* v

Stradivarius *Stradivari(geige)* v

straf I ZN [de] *Strafe* v ★ de overplaatsing voor ~ *die Strafversetzung* ★ voor ~ *zur Strafe* **II** BNW • sterk *stark; kräftig; straff* • streng *streng; scharf*

strafbaar *strafbar* ★ een ~ feit *eine strafbare Handlung* ★ zich aan een ~ feit schuldig maken *sich strafbar machen*

strafbal *Strafball* m

strafbepaling *Strafbestimmung* v

strafblad *Vorstrafenregister* o

strafexpeditie *Strafexpedition* v

straffeloos *ungestraft*; JUR. *straflos*

straffen *strafen*; 〈overgankelijk werkwoord〉 *bestrafen*

strafgevangenis *Gefängnis* o; *Strafvollzugsanstalt* v

strafhof ★ Internationaal Strafhof *Internationaler Strafgerichtshof* m

strafinrichting *Strafanstalt* v

strafkamer *Strafkammer* v

strafkamp *Straflager* o

strafkolonie *Strafkolonie* v

strafkorting ≈ *Kürzung* v *der Sozialhilfe bei Missbrauch*

strafmaat *Strafmaß* o

strafmaatregel *Strafmaßnahme* v

strafoplegging *Strafverhängung* v

strafpleiter *Strafverteidiger* m

strafport *Strafporto* o; *Nachporto* o

strafproces *Strafverfahren* o; *Strafprozess* m

strafpunt *Strafpunkt* m

strafrecht *Strafrecht* o
strafrechtelijk *strafrechtlich*
strafrechter *Strafrichter* m
strafregel ★ ~s moeten schrijven *eine Strafarbeit machen müssen*
strafregister *Vorstrafenregister* o
strafschop *Elfmeter* m; *Strafstoß* m
strafschopgebied *Strafraum* m
straftijd *Haftzeit* v
strafverordening *Strafverordnung* v
strafvervolging *Strafverfolgung* v ★ tot ~ overgaan *die Strafverfolgung einleiten*
strafwerk *Strafarbeit* v
strafwet *Strafgesetz* o
strafworp *Freiwurf* m; ⟨op doel⟩ *Strafwurf* m
strafzaak *Strafsache* v
straighten *straighten; glätten*
strak I BNW ● nauwsluitend *eng* ★ een ~ke broek *eine enge Hose* ● aangespannen *stramm; straff* ● PSYCH. star, stug *starr* ★ een ~ke blik *eine undurchdringliche Miene* **II** BIJW PSYCH. stug ★ iem. ~ aankijken *jmdn. anstarren* ★ ~ glimlachen *steif lächeln*
strakblauw *strahlend blau*
straks ● dadelijk *gleich; nachher* ★ tot ~ *bis gleich/nachher* ● zo-even *soeben*
straktrekken *straff ziehen*
stralen ● stralen uitzenden *strahlen; funkeln; glänzen* ● er blij uitzien *strahlen* ★ ~ van geluk *strahlen vor Glück*
stralend *strahlend*
stralenkrans *Strahlenkranz* m
straling *Strahlung* v
stralingsdosis *Strahlendosis* v
stralingswarmte *Strahlungswärme* v
stralingsziekte *Strahlenkrankheit* v
stram ● stijf *steif* ● fier *stramm*
stramien ● FIG. sjabloon *Muster* o ● LETT. weefsel *Stramin* m
strand *Strand* m
strandbal *Strandball* m
stranden *angespült werden*
strandhuisje *Strandhaus* o; *Strandhütte* v
strandjutter *Strandräuber* m
strandpaal *Strandpfahl* m
strandpaviljoen *Strandpavillon* m
strandstoel *Strandkorb* m
strandwandeling *Strandspaziergang* m
strandweer *Badewetter* o
strapless *trägerlos*
strateeg *Stratege* m
strategie *Strategie* v
strategisch *strategisch*
stratenboek *Straßenatlas* m
stratengids *Stadtplan* m
stratenmaker *Pflasterer* m; *Steinsetzer* m; *Straßenarbeiter* m
stratenplan *Stadtplan* m
stratosfeer *Stratosphäre* v
streber *Streber* m
streefcijfer *Sollzahl* v
streefdatum *angestrebte(r) Zeitpunkt* m
streefgetal *Sollzahl* v
streefgewicht *Sollgewicht* o
streek ● daad *Streich* m ★ streken uithalen *Streiche verüben; Streiche machen/spielen*

● beweging *Strich* m ● gebied *Gegend* v
● kompasrichting *Strich* m ▼ van ~ (gebracht) zijn *außer Fassung sein* ▼ mijn maag is van ~ *mein Magen ist verstimmt* ▼ van ~ raken *die Fassung verlieren; in Verwirrung geraten* ▼ iem. van ~ maken *jmdn. in Verwirrung bringen; jmdn. aus dem Konzept bringen*
streekbus *Überlandbus* m
streekgebonden *typisch/spezifisch für ein Gebiet*
streekgenoot *Landsmann* m
streekroman *Heimatroman* m
streektaal *Mundart* v
streekvervoer *Nahverkehr* m
streekziekenhuis *Kreiskrankenhaus* o
streep ● lijn *Strich* m ● strook *Streifen* m
● onderscheidingsteken *Dienstgradabzeichen* o ▼ dat is een ~ door de rekening *das ist ein Strich durch die Rechnung* ▼ ergens een ~ onder zetten *einen Schlussstrich unter eine Sache ziehen*
streepjescode *Strichcode* m
streepjespak *gestreifte(r) Anzug* m
strekken I OV WW uitrekken *strecken* **II** ON WW
● reiken *reichen* ★ zover strekt zijn invloed *so weit reicht sein Einfluss* ● ~ tot ★ tot eer ~ *zur Ehre gereichen* ★ tot voorbeeld ~ *als Beispiel dienen*
strekkend ● → meter
strekking *Absicht* v
strekspier *Streckmuskel* m; *Strecker* m
strelen ● aaien *streicheln* ● aangenaam aandoen *schmeicheln* ★ dat streelt de tong *das kitzelt den Gaumen*
streling ● aai *Streicheln* o ● FIG. iets aangenaams *zärtliche Berührung* v
stremmen I OV WW ● stijf maken *zur Gerinnung bringen; gerinnen lassen* ● belemmeren *lahmlegen* **II** ON WW stijf worden *gerinnen*
stremming ● het stremmen *Gerinnung* v
● stagnatie *Stockung* v; *Stagnation* v ★ een ~ van het verkeer *eine Verkehrsstockung*
stremsel *Lab* o
streng I BNW ● strikt *streng* ● onverbiddelijk *streng* ● koud *streng* ★ een ~e winter *ein harter Winter* **II** ZN [de] ● bundel *Strähne* v
● koord, snoer *Strang* m
strepen *mit Streifen versehen;* ⟨arceren⟩ *schraffieren*
streptokok *Streptokokkus* m [mv: *Streptokokken*]
stress *Stress* m
stressbestendig *stressstabil; belastungsfähig*
stressen *sich stressen*
stresssituatie *Stresssituation* v
stretch *Stretch-; stretch-*
stretcher *Feldbett* o
streven I ZN [het] inspanning *Bestreben* o; *Streben* o **II** ON WW ~ naar *streben* ★ hij streeft ernaar *er bemüht sich darum*
striae *Schwangerschaftsstreifen* mv
striem *Striemen* m
striemen ● striemen toebrengen *striemen*
● gevoelig treffen *peitschen* ★ ~de woorden *verletzende(n) Worte* ★ de wind striemde hem in het gezicht *der Wind peitschte ihm ins Gesicht*
strijd ● gevecht *Kampf* m ★ ten ~e trekken *in*

st

den Kampf ziehen ★ de ~ met iem. aanbinden *den Kampf gegen jmdn. aufnehmen* ● wedstrijd *Wettkampf* m ● tegenspraak *Widerspruch* m ★ in ~ met de wet *gesetzwidrig* ★ zijn gedrag is in ~ met de goede zeden *sein Benehmen verstößt gegen die guten Sitten*

strijdbaar *streitbar*; *kämpferisch*

strijdbijl *Kriegsbeil* o; *Streitaxt* v

strijden ● vechten *kämpfen* ● twisten *(sich) streiten* ★ met iem. over iets ~ *sich mit jmdm. über etw. streiten* ● strijdig zijn *verstoßen* ★ in strijd met de goede zeden zijn *gegen die Sitten verstoßen* ★ het strijdt tegen mijn gevoel *es widerstrebt meinem Gefühl*

strijder *Kämpfer* m

strijdgewoel *Kampfgewühl* o; *Kampfgetümmel* o

strijdig ● in strijd *gegensätzlich* ● tegenstrijdig *widersprüchlich*

strijdkrachten *Streitkräfte* mv

strijdkreet *Schlachtruf* m

strijdlust *Kampfgeist* m; ⟨bij twist⟩ *Streitlust* v

strijdlustig *kämpferisch*; *kampffreudig*; ⟨bij onenigheid, twist⟩ *streitbar*

strijdmacht *Streitkräfte* mv; ⟨legercontingent⟩ *Truppenverband* m; ⟨leger⟩ *Armee* v

strijdperk ● arena *Arena* v ★ in het ~ treden *in die Schranken treten* ● slagveld *Kampfplatz* m

strijdtoneel *Kampfschauplatz* m

strijdvaardig *kämpferisch*; *streitbar*

strijkbout *Bügeleisen* o

strijken I ov ww ● aanraken *streichen* ● uitsmeren *verstreichen*; *verschmieren* ● gladmaken *bügeln* ● neerhalen *herunterholen*; *niederholen* ★ de vlag ~ *die Flagge einholen* ● MUZ. *streichen* II ON WW ervandoor gaan ★ met het geld gaan ~ *sich mit dem Geld davonmachen*

strijker *Streicher* m

strijkijzer *Bügeleisen* o

strijkinstrument *Streichinstrument* o

strijkje *Ensemble* o

strijkkwartet *Streichquartett* o

strijklicht *Flutlicht* v

strijkorkest *Streichorchester* o

strijkplank *Bügelbrett* o

strijkstok *Bogen* m

strik ● knoop *Strick* m; *Schlinge* v ● gestrikt lint *Schleife* v ● valstrik *Schlinge* v ★ ~ken zetten *Schlingen legen* ★ iem. een ~ spannen *jmdm. eine Falle stellen*

strikje *Fliege* v

strikken I ov ww ● vangen *in einer Schlinge fangen* ● overhalen *ködern*; *einspannen* II ON ww knopen *binden*; *knüpfen*; *schlingen*

strikt I BNW *strikt*; *genau* II BIJW ★ ~ genomen *genau genommen* ★ het ~ noodzakelijke *das unbedingt Notwendige*

strikvraag *Fangfrage* v

string *String* m

stringent *stringent*; *schlüssig*

strip ● strook *Streifen* m ● stripverhaal *Comic* m

stripblad *Comicheft* v

stripboek *Comic* m; *Comicheft* o

stripfiguur *Comicfigur* v

stripheld *Comicheld* m

strippen I ON WW een striptease uitvoeren *strippen* II OV WW ontdoen van het overtollige *freilegen*; ⟨tabak⟩ *entrippen*; ⟨vis⟩ *ausnehmen*

strippenkaart *Sammelfahrschein* m

stripper *Stripper* m

striptease *Striptease* m/o

stripteasedanseres *Stripteasetänzerin* v; *Stripperin* v

striptekenaar *Comiczeichner* m

stripverhaal *Bildergeschichte* v; *Comic* m

stro *Stroh* o; ⟨een enkele halm⟩ *Strohhalm* m

strobloem *Strohblume* v

strobreed ▼ iem. geen ~ in de weg leggen *jmdm. keine Steine in den Weg legen* ▼ geen ~ wijken *keinen Fingerbreit Boden hergeben*

stroef ● niet glad *rau* ● niet soepel *schwerfällig*; *ungeschmeidig* ● moeizaam *zäh*; *schwerfällig*

strofe *Strophe* v

strohalm *Strohhalm* m ▼ zich aan een ~ vastklampen *sich an einen Strohhalm klammern*

strohoed *Strohhut* m; HUMOR. *Kreissäge* v

strokarton *Strohpappe* v

stroken *entsprechen* [+3]; *übereinstimmen mit* [+3] ★ met de waarheid ~ *der Wahrheit entsprechen*

stroman *Strohmann* m

stromen *strömen*; *fließen* ★ ~d water *strömendes/fließendes Wasser* ★ ~ over *strömen über*

stroming *Strömung* v

strompelen *humpeln*; ⟨struikelend⟩ *stolpern*

stronk *Stumpf* m; ⟨v. kool⟩ *Strunk* m

stront *Scheiße* v; *Kacke* v ▼ er is ~ aan de knikker *die Sache stinkt*

stronteigenwijs *dickköpfig*

strontium *Strontium* o

strontje *Gerstenkorn* o

strontvervelend *stinklangweilig*

strooibiljet *Handzettel* m

strooien I BNW *stroh-*; *Stroh-* II OV WW *streuen*

strooisel *Streu* v

strooiveld ≈ *Rasengrab* o; ≈ *anonyme(s) Urnengrab* o

strooiwagen *Streuwagen* v

strooiweide BN strooiveld ≈ *Rasengrab* o; ≈ *anonyme(s) Urnengrab* o

strooizout *Streusalz* o

strook *Streifen* m

stroom ● bewegende vloeistof *Strom* m ★ met de ~ meegaan *dem Strom folgen*; *mit dem Strom schwimmen* ● rivier *Strom* m ● FIG. bewegende massa *Strom* m ● elektriciteit *Strom* m ▼ tegen de ~ ingaan *gegen den Strom schwimmen*

stroomafwaarts *stromabwärts*

stroombesparing *Stromeinsparung* v

stroomdiagram *Flussdiagramm* o

stroomdraad *Stromkabel* o

stroomgebied *Stromgebiet* o

stroomlijn *Stromlinie* v; ⟨vorm⟩ *Stromlinienform* v

stroomlijnen ● TECHN. *in Stromlinienform*

bringen ● FIG. *straffen*
stroomnet *Stromnetz* o
stroomopwaarts *stromaufwärts*
stroomsterkte *Strömungsgeschwindigkeit* v; ⟨elektriciteit⟩ *Stromstärke* v
stroomstoot *Stromstoß* m
stroomstoring *Stromstörung* v
stroomverbruik *Stromverbrauch* m
stroomversnelling ● versnelling van stroom *Stromschnelle* v ● versnelling van ontwikkeling *Beschleunigung* v ★ de gebeurtenissen zijn in een ~ geraakt *die Ereignisse überstürzen sich*
stroomvoorziening *Stromversorgung* v
stroop *Sirup* m ▾ iem. ~ om de mond smeren, BN iem. ~ aan de baard smeren *jmdm. Honig ums Maul schmieren*
stroopkoek *Sirupkuchen* m
strooplikken *kriechen vor* [+3]; *schöntun* [+3]; *Honig um den Mund schmieren* [+3]
strooplikker *Kriecher* m; MIN. *Speichellecker* m
strooptocht *Plünderung* v; *Beutezug* m; *Raubzug* m
stroopwafel ≈ *Sirupwaffel* v
strop ● lus *Schlinge* v ● tegenvaller *Pech* o; *Reinfall* m; *Schaden* m ● BN val(strik) *Falle* v; *Fallstrick* m ▾ iem. de ~ omdoen *jmdm. die Schlinge um den Hals legen*
stropdas *Krawatte* v; *Schlips* m
stropen ● jagen *wildern* ● villen *(ab)streifen*; *abziehen*; *abhäuten*
stroper *Wilderer* m
stroperig ● als stroop *dickflüssig*; *zähflüssig* ★ ~e vloeistof *zähflüssige Flüssigkeit* v ● kruiperig *zuckersüß* ★ ~e woorden *honigsüße(n) Worte*
stroperij *Wilderei* v
strot *Kehle* v; *Gurgel* v ★ iem. bij de ~ grijpen *jmdn. an der Kehle packen*
strottenhoofd *Kehlkopf* m
strubbelen *sich streiten*
strubbeling ● moeilijkheid *Schererei* v ● onenigheid *Reiberei* v; *Streitigkeit* v
structureel *strukturell*
structureren *ordnen*; *strukturieren*
structuur *Struktur* v
structuurverf *plastische Anstrichfarbe* v
struif *Eimasse* v
struik ● plant *Strauch* m ● krop *Kopf* m; *Büschel* o; *Staude* v
struikelblok *Hindernis* o
struikelen ● LETT. bijna vallen *stolpern*; *straucheln* ● FIG. veel aantreffen ★ je struikelt erover *du triffst sie auf Schritt und Tritt*
struikelsteen BN struikelblok *Hindernis* o
struikgewas *Gebüsch* o
struikrover *Straßenräuber* m; *Wegelagerer* m
struis *kernig*; *stämmig*
struisvogel *Strauß* m
struisvogelpolitiek *Vogel-Strauß-Politik* v
struma *Struma* v; *Kropf* m
strychnine *Strychnin* o
stuc *Stuck* m
stucwerk *Stuckatur* v
studeerkamer *Arbeitszimmer* o; *Studierzimmer* o

student *Student* m ★ ~ in de biologie *Biologiestudent*
studentencorps *Studentenverbindung* v; ⟨met wapen⟩ *schlagende Verbindung* v
studentendecaan ≈ *Studienberater* m
studentenflat *Studentenwohnheim* o
studentenhaver *Studentenfutter* o
studentenhuis ≈ *Wohngemeinschaft* v *von Studenten*
studentenstad *Universitätsstadt* v
studentenstop *Numerus clausus* m; *Zulassungsbeschränkung* m
studentetijd *Studienzeit* v
studentenvereniging *Studentenverbindung* v
studentikoos *studentisch*
studeren I OV WW ● studie volgen *studieren* ★ voor ingenieur ~ *an einer Technischen Hochschule studieren* ★ medicijnen ~ *Medizin studieren* ● z. oefenen in *üben* **II** ON WW ● leren *lernen für* [+4]; *sich vorbereiten auf* [+4] ● ~ op *sich überlegen* [+4]; *sich vertiefen in* [+4] ★ ~ op een probleem *sich in ein Problem vertiefen*
studie ● bestudering *Untersuchung* v ★ iets in ~ nemen *etw. untersuchen/erforschen* ● onderzoeksverslag *Studie* v ● opleiding *Studium* v ★ de ~ in de rechten *das Jurastudium* ● KUNST. schets *Studie* v
studieachterstand *Studienrückstand* m
studieadviseur *Studienberater* m
studiebegeleiding ⟨advies⟩ *Studienberatung* v; ⟨tijdens studie⟩ *Studienbetreuung* v
studiebeurs *Studienbeihilfe* v; *Stipendium* o
studieboek *Lehrbuch* o
studiebureau BN adviesbureau *Beratungsstelle* v; *Beraterfirma* v
studiefinanciering *Ausbildungsförderung* v
studiegenoot *Kommilitone* [v: *Kommilitonin*]
studiegids *Studienführer* m
studiehoofd *Büffler* m
studiehuis ≈ *Kollegstufe* v
studiejaar *Studienjahr* o
studiepunt *Studienpunkt* m
studiereis *Studienreise* v
studierichting *Studienfach* o; *Studienrichtung* v
studieschuld *Studienschuld* v
studietijd *Studienzeit* v
studietoelage *Ausbildungsförderung* v
studieverlof *Bildungsurlaub* m
studiezaal *Lesesaal* m
studio ● opnameruimte voor radio, tv, film *Studio* o ● eenkamerflat *Einzimmerappartement* o
stuff *Stoff* m
stug ● onbuigzaam *steif*; *spröde*; *hart* ★ stug leer *steife(s) Leder* o ● stuurs ★ zij doet vaak zo stug *sie ist oft so störrisch* ● volhardend *hart*; *stark*; *tüchtig*
stuifmeel *Pollen* m; *Blütenstaub* m
stuifsneeuw *Pulverschnee* m
stuifzand *Flugsand* m
stuip *Krampf* m; *Zuckung* v ▾ iem. de ~en op het lijf jagen *jmdm. einen Schrecken einjagen*
stuiptrekken *in Krämpfen liegen*
stuiptrekking *Zuckung* v
stuit ● staartbeen *Steiß* m ★ op het ~je vallen

st

auf das Steißbein fallen • het terugstuiten *Rückprall* m; ⟨op grond⟩ *Aufprall* m
stuitbeen *Steißbein* o
stuiten I OV WW tegenhouden *zum Stillstand bringen*; *hemmen*; *aufhalten* ★ de vijand was niet te ~ *der Feind drang unaufhaltsam vor* **II** ON WW • kaatsen *zurückprallen* • irriteren *reizen* ★ dat stuit me tegen de borst *das geht mir gegen den Strich* • ~ **op** *stoßen auf* [+4]
stuitend *abstoßend*; ⟨verontwaardiging wekkend⟩ *empörend*; ⟨aanstootgevend⟩ *anstößig*
stuiter *Murmel* v
stuiteren *mit Murmeln spielen*
stuitje • → **stuit**
stuitligging *Steißlage* v
stuiven I ON WW • opwaaien *stäuben*; *stauben* • snel gaan *sausen*; *flitzen* **II** ONP WW *stauben*; *stieben* v BN het zal er ~ *da werden die Funken sprühen*
stuiver • muntstuk *Fünfcentstück* o • geld ★ een aardig ~tje verdienen *eine hübsche Stange Geld verdienen*
stuivertje-wisselen • kinderspel *Bäumchen-wechsle-dich* o • elkaars plaats innemen *die Rollen tauschen*
stuk I ZN [het] • gedeelte *Stück* o; *Teil* m/o ★ iets aan stukken slaan *etw. in Stücke schlagen/entzweischlagen* ★ stukje *Stückchen* o; *kleine(s) Stück* o • hoeveelheid *Menge* v; *Stück* o • stukken duurder *viel teurer* • exemplaar *Stück* o ★ een stuk of 20 *ungefähr zwanzig Stück* • geschrift *Schriftstück* o; *Unterlagen* mv; ⟨artikel⟩ *Artikel* m; ⟨akte⟩ *Akte* v ★ stukje *Kolumne* v • kunstwerk *Stück* o; ⟨toneel⟩ *Theaterstück* o • poststuk *Poststück* o • schaakstuk *Figur* v; *Schachfigur* v • aandeel *Stück* o • postuur ★ klein van stuk zijn *von kleiner Statur sein* • standpunt ★ op zijn stuk blijven staan *auf seinem Recht bestehen*; *nicht lockerlassen* ★ iem. van zijn stuk brengen *jmdn. aus der Fassung bringen* ▼ stuk ongeluk *Stück Malheur* ▼ aan één stuk door *in einem fort* ▼ een stuk in zijn kraag hebben *einen in der Krone haben* ▼ BN zeker zijn van zijn stuk *sich seiner Sache sicher sein* ▼ stukje bij beetje *nach und nach*; *allmählich*; *stückweise* ▼ BN dat kost stukken van mensen *das kann ich mir nicht aus den Rippen schlagen* ▼ een stuk in de nacht *bis in die frühen Morgenstunden* **II** BNW *kaputt*; *entzwei*; ⟨aan stukken⟩ *in Stücke* ▼ stuk van iets zijn *völlig weg von etw. sein*
stukadoor *Verputzer* m; *Stuckateur* m
stukadoren *stuckieren*; *verputzen*
stuken *stuckieren*; *mit Stuck verputzen*; *gipsen*
stukgoed *Stückgut* o
stukje • → **stuk**
stukloon *Stücklohn* m; *Akkordlohn* m ★ tegen ~ werken *im Akkord arbeiten*
stuklopen I OV WW slijten ★ zijn schoenen ~ *die Schuhe durchlaufen* ★ zijn voeten ~ *sich die Füße wund laufen* **II** ON WW mislukken *scheitern*; *zerschellen* ★ iets loopt ergens op stuk *etw. scheitert an einer Sache*
stukmaken *kaputt machen*; *break (up)*

stukslaan I OV WW stukmaken *zerschlagen*; *kaputt schlagen* **II** ON WW stukgaan *zerschellen*; *zerspringen*
stukwerk • werk voor stukloon *Akkordarbeit* v • fragmentarisch werk *Stückwerk* o
stulp • stolp *Glocke* v • huisje *Hütte* v
stumper • sukkel *Stümper* m • stakker *arme(r) Teufel* m; *arme(r) Schlucker* m
stumperen *stümpern*
stunt *Bravourstück* o; *Bravurstück*
stuntel *Tollpatsch* m
stuntelen *stümpern*
stuntelig *stümperhaft*; *ungelenk*; *unbeholfen*; *linkisch*
stunten • kunstvliegen *einen Kunstflug ausführen* • stunts uithalen *Tricks vorführen*
stuntman *Stuntman* m
stuntprijs *Schleuderpreis* m
stuntteam *Stuntteam* o
stuntvliegen *Kunstflüge ausführen*
stuntvrouw *Stuntfrau* v
stuntwerk *Stunts* m mv
stupide *stupide*; *stumpfsinnig*
sturen I OV WW • zenden *schicken*; *senden* ★ iem. om boodschappen ~ *jmdn. einkaufen schicken* • besturen *steuern*; *lenken* • bedienen *steuern*; *bedienen* **II** ON WW naar het stuur luisteren *sich steuern/lenken lassen*
sturing *Steuerung* v; *Lenkung* v
stut • balk *Stützbalken* m • FIG. steun *Stütze* v; *Halt* m
stutten *stützen*
stuur *Steuer (auto)* o; *Lenkstange (fiets)*
stuurbekrachtiging *Servolenkung* v
stuurboord *Steuerbord* o
stuurgroep *Beirat* m; *Lenkungsausschuss* m
stuurhuis *Steuerkabine* v
stuurhut *Steuerhaus* o; *Kabine* v; SCHEEPV. *Ruderhaus* o
stuurknuppel *Steuerknüppel* m
stuurloos *steuerlos*
stuurman *Steuermann* m
stuurmanskunst • SCHEEPV. *Navigationstalent* o • omzichtig beleid *Geschick* o
stuurs *unwirsch*; *mürrisch*
stuurslot *Lenkradschloss* o
stuurstang ⟨fiets⟩ *Lenkstange* v; ⟨vliegtuig⟩ *Steuerknüppel* m
stuurwiel *Lenkrad* o
stuw *Wehr* o; *Stauwerk* o; ⟨afsluiting van een dal⟩ *Talsperre* v
stuwdam *Staudamm* m
stuwen • voortduwen *treiben* • stouwen *stauen* • water keren *stauen*
stuwing • het stuwen *Stauung* v • stuwkracht *Antriebskraft* v
stuwkracht • TECHN. *Antriebskraft* v • FIG. *treibende Kraft* v
stuwmeer *Stausee* m
stuwraket *Trägerrakete* v
stylen *stylen* o
stylo BN vulpen *Füllfederhalter* m; INFORM. *Füller* m
subcommissie *Unterausschuss* m
subcultuur *Subkultur* v
subdirectory *Subdirectory* o; COMP.

Unterverzeichnis o
subgroep *Subgruppe* v; *Untergruppe* v
subiet ● dadelijk *sofort; gleich* ● plots *plötzlich*
  ● beslist *bestimmt; sicher*
subject *Subjekt* o
subjectief *subjectiv;* TAALK. *das Subjekt*
  betreffend
subjectiviteit *Subjektivität* v
subliem *erhaben; großartig*
sublimeren *sublimieren*
subsidie *Subvention* v
subsidieaanvraag *Subventionsantrag* m;
  Subventionsbegehren o
subsidiëren *subventionieren*
substantie *Substanz* v
substantieel ● wezenlijk *substanziell;*
  substantiell ● voedzaam *nahrhaft* ★ iets ~s
  eten *etw. Nahrhaftes essen*
substantief *Substantiv* o
substantiëren *substanziieren; begründen*
substitueren *substituieren*
substitutie *Substitution* v
substituut I ZN [de] plaatsvervanger
  Stellvertreter m II ZN [het] vervangmiddel
  Substitut o
subtiel *subtil*
subtiliteit *Subtilität* v
subtop *untere Spitze* v; *untere Spitzenklasse* v
subtropisch *subtropisch*
subversief *subversiv*
succes *Erfolg* m ★ ~! *viel Erfolg!* ★ geen ~
  hebben *erfolglos bleiben*
succesnummer *Spitzenreiter* m; ⟨verkoopsucces⟩
  Kassenschlager m
successie ● erfenis *Erbschaft* v ● erfopvolging
  Erbfolge v; *Sukzession* v; ⟨troonopvolging⟩
  Thronfolge v ● opeenvolging *Folge* v
  ★ viermaal in ~ *vier Mal in Folge*
successierecht *Erbschaftssteuer* v
successievelijk *sukzessive*
succesvol *erfolgreich*
sudden death *Sudden Death* m
sudderen *köcheln; schmoren*
sudderlap *Stück* o *Schmorfleisch*
Sudetenland *Sudetenland* o
sudoku *Sudoku* o
suède I ZN [het] *Velours* o; *Wildleder* o II BNW
  aus Wildleder/Velours
Suezkanaal *Suezkanal* m
suf ● duf *benommen; dösig* ★ je wordt er suf
  van *das macht einen ganz dösig im Kopf*
  ● onnadenkend *dämlich* ★ zich suf piekeren
  sich den Kopf (über etw.) zerbrechen
suffen *dösen; duseln*
sufferd *Dussel* m; *Schussel* m
suffig *dösig*
suffix *Suffix* o; *Nachsilbe* v
sufkop *Dussel* m; *Döskopp* m; *Doofkopp* m
suggereren *suggerieren*
suggestie ● voorstel *Vorschlag* m ● gewekte
  indruk *Suggestion* v; *Eindruck* m
suggestief *suggestiv*
suïcidaal *suizidal; selbstmörderisch*
suïcide *Selbstmord* m; *Suizid* m
suiker ● zoetstof *Zucker* m ● suikerziekte
  Zuckerkrankheit v

suikerbiet *Zuckerrübe* v
suikerboon BN *kleine Aufmerksamkeit für*
  Gratulanten anlässlich der Geburt eines Kindes
suikerbrood *Zuckerbrot* o
Suikerfeest *Zuckerfest* o
suikergoed *Süßigkeiten* mv
suikerklontje *Stück* o *Zucker*
suikermeloen *Honigmelone* v
suikeroom ≈ *Erbonkel* m
suikerpatiënt *Zuckerkranke(r)* m
suikerpot *Zuckerdose* v
suikerraffinaderij *Zuckerraffinerie* v
suikerriet *Zuckerrohr* o
suikerspin *Zuckerwatte* v
suikertante ≈ *Erbtante* v
suikervrij *ohne Zucker*
suikerzakje *Zuckertüte* v
suikerziekte *Diabetes* m; *Zuckerkrankheit* v
suikerzoet *zuckersüß*
suite ● kamers *Suite* v ● stoet *Gefolge* o ● MUZ.
  Suite v
suizebollen *taumeln; schwindlig werden*
suizen ● geluid maken *säuseln; sacht rauschen*
  ★ mijn oren ~ *es summt mir in den Ohren*
  ● snel bewegen *sausen*
sujet *Subjekt* o
sukade *Sukkade* v
sukkel ● dom persoon *Trottel* m
  ● beklagenswaardig persoon *arme(r)*
  Schlucker m
sukkeldrafje *Trott* m
sukkelen ● sjokken *trödeln; trotten* ● ziekelijk
  zijn *sich herumplagen; sich abplagen* ★ ~ met
  een kwaal *sich mit einem Leiden herumplagen*
sukkelgangetje *Schneckentempo* o ▼ op een ~
  im Schneckentempo
sukkelstraatje ▼ BN in een ~ verzeild zijn
  geraakt *sich herumplagen; sich abplagen*
sul ● sukkel *Trottel* m; *Einfaltspinsel* m
  ● goedzak *gutmütige(r) Kerl* m
sulfaat *Sulfat* o
sulfiet *Sulfit* o
sullig ● dom *trottelig* ● goeiig *einfältig*
sultan *Sultan* m
summier ● gering *summarisch* ● bondig *kurz*
  gefasst
summum *Inbegriff* m; *Gipfel* m
sumoworstelaar *Sumo-Ringer* m
sumoworstelen *Sumoringen* o
super I BNW *super; geil* ★ ~ de luxe *vollgeil;*
  superaffengeil II ZN [de] *Super* o
super- *super-; Super-*
superbenzine *Superbenzin* o
supercup *Supercup* o
super-G *Super-G* o
supergeleider *Supraleiter* m
superheffing *Superabgabe* v
superieur I BNW ● hoger geplaatst,
  meerwaardig *überlegen* ● voortreffelijk
  vorzüglich; hervorragend II ZN [de]
  Vorgesetzte(r) m
superioriteit *Superiorität* v; *Überlegenheit* v
superlatief *Superlativ* m
supermacht *Supermacht* v
supermarkt *Supermarkt* m
supermens *Übermensch* m

su

supersonisch *supersonisch* ★ ~e snelheid *Überschallgeschwindigkeit* ★ ~ vliegtuig *Überschallflugzeug* o
supertanker *Supertanker* m
supervisie *Leitung* v; *Aufsicht* v
supervisor *Supervisor* m
supplement *Supplement* o; ⟨aanvulling⟩ *Ergänzung* v
suppoost *Wärter* m; *Aufseher* m
supporter *Anhänger* m
supporterslegioen *Schlachtenbummler* mv
supporterstrein SPORT *Schlachtenbummlerszug* m
suprematie *Supremat* m; ⟨oppermacht⟩ *Vorherrschaft* v
surfen *surfen*
surfer *Surfer* m
surfpak *Surfanzug* m
surfplank *Surfbrett* o
Surinaams *surinamisch*
Surinaamse *Surinamerin* v
Suriname *Surinam* o
Surinamer *Surinamer* m
surplus *Überschuss* m; *Surplus* o
surprise *Überraschung* v
surpriseparty *Überraschungsparty* v
surrealisme *Surrealismus* m
surrealistisch *surrealistisch*
surrogaat *Surrogat* o; *Ersatz* m
surseance *Aufschub* m ★ ~ van betaling *Zahlungsaufschub* m
surveillance *Aufsicht* v; ⟨bewaking⟩ *Überwachung* v; ⟨politiepatrouille⟩ *Streife* v
surveillancewagen *Streifenwagen* m; *Funkstreifenwagen* m; INFORM. *Peterwagen* m
surveillant *Aufseher* m
surveilleren *beaufsichtigen*; *Aufsicht führen*; ⟨politie⟩ *Streife fahren*
survival *Survivaltraining* o ★ op ~ gaan *zu einem Survivaltraining gehen*
sushi *Sushi* o mv
suspense *Spannung* v
sussen *besänftigen*; *beschwichtigen*
SUV *SUV* m/o
s.v.p. *bitte*
Swahili *Suaheli* o
swastika *Swastika* v; *Hakenkreuz* o
Swaziland *Swasiland* o
sweater *Pulli* m; *Pullover* m
sweatshirt *Sweatshirt* o
swingen ● dansen *swingen* ● FIG. bruisend zijn *sprudeln*; *pulsieren*
switchen ● van plaats wisselen *(den Platz) wechseln* ● overgaan op iets anders *umschalten*
Sydney *Sydney* o
syfilis *Syphilis* v
syllabe *Silbe* v
syllabus *Abriss* m; ⟨v. colleges⟩ *Vorlesungsabriss* m
symbiose *Symbiose* v
symboliek ● het symbolische *Symbolik* v ● leer van de symbolen *Symbolik* v
symbolisch *symbolisch*
symboliseren *symbolisieren*
symbool *Symbol* o

symfonie *Sinfonie* v
symfonieorkest *Sinfonieorchester* o
symmetrie *Symmetrie* v
symmetrisch *symmetrisch*
sympathie *Sympathie* v
sympathiek *sympathisch*
sympathisant *Sympathisant* m
sympathiseren *sympathisieren*
symposium *Symposion* o [mv: *Symposien*]; *Symposium* o
symptomatisch *symptomatisch*
symptoom *Symptom* o
symptoombestrijding *Symptombekämpfung* v
synagoge *Synagoge* v
synchroniseren *synchronisieren*
synchroon *synchron*
syndicaal BN vakbonds *Gewerkschafts-*
syndicaat *Syndikat* o
syndroom *Syndrom* o ★ ~ van Down *Downsyndrom* o
synergie *Synergie* v
synode *Synode* v
synoniem I ZN [het] *Synonym* o II BNW *synonym*
synopsis *Synopsis* v
syntaxis *Syntax* v
synthese *Synthese* v
synthesizer *Synthesizer* m
synthetisch *synthetisch* ▼ ~e vezels *Kunstfasern*
Syrië *Syrien* o
Syrisch *syrisch*
systeem *System* o; *Betriebssystem* o; COMP. *Datenverarbeitungsanlage* v
systeemanalist *Systemanalytiker* m
systeembeheerder *Systemverwalter* m
systeembouw *Fertigbau* m; *Montagebau* m
systeemeisen *Systemvoraussetzungen* mv
systeemkaart *Karteikarte* v
systeemontwerper *Systemanalytiker* m
systematiek ● ordening *Systematik* v ● leer van de systemen *Systematik* v
systematisch *systematisch*
systematiseren *systematisieren*
SZW BMA o; *Bundesministerium* o *für Arbeit und Sozialordnung*

su

T

t *T* o ★ de t van Theodoor *T wie Theodor*
taai ● stevig en buigzaam *zäh* ● dikvloeibaar *(zäh)flüssig*; *dickflüssig* ● volhardend *zäh* ● vervelend, moeilijk *öde*; *langweilig* ▼ houd je taai! *halt die Ohren steif!*
taaie ⟨borrel⟩ *Schnaps* m
taaiheid ● stevigheid *Zähigkeit* v ● stroperigheid *Zähflüssigkeit* v ● volharding *Zähigkeit* v; *Ausdauer* v
taaislijmziekte *Zähschleimkrankheit* v
taaitaai *Lebkuchen* m; *Printe* v
taak *Aufgabe* v ★ zich tot taak stellen *sich zur Aufgabe machen*
taakbalk *Taskbar* v; *Taskleiste* v
taakomschrijving ≈ *Beschreibung* v *des Aufgabenbereichs*
taakstraf *Sozialstunden* mv
taakverdeling *Aufgabenverteilung* v
taal *Sprache* v ★ vreemde taal *Fremdsprache* v ★ een taal beheersen *eine Sprache beherrschen* ▼ hij zwijgt in alle talen *er schweigt in sieben Sprachen* ▼ taal noch teken geven *nichts von sich hören lassen* ▼ dat is andere taal *das hört sich schon viel besser an* ▼ duidelijke taal spreken met iem. *deutsch mit jmdm. reden/sprechen*
taalachterstand *Sprachrückstand* m; *Sprachdefizit* o
taalbarrière *Sprachbarriere* v
taalbeheersing *Sprachbeherrschung* v; ⟨taalvaardigheid⟩ *Sprachgewandtheit* o
taaleigen *Idiom* o
taalfamilie *Sprachfamilie* v
taalfout *sprachliche(r) Fehler* m; ⟨grammatica⟩ *grammatische(r) Fehler* m
taalgebied *Sprachraum*
taalgebruik *Sprachgebrauch* m
taalgeschiedenis *Sprachgeschichte* v
taalgevoel *Sprachgefühl* o
taalgrens *Sprachgrenze* v
taalkamp BN ≈ *Sprachferien* mv
taalkunde *Sprachwissenschaft* v
taalkundig *sprachwissenschaftlich*; *linguistisch* ★ ~e ontleding *grammatische Analyse* v
taalkundige *Linguist* m
taallab, taallabo BN *talenpracticum Sprachlabor* o
taalles *Sprachunterricht* m
taalonderwijs *Sprachunterricht* m
taalstrijd *Sprachenkampf* m
taalvaardigheid *Sprachgewandtheit* v
taalverarming *Sprachverarmung* v
taalverwerving *Spracherwerb* m
taalwetenschap *Sprachwissenschaft* v
taart ● CUL. gebak *Torte* v; *Kuchen* m ● MIN. vrouw *Schachtel* v; *Schraube* v
taartbodem *Tortenboden* m
taartje ⟨gebakje⟩ *Törtchen* o; ⟨kleine taart⟩ *kleine Torte* v
taartpunt *Tortenstück* o
taartschep *Tortenschaufel* v; *Tortenheber* m
taartvorkje *Kuchengabel* v

taartvorm *Tortenform* v; *Kuchenform* v
tab *Tab* m
tabak *Tabak* m ▼ ik heb er ~ van *ich habe die Nase voll*
tabaksaccijns *Tabaksteuer* v
tabaksdoos *Tabak(s)dose* v
tabaksindustrie *Tabakindustrie* v
tabaksplant *Tabakpflanze* v
tabasco *Tabasco* m
tabbaard ⟨v. geestelijke⟩ *Talar* m; ⟨v. rechter⟩ *Robe* v
tabblad *Tabblatt* o
tabee *tschüs*; *tschüss*; *ciao*
tabel *Tabelle* v
tabernakel *Tabernakel* m
tableau ● schilderij *Tableau* o ★ ~ vivant *lebende(s) Bild* ● schaal *Platte* v
tablet ● plak *Tafel* v ★ ~ chocolade *Tafel Schokolade* ● pil *Tablette* v
tabletvorm *Tablettenform* v
taboe I ZN [het] *Tabu* o **II** BNW *tabu*
taboesfeer *Tabubereich* m
tabouleh *Tabouleh* o
tabulator *Tabulator* m
tachograaf *Fahrtenschreiber* m
tachtig ● *achtzig* ● → **vier, veertig**
tachtiger *Achtziger* m
tachtigjarig ● tachtig jaar oud *achtzigjährig* ● tachtig jaar durend ★ de Tachtigjarige Oorlog *der Achtzigjährige Krieg*
tachtigste ● *achtzigste(r)* ● → **vierde, veertigste**
tachymeter *Tachymeter* o
tackelen *hineingrätschen* ▼ een probleem ~ *direkt an ein Problem herangehen*
tackle *Tackling* o
taco *Taco* m
tact *Takt* m ★ met veel tact *sehr taktvoll*
tacticus ⟨tactvol⟩ *taktvolle(r) Mensch* m; ⟨tactisch⟩ *Taktiker* m
tactiek ● *Taktik* v ● gevechtstactiek ★ de ~ van de verschroeide aarde *die Taktik der verbrannten Erde*
tactisch *taktisch*
tactloos *taktlos*
tactvol *taktvoll*
Tadzjikistan *Tadschikistan* o
taekwondo *Taekwondo* o
tafel ● meubel *Tisch* m ★ een ~ reserveren *einen Tisch bestellen* ★ iets op ~ brengen *etw. auftischen* ★ aan ~! *zu Tisch!* ★ aan ~ zitten *am/bei Tisch sitzen* ● WISK. tabel *Tafel* v; *Tabelle* v ★ ~ van vermenigvuldiging *Einmaleins* o ● plaat met inscriptie ★ de stenen ~en *die steinernen Tafeln* ▼ om de ~ gaan zitten *sich mit jmdm. an einen Tisch setzen* ▼ iem. onder de ~ drinken *jmdn. unter den Tisch trinken* ▼ er moet geld op ~ komen *es muss Geld her* ▼ de kaarten op ~ leggen *mit offenen Karten spielen*
tafelblad *Tischplatte* v
tafeldame *Tischdame* v
tafelen *tafeln*; *speisen*
tafelheer *Tischherr* m
tafelkleed *Tischdecke* v
tafelklem *Tischtuchklammer* v

tafellaken *Tischtuch* o
tafellinnen *Tischwäsche* v
tafelmanieren *Tischmanieren* mv
tafelpoot *Tischbein* o
tafelrede *Tischrede* v
tafelschikking *Tischordnung* v
tafeltennis *Tischtennis* o
tafeltennissen *Tischtennis spielen*
tafeltje-dek-je ● sprookjestafel
Tischleindeckdich o ● organisatie die
maaltijden aan huis brengt *Essen ◇ auf
Rädern* ▼ het is er ~ *es ist dort ein wahres
Schlaraffenland* ▼ het is er geen ~ *dort ist
Schmalhans Küchenmeister*
tafelvoetbal *Tischfußball* m
tafelwijn *Tafelwein* m; *Tischwein* m
tafelzilver *Tafelsilber* o; *Silberbesteck* o
tafereel *Schilderung* v; *Szene* v; *Bild* o
tagliatelle *Tagliatelle* mv; *Bandnudeln* v mv
Tahiti *Tahiti* o
tahoe *Tofu* m; *Sojakäse* m
taille *Taille* v
tailleren *taillieren*
Taiwan *Taiwan* o
Taiwanees *taiwanisch*
tak ● loot *Zweig* m; *Ast* m ● vertakking *Zweig*
m; ⟨v. een rivier⟩ *Arm* m ● afdeling *Zweig* m;
Branche v; ⟨gebied⟩ *Disziplin* v; ⟨gebied⟩
Sparte v ▼ wandelende tak *Stabheuschrecke* v
takel ● hijstoestel *Flaschenzug* m ● SCHEEPV.
Takel o
takelen ● ophijsen *winden* ● optuigen *takeln*
takelwagen *Kranwagen* m
takenpakket *Aufgabenkomplex* m;
Aufgabenpaket o
take-off ● LUCHTV. *Take-off* o; *Abheben* o; *Start*
m ● ECON. *Aufschwung* m
takke- *Scheiß-*; *Mist-* ★ takkeweer *Mistwetter* o
takkenbos *Reisigbündel* o; *Holzbündel* o
takkeweer *Sauwetter* o
takkewijf *Luder* o
taks ● hoeveelheid *Quantum* o; *Portion* v
● dashond *Dackel* m ● BN belasting *Steuer* v
taksvrij BN belastingvrij *steuerfrei*
tal ● aantal *Anzahl* v ● hoeveelheid
★ een tal draden *hundert bis hundertzwanzig
Fäden* ★ een tal eieren *hundertvier Eier* ★ een
tal haringen *zweihundert Heringe* ● grote
hoeveelheid *Menge* v; *Masse* v ★ tal van
ideeën *eine Menge Ideen*
talen *(er)streben*; *verlangen* ★ niet meer ~ naar
nichts mehr geben auf
talenkennis *Sprachkenntnisse* v mv
talenknobbel ★ zij heeft een ~ *sie ist
sprachbegabt; sie ist ein Sprachgenie*
talenpracticum *Sprachlabor* o
talenstudie *Sprachenstudium* o
talent *Talent* o; *Begabung* v ★ ~ voor tekenen
Talent zum Zeichnen ★ zonder ~ *unbegabt*
talentenjacht *Talentsuche* v
talentvol *talentiert*; *begabt*; *talentvoll*
talg ● huidsmeer *Talg* m ● dierlijk vet *Talg* m
talgklier *Talgdrüse* v
talisman *Talisman* m
talk ● delfstof *Talk* m ● vet *Talg* m
talkpoeder *Talkum* o; *Talkumpuder* m/o

talkshow *Talkshow* v
Tallinn *Tallinn* o; *Tallin*
Tallinns *Tallinner*
talloos *unzählig*; *zahllos*
Talmoed *Talmud* m
talrijk *zahlreich*; ⟨in groot aantal⟩ *reichlich*
talud *Böschung* v
tam ● niet wild *zahm* ● gekweekt *zahm* ● saai
zahm
tamarinde *Tamarinde* v
tamboer *Trommler* m
tamboerijn *Tamburin* v
tamelijk *ziemlich*
Tamil *Tamile* m
tampon *Tampon* m
tamtam ● getrommel *Tamtam* o ● FIG. ophef
★ met veel ~ *mit großem Tamtam*; *mit viel
Theater*
tand ● gebitselement *Zahn* m ★ valse tanden
dritten Zähne ● puntig uitsteeksel *Zacke* v;
Zahn m; ⟨v. hark, vork⟩ *Zinke* v ▼ de tand des
tijds *der Zahn der Zeit* ▼ iem. aan de tand
voelen *jmdm. auf den Zahn fühlen* ▼ met
lange tanden eten *mit langen Zähnen essen*
▼ tot de tanden gewapend *bis an die Zähne
bewaffnet* ▼ een tandje bijzetten, BN een
tandje bijsteken *ein Schippchen drauflegen*;
einen Zahn zulegen ▼ de tanden op elkaar
zetten *die Zähne zusammenbeißen*
tandarts *Zahnarzt* m [v: *Zahnärztin*]
tandartsassistente *Zahnarzthelferin* v
tandbederf *Karies* v; *Zahnfäule* v
tandbeen *Zahnbein* o
tandem *Tandem* o
tandenborstel *Zahnbürste* v
tandenknarsen *mit den Zähnen knirschen*
tandenstoker *Zahnstocher* m
tandglazuur *Zahnschmelz* m
tandheelkunde *Zahnmedizin* v
tandpasta *Zahnpasta* v; *Zahnpaste* v
tandplaque *Plaque* v; *Zahnbelag* m
tandrad *Zahnrad* o
tandsteen *Zahnstein* m
tandtechnicus *Zahntechniker* m
tandvlees *Zahnfleisch* o ▼ op zijn ~ lopen *auf
dem Zahnfleisch gehen*
tandvleesontsteking *Zahnfleischentzündung* v
tandwiel *Zahnrad* o
tandzijde *Zahnseide* v
tanen I OV WW vaalgeel kleuren *gerben* **II** ON
WW ● vaal worden *verblassen* ● afnemen
abnehmen; *schwinden*
tang ● gereedschap *Zange* v ● vrouw *Schrulle*
v; *alte Hexe* v ▼ als een tang op een varken
slaan *wie die Faust aufs Auge passen*
tanga *Tanga* m
tangens *Tangens* m
tango *Tango* m
tanig *gegerbt*
tank ● reservoir *Tank* m; *Behälter* m; ⟨jerrycan⟩
Kanister m ★ een volle tank *ein voller Tank* m
● pantservoertuig *Panzer* m
tankauto *Tankfahrzeug* o; *Tankwagen* m
tankbataljon *Panzerbataillon* o
tanken *tanken*
tanker *Tanker* m

ta

tankschip *Tanker* m
tankstation *Tankstelle* v
tankwagen *Tankwagen* m
tannine *Tannin* o
tantaluskwelling *Tantalusqualen* mv
tante ● familielid *Tante* v ● vrouw *Tante* v
★ een lastige ~ *eine lästige Person* ★ een oude
~ *eine alte Schachtel*
tantième *Tantieme* v
Tanzania *Tansania* o
Tanzaniaans *tansanianisch*
tap ● kraan *Zapfen* m ● bier uit de tap *Bier
vom Fass* ● bar *Theke* v
tapas *Tapas* mv
tapbier *Schankbier* o; *Fassbier* o
tapdansen *steppen* ★ het ~ *das Steppen*
tape ● plakband *Klebestreifen* m
 ● magneetband *Magnetband* o
 ● muziekbandje *Kassette* v; ⟨v. bandrecorder⟩
Tonband o
tapenade *Tapenade* v
tapijt *Teppich* m ★ kamerbreed ~ *Teppichboden*
m ▼ iets op het ~ brengen *etw. aufs Tapet
bringen*
tapijtreiniger *Teppichreiniger* m
tapioca *Tapioka* v
tapkast *Theke* v
tappen[1] *ausschenken* ★ op flessen ~ *auf
Flaschen ziehen* ▼ moppen ~ *Witze reißen*
tappen[2] ⟨zeg: teppen⟩ *steppen*
tapperij *Ausschank* m; *Schankwirtschaft* v;
⟨kleiner⟩ *Schenke* v
taps *kegelförmig; konisch*
taptoe *Zapfenstreich* m
tapverbod *Alkoholverbot* o
tapvergunning *Schankerlaubnis* v;
Schankkonzession v
tarantula *Tarantel* v
tarbot *Steinbutt* m
tarief ● prijs *Tarif* m; *Gebühr* v; *Satz* m
★ volgens ~ *tariflich; tarifmäßig* ★ speciaal ~
Sondertarif ● invoerrechten *Zolltarif* m;
Einfuhrzoll m
tariefgroep *Steuerklasse* v
tariefsverlaging *Tarifermäßigung* v
tarievenoorlog *Handelskrieg* m;
Wirtschaftskrieg m
tarot *Tarot* o
tarotkaart *Tarotkarte* v
tarra *Tara* v
tartaar *Tatar* o
tarten ● uitdagen *provozieren; herausfordern*;
reizen ● trotseren *trotzen* ● overtreffen
spotten ★ dat tart elke beschrijving *das spottet
jeder Beschreibung*
tarwe *Weizen* m
tarwebloem *Weizenmehl* o
tarwebrood *Weizenbrot* o
tarwemeel *Weizenmehl* o
tas *Tasche* v
tasjesdief *Taschendieb* m
tasjesroof *Taschendiebstahl* m
Tasmaans *tasmanisch*
Tasmanië *Tasmanien* o
tast *Tasten* o ★ op de tast *aufs Geratewohl* ★ op
de tast iets zoeken *nach etw. tasten* ★ iets op

de tast herkennen *etw. tastend erkennen*
tastbaar *greifbar;* ⟨voelbaar⟩ *fühlbar;* ⟨duidelijk⟩
handgreiflich ★ ~ bewijs *handgreifliche(r)
Beweis* m ★ zonder tastbare aanleiding *ohne
konkreten Anlass* ★ de tastbare wereld *die
konkrete Welt* ▼ een tastbare duisternis *eine
ägyptische Finsternis* v
tasten I ov ww ● bevoelen *befühlen; betasten*
 ● pakken *fassen* II on ww zoekend bewegen
tasten ▼ diep in zijn zak moeten ~ *tief in den
Beutel greifen müssen*
tastzin *Tastsinn* m
tateren bn kwebbelen *quatschen; quasseln;
schwatzen*
tatoeage *Tätowierung* v
tatoeëren *tätowieren*
taugé *Sojabohnensprossen* mv
taupe *taupe*
tautologie *Tautologie* v
t.a.v. ● ten aanzien van *i.b.a.*; *in Bezug auf* ● ter
attentie van *z.H(d).*; *zu Händen*
taveerne *Taverne* v; *Schenke* v
taxateur *Taxator* m
taxatie *Schätzung* v
taxatierapport *Wertgutachten* o
taxeren ● waarde bepalen *taxieren;
veranschlagen* ★ te hoog/laag ~ *über-/
unterbewerten* ★ te laag ~ *zu niedrig
einschätzen; unterbewerten* ★ getaxeerde
waarde *Taxwert* m ● inschatten *schätzen;*
⟨aanslaan⟩ *einschätzen*
taxfree *steuerfrei;* ⟨vrij van invoerrechten⟩
zollfrei
taxfreewinkel *Duty-free-Shop* m
taxi *Taxi* o; *Taxe* v
taxicentrale *Taxizentrale* v
taxichauffeur *Taxifahrer* m
taxidermie *Taxidermie* v
taxiën *rollen*
taximeter *Taxameter* m/o
taxionderneming *Taxiunternehmen* o
taxistandplaats *Taxistand* m
taxonomie *Taxonomie* v
taxus *Taxus* m; *Eibe* v
tbc *Tb(c)* v
T-biljet *Lohnsteuerjahresausgleichskarte* v
tbr ● → terbeschikkingstelling
tbs ● → terbeschikkingstelling
t.b.v. ● ten bate van *zugunsten* [+2] ● ten
behoeve van *zugunsten* [+2]; *im Interesse von*
te I vz ● in, op *in* [+3]; *auf* [+3]; *zu* [+3] ★ te
Utrecht *in Utrecht* ● [+ inf.] *zu* ★ iets te
zeggen hebben *etw. zu sagen haben* ★ het is
moeilijk te verstaan *er ist schwer zu verstehen*
★ zonder iets te zeggen *ohne etw. zu sagen*
★ ik ben blij je te zien *es freut mich, dich zu
sehen* ★ lopen te fluiten *vor sich hin pfeifen*
II bijw meer... dan wenselijk enz. *zu; umso*
★ te veel zu viel ★ te groot *zu groß*
teak I zn [de] boom *Teakbaum* m II zn [het]
hout *Teak* o; *Teakholz* o
teakhout *Teak(holz)* o
teakolie *Teaköl* o
team *Team* o; sport *Mannschaft* v
teambuilding *Teambuilding* o
teamgeest *Teamgeist* m

te

teamspeler *Teamspieler* m
teamsport *Mannschaftssport* m; *Teamsport* m
teamverband *Team* o ★ in ~ werken *im Team arbeiten*
teamwork *Teamarbeit* v; *Teamwork* o
techneut ≈ *Technikfanatiker* m
technicus *Techniker* m
techniek ● vaardigheid, methode *Fertigkeit* v; *Technik* v ● werktuigkundige bewerking of inrichting *Verfahren* o; *Technik* v
technisch *technisch* ★ mts *Fachoberschule* ★ ~e term *Fachausdruck* m ★ hts *Ingenieursschule* ★ hogere ~e school ≈ *technische Fachhochschule* ★ lagere ~e school ≈ *Berufsschule für Technik* ★ Technische Hogeschool *Technische Hochschule* v ★ ~ onmogelijk *technisch gesehen unmöglich* ★ lts *Berufsfachschule für Technik* ★ ~ directeur *technische(r) Direktor* m
techno *Techno* o; *Techno(musik)* v
technocratie *Technokratie* v
technologie *Technologie* v
technologisch *technologisch*
teckel *Dackel* m
tectyl *Rostschutz* m
tectyleren *mit Rostschutzmittel behandeln*
teddy *Teddyfutter* o
teddybeer *Teddybär* m
teder *zärtlich; liebevoll*
tederheid *Zärtlichkeit* v
teef ● dier (vos) *Füchsin* v; (hond) *Hündin* v ● MIN. vrouw *Fotze* v
teek *Zecke* v
teelaarde *Ackerkrume* v
teelbal *Hoden* m
teelt *Zucht* v; (het telen) *Anbau* m; (het geteelde) *Kultur* v ★ gemengde ~ *Mischkultur* v
teen ● deel van voet *Zehe* v; *Zeh* m ★ iem. op de tenen trappen *jmdm. auf die Zehen treten*; *jmdm. auf den Schlips treten* ★ op zijn tenen lopen *auf Zehenspitzen gehen/schleichen*; *sein Möglichstes tun* ★ van top tot teen *von Kopf bis Fuß* ★ met een zucht vanuit haar/zijn tenen *mit einem tiefen Seufzer* ● deel van kous/schoen *Spitze* v ● twijg *Weidenrute* v; *Weidengerte* v ▼ gauw op zijn tenen getrapt zijn *überempfindlich sein* ▼ lange tenen hebben *schnell eingeschnappt sein* ▼ met gekromde tenen naar iets luisteren/kijken *sich den Ärger verbeißen beim Hören/Sehen einer Sache*
teenager *Teenager* m
teenkootje *Zehenknochen* m
teenslipper INFORM. *Badelatschen* m
teer I ZN [de/het] *Teer* m II BNW ● broos *zerbrechlich; zart* ● FIG. gevoelig *heikel* ★ een teer onderwerp *ein heikles Thema*
teergevoelig ● gauw gekwetst *empfindlich* ● zacht van gevoel *zart; empfindsam*
teerling BN dobbelsteen *Würfel* m ▼ de ~ is geworpen *die Würfel sind gefallen*
teflon *Teflon* o
tegel (voor muur of vloer) *Fliese* v; (geglazuurd) *Kachel* v
tegelijk ● op hetzelfde moment *gleichzeitig*

● samen met iets/iemand *zugleich* ● tevens *zugleich*
tegelijkertijd *gleichzeitig; zugleich*
tegellijm *Fliesenkleber* m
tegelvloer *Fliesenboden* m
tegelwerk ● de tegels *Kachelung* v ● het tegelen *Kachelarbeiten* v mv
tegelzetter *Fliesenleger* m
tegemoet *entgegen* ★ iem. ~ komen *jmdm. entgegenkommen* ★ iets ~ zien *etw. entgegensehen*
tegemoetkoming ● bijdrage *Beihilfe* v; *Zuschuss* m; *Unterstützung* v ★ ~ in de studiekosten *Ausbildungsbeihilfe* v ● concessie *Entgegenkommen* o
tegemoettreden *entgegenkommen* [+3]
tegen I VZ ● in aanraking met *gegen* [+4] ★ het staat ~ de muur *es steht an der Wand* ★ ~ de muur rijden *gegen die Wand fahren* ● in tegengestelde richting *gegen* [+4] ★ ~ het verkeer in *in der Gegenrichtung* ● ter bestrijding van *gegen* [+4] ★ een vaccin ~ aids *ein Impfstoff gegen AIDS* ● ongunstig gezind jegens *gegen* [+4] ★ iets ~ iem. hebben *etw. gegen jmdn. haben* ★ ik heb er niets (op) ~ *ich habe nichts dagegen* ★ niets hebben ~... *nichts gegen.... haben* ★ fel ~ iets zijn *absolut gegen etw. sein* ● in strijd met *gegen* [+4] ★ ~ de regels *gegen die Vorschriften/Regeln* ★ ~ mijn principes *gegen meine Prinzipien* ● gericht aan *zu* [+3] ★ dat moet je niet ~ hem zeggen! *das solltest du nicht zu ihm sagen!* ● ten opzichte van *gegenüber* [+3] ★ hij doet altijd erg aardig ~ mij *er ist immer freundlich zu mir* ● bijna *gegen* [+4] ★ ~ middernacht *gegen Mitternacht* ★ hij is ~ de vijftig *er geht auf die fünfzig* ● in ruil voor *gegen* [+4] ★ een appel ruilen ~ een peer *einen Apfel gegen eine Birne tauschen* ★ ~ 10 % rente *gegen 10% Zinsen* ▼ ergens ~ kunnen *etw. ertragen können* ▼ ik kan er niet meer ~ *ich halte das nicht mehr aus* ▼ tien ~ een dat... *zehn zu eins, dass...* II BIJW anti *dagegen* ★ ~ zijn *dagegen sein* III ZN [het] *Kontra* o
tegenaan *dagegen* ▼ er (flink) ~ gaan *sich (tüchtig) ins Zeug legen*
tegenaanval *Gegenangriff* m
tegenactie *Gegenaktion* v
tegenargument *Gegenargument* o
tegenbeeld ● tegenstelling *Gegenteil* o ● tegenhanger *Pendant* o; *Gegenstück* o
tegenbericht *Abmeldung* v ★ zonder ~ *ohne weitere Nachrichten* ★ behoudens ~ *unter dem Vorbehalt, dass es keine Einwände gibt*
tegenbeweging *Gegenbewegung* v
tegenbezoek *Gegenbesuch* m
tegenbod *Gegengebot* o
tegencultuur *Gegenkultur* v
tegendeel *Gegenteil* o ★ in ~ *im Gegenteil*
tegendraads *aufsässig; trotzig; störrisch; widerspenstig*
tegendruk ● weerstand *Widerdruck* m ● afdruk *Gegendruck* m
tegengaan *entgegentreten* o; (actie ondernemen) *Maßnahmen ergreifen*; (halt toeroepen) *Einhalt gebieten* ★ iets beslist ~ *etw. energisch*

te

entgegentreten

tegengas v ~ geven *entgegenwirken*; *(gegen etw.) angehen*

tegengesteld *entgegengesetzt*; ⟨tegenovergesteld⟩ *gegensätzlich*

tegengestelde *Gegenteil* o; *Entgegengesetzte(s)* o

tegengif *Gegengift* o

tegenhanger *Gegenteil* o; *Gegenstück* o

tegenhebben *gegen sich haben* ★ hij heeft alles tegen *bei ihm geht alles schief* ★ ze heeft haar leeftijd tegen *ihr Alter spricht gegen sie*

tegenhouden ● beletten voort te gaan *aufhalten*; *abhalten*; *zurückhalten* ● verhinderen *verhindern*; *verhüten*

tegenin ★ ergens ~ gaan *gegen etw. angehen*; *gegen etw. protestieren*

tegenkandidaat *Gegenkandidat* m

tegenkanting BN tegenwerking *Widerstand* m

tegenkomen ● ontmoeten *treffen*; *begegnen* ● aantreffen *stoßen auf* [+3]

tegenlicht *Gegenlicht* o

tegenligger ⟨auto⟩ *entgegenkommende(s) Auto* o; ⟨trein⟩ *Gegenzug* m; ⟨schip⟩ *entgegenkommende(s) Schiff* o ★ ~s *Gegenverkehr* m [ev]

tegenlopen *schiefgehen*; *quergehen* ★ het loopt me tegen *ich habe Pech*

tegennatuurlijk *widernatürlich*

tegenoffensief *Gegenoffensive* v

tegenop *hinauf*

tegenover ● aan de overkant van *gegenüber (von)* [+3] ★ ~ het station *gegenüber vom Bahnhof* ● in tegenstelling tot *gegenüber* [+3] ★ licht ~ donker *hell gegenüber dunkel* ★ daar staat ~, dat... *dahingegen ist es so, dass...*; *dem gegenüber steht, dass...* ● ten opzichte van *gegenüber* [+3] ★ hoe sta jij daar ~? *wie stehst du dem gegenüber?* ★ FIG. zij staan lijnrecht ~ elkaar *sie stehen sich diametral gegenüber* ● als compensatie ★ wat staat er ~? *was springt dabei (für mich) heraus?* ★ er staat wel wat ~ *dafür gibt es natürlich was*

tegenovergesteld *entgegengesetzt* ★ precies het ~e beweren *genau das Gegenteil behaupten*

tegenoverstellen ● vergelijken *entgegensetzen* ● compenseren *gegenüberstellen*

tegenpartij *Gegenseite* v; *Gegenpartei* v

tegenpool *Gegenpol* m

tegenprestatie *Gegenleistung* v

tegenslag *Missgeschick* o; *Pech* o ★ met ~en te kampen hebben *eine Reihe von Misserfolgen haben*

tegenspartelen *sich sträuben*; *sich wehren* ★ ~ hielp niet *da half kein Sträuben*

tegenspel *Widerspiel* o ★ ~ leveren ≈ *Widerspruch erheben*

tegenspeler *Gegenspieler* m

tegenspoed *Unannehmlichkeiten* mv; *Missgeschick* o; *Widerwärtigkeit* v ★ geduld in ~ hebben *Missgeschick mit Geduld ertragen*

tegenspraak ● ontkenning ★ geen ~ dulden *keine Widerrede/keinen Widerspruch dulden* ● tegenstrijdigheid *Widerspruch* m ★ in ~ met *in Widerspruch zu*

tegensprekelijk BN tegenstrijdig *widersprüchlich*; *sich widersprechend*

tegenspreken ● ontkennen *bestreiten* ★ dat kan ik niet ~ *dem kann ich nicht widersprechen*; *das kann ich nicht bestreiten* ● betwisten *widersprechen* ★ zonder ~ *ohne (ein Wort der) Widerrede*

tegensputteren *murren*; *mucken* ★ zonder tegen te sputteren *ohne Murren*

tegenstaan *zuwider sein* ★ dat staat me tegen *das passt mir nicht*; *das widert mich an*

tegenstand *Widerstand* m ★ ~ bieden aan *Widerstand leisten gegen*

tegenstander *Gegner* m

tegensteken BN tegenstaan *zuwider sein*

tegenstelling *Gegensatz* m ★ in ~ tot *im Gegensatz zu*

tegenstemmen *dagegen stimmen*

tegenstribbelen *sich sträuben*; *(sich) widersetzen*

tegenstrijdig *widersprüchlich*; *sich widersprechend*

tegenstrijdigheid ● het tegenstrijdig zijn *Widersprüchlichkeit* v ● iets tegenstrijdigs *Widerspruch* m

tegenvallen *enttäuschen* ★ dat valt me tegen *das hätte ich nicht gedacht* ★ je valt me tegen *das hätte ich von dir nicht erwartet*

tegenvaller *Enttäuschung* v; *Rückschlag* m ★ lelijke ~ *böse Überraschung* v

tegenvoeter ● persoon *Antipode* m ● tegenpool *Antipode* m

tegenvoorbeeld *Gegenbeweis* m

tegenvoorstel *Gegenvorschlag* m; POL. *Gegenantrag* m

tegenwaarde *Gegenwert* m

tegenwerken *Schwierigkeiten machen*; ⟨stiekem⟩ *hintertreiben* ★ iem. in zijn plannen ~ *jmds. Pläne durchkreuzen/hintertreiben* ★ iem. ~ *jmdm. Steine in den Weg legen*

tegenwerking *Widerstand* m

tegenwerpen *einwenden*; ⟨antwoorden⟩ *entgegnen*

tegenwerping *Einwand* m ★ ~en maken *Einwände erheben*

tegenwicht *Gegengewicht* o

tegenwind *Gegenwind* m

tegenwoordig I BNW ● huidig *heutig*; *jetzig*; *gegenwärtig* ● aanwezig *anwesend*; *zugegen* **II** BIJW *heute*; *heutzutage*; *gegenwärtig*; *zurzeit* ★ wat doe jij ~? *was machst du zurzeit?*

tegenwoordigheid *Anwesenheit* v; *Gegenwart* v ★ zij zei het in ~ van de ouders *sie sagte es in Gegenwart/im Beisein der Eltern* ★ ~ van geest *Geistesgegenwart* v ★ met ~ van geest *geistesgegenwärtig*; *mit Geistesgegenwart*

tegenzet *Gegenzug* m

tegenzin *Abneigung* v; ⟨sterker⟩ *Widerwille* m ★ met ~ *widerwillig* ★ met ~ toestemmen *widerstrebend zustimmen*

tegenzitten *ungünstig sein* ★ het zit hem altijd tegen *er hat nie Glück*

tegoed *Guthaben* o ★ geblokkeerd ~ *Sperrguthaben* ★ iets van iem. ~ hebben *etw. bei jmdm. guthaben*

tegoedbon *Gutschein* m

Teheraans *Teheraner*

Teheran *Teheran* o

tehuis *Heim* o ★ ~ voor daklozen

Obdachlosenasyl o ★ ~ voor moeilijk opvoedbare kinderen *Erziehungsheim*

teil ⟨kleiner⟩ *Schüssel* v; ⟨groot⟩ *Wanne* v; ⟨groot⟩ *Kübel* m

teint *Teint* m

teisteren *heimsuchen*

teistering *Heimsuchung* v; *Plage* v

tekeergaan *rasen*; *toben*; *wüten* ★ ~ als een gek *toben wie ein Wahnsinniger*

teken • signaal *Signal* o ★ dit jaar staat in het ~ van de vrede *dieses Jahr steht im Zeichen des Friedens* • kenmerk *Kennzeichen* o ★ een ~ van leven geven *ein Lebenszeichen von sich geben* ★ ~en van vermoeidheid vertonen *Anzeichen von Müdigkeit zeigen* • voorteken *Anzeichen* o; *Zeichen* o ★ het is een veeg ~ *es ist ein böses Vorzeichen*

tekenaar *Zeichner* m ★ technisch ~ *technische(r) Zeichner*

tekenbevoegdheid *Zeichnungsberechtigung* v

tekendoos *Malkasten* m

tekenen • afbeelden *malen*; *zeichnen* ★ voor ~ een slecht cijfer hebben *im Zeichnen eine schlechte Note haben* • ondertekenen *unterschreiben*; *unterzeichnen* ★ voor ontvangst ~ *den Empfang bestätigen* • kenschetsen *zeichnen*; *schildern*; *darstellen*; *beschreiben* ★ dat is ~d voor haar *das ist charakteristisch für sie* ★ hij is een getekend man *er ist gezeichnet* ▼ haar vonnis is getekend *ihr Schicksal liegt fest*

tekenend *kennzeichnend*; *typisch*

tekenfilm *Zeichentrickfilm* m

tekening • afbeelding *Zeichnung* v • ondertekening *Unterschrift* v ★ iem. iets ter ~ geven *jmdm. etw. zur Unterschrift vorlegen* • patroon *Muster* o; *Zeichnung* v

tekenkunst *Zeichenkunst* v

tekenles *Zeichenunterricht* v

tekenpapier *Zeichenpapier* o

tekentafel *Zeichentisch* m

tekort • gebrek *Defizit* o; ⟨goederen/personen⟩ *Mangel* m • ECON. schuld *Fehlbetrag* m ★ ~ op de begroting *Haushaltsdefizit* o ★ ~ op de balans *Unterbilanz* v • karakterfout *Mängel* mv; *Charakterfehler* m

tekortdoen ★ iem. ~ *jmdm. unrecht tun*; *jmdn. benachteiligen* ★ zichzelf ~ *die eigene Person vernachlässigen*

tekortkomen *zu kurz kommen*

tekortkoming *Mangel* m

tekst *Text* m ▼ iem. ~ en uitleg geven *sich gegenüber jmdm. verantworten*

tekstanalyse *Textanalyse* v

tekstballon *Sprechblase* v

tekstbericht *SMS-Nachricht* v; *SMS* v

teksteditie *Textausgabe* v

teksthaak *eckige Klammer* v

tekstschrijver *Texter* m; *Textdichter* m

tekstuitgave *Textausgabe* v

tekstverklaring *Texterläuterung* v

tekstverwerken *Text verarbeiten*

tekstverwerker • computer *Textverarbeiter* m • programma *Textverarbeitungsprogramm* o

tel • het tellen ★ de tel kwijt zijn *sich verzählt haben* • moment *Sekunde* v ★ ik ben in een

tel terug *ich bin im Nu zurück* • aanzien *Ansehen* o; *Achtung* v ★ erg in tel zijn *großes Ansehen genießen* ▼ op je tellen passen *auf der Hut sein* ▼ BN van geen tel zijn *nichts dazutun*

Tel Aviv *Tel Aviv* o

telebankieren *als Kunde Bankangelegenheiten per Computer regeln* mv

telecard BN telefoonkaart *Telefonkarte* v

telecommunicatie *Fernmeldetechnik* v; *Fernmeldewesen* o

telefoneren I OV WW mededelen *telefonisch mitteilen/berichten* II ON WW bellen *anrufen*; *telefonieren*

telefonie *Telefonie* v

telefonisch *per Telefon*; *telefonisch*

telefonist *Telefonist* m

telefoon • toestel *Telefon* o ★ de ~ gaat *das Telefon läutet/klingelt* ★ de ~ opnemen *ans Telefon gehen* ★ de hele dag aan de ~ hangen *den ganzen Tag an der Strippe hängen* • gesprek *Telefongespräch* o; *Anruf* m; ⟨oproep⟩ *Telefonat* o ★ er is ~ voor je *du wirst am Telefon verlangt* • → **telefoontje**

telefoonboek *Telefonbuch* o

telefoonbotje *Musikantenknochen* m; *Mäuschen* o

telefooncel *Telefonzelle* v

telefooncentrale *Telefonzentrale* v; *Fernmeldeamt* o

telefoondistrict *Fernsprechbezirk* m

telefoongesprek *Telefongespräch* o; *Telefonat* o ★ interlokaal ~ *Ferngespräch* o ★ internationaal ~ *Auslandsgespräch* o ★ lokaal ~ *Ortsgespräch*

telefoonkaart *Telefonkarte* v

telefoonklapper ≈ *Telefonverzeichnis* o

telefoonnet *Telefonnetz* o

telefoonnummer *Telefonnummer* v; *Rufnummer* v ★ ~ 307 *Ruf 307*

telefoontik *Telefoneinheit* v

telefoontje *Anruf* m

telefoontoestel *Telefonapparat* m

telefoonverkeer *Fernsprechverkehr* m; *Telefonverkehr* m

telegraaf *Telegraf* m

telegraferen *telegrafieren*

telegram *Telegramm* o ★ een ~ aanbieden *ein Telegramm aufgeben*

telegramstijl *Telegrammstil* m

telekinese *Telekinese* v

telelens *Teleobjektiv* o

telemarketing *Telemarketing* o; *Telefonmarketing* o

telen *ziehen*; *anbauen*; *züchten*

telepathie *Telepathie* v

telepathisch I BNW *telepathisch* II BIJW *telepathisch*

telescoop *Teleskop* o

teleshoppen *teleshoppen* ★ het ~ *Teleshopping* o

teletekst *Videotext* m

teleurstellen *enttäuschen*

teleurstellend *enttäuschend*

teleurstelling *Enttäuschung* v

televisie • toestel *Fernsehgerät* o; *Fernseher* m; INFORM. *Flimmerkiste* v ★ de ~ aanzetten *den*

te

Fernseher einschalten ★ (naar de) ~ kijken fernsehen ★ op de ~ im Fernsehen ★ op de ~ uitzenden im Fernsehen übertragen ● het uitzenden per televisie Fernsehen o ★ werken voor de ~ beim Fernsehen arbeiten ★ commerciële ~ Privatsender m

televisiebewerking Fernsehbearbeitung v; Fernsehfassung v
televisiedominee Fernsehprediger m
televisiedrama Fernsehspiel o
televisiefilm Fernsehfilm m
televisiejournaal Tagesschau v
televisieomroep Fernsehanstalt v
televisieopname Fernsehaufnahme v
televisieprogramma Fernsehprogramm o
televisiereclame Fernsehwerbung v; Werbefernsehen o
televisiereportage Fernsehreportage v
televisiescherm Fernsehbildschirm m
televisieserie Fernsehserie v
televisiespel Quizsendung v; Fernsehquiz o
televisiestation Fernsehsender m
televisietoestel Fernsehgerät o; Fernsehapparat m; Fernseher m
televisie-uitzending Fernsehsendung v; Fernsehübertragung v
telewerk Tele(heim)arbeit v
telewerken telearbeiten
telewinkelen I ON WW teleshoppen **II** ZN [het] Teleshopping o
telexbericht Telex o; Fernschreiben o
telfout Zählfehler m
telg Spross m
telgang Passgang m ★ in ~ lopen im Pass gehen
telkens ● jedes Mal ● alsmaar andauernd; ständig
tellen I OV WW ● aantal bepalen (ab)zählen ● aantal hebben haben; zählen **II** ON WW ● getallen noemen zählen ● van belang zijn mitzählen ★ dat telt niet das zählt nicht (mit)
teller Zähler m
telling Auszählung v; Zählung v
teloorgaan zugrundegehen
teloorgang Verlust m; Untergang m
telraam Rechenbrett o
telwoord Zahlwort o
temeer umso mehr; zumal ★ ~ omdat umso mehr da
temen ● lijzig spreken schleppend sprechen ● talmen zögern; zaudern
temmen ● mak maken zähmen ● africhten bändigen
tempé Tempeh m/o
tempel Tempel m
temperament Temperament o ★ met veel ~ temperamentvoll
temperamentvol temperamentvoll
temperaturen Fieber messen
temperatuur Temperatur v ★ ~ opnemen Fieber messen ★ de gemiddelde ~ die Durchschnittstemperatur
temperatuurdaling Temperatursturz m; Temperatursenkung v
temperatuurschommeling Temperaturschwankung v; Temperaturwechsel m

temperatuurstijging Temperaturanstieg m; Temperaturerhöhung v; Temperatursteigerung v
temperatuurverschil Temperaturunterschied m
temperen mäßigen; dämpfen; mildern
tempo Tempo o
tempobeurs Stipendium o, das an eine beschränkte Studienzeit gebunden ist
tempowisseling Tempowechsel m
tempura Tempura m
ten ● → te
tenaamstellen auf einen Namen registrieren
tenaamstelling Eintragung v auf den Namen
tendens Tendenz v
tendentieus tendenziös
teneinde um... zu; damit
tenenkaas Dreck m zwischen den Zehen
teneur Tenor m
tengel Pfote v ★ blijf daar met je ~s af nimm deine Pfoten/Klauen da weg
tenger ⟨teer⟩ zart; ⟨zwak⟩ schwächlich; ⟨smal/mager⟩ schmächtig
tengevolge ▼ ~ van infolge [+2] ▼ ~ daarvan infolgedessen
tenhemelschreiend himmelschreiend
tenietdoen zunichtemachen; ⟨annuleren⟩ rückgängig machen
tenlastelegging Anklage v
tenminste ⟨althans⟩ wenigstens; zumindest ★ dat is ~ iets das ist immerhin etw.
ten minste ⟨minimaal⟩ → minst
tennis Tennis o
tennisarm Tennisarm m
tennisbaan Tennisplatz m ★ overdekte ~ Tennishalle v
tennisbal Tennisball m
tennisracket Tennisschläger m
tennisschoen Tennisschuh m
tennissen Tennis spielen
tennisser Tennisspieler m
tennisspeelster Tennisspielerin v
tennisspeler Tennisspieler m
tenor Tenor m
tenorsaxofoon Tenorsaxofon o
tensiemeter Tensometer m
tenslotte ⟨welbeschouwd⟩ schließlich; immerhin ★ hij kon het ~ niet weten er konnte es immerhin nicht wissen
ten slotte ⟨uiteindelijk⟩ → slot
tent ● onderdak van doek Zelt o; Plane v ● openbare gelegenheid Lokal o; Kneipe v; Bude v ▼ iem. uit zijn tent lokken jmdn. aus der Reserve locken ▼ de tent sluiten die Bude/die Kneipe/das Lokal schließen ▼ de tent afbreken die Bude auf den Kopf stellen ▼ een gezellige tent eine gemütliche Kneipe ▼ ergens zijn tenten opslaan seine Zelte irgendwo aufschlagen
tentakel Tentakel m/o
tentamen Zwischenprüfung v; MED. Tentamen o
tentamenperiode Examenszeit v
tentamineren prüfen; Examen abnehmen
tentdoek Zeltleinwand v
tentenkamp Zeltlager o
tentharing Hering m
tentoonspreiden entfalten; zur Schau tragen

te

tentoonstellen *austellen*
tentoonstelling *Ausstellung* v ★ naar een ~ gaan *in eine Ausstellung gehen* ★ reizende ~ *Wanderausstellung* v
tentstok *Zeltstange* v
tentzeil *Zeltbahn* v; *Zeltplane* v
tenue *Anzug* m; ⟨militair⟩ *Uniform* v
tenuitvoerlegging *Vollzug* m
tenzij *es sei denn*; *außer*
tepel *Brustwarze* v; ⟨zoogdier⟩ *Zitze* v
tepelkloven *aufgesprungene Brustwarzen* mv
tequila *Tequila* m
ter ● → te
teraardebestelling *Bestattung* v; *Beisetzung* v
terbeschikkingstelling *Sicherheitsverwahrung* v
terdege *tüchtig*
terecht I BNW *richtig*; *berechtigt* ★ ~e kritiek *berechtigte Kritik* v II BIJW ● met recht *mit Recht*; *aus gutem Grund* ● teruggevonden *wiedergefunden* ● op de juiste plaats *richtig*; *am rechten Ort*
terechtbrengen *fertigbringen*
terechtkomen ● belanden *ankommen*; *landen* ★ lelijk ~ *(sehr) unglücklich fallen* ★ ik ben in Berlijn terechtgekomen *es hat mich nach Berlin verschlagen* ● teruggevonden worden *sich finden*; *wiederauftauchen*; *wiedergefunden werden* ● in orde komen *in Ordnung kommen* ★ toch nog goed ~ *doch noch seinen Weg gemacht haben* ★ daar komt niets van terecht *daraus wird nichts* ★ wat moet er van hem ~? *was soll aus ihm werden?*
terechtstaan *vor Gericht stehen*; *sich vor Gericht zu verantworten haben*
terechtstellen *hinrichten*
terechtstelling *Hinrichtung* v
terechtwijzen *zurechtweisen*; *tadeln*
terechtwijzing ● vermaning *Zurechtweisung* v ● corrigerende aanmerking *Verweis* m; *Tadel* m
terechtzitting *Gerichtsverhandlung* v ★ ter ~ verschijnen *zur Gerichtsverhandlung erscheinen*
teren I OV WW met teer insmeren *teeren* II ON WW ~ op *zehren von*
tergen *reizen*; *quälen*; *herausfordern*
tergend ⟨pestend⟩ *quälend*; ⟨uitdagend⟩ *herausfordernd* ★ ~ langzaam *quälend langsam*
tering v de ~ naar de nering zetten *sich nach der Decke strecken* v krijg de ~! *du kannst mich mal!*
tering- *Scheiß-*; *Mist-* ★ teringweer *Mistwetter* o
terloops I BNW *beiläufig* II BIJW *nebenbei* ★ iem. ~ groeten *jmdn. im Vorbeigehen grüßen*
term ● begrip, woord *Terminus* m; *Bezeichnung* v ★ iets in bedekte termen te verstaan geven *etw. mit verblümten Worten zu verstehen geben* ● reden *Grund* m ● WISK. *Term* m v niet in de termen vallen *nicht in Betracht kommen*
termiet *Termite* v
termijn ● periode *Frist* v ★ op korte ~ *kurzfristig* ★ op lange ~ *langfristig*; *auf die Dauer* ★ de ~ in acht nemen *die Frist einhalten* ★ voor onbepaalde ~ *unbefristet* ★ ~ van één jaar *Jahresfrist* v ★ ~ van betaling

Zahlungsfrist v ● tijdslimiet *Termin* m ● deel van schuld *Rate* v
termijnbetaling *Ratenzahlung* v
termijnhandel *Terminhandel* m
termijnmarkt ● plaats *Terminmarkt* m ● geldwezen *Terminmarkt* m
terminaal *terminal*; *End-* ★ terminale fase *Endphase* v
terminal ● aankomst-, vertrekpunt *Abflughalle* v ● computer *Terminal* o
terminologie *Terminologie* v
ternauwernood *kaum*; *mit knapper Not*
terneergeslagen *deprimiert*; *niedergeschlagen*
terp *Warft* v
terpentijn *Terpentin* o
terpentine *Terpentin* o
terracotta I ZN [de/het] materiaal *Terrakotta* v II BNW ● materiaal *aus Terrakotta* ● kleur *terrakottafarben*
terrarium *Terrarium* o
terras *Terrasse* v
terrein ● grond *Gelände* o; ⟨jachtterrein⟩ *Jagdrevier* o ★ eigen ~ *Privatgelände* o ★ het ~ verkennen *das Gelände erkunden* ★ op eigen ~ spelen *auf dem eigenen Platz spielen* ● gebied, sfeer *Gebiet* o; *Revier* o; *Bereich* m ★ dat valt buiten mijn ~ *das fällt nicht in meinen Bereich* ★ zijn ~ afbakenen *sein Revier abgrenzen* ★ op gevaarlijk ~ komen *aufs Glatteis geraten* v dat is verboden ~ *das ist tabu* v ~ winnen/verliezen *an Boden gewinnen/verlieren*
terreinfiets *Mountainbike* o
terreinwagen *Geländewagen* m
terreinwinst *Gebietsgewinn* m ★ ~ boeken *einen Erfolg verbuchen können*
terreur *Terror* m
terreuraanslag *Terroranschlag* m
terreurdaad *Terrorakt* m
terreurorganisatie *Terror(isten)organisation* v
terriër *Terrier* m
terrine *Terrine* v
territoriaal *Territorial-*; *territorial* ★ territoriale wateren *Hoheitsgewässer*; *Territorialgewässer*
territorium *Territorium* o; *Hoheitsgebiet* o; BIOL. *Revier* o
territoriumdrift *Reviertrieb* m
terroriseren *terrorisieren*
terrorisme *Terrorismus* m
terrorist *Terrorist* m
terroristisch *terroristisch*
tersluiks *heimlich*; *verstohlen*
terstond *gleich*
tertiair I BNW *tertiär* ★ de ~e sector *der tertiäre Sektor* II ZN [het] periode *Tertiär* o
terts *Terz* v
terug ● naar vorige plaats *zurück* ● achteruit *zurück* ● weer *zurück*; *wieder* ★ hoe laat ben je ~? *wann bist du wieder da?* ★ ik wil het ~ hebben *ich möchte es wiederhaben* ★ ~ van weg geweest *wieder da* ★ ~ van vakantie zijn *aus dem Urlaub zurück sein* ● geleden *vor* ★ drie jaar ~ *vor drei Jahren* ● BN nog eens *noch einmal* v ~ naar af gaan *wieder von vorn anfangen (müssen)* v je kunt nu niet meer ~ *es gibt für dich kein Zurück mehr* v ergens niet

van ~ hebben *nicht wissen, was man sagen soll*
terugbellen *zurückrufen*
terugbetalen *zurückzahlen*; ⟨het te veel betaalde⟩ *(zurück)erstatten*
terugblik *Rückblick* m; A-V *Rückblende* v
terugblikken *zurückblicken*
terugbrengen ● weer op zijn plaats brengen *zurückbringen*; ⟨personen⟩ *zurückbegleiten* ● reduceren *reduzieren (tot auf)* ★ iets tot op de helft ~ *etw. auf die Hälfte reduzieren*
terugdeinzen *zurückschrecken* ★ voor niets ~ *vor nichts Halt machen/zurückschrecken*
terugdenken aan *zurückdenken an* [+4]
terugdoen ● doen als reactie *sich revanchieren* ★ je mag er wel eens iets voor ~ *du darfst dich schon mal revanchieren* ★ als je hem slaat, doet hij niets terug *wenn man ihn schlägt, wehrt er sich nicht* ★ doe je de groeten terug? *grüßt du ihn/sie zurück?* ● terugzetten *zurücklegen*
terugdraaien ● achteruitdraaien *zurückdrehen* ● ongedaan maken *rückgängig machen*
terugdringen ● achteruitduwen *zurückdrängen* ● FIG. verminderen *zurückdrängen*
terugfluiten ● FIG. tot de orde roepen *zurückpfeifen* ⟨ambtenaar⟩ *abpfeifen*
teruggaan ● terugkeren *zurückkehren* ● zijn oorsprong vinden *zurückgehen*
teruggang *Rückgang* m
teruggave *Rückgabe* v; ⟨v. belasting⟩ *Rückerstattung* v
teruggetrokken *zurückgezogen* ★ zeer ~ leven *sehr zurückgezogen leben*
teruggeven *zurückgeben*; *wiedergeben*; ⟨het teveel terugbetalen⟩ *(zurück)erstatten* ★ kunt u van 100 euro ~? *können Sie auf 100 Euro herausgeben?*
teruggooien *zurückwerfen*
teruggrijpen *zurückgreifen* ★ ~ op *zurückgreifen auf* [+4]
terughalen ● terugnemen *zurückholen* ● terugtrekken *zurückholen* ● herinneren *zurückholen*
terughoudend *zurückhaltend*; *reserviert*
terugkeer *Rückkehr* v; ⟨naar huis⟩ *Heimkehr* v
terugkeren ● teruggaan *zurückkehren* ★ halverwege ~ *auf halbem Wege umkehren* ● gebeuren *wiederkehren*
terugkomen ● terugkeren *zurückkommen*; *wiederkommen* ● ~ op ★ ~ op een onderwerp *auf ein Thema zurückkommen* ● ~ van ★ ~ van een besluit *einen Entschluss widerrufen* ★ van een idee ~ *es sich anders überlegen*
terugkomst *Rückkehr* v
terugkoppelen ● voorleggen voor overleg *rückkoppeln* ● TECHN. *zurückschalten*
terugkoppeling *Rückkopplung* v; *Feedback* o
terugkrabbelen *sich zurückziehen*; INFORM. *einen Rückzieher machen*
terugkrijgen *zurückbekommen*; *wiederbekommen*
terugleggen *zurücklegen*; *zurückgeben*
terugloop *Rückgang* m
teruglopen ● lopen *zurückgehen* ● verminderen *zurückgehen*

terugnemen ● weer nemen *zurücknehmen* ● intrekken *widerrufen*
terugreis *Rückreise* v; ⟨met voertuig⟩ *Rückfahrt* v; ⟨naar huis⟩ *Heimreise* v; ⟨met vliegtuig⟩ *Rückflug* m ★ de ~ aanvaarden *die Rückreise antreten*
terugroepen *zurückrufen*; ⟨op het toneel⟩ *hervorrufen*; ⟨ambassadeur⟩ *abberufen*
terugronde BN, SPORT tweede helft van de competitie *Rückspielrunde* v
terugschrikken *zurückschrecken*
terugschroeven ● reduceren *zurückschrauben*; *reduzieren* ● ongedaan maken *rückgängig machen*
terugslaan I OV WW ● naar zender slaan *zurückschlagen* ● slaag beantwoorden *zurückschlagen*; *zurückhauen* ● omslaan *abschlagen* II ON WW ~ op *sich beziehen auf* [+4]
terugslag ● terugstoot *Rückschlag* m ● nadelig gevolg *Rückschlag* m
terugspelen ● SPORT *zurückspielen* ● retourneren *zurückgeben* ★ zij speelde de vraag terug *sie gab die Frage zurück*
terugspoelen *zurückspulen*
terugsturen *zurückschicken*
terugtocht ● aftocht *Rückzug* m ● reis terug *Rückreise* v; ⟨met voertuig⟩ *Rückfahrt* v
terugtrappen ⟨op fiets⟩ *zurücktreten*
terugtraprem *Rücktrittbremse* v
terugtreden ● zich terugtrekken *zurücktreten* ● aftreden *zurücktreten*
terugtrekken I OV WW ● achteruit doen gaan *zurückziehen*; *einziehen* ● intrekken *zurückziehen*; *einziehen*; *zurücknehmen* ★ een belofte ~ *ein Versprechen einziehen* II ON WW achteruitgaan *zurückgehen* III WKD WW [zich ~] ● zich afzonderen *sich zurückziehen* ● zijn positie opgeven *(sich) zurückziehen* ★ zich bij een sollicitatie ~ *seine Bewerbung zurückziehen* ★ zich uit zijn ambt ~ *von seinem Amt zurücktreten*
terugval *Rückfall* m
terugvallen ● minder presteren *zurückfallen* ● ~ op *zurückgreifen auf* [+4]
terugverdienen *wieder hereinholen*
terugverlangen I OV WW terugvragen *zurückverlangen*; *zurückfordern* II ON WW verlangen *sich zurücksehnen*
terugvinden ● vinden *zurückfinden*; *wiederfinden* ● tegenkomen *(wieder) vorfinden*
terugvoeren *zurückführen (tot auf)* [+4]
terugvorderen *zurückfordern*
terugweg *Rückweg* m; ⟨naar huis⟩ *Heimweg* m; ⟨met voertuig⟩ *Rückfahrt* m
terugwerkend *rückwirkend* ★ met ~e kracht *mit rückwirkender Kraft*
terugwinnen *zurückgewinnen*; *wiedergewinnen*
terugzakken ● naar beneden zakken *zurückfallen* ● dalen in niveau *zurückfallen*
terugzien I OV WW weerzien *wiedersehen* II ON WW terugblikken *zurückblicken* ★ op een rijk leven ~ *auf ein reiches Leben zurückblicken* ★ met gepaste trots op iets ~ *auf etw. zurückblicken können*

te

terwijl *während*
terzijde I BIJW ● opzij *beiseite* ★ van ~ *von der Seite* ★ iets ~ laten *etw. außer Betracht lassen* ★ geld ~ leggen *etw. auf die hohe Kante/auf die Seite legen* ★ iets ~ leggen *etw. beiseitelegen* ● terloops *beiseite* ★ dit ~ *dies nebenbei bemerkt* **II** ZN [het] *Randbemerkung* v
test *Test* m; *Prüfung* v ★ iemand/iets aan tests onderwerpen *jmdn./etw. Tests unterziehen*
Testament *Testament* o
testament *Testament* o ★ iets bij ~ bepalen *etw. testamentarisch verfügen* ★ iem. in zijn ~ zetten *jmdn. in seinem Testament bedenken*
testamentair *testamentarisch* ★ ~e beschikking *testamentarische/letztwillige Verfügung* v
testauto *Testauto* o; *Testfahrzeug* o
testbaan *Teststrecke* v
testbeeld *Testbild* o
testcase ● proef *Testfall* m ● proefproces *Musterprozess* m
testen *testen; erproben; prüfen* ★ iem. op suikerziekte ~ *jmdn. auf Zucker untersuchen*
testikel *Testikel* m
testimonium *Testat* o; *Zeugnis* o
testosteron *Testosteron* o
testpiloot *Testpilot* m
testrijder *Testfahrer* m
testvlucht *Testflug* m
tetanus *Tetanus* m
tetanusprik *Tetanusimpfung* v
tête-à-tête *Tête-à-tête* v
tetteren ● toeteren *schmettern; trompeten* ● kwebbelen *schnattern* ● zuipen *bechern; zechen*
teug *Zug* m; ⟨slok⟩ *Schluck* m ★ in één teug *auf einen/in einem Zug* ★ de lucht met volle teugen inademen *die Luft in vollen/tiefen Zügen einziehen* ★ met volle teugen van iets genieten *etw. in vollen Zügen genießen*
teugel *Zügel* m ▼ de ~s in handen hebben *die Zügel fest in der Hand haben* ▼ de ~s vieren *die Zügel lockern* ▼ iem. de ~s uit handen nemen *jmdm. das Heft aus der Hand nehmen* ▼ iem. de vrije ~ laten *jmdm. freie Hand lassen*
teut I ZN [de] treuzelaar *Trödelfritze* m [v: Trödelliese]; *Trödler* m **II** BNW *besoffen; benebelt; blau*
teuten ● treuzelen *trödeln* ● zeuren *labern; schwatzen*
Teutonen *Teutonen* mv
Teutoons *teutonisch*
teveel ● *Zuviel* o; *Übermaß* o; ⟨overschot⟩ *Überschuss* m ● → **veel**
tevens ● ook *zugleich* ★ zij is zangeres en ~ componiste *sie ist Sängerin und Komponistin zugleich* ● tegelijkertijd *gleichzeitig*
tevergeefs I BNW *vergeblich; erfolglos* **II** BIJW *vergeblich; vergebens; umsonst*
tevoorschijn ▼ ~ halen *zum Vorschein holen*; hervorholen ▼ ~ komen *zum Vorschein kommen*; hervorkommen
tevoren *zuvor; vorher* ★ van ~ *im Voraus* ★ daags ~ *tags zuvor*
tevreden *zufrieden* ★ ~ over *zufrieden mit* [+3]
tevredenheid *Zufriedenheit* v
tevredenstellen *zufriedenstellen*

tewaterlating *Stapellauf* m
teweegbrengen *verursachen; auslösen; bewirken*
tewerkstellen ● aan het werk zetten *einstellen* ● BN in dienst nemen *einstellen*
tewerkstelling BN werkgelegenheid *Arbeitsmöglichkeit* v; *Arbeitsplätze* mv
textiel ● stof *Textilien* mv ● textielwaren *Textilwaren* mv ● industrie *Textilindustrie* v; *Textilhandel* m
textielarbeider *Textilarbeiter* m
textielindustrie *Textilindustrie* v
textielnijverheid *Textilgewerbe* o
textielverf *Textilfarbe* v
textuur *Textur* v; *Faserung* v
tezamen *zusammen*
tft-scherm *TFT-Schirm* m
tgv *Hochgeschwindigkeitszug* m
t.g.v. ● ten gevolge van *infolge* [+2] ● ter gelegenheid van *anlässlich* [+2]
Thai, Thailander *Thai* m
Thailand *Thailand* o
Thais *thailändisch*
Thaise, Thai *Thailänderin* v
thans ● nu *nun; jetzt* ● tegenwoordig *heutzutage; heute*
theater *Theater* o
theaterbezoek *Theaterbesuch* m
theatercriticus *Theaterkritiker* m
theatersport *Theatersport* m
theatervoorstelling *Theatervorstellung* v
theatraal ● het toneel betreffend *theatralisch* ● overdreven *theatralisch*
thee *Tee* m ★ sterke/slappe thee *starke(r)/dünne(r) Tee* ★ zwarte thee *Schwarztee* m ★ thee zetten *Tee aufbrühen/kochen* ★ op de thee vragen *zum Tee einladen*
theeblad ● theeblaadje *Teeblatt* o ● dienblad *Tablett* o
theedoek *Geschirrtuch* o; *Küchentuch* o
thee-ei *Tee-Ei* o
theeglas *Teeglas* o
theekransje *Kaffeekränzchen* o
theelepel *Teelöffel* m
theelichtje *Teelicht* o
Theems *Themse* v
theemuts *Teewärmer* m; *Teemütze* v; *Teehaube* v
theepauze *Teepause* v
theepot *Teekanne* v
theeservies *Teeservice* o
theevisite *Kaffeebesuch* m
theewater *Teewasser* o ▼ boven zijn ~ zijn *einen im Tee haben*
theezakje *Teebeutel* m
theezeefje *Teesieb* o
theïne *Thein* o
thema ● onderwerp *Thema* o ● oefening *Übersetzungsaufgabe* v
themanummer *Sonderheft* o
themapark *themenorientierte(r) Freizeitpark* m
thematiek *Thematik* v
thematisch *thematisch*
theologie *Theologie* v
theologisch *theologisch*
theoloog ● godgeleerde *Theologe* m

• theologiestudent *Theologiestudent* m
theoreticus *Theoretiker* m
theoretisch *theoretisch*
theoretiseren *theoretisieren*
theorie *Theorie* v
theorie-examen *Theorieprüfung* v
theorievorming *Theoriebildung* v
therapeut *Therapeut* m
therapeutisch *therapeutisch*
therapie *Therapie* v
thermen *Therme* v ev
thermiek *Thermik* v
thermisch *thermisch*
thermodynamica *Thermodynamik* v
thermometer *Thermometer* o
thermosfles *Thermosflasche* v
thermoskan *Thermoskanne* v; *Thermosflasche* v
thermostaat *Thermostat* m
thesaurus *Thesaurus* m
these *These* v
thinner *Verdünner* m
Thora *Thora* v
thora *Thora* v
thriller *Thriller* m
thuis I BIJW • in huis *zu Hause* ★ zich ergens ~ voelen *sich irgendwo wie zu Hause fühlen* • op de hoogte ~ goed ~ zijn in iets *sich mit etw. auskennen* ▼ altijd voor iem. ~ zijn *für jmdn. immer zu Hause sein* ▼ niet ~ geven *niemand empfangen; sich taub stellen* ▼ ben jij de leukste ~? *bist du immer so witzig?* **II** ZN [het] *Zuhause* o
thuisadres *Heimadresse* v
thuisbankieren *Bankgeschäfte* o *zu Hause über Bildschirmtext vornehmen*
thuisbasis *Zuhause* o
thuisbezorgen *ins Haus liefern*
thuisblijven *zu Hause bleiben*
thuisblijver *Zuhausegebliebene* m/v
thuisbrengen • naar huis brengen *nach Hause bringen/begleiten* • plaatsen *unterbringen*
thuisclub *Heimmannschaft* v
thuisfront • familie FORM. *Familie* v ★ en, hoe is het aan het ~? *na, wie geht's Kind und Kegel?* • thuisblijvers *die Zuhausegebliebenen* mv • MIL. organisatie ten behoeve van dienstplichtigen ≈ *Hilfsorganisation* v *für Wehrpflichtigen*
thuishaven *Heimathafen* m; ⟨bij binnenschepen⟩ *Heimatort* m
thuishoren *hingehören*
thuishulp *Haushaltshilfe* v
thuiskomen • LETT. *nach Hause kommen; heimkommen* • ~ van FIG., BN opgeven *absteigen von*
thuiskomst *Ankunft* v *zu Hause; Eintreffen* o *zu Hause;* ⟨na langere afwezigheid⟩ *Heimkehr* v
thuisland *Homeland* o
thuisloos *obdachlos*
thuismarkt *Inlandsmarkt* m; *einheimische(r) Markt* m; *Binnenmarkt* m
thuismatch BN, SPORT *Heimspiel* o
thuisreis *Heimreise* v
thuisspelen *ein Heimspiel haben*
thuisvoordeel *Heimvorteil* m
thuiswedstrijd *Heimspiel* o

thuiswerker *Heimarbeiter* m
thuiswonend *bei den Eltern wohnend; im Hotel Mama wohnend*
thuiszorg *Hauspflege* v
Thüringen *Thüringen* o
Thürings *Thüringer; thüringisch*
ti *Si* o
tiara *Tiara* v [mv: *Tiaren*]
Tibet *Tibet* o
Tibetaan *Tibetaner* m
Tibetaans *tibetanisch; tibetisch*
Tibetaanse *Tibetanerin* v
tic • zenuwtrek *Muskelzuckung* v; *Tic* m • aanwensel *Tick* m; *Macke* v • scheutje sterke drank *Schuss* m
ticket *Ticket* o; *Fahrschein* m; ⟨voor vliegreis⟩ *Flugschein* m
tiebreak *Tiebreak* m/o
tien I TELW *zehn* ▼ niet tot tien kunnen tellen *nicht bis drei zählen können* • → **vier, veertig** **II** ZN [de] • getal *Zehn* v • o&w schoolcijfer ≈ *Eins* v
tiende • *zehnt* • → **vierde**
tienduizend • *zehntausend* • → **vier**
tienduizendste • → **vierde**
tiener *Teenager* m; *Teen* m; ⟨jongere tiener⟩ *Teenie* v
tieneridool *Teenageridol* o
tienkamp *Zehnkampf* m
tienrittenkaart *Zehnerkarte* v
tiental *Zehner* m • een ~ boeken *(etwa) zehn Bücher* ★ ~len boeken *Dutzende/dutzende von Büchern*
tientallen • → **tiental**
tientje *Zehner* m
tieren • tekeergaan *toben; lärmen* • gedijen *üppig wachsen; wuchern; gedeihen* ★ welig ~ *üppig wachsen; wuchern; gedeihen*
tierig *üppig*
tiet VULG. *Titte* v; VULG. *Zitze* v
tig *zig*
tigste *zigste*
tij *Gezeiten* mv; ⟨vloed⟩ *Flut* v ★ hoog tij *Hochwasser* o ★ laag tij *Niedrigwasser* o ★ het tij keert *die Flut kentert; das Blatt hat sich gewendet*
tijd • tijdsduur *Zeit* v • een tijdje *eine Zeit lang* ★ de hele tijd *die ganze Zeit* ★ voor geruime tijd *für längere Zeit* ★ voor korte tijd *für kurze Zeit* ★ voor onbepaalde tijd *auf unbestimmte Zeit;* auf unbegrenzte Zeit ★ waar blijft de tijd! *wie die Zeit verfliegt!* ★ iem. de tijd geven *jmdm. Zeit lassen* ★ dat heeft de tijd *das hat keine Eile* ★ je hebt nog tijd *dir bleibt noch Zeit* ★ dat heeft tijd tot morgen *das kann bis morgen warten* ★ het kost heel wat tijd *es nimmt viel Zeit in Anspruch* ★ veel tijd kosten *zeitaufwendig sein* ★ iem. geen tijd laten *jmdm. keine Zeit lassen* • de tijd nemen voor iets *sich Zeit für etw. nehmen/lassen* ★ de tijd verdrijven *sich die Zeit vertreiben* ★ de tijd vliegt *die Zeit rast* ★ tijd winnen *Zeit gewinnen* • tijdvak, periode *Zeit* v ★ boze tijden *eine schlimme Zeit* ★ donkere tijden *düstere Zeiten* ★ dure tijden *teure Zeiten* ★ een hele tijd *eine ganze Weile* ★ de laatste

tijd *in letzter Zeit* ★ de nieuwe tijd *die Neuzeit* ★ voorbije tijden *vergangene Zeiten* ★ vrije tijd *Freizeit* v ★ woelige tijden *bewegte Zeiten* ★ ik heb je in geen tijden gezien *ich habe dich eine Zeitlang nicht gesehen* ★ iets in tijden niet gedaan hebben *etw. seit ewigen Zeiten nicht gemacht haben* ★ sinds onheuglijke tijden *seit undenklichen Zeiten* ★ ten tijde van Caesar *zu Cäsars Zeiten* ★ niet meer van deze tijd *überholt* ★ de tijd heugt mij niet dat... *ich erinnere mich nicht der Zeit, dass...* ★ SPORT een goede tijd neerzetten *eine gute Zeit laufen/fahren* ★ zijn tijd uitdienen *seine Zeit ableisten* v JUR. zijn tijd uitzitten *seine Zeit absitzen* ★ de tijden zijn veranderd *die Zeiten haben sich geändert* ★ er was een tijd dat... *es gab Zeiten, dass...* ● tijdstip, moment *Zeit* v ★ plaatselijke tijd *Ortszeit* v; lokale Zeit v ★ bij tijd en wijle *bisweilen* ★ bij tijden *zeitweilig* ★ op tijd *rechtzeitig* ★ precies op tijd *ganz pünktlich*; gerade rechtzeitig ★ alles op zijn tijd *alles zu seiner Zeit* ★ nog net op tijd *gerade rechtzeitig* ★ op vaste/gezette tijden *zu festen Zeiten* ★ te allen tijde *jederzeit* ★ te gelegener tijd *zu gegebener Zeit* ★ van tijd tot tijd *von Zeit zu Zeit* ★ het wordt tijd om te gaan *es ist an der Zeit zu gehen* ★ het is mijn tijd *es ist Zeit für mich* ★ het is hoog tijd om... *es ist höchste Zeit um...* ● TAALK. *Tempus* o [mv: *Tempora*] ★ onvoltooid tegenwoordige tijd *Futur I* o ★ onvoltooid verleden tijd *Präteritum* o; Imperfekt o ★ tegenwoordige tijd *Präsens* o; Gegenwart v ★ toekomende tijd *Futur* v; Zukunft v ★ verleden tijd *Präteritum* o ★ voltooid tegenwoordige tijd *Perfekt* o ▼ bij de tijd zijn *nicht von gestern sein* ▼ BN op tijd en stond *im richtigen Augenblick* ▼ zij is over tijd *ihre Tage bleiben aus* ▼ de tijd doden *die Zeit totschlagen* ▼ de tijd dringt *die Zeit drängt* ▼ het zal mijn tijd wel duren *das wird meine Zeit wohl überdauern* ▼ de tijd zal het leren *die Zeit wird es zeigen/lehren*
tijdbom *Zeitbombe* v
tijdelijk I BNW ● aan tijd gebonden *zeitlich*; temporal; vergänglich ● voorlopig *zeitlich begrenzt*; befristet; zeitweilig ★ een ~e oplossing *eine provisorische Lösung* ★ ~ werk *Zeitarbeit* v ★ ~ contract *Vertrag auf Zeit* m ▼ het ~e met het eeuwige verwisselen *dahinscheiden* **II** BIJW ● voorlopig *einstweilen* ● vergankelijk *vorübergehend*
tijdens *während* [+2] ★ ~ de les *während des Unterrichts*
tijdgebonden *zeitgebunden*; zeitbedingt
tijdgebrek *Zeitmangel* m
tijdgeest *Zeitgeist* m
tijdgenoot *Zeitgenosse* m
tijdig *rechtzeitig*
tijding *Nachricht* v; Botschaft v; Kunde v
tijdloos *zeitlos*
tijdmechanisme *Zeitzünder* m
tijdmelding *Zeitansage* v
tijdnood *Zeitnot* v; Zeitmangel m ★ in ~ komen *in Zeitnot geraten* ★ uit ~ *aus/wegen*

Zeitmangel
tijdperk *Ära* v; Zeitalter o; Epoche v ★ in het ~ van de ruimtevaart *im Zeitalter der Raumfahrt*
tijdrekening *Kalender* m; Zeitrechnung v
tijdrekken *versuchen, Zeit zu gewinnen*
tijdrit *Zeitfahren* o
tijdrovend *zeitraubend*
tijdsbeeld *Zeitgemälde* o
tijdsbestek *Zeitspanne* v; Zeitraum m
tijdschakelaar *Zeitschalter* m
tijdschema *Terminplan* m; Zeitplan m
tijdschrift *Zeitschrift* v
tijdsduur *Zeitdauer* v; Dauer v
tijdsein *Zeitzeichen* o
tijdslimiet *Zeitlimit* o ★ een ~ verbinden aan iets *einer Sache ein Zeitlimit stellen*
tijdslot *Zeitschloss* o
tijdspanne *Zeitabschnitt* m
tijdstip *Zeitpunkt* m; Augenblick m
tijdsverloop *Zeitraum* m ★ na een ~ van twee jaar *nach einem Zeitraum von zwei Jahren*
tijdvak *Epoche* v; Periode v
tijdverdrijf *Zeitvertreib* m
tijdverlies *Zeitverlust* m
tijdverspilling *Zeitverschwendung* v; Zeitvergeudung v
tijdzone *Zeitzone* v
tijger *Tiger* m
tijgerbrood *Tigerbrot* o
tijgeren *kriechen*
tijgerhaai *Tigerhai* m
tijgerin *Tigerin* v
tijgervel *Tigerfell* o
tijk *Zwillich* m
tijm *Thymian* m
tik ● lichte klap *Klaps* m ● → **tikje, tikkeltje**
tikfout *Tippfehler* m
tikje *Spur* v ★ een ~ te zoet *eine Spur zu süß*; ein bisschen zu süß
tikkeltje *Spur* v; Kleinigkeit v; Hauch v
tikken I OV WW ● kloppen *(leise) klopfen* ★ op het raam ~ *ans Fenster klopfen* ● aantikken *tippen* ★ aan de rand van zijn hoed ~ *(grüßend) an den Hut tippen* ★ iem. op zijn schouder ~ *jmdn. auf die Schulter tippen* ● typen *tippen* ▼ ben je van Lotje getikt? *bei dir tickt's wohl?* **II** ON WW geluid geven *ticken* ★ de klok tikt *die Uhr tickt*
tikkertje ★ ~ spelen *Fangen spielen*
til ● duiventil *Taubenschlag* m ● het tillen *Heben* o ▼ er is iets op til *es steht etw. vor der Tür* ▼ op til zijn *im Anzug sein*
tilde *Tilde* v
tillen ● omhoog heffen *hochheben*; (auf)heben ● afzetten *übervorteilen* ▼ ergens niet zo zwaar aan ~ *etw. nicht so schwer nehmen*
tilt ▼ op tilt slaan *ausflippen*
timbaal *(kleine) Schale* v
timbre *Timbre* o
timen ● klokken *timen* ● op geschikt moment doen *timen*
time-out *Time-out* o; Auszeit v
timer *Schaltuhr* v; Kurzzeitmesser m
timesharing *Timesharing* o
timide *schüchtern*; ängstlich

timing *Timing* o
timmeren *tischlern*; *schreinern*
timmergereedschap *Zimmermannswerkzeug* o; *Bundwerkzeug* o
timmerhout *Nutzholz* o; *Bauholz* o
timmerman *Zimmermann* m
timmerwerf *Bauhof* m
timmerwerk • resultaat *Zimmer(er)arbeit* v • handeling *Zimmern* o
tin *Zinn* o
tinctuur *Tinktur* v
tinerts *Zinnerz* o
tingelen *bimmeln*; *klingeln*
tinkelen ⟨geluid⟩ *klirren*; ⟨licht⟩ *flimmern*
tinnen *zinnern*; *aus Zinn*
tint • kleur *Farbton* m; *Tönung* v ★ fletse tint *blasse Farbe* ★ in grijze tinten *in Grautönen* • huidskleur *Teint* m • FIG. sfeer *Anstrich* m; *Note* v ★ persoonlijk tintje *persönliche Note* ★ met een liberaal tintje *liberal angehaucht*
tintelen • prikkelen *prickeln* ★ mijn vingers ~ *mir prickeln die Finger* • twinkelen *funkeln* ★ ~de wijn *prickelnde(r) Wein* m
tinteling • prikkelend gevoel *Prickeln* o • fonkeling *Glitzern* o; *Funkeln* o
tinten *tönen*; ⟨verven⟩ *färben* ★ getinte brillenglazen *getönte Brillengläser*
tip • uiterste punt *Zipfel* m • hint *Tipp* m; *Wink* m • fooi *Trinkgeld* o
tipgeld *Tippgeld* o
tipgever ≈ *Person* v, *die einen sicheren Tipp gibt*
tippelaarster *Strichmädchen* o
tippelen • lopen ⟨zu Fuß⟩ gehen; *trippeln* • prostitutie bedrijven *auf den Strich gehen*
tippelverbod FORM. *Prostitutionsverbot* o
tippelzone *Strich* m
tippen **I** OV WW • hint geven *einen Tipp geben* • aanduiden *tippen (auf)*; *favorisieren* ★ als opvolger getipt worden *als Nachfolger gehandelt werden* • fooi geven *ein Trinkgeld geben* **II** ON WW even aanraken *tippen* ▼ aan iem. niet kunnen ~ *jmdm. nicht das Wasser reichen können*
tipsy *angeheitert*; *beschwipst*
tiptoets *Taste* v
tirade *Tirade* v
tiramisu *Tiramisu* o
tiran *Tyrann* m
Tirana *Tirana* o
tirannie *Tyrannei* v
tiranniek *tyrannisch*
tiranniseren *tyrannisieren*
Tirol *Tirol* o
Tirools *Tiroler*
tissue *Papiertaschentuch* o; *Tempo* o
titan *Titan* m
titanenstrijd *titanische(r) Kampf* m
titanium *Titan* o
titel • benaming *Titel* m • waardigheid *Titel* m ★ academische ~ *akademischer Grad* ★ een ~ voeren *einen Titel führen* ▼ op persoonlijke ~ *in eigenem Namen* ▼ BN ten ~ van *auf die Art und Weise von*
titelblad *Titelseite* v
titelgevecht *Titelkampf* m
titelhouder *Titelträger* m

titelkandidaat *Titelkandidat* m
titelrol *Titelrolle* v
titelsong *Titelsong* m
titelverdediger *Titelverteidiger* m
titularis • BN, O&W klassenleraar *Klassenlehrer* m • BN, SPORT vaste speler *Stammspieler* m • BN rekeninghouder *Kontoinhaber* m [v: *Kontoinhaberin*]
titulatuur *Titulatur* v
tja *tja*
tjalk *Tjalk* v
tjaptjoi *Chop Suey* o
tjee *oh je!*
tjilpen *schilpen*; *zwitschern*
tjokvol *gerammelt voll*; *brechend voll*; *proppenvoll*
t.k.a. *zu verkaufen*
T-kruising *T-Kreuzung* v
tl-buis *Neonröhre* v
t.n.v. *auf den Namen*; *lautend*
t.o. *gegenüber* [+3]
toast *Toast* m; *Toastbrot* o
toasten *toasten*
toaster *Toaster* m
toastje *Toast* m
tobbe *Bottich* m; ⟨badkuip⟩ *Wanne* v
tobben • piekeren *grübeln* • sukkelen ★ met zijn gezondheid ~ *kränkeln* • zwoegen *sich abmühen*; INFORM. *schuften*; INFORM. *sich abrackern*
tobber *armer Schlucker* m
tobberig *grüblerisch*
toch • desondanks *doch*; *dennoch*; *trotzdem* ★ ik doe het toch! *ich mache es trotzdem!* • bij vraag om bevestiging *denn*; *doch*; *aber* ★ je gaat toch niet al? *gehst du schon?* • immers *doch*; *ja* ★ het is toch nog vroeg *es ist ja noch früh* ★ er komt toch niemand *es kommt ja doch keiner* • als nadruk *doch*; *bloß* ★ waar was je toch? *wo warst du bloß?* ★ kom nou toch *na komm schon* ★ zij is toch zo'n irritant kind *sie ist dermaßen nervig* ★ waar zou zij toch zijn? *wo mag sie nur sein?* ★ ik heb me toch een bagage *ich habe aber ein Gepäck* ★ wat is hier toch gebeurd? *was ist hier denn passiert?* ★ kind toch! *aber Kind!* • als wens *oder* ★ dat hebben we gedaan, toch? *das haben wir doch gemacht?* • nu eenmaal *sowieso* ★ nu ik toch ga *ich muss sowieso gehen* ★ ik doe het toch wel *ich mache es sowieso*
tocht • luchtstroom *Zug* m; *Luftzug* m; *Zugwind* m ★ op de ~ zitten *im Zug sitzen* • reis *Reise* v; *Tour* v; *Fahrt* v ★ een ~ maken *eine Tour/Reise/Fahrt machen* ▼ op de ~ staan *ins Wanken geraten*
tochtband *Dichtungsmaterial* o
tochtdeur *Windfang* m
tochten *ziehen*
tochtgat • gat *Luftloch* o • plaats, ruimte *zugige Stelle* v
tochtig • met veel tocht *zugig* • bronstig *brunftig*; *brünstig*
tochtlat *Dichtungsleiste* v
tochtstrip *Dichtungsstreifen* m
tochtwerend *Zugluft abhaltend*

to

toe I BIJW ● heen *hin*; *zu* ★ tot hier toe *bis hierhin* ★ af en toe *ab und zu* ★ ergens naar toe werken *auf etw. hinarbeiten* [+4] ★ ergens naar toe willen *irgendwohin wollen*; *auf etw. hinauswollen* [+4] ● erbij *(noch) dazu*; *zusätzlich*; *hinzu* ★ op de koop toe *obendrein* ★ ook al kreeg ik geld toe *selbst wenn man mir Geld dazu gäbe* ★ blij toe zijn *schon längst froh sein* ● dicht *zu* ● aan toe *dazu* ★ iem. ertoe krijgen *jmdn. dazu bringen* ★ aan iets toe komen *dazu kommen, etw. zu tun* ★ aan iets toe zijn *reif für etw. sein* ★ weten waar je aan toe bent *wissen, wo man steht* ★ aan vakantie toe zijn *urlaubsreif sein* ★ zij is er slecht aan toe *es geht ihr schlecht* ● reden aangevend ★ zij heeft er de moed niet toe *dazu fehlt ihr der Mut* **II** TW *komm*; *na*; *bitte* ★ toe maar! *nur zu!* ★ toe nou! *bitte, bitte!* ★ toe, schiet op! *komm/na, mach schon!* ★ toe, mag ik? *bitte, bitte, darf ich?* ★ mensen nog aan toe! *du meine Güte!* ★ verdraaid nog aan toe! *verflixt noch mal!*
toebedelen *zuteilen*; ⟨toewijzen⟩ *zuweisen*
toebehoren I ZN [het] *Zubehör* o **II** ON WW *(an)gehören*
toebereiden *zubereiten*
toebrengen *beibringen*; *zufügen*; *versetzen* ★ schade ~ *Schaden zufügen* ★ een stoot ~ *einen Stoß versetzen*
toeclip *Rennhaken* m
toedekken *zudecken*
toedeloe *tschüss*
toedichten *andichten*
toedienen *verabreichen* ★ een geneesmiddel ~ *ein Medikament verabreichen*
toedoen I ZN [het] *Zutun* o ★ buiten mijn ~ *ohne mein Zutun* **II** OV WW ● dichtdoen *zumachen*; *schließen* ● bijdragen *hinzufügen*; *hinzutun* ★ dat doet er niet toe *das tut nichts zur Sache* ★ wat doet het ertoe? *was soll's?*
toedracht *Sachverhalt* m; *Hergang* m
toedragen ⟨zich ~⟩ *sich zutragen*; *sich ereignen*
toe-eigenen ⟨zich ~⟩ *sich zueignen*; *sich aneignen*
toef *Büschel* o ★ een toef haar *ein Haarbüschel* ★ een toef slagroom *ein Tupfen Schlagsahne*
toegaan *hergehen*; *zugehen* ★ op het feest ging het er vrolijk toe *auf der Party ging es lustig zu/her*
toegang ● mogelijkheid tot toegang *Eintritt* m ★ ⟨opschrift⟩ verboden ~ *Zugang/Zutritt verboten* ★ vrije ~ *Eintritt* m *frei* ★ ~ voor alle leeftijden *jugendfrei* ● ingang *Zugang* m; *Zutritt* m
toegangsbewijs *Eintrittskarte* v
toegangscode *Zugangscode* m
toegangsexamen BN, O&W toelatingsexamen *Zulassungsprüfung* v; *Aufnahmeprüfung* v
toegangsprijs *Eintrittspreis* m; *Eintrittsgeld* o; *Eintritt* m
toegangsweg ● weg die toegang geeft *Zugangsweg* m; *Zugangsstraße* v ● afslag *Zufahrt* v; *Zufahrtsstraße* v
toegankelijk ● te bereiken *zugänglich* ● opengesteld *zugänglich* ● FIG. open *zugänglich*

toegedaan ● aanhangend ★ een mening ~ zijn *der Meinung sein* ● gunstig gezind *zugetan* o iem. ~ zijn *jmdm. zugetan/geneigt sein*
toegeeflijk *nachgiebig*; *nachsichtig*
toegenegen *ergeben*; *geneigt*; *zugetan*
toegepast *angewandt*
toegeven I OV WW ● extra geven *zugeben* ● erkennen *zugeben*; *zugestehen* ★ iem. iets ~ *jmdm. etw. zugeben/zugestehen* **II** ON WW ● inschikkelijk zijn *nachgeben* ● geen weerstand bieden ★ aan een zwak ~ *einer Schwäche nachgeben*
toegevend ● TAALK. ★ ~e zin *Konzessivsatz* m ● meegaand *nachgiebig*; *nachsichtig* ★ ~ zijn tegenover iem. *jmdm. gegenüber nachsichtig sein*
toegevendheid *Nachgiebigkeit* v
toegewijd *hingebend*; *hingebungsvoll*
toegift *Zugabe* v
toehappen ● happen *zubeißen*; *zuschnappen* ● FIG. ingaan op *anbeißen* ★ bij deze prijs zal hij zeker ~ *bei diesem Preis wird er bestimmt anbeißen*
toehoorder *Hörer* m ★ de ~s *die Hörerschaft*
toejuichen ● juichend begroeten *zujubeln* ★ een zanger ~ *einem Sänger zujubeln* ● goedkeuren *begrüßen* ★ een maatregel ~ *eine Maßnahme begrüßen*
toekan *Tukan* m
toekennen ● verlenen *zuerkennen*; *zuweisen*; ⟨onderscheiding⟩ *verleihen* ● erkennen *zuerkennen*; *beimessen*
toekijken ● *zusehen*; *zugucken* ★ ik mocht alleen ~ *ich durfte bloß zugucken*
toeknikken *zunicken*
toekomen ● naderen *zukommen* ★ op iem. ~ *auf jmdn. zukommen* ● toezenden *zukommen* ★ bijgaand doen wij u onze documentatie ~ *anbei lassen wir Ihnen unsere Dokumentation zukommen* ● ~ **aan** toebehoren *gehören*; *zustehen* ● ~ **aan** tijd vinden voor *kommen zu* ★ nergens aan ~ *zu nichts kommen* ★ ~ **met** auskommen mit
toekomst *Zukunft* v ★ in de naaste ~ *in nächster Zukunft* ★ in de nabije ~ *in naher Zukunft*
toekomstig *(zu)künftig*
toekomstmuziek *Zukunftsmusik* v
toekomstperspectief *Zukunftsaussichten* mv; *Zukunftsperspektive* v
toekomstvisie *Zukunftsvision* v; *Zukunftsvorstellung* v
toelaatbaar *zulässig*; ⟨geoorloofd⟩ *gestattet*
toelachen ● lachen tegen *anlachen*; *zulachen* ● FIG. gunstig gezind zijn *zusagen*; *wohlgesinnt sein*; FORM. *gewogen sein* ★ het geluk lacht haar toe *ihr lacht das Glück*
toelage ● toeslag *Zuschuss* m ● geldelijke uitkering *Zulage* v ● BN subsidie *Subvention* v
toelaten ● binnenlaten *vorlassen* ● accepteren *zulassen*; *zugestehen*; *erlauben*; *gestatten* ★ ik kan dat niet ~ *das kann ich nicht zulassen* ● BN in staat stellen *befähigen*
toelating *Zulassung* v
toelatingseis *Aufnahmebedingung* v

toelatingsexamen *Zulassungsprüfung* v;
Aufnahmeprüfung v
toelatingsnorm *Zulassungsnorm* v
toelatingsprocedure *Zulassungsverfahren* o
toeleggen I ov ww ~ **op** bijbetalen *anlegen auf*
[+4] ★ er geld op toe moeten leggen
draufzahlen müssen II wkd ww **[zich ~]** *sich
verlegen auf* [+4]
toeleverancier *Zulieferant* m
toeleveren *(zu)liefern*
toelichten *erläutern* ★ met voorbeelden ~ *mit
Beispielen erläutern*
toelichting *Erläuterung* v; *Erklärung* v
toeloop *Zulauf* m; *Zuspruch* m; ⟨heel veel
mensen⟩ *Andrang* m
toelopen ● komen aanlopen *zugehen*; ⟨snel⟩
zulaufen; *herbeilaufen* ★ op iem. ~ *auf jmdn.
zugehen* ● uitlopen *zulaufen* ★ spits ~ *spitz
zulaufen*
toemaatje BN *Extra* o; *Zugabe* v; *Sonderleistung*
v
toen I BIJW ● vervolgens *dann*; *danach* ★ van
toen af aan *von da an* ★ eerst kwam zijn
broer en toen kwam hij *erst kam sein Bruder
und danach kam er* ● in die tijd *damals* ★ ik
heb het toen al gezegd *ich habe es damals
schon gesagt* II vw *als* ★ toen ik hem opbelde
als ich ihn anrief
toenadering *Annäherung* v
toenaderingspoging *Annäherungsversuch* m
toename *Zunahme* v; *Anstieg* m
toendra *Tundra* v
toenemen *zunehmen*; *sich steigern* ★ de
bevolking neemt toe *die Bevölkerung nimmt
zu/wächst* ★ de wind is toegenomen *die
Windstärke hat zugenommen* ★ in grootte ~
an Größe zunehmen ★ in ~de mate *in
zunehmendem Maße* ★ ~de belangstelling
wachsende(s) Interesse o
toenmaals *damals*; *seinerzeit*
toenmalig *damalig*; *seinerzeitig* ★ de ~e
koloniën *die früheren Kolonien*
toepasbaar *anwendbar*
toepasselijk *passend*; *geeignet* ★ een ~ cadeau
ein geeignetes Geschenk ▼ ~ zijn op *anwendbar
sein auf* [+4]
toepassen *anwenden* ★ de wet ~ *das Gesetz
handhaben*
toepassing *Anwendung* v ★ doorhalen wat niet
van ~ is *Nichtzutreffendes streichen* ★ van ~
zijn *anwendbar sein*
toer ● omwenteling *Tour* v; *Umdrehung* v;
Schlag m ● reis *Tour* v; *Ausflug* m; *Rundfahrt*
v ● kunstje *Kunststück* o ● reeks breisteken
Tour v; *Reihe* v ▼ een hele toer *eine
Heidenarbeit* ▼ op de religieuze toer zijn *auf
dem religiösen Trip sein*; *durchgedreht sein*
toerbeurt *Turnus* m ★ bij ~ *im Turnus*;
turnusgemäß
toereikend *ausreichend*; *hinreichend* ★ ~ zijn
hinreichen; *genügen*; *ausreichen*
toerekeningsvatbaar *zurechnungsfähig*; JUR.
schuldfähig
toeren *ausfahren*; *spazieren fahren*
toerental *Tourenzahl* v; *Umdrehungszahl* v;
Drehzahl v

toerenteller *Tourenzähler* m; *Drehzahlmesser* m
toerfiets *Tourenrad* o
toerisme *Tourismus* m; *Fremdenverkehr* m;
⟨georganiseed⟩ *Touristik* v
toerist *Tourist* m
toeristenbelasting *Kurtaxe* v
toeristenkaart ● reisdocument ≈
Personalausweis m ● plattegrond *Karte* v;
Stadtplan m
toeristenklasse *Touristenklasse* v
toeristenmenu *Touristenmenü* o
toeristensector *Touristenindustrie* v;
Touristenbranche v; *Fremdenverkehrsbereich* m
toeristisch *touristisch*
toermalijn *Turmalin* m
toernooi *Turnier* o
toeroepen *zurufen*
toertocht *Tour* v
toerusten *ausrüsten*
toeschietelijk *entgegenkommend*
toeschieten I ov ww naar iem. toe schieten
zuschießen II on ww snel naderen
herbeistürzen; *zustürzen*; *zuschießen* ★ ze
schoot op me toe *sie schoss/stürzte auf mich
zu*
toeschijnen *vorkommen*; *(er)scheinen* ★ het
schijnt me toe *es kommt mir vor*; *es (er)scheint
mir*
toeschouwer *Zuschauer* m
toeschrijven *zuschreiben* ★ is dat aan iem. toe
te schrijven? *ist das jmdm. zuzuschreiben?*
toeslaan *zuschlagen*
toeslag *Zuschlag* m; ⟨loon, uitkering e.d.⟩
Zulage v
toesnellen *herbeieilen* ★ op iem. ~ *auf jmdn.
zueilen*
toespelen *zuspielen* ★ iem. de bal ~ *jmdm. den
Ball zuspielen*
toespeling *Anspielung* v
toespitsen *zuspitzen*
toespraak *Rede* v; ⟨kort⟩ *Ansprache* v
toespreken ● aanspreken *anreden*; *ansprechen*;
⟨met positieve bedoelingen⟩ *zusprechen*
★ hoe moet ik haar ~ *wie soll ich sie anreden?*
★ iem. vriendelijk ~ *jmdm. freundlich
zusprechen* ● een toespraak houden *sprechen
zu* [+3]; *eine Rede halten* ★ de minister
spreekt het parlement toe *der Minister spricht
zum Parlament*; *der Minister hält eine Rede vor
dem Parlament* ● toewijzen *zusprechen*
toestaan ● goedvinden *erlauben*; *gestatten*;
zulassen ● toewijzen *bewilligen*; *zugestehen*;
gewähren ★ iem. een lening ~ *jmdm. ein
Darlehen gewähren*
toestand ● situatie *Zustand* m; *Lage* v;
Verhältnisse mv ★ de ~ van de wegen *die
Straßenverhältnisse* ★ de politieke ~ *die
politische Lage* ● gedoe *Zustände* mv;
Durcheinander o ★ wat een ~! *welch ein
Durcheinander!* ★ dat geeft altijd een hele ~
das macht immer viel Umstände
toesteken I ov ww aanreiken *entgegenstrecken*;
reichen ★ iem. geld ~ *jmdm. Geld zustecken*
II on ww steken *zustechen*
toestel ● apparaat *Gerät* o; *Apparat* m
● vliegtuig *Maschine* v

to

toestemmen *zustimmen* (**in** *in*); *einwilligen* (**in** *in*)
toestemming *Einwilligung* v; *Zustimmung* v; *Einverständnis* o; FORM. *Genehmigung* v
toestoppen ● geven *zustecken* ● toedekken *zudecken*; *zustopfen*
toestromen *zuströmen*; *anströmen*; ⟨alleen van personen⟩ *angeströmt kommen*; ⟨alleen van personen⟩ *herbeiströmen* ★ zij stroomden toe *sie kamen angeströmt*; *sie strömten herbei*
toet ● gezicht *Gesicht* o ★ een aardig toetje *ein hübsches Gesichtchen* ● knoet *Haarknoten* m
toetakelen ● ruw aanpakken *zurichten* ★ iem. lelijk ~ *jmdn. übel zurichten* ● opdirken *aufdonnern*; *auftakeln*
toetasten *zugreifen*; *zulangen*
toeten *tuten*; ⟨v. auto⟩ *hupen* ▼ van ~ noch blazen weten *von Tuten und Blasen keine Ahnung haben*
toeter ● blaasinstrument *Tuthorn* o ● claxon *Hupe* v
toeteren I ov ww hard zeggen *brüllen* **II** ON ww ● op een toeter blazen *tuten* ● claxonneren *hupen*
toetje *Nachspeise* v; *Nachtisch* m ★ als ~ is er pudding *zum/als Nachtisch gibt es Pudding*
toetreden ● ~ op *zutreten auf* ● ~ tot *beitreten*; *eintreten in*
toetreding *Beitritt* m
toets ● test *Test* m; *Prüfung* v ★ de ~ doorstaan *die Prüfung bestehen* ★ afsluitende ~ *Abschlussprüfung* v ★ iets aan een ~ onderwerpen *etw. einer Prüfung unterziehen/unterwerfen* ★ de ~ der kritiek kunnen doorstaan *der Kritik standhalten* ● druktoets *Taste* v; ⟨v. strijkinstrument⟩ *Griffbrett* o ★ op de ~en slaan *in die Tasten hauen*
toetsen ● testen *prüfen* ● polsen *vorsichtig informieren* ● met betrekking tot edelmetaal *prüfen*
toetsenbord *Tastatur* v; ⟨v. toetsinstrumenten⟩ *Klaviatur* v
toetsenist *Tastenspieler* m
toetsing *Prüfung* v
toetssteen *Prüfstein* m
toeval ● omstandigheid *Zufall* m ★ puur ~ *reine(r) Zufall* ★ iets aan het ~ overlaten *etw. dem Zufall überlassen* ★ bij ~ *durch Zufall*; *zufälligerweise* ★ op ~ berusten *rein zufällig sein* ★ het ~ wil dat ik dat boek net gelezen heb *rein zufällig habe ich das Buch gerade gelesen* ● MED. epileptische(r) *Anfall* m ★ aan ~len lijden *an Epilepsie leiden*
toevallen ● dichtvallen *zufallen* ● ten deel vallen *zufallen*
toevallig I BNW *zufällig* **II** BIJW bij toeval *zufälligerweise*; *zufällig*
toevalstreffer *Zufallstreffer* m
toeven *verweilen*
toeverlaat *Zuversicht* v; *Halt* m ★ zij is mijn steun en ~ *sie ist meine große Stütze*
toevertrouwen ● in vertrouwen overlaten aan *anvertrauen* ★ iem. iets ~ *jmdm. etw. anvertrauen* ● in vertrouwen zeggen *anvertrauen*
toevloed *Zustrom* m; *Andrang* m; ⟨v. water⟩

Zufluss m
toevlucht *Zuflucht* v
toevluchtsoord ● schuilplaats *Zufluchtsort* m ● asiel *Asyl* o; ⟨voor daklozen⟩ *Obdachlosenasyl* o
toevoegen ● erbij doen *beigeben*; *zufügen*; *hinzufügen* ★ daar heb ik niets aan toe te voegen *dem kann ich nichts hinzufügen* ● zeggen tegen *zufügen*
toevoeging ● het toevoegen *Hinzufügung* v; *Zufügung* v ● toevoegsel *Zusatz* m; JUR. *Beiordnung* v
toevoer *Zufuhr* v
toevoeren *zuführen*
toevoerkanaal *Zuführungskanal* m; *Zufuhrkanal* m; *Zuleitungskanal* m; *Zuführungsrohr* o; *Zuleitungsrohr* o; *Zuführungsleitung* v
toewensen *wünschen* ★ iem. iets ~ *jmdm. etw. wünschen*
toewijding ● zorg *Widmung* v ● vroomheid *Hingebung* v; *Hingabe* v
toewijzen ● tot rechtmatig verklaren *zuerkennen*; *zusprechen*; ECON. *zuschlagen* ★ een eis ~ *einer Klage stattgeben* ● toekennen *zuweisen*; *zuteilen*; *zuerkennen*
toezeggen *zusagen*; *versprechen* ★ iem. iets ~ *jmdm. etw. versprechen/zusagen*
toezegging *Zusicherung* v; *Zusage* v; *Versprechen* o
toezenden *zuschicken*; *zusenden*
toezicht *Aufsicht* v; *Beaufsichtigung* v ★ onder ~ staan *unter Aufsicht stehen* ★ ~ houden op iemand/iets *die Aufsicht haben über jmdn./etw.*
toezien ● toekijken *zusehen* ★ machteloos ~ hoe iets gebeurt *ohnmächtig mit ansehen, wie etw. passiert* ● toezicht houden *aufpassen*; *die Aufsicht führen*; *wachen* ★ ~ op *wachen über* [+4] ★ ~d voogd *Gegenvormund* m
tof ● leuk *klasse*; *spitze*; *toll* ★ toffe jongens *patente(n) Jungs* ● geschikt *fähig*; *prima*; *patent*
toffee *Toffee* o; *Sahnebonbon* o
tofoe *Tofu* m
toga ● Romeins kledingstuk *Toga* v ● ambtsgewaad *Talar* m
Togo *Togo* o
Togolees *Togolese* m
toilet ● wc *Toilette* v ★ chemisch ~ *Trockenklosett* o ● het zich optutten ★ ~ maken *Toilette machen*
toiletartikelen *Toilettenartikel* m mv
toiletjuffrouw *Toilettenfrau* v
toiletpapier *Toilettenpapier* o
toiletpot *Toilette* v
toiletreiniger *Toilettenreiniger* m; *WC-Reiniger* m
toiletrol *Toilettenpapierrolle* v; *Klopapierrolle* v
toilettafel *Frisiertisch* m
toilettas *Kulturbeutel* m
toiletverfrisser *WC-Duftspender* m; *Toilettendeo* o
toiletzeep *Toilettenseife* v
toitoitoi *Hals- und Beinbruch*; *toi toi toi*
tok *gack*; *gluck*

to

Tokio *Tokio* o
Tokioos *Tokioer*
tokkelen *spielen*; *zupfen*
tokkelinstrument *Zupfinstrument* o
toko ≈ *Laden* m *mit indonesischen Waren*
tol • speelgoed *Kreisel* m • tolgeld *Zoll* m ▼ zijn tol eisen *seinen Tribut fordern*
tolerant *tolerant*; ⟨ruimdenkend⟩ *aufgeschlossen*
tolerantie • verdraagzaamheid *Toleranz* v • toegestane afwijking *Toleranz* v
tolereren *dulden*
tolgeld *Zoll* m; *Gebühr* v; OOST. *Maut(gebühr)* v
tolheffing *Autobahngebühren* v mv
tolhuis *Büro* o *einer Zollstelle*
tolk *Dolmetscher* m
tolken *dolmetschen*
tolk-vertaler *Dolmetscher* m *und Übersetzer*
tollen • met een tol spelen *kreiseln* • ronddraaien *kreiseln*; *taumeln*; ⟨dronkenschap, slaap⟩ *torkeln*
toltunnel *gebührenpflichtige(r) Tunnel* m; ⟨in Oostenrijk⟩ *Mauttunnel* m
tolvrij *zollfrei*
tolweg *zollpflichtige Straße* v; *Mautstraße* v
tomaat • vrucht *Tomate* v • plant *Tomate* v
tomahawk *Tomahawk* m
tomatenketchup *Tomatenketchup* m/o
tomatenpuree *Tomatenmark* o
tomatensap *Tomatensaft* m
tomatensoep *Tomatensuppe* v
tombe *Sarkophag* m
tomeloos *maßlos*; *zügellos*
tompoes *Blätterteiggebäck* o *mit Puddingcremefüllung*
ton • vat *Tonne* v; *Fass* o • boei *Tonne* v; *Boje* v • inhoudsmaat *Tonne* v • gewicht *Tonne* v • hoeveelheid geld *100.000 Euro* mv ▼ zo rond als een tonnetje *dick und rund*
tondeuse *Haarschneidemaschine* v
toneel • dramatische kunst *Theater* o ★ aan het ~ gaan *zum Theater gehen* • deel van bedrijf *Szene* v; *Bild* o • podium *Bühne* v; *Bretter* mv • plaats van handeling *Schauplatz* m • schouwspel *Theater* o ▼ van het ~ verdwijnen *von der Bildfläche verschwinden* ▼ op het ~ verschijnen *auf der Bildfläche erscheinen*
toneelgezelschap *Ensemble* o; *Theatergruppe* v
toneelgroep *Ensemble* o; *Theatergruppe* v
toneelkijker *Opernglas* o
toneelknecht *Bühnenarbeiter* m
toneelmeester *Bühnenmeister* m
toneelschool *Schauspielschule* v
toneelschrijver *Bühnenautor* m
toneelspel • het spelen *Schauspielerei* v • stuk *Theaterstück* o
toneelspelen • acteren *spielen*; ⟨als beroep⟩ am/beim Theater sein • zich aanstellen *schauspielern*
toneelspeler • acteur *Schauspieler* m • aansteller *Komödiant* m
toneelstuk *Theaterstück* o; *Drama* o
toneelvereniging *Laienspielgruppe* v
tonen I OV WW • laten zien *zeigen* ★ belangstelling ~ *Interesse zeigen* • aantonen *zeigen* • betonen *zeigen* **II** ON WW

eruitzien *aussehen* ★ dat toont al een stuk beter *das sieht schon viel besser aus* **III** WKD WW [**zich ~**] *sich erweisen*; *sich zeigen*
toner *Toner* m
tong • ANAT. *Zunge* v ★ een beslagen tong *eine belegte Zunge* ★ met de tong klakken *mit der Zunge schnalzen* ★ het smelt op de tong *es zergeht auf der Zunge* ★ zijn tong uitsteken tegen iem. *jmdm. die Zunge herausstrecken/zeigen* • vis *Seezunge* v; *Zunge* v ▼ boze tongen beweren *böse Zungen behaupten* ▼ een gespleten tong hebben *mit gespaltener Zunge sprechen* ▼ een losse tong hebben *ein lockeres Mundwerk haben* ▼ een scherpe tong hebben *eine scharfe/spitze Zunge haben* ▼ zich op de tong bijten *sich auf die Zunge beißen* ▼ hij gaat over de tong *er ist ins Gerede gekommen/geraten* ▼ rad/rap van tong zijn *zungenfertig sein* ▼ nog liever zijn tong afbijten *sich eher die Zunge abbeißen* ▼ haar tong hing haar op de schoenen *ihr hing die Zunge aus dem Hals* ▼ zijn tong ingeslikt hebben *sein Wort zurückgenommen haben* ▼ de tongen kwamen los *die Zungen lösten sich* ▼ de tong strelen *den Gaumen kitzeln* ▼ zijn tong verliezen *die Sprache verlieren*
tongen ★ ~ met iem. *jmdm. einen Zungenkuss geben*; *mit jmdm. knutschen*
tongfilet *Seezungenfilet* o
tongriem *Zungenbändchen* o ★ goed van de ~ gesneden zijn *zungenfertig sein*; *ein flinkes Mundwerk haben*
tongval • accent *Akzent* m • dialect *Tonfall* m
tongzoen *Zungenkuss* m
tongzoenen *sich Zungenküsse geben*
tonic *Tonic* o
tonicum *Tonikum* o
tonijn *Thunfisch* m
tonisch *tonisch*; *stärkend*
tonnage • inhoud, grootte van een schip *Tonnengehalt* m • scheepsruimte *Tonnage* v
tonnetjerond *kugelrund*
tonsuur *Tonsur* v
tonus *Tonus* m
toog • priestertoga *Soutane* v • tapkast *Theke* v; *Schanktisch* m; *Schänktisch* • BN balie *Schalter* m
tooi *Putz* m; *Schmuck* m
tooien *schmücken*
toom *Zügel* m ★ iemand/iets/zich in toom houden *jmdn./etw./sich im Zaum halten*
toon • klank *Ton* m; *Timbre* o ★ MUZ. een halve toon te hoog *einen Halbton zu hoch* • stembuiging *Ton* m; *Tonfall* m ★ op vriendelijke toon *in einem freundlichen Ton* ★ op fluisterende toon *mit Flüsterstimme* ★ de juiste toon vinden *den richtigen Ton finden* • kleurschakering *Farbton* m; *Ton* m • wijze van omgang, sfeer *Ton* m; *Umgangston* m ★ een ongedwongen toon *ein ungezwungener Ton* ▼ een toontje lager zingen *klein beigeben*; *kleinlaut werden* ▼ uit de toon vallen *fehl am Platz sein* ▼ een hoge toon aanslaan *einen arroganten Ton anschlagen*
toonaangevend *tonangebend*; *maßgebend*

toonaard *Tonart* v
toonbaar *vorzeigbar*
toonbank ● tafel in een winkel *Ladentisch* m
★ van onder de ~ *unterm Ladentisch*
● tapkast *Theke* v
toonbeeld *Muster* o ★ een ~ van geduld *ein Muster an Geduld*
toonder *Inhaber* m ★ aandeel aan ~ *Inhaberaktie* v ★ cheque aan ~ *Inhaberscheck* m ★ obligatie aan ~ *Inhaberschuldverschreibung* v ★ stuk aan ~ *Inhaberpapier* o
toonhoogte *Tonhöhe* v
toonkunst *Tonkunst* v
toonladder *Tonleiter* v
toonloos ● TAALK. *unbetont* ● zonder veel klank *tonlos*
toonsoort *Tonart* v
toonvast *rein*; *sauber* ★ ~ zijn *rein/sauber spielen*
toonzaal *Ausstellungsraum* m
toorn *Zorn* m
toorts *Fackel* v
toost *Trinkspruch* m; *Toast* m
toosten *prosten*; FORM. *einen Trinkspruch ausbringen*
top I ZN [de] ● LETT. (hoogste) punt *Gipfel* m; *Spitze* v; ⟨mast⟩ *Topp* m ★ toppen van de bomen *Wipfel der Bäume* ★ toppen van de bergen *Gipfel der Berge* ● FIG. hoogtepunt ★ de onbeschoftheid ten top *der Gipfel der Unverschämtheit* ★ ten top stijgen *den Höhepunkt erreichen* ● de besten *Spitze* v ● hoogste leiding *Spitze* v ● → *topje* ▼ op en top *vom Scheitel bis zur Sohle* ▼ van top tot teen *von Kopf bis Fuß* ▼ BN hoge toppen scheren *in der obersten Liga spielen* **II** TW *topp*
topaas ● halfedelsteen *Topas* m ● kleur *Topasfarbe* v
topambtenaar *Spitzenbeamte(r)* m; *leitende(r) Beamte(r)* m
topberaad *Gipfelgespräch* o; *Gipfelkonferenz* v
topclub *Spitzenmannschaft* v
topconditie *Topform* v; *Bestform* v; *Höchstform* v
topconferentie *Gipfelkonferenz* v; *Gipfeltreffen* o
top-down *top-down*
topdrukte *Hochbetrieb* m
topfunctie *Spitzenposition* v; *leitende Stellung* v
topfunctionaris *Spitzenfunktionär* m
tophit *Spitzenschlager* m; *Tophit* m
topjaar *Erfolgsjahr* o
topje ▼ het ~ van de ijsberg *die Spitze des Eisbergs*
topklasse *Spitzenklasse* v
topless *oben ohne*; *mit unbedecktem Busen*
topman *Topmanager* m; *Spitzenfunktionär* m
topniveau *Spitzenniveau* o ★ op ~ acteren *auf höchster Ebene spielen*
topografie *Topografie* v
topografisch *topografisch*
topontmoeting *Gipfeltreffen* o
topoverleg *Spitzengespräch* o
topper ● groot succes *Schlager* m ★ de ~ van het seizoen *der Hit der Saison* ● hoogtepunt

Höhepunkt m; *Spitze* v ● wedstrijd *Spitzenspiel* o; *Spiel* o zwischen Mannschaften der *Spitzenklasse*
topprestatie *Höchst-/Spitzenleistung* v
toppunt ● hoogste punt *Gipfel* m ● FIG. uiterste *Höhepunkt* m ★ dat is het ~! *das ist ja die Höhe/der Gipfel!* ★ het ~ van geluk/ smakeloosheid *der Gipfel des Glücks/der Geschmacklosigkeit* ★ op het ~ van haar macht *auf dem Gipfel ihrer Macht*
topscore *Spitzenergebnis* o
topscorer *Torschützenkönig* m
topsnelheid *Spitzengeschwindigkeit* v; ⟨maximaal toelaatbaar⟩ *Höchstgeschwindigkeit* v
topspin *Topspin* m
topsport *Hochleistungs-/Spitzensport* m
top tien *Top* v *Ten*; *Hitliste* v
topvorm *Hochform* v; *Topform* v; ⟨zeer goed⟩ *Höchstform* v; ⟨vooral sport⟩ *Bestform* v ★ in ~ zijn *in Hochform sein*
topzwaar ● LETT. *kopflastig*; *oberlastig* ● FIG. *kopflastig*
tor *Käfer* m ▼ zo dronken als een tor *stockbesoffen*
toren ● bouwwerk *Turm* m ★ de ~ van Babel *der Turm von Babel* ● schaakstuk *Turm* m ▼ hoog van de ~ blazen *große Töne spucken* ▼ een ~ van Babel bouwen *zu hoch hinauswollen*
torenflat *Hochhaus* o
torenhaan *Turmhahn* m
torenhoog *turmhoch*
torenklok ● uurwerk *Turmuhr* v ● luiklok *Turmglocke* v
torenspits *Turmspitze* v
torenvalk *Turmfalke* m
tornado *Tornado* m
tornen I OV ww losmaken *auftrennen* II ON WW ~ aan ★ daar valt niet aan te ~ *daran ist nicht zu rütteln*
torpederen *torpedieren*
torpedo *Torpedo* m
torpedoboot *Torpedoboot* o
torpedojager *Zerstörer* m; OUD. *Torpedobootzerstörer* m
torsen *schleppen*
torsie *Torsion* v
torso ● romp *Rumpf* m ● KUNST *Torso* m [mv: *Torsos/Torsi*]
tortelduif *Turteltaube* v
tortilla *Tortilla* v
Toscaans *toskanisch*
Toscane *Toskana* v
toss *Seitenwahl* v
tossen ≈ *eine Münze werfen, um die Seitenwahl vorzunehmen*
tosti *Toast* m mit Käse und Schinken
tosti-ijzer *Sandwichtoaster* m
tot I VZ ● zo lang als ⟨tijd⟩ *bis* [+4]; *bis zu* [+3] ★ tot 1 mei *bis zum 1. Mai* ★ tot en met maandag *bis einschließlich Montag* ★ van uur tot uur *von Stunde zu Stunde* ● zo ver als ⟨plaats⟩ *bis* [+4]; *bis zu* [+3] ★ de bus gaat tot Utrecht *der Bus geht bis Utrecht* ★ tot hier *bis hierher* ★ tot daar *bis dorthin* ● met als

to

maximum ★ tot tien tellen *bis zehn zählen* ★ tot driemaal toe *bis zu dreimal* ★ tot en met bladzijde 80 *bis einschließlich Seite 80* ● gericht naar *zu* [+3] ★ hij sprak tot de menigte *er sprach zu der Menge* ● als/voor *zu* [+3] ★ een opleiding tot arts *eine Ausbildung zum Arzt* ★ hij werd tot chef benoemd *er wurde zum Chef ernannt* ● met als resultaat ★ tot mijn verbazing *zu meinem Erstaunen* ● met als doel ★ tot beter begrip *zum besseren Verständnis* ▼ tot morgen! *bis morgen!* ▼ dat is (nog) tot daar aan toe *das geht ja noch* **II** VW totdat *bis* ★ ik wachtte tot het donker werd *ich wartete, bis es dunkel wurde*

totaal I BNW *totaal; vollständig* ★ totale winst *Gesamtgewinn* m ★ totale uitverkoop *Totalausverkauf* m **II** BIJW *völlig; gänzlich* ★ ~ onbekend *völlig unbekannt* ★ ~ verschillend *grundverschieden* **III** ZN [het] ● geheel *Ganze(s)* o ● som *Gesamtbetrag* m ★ in ~ *insgesamt*
totaalbedrag *Gesamtbetrag* m
totaalbeeld *Gesamtbild* o
totaalvoetbal *Totalfußball* m
totaalweigeraar *Totalverweigerer* m
totalisator *Totalisator* m
totalitair *totalitär*
totaliteit *Totalität* v; *Gesamtheit* v; ⟨volledigheid⟩ *Vollständigkeit* v
total loss *schrottreif* ★ de auto was ~ *das Auto hatte Totalschaden*
totdat *bis*
totempaal *Totempfahl* m
toto *Toto* m/o
totstandkoming *Zustandekommen* o; *Zustandebringen* o; *Gestaltung* v
touchdown ⟨vliegtuig⟩ *Aufsetzen* o
touché *touchiert*
toucheren ● (aan)raken *touchieren* ● INFORM. ontvangen *erhalten*; *empfangen* ● MED. inwendig onderzoeken *touchieren*
touperen *toupieren*
toupet *Toupet* o
touringcar *Reiseomnibus* m; *Reisebus* m
tournedos *Tournedos* o
tournee *Tournee* v; ⟨v. artiesten⟩ *Gastspielreise* v ★ op ~ gaan/zijn *auf Tournee gehen/sein*
tourniquet *Drehkreuz* o
touroperator *Reiseveranstalter* m
touw *Seil* o; ⟨stuk touw⟩ *Strick* m; ⟨dik⟩ *Tau* o; ⟨dun⟩ *Schnur* v ★ iets aan een touw optrekken *etw. mit einem Seil hochziehen* ★ iets met touwen afzetten *etw. mit Seilen abgrenzen* ★ het touw laten vieren *das Tau fieren* ▼ aan de touwtjes trekken *am Drücker sitzen/sein* ▼ zij trekt aan de touwtjes *sie hat das Sagen* ▼ daar is geen touw aan vast te knopen *daraus wird man nicht klug* ▼ in touw zijn *beschäftigt sein* ▼ de hele dag in touw zijn *den ganzen Tag eingespannt sein* ▼ iets op touw zetten *etw. inszenieren; etw. organisieren* ▼ de touwtjes in handen hebben *alle Fäden in der Hand halten*
touwklimmen *am Tau klettern*
touwladder *Strickleiter* v
touwtje ● → touw

touwtjespringen *seilspringen*
touwtrekken *Tauziehen* o
touwtrekkerij *Tauziehen* o
touwwerk *Tauwerk* o
t.o.v. ● ten opzichte van *im Bezug auf; mit Hinsicht auf; bezüglich* [+2] ● ten overstaan van *im Beisein von*; *in Gegenwart von*
tovenaar *Zauberer* m
tovenarij *Zauberei* v
toverdrank *Zaubertrank* m
toveren *zaubern*
toverformule *Zauberformel* v; *Zauberwort* o
toverheks ● heks *Zauberin* v; *böse Fee* v ● lelijke vrouw *Hexe* v; *Schreckschraube* v; *Schrulle* v
toverij *Zauberei* v
toverkracht *Zauberkraft* v
toverkunst *Zauberkunst* v
toverslag *Zauberschlag* m ★ als bij ~ *wie durch/von Zauberhand*
toverspreuk *Zauberspruch* m; *Zauberformel* v
toverstaf *Zauberstab* m
toxicologie *Toxikologie* v
toxicoloog *Toxikologe* m
toxine *Toxin* o
toxisch *toxisch; giftig; Gift-*
traag ● langzaam *langsam* ● lui *träge*
traagheid ● het langzaam zijn *Trägheit* v ● NATK. *Trägheit* v ● luiigheid *Trägheit* v
traan ● oogvocht *Träne* v ★ de tranen sprongen in haar ogen *ihr traten Tränen in die Augen*; *die Tränen schossen ihr in die Augen* ★ een ~ wegpinken *eine Träne wegwischen* ● olie *Tran* m ▼ tranen met tuiten huilen *Rotz und Wasser heulen*
traanbuis *Tränennasengang* m
traangas *Tränengas* o
traangasgranaat *Tränengasgranate* v
traanklier *Tränendrüse* v
traanvocht *Tränenflüssigkeit* v
tracé *Strecke* v
traceren ● nasporen *trassieren* ● aftekenen *trassieren*
trachten *versuchen* ★ iets ~ te vergeten *etw. zu vergessen suchen*
track *Track* m; *Nummer* v
tractie *Traktion* v; *Antrieb* m
tractor *Schlepper* m; ⟨landbouw⟩ *Traktor* m ★ ~ op rupsbanden *Raupenschlepper* m
traditie *Tradition* v; *Überlieferung* v ★ een oude ~ *ein alter Brauch*
traditiegetrouw *traditionsgemäß; traditionell*
traditioneel *traditionell; herkömmlich*; ⟨sinds lange tijd⟩ *althergebracht*
trafiek BN smokkel [in samenstellingen] *Schmuggel* m
trafo *Trafo* m; *Transformator* m
tragedie ● treurspel *Tragödie* v ● gebeurtenis *Tragödie* v
tragiek *Tragik* v
tragikomedie *Tragikomödie* v
tragikomisch *tragikomisch*
tragisch *tragisch*
trailer ● aanhangwagen *Anhänger* m ● A-V reclame voor film *Trailer* m; *Vorfilm* m
trainen *trainieren*

tr

trainer *Trainer* m
trainen *hinziehen*
training *Training* o
trainingsbroek *Trainingshose* v
trainingspak *Trainingsanzug* m
traiteur *Party-Service* m
traject *Strecke* v
traktaat *Traktat* m/o; *Abhandlung* v
traktatie *Bewirtung* v
trakteren I ov ww onthalen op *bewirten (mit)*
★ zij trakteerde mij op een reeks verwijten
sie traktierte mich mit Vorwürfen II ON WW
rondje geven ★ ik trakteer! *ich gebe einen
aus!*
tralie *Gitterstab* m ★ iets van ~s voorzien *etw.
vergittern* ★ achter de ~s zitten *hinter Gittern
sitzen* ★ de ~s *das Gitter* [ev]
traliehek *Gitterzaun* m; *Gitter* o
tram *Straßenbahn* v ★ met de tram gaan *mit
der Straßenbahn fahren* ★ elektrische tram
elektrische Elektrische v
trambestuurder *Straßenbahnfahrer* m
tramhalte *Straßenbahnhaltestelle* v
tramkaartje *Straßenbahnkarte* v
trammelant *Schererei* v; *Ärger* m; *Stunk* m ★ ~
maken/schoppen *Stunk machen*
trampoline *Trampolin* o
trampolinespringen *Trampolin springen*
tramrail *Straßenbahnschiene* v
trance¹ (zeg: traNs) *Trance* v ★ in ~ raken *in
Trance fallen* ★ iem. in ~ brengen *jmdn. in
Trance versetzen*
trance² (zeg: trèns) *Trance* v
tranen *tränen*
tranendal *Jammertal* o
tranquillizer *Tranquilizer* m; *Beruhigungsmittel*
o
trans ● borstwering *Wehrgang* m
● koorgang *Rundgang* m; *Umgang* m
transactie *Transaktion* v; *Geschäft* o ★ tot een ~
komen *zu einem Geschäftsabschluss kommen*
trans-Atlantisch *transatlantisch*
transcendent *transzendent*
transcendentaal *transzendent(al)*
transcontinentaal *transkontinental* ★ een
transcontinentale vlucht *ein
Transkontinentalflug* m
transcriberen *transkribieren*; ⟨radio⟩ *umarbeiten*
transcriptie *Transkription* v
transfer ● overdracht *Transfer* m ● SPORT
Transfer m
transferbagage *Transitgepäck* o
transferium *Park-and-Ride-Parkhaus* o
transfermarkt *Transfermarkt* m
transfervrij *transferfrei*
transformatie *Transformation* v;
Transformierung v
transformator *Transformator* m; *Trafo* m
transformatorhuisje *Trafohäuschen* o
transformeren *transformieren*
transfusie *Transfusion* v
transgeen BIOL. *transgen*
transistor *Transistor* m
transit *Transit* m
transitief *transitiv; zielend*
transito *Transit* m; *Durchfuhr* v

transitohaven *Durchfuhr-/Transithafen* m
transitorium *Transitorium* o
transitvisum *Transitvisum* o
transmissie *Transmission* v
transmitter *Transmitter* m
transparant I ZN [het] *Transparent* o II BNW
transparent; durchscheinend
transpiratie ● het zweten *Transpiration* v;
Schwitzen o ● zweet *Hautausdünstung* v;
Schweiß m
transpireren *transpirieren; schwitzen*
transplantatie *Transplantation* v
transplanteren *transplantieren; verpflanzen*
transponder *Transponder* m
transport ● vervoer *Transport* m ★ ~ over de
weg *Transport auf der Straße* ★ ~ per spoor
Transport mit der Bahn ★ ~ per vrachtwagen
Transport auf/mit Lastwagen ★ ~ per
schip/vliegtuig *Transport per Schiff/Flugzeug*
● overdracht *Übertragung* v ● ADMIN.
Übertrag m
transportband *Förderband* o; *Transportband* o
transportbedrijf *Spedition* v;
Transportunternehmen o
transporteren *transportieren*
transportkosten *Transportspesen* v
transportonderneming *Spedition* v;
Transportunternehmen o
transseksueel I ZN [de] *Transsexuelle(r)* m II BNW
transsexuell
Transsylvanië *Transsylvanien* o
Transvaal *Transvaal* o
trant *Stil* m; *Art* v ★ iets zeggen in de ~ van...
etw. sagen, wie... ★ iets in die ~ *etw. in dem
Stil* ★ naar de oude ~ *im alten Stil* ★ in de ~
van Mozart componeren *im Stil/in der Art
Mozarts komponieren*
trap ● beweging met been *Fußtritt* m; *Stoß* m
★ SPORT vrije trap *Freistoß* m ● constructie
met treden *Treppe* v ★ trappen lopen *Treppen
steigen* ● graad *Stufe* v; *Stand* m ★ stellende
trap *Positiv* m ★ vergrotende trap *Komparativ*
m ★ overtreffende trap *Superlativ* m ★ een
hoge trap van ontwikkeling *ein hoher
Entwicklungsstand* ● MUZ. *Intervall* o
trapboot *Tretboot* o
trapeze *Trapez* o
trapezewerker *Trapezkünstler* m
trapezium ● vierhoek, hangrek *Trapez* o
● handwortelbeentje *große(s) Vieleckbein* o
trapezoïde *Trapezoid* o
trapgat ≈ *Treppenhaus* o
trapgevel *Treppengiebel* m
trapleuning *Treppengeländer* o
traplift *Treppenlift* m
traploper *Treppenläufer* m
trappelen *trampeln; trappeln*; ⟨spartelen⟩
strampeln; ⟨v. paarden⟩ *scharren* ★ ik sta te ~
om te beginnen *mich juckt's in den Fingern*
trappelzak *Strampelsack* m
trappen I ov ww schoppen *treten* ★ iem. ~
jmdm. einen Tritt versetzen ★ iets kapot ~ *etw.
zertreten* ★ eruit getrapt zijn *gefeuert worden
sein* ▼ lol ~ *Unfug treiben* II ON WW ● voet
neerzetten *treten* ● fietsen *strampeln; treten*
trappenhuis *Treppenhaus* o

trapper • pedaal *Pedal* o • schoen *Treter* m
trappist *Trappist* m
trapportaal *Treppenflur* m; ⟨onderbreking⟩ *Treppenabsatz* m
trapsgewijs *stufenweise*
traptrede *Treppenstufe* v
trauma *Trauma* o
traumahelikopter *Traumaheli(kopter)* m
traumateam *Katastropheneinsatz* m; *Katastrophendienst* m
traumatisch *traumatisch*
traumatologie *Traumatologie* v
traumatoloog *Traumatologe* m
travellercheque *Travellerscheck* m; *Reisescheck* m
traverse • dwarsverbinding *Passage* v • zijwaartse sprong *Traverse* v
travestie • verkleding *Transvestismus* m • grappige bewerking *Travestie* v
travestiet *Transvestit* m
trawant • handlanger *Handlanger* m • bijplaneet *Trabant* m
trawler *Trawler* m
tray *Tablett* o
trechter *Trichter* m
tred *Tritt* m; *Schritt* m ▼ gelijke tred met iets houden *Schritt mit einer Sache halten*
trede *Stufe* v; ⟨v. een ladder⟩ *Sprosse* v
treden I ov ww trappen *treten* ★ druiven ~ *Trauben keltern* **II** on ww stappen *treten* ★ op de voorgrond ~ *in den Vordergrund treten* ▼ in iemands voetstappen ~ *in jmds. Fußstapfen treten* ★ aan het licht ~ *ans Licht kommen* ▼ naar buiten ~ *zum Vorschein kommen* ▼ in detail ~ *ins Detail gehen*
tredmolen *Tretmühle* v
tree • → **trede**
treeplank *Trittbrett* o
treffen I ov ww • raken *treffen* • overkómen *betreffen*; *zutreffen auf [+4]* • ontroeren *treffen*; *rühren*; *erschüttern* • aantreffen *vorfinden*; *antreffen* • opvallen *treffen* ★ tot stand brengen *treffen* ★ maatregelen ~ *Maßnahmen treffen/ergreifen* • boffen *treffen*; *Glück haben* ★ het getroffen hebben *es getroffen haben* ★ het niet ~ *es schlecht treffen* • gelijken ★ een goed getroffen portret *ein gut getroffenes Porträt* **II** zn [het] • confrontatie *Treffen* o • gevecht *Treffen* o
treffend • opvallend *treffend* ★ ~e gelijkenis *täuschende Ähnlichkeit* v • aandoenlijk *rührend*
treffer *Treffer* m
trefpunt *Treffpunkt* m
trefwoord *Stichwort* o
trefzeker *treffsicher*
trein *Bahn* v; *Eisenbahn* v; *Zug* m ★ de ~ van tien uur *der Zehnuhrzug* ★ iem. naar de ~ brengen *jmdn. zum Zug/Bahnhof bringen* ★ de ~ halen *den Zug erreichen* ★ de ~ missen *den Zug verpassen* ▼ lopen als een ~ *laufen wie geschmiert*
treinkaartje *Fahrschein* m; *Fahrkarte* v
treinongeluk *Zugunfall* m
treinreis *Bahnreise* v; *Zugreise* v
treinreiziger *Zugreisende(r)* m

treinstaking *Bahnstreik* m
treinstation *Bahnhof* m
treinstel *Zug* m; *Zuggarnitur* v
treintaxi *Bahntaxi* o; *Railtaxi* o
treinverbinding *Zugverbindung* v; *(Eisen)Bahnverbindung* v
treinverkeer *Zugverkehr* m
treiteraar *Quälgeist* m
treiteren *quälen*; *triezen*; *piesacken*
trek • het trekken *Zug* m ★ een trekje aan een sigaret *ein Zug an der Zigarette* • luchtstroom *Zug* m; *Luftzug* m • verhuizing *Zug* m; ⟨vluchtelingen⟩ *Treck* m ★ de trek van de wilde ganzen *der Zug der Wildgänse* • eigenschap *Charakterzug* m; *Wesenszug* m; *Zug* m ★ in grote trekken *in groben Zügen* • lijn in het gezicht *Zug* m ★ een ironische trek om de mond *ein ironischer Zug um den Mund* • eetlust *Appetit* m; *Hunger* m ★ ergens trek in hebben *Lust auf etw. haben* ★ geen trek hebben *keinen Appetit haben* ★ daar heb ik nu geen trek in *das mag ich jetzt nicht* ★ trek krijgen *Hunger bekommen* • zin *Verlangen* o; *Lust* v ★ daar heb ik echt geen trek in *dazu habe ich wirklich keine Lust* ▼ aan zijn trekken komen *auf seine Kosten kommen* ▼ in trek komen *im Kommen sein* ▼ in trek zijn *beliebt/begehrt sein*
trekdier *Zugtier* o
trekhaak *Anhängerkupplung* v
trekharmonica *Schifferklavier* o; *Ziehharmonika* v
trekken I ov ww • naar zich toehalen *ziehen* ★ iets naar zich toe ~ *etw. an sich ziehen* ★ iets omhoog ~ *etw. hochziehen* ★ iets naar beneden ~ *etw. hinunterziehen* ★ een zwaard ~ *ein Schwert ziehen* • uittrekken *ziehen* • slepen *ziehen* • aantrekken *ziehen* ★ veel aandacht ~ *alle Blicke auf sich ziehen* ★ dat trekt me wel *dazu hätte ich schon Lust* • afleiden *ziehen* ★ een parallel ~ *einen Vergleich ziehen* • krijgen *ziehen* ★ een uitkering ~ *von der Sozialhilfe leben* ★ een les uit iets ~ *Lehren aus etw. ziehen* ★ voordeel ~ uit iets *einen Vorteil aus etw. ziehen* ★ een lot ~ *ein Los ziehen* • aftreksel maken *ziehen* **II** on ww • naar zich toehalen *ziehen* • gaan *ziehen* ★ de wijde wereld in ~ *in die weite Welt hinausziehen* • gaan wonen ★ in een huis ~ *ein Haus beziehen* • beweging maken *zucken* ★ met een been ~ *ein Bein nachziehen* • tot aftreksel worden ★ de thee laten ~ *den Tee ziehen lassen*
trekker • tractor *Traktor* m • onderdeel van vuurwapen *Abzug* m ★ de ~ overhalen *abdrücken* • wisser *Wischer* m • reiziger *Wanderer* m
trekking • uitloting *Ziehung* v • het trekken *Ziehen* o
trekkingslijst *Gewinn-/Ziehungsliste* v
trekkracht *Zugkraft* v
trekpleister • MED. *Zugpflaster* o; *Ziehpflaster* o • attractie *Publikumsmagnet* m; *Knüller* m
trektocht *Wanderung* v; *Tour* v; *Fahrt* v ★ op ~ gaan *auf Fahrt gehen*
trekvogel • dier *Zugvogel* m • persoon

tr

Wandervogel m
trekzalf *Zugsalbe* v
trema *Trema* o
trend ● ontwikkeling *Trend* m; *Tendenz* v
  ● mode *Trend* m
trendgevoelig *modisch*
trendsetter *Trendsetter* m
trendvolger ● iem. met een bepaald loon ≈
  Arbeitnehmer m, *dessen Lohn an die*
  Beamtengehälter gekoppelt ist ● iem. die de
  mode volgt *Geck* m [v: *Modepuppe*]
trendwatcher *Trendbeobachter* m
trendy *modisch; modern*
treuren *trauern*
treurig ● verdrietig *traurig; betrübt*
  ● erbarmelijk *miserabel; erbärmlich*
treurmars *Trauermarsch* m
treurmuziek *Trauermusik* v
treurspel *Trauerspiel* o; *Tragödie* v
treurwilg *Trauerweide* v
treuzelaar *Trödler* m; *Trödelfritze* m [v:
  Trödelliese]
treuzelen *trödeln*
triade *Triade* v
triangel *Triangel* m
triatleet *Triathlet* m
triatlon *Triathlon* m
tribunaal *Tribunal* o
tribune *Tribüne* v
triceps *Trizeps* m
tricot ● materiaal *Trikot* m ● kleding *Trikot* o
Triëst *Triest* o
triest *traurig; trübselig*
trigonometrie *Trigonometrie* v
triktrak *Tricktrack* o; *Puff* o
triljoen *Trillion* v
trillen ● NAT. heen en weer gaand bewegen
  vibrieren ● beven *zittern; beben*
triller *Triller* m
trilling ● het beven *Beben* o ● NAT. heen- en
  weergaande beweging *Schwingung* v
trilogie *Trilogie* v
trimaran *Trimaran* m
trimbaan *Trimm-dich-Pfad* m
trimester *Trimester* o
trimestrieel BN driemaandelijks *dreimonatlich*
  ★ trimestriële examens *Trimesterprüfungen*
trimmen *trimmen*
trimmer ● TECHN. *Trimmer* m ● SPORT *Trimmer*
  m
trimsalon *Hundetrimmsalon* m
trimschoen *Sportschuh* m
trimster *Trimmerin* v
Trinidad en Tobago *Trinidad und Tobago* o
trio ⟨m.b.t. seks⟩ *Dreier* m
triomf *Triumph* m
triomfantelijk *triumphierend*
triomfboog *Triumphbogen* m
triomferen *triumphieren*
triomfkreet *Triumphschrei* m
triomfpoort *Triumphbogen* m
triomftocht *Triumphzug* m
triool *Triole* v
trioseks *Trio* o
trip ● uitstapje *Trip* m; *Ausflug* m ● effect van
  drugs *Trip* m

tripartiet *dreiteilig; dreigliedrig*
triplex I ZN [het] *Sperrholz* o **II** BNW *aus*
  Sperrholz; Sperrholz-
Tripoli *Tripoli(s)* o
trippelen *trippeln*
trippen ● trippelen *trippeln* ● onder invloed
  van drugs zijn *einen Trip nehmen*
triviaal ● platvloers *trivial* ● alledaags *trivial*
troebel I ZN [de] *Trubel* m **II** BNW *trübe* ▼ uit een
  ~e bron *aus fragwürdiger Quelle* ▼ in ~ water
  is het goed vissen *im Trüben ist gut fischen*
troef *Trumpf* m
troefkaart *Trumpf* m; *Trumpfkarte* v
troela *Trulla* v
troep ● rommel *Gerümpel* o; *Zeug* o ★ het is
  me daar een ~! *das ist da vielleicht ein*
  Durcheinander! ● groep *Menge* v; ⟨mensen⟩
  Schar v; ⟨mensen⟩ *Haufen* m ● → **troepen**
troepen *Truppen* mv
troepenconcentratie *Truppenkonzentration* v
troepenmacht *Streitmacht* v
troeteldier *Kuscheltier* o
troetelkind *Hätschelkind* o
troetelnaam *Kosename* m; *Spitzname* m
troeven *Trumpf spielen*
trofee *Trophäe* v
troffel *Kelle* v
trog ● bak *Trog* m ● AARDK. *Trog* m; ⟨in
  zeebodem⟩ *Graben* m
Trojaans *trojanisch; troisch*
Troje *Troja*
trol *Troll* m
trolleybus *Trolleybus* m
trom *Trommel* v ▼ met stille trom vertrekken
  sang- und klanglos abziehen ▼ de trom
  slaan/roeren *die Trommel (für jmdn./etw.)*
  rühren ▼ op de grote trom slaan *große Töne*
  spucken ▼ met vliegende vaandel en slaande
  trom *mit Pauken und Trompeten*
trombocyt *Thrombozyt* m; *Blutplättchen* o
trombone *Posaune* v
trombonist *Posaunist* m
trombose *Thrombose* v
trombosedienst *Thrombosestation* v
tromgeroffel *Trommelwirbel* o
trommel ● doos *Dose* v; *Büchse* v ● trom
  Trommel m ● cilinder *Trommel* v
trommelaar *Trommler* m
trommeldroger *(Wäsche)Trockner* m
trommelen *trommeln*
trommelrem *Trommelbremse* v
trommelvlies *Trommelfell* o
trommelvliesontsteking
  Trommelfellentzündung v;
  Paukenfellentzündung v
trommelwasmachine *Trommelwaschmaschine*
  v
trompet *Trompete* v
trompetgeschal *Trompetenschall* m
trompetten *trompeten*
trompetteren I WW OV *trompeten* **II** WW ONOV
  trompeten
trompettist *Trompeter* m
tronen I OV WW meetronen *locken* **II** ON WW
  heersen *thronen*
tronie *Visage* v

tr

troon *Thron* m
troonopvolger *Thronfolger* m
troonopvolging *Thronfolge* v
troonrede *Thronrede* v
troonsafstand *Thronverzicht* m
troonsbestijging *Thronbesteigung* v
troonzaal *Thronsaal* m
troost *Trost* m ★ een schrale ~ *ein schwacher/ magerer Trost* ★ ~ vinden in iets *aus etw. Trost schöpfen*
troosteloos *trostlos*
troosten *trösten*
troostfinale, BN troosting *Spiel* o *um den dritten Platz; Trostrunde* v
troostprijs *Trostpreis* m
tropen *Tropen* mv
tropenhelm *Tropenhelm* m
tropenjaren ≈ *in den Tropen verbrachte(n) Dienstjahre* mv
tropenklimaat *Tropenklima* o
tropenkolder *Tropenkoller* m
tropenpak *Tropenanzug* m
tropenrooster ≈ *in den Tropen gehandhabte Zeiteinteilung* v
tropisch *tropisch*
tros ● SCHEEPV. kabel *Trosse* v ● bloeiwijze *Traube* v
trots I ZN [de] tevredenheid *Stolz* m **II** BNW tevreden *stolz* ★ ~ zijn op iets *auf etw. stolz sein*
trotseren ● weerstaan *trotzen* [+3] ● FIG. het hoofd bieden *trotzen* [+3]
trotsheid ⟨hoogmoed⟩ *Hochmut* m; ⟨fierheid⟩ *Stolz* m
trottoir *Bürgersteig* m
trottoirband *Bordstein* m
troubadour *Troubadour* m
trouw I ZN [de] ● het trouw zijn *Treue* v ★ ~ zweren aan iem. *jmdm. Treue schwören/ geloben* ● BN bruiloft *Hochzeit* v ▼ te goeder ~ *aufrichtig; ehrlich* ▼ te kwader ~ *unaufrichtig; hinterhältig* **II** BNW getrouw *treu* ★ iem. ~ blijven *jmdm. die Treue halten* ★ iem. ~ zijn *treu zu jmdm. stehen* ★ ~ aan zijn beginselen zijn *sich selbst treu sein* ★ ~ aan zijn belofte zijn *treu sein Versprechen halten*
trouwakte *Heiratsurkunde* v; *Trauschein* m
trouwboekje *Familienbuch* o
trouwdag *Hochzeitstag* m
trouweloos ● ontrouw *treulos* ● vals *niederträchtig*
trouwen I OV WW ● tot echtgenoot nemen *heiraten* ★ iem. ~ *jmdn. heiraten* ● in de echt verbinden *trauen* **II** ON WW huwen *heiraten; sich verheiraten* ★ voor de wet ~ *standesamtlich heiraten* ★ met iem. ~ *jmdn. heiraten* ★ wanneer gaan jullie ~? *wann heiratet ihr?* ★ in een rijke familie ~ *eine gute Partie machen* ★ met iem. getrouwd zijn *mit jmdm. verheiratet sein*
trouwens *übrigens;* ⟨evenwel⟩ *allerdings;* ⟨evenwel⟩ *freilich* ★ dat vind ik ~ niet zo raar *das wundert mich allerdings nicht* ★ hoe heet jij ~? *wie heißt du übrigens?*
trouwerij ● plechtigheid *Trauung* v ● trouwpartij *Hochzeit* v

trouwfoto *Hochzeitsfoto* o; *Hochzeitsbild* o
trouwhartig ● trouw *treu* ● eerlijk *aufrichtig*
trouwjurk *Hochzeitskleid* o
trouwkaart *Heiratsanzeige* v
trouwpartij ● gezelschap *Hochzeitsgesellschaft* v ● huwelijksfeest *Hochzeitsfest* o
trouwplannen *Heiratspläne* mv
trouwplechtigheid *Trauung* v
trouwring *Ehering* m; *Trauring* m
truc *Trick* m; *Kniff* m
trucage *Trick* m
trucfilm *Trickfilm* m
truck *Lastkraftwagen* m; *Lkw* m
trucker *Lkw-Fahrer* m
truffel ● zwam *Trüffel* m ● bonbon *Trüffel* m
trui *Pullover* m; *Pulli* m ▼ de gele trui *das gelbe Trikot*
trukendoos *Trickkiste* v ★ zijn ~ opentrekken *in die Trickkiste greifen*
trust *Trust* m
trustee *Trustee* m; *Treuhänder* m m
trut *Trine* v; *Zicke* v; *Schnepfe* v; *Zippe* v
truttig *zickig*
truweel BN troffel *Kelle* v
try-out *Voraufführung* v
tsaar *Zar* m
tsarina *Zarin* v
tseetseevlieg *Tsetsefliege* v
T-shirt *T-Shirt* o
Tsjaad *Tschad* m
Tsjech *Tscheche* m
Tsjechië *Tschechien* o
Tsjechisch I BNW m.b.t. Tsjechië *tschechisch* **II** ZN [het] taal *Tschechisch(e)* o
Tsjechische *Tschechin* v
Tsjecho-Slowaaks *tschechoslowakisch*
Tsjecho-Slowakije *Tschechoslowakei* v
tsjilpen *zwitschern; schilpen*
tsjirpen *zirpen*
tso BN, O&W technisch secundair onderwijs ≈ *technische Berufsschule* v
tsunami *Tsunami* m
TU *TU* v; *Technische Universität* v
tuba *Tuba* v
tube[1] *Tube* v
tube[2] (zeg: tjoeb) *Schlauchreifen* m
tuberculeus *tuberkulös*
tuberculose *Tuberkulose* v
tucht *Disziplin* v ★ orde en ~ *Zucht und Ordnung*
tuchtcollege *Disziplinarbehörde* v
tuchtcommissie *Sportgericht* o
tuchthuis *Zuchthaus* o
tuchtigen *züchtigen*
tuchtmaatregel *Disziplinarmaßnahme* v
tuchtraad *Disziplinarrat* m
tuchtrecht *Disziplinarrecht* o
tuchtschool *Jugendstrafanstalt* v
tuffen *juckeln; tuckern*
tuig ● touwwerk *Zeug* o; SCHEEPV. *Takelage* v ● rommel *Zeug* o; *Kram* m; *Krempel* m ● gespuis *Pack* o; *Gesindel* o
tuigage *Takelage* v; *Tauwerk* o
tuigje ≈ *Haltgurt* m
tuil ● ruiker *Strauß* m ● bloeiwijze *Doldentraube* v

tu

tuimelaar *Stehaufmännchen* o
tuimelen • vallen *taumeln*; *fallen*; *purzeln*
  • buitelen *taumeln*
tuimeling *Purzelbaum* m; ⟨val⟩ *Sturz* m
tuimelraam *Kippfenster* o
tuin *Garten* m ▼ iem. om de tuin leiden *jmdn.*
  hinters Licht führen
tuinaarde *Gartenerde* v
tuinarchitect *Gartenarchitekt* m
tuinboon *Saubohne* v
tuinbouw *Gartenbau* m
tuinbouwgebied ≈ *Gartenland* o
tuinbouwschool *Gartenbauschule* v
tuinbroek *Latzhose* v
tuincentrum *Gärtnerei* m
tuinder *Gärtner* m
tuinderij • tuinbouwbedrijf *Gärtnerei* v
  • bedrijf van een kweker *Gärtnerei* v
tuindorp *Gartenstadt* v
tuinfeest *Gartenfest* o
tuingereedschap *Gartengerät* o;
  Gartenwerkzeug o
tuinhek *Gartenzaun* m
tuinhuis *Gartenhaus* o; *Laube* v
tuinier *Gärtner* m; ⟨liefhebber van tuinieren⟩
  Gartenfreund m
tuinieren *gärtnern*; ⟨verzorgen⟩ *den Garten*
  pflegen
tuinkabouter *Gartenzwerg* m
tuinkers *Gartenkresse* v
tuinkruid *Gartenkraut* o
tuinman *Gärtner* m
tuinmeubel *Gartenmöbel* o
tuinpad *Gartenweg* m
tuinslang *Gartenschlauch* m
tuinstoel *Gartenstuhl* m
tuit • spits toelopend einde *Zipfel* m
  • schenktuit *Schnabel* m; *Ausguss* m; *Tülle* v
tuiten I ov ww tot tuit maken *spitzen* ★ de
  lippen ~ *die Lippen schürzen* **II** ON ww
  • suizen *gellen* ★ mijn oren ~ *mir klingen die*
  Ohren • een tuit vormen *heraus-/hervorragen*
tuk op *scharf auf* [+4]; *erpicht auf* [+4] ▼ iem.
  tuk hebben *jmdn. zum Besten haben*
tukje *Schläfchen* o; *Nickerchen* o
tulband • hoofddeksel *Turban* m • cake
  Topfkuchen m; *Napfkuchen* m
tule *Tüll* m
tulp *Tulpe* v
tulpenbol *Tulpenzwiebel* v
tumor *Tumor* m
tumult *Tumult* m; *Aufruhr* m
tumultueus *tumultuös*; *lärmend*
tune *Erkennungsmelodie* v
tuner *Tuner* m
tuner-versterker *Receiver* m
Tunesië *Tunesien* o
Tunesisch *tunesisch*
tuniek • bloes *Tunika* v [mv: *Tuniken*]
  • uniformjas *kurze Uniformjacke* m
Tunis *Tunis* o
tunnel *Tunnel* m; ⟨onder spoorweg e.d.⟩
  Unterführung v
tunneltent *Tunnelzelt* o
turbine *Turbine* v
turbo • krachtversterker *Turbolader* m • auto

Turbo m
turbo- *Turbo-*
turbulent *turbulent*; *ungestüm*; ⟨leven⟩ *bewegt*;
  ⟨liefde⟩ *stürmisch*
turbulentie • luchtwerveling *Turbulenz* v • FIG.
  onrust *Turbulenz* v ★ het vliegtuig had last
  van ~ *das Flugzeug hatte Turbulenzprobleme*
tureluurs *verrückt*; *toll*
turen • zoekend kijken *spähen* • staren *starren*
turf • veen *Sode* v; *Torf* m ★ turf steken *Torf*
  stechen • dik boek *Wälzer* m ▼ toen hij nog
  drie turven hoog was *als er noch ein*
  Dreikäsehoch war
turfaarde *Torferde* v
turfmolm *Torfmull* m
Turijn *Turin* o
Turk *Türke* m
turk ▼ BN jonge turk *aufstrebende(s) Talent* o
Turkije *Türkei* v
Turkmenistan *Turkmenien* o
turkoois *Türkis* m
Turks I BNW m.b.t. Turkije *türkisch* **II** ZN [het]
  taal *Türkisch(e)* o
Turkse *Türkin* v
turnen *turnen*
turner *Turner* m [v: *Turnerin*]
turnster *Turnerin* v
turnvereniging *Turnverein* m
turnzaal BN, SPORT *Turnhalle* v
turquoise *türkis*
turven ⟨mit Strichen⟩ *zählen*
tussen • begrensd door *zwischen* [+3/4] ★ ~
  Utrecht en Amsterdam *zwischen Utrecht und*
  Amsterdam ★ ~ de auto's door *zwischen den*
  Autos ★ ~ nu en 6 uur *zwischen jetzt und 6*
  Uhr • te midden van *zwischen* [+3/4] ★ ~ de
  omstanders *zwischen den Umstehenden*
  • beperkt tot *zwischen* [+3/4] ★ een contract
  ~ twee partijen *ein Vertrag zwischen zwei*
  Parteien ★ ~ ons unter uns ▼ er van ~ gaan
  abhauen ▼ hij werd er ~ genomen *er wurde*
  auf den Arm genommen ▼ er is iets ~
  gekomen *es ist etw. dazwischengekommen*
tussenbalans *Zwischenbilanz* v
tussenbeide *zwischen beiden* ★ ~ komen
  eingreifen; *dazwischenfahren*
tussendeur *Verbindungs-/Zwischentür* v
tussendoor *zwischendurch* ★ tussen de bomen
  door *zwischen den Bäumen durch*
tussendoortje *Imbiss* m; *Happen* m
tussenfase *Zwischenphase* v
tussengelegen ⟨v. tijdstippen⟩
  dazwischenliegend; ⟨v. zaken⟩
  dazwischenstehend
tussengerecht *Zwischengericht* o
tussenhandel *Zwischenhandel* m
tussenin ⟨komen⟩ *zwischendrein*; ⟨zijn⟩
  zwischendrin ★ daar ~ *dazwischen*
tussenkomen • BN financieel bijdragen
  beitragen; *beisteuern* • BN bemiddelen
  schlichten
tussenkomst • interventie *Einschreiten* o;
  Eingreifen o; ⟨bemiddeling⟩ *Vermittlung* v
  • BN financiële bijdrage *Beitrag* m • BN, POL.
  interruptie *Zwischenruf* m
tussenlanding *Zwischenlandung* v

tussenmuur *Zwischenmauer* v
tussenpersoon *Mittelsperson* v; *Vermittler* m
tussenpoos *Zwischenraum* m ★ bij
  tussenpozen *von Zeit zu Zeit* ★ met vrij lange
  tussenpozen *in längeren Abständen/*
  Zwischenräumen ★ zonder tussenpozen
  ununterbrochen
tussenruimte *Zwischenraum* m
tussenschot *Zwischenwand* v; *Scheidewand* v;
  Trennwand v
tussenspurt *Zwischenspurt* m
tussenstand *Zwischenergebnis* o
tussenstation *Zwischenstation* v
tussenstop *Zwischenpause* v; *Zwischenlandung*
  v; *Zwischenstopp* m
tussentijd *Zwischenzeit* v ★ in de ~ *inzwischen*;
  unterdessen
tussentijds *zwischenzeitlich*; *in der Zwischenzeit*
  ★ ~e maaltijd *Zwischenmahlzeit* v ★ ~e
  landing *Zwischenlandung* v ★ ~ ontslag
  vorzeitige Entlassung v ★ ~e verkiezingen
  vorgezogene(n) Wahlen
tussenuit *heraus*; *hinaus*
tussenuur *Freistunde* v; *Zwischenstunde* v
tussenvoegen *einfügen*; *einschieben*
tussenwand *Zwischenwand* v
tussenweg *Mittelweg* m
tussenwerpsel *Interjektion* v
tut *Zicke* v
tutoyeren *duzen* ★ zij ~ elkaar *sie duzen sich*
tutten *trödeln*
tuttifrutti *Tuttifrutti* o
tuttig *zimperlich*; *zickig*
tuttut *na*; *sachte, sachte*; *alles mit der Ruhe!*
tuurlijk *türlich*
tv *TV* o
tv-gids *Fernsehzeitung* v; *Fernsehprogramm* o;
  Programmzeitschrift v
tv-omroep *Fernsehanstalt* v
tv-presentator *Fernsehmoderator* m
tv-programma *Fernsehsendung* v;
  Fernsehprogramm o
tv-uitzending *Fernsehausstrahlung* v
twaalf ● *zwölf* ● → **vier**
twaalfde ● *zwölfte(r)* ● → **vierde**
twaalftal *Dutzend* v
twaalfuurtje *zweite(s) Frühstück* o
twee I TELW ● *zwei* ★ iets in tweeën breken
  etw. entzweibrechen ● → **vier** II ZN [de] ● *getal*
  Zwei v ● O&W schoolcijfer ≈ *Sechs* v
tweebaansweg *zweibahnige Straße* v
tweecomponentenlijm *Zweikomponentenkleber*
  m
tweed I ZN [het] *Tweed* m II BNW *aus Tweed*;
  Tweed-
tweede ● *zweite(r)* ★ ten ~ *zweitens* ● → **vierde**
tweedegraads *zweiten Grades* ★ ~ verbranding
  Verbrennung zweiten Grades
tweedehands *aus zweiter Hand*; ⟨boeken⟩
  antiquarisch ★ ~ auto *Gebrauchtwagen* m ★ ~
  boekhandel *Antiquariat* o ★ ~ winkeltje
  Secondhandladen m; *Trödelladen* m
tweedejaars I ZN [de] *Student* m *im*
  dritten/vierten Semester II BNW *im*
  dritten/vierten Semester
Tweede Kamerlid *Mitglied* o *der Zweiten*

Kammer; ⟨in Dld.⟩ *Bundestagsabgeordnete(r)* m
Tweede Kamerverkiezingen
  Parlamentswahlen mv
tweedekansonderwijs BN, O&W *zweite(r)*
  Bildungsweg
tweedelig *zweiteilig*; ⟨v. boeken⟩ *zweibändig*
tweedelijns *in zweiter Linie*
tweedeling *Zweiteilung* v
tweederangs *zweitklassig*; MIN. *zweitrangig*
tweedeursauto *zweitürige(s) Auto* o
tweedracht *Zwietracht* v
tweeduizend ● *zweitausend* ● → **vier**
twee-eiig *zweieiig*
tweeërlei *zweierlei*
tweegevecht *Duell* o; *Zweikampf* m
tweehonderd ● *zweihundert* ● → **vier**
tweehoog *im zweiten Stock*; *in der zweiten*
  Etage
tweekamerflat *Zweizimmerwohnung* v;
  Zweizimmerapartment o
tweeklank *Diphthong* m; *Doppellaut* m
tweekwartsmaat *Zweivierteltakt* m
tweeledig ● *uit twee delen/leden bestaand*
  zweigliedrig ● *dubbelzinnig doppeldeutig*;
  zweideutig
tweeling ● *twee kinderen Zwillinge* m mv
  ★ Siamese ~ *siamesische Zwillinge* ● *één van*
  tweeling Zwilling m
tweelingbroer *Zwillingsbruder* m
Tweelingen *Zwillinge* m mv
tweelingzuster, INFORM. **tweelingzus**
  Zwillingsschwester v
tweemaal *doppelt*; *zweimal*
tweemaster *Zweimaster* m
twee-onder-een-kapwoning *halb*
  freistehende(s) Haus o
tweepartijenstelsel *Zweiparteiensystem* o
tweepersoonsbed *Doppelbett* o
tweepits *mit zwei Flammen* ★ een ~ gastoestel
  Herd mit zwei Gasflammen
tweerichtingsverkeer *Verkehr* m *in beide*
  Richtungen
tweeslachtig ● *hermafrodiet zwittrig*;
  doppelgeschlechtig; PLANTK. *zweigeschlechtig*
  ● *amfibisch amphibisch* ● *ambivalent*
  ambivalent; *zweideutig*
tweespalt *Zwiespalt* m
tweespraak *Zwiegespräch* o; *Zwiesprache* v
tweesprong *Weggabelung* v ▼ op een ~ staan
  am Scheideweg stehen
tweestemmig *zweistimmig*
tweestrijd *Zwiespalt* m ★ in ~ staan *sich in*
  einem Zwiespalt befinden
tweetal *Paar* o; *Duo* o ★ na een ~ maanden
  nach etwa zwei Monaten
tweetalig *zweisprachig*
tweeverdieners *Doppelverdiener* mv
tweevoud *Zweifache(s)* o; *Doppelte(s)* o ★ in ~
  in zweifacher Ausfertigung
tweewieler *Zweirad* o
tweezijdig *zweiseitig*
tweezitsbank *Zweisitzersofa* o
twijfel *Zweifel* m; ⟨scepsis⟩ *Bedenken* mv ★ in ~
  staan *zweifeln*; *unschlüssig sein* ★ iets in ~
  trekken *etw. bezweifeln*; *etw. in Zweifel ziehen*
  ★ zonder ~ *zweifelsohne*; *zweifellos* ★ ik heb

tw

daar zo mijn ~s over *ich habe da so meine
Bedenken/Zweifel* ★ ~ koesteren *Zweifel hegen*
★ het lijdt geen ~ dat *es unterliegt keinem
Zweifel dass*
twijfelaar ● iem. die twijfelt *Zweifler* m ● bed
≈ *französische(s) Bett* o
twijfelachtig *zweifelhaft*
twijfelen ● onzeker zijn *zweifeln; schwanken;
unschlüssig sein* ● ~ **aan** *zweifeln an* [+3]
twijfelgeval *Zweifelsfall* m
twijg *Zweig* m
twinkelen *funkeln;* ⟨ogen⟩ *glitzern*
twinkeling ● *Glanz* o; *Funkeln* o; *Glitzern* o
● van ogen *Leuchten* o
twintig ● *zwanzig* ● → **vier, veertig**
twintiger *Zwanziger* m
twintigje ● briefje van twintig
Zwanzigeuroschein m ● muntje van twintig
(cent) *Zwanzigcentstück* o
twintigste ● *zwanzigste(r)* ● → **vierde,
veertigste**
twist ● onenigheid ★ ~ zaaien *Zwietracht
säen/stiften* ★ ~ zoeken *Streit suchen* ● ruzie
Zwist m; *Streit* m; *Streitigkeit* v ● dans *Twist* m
twistappel *Zankapfel* m; ⟨mythologisch⟩
Erisapfel m
twisten ● redetwisten *(sich) streiten* ★ daarover
valt te ~ *darüber lässt sich streiten* ● ruziën
(sich) streiten; (sich) zanken ★ met iem. over
iets ~ *sich mit jmdm. über etw. streiten*
● dansen *twisten*
twistgesprek *Streitgespräch* o; *Wortgefecht* o
twistpunt *Streitgegenstand* m; *Streitpunkt* m
twistziek *streitsüchtig; zanksüchtig*
t.w.v. *im Wert von*
tycoon *Tycoon* m; *Magnat* m
tyfoon *Taifun* m
tyfus *Typhus* m
type ● soort *Typ* m ● persoon *Typ* m;
Individuum o ★ jij bent een raar type *du bist
so 'ne Type* ★ jij bent het type van een
schoolmeester *du bist ein typischer Lehrer*
typecasting *Rollenauswahl* v
typediploma *Maschinenschreibdiplom* o
typefout *Tippfehler* m
typemachine *Schreibmaschine* v
typen *Schreibmaschine schreiben; Maschine
schreiben;* INFORM. *tippen* ● getypt
maschinengeschrieben; maschinenschriftlich
★ getypte kopij *Manuskript in
Maschinenschrift* o
typeren *charakterisieren; kennzeichnen*
typerend *typisch; kennzeichnend;
charakteristisch*
typesnelheid *Anschläge pro Minute* mv
typevaardigheid *Fertigkeit* v *im
Tippen/Maschinenschreiben*
typisch ● typerend *typisch; charakteristisch;
bezeichnend* ★ ~ iets voor haar *(das ist) typisch
für sie* ● eigenaardig *merkwürdig; sonderbar;
komisch*
typist *Schreibkraft* v
typografie *Typografie* v
typologie *Typologie* v
Tyrrheense Zee *Tyrrhenische(s) Meer* o
t.z.t. *zu gelegener/passender Zeit*

U

u I ZN [de] *U* o ★ de u van Utrecht *U wie Ulrich;
Ü wie Übermut* II PERS VNW ● FORM. *Sie; Ihnen*
[3] ★ als ik u was *an Ihrer Stelle* ● BN jij *du*
● BN jou *dir* [+3]; *dich* [+4]
überhaupt *überhaupt*
U-bocht *U-Kurve* v
UEFA *UEFA* v
UEFA-cup *UEFA-Cup* m
ufo *Ufo* o
ui *Zwiebel* v
uienbrood *Zwiebelbrot* o
uiensoep *Zwiebelsuppe* v
uier *Euter* o
uierzalf *Glyzerinsalbe* v
uil ● nachtvogel *Eule* v; *Kauz* m ● sukkel
Dummkopf m; *Schafskopf* m
uilenbal *Gewölle* o
uilskuiken ● uilenjong *Eulenjunge(s)* o
● domoor *Dummkopf* m; *Trottel* m
uiltje *Nachtfalter* m ▾ een ~ knappen *ein
Nickerchen machen*
uit I VZ ● naar buiten *aus... heraus/hinaus* ★ iets
uit het raam gooien *etw. aus dem Fenster
werfen* ★ de stad uit gaan *aus der Stadt heraus
gehen* ★ ik kom er wel uit *ich finde schon
hinaus* ● buiten *aus* [+3] ★ het hotel ligt een
kilometer uit het centrum *das Hotel liegt
einen Kilometer außerhalb der Stadt*
● van(daan) *aus* [+3]; *von* [+3] ★ ik kom uit
Nederland *ich komme aus den Niederlanden*
★ uit welk boek heb je dat? *aus welchem
Buch hast du das?* ● vanwege *aus* [+3]; *wegen*
[+2] ★ uit jaloezie *aus Eifersucht* II BIJW
● beëindigd *aus; zu Ende* ★ het verhaal is uit
die Geschichte ist aus ★ het is uit tussen hen
*sie haben Schluss gemacht; es ist aus zwischen
ihnen* ★ de school is uit *die Schule ist aus* ★ ik
heb mijn boek uit *ich habe mein Buch
ausgelesen* ★ het is uit met hem *es ist aus mit
ihm* ★ nu is het uit! *jetzt reicht'!* ★ en
daarmee uit! *und damit fertig!* ● niet
populair meer *out* ★ hoge hakken zijn uit
Stöckelschuhe sind out ● niet brandend *aus*
★ de kaars is uit *die Kerze ist aus*
● gepubliceerd *heraus* ★ haar boek is uit *das
Buch ist rausgekommen* ● buiten de deur
draußen; FIG. *aus* ★ hij is met haar uit
geweest *er ist mit ihr ausgewesen* ● SPORT
buiten de lijnen ★ de bal is uit *der Ball ist im
Aus* ● BN leeg *leer* ▾ SPORT uit spelen *auswärts
spielen* ▾ uit en thuis *weg und zurück* ▾ er
even uit moeten *Luftveränderung brauchen*
▾ uit zijn op iets *auf etw. aus sein* ★ ik kan er
niet over uit *ich komme nicht drüber hinweg*
uitademen *ausatmen*
uitbaggeren *ausbaggern*
uitbakken *auslassen; ausbraten*
uitbalanceren *ausbalancieren;* ⟨wiel⟩
auswuchten ★ een uitgebalanceerde maaltijd
eine ausgewogene Mahlzeit
uitbannen ● verbannen *verbannen* ● uitdrijven
austreiben ★ de duivel ~ ≈ *den Teufel*

austreiben
uitbarsten ● exploderen *ausbrechen* ● FIG. zich
fel uiten *ausbrechen*
uitbarsting ● het uitbarsten *Eruption* v ● uiting
Ausbruch m ★ tot een ~ komen *zum Ausbruch
kommen*
uitbaten *führen; leiten; betreiben*
uitbater *Besitzer* m; *Inhaber* m; *Geschäftsführer*
m
uitbeelden *darstellen; schildern* ★ een rol in
een film ~ *eine Rolle im Film verkörpern*
uitbeelding ● afbeelding, beschrijving, enz.
Darstellung v ● vertolking in een rol
Darstellung v
uitbenen ● van botten ontdoen *die Knochen
herauslösen* ● FIG. exploiteren *völlig ausnutzen*
uitbesteden ● aan anderen overdragen
vergeben; in Auftrag geben ● in de kost doen
unterbringen; in Pflege geben
uitbesteding ● aan anderen overdragen
〈werk〉 *Vergabe* v ● het elders in de kost doen
Unterbringung v
uitbetalen *auszahlen* ★ per uur ~ *pro Stunde
bezahlen*
uitbetaling *Aus(be)zahlung* v
uitbijten *wegätzen; wegfressen*
uitblazen I OV WW uitademen *ausblasen* II ON
WW op adem komen *zu Atem kommen; (sich)
verschnaufen*
uitblijven *ausbleiben* ★ de gevolgen bleven niet
uit *die Folgen ließen nicht auf sich warten*
uitblinken *sich auszeichnen; hinausragen über*
★ ~ in *sich auszeichnen durch*
uitblinker *Ass* o; *Könner* m
uitbloeien *ausblühen; verblühen*
uitbollen ● BN vaart minderen, uitrijden
ausrollen lassen ● BELG afbouwen,
verminderen *auslaufen lassen*
uitbotten *ausschlagen; sprießen*
uitbouw ● het uitbreiden *Anbau* m;
〈vergroting〉 *Ausbau* m ● aangebouwd deel
Anbau m
uitbouwen ● uitbreiden *vergrößern; anbauen*
● verder ontwikkelen *ausbauen*
uitbraak *Ausbruch* m
uitbraakpoging *Ausbruchsversuch* m
uitbraken ● uitslaan *ausstoßen* ● door braken
uitspuwen *erbrechen; kotzen* ★ de vulkaan
braakt vuur uit *der Vulkan speit Feuer* ▼ zijn
gal ~ *Gift und Galle speien*
uitbranden I ON WW door vuur verwoest
worden *ausbrennen* II OV WW een wond
reinigen *ausbrennen*
uitbrander *Rüffel* m; *Verweis* m ★ iem. een ~
geven *jmdm. einen Verweis/Rüffel erteilen*;
INFORM. *jmdm. eine Standpauke halten*
uitbreiden I OV WW vergroten *erweitern* II ON
WW *ausbauen* III WKD WW [zich ~] *sich
erweitern; sich ausdehnen; sich ausbreiten* ★ de
gifwolk breidt zich uit *die Giftwolke
breitet/dehnt sich aus*
uitbreiding ● het uitbreiden *Erweiterung* v;
Vergrößerung v ★ voor ~ vatbaar *ausbaufähig*
● toegevoegd deel *Ausdehnung* v; *Ausbau* m;
Ausbreitung v
uitbreidingsplan *Ausbreitungsplan* m;

Erweiterungsplan m; 〈v. een stad/gemeente〉
Ortbebauungsplan m
uitbreken I OV WW losmaken *ausbrechen* ★ er
brak een strijd uit *es entflammte ein Streit*
★ er zijn rellen uitgebroken *es sind Unruhen
ausgebrochen* ▼ breek er eens even uit! *nimm
dir mal frei!* II ON WW ● ontsnappen
ausbrechen ● uitbarsten *ausbrechen*
uitbrengen ● uiten *hervorbringen; ausbringen*
★ hij kon geen woord ~ *er konnte kein Wort
herausbringen* ● kenbaar maken *abgeben*
★ verslag ~ *Bericht erstatten* ★ een advies ~
ein Gutachten abgeben ● op de markt
brengen *herausbringen* ★ een boek ~ *ein
Buch herausgeben* ● openbaar maken *bekannt
machen; aufdecken* ● toekennen ★ een toost
~ *einen Toast ausbringen* ★ zijn stem ~ *seine
Stimme abgeben*
uitbroeden ● eieren doen uitkomen *ausbrüten*
● beramen *aushecken*
uitbuiten ● misbruiken *ausbeuten* ● ten volle
benutten *ausnutzen*
uitbuiter *Ausbeuter* m
uitbuiting *Ausbeutung* v
uitbundig ● overvloedig *unbändig*
● enthousiast *ausgelassen; überschwänglich*
uitbundigheid *Überschwänglichkeit* v
uitchecken *auschecken*
uitdagen *herausfordern*; 〈provoceren〉
provozieren ★ iem. tot een duel ~ *jmdn. zum
Duell herausfordern*
uitdagend *herausfordernd*
uitdager *Herausforderer* m
uitdaging *Herausforderung* v ★ de ~ aannemen
die Herausforderung annehmen
uitdelen *verteilen; austeilen* ★ onder de armen
~ *an die Armen verteilen*
uitdenken *sich ausdenken; sich erdenken* ★ hij
heeft dit plan uitgedacht *er hat sich diesen
Plan ausgedacht/erdacht*
uitdeuken *ausbeulen*
uitdienen *ausdienen*
uitdiepen ● dieper maken *vertiefen* ★ de
greppel ~ *den Graben vertiefen* ● FIG. grondig
uitwerken *vertiefen* ★ een rol ~ *eine Rolle
vertiefen*
uitdijen *sich ausdehnen*; 〈door vocht〉 *aufquellen*
uitdoen ● uittrekken *ausziehen* ★ doet u toch
uw jas uit *legen Sie doch Ihren Mantel ab*
● uitschakelen *ausmachen*
uitdokteren *ausknobeln; austüfteln*
uitdossen *herausputzen*
uitdraai *Ausdruck* m
uitdraaien I OV WW ● uitdoen *ausdrehen*;
ausschalten; ausmachen; 〈licht〉 *ausknipsen*
● printen *drucken* II ON WW ~ **op**
hinauslaufen auf [+4] ★ waar zal dit alles op
~? *auf was wird dies alles hinauslaufen?* ★ dit
draait op niets uit *das führt zu nichts*
uitdragen *verbreiten*
uitdrager *Trödler* m; *Gebrauchtwarenhändler* m
uitdragerij *Trödladen* m
uitdrijven *austreiben*
uitdrogen *austrocknen*
uitdroging *Austrocknung* v
uitdrukkelijk *ausdrücklich; nachdrücklich; mit*

ui

Nachdruck; *eigens*

uitdrukken ● uiten *ausdrücken*; *zum Ausdruck bringen* ★ zacht uitgedrukt *gelinde gesagt* ● uitknijpen *herauspressen*; *herausdrücken*; *auspressen* ★ een puistje ~ *einen Pickel ausdrücken* ● uitschakelen *ausdrücken*

uitdrukking ● uiting *Ausdruck* m ★ ~ geven aan iets *an etw. Ausdruck geben* ★ tot ~ brengen *zum Ausdruck bringen* ★ tot ~ komen *zum Ausdruck kommen* ● gelaatsuitdrukking ★ een gezicht zonder ~ *ein ausdrucksloses Gesicht* ● zegswijze *Redewendung* v

uitduiden *erklären*

uitdunnen I ov ww dunner maken *ausdünnen* II on ww dunner worden *sich lichten*

uiteen *auseinander*

uiteenbarsten *auseinanderplatzen*; *zerplatzen*; *zerspringen*

uiteendrijven *auseinandertreiben*

uiteengaan *auseinandergehen*; *sich trennen* ★ zij zijn uiteen gegaan *sie sind auseinandergegangen*; *sie haben sich getrennt* ★ hier gaan onze wegen uiteen *hier trennen sich unsere Wege*

uiteenlopen ● niet dezelfde kant uitlopen *auseinanderlaufen* ● verschillen *auseinandergehen* ★ daarover lopen de meningen uiteen *darüber scheiden sich die Geister*

uiteenvallen *zerfallen*; *auflösen*; *auseinanderfallen*

uiteenzetten *auseinandersetzen*; *darlegen*

uiteenzetting *Darlegung* v; *Erörterung* v

uiteinde ● uiterste einde *Ende* o ● afloop *Ende* o; *Ausgang* m ▼ een zalig ~ en een goed begin *ein glückliches Jahresende!*

uiteindelijk *letzten Endes*; *schließlich*; *letztendlich*; *zuletzt* ★ ~ heb ik het weer gedaan *am Ende kriege ich wieder die Schuld*

uiten I ov ww uitdrukken *äußern*; *von sich geben* ★ zijn vreugde ~ *seine Freude äußern* II wkd ww [zich ~] ● uitdrukken *sich ausdrücken*; *sich äußern* ● fig. tot uitdrukking komen *sich ausdrücken*; *sich äußern*

uitentreuren *endlos*; *bis zum Überdruss*

uiteraard *selbstverständlich*; *natürlich*

uiterlijk I bnw ● het meest verwijderd *äußer* ● van buiten *äußerlich* ★ de ~e schijn *der äußere Schein* II bijw ● van buiten *von/nach außen*; *äußerlich* ★ ~ was zij rustig *nach außen hin war sie ruhig* ● op zijn laatst *spätestens* III zn [het] voorkomen *Äußerlichkeit* v; *Äußerliche(s)* o; *Äußere(s)* o ★ dat is alleen maar voor het ~ *das ist nur zum Schein*

uitermate *ungemein*; *überaus*; *außerordentlich*; *äußerst* ★ dat verheugt mij ~ *das freut mich ungemein*

uiterst I bnw ● het meest verwijderd *äußerst* ● grootst *äußerst* ★ zijn ~e best doen *sein Möglichstes/Bestes tun* ● laatst *äußerst* ★ een ~e poging *ein letzter Versuch* ● laagst *äußerst* ▼ in 't ~e geval *im äußersten Fall*; *schlimmstenfalls* II bijw *in höchstem Maße*; *höchst*; *äußerst* ★ ~ zeldzaam *höchst selten* ★ ~ tevreden *in höchstem Maße zufrieden*

uiterste *Extrem* o; *Äußerste(s)* o ★ de ~n raken elkaar *die Extreme berühren sich* ★ in ~n vervallen *in Extreme verfallen* ★ van het ene ~ in het andere vallen *von einem Extrem ins andere fallen* ★ iets tot het ~ drijven *etw. bis zum Äußersten/ins Extrem treiben* ★ iem. tot het ~ drijven *jmdn. zum Letzten treiben* ★ tot het ~ gaan *zum Äußersten gehen* ★ zich tot het ~ verdedigen *sich bis aufs Letzte verteidigen*

uiterwaard *Überschwemmungsraum* m

uitfluiten *auspfeifen*

uitgaan ● weggaan *hinausgehen*; *herausgehen* ● gaan stappen *ausgehen* ● leegstromen ★ de voorstelling gaat uit *die Vorstellung ist aus* ● doven *ausgehen* ★ het licht gaat uit *das Licht geht aus*; *das Licht erlischt* ● ~ **naar** ★ onze steun gaat naar de familie uit *unsere Unterstützung gilt der Familie*; *unser Beileid gilt der Familie* ● ~ **van** rekenen op *ausgehen von*

uitgaansavond *Ausgangsabend* m

uitgaanscentrum *Ausgehviertel* o; *Vergnügungsviertel* o; *Vergnügungszentrum* o

uitgaansgelegenheid *Ausgangsmöglichkeit* v

uitgaanskleding *Ausgehkleidung* v

uitgaansleven *Nachtleben* o

uitgaansverbod *Ausgangssperre* v; *Ausgehverbot* o

uitgang *Ausgang* m

uitgangspositie *Ausgangsposition* v

uitgangspunt *Ausgangspunkt* m; ⟨wetenschappelijk⟩ *Ansatz* m

uitgave ● besteding *Ausgabe* v ● publicatie *Herausgabe* v; *Auflage* v; *Veröffentlichung* v ● bn editie, keer dat iets georganiseerd wordt *Ausgabe* v

uitgebalanceerd *ausgeglichen*

uitgeblust *erschöpft*; *zermürbt*; *(sterbens)matt*

uitgebreid ● van grote omvang *ausgedehnt*; *umfangreich* ★ ~e landgoederen *ausgedehnte(n) Güter* ● veelomvattend *umfangreich*; *umfassend* ★ ~e kennis hebben *umfassende Kenntnisse haben* ● uitvoerig *ausführlich*; *eingehend* ★ zich ~ met iets bezig houden *sich eingehend/ausführlich mit etw. beschäftigen*

uitgehongerd *ausgehungert*

uitgekiend *ausgeklügelt*

uitgekookt *ausgekocht*; *gerissen*

uitgelaten *ausgelassen* ★ ~ van blijdschap *außer sich vor Freude*

uitgeleefd *verwohnt*

uitgeleide *Geleit* o ★ iem. ~ doen *jmdn. hinausbegleiten/hinausgeleiten*

uitgelezen *erlesen*

uitgemaakt *ausgemacht*; *beschlossen*

uitgemergeld *ausgemergelt*

uitgeput ● doodmoe *erschöpft* ● verbruikt ⟨mijn/landbouwgrond⟩ *abgewirtschaftet*; ⟨voorraad⟩ *ausgegangen*

uitgerekend I bnw berekenend *berechnend*; *durchtrieben* II bijw juist (nu) *gerade*; *ausgerechnet*

uitgeslapen ● uitgerust *ausgeschlafen* ● pienter *schlau*; *pfiffig*; *gerissen*

uitgesloten *ausgeschlossen*; *unmöglich*
uitgesproken *ausgesprochen*; *unverkennbar*
uitgestorven • *niet meer bestaand ausgestorben* • FIG. *verlaten ausgestorben*
uitgestreken ★ met een ~ gezicht *mit einer Unschuldsmiene*; *ohne eine Miene zu verziehen*
uitgestrekt *ausgedehnt*; ⟨lichaam⟩ *ausgestreckt*
uitgestrektheid *Weite* v; *Ausdehnung* v
uitgeteerd *ausgezehrt*
uitgeteld • uitgeput *erschöpft*; INFORM. *erledigt* ★ hij is ~ *er ist fix und fertig* • uitgerekend ★ wanneer is zij ~? *wann ist es so weit?*
uitgeven I OV WW • besteden *ausgeben* ★ geld ~ *Geld ausgeben* • publiceren *herausgeben*; verlegen • in omloop brengen ★ aandelen ~ *Aktien anbieten* **II** WKD WW [zich ~] voor *sich ausgeben als*
uitgever • iem. die boeken uitgeeft *Verleger* m • uitgeverij *Verlag* m
uitgeverij ⟨zaak⟩ *Verlag* m; ⟨branche⟩ *Verlagswesen* o
uitgewerkt • niet langer actief *nicht mehr aktiv* ★ een ~e vulkaan *ein erloschener Vulkan* • niet langer effectief *wirkungslos* ★ de verdoving is ~ *die Narkose wirkt nicht mehr* • vervolledigd *ausgearbeitet* ★ een ~ plan *ein ausgearbeiteter Plan*
uitgewoond *verwohnt*
uitgezakt *zusammengefallen*; ⟨v. kleding⟩ *ausgebeutelt*
uitgezocht *prächtig*; *erlesen*
uitgezonderd *bis auf* [+4]; *außer* [+3]; *ausgenommen* ★ ~ mijn vader *außer mein Vater*; *mein Vater ausgenommen*
uitgifte ⟨boeken/teksten⟩ *Herausgabe* v; ⟨goederen, waardepapier⟩ *Ausgabe* v; ⟨waardepapier⟩ *Emission* v
uitgiftekoers *Ausgabekurs* m
uitglijden *ausrutschen*; *ausgleiten*
uitglijder *Ausrutscher* m; *Schnitzer* m
uitgooien *auswerfen*; *abwerfen*
uitgraven *ausgraben*
uitgroeien • uitkomen boven *hinauswachsen über* [+4] ★ daar ben ik bovenuit gegroeid *ich bin darüber hinausgewachsen* • ~ tot *sich entwickeln zu*
uitgummen *ausradieren*
uithaal • beweging *Ausholen* o ★ met een ~ gooien *weit ausholend werfen* • langgerekte toon *Dehnung* v • vinnige opmerking *Seitenhieb* m; *Hieb* m
uithalen I OV WW • baten *nützen* ★ het haalt niets uit *es nützt nichts*; *es führt zu nichts* • uitspoken *anstellen* ★ streken ~ *Streiche spielen* ★ wat heb je nu weer uitgehaald? *was hast du jetzt wieder angestellt?* • los-/uithalen *herausziehen* **II** ON WW • arm/been uitslaan *ausholen* ★ één keer goed ~ *einmal kräftig ausholen* • uitvaren *schimpfen auf*; *ausfahren* ★ tegen iem. ~ *gegen jmdn. ausfahren*
uithangbord *Aushängeschild* o
uithangen I OV WW • buiten ophangen *aufhängen*; *aushängen* ★ de vlag ~ *die Fahne aus-/heraus-/hinaushängen* • zich gedragen als *herauskehren*; *spielen* **II** ON WW • breeduit hangen *aushängen*; *heraushängen*

• verblijven *stecken*; *sich aufhalten* ▼ het hangt mij mijlenver de keel uit *es hängt mir meilenweit zum Hals heraus*
uitheems *ausländisch*; *exotisch*; ⟨zeden/gewoonten⟩ *fremd*; ⟨zeden/gewoonten⟩ *fremdländisch*
uithoek *entlegene(r) Ort* m; *entlegene(r) Winkel* m ★ tot in de verste ~ *bis in den entlegensten Winkel* ★ in een ~ wonen *am Ende der Welt wohnen*
uithollen • hol maken *aushöhlen*; *auskehlen* • ontkrachten *aushöhlen*
uitholling *Aushöhlung* v
uithongeren *aushungern*
uithoren • tot einde luisteren *zu Ende hören* • uitvragen *ausfragen*; *aushorchen*
uithouden *aushalten*
uithoudingsvermogen *Ausdauer* v
uithuilen *sich ausweinen*; INFORM. *sich ausheulen*
uithuizig *unterwegs*; *außer Haus* ★ hij is ~ *er ist außer Haus* ★ zij is vaak ~ *sie ist oft unterwegs*
uithuwelijken *verheiraten* ★ iem. ~ aan iem. *jmd. mit jmdm./an jmdn. verheiraten*
uiting • het uiten *Äußerung* v • wat geuit wordt *Ausdruck* m ★ tot ~ komen *seinen Ausdruck finden*; *zum Ausdruck kommen*; *sich niederschlagen* • ~ geven aan zijn dank *seinen Dank äußern*; *seinem Dank Ausdruck geben*
uitje *Ausflug* m
uitjouwen *ausbuhen*
uitkafferen *beschimpfen*; *zusammenstauchen*
uitkammen • uit de knoop kammen *durchkämmen* • FIG. doorzoeken ★ de buurt ~ *passer le quartier au peigne fin*
uitkeren *auszahlen*; ⟨dividend⟩ *ausschütten*
uitkering • het uitkeren *Auszahlung* v; ⟨v. dividend⟩ *Ausschüttung* v • geldsom ⟨ondersteuning⟩ *Unterstützung* v; ⟨door sociale verzekering⟩ *Leistung* v ★ ~ voor werkeloosheid *Arbeitslosengeld* o; *Arbeitslosenhilfe* v ★ een sociale ~ krijgen *Sozialhilfe bekommen*
uitkeringsfraude *Sozialhilfebetrug* m
uitkeringsgerechtigd *unterstützungsberechtigt*; *sozialhilfeberechtigt*
uitkeringsgerechtigde *Sozialhilfeberechtigte(r)* m; *Unterstützungsberechtigte(r)* m
uitkeringstrekker *Empfänger* m *staatlicher Unterstützung*
uitkienen *ausklügeln*; *ausknobeln*
uitkiezen *auswählen*; ⟨v. personen⟩ *auserwählen*
uitkijk *Beobachtungsposten* m ★ op de ~ staan *Ausschau halten*; *Schmiere stehen*
uitkijken I ON WW • uitzicht geven op *sehen auf* ★ deze kamer kijkt uit op de tuin *dieses Zimmer geht auf den Garten* • oppassen *aufpassen*; *Acht geben* ★ kijk uit! *pass auf!*; *gib Acht!*; *Vorsicht!* ★ ik kijk wel uit *ich werde mich hüten* • zoeken *Ausschau halten*; *sich umsehen*; *ausschauen* ★ naar een baan ~ *sich nach einer Stelle umsehen* ★ naar iem. ~ *nach jmdm. ausschauen*; *nach jmdm. Ausschau halten* • verlangen naar *sehnsüchtig*

entgegensehen ★ naar deze ontmoeting ~ *sich auf dieses Treffen freuen*; dieses Treffen *herbeisehen* ▼ erop uitgekeken zijn *sich an etw. sattgesehen haben* ▼ op iem. uitgekeken zijn *jegliches Interesse an jmdm. verloren haben* II OV WW tot het einde bekijken *zu Ende sehen*

uitkijkpost ● persoon *Spanner* m ● plaats *Beobachtungsposten* m; INFORM. *Ausguck* m
uitkijktoren *Aussichtsturm* m
uitklapbaar *ausklappbar*
uitklappen I OV WW naar buiten opendoen *ausklappen*; ⟨papier etc.⟩ *auseinanderfalten* II ON WW naar buiten opengaan *sich ausklappen lassen*
uitklaren *abfertigen*; SCHEEPV. *ausklarieren*
uitklaring *Abfertigung* v
uitkleden ● ontkleden *entkleiden*; *ausziehen* ★ zich ~ *sich entkleiden*; MED. *sich frei machen* ● arm maken *ausnehmen*
uitkloppen *ausklopfen*; ⟨uitdeuken⟩ *ausbeulen*
uitknijpen *auspressen*; *ausquetschen*; ⟨puistjes⟩ *ausdrücken*
uitknippen *ausschneiden* ★ het licht ~ *das Licht ausknipsen/ausschalten*
uitkomen ● tevoorschijn komen *herauskommen*; *erscheinen*; *zur Geltung kommen* ● uitbotten *ausschlagen* ● uit ei komen *schlüpfen* ● aan het licht komen *ans Licht kommen*; *an den Tag kommen*; *herauskommen* ● in druk verschijnen *herauskommen*; *erscheinen* ● aftekenen tegen *sich abzeichnen* ★ in deze jurk kwam haar figuur goed uit *dieses Kleid ließ ihre Figur zur Geltung kommen* ★ geel komt op zwart goed uit *auf Schwarz kommt Gelb gut zur Geltung*; *auf Schwarz tritt Gelb gut hervor* ● terechtkomen ★ op hetzelfde punt ~ *am gleichen Punkt ankommen* ★ in het park ~ *im Park landen/ankommen* ● verwezenlijkt worden *in Erfüllung gehen*; *sich erfüllen* ★ mijn wens kwam uit *mein Wunsch ging in Erfüllung* ● kloppen *aufgehen* ★ de berekening komt uit *die Berechnung geht auf* ● rondkomen *auskommen* ★ kom je met je geld uit? *kommst du mit deinem Geld aus?* ● gelegen komen *passen* ★ dat komt goed uit *das trifft sich gut* ★ dan komt het mij niet uit *dann paßt es mir nicht* ● SPORT spelen ★ met tien spelers ~ *mit zehn Spielern spielen* ● ⟨bij kaartspel⟩ uitspelen *ausspielen* ★ wie moet er ~? *wer spielt aus?*
uitkomst ● resultaat *Resultat* o; *Ergebnis* o ● oplossing *Lösung* v
uitkopen *abfinden*; *auszahlen* ★ iem. ~ *jmdn. abfinden/auszahlen*
uitkotsen FIG. *auskotzen*; FIG. *verabscheuen*
uitkramen *schwatzen* ★ onzin ~ *Stuss reden*; *Unsinn/Blödsinn reden*
uitkristalliseren ⟨sich⟩ *auskristallisieren*
uitlaat ● opening *Auslass* m; ⟨auto⟩ *Auspuff* m ● uitingsmogelijkheid *Ventil* o
uitlaatgas *Auspuffgas* o; *Abgas* o
uitlaatklep *Ventil* o
uitlachen *auslachen* ★ iem. in zijn gezicht ~ *jmdm. ins Gesicht auslachen* ★ niet

uitgelachen raken *aus dem Lachen nicht herauskommen*
uitladen *ausladen*; SCHEEPV. *löschen*; ⟨voertuigen⟩ *entladen*
uitlaten I OV WW ● dier naar buiten laten *hinauslassen* ★ de hond ~ *den Hund ausführen/spazieren führen* ● naar buiten geleiden *hinauslassen*; *hinausbringen*; ⟨een gast⟩ *hinausbegleiten* ● niet aandoen *auslassen* II WKD WW [zich ~] over *sich auslassen über*; *sich äußern zu* ★ hij laat zich niet daarover uit *er äußert sich nicht dazu*; *er lässt sich nicht darüber aus* ★ zich negatief over iem. ~ *sich negativ über jmdn. auslassen/äußern*
uitlating *Äußerung* v ★ uit bepaalde ~en begrijpen dat... *bestimmten Worten/ Äußerungen entnehmen, dass...*
uitleentermijn *Leihfrist* v
uitleg *Erklärung* v; ⟨uitvoerig⟩ *Darlegung* v; ⟨interpretatie⟩ *Interpretation* v; ⟨geanalyseerde verklaring⟩ *Auslegung* v ★ een nadere ~ geven *etw. erläutern* ★ dit is voor velerlei ~ vatbaar *das ist mehrdeutig* ★ dit is voor tweeërlei ~ vatbaar *das ist doppeldeutig/zweideutig*
uitlegbaar ⟨verklaarbaar⟩ *erklärbar*
uitleggen ● verklaren *darlegen*; *erläutern*; *deuten*; *erklären* ★ leg me dat maar eens uit *erklär mir das doch mal* ● uitspreiden *auslegen* ● vergroten *auslassen*
uitlekken ● bekend worden *durchsickern* ● uitdruipen *abtropfen* ● leeglopen *auslaufen*
uitlenen *ausleihen*; ⟨tegen betaling⟩ *verleihen*
uitleven [zich ~] *sich ausleben*; ⟨kinderen⟩ *sich austoben*
uitleveren *ausliefern*
uitlevering *Auslieferung* v
uitleveringsverdrag *Auslieferungsvertrag* m
uitleveringsverzoek *Auslieferungsantrag* m
uitlezen *auslesen*; *zu Ende lesen*
uitlichten ● A-V *beleuchten* ● optillen uit *herausheben*
uitlijnen *auswuchten*
uitloggen *ausloggen*
uitlokken *provozieren*; *reizen*; *herbeiführen*; ⟨protest⟩ *hervorrufen* ★ een ongeluk ~ *ein Unglück herbeiführen*
uitlokking *Provokation* v
uitloop ● marge *Auslauf* m ● monding *Mündung* v
uitlopen I OV WW lopend uitgaan *zu Ende laufen/gehen* ★ zij liep de straat uit *sie lief die Straße hinunter* ★ het huis ~ *aus dem Haus gehen/laufen* II ON WW ● naar buiten lopen *gehen aus*; SCHEEPV. *auslaufen* ● uitkomen *auslaufen* ● PLANTK. uitgroeien *ausschlagen*; *auslaufen* ● vlekkerig worden ⟨make-up⟩ *zerlaufen*; ⟨verf⟩ *auslaufen* ● voorsprong nemen *einen Vorsprung vergrößern* ● langer duren *länger dauern*; *sich in die Länge ziehen* ★ de voorstelling liep uit *die Vorstellung dauerte länger* ● ~ op leiden tot *führen zu*; *hinauslaufen auf* ★ ik weet niet waarop dat moet ~ *ich weiß nicht, wie das enden soll*; *ich weiß nicht, worauf das hinauslaufen soll* ★ dat

ui

loopt op niets uit *das läuft auf nichts hinaus*; *dabei kommt nichts heraus*; *das führt zu nichts*
uitloper ● uitgroeisel *Ausläufer* m
● randgebergte *Ausläufer* m
uitloten ● lotnummer trekken *auslosen*
● uitsluiten door loting *auslosen*
uitloting *Auslosung* v
uitloven *aussetzen*
uitluiden *ausläuten* ★ het oude jaar ~ *das alte Jahr ausläuten*
uitmaken ● beslissen *entscheiden* ★ een uitgemaakte zaak *eine ausgemachte Sache* ★ maak dat samen maar uit *macht das nur untereinander aus* ★ de kwestie is nog niet uitgemaakt *die Sache ist noch nicht entschieden* ● vormen *ausmachen*; *bilden* ★ dit schilderij maakt deel uit van een collectie *dieses Gemälde ist Teil einer Kollektion* ★ deze heren maken het bestuur uit *diese Herren bilden den Vorstand* ● betekenen *ausmachen* ★ het maakt niet uit *es ist egal* ● doven ★ het vuur ~ *das Feuer löschen/ausmachen* ● doen ophouden *lösen*; *ausmachen* ★ het ~ met iem. *Schluss machen mit jmdm.* ★ een verloving ~ *eine Verlobung auflösen* ● ~ **voor** *beschimpfen*; *nennen* ★ iem. ~ voor alles wat lelijk is *jmdn. mit Schimpfworten überschütten*; *jmdn. fürchterlich beschimpfen* ★ iem. voor leugenaar ~ *jmdn. einen Lügner nennen*
uitmelken ● leegmelken *ausmelken* ● armer maken *ausquetschen*
uitmesten *ausmisten*
uitmeten ● afmeten *ausmessen* ● uitvoerig noemen *schildern*; *ausmalen* ★ iets breed ~ *viel Aufhebens von etw. machen*; *einen aufs Dach bekommen*
uitmonden *münden in*
uitmonsteren ● uitrusten *ausrüsten* ● uitdossen *herausstaffieren*; *herausputzen*; MIN. *aufdonnern*
uitmoorden *niedermetzeln*; *morden*
uitmunten *überlegen sein*; *sich auszeichnen vor* [+3]; *hinausragen* ★ boven anderen ~ *über andere hinausragen*; *anderen überlegen sein*
uitmuntend *hervorragend*; *ausgezeichnet*; 〈wijn/eten〉 *vorzüglich*
uitneembaar ● wat uitgenomen kan worden *herausnehmbar* ● demontabel *zerlegbar*
uitnemend *exzellent*
uitnodigen *einladen*; *bitten* ★ iem. op een feest ~ *jmdn. zu einem Fest einladen* ★ mag ik u ~ haar te volgen *darf ich Sie bitten, ihr zu folgen* ★ een dame voor een dans ~ *eine Dame zum Tanz auffordern*
uitnodiging *Einladung* v ● een ~ aanvaarden/afslaan *eine Einladung annehmen/ablehnen*
uitoefenen ● bedrijven *betreiben* ★ zij oefent een zelfstandig beroep uit *sie arbeitet freiberuflich* ● doen gelden *ausüben* ★ invloed op iets ~ *auf etw. einwirken*; *etw. beeinflussen* ★ kritiek ~ *Kritik üben*
uitpakken I OV WW uit verpakking halen *auspacken* **II** ON WW ● aflopen *ausgehen* ● gul zijn *aufwarten*; *großen Aufwand treiben* ★ voor de bruiloft flink ~ *für die Hochzeit*

kräftig in die Tasche greifen; eine aufwendige Hochzeit feiern
uitpersen ● leegpersen *auspressen* ● uitbuiten *ausnehmen*
uitpluizen ● uitrafelen *aufdröseln* ● FIG. uitzoeken *auf den Grund gehen*; *nachspüren* ★ de zaak ~ *der Sache auf den Grund gehen*; *der Sache nachspüren*
uitpraten I OV WW oplossen *sich aussprechen* **II** ON WW ten einde praten *ausreden* ★ uitgepraat zijn *ausgeredet haben*; *mit seinem Latein am Ende sein*
uitprinten *ausdrucken*
uitproberen *ausprobieren*
uitpuffen *(sich) verschnaufen*
uitpuilen 〈overvol〉 *überquellen*; 〈naar buiten staan〉 *hervorstehen* ★ ~de ogen *Froschaugen*
uitputten ● moe maken *erschöpfen*; *auslaugen* ● opmaken *ausschöpfen*
uitputting *Erschöpfung* v
uitputtingsslag *Zermürbungsschlacht* v
uitpuzzelen *ausknobeln*
uitrangeren *ausrangieren* ★ iem. ~ *jmdn. kaltstellen*; *jmdn. aufs tote Gleis schieben*
uitrazen *sich austoben* ★ laat hem maar even ~ *lass ihn sich austoben*
uitreiken *überreichen*; 〈paspoort〉 *ausstellen*; 〈prijs〉 *aushändigen*; 〈lintje〉 *verleihen*
uitreiking *Aushändigung* v; 〈prijs〉 *Verleihung* v; 〈plechtig〉 *Überreichung* v
uitreisvisum *Ausreisevisum* o
uitrekenen *ausrechnen*; *berechnen*
uitrekken *strecken*; 〈spieren〉 *dehnen* ★ zich ~ *sich recken*
uitrichten *ausrichten*
uitrijden *zu Ende fahren*
uitrijstrook *Ausfahrtspur* v; *Verzögerungsspur* v
uitrijverbod *Ausfahrtverbot* o
uitrijzen *emporragen über* [+4] ▼ dat rijst de pan uit *das schießt ins Kraut*
uitrit *Ausfahrt* v
uitroeien *ausrotten*
uitroeiing *Ausrottung* v
uitroep *Ausruf* m; *Schrei* m
uitroepen ● roepend zeggen *ausrufen* ● afkondigen *ausrufen*
uitroepteken *Ausrufezeichen* o
uitroken *ausräuchern*
uitruimen *ausräumen*
uitrukken I OV WW los trekken *(her)ausreißen* **II** ON WW erop uitgaan *ausrücken*
uitrusten I OV WW toerusten *ausstatten*; *ausrüsten* **II** ON WW rusten *sich ausruhen*; *verschnaufen*; *sich erholen*
uitrusting *Ausrüstung* v
uitschakelen ● buiten werking stellen ★ de motor ~ *den Motor abschalten/abstellen* ● elimineren *ausschalten* ★ in de wedstrijd uitgeschakeld worden *im Wettkampf ausscheiden* ★ iem. ~ *jmdn. erledigen*
uitschakeling ● het buiten werking stellen *Ausschaltung* v; *Eliminierung* v ● SPORT *Ausscheiden* o
uitscheiden I OV WW afscheiden *ausscheiden* **II** ON WW ophouden *aufhören* [+ inf.] ★ wij scheiden ermee uit! *wir machen Schluss!*

ui

uitscheiding *Ausscheidung* v
uitscheidingsorgaan *Ausscheidungsorgan* o
uitschelden *beschimpfen* ★ iem. voor leugenaar ~ *jmdn. als Lügner beschimpfen*; *jmdn. Lügner schimpfen* ★ hij heeft me uitgescholden *er hat mich beschimpft*
uitschieten I OV WW haastig uittrekken *abwerfen*; *fahren aus* ★ zijn jas ~ *aus seinem Mantel fahren*; *seinen Mantel abwerfen* II ON WW ● onbeheerst bewegen *ausrutschen* ● uitspruiten *ausschlagen* ● heftig uitvallen *anfahren*; *anherrschen* ★ tegen iem. ~ *jmdn. anfahren*
uitschieter *Schwankung* v
uitschijnen v BN iem. iets laten ~ *jmdm. etw. durchblicken lassen*
uitschot *Abschaum* m
uitschrijven ● uitwerken *ausschreiben* ● invullen *ausstellen*; *ausschreiben* ● afkondigen *einberufen* ★ verkiezingen ~ *Wahlen ansetzen* ★ een prijsvraag ~ *ein Preisausschreiben veranstalten* ★ een vergadering ~ *eine Versammlung einberufen* ● schrappen *austragen*
uitschudden ● schoonschudden *ausschütteln* ● plukken *ausplündern*
uitschuifbaar *ausziehbar*
uitschuifladder *Ausziehleiter* v
uitschuiven *ausziehen*
uitschuiver BN *Ausrutscher* m; *Schnitzer* m
uitserveren ● opdienen *servieren* ● SPORT *ins Aus schlagen*
uitslaan I OV WW ● uitkloppen *herausschlagen* ★ een deuk ~ *ausbeulen* ★ het tafelkleed ~ *die Tischdecke ausklopfen* ● naar buiten bewegen *ausbreiten*; *spreizen* ★ de vleugels ~ *die Flügel ausbreiten* ● uitkramen *reden*; *von sich geben* ★ onzin ~ *dummes Zeug schwatzen*; INFORM. *Stuss reden* ★ vuile taal ~ *Schweinereien erzählen*; *unanständige Reden führen* II ON WW ● naar buiten komen *herausschlagen* ★ de ~de brand *das Großfeuer* ● uitslag krijgen *mit Schimmel anlaufen* ★ de muur was groen uitgeslagen *die Wand war mit grünem Schimmel bedeckt*
uitslaapkamer *Ausschlafraum* m
uitslag ● plek *Ausschlag* m ★ ~ aan het plafond *Schimmel an der Decke* ● afloop *Ergebnis* o; *Resultat* o; MED. *Befund* m ★ de ~ van het examen *das Prüfungsergebnis* ● uitwijking *Ausschlag* m ● geprojecteerde werktekening *Zeichnung* v *im Maßstab*
uitslapen *ausschlafen*
uitsloven [zich ~] *sich abquälen*; *sich abmühen*; INFORM. *sich abrackern*
uitslover ● iem. die zich uitslooft *Streber* m ● vleier VULG. *Arschkriecher* m
uitsluiten ● buitensluiten *ausschließen*; ⟨staking⟩ *aussperren* ● uitzonderen *ausschließen*
uitsluitend *ausschließlich*
uitsluiting *Ausschluss* m; ⟨situaties/zaken⟩ *Ausschließung* v ★ met ~ van *außer* [+3]; *ausschließlich* [+2]
uitsluitsel *Aufschluss* m
uitsmeren ● smerend uitspreiden *verstreichen*;

aufstreichen ● verdelen *verteilen* ★ we moeten het over dit jaar ~ *wir müssen es über dieses Jahr verteilen*
uitsmijter ● persoon *Rausschmeißer* m ● gerecht *stramme(r) Max* m ● slotnummer *Kehraus* m
uitsnijden ● wegsnijden *(her)ausschneiden* ● door snijden vormen *ausschnitzen*
uitspannen ● uitstrekken *ausspannen* ● uit gareel losmaken *ausspannen*
uitspanning ● herberg *Ausflugslokal* o ● ontspanning *Ausspannung* v; *Erholung* v
uitspansel *Firmament* o
uitsparen ● open laten *aussparen* ● besparen *ersparen*
uitsparing ● besparing *Einsparung* v ● opengelaten plek *Aussparung* v
uitspatting *Exzess* m
uitspelen ● tot het eind spelen *zu Ende spielen* ● in het spel brengen *ausspielen* ● manipuleren *ausspielen* ★ mensen tegen elkaar ~ *Menschen gegeneinander ausspielen*
uitsplitsen ● selecteren *aufteilen*; *aufschlüsseln* ★ naar leeftijd ~ *nach (dem) Alter aufteilen* ● ontleden *verteilen*; *zergliedern*
uitspoelen *ausspülen*; *auswaschen*
uitspoken treiben; *anstellen* ★ wat hebben jullie uitgespookt *was habt ihr angestellt?*; INFORM. *was habt ihr ausgefressen?*
uitspraak ● wijze van uitspreken *Aussprache* v ● bewering *Äußerung* v; *Aussage* v ★ daar wil ik geen uitspraken over doen *dazu möchte ich mich nicht äußern* ● beslissing *Entscheidung* v ★ wanneer wordt daar ~ over gedaan? *wann wird die Entscheidung getroffen?* ● JUR. *Urteil* o ★ de rechterlijke ~ *der Richterspruch* ★ de ~ is maandag *die Urteilsverkündung ist am Montag*
uitspreiden *ausbreiten*; ⟨benen⟩ *spreizen* ★ het zaad over het grasveld ~ *das Saatgut über den Rasen verteilen*
uitspreken I OV WW ● sprekend uiten *aussprechen* ★ een vermoeden/verzoek/wens ~ *eine Vermutung/eine Bitte/einen Wunsch äußern* ● articuleren *aussprechen* ● bekendmaken *aussprechen* ★ het gerecht sprak de doodstraf over hem uit *das Gericht sprach die Todesstrafe gegen ihn aus* ★ een veto ~ *ein Veto einlegen* II ON WW ten einde spreken *ausreden*; *aussprechen* III WKD WW [zich ~] *sich aussprechen*
uitspringen ● uitsteken *vorspringen* ★ een ~de hoek *ein vorspringender Winkel* ● opvallen *auffallen*
uitspugen *ausspucken*
uitspuiten ⟨v. oren⟩ *ausspülen*
uitspuwen *ausspucken*; FORM. *ausspeien* v zijn gal/venijn over iets ~ *Gift und Galle wegen etw. spucken*
uitstaan I OV WW dulden *vertragen*; *ertragen*; *ausstehen* ★ iem. niet kunnen ~ *jmdn. nicht leiden können* ★ ik kan hem niet ~ *ich kann ihn nicht ausstehen*; *ich mag ihn nicht leiden* v ik heb niets met je uit te staan *ich habe nichts mit dir zu schaffen* v BN geen ~s hebben met *nichts zu tun haben mit* II ON WW

ui

● uitsteken *abstehen; nach außen stehen* ★ hij heeft ~de oren *er hat abstehende Ohren*
● uitgeleend zijn *ausstehen* ★ ~ tegen een percentage *sich verzinsen; verzinst werden*

uitstalkast *Schaukasten* m
uitstallen *ausstellen; zur Schau stellen*
uitstalling *Auslage* v
uitstalraam BN *Schaufenster* o
uitstapje *Ausflug* m
uitstappen *aussteigen*
uitsteeksel ⟨muur⟩ *Vorsprung* m; ⟨uitstekende punt⟩ *Spitze* v
uitstek ▼ bij ~ *wie kein anderer*; *wie keine andere*
uitsteken I OV WW ● naar buiten steken *hinausstrecken; herausstrecken* ★ de vlag ~ *die Fahne aushängen* ● eruit steken *ausstechen* ● naar voren steken *ausstrecken*; ⟨tong⟩ zeigen **II** ON WW ● naar buiten/vooruit steken *hervorspringen*; ⟨v. spreker af⟩ *hinausragen*; ⟨naar spreker toe⟩ *herausragen* ★ de punt steekt uit *die Spitze ragt heraus/hinaus* ● zichtbaar zijn *abstehen* ★ boven iem. ~ *über jmdn. hinausragen; jmdn. überragen*
uitstekend *hervorspringend*
uitstekend *ausgezeichnet; hervorragend*
uitstel *Aufschub* m ★ ~ van betaling *Stundung* v; *Zahlungsaufschub* m ★ ~ van executie *Gnaden-/Galgenfrist* v ★ zonder ~ *unverzüglich* ★ ~ verlenen *Aufschub gewähren* ★ ~ vragen *um Aufschub bitten*
uitstellen *aufschieben; verschieben; hinauszögern*
uitsterven *aussterben*
uitstijgen boven *herausragen* ★ niet boven de middelmaat ~ *über das Mittelmaß nicht hinauskommen*
uitstippelen *abstecken* ★ een route ~ *eine Strecke festlegen* ● een plan ~ *einen Plan entwickeln/konzipieren*
uitstoot *Ausstoß* m
uitstorten ● legen *ergießen* ● uiten *ausschütten* ▼ zijn hart ~ *sein Herz ausschütten; seinem Herzen Luft machen*
uitstoten ● stotend verwijderen *ausstoßen* ● uiten *ausstoßen* ● verstoten *ausstoßen*
uitstralen *ausstrahlen*
uitstraling *Ausstrahlung* v
uitstrekken I OV WW ● voluit strekken *ausstrecken* ★ de armen naar iem. ~ *jmdm. die Arme entgegenstrecken* ● doen gelden *ausweiten* ★ zijn macht ~ *seine Macht ausweiten* **II** WKD WW [zich ~] *sich erstrecken*
uitstrijken *ausstreichen*
uitstrijkje *Abstrich* m
uitstromen ● naar buiten stromen *herausströmen* ● uitmonden *strömen in* [+4]
uitstroming *Ausströmen* o; *Output* m
uitstrooien ● strooien *ausstreuen* ● overal vertellen *verbreiten; ausstreuen* ★ praatjes ~ *Gerüchte in Umlauf bringen*; *Gerüchte verbreiten/ausstreuen*
uitstroompercentage *Output-Zahlen* v mv
uitstulping *Ausstülpung* v
uitsturen *aussenden; ausschicken* ★ iem. op verkenning ~ *jmdn. etw. auskundschaften*

lassen; jmdn. zur Erkundung ausschicken
uittekenen *zeichnen* ▼ ik kan deze plek wel ~ *ich kenne diese Stelle wie meine Westentasche*
uittesten *austesten*; ⟨uitproberen⟩ *ausprobieren*
uittikken *tippen*
uittocht *Auszug* m
uittrap *Abstoß* m; *Abschlag* m
uittreden *austreten; ausscheiden* ★ vervroegd ~ *in den vorzeitigen Ruhestand treten; vorzeitig in Rente gehen* ★ als priester ~ *als Priester aus dem Amt scheiden*
uittreding ● ontslag *Ausscheiden* o; *Austritt* m ● parapsychologische toestand *Austritt* m
uittrekken ● uitdoen *ausziehen* ★ een gebreide trui ~ *einen gestrickten Pullover aufribbeln* ● bestemmen ★ geld voor iets ~ *Geld für etw. einplanen*
uittreksel ● certificaat ★ ~ uit het geboorteregister *Auszug* m *vom Einwohnermeldeamt* ● samenvatting *Auszug* m ● BN dagafschrift *Kontoauszug* m
uittypen *tippen*
uitvaagsel *Abschaum* m; *Auswurf* m
uitvaardigen ⟨arrestatiebevel⟩ *ausstellen*; ⟨sancties/uitgaansverbod⟩ *verhängen*; ⟨bevelen/orders⟩ *erlassen*
uitvaart *Beerdigung* v; ⟨plechtigheid⟩ *Beisetzung* v
uitvaartcentrum *Trauerhalle* v; *Begräbnisunternehmen* o; *Begräbnisinstitut* o; *Beerdigungsinstitut* o
uitvaartdienst *Totenmesse* v; *Totenamt* o; *Seelenamt* o
uitvaartstoet *Trauerzug* m; *Leichenzug* m
uitvaartverzekering *Sterbegeldversicherung* v
uitval ● het wegvallen *Ausfall* m ● boze uiting *Ausfall* m ● SPORT *Ausfall* m ● MIL. *Ausfall* m
uitvallen ● wegvallen *ausfallen*; SPORT *ausscheiden* ● loslaten *ausfallen* ● boos spreken *anfauchen; anfahren* ★ tegen iem. ~ *jmdn. anfauchen/anherrschen* ★ hij viel me toch uit *er ist vielleicht losgeplatzt* ● MIL. einen *Ausfall machen* ● als resultaat hebben *ausfallen; geraten* ★ het ontwerp viel goed uit *der Entwurf ist gut geraten; der Entwurf fiel gut aus* ● een bepaalde aard hebben *geraten* ★ het is klein uitgevallen *es ist klein geraten* ★ hij is niet bang uitgevallen *er ist nicht ängstlich*
uitvalsbasis ● uitgangspunt ⟨m.b.t. activiteiten⟩ *Aktionsbasis* v ● MIL. *Ausfallsbasis* v
uitvalsweg *Ausfallstraße* v
uitvaren ● naar buiten varen *auslaufen* ● boos uitvallen *toben; wettern* ★ tegen iem. ~ *jmdn. anfahren*
uitvechten ⟨met woorden⟩ *ausfechten*; ⟨strijd⟩ *austragen* ★ dat moeten zij onderling ~ *das müssen sie untereinander ausmachen/ausfechten*
uitvegen ● schoonvegen *auskehren; ausfegen* ● uitwissen *auswischen*
uitvergroten *vergrößern*
uitvergroting *Vergrößerung* v
uitverkocht ● niet meer te koop ★ het boek is ~ *das Buch ist vergriffen* ● vol *ausverkauft*

ui

★ een ~e zaal *ein ausverkauftes Haus*
uitverkoop *Ausverkauf* m ★ totale ~
Räumungsverkauf m
uitverkoren *auserwählt*
uitverkorene *Auserwählte(r)* m/v
uitvinden ● uitdenken *erfinden* ● te weten
komen *herausfinden*
uitvinder *Erfinder* m
uitvinding *Erfindung* v
uitvissen *herauskriegen*
uitvlakken *ausradieren* ▼ dat moet je niet ~ *du
solltest das zu würdigen wissen*
uitvliegen ● wegvliegen *ausfliegen* ● BN
tekeergaan *rasen; toben; wüten*
uitvloeisel ● uitwerking *Auswirkung* v ● gevolg
Folge v
uitvlooien *ausdenken; ausknobeln*
uitvlucht *Ausflucht* v; *Ausrede* v ★ goedkope
~en *faule/billige Ausreden* ★ geen ~en
alsjeblieft! *nur keine Ausreden!*
uitvoegen *sich ausfädeln*
uitvoegstrook *Ausfädelungsspur* v
uitvoer ● uitvoering *Ausfuhr* v ★ ten ~
brengen *ausführen* ● export *Export* m
● COMP. *Output* m
uitvoerbaar ● doenlijk *ausführbar*
● doorvoerbaar *machbar; durchführbar* ● JUR.
vollstreckbar
uitvoerbelasting *Ausfuhrzoll* m; *Ausfuhrsteuer* v
uitvoerder ⟨bouwkunde⟩ *Bauleiter* m;
⟨vonnis/testament⟩ *Vollstrecker* m
uitvoerdocumenten ≈ *Ausfuhrbewilligung* v
uitvoeren ● exporteren *exportieren; ausführen*
● volbrengen *erledigen; ausführen;
durchführen* ★ een opdracht ~ *einen Auftrag
erledigen/ausführen* ★ een plan ~ *einen Plan
durchführen* ● vertonen *aufführen* ★ iets voor
de eerste keer ~ *etw. uraufführen*
● verrichten *treiben; machen* ★ wat voer jij
zoal uit? *was machst/treibst du denn so?* ★ de
hele dag niets ~ *den ganzen Tag faulenzen*
★ wat heeft hij nu weer uitgevoerd? *was hat
er nun schon wieder angestellt/ausgeheckt?*
uitvoerig *ausführlich; umfassend; eingehend* ★ ~
geïnformeerd worden *umfassend informiert
werden*
uitvoering ● het uitvoeren *Ausführung* v
★ werk in ~! *Achtung, Baustelle!* ★ ~ geven
aan iets *etw. zur Aus-/Durchführung bringen;
etw. aus-/durchführen* ● voordracht
Aufführung v
uitvoeroverschot *Exportüberschuss* m
uitvoerrecht *Ausfuhrrecht* o
uitvoervergunning *Ausfuhrgenehmigung* v
uitvogelen *ausknobeln*
uitvouwbaar *ausfaltbar*
uitvouwen *auseinanderfalten;* ⟨b.v. fiets⟩
ausklappen
uitvragen *ausfragen* ★ uitgevraagd zijn
ausgefragt sein; keine Fragen mehr haben
uitvreten *ausfressen*
uitvreter ≈ *Halunke* m
uitwaaien ● doven *auswehen* ★ de kaars is
uitgewaaid *die Kerze ist ausgeweht* ● frisse
neus halen *frische Luft schnappen*
● ophouden met waaien *sich legen* ★ de

wind is uitgewaaid *der Wind hat sich gelegt*
uitwas ● uitgroeisel *Auswuchs* m; *Wucherung* v
● exces *Auswuchs* m
uitwassen *auswaschen*
uitwedstrijd *Auswärtsspiel* o
uitweg ● uitkomst *Ausweg* m ● uitgang
Ausgang m
uitweiden *weitläufig über etwas sprechen* ★ ik
wil daar niet verder over ~ *ich möchte mich
nicht weiter darüber auslassen*
uitweiding *Ausbreitung* v
uitwendig *äußerlich* ★ voor ~ gebruik *für
äußerliche Anwendung* ★ ~e verwondingen
äußere Verletzungen ● het ~e *die
Äußerlichkeiten; das Äußerliche*
uitwerken I OV WW ● vervolledigen
ausarbeiten; erarbeiten ★ een bouwplan ~
einen Bauplan ausarbeiten ★ een nieuw plan
~ *einen neuen Plan erarbeiten* ● oplossen
lösen; ausrechnen II ON WW ● effect verliezen
wirken; sich auswirken ● effect hebben ★ hoe
werkt dat op het gehoor uit? *wie wirkt sich
das auf das Gehör aus?*
uitwerking ● het vervolledigen *Ausarbeitung* v;
Bearbeitung v ● effect *Auswirkung* v; *Wirkung*
v ★ een ~ hebben op *sich auswirken auf*
uitwerpen *auswerfen*
uitwerpselen *Ausscheidungen* mv
uitwijkeling BN emigrant *Emigrant* m;
Auswanderer m
uitwijken ● opzij gaan *ausweichen* ● vluchten
ins Exil gehen ★ ~ naar het buitenland *sich
ins Ausland absetzen* ● BN emigreren
emigrieren; auswandern
uitwijking *Ausschlag* m
uitwijkmanoeuvre *Ausweichmanöver* o
uitwijkmogelijkheid ● mogelijkheid om iets te
voorkomen *Ausweichmöglichkeit* v
● alternatief *Ausweichmöglichkeit* v;
Alternative v
uitwijzen ● aantonen *zeigen; beweisen;
erweisen* ★ de praktijk wijst uit dat... *die
Praxis zeigt, dass...* ● verdrijven *ausweisen;*
INFORM. *abschieben*
uitwijzing *Ausweisung* v
uitwisbaar *auswischbar; wegwischbar;* FIG.
auslöschbar
uitwisselen *austauschen; auswechseln*
uitwisseling *Austausch* m
uitwisselingsproject *Austauschprojekt* o
uitwisselingsverdrag *Austauschvertrag* m
uitwissen *wegwischen;* ⟨opnamen⟩ *löschen*
★ sporen ~ *Spuren beseitigen*
uitwonen *verwohnen*
uitwonend *extern; außerhalb wohnend;*
⟨niet-inwonend⟩ *außer Haus*
uitworp ● uitstoot *Ausstoß* m ● SPORT *Abwurf* m
uitwrijven ● schoonwissen *sauber machen;
auswischen; ausreiben* ● door wrijven
verspreiden *verreiben* ▼ zich de ogen ~ *seinen
Augen nicht trauen*
uitwringen *auswringen*
uitwuiven ⟨zum Abschied⟩ *winken*
uitzaaien I OV WW verspreiden *aussäen* II WKD
WW ⟨zich ~⟩ *metastasieren*
uitzaaiing ● het verspreiden *Aussaat* v ● MED.

Metastase v; *Metastasierung* v

uitzakken *sich senken* ★ uitgezakt in een luie stoel *in einen Sessel gefläzt*

uitzendarbeid *Zeitarbeit* v; *Leiharbeit* v ★ ~ doen *Zeitarbeit machen*

uitzendbureau *Zeitarbeitsbüro* o; *Arbeitsvermittlungsagentur* v

uitzenden ● MEDIA *senden* ★ een concert over de radio ~ *ein Konzert durch den Rundfunk übertragen* ● met opdracht wegsturen *aussenden* ★ een technicus ~ *einen Techniker aussenden*

uitzending *Sendung* v; ⟨rechtstreeks⟩ *Übertragung* v ★ een opgenomen ~ *eine Aufzeichnung* ★ einde van de ~ *Sendeschluss* m

uitzendkracht *Zeitarbeitskraft* v; *Leiharbeiter* m

uitzendwerk *Zeitarbeit* v; *Leiharbeit* v ★ ~ doen *Zeitarbeit machen*

uitzet ⟨v. bruid⟩ *Aussteuer* v; ⟨v. baby⟩ *Babyausstattung* v

uitzetten I OV WW ● buiten iets plaatsen *aussetzen* ★ de sloepen ~ *die Rettungsboote aussetzen* ★ netten ~ *Netze auslegen* ● wegsturen *ausweisen* ★ iem. (het land) ~ *jmdn. ausweisen* ● verspreiden *aussetzen* ★ wild ~ *Wild aussetzen* ● buiten werking stellen *ab-/ausschalten* ★ de tv ~ *den Fernseher ab-/ausschalten* ● ECON. beleggen *anlegen* ★ geld ~ *Geld auf Zinsen legen* ● markeren *abstecken*; *markieren* **II** ON WW toenemen in omvang *sich ausdehnen* ★ veel stoffen zetten door verhitting uit *durch Erhitzung dehnen sich viele Stoffe aus*

uitzetting ● lengte-/volumetoename *Ausdehnung* v ● verwijdering *Ausweisung* v

uitzicht ● het uitzien *Aussicht* v ● vergezicht *Ausblick* m; *Blick* m; *Sicht* v ★ de keuken biedt ~ op de tuin *die Küche geht auf den Garten* ● vooruitzicht *Aussicht* v

uitzichtloos *aussichtslos*

uitzichtloosheid *Aussichtslosigkeit* v

uitzichtspunt *Ausblick* m

uitzichttoren *Aussichtsturm* m

uitzieken *sich auskurieren*; ⟨de ziekte zelf⟩ *auskurieren* ★ je moet wel ~ *du sollst dich schon auskurieren* ★ deze griep moet eerst ~ *diese Grippe muss erst auskuriert werden*

uitzien I ON WW ● ~ *naar* op zoek gaan naar *sich umsehen/umtun nach* ★ naar een baan ~ *eine Stelle suchen*; *sich nach einer Stelle umsehen/umtun* ● ~ *naar* verlangen naar *sich sehnen nach*; *herbeisehnen* ★ ik zie erg naar hem uit *ich sehne ihn sehr herbei*; *ich sehne mich sehr nach ihm* ● ~ *op* zicht geven op *sehen auf* [+4] ★ de vensters zien uit op de tuin *die Fenster gehen auf den Garten* **II** OV WW tot het einde zien *zu Ende sehen*

uitzingen *aushalten* ★ het kunnen ~ *es aushalten können*

uitzinnig *zügellos*; *unbändig*; *außer sich* ★ een ~ publiek *ein zügelloses/berauschtes Publikum*

uitzinnigheid ⟨tomeloosheid⟩ *Unbändigkeit* v; ⟨tomeloosheid⟩ *Zügellosigkeit* v; ⟨waanzin⟩ *Wahnsinn* m; ⟨daad⟩ *Verrücktheit* v

uitzitten *bis zuletzt teilnehmen*; *durchstehen*; ⟨gevangenisstraf⟩ *absitzen*

uitzoeken ● kiezen *aussuchen* ● sorteren *sortieren*; ⟨vruchten⟩ *auslesen* ★ uitgezochte vruchten *Fruchtauslese* v ● te weten komen *untersuchen* ★ iets tot op de bodem ~ *etw. auf den Grund gehen* ▼ zoek het zelf maar uit *das musst du selber wissen* ▼ het voor het ~ hebben *die Qual der Wahl haben* ▼ het niet voor het ~ hebben *die Dinge so nehmen müssen, wie sie sind*

uitzonderen *ausschließen*

uitzondering *Ausnahme* v ★ een hoge ~ *eine seltene/große Ausnahme* ★ bij hoge ~ *als große Ausnahme*; *ganz ausnahmsweise* ★ zonder ~ *ohne Ausnahme*; *ausnahmslos* ▼ de ~ bevestigt de regel *Ausnahmen bestätigen die Regel*; *Ausnahmen bestätigen die Regel*

uitzonderingsgeval *Ausnahmefall* m

uitzonderingspositie *Ausnahmestellung* v

uitzonderlijk I BNW bijzonder *außergewöhnlich* ★ een ~ talent *ein überragendes/außerordentliches/außergewöhnliches Talent* **II** BIJW BN bij uitzondering *ausnahmsweise*

uitzoomen *ausblenden*; *das Zoom(objektiv) ausfahren*

uitzuigen ● leegzuigen *aussaugen* ● uitbuiten *ausbeuten*

uitzuiger *Ausbeuter* m; *Blutsauger* m

uitzwaaien ⟨zwaaien⟩ *(zum Abschied) nachwinken*; ⟨uitgeleide doen⟩ *wegbringen*

uitzwermen *ausschwärmen*

uitzweten *ausschwitzen*

uk *Knirps* m; *Spatz* m; *Dreikäsehoch* m

ukelele *Ukulele* v

ukkepuk *Knirps* m; *Zwerg* m; *Krümel* m

ultiem ⟨allerlaatst⟩ *allerletzt*; ⟨uiteindelijk⟩ *letztendlich*

ultimatum *Ultimatum* o

ultra- *Ultra-*; *ultra-* ★ ultramodern *ultramodern* ★ ultrarechts *ultrarecht*; *rechtsextrem*

ultracentrifuge *Ultrazentrifuge* v

ultraviolet *ultraviolett* ★ de ~te straling *die UV-Strahlung*

umlaut *Umlaut* m

unaniem *einstimmig*; *einhellig*

undercover *undercover*

undercoveragent *Undercoveragent* m

underdog *Unterlegene(r)* m; *Underdog* m ★ in de rol van ~ *als Außenseiter*

understatement *Understatement* o; *Untertreibung* v

Unesco *UNESCO* v

unfair *unfair*

UNHCR *UNHCR*

uni *uni*

Unicef *UNICEF* v

unicum *Unikum* o

unie *Union* v

unief BN, INFORM., O&W *Universität* v

uniek *einmalig*; *einzigartig*

unificatie *Unifikation* v

uniform I ZN [het] *Uniform* v **II** BNW *einheitlich*

uniformeren *uniformieren*; *vereinheitlichen*

uniformiteit *Uniformität* v; *Einheitlichkeit* v

unilateraal *unilateral*

uniseks *Unisex-*; *unisex-*

unisono *unisono*
unit ● (maat)eenheid *Einheit* v ● afdeling *Abteilung* v ★ kantoorunit *Büroeinheit*
unitair BN eenheids ★ het ~e België *der Einheitsstaat Belgien*
universalistisch *universalistisch*
universeel *universal; universell* ★ ~ erfgenaam *Gesamterbe* m; *Universalerbe* m
universitair *akademisch*
universiteit *Universität* v
universiteitsbibliotheek *Universitätsbibliothek* v
universiteitsgebouw *Universitätsgebäude* o
universiteitsraad *Universitätsrat* m
universiteitsstad *Universitätsstadt* v
universum *Universum* o
unzippen *unzippen*
update *Update* o
updaten *ein Update erstellen*
upgrade *Upgrade* m
upgraden *upgraden; nachrüsten*
uploaden *upload*
uppercut *Aufwärtshaken* m
uppie ▼ in mijn ~ *ganz allein*
ups en downs *die Höhen und Tiefen*
up-to-date *auf dem neuesten Stand; up to date; zeitgemäß*
uranium *Uran* o ★ verrijkt ~ *angereichertes Uran*
Uranus *Uranus* m
urban *urban*
urbanisatie *Urbanisation* v
urbaniseren *urbanisieren*
ure ● → **uur**
urenlang *stundenlang*
urgent *dringend*
urgentie *Dringlichkeit* v
urgentieverklaring *Dringlichkeitsbescheinigung* v
urinaal *Urinal* o
urine *Urin* m; *Harn* m
urinebuis *Harnröhre* v
urineleider *Harnleiter* m
urineonderzoek *Urinuntersuchung* v; *Harnuntersuchung* v
urineren *urinieren*
urinewegen *Harnwege* mv
urinoir *öffentliche Toilette* v; *Pissoir* o
URL *URL* v
urn *Urne* v
urologie *Urologie* v
uroloog *Urologe* m
uroscopie *Uroskopie* v
Uruguay *Uruguay* o
USA ● → **VS, VSA**
USB *USB* o
usb-stick *USB-Stick* m
user *User* m; *Benutzer* m
userinterface *Benutzerschnittstelle* v
USSR *UdSSR* v
Utopia *Utopia* o
utopie *Utopie* v
utopisch *utopisch*
Utrecht ● stad *Utrecht* o ● provincie *Utrecht* o
Utrechter *Utrechter* m
Utrechts *Utrechter*

Utrechtse *Utrechterin* v
uur ● tijdmaat *Stunde* v; ⟨tijdsaanduiding⟩ *Uhr* v ★ de vroege/kleine uurtjes *die frühen Morgenstunden* ★ een uurtje *ein Stündchen* o ★ uren en uren *stundenlang* ★ binnen een uur *innerhalb einer Stunde* ★ in een verloren uurtje *in einer müßigen Stunde* ★ om het uur *jede Stunde; stündlich* ★ om het half uur *halbstündlich* ★ op dit uur *zu dieser Stunde* ★ over een uur *in einer Stunde* ★ 15 euro per uur *15 Euro pro/die Stunde* ★ rond een uur of elf *um elf Uhr herum* ● O&W lesuur *Unterrichtsstunde* v ▼ BN uur op uur *ununterbrochen* ▼ te elfder ure *in zwölfter Stunde* ▼ zijn laatste uur heeft geslagen *seine letzte Stunde hat geschlagen* ▼ het uur van de waarheid heeft geslagen *die Stunde der Wahrheit hat geschlagen* ▼ een uur in de wind stinken *sieben Meilen gegen den Wind stinken*
uurloon *Stundenlohn* m
uurrooster ● BN dienstregeling *Fahrplan* m; ⟨boekje⟩ *Kursbuch* o ● BN les-, werkrooster *Stundenplan* m
uurwerk ● klok *Uhr* v ● mechaniek *Uhrwerk* o
uurwijzer *Stundenzeiger* m
uv *UV*
uv-licht *UV-Licht* o
U-vormig *u-förmig*
uw *Ihr* ★ de uwen *die Ihrigen* ★ het uwe *das Ihre/Ihrige* ★ Uwe Hoogheid *Eure Hoheit*
uwerzijds *Ihrerseits*
UWV *Arbeitslosengeldkasse* v
uzi *Uzi* v

un

V

v *V* o ★ de **v** van Victor *V wie Viktor*
V ● Volt *V* ● Vanadium *V*
vaag ● niet scherp omlijnd *vage; verschwommen; undeutlich* ● FIG. onduidelijk *unbestimmt* ★ een vaag voorgevoel *eine dunkle Ahnung* v
vaak *öfters; oft; häufig*
vaal *blass; fahl;* ⟨kleur van paarden⟩ *falb*
vaalbleek *aschfahl; fahlbleich*
vaandel ● vlag *Flagge* v; *Fahne* v ● veldteken *Banner* o
vaandeldrager *Fahnenträger* m
vaandrig *Fähnrich* m
vaantje ● vlaggetje *Fähnchen* o ● windwijzer *Fähnchen* o ▼ BN naar de ~s gaan *flöten gehen*
vaar ▼ BN vaar noch vrees kennen *weder Tod noch Teufel scheuen*
vaarbewijs *Segelschein* m
vaarboom *Staken* m
vaardiepte *Fahrtiefe* v
vaardig *gewandt; geschickt* ★ ~ zijn in iets *etw. gut beherrschen/können*
vaardigheid ● kunde *Geschicklichkeit* v; *Fertigkeit* v; *Können* o ★ ~ in het piano spelen *Fertigkeit im Klavierspielen* ★ zijn vaardigheden tonen *seine Fähigkeiten zeigen* ● vlugheid *Gewandtheit* v; *Behändigkeit* v ★ ~ in het spreken *Sprachfertigkeit* v; *Redegewandtheit* v; *Geläufigkeit* v
vaargeul *Fahrrinne* v
vaarroute *Fahrtroute* v
vaars *Färse* v
vaart ● snelheid *Geschwindigkeit* v; *Tempo* o ★ ~ minderen *Geschwindigkeit drosseln* ★ ~ vermeerderen *Geschwindigkeit erhöhen; drosseln* ★ er wat meer ~ achter zetten *das Tempo erhöhen* ● FIG. ~ achter iets zetten *etw. beschleunigen* ● het varen *Schifffahrt* v; *Fahrt* v; ⟨zeereis⟩ *Seefahrt* v ★ behouden ~! *glückliche Fahrt!* ● kanaal *Kanal* m ▼ het zal zo'n ~ niet lopen *so schlimm wird es schon nicht werden*
vaartuig *Wasserfahrzeug* o; *Schiff* o
vaarverbod *Fahrverbot* o
vaarwater *Fahrwasser* o ▼ in iemands ~ zitten *jmdm. in die Quere kommen*
vaarwel I TW *leb wohl* II ZN [het] *Lebewohl* o ★ ⟨personen⟩ ~ zeggen *sich verabschieden; Lebewohl sagen* ▼ FIG. iets ~ zeggen *etw. aufgeben*
vaas *Vase* v
vaat *Geschirr* o; *Abwasch* m ★ de vaat doen *das Geschirr abwaschen/spülen*
vaatbundel *Gefäßbündel* o; *Leitbündel* o
vaatdoek *Spüllappen* m; *Spültuch* o
vaatje ● → vat
vaatwasmachine, vaatwasser *Geschirrspüler* m; *Geschirrspülmaschine* v
vaatwerk *Geschirr* o
vaatziekte *Gefäßkrankheit* v
vacant *unbesetzt; frei; offen*
vacature *offene Stelle* v ★ in een ~ voorzien *eine offene Stelle besetzen* ★ de ~ is bezet *die Stelle ist vergeben*
vacaturebank *Arbeitsstellennachweis* m
vacaturestop *Einstellungsstopp* m
vaccin *Vakzine* v
vaccinatie *Vakzination* v; *Vakzinierung* v
vaccineren *vakzinieren*
vacht *Fell* o; ⟨pels⟩ *Pelz* m
vacuüm *Vakuum* o
vacuümpomp *Vakuumpumpe* v
vacuümverpakking *Vakuumverpackung* v
vadem *Faden* m
vademecum *Vademekum* o
vader ● ouder *Vater* m ★ de biologische ~ *der leibliche Vater* ★ van ~ op zoon *von Vater auf Sohn* ★ zo ~, zo zoon *so der Vater, so der Sohn* ● vaderfiguur *Vater* m ● grondlegger *Vater* m ★ geestelijk ~ *Urheber* m; *Schöpfer* m
Vaderdag *Vatertag* m
vaderfiguur *Vaterfigur* v
vaderland *Vaterland* o; *Heimat* v
vaderlands ● van het vaderland *national* ★ ~e geschiedenis *die eigene/nationale Geschichte* ★ op ~e grond *auf heimatlichem Boden* ● patriottisch *patriotisch*
vaderlandsgezind *vaterlandsliebend; vaterländisch; patriotisch*
vaderlandsliefde *Vaterlandsliebe* v
vaderlandslievend *vaterlandsliebend*
vaderlijk *väterlich*
vaderloos *vaterlos*
vaderschap *Vaterschaft* v
vaderskant ▼ van ~ *vaterlicherseits*
vadsig *faul; träge*
Vaduz *Vaduz* o
vagant *Vagant* m
vagebond *Landstreicher* m; *Vagabund* m
vagelijk *vage* ★ ik kan me ~ herinneren… *ich erinnere mich vage…*
vagevuur *Fegefeuer* o
vagina *Vagina* v
vaginaal *vaginal*
vak ● hokje *Fach* o ★ dat staat in het bovenste vak *das steht im oberen Fach* ● beroep *Fach* o; *Beruf* m ★ een vak leren *einen Beruf erlernen* ★ dat behoort niet tot mijn vak *das gehört nicht zu meinem Fachbereich*
vakantie *Urlaub* m; *Ferien* mv ★ grote ~ *Sommerferien* ★ met/op ~ gaan *in den Urlaub fahren* ★ met/op ~ zijn *in Urlaub sein*
vakantieadres *Urlaubsadresse* v
vakantiebestemming *Urlaubsziel* o; *Ferienziel* o
vakantieboerderij *Ferienbauernhof* m
vakantiedag ⟨werk⟩ *Urlaubstag* m; ⟨school⟩ *Ferientag* m
vakantiedrukte *Urlaubshektik* v
vakantieganger *Feriengast* m; *Urlauber* m
vakantiegeld *Urlaubsgeld* o
vakantiehuis *Ferienwohnung* v; ⟨vrijstaand⟩ *Ferienhaus* o
vakantiekolonie *Ferienkolonie* v
vakantieland *Reiseland* o; *Urlaubsland* o
vakantieoord *Ferienort* m; *Urlaubsort* m
vakantieperiode *Urlaubszeit* v; *Ferienzeit* v
vakantiespreiding *Ferienstaffelung* v
vakantiestemming *Urlaubsziel* o

vakantietijd *Urlaubszeit* v; *Ferienzeit* v
vakantiewerk *Ferienjob* m; *Ferienarbeit* v
vakbekwaam *fachkundig*
vakbeurs *Fachmesse* v
vakbeweging ● vakbonden *Gewerkschaften* mv ● streven v.d. vakbonden *Gewerkschaftsbewegung* v
vakblad *Fachzeitschrift* v; *Fachzeitung* v
vakbond *Gewerkschaft* v
vakbondsleider *Gewerkschaftsführer* m; *Gewerkschaftsleiter* m
vakcentrale *Gewerkschaftsbund* m
vakdiploma *Facharbeiterbrief* m
vakdocent *Fachlehrer* m; *Fachdozent* m
vakgebied *Fachgebiet* o
vakgenoot *Kollege* m
vakgroep *Fachbereich* m; ⟨v. vakvereniging⟩ *Fachgruppe* v; ⟨v. universiteit⟩ *Fachschaft* v
vakidioot *Fachidiot* m
vakjargon *Fachjargon* m
vakjury *Fachjury* v
vakkennis *Fachkenntnis* v; *Fachwissen* o
vakkenpakket *Prüfungsfächer* mv
vakkenvullen *Regale füllen (im Supermarkt)*
vakkenvuller *Regalauffüller* m
vakkring *Fachkreis* m
vakkundig *fachkundig*; *fachmännisch*; *fachgerecht*
vakliteratuur *Fachliteratur* v
vakman *Fachmann* m [v: *Fachfrau*]
vakmanschap *fachmännische(s) Können* o
vakonderwijs *berufsbildende(r) Unterricht* m
vakopleiding *Fachausbildung* v
vakorganisatie *Fachverband* m
vakpers *Fachpresse* v
vaktaal *Fachsprache* v
vaktechnisch *fachlich*
vakterm *Fachausdruck* m
vakvereniging ⟨voor werkgevers⟩ *Arbeitgeberverband* m; ⟨voor werknemers⟩ *Gewerkschaft* v
vakvrouw *Fachfrau* v
vakwerk ● werk van een vakman *Facharbeit* v ● wandconstructie *Fachwerk* o
vakwerkbouw *Fachwerkbau* m
val ● het vallen *Fallen* o; *Sturz* m; *Fall* m ★ ten val brengen *zu Fall bringen* ● FIG. daling *Sturz* m; *Fallen* o ★ de val van de euro *der Sturz des Euros* ● ondergang *Fall* m; *Untergang* m; ⟨v. regering⟩ *Sturz* m ★ ten val brengen *stürzen* ● vangtoestel, hinderlaag *Falle* v ★ in de val lopen *in die Falle gehen*
valavond BN zonsondergang *Sonnenuntergang* m ★ bij/tegen ~ *bei Sonnenuntergang*
valbijl *Fallbeil* o
Valentijnsdag *Valentinstag* m
valentijnskaart *Valentinskarte* v
valeriaan *Baldrian* m
Valetta *Valetta* o
valhelm *Sturzhelm* m
valide ● geldig *rechtsgültig* ● gezond *erwerbsfähig*
validiteit *Gültigkeit* v; JUR. *Rechtsgültigkeit* v
valies BN *Reisetasche* v; *(Reise)Koffer* m
valium *Valium* o
valk *Falke* m

valkenier *Falkner* m
valkenjacht *Falkenjagd* v
valkuil *Fallgrube* v
vallei *Tal* o
vallen ● neervallen *fallen* ★ komen te ~ *hinfallen*; *(hin)stürzen* ● sneuvelen *sterben*; *fallen* ● plaatsvinden ★ er vielen woorden *es gab Streit* ★ de avond valt *es wird Abend* ★ de nacht valt *die Nacht bricht (her)ein*; *es dämmert* ★ bij het ~ van de duisternis *bei einbrechender Dunkelheit* ● gewaardeerd worden ★ het voorstel viel goed *der Vorschlag fand Anklang* ● mogelijk zijn ★ daar valt niets te verdienen *da gibt es nichts zu verdienen/zu holen* ★ wat valt daarvan te zeggen *was soll man/ich davon sagen* ★ het valt niet te ontkennen *es lässt sich nicht leugnen* ★ daar valt niet om te lachen *das ist nicht zum Lachen* ● ~ **over** FIG. moeilijk doen ★ over iets ~ *über etw. fallen/stolpern*
vallicht *Oberlicht* o
valluik *Falltür* v
valoriseren BN benutten *wahrnehmen*; *(be)nutzen*
valpartij *Sturz* m
valreep ▼ op de ~ *auf dem letzten Drücker*; *kurz vor Toresschluss*; *in letzter Sekunde/Minute*
vals I BNW ● onzuiver van toon *unrein* ● onecht *falsch*; *gefälscht* ● bedrieglijk *falsch* ★ vals geld *Falschgeld* o; INFORM. *Blüten* ● verkeerd ★ vals alarm *blinde(r) Alarm* m ● boosaardig *hinterlistig*; *bösartig*; *tückisch* ★ een valse streek *eine bösartige/hinterlistige Tat* II BIJW bedrieglijk ★ vals spelen *falschspielen*
valsaard *heimtückische(r)/verschlagene(r) Mensch* m; INFORM. *falsche(r) Fuffziger* m
valscherm *Fallschirm* m
valselijk *fälschlich* ★ iem. ~ beschuldigen *jmdn. zu Unrecht beschuldigen*
valsemunter *Falschmünzer* m
valserik *hinterhältige(r) Mensch* m; INFORM. *falsche(r) Fuffziger* m
valsheid ● het onecht zijn *Falschheit* v ● het vervalsen *Fälschung* v ★ ~ in geschrifte *Urkundenfälschung* v ● boosaardigheid *Hinterhältigkeit* v
valstrik *Falle* v; *Fallstrick* m
valuta *Valuta* v; *Währung* v ★ vreemde ~ *ausländische Währung*; *Fremdwährung* ★ eigen ~ *Landeswährung*
valutahandel *Devisenhandel* m
valutakoers *Währungskurs* m
valutamarkt *Devisenmarkt* m
valwind *Fallwind* m
vamp *Vamp* m
vampier *Vampir* m
van ● vanaf, uit ⟨plaats⟩ *von* [+3] ★ de appel valt van de boom *der Apfel fällt vom Baum* ★ vertrekken van het station *vom Bahnhof abfahren* ★ van het platteland komen *vom Land kommen* ★ van boven ⟨enz.⟩ ● → **boven** ⟨enz.⟩ ● begonnen op/in ⟨vroeger⟩ *von* [+3] ★ van 1914 tot 1918 *von 1914 bis 1918* ★ in de nacht van 9 op 10 juni *in der Nacht vom 9. zum 10. Juni* ★ de trein van 6 over 9 *der Zug*

von 9.06 Uhr ★ van uur tot uur *von Stunde zu Stunde* ★ van de week hadden we een vrije dag *diese Woche hatten wir einen Feiertag* ● beginnend op/in ⟨toekomst⟩ ★ van de week krijgen we een overhoring *diese Woche wird abgehört* ● in bezit van, behorend bij *von* [+3] ★ de fiets van mijn zus *das Fahrrad meiner Schwester* ★ de fiets is van mijn zus *das Fahrrad gehört meiner Schwester* ★ van wie is die fiets? *wem gehört dieses Fahrrad?* ★ een vriend van mij *ein Freund von mir* ★ twee van mijn vrienden *zwei von meinen Freunden* ★ van de politie zijn *von der Polizei sein* ● gemaakt door *von* [+3] ★ een opera van Mozart *eine Oper von Mozart; eine Mozart-Oper* ● afkomstig van *von* [+3] ★ ik heb een brief van hem gekregen *ich habe einen Brief von ihm bekommen* ● bestaande uit *von* [+3]; *aus* [+3] ★ van goud *aus Gold* ● als gevolg van ★ beven van schrik *zittern vor Schreck* ● door, middels, via *von* ★ dat heb ik van mijn leraar gehoord *das habe ich von meinem Lehrer gehört* ★ hij werd er rijk van *er wurde damit reich* ★ daar word je sterk van *davon wirst du stark* ★ leven van de visvangst *vom Fischfang leben* ★ leven van de bijstand *von der Sozialhilfe leben; von Hartz IV leben* ● gebeurend met/aan *von* [+3] ★ het dorsen van graan *das Dreschen von Getreide* ● uit het geheel *von* [+3] ★ zij nam er wat van *sie nahm etw. davon* ● wat betreft *von* [+3] ★ dokter van beroep *Arzt von Beruf* ★ klein van postuur *von kleiner Gestalt* ▼ dat zijn van die moeilijke vragen *das sind solche schwierigen Fragen* ▼ een briefje van 100 *ein Hunderteuroschein* ★ een reus van een kind *ein riesiges Kind* ▼ dat is lief van je *das ist lieb von dir* ▼ ik geloof van wel *ich glaube schon* ▼ hij zegt van niet *er sagt nein* ▼ negen van de tien keer *neun von zehn Mal*

vanadium *Vanadium* o

vanaf ● daarvandaan *von* [+3] ★ ~ het dak *vom Dach* ● met ingang van *ab* [+3] ★ ~ vandaag *ab heute* ▼ daar wordt het moeilijk *von da an wird es schwierig*

vanavond *heute Abend*

vanbinnen *innen; an/auf der Innenseite* ★ ~ en vanbuiten *in- und auswendig*

vanboven *von oben*

vanbuiten ● van de buitenzijde af *(von) außen* ● aan de buitenzijde *an/auf der Außenseite* ● uit het hoofd geleerd *auswendig* ★ iets ~ kennen *etw. auswendig kennen* ★ iets ~ leren *etw. auswendig können*

vandaag *heute* ★ van ~ op morgen *von heute auf morgen* ▼ ~ of morgen *heute oder morgen*

vandaal *Vandale* m

vandaan ● van weg *fort; weg* ★ hoe kom ik hier ~? *wie komme ich hier weg?* ★ is Utrecht hier ver ~? *ist Utrecht weit von hier (entfernt)?* ★ blijf daar ~ *bleib da weg* ● van uit *hervor; heraus* ★ de kat kroop van onder de kast ~ *die Katze kam unter dem Schrank hervor* ★ hier ~ is het niet te zien *von hier aus kann man es nicht erkennen* ● van afkomstig *her* ★ daar kom ik juist ~ *da komme ich gerade*

her ★ waar ~? *woher?* ★ ergens ~ *irgendwoher*

vandaar ● daarvandaan *von da her; von da aus; von dort* ● daarom *daher; deshalb*

Vandalen *Vandalen* mv

vandalisme *Vandalismus* m

vandalistisch *vandalistisch*

vandoen BN nodig *nötig;* ⟨sterker⟩ *notwendig* ★ iets ~ hebben *etw. brauchen*

vangarm *Fangarm* m

vangbal *Fangball* m

vangen ● opvangen *fangen; auffangen; einfangen; fassen* ● grijpen *fangen;* ⟨in loop/vlucht⟩ *ergreifen/fassen* ● verdienen *einnehmen; verdienen*

vangnet *Fangnetz* o

vangrail *Leitplanke* v

vangst ● het vangen *Fang* m ● het gevangene *Fang* m

vangzeil *Sprungtuch* o

vanille *Vanille* v

vanille-extract *Vanilleextrakt* m

vanille-ijs *Vanilleeis* o

vanillesmaak *Vanillegeschmack* m

vanillestokje *Vanillestange* v

vanillesuiker *Vanillezucker* m

vanillevla *Creme* v *mit Vanillegeschmack*

vanjewelste ~ een herrie ~ *ein Heidenlärm*

vanmiddag ⟨na 14 uur⟩ *heute Nachmittag;* ⟨rond 12 uur⟩ *heute Mittag*

vanmorgen ⟨na 10 uur⟩ *heute Vormittag;* ⟨voor 10 uur⟩ *heute Morgen* ★ ~ vroeg *heute früh*

vannacht *heute Nacht*

vanochtend *heute morgen*

vanouds *von/seit jeher; seit eh und je* ★ als ~ *wie ehedem*

vanuit ● uit a naar b *von... aus* [+3] ★ ~ het raam keek ze naar beneden *vom Fenster aus schaute sie hinunter* ● op grond van *von... aus* [+3] ★ dat doet hij ~ zijn overtuiging *das tut er aus Überzeugung* ★ ~ dit perspectief *von dieser Perspektive aus* ★ ~ deze opvatting *von dieser Idee aus*

vanwaar ● waarvandaan *woher; von woher; von wo aus* ★ ~ kom je? *woher kommst du?* ★ de heuvel ~ men op de bossen neerziet *der Hügel, von dem aus man auf die Wälder hinunterschaut* ● waarom *woher; warum; weshalb*

vanwege *wegen* [+2] ★ ~ het slechte weer *wegen des schlechten Wetters*

vanzelf ● uit eigen beweging *von sich aus* ● vanzelfsprekend *von selbst* ★ dat spreekt ~ *das versteht sich von selbst;* INFORM. *na klar!*

vanzelfsprekend *selbstverständlich; natürlich*

vanzelfsprekendheid *Selbstverständlichkeit* v

varaan *Waran* m

varen I ON WW ● per vaartuig gaan *fahren* ● in zekere staat zijn ★ hoe ~ de zaken? *wie geht es geschäftlich?* ★ er wel bij ~ *gut bei etw. wegkommen* ▼ iets laten ~ *etw. aufgeben; etw. fallen lassen* **II** ZN [de] *Farn* m; *Farnkraut* o

varia *Allerlei* o; *Vermischte(s)* o; *Varia* mv

variabel *variabel; veränderlich* ★ ~e werktijden *gleitende Arbeitszeit* v

variabele *Variable* v

variant *Variante* v; ⟨afwijkende vorm⟩

va

Abwandlung v

variatie ● afwisseling *Abwechslung* v ★ voor de ~ *zur Abwechslung* ● verscheidenheid *Variation* v ★ een ~ op dit lied *eine Variation zu diesem Lied*

variëren I OV WW afwisselen *variieren; (ab)wechseln* **II** ON WW onderling verschillen *verschieden sein* ★ de prijzen ~ sterk *die Preise schwanken sehr*

variëteit *Varietät* v; *Verschiedenheit* v

varken ● dier *Schwein* o ● MIN. persoon *Schwein* o ▼ gillen als een ~ *schreien wie am Spieß* ▼ dat ~tje zullen we wel even wassen *wir werden das Kind schon schaukeln*

varkensmesterij *Schweinemästerei* v

varkenspest *Schweinepest* v

varkensvlees *Schweinefleisch* o

varkensvoer ● smerig eten *Schweinefraß* m ● voer voor varkens *Schweinefutter* o

vaseline *Vaseline* v

vast I BNW ● niet beweegbaar *unbeweglich; fest* ● stevig *stabil; solide; fest* ★ een vaste constructie *eine solide Konstruktion* ● onveranderlijk *fest; ständig* ★ een vaste aanstelling hebben *fest angestellt sein* ★ een vast bedrag *ein festgesetzter Betrag* ★ vaste kern *feste(r) Kern; Stammmannschaft* v ● stabiel *fest; stabil* ● stellig *zweifellos; sicher* **II** BIJW ● zeker *bestimmt* ★ vast en zeker *ganz gewiss; ganz bestimmt; sicher und gewiss; todsicher* ★ dat is vast wel zo *das ist ohne Zweifel so* ★ dat is vast te veel geld *das ist bestimmt zu viel Geld* ★ zich vast voornemen *sich fest vornehmen* ● stellig *gewiss; sicher* ★ je kunt er vast op aan *du kannst dich darauf verlassen* ● alvast *schon* ★ begin maar vast *fang schon mal an*

vastberaden *entschieden; entschlossen*

vastberadenheid, vastbeslotenheid *Entschiedenheit* v; *Entschlossenheit* v; *Unbeirrbarkeit* v

vastbesloten *entschieden; entschlossen*

vastbijten [zich ~] in *sich verbeißen in* [+4]; *sich festbeißen in* [+3]

vastbinden *festbinden; anbinden* ★ iem. ~ *jmdn. fesseln*

vasteland ● vaste wal *Festland* o ● continent *Kontinent* m

vasten I ON WW *fasten* ★ het ~ *Fasten* o **II** ZN [de] vastentijd *Fastenzeit* v

Vastenavond *Fastnacht* v

vastenmaand *Fastenmonat* m

vastentijd *Fastenzeit* v

vastgoed *Immobilien* mv

vastgrijpen *ergreifen; festhalten* ★ zich ~ *sich klammern an*

vastgroeien ⟨aan elkaar groeien⟩ *festwachsen*; ⟨wortel schieten⟩ *anwachsen*

vasthechten *festheften; anheften*

vastheid ● stevigheid *Festigkeit* v ● zekerheid *Gewissheit* v; *Sicherheit* v; *Bestimmtheit* v

vasthouden I OV WW ● niet loslaten *festhalten* ● bewaren *zurückhalten; beibehalten; festhalten an* [+3] **II** ON WW ~ **aan** *beharren auf* [+3]; *festhalten an* [+3] ★ aan een eis ~ *an einer Forderung festhalten* ★ aan zijn mening

~ *auf seiner Meinung beharren*

vasthoudend *hartnäckig; beharrlich* ★ ~ zijn *nicht lockerlassen; nicht aufgeben*

vastigheid *Sicherheit* v; *Festigkeit* v

vastketenen *anketten*

vastklampen [zich ~] aan *sich festklammern an; sich anklammern an*

vastklemmen I OV WW vastzetten *festklemmen; einklemmen* **II** WKD WW [zich ~] *anklammern*; ⟨krampachtig⟩ *sich festklammern*

vastkleven I OV WW klevend vasthechten *festkleben; ankleben* **II** ON WW *festkleben; ankleben*

vastknopen *festknoten; anknoten; anknüpfen*

vastleggen ● vastmaken *festlegen*; ⟨v. schip⟩ *anlegen*; ⟨v. hond⟩ *anbinden* ● bepalen *bestimmen; festlegen; festsetzen* ★ contractueel is vastgelegd dat... *vertraglich wurde festgelegt, dass...* ● registreren *festlegen* ★ ~ op film *auf Film aufzeichnen* ● ECON. beleggen *festlegen; anlegen*

vastliggen ● vastgebonden zijn *angebunden/festgebunden liegen* ★ de hond ligt vast *der Hund liegt an der Leine/Kette* ● vastgesteld zijn *festliegen*

vastlopen ● vastraken *(sich) festfahren; (sich) festlaufen*; ⟨v. een mechaniek⟩ *sich festfressen*; ⟨v. schip⟩ *auflaufen* ● in impasse raken *sich festlaufen* ★ de onderhandelingen zijn vastgelopen *die Unterhandlungen sind festgefahren*

vastmaken ● bevestigen *festmachen; befestigen* ★ de gordel ~ *den Gurt anschnallen* ● BN op slot doen *verschließen; abschließen; schließen*

vastomlijnd *fest umrissen*

vastpakken *anfassen; ergreifen*

vastpinnen *festnageln* ▼ iem. op iets ~ *jmdn. auf etw. festnageln/festlegen*

vastplakken *festkleben*

vastpraten I OV WW *in die Enge treiben* **II** WKD WW [zich ~] *sich in Widersprüche verwickeln*

vastprikken *anheften; festheften*

vastraken *festfahren; auflaufen*

vastrecht *Grundgebühr* v

vastroesten ● LETT. *einrosten* ● FIG. ★ in zijn gewoontes vastgeroest zijn *verknöcherte Angewohnheiten haben*

vastschroeven *festschrauben*

vastspelden *anstecken; feststecken*

vaststaan *festliegen; feststehen*

vaststaand *feststehend; festgelegt*

vaststellen ● bepalen *festsetzen; feststellen; bestimmen* ★ de schade ~ *den Schaden beziffern/feststellen/aufnehmen* ★ een termijn ~ *einen Termin festsetzen/festlegen* ● constateren *ermitteln; feststellen*

vastvriezen *festfrieren; anfrieren*

vastzetten ● doen vastzitten *befestigen* ● gevangenzetten *festsetzen* ● beleggen *festlegen* ▼ iem. ~ *jmdn. in die Enge treiben*

vastzitten ● bevestigd zijn *haften; festsitzen* ★ dat zit aan de muur vast *das ist an der Wand befestigt* ● gebonden zijn *gebunden sein an* [+4] ★ ik zit aan hem vast *ich bin an ihn gebunden* ● klem zitten *festsitzen; feststecken* ● gevangenzitten *in Gefangenschaft sein; im*

Gefängnis sitzen/sein; INFORM. *sitzen* ★ hij zit al jaren vast *er sitzt schon seit Jahren im Gefängnis* ▼ daar zit heel wat aan vast *damit hängt vieles zusammen* ▼ aan iets ~ *etw. auf dem Hals haben*

vat I ZN [de] greep *Einfluss* m; *Griff* m ★ vat op iets hebben *etw. im Griff haben* ★ geen vat op iem. krijgen *jmdm. nicht beikommen können*; *jmdm. nichts anhaben können* **II** ZN [het] ton *Fass* o ★ communicerende vaten *kommunizierende(n) Röhren* ▼ wat in een goed vat zit, verzuurt niet *aufgeschoben ist nicht aufgehoben*

vatbaar ● ontvankelijk *empfänglich sein für*; *offen sein für; zugänglich* ★ niet voor rede ~ zijn *keine Vernunft annehmen wollen* ★ voor verbetering ~ *verbesserungsfähig* ● zwak van gestel *anfällig; empfindlich* ★ hij is erg ~ voor ziekten *er ist sehr anfällig für Krankheiten*

Vaticaan *Vatikan* m

Vaticaans *vatikanisch*

Vaticaanstad *Vatikanstadt* v

vatten ● grijpen *fangen; greifen; fassen* ● in iets zetten *(ein)fassen* ● begrijpen *verstehen; begreifen*; INFORM. *kapieren* ★ vat je 't? *verstanden?; kapiert?* ● BN, JUR. aanhangig maken *vor Gericht bringen*

vazal *Gefolgsmann* m; GESCH. *Vasall* m

vazalstaat *Vasallenstaat* m

vechten *kämpfen; sich raufen; sich schlagen* ★ tegen iem. ~ *mit jmdm. kämpfen*; *jmdn. bekämpfen*

vechter *Kämpfer* m

vechtersbaas *Raufbold* m; *Kämpfernatur* v

vechtfilm *Schlägerfilm* m

vechtjas *Schlägertyp* m; *Raufbold* m; *Schläger* m

vechtlust *Kampflust* v; *Streitlust* v

vechtmachine *Kampfmaschine* v

vechtpartij *Schlägerei* v; *Rauferei* v; *Prügelei* v

vechtsport *Kampfsport* m

vector *Vektor* m

vedergewicht *Federgewicht* o

vederlicht *federleicht*

vedette *Star* m; ⟨film⟩ *Filmstar* m

vee *Vieh* o

veearts *Veterinär* m; *Tierarzt* m

veeartsenijkunde *Tiermedizin* v; *Veterinärmedizin* v

veedrijver *Viehtreiber* m

veefokker *Viehzüchter* m

veefokkerij *Viehzucht* v

veeg I ZN [de] ● het vegen *Wischen* o ● vlek *Fleck* m; *Streifen* m ● oorveeg *Schlag* m; *Ohrfeige* v ▼ iem. een veeg uit de pan geven *jmdm. eine wischen; jmdm. einen Seitenhieb geben* **II** BNW ● → **lijf, teken**

veegmachine *Fegemaschine* v

veegwagen *Kehrmaschine* v

veehandel *Viehhandel* m

veehandelaar *Viehhändler* m

veehouder *Viehhalter* m

veehouderij ● het houden van vee *Viehwirtschaft* v; *Viehzucht* v ● bedrijf dat vee houdt *Viehhof* m

veejay *Video-Jockey* m

veel I BIJW ● in ruime mate *viel*; *um vieles*

● vaak *viel*; *oft* ★ dat zie je tegenwoordig veel *das sieht man heutzutage häufig/öfter* **II** ONB VNW *viel* ★ te veel *zu viel* ★ veel kinderen spelen daar *viele Kinder spielen dort* ★ dat zijn er behoorlijk veel *das ist eine ganz schöne Menge*

veelal ● doorgaans *meistens; gewöhnlich* ● vaak *häufig*

veelbeduidend *viel bedeutend; viel sagend*

veelbelovend *viel versprechend; hoffnungsvoll*

veelbesproken *viel diskutiert; viel besprochen*

veelbetekenend *bedeutsam; bedeutungsvoll*

veelbewogen *ereignisreich; sehr bewegt*

veeleer *eher*

veeleisend *anspruchsvoll*

veelgevraagd *viel gefragt; begehrt; gesucht*

veelheid ● groot aantal *Menge* v; *Vielzahl* v ● het veelvoudig zijn *Mannigfaltigkeit* v; *Vielfalt* v

veelhoek *Vieleck* o

veelkleurig *vielfarbig*

veelomvattend *(viel) umfassend*

veelpleger *Gewohnheitsverbrecher* m; *Wiederholungstäter* m

veelsoortig *vielfältig; verschiedenartig*

veelstemmig *vielstimmig*

veeltalig ● veel talen kennend *vielsprachig* ● veel talen omvattend *mehrsprachig*

veelvlak *Vieleck* o

veelvormig *vielförmig*

veelvoud *Mehrfache(s)* o; *Vielfache(s)* o ★ het kleinste gemene ~ *das kleinste gemeinsame Vielfache*

veelvoudig ● meermaals voorkomend *vielfältig* ● meerledig *vielfach*

veelvraat *Vielfraß* m

veelvuldig I BNW meermaals voorkomend *mehrfach; vielfach* **II** BIJW vaak *häufig; oftmals*

veelwijverij *Vielweiberei* v

veelzeggend *viel sagend*

veelzijdig ● met veel zijden *vielseitig* ● FIG. gevarieerd *vielseitig*

veemarkt *Viehmarkt* m

veen ● grondsoort *Moor* o ● turfland *Moor* o

veenaarde *Moorerde* v

veenbes *Moosbeere* v

veengrond *Torfboden* m; *Moorboden* m

veer I ZN [de] DIERK. vleugelpen *Feder* v ★ zo licht als een veer *federleicht* ▼ met andermans veren pronken *sich mit fremden Federn schmücken* ▼ een veer (moeten) laten *Haare lassen müssen* **II** ZN [het] veerboot *Fährschiff* o; *Fähre* v

veerboot *Fähre* v; *Fährschiff* o

veerdienst *Fährdienst* m

veerkracht ● elasticiteit *Elastizität* v; *Spannkraft* v ● wilskracht *Spannkraft* v

veerkrachtig ● elastisch *elastisch*; *federnd* ● wilskracht *vital; energisch*

veerman *Fährmann* m

veerpont *Fähre* v

veertien ● vierzehn ● → **vier**

veertiende ● *vierzehnte(r)* ● → **vierde**

veertig ● vierzig ★ de jaren ~ *die vierziger Jahre* ● → **vier**

veertiger *Vierziger* m

ve

veertigste • *vierzigste(r)* • → **vierde**
veestapel *Viehbestand* m
veeteelt *Viehzucht* v
veevoeder *Viehfutter* o
veewagen *Viehwagen* m; ⟨wagon⟩ *Viehwaggon* m
vega *vegetarisch*; *vega-*
veganisme *Veganismus* m
veganist *Veganer* m; *Veganerin* v
veganistisch *vegan*
vegen I ov ww *vegend reinigen kehren*; *fegen*; *wischen* ★ zijn voeten ~ *sich die Füße abtreten/fegen* ▼ een voorstel van tafel ~ *einen Vorschlag vom Tisch fegen* **II** on ww • *strijken fahren* ★ met de vinger over de tafel ~ *mit dem Finger über den Tisch fahren* • snel bewegen *sausen*
veger • borstel *Besen* m ★ ~ en blik *Handfeger und Kehrblech* • persoon *Feger* m
vegetariër *Vegetarier* m
vegetarisch *vegetarisch*
vegetarisme *Vegetarismus* m
vegetatie *Vegetation* v
vegetatief *vegetativ*
vegeteren *vegetieren*
vehikel *Vehikel* o; MIN. *Klapperkiste* v
veilen *versteigern*
veilig • vrij van gevaar *sicher* ★ iets ~ bewaren *etw. sicher verwahren* ★ de ~e haven *der sichere Hafen* • zonder risico *gefahrlos*; *risikofrei* ★ ~ vrijen *Safe(r)Sex* m
veiligheid *Sicherheit* v ★ in ~ brengen *in Sicherheit bringen* ★ de ~ op de openbare wegen *die Verkehrssicherheit*
veiligheidsbril *Schutzbrille* v
veiligheidsdienst *Sicherheitsdienst* m
veiligheidseis *Sicherheitsbedingung* v
veiligheidsglas *Sicherheitsglas* o; *Verbundglas* o
veiligheidsgordel *Sicherheitsgurt* m; *Anschnallgurt* m
veiligheidshalve *sicherheitshalber*
veiligheidsklep *Sicherheitsventil* o
veiligheidskooi *Sicherheitskäfig* m
veiligheidsoverweging *Sicherheitsgründe* mv ★ uit ~en *aus Sicherheitsgründen*
Veiligheidsraad *Sicherheitsrat* m
veiligheidsriem *Sicherheitsgurt* m ★ de ~(en) omdoen *sich anschnallen*
veiligheidsslot *Sicherheitsschloss* o
veiligheidsspeld *Sicherheitsnadel* v
veiligheidstroepen *Sicherheitstruppen* v mv
veiligheidszone *Sicherheitszone* v
veiligstellen *sicherstellen*
veiling • openbare verkoping *Versteigerung* v; *Auktion* v • gebouw *Auktionsgebäude* o
veilinggebouw *Auktionsgebäude* o
veilinghal *Versteigerungshalle* v; *Auktionshalle* v; *Auktionslokal* o
veilingklok *Auktionsuhr* v
veilingmeester *Versteigerer* m; *Auktionator* m
veinzen *heucheln*; *vorgeben* ★ hij veinsde ziek te zijn *er gab vor, krank zu sein*; *er stellte sich krank* ★ zijn liefde was maar geveinsd *seine Liebe war nur geheuchelt*
vel • huid *Haut* v; *Fell* o • blad papier *Bogen* m; *Blatt* o ▼ vel over been zijn *nur noch Haut*

und Knochen sein ▼ iem. het vel over de oren halen *jmdm. das Fell über die Ohren ziehen* ▼ het is om uit je vel te springen *es ist, um aus der Haut zu fahren*
veld • vlakte *Acker* m • grondstuk *Platz* m • speelterrein ⟨sport⟩ *Spielfeld* o • vakgebied *Feld* o
veldbed *Feldbett* o
veldbloem *Feldblume* v
veldboeket *Feldblumenstrauß* m
veldfles *Feldflasche* v
veldheer *Feldherr* m
veldhospitaal *Feldlazarett* o
veldloop *Geländelauf* m
veldmaarschalk *Feldmarschall* m
veldmuis *Feldmaus* v
veldonderzoek *Feldforschung* v
veldsla *Feldsalat* m
veldslag *Schlacht* v
veldsport *Rasensport* m
veldtocht *Feldzug* m
veldwachter *Ortspolizist* m
veldwerk *Feldforschung* v
velen *dulden*; *ertragen*; ⟨lichamelijk⟩ *vertragen* ★ ik kan hem niet ~ *ich kann ihn nicht ausstehen/leiden*
velerlei *allerlei*; *vielerlei*; *mancherlei*
velg *Felge* v
velglint *Felgenband* o
velgrem *Felgenbremse* v
vellen • doen vallen *fällen* • doden *umbringen*
velo BN, INFORM. fiets *Rad* o
velours *Samt* m; *Velours* m
ven *Heidesee* m; *Moorsee* m
vendetta *Blutrache* v
venduhouder *Auktionator* m
Venetiaans *venezianisch*
Venetië *Venedig* o
Venezolaan *Venezolaner* m
Venezolaans *venezolanisch*
Venezolaanse *Venezolanerin* v
Venezuela *Venezuela* o
venijn • gif *Gift* o • boosaardigheid *Tücke* v
venijnig I BNW gemeen *gemein*; boshaft; *giftig* **II** BIJW in hoge mate ★ ~ koud *scheußlich kalt*
venkel *Fenchel* m
vennoot *Teilhaber* m; *Gesellschafter* m ★ stille ~ *stille(r) Teilhaber/Gesellschafter*; *Kommanditist* m
vennootschap *Gesellschaft* v ★ besloten ~ *Gesellschaft mit beschränkter Haftung* v; *GmbH* ★ naamloze ~ *Aktiengesellschaft* v
vennootschapsbelasting *Körperschaftssteuer* v
venster *Fenster* o
vensterbank *Fensterbank* v
vensterenvelop *Fensterbriefumschlag* m
vensterglas *Fensterglas* o
vent *Kerl* m; *Typ* m ★ een aardige vent *ein netter Kerl/Typ/Bursche* ★ een echte vent *ein echter Mann*
venten *Straßenhandel treiben*
venter *Hausierer* m; ⟨langs de weg⟩ *Straßenhändler* m
ventiel *Ventil* o
ventieldop *Ventilkappe* v
ventielklep *Ventilklappe* v

ventielslang *Ventilgummi* m/o
ventilatie *Ventilation* v; *Belüftung* v; *Lüftung* v;
  Entlüftung v; *Bewetterung* v
ventilator *Ventilator* m
ventileren *(ent)lüften*
ventweg *Fahrbahn* v *für Anlieger und Zulieferer*
Venus *Venus* v
venusheuvel *Venushügel* m; *Schamhügel* m
ver I BNW *weit; fern* ★ *een verre reis eine weite
  Reise* ★ *verre bloedverwanten entfernte(n)/
  weitläufige(n) Verwandte* **II** BIJW ● *afgelegen
  weit; fern* ★ *niet ver van het park unweit des
  Parks* ● *gevorderd, in hoge mate* ★ *ver na
  achten lange nach acht* ★ *hem ver
  overtreffen ihn weit übertreffen* ▼ *het ver
  brengen/schoppen es weit bringen*
veraangenamen *angenehm(er) machen;
  verschönern*
verachtelijk ● *verachting verdienend
  verachtenswert* ★ *haar gedrag is ~ ihr
  Benehmen/Verhalten ist verachtenswert*
  ● *verachting tonend verächtlich*
verachten ● *minachten verachten; missachten*
  ● *versmaden verachten*
verachting *Verachtung* v
verademing *Erleichterung* v
veraf *fern; (weit) entfernt; weit*
verafgelegen *weit entfernt; abgelegen; entlegen*
verafgoden *vergöttern*
verafschuwen *verabscheuen*
veralgemenen *verallgemeinern*
veralgemeniseren *verallgemeinern*
veramerikanisering *Amerikanisierung* v
veranda *Veranda* v
veranderen I OV WW *wijzigen (ver)ändern*
  ★ *volledig ~ verwandeln* ★ *een beetje ~
  abändern* ★ *grotendeels ~ umändern* ★ *dat
  verandert niets aan het feit dat... das ändert
  nichts an der Tatsache, dass...* **II** ON WW *anders
  worden sich (ver)ändern; sich verwandeln*
  ★ *hij is veel veranderd er hat sich sehr
  verändert/geändert* ★ *van mening ~ seine
  Meinung ändern; von seiner Meinung
  zurückkommen*
verandering *Änderung* v; *Abänderung* v ★ *daar
  moet ~ in komen das muss anders werden*
  ★ *een ~ teweegbrengen eine Änderung
  vornehmen* ★ *voor de ~ zur Abwechslung* ▼ *~
  van spijs doet eten Abwechslung macht
  Appetit*
veranderlijk *unbeständig; veränderlich*
verankeren *verankern*
verankering *Verankerung* v
verantwoord ● *verdedigbaar vertretbar* ★ *dat
  is ecologisch niet ~ das ist ökologisch nicht
  vertretbar* ● *weloverwogen vertretbar*
verantwoordelijk *verantwortlich* ★ *voor iets ~
  zijn für etw. verantwortlich sein;* JUR. *für etw.
  haften* ★ *iem. voor iets ~ stellen jmdn. für
  etw. verantwortlich machen* ● *een ~e
  betrekking eine verantwortungsvolle Stellung*
verantwoordelijke BN *leidinggevende
  Vorgesetzte* m-v
verantwoordelijkheid *Verantwortlichkeit* v;
  Verantwortung v

verantwoordelijkheidsgevoel
  Verantwortungsgefühl o
verantwoorden I OV WW *verantworten*
  ★ *uitgaven ~ Ausgaben belegen* **II** WKD WW
  [**zich ~**] *sich rechtfertigen; sich verantworten*
  ★ *zich voor iets ~ sich für etw. verantworten
  müssen*
verantwoording ● *rechtvaardiging
  Verantwortung* v; *Rechenschaft* v ★ *ter ~
  roepen zur Rechenschaft/zur Verantwortung
  ziehen* ● *verantwoordelijkheid Verantwortung*
  v; *Verantwortlichkeit* v
verarmen I OV WW *armer maken arm machen*
  II ON WW *armer worden verarmen*
verarming *Verarmung* v
verassen *einäschern*
verbaal I ZN [het] ● *Anzeige* v; ⟨verslag⟩
  Protokoll o ● *bekeuring Strafmandat* o;
  Protokoll o **II** BNW *verbal; mündlich* ★ *~
  begaafd sprachgewandt*
verbaasd *erstaunt; verwundert* ★ *~ staan van
  iets erstaunt sein; staunen; stutzen*
verbalisant *Ermittlungsbeamte(r)* m
verbaliseren *in Worte fassen; verbalisieren*
verband ● *samenhang Zusammenhang* m;
  Beziehung; Bezug m ★ *in ~ met zijn
  gezondheid mit Rücksicht auf seinen
  Gesundheitszustand* ★ *in ~ staan met im
  Zusammenhang stehen mit* ★ *~ houden met
  zusammenhängen mit* ● *zwachtel Binde* v;
  Verband m; *Bandage* v
verbanddoos *Verbandskasten* m
verbandgaas *Verbandmull* m
verbandtrommel *Verbandskasten* m
verbannen ● *uitwijzen ausweisen* ● *uitbannen
  verbannen*
verbanning *Verbannung* v
verbanningsoord *Verbannungsort* m
verbasteren *entstellen*
verbastering *Entstellung* v
verbazen *erstaunen* ★ *zich ~ over sich wundern
  über; staunen über* ★ *het verbaast me es
  wundert/erstaunt mich* ★ *hij verbaasde me
  met die opmerking er versetzte mich in
  Erstaunen mit dieser Bemerkung*
verbazend *erstaunlich*
verbazing *Staunen* o; *Erstaunen* o;
  Verwunderung v ★ *tot mijn stomme ~ zu
  meinem großen Erstaunen*
verbazingwekkend *erstaunlich; erstaunenswert*
verbeelden I OV WW *uitbeelden darstellen*
  II WKD WW [**zich ~**] ● *zich inbeelden sich
  einbilden* ★ *dat verbeeld je je slechts das
  bildest du dir bloß ein* ● *zich voorstellen sich
  vorstellen; sich denken*
verbeelding ● *uitbeelding Darstellung* v
  ● *inbeelding Einbildung* v ● *fantasie
  Einbildung* v; *Phantasie; Fantasie;
  Vorstellung* v ★ *verwaandheid Überheblichkeit*
  v ▼ *tot de ~ spreken die Phantasie beflügeln*
verbeeldingskracht *Einbildungskraft* v; *Fantasie*
  v; *Vorstellungskraft* v
verbergen *verbergen; verstecken; verhehlen;
  verheimlichen* ★ *iets voor iem. ~ etw. vor
  jmdm. geheim halten*
verbeten ● *fel verbissen* ● *vertrokken verbissen*

ve

● ingehouden *verbissen*
verbeteren I OV WW ● beter maken *bessern*; *verbessern*; *aufbessern* ● herstellen *verbessern*; *korrigieren* ● overtreffen *übertreffen*; *verbessern* **II** ON WW beter worden *besser werden*; *sich (ver)bessern* ★ de toestand van de zieke is verbeterd *der Zustand des Kranken hat sich gebessert*
verbetering ● het beter maken *Aufbesserung* v ● correctie *Verbesserung* v
verbeurd ▼ ~ verklaren *konfiszieren*
verbeurdverklaring *Beschlagnahme* v; *Konfiskation* v; *Einziehung* v
verbeuren *verwirken*; INFORM. *verscherzen*
verbieden *verbieten*; *untersagen* ★ verboden te roken *rauchen verboten*
verbijsterd *bestürzt*; *fassungslos*; *erschüttert*
verbijsteren *entsetzen*; *erschüttern*; *bestürzen*
verbijsterend *bestürzend*; *erschütter(e)nd*
verbijstering *Erschütterung* v; *Bestürzung* v; *Entsetzen* o
verbijten I OV WW *verbeißen* ★ de pijn ~ *den Schmerz verbeißen* **II** WKD WW [**zich** ~] *sich zusammennehmen*; *sich zusammenreißen* ★ zich ~ van woede *sich die Wut verbeißen/verkneifen*
verbinden ● koppelen *verbinden* ★ er zijn voordelen aan verbonden *es sind Vorteile damit verbunden* ● telefonisch aansluiten *verbinden* ★ ik ben verkeerd verbonden *ich bin falsch verbunden* ● verplichten *verbinden* ★ zich tot iets ~ *sich zu etw. verpflichten/verbinden* ● omzwachtelen *verbinden*
verbinding ● samenvoeging *Verbindung* v ● aansluiting *Verbindung* v ● contact *Verbindung* v ★ zich met iem. in ~ stellen *sich mit jmdm. in Verbindung setzen* ● SCHEIK. *Verbindung* v
verbindingsdienst *Fernmeldedienst* m
verbindingskanaal *Verbindungskanal* m
verbindingsstreepje *Bindestrich* m
verbindingsstuk *Verbindungsstück* o
verbindingsteken *Bindestrich* m
verbindingstroepen *Nachrichtentruppen* mv; *Fernmeldetruppen* mv
verbindingsweg *Verbindungsstraße* v; ⟨toegangsweg⟩ *Zubringerstraße* v
verbintenis ● contract *Vertrag* m ● verplichting *Verpflichtung* v ● huwelijk *Verbindung* v
verbitterd ● vol wrok *erbittert* ● grimmig *verbittert*
verbitteren *verbittern*; *vergällen*
verbittering *Verbitterung* v
verbleken ⟨persoon⟩ *erblassen*; ⟨persoon⟩ *erbleichen*; ⟨kleur/herinnering⟩ *verblassen*
verblijden *erfreuen*; *beglücken* ★ zich ~ over *sich (er)freuen über*
verblijf ● het verblijven *Aufenthalt* m ● verblijfplaats ★ BN tweede ~ *Zweitwohnsitz* m ★ zijn ~ hebben *seinen Wohnsitz haben*
verblijfkosten *Aufenthaltskosten* mv
verblijfplaats ● plaats waar men zich bevind *Aufenthaltsort* m ● domicilie *Wohnsitz* m
verblijfsduur *Aufenthaltsdauer* v; *Verweildauer* v

verblijfstitel *Aufenthaltstitel* m
verblijfsvergunning *Aufenthaltserlaubnis* v; *Aufenthaltsgenehmigung* v
verblijven *sich aufhalten*
verblinden ● blind maken *blenden* ● FIG. *begoochelen blenden*
verbloemen ● in bedekte termen aanduiden *durch die Blume sagen*; *verschleiern* ★ de ware toedracht ~ *den wahren Sachverhalt beschönigen* ● verzwijgen *verhehlen*; *vertuschen*; *verschleiern* ★ iets niet kunnen ~ *etw. nicht verhehlen können*
verbluffen *verblüffen*
verbluffend *verblüffend*
verbluft *perplex*; *verblüfft*; *verdutzt*
verbod *Verbot* o
verboden *verboten* ★ ~ te kamperen *Zelten verboten*
verbodsbepaling *Verbotsbestimmung* v
verbodsbord *Verbotsschild* o
verbolgen *verärgert*; *ärgerlich*; *erzürnt*; *aufgebracht*
verbond ● verenigde groep *Bund* m; *Verband* m ● verdrag *Bündnis* o; ⟨alliantie⟩ *Allianz* v ★ een ~ sluiten *ein Bündnis schließen*
verbondenheid *Verbundenheit* v
verborgen ● aan het gezicht onttrokken *verborgen*; *versteckt* ● niet openbaar, niet algemeen bekend *verborgen*; *versteckt*; *verdeckt*
verbouwen ● veranderen *umbauen*; ⟨vergroten⟩ *ausbauen* ● telen *anpflanzen*; *(an)bauen*
verbouwereerd *perplex*; *verdutzt*; *bestürzt*; *verwirrt*
verbouwing ● het telen *Anbau* m ● het veranderen *Umbau* m; ⟨vergroting⟩ *Ausbau* m
verbranden I OV WW aantasten *verbrennen* **II** ON WW ● aangetast worden *verbrennen*; ⟨v. afval⟩ *entsorgen* ● rood worden *verbrennen*
verbranding ● het verbranden *Verbrennung* v ★ derdegraads ~ *Verbrennung dritten Grades* ● SCHEIK. *Verbrennung* v ● voedselvertering *Verbrennung* v
verbrandingsmotor *Verbrennungsmotor* m
verbrandingsoven *Verbrennungsofen* m
verbrassen *vergeuden*; *verprassen*
verbreden *erweitern*; *verbreitern* ★ zijn blik ~ *seinen Horizont erweitern*
verbreding *Verbreiterung* v; FIG. *Erweiterung* v
verbreiden I OV WW verspreiden *verbreiten* **II** WKD WW [**zich** ~] *sich verbreiten*; *sich ausbreiten*
verbreiding *Verbreitung* v; *Ausbreitung* v
verbreken ● niet nakomen *brechen* ★ een verdrag ~ *einen Vertrag brechen*; *einen Vertrag nicht nachkommen* ● af-/stukbreken *zerbrechen*; *unterbrechen* ★ de relatie ~ *die Beziehung abbrechen/lösen* ★ de ⟨telefonische⟩ verbinding is verbroken *die Telefonleitung wurde unterbrochen*
verbreking ⟨vaneen⟩ *Bruch* m; ⟨open⟩ *Aufbrechen* o
verbrijzelen ● te pletter slaan/vallen *zerschmettern* ● kort en klein slaan

zertrümmern ● vergruizen *zermalmen*
verbrijzeling *Zertrümmerung* v
verbroederen I OV WW verenigen *verbrüdern*
II ON WW verenigd worden *verbrüdern*
III WKD WW [zich ~] *sich verbrüdern*
verbroedering *Verbrüderung* v
verbrokkelen I OV WW in stukjes splitsen
zerbröckeln **II** ON WW in stukjes uiteenvallen
auseinanderfallen; zerbröckeln
verbrokkeling *Zerbröckelung* v
verbruien *verderben* ★ je hebt het bij mij
verbruid *du bist bei mir unten durch*
verbruik *Verbrauch* m; ⟨levensmiddelen⟩
Konsum m
verbruiken ● door gebruik opmaken
verbrauchen ● door misbruik verliezen
verschwenden; vergeuden; verbrauchen
verbruiksartikel *Verbrauchsartikel* m
verbruiksbelasting *Verbrauch(s)steuer* v
verbruikscoöperatie *Verbrauchergenossenschaft*
v
verbruiksgoederen *Konsumgüter* mv
verbruikszaal, verbruikzaal BN eetzaal ≈
Speisesaal m
verbuigen ● ombuigen *(um)biegen; verbiegen*
● TAALK. beugen; flektieren; ⟨v. werkwoorden⟩
konjugieren; ⟨v. naamwoorden⟩ *deklinieren*
verbuiging ● ombuiging *Beugung* v;
Verbiegung v ● TAALK. *Beugung* v; ⟨v.
naamwoorden⟩ *Deklination* v; ⟨v.
werkwoorden⟩ *Konjugation* v
verchromen *verchromen*
vercommercialiseren *kommerzialisieren;*
vermarkten
verdacht ● verdenking wekkend *verdächtig*
● onder verdenking ★ iem. ~ maken *jmdn.*
verdächtigen ● verdacht worden *suspekt*
★ van diefstal ~ worden *des Diebstahls*
verdächtig sein ● ~ op *gefasst auf* [+4];
vorbereitet auf [+4] ★ vóór je erop ~ bent *ehe*
man sichs versieht
verdachte *Beschuldigte(r)* m; *Verdächtigte(r)* m;
Tatverdächtige(r) m
verdachtenbank *Anklagebank* v
verdachtmaking *Verdächtigung* v
verdagen *vertagen* ★ ~ tot *vertagen auf*
verdampen *verdampfen; verdunsten;* SCHEIK.
verflüchtigen
verdamping *Verdampfung* v; *Verdunstung* v
verdedigbaar ● te verdedigen *zu verteidigen*
● te rechtvaardigen *vertretbar; haltbar*
verdedigen ● verweren *verteidigen* ● pleiten
voor *verteidigen; vertreten* ● rechtvaardigen
verteidigen; eintreten für; vertreten
verdediger ● beschermer *Verteidiger* m ● SPORT
Abwehrspieler
verdediging ● het verdedigen *Abwehr* v ★ een
zwakke plek in de ~ *eine Schwachstelle in der*
Verteidigung ● JUR. *Verteidigung* v ★ het
woord is aan de ~ *die Verteidigung hat das*
Wort
verdedigingslinie *Verteidigungslinie* v;
Defensivlinie v
verdeelcentrum *Vertriebszentrale* v;
Auslieferungslager o
verdeeld *uneinig*

verdeeldheid *Uneinigkeit* v ★ ~ zaaien
Zwietracht säen ★ dit leidde tot ~ binnen de
partij *dies führte zu einer Spaltung innerhalb*
der Partei
verdeelsleutel *Verteilerschlüssel* m
verdeelstekker *Verteilersteckdose* v
verdekt *verdeckt*
verdelen ● splitsen *(ver)teilen; einteilen* ★ iets in
drie delen ~ *etw. in drei Teile teilen* ● uitdelen
verteilen
verdeler BN dealer *Händler* m; *Vertragshändler*
m
verdelgen *vertilgen*
verdelgingsmiddel *Vernichtungsmittel* o
verdeling ● splitsing *Teilung* v; *Einteilung* v
● het uitdelen *Verteilung* v
verdenken *verdächtigen* ★ iem. van diefstal ~
jmdn. wegen Diebstahls in Verdacht haben
verdenking *Verdacht* m ★ boven iedere ~
verheven zijn *über jeden Verdacht erhaben*
sein ★ onder ~ staan van diefstal *im Verdacht*
des Diebstahls stehen
verder I BNW ● voor de rest *ferner; ansonsten;*
sonst; weiter ★ ga ~ *fahre fort* ★ ~e opleiding
Fortbildung v ● nader *weiter; ferner* **II** BIJW
● vervolgens *ferner; weiter* ● overigens
weiter; sonst ● voorts *weiter(hin)*
verderf *Verderben* o ★ zich in het ~ storten *sich*
ins Verderben stürzen
verderfelijk *verderblich*
verderop *weiter*
verdichten ● condenseren *komprimieren;*
verdichten ● verzinnen *erdichten*
verdichting ● verzinsel *Erdichtung* v
● condensatie *Komprimierung* v; *Verdichtung*
v
verdichtsel *Erfindung* v; *Erdichtung* v
verdienen ● waard zijn *wert sein; verdienen*
★ zij verdient niet beter *sie hat es nicht besser*
verdient ● als loon/winst krijgen *verdienen*
verdienste ● loon *Verdienst* m; ⟨salaris⟩
Einkommen o ● winst *Profit* m
● verdienstelijkheid *Verdienst* o
verdienstelijk *verdienstvoll; lobenswert* ▼ zich ~
maken *sich um etw. verdient machen*
verdiepen I OV WW dieper maken *vertiefen*
II WKD WW [zich ~] *sich vertiefen (in)* [+4]
verdieping ● etage *Stockwerk* o; *Stock* m;
Geschoss o; *Etage* v ★ bovenste ~ *obersten*
Stock m ★ op de eerste ~ *im ersten Stock*
★ met tien ~en *zehnstöckig* ● wat uitgediept
is *Vertiefung* v
verdikking *Verdickung* v
verdikkingsmiddel *Verdickungsmittel* o
verdisconteren ● ECON. *diskontieren*
● incalculeren *einkalkulieren*
verdoemen *verdammen; verfluchen*
verdoemenis *Verdammnis* v
verdoen *vergeuden; vertun*
verdoezelen *vertuschen*
verdomd I BNW *verflucht; verdammt* **II** BIJW
verdammt; verflucht ★ ~ als het niet waar is
mich soll der Teufel holen, wenn das nicht
stimmt **III** TW *verdammt (noch mal)!*
verdomhoekje ▼ in het ~ zitten *unten durch*
sein; es den Leuten nicht recht machen können

ve

▼ ik zit bij hem in het ~ *ich bin bei ihm unten durch*
verdomme *verdammt*
verdommen ● vertikken *sich weigern; nicht daran denken* ● schelen ★ wat kan het mij ~ *mir soll's wurst sein*
verdonkeremanen *sich etwas unter den Nagel reißen*
verdoofd *betäubt*
verdorie *verflixt*
verdorren *verdorren;* ⟨v. planten en bloemen⟩ *verwelken*
verdorven *verkommen; verdorben*
verdoven *betäuben* ★ plaatselijk ~ *örtlich betäuben*
verdoving ● gevoelloosheid *Betäubung* v ● MED. *Narkose* v
verdovingsmiddel *Betäubungsmittel* o
verdraagzaam *tolerant; duldsam; verträglich*
verdraagzaamheid *Duldsamkeit* v
verdraaid I BNW ● verkeerd gedraaid *verheddert* ● vervelend *verflixt* **II** TW *verflixt!* ★ ~ nog aan toe! *verflixt noch mal!*
verdraaien ● anders draaien *verdrehen* ● fout weergeven *verdrehen; verstellen* ★ iemands woorden ~ *jmdm. das Wort im Munde verdrehen* ★ zijn handschrift ~ *seine Handschrift verstellen*
verdraaiing ● het verdraaien *Verdrehung* v ● foute weergave *Verdrehung* v
verdrag *Vertrag* m
verdragen ● dulden/doorstaan *ertragen* ● gebruiken zonder er last van te hebben *aushalten; vertragen* ★ dit medicijn verdraag ik niet *dieses Medikament vertrage ich nicht*
verdragsbepaling *Vertragsbestimmung* v
verdriet *Kummer* m; *Verdruss* m; *Betrübnis* v ★ iem. ~ aandoen *jmdm. Kummer machen*
verdrieten *traurig machen*
verdrietig *traurig; betrübt*
verdrievoudigen I WW OV *verdreifachen* **II** WW ONOV *verdreifachen*
verdrijven ● verjagen *vertreiben; verjagen; verscheuchen* ● doen voorbijgaan *vertreiben*
verdringen I OV WW ● wegduwen *wegdrängen; verdrängen* ● onderdrukken *verdrängen* ★ zijn problemen ~ *seine Probleme verdrängen* **II** WKD WW [zich ~] *sich drängen*
verdringing *Verdrängung* v
verdrinken I OV WW ● doen omkomen *ertränken* ★ een kat ~ *eine Katze ersäufen* ● wegdrinken *vertrinken; INFORM. versaufen* **II** ON WW omkomen *ertrinken*
verdrinking *Ertrinken* o
verdrinkingsdood *Tod* m *durch Ertrinken*
verdrogen *austrocknen; vertrocknen* ★ de bloemen zijn verdroogd *die Blumen sind verdorrt* ★ de rivier is verdroogd *der Fluss ist ausgetrocknet*
verdroging *Austrocknung* v
verdrukken *bedrücken; unterdrücken*
verdrukking ● knel *Bedrängnis* v ★ in de ~ komen *in Bedrängnis geraten* ● onderdrukking *Unterdrückung* v ★ tegen de ~ in *trotz allem/alledem*
verdubbelen I OV WW tweemaal zo groot

maken *duplizieren; verdoppeln* **II** ON WW tweemaal zo groot worden *sich verdoppeln*
verdubbeling *Verdoppelung* v
verduidelijken *verdeutlichen; erklären*
verduidelijking *Verdeutlichung* v; *Erklärung* v
verduisteren I OV WW ● donker maken *verdunkeln* ★ de hemel verduisterde *der Himmel verfinsterte sich* ● stelen *veruntreuen; unterschlagen* **II** ON WW donker worden *sich verfinstern; sich verdunkeln*
verduistering ● het donker maken *Verdunklung* v; *Verfinsterung* v ● eclips ★ zons-/maans~ *Sonnen-/Mondfinsternis* v ● het stelen *Unterschlagung* v; *Veruntreuung* v
verdunnen ⟨minder geconcentreerd maken⟩ *verdünnen;* ⟨omvang verminderen⟩ *dünner machen*
verdunner *Verdünner* m
verdunning *Verdünnung* v
verduren ● doorstaan *ertragen; erdulden* ★ hij heeft het zwaar te ~ *er hat eine Menge auszustehen* ● uithouden *aushalten*
verduurzamen *haltbar machen; konservieren* ★ verduurzaamd levensmiddel *konserviertes Lebensmittel*
verdwaasd ⟨verward⟩ *verstört;* ⟨uitzinnig⟩ *verrückt;* ⟨zonder benul⟩ *töricht*
verdwalen *sich verfahren; sich verirren;* ⟨lopen/rijden⟩ *sich verlaufen* ★ verdwaalde kogel *verirrte Kugel*
verdwijnen *verschwinden*
verdwijning *Schwund* m; ⟨(het) afnemen⟩ *Verschwinden* o
verdwijnpunt *Fluchtpunkt* m
veredelen *veredeln*
vereenvoudigen *vereinfachen*
vereenvoudiging *Vereinfachung* v
vereenzaamd *vereinsamt*
vereenzamen *vereinsamen*
vereenzaming *Vereinsamung* v
vereenzelvigen *gleichsetzen; identifizieren* ★ zich met iets ~ *sich mit etw. identifizieren*
vereenzelviging *Identifikation* v; *Identifizierung* v
vereeuwigen *verewigen*
vereffenen ● betalen *ausgleichen; begleichen* ★ een rekening/schuld ~ *eine Rechnung/Schuld begleichen* ● bijleggen *beilegen*
vereisen *erfordern* ★ de vereiste middelen *die erforderlichen Mittel*
vereiste *Erfordernis* o; ⟨voorwaarde⟩ *Voraussetzung* v
veren I ON WW *federn; elastisch sein* **II** BNW *Feder-*
verend *federnd*
verenigbaar *vereinbar*
verenigd *vereinigt*
Verenigde Arabische Emiraten *Vereinigte Arabische Emirate* mv
Verenigde Naties *Vereinte Nationen* mv
Verenigde Staten van Amerika *Vereinigte Staaten* mv *(von Amerika)*
Verenigd Koninkrijk *Vereinigte(s) Königreich* o ★ in het ~ *im Vereinigten Königreich*
verenigen ● samenvoegen *vereinigen* ● overeenbrengen *vereinigen* ▼ daarmee kan

ik me ~ *damit bin ich einverstanden*

vereniging ● *samenvoeging Zusammenschluss* m; *Vereinigung* v ● *samenkomst Vereinigung* v ★ *recht van* ~ *Versammlungsfreiheit* v; *Vereinigungsrecht* o ★ in ~ met im *Verein mit* ★ in ~ met anderen *gemeinschaftlich mit anderen* ● club *Verein* m; *Verband* m ★ lid van een ~ worden *einem Verein beitreten* ★ BN, ECON. ~ zonder winstoogmerk *VoG*; *Vereinigung* v *ohne Gewinnerzielabsicht*

verenigingsleven *Vereinsleben* o

vereren ● eer bewijzen *ehren* ★ iem. met een bezoek ~ *jmdn. mit einem Besuch beehren* ● aanbidden *verehren*

verergeren I OV WW erger maken *verschlimmern*; *schlimmer machen* **II** ON WW erger worden *sich verschlimmern*; *schlimmer werden*

verergering *Verschlimmerung* v

verering *Verehrung* v

verf ● *Farbe* v ★ de deur staat in de verf *die Tür ist frisch gestrichen* ● → **verfje** ▼ FIG., BN iets in de verf zetten *etw. ansetzen* ▼ niet uit de verf komen *nicht ausgearbeitet sein*; *nicht gut dastehen*; *sich nicht deutlich profilieren*

verfbad *Farbbad* o

verfbom *Farbbeutel* m

verfdoos *Farb-/Malkasten* m

verfijnd *verfeinert*

verfijnen *verfeinern*

verfijning *Verfeinerung* v

verfilmen *verfilmen*

verfilming *Verfilmung* v

verfje ★ het huis mag wel een ~ hebben *das Haus braucht einen neuen Anstrich*

verfkwast *Pinsel* m

verflauwen *nachlassen*; ⟨handel⟩ *abflauen*

verfoeien *verabscheuen*

verfoeilijk *verabscheuenswert*; *verachtenswert*

verfomfaaien *zerknittern*; *verlottern*; *zerfleddern*

verfraaien *verschönern*

verfraaiing *Verschönerung* v; *Schmücken* o

verfrissen *erfrischen*; *frisch machen*

verfrissend *erfrischend*

verfrissing *Erfrischung* v

verfroller *Farbroller* m; *Farbrolle* v

verfrommelen *zerknittern*; *zerknüllen*

verfspuit *Spritzpistole* v

verfstof ● verf *Farbstoff* m ● grondstof *Farbstoff* m

verftube *Farbtube* v

verfverdunner *Verdünnung* v

verfwinkel *Farbengeschäft* o

vergaan ● creperen *umkommen* ★ ~ van de honger *vor Hunger sterben/umkommen* ● ten onder gaan *umkommen*; *vergehen*; ⟨schip⟩ *untergehen* ● verteren *zerfallen*; *vermodern*; *verfaulen* ★ tot stof ~ *verwesen* ● eindigen *ergehen* ★ het is hem niet slecht ~ *es ist ihm nicht schlecht ergangen*

vergaand *weitgehend*; *weitreichend*

vergaarbak *Sammelbecken* o

vergaderen *eine Sitzung abhalten*; *tagen*

vergadering *Versammlung* v; *Sitzung* v; *Tagung* v ★ algemene ~ *Generalversammlung* v; *Hauptversammlung* v ★ tijdens de gehouden

~ *während der Versammlung* ★ ~ achter gesloten deuren *Klausurtagung* v ★ de algemene ~ van de VN *die UNO-Vollversammlung*

vergaderzaal *Sitzungs-/Versammlungssaal* m

vergallen *verleiden*; *vergällen* ★ iemands plezier ~ *jmdm. die Freude vergällen*

vergalopperen [zich ~] *sich vergaloppieren*

vergankelijk *vergänglich*

vergankelijkheid *Vergänglichkeit* v

vergapen [zich ~] *bestaunen*

vergaren *sammeln* ★ moed ~ *Mut fassen*

vergassen ● in gas omzetten *vergasen* ● met gas doden *vergasen*

vergasten *aufwarten*; ⟨met eten en drank⟩ *bewirten* ★ zich ~ aan *sich gütlich tun an* ★ iem. op een nieuwtje ~ *jmdm. mit Neuigkeiten aufwarten* ★ de gasten op champagne ~ *den Gästen mit Champagner aufwarten*

vergeeflijk ● te vergeven *entschuldbar*; *verzeihlich* ● vergevingsgezind *versöhnlich*

vergeefs I BNW *vergeblich* **II** BIJW *vergebens*; *umsonst*

vergeeld *vergilbt*

vergeetachtig *vergesslich*

vergeetboek ▼ in het ~ raken *in Vergessenheit geraten*

vergeethoek ▼ BN in de ~ raken *in Vergessenheit geraten*

vergeet-mij-niet *Vergissmeinnicht* o

vergelden *vergelten*; *heimzahlen*

vergelding *Vergeltung* v

vergeldingsmaatregel *Vergeltungsmaßnahme* v

vergelen *vergilben*

vergelijk ● *Ausgleich* m; *Einigung* v; JUR. *Vergleich* m ★ tot een ~ komen *einen Vergleich treffen* ● overeenkomst *Ausgleich* m; *Einigung* v; JUR. *Vergleich* m ★ een ~ treffen *einen Vergleich treffen*

vergelijkbaar *vergleichbar*

vergelijken *vergleichen* ★ vergeleken met vroeger *im Vergleich zu/gegenüber früher*

vergelijkenderwijs ● in vergelijking tot *vergleichsweise* ● naar verhouding *verhältnismäßig*

vergelijking ● het vergelijken *Vergleich* m; *Vergleichen* o ★ in ~ met im *Vergleich mit/zu* ★ de ~ met iets niet doorstaan kunnen *den Vergleich mit etw. nicht aushalten* ★ een ~ trekken/maken *einen Vergleich ziehen/ anstellen* ● WISK. *Gleichung* v

vergemakkelijken *erleichtern*

vergen *fordern*; *verlangen* ★ veel tijd ~ *viel Zeit erfordern* ★ hoe kan je zoiets van mij ~? *wie kannst du so etw. von mir verlangen?* ★ te veel ~ van zijn krachten ~ *sich verausgaben*

vergenoegd *vergnügt*; *zufrieden*

vergenoegen *zufriedenstellen*; *befriedigen* ★ zich ~ met *sich begnügen mit*

vergetelheid *Vergessenheit* v

vergeten *vergessen* ★ ik ben ~ hoe zij heet *ich habe ihren Namen vergessen* ★ ik zal nooit ~ dat je dat gedaan hebt *das werde ich dir nie vergessen*

vergeven ● vergiffenis schenken *vergeben*;

ve

verzeihen ★ vergeef me! *Verzeihung!*;
Entschuldigung! ● weggeven *vergeben* ★ ik
heb vrijkaartjes te ~ *ich habe Freikarten zu
vergeben* ▼ ~ zijn van *wimmeln von*;
durchdrungen sein von [+3]
vergevensgezind *nicht nachtragend*;
versöhnlich
vergeving *Vergebung* v; ⟨vergiffenis⟩
Verzeihung v
vergevorderd *fortgeschritten*; *vorgerückt* ★ op
~e leeftijd *in vorgerücktem Alter*
vergewissen [zich ~] *sich vergewissern*
vergezellen *begleiten* ★ van iets vergezeld
gaan *mit etw. einhergehen*
vergezicht ● panorama *Fernsicht* v; *Aussicht* v
● schilderij *Panorama* o
vergezocht *weit hergeholt*
vergiet *Sieb* o
vergif *Gift* o
vergiffenis *Verzeihung* v; *Vergebung* v ★ ~
vragen *um Verzeihung bitten* ★ iem. ~
schenken *jmdm. vergeben*; *jmdm. verzeihen*
vergiftig *giftig*
vergiftigen *vergiften*
vergiftiging *Vergiftung* v ★ door ~ sterven *an
einer Vergiftung sterben*
vergissen [zich ~] *sich irren*; *sich täuschen* ★ ik
heb me vergist *ich habe mich geirrt* ★ zich in
iets/iemand ~ *sich in etw./jmdm. irren/
täuschen* [+3] ▼ ~ is menselijk *Irren ist
menschlich*
vergissing *Irrtum* m ★ bij ~ *aus Versehen*;
versehentlich; *irrtümlicherweise*
vergoeden ● goedmaken *wettmachen*; *ersetzen*
● terugbetalen *ersetzen*; *erstatten*; *vergüten*
★ iem. iets ~ *jmdm. etw. vergüten*
vergoeding ● het vergoeden *Entschädigung* v
● schadeloosstelling *Ersatz* m; *Entschädigung*
v ★ ~ voor reiskosten *Erstattung der
Reisekosten* v ● beloning *Vergütung* v
vergoelijken *beschönigen*
vergokken *verspielen*
vergooien I ov ww *wegwerfen*; ⟨verspillen⟩
vergeuden II wkd ww [zich ~] *sich verwerfen*
vergrendelen *verriegeln*
vergrijp *Vergehen* o; *Verstoß* m ★ ~ tegen de
vorm *Formverstoß* ★ ~ tegen de goede zeden
Verstoß gegen die guten Sitten
vergrijpen [zich ~] ● ~ aan (seksueel) geweld
aandoen *sich vergreifen an* ● ~ aan stelen
sich vergreifen an
vergrijzen *vergreisen*
vergrijzing *Vergreisung* v; *Überalterung* v
vergroeien ● krom groeien *verkrüppeln*; *(sich)
verkrümmen* ● aaneengroeien *verwachsen*
vergrootglas *Lupe* v; *Vergrößerungsglas* o
vergroten ● groter maken *vergrößern*;
erweitern ● vermeerderen *erhöhen*; *erweitern*;
vergrößern
vergroting ● vermeerdering *Erweiterung* v
● foto *Vergrößerung* v
vergruizen *zermalmen*; *zerschmettern*
vergruizer *Zertrümmerer* m
vergruizing *Zertrümmerung* v
verguizen *schmähen*; *verhöhnen*
verguld ● bedekt met bladgoud *vergoldet* ★ ~

op snee *mit Goldschnitt* ● blij *erfreut*;
geschmeichelt ★ ergens ~ mee zijn *über etw.
sehr erfreut sein*
vergulden ● bedekken met bladgoud *vergolden*
● blij maken *erfreuen*
vergunnen *gestatten*; *erlauben* ★ het was haar
niet vergund *es war ihr nicht vergönnt*
vergunning *Genehmigung* v; *Konzession* v ★ ~
voor vuurwapens *Waffenschein* m ★ een ~
aanvragen *eine Genehmigung beantragen*
verhaal ● vertelling *Erzählung* v; *Geschichte* v;
Bericht m ★ kort ~ *Kurzgeschichte* v
● vergoeding *Ersatzanspruch* m; *Regress* m;
Entschädigung v ★ ~ halen *einen Regress
nehmen auf* [+4] ★ ~ halen op iem. *sich an
jmdm. schadlos halten* ▼ op ~ komen *sich
erholen*; *(wieder) zu Kräften kommen*
verhaallijn *Handlungsstrang* m; *Handlung* v;
Story v
verhalen ● vertellen *erzählen*; *berichten*
● verhaal halen *sich schadlos halten*;
Schadenersatz fordern ★ de schade op iem. ~
sich an jmdm. schadlos halten;
*Schadenersatzansprüche bei jmdm. geltend
machen*
verhalend *erzählend*
verhandelen *handeln mit*
verhandeling ⟨mondeling⟩ *Vortrag* m;
⟨schriftelijk⟩ *Abhandlung* v
verhangen I ov ww *umhängen* II wkd ww [zich
~] *sich erhängen*
verhapstukken *erledigen* ★ aan iets veel te ~
hebben *an etw. noch viel zu feilen haben*
★ iets met iem. te ~ hebben *ein Hühnchen
mit jmdm. zu rupfen haben*
verhard ● hard geworden *befestigt*
● ongevoelig *gehärtet*
verharden I ov ww ● hard maken *befestigen*
● ongevoelig maken *härten*; *verhärten* II on
ww ● hard worden *sich verhärten*
● ongevoelig worden *(ver)härten*
verharen *(sich) haaren*
verhaspelen ● verkeerd uitspreken *sich
verhaspeln* ● verknoeien *sich
durcheinanderbringen*
verheerlijken *verherrlichen*; *glorifizieren* ★ iem.
verheerlijkt aankijken *jmdn. anhimmeln*
★ met een verheerlijkt gezicht *mit einem
verklärten Gesicht*
verheerlijking *Verherrlichung* v
verheffen I ov ww ● omhoogheffen *erheben*
● bevorderen *erheben* ● wisk. *erheben* II wkd
ww [zich ~] *sich erheben* ★ de kerktoren
verheft zich boven de stad *der Kirchturm
erhebt sich über die Stadt*
verheffing *Erhebung* v
verhelderen I ov ww helder maken
verdeutlichen ★ ~d werken *klärend wirken*
II on ww helder worden *sich aufklären*; *sich
aufhellen*
verhelen *verhehlen*
verhelpen *beheben* ★ dat is gemakkelijk te ~
dem ist leicht abzuhelfen ★ een moeilijkheid ~
eine Schwierigkeit beseitigen
verhemelte *Gaumen* m
verheugd *froh*; *erfreut*

verheugen I ov ww blij maken *(er)freuen*
II WKD WW [**zich ~**] *sich freuen* ★ zich in een
goede gezondheid ~ *sich einer guten
Gesundheit erfreuen* ★ zich ~ op *sich freuen
auf* [+4] ★ zich ~ over *sich freuen über* [+4]
verheugend *erfreulich*
verheven *erhaben*; ⟨stijl, taal⟩ *gehoben* ★ ~ zijn
boven *erhaben sein über* [+4]
verhevigen I ov ww heviger maken *verstärken*
II ON WW heviger worden *sich verstärken*
verheviging *Verstärkung* v
verhinderen ⟨iemand⟩ *hindern*; ⟨iets⟩
verhindern ★ dat zal haar niet ~ om door te
gaan *das wird sie nicht daran hindern,
weiterzumachen* ★ door zaken verhinderd
zijn *geschäftlich verhindert sein*
verhindering ● beletsel *Hindernis* o ● het
verhinderen *Verhinderung* v ● het
verhinderd zijn *Verhinderung* v ★ bij ~ *im
Verhinderungsfalle*
verhit ● verwarmd *erhitzt* ● FIG. opgewonden
erhitzt
verhitten *erhitzen*
verhitting *Erhitzung* v
verhoeden *verhüten*
verhogen ● hoger maken *erhöhen* ● versterken
erhöhen ★ de spanning ~ *die Spannung
steigern* ★ verhoogde bloeddruk *erhöhte(r)
Blutdruck* m ● vermeerderen *erhöhen*
verhoging ● het ophogen *Erhöhung* v
● vermeerdering *Erhöhung* v; *Steigerung* v
★ ~ van salaris *Gehaltserhöhung* v
● verhoogde plaats *Erhöhung* v; *Erhebung* v
● lichte koorts *(erhöhte) Temperatur* v ★ ~
hebben *Fieber haben*
verholen *verhohlen* ★ een ~ blik *ein
verstohlener Blick*
verhongeren I ov ww uithongeren *aushungern*
II ON WW omkomen *verhungern*
verhongering *Verhungern* o
verhoogd ● hoger geworden/gemaakt *erhöht*;
gesteigert ● intenser *kräftiger*; *tiefer*
verhoor *Verhör* o; *Vernehmung* v ★ een ~
afnemen *jmdn. ins Verhör nehmen*
verhoren ● ondervragen *vernehmen*; *verhören*
● inwilligen *erhören*
verhouden [**zich ~**] *sich verhalten*
verhouding ● relatie *Verhältnis* o; *Beziehung* v
★ de ~ tussen moeder en dochter *das
Verhältnis zwischen Mutter und Tochter*
● liefdesrelatie *Liebesverhältnis* o
● evenredigheid *Verhältnis* o; *Proportion* v
★ naar ~ *verhältnismäßig*
verhoudingsgewijs *verhältnismäßig*
verhuiskaart *Adressenänderung* v
verhuiskosten *Umzugskosten* mv
verhuisonderneming *Umzugsspediteur* m;
Möbelspediteur m
verhuiswagen *Möbelwagen* m
verhuizen I ov ww inboedel overbrengen *für
jemanden den Umzug übernehmen/machen*
II ON WW elders gaan wonen *umziehen* ★ wij
zijn verhuisd *wir sind umgezogen*
verhuizer *Möbelpacker* m; ⟨firma⟩
Möbelspediteur m
verhuizing *Umzug* m

verhullen *verschleiern*; *verhüllen*
verhuren *vermieten*; *verleihen* ★ zich ~ *sich
verdingen*
verhuur *Vermietung* v
verhuurbedrijf *Verleihbetrieb* m
verhuurder *Vermieter* m; *Verleiher* m
verificatie *Echtheitsnachweis* m; *Prüfung* v; ⟨bij
faillissement⟩ *Betriebsprüfung* v
verifiëren *verifizieren*
verijdelen *vereiteln*
verijzen *vereisen*
vering ● het veren *Federung* v ● verend gestel
Federung v
verjaardag *Geburtstag* m ★ wat krijg je
met/voor je ~? *was bekommst du zu deinem
Geburtstag?*
verjaardagkalender *Geburtstagskalender* m
verjaardagscadeau *Geburtstagsgeschenk* o
verjaardagsfeest *Geburtstagsfeier* v
verjaardagskaart *Geburtstagskarte* v
verjagen *verjagen*; *vertreiben*
verjaging *Vertreibung* v
verjaren ● JUR. ongeldig worden *verjähren*
● jarig zijn *Geburtstag haben*
verjaring *Verjährung* v
verjaringstermijn *Verjährungsfrist* v
verjongen *verjüngen*
verjonging *Verjüngung* v
verkalken *verkalken*
verkalking *Verkalkung* v
verkapt *verkappt*
verkassen ≈ *seine Zelte abbrechen*; INFORM. *sich
verziehen*
verkavelen ● in percelen verdelen *parzellieren*
● koopwaar in partijen verdelen *in
Kavelingen einteilen*
verkaveling *Parzellierung* v
verkeer ● voertuigen, personen *Verkehr* m
★ doorgaand ~ *Durchgangsverkehr* m
● sociale omgang *Umgang* m ★ seksueel ~
Sexualverkehr m ★ maatschappelijk ~
gesellschaftliche(r) Verkehr
verkeerd ● niet goed *falsch* ★ iets ~ doen *etw.
falsch machen* ★ dat zal ~ aflopen *das wird
schiefgehen* ★ we zijn ~ gereden *wir haben
uns verfahren* ★ ik heb ~ gekeken *ich habe
mich versehen* ● omgekeerd *verkehrt*
verkeersader *Verkehrsader* v
verkeersagent *Verkehrspolizist* m
verkeersbelasting BN wegenbelasting
Kraftfahrzeugsteuer v
verkeersbord *Verkehrsschild* o
verkeerscentrale *Verkehrszentrale* v
verkeersdiploma *Verkehrspass* m
verkeersdrempel *Poller* m
verkeersheuvel *Verkehrsinsel* v
verkeersinformatie *Verkehrsinformation* v
verkeersknooppunt *Verkehrsknotenpunkt* m
verkeersleider *Fluglotse/-leiter* m
verkeerslicht *Verkehrsampel* v; *Ampel* v
verkeersongeval *Verkehrsunfall* m
verkeersopstopping *Verkehrsstockung* v;
Verkehrsstau m
verkeersovertreder *Verkehrssünder* m
verkeersovertreding *Verkehrssünde* v
verkeersplein *Kreisverkehr* m; ⟨bij snelwegen⟩

Autobahnkreuz o
verkeerspolitie *Verkehrspolizei* v
verkeersregel *Verkehrsregel/-vorschrift* v
verkeersreglement *Straßenverkehrsordnung* v
verkeersslachtoffer *Verkehrsopfer* o
verkeerstoren *Tower* m; *Kontrollturm* m
verkeersveiligheid *Verkehrssicherheit* v
verkeersvlieger *Verkehrspilot* m
verkeersvliegtuig *Verkehrsflugzeug* o
verkeersweg *Verkehrsweg* m
verkeerszuil *Verkehrssäule* v
verkennen *auskundschaften; erkunden;* ⟨leger⟩ *aufklären* ★ het terrein ~ *das Gelände erkunden*
verkenner ● *verspieder Kundschafter* m; *Beobachter* m; *Erkunder* m; ⟨leger⟩ *Aufklärer* m ● *padvinder* ≈ *Pfadfinder* m
verkenning *Erkundung* v; *Auskundschaftung* v ★ op ~ uitgaan *auf Erkundung gehen* ★ ~ vanuit de lucht *Luftaufklärung* v
verkenningstocht *Erkundungsfahrt* v; *Streifzug* m
verkenningsvliegtuig *Aufklärungsflugzeug* o; *Aufklärer* m
verkeren ● zich bevinden *sich befinden* ★ in gevaar ~ *in Gefahr schweben; sich in Gefahr befinden* ★ in de mening ~ *der Meinung sein* ★ in de veronderstelling ~ *meinen* ● ~ **met** *verkehren mit* [+3]; *umgehen mit* [+3] ▼ het kan ~ *das Blatt kann sich wenden*
verkering ⟨feste⟩ *Beziehung* v ★ ~ hebben met iem. *mit jmdm. gehen* ★ vaste ~ hebben *einen festen Freund/eine feste Freundin haben*
verkerven BN verbruien *verderben* ★ je hebt het bij mij verkorven *du bist bei mir unten durch*
verkiesbaar *wählbar* ★ zich ~ stellen *sich zur Wahl stellen*
verkieslijk *vorzuziehen*
verkiezen ● prefereren *vorziehen* ★ het een boven het ander ~ *das eine dem anderen vorziehen* ● kiezen *wählen* ● willen *wünschen* ★ zij verkiest het niet te doen *sie ist dazu nicht bereit*
verkiezing ● het stemmen *Wahl* v ● keuze *Wahl* v
verkiezingscampagne *Wahlkampagne* v
verkiezingsstrijd *Wahlkampf* m
verkiezingsuitslag *Wahlergebnis* o
verkijken I ov ww voorbij laten gaan *verpassen* ★ de kans is verkeken *dies ist eine verpasste Chance* **II** WKD WW **[zich ~]** *sich irren; sich täuschen* ★ zich op iem. ~ *sich in jmdm. irren* ★ zich op iets ~ *etw. verkehrt/falsch beurteilen/einschätzen*
verkikkerd ▼ ~ zijn op iets *in etw. vernarrt sein* ▼ ~ zijn op iem. *in jmdn. verschossen sein*
verklaarbaar *erklärbar;* ⟨te begrijpen⟩ *erklärlich*
verklappen *ausplaudern; verraten* ★ iets aan iem. ~ *jmdm. etw. verraten*
verklaren I ov ww ● kenbaar maken *erklären;* JUR. *aussagen* ★ nietig ~ (für) *nichtig/ungültig erklären* ● uitleggen *erläutern; erklären* **II** WKD WW **[zich ~]** *sich erklären* ★ verklaar je nader! *erkläre dich deutlicher!*
verklaring ● uitleg *Erklärung* v ● mededeling *Erklärung* v ★ een ~ afleggen *eine Aussage*

machen ● JUR. getuigenis ★ beëdigde ~ *eidliche Erklärung* ● MED. attest ★ heb je al een ~ van de dokter? *hast du schon eine ärztliche Bescheinigung/ein ärztliches Attest?*
verkleden ● omkleden *umziehen; umkleiden* ★ zich ~ *sich umziehen; sich umkleiden* ● vermommen *(sich) verkleiden*
verkleinen ● kleiner maken *verkleinern* ● verminderen *verringern;* WISK. *kürzen*
verkleining ● het kleiner maken *Verkleinerung* v; *Verkleinern* o ● kleinering *Herabsetzung* v
verkleinvorm *Verkleinerungsform* v; *Diminutivform* v
verkleinwoord *Verkleinerungsform* v; *Diminutiv* o
verkleumd ⟨personen⟩ *durchgefroren;* ⟨ledematen⟩ *erstarrt/steif vor Kälte*
verkleumen *frieren*
verkleuren ● van kleur veranderen *sich verfärben* ● kleur verliezen *an Farbe verlieren; (v)erbleichen*
verkleuring *Verfärbung* v
verklikken *verpfeifen*
verklikker ● toestel *Kontrolllampe* v; *Anzeiger* m ● verrader *Verräter* m; *Zuträger* m; *Denunziant* m; *Spitzel* m; INFORM. *Petzer* m
verkloten *versauen*
verknallen *vermasseln*
verkneukelen [zich ~] *sich klammheimlich freuen; sich ins Fäustchen lachen* ★ zich in iets ~ *sich an etw. ergötzen*
verknippen ● verkeerd knippen *verschneiden* ● in stukken knippen *zerschneiden*
verknipt *bekloppt*
verknocht ★ ~ zijn aan *hängen an* [+3]
verknoeien ● verspillen *verschwenden; vertun; vergeuden* ● bederven *verderben;* INFORM. *verpfuschen;* INFORM. *vermasseln*
verkoelen I ov ww koel maken *abkühlen* **II** ON ww koel worden *sich abkühlen*
verkoeling ● LETT. *Abkühlung* v ● FIG. *Abkühlung* v
verkoeverkamer *Ausschlafraum* m
verkolen I ov ww tot kool maken *verkohlen* **II** ON ww tot kool worden *verkohlen*
verkommeren ⟨vervallen⟩ *verkommen;* ⟨achterblijven⟩ *verkümmern*
verkondigen *verkünden*
verkondiging *Verkündung* v; *Verkündigung* v
verkoop *Verkauf* m ★ ~ bij opbod *Versteigerung* v
verkoopbaar ● te verkopen *verkäuflich* ● aannemelijk *akzeptabel*
verkoopcampagne *Verkaufskampagne* v
verkoopcijfers *Verkaufszahl* v
verkoopleider *Verkaufsleiter* m
verkooporganisatie *Verkaufsorganisation* v
verkooppraatje *Verkaufsgespräch* o
verkoopprijs *Verkaufspreis* m
verkooppunt *Verkaufsstelle* v
verkoopster *Verkäuferin* v
verkooptruc *Verkaufstrick* m; *Verkaufsmasche* v
verkopen I ov ww ● tegen betaling leveren *verkaufen* ● aannemelijk maken *verkaufen* ● opdissen *auftischen* ★ leugens ~ *Lügen auftischen* ★ onzin ~ *dummes Zeug reden*

● toedienen *versetzen* ★ iem. een klap ~ jmdm. *einen Schlag versetzen* ▼ toen ik haar zag, was ik verkocht *als ich sie sah, war ich verloren/verraten und verkauft* **II** ON WW *sich verkaufen*

verkoper *Verkäufer* m

verkoping *Verkauf* m

verkorten *(ver)kürzen* ★ in verkorte vorm *in Kurzform* v

verkorting *Verkürzung* v

verkouden *erkältet* ★ ~ worden *einen Schnupfen bekommen*; *sich erkälten*

verkoudheid *Erkältung* v; ⟨vooral neus⟩ *Schnupfen* m

verkrachten ● iemand *vergewaltigen* ● iets *vergewaltigen*

verkrachter *Vergewaltiger* m

verkrachting ● van iem. *Vergewaltigung* v ● van iets *Vergewaltigung* v

verkrampen *sich verkrampfen*

verkrampt *verkrampft*

verkreukelen *zerknittern*; *zerknüllen*

verkrijgbaar *erhältlich* ★ niet meer ~ *nicht mehr lieferbar* ★ afzonderlijk ~ *einzeln erhältlich* ★ vrij ~ *im Freiverkehr*

verkrijgen *bekommen*; *erwerben*; *erhalten*

verkrommen **I** WW OV *verkrümmen* **II** WW ONOV *verkrümmen*

verkromming *Verkrümmung* v

verkroppen *verschmerzen*; *verwinden* ★ ik kan dat niet ~ *ich kann es nicht verwinden*

verkruimelen **I** OV WW tot kruimels maken *zerkrümeln* **II** ON WW tot kruimels worden *zerkrümeln*

verkwanselen ● versjacheren *verschachern* ● verspillen *vergeuden*

verkwikken *erfrischen*; *erquicken*

verkwikkend *erfrischend*

verkwisten *verschwenden*; *vergeuden*

verkwistend *verschwenderisch*

verkwisting *Verschwendung* v; *Vergeudung* v

verlagen ● lager maken *senken*; ⟨prijs, tarief⟩ *ermäßigen*; ⟨prijs, loon⟩ *herabsetzen* ● vernederen *erniedrigen* ★ zich ~ (tot) *sich hergeben (zu)*

verlaging ● vernedering *Erniedrigung* v ● het lager maken *Senkung* v; ⟨rang⟩ *Degradierung* v

verlakken *hereinlegen*

verlakker *Schwindler* m; *Bescheißer* m VULG.

verlakkerij *Beschiss* m VULG.

verlamd *gelähmt* ★ ~ raken *erlahmen*; *lahm werden*

verlammen ● MED. lam maken *lähmen*; *lahmlegen* ● FIG. stilleggen ★ het verkeer ~ *den Verkehr lahmlegen*

verlamming ● het verlammen *Lähmung* v; *Lahmlegung* v ● lamheid *Lähmung* v ★ eenzijdige ~ *einseitige Lähmung*

verlangen **I** OV WW ● willen *wünschen*; *verlangen* ● eisen *fordern*; *verlangen* **II** ON WW ~ naar *verlangen nach*; *sich sehnen nach* **III** ZN [het] *Verlangen* o; *Sehnsucht* v ★ op ~ van *auf Wunsch/Verlangen* [+2]

verlanglijst *Wunschzettel* m

verlaten I BNW ● in de steek gelaten *verlassen*;

zurückgelassen ★ zich ~ voelen *sich verlassen fühlen* ● afgelegen *verlassen*; *öde*; ⟨zonder mensen⟩ *menschenleer* **II** OV WW ● weggaan *verlassen* ★ het huis ~ *das Haus verlassen* ★ de dienst ~ *aus dem Dienst ausscheiden* ● in de steek laten *aufgeben* ★ men heeft dit denkbeeld inmiddels ~ *diese Idee hat man mittlerweile aufgegeben* **III** WKD WW [zich ~] ● te laat komen *sich verspäten* ● ~ **op** vertrouwen op *sich verlassen auf* [+4]

verlatenheid *Verlassenheit* v; ⟨landschap⟩ *Öde* v

verlating *Verlassen* o

verlatingsangst *Trennungsangst* v

verleden I ZN [het] tijd van vroeger *Vergangenheit* v **II** BNW vorig *vergangen*; *vorig* ★ ~ week *vorige/vergangene Woche*

verlegen ● schuchter *verlegen*; *schüchtern* ● geen raad wetend *verlegen* ★ hij is ~ met zijn figuur *er weiß nicht, wie er sich verhalten soll* ● ~ **om** *verlegen um* ★ zij zit altijd om geld ~ *sie ist immer um Geld verlegen*

verlegenheid ● het verlegen zijn *Verlegenheit* v; *Schüchternheit* v ● moeilijkheid *Verlegenheit* v ★ iem. in ~ brengen *jmdn. in Verlegenheit bringen*

verleggen *verlegen* ★ zijn grenzen ~ *seine Grenzen verschieben*

verleidelijk *verführerisch*; *verlockend* ★ een ~ aanbod *ein verlockende(s) Angebot* o

verleiden ● verlokken *verleiten*; *verführen*; *verlocken* ● tot geslachtsgemeenschap brengen *verführen*

verleider *Verführer* m

verleiding *Verführung* v; *Verlockung* v; ⟨verzoeking⟩ *Versuchung* v

verlekkerd *versessen* ★ ~ zijn op iets *verrückt sein auf etw.* ★ ~ op *versessen auf* [+4]; *erpicht auf* [+4]

verlekkeren [zich ~] *sich verführen lassen* ★ zich ~ aan iets *sich von etw. verführen lassen*

verlenen *erteilen*; *gewähren*; *geben*; *verleihen* ★ toestemming ~ *Erlaubnis erteilen* ★ hulp ~ *Hilfe leisten* ★ krediet/voorrang ~ *Kredit/Vorfahrt gewähren* ★ een feestelijk aanzien ~ *ein festliches Ansehen verleihen/geben*

verlengde *Fortsetzung* v; *Verlängerung* v ★ straat A ligt in het ~ van straat B *Straße B ist die Verlängerung von Straße A* ★ deze opmerkingen liggen in elkaars ~ *diese Bemerkungen bewegen sich auf der gleichen Linie*

verlengen ● langer maken *verlängern* ● langer laten duren *verlängern*; ⟨v. termijn⟩ *prolongieren* ● BN ⟨film enz.⟩ prolongeren *verlängern*

verlenging ● het verlengen *Verlängerung* v; ⟨v. geldigheidsduur⟩ *Prolongation* v ● SPORT extra speeltijd *Verlängerung* v

verlengsnoer *Verlängerungsschnur* v

verlengstuk *Verlängerungsstück* o; *Ansatzstück* o; *Ansatz* m

verleppen *verwelken*; *verblühen*

verlept *verwelkt*; *verblüht*

verleren *verlernen* ★ iets verleerd zijn *etw.*

verlernt haben

verlet ● beletsel *Ausfall* m ★ ~ wegens weersomstandigheden *witterungsbedingte(r) Arbeitsausfall* m ● tijdverlies *Zeitverlust* m ● uitstel *Aufschub* m

verlevendigen *(neu) beleben*; ⟨kleuren⟩ *auffrischen*

verlichten ● beschijnen *erleuchten*; *beleuchten* ● minder zwaar maken *erleichtern*; ⟨verzachten⟩ *lindern* ● kennis bijbrengen *erleuchten*

verlichting ● iets dat licht geeft *Erleuchtung* v; *Beleuchtung* v ● vermindering ⟨v. iets vervelends, pijnlijks⟩ *Linderung* v ● opluchting *Erleichterung* v ● GESCH., O&W *Aufklärung* v

verlichtingspaal BN lantaarnpaal *Laternenpfahl* m

verliefd *verliebt* ★ ik ben ~ op je *ich bin verliebt in dich* ★ een ~ paartje *ein verliebtes Pärchen*

verliefdheid *Verliebtheit* v

verlies ● het verliezen *Verlust* m ★ niet tegen zijn ~ kunnen *ein schlechter Verlierer sein* ● het verlorene *Verlust* m ★ met ~ verkopen *mit Verlust verkaufen*

verliesgevend *nicht rentabel*; *verlustreich*

verliespost *Verlustposten* m

verliezen I OV WW ● niet winnen *verlieren* ★ de wedstrijd ~ *den Wettkampf verlieren* ● kwijtraken *verlieren* ★ zijn geduld ~ *die Geduld verlieren* ★ aan kracht ~ *an Kraft verlieren* ● nadeel lijden *verlieren* **II** WKD WW [zich ~] in *sich verlieren in* [+3]

verliezer *Verlierer* m

verlinken *verpfeifen*

verloederen *verludern*; *versumpfen*

verloedering *Verlotterung* v; *Verlumpung* v

verlof ● vrijstelling *Urlaub* m ★ buitengewoon ~ *Sonderurlaub* m ★ onbetaald ~, BN ~ zonder wedde *unbezahlte(r) Urlaub* ★ BN penitentiair ~ *Hafturlaub* m ★ met ~ gaan *in Urlaub gehen*; *Urlaub nehmen* ● vergunning *Erlaubnis* v

verlofdag *Urlaubstag* m

verlofganger *Beurlaubte(r)* m/v

verlofpas ● stuk bij invrijheidstelling *Entlassungspapiere* mv ● bewijs van verlof *Urlaubsschein* m

verlokken *verlocken*; *verführen*

verlokking *Verlockung* v

verloochenen *verleugnen*

verloochening *Verleugnung* v

verloofd *verlobt*

verloofde *Verlobte(r)* m; *Bräutigam* m [v: *Braut*]

verloop ● ontwikkeling *Verlauf* m ● het ~ van de zaak *der Verlauf/Hergang der Sache* ● het verstrijken *Verlauf* m ★ na ~ van tijd *nach einiger Zeit* ● het komen en gaan *Fluktuation* v

verloopdatum *Verfallsdatum* o

verloopstekker *Zwischenstecker* m

verloopstuk *Erweiterungs-/Reduzierstück* o

verlopen I BNW ● ongeldig *verstrichen*; *abgelaufen* ● verloederd *verkommen*; *verlottert*; *verludert* **II** ON WW ● voorbijgaan *verlaufen*; *vergehen* ● er zijn al enige

maanden ~ *es sind schon einige Monate vergangen* ● zich ontwikkelen *ablaufen*; *verlaufen* ★ een goed ~d gesprek *ein gut verlaufendes Gespräch* ● ongeldig worden *ablaufen* ★ de tijd is ~ *die Zeit ist abgelaufen* ● ⟨zich verspreiden⟩ achteruitgaan *zurückgehen*

verloren ● kwijt *verloren*; *abhandengekommen*; *verloren gegangen* ★ in de menigte ~ gaan *in der Menge verloren gehen* ● reddeloos *verloren* ★ een ~ generatie *eine verlorene Generation* ● nutteloos *verloren*; *vergeblich* ★ ~ moeite *vergebliche Mühe* ▼ BN ~ lopen *sich verfahren*; *sich verirren*; ⟨lopen/rijden⟩ *sich verlaufen*

verloskamer *Kreißsaal* m

verloskunde *Geburtshilfe* v; MED. *Obstetrik* v

verloskundige *Geburtshelfer* m

verlossen ● bevrijden *befreien*; *erlösen* ● helpen bevallen *entbinden* ★ van een kind verlost worden *von einem Kind entbunden werden*

Verlosser *Heiland* m; *Erlöser* m

verlosser *Befreier* m; *Retter* m; *Erlöser* m

verlossing ● bevrijding *Erlösung* v; *Befreiung* v ● bevalling *Entbindung* v

verloten *verlosen*

verloting *Auslosung* v

verloven [zich ~] *sich verloben* ★ zij gaan zich ~ *sie wollen sich verloben*

verloving *Verlobung* v

verlovingsring *Verlobungsring* m

verluiden ▼ naar verluidt *wie verlautet* ▼ ik heb horen ~ dat... *es verlautete/hieß, dass...*

verlustigen [zich ~] aan/in *erfreuen an*; *ergötzen an*

vermaak *Vergnügen* o ★ tot ~ dienen *zum Vergnügen/zur Unterhaltung dienen*

vermaard *berühmt*; *namhaft*

vermaatschappelijking *Vergesellschaftung* v; *Sozialisierung* v

vermageren *abnehmen*; *abmagern*

vermagering *Abmagerung* v; *Abmagern* o

vermageringskuur *Abmagerungskur* v

vermakelijk *amüsant*; *unterhaltsam*

vermaken ● amuseren *amüsieren*; *unterhalten* ★ zich ~ *sich amüsieren* ● nalaten *vermachen* ● veranderen *(um)ändern*

vermalen *zermahlen*

vermanen *ermahnen*

vermaning *Ermahnung* v; *Mahnung* v

vermannen [zich ~] *sich zusammenreißen*; *sich aufraffen*; *Mut zu etwas fassen*

vermeend *vermeintlich*; *angeblich*

vermeerderen *vermehren*; *steigern*

vermeerdering *(Ver)Mehrung* v; *Steigerung* v; *Zunahme* v

vermelden *erwähnen*; *angeben*; *mitteilen*

vermelding *Erwähnung* v ★ eervolle ~ *ehrende/ehrenvolle Erwähnung*

vermengen I OV WW *mischen*; *vermischen*; *vermengen* ★ wijn met water ~ *Wein mit Wasser mischen/versetzen* **II** WKD WW [zich ~] *sich vermischen*

vermenging *Vermischung* v

vermenigvuldigen ● verveelvoudigen *vervielfachen*; *vervielfältigen*; *vermehren* ● WISK. *vervielfachen*; *multiplizieren*

vermenigvuldiging ● WISK. *Multiplikation* v ● verveelvoudiging *Vervielfachung* v;

Vermehrung v; ⟨kopiëren⟩ *Vervielfältigung* v
● voortplanting *Vermehrung* v
vermetel *verwegen*
vermicelli *Suppennudeln* mv
vermijdbaar *vermeidbar*
vermijden ● uit de weg gaan *vermeiden*
● voorkomen *vermeiden*
vermiljoen *zinnoberrot*
verminderen I ov ww minder maken
vermindern; verringern; herabsetzen ★ het
elektriciteitsgebruik ~ *den Stromverbrauch
einschränken* ★ de straf werd verminderd *die
Strafe wurde herabgesetzt* **II** ON ww minder
worden *sich verringern; sich vermindern;
abnehmen* ★ verminderde weerstand
verringerte Widerstandskraft v
vermindering ● het minder worden of maken
Verringerung v; *(Ver)Minderung* v; *Abnahme* v
● BN, ECON. reductie *Reduzierung* v; *Reduktion*
v
verminken ● LETT. lichamelijk schenden
verstümmeln ★ hij raakte voor het leven
verminkt *er wurde für sein Leben entstellt*
● FIG. beschadigen *verstümmeln* ★ een
kunstwerk ~ *ein Kunstwerk verstümmeln*
verminking *Verstümmelung* v; *Entstellung* v
vermissen *vermissen*
vermissing *Verschollenheit* v
vermiste *Vermisste(r)* m
vermits BN *da; weil*
vermoedelijk *vermutlich; mutmaßlich* ★ de ~e
dader *der mutmaßliche Täter* ★ zij is ~ naar
huis gegaan *sie ist vermutlich nach Hause
gegangen*
vermoeden I ZN [het] ● veronderstelling
Vermutung v ● voorgevoel *Vermutung* v;
Ahnung v ★ ik had er al zo'n ~ van *ich
vermutete schon so etw.* ● verdenking
Verdacht m ★ een ~ tegen iem. hebben *jmdn.
in/im Verdacht haben* **II** ov ww
● veronderstellen *mutmaßen; vermuten*
● bedacht zijn op *ahnen*
vermoeid *ermüdet; müde*
vermoeidheid *Ermüdung* v; *Müdigkeit* v
vermoeidheidsverschijnsel
Ermüdungserscheinungen v mv
vermoeien ● moe maken *ermüden; anstrengen*
★ zich ~ *sich anstrengen* ● verveeld maken
ermüden
vermoeiend *anstrengend*
vermogen I ZN [het] ● capaciteit van zaken
Leistungsfähigkeit v; *Leistung* v ★ geleidend ~
Leitfähigkeit v ● capaciteit van mensen
Fähigkeit v; *Kraft* v ★ naar mijn beste ~ *nach
besten Kräften; nach bestem Ermessen* ● macht
Vermögen o ● bezit *Vermögen* o **II** ov ww in
staat zijn *vermögen*
vermogend ● rijk *vermögend; begütert*
● invloedrijk *einflussreich*
vermogensaanwas *Vermögenszuwachs* m
vermogensaanwasdeling
Mitarbeiterbeteiligung v am
Vermögenszuwachs
vermogensbelasting *Vermögenssteuer* v
vermogensmarkt *Vermögensmarkt* m
vermolmd *morsch*

vermommen *vermummen; verkleiden*
vermomming *Vermummung* v; *Verkleidung* v
vermoorden *ermorden; umbringen*
vermorzelen *zermalmen;* ⟨verbrijzelen⟩
zerschmettern
vermorzeling *Zerreibung* v
vermout *Wermut* m
vermurwen *erweichen* ★ iem. ~ *jmdn.
erweichen* ★ niet te ~ *unerbittlich*
vernachelen *übers Ohr hauen*
vernauwen *enger machen; verengen*
vernauwing *Verengung* v
vernederen *erniedrigen; demütigen*
vernederend *demütigend*
vernedering *Erniedrigung* v; *Demütigung* v
vernederlandsen ≈ *sich an das Niederländische
anpassen*
vernemen *vernehmen; erfahren* ★ naar wij ~
dem Vernehmen nach
vernielen *zerstören*
vernieling *Zerstörung* v
vernielzucht *Vandalismus* m; *Zerstörungswut* v
vernietigen ● verwoesten *vernichten* ★ het
leger werd volledig vernietigd *die Armee
wurde völlig aufgerieben* ★ een ~de blik *ein
vernichtender Blick* ★ een ~de kritiek *eine
vernichtende Kritik* ● nietig verklaren *für
nichtig erklären* ★ een vonnis ~ *ein Urteil
aufheben/für nichtig erklären*
vernietigend ● verwoestend *verheerend;
vernichtend* ● minachtend *vernichtend*
vernietiging *Zerstörung* v; *Vernichtung* v
vernietigingskamp *Vernichtungslager* o
vernieuwen ● opknappen *erneuern*
● vervangen *erneuern*
vernieuwend ● modern makend *innovativ*
● vervangend *erneuernd*
vernikkelen I ov ww met nikkel bedekken
vernickeln **II** ON ww verkleumen *frieren* ★ ~
van de kou *frieren wie ein Schneider*
vernis ● blanke lak *Firnis* m; *Firnisschicht* v
● FIG. *Tünche* v
vernissen *firnissen*
vernoemen ● als naam geven *(be)nennen*
★ vernoemd naar *benannt/genannt nach* [+3]
● BN vermelden *erwähnen; angeben; mitteilen*
vernuft ● scherp verstand *Geist* m ★ iem. met
veel ~ *ein großer Geist; eine geistreiche Person*
● vindingrijkheid *Erfindungsgabe* v
vernuftig ● scherpzinnig *erfinderisch; findig;
scharfsinnig* ● ingenieus *ingeniös* ★ een ~
apparaat *eine sinnvolle Einrichtung*
veronachtzamen *vernachlässigen*
veronderstellen *annehmen; voraussetzen*
veronderstelling ● vermoeden *Annahme* v
★ in de ~ dat... *in der Annahme, dass...*
● uitgangspunt *Voraussetzung* v
verongelijkt *zurückgesetzt;* ⟨beledigd⟩ *gekränkt*
verongelukken ⟨personen⟩ *tödlich
verunglücken;* ⟨vervoermiddel⟩ *verunglücken;*
⟨schip⟩ *untergehen;* ⟨vliegtuig⟩ *abstürzen*
verontreinigen *verunreinigen*
verontreiniging *Verunreinigung* v
verontrusten *beunruhigen*
verontrustend *beunruhigend*
verontrusting *Beunruhigung* v

verontschuldigen I ov ww *entschuldigen* ★ zich laten ~ *sich entschuldigen lassen* ▼ BN veronschuldigd zijn ⟨afwezig met kennisgeving⟩ *entschuldigt sein* **II** WKD WW [zich ~] ● *sich entschuldigen* ★ zich ~ voor *sich entschuldigen für*
verontschuldiging *Entschuldigung* v ★ iem. zijn ~en aanbieden *sich bei jmdm. entschuldigen*
verontwaardigd *empört*
verontwaardigen *entrüsten*; *empören* ★ zich over iets ~ *sich über etw. entrüsten*
verontwaardiging *Entrüstung* v; *Empörung* v
veroordeelde *Verurteilte(r)* m
veroordelen ● afkeuren *verurteilen* ● vonnissen *verurteilen* ★ iem. ~ tot een jaar gevangenisstraf *jmdn. zu einem Jahr Freiheitstrafe verurteilen*
veroordeling ● afkeuring *Verurteilung* v ● vonnis *Urteil* o; *Verurteilung* v ★ ~ bij verstek *Versäumnisurteil* o
veroorloven *erlauben*; *gestatten* ★ zo'n huis kan ik me niet ~ *ein solches Haus kann ich mir nicht leisten*
veroorzaken *verursachen*; ⟨teweegbrengen⟩ *herbeiführen*; ⟨teweegbrengen⟩ *hervorrufen*
verorberen *verspeisen*; *verzehren*
verordenen *befehlen*; ⟨wettelijk⟩ *bestimmen*; ⟨bij verordening⟩ *anordnen*
verordening *Verfügung* v; *Anordnung* v; *Verordnung* v ★ bij ~ bepaald *durch eine Verordnung festgesetzt*
verouderen I ON WW ● ouder worden *altern* ★ hij is erg verouderd *er ist sehr gealtert* ● in onbruik raken *veralten* **II** ov ww ouder maken *altern* ★ dit heeft haar sterk verouderd *hierdurch ist sie stark gealtert*
veroudering ● ⟨v. mensen⟩ het ouder worden *Alterung* v ● ⟨v. dingen⟩ het in onbruik raken *Veralten* o ● AARDK. vergrijzing *Vergreisung* v; *Überalterung* v
veroveraar *Eroberer* m
veroveren *erobern*
verovering *Eroberung* v ★ zij verscheen met haar nieuwe ~ *sie erschien mit ihrer neuen Eroberung*
verpachten *verpachten*
verpakken *verpacken*; *einpacken*
verpakking ● het verpakken *Verpackung* v ● materiaal *Packung* v
verpakkingsmateriaal *Verpackungsmaterial* o
verpanden *verpfänden*; ⟨bij de lommerd⟩ *versetzen*
verpatsen *verhökern*; *verkloppen*
verpauperen *verarmen*; *verelenden*
verpersoonlijken *verkörpern*; *personifizieren*
verpersoonlijking *Verkörperung* v
verpesten *verderben*; ⟨de lucht⟩ *verpesten*
verpieteren ● te lang koken *verkochen*; *zerkochen* ● verkommeren *verkümmern*; ⟨persoon⟩ *vermickern* ★ een verpieterd tuintje *ein verkümmerter Garten*
verpinken BN knipperen met de ogen *blinzeln* ▼ BN zonder ~ *ohne mit der Wimper zu zucken*
verplaatsen I ov ww elders plaatsen *umstellen*; *umräumen*; *versetzen* ★ kasten ~ *Schränke*
umräumen ★ hij werd naar een andere dienst verplaatst *er wurde in eine andere Dienststelle versetzt* ★ het filiaal werd verplaatst *die Zweigstelle wurde verlegt* **II** WKD WW [zich ~] ● zich voortbewegen *sich fortbewegen* ● ~ in *sich versetzen in [+4]* ★ zich in iemands toestand ~ *sich in jmds. Lage versetzen*
verplaatsing ● het verplaatsen *Verlegung* v; ⟨verandering van plaats⟩ *Versetzung* v ● BN dienstreis *Dienstreise* v
verplaatsingskosten ● BN reiskosten *Reisespesen* mv ● BN voorrijkosten *Anfahrtskosten* mv
verplanten *verpflanzen*; *umpflanzen*
verpleegdag *Pflegetag* m
verpleeghuis *Pflegeheim* o
verpleeghulp *Hilfsschwester* v
verpleegkundige *Krankenpfleger* m
verpleegster *Krankenschwester/-pflegerin* v
verplegen *pflegen*
verpleger *Krankenpfleger* m
verpleging *Pflege* v; ⟨ziekenzorg⟩ *Krankenpflege* v ★ zij werkt in de ~ *sie ist Krankenschwester*
verpletteren ● vermorzelen *zerschmettern* ★ het schip werd op de klippen verpletterd *das Schiff zerschmetterte/zerschellte an den Klippen* ● overweldigen *niederschmettern* ★ een ~de nederlaag *eine vernichtende Niederlage*
verplettering *Zerschmettern* o; *Vernichtung* v
verplicht ● voorgeschreven *verpflichtet*; *obligatorisch* ★ iets ~ stellen *etw. zur Pflicht machen* ★ ~ verzekerd zijn *pflichtversichert sein* ★ ~e vaccinatie *Impfpflicht* v ● genoodzaakt *verpflichtet* ★ ergens toe ~ zijn *zu etw. verpflichtet sein* ★ ik voel mij ~ hem uit te nodigen *ich fühle mich verpflichtet, ihn einzuladen* ● verschuldigd *verbunden*; *verpflichtet* ★ ik ben u zeer ~ *ich bin Ihnen sehr verbunden/verpflichtet*
verplichten ● plicht opleggen *verpflichten*; *zwingen*; *nötigen* ★ zich ~ tot betaling *sich verpflichten zu zahlen* ● noodzaken tot dankbaarheid *verpflichten* ★ wij zijn haar zeer verplicht *wir sind ihr sehr verpflichtet*
verplichting ● het verplichten *Verpflichtung* v ★ ~ tot schadevergoeding *Ersatzpflicht* v ● noodzaak *Pflicht* v; *Verpflichtung* v ★ een ~ op zich nemen *eine Verpflichtung übernehmen* ● noodzaak tot dankbaarheid *Verpflichtung* v ★ dat schept ~en *dadurch entstehen Verpflichtungen*
verpoppen [zich ~] *sich verpuppen*
verpoten *verpflanzen*; *umpflanzen*
verpotten *umtopfen*
verpozen [zich ~] *sich erholen*; *sich ausruhen*
verprutsen *verpfuschen*; ⟨tijd⟩ *vertun*
verpulveren I ov ww tot pulver maken *pulverisieren* **II** ON ww tot pulver worden *zu Puder werden*
verraad *Verrat* m ★ ~ plegen *Verrat begehen/üben*
verraden ● openbaar maken *verraten* ● niet trouw zijn aan *verraten* ● FIG. kenbaar maken *verraten* ★ haar accent verried haar afkomst

ihr Akzent verriet ihre Herkunft
verrader *Verräter* m
verraderlijk ● iets verradend *trügerisch* ● als
verrader *verräterisch*; ⟨geniepig⟩ *heimtückisch*
● gevaarlijk *tückisch*
verramsjen *verschleudern*; *verramschen*
verrassen ● verbazen *überraschen*; *überrumpeln*
● verblijden *überraschen* ● betrappen
überraschen
verrassend *überraschend*; *erstaunlich*
verrassing ● het verbazen *Überraschung* v
● iets dat verbaast *Überraschung* v
verrassingsaanval *Überraschungsangriff* m
verrassingspakket *Überraschungspaket* o
verre ● → **ver**
verregaand *weitgehend*; MIN. *maßlos* ★ in een ~
stadium *in einem fortgeschrittenen Stadium*
verregenen *verregnen*
verreikend *weitreichend*; *weitgehend*;
weittragend ★ ~e gevolgen *weitreichende(n)/*
weittragende(n) Folgen
verrek *verflixt*; *verdammt*
verrekenen I OV WW *verrechnen* ★ dat ~ we
later wel *das können wir später verrechnen*
II WKD WW [zich ~] *sich verrechnen*
verrekening ● het verrekenen *Verrechnung* v
● misrekening *Fehlrechnung* v
verrekijker ⟨dubbel⟩ *Fernglas* o; ⟨enkel⟩
Fernrohr o
verrekken I OV WW te ver rekken *verrenken*
★ zijn arm ~ *sich den Arm verrenken* II ON WW
creperen *verrecken*; *krepieren* ★ ~ van de
honger *vor Hunger verrecken* ▼ het kan me
niet ~ *es ist mir scheißegal*
verrekking ● het verrekken ⟨spieren⟩ *Zerrung*
v; ⟨ledematen⟩ *Verrenken* o ● ontwrichting
Verrenkung v
Verre Oosten *Ferne(r) Osten* m
verreweg *bei Weitem*; *weitaus*
verrichten *verrichten*; *ausführen*
verrichting ● handeling *Verrichtung* v
● uitvoering *Verrichtung* v
verrijden ● rijdend verplaatsen *beiseite fahren*
● aan rijden besteden *verfahren* ● SPORT
ausfahren ★ een kampioenschap ~ *eine*
Meisterschaft ausfahren
verrijken *bereichern*; SCHEIK. *anreichern* ★ zich ~
sich bereichern
verrijking *Bereicherung* v
verrijzen ● oprijzen *sich erheben* ★ van zijn
plaats ~ *sich von seinem Platz erheben*
● opstaan *aufstehen*; *auferstehen*; *aufgehen*
★ uit de dood ~ *von den Toten/aus dem Grabe*
auferstehen
verrijzenis *Auferstehung* v
verroeren *bewegen*; *rühren* ★ zich ~ *sich*
rühren; *sich regen* ★ verroer je niet! *rühr dich*
nicht von der Stelle! ★ zij kon geen vin ~ *sie*
konnte kein Glied rühren
verroest I BNW *verrostet*; *rostig* II TW INFORM.
verflixt!
verroesten ● roestig worden *verrosten*
● vastroesten *einrosten*
verrot ● rot geworden *faul*; *verfault* ● vervloekt
verflucht ▼ iem. ~ slaan *jmdn. zu Brei schlagen*
verrotten *verfaulen*; *verwesen* ▼ het kan me

niets ~ *es ist mir scheißegal*
verrotting *Fäulnis* v; *Verfaulung* v
verruilen *umtauschen*
verruimen ● LETT. *erweitern*; *ausweiten* ● FIG.
erweitern ★ zijn blik ~ *seinen Horizont*
erweitern
verruiming *Erweiterung* v
verrukkelijk ● prachtig *bezaubernd*; *entzückend*
● heerlijk *köstlich*; *deliziös*
verrukken *entzücken*; *berauschen*; in
Begeisterung versetzen
verrukking *Entzückung* v; *Begeisterung* v;
Wonne v ★ dat bracht mij in ~ *das hat mich*
in Begeisterung versetzt
vers I BNW ● nieuw, fris *frisch* ★ verse groente
frische(s) Gemüse o; *Frischgemüse* o ● FIG. net
ontstaan *frisch* II ZN [het] ● dichtregel *Vers* m
● strofe *Vers* m; *Strophe* v ● gedicht *Gedicht* o
● passage in Bijbel *Vers* m
versagen *verzagen*
verschaffen *beschaffen*; *verschaffen*; *besorgen*
verschaffing *Verschaffen* o; *Verschaffung* v
verschalen *schal werden* ★ verschaald bier
schale(s)/abgestandene(s) Bier o
verschalken ● verorberen *verschmausen*; *zu*
sich nehmen ● te slim af zijn *überlisten*
● vangen *fangen*
verschansen [zich ~] *sich verschanzen*
verschansing ● bolwerk *Schanze* v;
Verschanzung v ● reling *Reling* v
verscheiden I BNW verschillend *verschieden*
II ONB VNW meer *mehrere* ★ ~e malen
mehrere Male
verscheidenheid ● verschil *Verschiedenheit* v;
Verschiedenartigkeit v ● variatie
Mannigfaltigkeit v; *Vielfalt* v
verschepen ● per schip verzenden *verschiffen*
● overladen *umschiffen*; *verladen*
verscheping ● het overladen *Umschiffung* v
● het per schip verzenden *Verschiffung* v
verscherpen ● aanscherpen *verschärfen*
● verergeren *sich verschärfen*
verscherping ● het aanscherpen *Verschärfung*
v ● verergering *Verschärfung* v
verscheuren ● scheuren *zerreißen*; *zerfetzen*
★ zij verscheurde zijn kleren *sie zerfetzte ihm*
die Kleider ● in verdeeldheid brengen
★ twijfel verscheurde haar *Zweifel nagte an*
ihr ★ innerlijk verscheurd zijn *innerlich*
zerrissen sein ● verslinden *zerreißen*; *zerfetzen*
verscheurend *reißend*
verschiet ● verte *Ferne* v ● toekomst *Perspektive*
v ★ dat ligt nog in het ~ *das steht uns noch*
bevor ★ iets in het ~ hebben *etw. in Aussicht*
haben
verschieten I OV WW verbruiken *verschießen*
II ON WW ● ⟨v. kleur⟩ verbleken *verschießen*
● ⟨v. persoon⟩ van gelaatskleur veranderen
erblassen
verschijnen ● zich vertonen *erscheinen*
● komen opdagen *erscheinen* ● gepubliceerd
worden *erscheinen*
verschijning ● het verschijnen *Erscheinen* o
● persoon *Erscheinung* v ★ zij is een elegante
~ *sie ist eine elegante Erscheinung*
● geestverschijning *Erscheinung* v

ve

verschijnsel ● fenomeen *Erscheinung* v ★ het gaat hier om een uitzonderlijk ~ *es handelt sich hier um eine Ausnahmeerscheinung* ● symptoom *Anzeichen* o; *Symptom* o ★ de ~en van een ziekte *die Symptome/Anzeichen einer Krankheit*

verschikken I ov ww anders schikken *umstellen* **II** on ww opschuiven *aufrücken*

verschil ● onderscheid *Unterschied* m ★ ~ van mening *Meinungsverschiedenheit* v ★ ~ in leeftijd *Altersunterschied* m ● WISK. *Differenz* v

verschillen *verschieden sein*; *sich unterscheiden* ★ de meningen ~ op enkele punten *die Ansichten differieren in manchen Punkten* ★ zij ~ elf jaar in leeftijd *sie sind elf Jahre auseinander* ★ ~ van vorm *verschieden sein in/nach Form* ★ ~ van iem. door iets *sich durch etw. von jmdm. unterscheiden*

verschillend ● anders *verschieden*; *unterschiedlich* ★ ~ van grootte *unterschiedlicher Größe* ★ totaal ~ *grundverschieden* ● meer ⟨dan één⟩ *einige*; *mehrere*; *verschiedene*

verschilpunt *Unterschied* m

verschimmelen *verschimmeln*

verscholen *versteckt*; *verborgen*

verschonen ● schone luier aandoen *wickeln* ★ de baby ~ *das Baby wickeln* ● schoon beddengoed aanbrengen *neu beziehen* ● vrijwaren *verschonen*

verschoning ● schone (onder)kleding *Wäsche* v ● schoon beddengoed *frische Bettwäsche* mv ● verontschuldiging *Abbitte* v; *Verzeihung* v ★ (om) ~ vragen *um Verzeihung bitten*

verschoppeling *Ausgestoßene(r)* m; *Outcast* m

verschralen *verengen*; *schmaler werden*; *sich verknappen*; ⟨minder worden⟩ *dürftiger werden*

verschrijven [zich ~] *sich verschreiben*

verschrijving *Schreibfehler* m

verschrikkelijk I BNW schrikbarend *schrecklich*; *furchtbar*; *fürchterlich*; *scheußlich* ★ een ~ lawaai *ein furchtbarer Lärm* **II** BIJW schrikbarend *schrecklich* ★ ~ slecht *furchtbar schlecht*

verschrikking ● ontzetting *Schrecken* m ● iets verschrikkelijks *Schrecken* m; *Schreck:nis* o ★ de ~en van de oorlog *die Schrecken des Krieges*

verschroeien I ov ww schroeien *versengen* **II** on ww verschroeid worden *versengen*

verschrompelen ● ineenschrompelen *(zusammen)schrumpfen* ● rimpelig worden *einschrumpfen*; *schrumpfen*

verschrompeling *Schrumpfung* v; MED. *Atrophie* v

verschuilen [zich ~] *sich verstecken*; *sich verbergen* ★ zich ~ achter sicu *verbergen hinter* [+3]

verschuiven I ov ww ● verplaatsen *verschieben*; ⟨meubels⟩ *verrücken* ● uitstellen *verschieben* ★ een afspraak naar de volgende dag ~ *eine Verabredung auf den nächsten Tag verschieben* **II** on ww zich verplaatsen *(sich) verschieben* ★ zijn toupetje is wat verschoven *sein Toupet hat sich etw. verschoben*

verschuiving ● verplaatsing *Verschiebung* v ● uitstel *Verschiebung* v

verschuldigd ● te betalen *schuldig* ★ het ~e (bedrag) *der schuldige Betrag* ★ hoeveel ben ik je ~? *was schulde ich Ihnen?* ● verplicht *schuldig* ★ iem. veel ~ zijn *jmdm. viel verdanken*

versgebakken *frisch gebacken*; *ofenfrisch*

versheid *Frische* v

versie *Version* v; *Fassung* v

versierder *Schürzenjäger* m

versieren ● verfraaien *schmücken*; *verzieren* ● voor elkaar krijgen *organisieren*; *hinkriegen* ● verleiden *anmachen*; *aufreißen*

versiering ● het versieren *Schmücken* o; *Verzierung* v ● decoratie *Verzierung* v; *Schmuck* m

versiertoer v op de ~ gaan *versuchen jmdn. anzumachen*

versimpelen *vereinfachen*

versjacheren *verschachern*

versjouwen *schleppen*

versjteren *durcheinanderbringen*

verslaafd *süchtig* ★ ~ zijn aan drugs *drogensüchtig sein*; *drogenabhängig sein*

verslaafde *Süchtige(r)* m

verslaafdheid *Sucht* v

verslaan ● overwinnen *schlagen* ● verslag geven *Bericht erstatten über* [+4]; *berichten über* [+4]

verslag ● rapport *Bericht* m ● journalistiek bericht, reportage *Bericht* m ★ ~ geven/doen *Bericht erstatten*

verslagen ● overwonnen *geschlagen* ● terneergeslagen *niedergeschlagen*

verslaggever *Reporter* m; *Berichterstatter* m

verslaggeving *Berichterstattung* v

verslagjaar *Berichtsjahr* o

verslapen I ov ww slapend doorbrengen *verschlafen* **II** WKD ww [zich ~] *(sich) verschlafen* ★ zij heeft zich ~ *sie hat (sich) verschlafen*

verslappen ● minder sterk worden *erschlaffen* ★ zijn spieren zijn verslapt *seine Muskeln sind erschlafft* ● minder intensief worden *nachlassen*

verslapping *Erschlaffung* v

verslavend *süchtig/abhängig machend*

verslaving *Sucht* v

verslavingszorg *Suchthilfe* v

verslechteren *sich verschlimmern*; *sich verschlechtern*

verslechtering *Verschlechterung* v; *Verschlimmerung* v

verslepen *verschleppen*

versleten ● afgeleefd *verbraucht* ● afgesleten *abgenutzt*; *verschlissen*; ⟨kleding/schoenen⟩ *abgetragen*

versleutelen *verschlüsseln*

verslijten I ov ww ● doen slijten *abnutzen*; *verschleißen*; *verbrauchen* ● ~ voor *halten für* **II** on ww slijten *verschleißen*; *sich abnutzen* ★ deze machines ~ snel *diese Maschinen verschleißen schnell*

verslikken [zich ~] *sich verschlucken*

verslikking *Verschlucken* o

verslinden *verschlingen*
verslingerd aan *vernarrt in* [+4]; *versessen auf* [+4]
verslingeren [zich ~] *sich vernarren in* [+4]
versloffen *verludern*; *vernachlässigen* ★ iets laten ~ *etw. verkommen lassen/vernachlässigen*
verslonzen *verwahrlosen*; *verkommen lassen*; *verlottern*
versmachten *verkümmern*; *verschmachten* ★ van liefde ~ *vor Liebe verschmachten* ★ ~ van de dorst *vor Durst verschmachten*
versmaden *verschmähen*
versmallen I OV WW *verschmälern* ★ een weg ~ *eine Straße verschmälern* **II** ON WW smaller worden *sich verschmälern*
versmalling *Verschmälerung* v
versmelten I OV WW ● NATK. doen samensmelten *verschmelzen* ● INDUS. omsmelten *umschmelzen* **II** ON WW ● NATK. wegsmelten *zerschmelzen* ● FIG. samensmelten *verschmelzen*
versmelting *Verschmelzung* v
versnapering *Leckerbissen* m; ⟨zoet⟩ *Süßigkeit* v
versnellen I OV WW de snelheid verhogen van *beschleunigen* ★ met versnelde pas *im Eilschritt* m ★ versnelde weergave *Zeitraffer* m **II** ON WW sneller gaan *schneller werden*
versnelling ● het versnellen *Beschleunigung* v ● mechanisme *Gangschaltung* v
versnellingsbak *Getriebe* o
versnijden ● aanlengen *verschneiden*; *versetzen* ● kapotsnijden *zerschneiden*
versnipperen ● in snippers snijden *zerschnippeln* ● te klein verdelen *verzetteln*
versnippering *Zerbröckelung* v; *Zerstückelung* v
versoberen I ON WW soberder worden *sich einschränken*; *sich beschränken* **II** OV WW soberder inrichten *einschränken*; *beschränken*
versobering *Vereinfachung* v
versoepelen I OV WW soepeler maken *erleichtern*; *lockern* ★ de regels zijn versoepeld *die Regeln sind gelockert worden* **II** ON WW soepeler worden *weniger streng werden*; *sich lockern*
versoepeling *Lockerung* v
versomberen *trüben*; *überschatten*; *verdunkeln*
verspelen ● spelend verliezen *verspielen* ● kwijtraken *verscherzen*; *verspielte* ★ zijn voorsprong ~ *sich jmds. Gunst verscherzen*
verspenen ⟨plantjes⟩ *pikieren*; ⟨bosbouw⟩ *verschulen*
versperren *(ver)sperren* ★ iem. de weg ~ *jmdm. den Weg versperren* ★ die weg is versperd *diese Straße ist gesperrt*
versperring ● het versperren *Sperrung* v ● barricade *Sperre* v
verspillen *verschwenden*; *vergeuden*
verspilling *Verschwendung* v; *Vergeudung* v
versplinteren I OV WW tot splinters maken *zersplittern* **II** ON WW tot splinters worden *zersplittern*
versplintering *Zersplitterung* v
verspreid *zerstreut* ★ een paar ~ staande huizen *einige(n) vereinzelte(n) Häuser*
verspreiden ● uiteen doen gaan *zerstreuen* ★ de menigte verspreidde zich *die Menge*

zerstreute sich/verlief sich ● FIG. *verbreiden verbreiten* ★ een gerucht ~ *ein Gerücht verbreiten*
verspreiding ● het uiteen doen gaan *Verteilung* v ● FIG. het verbreiden *Verbreitung* v
verspreken [zich ~] ● iets verklappen *verraten* ● iets verkeerd zeggen *sich versprechen*
verspreking *Versprecher* m
verspringen *weitspringen*
verspringen *springen*
versregel *Vers* m; *Verszeile* v
verstaan I OV WW ● horen *(akustisch) verstehen* ● begrijpen *verstehen* ● beheersen *beherrschen*; *verstehen* ★ zij verstaat haar vak *sie versteht ihr Handwerk* ★ ~ **onder** *verstehen unter* ★ daar ~ wij het volgende onder *darunter verstehen wir Folgendes* ▼ iem. iets te ~ geven *jmdm. etw. zu verstehen geben* **II** WKD WW [zich ~] *sich verständigen*
verstaanbaar ● duidelijk hoorbaar *(gut) hörbar* ● begrijpelijk *verständlich*
verstaander ▼ een goede ~ heeft maar een half woord nodig *Gelehrten ist gut predigen*
verstand ● intellect, begrip *Intellekt* m; *Verstand* m ★ iem. iets aan het ~ brengen *jmdm. etw. klarmachen* ★ daar kan ik met mijn ~ niet bij *das will mir nicht in den Kopf* ★ dat gaat mijn ~ te boven *das geht über meinen Verstand* ★ gebruik je ~ *toch sei doch vernünftig* ● kennis van zaken *Verstand* m; *Ahnung* v ★ zij heeft daar ~ van *sie versteht sich darauf* ★ daar heeft hij helemaal geen ~ van *davon versteht er gar nichts* ▼ met dien ~e, dat... *unter der Bedingung, dass...*
verstandelijk I BNW *verstandesmäßig*; *intellektuell* ★ ~e vermogens *geistige(n) Fähigkeiten* **II** BIJW *verstandesmäßig*; *rational* ★ iets ~ beredeneren *etw. rational begründen*
verstandhouding *Einvernehmen* o ★ een blik van ~ wisselen *einen Blick des Einverständnisses wechseln* ★ zij hebben een goede ~ *sie leben in gutem Einvernehmen*; *sie haben ein gutes Verhältnis* ★ in goede ~ met iem. leven *in Harmonie mit jmdm. leben*
verstandig ● met verstand *klug*; *gescheit* ● doordacht *überlegt*; *vernünftig* ★ een ~ antwoord *eine kluge Antwort* ★ dat heeft zij ~ gedaan *das hat sie gescheit gemacht*
verstandshuwelijk *Vernunftehe* v
verstandskies *Weisheitszahn* m
verstandsverbijstering *Geistesverwirrung* v
verstappen [zich ~] *sich den Fuß vertreten*
verstarren *erstarren*
verstarring ⟨verstijving⟩ *Erstarrung* v; ⟨volharding⟩ *Starrheit* v
verstedelijken *verstädtern* ★ verstedelijkt gebied *verstädtertes Gebiet*
verstedelijking *Verstädterung* v
verstek ● JUR. *Säumnis* v ★ bij ~ veroordeeld worden *in Abwesenheit verurteilt werden* ● TECHN. *Gehrung* v ▼ ~ laten gaan *nicht erscheinen*
verstekbak *Gehrungslade* v
verstekeling *blinde(r) Passagier* m
verstelbaar *verstellbar*

versteld *erstaunt*; *verdutzt*; *verblüfft* ★ ergens ~ van staan *erstaunt sein über etw.*

verstellen ● anders stellen *verstellen* ● herstellen *ausbessern*; *flicken*

verstelwerk *Ausbesserungs-/Flickarbeit* v ★ hij doet het ~ *er flickt die Kleidung*

verstenen I ov ww ● tot steen maken *versteinern* ● ongevoelig maken *verhärten* II on ww ● tot steen worden *versteinern* ● ongevoelig worden *verhärten*

versterf ● afsterving *Ableben* o ● overgang van goed door erfenis *Hinterlassenschaft* v

versterken ● sterker maken *verstärken*; *stärken*; *kräftigen* ★ het geluid ~ *den Ton verstärken* ★ ~d middel *stärkendes Mittel* o; *Stärkungsmittel* o ● aanvullen *verstärken* ★ de politie met twintig man ~ *die Polizei um zwanzig Mann verstärken* ● fortificeren *verstärken*; *befestigen*

versterker *Verstärker* m

versterking ● het sterker maken *Stärkung* v ● iets dat versterkt *Kräftigung* v; *Stärkung* v ● aanvulling *Verstärkung* v ★ om ~ vragen *um Verstärkung bitten* ● fortificatie *Befestigung* v

verstevigen *festigen*; *befestigen*; *verstärken*

versteviging *Verfestigung* v

verstijven I ov ww stijf maken *versteifen* II on ww stijf worden *erstarren*; *steif werden*

verstikken *ersticken*

verstikking *Ersticken* o; *Erstickung* v

verstikkingsdood *Erstickungstod* m

verstild *verstummt*; *still*; ⟨dromend⟩ *verträumt*

verstillen *verstummen*; *still werden*

verstoken I bnw ★ ~ zijn van iets *etw. entbehren müssen* ★ ~ van hulp *ohne jegliche Hilfe* II ov ww opbranden *verheizen*

verstokt *verstockt* ★ een ~ vrijgezel *ein eingefleischter Junggeselle*

verstommen I ov ww doen zwijgen *verstummen lassen* II on ww sprakeloos worden *verstummen* ★ verstomd staan *sprachlos sein*

verstomming v bn met ~ geslagen *völlig sprachlos*

verstoord *verstimmt*; *ärgerlich*; *unwillig*

verstoppen ● verbergen *verstecken* ● dichtstoppen *verstopfen*

verstoppertje *Versteckspiel* o ★ ~ spelen *Verstecken spielen*

verstopping *Verstopfung* v

verstoren *stören*

verstoring *Störung* v

verstoten *verstoßen*

verstoting *Ausstoßung* v

verstouwen ● eten *(ver)konsumieren*; inform. *verputzen* ● fig. verduren *verkraften*

verstrakken *sich straffen*; *sich spannen*

verstrekken *verschaffen*; *geben*; *liefern* ★ inlichtingen ~ *Auskunft erteilen*

verstrekkend *gravierend*; *weitreichend*; *weitgehend*; *einschneidend*; *weittragend*

verstrekking ● het verstrekken *Erteilen* o; *Erteilung* v; *Verteilung* v; *Verschaffung* v ● het verstrekte *Leistung* v

verstrijken *verstreichen* ★ na het ~ van de termijn *nach Ablauf der Frist*

verstrikken *verwickeln*; *verfangen*; *verheddern* ★ in zijn eigen leugens verstrikt raken *sich in seine eigenen Lügen verstricken* ★ in iemands netten verstrikt raken *jmdm. ins Netz gehen*

verstrooid ● verspreid *verstreut* ● geestelijk afgeleid *zerstreut*

verstrooien ● verspreiden *zerstreuen* ● afleiding bezorgen *ablenken*

verstrooiing ● verspreiding *Zerstreuung* v ● geestelijke afleiding *Ablenkung* v

verstuiken *verstauchen* ★ zijn voet ~ *sich den Fuß verstauchen*

verstuiking *Verstauchung* v

verstuiven I ov ww doen vervliegen *zerstäuben* II on ww vervliegen *zerstieben*; ⟨zand, sneeuw⟩ *verwehen*

verstuiver *Zerstäuber* m

verstuiving ● het verstuiven *Zerstäubung* v; ⟨zand, sneeuw⟩ *Verwehen* o ● terrein *Wehe* v

versturen *verschicken*

versuffen I ov ww suf maken *verblöden*; *verdummen* II on ww suf worden *verblöden*; *vertrotteln*; *verdummen*

versuft ● suffig *benommen*; *dösig*; ⟨duizelig⟩ *duselig*; ⟨bedwelmd⟩ *betäubt* ● onnozel *verblödet*; *stumpfsinnig*

versuftheid *Betäubung* v

versukkeling v in de ~ raken *herunterkommen*; *ins Hintertreffen geraten*

versus *versus*

versvoet *Versfuß* m

vertaalbureau *Übersetzungsbüro* o

vertaalcomputer *Übersetzungscomputer* m

vertaalwoordenboek *Übersetzungswörterbuch* o

vertakken [zich ~] ★ zich ~ in *sich verzweigen*; *sich gabeln*; *sich verästeln*

vertakking ● het vertakken *Verzweigung* v; ⟨in twee takken⟩ *Gabelung* v; ⟨in vele takjes⟩ *Verästelung* v ● zijtak *Zweig* m; *Arm* m; *Abzweigung* v

vertalen ● in andere taal weergeven *übersetzen*; *übertragen* ● anders weergeven *übertragen*; *umgestalten*

vertaler *Übersetzer* m ★ beëdigd ~ *vereidigte(r) Übersetzer* m

vertaling *Übersetzung* v

verte *Ferne* v ★ uit de ~ *von Weitem* ★ in de verre ~ *in weiter Ferne* v in de verste ~ niet *nicht im Entferntesten* v ik denk er in de verste ~ niet aan *ich denke ja nicht im Traum daran*

vertederen *rühren* ★ zich laten ~ *sich erweichen lassen*

vertederend *rührend*; *weich/milde stimmend*

vertedering *Rührung* v ★ zij keek met ~ in ihrem Blick lag Zärtlichkeit

verteerbaar *verdaulich* v dat is voor mij on~ *das ist für mich unakzeptabel*

vertegenwoordigen ● waarde hebben van *darstellen* ★ dat vertegenwoordigt een grote waarde *das stellt einen erheblichen Wert dar* ● handelen namens *vertreten*

vertegenwoordiger ● afgevaardigde *Vertreter* m ● handelsagent *Handelsvertreter* m;

Handelsreisende(r) m
vertegenwoordiging ● vertegenwoordigers
Vertretung v ● het vertegenwoordigen
Vertretung v
vertekenen *verzerren; entstellen*
vertellen *erzählen*
verteller *Erzähler* m
vertelling *Erzählung* v
vertelwijze *Erzählweise* v
verteren I OV WW ● doen vergaan *verzehren*
● voedsel afbreken *verdauen* ● verbruiken
verzehren ● verkroppen *verdauen* ★ die
beslissing kan ik niet ~ *die Entscheidung kann
ich nicht hinnehmen* ▼ door smart verteerd
worden *sich vor Gram verzehren* II ON WW
afgebroken worden *verdaut werden*; ⟨v.
materie⟩ *vermodern*; ⟨v. organismen⟩
verwesen
vertering ● spijsvertering *Verdauung* v
● consumptie *Verzehr* m
verticaal I BNW *vertikal*; *senkrecht*; *Vertikal-* II ZN
[de] *Vertikale* v; *Senkrechte* v
vertier ● afleiding *Unterhaltung* v ★ zijn ~
elders zoeken *sich anderswo amüsieren*
● bedrijvigheid *Verkehr* m ★ in Utrecht is 's
nachts veel ~ *Utrecht hat ein reges Nachtleben*
vertikken *nicht daran denken*; *nicht tun* ★ ik
vertik het om dat te doen *ich denke gar nicht
daran, das zu tun*; *ich weigere mich, das zu tun*
★ ik vertik het! *ich tue es nicht!*; *ich danke!*
vertillen [zich ~] ● te zwaar tillen *sich verheben*
● FIG. te hoog grijpen *sich übernehmen* ★ hij
vertilde zich aan deze opdracht *er übernahm
sich mit dieser Aufgabe*
vertoeven *verweilen*; *sich aufhalten*
vertolken ● spelen ⟨toneel⟩ *darstellen*; ⟨muziek⟩
spielen ★ een rol ~ *eine Rolle darstellen*
● weergeven *wiedergeben* ★ de gevoelens ~
den Gefühlen Ausdruck verleihen
vertolking ⟨toneelrol⟩ *Darstellung* v; ⟨muziek⟩
Interpretation v; ⟨muziek⟩ *Wiedergabe* v
vertonen I OV WW ● laten zien/blijken *zeigen*;
aufweisen ● opvoeren *aufführen*; ⟨film⟩
vorführen II WKD WW **[zich ~]** *sich zeigen*; *sich
sehen lassen*
vertoning ● het vertonen *Aufführung* v; ⟨film⟩
Vorführung v ● schouwspel *Schauspiel* o
vertoon ● het vertonen *Vorlage* v; *Vorzeigen* o
● tentoonspreiding *Zurschaustellung* v ★ ~
van macht *Machtentfaltung* v ● ophef
Aufwand m
vertoornd *erzürnt*
vertragen ● trager maken *verlangsamen*;
verzögern ★ de vertraagde film *die
Zeitlupenaufnahme* ● uitstellen *verspäten*;
verzögern ★ vertraagde trein *verspätete(r) Zug*
m ★ vertraagde ontsteking *Spätzündung* v
vertraging ● het vertragen *Verlangsamung* v
● oponthoud *Verspätung* v ★ de trein heeft 5
minuten ~ *der Zug hat sich um 5 Minuten
verspätet*
vertrappen ● stuk-, doodtrappen *zertreten*
● schenden *mit Füßen treten*
vertrek ● het vertrekken *Abreise* v; *Weggang* m;
⟨voertuig⟩ *Abfahrt* m; ⟨vliegtuig⟩ *Abflug* m
● kamer *Raum* m; *Zimmer* o

vertrekhal *Wartehalle* v
vertrekken I ON WW weggaan *weggehen*; ⟨v.
voertuig⟩ *abfahren*; ⟨v. vliegtuig⟩ *abfliegen*
★ u kunt ~! *Sie können gehen!* ★ we ~ met de
laatste bus *wir fahren mit dem letzten Bus*
II OV WW anders trekken *verziehen*; *verzerren*
vertrekpunt *Abfahrtstelle* v; FIG. *Ausgangspunkt*
m
vertreksein *Abfahrtssignal* o
vertrektijd *Abfahrtszeit* v; ⟨vliegtuig⟩ *Abflugzeit* v
vertroebelen *trüben*
vertroetelen *verhätscheln*
vertroosting *Tröstung* v; *Trost* m
vertrouwd ● op de hoogte *vertraut* ★ met iets
~ raken *mit etw. vertraut werden* ● bekend
vertraut ● betrouwbaar *zuverlässig*
vertrouwelijk ● familiair *vertraulich* ● in
geheim *vertraulich*
vertrouweling *Vertraute(r)* m
vertrouwen I ZN [het] *Vertrauen* o; *Zutrauen* o;
Zuversicht v ★ in ~ op *im Vertrauen auf* [+4]
★ iem. in ~ nemen *jmdn. ins Vertrauen ziehen*
★ ~ in iem. stellen *Vertrauen zu jmdm. haben*;
sein Vertrauen in/auf jmdn. setzen ★ het in
hem gestelde ~ *das ihm entgegengebrachte
Vertrauen* II OV WW betrouwbaar achten
(ver)trauen [+3] ★ hij vertrouwde het zaakje
niet erg *er traute der Sache nicht recht* III ON
WW ~ **op** *rechnen auf*; *vertrauen auf*
vertrouwensarts *Vertrauensarzt* m
vertrouwenskwestie *Vertrauenssache* v
vertrouwensman *Vertrauensmann* m;
Bezugsperson v
vertrouwenspositie *Vertrauensstellung* v
vertwijfeld *verzweifelt*
vertwijfeling *Verzweiflung* v
veruit *weitaus*; *bei Weitem*
vervaard *bang(e)*; *ängstlich*
vervaardigen *herstellen*; *anfertigen*; *verfertigen*
vervaardiging *Fertigung* v; *Herstellung* v
vervaarlijk *beängstigend*; *furchterregend*;
furchtbar
vervagen *verschwimmen*; *sich verwischen*
★ mijn jeugdherinneringen zijn vervaagd
meine Jugenderinnerungen sind verblasst
verval ● achteruitgang *Niedergang* m; *Verfall* m
★ ~ van krachten *Verfall der Kräfte*; *Abnahme
der Kräfte*; *Entkräftung* v ★ in ~ raken *in
Verfall geraten*; *herunterkommen*
● hoogteverschil *Gefälle* o
vervaldatum *Verfallsdatum* o; *Fälligkeitstag* m
vervallen I ON WW ● achteruitgaan *abnehmen*;
⟨aan lager wal raken⟩ *herunterkommen*
● bouwvallig worden *verfallen* ● niet meer
gelden *fällig werden/sein*; *erlöschen* ★ het
octrooi vervalt na 18 jaar *nach 18 Jahren wird
das Patent hinfällig* ● ~ **aan** in eigendom
overgaan ★ die bezitting zal aan mij ~ *dieser
Besitz wird mir zufallen*; *dieser Besitz wird an
mich fallen* ● geraken, komen ★ in
herhalingen ~ *sich ständig wiederholen* II BNW
● bouwvallig *verfallen* ● in slechte conditie
verkommen; *heruntergekommen* ● niet meer
geldig *verfallen*; *fällig*
vervalsen ● namaken *fälschen*; *verfälschen*
● veranderen *verfälschen*; *verdrehen*

ve

vervalser *Fälscher* m; *Verfälscher* m
vervalsing • het vervalsen *Fälschen* o • het vervalste *Fälschung* v; *Verfälschung* v
vervangbaar *ersetzbar*
vervangen • in plaats stellen van *ersetzen* ★ iem. ~ *jmdn. ersetzen* • in plaats komen van *ersetzen*; *austauschen* ★ iem. ~ *jmdn. vertreten*; *für jmdn. einspringen*
vervanger *Ersatzkraft* v; *Vertreter* m
vervanging ⟨persoon⟩ *Vertretung* v; ⟨zaken⟩ *Ersatz* m; ⟨zaken/sport⟩ *Auswechslung* v
vervangingsinkomen BN ≈ uitkering ⟨ondersteuning⟩ *Unterstützung* v; ⟨door sociale verzekering⟩ *Leistung* v
vervangstuk BN reserveonderdeel *Ersatzteil* o
vervatten *enthalten* ★ het geschrift was in deze bewoordingen vervat *die Schrift hatte folgenden Wortlaut* ★ daar is alles in vervat *darin ist alles enthalten*
verve ▼ met ~ *schwungvoll*; *mit Schwung*
verveeld I BNW *gelangweilt* II BIJW ▼ BN ~ zitten met iets *auf etw. sitzen bleiben*
vervelen I OV WW • niet boeien *langweilen* ★ tot ~s toe *bis zum Überdruss* ★ het verveelt me *es langweilt mich*; *ich habe/bin es satt* • hinderen *langweilen* II WKD WW [zich ~] *sich langweilen*
vervelend • onaangenaam *ärgerlich*; *unangenehm* • saai *langweilig*
verveling *Langeweile* v
vervellen ⟨personen⟩ *sich schälen*; ⟨dieren⟩ *sich häuten* ★ ik vervel *ich schäle mich*
verveloos *farblos* • een ~ raamkozijn *ein farbloser Fensterrahmen*
verven • schilderen *streichen* ★ pas geverfd! *frisch gestrichen!* • kleuren *färben* ★ zijn haar ~ *sich die Haare färben*
verversen • vervangen *auswechseln*; *erneuern* ★ olie ~ *Öl wechseln* • BN schone luier aandoen *wickeln* ★ de baby ~ *das Baby wickeln*
verversing • het verversen *Erfrischen* o; ⟨vervangen⟩ *Auswechseln* o • eten of drinken *Erfrischung* v
verviervoudigen *vervierfachen*
vervilten *verfilzen*
vervlaamsen *flämisch werden*; *flämisch machen*
vervlakken • vlak maken *abflachen* • verflauwen *verblassen*; *abflauen*; ⟨kwalitatief minder worden⟩ *abstumpfen*
vervliegen • vervluchtigen *verfliegen*; *verdunsten*; *sich verflüchtigen* • verdwijnen *verfliegen*; *dahinfliegen*
vervloeken *verfluchen*; *verwünschen*; ⟨plechtig⟩ *fluchen* [+3]
vervloeking *Verfluchung* v; *Verwünschung* v
vervlogen *vergangen*; *gewesen* ★ uit ~ dagen *aus vergangenen/verflossenen/früheren Zeiten* ★ mijn hoop is ~ *meine Hoffnung ist dahin*
vervluchtigen *sich verflüchtigen*
vervoegen I OV WW TAALK. *flektieren*; ⟨v. naamwoorden⟩ *deklinieren*; ⟨v. werkwoorden⟩ *beugen*; ⟨v. werkwoorden⟩ *konjugieren* II WKD WW [zich ~] *sich begeben* ★ zich bij iem. ~ *sich an jmdn. wenden*
vervoeging *Beugung* v; *Flektieren* o; ⟨v.

werkwoorden⟩ *Konjugation* v; ⟨v. naamwoorden⟩ *Deklination* v
vervoer *Beförderung* v; *Transport* m ★ openbaar ~ *öffentliche Verkehrsmittel* o ★ het ~ van goederen *der Gütertransport* ★ het ~ van personen *die Personenbeförderung* ★ het ~ per vliegtuig *der Lufttransport* ★ het ~ van goederen over lange afstand *der Güterfernverkehr*
vervoerbewijs *Fahrausweis* m; *Fahrkarte* v
vervoerder *Beförderer* m; *Transporteur* m
vervoeren • transporteren *befördern*; *transportieren* • FIG. meeslepen *begeistern*; *hinreißen*; *berauschen*
vervoering *Verzückung* v; *Ekstase* v; ⟨geestdrift⟩ *Begeisterung* v ★ in ~ *in Ekstase*; *begeistert*; *verzückt* ★ in ~ raken *in Verzückung/Ekstase geraten*
vervoermiddel *Transportmittel* o; *Beförderungsmittel* o
vervolg *Fortführung* v; *Fortsetzung* v; ⟨v. verhaal⟩ *Feuilleton* o ★ in ~ op *im Anschluss an* ▼ in het ~ *in Zukunft*; *künftig(hin)*
vervolgblad *Folgeblatt* o
vervolgen • voortzetten *fortführen*; *fortfahren*; *fortsetzen* ★ wordt vervolgd *Fortsetzung folgt* ★ aldus vervolgde hij *also fuhr er fort* • achtervolgen *verfolgen* [+4]; *nachsetzen* [+3] • JUR. *verfolgen* [+4]
vervolgens *dann*; *darauf*; *sodann*
vervolging • het voortzetten *Verfolgung* v • het opgejaagd worden *Verfolgung* v • rechtsvervolging *Verfolgung* v
vervolgonderwijs *Sekundarunterricht* m
vervolgverhaal *Fortsetzungsroman* m
vervolmaken I OV WW perfectioneren *vervollkommnen* II WKD VNW BN zich laten bijscholen *eine Fortbildung machen*
vervolmaking • perfectionering *Vervollkommnung* v • BN bijscholing *Fortbildung* v
vervormen I OV WW een andere vorm geven *umformen*; *umbilden*; ⟨beeld/geluid⟩ *verzerren* II ON WW • een andere vorm krijgen *sich verformen* • anders klinken *sich verzerren*
vervorming *Verformung* v; *Verzerrung* v
vervreemden I OV WW vreemd maken *entfremden* II ON WW geestelijk verwijderen *sich entfremden* ★ de vrienden zijn van elkaar vervreemd *die Freunde haben sich auseinandergelebt*
vervreemding *Verfremdung* v
vervroegen *verfrühen*; ⟨eerder laten beginnen⟩ *früher ansetzen*; ⟨vroeger doen beginnen⟩ *vorverlegen* ★ vervroegde betaling *verfrühte/vorzeitige Zahlung* ★ vervroegde opzegging *vorzeitige Kündigung*
vervuilen I OV WW vuilmaken *verunreinigen*; *verschmutzen* II ON WW vuil worden *verschmutzen*; *verunreinigt werden*
vervuiler *Verunreiniger* m
vervuiling *Verunreinigung* v; *Verschmutzung* v
vervullen • doordringen *erfüllen* ★ vervuld zijn van haat *von Hass erfüllt sein* • verwezenlijken *erfüllen* • bezetten *versehen*; *bekleiden* ★ iemands plaats ~ *jmds.

Stelle vertreten/versehen

vervulling *Erfüllung* v ★ in ~ gaan *in Erfüllung gehen; sich erfüllen*

verwaand *hochmütig; eingebildet*

verwaardigen *würdigen* ★ iem. met geen blik ~ *jmdn. keines Blickes würdigen* ★ zich ~ *sich herablassen*

verwaarlozen *vernachlässigen; verwahrlosen*

verwaarlozing *Vernachlässigung* v

verwachten ● rekenen op *erwarten* ★ niet veel ~ van iets *sich nicht viel von etw. versprechen* ★ zoiets had ik niet van je verwacht *dergleichen hätte ich dir nicht zugetraut* ● zwanger zijn van ★ een baby ~ *ein Baby erwarten*

verwachting *Erwartung* v ★ boven ~ *über Erwarten* ★ tegen alle ~ in *wider Erwarten* ★ ~en koesteren *Hoffnungen hegen* ▼ in (blijde) ~ zijn *schwanger sein*

verwachtingspatroon *Erwartungshaltung* v

verwant ● familie zijnd *verwandt* ● overeenkomend *verwandt; gleichartig*

verwantschap ● het verwant zijn *Verwandtschaft* v ● overeenkomst *Verwandtschaft* v

verward ● onordelijk *verwirrt; wirr;* (haar) *zerzaust* ★ een ~e boel *ein wirres Durcheinander* ● onduidelijk *konfus; verworren* ★ ~ raken *sich verwirren; in Verwirrung geraten* ★ van streek *wirr; verwirrt*

verwarmen (er)wärmen; (stoken) *heizen* ★ zich aan de kachel ~ *sich an dem Ofen (er)wärmen*

verwarming ● het verwarmen *Erwärmung* v ● installatie *Heizung* v ★ centrale ~ *Zentralheizung* v

verwarmingsbron *Wärmequelle* v

verwarmingsbuis *Heizrohr* o; *Heizungsrohr* o

verwarmingselement *Heizelement* o

verwarmingsketel *Heizkessel* m

verwarren ● LETT. (iets) in de war brengen *durcheinanderbringen; verwirren* ● FIG. (iemand) in verlegenheid brengen *verwirren* ● ~ met *verwechseln mit*

verwarring *Verwirrung* v; *Unordnung* v

verwateren ● waterig worden *wässrig werden* ● verflauwen *abflauen; nachlassen*

verwedden (ver)wetten ★ ik zou er mijn kop om durven ~ *dafür würde ich meinen Kopf verwetten*

verweer *Verteidigung* v; (tegenstand) *Widerstand* m ★ schriftelijk ~ voeren *sich schriftlich zur Wehr setzen* ★ geen ~ tegen iets hebben *nichts dagegen einzubringen haben*

verweerd *verwittert*

verweerschrift *Verteidigungsschrift* v; *Gegenschrift* v

verweken *erweichen*

verwekken ● door bevruchting doen ontstaan *zeugen* ● veroorzaken *erzeugen; erregen; hervorrufen*

verwekker ● vader *Erzeuger* m ● veroorzaker *Erreger* m

verwelken *verblühen;* (ver)welken

verwelkomen *willkommen heißen; begrüßen*

verwelkoming *Begrüßung* v; *Bewillkommung* v

verwend *verwöhnt; verzogen* ★ ~ nest!

verzogener Balg!

verwennen ● bederven *verwöhnen* ● vertroetelen *verzärteln; verwöhnen* ★ zich laten ~ *sich verwöhnen lassen*

verwennerij *Verwöhnung* v ★ wat een ~! *du verwöhnst uns!*

verwensen *verwünschen; verfluchen*

verwensing *Verwünschung* v

verweren I ON WW aangetast worden *verwittern* **II** WKD WW [zich ~] *sich verteidigen; sich wehren*

verwerkelijken *verwirklichen*

verwerken ● maken tot iets *verarbeiten* ★ de fabriek verwerkt huisvuil tot compost *die Fabrik verarbeitet Hausmüll zu Kompost* ● bij bewerken opnemen *verarbeiten* ● PSYCH. omgaan met *verarbeiten* ★ iets niet kunnen ~ *etw. nicht verarbeiten können; etw. geistig nicht bewältigen können*

verwerking *Verarbeitung* v

verwerkingseenheid *Verarbeitungseinheit* v ★ centrale ~ *Zentraleinheit* v

verwerpelijk *verwerflich*

verwerpen ● afwijzing *zurückweisen* ● afkeuren *verwerfen;* (bij stemming) *ablehnen* ★ een wetsvoorstel ~ *einen Gesetzentwurf verwerfen* ★ een voorstel ~ *einen Vorschlag zurückweisen*

verwerping *Ablehnung* v; *Verwerfung* v; *Zurückweisung* v

verwerven *erwerben* ★ roem ~ *sich Ruhm erwerben* ★ iets ~ *(sich) etw. erwerben* ★ een vermogen ~ *ein Vermögen erwerben*

verwerving *Erwerbung* v; (m.b.t. leren) *Aneignung* v

verwesteren *verwestlichen*

verweven ● FIG. doen samenhangen *verknüpfen* ★ de feiten zijn nauw met elkaar ~ *die Tatsachen sind eng miteinander verknüpft* ● wevend verwerken *verweben*

verwezenlijken *verwirklichen*

verwezenlijking *Verwirklichung* v; *Ausführung* v

verwijden *vergrößern; erweitern;* (kleding) *ausweiten*

verwijderd *entfernt; fern*

verwijderen I OV WW ● wegnemen *entfernen* ★ het vooraal verwijderde hen van elkaar *durch diesen Vorfall sind sie auseinandergekommen* ● wegsturen *entfernen; fortschaffen* ★ een speler van het veld ~ *einem Spieler Platzverweis erteilen* **II** WKD WW [zich ~] ★ zich ~ *sich entfernen*

verwijdering ● het verwijderen *Beseitigung* v ● afstand *Entfernung* v ● bekoeling *Entfremdung* v

verwijding *Erweiterung* v

verwijfd *weibisch; verweichlicht*

verwijlinterest BN, ECON. rente *Verzugszinsen* mv

verwijsbriefje *Überweisungsschein* m

verwijskaart *Überweisungsschein* m

verwijt *Vorwurf* m; (berisping) *Verweis* m ★ iem. een ~ maken over iets *jmdm. etw. vorwerfen*

verwijten *vorwerfen;* (berispen) *verweisen* ★ iem. zijn fouten ~ *jmdm. seine Fehler* *vorhalten*

verwijzen *verweisen*; ⟨doorverwijzen van zaken⟩ *weiterreichen*; ⟨doorverwijzen van personen⟩ *überweisen* ★ wij ~ naar onze brief *wir nehmen Bezug auf unser Schreiben*

verwijzing ● het verwijzen *Überweisung* v ★ onder ~ naar *unter Bezug(nahme) auf* [+4] ★ met ~ naar *unter Hinweis auf* ● aanwijzing *Verweis* m

verwikkelen *verwickeln*

verwikkeling ● moeilijkheid *Komplikation* v ● BN, MED. complicatie *Komplikation* v

verwilderd ● wild geworden *verwildert* ● woest *verwildert* FIG. uit zijn fatsoen *verwildert*

verwilderen ● wild worden *verwildern* ★ verwilderd gezicht *verstörte(s) Gesicht* o ● bandeloos worden *verwildern*

verwisselbaar ● te verruilen *umtauschbar*; ⟨vervangbaar⟩ *auswechselbar* ● te verwarren *verwechselbar*

verwisselen ● verruilen *vertauschen*; *austauschen*; ⟨inruilen⟩ *umtauschen*; ⟨vervangen⟩ *(aus)wechseln*; ⟨vervangen⟩ *ersetzen* ★ van kleren ~ *die Kleider wechseln*; *sich umkleiden* ★ de band ~ *den Reifen wechseln* ● verwarren *verwechseln*

verwisseling *Auswechslung* v; *Vertauschung* v; ⟨ruil⟩ *Umtausch* m

verwittigen BN op de hoogte brengen *benachrichtigen*; *in Kenntnis setzen*

verwoed ● hevig *wütend*; *mit Wut* ★ een ~ gevecht *ein heftiger Kampf* ● gepassioneerd *leidenschaftlich* ★ een ~ jager *ein leidenschaftlicher Jäger*

verwoesten *verwüsten*; *zerstören*

verwoesting *Verwüstung* v; *Zerstörung* v

verwonden *verwunden*; *verletzen*

verwonderen I OV WW *erstaunen*; *verwundern* ★ het verwondert mij *das wundert mich* **II** WKD WW [zich ~] *erstaunen*; *sich wundern*

verwondering *Verwunderung* v; *Erstaunen* o

verwonderlijk ● verbazend *erstaunlich*; *verwunderlich* ● merkwaardig *befremdend*; *wunderlich*

verwonding ● het verwonden *Verletzung* v ● wond *Verwundung* v

verwonen *für die Miete aufwenden*

verwoorden *in Worte fassen*

verworden ● anders worden *sich ändern* ● ontaarden *entarten*

verworvenheid *Errungenschaft* v

verwringen *verdrehen*; ⟨vervormen⟩ *verzerren*

verwurging ● *Erwürgung* v ● ⟨judo⟩ *Würgegriff* m

verzachten *mildern*; ⟨pijn/leed⟩ *lindern* ★ ~de omstandigheden laten gelden *mildernde Umstände zubilligen*

verzachting *Milderung* v

verzadigen ● volop bevredigen *sättigen* ★ niet te ~ *unersättlich* ★ de markt is verzadigd *der Markt ist gesättigt* ● SCHEIK. *sättigen*

verzadiging *Sättigung* v

verzadigingspunt *Sättigungspunkt* m; *Sättigungsgrad* m

verzaken *vernachlässigen*; *versäumen*

verzakken *sich senken*; *(ein)sacken*; *einsinken*

★ het gebouw is verzakt *das Gebäude ist versackt*

verzakking ● het lager zakken *Senkung* v ● MED. *Senkung* v

verzamelaar *Sammler* m

verzamelband *Sammelband* m

verzamel-cd *Sammelalbum* o

verzamelen I OV WW ● bijeenbrengen *sammeln*; *versammeln* ★ zich ~ *sich treffen* ★ zijn krachten ~ *seine Kräfte zusammennehmen* ● verzameling aanleggen *sammeln* **II** ON WW bijeenkomen *sich treffen* ★ wij ~ bij het station *wir treffen uns am Bahnhof*

verzameling ● het verzamelen *Ansammlung* v ● collectie *Sammlung* v ● WISK. *Menge* v

verzamelnaam *Sammelbezeichnung* v; *Sammelname* m

verzamelplaats *Sammelplatz* m

verzamelpunt *Sammelpunkt* m

verzamelstaat *Verzeichnis* o

verzanden ● vol zand raken *versanden* ● FIG. vastlopen *versanden*

verzegelen *versiegeln*

verzegeling ⟨handeling⟩ *Versiegelung* v; ⟨zegel⟩ *Siegel* m

verzeilen *verschlagen werden* ★ ik weet niet waar hij verzeild geraakt is *ich weiß nicht, wohin es ihn verschlagen hat*

verzekeraar *Versicherer* m

verzekerd ● overtuigd *versichert* ● gedekt *versichert*

verzekerde *Versicherte(r)* m ★ verplicht ~ *Pflichtversicherte(r)* m ★ vrijwillig ~ *freiwillig Versicherte(r)* m

verzekeren ● veilig stellen *sicherstellen* ★ zich ~ van iets *sich etw. versichern* ● overtuiging geven *versichern* ★ iem. iets ~ *jmdn. etw. versichern* [+2] ★ zich ~ van iets *sich einer Sache vergewissern/versichern* [+2] ● assureren *versichern* ★ ik ben niet tegen diefstal verzekerd *ich bin nicht gegen Diebstahl versichert* ★ zich ~ tegen brand *sich versichern gegen Feuer*

verzekering ● assurantie *Versicherung* v ★ BN familiale ~ *Haftpflichtversicherung* v ● garantie *Versicherung* v

verzekeringsagent *Versicherungsagent* m; *Versicherungsvertreter* m

verzekeringsinspecteur *Versicherungsinspektor* m

verzekeringsmaatschappij *Versicherung(sgesellschaft)* v

verzekeringspapieren *Versicherungspapiere* o mv

verzekeringsplichtig *versicherungspflichtig*

verzekeringspolis *Versicherungspolice* v

verzekeringspremie *Versicherungsprämie* m

verzelfstandiging *Verselbstständigung* v

verzenden *versenden*; *verschicken*

verzendhuis *Versand* m; *Versandhaus* o

verzending ● het verzenden *Versand* m; *Versendung* v ★ bericht van ~ *Versandanzeige* v ● het verzondene *Sendung* v

verzendkosten *Versandkosten* v

verzengen *versengen*

verzet ● tegenstand *Protest* m; JUR. *Einspruch* m ★ in ~ komen tegen *sich auflehnen gegen* ★ ~ aantekenen tegen *Einspruch erheben gegen* ● verzetsbeweging *Widerstand* m ● fietsversnelling *Gang* m

verzetje *Zerstreuung* v; *Erholung* v

verzetsbeweging *Widerstandsbewegung* v; *Widerstand* m

verzetshaard *Widerstandsnest* o; *Zentrum* o *des Widerstands*

verzetsstrijder *Widerstandskämpfer* m

verzetten I OV WW ● van plaats veranderen *versetzen*; *umsetzen* ★ de klok ~ *das Uhr (ver)stellen* ● uitstellen *versetzen*; *verlegen* ★ ~ naar een andere dag *auf einen anderen Tag verlegen* ● verrichten ~ veel werk ~ *viel Arbeit verrichten* ● afleiding geven *ablenken* **II** WKD WW [zich ~] *Widerstand leisten*; *sich widersetzen* ★ zich tegen de baas ~ *sich dem Chef widersetzen*

verzieken *verderben*; *kaputt machen* ★ de sfeer ~ *die Stimmung verpesten* ★ het spel ~ *das Spiel verderben*

verziend *weitsichtig*

verziendheid *Weitsichtigkeit* v

verzilveren ● met zilver bedekken *versilbern* ● innen *einlösen* ★ betaalkaarten ~ *Schecks einlösen*

verzinken I OV WW ● diep inslaan *versenken* ● galvaniseren *verzinken* **II** ON WW verdiept raken *versinken*

verzinnen ● fantaseren *erdichten*; *(sich) ausdenken*; *erfinden* ★ smoesjes ~ *Ausreden erfinden* ★ iets nieuws ~ *sich etw. Neues ausdenken* ● als oplossing bedenken *erfinden* ★ verzin er maar iets op! *lass dir dazu etw. einfallen!*

verzinsel *Erfindung* v; *Erdichtung* v ★ wat hij vertelt, zijn allemaal ~s *was er erzählt, sind nur Märchen*

verzitten 〈v. plaats〉 *den Platz wechseln*; 〈v. houding〉 *sich anders setzen*

verzoek ● vraag *Bitte* v; *Anliegen* o; *Wunsch* m ★ op ~ *auf Wunsch*; *auf Verlangen* ● tonen op ~ *auf Verlangen vorzeigen* ★ ik heb een ~ aan u *ich habe eine Bitte an Sie* ★ een ~ aan iem. richten *eine Bitte an jmdn. richten* ● verzoekschrift *Gesuch* o; *Antrag* m ★ een ~ indienen *einen Antrag stellen*

verzoeken ● vragen *verlangen*; *auffordern*; *bitten* ★ u wordt verzocht niet te roken *bitte nicht rauchen* ★ u wordt verzocht op tijd te verschijnen *Sie werden gebeten, pünktlich zu erscheinen* ● uitnodigen *auffordern* ★ mag ik u ~ mee te komen *darf ich Sie bitten, mitzukommen*

verzoeking *Versuchung* v

verzoeknummer *musikalische(r) Wunsch* m

verzoekprogramma *Wunschprogramm* o

verzoekschrift *Bittschrift* v ★ een ~ indienen *ein Gesuch einreichen*; *eine Eingabe machen*

verzoendag ● Grote Verzoendag *Versöhnungstag*

verzoenen ● goedmaken *versöhnen*; *aussöhnen* ★ zich met iem. ~ *sich mit jmdm. ver-/aussöhnen* ★ ~d *versöhnlich* ● vrede doen

hebben ★ met iets verzoend raken *sich an etw. gewöhnen*

verzoening *Versöhnung* v; *Aussöhnung* v

verzolen *(neu) besohlen*

verzorgd *gepflegt*

verzorgen *versorgen*; *sorgen für* [+4]; *pflegen* ★ een zieke ~ *einen Kranken pflegen*

verzorger *Betreuer* m; *Versorger* m; *Ernährer* m

verzorging *Pflege* v; *Betreuung* v; *Versorgung* v ★ sociale ~ *soziale Versorgung* v ★ een goede ~ van het haar *eine gute Haarpflege*

verzorgingsflat *Altenwohnheim* o

verzorgingsstaat *Sozialstaat* m

verzorgingstehuis *Pflegeheim* o

verzot *versessen auf* [+4]; *erpicht auf* [+4]; 〈op personen〉 *vernarrt in* [+4]

verzuchten *seufzen*; *stöhnen*; *tief aufseufzen*

verzuchting *Seufzer* m; *Stoßseufzer* m

verzuilen *versäulen*

verzuiling ≈ *Aufgliederung* v *einer Gemeinschaft in weltanschaulichen Interessengruppen*

verzuim ● nalatigheid *Versäumnis* o; *Unterlassung* v; *Verzug* m ★ zonder ~ *ohne Verzug*; *unverzüglich* ● het wegblijven *Ausfall* m; *Abwesenheit* v

verzuimen ● nalaten *versäumen*; INFORM. *verschwitzen* ● niet opdagen *versäumen*; *unterlassen* ★ de gelegenheid ~ *die Gelegenheit verpassen/versäumen*

verzuimpercentage *Abwesenheitsrate* v

verzuipen I OV WW ● doen verdrinken *ersäufen* ● TECHN. *absaufen* ● uitgeven aan drank *versaufen* ★ zijn hele salaris ~ *den ganzen Lohn versaufen* **II** ON WW verdrinken *ersaufen* ★ zij verzuipt in het werk *die Arbeit wächst ihr über den Kopf* ★ je ziet eruit als een verzopen kat *du bist ja triefend nass*

verzuren I OV WW ● SCHEIK. zuur maken *säuern*; *sauer machen* ● FIG. vergallen *verleiden*; *vergällen* ★ iemands leven ~ *jmdm. das Leben sauer machen* **II** ON WW SCHEIK. zuur worden *versauern*; *sauer werden*

verzuring *Versauern* o

verzwakken I OV WW zwakker maken *schwächen* **II** ON WW zwakker worden *schwach werden*

verzwakking *Schwächung* v

verzwaren ● zwaarder maken *schwerer machen* ● vergroten *erschweren* ★ een straf ~ *eine Strafe verschärfen*

verzwaring *Beschwerung* v; 〈versteviging〉 *Verstärkung* v

verzwelgen *verschlingen*

verzwijgen *verschweigen*; *verheimlichen*

verzwikken *verrenken*; *verstauchen* ★ ik heb mijn enkel verzwikt *ich habe mir den Knöchel verstaucht/verrenkt*

vesper ● gebed *Vesper* v ● avonddienst *Vesper* v

vest ● trui *Jacke* v ● deel van pak *Weste* v ● BN jasje 〈v. dameskostuum〉 *Jacke* v; *Blazer* m ● BN colbert *Jackett* o

vestibule 〈v. huis〉 *Flur* m; 〈v. gebouw〉 *Vorhalle* v; 〈v. gebouw〉 *Eingangshalle* v; 〈v. huis〉 *Diele* v

vestigen ● richten *lenken*; *richten* ★ de aandacht op iets ~ *die Aufmerksamkeit auf*

etw. *richten* ● tot stand brengen *gründen*;
errichten ★ een record ~ *einen Rekord
aufstellen* ★ een bedrijf ~ *eine Firma gründen*
● vastleggen *etablieren*; *begründen* ★ een
gevestigde orde *eine etablierte Ordnung*
● nederzetten *sich niederlassen* ★ het bedrijf
is in Duitsland gevestigd *die Firma hat ihren
Sitz in Deutschland* ★ zich in Utrecht ~ *sich in
Utrecht niederlassen*
vestiging ● het vestigen *Gründung* v;
Errichtung v ● nederzetting *Siedlung* v;
Ansiedlung v ● filiaal *Niederlassung* v
vestigingsvergunning *Zuzugsgenehmigung* v
vesting *Festung* v
vestingstad *Festungsstadt* v
vestingwerk *Festungsanlage* v
vet I ZN [het] *Fett* o ★ plantaardige vetten
pflanzliche(n) Fette ▼ iem. zijn vet geven
jmdm. sein/seinen Teil geben ▼ iem. in zijn
eigen vet laten gaar koken *jmdn. schmoren
lassen* ▼ zijn vet krijgen *sein Fett
(ab)bekommen/(ab)kriegen* **II** BNW ● met veel
vet *fett*; *dick* ● bevuild met vet *fett* ● dik *fett*
● vruchtbaar *fett*; *ertragreich* **III** TW geweldig
cool; *geil*
vetarm *fettarm*
vetbult ● *Fettgeschwulst* v ● MED. *Lipom* o
vete *Fehde* v
veter *Schnürsenkel* m; *Senkel* m
veteraan *Veteran* m
veteranenziekte *Legionärskrankheit* v
veterinair I ZN [de] DIERK. *Veterinär* m; *Tierarzt*
m **II** BNW DIERK. *veterinärmedizinisch*;
tiermedizinisch
vetgehalte *Fettgehalt* m
vetjes BN, DRUKK. vet gedrukt *fett gedruckt*
vetkuif *fettige Haartolle* v; INFORM. *Schmalzlocke*
v
vetkussen *Fettpolster* o
vetmesten *mästen*; *fett füttern*
veto *Veto* o ★ zijn veto over iets uitspreken *sein
Veto gegen etw. einlegen*
vetoogje *Fettauge* o
vetorecht *Vetorecht* o
vetplant *Fettpflanze* v
vetpot ▼ het is daar geen ~ *dort ist Schmalhans
Küchenmeister*
vetpuistje *Pickel* m
vetrand *Fettrand* m
vetrijk *fett(reich)*; *fettig*
vetrol *Fettwulst* m/v
vettig *fettig*; *speckig*
vettigheid *Fettigkeit* v
vetvlek *Fettfleck* m; *Fettflecken* m
vetvrij ● geen vet opnemend *fettfrei* ● geen vet
bevattend *fettfrei*
vetzak *Fettsack* m
vetzucht *Fettsucht* v
vetzuur *Fettsäure* v
veulen *Fohlen* o
vezel *Faser* v
vezelig *faserig*; *fasrig*
V-hals *V-Ausschnitt* m
via ● over, langs *über* [+4]; *via* [+4] ★ via de tuin
durch den Garten ★ hij vliegt via Londen *er
fliegt über London* ● door bemiddeling van

über [+4]; *durch* [+4] ★ via mijn oom *über
meinen Onkel* ▼ via via *auf Umwegen*; *über
Dritte*
viaduct *Viadukt* m; *Überführung* v
viagra® *Viagra®* v
vibrafoon *Vibrafon* o
vibratie *Vibration* v; *Schwingung* v
vibrato *Vibrato* o
vibrator *Vibrator* m
vibreren *schwingen*; *vibrieren*
vicaris *Vikar* m
vice- *Vize-*
vice versa *vice versa*
vicieus *fehlerhaft*
Victoriameer *Victoriasee* m
Victoriawatervallen *Victoriafälle* mv
victorie *Sieg* m ★ ~! *Viktoria!*
video ● videoband *Videofilm* m; INFORM. *Video*
o ● videorecorder *Videorekorder* m
videoband *Videoband* o
videobewaking *Videoüberwachung* v
videocamera *Videokamera* v
videocassette *Videokassette* v
videoclip *Videoclip* m
videofoon *Bildtelefon* o
videogame *Videospiel* o
video-opname *Videoaufnahme* v
videorecorder *Videorekorder* m
videospel *Videospiel* o
videotheek *Videothek* v
vief *lebhaft*; *flink*; *aufgeweckt* ★ een vief
kereltje *ein flinkes Bürschchen*
vier I TELW *vier* ★ het is bij/tegen vieren *es ist
gegen vier*; *es ist gleich vier (Uhr)* ★ op vier
december *am vierten Dezember* ★ in vieren *in
vier Teile* ★ iets in vieren delen *etw. vierteln*
★ met z'n vieren *zu viert* ★ we zijn met z'n
vieren *wir sind zu viert* ★ om de vier dagen
alle vier Tage ★ hoofdstuk vier *das vierte
Kapitel* ★ huis met vier verdiepingen
vierstöckige(s) Haus o **II** ZNW ● getal *Vier* v
● O&W schoolcijfer ≈ *Fünf* v
vierbaansweg *vierspurige Straße* v
vierdaagse *Viertagelauf* m
vierde ● *viert* ★ op de ~ van de maand *am
Vierten des Monats* ★ ten ~ *viertens* ★ een ~
(deel) *ein Viertel* o ★ drie ~ (deel) *dreiviertel*
★ dat is al de ~ keer *das ist schon das vierte
Mal* ★ ~ druk *Viertdruck* m ● → **achtste**
vierdelig *vierteilig*
vierdeursauto *viertürige(s) Auto* o; *Viertürer* m
vieren ● gedenken *feiern* ● vereren *feiern*;
ehren ★ een gevierde diva *eine gefeierte Diva*
● laten schieten *fieren* ★ het touw ~ *das Tau
fieren* ▼ FIG., BN iem. ~ *jmdn. feiern*
vierendelen *vierteilen*
vierhoek *Viereck* o
viering *Feier* v ★ ter ~ van *zur Feier* [+2]
vierkant I ZN [het] figuur *Quadrat* o **II** BNW
● rechthoekig *quadratisch* ★ ~e haakjes
eckige(n) Klammern ● in het kwadraat
Quadrat- ★ vijf ~e meter *fünf Quadratmeter*
● hoekig *vierschrötig* ★ een ~ gezicht *ein
kantiges Gesicht* **III** BIJW volkomen, faliekant
★ iem. ~ uitlachen *jmdn. ins Gesicht lachen*
★ iem. ~ de waarheid zeggen *jmdm. die*

ungeschminkte Wahrheit sagen; *es läuft nicht gut*

vierkantsvergelijking *quadratische Gleichung* v

vierkantswortel *Quadratwurzel* v

vierkwartsmaat *Viervierteltakt* m

vierling ● *vier kinderen samen Vierlinge* mv ● *één kind Vierling* m

viermotorig *viermotorig*

vierspan ● *rijtuig Vierspänner* m ● *span van vier paarden Viergespann* o

viersprong *Kreuzweg* m ▼ op de ~ van het leven staan *am Kreuzweg stehen*

viertal *vier* ★ een ~ mensen *vier Menschen* ★ een ~ maanden *vier Monate*

viervoeter *Vierfüß(l)er* m

viervoud *Vierfache(s)* o ★ in ~ *in vierfacher Ausfertigung*

vierwielaandrijving *Allradantrieb* m

Vierwoudstedenmeer *Vierwaldstättersee* m

vies I BNW ● vuil *schmutzig* ● onsmakelijk *übel*; *unappetitlich* ★ dat smaakt vies *das schmeckt ekelhaft* ● afkeer wekkend *widerlich*; *ekelhaft* ★ een vieze kerel *ein widerlicher Kerl* ● afkerig ★ een vies gezicht trekken *ein angewidertes Gesicht machen* ● onfatsoenlijk *schmutzig*; *schmierig* ★ vieze moppen vertellen *schweinische Witze erzählen* **II** BIJW ▼ er vies bij zijn *geschnappt werden* ▼ dat valt me vies tegen *da bin ich schwer enttäuscht*

viespeuk ● onhygiënisch persoon *Drecksspatz* m; *Schmutzfink* m ● MIN. die vies doet *Schwein* o

Vietnam *Vietnam* o

Vietnamees I BNW m.b.t. Vietnam *vietnamesisch* **II** ZN [de] bewoner *Vietnamese* m **III** ZN [het] taal *Vietnamesisch(e)* o

Vietnamese *Vietnamesin* v

viezerik, viezerd ● onhygiënisch persoon *Schmutzfink* m; *Drecksspatz* m ● MIN. die vies doet *Schwein* o

viezigheid *Schmutz* m; *Dreck* m

vignet *Signet* o; *Markenzeichen* o

vijand *Feind* m ★ iem. tot ~ maken *sich jmdn. zum Feind machen* ★ dat gun ik mijn ergste ~ niet *das wünsche ich meinem ärgsten Feind nicht*

vijandelijk *feindlich*; (vooral militair) *gegnerisch*

vijandelijkheid *Feindlichkeit* v; *Feindseligkeit* v

vijandig (behorend tot de vijand) *feindlich*; (v. houding) *feindselig* (**jegens** *gegenüber*) ★ iem. ~ gezind zijn *jmdm. feindlich gesinnt sein* ★ een ~e houding *eine feindselige Haltung* ★ ~e vliegtuigen *feindliche Flugzeuge*

vijandigheid ● het vijandig zijn *Feindseligkeit* v; *Feindlichkeit* v ● vijandige daad *Feindseligkeit* v

vijandschap *Feindschaft* v

vijf I TELW ● *fünf* ● → **vier II** ZN [de] ● getal *Fünf* v ● o&w schoolcijfer ≈ *Drei* v

vijfde ● *fünft* ● → **vierde**

vijfenzestigpluskaart *Seniorenpass* m

vijfenzestigplusser *Senior* m ★ treinkaart voor ~s *Seniorenpass* m

vijfhoek *Fünfeck* o

vijfjarenplan *Fünfjahresplan* m

vijfje *Fünfeuroschein* m

vijfkamp *Fünfkampf* m

vijfling ● vijf kinderen samen *Fünflinge* mv ● één kind *Fünfling* m

vijftien ● *fünfzehn* ● → **vier**

vijftiende ● *fünfzehnte(r)* ● → **vierde**

vijftig ● *fünfzig* ● → **vier, veertig**

vijftiger *Fünfziger* m

vijftigje ● briefje van vijftig *Fünfzigeuroschein* m ● muntje van vijftig (cent) *Fünfzigcentmünze* v

vijftigste ● *fünfzigste* ● → **vierde, veertigste**

vijfvlak *Fünfflach* m; *Pentaeder* o

vijfvoud *Fünffache* o ★ in ~ *in fünffacher Ausfertigung*

vijg *Feige* v ▼ BN het zijn vijgen na Pasen *das kommt zu spät* ▼ BN zo plat als een vijg *platt wie eine Flunder*

vijgenblad *Feigenblatt* o

vijgenboom *Feigenbaum* m

vijl *Feile* v

vijlen feilen ★ zij vijlde haar nagels *sie feilte sich die Nägel*

vijlsel *Feilspäne* mv; *Feilstaub* m

vijver *Teich* m

vijzel ● vat *Mörser* m ● krik *Schraubenwinde* v

vijzelen *heraufschrauben*

Viking *Wikinger* m

villa *Villa* v

villadorp ≈ *Dorf* o, *das zum größten Teil aus Villen besteht*

villapark *Villengegend* m

villawijk *Villenviertel* m

villen *häuten*; *abhäuten*; *abdecken* ▼ iem. wel kunnen ~ *jmdn. nicht riechen können*

Vilnius *Wilna* o

vilt *Filz* m

vilten *filzen* ★ ~ hoed *Filzhut* m

viltje *Bierdeckel* m

viltstift *Filzstift* m; *Filzschreiber* m

vin *Flosse* v ▼ geen vin verroeren *kein Glied rühren*

vinaigrette *Vinaigrette* v

vinden ● aantreffen *vorfinden*; *finden*; *herausfinden* ● bedenken ★ ik vind er wel wat op *ich werde mir schon etw. dazu ausdenken* ● van mening zijn *finden*; *meinen* ★ ik vind het goed/best/prima *es ist mir recht* ★ iets jammer ~ *es bedauern* ★ ik vind het maar niks *das gefällt mir gar nicht* ★ vind je dat echt nodig? *hältst du das wirklich für nötig?* ▼ het (goed) met iem. kunnen ~ *sich (gut) mit jmdm. verstehen* ▼ het niet met iem. kunnen ~ *sich nicht mit jmdm. verstehen* ▼ zij hebben elkaar gevonden *sie haben sich gefunden* ▼ zich ergens in kunnen ~ *mit etw. einverstanden sein* ★ voor iets te ~ zijn *für etw. zu haben sein* ▼ ik weet je nog wel te ~! *ich werde dich schon noch kriegen!*

vindersloon *Finderlohn* m

vinding ● het vinden *Fund* m ● uitvinding *Erfindung* v

vindingrijk *findig*; *erfinderisch*; (vol ideeën) *einfallsreich*

vindplaats *Fundort* m; *Fundstätte* v; *Fundstelle* v ★ ~ van erts *Erzvorkommen* o

Vinex-locatie *Neubaugebiet* o

vinger *Finger* m ★ zij kon er met haar ~s niet van afblijven *sie konnte die Finger nicht davon lassen* ▼ (koekje) lange ~ *Löffelbiskuit* m/o ▼ iets door de ~s zien *ein Auge zudrücken; etw. durch die Finger sehen* ▼ iets in de ~s hebben *Fingerspitzengefühl für etw. haben* ▼ zich in de ~s snijden *sich die Finger verbrennen* ▼ BN iem. met de ~ wijzen *jmdn. beschuldigen* ▼ met de natte ~ *über den Daumen gepeilt* ▼ hij is met een natte ~ te lijmen *er ist leicht um den Finger zu wickeln* ▼ BN met zijn ~s draaien *faulenzen* ▼ dat kun je op je ~s natellen *das kannst du dir an den Fingern abzählen* ▼ iem. op de ~s kijken *jmdn. auf die Finger sehen* ▼ iem. op de ~s tikken *jmdm. auf die Finger klopfen* ▼ er komt niets uit haar ~s *sie leistet nichts* ▼ zijn ~s ergens bij aflikken *sich die Finger nach etw. lecken* ▼ als je hem een ~ geeft, neemt hij je hele hand *reicht man ihm den kleinen Finger, nimmt er gleich die ganze Hand* ▼ een ~ in de pap hebben *eine Hand im Spiel haben* ▼ de ~ aan de pols houden *auf Tuchfühlung bleiben* ▼ mijn ~s jeuken *mir juckt es in den Fingern* ▼ de ~ op de zere plek leggen *den Finger auf die Wunde legen* ▼ geen ~ uitsteken *keinen Finger rühren; keinen Finger krumm machen*
vingerafdruk *Fingerabdruck* m
vingerdoekje ≈ *kleine Serviette* v
vingeren *fummeln; herumfingern*
vingerhoed *Fingerhut* m
vingerhoedskruid *Fingerhut* m
vingerkootje *Fingerkuppe* v
vingeroefening ● training *Fingerübung* v ● FIG. vaardigheidsoefening *Fingerübung* o
vingertop *Fingerspitze* v; *Fingerkuppe* v
vingervlug ● handig *fingerfertig* ● diefachtig *fingerfertig*
vingerwijzing *Fingerzeig* m; *Wink* m; *Hinweis* m
vingerzetting *Fingersatz* m
vink ● vogel *(Buch)fink* m ● vleeslapje ★ blinde vink ≈ *Kalbsröllchen* o
vinkenslag ▼ BN op ~ zitten *voller Ungeduld sein*
vinkentouw ▼ op het ~ zitten *voller Ungeduld sein*
vinnig I BNW ● hevig *flink; direkt* ● bits *scharf* ★ ~e woorden *bissige(n)/scharfe(n)/spitze(n)/stichelnde(n) Bemerkungen* II BIJW ★ ~ kijken *giftig/bösartig gucken*
vinvis *Finnwal* m
vinyl *Vinyl* o
violet *violett; veilchenfarben*
violist *Geiger* m; *Geigenspieler* m
viool ● MUZ. *Geige* v; *Violine* v ● → **viooltje** ▼ de eerste ~ spelen *die erste Geige spielen* ▼ de tweede ~ spelen *die zweite Geige spielen* ▼ BN de violen stemmen *auf eine Linie kommen*
vioolconcert *Violinkonzert* o; *Geigenkonzert* o
vioolkist *Geigenkasten* m
vioolsleutel *G-Schlüssel* m; *Violinschlüssel* m
viooltje *Veilchen* v
vip *V.I.P.* v
viproom *VIP-Room* m
viriel *viril*

virtual reality *virtuelle Realität* v
virtueel *virtuell*
virtuoos I ZN [de] *Virtuose* m II BNW *virtuos*
virtuositeit *Virtuosität* v
virus *Virus* m/o
virusdrager *Virusträger* m
virusziekte *Viruskrankheit* v
vis *Fisch* m ▼ vis wil zwemmen *Fisch will schwimmen* ▼ zo gezond zijn als een vis *so gesund sein wie ein Fisch im Wasser* ▼ zich als een vis in het water voelen *sich fühlen wie der Fisch im Wasser* ▼ iem. voor rotte vis uitmaken *jmdn. zur Sau machen*
visafslag *Fischversteigerung* v
visagie *Visagie* v
visagist *Visagist* m
visakte *Angelschein* m
visarend *Fischadler* m
visboer ● persoon *Fischhändler* m ● winkel *Fischgeschäft* o
visburger *Fischburger* m
viscose ● grondstof *Viskose* v ● viscosezijde *Rayon* m/o
viscositeit *Viskosität* v
viseren BN het gemunt hebben op *es abgesehen haben auf* [+4]
visgraat ● skeletdeel *Fischgräte* v ● motief *Fischgrätenmuster* o
vishaak *Angelhaken* m
visie ● zienswijze *Ansicht* v; *Auffassung* v; *Betrachtungsweise* v ★ een geheel andere ~ hebben op iets *eine ganz andere Auffassung von etw. haben* ● inzage *Einsicht* v
visioen *Vision* v
visionair I ZN [de] *Seher* m II BNW *visionär*
visioneren BN keuren (bv. films, voor leeftijd) *prüfen*
visitatie *Visitation* v; *Durchsuchung* v; (kerkelijk) *Kirchenvisitation* v
visite ● bezoek *Besuch* m; (v. arts) *Visite* v ★ op ~ zijn *zu Besuch sein* ● bezoekers *Besuch* m
visitekaartje *Visitenkarte* v ▼ zijn ~ achterlaten *seine Visitenkarte hinterlassen*
visiteren *visitieren; durchsuchen*
vismarkt *Fischmarkt* m
visrestaurant *Fischrestaurant* o
visrijk *fischreich*
visschotel *Fischgericht* o
visseizoen ≈ *Fangzeit* v
Vissen *Fische* m mv
vissen ● vis vangen *fischen* ● trachten te krijgen ★ naar complimenten ~ *nach Komplimenten fischen*
vissenkom *Fischglas* o
visser *Fischer* m; *Angler* m
visserij *Fischerei* v; (visvangst) *Fischfang* m
vissersboot *Fischerboot* o
visserslatijn *Garn* o
vissersvloot *Fischereiflotte* v
vissnoer *Angelschnur* v
visstand *Fischbestand* m
visstick *Fischstäbchen* o
visstoeltje *Klappstuhl* m *zum Angeln*
vistuig *Fischfanggerät* o; INFORM. *Angelsachen* mv
visualisatie *Visualisierung* v; *grafische*

Gestaltung v
visualiseren *visualisieren*; *veranschaulichen*
visueel *visuell*
visum *Visum* o ★ aanvraag voor een ~
Visumantrag m
visumplicht *Visumzwang* m
visvangst *Fischfang* m
visvergunning *Angelschein* m
visvijver *Fischteich* m
viswater *Fischwasser* o
viswijf *Marktweib* o ★ schelden als een ~
schimpfen wie ein Rohrspatz
vitaal ● wezenlijk *vital*; *lebenswichtig* ★ van ~
belang *lebenswichtig* ★ vitale levensfuncties
Vitalfunktionen ● levenskrachtig *vital*; *rüstig*
vitaliteit *Vitalität* v
vitamine *Vitamin* o
vitaminegebrek *Vitaminmangel* m
vitaminepreparaat *Vitaminpräparat* o
vitaminerijk *vitaminreich*
vitrage ● gordijn *Gardine* v ● stof *Tüll* m
vitrine ● etalage *Schaufenster* o ● glazen kast
Vitrine v
vitten *mäkeln*; *kritteln* ★ op iem. ~ *jmdn.*
bekritteln
vivisectie *Vivisektion* v
vizier ● kijkspleet in helm *Visier* o
● richtmiddel ⟨op wapens⟩ *Visier* o; ⟨op
optische instrumenten⟩ *Diopter* o ▼ iem. in
het ~ hebben *jmdn. auf dem Kieker haben*
▼ met open ~ strijden *mit offenem Visier*
kämpfen
vizierlijn *Visierlinie* v
vj *VJ* m
vla ● CUL. nagerecht ≈ *puddingähnliche*
Süßspeise v ● CUL. vlaai *Fladen* m
vlaag ● windstoot *Windstoß* m; *Bö* v
● uitbarsting *Anwandlung* v; *Anfall* m ★ bij
vlagen *gelegentlich* ★ in een ~ van
verstandsverbijstering *in einem Anfall von*
Geistesverwirrung
vlaai *Fladen* m
Vlaams I BNW m.b.t. Vlaanderen *flämisch* **II** ZN
[het] taal *Flämisch(e)* o
Vlaams-Brabant *Flämisch-Brabant* o
Vlaams-Brabants *flämisch-brabantisch*
Vlaamse *Flamin* v
Vlaanderen *Flandern* o
vlag *Fahne* v; SCHEEPV. *Flagge* v ▼ onder valse
vlag varen *unter falscher Flagge segeln* ▼ met
vlag en wimpel *mit Glanz und Gloria* ▼ de
vlag dekt de lading ≈ *der Name soll für*
Qualität bürgen
vlaggen ● SPORT *die Fahne heben* ● de vlag
uithangen *flaggen*
vlaggenmast *Fahnenmast* m
vlaggenschip *Flaggschiff* o
vlaggenstok *Fahnenmast* m; *Fahnenstange* v;
SCHEEPV. *Flaggenstock* v
vlagvertoon *Flaggezeigen* o ▼ met veel ~ *mit*
großer Publicity
vlak I ZN [het] ● platte zijde *Fläche* v ● WISK.
★ hellend vlak *schiefe Ebene* ★ horizontaal
vlak *Horizontalfläche* ● gebied *Bereich* m;
Ebene v ★ dat ligt op hetzelfde vlak *das liegt*
auf gleicher Ebene ★ op sociaal vlak *im*

sozialen Bereich ★ op het culturele vlak *im*
kulturellen Bereich **II** BNW ● plat *flach*; *eben*
★ iets vlak maken *etw. ebnen* ★ met de
vlakke hand *mit der flachen Hand* ★ het
vlakke veld *das freie Feld* ● zonder nuance
flach; *farblos* ★ vlak van toon *tonlos* **III** BIJW
● plat *flach* ● recht *genau*; *direkt* ★ vlak langs
de stoep fietsen *knapp am Bürgersteig*
vorbeiradeln ★ vlak na elkaar *direkt*
hintereinander ★ zij woont vlak tegenover
haar vriendin *sie wohnt genau gegenüber der*
Freundin
vlakaf BN onverbloemd *aufrichtig*; *geradlinig*;
unverblümt; *ungeschminkt*; *unumwunden*
vlakbij *(ganz) in der Nähe*
vlakgom *Radiergummi* m
vlakte *Ebene* v; *Fläche* v ▼ zich op de ~ houden
mit seiner Meinung hinter dem Berg halten
▼ iem. tegen de ~ slaan *jmdn. zu Boden*
schlagen ▼ tegen de ~ gaan SPORT *zu Boden*
gehen; *dem Erdboden gleich gemacht werden*;
zu Boden sinken
vlaktemaat *Flächenmaß* o
vlakverdeling *Flächenaufteilung* v
vlam ● vuur *Flamme* v ★ in vlammen opgaan
in Rauch aufgehen ★ vlam vatten *anfangen zu*
brennen; *Feuer fangen* ★ een prooi van de
vlammen worden *ein Opfer der Flammen*
werden ● geliefde *Schwarm* m; *Flamme* v
● tekening in hout *Maser* v ▼ de vlam sloeg
in de pan *es kam zum Ausbruch* ▼ de
vlammen sloegen haar uit *sie wurde rot bis*
über die Ohren
Vlaming *Flame* m
vlammen ● vlammen vertonen *sich*
entflammen; *lodern* ★ een ~d vuur *ein*
loderndes Feuer ● fonkelen *glühen*; *leuchten*;
flammen ★ ~d enthousiasme *glühende*
Begeisterung v ★ met een ~d betoog *mit einer*
zündenden/flammenden Rede
vlammenwerper *Flammenwerfer* m
vlammenzee *Flammenmeer* v
vlamverdeler *Brenner* m
vlas *Flachs* m
vlasblond *flachsblond*
vlashaar *Flachshaar* o
vlassen I BNW van vlas *flächsern* **II** ON WW ~ **op**
spannen *auf* [+4]; *sich spitzen auf* [+4]
vlecht *Zopf* m
vlechten ● door elkaar winden *flechten* ★ het
haar ~ *das Haar flechten* ● vlechtend
vervaardigen *flechten*
vlechtwerk *Flechtwerk* o; *Geflecht* o
vleermuis *Fledermaus* v
vlees *Fleisch* o ▼ mijn eigen ~ en bloed *mein*
eigenes Fleisch und Blut ▼ ~ noch vis zijn
weder Fisch noch Fleisch sein ▼ goed in het ~
zitten *gut gepolstert sein* ▼ iem. van ~ en
bloed *ein Mensch von Fleisch und Blut* ▼ weten
wat voor ~ je in de kuip hebt *seine*
Pappenheimer kennen
vleesboom *Muskelgeschwulst* v
vleesetend *fleischfressend* ★ ~ dier
fleischfressendes Tier
vleeseter *Fleischfresser* m
vleesgerecht *Fleischgericht* o

vl

vleeshaak *Fleischerhaken* m
vleeskleurig *fleischfarben; fleischfarbig*
vleesmes *Fleischmesser* o
vleesmolen *Fleischwolf* m
vleestomaat *Fleischtomate* v
vleesvervanger *Fleischersatz* m
vleesvork *Tranchiergabel* v
vleeswaren *Aufschnitt* m
vleeswond *Fleischwunde* v
vleet *Heringstreibnetz* o ▼ zij heeft vrienden bij de ~ *sie hat jede Menge Freunde*
vlegel ● lomperd *Flegel* m; *Lümmel* m ● kwajongen *Bengel* m
vleien ● overdreven prijzen *schmeicheln* ● ~ met hoopvol stemmen met ★ zich ~ met *sich schmeicheln mit; sich bauchpinseln mit*
vleiend *schmeichelnd; schmeichlerisch; schmeichelhaft* ★ een ~e foto *ein schmeichelhaftes Foto*
vleier *Schmeichler* m
vleierij ● het vleien *Schmeicheln* o; MIN. *Geschmeichel* o ★ zonder ~ *in aller Offenheit/Ehrlichkeit* ● compliment *Schmeichelei* v
vlek ● vuile plek *Fleck* m; INFORM. *Klecks* m ● anders gekleurde plek *Flecken* m ★ een witte vlek op de kaart *ein weißer Fleck auf der Landkarte* ▼ ergens een blinde vlek voor hebben *für etw. blind sein*
vlekkeloos ● zonder vlek *fleckenlos; makellos* ★ een vlekkeloze naam hebben *einen makellosen Ruf haben* ● foutloos *fleckenlos; einwandfrei; tadellos*
vlekken ● vlekken krijgen *flecken* ● vlekken maken *klecksen* ★ de pen vlekt *der Kugelschreiber kleckst*
vlekkenmiddel *Fleckenentfernungsmittel* o; *Fleckenentferner* m
vlekkenwater *Fleckenwasser* o
vlekkerig *fleckig*
vlektyfus *Fleckfieber* o; *Flecktyphus* m
vlekvrij *fleckenfrei; fleckabstoßend*
vlerk ● vleugel *Flügel* m ● vlegel *Flegel* m; *Lümmel* m
vleselijk ● lichamelijk *körperlich* ● FIG. zinnelijk *sinnlich*
vleug ● *Strich* m ● → **vleugje**
vleugel ● vliegorgaan *Flügel* m ● deel van vliegtuig *Flügel* m; *Tragfläche* m ● deel van gebouw *Trakt* m; *Flügel* m ● piano *Flügel* m ▼ de ~s uitslaan *die Flügel ausbreiten* ▼ iem. onder zijn ~s nemen *jmdn. unter seine Fittiche nehmen*
vleugellam *flügellahm*
vleugelmoer *Flügelmutter* v
vleugelspeler *Flügelstürmer* m
vleugelverdediger *Außenverteidiger* m
vleugje *Hauch* m; *Schimmer* m; *Anflug* m ★ een ~ hoop *ein Schimmer von Hoffnung* ★ een ~ parfum *ein Hauch von Parfüm*
vlezig *fleischig*
vlieg *Fliege* v ▼ twee ~en in één klap slaan *zwei Fliegen mit einer Klappe schlagen* ▼ geen ~ kwaad doen *keiner Fliege etw. zuleide/zu Leide tun*
vliegangst *Flugangst* v

vliegas *Flugasche* v
vliegbasis *Luftstützpunkt* m
vliegbrevet *Pilotenschein* m
vliegdekschip *Flugzeugträger* m
vliegen I OV WW ● besturen *fliegen* ● vervoeren *fliegen* **II** ON WW ● door de lucht bewegen *fliegen* ★ de scherven vlogen rond *die Scherben flogen durch die Luft* ● met het vliegtuig gaan *fliegen* ★ blind ~ *blind fliegen* ● snellen *spurten; eilen; rasen* ★ iem. naar de keel ~ *jmdm. an die Kehle springen* ★ iem. om de hals ~ *jmdm. um den Hals fliegen* ▼ erin ~ *reinfallen* ▼ eruit ~ *rausfliegen* ▼ de vogel is gevlogen *der Vogel ist ausgeflogen* ▼ zij ziet ze ~ *sie spinnt*
vliegengaas *Fliegengitter* o; *Fliegendraht* m
vliegengordijn *Fliegengitter* o; *Moskitonetz* o
vliegenier *Pilot* m
vliegenmepper *Fliegenklatsche* v
vliegenraam BN *Fliegenfenster* o
vliegensvlug *blitzschnell* ★ de tijd ging ~ voorbij *die Zeit verging wie im Fluge*
vliegenvanger *Fliegenschnäpper* m
vliegenzwam *Fliegenpilz* m
vlieger ● speelgoed *Drachen* m ● piloot *Flieger* m
vliegeren *(einen) Drachen steigen lassen*
vlieggewicht *Fliegengewicht* o
vliegramp *Flugzeugkatastrophe* v
vliegshow *Flugschau* v
vliegtechniek *Flugtechnik* v; *Aviatik* v
vliegtuig *Flugzeug* o
vliegtuigbouw *Flugzeugbau* m
vliegtuigkaper *Flugzeugentführer* m
vliegtuigkaping *Flugzeugentführung* v
vliegtuigmoederschip *Flugzeugmutterschiff* o
vlieguur *Flugstunde* v
vliegvakantie *Flugpauschalreise* v
vliegveld *Flughafen* m; *Flugplatz* m
vliegverbinding *Flugverbindung* v
vliegverkeer *Flugverkehr* m
vliegwiel *Schwungrad* o
vlier ● bladeren en vruchten *Holunder* m ● vlierboom *Holunder* m; *Holunderbaum* m
vlierbes *Holunderbeere* v
vliering *Boden* m; *Dachboden* m
vlies ● dun laagje *Häutchen* o ● velletje *Haut* v ● BIOL. *Membran* v
vlijen *schmiegen an* [+4]; *sich (an)schmiegen; kuscheln an* [+4]; *sich (an)kuscheln* ★ zich tegen iem. aan ~ *sich an jmdn. schmiegen/kuscheln*
vlijmscherp *messerscharf*
vlijt *Fleiß* m
vlijtig *fleißig; emsig*
vlinder ● insect *Schmetterling* m; *Falter* m ● onbestendig persoon *Flattergeist* m; *flatterhafte(r) Mensch* m ▼ ~s in zijn buik hebben *verknallt/verschossen sein*
vlinderdas *Fliege* v
vlindernet *Schmetterlingsnetz* o
vlinderslag *Delfinschwimmen* o; *Schmetterlingsstil* m
Vlissingen *Vlissingen* o
vlizotrap *Ausziehleiter* v
vlo *Floh* m

vl

vloed ● hoogtij *Flut* v ● overweldigende massa *Flut* v; *Strom* m ● MED. *Ausfluss* m ★ witte ~ *Weißfluss* m

vloedgolf ● grote golf *Flutwelle* v ● grote hoeveelheid *Flutwelle* v

vloedlijn *Flutlinie* v

vloei ● sigarettenpapier *Zigarettenpapier* o ● absorberend papier *Fließpapier* o; *Löschpapier* o ● → **vloeitje**

vloeibaar *flüssig* ★ ~ maken *verflüssigen* ★ ~ worden *sich verflüssigen*

vloeiblad *Löschblatt* o

vloeien ● stromen *fließen*; *strömen* ★ in elkaar ~ *ineinanderfließen* ● vaginaal bloeden *an Ausfluss leiden*

vloeiend *fließend*; *geläufig*; *flüssig* ★ ~ in elkaar overgaan *ineinanderfließen* ★ ~ Frans spreken *fließend Französisch sprechen*

vloeipapier ● absorberend papier *Löschpapier* o ● dun papier *Fließpapier* o

vloeistof *Flüssigkeit* v

vloeitje *Zigarettenpapier* o

vloek ● verwensing *Fluch* m ★ er rust een ~ op dit huis *ein Fluch liegt auf diesem Haus* ● iets rampzaligs *Fluch* m ● krachtterm *Fluch* m ▼ in een ~ en een zucht *in null Komma nichts*; *im Handumdrehen*

vloeken ● krachttermen uiten *fluchen* ★ iem. stijf ~ *jmdm. die Leviten lesen* ★ op iets ~ *etw. verfluchen* ● schril afsteken *sich beißen* ★ dat vloekt *das beißt sich*

vloekwoord *Fluchwort* o

vloer *Fußboden* m; *Boden* m ★ ik kon wel door de ~ zakken *ich wäre am liebsten in den Erdboden versunken* ▼ veel bij iem. over de ~ komen *bei jmdm. ein- und ausgehen* ▼ de ~ met iem. aanvegen *jmdn. zur Sau machen*

vloerbedekking *Fußboden* m; *Fußbodenbelag* m; ⟨tapijt⟩ *Teppichboden* m

vloeren *niederschlagen*; *zu Boden strecken*

vloerkleed *Teppich* m

vloermat *Matte* v; ⟨voor de deur⟩ *Fußmatte* v

vloerwisser, vloertrekker *Bodenwischer* m

vlok *Flocke* v

vlokkentest *Flockungstest* m

vlokkig *flockig*

vlonder *Steg* m

vlooien *flöhen*

vlooienband *Flohhalsband* o

vlooienmarkt *Flohmarkt* m; *Trödelmarkt* m

vlooienspel *Flohhüpfen* o

vlooientheater *Flohzirkus* m

vloot ● oorlogsvloot *Kriegsflotte* v; *Kriegsmarine* v ● groep schepen *Flotte* v

vlootbasis *Flottenbasis* v; *Flottenstützpunkt* m

vlootschouw *Flottenparade* v; *Flottenschau* v

vlot I ZN [het] *Floß* o **II** BNW ● snel *zügig*; *flott* ● gemakkelijk *einfach*; *flott* ● ongedwongen *flott* **III** BIJW gemakkelijk ★ vlot praten *gewandt sprechen*

vlotten *vorankommen*; *vorangehen* ★ het werk wil niet ~ *die Arbeit kommt nicht voran*

vlotter *Schwimmer* m

vlotweg *flott*; *zügig*; *rasch*

vlucht ● het ontvluchten *Flucht* v ● op de ~ slaan *die Flucht ergreifen* ● het vliegen *Flug* m ● vliegtocht *Flug* m ● troep vogels *Flug* m; *Schwarm* m ▼ een hoge ~ nemen *einen stürmischen Aufschwung machen/erleben*

vluchtauto *Fluchtfahrzeug* o; *Fluchtwagen* m; *Fluchtauto* o

vluchteling *Flüchtling* m

vluchtelingenkamp *Flüchtlingslager* o

vluchten *flüchten*; *fliehen* ★ voor de vijand ~ *vor dem Feind fliehen*

vluchthaven *Zufluchtsort* m

vluchtheuvel *Verkehrsinsel* v

vluchthuis BN blijf-van-mijn-lijfhuis *Frauenhaus* o

vluchtig I BNW ● NATK. snel vervliegend *flüchtig* ● oppervlakkig *flüchtig* ● voorbijgaand *flüchtig* **II** BIJW oppervlakkig ★ iets ~ lezen *etw. überfliegen*

vluchtleider *Flugleiter* m; *Fluglotse* m

vluchtleiding *Flugleitung* v

vluchtleidingscentrum *Bodenstation* v

vluchtnummer *Flugnummer* v

vluchtrecorder *Flugschreiber* m; *Flugdatenschreiber* m; *Blackbox* v

vluchtschema *Flugplan* m

vluchtstrook *Standspur* v; *Seitenstreifen* m

vluchtweg *Fluchtweg* m

vlug ● snel gaand *schnell*; *rasch*; *geschwind* ● snel handelend *schnell*; *rasch*; *geschwind* ● bijdehand ★ vlug van begrip zijn *eine schnelle Auffassungsgabe besitzen*

vluggertje ● vrijpartij *schnelle Nummer* v; *Quickie* m ● dam- of schaakpartij *Partie* v *Blitzdame/Blitzschach*

vlugschrift *Flugblatt* o; *Flugschrift* v

vlugzout *Riechsalz* o

vmbo *vorberufliche weiterführende Bildung* v

VN *UNO* v; *Vereinte(n) Nationen* mv

vocaal I ZN [de] *Selbstlaut* m; *Vokal* m **II** BNW stimmlich; MUZ. *vokal* ★ vocale solisten *Vokalsolisten*

vocabulaire *Wortschatz* m; *Vokabular* o; ⟨woordenlijst⟩ *Wörterverzeichnis* o

vocalisatie *Vokalisation* v; *Vokalisierung* v

vocaliseren *vokalisieren*

vocalist *Vokalist* m

vocht ● vloeistof *Flüssigkeit* v ● vochtigheid *Nässe* v; *Feuchtigkeit* v

vochtgehalte *Feuchtigkeitsgehalt* m

vochtig *feucht*

vochtigheid ● het vochtig zijn *Feuchtigkeit* v ● vochtgehalte *Feuchtigkeit* v

vochtigheidsgraad *Feuchtigkeitsgrad* m

vochtigheidsmeter *Feuchtigkeitsmesser* m

vochtvrij ● zonder vocht *gegen Feuchtigkeit geschützt* ★ ~ bewaren *trocken lagern* ● vochtwerend *feuchtigkeitsbeständig*

vod ● prul *Lumpen* m; *Fetzen* m ● BN schoonmaakdoekje *Putztuch* o; *Putzlappen* m ▼ iem. achter de vodden zitten *jmdm. Dampf machen*

voddenbaal *schlampige(r) Mensch* m

voddenboer *Lumpensammler* m; *Lumpenhändler* m

voeden ● voedsel geven *nähren*; *ernähren*; ⟨dieren⟩ *füttern* ● zogen *stillen* ● van toevoer voorzien *speisen* ● aanwakkeren *hegen*;

VO

nähren
voeder *Futter* o
voederbak *Futtertrog* m; *Futternapf* m; ⟨groot⟩ *Futterkrippe* v; ⟨klein⟩ *Fressnapf* m
voederen *füttern*
voeding • het voeden *Ernährung* v • voedsel *Nahrung* v • TECHN. *Speisung* v
voedingsbodem • LETT. *Nährboden* m; *Zuchtstätte* v • FIG. *Nährboden* m; ⟨ongunstig⟩ *Brutstätte* v
voedingskabel *Speisekabel* o
voedingsleer *Ernährungslehre* v
voedingsmiddel *Nahrungsmittel* o
voedingspatroon *Ernährungsweise* v; *Essgewohnheiten* v mv
voedingsstof *Nährstoff* m; *Nahrungsstoff* m
voedingswaarde *Nährwert* m
voedsel *Nahrung* v ★ ~ weigeren *die Nahrung verweigern*
voedselhulp *Lebensmittelhilfe* v
voedselketen *Nahrungskette* v
voedselpakket *Lebensmittelpaket* o
voedselrijk *nahrungsreich*
voedselvergiftiging *Lebensmittelvergiftung* v
voedselvoorziening *Lebensmittelversorgung* v
voedster *Amme* v
voedzaam *nahrhaft*
voeg *Fuge* v; *Naht* v ▼ uit zijn voegen gerukt *aus den Fugen geraten* ▼ in zijn voegen kraken *in allen Fugen krachen*
voege ▼ BN in ~ zijn *in Kraft sein*
voegen I OV WW • verbinden *verbinden*; *zusammenfügen* ★ de delen aan elkaar ~ *die Teile miteinander verbinden* ★ zich bij de groep ~ *sich der Gruppe anschließen* ★ de daad bij het woord ~ *etw. in die Tat umsetzen* • met specie opvullen *fugen*; *ausfugen* • ~ **bij** *hinzufügen*; *beifügen* **II** WKD WW [**zich** ~] *sich fügen* [+3] ★ zich ~ naar de omstandigheden *sich den Umständen fügen/anpassen*
voegijzer *Maurerkelle* v
voegwoord *Bindewort* o; *Konjunktion* v ★ ~ van tijd *temporale Konjunktion*
voelbaar • merkbaar *merklich* • tastbaar *spürbar*; *fühlbar*
voelen I OV WW • gewaarworden *spüren* ★ iem. zijn minachting laten ~ *jmdn. seine Verachtung fühlen lassen* ★ zij voelde waar hij heen wilde *sie spürte, worauf er hinauswollte* ★ ik voel de wijn in mijn benen *ich spüre den Wein in den Beinen* • aanvoelen *fühlen* ★ ~ dat je de verkeerde kant op gaat *fühlen, dass man auf dem falschen Weg ist* ★ • bevoelen *fühlen* • ~ **voor** *mögen*; *zusagen* ★ ergens iets voor ~ *Lust zu etw. haben* ★ iets voor elkaar ~ *sich mögen* **II** ON WW • aanvoelen *fühlen*; *sich anfühlen* ★ het voelt zacht *es fühlt sich weich an* • tasten ★ aan iets ~ *etw. betasten* **III** WKD WW [**zich** ~] *sich fühlen* ★ zich ziek ~ *sich krank fühlen* ★ zich met iem. één ~ *sich mit jmdm. eins fühlen*
voelhoorn *Fühler* m ▼ zijn ~s uitsteken *seine/die Fühler ausstrecken*
voeling *Fühlung* v ★ ~ hebben met iem. *mit jmdm. in Fühlung sein*; *Fühlung mit jmdm.*

haben ★ ~ krijgen met iem. *mit jmdm. in Fühlung kommen*
voelspriet *Fühler* m
voer *Futter* o ▼ voer voor de critici *ein gefundenes Fressen für die Kritiker*
voeren • voeden *füttern* • leiden *führen* • van voering voorzien *füttern* ★ met vilt gevoerde kisten *mit Filz ausgeschlagene(n) Kisten*
voering *Futter* o ★ losse ~ *lose(s) Futter* o
voerman *Fuhrmann* m [mv: *Fuhrleute*]
voertaal *Verkehrssprache* v; TAALK. *Gemeinsprache* v; ⟨bij onderhandelingen⟩ *Verhandlungssprache* v
voertuig *Fahrzeug* o
voet • lichaamsdeel *Fuß* m ★ voetje voor voetje *Schritt für Schritt* ★ te voet *zu Fuß* ★ geen voet verzetten *keinen Schritt tun* ★ voet aan wal zetten *den Fuß ans Land setzen* • basis, onderste deel *Fuß* m ★ belastingvrije voet *Steuerfreibetrag* m • wijze, grondslag *Fuß* m ★ op goede voet staan met iem. *sich mit jmdm. gut verstehen* ★ op gelijke voet *auf dieselbe Weise* ★ op dezelfde voet *auf demselben Fuß* ▼ iets met voeten treden *etw. mit den Füßen treten* ▼ BN met een zware voet rijden *mit Bleifuß fahren* ▼ BN met iemands voeten spelen *jmdn. zum Narren halten* ▼ onder de voet lopen *überrennen* ▼ op vrije voeten stellen *auf freien Fuß stellen* ▼ op staande voet *fristlos* ▼ op de voet volgen *auf Schritt und Tritt verfolgen* ▼ zich uit de voeten maken *sich aus dem Staube machen* ▼ iem. iets voor de voeten werpen *jmdm. etw. vorwerfen* ▼ voet bij stuk houden *bei der Stange bleiben*; *nicht nachgeben* ▼ iem. de voet dwars zetten *jmdm. in die Quere kommen* ▼ veel voeten in de aarde hebben *kein Kinderspiel sein*; *viel Mühe kosten* ▼ een wit voetje bij iem. halen *sich bei jmdm. lieb Kind machen*
voetangel *Fußangel* v
voetbad *Fußbad* o
voetbal I ZN [de] bal *Fußball* m **II** ZN [het] spel *Fußball* m ★ het betaalde ~ *der Profifußball*
voetbalclub *Fußballverein* m
voetbalelftal *Fußballmannschaft* v; *Fußballelf* v
voetbalknie *Meniskusriss* m
voetballen *Fußball spielen*
voetballer *Fußballspieler* m; INFORM. *Fußballer* m
voetbalschoen *Fußballschuh* m
voetbalveld *Fußballfeld* o; *Fußballplatz* m
voetbalwedstrijd *Fußballspiel* o ★ internationale ~ *Länderspiel* o
voetenbank *Fußbank* v
voeteneinde *Fußende* o
voetenwerk *Fußarbeit* v
voetganger *Fußgänger* m
voetgangersbrug *Fußgängerbrücke* v
voetgangersgebied *Fußgängerzone* v
voetgangerslicht *Fußgängerampel* v
voetgangersoversteekplaats *Fußgängerüberweg* m; *Fußgängerübergang* m
voetgangerstunnel *Fußgängerunterführung* v
voetlicht *Rampenlicht* o ▼ voor het ~ brengen *an die Öffentlichkeit bringen*

voetnoot ● kanttekening *Anmerkung* v; *Randbemerkung* v ● noot onderaan bladzijde *Fußnote* v

voetpad ● paadje *Fußweg* m ● trottoir *Gehweg* m

voetreis *Fußwanderung* v; *Fußreise* v

voetspoor *Fußspur* v; *Fußstapfen* m ▼ in iemands voetsporen treden *in jmds. Fußstapfen treten*

voetstap ● stap *Schritt* m ● spoor *Fußspur* v; *Fußstapfen* m ▼ in iemands ~pen treden *in jmds. Fußstapfen treten*

voetsteun *Fußstütze* v

voetstoots ★ iets ~ aannemen *etw. ohne Weiteres annehmen*

voetstuk *Sockel* m ▼ van zijn ~ vallen *sein Gesicht verlieren* ▼ zich op een ~ plaatsen *sich aufs hohe Roß setzen* ▼ iem. van zijn ~ stoten *jmdn. diskreditieren*

voettocht *Fußwanderung* v

voetveeg ● LETT. deurmat *Fußmatte* v ● FIG. pispaal ★ iemands ~ zijn *immer jmds. Prügelknaben sein*

voetvolk ● MIL. infanterie *Fußvolk* o ● FIG. gewone volk *Fußvolk* o

voetzoeker *Schwärmer* m

voetzool *Fußsohle* v

vogel ● dier *Vogel* m ● persoon *Vogel* m; *Kauz* m ★ een slimme ~ *ein schlauer Fuchs* ★ een rare ~ *ein seltsamer/komischer Vogel* ▼ beter één ~ in de hand dan tien in de lucht *besser ein Spatz in der Hand als eine Taube auf dem Dach* ▼ ~s van diverse pluimage *eine gemischte Gesellschaft*

vogelaar ● vogelvanger *Vogelsteller* m; *Vogelfänger* m ● vogelliefhebber *Vogelkenner* m

vogelgriep *Vogelgrippe* v

vogelhuisje *Vogelhäuschen* o

vogelkooi *Vogelkäfig* m

vogelnest *Vogelnest* o

vogelpest *Geflügelpest* v

vogelpik BN darts *Darts* o

vogelsoort *Vogelart* v

vogelspin *Vogelspinne* v

vogelstand *Vogelbestand* m

vogeltrek *Vogelzug* m

vogelverschrikker *Vogelscheuche* v

vogelvlucht *Vogelperspektive* v ▼ in ~ *aus der Vogelperspektive*

vogelvrij ★ iem. ~ verklaren *jmdn. für vogelfrei erklären*

Vogezen *Vogesen* mv

voicemail *Anrufbeantworter* m

voice-over *Begleitkommentar* m

voile *Schleier* m

vol *voll* ▼ iem. niet voor vol aanzien *jmdn. nicht für voll nehmen*

volautomatisch *vollautomatisch*

volbloed I ZN [de] *Vollblut* o; *Vollblüter* m; *Vollblutpferd* o **II** BNW ● raszuiver *vollblütig* ★ een ~ hengst *ein Vollbluthengst* ● door en door *vollblütig* ★ ik ben een ~ socialist *ich bin durch und durch Sozialist*

volbouwen *voll bauen*

volbrengen ● uitvoeren *ausführen* ★ een bevel

~ einen Befehl ausführen ● afmaken *vollbringen*; *vollenden* ▼ zijn taak ~ *seine Aufgabe vollbringen* ▼ het is volbracht *es ist vollbracht*

voldaan ● tevreden *zufrieden*; ⟨verzadigd⟩ *satt* ★ ~ zijn over iets *zufrieden sein mit etw.* ● betaald *bezahlt* ★ voor ~ tekenen *quittieren*

voldoen I OV WW ● tevredenstellen *zufriedenstellen*; recht maken ● betalen *bezahlen*; begleichen **II** ON WW ● bevredigen *genügen*; zufriedenstellen ★ er is ~de plaats *es gibt genügend Platz* ★ iets voldoet niet *etw. bewährt sich nicht* ★ dat is ~de *das reicht/genügt* ● ~ aan *genügen*; erfüllen; entsprechen ★ aan een verzoek ~ *einer Bitte nachkommen* ★ aan de eisen ~ *den Forderungen nachkommen*; den Anforderungen genügen

voldoende I BNW ● bevredigend *ausreichend*; hinreichend ● genoeg *genügend* ★ ~ reden *genügende(n)/ausreichende(n) Gründe* **II** ZN [de] schoolcijfer *ausreichende Note* v ★ een ~ ≈ eine Drei/Vier

voldoening ● betaling *Begleichung* v; *Bezahlung* v ● tevredenheid *Befriedigung* v; FORM. *Genugtuung* v ★ dat geeft mij ~ *darüber empfinde ich Genugtuung*

voldongen ● → **feit**

voldragen *ausgetragen*

volgauto ≈ *Geleitwagen* m

volgboot *Begleitboot* o

volgeboekt *ausgebucht*

volgeling ● Anhänger m; ⟨met name van Christus⟩ *Jünger* m

volgen I OV WW ● achternagaan *folgen* [+3]; verfolgen [+4] ★ iem. op de voet ~ *jmdm. auf Schritt und Tritt folgen* ★ een weg ~ *einen Weg verfolgen* ● nabootsen *folgen* [+3] ★ zij volgde ons voorbeeld *sie folgte unserem Beispiel* ● handelen naar *folgen* [+3]; befolgen [+4] ★ een advies ~ *einem Rat folgen*; einen Rat befolgen ● bijwonen *besuchen* ★ colleges ~ *Vorlesungen besuchen* ● begrijpen, bijhouden *folgen* [+3]; verfolgen [+4] ★ iemand/iets niet kunnen ~ *jmdm./etw. nicht folgen können* ★ de nieuwsberichten ~ *die Nachrichten verfolgen* ● BN begeleiden *begleiten*; betreuen **II** ON WW ● erna komen *folgen* ★ wie volgt? *wer folgt?* ★ als volgt *folgendermaßen*; wie folgt ▼ zij liet daar direct op ~ *sie fügte dem gleich hinzu* ● ~ uit *folgen aus* [+3]; hervorgehen aus [+3] ★ daaruit volgt *daraus folgt*; daraus geht hervor

volgend *folgend* ★ de ~e dag *am nächsten Tag*; tags darauf ★ de ~e keer *das nächste Mal*

volgens ● naar mening van *gemäß* [+3]; laut [+2]; zufolge [+3] ★ ~ mij *meiner Meinung nach* ● overeenkomstig *gemäß* [+3]; laut [+2]; zufolge [+3]

volgnummer ● reeksnummer *fortlaufende Nummer* v ● van ~s voorzien *fortlaufend nummerieren* ● nummer dat je trekt *Nummer* v ★ een ~ trekken *eine Nummer ziehen*

volgooien *vollgießen*; vollschütten ★ de tank ~ *volltanken*

volgorde *Reihenfolge* v ★ op ~ *der Reihe nach*

volgroeid *ausgewachsen*
volgwagen ≈ *Geleitwagen* m
volgzaam *folgsam*; *fügsam*
volharden ● volhouden *durchhalten* ● blijven bij *beharren*; *festhalten* ★ in zijn standpunt ~ *auf seinem Standpunkt beharren*
volhardend *beharrlich*; *ausdauernd*
volharding *Ausdauer* v; *Beharrlichkeit* v
volheid *Fülle* v
volhouden ● niet opgeven *ausharren* ● blijven beweren *durchhalten* ★ een bewering ~ *eine Behauptung aufrechterhalten* ★ zij houdt vol, dat... *sie beharrt darauf, dass...*
volière *Voliere* v
volk ● natie *Volk* o ★ de volken van Afrika *die Völker Afrikas* ● bevolking *Volk* o ★ hij begaf zich onder het volk *er mischte sich unter das Volk* ● lagere klassen *Volk* o ● menigte *Volk* o; *Leute* mv; *Menschen* mv ● soort mensen *Volk* o; *Leute* mv ★ een raar volkje *komische(n)/seltsame(n) Leute* ★ het jonge volkje *das junge Volk*
Volkenbond *Völkerbund* m
volkenkunde *Völkerkunde* v
volkenkundig *völkerkundlich*
volkenmoord *Völkermord* m
volkenrecht *Völkerrecht* o
volkomen I BNW ● volledig *völlig*; *vollständig*; *vollkommen* ● volmaakt *vollkommen* II BIJW *vollkommen*; *völlig* ★ ik ben het ~ met je eens *ich bin ganz deiner Meinung* ★ ~ gelukkig *wunschlos glücklich*
volkoren *vollkorn*
volkorenbrood *Vollkornbrot* o
volks *volkstümlich*
volksaard *Volkscharakter* m
volksboek *Volksbuch* o
volksbuurt *Arbeiterviertel* o
volksdans *Volkstanz* m
volksdansen *Volkstanz machen*
volksetymologie *Volksetymologie* v
volksfeest *Volksfest* o
volksgeloof ● bijgeloof *Aberglaube* m ● volksreligie *nationale Religion* v
volksgezondheid *Volksgesundheit* v
volkshuisvesting *Wohnungswesen* o
volksjongen *Junge* m *aus dem Volk*
volkslied ● officieel nationaal lied *Nationalhymne* v ● overgeleverd lied *Volkslied* o
volksmenner *Demagoge* m
volksmond *Volksmund* m ★ in de ~ *im Volksmund*
volksmuziek *Volksmusik* v
volkspartij *Volkspartei* v
volksrepubliek *Volksrepublik* v
volksstam ● volk *Volksstamm* m; *Völkerstamm* m ● menigte ★ er trokken hele ~men naar het strand *die Leute fuhren in Massen an den Strand*
volksstemming *Volksabstimmung* v; POL. *Volksentscheid* m
volkstaal ● landstaal *Landessprache* v ● informele taal *Volkssprache* v; *Umgangssprache* v
volkstelling *Volkszählung* v

volkstoneel *Volksstück* o; *Volkstheater* o
volkstuin *Schrebergarten* m
volksuniversiteit *Volkshochschule* v
volksverhuizing ● het trekken van een volk *Völkerwanderung* v ● FIG. *Völkerwanderung* v
volksverlakkerij *Volksverdummung* v
volksvermaak *Volksbelustigung* v
volksvertegenwoordiger *Volksvertreter* m
volksvertegenwoordiging *Volksvertretung* v
volksverzekering *Einheitsversicherung* v
volksvrouw *Frau* v *aus dem Volk*
volkswijsheid *Volksweisheit* v
volkswoede *Volkszorn* m
volledig *vollständig*; *völlig*; *vollkommen* ★ de stad was ~ verwoest *die Stadt war vollkommen zerstört* ★ de ~e werken van Multatuli *Multatulis sämtliche Werke* ★ de ~e tekst drukken *den vollständigen Text abdrucken* ★ ~ dagonderwijs *Ganztagsunterricht* m ★ ~e narcose *Vollnarkose* v ★ zij heeft een ~e baan *sie arbeitet ganztags*
volledigheidshalve *der Vollständigkeit halber*
volleerd *ausgelernt*
volley *Volley* m
volleybal I ZN [de] bal *Volleyball* m II ZN [het] spel *Volleyball* m
volleyballen *Volleyball spielen*
vollopen *sich füllen*; (met vloeistof) *vollaufen* ★ de schouwburg liep langzaam vol *das Theater füllte sich allmählich* ★ het bad loopt vol *die Badewanne füllt sich/läuft voll*
volmaakt *vollkommen* ★ het ~e geluk *das vollkommene Glück*
volmacht *Vollmacht* v ★ bij ~ *in Vollmacht* ★ iem. een ~ geven *jmdm. eine Vollmacht ausstellen*
volmaken *vervollkommnen*; *vervollständigen*; *perfektionieren*
volmondig I BNW *offen* II BIJW *offen*; *rundheraus* ★ iets ~ toegeven *etw. rundheraus/offen zugeben*
volop *vollauf* ★ zij heeft ~ werk *sie hat vollauf zu tun* ★ er was ~ eten en drinken *es gab jede Menge zu essen und zu trinken*
volpension *Vollpension* v
volpompen *vollpumpen*
volproppen *vollstopfen*
volschenken *vollschenken*
volslagen *völlig*; *total* ★ ~ onzin *totale(r) Quatsch* m ★ een ~ idioot *ein Vollidiot* m
volslank *vollschlank*
volstaan ● voldoende zijn *genügen*; *reichen* ★ dat volstaat voorlopig *das genügt fürs Erste* ● ~ met *genügen*; *sich beschränken auf* [+4] ★ je kunt ermee ~ dit te lezen *es reicht, wenn du dieses liest*
volstoppen *vollstopfen*
volstorten *tilgen*
volstrekt I BNW absoluut *absolut* ★ ~e meerderheid *absolute Mehrheit* v ★ onder ~e geheimhouding *unter absoluter Geheimhaltung* II BIJW ● beslist *absolut*; *unbedingt* ● helemaal *absolut*; *durchaus*
volstromen *vollaufen*
volt *Volt* o
voltage *Spannung* v

voltallig *vollzählig* ★ een ~e vergadering *eine Vollversammlung*
voltarief *Volltarif* m
voltigeren *voltigieren*
voltijdbaan *Ganztagsstelle* v; *Vollzeitstelle* v; *Ganztagsjob* m; *Vollzeitjob* m
voltijder *Vollzeitbeschäftigte(r)* m/v
voltijds, voltijd *Vollzeit-*
voltooien *vollenden*
voltooiing *Vollendung* v
voltreffer ● LETT. *Volltreffer* m ● FIG. *Volltreffer* m
voltrekken I OV WW *vollziehen; vollstrecken* ★ een vonnis ~ *ein Urteil vollziehen/vollstrecken* ★ een huwelijk ~ *eine Ehe vollziehen* **II** WKD WW [**zich** ~] *sich vollziehen*
voltrekking *Vollziehung* v; *Vollzug* m; JUR. *Vollstreckung* v
voluit *ganz* ★ ~ schrijven *ausschreiben* ★ ~ zingen *aus voller Brust singen*
volume ● inhoud *Volumen* o ● geluidssterkte *Lautstärke* v
volumeknop *Lautstärkeregler* m
volumewagen BN, TRANSP. *Multivan* m
volumineus FORM. *voluminös; umfangreich*
voluptueus *wollüstig*
volvet *vollfett*
volvoeren *vollführen; vollbringen; vollziehen*
volwaardig *vollwertig* ★ ~ voedsel *Vollwertkost* v
volwassen *erwachsen*; ⟨volgroeid⟩ *ausgewachsen* ★ toegang slechts voor ~en *Zutritt nur für Erwachsene*
volwassene *Erwachsene* m/v
volwasseneneducatie *Erwachsenenbildung* v
volwassenheid *Reife* v; *Erwachsensein* o; *Erwachsenheit* v
volzet BN vol ★ de camping was ~ *der Campingplatz war voll besetzt*
volzin *Satz* m
vondeling *Findelkind* o ★ een kind te ~ leggen *ein Kind aussetzen*
vondst ● het vinden *Fund* m ★ een ~ doen *einen Fund machen* ★ het gevondene *Fund* m; *Fundsache* v ● bedenksel *Einfall* m
vonk ● gloeiend deeltje *Funke* m ● FIG. gevoelsflits *Funke* m; *Funke* m ★ de vonk sprong over *der Funke sprang über*
vonken *funken; Funken sprühen*
vonnis *Urteil* o; *Urteilsspruch* m ★ een ~ vellen/voltrekken/aanvechten *ein Urteil fällen/vollstrecken/anfechten*
vonnissen *das Urteil sprechen über* [+4]; *verurteilen*
voodoo *Wodu* m
voogd *Vormund* m ★ toeziend ~ *Gegenvormund* m
voogdij *Vormundschaft* v
voogdijraad *Vormundschaftsgericht* o
voor I VZ ● aan de voorkant van *vor* [+3] ★ voor het huis *vor dem Haus* ● naar voren *vor* [+3/4] ★ voor zich uit kijken *vor sich hinstarren* ● eerder dan *vor* [+3] ★ voor 1992 *vor 1992* ★ het is vijf voor acht *es ist fünf vor acht* ★ wat deed je hiervoor? *was hast du vorher gemacht?* ● gedurende *für* [+4] ★ hij gaat

voor een jaar weg *er verreist für ein Jahr* ★ voor zijn leven verminkt *für sein ganzes Leben entstellt* ● in tegenwoordigheid van *vor* [+3] ★ zich verbergen voor iem. *sich vor jmdm. verstecken* ● jegens *vor* [+3]; *für* [+4] ★ achting hebben voor iem. *Achtung vor jmdm. haben* ● in ruil voor *für* [+4] ★ voor 5 euro *für fünf Euro* ● wat... betreft *für* [+4] ★ niet slecht voor een beginner *nicht schlecht für einen Anfänger* ★ nogal groot voor een auto *ziemlich groß für ein Auto* ★ een 7 voor Engels *eine 3 in Englisch* ★ zij had een goed cijfer voor Engels *sie hat eine gute Note in Englisch* ★ net iets voor hem, om niet te komen *das ist typisch für ihn, dass er nicht kommt* ★ dat is net iets voor hem (typisch) *das ist typisch er!* ★ niet duur voor dat geld *nicht teuer* ★ ik voor mij *für mich* ● ten bate/behoeve van *vor* [+3]; *für* [+4] ★ een buiging maken voor iem. *sich vor jmdm. verbeugen* ★ voor het goede doel *für den guten Zweck* ★ ik deed het voor jou *ich habe es für dich getan* ★ er is iets voor te zeggen *dafür spricht einiges* ★ voor de lol *zum Spaß* ▼ iets voor zich houden *etw. für sich behalten* **II** VW *ehe; bevor* ★ ik zie je nog wel voor ik vertrek *wir sehen uns noch, bevor ich fahre* **III** BIJW ● aan de voorkant *vorne* ★ hij woont voor *er wohnt nach vorne raus* ● van voor naar achter *von vorne nach hinten* ★ voor in het boek *vorne im Buch* ★ voor je uit *vor dir* ★ voor in de zaal *vorne im Saal* ● met voorsprong *voraus* ★ voor zijn *voraus sein* ★ hij is voor bij de anderen *er ist den anderen voraus* ★ iem. voor zijn *jmdm. voraus sein* ● aan het begin van ★ hij was voor in de dertig *er war Anfang dreißig* ● gunstig gestemd *für* [+4] ★ voor zijn *dafür sein* ★ ik ben er voor om te spelen *ich bin dafür, dass wir spielen* ★ zij die voor zijn moeten hun hand opsteken *wer dafür ist, hebt die Hand* ▼ mama voor en mama na *Mama hier, Mama dort* ▼ het was dokter voor en dokter na *es war Doktor dies und Doktor das* **IV** ZN [de] *Furche* v ★ voren trekken *Furchen ziehen* **V** ZN [het] *Für* o; *Pro* o ★ de voors en tegens *das Pro und Kontra* ★ het voor en tegen *das Für und Wider*
vooraan *voran; vorn(e)* ★ zij ging ~ *sie ging an der Spitze* ★ ~ zitten *vorne sitzen*
vooraanstaand *prominent; hervorragend; bedeutend*
vooraanzicht *Vorderansicht* v
vooraf *im Voraus; vorab* ★ de pers werd ~ ingelicht *die Presse wurde vorab informiert* ▼ het ~je *die Vorspeise*
voorafgaan aan *vorangehen*; ⟨eerder⟩ *vorhergehen*; ⟨eerder⟩ *vorausgehen* ★ het ~de *das Vorangehende* ★ zij werden voorafgegaan door paarden *Pferde gingen ihnen voran*
voorafje *Vorspeise* v
vooral ● voornamelijk *vor allem; namentlich; hauptsächlich* ★ deze treinen rijden ~ overdag *diese Züge fahren vor allem tagsüber* ● in het bijzonder *besonders; insbesondere* ★ doe dat ~ niet *mach das ja nicht* ★ ik wil er

~ op wijzen *ich möchte besonders darauf hinweisen*

vooralsnog *vorerst; zunächst; fürs Erste*

voorarrest *Untersuchungshaft* v

vooravond ● begin van de avond *frühe(r) Abend* m ★ in de ~ *am frühen Abend* ● avond voor iets *Vorabend* m

voorbaat ▼ bij ~ dank *vielen Dank im Voraus*

voorbarig *voreilig; vorschnell*

voorbeeld ● iets ter navolging *Vorbild* o; *Beispiel* o; *Vorlage* v ★ naar het ~ van *nach dem Vorbild von* ★ het goede ~ geven *mit gutem Beispiel vorangehen* ★ een ~ voor de jeugd *ein Leitbild für die Jugend* ● iets ter illustratie *Beispiel* o ★ met ~en toelichten *anhand von Beispielen erläutern* ★ iets dient als ~ *etw. dient als Beispiel* ▼ een lichtend ~ *ein leuchtendes Beispiel*

voorbeeldig *vorbildlich; beispielhaft; mustergültig* ★ een ~e leerling *ein musterhafter Schüler* ★ haar gedrag is ~ *ihr Verhalten ist vorbildlich*

voorbehoedmiddel *Verhütungsmittel* o

voorbehoud *Vorbehalt* m; *Einschränkung* v ★ een ~ maken *Einschränkungen machen* ★ onder ~ *ohne Gewähr* ★ zonder ~ *ohne Vorbehalt/Einschränkung*

voorbehouden ● *vorbehalten* ★ wijzigingen ~ *Änderungen vorbehalten* ● BN reserveren *bestellen; reservieren lassen*

voorbereiden *vorbereiten* ★ het ~de werk *die Vorarbeit* ★ iem. ~ op slecht nieuws *jmdn. auf schlechte Nachrichten vorbereiten* ★ op het ergste voorbereid zijn *auf das Schlimmste gefasst sein* ★ daar waren wij niet op voorbereid *darauf waren wir nicht vorbereitet*

voorbereiding *Vorbereitung* v

voorbeschikken *vorherbestimmen; prädestinieren*

voorbeschikking *Vorherbestimmung* v

voorbeschouwen *vorbesprechen*

voorbeschouwing ⟨wetsontwerp⟩ *Vorberatung* v; ⟨film, tv⟩ *Vorschau* v; ⟨film, boek, opvoering⟩ *Vorbesprechung* v

voorbespreken *vorbesprechen*

voorbespreking *Vorbesprechung* v

voorbestemmen *vorherbestimmen* ★ voorbestemd zijn tot grote daden *zu Großem ausersehen sein* ★ zij is voorbestemd om dokter te worden *sie hat die Prädestination zur Ärztin*

voorbij I BNW afgelopen *vorbei* ★ de vakantie is ~ *die Ferien sind vorbei* ★ de winter is ~ *der Winter ist vorbei* II VZ ● langs *an... vorbei* [+3] ★ ~ de kerk en dan rechts *an der Kirche vorbei und dann rechts* ● verder dan *nach* [+3]; *an... vorbei* [+3]; *vorüber* ● het kruispunt ~ *nach der Kreuzung* ★ zijn we Utrecht al ~? *sind wir schon an Utrecht vorbei?*

voorbijgaan ● passeren *vorbeigehen; vorübergehen* ★ in het ~ *im Vorbei-/Vorübergehen* ★ aan iem. ~ *an jmdm. vorbeigehen* ● verstrijken *vorbeigehen; vorübergehen; vergehen* ★ de weken gingen voorbij *die Wochen vergingen* ● ~ aan *entgehen* ★ dat is geheel aan mij

voorbijgegaan *das ist mir völlig entgangen*

voorbijgaand *vorübergehend; zeitweilig*

voorbijganger *Passant* m

voorbijgestreefd BN achterhaald *überholt*

voorbijkomen ★ hij kwam voorbij *er kam vorbei*

voorbijlaten ★ laat me voorbij! *lass mich vorbei!*

voorbijlopen ★ hij liep me voorbij zonder te groeten *er lief an mir vorbei, ohne zu grüßen* ★ je bent er vlak voorbij gelopen *du bist fast dran vorbeigelaufen*

voorbijpraten ● → mond

voorbijsteken BN voorbijgaan *einholen; überholen* ★ een vrachtwagen ~ *einen Lastwagen überholen* ★ verboden voorbij te steken *Überholen verboten*

voorbijstreven *überholen; überflügeln* ★ zij is haar klasgenoten voorbijgestreefd *sie hat ihre Mitschüler überflügelt/überholt*

voorbijvliegen ● vlug voorbijkomen *vorbeifliegen* ● snel verstrijken *vorbeifliegen*

voorbijzien *übersehen*

voorbode *Vorbote* m

voordat *ehe; bevor* ★ je krijgt geen zakgeld, ~ je kamer opgeruimd is *du kriegst kein Taschengeld, bis dein Zimmer aufgeräumt ist*

voordeel ● wat gunstig is *Nutzen* m ★ de voor- en de nadelen *das Pro und Kontra* ★ hij is in zijn ~ veranderd *er hat sich zu seinem Vorteil verändert* ★ ten voordele van *zugunsten/zu Gunsten* [+2] ● winst *Vorteil* m ★ op zijn eigen ~ uit zijn *auf seinen eigenen Vorteil bedacht sein* ★ ten voordele van *zugunsten* [+2]; *zu Gunsten* [+2] ★ ~ hebben bij *Vorteil haben von/durch* ● SPORT *Vorteil* m

voordek *Vorderdeck* o

voordelig *preiswert; vorteilhaft*

voordeur *Haustür* v

voordeurdeler ≈ *zwei Mietparteien mit gemeinsamer Eingangstür* mv

voordien *früher*

voordoen I OV WW ● als voorbeeld doen *vormachen* ★ zij deed de oefeningen voor *sie machte die Übungen vor* ● aandoen *vorbinden* ★ een schort ~ *eine Schürze vorbinden* II WKD ww [zich ~] ● zich gedragen *sich ausgeben* ★ zich goed voor weten te doen ≈ *einen günstigen Eindruck hinterlassen* ★ zich als een vriend ~ *sich für einen Freund ausgeben* ● plaatsvinden *eintreten; auftreten* ★ wanneer de gelegenheid zich voordoet *bei der nächsten Gelegenheit*

voordracht ● het voordragen *Vortrag* m; ⟨wijze⟩ *Vortragsweise* v ● nominatie *Empfehlung* v; *Vorschlag* m; ⟨lijst van kandidaten⟩ *Kandidatenliste* v; ⟨lijst van kandidaten⟩ *Vorschlagsliste* v ★ op ~ van de minister *auf Vorschlag des Ministers* ● lezing *Vortrag* m ★ een ~ houden over *einen Vortrag halten über* [+4]

voordragen ● ten gehore brengen *vortragen* ● aanbevelen *vorschlagen; empfehlen*

voordringen *sich vordrängen*

vooreerst ● BN ten eerste *erstens* ● voorlopig *vorerst; einstweilen*

voorfilm *Vorfilm* m
voorgaan ● voor iem. gaan *vorgehen* ★ iem. laten ~ *jmdn. den Vortritt lassen*; *jmdn. vorgehen lassen* ● voorrang hebben *vorgehen*; *Vorrang haben* ★ leden gaan voor *Mitglieder haben Vortritt*
voorgaand *vorhergehend*
voorgaande BN, JUR. precedent *Präzedenzfall* m; *Präzedenz* v
voorganger ● iem. die men opvolgt *Vorgänger* m ● REL. *Prediger* m
voorgeleiden *vorführen*
voorgenomen *beabsichtigt; geplant*
voorgerecht *Vorspeise* v
voorgeschiedenis *Vorgeschichte* v
voorgeschreven *vorgeschrieben*; *vorschriftsmäßig*
voorgeslacht *Vorfahren* mv
voorgevel ● gevel *Fassade* v ● boezem *Vorderfront* v
voorgeven *vorgeben; vorschützen*
voorgevoel *Ahnung* v; *Vorgefühl* o ★ ergens een ~ van hebben *etw. ahnen*
voorgoed *endgültig; definitiv*
voorgrond *Vordergrund* m ★ op de ~ treden *in den Vordergrund treten/rücken* ★ op de ~ staan *im Vordergrund stehen* ★ zich op de ~ dringen *sich in den Vordergrund drängen; sich in den Vordergrund spielen/rücken*
voorhamer *Vorschlaghammer* m
voorhand *Vorhand* v; *Vorderhand* v ★ op ~ *im Voraus*
voorhanden *vorhanden*; ⟨voorradig⟩ *vorrätig*
voorhebben ● voor zich hebben *vor sich haben* ★ u heeft de verkeerde voor u *Sie irren sich in der Person; Sie haben den Falschen vor sich* ● beogen *vorhaben* ★ wat heb jij met me voor? *was hast du mit mir vor?* ● als voordeel hebben *für sich haben; voraushaben* ★ veel op iem. ~ *jmdm. viel voraushaben* ● dragen *vorgebunden haben* ★ een schort ~ *eine Schürze anhaben* ▼ BN het goed ~ ⟨het goed weten⟩ *es richtig haben*
voorheen *vormals; einst; früher*
voorheffing ★ BN onroerende ~ *Immobiliensteuer* v
voorhistorisch *vorgeschichtlich; prähistorisch*
voorhoede *Vorhut* v; SPORT *Sturm* m ★ tot de ~ behoren *zu den Vorkämpfern gehören*; *den Vorreiter machen*
voorhoedespeler *Stürmer* m
voorhoofd *Stirn* v
voorhoofdsholte *Stirnhöhle* v
voorhoofdsholteontsteking *Stirnhöhlenentzündung* v
voorhouden ● voor iem. houden *vorhalten* ● wijzen op *Vorhaltungen machen*
voorhuid *Vorhaut* v
voorin *vorn(e)*
vooringenomen *voreingenommen*; JUR. *befangen*
voorjaar *Frühling* m
voorjaarsmoeheid *Frühjahrsmüdigkeit* v
voorkamer *Vorderzimmer* o
voorkant *Vorderseite* v
voorkauwen *vorkauen*

voorkennis *Vorwissen* o
voorkeur *Vorzug* m ★ mijn ~ gaat uit naar *meine Präferenz hat*
voorkeursbehandeling *Sonderbehandlung* v
voorkeurspelling *bevorzugte Schreibweise* v
voorkeurstem *Wählerstimme* v, *die nicht dem Spitzenkandidaten zugutekommt*
voorkeurzender ⟨meest geliefd⟩ *Vorzugssender* m; ⟨geprogrammeerd⟩ *Vorwahlsender* m
voorkoken ● voorbereiden *vorkochen* ★ de antwoorden werden hem voorgekookt *die Antworten wurden ihm vorgekaut* ● vooraf koken *vorkochen*
voorkomen I ZN [het] uiterlijk *Aussehen* o; *Erscheinungsbild* o **II** ON WW ● gebeuren *vorkommen* ● te vinden zijn *vorkommen* ★ rugklachten komen in zijn familie veel voor *Rückenbeschwerden kommen in seiner Familie häufig vor* ● JUR. *vor Gericht erscheinen* ★ zij moet morgen ~ *sie muss morgen vor Gericht erscheinen* ● toeschijnen *vorkommen* ★ het komt ons onwaarschijnlijk voor *es erscheint uns unwahrscheinlich; es kommt uns unwahrscheinlich vor*
voorkomen *zuvorkommen*; *vorbeugen* [+3] ▼ ~ is beter dan genezen *vorbeugen ist besser als heilen*
voorkomend ● → *geval*
voorkomend *liebenswürdig; gefällig*
voorlaatst *vorletzt* ★ de ~e lettergreep *die vorletzte Silbe* ★ de ~e keer *das vorletzte Mal*
voorlader *Frontlader* m
voorlangs *vor...entlang* [+3]
voorleggen ● voor iem. leggen *vorlegen* ● ter beoordeling geven *vorlegen; darstellen* ● BN overleggen *vorweisen; vorlegen*
voorleiden *vorführen*
voorletter *Initiale* v; *Anfangsbuchstabe* m
voorlezen *vorlesen*
voorlichten *aufklären*
voorlichting *Aufklärung* v
voorlichtingsbrochure *Informationsblatt* o; *Informationsbroschüre* v; *Aufklärungsbroschüre* v
voorlichtingscampagne *Informationskampagne* v; *Aufklärungskampagne* v
voorlichtingsdienst *Informationsamt* o; ⟨v. overheid⟩ *Presseamt* o
voorlichtingsfilm *Aufklärungsfilm* m
voorliefde *Vorliebe* v
voorliegen *vorlügen*
voorliggen ● aan de voorkant liggen *an der Vorderseite liegen* ● verder zijn *einen Vorsprung haben; vorliegen; vorn(e) liegen* ★ hij ligt ver voor *er hat einen großen Vorsprung*
voorlijk *frühreif*
voorlopen ● voorop lopen *vorausgehen; vorauslaufen* ● te snel gaan *vorgehen* ★ de klok loopt voor *die Uhr geht vor*
voorloper *Vorläufer* m
voorlopig *vorläufig*
voormalig *ehemalig; einstig*
voorman ● ploegbaas *Vorarbeiter* m ● leider *Anführer* m
voormiddag ● ochtend *Vormittag* m ● deel van

VO

middag *Vormittag* m
voorn *Weißfisch* m
voornaam *Vorname* m
voornaam • eminent *vornehm* • belangrijk *wichtig*
voornaamwoord *Pronomen* o ★ wederkerig ~ *reziproke(s)/wechselseitige(s) Fürwort*
voornaamwoordelijk *pronominal*
voornamelijk *hauptsächlich*
voornemen I ZN [het] *Vorhaben* o; *Plan* m **II** WKD WW [zich ~] *sich vornehmen* [+3]; *beabsichtigen*
voornemens *beabsichtigen*; *vorhaben*
voornoemd *oben genannt*; *oben erwähnt*
vooronder *Vorunter* o
vooronderstellen *voraussetzen*; *annehmen*; *unterstellen*
vooronderstelling • vermoeden *Annahme* v; *Unterstellung* v • voorwaarde *Voraussetzung* v
vooronderzoek *Voruntersuchung* ★ gerechtelijk ~ *Ermittlungsverfahren* o
vooroordeel *Vorurteil* o ★ vooroordelen wegnemen *Vorurteile abbauen*
vooroorlogs *Vorkriegs-* ★ ~e tijd *Vorkriegszeit* v ★ ~e prijzen *Vorkriegspreise* mv
voorop • aan de voorkant *vorn* • eerst *vorn*
vooropgezet *vorausgesetzt*
vooropleiding *Vorbildung* v
vooroplopen • aan het hoofd lopen *vor(an)laufen*; *vor(an)gehen* • voorbeeld geven *tonangebend sein*
vooropstellen *voraussetzen* ★ vooropgesteld dat *vorausgesetzt, dass*
voorouder *Vorfahre* m ★ ~s *Ahnen* mv; *Vorfahren* mv
voorover *nach vorn* ★ ~ vallen *vornüberfallen*
voorpagina ‹boek› *Titelblatt* o; ‹krant› *Titelseite* v
voorpaginanieuws *Schlagzeile* v
voorplecht *Vorderdeck* o
voorpoot *Vorderpfote* v
voorportaal *Vorhalle* v
voorpost *Vorposten* m
voorpret *Vorfreude* v
voorproefje *Vorgeschmack* m; *Kostprobe* v
voorprogramma *Vorprogramm* o
voorprogrammeren *vorprogrammieren*
voorpublicatie *Vorveröffentlichung* v
voorraad *Vorrat* m; ECON. *Bestand* m ★ zolang de ~ strekt *solange der Vorrat reicht*
voorraadkast *Vorratsschrank* m
voorraadschuur *Vorratsscheune* v
voorradig *vorhanden*; *vorrätig*
voorrang *Priorität* v; *Vorrang* m ★ ~ verlenen *Vorfahrt geben*
voorrangsbord *Vorfahrtsschild* o
voorrangskruising *Vorfahrtskreuzung* v
voorrangsweg *Vorfahrtsstraße* v
voorrecht *Vorrecht* o; *Privileg* o
voorrijden • voorop rijden *vorausfahren* • naar voren rijden *vorfahren*
voorrijkosten *Anfahrtskosten* mv
voorronde *Vorrunde* v; SPORT *Qualifikationsrunde* v
voorruit *Frontscheibe* v; ‹v. auto› *Windschutzscheibe* v

voorschieten *vorstrecken*
voorschoot *Schürze* v ▼ BN dat is maar een ~ groot *es ist klitzeklein*
voorschot *Vorschuss* m ★ iem. om een ~ vragen *jmdn. um Vorschuss bitten*
voorschotelen *vorsetzen*; *auftischen*
voorschrift • het voorschrijven *Vorschreiben* o; MED. *Verordnung* v • regel *Vorschrift* v; *Bestimmung* v
voorschrijven MED. *vorschreiben*; MED. *verschreiben*
voorseizoen *Vorsaison* v; *Nebensaison* v
voorselectie *Vorauswahl* v
voorshands *vorläufig*
voorsmaakje *Vorgeschmack* m; *Kostprobe* v
voorsnijden *vorschneiden*
voorsorteren *einordnen*
voorspannen • voor iets spannen *spannen vor* [+4]; *vorspannen* • van tevoren spannen *vorspannen*
voorspel • inleiding *Vorspiel* o • liefdesspel *Vorspiel* o
voorspelbaar *vorhersehbar*
voorspelen *vorspielen*
voorspellen • voorspelling doen *voraussagen* ★ de toekomst ~ *die Zukunft prophezeien* ★ het weer ~ *das Wetter vorhersagen* • beloven *prophezeien*; *verheißen*
voorspelling *Vorhersage* v; *Prophezeiung* v ★ haar ~en zijn uitgekomen *ihre Vorhersagen sind eingetroffen*
voorspiegelen *vortäuschen*; *vorspiegeln*
voorspoed *Glück* o; ‹welvaart› *Wohlstand* m ★ in voor- en tegenspoed *in guten und in schlechten Zeiten*; *im Glück und Unglück*
voorspoedig I BNW • gunstig *erfolgreich* ★ een ~e reis! *gute Reise!* • gelukkig *glücklich* ★ een ~ leven *ein glückliches Leben* **II** BIJW ★ alles verliep ~ *alles verlief nach Wunsch*
voorspraak *Fürsprache* v ★ op ~ van zijn ouders *auf Fürsprache seiner Eltern*
voorsprong *Vorsprung* m; *Führung* v
voorst *erst*; *vorderst*; *vorder*
voorstaan • voorstander zijn *vertreten*; *befürworten* • voorsprong hebben *führen* • voor iets staan *vorgefahren sein* ★ de taxi staat voor *das Taxi ist vorgefahren* • heugen *vor Augen stehen*
voorstad *Vorort* m
voorstadium *Vorstadium* o; *Vorstufe* v
voorstander *Befürworter* m; ‹actief› *Verfechter* m
voorsteken BN *voordringen* *sich vordrängen*
voorstel *Vorschlag* m; ‹ambtelijk› *Antrag* m ★ een ~ doen *einen Vorschlag machen*; *einen Antrag einreichen*
voorstellen I OV WW • presenteren *vorstellen*; *darstellen* ★ het erger ~ dan het is *es schlimmer darstellen, als es ist* • als plan opperen *vorschlagen* • betekenen *bezeichnen* • verbeelden *darstellen*; *vorstellen* • de rol spelen *darstellen* ★ zij stellen Romeo en Julia voor *sie stellen Romeo und Julia dar* ▼ stel je voor! *stell dir vor!*; *na so was!* **II** WKD WW [zich ~] • zich indenken *sich vorstellen* ★ hoe stel jij je dat voor? *wie stellst du dir das vor?* ★ u

kunt zich ~ hoe blij we waren *Sie können sich denken/vorstellen, wie froh wir waren* • van plan zijn *sich vorstellen*

voorstelling • vertoning *Vorstellung* v; ⟨theater/opera/musical⟩ *Aufführung* v • afbeelding *Bild* o; *Darstellung* v • denkbeeld *Vorstellung* v

voorstellingsvermogen *Vorstellungskraft* v; *Vorstellungsvermögen* o

voorstemmen *stimmen für* [+4] ★ hij stemde voor de wetswijziging *er stimmte für die Gesetzesänderung*

voorsteven *Vordersteven* m

voorstudie *Vorstudie* v

voorstuk *Vorderteil* m

voort *vorwärts*

voortaan *fortan; künftig; in Zukunft*

voortand *Vorderzahn* m

voortbestaan *Fortbestand* m; ⟨personen⟩ *Weiterleben* o

voortbewegen *fortbewegen; antreiben* ★ zich ~ *sich fortbewegen*

voortborduren op *weiterspinnen* ★ op een gedachte ~ *einen Gedanken weiterspinnen*

voortbrengen • doen ontstaan *hervorbringen; erzeugen; verursachen;* ⟨kinderen⟩ *zeugen* • opleveren *produzieren*

voortbrengsel *Erzeugnis* o; *Produkt* o; ⟨creatie⟩ *Schöpfung* v

voortduren *andauern; fortdauern*

voortdurend *ständig; fortwährend; andauernd*

voorteken *Vorzeichen* o; *Omen* o; *Anzeichen* o

voortent *Vorzelt* o

voortgaan • doorgaan *fortfahren* ★ ga zo voort! *fahre fort wie bisher!;* INFORM. *mach(e) so weiter!* • verder gaan *weitergehen*

voortgang • voortzetting *Weitergehen* o ★ ~ maken *etw. beschleunigen* • vooruitgang *Fortschritt* m • vordering *Fortgang* m

voortgezet *fortgesetzt*

voorthelpen *weiterhelfen* [+3]

voortijdig *vorzeitig*

voortjagen I OV WW *opjagen aufscheuchen* II ON WW *rusteloos zijn dahinjagen; dahinrennen*

voortkomen • doorgaan *weiterkommen; fortkommen* • voortvloeien *sich ergeben; hervorgehen* • afkomstig zijn *stammen aus* [+3]*; abstammen von* [+3]

voortleven *weiterleben; fortleben*

voortmaken *sich beeilen*

voortouw ▼ het ~ nemen *die Initiative ergreifen*

voortplanten I OV WW • verder verspreiden *verbreiten* • vermenigvuldigen *fortpflanzen* II WKD WW [zich ~] *sich fortpflanzen; sich vermehren*

voortplanting • BIOL. vermenigvuldiging *Fortpflanzung* v • NATK. verbreiding *Fortpflanzung* v

voortreffelijk *ausgezeichnet; vorzüglich; vortrefflich; hervorragend*

voortrekken *vorziehen*

voortrekker *Pionier* m; *Bahnbrecher* m; *Wegbereiter* m

voorts *weiter(hin); ferner(hin)*

voortschrijden *fortschreiten*

voortslepen *fortschleppen; weiterschleppen* ★ zich ~ *sich hinziehen; sich hinschleppen*

voortspruiten • ontspruiten *entsprießen* • voortkomen *hervorgehen*

voortstuwen *vorwärtstreiben;* ⟨aandrijven⟩ *antreiben*

voortstuwing ⟨aandrijving⟩ *Antrieb* m

voorttrekken I OV WW vooruittrekken *fortziehen* II ON WW *weiterziehen*

voortuin *Vorgarten* m

voortvarend *energisch*

voortvloeien *hervorgehen; sich ergeben* ★ dit vloeit voort uit dit gesprek *das ging aus diesem Gespräch hervor; das ergab sich aus diesem Gespräch*

voortvluchtig *flüchtig;* ⟨een land ontvluchten⟩ *landesflüchtig;* ⟨deserteren⟩ *fahnenflüchtig;* ⟨doorrijden na een auto-ongeluk⟩ *fahrerflüchtig*

voortwoekeren *weiterwuchern*

voortzetten *weiterführen; fortführen; fortsetzen* ★ zijn werk ~ *seine Arbeit fortsetzen*

voortzetting *Fortsetzung* v; *Weiterführung* v

vooruit I BIJW • verder *weiter; voran; voraus* ★ iem. ~ zijn *jmdm. voraus sein* ★ volle kracht ~ *volle Kraft voraus* • van tevoren *vorher; zuvor; im Voraus* II TW *los* ★ ~ maar! *nur los!; nur zu!*

vooruitbetalen *voraus(be)zahlen*

vooruitbetaling *Vorauszahlung* v; *Vorauskasse* v

vooruitblik *Vorausblick* m

vooruitdenken *vorausdenken*

vooruitgaan • voorop gaan *vorangehen* • voorwaarts gaan *vorwärtsgehen;* ⟨voertuig/schip⟩ *vorwärtsfahren* • vorderingen maken *vorwärtsgehen; Fortschritte machen* ★ het gaat vooruit *es geht aufwärts* ★ zij gaat met sprongen vooruit *sie macht Riesenfortschritte* • van tevoren gaan *vorausgehen;* ⟨voertuig/schip⟩ *voran-/vorausfahren*

vooruitgang *Fortschritt* m

vooruithelpen *weiterhelfen* [+3]*; weiterbringen*

vooruitkijken *vorausblicken; vorausschauen*

vooruitkomen *vorwärtskommen; weiterkommen*

vooruitlopen • voorop lopen *vorausgehen; vorauslaufen* • anticiperen *vorwegnehmen* • bij voorbaat handelen/reageren *vorgreifen* ★ op de gebeurtenissen ~ *den Ereignissen vorgreifen*

vooruitsteken *vorstrecken; hervorstechen*

vooruitstrevend *progressiv; fortschrittlich*

vooruitzicht *Aussicht* v; *Perspektive* v ★ in het ~ stellen *in Aussicht stellen*

vooruitzien *vorausehen*

vooruitziend *vorausschauend* ★ zij heeft een ~e blik *sie hat Weitblick*

voorvader *Vorfahre* m

voorval *Vorfall* m; ⟨v. belang⟩ *Ereignis* o

voorvallen *geschehen; sich ereignen; vorfallen*

voorvechter *Verfechter* m; *Vorkämpfer* m

voorverkiezing *Vorwahl* v

voorverkoop *Vorverkauf* m

voorverpakt *vorverpackt*

voorvertoning *Vorpremiere* v

VO

voorverwarmen *vorwärmen*; ⟨oven⟩ *vorheizen*
voorvoegsel *Vorsilbe* v: *Präfix* o
voorvoelen *vorfühlen*
voorwaar *wahrlich*
voorwaarde *Bedingung* v ★ huwelijkse ~n *Ehevertrag* m; *güterrechtliche Regelung* v ★ trouwen onder huwelijkse ~n *einen Ehevertrag schliessen* ★ op ~ dat *unter der Bedingung, dass* ★ ~n stellen *Bedingungen stellen*
voorwaardelijk *bedingt* ★ ~e veroordeling *Strafaussetzung zur Bewährung* v
voorwaarts *vorwärts*
voorwas *Vorwäsche* v
voorwenden *vorgeben*; *vortäuschen*; *fingieren*; *simulieren*
voorwendsel *Vorwand* m
voorwerk ● voorafgaand werk *Vorarbeit* v ● deel van hoofdstuk *Titel* m und *Vorwort*
voorwerp ● ding *Gegenstand* m; *Objekt* o ★ gevonden ~en *Fundsache* ★ bureau van gevonden ~en *Fundbüro* o ● FIG. onderwerp *Gegenstand* m; *Objekt* o ★ het ~ van zijn liefde *das Objekt seiner Liebe* ● TAALK. *Objekt* o ★ meewerkend ~ *Dativobjekt*
voorwiel *Vorderrad* o
voorwielaandrijving *Vorderradantrieb* m
voorwoord *Vorwort* o
voorzanger *Vorsänger* m
voorzeggen *vorsagen*
voorzeggen *vorsagen*
voorzet ● eerste zet in bord- of kaartspel *erste(r) Zug* m ● SPORT *Flanke* v; *Vorlage* v
voorzetsel *Präposition* v; *Verhältniswort* o
voorzetten I OV WW ● plaatsen voor *vorsetzen* ● vooruit zetten *vorsetzen*; *vorstellen* II ON WW SPORT *flanken*
voorzichtig *vorsichtig* ★ ~ zijn *vorsichtig sein*; *sich vorsehen*
voorzichtigheid *Vorsicht* v ▼ ~ is de moeder van de porseleinkast *Vorsicht ist die Mutter der Porzellankiste*
voorzichtigheidshalve *vorsichtshalber*
voorzien ● zien aankomen *voraussehen* ● ~ in zorgen voor *vorsehen* ★ in een behoefte ~ *ein Bedürfnis befriedigen* ★ in de vacature is ~ *die Stelle ist vergeben* ★ hierin voorziet het contract niet *das ist im Vertrag nicht vorgesehen* ★ daarin heeft de wet niet ~ *das ist im Gesetz nicht vorgesehen* ★ in het onderhoud ~ *den Unterhalt bestreiten können* ● verschaffen *versehen (van mit)* [+3]; *versorgen (van mit)* [+3]; *ausstatten (van mit)* [+3] ★ van iedere luxe ~ *mit jeglichem Luxus ausgestattet* ★ iem. van iets ~ *jmdn. mit etw. versehen/versorgen* ● BN bepalen *festlegen*; *festsetzen*; *bestimmen* ▼ het op iem. ~ hebben *es auf jmdn. abgesehen haben* ▼ het niet op iem. ~ hebben *jmdn. nicht leiden können*
voorzienigheid *Vorsehung* v
voorziening ● het voorzien *Vorkehrung* v ● faciliteit *Versorgung* v ★ sociale ~en *soziale(n) Einrichtungen* ● maatregel *Maßnahme* v ★ ~en treffen *Vorkehrungen treffen*
voorzijde *Vorderseite* v; ⟨gebouw⟩ *Vorderfront* v

voorzingen *vorsingen*
voorzitten *vorsitzen* ★ een vergadering ~ *eine Versammlung leiten*
voorzitter *Vorsitzende(r)* m [v: *Vorsitzende*]
voorzitterschap *Vorsitz* m
voorzorg *Vorsorge* v ★ uit ~ *vorsorglich*; *zur Vorsorge* ★ ~en nemen *Vorkehrungen treffen*
voorzorgsmaatregel *Vorsorge* v; *Vorkehrung* v ★ ~en nemen *Vorkehrungen treffen*
voos *unmoralisch*; *verdorben*
vorderen I OV WW eisen *fordern*; *verlangen*; ⟨in beslag nemen⟩ *beschlagnahmen* II ON WW vorderingen maken *vorwärtskommen*; *vorangehen*; *Fortschritte machen* ★ het werk vordert *die Arbeit geht voran* ★ hoever ben je met het werk gevorderd? *wie weit bist du mit der Arbeit vorangekommen?*
vordering ● vooruitgang *Fortschritt* m ★ ~en maken *Fortschritte machen* ● eis *Forderung* v; JUR. *Klage* v ★ een ~ indienen *eine Forderung anmelden*
voren ● eerder *vorn(e)* ★ van ~ (von) *vorn(e)* ● aan de voorkant *vorn(e)*; *vor* ★ iets naar ~ brengen *etw. zur Sprache bringen* ▼ van ~ af aan *von Anfang an*
vorig ● direct voorafgaand *letzt* ● vroeger *vorig*; *früher*
vork ● deel van bestek *Gabel* v ● vorkvormig deel *Gabel* v ▼ weten hoe de vork in de steel zit *wissen, wie der Hase läuft*
vorkheftruck *Gabelstapler* m
vorm ● gedaante *Form* v ★ iets vorm geven *etw. gestalten* ● gietvorm *Form* v ● conditie *Form* v
vormbehoud *Formerhalt* m
vormelijk *förmlich*; *formell*
vormen ● vorm geven *formen*; *bilden* ★ een beeld uit klei ~ *aus Ton eine Plastik formen* ★ een kring ~ *einen Kreis bilden* ● doen ontstaan *bilden* ● zijn *bilden* ● opvoeden *bilden*; ⟨door scholing⟩ *ausbilden*
vormfout *Formfehler* m
vormgever *Formgestalter* m
vormgeving *Formgebung* v; *Gestaltung* v
vorming ● het vormen *Ausbildung* v ● geestelijke ontwikkeling *Bildung* v
vormingscentrum ≈ *Fortbildungszentrum* o
vormingswerk ≈ *Fortbildung* v
vormingswerker *jemand, der in der Bildungsarbeit tätig ist*
vormleer *Formenlehre* v
vormloos ● zonder vorm *formlos* ● plomp *formlos*
vormsel ★ het Vormsel *die Firmung*
vormvast *formbeständig*
vorsen *forschen* ★ naar iets ~ *nach etw. forschen*
vorst ● staatshoofd *Fürst* m ● het vriezen *Frost* m ★ ~ aan de grond *Bodenfrost* m
vorstelijk ● (als) van een vorst *fürstlich* ● FIG. groot *fürstlich*
vorstendom *Fürstentum* o
vorstenhuis *Fürstenhaus* o
vorstschade *Frostschaden* m
vorstverlet *Arbeitsausfall* m *durch Frostwetter*
vorstvrij *frostfrei*
vos ● roofdier *Fuchs* m ● paard *Fuchs* m

• sluwe vent *Fuchs* m ▼ een vos verliest wel zijn haren maar niet zijn streken *der Fuchs ändert wohl den Balg, behält aber den Schalk*

vossenjacht • jacht *Fuchsjagd* v • spel *Fuchsjagd* v

voucher *Voucher* m/o; *Gutschein* m

vousvoyeren *siezen*

vouw *Falte* v; (papier) *Knick* m; (broek) *Bügelfalte* v

vouwblad *Faltblatt* o

vouwcaravan *Klappanhänger* m; *Faltwohnwagen* m

vouwdeur *Falttür* v

vouwen *falten; falzen*

vouwfiets *zusammenklappbare(s) Fahrrad* o; *Klapprad* o

vouwstoel *Klappstuhl* m

voyeur *Voyeur* m; INFORM. *Spanner* m

voyeurisme *Voyeurismus* m

vozen *bumsen*

vraag • onopgeloste kwestie *Frage* v • verzoek ★ BN op ~ van *auf Anfrage von* • problematische kwestie *Problem* o; *Frage* v ★ dat is nog maar de ~ *das ist noch die Frage; das ist noch fraglich* ★ kooplust *Nachfrage* v ★ ~ en aanbod *Angebot und Nachfrage* ★ er is veel ~ naar dit artikel *dieser Artikel ist sehr gefragt* ▼ BN iets in ~ stellen *etw. bezweifeln; etw. in Zweifel ziehen*

vraagbaak • boek *Nachschlagewerk* o • persoon *Ratgeber* m; (gids) *Führer* m

vraaggesprek *Interview* o

vraagprijs *Angebotspreis* m

vraagstelling *Fragestellung* v

vraagstuk • probleem *Problem* o; *Frage* v • opgave *Aufgabe* v

vraagteken *Fragezeichen* o

vraatzucht *Gefräßigkeit* v; INFORM. *Fressgier* v

vraatzuchtig *gefräßig*; MIN. *verfressen*

vracht • lading *Ladung* v; *Fracht* v; (wagen/kar) *Fuhre* v • grote massa *Ladung* v • vervoerloon *Fracht* v

vrachtauto *Lastkraftwagen* m; *Lastwagen* m

vrachtbrief *Frachtbrief* m; (binnenscheepvaart) *Ladeschein* m

vrachtgoed *Frachtgut* o

vrachtgoederen *Frachtgüter* mv

vrachtprijs *Frachtpreis* m

vrachtrijder *Frachtführer* m

vrachtruimte *Laderaum* m; *Frachtraum* m

vrachtschip *Frachter* m; *Frachtschiff* o; (binnenschip) *Lastschiff* o; (binnenschip) *Fracht-/Lastkahn* m

vrachtvaart *Frachtschifffahrt* v

vrachtverkeer • verkeer *Frachtverkehr* m • vervoer *Güterverkehr* m

vrachtvervoer *Fracht-/Güterbeförderung* v; *Fracht-/Gütertransport* m

vrachtvliegtuig *Frachtflugzeug* o

vrachtwagen *Last(kraft)wagen* m; *Lastauto* o

vrachtwagenchauffeur *Kraftfahrer* m; (op lange afstanden) *Fernfahrer* m; *Lkw-Fahrer* m

vrachtwagencombinatie *Sattelschlepper* m

vragen I OV WW • vraag stellen *fragen*; JUR. *befragen* ★ daar vraag je me wat! *da bin ich überfragt!; da fragst du mich zu viel*

• verzoeken *bitten* ★ mij werd gevraagd ook te komen *ich wurde gebeten, auch zu kommen* • verlangen *fordern; verlangen* ★ het onmogelijke van iem. ~ *von jmdm. Unmögliches verlangen* ★ secretaris gevraagd *Sekretär gesucht* • uitnodigen *bitten; einladen; auffordern* ★ iem. op een feestje ~ *jmdn. zu einer Fete einladen* • in kaartspel ★ ik vraag schoppen *du musst Pik bedienen* II ON WW ~ **naar** *fragen nach; sich erkundigen nach* ★ naar iem. ~ *sich nach jmdm. erkundigen*

vragenderwijs *fragend*

vragenlijst *Fragebogen* m

vragenuurtje *Fragestunde* v

vrede • tijd zonder oorlog *Frieden* m • rust *Frieden* m ★ ik heb er ~ mee, BN ik neem er ~ mee *ich kann mich damit abfinden* ★ ~ hebben met iets, BN ~ nemen met iets *sich mit etw. zufriedengeben/abgefunden haben* ▼ om de lieve ~ *um des lieben Friedens willen* ▼ hij ruste in ~ *er ruhe in Frieden*

vredegerecht BN, JUR. laagste burgerlijke rechtbank *Amtsgericht* o

vredelievend *friedliebend; friedfertig*

vrederechter BN, JUR. laagste burgerlijke rechter *Amtsrichter* m

vredesactivist *Friedensaktivist* m

vredesakkoord *Friedensvertrag* m

vredesbeweging *Friedensbewegung* v

vredesdemonstratie *Friedensdemonstration* v; *Friedenskundgebung* v

vredesmacht *Friedensmacht* v

vredesnaam ▼ in ~ *um Himmels willen!; in Gottes Namen!*

vredesoverleg *Friedensgespräche* mv

vredespijp *Friedenspfeife* v

vredestichter *Friedensstifter* m

vredestijd *Friedenszeit* v ★ in ~ *in Friedenszeiten*

vredesverdrag *Friedensvertrag* m

vredig *friedlich*

vreedzaam • vredelievend *friedsam; friedfertig* • rustig *friedlich* ★ een vreedzame aanblik *ein friedlicher Anblick*

vreemd • uitheems *fremd; ausländisch* ★ een ~e taal *eine Fremdsprache* ★ ~e valuta *ausländische(s) Geld* ★ ~ woord *Fremdwort* o • niet bekend *fremd* ★ ik ben hier ~ *ich bin hier fremd* • ongewoon *sonderbar; eigenartig; befremdlich; seltsam* ★ ~ genoeg vond zij het wel leuk *eigenartigerweise gefiel es ihr ganz gut* ★ ~ opkijken *verwundert aufblicken*

vreemde *Fremde(r)* m ▼ in den ~ *in der Fremde*

vreemdeling • onbekende *Fremde(r)* m • buitenlander *Fremde(r)* m

vreemdelingendienst *Ausländerbehörde* v

vreemdelingenhaat *Fremdenfeindlichkeit* v

vreemdelingenlegioen *Fremdenlegion* v

vreemdelingenpolitie *Ausländerpolizei* v; *Fremdenpolizei* v

vreemdelingenverkeer *Fremdenverkehr* m ★ bureau voor ~ *Fremdenverkehrsamt* o

vreemdgaan *fremdgehen*

vreemdsoortig *fremdartig; seltsam*; (ongewoon) *sonderbar*

vrees *Angst* v; *Furcht* v; *Befürchtung* v ★ uit ~ voor *aus Angst/Furcht vor* [+3]

vr

vreesachtig *furchtsam*; *ängstlich*
vreetzak *Fresssack* m; *Vielfraß* m
vrek *Geizhals* m
vrekkig *geizig*; INFORM. *knauserig*
vreselijk *schrecklich*; *furchtbar*
vreten I OV WW ● *gulzig eten fressen*
  ● *verbruiken fressen* II ON WW *knagen fressen*
  III ZN [het] *Fressen* o; *Fraß* m
vreugde *Freude* v ● ~ *beleven aan iets an etw.*
  Freude haben
vreugdekreet *Freudenruf* m; *Freudenschrei* m
vreugdeloos *freudlos*
vreugdevuur *Freudenfeuer* o
vrezen I OV WW *bang zijn voor fürchten* ★ *het*
  ergste ~ das Schlimmste befürchten ★ *ik heb*
  niets te ~ ich habe nichts zu befürchten ★ *ik*
  vrees dat... ich fürchte, dass... II ON WW ~ *voor*
  fürchten um
vriend ● *kameraad Freund* m ● *geliefde Freund*
  m ▼ *even goeie ~en nichts für ungut*
vriendelijk *freundlich*
vriendelijkheid *Freundlichkeit* v
vriendendienst *Freundschaftsdienst* m;
  Freundesdienst m ★ *iem. een ~ bewijzen*
  jmdm. einen Freundschaftsdienst erweisen
vriendenkring *Freundeskreis* m
vriendenprijsje *Freundschaftspreis* m
vriendin ● *kameraad Freundin* v ● *geliefde*
  Freundin v
vriendjespolitiek *Vetternwirtschaft* v
vriendschap *Freundschaft* v
vriendschappelijk *freundschaftlich* ★ ~e
  wedstrijd Freundschaftsspiel o
vriendschapsband *Freundschaftsband* o
vriesdrogen *gefriertrocknen*
vrieskast *Gefrierschrank* m
vrieskist *Gefriertruhe* v; *Tiefkühltruhe* v;
  Kühltruhe v
vrieskou *frostkalte(s) Wetter* v
vriespunt *Gefrierpunkt* m
vriesvak *Gefrierfach* o
vriesweer *Frostwetter* o
vriezen *frieren* ▼ *het vriest dat het kraakt es*
  friert Stein und Bein ▼ *het kan ~ of dooien es*
  kann gut oder schlecht ausgehen
vriezer *Tiefkühltruhe* v
vrij I BNW ● *onafhankelijk frei* ● *ongebonden,*
  onbeperkt frei ● *vrijaf frei* ● *onbezet frei*
  ● *stoutmoedig frei* ● *gratis frei* ● *niet*
  getrouw frei II BIJW *tamelijk ziemlich* ★ *vrij*
  lange tijd ziemlich lange; *längere Zeit* ★ *een*
  vrij oude dame eine ältere Dame
-vrij *-frei* ★ *loodvrij bleifrei*
vrijaf ★ ~ *hebben freihaben*
vrijage *Liebschaft* v ★ *een korte ~ eine flüchtige*
  Liebschaft; *ein kurzes Liebesverhältnis*
vrijblijvend *freibleibend*
vrijbrief *Freibrief* m
vrijbuiter ● *zeerover Freibeuter* m ● FIG.
  avonturier Freibeuter m
vrijdag *Freitag* m ★ *Goede Vrijdag Karfreitag*
vrijdagavond *Freitagabend* m
vrijdagmiddag *Freitagnachmittag* m
vrijdagmorgen, vrijdagochtend
  Freitagvormittag m; *Freitagmorgen* m
vrijdagnacht *Freitagnacht* m

vrijdags *am Freitag*
vrijdenker *Freidenker* m
vrijelijk *frei*
vrijen ● *liefkozen schmusen* ★ *zij zaten met*
  elkaar te ~ sie schmusten miteinander
  ● *geslachtsgemeenschap hebben miteinander*
  schlafen ● *verkering hebben miteinander*
  gehen; *ein (festes) Verhältnis haben*
vrijer *Freund* m; *Liebhaber* m
vrijetijdsbesteding *Freizeitgestaltung* v;
  Freizeitbeschäftigung v
vrijetijdskleding *Freizeitkleidung* v
vrijgeleide ● *escorte Geleitschutz* m ● *vrije*
  doorgang freie(s)/sichere(s) Geleit o
vrijgeven I OV WW *niet meer blokkeren*
  freigeben II ON WW *vrijaf geven freigeben*
vrijgevig *großzügig*; *freigebig*
vrijgevochten *unkonventionell*
vrijgezel *Junggeselle* m ★ ~ *zijn ledig sein*
vrijhandel *Freihandel* m
vrijhandelszone *Freihandelszone* v
vrijhaven *Freihafen* m
vrijheid ● *niet gevangen zijn Freiheit* v
  ● *onafhankelijkheid Freiheit* v ★ ~ *van*
  godsdienst Religionsfreiheit ● *privilege*
  Freiheit v ● *vrijmoedigheid Freiheit* v ★ *zich*
  vrijheden veroorloven sich Rechte
  herausnehmen ▼ ~, *blijheid jeder soll nach*
  seiner Fasson selig werden
vrijheidlievend *freiheitsliebend*
Vrijheidsbeeld *Freiheitsstatue* v
vrijheidsberoving *Freiheitsberaubung* v
vrijheidsbeweging *Befreiungsbewegung* v;
  Freiheitsbewegung v
vrijheidsstrijder *Freiheitskämpfer* m
vrijhouden ● *onbezet houden freihalten*
  ● *betalen voor freihalten*
vrijkaart *Freikarte* v
vrijkomen ● *vrijgelaten worden freigelassen*
  werden ● *beschikbaar komen freikommen*
  ● *zich afscheiden frei werden* ● *van iets*
  afkomen ★ *met de schrik ~ mit dem*
  Schrecken davonkommen
vrijlaten ● *de vrijheid geven freilassen*
  ● *onbezet houden freihalten* ● *niet*
  verplichten freie Hand lassen ★ *iem. ~ in een*
  keuze jmdm. die freie Wahl lassen
vrijlating *Freilassung* v
vrijloop *Leerlauf* v ★ *in de ~ im Leerlauf*
vrijmaken *freisetzen*; *befreien*; INFORM. *frei*
  machen ★ *zich ~ sich frei machen*
vrijmetselaar *Freimaurer* m
vrijmetselarij *Freimaurerei* v
vrijmoedig *freimütig*
vrijpartij *Knutscherei* v; (stiekem)
  Schäferstündchen o
vrijplaats *Freistatt* v
vrijpleiten *freisprechen*
vrijpostig *frech*; *unverfroren*; *unverschämt*;
  dreist
vrijschop BN, SPORT *vrije schop Freistoß* m
vrijspraak *Freispruch* m
vrijspreken *freisprechen*
vrijstaan ● *geoorloofd zijn freistehen* ★ *dat*
  staat u vrij das bleibt Ihnen unbenommen ● *los*
  staan für sich (allein) stehen; *frei stehen*

vrijstaand *für sich stehend*; *frei stehend* ★ een ~ huis *ein Einfamilien-/Einzelhaus* o
vrijstaat *Freistaat* m
vrijstellen *befreien*; (v. werk, militaire dienst) *freistellen* ★ vrijgesteld van belasting *ohne Steuerpflicht*
vrijstelling *Freistellung* v; *Befreiung* v ★ ~ van militaire dienst *Freistellung vom Wehrdienst*
vrijster ▼ een oude ~ *eine alte Jungfer*
vrijuit *offen*; *freiheraus* ★ ~ praten *offen/ freiheraus sprechen* ▼ hij gaat ~ *er ist ungestraft/ohne Strafe davongekommen*
vrijwaren *schützen*; *behüten*; *bewahren*; FORM. *feien* ★ gevrijwaard tegen *geschützt gegen*; FORM. *gefeit gegen*
vrijwaring *Gewährleistung* v
vrijwel *nahezu*; *ungefähr*; *fast*
vrijwillig *freiwillig*
vrijwilliger *Freiwillige(r)* m
vrijwilligerswerk *ehrenamtliche Arbeit* v
vrijzinnig ● *vrijdenkend liberal* ● BN *ongelovig ungläubig*; *atheistisch*
vroedvrouw *Hebamme* v
vroeg I BNW ● aan het begin *früh* ★ 's morgens ~ *früh am Morgen* ★ in de ~e morgen *am frühen Morgen* ● eerder dan normaal *früh*; *zeitig* ★ een ~e Pasen *frühe Ostern* II BIJW ● op vroeg tijdstip *früh* ★ op zijn ~st, BN *ten ~ste frühestens* ★ ~ gaan slapen *früh schlafen gehen* ★ ~ of laat *früher oder später* ● eerder dan normaal *früh*
vroeger I BNW ● voorheen *früher* ● voormalig *früher* ● van eertijds *früher* II BIJW ● eerder *früher* ● eertijds *früher*
vroegmis *Frühmesse* v
vroegrijp *frühreif*
vroegte *Frühe* v ★ in alle ~ *in aller Frühe*
vroegtijdig ● vroeg *frühzeitig* ● voortijdig *frühzeitig*
vrolijk ● blij *fröhlich*; *froh*; *heiter* ● aangenaam stemmend *lustig*; *lebendig*; *munter* ★ een ~e boel *ein lustiges Treiben* ★ een ~e drukte *ein lebhafter Betrieb* m
vrolijkheid *Fröhlichkeit* v; *Lustigkeit* v; *Heiterkeit* v
vroom *fromm*
vrouw ● vrouwelijk persoon *Frau* v; *Dame* v ★ de ~ des huizes *die Hausherrin*; *die Dame des Hauses* ● echtgenote *Frau* v; *Ehefrau* v ● speelkaart *Dame* v ● → **vrouwtje**
vrouwelijk *weiblich*
vrouwenarts *Frauenarzt* m
vrouwenbesnijdenis *Frauenbeschneidung* v
vrouwenbeweging *Frauenbewegung* v
vrouwenblad *Frauenblatt* o
vrouwencondoom *Frauenkondom* o
vrouwenemancipatie *Frauenemanzipation* v
vrouwenhandel *Frauenhandel* m
vrouwenhater *Frauenhasser* m
vrouwenhuis *Frauenhaus* o
vrouwenkiesrecht *Frauenstimmrecht* o; *Frauenwahlrecht* o
vrouwonvriendelijk *frauenfeindlich*
vrouwtje ● (kleine) vrouw *Frauchen* o ● vrouwelijk dier *Weibchen* o ● bazin (van huisdier) *Frauchen* o

vrouwvriendelijk *frauenfreundlich*
vrucht ● PLANTK. *Frucht* v ● fruit *Frucht* v ● ongeboren kind/jong *Frucht* v ● FIG. resultaat *Frucht* v ▼ ~(en) afwerpen *Früchte trägen*
vruchtafdrijving *Abtreibung* v; *Abort* m
vruchtbaar ● in staat tot voortplanting *fruchtbar* ● vruchten voortbrengend *fruchtbar* ● FIG. productief *fruchtbar* ● lonend *fruchtbar*
vruchtbaarheid *Fruchtbarkeit* v
vruchtbeginsel *Fruchtknoten* m
vruchtboom *Obstbaum* m
vruchtdragend *fruchttragend*; *fruchtbringend*
vruchteloos *fruchtlos*; *vergeblich*
vruchtensalade *Obstsalat* m
vruchtensap *Obst-/Fruchtsaft* m
vruchtenwijn *Obst-/Fruchtwein* m
vruchtgebruik *Nießbrauch* m
vruchtvlees *Fruchtfleisch* o
vruchtvlies *Fruchthülle* v
vruchtwater *Fruchtwasser* o
vruchtwaterpunctie *Fruchtwasserpunktion* v
VS *USA* v
VSA *USA* v
V-snaar *Keilriemen* m
V-teken *V-Zeichen* o
vuil I ZN [het] ● viezigheid *Schmutz* m; *Dreck* m ● afval *Abfall* m; *Müll* m; *Schutt* m ★ verboden vuil te storten *Schutt abladen verboten* II BNW ● niet schoon *schmutzig*; *dreckig* ★ witte kleren worden gauw vuil *weiße Kleider werden leicht schmutzig* ● vulgair *schmutzig* ★ een vuile mop *ein dreckiger Witz* ● gemeen *gemein*; *niederträchtig*; *giftig* ★ vuile leugenaar dat je bent! *du bist ein gemeiner Lügner!* ● oneerlijk *faul*; *gemein*; *schmutzig* ★ een vuil zaakje *eine schmutzige Sache*; *eine faule Geschichte*; ECON. *ein schmutziges Geschäft* ★ een vuile streek *ein gemeiner Streich* ● nijdig ★ hij keek haar vuil aan *er sah sie giftig an* ▼ het vuile werk opknappen *die Dreck(s)arbeit machen*
vuilak ● viezerik *Ferkel* o ● gemenerik *Dreckskerl* m; *Sau-/Schweinehund* m
vuilbekken *Zoten reißen*
vuilblik BN *stofblik Kehrschaufel* v
vuiligheid ● gemeenheid *Schweinerei* v ● vuil *Schmutz* m; *Dreck* m
vuilnis *Müll* m
vuilnisbak *Mülleimer* m
vuilnisbakkenras *Promenadenmischung* v
vuilnisbelt *Müllhalde/-kippe* v; *Müllabladeplatz* m; ADMIN. *Mülldeponie* v
vuilnisemmer *Mülleimer* m
vuilnisman *Müllmann* m
vuilniswagen *Müllwagen* m
vuilniszak *Müllbeutel* m; (groter en steviger) *Mülltüte*
vuilstortplaats *Müllkippe* v
vuiltje *Stäubchen* o ▼ er is geen ~ aan de lucht *es ist kein Wölkchen am Himmel*
vuilverbranding ● proces *Müllverbrennung* v ● installatie *Müllverbrennung* v
vuilverwerkingsbedrijf *Müllverarbeitungsbetrieb* m

vu

vuist *Faust* v ▼ in zijn ~je lachen *sich ins Fäustchen lachen* ▼ met ijzeren ~ *mit eiserner Faust* ▼ uit het ~je eten *aus der Hand essen* ▼ BN recht voor de ~ *geradeheraus* ▼ voor de ~ weg spreken *aus dem Stegreif sprechen*
vuistregel *Faustregel* v
vuistslag *Faustschlag* m
vulgair *vulgär*
vulkaan *Vulkan* m
vulkanisch *vulkanisch*
vullen ⟨gerechten, tanden e.d.⟩ *füllen*; ⟨in flessen⟩ *abfüllen*; ⟨leemte/tijd/open ruimte/vlak⟩ *ausfüllen*; ⟨kussen, pop⟩ *ausstopfen* ★ dit eten vult niet *dieses Essen sättigt nicht*
vulling ● vulsel *Polster* o ● vulling in kies *Füllung* v ● penpatroon *Patrone* v; ⟨v. ballpoint, potlood⟩ *Mine* v
vulpen *Füllfederhalter* m; INFORM. *Füller* m
vulpotlood *Dreh-/Druckbleistift* m
vulsel *Füllung* v; ⟨v. worst, vlees⟩ *Füllsel* o
vulva *Vulva* v
vunzig ● muf *moderig* ● smerig *dreckig*; *schmutzig* ● schunnig *dreckig*; *schweinisch*; *säuisch*
vuren I BNW *aus Fichtenholz*; *Fichten-* **II** ON WW schieten *feuern*; *schießen*
vurenhout *Fichtenholz* o
vurig ● gloeiend *feurig* ● hartstochtelijk *feurig*; ⟨minnaar⟩ *leidenschaftlich* ⟨gebed, hoop, verlangen⟩ *inbrünstig*; ⟨liefde, verlangen, wens etc.⟩ *heiß*; ⟨geloof⟩ *fanatisch*
VUT *Vorruhestand* m ★ met de VUT gaan *in den Vorruhestand gehen/treten*
VUT-regeling *Vorruhestandsregelung* v
vuur ● brand *Feuer* o ● het schieten ★ het vuur openen *das Feuer eröffnen* ● hevigheid *Eifer* m ★ in het vuur van het spel *im Feuer des Spiels* ★ in het vuur van de strijd *im Eifer des Gefechts* ● → **vuurtje** ▼ door het vuur gaan voor iem. *für jmdn. durchs Feuer gehen* ▼ met vuur spelen *mit dem Feuer spielen* ▼ iets te vuur en te zwaard verdedigen *etw./jmdn. mit Feuereifer verteidigen* ▼ iem. het vuur na aan de schenen leggen *jmdm. die Hölle heißmachen* ▼ haar ogen spuwden vuur *ihre Augen sprühten Feuer* ▼ FIG., BN vuur vatten *sein Bestes tun*
vuurbol *Feuerball* m; ⟨meteoor⟩ *Feuerkugel* v
vuurdoop *Feuertaufe* v
vuurdoorn *Feuerdorn* m
vuurgevecht *Feuergefecht* o
vuurhaard *Brandherd* m; *Feuerherd* m
Vuurland *Feuerland* o
vuurlinie *Feuerlinie* v
vuurmond ● voorste deel van vuurwapen *Mündung* v ● kanon *Geschütz* o
vuurpeloton *Exekutionskommando* o
vuurpijl *Leuchtrakete* v
vuurproef *Feuerprobe* v
vuurrood *feuerrot*
vuurspuwend *Feuer speiend*
vuursteen *Feuerstein* m
vuurtje *kleine(s) Feuer* o ★ heb je een ~ voor mij? *hast du mal Feuer für mich?* ▼ als een lopend ~ *wie ein Lauffeuer*

vuurtoren ● lichtbaken *Leuchtturm* m ● iemand met rood haar *Rotschopf* m
vuurvast *feuerfest*
vuurvliegje *Feuerfliege* v
vuurvreter ● circusartiest *Feuerfresser* m ● vechtjas *Feuerfresser* m
vuurwapen *Feuerwaffe* v
vuurwerk ● materiaal *Feuerwerk* o ● voorstelling *Feuerwerk* o
vuurzee *Flammen-/Feuermeer* o
VVV *Fremdenverkehrsamt* o; *Fremdenverkehrsverein* m; *Verkehrsverein* m
vwo ≈ *Schule* v *für vorwissenschaftlichen Unterricht*; ≈ *Gymnasialschule* v
vzw BN, ECON. vereniging zonder winstoogmerk *VoG*; *Vereinigung* v *ohne Gewinnerzielabsicht*

vu

W

w *W* o ★ de w van Willem *W wie Wilhelm*
W *W* o
WA *Haftpflicht* v ★ WA verzekerd
haftpflichtversichert
waadvogel *Watvogel* m
waaghals *Draufgänger* m; *waghalsige(r) Mensch*
m
waaghalzerij *Waghalsigkeit* v
waagschaal ▼ in de ~ stellen *aufs Spiel setzen*
waagstuk *Wagnis* o; *Wagestück* o
waaien I ONP WW *wehen* **II** ON WW ● wapperen
wehen ● blazen *wehen* ▼ alles maar laten ~
sich um nichts kümmern
waaier *Fächer* m
waakhond *Wachhund* m
waaks *wachsam*
waakvlam *Zündflamme* v
waakzaam *wachsam*
waakzaamheid *Aufmerksamkeit* v;
Wachsamkeit v
Waal *Wallone* m
Waals *wallonisch*
Waalse *Wallonin* v
waan *Wahn* m ★ iem. in de waan laten *jmdn.*
in dem Wahn/Glauben lassen
waanidee *Wahnidee* v
waanvoorstelling *Wahnvorstellung* v
waanwereld *Wahnwelt* v
waanzin ● krankzinnigheid *Irrsinn* m;
Wahnsinn m ● onzin *Irrsinn* m; *Wahnsinn* m
waanzinnig ● krankzinnig *wahnsinnig*;
irrsinnig; *verrückt* ● onzinnig *wahnsinnig*;
irrsinnig; *verrückt*
waar I BNW ● niet gelogen *richtig*
● (versterkend) echt, groot *wahr* ★ zo waar
ik hier sta *so wahr ich hier stehe* **II** BIJW
● vragend *wo* ★ waar is hier ergens het
station? *wo ist der Bahnhof?* ★ waar gaat hij
zitten? *wohin setzt er sich?* ● betrekkelijk *wo*
III ZN [de] *Ware* v ★ waren *Waren*; *Güter*
waaraan ● vragend *woran*; *an was* ★ ~ denk
je? *woran denkst du?*; *an was denkst du?* ★ ~
heeft hij dat te danken? *welchem Umstande*
hat er das zu verdanken? ● betrekkelijk *woran*
★ de gevaren ~ hij zich blootstelt *die*
Gefahren, denen er sich aussetzt
waarachter *hinter wem*; *hinter was*
waarachtig I BNW ● waar *wahrhaftig* ● oprecht
wahrhaft; *aufrichtig* **II** BIJW *wahrhaft*;
wahrhaftig; *wirklich* ★ het is ~ waar *es ist*
wirklich wahr
waarbij ● vragend *wobei* ● betrekkelijk *wozu*;
bei [+3]; *zu* [+3]; *wobei* ★ de partij ~ hij zich
heeft aangesloten *die Partei, der er sich*
angeschlossen hat
waarborg ● BN borgsom *Kaution* v; *Bürgschaft*
v ● garantie *Gewähr* v; *Garantie* v; JUR.
Bürgschaft v
waarborgen *bürgen*; *garantieren*; *verbürgen*;
gewährleisten
waarborgfonds *Garantiefonds* m
waarborgsom *Kautionssumme* v; *Haftsumme* v;

(m.b.t. borgtocht) *Bürgschaft* v
waard I BNW ● genoemde waarde hebbend
wert ★ 't is de moeite niet ~ *es ist nicht der*
Mühe wert ● waardig *wert* ★ ~e heer *geehrter*
Herr ● dierbaar *verehrt*; *lieb* ★ ~e vriend
lieber Freund **II** ZN [de] herbergier *Wirt* m
▼ buiten de ~ rekenen *die Rechnung ohne den*
Wirt machen ▼ zoals de ~ is vertrouwt hij zijn
gasten *wie der Wirt, so die Gäste*
waarde ● bezitswaarde *Wert* m ★ in ~
achteruitgaan *an Wert verlieren* ★ in ~ stijgen
im Wert steigen ★ ter ~ van *im Werte von*
● belang *Wert* m ★ van weinig ~ *von*
geringem Wert ★ ~ hechten aan *Wert legen*
auf
waardebepaling *Wertbestimmung* v
waardebon *Gutschein* m
waardedaling *Wertminderung* v;
Wertverringerung v; *Wertverlust* m
waardeloos ● zonder waarde *unnütz*; *wertlos*
★ waardeloze spullen/troep *unnütze(s) Zeug* o
● slecht ★ dit is ~! *so ein Mist!*
waardeoordeel *Werturteil* o
waardepapier *Wertpapier* o
waarderen ● op prijs stellen *schätzen*;
anerkennen; *würdigen* ● waarde bepalen
bewerten; *schätzen*; *taxieren*
waardering ● waardebepaling *Bewertung* v
● erkenning *Anerkennung* v; *Achtung* v
waardestijging *Wertzuwachs* m; *Wertsteigerung*
v; *Wertzunahme* v
waardevast *wertbeständig*
waardeverlies *Wertverlust* m; *Wertminderung*
v; *Wertverringerung* v
waardevermeerdering *Wertzuwachs* m;
Wertsteigerung v; *Wertzunahme* v
waardevermindering *Wertminderung* v;
(devaluatie) *Abwertung* v ★ ~ van het geld
Geldentwertung v
waardevol *wertvoll*
waardig I BNW ● eerbiedwaardig *würdig*
● waard *würdig* **II** BIJW ★ ~ sterven *würdevoll*
sterben
waardigheid *Würde* v ★ iets beneden zijn ~
achten *etw. für unter seiner Würde erachten*
waardin *Gastwirtin* v; *Wirtin* v
waardoor ● vragend *wodurch* ● betrekkelijk
durch [+4]; *wodurch*
waarheen *wohin*
waarheid *Wahrheit* v ★ bezijden de ~ *nicht der*
Wahrheit entsprechend/gemäß ★ de ~
spreken/zeggen *die Wahrheit sagen* ★ de ~
tekortdoen *der Wahrheit nicht gerecht werden*
▼ een ~ als een koe *eine Binsenweisheit* ▼ iem.
flink de ~ zeggen *jmdm. unverblümt/gehörig*
die Wahrheit sagen
waarheidsgehalte *Wahrheitsgehalt* m
waarheidsgetrouw *wahrheitsgetreu*;
wahrheitsgemäß
waarin ● vragend (beweging) *wohinein*;
(statisch) *worin* ● betrekkelijk *in* [+4]
waarlangs ● vragend *wo entlang*; (voorbij) *wo*
vorbei ● betrekkelijk ★ de rivier ~ we liepen
der Fluss, an dem wir entlanggingen
waarlijk *wirklich*; FORM. *wahrhaftig*
waarmaken I OV WW verwezenlijken

verwirklichen; *wahr machen* **II** WKD WW [*zich ~*] *sich bewähren*

waarmee ● vragend *womit* ● betrekkelijk *womit*

waarmerk *Siegel* o; *Stempel* m

waarmerken *beglaubigen*

waarna ● vragend *wonach*; *worauf* ● betrekkelijk *nach* [+3]; *wonach*

waarnaar ● vragend *wonach* ● betrekkelijk *nach* [+3]; *zu* [+3]; *wonach*

waarnaast **I** BIJW *woneben* **II** VR VNW *woneben* **III** BETR VNW *neben* [+3]; *woneben*

waarneembaar *wahrnehmbar*

waarnemen ● opmerken *wahrnehmen* ● benutten *nützen*; *wahrnehmen* ● vervangen *wahrnehmen*; ⟨plichten⟩ *erfüllen*; ⟨plichten⟩ *beobachten*; ⟨ambt/betrekking⟩ *versehen*; ⟨ambt/betrekking⟩ *bekleiden*; ⟨vervangen⟩ *stellvertretend übernehmen* ★ voor iem. ~ *jmdn. vertreten*; *jmds. Stelle vertreten* ★ iemands ambt ~ *jmdn. in seinem Amt vertreten* ★ zijn zaken ~ *seinen Geschäften nachgehen*

waarnemend *stellvertretend*

waarnemer ● iem. die waarneemt *Beobachter* m; *Betrachter* m ● vervanger *Stellvertreter* m

waarneming ● perceptie *Wahrnehmung* v; *Beobachtung* v ● vervanging *Stellvertretung* v; *Vertretung* v

waarnemingsfout *Wahrnehmungsfehler* m

waarnemingspost *Beobachtungsposten* m

waarnemingsvermogen *Wahrnehmungsvermögen* o

waarom ● ⟨vragend⟩ *warum*; *weshalb* ● ⟨betrekkelijk⟩ *um* [+4]; *worum*

waaronder ● vragend *worunter* ● betrekkelijk *unter* [+3]; *unter* [+4]; *worunter*

waarop ● betrekkelijk *auf* [+4]; *worauf* ★ de dag ~ *der Tag, an dem* ★ de manier ~ *die Art und Weise, wie* ● vragend *worauf*

waarover ● betrekkelijk *über* [+4]; *worüber*; *wovon* ● vragend *worüber*; *wovon*

waarschijnlijk *wahrscheinlich*

waarschijnlijkheid *Wahrscheinlichkeit* v ★ naar alle ~ *aller Wahrscheinlichkeit nach*

waarschuwen ● verwittigen *verständigen*; ⟨inlichten⟩ *benachrichtigen*; ⟨alarmeren⟩ *alarmieren*; ⟨op gevaar wijzen⟩ *warnen* ● vermanen *mahnen*; *verwarnen*

waarschuwing ● het waarschuwen *Warnung* v; *Verwarnung* v ● vermaning *Mahnung* v; *Mahnzettel* m ● teken *Zeichen* o

waarschuwingsbord *Warntafel* v; *Warnschild* o

waarschuwingsschot *Warnschuss* m; *Schreckschuss* m

waarschuwingsteken *Warnsignal* o

waartegen ● vragend *wogegen* ● betrekkelijk *gegen* [+4]; *wogegen*

waartoe ● vragend *wozu* ● betrekkelijk *zu* [+3]; *wozu*

waartussen **I** BIJW *wozwischen* **II** VR VNW *wozwischen* **III** BETR VNW *wozwischen*; *zwischen* [+3/4]

waaruit ● vragend *woraus* ● betrekkelijk *aus* [+3]; *woraus*

waarvan ● vragend *wovon*; *woraus*

● betrekkelijk *von*; *wovon*; *woraus* ★ de man ~ ik de moeder goed ken *der Mann, dessen Mutter ich gut kenne*

waarvandaan *woher*

waarvoor ● vragend *wofür*; *wovor*; *wozu* ● betrekkelijk *für den/die/das*; *wofür*; *wozu*

waarzeggen *wahrsagen*

waarzegger *Wahrsager* m

waarzeggerij *Wahrsagerei* v

waarzegster *Wahrsagerin* v

waas *Schleier* m

wacht ● het moeten waken *Wache* v ★ de ~ betrekken *Wache beziehen* ★ de ~ hebben, BN van ~ zijn *Wache schieben* ● één persoon *Wächter* m ▼ in de ~ slepen *ergattern*; *einheimsen* ▼ iem. de ~ aanzeggen *jmdn. streng (ver)warnen*

wachtdag *Karenztag* m

wachtdienst ● waakdienst *Wache* v; *Wachdienst* m ● BN onregelmatige dienst *Bereitschaftsdienst* m ★ ~ hebben *Bereitschaft haben*

wachten ● in afwachting zijn *erwarten* ● in het vooruitzicht staan *zu erwarten sein*; *bevorstehen* ★ dat staat me nog te ~ *das steht mir noch bevor* ★ hem staat nog wat te ~! *ihm blüht noch etw.!* ● nog niet beginnen *warten*; ⟨lang⟩ *harren*

wachter *Wache* v; *Wächter* m

wachtgeld *Wartegeld* o

wachtgelder *Wartegeldempfänger* m; *Wartegeldempfängerin* v

wachthuisje ● schildwachthuisje *Schilderhäuschen* o ● bus-/tramhokje *Wartehäuschen* o

wachtkamer ⟨station⟩ *Wartesaal* m; ⟨dokter⟩ *Wartezimmer* o

wachtlijst *Warteliste* v

wachtmeester *Wachtmeister* m

wachtpost ● persoon *Wachposten* m ● plaats *Wache* v

wachtruimte ⟨station⟩ *Wartesaal* m; ⟨dokter⟩ *Wartezimmer* o

wachttijd *Wartezeit* v; ⟨bij verzekering⟩ *Karenzzeit* v

wachtwoord *Kennwort* o; *Losung* v; *Parole* v

wachtzaal BN ⟨station⟩ *Wartesaal* m; ⟨dokter⟩ *Wartezimmer* o

wad ● doorwaadbare plaats *Furt* v ● bij eb droogvallend gebied *Watt* o

Waddeneiland *Watteninsel* v

Waddenzee *Wattenmeer* v

waden *waten*

wadjan, wadjang *Wok* m

wadlopen *Wattlaufen gehen*; *Wattwandern gehen*

wadloper *Wattwanderer* m; *Wattläufer* m

waf *wau*

wafel *Waffel* v

wafelijzer *Waffeleisen* o

wafelpatroon *Waffelmuster* o

waffel ▼ houd je ~! *halt die Klappe*

wagen **I** ZN [de] ● kar *Wagen* m ● auto *Wagen* m ● wagon *Wagen* m ▼ BN de ~ aan het rollen brengen *den Stein ins Rollen bringen* **II** OV WW ● durven *sich getrauen*; *sich*

unterstehen; wagen ★ waag 't eens! *unterstehl
dich!* ● riskeren *wagen* ▼ wie waagt, die wint
frisch gewagt ist halb gewonnen
wagenpark *Wagenpark* m
wagenwijd *sperrangelweit*
wagenziek *reisekrank*
waggelen ● wankelend lopen *watscheln*
● wiebelen *watscheln*
wagon *Waggon* m; ⟨nakeurspelling⟩ *Wagon* m
wajangpop *Wajangpuppe* v
wak *Wake* v
wake *Wache* v
waken ● wakker blijven *wachen*
● beschermend toezien *wachen* ★ over iem.
~ *über jmdn. wachen; auf jmdn. aufpassen*
★ ervoor ~ dat..., BN erover ~ dat... *dafür
sorgen, dass...* ★ daar waak ik wel voor *davor
paß ich schon auf*
waker *Wächter* m
wakker *wach* ★ ~ worden *wach werden;
erwachen* ★ ~ maken *wecken* ★ ~ schrikken
aus dem Schlaf aufschrecken ★ iem. ~ houden
jmdn. wach halten
wal ● dam *Wall* m ● vasteland *Ufer* o; *Land* o
★ van wal steken *abfahren; absegeln; loslegen*
● huiduitzakking onder ogen *Wulst* m; *Sack*
m ▼ van de wal in de sloot raken *vom Regen
in die Traufe kommen*
waldhoorn *Waldhorn* o
Wales *Wales* o
walgelijk *ekelhaft; widerlich; eklig*
walgen *sich ekeln* ★ ik walg ervan *mir ekelt
davor; es ekelt mich an* ★ ik walg van dit eten
mir ekelt es vor diesem Essen
walging *Abscheu* m; *Ekel* m
Walhalla *Walhall(a)* o
walhalla *Walhall(a)* o
walkietalkie *Walkie-Talkie* o
wallingant BN, POL. Waal die streeft naar
autonomie voor Wallonië *wallonische(r)
Separatist* m
Wallonië *Wallonien* o
walm *Qualm* m
walmen *qualmen*
walnoot ● vrucht *Walnuss* v ● boom
Walnussbaum m
walrus *Walross* o
wals ● dans *Walzer* m ● pletrol *Walze* v
walsen I OV WW pletten *walzen* **II** ON WW
dansen *Walzer tanzen*
walserij *Walzwerk* o
walsmuziek *Walzermusik* v
walvis *Wal* m
walvisvaarder *Walfangschiff* o; *Walfänger* m
wanbedrijf BN, JUR. misdrijf of zware
overtreding ≈ *Verbrechen* o
wanbegrip *Missverständnis* o
wanbeheer *Misswirtschaft* v
wanbeleid *Misswirtschaft* v ★ een ~ voeren
Misswirtschaft treiben
wanbetaler *schlechte(r) Zahler* m
wand *Wand* v
wandaad *Untat* v
wandbetimmering *Wandtäfelung* v
wandcontactdoos *Steckdose* v
wandel ● het wandelen *Spaziergang* m ★ aan

de ~ zijn *einen Spaziergang machen* ● gedrag
Lebenswandel m
wandelaar *Spaziergänger* m; SPORT *Wanderer* m
wandelen *spazieren*; FORM. *wandeln* ★ gaan ~
spazieren gehen; einen Spaziergang machen
▼ BN iem. ~ sturen *jmdn. abwimmeln; jmdn.
abspeisen*
wandelgang *Wandelhalle* v
wandeling *Spaziergang* m ▼ in de ~ *gewöhnlich*;
gemeinhin
wandelkaart *Wanderkarte* v
wandelpad *Fußweg* m; ⟨voor wandelingen⟩
Spazierweg m
wandelpas *Spaziertempo* o; *Spazierschritt* m
wandelroute *Wanderroute* v
wandelschoen *Laufschuh* m; ⟨voor tochten⟩
Wanderschuh m
wandelsport *Wandersport* m
wandelstok *Spazierstock* m
wandeltocht ⟨kort⟩ *Spaziergang* m; ⟨lang⟩
Wanderung v
wandelwagen *Kinderwagen* m
wandkleed *Wandbehang* m; *Wandteppich* m
wandluis *Wanze* v
wandmeubel *Anbaumöbel* o; *Schrankwand* v;
Anbauschrank m
wandrek *Sprossenwand* v
wandschildering *Wandmalerei* v;
Wandgemälde o
wanen *wähnen; glauben* ★ zich ~ *sich wähnen*
wang *Wange* v
wangedrag *schlechte(s) Benehmen* o
wangedrocht *Scheusal* o; *Missgeburt* v;
Ungeheuer o
wanhoop *Verzweiflung* v ★ iem. tot ~ brengen
jmdn. zur Verzweiflung bringen ★ de ~ nabij
zijn *der Verzweiflung nahe sein*
wanhoopsdaad *Verzweiflungstat* v
wanhoopskreet *Verzweiflungsschrei* m;
Verzweiflungsruf m
wanhopen *verzweifeln*
wanhopig *verzweifelt* ★ ~ maken *zur
Verzweiflung bringen* ★ het is om ~ van te
worden *es ist zum Verzweifeln*
wankel ● onvast *wackelig* ★ ~ evenwicht
labile(s) Gleichgewicht o ● ongewis
schwankend; wankend
wankelen ● onvast gaan/staan *schwanken;
wanken* ● FIG. instabiel zijn *schwanken* ★ zijn
troon wankelde al lang *sein Thron wackelte
schon lange*
wankelmoedig ● onstandvastig *wankelmütig*;
unbeständig ● besluiteloos *unschlüssig*
wanklank *Missklang* m; *Misston* m
wanneer I VR VNW *wann* **II** VW ● op het
moment dat *wenn* ● in het geval dat *wenn*
wanorde ● ordeloosheid *Unordnung* v
● verwarring *Durcheinander* o; *Verwirrung* v
wanordelijk *ungeordnet; unordentlich*; INFORM.
schlampig
wanprestatie ● slechte prestatie *Fehlleistung* v
● JUR. *Nichterfüllung* v
wanproduct *schlechte(s) Produkt* o
wansmaak *Geschmacklosigkeit* v; *üble(r)
Geschmack* m
wanstaltig *missgestaltet*

wa

want I ZN [de] handschoen *Fäustling* m; *Fausthandschuh* m **II** ZN [het] tuigage *Tauwerk* o; *Want* v; *Gut* o **v** van wanten weten *seine Sache verstehen* **III** VW *denn*

wantoestand *Missstand* m; *Fausthandschuh* m

wantrouwen I ZN [het] *Misstrauen* o **II** OV WW *misstrauen*

wantrouwig *misstrauisch*

wants *Wanze* v

wanverhouding *Missverhältnis* o

WAO *Erwerbsunfähigkeitsversicherungsgesetz* o ★ in de WAO zitten *Erwerbsunfähigkeitsrente beziehen*

wap *Wap* o

wapen ● strijdmiddel *Waffe* v ★ de ~s opnemen *zu den Waffen greifen* ● wapenschild *Wappen* o **v** met gelijke ~en strijden *mit gleichen Waffen kämpfen* **v** onder de ~en komen *(zum Dienst) eingezogen/einberufen werden*

wapenarsenaal *Waffenarsenal* o

wapenbeheersing *Rüstungskontrolle* v

wapenbezit *Waffenbesitz* m

wapenbroeder *Waffenbruder* m

wapenembargo *Waffenembargo* o

wapenen ● bewapenen *bewaffnen* ★ zich ~ tegen *sich bewaffnen gegen* ● FIG. versterken *wappnen*

wapenfeit ● oorlogsdaad *Kriegshandlung* v ● roemrijke daad *Heldentat* v

wapengeweld *Waffengewalt* v

wapenhandel *Waffenhandel* m

wapenhandelaar *Waffenhändler* m

wapenleverantie *Waffenlieferung* v

wapenrusting *Rüstung* v

wapenschild *Schild* m

wapenschouw *Truppenschau* v

wapenspreuk *Wappenspruch* m

wapenstilstand *Waffenstillstand* m

wapenstok *Gummiknüppel* m

wapentuig *Kriegsgerät* o; *Kriegsmaterial* o

wapenvergunning *Waffenschein* m; *Waffenerlaubnis* v

wapenwedloop *Wettrüsten* o

wappen *wappen*

wapperen *flattern*

war v PSYCH. in de war zijn *verwirrt sein*; in *Verwirrung sein* **v** PSYCH. iem. in de war brengen *jmdn. verwirren; jmdn. aus dem Konzept bringen; jmdn. aus der Fassung bringen* **v** in de war zijn *(ongeordend) durcheinander sein; in Unordnung sein*

warboel *Wirrwarr* m; *Durcheinander* o

warempel *richtig; leibhaftig*

waren ● → **waar**

warenhuis *Warenhaus* o; *Kaufhaus* o

warenwet *Lebensmittelgesetz* o

warhoofd *Wirrkopf* m

warm ● met hoge temperatuur *warm*; ⟨heet⟩ *heiß* ● hartelijk *warm* ★ een warm onthaal *ein herzlicher Empfang* **v** geïnteresseerd *warm* ★ iem. warm maken voor iets *jmdn. für etw. begeistern* ★ een warm voorstander *ein eifriger Verfechter*

warmbloedig ● BIOL. *warmblütig* ● vurig *heißblütig*

warmdraaien *warm laufen*; SPORT *sich aufwärmen*

warmen *(er)wärmen*

warming-up *Aufwärmen* o

warmlopen ● SPORT *sich warm laufen; sich einlaufen* ● te heet worden *heißlaufen* ● enthousiast worden *sich erwärmen; sich begeistern*

warmpjes *warm* **v** er ~ bij zitten *keine Not leiden; gut betucht sein*

warmte ● (hoge) temperatuur *Wärme* v ● hartelijkheid *Wärme* v

warmtebesparing *Energie(ein)sparung* v

warmtebron *Wärmequelle* v

warmtegeleider *Wärmeleiter* m

warmwaterbron *Thermalquelle* v

warmwaterkraan *Warmwasserhahn* m

warrelen *wirbeln* **v** gedachten ~ door haar hoofd *Gedanken schwirren ihr durch den Kopf*

warrig *verwirrt*; ⟨onduidelijk⟩ *verworren*

wars *abgeneigt*

Warschau *Warschau* o

Warschaus *Warschauer*

wartaal *verworrene(s) Zeug* o ★ ~ uitslaan *verworrenes Zeug/Unsinn reden*

warwinkel *Wirrwarr* m; *Durcheinander* o

was I ZN [de] ● het wassen *Wäsche* v ★ de was doen *waschen* ● wasgoed *★* bonte was *Buntwäsche* v **v** de vuile was buiten hangen *seine schmutzige Wäsche (vor anderen) waschen* **II** ZN [de/het] vettige stof *Wachs* o ★ met was bestrijken *wachsen* **v** goed in de slappe was zitten *gut bei Kasse sein*

wasautomaat *Waschautomat* m; ⟨volautomatisch⟩ *Waschvollautomat* m

wasbak *Waschbecken* o

wasbeer *Waschbär* m

wasbenzine *Waschbenzin* o

wasbeurt ★ iemand/iets een ~ geven *jmdn./etw. gründlich waschen*

wasbord ● wasplank *Waschbrett* o ● FIG. platte buik *Waschbrettbauch* m

wasdag *Waschtag* m

wasdom *Wachstum* o

wasdroger *Wäschetrockner* m

wasecht *waschecht*; ⟨in de wasmachine⟩ *waschmaschinenfest*

wasem *Dunst* m; *Dampf* m

wasemen *ausdunsten; dampfen*

wasemkap *Dunstabzugshaube* v

wasgelegenheid *Waschgelegenheit* v

wasgoed *Wäsche* v

washandje *Waschlappen* m

wasinrichting *Wäscherei* v

wasknijper *Wäscheklammer* v

waskrijt *Wachs(mal)kreide* v

waslijn *Wäscheleine* v

waslijst *Auflistung* v; *(lange) Liste* v

wasmachine *Waschmaschine* v

wasmand *Wäschekorb* m

wasmiddel *Waschmittel* o

waspeen *(gewaschene) Möhre* v; *Karotte* v

waspoeder *Waschpulver* o

wasprogramma *Waschprogramm* o

wassen I OV WW reinigen *waschen* ★ borden ~ *Teller spülen* ★ zijn handen ~ *sich die Hände*

waschen II ON WW toenemen *zunehmen; im Zunehmen sein;* ⟨groeien⟩ *wachsen* ★ ~d water *das wachsende/steigende Wasser* **III** BNW van was *wächsern; Wachs-*
wassenbeeldenmuseum *Wachsfigurenkabinett* o
wasserette *Waschsalon* m
wasserij *Wäscherei* v; ⟨stomerij⟩ *(chemische) Reinigung* v
wasstraat *Waschstraße* v
wastafel *Waschbecken* o
wastobbe *Waschzuber* m; *Waschtrog* m
wasverzachter *Weichspüler* m
wasvoorschrift *Waschanleitung* v
wat I BIJW ● erg *sehr* ★ je deed het maar wat graag! *du tatest es nur zu gern!* ● een beetje *etwas* ★ heel wat gehoord *sehr viel gehört* ★ nogal wat *ziemlich viel; nicht wenig* ★ vrij wat *bedeutend viel* ★ ik heb wat moois *ich habe etw./was Schönes* **II** VR VNW *was; welch* **III** BETR VNW *was* **IV** ONB VNW ● *was; etwas* ● een beetje *was; etwas* ▼ voor wat hoort wat *eine Hand wäscht die andere* **V** UITR VNW ★ wat een leven! *was für ein Leben!* ★ wat een fouten! *so viele Fehler!* ★ wat is je broer een geluksvogel! *ist dein Bruder aber ein Glückspilz!* **VI** TW ★ wat?! *was?!; wie bitte?!; was denn?!*
water ● vloeistof *Wasser* o ★ koolzuurhoudend ~, BN bruisend ~ *Mineralwasser mit Kohlensäure; Sprudel* o ★ BN plat ~ *stille(s) Mineralwasser* ★ op ~ en brood *bei Wasser und Brot* ● natuurlijke bedding met water *Wasser* o ★ te ~ *auf dem Wasser* ★ te ~ laten *vom Stapel laufen lassen* ★ het verkeer te ~ *der Wasserverkehr* ★ de ~en van Nederland *die Gewässer von den Niederlanden* ▼ stille ~s hebben diepe gronden *stille Wasser sind tief* ▼ ik voel het aan mijn ~ *das sagt mir mein Gefühl* ▼ weer boven ~ komen *wieder auftauchen* ▼ in het ~ vallen *ins Wasser fallen; in die Binsen gehen* ▼ ~ bij de wijn doen *gelindere Saiten aufziehen* ▼ ~ naar de zee dragen *Eulen nach Athen tragen* ▼ het ~ staat hem tot de lippen *das Wasser geht/steht ihm bis an den Hals* ▼ BN ~ en bloed zweten *schwitzen wie ein Affe*
waterachtig *wäss(e)rig*
waterafstotend *Wasser abweisend; wasserfest; Wasser abstoßend*
waterballet *Wasserballett* o
waterbed *Wasserbett* o
waterbekken *Wasserbecken* o
waterbestendig *wasserfest; wasserbeständig*
waterbloem *Wasserblume* v
waterbouwkunde *Wasserbau* m
waterdamp *Wasserdampf* m
waterdicht ● niet waterdoorlatend *wasserdicht; wasserfest; wasserundurchlässig* ● onweerlegbaar *einwandfrei; lückenlos*
waterdier *Wassertier* o
waterdruk *Wasserdruck* m
waterdruppel *Wassertropfen* m
wateren ● vocht afscheiden *wässern* ● urineren *sein Wasser abschlagen; urinieren*
waterfiets *Tretboot* o

waterfietsen *mit einem Tretboot fahren*
watergekoeld *wassergekühlt*
waterglas *Wasserglas* o
watergolf *Wasserwelle* v
watergolven *Wasserwellen legen*
watergruwel ≈ *Nachspeise* v *aus Grütze mit Rosinen in Johannisbeersaft und Zucker*
waterhardheid *Wasserhärte* v
waterhoen *Teichhuhn* v
waterhoofd *Wasserkopf* m
waterhuishouding ⟨v. gebied⟩ *Wasserwirtschaft* v; ⟨v. organisme⟩ *Wasserhaushalt* m
waterig ● als water *wässrig* ● met veel water *wässrig*
waterijsje *Wassereis* o
watering BN *waterschap* ≈ *Wasserverband* m; ≈ *Wasserwirtschaftsamt* o
waterjuffer *Libelle* v; *Wasserjungfer* v
waterkanon *Wasserwerfer* m
waterkant *Ufer* o
waterkering *Wehr* o
waterkers *Kresse* v
waterkoeling *Wasserkühlung* v
waterkoker *Wasserkocher* m
waterkonijn BN, CUL. *Bisamratte* v
waterkraan *Wasserhahn* m
waterkracht *Wasserkraft* v
waterkrachtcentrale *Wasserkraftwerk* o
waterlanders *Tränen* mv
waterleiding *Wasserleitung* v
waterleidingbedrijf *Wasserwerk* o
waterlelie *Seerose* v; *Teichrose* v
waterlijn *Wasserlinie* v
waterloo ▼ zijn ~ vinden *sein Waterloo erleben*
Waterman *Wassermann* m
watermeloen *Wassermelone* v
watermerk *Wasserzeichen* v
watermolen *Wassermühle* v
wateroppervlak *Wasseroberfläche* v
wateroverlast *Schwierigkeiten* v mv *durch (Hoch)Wasser*
waterpas I BNW *waagerecht; horizontal* **II** ZN [het] *Wasserwaage* v
waterpeil *Wasserstand* m; *Pegelstand* m
waterpijp *Wasserpfeife* v
waterpistool *Wasserpistole* v
waterplaats *Pissoir* o; *öffentliche Toilette* v
waterplant *Wasserpflanze* v
waterpokken *Wasserpocken* mv; *Windpocken* mv
waterpolitie *Wasserpolizei* v
waterpolo *Wasserball* m
waterpomptang *Rohrzange* v
waterproof *wasserdicht; wasserfest*
waterput *Brunnen* m; ⟨opvang van regenwater⟩ *Zisterne* v
waterrad *Wasserrad* o
waterrat ● dier *Wasserratte* v; *Schermaus* v ● persoon *Wasserratte* v
waterreservoir *Wasserreservoir* o; *Wasserbecken* o; *Wasserbehälter* m
waterrijk *wasserreich*
waterschade *Wasserschaden* m
waterschap ≈ *Wasserverband* m; ≈ *Wasserwirtschaftsamt* o
waterschapsbelasting *Wasserschutzgebühren* v

wa

mv
waterscheiding *Wasserscheide* v
waterschildpad *Wasserschildkröte* v
waterschuw *wasserscheu*
waterscooter *Wasserscooter* m
waterskiën *Wasserski fahren*
waterslang • dier *Wasserschlange* v
• gereedschap *Wasserschlauch* m
watersnip *Bekassine* v
watersnood *Hochwasserkatastrophe* v;
⟨overstroming⟩ *Überschwemmung* v
watersnoodramp *Hochwasserkatastrophe* v;
Flutkatastrophe v
waterspiegel • oppervlakte *Wasserspiegel* m
• peil *Wasserspiegel* m
watersport *Wassersport* m
waterstaat • watergesteldheid
Wasserwirtschaft v • dienst
Wasserwirtschaftsamt o
waterstaatkundig *wasserwirtschaftlich*
waterstand *Wasserstand* m
waterstof *Wasserstoff* m
waterstofbom *Wasserstoffbombe* v
waterstofperoxide *Wasserstoffperoxid* o
waterstraal *Wasserstrahl* m
watertanden *sich alle zehn Finger lecken*;
begehren ★ iem. doen ~ *jmdm. den Mund*
wässrig machen ★ *het is om van te ~ da läuft*
einem das Wasser im Munde zusammen
watertaxi *Wassertaxi* v
watertoerisme *Wassertourismus* m
watertoevoer *Wasserzufuhr* v; *Wasserzufluss* m
watertoren *Wasserturm* m
watertrappen, watertrappelen *Wasser treten*
waterval *Wasserfall* m
waterverf *Wasserfarbe* v
waterverontreiniging *Wasserverunreinigung* v;
Wasserverschmutzung v
watervlak *Wasserfläche* v; ⟨oppervlak⟩
Wasseroberfläche v
watervliegtuig *Wasserflugzeug* o
watervlug *wieselflink*
watervogel *Wasservogel* m
watervrees *Wasserscheu* v
waterweg *Wasserstraße* v
waterwerk • geheel van fonteinen
Wasserspiele mv • bouwwerk in het water
Wasser(bau)werk o
waterwingebied *Trinkwassergewinnungsgebiet*
o
waterzooi BN, CUL. *Hühnersuppe* v *mit Gemüse-*
und Geflügeleinlage
waterzuiveringsinstallatie *Klärungsanlage* v
watje • propje watten *Wattebausch* m
• persoon *Schlappschwanz* m
watt *Watt* o
wattage *Wattleistung* v
watten *Watte* v
wattenstaafje *Wattestäbchen* o
watteren *(aus)wattieren*
wauw *wau*
wauwelen *faseln*; *schwafeln*
wave *La-Ola-Welle* v
WA-verzekering *Haftpflichtversicherung* v
waxen *wachsen*

waxinelichtje *Teelicht* o
wazig *verschwommen*; *neblig*; *dunstig* ★ ~e
omtrekken *verschwommene(n) Umrisse*
wc *Toilette* v; *WC* o; INFORM. *Klo* o ★ ik moet
naar de wc *ich muss auf die Toilette*; *ich muss*
aufs Klo ★ naar de wc gaan *auf die Toilette*
gehen; INFORM. *aufs Klo gehen*
wc-borstel *Klobürste* v
wc-bril *Klosettsitz* m; INFORM. *Klobrille* v
wc-papier *Toilettenpapier* o; INFORM. *Klopapier*
o
wc-pot *Kloschüssel* v
wc-rol *Klorolle* v; *Toilettenrolle* v
we • → **wij**
web • spinnenweb *Spinnennetz* o • netwerk
Netz o
webadres *Webadresse* v
webcam *Webcam* v
webdesign *Webdesign* o
weblog *Weblog* o
webmaster *Webmaster* m
webpagina *Webseite* v
website *Website* v
wecken *einmachen*; *einwecken*
weckfles *Einweckglas* o
weckpot *Einmachglas* o; *Einweckglas* o
wedde BN loon *Gehalt* o
wedden *wetten*
weddenschap *Wette* v
wederdienst *Gegendienst* m; *Gegenleistung* v
wedergeboorte • reïncarnatie *Wiedergeburt* v
• FIG. herleving *Wiedergeburt* v
wederhelft *Ehegatte* m; INFORM. *bessere Hälfte* v
wederhoor • → **hoor**
wederkerend *rückbezüglich*; TAALK. *reflexiv*
wederkerig *wechselseitig*; *gegenseitig*
wederom *abermals*; *wiederum*
wederopbouw *Wiederaufbau* m
wederopstanding *Auferstehung* v
wederrechtelijk *widerrechtlich*; *rechtswidrig*
wedervaren I ZN [het] *Erlebnis* o II ON WW
widerfahren
wederverkoper *Wiederverkäufer* m;
Zwischenhändler m
wedervraag *Gegenfrage* v; *Rückfrage* v
wederzien • → **weerzien**
wederzijds *wechselseitig*; *gegenseitig*;
beiderseitig
wedijver *Wetteifer* m; ⟨concurrentie⟩
Konkurrenz v
wedijveren *wetteifern*
wedje *Wette* v
wedloop *Wettlauf* m
wedren *Wettrennen* o; *Rennen* o;
⟨paardenrace⟩ *Hindernisrennen* o
wedstrijd *Wettkampf* m; *Rennen* o;
⟨auto's/boten e.d.⟩ *Wettfahrt* v;
⟨voetbalmatch e.d.⟩ *Spiel* o; ⟨race⟩ *Wettrennen*
o; ⟨concours⟩ *Wettbewerb* m
wedstrijdbeker *Pokal* m
wedstrijdleider *Spielleiter* m; *Schiedsrichter* m;
Kampfrichter m
wedstrijdleiding *Kampfgericht* m; *Kampfjury* v
wedstrijdsport *Leistungssport* m
weduwe *Witwe* v
weduwepensioen *Witwenrente* v

weduwnaar *Witwer* m
weduwschap *Witwenschaft* v; *Witwentum* o
wee I ZN [de/het] • pijn *Weh* o • barenswee
Wehe v **II** BNW ★ wee van de honger *schwach
vor Hunger* ★ weeë lucht *fade(r)/widerliche(r)
Geruch*
weefgetouw *Webstuhl* m
weefsel • stof *Gewebe* o • BIOL. *Gewebe* o
weegbree *Wegerich* m
weegbrug *Brückenwaage* v; ⟨treinwagons⟩
Gleiswaage v
weegs ▼ zijns ~ gaan *seines Weges gehen*
Weegschaal *Waage* v
weegschaal *Waage* v ▼ zij legt elk woord op de
~ *sie legt jedes Wort auf die Goldwaage*
weeïg *übel; schlecht*
week I ZN [de] • zeven dagen *Woche* v ★ de
Goede/Stille Week *die Karwoche* ★ door de
week *werktags; unter der Woche* • het weken
Einweichen o ★ in de week zetten *einweichen*
II BNW • zacht *weich* • teerhartig ★ iem.
week maken *jmdn. erweichen*
weekblad *Wochenzeitschrift* v; *Wochenblatt* o
weekdag BN werkdag *Werktag* m
weekdier *Weichtier* o
weekeinde, weekend *Wochenende* o
weekenddienst *Notdienst* m
weekendretour *Sonntagsrückfahrkarte* v
weekendtas ≈ *Reisetasche* v
weekhartig *weichherzig*
weeklagen *wehklagen*; INFORM. *jammern*
weekloon *Wochenlohn* m
weekoverzicht *Wochenschau* v
weelde • overvloed *Überfluss* m; *Fülle* v;
Üppigkeit v ★ een ~ aan kleuren *eine
Farbenfülle* • luxe *Luxus* m; *Pracht* v
weelderig • overvloedig *aufwendig*;
aufwändig; ⟨groei⟩ *üppig* • luxueus *luxuriös*
weemoed *Wehmut* v ★ met ~ aan iets denken
mit Wehmut an etw. zurückdenken
weemoedig *wehmütig*
Weens *Wiener; wienerisch*
weer I ZN [het] • weersgesteldheid *Wetter* o;
⟨weertype over langere periode⟩ *Witterung* v
★ zwaar weer *böse(s)/schwere(s) Wetter* ★ weer
of geen weer *wie das Wetter auch ist*
• verwering *Verwitterung* v ★ het weer zit in
de spiegel *der Spiegel ist blind* ▼ mooi weer
spelen *gut Wetter machen* ▼ BN het mooie
weer maken ⟨populair zijn⟩ *populär sein;
beliebt sein* **II** BIJW opnieuw *wieder; aufs Neue*
★ hoe heet hij ook weer? *wie heißt er
doch/denn gleich?*
weerbaar *wehrhaft*
weerballon *Wetterballon* m
weerbarstig • koppig *störrisch; aufsässig;
widerspenstig* • stijf en stug *starr; steif*
weerbericht *Wetterbericht* m; *Wettervorhersage*
v
weerga *seines-/ihresgleichen* ▼ om de ~ niet
beileibe nicht
weergalmen *widerhallen; schallen*
weergaloos *unvergleichlich; beispiellos*
weergave • representatie *Wiedergabe* v
• vertolking *Wiedergabe* v
weergeven • reproduceren *wiedergeben*

• vertolken *wiedergeben*
weerhaak *Widerhaken* m
weerhaan *Wetterfahne* v; *Wetterhahn* m
weerhouden • beletten *verhindern* • BN
bezighouden *beschäftigen* • BN in
overweging nemen *in Erwägung ziehen*
weerhuisje *Wetterhäuschen* o
weerkaart *Wetterkarte* v
weerkaatsen I OV WW terugkaatsen
zurückwerfen; zurückstrahlen; reflektieren
II ON WW teruggekaatst worden
zurückprallen; ⟨licht⟩ *zurückstrahlen*; ⟨geluid⟩
widerhallen
weerklank • echo *Widerhall* m • instemming
Anerkennung v; *Beifall* m; *Anklang* m
weerklinken *ertönen; erschallen*
weerkunde *Wetterkunde* v; *Meteorologie* v
weerkundige *Meteorologe* m [v: *Meteorologin*]
weerleggen *widerlegen*
weerlegging *Widerlegung* v
weerlicht *Wetterleuchten* o
weerlichten *wetterleuchten*; ⟨bliksemen⟩ *blitzen*
weerloos *wehrlos*
weermacht *Wehrmacht* v
weerman *Präsentator* m *der Wettervorhersage
im Fernsehen*; HUMOR. *Wetterfrosch* m
weerom *wieder; zurück*
weeromstuit ▼ van de ~ lachen *vom Lachen
angesteckt werden*
weeroverzicht *Wetterbericht* m
weersatelliet *Wettersatellit* m
weerschijn *Widerschein* m; *Glanz* v; ⟨zeer lichte
reflectie⟩ *Schimmer* m
weerschijnen *widerspiegeln*
weersgesteldheid *Witterung* v; ⟨situatie⟩
Wetterlage v
weerskanten *beide(n) Seiten* mv ★ aan ~ *auf
beiden Seiten* ★ van ~ *von beiden Seiten*;
beiderseits
weerslag *Rückwirkung* v
weersomstandigheden *Wetterverhältnisse* mv;
Witterungsverhältnisse mv
weerspannig *widerspenstig*; FORM. *renitent*
weerspiegelen *widerspiegeln*
weerspiegeling *Widerspieg(e)lung* v; ⟨afspiegeling⟩ *Spiegelbild* o
weerspreken *widersprechen* [+3]
weerspreuk *Wetterregel* v; *Bauernregel* v
weerstaan *widerstehen*
weerstand • tegenstand *Widerstand* m ★ ~
bieden *Widerstand leisten* • deel van
stroomkring *Widerstand* m
weerstandsvermogen *Widerstandsfähigkeit* v
weerstation *Wetterstation* v
weersverandering *Wetter(ver)änderung* v;
Wetterumschlag m; *Wetterwechsel* m
weersverbetering *Wetterbesserung* v
weersverschijnsel *Wettererscheinung* v;
Witterungserscheinung v
weersverwachting *Wetteraussichten* mv
weersvoorspeller *Wetterprophet* m
weersvoorspelling *Wettervorhersage* v
weerszijden ▼ aan ~ *an beiden Seiten; beidseitig*
▼ van ~ *von beiden Seiten; beiderseitig; zu
beiden Seiten* [+2]
weertoestand *Wetterlage* v

we

weertype *Wettertyp* m
weerwil ▼ in ~ van *trotz* [+2]; *ungeachtet* [+2]; *ohne Rücksicht auf* [+4]
weerwolf *Werwolf* m
weerwoord *Erwiderung* v; *Entgegnung* v; ⟨tegenspraak⟩ *Widerwort* o; ⟨tegenspraak⟩ *Widerrede* v
weerzien I ZN [het] *Wiedersehen* o ★ tot ~s auf *Wiedersehen* **II** OV WW *wiedersehen*
weerzin *Widerwille* m
weerzinwekkend ● stuitend *widerlich*; *widrig* ● walgelijk *ekelhaft*; *eklig*
wees *Waise* v
Weesgegroet *Ave-Maria* o
weeshuis *Waisenhaus* o
weeskind *Waisenkind* o
weet *Wissen* o ★ aan de weet komen *erfahren*; *ausfindig machen* ★ nergens weet van hebben *nichts wissen* ★ het is maar een weet *man muss es nur wissen* ★ hij heeft er geen weet van *er weiß es nicht*
weetal *Alleswisser* m
weetgierig *wissbegierig*
weetje *Wissenswerte(s)* o ▼ zijn ~ wel weten *gut Bescheid wissen*
weg I ZN [de] ● straat *Weg* m; *Straße* v ★ de grote weg *die Hauptstraße* ★ op de openbare weg *auf öffentlicher Straße* ★ altijd op de weg zitten *immer auf der Straße liegen* ● LETT. traject *Strecke* v; *Route* v ★ de weg kwijtraken *sich verfahren/verlaufen* ▼ iem. de weg vragen *jmdn. nach dem Weg fragen* ★ op weg gaan *sich auf den Weg machen* ● FIG. (levens)loop ★ zijn eigen weg gaan *seinen eigenen Weg gehen* ★ zijn weg vinden *seinen Weg machen* ★ iem. op weg helpen *jmdm. auf die Sprünge helfen* ★ goed op weg zijn *auf dem besten Wege sein* ★ op de goede weg zijn *auf dem rechten Weg sein*; *auf dem richtigen Weg sein* ★ hij zal zijn weg wel vinden *er wird seinen Weg schon machen* ● LETT., FIG. doortocht *Weg* m ★ de weg effenen voor iets/iemand *etw./jmdm. den Weg ebnen* ★ als niets in de weg komt *wenn nichts in die Quere kommt* ★ uit de weg ruimen *aus dem Weg räumen/schaffen* ● manier, middel *Weg* m ★ langs de officiële weg *auf dem Dienstweg* ▼ aan de weg timmeren *seinen Weg gehen/machen* ▼ de weg van de minste weerstand kiezen *den Weg des geringsten Widerstandes wählen* **II** BIJW ● afwezig *weg*; *fort* ★ weg met X! *fort/nieder mit X!* ★ weg ermee! *fort/weg damit!* ★ ik durf niet weg *ich wage mich nicht wegzugehen* ● zoek *verschwunden*; *weg* ● ~ van *hingerissen von*; *weg von* ▼ veel van iem. weg hebben *jmdm. ähnlich sehen* ▼ het heeft er veel van dat... *es sieht sehr danach aus, dass...*
wegaanduiding *Wegmarkierung* v
wegbenen *wegstiefeln*
wegbereider *Wegbereiter* m
wegbergen *wegräumen*; ⟨opsluiten⟩ *wegschließen*; ⟨leggen⟩ *weglegen*
wegblazen *wegblasen*
wegblijven ● niet komen *wegbleiben* ● niet terugkomen *fernbleiben*

wegbonjouren *hinauskomplimentieren*
wegbranden I OV WW verbranden *wegbrennen* ★ weefsel ~ *Gewebe wegätzen* **II** ON WW verbrand worden *wegbrennen* ▼ ze is er niet weg te branden *sie ist dort nicht wegzukriegen*
wegbreken *abreißen*
wegbrengen ● elders brengen *fortbringen*; ⟨arrestant e.d.⟩ *abführen* ● vergezellen *wegbringen*
wegcijferen *außer Acht lassen*
wegcircuit *Rennstrecke* v
wegcode BN verkeersreglement *Straßenverkehrsordnung* v
wegdek *Fahrbahndecke* v; *Straßendecke* v
wegdenken *fortdenken*; *wegdenken*
wegdoen ● niet langer houden *abschaffen* ● opbergen *wegschließen*; *weglegen*; *wegstecken*; *wegtun*
wegdoezelen *einnicken*
wegdommelen *eindämmern*; *einduseln*; in *Halbschlaf versinken*
wegdraaien I OV WW geleidelijk laten verdwijnen *ausblenden* **II** ON WW in andere richting draaien *wegdrehen*
wegdragen ● naar elders dragen *forttragen* ● verwerven *wegtragen*
wegdrijven I OV WW verdrijven *wegtreiben* ★ het vee werd weggedreven *das Vieh wurde weggetrieben* **II** ON WW zich drijvend verwijderen *wegtreiben*; *davontreiben*
wegdrukken *wegdrücken*; *zur Seite drücken*
wegduiken *sich (weg)ducken*; ⟨in water⟩ *untertauchen*; ⟨zich in veiligheid brengen⟩ *von der Bildfläche verschwinden*
wegduwen *wegschieben* ★ gedachten ~ *Gedanken verdrängen*
wegebben *langsam verschwinden*; ⟨geluid⟩ *verebben*
wegen I OV WW ● gewicht bepalen *wiegen* ● goed overdenken *wägen* ★ na lang wikken en ~ *nach reiflicher Erwägung*; *nach langem Hin und Her* **II** ON WW ● genoemde gewicht hebben *wiegen* ● van belang zijn *wiegen*; *ins Gewicht fallen*
wegenaanleg *Straßenbau* m
wegenatlas *Straßenatlas* m
wegenbelasting *Kraftfahrzeugsteuer* v
wegenbouw *Straßenbau* m
wegenkaart *Straßenkarte* v
wegennet *Straßennetz* o
wegens *wegen* [+2]; *aufgrund von* [+3]; *auf Grund von* [+3]
wegenwacht ● dienst *ADAC* m ● persoon *Straßenwacht* v
weg- en waterbouw *Straßen- und Wasserbau* m
weggaan ● vertrekken *weggehen* ● verdwijnen *fortgehen*
weggebruiker *Verkehrsteilnehmer* m
weggeven ● cadeau doen *wegschenken*; *verschenken* ● ten beste geven *weggeben* ★ een show ~ *eine Show zum Besten geben*
weggevertje *Kleinigkeit* v; ⟨cadeautje⟩ *kleine(s) Geschenk* o; ⟨tentamenvraag⟩ *leichte Examensfrage* v
wegglippen *wegschlüpfen*

weggooiartikel *Wegwerfartikel* m;
  Einwegartikel m
weggooien *wegwerfen*
weggooiverpakking *Einwegverpackung* v
weggrissen *weggrapschen*
weghalen • wegnemen *wegnehmen*
  • wegvoeren ★ een gevangene ~ *einen*
  Gefangenen abführen
weghelft *Straßenseite* v; ⟨rijstrook⟩ *Fahrspur* v
  ★ op de verkeerde ~ komen *auf die*
  Gegenfahrbahn geraten
wegjagen *wegjagen*; *fortjagen*
wegkapen *wegnehmen*; INFORM. *stibitzen*
wegkomen *wegkommen*; *fortkommen* ★ maak
  dat je wegkomt! *scher dich weg!* ★ maken dat
  men wegkomt *sich davonmachen*
wegkruipen • weggaan *wegkriechen*;
  fortkriechen • zich verstoppen *sich verstecken*;
  sich verkriechen
wegkwijnen *verkümmern*; ⟨door verdriet⟩
  (ver)schmachten; ⟨door ziekte⟩ *(da)hinsiechen*
weglaten *weglassen*; *fortlassen* ⟨woord e.d.⟩
  auslassen
wegleggen • terzijde leggen *weglegen*
  • sparen *aufbewahren*; *aufheben* ▼ dat is niet
  voor iedereen weggelegd *das wird nicht*
  jedem zuteil
wegleiden *wegführen*
wegligging *Straßenlage* v
weglokken *weglocken*; *fortlocken*
wegloophuis *Weglaufhaus* o
weglopen • naar elders lopen *fortlaufen*;
  weglaufen • wegvloeien *abfließen* • er
  vandoor gaan *ausreißen* • ~ **met** dol zijn op
  ★ niet met iem. ~ *sich nicht viel aus jmdm.*
  machen
wegloper *Ausreißer* m
wegmaken • zoekmaken *wegmachen*; *verlegen*
  • onder narcose brengen *betäuben*
wegmarkering *Fahrbahnmarkierung* v
wegmoffelen *verschwinden lassen*
wegnemen • weghalen *fortnehmen*;
  wegnehmen • doen verdwijnen *beseitigen*
  ▼ dat neemt niet weg dat... *das ändert nichts*
  daran, dass...
wegomlegging *Umleitung* v
wegpesten *wegärgern*; *wegekeln*
wegpinken *wischen*
wegpiraat *Verkehrsrowdy* m
wegpromoveren *wegloben*; *fortloben*
wegraken *wegkommen*; *abhandenkommen*;
  verloren gehen
wegrennen *wegrennen*
wegrestaurant *Raststätte* v
wegrijden ⟨voertuig⟩ *wegfahren*; ⟨rijdier⟩
  wegreiten; ⟨rijdier⟩ *fortreiten*; ⟨vertrekken van
  bus/trein⟩ *abfahren*
wegroepen *wegrufen*; *abrufen*
wegrotten *verfaulen*; *wegfaulen*; ⟨kadaver⟩
  verwesen
wegrukken *fortreißen*
wegscheren I OV WW scherend verwijderen
  abrasieren; *wegrasieren* II WKD WW [zich ~]
  sich wegscheren ★ scheer je weg! *mach, dass*
  du wegkommst!
wegschieten I OV WW • afschieten *abschießen*

• met schiettuig wegslingeren *wegschießen*;
  losschießen; *abschießen* II ON WW snel
  verplaatsen *wegschnellen*
wegschrijven *speichern*
wegslaan I OV WW verwijderen *wegschlagen*;
  abschlagen ★ hij is niet bij haar weg te slaan
  man kann ihn nicht von ihr loseisen II ON WW
  verwijderd worden *wegschlagen*; *wegreißen*
  ★ de dijk werd weggeslagen *der Deich wurde*
  weggespült/weggerissen
wegslepen *fortschleppen*; *wegschleppen*; ⟨auto⟩
  abschleppen
wegslikken • doorslikken *hinunterschlucken*
  • FIG. verwerken *hinunterschlucken*
wegsluipen (sich) *wegschleichen*; (sich)
  fortschleichen
wegsmelten *wegschmelzen*; *schmelzen* ★ de
  sneeuw is weggesmolten *der Schnee ist*
  weggeschmolzen
wegsmijten *wegschmeißen*; *fortschmeißen*
wegspoelen I OV WW • spoelend verwijderen
  hinunterspülen • meevoeren *fortspülen*;
  wegspülen; *wegschwemmen* II ON WW
  meegevoerd worden *weggespült werden*;
  weggeschwemmt werden
wegstemmen *abwählen*; ⟨met meerderheid⟩
  überstimmen
wegsterven *ausklingen*; *verhallen*
wegstoppen • verbergen *wegstecken* • PSYCH.
  verdringen *wegstecken*
wegstrepen *streichen*; *durchstreichen*;
  wegstreichen
wegsturen • wegzenden *wegschicken*;
  fortschicken • verzenden *wegschicken*;
  fortschicken
wegteren *dahinsiechen* ★ doen ~ *zehren*
wegtoveren *fortzaubern*; *wegzaubern*
wegtransport *Straßentransport* m
wegtreiteren *hinausekeln*
wegtrekken I OV WW van zijn plaats trekken
  wegziehen; *fortziehen* II ON WW verdwijnen
  ★ het onweer trekt weg *das Gewitter verzieht*
  sich ★ mijn hoofdpijn trekt weg *meine*
  Kopfschmerzen lassen nach
wegvagen *auslöschen*; *wegfegen* ★ de huizen
  werden door de storm weggevaagd *die*
  Häuser wurden vom Sturm weggefegt
  ★ herinneringen ~ *Erinnerungen (aus)löschen*
  ★ hij had zijn concurrenten weggevaagd *er*
  hatte seine Konkurrenten ausgeschaltet
wegvallen • weggelaten worden *ausfallen*
  • vervallen *entfallen* ★ dit programma valt
  weg *diese Sendung entfällt* • uitvallen
  ausfallen; *wegfallen* ★ deze cursus valt weg
  dieser Kurs fällt aus
wegverkeer *Straßenverkehr* m
wegversmalling *Straßenverengung* v
wegversperring *Straßensperre* v
wegvervoer *Transport* m *auf der Straße*
wegvliegen • vliegend weggaan *wegfliegen*
  • snel heengaan *fortfliegen*
wegvoeren *wegführen*; ⟨gevangenen⟩ *abführen*
wegwaaien I OV WW wegvoeren *wegwehen*;
  fortwehen; *verwehen* II ON WW weggevoerd
  worden *wegwehen*; *fortwehen*
wegwerken *wegschaffen*; ⟨achterstand⟩

aufarbeiten; ⟨eten⟩ *verputzen*

wegwerker *Straßenarbeiter* m

wegwerp- *Wegwerf-* ★ wegwerpverpakking *Wegwerfverpackung* v; *Einwegverpackung* v

wegwerpen *wegwerfen*

wegwerpmaatschappij *Wegwerfgesellschaft* v

wegwezen *abhauen* ★ ~ jullie! *verschwindet!* ▼ terug van weggeweest *wieder da*

wegwijs *im Bilde*; *auf der Höhe*

wegwijzer ● wegaanduiding *Wegweiser* m ● gids *Anleitung* v; *Führer* m

wegwuiven *beiseiteschieben*; *bagatellisieren*

wegzakken ● verdwijnen *versinken*; *einsinken*; ⟨geluid⟩ *abklingen* ● versuffen *wegtreten*; *eindämmern* ★ haar krachten zakten weg *ihr schwanden die Kräfte*

wegzetten ● terzijde zetten *wegsetzen* ● wegbergen *wegstellen*

wei ● weiland ⟨om te grazen⟩ *Weide* v; ⟨om te hooien⟩ *Wiese* v ● melkwei *Molke* v ● MED. bloedwei *Blutserum* o

weiachtig *molkig*

Weichsel *Weichsel* v

weide ● hooiland *Wiese* v ● grasland *Weide* v

weidebloem *Wiesenblume* v

weidegrond *Weideland* o

weiden I OV WW laten grazen *weiden lassen*; *hüten* II ON WW grazen *weiden*; *grasen*

weidevogel *Wiesenvogel* m

weids ● groots *großartig*; *prunkhaft*; *imposant* ● statig *stattlich*

weifelaar *Zauderer* m; *unentschlossene(r) Mensch* m

weifelachtig *unentschlossen*; *unschlüssig*; ⟨aarzelend⟩ *zögernd*; ⟨onzeker⟩ *wankelmütig*

weifelen ● onzeker zijn *schwanken* ● geen besluit kunnen nemen *unschlüssig sein* ● aarzelen *zögern*

weifeling ● niet onzeker zijn *Schwanken* o ● besluiteloosheid *Unschlüssigkeit* v; *Unentschlossenheit* v ● aarzeling *Zögern* o

weigeraar *Verweigerer* m

weigeren I OV WW ● niet willen doen *sich weigern*; *versagen*; *verweigern* ★ zij weigerde mij het boek te geven *sie weigerte sich, mir das Buch zu geben* ● niet aannemen *ablehnen* II ON WW het niet doen *versagen* ★ het paard weigerde *das Pferd scheute*

weigering *Verweigerung* v; *Weigerung* v

weiland *Weide* v; *Weideland* o

weinig *wenig*

wekdienst *Weckdienst* m

wekelijks *wöchentlich*; *Wochen-* ★ zij verdient ~ 300 euro *sie verdient 300 Euro in der Woche* ★ ~e termijn *Wochenrate* v ● aantal ~e lesuren *Wochenstundenzahl* v

weken *(auf)weichen*; ⟨wasgoed⟩ *einweichen*

wekenlang I BNW *wochenlang* II BIJW *wochenlang*

wekken ● wakker maken *wecken* ● opwekken *erwecken*; *erregen*; *wachrufen* ★ bij iem. verwachtingen ~ *jmdm. Hoffnungen machen*

wekker *Wecker* m

wekkerradio *Radiowecker* m

weksignaal *Weckruf* m; *Wecksignal* o

wel I BIJW ● goed *wohl* ★ als ik het wel heb *wenn ich (mich) nicht irre* ★ wel thuis! *komm gut nach Hause!* ★ moeder en kind maken het wel *Mutter und Kind sind wohlauf* ★ dank je wel *danke schön*; *vielen Dank* ● tegenover niet *schon*; *ja* ★ zie je nu wel dat ik gelijk heb *siehst du wohl, dass ich recht habe* ★ dat wist je wel *das wusstest du schon* ★ zeg dat wel! *da hast du recht!* ● waarschijnlijk *wohl*; *schon* ★ hij zal wel geen tijd hebben *er wird wohl keine Zeit haben* ★ zij zal het wel weten *sie wird es schon wissen* ★ hij zal je wel helpen *er wird dir schon helfen* ● vragend ★ weet je wel wie ik ben? *weißt du eigentlich, mit wem du es zu tun hast?* ★ wat denk je wel? *wo denkst du hin?* ● minstens ★ hij kwam te laat en wel 'n heel uur *er kam zu spät und zwar eine ganze Stunde* ● versterkend ★ wel nee! *nicht doch!*; *aber nein!* ★ wel ja doch! *das fehlte noch!* ★ wel zeker! *gewiss!*; *ja freilich!* ★ dat komt wel in orde *das findet sich schon* ● weliswaar *zwar*; *wohl* ★ hij is wel rijk, maar niet gelukkig *er ist zwar reich, aber nicht glücklich* II TW na ★ wel? *nun?* ★ wel, wel! *ei! ei!* III ZN [het] voorspoed *Wohl* o ★ in wel en wee *in Freud und Leid* ★ het wel en wee *das Wohl und Weh*

welbehagen ● genoegen *Wohlbehagen* o; *Vergnügen* o ★ het gevoel van ~ *das Wohlgefühl* ● believen *Wohlgefallen* o

welbekend *wohlbekannt*; *allgemein bekannt*

welbemind *viel geliebt*; *sehr geliebt*

welbeschouwd *genau genommen*; *bei Licht besehen*

welbespraakt *sprachgewandt*; *redegewandt*

welbesteed *gut benutzt*; *gut angelegt*

welbevinden *Wohlbefinden* o

welbewust *ganz bewusst*

weldaad ● goede daad *Wohltat* v ● genot *Wohltat* v

weldadig ● heilzaam *wohltuend* ● aangenaam *angenehm*

weldenkend *redlich*; *rechtschaffen*

weldoen *Gutes tun*; FORM. *Wohltaten erweisen* ▼ doe wel en zie niet om *tue recht und scheue niemand*

weldoener *Wohltäter* m; FORM. *Gönner* m

weldoordacht *wohlüberlegt*; *wohlerwogen*; *wohldurchdacht*

weldoorvoed *wohlgenährt*; *wohlernährt*

weldra *bald*

weledel ▼ de ~e heer A. *Herrn A.* ▼ ~e heer A. *Sehr geehrter Herr A.*

weledelgeboren ★ ~ mevrouw A. *Sehr geehrte Frau A.* ★ ~ heer A. *Sehr geehrter Herr A.*

weleens *(wohl) mal*

weleer *einst*

weleerwaard *hochehrwürdig*; *hochwürdig* ★ de ~e heer A. *Herrn Pfarrer A.* ★ Weleerwaarde Heer *Hoch(ehr)würdiger Herr!* ★ Weleerwaarde *Hochwürden*

welfare *Sozialhilfe* v; *Wohlfahrt* v

welgemanierd *manierlich*; *wohlerzogen*; *anständig*

welgemeend *gut gemeint*

welgemoed *wohlgemut*

welgesteld *wohlhabend*

welgeteld *genau gezählt*

welgevallen I ZN [het] *Wohlgefallen* o ★ *naar ~ nach Belieben* **II** ONV WW ★ *zich iets laten ~ sich etw. gefallen lassen*

welgevallig *angenehm*

welgezind *gut gesinnt; wohlgesinnt* ★ *iem. ~ zijn jmdm. gewogen sein*

welig I BNW *üppig* **II** BIJW ★ *~ tieren üppig wachsen; wuchern*

welingelicht *wohlunterrichtet* ★ *uit ~e bron aus zuverlässiger Quelle*

weliswaar *zwar; freilich; allerdings*

welk I VR VNW *welch* m **II** BETR VNW *der* m; *die* v; *das* o; *welch*

welkom I TW *willkommen* **II** BNW ● *gewenst willkommen* ★ *iem. ~ heten willkommen heißen; begrüßen* ★ *een ~e gast ein willkommener Gast* ● *gelegen komend willkommen* **III** ZN [het] *Willkommen* o; *Begrüßung* v

welkomst *Willkommen* o; *Empfang* m

welkomstwoord *Begrüßungswort* o

wellen I OV WW ● *weken einweichen* ● *lassen schweißen* **II** ON WW *opborrelen quellen*

welles *doch*

welletjes ▼ *zo/nu is het ~ jetzt reicht 's*

wellevend *wohlanständig*

wellicht *vielleicht; möglicherweise*

welluidend *wohllautend; wohlklingend*

wellust *Wollust* v

wellustig *wollüstig*

welnee *aber nein*

welnemen *Erlaubnis* v; *Billigung* v ★ *met uw ~ mit Ihrer Erlaubnis*

welnu *also; nun denn*

welopgevoed *wohlerzogen*

weloverwogen ● *opzettelijk wohlerwogen* ● *doordacht wohlbedacht*

welp ● *dier Welpe* m ● *padvinder Wölfling* m ● *jonge sportbeoefenaar Junior* m

welriekend *wohl riechend*

Welsh *Walisisch* o

welslagen *Gelingen* o

welsprekend *redegewandt; beredt; wortgewandt*

welsprekendheid *Beredsamkeit* v; *Redegewandtheit* v

welstand ● *welvaart Wohlstand* m ● *gezondheid Wohlbefinden* o ★ *in blakende ~ verkeren sich ausgezeichneten Wohlbefindens erfreuen*

weltergewicht *Mittelgewicht* o

welterusten *gute Nacht*

welteverstaan *wohlgemerkt; wohlverstanden*

weltevreden *wohlzufrieden*

welvaart *Wohlstand* m

welvaartsmaatschappij *Konsumgesellschaft* v; *Wohlstandsgesellschaft* v

welvaartsstaat *Wohlfahrtsstaat* m

welvaartsziekte *Wohlstandskrankheit* v; *Zivilisationskrankheit* v

welvaren *Wohlbefinden* o; *Wohlsein* o ▼ *eruitzien als Hollands ~ aussehen wie die Gesundheit selbst*

welvarend *wohlhabend*

welven I OV WW *boogvormig maken wölben* **II** WKD WW [**zich ~**] *sich wölben*

welverdiend *wohlverdient*

welverzorgd *gepflegt*

welving *Wölbung* v

welvoeglijk I BNW *schicklich* **II** BIJW *schicklich*

welwillend *wohlwollend* ★ *een ~ gehoor vinden ein geneigtes Ohr finden* ★ *met ~e medewerking mit freundlicher Mitwirkung*

welzijn ● *welbevinden Wohlergehen* o; *Wohl* o ★ *het algemeen ~ das öffentliche Wohl* ● *gezondheid Wohlbefinden* o

welzijnssector *Sozialwesen* o; *soziale(r) Bereich* m

welzijnswerk *Sozialarbeit* v; *Sozialwesen* o

welzijnswerker *Sozialarbeiter* m

welzijnszorg *Sozialfürsorge* v; *Sozialwesen* o

wemelen van *wimmeln von*

wendbaar *wendig*

wenden I OV WW *keren wenden; (um)drehen* **II** WKD WW [**zich ~**] *tot sich wenden an* ★ *voor inlichtingen kunt u zich ~ tot X Auskunft erteilt X*

wending *Wendung* v

Wenen *Wien* o

wenen *weinen*

wenk ● *gebaar Wink* m ● *aanwijzing Wink* m; *Hinweis* m ★ *iem. een wenk geven jmdm. einen Hinweis/Wink geben* ▼ *iem. op zijn wenken bedienen jmdm. auf den kleinsten Wink hin gehorchen*

wenkbrauw *Augenbraue* v ★ *de ~en bijtekenen die Augenbrauen nachziehen*

wenkbrauwpotlood *Augenbrauenstift* m

wenken *winken* ★ *hij wenkte me naderbij er winkte mich näher heran*

wennen I OV WW *vertrouwd maken (met) gewöhnen* **II** ON WW *vertrouwd raken (met) sich gewöhnen;* ⟨aarden⟩ *sich einleben;* ⟨aarden⟩ *sich eingewöhnen* ★ *dat went wel daran gewöhnt man sich*

wens ● *verlangen Wunsch* m ★ *is alles naar wens? sind Sie zufrieden?* ● *gelukwens Wunsch* m ★ *de beste wensen voor het nieuwe jaar das Allerbeste zum neuen Jahr* ▼ *de wens is de vader van de gedachte der Wunsch ist der Vater des Gedankens* ▼ *uw wens is mijn bevel Ihr Wunsch ist mir Befehl*

wensdroom *Wunschtraum* o

wenselijk ● *te wensen wünschenswert* ● *raadzaam erwünscht*

wensen ● *verlangen wünschen* ★ *niets te ~ overlaten nichts zu wünschen übrig lassen* ★ *het is gewenst es ist erwünscht* ● *toewensen wünschen*

wenskaart *Glückwunschkarte* v

wentelen I OV WW *laten draaien wälzen* ★ *zich ~ sich wälzen* **II** ON WW *draaien* ★ *de aarde wentelt om haar as die Erde dreht sich um ihre Achse*

wentelteefje *arme(r) Ritter* m

wenteltrap *Wendeltreppe* v

wereld ● *planeet aarde Welt* v ★ *geen land ter ~ kein Land der Welt* ★ *hij heeft heel wat van de ~ gezien er ist weit in der Welt herumgekommen* ● *samenleving, mensen Welt* v ★ *de hele ~ bewondert deze daad alle Welt bewundert diese Tat* ● *de derde ~ die*

Dritte Welt ● → **wereldje** ▼ ter ~ brengen *zur Welt bringen* ▼ ter ~ komen *zur Welt kommen* ▼ iem. naar de andere ~ helpen *jmdn. ins Jenseits befördern* ▼ een ~ van verschil *ein Unterschied wie Tag und Nacht* ▼ de zaak is uit de ~ *die Sache hat sich erledigt* ▼ moeilijkheden uit de ~ helpen *Schwierigkeiten aus der Welt schaffen* ▼ voor niets ter ~ *nicht um alles in der Welt* ▼ weten wat er in de ~ te koop is *sich in der Welt zurechtfinden*

wereldatlas *Weltatlas* m
Wereldbank *Weltbank* v
wereldbeeld *Weltbild* o
wereldbeker *Weltmeisterschaft* v
wereldberoemd *weltberühmt*
wereldbeschouwing *Weltanschauung* v
wereldbevolking *Weltbevölkerung* v; *Erdbevölkerung* v
wereldbol *Erdball* m; *Erdkugel* v; ⟨globe⟩ *Globus* m
wereldburger *Weltbürger* m
wereldcup *Weltcup* m; *Weltpokal* m
werelddeel *Kontinent* m; *Erdteil* o
wereldeconomie *Weltwirtschaft* v
wereldgeschiedenis *Weltgeschichte* v
wereldhandel *Welthandel* m
Wereldhandelsorganisatie *Welthandelsorganisation* v
wereldje *Kreis* m
wereldkaart *Weltkarte* v
wereldkampioen *Weltmeister* m
wereldkampioenschap *Weltmeisterschaft* v
wereldklok *Weltzeituhr* v
wereldkundig *weltkundig* ★ ~ worden *bekannt/ruchbar werden*
wereldlijk *weltlich*; REL. *profan*
wereldliteratuur *Weltliteratur* v
wereldmacht *Weltmacht* v
wereldnaam *Weltruf* m
Wereld Natuur Fonds ≈ *Umweltstiftung* v *Deutschland*
wereldnieuws *Nachrichten* mv *aus aller Welt*
Wereldomroep *weltweite(r) Rundfunksender* m *der Niederlande*
wereldontvanger *Weltempfänger* m
wereldoorlog *Weltkrieg* m
wereldorganisatie *Weltorganisation* v
wereldpremière *Uraufführung* v
wereldranglijst *Weltrangliste* v
wereldrecord *Weltrekord* m
wereldrecordhouder *Weltrekordler* m
wereldreis *Weltreise* v
wereldreiziger *Weltreisende(r)* m
wereldrijk *Weltreich* o
werelds ● *aards weltlich*; *profan* ★ ~e goederen *irdische(n) Güter* ● mondain *mondän*
wereldschokkend *weltbewegend*; *welterschütternd*
wereldstad *Weltstadt* v
wereldtaal *Weltsprache* v
wereldtentoonstelling *Weltausstellung* v
wereldtitel *Weltmeisterschaftstitel* m
wereldverbeteraar *Weltverbesserer* m
wereldvrede *Weltfrieden* m
wereldvreemd *weltfremd*

wereldwijd *weltweit*
wereldwijs *welterfahren*; *weltklug*
wereldwinkel *Dritte-Welt-Laden* m
wereldwonder *Weltwunder* o ★ de zeven ~en *die sieben Weltwunder*
wereldzee *Ozean* m; *Weltmeer* o
weren I OV WW *weghouden abwehren*; *verhüten* ★ iem. ~ *jmdn. nicht zulassen*; *jmdm. den Zutritt verweigern*; *jmdn. ausschließen* II WKD WW [**zich** ~] ● zich verdedigen *sich wehren* ● zich inspannen *sich anstrengen*
werf ● SCHEEPV. *Werft* v ● BN bouwterrein *Baugebiet* o; *Baustelle* v
wering ● ⟨afweer⟩ *Abwehren* o; *Bekämpfung* v ● voorkoming *Verhütung* v
werk ● arbeid *Arbeiten* o; *Beschäftigung* v; *Arbeit* v ★ maatschappelijk werk *Sozialarbeit* v ★ publieke werken *öffentliche Bauten* ★ aan het werk zijn *arbeiten*; *bei der Arbeit sein* ★ alles in het werk stellen om *alles aufbieten um* ★ dat kost veel werk *das macht viel Arbeit* ● baan ★ tijdelijk werk *Zeitarbeit* v; *Leiharbeit* v ★ deze fabriek geeft aan 300 arbeiders werk *diese Fabrik beschäftigt 300 Arbeiter* ★ vast werk vinden *dauernde Beschäftigung finden* ● daad *Werk* o ● → **werkje** ▼ voorzichtig te werk gaan *vorsichtig vorgehen/verfahren* ▼ er is werk aan de winkel *wir haben alle Hände voll zu tun*; *es gibt Arbeit*
werkafspraak *Arbeitstermin* m
werkbalk *Toolbar* v; *Symbolleiste* v
werkbank *Werkbank* v
werkbespreking *Arbeitsbesprechung* v
werkbezoek POL. *Arbeitsbesuch* m
werkbij *Arbeitsbiene* v
werkboek *Arbeitsbuch* o; *Übungsbuch* o
werkbriefje *Laufzettel* m
werkcollege *Seminar* o
werkcoupé *Arbeitsabteil* o
werkdag *Wochentag* m; *Werktag* m
werkdruk *Arbeitsbelastung* v
werkelijk I BNW ● bestaand *wirklich*; *tatsächlich* ● effectief ★ ~e waarde *Realwert* m ★ ~e uitgave *Istausgabe* v ★ ~e inkomen *Realeinkommen* o ★ Nederlands ~e schuld *niederländische Staatsschuld* v ★ ~e ontvangst *Isteinnahme* v II BIJW *wirklich*
werkelijkheid *Wirklichkeit* v; *Realität* v ★ rekening houden met de ~ *die Tatsachen berücksichtigen* ★ iets is in strijd met de ~ *etw. entspricht nicht den Tatsachen*
werkelijkheidszin *Realitätssinn* m; *Wirklichkeitssinn* v
werkeloos *untätig* ★ ~ toezien *untätig zusehen* ● → **werkloos**
werken I ON WW ● werk doen *arbeiten*; *schaffen* ★ bij een baas ~ *bei einem Meister in Arbeit stehen/sein* ★ gaan ~ *sich an die Arbeit machen*; *an die Arbeit gehen* ● functioneren *funktionieren* ★ de vulkaan werkt *der Vulkan ist tätig* ★ de machine werkt niet *die Maschine funktioniert/geht nicht* ● uitwerking hebben *wirken* ● beroep uitoefenen *berufstätig sein* ● vervormen ⟨hout, schip⟩ *arbeiten*; ⟨deeg⟩ *gären*; ⟨deeg⟩ *aufgehen* II OV

ww in genoemde toestand brengen *bringen*; *führen*

werkend ● arbeidend *erwerbstätig* ● bewegend *beweglich* ● effectief *effektiv*

werker *Arbeiter* m ★ maatschappelijk ~ *Sozialarbeiter* m

werkervaring *Arbeitserfahrung* v; *Berufspraxis* v

werkezel *Arbeitstier* o

werkgeheugen *Arbeitsspeicher* m

werkgelegenheid *Arbeitsmöglichkeit* v; *Arbeitsplätze* mv ★ de verruiming van de ~ *das Schaffen von mehr Arbeitsplätzen*

werkgemeenschap ● groep die onderneming exploiteert *Genossenschaft* v ● groep die probleem bestudeert *Arbeitsgruppe* v

werkgever *Arbeitgeber* m

werkgeversbijdrage *Arbeitgeberanteil* m

werkgeversorganisatie *Arbeitgeberverband* m

werkgroep *Arbeitsgemeinschaft* v; *Arbeitsgruppe* v

werkhanden *Arbeitshände* mv; *Arbeiterhände* v mv

werkhandschoen *Arbeitshandschuh* m

werkhouding ● houding v.h. lichaam *Haltung* v ● motivatie *Arbeitsauffassung* v; *Arbeitshaltung* v

werking ● het functioneren *Funktionieren* o; *Betrieb* m; *Tätigkeit* v ★ een wet buiten ~ stellen *ein Gesetz außer Kraft setzen* ★ in ~ stellen ⟨machine⟩ *einschalten* ★ in ~ treden *in Kraft treten* ● uitwerking *Wirkung* v ● BN activiteiten *Aktivitäten* mv

werkingskosten BN exploitatiekosten *Betriebskosten* mv

werkje ● klusje *Kleinarbeit* v ★ geen gemakkelijk ~ *keine leichte Aufgabe* ● dessin in textiel *Muster* o

werkkamer *Arbeitszimmer* o

werkkamp *Arbeitslager* o

werkkapitaal *Betriebskapital* o; *Geschäftskapital* o

werkkleding *Arbeitskleidung* v

werkklimaat *Arbeitsatmosphäre* v; *Arbeitsklima* o

werkkracht ● werknemer *Arbeitskraft* v ● arbeidsvermogen *Leistungsfähigkeit* v

werkkring ● werkomgeving *Aufgabenkreis* m; *Geschäftskreis* m ● betrekking *Beschäftigung* v; *Tätigkeit* v; *Arbeitsbereich* m

werkloos ● zonder baan *arbeitslos* ● → **werkeloos**

werkloosheid *Arbeitslosigkeit* v

werkloosheidscijfer *Arbeitslosenzahl* v

werkloosheidsuitkering *Arbeitslosengeld* o; *Arbeitslosenhilfe* v

werkloosheidswet *Arbeitslosengesetz* o

werkloze *Arbeitslose(r)* m

werklunch *Arbeitsessen* o

werklust *Arbeitslust* v

werkmaatschappij *Tochtergesellschaft* v

werkman *Arbeiter* m

werknemer *Arbeitnehmer* m

werknemersbijdrage *Arbeitnehmeranteil* m

werknemersorganisatie *Arbeitnehmerorganisation* v

werkomstandigheden *Arbeitsbedingungen* v

mv

werkonbekwaam BN *arbeits-/berufsunfähig*; *erwerbsunfähig*

werkonderbreking *Arbeitsunterbrechung* v; *Arbeitsniederlegung* v

werkoverleg *Arbeitsbesprechung* v

werkplaats *Werkstatt* v

werkplan *Arbeitsplan* m

werkplek *Arbeitsecke* v; *Arbeitsplatz* m

werkploeg *Schicht* v

werkrooster *Arbeitsplan* m

werkschuw *arbeitsscheu*

werksfeer *Arbeitsatmosphäre* v

werkslaaf ● een werkverslaafde *Arbeitssüchtige(r)* m; *Workaholic* m ● uitgebuite arbeider *Arbeitssklave* m

werkstaking *Arbeitseinstellung* v; *(Arbeits)Streik* m

werkster *Putzfrau* v; *Reinemachefrau* v

werkstudent ≈ *Student* m, *der nebenher arbeitet*

werkstuk ● vervaardigd stuk werk *Arbeit* v ● scriptie *Referat* o; ⟨voor school⟩ *Hausarbeit* v

werktafel *Schreibtisch* m; *Arbeitstisch* m

werktekening *Arbeitsvorlage* v

werktempo *Arbeitstempo* o

werkterrein ● werkplaats *Arbeitsfeld* o; *Arbeitsgebiet* o ● FIG. terrein van werkzaamheid *Arbeitsfeld* o; *Arbeitsgebiet* o

werktijd *Arbeitszeit* v

werktijdverkorting *Arbeitszeitverkürzung* v

werktuig *Werkzeug* o; *Gerät* o; *Instrument* o

werktuigbouwkunde *Maschinenbau* m

werktuigbouwkundig *Maschinenbau-*; *mechanisch*

werktuigkunde *Maschinenkunde* v; *Mechanik* v

werktuigkundige *Mechaniker* m

werktuiglijk *mechanisch*; *automatisch*

werkveld *Arbeitsfeld* o; *Tätigkeitsfeld* o

werkvergunning *Arbeitsgenehmigung* v; *Arbeitserlaubnis* v

werkverschaffing *Arbeitsbeschaffung* v; ⟨voor werklozen⟩ *Notstandsarbeiten* mv

werkverslaafde *Workaholic* m

werkvloer *Arbeitsplatz* m; *Arbeitsstelle* v

werkvrouw BN schoonmaakster *Putzfrau* v; *Reinemachefrau* v

werkweek ● deel van de week *Arbeitswoche* v ★ een zesdaagse ~ *eine Sechstagewoche* ● werkkamp voor scholieren *Projektwoche* v *für Schüler* ★ op ~ gaan *eine Projektwoche haben*

werkweigeraar *Arbeitsverweigerer* m

werkwijze *Arbeitsweise* v; *Arbeitsmethode* v

werkwillige *Arbeitswillige(r)* m

werkwoord *Verb(um)* o; *Zeitwort* o

werkwoordsvorm *Verbalform* v

werkzaam ● actief *arbeitsam* ● uitwerking hebbend *heilsam*; *wirksam* ● arbeidzaam *tätig* ★ in een zaak ~ zijn *in einem Geschäft betätigt/tätig sein* ★ het meisje dat in een beroep ~ is *das berufstätige Mädchen*

werkzaamheden ● werk *Arbeiten* mv ★ ~ aan de brug *Bauarbeiten an der Brücke* ● verplichtingen *Verpflichtungen* ★ hij heeft ~ elders *er hat anderweitig Verpflichtungen*

werkzoekende *Arbeitssuchende(r)* m

we

werpanker *Wurfanker* m

werpen ● gooien *werfen*; *schleudern* ★ het anker ~ *den Anker auswerfen* ● baren *werfen*; *gebären*

werper *Werfer* m

werphengel *Wurfangel* v

werptijd *Wurfzeit* v

wervel *Wirbel* m

wervelen *wirbeln*

wervelend *wirbelnd*

wervelkolom *Wirbelsäule* v

wervelstorm *Wirbelsturm* m

wervelwind *Wirbelwind* m ★ als een ~ *wie ein Wirbelwind*

werven ● in dienst nemen *(an)werben* ● trachten te winnen *(an)werben*

werving *Werbung* v

wervingsactie *Werbungsaktion* v

wesp *Wespe* v

wespennest *Wespennest* o

wespensteek *Wespenstich* m

wespentaille *Wespentaille* v

west I BNW *westlich* ★ de wind is west *der Wind kommt von Westen* **II** ZN [de] *Westen* m

West-Duits *westdeutsch*

West-Duitse *Westdeutsche* v

West-Duitser *Westdeutsche(r)* m

West-Duitsland *Westdeutschland* o

westelijk *westlich* ★ de ~e mogendheden *Westmächte* v

Westelijke Jordaanoever *Westjordanland* o

Westelijke Sahara *Westsahara* v

Westen *Westen* m ★ het Wilde ~ *der Wilde Westen*

westen *Westen* m ★ ten ~ van *westlich* [+2] ▼ buiten ~ zijn *bewusstlos/ohnmächtig sein*

westenwind *Westwind* m

westerbuur *westliche(r) Nachbar* m

westerlengte *westliche Länge* v

westerling *Abendländer* m

western *Western* m; *Wildwestfilm* m

westers *abendländisch*

westerstorm *Sturm* m *aus dem Westen*; *Weststurm* m

West-Europa *Westeuropa* o

West-Europeaan *Westeuropäer* m

West-Europees *westeuropäisch*

West-Europese *Westeuropäerin* v

Westfaals *westfälisch*

Westfalen *Westfalen* o

westkant *Westseite* v

westkust *Westküste* v

West-Vlaams *westflämisch*

West-Vlaamse *Westflämin* v

West-Vlaanderen *Westflandern* o

West-Vlaming *Westflame* m

westwaarts *westwärts*

wet ● strikte regel *Gesetz* o ★ bij de wet *durch das Gesetz* ★ bij de wet verboden *gesetzlich verboten* ★ zich buiten de wet stellen *sich außerhalb des Gesetzes stellen* ★ volgens/krachtens de wet *nach dem Gesetz*; *gesetzmäßig* ★ niet volgens de wet *nicht gesetzesgemäß* ★ de wet op... *das Gesetz zum...* ★ de wet op de echtscheiding *das Ehescheidungsgesetz* ● wetmatigheid *Gesetz* o

▼ iem. de wet voorschrijven *jmdm. Vorschriften machen*

wetboek *Gesetzbuch* o ★ burgerlijk ~ *Bürgerliche(s) Gesetzbuch (BGB)* o ★ ~ van koophandel *Handelsgesetzbuch (HGB)* o ★ ~ van strafrecht *Strafgesetzbuch (StGB)* o

weten I ov ww ● kennis/besef hebben van *wissen* ★ te ~... *nämlich...* ★ te ~ komen *ausfindig machen*; *erfahren* ★ iets ~ van computers *Computerkenntnisse haben* ★ ik weet er alles van *ich kenne das* ★ niet dat ik weet *nicht, dass ich wüsste* ★ ik weet er wat op *ich weiß einen Rat/Ausweg* ★ God mag het ~! *weiß Gott!* ● ~ te ★ ~ te zwijgen *zu schweigen wissen* ● ~ van ★ iets ~ van computers *Computerkenntnisse haben* ▼ wat niet weet, wat niet deert *was ich nicht weiß, macht mich nicht heiß* ▼ weet ik veel! *was weiß ich!* ▼ wie weet wer *weiß* **II** ZN [het] *Wissen* o ★ bij mijn ~ *meines Wissens* ★ buiten mijn ~ *ohne mein Wissen*; *ohne mein Mitwissen* ★ naar mijn beste ~ *nach bestem Wissen*

wetens ● → willens

wetenschap ● het weten *Wissenschaft* v ● kennis en onderzoek van werkelijkheid *Wissenschaft* v

wetenschappelijk *wissenschaftlich*

wetenschapper *Wissenschaftler* m

wetenswaardig *wissenswert*

wetenswaardigheid *Wissenswerte(s)* o ★ veel wetenswaardigheden *viel Wissenswertes*

wetering *Wasserlauf* m

wetgeleerde ● Schriftgeleerde *Schriftgelehrte(r)* m ● jurist *Rechtswissenschaftler* m

wetgevend *gesetzgebend*

wetgever *Gesetzgeber* m

wetgeving *Gesetzgebung* v

wethouder ≈ *Stadtrat* m; ≈ *Beigeordnete(r)* m

wetlook *Wet-Look* m

wetmatig *gesetzmäßig*

wetmatigheid *Gesetzmäßigkeit* v

wetsartikel *Artikel* m

wetsbepaling *rechtliche Bestimmung* v; JUR. *Rechtsbestimmung* v

wetsbesluit *Gesetz(es)beschluss* m

wetsdelict *Gesetz(es)verstoß* m

wetsherziening *Gesetz(es)novelle* v

wetskennis *Gesetzeskenntnisse* v mv

wetsontwerp *Gesetzentwurf* m; *Gesetzesvorlage* v

wetsovertreding *Gesetzesübertretung* v

wetsuit 〈voor duikers〉 *Taucheranzug* m; 〈voor surfers〉 *Surfanzug* m

wetsvoorstel *Gesetzesvorlage* v; *Gesetzentwurf* m

wetswinkel ≈ *Rechtsberatung(sstelle)* v

wettekst *Gesetzestext* m

wettelijk ● volgens de wet *gesetzlich* ● wetgevend *gesetzlich*

wetten *wetzen*

wettig *gesetzmäßig*; *gesetzlich* ★ het ~ gezag *die gesetzmäßige Gewalt* v ★ ~ kind *eheliche(s) Kind* o ★ ~ betaalmiddel *gesetzliche(s) Zahlungsmittel* o

wettigen *für echt erklären*; 〈kind〉 *legitimieren*

we

WEU *WEU* v; *Westeuropäische Union* v
weven *weben* ★ deze stof is met de hand ge~ *dieser Stoff ist handgewebt*
wever *Weber* m
weverij *Weberei* v
wezel *Wiesel* o ▼ zo bang zijn als een ~ *ein Angsthase sein*
wezen I ZN [het] ● schepsel *Wesen* ★ levend ~ *lebendiges Wesen* o; *Lebewesen* o ● essentie *Wesen* o **II** ON WW *sein* ★ bij wie moet u ~? *zu wem möchten Sie?* ★ zij is ~ vragen *sie hat sich erkundigt* ▼ hij mag er ~ *er kann sich sehen lassen*
wezenlijk ● essentieel *wesentlich*; *wirklich*; *wahrhaftig* ● werkelijk bestaand *wirklich*; *wahrhaftig*
wezenloos ● onwerkelijk *unwirklich* ● uitdrukkingsloos *geistesabwesend*; ⟨verbazing, schrik⟩ *entgeistert* ★ iem. ~ aanstaren *jmdn. anstieren*
WGO *WHO* v; *Weltgesundheitsorganisation* v der *Vereinten Nationen*
whiplash *Schleudertrauma* o
whisky *Whisky* m
whizzkid *Senkrechtstarter* m; *Whizzkid* o
whodunit *Kriminalroman* m
WIA *Gesetz* o *über Arbeit und Einkommen entsprechend der Erwerbsfähigkeit*
wichelroede *Wünschelrute* v
wicht ● meisje *Göre* v ● kind *Wicht* m
wie I VR VNW *wer* ★ wie z'n vrouw is dat? *wessen Frau ist das?* ★ wie waren dat? *wer war das?* ★ wie zijn dat? *wer sind die Leute?* ★ wie komen er vanavond? *wer kommt heute Abend?* ★ wie is die vrouw? *wer ist diese Frau?* **II** BETR VNW *der* m; *die* v; *wer*; ⟨met antecedent⟩ *das* o
wiebelen ● schommelen *wippen* ● onvast staan *wackeln* ★ de tafel/de stoel wiebelt *der Tisch/Stuhl wackelt*
wiebelig *wacklig*
wieden *jäten*
wiedes ▼ dat is nogal ~! *das liegt ja auf der Hand!* ▼ nogal ~! *na klar!*
wiedeweerga ▼ als de ~ *wie der geölte Blitz*
wieg *Wiege* v ▼ ik ben in de wieg gelegd voor leraar *ich bin zum Lehrer geboren*
wiegelied *Wiegenlied* o; *Schlaflied* o
wiegen *wiegen*
wiegendood *Wiegentod* m
wiek ● vleugel *Schwinge* v; *Fittich* m ● molenwiek *Flügel* m ● BN kaarsenpit *Docht* m ▼ in zijn wiek geschoten zijn *sich verletzt fühlen*
wiel *Rad* o ▼ iem. in de wielen rijden *jmdm. in die Quere kommen*
wieldop *Radkappe* v
wieldruk *Radlast* v
wielerbaan *Radrennbahn* v
wielerklassieker *Radklassiker* m
wielerkoers *Radrennen* o
wielerploeg *Radrennmannschaft* v
wielerronde *Radrennen* o
wielersport *Rad(fahr)sport* m
wielewaal *Pirol* m; *Goldamsel* v
wielklem *Radklemme* v

wielophanging *Radaufhängung* v
wielrennen I ZN [het] *Radrennen* o **II** ON WW *Radsport betreiben*
wielrenner *Radrennfahrer* m
wielrijder *Radfahrer* m
wienerschnitzel *Wiener Schnitzel* o
wiens *wessen*
wier *Tang* m; *Seegras* o
wierook *Weihrauch* m
wierookgeur *Weihrauchduft* m
wierookvat *Weihrauchfass* o
wiet *Gras* o
wig *Keil* m ▼ een wig drijven tussen *einen Keil treiben zwischen* [+3]
wigwam *Wigwam* m
wij *wir*
wijd *weit*
wijdbeens *breitbeinig*; *mit gespreizten Beinen*
wijden ● inzegenen *weihen* ● ~ **aan** *widmen*; *weihen* ★ zijn leven aan de kunst ~ *der Kunst sein Leben widmen* ★ zich aan een taak ~ *sich einer Aufgabe widmen* ★ aandacht aan iets ~ *einer Sache Aufmerksamkeit schenken*
wijdlopig *weitläufig*
wijdte *Weite* v
wijduit *weit*; *gespreizt*
wijdverbreid *weitverbreitet*
wijdverspreid *weitverbreitet*
wijdvertakt *weit verzweigt*
wijf *Weib* o
wijfje *Weibchen* o
wij-gevoel *Wirgefühl* o
wijk ● stadsdeel *Stadtviertel* o; *Viertel* o ● rayon *Bezirk* m; ⟨v. postbode⟩ *Zustellbezirk* m; ⟨v. politieagent⟩ *Revier* o ▼ de wijk nemen naar *die Flucht ergreifen nach*; *sich absetzen nach*
wijkagent *Polizist* m *(in einem Revier)*
wijkcentrum *Bürgerhaus* o; *Gemeindezentrum* o
wijken ● verdwijnen *entweichen*; *fliehen* ● zich terugtrekken *weichen* ★ voor iem. ~ *jmdm. weichen*
wijkgebouw *Stadtteilzentrum* o
wijkkrant *Stadtteilzeitung* v
wijkplaats *Zufluchtsort* m
wijkraad ≈ *Rat* m *eines Wohnviertels*
wijkvereniging ≈ *Bürgerkomitee* o; *Bewohnerkomitee* o
wijkverpleegkundige *Bezirkskrankenpfleger* m [v: *Bezirkskrankenschwester*]
wijkverpleegster *Gemeindeschwester* v
wijkverpleging *Hauspflege* v
wijkwinkel ≈ *Eckladen* o
wijkzuster *Hauspflegerin* v; ⟨kerkelijk⟩ *Gemeindeschwester* v
wijlen *selig* ★ ~ X *der verstorbene X* ★ ~ mijn vader *mein seliger Vater*
wijn ● CUL. *Wein* m ★ rode wijn *Rotwein* m ★ witte wijn *Weißwein* m ● → **wijntje** ▼ goede wijn behoeft geen krans *gute Ware lobt sich selbst* ▼ iem. klare wijn schenken *jmdm. reinen Wein einschenken*
wijnazijn *Weinessig* m
wijnbes *Weinbeere* v
wijnboer *Winzer* m; *Weinbauer* m
wijnbouw *Weinbau* m
wijnbouwer *Winzer* m; *Weinbauer* m

wi

wijnfeest *Weinfest* o
wijnfles *Weinflasche* v
wijngaard *Weingarten* m; *Weinberg* m
wijnglas *Weinglas* o
wijnhandel • winkel *Weinhandlung* v • bedrijfstak *Weinhandel* m
wijnjaar *Weinjahr* o
wijnkaart *Weinkarte* v
wijnkelder *Weinkeller* m
wijnkenner *Weinkenner* m
wijnkoeler *Weinkühler* m
wijnlokaal *Weinlokal* o
wijnoogst *Weinlese* v; *Weinernte* v
wijnpers *Kelter* v
wijnproeverij *Weinprobe* v
wijnrank *Weinranke* v
wijnrek *Wein(flaschen)regal* o
wijnrood *weinrot*
wijnsaus *Weinsoße* v
wijnstok *Weinrebe* v; *Weinstock* m
wijnstreek *Weingegend* v
wijntje *Gläschen* o *Wein*
wijnvat *Weinfass* o
wijnvlek • vlek door wijn *Weinfleck(en)* m • huidvlek *Feuermal* o
wijs I BNW • verstandig ★ ben je niet wijs? *spinnst du?* ★ er niet wijs uit worden *nicht durchblicken* • wetend *weise* ★ de wijze vrouw *die weise Frau* **II** ZN [de] • melodie *Melodie* v ★ geen wijs kunnen houden *unrein singen* • manier *Art* v; *Weise* v • TAALK. *Modus* m ★ aantonende wijs *Indikativ* m ★ aanvoegende wijs *Konjunktiv* m ★ gebiedende wijs *Befehlsform* v ★ onbepaalde wijs *Infinitiv* m
wijsbegeerte *Philosophie* v
wijselijk *wohlweislich*
wijsgeer *Philosoph* m
wijsgerig *philosophisch*
wijsheid *Weisheit* v ▼ hij denkt dat hij de ~ in pacht heeft *er glaubt, die Weisheit gepachtet zu haben*
wijsheidstand BN verstandskies *Weisheitszahn* m
wijsmaken *weismachen* ★ iem. iets ~ *jmdm. etw. weismachen*
wijsneus *Naseweis* m
wijsvinger *Zeigefinger* m
wijten *zuschreiben* ★ dat heb je aan jezelf te ~ *das hast du dir selbst zuzuschreiben* ★ dat heb je aan hem te ~ *das hast du ihm zu verdanken*
wijting *Wittling* m; *Merlan* m
wijwater *Weihwasser* o
wijze • manier *Weise* v; *Art* v • persoon *Weise(r)* m ▼ bij ~ van spreken *sozusagen*
wijzelf *wir selbst*
wijzen I OV WW • aanduiden *weisen*; *zeigen* ★ met de vinger naar iets ~ *auf etw. zeigen/weisen* ★ iem. de weg ~ *jmdm. den Weg zeigen* • attenderen *zeigen*; *weisen* • uitspreken *fällen* ★ een vonnis ~ *ein Urteil sprechen* **II** ON WW • aanwijzen *zeigen auf* [+4] ★ iem. op iets ~ *jmdm. auf etw. hinweisen* • doen vermoeden *deuten auf* [+4]; *hinweisen auf* [+4] ★ alles wijst erop *alles deutet darauf hin*

wijzer *Zeiger* m ★ ⟨grote/kleine wijzer⟩ kleine ~ *Stundenzeiger* ★ grote ~ *Minutenzeiger*
wijzerplaat *Zifferblatt* o
wijzigen • veranderen *ändern*; *verändern*; ⟨klein deel⟩ *abändern* • reorganiseren *umändern*; *umgestalten*; *verändern* ★ onder de gewijzigde omstandigheden *unter den veränderten Umständen*
wijziging *Änderung* v; ⟨kleine wijziging⟩ *Abänderung* v ★ er is een ~ gekomen *es ist eine Veränderung eingetreten* ★ ~en aanbrengen *Änderungen vornehmen* ★ voorstel tot ~ *Änderungsvorschlag* m
wijzigingsvoorstel *Änderungsvorschlag* m; *Abänderungsvorschlag* m
wikkel *Wickel* m
wikkelen • inwikkelen *(ein)wickeln* ★ in dekens gewikkeld *in Decken gehüllt* • betrekken *verwickeln*
wikkelrok *Wickelrock* m
wikken *(er)wägen* ★ ~ en wegen *hin und her überlegen*; *wiegen und wägen*
wil *Wille* m ★ tegen wil en dank *wider Willen* ▼ iem. ter wille zijn *jmdm. zu Willen sein* ★ ter/om wille van... ... *wegen* [+2]; *um... willen* [+2]; ... *zuliebe* [+3] ▼ voor elk wat wils *jedem das Seine/das seine*
wild I BNW • ongetemd *wild* • ongecultiveerd *wild* • onbeheerst *wild* ★ wild om zich heen slaan *wild um sich schlagen* • dol, uitbundig *wild* ★ wild op *wild auf* [+4] ▼ in 't wilde weg praten *ins Blaue hineinreden* **II** ZN [het] • dieren *Wild* o ★ groot wild *Hochwild* ★ klein wild *Niederwild* • natuurstaat ★ in het wild opgroeien *wild aufwachsen*
wildachtig *wildähnlich*; *wie Wild*
wildbaan *Gehege* o
wildbraad *Wildbret* o; *Wildbraten* m
wilde *Wilde(r)* m
wildebeest *Gnu* o
wildebras *Wildfang* m
wildernis *Wildnis* v
wildgroei *Wildwuchs* m
wildkamperen *wild zelten*
wildpark *Wildpark* m
wildplassen *wildpinkeln*
wildplasser *Wildpinkler* m
wildreservaat *Wildreservat* o
wildstand *Wildbestand* m
wildviaduct *Wildtunnel* m
wildvreemd *wildfremd*
wildwaterbaan *Wildwasserbahn* v
wildwaterkanoën *Wildwasser(kanu)fahren* o
wildwatervaren *Wildwasser fahren*
wildwestavontuur *Westernabenteuer* o
wildwestfilm *Western* m; *Wildwestfilm* m
wilg *Weide* v
wilgenkatje *Weidenkätzchen* o
Wilhelmus OMSCHR. *niederländische Nationalhymne* v
willekeur • goeddunken *Belieben* o ★ naar ~ *nach Belieben* • eigenmachtigheid *Willkür* v ★ dat is pure ~ *das ist die reine Willkür*
willekeurig • naar willekeur *willkürlich* • onverschillig welk *zufällig*; *willkürlich*; *beliebig* ★ een ~e keuze *eine willkürliche Wahl*

willen *wollen* ★ wil ik het raam voor u sluiten? *soll ich das Fenster für Sie schliessen?* ★ het gerucht wil dat hier vroeger een burcht gestaan heeft *hier soll früher eine Burg gestanden haben* ★ dat wil zeggen *das heißt* ★ ik wil er het mijne van weten *ich will wissen, woran ich bin* ▼ dat wil er bij mij niet in *das will mir nicht einleuchten; das kann ich nicht glauben; das geht/will mir nicht in den Kopf*
willens *willentlich* ★ ~ zijn *beabsichtigen; die Absicht haben* ★ ~ en wetens *wissentlich und willentlich* ▼ BN ~ nillens *wider Willen*
willig ● bereid *willig; bereit* ● volgzaam *gefügig; fügsam*
willoos *willenlos*
wilsbeschikking *Willenserklärung* v ★ laatste ~ *letztwillige Verfügung* v
wilskracht *Willenskraft* v; *Energie* v
wilsonbekwaam *willensunfähig*
wilsovereenstemming *Willensübereinstimmung* v
wilsuiting *Willensäußerung* v
wimpel *Wimpel* m
wimper *Wimper* v
wind ● luchtstroom *Wind* m ★ tegen de wind in *gegen den Wind* ★ de wind tegen hebben *Gegenwind haben* ★ wind tegen *Gegenwind* m ★ de wind is gedraaid *der Wind hat sich gedreht* ● scheet *Darmwind* m; *Furz* m ★ een wind laten *einen fahren lassen* ▼ in de wind slaan *in den Wind schlagen* ▼ wie wind zaait, zal storm oogsten *wer Wind sät, wird Sturm ernten* ▼ de wind van voren krijgen *sein Fett bekommen* ▼ van de wind leven *von der Luft leben* ▼ zoals de wind waait, waait zijn jasje *er hängt den Mantel nach dem Wind* ▼ met alle winden meewaaien *wetterwendisch sein*
windbestuiving *Windbestäubung* v
windbuil *Schaumschläger* m; *Aufschneider* m
windbuks *Luftgewehr* o
winddicht *winddicht; windgeschützt*
windei ▼ dat zal je geen ~eren leggen *das wird dir zum Vorteil gereichen*
winden *winden; wickeln* ★ de klimop windt zich om de pilaar *der Efeu windet sich um den Pfeiler* ★ op een kluwen ~ *auf ein Knäuel wickeln* ▼ iem. om zijn vinger ~ *jmdn. um den Finger wickeln*
windenergie *Windenergie* v
winderig ● met veel wind *windig* ● winden latend *windig*
windhoek ● streek vanwaar de wind komt *Windseite* v ● plek waar het vaak waait *windige Ecke* v
windhond *Windhund* m
windhoos *Windhose* v
windjack *Windjacke* v
windkracht *Windstärke* v
windmolen *Windmühle* v
windrichting *Windrichtung* v
windroos *Windrose* v
windscherm *Windschutz* m; *Windschirm* m
windsnelheid *Windgeschwindigkeit* v
windstil *windstill*
windstilte *Windstille* v

windstoot *Windstoß* m; *Bö* v
windstreek *Himmelsrichtung* v
windsurfen *(wind)surfen*
windtunnel *Windkanal* m
windvaan *Windfahne* v; *Wetterfahne* v
windvlaag *Windstoß* m
windwijzer *Windfahne* v; *Wetterfahne* v
windzak *Windsack* m
wingebied *Rohstoffgebiet* o
wingerd ● klimplant *Wein* m ● wijnstok *Weinstock* m; *Rebe* v
wingewest *eroberte(s) Gebiet* o
winkel *Geschäft* o; *Laden* m
winkelassortiment *Ladensortiment* o
winkelbediende *Ladenangestellte(r)* m; *Verkäufer* m
winkelbedrijf *Ladengeschäft* o
winkelcentrum *Einkaufszentrum* o [mv: *Einkaufszentren*]
winkeldief *Ladendieb* m
winkeldiefstal *Ladendiebstahl* m
winkelen *einkaufen*; 〈statten〉 *einen Einkaufsbummel machen*
winkelgalerij *Passage* v
winkelhaak ● scheur *Dreieck* o ● gereedschap *Winkelmaß* o; *Winkel(haken)* m
winkelier *Ladenbesitzer* m; *Geschäftsinhaber* m
winkeljuffrouw *Ladenangestellte* v; *Verkäuferin* v
winkelkarretje *Einkaufswagen* m
winkelketen *Ladenkette* v
winkelpand *Geschäftshaus* o
winkelpersoneel *Verkäufer* mv
winkelprijs *Einzelhandelspreis* m; *Ladenpreis* m
winkelpromenade *Fußgängerzone* v; *Geschäftsstraße* v
winkelruit *Schaufensterscheibe* v
winkelsluitingswet *Ladenschlussgesetz* o
winkelstraat *Geschäftsstraße* v
winkelwaarde *Ladenpreis* m
winkelwagen *Einkaufswagen* m
winnaar *Gewinner* m; 〈overwinnaar〉 *Sieger* m; 〈v. prijs〉 *Preisträger* m
winnen ● zegevieren *siegen*; *gewinnen* ★ het van iem. ~ *jmdm. überlegen sein* ● behalen *gewinnen* ★ voordeel ~ *Vorteil erzielen*; *Gewinn machen* ● verwerven *gewinnen* ● vorderen *gewinnen*
winning *Gewinnung* v
winst *Gewinn* m; 〈bij spel〉 *Sieg* m ★ ~ maken *Gewinn machen/erzielen*
winstaandeel *Gewinnanteil* m
winstbejag *Gewinnstreben* o; MIN. *Gewinnsucht* v
winstbelasting *Gewinnsteuer* v
winstberekening *Gewinnberechnung* v
winstbewijs *Gewinnanteilschein* m
winstdaling *Gewinnabnahme* v; *Gewinnrückgang* m
winstdeling *Gewinnbeteiligung* v
winstderving *Gewinnausfall* m
winst-en-verliesrekening *Gewinn- und Verlustrechnung* v
winstgevend *einträglich; Gewinnbringend; rentabel* ★ een ~ zaakje *ein einträgliches Geschäft*

wi

winstmarge *Gewinnspanne* v
winstoogmerk *Gewinnstreben* o; *Profitstreben* o
★ zonder ~ *ohne Erwerbszweck*
winstpercentage ● wat als winst overblijft
Gewinnspanne v ● percentage v.d. winst
Gewinnanteil m *in Prozenten*
winstpunt ● gewonnen punt *Punkt* m
● pluspunt *Gewinn* m
winststijging *Gewinnsteigerung* v;
Gewinnzunahme v
winstuitkering *Gewinnausschüttung* v
winstwaarschuwing *Gewinnwarnung* v
winter *Winter* m ★ 's ~s *im Winter*
winterachtig *winterlich*
winteravond *Winterabend* m
winterband *Winterreifen* m
wintercollectie *Winterkollektion* v
winterdag *Wintertag* m
winterdijk *Winterdeich* m
winteren *wintern* ★ het wintert *es ist/wird
Winter* ★ het wintert behoorlijk *es ist ein
richtiger Winter*
wintergast ● vogel *Wintergast* m ● persoon
Winterferiengast m
wintergroente *Wintergemüse* o
winterhanden *Frostbeulen an den Händen* mv
winterhard *winterhart; frostbeständig*
winterjas *Wintermantel* m
winterkleding *Winterkleidung* v
winterkoninkje *Zaunkönig* m
winterlandschap *Winterlandschaft* v
wintermaand *Wintermonat* m
winterpeen *Möhre* v
winters *winterlich; winter-; Winter-*
winterslaap *Winterschlaf* m; ⟨met
onderbrekingen⟩ *Winterruhe* v
winterspelen *Winterspiele* mv
wintersport *Wintersport* m ★ op ~ gaan *in den
Wintersport fahren*
wintersportcentrum *Wintersportzentrum* o
wintersportplaats *Wintersportort* m
wintersportvakantie *Wintersporturlaub* m
wintertenen *Frostbeulen* mv *an den Zehen*
wintertijd ● tijdregeling *Normalzeit* v ● seizoen
Winterzeit v
winteruur BN wintertijdregeling *Normalzeit* v
wintervoeten *Frostbeulen* mv *an den Füßen*
winterweer *Winterwetter* o
winterwortel *Mohrrübe* v
win-winsituatie *Win-win-Situation* v
wip ● sprongetje *Wippe* v; *Satz* m ● speeltuig
Wippe v ● INFORM. vrijpartij *Nummer* v ▼ in
een wip *im Nu/Handumdrehen* ▼ op de wip
zitten *das Zünglein an der Waage sein*
wipkip *Wippe* v; *Schaukel* m
wipneus *Stupsnase* v
wippen I OV WW ● iets met een hefboom
oplichten *heben* ● ten val brengen *stürzen*
● ontslaan, afzetten *rauswerfen; entlassen*
★ iem. ~ *jmdn. kippen/wippen; jmdn.
ausschalten* **II** ON WW ● met sprongetjes
bewegen *hüpfen; schnellen* ● spelen op de
wip *wippen; schaukeln* ● vrijen *bumsen*
wipstaart *Einfarb-Uferwipper* m
wipstoel *Schaukelstuhl* m ▼ op de ~ zitten *eine
wack(e)lige Stellung haben*

wipwap *Wippe* v; *Schaukel* v
wirwar *Wirrwarr* m; *Gewirr* o
wis ▼ wis en waarachtig *fest und sicher*
wisbaar *löschbar*
wisent *Wisent* m
wishful thinking *Wunschdenken* o
wiskunde *Mathematik* v ★ zij heeft een 10 voor
~ *sie hat eine 1 in Mathe(matik)*
wiskundeknobbel *Begabung* v *für Mathematik*
wiskundeleraar *Mathematiklehrer* m
wiskundig *mathematisch* ★ ~ probleem
mathematische(s) Problem o
wiskundige *Mathematiker* m [v:
Mathematikerin]
wispelturig *wetterwendisch; launenhaft*
wissel ● spoorwissel *Weiche* v ● ECON. *Wechsel*
m
wisselautomaat *Geldwechselautomat* m
wisselbad *Wechselbad* o
wisselbeker *Wanderpokal* m
wisselborgtocht *Wechselbürgschaft* v
wisselbouw *Wechselwirtschaft* v
wisselen ● veranderen *schwanken; wechseln*
★ van paarden ~ *die Pferde wechseln* ★ de
trein wisselt van spoor *der Zug wechselt die
Gleise* ● uitwisselen *wechseln; austauschen*
★ over iets van gedachten ~ *Gedanken über
etw. austauschen* ● geld ruilen *tauschen;
wechseln* ★ geld ~ *Geld wechseln* ★ heb je
kleingeld? ik kan niet ~ *hast du Kleingeld? ich
kann nicht herausgeben*
wisselgeld *Wechselgeld* o
wisselgesprek *Call waiting* o; *Anklopfen* o
wisseling ● ruil *Wechsel* m; *Austausch* m
● variëring *Wechsel* m; *Schwankung* v
wisselkantoor *Wechselstube* v; *Wechselstelle* v
wisselkoers *Wechselkurs* m
wissellijst *Wechselrahmen* m
wisselmarkt *Wechselmarkt* m
wisseloplossing BN alternatieve oplossing
Alternativlösung v
wisselslag *Lage* v ★ kampioenschap 400 m ~
Meisterschaft über 4 x 100 m Lagen v
wisselspeler *Auswechselspieler* m
wisselspoor *Nebengleis* o
wisselstroom *Wechselstrom* m
wisselstuk BN reserveonderdeel *Ersatzteil* o
wisseltruc ≈ *betrügerische(s) Geldwechseln* o
wisselvallig *unbeständig; veränderlich; unstet*
wisselwerking *Wechselwirkung* v
wisselwoning *Übergangswohnung* v
wissen *wischen*; ⟨v. computerbestanden e.d.⟩
löschen
wisser *Wischer* m
wissewasje *Bagatelle* v; *Lappalie* v
wit I BNW niet zwart *weiß* **II** ZN [het] kleur
Weiß(e) o ★ wit begint *Weiß eröffnet das Spiel*
★ in het wit gekleed *in Weiß gekleidet*
witbier *Weißbier* o
witboek *Weißbuch* o
witbrood *Weißbrot* o
witgoed *Haushaltsgeräte* mv; *weiße Ware* v
witgoud ● witte legering met goud *Weißgold*
o ● platina *Platin* o
witheet ● witgloeiend *weißglühend* ● FIG.
woedend *weißglühend*

witjes *blass* ★ zij ziet ~ *sie ist blass*
witkalk *weiße Tünche* v
witlof *Chicorée* m/v; *Schikoree*
Wit-Rus *Weißrusse* m
Wit-Rusland *Weißrussland* o
Wit-Russisch *weißrussisch*
Wit-Russische *Weißrussin* v
witsel *Tünche* v
witteboordencriminaliteit *Wirtschaftskriminalität* v
wittebrood *Weißbrot* o
wittebroodsweken *Flitterwochen* mv
witten *tünchen*; *weißen*
Witte Zee *Weiße(s) Meer* o
witvis *Weißfisch* m
witwassen *(weiß)waschen* ★ het ~ *Weißwaschen*
WK *WM* v
WNF *WWF* m
WO *Hochschulwesen* o
wodka *Wodka* m
woede *Wut* v; *Raserei* v
woedeaanval *Wutanfall* m
woeden *toben*; *rasen*; *wüten*
woedend *wütend*
woede-uitbarsting *Wutausbruch* m
woef *wau*
woekeraar *Wucherer* m
woekeren ● woeker drijven *wuchern* ● wild groeien *wuchern*
woekering *Wucherung* v
woekerprijs *Wucherpreis* m
woekerrente *Wucherzins* m
woelen ● onrustig bewegen *sich wälzen*; *wühlen* ● wroeten *wühlen*; *herumkramen*
woelig *unruhig* ★ een ~e straat *eine belebte Straße*
woensdag *Mittwoch* m
woensdagavond *Mittwochabend* m
woensdagmiddag *Mittwochnachmittag* m
woensdagmorgen, woensdagochtend *Mittwochvormittag* m; *Mittwochmorgen* m
woensdagnacht *Mittwochnacht* m
woensdags *am Mittwoch*; *mittwochs*
woerd *Enterich* m
woest ● woedend *wild*; *fuchsteufelswild* ★ hij was ~ op me *er war wütend auf mich* ● wild *wüst*; *wild*; (v. mensen) *ungestüm* ★ de ~e zee *das wilde Meer* ● ongecultiveerd *wüst*; *öde* ★ ~e grond(en) *Ödland* o ★ de ~e streek *die wilde/wüste/öde Gegend*
woesteling *Wüterich* m
woestenij *Wüstenei* v
woestijn *Wüste* v ▼ een roepende in de ~ *ein Rufer in der Wüste*
woestijnklimaat *Wüstenklima* o
woestijnrat *Wüstenratte* v
woestijnwind *Wüstenwind* m
woestijnzand *Wüstensand* m
wok *Wok* m
wol *Wolle* v ▼ door de wol geverfd zijn *mit allen Wassern gewaschen sein* ▼ onder de wol kruipen *unter die Decke kriechen*
wolachtig *wollig*
wolf *Wolf* m ▼ een wolf in schaapskleren *ein Wolf im Schafspelz* ▼ BN, FIG. jonge wolf *aufstrebende(s) Talent* o

wolfraam *Wolfram* o
wolfshond *Wolfshund* m
wolfskers *Tollkirsche* v
wolk *Wolke* v ▼ in de wolken zijn *im siebten Himmel sein* ▼ een wolk van een baby *ein prächtiges Baby*
wolkam *Wollkamm* m
wolkbreuk *Wolkenbruch* m
wolkeloos *wolkenlos*
wolkendek *Wolkendecke* v
wolkenhemel *Wolkenhimmel* m
wolkenkrabber *Wolkenkratzer* m
wolkenlucht *wolkenbehangene(r) Himmel* m
wolkenveld *Wolkenfeld* o
wollen *wollen* ★ ~ goed *Wollwaren* mv
wollig ● als/van wol *wollig* ● FIG. vaag *wollig*
wolvet ● vette substantie in ruwe wol *Wollfett* o ● gezuiverd vet van schapenwol *Lanolin* o
wolvin *Wölfin* v
wombat *Wombat* m
wond I ZN [de] *Wunde* v **II** BNW *wund* ★ de wonde plek *die wunde Stelle*
wonder I ZN [het] ● iets buitengewoons *Wunder* o ★ geen ~ *kein Wunder* ● REL. mirakel *Wunder* o ▼ ~ boven ~ *Wunder über Wunder* **II** BNW *wunderlich*
wonderbaarlijk ● wonderlijk *wunderbar*; *wundersam* ● verbazingwekkend *erstaunlich*
wonderdokter *Wunderdoktor* m
wonderkind *Wunderkind* o
wonderkruid *Wunderkraut* o
wonderlamp *Wunderlampe* v
wonderland *Wunderland* o
wonderlijk ● wonderbaar *wunderlich* ● merkwaardig *sonderbar*
wondermiddel *Wundermittel* o
wonderolie *Rizinusöl* o
wonderschoon *wunderschön*
wonderwel *vortrefflich*; *vorzüglich*
wondheelkunde *Chirurgie* v
wondkoorts *Wundfieber* o
wondteken *Wundmal* o
wondzalf *Wundsalbe* v
wonen *wohnen* ★ buiten ~ *außerhalb der Stadt wohnen* ★ kleiner gaan ~ *in eine kleinere Wohnung ziehen* ★ zij woont hier al jaren *sie wohnt hier schon seit Jahren* ★ in Utrecht gaan ~ *nach Utrecht ziehen* ★ aan de achter-/voorkant ~ *zum Hof/zur Straße hin wohnen*
woning *Wohnung* v
woningaanbod *Wohnungsangebot* o
woningbouw *Wohnungsbau* m
woningbouwvereniging *Wohnungsbaugenossenschaft* v
woningcorporatie *Wohnungs(bau)genossenschaft* v
woninginrichting *Wohnungseinrichtung* v
woninginspectie *Bauaufsichtsbehörde* v
woningnood *Wohnungsnot* m
woningruil *Wohnungstausch* m
woningtoezicht *Bauaufsichtsbehörde* v
woningwet *Wohnungsbaugesetz* o
woningzoekende *Wohnungsuchende(r)* m
woofer *Woofer* m; *Bass-Lautsprecher* m
woonachtig *wohnhaft*

wo

woonblok *Wohnblock* m
woonboot *Hausboot* o
wooneenheid • appartement *Wohneinheit* v; *Appartement* o • geheel van woningen en winkels *Wohnanlage* v; *Wohnkomplex* m
woonerf *Wohnstraße* v
woongemeenschap *Wohngemeinschaft* v
woongemeente *Wohnort* m
woongroep *Wohngemeinschaft* v
woonhuis *Wohnhaus* o
woonkamer *Wohnzimmer* o; *Wohnstube* v
woonkazerne *Mietskaserne* v
woonkern *Wohnhäuser, die den Ortskern bilden* mv
woonkeuken *Wohnküche* v
woonlaag *Stockwerk* o
woonlasten *Wohnkosten* mv
woonplaats *Wohnort* m; ⟨officieel⟩ *Wohnsitz* m ★ geen vaste ~ hebben *keinen ständigen Wohnsitz haben*
woonruimte *Wohnraum* m
woonvergunning *Wohnberechtigung* v
woonvorm *Wohnform* v
woonwagen *Wohnwagen* m
woonwagenbewoner *Wohnwagenbewohner* m
woonwagenkamp *Wohnwagenlager* o
woon-werkverkeer *Pendelverkehr* m
woonwijk *Wohnviertel* o
woord • taaleenheid *Wort* o ★ ~en van deelneming *Beileidsworte* ★ ~ voor ~ *wortwörtlich* ★ onder ~en brengen *in Worte fassen; ausdrücken* • erewoord *Wort* o ★ iem. aan zijn ~ houden *jmdn. beim Wort nehmen* ★ op mijn ~ (van eer) *Ehrenwort* ★ zijn ~ houden *sein Wort halten* • het spreken *Wort* o ★ het ~ is aan u *Sie haben das Wort* ★ het ~ vragen *ums Wort bitten* ★ het ~ nemen *das Wort ergreifen/nehmen* ★ iem. te ~ staan *jmdm. Rede und Antwort stehen* ▼ gevleugelde ~en *geflügelte Worte* ▼ zij heeft aan een half ~ genoeg *ein Hinweis genügt ihr* ▼ in één ~ *mit einem Wort; geradezu* ▼ met een half ~ aanduiden *etw. andeuten* ▼ BN geen gebenedijd ~ *kein einziges Wort* ▼ het hoogste ~ hebben *das große Wort führen* ▼ een goed ~je voor iem. doen *ein gutes Wort für jmdn. einlegen* ▼ ~en met iem. hebben *sich mit jmdm. zanken* ▼ je haalt me de ~en uit de mond *du nimmst mir das Wort aus dem Munde*
woordbeeld *Wortbild* o
woordblind *legasthenisch*
woordbreuk *Wortbruch* m
woordelijk *wörtlich*
woordenboek *Wörterbuch* o
woordenlijst *Vokabular* o; *Wortregister* o; *Wörterverzeichnis* o; ⟨met verklaringen⟩ *Glossar* o
woordenschat *Wortschatz* m
woordenstrijd *(Wort)Streit* m; *Wortgefecht* o; *Wortgeplänkel* o
woordenvloed, woordenstroom *Redeschwall* m; *Wortschwall* m
woordenwisseling *Wortwechsel* m
woordgebruik *Wortgebrauch* m
woordgroep *Wortgruppe* v

woordkeus *Wortwahl* v
woordsoort *Wortart* v
woordspeling *Wortspiel* o
woordvoerder *Wortführer* m; ⟨v. regering⟩ *Regierungssprecher* m; *Pressesprecher* m
woordvolgorde *Wortfolge* v
worden *werden* ★ er wordt gebeld *es klingelt* ★ wat is er van hem ge~? *was ist aus ihm geworden?* ★ hij is ziek ge~ *er ist krank geworden* ★ zijn wens werd vervuld *sein Wunsch wurde erfüllt*
wording *Entstehen* o; *Werden* o ★ in ~ zijn *im Entstehen begriffen sein*
wordingsgeschiedenis *Entstehungsgeschichte* v
workaholic I ZN [de] *Workaholic* m II BNW *arbeitssüchtig*
workmate *zusammenlegbare Heimwerkerbank* v
workshop *Workshop* m
worm • pier *Regenwurm* m; *Wurm* m • made *Made* v
wormenkuur *Wurmkur* v
wormstekig *wurmstichig*
wormvirus *Wurmvirus* m
worp • gooi *Wurf* m; ⟨kegelen⟩ *Schub* m • nest jongen *Wurf* m
worst *Wurst* v
worstelaar *Ringer* m; *Ringkämpfer* m
worstelen *ringen*
worsteling *Ringen* o
worstenbroodje *Bratwurst* v *im Schlafrock*
wortel • plantenorgaan *Wurzel* v ★ ~ schieten *Wurzel schlagen/fassen* • groente *Möhre* v; *Mohrrübe* v; *Karotte* v; *gelbe Rübe* v • tandwortel *Wurzel* v • WISK. *Wurzel* v ▼ met ~ en tak uitroeien *mit Stumpf und Stiel ausrotten*
wortelen • wortel schieten *wurzeln* • oorsprong vinden *wurzeln*
wortelkanaal *Wurzelkanal* m
wortelteken *Wurzelzeichen* o
worteltrekken *Wurzelziehen* o
woud *Wald* m
woudloper *Waldläufer* m
would-be *Möchtegern-; möchtegern-*
wouw • vogel *Milan* m ★ rode wouw *Rotmilan* m • plant *Wau* m; *Reseda* v
wow I TW *oh je!* II ZN [de] laag vervormd geluid *Wimmern* o
wraak *Rache* v ★ ~ nemen op iem. *Rache an jmdm. nehmen* ★ dat roept om ~ *das schreit nach Rache* ▼ ~ is zoet *Rache ist süß*
wraakactie *Vergeltungsaktion* v; *Racheakt* m
wraakgevoel *Rachegefühl* o
wraakgodin *Rachegöttin* v
wraaklust *Rachsucht* v
wraakneming *Rache* v; *Racheakt* m
wraakoefening *Vergeltung* v; *Racheakt* m
wraakzuchtig *rachsüchtig*
wrak I ZN [het] • resten *Wrack* o • persoon *Wrack* o II BNW *wrack; schwach;* ⟨goederen⟩ *schadhaft;* ⟨meubels⟩ *wack(e)lig*
wraken • een clausule ~ *eine Klausel verwerfen*
wrakhout *Treibholz* o
wrakkig *klapprig;* ⟨huis⟩ *baufällig*
wrakstuk *Wrackteil* o
wrang • zuur *sauer; herb* • bitter *bitter* ▼ een

~e ervaring *eine bittere Erfahrung*
wrap *Wrap* o
wrat *Warze* v
wrattenzwijn *Warzenschwein* o
wreed ● gruwelijk *grausam* ● ruw *rau; hart*
wreedaard *Unmensch* m
wreedheid I ZN [de] [gmv] *Grausamkeit* v **II** ZN
[de] [mv: -heden] *Grausamkeit* v
wreef *Spann* m
wreken I OV WW *rächen* **II** WKD WW [**zich** ~]
★ zich op iem. ~ *sich an jmdm. rächen*
wreker *Rächer* m
wrevel *Unwille* m; *Ärger* m; *Unmut* m
wrevelig *unwillig; ärgerlich; unmutig*
wriemelen ● peuteren *fummeln (an aan)*
● krioelen *kribbeln; wimmeln*
wrijfpaal *Scheuerpfahl* m
wrijven *reiben*
wrijving ● het wrijven *Reibung* v ● onenigheid
Friktion v
wrikken *rütteln*
wringen I OV WW draaiend persen *winden;*
ringen; ⟨wasgoed⟩ *wringen* **II** ON WW knellen
winden; ringen **III** WKD WW [**zich** ~] **door** *sich*
zwängen durch
wringer *Wringmaschine* v
wroeging *Gewissensbisse* mv
wroeten ● graven *wühlen; buddeln* ● snuffelen
wühlen ● BN zwoegen *sich plagen;* INFORM.
schuften; INFORM. *sich abrackern*
wrok *Groll* m ★ een wrok koesteren tegen iem.
einen Groll gegen jmdn. hegen
wrokkig *nachtragend*
wrong ● haardracht *Knoten* m ● tulband
Turban m
wrongel *Käseteig* m; *Bruch* m/o
wuft *leichtfertig; frivol; flatterhaft*
wuiven ● heen en weer bewegen *wiegen*
● groeten *winken* ★ naar iem. ~ *jmdm.*
zuwinken
wulp *(großer) Brachvogel* m ★ kleine wulp
Regenbrachvogel m
wulps *sinnlich; lüstern*
wurgcontract ≈ *Vertrag* m *zu nachteiligen*
Bedingungen
wurgen *würgen; erwürgen*
wurggreep *Würgegriff* m
wurgslang *Würgeschlange* v; *Boa* v
wurm ● worm *Wurm* m ● kind *Wurm* o; *Knirps*
m
wurmen *drängen; zwängen* ★ zich ertussen ~
sich dazwischen zwängen/drängen
WW *Arbeitslosenversicherungsgesetz* o ★ in de
WW zitten *Arbeitslosengeld/-hilfe beziehen*
www *WWW* o
wysiwyg *WYSIWYG*

X

x *X* o ★ de x van Xantippe *X wie Xantippe*
xantippe *Xanthippe* v
x-as *x-Achse* v
X-benen *X-Beine* mv
X-chromosoom *X-Chromosom* o
xenofobie *Xenophobie* v
xenofoob *xenophob*
XL *XL*
xtc *Ecstasy* o
xylofoon *Xylofon* o

Y

y *Y* o ★ de y van Ypsilon *Y wie Ypsilon*
yachting *Segelsport* m
yahtzee *Yahtzee* m
yahtzeeën *Yahtzee spielen*
yang *Yang* o
yankee *Yankee* m
y-as *y-Achse* v
Y-chromosoom *Y-Chromosom* o
yell *Schrei* m; ⟨leus⟩ *Parole* v
yen *Yen* m
yin *Yin* o
yoga *Yoga* m/o; *Joga* m/o
yoghurt *Joghurt* m; ⟨nakeursspelling⟩ *Jogurt* m
yogi *Yogi* m
ypsilon *Ypsilon* o
yucca *Yucca* v; *Palmlilie* v
yuppie *Yuppie* m

Z

z *Z* o ★ de z van Zacharias *Z wie Zeppelin*
zaad ● kiem *Saat* v; *Saatgut* o ● sperma *Samen*
m; *Samenflüssigkeit* v ▼ op zwart zaad zitten,
BN op droog zaad zitten *knapp bei Kasse sein*
zaadbal *Hoden* m
zaadbank *Samenbank* v
zaadcel *Samenzelle* v
zaaddodend *Samen tötend*
zaaddonor *Samenspender* m
zaaddoos PLANTK. *Samenkapsel* v
zaadlob *Keimblatt* o
zaadlozing *Ejakulation* v; *Samenerguss* m
zaag *Säge* v
zaagbank *Sägebank* v
zaagblad *Sägeblatt* o
zaagmachine *Sägemaschine* v
zaagmolen *Sägemühle* v
zaagsel *Sägemehl* o; *Sägespäne* mv
zaagsnede *Sägeschnitt* m
zaagvis *Sägefisch* m
zaaibak *Frühbeet* m; ⟨zaadbak⟩ *Aussaatschale* v
zaaibed *Saatbeet* o
zaaien *säen* ★ paniek ~ *Panik heraufbeschwören*
★ tweedracht ~ *Zwietracht säen* ▼ dun
gezaaid zijn *dünn gesät sein*
zaaier *Säer* m [v: *Säerin*]; *Sämann* m
zaaigoed *Saat* v; *Saatgut* o
zaaimachine *Sämaschine* v
zaak ● ding *Sache* v ● aangelegenheid
Angelegenheit v; *Sache* v ★ een vervelend
zaakje *eine unangenehme Geschichte*
★ kwalijke zaken *üble(n)/schmutzige(n)*
Geschäfte ★ zeker van zijn zaak zijn *seiner*
Sache gewiss sein ★ zich met zijn eigen zaken
bemoeien *sich um seine eigenen*
Angelegenheiten kümmern ★ ter zake! *zur*
Sache! ★ ter zake doen *eine Rolle spielen* ★ dat
doet niets ter zake *das tut nichts zur Sache*
★ hoe de zaken er nu voor staan *wie die*
Dinge jetzt liegen ★ het is zaak om snel te
handelen *es ist Sache, schnell zu handeln*
★ het ergste van de zaak is *das Schlimmste bei*
der Sache ist ● handel *Geschäft* o;
Geschäftsabschluss m ★ voor zaken
geschäftlich ★ goede zaken doen *gutes*
Geschäft machen ★ zaken zijn zaken *Geschäft*
ist Geschäft ● bedrijf *Firma* v; *Betrieb* m ★ een
zaak opzetten *eine Firma gründen* ★ ik ben
op de zaak *ich bin in der Firma* ● winkel
Geschäft o; *Unternehmen* o ● rechtszaak
Sache v ▼ onverrichter zake terugkeren
unverrichteter Sache/Dinge zurückkehren
▼ zeker zijn van zijn zaak *sich seiner Sache*
sicher sein ▼ gemene zaak met iem. maken
mit jmdm. gemeinsame Sache machen
▼ gedane zaken nemen geen keer *vorbei ist*
vorbei ▼ het is niet veel zaaks *es hat nicht viel*
auf sich ▼ het is zaak om dat te doen *es*
empfiehlt sich, das zu tun
zaakgelastigde *Bevollmächtigte(r)* m;
Geschäftsträger m
zaakje ● winkeltje *Budike* v; MIN. *Kramladen* m;

Kleinbetrieb m • mannelijk geslachtsdeel INFORM. *Apparat* m

zaakvoerder BN bedrijfsleider *Geschäftsführer* m; *Betriebsleiter* m

zaakwaarnemer *Sachwalter* m

zaal *Saal* m; SPORT *Halle* v; 〈toeschouwersruimte〉 *Zuschauerraum* m ★ een lege zaal *ein leeres Haus*

zaalsport *Hallensport* m

zaalvoetbal *Hallenfußball* m

zaalwachter *Saalordner* m; 〈suppoost〉 *Museumsaufseher* m

zacht I BNW • week *weich* • niet ruw *sanft*; *mild*; *weich* ★ een ~ verwijt *ein leiser Vorwurf* ★ met ~e middelen *mit sanften Mitteln* • niet luid *zart*; *sanft* ★ een ~e stem *eine leise Stimme* • gematigd *mild*; *sanft*; *leise* ★ op een ~ vuur laten koken *bei niedriger Temperatur kochen* • zachtmoedig *sanft*; *zart* ★ hij heeft een ~ karakter *er hat einen weichen Charakter* ▼ met ~e hand *mit sanfter Hand* ▼ op z'n ~st genomen/gezegd *gelinde gesagt* **II** BIJW • niet ruw/hevig *sanft* ★ iem. ~jes iets bijbrengen *jmdm. etw. schonend beibringen* • niet luid *leise* ★ ~jes! *leise!* ★ de deur ~jes dichtmaken *die Tür leise schließen* ★ ~jes lopen *schleichen* • niet snel *langsam* ★ ~jes schommelen *sanft schwanken*

zachtaardig *sanft(mütig)*; *milde* ★ een ~ karakter hebben *einen milden Charakter haben*

zachtboard *Holzfaserdämmplatte* v

zachtgroen *zartgrün*

zachtheid • het zacht zijn *Weichheit* v • behandeling *Sanftheit* v

zachtjes • → zacht

zachtjesaan *vorsichtig*

zachtmoedig *sanftmütig*; *sanft*

zachtzinnig *sanftmütig*; *sanft*

zadel *Sattel* m ▼ iem. in het ~ helpen *jmdm. in den Sattel helfen* ▼ vast in het ~ zitten *fest im Sattel sitzen* ▼ iem. uit het ~ lichten *jmdn. aus dem Sattel stoßen/heben*

zadeldek *Satteldecke* v

zadelen *satteln*

zadelpijn *Sattelschmerzen* mv

zadeltas *Satteltasche* v

zagen *sägen*

zager *Säger* m

zagerij *Sägerei* v; *Sägewerk* o

Zagreb *Zagreb* o; OUD. *Agram* o

Zagrebs *Zagreber*

Zaïre *Zaire* o

zak • verpakking *Tüte* v; *Sack* m ★ een plastic zak *eine Plastiktüte* ★ een zak aardappels *ein Sack Kartoffeln* ★ een zak suiker *eine Tüte Zucker* • bergplek in kleding ★ geen geld op zak hebben *kein Geld in der Tasche haben* • MIN. persoon *Sack* m ★ een oude zak *ein alter Knacker* ▼ het kan me geen zak schelen *es ist mir völlig egal* ▼ dat gaat je geen zak aan *das geht dich einen Dreck an* ▼ daar geloof ik geen zak van *den Bären kannst du einem anderen erzählen* ▼ BN in het zakje blazen 〈alcoholtest〉 *blasen müssen* ▼ iem. in zijn zak hebben *jmdn. um den Finger*

gewickelt haben ▼ in zak en as zitten *in Sack und Asche gehen* ▼ die kan je in je zak steken! *schreib dir das hinter die Ohren!* ▼ op iemands zak leven *jmdm. auf der Tasche liegen* ▼ heb je soms je ogen in je zak? *hast du denn Tomaten auf den Augen?*

zakagenda *Taschenkalender* m

zakbijbel *Taschenbibel* v

zakboekje *Notizbuch* o

zakcentje *Taschengeld* o

zakdoek *Taschentuch* o ▼ ~je leggen *Plumpsack spielen*

zakelijk • nuchter, objectief *nüchtern* • bondig *sachlich* • commercieel *dienstlich*; *geschäftlich* ★ een goed ~ inzicht hebben *einen guten Geschäftssinn haben*

zakelijkheid • het zakelijk zijn *Sachlichkeit* v • bondigheid *Sachlichkeit* v

zakenadres *Geschäftsadresse* v

zakenbespreking *Geschäftsbesprechung* v

zakencentrum *Geschäftszentrum* o; 〈wijk〉 *Geschäftsviertel* o

zakencijfer BN omzetcijfer *Umsatzzahl* v

zakendiner *Geschäftsessen* o

zakendoen *Geschäfte machen* ★ ~ met een bedrijf *mit einer Firma Geschäfte machen* ★ ~ met iem. *mit jmdm. Geschäfte machen*

zakenleven *Geschäftsleben* o

zakenlunch *Arbeitsessen* o

zakenman *Geschäftsmann* m

zakenreis *Geschäftsreise* v

zakenrelatie *Geschäftsverbindung* v; 〈persoonlijke handelsrelatie〉 *Geschäftsbeziehung* v

zakenvrouw *Geschäftsfrau* v; *Kauffrau* v

zakenwereld *Geschäftsleben* o

zakformaat *Taschenformat* o

zakgeld *Taschengeld* o

zakken • dalen *sinken*; *fallen* ★ door het ijs ~ *auf dem Eis einbrechen* ★ zich aan een touw laten ~ *sich an einem Seil herunterlassen* ★ het doek laten ~ *den Vorhang herunterlassen* • lager/minder worden *fallen* ★ de pijn is wat gezakt *der Schmerz hat etw. nachgelassen* ★ het water in de rivier zakt *das Wasser im Fluss fällt* ★ de prijzen zijn gezakt *die Preise sind gesunken* ★ de dollar is gezakt *der Dollar ist gefallen* ★ de temperatuur is gezakt *die Temperatur ist gesunken* • O&W niet slagen *durchfallen*

zakkenrollen *Taschendiebstahl begehen*

zakkenroller *Taschendieb* m ★ pas op voor ~s! *Achtung, Taschendiebe!*

zakkenvuller *Profitmacher* m

zaklamp *Taschenlampe* v

zaklantaarn *Taschenlampe* v

zaklopen *sackhüpfen*

zakmes *Taschenmesser* o

zaktelefoon *Handy* o; *Mobiltelefon* o

zalf *Salbe* v

zalig • heerlijk *herrlich*; *himmlisch* • REL. gelukzalig *selig* ★ ~ verklaren *seligsprechen*

zaliger *selig*; *verstorben* ★ mijn moeder ~ *meine verstorbene Mutter*; *meine Mutter - Gott hab sie selig*

zaligheid • REL. verlossing *Seligkeit* v • hoogste

geluk *Glückseligkeit* v • iets heerlijks *Wonne* v
▼ BN iem. zijn ~ geven *jmdm. unverblümt/
gehörig die Wahrheit sagen*
zaligmakend *selig machend*
zaligverklaring *Seligsprechung* v
zalm *Lachs* m
zalmforel *Lachsforelle* v
zalmkleurig *lachsfarben*
zalmsalade *Lachssalat* m
zalven • met zalf bestrijken *einsalben* • wijden
salben
zalvend *salbungsvoll* ★ ~e woorden *tröstende(n)
Worte*
Zambia *Sambia* o
zand *Sand* m ▼ zand erover! *Schwamm drüber!*
▼ iem. zand in de ogen strooien *jmdm. Sand
in die Augen streuen* ▼ in het zand bijten *ins
Gras beißen* ▼ als los zand aan elkaar hangen
*ohne jeden Zusammenhang sein; keinen
Zusammenhang haben*
zandafgraving • plaats *Sandgrube* v • het
afgraven *Sandabbau* m
zandbak *Sandkiste* v; *Sandkasten* m
zandbank *Sandbank* v
zandbodem *Sandboden* m
zanderig *sandig; sandartig*
zandgebak *Sandgebäck* o
zandgeel *sandfarben; sandfarbig*
zandgrond *Sandboden* m ★ (gebied) ~en
Sandgebiet o
zandkasteel *Sandburg* v
zandkleurig *sandfarben; sandfarbig*
zandkoekje ≈ *Plätzchen* o ★ ~s *Sablés;
Sandgebäck* o
zandloper *Sanduhr* v
zandpad *Sandweg* m; *Sandpfad* m
zandplaat *Sandriff* o
zandsteen *Sandstein* m
zandstorm *Sandsturm* m
zandstralen *sandstrahlen*
zandstrand *Sandstrand* m
zandverstuiving *Wanderdüne* v;
Sandverwehung v
zandvlakte *Sandfläche* v
zandweg *Sandweg* m
zandzak *Sandsack* m
zang *Gesang* m
zangbundel *Liederbuch* o
zanger *Sänger* m
zangeres *Sängerin* v
zangerig *melodisch*
zangkoor *Chor* m; *Sängerchor* m
zangles *Gesangstunde* v
zanglijster *Singdrossel* v
zangstem *Singstimme* v
zangvereniging *Gesangverein* m
zangvogel *Singvogel* m
zanik *Nörgler* m
zaniken *nörgeln* ★ om iets ~ *um etw. betteln*
zappen *zappen*
zat I BNW • verzadigd *satt* • beu *satt* ★ ik ben
het zat *ich habe/bin es satt; ich habe die Nase
voll davon* • dronken *besoffen; voll* **II** BIJW in
overvloed *massig; massenweise* ★ hij heeft
geld zat *er hat massenhaft Geld* ★ dat is zat
das ist genug; das reicht

zaterdag *Samstag* m; *Sonnabend* m ★ 's ~s
samstags; am Sonnabend
zaterdagavond *Samstagabend* m;
Sonnabendabend m
zaterdagmiddag *Samstagnachmittag* m;
Sonnabendnachmittag m
zaterdagmorgen, zaterdagochtend
Samstagvormittag m; *Samstagmorgen* m
zaterdagnacht *Samstagnacht* m;
Sonnabendnacht m
zaterdags *samstags; am Sonnabend*
zatlap *Trunkenbold* m
ze • onderwerp *sie* • onbepaald
voornaamwoord *man; die Leute* ★ zoals ze
zeggen *wie man sagt* • lijdend voorwerp ⟨ev
+ mv⟩ *sie*
zebra *Zebra* o
zebrapad *Zebrastreifen* m
zede • zedelijk gedrag *Sitten* mv; *Moral* v
★ een vrouw van lichte zeden *eine
leichtlebige Frau* ★ strijdig met de goede
zeden zijn *gegen die guten Sitten verstoßen*
• gewoonte *Sitte* v; *Brauch* m ★ zeden en
gewoonten *Sitten und Gebräuche*
zedelijk *sittlich; moralisch*
zedelijkheid *Sittlichkeit* v; *Moralität* v
zedeloos *sittenlos*
zedendelict *Sittlichkeitsdelikt* o; *Sexualstraftat* v
zedendelinquent *Sittlichkeitsverbrecher* m;
Sexualverbrecher m
zedenleer BN, O&W schoolvak *Ethik* v
zedenmeester *Sittenlehrer* m; ⟨moraliserend
criticus⟩ *Sittenrichter* m
zedenmisdrijf *Sittlichkeitsverbrechen* o;
Sexualverbrechen o
zedenpolitie *Sittenpolizei* v
zedenpreek *Moralpredigt* v
zedenschandaal *Sittenskandal* m
zedenwet *Sittengesetz* o
zedig *sittsam*
zee • zoutwatermassa *See* v; *Meer* o ★ in
open/volle zee *auf hoher/offener See* ★ zee
kiezen *in See stechen* • grote hoeveelheid
Meer o; *Sturzflut* v ★ een zee van bloemen
ein Meer von Blumen ★ een zee van vragen
eine Sturzflut von Fragen ▼ in zee gaan met
iem. *sich mit jmdm. einlassen*
zeeaal *Seeaal* m
zeeanemoon *Seeanemone* v; *Seerose* v
zeearend *Seeadler* m
zeearm *Bucht* v; *Meeresarm* m
zeebaars *Seebarsch* m
zeebanket *Meeresfrüchte* mv
zeebenen ▼ ~ hebben ≈ *seefest sein*
zeebeving *Seebeben* o
zeebodem *Meeresboden* m; *Meeresgrund* m
zeebonk *Seebär* m
zeeduivel *Seeteufel* m; *Anglerfisch* m
zee-egel *Seeigel* m
zee-engte *Meeresstraße* v; *Meerenge* v
zeef *Sieb* o ▼ zo lek als een zeef zijn *so leck wie
ein Sieb sein*
zeefauna *Meeresfauna* v
zeefdruk *Siebdruck* m
zeegang *Seegang* m
zeegat *Mündung* v ★ het ~ uitgaan *in See*

stechen
zeegevecht *Seeschlacht* v
zeegezicht ● uitzicht *Meeresblick* m ● schilderij
  Seestück o
zeegras *Seegras* o
zeegroen *meergrün*
zeehaven *Seehafen* m
zeehond *Seehund* m; *Robbe* v
zeehondencrèche *Seehundeaufzuchtstation* v
zeehoofd *Mole* v; ⟨bij haven⟩ *Hafenmole* v
zeekaart *Seekarte* v
zeeklas BN, O&W *Seeklasse* v
zeeklimaat *Seeklima* o; *Meeresklima* o
zeekoe *Seekuh* v
zeekreeft *Hummer* m
zeel ▼ BN aan één/hetzelfde zeel trekken *an
  einem Strang ziehen*
Zeeland *Zeeland* o
zeeleeuw *Seelöwe* m
zeelucht *Seeluft* v; *Meeresluft* v
zeem I ZN [de] *Lederlappen* m; *Fensterleder* o
  II ZN [het] *Sämischleder* o
zeemacht *Marine* v
zeeman *Seemann* m ★ zeelieden *Seeleute* mv
zeemeermin *Meerjungfrau* v; *Seejungfrau* v
zeemeeuw *Seemöwe* v
zeemijl *Seemeile* v
zeemlap *Fensterleder* o
zeemleer *Sämischleder* o
zeemleren *sämischledern*
zeemogendheid *Seemacht* v
zeen *Sehne* v
zeeniveau *Meeresniveau* o
zeeolifant *Seeelefant* m; *Elefantenrobbe* v
zeeoorlog *Seekrieg* m
zeep *Seife* v ★ groene zeep, BN bruine zeep
  Neutralseife v ▼ iem. om zeep helpen *jmdm.
  den Garaus machen* ▼ iets om zeep helpen
  etw. vermasseln
zeepaardje *Seepferdchen* o
zeepbakje *Seifenschale* v
zeepbel *Seifenblase* v
zeepdoos *Seifendose* v
zeeppoeder *Seifenpulver* o
zeepsop *Abwaschwasser* o
zeer I BIJW *sehr* ★ al te zeer *allzu sehr* ★ dat is
  zeer modern *das ist hochmodern* ★ dank u
  zeer! *besten Dank!* **II** BNW *schmerzhaft* ★ een
  zeer hoofd *ein schmerzender Kopf* ★ de wond
  doet zeer *die Wunde tut weh* **III** ZN [het] pijn
  Schmerz m ▼ oud zeer *ein altes Übel*
zeeramp *Schiffbruch* m
zeerecht *Seerecht* o
zeereis *Seereise* v
zeerob ● dier *Seehund* m ● persoon *Seebär* m
zeerover *Seeräuber* m
zeerst ▼ ten ~e *außerordentlich*
zeeschip *Hochseeschiff* o
zeeschuim *Gischt* m
zeeslag *Seeschlacht* v
zeeslang *Seeschlange* v
zeesleper *Bergungsschiff* o; *Hochseeschlepper* m
zeespiegel *Meeresspiegel* m
zeester *Seestern* m
zeestraat *Meeresstraße* v; *Meerenge* v
zeestroming *Meeresströmung* v

zeetong *Seezunge* v
Zeeuw *Zeeländer* m
Zeeuws *zeeländisch*
Zeeuwse *Zeeländerin* v
zeevaarder *Seemann* m
zeevaart *Seefahrt* v; *Seeschifffahrt*
zeevaartschool *Seefahrtschule* v
zeevarend *seefahrend*
zeeverkenner *Seeaufklärer* m
zeevis *Seefisch* m
zeevisserij *Seefischerei* v
zeevruchten *Meeresfrüchte* v mv
zeewaardig *seetüchtig*
zeewaarts *seewärts*
zeewater *Meerwasser* o; *Seewasser* o ★ schade
  door ~ *Seewasserschaden* m
zeeweg *Seeweg* m
zeewering *Küstenbefestigung* v
zeewier *Meeresalge* v
zeewind *Seewind* m
zeezeilen *Hochseesegeln* o
zeeziek *seekrank*
zeeziekte *Seekrankheit* v
zeezout *Meersalz* o; *Seesalz* o
zege *Sieg* m
zegekrans *Siegeskranz* m
zegel I ZN [de] plakzegel *Marke* v **II** ZN [het]
  ● zegelafdruk *Siegel* o; *Amtssiegel* o ★ het ~
  verbreken *das Siegel brechen* ● stempel
  Siegelstempel m
zegelring *Siegelring* m
zegen ● REL. *Segen* m ● weldaad *Segen* m
zegenen *segnen*
zegening *Segnung* v
zegenrijk *segensreich*
zegepalm *Siegespalme* v
zegepraal *Sieg* m; *Triumph* m; ⟨intocht⟩
  Triumphzug m
zegeteken *Siegeszeichen* o
zegetocht *Triumphzug* m; *Siegeszug* m
zegevieren *siegen; triumphieren*
zeggen I OV WW ● meedelen *sprechen;
  erzählen; sagen* ★ zeg niet dat je het vergeten
  bent! *sag bloß, du hast es vergessen!* ★ iets
  hardop ~ *etw. laut sagen* ★ ik heb het horen
  horen ~ *ich habe gehört, wie er es sagte* ★ ik
  zeg geen nee *da sage ich nicht nein/Nein*
  ● beduiden *heißen; besagen* ★ dat zegt niets
  das braucht noch nichts zu heißen ★ dat zegt
  me niets *das sagt mir nichts* ★ dat wil ~
  (d.w.z.) *das heißt* ● oordelen *sagen*
  ● aanmerken *aussetzen* ★ tegen het voorstel
  valt niets te ~ *gegen den Vorschlag ist nichts
  einzuwenden* ★ hij heeft op alles wat te ~ *er
  hat an allem was auszusetzen* ● bevelen *zu
  sagen haben* ● veronderstellen *annehmen*
  ★ zeg dat ik een uur weg was *nehmen wir
  mal an, ich war eine Stunde weg* ▼ zeg (eens)
  sag' (mal); hör' mal* ▼ zo gezegd, zo gedaan
  gesagt, getan ▼ eens gezegd, blijft gezegd
  versprochen ist versprochen ▼ zeg dat wel! *das
  kann man wohl sagen!* ▼ daar valt veel voor
  te ~ *das hat viel für sich* ▼ houd dat voor
  gezegd *lass dir das gesagt sein* ▼ om zo te ~
  sozusagen **II** ZN [het] bevel ★ als ik het voor
  het ~ had... *wenn es nach mir ginge...* ★ ik heb

ze

het hier voor het ~ *ich habe hier das Sagen*
zeggenschap *Verfügungsgewalt* v;
  Verfügungsrecht o
zeggingskracht ● welbespraaktheid
  Beredsamkeit v ● overtuigingskracht
  Überzeugungskraft v
zegje ▼ zijn ~ zeggen/doen *seinen Senf dazu
  geben*
zegsman *Gewährsmann* m
zegswijze *Redensart* v
zeiken ● plassen *pissen* ● zeuren *quengeln;
  meckern; nörgeln*
zeikerd, zeikstraal *Meckerer* m; *Meckerarsch* m;
  Meckerfritze m
zeiknat *klatschnass*
zeil I ZN [het] [mv: +en] *Segel* o ★ de zeilen
  hijsen *die Segel hissen* ★ de zeilen strijken *die
  Segel streichen* ▼ alle zeilen bijzetten *alle
  Kräfte anstrengen* II ZN [het] [gmv] ● dekzeil
  Abdeckplane v; *Plane* v ● vloerbedekking
  Linoleum o
zeilboot *Segelboot* o
zeildoek *Segeltuch* o
zeilen *segeln*
zeiler *Segler* m
zeiljacht *Segeljacht* v
zeilkamp *Segelkurs* m
zeilmaker *Segelmacher* m
zeilplank *Surfbrett* o
zeilschip *Segelschiff* o; ⟨groot⟩ *Segler* m
zeilschool *Segelschule* v
zeilsport *Segelsport* m
zeilvliegen *drachenfliegen*
zeilwagen *Segelwagen* m
zeilwedstrijd *Segelregatta* v [mv: *Segelregatten*]
zeis *Sense* v
zeker I BNW ● veilig *sicher* ● vaststaand
  zuverlässig; sicher ★ één ding is ~ *eins ist
  sicher* ★ van hem ben je nooit ~ *auf ihn kann
  man sich nicht verlassen* ★ ik weet het ~ *ich
  bin mir (völlig) sicher* ★ de uitkomsten zijn ~
  die Ergebnisse sind zuverlässig ● overtuigd
  sicher; gewiss ▼ het ~e voor het on~e nemen
  auf Nummer sicher gehen II BIJW ● stellig
  sicher; bestimmt; entschieden; *gewiss* ★ BN ~
  en vast *ganz gewiss; ganz bestimmt; sicher und
  gewiss; todsicher* ● denkelijk *bestimmt; gewiss*
  ★ zij wil ~ niet meedoen? *sie will wohl nicht
  mitmachen?* ▼ ~ weten! *hundert Prozent!;
  sicher!* III ONB VNW niet nader genoemd
  gewiss
zekeren ⟨beveiligen, borgen⟩ *sichern*
zekerheid ● het zeker zijn *Gewissheit* v
  ● veiligheid *Sicherheit* v ● waarborg
  Sicherheit v
zekerheidshalve *sicherheitshalber*
zekering *Sicherung* v
zekeringskast *Sicherungskasten* m
zelden *selten*
zeldzaam ● schaars *selten; rar* ● uitzonderlijk
  außergewöhnlich ● vreemd *seltsam; eigenartig*
zeldzaamheid I ZN [de] [gmv] *Seltenheit* v II ZN
  [de] [mv: -heden] *Seltenheit* v; *Rarität* v
zelf *selbst*
zelfanalyse *Selbstanalyse* v
zelfbediening *Selbstbedienung* v

zelfbedrog *Selbstbetrug* m
zelfbeeld *Selbstbild* o
zelfbeheersing *Selbstbeherrschung* v
zelfbehoud *Selbsterhaltung* v ★ drang tot ~
  Selbsterhaltungstrieb m
zelfbeklag *Selbstmitleid* o
zelfbeschikking *Selbstbestimmung* v
zelfbeschikkingsrecht *Selbstbestimmungsrecht*
  o
zelfbestuiving *Selbstbestäubung* v
zelfbestuur *Selbstverwaltung* v
zelfbevrediging *Selbstbefriedigung* v
zelfbewust ● bewust van zichzelf *selbstbewusst*
  ● zelfverzekerd *selbstbewusst*
zelfbewustzijn *Selbstbewusstsein* o
zelfcensuur *Selbstzensur* v
zelfde *selb; gleich; ähnlich* ★ deze ~ man
  derselbe Mann ★ een ~ geval *ein ähnlicher Fall*
zelfdiscipline *Selbstdisziplin* v
zelfdoding *Selbsttötung* v
zelfgekozen *selbst gewählt*
zelfgemaakt *selbst gemacht*; ⟨eten ook⟩
  hausgemacht; ⟨producten ook⟩ *handgemacht*
zelfgenoegzaam *selbstgenügsam;
  selbstzufrieden*
zelfhulp *Selbsthilfe* v
zelfhulpgroep *Selbsthilfegruppe* v
zelfingenomen *selbstgefällig*
zelfkant ● buitenkant van stof *Salkante* v
  ● dubieus grensgebied *Rand* m ★ aan de ~
  van de samenleving *am Rande der
  Gesellschaft*
zelfkastijding *Selbstkasteiung* v
zelfkennis *Selbsterkenntnis* v
zelfklevend *selbstklebend; selbsthaftend*
zelfklever BN sticker *Sticker* m; *Aufkleber* m
zelfkritiek *Selbstkritik* v
zelfmedelijden *Selbstmitleid* o
zelfmedicatie *Selbstmedikation* v
zelfmoord *Selbstmord* m
zelfmoordactie *Selbstmordaktion* v
zelfmoordenaar *Selbstmörder* m
zelfmoordneiging *Selbstmordgedanken* mv
zelfmoordpoging *Selbstmordversuch* m
zelfontbranding *Selbstentzündung* v
zelfontplooiing *Selbstentfaltung* v
zelfontspanner *Selbstauslöser* m
zelfontsteking *Selbstzünder* m
zelfopoffering *Selbstaufopferung* v
zelfoverschatting *Selbstüberschätzung* v
zelfoverwinning *Selbstüberwindung* v
zelfportret *Selbstbildnis* o; *Selbstporträt* o
zelfredzaam ★ ~ zijn *für sich selbst aufkommen
  können*
zelfredzaamheid *Vermögen* o, *für sich selbst
  aufkommen zu können*
zelfreinigend ● met het vermogen zichzelf te
  reinigen *selbstreinigend* ● weinig
  schoonmaak eisend *pflegeleicht*
zelfrespect *Selbstachtung* v
zelfrijzend ★ ~ bakmeel *Mehl mit Backpulver*
zelfs *selbst; sogar*
zelfspot *Selbstspott* m
zelfstandig *selbstständig*
zelfstandige ★ kleine ~ *kleine(r)
  Selbstständige(r)* m/v ★ ~ zonder personeel* ≈

Ich-AG v

zelfstandigheid *Selbstständigkeit* v

zelfstudie *Selbststudium* o

zelfverdediging *Selbstverteidigung* v

zelfverloochening *Selbstverleugnung* v

zelfverminking *Selbstverstümmelung* v

zelfvernietiging *Selbstzerstörung* v

zelfvertrouwen *Selbstvertrauen* o

zelfverwijt *Gewissensbisse* mv

zelfverzekerd *selbstsicher*

zelfvoldaan *selbstzufrieden*

zelfwerkzaam *selbstwirkend*

zelfwerkzaamheid *Selbsttätigkeit* v

zelfzucht *Selbstsucht* v

zelfzuchtig *selbstsüchtig*

zelve ● → **zelf**

zemel *Kleie* v

zemelaar *Nörgler* m

zemelen *nörgeln*

zemen I BNW *sämischleddern* ★ ~ lap *Fensterleder* o **II** OV WW *mit einem Fensterleder putzen*

zen *Zen* o

zenboeddhisme *Zen-Buddhismus* o

zendamateur *Funkamateur* m

zendapparatuur *Sendegerät* o; *Sendeanlage* v

zendeling *Missionar* m

zenden *senden*; *schicken*

zender ● persoon *Absender* m ● apparaat *Sendegerät* o ● zendstation *Sender* m

zendgemachtigde *Sendebevollmächtigte(r)* m

zending ● het zenden *Sendung* v ● REL. missie *Mission* v

zendingswerk *Arbeit* v *der Mission*

zendinstallatie *Sendeanlage* v

zendmast *Sendemast* m

zendpiraat *Schwarzsender* m; *Piratensender* m

zendstation *Sender* m; *Sendestation* v

zendtijd *Sendezeit* v

zendvergunning *Sendelizenz* v

zenuw ● zenuwvezel *Nerv* m ● gesteldheid [als mv] *Nerv* m ★ in de ~en zitten *sehr angespannt sein* ★ jij werkt me op de ~en! *du gehst mir auf die Nerven!* ★ daarvan krijg je het op je ~en *das geht einem auf die Nerven*

zenuwaandoening *Nervenkrankheit* v; *Nervenleiden* o

zenuwachtig *nervös*

zenuwarts *Nervenarzt* m

zenuwbehandeling *Wurzelbehandlung* v

zenuwcel *Nervenzelle* v

zenuwcentrum *Nervenzentrum* o

zenuwenoorlog *Nervenkrieg* m

zenuwgas *Nervengas* o

zenuwgestel *Nervensystem* o

zenuwinzinking *Nervenzusammenbruch* m

zenuwlijder ● zenuwpatiënt *Nervenkranke(r)* m ● zenuwachtig persoon *Nervenbündel* o; MIN. *Nervensäge* v

zenuwontsteking *Nervenentzündung* v

zenuwpees *Nervenbündel* o

zenuwpijn *Nervenschmerzen* m mv

zenuwslopend *nervenaufreibend*

zenuwstelsel *Nervensystem* o

zenuwtoeval *Nervenzusammenbruch* m

zenuwtrekje *Tic(k)* m; *nervöse(s) Zucken* o

zenuwweefsel *Nervengewebe* o

zenuwziek *nervenkrank*

zenuwziekte *Nervenkrankheit* v; *Nervenleiden* o

zepig *seifig*

zeppelin *Zeppelin* m

zerk *Grabplatte* v

zes I TELW ● *sechs* ● → **vier II** ZN [de] ● getal *Sechs* v ● O&W schoolcijfer ≈ *Vier* v

zesdaags *sechstägig*

zesde ● *sechst* ● → **vierde**

zeshoek *Sechseck* o

zestien ● *sechzehn* ● → **vier**

zestiende ● *sechzehnte(r)* ● → **vierde**

zestig ● *sechzig* ● → **vier, veertig**

zestiger *Sechziger* m

zestigste ● *sechzigste(r)* ● → **vierde, veertigste**

zet ● duw *Stoß* m; *Ruck* m ● zet in spel *Zug* m ★ aan zet zijn *am Zuge sein* ● daad *Einfall* m ★ een domme zet *kein guter Einfall* ▼ iem. een zetje geven *jmdm. auf die Sprünge helfen*

zetbaas ● leidinggevende *Geschäftsführer* m ● stroman *Strohmann* m

zetel ● BN stoel *Sitz* m; *Sessel* m ● vestigingsplaats *Sitz* m ★ BN maatschappelijke ~ *Zentrale* v; *Hauptsitz* m ● POL. plaats voor stemmend persoon *Sitz* m

zetelen ● gevestigd zijn *seinen Sitz haben*; *residieren* ● ~ in BN deel uitmaken van *Teil sein [+2]*

zetelverdeling *Mandatsverteilung* v

zetelwinst *Mandatsgewinn* m

zetfout *Setzfehler* m

zetmachine *Setzmaschine* v

zetmeel *Stärkemehl* o; *Stärke* v ★ het ~ van aardappelen *Kartoffelstärke* v

zetpil *Zäpfchen* o

zetsel *Schriftsatz* m; *Satz* m

zetten I OV WW ● plaatsen *setzen*; 〈neerzetten〉 *stellen* ★ zijn handtekening ~ *unterschreiben* ★ iem. gevangen ~ *jmdn. einsperren* ★ zich op een lijst laten ~ *sich in einer Liste eintragen lassen* ★ iem. uit het land ~ *jmdn. ausweisen* ★ iets op de grond ~ *etw. hinstellen* ★ de bloemen in een vaas ~ *die Blumen in eine Vase stellen* ★ de diamant in goud ~ *den Diamanten in Gold fassen* ★ 100 werknemers worden op straat gezet *100 Mitarbeiter werden auf die Straße gesetzt* ★ de wekker ~ *den Wecker stellen* ● bereiden *kochen* ★ ik heb koffie gezet *ich habe einen Kaffee gekocht/gemacht* ● arrangeren *setzen* ● MED. richten ▼ het op een lopen ~ *davon laufen* **II** WKD WW **[zich ~]** ● doen zitten *setzen*; *stellen* ● doen beginnen *sich an etwas machen* ▼ zich over iets heen ~ *sich über etw. hinwegsetzen*

zetter *Setzer* m

zetterij *Setzerei* v

zetwerk *Satz* m

zeug *Sau* v

zeulen *schleppen*

zeur *Nörgler* m; *Quengler* m

zeurderig *nörgelig*; 〈dreinerig〉 *quengelig*

zeuren *nörgeln*; *quengeln*

zeurkous, zeurpiet *Nörgler* m; *Quengler* m

zeurpiet *Nörgler* m; 〈vrouw〉 *Quengelsuse* v

zeven I TELW ● *sieben* ● → **vier II** ZN [de] ● getal

Sieben v • o&w schoolcijfer ≈ *Drei* v **III** ov
ww *sieben*
zevende • *siebt* • → **vierde**
zevenklapper *Knallfrosch* m
zeventien • *siebzehn* • → **vier**
zeventiende • *siebzehnte* • → **vierde**
zeventig • *siebzig* • → **vier, veertig**
zeventiger *Siebziger* m
zeventigste • *siebzigste(r)* • → **vierde,
veertigste**
zeveren BN kwijlen *geifern*; *sabbern*
zich *sich* ▼ op zich *an sich*; für *sich*
zicht • gezichtsveld *Sicht* v ★ in ~ komen *in
Sicht kommen* ★ het einde is in ~ *das Ende ist
abzusehen* • zichtbaarheid *Sicht* v ★ het ~
belemmeren *die Sicht versperren* ★ het ~ is
minder dan 50 meter *die Sicht(weite) beträgt
weniger als 50 Meter* • inzicht *Sicht* v
★ ergens geen ~ op hebben *keinen Einblick in
etw. haben* • beoordeling *Sicht* v ★ op ~ *zur
Ansicht*
zichtbaar I BNW • te zien *erkennbar*; *sichtbar*
• merkbaar *wahrnehmbar* **II** BIJW ★ hij is ~
verouderd *er ist sichtbar gealtert*
zichtrekening BN rekening-courant
Kontoauszug m
zichtzending *Ansichtssendung* v
zichzelf *sich selbst* ★ in ~ praten *Selbstgespräche
führen* ★ met ~ ingenomen zijn
selbstzufrieden sein ★ op ~ wonen *einen
eigenständigen Haushalt führen* ★ van ~ heet
zij De Vries *sie ist eine geborene de Vries*
★ voor ~ beginnen *sich selbstständig machen*
ziedaar *siehe!*; *sieh da!*; *sieh mal einer an!*
zieden I ov ww laten koken *sieden* **II** ON ww
koken *sieden*
ziedend ★ ~ zijn *schäumend vor Wut sein*;
kochen vor Wut
ziehier *sieh*; *sehen Sie*
ziek *krank* ★ zich ziek melden *sich
krankschreiben lassen* ★ ernstig ziek zijn
schwer krank sein
ziekbed *Krankenbett* o; *Krankenlager* o
zieke *Kranke(r)* m; *Patient* m
ziekelijk • telkens ziek *kränklich*; *kränkelnd*
• abnormaal *krankhaft* ★ ~e gewoontes
hebben *krankhafte Gewohnheiten haben*
zieken *stänkern*
ziekenauto *Krankenwagen* m
ziekenbezoek *Krankenbesuch* m
ziekenboeg *Krankenzimmer* o
ziekenfonds *Krankenkasse* v
ziekenfondskaart *Krankenversichertenkarte* v
ziekenfondspatiënt *Kassenpatient* m
ziekenfondspremie *Krankenkassenbeitrag* m
ziekenfondsverzekering *Krankenversicherung*
v
ziekengeld *Krankengeld* o
ziekenhuis *Krankenhaus* o ★ academisch ~, BN
universitair ~ *Universitätsklinik* v
ziekenhuisbacterie *Krankenhausbakterien* mv
ziekenhuisopname *Krankenhauseinweisung* v
ziekenomroep *Krankenhausrundfunk* m
ziekenverpleger *Krankenpfleger* m [v:
Krankenschwester]
ziekenverzorger ≈ *Schwesternhelfer* m

ziekenwagen *Krankenwagen* m
ziekenzaal *Krankensaal* m
ziekenzorg *Krankenbetreuung* v; *Krankenpflege*
v
ziekjes *krank*; *kränklich*
ziekmakend • ziekte veroorzakend
krankheitserregend • walging inboezemend
ekelhaft; *ekelerregend*
ziekmelding *Krankmeldung* v
ziekte *Erkrankung* v; *Krankheit* v ★ vallende ~
Fallsucht v ★ besmettelijke ~ *ansteckende
Krankheit*; grassierende *Krankheit* ★ ~ van
Creutzfeldt-Jakob *Creutzfeld-Jakob-Krankheit* v
★ ~ van Lyme *Lymekrankheit* v ★ ~ van
Pfeiffer *Pfeiffersche(s) Drüsenfieber* o
★ wegens ~ *krankheitshalber* ★ een ~
oplopen *sich eine Krankheit zuziehen*
ziektebeeld *Krankheitsbild* o; *Syndrom* o
ziektedrager *Krankheitsträger* m
ziektegeschiedenis *Krankengeschichte* v
ziektekiem *Krankheitskeim* m
ziektekosten ≈ *die bei der Krankheit
angefallenen Kosten* mv
ziektekostenverzekering *Krankenversicherung*
v
ziekteleer *Pathologie* v
ziekteverlof *Erholungsurlaub* v
ziekteverschijnsel *Krankheitserscheinung* v
ziekteverwekkend *krankheitserregend*
ziekteverwekker *Krankheitserreger* m
ziekteverzuim *Versäumen* o *wegen Krankheit*
ziektewet *Krankenversicherungsgesetz* o ▼ in de
~ lopen *Krankengeld beziehen*
ziel • geest *Seele* v • persoon *Seele* v • bezieling
Seele v ▼ met zijn ziel onder de arm lopen
nichts mit sich selbst anzufangen wissen ▼ ter
ziele zijn *gestorben sein* ▼ iem. op zijn ziel
trappen *jmdm. in die Seele schneiden* ▼ hoe
meer zielen, hoe meer vreugd *je größer die
Gesellschaft, je größer die Freude*
zielenheil *Seelenheil* o
zielenpiet *arme(r) Tropf* m
zielenpoot *arme(r) Tropf* m; *arme(r) Schlucker*
m; *arme(s) Schwein* o
zielenroerselen *Seelenregungen* mv
zielenrust *Seelenruhe* v
zielig *bedauernswert*; *jämmerlich*; *kläglich*;
bedauerlich ★ het is ~ voor hem *es ist
bedauernswert für ihn* ★ zo met dieren
omgaan, is ~ *Tiere so zu behandeln, ist
Quälerei*
zielloos • zonder innerlijke waarde *unbeseelt*;
seelenlos • levenloos *entseelt*
zielsbedroefd *tief betrübt*
zielsblij *heilfroh*
zielsgelukkig *überglücklich*; *selig*
zielsgraag *herzlich gern*; *gar zu gern*; *von
Herzen gern*
zielsveel *von ganzem Herzen*; *innig*
zielsverlangen *innige(s) Verlangen* o; *(tiefe)
Sehnsucht* v
zielsverwant I ZN [de] *seelenverwandt*;
wahlverwandt **II** BNW *seelenverwandt*
zieltogen *im Sterben liegen*
zielzorg *Seelsorge* v
zien I ov ww • waarnemen *sehen* ★ moet je

dat zien! *sieh dir das an!* ★ iem. iets laten zien *jmdm. etw. zeigen* ★ iets te zien krijgen *etw. zu sehen bekommen* ● bezien *erwarten*; *sehen* ★ we zullen zien! *wir werden sehen!* ★ ik zie niets in het voorstel *ich halte nichts von dem Vorschlag* ★ niet veel in iets zien *sich nicht viel von etw. versprechen* ● inzien *verstehen*; *sehen* ● overwegen ★ gezien de stand van zaken *nach Lage der Dinge* ● proberen *zusehen* ★ zie zelf maar hoe je het klaar speelt *sieh zu, wie du damit fertig wirst* ★ zie maar! *mach, was du willst!* ● BN graag mogen ★ ik zie u graag *ich mag dich* ▼ tot ziens *auf wiedersehen* ▼ BN dat zie je van hier *das versteht sich* ▼ het niet meer zien zitten *schwarzsehen* ▼ het voor gezien houden *genug davon haben* ▼ veel van de wereld gezien hebben *viel herumgekommen sein* **II** ON WW ● kunnen zien *sehen*; *gucken* ★ hij ziet scheel *er schielt* ● eruitzien *aussehen* ★ bleek zien *blass aussehen* ★ wat zie jij eruit! *wie du aber aussiehst!*

zienderogen *zusehends*

ziener *Seher* m; *Prophet* m

ziens ▼ tot ~ *auf Wiedersehen*; *tschüs*

zienswijze *Betrachtungsweise* v; *Sicht* v; *Ansicht* v ★ naar haar ~ *aus ihrer Sicht*

zier ★ het kan me geen zier schelen *das ist mir völlig egal* ★ hij heeft geen zier(tje) verstand *er hat nicht für fünf Pfennig Verstand*

ziezo *so!*

ziften **I** OV WW zeven *sieben* **II** ON WW vitten *herummäkeln an*

zigeuner MIN. *Zigeuner*

zigeunerbestaan *Zigeunerleben* o

zigeunerkamp *Zigeunerlager* o; *Zigeunersiedlung* v

zigeunerkoning *Zigeunerkönig* m

zigeunermuziek *Zigeunermusik* v

zigeunerorkest *Zigeunerorchester* o

zigzag **I** ZN [de] *Zickzack* m **II** BIJW *zickzack*; *im Zickzack*

zigzaggen *zickzacken*; *im Zickzack gehen/fahren*

zigzagsteek *Zickzackstich* m

zij **I** ZN [de] ● kant *Seite* v ● vrouwelijk wezen *Sie* ★ het is een zij *es ist ein Mädchen* **II** PERS VNW ● enkelvoud *sie* ● meervoud *sie* ★ zij die *diejenigen, die*

zijaanzicht *Seitenansicht* v; TECHN. *Seitenriss* m

zijbeuk *Seitenschiff* o

zijde **I** ZN [de] [mv: +s, +n] ● zijkant *Seite* v ★ de schuine ~ van een driehoek *die Hypotenuse* ● groep *Seite* v ★ van vaders ~ *väterlicherseits* ▼ niet van iemands ~ wijken *jmdn. nicht von der Seite weichen* **II** ZN [de] [gmv] *Seide* v

zijdeachtig *seidenartig*; *seidig*; *seidenähnlich*

zijdeglans *Seidenglanz* m

zijdelings ● van de zijkant *indirekt*; *seitlich* ★ ~e blik *Seitenblick* m ● FIG. *indirect* ★ een ~e toespeling *eine indirekte Mitteilung*

zijden *seiden*

zijderups *Seidenraupe* v

zijdeur *Seitentür* v

zijdevlinder *Seidenspinner* m

zijgang ⟨naar één zijde⟩ *Seitengang* m; ⟨afsplitsing⟩ *Nebengang* m

zijgebouw *Nebengebäude* o; *Seitengebäude* o

zijgevel *Seitenfront* v

zijingang *Seiteneingang* m; *Nebeneingang* m

zijinstromer *Quereinsteiger* m

zijkamer *Nebenzimmer* o

zijkant *Seite* v

zijligging *Seitenlage* v; *seitliche Lage* v

zijlijn ● vertakking *Nebenlinie* v ● SPORT *Seitenlinie* v

zijlinie *Seitenlinie* v

zijn **I** ON WW ● bestaan *sein* ★ hoe het ook zij *wie dem auch sei* ★ wat is er? *was ist los?* ★ wat was ook weer het punt? *wo waren wir stehen geblieben?* ★ er is wat met de auto *etw. stimmt nicht mit dem Wagen* ★ zij mag er zijn *sie kann sich sehen lassen* ● zich bevinden *sich befinden*; *sein* ★ er is nog bier *es gibt noch Bier* ★ er zijn mensen voor u gekomen *es ist Besuch für Sie gekommen* ● leven *leben*; *sein* ★ er was eens een koning *es war einmal ein König* ● plaatsvinden *stattfinden*; *sein* ★ het was in 1960 *das war im Jahre 1960* ★ wat is er? *was ist los?* ● bedragen in geld *betragen*; *machen*; *sein* ★ dat is dan 10 euro *das macht zehn Euro* ● ~ **van** *gehören* ★ het is van haar *es gehört ihr* **II** HWW *sein* **III** KWW ● in hoedanigheid/toestand zijn *sein* ● ~ **te** [+ inf.] *sein* **IV** BEZ VNW *sein* ★ hij is met de zijnen vertrokken *er ist mit den Seinen/seinen abgefahren* ★ hij wast zijn handen *er wäscht sich die Hände* ★ mijn kamer is groter dan de zijne *mein Zimmer ist größer als seines* ★ ieder het zijne geven *jedem das Seine/seine geben* **V** ZN [het] *Sein* o

zijnerzijds *seinerseits*

zijpad ▼ ~en bewandelen *vom Thema abkommen*

zijrivier *Nebenfluss* m

zijspan *Beiwagen* m ★ motor met ~ *Motorrad* o *mit Beiwagen*

zijspiegel *Seitenspiegel* m

zijspoor *Nebengleis* o ▼ iem. op een ~ brengen *jmdn. ausrangieren*

zijsprong *Seitensprung* m

zijstraat *Seitenstraße* v

zijtak ● aftakking *Verzweigung* v ● van een rivier *Seitenarm* m

zijvleugel *Nebenflügel* m; ⟨zijpaneel⟩ *Seitenflügel* m; ⟨deel v. gebouw⟩ *Seitenbau* m

zijwaarts *seitlich*; *seitwärts* ★ ~e beweging *Seitenbewegung* v

zijweg *Seitenweg* m

zijwind *Seitenwind* m

zijzelf ● [enkelvoud] *sie selbst* ● [meervoud] *sie selbst*

zilt *salzig*

ziltig *salzig*

zilver ● metaal *Silber* o ● zilverwerk *Silber* o ▼ spreken is ~, zwijgen is goud *Reden ist Silber, Schweigen ist Gold*

zilverachtig *silbrig*

zilverberk *Silberbirke* v

zilveren ● van zilver *aus Silber*; *silbern*; *Silber-* ● als van zilver *silbern*

zilverkleurig *silberfarben*; *silbern*; *silberfarbig*; *Silber-*

zilvermeeuw *Silbermöwe* v
zilverpapier *Silberpapier* o
zilverpopulier *Silberpappel* v
zilverreiger *Silberreiher* m
zilversmid *Silberschmied* m
zilverspar *Silbertanne* v; *Edeltanne* v
zilveruitje *Silberzwiebel* v
zilververf *Silberfarbe* v
zilvervliesrijst *ungeschälte(r) Reis* m
zilvervos *Silberfuchs* m
zilverwerk *Silberarbeit* v
Zimbabwe *Simbabwe* o
zin ● TAALK. volzin *Satz* m ★ samengestelde zin *Satzgefüge* o ● wil *Lust* v; *Sinn* m ★ ik heb er geen zin in *ich habe keine Lust dazu* ★ vandaag heb ik geen zin in tomaten *heute mag ich keine Tomaten* ★ je kunt het hem nooit naar de zin maken *man kann ihm nichts recht machen* ★ iets tegen zijn zin doen *etw. gegen seinen Willen tun* ★ zijn zin doordrijven *seinen Willen durchsetzen* ● verstand *Verstand* m; *Sinne* mv ★ buiten zinnen zijn *außer sich sein* ★ weer bij zinnen komen *wieder zu Bewusstsein kommen* ● betekenis *Sinn* m ★ in zekere zin *in gewissem Sinne* ★ in de eigenlijke/figuurlijke/strenge zin van het woord opgevat *im eigentlichen/bildlichen/strengen Sinne des Wortes verstanden* ● nut *Sinn* m; *Zweck* m ★ dat heeft geen zin *das hat keinen Zweck* ● zintuig *Sinnesorgan* o; *Sinn* m ★ dit prikkelt de zinnen *dies reizt die Sinne* ▼ zijn zinnen verzetten *seine Gedanken ablenken; Zerstreuung suchen* ▼ zijn zinnen op iets gezet hebben *sich etw. in den Kopf gesetzt haben*
zindelijk ● het toilet gebruikend ⟨dieren⟩ *stubenrein*; ⟨kinderen⟩ *sauber* ● schoon *sauber; rein(lich)*
zinderen *flimmern* ★ de lucht zindert van de hitte *die Luft flimmert vor Hitze*
zingen *singen*
zingeving *Sinngebung* v
zink *Zink* o
zinken I ON WW *untergehen; (ver)sinken* ★ een schip tot ~ brengen *ein Schiff versenken* II BNW van zink *Zink-* ★ ~ dak *Zinkdach* o
zinklood *Senkblei* o
zinkput *Sickergrube* v
zinkstuk *Senkblei* o; *Senkgewicht* o
zinkzalf *Zinksalbe* v
zinloos *sinnlos*
zinnebeeld *Sinnbild* o; *Symbol* o
zinnebeeldig *sinnbildlich; symbolisch*
zinnelijk *sinnlich*
zinnen ● bevallen *gefallen; zusagen* ★ dat zint mij niet! *das passt mir nicht!* ● ~ **op** *sinnen auf*
zinnenprikkelend *sinnlich*
zinnens ▼ BN van ~ zijn om... *die Absicht haben...; ... beabsichtigen*
zinnig *vernünftig*
zinsbegoocheling *Sinnestäuschung* v
zinsbouw *Satzbau* m
zinsconstructie *Satzkonstruktion* v; *Satzbau* m
zinsdeel *Satzglied* o; *Satzteil* m
zinsnede *Satzteil* m

zinsontleding *Satzanalyse* v
zinspelen *anspielen* ★ ~ op *Anspielungen machen auf* [+4]; *anspielen auf*
zinspeling *Anspielung* v
zinspreuk *Sinnspruch* m; ⟨devies⟩ *Wahlspruch* m
zinsverband ● betrekking tussen twee zinnen *Satzrelation* v; *Satzzusammenhang* m ● context *Zusammenhang* m; *Kontext* m
zinsverbijstering *Sinnesstörung* v; *Geistesverwirrung* v
zinswending *Redewendung* v
zintuig *Sinn* m; *Sinnesorgan* o
zintuiglijk *sinnlich* ★ ~e waarneming *sinnliche Wahrnehmung*
zinverwant *sinnverwandt*
zinvol *sinnvoll*
zionisme *Zionismus* m
zionist *Zionist* m; *Zionistin* v
zionistisch *zionistisch*
zippen *zippen*
zirkonium *Zirkonium* o
zirkoon *Zirkon* m
zit ▼ het is een hele zit *es dauert lange* ▼ BN, O&W tweede zit *Wiederholungsprüfung* v
zitbad *Sitzbad* o
zitbank *Sofa* o; *Couch* v; ⟨buiten⟩ *Sitzbank* v
zitdag BN ≈ spreekuur *Sprechstunde* v
zitelement *Sitzelement* o
zithoek *Sitzecke* v
zitje ● (kinder)stoeltje *kleine(r) Sitz* m ● BN, POL. zetel *Sitz* m
zitkamer *Wohnzimmer* o
zitkuil *Sitzgrube* v; ⟨v. dieren⟩ *Sitzkuhle* v; ⟨in woonkamer⟩ *vertiefte Sitzgelegenheit* v
zitkussen *Sitzkissen* o
zitplaats *Sitzplatz* m ★ voertuig met 2 ~en *Zweisitzer* m
zitstaking BN *Sit-in* o; *Sitzstreik* m
zitten ● gezeten zijn *sitzen* ★ ga ~ *setz dich; setzen Sie sich* ★ hij zat in de kamer te lezen *er saß im Zimmer und las* ● zich bevinden *stecken; wohnen; sein* ★ waar zit hij nu weer? *wo steckt er jetzt schon wieder?* ★ de sleutel zit in de deur *der Schlüssel steckt in der Tür* ● passen *sitzen* ● in positie/toestand gelaten worden *sitzen (bleiben)* ★ iets laten ~ *es dabei belassen* ★ daar zit je dan! *da hast du die Bescherung!* ★ hij zit met problemen *er hat Probleme* ● gevangen zitten ★ hij moet 5 jaar ~ *er muss 5 Jahre sitzen* ● bevestigd zijn *sitzen* ★ de knoop zit los *der Knopf ist lose* ★ stevig in elkaar ~ *gut gebaut sein* ● bedekt zijn met ★ er zit een vlek op je broek *du hast einen Fleck auf deiner Hose* ★ de auto zit onder het roest *der Wagen hat viel Rost* ★ onder de vlekken ~ *völlig bekleckert sein* ● doel treffen *sitzen* ● bezig zijn met *sein* ★ ik zit te lezen *ich bin ans lesen* ★ de woordjes ~ er goed in *die Vokabeln sitzen gut* ★ het zit er helaas niet in *das ist leider nicht drin* ★ het zit hem hier in *es liegt daran* ▼ blijven ~ ⟨klas overdoen⟩ *in der Schule sitzen bleiben; stay down a class* ▼ het zit erop *das hätten wir geschafft* ▼ het zit me tot hier! *es ärgert mich sehr!* ▼ daar zit iets achter *da steckt etw. dahinter* ▼ dat zit

goed in elkaar *das hat Hand und Fuß* ▾ hoe
zit het met de zaak? *wie steht die Sache?* ▾ het
er niet bij laten ~ *es nicht dabei bewenden
lassen* ▾ dat laat ik niet op mij ~ *das lasse ich
mir nicht bieten*

zittenblijver *Sitzenbleiber* m

zittend ● een functie bekledend *amtierend*
● zittende houding *sitzend*

zittijd BN, O&W examenperiode *Prüfungszeit* v

zitting ● deel van stoel *Sitz* m ● vergadering
Sitzung v; ⟨langer dan één dag⟩ *Tagung* v
★ hij heeft ~ in het bestuur *er ist Mitglied des
Vorstandes*

zitvlak *Gesäß* o

zitvlees *Sitzfleisch* o

zitzak *Sitzsack* m

zo I BIJW ● op deze wijze *so* ● in deze mate
genauso; ebenso; so ★ om 10 uur of zo *etwa
um/rund 10 Uhr* ★ dat is al zo vaak gebeurd
das ist schon so oft passiert ● direct *so* ★ ik
kom zo *ich komme gleich/sofort* ● uitstekend
prima; ausgezeichnet ★ hij is zó *er ist ein
prima Kerl* **II** VW ● zoals *wie* ● indien *wenn*
III TW *so* ★ hoe zo? *wieso?* ★ o zo *ach so* ★ zo,
zo *soso*

zoab *Flüsterbelag* m

zoal *eigentlich* ★ waar ben je zoal mee bezig?
was machst du zurzeit?

zoals *(gleich)wie*

zodanig I BIJW *in solchem Maße; in solcher
Weise; derart* ★ zij heeft mij ~ beledigd dat...
sie hat mich dermaßen beleidigt, dass... **II** AANW
VNW *solch; derartig* ★ als ~ *als solcher; an sich*

zodat *sodass; so dass*

zode *Sode* v; *Rasenstück* o; *Plagge* v ▾ zij ligt
onder de groene zoden *sie deckt der
grüne/kühle Rasen*

zodiak *Tierkreis* m; *Zodiakus* m

zodoende *also; somit; *⟨dientengevolge⟩
*folglich; *⟨dientengevolge⟩ *deshalb*

zodra *sobald*

zoef *ssst*

zoek *fort; weg* ★ zoek raken *verloren gehen;
abhandenkommen* ★ er is een kind zoek *es
wird ein Kind vermisst* ▾ op zoek gaan *auf die
Suche gehen*

zoekactie *Suchaktion* v

zoekbrengen *verschwenden*

zoeken ● trachten te vinden *suchen* ● uit zijn
op *suchen* ● ~ **achter** FIG. aantreffen ★ overal
iets achter ~ *hinter allem etw. suchen/
vermuten* ★ dat had ik niet achter hem
gezocht *das hätte ich ihm nicht zugetraut*

zoeker ● persoon *Sucher* m ● venster van
camera *Sucher* m

zoekertje BN kleine advertentie *kleine Annonce*
v

zoeklicht *Scheinwerfer* m

zoekmachine, zoekengine *Suchmaschine* v

zoekmaken *verkramen; verlegen*

zoekopdracht *Suchauftrag* m

zoekplaatje *Suchbild* o; *Vexierbild* o

zoektocht *Suche* v

zoel *lind*

Zoeloe *Zulu* m

zoemen *summen*

zoemer *Summer* m

zoemtoon *Summton* m

zoen *Kuss* m

zoenen *küssen* ★ dat is om te ~ *das ist zum
Anbeißen*

zoenlippen *Kussmund* m

zoenoffer *Sühneopfer* o

zoet I BNW ● zoet smakend *süß* ● braaf *artig*
II ZN [het] *Süße(s)* o

zoetekauw *Süßmaul* o

zoeten *süßen*

zoethoudertje HUMOR. *Beruhigungspille* v

zoethout *Süßholz* o

zoetig *süßlich*

zoetigheid *Süßigkeit* v; ⟨snoep⟩ *Süßigkeiten* mv

zoetje *Süßstoff* m; *Süßstofftablette* v

zoetjesaan *langsam; allmählich*

zoetmiddel *Süßstoff* m

zoetsappig *süß; süßlich*

zoetstof *Süßstoff* m

zoetwaren *Süßwaren* mv

zoetwateraquarium *Süßwasseraquarium* o

zoetwaterfauna *Süßwasserfauna* v

zoetwaterflora *Süßwasserflora* v

zoetwatervis *Süßwasserfisch* m

zoetzuur I ZN [het] ≈ *Mixed Pickles* mv ★ in ~
ingelegd *süßsauer eingemacht* **II** BNW *süßsauer*
★ zoetzure augurken *süßsaure(n) Gurken*

zoeven *schwirren*

zo-even *(so)eben; vorhin; gerade*

zog ● kielzog *Kielwasser* o ● moedermelk
Muttermilch v

zogeheten *sogenannt*

zogen *säugen;* ⟨bij mensen⟩ *stillen*

zogenaamd ● zogeheten *sogenannt* ● quasi
sogenannt; angeblich

zogenoemd *sogenannt*

zogezegd ● om zo te zeggen *gewissermaßen;
sozusagen* ● nagenoeg *praktisch; so gut wie*

zoiets *so etwas; so ungefähr*

zojuist *gerade; (so)eben*

zolang I BIJW *unterdessen; inzwischen;
einstweilen* **II** VW *solang(e)* ★ voor ~ het duurt
solang es dauert

zolder *Dachboden* m; *Boden* m; *Speicher* m
★ met het haar op ~ *mit den Haaren
hochgesteckt*

zolderetage *Dachgeschoss* o

zoldering *Decke* v

zolderkamer *Dachkammer* v; *Bodenkammer* v

zolderluik *Dachluke* v

zoldertrap *Bodentreppe* v

zolderverdieping *Dachgeschoss* o

zomaar ● zonder aanleiding *nur so;
unvermittelt* ● zonder beperkingen *ohne
Weiteres* ★ mag dat ~? *geht das so ohne
Weiteres?*

zombie *Zombie* m

zomen *säumen*

zomer *Sommer* m ★ in het hartje van de ~
mitten im Sommer

zomerachtig *sommerlich*

zomeravond *Sommerabend* m

zomerbed *Sommerbett* o

zomerdienstregeling ⟨boot, trein⟩
Sommerfahrplan m; ⟨vliegtuig⟩

ZO

Sommerflugplan m
zomerdijk *Sommerdeich* m
zomeren *sommern*; *Sommer werden* ★ het wil maar niet ~ *es wird und wird kein Sommer*
zomerfeest *Sommerfest* o
zomergast ● BIOL. vogel *Sommergast* m ● RECR. persoon *Sommergast* m
zomerhuis *Sommerhaus* o
zomerjas *Sommermantel* m
zomerjurk *Sommerkleid* o
zomerkleding *Sommerkleidung* v
zomerkleed *Sommerkleid* o
zomermaand *Sommermonat* m
zomerreces *Parlamentsferien* mv; *Sommerpause* v
zomers *sommerlich*
zomerseizoen *Sommersaison* v
zomerspelen *Sommerspiele* o mv
zomersport *Sommersport* m
zomersproet *Sommersprosse* v
zomertijd *Sommerzeit* v
zomeruur BN zomertijdregeling *Sommerzeit* v
zomervakantie *Sommerferien* mv
zomerweer *Sommerwetter* o
zomerzon *Sommersonne* v
zomin *ebenso wenig* ★ (net) ~ als *genauso/ebenso wenig wie*
zompig *sumpfig*
zon ● *Sonne* v ● → **zonnetje** ▼ er is niets nieuws onder de zon *es gibt nichts Neues unter der Sonne* ▼ voor niets gaat de zon op *umsonst ist nur der Tod* ▼ een plek onder de zon hebben *einen Platz an der Sonne haben* ▼ de zon opzoeken *eine fröhliche Natur sein*
zo'n ● zo één *so ein*; *solch ein* ● ongeveer *so in etwa*; *so an/um*
zonaanbidder *Sonnenanbeter* m
zondaar *Sünder* m ★ een verstokte ~ *ein unverbesserlicher Sünder*
zondag *Sonntag* m ★ op zon- en feestdagen *Sonn- und Feiertage* ★ 's ~s *sonntags*; *am Sonntag*
zondagavond *Sonntagabend* m
zondagmiddag *Sonntagnachmittag* m
zondagmorgen, zondagochtend *Sonntagvormittag* m; *Sonntagmorgen* m
zondagnacht *Sonntagnacht* m
zondags I BNW *sonntäglich*; *Sonntags-* ★ op zijn ~ gekleed *sonntäglich angezogen sein* II BIJW *sonntags*; *am Sonntag*; *sonntags*; *am Sonntag*
zondagsdienst *Sonntagsdienst* m
zondagskind ● kind geboren op zondag *Sonntagskind* o ● geluksind *Sonntagskind* o; *Glückskind* o
zondagskleren *Sonntagskleidung* v; ⟨voor vrouwen⟩ *Sonntagskleid* o; ⟨voor mannen⟩ *Sonntagsanzug* m
zondagskrant *Sonntagszeitung* v
zondagsrijder *Sonntagsfahrer* m
zondagsrust *Sonntagsruhe* v
zondagsschilder *Sonntagsmaler* m
zondagsschool *Kindergottesdienst* m
zondagsviering *Sonntagsgottesdienst* m
zonde ● slechte daad *Sünde* v ● betreurenswaardigheid ★ het is ~ van het geld *es ist schade um das Geld* ★ het is eeuwig

~ es ist jammerschade ★ wat ~ *wie schade*
zondebok *Sündenbock* m ★ iem. als ~ aanwijzen *jmdn. den schwarzen Peter zuschieben*
zonder ● niet met *ohne* [+4] ★ een cd ~ een doosje *eine CD ohne Schachtel* ★ niet ~... kunnen *nicht ohne... auskommen* ★ (even) ~ iets zitten *etw. (gerade) nicht haben* ● ~ **te** *ohne zu* ★ ~ te kijken *ohne zu gucken* ★ ~ iets te zeggen *ohne etw. zu sagen* ● ~ **dat** *ohne dass* ★ ~ dat hij het wist *ohne dass er es wusste*
zonderling I BNW *sonderbar*; *merkwürdig*; *seltsam* II ZN [de] *Sonderling* m
zondeval *Sündenfall* m
zondig *sündhaft*; *sündig*
zondigen *sündigen* ★ tegen de regels ~ *gegen die Regeln verstoßen*
zondvloed *Sintflut* v ▼ na mij de ~ *nach mir die Sintflut*
zone *Zone* v ★ BN groene zone *Landschaftsschutzgebiet* o
zoneclips *Sonnenklipse* v; *Sonnenfinsternis* v
zonet *(so)eben*; *gerade*
zonkant *Sonnenseite* v
zonlicht *Sonnenlicht* o
zonnebad ● zonnebank *Solarium* o ● het zonnebaden *Sonnenbad* o
zonnebaden *sich sonnen*
zonnebank *Sonnenbank* v
zonnebloem *Sonnenblume* v
zonnebloemolie *Sonnenblumenöl* o
zonnebrand *Sonnenbrand* m
zonnebrandcrème *Sonnenbrandcreme* o; *Sonnenbrandmilch* v
zonnebrandolie *Sonnenöl* o
zonnebril *Sonnenbrille* v
zonnecel *Sonnenzelle* v; *Solarzelle* v
zonnecollector *Sonnenkollektor* m; ⟨apparaat dat zonnestraling in stroom omzet⟩ *Sonnenofen* m
zonnedek *Sonnendeck* o
zonne-energie *Sonnenenergie* v; *Solarenergie* v
zonnehoed *Sonnenhut* m
zonneklaar *sonnenklar*
zonneklep ● klep van pet *Schirm* m ● klep in auto *Sonnenblende* v
zonneklopper BN zonnebader *Sonnenanbeter* m
Zonnekoning *Sonnenkönig* m
zonnen *sich sonnen*
zonnepaneel *Sonnenkollektoren* mv
zonnescherm *Markise* v
zonneschijn *Sonnenschein* m
zonnesteek, BN **zonneslag** *Sonnenstich* m
zonnestelsel *Sonnensystem* o
zonnestraal *Sonnenstrahl* m
zonnestudio *Sonnenstudio* o
zonneterras *Liegeterrasse* v; *Sonnenterrasse* v
zonnetje *Sonne* v ▼ iem. in het ~ zetten *jmdn. ins rechte Licht rücken/setzen* ▼ zij is het ~ in huis *sie ist der Sonnenschein der Familie*
zonnevlek *Sonnenfleck* m
zonnewijzer *Sonnenuhr* v
zonnig *sonnig*
zonovergoten *sonnenüberflutet*
zonsondergang *Sonnenuntergang* m
zonsopgang *Sonnenaufgang* m

zonsverduistering *Sonnenfinsternis* v
zonvakantie *Sonnenurlaub* m
zonwering *Sonnenschutz* m; *Sonnenschirm* m
zonzijde *Sonnenseite* v
zoo *Zoo* m
zoöfobie *Zoophobie* v
zoogdier *Säugetier* o
zooi ● flinke hoeveelheid *Masse* v; *Menge* v
★ de hele zooi *die ganze Bande*; *der ganze Kram* ● troep *Kram* m; *Plunder* m ★ het is daar een zooi *dort herrscht eine Sauwirtschaft* ★ bijeengeraapte zooi *aller mögliche Plunder* ★ zo'n zooi! *so'n Schlamassel!*
zool *Sohle* v ▼ halve zool *Idiot* m
zoölogie *Zoologie* v
zoöloog *Zoologe* m
zoom ● omgenaaide rand *Saum* m
● buitenrand *Rand* m
zoomen *zoomen*
zoomlens *Zoomlinse* v; *Gummilinse* v
zoomnaad *Saumnaht* v
zoomobjectief *Zoomobjektiv* o
zoon *Sohn* m ▼ de Verloren Zoon *der verlorene Sohn*
zoonlief *Sohnematz* m; IRON. *Sohnemann* m
zootje ● hoeveelheid *Menge* v; *Haufen* m
● rommeltje *Kram* m; *Chaos* o ▼ een ~ ongeregeld *regellose(s) Durcheinander*
zopas *soeben*; *gerade*
zorg ● verzorging *Sorge* v ★ BN, MED. eerste zorgen *Erste Hilfe* v ★ BN, MED. intensieve zorgen *Intensivpflege* v ★ zorg dragen voor *dafür sorgen, dass...* ★ zorg besteden aan *Sorgfalt verwenden auf* ● bezorgdheid *Sorge* v ★ onder zorgen gebukt gaan *den Kopf voller Sorgen haben* ▼ het zal mij een zorg zijn *das ist nicht mein Bier*
zorgelijk ● vol bezorgdheid *sorgenvoll*; *besorgt* ● onrustbarend *besorgniserregend*; *beängstigend*
zorgeloos ● zonder zorgen *sorglos*; *unbeschwert* ● achteloos *unachtsam*; *sorglos*
zorgen ● ~ **voor** verzorgen *sorgen für* ★ voor iem. ~ *für jmdn. sorgen*; *sich um jmdn. kümmern*; *jmdn. versorgen* ● het nodige doen *sorgen für* [+4]; *sich kümmern um* [+4] ● regelen *bewirken*; *zur Folge haben*
zorgenkind *Sorgenkind* o
zorgsector *Gesundheitswesen* o
zorgverlener ● zorginstelling *Pflegeeinrichtung* v ● persoon *Pfleger* m [v: *Pflegerin*]
zorgverlof *Pflegeurlaub* m
zorgverzekeraar *Krankenversicherung(sgesellschaft)* v
zorgvuldig ● met zorg *sorgfältig* ● nauwkeurig *gewissenhaft*
zorgwekkend *besorgniserregend*; *beunruhigend*
zorgzaam *fürsorglich*; *sorgsam*
zot I ZN [de] *Narr* m; *Tor* m **II** BNW *verrückt*; *irre*; 〈onverstandig〉 *dumm*
zout I BNW *salzig*; 〈gezouten〉 *gesalzen* ★ zoute haring *Salzhering* m ★ het eten te zout maken *das Essen versalzen* ▼ heb je het ooit zo zout gegeten? *so etw. hast du noch nicht erlebt* **II** ZN [het] *Salz* o ★ in het zout leggen *einpökeln* ▼ het zout der aarde *das Salz der*

Erde ▼ het zout in de pap niet verdienen *nicht das Salz in der Suppe verdienen*
zoutachtig *salzartig*
zoutarm *salzarm*
zouteloos *fade*; *abgeschmackt*
zouten ● zout maken *salzen* ● inzouten *pökeln* ★ ge~ vlees *Salzfleisch* o; *Pökelfleisch* o
zoutig *salzig*
zoutje *Salzgebäck* o
zoutkoepel *Salzstock* m
zoutkorrel *Salzkorn* o
zoutloos *salzlos*; *salzfrei*
zoutoplossing *Salzlösung* v
zoutpan *Salzgarten* m
zoutvaatje *Salzstreuer* m; *Salzfässchen* o
zoutvlakte *Salzwüste* v
zoutwateraquarium *Meerwasseraquarium* o
zoutzak ● zak *Salzsack* m ● persoon *Schlappschwanz* m
zoutzuur *Salzsäure* v
zoveel I BIJW *so viel* ★ ~ te beter *umso besser*; *desto besser* **II** ONB VNW ~ (als) mogelijk *so viel wie möglich* ★ net ~ als *genauso viel wie* ★ tweemaal ~ *doppelt so viel*
zoveelste *soundsovielste* ★ de ~ keer *das soundsovielste Mal* ★ het is de ~ juni *es ist der soundsovielste Juni*
zover *so weit* ★ in ~re *insoweit* ★ voor ~ ik weet *soviel ich weiß* ★ voor ~ zij daartoe in staat is *sofern sie dazu in der Lage ist*
zoverre ● → **zover**
zowaar *tatsächlich*; *wahrhaftig*
zowat *ungefähr*; *etwa*
zowel *sowohl*
z.o.z. *b.w.*; *bitte wenden*
zozeer *so*; *so sehr* ★ ben je moe? dat niet ~ *bist du müde? das nicht gerade* ★ het gaat niet ~ daarom *es geht nicht so sehr darum*
zozo *leidlich*; *so lala* ★ ik vind het maar zozo *ich finde es nur so lala*
zucht ● uitademing *Seufzer* m ● drang *Begierde* v; *Sucht* v ★ de ~ om te behagen *die Gefallsucht* v
zuchten ● uitademen *seufzen* ● lijden *schmachten* ● ~ naar *schmachten nach*
zuchtje 〈zacht briesje〉 *Hauch* m; *Lüftchen* o
zuid *südlich* ★ de wind is zuid *der Wind kommt von Süden*
Zuid-Afrika *Südafrika* o
Zuid-Afrikaan *Südafrikaner* m
Zuid-Afrikaans *südafrikanisch*
Zuid-Afrikaanse *Südafrikanerin* v
Zuid-Amerika *Südamerika* o
Zuid-Amerikaan *Südamerikaner* m
Zuid-Amerikaans *südamerikanisch*
Zuid-Amerikaanse *Südamerikanerin* v
Zuid-Chinese Zee *Südchinesisches Meer* o
zuidelijk I BNW uit/van het zuiden *südlich* **II** BIJW naar het zuiden *südwärts*
Zuidelijke IJszee *Südliches Eismeer* o
zuiden *Süden* m ★ kamers op het ~ hebben *Zimmer nach Süden haben* ★ ten ~ van *südlich* [+2]
zuidenwind *Südwind* o
zuiderbreedte *südliche Breite* v
zuiderbuur *südliche Nachbarn* mv

zu

zuiderkeerkring *südliche(r) Wendekreis* m
zuiderlicht *Südlicht* o
zuiderling *Südländer* m
zuiders BN ≈ uit/van het zuiden *südlich*
Zuid-Europa *Südeuropa* o
Zuid-Europees *südeuropäisch*
Zuid-Holland *Südholland* o
Zuid-Hollander *Südholländer* m
Zuid-Hollands *südholländisch*
Zuid-Hollandse *Südholländerin* v
Zuid-Korea *Südkorea* o
Zuid-Koreaans *südkoreanisch*
zuidkust *Südküste* v
Zuid-Molukken *Südmolukken* mv
Zuid-Molukker *Südmolukker* m
Zuid-Moluks *südmolukkisch*
zuidoost *Südost-*
Zuidoost-Aziatisch *südostasiatisch*
Zuidoost-Azië *Südostasien* o
zuidoosten *Südosten* m
Zuidpool *Südpol* m
zuidpool *Südpol* m
zuidpoolcirkel *südliche(r) Polarkreis* m
Zuidpoolexpeditie *Südpolexpedition* v
zuidpoolgebied *Südpolargebiet* o; *Antarktis* v
zuidvrucht *Südfrucht* v
zuidwaarts *südwärts*
zuidwest *südwestlich*
zuidwesten *Südwesten* m
zuidwester • wind *Südwestwind* m • hoed *Südwester* m
Zuidzee • → **Stille Oceaan**
zuigeling *Säugling* m
zuigelingenzorg *Säuglingspflege* v
zuigen I OV WW • opzuigen *aufsaugen* • stofzuigen *saugen*; *staubsaugen*; *Staub saugen* **II** ON WW sabbelen *saugen*
zuiger *Kolben* m
zuigfles *Saugflasche* v
zuigkracht *Saugfähigkeit* v
zuignap *Saugnapf* m
zuigtablet *Lutschtablette* v
zuigzoen *Knutscher* m
zuil *Säule* v
zuilengalerij *Säulengang* m
zuinig I BNW • spaarzaam *sparsam*; *wirtschaftlich* • gierig ★ ~ met woorden *wortkarg* • behoedzaam *bedächtig*; *behutsam* ★ ~ zijn op *schonend umgehen mit* **II** BIJW ▼ • kijken *verdrießlich dreinschauen*
zuinigheid *Sparsamkeit* v ▼ • met vlijt bouwt huizen als kastelen *Sparsamkeit führt zu Reichtum*
zuipen I OV WW onmatig drinken *saufen* **II** ON WW veel alcohol drinken *sich besaufen*
zuiperij • het zuipen *Sauferei* v • zuippartij *Besäufnis* o
zuiplap *Säufer* m
zuippartij *Saufgelage* v
zuipschuit *Säufer* m; *Saufbruder* m; *Saufbold* m
zuivel *Milcherzeugnisse* mv; *Molkereiprodukte* mv
zuivelfabriek *Molkerei* v
zuivelindustrie *Milchwirtschaft* v
zuivelproduct *Milchprodukt* o
zuiver I BNW • ongemengd *sauber*; *rein* ★ ~

goud *reine(s) Gold* o • oprecht *rein* ★ een ~ geweten *ein reines Gewissen* ★ ~e bedoelingen *lautere(n) Absichten* • louter *rein* • netto *rein* ★ de ~e winst *der Netto-/Reingewinn* ★ het ~e inkomen *das Nettoeinkommen* **II** BIJW • ongemengd *rein*; *pur* • louter ★ ~ en alleen *einzig und allein* ★ dat is ~ gelogen *das ist pur gelogen*
zuiveren • reinigen *säubern* • vrijpleiten *befreien* ★ iem. van alle blaam ~ *jmds. Ehre wiederherstellen*
zuivering • het reinigen *Reinigung* v; *Säuberung* v • EUF. eliminatie van tegenstanders *Säuberung* v
zuiveringsactie *Säuberungsaktion* v
zuiveringsinstallatie *Aufbereitungsanlage* v; *Kläranlage* v
zuiveringszout *Natron* o
zulk I BIJW dermate *so*; *solch* **II** AANW VNW • zodanig *solch* • zo groot *solch*
zulks *solches*; *so (et)was*
zullen • toekomst uitdrukkend *werden* ★ we ~ wel zien *wir werden sehen* ★ ik zal het je zeggen *ich werde es dir sagen* ★ het schijnt spoedig te ~ regenen *es scheint, dass es bald regnen wird* • modaliteit uitdrukkend *sollen*; *werden* ★ dat zal wel *das mag sein* ★ ik zou het niet gedaan hebben *ich hätte es nicht getan* ★ ik zou graag iets drinken *ich möchte etw. trinken* ★ hier zou ik wel willen wonen *hier würde ich gerne wohnen* ★ zal ik het raam sluiten? *soll ich das Fenster schließen?* ★ het zou mij verwonderen als... *es sollte mich wundern, wenn...* ★ zou je denken? *meinst du?* ★ wie zou het zijn? *wer mag es sein?* ★ u zou zich kunnen vergissen *Sie könnten sich irren* ★ de meesten van u ~ het wel weten *die meisten unter Ihnen dürften es bereits wissen* ★ zonder hulp zou het je niet gelukt zijn *ohne Hilfe wäre es dir nicht gelungen* ★ wat zou jij in mijn plaats doen? *was würdest du an meiner Stelle tun?* • mogen/moeten *sollen* ★ gij zult niet doden *du sollst nicht töten*
zult *Sülze* v
zurig *säuerlich*
zuring *Sauerampfer* m
zus I ZN [de] INFORM. zuster *Schwester* v **II** BIJW *so* ★ zus en zo *so und so*
zuster • FORM. zus *Schwester* v • verpleegster *Schwester* v ★ een ~ van het Rode Kruis *eine Rotkreuzschwester* • REL. non *Schwester* v ▼ je ~! *Pustekuchen!*; *denkste!*; *das könnte dir so passen!*
zusterliefde • v.e. zuster *Schwesterliebe* v • tussen zusters *Schwesternliebe* v
zusterlijk *schwesterlich*
zustermaatschappij *Schwestergesellschaft* v
zusterorganisatie *Schwesterorganisation* v
zusterstad *Partnerstadt* v
zustervereniging *Schwesterverein* m
zuur I BNW • SCHEIK. *sauer* • zurig van smaak *sauer* ★ een zure smaak *ein bitterer Geschmack* ★ zure melk *saure Milch* • onaangenaam *sauer* ★ een zuur leven hebben *ein saures/schweres Leben haben* ★ de

nederlaag was een zuur moment *die Niederlage war ein bitterer Augenblick* II BIJW ★ zuur kijken *sauer dreinblicken* ▼ dat zal hem zuur opbreken *das wird ihm teuer zu stehen kommen* III ZN [het] ● SCHEIK. *Säure* v ★ bestand tegen zuren *säurebeständig* ● CUL. *Saure(s)* o ★ haringen/augurken in het zuur *saure(n) Heringe/Gurken*
zuurdesem *Sauerteig* v
zuurdesembrood *Sauerteigbrot* o
zuurgraad *Säuregrad* m
zuurkool *Sauerkraut* o
zuurpruim *Griesgram* m
zuurstof *Sauerstoff* m
zuurstofapparaat *Sauerstoffgerät* o
zuurstofcilinder *Sauerstofflasche* v
zuurstoffles *Sauerstofflasche* v
zuurstofgebrek *Sauerstoffmangel* m
zuurstofmasker *Sauerstoffmaske* v
zuurstofopname *Sauerstoffaufnahme* v
zuurstoftekort *Sauerstoffmangel* o
zuurstok *Zuckerstange* v
zuurtje *Drops* m
zuurverdiend *sauer verdient* ★ ~ geld *sauer verdiente(s) Geld* o
zuurwaren *in Essig eingelegte(s) Gemüse*
zuurzoet *sauersüß*
zwaai *Schwung* m; *Schwenk* m ★ met één ~ *mit einem Schwung* ★ een ~ naar rechts maken *einen Schwung/Schwenk nach rechts machen*
zwaaideur *Pendeltür* v; *Schwingtür* v
zwaaien I OV WW heen en weer bewegen *schwingen* ▼ er zwaait wat *es setzt was* II ON WW ● groeten *winken* ● heen en weer bewogen worden *schwingen* ★ de takken ~ in de wind *die Äste wiegen sich im Wind* ● slingeren *torkeln* ● zwenken *schwenken* ★ de hoek om ~ *um die Ecke schwenken*
zwaailicht *Blaulicht* o
zwaan *Schwan* m ★ wilde ~ *Singschwan* m
zwaantje BN *Motorradpolizist* m
zwaar I BNW ● veel wegend *schwer* ● omvangrijk *schwer* ★ de zware industrie *die Schwerindustrie* ● moeilijk *schwer* ● ernstig *schwer* ● krachtig van smaak of substantie *stark* II BIJW hevig *stark*; *schwer*
zwaarbeladen *schwer beladen*
zwaarbewapend *schwer bewaffnet*
zwaarbewolkt *stark bewölkt*
zwaard *Schwert* o
zwaardvechter *Schwertkämpfer* m; *Gladiator* m
zwaardvis *Schwertfisch* m
zwaargebouwd *stämmig*; *kräftig gebaut*
zwaargeschapen ● van man *mit schwerem Gerät/Kaliber* ● van vrouw *mit großer Oberweite*
zwaargewapend *schwer bewaffnet*
zwaargewicht I ZN [de/het] sporter *Schwergewicht* o; *Schwergewichtler* m II ZN [het] SPORT gewichtsklasse *Schwergewicht* o
zwaargewond *schwerverletzt*
zwaargewonde *Schwerverletzte(r)* m/v
zwaarlijvig *beleibt*; *korpulent*
zwaarmoedig *schwermütig*
zwaarte ● gewicht *Gewicht* o; *Schwere* v ● ernst *Schwere* v ● omvang/grootte *Stärke* v

zwaartekracht *Schwerkraft* v; *Gravitation* v
zwaartelijn *Seitenhalbierende* v
zwaartepunt ● NATK. *Schwerpunkt* m ● hoofdzaak *Schwerpunkt* m
zwaartillend *grüblerisch*
zwaarwegend *schwerwiegend*
zwaarwichtig *schwerwiegend*; *gewichtig*
zwabber *Mopp* m
zwabberen *moppen*; SCHEEPV. *schwabbern*
zwachtel *Binde* v
zwachtelen *eine Binde wickeln um*; *verbinden*
zwager *Schwager* m
zwak I BNW ● niet krachtig *schwach* ● bijna niet waarneembaar *schwach* ● zonder geestelijke weerstand *schwach* ● niet kundig *schwach* II ZN [het] ● imperfectie *Schwäche* v ● voorliefde *Faible* o ★ een zwak voor schoenen hebben *ein Schuhfaible haben*
zwakbegaafd *minderbegabt*; *schwach begabt*
zwakheid *Schwachheit* v; *Schwäche* v
zwakjes *ziemlich schwach*; ⟨zonder kracht⟩ *matt*
zwakkeling *Schwächling* m
zwakstroom *Schwachstrom* m
zwakte *Schwäche* v
zwaktebod *Zeichen* o *von Schwäche*
zwakzinnig *schwachsinnig*
zwakzinnigenzorg *Schwachsinnigenfürsorge* v
zwalken, BN **zwalpen** *herumtreiben*; *umhertreiben*
zwaluw *Schwalbe* v
zwaluwstaart ● staart van zwaluw *Schwalbenschwanz* m ● houtverbinding *Schwalbenschwanz* m
zwam *Pilz* m; *Schwämme* mv
zwammen *quatschen*; *faseln*
zwanenhals *Schwanenhals* m
zwanenzang *Schwanengesang* m
zwang ▼ in ~ zijn *im Schwange sein* ▼ in ~ komen *in Schwang kommen*
zwanger *schwanger*
zwangerschap *Schwangerschaft* v
zwangerschapsafbreking *Schwangerschaftsabbruch* m
zwangerschapscontrole *Schwangerschaftskontrolle* v
zwangerschapsgymnastiek *Schwangerschaftsgymnastik* v
zwangerschapsstriemen *Schwangerschaftsstreifen* m mv
zwangerschapstest *Schwangerschaftstest* m
zwangerschapsverlof *Mutterschaftsurlaub* m
zwanzen BN, INFORM. onzin kletsen *schwatzen*; *schwafeln*
zwart I BNW ● niet wit *schwarz* ● clandestien *schwarz* ● rampzalig *schwarz* ★ alles ~ inzien *pessimistisch sein* ★ een ~ jaar in de geschiedenis *ein schwarzes Jahr in der Geschichte* ★ een ~ vooruitzicht schetsen *ein düsteres Bild malen* ▼ het zag ~ van de mensen *es war schwarz von Menschen* II ZN [het] *Schwarz* o
zwartboek *schwarze Liste* v
zwartbont *schwarzbunt*
zwartbruin *schwarzbraun*
zwarte *Schwarze(r)* m

zwartekousenkerk *strenggläubige protestantische Glaubensgemeinschaft* v

zwartepiet ● kaart *Pikbube* ● houder van die kaart *schwarze(r) Peter* m

zwartepieten *Schwarzer Peter spielen*

Zwarte Woud *Schwarzwald* m

Zwarte Zee *Schwarzes Meer* o

zwartgallig ● pessimistisch *pessimistisch*; schwarzseherisch ● melancholiek *melancholisch*; *schwermütig*

zwartgeldcircuit *Schwarzgeldumlauf* m; *Schwarzgeldverkehr* m

zwarthandelaar *Schwarzhändler* m

zwartkijken *schwarzsehen*; *einen finsteren Blick haben*

zwartkijker *Pessimist* m

zwartmaken ★ iem. ~ *jmdn. schwarzmachen*

zwartrijden *schwarzfahren*

zwartrijder *Schwarzfahrer* m

zwartwerken *schwarzarbeiten*

zwartwerker *Schwarzarbeiter* m

zwart-wit I BNW ongenuanceerd *schwarz-weiß* II BIJW ● met beeld in zwart en wit *schwarz-weiß* ● ongenuanceerd ★ ~ denken *schwarz-weiß denken*

zwart-wit- ● met beeld in zwart en wit *schwarz-weiß* ● ongenuanceerd *schwarz-weiß*

zwart-witafdruk *Schwarz-Weiß-Abzug* m

zwart-witfilm *Schwarz-Weiß-Film* m

zwart-witfoto *Schwarz-Weiß-Foto* o; *Schwarz-Weiß-Aufnahme* v

zwavel *Schwefel* m

zwaveldioxide *Schwefeldioxid* o

zwavelstokje *Schwefelholz* o

zwavelzuur I ZN [het] *Schwefelsäure* v II BNW *schwefelsauer*

Zweden *Schweden* o

Zweed *Schwede* m

Zweeds I BNW m.b.t. Zweden *schwedisch* II ZN [het] taal *Schwedisch(e)* o

Zweedse *Schwedin* v

zweefbrug *Hängebrücke* v

zweefclub *Segelflugklub* m

zweefmolen *Kettenkarussell* o

zweefsport *Segelflugsport* m

zweeftrein *Schwebebahn* v

zweefvliegen *segelfliegen*

zweefvliegtuig *Segelflugzeug* o

zweefvlucht ⟨met stopgezette motor⟩ *Gleitflug* m; ⟨vogel/zweefvliegtuig⟩ *Segelflug* m

zweem ● een klein beetje *Schimmer* m; *Hauch* m ★ er was een ~ van ironie te bespeuren *man spürte einen Hauch von Ironie* ● lichte schijn *Anstrich* m ★ alles had een ~ van luxe *alles hatte den Anstrich von Luxus*

zweep *Peitsche* v ▼ het klappen van de ~ kennen *wissen, wie der Hase läuft*

zweepslag ● slag met zweep *Peitschenhieb* m ● MED. *Wadenmuskelriss* m

zweer *Geschwür* o

zweet *Schweiß* m ★ badend in het ~ *schweißnass*; *schweißgebadet* ★ zich in het ~ werken *ins Schwitzen kommen/geraten* ★ het koude ~ brak me uit *mir brach der Angstschweiß aus*

zweetband *Schweißband* o

zweetdruppel *Schweißtropfen* m

zweethanden *Schweißhände* v mv; *Schwitzhände* v mv

zweetkakkies *Schweißquanten* mv

zweetklier *Schweißdrüse* v

zweetlucht *Schweißgeruch* m

zweetvlek *Schweißfleck* m; *Schwitzfleck* m

zweetvoeten *Schweißfüße* mv

zwelgen I OV WW gulzig eten/drinken *schlingen* II ON WW ~ in *schwelgen in*

zwellen ★ bonen laten ~ *Bohnen aufquellen lassen* ▼ ~ van trots *schwillen vor Stolz* ▼ ~ van ontroering *überquillen vor Rührung*

zwellichaam *Schwellkörper* m

zwelling ● het zwellen *Schwellen* o ● gezwollen plek *Schwellung* v

zwomabonnement *Jahreskarte* v; ⟨voor 1 jaar⟩ *Zehnerkarte* v

zwembad *Schwimmbad* o; ⟨onoverdekt⟩ *Freibad* o; ⟨overdekt⟩ *Hallenbad* o

zwembandje *Fettpolster* o

zwembroek *Badehose* v

zwemdiploma *Schwimmabzeichen* o ★ ~ A ≈ *Zeugnis für Freischwimmer* o ★ ~ B/C ≈ *Zeugnis für Fahrtenschwimmer* o ★ ~ D ≈ *Jugendschwimmschein* m

zwemen ★ naar rood ~ *ins Rötliche spielen*

zwemleraar *Schwimmlehrer* m; *Bademeister* m

zwemmen *schwimmen* ▼ iem. laten ~ *sich nicht mehr um jmdn. kümmern*

zwemmer *Schwimmer* m

zwemmerseczeem *Fußpilz* m

zwempak *Badeanzug* m

zwemsport *Schwimmsport* m

zwemtas *Badetasche* v

zwemvest *Schwimmweste* v

zwemvin *Schwimmflosse* v

zwemvlies ● vlies *Schwimmhaut* v ● schoeisel *Schwimmflosse* v

zwemvogel *Schwimmvogel* m

zwemwedstrijd *Wettschwimmen* o; *Schwimmwettkampf* m; *Schwimmwettbewerb* m

zwendel *Betrug* m; *Schwindel* m

zwendelaar *Schwindler* m; ⟨gentleman-oplichter⟩ *Hochstapler* m

zwendelarij *Schwindel* m; INFORM. *Schiebung* v

zwendelen FORM. *betrügen*; *schwindeln*

zwengel *Schwengel* m; ⟨v. een motor⟩ *Kurbel* v; ⟨v. een klok⟩ *Pendel* o

zwenken *schwenken*

zwenkwiel *Rolle* v

zwepen *peitschen*

zweren I OV WW eed doen *schwören* ★ ~ bij alles wat heilig is *schwören beim Bart des Propheten* ★ ik heb gezworen dat nooit meer te kopen *ich habe mir geschworen, das nie mehr zu kaufen* ▼ ik zou toch ~ dat... *ich könnte/möchte schwören, dass...* II ON WW ● ontstoken zijn *eitern* ● FIG. ~ bij vertrouwen op ★ ik zweer bij dat middel *ich schwöre auf dieses Mittel*

zwerfafval *Straßenabfall* m; *Straßenunrat* m

zwerfhond *streunende(r) Hund* m; *Straßenhund* m

zwerfkat *streunende Katze* v

zwerfkei *Findling* m
zwerfster *Stadtstreicherin* v
zwerftocht *Streifzug* m; ⟨dwaaltocht⟩ *Irrfahrt* v
zwerm *Schwarm* m
zwermen *schwärmen*
zwerven ● ronddwalen *herumstreunen*;
umherstreifen; *herum-/umherirren*;
herum-/umherziehen ★ langs de straat ~ *sich*
auf der Straße herumtreiben ★ een ~d bestaan
ein Wanderleben o ● rondslingeren
herumliegen; *herumfliegen*
zwerver *Streuner* m; *Landstreicher* m
zweten ● transpireren *schwitzen* ● vocht
uitslaan *schwitzen*
zweterig *schweißig*; *verschwitzt* ★ ~ zijn
verschwitzt sein
zwetsen *labern*
zweven ● vrij hangen *schweben* ● licht lopen
schweben ● zich onzeker bevinden *schweben*
● vagelijk voordoen *schweben* ★ er zweeft
mij iets van voor de geest *es schwebt mir vor*
zweverig ● vaag *vage*; *verschwommen* ★ een ~
boek *ein weltfremdes Buch* o ● duizelig
schwindlig; ⟨bedwelmd⟩ *benommen*
zwezerik *Brieschen* o; *Bries* o
zwichten *weichen*; ⟨toegeven⟩ *nachgeben*;
⟨bezwijken⟩ *erliegen* ★ voor de overmacht ~
der Übermacht weichen ★ voor de verleiding
~ *den Verlockungen erliegen*
zwiepen I OV WW smijten *schwingen*;
schmeißen **II** ON WW ● doorbuigen *federn*
● krachtig slaan *schwingen*
zwier ● zwaai *Schwung* m ● gratie *Eleganz* v
● opschik *Pomp* m; *Prunk* m ▾ aan de ~ gaan,
BN op de ~ gaan *einen draufmachen*
zwieren *schweben*; *gleiten* ★ over het ijs ~ *über*
das Eis gleiten ★ dronken over straat ~ *über*
die Straße torkeln
zwierig *schwungvoll*
zwijgen I ON WW ● niet spreken *schweigen*
★ om maar te ~ van... *ganz zu schweigen*
von... ★ tot ~ brengen *zum Schweigen bringen*
● FIG. niet weerklinken *schweigen* ▾ BN ~ als
vermoord *schweigen wie ein Grab* **II** ZN [het]
Schweigen o ★ iem. het ~ opleggen *jmdn.*
zum Schweigen bringen ★ er het ~ toe doen
dazu schweigen
zwijggeld *Schweigegeld* o
zwijgplicht *Schweigepflicht* v
zwijgzaam *schweigsam*; *verschwiegen*
zwijm ▾ in ~ liggen *ohnmächtig sein* ▾ in ~
vallen *in Ohnmacht fallen*; *ohnmächtig*
werden
zwijmelen *berauscht sein (von)* [+3]
zwijn ● dier *Schwein* o ★ wild ~ *Wildschwein* o
● persoon *Schweinehund* m
zwijnen *Schwein haben*
zwijnenhok ⟨ook fig.⟩ *Schweinestall* m
zwijnenstal *Schweinestall* m; *Saustall* m
zwijnerij *Schweinerei* v
zwik *Kram* m; *Plunder* m ★ de hele zwik *der*
ganze Plunder/Kram; *die ganze Bande*
zwikken I OV WW knakken *knacken* **II** ON WW
verstuiken *verstauchen*; *verrenken*
Zwitser *Schweizer* m
Zwitserland *Schweiz* v

Zwitsers I BNW m.b.t. Zwitserland *schweizerisch*
II ZN [het] taal *Schweizerdeutsch(e)* o
Zwitserse *Schweizerin* v
zwoegen *sich plagen*; INFORM. *schuften*; INFORM.
sich abrackern
zwoeger *Arbeitspferd* o; INFORM. *Malocher* m
zwoel ● drukkend warm *schwül* ● sensueel
schwül
zwoerd *Speckschwarte* v
zzp'er ≈ *Ich-AG* v; *Selbstständige(r)* m

Beknopte grammatica

WOORDSOORTEN

1 Het werkwoord

Naar de manier van vervoegen onderscheidt men drie soorten werkwoorden: sterke, zwakke en onregelmatige. Bij zwakke werkwoorden blijft de stamklinker in de vervoeging gelijk. Het voltooid deelwoord heeft de uitgang -(e)t. Bij sterke werkwoorden kan de stamklinker in de vervoeging veranderen. Het voltooid deelwoord heeft de uitgang -en. Onregelmatige werkwoorden worden, zoals de naam al zegt, onregelmatig vervoegd.

1.1   Onregelmatige en sterke werkwoorden

In die gevallen waar meerdere vervoegingen mogelijk zijn, is de meest gebruikelijke opgenomen. Kan een werkwoord in al zijn betekenissen én sterk én zwak vervoegd worden, dan is dat werkwoord niet opgenomen.

infinitief	3e persoon enkelvoud o.t.t.	o.v.t.	volt. deelwoord	vertaling
aufschrecken	schreckt auf	schrak auf	aufgeschreckt	opschrikken
backen	backt/bäckt	backte	gebacken	bakken
befehlen	befiehlt	befahl	befohlen	bevelen
beginnen	beginnt	begann	begonnen	beginnen
beißen	beißt	biss	gebissen	bijten
bergen	birgt	barg	geborgen	bergen
bersten	birst	barst	geborsten	barsten
bewegen	bewegt	bewog	bewogen	overhalen
biegen	biegt	bog	gebogen	buigen
bieten	bietet	bot	geboten	bieden
binden	bindet	band	gebunden	binden
bitten	bittet	bat	gebeten	vragen
blasen	bläst	blies	geblasen	blazen
bleiben	bleibt	blieb	geblieben	blijven
bleichen	bleicht	blich	geblichen	bleken
braten	brät	briet	gebraten	braden
brechen	bricht	brach	gebrochen	breken
brennen	brennt	brannte	gebrannt	branden
bringen	bringt	brachte	gebracht	brengen
denken	denkt	dachte	gedacht	denken
dreschen	drischt	drosch	gedroschen	dorsen
dringen	dringt	drang	gedrungen	dringen
dürfen	darf	durfte	gedurft	mogen
empfehlen	empfiehlt	empfahl	empfohlen	aanbevelen
erschrecken	erschrickt	erschrak	erschrocken	schrikken
essen	isst	aß	gegessen	eten
fahren	fährt	fuhr	gefahren	rijden
fallen	fällt	fiel	gefallen	vallen
fangen	fängt	fing	gefangen	vangen
fechten	ficht	focht	gefochten	vechten
finden	findet	fand	gefunden	vinden
flechten	flicht	flocht	geflochten	vlechten
fliegen	fliegt	flog	geflogen	vliegen
fliehen	flieht	floh	geflohen	vluchten
fließen	fließt	floss	geflossen	vloeien
fressen	frisst	fraß	gefressen	vreten
frieren	friert	fror	gefroren	het koud hebben
gären	gärt	gor	gegoren	gisten
gebären	gebärt	gebar	geboren	bevallen
geben	gibt	gab	gegeben	geven
gedeihen	gedeiht	gedieh	gediehen	gedijen
gehen	geht	ging	gegangen	gaan

infinitief	3e persoon enkelvoud o.t.t.	o.v.t.	volt. deelwoord	vertaling
gelingen	gelingt	gelang	gelungen	lukken
gelten	gilt	galt	gegolten	gelden
genesen	genest	genas	genesen	herstellen
genießen	genießt	genoss	genossen	genieten
geschehen	geschieht	geschah	geschehen	gebeuren
gewinnen	gewinnt	gewann	gewonnen	winnen
gießen	gießt	goss	gegossen	gieten
gleichen	gleicht	glich	geglichen	lijken op
gleiten	gleitet	glitt	geglitten	glijden
glimmen	glimmt	glomm	geglommen	glimmen
graben	gräbt	grub	gegraben	graven
greifen	greift	griff	gegriffen	grijpen
haben	hat	hatte	gehabt	hebben
hängen[1]	hängt	hing	gehangen	hangen
hauen	haut	hieb	gehauen	slaan
heben	hebt	hob	gehoben	tillen
heißen	heißt	hieß	geheißen	heten
helfen	hilft	half	geholfen	helpen
hochschrecken	schreckt hoch	schrak hoch	hochgeschreckt	opschrikken
kennen	kennt	kannte	gekannt	kennen
klingen	klingt	klang	geklungen	klinken
kneifen	kneift	kniff	gekniffen	knellen
kommen	kommt	kam	gekommen	komen
können	kann	konnte	gekonnt	kunnen
kriechen	kriecht	kroch	gekrochen	kruipen
laden	lädt	lud	geladen	laden
lassen	lässt	ließ	gelassen	laten
laufen	läuft	lief	gelaufen	lopen
leiden	leidet	litt	gelitten	lijden
leihen	leiht	lieh	geliehen	lenen
lesen	liest	las	gelesen	lezen
liegen	liegt	lag	gelegen	liggen
lügen	lügt	log	gelogen	liegen
mahlen	mahlt	mahlte	gemahlen	malen
meiden	meidet	mied	gemieden	mijden
messen	misst	maß	gemessen	meten
misslingen	misslingt	misslang	misslungen	mislukken
mögen	mag	mochte	gemocht	graag hebben
müssen	muss	musste	gemusst	moeten
nehmen	nimmt	nahm	genommen	nemen
nennen	nennt	nannte	genannt	noemen
pfeifen	pfeift	pfiff	gepfiffen	fluiten
preisen	preist	pries	gepriesen	prijzen
quellen[1]	quillt	quoll	gequollen	wellen
raten	rät	riet	geraten	raden
reiben	reibt	rieb	gerieben	wrijven
reißen	reißt	riss	gerissen	scheuren
reiten	reitet	ritt	geritten	rijden
rennen	rennt	rannte	gerannt	rennen
riechen	riecht	roch	gerochen	ruiken
ringen	ringt	rang	gerungen	worstelen
rufen	ruft	rief	gerufen	roepen
saufen	säuft	soff	gesoffen	zuipen
saugen	saugt	sog	gesogen	zuigen
schaffen	schafft	schuf	geschaffen	creëren
schallen	schallt	scholl	geschallt	klinken
scheiden	scheidet	schied	geschieden	scheiden
scheinen	scheint	schien	geschienen	schijnen
scheißen	scheißt	schiss	geschissen	poepen
schelten	schilt	schalt	gescholten	berispen
scheren	schert	schor	geschoren	afknippen
schieben	schiebt	schob	geschoben	schuiven
schießen	schießt	schoss	geschossen	schieten
schinden	schindet	schund	geschunden	afbeulen

[1] alleen bij onovergankelijk gebruik

infinitief	3e persoon enkelvoud o.t.t.	o.v.t.	volt. deelwoord	vertaling
schlafen	schläft	schlief	geschlafen	slapen
schlagen	schlägt	schlug	geschlagen	slaan
schleichen	schleicht	schlich	geschlichen	sluipen
schleifen	schleift	schliff	geschliffen	slijpen
schließen	schließt	schloss	geschlossen	sluiten
schlingen	schlingt	schlang	geschlungen	schrokken
schmeißen	schmeißt	schmiss	geschmissen	gooien
schmelzen	schmilzt	schmolz	geschmolzen	smelten
schneiden	schneidet	schnitt	geschnitten	snijden
schreiben	schreibt	schrieb	geschrieben	schrijven
schreien	schreit	schrie	geschrien	schreeuwen
schreiten	schreitet	schritt	geschritten	schrijden
schweigen	schweigt	schwieg	geschwiegen	zwijgen
schwellen[1]	schwillt	schwoll	geschwollen	groter worden
schwimmen	schwimmt	schwamm	geschwommen	zwemmen
schwinden	schwindet	schwand	geschwunden	afnemen
schwingen	schwingt	schwang	geschwungen	vibreren
schwören	schwört	schwor	geschworen	zweren
sehen	sieht	sah	gesehen	zien
sein	ist	war	gewesen	zijn
senden	sendet	sandte	gesandt	sturen
singen	singt	sang	gesungen	zingen
sinken	sinkt	sank	gesunken	zinken
sinnen	sinnt	sann	gesonnen	peinzen
sitzen	sitzt	saß	gesessen	zitten
sollen	soll	sollte	gesollt	moeten
spalten	spaltet	spaltete	gespalten	splijten
speien	speit	spie	gespien	spuwen
spinnen	spinnt	spann	gesponnen	spinnen
spleißen	spleißt	spliss	gesplissen	splitsen
sprechen	spricht	sprach	gesprochen	praten
sprießen	sprießt	spross	gesprossen	kiemen
springen	springt	sprang	gesprungen	springen
stechen	sticht	stach	gestochen	steken
stecken	steckt	stak	gesteckt	zitten in
stehen	steht	stand	gestanden	staan
stehlen	stiehlt	stahl	gestohlen	stelen
steigen	steigt	stieg	gestiegen	klimmen
sterben	stirbt	starb	gestorben	overlijden
stinken	stinkt	stank	gestunken	ruiken
stoßen	stößt	stieß	gestoßen	stoten
streichen	streicht	strich	gestrichen	strijken
streiten	streitet	stritt	gestritten	ruzie maken
tragen	trägt	trug	getragen	dragen
treffen	trifft	traf	getroffen	treffen
treiben	treibt	trieb	getrieben	drijven
treten	tritt	trat	getreten	trappen
trinken	trinkt	trank	getrunken	drinken
trügen	trügt	trog	getrogen	vertroebelen
tun	tut	tat	getan	doen
verderben	verdirbt	verdarb	verdorben	bederven
verdrießen	verdrießt	verdross	verdrossen	ontstemmen
vergessen	vergisst	vergaß	vergessen	vergeten
verlieren	verliert	verlor	verloren	verliezen
verzeihen	verzeiht	verzieh	verziehen	vergeven
wachsen	wächst	wuchs	gewachsen	groeien
wägen	wägt	wog	gewogen	wiegen
waschen	wäscht	wusch	gewaschen	wassen
weben	webt	wob	gewoben	weven (fig.)
weichen	weicht	wich	gewichen	toe-/meegeven
weisen	weist	wies	gewiesen	wijzen
wenden	wendet	wandte	gewandt	wenden
werben	wirbt	warb	geworben	werven
werden	wird	wurde	geworden	worden

[1] alleen bij onovergankelijk gebruik

infinitief	3e persoon enkelvoud o.t.t.	o.v.t.	volt. deelwoord	vertaling
werfen	wirft	warf	geworfen	werpen
wiegen	wiegt	wog	gewogen	wiegen
winden	windet	wand	gewunden	winden
wissen	weiß	wusste	gewusst	weten
wollen	will	wollte	gewollt	willen
wringen	wringt	wrang	gewrungen	wringen
ziehen	zieht	zog	gezogen	trekken
zusammen-	schreckt	schrak	zusammen-	van schrik
schrecken	zusammen	zusammen	geschreckt	ineenkrimpen
zwingen	zwingt	zwang	gezwungen	dwingen

1.2 Hulpwerkwoorden

Over het algemeen komt het gebruik van de hulpwerkwoorden *haben* en *sein* overeen met het gebruik van de Nederlandse hulpwerkwoorden *hebben* en *zijn*.
De volgende werkwoorden die in het Nederlands met *zijn* gaan, gaan in het Duits echter met *haben*:

aanvangen, beginnen	anfangen, beginnen
doorgaan	fortfahren
toenemen	zunehmen
afnemen, minder worden	abnehmen, nachlassen
ophouden, eindigen	aufhören, enden
bevallen	gefallen, gebären
trouwen	heiraten
promoveren	promovieren
vergeten	vergessen

2   Het lidwoord

2.1   Het bepaald lidwoord

	enkelvoud			meervoud
	mannelijk	vrouwelijk	onzijdig	alle geslachten
1	der	die	das	die
2	des	der	des	der
3	dem	der	dem	den
4	den	die	das	die

Op dezelfde wijze worden verbogen: *all-, dies-, jed-, jen-, manch-, solch-, welch-*.

2.2   Het onbepaald lidwoord

	enkelvoud			meervoud
	mannelijk	vrouwelijk	onzijdig	alle geslachten
1	ein	eine	ein	keine
2	eines	einer	eines	keiner
3	einem	einer	einem	keinen
4	einen	eine	ein	keine

Op dezelfde wijze worden verbogen:
kein en de bezittelijke voornaamwoorden (*mein, dein, sein, ihr, unser, euer, ihr, Ihr*).

NB: Na de stammen van *all-, dies-, jed-, jen-, manch-, solch-, welch-, kein-* en de bezittelijke voornaamwoorden komt voor de uitgang altijd een *-e*. Is de uitgang van het suffix al een *-e*, dan wordt slechts één *-e* geschreven (*all-e-r Munde, all-e Leute*).

3 Het voornaamwoord

3.1 Het persoonlijk voornaamwoord

enkelvoud:

	1e persoon	2e persoon	3e persoon mannelijk	vrouwelijk	onzijdig
1	ich	du	er	sie	es
2	meiner	deiner	seiner	ihrer	seiner
3	mir	dir	ihm	ihr	ihm
4	mich	dich	ihn	sie	es

meervoud:

	1e persoon	2e persoon	3e persoon
1	wir	ihr	sie
2	unser	euer	ihrer
3	uns	euch	ihnen
4	uns	euch	sie

beleefdheidsvorm enkelvoud/meervoud:
1 Sie
2 Ihrer
3 Ihnen
4 Sie

3.2 Het betrekkelijk voornaamwoord

	enkelvoud mannelijk	vrouwelijk	onzijdig	meervoud alle geslachten
1	der	die	das	die
2	dessen	deren	dessen	deren
3	dem	der	dem	denen
4	den	die	das	die

Het betrekkelijk voornaamwoord en het woord of zinsdeel waarnaar dit betrekkelijk voornaamwoord verwijst, hebben hetzelfde geslacht en getal.

4 Verbuiging van het zelfstandig naamwoord

4.1 De tweede naamval
Met het oog op de verbuiging van de zelfstandige naamwoorden wordt in het woordenboek de *tweede naamval enkelvoud* van het zelfstandig naamwoord vermeld. De tweede naamval meervoud is altijd identiek aan de eerste (*die Häuser, der Häuser*).

Onverbogen blijven:
alle vrouwelijke woorden   bv.: *die Frau - der Frau*
de mannelijke woorden op *-mus*   bv.: *der Idealismus - des Idealismus*

Op -(e)s eindigen:
de meeste mannelijke woorden   bv.: *der Baum - des Baum(e)s*
de meeste onzijdige woorden   bv.: *das Fahrzeug - des Fahrzeug(e)s*
veel eenlettergrepige woorden   bv.: *das Kind - des Kind(e)s*
veel woorden die op een sisklank eindigen   bv.: *das Haus - des Haus(e)s*

Op -*ns* eindigen:
de woorden: *Buchstabe, Funke, Glaube, Name, Wille.*
                                                bv.: *der Funke - des Funkens*
Deze woorden krijgen in de derde en vierde naamval -*n*.

Op -*en* eindigen:
zwakke zelfstandige naamwoorden   bv.: *der Dozent - des Dozenten*

4.2 Meervoud wordt gevormd met uitgang -*e*
Dit geldt voor:
mannelijke leenwoorden   bv.: *der Apparat - die Apparate*
de mannelijke woorden: *Arm, Beruf, Besuch, Erfolg, Hund, Laut, Monat,*
                                                Mord, Ort, Pfad, Punkt, Schuft, Schuh, Stoff, Tag,
                                                Verlust, Versuch.
                                                bv.: *der Beruf - die Berufe*
de meeste vrouwelijke woorden op -*nis*   bv.: *die Erkenntnis - die Erkenntnisse*
de meeste vrouwelijke woorden op -*sal*   bv.: *die Mühsal - die Mühsale*
bepaalde onzijdige woorden   bv.: *das Bein - die Beine*

4.3 Meervoud wordt gevormd met uitgang -*e* plus umlaut
Dit geldt voor:
de meeste mannelijke woorden   bv.: *der Baum - die Bäume*
vrouwelijke woorden op -*kunft*   bv.: *die Auskunft - die Auskünfte*
de vrouwelijke woorden: *Angst, Ausflucht, Bank, Brust, Faust, Frucht, Gans,*
                                                Hand, Kraft, Kuh, Kunst, Laus, Macht, Maus,
                                                Nacht, Nuss, Stadt, Wand, Wurst.
                                                bv.: *die Nacht - die Nächte*

4.4 Meervoud wordt gevormd met uitgang -*er* plus umlaut (tenzij de stamklinker(s) *ei*, *i* of *e* zijn)
Dit geldt voor:
de mannelijke woorden: *Geist, Gott, Leib, Mann, Rand, Strauch, Wald,*
                                                Wurm.
                                                bv.: *der Mann - die Männer*
mannelijke woorden op -*tum*   bv.: *der Irrtum - die Irrtümer*
onzijdige woorden op -*tum*   bv.: *das Eigentum - die Eigentümer*
de onzijdige woorden: *Amt, Bad, Band, Bild, Brett, Buch, Dach, Dorf,*
                                                Fach, Fass, Feld, Geld, Glas, Glied, Grab, Haus,
                                                Kraut, Land, Licht, Loch, Nest, Rad, Schild, Schloss,
                                                Schwert, Tal, Tuch, Weib, Wort.
                                                bv.: *das Rad - die Räder*

4.5 Meervoud wordt gevormd met alleen een umlaut
Dit geldt voor de woorden: *Acker, Apfel, Bruder, Faden, Garten, Graben,*
                                                Hafen, Hammer, Kasten, Laden, Mangel, Mutter,
                                                Nagel, Ofen, Schaden, Tochter, Vater, Vogel.
                                                bv.: *der Vogel - die Vögel*

4.6   Meervoud wordt gevormd met uitgang -(e)n
Dit geldt voor:

zwakke mannelijke woorden	bv.: *der Bauer - die Bauern*
mannelijke woorden eindigend op	
onbeklemtoond *-or* of op *-us* of *-mus*	bv.: *der Typus - die Typen*
de mannelijke woorden:	*Mast, Muskel, Nerv, Pantoffel, Schmerz, See, Staat, Stachel, Strahl, Untertan, Zins.*
	bv.: *der Mast - die Masten*
de meeste vrouwelijke woorden	bv.: *die Frau - die Frauen*
onzijdige woorden op *-eum, -ium, -um*	bv.: *das Museum - die Museen*
andere vreemde onzijdige woorden	bv.: *das Drama - die Dramen*
de onzijdige woorden:	*Auge, Bett, Hemd, Herz, Ohr.*
	bv.: *das Bett - die Betten*

4.7   Meervoud wordt gevormd met uitgang -s
Dit geldt voor:

woorden op *-i, -o* of *-u*	bv.: *die Mutti - die Muttis*
enkele vreemde woorden	bv.: *der Chef - die Chefs*
andere zogenaamde letterwoorden (deze kunnen in het meervoud ook onveranderd blijven).	bv.: *der Lkw - die Lkws/Lkw*

4.8   Meervoud wordt gevormd met uitgang -n
Dit geldt voor alle zelfstandige naamwoorden in de derde naamval meervoud.

4.9   Meervoud is gelijk aan enkelvoud
Dit geldt voor:

de mannelijke en onzijdige woorden op *-el* en *-en*	bv.: *der Wagen - die Wagen*
onzijdige woorden die met *Ge-* beginnen en op *-e* eindigen	bv.: *das Gebäude - die Gebäude*
alle onzijdige verkleinwoorden op *-chen* en *-lein*	bv.: *das Märchen - die Märchen*
woorden die een maat, gewicht of bedrag aanduiden (behalve vrouwelijke woorden op *-e*)	bv.: *zwei Kilo Äpfel*

4.10 Meervoud krijgt een verdubbeling van de eindmedeklinker
Dit geldt voor woorden op *-nis* en *-in*   bv.: *Ergebnis - Ergebnisse, Freundin - Freundinnen*

5   *Het bijvoeglijk naamwoord*

Het bijvoeglijk naamwoord kan op drie manieren verbogen worden:
A   voor het bijvoeglijk naamwoord staat een woord uit de zogenaamde 'der'-groep (*der/die/das/ die, dies-, jen-, jed-, solch-, welch-, all-, beid-*).

	enkelvoud			meervoud
	mannelijk	vrouwelijk	onzijdig	alle geslachten
1	der nett-e Mann	die kalt-e Milch	das klar-e Wasser	die alt-en Bücher
2	des nett-en Mann(e)s	der kalt-en Milch	des klar-en Wassers	der alt-en Bücher
3	dem nett-en Mann	der kalt-en Milch	dem klar-en Wasser	den alt-en Büchern
4	den nett-en Mann	die kalt-e Milch	das klar-e Wasser	die alt-en Bücher

B   voor het bijvoeglijk naamwoord staat een verbogen woord uit de zogenaamde 'ein'-groep
    (*ein, kein* en de bezittelijke voornaamwoorden)

	enkelvoud			meervoud
	mannelijk	vrouwelijk	onzijdig	alle geslachten
1	ein gut-er Roman	eine schön-e Katze	ein neu-es Jahr	seine alt-en Bücher
2	eines gut-en Romans	einer schön-en Katze	eines neu-en Jahr(e)s	seiner alt-en Bücher
3	einem gut-en Roman	einer schön-en Katze	einem neu-en Jahr	seinen alt-en Büchern
4	einen gut-en Roman	eine schön-e Katze	ein neu-es Jahr	seine alt-en Bücher

C   voor het bijvoeglijk naamwoord staat óf niets óf een onverbogen bijvoeglijk naamwoord
    (*manch, solch, viel, welch, wenig*) óf een onverbogen woord dat een hoeveelheid aangeeft zoals
    etwas en *mehr*:

	enkelvoud			meervoud
	mannelijk	vrouwelijk	onzijdig	alle geslachten
1	heiß-er Tee	kalt-e Milch	klar-es Wasser	alt-e Bücher
2	heiß-en Tees	kalt-er Milch	klar-en Wassers	alt-er Bücher
3	heiß-em Tee	kalt-er Milch	klar-em Wasser	alt-en Büchern
4	heiß-en Tee	kalt-e Milch	klar-es Wasser	alt-e Bücher

5.1 De trappen van vergelijking

Bijvoeglijke naamwoorden krijgen in de vergrotende trap de uitgang *-er* en in de overtreffende
trap de uitgang *-st*. Eindigt een bijvoeglijk naamwoord op een *-d*, een *-t* of op een sisklank en is
bovendien de laatste lettergreep beklemtoond, dan is de uitgang van de overtreffende trap *-est*.

De volgende eenlettergrepige bijvoeglijke naamwoorden krijgen in de vergrotende en
overtreffende trap een umlaut:
alt (*älter - ältest*)
arg (*ärger - ärgst*)
arm (*ärmer - ärmst*)
dumm (*dümmer - dümmst*)
grob (*gröber - gröbst*)
hart (*härter - härtest*)
jung (*jünger - jüngst*)
kalt (*kälter - kältest*)
klug (*klüger - klügst*)
krank (*kränker - kränkst*)
kurz (*kürzer - kürzest*)
lang (*länger - längst*)
rot (*röter - rötest*)
scharf (*schärfer - schärfst*)
schwach (*schwächer - schwächst*)
stark (*stärker - stärkst*)
warm (*wärmer - wärmst*)

Onregelmatig zijn:
groß (*größer - größt*)
gut (*besser - best*)
hoch (*höher - höchst*)
nah (*näher - nächst*)
viel (*mehr - meist*)
wenig (*minder/weniger - mindest/wenigst*)

De vergrotende en de overtreffende trap worden als gewone bijvoeglijke naamwoorden verbogen.

6 Voorzetsels

6.1 Voorzetsels met de tweede naamval:
während, wegen, innerhalb, außerhalb, (an)statt, trotz, infolge

6.2 Voorzetsels met de derde naamval:
mit, nach, nächst, nebst/samt, bei, seit, von, dank, zu, aus, außer, binnen, entgegen, gegenüber, gemäß, zuwider

6.3 Voorzetsels met de vierde naamval:
durch, für, ohne, um, bis, gegen, entlang

6.4 Voorzetsels met de derde of vierde naamval:
an, auf, hinter, neben, in, über, unter, vor, zwischen

De derde naamval geldt wanneer de zin een 'zich bevinden' uitdrukt, de vierde wanneer het om een 'er komen' gaat.

Deze voorzetsels hebben altijd de derde naamval in de combinaties:
erscheinen in
landen auf
Platz nehmen auf
verschwinden in
verbergen in
verstecken in
zweifeln an

Deze voorzetsels hebben altijd de vierde naamval in de combinaties:
denken an
erinnern an
gehören an
gewöhnen an
glauben an
grenzen an
passen in
warten auf

Na *bis* in combinatie met één van deze voorzetsels volgt altijd de vierde naamval, behalve bij *bis vor* als tijdsbepaling.

Über in de betekenis van 'over' heeft altijd de vierde naamval.

7 De nieuwe Duitse spelling

In 1996 presenteerden de overheden van de Duitstalige landen een nieuwe spelling. In de jaren die volgden, was er veel kritiek op die spelling en werd deze door een aantal instanties en deelstaten zelfs geboycot. In 2006 heeft men daarom de nieuwe spelling op sommige punten herzien. Inmiddels mag op Duitstalige scholen uitsluitend volgens de (aangepaste) nieuwe spellingregels worden gedoceerd. De Prisma's staan in de spelling van 2006. Bij spellingvarianten volgen ze de voorkeur van de spellinggids van uitgeverij Duden uit dat jaar. In het deel Nederlands-Duits wordt doorgaans alleen de voorkeurspelling als vertaling aangeboden.

De nieuwe regels vallen uiteen in zes categorieën:

7.1 Gewijzigde spelling op basis van klank en verwantschap c.q. herkomst

7.1.1 Een belangrijke wijziging heeft betrekking op het gebruik van de *ss* en de Duitse letter *ß*.De nieuwe regel hiervoor luidt: Als de *s* na een korte klinker komt,schrijft men altijd *ss*: *das Schloss, er isst, ich muss* ...
Deze regel geldt ook voor het voegwoord *dass* (voorheen *daß*) dat volgens de nieuwe regels altijd met *ss* wordt geschreven. Na een lange klinker of tweeklank (diftong) schrijft men *ß* als er in de stam van het woord geen medeklinker volgt: *Straße, Füße* en *Fuß, größte* (van *groß*), *außen, Maß* ...

oud	nieuw
hassen - Haß	*hassen - Hass* (haten - haat)
küssen - Kuß	*küssen - Kuss* (kussen - kus)
lassen - sie läßt	*lassen - sie lässt* (laten - zij laat)
müssen - sie muß	*müssen - sie muss* (moeten - zij moet)
Wasser - wässerig/wäßrig	*Wasser - wässerig/wässrig* (water - waterig)
daß	*dass*

7.1.2 Een andere belangrijke regel is het 'stamprincipe': bij woorden uit dezelfde woordfamilie (stam) is deze verwantschap in principe ook herkenbaar in de schrijfwijze. Deze regel vormt de grondslag voor de nieuwe spelling van o.a.:

oud	nieuw
Bendel (verwant met *Band*)	*Bändel* (lintje, smalle strook)
numerieren (verwant met *Nummer*)	*nummerieren* (nummeren)
plazieren (verwant met *Platz*)	*platzieren* (plaatsen), maar ook nog: *placieren*
schneuzen (verwant met *Schnauze*)	*schnäuzen* (neus snuiten)
Stukkateur (verwant met *Stuck*)	*Stuckateur* (stukadoor)
Stengel (verwant met *Stange*)	*Stängel* (stengel)

7.1.3 Ook in samenstellingen geldt het stamprincipe. In tegenstelling tot vroeger laat men bij samenstellingen geen letters weg, zelfs niet als daardoor een woord ontstaat met opeenvolgend drie gelijke medeklinkers. Ook bij samenstellingen eindigend op *-heit* blijft volgens de nieuwe regels dus ook de *h* aan het eind van het eerste deel van de samenstelling staan.
Met de nieuwe spellingregels is het wel altijd mogelijk om in samenstellingen een koppelteken te gebruiken (bij drie identieke klinkers achtereen heeft het zelfs de voorkeur). Het koppelteken wordt over het algemeen steeds meer gebruikt om lange samengestelde woorden beter leesbaar te maken. Volgens de nieuwe regels is dit altijd toegestaan. (Zie ook 7.3 Het koppelteken.)

oud	nieuw
Ballettänzer	*Balletttänzer* of Ballett-Tänzer (*Ballett + Tänzer*)
Roheit	*Rohheit* (afgeleid van *roh*)
Schiffahrt	*Schifffahrt* of Schiff-Fahrt (*Schiff + Fahrt*)
Stoffetzen	*Stofffetzen* of Stoff-Fetzen (*Stoff + Fetzen*)

Een uitzondering op deze regel is *selbständig*. Daarvoor zijn twee schrijfwijzen mogelijk: Duden geeft als voorkeur *selbstständig*, maar *selbständig* mag ook nog.

7.1.4 Woorden eindigend op *-au* worden allemaal op dezelfde manier geschreven. Het is dus nog steeds *genau, schlau, grau* en *blau*, maar ook *rau* (voorheen *rauh*). De spelling van (buitenlandse) dierennamen wordt ook gelijkgetrokken: het was reeds *Kakadu* en *Gnu* en het is nu ook *Känguru* (voorheen *Känguruh*), enzovoorts.

7.1.5 Bij woorden als *essenziell* (voorheen *essentiell*) is de schrijfwijze met *enz* de hoofdvorm omdat die direct afgeleid kan worden van het overeenkomstige zelfstandig naamwoord (hier: *Essenz*). De schrijfwijze met *ent* is ook nog toegestaan. Hetzelfde geldt voor woorden die zijn afgeleid van woorden eindigend op *-anz*.

oud	nieuw
essentiell (vgl. *Essenz*)	*essenziell*, maar ook: *essentiell*
Differential (vgl. *Differenz*)	Differenzial, maar ook: *Differential*
Potential (vgl. *Potenz*)	*Potenzial*, maar ook: *Potential*
potentiell (vgl. *Potenz*)	*potenziell*, maar ook: *potentiell*

7.1.6 Vreemde woorden worden bij voorkeur geschreven zoals in de taal van herkomst. In sommige gevallen, bijvoorbeeld als het vreemde woord al langer in het Duits bestaat, worden vreemde woorden geschreven volgens de Duitse klankregels. Soms betekent dit dat er twee schrijfwijzen van een woord bestaan. Naast de officiële buitenlandse schrijfwijze is er bijvoorbeeld een officiële verduitste spelling van een woord, omdat dit woord erg lijkt op andere woorden die al lange tijd in het Duits worden gebruikt (bijvoorbeeld: *Frigidaire* en *Frigidär* zijn beide mogelijk; de verduitste schrijfwijze is afgeleid van 'oude' vreemde woorden als *Militär*). Bij de frequente vreemde lettergrepen *graph* en *phon* heeft de verduitste spelling met *f* nu zelfs de voorkeur (behalve bij de taalkundige begrippen met *phon*).

oud	nieuw
Frigidaire	*Frigidaire naast*: *Frigidär*
Necessaire	*Necessaire*, maar ook: *Nessessär*
Geographie	*Geografie*, maar ook nog: *Geographie*
Orthographie	*Orthografie*, maar ook nog: *Orthographie*
Megaphon	*Megafon*, maar ook nog: *Megaphon*
Phonem	*Phonem*, maar ook: *Fonem*
Delphin	*Delfin*, maar ook nog: *Delphin*
Joghurt	*Joghurt*, maar ook: *Jogurt*
Spaghetti	*Spaghetti*, maar ook: *Spagetti*
Exposé	*Exposé*, maar ook: *Exposee*
Varieté	*Varieté*, maar ook: *Varietee*
Ketchup	*Ketchup*, maar ook: *Ketschup*

Bij Engelse samenstellingen verschilt de spelling door de klemtoon en het aantal lettergrepen:

oud	nieuw
Soft Drink	*Softdrink*, maar ook nog: *Soft Drink*
Soft Drug	*Soft Drug*
Hard cover	*Hardcover*
Hard Rock	*Hardrock*, maar ook nog: *Hard Rock*

7.2 Los of aan elkaar

Samengestelde uitdrukkingen bestaande uit verschillende woordsoorten worden vaak los geschreven. Samengevat geldt voor de volgende samenstellingen dat ze (bij voorkeur) los worden geschreven.

7.2.1 alle samenstellingen met het hulpwerkwoord *sein*: *außerstande sein* (ook: *außer Stande sein*), *fertig sein*, *zufrieden sein*, enzovoorts.

7.2.2 woorden eindigend op *-ig*, *-isch* of *-lich* plus werkwoord: *(etwas) fertig machen* (maar ook nog: *fertigmachen*), *(Wachs) flüssig machen*, *spöttisch reden*, *freundlich grüßen*, enzovoorts. Bij figuurlijk gebruik wordt echter aaneengeschreven: *(jemanden) fertigmachen*, *(Geld) flüssigmachen*, *heiligsprechen*, *madigmachen*, *müßiggehen*, enzovoorts.

7.2.3 vaak deelwoord en werkwoord: *gefangen nehmen* (maar ook nog *gefangennehmen*), *getrennt schreiben, verloren gehen* (maar ook nog *verlorengehen*), enzovoorts.

7.2.4 soms zelfstandig naamwoord en werkwoord: *Auto fahren, Rad fahren/schlagen* (maar: *eislaufen, kopfstehen*), enzovoorts.

7.2.5 meestal werkwoord met erachter een van de werkwoorden *bleiben, gehen, lernen*: *lieben/schätzen lernen* (maar : *kennenlernen* heeft de voorkeur boven *kennen lernen*!), *gehen lassen* (maar ook nog: *gehenlassen*), *sitzen bleiben/lassen* (maar ook nog: *sitzenbleiben/sitzenlassen*), enzovoorts.

7.2.6 bijvoeglijk naamwoord en werkwoord: *bekannt machen, schlecht/gut gehen* (maar ook nog: *schlechtgehen / gutgehen*), enzovoorts.
Let op: in sommige gevallen is er een betekenisverschil, afhankelijk van de schrijfwijze van het woord. Bij figuurlijk gebruik wordt doorgaans aaneengeschreven: *Eine Summe gutschreiben* betekent 'een bedrag crediteren', maar *eine Arbeit gut schreiben* betekent 'een proefwerk goed doen' of 'een opstel goed schrijven'! Iets dergelijks geldt bv. voor: *schwer fallen* ('hard/zwaar vallen') en *jemandem schwerfallen* ('iemand tegenvallen, moeilijk afgaan').

NB: bijwoord en werkwoord worden doorgaans aaneengeschreven: *abwärtsgehen, abhandenkommen, aneinanderfügen, auseinandergehen, verschüttgehen, zueinanderfinden*, enzovoorts.

7.2.7 de vormen van *so viel, so wenig* en *wie viel*: *so viel, so viele, so wenig, so wenige, wie viel, wie viele, etc*, worden los geschreven, tenzij het om een voegwoord gaat:

Er weiß so viel!
Wie viel(e) hast du?

MAAR:
Soviel/Soweit/Sowenig ich verstanden habe, ...

Alle samenstellingen met *irgend* worden aan elkaar geschreven: *irgendetwas, irgendjemand*, enzovoorts.

7.3 Het koppelteken

Samenstellingen worden in principe aan elkaar geschreven. Niettemin mag een koppelteken worden gebruikt om onoverzichtelijke samenstellingen overzichtelijk(er) te maken, bij drie opeenvolgende identieke klinkers en sommige samenstellingen met Engelse woorden heeft het zelfs de voorkeur. Let daarbij wel op de eventuele hoofdletter na het koppelteken. Ook kunnen met het koppelteken samenstellingen worden gemaakt van bv. getallen en woorden. In de nieuwe spelling kan de schrijver vaak zelf kiezen of hij wel of geen koppelteken wil gebruiken.

oud	nieuw
Ichform	*Ichform*, maar ook: *Ich-Form*
14jährig	*14-jährig*
3tonner	*3-Tonner*
4silbig	*4-silbig*
Kaffee-Ersatz	*Kaffee-Ersatz*, maar ook: *Kaffeeersatz*
Balletttruppe	*Balletttruppe*, maar ook: *Ballett-Truppe*
Hair-Stylist	*Hairstylist*, maar ook: *Hair-Stylist*
Midlife-crisis	*Midlife-Crisis*, maar ook: *Midlifecrisis*
Nonstopflug	*Nonstop-Flug*, maar ook: *Nonstopflug*
Sex-Appeal	*Sex-Appeal*, maar ook: *Sexappeal*

7.4 Hoofdlettergebruik

7.4.1 Een zelfstandig naamwoord in combinatie met een voorzetsel of een werkwoord wordt nu soms met een hoofdletter (en los) geschreven.

oud	nieuw
in bezug auf	*in Bezug auf*
im voraus	*im Voraus*
radfahren	*Rad fahren* (naar aanleiding van: *Auto fahren*)

MAAR het blijft bv. *eislaufen* en *kopfstehen*.

7.4.2 *Angst, Bange, Bankrott, Gram, Schuld* en *Pleite* worden met een hoofdletter geschreven, behalve in combinaties met de werkwoorden *sein, bleiben* en *werden*. Het is dus *Ich habe Angst*, maar: *Mir wird angst*; *Sie sind schuld daran*; *Er ist pleite*, maar: *Sie hat Schuld daran, Er macht Bankrott/Pleite*. Soms zijn er echter nieuwe samenstellingen ontstaan:

oud	nieuw
leid tun	*leidtun – es tut mir leid*
pleite gehen	*pleitegehen – sie ging pleite*

7.4.3 Zelfstandig gebruikte bijvoeglijk naamwoorden, sommige onbepaalde telwoorden en bijvoeglijk naamwoorden in vaste combinaties worden met een hoofdletter geschreven:

oud	nieuw
der, die, das letzte	*der, die, das Letzte*
der nächste, bitte	*der Nächste, bitte*
alles übrige	*alles Übrige*
nicht das geringste	*nicht das Geringste*
im großen und ganzen	*im Großen und Ganzen*
des näheren	*des Näheren*
im allgemeinen	*im Allgemeinen*
auf dem trockenen sitzen	*auf dem Trockenen sitzen*

7.4.4 In de regel worden zelfstandig gebruikte woorden met een hoofdletter geschreven:

oud	nieuw
heute morgen/mittag/abend	*heute Morgen/Mittag/Abend*
gestern morgen/mittag/abend	*gestern Morgen/Mittag/Abend*
auf deutsch	*auf Deutsch*
groß und klein	*Groß und Klein*
jung und alt	*Jung und Alt*

MAAR:

oud	nieuw
aufs beste	*aufs Beste*, maar ook: *aufs beste*
aufs herzlichste	*aufs Herzlichste*, maar ook: *aufs herzlichste*
bei weitem	*bei Weitem*, maar ook: *bei weitem*

7.4.5 Bij vaste uitdrukkingen met een bijvoeglijk naamwoord en een zelfstandig naamwoord kan het bijvoeglijk naamwoord vaak met een kleine beginletter of met een hoofdletter worden geschreven. Bij namen (bv. geografisch) is alleen de hoofdletter mogelijk.

oud	nieuw
das Schwarze Brett	*das Schwarze*, maar ook: *das schwarze Brett*
die Erste Hilfe	*die Erste*, maar ook: *die erste Hilfe*

MAAR:
der Stille Ozean   *der Stille Ozean*
Heiliger Abend   *Heiliger Abend*

7.4.6 Volgens de nieuwe regels hoeft de tweede persoon enkelvoud/meervoud in een brief niet meer met een hoofdletter te worden geschreven. Duden geeft er echter wel de voorkeur aan. *Lieber Martin, es hat mich sehr gefreut, von Dir* (maar ook: *dir*) *zu hören*. De beleefdheidsvorm (*Sie, Ihr, Ihnen*) wordt nog steeds altijd met hoofdletter geschreven.

7.5 Kommagebruik

Het gebruik van komma's is sterk vereenvoudigd. Er zijn minder absolute regels, de schrijver bepaalt vaak zelf waar de komma's in zijn tekst horen te staan. Er hoeft niet per se een komma te staan tussen twee hoofdzinnen die verbonden zijn met het voegwoord *und* of *oder*. Ook bijwoordelijke bepalingen hoeven niet per se tussen komma's te staan. Eventueel kan men daar voor de duidelijkheid wel voor kiezen.
Bijzinnen met een infinitief hoeven niet tussen komma's te staan, tenzij door gebruik van een komma dubbelzinnigheid van de zin wordt vermeden (wir *empfehlen, ihm nichts zu sagen*: 'wij raden aan om niets tegen hem te zeggen'; of wir *empfehlen ihm, nichts zu sagen*: 'wij raden hem aan om niets te zeggen'). Verder blijven de oude regels bestaan.

7.6 Afbreekregels

7.6.1 Het is wel toegestaan om een woord af te breken tussen *s* en *t*:

oud	nieuw
We-ste	*Wes-te*
Fen-ster	*Fens-ter*

7.6.2 De regel dat *ck* in een woord bij afbreken verandert in *k-k* vervalt:

oud	nieuw
Zuk-ker	*Zu-cker*
Wek-ker	*We-cker*

7.6.3 Vreemde woorden kunnen volgens de oude manier worden afgebroken, maar ook op de manier waarop vergelijkbare Duitse woorden afgebroken worden:

oud	nieuw
Chir-urg	*Chir-urg*, maar ook: *Chi-rurg*
Heliko-pter	*Heliko-pter*, maar ook: *Helikop-ter*

Dit geldt ook voor frequente Duitse voornaamwoorden en bijwoorden met *einander, dar, her, hier*:

oud	nieuw
anein-ander	*anei-nander*, maar ook: *anein-ander*
dar-auf	*da-rauf*, maar ook: *dar-auf*
herein	*he-rein*, maar ook: *her-ein*
hieraus	*hie-raus*, maar ook: *hier-aus*

7.6.4 Er mag niet worden afgebroken als dat alleen één losse klinker op het eind van de bovenste of aan het begin van de nieuwe regel op zou leveren. Woorden als *Ofen, Ufer, abends* of *Boa* blijven dus onscheidbaar.